A REFORMA TRABALHISTA e seus IMPACTOS

CB063595

abdr
ASSOCIAÇÃO BRASILEIRA DE DIREITOS REPROGRÁFICOS
Respeite o direito autoral

ORGANIZADORES
ÉLISSON MIESSA
HENRIQUE CORREIA

A REFORMA TRABALHISTA e seus IMPACTOS

2018

EDITORA JusPODIVM
www.editorajuspodivm.com.br

EDITORA *Jus*PODIVM
www.editorajuspodivm.com.br

Rua Mato Grosso, 164, Ed. Marfina, 1º Andar – Pituba, CEP: 41830-151 – Salvador – Bahia
Tel: (71) 3045.9051
• Contato: https://www.editorajuspodivm.com.br/sac

Copyright: Edições *Jus*PODIVM

Conselho Editorial: Eduardo Viana Portela Neves, Dirley da Cunha Jr., Leonardo de Medeiros Garcia, Fredie Didier Jr., José Henrique Mouta, José Marcelo Vigliar, Marcos Ehrhardt Júnior, Nestor Távora, Robério Nunes Filho, Roberval Rocha Ferreira Filho, Rodolfo Pamplona Filho, Rodrigo Reis Mazzei e Rogério Sanches Cunha.

Capa: Ana Caquetti

M631c Miessa, Élisson.
A Reforma Trabalhista e seus Impactos – Salvador: JusPODIVM, 2017.
1.488 p.

Bibliografia.
ISBN 978-85-442-1799-3.

1. Direito. 2. Direito Civil. I. Miessa, Élisson. II. Título.

CDD 340

Todos os direitos desta edição reservados à Edições *Jus*PODIVM.

É terminantemente proibida a reprodução total ou parcial desta obra, por qualquer meio ou processo, sem a expressa autorização do autor e da Edições *Jus*PODIVM. A violação dos direitos autorais caracteriza crime descrito na legislação em vigor, sem prejuízo das sanções civis cabíveis.

Sobre os Autores

Adriana Menezes

- Procuradora Federal. Graduada em Direito e em Economia. Especialista em Direito Público e em Engenharia Econômica. Professora de Direito Previdenciário em Cursos Preparatórios para concursos públicos e de pós-graduação. Chefe da Procuradoria Federal junto à Universidade Federal de Juiz de Fora (PF/UFJF). Autora de diversos livros entre eles, Direito Previdenciário - Coleção Tribunais e MPU. Coautora de diversos Revisaços para concursos públicos – Ed. Juspodivm.

Afonso de Paula Pinheiro Rocha

- Procurador do Trabalho. Doutor em Direito Constitucional pela Universidade de Fortaleza – UNIFOR. Mestre em Direito Constitucional pela Universidade Federal do Ceará. MBA em Direito Empresarial pela FGV/Rio. Professor Universitário.

Alexandre Albuquerque Almeida

- Advogado. Mestre em Direito pela PUC-SP.

Ângelo Fabiano Farias da Costa

- Membro do Ministério Público do Trabalho em Salvador/BA. Presidente da Associação Nacional dos Procuradores do Trabalho.

Antonio Umberto de Souza Júnior

- Professor Universitário. Mestre em Direito pela Faculdade de Direito da Universidade de Brasília. Professor da Escola Nacional de Formação e Aperfeiçoamento de Magistrados do Trabalho (ENAMAT) e de diversas Escolas Judiciais de Tribunais Regionais do Trabalho. Conselheiro do Conselho Nacional de Justiça (2007-2009). Advogado (1986-1993). Juiz Titular da 6ª Vara do Trabalho de Brasília/DF (TRT da 10ª Região). E-mail: antonio.umberto.jr@gmail.com

Augusto Grieco Sant'Anna Meirinho

- Procurador do Ministério Público do Trabalho. Doutor em Direito pela PUC-SP. Mestre em Direito Previdenciário pela PUC-SP. Especialista em Direito do Trabalho pela USP. Especialista em Relações Internacionais pela Universidade Cândido Mendes / RJ. Professor universitário.

Beatriz Carvalho Nogueira

- Advogada, mestranda em Direito pela Faculdade de Direito de Ribeirão Preto – USP e graduada pela mesma universidade.

Ben-Hur Silveira Claus

- Juiz do Trabalho do Tribunal Regional do Trabalho da 4ª Região (RS). Mestre em Direito.

Bruno Gomes Borges da Fonseca

- Mestre e doutorando em direitos e garantias fundamentais pela Faculdade de Direito de Vitória (FDV). Procurador do trabalho na 17ª Região. Professor-coordenador do Grupo de Estudo Direito e trabalho na FDV. Ex-professor-coordenador dos Grupos de Estudos O método em Karl Marx e Direito e *marxismo*. Ex-advogado trabalhista. Ex-procurador do Estado. Aprovado no concurso para juiz do trabalho na 5ª Região. Autor dos livros Compromisso de ajustamento de conduta e, em coautoria, Ministério Público brasileiro: entre unidade e independência. E-mail: bgbfonseca@yahoo.com.br.

Bruno Klippel

- Doutor em Direito do Trabalho pela PUC/SP, Mestre em Direito pela FDV/ES, Autor de livros e artigos jurídicos, Professor da Universidade de Vila Velha/ES, Estratégia Concursos/DF, IOB Concursos/SP e Saraiva Aprova/SP. Advogado. Site: www.brunoklippel.com.br

Bruno Tauil Pivatto

- Advogado. Bacharel em Direito pela USP. Especialista em Direito Constitucional Aplicado pelo Damásio Educacional. Especializando em Direito do Trabalho e Processo do Trabalho pela USP. Membro efetivo da Comissão de Direito Material da OAB Seção São Paulo triênio 2016/2018. Membro efetivo da Comissão de Direito do Trabalho e Processo do Trabalho da OAB Subseção Guarulhos triênio 2016/2018.

Carla da Silva Bartoli

- Mestre e Bacharel em Direito pela UNESP, Professora Universitária, Assessora Jurídica no Ministério Público do Trabalho

Carlos Henrique Bezerra Leite

- Doutor e mestre em Direito (PUC/SP). Professor de Direitos Humanos Sociais e Metaindividuais (mestrado e doutorado) e Direito Processual do Trabalho (graduação) da Faculdade de Direito de Vitória-FDV. Desembargador do TRT/ES. Membro da Academia Brasileira de Direito do Trabalho.

Carolina Silva Silvino Assunção

- Advogada. Pós-graduanda em Direito do Trabalho pela FGV. Especialista em Direito Material e Processual do Trabalho pela Faculdade de Direito Milton Campos. Graduada pela Faculdade de Direito Milton Campos. Membro do Grupo de Estudos em Processo do Trabalho da Faculdade de Direito Milton Campos.

Cláudio Dias Lima Filho

- Procurador do Trabalho com lotação na Procuradoria Regional do Trabalho da 5ª Região (Salvador/BA). Coordenador do Núcleo de Estágio Acadêmico (NEA) da Procuradoria Regional do Trabalho da 5ª Região. Mestre em Direito Público pela Universidade Federal da Bahia (UFBA). Professor efetivo (classe Assistente) da Faculdade de Direito da Universidade Federal da Bahia (FDUFBA).

Cleber Lúcio de Almeida

- Pós-doutor em Direito pela Universidad Nacional de Córdoba/ARG. Doutor em Direito pela Universidade Federal de Minas Gerais. Mestre em Direito pela Pontifícia Universidade Católica de São Paulo. Professor dos cursos de graduação e pós-graduação (mestrado e doutorado) da Pontifícia Universidade Católica de Minas Gerais. Juiz do Trabalho junto ao TRT da 3ª Região.

Cristiane Maria Adad Amorim Castelo Branco

- Auditora Fiscal do Trabalho. Professora de graduação e pós-graduação em Direito do Trabalho nas Faculdades Estácio e Instituto Camillo Filho. Especialista em Direito do Trabalho e Processo do Trabalho pela Universidade Federal do Piauí. Mestre em Ciências Políticas pela Universidade Federal do Piauí.

Daniel Gemignani

- Procurador do Trabalho, Ministério Público do Trabalho (MPT). Bacharel em Direito pela Pontifícia Universidade Católica de São Paulo (PUC/SP), especialista em Auditoria Fiscal em Saúde e Segurança no Trabalho pela Universidade Federal do Rio Grande do Sul (UFRGS) e ex-Auditor Fiscal do Trabalho (AFT).

Daniela Lustoza Marques de Souza Chaves

- Doutoranda em Direito Constitucional (UNIFOR). Mestre em Ciências Sociais (UFRN). Pós-Graduada em Direito e Cidadania (UFRN). Pós-graduanda em Direito Processual Civil (ESMAF/ILP-RN). Juíza Titular da Vara do Trabalho de Assu/RN (TRT 21ª. Região). E-mail: danielalustoza@gmail.com.

Edilton Meireles

- Pós-doutor em Direito pela Faculdade de Direito da Universidade de Lisboa. Doutor em Direito pela Pontifícia Universidade Católica de São Paulo (PUC/SP). Professor de Direito Processual Civil na Universidade Federal da Bahia (UFBa). Professor de Direito na Universidade Católica do Salvador (UCSal). Desembargador do Trabalho na Bahia (TRT 5ª Região).

Élisson Miessa

- Procurador do Trabalho. Professor de Direito Processual do Trabalho do curso CERS online. Autor e coordenador de obras relacionados à seara trabalhista, dentre elas, "Manual da reforma trabalhista", "CLT comparada", "Processo do trabalho – coleção concursos públicos, "Súmulas e Orientações Jurisprudenciais do TST comentadas e organizadas por assunto", "Manual dos recursos trabalhistas" e "Impactos do Novo CPC nas Súmulas e Orientações Jurisprudenciais do TST", todas publicadas pela editora *JusPodivm*.

Enoque Ribeiro dos Santos

- Desembargador do Trabalho do Tribunal Regional do Trabalho da 1ª. Região. Ex-Procurador do Trabalho do Ministério Público do Trabalho (PRT 2ª. Região – São Paulo). Professor Associado do Departamento de Direito do Trabalho e Seguridade Social da Faculdade de Direito da Universidade de São Paulo (USP). Mestre (UNESP), Doutor e Livre Docente em Direito do Trabalho pela Faculdade de Direito da USP.

Fabiano Coelho de Souza

- Mestre em Direito pela PUC-GO. Professor da Escola de Direito de Brasília. Professor da Escola Nacional de Formação e Aperfeiçoamento de Magistrados do Trabalho (ENAMAT) e de diversas Escolas Judiciais de Tribunais Regionais do Trabalho. Membro Integrante da Coordenação do Grupo de Pesquisas em Direito do Trabalho do Instituto Brasiliense de Direito Público (IDP). Coordenador Nacional do Processo Judicial Eletrônico no âmbito da Justiça do Trabalho. Juiz Auxiliar da Presidência do TST e do CSJT. Juiz Titular da Vara do Trabalho de Formosa (GO) (TRT da 18ª Região). E-mail: mmfabianocoelho@gmail.com

Felipe Bernardes

- Juiz do Trabalho - TRT da 1ª Região

Filipe Luís Avelino

- Analista do TRE/MG. Especialista em Direito Processual.

Filipe Spenser Dowsley

- Advogado. Graduado em Direito pela Faculdade de Direito do Recife – Universidade Federal de Pernambuco (FDR- UFPE). Pós-Graduando em Direito do Trabalho e Processo do Trabalho pela Universidade Federal de Pernambuco.

Flávio Filgueiras Nunes

- Mestre em Direito Empresarial pela Faculdade Milton Campos (Belo Horizonte-MG), Advogado, Professor de Direito do Trabalho nos cursos de graduação em Direito da Faculdade Doctum de Juiz de Fora e Centro Universitário Estácio. Professor da Pós-Graduação *Stricto Sensu* da PUC-Minas e Centro Universitário Estácio.

Georgenor de Sousa Franco Filho

- Desembargador do Trabalho de carreira do TRT da 8ª Região, Doutor em Direito Internacional pela Faculdade de Direito da Universidade de São Paulo, Doutor *Honoris Causa* e Professor Titular de Direito Internacional e do Trabalho da Universidade da Amazônia, Presidente Honorário da Academia Brasileira de Direito do Trabalho, Membro da Academia Paraense de Letras.

Guilherme Aparecido Bassi de Melo

- Mestre em Direito pela PUC/SP, Pós-Graduado em Direito pela Universidade de Coimbra, Especialista em Interesses Difusos e Coletivos pela Escola Superior do Ministério Público do Estado de São Paulo. Professor Universitário. Autor de livros pelas editoras RT, *Lumen Juris* e LTr e Assessor de Desembargador do TRT/15.

Guilherme de Luca

- Mestre em Teoria do Direito e do Estado; Pós- graduando em Direito do Trabalho e Previdenciário; Advogado, consultor e parecerista jurídico;. Professor de Direito e Processo do Trabalho em cursos preparatórios para concurso público, OAB e pós-graduação lato-sensu; Advogado e Palestrante.

Guilherme Guimarães Feliciano

- Professor Associado II do Departamento de Direito do Trabalho e da Seguridade Social da Faculdade de Direito da Universidade de São Paulo. Juiz Titular da 1ª Vara do Trabalho de Taubaté/SP. Presidente da Associação Nacional dos Magistrados da Justiça do Trabalho (ANAMATRA), gestão 2017-2019.

Guilherme Guimarães Ludwig

- Doutor em Direito pela Universidade Federal da Bahia – UFBA, Extensão universitária em Economia do Trabalho pelo CESIT/UNICAMP, Professor de Direito e Processo do Trabalho na Universidade do Estado da Bahia – UNEB, Juiz Titular da Vara do Trabalho de Bom Jesus da Lapa/BA, Membro do Conselho Consultivo da Escola Judicial do Tribunal Regional do Trabalho da Quinta Região (biênios 2005-2007, 2007-2009, 2009-2011 e 2013-2015 e 2015-2017), Coordenador Executivo da Escola da Associação dos Magistrados da Justiça do Trabalho da 5ª Região – EMATRA5 (biênio 2012-2014).

Gustavo Bezerra Muniz de Andrade

- Procurador do Estado de São Paulo – Procuradoria Judicial Trabalhista; membro da Equipe Aprovação PGE – Planejamento e Gestão do Estudo; Professor e Coach para concursos públicos e autor de materiais jurídicos para concursos públicos.

Gustavo Cisneiros

- Juiz do trabalho, professor de direito do trabalho e de direito processual do trabalho, autor de livros jurídicos e palestrante.

Heloisa Valença Cunha Hommerding

- Advogada, Professora Universitária, Doutoranda em Direito do Trabalho pela FDUL, Mestre em Direito pela UFRN/FDUC

Henrique Correia

- Procurador do Trabalho. Professor de Direito do Trabalho do CERS *on-line* (www.cers.com.br). Autor e Coordenador de diversos livros para concursos públicos pela Editora Juspodivm

Henrique Silveira Melo

- Procurador do Estado de São Paulo, em exercício na Procuradoria Regional de Campinas/SP. Graduado em Direito pela Universidade Católica de Pernambuco. Membro da equipe Aprovação PGE – Planejamento e Gestão do Estudo.

Hilda Maria Francisca de Paula

- Assessora de desembargadora do TRT-SP. Bacharel em direito com especialização em direito e processo do trabalho.

Iara Marthos Águila

- Professora na Faculdade de Direito de Franca e advogada trabalhista.

Ícaro de Souza Duarte

- Bacharel em Direito pela Universidade Estadual de Santa Cruz (UESC). Mestre em Direito Privado pela Universidade Federal da Bahia (UFBA). Advogado. Professor dos cursos de Direito da Faculdade Madre Thaís (Ilhéus/BA) e da Faculdade de Tecnologia e Ciências (FTC), Unidade de Itabuna, Bahia. E-mail: icaro_duarte@hotmail.com

Igor de Oliveira Zwicker

- Mestrando em Direitos Fundamentais pela Universidade da Amazônia, aprovado em 1º lugar geral; Bacharel em Direito e Especialista em Gestão de Serviços Públicos pela Universidade da Amazônia; Especialista em Economia do Trabalho e Sindicalismo pela Universidade de Campinas; Especialista em Direito do Trabalho e Processo do Trabalho pela Universidade Cândido Mendes; Analista Judiciário (Área Judiciária) e Assessor Jurídico-Administrativo do Tribunal Regional do Trabalho da 8ª Região; Professor de Direito; autor do livro "Súmulas, orientações jurisprudenciais e precedentes normativos do TST" (São Paulo: LTr, 2015); tem 60 artigos jurídicos e inúmeros sobre Língua Portuguesa publicados. Contato: igor.zwicker@uol.com.br.

Ílina Cordeiro de Macedo Pontes

- Advogada. Mestranda em Direito na UFPB. Pós-Graduada em Direito e Processo do Trabalho pela ESMAT-13.

Isabelli Gravatá

- Doutoranda em Direito Político e Econômico na Universidade Presbiteriana Mackenzie. Mestre em Direito Público pela UNESA/RJ. Especialista em Direito Empresarial pela Faculdade Cândido Mendes-Centro/RJ. Especialista em Direito e Processo do Trabalho pela Universidade Cândido Mendes – UCAM. Ex-residente Jurídica da área Trabalhista da Universidade do Estado do Rio de Janeiro – UERJ. Bacharel em Direito pela Faculdade Cândido Mendes – Centro/RJ. Professora de Direito e Processo do Trabalho da Faculdade Presbiteriana Mackenzie Rio e de Cursos Preparatórios para Concursos Públicos – área jurídica, área fiscal e OAB.

Ítalo Menezes de Castro

- Juiz do Trabalho Substituto do Tribunal Regional do Trabalho da 2ª Região. Mestrando em Direito do Trabalho e da Seguridade Social pela Faculdade de Direito da Universidade de São Paulo (USP). Pós-graduando em Direito Constitucional. Professor de cursos preparatórios para ingresso na magistratura do trabalho. Membro do Conselho Consultivo da Escola Judicial do Tribunal Regional do Trabalho da 2ª Região para o biênio 2016-2018.

Iuri Pereira Pinheiro

- Juiz do Trabalho no Tribunal Regional do Trabalho da 3ª Região. Ex-Juiz do Trabalho no Tribunal Regional do Trabalho da 15ª Região. Ex-Assistente de Juiz e Ex Assessor de Desembargador (CJ-3) no TRT da 7ª Região, Ex-Assistente de Juiz e Ex-Chefe de Gabinete de Desembargadora (CJ-2) no TRT da 2ª Região, Ex-servidor do TRT da 9ª Região e Ex-Assistente de Ministro (FC-5) do TST. Graduado em Direito pela Universidade de Fortaleza. Especialista em Direito e Processo do Trabalho pela Universidade Anhanguera e em Direito Público pela Faculdade Fortium. Palestrante na área de Direito Material e Processual do Trabalho. Professor da Verbo Jurídico, da Pontifícia Universidade Católica de Minas Gerais (PUC Minas) e da Escola da Associação de Magistrados Trabalhistas da 9ª Região. Colaborador Beneficente da Faculdade de Peruibe. Escritor de obras jurídicas e artigos científicos na área de Direito Material e Processual do Trabalho. E-mail: iurippinheiro@gmail.com

Jair Aparecido Cardoso

- Professor da Faculdade de Direito de Ribeirão Preto – USP (FDRP/USP); líder do grupo de pesquisa (CNPQ) "A transformação do direito do trabalho na sociedade pós-moderna e seus reflexos no mundo do trabalho" da FDRP/USP. Doutor em Direito pela Universidade Católica de São Paulo, PUC – SP; graduado e mestre em Direito pela Universidade Metodista de Piracicaba, UNIMEP. Autor de livros e artigos da área. Advogado.

Joalvo Magalhães

- Juiz do trabalho, professor de direito individual e direito coletivo do trabalho. Pós-graduado em direito constitucional do trabalho pela UFBA. Palestrante. Autor de artigos jurídicos.

João Alves de Almeida Neto

- Juiz do trabalho da TRT11. Mestre em Direito Provado e Econômico (UFBA). Especialista em Direito e Processo do Trabalho (UFBA). Autor, Co-autor e Coordenador de obras jurídicas. Professor em curso de especialização e preparatórios para concurso e exame da OAB.

José Antônio Ribeiro de Oliveira Silva

- Juiz Titular da 6ª Vara do Trabalho de Ribeirão Preto (SP); Doutor em Direito do Trabalho e da Seguridade Social pela Universidad de Castilla-La Mancha (UCLM), na Espanha – Título revalidado pela Universidade de São Paulo (USP); Mestre em Direito Obrigacional Público e Privado pela UNESP; Membro do Conselho Técnico da Revista do TRT da 15ª Região (Subcomissão de Doutrina

Internacional); Professor da Escola Judicial do TRT-15 e Professor Contratado do Departamento de Direito Privado da USP de Ribeirão Preto.

José Claudio Monteiro de Brito Filho

- Doutor em Direito das Relações Sociais pela PUC/SP. Professor do PPGD-UFPA. Professor do PPGD e do Curso de Graduação em Direito do CESUPA. Titular da Cadeira nº 26 da ABDT.

Júlio César Bebber

- Juiz do Trabalho - Doutor em Direito do Trabalho

Kleber Henrique S. Afonso

- Mestre em Direito pela Univem. Advogado e Professor de Direito do trabalho e Processo do trabalho da UNILAGO - União das Faculdades dos Grandes Lagos de São José do Rio Preto-SP, da FIPA - Faculdades Integradas Padre Albino de Catanduva-SP e professor convidado da ESA - Escola Superior da Advocacia.

Konrad Saraiva Mota

- Mestre em direito constitucional (UNIFOR/CE), doutorando em direito do trabalho (PUC/MG), foi juiz do trabalho junto ao TRT 14ª Região (aprovado em 4º lugar no concurso de 2004), atualmente é juiz do trabalho junto ao TRT 7ª Região (aprovado em 1º lugar no concurso de 2006), professor universitário, de cursos preparatórios para concursos públicos, exames da OAB e um dos idealizadores do Instituto Intellegens.

Laira Carone Rachid Domith

- Mestre em Direito Público e Evolução Social pela UNESA, Especialista em Direito da Saúde pela Faculdade de Ciências Médicas e da Saúde de Juiz de Fora, Coordenadora e Professora de Direito de Família no Curso de Direito da Faculdade Doctum de Juiz de Fora, Professora na Pós Graduação *Stricto Sensu* da PUC-Minas.

Lais Vieira Cardoso

- Analista Judiciária do Tribunal Regional do Trabalho da 15ª Região. Professora Universitária no Centro Universitário Moura Lacerda. Especialista em Direito Tributário pela PUC-Campinas. Mestre em Direito Obrigacional Público e Privado pela UNESP de Franca. Autora da obra "Substituição tributária no ICMS", pela editora Quartier Latin, e de diversos capítulos de livros e artigos jurídicos.

Leandro Antunes de Oliveira

- Advogado, Professor Universitário, Professor de cursos preparatórios para concursos públicos, Mestre em Direito pela Universidade Cândido Mendes, Pós-graduado em Direito e Processo do Trabalho pela Universidade Presbiteriana Mackenzie, Coordenador Técnico da Pós-Graduação em Direito e Processo do Trabalho – Ibmec/RJ, Presidente da Comissão de Estudos de Direito Material e Processual do Trabalho da OAB/RJ.

Leonardo Borges

- Professor Universitário (Graduação e Pós-graduação), Pós-graduado (lato e stricto sensu), autor de diversos livros e artigos publicados e Desembargador Federal do Trabalho do Tribunal Regional do Trabalho da 1ª Região.

Leone Pereira

- Advogado Trabalhista e Consultor Jurídico Trabalhista do Escritório PMR Advogados, Professor, Autor e Palestrante. Pós-Doutorando pela Faculdade de Direito da Universidade de Coimbra. Doutor e Mestre em Direito do Trabalho e Processo do Trabalho pela Pontifícia Universidade Católica de São Paulo (PUC/SP). Especialista em Direito do Trabalho e Direito Processual do Trabalho, com capacitação para o ensino no magistério superior. Atualmente, é Coordenador da Área Trabalhista e Professor de Direito do Trabalho, Direito Processual do Trabalho e Prática Trabalhista do Damásio Educacional e da Faculdade Damásio. Professor e Palestrante de Direito do Trabalho e Direito Processual do Trabalho na Escola Superior de Advocacia - ESA/SP. Membro Efetivo da Comissão de Direito Material do Trabalho e de Direito Processual do Trabalho da OAB/SP. Sua experiência profissional inclui a Coordenação e a Docência em diversos cursos de Graduação, Pós-Graduação e preparatórios para concursos públicos e exames de ordem, Palestras em diversos eventos jurídicos por todo o país e Entrevistas para jornais, revistas e programas de televisão. Autor de diversos livros e artigos jurídicos.

Letiane Corrêa Bueno

- Pós-graduanda em Direito do Trabalho pela Universidade de São Paulo - USP. Especializada com MBA Executivo Internacional em Direito Empresarial pela Fundação Getúlio Vargas e módulos internacionais em Global Business pela University of Miami/FL e Strategic Law pela Fordham Law School New York. Pós-graduada em Gestão Pública Municipal pela Universidade Federal do Estado do Rio de Janeiro e em Direito e Prática Previdenciária pelo Complexo de Ensino Renato Saraiva. Advogada.

Letícia Ferrão Zapolla

- Mestra em Ciências na Área Desenvolvimento no Estado Democrático de Direito pela Faculdade de Direito de Ribeirão Preto/USP. Advogada.

Lorena Vasconcelos Porto

- Procuradora do Ministério Público do Trabalho. Doutora em Autonomia Individual e Autonomia Coletiva pela Universidade de Roma II. Mestre em Direito do Trabalho pela PUC-MG. Especialista em Direito do Trabalho e Previdência Social pela Universidade de Roma II. Professora Titular do Centro Universitário UDF. Professora Convidada do Mestrado em Direito do Trabalho da Universidad Externado de Colombia, em Bogotá.

Luciano Athayde Chaves

- Doutorando em Direito Constitucional (UNIFOR). Mestre em Ciências Sociais (UFRN). Professor do Departamento de Direito Processual e Propedêutica da Universidade Federal do Rio Grande do Norte (UFRN). Professor do Programa de Pós-Graduação em Residência Judicial (UFRN/ESMARN) e em Direito e Gestão do Judiciário (IEL-PR/TRT21/JFRN/TRE-RN). Juiz Titular da 2ª. Vara do Trabalho de Natal/RN (TRT 21ª. Região). Membro do Instituto Brasileiro de Direito Processual (IBDP). E-mail: lucianoathaydechaves@gmail.com.

Luciano Pizzotti Silva

- Advogado trabalhista com especialização em Direito Processual Civil.

Luiz Ronan Neves Koury

- Desembargador 2º Vice-Presidente do Tribunal Regional do Trabalho da 3ª Região. Mestre em Direito Constitucional pela UFMG. Professor de Direito Processual do Trabalho da Faculdade de Direito Milton Campos.

Marcelo Moura

- Juiz Titular da 19ª Vara do Trabalho do Rio de Janeiro. Doutorando em Direito na Universidade do Porto, Portugal. Mestre em Ciências Jurídicas pela Universidade Antonio de Nebrija, Madrid, Espanha. Bacharel em Direito pela Faculdade Nacional de Direito da UFRJ. Coordenador de Extensão e Pós-graduação da Universidade Cândido Mendes, Ipanema, Rio de Janeiro. Professor de Direito do Trabalho na mesma Instituição.

Márcio Túlio Viana

- Professor no Programa de Pós-graduação da PUC Minas. Desembargador aposentado do TRT da 3ª Região.

Marcos Póvoas

- Procurador do estado de Sergipe. Advogado. Professor de direito e processo do trabalho- UNIT/SE. Professor do curso CICLO/CERS. Mestre em direito do estado - UGF/RJ. Especialista em direito do trabalho e processo do trabalho – UFBA.

Marcos Scalercio

- Juiz do Trabalho da 2° Região (SP); Aprovado nos Concursos para Magistratura do Trabalho dos TRT´s da 1ª e da 24ª Região; Pós Graduado em Direito e Processo do Trabalho; Professor de Direito Processual do Trabalho e de Cursos Preparatórios para Magistratura Trabalhista; Professor convidado para ministrar palestras nas Escolas Judiciais dos TRT's da 1°, 2°, 5° e 17° Região. Autor de obras jurídicas. Instagram: @marcosscalercio Facebook: Marcos Scalercio Twitter: @marcosscalercio

Maria do Perpétuo Socorro Wanderley de Castro

- Desembargadora Federal do Trabalho, TRT 21. Mestre em Direito, Processo e Cidadania, UNICAP, Recife,PE.

Mariana Felizola

- Advogada. Pós-graduanda em Direito do Estado.

Marina Quaglio Marques

- Pós-graduada em Direito do Trabalho pela UNIASSELVI/SC. Advogada trabalhista. Professora de Direito do Trabalho.

Maximiliano Carvalho

- Coordenador Executivo da Comissão Nacional de Efetividade da Execução Trabalhista (CNEET). Juiz Auxiliar da Presidência do Tribunal Superior do Trabalho (TST). Mestrando em Administração Pública pelo Instituto Brasiliense de Direito Público – IDP. Pós-graduado em Direito Tributário pela Universidade Católica de Brasília/FGV. Juiz Federal do Trabalho - TRT da 10ª Região (DF/TO).

Natália Costa Aglantzakis

- Advogada da União, Professora de Direito Constitucional.

Ney Maranhão

- Professor do Curso de Direito da Universidade Federal do Pará (graduação e pós-graduação). Doutor em Direito do Trabalho pela Universidade de São Paulo (USP), com estágio de Doutorado-Sanduíche junto à Universidade de Massachusetts (Boston/EUA). Mestre em Direitos Humanos pela Universidade Federal do Pará (UFPA). Especialista em Direito do Trabalho pela Universidade de Roma – La Sapienza (Itália). Professor convidado de diversas Escolas Judiciais de Tribunais Regionais do Trabalho. Membro do Comitê Gestor Nacional do Programa Trabalho Seguro (TST/CSJT). Juiz Titular da 2ª Vara do Trabalho de Macapá (AP) (TRT da 8ª Região/PA-AP). E-mail: ney.maranhao@gmail.com

Olavo Augusto Vianna Alves Ferreira

- Procurador do Estado de São Paulo, Doutor e Mestre em Direito do Estado pela PUC-SP (Sub-área Direito Constitucional), Professor do Programa de Mestrado em Direito da UNAERP e professor convidado de cursos de pós-graduação (PUC-COGEAE, Faculdade Baiana de Direito e USP-FDRP), membro do Conselho Curador da Escola Superior da Procuradoria Geral do Estado de São Paulo, Árbitro. E-mail: olavoaferreira@hotmail.com.

Olivia de Quintana Figueiredo Pasqualeto

- Mestre e Doutoranda em Direito do Trabalho pela Faculdade de Direito da Universidade de São Paulo. Advogada. Professora universitária.

Paulo Henrique Martinucci Boldrin

- Advogado, mestre em Direito pela Faculdade de Direito de Ribeirão Preto – USP e graduado pela mesma universidade.

Paulo Henrique Tavares da Silva

- Doutor e mestre em Direitos Humanos e Desenvolvimento pela UFPB; Professor da UFPB; Professor do UNIPÊ-JP (graduação e mestrado); Juiz do Trabalho, titular da 5ª VT de João Pessoa; Vice-diretor da Escola Judicial do TRT 13.

Paulo Sérgio Jakutis

- Juiz do trabalho, titular da 18ª VT/SP.

Platon Teixeira de Azevedo Neto

- Professor Adjunto de Direito Processual do Trabalho da Universidade Federal de Goiás. Doutor em Direito pela Universidade Federal de Minas Gerais. Mestre em Direitos Humanos pela Universidade Federal de Goiás. Professor da Escola Nacional de Formação e Aperfeiçoamento de Magistrados do Trabalho (ENA-

MAT) e de diversas Escolas Judiciais de Tribunais Regionais do Trabalho. Ex-Diretor de Informática da Associação Nacional dos Magistrados da Justiça do Trabalho (ANAMATRA). Ex-Presidente da Associação dos Magistrados do Trabalho da 18ª Região (AMATRA18) e do Instituto Goiano de Direito do Trabalho (IGT). Membro Efetivo do Instituto Ítalo-Brasileiro de Direito do Trabalho. Titular da Cadeira nº 3 da Academia Goiana de Direito. Juiz Titular da Vara do Trabalho de São Luís de Montes Belos/GO (TRT da 18ª Região). E-mail: platon.teixeira@gmail.com

Raimundo Simão de Melo

- Consultor Jurídico e Advogado. Procurador Regional do Trabalho aposentado. Doutor em Direito das Relações Sociais pela PUC/SP. Professor de Direito e de Processo do Trabalho, Professor Titular do Centro Universitário UDF/ Mestrado em Direito e Relações Sociais e Trabalhistas. Membro da Academia Brasileira de Direito do Trabalho. Autor de livros jurídicos, entre outros, "Direito ambiental do trabalho e a saúde do trabalhador" e "Ações acidentárias na Justiça do Trabalho".

Raphael Miziara

- Advogado. Mestrando em direito do trabalho e das relações sociais pela UDF. Professor em cursos de graduação e pós-graduação em Direito. Autor de livros e artigos na área juslaboral.

Ricardo José das Mercês Carneiro

- Procurador do Trabalho lotado na Procuradoria Regional do Trabalho da 20ª Região, mestre e doutor em Direito Constitucional pela Universidade de Sevilha (revalidado pela UFPE). Professor em cursos jurídicos e em pós-graduação. Autor de livros jurídicos.

Ricardo José Macêdo de Britto Pereira

- Subprocurador Geral do Ministério Público do Trabalho. Doutor pela Universidade Complutense de Madri. Professor Titular do Centro Universitário do Distrito Federal, UDF-Brasília, no Mestrado em Direito das Relações Sociais e Trabalhistas e cólider do Grupo de Pesquisa. Mestre pela Universidade de Brasília. Pesquisador colaborador do Programa de Pós-graduação da Faculdade de Direito da Universidade de Brasília. Colíder do Grupo de Pesquisa da Faculdade de Direito da UNB "Trabalho, Constituição e Cidadania". Pesquisador visitante do Instituto de Relações Laborais da Universidade de Cornell (NY). Mastering of Law Unividade de Syracuse (NY). Coordenador da Coordenadoria Nacional de Promoção da Liberdade Sindical do MPT (CONALIS) no período de 2009 a 2012.

Ricardo Souza Calcini

- Professor de Pós-Graduação e de Cursos Jurídicos. Instrutor de Treinamentos "In Company". Palestrante em Eventos Corporativos. Mestrando em Direito do Trabalho pela PUC/SP. Pós-Graduado em Direito Processual Civil pela EPM do TJ/SP. Especialista em Direito Social pela Universidade Presbiteriana Mackenzie. Assessor de Desembargador e Professor da Escola Judicial no TRT/SP da 2ª Região. Membro do IBDSCJ, da ABDPC, do CEAPRO, da ABDPro, da ABDConst, do IDA e do IBDD. **Contatos:** rcalcini@gmail.com (e-mail) e/ou www.ricardocalcini.com (site)

Rodrigo Peixoto Medeiros

- Procurador do Estado de São Paulo em exercício na 7º Sub-Procuradoria Judicial especializada na área trabalhista. Pós-Graduado em Direito Empresarial pela Fundação Getúlio Vargas-São Paulo.

Rodrigo Trindade

- Mestre em Direito das Relações Sociais pela UFPR. Especialista em Direito do Trabalho pela Udelar (Uruguai). Presidente da Associação dos Magistrados da Justiça do Trabalho da 4ª Região – AMATRA IV. Vice Presidente da Academia Sul-Rio-Grandense de Direito do Trabalho. Professor de Direito do Trabalho em diversas instituições.

Rogério Renzetti

- Mestrando em Teoria do Direito e do Estado pelo Centro Universitário Eurípides de Marília (UNIVEM-SP); Especialista em Direito e Processo do Trabalho pela Escola de Magistratura da Justiça do Trabalho no Estado do Rio de Janeiro (EMATRA); Gerente Geral na UOL – EdTech (área de atuação B2C). Professor de Direito e Processo do Trabalho em cursos preparatórios para concursos públicos na área jurídica, preparatórios para o Exame de Ordem dos Advogados do Brasil e prática para Advogados na modalidade presencial e online.

Ronaldo Lima dos Santos

- Professor Doutor da Faculdade de Direito da Universidade de São Paulo – USP. Procurador do Ministério Público do Trabalho em São Paulo – PRT/2º Região. Mestre e Doutor em Direito pela Faculdade de Direito da Universidade de São Paulo – USP.

Sandoval Alves da Silva

- Doutor e mestre em Direito pela Universidade Federal do Pará (UFPA), na linha de pesquisa "Constitucionalismo, democracia e direitos humanos". Procurador do trabalho lotado na Procuradoria Regional do Trabalho da 8.ª Região, professor de Teoria Geral do Processo e de Processo Civil na UFPA, ex-professor de Direito Financeiro e Orçamento Público, ex-procurador do Estado do Pará, ex-assessor da Auditoria Geral do Estado do Pará e ex-analista de controle externo do Tribunal de Contas do Estado do Pará.

Silvio Beltramelli Neto

- Professor pesquisador da Faculdade de Direito da PUC-Campinas. Doutor em Direito do Trabalho pela Universidade de São Paulo. Mestre em Direito pela Universidade Metodista de Piracicaba. Especialista em Direito e Processo do Trabalho pela PUC-Campinas. Membro do Ministério Público do Trabalho em Campinas/SP.

Simone Barbosa de Martins Mello

- Professora Universitária. Mestre em Direito pela PUC-SP.

Tereza Aparecida Asta Gemignani

- Desembargadora do TRT 15, doutora em Direito do Trabalho, pós graduação *stricto sensu* pela USP- Universidade de São Paulo e membro da Academia Brasileira de Direito do Trabalho (Cadeira 70).

Túlio Macedo Rosa e Silva

- Mestre e doutorando em Direito do Trabalho pela Faculdade de Direito da Universidade de São Paulo. Juiz do trabalho do Tribunal Regional do Trabalho da 11ª Região. Professor assistente da Universidade do Estado do Amazonas.

Vanessa Rocha Ferreira

- Doutora em Direitos Humanos pela Universidade de Salamanca/ES. Professora Universitária. Auditora do Tribunal de Contas do Estado do Pará.

Victor Hugo de Almeida

- Doutor pela Faculdade de Direito da Universidade de São Paulo – Largo São Francisco (FADUSP). Mestre pela Faculdade de Filosofia, Ciências e Letras de Ribeirão Preto da Universidade de São Paulo (FFCLRP/USP). Docente de Direito do Trabalho, Vice-Chefe do Departamento de Direito Privado, de Processo Civil e do Trabalho e Vice-Coordenador do Programa de Pós-Graduação em Direito na UNESP – Universidade Estadual Paulista "Júlio de Mesquita Filho" – Faculdade de Ciências Humanas e Sociais – Campus de Franca. Membro Pesquisador do Grupo de Pesquisa (CNPQ) "A transformação do Direito do Trabalho na sociedade pós-moderna e seus reflexos no mundo do trabalho" da Faculdade de Direito de Ribeirão Preto da Universidade de São Paulo (FDRP);

e do *Consorcio Latinoamericano de Posgrado en Derechos Humanos – Políticas de regulación das empresas transnacionales por las violaciones de los derechos humanos en América Latina.*

Vitor Salino de Moura Eça

- Pós-doutor em Direito Processual Comparado pela Universidad Castilla-La Mancha, na Espanha. Professor Adjunto IV da PUC-Minas (CAPES 6), lecionando nos cursos de mestrado e doutorado em Direito. Professor visitante em diversas universidades nacionais e estrangeiras. Professor conferencista na Escola Nacional de Magistratura do Trabalho – ENAMAT e na Escola Superior de Advocacia da Ordem dos Advogados do Brasil. Pesquisador junto ao Centro Europeo y Latinoamericano para el Diálogo Social - España. Membro efetivo, dentre outras, das seguintes sociedades: Academia Brasileira de Direito do Trabalho – ABDT; Asociación Iberoamericana de Derecho del Trabajo y de la Seguridad Social – AIDTSS; Asociación de Laboralistas - AAL; Equipo Federal del Trabajo - EFT; Escuela Judicial de América Latina - EJAL; Instituto Brasileiro de Direito Social Júnior- IBDSCJ; Instituto Latino-Americano de Derecho del Trabajo y de la Seguridad Social – ILTRAS; Instituto Paraguayo de Derecho del Trabajo y Seguridad; e da Societé Internationale de Droit du Travail et de la Sécurité Sociale.

Vólia Bomfim Cassar

- Doutora em Direito e Economia pela UGF, Mestre em Direito Público pela UNESA, Pós-graduada em Direito do Trabalho pela UGF, Pós-graduada em Processo Civil e Processo do Trabalho pela UGF, coordenadora da Pós-graduação de Direito do Trabalho do LFG, professora do LFG e do Curso Forum, desembargadora do TRT da 1ª Região e autora.

Wolney de Macedo Cordeiro

- Mestre e doutor em Direito. Desembargador do Tribunal Regional do Trabalho da 13ª Região. Professor Titular do UNIPÊ – Centro Universitário de João Pessoa e da Escola Superior da Magistratura Trabalhista – ESMAT13. Professor visitante das Escolas Judiciais dos TRTs da 2ª, 4ª, 5ª, 6ª, 16ª, 20ª e 21ª Regiões. Vice-Presidente e Corregedor do TRT da 13ª Região no biênio 2017-2019.

Apresentação da Obra

A Lei nº 13.467/2017 (Reforma Trabalhista) altera diversos dispositivos da CLT, além da legislação esparsa, sendo, sem dúvida, a maior mudança no ordenamento trabalhista desde a chegada da CLT em 1943.

A princípio, foi apresentado pelo então Presidente da República o Projeto de Lei de nº 6.787 de 23/12/2016. Este Projeto se tratava, em verdade, de uma minirreforma trabalhista, já que propunha a alteração de poucos artigos da CLT (quase 10 artigos), assim como alterava a Lei nº 6.019/1974, que versa sobre o trabalho temporário e a terceirização de serviços.

Entretanto, em 26/04/2017, o PL nº 6.787/2016 foi aprovado pela Câmara dos Deputados com muitas alterações (quase 100 artigos) em relação ao projeto original apresentado pelo Poder Executivo, modificando, acrescentando ou revogando diversos artigos da CLT e de legislações esparsas como a Lei do FGTS, a Lei nº 6.019/1974 e a Lei nº 8.212/1991.

Após a aprovação pela Câmara dos Deputados, o Projeto de Reforma Trabalhista foi enviado ao Senado Federal para apreciação e aprovação, passando a ser denominado PLC nº 38/2017. Com tramitação acelerada e fruto de calorosos debates entre parlamentares, o Projeto em questão não contou com apoio popular[1], sendo, mesmo assim, votado em regime de urgência. Após votação tumultuada no Senado, em 11/07/2017, o Projeto foi aprovado com 50 votos a favor e apenas 26 contra, recebendo sanção sem vetos pelo Presidente da República no dia 13/07/2017.

Com isso, foi promulgada a Lei nº 13.467/2017, que altera a Consolidação das Leis do Trabalho (CLT), e as Leis nos 6.019, de 3 de janeiro de 1974, 8.036, de 11 de maio de 1990, e 8.212, de 24 de julho de 1991, sob o argumento de adequar a legislação às novas relações de trabalho. A publicação da legislação no Diário Oficial ocorreu no dia 14/07/2017. Entretanto, foi estabelecida "vacatio legis" para a Reforma Trabalhista, que somente entrou em vigor depois de decorridos 120 dias de sua publicação oficial (art. 6º, Lei nº 13.467/2017), ou seja, em 11/11/2017.

O mote da reforma trabalhista consistiu na valorização dos instrumentos coletivos de trabalho. Em diversas hipóteses previstas pela Reforma Trabalhista, verifica-se a prevalência do negociado sobre o legislado, o que assegura maior po-

---

1. A consulta popular realizada pelo Senado constatou que 172.163 pessoas eram contra a Reforma e 16.789, a favor. Disponível em: http://www25.senado.leg.br/web/atividade/materias/-/materia/129049>.

der de negociação e representação dos trabalhadores pelos sindicatos. Além disso, houve também ampliação significativa da flexibilização trabalhista no âmbito individual, através de novas hipóteses de acordos entre empregado e empregador, podendo negociar livremente.

A Reforma alterou diversos dispositivos da CLT, assim como restringiu a atuação da Justiça do Trabalho e tem como principais pontos:

- Fim da contribuição sindical obrigatória;
- Prevalência do negociado sobre o legislado em diversos temas;
- Alteração no conceito de grupo econômico;
- Regulamentação do teletrabalho e sua exclusão do tópico de duração do trabalho;
- Inclusão do trabalho intermitente;
- Fim da previsão de horas *in itinere;*
- Permissão do trabalho da mulher grávida ou lactante em locais insalubres, desde que haja atestado médico permitindo;
- Permissão de fracionamento de férias em 3 períodos, sendo que um deles não pode ser inferior a 14 dias corridos;
- Previsão de prescrição intercorrente;
- Alteração da disciplina do trabalho a tempo parcial, com possibilidade de prestação de horas extras, abono pecuniário de férias e férias regida pelo art. 130 da CLT;
- Banco de horas estipulado por acordo escrito, com compensação em seis meses;
- Regime de compensação de jornada por acordo individual, tácito ou escrito para compensação no mês;
- Acordo individual escrito para o regime 12x36;
- Estabilidade dos representantes dos empregados nas empresas com mais de 200 empregados;
- Previsão de que os danos morais serão regidos apenas pela CLT;
- Empregado "hipersuficiente" que pode estipular as condições do contrato de trabalho previstas no art. 611-A da CLT, com preponderância aos instrumentos coletivos, no caso de portador de diploma superior com salário igual ou maior a duas vezes o teto da Previdência Social.

No processo do trabalho, os seguintes temas são considerados como os principais afetados pela Lei nº 13.467/17 (Reforma Trabalhista):

- Exigência de litisconsórcio nas ações individuais ou coletivas que tenham como objeto a anulação de cláusulas de instrumentos coletivos de trabalho;
- Instituição de cláusula compromissória de arbitragem em determinados contratos individuais de trabalho;
- Restrições à criação e alteração de Súmulas e Orientações Jurisprudenciais do TST e dos TRTs;
- Processo de jurisdição voluntária para homologação de acordo extrajudicial;
- Contagem dos prazos em dias úteis;
- Limitação máxima do valor das custas processuais;
- Requisitos para a concessão do benefício da justiça gratuita;
- Condenação aos honorários periciais;
- Condenação em honorários advocatícios por sucumbência;
- Litigância de má-fé;
- Multa por falso testemunho;
- Procedimento da exceção de incompetência territorial;
- Ônus da prova;
- Requisitos da petição inicial trabalhista;
- Desistência da ação;
- Figura do preposto;
- Consequências do não comparecimento das partes em audiência;
- Possibilidade de apresentação de defesa escrita;
- Aplicação do Incidente de desconsideração da personalidade jurídica;
- Execução das contribuições sociais;
- Restrição da execução *ex officio*;
- Momento e prazo para a impugnação da decisão de liquidação da sentença;
- Correção monetária dos créditos trabalhistas;
- Garantia da execução, com a possibilidade de apresentação de seguro-garantia judicial;
- Imposição de requisitos específicos ao protesto, inscrição do nome do executado em órgãos de proteção ao crédito ou no Banco Nacional de Devedores Trabalhistas (BNDT);
- Garantia ou penhora nos embargos à execução;

- Aplicação da prescrição intercorrente;
- Prequestionamento do Recurso de Revista;
- Revogação do incidente de uniformização trabalhista;
- A transcendência no Recurso de Revista;
- Regras referentes ao depósito recursal.

Quanto aos novos dispositivos que versam sobre a negociação coletiva, é importante destacar que o próprio STF, desde 2015, já vinha se manifestando pela valorização do negociado sobre o legislado nos julgamentos acerca da supressão das horas *in itinere*[2] e na previsão de eficácia liberatória geral do PDV[3].

Cumpre destacar, ainda, que em 28 de agosto de 2017 foi distribuída a Ação Direta de Inconstitucionalidade (ADI) nº 5766 no Supremo Tribunal Federal, proposta pelo Procurador-Geral da República, referente às alterações provocadas pela Lei nº 13.467/17 (Reforma Trabalhista) nos artigos 790-B, caput e § 4º; 791-A, § 4º e 844, §§ 2º e 3º da CLT, no que tange, respectivamente, à:

> a) autorização da utilização de créditos trabalhistas auferidos no processo ou em outro processo, pelo beneficiário da justiça gratuita, para pagamento dos honorários periciais (CLT, art. 790-B, § 4º);
>
> b) autorização da utilização de créditos trabalhistas auferidos no processo ou em outro processo, pelo beneficiário da justiça gratuita, para pagamento dos honorários advocatícios de sucumbência (CLT, art. 791-A, § 4º);
>
> c) condenação do beneficiário da justiça gratuita ao pagamento de custas quando der causa ao arquivamento do processo pela ausência à audiência inaugural, condicionando a propositura de nova ação ao pagamento das custas do processo anterior (CLT, art. 844, §§ 2º e 3º).

Com efeito, passa a ser de extrema relevância o estudo da Lei nº 13.467/17 e seus impactos no direito do trabalho e do processo do trabalho, de maneira que a presente obra busca trazer ao leitor as primeiras impressões sobre o tema.

Nesse contexto, pretendeu-se nessa obra contemplar o maior número possível de matérias, inclusive permitindo que alguns temas fossem tratados em diversos artigos, como forma de fomentar a discussão, como se verifica, por exemplo, nos casos de grupo econômico, negociado sobre o legislado, teletrabalho e fim da execução de ofício.

No ensejo, aproveitamos para indicar nosso Livro *Manual da Reforma Trabalhista*, em que os organizadores dessa obra comentam artigo por artigo da Lei nº 13.467/17 (Reforma trabalhista) e o livro *Súmulas e Orientações Jurisprudenciais do TST comentadas e organizadas por assunto*, livro mais completo do país sobre a jurisprudência trabalhista, cuja 8ª edição/2017 apresenta os principais reflexos

2. RE nº 895759/PE – Relator Min. Teori Zavascki – Data de julgamento: 12/09/2016.
3. RE nº 590415/SC – Relator Min. Roberto Barroso – Data de julgamento: 30/04/2015.

da Reforma Trabalhista na jurisprudência consolidada do TST, ambas publicadas pela editora *Juspodivm*.

Sugerimos, ainda, como curso de atualização acerca da Reforma Trabalhista: a isolada **Reforma Trabalhista: O que mudou? do CERS *on-line***. O curso tem como objetivo realizar uma análise aprofundada das alterações promovidas pela Lei nº 13.467/2017 – Reforma Trabalhista. São 6 encontros de, aproximadamente, 2 horas cada um, divididos da seguinte forma:

a) 3 aulas de Direito do Trabalho, Henrique Correia; e

b) 3 aulas de Processo do Trabalho, lecionadas pelo professor Élisson Miessa.

Enfim, uma obra desta dimensão é fruto de um trabalho coletivo, com a ajuda de muitos profissionais renomados, motivo pelo qual gostaríamos de agradecer pessoalmente a cada um dos coautores pela recepção da ideia, pelo comprometimento e pelo grau de aprofundamento dos temas tratados nos artigos.

Por fim, ao leitor, esperamos que a obra contribua para proporcionar um panorama amplo acerca das modificações introduzidas pela Lei nº 13.467/17.

Ribeirão Preto, novembro de 2017.

Élisson Miessa e Henrique Correia

Organizadores.

Sumário

Parte 1

DIREITO DO TRABALHO

GRUPO ECONÔMICO E SUCESSÃO TRABALHISTA: O QUE MUDA COM A REFORMA TRABALHISTA?

Tereza Aparecida Asta Gemignani[1]
Daniel Gemignani[2]

Sumarinho: 1. Introdução – Alterações promovidas pela reforma trabalhista e desafios da contemporaneidade – 2. Grupo econômico: surge um novo conceito?: 2.1. Comparativos entre a regulamentação do grupo econômico na legislação; 2.1.1. A inter-relação entre as novas disposições da CLT e a regulação do trabalho do rurícola: aplicação subsidiária da CLT – A interessante aproximação do novo conceito de grupo econômico da CLT com o preceito legal que disciplina a matéria em relação ao rurícola; 2.1.2. Do reconhecimento legal da formação de grupo econômico por coordenação com base na CLT: a responsabilização dos integrantes de figuras societárias específicas; 2.2. Os requisitos exigidos para a caracterização do grupo econômico por coordenação: cumulatividade ou alternatividade?; 2.3. Novas perspectivas para a tese do empregador único; 2.4. Considerações quanto às características subjetivas do grupo econômico: Críticas a restrição de sua composição apenas por empresários e sociedades empresárias; 2.5. A nova caracterização de grupo econômico e a prestação de serviços a terceiros. Responsabilidade solidária ou subsidiária? – 3. A sucessão trabalhista: 3.1. As peculiaridades da sucessão do empregador doméstico; 3.2. A configuração atual da sucessão trabalhista – 4. Conclusões – 5. Bibliografia.

1. INTRODUÇÃO – ALTERAÇÕES PROMOVIDAS PELA REFORMA TRABALHISTA E DESAFIOS DA CONTEMPORANEIDADE

Nos últimos tempos, vêm ocorrendo grandes e profundas alterações em todo o ordenamento jurídico trabalhista, decorrentes, por um lado, da necessidade de atualização do arcabouço legislativo vigente em razão dos novos modos de orga-

1. Desembargadora do TRT 15, doutora em Direito do Trabalho pós graduação stricto sensu pela USP-Universidade de São Paulo e membro da Academia Brasileira de Direito do Trabalho (Cadeira 70).
2. Procurador do Trabalho, Ministério Público do Trabalho (MPT). Bacharel em Direito pela Pontifícia Universidade Católica de São Paulo (PUC/SP), especialista em Auditoria Fiscal em Saúde e Segurança no Trabalho pela Universidade Federal do Rio Grande do Sul (UFRGS) e ex-Auditor Fiscal do Trabalho (AFT).

nizar a atividade produtiva e, de outra banda, do surgimento de outras formas de viver e trabalhar, diferentes daquelas que historicamente orientaram e informaram o direito do trabalho.

Num cenário em que a sociedade é dinâmica e as relações são mutantes, o padrão normativo não pode constituir-se num compartimento estanque, notadamente quando vivemos "dias de interregno", como lembra o sociólogo Zygmunt Baumann, em que o modelo antigo não oferece mais respostas e o novo ainda se desenha no horizonte, momento em que "mudam-se os tempos, mudam-se as vontades", como vaticinava Camões, na releitura do brocardo latino *tempura mutantur*.

Nesse contexto de inequívoco aumento de complexidade, em que a realidade fática vem reiteradamente desafiando as estruturas teóricas e normativas, passamos a desenvolver o presente trabalho. Ciosos das dificuldades de analisar fenômeno contemporâneo no calor dos acontecimentos, buscamos examinar as inovações legislativas tendo como bússola de orientação os princípios constitucionais, sem olvidar as convenções internacionais, bem como o histórico doutrinário e jurisprudencial que moldam o direito trabalhista brasileiro.

O cenário posto demonstra que a denominada *reforma trabalhista* não se resume à Lei n.13.467/2017, conquanto tal diploma legislativo tenha feito modificações profundas no direito do trabalho, vez que diversas outras leis já tinham sido sancionadas nessa mesma toada de *reformas*. Como exemplos, pode-se citar a 13.103/2015 (lei do motorista profissional), LC 150/2015 (lei do doméstico), 13.352/2017 (lei do salão parceiro), 13.419/2017 (*lei da gorjeta*), 13.424/2017 (lei do radialista), 13.429/2017 (lei que trata do trabalho temporário e prestação de serviços/terceirização), 13.445/2017 (lei de migração) e 13.475/2017 (lei do aeronauta), que desencadearam relevantes repercussões no ordenamento jurídico laboral, suscitando as mais diversas discussões na doutrina e jurisprudência.

Diferentemente do que ocorreu em outros momentos, agora não se trata apenas de reformas pontuais e conjunturais, mas de alteração da própria estrutura sistêmica do edifício jurídico trabalhista.

Assim, conscientes desta nova perspectiva, pretendemos contribuir para o debate propondo a análise das principais repercussões envolvendo os institutos do grupo econômico e da sucessão trabalhista. Há que se registrar, no entanto, que o presente estudo não se mostra fechado, vez que as novidades normativas ainda serão objeto de discussões doutrinárias e jurisprudenciais.

2. GRUPO ECONÔMICO: SURGE UM NOVO CONCEITO?

O conceito de grupo econômico é central no direito do trabalho. Passou a revestir-se de formulação jurídica própria neste ramo jurídico especializado, com o propósito de ampliar a rede protetiva, pela vinculação do trabalhador à estrutura produtiva para a qual dispendeu sua força de trabalho, assim imputando a um número maior de responsáveis a obrigação de arcar com as repercussões do vínculo laboral[3].

Ao disciplinar a matéria, o §2º do artigo 2º da CLT, em sua redação original, estabeleceu a existência do grupo econômico apenas por subordinação, nos seguintes termos:

> "§2º - Sempre que uma ou mais empresas, tendo, embora, cada uma delas, personalidade jurídica própria, **estiverem sob a direção, controle ou administração de outra**, constituindo grupo industrial, comercial ou de qualquer outra atividade econômica, serão, para os efeitos da relação de emprego, solidariamente responsáveis a empresa principal **e cada uma das subordinadas."** (grifos nossos)

Destarte, considerando a previsão legal, a caracterização do grupo econômico só ocorreria se houvesse a direção, controle ou administração de uma das empresas em relação às demais integrantes do grupo, ou seja, quando configurada uma articulação por subordinação.

Referida moldura legal, contudo, mostrou-se em descompasso com as notórias alterações fáticas do mundo do trabalho, desencadeando, com isso, movimentos voltados a alteração legislativa, ensejando diversas discussões e críticas prévias à aprovação do texto final da Lei n. 13.467/2017, em especial no que se refere à denominada *responsabilização em cadeia*, como se extrai da Nota Técnica n. 5 expedida pelo Ministério Público do Trabalho, da qual se extrai o seguinte excerto[4]:

> "7. Sobre a exclusão ou redução da responsabilidade do empregador
>
> A proposta apresentada pelo substitutivo do PL 6787/2016, ao reduzir substancialmente o conceito de grupo econômico – instrumento concebido para garantir o pagamento de créditos trabalhistas pelas entidades beneficiadas pela prestação de trabalho dos empregados – transfere o ônus da atividade econômica para os trabalhadores.
>
> O risco do empreendimento, noção básica da caracterização do empregador, passa a ser do empregado.
>
> O afastamento da caracterização pela 'mera identidade de sócios, ainda que administradores ou detentores da maioria do capital social, se não comprovado o efetivo controle de uma empresa sobre as demais' esvazia completamente o conceito de grupo econômico, uma vez que não será possível responsabilizar todas as empresas que tenham identidade societária e gerencial e que foram beneficiadas com os serviços realizados pelos trabalhadores.

3. DELGADO, Maurício Godinho. Curso de Direito do Trabalho. 8ª edição, São Paulo: LTr, 2009, p. 382 (excertos esses mantidos na 16ª edição, versão eletrônica, 2017, p. 470): "A figura jurídica do grupo econômico surgiu como *veículo de ampliação da garantia dos créditos trabalhistas* em favor do empregado – sendo esse seu original e mais clássico objetivo e efeito.

4. Nota Técnica n. 05, de 17 de abril de 2017, da Secretaria de Relações Institucionais do Ministério Público do Trabalho (MPT), disponível em http://portal.mpt.mp.br/wps/wcm/connect/portal mpt/c6d5ffb6-5285-4f96-87f3-6a02340ded33/notatecnica 76-2017.pdf?MOD=AJPERES. Consulta realizada em 16/09/2017.

A exigência de que o trabalhador, no processo do trabalho, tenha o ônus de provar o controle de uma empresa sobre outra torna impossível a garantia do crédito de quem prestou serviços a determinado empregador e não recebeu os devidos valores oriundos do contrato de trabalho.

Ademais, o substitutivo propõe que a empresa sucessora somente responderá, em relação às dívidas trabalhistas da sucedida, se houver comprovação de fraude. No entanto, nem mesmo o Código Civil, que regula relações entre iguais, chegou a tanto, em seu art. 1146.

Da mesma forma, o afastamento absoluto da responsabilização em cadeia coloca o Brasil em posição atrasada em face de outros países e organismos internacionais, o que é uma evidente contradição em um projeto de lei que pretende 'modernizar' a legislação trabalhista.

As experiências internacionais, como as leis California *Transparency in Supply Chains Act* (2010) e a *Modern Slavery Act* (2015), a primeira dos Estados Unidos e a segunda da Inglaterra, avançam no debate da responsabilização da cadeia produtiva. No âmbito da Organização Internacional do Trabalho, o Protocolo à Convenção n. 29, em seu art. 4º, 'j' prevê que as empresas devem tomar medidas efetivas para identificar, prevenir e mitigar a existência de trabalho escravo em suas cadeias produtivas.

Desconsiderar a responsabilidade das empresas em cadeias produtivas joga o Brasil em um profundo obscurantismo trabalhista." (grifos nossos)

Referidas discussões e críticas repercutiram no processo legislativo, ainda que parcialmente, vez que os dispositivos legais que passaram a disciplinar o instituto do grupo econômico receberam redação diversa da inicialmente proposta, passando a tratar da matéria nos §§2º e 3º do artigo 2º da CLT, nos seguintes termos:

"§2º Sempre que uma ou mais empresas, tendo, embora, cada uma delas, personalidade jurídica própria, estiverem sob a direção, controle ou administração de outra, **ou ainda quando, mesmo guardando cada uma sua autonomia, integrem grupo econômico**, serão responsáveis solidariamente pelas obrigações decorrentes da relação de emprego.

§3º Não caracteriza grupo econômico a mera identidade de sócios, sendo **necessárias, para a configuração do grupo, a demonstração do interesse integrado, a efetiva comunhão de interesses e a atuação conjunta das empresas dele integrantes.**" (grifos nossos)

Assim, a Lei n. 13.467/2017 alterou de maneira significativa o conceito anterior, ao possibilitar a caracterização do grupo econômico não só por subordinação, mas também pelo liame da **coordenação**, quando houver "interesse integrado, efetiva comunhão de interesses e atuação conjunta das empresas dele integrantes".

A análise desses requisitos deve ser pautada pela realidade fática do que "efetivamente acontece" e não pelo exame de seus aspectos meramente formais.

Portanto, há uma nova configuração jurídica do grupo econômico, agora constituído também *por coordenação*, **que para tanto reconhece 2 (duas) situações diferentes**, assim abarcando aqueles

I. que atuam por **interesse integrado**, ou

II. que tem **atuação conjunta por efetiva comunhão de interesses.**

Não é pouca coisa.

Extrai-se das alterações empreendidas pela Lei n. 13.467/2017, cotejadas com as demais leis que compõe o movimento de *reforma das leis trabalhistas*, entendimento de que foram conferidos contornos muito mais amplos ao conceito de grupo econômico, e consequente responsabilização de todos os beneficiados pelo trabalho prestado, quando envolvidos tanto pela existência de *interesse integrado*, quanto pela atuação conjunta decorrente da *atuação conjunta por efetiva comunhão de interesses*, mesmo que não haja direção, controle ou administração de uns sobre os outros.

Trata-se de inovação deveras importante, ante a forma dinâmica com que é estruturada a organização produtiva na sociedade contemporânea.

Nessa senda, a nova configuração do grupo econômico por coordenação representa um saudável avanço frente aos contornos da regulamentação da terceirização, vez que a Lei n. 13.467/2017, ao conferir nova redação ao artigo 4º-A da Lei n. 6.019/1974, deixou expressa a possibilidade de a empresa transferir a execução de quaisquer de suas atividades, inclusive a principal, mediante a contratação de *prestadora de serviços a terceiros.*

Assim, a contratação da *prestação de serviços a terceiros* em **relação à atividade principal** atrai a presunção relativa da existência de **interesse integrado ou de atuação conjunta por efetiva comunhão de interesses, nos termos do §3º do artigo 2º da CLT**, conforme redação estabelecida pela Lei n. 13.467/2017, com a caracterização de **grupo econômico por coordenação** e, por consequência, sustenta imputação da **responsabilidade solidária** à contratante pelas obrigações decorrentes da relação de emprego, imputando-lhe, pois, o **ônus da prova** de eventual fato extintivo, modificativo ou impeditivo do direito do autor, nos termos dos artigos 373, §1º e 375 do CPC, aplicáveis em razão do disposto nos artigos 15 do CPC e 769 da CLT, conforme disposto na Instrução Normativa n. 39/2016 do Tribunal Superior do Trabalho, em seu artigo 3º, inciso VII.

Tal fato, por si só, já revela a complexidade das alterações propostas pela Lei n. 13.467/2017, ao empreender mudanças profundas na legislação trabalhista, cuja interpretação deve ser pautada pela sintonia fina com todo o ordenamento, mantendo-se, assim, a operacionalidade do sistema.

2.1. Comparativos entre a regulamentação do grupo econômico na legislação

De início, e a fim de se proceder ao estudo da inovação legislativa referida, apresenta-se quadro comparativo entre o novel artigo 2º da CLT e seu texto anterior, com destaque para as alterações promovidas pela Lei n. 13.467/2017.

Artigo 2º da CLT com redação conferida pela Lei n. 13.467/2017	**Artigo 2º da CLT antes da *reforma trabalhista***
Art. 2º - Considera-se empregador a empresa, individual ou coletiva, que, assumindo os riscos da atividade econômica, admite, assalaria e dirige a prestação pessoal de serviço.	Art. 2º - Considera-se empregador a empresa, individual ou coletiva, que, assumindo os riscos da atividade econômica, admite, assalaria e dirige a prestação pessoal de serviço.
§1º - Equiparam-se ao empregador, para os efeitos exclusivos da relação de emprego, os profissionais liberais, as instituições de beneficência, as associações recreativas ou outras instituições sem fins lucrativos, que admitirem trabalhadores como empregados.	§1º - Equiparam-se ao empregador, para os efeitos exclusivos da relação de emprego, os profissionais liberais, as instituições de beneficência, as associações recreativas ou outras instituições sem fins lucrativos, que admitirem trabalhadores como empregados.
§2º - Sempre que uma ou mais empresas, tendo, embora, cada uma delas, personalidade jurídica própria, estiverem sob a direção, controle ou administração de outra**, ou ainda quando, mesmo guardando cada uma sua autonomia, integrem grupo econômico, serão responsáveis solidariamente pelas obrigações decorrentes da relação de emprego.**	§2º - Sempre que uma ou mais empresas, tendo, embora, cada uma delas, personalidade jurídica própria, **estiverem sob a direção, controle ou administração de outra, constituindo grupo industrial, comercial ou de qualquer outra atividade econômica, serão, para os efeitos da relação de emprego, solidariamente responsáveis a empresa principal e cada uma das subordinadas.**
§3º - Não caracteriza grupo econômico a mera identidade de sócios**, sendo necessárias, para a configuração do grupo, a demonstração do interesse integrado, a efetiva comunhão de interesses e a atuação conjunta das empresas dele integrantes.**	

Destarte, a aplicação do novo preceito, referente à caracterização do grupo econômico por coordenação, provocará consequências importantes, quando se tratar de terceirização da atividade principal.

2.1.1. A inter-relação entre as novas disposições da CLT e a regulação do trabalho do rurícola: aplicação subsidiária da CLT – A interessante aproximação do novo conceito de grupo econômico da CLT com o preceito legal que disciplina a matéria em relação ao rurícola

As alterações inseridas pelas leis de reforma trabalhista, em especial a Lei n. 13.467/2017, trarão, certamente, discussões sobre a regulamentação do trabalho do rurícola.

Com efeito, o cotejamento das normas da CLT com a Lei n. 5.889/1973 desnuda uma nova perspectiva, cuja análise, neste momento de mudança, se mostra crucial à solução de eventuais antinomias.

Não se olvida o constante do dispositivo da CLT, que não sofreu nenhuma alteração, dispor expressamente que:

> "Art. 7º **Os preceitos constantes da presente Consolidação salvo quando for em cada caso, expressamente determinado em contrário, não se aplicam:**
>
> (...)
>
> **b) aos trabalhadores rurais**, assim considerados aqueles que, exercendo funções diretamente ligadas à agricultura e à pecuária, não sejam empregados em atividades que, pelos métodos de execução dos respectivos trabalhos ou pela finalidade de suas operações, se classifiquem como industriais ou comerciais." (grifos nossos)

De outra banda, há que se considerar o disposto no artigo 1º da Lei n. 5.889/1973, que assim dispõe:

> "Art. 1º **As relações de trabalho rural serão reguladas por esta Lei e, no que com ela não colidirem, pelas normas da Consolidação das Leis do Trabalho**, aprovada pelo Decreto-lei nº 5.452, de 01/05/1943." (grifos nossos)

Nota-se que, em sua redação original, foi admitida a aplicação da CLT aos rurícolas apenas em hipóteses expressas. Porém, a demanda crescente por regramento do trabalho rural levou à promulgação posterior da Lei n. 5.889/1973, indicando a aplicação mais ampla da CLT, agora balizada apenas pela forma subsidiária quando houver compatibilidade, assim evidenciando um abrandamento da posição anterior.

Seguindo nesta esteira, importante ressaltar que a Lei n. 5.889/1973, que rege o trabalho do rurícola, é especial, assim atraindo a aplicação do disposto no artigo 2º, §2º, da Lei de Introdução às normas do Direito Brasileiro (LINDB).

Curioso registrar que o Decreto n. 73.626/1974, que regulamenta a Lei n. 5.889/1973, traz em seu artigo 4º rol de artigos da CLT que se aplicam às relações de trabalho rural. Contudo, como não pode dispor em dissonância à lei que regulamenta, não há amparo legal para retroceder aos critérios restritivos constantes do artigo 7º, alínea "b" da CLT, devendo referida indicação ser considerada como meramente exemplificativa, não excluindo a aplicação de outros dispositivos *celetistas,* mesmo não inseridos neste rol, que são aplicáveis subsidiariamente, quando compatíveis.

Tais reflexões são importantes na medida em que, com fulcro no artigo 7º da CF/88, certamente advirão diversas controvérsias no que se refere à aplicação dos novos preceitos estabelecidos pela reforma trabalhista, em especial a Lei n. 13.467/2017, ao empregado rural.

Nessa senda, em relação à configuração do grupo econômico, houve um movimento inequívoco de convergência com o disposto na Lei n. 5.889/1973, que já havia fixado conceito mais abrangente, como se pode observar pelo seguinte quadro comparativo:

Artigo 2º da CLT com redação conferida pela Lei n. 13.467/2017	Artigo 3º, §2º da Lei n. 5.889/1973
Art. 2º - Considera-se empregador a empresa, individual ou coletiva, que, assumindo os riscos da atividade econômica, admite, assalaria e dirige a prestação pessoal de serviço. §1º - Equiparam-se ao empregador, para os efeitos exclusivos da relação de emprego, os profissionais liberais, as instituições de beneficência, as associações recreativas ou outras instituições sem fins lucrativos, que admitirem trabalhadores como empregados. §2º - Sempre que uma ou mais empresas, tendo, embora, cada uma delas, personalidade jurídica própria, estiverem sob a direção, controle ou administração de outra, ou ainda quando, mesmo guardando cada uma sua autonomia, integrem **grupo econômico**, serão responsáveis solidariamente pelas obrigações decorrentes da relação de emprego. §3º - Não caracteriza grupo econômico a mera identidade de sócios, sendo necessárias, para a configuração do grupo, a demonstração do interesse integrado, a efetiva comunhão de interesses e a atuação conjunta das empresas dele integrantes.	§2º Sempre que uma ou mais empresas, embora tendo cada uma delas personalidade jurídica própria, estiverem sob direção, controle ou administração de outra, ou ainda quando, mesmo guardando cada uma sua autonomia, **integrem grupo econômico ou financeiro rural**, serão responsáveis solidariamente nas obrigações decorrentes da relação de emprego.

Portanto, não se pode deixar de constatar que a Lei n. 5.889/1973 já havia reconhecido a possibilidade de imputação da responsabilidade solidária também aos integrantes do grupo financeiro rural que, por sua própria natureza, não atuam numa relação de subordinação.

Neste contexto, não há como afastar a aplicação, posto que compatível, do agora disposto no §3º do artigo 2º da CLT, ao reconhecer a existência do grupo econômico por coordenação, quando houver "interesse integrado, a efetiva comunhão de interesses e a atuação conjunta das empresas dele integrantes", **também nas relações de trabalho rural**, pois permite adequar a configuração do grupo econômico às crescentes complexidades dos novos tipos de organização produtiva no meio rural, notadamente quanto ao agronegócio.

Por derradeiro, registre-se a importante alteração que ampliou os objetivos da formação do grupo econômico. Antes, fixados apenas "para os efeitos da relação de emprego", passaram a responder "pelas obrigações decorrentes da relação de emprego", o que pode ensejar discussões também quanto à figura do empregador único.

2.1.2. Do reconhecimento legal da formação de grupo econômico por coordenação com base na CLT: a responsabilização dos integrantes de figuras societárias específicas

Extrai-se, do cotejamento entre o novo texto da CLT e o constante da Lei n. 5.889/1973, que disciplina o trabalho rural, que em relação à configuração do grupo econômico o legislador buscou convergir as regulamentações das atividades rural e urbana, evitando interpretações que distanciassem a proteção patrimonial conferida ao rurícola e ao trabalhador urbano.

Assim, demonstrou coerência com os novos desafios da sociedade contemporânea, o que certamente levará à superação da jurisprudência anterior do Tribunal Superior do Trabalho no sentido de que "(...) a configuração de grupo econômico é imprescindível a existência de relação hierárquica de uma empresa sobre a outra, não sendo suficiente a mera relação de coordenação entre elas. (...)."[5].

A novel postura legislativa soluciona, assim, diversas questões processuais que, por vezes, ensejavam longas discussões envolvendo não só a extensão dos efeitos da prática de ilícitos, como outras formas de responsabilização de figuras próprias como ocorre nos *consórcios*[6], ou em determinadas organizações societárias urbanas e rurais, que atuam tanto por interesse integrado, quanto por comunhão de interesses.

2.2. Os requisitos exigidos para a caracterização do grupo econômico por coordenação: cumulatividade ou alternatividade?

Dispõe o §3º do artigo 2º da CLT, com redação conferida pela Lei n. 13.467/2017:

> "§3º Não caracteriza grupo econômico a mera identidade de sócios, sendo necessárias, para a configuração do grupo, a demonstração do interesse integrado, a efetiva comunhão de interesses e a atuação conjunta das empresas dele integrantes."

---

5. Excerto extraído do Acórdão proferido nos Autos do Recurso de Revista n. 0116-75.2014.5.01.0049, Relator Ministro: Antonio José de Barros Levenhagen, 5ª Turma, Publicação: DEJT de 30/06/2017. Em referido julgado são mencionados outros julgados, quais sejam: (i) E-ED-RR-996-63.2010.5.02.0261, Relator Ministro: João Batista Brito Pereira, Subseção I Especializada em Dissídios Individuais, Publicação: DEJT de 20/05/2016; (ii) E-ED-RR-214940-39.2006.5.02.0472, Relator Ministro: Horácio Raymundo de Senna Pires, Subseção I Especializada em Dissídios Individuais, Publicação: DEJT de 15/08/2014.

6. O consórcio, conquanto possuam qualificações para fins tributários, não se constituem como pessoas jurídicas, não constando, por isso, do artigo 44 do código civil. Possuem, contudo, regulamentação na Lei n. 6.404/1976, em seu artigo 278 e seguintes. Há, por fim, na Lei n. 8.212/1991, artigo 25-A, disposições relativas ao consórcio simplificado de produtores rurais.

A análise do preceito já começou a ensejar discussões acerca da sua interpretação. Para a configuração do grupo econômico por coordenação seria exigível a demonstração de todos os requisitos ali referidos de forma cumulativa? Ou a lei previu exigências alternativas, bastando que apenas uma estivesse presente para a caracterização do grupo econômico por coordenação?

Extrai-se da doutrina posições no sentido de que referidos requisitos seriam cumulativos[7], devendo-se, pois, provar a existência de todos ("interesse integrado" e "efetiva comunhão de interesses" e "atuação conjunta") para configurar a existência de grupo econômico por coordenação.

Adotamos, contudo, posição diversa.

Entendemos que se prevalecer este entendimento o escopo da alteração legal será frustrado, pois a aplicação do novo preceito ficará restrita a poucos casos, ante a inequívoca dificuldade de produzir prova desta ampla gama de exigências.

Neste passo, provocaria inequívoco *déficit* de operacionalidade a uma ferramenta jurídica importante, que a lei estabeleceu para oferecer respostas à grande diversidade de organização produtiva, que marca a era contemporânea.

Com efeito, o intenso desenvolvimento tecnológico tem provocado alterações significativas na realidade fática, ensejando outras formas de atuação dos integrantes do grupo econômico, que agora passam a ser reconhecidas pelo ordenamento sob 2 (duas) novas modalidades: por interesse integrado, ou por comunhão de interesses.

Assim, por considerarmos imperiosa a efetividade substancial da nova lei, pois propicia inequívoca ampliação da teia produtiva em benefício do trabalhador, e a par da questão envolvendo a adequada atribuição do ônus da prova, mais a frente tratada, adota-se interpretação que afasta a exigência cumulativa dos requisitos, concluindo que a configuração do grupo econômico por coordenação foi

7. PEREIRA, Antônio César Coelho de Medeiros. A Alteração do Conceito de Grupo Econômico Promovido pela Reforma Trabalhista. *In* Reforma trabalhista: visão, compreensão e crítica. Guilherme Guimarães Feliciano, Marco Aurélio Marsiglia Treviso e Saulo Tarcísio de Carvalho Fontes (Organizadores). 1ª edição, São Paulo: LTr, 2017 (versão eletrônica), p. 20: "A reforma inovou a legislação com a exigência de demonstração 'de interesse integrado, a efetiva comunhão de interesses e a atuação conjunta das empresas dele integrantes (inclusão do §3º no art. 2º da CLT) e, da forma como redigida, deduz-se tratar de requisitos cumulativos.". TEIXEIRA FILHO, Manoel Antônio. O Processo do Trabalho e a Reforma Trabalhista: As Alterações Introduzidas no Processo do Trabalho pela Lei n. 13.467/2017. 1ª edição, São Paulo: LTr, 2017 (versão eletrônica), p. 18: "Conjugando-se o disposto nos §§2º e 3º, do art. 2º, da CLT, chegamos à conclusão de que, para a caracterização do grupo econômico, será necessária a presença dos seguintes requisitos cumulativos: a) estar, um empresa, sujeita à direção, controle ou administração de outra; b) haver, entre essas empresas, interesse integrado, efetiva comunhão de interesses e atuação conjunta; c) em determinados casos, mesmo não havendo subordinação de uma empresa para as demais (letra 'a' retro), ou seja, em que as empresas mantêm, cada uma, a sua autonomia, pode haver a configuração de grupo econômico, contanto que presentes o interesse integrado, a efetiva comunhão de interesses e a atuação conjunta;".

estabelecida de forma alternativa, podendo ocorrer de 2 (duas) formas distintas, quando houver:

> I. Demonstração de interesse integrado
>
> ou
>
> II. Demonstração da efetiva comunhão de interesses pela atuação conjunta de seus integrantes.

2.3. Novas perspectivas para a tese do *empregador único*

As alterações legais empreendidas no texto da CLT podem repristinar discussão importante, referente à figura do *empregador único.*

A expressão "para os efeitos da relação de emprego", anteriormente constante do §2º, do artigo 2º da CLT, era interpretada pela jurisprudência em sua acepção passiva (responsabilidade solidária dos integrantes do grupo pelo cumprimento das obrigações do empregador) e também ativa[8] (possibilidade de ser exigida a prestação laboral do empregado em prol dos integrantes do grupo), conforme entendimento jurisprudencial majoritário consubstanciado na Súmula n. 129 do TST:

> **"Súmula n. 129 do TST**
>
> **CONTRATO DE TRABALHO. GRUPO ECONÔMICO**

---

8. DELGADO, Maurício Godinho. Curso de Direito do Trabalho. 8ª edição, São Paulo: LTr, 2009, p. 382/383 e 385 (excertos esses mantidos na 16ª edição, versão eletrônica, 2017, p. 470 e 472/473): "A figura jurídica do grupo econômico surgiu como *veículo de ampliação da garantia dos créditos trabalhistas* em favor do empregado – sendo esse seu original e mais clássico objetivo e efeito.

A evolução do instituto, entretanto, propiciou uma extensão de seus objetivos e efeitos por além da mera garantia creditícia, alcançando todos os aspectos contratuais e todos os entes integrantes do grupo econômico. Essa extensão de objetivos e efeitos deferida à figura do grupo não é, contudo, isenta de debates e resistências entre os juristas. (...).

Desde que se escolha a tese da solidariedade ativa (além da incontroversa solidariedade passiva), alguns importantes efeitos justrabalhistas podem se verificar quanto a determinado empregado vinculado ao grupo econômico. Citem-se, ilustrativamente, alguns desses potenciais efeitos: a) ocorrência da *accessio temporis*, isto é, a contagem do tempo de serviço prestado sucessivamente às diversas empresas do grupo; b) possibilidade de veiculação da temática da equiparação salarial em face de empregados de outras empresas do grupo – caso configurados, evidentemente, os demais pressupostos do art. 461 da CLT; c) pagamento de um único salário ao empregado por jornada normal concretizada, ainda que o obreiro esteja prestando serviços concomitantemente a distintas empresas do grupo (Súmula 129, TST); d) natureza salarial dos valores habituais recebidos de outras empresas do grupo por serviços prestados diretamente a elas (com o consequente *efeito expansionista circular dos salários*); e) extensão do poder de direção empresarial por além da específica empresa em que esteja localizado o empregado – com o que se autorizaria, a princípio, a transferência obreira de uma para outra empresa do grupo, respeitadas as limitações legais quanto à ocorrência de prejuízo (art. 468, CLT). Ressalte-se que, mesmo no caso de grupo econômico, a transferência de *localidade* sempre exigirá real necessidade do serviço – Súmula 43, TST – submetendo-se, ainda, às demais regras do art. 469 da CLT." (marcas do original).

> A prestação de serviços a mais de uma empresa do mesmo grupo econômico, durante a mesma jornada de trabalho, não caracteriza a coexistência de mais de um contrato de trabalho, salvo ajuste em contrário."

A alteração deste preceito celetista pela Lei n. 13.467/2017, ao substituir a redação anterior "para os efeitos da relação de emprego" pela nova "pelas obrigações decorrentes da relação de emprego", poderá ensejar diferentes interpretações:

A – Perspectiva restritiva

Parte da doutrina passou a entender que, ante a alteração fixada pela Lei n. 13.467/2017, analisada em conjunto com o disposto no *caput* do artigo 2º, quando considera "empregador a empresa", estaria prejudicada a tese do empregador único, pois a responsabilização ficaria reduzida à acepção meramente passiva, ou seja, as empresas integrantes do grupo econômico seriam solidariamente responsáveis pelo cumprimento das obrigações do empregador, mas não teriam mais a contrapartida ativa e, por isso, não poderiam mais exigir a prestação laboral do empregado em prol dos integrantes do grupo, dentro da jornada contratada para o mesmo vínculo empregatício. Assim, o empregador não mais poderia exigir que seu empregado prestasse serviços para outras empresas do grupo, nem exigir que empregado de outra empresa do grupo lhe prestasse serviços, sem que isso configurasse vínculo empregatício específico.

Entretanto, não concordamos com tal análise, pois deixa de atentar para a realidade fática de nossos dias, em que a tendência segue exatamente o sentido inverso. Isto porque tem sido cada vez mais comum, em determinadas funções, durante o horário de trabalho, o empregado atuar em benefício de todas ou algumas empresas que integram o mesmo grupo econômico, inclusive com o compartilhamento de materiais, insumos e instalações.

Ademais, além de não implicar em maior proteção ao trabalhador, a interpretação restritiva redundaria em maior burocratização das rotinas de trabalho, exigindo redundâncias que, ao fim e ao cabo, não necessariamente significariam aquilo que deveras se mostra essencial, isto é, a promoção da melhoria das condições de trabalho.

B – Perspectiva ampliativa

Outros, com os quais concordamos, consideram que a acepção ativa permanece, <u>mas haveria uma alteração substancial na configuração passiva.</u>

Mantêm a configuração do *empregador único*, mas trazem à colação a diferenciação existente entre os conceitos jurídicos de obrigação e responsabilidade, para concluir que foi estabelecido um gravame maior aos integrantes do grupo econômico. Assim, diferentemente da redação anterior, que lhes atribuía apenas a responsabilidade pelo ressarcimento pecuniário nos casos de descumprimento da legislação trabalhista pelo empregador, agora ocorre a imputação de responsabilidade solidária pelas "obrigações decorrentes da relação de emprego", assim incluindo também as obrigações de fazer/não fazer.

Esta nova configuração se reveste de importância significativa para resguardar os direitos fundamentais dos trabalhadores, notadamente em relação às questões de saúde e segurança, em que é necessário assegurar meio ambiente de trabalho saudável, obrigação agora instituída não só em prol do trabalhador temporário, mas também daquele que se ativa em benefício do integrante de grupo econômico *por coordenação*, como pode ocorrer quando houver a contratação de *prestadoras de serviços a terceiros* na forma exposta no capítulo 2.5. deste artigo, o que terá repercussão importante, notadamente nos casos em que se fizer necessária a concessão de tutela inibitória[9], superando a perspectiva *monetizante*.

Nesse sentido, já vínhamos defendendo, há tempos, a responsabilidade em questões de saúde e segurança do trabalho para além da mera relação de emprego, vez que o ambiente laboral pode não estar sob a direção do empregador, mas de quem lhe toma o serviço ou de um terceiro, de alguma forma relacionado ao tomador dos serviços[10]. A perspectiva protetiva, assim, assume contornos mais amplos no direito material trabalhista, razão pela qual deve encontrar respaldo no direito processual, a quem cabe, por meio da tutela inibitória, instrumentalizar.

Portanto, temos pela subsistência da tese do *empregador único*, contudo, com nova configuração, formatada pela Lei n. 13.467/2017, que ampliou a responsabilidade do grupo econômico para além do ressarcimento pecuniário nos casos de descumprimento da legislação trabalhista pelo empregador, vez que imputa a responsabilidade solidaria pelas "obrigações decorrentes da relação de emprego", assim incluindo também as obrigações de fazer/não fazer, nestas inseridas aquelas obrigações relativas ao meio ambiente do trabalho.

2.4. Considerações quanto às características subjetivas do grupo econômico: Críticas a restrição de sua composição apenas por empresários e sociedades empresárias

A Lei n. 13.467/2017 manteve a referência anteriormente estabelecida, consignando no §2º do artigo 2º da CLT que o grupo econômico é integrado por *empresas.*

Esta acepção sugestiona a aplicação conceitual da Lei n. 6.404/1976 (Lei das sociedades por ações) e também do *caput* do artigo 966 do Código Civil, ao estabelecer que:

> "Considera-se empresário quem exerce profissionalmente atividade econômica organizada para a produção ou a circulação de bens ou de serviços."

9. GEMIGNANI, Tereza Aparecida Asta. Tutela inibitória: a eficácia da jurisdição pela superação da perspectiva *monetizante*. 2017, no prelo.

10. GEMIGNANI, Tereza Aparecida Asta e GEMIGNANI, Daniel. Meio ambiente de trabalho. Precaução e prevenção. Princípios norteadores de um novo padrão normativo. Revista do Tribunal Regional do Trabalho da Décima Quinta Região, v. 40, 2012.

Entretanto, o parágrafo único do artigo 966 do Código Civil estabelece uma limitação, ao consignar que:

> "Parágrafo único. Não se considera empresário quem exerce profissão intelectual, de natureza científica, literária ou artística, ainda com o concurso de auxiliares ou colaboradores, salvo se o exercício da profissão constituir elemento de empresa."

Esta restrição deve ser observada também pelo direito trabalhista?

Pensamos que não.

A realidade contemporânea do mundo do trabalho vem exigindo um alargamento dessa visão – informada, nas searas civil e comercial, por razões históricas e operacionais da atividade empresária[11], não afetas, pois, aos fundamentos próprios e razões específicas que norteiam o direito do trabalho.

Destarte, imperioso analisar o referido parágrafo sob a perspectiva das qualificadoras previstas no *caput* e também do §1º do artigo 2º da CLT, levando a conclusão de que o conceito de grupo econômico deve ser elastecido, adequado à nova dinâmica das relações trabalhistas, podendo, por isso, ser integrado também por profissional liberal que exerce profissão intelectual, de natureza científica, literária ou artística, instituições de beneficência e associações recreativas quando, "assumindo os riscos da atividade econômica", admitem, assalariam e dirigem a prestação pessoal dos serviços, como já defende parte da doutrina.

Ademais, a caracterização do grupo econômico, para fins trabalhistas, tem por pressuposto a existência de uma relação de subordinação ou coordenação fática, que exsurge da existência de interesse integrado, ou atuação conjunta pela efetiva comunhão de interesses de seus integrantes, assim estabelecendo uma especificidade própria, diferente das condicionantes previstas nos artigos 265 e 271 da lei das sociedades por ações[12].

---

11. A adoção, pelo direito civil, da teoria da empresa, em substituição a antiga teoria dos atos de comércio (Regulamento n. 737/1850), com o fim de distinguir aqueles que realizam empresa, ou realizavam o comércio, tinha o objetivo único de conferir tratamento comercial diverso, afastando, pois, a aplicação do direito civil comum. Discussões desse jaez ainda são verificadas quando se busca a caracterização da figura do empresário, bem como quando se pretende a aplicação de determinados diplomas protetivos das atividades empresária, como é o caso da Lei n. 11.101/2005, que a recuperação judicial, a extrajudicial e a falência do empresário e da sociedade empresária. Tais distinções, contudo, próprias da seara civil e comercial, em nada se justificam no campo juslaboral, pelas razões aduzidas neste capítulo.

12. "Art. 265. A sociedade controladora e suas controladas podem constituir, nos termos deste Capítulo, grupo de sociedades, mediante convenção pela qual se obriguem a combinar recursos ou esforços para a realização dos respectivos objetos, ou a participar de atividades ou empreendimentos comuns.

    §1º A sociedade controladora, ou de comando do grupo, deve ser brasileira, e exercer, direta ou indiretamente, e de modo permanente, o controle das sociedades filiadas, como titular de direitos de sócio ou acionista, ou mediante acordo com outros sócios ou acionistas.

    §2º A participação recíproca das sociedades do grupo obedecerá ao disposto no artigo 244.

Oportuno registrar que abertura semelhante consta do artigo 33 da Lei n. 12.529/2011, que estrutura o Sistema Brasileiro de Defesa da Concorrência, ao dispor que "serão solidariamente responsáveis as **empresas ou entidades** integrantes de grupo econômico, **de fato** ou de direito, quando pelo menos uma delas praticar infração à ordem econômica." (grifos nossos).

Assim, em que pese haver referência apenas à "empresa", a interpretação sistemática e teleológica do *caput,* com os parágrafos do artigo 2º da CLT, consolida a ampliação daqueles que podem integrar o grupo econômico e, assim, assumir a responsabilidade solidária prevista no preceito[13].

Art. 271. Considera-se constituído o grupo a partir da data do arquivamento, no registro do comércio da sede da sociedade de comando, dos seguintes documentos:

I - convenção de constituição do grupo;

II - atas das assembléias-gerais, ou instrumentos de alteração contratual, de todas as sociedades que tiverem aprovado a constituição do grupo;

III - declaração autenticada do número das ações ou quotas de que a sociedade de comando e as demais sociedades integrantes do grupo são titulares em cada sociedade filiada, ou exemplar de acordo de acionistas que assegura o controle de sociedade filiada.

§1º Quando as sociedades filiadas tiverem sede em locais diferentes, deverão ser arquivadas no registro do comércio das respectivas sedes as atas de assembléia ou alterações contratuais que tiverem aprovado a convenção, sem prejuízo do registro na sede da sociedade de comando.

§2º As certidões de arquivamento no registro do comércio serão publicadas.

§3º A partir da data do arquivamento, a sociedade de comando e as filiadas passarão a usar as respectivas denominações acrescidas da designação do grupo.

§4º As alterações da convenção do grupo serão arquivadas e publicadas nos termos deste artigo, observando-se o disposto no §1º do artigo 135.".

13. Registre-se, contudo, posições doutrinárias em sentido contrário. PEREIRA, Antônio César Coelho de Medeiros. A Alteração do Conceito de Grupo Econômico Promovido pela Reforma Trabalhista. *In* Reforma trabalhista: visão, compreensão e crítica. Guilherme Guimarães Feliciano, Marco Aurélio Marsiglia Treviso e Saulo Tarcísio de Carvalho Fontes (Organizadores). 1ª edição, São Paulo: LTr, 2017 (versão eletrônica), p. 20: "Mantém-se, com a reforma trabalhista, a responsabilidade solidária das empresas pertencentes ao mesmo grupo econômico informalmente estabelecido e o requisito subjetivo para sua configuração (exercício de atividade empresarial), o que implica afirmar não integrarem esse contexto o Estado e demais entes estatais, o empregador doméstico, entidades sem fins lucrativos e os denominados empregadores por equiparação, a exemplo dos profissionais liberais, instituições de beneficência, associações recreativas etc.". Observa-se, contudo, que o autor faz observação quanto a existência de interesse econômico na prática de diversas entidades sem fins lucrativos, a ensejar, assim, reflexão sobre a questão. DELGADO, Maurício Godinho. Curso de Direito do Trabalho. 16ª edição, São Paulo: LTr, 2017 (versão eletrônica), p. 467: "(...). O componente do grupo não pode ser qualquer pessoa física, jurídica ou ente despersonificado; não se trata, portanto, de qualquer empregador, mas somente certo tipo de empregador, diferenciado dos demais em função de sua atividade econômica. Surge aqui o primeiro requisito dessa figura tipificada do Direito do Trabalho (composição por entidades estruturadas como empresas).".

2.5. A nova caracterização de grupo econômico e a prestação de serviços a terceiros. Responsabilidade solidária ou subsidiária?

A Lei n. 13.429/2017 alterou a Lei n. 6.019/1974 para inserir a regulamentação do contrato de *prestação de serviços a terceiros.*

Ao tratar da responsabilidade da contratante, dispôs o §5º do artigo 5º-A que:

> "A empresa contratante é subsidiariamente responsável pelas obrigações trabalhistas referentes ao período em que ocorrer a prestação de serviços, e o recolhimento das contribuições previdenciárias observará o disposto no art. 31 da Lei nº 8.212, de 24 de julho de 1991"

Como tal preceito não sofreu qualquer alteração pela Lei n. 13.467/2017, imperioso concluir que nos contratos de *prestação de serviços a terceiros* foi atribuída responsabilidade subsidiária à tomadora.

Porém, ao alterar os artigos 4º-A e 5º-A da Lei n. 6.019/1974, a Lei n. 13.467/2017 trouxe mudanças significativas ao instituto da *prestação de serviços a terceiros,* pois admitiu expressamente a transferência feita pela contratante da execução de quaisquer de suas atividades, inclusive a principal.

Paralelamente a alteração nos contratos de *prestação de serviços a terceiros,* inseriu a Lei n. 13.467/2017 a figura, já referida, do grupo econômico por coordenação, quando existente o interesse integrado, ou a comunhão de interesses pela atuação conjunta dos integrantes do grupo.

Trouxe a nova legislação, portanto, uma nova configuração jurídica, pois a terceirização da atividade fim demonstra a existência de inequívoco interesse integrado entre a contratante e a contratada, formando grupo econômico *por coordenação.*

Com efeito, o novo instituto da *prestação de serviços a terceiros,* em especial quando assenta a possibilidade de que esta contratação ocorra em relação à atividade principal da tomadora, passa a respaldar a interpretação de que agora há amparo legal para imputar responsabilidade solidária à contratante, com fundamento na existência de grupo econômico *por coordenação,* ante a presunção da existência do grupo, sendo ônus do tomador demonstrar a existência de fato impeditivo, modificativo ou extintivo do autor.

Com efeito, o novo instituto da *prestação de serviços a terceiros,* em especial quando assenta a possibilidade de que esta contratação ocorra em relação à atividade principal da tomadora, passa a respaldar a interpretação de que agora há amparo legal para imputar a responsabilidade solidária à contratante, com fundamento na existência de grupo econômico *por coordenação,* vez ser presumível que neste caso a prestadora de serviços deve atuar *com interesse integrado ou com efetiva comunhão de interesses aos fins delineados pela tomadora.* Ante tal presunção, o ônus de provar que tal atuação ocorre sob parâmetros distintos se desloca para a tomadora, a única que tem aptidão para produzir esta prova, conforme dispõem os artigos 373, §1º e 375 do CPC, aplicáveis por compatíveis com o processo do trabalho nos termos dos artigos 15 do CPC, 769 da CLT e inciso VII do artigo 3º da Instrução Normativa n. 39/2016 do Tribunal Superior do Trabalho.

A *reforma trabalhista*, assim, nos termos delineados pela Lei n. 13.467/2017, ao fixar, de forma clara, a possibilidade de contratação de *prestação de serviços a terceiros* na atividade principal da tomadora e admitir a formação de grupo econômico *por coordenação*, permitiu, na realidade, hipótese exceptiva de responsabilização solidária, relegando a responsabilidade subsidiária àquela tomadora que contrata a *prestação de serviços a terceiros* para os casos em que não configurado o grupo econômico por coordenação.

Portanto, trouxe a Lei n. 13.467/2017 situação jurídica na qual, ante a proximidade dos institutos da *prestação de serviços a terceiros*, em especial quando essa se dá na atividade principal da tomadora, e do grupo econômico por coordenação, presunção apta a imputar o ônus da prova do fato impeditivo, extintivo ou modificativo à tomadora, vez que a presença dos elementos caracterizados do grupo econômico e, por consequência, da responsabilidade solidária, decorrem da própria dinâmica com que o serviço será prestado.

Assim, tem-se:

1) **Primeira hipótese jurídica -*prestação de serviços a terceiros* em atividade principal - presunção relativa da existência de grupo econômico por coordenação - ônus da prova da tomadora fato impeditivo, extintivo ou modificativo**

Haverá responsabilidade solidária da tomadora, posto haver presunção da existência de grupo econômico por coordenação, quando for contratada a *prestação de serviços de terceiros* em atividade principal, sendo seu o ônus da prova do fato impeditivo, modificativo ou extintivo do direito do autor.

Isso se dá, pois, é a *prestação de serviços a terceiros* na atividade principal da tomadora hipótese em que os elementos caracterizadores do grupo econômico *por coordenação* se mostrarão mais evidentes, vez que da contratada espera-se atuação *com interesse integrado ou com efetiva comunhão de interesses e em atuação conjunta aos fins delineados pela tomadora.*

Importante registrar que para a configuração do grupo econômico por coordenação não se exige a constatação de fraude. Isto porque não se está a descaracterizar o contrato de *prestação de serviços a terceiros,* o qual é válido, mas se está a realizar qualificação jurídica adequada às repercussões trabalhistas, provocadas pela nova maneira da tomadora de serviços estruturar sua cadeia produtiva, que gera efeitos relevantes na forma como o serviço é prestado e, consequentemente, nas relações mantidas com o empregado, cujo trabalho beneficia não só o empregador, mas também agrega valor ao patrimônio da tomadora, assim justificando a imputação de responsabilidade solidária.

Assim, repercussão importante, decorrente da Lei n. 13.467/2017, é a fixação do ônus da prova no tomador dos serviços, contratante da *prestação de serviços a terceiros*, em especial quando essa contratação se dá em sua atividade principal, vez que neste caso haverá presunção relativa da existência de grupo econômico por coordenação, nos termos dos artigos 373, §1º e 375 do CPC, aplicáveis em razão do disposto nos artigos 15 do CPC e 769 da CLT, conforme disposto na Instrução Normativa n. 39/2016 do Tribunal Superior do Trabalho, em seu artigo 3º, inciso VII.

2) Segunda hipótese jurídica – *prestação de serviços a terceiros* em atividades diversas – responsabilidade subsidiária – ônus da prova do autor

Nas demais atividades contratadas por meio do instituto da *prestação de serviços a terceiros* que não a principal, o ônus da prova recairá, ordinariamente, sobre o autor, aplicando-se, em regra, a responsabilidade subsidiária da tomadora, nos termos do artigo 5º-A, §5º da Lei n. 6.019/1974.

Com efeito, a novel figura da *prestação de serviços a terceiros* não permite, quando encetada nas atividades que não a principal, a presunção, ainda que relativa, da existência dos elementos caracterizados do grupo econômico por coordenação, remanescendo, nestes casos, o ônus da prova com o autor da ação – ainda que, *in concreto*, possa-se apreciar eventual inversão do ônus da prova ou aplicação da teoria da distribuição dinâmica do ônus da prova em razão da maior aptidão do reclamado para a demonstração da inocorrência dos elementos caracterizadores do grupo econômico. A presunção, contudo, não ocorre.

No que se refere à tomadora, ademais, a Lei n. 13.467/2017 manteve o preceituado nos §§2º e 3º do artigo 5º-A, mas inseriu o artigo 4º-C na Lei n. 6.019/1974, estabelecendo uma ampliação de suas obrigações, quando os serviços forem realizados em suas dependências, em especial quando se tratar de terceirização de sua atividade principal. Imputou, assim, expressamente à tomadora a obrigação de garantir aos trabalhadores terceirizados não só as condições de segurança e saúde do trabalho, mas também de alimentação, serviços de transporte, atendimento médico e treinamento.

Tais imputações encontram-se ainda mais justificadas quando se tratar de membro integrante de grupo econômico, na medida em que se tem conformação mais ampla da figura do *empregador único*, conforme já exposto alhures.

Portanto, à vista da necessária compreensão das implicações sistêmicas que modificações empreendidas em um instituto trabalhista podem desencadear em relação a outros, é possível concluir que, apesar da adoção de novas nomenclaturas, os conceitos atrelados às ideias de atividade-fim e atividade-meio ainda subsistem em nosso ordenamento jurídico trabalhista, desta feita não para a aferição de eventual ilicitude na caracterização da terceirização, a qual se encontra, agora, regulamentada pela novel figura da *prestação de serviços a terceiros*, mas para a imputação do ônus da prova na determinação da extensão da responsabilidade da tomadora dos serviços contratados, se solidária ou subsidiária, ante a possibilidade de configuração do grupo econômico por coordenação.

3. A SUCESSÃO TRABALHISTA

A regulamentação da sucessão trabalhista encontra fundamento, tradicionalmente, nos artigos 10 e 448 da CLT, os quais não sofreram alterações com a promulgação da Lei n. 13.467/2017, que trata da *Reforma Trabalhista*, de sorte que qualquer alteração na propriedade ou na estrutura jurídica da empresa não afetará os direitos adquiridos, nem os contratos de trabalho dos empregados, justamente porque o empregador é a *empresa*, conforme o norte traçado pelo artigo 2º da CLT.

No entanto, a referida lei acrescentou à CLT o artigo 448-A, que possui a seguinte redação:

> "Art. 448-A. Caracterizada a sucessão empresarial ou de empregadores prevista nos artigos 10 e 448 desta Consolidação, **as obrigações trabalhistas, inclusive as contraídas à época em que os empregados trabalhavam para a empresa sucedida,** <u>são de responsabilidade do sucessor.</u>
>
> Parágrafo único. **A empresa sucedida responderá solidariamente com a sucessora quando ficar comprovada fraude na transferência.**" (grifos nossos)

O novo dispositivo legal veio oferecer respostas a duas questões importantes na seara trabalhista, ao estabelecer:

(i) a transferência automática do vínculo empregatício do trabalhador para a sucessora;

(ii) a fixação da responsabilidade única da sucessora, salvo no caso de fraude, em que haverá a responsabilidade solidária com a sucedida.

O agora disposto no parágrafo único do artigo 448-A se apresenta em consonância também com o norte interpretativo previsto no artigo 9º da CLT, com relação à extensão da responsabilidade da sucessora em caso fraude na sucessão[14]. A previsão legal aumenta a segurança jurídica na solução de questões que envolvem a sucessão trabalhista.

Este novo regramento vem pacificar controvérsias, notadamente quando sucessivas modificações societárias dificultavam a satisfação do crédito trabalhista, assim ampliando a garantia pelo adimplemento das obrigações, ceifando posição jurisprudencial e doutrinária anterior, quando previa responsabilização apenas subsidiária do sucedido.

---

14. "Orientação Jurisprudencial Transitória n. 30 da SBDI-1/TST. Cisão parcial de empresa. Responsabilidade solidária. Proforte. (DJ 09.12.2003). É solidária a responsabilidade entre a empresa cindida subsistente e aquelas que absorverem parte do seu patrimônio, quando constatada fraude na cisão parcial.".

Ademais, ao imputar expressamente à sucessora a responsabilidade pelos créditos decorrentes da relação de emprego, anteriormente mantida com a sucedida[15], estabeleceu que para caracterizar a sucessão trabalhista não é necessário que o trabalhador preste serviços à sucessora, assim pacificando antiga controvérsia e fortalecendo a jurisprudência que sinalizava neste mesmo sentido:

> **"OJ SBDI-I n. 261.**
>
> **BANCOS. SUCESSÃO TRABALHISTA.**
>
> As obrigações trabalhistas, inclusive as contraídas à época em que os empregados trabalhavam para o banco sucedido, são de responsabilidade do sucessor, uma vez que a este foram transferidos os ativos, as agências, os direitos e deveres contratuais, caracterizando típica sucessão trabalhista."

Estas, pois, as características gerais das modificações empreendidas pela Lei n. 13.467/2017. Passemos, então, a análise de questões específicas decorrentes da mudança legislativa.

3.1. As peculiaridades da sucessão do empregador doméstico.

O artigo 1º da Lei Complementar n. 150/2015 define o empregador doméstico como a pessoa física ou família que, sem explorar atividade lucrativa, recebe a prestação dos serviços de natureza contínua, subordinada, onerosa e pessoal em seu âmbito residencial, em mais de 2 (dois) dias por semana.

A primeira constatação que se extrai desta dicção legal é que os beneficiários dos serviços domésticos são pessoas físicas, que atuam de maneira singular ou como membros integrantes de uma família, que deve ser assim considerada em sentido bem amplo, como grupo de pessoas que moram na mesma residência, independentemente dos laços de afeto ou de sangue que une uns e outros.

Destarte, para fins de caracterização do empregador doméstico, vários moradores em uma residência, como estudantes universitários, por exemplo, podem configurar uma "família".

---

15. A distinção entre *modelo tradicional* e *modelo extensivo* apresentada por Maurício Godinho Delgado foi superada pela reforma trabalhista, com a adoção do *modelo extensivo.*

    DELGADO, Maurício Godinho. Curso de Direito do Trabalho. 8ª edição, São Paulo: LTr, 2009, p. 390 (excertos esses mantidos na 16ª edição, versão eletrônica, 2017, p. 478): "Isso significa que a separação de bens, obrigações e relações jurídicas de um complexo empresarial, com o fito de se transferir parte relevante dos ativos saudáveis para outro titular (direitos, obrigações e relações jurídicas), preservando-se o restante dos bens, obrigações e relações jurídicas no antigo complexo – agora significativamente empobrecido -, afeta, sim, de modo significativo, os contratos de trabalho, produzindo a sucessão trabalhista com respeito ao novo titular (arts. 10 e 448, CLT). (...).

    Para o modelo tradicional, a sucessão envolveria dois requisitos, claramente expostos na lição de Délio Maranhão: a) que uma unidade econômico-jurídica seja transferida de um para outro titular; b) que não haja solução de continuidade na prestação de serviços pelo obreiro.

    Para o modelo extensivo, a sucessão, em contrapartida, dar-se-ia desde que verificado, essencialmente, apenas o primeiro desses dois requisitos.".

Essas peculiaridades do trabalho doméstico, regulamentadas por norma especial (LC n. 150/2015), conferem especificidade à análise da questão referente à sucessão de empregadores, afastando a aplicação subsidiária dos artigos 10 e 448 da CLT, por flagrante incompatibilidade, pois não há falar em "alteração na estrutura jurídica da empresa.".

Exemplo muito comum ocorre quando uma trabalhadora doméstica, contratada pela mãe, passa a trabalhar para a filha, quando esta muda da casa dos pais e constitui uma nova família, sem qualquer alteração quanto a horário, salários e condições de trabalho. Haveria sucessão de empregadores? Ou um novo contrato de trabalho?

A doutrina e a jurisprudência têm se inclinado para a segunda posição, no sentido de que haveria um novo contrato de trabalho por se tratar de outra residência e prestação de trabalho para outra família, considerando incompatível a aplicação subsidiária dos artigos 10 e 448 da CLT, pois o empregador doméstico não explora atividade econômica.

A mesma *ratio decindendi* se aplica quando o empregador doméstico vende a casa e o comprador decide manter a empregada doméstica que lá trabalhava. Neste caso haverá um novo contrato de trabalho, inexistindo a configuração da sucessão, pois não se pode falar em "alteração na estrutura jurídica da empresa" como refere a norma geral.

Nessa senda, há que se sublinhar a revogação do inciso I do artigo 3º da Lei n. 8.009/1990, pela Lei Complementar n. 150/2015, excluindo os "créditos de trabalhadores da própria residência" do rol daqueles em que se admitia a penhora sobre o bem de família.

Se aquele que consta formalmente como empregador, pessoa física, vier a falecer, mas seus herdeiros continuarem a morar na mesma casa, também não se trata de sucessão pois, mesmo não havendo solução de continuidade do contrato de trabalho, a lei especial que rege o trabalho doméstico imputa à família beneficiária a condição de empregador e não apenas a um de seus membros isoladamente.

Assim sendo, em relação aos empregados domésticos aplica-se o artigo 2º, §2º, da Lei de Introdução às Normas do Direito Brasileiro (LINDB), posto haver lei especial, que afasta a aplicação do regramento geral da CLT, ensejando, em razão disso, por suas *peculiaridades*, sistemática própria, nos termos do artigo 19 da Lei Complementar n. 150/2015.

3.2. A configuração atual da sucessão trabalhista

Em relação às demais questões afetas à sucessão trabalhista, estão postos os seguintes parâmetros, os quais, certamente, serão objeto de discussões em razão das mudanças empreendidas pelas leis de *reforma trabalhista*:

Hipótese	Há sucessão?	Extensão da sucessão	Fundamento legal
Aquisição de empresa pertencente a grupo econômico O sucessor não responde por dívidas de empresa pertencente ao mesmo grupo econômico do qual a sucedida fazia parte se, à época da sucessão, a empresa devedora direta era solvente ou economicamente idônea	**Não** há sucessão **Ressalvada,** as hipóteses de má-fé ou fraude na sucessão	–	OJ 411 SBDI-1/ TST[16,17]

16. **"Orientação Jurisprudencial nº 411 - SDI1 do TST. SUCESSÃO TRABALHISTA. AQUISIÇÃO DE EMPRESA PERTENCENTE A GRUPO ECONÔMICO. RESPONSABILIDADE SOLIDÁRIA DO SUCESSOR POR DÉBITOS TRABALHISTAS DE EMPRESA NÃO ADQUIRIDA. INEXISTÊNCIA.** Observação: DEJT divulgado em 22, 25 e 26/10/2010.

O sucessor não responde solidariamente por débitos trabalhistas de empresa não adquirida, integrante do mesmo grupo econômico da empresa sucedida, quando, à época, a empresa devedora direta era solvente ou idônea economicamente, ressalvada as hipóteses de má-fé ou fraude na sucessão. Órgão Judicante: Subseção I Especializada em Dissídios Individuais.".

17. 17. "A sucessão trabalhista (mudança na propriedade ou na estrutura jurídica da empresa) não preserva direitos de empregados de outras entidades do grupo econômico a que pertencia a empresa adquirida. Com este entendimento, a Sexta Turma do Tribunal Superior do Trabalho afastou a responsabilidade solidária do HSBC Banco Múltiplo por verbas trabalhistas devidas a um empregado da Umuarama Comunicações e Marketing, que fazia parte do grupo econômico do Banco Bamerindus, comprado em 1997 pelo HSBC. Segundo a petição inicial, o trabalhador foi contratado pela Umuarama em 1979, como produtor gráfico, e dispensado em 1996. Na ação trabalhista ajuizada após a demissão, ele pedia horas extras, repousos semanais remunerados e FGTS. Com a compra do Bamerindus pelo HSBC Banco Múltiplo no ano seguinte, o produtor pediu o reconhecimento da sucessão trabalhista entre essas empresas e requereu a responsabilidade solidária do HSBC pelas verbas trabalhistas pleiteadas em juízo. O juízo de Primeiro Grau condenou a Umuarama e reconheceu a responsabilidade solidária do HSBC por essas verbas. Para o juiz, o HSBC foi o sucessor da empresa para fins trabalhistas, por integrar o grupo econômico do Bamerindus. O Tribunal Regional do Trabalho da 9ª Região (TRT-PR) manteve esse entendimento. Ao recorrer ao TST, o HSBC sustentou não ter adquirido todo o grupo Bamerindus, e afirmou que a Umuarama e outras empresas do grupo não estavam envolvidas na negociação. Argumentou também que o produtor nunca trabalhou como empregado do HSBC, pois seu contrato fora rescindido antes da aquisição do Bamerindus pelo HSBC. O relator do recurso de revista na Sexta Turma, ministro Aloysio Corrêa da Veiga, ressaltou que não há dúvida de que, na sucessão de empresas, a sucessora assume todos os contratos de emprego mantidos com os empregados da empresa sucedida, conforme o disposto nos artigos 10 e 448 da CLT. A regra, porém, não abrange empregados de entidades do grupo econômico a que pertencia a empresa adquirida. Assim, caracterizada a sucessão trabalhista e não havendo nenhum intuito fraudulento na transação, o sucessor passa a responder pelos créditos trabalhistas advindo dos contratos de trabalho mantidos unicamente com a sucedida, excluídos aqueles das empresas integrantes do antigo grupo econômico desta. A decisão foi unânime, com ressalva de entendimento pessoal do ministro Maurício Godinho Delgado.". Processo: RR 879800-39.1997.5.09.0013.".

Falência Sucessão em razão da arrematação dos bens da empresa falida	**Não** há sucessão	–	Artigo 141 da Lei 11.101/2005
Recuperação judicial Sucessão em razão da arrematação dos bens da empresa em recuperação	**Não** há sucessão	–	Artigo 60 da Lei 11.101/2005 e ADI 3.934-2
Recuperação extrajudicial Arrematação dos bens da empresa em recuperação	**Há** sucessão	A sucessora é responsável pelas obrigações da sucedida	Artigos 161, §1º da Lei 11.101/2005
Liquidação extrajudicial Sucessão em razão da arrematação dos bens da empresa em liquidação	**Há** sucessão	A sucessora é responsável pelas obrigações da sucedida, não se beneficiando de qualquer privilégio a este destinado.	OJ 408 SBDI-1/TST, parte final[18]
Sucessão em razão da aquisição de bens em hasta publica	**Há** sucessão Haverá sucessão se houver aquisição de bens que configurem um mínimo de unidade produtiva organizada. **Exceto** se houver previsão expressa em sentido contrário no edital da hasta pública	A sucessora é responsável pelas obrigações da sucedida nos termos previstos em lei.	Jurisprudência do TST Artigo 886, inciso VI do CPC
	Não haverá sucessão se a aquisição for de bens simples e isoladamente considerados.		
Empregador doméstico	**Não** há sucessão	–	Lei Complementar n. 150/2015

18. "**Orientação Jurisprudencial n. 408 - SDI1 do TST. JUROS DE MORA. EMPRESA EM LIQUIDAÇÃO EXTRAJUDICIAL. SUCESSÃO TRABALHISTA.** Observação: *DEJT divulgado em 22, 25 e 26/10/2010.* É devida a incidência de juros de mora em relação aos débitos trabalhistas de empresa em liquidação extrajudicial sucedida nos moldes dos arts. 10 e 448 da CLT. O sucessor responde pela obrigação do sucedido, não se beneficiando de qualquer privilégio a este destinado.".

Sucessão de empresas na concessão de serviço público	**Há sucessão** Em caso de rescisão do contrato de trabalho após a entrada em vigor da concessão, a segunda concessionária, na condição de sucessora, responde pelos direitos decorrentes do contrato de trabalho, sem prejuízo da responsabilidade subsidiária da primeira concessionária pelos débitos trabalhistas contraídos até a concessão.	Haverá discussões com relação a subsistência da responsabilidade subsidiária da sucedida, tendo-se em vista o novo artigo 448-A da CLT.	OJ 225 SBDI-1/TST[19,20,21]

19. "**225. CONTRATO DE CONCESSÃO DE SERVIÇO PÚBLICO. RESPONSABILIDADE TRABALHISTA.** Celebrado contrato de concessão de serviço público em que uma empresa (primeira concessionária) outorga a outra (segunda concessionária), no todo ou em parte, mediante arrendamento, ou qualquer outra forma contratual, a título transitório, bens de sua propriedade:

I - em caso de rescisão do contrato de trabalho após a entrada em vigor da concessão, a segunda concessionária, na condição de sucessora, responde pelos direitos decorrentes do contrato de trabalho, sem prejuízo da responsabilidade subsidiária da primeira concessionária pelos débitos trabalhistas contraídos até a concessão;

II - no tocante ao contrato de trabalho extinto antes da vigência da concessão, a responsabilidade pelos direitos dos trabalhadores será exclusivamente da antecessora.".

20. SILVA, Homero Batista Mateus da. Responsabilidade patrimonial no processo do trabalho. Rio de Janeiro: Elsevier, 2009, 167: "Deve agora a interprete se debruçar sobre a difícil tarefa de estender ou não a Orientação Jurisprudencial n. 225 também para fora das hipóteses de concessão de serviços públicos, a saber, se também os empregados das pessoas jurídicas de direito privado poderão aspirar à responsabilidade subsidiária do alienante.

Até então, havia consenso no sentido da responsabilidade total pelo sucessor e nenhuma pelo sucedido, pelo fundamento de que 'não existe nenhuma lei que vincule o sucedido subsidiária ou solidariamente ao sucessor, já que os créditos trabalhistas estarão garantidos pelo patrimônio sucedido', ressalvando-se 'obviamente os casos de fraude em que ambos poderão responder'. As sucessões convencionais, de compra e venda de máquinas e aviamentos acima abordadas, dão lugar às sucessões fragmentadas, eletrônicas e atípicas, exigindo do intérprete posição mais firme sobre a partilha das responsabilidades.".

21. DELGADO, Maurício Godinho. Curso de Direito do Trabalho. 8ª edição, São Paulo: LTr, 2009, p. 400 (excertos esses mantidos na 16ª edição, versão eletrônica, 2017, p. 490): "Contudo, a jurisprudência também tem inferido do texto genérico e impreciso dos arts. 10 e 448 da CLT a existência de *responsabilidade subsidiária* do antigo empregador pelos valores resultantes dos respectivos contratos de trabalho, desde que a modificação ou transferência empresariais tenham sido aptas a afetar (arts. 10 e 448) os contratos de trabalho. Ou seja, as situações de sucessão trabalhista propiciadoras de um comprometimento das garantias empresariais deferidas aos contratos de trabalho seriam, sim, aptas a provocar a incidência da responsabilização subsidiária da empresa sucedida.

	Não haverá sucessão, contudo, se o contrato de trabalho for extinto antes da vigência da concessão, a responsabilidade pelos direitos dos trabalhadores será exclusivamente da antecessora.		
Mudança do titular de Cartório	Não haverá sucessão se não houver a assunção do acervo patrimonial.	Haverá questionamentos com relação à subsistência da interpretação que exige a assunção do acervo da sucedida para a caracterização da sucessão, tendo-se em vista a redação agora conferida ao artigo 448-A da CLT.	Artigo 236 da Constituição e Lei n. 8.935/1994 Jurisprudência do TST e doutrina[22]

Isso significa que a jurisprudência tem ampliado as possibilidades de responsabilização subsidiária do antigo titular do empreendimento por além das situações de fraude comprovadas no contexto sucessório (art. 9º, CLT; art. 159, CCB/1916, e art. 186, CCB/2003, combinados com o art. 8º, parágrafo único, CLT). Mesmo que não haja fraude, porém comprometimento das garantias empresariais deferidas aos contratos de trabalho, incidiria a responsabilidade subsidiária da empresa sucedida.

É evidente que nas sucessões trabalhistas precárias (resultantes de títulos jurídicos que não transferem de modo definitivo, mas transitório ou precário, o estabelecimento ou a empresa – como ocorre com o arrendamento), a responsabilidade subsidiária do sucedido justifica-se ainda mais (arts. 10 e 448, CLT). É que as novas garantias ofertadas aos contratos empregatícios (pelo novo titular arrendante) são necessariamente provisórias, afetando de modo significativo, pois, os respectivos contratos de trabalho.".

22. "A mudança de titularidade de um cartório não exime o antigo titular das responsabilidades pelas obrigações trabalhistas oriundas de sua gestão. (...). Mas ao verificar que houve apenas mudança da titularidade do serviço notarial, o Regional não deu razão à tabeliã. Segundo o TRT, a nova titular do cartório instalou a serventia em local distinto daquele até então ocupado pela tabeliã anterior, sem utilizar o acervo patrimonial (instalações, equipamentos e máquinas) da sua antecessora, da qual recebeu tão somente os documentos pertencentes ao acervo do tabelionato. Também registrou que houve solução de continuidade na prestação dos serviços, pois a trabalhadora, que à época era secretária, foi contratada pela nova titular do cartório, após um período de paralisação, para exercer outra função (auxiliar de cartório), com novo salário, nascendo, a partir daí, contrato de trabalho distinto do anterior. Ao proceder à análise do caso, a Sexta Turma do TST, sob a relatoria do ministro Maurício Godinho Delgado, reportou-se ao artigo 21 da Lei 9.835/94 (Lei dos Cartórios) para afirmar que nada impede que o novo titular, ainda que admitido por concurso público, ao assumir o acervo ou mantendo parte das relações jurídicas contratadas pelo antigo titular, submeta-se às regras da sucessão trabalhista. (...). Processo: AIRR-88740-77.2007.5.03.0066.".

Factum principis Impossibilidade de continuação da atividade	Quando ocorre a paralisação do trabalho motivada por: • Ato de autoridade municipal, estadual ou federal, ou • Promulgação de lei ou resolução que impossibilite a continuação da atividade	Prevalecerá o pagamento da indenização, que ficará a cargo do governo responsável mas • deve figurar no polo passivo da ação como chamada à autoria • ouvida a parte contrária (respeitado o contraditório e a ampla defesa)	Artigo 486 da CLT[23]
Desmembramento de município	Não há sucessão	Cada uma das novas entidades responsabiliza-se pelos direitos trabalhistas do empregado no período em que figurarem como real empregador.	Artigo 18 da Constituição Federal OJ 92 SBDI-1/TST

Na mesma senda segue a doutrina, conforme se depreende de DELGADO, Maurício Godinho. Curso de Direito do Trabalho. 16ª edição, 2017, LTR, p. 487, versão eletrônica: "Tais peculiaridades restringes a incidência da sucessão de empregadores regulada pela CLT somente àquelas situações fático-jurídicas em que estejam presentes, concomitantemente, os dois elementos integrantes da sucessão trabalhista, ou seja, a transferência da titularidade da serventia e a continuidade da prestação de serviços. Se não estiverem reunidos esses dois elementos (ou seja, se o antigo empregado não continuar laborando no cartório a partir da posse o novo titular), a relação de emprego anteriormente existente não se transfere para o novo titular da serventia, mantendo-se vinculada, para todos os efeitos jurídicos, ao real antigo empregador, ou seja, o precedente titular do cartório. Não se aplica aqui, portanto, a interpretação extensiva do instituto sucessório, que autoriza a incidência dos efeitos dos arts. 10 e 448 da CLT mesmo que verificada a presença apenas do primeiro elemento integrante da figura jurídica, sem a continuidade da prestação de serviços.".

23. "A Sexta Turma do Tribunal Superior do Trabalho negou provimento a agravo de instrumento interposto pelo Município de São José dos Pinhais (PR) contra condenação ao pagamento de verbas trabalhistas a uma ex-empregada do Hospital e Maternidade São José dos Pinhais, desapropriado pelo município. **O relator do agravo, ministro Maurício Godinho Delgado, afastou a tese de que a desapropriação retiraria a responsabilidade do ente público pelas dívidas trabalhistas da entidade desapropriada e manteve o reconhecimento de que se tratou de sucessão trabalhista.** Os administradores do hospital foram afastados por problemas de gestão. Após a nome-

4. CONCLUSÕES

A era contemporânea vive momento de mudanças céleres, que trazem novos modos de viver e trabalhar.

A alteração da realidade fática demanda novos marcos normativos, suficientes para oferecer respostas aos novos conflitos, sob pena de deixar de ser referência no balizamento de conduta, frustrando a razão de ser do ordenamento.

Para o direito trabalhista, o desafio consiste em abrir os olhos para esta nova realidade e reformular antigos conceitos, sem perder a coesão da tessitura protetiva, que o caracteriza como ramo autônomo do direito, que rege o mundo do trabalho.

As novidades trazidas pela Lei n. 13.467/2017, quanto ao §3º do artigo 2º da CLT, que agora positiva a formação do grupo econômico por coordenação, foram por nós analisadas em sua interface com a terceirização da atividade principal da contratante, prevista no artigo 4º-A da Lei n. 6.019/1974, assim abrindo uma nova perspectiva.

As alterações decorrentes da inserção do artigo 448-A na CLT vieram positivar soluções que, embora anteriormente aventadas pela doutrina e jurisprudência, ainda sofriam resistências, como evidencia o número expressivo de processos em trâmite nos tribunais de todo o Brasil.

---

ação de um interventor, o município desapropriou o imóvel e os bens móveis, inclusive os medicamentos, e ficou responsável pela gestão e como depositário fiel dos bens até o fim da dissolução e liquidação. De acordo com os autos, o hospital continuou prestando serviços médico-hospitalares de emergência e outros contratados pelo SUS. Para o Tribunal Regional do Trabalho da 9ª Região (PR), **ao assumir a gestão do hospital, o município assumiu também todas as suas obrigações e direitos.** 'O que se operou foi uma verdadeira mudança de propriedade e estrutura jurídica da entidade de índole privada para o município, de sorte que o poder público, na qualidade de novo titular do órgão hospitalar, passou a assumir-lhe o efetivo controle. E, em situações típicas de sucessão trabalhista, o sucessor se obriga até mesmo pelos débitos relativos aos contratos de trabalho mantidos com a sucedida e rescindidos antes da sucessão', afirma o Regional. Ao interpor o recurso de revista trancado pelo TRT9, o município pretendia que fosse aplicada ao caso a Lei nº 11.101/2005 (Lei de Falências), e não a sucessão, prevista nos artigos 10 e 443 da CLT, mas a pretensão foi afastada. No exame do agravo, o ministro Maurício Godinho explica que a nova vertente da interpretação do instituto da sucessão tem como requisito essencial a garantia de que qualquer mudança intra ou interempresarial não afete os contratos de trabalho, independentemente da continuação da prestação de serviço. 'A noção tida como fundamental é a de transferência de uma universalidade, ou seja, a transferência de parte significativa do estabelecimento ou da empresa de modo a afetar significativamente os contratos de trabalho', afirma o ministro. Desse modo, qualquer título jurídico (compra, venda, arrendamento, concessão, permissão, delegação etc.) é, para o relator, compatível com a sucessão de empregadores. No caso, ainda que o contrato de trabalho da empregada tenha sido extinto antes da decisão judicial que determinou a desapropriação, o relator entendeu que houve mudança significativa empresarial, porque 'todo o patrimônio do hospital foi desapropriado pelo município'. Considerou, portanto, correta a decisão que reconheceu a sucessão trabalhista e afastou as violações legais e divergências jurisprudenciais apontadas pelo município. A decisão foi unânime.". Processo: AIRR 83040-06.2009.5.09.09654.

Vivemos tempos de travessia...

O direito do trabalho chega a um ponto de inflexão na construção de sua maturidade.

O futuro não virá como dádiva, mas como conquista, fruto das escolhas que fizermos no presente.

5. BIBLIOGRAFIA

DELGADO, Maurício Godinho. Curso de Direito do Trabalho. 8ª edição, São Paulo: LTr, 2009.

_________, Maurício Godinho. Curso de Direito do Trabalho, 16ª edição, São Paulo: LTr, 2017 (versão eletrônica).

GEMIGNANI, Tereza Aparecida Asta e GEMIGNANI, Daniel. Meio ambiente de trabalho. Precaução e prevenção. Princípios norteadores de um novo padrão normativo. Revista do Tribunal Regional do Trabalho da Décima Quinta Região, v. 40, 2012.

GEMIGNANI, Tereza Aparecida Asta. Tutela inibitória: a eficácia da jurisdição pela superação da perspectiva *monetizante*, 2017, no prelo.

PEREIRA, Antônio César Coelho de Medeiros. A Alteração do Conceito de Grupo Econômico Promovido pela Reforma Trabalhista. *in* Reforma trabalhista: visão, compreensão e crítica. Guilherme Guimarães Feliciano, Marco Aurélio Marsiglia Treviso e Saulo Tarcísio de Carvalho Fontes (Organizadores). 1ª edição, São Paulo: LTr, 2017 (versão eletrônica).

SCHIAVI, Mauro. Execução no processo do trabalho: de acordo com o novo CPC. 9ª edição, São Paulo: 2017 (versão eletrônica).

SILVA, Homero Batista Mateus da. Responsabilidade patrimonial no processo do trabalho. Rio de Janeiro: Elsevier, 2009.

TEIXEIRA FILHO, Manoel Antônio. O Processo do Trabalho e a Reforma Trabalhista: As Alterações Introduzidas no Processo do Trabalho pela Lei n. 13.467/2017. 1ª edição, São Paulo: LTr, 2017 (versão eletrônica).

A FORMAÇÃO DO GRUPO ECONÔMICO E A SUCESSÃO EMPRESARIAL NA PERSPECTIVA DA REFORMA TRABALHISTA

Ílina Cordeiro de Macedo Pontes[1]
Wolney de Macedo Cordeiro[2]

Sumario: 1. Os limites aos arranjos empresariais gerados pelos contratos de trabalho. – 2. Regramento sobre o grupo econômico no âmbito da reforma trabalhista. – 3. Regramento sobre a sucessão empresarial no âmbito da reforma trabalhista. – Referências bibliográficas.

1. OS LIMITES AOS ARRANJOS EMPRESARIAIS GERADOS PELOS CONTRATOS DE TRABALHO.

A livre iniciativa apresenta-se como princípio fundamental da República brasileira (Constituição Federal, arts. 1º, IV[3] e 170, *caput*[4]) permitindo que as estruturas empresariais sejam organizadas a partir dos interesses próprios e específicos

---

1. Advogada. Mestranda em Direito na UFPB. Pós-Graduada em Direito e Processo do Trabalho pela ESMAT-13.
2. Mestre e doutor em Direito. Desembargador do Tribunal Regional do Trabalho da 13ª Região. Professor Titular do UNIPÊ – Centro Universitário de João Pessoa e da Escola Superior da Magistratura Trabalhista – ESMAT13. Professor visitante das Escolas Judiciais dos TRTs da 2ª, 4ª, 5ª, 6ª, 16ª, 20ª e 21ª Regiões. Vice-Presidente e Corregedor do TRT da 13ª Região no biênio 2017-2019.
3. "Art. 1º. A República Federativa do Brasil, formada pela união indissolúvel dos Estados e Municípios e do Distrito Federal, constitui-se em Estado Democrático de Direito e tem como fundamentos: [...] IV - os valores sociais do trabalho e da **livre iniciativa**; "
4. "Art. 170. A ordem econômica, fundada na valorização do trabalho humano e na **livre iniciativa**, tem por fim assegurar a todos existência digna, conforme os ditames da justiça social, observados os seguintes princípios: "

da atividade econômica. No geral, o Estado não deve se imiscuir na dinâmica e na organização das empresas que, por conta de necessidades econômicas próprias, tem a ampla liberdade de se estruturarem a partir de interesses internos.

Essa liberdade na estruturação permite que sejam procedidos *arranjos empresariais*, formulados a partir das demandas próprias dos entes empresariais. Desse modo, podem livremente se organizar, expandir, fundir, incorporar, adquirir outras, etc.

Todavia, a norma trabalhista, especificamente no que concerne à CLT, arts. 2°, §2°; 10; 448 e art. 448-A, apresenta limitações necessárias aos arranjos empresarias em, pelo menos dois campos, o da responsabilidade social e o do custo interno. Enquanto o primeiro apresenta-se como obrigação externa, o segundo se trata de aspecto estrutural inerente aos arranjos formados.

Ora, a responsabilidade social, mesmo que compreendida enquanto conceito abrangente, impõe à empresa a necessidade de se ater às normas - trabalhistas, ambientais, de defesa da concorrência, tributárias, entre outras- sempre com cautela em relação às consequências de suas atividades econômicas[5].

Desse modo, as reconfigurações empresariais embasadas na devida avaliação acerca dos impactos externos, destaca a necessidade de respeito aos contratos de trabalho firmados anteriormente. Nesse sentido, o valor social do trabalho, enquanto fundamento do Estado Democrático de Direito assegura a necessidade de que as atividades econômicas respeitem as condições trabalhistas dos empregados estabelecidas previamente.

Além dessa limitação externa, ancorada no preceito da responsabilidade social, a livre iniciativa das empresas, para empreender diversos arranjos, possui outra limitação ocasionada pelo contrato de trabalho. Referida limitação se manifesta na ordem interna às negociações, como o custo trabalhista decorrente da transação.

Nesse sentido, no momento da realização dos novos arranjos empresariais, todas as questões trabalhistas devem ser englobadas no custo total do novo negócio firmado. Assim, a sucessão de empresas, seja em diferentes níveis de configuração, demanda intensas investigações sobre questões trabalhistas prévias[6].

5. Em outras palavras, "[...]considerada uma forma de gestão empresarial pautada na ética, na transparência, na legalidade e na preocupação com os impactos econômicos e socioambientais que a atividade empresarial gera para os seus diferentes grupos de interesse" (MERCANTE, Carolina Vieira. **A responsabilidade social empresarial como meio propulsor da efetivação de direitos trabalhistas.** São Paulo: LTr, 2012, p.38).

6. Como aponta Evaristo Moraes Filho, "No círculo da empresa capitalista, qualquer problema técnico pode ser resolvido através de celebração de um contrato, e toda a inteligência e todo o estudo do empresário se destinam precisamente a estipular contratos os mais vantajosos possíveis" (*In*: **Do contrato de trabalho como elemento da empresa.** São Paulo: LTr/Edusp, 1993, p. 33).

Nessa linha, qualquer novo arranjo empresarial possuirá como custos os contratos de trabalhos firmados anteriormente. Assim, qualquer operação, em regra, deve sopesar os custos trabalhistas advindos de uma futura sucessão empresarial, no momento de averiguar as questões econômicas envolvidas.

Resta claro, portanto, que o contrato de trabalho constitui inequivocamente uma limitação aos novos arranjos empresariais, em virtude de se apresentarem como novos custos à configuração que surgirá. Portanto, apresentam-se como questões de ordem interna que influenciam a dinâmica econômica e financeira da empresa sucessora.

As normas trabalhistas incorporadas, objeto da análise do presente artigo, geram restrições às reconfigurações empresariais de ordem externa, a partir da responsabilidade social e, de ordem interna, com o custo trabalhista advindo do contrato do trabalho.

Dessa forma, os dispositivos celetistas tratados nos próximos tópicos exemplificam, de forma contundente, a necessidade da responsabilidade social das empresas perante questões trabalhistas e, ao mesmo tempo, os custos sociais aos quais as operações empresariais se submetem.

2. REGRAMENTO SOBRE O GRUPO ECONÔMICO NO ÂMBITO DA REFORMA TRABALHISTA.

Não é possível afirmar que a Lei nº 13.467, de 13.07.2017 procedeu a uma modificação estrutural na questão relacionada à formação e aos efeitos do grupo econômico. A atual redação da CLT, art. 2º, §2º[7] mantém a mesma teleologia do texto normativo anterior. Nessa perspectiva, foi mantida a diretriz normativa, estabelecida na Consolidação desde seus primórdios, reconhecendo a possibilidade de responsabilização **solidária** das empresas integrantes do grupo econômico. A redação do § 2º foi modificada sem subtrair sua acepção primitiva, ou seja, a instituição de um grupo econômico produz a responsabilidade solidária de todos os seus integrantes em face das obrigações decorrentes da relação de emprego de cada um deles.

O grupo econômico continua a ostentar, para os fins trabalhistas, efeitos mais amplos do que aqueles preconizados pela própria atividade empresarial. As corporações empresariais, ao exercerem suas atividades mediante agrupamentos ou arranjos, não buscam aprioristicamente a garantia do pagamento dos seus credores. O reconhecimento da solidariedade empresarial é uma decorrência direta do comanda normativo, sendo compulsoriamente imputado aos integrantes do respectivo aglomerado empresarial.

7. "Art. 2º [...] § 2º Sempre que uma ou mais empresas, tendo, embora, cada uma delas, personalidade jurídica própria, estiverem sob a direção, controle ou administração de outra, ou ainda quando, mesmo guardando cada uma sua autonomia, integrem grupo econômico, serão responsáveis solidariamente pelas obrigações decorrentes da relação de emprego. "

Trata-se de opção política do legislador atribuir a responsabilidade empresarial com a finalidade de garantir a solvabilidade do crédito trabalhista. A norma, nessa situação, emoldura uma situação jurídica capaz de desencadear a responsabilidade obrigacional, independentemente de qualquer ajuste contratual entre as corporações integrantes do grupo econômico, ou mesmo aquiescência destes. A existência do elemento volitivo não seria essencial para a caracterização do grupo econômico, sendo suficiente a mera organização empresarial de forma coletiva para que sejam desencadeados os efeitos da solidariedade empresarial.

Ao contrário dos defensores da formação do grupo econômico a partir da noção de *empregador único*[8], o reconhecimento dos efeitos preconizados pela CLT, art. 2º, § 2º depende exclusivamente da caracterização objetiva do agrupamento de corporações. A compreensão do coletivo empresarial como único ente empregador não é diretriz conceitual indispensável para o reconhecimento da solidariedade. A tradicional doutrina gastou bastante energia na discussão acerca da natureza do grupo econômico, derivando um debate doutrinário extremamente rico, todavia desprovido de relevância dogmática.

Na realidade, o reconhecimento do *empregador único* em face do grupo econômico apresentaria relevância jurídica apenas em face da imposição de **obrigações contratuais** adicionais para as empresas que não ostentam explicitamente a condição de empregador[9]. A configuração do grupo econômico deve ser reconhecida a partir de apresentação objetiva, mediante a externalização de um interesse econômico integrado e não obrigatoriamente a intenção de formar uma nova estrutura empregatícia.

Não se pode negar a tentativa da doutrina quanto ao reconhecimento da figura do empregador único como pressuposto para a concretização do grupo econômico

8. É relevante afirmar que o conceito de *empregador único*, para efeito de formação do grupo econômico, já foi reconhecido pela legislação anterior à Consolidação das Leis do Trabalho. Nessa perspectiva, a Lei nº 435, de 17 de maio de 1937 afirmava: "Art. 1º Sempre que uma ou mais emprêsas, tendo, embora, cada uma delas, personalidade jurídica própria, estiverem sob a direção, contrôle ou administração de outra, constituindo grupo industrial ou comercial, para efeitos legislação trabalhista serão solidariamente responsáveis a emprêsa principal e cada uma das subordinadas. Parágrafo único. Essa solidariedade não se dará entre as emprêsas subordinadas, nem diretamente, nem por intermédio da emprêsa principal, a não ser para o fim único de se considerarem todas elas como um mesmo empregador (lei n. 62, de 1935)."

9. Nesse particular é a já clássica lição de Maurício Godinho Delgado, *verbis:* "Para essa segunda vertente, a solidariedade das empresas componentes do grupo não existe apenas perante as obrigações trabalhistas que lhes decorrem dos contratos empregatícios (solidariedade passiva), mas também perante os direitos e prerrogativas laborativas que lhes favorecem em função desses mesmos contratos (solidariedade ativa). Todos os membros do grupo seriam, pois, ao mesmo tempo, empregadores e não somente garantidores de créditos derivados de um contrato de emprego. Noutras palavras, configurado o grupo econômico, seus componentes consubstanciariam empregador único em face dos contratos de trabalho subscritos pelas empresas integrantes do mesmo grupo. " (*In*: **Curso de direito do trabalho, 16. ed.** São Paulo: LTr, 2017, p. 471-472).

descrito na legislação trabalhista[10]. Essa vinculação, no entanto, discrepa do próprio conceito legal construído desde a redação originária da Consolidação. Reconhece-se o grupo econômico apenas pelo enquadramento da situação fática preconizada pelo conceito legal, sendo irrelevante a perquirição acerca do *animus* de formar um único empregador. A dinâmica dos arranjos empresariais contemporâneos é bem mais flexível e abrangente, podendo ser guiada por interesses econômicos subjacentes e periféricos. Não é exata a comparação da formação de um grupo econômico com a simples organização de uma única estrutura empresarial.

O grupo econômico, descrito na CLT, art. 2º, § 2º, poderá ser constituído por inúmeras motivações: especialização das atividades empresariais, facilitação na captação de recursos financeiros, viabilização do comércio exterior, consecução de isenções fiscais, otimização da logística, entre outras. Nem sempre, o reconhecimento quanto aos motivos do arranjo empresarial pode ser identificado como a intenção de formar um único empregador. Além do mais, não se insere na conceituação legal o reconhecimento do *animus* para a formação de um único empregador.

Esse *animus* pode até ser verificado, todavia essa situação fática não é imprescindível para o desencadeamento da responsabilidade solidária. No caso, demonstrada a intenção de formação de um empregador único, poderão advir outros efeitos contratuais das relações de trabalho havidas nos limites do agrupamento, no entanto, essa condição não será essencial para o desencadeamento da responsabilidade solidária a que se reporta o art. 2º, § 2º da Consolidação.

A Lei nº 13.467, de 13.07.2017 elencou os requisitos objetivos para a configuração do grupo econômico, nos precisos termos do novo § 3º do art. 2º[11]. Na realidade, o escopo do mencionado dispositivo legal foi afastar da formação do grupo econômico a situação de mera identidade do quadro societário. No entanto, ao afastar, de forma explícita, a possibilidade de formação do grupo econômico pela simples coincidência do quadro societário, o legislador enunciou os requisitos necessários para desencadeamento da responsabilidade solidária. Nesse caso, é

---

10. Destaca-se, nesse particular, a bem construída citação de Edilton Meireles: "O empreendedor, na execução de sua atividade, pode-se organizar de vários modos. Querendo, ele pode constituir uma empresa dividindo-a em diversos departamentos, setores, estabelecimentos, filiais, etc., cada um responsável por uma atividade específica. Assim, por exemplo, o empreendedor pode criar uma indústria, dividindo-a em um setor responsável pelo fabrico (setor fabril) e outro com a incumbência de realizar as vendas dos produtos fabricados diretamente ao consumidor final (setor de vendas). Terá o empreendedor, então, uma empresa que executa atividades industriais e comerciais. Pode, porém, optar por criar duas pessoas jurídicas distintas: uma para apenas produzir o bem (fabrico); outra, para realizar as vendas direta- mente ao consumidor final. Terá, então, duas empresas distintas: uma industrial, outra comercial. " (*In:* **Grupo econômico trabalhista**. São Paulo: LTr, 2002, p. 187.). Muito embora a argumentação seja consistente, não é possível reconhecer que a intenção relacionada à formação do grupo econômico seja exclusivamente a construção de uma única corporação.

11. "Art. 2º [...] § 3º Não caracteriza grupo econômico a mera identidade de sócios, sendo necessárias, para a configuração do grupo, a demonstração do interesse integrado, a efetiva comunhão de interesses e a atuação conjunta das empresas dele integrantes. "

indispensável, segundo o novo texto normativo, a ocorrência dos seguintes requisitos: a) **interesse integrado**, b) **efetiva comunhão de interesses** e c) **atuação conjunta das empresas**. Na realidade, o texto da reforma assimilou, nesse ponto, os requisitos necessários para a configuração do grupo econômico elaborados tradicionalmente pela doutrina[12].

Ora, o legislador, a partir da enumeração de critérios objetivos, deixa ainda mais clara a ideia de que a formação do grupo econômico e, consequentemente a respectiva solidariedade empresarial, não depende de uma organização ostensivamente exposta perante a sociedade ou organizada formalmente. A mera atuação das empresas, envolvidas em uma atividade econômica voltada para os mesmos fins é suficiente e bastante para a formação do coletivo empresarial. Não há nada de alarmante na nova regra de formação, que apenas deixou claro, no plano normativo, os requisitos para a formação grupo econômico[13].

A coexistência de empresas abrangidas pelo grupo econômico pressupõe a confluência de interesses próprios e específicos, capazes de externar uma atuação mais ou menos homogênea da estrutura empresarial coletiva. Nesse caso, a mera coincidência do quadro societário das empresas envolvidas não é suficiente para a caracterização do grupo econômico. A norma, nesse caso, apenas externou posição tradicional da jurisprudência do Tribunal Superior do Trabalho no sentido de ser impossível o reconhecimento do grupo econômico pela mera coincidência do quadro societário[14].

---

12. Nesse particular, é a tradicional lição de José Augusto Rodrigues Pinto: "Analisando-se o dispositivo do art. 2º, § 2º, da CLT, podem resumir-se os requisitos da solidariedade de grupo empresarial econômico do seguinte modo: a) pluralidade de empresas; b) personalidade jurídica e direção interna própria de cada uma das empresas; c) interesse econômico integrado; d) direção geral, ou coordenação do interesse econômico comum, por uma das empresas. Em todos esses casos, os efeitos obrigacionais dos contratos individuais dos empregados estão assegurados contra todas elas e não apenas contra a que estabeleceu a relação de emprego. " (*In*: **Curso de direito individual do trabalho, 5. ed.** São Paulo: LTr, 2003, p. 157-158). A construção promovida pelo autor coincide com a solução ofertada pelo parágrafo terceiro do art. 2º, na medida em que pressupõe a necessidade de uma atividade econômica efetivamente integrada perante o grupo econômico.

13. Nessa perspectiva, não se sustentam as teses apocalíticas sustentadas por parte da doutrina em relação ao tema, conforme se vê do seguinte escólio: "A reforma trabalhista, por sua vez, altera esse cenário, criando argumentos para dificultar acesso dos trabalhadores aos créditos do seu trabalho, nas hipóteses de insuficiência/ ocultamento de bens por parte do seu empregador, quando esse integra grupo econômico horizontal. " (PEREIRA, Antônio César Coelho de Medeiros. A alteração do conceito de grupo econômico promovido pela reforma trabalhista. *In*. Guilherme Guimarães Feliciano et al (Orgs.) **Reforma trabalhista: visão, compreensão e crítica**. São Paulo: LTr, 2017, p. 17-22 (21). Se houve retrocessos da reforma trabalhista em face dos direitos sociais, certamente não foi em relação ao tema relacionado ao grupo econômico que apenas assimilou a construção doutrinária vigente.

14. "RECURSO DE REVISTA. [...] . 2. Responsabilidade solidária. Grupo econômico. In casu, o acórdão recorrido não demonstra a presença dos elementos configuradores da formação do grupo econômico entre a recorrente e as demais reclamadas, amparando a sua conclusão quanto à caracterização do grupo econômico apenas na identidade de sócios e no nexo de coordenação entre as empresas, ressaltando a desnecessidade de hierarquia entre elas. Ocorre que esta turma, seguindo posi-

Finalmente, a regulação inserida pela Lei nº 13.467, de 13.07.2017 tratou pela primeira vez do tema relacionado ao **grupo econômico por coordenação.** A redação anterior do parágrafo segundo contemplava apenas a expressão "[...] *estiverem sob a direção, controle ou administração de outra* [...]". Nessa perspectiva, poder-se-ia, ao realizar uma interpretação meramente gramatical do texto, chegar à conclusão de que a formação do grupo econômico pressuporia a existência de uma empresa líder em relação às demais. De fato, essa situação pode acontecer em várias estruturas de agrupamentos empresariais, todavia não deveria ser compreendida como requisito para o desencadeamento da solidariedade empresarial, tendo em vista a possibilidade de formação de grupos econômicos por coordenação, ou seja, sem a presença de uma estrutura hierarquizada. Doutrina[15] e jurisprudência[16], no entanto, conferiram uma interpretação mais ampla, admitindo os

---

cionamento externado pela SDI-1 do TST, entende que é necessária relação de hierarquia entre as empresas para configuração do grupo econômico, não sendo suficiente a identidade de sócios e a mera situação de coordenação entre as empresas. Recurso de revista conhecido e provido. (TST; RR 0010265-80.2015.5.03.0146; Oitava Turma; Relª Min. Dora Maria da Costa; DEJT 30/06/2017; Pág. 5817) " (Destaque nosso).

15. Nesse particular, destaca-se a analítica citação de Amauri Mascaro de Nascimento: "Não obstante, entende-se que existem grupos de fato e de direito, os primeiros, com regras jurídicas, os outros não; há grupos de base societária, contratual e pessoal na conformidade do tipo de instrumento jurídico instituídos pelo grupo; grupos de subordinação e de coordenação - aqueles, quando existe uma empresa- mãe, e estes, quando não existe a empresa dominante, situando-se todas num mesmo nível horizontal com uma transferência voluntária das competências decisórias de várias sociedades independentes para uma instância superior de direção que as coordena; e, finalmente, há grupos industriais, financeiros e mistos na conformidade da sua atividade econômica." (*In*: Grupo de empresas. *In:* Ari Possidônio Beltran (Org.) **A União Europeia e o Direito do Trabalho**. São Paulo: LTr, 2012, p. 113). Além de reconhecer a possibilidade de formação do grupo econômico por coordenação, de forma apriorística, a doutrina tradicional louva-se na aplicação da diretriz relacionada à formação do grupo econômico trazida pelo Estatuto do Trabalhador Rural (Lei n. 5.889, de 08.06.1973), conforme esclarece Augusto César Leite de Carvalho: "Interessa, antes, perceber que a maneira espontânea de os atores econômicos se manifestarem dificulta a caracterização, na prática, do grupo econômico, tendo o Supremo Tribunal Federal decidido que sua existência não se presume, devendo ser provada por quem a alega. O artigo 2º, §2º, da CLT é enfático ao definir o grupo econômico como aquele que se apresenta 'sempre que uma ou mais empresas, tendo, embora, cada uma delas, personalidade jurídica própria, estiverem sob a direção, controle ou administração de outra, constituindo grupo industrial, comercial ou de qualquer outra atividade econômica [...]'. Assim, a lei está a exigir que haja uma empresa-mãe, ou empresa-matriz, a que estejam subordinadas todas as outras, sob pena de desconfigurar-se o grupo econômico. O direito é dinâmico, todavia, e essa norma estaria atualizada, para boa parte dos laboralistas, pela regra inserta no artigo 3º, parágrafo 2º, da Lei n. 5.889/73, que repete o texto da CLT, mas acrescenta que mesmo quando inexiste uma empresa-mãe e as empresas guardam, cada uma, a sua autonomia, há grupo econômico ou financeiro rural. Então, renasce o problema: não se exigindo o pressuposto da estrutura hierarquizada, como identificar o grupo econômico? " (*In:* **Direito do trabalho: curso e discurso**. São Paulo: LTr, 2016, p. 160).

16. Conforme se vê dos seguintes julgados: "DO GRUPO ECONÔMICO - Na esfera trabalhista, a configuração do grupo econômico não se apega às formalidades exigidas no Direito Empresarial, ante a conjugação das necessidades de solvabilidade dos créditos empregatícios com a informalidade conferida pelo Direito do Trabalho. A Doutrina atual permite a constatação da existência de grupo de empresas por coordenação, hipótese em que não há prevalência de uma empresa sobre a

efeitos obrigacionais no grupo econômico, mesmo quando organizados de forma horizontal, ou seja, por coordenação.

O novo texto legal modifica substancialmente esse tema, na medida em que insere a possibilidade de formação do grupo econômico *[...] mesmo guardando cada uma sua autonomia [...]*. Na realidade, a reforma trabalhista acabou por incorporar a disposição normativa aplicada aos trabalhadores rurais que preconizava a possibilidade de formação do grupo econômico por coordenação (Lei n. 5.889, de 08 de junho de 1973, art. 3º, § 2º[17]. Ora, a inserção da referida expressão se contrapõe à parte inicial da norma e excepciona a exigência de uma estrutura dominada por uma empresa líder. A mudança legislativa autoriza o reconhecimento de duas formas de grupo econômico para efeitos de desencadeamento da solidariedade empresarial. A primeira delas mediante a identificação de uma estrutura tradicional, na qual se qualifica o grupo econômico pela presença de uma corporação que assume o papel de liderança em face das demais. A segunda forma reconhece a formação de um grupo mediante a preservação da autonomia das empresas, sem que se identifique qualquer entidade com atuação proeminente ou hierarquizada.

Nesse particular, o novo texto legal, de forma explícita, reconhece a possibilidade de caracterização de grupo econômico **por coordenação**, ou seja, aquele no qual nenhuma empresa lidera ou dirige o agrupamento corporativo. Até o advento da atual redação do §3º do art. 2º da Consolidação, não havia qualquer indicação para o reconhecimento do grupo econômico horizontal e sem hierarquização. Descortina-se, a partir do novo texto, a possibilidade do reconhecimento de

---

outra, mas conjugação de interesses com vistas à ampliação da credibilidade e negócios. (...). (TRT 2ª R.; AP 0065000-45.2005.5.02.0048; Ac. 2017/0606095; Segunda Turma; Relª Desª Fed. Marta Casadei Momezzo; DJESP 02/10/2017) ".

"AGRAVO DE PETIÇÃO DA EXECUTADA. GRUPO DE EMPRESAS. COORDENAÇÃO. O conceito de grupo econômico que mais se coaduna com o direito laboral autoriza o reconhecimento de grupo econômico independentemente da sujeição à direção, controle ou administração de outra, mormente quando verificada a identidade de sócios, como no caso em exame. No caso em análise, não foi a mera identidade societária ou o parentesco entre os ex-sócios da agravante que atraiu a configuração do vínculo no caso dos autos, sendo esses apenas os primeiros indicativos da relação de coordenação. Agravo de petição desprovido. (TRT 1ª R.; AP 0000866-41.2011.5.01.0043; Quinta Turma; Rel. Des. Enoque Ribeiro dos Santos; DORJ 06/07/2016) ".

"AGRAVO DE PETIÇÃO. GRUPO ECONÔMICO POR COORDENAÇÃO. Sob o prisma da Lei juslaboral, a existência do grupo econômico não depende da centralização da administração, controle ou fiscalização de uma empresa líder sobre as demais. Ainda que o grupo de empresas atue de forma horizontal, sem relação de subordinação, interessa, do ponto de vista objetivo, para efeitos de configuração do grupo econômico-trabalhista, que persigam ou explorem um fim comum, em um mesmo plano e participando na atividade econômica de forma coordenada. (TRT 3ª R.; AP 0010807-23.2013.5.03.0032; Rel. Des. José Eduardo de Resende Chaves; DJEMG 13/11/2015) ".

17. "Art. 3º, § 2º Sempre que uma ou mais empresas, embora tendo cada uma delas personalidade jurídica própria, estiverem sob direção, controle ou administração de outra, ou ainda quando, **mesmo guardando cada uma sua autonomia, integrem grupo econômico ou financeiro rural**, serão responsáveis solidariamente nas obrigações decorrentes da relação de emprego. " (Destaque nosso),

agrupamentos corporativo que, embora não identifiquem uma liderança específica, exercem a atividade econômica de forma integrada e buscam a consecução de objetivos comuns.

3. REGRAMENTO SOBRE A SUCESSÃO EMPRESARIAL NO ÂMBITO DA REFORMA TRABALHISTA.

A relação de emprego apresenta-se contraditória quando são confrontadas as características fundamentais de seus integrantes. Enquanto do ponto de vista do empregado vamos identificar um caráter estritamente subjetivo, marcado pela pessoalidade (CLT, art. 3º), sob a ótica do empregador a característica preponderante é a objetividade (CLT, arts. 10 e 448). As modificações na estrutura das empresas integram o conteúdo fundamental da liberdade de iniciativa, sendo natural que as corporações realizem movimentos de aquisição, encampação, fusão ou reestruturação. Essa dinâmica pode ser executada, em regra, de forma livre, sem que o Estado interfira, salvo nas questões relacionados ao interesse público.

A norma trabalhista obviamente não pode interferir nos arranjos empresariais, tampouco evitar que as transações corporativas sejam efetivadas. No entanto, a norma abre a possibilidade de que os contratos de trabalhos sejam preservados em face desses movimentos empresariais. A ideia de sucessão trabalhista é construída na perspectiva de que a liberdade de organizar e de alienar as estruturas produtivas não pode significar a preterição do pagamento dos créditos decorrentes do contrato de trabalho. É por tal razão que a norma reconhece uma verdadeira *despersonalização do empregador*, atribuindo aos sucessores trabalhista a responsabilidade pela solvabilidade dos créditos laborais.

O escopo das normas reguladoras da sucessão trabalhista volta-se para o asseguramento das obrigações decorrentes dos contratos de trabalho. A ideia fundamental é que o **sucessor trabalhista** passa a responder por todas as obrigações decorrentes do contrato de trabalho. Essa é a teleologia própria do reconhecimento da sucessão trabalhista, conforme reiteradamente reconhecido pela jurisprudência laboral[18].

---

18. O instituto da sucessão trabalhista tem por escopo fundamental a garantia da solvabilidade do crédito do trabalhador, logo a regra a exclusão do sucedido, eventualmente poderá ser mitigada, conforme observado pelos seguintes julgados do Tribunal Superior do Trabalho: "RECURSO DE REVISTA. 1. Sucessão trabalhista. Responsabilidade exclusiva do sucessor. Como regra geral, a sucessão trabalhista transfere para o sucessor a exclusiva responsabilidade pelo adimplemento e execução dos contratos de trabalho do empregador sucedido. A responsabilidade solidária é possível apenas em circunstâncias excepcionais de fraude ou absoluta insuficiência econômico-financeira do sucessor, hipóteses não delineadas no caso. Recurso de revista conhecido e desprovido. [...] (TST; RR 0001744-02.2012.5.09.0562; Terceira Turma; Rel. Min. Alberto Bresciani; DEJT 23/05/2014; Pág. 946)""RECURSO DE REVISTA. SUCESSÃO TRABALHISTA. ARRENDAMENTO. RESPONSABILIDADE EXCLUSIVA DO SUCESSOR. APLICAÇÃO DO PRINCÍPIO DA NO REFORMATIO IN PEJUS. 1. [...] . 3. **Este tribunal vem se posicionando no sentido de que, regra geral, a sucessão trabalhista transfere para o sucessor a exclusiva responsabilidade pelo adimplemento e execução dos**

A Lei nº 13.467, de 13.07.2017 manteve o escopo fundamental da sucessão trabalhista, tendo inclusive conferido mais clareza e objetividade aos respectivos dispositivos legais. Os art. 10[19], 448[20] e 448-A[21] corporificam a ideia da despersonalização do empregador, tornando irrelevante, para efeitos da garantia dos contratos de trabalho, as modificações havidas da estrutura empresarial. A assunção da titularidade da empresa por terceiro não gera qualquer tipo de mácula em relação aos contratos de trabalho que serão integralmente preservados, mesmo diante da modificação substancial da estrutura corporativa.

Na análise dos efeitos concretos da sucessão empresarial podem ser identificados dois sujeitos: a **sucessor** e o **sucedido**. Consoante entendimento formulado ao longo de décadas na doutrina trabalhista, a ocorrência da sucessão empresarial gera a consequência direta de atribuição ao sucessor da responsabilidade pelo total das obrigações inerentes ao contrato de trabalho, inclusive em relação ao período no qual o trabalhador não presentou seus serviços ao adquirente.

Observe-se que essa constatação não integrava explicitamente o núcleo normativo dos arts. 10 e 448 da Consolidação, sendo produto da construção hermenêutica da jurisprudência e da doutrina. Apenas com o advento da Lei nº 13.467, de 13.07.2017, a norma jurídica trabalhista passou, de forma explícita, a reconhecer os limites da responsabilidade do sucessor trabalhista diante da modificação da estrutura da empresa[22]. O modelo anteriormente construído consistia em reconhecer os efeitos concretos da sucessão trabalhista mediante a continuidade do trabalho em face do sucessor. Nessa perspectiva, toda a responsabilidade pelo contrato de trabalho recairia sobre o sucessor, excluindo-se a empresa sucedida de qualquer obrigação relacionada ao contrato de trabalho.

---

contratos de trabalho do empregador sucedido, somente excetuando-se os casos em que ficar evidenciada a fraude ou a insuficiência econômico-financeira do sucessor, caso em que a responsabilidade será solidária, o que não foi demonstrado no caso em exame. 4. No caso, a fim de evitar a existência de *reformatio in pejus*, mantém-se a condenação solidária das reclamadas Xinguleder Couros Ltda. e JBS S/A. Recurso de revista não conhecido. (TST; RR 0000630-75.2011.5.18.0121; Sétima Turma; Relª Min. Delaide Miranda Arantes; DEJT 11/10/2013; Pág. 1529)

19. "Art. 10 - Qualquer alteração na estrutura jurídica da empresa não afetará os direitos adquiridos por seus empregados. "

20. "Art. 448 - A mudança na propriedade ou na estrutura jurídica da empresa não afetará os contratos de trabalho dos respectivos empregados. "

21. "Art. 448-A. Caracterizada a sucessão empresarial ou de empregadores prevista nos arts. 10 e 448 desta Consolidação, as obrigações trabalhistas, inclusive as contraídas à época em que os empregados trabalhavam para a empresa sucedida, são de responsabilidade do sucessor. Parágrafo único. A empresa sucedida responderá solidariamente com a sucessora quando ficar comprovada fraude na transferência. "

22. Nesse particular, merece destaque a lição de Adriana Goulart de Sena, *verbis:* "[...] o instituto justrabalhista sucessório emerge como instrumento da concretização efetiva da continuidade da relação de emprego em situações de alterações empresariais (internas ou entre empresas). É que, mesmo que haja alteração subjetiva (empregador) a sucessão trabalhista viabiliza a preservação do liame empregatício conforme moldes anteriores, já em face do novo titular da unidade econômico-jurídica. " (*In*: **A nova caracterização da sucessão trabalhista.** São Paulo: LTr, 2000, p. 219).

Ao longo de tempo, verificou-se que a responsabilidade seria transmitida aos sucessores, mesmo diante da ausência da prestação de serviços em favor do sucedido. A jurisprudência trabalhista avançou sensivelmente no sentido de reconhecer a responsabilização do sucedido calcada exclusivamente na insolvência do sucedido, especialmente em face da transferência patrimonial[23]. Observe-se, inclusive, que a responsabilização do sucessor que não tenha se beneficiado do trabalho do empregado poderá ocorrer apenas na fase de cumprimento da sentença, após a verificação da insolvência da empresa sucedida[24].

Toda essa construção dogmática realizada para concretizar os efeitos da sucessão trabalhistas foi consolidada pela Lei nº 13.467, de 13.07.2017, especialmente diante da redação do novo art. 448-A, *caput*. O novo texto normativo explicita a responsabilidade dos sucessores pelas obrigações trabalhistas havidas inclusive no período da prestação laboral em favor da empresa sucedida. Nesse ponto, o novo regramento assimilou integralmente as diretrizes emanadas da jurisprudência majoritária sobre tema.

O novo regramento ainda foi além, pois, no parágrafo único do art. 448, estabeleceu a responsabilidade da empresa sucedida quando a operação relacionada à transferência do acervo corporativo for fraudulenta. Essa situação, tradicionalmente antevista pela jurisprudência trabalhista, envolvia a hipótese de transferência de empresa com a finalidade precípua de livrar o sucedido de encargos ou dívidas trabalhistas. Demonstrada na situação concreta que os atos de disposição patrimonial apresentaram como única finalidade a prática de atos fraudulentos, reconhece-se a existência de responsabilidade solidária entre as empresas sucedida e sucessoras por todas as obrigações decorrentes dos contratos de trabalho. Nessa hipótese preserva-se a quitação dos contratos de trabalho afetadas pela transação empresarial eivada de vícios.

---

23. Sobre esse tema, apresenta-se emblemático o entendimento jurisprudencial uniformizado do Tribunal Superior do Trabalho acerca da sucessão trabalhista envolvendo instituições bancárias: "Orientação Jurisprudencial nº 261-SDI1 do TST. BANCOS. SUCESSÃO TRABALHISTA. As obrigações trabalhistas, inclusive as contraídas à época em que os empregados trabalhavam para o banco sucedido, são de responsabilidade do sucessor, uma vez que a este foram transferidos os ativos, as agências, os direitos e deveres contratuais, caracterizando típica sucessão trabalhista. "

24. São inúmeros e explícitos os julgados reconhecendo essa possibilidade, conforme se vê dos seguintes exemplos: "AGRAVO DE PETIÇÃO SUCESSÃO TRABALHISTA CARACTERIZAÇÃO. Revelada a sucessão de empregadores na fase executiva (CLT, artigos 10 e 448), mostra-se correto o redirecionamento da execução contra o sucessor, que não constou expressamente do título executivo judicial, sem que isso implique ofensa aos limites subjetivos da coisa julgada (art. 472 do CPC). Cálculos de liquidação. Adequação. Processados os cálculos corretamente, não há retificação a ser imposta na decisão dos embargos à execução. Agravo de petição conhecido e desprovido. Agravo de petição conhecido e não provido. (TRT 10ª R.; AP 0000526-82.2012.5.10.0861; Terceira Turma; Rel. Des. Douglas Alencar Rodrigues; Julg. 09/04/2014; DEJTDF 25/04/2014; Pág. 152)"."RECURSO DE REVISTA. EXECUÇÃO. SUCESSÃO TRABALHISTA. TÍTULO EXECUTIVO JUDICIAL. Reconhecida a sucessão trabalhista, responde o sucessor pelos créditos deferidos ao reclamante independentemente de haver figurado no título executivo. Não há violação do art. 5º, LIV e LV, da constituição. Recurso de revista não conhecido. [...]. Recurso de revista não conhecido. (TST; RR 170700-85.2005.5.03.0014; Sexta Turma; Rel. Min. Augusto César Leite de Carvalho; DEJT 28/10/2011; Pág. 1451) ".

Finalmente, o novo regramento acerca da sucessão empresarial preservou o entendimento jurisprudencial dominante acerca dos efeitos da sucessão no âmbito do grupo econômico. Não se comunicam, portanto, a responsabilidade obrigacional gerada do grupo econômico com aquelas decorrentes das sucessões realizadas entre as empresas individualmente consideradas. Logo, se uma empresa do grupo econômico é alienada a outra, não haverá a responsabilização ao sucessor das obrigações decorrentes do agrupamento econômico da empresa sucedida. Inviável, nesse caso, a transmissão de obrigações, salvo da demonstração de fraude, nos termos da CLT, art. 448, parágrafo único[25].

REFERÊNCIAS BIBLIOGRÁFICAS

CARVALHO, Augusto César Leite de. **Direito do trabalho: curso e discurso**. São Paulo: LTr, 2016.

DELGADO, Maurício Godinho. **Curso de direito do trabalho, 16. ed.** São Paulo: LTr, 2017.

MEIRELES, Edilton. **Grupo econômico trabalhista**. São Paulo: LTr, 2002.

MERCANTE, Carolina Vieira. **A responsabilidade social empresarial como meio propulsor da efetivação de direitos trabalhistas.** São Paulo: LTr, 2012.

MORAIS FILHO, Evaristo de. **Do contrato de trabalho como elemento da empresa.** São Paulo: LTr/Edusp, 1993.

NASCIMENTO, Amauri Mascaro do. Grupo de empresas. *In:* Ari Possidônio Beltran (Org.) **A União Europeia e o Direito do Trabalho**. São Paulo: LTr, 2012, p. 110-118.

PEREIRA, Antônio César Coelho de Medeiros. A alteração do conceito de grupo econômico promovido pela reforma trabalhista. *In.* Guilherme Guimarães Feliciano et al (Orgs.) **Reforma trabalhista: visão, compreensão e crítica**. São Paulo: LTr, 2017, p. 17-22.

PINTO, José Augusto Rodrigues. **Curso de direito individual do trabalho, 5. ed.** São Paulo: LTr, 2003.

SENA, Adriana Goulart. **A nova caracterização da sucessão trabalhista.** São Paulo: LTr, 2000.

25. Conforme afirmamos, preserva-se o entendimento consubstanciado na Orientação Jurisprudencial nº 411 - SDI1 do TST: "SUCESSÃO TRABALHISTA. AQUISIÇÃO DE EMPRESA PERTENCENTE A GRUPO ECONÔMICO. RESPONSABILIDADE SOLIDÁRIA DO SUCESSOR POR DÉBITOS TRABALHISTAS DE EMPRESA NÃO ADQUIRIDA. INEXISTÊNCIA. O sucessor não responde solidariamente por débitos trabalhistas de empresa não adquirida, integrante do mesmo grupo econômico da empresa sucedida, quando, à época, a empresa devedora direta era solvente ou idônea economicamente, ressalvada a hipótese de má-fé ou fraude na sucessão. "

GRUPO ECONÔMICO E SUCESSÃO TRABALHISTA

João Alves de Almeida Neto[1]

Sumário: 1. Introdução; 1.1. Empregador; 1.2. Grupo Econômico; 1.3. Sucessão Empresarial. Referências Bibliográficas.

1. INTRODUÇÃO

Em regra, quando as obras jurídicas abordam os temas *grupo econômico* e *sucessão trabalhista*, esses institutos são tratados no tópico responsabilidade do empregador. Para isso, iniciaremos a análise pelo sujeito passivo da relação de emprego.

1.1. Empregador

O conceito legal de empregador sofreu grande influência da teoria da instituição, considerando empregador "a empresa, individual ou coletiva, que, assumindo os riscos da atividade econômica, admite, assalaria e dirige a prestação pessoal de serviço" (art. 2º, caput da CLT).

A vinculação do conceito de empregador à empresa possui aspectos positivos e negativos. Dentre os aspectos negativos, encontra-se o fato do conceito legal não englobar todos aqueles que poderiam ser caracterizado como empregador.

Buscando ampliar o conceito de empregador, o legislador inseriu o §1º e §2º ao artigo 2º da CLT, para enquadrar no conceito de empregador os entes sem fins lucrativos (empregador por equiparação) e o grupo econômico trabalhista.

---

1. Juiz do trabalho da TRT11. Mestre em Direito Provado e Econômico (UFBA). Especialista em Direito e Processo do Trabalho (UFBA). Autor, Co-autor e Coordenador de obras jurídicas. Professor em curso de especialização e preparatórios para concurso e exame da OAB.

A Lei 13.467/2017, denominada de Reforma Trabalhista, não alterou o conceito de empregador. Manteve a mesma redação do caput do art. 2º da CLT, bem como o parágrafo primeiro.

Antes da Reforma Trabalhista	Depois da Reforma Trabalhista
Art. 2º - Considera-se empregador a empresa, individual ou coletiva, que, assumindo os riscos da atividade econômica, admite, assalaria e dirige a prestação pessoal de serviço.	*Art. 2º - Considera-se empregador a empresa, individual ou coletiva, que, assumindo os riscos da atividade econômica, admite, assalaria e dirige a prestação pessoal de serviço.*
§1º - Equiparam-se ao empregador, para os efeitos exclusivos da relação de emprego, os profissionais liberais, as instituições de beneficência, as associações recreativas ou outras instituições sem fins lucrativos, que admitirem trabalhadores como empregados.	*§1º - Equiparam-se ao empregador, para os efeitos exclusivos da relação de emprego, os profissionais liberais, as instituições de beneficência, as associações recreativas ou outras instituições sem fins lucrativos, que admitirem trabalhadores como empregados.*

A Reforma trabalhista perdeu a oportunidade de apresentar um conceito atualizado de empregador, englobando as pessoas físicas, jurídicas, entes despersonalizados, com ou sem finalidade lucrativa, uma vez que empregador é todo aquele que contrata empregado, seguindo a tendência das legislações trabalhistas esparsas (v.g.: Lei 5589/73 – Lei do Rural; LC 150/15 - Lei do Doméstico; Lei 2757/56 - Lei do Condomínio Residencial).

O conceito de empregador deve ser elástico e amplo para acompanhar o conceito de empregado, já que este vem sofrendo uma metamorfose ao longo dos anos, e em especial, nesse momento de crise econômica e política.

Vale ressaltarmos, como dito acima, a vinculação do conceito de empregador à empresa também possui aspecto positivo. Podemos citar a despersonalização do empregador/personalização da empresa, garantindo, por exemplo, a sucessão trabalhista e o pagamento dos créditos trabalhista por aquele que possui os bens (lastro financeiro).

1.2. Grupo Econômico

A necessidade de atender os imperativos da modernização da produção e da globalização do comércio vem substituindo, a cada dia mais, a figura do empregador individual pelo agrupamento de empresas.

Dentre os agrupamentos de empresas, o que mais se destaca na seara laboral é o grupo econômico. A Reforma Trabalhista, ao tratar do grupo econômico acrescentou ao art. 2º, CLT, o §3º e alterou a redação do §2º.

Antes da Reforma Trabalhista	Depois da Reforma Trabalhista
Art. 2º - [...] *§2º - Sempre que uma ou mais empresas, tendo, embora, cada uma delas, personalidade jurídica própria, estiverem sob a direção, controle ou administração de outra,* ***constituindo grupo industrial, comercial ou de qualquer outra atividade econômica, serão, para os efeitos da relação de emprego, solidariamente responsáveis a empresa principal e cada uma das subordinadas.***	*Art. 2º - [...]* *§2º - Sempre que uma ou mais empresas, tendo, embora, cada uma delas, personalidade jurídica própria, estiverem sob a direção, controle ou administração de outra,* ***ou ainda quando, mesmo guardando cada uma sua autonomia, integrem grupo econômico, serão responsáveis solidariamente pelas obrigações decorrentes da relação de emprego.***
	§3º Não caracteriza grupo econômico a mera identidade de sócios, sendo necessárias, para a configuração do grupo, a demonstração do interesse integrado, a efetiva comunhão de interesses e a atuação conjunta das empresas dele integrantes.(NR)

De acordo a atual redação do art. 2º, §2º da CLT, caracteriza-se grupo econômico trabalhista quando *"uma ou mais empresas, tendo, embora, cada uma delas, personalidade jurídica própria, estiverem sob a direção, controle ou administração de outra,* ***ou ainda quando, mesmo guardando cada uma sua autonomia, integrem grupo econômico [...]".***

Portanto, são requisitos legais para a configuração do grupo econômico a existência de: a) duas ou mais empresas, cada uma com a sua personalidade jurídica própria (CNPJ); b) subordinação e ou coordenação entre as atividades econômicas das empresas do grupo.

Diante do conceito e dos requisitos do grupo econômico introduzidos pela Reforma Trabalhista, é interessante apresentar algumas observações:

1) Tese do grupo econômico horizontal.

Em sua redação original, a CLT adotava a tese do grupo econômico vertical, sendo necessária a subordinação entre as atividades das empresas do grupo (art. 2º, §2º) para a sua configuração[2]. Já a Lei 5889/73 (Lei do Trabalhador Rural), no art. 3º,§2º, adotava a tese do grupo econômico horizontal.

Com a Reforma Trabalhista, ocorreu uma uniformização de conceitos. O legislador reformista praticamente transcreveu para a CLT o conceito de grupo econômico contido no art. 3º,§2º da Lei 5889/73.

2. "Partindo da interpretação literal do texto originário do §2º do art. 2º da CLT, especialmente por conta da menção às palavras "direção, controle, ou administração" alguns defendiam a tese que existência do grupo econômico para fins juslaboralista pressuporia que entre as empresas envolvidas houvesse uma relação de matiz vertical, em que uma empresa dirigiria e controlaria, com subordinação às demais. Essa é a posição que vinha prevalecendo na jurisprudência, especialmente do TST [...]" SOUZA JÚNIOR, Antônio Umberto de. Et Al. Reforma Trabalhista: análise comparativa e crítica da Lei 13.467/17. São Paulo: Rideel, 2017, p. 4

Nesse sentido, foi editado o inciso I do Enunciado nº 5 (primeira comissão), aprovado na 2ª jornada de direito material e processual do trabalho.

> **Enunciado 5** - I. A lei 13.467/2017 reconheceu expressamente a figura do grupo econômico trabalhista por coordenação (art. 2º, §2º) e estabeleceu requisitos subjetivos (interesse integrado e comum) e objetivos (atuação conjunta) para a caracterização do grupo, a serem verificados no caso concreto pelo juízo (art. 2º, §3º)

Assim, tanto o grupo econômico urbano quanto o rural, não é necessário para a sua configuração que um ente possua *direção, controle ou administração* de outra empresa do grupo. Basta que exista coordenação e cooperação entre as atividades econômicas, adotando o conceito de grupo econômico horizontal, mas condizente com o propósito protetivo e a informalidade que marca o âmbito laboral

> *Art. 2, §2º da CLT - Sempre que uma ou mais empresas, tendo, embora, cada uma delas, personalidade jurídica própria, estiverem sob a direção, controle ou administração de outra,* ***ou ainda quando, mesmo guardando cada uma sua autonomia, integrem grupo econômico,*** *serão responsáveis solidariamente pelas obrigações decorrentes da relação de emprego.*

A ampliação foi benéfica para o empregado, pois aumenta a possibilidade de configuração do grupo econômico e por consequência, a aplicação da responsabilidade solidária, podendo cobrar a dívida trabalhista de qualquer membro do grupo.

Vale salientar que na tramitação na Câmara de Deputado, a Emenda n. 489, do Deputado Daniel Vilela (PMDB/GO), propunha a redação que fixava a necessidade de hierarquia entre as empresas, acrescentando no §4º a vedação da aplicação do art. 3º, §2º da Lei do Rural ao grupo econômico urbano. Todavia, essa emenda não vingou.[3]

2) Entes despersonalizados, as pessoas físicas e pessoas jurídicas sem finalidade lucrativa como membros do grupo econômico.

A Reforma Trabalhista manteve a redação anterior, permitindo que apenas pessoas jurídicas com finalidade lucrativa (empresas) possam integrar o grupo econômico. Essa interpretação literal, ainda, prevalece na doutrina e jurisprudência.

Importante, entretanto, ressaltar que há autores[4], com base na interpretação sistemática, que defendem que qualquer empregador poderia integrar o grupo econômico, inclusive os entes sem finalidade lucrativa, denominados de empregador por equiparação (art. 2º, §1º da CLT).

3. SOUZA JÚNIOR, Antônio Umberto de; et al; Reforma Trabalhista: Análise Comparativa e Crítica da Lei 13.467/17 São Paulo: Rideel, 2017, p. 6.
4. v.g.: Edilton Meireles, Vólia Bomfim Cassar e Gustavo Felipe Barbosa Garcia.

Podemos dizer que o legislador reformador perdeu a oportunidade de incluir entre as entidades integrantes do grupo econômico os entes despersonalizados, as pessoas físicas e pessoas jurídicas sem finalidade lucrativa, afinal todos esses podem ser considerados empregadores.

3) Consórcio de empregadores urbanos.

A concentração de empresas não se restringe aos grupos econômicos, A figura do consórcio de empregadores também deriva do fenômeno da concentração econômica.

Considerando que a Reforma Trabalhista possui como fundamento de validade a necessidade de atualização da legislação trabalhista, ela perdeu uma grande oportunidade de regular o consórcio de empregadores urbanos, diferenciando-os do grupo econômico[5].

4) Tese do empregador único e da responsabilidade solidária dual.

Considerando que existiam conceitos diferentes acerca do grupo econômico, no âmbito urbano e rural, a doutrina apresentava duas correntes acerca da responsabilidade solidária: a) responsabilidade solidária passiva; b) responsabilidade solidária dual (ativa e passiva).

A corrente majoritária, considerando a tese do empregador único previsto na Súmula 129 do TST, defende que, com a formação grupo econômico, a responsabilidade solidária é dual. As entidades do grupo são responsáveis solidariamente pelas dívidas dos seus empregados (passiva), bem como, os empregados podem trabalhar em empresas do mesmo grupo (ativa), sem formação de mais de um vínculo de emprego (ou seja, partilhar o poder empregatício).

O legislador reformador perdeu a oportunidade de positivar a adoção da tese do empregador único e pacificar a controvérsia.

A adoção da referida tese implica nas seguintes consequências jurídicas: a) garantia da uniformidade de condições de trabalho entre os empregados dos entes do grupo, permitindo a equiparação salarial; b) enquadramento sindical de acordo com a atividade preponderante do grupo, e não da empresa para qual o trabalhador presta serviço; c) possibilidade de transferência entre empresas do grupo; d) divisão do poder empregatício entre os entes do grupo, permitindo que o empregado preste serviço para as empresas integrantes, durante a mesma jornada de trabalho, sem caracterizar a coexistência de mais de um contrato de trabalho, salvo ajuste em contrário; e) pagamento efetuado pelas empresas do grupo deve compor o salário; f) *acesso temporis*, ou seja, o tempo de serviço prestado às empresas do grupo é somado; g) somatório das jornadas trabalhadas para em-

5. Defendido na obra Consórcio de empregadores urbanos de nossa autoria. ALMEIDA NETO, João Alves de. Consórcio de empregadores urbanos. São Paulo: LTr, 2014.

presas do grupo, sendo superior à jornada normal, gerará o pagamento de horas extras; h) prescrição bienal contado do último contrato para empresa do grupo[6].

5) Inclusão dos entes do grupo econômico no polo passivo

Com o cancelamento da súmula 205 do TST, a maioria da doutrina e jurisprudência passou a defender não ser necessário incluir no polo passivo todos os entes que compõe o grupo, desde que este já seja reconhecido.

Desta forma, uma vez reconhecido o grupo econômico, é possível a inclusão de uma empresa do grupo no polo passivo na execução trabalhista, mesmo não tendo participado da fase de conhecimento.

Todavia, caso ainda a configuração do grupo econômico não tenha sido reconhecida, é necessário que todos os entes participem do processo para garantir a ampla defesa e contraditório[7].

6) Desnecessidade de vínculo formal para configuração do grupo econômico trabalhista

Considerando o princípio da primazia da realidade e a informalidade típica do Direito do Trabalho, não é necessário a formalização do grupo ou qualquer vínculo formal do ponto de vista jurídico/societário, para a caracterização do grupo econômico. Basta que as empresas atuem conjuntamente e que haja comunhão de interesses entres as empresas do grupo.

Ainda, foi inserido o §3º ao art. 2º da CLT:

> *Art. 2, §3º CLT - Não caracteriza grupo econômico a mera identidade de sócios, sendo necessárias, para a configuração do grupo, a demonstração do interesse integrado, a efetiva comunhão de interesses e a atuação conjunta das empresas dele integrantes. (NR)*

A Reforma Trabalhista positivou o entendimento jurisprudencial do TST, que defendia que a mera identidade de sócio não é suficiente para caracterização do grupo econômico. É necessário a que exista *"interesse integrado, a efetiva comunhão de interesses e a atuação conjunta das empresas dele integrante"*[8].

6. CORREIA, Henrique. **Direito do Trabalho para Concurso Público**. Salvador: Editora JusPodivm, 2017, p. 258.
7. Nesse sentido, pode se extrair da análise, a contrário senso, da súmula 46 do TRT 01.
8. Informativo 83: **Existência de sócios comuns. Grupo Econômico. Não caracterização. Ausência de subordinação.** O simples fato de duas empresas terem sócios em comum não autoriza o reconhecimento do grupo econômico, pois este, nos termos do art. 2º, § 2º, da CLT, pressupõe subordinação à mesma direção, controle ou administração, ou seja, exige uma relação de dominação interempresarial em que o controle central é exercido por uma delas (teoria hierárquica ou vertical). Na hipótese, ressaltou-se que não obstante as empresas em questão terem os mesmos sócios, uma delas é voltada para o mercado imobiliário, enquanto que a outra atua no ramo de segurança e transporte de valores, bem como importação e exportação de equipamentos eletrônicos, não guardando, portanto, qualquer relação entre os respectivos objetos comerciais a indicar laços de direção entre elas. Com esse entendimento, a SBDI-1, em sua composição plena, por

Desta forma, a mera identidade de sócios, por si só, não configura grupo econômico. É necessário que reste demonstrado que as empresas possuem interesse comum, que atuam na economia de forma conjunta.

7) Requisitos cumulativos ou alternativos

Quanto aos requisitos inseridos no §3º, do art. 2º da CLT (*interesse integrado, a efetiva comunhão de interesses e a atuação conjunta das empresas dele integrante),* há na doutrina duas correntes.

A primeira corrente defende que os requisitos são alternativos, considerando que os termos utilizados *são próximos e redundantes. O legislador reformador valeu-se de* palavras redundantes, de modo a não abrir margem para interpretação diversa.

Já a segunda corrente defende que os requisitos são cumulativos considerando que não há utilização de conjunção alternativa, mas sim, aditiva, pautando, portanto, por uma interpretação literal.

8) Ônus da prova da ausência da efetiva comunhão de interesses e não atuação conjunta das empresas.

Para a configuração do grupo econômico é necessária a demonstração do *"interesse integrado, a efetiva comunhão de interesses e a atuação conjunta das empresas dele integrante".* O simples fato das empresas do grupo possuírem sócio não é suficiente para configurar o grupo econômico.

A identidade de sócio é um mero indício da existência do grupo econômico, assim como a utilização do mesmo imóvel, mesmo preposto, mesmo recurso humano para a contratação dos empregados etc.

Atribuir ao reclamante o ônus de demonstrar a efetiva comunhão de interesse e a atuação conjunta das empresas do grupo, torna excessivamente difícil desincumbir o encargo probatório. Podemos chamar essa prova, conforme ensina os processualistas, de impossível ou diabólica.

Assim, existindo identidade de sócio e, portanto, um indício da existência do grupo econômico, considerando a maior facilidade dos reclamados na obtenção da prova do fato contrário (fato obstativo do direito do autor), poderá o juízo atribuir o ônus da prova às empresas do grupo, desde que o faça por decisão funda-

maioria, conheceu dos embargos interpostos pela reclamante, por divergência jurisprudencial, vencidos os Ministros Horácio Raymundo de Senna Pires, relator, Antonio José de Barros Levenhagen, Brito Pereira e Aloysio Corrêa da Veiga, que não conheciam do apelo. No mérito, também por maioria, a Subseção negou provimento ao recurso, vencidos os Ministros Lelio Bentes Corrêa, Augusto César Leite de Carvalho, José Roberto Freire Pimenta e Hugo Carlos Scheuermann, que davam provimento aos embargos para restabelecer a decisão proferida pelo TRT que, adotando a teoria horizontal ou da coordenação, entendeu configurado o grupo econômico porque existente nexo relacional entre as empresas envolvidas, pois além de terem sócios em comum, restou demonstrado que houve aporte financeiro dos sócios de uma empresa na outra. TST-E-ED-RR-214940-39.2006.5.02.0472, SBDI-I, rel. Min. Horácio Raymundo de Senna Pires 22.5.2014

mentada, caso em que deverá dar à parte a oportunidade de se desincumbir do ônus que lhe foi atribuído.

A inversão do ônus de prova deve ser mediante decisão fundamentada, proferida antes da abertura da instrução. A requerimento da parte (polo passivo), a audiência será adiada para garantir a ampla defesa e contraditório, permitindo que seja demonstrada a ausência comunhão de interesse e que a atuação das empresas não era conjunta (art. 818, §2º CLT).

Esse é o entendimento adotado pelo inciso II do Enunciado nº 5 (primeira comissão), aprovado na 2ª jornada de direito material e processual do trabalho.

> **Enunciado 5** - I. [...]; II-Nas hipóteses restritas de aplicação do parágrafo 3º do artigo 2º da CLT, a mera identidade de sócios entre as empresas integrantes, embora não baste à caracterização do grupo econômico, constitui indício que autoriza a inversão ou redistribuição do ônus da prova, nos termos do art. 818 §1º da CLT, com redação dada pela lei 13.467/2017. Incumbe então ao empregador o ônus de comprovar a ausência de interesses integrados, da comunhão de interesses e/ou da atuação conjunta das empresas. Aplicação dos princípios da aptidão para a prova e da paridade de armas em concreto (isonomia processual)

Há quem defenda que existindo identidade de sócios, haverá presunção relativa da existência do grupo econômico. Desta forma, seria desnecessária a inversão do ônus da prova, por decisão fundamentada e prévia. Cabendo aos reclamados provar inexistência de grupo econômico[9].

Por fim, a doutrina vem afirmando que o §3º não possui harmonia com o §2º do art. 2º da CLT, uma vez que a simplicidade e informalidade que inspiraram a adoção do grupo econômico horizontal contrastam com necessidade formal de demonstrar a existência de comunhão de interesses e atuação conjunta das empresas.

9) Responsabilidade do sócio de empresas integrantes do grupo econômico.

Para a corrente majoritária, a responsabilização dos sócios das empresas integrantes do grupo econômico, é necessário o prévio esgotamento dos bens das Empresas, e posteriormente, por intermédio do incidente da despersonalização do empregador (art. 885-A da CLT), alcançar o patrimônio particular dos sócios atuais e retirantes, observando a regra do art. 10-A da CLT.

1.3. Sucessão empresarial

A sucessão trabalhista, também chamada de sucessão de empregadores, foi regulamentada com o objetivo de assegurar o pagamento das dívidas trabalhistas, nas hipóteses de mudança de titularidade ou estrutura da empresa.

9. SILVA. Homero Batista Mateus da. Comentários à Reforma Trabalhista. São Paulo: Ed. Revista dos Tribunais, 2017, p. 22

Atribuiu-se às obrigações resultantes do contrato laboral a natureza de obrigação *propter rem*. Os seus efeitos são produzidos em relação ao sucessor, responsável por tais dívidas, uma vez que as obrigações ficam atreladas ao complexo de bens transferido.

Vale ressaltar que o sucessor assumirá não só o ônus (dívida trabalhista), mas também eventual bônus (crédito a receber ou riqueza produzida pela sucedida).

Para a configuração da sucessão trabalhistas, são requisitos indispensáveis:

a) mudança da titularidade (ex. compra e venda, locação, alteração dos sócios) ou da estrutura da empresa (ex. cisão, fusão, S/A para LTDA).

b) manutenção da atividade econômica.

Quando uma empresa é vendida para um terceiro, o sucessor responde pela dívida trabalhista do sucedido, desde que mantenha a mesma atividade econômica, nos termos dos arts. 10 e 448 da CLT.

Quanto a manutenção da atividade econômica, a doutrina apresenta a figura da "sucessão por indução". Essa figura ocorre quando é exigido, na transferência da titularidade da empresa, a manutenção da atividade econômica. Neste caso, não há opção do empregador em alterar a atividade-fim desenvolvida. Segundo Henrique Correia,"se o novo titular do estabelecimento somente retomar a atividade do sucedido após 6 meses da transferência, não haverá sucessão de empregadores".[10]

A doutrina clássica, ainda, acrescentava um terceiro requisito: continuidade das relações de emprego. Esse requisito é rechaçado pela jurisprudência dominante do TST. A continuidade da prestação do serviço para o sucessor é um mero indício da existência da sucessão trabalhista.

A Reforma Trabalhista manteve o conceito de sucessão trabalhista, com os mesmos requisitos, apenas positivou o que a doutrina e jurisprudência já afirmavam, acrescentando o art. 448-A da CLT e seu parágrafo único.

> *Art. 448-A. Caracterizada a sucessão empresarial ou de empregadores prevista nos arts. 10 e 448 desta Consolidação, as obrigações trabalhistas, inclusive as contraídas à época em que os empregados trabalhavam para a empresa sucedida,* ***são de responsabilidade do sucessor.***
>
> *Parágrafo único. A* ***empresa sucedida responderá solidariamente*** *com a sucessora quando ficar comprovada fraude na transferência.*

10. CORREIA, Henrique. **Direito do Trabalho para Concurso Público**. Salvador: Editora JusPodivm, 2017, p. 262.

Antes da Reforma Trabalhista	Depois da Reforma Trabalhista
Sem previsão legal	***Art. 448-A. Caracterizada a sucessão empresarial ou de empregadores prevista nos arts. 10 e 448 desta Consolidação, as obrigações trabalhistas, inclusive as contraídas à época em que os empregados trabalhavam para a empresa sucedida, são de responsabilidade do sucessor.***
Sem previsão legal	***Parágrafo único. A empresa sucedida responderá solidariamente com a sucessora quando ficar comprovada fraude na transferência.***

O legislador reformador incorporou à redação do caput do art. 448-A CLT o conteúdo da OJ 261 da SDI-1 do TST, dispondo que o sucessor responde pelas dívidas trabalhistas, inclusive pelas contraídas à época em que os empregados trabalhavam para a empresa sucedida[11].

A tese da responsabilidade integral da sucessora prevalecia até o início das privatizações. Nesse período foi editada a OJ 225 da SDI-1 do TST[12], que estabelecia a responsabilidade subsidiária da sucedida na sucessão trabalhista de ente público. No entanto, a referida orientação jurisprudencial, por vezes, era utilizada nas sucessões parciais de entes privados. Talvez, para evitar a aplicação da referida jurisprudência às sucessões trabalhista de entes privados, o legislador reformador blindou a sucedida.[13]

---

11. Nesse mesmo sentido, OJ 261, SDI-1 do TST: 261. BANCOS. SUCESSÃO TRABALHISTA (inserida em 27.09.2002). As obrigações trabalhistas, inclusive as contraídas à época em que os empregados trabalhavam para o banco sucedido, são de **responsabilidade do sucessor**, uma vez que este foram **transferidos os ativos, as agências, os direitos e deveres contratuais, caracterizando típica sucessão trabalhista.**

12. OJ **225 DA SDI-1 DO TST. CONTRATO DE CONCESSÃO DE SERVIÇO PÚBLICO. RESPONSABILIDADE TRABALHISTA (nova redação) - DJ 20.04.2005** Celebrado contrato de concessão de serviço público em que uma empresa (primeira concessionária) outorga a outra (segunda concessionária), no todo ou em parte, mediante arrendamento, ou qualquer outra forma contratual, a título transitório, bens de sua propriedade: I - em caso de rescisão do contrato de trabalho após a entrada em vigor da concessão, a segunda concessionária, na condição de sucessora, responde pelos direitos decorrentes do contrato de trabalho, sem prejuízo da responsabilidade subsidiária da primeira concessionária pelos débitos trabalhistas contraídos até a concessão; II - no tocante ao contrato de trabalho extinto antes da vigência da concessão, a responsabilidade pelos direitos dos trabalhadores será exclusivamente da antecessora.

13. "[...] Naquele cenário, houve muita controvérsia sobre a responsabilidade integral da sucessora, porquanto a sucedida continuava a funcionar, retinha vários insumos e, ainda, recebia pagamento parcelas sobre a alienação. Desenvolveu-se, assim, o conceito condensado na OJ 225 da SDI-1 do TST a respeito da corresponsabilidade entre sucessora e sucedida. Conquanto criada para fins de ente público e para tentar regulamentar matéria de direito administrativo, não raro a OJ 225 era aplicadaà modalidades de sucessão parcial entre empresas privadas - que talvez seja o alvo do novo art. 448-A CLT, que é enfático na blindagem da sucedida. SOUZA JÚNIOR, Antônio Umberto de; et al; Reforma Trabalhista: Análise Comparativa e Crítica da Lei 13.467/17 São Paulo: Rideel, 2017, p. 71.

Na prática empresarial, por vezes, havia a transferência da titularidade para empresas em situação patrimonial precária, com o objetivo de se eximir da responsabilidade pelas dívidas trabalhistas.

Em razão mencionada prática, o legislador reformador inseriu o parágrafo único ao art. 448-A CLT, estabelecendo que em caso de fraude, o intuito de prejudicar o trabalhador não deve prevalecer, de modo que a responsabilidade será solidária, ou seja, responderão pelos débitos trabalhistas a empresa sucessora, bem como, a empresa sucedida.

Importante ressaltar que o vício de vontade indicado no parágrafo único é meramente exemplificativo[14]. Haverá solidariedade quando presente na sucessão trabalhista qualquer vício que macule o negócio jurídico (ex. dolo, erro, simulação e fraude contra credor)[15].

Outro aspecto que deve ser ressaltado é que a alegação de fraude na sucessão de empresas pode ser realizada a qualquer tempo[16]. Não está limitada ao prazo de 2 anos, como ocorre em relação ao sócio retirante (art. 10-A da CLT).

Em resumo, com a Reforma Trabalhista, a responsabilidade na sucessão trabalhista é: a) em regra geral, da empresa sucessora, mas; b) havendo fraude (ou outro vício de vontade), a responsabilidade é solidária das empresas, sucessora e sucedida.

Quanto a cláusula de não responsabilidade, antes da reforma trabalhista era pacífico que a referida cláusula não possuía valor para o âmbito laboral, uma vez que os arts. 10 e 448 da CLT, que regulavam a sucessão trabalhista, são normas de ordem pública. As partes não podem dispor em sentido contrário. Não há motivo para entender que, depois da Reforma Trabalhista, o posicionamento do TST venha ser modificado.

No entanto, o novo dispositivo legal supracitado não impede que o acordo comercial entre as partes defina a responsabilidade de cada empresa para efeito do direito de regresso, se for o caso.

Quanto a demonstração da fraude, o ônus da prova, a nosso sentir, é do reclamante, considerando que não se pode presumir a fraude. Ademais, a prova das alegações incumbe à parte que as fizer. Considerando que alegação da fraude é feita pelo reclamante, cabe a este o ônus processual.

---

14. Há doutrinadores que defendem que a análise deve ser literal, ou seja, apenas em caso de fraude haverá solidariedade entre as empresas, uma vez que não se pode fazer interpretação ampliativa para causar prejuízo.

15. SOUZA JÚNIOR, Antônio Umberto de; et al; Reforma Trabalhista: Análise Comparativa e Crítica da Lei 13.467/17 São Paulo: Rideel, 2017, p. 175.

16. Apenas a título de conhecimento, o art. 1146 do CC/02 estabelece que: "o adquirente do estabelecimento responde pelo pagamento dos débitos anteriores à transferência, desde que regularmente contabilizados, continuando o devedor primitivo solidariamente obrigado pelo prazo de um ano, a partir, quanto aos créditos vencidos, da publicação, e, quanto aos outros, da data do vencimento".

Todavia, há corrente doutrinária de que defende o cabimento da inversão do ônus da prova, considerando a aptidão do empregador em demonstrar que a sucessão não foi fraudulenta. Uma vez demonstrado que não houve fraude – o que poderá ser feito por meio de apresentação de documentação que comprove o pagamento de preço justo e a realização de auditoria legal e contábil, por exemplo - o sucedido poderá requerer sua exclusão do polo passivo e, nesse cenário, a execução prosseguiria apenas e tão somente em face da empresa sucessora.

REFERÊNCIAS BIBLIOGRÁFICAS

ALMEIDA NETO, João Alves de. *Consórcio de empregadores urbanos*. São Paulo: LTr, 2014.

CASSAR, Vólia Bomfim; BORGES, Leonardo Dias Borges. *Comentários à Reforma Trabalhista*. São Paulo: Método. 2017

CORREIA, Henrique. *Direito do Trabalho para Concurso Público*. Salvador: Editora JusPodivm, 2017.

GARCIA, Gustavo Filipe Barbosa. *Curso de direito do trabalho*. 11. ed. Rio de Janeiro: Forense, 2017

MEIRELES, Edilton. *Grupo Econômico*. São Paulo: LTr, 2002.

SILVA. Homero Batista Mateus da. *Comentários à Reforma Trabalhista*. São Paulo: Ed. Revista dos Tribunais, 2017.

SOUZA JÚNIOR, Antônio Umberto de; et al; *Reforma Trabalhista: Análise Comparativa e Crítica da Lei 13.467/17*. São Paulo: Rideel, 2017.

GRUPO ECONÔMICO E SUCESSÃO TRABALHISTA CLT, ART. 2º, §2º E §3º

Joalvo Magalhães[1]

1. INTRODUÇÃO

No âmbito do Direito do Trabalho, sempre floresceu uma preocupação legislativa, doutrinária e jurisprudencial quanto à garantia do credor trabalhista. E o fundamento é simples: a relação de emprego é a fonte de sustento do trabalhador e de sua família, razão por que as verbas trabalhistas ostentam nítido caráter alimentar.

É neste contexto de proteção e garantia aos créditos do empregado que se inserem os diversos debates em torno da responsabilidade trabalhista, seja ela solidária ou subsidiária. Questões referentes à terceirização, ao sócio retirante, grupo econômico e sucessão trabalhista apresentam como pano de fundo o mesmo tema: a discussão sobre a responsabilidade pelo pagamento de créditos oriundos da relação de emprego.

A Lei 13.467/2017, que instituiu a denominada Reforma Trabalhista, promoveu alterações na disciplina legal de todas as figuras de responsabilização acima

1. Juiz do trabalho, professor de direito individual e direito coletivo do trabalho. Pós-graduado em direito constitucional do trabalho pela UFBA. Palestrante. Autor de artigos jurídicos.

mencionadas. O anúncio de mudanças desta natureza causou perplexidade em parte da comunidade jurídica, com justo receio de que eventuais flexibilizações comprometessem a eficácia da execução trabalhista e, de modo reflexo, a satisfação do crédito do trabalhador.

No presente trabalho serão abordadas as alterações procedidas nos regimes legais do grupo econômico e da sucessão trabalhista, buscando dimensionar o real alcance das modificações legislativas e apurar de que maneira irão impactar na garantia do crédito trabalhista.

2. GRUPO ECONÔMICO

2.1. Caracterização, fundamentos e histórico

O grupo econômico trabalhista é constituído pela reunião de empresas que atuam conjuntamente na economia, com finalidade lucrativa. Ao contrário do que ocorre no direito empresarial, não se exige, na seara laboral, qualquer formalidade para caracterização da coligação entre empresas, até mesmo com base no princípio da primazia da realidade, que é tão caro ao Direito do Trabalho.

Assim, não se exige, para a formação do grupo econômico, qualquer formalidade societária ou registro na junta comercial, bastando que se façam presentes, na realidade fática, os requisitos legais para o reconhecimento da coligação empresarial trabalhista.

Por outro lado, o grupo econômico também não é forma de incorporação de uma empresa por outra, sendo certo que os entes integrantes da coligação permanecem com personalidades jurídicas e patrimônio distintos, embora, para fins trabalhistas, possam ser chamadas à responsabilidade pelos empregados contratados pelas empresas integrantes do grupo.

A Lei nº 435, de 17 de maio de 1937, estabeleceu a figura do grupo econômico, com fundamento na necessidade de garantir o credor trabalhista, prevendo responsabilidade solidária entre as empresas integrantes e ressalvando, de forma expressa, que o alcance do instituto seria apenas na seara laboral.

Posteriormente, a Consolidação das Leis do Trabalho, em seu art. 2º, §2º, manteve a responsabilidade solidária entre todas empresas integrantes do grupo econômico, as quais, desta forma, podem ser demandadas pelo empregado quanto a eventuais créditos inadimplidos decorrentes da relação de emprego.

Orlando Gomes e Elson Gottschalk indicam que uma das principais finalidades da norma seria a proteção do empregado quanto ao tempo de serviço, para apuração da antiga estabilidade decenal. A disciplina legal do grupo econômico se prestaria a proteger o tempo de serviço do empregado, evitando prejuízos caso fosse transferido entre empresas integrantes do mesmo grupo, de forma fraudulenta, com o fito de obstar a aquisição da estabilidade (GOMES, 1997).

A disciplina do grupo econômico prevista no ordenamento jurídico pátrio encontra ressonância em outras legislações latinas, a exemplo da Argentina e de Portugal, que também estabelecem responsabilidade solidária às empresas integrante do grupo econômico.

O pressuposto para a formação do grupo econômico é a aglutinação de empresas, ainda que para exploração de atividades econômicas diversas, mantendo cada uma sua personalidade jurídica própria.

2.2. Solidariedade ativa e passiva

Como visto, a disciplina legal do grupo econômico fundamenta-se no princípio da proteção, estabelecendo garantias ao empregado que presta serviços a empresas coligadas. A responsabilidade solidária das empresas integrantes do grupo realiza o princípio constitucional da valorização do trabalho.

No entanto, a jurisprudência ampliou o alcance da solidariedade prevista em lei. Louvando-se no fundamento legislativo que impunha às empresas coligadas a responsabilidade pelo inadimplemento das obrigações trabalhistas devidas ao empregado por elas contratado, o Tribunal Superior do Trabalho passou a acolher a tese de que tais empresas também poderiam exigir trabalho deste mesmo empregado.

O fundamento do TST é de uma lógica inquestionável: se as empresas integrantes do grupo são consideradas empregadores para efeito de responsabilidade trabalhista, da mesma forma devem gozar da prerrogativa do empregador de exigir trabalho. Neste sentido, tem-se a Súmula 129 do TST, que estabelece a possibilidade de diversas empresas do mesmo grupo econômico exigirem trabalho do mesmo empregado, na mesma jornada, sem que, necessariamente, haja configuração de mais de uma relação de emprego.

2.3. Atividade econômica

Muito já se discutiu sobre a necessidade de os integrantes do grupo econômico exercerem atividade econômica. Parece claro, até pela denominação do instituto, que sua configuração pressupõe o exercício de atividade econômica, conforme também se infere do preceptivo legal, que se refere a grupo industrial, comercial ou de qualquer outra atividade econômica.

Alice Monteiro de Barros destaca, porém, que excepcionalmente pode haver formação de grupo econômico envolvendo uma pessoa jurídica beneficente, desde que instituída por uma empresa que explore atividade econômica e que detenha controle sobre ela (BARROS, 2013).

Maurício Godinho Delgado observa, ainda, que os entes despersonificados, como a massa falida, e até mesmo pessoas físicas que ajam como empresários podem, em tese, figurar em um grupo econômico, dada sua atuação com finalidade econômica (DELGADO, 2009).

2.4. Grupo econômico vertical e horizontal

A doutrina costuma distinguir entre o grupo econômico formado por subordinação entre empresas (grupo vertical) e aquele gestado pela coordenação entre os entes envolvidos (grupo horizontal).

O grupo econômico vertical encontra-se previsto na originária redação do art. 2º, §2º, da CLT, que estabelece requisitos mais rígidos para o reconhecimento do conglomerado empresarial: exige que as empresas envolvidas estejam ligadas por laço de direção, controle ou administração. Há, contudo, quem defenda que a subordinação e controle podem ser meramente potenciais, dispensada a demonstração do seu efetivo exercício pela empresa líder.

A doutrina há muito tempo já indicava o equívoco da disciplina celetista, defendendo que o grupo econômico estaria configurado também sob a forma de empresas coordenadas, o denominado grupo econômico horizontal, que não pressupõe a existência de subordinação entre os entes envolvidos.

Mozart Victor Russomano expõe críticas ao modelo originário da CLT, especialmente diante de uma economia globalizada, na qual os principais grupos econômicos se espalham de maneira transnacional, sem que se possa identificar, muitas vezes, o exercício de controle de uma empresa sobre a outra (RUSSOMANO, 1999).

A doutrina, de um modo geral, já há algum tempo acata a configuração do grupo econômico por coordenação, inclusive com a utilização fundamento legal por analogia, o art. 3º da Lei 5.889/73, que trata do trabalho rural e, em seu parágrafo 2º, admite a formação de grupo econômico mesmo diante de empresas que conservam sua autonomia, não estando subordinadas a nenhuma empresa líder.

Apesar da tese majoritária na doutrina, a configuração do grupo econômico por coordenação sempre enfrentou resistência na jurisprudência. O Tribunal Superior do Trabalho e outros Tribunais Regionais muitas vezes exigiam a presença da subordinação como requisito para a configuração do grupo econômico trabalhista, como se vê, por exemplo, no julgado do TST-E-ED-RR-214940-39.2006.5.02.0472, SBDI-I, rel. Min. Horácio Raymundo de Senna Pires 22.5.2014, em que foi aplicada a teoria hierárquica/vertical, exigindo-se relação de dominação interempresarial.

2.5. Reforma trabalhista e grupo econômico horizontal

A Lei 13.467/2017 promoveu alteração na redação do art. 2º, §2º, da Consolidação das Leis do Trabalho, que passou a prever:

> § 2º Sempre que uma ou mais empresas, tendo, embora, cada uma delas, personalidade jurídica própria, estiverem sob a direção, controle ou administração de outra, ou ainda quando, mesmo guardando cada uma sua autonomia, integrem grupo econômico, serão responsáveis solidariamente pelas obrigações decorrentes da relação de emprego.

O novel diploma legal manteve os contornos gerais do grupo econômico tradicionalmente previsto na CLT, mas inseriu uma nova possibilidade de aplicação: admitiu, de forma, expressa, a formação de grupo econômico mesmo que as empresas integrantes guardem cada uma sua autonomia.

A ressalva inserida pela Reforma Trabalhista, conquanto sutil, trouxe o reconhecimento legislativo do grupo econômico horizontal, formado quando as empresas dele integrantes agem sob coordenação, mantendo cada qual sua autonomia.

No particular, andou bem o legislador, estendendo aos empregados celetistas a disciplina que já constava da lei do trabalho rural, de modo a aumentar a proteção do trabalhador, garantindo-lhe meios de satisfação do crédito trabalhista.

Em que pesem as críticas à Reforma Trabalhista, muitas delas justas, é de ver-se que, em alguns dispositivos, o legislador reformista assimilou críticas doutrinárias e até mesmo posições jurisprudenciais. Foi o que aconteceu no caso em apreço, em que a lei nova consagrou figura jurídica já há muito tempo defendida pela doutrina majoritária no Direito do Trabalho.

A partir da vigência da Lei 13.467/2017, o grupo econômico por coordenação passa a ser uma realidade também para os empregados celetistas, com impacto na jurisprudência trabalhista, que terá respaldo legal para reconhecimento do grupo econômico horizontal.

Importante destacar que a Reforma Trabalhista não substituiu o grupo vertical pelo grupo horizontal. O que houve foi uma ampliação do instituto: além do tradicional grupo econômico formado por subordinação (controle, direção ou administração) a uma empresa líder, também será possível o reconhecimento do grupo econômico entre empresas que não possuam qualquer relação hierárquica, conquanto estejam coligadas no desenvolvimento de sua atividade econômica.

Aliás, um outro aspecto que poderia gerar dúvidas ao operador do direito diz respeito à supressão, no dispositivo mencionado, da expressão "atividade econômica", além das referências aos grupos industrial e comercial.

Tais supressões não afetam o requisito básico para a configuração do grupo econômico: que os entes envolvidos exerçam atividade econômica, conforme se depreende da própria expressão "grupo econômico" utilizada pela nova lei. Ademais, a lei prevê que o grupo será formado por empresas, definição que também pressupõe o exercício de atividade econômica.

2.6. Grupo econômico e identidade de sócios

A Lei 13.467/2017 também inovou ao incluir no art. 2º da CLT o parágrafo terceiro, prevendo: "Não caracteriza grupo econômico a mera identidade de sócios, sendo necessárias, para a configuração do grupo, a demonstração do interesse integrado, a efetiva comunhão de interesses e a atuação conjunta das empresas dele integrantes".

À primeira vista, a lei nova parece restringir o alcance do grupo econômico, com efeito deletério à garantia que ele proporciona ao trabalhador. No entanto, trata-se, novamente, de hipótese de assimilação, pelo legislador reformista, de tese que já era encampada pela jurisprudência pátria.

Já havia precedentes do Tribunal Superior do Trabalho (E-ED-RR-214940-39.2006.5.02.0472, SBDI-I, rel. Min. Horácio Raymundo de Senna Pires 22.5.2014) em que se concluiu que a mera identidade de sócios entre empresas não seria suficiente para caracterizar o grupo econômico. Salientou-se, no referido julgado, a ausência de relação entre os respectivos objetos comerciais, bem como de laços de direção entre as empresas.

O fato de duas ou mais empresas possuírem sócios em comum não as torna, necessariamente, integrantes do mesmo grupo econômico, embora esse seja um elemento indiciário, um sintoma normalmente presente em empresas coligadas. Tal posicionamento era mais simples sob a égide da lei antiga, que exigia a subordinação entre as empresas. A pedra de toque para a configuração do grupo econômico era a presença de administração, controle ou direção de uma empresa sobre a outra, independente de haver sócios em comum.

No entanto, com a alteração procedida pela Reforma, o grupo horizontal passa a ser reconhecido pela ordem jurídica, pelo que surge o seguinte questionamento: se agora a subordinação não é mais requisito essencial, se a mera identidade de sócios não forma grupo econômico, quais seriam os elementos caracterizadores de tal coligação empresarial?

A própria lei responde, ao exigir a demonstração do interesse integrado, a efetiva comunhão de interesses e a atuação conjunta das empresas dele integrantes. Apesar da suposta completude legal, tem-se que o preenchimento da antiga lacuna legislativa deu-se através de conceitos jurídicos indeterminados, ou seja, expressões vagas e imprecisas cuja dimensão e significado serão dados pelo intérprete.

O legislador reformista trouxe três elementos para análise da configuração do grupo econômico, em oposição à mera identidade de sócios: a demonstração de interesse integrado, a efetiva comunhão de interesses e a atuação conjunta das empresas dele integrantes. Como se vê, pela utilização de conjunção aditiva e adoção de expressão no plural ("necessárias"), intentou o legislador estabelecer três requisitos cumulativos para a configuração do grupo econômico.

Na prática, a nova exigência legal restringe a caracterização do grupo econômico, excluindo as empresas com sócios comuns que não atuam de forma conjunta, bem como empresas meramente parceiras e até mesmo as franquias, que são objeto de longa controvérsia na jurisprudência. No entanto, aqui novamente a lei apenas reafirmou o que já prevalecia na jurisprudência e até mesmo em setores da doutrina pátria.

A integração e comunhão de interesses está presente quando a empresa tem finalidades próximas, relacionadas, a exemplo do que se vê em grupos envolvendo empresas jornalísticas na TV, rádio e imprensa escrita. Os interesses são comuns e estão integrados, tanto assim que acabam se valendo muitas vezes de fontes comuns e até mesmo dos mesmos profissionais.

A atuação conjunta é figura muito próxima do que acima delineado e diz respeito à atividade econômica das empresas envolvidas. Assim, quando um banco institui uma empresa de seguros e outra de previdência privadas, produtos que serão comercializados dentro do seu próprio estabelecimento e pelos seus empregados, tem-se a atuação conjunta e também a comunhão de interesses.

Muitas vezes o grupo econômico também é utilizado como forma de desmembramento da atividade produtiva. Assim, atividades que poderiam ser desenvolvidas por uma empresa única são descentralizadas, através da criação de outras pessoas jurídicas, como forma de melhor gerir o trabalho.

Exemplo disso ocorre quando uma empresa que vende móveis de fabricação própria resolve criar uma outra empresa, apenas para comercializar seus produtos, reservando para si apenas a tarefa de produzi-los. Apesar das personalidades jurídicas distintas, as empresas atuam com diversos empregados em comum, voltados ao mesmo interesse (venda dos móveis produzidos), no mesmo estabelecimento. Tais elementos demonstram a comunhão e integração de interesses, além da atuação conjunta.

Por outro lado, se duas empresas, embora possuindo o mesmo sócio, atuam em atividades econômicas completamente distintas, sob direção totalmente diversa, sem que haja qualquer compartilhamento de clientes, estabelecimento ou produtos, não se tem, a princípio, a configuração do grupo econômico.

3. SUCESSÃO TRABALHISTA

3.1. Conceito e fundamentos

A sucessão trabalhista é o fenômeno pelo qual ocorre a transferência de titularidade de empresa ou estabelecimento, com transmissão de créditos pela sucedida e assunção de dívidas pela sucessora.

Três princípios fundamentam a sucessão empresarial no âmbito trabalhista: continuidade, despersonalização do empregador e intangibilidade contratual objetiva.

Pelo princípio da continuidade, tem-se que o contrato de trabalho tende a se perpetuar no tempo, diante da sua função social de garantir o sustento do trabalhador e de sua família. Assim, as contratações por tempo determinado não são a regra, mas sim a exceção. No âmbito da sucessão, o referido princípio determina que os contratos tendem a continuar, a despeito das alterações promovidas no âmbito da empresa, a exemplo de mudança de sócios, alteração na estrutura jurídica ou até mesmo transferência do estabelecimento.

O princípio da despersonalização do empregador parte da noção de que o contrato de trabalho só é personalíssimo quanto ao empregado, tanto assim que a lei exige, para configuração do vínculo de emprego, o requisito da pessoalidade na prestação de serviços. Tal requisito não se aplica ao empregador, salvo raras exceções, sendo regra que a alteração do empregador não interfere na subsistência do contrato de trabalho.

Por fim, o princípio da intangibilidade contratual objetiva, que é um aspecto da inalterabilidade contratual prevista no art. 468 da CLT, determina a prevalência dos aspectos objetivos do contrato (cláusulas), mesmo diante de alterações subjetivas, ou seja, mudança da pessoa jurídica que se encontra no comando da empresa.

O próprio artigo 2º da CLT, ao dispor que o empregador é a empresa, individual ou coletiva, e não a pessoa natural ou jurídica, adotou tese expressa no sentido de considerar empregador a atividade empresarial, independente de quem a esteja dirigindo. Assim, se um estabelecimento empresarial é transferido entre duas pessoas jurídicas, a adquirente passa à condição de empregador, uma vez que a atividade econômica agora será desenvolvida sob sua responsabilidade.

3.2. Regramento legal anterior à Reforma Trabalhista

Antes da Lei 13.467/2017, não havia regramento específico sobre sucessão trabalhista, embora tal fenômeno já decorresse do quanto disposto nos artigos 10 e 448 da CLT.

O artigo décimo dispõe que "Qualquer alteração na estrutura jurídica da empresa não afetará os direitos adquiridos por seus empregados". A amplitude do dispositivo já permitia acolher a figura da sucessão trabalhista, assegurando ao empregado a continuidade do contrato de trabalho e de suas cláusulas fundamentais.

O artigo 448, por sua vez, dispõe que: "A mudança na propriedade ou na estrutura jurídica da empresa não afetará os contratos de trabalho dos respectivos empregados". Novamente o ordenamento jurídico resguardou o direito dos empregados à manutenção das antigas condições de trabalho, a despeito da transferência de propriedade do estabelecimento e dos meios de produção.

Vê-se, em ambos os dispositivos, novamente referência à empresa e não à pessoa natural ou jurídica, o que reafirma a tese, muito criticada por suposta atecnia, de que o empregador é a atividade empresarial. Assim, ocorrendo transferência da atividade, o sucessor passa a ser empregador e o sucedido é retirado da relação de emprego.

3.3. Requisitos para configuração da sucessão

Tradicionalmente, a doutrina e a jurisprudência exigiam, para a configuração da sucessão trabalhista, a confluência de dois requisitos: a transferência do estabelecimento empresarial e a continuidade de prestação de serviços pelo empregado.

Délio Maranhão destaca que a alienação do estabelecimento não se opera quando a transferência afete elementos isolados, mas sim a universalidade, o conjunto do que foi considerado como *res productiva*, em função de sua capacidade de produzir um rendimento (MARANHÃO, 1999).

O sucessor, agora novo proprietário da unidade produtiva, passará a explorar a atividade econômica e aproveitará o estabelecimento, nome e clientela do antigo empreendedor. Em razão deste aproveitamento é que se justifica sua responsabilização pelos contratos anteriores. Em suma, o sucessor não herda apenas o ativo, mas também o passivo do estabelecimento.

De acordo com a teoria clássica, se houvesse interrupção da prestação de serviços pelo empregado, não se operaria a sucessão trabalhista. Vale dizer, se a empresa sucedida, antes da alienação, dispensasse o empregado, seria ela a única responsável pelas parcelas trabalhistas a ele devidas. A empresa sucessora, por nunca haver se beneficiado diretamente do labor do empregado, não teria qualquer responsabilidade.

Doutrina e jurisprudência evoluíram ao ponto de dispensar a continuidade da prestação de serviços como requisito para a configuração da sucessão trabalhista. Prevaleceu a noção de que não poderia o sucedido transferir todo o ativo sem onerar o sucessor com as respectivas obrigações trabalhistas. Tal situação ensejaria nítido prejuízo ao empregado, que muitas vezes perderia a garantia de recebimento de suas verbas alimentares.

O entendimento anterior permitia inúmeras fraudes e esvaziamento patrimonial, em situações nas quais o sucedido rompia o contrato de trabalho, alienava o estabelecimento e respondia sozinho pelas verbas trabalhistas, mas sem qualquer lastro patrimonial que as garantisse.

Neste contexto, o Tribunal Superior do Trabalho adotou, através da OJ 261 da SDI-I, a tese de que o banco sucessor responde pelas obrigações trabalhistas contraídas pelo banco sucedido mesmo em período anterior à sucessão, uma vez que ele se beneficiou dos ativos que lhe foram transferidos:

> As obrigações trabalhistas, inclusive as contraídas à época em que os empregados trabalhavam para o banco sucedido, são de responsabilidade do sucessor, uma vez que a este foram transferidos os ativos, as agências, os direitos e deveres contratuais, caracterizando típica sucessão trabalhista.

A jurisprudência aos poucos passou a abandonar a exigência da continuidade de prestação de serviços, conforme se vê no julgamento do E-RR-93400-11.2001.5.02.0048, SBDI-I, rel. Min. Brito Pereira, 4.4.2013, adotando como requisito fundamental apenas a transferência da unidade produtiva.

Cumpre esclarecer que a mera utilização do mesmo endereço comercial não configura transferência da unidade produtiva. É o que ocorre, por exemplo, na situação em que uma empresa locatária, que explorava atividade de comércio de roupas, devolve o imóvel ao locador que, por sua vez, celebra novo contrato de aluguel, desta vez com um restaurante.

No exemplo acima mencionado, não houve qualquer relação jurídica entre a empresa que deixou o imóvel e a nova empresa que passou a ocupá-lo. A ausência de liame jurídico entre as empresas, que apenas ocuparam o mesmo espaço em tempos diferentes, afasta qualquer pretensão de configuração de sucessão trabalhista.

Situação diferente ocorre quando um restaurante, já em funcionamento há anos em certo ponto comercial, transfere sua unidade a outro empreendedor, que continua explorando a atividade de venda de alimentos, com mesmo fundo de comércio, mesmos equipamentos e clientela, valendo-se de todo o patrimônio imaterial alcançado pelo empreendedor anterior. Nesta situação, é evidente a sucessão trabalhista e o sucessor responderá pelas dívidas trabalhistas atuais e pretéritas da empresa sucedida.

3.4. Reforma Trabalhista e sucessão

A Lei 13.467/2017 buscou disciplinar a matéria de forma expressa, sanando dúvidas que existiam sobre a questão. Editou-se o art. 448-A da CLT, nos seguintes termos:

> Caracterizada a sucessão empresarial ou de empregadores prevista nos arts. 10 e 448 desta Consolidação, as obrigações trabalhistas, inclusive as contraídas à época em que os empregados trabalhavam para a empresa sucedida, são de responsabilidade do sucessor. Parágrafo único. A empresa sucedida responderá solidariamente com a sucessora quando ficar comprovada fraude na transferência.

Inicialmente, a lei nova previu, em caso de sucessão empresarial, a responsabilidade da empresa sucessora, não apenas quanto às obrigações trabalhistas posteriores à sucessão, mas também em relação aos débitos antigos.

Neste ponto, o legislador reformista assimilou a tese consagrada na Orientação Jurisprudencial º 261 da SDI-1 do TST, baseada na noção de que a aquisição do estabelecimento empresarial teria o efeito de transferir não só os ativos, mas também todo o passivo trabalhista.

Em relação à empresa sucessora, via de regra estará ela isenta de qualquer responsabilidade, se licitamente transferiu o estabelecimento, despojando-se dos ativos e também dos passivos da empresa.

No entanto, quando a sucessão opera-se de forma fraudulenta, previu a lei a responsabilização solidária entre as empresas envolvidas, de modo que ambas podem responder pelos débitos oriundos dos contratos de trabalho firmados em período anterior à sucessão.

A responsabilização solidária em caso de fraude já era defendida por parte da doutrina e jurisprudência pátrias, até mesmo com base no art. 942 do Código Civil, que prevê responsabilização solidária de todos os envolvidos no ato ilícito.

Foi adequada a solução prevista na lei. Em se tratando de sucessão lícita, a responsabilidade será apenas do sucessor; havendo, porém, sucessão fraudulenta, ambas as empresas serão responsáveis, pois agiram em conluio para prejudicar o trabalhador.

Questão controvertida que surgirá após a Reforma é a aplicabilidade do novo dispositivo legal às situações em que a jurisprudência negava a responsabilização do sucessor, como no caso de desmembramento de municípios (OJ 92) e em situações de falência e recuperação judicial (Lei 11.101/2005).

Tais entendimentos foram firmados à luz da legislação trabalhista vigente à época, que não previa, de forma expressa, a responsabilização do sucessor por todo o passivo trabalhista. Apesar disso, é plenamente possível a subsistência das exceções acima mencionadas, pois lastreadas em regras e princípios especiais, os quais não sofrem os influxos das regras gerais instituídas no art. 448-A da CLT.

4. CONCLUSÃO

A Lei nº 13.467/2017, ao instituir a Reforma Trabalhista, alterou expressamente a regulamentação de duas figuras caras ao Direito do Trabalho, o grupo econômico e a sucessão trabalhista, e que se destinam a garantir ao credor trabalhista um lastro patrimonial necessário à satisfação do seu crédito.

Apesar das críticas direcionadas à Reforma, nos dois pontos sob análise não houve prejuízos severos ao empregado, pelo contrário, existiram ganhos em relação à proteção do trabalhador.

Em relação ao grupo econômico, positivou-se a figura do grupo horizontal (por coordenação), muitas vezes rechaçado pela jurisprudência, e foram fixados contornos indefinidos sobre a configuração da coligação de empresas. Exclui-se a identidade de sócios como critério único definidor do grupo econômico, entendimento já adotado pela jurisprudência, que agora terá o papel de conferir concretude aos conceitos jurídicos indeterminados mencionados no §3º do art. 2º da CLT.

A sucessão trabalhista passou a ser prevista de forma expressa na CLT, inclusive com fixação da natureza das responsabilidades do sucessor e do sucedido, estabelecendo-se o limite e alcance de tal responsabilidade.

Assim, a Reforma Trabalhista, nos dois pontos tratados, veio a pacificar algumas questões controvertidas e trazer maior sistematicidade no tratamento dos referidos institutos, embora tenha também estabelecido indefinições quanto à configuração do grupo econômico.

5. REFERÊNCIAS BIBLIOGRÁFICAS

BARROS, Alice Monteiro de. *Curso de direito do trabalho*. 9ª edição. São Paulo: LTr, 2013.

DELGADO, Maurício Godinho. *Curso de direito do trabalho*. 8ª edição. São Paulo: LTr, 1999.

GOMES, Orlando; GOTTSCHALK, Elson. *Curso de direito do trabalho*. 14ª edição. Rio de Janeiro: Forense, 1997.

MARANHÃO, Délio. Instituições de *Direito do Trabalho - Vol. 1*. 18º edição. São Paulo: LTr, 1999.

MARTINEZ, Luciano. *Curso de direito do trabalho*. 7ª edição. São Paulo: Saraiva, 2016.

MARTINS, Sergio Pinto. *Direito do Trabalho*. 30ª edição. São Paulo: Atlas, 2014.

PINTO, José Augusto Rodrigues. *Curso de direito individual do trabalho*. 5ª edição; São Paulo: LTr, 2003.

RUSSOMANO, Mozart Victor. *Curso de Direito do Trabalho*. 7ª edicão. Curitiba: Juruá, 1999.

SÜSSEKIND, Arnaldo; TEIXEIRA, João de Lima. *Instituições de Direito do Trabalho - Vol. 2*. 18ª edição. São Paulo: LTr, 1999.

A MÃO QUE AFAGA É A MESMA QUE APEDREJA: A REFORMA TRABALHISTA E A NECESSIDADE DE UMA INTERPRETAÇÃO CONSTITUCIONAL DAS INOVAÇÕES PROMOVIDAS NO CONCEITO DE GRUPO ECONÔMICO

Filipe Spenser Dowsley[1]

Sumário: 1. O grupo econômico na economia atual – 2. O grupo econômico na lei, na doutrina e na jurisprudência – 3. Inovações promovidas pela reforma trabalhista – 4. Grupo econômico por coordenação e os requisitos para a sua configuração – 5. Extensão da solidariedade. – 6. Considerações finais.

1. O GRUPO ECONÔMICO NA ECONOMIA ATUAL

A temática relativa ao grupo econômico assume, no atual estágio da economia, uma importância ímpar. Sob a predominância do capital financeiro, a antiga centralidade do comando industrial perde espaço para as novas configurações econômicas centradas em organizações e fundos financeiros, de modo que o controle das decisões empresariais se torna mais fluido, discreto, difuso, impessoal e, assim, menos evidente.

1. Advogado. Graduado em Direito pela Faculdade de Direito do Recife – Universidade Federal de Pernambuco (FDR- UFPE). Pós-Graduando em Direito do Trabalho e Processo do Trabalho pela Universidade Federal de Pernambuco.

No âmbito das economias emergentes, tal qual ocorre com o Brasil, é oportuno perceber que a influência do capital financeiro sobre os setores produtivos tende a ser cada vez mais intensa. Com vistas à manutenção de elevados padrões de rentabilidade, confortáveis aos investidores externos, há a imposição da adoção de modelos produtivos mais flexíveis, baseados na intensificação do trabalho e na restruturação organizacional.

Por consequência, a nova organização produtiva é construída a partir de um modelo descentralizado, à luz do que preceitua o sistema *toyotista* de produção. Desta feita, o crescimento empresarial não é acompanhado da sua autossuficiência, mas da constituição de outras empresas periféricas, para as quais há a transferência de parcelas da produção. Nesse diapasão, a organização empresarial em grupos econômicos desponta como um modelo-tipo de empresa flexível contemporânea.[2]

A breve digressão econômica é justificável, quando se analisa a própria formação normativa brasileira. Como é sabido, o primeiro diploma a contemplar a figura do grupo econômico, na modalidade por coordenação, foi a Lei nº 5.889/73, a Lei do Trabalhador Rural. Segundo doutrina autorizada, tal fenômeno ocorreu justamente em razão da presença do financiamento rural e da necessidade de se responsabilizar o agente financeiro.[3]

Destarte, ante a conjuntura descrita, evidencia-se a tendência da formação de grupos econômicos, razão pela qual o aperfeiçoamento da regulamentação a respeito da matéria, em princípio, revela-se adequada e oportuna.

2. O GRUPO ECONÔMICO NA LEI, NA DOUTRINA E NA JURISPRUDÊNCIA

De início, convém salientar que a definição do grupo econômico, na seara trabalhista, ocorre a partir de critérios próprios. Em que pese a unidade do ordenamento jurídico, a autonomia do ramo trabalhista lhe proporciona a liberdade para definição do instituto, de modo que a caracterização do grupo econômico não se encontra vinculada aos contornos fixados na legislação civil, empresarial ou tributária.

Aliás, é a finalidade diversa do instituto para o direito do trabalho que impõe uma ótica diferenciada. O grupo econômico, para fins trabalhistas, cumpre um papel dúplice. De um lado, permite que seja expandida a garantia do crédito trabalhista, com a inclusão de outras sociedades empresárias na qualidade de responsáveis pelos débitos alimentares; lado outro, permite que todos os integrantes do grupo econômico sejam considerados tomadores das forças de trabalho. Reforça-se, deste modo, o caráter progressista e conservador do direito do trabalho,

---

2. MEIRELES. Edilton. Grupo Econômico Trabalhista. São Paulo: LTr, 2002, p. 39.
3. SILVA, Homero Batista Mateus da. Comentários à reforma trabalhista. São Paulo: Editora Revista dos Tribunais, 2017, p. 22.

porquanto ao mesmo tempo expande a proteção e legitima o uso mais intenso da mão-de-obra.

Nesse propósito, até a promulgação da Lei nº 13.467/2017, na seara trabalhista, o grupo econômico era disciplinado no §2º, do artigo 2º, da Consolidação das Leis do Trabalho[4], e, no artigo 3º, da Lei nº 5.889/73, referente ao trabalhador rural[5]. Para os trabalhadores urbanos, há a concepção clássica, hierárquica, verticalizada do grupo econômico, devidamente exemplificada pela presença de uma sociedade líder, de regra, uma *holding*, responsável pela definição das estratégias de todo o grupo econômico. Há, portanto, um ente em destaque, cuja atuação dirige, conduz e administra as demais empresas. Tal modalidade, por sua vez, é a incorporada pela seara empresarial, notadamente nos artigos 243, §2º e 266, ambos da Lei nº 6.404/76, referentes aos fenômenos de integração empresarial, a exemplo da fusão, cisão e incorporação. [6]

De outra banda, no âmbito rural, em redação mais expansiva, permite-se a caracterização do grupo econômico, ainda que as empresas possuam autonomia administrativa. Para tanto, basta que haja uma reunião de interesses, ou a administração comum, ou a identidade de sócios entre as sociedades empresárias para a execução de determinado empreendimento, independentemente da existência de uma figura controladora[7]. A desvinculação organizacional não obstaculizaria a formação do grupo, caso presente a convergência de propósitos. Trata-se, portanto, do grupo econômico baseado na relação horizontalizada, em oposição à verticalização do grupo econômico clássico incorporado pelo texto da CLT.

A par de tais dispositivos normativos, a doutrina e a jurisprudência construíram controvérsias interessantes. Inicialmente, a doutrina dividiu-se sobre a possibilidade, ou não, da aplicação da lei do trabalhador rural para o labor urbano, isto é, a viabilidade dogmática de caracterizar um grupo econômico, no âmbito urbano, sem a presença de uma figura de comando. A corrente doutrina minoritária, capitaneada pelo respeitável advogado e doutrinador Octávio Bueno Magano, sustentava a impossibilidade de aplicação analógica da lei rural, sob o fundamento de que a CLT teria sido expressa em condicionar o grupo à subordinação.[8]

---

4. "Sempre que uma ou mais empresas, tendo, embora, cada uma delas, personalidade jurídica própria, estiverem sob a direção, controle ou administração de outra, constituindo grupo industrial, comercial ou de qualquer outra atividade econômica, serão, para os efeitos da relação de emprego, solidariamente responsáveis a empresa principal e cada uma das subordinadas.

5. Sempre que uma ou mais empresas, embora tendo cada uma delas personalidade jurídica própria, estiverem sob direção, controle ou administração de outra, ou ainda quando, mesmo guardando cada uma sua autonomia, integrem grupo econômico ou financeiro rural, serão responsáveis solidariamente nas obrigações decorrentes da relação de emprego".

6. CASSAR, Vólia Bomfim. Direito do Trabalho – 9 ed. rev. atual. – Rio de Janeiro: Forense; São Paulo: Método, 2014, p. 472.

7. Idem, p. 476.

8. DELGADO, Maurício Godinho. Curso de Direito do Trabalho. 16 ed. rev. ampl. São Paulo: LTr, 2017, p. 469

Não obstante, doutrinariamente, prevalecia o posicionamento pela viabilidade da caracterização do grupo econômico horizontal nas relações trabalhistas urbanas. Nesse sentido, o segmento doutrinário pugnava pela unicidade do instituto e pela impossibilidade da consagração de uma interpretação discriminatória entre urbanos e rurais. Ademais, a informalidade, traço peculiar do direito do trabalho, contribuiria para que não fossem exigidos requisitos formais, notadamente, a presença de uma figura de liderança, quando presente a unidade de propósitos entre as sociedades empresariais. [9]

No plano jurisprudencial, a despeito da existência de decisões, no âmbito dos tribunais regionais, favoráveis ao posicionamento majoritário da doutrina[10], o Tribunal Superior do Trabalho adotava interpretação restritiva a respeito da matéria. Nesse sentido, destaca-se a decisão da Primeira Subseção de Dissídios Individuais, divulgada no Informativo 136, da Colenda Corte, em que restou consignada a necessidade da presença de uma relação de subordinação para a configuração do grupo econômico, nos moldes do artigo 2º, §2º, da CLT. [11]

Além disso, remanescia a controvérsia sobre a caracterização do grupo econômico, haja vista a falta de definição sobre quais elementos seriam suficientes para caracterizar o instituto. Nesse ponto, doutrina e jurisprudência apontavam diversos indícios para a formação do grupo econômico, a saber: identidade de só-

9. Idem. CASSAR, Vólia Bomfim. Direito do Trabalho – 9 ed. rev. atual. – Rio de Janeiro: Forense; São Paulo: Método, 2014,p 476. SILVA, Homero Batista Mateus da Silva. Curso de direito do trabalho aplicado: volume 1 – parte geral/ Homero Batista Mateus da Silva – 3. ed. rev. atual. e ampl. – São Paulo: Editora Revista dos Tribunais, 2015, p. 186.

10. *GRUPO ECONÔMICO. RESPONSABILIDADE SOLIDÁRIA. Para caracterização de grupo econômico, no Direito do Trabalho, basta que haja elo empresarial, integração entre as empresas e a concentração da atividade empresarial em um mesmo empreendimento, ainda que sejam diferentes as personalidades jurídicas. Sua existência independe da administração, controle ou fiscalização de uma empresa sobre as demais. Caracterizado o grupo econômico, os seus componentes são solidariamente responsáveis a teor do disposto no art. 2º, § 2º, da CLT.* (Tribunal Regional do Trabalho da Quarta Região, Segunda Turma, Processo número 0021054-59.2014.5.04.0013, Data do Julgamento 06 de outubro de 2017). *Grupo econômico é a situação de fato em que uma ou mais sociedades empresárias, tendo, cada uma delas, personalidade jurídica própria, está sob direção, controle ou administração de outra, constituindo grupo industrial, comercial ou de qualquer outra atividade econômica. Cada empresa coligada será solidária nos débitos, entre si e em relação à empresa principal. Como o reconhecimento do grupo econômico interessa ao direito do trabalho apenas o efeito secundário de garantia do crédito do empregado, tanto que não se define relação de emprego em face do grupo, mas de alguma de suas coligadas,não é preciso que se tenha, claramente, um pool de empresas, um consórcio, uma holding pura, e nem mesmo a sua formalização por meio de instrumentos levados a depósito junto aos órgãos registrais ou do comércio. Dá-se grupo econômico, para o direito do trabalho, quando duas ou mais empresas se juntam por uma abrangência subjetiva (todas têm de ter fim econômico e estar na mesma cadeia produtiva da sociedade principal) e haver nexo relacional interempresas, que tanto pode se configurar pela direção hierárquica quanto pela simples coordenação das atividades.* (Tribunal Regional do Trabalho da Primeira Região, Oitava Turma, Processo número 0021054-59.2014.5.04.0013, Data do Julgamento: 26/09/2017

11. Tribunal Superior do Trabalho, Primeira Subseção de Dissídios Individuais (SBDI-I), Embargos no Recurso de Revista, Processo: 996-63.2010.5.02.0261, Relator Min. Brito Pereira, Data do Julgamento: 12.5.2016.

cios[12], de endereços e objetos sociais[13], participação patrimonial das empresas[14], unidade de comando[15], direção comum[16], comunhão de interesses[17], confusão patrimonial[18], para citar apenas algumas hipóteses.

No âmbito doutrinário, Homero Batista, professor universitário e magistrado trabalhista, indica um conjunto de informações, as quais, conjugadas com a identidade dos sócios, proporciona a caracterização do grupo econômico: a) compartilhamento de instalações físicas; b) objeto social complementar, análogo, ou idêntico; c) aproveitamento de mão de obra conjunta; d) concentração dos processos de compra junto a fornecedores ou de distribuição junto à clientela; e) uso comum de alguns departamentos da empresa, a exemplo do comercial, financeiro, ou departamento pessoal; f) envio de preposto comum para audiências trabalhistas; g) apresentação de defesa conjunta; h) presença constante de sócio de uma empresa a emitir ordens e orientações de serviços sobre gerentes e empregados de outra empresa.[19]

Dada a relevância de tais definições, convém registrar que o próprio Tribunal Superior do Trabalho, em 22.05.2014, por meio da Primeira Subseção de Dissídios Individuais, decidiu fixar um entendimento específico sobre a identidade de sócios. Na oportunidade, registrou que a mera similitude de sócios não autorizaria o reconhecimento do grupo econômico, bem como que haveria a necessidade de uma relação hierárquica e de subordinação entre as sociedades empresárias.[20]

Outrossim, não havia consenso doutrinário e jurisprudencial sobre a extensão do conceito de grupo econômico para os empregadores por equiparação (Art. 2º, §2º, da CLT). Majoritariamente, a doutrina sustenta a impossibilidade de contemplar os sujeitos que não desenvolvem atividade voltada ao lucro, uma vez que

---

12. Tribunal Superior do Trabalho, Primeira Turma, Processo: 26441-03.2005.5.02.0021, Relator: Min. Lelio Bentes Corrêa, Data do Julgamento: 19.06.2013.
13. Tribunal Regional do Trabalho da Quinta Região, Quinta Turma, Processo: 0000265-07.2013.5.05.0026, Data do Julgamento: 12.12.2014.
14. Tribunal Regional do Trabalho da Segunda Região, Décima Primeira Turma, Processo: 0051900-60.2005.5.02.0068, Data do Julgamento: 04.08.2015.
15. Tribunal Regional do Trabalho da Segunda Região, Décima Primeira Turma, Processo: 0061100.70-1994.5.02.0038, Data do Julgamento: 27.01.2015.
16. Tribunal Regional do Trabalho da Segunda Região, Décima Sétima Turma, Processo: 02530004-81.1997.5.0.20, Data do Julgamento: 09.05.2013.
17. Tribunal Regional do Trabalho da Primeira Região, Décima Turma, Processo: 0001039-82.2012.5.01.0026, Data do Julgamento: 04.08.2014
18. Tribunal Regional do Trabalho da Primeira Região, Décima Turma, Processo: 193006-72.2009.5.01.0037, Data do Julgamento: 17.10.2012.
19. SILVA, Homero Batista Mateus da Silva. Curso de direito do trabalho aplicado: volume 1 – parte geral/ Homero Batista Mateus da Silva – 3. ed. rev. atual. e ampl. – São Paulo: Editora Revista dos Tribunais, 2015, pág. 185.
20. Tribunal Superior do Trabalho, Primeira Subseção de Dissídios Individuais (SBDI-I), Embargos no Recurso de Revista, Processo: 214940-39.2006.5.02.0472, SbDI-1, Relator Ministro: Horácio Raymundo de Senna Pires, Data do Julgamento: 15/08/2014.

a noção de grupo não prescinde a presença da atividade econômica[21]. Não obstante, há divergência respeitável lastreada na eventualidade do grupo econômico ser composto de forma híbrida, isto é, por sociedades sem finalidades lucrativas e outras com viés empresarial. Exemplificativamente, pode-se citar as hipóteses da presença de empresas de previdência privada, entidades beneméritas, instituições bancárias, dentre outras.[22] No campo da jurisprudência, é possível identificar decisões do Tribunal Superior do Trabalho em consonância com a posição minoritária, de modo a considerar irrelevante a circunstância de um dos integrantes do grupo não ter finalidade lucrativa, permitindo, assim, inclusive, a sua responsabilidade por eventuais débitos trabalhistas. [23]

Por fim, registre-se a quarta controvérsia sobre os efeitos e limites da solidariedade existente entre o grupo econômico. Nos termos do §2º, do art. 2º, da CLT, haveria solidariedade para os efeitos da relação de emprego. Destarte, houve uma cisão no campo doutrinário entre aqueles, segundo os quais a referida solidariedade contemplava apenas o aspecto passivo da relação, de modo a ampliar os responsáveis pelo adimplemento dos débitos trabalhistas[24]; e outros que sustentavam estar a solidariedade afetava, também, ao aspecto ativo da relação contratual. Na esteira da segunda corrente, em decorrência da solidariedade ampliada, todos os empregados do grupo econômico teriam direito a desfrutar das mesmas condições.[25] É a tese consagrada na famosa expressão "empregador único".

Não obstante, impõe-se registrar a existência de posicionamentos doutrinários intermediários, consoante os quais, não é cabível uma decisão apriorística a respeito da extensão da responsabilidade. Nesse sentido, Vólia Bomfim Cassar[26],

21. DELGADO, Maurício Godinho. Curso de Direito do Trabalho. 16 ed. rev. ampl. São Paulo: LTr, 2017, p.468. GARCIA, Gustavo Filipe Barbosa. Reforma trabalhista altera caracterização de grupo econômico. Conjur, 2017. Disponível em: https://www.conjur.com.br/2017-set-09/gustavo-garcia-reforma-trabalhista-muda-conceito-grupo-economico. Acesso em 14.10.2017.
22. CASSAR, Vólia Bomfim. Direito do Trabalho – 9 ed. rev. atual. – Rio de Janeiro: Forense; São Paulo: Método, 2014, p. 478. SILVA, Homero Batista Mateus da Silva. Curso de direito do trabalho aplicado : volume 1 – parte geral/ Homero Batista Mateus da Silva – 3. ed. rev. atual. eampl. – São Paulo: Editora Revista dos Tribunais, 2015, p. 184.
23. Tribunal Superior do Trabalho, Segunda Turma, Processo: 68341-80.2007.5.04.0007, Relator Ministro. José Roberto Freire Pimenta, Data do Julgamento: 25.06.2013. Especificamente, sobre a responsabilidade solidária da instituição bancária e da entidade de previdência complementar: Tribunal Superior do Trabalho, Terceira Turma, Processo: 166800-39.2007.5.15.012,Relator Ministro: Alexandre de Souza Agra Belmonte, Data de Julgamento: 11/11/2015. Tribunal Superior do Trabalho, Quarta Turma, Processo: 1950-78.2010.5.02.0045, Relator Ministro: João OresteDalazen, Data de Julgamento: 19/08/2015.
24. Segundo Vólia Bomfim Cassar, assim se posicionam: Orlando Gomes, Cesarino Junior, Antônio Lamarca e, também,Amauri Mascaro.CASSAR, Vólia Bomfim. Direito do Trabalho – 9 ed. rev. atual. – Rio de Janeiro: Forense; São Paulo: Método, 2014, p. 480.
25. Idem.
26. Idem, p. 481.

professora e magistrada do trabalho, e Gustavo Felipe Barbosa[27], professor e advogado trabalhista, defendem a necessidade de serem analisadas as circunstâncias do caso concreto, a fim de que, em função da intensidade da subordinação ao conjunto de empresas pertencentes ao grupo econômico, seja definida a extensão da solidariedade. Caso os serviços sejam prestados, de fato, a todos as empresas pertencentes ao grupo econômico, haverá, nesta hipótese, a existência de empregador único. Todavia, caso haja a delimitação precisa dos serviços oferecidos, ausente qualquer promiscuidade, haverá apenas um único empregador, ocupando o grupo econômico apenas a função de garante econômico de eventuais débitos trabalhistas.

Cabe salientar que tal controvérsia assume destacada importância nas relações de trabalho, porquanto, a prevalecer a tese do empregador único – como, aparentemente, indicam as Súmulas 93 e 129 do TST – há reflexos diretos em temas sensíveis como o enquadramento sindical, a remuneração, a unicidade contratual e a concessão dos mesmos benefícios para empregados de idêntica função, mas de empresas diversas integrantes do mesmo grupo econômico.

Fixado um panorama sobre as principais celeumas relacionadas à temática do grupo econômico, convém explicitar como a Reforma Trabalhista, a Lei nº 13.467/2017 enfrentou a matéria e de que modo é possível vislumbrar a superação ou a modificação dos entendimentos anteriormente adotados.

3. INOVAÇÕES PROMOVIDAS PELA REFORMA TRABALHISTA

A Lei nº 13.467/2017 promoveu importantes alterações no tocante ao tema do grupo econômico. Sem maiores delongas, revela-se oportuno, desde logo, transcrever a nova alteração dada ao artigo 2º da CLT, bem como, mais uma vez, a redação então vigente:

> *Redação Posterior à Reforma*
>
> § 2º *Sempre que uma ou mais empresas, tendo, embora, cada uma delas, personalidade jurídica própria, estiverem sob a direção, controle ou administração de outra,* ***ou ainda quando, mesmo guardando cada uma sua autonomia,*** *integrem grupo econômico, serão responsáveis solidariamente* ***pelas obrigações decorrentes da relação de emprego****.*
>
> § 3º***Não caracteriza grupo econômico a mera identidade de sócios, sendo necessárias, para a configuração do grupo, a demonstração do interesse integrado, a efetiva comunhão de interesses e a atuação conjunta das empresas dele integrantes.***
>
> *Redação Anterior à Reforma*

27. GARCIA, Gustavo Filipe Barbosa. Reforma trabalhista altera caracterização de grupo econômico. Conjur, 2017. Disponível em: https://www.conjur.com.br/2017-set-09/gustavo-garcia-reforma-trabalhista-muda-conceito-grupo-economico. Acesso em 14.10.2017

> § 2º - Sempre que uma ou mais empresas, tendo, embora, cada uma delas, personalidade jurídica própria, *estiverem sob a direção, controle ou administração de outra, constituindo grupo industrial, comercial ou de qualquer outra atividade econômica, serão, para os efeitos da relação de emprego, solidariamente responsáveis a empresa principal e cada uma das subordinadas.*

Da leitura dos dispositivos supracitados, depreende-se que a reforma trabalhista procurou, a seu modo, tratar das principais controvérsias doutrinárias e jurisprudenciais existentes. Embora os critérios adotados possam ser questionáveis, é inegável que o legislador esteve atento às polêmicas existentes. Superados os vícios de legitimidade, decorrentes da supressão de debates abertos durante o trâmite do projeto de lei, a inciativa de tentar dirimir as controvérsias é elogiável, ao mesmo tempo em que exige uma análise detida, notadamente com os demais dispositivos que compõem o ordenamento jurídico.

Pois bem. Inicialmente, a nova redação do §2º, do art. 2º consolidado, carrega consigo duas afirmações emblemáticas. A primeira aduz ser possível a formação do grupo econômico, ainda que as empresas carreguem consigo a sua autonomia, tal qual prevê o artigo 3º da Lei nº 5.889/73, referente aos trabalhadores rurais. A segunda, por sua vez, consiste na delimitação da responsabilidade apenas para as obrigações decorrentes da relação de emprego.

Na sequência, o §3º, do art. 3º da CLT cuida de determinar que a mera identidade de sócios não permite a caracterização do grupo econômico. Para tanto, estabelece a necessidade da presença de três elementos, a saber: i) a demonstração do interesse integrado; ii) a efetiva comunhão de interesses e iii) a atuação conjunta das empresas dele integrantes.

Exsurge visível, portanto, que das quatro relevantes controvérsias existentes - a) a possibilidade do grupo por coordenação nas relações urbanas de trabalho; b) os elementos que caracterizam a existência de um grupo econômico; c) a extensão da solidariedade existente no grupo econômico e d) a imprescindibilidade dos integrantes do grupo desenvolverem atividades econômicas – o legislador se debruçou sobre três destas. Assim, à exceção da necessidade da atividade econômica, em todas as demais controvérsias é possível identificar novos elementos para os debates existentes com o texto legal promulgado.

4. GRUPO ECONÔMICO POR COORDENAÇÃO E OS REQUISITOS PARA A SUA CONFIGURAÇÃO

Cabe ressaltar, de início, o acerto da reforma ao estabelecer, de forma expressa e clara, a viabilidade da caracterização do grupo econômico na modalidade por coordenação, em que há preservação da autonomia dos integrantes. Com efeito, o tratamento díspar entre os trabalhadores rurais e urbanos padecia de qualquer justificativa aceitável, senão o apego à literalidade do dispositivo legal carente de uma atualização. Ora, se o próprio constituinte teve o cuidado de estabelecer a uniformidade de tratamento entre trabalhadores urbanos e rurais (art. 7º, *caput*, da Constituição da República) não há razão para que o legislador ordinário assim não o faça. Ademais, sendo o grupo econômico, na seara trabalhista, um único instituto, cujo propósito é proporcionar facilidades tanto ao empregador, como ao empregado, a discrepância apenas prejudica ambos, além de contribuir para uma compreensão imprecisa e não sistemática do ordenamento.

Todavia, como bem o disse o poeta, "a mão que afaga é a mesma que apedreja"[28]. Se, de um lado, a reforma foi simpática e complacente ao reconhecimento do grupo econômico por coordenação nas relações urbanas; por outro, foi severa e restritiva ao estabelecer os requisitos para a sua configuração. A literalidade do disposto no artigo §3º indica a necessidade de estarem atendidos, cumulativamente, os requisitos da demonstração do interesse integrado; da efetiva comunhão de interesses e da atuação conjunta das empresas integrantes do grupo. Nesse sentido, inclusive, já se posicionou doutrina abalizada sobre a temática. [29]

Com a devida vênia, ousa-se divergir do ilustre professor Gustavo Filipe Barbosa. Nesse ponto, é importante ter a preocupação e a prudência de não consagrar uma exegese que permita inviabilizar a caracterização do grupo econômico, quando não evidente a figura de uma empresa líder responsável pela subordinação das demais. Ao analisar os critérios estabelecidos na reforma trabalhista, o d. magistrado Antônio César Coelho de Medeiros Pereira entende que há interesse integrado na hipótese de uma cadeia produtiva, nas quais as atividades são dependentes; já a efetiva comunhão de interesses equivale à insuficiência de uma mera troca, ou realização de atividades de apoio recíproco.[30] Por fim, sustenta que a atuação conjunta seria uma exemplificação de prova diabólica para o empregado.[31] Nesse particular, Homero Batista Mateus da Silva compartilha do mesmo entendimento.[32]

De outra banda, Francisco de Antônio Oliveira sustenta que interesses integrados demandam a presença de socorro mútuo entre as empresas do grupo econômico, de modo a necessitar que todos os integrantes figurem em contrato comum.[33] Destarte, defende o autor que a alteração legal é inócua no tocante ao conceito de grupo econômico para o processo do trabalho. No mais, comunga o entendimento de que a efetiva comunhão de interesses, bem como a atuação con-

28. Expressão utilizada pelo poeta paraibano Augusto dos Anjos no poema Versos Íntimos.

29. GARCIA, Gustavo Filipe Barbosa. Reforma trabalhista altera caracterização de grupo econômico. Conjur, 2017. Disponível em: https://www.conjur.com.br/2017-set-09/gustavo-garcia-reforma-trabalhista-muda-conceito-grupo-economico. Acesso em 14.10.2017

30. PEREIRA, Antonio Cesar Coelho de Medeiro. A Alteração do Conceito de Grupo Econômico Promovido pela Reforma Trabalhista, p. 21, in: Reforma trabalhista: visão, compreensão e crítica /Guilherme Guimarães Feliciano, Marco Aurélio, Marsiglia Treviso, Saulo Tarcísio de Carvalho Fontes, organizadores. – São Paulo :LTr, 2017

31. Idem.

32. SILVA, Homero Batista Mateus da. Comentários à reforma trabalhista. São Paulo: Editora Revista dos Tribunais, 2017, p. 22

33. OLIVEIRA, Francisco de Antônio Oliveira. Reforma Trabalhista: comentários à Lei n. 13.467 de julho de 2017. São Paulo: LTr, 2017, p. 11

junta, são características próprias dos grupos econômicos por subordinação e incompatíveis com os grupos horizontais, em que há autonomia entre os integrantes. Em suma, a redação proposta descaracteriza o grupo econômico e impede a sua classificação.[34]

Insta salientar que a compreensão de que os requisitos estabelecidos com a reforma trabalhista são próprios ao grupo por subordinação também é adotada por doutrina diversa.[35] Entretanto, segundo a referida doutrina, a reforma teria sido acertada ao promover uma equiparação conceitual do instituto do grupo econômico entre as esferas trabalhista, civil, empresarial, de modo a evitar o excesso de algumas decisões judiciais, bem como enquadramentos equivocados. O referido entendimento, contudo, peca, não apenas por ignorar a dificuldade existente na delimitação conceitual dos sentidos dos novos requisitos estabelecidos pelo texto reformado, como também a necessidade de o crédito trabalhista, ante a sua natureza alimentar, possuir um tratamento diferenciado.

Em razão da ausência de disposições semelhantes no ordenamento jurídico, recorre-se, a essa altura, à construção de uma interpretação lógica-gramatical dos requisitos colacionados pelo legislador. Afinal, é possível haver um interesse integrado que não seja, também, comungado?

O léxico integrado indica, segundo o Dicionário Aurélio, aquilo que se integrou, parte de um todo que se completa ou complementa[36]. Já o léxico comunhão remonta ao ato e efeito de comungar e, de acordo com o mesmo dicionário, significa a participação em comum[37]. Em princípio, há relativa margem de diferenciação entre o conceito de integração e de comunhão; todavia, quando há referência a interesses integrados e comunhão de interesses, torna-se dificílimo estabelecer uma distinção segura. Sob o ponto de vista lógico, é crucial questionar em que medida interesses voltados a se tornarem parte de algo conjunto se diferenciam dos interesses, efetivamente, compartilhados.

Nesse mesmo contexto, deve-se igualmente questionar se a possibilidade da existência de uma atuação conjunta de empresas – terceiro requisito apontado pelo legislador –, acaso inexistentes interesses integrados ou comuns? Ora, se há uma atuação conjunta de determinadas empresas não há, por pressuposto lógico, a comunhão de interesses, bem como a integração destes? Novamente, é dificílima a tarefa de imaginar uma hipótese em que duas sociedades empresárias atuem de forma conjunta e possuam interesses dissociados, opostos e conflitantes.

34. Idem, p. 12.

35. NAHAS, Thereza. PEREIRA, Leone. MIZIARA, Raphael. CLT Comparada Urgente. São Paulo: Editora Revista dos Tribunais, 2017, p. 51.

36. FERREIRA, Aurélio Buarque de Holanda. Novo Dicionário Aurélio. 1 edição. Nova Fronteira: Rio de Janeiro. 1975, p.773.

37. FERREIRA, Aurélio Buarque de Holanda. Novo Dicionário Aurélio. 1 edição. Nova Fronteira: Rio de Janeiro. 1975, p. 356.

Com o absoluto respeito à divergência, as distinções doutrinárias conceituais, até então formuladas, parecem absolutamente abstratas e desprovidas da necessária concretude, em especial para as relações trabalhistas. O resultado obtido com o hercúleo esforço hermenêutico não justifica a sua aplicação nas relações de trabalho.

Em verdade, a inovação legal equivoca-se pelo alto grau de abstração, polissemia, imprecisão e vagueza das expressões utilizadas. Por consequência, é imperiosa a adoção de uma interpretação compatível com os princípios da simplicidade, da informalidade e da primazia da realidade, que orientam o processo do trabalho, bem assim com os princípios constitucionais que regem as relações laborais. De certo, não se revela adequado impor aos sujeitos processuais a demonstração, de forma cumulativa, de requisitos cuja assimilação, por si só, já proporciona a divisão de juristas de escol.

Nesse cenário, com esteio nos princípios constitucionais da dignidade humana (Art. 1º, III, da CR); da função social da propriedade (Art. 5º, XXIII e 170, III da CR); dos valores sociais do trabalho (Art. 1º, IV, da CR) é forçosa a adoção de uma interpretação que, na prática, não elimine a possibilidade de caracterização do grupo econômico por coordenação com requisitos de elevada complexidade. À luz de uma interpretação constitucional, com base no princípio da máxima efetividade, a inovação legal deve cumprir o papel de assegurar que os direitos fundamentais esculpidos no artigo 7ºda CR sejam, integralmente, garantidos.

Por outro lado, a adoção de interpretação rigorosa quanto aos requisitos previstos no §3º comprometeria a própria lógica sistêmica do ordenamento, notadamente a inovação promovida no §2º, do art. 2º da CLT. Não é razoável que, na mesma inovação legal, promova-se a ampliação conceitual do instituto do grupo econômico - ao reconhecer que a autonomia empresarial não é óbice para a sua caracterização - e, concomitantemente, estabeleça-se a exigência de requisitos próprios à figura da subordinação, ou, ainda, de árdua demonstração. É indispensável uma intepretação sistemática do dispositivo.

Nesse cenário, em vista de tais dificuldades, acredita-se que os elementos estabelecidos no §3º, do art. 2º, da CLT não devem ser interpretados como requisitos cumulativos, mas, apenas e tão somente, como elementos exemplificativos de hipóteses, nas quais é possível identificar a presença do grupo econômico. Tal interpretação evita um preciosismo ontológico na definição dos referidos requisitos - indiscutivelmente, incompatível com os princípios da simplicidade, da celeridade e da primazia da realidade - bem como contribui para uma tutela mais efetiva e garantidora dos direitos sociais.

Trata-se, inclusive, da interpretação mais consentânea com o princípio do convencimento motivado do magistrado (art. 471 do CPC), porquanto permite que a rica investigação jurisprudencial sobre a realidade fática, devidamente demonstrada supra, continue a identificar elementos indiciários da presença do grupo econômico, sem que haja qualquer vinculação a conceitos notoriamente confusos e imprecisos. Em suma, caberá ao intérprete concluir pela existência do grupo econômico sempre que, no exercício do seu convencimento, identificar elementos probatórios que demonstrem a presença de interesses integrados, ou interesses comungados, ou atuação conjunta, sem prejuízo dos outros elementos – administração comum, unidade de propósitos, confusão patrimonial, para citar só alguns – apontados pela jurisprudência e pela doutrina.

De outra banda, é possível, também, a adoção de interpretação que atenue os efeitos deletérios da literalidade do §3º, do art. 2º da CLT e respeite os princípios constitucionais já mencionados, a partir da distribuição dos encargos probatórios. Com efeito, dentre as inovações promovidas pela reforma trabalhista, insere-se a incorporação da teoria da distribuição dinâmica dos encargos probatórios (art. 818º, §1º, da CLT), segundo a qual, em casos de excessiva dificuldade é possível estabelecer a distribuição invertida dos encargos probatórios, a fim de que o ônus recaia sobre quem detém maior aptidão para se desvencilhar do ônus probatório. No que tange à comprovação da presença de interesses integrados e efetivamente comungados, bem como da atuação conjunta, evidencia-se a maior capacidade do empregador em demonstrar a inocorrência de tais circunstancias. Para tanto, a utilização de documentos internos e contratos entre as empresas desponta como o instrumento mais profícuo para o esclarecimento de eventuais controvérsias. Deste modo, a alegação autoral da presença de grupo econômico possuirá presunção relativa de veracidade.[38]

Por fim, no que tange à inovação referente à identidade de sócios, é preciso também interpretá-la com temperos, à luz do princípio do convencimento motivado (art. 471 do CPC). Conquanto seja possível a definição, no âmbito do direito material, de que a mera identidade de sócio não é, por si só, fato suficiente para a caracterização do grupo econômico, tal conceituação não tem o condão de cercear a liberdade do magistrado na apreciação das provas. Afinal, não há ilicitude em o magistrado, sob determinadas circunstâncias fáticas, concluir que a identidade de sócios, no caso concreto, revela, por exemplo, a presença de interesses integrados e comungados, assim como a atuação conjunta das empresas. Do contrário, haveria o restabelecimento da vetusta prova tarifada.

Entretanto, caso o magistrado opte pela adoção de uma intepretação mais cautelosa quanto ao referido dispositivo, é possível, ainda, que recorra à utilização da teoria da desconsideração da personalidade jurídica de forma inversa.[39] No âmbito trabalhista, aplica-se, por analogia, a teoria menor da desconsideração, esculpida no art. 28º, §4º, do Código de Defesa do Consumidor, segundo a qual basta a constatação do ilícito para que a autonomia patrimonial seja sacrificada e o sócio responda, pessoalmente, pelos débitos existentes. Por consequência, caso eviden-

38. SILVA, Homero Batista Mateus da. Comentários à reforma trabalhista. São Paulo: Editora Revista dos Tribunais, 2017, p. 22

39. PEREIRA, Antonio Cesar Coelho de Medeiro. A Alteração do Conceito de Grupo Econômico Promovido pela Reforma Trabalhista, p. 22, in: Reforma trabalhista: visão, compreensão e crítica /Guilherme Guimarães Feliciano, Marco Aurélio, Marsiglia Treviso, Saulo Tarcísio de Carvalho Fontes, organizadores. — São Paulo :LTr, 2017

ciada a insuficiência patrimonial da sociedade empresária e do sócio que a integra, torna-se lícita a responsabilização patrimonial de sociedade empresária diversa, da qual a pessoa física, ou jurídica, também seja sócia, porquanto demonstrada que a personalidade jurídica é utilizada como obstáculo à efetividade do direito trabalhista.

5. EXTENSÃO DA SOLIDARIEDADE.

No mais, a última inovação proposta pela reforma trabalhista residiu na alteração dos parâmetros da responsabilidade solidária existente entre as sociedades empresárias integrantes do grupo econômico. Outrora, a redação primitiva estabelecia, genericamente, a solidariedade para *os efeitos da relação de emprego*, ao passo que o texto atual delimita a responsabilidade pelas *obrigações decorrentes da relação de emprego*. Se, em princípio, a alteração não pode ser ignorada, deve-se interpretá-la como manifestação de uma restrição conceitual, porquanto a expressão "obrigações decorrentes" demonstra uma amplitude menor do que a genérica expressão "efeitos das relações".

Ora, de fato, a expressão *"os efeitos"* pode indicar passividade ou atividade, como, inclusive, respeitável corrente doutrinária assim entendida e a jurisprudência demonstrava aceitação. Contudo, a expressão *"obrigações decorrentes"* transparece a noção de passividade da relação obrigacional. À primeira vista, portanto, a mudança promovida indica uma opção do legislador pela corrente doutrinária defensora da solidariedade apenas passiva do grupo econômico. Em outras palavras, se a solidariedade existe apenas quanto às obrigações, trata-se de uma solidariedade centrada tão somente na preocupação de garantir o adimplemento das verbas trabalhistas.

Por consequência, em situações ordinárias, o ordenamento jurídico não mais autoriza concluir pela existência de tese do empregador único, conforme indicavam as Súmulas 93 e 129 do Tribunal Superior do Trabalho. A solidariedade proveniente do grupo econômico, portanto, cumpre apenas com uma das finalidades iniciais concebidas para o instituto: expandir a garantia do crédito trabalhista. Deste modo, o efeito reflexo de permitir que os demais integrantes do grupo econômico se beneficiem da força de trabalho do obreiro resta inviabilizado.

Convém salientar, todavia, o posicionamento respeitável de Gustavo Filipe Barbosa Garcia, segundo o qual, a temática deve ser analisada à luz do princípio da primazia da realidade[40]. Destarte, se o poder empregatício de direção é exercido pelo grupo econômico de forma unitária, haverá a unicidade contratual e o empregador será o próprio grupo, enquanto que, nas hipóteses em que apenas uma única empresa exerce o poder diretivo a solidariedade, será apenas passiva.

---

40. GARCIA, Gustavo Filipe Barbosa. Reforma trabalhista altera caracterização de grupo econômico. Conjur, 2017. Disponível em: https://www.conjur.com.br/2017-set-09/gustavo-garcia-reforma-trabalhista-muda-conceito-grupo-economico. Acesso em 14.10.2017.

Trata-se de posição mais harmônica com a complexidade das relações de trabalho, além de permitir que haja um tratamento diferenciado para situações díspares.

Entretanto, é preciso destacar a necessidade da adoção de uma exegese mais coerente sobre a temática. Acaso a jurisprudência compartilhe a posição doutrinária pela viabilidade da formação do empregador único, em obediência ao princípio da primazia da realidade, deve-se, igualmente, aceitar todas as consequências provenientes de tal decisão. Nesse sentido, é incabível concluir pela inexistência de múltiplos contratos de trabalho, como o faz a Súmula 129 do TST, e, ao mesmo tempo, pela impossibilidade da equiparação salarial entre empregados do grupo econômico, como entende a jurisprudência majoritária[41]. Ora, se o grupo econômico, no âmbito trabalhista, pode ser considerado como empregador único, quando assim o for, deve ser para todos os efeitos legais e não apenas para evitar a multiplicidade contratual.

6. CONSIDERAÇÕES FINAIS.

Como demonstrado, na temática do grupo econômico, a reforma trabalhista promoveu inovações substâncias e procurou enfrentar as principais controvérsias doutrinas e jurisprudenciais existentes. Em consequência, torna-se crucial ao intérprete proceder a uma análise acurada e detida das mudanças promovidas, à luz dos princípios constitucionais da dignidade da pessoa humana, da função social da propriedade e dos valores sociais do trabalho.

Como já dito, o instituto do grupo econômico exemplifica bem o caráter dualista do direito do trabalho – concomitantemente, progressista e conservador. A elevação da proteção e da melhoria das condições de trabalho não beneficia apenas os trabalhadores, mas contribui, também, para que a resistência obreira seja atenuada. Nesse contexto, um conceito ampliado de grupo econômico tende a beneficiar todos os integrantes da relação de trabalho, uma vez que permite a utilização da força de trabalho por mais de uma sociedade empresária e, ainda, expande a garantia e a aplicação dos direitos sociais.

Afinal, em última análise, a interpretação a ser dada à reforma trabalhista deve respeitar o compromisso internacional da República Federativa do Brasil com a aplicação progressiva dos direitos fundamentais e a vedação ao retrocesso social. Nesse sentido, é oportuno destacar que tanto o artigo 2.1 do Pacto de Direitos Econômicos Sociais e Culturais (PIDESC), como o artigo 26 da Convenção Americana de Direitos Humanos – Pacto de San Jose da Costa Rica, ambos diplomas já ratificados pelo Brasil, consagram o efeito *cliquet* dos direitos fundamentais.

41. Tribunal Superior do Trabalho, Subseção I Especializada em Dissídios Individuais, Ministro Relator: Aloysio Correia da Veiga, Processo: 30-24.2010. 5.02.0254, Data do Julgamento:14/06/2013. Tribunal Superior do Trabalho, Quarta Turma, Ministra Relatora: Maria de Assis Calsing, Processo: 1134-76.2014.5.09.0008. Data do Julgamento: 22.03.2017. Tribunal Superior do Trabalho, Segunda Turma, Ministra Relatora: Maria Helena Mallmann, Processo: 783-14.2010.5.03.0137. Data do Julgamento: 16/11/2016.

TRABALHO INTERMITENTE

Georgenor de Sousa Franco Filho[1]

Sumário: 1. Contrato de trabalho e suas características – 2. Trabalho interminente: a novidade – 3. Tratamento no direito comparado – 4. Formas de prestação do trabalho intermitente – 5. Pontos profundamente criticáveis – 6. Conclusão.

1. CONTRATO DE TRABALHO E SUAS CARACTERÍSTICAS

Com a reforma introduzida na CLT pela Lei n. 13.467, de 13 de julho de 2017, as formas de contrato individual de trabalho, ou contrato de emprego são, conforme consta do *caput* do art. 443 da CLT, as seguintes:

> *Art. 443. O contrato individual de trabalho poderá ser acordado tácita ou expressamente, verbalmente ou por escrito, por prazo determinado ou indeterminado, ou para prestação de trabalho intermitente.*

Os traços que caracterizam um contrato de trabalho, exceção feita ao último tipo referido no art. 443, são os seguintes:

- reciprocidade – também chamado de sinalagmático, indicando que existem obrigações contrárias e equivalentes para as partes: o empregado dá sua força de trabalho; o empregador paga-lhe o salário;
- sucessividade – porque o contrato de trabalho é de trato sucessivo, decorrendo de sua natureza contínua, de duração geralmente ilimitada no tempo. E a sua não eventualidade, porque a prestação de serviço do empregado se dá normalmente por prazo indeterminado, o que faz o contrato ser duradouro;
- pessoalidade – é o caráter *intuitu personae* do contrato de trabalho. Nunca o empregado é uma pessoa jurídica, mas sempre uma pessoa física, uma

1. Desembargador do Trabalho de carreira do TRT da 8ª Região, Doutor em Direito Internacional pela Faculdade de Direito da Universidade de São Paulo, Doutor *Honoris Causa* e Professor Titular de Direito Internacional e do Trabalho da Universidade da Amazônia, Presidente Honorário da Academia Brasileira de Direito do Trabalho, Membro da Academia Paraense de Letras.

pessoa singular, perfeitamente identificável como tal. Quando um empregador contrata um empregado, não quer interposta pessoa, mas aquela pessoa determinada;

- onerosidade – o salário é a contraprestação do empregador ao empregado pelo trabalho despendido a seu favor. Não se trata de um ônus patronal, mas de justa retribuição, a medida em que este deve responder pela remuneração do obreiro e os encargos sociais decorrentes da contratação e dos frutos que recebe a partir do trabalho desenvolvido;
- subordinação jurídica – é o mais importante elemento caracterizador da condição de empregado. Entende-se como tal aquela condição exclusiva do empregado de receber e cumprir ordens ao empregador, que lhe cuida das atividades, lhe autoriza cumprimento de jornada regular e suplementar, que lhe retribui pecuniariamente os serviços dispensados. O empregador possui dever de direção, de controle, de aplicação de penas disciplinares, e, do lado oposto, os deveres dos empregados de obediência, diligência e fidelidade[2].

Desse elenco de características, sem dúvida é a subordinação jurídica que melhor proporciona o reconhecimento da relação de emprego. No entanto, existem os demais requisitos que não devem ser esquecidos, sobretudo a continuidade, o trato sucessivo do contrato, que se repete, preferencialmente, sem limite de prazo de duração. É essa condição de habitualidade que permite ao empregado sentir-se participante da empresa, e à empresa é o aumento do grau de fidúcia naquele trabalhador que ajuda o empreendimento a crescer.

O outro traço igualmente importante é o fato de haver remuneração ao empregado pelo trabalho prestado e essa contra prestação deve ser permanente, constante, frequente, de modo a garantir a tranquilidade necessária para o trabalhador desenvolver sua atividade, sabendo que, ao final de determinado período, receberá o justo valor avençado.

A ausência dessa remunerabilidade inquieta e desestimula o trabalhador, levando-o ao desgaste psicológico com graves e negativas repercussões familiares e no convívio interpessoal geral, inclusive na relação com colegas de trabalho e superiores hierárquicos.

2. TRABALHO INTERMINENTE: A *NOVIDADE*

Na parte final do *caput* do art. 443 da CLT está a alusão a um outro tipo de contato de emprego: o contrato de trabalho intermitente, esses contratos ultraflexíveis que, no Reino Unido, são chamados de *zero-hour contract*.

Como referimos acima, em todos os pactos de trabalho os traços caracterizadores são os que enumeramos. Porém, quando nos referimos ao contrato de trabalho intermitente defrontamos com uma situação atípica.

2. N. sent.: SÜSSEKIND, Arnaldo Lopes *et alii*. *Instituições de direito do trabalho (I)*. 22ª ed., São Paulo, LTr, 2005, p. 247 *passim*.

É § 3º do art. 443 da CLT que oferece a definição legal desse tipo de contrato de trabalho, nos seguintes termos:

> *§ 3º - Considera-se como intermitente o contrato de trabalho no qual a prestação de serviços, com subordinação, não é contínua, ocorrendo com alternância de períodos de prestação de serviços e de inatividade, determinados em horas, dias ou meses, independentemente do tipo de atividade do empregado e do empregador, exceto para os aeronautas, regidos por legislação própria.*

Esse contrato deve ser sempre celebrado por escrito, e registrado na CTPS do trabalhador, independentemente de previsão em acordo coletivo de trabalho ou convenção coletiva de trabalho (*caput* do art. 452-A). Deverá esse registro consignar identificação, assinatura e domicílio ou sede das partes, entendendo-se como tal a residência do trabalhador e a sede do estabelecimento em que desenvolverá suas atividades intermitentes (art. 452-A, n. I).

Outro registro que deve ser efetuado é o do valor da hora ou do dia de trabalho, observados os limites do salário mínimo vigente, sendo garantido o adicional noturno (inciso III), que deve corresponder a valor superior a hora diurna e será igual ou maior que aqueles dos empregados contratados normalmente que exerçam a mesma função (§ 12). Isto afasta a possibilidade de, em tese, ser negociado adicional noturno inferior ao fixado em lei.

Note-se que o sistema brasileiro é diferente daquele existente em Portugal, como apontaremos abaixo, onde o salário do trabalhador intermitente dependerá de negociação coletiva.

A prestação do trabalho nas condições que se considera de intermitência admite sua determinação em horas, dias ou meses, ou seja, o empregado pode ser contratado para trabalhar por quatro horas, ou quinze dias ou dois meses, dependente da atividade que vai desenvolver. Receberá pelo tempo efetivamente trabalhado, não recebendo pelo período inativo, ao contrário do direito português que prevê uma compensação, como mencionaremos adiante.

3. TRATAMENTO NO DIREITO COMPARADO

Novidade no Brasil, o trabalho intermitente existe mundo afora. Na Europa, embora também exista na França e na Alemanha, colhemos dois exemplos para exame: Portugal e Itália.

Em Portugal, o atual Código do Trabalho (Lei n. 7/2009 de 12 de fevereiro) cuida, nos arts. 157 a 160, do trabalho intermitente, que somente pode ser admitido em empresa que exerça atividade com descontinuidade ou intensidade variável, quando as partes podem acordar que a prestação de trabalho seja intercalada por um ou mais períodos de inatividade, e o contrato não pode ser celebrado pro prazo certo ou contratação temporário (art. 157).

O contrato deve ser celebrado por escrito, indicando a jornada anual de trabalho ou o número de dias de trabalho durante o ano, e, se o contrato não for escrito ou não consignar esses registros, será tido como contrato sem inatividade, o mesmo sucedendo quando a jornada registrada for superior a um contrato por tempo completo (art. 158), o que importa em um contrato de trabalho comum.

De acordo com o art. 159, o período de prestação de trabalho intermitente deve ser estabelecido pelas partes de modo consecutivo ou intercalado, registrando o início e o final de cada período de labor, sendo registrado o tempo de antecedência de no mínimo vinte dias que o empregador deve ter para informar ao trabalhador do início do período de trabalho, pena de falta grave patronal, período esse que deve ser, anualmente, de seis meses, quatro dos quais consecutivos.

Em Portugal, o trabalhador intermitente tem direito a uma compensação retributiva pelo período em que estiver inativo, cujo valor deve ser estabelecido em negociação coletiva ou, na falta, no valor de 20% da remuneração básica correspondendo ao período similar de atividade (art. 160, 1).

No que refere às férias e à gratificação de Natal, devem ser calculados considerando a média dos valores recebidos nos doze meses anterior, ou pelo período de duração do contrato, se menor (art. 160, 2).

Nos período de inatividade, o trabalhador intermitente pode exercer outras atividades e todos os direitos, deveres e garantias das partes permanecem, salvo o que se refere ao efetivo trabalho (art. 160, 3 e 4).

Na Itália, o regramento do trabalho intermitente é o que consta do Decreto Legislativo n. 81/2015, cuidando da reorganização dos tipos contratuais. Segundo esse decreto, o trabalhador intermitente somente exerce atividades quando for necessário, mediante contrato escrito, podendo ser estipulado em duas situações: 1) necessidades previstas em normas coletivas autônomas em períodos predeterminados da semana, mês ou ano; e 2) por menores de 24 anos ou mais de 55 anos, deve, no primeiro caso, a intermitência terminar até a pessoa completar 25 anos.

A legislação italiana prevê, ainda, que o contrato de trabalho intermitente é permitido por um período não superior a quatrocentos dias, considerando três anos, exceto nos setores de turismo, vida pública e entretenimento. Prazo superior a quatrocentos dias em três anos transforma o contrato de trabalho intermitente em contrato por prazo indeterminado.

4. FORMAS DE PRESTAÇÃO DO TRABALHO INTERMITENTE

Originalmente, o *caput* e os §§ 1º a 9º do art. 452-A da CLT brasileira contemplavam os diversos aspectos desse tipo de contratação. A Medida Provisória n. 808, de 14 de novembro de 2017, ampliou o elenco legislativo. Agora, o *caput* e os quinze parágrafos do art. 452-A e também os arts. 452-B a 452-H são dedicados a regular o trabalho intermitente.

Vejamos, a seguir, algumas das peculiaridades desse novo tipo de contratação.

Com efeito, no prazo de três dias corridos antes do início da prestação de serviços, o empregador convocará o empregado, por qualquer meio de comunicação eficaz, informando qual será a jornada a cumprir (§ 1º). Não cuida a lei de explicitar o *meio eficaz* para essa convocação, sendo de todo recomendável que seja através de algum instrumento físico ou virtual que possa efetivamente provar esse comunicado. Observe-se que o prazo da lei brasileira é mais exíguo que o adotado pelo Código do Trabalho de Portugal.

Recebido o aviso para comparecer ao trabalho, o empregado terá o prazo de 24 horas (e não mais um dia útil) para responder ao chamado, presumindo-se, no silêncio, que se recusou atender a convocação (§ 2º), e essa recusa tácita (ou mesmo recusa expressa) não descaracteriza a subordinação para fins do contrato de trabalho intermitente (§ 3º).

Impende observar que essa contagem de prazo pelo empregado deixar de ter a incompreensão do texto original. Não há mais falar em *dia útil*. A nova regra refere a 24 horas. Considerando essas novas regras, sendo um empregado convocado para trabalhar no dia 10 (6ª-feira), sua convocação deve ser recebida até o dia 7 (3ª-feira; três dias antes do início da atividade), e deve ser respondida até o dia 8 (4ª feira; um dia após receber o chamado). Como a nova norma refere à contagem em horas (24 horas), recomendável que o empregado registre, no documento de convocação, o horário do recebimento do chamado, porque sua manifestação deve ocorrer até exatas 24 horas após, pena de, no silêncio, ser presumida sua recusa (§ 2º).

Havia regra na Lei n. 13.467/17 no sentido de aplicar multa pecuniária por violação do pactuado. Era o § 4º, estipulando que, em sendo aceita a oferta, e qualquer das partes descumprindo o avençado sem justo motivo, a outra parte receberia, em trinta dias, multa de 50% calculada sobre o valor da remuneração que seria devida, permitida a compensação por igual prazo. Significava que, convocado pelo empregador e aceita a convocação, se uma das partes desfizesse o ajuste sem motivo justificado, deveria pagar ao outro, em trinta dias, o valor que seria devido ao empregado como remuneração, pela metade. Tratava-se de uma multa que qualquer uma das partes deveria à outra pela inadimplência. Poderia, todavia, essa penalidade ser compensada pelo empregado mediante a prestação de trabalho nas mesmas condições no período seguinte de trinta dias. Não existe mais essa regra que, provavelmente, sequer chegou a ser aplicada, considerando ter vigorado por apenas incríveis 72 horas.

No contrato de trabalho intermitente, as partes podem consignar os locais de prestação de serviço, os turnos para os quais poderá ocorrer convocação do empregado e as formas e instrumentos destinadas à convocação e resposta para a prestação de serviços, bem como a forma de reparação recíproca por danos causados pelo cancelamento de serviços agendados (art. 452-B da CLT).

5. PONTOS PROFUNDAMENTE CRITICÁVEIS

Não padecem muitas dúvidas sobre o caráter altamente precarizador do trabalho intermitente.

Aspecto altamente criticável é o que se refere a ter o período de inatividade como um momento sem direitos para o trabalhador, antes constante do § 5º do art. 452-A: "O período de inatividade não será considerado tempo à disposição do empregador, podendo o trabalhador prestar serviços a outros contratantes". Era a mesma regra existente no Direito português.

Agora, o art. 452-C cuida do tema, dispondo:

> "Art. 452-C. Para fins do disposto no § 3º do art. 443, considera-se período de inatividade o intervalo temporal distinto daquele para o qual o empregado intermitente haja sido convocado e tenha prestado serviços nos termos do § 1º do art. 452- A.
>
> § 1º Durante o período de inatividade, o empregado poderá prestar serviços de qualquer natureza a outros tomadores de serviço, que exerçam ou não a mesma atividade econômica, utilizando contrato de trabalho intermitente ou outra modalidade de contrato de trabalho.
>
> § 2º No contrato de trabalho intermitente, o período de inatividade não será considerado tempo à disposição do empregador e não será remunerado, hipótese em que restará descaracterizado o contrato de trabalho intermitente caso haja remuneração por tempo à disposição no período de inatividade." (NR)

O § 2º do art. 452-C cuida dos efeitos da inatividade, passando a referência ao direito do trabalhador prestar serviços a outros contratantes para o § 1º.

Assim, ao não considerar tempo à disposição do empregador, fica este liberado de qualquer obrigação contratual. O contrato de trabalho está suspenso, sem que exista qualquer ônus recíproco. Nem o trabalhador deve trabalhar para o empregador, nem este deverá pagar qualquer importância, à falta da reciprocidade necessária. Importa, então, que o empregado ficará desprovido de qualquer espécie de proteção, sequer a da seguridade, face à inexistência de, no período de inatividade, qualquer espécie de contribuição social, salvo se houver prestado serviços a terceiros.

Os direitos do obreiro em um contrato dessa natureza não lhes gerará algum direito pelo período em que não estiver efetivamente trabalhando. Afinal, ele estará, em relação a esse empregador, em ociosidade absoluta.

Temos, repita-se, que o período de inatividade nada mais é do que o tempo em que o empregado ficar na inércia, isto é, sem trabalhar (e sem receber salário). Poderá, todavia, trabalhar para terceiros, por qualquer forma de contratação, inclusive outro contrato de trabalho intermitente. E, o mais grave e lamentável, quando inativo, esse trabalhador nada receberá e, consequentemente, não haverá recolhimento para a Previdência Social (o que impactará nos seus direitos previdenciários), nem na sua conta vinculada de FGTS (o que repercutirá no seu futuro).

Precariza-se grandemente o trabalho humano com essa disposição, ainda que se considere que o trabalhador pode prestar serviços a outros contratantes. No entanto, essas condições lhes retira muito da sua tranquilidade e deve ser bem fixado que, caso não sejam rigorosamente observadas as regras para a celebração desse tipo de contrato e da convocação do empregado, parece claro que será considerado nulo o pacto e reconhecido por prazo indeterminado a sua duração, nos moldes adotados pela legislação da Itália, quando extrapola o limite temporal fixado.

Destacamos esses dois pontos porque, reportando aos traços habitualmente caracterizadores do contrato individual de trabalho, realçamos, além da natural subordinação jurídica, a onerosidade e a continuidade.

Como visto, ao exame das regras que dispõem sobre o trabalho intermitente no Brasil, que nenhum desses dois traços está presente nesse tipo diferente de ajuste.

Dispõe § 6º do art. 452-A quando se processará o pagamento da remuneração do trabalhador. No texto primitivo, aquele da Lei n. 13.467/17, seria quando finalizado cada período de prestação de serviço intermitente. Na redação dada pela Medida Provisória n. 808, de 14 de novembro de 2017, será na data acordada para o pagamento, observada a regra do § 11, de quem se a convocação do empregado for por período superior a um mês, as parcelas não podem estipular período superior, contando-se a partir do primeiro dia de trabalho do período.

A redação do dispositivo é péssima, mas deve ser entendido que, se o trabalho for por mais de um mês, ao final de cada mês devem ser pagas remuneração, repouso remunerado e adicionais legais. As demais parcelas (férias proporcionais com acréscimo de 1/3 e 13º salário) devem ser pagas ao final desse período de convocação. Em outras palavras, o valor correspondente às férias proporcionais o empregado receberá, mas não as gozará. Além disso, deverá existir recibo de pagamento conter discriminadamente os valores de cada parcela paga (§ 7º).

O art. 452-H contempla regra específica quanto ao FGTS, nos seguintes termos:

> *Art. 452-H. No contrato de trabalho intermitente, o empregador efetuará o recolhimento das contribuições previdenciárias próprias e do empregado e o depósito do FGTS com base nos valores pagos no período mensal e fornecerá ao empregado comprovante do cumprimento dessas obrigações, observado o disposto no art. 911-A."*

Assim, tomemos o exemplo de um engenheiro, contratado de forma intermitente, por uma construtora, sendo ajustado que poderia ser chamado, dentro dos prazos legais, sempre que se fizesse necessário, para fiscalizar o andamento de obras da empresa construtora. Em um mês, ele trabalhou o total de vinte dias, iniciado em uma segunda-feira e finalizado em um sábado. Receberá, ao final, a remuneração correspondente aos vinte dias, mais 1/12 de férias com acréscimo de 1/3, 1/12 de 13º salário e dois repousos semanais remunerados, além dos comprovantes de depósito de FGTS e de contribuição previdenciária do período. O trabalho intermitente desse mês foi concluído.

Adiante, o § 9º do art. 452-A prevê: "A cada doze meses, o empregado adquire direito a usufruir, nos doze meses subsequentes, um mês de férias, período no qual não poderá ser convocado para prestar serviços pelo mesmo empregador".

Estaria havendo um conflito entre este dispositivo e as férias proporcionais referidas no § 6º, inciso II, anterior? Entendemos que não. O empregado contratado de forma intermitente tem, por lei, direito a receber o valor das férias proporcionais do período de convocação, e, quando inativo, nada receberá, nem gozará as férias como deve ser. A cada ano que esse tipo de contrato complete, terá direito a um mês regular de férias, com direito à sua remuneração integral, quando não poderá ser convocado por esse empregador para nenhum serviço, mas poderá, evidentemente, trabalhar para outros. Essa, parece, é a única compensação desse tipo de contrato de trabalho. Ademais, deve ser aduzido que, de acordo com o § 10, em reforço ao que pensamos, as férias do empregado contratado nesse sistema pode ser usufruída em até três períodos, conforme o art. 134, da CLT, mediante prévio acordo com o empregador. É o caso do exemplo do engenheiro, acima.

Pelo § 9º mencionado, a cada ano que esse tipo de contrato complete, terá direito o empregado a um mês regular de férias, com direito à sua remuneração integral, quando não poderá ser convocado por esse empregador para nenhum serviço, mas poderá, evidentemente, trabalhar para outros. Significa, *ultima ratio*, que receberá os duodécimos dos períodos intermitentes de atividade, e, ao cabo de doze meses, os valores integrais das férias anuais remuneradas acrescidas do terço constitucional. Serão, pela letra da lei, férias proporcionais e mais férias integrais. Em resumo, o trabalhador intermitente tem direito a duas espécies de férias: as proporcionais, correspondendo aos períodos em que efetivamente trabalhar, que apenas receberá *in pecunia*; e a integral após cada período aquisitivo de doze meses, quando, além de receber *in pecunia*, também terá direito aos dias de ociosidade.

A reforma introduzida pela Medida Provisória n. 808/17 tratou da rescisão do contrato de trabalho intermitente, que não era objeto da Lei n. 13.467/17. Criou-se a figura da rescisão tácita, decorrente do fato de o empregador não convocar o empregado por período igual ou superior a um ano, contados de uma dentre três datas: (1) a da celebração do contrato; (2) a da última convocação, e, (3) a do último dia da prestação de serviços, a que for mais recente (art. 452-D).

Salvo as hipóteses de cometimento de falta grave pelo empregado (art. 482, da CLT) ou pelo empregador (art. 483 seguinte), quando o contrato se resolve por justa causa, quando o contrato de trabalho intermitente for extinto (art. 452-E), o trabalhador tem direito às verbas rescisórias semelhantes à da rescisão por acordo (art. 484-A), sem direito ao benefício do seguro desemprego (§ 2º do art. 452-E).

O aviso prévio é devido na hipótese de trabalho intermitente, mas sempre será indenizado (art. 452-F, § 2º), devendo ser lembrado que seu cálculo, como os das demais verbas rescisórias, deverá considerar a media dos valores recebidos pelo empregado no curso do contrato (*caput* do art. 452-F), tendo em conta apenas os meses em que houve prestação de trabalho nos últimos doze meses ou na vigência do contrato, se por prazo menor (§ 1º do mesmo artigo).

Do lado previdenciário, o auxílio-doença é devido a partir da data do início da incapacidade do trabalhador (§ 13 do art. 452-A) e o salário maternidade será pago diretamente pela Previdência Social, sem a intermediação patronal (§ 14 do mesmo artigo).

Por fim, criou o art. 452-G uma quarentena para o empregado que, anteriormente, era contratado por prazo indeterminado e que foi dispensado. Até 31 de janeiro de 2020, ficará proibido de ser contratado por esse antigo empregador na modalidade de trabalho intermitente, considerando o prazo de dezoito meses (um ano e meio) a partir da data da demissão. Essa regra intertemporal deixará de produzir seus efeitos na data expressamente assinalada.

6. CONCLUSÃO

Devemos considerar a necessidade de ser reformado a CLT a fim de atualizá-la com o novo mundo das relações de trabalho.

A reforma de julho de 2017 era preciso ser feita. Certamente, não era para ser da forma como se processou. Mas necessária.

Assim, muita coisa que foi mudada deverá, ao longo dos anos vindouros, ser corrigida e ajustada. A prova é a edição, 72 horas após entrada em vigor, da Medida Provisória n. 808, de 14 de novembro. A jurisprudência terá sua missão relevante e isenta. A doutrina terá a árdua tarefa de formar o conhecimento mais adequado sobre os temas polêmicos que as normas regras apresentaram. À sociedade caberá a maior de todas as tarefas: saber dosar os graus de acerto e de equívocos das mudanças trazidas.

O trabalho intermitente insere-se dentre as modificações que causam grande e justificado temor, sobretudo para o trabalhador brasileiro.

O tratamento dessa forma nova (para nós) de contratação deve ser feito com cautela, cuidado e responsabilidade. Afinal, os erros e os acertos devem, no futuro, convergir para o bem estar da sociedade. É o que todos esperamos.

CONTRATO DE TRABALHO INTERMITENTE

Iuri Pereira Pinheiro[1]

1. INTRODUÇÃO

A denominada Reforma Trabalhista de 2017, (Lei nº 13.467/2017) transformou profunda e sistematicamente o microssistema laboral brasileiro, em especial a Consolidação das Leis do Trabalho.

Há, dentre as tantas mudanças, uma alteração legislativa que merece particular atenção: a inserção do parágrafo §3º no artigo 443 e do artigo 452-A na CLT, inaugurando no Brasil a figura do contrato de trabalho intermitente. Tal modalidade pode vir a transformar a relação de emprego no país, na medida em que amplia o seu conceito, flexibilizando o requisito do trabalho não eventual e rompendo com o exercício dos poderes disciplinar e diretivo do empregador[2], conforme elucidaremos mais adiante.

---

1. Juiz do Trabalho no Tribunal Regional do Trabalho da 3ª Região. Ex-Juiz do Trabalho no Tribunal Regional do Trabalho da 15ª Região. Ex-Assistente de Juiz e Ex Assessor de Desembargador (CJ-3) no TRT da 7ª Região, Ex-Assistente de Juiz e Ex-Chefe de Gabinete de Desembargadora (CJ-2) no TRT da 2ª Região, Ex-servidor do TRT da 9ª Região e Ex-Assistente de Ministro (FC-5) do TST. Graduado em Direito pela Universidade de Fortaleza. Especialista em Direito e Processo do Trabalho pela Universidade Anhanguera e em Direito Público pela Faculdade Fortium. Palestrante na área de Direito Material e Processual do Trabalho. Professor da Verbo Jurídico, da Pontifícia Universidade Católica de Minas Gerais (PUC Minas) e da Escola da Associação de Magistrados Trabalhistas da 9ª Região. Colaborador Beneficente da Faculdade de Peruibe. Escritor de obras jurídicas e artigos científicos na área de Direito Material e Processual do Trabalho. E-mail: iurippinheiro@gmail.com
2. JOÃO, Paulo Sérgio. Trabalho intermitente: novo conceito de vínculo de emprego. <http://www.conjur.com.br/2017-set-22/reflexoes-trabalhistas-trabalho-intermitente-conceito-vinculo-empre-

Essa novel forma de contratação se alicerça em dois grandes eixos: (1) a redução/compressão dos custos empresariais e (2) a ampliação das faculdades/poderes patronais na gestão da mão de obra, conforme há muito já nos alertava o Professor Amauri Mascaro[3].

O contrato de trabalho intermitente é novidade no ordenamento brasileiro, mas já é praticado em alguns países anglófonos e europeus. Nele, o trabalhador e a empresa celebram um contrato no qual se estipula o valor da hora, não inferior ao valor horário do salário mínimo ou àquele devido aos demais empregados do estabelecimento que exerçam a mesma função. A prestação do serviço é descontínua ou até mesmo eventual, podendo alternar em dia e hora, cabendo ao empregado o pagamento das horas efetivamente trabalhadas. Ainda, a empresa deve avisar o trabalhador com um prazo de antecedência sobre a disponibilização do serviço.

Amauri Mascaro do Nascimento, antes mesmo da aprovação da Reforma Trabalhista, alertava a necessidade de regulamentação do trabalho intermitente, uma vez que este já seria parte da prática social, conforme o trecho elucidativo adiante transcrito: "regime jurídico do trabalho intermitente carece de regulamentação para afastar dúvidas sobre o seu conceito e enquadramento, de modo que seria de toda a conveniência uma lei em condições de dirimir dúvidas, oferecer maior segurança para o contratante e, também, especificar os direitos para o contratado.[4]"

Por ocasião da tramitação do projeto de lei que redundou na "Reforma Trabalhista", o Deputado Rogério Marinho relatou a questão nesses termos: "Não mais podemos aceitar que as rígidas regras da CLT impeçam a absorção pelo mercado de trabalho de milhões de brasileiros que integram as estatísticas oficiais do desemprego, do subemprego e dos que desistiram de procurar por um emprego, após anos de busca infrutífera por uma ocupação no mercado (...). Ressalte-se que o próprio TST já admitiu a legalidade do pagamento das horas trabalhadas, o que pode ser verificado na OJ nº 358, segundo a qual "havendo contratação para cumprimento de jornada reduzida, inferior à previsão constitucional de oito horas diárias a quarenta e quatro semanais, é lícito o pagamento do piso salarial ou do salário mínimo proporcional ao tempo trabalhado".

O ex-ministro do TST, Almir Pazzianotto afirmou que a criação do contrato de trabalho intermitente "é a regulamentação do bico, uma realidade que já existe. Dá segurança para as duas partes e é uma fonte de rendimento. Músicos e garçons se beneficiariam com este regime, por exemplo [5]".

go2>, Acessada em 23/09/2017.

3. AMADO, João Leal. Perspectivas do Direito do Trabalho: um ramo em crise identitária? Revista do Tribunal Regional do Trabalho da 15ª Região. n. 47. Campinas: 2015. P.187.
4. NASCIMENTO, Amauri Mascaro. Curso de Direito do Trabalho. 26 edição. São Paulo: Saraiva, 2011
5. COURA, Kalleo; Gantois, Gustavo. A reforma trabalhista em 12 pontos.< https://jota.info/trabalho/a--reforma-trabalhista-em-12-pontos-13042017> Acessada em 23/09/2017

A Abrasel (Associação Brasileira de Bares e Restaurantes) estima que dois milhões de empregos seriam criados com a regulamentação do trabalho intermitente[6].

Por outro lado, de acordo com a Senadora Vanessa Grazziotin (PCdoB-AM), "observa-se a transferência do risco do negócio da empresa para o empregado, pois o empregado fica à disposição integral do empregador na espera de ser chamado para executar o trabalho. (...) Trata-se de uma forma nefasta de precarização do trabalho e do emprego, pois o empregado poderá receber um salário inferior ao salário mínimo (...)[7]"

Jorge Luiz Souto Maior alertou que a positivação deste regime acarretará em "evidente precarização do trabalho, exigindo do trabalhador que se vincule a dois ou mais empregadores e que permaneça a disposição, impedido de organizar sua vida (...) em vez de modernização o que se propõe é o retorno à lógica do século XVIII"[8].

Na visão de Homero Batista da Silva, "A figura é assustadora porque poderá resolver os índices de desemprego do Brasil sem que as pessoas tenham renda assegurada (...). O propósito do registro é apenas blindar a empresa de alegações de mão de obra clandestina." [9]

O presente artigo visa analisar a redação dos dispositivos que regulamentam o contrato intermitente, questionando se as regras ínsitas nele - tal como estão dispostas - são aptas para construir um ambiente de segurança jurídica relativa aos casos em que o trabalho é um "bico", e se a regulação do regime intermitente favorecerá, de fato, a criação de novos postos de trabalho. Ainda, será investigado se tal modalidade de contrato não é, possivelmente, apenas mais uma forma de precarização da mão de obra. Por fim, será analisado o alcance que pode ser dado a esse tipo de pactuação. Será feita a análise da redação originária da Lei 13.467/2017 e, após, a incursão sobre as novidades trazidas pela Medida Provisória 808/2017, visto que há grande desconfiança acerca de sua aprovação no Congresso.

2. CONTRATO DE TRABALHO INTERMITENTE NO DIREITO COMPARADO

Tal como no Brasil, o contrato de trabalho intermitente vem sendo introduzido nas legislações de países em crise econômica, como Itália, Espanha e Portugal,

6. UNECS lança folder sobre trabalho intermitente. http://www.abrasel.com.br/conexao-abrasel/4227-unecs-lanca-folder-sobre-trabalho-intermitente.html Acessada em 23/09/2017.

7. Emenda 3 PLC 38/2017 – CAE.

8. MAIOR, Jorge Luiz. Análise do Projeto de Reforma trabalhista. <http://www.jorgesoutomaior.com/blog/analise-do-projeto-de-reforma-trabalhista> Acessada em 23/09/2017

9. SILVA, Homero Batista Mateus da. Comentários à reforma trabalhista. São Paulo: Revista dos Tribunais, 2017. Op. Cit. p.74

com o objetivo de tornar as suas empresas mais competitivas no mercado exterior e criar mais empregos.

Nas palavras de João Leal Amado, trata-se de "um fenômeno bem conhecido, inerente ao processo de globalização capitalista que marca o nosso tempo e que (...) está a ser acirrado pela crise: concorrência entre trabalhadores à escala universal, ênfase na competitividade das empresas, deslocalizações transnacionais (...), colocando os ordenamentos jurídicos laborais em concorrência feroz, sob a égide dos mercados financeiros (...). Neste sentido, a globalização capitalista representou tanto o triunfo das leis do mercado como a consagração do mercado das leis.[10]"

Na Alemanha, figura semelhante ao contrato de trabalho intermitente (*Arbeit Auf Abruf*) foi inserida na legislação em 1985. Nela, o empregador e trabalhadores podem realizar acordo para que o trabalhador labore de acordo com as necessidades do trabalho. Este acordo deve especificar a duração semanal e a quantidade de horas diárias de trabalho. Se a duração semanal não for especificada, será presumida a jornada em 10 horas semanais, no caso de não especificação da jornada diária o empregador deverá chamar o trabalhador por pelo menos três horas consecutivas. Ainda, o empregado só é obrigado a comparecer no trabalho caso tenha sido notificado com pelo menos 4 dias de antecedência[11].

A jurisprudência alemã, no entanto, vem conformando posição no sentido de que no caso de omissão no contrato quanto à duração das jornadas, nem sempre é o caso de presunção dos limites mínimos legais. Na situação de um trabalhador que presta usualmente 20 horas de serviço, ainda que haja omissão, não poderia o empregador suprir a lacuna posteriormente, estipulando as 10 horas do mínimo legal.[12]

Ainda, a lei alemã autoriza a alteração deste mínimo em caso de convenção coletiva sobre o assunto.[13]

10. AMADO. Op. Cit. p 187.

11. § 12 Arbeit auf Abruf" : (1) Arbeitgeber und Arbeitnehmer können vereinbaren, dass der Arbeitnehmer seine Arbeitsleistung entsprechend dem Arbeitsanfall zu erbringen hat (Arbeit auf Abruf). Die Vereinbarung muss eine bestimmte Dauer der wöchentlichen und täglichen Arbeitszeit festlegen. Wenn die Dauer der wöchentlichen Arbeitszeit nicht festgelegt ist, gilt eine Arbeitszeit von zehn Stunden als vereinbart. Wenn die Dauer der täglichen Arbeitszeit nicht festgelegt ist, hat der Arbeitgeber die Arbeitsleistung des Arbeitnehmers jeweils für mindestens drei aufeinander folgende Stunden in Anspruch zu nehmen. (2) Der Arbeitnehmer ist nur zur Arbeitsleistung verpflichtet, wenn der Arbeitgeber ihm die Lage seiner Arbeitszeit jeweils mindestens vier Tage im Voraus mitteilt.

12. FERNANDES, Paulo Roberto. A figura do contrato de trabalho intermitente do PL nº 6.787/2017. (Reforma Trabalhista) à luz do direito comparado. << http://ostrabalhistas.com.br/figura-do-contrato-de-trabalho-intermitente-do-pl-no-6-7872016-reforma-trabalhista-luz-do-direito-comparado/>> Acessada em 25/09/2017.

13. § 12 Arbeit auf Abruf": (3) Durch Tarifvertrag kann von den Absätzen 1 und 2 auch zuungunsten des Arbeitnehmers abgewichenwerden, wenn der Tarifvertrag Regelungen über die tägliche und wöchentliche Arbeitszeit und die Vorankündigungsfrist vorsieht. Im Geltungsbereich eines solchen Tarifvertrages können nicht tarifgebundene Arbeitgeber und Arbeitnehmer die Anwendung der tariflichen Regelungen über die Arbeit auf Abruf vereinbaren.

Criticou-se que este regime de trabalho transfere parte dos riscos do empreendimento ao trabalhador, contrariando o §615 do Código Civil Alemão, que atribui os riscos econômicos do negócio ao empregador. Em razão desta transferência do risco, as cortes alemãs vêm decidindo no sentido de que há outros limites a serem considerados para a fixação da jornada mínima, além dos dispostos na Lei sobre trabalho a tempo parcial e contratos de trabalho temporário alemã (TzBfG)[14].

Na França, o contrato de trabalho intermitente deve ser previsto em um acordo coletivo[15], e deve ser objeto de um contrato de duração indeterminada, celebrado por escrito e contendo uma série de cláusulas obrigatórias[16]. O empregado goza dos mesmos direitos que outros funcionários[17]. De acordo com os princípios estabelecidos na lei de 8 de agosto de 2016, agora se estabelece uma distinção entre, por um lado, as disposições de ordem pública - que não podem ser derrogadas e - por outro aquelas que são fruto de negociação e acordo coletivo (com o primado da convenção ou da empresa ou acordo de estabelecimento no acordo ou acordo da indústria ampliado).

O contrato deve especificar o tempo de trabalho anual mínimo do empregado em questão. Este período pode ser excedido com um limite: as horas trabalhadas não devem, exceto com o acordo da pessoa em causa, exceder um terço do prazo fixado pelo contrato[18]. A lei francesa excepciona a necessidade de acordo ou convenção coletiva para a celebração desta modalidade de contrato quando o empregado for deficiente[19].

Na Itália, o regime do trabalho intermitente foi introduzido em 2003, visando fomentar o emprego formal no país. O contrato italiano será lavrado de acordo com o estipulado em negociação coletiva e, caso não haja, obedecerá a regulação

---

14. FERNANDES. Op. Cit

15. *Code Du Travail: Article L3123-33. Des contrats de travail intermittent peuvent être conclus dans les entreprises couvertes par une convention ou par un accord d'entreprise ou d'établissement ou, à défaut, par une convention ou un accord de branche étendu qui le prévoit.*

16. *Code Du Travail: Article L3123-34. Le contrat de travail intermittent est un contrat à durée indéterminée. Il peut être conclu afin de pourvoir un emploi permanent qui, par nature, comporte une alternance de périodes travaillées et de périodes non travaillées. Ce contrat est écrit. Il mentionne notamment : 1° La qualification du salarié ; 2° Les éléments de la rémunération ; 3° La durée annuelle minimale de travail du salarié ; 4° Les périodes de travail ; 5° La répartition des heures de travail à l'intérieur de ces périodes.*

17. *Code Du Travail: Article L3123-36. Le salarié titulaire d'un contrat de travail intermittent bénéficie des droits reconnus aux salariés à temps complet, sous réserve, en ce qui concerne les droits conventionnels mentionnés à l'article L. 3123-38, de modalités spécifiques prévues par la convention ou l'accord collectif de travail étendu ou par une convention ou un accord d'entreprise ou d'établissement. Pour la détermination des droits liés à l'ancienneté, les périodes non travaillées sont prises en compte en totalité.*

18. *Code Du Travail: Article L3123-35. Les heures dépassant la durée annuelle minimale fixée au contrat de travail intermittent ne peuvent excéder le tiers de cette durée, sauf accord du salarié.*

19. *Code Du Travail. Article L3123-37. Les entreprises adaptées mentionnées à l'article L. 5213-13 peuvent conclure un contrat de travail intermittent même en l'absence de convention ou d'accord collectif de travail, dès lors que ce contrat est conclu avec un travailleur handicapé, bénéficiaire de l'obligation d'emploi au sens de l'article L. 5212-13.*

do Ministério do Trabalho. Ainda, a lei italiana estabelece um requisito de idade para os candidatos a este tipo de regime: o trabalhador intermitente tem de ter menos de 25 ou mais de 55 anos[20].

Esta modalidade de contrato, na Itália, só é permitida por um período de 400 dias a cada três anos civis, para cada trabalhador face ao mesmo empregador. Se este prazo for ultrapassado, o contrato converte-se na modalidade de tempo integral por prazo indeterminado.

É autorizada uma cláusula na qual o obreiro se obriga a responder ao chamado do empregador. Por consequência, estipula-se uma compensação ao trabalhador pelo tempo à disposição. Se não houver tal cláusula, o trabalhador pode recusar o chamado e não haverá tempo a disposição nem compensação por este. O prazo para chamada não pode ser inferior a um dia útil[21].

Ainda, é vedada a contratação de trabalhador intermitente para substituir trabalhador em greve; em empresas que tenham realizado dispensas em massa nos últimos seis meses ou que tenham feito a suspensão ou redução do horário de trabalho; também no caso de empregadores que não tenham realizado a avaliação de risco nas questões de segurança do trabalho.

Em Portugal, o contrato de trabalho intermitente foi introduzido junto do Código de Trabalho de 2009. De acordo com o artigo 157[22] da lei referida, para estar apta a celebrar este tipo de contrato, a empresa deve exercer atividade com descontinuidade ou intensidade variável. Tal modalidade de contrato é vedada nos casos de trabalho temporário ou a termo resolutivo.

O contrato deverá obedecer à forma escrita e será válido apenas sob as espécies de trabalho alternado e trabalho à chamada. De acordo com o artigo 158 do Código

---

20. *D.Lgs. 15 giugno 2015, n. 81: Art. 13. Definizione e casi di ricorso al lavoro intermittente. 1. Il contratto di lavoro intermittente è il contratto, anche a tempo determinato, mediante il quale un lavoratore si pone a disposizione di un datore di lavoro che ne può utilizzare la prestazione lavorativa in modo discontinuo o intermittente secondo le esigenze individuate dai contratti collettivi, anche con riferimento alla possibilità di svolgere le prestazioni in periodi predeterminati nell'arco della settimana, del mese o dell'anno. In mancanza di contratto collettivo, i casi di utilizzo del lavoro intermittente sono individuati con decreto del Ministro del lavoro e delle politiche sociali. 2. Il contratto di lavoro intermittente può in ogni caso essere concluso con soggetti con meno di 24 anni di età, purché le prestazioni lavorative siano svolte entro il venticinquesimo anno, e con più di 55 anni.*

21. D.Lgs. 15 giugno 2015, n. 81: Art. 16. Indennità di disponibilità. 2. L'indennità di disponibilità è esclusa dal computo di ogni istituto di legge o di contratto collettivo. (...) 4. In caso di malattia o di altro evento che gli renda temporaneamente impossibile rispondere alla chiamata, il lavoratore è tenuto a informarne tempestivamente il datore di lavoro, specificando la durata dell'impedimento, durante il quale non matura il diritto all'indennità di disponibilità. Ove non provveda all'adempimento di cui al periodo precedente, il lavoratore perde il diritto all'indennità per un periodo di quindici giorni, salvo diversa previsione del contratto individuale.

22. Código do Trabalho Português: Artigo 157.º (...) 1 - Em empresa que exerça atividade com descontinuidade ou intensidade variável, as partes podem acordar que a prestação de trabalho seja intercalada por um ou mais períodos de inatividade. 2 - O contrato de trabalho intermitente não pode ser celebrado a termo resolutivo ou em regime de trabalho temporário.

de Trabalho português[23], ambos devem indicar o número anual de horas de trabalho ou o numero anual de dias de trabalho em tempo integral. Caso haja omissão quanto a este aspecto, será considerado que o contrato não prevê período de inatividade.

A modalidade de contrato de trabalho alternado está prevista na primeira parte do artigo 159º do CT português[24]: "as partes estabelecem a duração da prestação de trabalho, de modo consecutivo ou interpolado, bem como o início e termo de cada período de trabalho". É requerida a fixação antecipada da duração do trabalho e as respectivas épocas do ano em que ele se realizará. Tal modalidade está ligada às atividades em que é possível prever e programar as necessidades descontínuas de trabalho. A prestação sob este modelo não poderá ser inferior a seis meses por ano, dos quais ao menos quatro meses deverão ser consecutivos.

A modalidade de contrato de trabalho à chamada encontra-se na parte final do artigo 159º do CT português. Dispõe que as partes estabeleçam a antecedência com que o empregador deve informar o trabalhador do início do trabalho, que não poderá ser inferior a vinte dias.

Durante o período de inatividade o trabalhador tem direito a uma compensação retributiva estipulada por negociação coletiva. Na falta dela o empregador deve pagar o equivalente a 20% da remuneração base com periodicidade igual ao da remuneração (art. 169 do CT[25]).

No período de inatividade do contrato de trabalho sob chamada, o trabalhador se encontra no aguardo de responder a convocação do empregador, heterodis-

---

23. Código do Trabalho Português: Artigo 158.º (...) 1 - O contrato de trabalho intermitente está sujeito a forma escrita e deve conter: a) Identificação, assinaturas e domicílio ou sede das partes; b) Indicação do número anual de horas de trabalho, ou do número anual de dias de trabalho a tempo completo. 2 - Quando não tenha sido observada a forma escrita, ou na falta da indicação referida na alínea b) do número anterior, considera-se o contrato celebrado sem período de inatividade. 3 - O contrato considera-se celebrado pelo número anual de horas resultante do disposto no n.º 2 do artigo seguinte, caso o número anual de horas de trabalho ou o número anual de dias de trabalho a tempo completo seja inferior a esse limite.

24. Código do Trabalho Português: Artigo 159.º (...) 1 - As partes estabelecem a duração da prestação de trabalho, de modo consecutivo ou interpolado, bem como o início e termo de cada período de trabalho, ou a antecedência com que o empregador deve informar o trabalhador do início daquele. 2 - A prestação de trabalho referida no número anterior não pode ser inferior a seis meses a tempo completo, por ano, dos quais pelo menos quatro meses devem ser consecutivos. 3 - A antecedência a que se refere o n.º 1 não deve ser inferior a 20 dias. 4 - Constitui contraordenação grave a violação do disposto no número anterior.

25. Código de Trabalho Português: Artigo 160.º(...) 1 - Durante o período de inatividade, o trabalhador tem direito a compensação retributiva em valor estabelecido em instrumento de regulamentação coletiva de trabalho ou, na sua falta, de 20 % da retribuição base, a pagar pelo empregador com periodicidade igual à da retribuição. 2 - Os subsídios de férias e de Natal são calculados com base na média dos valores de retribuições e compensações retributivas auferidas nos últimos 12 meses, ou no período de duração do contrato se esta for inferior. 3 - Durante o período de inatividade, o trabalhador pode exercer outra atividade. 4 - Durante o período de inatividade, mantêm-se os direitos, deveres e garantias das partes que não pressuponham a efetiva prestação de trabalho. 5 - Constitui contraordenação grave a violação do disposto nos n.os 1 ou 2.

ponível (disponível para aquele empregador e para outros), enquanto no contrato de trabalho alternado a inatividade significa autodisponibilidade (disponível apenas para aquele empregador).

Na Espanha, o contrato de trabalho intermitente é denominado contrato de "*trabajo fijo discontinuo*" e está regulado no artigo 15.8 do *Estatuto de los trabajadores*[26]. Divide-se em duas modalidades: a dos trabalhos que se repetem em datas previamente determinadas e indeterminadas. O trabalhador não recebe a contraprestação se está inativo; as convenções coletivas devem estabelecer um mínimo de dias de trabalho e acesso ao seguro desemprego.

No Reino Unido, o regime de trabalho intermitente é autorizado pelo artigo 27-A do *Employment Rights Act*, de 1996, na figura do 'contrato zero hora'[27]. Sob esta modalidade, as pessoas concordam em se colocarem disponíveis para trabalhar quando necessário, sem garantia de horário ou número de horas. Em 2014 proibiu-se a cláusula de exclusividade, que impediria o trabalhador intermitente de prestar serviços a mais de um empregador. De acordo com o jornal The Guardian[28], mais de novecentos mil súditos da Rainha trabalham sob este regime.

---

26. *Estatuto de los Trabajadores, Art. 15.8: El contrato por tiempo indefinido de fijos-discontinuos se concertará para realizar trabajos que tengan el carácter de fijos-discontinuos y no se repitan en fechas ciertas, dentro del volumen normal de actividad de la empresa. A los supuestos de trabajos discontinuos que se repitan en fechas ciertas les será de aplicación la regulación del contrato a tiempo parcial celebrado por tiempo indefinido. Los trabajadores fijos-discontinuos serán llamados en el orden y la forma que se determine en los respectivos convenios colectivos, pudiendo el trabajador, en caso de incumplimiento, reclamar en procedimiento de despido ante la jurisdicción competente, iniciándose el plazo para ello desde el momento en que tuviese conocimiento de la falta de convocatoria.*

    Este contrato se deberá formalizar necesariamente por escrito en el modelo que se establezca, y en él deberá figurar una indicación sobre la duración estimada de la actividad, así como sobre la forma y orden de llamamiento que establezca el convenio colectivo aplicable, haciendo constar igualmente, de manera orientativa, la jornada laboral estimada y su distribución horaria.

    Los convenios colectivos de ámbito sectorial podrán acordar, cuando las peculiaridades de la actividad del sector así lo justifiquen, la utilización en los contratos de fijos-discontinuos de la modalidad de tiempo parcial, así como los requisitos y especialidades para la conversión de contratos temporales en contratos de fijos-discontinuos.

27. *Employment Rights Act, UK: art. 27: Exclusivity terms unenforceable in zero hours contracts: (1)In this section "zero hours contract" means a contract of employment or other worker's contract under which— (a)the undertaking to do or perform work or services is an undertaking to do so conditionally on the employer making work or services available to the worker, and (b)there is no certainty that any such work or services will be made available to the worker.(2)For this purpose, an employer makes work or services available to a worker if the employer requests or requires the worker to do the work or perform the services. (3)Any provision of a zero hours contract which— (a)prohibits the worker from doing work or performing services under another contract or under any other arrangement, or (b)prohibits the worker from doing so without the employer's consent,is unenforceable against the worker. (4)Subsection (3) is to be disregarded for the purposes of determining any question whether a contract is a contract of employment or other worker's contract.*

28. https://www.theguardian.com/business/2017/mar/03/zero-hours-contracts-uk-record-high> Acessado em 21/09/2017

Nos Estados Unidos da América, os trabalhadores estão sujeitos ao *just in time schedulling*, onde os obreiros têm conhecimento da escala de trabalho com pouca antecedência. Trata-se de figura muito utilizada em lojas de varejo e restaurantes, que provoca polêmica em razão dos danos causados aos trabalhadores, em razão da incerteza quanto aos valores pagos e escalas de trabalho imprevisíveis. Em razão disto, oito Estados e o Distrito de Colúmbia introduziram leis que exigem dos empregadores o pagamento de um valor mínimo àqueles que trabalham em turnos calendarizados, ainda que não lhes seja atribuído trabalho nenhum[29].

Na Nova Zelândia o mecanismo foi banido pelo fato de não beneficiar os trabalhadores. A partir da aprovação do *Employment Relations Amendment Act* 2016, os contratos de trabalho têm de especificar o mínimo de horas, os dias e os horários de trabalho[30].

3. A REGULAMENTAÇÃO LEGAL DO CONTRATO INTERMITENTE NO DIREITO BRASILEIRO ANTES DA MEDIDA PROVISÓRIA 808/2017

Realizada a introdução e demonstrado o tratamento desse tipo de trabalho em outras comunidades internacionais, cumpre colacionar inicialmente a disciplina legal para depois avançarmos em reflexões e aprofundamentos.

> Art. 443. O contrato individual de trabalho poderá ser acordado tácita ou expressamente, verbalmente ou por escrito, por prazo determinado ou indeterminado, ou para prestação de trabalho intermitente.
>
> [...]
>
> § 3º Considera-se como intermitente o contrato de trabalho no qual a prestação de serviços, com subordinação, não é contínua, ocorrendo com alternância de períodos de prestação de serviços e de inatividade, determinados em horas, dias ou meses, independentemente do tipo de atividade do empregado e do empregador, exceto para os aeronautas, regidos por legislação própria.
>
> [...]
>
> Art. 452-A. O contrato de trabalho intermitente deve ser celebrado por escrito e deve conter especificamente o valor da hora de trabalho, que não pode ser inferior ao valor horário do salário mínimo ou àquele devido aos demais empregados do estabelecimento que exerçam a mesma função em contrato intermitente ou não.
>
> § 1º O empregador convocará, por qualquer meio de comunicação eficaz, para a prestação de serviços, informando qual será a jornada, com, pelo menos, três dias corridos de antecedência.

---

29. FERNANDES. Op. Cit.
30. ROY, Eleanor Ainge. Zero-hour contracts banned in New Zealand. Parliament unites to pass legislation outlawing the controversial practice in victory for trade union campaign; ELLIOTT, Larry. A zero-hours contract is not 'flexibility' but exploitation – and it's rising; FLEMING, Peter. There's nothing good about the rise in zero-hours contracts – ban them now. *Apud* HIGA, Flávio da Costa. Reforma trabalhista e o contrato de trabalho intermitente. http://www.conjur.com.br/2017-jun-08/flavio-higa-reforma-trabalhista-contrato-trabalho-intermitente#_ftn17 Acessado em 23/09/2017

§ 2º Recebida a convocação, o empregado terá o prazo de um dia útil para responder ao chamado, presumindo-se, no silêncio, a recusa.

§ 3º A recusa da oferta não descaracteriza a subordinação para fins do contrato de trabalho intermitente.

§ 4º Aceita a oferta para o comparecimento ao trabalho, a parte que descumprir, sem justo motivo, pagará à outra parte, no prazo de trinta dias, multa de 50% (cinquenta por cento) da remuneração que seria devida, permitida a compensação em igual prazo.

§ 5º O período de inatividade não será considerado tempo à disposição do empregador, podendo o trabalhador prestar serviços a outros contratantes.

§ 6º Ao final de cada período de prestação de serviço, o empregado receberá o pagamento imediato das seguintes parcelas:

I - remuneração;

II - férias proporcionais com acréscimo de um terço;

III - décimo terceiro salário proporcional;

IV - repouso semanal remunerado; e

V - adicionais legais.

§ 7º O recibo de pagamento deverá conter a discriminação dos valores pagos relativos a cada uma das parcelas referidas no § 6o deste artigo.

§ 8º O empregador efetuará o recolhimento da contribuição previdenciária e o depósito do Fundo de Garantia do Tempo de Serviço, na forma da lei, com base nos valores pagos no período mensal e fornecerá ao empregado comprovante do cumprimento dessas obrigações.

§ 9º A cada doze meses, o empregado adquire direito a usufruir, nos doze meses subsequentes, um mês de férias, período no qual não poderá ser convocado para prestar serviços pelo mesmo empregador."

A atenta leitura da regulamentação desse tipo de contrato de trabalho revela que a disciplina brasileira foi demasiadamente genérica, desprovida de qualquer delimitação do alcance que esse contrato pode ter.

A justificativa apresentada para a criação do instituto foi a de retirar da informalidade trabalhadores que não satisfazem requisitos do vínculo de emprego.

Ocorre que a lei brasileira não traz esse tipo de restrição em seu texto e havendo campo aberto para a pactuação livre entre empregado e empregador é preocupante a possibilidade de que se substitua, ainda que parcialmente, trabalhadores contratados por prazo indeterminado por trabalhadores contratados de modo intermitente.

A análise do direito comparado nos permite inferir que em praticamente todos os países do mundo houve a imposição de limites a esse tipo de pactuação, como a necessidade de negociação coletiva, a imposição de limite mínimo de horas de trabalho para que se possa assegurar rendimento também mínimo ou, ainda, a delimitação dos tipos de hipóteses e atividades empresariais que permitiriam essa pactuação.

Importante frisar que até mesmo nos Estados Unidos, berço do liberalismo, esse tipo de contrato já é repudiado por oito Estados e pelo Distrito de Colúmbia, que introduziram leis que exigem dos empregadores o pagamento de um valor mínimo àqueles que trabalham em turnos calendarizados, ainda que não lhes seja atribuído trabalho nenhum[31].

Passemos a análise das características do contrato de trabalho e requisitos do vínculo regular de emprego para que reflitamos se essa pactuação pode, ou não, se dar em qualquer tipo de atividade.

4. CONFRONTO ENTRE AS CARACTERÍSTICAS DO CONTRATO DE TRABALHO E O CONTRATO DE TRABALHO INTERMITENTE

À luz da teoria do direito do trabalho, o contrato individual de emprego é bilateral e comutativo. Ambas as partes possuem direitos e obrigações e estas são certas e determinadas, com o conhecimento prévio pelas partes. O empregado tem conhecimento de que deve se colocar à disposição do empregador para prestar seus serviços e que, após, receberá a contraprestação salarial ajustada[32]. Essa faceta da comutatividade se liga diretamente com a assunção dos riscos pelo empregador (artigo 2º da CLT[33]), conforme leciona o Desembargador Francisco Rossal[34].

Em antagonismo frontal ao contrato comutativo está o contrato aleatório, no qual as obrigações são incertas e geradas dependentemente de um evento futuro. Nesse contexto, já se percebe uma possível desnaturação do contrato de trabalho, na medida em que o trabalhador intermitente não sabe quando nem por quanto tempo prestará serviços, ante os termos do art. 443, § 3º e 452-A, § 1º, da CLT.

O contrato de emprego também é oneroso e configura-se a partir da expectativa de recebimento de pagamento por parte do empregado. A espécie antagonista do contrato oneroso é o contrato gratuito, em que só uma das partes retira proveito. Também nesse particular já se nota um conflito do contrato intermitente com mais uma característica natural do contrato de trabalho, já que uma empresa poderá ter empregados registrados sem lhes assegurar trabalho e salário, oficializando um possível "contrato-zero" (zero trabalho e zero salário), conforme adverte o sempre perspicaz Homero Batista[35].

Outra característica é que, em regra, o contrato de trabalho é de trato sucessivo: suas obrigações se renovam no tempo e não é pelo mero termino de uma obra ou serviço que o empregado satisfaz sua obrigação[36]. O trato sucessivo está ligado

31. FERNANDES. Op. Cit.
32. OLIVEIRA, Cinthia Machado; DORNELES, Leandro de Amaral. Direito do Trabalho. Porto Alegre: Verbo Jurídico, 2016. p. 114.
33. CLT: " Art. 2º - Considera-se empregador a empresa, individual ou coletiva, que, assumindo os riscos da atividade econômica, admite, assalaria e dirige a prestação pessoal de serviço."
34. ARAÚJO, Francisco Rossal de; Coimbra, Rodrigo. Direito do Trabalho I. São Paulo: LTr, 2014. P. 481
35. SILVA. Op. Cit. p. 73.
36. OLIVEIRA. Op. Cit. p. 115.

a um elemento caracterizador da relação de trabalho, que é a não eventualidade e, ao mesmo tempo, a um dos princípios específicos do direito do trabalho, que é o da continuidade[37].

Ainda, mesmo que a palavra "habitualidade" não esteja expressa no art. 3º da CLT, a doutrina converge no sentido de que este requisito é chave para a relação de emprego. De acordo com Homero Batista, quando o artigo 3º da CLT afirma que o trabalho subordinado, pessoal e oneroso passa a ser contrato de trabalho se a atividade for "não eventual", o art. 3º sedimenta as bases para o conteúdo da habitualidade – aquilo que se repete de maneira razoavelmente esperada[38].

Contudo, na disciplina do contrato intermitente se consignou que nele a prestação de serviços não é contínua, podendo ocorrer com alternância de períodos de prestação de serviços e de inatividade, não só em horas e dias, mas também em meses, rompendo com a lógica da característica de trato sucesso e do requisito da não eventualidade.

Oportuno pontuar, também, que essa pactuação deixa os contratos de trabalho sem uma jornada fixa, variando segundo as necessidades da empresa, seja em relação aos turnos seja em relação à quantidade de horas trabalhadas, o que impacta diretamente na remuneração.

Em se tratando de atividades permanentes da empresa, ainda que trabalhasse apenas poucas horas ou sequer trabalhasse, o trabalhador precisaria estar disponível para todo o turno, mas receberia apenas pelo tempo efetivamente trabalhador.

O conceito de tempo à disposição deixa de ser condição contratual obrigatória. A afirmativa do empregado de que atenderá à convocação do empregador é que faz do compromisso contratual seu caráter obrigatório. Assim, só há subordinação neste tipo de contrato apenas se o empregado aceitar a convocação[39].

E o empregado, assim, acaba por ter inviabilizada a possibilidade de programação da sua vida com comprometimento à fruição de direitos sociais encartados no art. 6º da CF/88, especialmente o lazer, cultura e educação.

Trata-se de significativa irregularidade, uma vez que esta modalidade de contrato transfere os riscos da atividade ao empregado, violando o Princípio da Alteridade. Considerando o pagamento por hora e tendo em vista a extrema variação de horas trabalhadas, a depender a necessidade da atividade econômica, o empregado acabará não podendo prever quanto receberá ao fim do mês, de modo que seu salário será uma surpresa.

Por isso é que, em genuíno tom jocoso cearense, este autor tem afirmado em palestras desde a tramitação do projeto de lei que o contrato de trabalhado inter-

---

37. ARAÚJO. Op. Cit. p. 484.
38. SILVA. Op. Cit. p. 73.
39. SERGIO. Op. Cit.

mitente materializa o "Salário Kinder Ovo", já que, respeitosamente, esse produto comercial tem por marca vir sempre com uma "surpresa", a qual geralmente é avaliada como nada agradável pelos consumidores.

O trabalho intermitente é tipo de emprego sem compromisso de prover renda, o que rompe com o paradigma de obrigações contratuais no âmbito do Direito do Trabalho. No contrato de trabalho, é usual que se gerem entre as partes obrigações e deveres recíprocos. No trabalho intermitente, contudo, desaparecem as obrigações de prover o trabalho pelo empregador e, para o empregado, de permanecer à disposição[40].

Outro aspecto a destacar se trazida essa pactuação para substituir contratos de trabalho por prazo indeterminado seria a violação à boa-fé objetiva e seus deveres acessórios, especialmente a lealdade e direito de informação pela privação ao conhecimento de qual seria a jornada do empregado.

Aliás, a legislação alemã dispõe, como vimos, que se a duração semanal não for fixada, presumem-se acordadas dez horas e se a jornada não houver sido estabelecida, o empregador é obrigado a conceder trabalho por, no mínimo, três horas a cada dia. No mesmo sentido, em Portugal a prestação de serviços não pode ser "inferior a seis meses a tempo completo, por ano, dos quais pelo menos quatro meses devem ser consecutivos[41]."

Somando-se o recebimento apenas pelas horas trabalhadas com as exigências para a obtenção da aposentadoria, seja sob as regras atuais, seja nos parâmetros propostos na chamada Reforma da Previdência, haverá risco real de que muitos trabalhadores não obtenham o benefício, mesmo que trabalhem desde os quatorze anos até os oitenta. "A prática de pagar apenas pelas horas trabalhadas era o que ocorria antes das legislações trabalhistas serem aprovadas". Neste sentido, Souto Maior afirma que "em vez de modernização o que se propõe é o retorno à lógica do século XVIII".[42]

É verdade que temos exemplo de regulamentação de trabalho intermitente no Código de Trabalho de Portugal, mas este o faz apenas para atividades empresariais com descontinuidade ou intensidade variável, trazendo limitações com o fim de evitar o uso desenfreado do instituto e a substituição de mão de obra permanente de contrato por prazo indeterminado.

O contrato brasileiro, diferente daquilo que acontece nas suas versões análogas em Portugal e na Itália, não restringe quanto ao tipo de atividade praticada (exceto pela exceção no caso dos aeronautas). Assim a lei trabalhista brasileira autorizará sua celebração em qualquer ramo da atividade econômica[43].

40. SERGIO. Op. Cit
41. HIGA. Op. Cit.
42. MAIOR. Op. Cit.
43. FERNANDES. Op. Cit.

Outra peculiaridade da regulamentação em nosso território é estar desprovido de um requisito autorizativo por normal coletiva e, como justificativa, afirmou-se na tramitação do projeto que uma das intenções do contrato intermitente é inserir no mercado de trabalho mulheres, jovens e idosos, e os sindicatos poderiam não ter interesse na celebração de convenções desse tipo. Contudo, nada impediria que se exigisse a pactuação coletiva, excepcionando os grupos cujo incentivo ao emprego é mais premente, como na Itália [44].

Ainda, se é verdade que o contrato intermitente pode facilitar as chances de ingresso no mercado de trabalho, a lei poderia favorecer a sua convolação em contrato de trabalho indeterminado, tal qual sucede na Itália, que limita o labor intermitente a um período não superior a 400 dias, findo o qual o contrato passa a ser indeterminado[45].

Nos países da Europa em que tal modalidade de contrato precário foi chancelada não houve aumento dos postos de trabalho. De acordo com Souto Maior, o que houve foi a redução da remuneração, aumento da rotatividade e uma sensação de insegurança que impede o consumo e a programação da vida, fazendo com que os trabalhadores não se arrisquem, por exemplo, na aquisição de casa própria[46].

Cumpre relembrar nas palavras do autor supracitado, que "o reconhecimento do contrato a prazo indeterminado como a regra na relação entre capital e trabalho foi resultado de intensa luta dos trabalhadores e é exatamente isso que a reforma pretende atacar, ao estabelecer a possibilidade de contrato intermitente. Mudam os nomes, mas a lógica é a mesma que provocou a revolta dos trabalhadores e que determinou o reconhecimento da necessidade do próprio sistema, de conferir certa segurança aos trabalhadores, para viabilizar o consumo"[47].

Por todo esse arcabouço histórico, principiológico, bem como pela essência internacional e constitucional de proteção a pessoa humana através de um trabalho que dignifique e não avilte o ser humano, além da necessária observância e preservação da morfologia básica do contrato de trabalho, é que defendemos a aplicação do intermitente apenas para os casos de trabalhadores que não se encaixam no conceito clássico de empregado derivado dos artigos 2º e 3º da CLT.

Isso, a bem da verdade, prestigiaria até mesmo a suposta intenção do legislador de retirar da informalidade aqueles que trabalham a margem de qualquer proteção por não satisfazerem os requisitos do vínculo, promovendo, assim, uma "interpretação autêntica". Apenas se registra novamente a estranheza de que tal não tenha sido deixado de forma expressa na legislação.

44. HIGA. Op. Cit.

45. HIGA. Op. Cit.

46. MAIOR. Op. Cit.

47. MAIOR. Op. Cit.

5. ANÁLISE ESPECÍFICA DA REGULAMENTAÇÃO CONTRATO DE TRABALHO INTERMITENTE BRASILEIRO

Conforme o art. 443 da CLT, o contrato de trabalho agora pode se dar por prazo indeterminado, determinado ou intermitente.

Temos hodiernamente, portanto, a uma terceira modalidade de contrato de trabalho, a qual, segundo a conclusão que chegamos no tópico anterior, não pode ser celebrada para trabalhadores que se encaixam no conceito dos artigos 2º e 3º da CLT.

Contudo, sobretudo diante do caráter lacônico deixado pelo legislador, a prática poderá revelar empregadores substituindo a mão de obra regular por contratos intermitentes, cumprindo rememorar que isso já era política empresarial de uma grande multinacional em nosso território nacional antes mesmo do advento da reforma trabalhista.

Estamos a falar da malfada "jornada móvel" da instituição "Mc Donald's", que era cópia quase fiel ao que hoje temos positivado como trabalho intermitente. E, naquela ocasião, a jurisprudência foi muito contundente acerca da invalidade da adoção de tal jornada aos respectivos empregados, que eram todos contratados por prazo indeterminado [48].

Muito oportuno relembrar que foi concedida medida liminar nos autos do Processo 1040-74.2012.5.06.0011 para proibir aquela instituição de adotar a denominada jornada móvel, o que culminou com a celebração de conciliação homologada judicialmente neste mesmo processo, na qual se comprometeu a abolir aquele tipo de jornada e, ainda, pagar dano moral coletivo de R$ 7.500.000,00 pela prática lesiva ao tecido social[49].

A fim de desfazer determinada confusão criada pelos meios de comunicação, cumpre esclarecer que a decisão da SBDI-1 do Tribunal Superior do Trabalho que considerou válido o pagamento do "Mc Donald's" por hora de trabalho teve como pressuposto a inexistência de jornadas móveis, ante os termos da conciliação homologada, o que é facilmente constatado pela atenta leitura do acórdão constante nos autos do Processo 9891900-16.2005.5.09.0004[50].

Destaque-se que os fundamentos para inadmissão daquele tipo de jornada eram centrados nos mesmos alicerces constitucionais e internacionais, razão pela qual se corrobora novamente que a presença dos elementos dos artigos 2º e 3º

48. Ilustrativamente, cita-se: TST, RR 9891900-16.2005.5.09.0004, Relª Minª Dora Maria da Costa, j. 23.02.2011, DJe 25.02.2011.

49. Cópia do termo de conciliação pode ser visualizada em http://www.migalhas.com.br/arquivo_artigo/art20130322-03.pdf

50. E-ED-RR - 9891900-16.2005.5.09.0004 , Relator Ministro: Renato de Lacerda Paiva, Data de Julgamento: 26/11/2015, Subseção I Especializada em Dissídios Individuais, Data de Publicação: DEJT 18/12/2015

demanda a pactuação de contrato por prazo indeterminado ou, de modo excepcional e nas hipóteses legais, por prazo determinado, mas, jamais, mediante contrato intermitente.

E, caso haja a celebração de contrato intermitente para quem preenche os requisitos do vínculo de emprego, se mostra imperiosa a invocação do art. 9º da CLT, uma das mais relevantes disposições celetistas, materializadora do Princípio da Primazia da Realidade, um dos alicerces estruturais que informam e conformam o universo jurídico trabalhista, conforme preceitua o eternizado Américo Plá Rodriguez[51].

Isso porque, além da mácula principiológica constitucional e internacional, o conceito de empregado obtido a partir dos arts. 2º e 3º da CLT não se encaixa na possibilidade de pactuação de contrato intermitente, especialmente no requisito da não eventualidade, havendo incompatibilidade lógica entre a configuração fática do preenchimento dos requisitos do vínculo de emprego com os caracteres formais de um contrato intermitente.

E a Primazia da Realidade há muito dá ao jurista trabalhista o horizonte que deve ser seguido nesses confrontos: o prestígio à realidade. Em uma visão romântica, podemos recordar a lúcida oração do poeta inglês William Shakespeare de que "se a rosa tivesse outro nome, ainda assim exalaria o mesmo perfume".

Importante realçar que já começam a despontar contratações desse jaez no cenário brasileiro, como a oferta de trabalho que circulou em outubro nas redes sociais acerca da contratação de trabalhadores para laborar aos finais de semana em segmento "fast food", com pagamento por hora. A própria descrição da oferta, contudo, já revela a impropriedade de sua utilização, eis que o legítimo intermitente não tem sua duração suscetível de previsão antecedente, revelando o caso uma necessidade permanente de final de semana, harmonizando-se com o conceito de não eventualidade.

Prosseguindo na análise da regulamentação legal, o art. 452-A da CLT prevê que o contrato de trabalho intermitente deverá ser celebrado por escrito, de modo que não se poderá alegar sua ocorrência de modo tácito, por ofensa à forma prescrita em lei.

Restou previsto, ainda, que deve conter o valor da hora de trabalho, a qual não deverá ser inferior ao valor da hora do salário-mínimo e nem do devido aos demais empregados do estabelecimento que exerçam mesma função, o que está em consonância com a jurisprudência pacífica do Tribunal Superior do Trabalho.

O empregador deverá convocar o trabalhador com antecedência mínima de três dias corridos, por qualquer meio eficaz, informando da jornada (§1º). O trabalhador tem o prazo de um dia útil para responder, interpretando-se o silêncio como recusa (§2º).

---

51. PLÁ RODRIGUEZ, Américo. Princípios de direito do trabalho. São Paulo: LTr, 2015, p. 339.

Prevê o § 3º do art. 452-A da CLT, que a recusa, pelo trabalhador, à oferta de trabalho não descaracteriza a relação de emprego, de modo que o legislador criou um grande rompimento de paradigma. A subordinação jurídica sempre foi um dos aspectos mais relevantes na afirmação da proteção na relação de emprego e da relação de emprego. É a subordinação o aspecto que permite ao empregador o exercício dos poderes disciplinar e diretivo, comandos típicos e decorrentes do próprio contrato de trabalho. Tais aspectos valerão na relação de trabalho intermitente apenas de forma condicionada à aceitação da convocatória do empregador[52].

Tradicionalmente, para argumento de exclusão de vínculo de emprego no trabalho ocasional, sempre foi considerado, além da ausência de habitualidade, a possibilidade de recusa pelo prestador de serviços. Todavia, a nova lei passa a desconsiderar a ausência de habitualidade e a manifestação contrária pelo prestador de serviços como elementos capazes de excluir o vínculo de emprego[53].

Havendo o aceite da oferta para o comparecimento ao trabalho, a parte que descumprir dever de pagar multa de 50% da remuneração contratada, no prazo de trinta dias, permitida a compensação em igual prazo (§4º).

Diversamente do que alguns preconizaram, essa multa não é estipulada apenas em desfavor do empregado que não comparecer à oferta aceita, já que o dispositivo faz alusão "a parte que descumprir" como seu fato gerador, alcançando a hipótese do empregador que ofereça o serviço e depois do aceite pretenda retirar a oferta.

Questão que poderá gerar debates é acerca da existência ou não de multa no caso de ausência de pagamento dos direitos trabalhistas no prazo legal.

Uma primeira análise poderia levar à conclusão de que inexistiria penalidade, já que a multa do § 4º teria sido estipulada para o caso de aceite de oferta de trabalho e concessão do serviço pelo empregador, enquanto o pagamento dos direitos viria somente em parágrafo subsequente.

Sucede que não seria compatível com a "lógica do razoável" que exista um prazo a ser cumprido sem qualquer consequência para o caso de descumprimento. Cuidar-se-ia de uma norma imperativa desprovida sanção, o que é incompatível com a lógica jurídica.

E mais, se empregados agraciados com uma melhor proteção jurídica, como os que laboram sob contrato por prazo indeterminado, possuem uma multa indutiva ao cumprimento de seus haveres (art. 477 da CLT), não seria compatível com a Isonomia que os empregados intermitentes, de regramento tão fragilizado, não o tivessem.

E nem se argumente que a multa do art. 477 da CLT é devida com a extinção do vínculo e que o contrato do intermitente não seria extinto após cada prestação de serviços, uma vez que, ainda que tal afirmação seja verdadeira, a continuidade

52. SERGIO. Op. Cit.

53. SERGIO. Op. Cit.

desse vínculo é meramente artificial, já que se admite que ele jamais trabalhe e jamais receba, não possuindo qualquer previsibilidade de retorno.

Assim, a necessidade reconhecer a existência de uma multa, ainda que de modo analógico ou extensivo, é medida que se impõe por imperativo de equidade na vertente grego-aristotélica.

E, considerando que há um tipo de multa próprio a esse contrato e que beneficia o próprio empregador por falta de empregado, revela-se imperioso fazer uma interpretação ampliativa do § 4º para reconhecer que essa multa abarca qualquer descumprimento contratual.

No contrato de trabalho intermitente brasileiro não há exclusividade. O trabalhador poderá prestar serviços a outros a outros contratantes, de modo que o período de inatividade não é considerado tempo à disposição.

Ainda, ao final de cada período de prestação de serviço o empregado receberá o pagamento imediato dos direitos trabalhistas garantidos pela Constituição: remuneração, férias proporcionais com acréscimo de um terço, décimo terceiro salário proporcional, repouso semanal remunerado e adicionais legais (§6º). O recibo de pagamento não pode ser complessivo, ou seja, sem discriminação de cada uma das parcelas incluídas (§7º).

No que concerne a esses direitos que são devidos ao fim de cada prestação de serviços, uma controvérsia que certamente despontará é o cabimento, ou não, da proporcionalidade de férias e décimo terceiro salário quando o trabalho tiver sido executado em módulo inferior a 15 dias, já que apenas a partir de tal marco temporal que, em regra, são devidas tais parcelas.

Contudo, sabemos que toda regra comporta exceções e a ordem jurídica já nos apresenta uma modalidade de trabalho em que as férias e décimo terceiro salário proporcionais são devidos ainda que haja um único dia de labor.

Cuida-se da hipótese do trabalho avulso, situação que muito se assemelha ao caso do intermitente proposto pelo legislador no tocante à intensa alternância dos serviços. Ora, se esse direito à proporcionalidade é assegurado até mesmo no caso de um contrato diverso do empregatício (avulso), com muito mais razão deve sê-lo em um contrato de emprego, que nasceu para ser um vínculo de cidadania e assegurar um patamar civilizatório mínimo.

Além da possibilidade se valer da analogia ao caso do avulso, cumpre advertir que a lei assegurou o direito ao pagamento imediato das férias e décimo terceiro proporcionais após o fim de cada prestação de serviços, sem fazer qualquer ressalva quanto a número de dias no mês. Cuidando-se de direito social, a interpretação deve conduzir à máxima eficácia, sendo incompatível com as regras de hermenêutica empreender interpretação restritiva em norma que visa à melhora da condição social (art. 7º, "caput" da CF/88).

Acrescenta-se, ainda, que essa imposição de 15 dias para assegurar a proporcionalidade foi construída sido sob a ótica de um contrato por prazo indeterminado, conjectura bem diversa do contrato intermitente em que o trabalhador pode passar por longa descontinuidade e no qual não tem perspectiva concreta se retornará ao trabalho, podendo ficar em inatividade não apenas por horas e dias, mas até por meses, nos moldes regulamentado pelo Reformador Trabalhista.

Por isso, entendemos que é devido o pagamento de férias e décimo terceiro proporcionais a cada prestação de serviços prestado pelo trabalhador intermitente, ainda que somente em um dia de trabalho.

O empregador deve depositar o FGTS, assim como recolher a contribuição previdenciária com base no salário mensal. A cada doze meses o empregado adquire o direito de usufruir um mês de férias (§8º).

Por fim, o artigo 452-A, §9º da CLT dispõe que no contrato de trabalho intermitente, a cada doze meses de trabalho, o empregado tem direito ao gozo de um mês de férias. De acordo com Antônio Capuzzi, o termo "mês" deve ser interpretado sistematicamente com o Código Civil, que dispõe que os prazos de meses expiram no dia de igual número do seu início, ou no dia imediato caso de correspondência inexata. Deste modo, poderá haver períodos de férias com 28, 29, 30 ou 31 dias, a depender do mês da concessão pelo empregador no caso de contrato de trabalho intermitente[54].

6. A REGULAMENTAÇÃO DO CONTRATO INTERMITENTE NOS TERMOS DA MEDIDA PROVISÓRIA 808/2017

Com finalidade didática, a novel regulamentação será analisada comparativamente à redação anterior, quando existente, e com os comentários abaixo.

Lei 13.467/2017	MP 808/2017
Art. 452-A. O contrato de trabalho intermitente deve ser **celebrado por escrito** e deve conter especificamente o valor da hora de trabalho, que não pode ser inferior ao valor horário do salário mínimo ou àquele devido aos demais empregados do estabelecimento que exerçam a mesma função em contrato intermitente ou não.	Art. 452-A. O contrato de trabalho intermitente será **celebrado por escrito e registrado na CTPS**, ainda que previsto acordo coletivo de trabalho ou convenção coletiva, e conterá: I - identificação, assinatura e domicílio ou sede das partes; II - valor da hora ou do dia de trabalho, que não poderá ser inferior ao valor horário ou diário do salário mínimo, **assegurada a remuneração do trabalho noturno superior à do diurno** e observado o disposto no § 12; e III - **o local e o prazo para o pagamento da remuneração**. ....

54. CAPUZZI. Antônio. As férias no contrato de trabalho intermitente oriundo da reforma trabalhista. <<http://ostrabalhistas.com.br/as-ferias-no-contrato-de-trabalho-intermitente-oriundo-da-reforma-trabalhista/>> Acessado em 21/09/2017.

Sem correspondente	§ 12. O valor previsto no inciso II do caput não será inferior àquele devido aos demais empregados do estabelecimento que exerçam a mesma função.

A Medida Provisória buscou deixar claro que o contrato de trabalho intermitente é escrito e com registro em CTPS, a fim de espancar dúvidas se seria suficiente celebrar um contrato por escrito sem qualquer outra formalidade.

Restou delineado, ainda, a necessidade de qualificação das partes (inciso I do art. 452-A), bem como local e prazo para pagamento da remuneração (inciso III do art. 452-A), elementos básicos e essenciais de qualquer pactuação, mas que não estavam previstos e servem para mostrar o quão apressada foi a aprovação da Reforma Trabalhista.

O inciso II do art. 452-A mantém a previsão de que deve ser respeitado o valor horário do salário mínimo ou dos demais empregados que exerçam a mesma função no estabelecimento, conforme a remissão ao parágrafo 12. Referido dispositivo também consagra a remuneração noturna superior à diurna, o que é salutar diante do notório desgaste acentuado neste labor por força da alteração do círculo circadiano.

Lei 13.467/2017	MP 808/2017
Art. 452-A. [...] § 1º O empregador convocará, por qualquer meio de comunicação eficaz, para a prestação de serviços, informando qual será a jornada, com, pelo menos, três dias corridos de antecedência. § 2º Recebida a convocação, o empregado terá o prazo de **um dia útil** para responder ao chamado, presumindo-se, no silêncio, a recusa.	Art. 452-A. [...] § 1º O empregador convocará, por qualquer meio de comunicação eficaz, para a prestação de serviços, informando qual será a jornada, com, pelo menos, três dias corridos de antecedência. § 2º Recebida a convocação, o empregado terá o prazo de **vinte e quatro horas** para responder ao chamado, presumida, no silêncio, a recusa. .... § 15. Constatada a prestação dos serviços pelo empregado, estarão satisfeitos os prazos previstos nos § 1º e § 2º."

Restou mantida a previsão de convocação por qualquer meio eficaz com antecedência de, pelo menos, três dias de antecedência.

Alteração curiosa foi a mudança do prazo para o "empregado" aceitar a convocação ao trabalho. Antes, tínhamos a previsão de um dia útil e, doravante, vinte e quatro horas.

Conquanto possa parecer insignificante, o fato é que acaba por se exigir do empregado que esteja atento a eventuais chamados em dias de feriado ou repouso semanal, sob pena de se considerar que houve recusa de sua parte, disposição esta que não se afina com premissas básicas que devem proporcionar os direitos sociais de descanso e lazer.

Por sua vez, o parágrafo 15º traz uma presunção de observância dos prazos caso realizada a prestação de serviços, permitindo a alegação de renúncia por parte daquele que eventualmente poderia ter algum direito reparatório pela inobservância dos prazos legais.

Lei 13.467/2017	MP 808/2017
Art. 452-A. [...] § 4º Aceita a oferta para o comparecimento ao trabalho, a parte que descumprir, sem justo motivo, pagará à outra parte, no prazo de trinta dias, multa de 50% (cinquenta por cento) da remuneração que seria devida, permitida a compensação em igual prazo.	Art. 452-A. [...] § 4º Revogado Art. 452-B. É facultado às partes convencionar por meio do contrato de trabalho intermitente: I - locais de prestação de serviços; II - turnos para os quais o empregado será convocado para prestar serviços; III - formas e instrumentos de convocação e de resposta para a prestação de serviços; IV - formato de reparação recíproca na hipótese de cancelamento de serviços previamente agendados nos termos dos § 1º e § 2º do art. 452-A."

Revogou-se o parágrafo 4º do art. 452-A, que previa a incidência de multa de 50% em desfavor da parte que descumprir sua obrigação após aceita a oferta de trabalho e se previu no artigo 452-B que as partes podem convencionar a forma de reparação recíproca na hipótese de cancelamento de serviços agendados.

A medida adota se revela deveras preocupante porque estamos a cuidar de um contrato com forte noção assimétrica e desigualdade econômica, sendo notório o fato de que o trabalhador intermitente apenas irá aderir à forma de reparação que venha a ser determinada pelo empregador.

A essencialidade do salário, ainda mais em se tratando de um contrato que assegura tão pouco à subsistência, clama por uma norma coercitiva e que traga sanção efetiva para o descumprimento da obrigação pelo empregador.

Cumpre alertar, ainda, que a norma fez referência ao formato de compensação "recíproca", daí porque eventual pactuação que preveja penalidade apenas para o empregado pode ter sua validade questionada por ilicitude de objeto e desequilíbrio contratual.

Lei 13.467/2017	MP 808/2017
Art. 452-A. [...] § 6º Ao final de cada período de prestação de serviço, o empregado receberá o pagamento imediato das seguintes parcelas: I - remuneração;	Art. 452-A. [...] § 6º **<u>Na data acordada para o pagamento</u>**, observado o disposto no § 11, o empregado receberá, de imediato, as seguintes parcelas: I - remuneração;

II - férias proporcionais com acréscimo de um terço; III - décimo terceiro salário proporcional; IV - repouso semanal remunerado; e V - adicionais legais.	II - férias proporcionais com acréscimo de um terço; III - décimo terceiro salário proporcional; IV - repouso semanal remunerado; e V - adicionais legais. .... § 10. O empregado, mediante prévio acordo com o empregador, poderá usufruir suas férias em até três períodos, nos termos dos § 1º e § 2º do art. 134. § 11. Na hipótese de o **período de convocação exceder um mês**, **o pagamento das parcelas a que se referem o § 6º não poderá ser estipulado por período superior a um mês**, contado a partir do primeiro dia do período de prestação de serviço.

A previsão anterior era no sentido de que após ultimada cada prestação de serviços de que os direitos contratuais do trabalhador seriam devidos após a ultimação de cada período de prestação de serviços, o que poderia trazer o ganho diário, semanal ou quinzenal, mas que também levaria a ocorrência de uma grande cizânia nas hipóteses em que a prestação de serviços se desse por mais de um mês.

A nova regulamentação permite que a data de pagamento seja acordada entre empregado e empregador, mas condiciona o limite máximo como sendo de um mês, o que se revela salutar, a fim de evitar espera prolongada de salário, mantendo preservada a limitação máxima do módulo mensal para o pagamento de salário, mas com a ressalva de que deve ocorrer dentro do próprio mês e não até o quinto dia útil do mês subsequente como no caso dos contratos "normais" de trabalho (art. 459, § 1º, da CLT).

Salienta-se que as férias do intermitente agora também podem ser usufruídas em até três períodos, o que pode ser enxergado de forma positiva pelo usufruto de descanso em três períodos, ou de forma negativa pelo aumento do fracionamento e comprometimento da finalidade do instituto de revigorar as energias.

De toda sorte, considerando a alternância e rotatividade da força de trabalho, é muito possível que esses trabalhadores jamais usufruam as férias.

Lei 13.467/2017	MP 808/2017
Art. 452-A. [...] Sem correspondentes	Art. 452-A. [...] § 13. Para os fins do disposto neste artigo, o auxílio-doença será devido ao segurado da Previdência Social a partir da data do início da incapacidade, vedada a aplicação do disposto § 3º do art. 60 da Lei nº 8.213, de 1991.

	§ 14. O salário maternidade será pago diretamente pela Previdência Social, nos termos do disposto no § 3º do art. 72 da Lei nº 8.213, de 1991. Art. 452-H. No contrato de trabalho intermitente, o empregador efetuará o recolhimento das contribuições previdenciárias próprias e do empregado e o depósito do FGTS com base nos valores pagos no período mensal e fornecerá ao empregado comprovante do cumprimento dessas obrigações, observado o disposto no art. 911-A." Art. 911-A. O empregador efetuará o recolhimento das contribuições previdenciárias próprias e do trabalhador e o depósito do FGTS com base nos valores pagos no período mensal e fornecerá ao empregado comprovante do cumprimento dessas obrigações. § 1º Os segurados enquadrados como empregados que, no somatório de remunerações auferidas de um ou mais empregadores no período de um mês, independentemente do tipo de contrato de trabalho, receberem remuneração inferior ao salário mínimo mensal, poderão recolher ao Regime Geral de Previdência Social a diferença entre a remuneração recebida e o valor do salário mínimo mensal, em que incidirá a mesma alíquota aplicada à contribuição do trabalhador retida pelo empregador. § 2º Na hipótese de não ser feito o recolhimento complementar previsto no § 1º, o mês em que a remuneração total recebida pelo segurado de um ou mais empregadores for menor que o salário mínimo mensal não será considerado para fins de aquisição e manutenção de qualidade de segurado do Regime Geral de Previdência Social nem para cumprimento dos períodos de carência para concessão dos benefícios previdenciários."

Nova alteração curiosa foi a previsão de que, para o trabalhador intermitente, o auxílio-doença será devido ao segurado a partir do início da incapacidade, vedada a regra de pagamento dos quinze primeiros dias pela empresa como em todos os contratos de trabalho (art. 60, § 3º, da Lei 8.213/91).

Afirma-se ser curiosa essa regra porque é fato público e notório a alegação governamental de que a Previdência seria deficitária e, nesse particular, se opta por onerar ainda mais aquilo que já estaria tão combalido, em que pese estudos demonstrem a fragilidade desse discurso.

Certo é que o auxílio-doença exige uma carência de 12 meses, o que dificilmente estará presente nesse tipo de trabalhador até porque houve a inserção do art. 911-A na CLT, prevendo que se o valor de remuneração for inferior a um salário mínimo, o empregado deverá fazer recolhimento previdenciário extra, sob pena de não ter aquele mês computado para manutenção da qualidade de segurado e nem para carência de benefícios.

A norma é estarrecedora porque imaginar que um trabalhador que recebe abaixo do mínimo necessário à subsistência terá capacidade financeira para fazer recolhimento previdenciário suplementar é ignorar as mais elementares máximas de experiência.

A verdade cristalina é que, na prática, esses trabalhadores dificilmente preencherão os requisitos para usufruírem dos benéficos e nem os quinze primeiro dias de adoecimento receberão porque, diversamente dos demais empregados, não são destinatários desse direito mínimo custeado pelas empresas.

O discurso de dar proteção securitária a essas pessoas fica, assim, extremamente comprometido.

O salário-maternidade, diversamente dos demais empregados, não será feito pela empresa com compensação subsequente com o INSS, mas sim pela própria autarquia previdenciária. Como se trata de benefício que não exige carência, a norma é menos dramática do que aquela relativa ao auxílio-doença.

Lei 13.467/2017	MP 808/2017
Art. 443. O contrato individual de trabalho poderá ser acordado tácita ou expressamente, verbalmente ou por escrito, por prazo determinado ou indeterminado, ou para prestação de trabalho intermitente. .... § 3º Considera-se como intermitente o contrato de trabalho no qual a prestação de serviços, com subordinação, não é contínua, ocorrendo com alternância de períodos de prestação de serviços e de inatividade, determinados em horas, dias ou meses, independentemente do tipo de atividade do empregado e do empregador, exceto para os aeronautas, regidos por legislação própria. Art. 452-A. [...] § 5º O período de inatividade não será considerado tempo à disposição do empregador, podendo o trabalhador prestar serviços a outros contratantes.	Art. 443. O contrato individual de trabalho poderá ser acordado tácita ou expressamente, verbalmente ou por escrito, por prazo determinado ou indeterminado, ou para prestação de trabalho intermitente. .... § 3º Considera-se como intermitente o contrato de trabalho no qual a prestação de serviços, com subordinação, não é contínua, ocorrendo com alternância de períodos de prestação de serviços e de inatividade, determinados em horas, dias ou meses, independentemente do tipo de atividade do empregado e do empregador, exceto para os aeronautas, regidos por legislação própria. Art. 452-A. [...] § 5º Revogado Art. 452-C. Para fins do disposto no § 3º do art. 443, considera-se período de inatividade o intervalo temporal distinto daquele para o qual o empregado intermitente haja sido convocado e tenha prestado serviços nos termos do § 1º do art. 452- A.

Sem correspondentes	§ 1º Durante o período de inatividade, o empregado poderá prestar serviços de qualquer natureza a outros tomadores de serviço, que exerçam ou não a mesma atividade econômica, utilizando contrato de trabalho intermitente ou outra modalidade de contrato de trabalho. § 2º No contrato de trabalho intermitente, **o período de inatividade não será considerado tempo à disposição do empregador e não será remunerado, hipótese em que restará descaracterizado o contrato de trabalho intermitente caso haja remuneração por tempo à disposição no período de inatividade.** Art. 452-D. Decorrido o prazo de um ano sem qualquer convocação do empregado pelo empregador, contado a partir da data da celebração do contrato, da última convocação ou do último dia de prestação de serviços, o que for mais recente, será considerado rescindido de pleno direito o contrato de trabalho intermitente.

A Medida Provisória 808/2017 revogou o § 5º do art. 452-A da CLT e inseriu o art. 452-C para tratar da mesma temática, qual seja a inatividade do contrato de trabalho intermitente, mas com algumas inovações.

Restou mantida a previsão do art. 443, § 3º, da CLT, no sentido de que a inatividade pode se dar por horas, dias ou até meses, mas desde que inferior a um ano, diante da novidade constante no art. 452-D da CLT.

A fixação do prazo máximo de um ano se revela mais benéfica do que a absoluta ausência de parâmetro, mas, ainda assim, o contrato se mostra de extrema precariedade, já que trabalhadores podem sair das estatísticas de desemprego com a assinatura de CTPS, mas sem trabalhar um dia sequer no prazo de um ano ou trabalhando em parcas oportunidades e com percepção de valores desprezíveis.

O § 2º positiva que o período de inatividade não é considerado tempo à disposição e, de forma inovadora, prevê que o contrato restará descaracterizado caso haja qualquer tipo de remuneração.

A norma desestimula qualquer compensação pela inatividade, em contrariedade ao espírito já arraigado no direito comparado, conforme as previsões dos Códigos Português e Italiano já mencionados em linhas pretéritas. A norma é de extrema perversidade ao trabalhador que pactua um contrato tão precário.

Lado outro, nas hipóteses de pagamento de qualquer retribuição sem prestação de serviços, estará clarividente o caminho de reconhecimento da contratação por prazo determinado.

Lei 13.467/2017	MP 808/2017
Sem correspondentes	Art. 452-D. Decorrido o prazo de um ano sem qualquer convocação do empregado pelo empregador, contado a partir da data da celebração do contrato, da última convocação ou do último dia de prestação de serviços, o que for mais recente, será considerado rescindido de pleno direito o contrato de trabalho intermitente. Art. 452-E. Ressalvadas as hipóteses a que se referem os art. 482 e art. 483, na hipótese de extinção do contrato de trabalho intermitente serão devidas as seguintes verbas rescisórias: I - pela metade: a) o aviso prévio indenizado, calculado conforme o art. 452- F; e b) a indenização sobre o saldo do Fundo de Garantia do Tempo de Serviço - FGTS, prevista no § 1º do art. 18 da Lei nº 8.036, de 11 de maio de 1990; e II - na integralidade, as demais verbas trabalhistas. § 1º A extinção de contrato de trabalho intermitente permite a movimentação da conta vinculada do trabalhador no FGTS na forma do inciso I-A do art. 20 da Lei nº 8.036, de 1990, limitada a até oitenta por cento do valor dos depósitos. § 2º A extinção do contrato de trabalho intermitente a que se refere este artigo não autoriza o ingresso no Programa de Seguro-Desemprego. Art. 452-F. As verbas rescisórias e o aviso prévio serão calculados com base na média dos valores recebidos pelo empregado no curso do contrato de trabalho intermitente. § 1º No cálculo da média a que se refere o caput, serão considerados apenas os meses durante os quais o empregado tenha recebido parcelas remuneratórias no intervalo dos últimos doze meses ou o período de vigência do contrato de trabalho intermitente, se este for inferior. § 2º O aviso prévio será necessariamente indenizado, nos termos dos § 1º e § 2º do art. 487."

A extinção do contrato de trabalho é tratada pelos arts. 452-D . 452-E e 452-F, da CLT. O primeiro traz uma espécie de morte natural do contrato por inatividade quando superior a um ano, conforme já analisado.

Por sua vez, o segundo elenca as verbas que serão devidas nas hipóteses de extinção desse tipo de contrato, fixando o cabimento pela metade do aviso prévio e indenização do FGTS (20%), além do direito ao levantamento do FGTS, mas limitado a 80 dos depósitos, sendo vedado o acesso ao programa do Seguro-Desemprego.

A norma se revela afinada com a razoabilidade para os casos da simples morte natural, mas se revela "curiosa" por ter excepcionado apenas as hipóteses de justa causa obreira ou patronal, o que leva à conclusão de que seria devido o pagamento de aviso prévio e indenização por dispensa imotivada, bem como levantamento de FGTS, ainda que parciais, em caso resilição contratual por iniciativa obreira.

Em outras palavras, o trabalhador pede demissão, mas recebe metade de aviso prévio, sempre de forma indenizada e de acordo com média das remunerações percebias, o que instaura precedente jamais cogitado na ordem jurídica, visto que, ao pedir demissão, a lógica sempre foi a de que seria obrigação do empregado conceder o aviso ao empregador.

Será a única hipótese de contrato em que, mesmo pedindo demissão, se recebe indenização pela "dispensa" imotivada e se levanta o fundo, tendo sido criado um verdadeiro "Frankenstein".

Com o devido respeito, a impressão que fica é a de algum drama de consciência pela criação de uma figura tão pitoresca e que, por isso, se resolveu conceder verbas que não fazem sentido lógico dentro do espírito de ruptura contratual. Ou então o "legislador presidencial" olvidou-se acerca da existência do pedido de demissão ao redigir a norma em comento.

Lei 13.467/2017	MP 808/2017
Sem correspondente	Art. 452-G. Até 31 de dezembro de 2020, o empregado registrado por meio de contrato de trabalho por prazo indeterminado demitido não poderá prestar serviços para o mesmo empregador por meio de contrato de trabalho intermitente pelo prazo de dezoito meses, contado da data da demissão do empregado.

A derradeira disposição traz a figura da quarentena para o âmbito do contrato de trabalho intermitente, de modo a inviabilizar deturpações na forma de contratação, impedindo que trabalhadores contratados por prazo indeterminado sejam recontratados sob a forma intermitente no prazo de dezoito meses, mecanismo este que valerá por até três anos.

Considerada a alta gravidade de substituição da mão de obra permanente por contratos intermitentes, a medida se revela salutar.

7. CONCLUSÕES

Em arremate, a possibilidade de trazer para o campo da formalidade trabalhadores que não se enquadram no conceito de empregado por ausência de algum dos elementos dos arts. 2º e 3º da CLT, como os que fazem "bico" pode até ser assimilada como viável, conquanto estudos de outros países revelem que o instituto não trouxe o alardeado aumento de empregos em uma análise substancial.

Por outro lado, lamenta-se profundamente a disciplina do instituto sem qualquer limitação de objeto ou tempo e desprovido de requisitos autorizativos mais seguros como ocorreu no direito comparado, conforme delineado em tópico anterior.

A despeito disso, não se pode perder de vista que o Princípio da Continuidade da Relação de Emprego continua sendo um dos alicerces do Direito do Trabalho, informando e conformando a criação de novos institutos, de modo a não retirar a essência deste ramo jurídico.

Assim, as necessidades permanentes da empresa devem ser supridas pelo contrato de trabalho por prazo indeterminado, não se admitindo que o sejam por meio do "contrato-zero", reservando-se o trabalho intermitente apenas para atividades que descontínuas ou de intensidade variável, na conformidade da aplicação analógica do Direito Português, autorizada pelo art. 8º, parágrafo único da CLT.

Essa interpretação é a que se harmoniza com a centralidade da pessoa humana como epicentro axiológico da Constituição Federal e que prestigia o valor social do trabalho e a função social da empresa como princípio essencial da atividade econômica (art. 170, III, da CF/88).

BIBLIOGRAFIA

AMADO, João Leal. Perspectivas do Direito do Trabalho: um ramo em crise identitária? Revista do Tribunal Regional do Trabalho da 15ª Região. n. 47. Campinas: 2015.

ARAÚJO, Francisco Rossal de; Coimbra, Rodrigo. Direito do Trabalho I. São Paulo: LTr, 2014.

CAPUZZI. Antônio. As férias no contrato de trabalho intermitente oriundo da reforma trabalhista.<<http://ostrabalhistas.com.br/as-ferias-no-contrato-de-trabalho-intermitente-oriundo-da-reforma-trabalhista/>>

COURA, Kalleo; GANTOIS, Gustavo. A reforma trabalhista em 12 pontos.<< https://jota.info/trabalho/a-reforma-trabalhista-em-12-pontos-13042017>>

FERNANDES, Paulo Roberto. A figura do contrato de trabalho intermitente do PL nº 6.787/2017. (Reforma Trabalhista) à luz do direito comparado.

<<http://ostrabalhistas.com.br/figura-do-contrato-de-trabalho-intermitente-do-pl-no-6--7872016-reforma-trabalhista-luz-do-direito-comparado/>>

HIGA, Flávio da Costa. Reforma trabalhista e o contrato de trabalho intermitente. http://www.conjur.com.br/2017-jun-08/flavio-higa-reforma-trabalhista-contrato-trabalho-intermitente#_ftn17

JOÃO, Paulo Sérgio. Trabalho intermitente: novo conceito de vínculo de emprego. <http://www.conjur.com.br/2017-set-22/reflexoes-trabalhistas-trabalho-intermitente-conceito-vinculo-emprego2

MAIOR, Jorge Luiz. Análise do Projeto de Reforma trabalhista.

<<http://www.jorgesoutomaior.com/blog/analise-do-projeto-de-reforma-trabalhista>>

NASCIMENTO, Amauri Mascaro. Curso de Direito do Trabalho. 26 edição. São Paulo: Saraiva, 2011.

OLIVEIRA, Cinthia Machado; DORNELES, Leandro de Amaral. Direito do Trabalho. Porto Alegre: Verbo Jurídico, 2016.

PLÁ RODRIGUEZ, Américo. Princípios de direito do trabalho. São Paulo: LTr, 2015.

SILVA, Homero Batista Mateus da. Comentários à reforma trabalhista. São Paulo: Revista dos Tribunais, 2017.

UNECS lança folder sobre trabalho intermitente.

http://www.abrasel.com.br/conexao-abrasel/4227-unecs-lanca-folder-sobre-trabalho-intermitente.html Acessada em 23/09/2017.

O CONTRATO DE TRABALHO INTERMITENTE E SEUS IMPACTOS PARA O MUNDO DO TRABALHO

Igor de Oliveira Zwicker[1]

Sumário: 1. Prolegômenos – Parte I – Análise, ponto a ponto, da lei n. 13.467/2017: 1. A consolidação das leis do trabalho, modificada pela lei n. 13.467/2017; 2. Relação de emprego, regida pela Consolidação das Leis do Trabalho; 3. Pressupostos caracterizadores da relação de emprego; 4. Contrato formal escrito; 5. Conceito geral e jurídico de trabalho "intermitente"; 6. O caso dos aeronautas; 7. Transação em âmbito coletivo e individual – Parte II – Análise da dupla compatibilidade material da lei n. 13.467/2017: 1. Princípio da indisponibilidade de direitos trabalhistas – transação individual de direitos ligados ao trabalho intermitente; 2. Normas de higiene, saúde, segurança e medicina do trabalho – transação coletiva de direitos ligados ao trabalho intermitente; 3. Inconstitucionalidade e inconvencionalidade do contrato de trabalho intermitente – Parte III – O Caso Mcdonald's: 1. Conclusões – Referências bibliográficas.

1. PROLEGÔMENOS

A Lei n. 13.467, de 13 de julho de 2017, publicada no Diário Oficial da União do dia seguinte, altera a Consolidação das Leis do Trabalho; a Lei n. 6.019/1974, que dispõe sobre o trabalho temporário nas empresas urbanas e dá outras providências; a Lei n. 8.036/1990, que dispõe sobre o Fundo de Garantia do Tempo de Serviço e dá outras providências; e a Lei n. 8.212/1991, que dispõe sobre a organização da Seguridade Social, institui Plano de Custeio e dá outras providências,

1. Mestrando em Direitos Fundamentais pela Universidade da Amazônia, aprovado em 1º lugar geral; Bacharel em Direito e Especialista em Gestão de Serviços Públicos pela Universidade da Amazônia; Especialista em Economia do Trabalho e Sindicalismo pela Universidade de Campinas; Especialista em Direito do Trabalho e Processo do Trabalho pela Universidade Cândido Mendes; Analista Judiciário (Área Judiciária) e Assessor Jurídico-Administrativo do Tribunal Regional do Trabalho da 8ª Região; Professor de Direito; autor do livro "Súmulas, orientações jurisprudenciais e precedentes normativos do TST" (São Paulo: LTr, 2015); tem 60 artigos jurídicos e inúmeros sobre Língua Portuguesa publicados. Contato: igor.zwicker@uol.com.br.

"a fim de adequar a legislação às novas relações de trabalho" (a transcrição, entre aspas, é *ipsis litteris*, conforme ementa da Lei).

Além disso, a Lei n. 13.467/2017 faz expressa referência ao artigo 195 da Constituição da República; ao artigo 104 do Código Civil; ao Programa Seguro-Emprego (PSE), instituído pela Lei n. 13.189/2015; aos artigos 133 a 137, 301 e 835 do Código de Processo Civil; à utilização da Taxa Referencial, de que trata a Lei n. 8.177/1991; e à derrogação – a par de diversos artigos celetistas – da Medida Provisória n. 2.226/2001, na parte em que trata do processamento da transcendência do recurso de revista, e a revogação do artigo 28, § 8º, alínea "a", da Lei n. 8.212/1991, que determina a integração ao salário de contribuição, pelo seu valor total, do total das diárias pagas, quando excedente a cinquenta por cento da remuneração mensal.

Segundo o artigo 6º da Lei n. 13.467/2017, a Lei entra em vigor após decorridos cento e vinte dias de sua publicação oficial. De outra banda, a Lei Complementar n. 95/1998, que dispõe sobre a elaboração, a redação, a alteração e a consolidação das leis, conforme determina o parágrafo único do artigo 59 da Constituição da República, e estabelece normas para a consolidação dos atos normativos, prevê, em seu artigo 8º, § 1º, que "a contagem do prazo para entrada em vigor das leis que estabeleçam período de vacância far-se-á com a inclusão da data da publicação e do último dia do prazo, entrando em vigor no dia subsequente à sua consumação integral".

Nesse diapasão, a Lei n. 13.467/2017, publicada no Diário Oficial da União do dia 14 de julho de 2017, tem prazo de *vacatio legis* de 14 de julho a 10 de novembro de 2017 (cento e vinte dias), entrando em vigor no dia 11 de novembro de 2017.

O advento da citada Lei provocará, em curto, médio e longo prazo, profundos impactos sobre a legislação do trabalho, não apenas em seu arcabouço regramental em sentido estrito, isto é, nas suas ***normas-regras***, como também – especialmente – nas suas ***normas-princípios***, a exemplo do *princípio da proteção* – maior pilar do Direito Material do Trabalho –, mitigado pela introdução do parágrafo único ao artigo 444 da Consolidação das Leis do Trabalho, que afasta a sua aplicação a empregados portadores de diploma de nível superior que percebam salário mensal igual ou superior a duas vezes o limite máximo dos benefícios do Regime Geral de Previdência Social, tornando-os *hipersuficientes*, igualando essas relações de trabalho a relações meramente civis, marcadamente simétricas, e equivalendo a eficácia jurídica da livre estipulação, no campo individual, a dos instrumentos coletivos.

Outro exemplo, igualmente, é a mitigação do princípio da indisponibilidade dos direitos trabalhistas, trazendo no artigo 611-B da Consolidação das Leis do Trabalho um rol *taxativo*[2] de trinta direitos cuja supressão ou redução é ilícita (na

2. A *mens legislatoris*, de trazer um rol **taxativo** (*numerus clausus*), é claríssima: ao elencar os direitos cuja supressão ou redução, por convenção ou acordo coletivos de trabalho, a Lei n. 13.467/2017, no artigo 611-B, utiliza-se da palavra **"exclusivamente"**. Por outro lado, o artigo 611-A, que elenca

esperança de, *mutatis mutandis*, ampliar o rol do que é lícito, assim considerado tudo que, por exclusão, não consta no artigo 611-B), subvertendo, inclusive, o que há muito já se consagrou na jurisprudência trabalhista, que é o reconhecimento de que as regras sobre duração do trabalho e intervalos são normas de higiene, saúde, segurança e medicina do trabalho e, portanto, de indisponibilidade absoluta.

Para o novel parágrafo único do artigo 611-B da Consolidação das Leis do Trabalho, tais direitos passam a não mais constar, expressamente, no conteúdo de normas de higiene, saúde, segurança e medicina do trabalho e, portanto, passíveis de transação.

Nesse contexto, do advento da Lei n. 13.467/2017, conhecida popularmente como "Reforma Trabalhista", a Editora Juspodivm lança no mercado editorial brasileiro a obra coletiva denominada "A reforma trabalhista e seus impactos para o mundo do trabalho", coordenada, de forma exitosa, como de costume, por Élisson Miessa e Henrique Correia. Coube a mim, ao aceitar o honroso convite que me foi formulado, escrever sobre ***trabalho intermitente***, um dos assuntos mais pungentes e espinhosos da "Reforma Trabalhista" e, na minha visão pessoal, a maior precarização que o Direito do Trabalho já viu, ao lado do fim da estabilidade decenal, extinta com a *opção compulsória* ao Fundo de Garantia do Tempo de Serviço (artigo 14 da Lei n. 8.036/1990), e do que se intenciona fazer com a terceirização, a permitir a prática de forma irrestrita, inclusive na atividade-fim empresarial.

Pois bem. Minha intenção inicial – e já estava em um nível avançado da escrita, confesso – era a de tratar o assunto, eminentemente, trazendo críticas, em nível constitucional e supralegal – esse último consubstanciado nos mais diversos tratados internacionais de direitos humanos, mormente as convenções da Organização Internacional do Trabalho –, sobre o trabalho intermitente e sua *evidente precarização*, inclusive com um apanhado do que se regulamentou, ao redor do mundo, sobre o assunto, e o que temos no direito comparado.

Porém, ao ler as dezenas de publicações sobre a matéria, nos mais diversos livros recém-lançados, ressenti-me de uma literatura que, efetivamente, explicasse o trabalho intermitente em seus termos práticos, procurando demonstrar como esse contrato de trabalho especial desenvolver-se-á a partir da vigência da Lei n. 13.467/2017, no âmbito das relações sociais. Com efeito, muito se tem publicado em nível de críticas, mas pouco se tem dito sobre o que (e como) ocorrerá o contrato de trabalho intermitente na prática.

Assim, passo a reescrever todo o artigo, dividindo-o em três macropartes.

Na primeira parte, procuro analisar, ponto a ponto, todos os dispositivos que tratam do tema na Consolidação das Leis do Trabalho, com enfoque prático no conceitual do trabalho intermitente, seus desdobramentos e impactos práticos

---

um rol mínimo de direitos em que o ***negociado prevalecerá sobre o legislado***, utiliza-se da expressão **"entre outros"**, a demonstrar que, nesse outro caso, o rol é meramente exemplificativo e não exaustivo (*numerus apertus*).

no mundo do trabalho, de acordo com a novel legislação. Na segunda parte, faço uma breve análise da dupla compatibilidade material da Lei n. 13.467/2017 (lei ordinária, de caráter legal), especificamente quanto à parte ligada, na Consolidação das Leis do Trabalho, ao trabalho intermitente, seja em relação à Constituição da República, seja em relação aos tratados de direitos humanos ratificados pelo Brasil, que têm posição hierárquico-normativa de supralegalidade, como já bem decidiu o Supremo Tribunal Federal. Na terceira parte, registrarei, brevemente, as decisões acerca do Caso McDonald's, no qual o Ministério Público do Trabalho atuou, em momento anterior ao advento da Lei n. 13.467/2017, para admoestar essa gigantesca rede de lanchonetes a não mais celebrar contratos de trabalho na sua forma intermitente, com breves reflexões sobre os impactos dessa proibição, consubstanciadas em dados reais, extraídos do CAGED[3], para o desenvolvimento do *pleno emprego*. Por fim, na parte final, trarei minhas conclusões finais – de forma não exaustiva, por certo – sobre o tema.

Registre-se que, após a finalização deste artigo, e antes de sua publicação, adveio a adoção pelo Presidente da República, no uso da atribuição que lhe confere o artigo 62 da Constituição da República, da Medida Provisória n. 808/2017 (DOU de 14/11/2017 – edição extra), que modificou diversos pontos outrora firmados na Consolidação das Leis do Trabalho por meio da Lei n. 13.467/2017. Segundo a própria Medida Provisória, em sua *exposição de motivos*, "para melhor definir os elementos que caracterizam o regime de contratação de trabalho intermitente".

Após intensa reflexão sobre o que faria eu, para complementar o artigo (*como fazer*), decidi mantê-lo, na íntegra, tal qual formulado outrora (mantenho o raciocínio íntegro e dissociado na Medida Provisória), especialmente porque as medidas provisórias, como sabemos, segundo iterativa, atual e notória jurisprudência do Supremo Tribunal Federal, mantinham a eficácia, com força de lei, mesmo não apreciadas pelo Congresso Nacional, se reeditadas dentro do prazo de validade de trinta dias, à luz da redação original do artigo 62 da Constituição da República, **raciocínio que não subsiste após o advento da Emenda Constitucional n. 32/2001** (nesse sentido, conferir o Recurso Extraordinário n. 268253 AgR/RN, 1ª Turma do STF, Relator Ministro Luís Roberto Barroso, julgado em 21/8/2017, conforme DJe divulgado em 31/8/2017 e publicado no dia 1º/9/2017).

Na atual sistemática jusconstitucional, após o advento da citada Emenda Constitucional, as medidas provisórias, ressalvado o disposto nos §§ 11 e 12 do artigo 62 constitucional, perderão sua eficácia, desde a edição, se não forem convertidas em lei no prazo de sessenta dias, prorrogável uma vez por igual período, nos termos do § 7º do mesmo artigo, devendo o Congresso Nacional disciplinar, por decreto legislativo, as relações jurídicas delas decorrentes (artigo 62, § 3º, da Constituição da República).

3. Cadastro Geral de Empregados e Desempregados do Ministério do Trabalho (CAGED), instituído pela Lei n. 4.923/1965

Porém, **como não poderia deixar de ser**, por corolário lógico, em se tratando de um artigo científico, comentarei, **ponto a ponto, item a item**, a novel Medida Provisória n. 808/2017. Decidi fazê-lo em forma de **apêndice**, na tentativa de manter o didatismo do artigo e de tentar demonstrar a sutileza do avanço legislativo, com o estudo da Lei originária somado ao da Medida Provisória superveniente.

PARTE I – ANÁLISE, PONTO A PONTO, DA LEI N. 13.467/2017

1. A CONSOLIDAÇÃO DAS LEIS DO TRABALHO, MODIFICADA PELA LEI N. 13.467/2017

Estrategicamente, a fim de que o leitor já possa iniciar a leitura com o mínimo de arcabouço legislativo, seguem, abaixo, excertos da Consolidação das Leis do Trabalho, modificada pela Lei n. 13.467/2017, correlacionadas, especificamente, ao trabalho intermitente. Há quatro artigos básicos sobre o tema, vejamos:

> **Art. 443.** O contrato individual de trabalho poderá ser acordado tácita ou expressamente, verbalmente ou por escrito, por prazo determinado ou indeterminado, ou para prestação de trabalho intermitente.
>
> § 3º Considera-se como intermitente o contrato de trabalho no qual a prestação de serviços, com subordinação, não é contínua, ocorrendo com alternância de períodos de prestação de serviços e de inatividade, determinados em horas, dias ou meses, independentemente do tipo de atividade do empregado e do empregador, exceto para os aeronautas, regidos por legislação própria.
>
> **Art. 444.** As relações contratuais de trabalho podem ser objeto de livre estipulação das partes interessadas em tudo quanto não contravenha às disposições de proteção ao trabalho, aos contratos coletivos que lhes sejam aplicáveis e às decisões das autoridades competentes.
>
> Parágrafo único. A livre estipulação a que se refere o *caput* deste artigo aplica-se às hipóteses previstas no art. 611-A desta Consolidação, com a mesma eficácia legal e preponderância sobre os instrumentos coletivos, no caso de empregado portador de diploma de nível superior e que perceba salário mensal igual ou superior a duas vezes o limite máximo dos benefícios do Regime Geral de Previdência Social.
>
> **Art. 452-A.** O contrato de trabalho intermitente deve ser celebrado por escrito e deve conter especificamente o valor da hora de trabalho, que não pode ser inferior ao valor horário do salário mínimo ou àquele devido aos demais empregados do estabelecimento que exerçam a mesma função em contrato intermitente ou não.
>
> § 1º O empregador convocará, por qualquer meio de comunicação eficaz, para a prestação de serviços, informando qual será a jornada, com, pelo menos, três dias corridos de antecedência.
>
> § 2º Recebida a convocação, o empregado terá o prazo de um dia útil para responder ao chamado, presumindo-se, no silêncio, a recusa.
>
> § 3º A recusa da oferta não descaracteriza a subordinação para fins do contrato de trabalho intermitente.

§ 4º Aceita a oferta para o comparecimento ao trabalho, a parte que descumprir, sem justo motivo, pagará à outra parte, no prazo de trinta dias, multa de 50% (cinquenta por cento) da remuneração que seria devida, permitida a compensação em igual prazo.

§ 5º O período de inatividade não será considerado tempo à disposição do empregador, podendo o trabalhador prestar serviços a outros contratantes.

§ 6º Ao final de cada período de prestação de serviço, o empregado receberá o pagamento imediato das seguintes parcelas:

I – remuneração;

II – férias proporcionais com acréscimo de um terço;

III – décimo terceiro salário proporcional;

IV – repouso semanal remunerado; e

V – adicionais legais.

§ 7º O recibo de pagamento deverá conter a discriminação dos valores pagos relativos a cada uma das parcelas referidas no § 6º deste artigo.

§ 8º O empregador efetuará o recolhimento da contribuição previdenciária e o depósito do Fundo de Garantia do Tempo de Serviço, na forma da lei, com base nos valores pagos no período mensal e fornecerá ao empregado comprovante do cumprimento dessas obrigações.

§ 9º A cada doze meses, o empregado adquire direito a usufruir, nos doze meses subsequentes, um mês de férias, período no qual não poderá ser convocado para prestar serviços pelo mesmo empregador.

Art. 611-A. A convenção coletiva e o acordo coletivo de trabalho têm prevalência sobre a lei quando, entre outros, dispuserem sobre:

VIII – teletrabalho, regime de sobreaviso, e trabalho intermitente;

Art. 611-B. Constituem objeto ilícito de convenção coletiva ou de acordo coletivo de trabalho, exclusivamente, a supressão ou a redução dos seguintes direitos: (...)

Parágrafo único. Regras sobre duração do trabalho e intervalos não são consideradas como normas de saúde, higiene e segurança do trabalho para os fins do disposto neste artigo.

2. RELAÇÃO DE EMPREGO, REGIDA PELA CONSOLIDAÇÃO DAS LEIS DO TRABALHO

Sabemos que existe uma diferença básica entre o gênero trabalho, que envolve todo trabalho humano, e uma de suas espécies, que é o trabalho humano previsto na Consolidação das Leis do Trabalho, consubstanciado em uma relação de emprego, onde se tem, de um lado, o *empregado*, e de outro, o *empregador*. É afirmação clássica na seara trabalhista que todo *empregado* (regido pela Consolidação das Leis do Trabalho) é *trabalhador*, mas nem todo *trabalhador* é *empregado*, por ser esse (o vínculo de emprego) uma das espécies daquela (a relação de trabalho), que é o gênero. Exemplos são os mais variados: o vínculo associativo entre cooperados (artigo 90 da Lei n. 5.764/1971); a prática do serviço voluntário, que tenha objetivos cívicos, culturais, educacionais, científicos, recreativos ou de assistência à pessoa (artigo 1º, parágrafo único, da Lei n. 9.608/1998); o estágio obrigatório e não obrigatório (artigo 3º, *caput*, da Lei n. 11.788/2008); o trabalho avulso portuário e não portuário (respectivamente, artigo 40, *caput*, *in fine*, da Lei n. 12.815/2013 e artigo 1º, *caput*, da Lei n. 12.023/2009) etc.

Como bem define Delgado (2017a, p. 904), "o manto protetivo do Direito do Trabalho dirige-se, em rigor, a uma figura sociojurídica especial, o empregado, formado pelos [*omissis*] elementos caracterizadores da relação de emprego". No trabalho cooperado ou voluntário, no contrato de estágio, no trabalho realizado por trabalhadores portuários avulsos e nas atividades de movimentação de mercadorias em geral exercidas por trabalhadores avulsos, por exemplo, nem todos os pressupostos da relação de emprego se fazem presentes, de modo que, nesses casos, a relação de emprego não se faz presente e, portanto, inexiste contrato de trabalho precipuamente regido pela Consolidação das Leis do Trabalho.

A redação do artigo 443, *caput*, da Consolidação das Leis do Trabalho faz crer, quando diz que "o contrato individual de trabalho poderá ser acordado tácita ou expressamente, verbalmente ou por escrito, por prazo determinado ou indeterminado, ou para prestação de trabalho intermitente", que se trata – o trabalho intermitente – uma autêntica relação de emprego, regida pela Consolidação das Leis do Trabalho. Ou seja, é permitido concluir, com tranquilidade, que aqui há não apenas o gênero trabalho humano, como a espécie relação de emprego, **acobertada pelo manto protetivo do Direito do Trabalho**.

3. PRESSUPOSTOS CARACTERIZADORES DA RELAÇÃO DE EMPREGO

Há quem diga que a novel figura jurídica ***subverteu*** os pressupostos caracterizadores da relação de emprego. Em uma análise mais atenta da legislação, nesse ponto, verificamos a inexistência de *subversão*, senão vejamos.

Como cediço, há quatro pressupostos da relação de emprego, especialmente presentes nos artigos 2º e 3º da Consolidação das Leis do Trabalho: pessoalidade, não subordinação jurídica, onerosidade e não eventualidade.

Quanto à *pessoalidade*, significa dizer que o empregado é contratado para prestar a *sua* força de trabalho, não podendo se fazer substituir por outrem. Há doutrinadores que associam a pessoalidade a um quinto pressuposto jurídico, que é o da "pessoa física" (*rectius*: pessoa natural, na forma do Código Civil), no sentido de que os serviços prestados pela pessoa jurídica não estão acobertados pelo manto protetivo do Direito do Trabalho.

Essa discussão tomou grande força com o advento da Emenda Constitucional n. 45/2004, na qual a competência material da Justiça do Trabalho foi ampliada e, a partir de então, tornou-se pacífica a sua competência para julgar relações de trabalho. Discutia-se, à época, se estaria incluída, na competência, a prestação de serviços por pessoas jurídicas[4]. Em um primeiro momento, entendi pela inclusão, mas, após reflexão, voltei atrás, pois essas relações desnaturam a essência do Direito do Trabalho, que é o de tutelar a pessoa humana. A iterativa, atual e notória jurisprudência se consolidou, ao longo do tempo, nesse sentido[5].

O artigo 452-A, §§ 1º e 2º, da Consolidação das Leis do Trabalho, em especial, ao delinear as regras da convocação, informando previamente ao empregado qual será a jornada de trabalho e cabendo ao empregado aceitá-la (a convocação) ou não, inclusive (na recusa) sem descaracterização da relação de emprego, deixa claro que permanece hígido o pressuposto da pessoalidade.

Quanto à *subordinação jurídica*, sabemos que não se trata de dependência técnica ou econômica do empregado em relação ao seu empregador: trata-se de dependência jurídica, consubstanciada no poder empregatício. Em rápida síntese, tal relação de *poder* é marcadamente acentuada por sua divisão estrutural em *poder diretivo*, de modo que cabe ao empregador dirigir o empreendimento, dando ordens ao empregado e cabendo a este obedecê-las, salvo se forem exigidos serviços superiores às suas forças, defesos por lei, contrários aos bons costumes ou alheios ao contrato (artigo 483, alínea "a", da Consolidação das Leis do Trabalho); no *poder regulamentar*, que permite ao empregador, ainda que unilateralmente, regulamente as condições de trabalho, direitos e deveres dos empregados, com força de lei, salvo aquelas que contravenham disposições de proteção ao trabalho, convenções ou acordos coletivos de trabalho que sejam aplicáveis aos empregados e às decisões das autoridades competentes (artigo 444, *caput*, da Consolidação das Leis do Trabalho) ou as que representem alteração contratual lesiva, assim entendida a alteração das respectivas condições que não ocorram por mútuo consentimento ou que resultem, direta ou indiretamente, prejuízos aos empregados (artigo 468, *caput*, da Consolidação das Leis do Trabalho); no

4. Não estou tratando aqui de "pejotização", isto é, uma relação fraudulenta, onde o empregado é admoestado a constituir uma pessoa jurídica para mera burla no pagamento de direitos trabalhistas e recolhimento dos consectários legais (estratagema *nulo de pleno direito*, em razão do artigo 9º da Consolidação das Leis do Trabalho). Aqui, trato da autêntica prestação de serviços por pessoa jurídica, na forma do artigo 593 do Código Civil).

5. "RECURSO DE REVISTA. DENUNCIAÇÃO DA LIDE. SEGURADORA. INCOMPETÊNCIA MATERIAL. No presente caso, observa-se que a segunda relação jurídica que surgiria com a denunciação, entre a reclamada e a seguradora, seria de natureza civil, entre pessoas jurídicas, não estando, portanto, abarcada pela nova competência da Justiça do Trabalho. Precedentes. Não conhecido. (...)" (TST--RR-339-39.2012.5.04.0571, Relator Ministro: Emmanoel Pereira, Data de Julgamento: 28/9/2016, 5ª Turma, Data de Publicação: DEJT 14/10/2016) "(...) AGRAVO DE INSTRUMENTO DA SEGUNDA RECLAMADA – DENUNCIAÇÃO DA LIDE – CONTRATO DE SEGURO – RELAÇÃO DE DIREITO CIVIL – INCOMPETÊNCIA DA JUSTIÇA DO TRABALHO. É inadmissível a denunciação da lide almejada, porque seu objeto consiste em relação jurídica de natureza civil, consubstanciada no contrato de seguro firmado entre a Reclamada e a empresa seguradora. A competência desta Justiça especializada, consoante o artigo 114 da Constituição, cinge-se às ações oriundas da relação de trabalho. Agravo de Instrumento a que se nega provimento. (TST-AIRR-805-94.2011.5.24.0091, Relator Desembargador Convocado: João Pedro Silvestrin, Data de Julgamento: 18/3/2015, 8ª Turma, Data de Publicação: DEJT 20/3/2015)

poder fiscalizatório, típico do empreendimento, conferindo-se ao empregador o poder de fiscalizar o cumprimento do contrato de trabalho pelo empregador; e, finalmente, o *poder disciplinar*, que confere ao empregado punir o empregado, por advertência, suspensão ou na resolução unilateral do contrato de trabalho em decorrência da prática de falta de grave pelo empregado (artigo 482 da Consolidação das Leis do Trabalho).

O artigo 443, § 3º, da Consolidação das Leis do Trabalho reconhece, expressamente, a presença do pressuposto da subordinação jurídica, que se mantém caracterizado, inclusive, na recusa do empregado ao chamado para a prestação do trabalho intermitente (artigo 452-A, § 3º, da Consolidação das Leis do Trabalho).

Quanto à *onerosidade*, é resultado de três características básicas do contrato de trabalho – a bilateralidade, a comutatividade e o sinalagma –, isto é, trata-se de uma relação pactuada entre duas pessoas interessadas, de um lado o empregador, de outro o empregado, na qual os direitos e obrigações se equivalem (o direito de um corresponde à obrigação do outro) e que se faz presente, em resposta à obrigação do empregado de prestar a sua força de trabalho, o direito de receber salário.

Inclusive, esse pressuposto – subestimado pela doutrina – traz um dos conteúdos mais importantes do Direito do Trabalho e que faz dele uma ciência particular e especial. O Direito do Trabalho é *protetivo*, diante da clara hipossuficiência do empregado – que necessita do seu salário para sobreviver – em face do empregador – que detém o uso do poder empregatício e, em seu favor, o pressuposto da subordinação jurídica. Neste sentido, concebe-se o *paradigma da essencialidade* (NEGREIROS, 2006:463): "os contratos que versem sobre a aquisição ou a utilização de bens que, considerando sua destinação, *são tidos como essenciais* estão sujeitos a um *regime tutelar*, justificado pela necessidade de *proteção*" – proteção do sujeito *hipossuficiente*, assim entendido aquele que se utiliza do bem – objeto do contrato – para a sua sobrevivência.

No contrato de trabalho, uma das partes – o trabalhador, sujeito hipossuficiente – tem no objeto do contrato – o salário, que recebe em troca da sua força de trabalho – *sua única possibilidade de existência digna*, o que legitima a intervenção estatal na autonomia da vontade privada, dada a assimetria característica da relação contratual. A par disto, não se olvide que o *trabalho* – e o direito ao *trabalho digno* – é um direito social fundamental, consagrado no artigo 6º da Constituição da República, cujo objeto final, para o trabalhador, é a paga, o *salário* que recebe pela força de trabalho que coloca à disposição do empregador.

A cabeça do artigo 452-A da Consolidação das Leis do Trabalho traz, expressamente, a obrigação de que o contrato de trabalho traga discriminado, por escrito, o valor da hora de trabalho, que não pode ser inferior ao valor horário do salário mínimo ou àquele devido aos demais empregados do estabelecimento que exerçam a mesma função em contrato intermitente ou não, a revelar a presença do pressuposto da onerosidade. Ainda nesse sentido, o artigo 452-A, § 6º, traz um rol de parcelas – todas de natureza remuneratória – que devem ser pagas ao final de cada período de prestação de serviço.

Por último, quanto à *não eventualidade*, temos aqui o maior ponto polêmico, entre os pressupostos da relação de emprego[6] – *desnecessariamente*. Ao tratar das principais teorias informadoras da noção de eventualidade (e, consequentemente, da noção de não eventualidade), Delgado (2017a, p. 318) já nos adianta que, "em conformidade com a doutrina e jurisprudência dominantes, a primeira de tais teorias (descontinuidade) seria incompatível com a CLT, mas harmônica à legislação reguladora do trabalho doméstico, ao passo que as três subsequentes teorias seriam ajustadas ao espírito do texto celetista".

Isso porque, para a teoria da descontinuidade, o trabalho eventual "seria o trabalho descontínuo e ininterrupto com relação ao tomador enfocado" (DELGADO, 2017a, p. 318), o que se ajusta, como já adiantado, ao trabalhador eventual doméstico, conhecido como *diarista*, seja na vigência da Lei n. 5.859/1972, que, embora silente, já permitia à jurisprudência fixar a eventualidade no trabalho desenvolvido em até dois dias na semana, seja após o advento da Lei Complementar n. 150/2015, a qual, expressamente, consignou isto (artigo 1º, *caput*).

Assim, a partir das teorias informadoras da noção de eventualidade e da proposição metodológica de Delgado (2017a, p. 320), podemos formular a seguinte caracterização do trabalho de natureza eventual:

> a) descontinuidade da prestação do trabalho, entendida como a não permanência em uma organização com ânimo definitivo;
>
> b) não fixação jurídica a uma única fonte de trabalho, com pluralidade variável de tomadores de serviços;
>
> c) curta duração do trabalho prestado;
>
> d) natureza do trabalho tende a ser concernente a evento certo, determinado e episódico no tocante à regular dinâmica do empreendimento tomador dos serviços;
>
> e) em consequência, a natureza do trabalho prestado tenderá a não corresponder, também, ao padrão dos fins normais do empreendimento.

O artigo 443, § 3º, da Consolidação das Leis do Trabalho considera intermitente, expressamente, o contrato de trabalho no qual a prestação de serviços não é contínua – como não se aplica ao trabalho com vínculo de emprego a teoria da descontinuidade, o pressuposto da *não eventualidade* se faz presente –, "ocorrendo com alternância de períodos de prestação de serviços e de inatividade, deter-

---

6. Segundo Furtado (2017:111), "Não há como não se espantar com a incoerência estampada logo de início, na tentativa de se lançar uma definição de trabalho intermitente, ao se deparar com um choque com um dos elementos essenciais do contrato de trabalho, a saber, a não eventualidade. Como se dizer não eventual contrato cuja quantidade de horas, dias, semanas, ou meses de trabalho ficam em aberto, de acordo com o risco do empreendimento, que é ínsito ao empregador e que doravante passa a ser incoerentemente dividido com o trabalhador, sem que este galgue a condição de sócio, muito ao reverso, tendo daqui para frente que encarar a chamada jornada zero hora? Assim, *ab initio*, já se ferem duas balizas da relação de emprego, a não eventualidade e a não participação do empregado nos riscos do empreendimento."

minados em horas, dias ou meses, independentemente do tipo de atividade do empregado e do empregador". Segundo o artigo 452-A, § 5º, da Consolidação das Leis do Trabalho, o período de inatividade não será considerado tempo à disposição do empregador, podendo o trabalhador prestar serviços a outros contratantes.

É interessante ressaltar que se o artigo 443, § 3º, da Consolidação das Leis do Trabalho conceitua o trabalho intermitente como aquele que ocorre com alternância de períodos de prestação de serviços e de inatividade ***determinados em horas, dias ou meses***, ou seja, a Lei cita, de forma enumerada, a fração horária, diária e mensal do tempo, razoável concluir que se trata de um rol taxativo e que se tal período de inatividade atingir a marca de um ano, há motivo para o justo rompimento e para a resolução do contrato de trabalho, por iniciativa do empregado, com base analógica no artigo 483, alínea "g", da própria Consolidação das Leis do Trabalho, que permite ao empregado considerar rescindido o contrato de trabalho quando o empregador "reduzir o seu trabalho, sendo este por peça ou tarefa, de forma a afetar sensivelmente a importância dos salários".

Por fim, não estou aqui dizendo que o trabalho intermitente não *subverte* a lógica protetiva trabalhista ou inúmeras ***normas-princípios*** que regem o Direito do Trabalho e até que incorra em eventual inconstitucionalidade ou inconvencionalidade. Porém, a questão é: embora o trabalho intermitente seja um conceito novo ("novo" em se tratando de positivação da norma), sem ressonância na legislação vigente, fato é que, no tocante à análise dos pressupostos da relação de emprego, é perfeitamente ajustável ao conteúdo jurídico de "trabalho intermitente" o conceito de "não eventualidade" que já se desenvolve na doutrina e na jurisprudência.

4. CONTRATO FORMAL ESCRITO

Tenho defendido, há muito (ZWICKER, 2015:107), que o manto protetivo do Direito do Trabalho, que se dirige à figura sociojurídica do empregado, concentra-se, entre outros, no princípio da *continuidade da relação de emprego* (como bem consagra a Súmula n. 212 do Tribunal Superior do Trabalho), de modo que a regra – o contrato de trabalho por prazo indeterminado – não necessita de maiores burocracias, podendo ser forjado tácita ou expressamente, verbalmente ou por escrito, à luz do artigo 443 da Consolidação das Leis do Trabalho.

Porém, a todo e qualquer ajuste que fuja da regra geral, por corolário lógico, deve-se exigir a lavratura na forma escrita, como faz exigir, a meu sentir, o artigo 29, *caput*, da Consolidação das Leis do Trabalho, para o qual a Carteira de Trabalho e Previdência Social (CTPS) será obrigatoriamente apresentada, contra recibo, pelo trabalhador ao empregador que o admitir, o qual terá o prazo de quarenta e oito horas para nela anotar, especificamente, a data de admissão, a remuneração ***e as condições especiais, se houver***.

No caso do contrato de trabalho intermitente, outrossim, a discussão se torna inócua, porque a própria legislação exige o contrato escrito. Como nem tudo são flores, é possível que a jurisprudência se posicione no sentido de que, mesmo com a exigência legal, em caso de contratação verbal ou tácita, em "prestígio" ao princípio da primazia da realidade sobre a forma, o que, a meu ver, foge por completo à *razoabilidade* – aqui entendida como um *metacritério* jurídico, corolário do artigo 5º da Lei de Introdução às normas do Direito Brasileiro, para o qual, na aplicação da lei, o juiz atenderá aos ***fins sociais*** a que ela se dirige e às exigências do bem comum.

Isso porque a interpretação do Direito do Trabalho não pode resultar em prejuízo à melhoria da condição social dos trabalhadores. Nesse sentido, por exemplo, *mutatis mutandis*, a Constituição da Organização Internacional do Trabalho prevê, no seu artigo 19, § 8, que dispõe sobre a figura do *favor laboris* e diz que, "em caso algum, a adoção, pela Conferência, de uma convenção ou recomendação, ou a ratificação, por um Estado-Membro, de uma convenção, deverão ser consideradas como afetando qualquer lei, sentença, costumes ou acordos que ***assegurem aos trabalhadores interessados condições mais favoráveis que as previstas pela convenção ou recomendação***".

Assim, se a Lei prevê a forma escrita, solene, mormente em um contrato marcadamente assimétrico, **caso não cumprida a forma exigida, sua inobservância não pode ocorrer em prejuízo à melhoria da condição social do empregado**. Mas, como eu disse, é possível que a jurisprudência se posicione no sentido de que, mesmo com a exigência legal, em caso de contratação verbal ou tácita, em "prestígio" ao princípio da primazia da realidade sobre a forma.

Cito dois exemplos.

O primeiro trata das atividades dos representantes comerciais autônomos, reguladas pela Lei n. 4.886/1965. O artigo 27, *caput* e parágrafo único, da Lei previam, expressamente, que a celebração contratual por escrito seria uma opção, opção esta revogada expressamente pela Lei n. 8.420/1992, que derrogou a Lei n. 4.886/1965, nesse sentido.

Porém, o Tribunal Superior do Trabalho já decidiu, expressamente, pela "dispensabilidade" dos requisitos formais da Lei, vejam:

> RECURSO DE REVISTA. REPRESENTAÇÃO COMERCIAL. REQUISITOS FORMAIS. DISPENSABILIDADE. NÃO PROVIMENTO. 1. À luz do princípio da primazia da realidade, a verificação da presença ou não dos elementos configuradores da relação de emprego, previstos no artigo 3º da CLT, deve ser feita a partir da análise da realidade fática havida entre as partes. 2. A simples ausência de registro do reclamante no Conselho Regional e/ou a inexistência de um contrato escrito não tem o condão, por si só, de descaracterizar uma relação de representação comercial, convolando-a em empregatícia, mormente se nos autos existem outros elementos que conduzam à conclusão de que o vínculo havido entre as partes tinha aquela natureza, não se fazendo presentes os requisitos previstos pelo referido dispositivo consolidado. 3. Recurso de revista a que se nega provimento. (TST-RR-602640-74.2001.5.09.0014, Relator Ministro: Guilherme Augusto Caputo Bastos, Data de Julgamento: 12/11/2008, 7ª Turma, Data de Publicação: DEJT 14/11/2008)

Outro exemplo é quanto ao pagamento do vale-transporte, instituído pela Lei n. 7.418/1985, para a qual o vale-transporte, concedido nas condições e limites definidos na Lei, no que se refere à contribuição do empregador, não tem natureza salarial nem se incorpora à remuneração para quaisquer efeitos (artigo 2º, alínea "a").

Nesse diapasão, o Decreto n. 95.247/1987, que regulamenta a Lei n. 7.418/1985, taxativamente diz que "é vedado ao empregador substituir o vale-transporte por antecipação em dinheiro ou qualquer outra forma de pagamento", ressalvado em um único caso, que é na hipótese de falta ou insuficiência de estoque de vale-transporte, necessário ao atendimento da demanda e ao funcionamento do sistema, no que o beneficiário será ressarcido pelo empregador, na folha de pagamento imediata, da parcela correspondente, quando tiver efetuado, por conta própria, a despesa para seu deslocamento.

Em que pese a taxatividade da Lei, o que demanda concluir que se o empregador incorrer em pagamento em pecúnia, empresta a tais valores natureza salarial, devendo o valor se incorporar à remuneração do empregado, para todos os fins, o Tribunal Superior do Trabalho mantém posicionamento, há muito, de que o pagamento em dinheiro não transmuda a natureza jurídica da parcela, vejam:

> (...) TRANSPORTE DE VALORES. VALE-TRANSPORTE. PAGAMENTO EM PECÚNIA. NATUREZA INDENIZATÓRIA. A Jurisprudência pacífica desta Corte posiciona-se no sentido de que o pagamento em pecúnia do vale-transporte não altera a sua natureza indenizatória, ante o que dispõe o art. 2º da Lei n. 7.418/83. Nesse diapasão, ao concluir pela natureza salarial do vale-transporte, pelo simples fato de ter sido pago ao reclamante em dinheiro, o Regional contrariou a Jurisprudência deste Tribunal Superior. Recurso de revista conhecido e provido. (...) (TST-ARR-1190700-37.2009.5.09.0029, Relator Ministro: Augusto César Leite de Carvalho, Data de Julgamento: 27/9/2017, 6ª Turma, Data de Publicação: DEJT 29/9/2017)

5. CONCEITO GERAL E JURÍDICO DE TRABALHO "INTERMITENTE"

O artigo 443, § 3º, da Consolidação das Leis do Trabalho, com a alteração promovida pela Lei n. 13.467/2017, traz a definição do que é "intermitente":

> Considera-se como intermitente o contrato de trabalho no qual a prestação de serviços, com subordinação, não é contínua, ocorrendo com alternância de períodos de prestação de serviços e de inatividade, determinados em horas, dias ou meses, independentemente do tipo de atividade do empregado e do empregador, exceto para os aeronautas, regidos por legislação própria.

Com relação ao conceito geral, da Língua Portuguesa, temos em Houaiss (2009:1098) a seguinte definição para "intermitente": "em que ocorrem interrupções; que cessa e recomeça por intervalos; intervalado, descontínuo". No âmbito jurídico, temos em Diniz (2005b:1030), de forma simplificada, o seguinte: "nas linguagens comum e jurídica, quer dizer: a) não contínuo; b) interrompido a espaços; c) o que para por intervalos".

Oliveira (2017:37) bem coloca:

> Intermitente constitui adjetivo de dúplice gênero originário do latim *intermittente*. Intermitência significa que o trabalho cessa e recomeça por intervalos, maiores ou menores, que se manifestam com intermitências; que não é contínuo, que tem interrupções. O antônimo de intermitente é contínuo. A intermitência poderá ser causada por horas, dias ou mesmo meses. Vai depender do tipo de atividade que será prestada. O parágrafo excepciona os aeronautas, os quais são regidos por legislação específica.

Mendes (2017:54), ao lembrar dos trabalhadores avulsos, afirma que "o legislador não fez reserva de contratação do empregado por contrato intermitente para contratação por prazo indeterminado e sem intermitências, como é o caso dos avulsos".

De fato, o artigo 32, inciso IV, da Lei n. 12.815/2013, que dispõe sobre a exploração direta e indireta pela União de portos e instalações portuárias e sobre as atividades desempenhadas pelos operadores portuários, diz que os operadores portuários devem constituir em cada porto organizado um órgão de gestão de mão de obra (OGMO) do trabalho portuário, destinado a, entre outros, selecionar e registrar o trabalhador portuário avulso. No artigo 35, temos que o OGMO pode ceder trabalhador portuário avulso, em caráter permanente, ao operador portuário e, no artigo 40, temos que o trabalho portuário de capatazia, estiva, conferência de carga, conserto de carga, bloco e vigilância de embarcações, nos portos organizados, será realizado por trabalhadores portuários *com vínculo empregatício por prazo indeterminado e por trabalhadores portuários avulsos*.

Porém, como bem lembra Mendes, a dita Lei dos Portos (Lei n. 12.815/2013) prevê expressamente que no trabalho intermitente, realizado pelo trabalhador portuário avulso, não há vínculo de emprego (inadmite-se a modalidade de trabalho intermitente aos trabalhadores portuários com vínculo de emprego por prazo indeterminado); ainda, em que pese a Constituição da República reconhecer, no artigo 7º, inciso XXXIV, a "igualdade de direitos entre o trabalhador com vínculo empregatício permanente e o trabalhador avulso", ainda há diferenciação, com relação a certos direitos, aplicada com base na legislação infraconstitucional, mormente no âmbito do Tribunal Superior do Trabalho, vejam:

> (...) TRABALHADOR PORTUÁRIO AVULSO. PRESCRIÇÃO BIENAL. CONTAGEM DO PRAZO PRESCRICIONAL A PARTIR DA DATA DO DESCREDENCIAMENTO DO TRABALHADOR AVULSO DO ÓRGÃO GESTOR DE MÃO DE OBRA (OGMO). CANCELAMENTO DA ORIENTAÇÃO JURISPRUDENCIAL N. 384 DA SBDI-1. O Tribunal Pleno desta Corte, em decorrência dos debates realizados na denominada "Semana do TST", no período de 10 a 14/9/2012, decidiu, em sessão realizada em 14/9/2012, por meio da Resolução 186/2012 (DJE de 25, 26 e 27/9/2012), cancelar a Orientação Jurisprudencial n. 384 da SbDI-1. Assim, não mais prevalece, nesta Corte

superior, o entendimento consagrado no verbete jurisprudencial cancelado, de que, nos processos envolvendo os trabalhadores avulsos, a prescrição bienal prevista no artigo 7º, inciso XXIX, da Constituição Federal de 1988 conta-se da data do término de cada prestação de serviços aos seus tomadores, uma vez que o trabalhador avulso não mantém contrato de trabalho típico com os tomadores. Prevalece agora o entendimento de que, no caso de trabalhador avulso portuário, a prescrição bienal será contada a partir da data do seu descredenciamento do Órgão Gestor de Mão de Obra – OGMO. Isso se explica pela circunstância de que o Órgão Gestor de Mão de Obra – OGMO (ao qual permanecem ligados, de forma direta, sucessiva e contínua, os trabalhadores) faz a intermediação entre os trabalhadores e os vários e sucessivos tomadores dos seus serviços e repassa àqueles os valores pagos por esses últimos. Por outro lado, com a adoção desse novo entendimento, não se está violando o artigo 7º, inciso XXIX, da Constituição Federal, sem dúvida também aplicável aos trabalhadores avulsos, por força do inciso XXXIV do mesmo dispositivo constitucional. Ademais, foi recentemente editada a Lei n. 12.815, de 5/6/2013, a qual, corroborando o entendimento jurisprudencial desta Corte superior, por meio do seu artigo 37, § 4º, dispõe que "as ações relativas aos créditos decorrentes da relação de trabalho avulso prescrevem em 5 (cinco) anos até o limite de 2 (dois) anos após o cancelamento do registro ou do cadastro no órgão gestor de mão de obra". Verifica-se que não houve aplicação retroativa da Lei n. 12.815/2013, já que a edição da nova Lei apenas corroborou o entendimento jurisprudencial desta Corte sobre a matéria. Nesse contexto, está expressamente reconhecido, na atual legislação, que a prescrição bienal, na hipótese de trabalhador avulso, deve ser contata a partir do cancelamento do registro ou do cadastro no Órgão Gestor de Mão de Obra, o que afasta a tese do reclamado de que a prescrição deve ser observada a partir de cada engajamento. Importante destacar que a Federação Nacional dos Operadores Portuários (FENOP) ajuizou uma Ação Direta de Inconstitucionalidade (ADI n. 5.132) no Supremo Tribunal Federal para questionar o referido artigo 37, § 4º, da Lei dos Portos, cujo Relator é o Ministro Gilmar Mendes, sem decisão liminar até o julgamento deste processo. Assim, não havendo decisão liminar, não há nenhum efeito prático decorrente daquela Ação Direta em relação à vigência desse dispositivo legal, que está plenamente em vigor. Registra-se, ainda, que, como a prescrição bienal somente tem lugar quando houver o descredenciamento do trabalhador do Órgão Gestor de Mão de Obra, na ausência do referido descredenciamento permanece a aplicação da prescrição quinquenal em razão do liame contínuo que se estabelece entre o trabalhador portuário e o OGMO (E-RR-65500-90.2009.5.04.0121, Relator Ministro Aloysio Corrêa da Veiga, julgado em 28/4/2016, publicado no DEJT do dia 6/5/2016). Esse foi o entendimento adotado pela Subseção I de Dissídios Individuais desta Corte, ao julgar o Processo n. E-ED-RR-183000-24.2007.5.05.0121, de lavra deste Relator, em 4/8/2016, acórdão publicado no DEJT em 19/8/2016, quando, por maioria, decidiu-se que, no caso de trabalhador avulso portuário, a prescrição bienal será contada a partir da data do seu descredenciamento do Órgão Gestor de Mão de Obra – OGMO. No caso ora em exame, ante a ausência de cancelamento do registro ou do cadastro do reclamante no OGMO, em razão da continuidade da prestação do serviço, não há falar em declaração da prescrição bienal, conforme pretende o reclamado. Recurso de revista não conhecido. TRABALHADOR PORTUÁRIO AVULSO. HORAS EXTRAS EXCEDENTES DA SEXTA DIÁRIA E NÃO OBSERVÂNCIA DO INTERVALO

INTERJORNADAS ENTRE O TRABALHO PRESTADO A OPERADORES PORTUÁRIOS DISTINTOS. RESPONSABILIDADE DO OGMO PELA ORGANIZAÇÃO DO TRABALHO PELO SISTEMA DE RODÍZIO. Estando o trabalhador submetido ao turno ininterrupto de revezamento, o trabalho realizado além da sexta hora diária e da 36ª semanal deve ser remunerado com o adicional de horas extras de 50%, independentemente de o elastecimento decorrer da prestação de serviço para o mesmo operador portuário ou para operador distinto. Despicienda, assim, a argumentação de que o labor em mais de um turno dependia exclusivamente do trabalhador, que, se quisesse, se engajava e participava das escalas de trabalho. Mesmo que coubesse ao trabalhador a faculdade de se engajar para trabalhar no mesmo dia, em mais de um turno, cabia ao OGMO controlar e evitar essa situação, sob pena de pagar, como extras, as horas laboradas além da 6ª diária. Pelo mesmo motivo – *ad argumentandum tantum* –, uma vez que cabia ao OGMO controlar o labor, o fato de o trabalho ser prestado pelo avulso a operadores portuários diferentes em nada muda a situação nem retira do obreiro o direito à percepção de horas extras. Recurso de revista não conhecido. (...) RECURSO DE REVISTA DOS AUTORES. TRABALHADOR AVULSO. PAGAMENTO EM DOBRO DAS FÉRIAS NÃO GOZADAS NO PERÍODO CONCESSIVO. **A atual e iterativa jurisprudência desta Corte possui o entendimento de que, em que pese a igualdade de direitos entre o trabalhador com vínculo empregatício permanente e o trabalhador avulso, assegurada pelo artigo 7º, inciso XXXIV, da Constituição Federal, não se pode conferir ao trabalhador avulso portuário, cujo trabalho, ao contrário dos empregados, não se realiza de forma contínua para o mesmo beneficiário de sua prestação laboral, o mesmo direito do trabalhador com vínculo de emprego com relação à dobra das férias, tendo em vista a peculiaridade do trabalho avulso, que, de regra, não possibilita a sua atuação para um mesmo tomador de seus serviços por todo o período aquisitivo e concessivo.** Recurso de revista não conhecido. (...) (TST-RR-133900-68.2007.5.09.0322, Relator Ministro: José Roberto Freire Pimenta, Data de Julgamento: 11/10/2017, 2ª Turma, Data de Publicação: DEJT 20/10/2017) (negritei)

Carvalho (2016:115), por sua vez, ao recordar os *safristas*, diz o seguinte:

Trabalhador intermitente ou adventício é aquele que presta serviço não eventual, mas descontínuo. São o safrista e o suplente, especialmente. Os trabalhadores safristas ou estacionários são, na lição de Orlando Gomes e Elson Gottschalk, aqueles "requisitados segundo as necessidades técnicas do estabelecimento; pela temporada (hotéis de turismo, cassinos, certos tipos de indústria, como a do sal); ou pelas estações do ano (colheita dos frutos, preparo e limpeza da terra)". Os trabalhadores suplentes, à expressão dos mesmos mestres, são aqueles "que podem ser chamados para substituir o pessoal do quadro efetivo", ou seja, os que ajustam contratos de substituição, provendo provisoriamente a vaga de empregados que se afastaram em razão de férias ou gozo de licença-gestante, por exemplo.

A Lei n. 5.889/1973, que estatui normas reguladoras do trabalho rural, prevê, em seu artigo 14 que se considera contrato de safra "o que tenha sua duração dependente de variações estacionais da atividade agrária"; expirado normalmente o contrato, o empregador rural pagará ao empregado rural *safrista*, a título de indenização do tempo de serviço, importância correspondente a um doze avos do salário mensal, por mês de serviço ou fração superior a catorze dias. Temos uma clássica figura que se insere no âmbito do contrato de trabalho por prazo determinado.

Embora os preceitos constantes na Consolidação das Leis do Trabalho não se apliquem aos trabalhadores rurais, assim considerados aqueles que, exercendo funções diretamente ligadas à agricultura e à pecuária, não sejam empregados em atividades que, pelos métodos de execução dos respectivos trabalhos ou pela finalidade de suas operações, se classifiquem como industriais ou comerciais, exceto quando, em cada caso, for "expressamente determinado em contrário", à luz do artigo 7º, alínea "b", da Consolidação das Leis do Trabalho, é possível, ***para fins didáticos***, fazer uma analogia do contrato de trabalho rural do *safrista* com a previsão no artigo 443, alínea "b", da Consolidação das Leis do Trabalho, considerado o contrato de trabalho por prazo determinado aquele que trate de atividades empresariais de caráter transitório, como ocorre nos contratos de safra, por temporada.

Como já disse outrora, trata-se aqui de novel figura jurídica, sem precedentes na norma positivada, embora, como veremos, não se trata de prática inovatória no mundo fenomênico: basta lembrar do Caso McDonald's, ao qual se fará referência, ao final.

Agora, o contrato individual de trabalho poderá servir de instrumento para a prestação de trabalho intermitente. O conceito trazido pela Lei n. 13.467/2017 é conexo ao conceito etimológico da palavra, consagrado nos dicionários, na medida em que o artigo 443, § 3º, da Consolidação das Leis do Trabalho prevê, para essa modalidade de prestação de trabalho, o labor em que ocorrem interrupções, intervalado, descontinuado, assim entendido o trabalho ***não contínuo e não eventual***, no qual ocorre alternância entre períodos de plena atividade e de total inativação.

Como dito alhures, se a Consolidação das Leis do Trabalho conceitua o trabalho intermitente como o que ocorre com alternância de períodos de prestação de serviços e de inatividade ***determinados em horas, dias ou meses***, intuitivo concluir que a Lei, ao citar de forma enumerada a fração horária, diária e mensal do tempo, trouxe um rol taxativo, de modo que, se houver ***inatividade anual***, há motivo para o justo rompimento e para a resolução do contrato de trabalho, por iniciativa do empregado, com base analógica no artigo 483, alínea "g", da própria Consolidação das Leis do Trabalho, que permite ao empregado considerar rescindido o contrato de trabalho quando o empregador "reduzir o seu trabalho, sendo este por peça ou tarefa, de forma a afetar sensivelmente a importância dos salários".

6. O CASO DOS AERONAUTAS

Segundo o artigo 511, § 1º, da Consolidação das Leis do Trabalho, "categoria profissional diferenciada é a que se forma dos empregados que exerçam profissões ou funções diferenciadas ***por força de estatuto profissional especial*** ou em consequência de condições de vida singulares".

> Categoria, como denominação dos grupos profissional e econômico, traz consigo o estigma do corporativismo, seu reconhecimento oficial para inserir-se como força num sistema de produção e economia dirigidas pelo Estado. Hoje, num regime democrático, mantém-se, mas simplesmente como representação de grupos vinculados por interesses comuns. Neste sentido, a Constituição menciona categoria nos incisos III e IV do art. 8º, tendo recepcionado os conceitos contidos nos §§ 2º, 3º e 4º do art. 511 da Consolidação das Leis do Trabalho. A categoria profissional constitui o conjunto de empregados que operam numa mesma atividade econômica ou em atividades assemelhadas, unidos por força do trabalho em comum. A atividade econômica, por sua vez, é a expressão da solidariedade em função de interesses econômicos daqueles que empreendem atividades idênticas, similares ou conexas. Pode-se dizer, portanto, que a constituição básica assenta-se normalmente na atividade econômica e excepcionalmente na profissão dos que se diferenciam por serem regidos por estatuto profissional ou particularidades especiais, (...) (AROUCA, 2016:74)

É o caso dos aeronautas, regidos, até 26/11/2017, pela Lei n. 7.183/1984 e, a partir de 27/11/2017, pela Lei n. 13.475/2017, que revoga aquela e entra em vigor após decorridos noventa dias de sua publicação oficial (artigos 81, inciso I, e 82 da Lei), ocorrida no Diário Oficial da União de 29/8/2017.

O artigo 443, § 3º, da Consolidação das Leis do Trabalho afasta expressamente a possibilidade de contratação de trabalho intermitente à categoria profissional dos aeronautas, "regidos por legislação própria".

É bem verdade que, nesse caso, há previsão específica, seja pela previsão expressa nos artigos 20 e seguintes da Lei n. 7.183/1984, seja pela previsão nos artigos 20 e seguintes da novel Lei n. 13.475/2017.

Porém, tal dispositivo me causou estranheza desde o início. É apenas a categoria dos aeronautas que tem legislação específica? É claro que não. Procurei nos milhares de emendas ao projeto, despachos, pareceres, substitutivos, votos, recursos, mensagens, ofícios e requerimentos e não localizei nenhuma justificativa maior para a exclusão do trabalho intermitente apenas para essa categoria, em especial, considerando-se que muitas categorias são "regidas por legislação própria", inclusive com previsão específica quanto à jornada de trabalho.

É possível aferir um aparte na complementação de voto do relatório do Deputado Rogério Marinho[7], na Comissão Especial destinada a proferir parecer ao Projeto de Lei n. 6.787/2016, que resultou na Lei n. 13.467/2017, em decorrência

7. Disponível em: <http://www.camara.gov.br/proposicoesWeb/prop_mostrarintegra?codteor=1548521&filename=CVO+1+PL678716+%3D%3E+PL+6787/2016>. Acesso em: 21 out. 2017.

da reunião da Comissão Especial em 25/4/2017 no Plenário da Câmara dos Deputados, quando se modificou a redação do § 3º do artigo 443 da Consolidação das Leis do Trabalho ***"para proibir o trabalho intermitente dos aeronautas regidos por legislação própria"***. Apenas isso.

Não entendi o motivo. E cito um exemplo básico. Acabamos de ver que a Lei n. 12.815/2013 (Lei dos Portos) ***não admite a modalidade de trabalho intermitente aos trabalhadores portuários com vínculo de emprego por prazo indeterminado***, reservando essa modalidade de trabalho, especificamente, aos trabalhadores portuários avulsos.

Nesse diapasão, certo seria a não aplicação da Consolidação das Leis do Trabalho, pois, tal qual os aeronautas, os trabalhadores portuários são regidos por legislação própria e que, neste caso, é específica (no critério de antinomia, prevalece, por certo, a norma específica sobre a norma geral).

7. TRANSAÇÃO EM ÂMBITO COLETIVO E INDIVIDUAL

O artigo 611-A da Consolidação das Leis do Trabalho traz um rol de direitos em que o ***negociado prevalecerá sobre o legislado***, isto é, no qual a convenção e o acordo coletivos de trabalho terão prevalência sobre a lei em sentido estrito.

Claramente, a *mens legislatoris* (a intenção do legislador), como dito, foi a de trazer um rol mínimo de direitos em que o ***negociado prevalecerá sobre o legislado***, ao se utilizar da expressão **"entre outros"**, demonstrando que tais direitos, ali elencados, consubstanciam rol meramente exemplificativo e não exaustivo (*numerus apertus*).

A intenção do legislador é reforçada no artigo seguinte (artigo 611-B), que traz um rol de direitos não passíveis de negociação coletiva, irrenunciáveis inclusive nessa esfera (por óbvio, por corolário lógico, se não são passíveis de negociação no âmbito coletivo, não o serão também no âmbito individual). Ao elencar tais direitos, a Lei n. 13.467/2017 utiliza a palavra **"exclusivamente"**, a clarificar, de modo incontestável – e de discutível constitucionalidade e convencionalidade –, que esse segundo rol é **taxativo** (*numerus clausus*).

Pois bem. Dentre os direitos elencados, de forma não exaustiva e meramente exemplificativa, passíveis de negociação coletiva, encontram-se, no inciso VIII do artigo 611-A da Consolidação das Leis do Trabalho, o "teletrabalho, regime de sobreaviso ***e trabalho intermitente***".

Assim, de acordo com a Lei n. 13.467/2017, que introduziu a figura jurídica do trabalho intermitente, será possível a transação, pela via da negociação coletiva, de aspectos ligados ao trabalho intermitente. Segundo o parágrafo único do artigo 444 da Consolidação das Leis do Trabalho, igualmente introduzido pela Lei n. 13.467/2017, será possível a livre estipulação igualmente em âmbito individual, entre as partes contratantes (empregador e empregado), com a mesma eficácia legal e preponderância sobre os instrumentos coletivos, no caso do empregado ser portador de diploma de nível superior e, cumulativamente, perceber salário mensal igual ou superior a duas vezes o limite máximo dos benefícios do Regime Geral de Previdência Social.

Penso que, ainda que não seja declarada a inconstitucionalidade material dessa norma, e ainda que não haja reconhecimento de eficácia paralisante pela afronta a tratados internacionais de direitos humanos, é certo que, no âmbito da negociação coletiva de trabalho, o ajuste coletivo deverá trazer melhoria para a condição social dos trabalhadores, vedado o retrocesso social, à luz do artigo 7º, *caput*, da Constituição da República; nesse diapasão, *mutatis mutandis*, com base na teoria do conglobamento[8], amplamente aceita pela iterativa, atual e notória jurisprudência do Tribunal Superior do Trabalho[9], observar-se-á a norma coletiva em seu todo, a fim de se aferir se ela é ou não benéfica aos trabalhadores.

Por outro lado, no seio individual, ainda que se trate de empregado portador de diploma de nível superior que receba salário mensal igual ou superior a duas vezes o limite máximo dos benefícios do Regime Geral de Previdência Social, aplica-se igualmente a inteligência do artigo 468 da Consolidação das Leis do Trabalho, de modo que são nulas de pleno direito (artigo 9º da Consolidação das Leis do Trabalho) as alteração das respectivas condições que não ocorram por mútuo consentimento e, ainda que por mútuo consentimento, causem prejuízos diretos ou indiretos ao empregado.

---

8. "Pela teoria do conglobamento, que é a adotada pela maioria da doutrina e pelos tribunais superiores também, devemos utilizar o conjunto normativo mais favorável, examinado na sua integralidade. Aposta a ela, temos a teoria da acumulação ou atomista, segundo a qual a norma mais favorável deve ser encontrada em dado conjunto normativo aplicando-se as disposições mais favoráveis ao trabalhador." (FRANCO FILHO, 2017:366)
9. "AGRAVO DE INSTRUMENTO. RECURSO DE REVISTA. ACORDO COLETIVO DE TRABALHO E CONVENÇÃO COLETIVA DE TRABALHO. COEXISTÊNCIA. PREVALÊNCIA. NORMA MAIS FAVORÁVEL AO EMPREGADO. TEORIA DO CONGLOBAMENTO. ART.620 DA CLT 1. Não há hierarquia rígida das fontes formais do Direito do Trabalho. Aplica-se sempre a fonte mais favorável ao empregado, em seu conjunto, pois o Direito do Trabalho vive à sombra do princípio da proteção ao economicamente hipossuficiente. 2. A jurisprudência do Tribunal Superior do Trabalho é firme no sentido de que, na coexistência de do acordo coletivo de trabalho e da convenção coletiva de trabalho, deve prevalecer a norma coletiva que, em seu conjunto, se demonstre mais benéfica ao empregado. 3. Não demanda reforma decisão da Corte Regional consentânea com o entendimento jurisprudencial dominante no âmbito do Tribunal Superior do Trabalho em que se aplica devidamente a teoria do conglobamento e se atende plenamente ao comando inserto no art. 620 da Consolidação das Leis do Trabalho. 4. Agravo de instrumento do Reclamante de que se conhece e a que se nega provimento. (...)" (TST-ARR-1200-31.2010.5.09.0094, Relator Ministro: João Oreste Dalazen, Data de Julgamento: 11/10/2017, 4ª Turma, Data de Publicação: DEJT 20/10/2017)

PARTE II - ANÁLISE DA DUPLA COMPATIBILIDADE MATERIAL DA LEI N. 13.467/2017

1. PRINCÍPIO DA INDISPONIBILIDADE DE DIREITOS TRABALHISTAS - TRANSAÇÃO INDIVIDUAL DE DIREITOS LIGADOS AO TRABALHO INTERMITENTE

Conforme bem coloca Delgado (2017a:151), a concepção normativa dos princípios jurídicos se traduz em princípios ***como efetivas normas jurídicas*** e não apenas "meras proposições ideais". Segundo o autor:

> Os princípios ora chamados de normativos próprios e concorrentes correspondem aos princípios fundamentadores referidos pela moderna doutrina jusfilosófica e constitucionalista. Exercem a função de "fundamento da ordem jurídica" (Federico de Castro e Flórez-Valdés), com eficácia limitadora e, ao mesmo tempo, diretiva da ordem jurídica. Agem como norma jurídica própria, com natural força normativa. Nesta qualidade de norma é que se relacionam com as demais regras jurídicas, produzindo, após seu cotejo e harmonização, o resultado normativo regente dos casos concretos.
>
> A força da natureza normativa de tais princípios poderá lhes permitir ora estender o comando da regra jurídica enfocada, ora restringi-lo, a partir da absorção de seu sentido ao conjunto mais abrangente arquitetado pelos princípios. Nessa medida, os princípios poderão até mesmo eventualmente esterilizar o comando derivado da regra jurídica contraposta. Não obstante, não se tornam princípios normativos autônomos, apartados, melhor se qualificando como princípios normativos próprios e, ao mesmo tempo, concorrentes, o que significa que não se desconectam do conjunto jurídico circundante e nem agem em superior desconsideração à força normativa inerente às demais regras jurídicas.
>
> Em conformidade com o já debatido nesta obra, essa função normativa própria e, ao mesmo tempo, concorrente atua, de maneira geral, em harmonia com a função interpretativa das regras de Direito. Nessa linha, se uma regra legal realiza o comando genérico contido em certo princípio, mas entra em choque com outro princípio, tal regra pode prevalecer, sem dúvida, em face do peso do princípio realizado. Entretanto, isso não significa que o princípio preterido não tenha certa influência na compreensão da norma enfocada, atenuando, adequadamente, seus efeitos pensados na origem. (DELGADO, 2017b:32-33)

Como cediço, as normas jurídicas se subdividem, na moderna interpretação que se dá ao conteúdo positivado explícita e implicitamente, à luz da força normativa da Constituição da República e do conteúdo ético-democrático do Estado Democrático de Direito, em ***normas-princípios*** e ***normas-regras***.

Didaticamente, temos a clássica diferenciação de Dworkin (2007:39 e 42):

> A diferença entre princípios jurídicos e regras jurídicas é de natureza lógica. Os dois conjuntos de padrões apontam para decisões particulares acerca da obrigação jurídica em circunstâncias específicas, mas distinguem-se quanto à

> natureza da orientação que oferecem. ***As regras são aplicadas à maneira do tudo ou nada.*** Dados os fatos que uma regra estipula, então ou a regra é válida, e neste caso a resposta que ela fornece deve ser aceita, ou não é válida, e neste caso em nada contribui para a decisão. (...) ***Os princípios possuem uma dimensão que as regras não têm – a dimensão de peso ou importância.*** Quando os princípios se intercruzam (...), aquele que vai resolver o conflito tem de levar em conta a força relativa de cada um. (destaques meus)

Nesse contexto, exsurge, entre os princípios característicos da ciência trabalhista, que surge para igualar, no plano material, a igualdade apenas formal existente entre os contraentes, o **princípio da indisponibilidade dos direitos trabalhistas**, fruto da imperatividade das regras trabalhistas e que traduz "a inviabilidade técnico-jurídica de poder o empregado despojar-se, por sua simples manifestação de vontade, das vantagens e proteções que lhe asseguram a ordem jurídica e o contrato" (DELGADO, 2017a:217).

Trata-se de um dos pilares fundantes do Direito do Trabalho, de inaceitável mitigação pelo parágrafo único ao artigo 444 da Consolidação das Leis do Trabalho, que afasta a sua aplicação a empregados portadores de diploma de nível superior que percebam salário mensal igual ou superior a duas vezes o limite máximo dos benefícios do Regime Geral de Previdência Social[10], tornando-os *hipersuficientes*, igualando essas relações de trabalho a relações meramente civis, marcadamente simétricas, e equivalendo a eficácia jurídica da livre estipulação, no campo individual, a dos instrumentos coletivos.

Como disse no início, o Direito do Trabalho é **protetivo**, diante da clara hipossuficiência do empregado – que necessita do seu salário para sobreviver – em face do empregador – que detém o uso do poder empregatício e, em seu favor, o pressuposto da subordinação jurídica. Neste sentido, concebe-se o **paradigma da essencialidade** (NEGREIROS, 2006:463): "os contratos que versem sobre a aquisição ou a utilização de bens que, considerando sua destinação, *são tidos como essenciais* estão sujeitos a um *regime tutelar*, justificado pela necessidade de *proteção*" – proteção do sujeito *hipossuficiente*, assim entendido aquele que se utiliza do bem – objeto do contrato – para a sua sobrevivência.

No contrato de trabalho, uma das partes – o trabalhador, sujeito hipossuficiente – tem no objeto do contrato – o salário, que recebe em troca da sua força de trabalho – *sua única possibilidade de existência digna*, o que legitima a intervenção estatal na autonomia da vontade privada, dada a assimetria característica da relação contratual. A par disto, não se olvide que o *trabalho* – e o direito ao *trabalho*

10. Segundo o artigo 2º da Portaria MF n. 8/2017, publicada no Diário Oficial da União de 16/1/2017, a partir de 1º de janeiro de 2017, o salário de benefício e o salário de contribuição não poderão ser inferiores a R$937,00 (novecentos e trinta e sete reais) nem superiores a R$5.531,31 (cinco mil quinhentos e trinta e um reais e trinta e um centavos), de modo que, para fins de aplicação da Consolidação das Leis do Trabalho, o empregado deixa de ser hipossuficiente, até então, se possuir diploma de nível superior e receber salário mensal igual ou superior a ***R$11.062,62 (onze mil e sessenta e dois reais e sessenta e dois centavos)***.

digno – é um direito social fundamental, consagrado no artigo 6º da Constituição da República, cujo objeto final, para o trabalhador, é a paga, o *salário* que recebe pela força de trabalho que coloca à disposição do empregador.

Nesse contexto, não há como afastar a hipossuficiência do empregado, seja qual seu nível de instrução, seja qual o valor da sua remuneração. Assim, o artigo 444, parágrafo único, da Consolidação das Leis do Trabalho, combinado com o artigo 611-A, inciso VIII, da Consolidação, que permite a transação, no campo individual, de direitos e obrigações relacionados ao trabalho intermitente, é flagrantemente inconstitucional, porque, ao *subverter* a lógica do Direito do Trabalho e ferir princípio que têm cunho de norma, certamente afeta a estrutura fundante do Estado Democrático de Direito, que se sustenta no valor social do trabalho ***e*** no valor social da livre iniciativa (artigo 1º, inciso IV, da Constituição da República), além de contrariar princípio estruturante da própria ordem econômica, fundada na valorização do trabalho humano (artigo 170, *caput*) e na função social do empreendimento (artigos 5º, inciso XXIII, e 170, inciso III).

2. NORMAS DE HIGIENE, SAÚDE, SEGURANÇA E MEDICINA DO TRABALHO – TRANSAÇÃO COLETIVA DE DIREITOS LIGADOS AO TRABALHO INTERMITENTE

Do ponto de vista material, alerta-nos Barretto (2013:88) que os tratados internacionais sobre direitos humanos sempre têm natureza constitucional, diante da abertura material da Constituição da República (artigo 5º, § 2º) e da matéria envolvida, tipicamente constitucional – *direitos humanos*.

Do ponto de vista formal, Barretto (2013:88) enumera, doutrinariamente, as seguintes naturezas possíveis, em relação aos tratados internacionais (e aqui trato de uma maneira geral, sendo ou não tratados internacionais sobre direitos humanos):

1) **natureza supraconstitucional**: os tratados valeriam mais do que a própria Constituição Federal, num eventual conflito, prevaleceriam aqueles;

2) **natureza constitucional**: os tratados equivaleriam às normas constitucionais, um eventual conflito seria então considerado como uma *colisão de normas constitucionais*, de modo que "os direitos fundamentais e valores constitucionais deverão ser harmonizados, no caso *sub examine*, por meio de juízo de ponderação que vise preservar e concretizar ao máximo os direitos e bens constitucionais protegidos" (FARIAS, 1996:98);

3) **natureza legal**: os tratados valeriam tanto quanto as leis infraconstitucionais, prevalecendo sempre, por óbvio, a Constituição da República;

4) **natureza supralegal**: os tratados valeriam menos que a Constituição da República, subordinando-se a ela, mas estariam acima da legislação infraconstitucional, prevalecendo sobre estas.

A Emenda Constitucional n. 45/2004, chamada de "Reforma do Poder Judiciário", incluiu o § 3º no artigo 5º da Constituição da República, que inaugura tanto o título II, "dos direitos e garantias fundamentais", quanto o capítulo I, "dos direitos e deveres individuais e coletivos", e diz: "Os tratados e convenções internacionais **sobre direitos humanos** que forem aprovados, em cada Casa do Congresso Nacional, em dois turnos, por três quintos dos votos dos respectivos membros, **serão equivalentes às emendas constitucionais**".

Pois bem. A partir do julgamento conjunto dos recursos extraordinários n. 349.703/RS e 466.343/SP e dos *habeas corpus* n. 87.585/TO e 92.566/SP[11], o Supremo Tribunal Federal assim entendeu:

1) se são tratados internacionais sobre direitos humanos e foram aprovados pelo quórum qualificado, isto é, em cada Casa do Congresso Nacional, em dois turnos, por três quintos dos votos dos respectivos membros, serão equivalentes às emendas constitucionais, ou seja, terão natureza constitucional;

2) se são tratados internacionais sobre direitos humanos e não foram aprovados pelo quórum qualificado, inclusive aqueles já ratificados pelo Brasil no passado, em momento anterior a 31 de dezembro de 2004, momento em que a Emenda Constitucional n. 45 foi publicada no Diário Oficial da União, terão natureza supralegal;

3) se são tratados internacionais que não tratem sobre direitos humanos (os ajustes internacionais perante a Organização Mundial do Comércio, por exemplo), então terão natureza legal;

4) nenhum tratado internacional tem natureza supraconstitucional.

Assim, caso a legislação infraconstitucional interna contravenha qualquer tratado internacional de direitos humanos, aprovado pelo quórum qualificado descrito no artigo 5º, § 3º, da Constituição da República (portanto, com posição hierárquico-normativa de emendas constitucionais), será **inconstitucional**; outrossim, se a legislação infraconstitucional interna contravir qualquer tratado internacional de direitos humanos ratificado pelo Brasil, mas não aprovado pelo quórum qualificado descrito no artigo 5º, § 3º, da Constituição da República (portanto, com posição hierárquico-normativa de supralegalidade), é **inconvencional**, de modo que o tratado imprime, à legislação interna, **eficácia paralisante**.

Nesse sentido, Mazzuoli (2011:15) explica que, a partir de então, toda lei ordinária, para ser válida, deve contar com **dupla compatibilidade vertical material**, ou seja, deve ser compatível com a Constituição da República e com os tratados de direitos humanos em vigor no país. Se a legislação infraconstitucional for antagônica à Constituição Federal ou a um tratado, não conta com eficácia prática, isto é, a norma superior irradia a eficácia paralisante sobre a norma inferior. É bom

11. Nesse sentido, conferir, ainda, o Informativo n. 531 do Supremo Tribunal Federal.

lembrar que, por esse raciocínio, considerando que as convenções da Organização Internacional do Trabalho tratam sobre direitos humanos dos trabalhadores, mas nenhuma delas foi aprovada pelo quórum qualificado do artigo 5º, § 3º, da Constituição da República, **todas têm natureza supralegal**.

Como vimos, além da permissão, no campo individual, para a disposição de direitos ligados ao trabalho intermitente, para empregados com diploma de nível superior e que recebam salário mensal igual ou superior a duas vezes o limite máximo dos benefícios do Regime Geral de Previdência Social (artigo 444, parágrafo único, da Consolidação das Leis do Trabalho, combinado com o artigo 611-A, inciso VIII, da Consolidação), no ***campo coletivo*** nenhuma limitação há, isto é, a Lei n. 13.467/2017 franqueou liberdade ao negociado sobre o legislado, consoante artigo 611-A, inciso VIII, da Consolidação das Leis do Trabalho. E foi além: no artigo 611-B, parágrafo único, deixa claro que "regras sobre duração do trabalho e intervalos não são consideradas como normas de saúde, higiene e segurança do trabalho" para fins de norma coletiva de trabalho, o que inclui, por certo, o trabalho intermitente, ligado à duração do trabalho, como, há muito, se consolidou na doutrina e na jurisprudência trabalhistas, vejam:

> (...) RECURSO DE REVISTA REGIDO PELA LEI 13.015/2014. 1. HORAS IN ITINERE. SUPRESSÃO DA PARCELA NO INSTRUMENTO COLETIVO DE 2012/2013. AUSÊNCIA DE REGISTRO DE CONCESSÃO DE CONTRAPARTIDAS. INVALIDADE. LIMITAÇÃO NO INSTRUMENTO COLETIVO DE 2013/2015. AUSÊNCIA DE RAZOABILIDADE. INVALIDADE. 1. Como desdobramento da liberdade sindical inscrita no texto da Constituição (art. 8º, I), a autonomia negocial coletiva foi elevada ao patamar constitucional (art. 7º, XXVI), confirmando a importância da ação dos sindicatos na defesa dos interesses dos integrantes das classes econômica e profissionais representadas. 2. **O exercício dessa autonomia negocial coletiva, no entanto, não é absoluto e não pode alcançar normas que contrariem as liberdades individuais ou coletivas ou os direitos individuais indisponíveis dos trabalhadores** (LC 75/93, art. 83, IV), **entre as quais se destacam as regras de proteção à saúde e segurança do trabalho** (CF, artigos 7º, XXII, 21, XXIV c/c o artigo 155 e ss. da CLT) – **que integram o núcleo essencial do postulado fundamental da dignidade da pessoa humana** (CF, art. 1º, III). 3. Na perspectiva de propor critérios para a reconstrução do âmbito de incidência do postulado da autonomia negocial coletiva (CF, art. 7º, XXVI), parece razoável fixar que são insuscetíveis de negociação as normas que disciplinam o direito ao salário mínimo (art. 7º, IV, da CF e art. 76 da CLT), a anotação de CTPS (art. 29 da CLT), a proteção à maternidade (artigos 6º e 7º, XVIII, da CF), a vinculação à Previdência Social (art. 195, I e II, da CF e art. 12 da Lei 8.212/91), as regras de proteção à saúde e segurança do trabalho (artigos 7º, XXII, e 21, XXVI, da CF e artigo 157 da CLT) e a natureza de parcelas trabalhistas (artigo 28, § 8º, da Lei 8.212/91). 4. **Nessa mesma direção, não parece também possível, pelo menos em princípio e para as categorias profissionais em geral, a alteração dos parâmetros de jornada** previstos na CF (artigo 7º, XIII e XIV) e na CLT (artigo 58), para além daqueles limites já admitidos pela jurisprudência e que envolvem o regime de trabalho em turnos de revezamento (Súmulas 423 e 444) e o intervalo intrajornada (Súmulas 437 e 446). 5. **Afinal, a delimitação da duração do trabalho, objeto das principais lutas operárias desde o alvorecer dos estados**

> **modernos (vide a Convenção n. 1 da OIT), transcende o aspecto meramente patrimonial e atinge a tutela da saúde e segurança do trabalho**. 6. A possibilidade de negociação coletiva do tempo médio despendido pelo empregado, bem como a forma e a natureza da remuneração das horas de percurso, foi assegurada em lei para as microempresas e empresas de pequeno porte (CLT, artigo 58, § 3º). 7. Essa mesma possibilidade de negociação, embora limitada ao tempo de deslocamento, tem sido assegurada pela jurisprudência desta Corte às demais empresas, desde que sejam observados parâmetros razoáveis de duração, fixados em até 50% do tempo de percurso. 8. Não se considera válida, entretanto, a supressão pura e simples do pagamento correspondente às horas de percurso, desde que a norma coletiva não possa ser utilizada, à margem de sua vocação teleológica (CLT, artigos 611 e 613, VII) e fora de contextos de crise e recessão econômica (CF, artigo 7º, VI), para simplesmente reduzir os padrões de proteção inscritos em lei, em autêntico e inaceitável retrocesso histórico, social e civilizatório. 9. Os valores pagos a título de horas de percurso, porque componentes da jornada de trabalho (CLT, artigo 58, § 2º), traduzem parcela do próprio salário devido ao trabalhador. 10. Disso decorre que essas horas, no contexto das negociações coletivas, podem ser validamente transacionadas (CF, artigo 7º, VI), mediante contrapartidas que, a juízo da categoria representada – convocada a se manifestar de forma democrática e legítima –, sejam consideradas adequadas, razoáveis ou proporcionais ao bem jurídico transacionado. (...) (TST-RR-24082-66.2016.5.24.0091, Relator Ministro: Douglas Alencar Rodrigues, Data de Julgamento: 11/10/2017, 5ª Turma, Data de Publicação: DEJT 20/10/2017)

Nesse contexto, como vimos, na esteira da iterativa, atual e notória jurisprudência do Supremo Tribunal Federal, a **Constituição da Organização Internacional do Trabalho**, embora esteja em plano inferior à Constituição da República, ostenta posição hierárquico-normativa de supralegalidade, de modo a imprimir **eficácia paralisante** a qualquer normativo infraconstitucional interno que lhe constranja ou contrarie.

Como cediço, na Declaração referente aos fins e objetivos da Organização Internacional do Trabalho (Declaração de Filadélfia), anexo da Constituição da Organização, a Conferência Internacional do Trabalho reafirma os princípios fundamentais sobre os quais repousa a Organização, principalmente que: ***o trabalho não é uma mercadoria***; a penúria, seja onde for, constitui um perigo para a prosperidade geral; a luta contra a carência, em qualquer nação, deve ser conduzida com infatigável energia, e por um esforço internacional contínuo e conjugado, no qual os representantes dos empregadores e dos empregados discutam, em igualdade, com os dos Governos, e tomem com eles decisões de caráter democrático, visando o bem comum.

A disposição de direitos ligados a normas de higiene, saúde, segurança e medicina do trabalho, por consequência lógica, ignora o maior fundamento da República Federativa do Brasil, que é a ***dignidade humana***, a incorrer em inconstitucionalidade material, além de mercantilizar o trabalho humano, chancelar a penúria – porque deprecia a condição humana do trabalhador – e ampliar as desigualdades, a incorrer em inconvencionalidade, sendo, portanto, insustentável sua manutenção em nosso ordenamento jusconstitucional.

3. INCONSTITUCIONALIDADE E INCONVENCIONALIDADE DO CONTRATO DE TRABALHO INTERMITENTE

Tratamos, nos itens 1 e 2, acima, sobre o permissivo legal para a transação coletiva e individual de direitos. Porém, neste último item, faz-se necessária a análise do trabalho intermitente em si, assim considerado o contrato de trabalho no qual a prestação de serviços, com subordinação, não é contínua, ocorrendo com alternância de períodos de prestação de serviços e de inatividade, determinados em horas, dias ou meses, independentemente do tipo de atividade do empregado e do empregador (artigo 443, § 3º, da Consolidação das Leis do Trabalho).

Porém, a Lei não trata, em momento algum, qual será a frequência da prestação dos serviços. A cabeça do artigo 452-A da Consolidação das Leis do Trabalho, ao dispor do contrato escrito, não prevê que isto seja prefixado. O § 1º do artigo 452-A, por sua vez, permite ao empregador a convocação, por ato volitivo, com uma única limitação legal: o mínimo de três dias corridos de antecedência da prestação do trabalho. O § 5º do artigo 452-A, nessa mesma linha, afirma que o período de inatividade não será considerado tempo à disposição do empregador.

Ora, o que se vê aqui é que o empregador, por ***liberalidade***, convocará o empregado quando bem quiser e se quiser, e com a frequência que bem entender. Ademais, como vimos, da Lei se extrai apenas um óbice implícito, que é o de que o empregado deve ser convocado, pelo menos, no período de um ano, o que, convenhamos, é um período bastante longo, mormente porque, como vimos, o contrato de trabalho é fonte de subsistência do trabalhador, que precisa do salário para sobreviver.

Como bem colocou o Ministério Público do Trabalho, na Nota Técnica n. 1/2017,

> Ao permitir a contratação e a remuneração de empregados apenas pelo período de horas determinado pelas necessidades da empresa – embora mantenha o trabalhador à disposição por períodos indefinidos, aguardando que seja demandado –, [a Lei n. 13.467/2017] subverte a lógica histórica do nosso modelo de produção. Transfere aos empregados os riscos da atividade econômica, em flagrante colisão com os termos do artigo 2º da Consolidação das Leis do Trabalho.[12]

A Consolidação das Leis do Trabalho, no seu artigo 2º, ao conceituar a figura jurídica do empregador, imputa-lhe – como não poderia deixar de ser – ***os riscos da atividade econômica***, que jamais deverão ser suportados pelo empregado, que não é sócio.

> Na verdade, o que ocorre é que a letra do enunciado celetista (riscos da atividade econômica) não corresponde à específica intenção da norma, nem à plena

12. Disponível em: <http://portal.mpt.mp.br/wps/wcm/connect/portal_mpt/853e13be-fb97-4fc6-aa5e-0fa670e04797/Nota+Técnica+nº+1-2017+-+PLS+218-2016+-+Jornada+Intermitente.pdf>. Acesso em: 22 out. 2017.

> noção jurídica dos riscos que pertinem à posição jurídica do empregador no âmbito da relação de emprego. **Ao se referir à ideia de riscos, o que pretende a ordem justrabalhista é traduzir a ideia de responsabilização do empregador pelos custos e resultados do trabalho prestado, além da responsabilização pela sorte de seu próprio empreendimento** (se se tratar de empregador vinculado a atividade econômica). Desse modo, o princípio da assunção dos riscos efetivamente aplica-se mesmo àqueles empregadores que não exerçam atividade de natureza econômica, para os quais o trabalho não emerge como fator de produção (empregador doméstico; empregador público; entidades beneficentes, etc.). (DELGADO, 2017a:462) (negritei)

O artigo 4º da Consolidação das Leis do Trabalho, ao dispor que se considera como de serviço efetivo o período em que o empregado esteja à disposição do empregador, aguardando ou executando ordens, acaba por sair enfraquecido, pois ele próprio acolhe a exceção: "salvo disposição especial expressamente consignada", o que pode abarcar a figura do contrato de trabalho intermitente.

Porém, ainda que seja possível o trabalho intermitente se fazer acolher na exceção do artigo 4º, *caput, in fine*, da Consolidação das Leis do Trabalho, não se pode negar que o empregado, ao suportar longos períodos de inatividade, por absoluta ***liberalidade do empregador***, sem qualquer ingerência daquele, incontestavelmente socializa os riscos do empreendimento.

Não custa lembrar que, no Direito Civil – ramo de relações marcadamente simétricas –, são consideradas ilícitas (e nulas de pleno direito) as cláusulas ***puramente potestativas***, assim entendidas aquelas que sujeitarem os efeitos do negócio jurídico ***ao puro arbítrio de uma das partes***, que dirá no Direito do Trabalho, ramo de relações marcadamente assimétricas (artigo 122 do Código Civil combinado com os artigos 8º, parágrafo único, e 9º da Consolidação das Leis do Trabalho).

Desse modo, a norma é impertinente, na visão sistêmica da própria Consolidação das Leis do Trabalho e dentro da visão íntegra do próprio Direito, num diálogo de fontes, coordenadamente, entre a Consolidação das Leis do Trabalho e o Código Civil, como já prevê a Consolidação desde 1943 (artigo 8º, parágrafo único). Há aqui um ***vício de ilegalidade***, como já reconhecia o Tribunal Superior do Trabalho (Caso McDonald's), "porquanto a empresa transfere o risco do negócio para os empregados, os quais são dispensados dos seus serviços nos períodos de menor movimento sem nenhum ônus e os convoca para trabalhar nos períodos de maior movimento sem qualquer acréscimo nas suas despesas".[13]

Mas não é só. Aqui, estamos diante da equivalência do trabalhador a mero insumo empresarial – e o Ministério Público do Trabalho bem coloca essa questão, na Nota Técnica n. 1/2017, vejam:

> Ao atrelar a prestação de serviços e a remuneração dos empregados apenas e exclusivamente às necessidades da empresa, [a Lei n. 13.467/2017] equipa-

13. TST-RR-9891900-16.2005.5.09.0004, Relatora Ministra: Dora Maria da Costa, Data de Julgamento: 23/2/2011, 8ª Turma, Data de Publicação: DEJT 25/2/2011.

> ra os trabalhadores aos demais insumos da produção. Assim, ***confere ao trabalhador a mesma natureza tarifada***, conforme o uso, a exemplo dos itens que compõem a planilha de custos das empresas: energia elétrica; serviços telefônicos e máquinas locadas. **Ou seja, não haverá pagamento enquanto o trabalhador estiver à disposição do empregador sem que haja produção.** (destaques meus)

Nesse diapasão, igualmente aqui, em conclusão, ao se desprezar a condição humana do trabalhador, em detrimento dos processos de produção do capitalismo, mais uma vez estamos diante de dupla incompatibilidade material da Lei n. 13.467/2017, ***porque há clara mácula à Constituição da República***, cuja República Federativa do Brasil se constitui em Estado Democrático de Direito e tem como fundamentos, entre outros, a dignidade humana, o valor social do trabalho e o valor social da livre iniciativa (artigos 1º, incisos III e IV); cujo primado da ordem econômica, fundada na valorização do trabalho humano e na livre iniciativa, tem por fim assegurar a todos existência digna, conforme os ditames da justiça social (artigo 170, *caput*); cujo empreendimento tem uma função social (artigos 5º, inciso XXIII, e 170, inciso III); ***e porque há clara mácula à Constituição da Organização Internacional do Trabalho***, para a qual o trabalho não é uma mercadoria.

A promessa constitucional de que todos têm direito a um meio ambiente ecologicamente equilibrado (artigo 225 da Constituição da República), nele compreendido o do trabalho (artigo 200, inciso VIII, da Constituição da República), essencial à sadia qualidade de vida, impondo-se ao Poder Público e à coletividade o dever de defendê-lo e preservá-lo para as presentes e futuras gerações, encontra ressonância não apenas no seu próprio conteúdo (interpretação sistemática e íntegra da Carta) como é fruto da ideia universal de trabalho digno (Declaração Universal dos Direitos Humanos; Declaração de Filadélfia, Anexo da Constituição da Organização Internacional do Trabalho, como dito, etc.) e consubstancia vetor orientador a todo o ordenamento infraconstitucional, que incorpora esse espírito na Consolidação das Leis do Trabalho e nas Normas Regulamentadoras do Ministério do Trabalho, por exemplo.

Assim, torna-se insustentável a manutenção da figura do trabalho intermitente em nosso ordenamento jusconstitucional.

PARTE III – O CASO MCDONALD'S

Consoante artigo 127 da Constituição da República, o Ministério Público é instituição permanente, essencial à função jurisdicional do Estado, incumbindo-lhe a defesa da ordem jurídica, do regime democrático e dos interesses sociais e individuais indisponíveis.

Segundo artigo 129, inciso III, é função institucional do Ministério Público, entre outras, a de promover o inquérito civil e a ação civil pública, para a proteção do patrimônio público e social, do meio ambiente e de outros interesses difusos e coletivos.

Na forma da Lei Complementar n. 75/1993, segundo artigo 6º, inciso VII, alíneas "a", "c" e "d", compete ao Ministério Público da União promover o inquérito civil e a ação civil pública para a proteção dos direitos constitucionais, dos interesses individuais indisponíveis, difusos e coletivos e outros interesses individuais indisponíveis, homogêneos, sociais, difusos e coletivos.

Enfim, consoante artigo 83, inciso III, da Lei Complementar n. 75/1993, compete ao Ministério Público do Trabalho o exercício das seguintes atribuições junto aos órgãos da Justiça do Trabalho promover a ação civil pública no âmbito da Justiça do Trabalho, para defesa de interesses coletivos, quando desrespeitados os direitos sociais constitucionalmente garantidos.

Cumprindo o seu mister, o Ministério Público do Trabalho ajuizou diversas ações civis públicas, em momento anterior à promulgação da Lei n. 13.467/2017, em desfavor da Arcos Dourados Comércio de Alimentos Ltda. (McDonald's), em razão da prática do trabalho intermitente.[14]

O principal pedido, dessas ações, era o de a rede McDonald's "se abster, de imediato, de contratar futuros empregados através de jornada móvel variável, devendo implantar jornada fixa para os mesmos".

Segundo o *Parquet*, resumidamente, os contratos de trabalho devem ser certos e determinados, o que não ocorre quando o contrato não estabelece textualmente qual a jornada de trabalho do empregado, dentre outros aspectos básicos. Também ressaltou o Ministério Público do Trabalho que tal estratagema representa "contrato de adesão e de difícil entendimento por uma das partes contratantes" e impõe "cláusula de flexibilização não prevista em lei", de modo que deve ser considerado inválido à luz do nosso ordenamento jurídico.

Em um dos casos julgados, a Oitava Turma do Tribunal Superior do Trabalho assim decidiu, por maioria (2x1), vencida a Ministra Maria Cristina Irigoyen Peduzzi, que negava provimento ao recurso:

> RECURSO DE REVISTA DO MINISTÉRIO PÚBLICO DO TRABALHO. AÇÃO CIVIL PÚBLICA. **JORNADA MÓVEL E VARIÁVEL. INVALIDADE.** Entende-se pela invalidade de cláusula prevista em contrato de trabalho que fixa jornada móvel e variável porque prejudicial ao trabalhador, **pois, embora não exista vedação expressa sobre a prática adotada pela requerida, percebe-se que a contratação efetivada visa a que o trabalhador fique sujeito a ato imperativo do empregador que pode desfrutar do labor de seus empregados quando bem entender, em qualquer horário do dia, pagando o mínimo possível para auferir maiores lucros**. Esta prática, contratação na qual os trabalhadores ficam à disposição da empresa durante 44 horas semanais, em que pese esta possa utilizar-se de sua força laborativa por apenas 8 horas semanais, na medida de suas necessidades, é **ilegal**, **porquanto a empresa transfere o**

14. Uma das ações civis públicas pode ser baixada, à integralidade, através do seguinte endereço eletrônico: <http://www.pgt.mpt.mp.br/externo/docs/acp_mcdonalds.pdf>. Acesso em: 22 out. 2017.

> **risco do negócio para os empregados, os quais são dispensados dos seus serviços nos períodos de menor movimento sem nenhum ônus e os convoca para trabalhar nos períodos de maior movimento sem qualquer acréscimo nas suas despesas.** Entender o contrário implicaria desconsiderar as disposições contidas nos artigos 4º, *caput*, e 9º da CLT, que disciplinam o tempo à disposição do empregador e nulificam os atos praticados com o objetivo de desvirtuar ou fraudar os dispositivos regulamentadores da CLT. Recurso de revista conhecido e provido. (TST-RR-9891900-16.2005.5.09.0004, Relatora Ministra: Dora Maria da Costa, Data de Julgamento: 23/2/2011, 8ª Turma, Data de Publicação: DEJT 25/2/2011) (destaques meus)

Na Subseção 1 Especializada em Dissídios Individuais – órgão responsável dentro do Tribunal Superior do Trabalho pela uniformização da jurisprudência trabalhista nacional –, assim se decidiu:

> RECURSO DE EMBARGOS. AÇÃO CIVIL PÚBLICA - DETERMINAÇÃO DE RESPEITO AO PISO SALARIAL DA CATEGORIA PROFISSIONAL INDEPENDENTEMENTE DO NÚMERO DE HORAS TRABALHADAS - ORIENTAÇÃO JURISPRUDENCIAL N. 358 DA SBDI-1. A controvérsia cinge-se à análise da licitude de cláusula de contratos individuais de trabalho, realizados entre os empregados da reclamada e suas franqueadas, que estabelecem jornada laboral semanal móvel e variável não superior ao limite de 44 horas e inferior ao mínimo de 8 horas, com o pagamento apenas das horas efetivamente trabalhadas. No caso, conforme se infere do acórdão do Tribunal a quo, é inconteste que os empregados sujeitos à jornada móvel e variável são horistas e recebem a remuneração de acordo com as horas trabalhadas. Consta no acórdão da Turma que a jornada "pode ser de oito horas diárias, bem como de apenas duas horas diárias" e, ainda, que "o salário-hora não foi reduzido pelo réu e que os trabalhadores sempre tiveram a garantia de receber a remuneração correspondente à jornada mínima". Diante do contexto fático delineado pelo TRT, verifica-se que a situação examinada não envolve empregados cuja remuneração é fixada por produção, matéria versada especificamente na Lei n. 8.716/93. Repise-se, no caso, conforme estabelecido contratualmente, a remuneração é fixada por horas de trabalho, sendo incontroverso que houve pagamento de salário mínimo proporcional à duração do trabalho. Nos termos do disposto na Orientação Jurisprudencial n. 358 da SBDI-1, "Havendo contratação para cumprimento de jornada reduzida, inferior à previsão constitucional de oito horas diárias ou quarenta e quatro semanais, é lícito o pagamento do piso salarial ou do salário mínimo proporcional ao tempo trabalhado". Esta é exatamente a hipótese versada nos presentes autos, em que a Turma desta Corte, contrariando os seus termos, deu provimento ao recurso de revista do Ministério Público do Trabalho da 9ª Região para julgar procedente a ação civil pública de forma a determinar que a reclamada garanta, "pelo menos, o pagamento do salário mínimo da categoria profissional, de acordo com a Convenção Coletiva do Trabalho, independentemente do número de horas trabalhadas". **Isto porque o principal argumento que levou a Turma a julgar procedente a presente ação coletiva – ilicitude da adoção, pela reclamada, de jornada móvel e variável, por submeter os trabalhadores ao seu puro arbítrio durante 44 horas semanais, o que, no seu entender, ensejou a nulidade de todo o regime de trabalho, inclusive no que tange ao pagamento de salário mínimo convencional proporcional à jornada de trabalho**

> **– não mais remanesce nos presentes autos, em razão de acordo de abrangência nacional firmado nos autos do processo n. 1040-74.2012.5.06.0011, perante a 11ª Vara do Trabalho do Recife**. Tanto que mediante o despacho de fls. 957/957v., julgou-se "extinto o processo, por perda de objeto, tão somente quanto à questão referente à obrigação de não contratar empregados mediante a adoção da chamada 'jornada móvel variável'". Assim, partindo-se do pressuposto da adoção de jornadas de trabalho fixas e compulsando os precedentes que levaram à edição da Orientação Jurisprudencial n. 358 da SBDI-1, verifica-se que se buscou, na ocasião, afastar a afronta ao artigo 7º, IV, da Constituição Federal – em razão do contido no inciso XIII do mesmo dispositivo – nas hipóteses em que a empresa tenha fixado salário inferior ao mínimo legal ou ao piso salarial em razão do estabelecimento de jornada inferior à prevista no artigo 7º, IV, da Constituição Federal, hipótese dos autos. Ora, se se considera lícito o pagamento de salário proporcional à jornada de trabalho, ainda que inferior ao mínimo legal e/ou convencional, não há amparo jurídico à pretensão do Ministério Público de ver remunerados de forma idêntica os trabalhadores sujeitos a jornadas de duas, quatro, seis e oito horas diárias, sob pena de contrariedade ao referido verbete e de ofensa ao princípio da isonomia insculpido no artigo 5º, *caput*, da Constituição Federal, já que empregados sujeitos ao mesmo tipo de trabalho em jornadas distintas estariam recebendo a mesma contraprestação salarial. Recurso de embargos conhecido e provido. (TST-E-ED-RR-9891900-16.2005.5.09.0004, Relator Ministro: Renato de Lacerda Paiva, Data de Julgamento: 26/11/2015, Subseção I Especializada em Dissídios Individuais, Data de Publicação: DEJT 18/12/2015) (destaques meus)

A grande reflexão que tomo, dessas ações civis públicas, bem consta na Nota Técnica n. 1/2017, do Ministério Público do Trabalho – e me chamou bastante a atenção, quando da leitura: segundo dados *objetivos* e *oficiais* do CAGED – Cadastro Geral de Empregados e Desempregados do Ministério do Trabalho, instituído pela Lei n. 4.923/1965, após o momento em que a empresa passou a cumprir o acordo judicial celebrado com o Ministério Público do Trabalho, com a migração da jornada móvel para a jornada fixa, em relação aos seus empregados, o McDonald's passou de um total de ***16.003 (dezesseis mil e três) empregados, em 532 filiais, para 45.075 (quarenta e cinco mil e setenta e cinco) empregados, em 583 filiais*** – isso em apenas **dez meses**, o que demonstra, claramente, que o fim da jornada móvel intermitente, no caso concreto, acarretou o aumento da empregabilidade e que sua prática, no Brasil, trará desemprego formal e precarização das relações de trabalho, em franca afronta à própria Constituição da República, cuja ordem econômica, fundada na valorização do trabalho humano e na livre iniciativa, e que tem por fim assegurar a todos existência digna, conforme os ditames da justiça social, ***deve observar, entre outros, o princípio da busca do pleno emprego*** (artigo 170, *caput* e inciso VIII, da Constituição da República).

> Procedendo-se a uma interpretação sistemática do nosso ordenamento jurídico nota-se que a República Federativa do Brasil tem como um de seus fundamentos os valores sociais do trabalho, e o trabalho é um dos direitos sociais assegurados (arts. 1º e 6º, da Constituição Federal). De resto, a ordem econômica deve se fundar na valorização do trabalho humano (art. 170) e, principalmente, observar o princípio da busca do pleno emprego (inciso VIII,

> do mesmo artigo). A menção não é pura e simples a emprego, mas a pleno emprego, que compreende, certamente, o respeito a todos os direitos trabalhistas tão arduamente conquistados ao longo dos séculos. Não pode, pois, o legislador ordinário olvidar os princípios constitucionais, neste caso os relativos aos direitos sociais, tidos pela própria Carta Política como fundamentais, sob pena de ser tisnada de nula a norma que editar. (CAVALCA, 2017:94)

CONCLUSÕES

Como bem coloca Delgado (2017a:213), o núcleo basilar de princípios especiais do Direito do Trabalho reside no ***princípio da proteção***, segundo o qual a ciência trabalhista "estrutura em seu interior, com suas regras, institutos, princípios e presunções próprias, uma teia de proteção à parte hipossuficiente na relação empregatícia", "visando retificar (ou atenuar), no plano jurídico, o desequilíbrio inerente ao plano fático do contrato de trabalho".

Como vimos, o Direito do Trabalho é *protetivo*, diante da clara hipossuficiência do empregado – que necessita do seu salário para sobreviver – em face do empregador – que detém o uso do poder empregatício e, em seu favor, o pressuposto da subordinação jurídica. Neste sentido, concebe-se o *paradigma da essencialidade* (NEGREIROS, 2006:463): "os contratos que versem sobre a aquisição ou a utilização de bens que, considerando sua destinação, *são tidos como essenciais* estão sujeitos a um *regime tutelar*, justificado pela necessidade de *proteção*" – proteção do sujeito *hipossuficiente*, assim entendido aquele que se utiliza do bem – objeto do contrato – para a sua sobrevivência.

No contrato de trabalho, uma das partes – o trabalhador, sujeito hipossuficiente – tem no objeto do contrato – o salário, que recebe em troca da sua força de trabalho – *sua única possibilidade de existência digna*, o que legitima a intervenção estatal na autonomia da vontade privada, dada a assimetria característica da relação contratual. A par disto, não se olvide que o *trabalho* – e o direito ao *trabalho digno* – é um direito social fundamental, consagrado no artigo 6º da Constituição da República, cujo objeto final, para o trabalhador, é a paga, o *salário* que recebe pela força de trabalho que coloca à disposição do empregador.

Nesse diapasão, tenho para mim, desde sempre, ***que a Constituição da República não outorgou a juízes específicos o poder de dizer a jurisdição do trabalho à toa***. O juiz do trabalho não detém competência exclusiva para dirimir conflitos trabalhistas (artigo 114 da Constituição da República) sem um motivo especial. Os conflitos entre capital e trabalho envolvem relações marcadamente assimétricas, iguais na forma, mas extremamente desiguais em seu conteúdo material, que demandam um olhar sensível e sensibilizado do juiz – uma sensibilidade maior para o olhar que se lança ao se julgar causas entre pessoas que estão no mesmo patamar de igualdade. O juiz deve ser imparcial, mas nunca neutro, vazio ou despreocupado com o restabelecimento da paz social.

Assim, tenho por certa a conclusão de que o novel instituto do trabalho intermitente não encontra guarida na Constituição da República nem nos tratados internacionais de direitos humanos ratificados pelo Brasil. Ideal será a declaração de inconstitucionalidade e inconvencionalidade dessa norma.

Porém, se isso não acontecer, permanecendo a Lei com o manto da constitucionalidade e convencionalidade, com dupla compatibilidade material reconhecida, a Justiça do Trabalho, a quem cabe a pacificação social, em última instância, de conflitos trabalhistas, a quem cabe, ao aplicar a lei, atender aos ***fins sociais*** a que ela se dirige e às exigências do bem comum (artigo 5º da Lei de Introdução às normas do Direito Brasileiro), firmar determinadas premissas, com as cautelas de praxe. Sabe-se que o processo judicial tem um ***viés sociológico***, emitindo mensagem não só aos jurisdicionados, como também a toda sociedade, do que é certo ou errado, dada a inafastabilidade da jurisdição e do controle jurisdicional (artigo 5º, inciso XXXV, da Constituição da República).

Nesse contexto de ideias, deve a Justiça do Trabalho, ao julgar casos que envolvam contratos de trabalho intermitentes, atentar para o seguinte:

a) os períodos de inatividade não podem atingir a marca de um ano, devendo ficar restrita, no máximo, a *meses*, sob pena de se franquear a resolução do contrato de trabalho por iniciativa do empregado (artigo 483, alínea "a", da Consolidação das Leis do Trabalho);

b) qualquer ajuste em nível coletivo deverá trazer melhoria para a condição social dos trabalhadores, vedado o retrocesso social, à luz do artigo 7º, *caput*, da Constituição da República;

c) no seio individual, ainda que se trate de empregado portador de diploma de nível superior que receba salário mensal igual ou superior a duas vezes o limite máximo dos benefícios do Regime Geral de Previdência Social, aplica-se igualmente a inteligência do artigo 468 da Consolidação das Leis do Trabalho, de modo que são nulas de pleno direito (artigo 9º da Consolidação das Leis do Trabalho) as alteração das respectivas condições que não ocorram por mútuo consentimento e, ainda que por mútuo consentimento, causem prejuízos diretos ou indiretos ao empregado;

d) deve-se sempre exigir a celebração de contrato de trabalho na forma escrita, sendo vedado o ajuste verbal ou tácito, em qualquer hipótese (artigo 452-A, *caput*, 1ª parte, da Consolidação das Leis do Trabalho);

e) assim como no caso dos aeronautas, que são regidos por legislação própria (artigo 443, § 3º, *in fine*, da Consolidação das Leis do Trabalho), deve o Poder Judiciário afastar a possibilidade de aplicação do contrato de trabalho intermitente a outras profissões que sejam regidas por lei própria – ***ubi eadem est ratio ibi ide jus*** ("a mesma razão autoriza o mesmo direito").

No mais, Flávia Piovesan, eleita conselheira para a Comissão Interamericana de Direitos Humanos (CIDH), órgão principal e autônomo da Organização dos Estados Americanos (OEA), em entrevista concedida[15], bem colocou: ***"o estado dos direitos humanos é feito por luzes e sombras. Não é uma luta linear, é complexa, difícil."*** Vamos em frente!

APÊNDICE
MEDIDA PROVISÓRIA N. 808/2017

Como vimos na introdução, há poucos dias de vigência da Lei n. 13.467/2017, tão logo cumprido o período de *vacatio legis* previsto na própria Lei, do transcurso de cento e vinte dias de sua publicação oficial, ocorrida em 14/7/2017, exsurge a Medida Provisória n. 808/2017, que alterou diversos pontos da Consolidação das Leis do Trabalho outrora parametrizados pela Lei n. 13.467/2017 (pode-se dizer, então, que aquela Medida Provisória, tal qual essa Lei, são fruto do que se tem chamado de "Reforma Trabalhista").

Segundo consta no *site* do Congresso Nacional[16], a Medida Provisória "promove mudanças na Reforma Trabalhista (Lei n. 13.467 de 2017), notadamente nos seguintes pontos: jornada de trabalho 12 x 36; dano extrapatrimonial; empregada gestante e lactante; autônomo exclusivo; trabalho intermitente; incidência de encargos trabalhista e previdenciário; cobrança e distribuição da gorjeta; representação em local de trabalho; negociado sobre o legislado no enquadramento do grau de insalubridade; e arrecadação/contribuição previdenciária".

Nosso propósito de estudo se limita ao trabalho intermitente. Para essa novel modalidade de contrato de trabalho, a Medida Provisória, em sua *exposição de motivos*, explicitou, como vimos, que seu objetivo era o de "melhor definir os elementos que caracterizam o regime de contratação de trabalho intermitente".

A Consolidação das Leis do Trabalho, com a redação dada pela Lei n. 13.467/2017, embora tenha pontuado sobre o assunto objeto do nosso estudo no artigo 443, para explicitar, no *caput*, que o contrato de trabalho poderá ser acordado para a prestação do trabalho intermitente (e fazer a sua conceituação no § 3º), e no artigo 611-A, para dispor que essa matéria, no âmbito de disposição coletiva, terá prevalência sobre a lei (inciso VIII), a verdade é que, com a Lei n. 13.467/2017, a matéria tinha disciplina, eminentemente, no artigo 452-A (único a tratar exclusivamente sobre esse tema). Para tanto, remeto o leitor ao início deste artigo científico, no qual transcrevi tais artigos da Lei, à integralidade.

A Medida Provisória n. 808/2017, ao buscar "explicitar" e "melhor definir" o instituto, multiplicou o artigo 452-A, que era único, em artigos 452-A a 452-H. Pre-

15. BBC BRASIL. Secretária de Temer diz que mudança no combate ao trabalho escravo é "retrocesso inaceitável". Disponível em: <http://www.bbc.com/portuguese/brasil-41660080>. Acesso em: 22 out. 2017.

16. Disponível em: <https://www.congressonacional.leg.br/materias/medidas-provisorias/-/mpv/131611>. Acesso em: 25 nov. 2017.

cisamente, ampliou a redação do artigo 452-A, que já existia, e incluiu os artigos 452-B a 452-H.

Analisemos um a um.

1. ARTIGO 452-A DA CONSOLIDAÇÃO DAS LEIS DO TRABALHO

Para esse artigo especificamente, tendo em vista que não é artigo novo (pois já incluído outrora pela Lei n. 13.467/2017) e sim alterado pela Medida Provisória n. 808/2017, façamos a visualização das alterações por meio de tabela prática, a seguir:

LEI N. 13.467/2017	MEDIDA PROVISÓRIA N. 808/2017
Art. 452-A. O contrato de trabalho intermitente deve ser celebrado por escrito e deve conter especificamente o valor da hora de trabalho, que não pode ser inferior ao valor horário do salário mínimo ou àquele devido aos demais empregados do estabelecimento que exerçam a mesma função em contrato intermitente ou não.	Art. 452-A. O contrato de trabalho intermitente será celebrado por escrito e registrado na CTPS, ainda que previsto acordo coletivo de trabalho ou convenção coletiva, e conterá: I – identificação, assinatura e domicílio ou sede das partes; II – valor da hora ou do dia de trabalho, que não poderá ser inferior ao valor horário ou diário do salário mínimo, assegurada a remuneração do trabalho noturno superior à do diurno e observado o disposto no § 12; e III – o local e o prazo para o pagamento da remuneração.
§ 1º O empregador convocará, por qualquer meio de comunicação eficaz, para a prestação de serviços, informando qual será a jornada, com, pelo menos, três dias corridos de antecedência.	*Mantida a redação da Lei n. 13.467.2017.*
§ 2º Recebida a convocação, o empregado terá o prazo de um dia útil para responder ao chamado, presumindo-se, no silêncio, a recusa.	§ 2º Recebida a convocação, o empregado terá o prazo de vinte e quatro horas para responder ao chamado, presumida, no silêncio, a recusa.
§ 3º A recusa da oferta não descaracteriza a subordinação para fins do contrato de trabalho intermitente.	*Mantida a redação da Lei n. 13.467.2017.*
§ 4º Aceita a oferta para o comparecimento ao trabalho, a parte que descumprir, sem justo motivo, pagará à outra parte, no prazo de trinta dias, multa de 50% (cinquenta por cento) da remuneração que seria devida, permitida a compensação em igual prazo.	***O § 4º foi expressamente revogado pela Medida Provisória n. 808/2017, conforme artigo 3º, inciso II.***
§ 5º O período de inatividade não será considerado tempo à disposição do empregador, podendo o trabalhador prestar serviços a outros contratantes.	***O § 5º foi expressamente revogado pela Medida Provisória n. 808/2017, conforme artigo 3º, inciso II.***

§ 6º Ao final de cada período de prestação de serviço, o empregado receberá o pagamento imediato das seguintes parcelas: I - remuneração; II - férias proporcionais com acréscimo de um terço; III - décimo terceiro salário proporcional; IV - repouso semanal remunerado; e V - adicionais legais.	§ 6º Na data acordada para o pagamento, observado o disposto no § 11, o empregado receberá, de imediato, as seguintes parcelas: I - remuneração; II - férias proporcionais com acréscimo de um terço; III - décimo terceiro salário proporcional; IV - repouso semanal remunerado; e V - adicionais legais.
§ 7º O recibo de pagamento deverá conter a discriminação dos valores pagos relativos a cada uma das parcelas referidas no § 6º deste artigo.	*Mantida a redação da Lei n. 13.467.2017.*
§ 8º O empregador efetuará o recolhimento da contribuição previdenciária e o depósito do Fundo de Garantia do Tempo de Serviço, na forma da lei, com base nos valores pagos no período mensal e fornecerá ao empregado comprovante do cumprimento dessas obrigações.	***O § 8º foi expressamente revogado pela Medida Provisória n. 808/2017, conforme artigo 3º, inciso II.***
§ 9º A cada doze meses, o empregado adquire direito a usufruir, nos doze meses subsequentes, um mês de férias, período no qual não poderá ser convocado para prestar serviços pelo mesmo empregador.	*Mantida a redação da Lei n. 13.467.2017.*
Sem redação correspondente.	§ 10. O empregado, mediante prévio acordo com o empregador, poderá usufruir suas férias em até três períodos, nos termos dos § 1º e § 2º do art. 134.
Sem redação correspondente.	§ 11. Na hipótese de o período de convocação exceder um mês, o pagamento das parcelas a que se referem o § 6º não poderá ser estipulado por período superior a um mês, contado a partir do primeiro dia do período de prestação de serviço.
Sem redação correspondente.	§ 12. O valor previsto no inciso II do *caput* não será inferior àquele devido aos demais empregados do estabelecimento que exerçam a mesma função.
Sem redação correspondente.	§ 13. Para os fins do disposto neste artigo, o auxílio-doença será devido ao segurado da Previdência Social a partir da data do início da incapacidade, vedada a aplicação do disposto § 3º do art. 60 da Lei n. 8.213, de 1991.

Sem redação correspondente.	§ 14. O salário maternidade será pago diretamente pela Previdência Social, nos termos do disposto no § 3º do art. 72 da Lei n. 8.213, de 1991.
Sem redação correspondente.	§ 15. Constatada a prestação dos serviços pelo empregado, estarão satisfeitos os prazos previstos nos § 1º e § 2º.

Segundo a *exposição de motivos* da Medida Provisória, com relação ao artigo 452-A, a *mens legislatoris* (a intenção do legislador) explicitada foi a seguinte:

> 10.11 O art. 452-A estabelece que o contrato de trabalho intermitente deverá ser celebrado por escrito e registrado em carteira de trabalho, ainda que previsto em acordo ou convenção coletiva, e estabelece também integrantes básicos deste contrato de trabalho, como identificação, valor da hora ou do dia de trabalho, que não poderá ser inferior ao valor horário ou diário do salário mínimo, as parcelas integrantes do pagamento imediato (remuneração, férias proporcionais com acréscimo de um terço, décimo terceiro salário proporcional, repouso semanal remunerado e adicionais legais), dentre outros dispositivos.
>
> 10.12 De grande importância, e de modo a esclarecer quaisquer dúvida sobre os direitos do trabalhador em contrato intermitente, o § 13 estabelece que o auxílio-doença será devido ao segurado da Previdência Social, empregado com contrato de trabalho intermitente, a partir da data do início da incapacidade, não se aplicando o disposto no § 3º do art. 60 da Lei n. 8.213, de 24 de Julho de 1991. Já o §14 estabelece que o salário maternidade da contratada para prestação de trabalho intermitente será pago diretamente pela Previdência Social, aplicando-se o disposto no §3º do art. 72 da Lei n. 8.213, de 24 de Julho de 1991. Trata-se de provisões indispensáveis para a correta estipulação dos direitos do trabalhador intermitente, que não estiveram disciplinados na Lei n. 13.467, de 2017.

Com efeito, embora o contrato de trabalho intermitente, segundo concluímos, tenha cunho precarizador, *por si só*, fato é que a Medida Provisória *minorou*, em alguns pontos, tais efeitos nefastos, tendo, de outra banda, ampliado tais efeitos em outros aspectos. Vejamos.

"Caput"

Maurício Godinho Delgado, ao desenvolver o princípio da adequação setorial negociada, fruto do processo de diálogo social entre empregadores e trabalhadores, esses últimos representados respectivos sindicatos da categoria profissional, reconhece a existência de direitos indisponíveis de natureza absoluta e relativa. Lembremos: os direitos sociais sempre serão indisponíveis, porque representam o meio à disposição do ser humano para alcançarem suas plenitudes (para essa expressão, conferir aula magna do Ministro Carlos Ayres Britto, exibida em 12/10/2016, disponibilizada pela TV Justiça). Porém, são direitos – a depender do caso – passível de relativização:

> Também não prevalece a negociação se concernente a direitos revestidos de indisponibilidade absoluta (e não indisponibilidade relativa). Tais parcelas são aquelas imantadas por uma tutela de interesse público, por constituírem um patamar civilizatório mínimo que a sociedade democrática não concebe ver reduzido em qualquer segmento econômico-profissional, sob pena de se afrontarem a própria dignidade da pessoa humana e a valorização mínima deferível ao trabalho (arts. 1º, III, e 170, *caput*, CF/88). Expressam, ilustrativamente essas parcelas de indisponibilidade absoluta a anotação de CTPS, o pagamento do salário mínimo, as normas de saúde e segurança do trabalho. (DELGADO, 2017a:127)

A expressão "ainda que previsto acordo coletivo de trabalho ou convenção coletiva", incluída no *caput*, faz intuir (e provavelmente a jurisprudência se formará nesse sentido) que o regramento contido no artigo 611-A da Consolidação das Leis do Trabalho, qual seja, o de que, no âmbito de disposição coletiva, a matéria terá prevalência sobre a lei – em outras palavras, que o negociado, sobre trabalho intermitente, prevalecerá sobre o legislado –, não será aplicável para efeito de registro do contrato de trabalho intermitente na CTPS do empregado, valor da hora ou do dia de trabalho, remuneração do trabalho noturno superior à do diurno e respeito ao local e prazo para o pagamento da remuneração, sendo esses direitos não passíveis de transação, sequer pela via da negociação coletiva de trabalho.

§ 2º

Como bem explicita Delgado (2017a:836), os critérios básicos de aferição e cômputo dos salários são os seguintes: a) tempo; b) obra; c) tarefa (que "busca valer-se de uma combinação dos dois parâmetros anteriores").

No geral, a contratação trabalhista se dá pelo módulo tempo, que dá origem ao salário por unidade de tempo. Segundo o artigo 459 da Consolidação das Leis do Trabalho, o pagamento do salário, qualquer que seja a modalidade do trabalho, não deve ser estipulado por período superior a um mês, salvo no que concerne a comissões, percentagens e gratificações.

Porém, é possível a sua estipulação, além da unidade tempo "mês" (mensalistas), por quinzena (quinzenalistas), por dia (diaristas) e por hora (horistas). Veja-se que a lei do salário mínimo, sempre, ao definir o seu valor mensal, também define, ato contínuo, o valor diário e o valor horário (atualmente, nesse sentido, vigem a Lei n. 13.152/2015 e o Decreto n. 8.948/2016).

A modificação do § 2º do artigo 452-A foi unicamente quanto ao prazo de recusa conferido ao trabalhador, de "um dia útil" para "vinte e quatro horas". Como se sabe, prazo em dia é calculado em dia, prazo em hora é calculado em horas. Imaginemos que o trabalhador recebeu a comunicação no dia 27/11/2017, segunda-feira, às 16:44 horas. O prazo fatal de "um dia útil", a partir desse paradigma, será considerado o dia 28/11/2017, terça-feira, independentemente do horário (até as 23 horas, 59 minutos e 59 segundos). O prazo fatal de "vinte e quatro horas", porém, será considero o dia 28/11/2017, terça-feira, até as 16:44 horas.

Tal modificação, possivelmente, veio a atender a dois pontos em especial:

a) Primeiro, à lógica do capital: o trabalho intermitente, nos moldes apresentados pela novel legislação – como o próprio nome diz –, é intervalar, interruptivo, "líquido", "fluido" (BAUMAN, 2001:7-24), demanda "urgência" e não lança um olhar humanizado para o empregado, que acaba, de fato, tornando-se um insumo da empresa, uma mercadoria. Aqui, aplica-se aquela lógica do dito "capitalismo selvagem": *Não quer? Tem quem queira*. É a lógica da precarização, baseada na lei da oferta e da procura – há sempre alguém em estado de necessidade que aceitará as condições impostas pelo empresariado, seja quais forem, mormente porque o salário (a contraprestação pela força de trabalho) é meio de sobrevivência obreira (artigo 7º, inciso IV, da Constituição da República).

b) A maior parte dos empregados que serão contratados para prestar o trabalho intermitente, por lógica, será composta pelos os horistas, fruto, inclusive, da "fluidez", da "liquidez" das relações de trabalho a se consolidarem em tempo futuro. Um dos públicos-alvo do contrato de trabalho intermitente, por exemplo, será o dos garçons, mormente contratados em regime de tempo parcial, assim considerados aqueles cuja duração não exceda a trinta horas semanais, sem a possibilidade de horas suplementares semanais, ou, ainda, aquele cuja duração não exceda a vinte e seis horas semanais, com a possibilidade de acréscimo de até seis horas suplementares semanais (artigo 58-A da Consolidação das Leis do Trabalho, com redação dada pela Lei n. 13.467/2017).

§§ 6º e 11

A alteração do § 6º e a inclusão do § 11 frisa a aplicação do artigo 459 da Consolidação das Leis do Trabalho, segundo o qual o pagamento do salário, qualquer que seja a modalidade do trabalho, *não deve ser estipulado por período superior a um mês*.

§ 10

O artigo 452-A, § 6º, inciso II, já conferia ao empregado o direito às férias. O novel § 10, incluído pela Medida Provisória, permite, explicitamente, o parcelamento das férias em até três períodos, tal qual fez a Lei n. 13.467/2017, originariamente, ao modificar a redação do artigo 134 da Consolidação das Leis do Trabalho.

§ 12

O artigo 7º, inciso XXXII, da Constituição da República, expressamente, proíbe a distinção entre o trabalho manual, técnico e intelectual "ou entre os profissionais respectivos"; a Convenção n. 111 da Organização Internacional do Trabalho, aprovada pelo Decreto Legislativo n. 104/1964 e promulgada pelo Decreto n. 62.150/1968, proíbe toda distinção que tenha por efeito destruir ou alterar a igualdade de oportunidade ou de tratamento em matéria de emprego ou profissão; enfim, o artigo 461 da Consolidação das Leis do Trabalho prevê que, sendo idêntica a função, a todo trabalho de igual valor, prestado ao mesmo empregador, no mesmo estabelecimento empresarial, corresponderá igual salário.

O § 12, nesse diapasão, traz importante regramento não discriminatório. Nesse momento de transição, onde o juiz é julgado por não decidir conforme interpretação literal, por exemplo, toda melhoria da condição social dos trabalhadores, dita de forma expressa, é bem-vinda.

§ 13

O § 13 já está bem explicado na própria *exposição de motivos*, mas peço licença para avançar na discussão, que é o objetivo central deste artigo científico.

Com efeito, o § 13 estabelece que o auxílio-doença será devido ao empregado contratado sobre regime de intermitência (que não deixa de ser um segurado obrigatório da Previdência Social, na forma do artigo 11, inciso I, alínea "a", da Lei n. 8.213/1991, que cuida do Planos de Benefícios da Previdência Social). A diferença é que, diferentemente do empregado não contratado sob regime de intermitência, o auxílio-doença será pago pela Previdência Social a partir da data do início da incapacidade e não a partir do 16º dia, como ocorre com os empregados celetistas em geral (artigo 60, § 3º, da Lei n. 8.213/1991).

A regra (para o empregado intermitente) se assemelha à do empregado doméstico e demais segurados, conforme artigos 60 da Lei n. 8.213/1991 e 72, incisos I e II, do Decreto n. 3.048/1999 (Regulamento da Previdência Social), a saber:

> Art. 60. O auxílio-doença será devido ao segurado empregado a contar do décimo sexto dia do afastamento da atividade, e, no caso dos demais segurados, a contar da data do início da incapacidade e enquanto ele permanecer incapaz.
>
> ....
>
> Art. 72. O auxílio-doença consiste numa renda mensal calculada na forma do inciso I do *caput* do art. 39 e será devido:
>
> I – a contar do décimo sexto dia do afastamento da atividade para o segurado empregado, exceto o doméstico;
>
> II – a contar da data do início da incapacidade, para os demais segurados; ou (...)

A regra traz prejuízo financeiro ao obreiro, tendo em vista que o auxílio-doença, inclusive o decorrente de acidente do trabalho, consiste em uma renda mensal correspondente a apenas noventa e um por cento do salário de benefício, na forma do artigo 61 da Lei n. 8.213/1991 (ou seja, se o obreiro já é encaminhado de imediato à Previdência Social, perde a manutenção do percentual de nove por cento correspondente aos primeiros quinze dias, que seriam de obrigação da empresa).

Numa rápida conta matemática, considerando o salário mínimo mensal de R$ 937,00 (Lei n. 13.152/2015 e o Decreto n. 8.948/2016), vejam:

- 15 dias correspondem à metade do salário:

R$ 937,00 : 2 = R$ 468,50

- Tiremos agora nove por cento desse valor:

R$ 42,16

Ou seja, o empregado assalariado com o mínimo terá solapado o valor de R$ 42,16, por mês de trabalho, se estiver em gozo de auxílio-doença. Provavelmente a maioria de nós, que labutamos no Direito, deve achar tal quantia irrisória. Talvez seja. Mas o Direito do Trabalho, não à toa, foi reservado a uma justiça especializada, desde o Poder Constituinte originário (artigo 114 da Constituição da República). Assim o é porque a solução dos conflitos entre capital e trabalho exige *sensibilidade*. A quantia irrisória para nós representa muito a um trabalhador que ganha R$ 937,00 para manter a si e à sua família, "capaz de atender" às necessidades vitais básicas com moradia, alimentação, educação, saúde, lazer, vestuário, higiene, transporte e previdência social (artigo 7º, inciso IV, da Constituição da República), além do que, como vimos, esses valores são devidos pela ocorrência do evento doença, no qual o trabalhador se encontra ainda mais desfavorecido e vulnerável.

De outra banda, além do prejuízo financeiro, há de se ponderar que o artigo 7º, inciso XXXII, da Constituição da República, expressamente, proíbe a distinção entre o trabalho manual, técnico e intelectual "ou entre os profissionais respectivos"; a Convenção n. 111 da Organização Internacional do Trabalho, aprovada pelo Decreto Legislativo n. 104/1964 e promulgada pelo Decreto n. 62.150/1968, proíbe toda distinção que tenha por efeito destruir ou alterar a igualdade de oportunidade ou de tratamento em matéria de emprego ou profissão; enfim, o artigo 461 da Consolidação das Leis do Trabalho prevê que, sendo idêntica a função, a todo trabalho de igual valor, prestado ao mesmo empregador, no mesmo estabelecimento empresarial, corresponderá igual salário.

Dito isso, pergunta-se: qual a razão de se criar um sistema jurídico próprio ao trabalhador sob intermitência, diferentemente do sistema jurídico característico a todo e qualquer trabalhador? Na verdade, o empregado contratado para a prestação de trabalho intermitente está muito mais aproximado, juridicamente, do empregado contratado por prazo indeterminado (artigo 443 da Consolidação das Leis do Trabalho) do que dos empregados domésticos e demais segurados.

§ 14

O § 14, tal qual o § 13, também está bem explicado na própria *exposição de motivos*. Segundo consta, o § 14 estabelece que o salário-maternidade da contratada para prestação de trabalho intermitente será pago diretamente pela Previdência Social, aplicando-se o disposto no artigo 72, § 3º, da Lei n. 8.213/1991.

Apenas me ressinto, aqui, com a preocupação do legislador em tentar diferenciar os sistemas jurídicos do trabalhador sob intermitência e daquele destinado a todo e qualquer trabalhador, quando, em verdade, o empregado contratado para a prestação de trabalho intermitente está muito mais aproximado, juridicamente, do empregado contratado por prazo indeterminado (artigo 443 da Consolidação das Leis do Trabalho).

De outra banda, a regra do § 14, propriamente dita, está correta e segue a iterativa, atual e notória jurisprudência do Supremo Tribunal Federal, que assim decidiu, em julgamento histórico, ao desenvolver a **teoria do impacto desproporcional** (*disparate impact*), originária da jurisprudência norte-americana. Segundo o Ministro Luís Roberto Barroso, "tal teoria reconhece que normas pretensamente neutras podem gerar efeitos práticos sistematicamente prejudiciais a um determinado grupo, sendo manifestamente incompatíveis com o princípio da igualdade"[17].

Ainda conforme o Ministro Luís Roberto Barroso, no mesmo julgado, citado acima:

> A teoria já foi aplicada pelo Supremo Tribunal Federal na ADI 1.946, Rel. Min. Sydney Sanches, em que se deu interpretação conforme ao art. 14 da EC n. 20/1998, que institui um valor máximo para o pagamento de benefícios pelo INSS, mas produzia efeitos discriminatórios no que diz respeito ao salário-maternidade. Entendeu a Corte que, caso o empregador fosse obrigado a arcar com a diferença entre o teto previdenciário (à época, fixado em R$1.200,00) e o salário da trabalhadora, haveria um desestímulo à contratação de mulheres, e portanto, a aplicação linear e aparentemente neutra do teto previdenciário a todos os benefícios produziria um impacto desproporcional sobre as mulheres.

A ementa do propalado julgamento[18] foi a seguinte (negritei):

> DIREITO CONSTITUCIONAL, PREVIDENCIÁRIO E PROCESSUAL CIVIL. LICENÇA-GESTANTE. SALÁRIO. LIMITAÇÃO. AÇÃO DIRETA DE INCONSTITUCIONALIDADE DO ART. 14 DA EMENDA CONSTITUCIONAL N. 20, DE 15.12.1998. ALEGAÇÃO DE VIOLAÇÃO AO DISPOSTO NOS ARTIGOS 3º, IV, 5º, I, 7º, XVIII, E 60, § 4º, IV, DA CONSTITUIÇÃO FEDERAL. 1. O legislador brasileiro, a partir de 1932 e mais claramente desde 1974, vem tratando o problema da proteção à gestante, cada vez menos como um encargo trabalhista (do empregador) e cada vez mais como de natureza previdenciária. Essa orientação foi mantida mesmo após a Constituição de 05/10/1988, cujo art. 6° determina: a proteção à maternidade deve ser realizada "na forma desta Constituição", ou seja, nos termos previstos em seu art. 7°, XVIII: "licença à gestante, sem prejuízo do empregado e do salário, com a duração de cento e vinte dias". 2. Diante desse quadro histórico, não é de se presumir que o legislador constituinte derivado, na Emenda n. 20/98, mais precisamente em seu art. 14, haja pretendido a revogação, ainda que implícita, do art. 7º, XVIII, da Constituição Federal originária. Se esse tivesse sido o objetivo da norma constitucional derivada, por certo a EC n. 20/98 conteria referência expressa a respeito. E, à falta de norma constitucional

17. STF, ADPF 291/DF, Relator Ministro Luís Roberto Barroso, Julgamento: 28/10/2015, Órgão Julgador: Tribunal Pleno, DJe divulg. 10/05/2016, public. 11/05/2016.
18. STF, ADI 1946/DF, Relator Ministro Sydney Sanches, Julgamento: 03/04/2003, Órgão Julgador: Tribunal Pleno, Publicação: DJ 16/05/2003.

derivada, revogadora do art. 7º, XVIII, a pura e simples aplicação do art. 14 da EC 20/98, de modo a torná-la insubsistente, implicará um retrocesso histórico, em matéria social-previdenciária, que não se pode presumir desejado. 3. Na verdade, se se entender que a Previdência Social, doravante, responderá apenas por R$1.200,00 (mil e duzentos reais) por mês, durante a licença da gestante, e que o empregador responderá, sozinho, pelo restante, **ficará sobremaneira, facilitada e estimulada a opção deste pelo trabalhador masculino, ao invés da mulher trabalhadora. Estará, então, propiciada a discriminação que a Constituição buscou combater, quando proibiu diferença de salários, de exercício de funções e de critérios de admissão, por motivo de sexo (art. 7º, inc. XXX, da CF/88), proibição, que, em substância, é um desdobramento do princípio da igualdade de direitos, entre homens e mulheres, previsto no inciso I do art. 5º da Constituição Federal.** Estará, ainda, conclamado o empregador a oferecer à mulher trabalhadora, quaisquer que sejam suas aptidões, salário nunca superior a R$1.200,00, para não ter de responder pela diferença. Não é crível que o constituinte derivado, de 1998, tenha chegado a esse ponto, na chamada Reforma da Previdência Social, desatento a tais consequências. Ao menos não é de se presumir que o tenha feito, sem o dizer expressamente, assumindo a grave responsabilidade. 4. A convicção firmada, por ocasião do deferimento da Medida Cautelar, com adesão de todos os demais Ministros, ficou agora, ao ensejo deste julgamento de mérito, reforçada substancialmente no parecer da Procuradoria Geral da República. 5. Reiteradas as considerações feitas nos votos, então proferidos, e nessa manifestação do Ministério Público federal, **a Ação Direta de Inconstitucionalidade é julgada procedente, em parte, para se dar, ao art. 14 da Emenda Constitucional n. 20, de 15.12.1998, interpretação conforme à Constituição, excluindo-se sua aplicação ao salário da licença gestante, a que se refere o art. 7º, inciso XVIII, da Constituição Federal.** 6. Plenário. Decisão unânime.

§ 15

Segundo Diniz (2005a:1070), *convalidação* é o "ato de tornar válido um ato jurídico que continha vício ou que não apresentava algum requisito exigido". O § 15 parece surgir com esse intuito: qualquer discussão quanto a prazos, tempestividade e assuntos correlatos, no tocante à comunicação do empregador, para a prestação dos serviços, e a resposta ao chamado, pelo empregado, torna-se sepultada se o empregado, efetivamente, prestar os serviços.

§§ 4º, 5º e 8º

Assim se manifestou o artigo 3º, inciso II, da Medida Provisória n. 808/2017: "Ficam revogados os seguintes dispositivos da Consolidação das Leis do Trabalho – CLT, aprovada pelo Decreto-Lei n. 5.452, de 1º de maio de 1943: (...) os § 4º, § 5º e § 8º do art. 452-A".

A razão será explicada a seguir, quando eu comentar os novéis artigos que se inter-relacionam com tais derrogações.

2. ARTIGO 452-B DA CONSOLIDAÇÃO DAS LEIS DO TRABALHO

O artigo diz o seguinte:

> Art. 452-B. É facultado às partes convencionar por meio do contrato de trabalho intermitente:
>
> I – locais de prestação de serviços;
>
> II – turnos para os quais o empregado será convocado para prestar serviços;
>
> III – formas e instrumentos de convocação e de resposta para a prestação de serviços;
>
> IV – formato de reparação recíproca na hipótese de cancelamento de serviços previamente agendados nos termos dos § 1º e § 2º do art. 452-A.

Segundo a *exposição de motivos* da Medida Provisória, com relação ao artigo 452-B, a *mens legislatoris* (a intenção do legislador) explicitada foi a seguinte:

> 10.13 O art. 452-B convenciona que é facultado às partes convencionar no instrumento contratual os locais de prestação de serviços, os turnos para os quais o empregado será convocado para prestar serviços, as formas e instrumentos de convocação e de resposta para a prestação de serviços e o formato de reparação recíproca em caso de cancelamento de serviços previamente agendados.
>
> 10.14 Observe que, ao alterar texto original da Lei n. 13.467, de 2017, o novo texto propõe-se também a eliminar a multa de 50% (cinquenta por cento), prevista para os casos de descumprimento contratual.

A introdução do artigo 452-B está relacionada com a revogação do § 4º do artigo 452-A, que previa o pagamento multa de cinquenta por cento da remuneração, de forma bilateral e recíproca, à parte descumprir o ajuste intermitente, sem justo motivo, admitida a compensação.

Ao que parece, a redação do parágrafo revogado tinha inspiração no artigo 479 da Consolidação das Leis do Trabalho, que trata do contrato de trabalho por prazo determinado, e prevê que o empregador que, sem justa causa, despedir o empregado será obrigado a pagar-lhe, a titulo de indenização, e por metade (portanto, cinquenta por cento), a remuneração a que teria direito até o termo do contrato.

Porém, a redação do art. 452-A, § 4º, representava retrocesso na condição social dos trabalhadores, pois o artigo 480 da Consolidação das Leis do Trabalho prevê, para o empregado que se desligar do contrato, sem justa causa, a obrigação de indenizar o empregador dos prejuízos que desse fato lhe resultarem, limitado a um mês de remuneração do empregado (artigo 477, § 5º, da Consolidação das Leis do Trabalho) ou limitado a cinquenta por cento (por reciprocidade com o artigo 479 da Consolidação das Leis do Trabalho), a depender do entendimento do hermeneuta.

Isso quer dizer, nas palavras de Silva (2016:246), que pela dinâmica do artigo 479 há direito assegurado ao empregado de receber uma "indenização tarifada", de forma automática, calculada no percentual de cinquenta por cento sobre a remuneração a que teria direito o empregado até o término do contrato de trabalho por prazo determinado, ao passo que, para o empregador, há a necessidade de "indicar os prejuízos causados".

Pela sistemática do artigo 452-A, § 4º, essa "indenização tarifada" seria direito assegurado tanto ao empregado quanto ao empregador.

A nova sistemática, com o advento do artigo 452-B, parece-me piorar ainda mais esse quadro, na medida em que mantém, expressamente, o termo "reparação ***recíproca***", embora, como saibamos, não há igualdade material em uma relação na qual o objeto do contrato (*in casu*, o salário) é artigo de sobrevivência de uma das partes (*in casu*, o trabalhador).

Haverá quem sustente a inconstitucionalidade do artigo, por violação ao artigo 170 da Constituição da República, isto é, em razão de o artigo 452-B desconsiderar a valorização do trabalho humano e a obrigação contratual, em razão da sua função social, de assegurar uma existência digna ao empregado.

Não sendo o caso de inconstitucionalidade, resta viável ao hermeneuta – a fim de minorar o retrocesso social – ler o artigo 452-B de forma sistemática, com olhos para a Consolidação das Leis do Trabalho em sua inteireza, de forma íntegra. Assim, deve-se frisar que tal artigo, ao facultar às partes diversas convencionalidades, inclusive quanto ao formato de reparação recíproca na hipótese de cancelamento de serviços previamente agendados, assim o faz em conjunto com os artigos 9º, 444 e 468 da Consolidação das Leis do Trabalho, de modo que qualquer ajuste contratual, não ocorrido no ato da contratação, somente poderá ser levado a cabo se de mútuo consentimento e, ainda, se dele não resultarem prejuízos diretos ou indiretos ao obreiro, sob pena de se ver reconhecida a *nulidade de pleno direito* do ajuste.

3. ARTIGO 452-C DA CONSOLIDAÇÃO DAS LEIS DO TRABALHO

O artigo diz o seguinte:

> Art. 452-C. Para fins do disposto no § 3º do art. 443, considera-se período de inatividade o intervalo temporal distinto daquele para o qual o empregado intermitente haja sido convocado e tenha prestado serviços nos termos do § 1º do art. 452-A.
>
> § 1º Durante o período de inatividade, o empregado poderá prestar serviços de qualquer natureza a outros tomadores de serviço, que exerçam ou não a mesma atividade econômica, utilizando contrato de trabalho intermitente ou outra modalidade de contrato de trabalho.
>
> § 2º No contrato de trabalho intermitente, o período de inatividade não será considerado tempo à disposição do empregador e não será remunerado, hipótese em que restará descaracterizado o contrato de trabalho intermitente caso haja remuneração por tempo à disposição no período de inatividade.

Segundo a *exposição de motivos* da Medida Provisória, com relação ao artigo 452-C, a *mens legislatoris* (a intenção do legislador) explicitada foi a seguinte:

> 10.15 Em seguida, o art. 452-C caracteriza o significado de inatividade para o contrato intermitente e disciplina que durante o período de inatividade, o empregado poderá prestar serviços de qualquer natureza a outros empregadores, utilizando contrato de trabalho intermitente ou outra modalidade de contrato de trabalho, inclusive àqueles que exerçam a mesma atividade econômica. Ainda, para evitar que o contrato intermitente seja confundido com outros tipos de contrato, no intermitente o período de inatividade não será considerado tempo à disposição do empregador e não será remunerado, restando descaracterizado o contrato como intermitente caso haja remuneração por tempo à disposição no período de inatividade.

A introdução do artigo 452-C está relacionada com a revogação do § 5º do artigo 452-A, o qual previa que o período de inatividade não seria considerado tempo à disposição do empregador, "podendo o trabalhador prestar serviços a outros contratantes".

A redação do artigo 452-C se assemelha bastante à redação do parágrafo revogado, mas traz um "plus" substancial: se o empregador remunerar o período da *inatividade*, restará descaracterizado o contrato de trabalho intermitente (§ 2º), pelo **desvirtuamento** do espírito da lei, a enquadrar a situação jurídica no artigo 9º da Consolidação das Leis do Trabalho e a fazer reconhecer que a pactuação se deu para a celebração de contrato de trabalho por prazo indeterminado e sem a caracterização da intermitência (artigo 443 da Consolidação das Leis do Trabalho).

Em termos práticos, caso se revele aplicável o artigo 452-C, § 2º, ao contrato de trabalho, restando desnaturada, portanto, a prestação de trabalho intermitente, aplicar-se-á a inteligência do **artigo 4º da Consolidação das Leis do Trabalho**, ou seja, será considerado como de serviço efetivo o período em que o empregado esteja à disposição do empregador, aguardando ou executando ordens, sendo irrelevante se estava em inatividade, para fins de intermitência (eis que desconsiderar-se-á essa modalidade).

Na falta de parâmetros para definição da jornada de trabalho, é possível, a meu ver, a aplicação combinada dos artigos 447 ("Na falta de acordo ou prova sobre condição essencial ao contrato verbal, esta se presume existente, como se a tivessem estatuído os interessados na conformidade dos preceitos jurídicos adequados à sua legitimidade") e 456 ("A prova do contrato individual do trabalho será feita pelas anotações constantes da carteira profissional ou por instrumento escrito e suprida por todos os meios permitidos em direito"), ambos da Consolidação das Leis do Trabalho.

Assim, na falta de elementos – e parâmetros – no processo que indiquem caminho diverso, caso o juiz do trabalho julgue nula a contratação do trabalho intermitente, por aplicação do próprio artigo 452-C, § 2º, da Consolidação das Leis do Trabalho, **e passando a outrora "inatividade" a ser considerada tempo à disposição**, até por *juízo de razoabilidade* (enquanto metacritério de justiça e igualdade material), por um *juízo de equidade* (julgamento ***com*** equidade, em atenção às exigências do bem comum, à luz dos artigos 5º da Lei de Introdução às normas do Direito Brasileiro e 8º do Código de Processo Civil) e pela *cláusula de contenção* que impõe a vedação do enriquecimento às custas de outrem (artigo 884 do Código Civil), penso que o magistrado deve, por ficção jurídica, fixar a duração do trabalho como de oito horas diárias e quarenta e quatro semanais, com esteio no artigo 7º, inciso XIII, da Constituição da República (artigos 4º da Lei de Introdução às normas do Direito Brasileiro e 8º, *caput*, da Consolidação das Leis do Trabalho).

4. ARTIGO 452-D DA CONSOLIDAÇÃO DAS LEIS DO TRABALHO

O artigo diz o seguinte:

> Art. 452-D. Decorrido o prazo de um ano sem qualquer convocação do empregado pelo empregador, contado a partir da data da celebração do contrato, da última convocação ou do último dia de prestação de serviços, o que for mais recente, será considerado rescindido de pleno direito o contrato de trabalho intermitente.

Segundo a *exposição de motivos* da Medida Provisória, com relação ao artigo 452-D, a *mens legislatoris* (a intenção do legislador) explicitada foi a seguinte:

> 10.16 Importante inovação aposta pela presente Medida Provisória, nos termos do art. 452-D, será considerado rescindido de pleno direito o contrato de trabalho intermitente caso decorrido 1 (um) ano sem qualquer convocação do empregado pelo empregador, contado a partir da celebração do contrato, da última convocação ou do último dia de prestação de serviços, o que for mais recente. A medida é indispensável para que os contratos não permaneçam indefinidamente abertos, sem dar ensejo ao pagamento de verbas rescisórias aos trabalhadores.

Lembro o leitor que, mesmo antes do advento da Medida Provisória n. 808/2017 e apenas com a promulgação da Lei n. 13.467/2017, eu *expressamente* me manifestei nesses termos:

> É interessante ressaltar que se o artigo 443, § 3º, da Consolidação das Leis do Trabalho conceitua o trabalho intermitente como aquele que ocorre com alternância de períodos de prestação de serviços e de inatividade determinados em horas, dias ou meses, ou seja, a Lei cita, de forma enumerada, a fração horária, diária e mensal do tempo, razoável concluir que se trata de um rol taxativo e que se tal período de inatividade atingir a marca de um ano, há motivo para o justo rompimento e para a resolução do contrato de trabalho, por iniciativa do empregado, com base analógica no artigo 483, alínea "g", da própria Consolidação das Leis do Trabalho, que permite ao empregado considerar rescindido o contrato de trabalho quando o empregador "reduzir o seu trabalho, sendo este por peça ou tarefa, de forma a afetar sensivelmente a importância dos salários".

O que eu sugeria como interpretação sistemática da Lei n. 13.467/2017, no que trata do trabalho intermitente, é o que efetivamente agora diz o artigo 452-D da Consolidação das Leis do Trabalho, *expressamente*. Sua acolhida, portanto, é muito bem-vinda. Ademais, o artigo deixa claro, agora, a forma de cálculo do prazo de um ano (a partir da data da celebração do contrato, da última convocação ou do último dia de prestação de serviços, o que for mais recente).

Porém, a redação, a meu ver, não foi inteiramente justa, na medida em que não reconhece à hipótese, expressamente (o que deveria ter feito), permissivo para que o empregado considere rescindido o contrato e pleiteie a devida indenização, em consonância com o artigo 483, alínea "g", da Consolidação das Leis do Trabalho.

Ao que tudo indica, a *mens legislatoris* (a intenção do legislador) foi a de dispor, no artigo 452-D, uma mera **condição resolutiva**, assim considerada

> a que subordina a ineficácia do negócio a um evento futuro e incerto. Assim sendo, enquanto ela não se realiza, vigora o ato negocial, podendo exercer-se desde o momento deste o direito por ele estabelecido, mas, verificada a condição, para todos os efeitos extingue-se o direito a que ela se opõe. (DINIZ, 2005a:902)

Essa ilação se faz ainda mais contundente com a *exposição de motivos* no tocante ao artigo 452-E, tendo em vista que, expressamente, foi dito que esse interstício de um ano acarreta "as mesmas condições financeiras para qualquer momento".

A meu ver, tal ilação não se sustenta e não deve prosperar, em razão da leitura sistemática da própria Lei n. 13.467/2017 e da Medida Provisória n. 808/2017, na medida em que o próprio artigo 452-E, como veremos a seguir, ressalva da extinção genérica do contrato de trabalho intermitente "as hipóteses a que se referem os art. 482 e art. 483". No meu sentir, reitere-se, o artigo 452-D traz clara hipótese de situação a ser capitulada no artigo 483, alínea "g", da Consolidação das Leis do Trabalho, não cabendo, portanto, caso se verifique o transcurso de um ano sem qualquer convocação do empregado, o "distrato" ou a "demissão negociada".

5. ARTIGO 452-E DA CONSOLIDAÇÃO DAS LEIS DO TRABALHO

O artigo diz o seguinte:

> Art. 452-E. Ressalvadas as hipóteses a que se referem os art. 482 e art. 483, na hipótese de extinção do contrato de trabalho intermitente serão devidas as seguintes verbas rescisórias:
>
> I – pela metade:
>
> a) o aviso prévio indenizado, calculado conforme o art. 452-F; e
>
> b) a indenização sobre o saldo do Fundo de Garantia do Tempo de Serviço – FGTS, prevista no § 1º do art. 18 da Lei n. 8.036, de 11 de maio de 1990; e
>
> II – na integralidade, as demais verbas trabalhistas.
>
> § 1º A extinção de contrato de trabalho intermitente permite a movimentação da conta vinculada do trabalhador no FGTS na forma do inciso I-A do art. 20 da Lei n. 8.036, de 1990, limitada a até oitenta por cento do valor dos depósitos.
>
> § 2º A extinção do contrato de trabalho intermitente a que se refere este artigo não autoriza o ingresso no Programa de Seguro-Desemprego.

Segundo a *exposição de motivos* da Medida Provisória, com relação ao artigo 452-E, a *mens legislatoris* (a intenção do legislador) explicitada foi a seguinte:

> 10.17 Além disto, pelo art. 452-E, todas as rescisões do contrato intermitente, ressalvados nos casos previstos no art. 482 e 483 da CLT, se darão pelos termos do distrato, ou demissão negociada, no qual o trabalhador recebe por metade o aviso prévio e a indenização do Fundo de Garantia do Tempo de Serviço – FGTS, mas acessa 80% do seu saldo na conta vinculada do mesmo Fundo. Tal provisão visa beneficiar o trabalhador, na medida em que o empregador poderia optar por não encerrar o contrato de trabalho até o prazo de 1 (um) ano, importando atraso desnecessário no pagamento de verbas rescisórias ao trabalhador. Ao estabelecer as mesmas condições financeiras para qualquer momento, empregado e empregador poderão decidir o momento de rescisão, sem prejuízos desproporcionais para uma parte ou outra.

Tal artigo, como se vê, tem a função de listar as verbas trabalhistas devidas no caso de cessação do contrato de trabalho intermitente. A virtude de tal artigo é a de destacar a aplicabilidade dos artigos 482 e 483 da Consolidação das Leis do Trabalho. Isso porque, embora a *mens legislatoris* (a vontade do legislador) diga o contrário, a *mens legis* (a vontade da lei) que deve prevalecer é a de que não se pode banalizar a extinção contratual com a inserção de meras cláusulas resolutivas, como eu disse nos comentários ao artigo 452-D, devendo perquirir-se, de modo rigoroso, se a cessação contratual ocorreu pelo término natural do contrato – **que não deixa de ser por prazo indeterminado, aliás, segundo leitura que se extrai do próprio artigo 443 da Consolidação das Leis do Trabalho, além do restante da legislação, na sua inteireza e de modo íntegro** – ou se se trata de resolução do contrato de trabalho, ou seja, de extinção do ajuste pela ocorrência de falta grave, a ensejar em favor do empregado, se hipótese de aplicabilidade de uma das alíneas do artigo 483 da Consolidação das Leis do Trabalho, o pedido de rescisão indireta e do pagamento de todas verbas correlatas e devidas nesse tipo de rompimento contratual.

Entrementes, entre a vontade do legislador (*mens legislatoris*) e a vontade da lei (*mens legis*), não é demais registrar as magistrais palavras de Larenz (2009:446), numa das maiores, mais ricas e mais relevantes obras já escritas no âmbito da ciência do Direito, a saber:

> (...) uma lei, logo que seja aplicada, irradia uma ação que lhe é peculiar, que transcende aquilo que o legislador tinha intentado. A lei intervém em relações da vida diversas e em mutação, cujo conjunto o legislador não podia ter abrangido, e dá resposta a questões que o legislador ainda não tinha colocado a si próprio. Adquire, com o decurso do tempo, cada vez mais como que uma vida própria e afasta-se, deste modo, das ideias dos seus autores.

No mais, é de se constatar que, sendo o caso de resilição do contrato de trabalho, ou seja, de sua extinção por vontade das partes (ato volitivo), seja das partes em conjunto ou de uma delas, individualmente, haverá sempre o pagamento do aviso prévio e da indenização compensatória de 40% do FGTS, pela metade, além de autorização, sempre, do saque do valor depositado no Fundo de Garantia – saque este, porém, limitado a oitenta por cento.

A previsão de pagamento de metade do aviso prévio e do Fundo de Garantia do Tempo de Serviço é idêntica àquela prevista no artigo 484-A da Consolidação das Leis do Trabalho, igualmente introduzido pela Lei n. 13.467/2017, e correlaciona-se também à modificação, pela Lei n. 13.467/2017, da Lei do FGTS (Lei n. 8.036/1990), à qual se incluiu o inciso I-A ao artigo 20, que cria mais uma hipótese de autorização para o saque[19].

Delgado e Delgado (2017:189) afirmam que a Lei n. 13.467/2017, nesse ponto, "introduziu modalidade nova de extinção do contrato de trabalho (...) Trata-se da extinção do contrato por acordo entre empregado e empregador, com redução do montante das verbas rescisórias devidas pela empresa".

Não vejo congruência jurídica nem integridade sistêmica nessa plataforma, na medida em que coloca, no mesmo plano, a **resilição por iniciativa do empregador** (dispensa sem justa causa), a **resilição por iniciativa do empregado** (pedido de demissão) – chamadas ambas, sem distinção, na *exposição de motivos*, de "distrato" – e a **resilição por ajuste recíproco** (chamada na *exposição de motivos* de "demissão negociada").

Ao que parece, a Medida Provisória n. 808/2017 olvidou, por exemplo, que os efeitos deletérios de um rompimento contratual trabalhista são muito mais sentidos pelo empregado, que estará em situação de desemprego, sem o próprio sustento e de sua família (artigo 7º, inciso IV, da Constituição da República), do que pelo empregador, o qual, ainda que sofra com a necessidade de recolocação de outro profissional, tem à sua disposição uma miríade de trabalhadores, ávidos pela contratação (em que pese exista a problemática de recolocação de vaga de empregados altamente qualificados, em serviços bem específicos, certamente essa não é a regra, mormente a brasileira).

Prova disso é que a Constituição da República, no seu artigo 7º, inciso XXI, conferiu apenas aos trabalhadores, urbanos e rurais, sem qualquer previsão de bilateralidade ou reciprocidade, aviso prévio proporcional ao tempo de serviço, regulamentado pela Lei n. 12.506/2011[20].

---

19. Art. 20 da Lei n. 8.036/1990: A conta vinculada do trabalhador no FGTS poderá ser movimentada nas seguintes situações: I – despedida sem justa causa, inclusive a indireta, de culpa recíproca e de força maior; I-A – extinção do contrato de trabalho prevista no art. 484-A da Consolidação das Leis do Trabalho (CLT), aprovada pelo Decreto- Lei no 5.452, de 1o de maio de 1943; etc.

20. "RECURSO DE EMBARGOS EM RECURSO DE REVISTA. INTERPOSIÇÃO SOB A ÉGIDE DA LEI 13.015/2014. AVISO PRÉVIO PROPORCIONAL. ALTERAÇÃO DA LEI 12.506/2011. OBRIGAÇÃO LIMITADA AO EMPREGADOR. AUSÊNCIA DE RECIPROCIDADE. A proporcionalidade do aviso prévio a que se refere a Lei 12.506/2001 apenas pode ser exigida da empresa, uma vez que entendimento em contrário, qual seja, exigir que também o trabalhador cumpra aviso prévio superior aos originários 30 dias, constituiria alteração legislativa prejudicial ao empregado, o que, pelos princípios que norteiam o ordenamento jurídico trabalhista, não se pode admitir. Dessarte, conclui-se que a norma relativa ao aviso prévio proporcional não guarda a mesma bilateralidade característica da

De outra banda, ao colocar em um mesmo patamar de igualdade empregado e empregador, para fins de direitos decorrentes da cessação do contrato de trabalho, igualando o pedido de demissão à dispensa sem justa causa, também olvidou a Medida Provisória n. 808/2017 que a Constituição da República, por seu artigo 7º, inciso III, ao garantir a manutenção do Fundo de Garantia do Tempo de Serviço (*além de outros que visem à melhoria da condição social dos trabalhadores*), prestigiou o pagamento integral da indenização compensatória de 40% ao empregado dispensado sem justa causa (artigo 18, § 1º, da Lei n. 8.036/1990) e autorizou o saque integral na dispensa sem justa causa, na rescisão indireta, na culpa recíproca e na força maior (artigo 20, inciso I, da Lei n. 8.036/1990).

Ademais, ao colocar em um mesmo patamar de igualdade empregado e empregador, para fins de direitos decorrentes da cessação do contrato de trabalho, igualando o pedido de demissão à dispensa sem justa causa, também olvidou a Medida Provisória n. 808/2017 que a Constituição da República, por seu artigo 7º, inciso II, ao reconhecer o benefício do seguro-desemprego como um direito social, o fez com o fim de prover assistência financeira temporária ao trabalhador desempregado em virtude de dispensa sem justa causa, inclusive a indireta (artigo 2º, inciso I, da Lei n. 7.998/1990).

Desse modo, a Medida Provisória n. 808/2017, *seguramente*:

a) quanto ao aviso prévio, incorreu em inconstitucionalidade flagrante, no artigo 452-E, inciso I, alínea "a", por afronta direta e literal ao artigo 7º, inciso XXI, da Constituição da República;

b) quanto ao FGTS, incorreu em inconstitucionalidade flagrante, no artigo 452-E, inciso I, alínea "b", e §1º, por afronta direta e literal ao artigo 7º, inciso III, da Constituição da República;

c) quanto ao benefício do seguro-desemprego, incorreu em inconstitucionalidade flagrante, no artigo 452-E, § 2º, por afronta direta e literal ao artigo 7º, inciso II, da Constituição da República;

Todas as alterações acima, inclusive, representam **retrocesso social** e constituem **alteração legislativa prejudicial ao empregado**, pois reduzem direitos já consagrados em nosso sistema jusconstitucional, em violação à cabeça do artigo 7º da Constituição da República e diversas normas internacionais, como o Pacto Internacional sobre Direitos Econômicos, Sociais e Culturais, que dispõe, no artigo 2º, § 1º, que o Brasil, ao ratificá-lo (Decreto Legislativo n. 226/1991 e Decreto n. 591/1992) compromete-se a adotar medidas, até o máximo de seus recursos disponíveis, que visem a assegurar, **progressivamente**, por todos os meios apro-

exigência de 30 dias, essa sim obrigatória a qualquer das partes que intentarem resilir o contrato de emprego. Recurso de embargos conhecido e provido." (TST-E-RR-1964-73.2013.5.09.0009, Relator Ministro: Hugo Carlos Scheuermann, Data de Julgamento: 21/09/2017, Subseção I Especializada em Dissídios Individuais, Data de Publicação: DEJT 29/09/2017). **No mesmo sentido, conferir o Informativo n. 165/2017 do TST.**

priados, o pleno exercício dos direitos reconhecidos no Pacto, **incluindo, em particular, a adoção de medidas legislativas.**

6. ARTIGO 452-F DA CONSOLIDAÇÃO DAS LEIS DO TRABALHO

O artigo diz o seguinte:

> Art. 452-F. As verbas rescisórias e o aviso prévio serão calculados com base na média dos valores recebidos pelo empregado no curso do contrato de trabalho intermitente.
>
> § 1º No cálculo da média a que se refere o *caput*, serão considerados apenas os meses durante os quais o empregado tenha recebido parcelas remuneratórias no intervalo dos últimos doze meses ou o período de vigência do contrato de trabalho intermitente, se este for inferior.
>
> § 2º O aviso prévio será necessariamente indenizado, nos termos dos § 1º e § 2º do art. 487.

Registre-se que não há, na *exposição de motivos* da Medida Provisória, nada a respeito do artigo 452-F; por lapso, talvez, nenhuma explicação se fez quanto a esse artigo. Tal artigo regula o instituto do aviso prévio no caso de contratação trabalhista para prestação de trabalho intermitente, estabelecendo sua base de cálculo e a imposição de que deverá ser, necessariamente, indenizado, afastando, *expressamente* (e sem qualquer justificativa) a figura jurídica do aviso prévio trabalhado nesse tipo de contratação.

Para entendimento do artigo 452-F, remeto o leitor aos comentários que fiz ao artigo 452-E, acima, onde desenvolvo perspectivas sobre o instituto do aviso prévio à luz do contrato de trabalho intermitente.

7. ARTIGO 452-G DA CONSOLIDAÇÃO DAS LEIS DO TRABALHO

O artigo diz o seguinte:

> Art. 452-G. Até 31 de dezembro de 2020, o empregado registrado por meio de contrato de trabalho por prazo indeterminado demitido não poderá prestar serviços para o mesmo empregador por meio de contrato de trabalho intermitente pelo prazo de dezoito meses, contado da data da demissão do empregado.

Segundo a *exposição de motivos* da Medida Provisória, com relação ao artigo 452-G, a *mens legislatoris* (a intenção do legislador) explicitada foi a seguinte:

> 10.18 De igual importância para o trabalhador e o mercado de trabalho de maneira geral, o art. 452-G estabelece mecanismo de quarentena de 18 meses entre a demissão e contratação do mesmo trabalhador em regime de contrato intermitente. O dispositivo permanecerá válido pelo prazo de 3 (três) anos, de forma a impedir quaisquer riscos de oscilações bruscas nas formas de contratação.

Um dos princípios mais caros ao Direito do Trabalho, consagrado, em sede jurisprudencial, na Súmula n. 212 do Tribunal Superior do Trabalho, é o **princípio da continuidade da relação de emprego**, assim entendido:

> Informa tal princípio que é de interesse do Direito do Trabalho a permanência do vínculo empregatício, com a integração do trabalhador na estrutura e dinâmica empresariais. Apenas mediante tal permanência e integração é que a ordem justrabalhista poderia cumprir satisfatoriamente o objetivo teleológico do Direito do Trabalho, de assegurar melhores condições, sob a ótica obreira, de pactuação e gerenciamento da força de trabalho em determinada sociedade. (DELGADO, 2017a:224)

Desse modo, a regra é a de que o contrato de trabalho se desenvolve por prazo indeterminado, inclusive sem "intermitências" ou períodos de "inatividade" (artigo 4º, *caput*, da Consolidação das Leis do Trabalho). Esta é a regra, o que recomenda à legislação que, ao positivar as exceções, imponha uma série de limites a esses tipos de ajuste, sob pena do reconhecimento de fraude aos direitos trabalhistas constitucional e infraconstitucionalmente garantidos (artigo 9º da Consolidação das Leis do Trabalho).

É nesse sentido, por exemplo:

a) o contrato de trabalho por prazo determinado não poderá ser estipulado por mais de dois anos (artigo 445, *caput*, da Consolidação das Leis do Trabalho);

b) o contrato de experiência não poderá exceder de noventa dias (artigo 445, parágrafo único, da Consolidação das Leis do Trabalho);

c) o contrato de trabalho por prazo determinado que, tácita ou expressamente, for prorrogado mais de uma vez passará a vigorar sem determinação de prazo (artigo 451 da Consolidação das Leis do Trabalho);

d) o contrato entre a empresa de trabalho temporário e a empresa tomadora ou cliente, com relação a um mesmo empregado, não poderia exceder o prazo de três meses, salvo autorização conferida pelo órgão local do Ministério do Trabalho, na antiga redação do artigo 10 da Lei n. 6.019/1974;

e) o contrato de trabalho temporário, com relação ao mesmo empregador, não poderá exceder ao prazo de cento e oitenta dias, consecutivos ou não, podendo, ainda, ser prorrogado por até noventa dias, consecutivos ou não, se comprovada a manutenção das condições que o ensejaram, na atual redação do artigo 10 da Lei n. 6.019/1974, dada pela Lei n. 13.429/2017.

Trata-se de "mecanismo de quarentena", como bem se explicitou na *exposição de motivos*. Porém, diferentemente do que lá constou, ou seja, de que a regra se faz necessária até 31/12/2020, "de forma a impedir quaisquer riscos de oscilações bruscas nas formas de contratação", a regra deveria ser permanente, de forma a prestigiar o princípio da continuidade da relação de emprego.

8. ARTIGO 452-H DA CONSOLIDAÇÃO DAS LEIS DO TRABALHO

O artigo diz o seguinte:

> Art. 452-H. No contrato de trabalho intermitente, o empregador efetuará o recolhimento das contribuições previdenciárias próprias e do empregado e o depósito do FGTS com base nos valores pagos no período mensal e fornecerá ao empregado comprovante do cumprimento dessas obrigações, observado o disposto no art. 911-A.

O citado artigo 911-A da Consolidação das Leis do Trabalho diz o seguinte:

> Art. 911-A. O empregador efetuará o recolhimento das contribuições previdenciárias próprias e do trabalhador e o depósito do FGTS com base nos valores pagos no período mensal e fornecerá ao empregado comprovante do cumprimento dessas obrigações.
>
> § 1º Os segurados enquadrados como empregados que, no somatório de remunerações auferidas de um ou mais empregadores no período de um mês, independentemente do tipo de contrato de trabalho, receberem remuneração inferior ao salário mínimo mensal, poderão recolher ao Regime Geral de Previdência Social a diferença entre a remuneração recebida e o valor do salário mínimo mensal, em que incidirá a mesma alíquota aplicada à contribuição do trabalhador retida pelo empregador.
>
> § 2º Na hipótese de não ser feito o recolhimento complementar previsto no § 1º, o mês em que a remuneração total recebida pelo segurado de um ou mais empregadores for menor que o salário mínimo mensal não será considerado para fins de aquisição e manutenção de qualidade de segurado do Regime Geral de Previdência Social nem para cumprimento dos períodos de carência para concessão dos benefícios previdenciários.

Segundo a *exposição de motivos* da Medida Provisória, com relação ao artigo 452-H, a *mens legislatoris* (a intenção do legislador) explicitada foi a seguinte:

> 10.19 Por fim, o art. 452-H estipula que no contrato de trabalho intermitente, o empregador efetuará o recolhimento das contribuições previdenciárias próprias e do trabalhador, e o depósito do FGTS, na forma da lei, com base nos valores pagos no período mensal e fornecerá ao empregado comprovante do cumprimento dessas obrigações, observado o disposto no art. 911-A, também introduzido na CLT por esta Medida Provisória e abordado posteriormente nesta Exposição de Motivos.

A inclusão do artigo 911-A, segundo a *exposição de motivos* da Medida Provisória, foi a seguinte:

> 10.26 A presente Medida Provisória inclui o art. 911-A ao Decreto-Lei n. 5.452, de 1943, que passa a dispor sobre o recolhimento das contribuições previdenciárias e o depósito do FGTS pelo empregador, com base nos valores pagos no período mensal. O § 1º dispõe sobre a exigência, para os segurados empregados cuja remuneração mensal, em função do tipo de contrato ou da quantidade de horas trabalhadas no mês, for inferior ao salário mínimo, de recolherem por conta própria ao RGPS, com base na diferença entre a remuneração recebida

e o valor do salário mínimo mensal, aplicando-se a mesma alíquota aplicada à contribuição do trabalhador retida pelo empregador. O § 2º prevê que, não sendo feito o recolhimento previsto no § 1º, os valores inferiores ao salário mínimo mensal não serão considerados para fins de aquisição e manutenção da qualidade de segurado do RGPS, bem como para o cumprimento dos períodos de carência para concessão dos benefícios.

10.27 A inclusão deste dispositivo visa disciplinar o recolhimento das contribuições previdenciárias para aqueles empregados que, em função da jornada reduzida ou da modalidade de contratação, como se dá com os trabalhadores contratados sob o regime de trabalho parcial ou intermitente, venham a receber, de uma ou mais empresas, remuneração mensal inferior ao valor do salário mínimo. Assim, fica garantida a possibilidade desses segurados contribuírem sobre a diferença entre o valor recebido de uma ou mais empresas e o valor do salário mínimo, com base na mesma alíquota utilizada para sua contribuição enquanto empregado, permitindo que a competência seja considerada para fins previdenciários. Igualmente, garante-se o adequado equilíbrio do custeio da Previdência Social.

A inclusão do artigo 452-H, como visto, buscou disciplinar o recolhimento das contribuições previdenciárias para os empregados contratados sob intermitência. Nada a acrescentar, especificamente, quanto ao regramento trazido, inclusive em termos de explicação, pois a *exposição de motivos*, na parte colacionada acima (para os artigos 452-H e 911-A), já bem explica de que se trata a novel legislação.

Entretanto, não me furto de novamente registrar (e criticar) que, no tocante ao sistema previdenciário, a "Reforma Trabalhista" (Lei n. 13.467/2017 e Medida Provisória n. 808/2017) buscou afastar o empregado sob intermitência do sistema jurídico característico a todo e qualquer trabalhador, aproximando-o muito mais da figura do empregado doméstico e dos demais segurados, o que não é correto, no meu sentir, em razão do próprio artigo 443 da Consolidação das Leis do Trabalho, com redação dada pela Lei n. 13.467/2017.

Com efeito, o empregado intermitente é um autêntico empregado contratado por prazo indeterminado, nada se diferenciando quanto a isto. A única diferença, falando em termos gerais, reside na "intermitência" propriamente dita, de modo que o empregado intermitente está sujeito a períodos de inatividade e o empregado celetista, no geral, está envolto no manto do artigo 4º, *caput*, da Consolidação das Leis do Trabalho, considerando-se como de serviço efetivo o período em que o empregado estiver à disposição do empregador, aguardando ou executando ordens.

Nesse diapasão, o empregado intermitente, tal qual o empregado celetista, no geral, é segurado obrigatório do Regime Geral da Previdência Social; ambos se inserem na inteligência do artigo 11, inciso I, alínea "a", da Lei n. 8.213/1991, que diz:

Art. 11. São segurados obrigatórios da Previdência Social as seguintes pessoas físicas:

I – como empregado:

> a) **aquele que presta serviço de natureza urbana ou rural à empresa, em caráter não eventual, sob sua subordinação e mediante remuneração**, inclusive como diretor empregado;

Como já visto neste trabalho, em arremate final, a novel figura da "intermitência" não se aproxima da teoria da descontinuidade, típica do trabalho eventual, sendo "o trabalho descontínuo e ininterrupto com relação ao tomador enfocado" (DELGADO, 2017a:318), que se ajusta à figura do trabalhador eventual doméstico ("diarista").

No contrato de trabalho intermitente não há, efetivamente, um evento certo, determinado e **episódico** ou **esporádico**, de modo que não se aplica, a essa novel modalidade de trabalho, a teoria da descontinuidade; o pressuposto da não eventualidade se faz presente. Existindo, igualmente, os pressupostos da subordinação jurídica, da onerosidade e da pessoalidade, esse empregado, inequivocamente – repita-se –, insere-se no artigo 11, inciso I, alínea "a", do Plano de Benefícios da Previdência Social (Lei n. 8.213/1991).

REFERÊNCIAS BIBLIOGRÁFICAS

AROUCA, José Carlos. **Curso básico de direito sindical**. 5. ed. São Paulo: LTr, 2016.

BARRETTO, Rafael. **Direitos humanos**. 3. ed. rev., ampl. e atual. Salvador: Juspodivm, 2013.

BAUMAN, Zygmunt. **Modernidade líquida**. Rio de Janeiro: Zahar, 2001.

CARVALHO, Augusto César Leite de. **Direito do Trabalho**: curso e discurso. São Paulo: LTr, 2016.

CAVALCA, Renata Falson. **Os novos contornos da terceirização na Administração Pública à luz do princípio constitucional do concurso público**. In: MARTINS, Juliane Caravieri; BARBOSA, Magno Luiz; MONTAL, Zélia Maria Cardoso (orgs.). Reforma trabalhista em debate: direito individual, coletivo e processual do trabalho. São Paulo: LTr, 2017, p. 79-98.

DELGADO, Mauricio Godinho. **Curso de Direito do Trabalho**. 16. ed. rev. e ampl. São Paulo: LTr, 2017a.

________________. **Princípios constitucionais do trabalho e princípios de direito individual e coletivo do trabalho**. 5. ed. São Paulo: LTr, 2017b.

DELGADO, Mauricio Godinho; DELGADO, Gabriela Neves. **A reforma trabalhista no Brasil**: com os comentários à Lei n. 13.467/2017. São Paulo: LTr, 2017.

DINIZ, Maria Helena. **Dicionário jurídico**. 2. ed. rev., atual. e aum. São Paulo: Saraiva, 2005a. Vol. 1, A-C.

________________. **Dicionário jurídico**. 2. ed. rev., atual. e aum. São Paulo: Saraiva, 2005b. Vol. 2, D-I.

DWORKIN, Ronald. **Levando os direitos a sério**. 2. ed. São Paulo: Martins Fontes, 2007.

FARIAS, Edilson Pereira de. **Colisão de direitos**. Brasília: Sérgio Antônio Fabris Editor, 1996.

FRANCO FILHO, Georgenor de Sousa. **Curso de Direito do Trabalho**. 3. ed. São Paulo: LTr, 2017.

FURTADO, Emmanuel Teófilo. **A reforma trabalhista e o trabalho intermitente**: o tiro de misericórdia na classe trabalhadora. In: FELICIANO, Guilherme Guimarães; TREVISO, Marco Aurélio Marsiglia; FONTES, Saulo Tarcísio de Carvalho (orgs.). São Paulo: LTr, 2017, p. 107-116.

HOUAISS, Antônio; VILLAR, Mauro de Salles; FRANCO, Francisco Manoel de Mello. **Dicionário Houaiss da língua portuguesa**. Rio de Janeiro: Objetiva, 2009.

LARENZ, Karl. **Metodologia da ciência do Direito**. 5. ed. Lisboa: Fundação Calouste Gulbenkian, 2009.

MAZZUOLI, Valério de Oliveira. **O controle jurisdicional da convencionalidade das leis**. 2. ed. rev., atual. e ampl. São Paulo: Revista dos Tribunais, 2011.

MENDES, Iratelma Cristiane Martins. **Responsabilidade do empregado pela gestão na intermitência do contrato de trabalho**: gestão negociada ou impositiva? In: MARTINS, Juliane Caravieri; BARBOSA, Magno Luiz; MONTAL, Zélia Maria Cardoso (orgs.). Reforma trabalhista em debate: direito individual, coletivo e processual do trabalho. São Paulo: LTr, 2017, p. 49-56.

NEGREIROS, Teresa. **Teoria do contrato**: novos paradigmas. 2. ed. Rio de Janeiro: Renovar, 2006.

OLIVEIRA, Francisco Antonio de. **Reforma trabalhista**: comentários à Lei n. 13.467, de julho de 2017. São Paulo: LTr, 2017.

SILVA, Homero Batista Mateus da. **CLT comentada**. 14. ed. São Paulo: Revista dos Tribunais, 2016.

ZWICKER, Igor de Oliveira. **Súmulas, orientações jurisprudenciais e precedentes normativos do TST**. São Paulo: LTr, 2015.

TELETRABALHO: DESAFIOS FRENTE A UMA NOVA REALIDADE

Hilda Maria Francisca de Paula[1]

Sumário: O Trabalho Decente, o Teletrabalho e a Realidade Atual – A conceituação legal – Formalização do Teletrabalho – Aquisição e Manutenção de Equipamentos – Meio Ambiente de Trabalho e Teletrabalho – Conclusão – Referências Bibliográficas.

Entre os fatos que, no futuro, marcarão a sessão legislativa do ano de 2017 um dos que ficarão particularmente registrados na memória dos operadores do direito, notadamente dos operadores do direito do trabalho, será a noite de 11 de julho na qual o Senado Federal aprovou o PLC-38/2017, que seria sancionado pelo Presidente da República e publicado dois dias depois, através da Lei 13.467, de 13 de julho de 2017, a chamada Reforma Trabalhista.

Sob o pretexto de reorganização da economia, através da modernização das relações de trabalho, o projeto da reforma trabalhista representou uma completa alteração em mais de 100 dispositivos do Decreto-Lei nº 5452 DE 1º de maio de 1943 este que, contrariamente ao que foi dito pelos ávidos defensores de sua pseudomodernização, não padecia de imutabilidade, tampouco regia absoluto e impoluto as relações de trabalho no país, tendo passado por sucessivas transformações ao longo do tempo, adaptando-se a todas as modificações políticas, sociais e econômicas atravessadas pelo país.

Se a Lei 13.467/2017 atende à almejada modernização das relações, só o tempo o dirá. No entanto, são ponderosas e justificadas as críticas que se fazem ao seu texto que, não sendo objeto de amplos debates, atendeu apenas aos anseios de grandes grupos econômicos, solapando direitos duramente conquistados pelos trabalhadores, sob o pretexto da criação de empregos através da adequação da legislação à realidade social.

---

1. Assessora de desembargadora do TRT-SP. Bacharel em direito com especialização em direito e processo do trabalho.

Dentre as situações que a Lei 13.467/2017 pretensamente modernizou, algumas das mais significativas se relacionam aos limites da jornada de trabalho, através da criação de mecanismos que permitem a negociação direta da jornada entre trabalhador e empresa, incluindo a supressão de intervalos e a desregulação da jornada de trabalho.

No presente trabalho, vamos tecer algumas considerações acerca do *teletrabalho,* inovação introduzida à CLT através da inserção do inciso III ao artigo 62 e dos artigos 75-A a 75-E no novel Capítulo II-A – Do Teletrabalho, inserido na parte 1 da CLT, no Capítulo V – Duração do Trabalho.

Defendemos que, a partir de sua vigência, o caminho a seguir será o da aplicação da reforma trabalhista, cuidando de se evitar ao máximo os prejuízos de sua interpretação em prejuízo do trabalhador, daí a necessidade do estudo cuidadoso de seus dispositivos, da interpretação conforme os direitos sociais assegurados constitucionalmente e, também, a interpretação de forma a evitar o retrocesso social.

O TRABALHO DECENTE, O TELETRABALHO E A REALIDADE ATUAL

Na linha da desregulação das relações de trabalho, o legislador introduziu o inciso III no artigo 62 da CLT, excluindo os empregados em regime de teletrabalho do capítulo da Duração do Trabalho pretendendo, com isso, eliminar a possibilidade de controle de jornada dos empregados em teletrabalho.

Nos artigos 75-A a 75-E, cuja análise pontual trataremos a seguir, trouxe o legislador uma lacunosa especificação das hipóteses de teletrabalho, além de tímida, senão deficiente, regulamentação desta condição laboral.

A situação se conformaria, não fosse o fato de que a limitação da jornada, qualquer que seja a modalidade de trabalho, tem expressa previsão constitucional, no inciso XIII do artigo 7º, além de estar inserida entre as características do trabalho decente conceituadas pela Organização Internacional do Trabalho.

Na Segunda Edição do Perfil do Trabalho Decente no Brasil, de 2012, destacou a OIT que *para além da regulamentação legal da jornada de trabalho, é importante pontuar que nas últimas décadas a linha divisória entre tempo de trabalho e tempo dedicado à vida pessoal tem se tornado cada vez mais tênue, em um contexto de intensa revolução tecnológica e de exacerbação das pressões competitivas decorrentes da globalização econômico-financeira, o que dificulta sobremaneira a sua mensuração efetiva.*[2]

Assim, qualquer regulamentação que pretenda autorizar a prestação de trabalho em jornada que ultrapasse o limite constitucional de 44 horas semanais e

2. ORGANIZAÇÃO INTERNACIONAL DO TRABALHO. Perfil do Trabalho Decente no Brasil. Um olhar sobre as Unidades da Federação. Brasília, 2012. Disponível em: http://www.oit.org.br/node/880 Acesso em: outubro.2017.

não permita ao trabalhador o estabelecimento de linha divisória entre trabalho e vida pessoal, ou que lhe retire o direito à desconexão[3], será inválida.

Sob outro aspecto, e no mesmo estudo sobre o trabalho decente da OIT, ganhou destaque a necessidade de conciliação entre trabalho, vida pessoal e vida familiar, equilíbrio entre as responsabilidades familiares, notoriamente maiores entre as trabalhadoras do sexo feminino, sendo relevante destacar que o teletrabalho surge como uma alternativa favorável a esta conciliação.[4]

Também o tempo de deslocamento entre a residência e o local de trabalho é elemento que estimula a adoção do trabalho à distância, em especial em razão do estresse enfrentado nas grandes metrópoles, nas quais vem o trabalhador dispendendo um tempo médio de 60 minutos por trecho de trajeto, seja em razão do transporte insuficiente ou em razão do incremento dos congestionamentos, gerado pelo maior número de veículos utilizados como meio de deslocamento casa-trabalho.

Alia-se a este quadro, como aspecto favorável à adoção do teletrabalho, a efetiva modernização dos métodos de trabalho, através dos meios informatizados que permitem que determinadas atividades sejam feitas longe do estabelecimento empresarial, um fenômeno social cada dia mais presente nas corporações, exigindo um olhar mais acurado e crítico para estas situações.

Temos, nesta linha de raciocínio, que sob um aspecto, é salutar a regulamentação do teletrabalho, desde que através da mesma não se almeje a retirada de direitos, a exclusão destes trabalhadores dos capítulos da limitação da jornada e da garantia da segurança e higiene do trabalho, além da preservação do patamar mínimo civilizatório da remuneração e demais garantias de preservação da qualidade de vida.

A CONCEITUAÇÃO LEGAL

A lei 13.467/17 introduziu o Capítulo II-A à CLT especificando no artigo 75-A que *a prestação de serviços pelo empregado em regime de teletrabalho observará o disposto neste Capítulo.*

O teletrabalho vem conceituado no artigo 75-B da seguinte forma:

> *"Art. 75-B – Considera-se teletrabalho a prestação de serviços preponderantemente fora das dependências do empregador, com a utilização de tecnologia de informação e de comunicação que, por sua natureza, não se constituam como trabalho externo.*

---

3. SOUTO MAIOR, Jorge Luiz. Do Direito à Desconexão do Trabalho. *In Revista do Tribunal Regional do Trabalho da 15ª Região, Campinas, n.23, p.1, 2003.* Disponível na página do autor: http://www.jorgesoutomaior.com/de-2003-em-diante-lula-e-dilma-da-esperanccedila-ao-continuismo.html Acesso em: outubro.2017

4. OIT. Op.cit., p.134.

> *Parágrafo único. O comparecimento às dependências do empregador para a realização de atividades específicas que exijam a presença do empregado no estabelecimento não descaracteriza o regime de teletrabalho."*

Ao conceituar o teletrabalho como atuação *preponderantemente* fora das dependências do empregador quis o legislador, como já dito alhures, excluir estes trabalhadores dentre aqueles que atuam sob o poder de fiscalização *horária* do empregador, levando à conclusão de que este trabalhador executa suas tarefas de forma tal que adequa as atividades a suas necessidades, daí a impossibilidade de aferição do número de horas trabalhadas.

A partir desta conceituação, inseriu o legislador o inciso III no artigo 62 da CLT, excluindo também do regime da duração do trabalho, estes trabalhadores que atuam *preponderantemente* fora das dependências do empregador, mas em atividades que *não se constituam como trabalho externo.*

A leitura conjunta dos dois dispositivos legais já é suficiente para mitigar a intenção do legislador, que foi a de impossibilitar a aferição de sobrejornada aos trabalhadores em teletrabalho, na medida em que as relações de trabalho, quaisquer que sejam as suas conceituações e formalidades previstas em lei, não se furtam aos princípios que as norteiam.

Qualquer situação concreta que possibilite minimamente a aferição do número de horas trabalhadas pelos trabalhadores em teletrabalho será suficiente para verificar o cumprimento ou não da limitação de 44 horas de trabalho, autorizando a paga de extraordinárias a partir de então, na forma expressa no inciso XIII do artigo 7º da Carta Republicana.

Alice Monteiro de Barros destaca que *essa nova forma de trabalhar transcende os limites territoriais e poderá ser transregional, transnacional e transcontinental. Ela permite até mesmo a atividade em movimento. Esse tipo de trabalho é executado por pessoas com média ou alta qualificação, as quais se utilizam da informática ou da telecomunicação no exercício das atividades.*[5]

Acrescenta a jurista que É possível aplicar ao teletrabalhador as normas sobre jornada de trabalho, quando estiver em conexão permanente com a empresa que lhe controla a atividade e o tempo de trabalho mediante a utilização de um programa informático, capaz de armazenar na memória a duração real da atividade, dos *intervalos, ou o horário definido pela exigência dos clientes do empregador, sem que o teletrabalhador tenha liberdade para escolher as horas que pretende trabalhar ao dia. Não há incompatibilidade entre o teletrabalho e a jornada extraordinária e, consequentemente, é possível também fixar o salário por unidade de tempo.*[6]

A autonomia horária pretendida pela legislação, como se observa, pode não encontrar respaldo na realidade. A se manter a insistente aplicação da legislação,

---

5. BARROS, Alice Monteiro de. *Curso de Direito do Trabalho. 5.ed.São Paulo: LTr, 2009. p.327.*
6. *Ibidem, p.333-334*

com a absoluta exclusão do teletrabalhador do capítulo da duração da jornada de trabalho, seria de se indagar acerca da possibilidade do trabalhador estabelecer o limite de sua subordinação aos comandos do empregador, de forma a garantir um mínimo de desconexão com o trabalho.

A hodierna conexão ininterrupta à internet, realidade inegável em todos os meios sociais, permite que a qualquer tempo e em qualquer lugar seja possível localizar qualquer pessoal (através de rastreadores, de redes sociais e de sistemas de transmissão instantânea de mensagens), possibilitando também a conexão imediata e instantânea entre empregador e teletrabalhador.

O contrário desta realidade inegável também seria possível, permitindo que o empregado escolha o momento mais adequado para conectar-se ao empreendimento. A questão que se levanta é se, na hipótese de o teletrabalhador usar desta possibilidade de desconexão, adequando a exigência do parágrafo único do artigo 75-A à sua estrita necessidade, tal se configuraria insubordinação? Noutras palavras: poderá o teletrabalhador recusar o atendimento a um chamado do empreendimento a qualquer dia e horário, sob a alegação de autonomia na administração de seu tempo, haja vista que quem pode o menos, pode o mais?

FORMALIZAÇÃO DO TELETRABALHO

A inovação legislativa continua no artigo 75-C, que estabelece a formalidade necessária para a tipificação do teletrabalho, nos seguintes termos:

> *Art. 75-C. A prestação de serviços na modalidade de teletrabalho deverá constar expressamente do contrato individual de trabalho, que especificará as atividades que serão realizadas pelo empregado.*
>
> § 1º Poderá ser realizada a alteração entre regime presencial e de teletrabalho desde que haja mútuo acordo entre as partes, registrado em aditivo contratual.
>
> § 2º Poderá ser realizada a alteração do regime de teletrabalho para o presencial por determinação do empregador, garantido prazo de transição mínimo de quinze dias, com correspondente *registro em aditivo contratual.*

Como nas demais modalidades de trabalho sem fiscalização de jornada, retratadas no artigo 62 da CLT, há necessidade de formalização da modalidade teletrabalho no contrato individual, não se admitindo a modalidade tácita de teletrabalho. A necessidade de registro expresso desta condição no contrato de trabalho se mostra salutar, evitando o risco de se utilizar do procedimento do parágrafo único do artigo 75-B com o objetivo único de suprimir a fiscalização da jornada do trabalhador e, consequentemente, o pagamento de eventual sobrejornada.

Para que tal irregularidade ocorresse, bastaria que o empregador autorizasse o trabalho em home-office e convocasse eventualmente o empregado para comparecer à sede do empreendimento, a fim de realizar atividades específicas. A prática irregular é comum em atividades externas a exemplo de motoristas que comparecem na empresa em regra no início e no término da jornada, mas, a pretexto de trabalho externo, não são remunerados pela totalidade do tempo à disposição do empreendimento.

A alteração entre os regimes presencial e teletrabalho pode ser feita por mútuo acordo ou pode o empregador determinar que o empregado retorne do teletrabalho para o regime presencial, devendo neste último caso ser observado um prazo de transição mínimo de 15 dias, como previsto nos parágrafos 1º e 2º do artigo 75-C.

A redação dos dispositivos, aponta inicialmente para dois problemas: não há necessidade de justificar os motivos da transição mutuamente acordada entre as partes, tratada no parágrafo primeiro, tampouco da transição determinada pelo empregador no parágrafo segundo. Ademais, também não há previsão de penalidade na hipótese de descumprimento do prazo mínimo de 15 dias para a adaptação da transição determinada pelo empregador.

A desigual situação entre trabalhador e empregador, por si, já descaracteriza o pretenso 'mútuo acordo' na transição entre as modalidades teletrabalho e presencial, daí concluir-se que dificilmente o trabalhador recusará a proposta de transição feita pelo empregador, já que corre o risco de perder o emprego. Da mesma forma, não tem o trabalhador nenhuma garantia de cumprimento do prazo mínimo para o retorno do teletrabalho ao presencial, o que se revela necessário em razão de possíveis adaptações a serem feitas em sua vida pessoal, além do planejamento do deslocamento, situação que pode até mesmo permitir a aplicação analógica do artigo 469 da CLT.

AQUISIÇÃO E MANUTENÇÃO DE EQUIPAMENTOS

Um dos artigos mais polêmicos do tema teletrabalho, o artigo 75-D estabelece a responsabilidade pela aquisição e manutenção de equipamentos, além de outras despesas, todas previstas em contrato. No seguinte sentido a inovação legislativa:

> *Art. 75-D. As disposições relativas à responsabilidade pela aquisição, manutenção ou fornecimento dos equipamentos tecnológicos e da infraestrutura necessária e adequada à prestação do trabalho remoto, bem como ao reembolso de despesas arcadas pelo empregado, serão previstas em contrato escrito.*
>
> *Parágrafo único. As utilidades mencionadas no* ***caput*** deste artigo não integram a remuneração do empregado.

Um dos aspectos positivos na realização do teletrabalho, é a possibilidade do trabalhador adequar suas tarefas a uma rotina própria, assim como a realização das mesmas em qualquer lugar.

Como dito alhures, a doutrina clássica entende que o empregado que atua em teletrabalho é dotado de média ou alta qualificação[7], distinguindo esse trabalhador daquele que realiza trabalho em domicílio, o que se coaduna com a expressa

7. BARROS, Alice Monteiro de. *Curso de Direito do Trabalho. 5.ed.São Paulo: LTr, 2009. p.327.*

menção à *utilização de tecnologias de informação e de comunicação*, distinguindo-o, por exemplo, da costureira que realiza suas atividades em domicílio e é remunerada por peça costurada.

Nesse sentido, tratando-se de trabalho que exige, além de especialização, instrumentos tecnológicos que atendam ao interesse do empreendimento, é razoável que a escolha dos equipamentos seja feita em conjunto entre empregador e trabalhador. Levando em conta, ainda, que a subordinação jurídica está presente no teletrabalho, mecanismos de proteção a informações sigilosas do empreendimento devem ser disponibilizados ao trabalhador o que pode levar, inclusive, à determinação pelo empregador, do uso restrito de equipamentos por ele fornecidos ou escolhidos de comum acordo entre as partes vedando, por exemplo, o uso de computadores e redes de internet disponíveis em locais públicos ou em escritórios conjugados.

O *caput* do artigo 75-D dispõe que a responsabilidade pela aquisição, manutenção e fornecimento de equipamentos para o trabalho será definida em contrato, assim como a sistemática de reembolso pelas despesas arcadas pelo empregado. O dispositivo não deve deixar margem a dúvidas de que os custos pela aquisição e manutenção dos equipamentos tecnológicos devem ser arcados pelo empregador.

Da mesma forma, não é possível transferir para o empregado os custos com mobiliário, sistema de internet e quaisquer outros insumos necessários à consecução do trabalho, ainda que o empregado tenha a faculdade de utilizar tais instrumentos para uso particular, quando fora de serviço.

Assim, a fixação em contrato do modo de aquisição e manutenção dos equipamentos necessários para a realização do teletrabalho deverá observar, em qualquer circunstância, as disposições dos artigos 457, § 2º e 462 da CLT, sendo passíveis de nulidade quaisquer disposições contratuais que transfiram para o empregado a integralidade dos custos com a aquisição, manutenção ou fornecimento de equipamentos e infraestrutura necessários para a prestação do trabalho remoto retratado no artigo 75-D da CLT. Registro seja feito que a aquisição e fornecimento de equipamentos adequados à perfeita realização do trabalho na nova modalidade de teletrabalho implementada pela Reforma Trabalhista é elemento essencial para a manutenção do meio ambiente de trabalho hígido, permitindo a eliminação de aspectos insalubres que sujeitem o trabalhador a doenças e afastamentos, o que será objeto de análise no item a seguir.

MEIO AMBIENTE DE TRABALHO E TELETRABALHO

Também no aspecto do meio ambiente adequado para a realização do teletrabalho, há uma problemática inserção legislativa, que transfere ao trabalhador o encargo de cuidar da adequação do meio ambiente de trabalho. Dispõe o novel artigo 75-E da CLT, que:

> *Art. 75-E. O empregador deverá instruir os empregados, de maneira expressa e ostensiva, quanto às precauções a tomar a fim de evitar doenças e acidentes de trabalho.*

> *Parágrafo único. O empregado deverá assinar termo de responsabilidade comprometendo-se a seguir as instruções fornecidas pelo empregador.*

Talvez um dos aspectos mais polêmicos em torno do tema seja a transferência para o trabalhador do encargo relativo à manutenção de um meio ambiente de trabalho adequado. Ainda que sejam transmitidas ao trabalhador todas as orientações pertinentes à manutenção do meio ambiente de trabalho, impondo-lhe a assinatura de termo de responsabilidade, cujo descumprimento poderia até levar à incidência das alíneas 'e' e 'h' do artigo 482 da CLT, é importante a análise da eficácia da referida disposição legal.

De se ressaltar, de plano, que ao empregador incumbe cumprir e fazer cumprir as normas de segurança e medicina do trabalho, através da instrução dos empregados acerca da precaução na condução de seus misteres e, também, da adoção de medidas determinadas pelos órgãos competentes. Tal é a previsão expressa do artigo 157 da CLT.

A doutrina assenta acerca da definição de meio ambiente de trabalho, destacando o jurista Raimundo Simão de Melo que *O meio ambiente do trabalho adequado e seguro* é *um dos mais importantes e fundamentais direitos do cidadão trabalhador, o qual, se desrespeitado, provoca agressão a toda a sociedade, que, no final das contas, é quem custeia a Previdência Social, responsável pelo Seguro de Acidentes do Trabalho – SAT.* [8]

Merece registro, também, o apontamento do insigne jurista Homero Batista Mateus da Silva que, comentando o artigo 75-E da CLT destaca:

> *"O art. 75-E, utilizando linguagem patriarcal, já superada no âmbito da saúde e segurança do trabalho, determina que o empregador instrua os empregados "de maneira expressa e ostensiva" quanto às precauções para evitar doenças e acidentes, ao passo que o empregado deve se comprometer a seguir todas as instruções; a tese de que todos os acidentes tivessem como causa "ato inseguro" do empregado está superada faz muitos anos, impondo-se análise multifatorial para a compreensão dos acidentes e doenças a ele equiparadas; por exemplo, em caso de sobrecarga muscular pelo trabalho de digitação em domicílio – antigamente denominada tendinite – não é crível que se pense apenas em analisar o descuido do empregado quanto à postura; elementos relevantes como prazos para entrega dos trabalhos, nível de complexidade, ritmo exigido, número de toques necessários para dar cobro à demanda, forma de remuneração, metas impostas e vários outros assuntos correlatos deverão ser levados em consideração.*[9]

É de todo ineficaz a pretensão de transferir ao empregado todos os riscos oriundos da inobservância do meio ambiente de trabalho adequado, ainda que o trabalho se realize distante da fiscalização direta do empregador. A só orientação

8. MELO, Raimundo Simão de. *Direito Ambiental do Trabalho e a Saúde do Trabalhador. 1ªEd. LTr: 2004. p.29*
9. DA SILVA, Homero Batista Mateus. *Comentários à Reforma Trabalhista. Análise da Lei 13.467/2017 – Artigo por Artigo. 1ªEd. 2017: Revista dos Tribunais. p.56.*

expressa e específica ao trabalhador não se mostra suficiente para evitar os infortúnios. Aqui valem os apontamentos de Sebastião Geraldo de Oliveira, no seguinte sentido:

> *"Nenhum programa de prevenção sério pode considerar o trabalhador como se fosse uma figura robótica, que se comporta sempre conforme programado, distante da sua natureza humana e falível. Cabe transcrever, nesse sentido, as conclusões da professora Maria Cecilia Pereira Binder, especialista em acidentologia:*
>
> *"Nas abordagens comportamental e ergonômica, a importância dos comportamentos do acidentado na etapa imediatamente antecedente à lesão foi progressivamente sendo minimizada, criando-se o consenso de que a prevenção não pode prescindir do desvendar dos fatores mais remotos das origens dos acidentes. As análises dos acidentes do trabalho (e também as análises do trabalho) devem evidenciar os fatores potencialmente capazes de desencadear tais eventos para planejar as intervenções preventivas, incluindo aí aspectos da organização do trabalho e do gerenciamento da empresa.*
>
> *Os conceitos de atos inseguros e condições inseguras, originados na década de 1930, com base na concepção de acidentes como sequência linear de eventos, foram abandonados por grande número de estudiosos ou passaram por mudanças significativas em sua interpretação. Desconsiderando a evolução dos conhecimentos, em numerosas empresas do país persiste a concepção dicotômica, atos inseguros e condições inseguras, como norteadoras das investigações de acidentes do trabalho.*
>
> *Uma das consequências da evolução da concepção de acidentes tem sido a crescente compreensão da inutilidade de recomendações de prevenção como 'prestar mais atenção', 'conscientizar', 'tomar mais cuidado', e assemelhadas. Firma-se o entendimento de que o trabalho desenvolvido em condições em que a segurança depende exclusivamente do desempenho do indivíduo na tarefa, exigindo a manutenção de grau de vigília incompatível com as capacidades humanas, configura 'acidente esperando para acontecer' sendo, portanto, inaceitável."*[10]

Observa-se que, a despeito da pretensa modernização da legislação trabalhista, ao prever que o empregador deve orientar e instruir o empregado, sem conferir-lhe a obrigação específica de cuidar para que o meio ambiente de trabalho seja hígido e adequado à manutenção das condições mínimas de dignidade e segurança do trabalhador, o legislador apenas objetivou transferir para o teletrabalhador o encargo de responsabilizar-se pelas condições adequadas de trabalho, o que não encontra respaldo nos princípios norteadores da atividade empresária e da função social da empresa. A jurisprudência pátria já se manifestou neste sentido, consoante aresto a seguir:

> INDENIZAÇÃO POR DANOS MORAIS. DOENÇA PROFISSIONAL. CULPA DO EMPREGADOR. EMPREGADO EM DOMICÍLIO. O fato de o empregado trabalhar em domicílio não constitui, por si só, motivo para eximir o empregador da observância das normas de segurança e medicina do trabalho,

10. OLIVEIRA, Sebastião Geraldo de. *Proteção Jurídica à Saúde do Trabalhador.* 5ªEd. 2010: LTr. p.142-143

> colocando o trabalhador à margem da proteção legal que deve abranger "todos os locais de trabalho", sem distinção (artigo 154 da CLT). É certo que não há como exigir do empregador, em semelhante circunstância, a fiscalização cotidiana dos serviços prestados, inclusive quanto à efetiva observância pelo empregado das normas de segurança e medicina, mesmo porque a casa é asilo inviolável do indivíduo, ninguém nela podendo penetrar sem o consentimento do morador, salvo em caso de flagrante delito ou desastre, ou para prestar socorro, ou, durante o dia, por determinação judicial, nos termos da garantia estatuída no artigo 5o., inciso XI, da Constituição Federal. Essa particularidade, sem dúvida, constitui elemento que vai interferir na gradação da culpa do empregador em relação a eventual doença profissional constatada, mas não permite isentá-lo do cumprimento de obrigações mínimas, como a de instruir os empregados quanto às precauções a tomar no sentido de evitar acidentes do trabalho ou doenças ocupacionais, nos termos do artigo 157, II, da CLT, além de fornecer mobiliário adequado, orientando o empregado quanto à postura correta (artigo 199 da CLT), pausas para descanso, etc. Verificado o descumprimento dessas obrigações primordiais pelo empregador, em face da sua omissão negligente no tocante aos cuidados com a saúde da empregada, é inegável a sua culpa no surgimento da doença profissional constatada, incidindo sua responsabilidade pela compensação do dano moral sofrido pela obreira. (TRT-3 - RO: 1626808 00208-2006-143-03-00-2, Relator: Heriberto de Castro, Turma Recursal de Juiz de Fora, Data de Publicação: 17/09/2008,DJMG . Página 14. Boletim: Sim.)[11]

O disposto no artigo 75-E da CLT não tem o condão de isentar o empregador de eventual infortúnio ocorrido com o empregado, em razão da inobservância das normas mínimas de proteção, higiene e segurança do trabalho, remanescendo com o empregador a obrigação de certificar-se do cumprimento da legislação correlata.

CONCLUSÃO

A nova regulamentação do teletrabalho, com a inserção do inciso III do artigo 62 e artigos 75-A a 75-E na CLT, autorizam essa modalidade de trabalho a uma gama de trabalhadores que atuam especificamente com a utilização de tecnologias de informação e de comunicação sem, todavia, excluir tais trabalhadores da proteção do artigo 7º, inciso III da Constituição Federal, quando por qualquer meio for possível aferir o número de horas trabalhadas.

Embora salutar a adoção do teletrabalho, em condições específicas e voltada a trabalhadores que necessitam de uma maior dedicação a tarefas do lar e, também, a fim de evitar os infortúnios das grandes cidades, alternativa apontada também no Perfil do Trabalho Decente no Brasil, elaborado pela Organização Internacional do Trabalho no ano de 2012, sua regulamentação não pode ficar relegada ao

11. BRASIL. Tribunal Regional do Trabalho da 3ª Região. Ação Trabalhista nº 00208-2006.143.03.00-2. Disponível em: http://as1.trt3.jus.br/consulta/detalheProcesso2.htm?conversationId=4142353 . Acesso em: Outubro. 2017.

mútuo acordo entre trabalhador e empregador. É notória a hipossuficiência do trabalhador que, entre outras circunstâncias, corre o risco de ver-se ininterruptamente conectado ao trabalho, além de não poder recusar-se a firmar acordo para atuação em teletrabalho, ou retorno ao trabalho presencial, sob o risco de perda do emprego.

É do empreendimento o ônus de instalar o ambiente de trabalho de forma adequada e atendendo ao patamar mínimo legal de higiene e segurança do trabalho, não se eximindo o empregador dos encargos oriundos de sua omissão neste sentido, sendo irrelevante para a configuração de sua responsabilidade, a adoção de mecanismos de orientação e precaução impostas ao trabalhador.

O inexcusável progresso e o avanço das tecnologias devem aliar-se aos atores das relações trabalhistas, contribuindo para uma melhora na qualidade de vida do trabalhador e, consequentemente, para um maior incremento da atividade empresária, daí a necessidade de caminhar ao lado da legislação, remanescendo com o Judiciário a incumbência de fazer cumprir os princípios constitucionais garantidores da harmonia no Ordenamento Jurídico e nas relações sócio laborais.

REFERÊNCIAS BIBLIOGRÁFICAS

ALVES, Rubens Valtecides. *O Teletrabalho como mote de flexibilização da relação empregatícia clássica no Brasil.* In *Reforma Trabalhista em Debate – Direito Individual, Coletivo e Processual do Trabalho.* Organização: Juliane Caravieri Martins, Magno Luiz Barbosa, Zélia Maria Cardoso Montal. LTr, 2017.

BARROS, Alice Monteiro de. Curso de Direito do Trabalho. 5.ed.São Paulo: LTr, 2009.

MELO, Raimundo Simão de. Direito Ambiental do Trabalho e a Saúde do Trabalhador. 1ªEd. LTr: 2004

MELO, Sandro Nahmias. *Teletrabalho, controle de jornada e direito à desconexão.* Revista LTr. V. 81, nº 09. Setembro de 2017.

MIESSA, Elisson; CORREIA, Henrique, MIZIARA, Raphael, LENZA, Breno. CLT Comparada com a Reforma Trabalhista. 1ªEd. 2017, Ed. Juspodivm.

ORGANIZAÇÃO INTERNACIONAL DO TRABALHO. Perfil do Trabalho Decente no Brasil. Um olhar sobre as Unidades da Federação. Brasília, 2012. Disponível em: http://www.oit.org.br/node/880

OLIVEIRA, Sebastião Geraldo de. *Proteção Jurídica à Saúde do Trabalhador.* 5ªEd. 2010: LTr

DA SILVA, Homero Batista Mateus. Comentários à Reforma Trabalhista. Análise da Lei 13.467/2017 – Artigo por Artigo. 1ªEd. 2017: .Revista dos Tribunais

SOUTO MAIOR, Jorge Luiz. Do Direito à Desconexão do Trabalho. *In Revista do Tribunal Regional do Trabalho da 15ª Região, Campinas, n.23, p.1, 2003.* Disponível na página do autor: http://www.jorgesoutomaior.com/de-2003-em-diante-lula-e-dilma-da-esperanccedila-ao-continuismo.html

REFORMA TRABALHISTA E TELETRABALHO: O VELHO DILEMA ENTRE APARÊNCIA E ESSÊNCIA

Bruno Gomes Borges da Fonseca[1]

Sumário: Introdução – 1. As previsões acerca do teletrabalho na reforma trabalhista no Brasil: uma abordagem mais dogmática – 2. A negativa da aparência e a busca pela essência: os possíveis efeitos do teletrabalho nas relações de trabalho no Brasil – Considerações finais – Referências bibliográficas.

INTRODUÇÃO

A Reforma Trabalhista, no Brasil, concretizada pela Lei n. 13.467, de 13 de julho de 2017, cuja vigência ocorrerá a partir de 120 dias a contar de sua publicação (art. 6º), promoveu profunda alteração na lógica do direito do trabalho no Brasil, com negação de suas conquistas e de sua historicidade.

O teletrabalho (chamado por alguns de trabalho a distância trabalho remoto ou *home office*), foi um dos inúmeros temas abordados pela Reforma Trabalhista. A CLT, sobre o assunto, sofreu as seguintes modificações: a) inserção de um inciso no art. 62 da CLT (inciso III) (jornada de trabalho); b) inclusão do art. 611-A, VIII (negociação coletiva); c); regulamentação do instituto (arts. 75-A a 75-E), cuja previsão era encontrada no art. 6º da CLT, seja em sua redação original, quer com a alteração gerada pela Lei n. 12.551/2011.

---

1. Mestre e doutorando em direitos e garantias fundamentais pela Faculdade de Direito de Vitória (FDV). Procurador do trabalho na 17ª Região. Professor-coordenador do Grupo de Estudo Direito e trabalho na FDV. Ex-professor-coordenador dos Grupos de Estudos O método em Karl Marx e Direito e *marxismo*. Ex-advogado trabalhista. Ex-procurador do Estado. Aprovado no concurso para juiz do trabalho na 5ª Região. Autor dos livros Compromisso de ajustamento de conduta e, em coautoria, Ministério Público brasileiro: entre unidade e independência. E-mail: bgbfonseca@yahoo.com.br.

Esta pesquisa, a par desse contexto, pretende responder ao seguinte problema: Em juízos preliminar e indiciário, há convergência entre a aparência e a essência dos efeitos do teletrabalho, na forma estatuída pela Lei n. 13.467/2017, nas relações de trabalho no Brasil?

A análise é bastante arriscada, por ser produzida imediatamente depois da aprovação da Reforma Trabalhista e sem a experiência de sua aplicabilidade na realidade social. Portanto, os apontamentos a serem realizados são indiciários e ensaísticos, sem a pretensão de esgotamento e formulados a título de reflexões iniciais. Por sua vez, pesquisas posteriores e mais profundas serão necessárias para confirmar ou ratificar algumas conclusões e carrear, para análise, novos elementos advindos da realidade social.

O estudo é divido em duas partes. A primeira, de caráter mais dogmático e uma crítica mais amena, apresenta o teletrabalho, na forma prevista na Lei n. 13.467/2017. O segundo capítulo, ao manejar o esquema metodológico essência versus aparência, com uma criticidade um pouco mais aguçada, almeja avançar no que, a princípio, aparentemente se mostra o teletrabalho e sinalizar possíveis outros efeitos dessa prática nas relações de trabalho no Brasil.

1. AS PREVISÕES ACERCA DO TELETRABALHO NA REFORMA TRABALHISTA NO BRASIL: UMA ABORDAGEM MAIS DOGMÁTICA

Esse capítulo se propõe a aliviar a criticidade e, muitas vezes, contentar-se com a aparência. Esse caminho será adotado propositadamente. O seu objetivo é apresentar o instituto do teletrabalho, na forma desenhada pela Reforma Trabalhista.

A redação original da CLT previa o trabalho a domicílio: "Art. 6º. Não se distingue entre o trabalho realizado no estabelecimento do empregador e o executado no domicílio do empregado, desde que esteja caracterizada a relação de emprego".

Era uma previsão bastante tímida, em termos de regulamentação, quando comparada com os termos da Reforma Trabalhista. O seu escopo era evidenciar a indistinção entre o trabalho realizado no estabelecimento do empregador e o efetuado no domicílio do empregado. O local da prestação de serviços, isoladamente, era insuficiente para rechaçar a caracterização da relação empregatícia. O fim do texto, portanto, era o de tutelar os direitos do empregado ao assegurar que o trabalho realizado em sua residência também lhe garantiria o reconhecimento do vínculo de emprego.

A Lei n. 12.551/2011 alterou a redação do art. 6 da CLT e também introduziu um parágrafo único.

> Art. 6º. Não se distingue entre o trabalho realizado no estabelecimento do empregador, o executado no domicílio do empregado e o realizado a distância, desde que estejam caracterizados os pressupostos da relação de emprego.

> Parágrafo único. Os meios telemáticos e informatizados de comando, controle e supervisão se equiparam, para fins de subordinação jurídica, aos meios pessoais e diretos de comando, controle e supervisão do trabalho alheio.

A nova redação do art. 6º, em 2011, certamente, carreou novos elementos para o teletrabalho. O *caput* incluiu a ideia de trabalho realizado a distância e não necessariamente na residência do empregado. Manteve, porém, a garantia de que, por si só, o trabalho efetuado fora do estabelecimento do empregador não afastaria a caracterização do vínculo empregatício, até porque, além da subordinação tradicional, há outras dimensões como a objetiva[2] e a estrutural[3]. Portanto, o novo texto continuou com o mesmo propósito protetor dos direitos do empregado.

O parágrafo único, inserido pela Lei n. 12.551/2011, no art. 6º atento ao desenvolvimento das forças produtivas equiparou a subordinação jurídica (pessoal e direta), um dos requisitos para o reconhecimento do vínculo de emprego, à mediada por meios telemáticos e informatizados de comando, controle e supervisão. Essa disposição também manteve a ideia inicial da CLT de preservar e tutelar os direitos dos empregados.

A Reforma Trabalhista, consubstanciada em 2017, pela Lei n. 13.467/2017, além de regulamentar o teletrabalho em pormenores, desvincula-se do princípio da proteção e, diferentemente das previsões (da CLT) original e decorrente da alteração legislativa ocorrida em 2011, implica em redução de direitos dos empregados exercentes dessa modalidade de trabalho.

O art. 62 da CLT, atualmente (redação dada pela Lei n. 8.966/1994), excluiu do regime de horas extras dois tipos de trabalhos: a) os empregados exercentes de atividade externa incompatível com a fixação de horário de trabalho; b) os gerentes, assim considerados os exercentes de cargos de gestão, aos quais se equiparam os diretores e chefes de departamento ou filial.

Esses preceptivos são questionáveis. O limite de jornada de trabalho e o pagamento de horas extras são direitos fundamentais dos trabalhadores (CF/1988, art. 7º, XIII e XVI). Logo, há fortes argumentos para considerá-los inconstitucionais ou, no mínimo, interpretá-los conforme a constituição e, consequentemente, concluir que, se houver comprovação de extrapolação da jornada e/ou elementos probatórios de que existiam mecanismos de controle sobre o tempo de trabalho, haverá direito a recebimento de horas extraordinárias.

Nesse cenário de questionamento da atual redação do art. 62 da CLT, um agir cauteloso indicaria dois caminhos. Primeiro, interpretá-lo restritivamente. Segundo, em hipótese alguma, aumentar as hipóteses de exclusão do direito a horas extras.

---

2. Sobre o tema: VILHENA, Paulo Emílio Ribeiro de. **Relação de emprego**. Estrutura legal e supostos. 3. ed. São Paulo: Saraiva, 2005.
3. DELGADO, Maurício Godinho. **Curso de direito do trabalho**. 14. ed. São Paulo: LTr, 2015. p. 314.

Essa exortação, todavia, foi imprestável à Reforma Trabalhista. Com ela, houve inserção de um inciso no art. 62 da CLT (inciso III), cujo texto excluiu o empregado, em regime de teletrabalho, do direito ao recebimento de horas extras.

Em outro dizer, a regulamentação de um instituto (previsto na CLT desde à sua promulgação na década de quarenta do século passado) importou em perda de direitos trabalhistas (para ser explícito: direitos fundamentais), assegurados constitucionalmente, o que contraria o princípio da proibição de retrocesso social (princípio, aliás, reconhecido expressamente pelo STF[4]) e as funções do direito do trabalho consistentes na melhoria das condições de pactuação da força de trabalho na ordem socioeconômica e em seu caráter modernizante e progressista do ponto de vista econômico e social.[5] O aludido princípio veda a retirada de conquistas históricas, enquanto as citadas funções desse ramo jurídico (em uma proposta bastante interligada), impõem a construção de novos direitos com vistas à melhoria da condição social do trabalhador, em respeito à ideia de progressividade dos direitos dos trabalhadores prevista no art. 7º *caput*, da CF/1988 ("[...] São direitos dos trabalhadores urbanos e rurais, além de outros que visem à melhoria de sua condição social: [...]").

Sobre essa previsão, reitero as ressalvas formuladas anteriormente quanto à constitucionalidade e à necessidade de interpretação conforme a constituição do art. 62 da CLT, inclusive quanto à nova disposição alusiva ao teletrabalho (CLT, art. 62, III). Por corolário, a disposição, por si só, seria insuficiente para impedir o pagamento de horas extras, até porque há mecanismos tecnológicos de controle de jornada para o empregado em regime de teletrabalho. No caso, a novas dimensões da subordinação (objetiva e estrutural) abstêm-se de impedir o controle da atividade do empregado, embora exerça sua atividade a distância. Portanto, se houver extrapolação da jornada de trabalho será devido o pagamento de horas extras.

O teletrabalho, embora tivesse previsão na CLT desde a sua promulgação, carecia de regulamentação. Os novos arts. 75-A a 75-E, decorrentes da Reforma Trabalhista, ocupam esse espaço.

Segundo o art. 75-B da CLT, considera-se teletrabalho a prestação de serviços preponderantemente fora das dependências do empregador, com a utilização de tecnologias de informação e de comunicação que, por sua natureza, não se constituam como trabalho externo. Este, como dito, é efetuado fora do estabelecimento do empregador em virtude da natureza da atividade e não em razão de uma opção do empregado e/ou do empregador. No teletrabalho, a atividade tanto pode ser realizada interna quanto internamente, contudo opta-se (ou se impõe) seu cumprimento externamente.

---

4. BRASIL. **Supremo Tribunal Federal**. ARE n. 745745 AgR/MG. Relator: Ministro Celso de Mello. Julgamento: 2.12.2014. Segunda Turma. Publicação: DJe-250 em 19.12.2014. Disponível em: <http://www.stf.jus.br/portal/jurisprudencia/listarJurisprudencia.asp?s1=%28PRINC%CDPIO+E+PROIBI%C7%C3O+E+RETROCESSO+E+SOCIAL%29&base=baseAcordaos&url=http://tinyurl.com/yayegyps>. Acesso em: 29 jun. 2017.
5. DELGADO, Mauricio Godinho. Op. cit., p. 54 e 56.

Há uma definição legal de teletrabalho na ordem jurídica brasileira. O trabalho, preponderantemente, deve ser efetuado fora do estabelecimento do empregador. Para sua concretização, utilizar-se-ão de tecnologias de informação e de comunicação, o que tenderá a tornar tênue esse distanciamento físico do trabalhador com as dependências da empresa. As dimensões objetiva e estrutural da subordinação tendem a se evidenciar.

O comparecimento do empregado às dependências do empregador para a realização de atividades específicas não descaracteriza o regime de teletrabalho. Este, portanto, abstém-se de impedir que o trabalhador compareça ao estabelecimento do empregador para efetuar certas atividades (CLT, art. 75-B, parágrafo único). Patenteia-se, com essa previsão, que a dimensão tradicional da subordinação também se encontrará presente nesse regime de trabalho, o que evidencia, novamente, a impropriedade da nova previsão do art. 62, III, da CLT.

A prestação de serviços na modalidade de teletrabalho deverá constar expressamente do contrato individual de trabalho, cujo teor especificará as atividades a serem realizadas pelo empregado (CLT, art. 75-C). Poderá ser realizada a alteração entre regime presencial e de teletrabalho desde que haja mútuo das partes, com registro em aditivo contratual (CLT, art. 75-C, §1º).

Entretanto, por determinação do empregador, poderá ser realizada a alteração do regime de teletrabalho para o presencial, assegurado prazo de transição mínimo de quinze dias, também com registro em aditivo contratual (CLT, art. 75-C, §2º). Com isso, o teletrabalho se torna mais um instrumento a serviço da exploração da força de trabalho. A adoção desse regime, enquanto for útil aos interesses do empregador, será mantida, no entanto, cessada essa utilidade, poderá determinar o retorno ao trabalho presencial.

Esse contexto aclara dois pontos: a) relativa instabilidade do empregado quanto à manutenção, ou não, do regime de teletrabalho. A qualquer momento, por determinação do empregador, poderá retornar ao regime presencial, cujo epílogo, além de outras consequências, será o de modificar projetos e a vida pessoal do empregado; b) o regime de teletrabalho não pode ser encarado como uma conquista da classe trabalhadora. Como se verá mais a fundo no próximo capítulo, está a serviço da exploração da força de trabalho e do lucro.

Outra questão a ser considerada diz respeito à suposta liberdade contratual para estipular, ou não, o teletrabalho. Como visto acima, o empregador poderá determinar o retorno ao regime presencial. Nesse caso, deverá garantir prazo mínimo de quinze dias a título de transição. Por outro lado, por inexistir, a rigor, equivalência entre empregado e empregador, este, obviamente, poderá condicionar a admissão ou a continuidade no emprego à aceitabilidade, por parte do empregado, do regime de teletrabalho. Inexiste, portanto, liberdade contratual. A adoção do regime de teletrabalho perpassará pelo interesse (sem exagero, exclusivo) do empregador.

Quanto aos meios para realização do teletrabalho, as disposições relativas à responsabilidade pela aquisição, manutenção ou fornecimento dos equipamentos tecnológicos e da infraestrutura necessária e adequada à prestação do trabalho remoto, bem como ao reembolso de despesas arcadas pelo empregado, serão previstas em contrato escrito (CLT, art. 75-D). Essas utilidades mencionadas não integram a remuneração do empregado. (CLT, art. 75-D, parágrafo único).

A tendência é que ao empregado caiba o custo (total) pela aquisição dos meios para realização do teletrabalho. A propriedade ou posse desses equipamentos, inclusive, poderá ser exigida como requisito para a admissão ou continuidade no posto empregatício. Acreditar em liberdade contratual em uma relação sem equivalência é, no mínimo, desconhecer o funcionamento das relações de trabalho.

No tocante ao meio ambiente do trabalho, o empregador deverá instruir os empregados, de maneira expressa e ostensiva, quanto às precauções a tomar a fim de evitar doenças e acidentes de trabalho (CLT, art. 75-E). O empregado, nesse sentido, deverá assinar termo de responsabilidade comprometendo-se a seguir as instruções fornecidas pelo empregador (CLT, art. 75-E, parágrafo único).

A higidez do meio ambiente do trabalho passa a ser de responsabilidade do empregado. O empregador, por sua vez, se exime com o repasse de instruções e tomada de um termo assinado, pelo empregado, do que foi dito. Todas as normas de proteção ambiental previstas na CF/1988, na legislação e no direito internacional (inclusive, convenções internacionais da OIT) são desprezadas. Basta, com a Reforma, advertir e obter um termo de responsabilidade subscrito pelo empregado para se tutelar o meio ambiente do trabalho.

O (novo) art. 611-A, VIII, da CLT, por fim, dispôs, no tocante à previsão do teletrabalho, acerca da prevalência do negociado em convenção e acordo coletivo de trabalho sobre a lei.

Essa disposição permite, no mínimo, três caminhos: a) manutenção da regulamentação, conforme prevista na Reforma Trabalhista, em virtude da ausência de instrumento coletivo de trabalho a respeito; b) adequação constitucional da regulamentação prevista na CLT em razão de aprimoramentos, parcial ou total, advindos de normas coletivas. Essa possibilidade é possível, contudo pouco provável, sobretudo quando consideramos o universo de sindicatos no Brasil, a ausência de reforma sindical, a diminuição de receitas sindicais com a extinção da contribuição sindical, o histórico de atuação das agremiações sindicais no país, o enfraquecimento estrutural da classe trabalhadora, o desemprego, o neoliberalismo nacional, a própria Reforma Trabalhista, entre outros fatores; c) previsões em normas coletivas mais prejudiciais aos empregados, quando cotejadas com as previstas dos arts. 75-A a 75-E da CLT. Diante da conjuntura citada na alínea anterior, a probabilidade é que essa senda seja comum, o que tornará ainda mais daninho o regime de teletrabalho.

Formulada essa análise mais dogmática (e menos crítica) e de apresentação do instituto do teletrabalho, conforme previsto na Reforma Trabalhista, caberá ao capítulo seguinte verticalizar a análise e trazer à tona a distinção entre aparência e essência.

2. A NEGATIVA DA APARÊNCIA E A BUSCA PELA ESSÊNCIA: OS POSSÍVEIS EFEITOS DO TELETRABALHO NAS RELAÇÕES DE TRABALHO NO BRASIL

A mitificação do discurso é bastante comum nas concepções jurídicas. Essa maneira de enxergar o direito, aliado a outros fatores, constituem o senso comum teórico dos juristas, cujo resultado é o encontro de conclusões absolutas e definitivas,[6] mas despidas de cálcio social e argumentação consistente.

A ideologia, por outro lado, tão presente no direito, sinaliza concepções desprendidas de seus condicionalismos históricos. Aponta uma falsa percepção da realidade ao desconhecer que seu produto é fruto de determinações da história.[7] A ideologia, embora falsa, como ocorre com os mitos, opera historicamente como representante da realidade,[8] por se apresentar também fora campo do ideal e fincar-se como fenômeno.[9]

O fenômeno, concomitantemente, indica a essência e a esconde pela aparência. A essência, por efeito, é mediada pela aparência e, com isso, não aparece imediatamente.[10] Os conceitos de aparência e de essência provêm da tradição filosófica, entrementes, são modificados, sobretudo, em Karl Marx. A essência deixa de ser hipostasiada como um puro ser em si espiritual, como verificado em Platão,[11] e converte-se naquilo que é velado pela fachada do imediatismo.[12] Marx, nesse contexto, afirma: o direito é o reconhecimento oficial do fato.[13] O direito é uma expressão organizada das aparências.[14]

---

6. WARAT, Luiz Alberto. **Introdução geral ao direito**. Interpretação da lei. Temas para uma reformulação. Porto Alegre: Sergio Antonio Fabris Editor, 1994, v. I. p. 13-15.
7. MARX, Karl; ENGELS, Friedrich. **A ideologia alemã**. Tradução Rubens Enderle, Nélio Schneider e Luciano Cavini Martorano. São Paulo: Boitempo, 2014. p. 47-48, 94-95, 437 e 548.
8. Em sentido próximo: ENGELS, Friedrich. **Ludwig Feuerbarch e o fim da filosofia clássica alemã**. Tradução José Barata-Moura. Transcrição Fernando A. S. Araújo. Lisboa: Editoral Avante/Edições Progresso Lisboa, 1982. p. 36.
9. PACHUKANIS, E. B. **Teoria geral do direito e marxismo**. Tradução Silvio Donizete Chagas. São Paulo: Editora Acadêmica, 1988. p. 12.
10. KOSÍK, Karel. **Dialética do concreto**. Tradução Célia Neves e Alderico Toríbio. Revisão Célia Neves. 6. reimp. São Paulo: Paz e Terra, 1995. p. 15.
11. PLATÃO. **A república**. Tradução Albertino Pinheiro. 6. ed. São Paulo: Atena Editora, 1956. p. 191, 287 e 412-415.
12. ADORNO, Theodor W. **Dialética negativa**. Tradução Marco Antonio Casanova. Rio de Janeiro: Zahar, 2009. p. 144.
13. MARX, Karl. **Miséria da filosofia**. Resposta à filosofia da miséria do Senhor Proudhon (1847). 3. ed. Tradução Paulo Ferreira Leite. São Paulo: Centauro, 2006. p. 75 e 78.
14. EDELMAN, Bernard. **A legalização da classe operária**. Tradução Marcus Orione (Coord.). São Paulo: Boitempo, 2016. p. 30.

Para não se contentar com a aparência cumpre, em um primeiro momento, negá-la. A negação, decerto, é um princípio do conhecimento.[15] É um primeiro passo para buscar a essência do objeto pesquisado. Essa proposta será manejada para uma análise inicial, ensaística e indiciária das disposições do teletrabalho, consoante previsto na Reforma Trabalhista.

O senso comum, ao analisar o teletrabalho, comumente enxerga-o de maneira positiva; quase como (ou unicamente como) uma conquista para a classe trabalhadora e também para a sociedade. Evitará deslocamentos da residência para o estabelecimento do empregador e vice-versa, o que contribuirá para o melhor fluxo do trânsito, a diminuição do número de acidentes de trajeto e o favorecimento do meio ambiente. Talvez, até diminuía as despesas do trabalhador. Trará também mais autonomia ao empregado, cuja atividade poderá ser compatibilizada com as obrigações da vida privada e, afinal, gerará mais tempo disponível. O teletrabalho, segundo o senso comum, é *paladino* da modernidade. Essas são apenas algumas das sinalizações do senso comum a respeito do teletrabalho. Mas será que essas questões constituem a essência desse fenômeno ou apenas uma aparência do que poderá a vir a ser cujo efeito é justamente ocultar sua essência?

O teletrabalho afastará os trabalhadores do estabelecimento do empregador e os deixará mais distantes dos demais integrantes da classe. Consequentemente, tende a enfraquecer a ideia de solidariedade, a articulação dos empregados no local de trabalho e, por conseguinte, a atuação das agremiações sindicais. A médio e longo prazos os efeitos podem ser nefastos e poderão ser constatados com perda de conquistas sociais, a ausência de novas direitos, a fragmentação das lutas e da resistência, o enfraquecimento das negociais coletivas e, enfim, a desarticulação dos obreiros como classe social.

Inexistem indicações seguras de que o teletrabalho trará mais autonomia aos empregados. A partir do instante no qual inexistirá pagamento de horas extras e controle de jornada de trabalho, a tendência é de que haja mais trabalho. Há também uma inclinação para o trabalhador apagar a distinção (se ainda existe) entre tempos de trabalho e livre e, a par disso, adotar, embora involuntariamente, o lema *toda hora é hora de trabalhar*. Os direitos à desconexão e ao lazer, por exemplo, poderão ser violados.

O teletrabalho, em virtude da utilização de mecanismos tecnológicos, inclina-se a permitir uma certa invasão na vida privada do empregado. Este, em tese, po-

15. A negação como princípio do conhecimento foi uma herança de Marx advinda da literatura clássica alemã de Goethe. GOETHE, J. W. **Fausto**. Primeira parte. 2. ed. Tradução Jenny Klabin Segall. Apresentação, comentários e notas Marcus Vinicius Mazzari. São Paulo: Editora 34, 2014. p. 119. Engels aponta a negação da negação como uma categoria central na dialética marxista: ENGELS, Friedrich. **Anti-Dühring**. A revolução da ciência segundo o senhor Eugen Dühring. Tradução Nélio Schneider. São Paulo: Boitempo, 2015. p. 160-172. Marx utiliza a negação da negação para explicar a fatalidade do processo capitalista: MARX, Karl. **O capital**. Crítica da economia política. O processo de produção do capital. 30. ed. Tradução Reginaldo Sant'Anna. Rio de Janeiro: Civilização Brasileira, 2012. v. 1, livro 1. p. 877.

derá ser acionado a qualquer momento. Aqui haverá relativização da linha divisória entre o local de trabalho e a privacidade do trabalhador. Essa tendência, talvez, seja despida de consequências positivas. Novamente, inexistirá possibilidade de desconectar-se da rotina de trabalho.

Certamente, se essas hipóteses forem confirmadas, um dos piores efeitos recairá sobre a saúde do trabalhador. A confusão entre tempos livre e de trabalho é capaz de gerar esgotamento físico e metal nos empregados, com o surgimento, inclusive, de doenças psíquicas. O teletrabalho, ratificada essa suposição, poderá ser uma porta aberta dessas enfermidades, sem se olvidar dos problemas que poderão gerar no ambiente familiar, caso seja mal administrado.

A diminuição de acidentes de trajeto e da poluição ambiental e a melhora do tráfego no trânsito (pretensos benefícios da adoção do regime de teletrabalho) carecem de uma pesquisa efetiva capaz de confirmar, cientificamente, essas impressões, por ora bastante precipitadas. Nesse instante são apenas suposições. Caso constatado, em um segundo momento, caberia confrontá-los com os supostos graves problemas decorrentes desse novo regime de trabalho.

Defender que o trabalho a domicílio representa a modernidade é, em parte, desconhecer um pouco da história. Esse trabalho (sob outra roupagem), no mínimo, encontrava-se presente no feudalismo. As terras, nesse período, a rigor, eram repartidas em partes (uma pertencente ao senhor e outra aos servos). A terra do senhor era cultivada apenas em seu benefício. O servo deveria trabalhar em ambas as terras (corveia) e, muitas vezes, ceder parte da produção da sua terra em benefício do senhor feudal (talha). O servo, assim, trabalhava na terra cuja posse lhe pertencia em favor do senhor feudal.

No período de transição entre o feudalismo e o modo de produção capitalista, havia um exército de trabalhadores a domicílio. Naquele período histórico, Marx constata que a capacidade de resistência desses obreiros diminuía.[16] O desenvolvimento da indústria, naquele momento, implicou no deslocamento dos trabalhadores para a fábrica, como centro da produção. Os locais e as formas de prestação de trabalho, portanto, decorrem da necessidade da produção, da maior viabilidade da extração do mais-valor e da obtenção de lucro do que ao atendimento de direitos da classe trabalhadora.

Supor que existirá liberdade contratual entre empregado e empregador para inserir e/ou regular o regime de teletrabalho é, para escrever o mínimo, desconhecer completamente a realidade social das relações de trabalho. Esses liames são assimétricos e desiguais. A hipossuficiência presumida do trabalho se abstém de ser invenção da história. A tendência, como adiantado anteriormente, é a imposição da condição pelo empregador e à aderência do empregado, sob pena de não ser admitido ou ter seu contrato de trabalho rescindido.

A Reforma Trabalhista, inclusive, evidenciou essa intenção ao admitir que, por determinação do empregador, seja realizada a alteração do regime de teletra-

16. MARX, Karl. **O capital**. Op. cit., p. 524-525.

balho para o presencial, assegurado apenas prazo de transição mínimo de quinze dias (CLT, art. 75-C, §2º).

A mesma conclusão é alcançada relativamente à aquisição dos meios necessários para realização do teletrabalho. A decisão final sobre a quem caberá a responsabilidade pelos custos dessas aquisições é do empregador, sob pena de o empregado não ser admitido ou ter seu contrato de trabalho rescindido. Inexiste, no particular, liberdade contratual. Por corolário, caso confirmada essa hipótese, deslocam-se despesas, que antes eram do empregador, para o trabalhador, o que comprometerá o (diminuto) padrão salarial do trabalhador, sem se esquecer dos custos com manutenção e troca de equipamentos e a impossibilidade desses gastos incorporarem o salário.

A previsão do art. 75-E da CLT, acerca da proteção do meio ambiente do trabalho, referente ao emprego no regime de teletrabalho, patenteia o descompromisso da Reforma Trabalhista, no Brasil, com a segurança e saúde do trabalhador. Ao empregador basta instruir o empregado, de maneira expressa e ostensiva, quanto às precauções a tomar a fim de evitar doenças e acidentes de trabalho e receber, em contrapartida, um termo de responsabilidade assinado.

Parece evidente que essas medidas são insuficientes para garantir higidez ao meio ambiente do trabalho. Para ser mais explícito, no regime de teletrabalho, o empregador, segundo os termos da Reforma Trabalhista (obviamente que a previsão é inconstitucional), está isento dessa responsabilidade. Haverá, no particular, uma injustificável discriminação entre empregados nos regimes presencial e de teletrabalho. O primeiro poderá exigir do empregador proteção ambiental, enquanto ao segundo, caberá responsabilizar-se pela tutela do meio ambiente como uma espécie ne extensão do empreendimento fora do estabelecimento do empregador.

O risco ambiental no regime do teletrabalho é evidente. Na prática, a tendência é que inexistia proteção ao meio ambiente do trabalho. O patamar salarial, geralmente, reduzido impedirá investimentos nesse sentido. Por outro lado, o empregador, nos termos do art.75-E da CLT, caberá apenas instruir e obter um termo de responsabilidade assinado por parte do trabalhador.

Por fim, a Reforma Trabalhista, como visto, admitiu a prevalência do negociado sobre o legislado no tocante ao teletrabalho (CLT, art. 611-A, VIII). Como alertado precedentemente, essa autorização possui a inclinação de tornar ainda mais precário o regime do teletrabalho, com celebração de instrumentos coletivos de trabalho em patamares civilizatórios inferiores às previsões da CLT.

Esse célere apanhado parece suficiente para evidenciar a importância de considerar, ainda que no plano indiciário, como inconfundíveis a aparência da essência do teletrabalho. A feição extremamente positiva desse novo regime de trabalho, no mínimo, deve ser enxergada com suspeição e criticidade. Há pistas, mais próximas da essência do instituto, capazes de sinalizarem que a sua adoção conspirará contra os direitos sociais dos trabalhadores no Brasil.

CONSIDERAÇÕES FINAIS

Este estudo, de caráter ensaístico e indiciário, analisou, em um juízo bastante preliminar, os efeitos do teletrabalho, advindo da Reforma Trabalhista, no Brasil, cuja concretização deu-se pela Lei n. 13.467/2017.

O primeiro capítulo apresentou o instituto do teletrabalho, na forma prevista na Lei n. 13.467/2017. Nesse momento, a abordagem foi mais dogmática e menos crítica.

O segundo capítulo, ao manejar o esquema metodológico essência versus aparência e apostar em uma abordagem mais crítica, buscou avançar em busca da essência do instituto do teletrabalho nas relações de trabalho no Brasil.

Em um juízo bastante preliminar, repita-se, concluiu-se haver grande distinção entre a aparência e a essência do teletrabalho. As impressões decorrentes do senso comum e da ideologia parecem enxergar apenas efeitos positivos no teletrabalho, quase como uma conquista dos trabalhadores. No entanto, em uma tentativa de confrontar a aparência com a essência desse instituto, parece possível indicar outros efeitos, capazes de conspirar contra direitos sociais e a classe trabalhadora.

REFERÊNCIAS BIBLIOGRÁFICAS

ADORNO, Theodor W. **Dialética negativa**. Tradução Marco Antonio Casanova. Rio de Janeiro: Zahar, 2009.

BRASIL. **Supremo Tribunal Federal**. ARE n. 745745 AgR/MG. Relator: Ministro Celso de Mello. Julgamento: 2.12.2014. Segunda Turma. Publicação: DJe-250 em 19.12.2014. Disponível em: <http://www.stf.jus.br/portal/jurisprudencia/listarJurisprudencia.asp?s1=%28PRINC%CDPIO+E+PROIBI%C7%C3O+E+RETROCESSO+E+SOCIAL%29&base=baseAcordaos&url=http://tinyurl.com/yayegyps>. Acesso em: 29 jun. 2017.

EDELMAN, Bernard. **A legalização da classe operária**. Tradução Marcus Orione (Coord.). São Paulo: Boitempo, 2016.

ENGELS, Friedrich. **Anti-Dühring**. A revolução da ciência segundo o senhor Eugen Dühring. Tradução Nélio Schneider. São Paulo: Boitempo, 2015.

_____. **Ludwig Feuerbarch e o fim da filosofia clássica alemã**. Tradução José Barata-Moura. Transcrição Fernando A. S. Araújo. Lisboa: Editoral Avante/Edições Progresso Lisboa, 1982.

DELGADO, Mauricio Godinho. **Curso de direito do trabalho**. 14. ed. São Paulo: LTr, 2015.

GOETHE, J. W. **Fausto**. Primeira parte. 2. ed. Tradução Jenny Klabin Segall. Apresentação, comentários e notas Marcus Vinicius Mazzari. São Paulo: Editora 34, 2014.

KOSÍK, Karel. **Dialética do concreto**. Tradução Célia Neves e Alderico Toríbio. Revisão Célia Neves. 6. reimp. São Paulo: Paz e Terra, 1995.

MARX, Karl. **Miséria da filosofia**. Resposta à filosofia da miséria do Senhor Proudhon (1847). 3. ed. Tradução Paulo Ferreira Leite. São Paulo: Centauro, 2006.

_____. **O capital**. Crítica da economia política. O processo de produção do capital. 30. ed. Tradução Reginaldo Sant'Anna. Rio de Janeiro: Civilização Brasileira, 2012. v. 1, livro 1.

MARX, Karl; ENGELS, Friedrich. **A ideologia alemã**. Tradução Rubens Enderle, Nélio Schneider e Luciano Cavini Martorano. São Paulo: Boitempo, 2014.

PACHUKANIS, E. B. **Teoria geral do direito e marxismo**. Tradução Silvio Donizete Chagas. São Paulo: Editora Acadêmica, 1988.

PLATÃO. **A república**. Tradução Albertino Pinheiro. 6. ed. São Paulo: Atena Editora, 1956.

VILHENA, Paulo Emílio Ribeiro de. **Relação de emprego**. Estrutura legal e supostos. 3. ed. São Paulo: Saraiva, 2005.

WARAT, Luiz Alberto. **Introdução geral ao direito**. Interpretação da lei. Temas para uma reformulação. Porto Alegre: Sergio Antonio Fabris Editor, 1994, v. I.

O TELETRABALHO, O MEIO AMBIENTE DE TRABALHO E OS DIREITOS FUNDAMENTAIS NA PERSPECTIVA DA REFORMA TRABALHISTA

Isabelli Gravatá[1]

1. INTRODUÇÃO

O presente artigo visa apresentar um estudo das normas de proteção ao trabalho analisadas à luz das novas tecnologias, verificando as principais características do trabalho a distância, buscando entender as tendências contraditórias observadas nas mudanças dos padrões de trabalho e emprego ao longo das últimas décadas, verificando as vantagens e as desvantagens dessa nova modalidade.

O trabalho realizado à distância nos faz refletir sobre a forma como o mesmo é desenvolvido e se há um verdadeiro respeito ao adequado meio ambiente do trabalho.

No ano de 2017 foi promulgada a Lei nº 13.467 denominada Reforma Trabalhista, pois mais de 100 pontos da CLT foram modificados, acrescentados ou

---

1. Doutoranda em Direito Político e Econômico na Universidade Presbiteriana Mackenzie. Mestre em Direito Público pela UNESA/RJ. Especialista em Direito Empresarial pela Faculdade Cândido Mendes-Centro/RJ. Especialista em Direito e Processo do Trabalho pela Universidade Cândido Mendes – UCAM. Ex-residente Jurídica da área Trabalhista da Universidade do Estado do Rio de Janeiro – UERJ. Bacharel em Direito pela Faculdade Cândido Mendes – Centro/RJ. Professora de Direito e Processo do Trabalho da Faculdade Presbiteriana Mackenzie Rio e de Cursos Preparatórios para Concursos Públicos – área jurídica, área fiscal e OAB.

revogados, além de atingir a legislação esparsa. Em razão da vacatio legis de 120 dias, a referida lei entrará em vigor no dia 12.11.2017.

Para que possamos verificar os impactos da Reforma Trabalhista de 2017 no denominado teletrabalho, necessário se faz demonstrar como o tema começou a ser tratado em nosso ordenamento jurídico trabalhista.

Em 16 de dezembro de 2011 foi publicada a Lei nº. 12.551 que alterou a redação do artigo 6º da Consolidação das Leis Trabalhistas - CLT, possibilitado o reconhecimento de vínculo empregatício entre empregador e empregado que realiza suas tarefas a distância, ou seja, o trabalho realizado fora do estabelecimento do empregador com uso da informática ou dos meios telemáticos.

A norma trabalhista amparou um contingente de teletrabalhadores, em condições de uma nova realidade, como pressuposto de resgate da cidadania, na busca da efetivação da Constituição Federal Brasileira de 1988. Foram equiparados os efeitos jurídicos da subordinação exercida por meios telemáticos e informatizados à exercida por meios pessoais e diretos.

A referida Constituição estabelece a dignidade como princípio norteador das relações trabalhistas, ao determinar a valorização do trabalho humano como fundamento da República. No entanto, há de se discutir a dignificação do trabalho humano no caso do trabalho a distância.

Em um primeiro momento, a nossa legislação trabalhista possibilitava a execução dos serviços na empresa, ou na residência do empregado, sendo que no último caso, havia certa dificuldade de controle de jornada e consequente comprovação de horas extras ou noturnas.

Com o desenvolvimento tecnológico, a utilização do telefone celular e da internet de forma controlada e dos demais equipamentos de trabalho informatizados, é possível que a execução dos serviços se dê de qualquer lugar. Dentro desta perspectiva, o serviço realizado fora da empresa, além do horário, já pode ser comprovado. Entretanto, é necessário fazer uma análise das normas de proteção ao trabalho à luz das novas tecnologias.

O estudo dos impactos do desenvolvimento tecnológico nas relações de emprego analisa se está havendo abuso na cobrança de trabalho de forma a afetar a vida pessoal do empregado, causando-lhe problemas emocionais e de saúde em virtude da alteração do meio ambiente de trabalho.

Com a propagação dos meios tecnológicos e a informatização dos dados, hoje não se gasta mais horas em congestionamentos para chegar ao seu local de trabalho, entretanto, até que ponto o trabalho desenvolvido em um local qualquer estará apto a preservar a saúde do trabalhador.

É necessário analisar as normas gerais de tutela do trabalho, os aspectos da medicina e segurança do trabalho, bem como as normas especiais de tutela do trabalho constantes da CLT (datada de 1943), após a evolução tecnológica dos últimos vinte anos. O meio ambiente do trabalho mudou, não se fala mais em fiscalizar tão somente a empresa, será feita uma análise desse novo ambiente do trabalho.

O presente estudo aborda aspectos doutrinários e da legislação sobre o trabalho realizado em local diverso da sede da empresa e faz uma análise sobre a inconstitucionalidade ou não dos dispositivos legais inseridos na CLT pela Lei 13.467/2017 e apresenta uma visão da necessidade de empregadores mais comprometidos com a cidadania, com a dignidade humana e com a responsabilidade social.

2. O DESENVOLVIMENTO TECNOLÓGICO E AS TRANSFORMAÇÕES DO TRABALHO

Com o passar do tempo, os meios tecnológicos evoluíram e a sociedade se desenvolveu. As grandes cidades passaram a estar abarrotadas de pessoas que se movimentam em sua maioria em um mesmo determinado período de tempo. Além disso, há também aqueles que não são capazes por alguma enfermidade ou deficiência de sair de casa junto aos outros. Como mola mestra destas transformações, tivemos a globalização.

Foi neste momento que surgiram as primeiras manifestações do que hoje denominamos teletrabalho, que atualmente não é mais apenas um gênero do trabalho a domicílio, pois não é somente realizado em locais fixos. O teletrabalho surgiu graças ao nascimento de meios de telecomunicação como o telefone, os bipes, e os computadores. Hoje ele se desenvolve rapidamente sobre os meios de tecnologia pesados, que torna a vida cada dia mais online. E mostra a cada dia grande relevância para solução de problemas sociais modernos.

O teletrabalho é uma nova forma de organização do trabalho, radicada no contexto da externalização e da descentralização produtiva, potencializada pelas novas tecnologias. Verifica-se que a definição de teletrabalho e teletrabalhador contém como característica o fato de ser um trabalho de empresa, ou seja, consiste num trabalho que poderia ser realizado igualmente na empresa, mas que as novas tecnologias permitem que se realize topograficamente fora desta.

No Brasil, o teletrabalho foi introduzido oficialmente no evento "Seminário Home Office/Telecommuting – Perspectivas de Negócios e de Trabalho para o 3º Milênio" ocorrido em 20 de agosto de 1997. Nesta mesma ocasião foi lançado o primeiro livro sobre o tema em português, sendo este "De volta para casa – Desmistificando o Telecommuting" de Álvaro Mello[2].

Poucos anos depois, em 1999, foi criado no Conselho Regional de Administração de São Paulo um grupo de excelência, denominado "Teletrabalho e Novas Formas de Trabalho" que funciona até hoje sob a denominação de "GE.CTMC – Grupo de Excelência em Convergência Tecnológica e Mobilidade Corporativa", à época de sua criação foi de grande importância ao oferecer informações sobre estudos

2. MELLO, Álvaro. De volta para casa: Desmistificando o Telecommuting. São Paulo: Ed. do Autor, 1997.

e práticas do teletrabalho em empresas associadas ao grupo, demonstrando suas experiências, com sucessos e insucessos. Foi responsável também pela edição de algumas obras pelo tema, e organizador, junto a outros, de fórum e seminários sobre o assunto.

Em 29 de julho de 1999, na sede do CRA-SP foi fundada a Sociedade Brasileira de Teletrabalho e Teleatividades, que tem estado presente em eventos nacionais e internacionais relacionados à matéria.

O primeiro Congresso Brasileiro de Teletrabalho (CBT) ocorreu em setembro de 2006, com o apoio da Sociedade Brasileira de Teletrabalho e Teleatividades e da ESPM, em São Paulo.

No dia 16 de dezembro de 2011 com a publicação a Lei nº. 12.551 foi alterada a redação do artigo 6º da Consolidação das Leis Trabalhistas - CLT[3], possibilitado o reconhecimento de vínculo empregatício entre empregador e empregado que realiza suas tarefas a distância, ou seja, o trabalho realizado fora do estabelecimento do empregador com uso da informática ou dos meios telemáticos.

Firmando tal posicionamento, o Tribunal Superior do Trabalho atualizou, em 14 de setembro de 2012, a antiga Súmula 428[4], para incluir em seu corpo a determinação do sobreaviso para aqueles que fazem uso de meios telemáticos sob controle patronal, reconhecendo assim esse tipo de relação.

Com isso, percebe-se que a tecnologia como parte do cotidiano do trabalhador deu ensejo ao surgimento do *"anywhere office"* ou seja, da possibilidade do trabalho não ser realizado tão somente dentro da empresa ou da casa do trabalhador (*"home office"*), mas sim, de qualquer lugar.

Portanto, considerando o constante crescimento dos meios tecnológicos que ocorre na atualidade, em muito as relações estão sendo afetadas. Existe hoje uma forte tendência da transformação do mundo físico para o mundo virtual.

3. **Art. 6º da CLT** – Não se distingue entre o trabalho realizado no estabelecimento do empregador, o executado no domicílio do empregado e o realizado a distância, desde que estejam caracterizados os pressupostos da relação de emprego.

   Parágrafo único – Os meios telemáticos e informatizados de comando, controle e supervisão se equiparam, para fins de subordinação jurídica, aos meios pessoais e diretos de comando, controle e supervisão do trabalho alheio.

4. Súmula 428 do TST SOBREAVISO. APLICAÇÃO ANALÓGICA DO ART. 244, § 2º DA CLT (redação alterada na sessão do Tribunal Pleno realizada em 14.09.2012) - Res. 185/2012 – DEJT divulgado em 25, 26 e 27.09.2012

   I – O uso de instrumentos telemáticos ou informatizados fornecidos pela empresa ao empregado, por si só, não caracteriza o regime de sobreaviso.

   II – Considera-se em sobreaviso o empregado que, à distância e submetido a controle patronal por instrumentos telemáticos ou informatizados, permanecer em regime de plantão ou equivalente, aguardando a qualquer momento o chamado para o serviço durante o período de descanso.

3. O TELETRABALHO NA VISÃO DA LEI 13.467/2017

Esclareço que todo o estudo realizado no presente artigo não trata de uma fala repleta de misoneísmo[5], ao contrário, é necessário mudar o texto da legislação trabalhista, porém, questiono a forma como esta alteração foi aprovada, sem que tenha havido um amplo debate prévio com a sociedade e, especialmente, com as categorias interessadas e atingidas. Nesse contexto, o Ministério Público do Trabalho, no exercício de suas atribuições constitucionais de defesa da ordem jurídica justa, do regime democrático e dos interesses sociais e individuais indisponíveis, bom como da promoção da dignidade da pessoa humana, da valorização social do trabalho e da justiça sócia, apresentou as Notas Técnicas de nº 05, de 17 de abril de 2017 e de nº 07, de 09 de maio de 2017, com a finalidade de apontar, na chamada Reforma Trabalhista, violações à ordem constitucional, demonstrar o profundo prejuízo ao equilíbrio da relação capital-trabalho, bem como a facilitação das fraudes trabalhistas e da corrupção nas relações coletivas de trabalho, e o aprofundamento da insegurança jurídica.

Primeiramente precisamos observar a redação aprovada pela Lei nº 13.467/2017 no que tange ao teletrabalho:

> "Art. 62...
>
> ....
>
> III - os empregados em regime de teletrabalho.
>
> ...." (NR)
>
> ...

O artigo 62 da CLT trata das hipóteses de não abrangência do Capítulo da Duração do Trabalho para os empregados que exercem atividade externa incompatível com a fixação de horário de trabalho, devendo tal condição ser anotada na Carteira de Trabalho e Previdência Social e no registro de empregados, bem como para os gerentes, assim considerados os exercentes de cargos de gestão, aos quais se equiparam, os diretores e chefes de departamento ou filial, quando o salário do cargo de confiança, compreendendo a gratificação de função, se houver, for inferior ao valor do respectivo salário efetivo acrescido de 40% (quarenta por cento).

Já de plano percebemos que a nova redação dada ao artigo 62 da CLT aprovada pela Lei nº 13.467/2017, inclui os empregados em regime de teletrabalho no rol dos excluídos do Capítulo da Duração do Trabalho. Ou seja, ainda que se verifique através dos meios informatizados ou telemáticos de controle e supervisão, uma quantidade excessiva de trabalho, este indivíduo não terá direito a receber o pagamento de horas extras. Na prática não haverá limite de jornada diária, nem registro ou controle dos horários de trabalho, embora sejam possíveis através dos meios tecnológicos desta era que vivemos.

---

5. Significado de misoneísmo: aversão, repulsa a tudo que é novo ou contém novidade; o mesmo que neofobia.

Mas vamos além, a Reforma trazida pela Lei nº 13.467/2017 introduziu um Capítulo específico para definir e regulamentar o teletrabalho, vejamos:

CAPÍTULO II-A
DO TELETRABALHO

Art. 75-A. A prestação de serviços pelo empregado em regime de teletrabalho observará o disposto neste Capítulo.

Art. 75-B. Considera-se teletrabalho a prestação de serviços preponderantemente fora das dependências do empregador, com a utilização de tecnologias de informação e de comunicação que, por sua natureza, não se constituam como trabalho externo.

Parágrafo único. O comparecimento às dependências do empregador para a realização de atividades específicas que exijam a presença do empregado no estabelecimento não descaracteriza o regime de teletrabalho.

Art. 75-C. A prestação de serviços na modalidade de teletrabalho deverá constar expressamente do contrato individual de trabalho, que especificará as atividades que serão realizadas pelo empregado.

§ 1º Poderá ser realizada a alteração entre regime presencial e de teletrabalho desde que haja mútuo acordo entre as partes, registrado em aditivo contratual.

§ 2º Poderá ser realizada a alteração do regime de teletrabalho para o presencial por determinação do empregador, garantido prazo de transição mínimo de quinze dias, com correspondente registro em aditivo contratual.

Art. 75-D. As disposições relativas à responsabilidade pela aquisição, manutenção ou fornecimento dos equipamentos tecnológicos e da infraestrutura necessária e adequada à prestação do trabalho remoto, bem como ao reembolso de despesas arcadas pelo empregado, serão previstas em contrato escrito.

Parágrafo único. As utilidades mencionadas no caput deste artigo não integram a remuneração do empregado.

Art. 75-E. O empregador deverá instruir os empregados, de maneira expressa e ostensiva, quanto às precauções a tomar a fim de evitar doenças e acidentes de trabalho.

Parágrafo único. O empregado deverá assinar termo de responsabilidade comprometendo-se a seguir as instruções fornecidas pelo empregador.

O avanço tecnológico da última década e a inovação legislativa ocorrida com a nova redação do artigo 6º da CLT possibilitando o reconhecimento de vínculo empregatício entre empregador e empregado que realiza suas tarefas a distância, ou seja, o trabalho realizado fora do estabelecimento do empregador com uso da informática ou dos meios telemáticos nos faz refletir sobre o respeito ao meio ambiente do trabalho. Passamos a ter um novo local de trabalho, que em princípio não pode sequer ser fiscalizado e que influenciará no desenvolvimento das tarefas do obreiro e afetará sua saúde se não for adequado.

Na forma do art. 5º da Constituição da República Federativa do Brasil, inciso XI:

Art. 5º da CRFB - Todos são iguais perante a lei, sem distinção de qualquer natureza, garantindo-se aos brasileiros e aos estrangeiros residentes no País a

> inviolabilidade do direito à vida, à liberdade, à igualdade, à segurança e à propriedade, nos termos seguintes:
>
> ...
>
> XI - a casa é asilo inviolável do indivíduo, ninguém nela podendo penetrar sem consentimento do morador, salvo em caso de flagrante delito ou desastre, ou para prestar socorro, ou, durante o dia, por determinação judicial;

A partir daqui, surge a preocupação com a forma como serão fiscalizados os locais de trabalho quando este for exercido de casa ou até mesmo de qualquer outro lugar.

Como imaginar que o empregado assinará um termo de responsabilidade comprometendo-se a seguir as instruções fornecidas pelo empregador no que tange às precauções para que se evitem doenças e acidentes de trabalho?

O empregado que necessita do salário para seu sustento e de sua família, inúmeras vezes assina o contrato de trabalho como de adesão. Aquiesce a tudo que o empregador ali propõe, no afã de não ficar desempregado. Imaginemos agora, que este trabalhador assinará um contrato que disporá sobre a responsabilidade pela aquisição, manutenção ou fornecimento dos equipamentos tecnológicos e da infraestrutura necessária e adequada à prestação do trabalho remoto, dispondo este, inclusive, sobre o reembolso de despesas arcadas pelo empegado.

Como bem observa o Ministério Público do Trabalho em sua Nota Técnica nº 07, de 09 de maio de 2017:

> "... a norma não define a responsabilidade do empregador pelas despesas com a aquisição ou manutenção dos equipamentos e infraestrutura necessária para o trabalho ou as despesas dele decorrentes, como energia elétrica e internet, por exemplo, permitindo que sejam livremente estipuladas no contrato de trabalho."

Não estaremos aqui permitindo que o empregado passe a correr os riscos da atividade econômica?

Não temos qualquer garantia de que o ambiente de trabalho será seguro e adequado. Como teremos a certeza de que o próprio empregado está cumprindo o combinado? Como saberemos se as condições de trabalho estão efetivamente na forma da lei? O empregado que não respeita, por exemplo, regras de ergonomia do trabalho, adoece e se aposenta precocemente.

Desta forma, é essencial analisar a importância do ambiente adequado de trabalho.

4. O MEIO AMBIENTE DO TRABALHO

O avanço tecnológico da última década e a inovação legislativa ocorrida com a nova redação do artigo 6º da CLT possibilitado o reconhecimento de vínculo empregatício entre empregador e empregado que realiza suas tarefas a distância, ou seja, o trabalho realizado fora do estabelecimento do empregador com uso da informática ou dos meios telemáticos, nos faz refletir sobre o respeito ao meio ambiente do trabalho. Passamos a ter um novo local de trabalho, que em princípio não pode sequer ser fiscalizado e que influenciará no desenvolvimento das tarefas do obreiro e afetará sua saúde se não for adequado.

O estudo realizado por CASTELLS, Manuel. A sociedade em Rede – a era da informação: economia, sociedade e cultura – Volume 1. São Paulo: Paz & Terra, 2002 nos traz a figura deste novo paradigma informacional.

É preciso investigar de forma mais delimitada os reflexos do avanço tecnológico na submissão do empregado a ordens em tempo integral, pois as realidades sociais hoje não são mais lineares. Não adianta pensar que o problema dos outros não é um problema seu. O direito quântico é difuso, não tem um arcabouço padrão.

A Constituição da República Federativa do Brasil (CRFB), em seu artigo 1º, estabelece que a República se constitui em Estado Democrático de Direito e tem como fundamentos, entre outros, a cidadania. A referida Constituição caracteriza-se por sua notável preocupação com os aspectos sociais da federação brasileira. Inovadora, veio trazer não só um elenco básico de direitos, tanto individuais como coletivos, típico das Constituições clássicas, mas também os denominados direitos sociais (direitos de segunda geração).

Mesmo que passível de críticas por sua prolixidade, a Constituição da República Brasileira possui incontáveis avanços. Um deles encontra-se justamente na existência de um capítulo destinado aos chamados direitos sociais, agora elevados à categoria de direitos de envergadura constitucional, embora apenas formalmente.

Os direitos e deveres individuais se destinam a tutelar direitos fundamentais do homem enquanto indivíduo. Já sob o título Dos Direitos Sociais, a Constituição enumera os direitos que pertencem ao homem enquanto ser social, inserido num contexto de inter-relações e interdependência social, em que pode expressar todo seu potencial.

As relações sociais mudam diariamente, e é chegado o momento de mudar também as relações de trabalho. O modelo tradicional, com desempenho das atividades laborativas na sede física da empresa se mostra cada dia mais ultrapassado, podendo gerar sérios problemas ao desenvolvimento e saúde do trabalhador, o que não quer dizer, que haja garantia de saúde e melhor desempenho do empregado que trabalha de casa ou à distância.

Os empregados serão beneficiados por estarem mais próximo da família ou perderão produtividade face a ausência de competitividade? Dúvidas surgem diante deste novo modelo de trabalho.

Os questionamentos irão evidenciar se o trabalho a distância é capaz de gerar benefícios não só ao empregado, que passa a gozar de maior dignidade, dispondo de maior tempo para o convívio social e familiar, e para implementar sua formação profissional, como também se gera vantagens ao empregador, que além de ter um empregado mais satisfeito e produtivo, deixa de ter custos com instalações físicas e após a Reforma Trabalhista ainda conta com a vantagem da exclusão do indivíduo do Capítulo da Duração do Trabalho.

O trabalho a distância é modalidade inovadora de relação de emprego que em muito contribui para quebra de barreiras geográficas e temporais. Devido a tais facilidades e a redução dos custos, muitas empresas estão aderindo a esta modalidade. Contudo, como uma relação de trabalho, esta envolve questões não só de ordem técnica, mas também psicológicas e sociais.

O Direito do Trabalho visa proteger as relações jurídicas no âmbito da relação contratual entre os sujeitos empregado e empregador, enquanto que, o direito Ambiental resguarda a proteção do ser humano trabalhador em desfavor de qualquer meio de degradação e poluição desregrada do meio ambiente onde exerce suas atividades rotineiramente.

Na Constituição da República de 1988, o direito ao meio ambiente e o meio ambiente do trabalho estão interligados pelos valores que transpassam o princípio da dignidade humana. Sendo assim, o trabalhador não é um instrumento de produção, devendo ser-lhe conferido o devido respeito como pessoa e a finalidade do trabalho deve ser o pleno desenvolvimento da identidade do trabalhador, servindo de espaço para construção de sua identidade e bem-estar.

O meio ambiente do trabalho faz parte de um mercado econômico que visa a obtenção de altas taxas de produtividade amparado pelas inovações tecnológicas, onde em primeiro lugar se busca a obtenção do lucro, não importando, muitas vezes, que a dignidade da pessoa humana do trabalhador seja arbitrariamente ofendida.

Em alguns países como os Estados Unidos, onde a legislação relativa ao trabalho a distância é mais avançada, existem normas que tratam da ergonomia, bem como elementos para a constituição do escritório tais como mesas, cadeiras, computadores, sendo o mínimo para que se mantenha a qualidade para a prestação do serviço sem risco de eventuais doenças. Este tipo de norma ainda não apareceu de forma expressa no nosso ordenamento jurídico pátrio, ao contrário, permite-se a livre negociação entre empregador e empregado. O que podemos observar é que o capítulo existente na CLT sobre segurança e medicina do trabalho precisa ser estudado sobre a ótica desta grande "revolução tecnológica". Inserimos um Capítulo para definir o teletrabalho, mas não nos preocupamos com as condições efetivas da realização deste trabalho remoto.

No Brasil a questão da ergonomia ainda representa uma desvantagem para o trabalhador a distância, pois muitos empregados se aproveitam da estrutura pré-existente na casa, sem atentar para o fato que agora passarão a utilizar aquele ambiente, antes ocupado poucas horas por dia, por horas a fio, se sujeitando a doenças funcionais.

Observa-se, portanto, possível a disseminação de lesões por esforço repetitivo, considerando que não há normas de ergonomia e nem fiscalização específicas para estes trabalhadores, gerando repercussões diretas na Previdência Social, que se verá forçada a fornecer auxílio a um maior número de trabalhadores.

As relações humanas, cada vez mais, se darão em um ambiente multimídia, cujos impactos precisam ser pesquisados. Atualmente, o empregado leva consigo todos ou parte essencial dos meios necessários ao exercício de sua atividade, carregando telefones celulares, smartphones, notebooks, tablets. Desta forma, o trabalho pode ser realizado em hotéis, aeroportos, em transportes, na cidade da sede da empresa, ou até em outro país (art. 75-B da CLT).

É sabido que o Clima organizacional é fator que muito influencia as probabilidades de uma empresa obter sucesso. E tal fator está relacionado às relações dos empregados no ambiente de trabalho, bem como com sua satisfação pessoal.

A verdade é que com a melhoria da qualidade de vida dos empregados, estes terão maior aptidão se estiverem envolvidos em um ambiente cujo clima é satisfatório e a tendência será maior produção e ideias criativas.

5. O DESENVOLVIMENTO TECNOLÓGICO E AS TRANSFORMAÇÕES DO TRABALHO

O Taylorismo e o Fordismo são dois sistemas que visavam à maximização da produção e do lucro, são formas de organização da produção industrial que revolucionaram o trabalho fabril durante o século XX.

Passamos por mudança de materiais e novas tecnologias no processo produtivo. A microeletrônica surge e o perfil do operário muda. Mudam os parâmetros de controle. O espaço da fábrica muda. São mudanças na produção, no cenário, no complexo energético e em consequência, no perfil do empresário. Há um processo de desconcentração produtiva.

Com a disseminação dos meios tecnológicos e a informatização dos dados, muitas são as atividades que deixaram de exigir a existência de arquivos físicos, que dificultavam a disponibilidade das informações. Muitos hoje gastam horas em congestionamentos para chegar ao seu local de trabalho e desenvolver uma atividade que depende única e exclusivamente de meios tecnológicos, e que poderiam ser facilmente desenvolvidas em ambiente mais próximo ou no próprio domicílio. Por outro lado, o uso dos meios telemáticos e informatizados pode vir a deixar o empregado disponível em tempo integral para o seu empregador.

A norma trabalhista (art. 6º da CLT) amparou um contingente de teletrabalhadores, em condições de uma nova realidade, como pressuposto de resgate da cidadania, na busca da efetivação da Constituição Federal Brasileira de 1988. Foram equiparados os efeitos jurídicos da subordinação exercida por meios telemáticos e informatizados à exercida por meios pessoais e diretos.

A referida Constituição estabelece a dignidade como princípio norteador das relações trabalhistas, ao determinar a valorização do trabalho humano como fundamento da República. No entanto, há de se discutir a dignificação do trabalho humano no caso do trabalho a distância. Na prática, o Estado não tem conseguido garantir esse "mínimo constitucional", o que, aliado a falta de conhecimento do povo quanto aos seus direitos ou de como exercê-los, bem como a necessidade de manter-se empregado, tem como resultado a dúvida quanto ao avanço tecnológico ser benéfico ou representar um retrocesso à escravidão? É preciso observar as condições mínimas de trabalho para se poder afastar o preconceito do Brasil escravo.

Os direitos previstos nos arts. 6º a 11 da Carta Política só podem ser realizados se forem impostos ao Estado (e aos outros atores sociais) determinadas obrigações positivas. O art. 6º da Constituição brasileira limita-se a enumerar os direitos sociais, já que cada um deles será tratado em capítulos à parte dentro do Título VIII – Da Ordem Social. Pela redação do caput do artigo 7º percebe-se que a Constituição brasileira igualou, em direitos, os trabalhadores urbanos e os rurais, que antes recebiam tratamento diferenciado, pois, na maioria dos casos, muitos dos direitos conquistados pelos primeiros não eram aplicáveis aos segundos. Portanto, após a promulgação da Constituição da República Federativa do Brasil, todos os direitos previstos no art. 7º são extensivos às duas categorias mencionadas.

Outro ponto importante é que os direitos previstos nesse artigo formam um elenco mínimo, indispensável e irrecusável, que não exclui outros que poderão ser previstos pela legislação ordinária, por tratados internacionais celebrados pelo Brasil (art. 5º, § 2º, da CRFB), por Convenções e Acordos Coletivos, ou ainda pelo contrato individual de trabalho, sempre em busca da melhoria das condições sociais dos trabalhadores, pois os valores sociais do trabalho constituem um dos fundamentos da República Federativa do Brasil (art. 1º, IV, da CRFB).

As relações sociais mudam sem parar, e é chegado o momento de mudar também as relações de trabalho. O modelo tradicional, com desempenho das atividades laborativas na sede física da empresa se mostra cada dia mais ultrapassado, porém, a realização do trabalho longe das vistas do empregador ou da fiscalização do trabalho tem gerado sérios problemas ao desenvolvimento e a saúde do trabalhador.

Apresentam-se aqui, as principais características do trabalho a distância, buscando evidenciar este enquanto modalidade capaz de gerar benefícios não só ao empregado, que passa a gozar de maior dignidade, dispondo de maior tempo para o convívio social e familiar, e para implementar sua formação profissional, como também gera vantagens ao empregador, que além de ter um empregado mais satisfeito e produtivo, deixa de ter custos com instalações físicas.

É importante ressaltar que o trabalho a distância, assim como qualquer outra modalidade, possui seus pontos positivos e negativos. Porém, tudo indica, que desde que seja efetuada a devida ponderação de interesses e a análise da capacidade de adequação da atividade desempenhada e do perfil do profissional, poderão ser evitados maiores riscos.

É preciso analisar a questão da dignidade da pessoa humana e as transformações que ocorreram nas empresas, por conta do novo modelo econômico. Em que pese as intensas transformações ocorridas nas últimas décadas no mercado de trabalho, as discriminações nas relações laborais não deixaram de existir. As inovações tecnológicas trazem novos paradigmas de produção.

Para as empresas, a aplicação do trabalho a distância gera menores custos. Uma vez que, apesar de talvez ter que investir em ferramentas para que seu empregado desempenhe seu trabalho em local alheio a sede da empresa, não ocorrem gastos com a infraestrutura física necessária para um posto de trabalho, tal como aluguel, contas de água, luz, serviços de limpeza, dentre outros. Assim, sob este ponto de vista, o trabalho realizado a distância é vantajoso ao empregador. É o que nos demonstra Márcia Regina Pozzeli Hernandez[6]:

> "Quanto às empresas as principais vantagens são a redução de custos com estrutura física, eficiência organizacional e maior produtividade. JOSÉ PASTORE afirma que das 8736 horas de disponibilidade anual, as empresas utilizam os escritórios urbanos apenas 2000 horas ou 23%. No Brasil uma empresa de origem americana que desenvolve sistemas de software para transporte e viagens, com a implantação do teletrabalho evitou o aumento de sua área física em 50% A possibilidade de contratação de teletrabalhadores sem custos da abertura de novas filiais permitiu a expansão do negócio em outros Estados e a criação de novos empregos."

Outro ponto positivo para o empregador é o aumento da produtividade. Tal progresso na produtividade do empregado pode se dar tanto devido ao aumento da qualidade de vida, que passa a fruir de melhor ambiente, mais contato com a família e amigos, melhor disponibilidade do próprio tempo, quanto pela ausência do estresse gerado pela presença contínua da chefia imediata e suas cobranças.

Além disso, muitos trabalhadores após enfrentar grandes engarrafamentos ou espaços lotados para chegar à sede da empresa, desenvolvem uma alternância de comportamento. Isso junto à carga um pouco maior de trabalho, ou constantes cobranças pode alterar a condição psicológica do empregado, aumentando a tensão profissional e o estresse. Com o trabalho realizado de qualquer lugar, este empregado não sofrerá os desgastes, podendo inclusive apresentar melhor desempenho.

Por outro lado, um dos grandes obstáculos enfrentados pelas empresas é a adaptação a este novo modelo. Neste ponto a empresa sofre com diversos problemas, tais como o investimento necessário para a compra de equipamentos que serão oferecidos aos funcionários, além da possível baixa na produtividade dos funcionários, que pode ocorrer por consequência do desconhecimento das ferramentas agora colocadas a sua disposição, bem como a ocorrência de doenças,

6. HERNANDEZ, Márcia Regina Pozelli. Novas perspectivas das relações de trabalho: o teletrabalho. São Paulo: LTr, 2011.43 p.

como a depressão passa a ser mais evidente, pois, por outro lado, o isolamento do meio profissional o deixa propenso a baixa competitividade saudável e produtiva.

A Reforma Trabalhista introduzindo um Capítulo para tratar do teletrabalho, dedicado especificamente para esta relação de emprego realizada a distância, com ampla negociação entre as partes, é um fator de desvantagem tanto para o empregador quanto para o empregado, pois permite abusos de ambas as partes. Ainda não conseguimos encontrar uma forma ideal desta forma de trabalho.

Para o empregado, o distanciamento da sede da empresa pode trazer problemas de relacionamento, tanto no que se refere à falta de contato pessoal de colegas, que acaba gerando o isolamento social do trabalhador, quanto à troca de experiências e novas oportunidades de crescimento na carreira.

Desta forma podemos concluir que, o trabalho a distância, regulamentado pela Lei 13.467/2017, pode representar uma desvantagem sim, pois agora se observa que termos trabalhadores que se submetem ao labor em tempo integral, com isolamento social e certamente violando o correto ambiente do trabalho.

6. CONSIDERAÇÕES FINAIS

O presente trabalho apresenta um estudo das principais características do meio ambiente do trabalho realizado a distância, buscando entender as tendências contraditórias observadas nas mudanças dos padrões de trabalho e emprego ao longo dos últimos anos, verificando as vantagens e as desvantagens dessa nova modalidade (arts. 75-A ao 75-E da CLT), de forma a se resguardar o princípio da dignidade da pessoa humana.

O trabalho realizado à distância possui grande potencial gerador de empregos, uma vez que facilita o acesso a todo tipo de pessoa, seja de alta ou baixa qualificação, jovem ou maduro, ou àqueles que possuem deficiências físicas ou doenças que tornam a locomoção diária um desafio.

É uma modalidade capaz de gerar maior qualidade de vida para o empregado, que passa a dispor de maior tempo para cuidar de si e de sua família, transmitindo esse status para os que o rodeiam. Gera também o desenvolvimento do comércio em áreas antes não amplamente exploradas, desafogando as capitais, que hoje já não são mais capazes de suportar a demanda cotidiana que recebem.

Para as empresas, a nova modalidade reduz os custos, fazendo com que estas, talvez, se tornem capazes de realizar mais contratações, fazendo circular mais capital, tudo contando com profissionais mais dispostos e produtivos.

A legislação atual não prevê uma forma de controle ou fiscalização dos locais onde o empregado poderá prestar o seu serviço, nem tem sido fácil encontrar um empregado que aceite o retrocesso de trabalhar de forma ilimitada, com isso, diuturnamente se ofende o princípio da dignidade da pessoa humana e não se tem um adequado ambiente de trabalho.

Os questionamentos evidenciaram que o trabalho a distância não impossibilita o cumprimento das normas de proteção ao trabalho contidas na Consolidação das Leis do Trabalho, mas dificultam, razão pela qual precisam ser adequadas a este verdadeiro avanço tecnológico, sob pena se ter um verdadeiro retrocesso dos direitos fundamentais sociais.

7. REFERÊNCIAS BIBLIOGRÁFICAS

ABRANTES, João José. O novo Código do Trabalho e os direitos de personalidade do trabalhador, in A Reforma do Código do Trabalho – Centro de Estudos Judiciários, Coimbra editora, Coimbra, 2004, p. 139-160. ISBN 972-32-1290-0.

ARISTÓTELES. A Política. Trad. Roberto Leal Ferreira, São Paulo: Martins Fontes, 1991.

BAGNOLI, Vicente. Direito e Poder Econômico – Editora Campus, Rio de Janeiro.

BERCOVICI, Gilberto. Soberania e Constituição. São Paulo, Quartier Latin, 2ª ed. 2013.

BERMAN, Marshall. Tudo que é sólido desmancha no ar: a aventura da modernidade. Tradução: Carlos Felipe Moisés e Ana Maria L. Ioriatti. São Paulo: Companhia das Letras, 2007.

BERTOLIN, Patrícia Tuma; SMANIO, Gianpaolo Poggio (coords.). O Direito e as Políticas Públicas no Brasil. São Paulo: Atlas, 2013.

CAPRA, Fritjof. A teia da vida. São Paulo: Cultrix, 2006.

CARVALHO, José Murilo de. Cidadania no Brasil. São Paulo: Record, 2003.

CASTELLS, Manuel. A sociedade em Rede – a era da informação: economia, sociedade e cultura – Volume 1. São Paulo: Paz & Terra, 2002.

__________ O poder da identidade. Lisboa: Calouste Gulbenkian, 2003.

CAVALCANTE, Jouberto de Quadros Pessoa; Neto, Francisco Ferreira Jorge. Direito do Trabalho. 7ª ed. São Paulo: Atlas, 2013.

DARCANCHY, Mara Vidigal. Teletrabalho para pessoas portadoras de necessidades especiais. São Paulo: LTr, 2006.

________. (Org.). Responsabilidade social nas relações laborais. São Paulo: LTr, 2007.

DE MASI, Dommenico (Org.) A sociedade pós-industrial. São Paulo: Editora SENAC, 1999.

________. O ócio criativo. Rio de Janeiro: Sextante, 2000.

DWORKIN, Ronald. O direito da liberdade. São Paulo: Martins Fontes, 2006.

____________. A virtude soberana. São Paulo: Martins Fontes, 2011.

GOULART, Joselma Oliveira. Teletrabalho – alternativa de trabalho flexível. Brasília: SENAC, 2009.

HERNANDEZ, Márcia Regina Pozelli. Novas perspectivas das relações de trabalho: o teletrabalho. São Paulo: LTr, 2011.

JARDIM, Carla Carrara da Silva. O teletrabalho e suas atuais modalidades. São Paulo: LTr, 2003.

JOSAPHAT, Carlos. Ética mundial. Esperança da humanidade globalizada. Petrópolis: Vozes, 2010.

MELLO, Álvaro. De volta para casa: Desmistificando o Telecommuting. São Paulo: Ed. do Autor, 1997.

MORAES, Alexandre de. Direito Constitucional. 10a ed. São Paulo: Atlas, 2001.

MOREIRA, Teresa Coelho. O poder directivo do empregador e o direito à imagem do trabalhador, in Estudos Jurídicos em Homenagem ao Professor António Motta Veiga, Almedina, Coimbra, 2007.

PIKETTY, Thomas. O capital. Rio de Janeiro: Intrínseca, 2011.

PRADO JUNIOR, Caio. História Econômica do Brasil. Editora Brasiliense, São Paulo.

REDINHA, Maria Regina. Os direitos de personalidade no Código do Trabalho: actualidade e oportunidade da sua inclusão, in A Reforma do Código do Trabalho – Centro de estudos jurídicos, Coimbra editora, Coimbra, 2004, ISBN 972-32-1290-0.

SARLET, Ingo W. A eficácia dos direitos fundamentais. 6.ed. Porto Alegre: Livraria do Advogado, 2005.

SILVA, José Afonso da. Curso de Direito Constitucional Positivo. 9a ed. São Paulo: Malheiros, 1994.

SOROS, George. Globalização. Tradução de Afonso Celso da Cunha Serra. Rio de Janeiro: Campus, 2003.

TANAKA, Sonia Yuriko (coord.). Panorama Atual da Administração Pública no Brasil. São Paulo: Malheiros, 2012.

WINTER, Vera Regina Loureiro. Teletrabalho: uma forma alternativa de emprego. São Paulo: LTr, 2005.

WOLKMER, Antonio Carlos e LEITE, José Rubens Morato. Os "novos" direitos no Brasil: problemas e perspectivas: uma visão básica das novas conflituosidades jurídicas. São Paulo: Saraiva, 2003.

A AUSÊNCIA DE CONTROLE DE JORNADA DO EMPREGADO EM REGIME DE TELETRABALHO COMO FATO GERADOR DO AFROUXAMENTO DAS RELAÇÕES FAMILIARES

Flávio Filgueiras Nunes[1]
Laira Carone Rachid Domith[2]

Sumário: 1. A regulamentação do emprego no regime de teletrabalho – 2. Da intensificação da relação de trabalho e o dano a existência do trabalhor – 3. Flexibilização, intensificação e precarização laboral – da corrosão do caráter em tempos líquidos – 4. O impacto da flexibilização, intensificação e precarização laboral na construção das subjetividades – 5. Das consequências dos devaneios do capital nas relações de família – Considerações finais – Referências bibliográficas.

1. A REGULAMENTAÇÃO DO EMPREGO NO REGIME DE TELETRABALHO

A Lei n. 13.467 de 2017 regulamentou o trabalho dos empregados no regime teletrabalho. Foram acrescentados a CLT os artigos 75-A ao 75-E da CLT, além da inclusão do inciso III ao art. 62 da CLT.

---

1. Mestre em Direito Empresarial pela Faculdade Milton Campos (Belo Horizonte-MG), Advogado, Professor de Direito do Trabalho nos cursos de graduação em Direito da Faculdade Doctum de Juiz de Fora e Centro Universitário Estácio. Professor da Pós-Graduação *Stricto Sensu* da PUC-Minas e Centro Universitário Estácio.

2. Mestre em Direito Público e Evolução Social pela UNESA, Especialista em Direito da Saúde pela Faculdade de Ciências Médicas e da Saúde de Juiz de Fora, Coordenadora e Professora de Direito de Família no Curso de Direito da Faculdade Doctum de Juiz de Fora, Professora na Pós Graduação *Stricto Sensu* da PUC-Minas.

A nova regulamentação definiu no art. 75-B da CLT o oferecimento do trabalho como empregado no regime de teletrabalho como "sendo a prestação de serviços preponderantemente fora das dependências do empregador, com a utilização de tecnologias de informação e de comunicação que, por sua natureza, não se constituam como trabalho externo". Analisando o conceito de empregado em regime de teletrabalho, este não pode ser confundido com o de regime de trabalho externo que utiliza para o desenvolvimento de suas tarefas recursos tecnológicos.

Em complementação ao disposto no artigo 75-B, está o parágrafo único do art. 75-B ao mencionar que o mero comparecimento do empregado nas dependências dos estabelecimentos de seu empregador para a execução de tarefas específicas que pela sua natureza exijam o comparecimento do trabalhador. Para fins de ilustração, cita-se, por exemplo, o atendimento de um cliente por parte de um advogado empregado, objetivando a preparação para uma audiência ou para o início de uma nova relação contratual.

Por ser um regime especial de trabalho para os empregados, em consonância com o disposto no art. 29 da CLT que exige a anotação na CTPS das situações especiais, e em que pese a autorização do art. 443 da CLT da celebração nas modalidades tácita ou expressa, do Contrato Individual de Trabalho, o art. 75-C da CLT determina que a contratação de empregado em tal modalidade deverá ser celebrada obrigatoriamente de forma expressa, especificando as atividades que serão desenvolvidas pelo empregado.

Apesar da não especificação no caput do art. 75-C se a celebração expressa poderia ser feita nas modalidades verbal ou contratual, com fulcro no princípio da isonomia das formas, considerando os parágrafos do dispositivo em comento, que exige a confecção de termo aditivo, pode ser concluir ter sido a vontade do legislador que a celebração fosse de forma expressa na modalidade escrita.

Quanto à alteração do regime de trabalho, se presencial ou teletrabalho, os parágrafos 1º e 2º do art. 75-C apresentam as regras. Se a alteração for do presencial para o de teletrabalho, deverá ser observado o mútuo consentimento entre as partes, além do registro da opção através de termo de aditivo contratual. Já do regime de teletrabalho para o presencial, o legislador trouxe regra distinta, mencionando que o empregador, no exercício do poder diretivo, poderá alterar, mas deverá, também neste caso, registrar em termo de aditivo contratual. Em que pese as regras apresentadas nos parágrafos do art. 75-C da CLT, estas deverão ser aplicadas a luz dos princípios do Direito do Trabalho, em especial o da Inalterabilidade Contratual Lesiva.

Além da observação do Princípio da Inalterabilidade Contratual Lesiva, deverá ser observada as regras apresentadas no art. 468 da CLT que exige para a ocorrência valida da alteração contratual, sob pena de nulidade da cláusula infringente, o mútuo consentimento, além da ausência de prejuízo direto ou indireto ao empregado.

As despesas com a aquisição e manutenção da tecnologia utilizada para o desenvolvimento das tarefas no regime de teletrabalho, bem como toda a infraestrutura e reembolso pelas despesas arcadas pelo empregado, de acordo com o art. 75-D, serão previstas em contrato. Tal dispositivo deverá ser analisado em conjunto com art. 2º da CLT que dispõe que é do empregador os riscos do empreendimento, não podendo, assim, este transferir para o empregado o custo com qualquer etapa do empreendimento, ainda que no regime de teletrabalho. Desta forma, poderão as partes ajustar a periodicidade de substituição de equipamentos, o dever de cuidado na preservação dos bens ofertados pelo empregador, bem como a possibilidade de desconto no salário do empregado em caso de mau uso ou conservação, mas não a transferência ao empregado do ônus das operações. Os equipamentos entregues ao empregado, bem como os bens e utensílios, necessários ao desenvolvimento do trabalho, não integrarão a remuneração do empregado, conforme parágrafo único do dispositivo em análise.

Quanto ao meio ambiente do trabalho, objetivando a prevenção contra doenças e acidentes do trabalho, deverá o empregador orientar os empregados, de forma expressa, devendo, para fins de comprovação do atendimento da obrigação, o empregado assinar termo de responsabilidade comprometendo-se a seguir tais comandos, consoante art. 75-E da CLT. A orientação, bem como a assinatura do termo, não excluem as demais responsabilidades do empregador previstas na CLT, em especial aquelas do capítulo sobre a segurança e a medicina do trabalho.

A duração do trabalho dos empregados em regime de teletrabalho está excluída do controle de jornada, consoante o inciso III do art. 62 da CLT. As situações especiais apontadas pelo art. 62 consideraram a impossibilidade de realização de controle, seja em razão da fidúcia (cargo de confiança), ou do regime (externo e teletrabalho). Entretanto, os empregados em regime de teletrabalho, estes, principalmente em razão do avanço tecnológico, estão cada vez mais conectados aos seus empregadores, possuindo, estes, várias formas de realização, via sistema, o controle da jornada dos seus empregados. A ausência de controle a jornada empregados em teletrabalho é tentativa promover a flexibilização, e consequentemente gerará a intensificação e a precarização das relações destes trabalhadores. Neste contexto, o trabalho extrapola os limites impostos pela legislação trabalhista e invade espaços temporais que deveriam ser destinados à vida pessoal, ou seja, à vida de relações e à construção e realização do projeto de vida.

Este estudo tem como fio condutor a reforma trabalhista, em especial a flexibilização apresentada no inciso III do art. 62 da CLT que exclui este regime especial de trabalho do controle de jornada. O objetivo é demonstrar que os efeitos deletérios da flexibilização e da intensificação laboral não se restringem ao dano existencial, podendo prejudicar de forma irreversível não apenas o trabalhador, mas todos que compõem o núcleo familiar no qual está inserido, impedindo a consecução do dever de cuidado, decorrente do Princípio da Solidariedade Familiar que deve guiar as relações familiares.

2. DA INTENSIFICAÇÃO DA RELAÇÃO DE TRABALHO E O DANO A EXISTÊNCIA DO TRABALHOR

> - Chegamos em casa às sete, jantamos, tentamos encontrar uma hora para o dever de casa das crianças, e depois para tratar de nossa própria papelada.
>
> Quando as coisas ficam difíceis meses seguidos na empresa de consultoria, "é como se eu não soubesse quem são meus filhos". Ele se preocupa com a freqüente anarquia em que mergulha a família, e com o abandono das crianças, cujas necessidades não podem ser programadas para encaixar-se nas necessidades de seu trabalho.
>
> Ouvindo isso, tentei tranqüilizá-lo; minha esposa, enteado e eu suportamos e sobrevivemos bem a uma vida de alta pressão semelhante.
>
> - Não está sendo justo consigo mesmo – disse eu. – O fato de se preocupar tanto significa que está fazendo por sua família o melhor que pode (SENNET, 2014, p. 20).

O fragmento acima transcrito, extraído do livro "A corrosão do caráter", de Richard Sennett, é a tradução da realidade enfrentada em inúmeros lares brasileiros. Capitalismo, neoliberalismo, crise do Estado Social, flexibilização e intensificação laboral, vulnerabilização das condições de trabalho e o consequente afrouxamento das relações familiares, seguido, ou não, pela falência do projeto de vida e da vida de relações, sendo que quando estas duas últimas consequências podem ser apuradas, estar-se-á diante da verificação do dano existencial.

A flexibilização laboral acabou expandindo o tempo destinado ao trabalho e, portanto, invadindo espaços temporais que deveriam ser destinados à vida pessoal. Assim, pode-se afirmar que as condições de trabalho impostas trabalhador possuem relação direta com o desenvolvimento de sua subjetividade.

Os efeitos da flexibilização, da intensificação e da precarização laboral no âmbito das relações familiares, podem ser observado a partir do acórdão prolatado no Recurso Ordinário nº 0001533-23.2012.5.04.0006 pela 4ª Turma do Tribunal Regional do Trabalho da 4ª. Região:

> DANO EXISTENCIAL. As condições em que era exercido o trabalho da reclamante no empreendimento réu apontam a ocorrência de dano existencial, pois sua árdua rotina de trabalho restringia as atividades que compõem a vida privada lhe causando efetivamente um prejuízo que comprometeu a realização de um projeto de vida. No caso, a repercussão nociva do trabalho na reclamada na existência da autora é evidenciada com o término de seu casamento enquanto vigente o contrato laboral, rompimento que se entende provado nos autos teve origem nas exigências da vida profissional da autora (TRT 4ª. Região. 4ª. Turma. RO 0001533-23.2012.5.04.0006, Rel. Des. André Reverbel Fernandes, j. 10.06.2014)[3]

---

3. Ainda neste sentido:

DANO EXISTENCIAL. Há dano existencial quando a prática de jornada exaustiva por longo período impõe ao empregado um novo e prejudicial estilo de vida, com privação de direitos de persona-

No caso em tela, restou comprovado que a autora trabalhava de segunda a sexta-feira, das 08h00 às 20h00, aos sábados, das 08h00 às 16h00 e em dois domingos por mês, das 08h00 às 13h00.

Em primeiro grau de jurisdição, o magistrado entendeu que a autora tem direito à vida privada, com lazer, descanso e convívio familiar e que ao exigir o cumprimento de extensa jornada de trabalho, o empregador praticou ato abusivo, comprometendo o projeto de vida daquela e afrontando o Princípio da Dignidade da Pessoa Humana.

Em seu recurso a empresa ré alegou que as horas extras geram apenas o direito de pagamento das mesmas, não ensejando dano existencial. Ressaltou, também, que a autora foi sua empregada por quase cinco anos, o que demonstra não serem tão más as condições de trabalho e, também, seu perdão tácito relativamente à prática da sobrejornada.

Obviamente este argumento não pode prosperar, sob pena de estimular condutas que violam a dignidade do trabalhador. Se assim o fosse, em caso de abuso moral e de assédio sexual, por exemplo, restaria ao empregado o pedido de demissão caso não estivesse satisfeito com as condições de trabalho, sem direito a nenhuma indenização pelo dano extrapatrimonial sofrido o que, felizmente, não ocorre na prática.

Em segunda instância entenderam que, de fato, a reclamante tinha poucas horas para dedicar-se ao descanso, ao convívio familiar e social e ao lazer, atividades que orientam o plano existencial de cada indivíduo. Consideraram, ainda, que o término do casamento da autora foi lastreado nas exigências de sua vida profissional que impediram sua convivência com o marido.

Frise-se que o dever de cuidado que anima as relações familiares – sejam amorosas ou paterno/materno-filiais – dificilmente será cumprido no contexto acima descrito e levado à apreciação judicial. Em se tratando, especificamente, de

---

lidade, como o direito ao lazer, à instrução, à convivência familiar. Prática reiterada da reclamada em relação aos seus empregados que deve ser coibida por lesão ao princípio constitucional da dignidade da pessoa humana (art. 1°, III, da Constituição Federal) (TRT da 4ª. Região, 2ª Turma, 0001133-16.2011.5.04.0015 RO, Rel. Des. Raul Zoratto Sanvicente, j. 18.04/2013).

DANO EXISTENCIAL. JORNADA EXTRA EXCEDENTE DO LIMITE LEGAL DE TOLERÂNCIA. DIREITOS FUNDAMENTAIS. O dano existencial é uma espécie de dano imaterial, mediante o qual, no caso das relações de trabalho, o trabalhador sofre danos/limitações em relação à sua vida fora do ambiente de trabalho em razão de condutas ilícitas praticadas pelo tomador de trabalho. Havendo a prestação habitual de trabalho em jornadas extra excedentes do limite legal relativo à quantidade de horas extras, resta configurado dano à existência, dada a violação de direitos fundamentais do trabalho que traduzem decisão jurídico-objetiva de valor de nossa Constituição. Do princípio fundamental da dignidade da pessoa humana decorre o direito ao livre desenvolvimento da personalidade do trabalhador, do qual constitui projeção o direito ao desenvolvimento profissional, situação que exige condições dignas de trabalho e observância dos direitos fundamentais também pelos empregadores (eficácia horizontal dos direitos fundamentais). Recurso do reclamante provido (TRT da 4ª. Região, 1ª Turma, 0002125-29.2010.5.04.0203 RO, Rel. Des. José Felipe Ledur, j. 20.03.2013).

relação entre pais e filhos menores, a paternidade responsável e a proteção integral da criança e do adolescente ficam prejudicadas. Já no âmbito das relações amorosas – conjugais, decorrentes de uniões estáveis ou homoafetivas – o dever de mútua assistência imaterial certamente restará descumprido.

Sendo a família considerada constitucionalmente a base da sociedade, merecedora de especial proteção do Estado e da sociedade, lócus de proteção e promoção da dignidade de seus membros, a justificativa da pesquisa que ora se delineia é demonstrar o quão vulnerável este organismo social se torna diante da constatação da perda da dimensão do trabalho, a partir do momento em que este passa a atender, prioritariamente, à exigências do capital que trata as pessoas como mão-de-obra a serviço de seus interesses.

3. FLEXIBILIZAÇÃO, INTENSIFICAÇÃO E PRECARIZAÇÃO LABORAL – DA CORROSÃO DO CARÁTER EM TEMPOS LÍQUIDOS

> *A infelicidade dos homens ativos é que sua atividade é quase sempre um pouco irracional. Não se pode perguntar ao banqueiro acumulador de dinheiro, por exemplo, pelo objetivo de sua atividade incessante; ela é irracional. Os homens ativos rolam como pedra, conforme a estupidez da mecânica. – Todos os homens se dividem, em todos os tempos e hoje também em escravos e livres; pois aquele que não tem dois terços do dia para si é escravo, não importa o que seja: estadista, comerciante, funcionário ou erudito*
>
> (NIETZSCHE, 2000, p. 191)

O trabalho não deve ser visto somente como um instrumento capaz de prover necessidades básicas, mas, também, como fonte de identificação e de autoestima, de desenvolvimento das potencialidades humanas e de alcançar sentimento de participação nos objetivos da sociedade (NAVARRO; PADILHA, 2007, p. 14).

> Quaisquer que tenham sido as virtudes que fizeram o trabalho ser elevado ao posto de principal valor dos tempos modernos, sua maravilhosa, quase mágica capacidade de dar forma ao informe e duração ao transitório certamente está entre elas. Graças essa capacidade, foi atribuído ao trabalho um papel principal, mesmo decisivo, na moderna ambição de submeter, encilhar e colonizar o futuro, a fim de substituir o caos pela ordem e a contingência pela previsível (e portanto controlável) seqüência de eventos. Ao trabalho foram atribuídas muitas virtudes e efeitos benéficos, como, por exemplo, o aumento da riqueza e a eliminação da miséria; mas subjacente a todos os méritos atribuídos estava sua suposta contribuição para o estabelecimento da ordem, para o ato histórico de colocar a espécie humana no comando de seu próprio destino (BAUMAN, 2001, p. 157).

Contudo, há que se fazer uma reflexão sobre o real sentido de estar o homem no comando de seu próprio destino. Em tempos líquidos (tempos de derretimento dos sólidos), as características positivas do trabalho acima mencionadas duelam com as consequências da flexibilização laboral, sendo as principais delas a intensificação e a precarização do trabalho, bem como a transformação da força de trabalho em mercadoria.

A flexibilização pode ser descrita como sendo a capacidade de adaptação das empresas em relação às rápidas oscilações do mercado. Segundo Garrido, esta adaptação pode ocorrer de formas diversas, podendo ser classificadas em quatro tipos de processos: 1) flexibilidade numérica (redução do quadro de empregados e minimização dos custos com demissões); 2) flexibilidade temporal (utilização de novas modalidades de contrato e fixação de horários atípicos, possibilitando modificações rápidas nas cargas horárias e nos turnos dos trabalhadores); 3) flexibilidade produtiva (obtida através da externalização e terceirização da produção); e 4) flexibilidade funcional (pautada no ideal de trabalhador polivalente, qualidade que permite à empresa realizar a rotação dos trabalhadores nos postos de trabalho conforme suas necessidades (2006, p. 26/27).

Com relação a este último tipo de flexibilização (flexibilização funcional), pode-se dizer que tornou-se fundamental "encontrar uma força de trabalho ainda mais complexa, multifuncional, que deve ser explorada de maneira mais intensa e sofisticada" (ANTUNES, 2000, p. 22).

Ainda sobre o conceito de flexibilização, Nardi afirma explica que "a formação clássica do trabalho como empregos se transformou radicalmente" (206, p. 58). As novas relações de trabalho são constituídas através de contratos temporários, contratos part-time (meio período), terceirização de mão-de-obra, subcontratações, condicionando a remuneração à produtividade.

Como efeito da flexibilização enquanto nova forma de organização do trabalho, o trabalhador perdeu a estabilidade e a segurança, tendo sua capacidade de contestar os ditames do mercado enfraquecida, já que irresignação pode significar demissão em uma época em que trabalho é escasso. Segundo Bauman, a presente versão liquefeita, fluida, dispersa, espalhada e desregulada da modernidade é característica do capitalismo leve e flutuante, marcado pelo desengajamento e enfraquecimento dos laços que prendem o capital ao trabalho, possibilitando que esta associação seja rompida a qualquer momento e por qualquer razão (2001, p. 171). O sociólogo complementa:

> Não surpreende, pois, que hoje o principal compromisso do capital seja com os consumidores. Só nessa esfera se pode falar de "dependência mútua". (...) No planejamento das viagens e na preparação de deslocamento dos capital, a presença de força de trabalho é apenas uma consideração secundária. Conseqüentemente, o "poder de pressão" de uma força de trabalho local sobre o capital (sobre as condições de emprego e disponibilidade de postos de trabalho) encolheu consideravelmente. (BAUMAN, 2001, p. 174).

Para conseguir um salário satisfatório, o empregado precisou envidar mais esforços e tempo na atividade laboral. Em outras palavras, houve intensificação do ritmo laboral, os horários tornaram-se mais maleáveis e os ganhos passaram a ser relativos às atividades realizadas em si consideradas.

Frise-se que, neste cenário, flexibilidade não quer dizer liberdade e autonomia. O controle direto do tempo de trabalho e onde o mesmo será realizado está atrelado ao cumprimento de metas dificilmente atingíveis.

> (...) na questão do controle do tempo, o tempo rotineiro e cronometrado do taylorismo, desapareceu deixando no lugar o tempo flexível do trabalho que se expande, no entanto, para todos os outros tempos da vida. Se o tempo rotineiro e cronometrado do trabalho no taylorismo pode ser degradante para a vida das pessoas ele pode também protegê-las, na medida em que restringe o trabalho para dentro do tempo do trabalho (TONELLI, 2000, p. 7).

"O 'flexitempo' é uma nova forma de controle, não mais direto, mas onipresente, não mais o relógio de ponto, não mais a rotina: uma liberdade aparente, desde que se consiga atingir as metas!" (TONELLI, 2000, p. 7). "O estabelecimento de metas é apresentado ao sujeito como um desafio a ser cumprido, e o fracasso desta meta resulta na culpabilização do indivíduo" (AQUINO; BARROS; LIMA, 2012, p. 115)

Segundo Dal Rosso, "falamos de intensificação quando os resultados são quantitativa ou qualitativamente superiores, razão pela qual se exige um consumo maior de energias do trabalhador" (2008, p. 21). E continua:

> É um erro grosseiro supor que intensificação ocorre apenas em atividades industriais. Em todas as atividades que se concentram grandes volumes de capital e que se desenvolvem em uma competição sem limites e fronteiras, tais como nas atividades financeiras e bancária, (...) saúde, lazer e em outros serviços imateriais o trabalho é cada vez mais cobrado por resultados e por maior envolvimento do trabalhador (DAL ROSSO, 2008, p. 31)

Portanto, o discurso pró-flexibilização, embora pregue vantagens para empregados e empregadores, favorece estes em detrimento daqueles. De um lado tem-se as promessas ao empregado de "autonomia", "controle" das próprias funções e de, "podendo fazer seu horário", destinar mais tempo às demais esferas da vida... De outro lado, os empregadores efetivamente ganham: o aumento da competitividade gera aumento da produção e a redução de despesas – discurso este que vai totalmente ao encontro da lógica do mercado e do capital.

Infelizmente, a submissão do empregado à mesma decorre do medo da instabilidade laboral, já que é dele que as pessoas podem se sustentar e sustentar seus desejos na sociedade de consumo. Neste sentido, Barros Filho e Dainezi explicam que

> O pensamento pós-moderno diz o seguinte: felicidade é a somatória de satisfações, que, claro, pressupõem desejos a serem satisfeitos. Quanto mais desejos eu tiver, mais satisfações eu poderei ter, e quanto mais amiúde eu tiver satisfa-

> ções, mais eu terei felicidade. (...) é no consumo que o capitalismo mostra toda a sua pujança. É na cultura do prazer que o capital se locupleta. (2014, p. 22).

Decorrente da flexibilização e da intensificação, temos a precarização laboral, que não se confunde com condições precárias de trabalho. A precarização laboral deve ser entendida como processo crescente e generalizado de instabilidade, de flexibilização e de perda de garantias sociais (AQUINO; BARROS; LIMA, 2012, p. 108). A precarização, portanto, "acaba por se constituir uma 'resposta' contemporânea do capital que articula novos modelos de temporalidades e vínculos laborais que vulneram os direitos básicos dos trabalhadores" (AQUINO, 2008, p. 174).

Esta constante reinvenção do trabalho ditada pelo capital tem como reflexo a imposição de excessivas demandas de trabalho, a fragmentação das jornadas e a desorganização da vida pessoal, bem como a perda do controle das funções que, por sua vez, leva à perda da noção de tempo linear não só na realização de trabalhos determinados como também na perspectiva de realização pessoal a longo prazo e de sonhos individuais e familiares (MONTENEGRO, 2008, p. 4).

Essa perda da noção do tempo linear gera a perda da capacidade de autorreflexão do trabalhador sobre sua situação:

> Diferentemente das utopias de outrora, a utopia dos caçadores não oferece um significado para a vida, seja ele autêntico ou fraudulento. Só ajuda a afugentar da mente as questões relativas ao significado da vida. Tendo remodelado o curso da vida numa série interminável de buscas autocentradas – cada episódio vivido tendo como função a introdução ao próximo – ela não dá chance para a reflexão sobre a direção e o sentido disso tudo. (BAUMAN, 2007, p. 113)

Para "minimizar" os efeitos dos processos de flexibilização, intensificação e precarização laboral,

> Empresas que se consideram muito preocupadas com seus colaboradores lançam cada vez mais programas de qualidade de vida. Inventam cada vez mais ideias inovadoras para ocupar o tempo daqueles que freqüentam aquele espaço. E você dirá: "Até agora, nada de errado!". Pois é, mas o que o materialismo histórico lhe dirá é que há, por trás da invenção de cada programa, uma causa material. Qual é a causa material neste caso? A estafa a fadiga, o estresse, a pressão, o desgaste, a sobrecarga, a hora extra. E o que a empresa faz? Ao criar um programa de qualidade de vida, ela nega que as condições materiais anteriores aos programas, as suas causas, possam ser diferentes do que são. (...) O que a análise marxista vai dizer da qualidade de vida? Que ela é uma estratégia de legitimação do sistema tal qual ele é. E aí ninguém se dá conta de que a tal qualidade de vida não coincide com uma vida de qualidade. Por que você precisa de tantas atividades de qualidade de vida? Por causa do estrago que a sua vida estressante lhe faz. Então, por que não cortar o mal pela raiz? Porque não interessa à expansão do capital. (...) E por que nem você nem ninguém percebe o engodo? Porque, Marx dirá, são alienados. (...) Estamos todos, no final das contas, sob as asas do capital, e, quando legitimamos todas as estratégias de dominação e alienação, somos o pior dos seres pra nós mesmos, porque aceitamos o enrabamento e achamos que o enrabamento faz parte da natureza das

> coisas, que o mundo é assim, uns fodem e os outros são fodidos. E ainda nos alegramos com o curativo existencial da qualidade de vida, e achamos que a empresa que nos explora é muito preocupada conosco, quando, na verdade, tudo isso não passa de distrações baratas para que não se questione e nem se perceba a injustiça de todo o resto da sua conveniência (BARROS FILHO; DAINEZI, 2014, p. 24-25).

Em suma, o consumismo, a ótica do capital e do mercado são características da vida líquida que, analisada sob a perspectiva do trabalho, é vivida em condições de incerteza constante. As preocupações mais intensas e obstinadas que assombram este tipo de vida são os temores de ser pego tirando uma soneca, não conseguir acompanhar a rapidez dos eventos, ficar para trás (BAUMAN, 2009, p. 9).

Neste cenário o trabalhador pode se submeter às condições impostas pelo mercado ou optar pelo desemprego, sendo que esta última praticamente nem pode ser considerada uma opção já que foge totalmente à lógica capitalista. Sem trabalho, sem dinheiro, sem consumo, sem felicidade.

4. O IMPACTO DA FLEXIBILIZAÇÃO, INTENSIFICAÇÃO E PRECARIZAÇÃO LABORAL NA CONSTRUÇÃO DAS SUBJETIVIDADES

> *Já é*
> *(Lulu Santos)*
> *Sei lá*
> *Tem dias que a gente olha pra si*
> *E se pergunta se é mesmo isso aí*
> *Que a gente achou que ia ser*
> *Quando a gente crescer*
> *E nossa história de repente ficou*
> *Alguma coisa que alguém inventou*
> *A gente não se reconhece ali*
> *No oposto de um déjà vu*
> *Sei lá*
> *Tem tanta coisa que a gente não diz*
> *E se pergunta se anda feliz*
> *Com o rumo que a vida tomou*
> *No trabalho e no amor (...)*

Buscando atingir o que considera felicidade e sucesso, o trabalhador dedica-se ao máximo às atividades profissionais para que continue em fluxo social ascendente. Não ter notabilidade na vida profissional significa fracasso e inabilidade pessoal na sociedade consumista que descarta o que não é mais útil.

> A irrevogabilidade da exclusão é uma conseqüência direta, embora imprevista, da decomposição do Estado social (...). Estar sem emprego parece cada vez

> mais um estado de "redundância" - ser rejeitado, rotulado de supérfluo, inútil, não empregável e destinado a permanecer "economicamente inativo". Estar sem emprego implica ser descartável, talvez até de ser descartado uma vez por todas, destinado ao lixo do "progresso econômico" (...)(BAUMAN, 2007, p. 75)

Bauman destaca, ainda, que

> O "progresso", que já foi a manifestação mais extrema do otimismo radical e uma promessa de felicidade universalmente compartilhada e permanente (...) se transformou numa espécie de dança das cadeiras interminável e ininterrupta, na qual um momento de desatenção resulta na derrota irreversível e na exclusão irrevogável. Em vez de grandes expectativas e sonhos agradáveis, o "progresso" evoca uma insônia cheia de pesadelos de "ser deixado para trás" - de perder o trem ou cair da janela de um veículo em rápida aceleração (2007, p. 16-17).
>
> (...)
>
> Para que seja desempenhada adequadamente e com chance de sucesso, a luta contra a derrota vai exigir sua plena e total atenção, vigilância 24 horas por dia, sete dias por semana, e acima de tudo manter-se em movimento - tão rápido quanto puder... (2007, p. 109)

Neste ritmo imposto pelo capital, destaca-se o pensamento de Nietzsche segundo o qual o homem que não tem tempo para si é escravo. Bancário ou banqueiro; senhor de engenho e possuidor de escravos, se não puderem se dedicar a si mesmos não poderão ser considerados livres.

Para Santos, "este conceito é assustador, porém real. Quem "rola, conforme a estupidez da mecânica" é um alienado; não vive conforme sua natureza (ser individual), não expande sua personalidade" e, no fundo, se igualará ao equipamento de uma empresa (2013, 76). Há que se ter tempo para ser humano.

Consta-se, infelizmente, que as exigências do capital controlam a construção da subjetividade do trabalhador. Por subjetividade entenda-se, para fins do presente estudo, aquilo que se passa no íntimo do indivíduo que determina sua personalidade, seu modo de pensar sobre as coisas. A subjetividade é, portanto, única, mas sofre os influxos da cultura, da religião, da educação e das experiências vivenciadas por cada pessoa, estando atrelada, portanto, à dinâmica social.

Estudar a relação entre modos de subjetivação e trabalho implica analisar como os sujeitos vivenciam e dão sentidos às suas experiências, implica compreender os processos através dos quais as experiências do trabalho conformam modos de agir, pensar e sentir, explica Nardi (2006). Sendo o trabalho o elemento fundante do homem enquanto ser social, quais são as consequências da dinâmica do mundo do trabalho para a formação da subjetividade dos trabalhadores?

A primeira delas é o sentimento de incompetência que se abate sobre o trabalhador, pois há um discurso social justificador da flexibilização que naturaliza as condições impostas pela precarização como parte da inevitável evolução da economia e afirma a abundância do emprego, responsabilizando o desempregado por sua situação (CORREIA; MOITA; OLIVEIRA, 2009).

A segunda consequência é que, pelo fato de a concorrência ter substituído a solidariedade, assiste-se à decomposição dos vínculos coletivos (BAUMAN, 2007, p. 74). Outra, não menos importante, é a coisificação dos sujeitos. Segundo explicam Navarro e Padilha,

> O fetiche da mercadoria é a aparência que se sobrepõe à essência, é o mundo das coisas como objetivo final, provocando o comprometimento e/ou supressão da subjetividade: a "coisa" sufoca o "humano". O fetichismo – este caráter misterioso das mercadorias – provém do fato de que elas ocultam a relação social entre os trabalhos individuais dos produtores e o trabalho total. Nas palavras de Marx (1989, p. 80-81): "Uma relação social definida, estabelecida entre os homens, assume a forma fantasmagórica de uma relação entre coisas" (2007).

Nesta mesma diretriz, Bauman alerta que

> A precariedade da existência social inspira uma percepção do mundo em volta como um agregado de produtos para consumo imediato. Mas a percepção do mundo, com seus habitantes, como um conjunto de itens de consumo, faz da negociação de laços humanos duradouros algo excessivamente difícil. Pessoas inseguras tendem a ser irritáveis; são também intolerantes com qualquer coisa que funcione como obstáculo a seus desejos; e como muitos desses desejos serão de qualquer forma frustrados, não há escassez de coisas e pessoas que sirvam de objeto de intolerância. Se a satisfação instantânea é a única maneira de sufocar o sentimento de insegurança (sem jamais saciar a sede de segurança e certeza), não há razão evidente para ser tolerante em relação a alguma coisa ou pessoa que não tenha óbvia relevância para a busca da satisfação, e menos ainda em relação a alguma coisa ou pessoa complicada ou relutante em trazer a satisfação que se busca (2001, p.187-189).

Através de uma perspectiva psicodinâmica, pode-se afirmar que os modos de subjetivação sofrem influências dos seguintes movimentos: intensificação do trabalho e aumento do sofrimento subjetivo; inibição da mobilização coletiva contra o sofrimento; negação do sofrimento do outro e o silêncio em relação ao seu próprio; e, a exacerbação do individualismo (DEJOURS apud CORREIA; MOITA; OLIVEIRA, 2009).

Atualmente, "não basta mais vestir a camisa da empresa, é preciso suar pela camisa da empresa" (AQUINO; BARROS; LIMA, 2012, p. 120), o que significa a doação completa do empregado ao empregador, resultando, muitas vezes, em esgotamento físico e psíquico.

Segundo descreve Supiot (apud BOUCINHAS FILHO; ALVARENGA, 2013, p. 241-242), "ao invés de indexarmos a economia às necessidades dos homens e as finanças às necessidades da economia, nós indexamos a economia às exigências das finanças e tratamos os homens como um capital humano a serviço da economia".

Por trás dessa engrenagem, pode-se vislumbrar a alienação do indivíduo provocada pelo trabalho. Conforme explicam Barros Filho e Dainezi,

> Marx dirá mais ou menos assim: todas essas conseqüências decorrem do fato de que, por definição, o trabalhador encontra-se diante do produto do seu próprio trabalho na mesma relação que em relação a um objeto estranho. Se é assim, é evidente que, quanto mais o trabalhador se gasta no trabalho, mais o mundo estranho objetivo que ele cria diante de si se torna potente, mais ele se empobrece; ele mesmo e mais seu mundo interior tornam-se pobres, menos possui de si mesmo. (...) Paradoxalmente, a riqueza da minha produção implica um empobrecimento da minha própria potência. Olhe que interessante: quanto mais dedicado e produtivo você for, menos você será. Menos pessoa. Menos valor de mercado. E o interessante é que o capital quer mesmo isso de você: que você seja ultraprodutivo, ultraeficiente, ultratudo; inclusive ultra-alienado, ultrapequeno em relação ao que produz: ultradesvalorizado (2014, p. 63).

Diante desta triste constatação, pode-se dizer que a subjetividade construída pelo trabalhador apequena sua existência e isso, invariavelmente, será prejudicial ao pleno desenvolvimento de suas relações sociais.

5. DAS CONSEQUÊNCIAS DOS DEVANEIOS DO CAPITAL NAS RELAÇÕES DE FAMÍLIA

Por onde andei
(Nando Reis)
Desculpe
Estou um pouco atrasado
Mas espero que ainda dê tempo
De dizer que andei
Errado e eu entendo
As suas queixas tão justificáveis
E a falta que eu fiz nessa semana
Coisas que pareceriam óbvias
Até pra uma criança
(...)
Por onde andei?
Enquanto você me procurava
E o que eu te dei
Foi muito pouco ou quase nada

Considerando todo o exposto até o momento, partir-se-á da premissa de que os trabalhadores cuja subjetividade é moldada pela flexibilização, intensificação e precarização laboral possuem famílias e no seio destas possuem obrigações que se somam àquelas inerentes ao trabalho. Abordar o resultado desta cumulação é o objetivo desta pesquisa.

Para tanto, antes de adentrar nesta temática específica, há que se explicar como a família se apresenta na atualidade, bem como sua função social, o que será feito a partir da elucidação dos princípios que a regem e orientam o Direito de Família.

Primeiramente, importante destacar que a Constituição Federal prevê expressamente que a família é a base da sociedade e que, por este fato, merece especial proteção por parte do Estado e da sociedade. Teoricamente, núcleos familiares sólidos e sadios formariam pessoas que, postas em sociedade, seriam cidadãs ideais.

Para possibilitar a efetivação desta responsabilidade, a família recebeu como função social a proteção e a promoção da dignidade de seus membros, o que será alcançado a partir da observância dos princípios acima mencionados, traduzidos nas seguintes garantias: pluralidade de formas de constituição das famílias, sendo o rol constitucional apenas taxativo ao reconhecer a existência daquelas monoparentais e decorrentes do casamento ou da união estável; igualdade entre homem e mulher na chefia familiar; igualdade entre os filhos, quaisquer sejam suas origens; paternidade/maternidade responsável; proteção integral e melhor interesse da criança e do adolescente enquanto indivíduos cuja personalidade está em formação; e solidariedade familiar, enquanto expressão do dever maior de solidariedade social.

Tendo em vista as informações trazidas pelos capítulos anteriores, é fácil concluir que a flexibilização, a intensificação e a precarização laboral impactam negativamente não só na construção da subjetividade e na dignidade do trabalhador, mas na efetivação dos deveres de cuidado entre familiares, da paternidade responsável e da proteção integral do menor, caso o trabalhador tenha filhos menores.

> Aumenta-se a pressão sobre os trabalhadores e, consequentemente, sobre suas famílias. Isto implica em conseqüências nefastas: a maior dedicação de tempo ao trabalho por parte dos pais, implicando em abandono dos filhos; e a intenção de implantar uma "ideologia do sucesso" na educação da criança, buscando desenvolver na mesma qualidades que a tornem um profissional bem sucedido desde os primeiros meses de vida (ROSSOT, 2009, p. 11-12).

Aquele que teve sua subjetividade moldada pela ótica e pela ética do capital, tende a repassá-la a seus descentes enquanto tática de sobrevivência no mundo capitalista: se felicidade é, no fim das contas, um somatório de satisfações, pressupõe desejos a serem satisfeitos e, portanto, quanto mais desejos uma pessoa tem, maiores chances terá de ter momentos de satisfação e, consequentemente, mais felicidade. Nesta conjuntura, o trabalho se apresenta como um "pedágio existencial" (BARROS FILHO; DAINEZI, 2014, p. 124), um ônus a ser suportado para se chegar à felicidade e ao sucesso, já que a realização de desejos quase sempre depende de dinheiro. Portanto, para ter felicidade, há que se ter dinheiro; para ter dinheiro, há que se ter trabalho; e para ter trabalho há que se destacar na multidão, sendo melhor que todo mundo.

Seja melhor que o coleguinha. Para isso, não basta ter boas notas na escola. É preciso ser bom em esportes, em outros idiomas e, de preferência, se encaixar nos padrões de beleza vigentes na sociedade. Esta é a ideologia passada às crianças que, desde cedo, são apresentadas à necessidade de cumprimento das "metas" e à competitividade. São apresentadas, também, à ausência dos pais que trabalham exaustivamente para colocar dinheiro em casa e, assim, "garantir a felicidade e o sucesso" da família.

Quando a subjetividade é controlada pela lógica do mercado, cujo ritmo frenético é imposto pelo capital, faz com que pais, mães, filhos, cônjuges e companheiros (hétero ou homossexuais) negligenciem suas obrigações familiares na tentativa de não serem excluídos daquela "dança das cadeiras". Segundo Tonelli,

> Os valores estáveis das relações amorosas e familiares passam a colidir com os valores cambiantes do modo de comportamento no trabalho. Como o trabalho tem um papel central na vida das pessoas - é ele que responde pela sobrevivência - não se pode deixar de trabalhar quaisquer que sejam as regras que o trabalho esteja impondo. E, seguindo este pensamento, talvez seja mais "conveniente" mudar as regras de convivência fora do trabalho (2000, p. 7).

Neste contexto percebe-se que tal "conveniência", já há algum tempo, tem se mostrado inconveniente, pois

> virtualmente não se transmite mais quase nada aos filhos: nem fortuna, nem profissão, nem crenças, nem saberes. Os pais fazem triste figura diante dos novos meios de comunicação, como a informática, que seus filhos dominam de olhos vendados. (...) Os pais perderam seu papel de iniciadores do saber. O custo é o aumento da solidão material e moral. (...) Cada indivíduo deve contar apenas consigo mesmo (PERROT, p. 79-80).

Pode-se perceber este fenômeno através da observação da mudança na arquitetura das residências da atualidade. Dimitre Braga Soares destaca que, antigamente, um traço marcante nas casas era a existência de uma grande mesa de jantar, onde toda a família se reunia para fazer as refeições. A televisão também era um fator de agregação e, normalmente, ficava em uma sala capaz de abrigar a família reunida. Nesta época os quartos eram pequenos, verdadeiros ambientes para dormir. Segundo Soares (2009),

> Modernamente, operou-se o inverso. As salas diminuíram, enquanto os quartos aumentaram na mesma proporção. Cada quarto, aliás, passou a representar quase um mundo próprio para os filhos, com televisão, computador, frigobar, banheiro, etc... O tamanho da família dona do imóvel nessa nova arquitetura diminuiu sensivelmente. (...) As salas se tornaram ambientes mais sóbrios, algumas sequer com aparelho de TV (já que cada quarto já possui um!), a família se encontra pouco, às vezes sequer faz refeições juntos, pois os horários de trabalho/estudos são diferentes.

Considerando o aspecto que a família assumiu, concorda-se com Fachin com relação à afirmação de que a mesma vem padecendo da "síndrome da família light". Conforme explica o autor,

> Mudanças verificadas na estrutura e nos papéis desempenhados pela família contemporânea, decorrentes tanto de severas restrições na alimentação de valores formativos quanto da configuração do ente familiar como mera unidade de consumo, tem apresentado em larga escala uma nova sintomatologia

> comportamental: a emergente família eticamente anoréxica. Tal adelgaçamento familiar vem sendo observado como resultado dessa inapetência em dois campos coletivos fundamentais: na responsabilidade e na afetividade.
>
> Despiu-se esse tipo de família de seus afazeres mais elementares na educação, no estabelecimento de limites e de possibilidades, na socialização da criança, no enfrentamento das primeiras edificantes frustrações e decepções, e na produção de uma rede de suportes afetivos.
>
> A família que era um continente viu se transformar num arquipélago de seres insulares ligados por frágeis laços do destino. Embora seja um reducionismo, é correto sustentar que esse arquétipo familiar sem latitude para as relações dialógicas tem sido produzido pelas atuais condições materiais e econômicas da sociedade. Esse enxugamento representado pelo individualismo exacerbado e pela ausência de convívio construtivo no exercício definido de funções, ao contrário do proclamado, não tem sido sinônimo quer de liberdade substancial, quer de atendimento das necessidades elementares. Tornou-se bom mesmo saber apenas do ser e do estar nas ondas do sucesso, e a qualquer custo (FACHIN, 2009, p. 5).

Infelizmente, este o cenário que se constata na maior parte das famílias: a flexibilização, intensificação e precarização laboral, de forma reflexa, geraram a "precarização" das relações familiares no sentido de terem tornando-as pobres, minguadas, frágeis, débeis.

Propõe-se, então, a análise dos efeitos da "Síndrome da família ligth" nas relações paterno-filiais e nos relacionamentos amorosos entre cônjuges e companheiros.

Com relação a estes últimos, traz-se à colação o acórdão transcrito na introdução deste artigo. A necessidade de trabalhar faz com que as pessoas se submetam às condições de trabalho ditadas pelo mercado e, por questão sobrevivência, acabam deixando suas relações pessoais em segundo plano, ainda que inconscientemente. Contudo, relegar a segundo plano o cônjuge ou companheiro não é uma boa ideia numa sociedade de consumo, condenando ao fracasso esses relacionamentos amorosos. Segundo Bauman,

> (...) laços e parcerias tendem a ser vistos e tratados como coisas destinadas a serem consumidas, e não produzidas; estão sujeitas aos mesmos critérios de avaliação de todos os outros objetos de consumo. No mercado de consumo, os produtos duráveis são em geral oferecidos por um "período de teste"; a devolução do dinheiro é prometida se o comprador estiver menos que totalmente satisfeito. Se o participante numa parceria é "concebido" em tais termos, então não é mais tarefa para ambos os parceiros "fazer com que a relação funcione", "na riqueza e na pobreza", na saúde e na doença, trabalhar a favor nos bons e maus momentos, repensar, se necessário, as próprias preferências, conceder e fazer sacrifícios em favor de uma união duradoura. É, em vez disso, uma questão de obter satisfação de um produto pronto para o consumo; se o prazer obtido não corresponder ao padrão prometido e esperado, ou se a novidade se acabar junto com o gozo, pode-se entrar com a ação de divórcio, com base nos direitos do consumidor. Não há qualquer razão para ficar com um produto

> inferior ou envelhecido em vez de procurar outro "novo e aperfeiçoado" nas lojas.
>
> O que se segue é que a suposta transitoriedade das parcerias tende a se tornar uma profecia autocumprida. Se o laço humano, como todos os outros objetos de consumo, não é alguma coisa a ser trabalhada com grande esforço e sacrifício ocasional, mas algo de que se espera satisfação imediata, instantânea, no momento da compra – é algo que se rejeita se não satisfizer, a ser usada apenas enquanto continuar a satisfazer (e nem um minuto além disso) –, então não faz sentido "jogar dinheiro bom em cima de dinheiro ruim", tentar cada vez mais, e menos ainda sofrer com o desconforto e o embaraço para salvar a parceria. Mesmo um pequeno problema pode causar a ruptura da parceria; desacordos triviais se tornam conflitos amargos, pequenos atritos são tomados como sinais de incompatibilidade essencial e irreparável (BAUMAN, 2001, p.187-189).

Tendo em vista que a subjetividade daqueles que assumiram um compromisso de casamento ou união estável foi e continua sendo moldada pela lógica do capital, é normal conformar-se com o fato de que tudo é descartável, inclusive tais compromissos. O pensamento reducionista de que "se não der certo, separa" acaba influenciando, consciente inconscientemente, as atitudes dos cônjuges e companheiros fazendo que tais relacionamentos sejam, realmente, temporários.

A lógica do capital é totalmente oposta à lógica da durabilidade dos relacionamentos amorosos. Esta presume o comprometimento. Quando pessoas escolhem se unir em casamento ou união estável, assumem a responsabilidade de prestarem assistência mútua. Esta assistência seria material e imaterial. A assistência material será garantida pelo trabalho, mas a imaterial está sendo cada vez mais afastada justamente pelo mesmo trabalho praticado em regime extenuante.

Se o artigo 1.566 do Código Civil – que elenca os deveres conjugais – for tomado como base, pode-se afirmar que a fidelidade tem sido cada vez mais negociada e a vida em comum no domicílio conjugal já foi flexibilizada há muito tempo, por vontade dos cônjuges, principalmente pela necessidade de trabalharem em cidades diferentes. Subsistem, firmemente, os deveres de mútua assistência, de respeito e consideração mútuos e de sustento, guarda e educação dos filhos.

Assistência e consideração não são passíveis de objetivação plena e dependem da subjetividade dos envolvidos na relação para serem definidos. Se a subjetividade dos sujeitos da relação foi influenciada pela lógica do capital, poder-se-ia conclui que os mesmos seriam compreensivos uns com os outros com relação à falta de tempo para se dedicarem como deveriam ao relacionamento, contudo, esta justificativa vale apenas para justificar o próprio comportamento e não o do outro. O outro deve seguir a lógica do mercado: deve fazer de tudo para agradar e nutrir a relação, sob pena de ser descartado e substituído.

Neste contexto, coube ao Direito de Família acompanhar os fatos sociais e facilitar o divórcio, já que ter que dividir a vida e a intimidade, contra a vontade, com alguém que nunca está presente e com o qual não se pode contar fere a dignidade da pessoa humana.

Se o divórcio e a desconstituição da união estável afiguram-se como solução à insatisfação acerca da vida conjugal, descartando-a quando não mais convier, tal opção não é uma realidade no contexto das relações que se estabelecem entre pais e filhos marcada pela falta de dedicação de tempo e cuidado entre os nela envolvidos.

Para fins de análise, deve-se individualizar tal relação sob duas perspectivas: sob a ótica dos deveres dos pais com relação aos filhos e sob a ótica dos deveres dos filhos com relação aos pais, fazendo incidir em ambas situações um mesmo ingrediente: a falta de tempo para se dedicar ao outro.

Conjugando o disposto na Constituição Federal, Código Civil e Estatuto da Criança e do Adolescente, pode-se afirmar que existe o dever legal dos pais criarem e educarem os filhos menores, colocando-os à salvo de qualquer tipo de violência ou negligência, sendo responsáveis por sua guarda e prestando-lhes assistência material, moral e educacional.

Arcar com o sustento dos filhos e prover sua escolarização são tarefas que não sofrem influência maléfica da falta de tempo dos pais. A grande questão a ser analisada gira em torno da obrigação de dar assistência moral que, em outras palavras, significa dar o suporte necessário ao sadio desenvolvimento da personalidade dos filhos, acompanhando-os neste processo e não os negligenciando neste aspecto.

A intensificação laboral furta dos filhos grande parte do tempo que poderiam e deveriam ter com seus pais, de modo que está cada vez mais desafiadora a efetiva prestação da assistência moral. Importante deixar claro que a assistência moral pressupõe acompanhamento, o que não significa, necessariamente, presença física. Tal assistência pode ocorrer à distância, a exemplo do que Rosa denomina "famílias *on-line*":

> Poderíamos referir à relação de pais e filhos em que estes vão para cidades, estados ou países distantes para atender compromissos acadêmicos ou profissionais. É comum, quando isso ocorre, a ligação afetiva entre a prole e os genitores se tornar até mais intensa, vez que, com a quebra da convivência física diária – e também, muitas vezes, dos confortos –, diminuem os conflitos decorrentes das diferenças geracionais (2013, p. 99).
>
> (...)
>
> Podemos estar ao lado e estar *off line*, assim como podemos estar em outro país e estar mais próximos do que se estivéssemos dividindo a mesma casa. (2013, p. 122)

Complementando tal raciocínio, Souza conclui que

> De fato, alguns pais a distância desempenham suas funções de representatividade e identificação à sua prole de maneira bastante supridora. Inversamente, o verdadeiro abandono ocorre ser observado na convivência com o pai que não dispõe do olhar de profundidade sobre o filho como objeto de cuidados e amor. Geralmente estes últimos também se mostram incapazes ao descrever

> suas características mais particularizadas, sua natureza psíquica, seu desenvolvimento mais apurado. Em resumo, não é simples definir o abandono que pode ser próximo, nem a verdadeira assistência que pode estar distanciada. Não é simples discriminar o apoio amoroso que pode estar longe da família, nem o desinvestimento que caracteriza o esvaziamento paterno na convivência (2010, p. 70).

Verificada a violação do dever de cuidado dos pais para com seus filhos, estes são legitimados ativos para o ajuizamento de ação indenizatória por danos extrapatrimoniais decorrentes do abandono moral. Ressalte-se que abandono moral é a violação do dever de prestação de assistência moral previsto em lei e não deve ser confundido com abandono afetivo, este sem previsão legal expressa e objeto de polêmica doutrinária e jurisprudencial.

Ademais, quando a negligência para com a criação dos filhos alcança o patamar de abandono moral, em se tratando de filhos ainda menores certamente os pais serão punidos com a perda do poder familiar.

Desta forma, devido à sua falta de tempo para se dedicar aos filhos menores, os pais podem ser punidos através da perda do poder familiar e da fixação de indenização por dano extrapatrimonial. Em seu turno, os efeitos deletérios sofridos pelos filhos são ínsitos à formação de sua personalidade e, portanto, potencialmente mais devastadores:

> Na persistência dos abandonos, com frequência abate-se sobre a criança um sentimento de decepção e auto desvalorização pelo rechaço paterno, por menores que sejam as queixas organizadas que consiga manifestar. As ideias de incapacidade, de não ter podido gratificá-lo, além de expor a criança a sentimentos de tristeza, se traduzem em muitos casos pelas dificuldades de aprendizado e quadros psicossomáticos, que se não atendidos evoluem para as dificuldades adolescentes, justamente quando será inequívoco incluir o pai nos planos terapêuticos. Outras crianças respondem com manifestações de raiva com que fazem frente á autodepreciação, podendo ainda projetar sobre a mãe as responsabilidades pela ausência paterna (SOUZA, 2010, p. 66).

Segundo afirma Dias,

> A grande evolução das ciências que estudam o psiquismo humano veio a escancarar a decisiva influência do contexto familiar para o desenvolvimento sadio de pessoas em formação. Não se podendo mais ignorar esta realidade, passou-se a falar em paternidade responsável. Assim, a convivência dos filhos com os pais não é direito, é dever. (...) O distanciamento entre pais e filhos produz seqüelas de ordem emocional e reflexos no seu sadio desenvolvimento. O sentimento de dor e de abandono pode deixar reflexos permanentes em sua vida (2009, p. 415).

Com relação aos deveres dos filhos com relação aos pais, a legislação brasileira prevê expressamente que os filhos possuem o dever de prestar alimentos aos pais, quando assim necessitarem. Contudo, considerando o Princípio da Solidariedade Familiar, logicamente o dever de assistência aos pais pelos filhos não se restringe ao aspecto patrimonial.

Neste sentido, o Estatuto do Idoso, em seu art. 3º, estabelece que é obrigação da família "assegurar ao idoso a efetivação do direito à vida, à saúde, à alimentação, à educação, à cultura, ao esporte, ao lazer, ao trabalho, à cidadania, à liberdade, à dignidade, ao respeito e à convivência familiar e comunitária". Ademais, o art. 37 do mesmo diploma legal prevê que "o idoso tem direito a moradia digna, no seio da família natural ou substituta, ou desacompanhado de seus familiares, quando assim o desejar, ou, ainda, em instituição pública ou privada".

Estando inserido no núcleo familiar, o idoso tem mais chances de receber cuidados de seus filhos nos parcos momentos da convivência diária, contudo, quando reside sozinho ou em clínicas geriátricas, são grandes as chances de serem deixados em segundo plano por seus filhos que não possuem tempo nem para cuidar de seus próprios filhos.

Diante desta constatação, nota-se a proliferação de idosos que criam animais de estimação

Dependendo do grau de falta de assistência ao idoso por seus filhos, poder-se ia aventar o abandono moral reverso e o consequente ajuizamento de ação indenizatória para compensá-lo. Ademais, a doutrina vem delineando entendimento, pautada em ordenamentos jurídicos estrangeiros, de que caso reste comprovado este dano, o filho deveria ser excluído da vocação hereditária por indignidade ou por deserdação.

Frise-se, por fim, que pais em situação de dependência com relação aos filhos poderão ser vítimas do crime de abando de incapaz, previsto no art. 133 do Código Penal.

Assim, os efeitos da flexibilização laboral e os processos por ela desencadeados de intensificação e precarização laboral não se restringem ao dano existencial praticado contra o trabalhador que tem seu projeto de vida e sua vida de relações impedidos pelas imposições do trabalho. Tais conseqüências ultrapassam a pessoa do trabalhador e atingem as pessoas que compõem seu núcleo familiar.

Em última análise, a família vem sendo tratada como verdadeiro "pacote embalado para trafegar entre o sujeito e a sociedade" (FACHIN, 2009, p. 5), sendo jogada de um lado para o outro, aos solavancos, mais focada da distribuição de despesas e na sobrevivência de cada um de seus membros do que na concreção de sua função social.

CONSIDERAÇÕES FINAIS

> *Mas ninguém poderia reivindicar melhor registro dos dilemas enfrentados pelos atores do que o que foi feito nas palavras atribuídas a Marco Pólo pelo grande Ítalo Calvino em La città invisibili:"O inferno dos vivos não é algo que será: se existe um, é o que já está aqui, o inferno em que vivemos todos os dias, que forma-*

> *mos estando juntos. Há duas maneiras de não sofrê-lo. A primeira é fácil para muitos: aceitar o inferno e se tornar parte dele a ponto de não conseguir mais vê-lo. A segunda é arriscada e exige vigilância e preocupações constantes: procurar e saber reconhecer quem e o quê, no meio do inferno, não são inferno, e fazê-los durar, dar-lhes espaço".*
>
> (BAUMAN, 2007, p. 114-11)

Assiste-se a um desencadeamento "lógico": a estrutura do capital na atualidade impõe a flexibilização das relações laborais, como no disposto no art. 63, inciso III da CLT que exclui o empregado em regime de teletrabalho do controle de jornada, que acarretam sua intensificação e precarização e, também, o afrouxamento das relações sociais – dentre elas as relações familiares, com especial ênfase nas conjugais e paterno/materno-filiais. De um lado, liderança e pró-atividade no trabalho; de outro, esgotamento e desânimo para conduzir as relações familiares.

O Direito do Trabalho normalmente estuda o desencadeamento sucessivo destes fenômenos e fatos no bojo de ações judiciais que possuem como objeto indenizações por dano existencial provocado pelo empregador ao empregado, quando este é impedido de concretizar seu projeto de vida e sua vida de relações em virtude do ritmo de trabalho que lhe é imposto.

Contudo, tal análise não pode cingir-se ao Direito do Trabalho e seus institutos, sob pena de tornar-se superficial. Por este motivo, o presente estudo buscou no Direito de Família e em ciências afins subsídios para uma observação mais completa de como o trabalho no contexto da vida líquida atinge o trabalhador e suas relações familiares.

Pretendeu-se, assim, gerar uma reflexão mais aprofundada ao leitor, já que a lógica do capital não apenas deteriora a qualidade de vida, prejudica o desenvolvimento da personalidade do trabalhador, fere sua dignidade e esvazia o sentido existencial do homem; ela extrapola o âmbito individual e gera a deterioração do núcleo familiar, justamente daquele organismo social que tem como função social a proteção e a promoção da dignidade de seus membros.

Assiste-se ao abandono da máxima kantiana de que o homem é um fim em si mesmo, não podendo ser considerado como meio de nenhuma atividade-fim. Assiste-se à violação da dignidade da pessoa humana enquanto fundamento do Estado Democrático brasileiro.

E o pior: a maioria dos trabalhadores não tem como perceber isso. O objetivo de não ficar desempregado para não perder o bonde do capitalismo cega o trabalhador para os efeitos nocivos das condições de trabalho que lhe são impostas, responsáveis pela falta de tempo para dedicar-se a si mesmo, ao seu projeto de vida e à sua vida de relações, englobadas aí as relações familiares.

Diante de lastimável situação a ciência assume uma grande responsabilidade: não apenas observar e analisar tais fenômenos e suas consequências, mas atuar no sentido de transformar esta realidade. Este estudo é um contributo à transformação.

REFERÊNCIAS BIBLIOGRÁFICAS

ANTUNES, Ricardo. *Adeus ao trabalho?* Ensaio sobre as metamorfoses e a centralidade do mundo do trabalho. Campinas: Editora UNICAMP, 1998. Disponível em: https://cesarmangolin.files.wordpress.com/2010/02/antunes-adeus-ao-trabalho.pdf. Acesso em 13/02/2015.

AQUINO, Cássio Adriano Braz de. O processo de precarização laboral e a produção subjetiva: um olhar desde à Psicologia Social. In: *O público e o privado.* nº 11, Jan/Jun, 2008. p. 169-178.

AQUINO, Cássio Adriano Braz de; BARROS, Edgla Maria Costa; LIMA, Camilla Alves. Flexibilização e intensificação laboral: manifestações da precarização do trabalho e suas conseqüências para o trabalhador. In: *Revista Labor,* n. 7, v. 1, 2012, p. 102-125. Disponível em: http://www.revistalabor.ufc.br/Artigo/volume7/7_Flexibilizacao_e_intensificacao_laboral_-_manifestacoes_da_precarizacao_do_trabalho_e_suas_consequencias_para_o_trabalhador_Cassio_Adriano_Braz_de_Aquino.pdf. Acesso em: 15/12/2014.

BARROS FILHO, Clóvis de; DAINEZI, Gustavo Fernandes. *Devaneios sobre a atualidade do capital.* Porto Alegre: CDG, 2014.

BAUMAN, Zygmunt. *Modernidade líquida.* Tradução de Plínio Dentzien. Rio de Janeiro: Zahar, 2001.

____. *Tempos líquidos.* Tradução de Carlos Alberto Medeiros. Rio de Janeiro: Zahar, 2007.

____. *Vida líquida.* Tradução de Tradução de Carlos Alberto Medeiros. Rio de Janeiro: Zahar, 2009.

BOUCINHAS FILHO, Jorge Cavalcanti; ALVARENGA, Rúbia Zanotelli de. O dano existencial e o Direito do Trabalho. In: *Revista do Tribunal Superior do Trabalho,* São Paulo, SP, v. 79, n. 2, abr./jun. 2013, p. 240-261. Disponível em: http://aplicacao.tst.jus.br/dspace/bitstream/handle/1939/39828/011_alvarenga_boucinhasfilho.pdf?sequence=1. Acesso em 12/01/2015.

CORREIA, Guto Mariano; MOITA, Dímitre Sampaio; OLIVEIRA, Karlinne de Souza. *Impacto da flexibilização laboral e da precarização na construção de subjetividades.* XV Encontro Nacional da Associação Brasileira de Psicologia, 2009. Disponível em: http://www.abrapso.org.br/siteprincipal/images/Anais_XVENABRAPSO/191.%20impacto%20da%20flexibiliza%C7%C3o%20laboral%20e%20da%20precariza%C7%C3o%20na%20constru%C7%C3o%20de%20subjetividades.pdf . Acesso em: 10/03/2015.

DAL ROSSO, Sadi. *Mais trabalho!* A intensificação do labor na sociedade contemporânea. São Paulo: Boitempo, 2008.

DIAS, Maria Berenice. *Manual de direito das famílias.* 5. ed. São Paulo: Revista dos Tribunais, 2009.

FACHIN, Luiz Edson. A síndrome da família light. In: *Boletim do Instituto Brasileiro de Direito de Família,* nº 58, Ano 9, setembro/outubro 2009, p. 5.

GARRIDO, Alicia Luque. El trabajo: presente y futuro. In: GARRIDO, Alicia Luque (Coord). *Sociopsicología del trabajo.* Barcelona: Editorial UOC, 2006, p. 19-57.

MONTENEGRO, David Moreno. Desemprego, informalidade e precarização do trabalho no Brasil contemporâneo: ensaio sobre uma tragédia anunciada. In: *Anais do VI Seminário do Trabalho:* Trabalho, economia e educação no Século XXI (2008). Disponível em: http://www.

estudosdotrabalho.org/anais6seminariodotrabalho/davidmorenomontenegro.pdf. Acesso em: 03/01/2015.

NARDI, Henrique Caetano. *Ética, trabalho e subjetividade:* trajetórias de vida no contexto das transformações do capitalismo contemporâneo. Porto Alegre: Ed. UFRGS, 2006.

NAVARRO, Vera Lúcia; PADILHA, Valquíria. Dilemas do trabalho no capitalismo contemporâneo. In: *Psicologia e Sociedade,* v. 19, n. Spe, Porto Alegre, 2007. Disponível em: http://www.scielo.br/scielo.php?pid=S0102-71822007000400004&script=sci_arttext. Acesso em: 07/02/2015.

NIETZSCHE, Friedrich. *Humano demasiado humano.* Tradução de Paulo Cezar de Souza. São Paulo: Companhia das Letras, 2000.

PERROT, Michelle. O nó e o ninho. In: HARAZIN, D. (Org.). *Veja 25 anos – reflexões para o futuro.* São Paulo: Abril, 1993, p. 74-81.

ROSSOT, Rafael Bucco. O afeto nas relações familiares e a faceta substancial do princípio da convivência familiar. In: *Revista Brasileira de Direito das Famílias e Sucessões,* v. 9, abr/mai 2009. Porto Alegre: Magister; Belo Horizonte: IBDFAM, 2009, p.5-24.

SANTOS, Rodrigo Maia. O excesso de jornada como ofensa ao direito ao lazer. In: *Revista Bonijuris,* ano XXV, n. 592, v. 25, mar/2013. Curitiba: Instituto de Pesquisas Jurídicas Bonijuris, 2013, p. 27-34.

SENNETT, Richard. *A corrosão do caráter* – conseqüências pessoais do trabalho no novo capitalismo. Tradução de Marcos Santarrita. 18 ed. Rio de Janeiro/São Paulo: Record, 2014.

SOARES, Dimitre Braga. *Animais de estimação e Direito de Família* (2009). Disponível em: http://www.ibdfam.org.br/novosite/artigos/detalhe/531. Acesso em 20/09/2012.

SOUZA, Ivone M. Candido Coelho de. Dano moral por abandono: monetarizando o afeto. In: *Revista Brasileira de Direito das Famílias e Sucessões,* v.13, dez/jan 2010, Porto Alegre: Magister; Belo Horizonte: IBDFAM, 2010, p. 60-74.

TONELLI, Maria José. *Feitos pra não durar: emprego e casamento no final do século.* Disponível em: http://www.anpad.org.br/diversos/trabalhos/EnANPAD/enanpad_2000/ARH/2000_ARH1097.pdf. Acesso em: 11/01/2015.

TRIBUNAL REGIONAL DO TRABALHO DA 4ª. REGIÃO, 4ª. Turma. Recurso Ordinário 0001533-23.2012.5.04.0006, Rel. Des. André Reverbel Fernandes, j. 10.06.2014.

TELETRABALHO E A DESCONSTRUÇÃO DA SUBORDINAÇÃO JURÍDICA

Marcos Póvoas[1]
Mariana Felizola[2]

1. INTRODUÇÃO

A partir da análise do Projeto de Lei 6787/16, o qual obtivera aprovação em seis meses de discussão efetiva no Congresso Nacional, foi promulgada a Lei nº 13.467/17, aplicando uma verdadeira reforma na Consolidação das Leis do Trabalho (CLT), propondo-se a adequar a legislação às novas relações de trabalho.

Tamanha modificação legislativa fez com que muitos institutos justrabalhistas sofressem intensas modificações estruturais e interpretativas, atingindo tanto as bases principiológicas do Direito do Trabalho, quanto seus ditames processuais. Suscitando, inclusive, questionamentos a cerca de sua compatibilidade com o ordenamento constitucional.

Assim ocorreu com o instituto do teletrabalho ou trabalho à distância, caracterizado por ser aquele exercido dentro das dependências do empregado, sem a necessidade de seu comparecimento presencial para ser realizado e cujo vínculo funda-se, dentre outros elementos, na existência de subordinação jurídica, inerente às relações de emprego.

---

1. Procurador do estado de Sergipe. Advogado. Professor de direito e processo do trabalho- UNIT/SE. Professor do curso CICLO/CERS. Mestre em direito do estado - UGF/RJ. Especialista em direito do trabalho e processo do trabalho – UFBA.
2. Advogada. Pós-graduanda em Direito do Estado.

Tendo base normativa de tal instituto sido alterada pela citada Reforma através do acréscimo dos artigos 75-A a 75-D na CLT, sob o discurso de necessidade de regulamentação.

Objetiva-se, pois, questionar se as mudanças legislativas podem gerar a desconstrução da subordinação jurídica, descaracterizando, portanto, o vínculo empregatício do teletrabalho. Isto porque, destacam-se dentre as alterações: a transferência da responsabilidade pelos meios de produção ao trabalhador, a mitigação do princípio da inalterabilidade contratual lesiva e termos excludentes de culpabilidade do empregador.

Dessa forma, o presente estudo encontra-se dividido em dois tópicos: focando-se, primeiramente, no aprofundamento dos elementos caracterizadores da relação de emprego, com especial atenção à subordinação jurídica e sua consolidação nas relações de teletrabalho após a alteração perpetrada em 2011 no art. 6º da CLT para, posteriormente, analisar as consequências jurídicas e sociais da desconstrução da ideia de subordinação, uma vez implementados os moldes da Lei nº 13.467/17, conhecida como "Reforma Trabalhista".

Desconstrução esta, que poderá atingir diretamente um dos principais elementos constitutivos da relação de emprego e arriscar a perda da proteção celetista a vários trabalhadores submetidos ao processo de globalização, representando claro retrocesso legislativo.

2. CONTRATO DE EMPREGO: GARANTIA DE SUBORDINAÇÃO PRÉ-EXISTENTE À REFORMA

É patente na doutrina que a relação de emprego caracteriza-se, em regra, pela existência dos elementos: pessoalidade, não eventualidade, onerosidade e subordinação. Requisitos estes, elencados desde o século XVIII com o advento da Revolução Industrial, após a qual se observou a necessidade de preservação do empregado, que passou a ser, ao mesmo tempo, mão-de-obra e consumidor para atender à crise do excesso de produção.

Com base, portanto, neste novo panorama econômico – em que o Estado passou a tentar proteger o trabalhador das arbitrariedades daqueles que detinham os meios de produção – emergiu o Direito do Trabalho como ramo autônomo, com princípios peculiares próprios, sendo o basilar o Princípio da Proteção.

Assim leciona Américo Plá Rodriguez (2015, p.66) "O Direito do Trabalho surge como consequência de uma desigualdade: a decorrente da inferioridade econômica do trabalhador. [...] As desigualdades somente se corrigem com desigualdades de sentido oposto".

A partir de então, para que o trabalhador fosse coberto pelo manto protecionista das normas trabalhistas, deveriam restar presentes os elementos caracterizadores da relação de emprego. Enquanto elementos originariamente civilistas, a pessoalidade e a onerosidade não suscitaram tantas dúvidas quanto a não eventualidade e a subordinação.

Isto porque, costuma-se atrelar os conceitos de continuidade e não eventualidade, tendo em vista que aquele é também um requisito caracterizador de relações de emprego mais específicas, a exemplo do doméstico, implicando a realização do trabalho de forma contínua pelo empregado, sendo um conceito temporal.

Já a não eventualidade, por outro lado, representa a relação de dependência entre o trabalho desempenhado pelo empregado e a atividade fim do empregador, diferenciando-o do mero trabalhador eventual que desempenha suas funções sem uma conexão direta com a profissão do tomador de serviços.

No que tange ao conceito de subordinação, muitas foram as teorias que surgiram na tentativa de legitimá-lo. Primeiro se pensou na subordinação econômica, que fazia nascer o dever de submissão do empregado perante aquele economicamente superior. Posteriormente, destacou-se a técnica, ou seja, deveria estar o trabalhador subordinado àquele que detinha os meios de produção. Para, finalmente, chegar-se à ideia de subordinação jurídica, aceita consensualmente pela doutrina, segundo a qual o empregado submete-se às ordens do empregador porque a lei assim determina, sendo pactuado mediante o contrato de emprego.

Ocorre que, da mesma forma que as diversas teorias sobre a subordinação foram surgindo com a evolução nas diversas relações de emprego, estas foram impulsionadas com a globalização e informatização dos métodos de trabalho. Fazendo surgir um novo tipo de empregado que continha todos os requisitos da relação de emprego, mas que se encontrava marginalizado de sua proteção: o teletrabalhador ou trabalhador à distância.

A doutrina aponta as razões que possivelmente deram causa a esta marginalização:

> Os principais fatores responsáveis pela lentidão e escassez da intervenção legislativa foram os seguintes: razões econômicas não permitiam eliminar as vantagens dessa mão de obra, menos onerosa e não organizada sindicalmente; razões ideológicas advindas do mito liberal consideram que o trabalho nessas condições concede mais autonomia, dignidade e liberdade ao operário e, no tocante à mulher, garante sua presença na família, preservando-lhe a moralidade; finalmente, o último fator diz respeito à dificuldade de individualizar a figura do trabalhador a domicílio subordinado." (BARROS, 2013, p. 253-254)

Insistiu, pois, o legislador brasileiro em desrespeitar outro princípio caracterizador do Direito do Trabalho: o princípio da continuidade, o qual reconhece a possibilidade de amplas transformações contratuais pelo dinamismo inerente às relações de emprego. Preservando, porém, a essência da relação, "[...] permanecendo imutável o vínculo causal da obrigação contratual" (BAZÁN in Rodriguez, 2015, p. 260).

Desta forma, tendo em vista que não se poderia manter preterido o teletrabalho por muito tempo, frente a diversas reivindicações, a Lei nº 12.551/2011 reformou o caput do art. 6º da CLT, incluindo também o seu parágrafo único, com a seguinte redação:

> Art. 6º Não se distingue entre o trabalho realizado no estabelecimento do empregador, o executado no domicílio do empregado e o realizado a distância, desde que estejam caracterizados os pressupostos da relação de emprego. (Redação dada pela Lei nº 12.551, de 2011)
>
> Parágrafo único. Os meios telemáticos e informatizados de comando, controle e supervisão se equiparam, para fins de subordinação jurídica, aos meios pessoais e diretos de comando, controle e supervisão do trabalho alheio. (Incluído pela Lei nº 12.551, de 2011)

Estabelecida a natureza jurídica da subordinação e o reconhecimento de que estaria também presente nos contratos de teletrabalho, restou à jurisprudência a tarefa de verificá-la no caso concreto. Para isto, Maurício Godinho Delgado (2015, p. 314) refere-se às suas diversas dimensões, as quais não se excluem, antes se complementam: a dimensão clássica, baseada no quantitativo de ordens; a dimensão objetiva, observada na integração do trabalhador nos fins do empreendimento e a dimensão estrutural, que, independente do recebimento de ordens, mantém o trabalhador estruturalmente vinculado à dinâmica operativa. Afirmando ainda, expressamente, que a corrente tradicional não seria a principal nos contratos de trabalho à distância, mas subsistiriam a objetiva e a estrutural.

Cessaram-se, portanto, as dúvidas quanto à existência da subordinação inerente ao contrato de emprego perante o contrato à distância, consolidando-se a jurisprudência no mesmo sentido:

> A ideia de 'mesma localidade' contida no item X da Súmula 6 do TST - (O conceito de 'mesma localidade' de que trata o art. 461 da CLT refere-se, em princípio, ao mesmo município, ou a municípios distintos que, comprovadamente, pertençam à mesma região metropolitana) deve ser interpretada à luz da legislação vigente e da evolução tecnológica presente, as quais facultam a muitos trabalhadores a conveniência de exercer suas atividades profissionais por meio da internet, sem a necessidade de se deslocar da sua residência até à empresa. Com efeito, o trabalhador que executa seu trabalho à distância, não pode ter o direito à equiparação salarial mitigado sob o argumento de que trabalha em outra localidade, porquanto, à época da elaboração da CLT, não era possível prever a evolução das modalidades de realização do trabalho, sendo o teletrabalho uma delas, pelo que a Lei 12.551/2011 conferiu nova redação ao art. 6.ª da CLT para equiparar o trabalho executado no domicílio do empregado àquele executado no estabelecimento do empregador.[3]

3. Ementa: AGRAVO DE INSTRUMENTO EM RECURSO DE REVISTA DO RECLAMANTE. APELO INTERPOSTO NA VIGÊNCIA DO NOVO CPC (LEI N.º 13.105/2015). DIFERENÇAS DE HORAS EXTRAS. SÚMULA N.º 126 DO TST. O Regional decidiu com amparo nos elementos probatórios contidos nos autos, especificamente na prova documental apresentada pela Reclamada e na própria confissão do Reclamante. Conclusão diversa da adotada remeteria ao reexame de fatos e provas, procedimento vedado pela Súmula n.º 126 do TST. Agravo de Instrumento conhecido e não provido. AGRAVO DE INSTRUMENTO EM RECURSO DE REVISTA DA PRIMEIRA RECLAMADA - IBM BRASIL INDÚS-

O que se depreende do julgado acima colacionado é que, tanto o teletrabalho já é reconhecido como modalidade de contrato de emprego, que lhe são aplicados institutos inerentes a esta qualificação, como é o caso, a título de exemplo, da equiparação salarial.

Isto posto, resta questionar para que(m) seria benéfica a reforma pretendida pela Lei nº 13.467/17, ao acrescentar diversos dispositivos à CLT sob o discurso de necessidade de regulamentação do teletrabalho, uma vez que a vontade do legislador ao adicionar o parágrafo único do art. 6º, explicitamente reconhecendo presente a subordinação a tais contratos, já vinha sendo respeitada pela jurisprudência.

3. DESCONSTRUINDO A SUBORDINAÇÃO JURÍDICA DO TELETRABALHO ATRAVÉS DO DISCURSO SIMBÓLICO

De acordo com a análise doutrinária e jurisprudencial, é pacífico que a subordinação é elemento característico a evidenciar vínculo empregatício, bem como, que a mesma já restava presente nos contratos que envolviam o teletrabalho.

Contudo, a legislação que ficara conhecida como Reforma Trabalhista, sem alterar o art. 6º da CLT, acrescentou o capítulo II-A "Do Teletrabalho", contendo os artigos 75-A a 75-E, os quais se propõem a regulamentar uma situação que já havia sido totalmente equiparada a contratos de emprego comuns.

Eis o discurso exposto como justificativa do Projeto de Lei nº 6.787, do qual se originou a atual Lei nº 13.467/17[4]:

> Entendemos que é inegável a necessidade de modernização da Consolidação das Leis do Trabalho diante da evidência de que, como passar dos anos, muitos setores da economia ficaram à margem da legislação.

TRIA DE MÁQUINAS E SERVIÇOS LTDA. APELO INTERPOSTO NA VIGÊNCIA DO NOVO CPC (LEI N.º 13.105/2015). RECONHECIMENTO DO VÍNCULO DE EMPREGO E UNICIDADE CONTRATUAL. EQUIPARAÇÃO SALARIAL. DIVISOR. Quanto ao divisor aplicável ao Reclamante, de fato, reconhecida a jornada semanal de 40 horas, aplica-se o divisor 200, em consonância com a Súmula n.º 431 do TST. Agravo de Instrumento conhecido e não provido. AGRAVO DE INSTRUMENTO EM RECURSO DE REVISTA DA SEGUNDA RECLAMADA - STEFANINI CONSULTORIA E ASSESSORIA EM INFORMÁTICA S.A. APELO INTERPOSTO NA VIGÊNCIA DO NOVO CPC (LEI N.º 13.105/2015). AGRAVO DE INSTRUMENTO QUE ATACA UNICAMENTE A MATÉRIA DE FUNDO DA REVISTA. Uma vez que as razões de Agravo de Instrumento não atacam os fundamentos erigidos no despacho agravado para o trancamento do Recurso de Revista, não se conhece do Apelo, nos termos da Súmula n.º 422 do TST. Ressalva do entendimento desta Relatora, que se inclina para o não provimento do Agravo, tendo em vista o disposto nos artigos 897, "b", da CLT e 1.016, III, do CPC/2015 (atual redação do artigo 524, II, do CPC/73). Agravo de Instrumento não conhecido. (AIRR - 891-85.2012.5.09.0014 , Relatora Ministra: Maria de Assis Calsing, Data de Julgamento: 30/08/2017, 4ª Turma, Data de Publicação: DEJT 01/09/2017)

4. CAMARA. Parecer da Comissão Especial. Relator Deputado Roberto Marinho. 2017. Disponível em: http://www.camara.gov.br/proposicoesWeb/prop_mostrarintegra;jsessionid=41CBBF9E4154847BE892222FD4D2075C.proposicoesWebExterno2?codteor=1548521&filename=Tramitacao-PL+6787/2016. Acesso em 12 de Outubro de 2017.

> O Substitutivo apresentado nesta oportunidade não está focado na supressão de direitos, mas sim em proporcionar uma legislação mais moderna, que busque soluções inteligentes para novas modalidades de contratação, que aumente a segurança jurídica de todas as partes da relação de emprego, enfim, que adapte a CLT às modernizações verificadas nas relações do trabalho ao longo desses mais de setenta anos de vida desse instrumento normativo.

Contrariamente ao discurso da Câmara de Deputados, a análise dos dispositivos demonstra a possibilidade de desnaturalizar os contratos de emprego que envolvem o teletrabalho, arriscando a retirada da proteção celetista destes empregados.

Isto porque, o art. 75-D desvaneceu um dos pressupostos que facilitavam a comprovação da subordinação nos contratos à distância: a responsabilidade do empregador pelos meios de produção.

> Art. 75-D. As disposições relativas à responsabilidade pela aquisição, manutenção ou fornecimento dos equipamentos tecnológicos e da infraestrutura necessária e adequada à prestação do trabalho remoto, bem como ao reembolso de despesas arcadas pelo empregado, serão previstas em contrato escrito.
>
> Parágrafo único. As utilidades mencionadas no *caput* deste artigo não integram a remuneração do empregado.

Conforme ensinamento basilar de Orlando Gomes (2000, p. 191), o empregador é obrigado a fornecer os meios de execução do trabalho, seja o local ou mesmo os instrumentos e a matéria-prima.

Afirmando com a clareza que lhe é peculiar e ainda de forma bastante contemporânea:

> A falta de cooperação de *fato* do empregador em ministrar ao empregado o serviço e os meios para a sua execução criar-lhe-ia a situação de *mora* no cumprimento de sua obrigação complementar. (GOMES, 2000, p. 191)

Ao analisar o *caput* deste dispositivo, observa-se que, ao invés de determinar que a responsabilidade pelos meios de produção seja do empregador, optou o legislador em delegar à vontade das partes tal delimitação.

Ocorre que, na prática jurídica, não é simples comprovar a existência do elemento subordinação dentre as relações que envolvem o teletrabalho, devido, principalmente, à sua similitude com o trabalhador autônomo, como destaca a doutrina:

> O trabalho a domicílio pode ser executado **de forma autônoma** ou em caráter subordinado. Na primeira hipótese, o objeto da prestação dos serviços é o resultado que o trabalhador irá fornecer **com os meios que considera oportunos,** com uma organização própria e assumindo os riscos do empreendimento econômico. Já no trabalho a domicílio subordinado, (...) o objeto da prestação é a energia que o trabalhador coloca à disposição do credor do trabalho, como elemento inserido na organização empresarial, sob o comando do empregador, o qual assume os riscos do processo produtivo. (grifo nosso) (BARROS, 2013, p. 254)

Desta forma, a opção aberta pela norma aos contratantes retoma o empregado à anterior situação de vulnerabilidade na qual se encontrava antes da reforma de 2011, explicada no tópico anterior. Tendo em vista que o empregador poderá se utilizar desta possibilidade para desqualificar a relação empregatícia e reduzi-la a uma mera prestação de serviços, numa clara mitigação ao princípio da proteção ao hipossuficiente econômico.

Ou seja, ao dificultar a comprovação da subordinação – lembrando que esta é jurídica e a lei, neste caso, está possibilitando sua inexistência –, o indivíduo será retirado da proteção celetista ao mesmo que será abarcado pela lei civil, sendo regida pelo princípio da autonomia da vontade e sob o pressuposto de igualdade entre os contratantes, afastando por completo a característica da alteridade ínsita das relações de emprego.

Não só doutrinadores, como membros da Justiça do Trabalho teceram críticas à nova sistemática pretendida para o teletrabalho, a exemplo do Juiz Geraldo Magela Melo (2017):

> De forma perversa, o legislador incluiu no inciso III do art. 62 da CLT o teletrabalhador, de modo a retirar a proteção à jornada, desconsiderando o grande avanço tecnológico que permite atualmente aos empregadores controlar a localização exata do trabalhador, as atividades que estão sendo desempenhadas e os horários de início e fim.

Perversa porque a exclusão do capítulo da jornada do trabalho na CLT implica na relativização dos intervalos, na possibilidade de prestação de horas extras sem a correspondente compensação, sem o devido adicional constitucionalmente garantido e, ainda, na realização de trabalho noturno sem contraprestação.

Ademais, encontra-se mitigado o princípio da inalterabilidade contratual lesiva pelo que contém a redação do §2º do art. 75-C: "Poderá ser realizada a alteração do regime de teletrabalho para o presencial por determinação do empregador, garantindo prazo de transição mínimo de quinze dias, com correspondente registro em aditivo contratual". Não fazendo qualquer ressalva sobre a possibilidade de ser tal mudança prejudicial para o empregado.

Não fosse o bastante, o parágrafo único do art. 75-E ainda traz uma excludente de culpabilidade quanto a doenças e acidentes ocorridos na execução do trabalho à distância:

> Art. 75-E. O empregador deverá instruir os empregados de maneira expressa e ostensiva, quanto às precauções a tomar a fim de evitar doenças e acidentes de trabalho.
>
> Parágrafo único. O empregado deverá assinar termo de responsabilidade comprometendo-se a seguir as instruções fornecidas pelo empregador.

O teletrabalho é, pois, um dos institutos trabalhistas em que se pode observar verdadeira "civilização" do contrato de trabalho, quando uma interpretação sistemática da Reforma Trabalhista demonstra que muitos outros dispositivos sofreram limitações similares. É o que se depreende do art. 8º da CLT, o qual, dentre outras modificações, destaca explicitamente o princípio da autonomia da vontade:

> art. 8º [...]
>
> §3º. No exame de convenção coletiva ou acordo coletivo de trabalho, a Justiça do Trabalho analisará exclusivamente a conformidade dos elementos essenciais do negócio jurídico, respeitado o disposto no art. 104 da Lei nº 10.406, de 10 de janeiro de 2002 (Código Civil), e balizará sua atuação pelo princípio da intervenção mínima na autonomia da vontade coletiva.

Tamanha influência cível na esfera trabalhista demanda alterações principiológicas que desconfiguram a própria natureza do Direito do Trabalho, visto ser este fundado sob a ótica protecionista. Protecionismo este que, a partir de uma análise mais atenta da norma, encontra-se mitigado.

Contrariando, assim, o discurso defensor da Reforma, a qual supostamente garantiria modernização ao incluir setores à margem da legislação sem suprimir direitos, ao mesmo tempo em que iria aumentar a segurança jurídica de todas as partes da relação de emprego, de acordo com o parecer supracitado.

"Assim, só aparece aos nossos olhos uma verdade que seria riqueza, fecundidade, força doce e insidiosamente universal. E ignoramos, em contrapartida, a vontade de verdade [...]". (FOUCAULT, 2009, p. 20)

A análise do discurso, ou a busca pela vontade do saber foucaultiano, faz com que se reconheça a existência de interesses político-econômicos que permeiam uma sociedade e que não se absteriam de qualquer determinação sobre a relação de emprego, motor econômico do país. Tanto é assim que durante todo o curso da história, "[...] as facções dominantes, cujo poder assenta no capital econômico, têm em vista impor a legitimidade da sua dominação [...]"(BOURDIEU, 1998, p. 12). Sujeitando-se, sempre, a classe trabalhadora a "voluntarismos políticos", como denominou KERSTENETZKY (2012, p.14).

Conjuntura esta que ajuda a compreender a diferença entre desregulamentação e flexibilização dos institutos trabalhistas, tendo em vista que a primeira defende a inexistência de eficácia das normas "E, infelizmente, cresce o contingente dos seus defensores, numa orquestração mundial de inegável reflexo da mídia" (SÜSSEKIND, 2010, p. 54-55), enquanto a segunda reflete os anseios assegurados pelo princípio da continuidade laborativa, flexionando os institutos para amoldar-se às inovações sociais e tecnológicas, sem, contudo, retirar qualquer proteção do empregado.

Logo, a desregulamentação é extremamente prejudicial ao trabalhador e pode vir mascarada por um corpo legislativo, cuja aplicabilidade tenha efeitos sociais antagônicos aos princípios juslaborais. Foi o que notou Arnaldo Süssekind[5],

5. Baseado em dados do *Bureau of Statistics* in Folha de São Paulo, 1996, assim afirmou: "Para justificar a política trabalhista, que não procura conciliar os interesses econômicos com as necessidades sociais, o Governo do Presidente Fernando Henrique Cardoso invoca, equivocadamente, duas cau-

ao analisar a aplicação de alguns dispositivos da CLT entre o período da década de 50 e os anos 2000, permanecendo extremamente atuais suas observações: "Não é possível conceber a civilização à margem do Direito; mas tão pouco poder-se-á qualificar de civilizado um mundo ou um país em que o Direito seja iníquo. Urge pôr a economia a serviço da humanidade" (2010, p. 56-57).

Não se pode, pois, aceitar que o discurso da necessidade de modernização normativa seja utilizado para mitigar direitos já consolidados, tendo em vista que a redação do art. 6º da CLT, vigente a partir de 2011 representa o entendimento firmado em legislações de diversos países que se propuseram a uma verdadeira regulamentação do trabalho à distância, tais como a italiana e a portuguesa:

> art. 6 [...]
>
> 2. Di regola, il datore di lavoro è responsabile della fornitura, dell'istallazione e della manutenzione degli strumenti necessari ad un telelavoro svolto regolarmente, salvo che il telelavoratore non faccia uso di strumenti propri.[6] (ACCORDO INTERCONFEDERALE PER IL RECEPIMENTO DELL'ACCORDO--QUADRO EUROPEO SUL TELELAVORO CONCLUSO IL 16 LUGLIO 2002 TRA UNICE/UEAPME, CEEP E CES)
>
> Art. 238 [...]
>
> I – Na ausência de estipulação contratual, presume-se que os instrumentos de trabalho utilizados pelo teletrabalhador no manuseio de tecnologias de informação e de comunicação constituem propriedade do empregador, a quem compete a respectiva instalação e manutenção, bem como das inerentes despesas. (Código do Trabalho de Portugal)

Logo, a Reforma Trabalhista, caso entre em vigor nos moldes a que se propôs, desconstrói a ideia de subordinação anteriormente conquistada pelos integrantes das zonas grises, como eram também conhecidos aqueles que laboravam à distância sob os mesmos moldes dos empregados presenciais, deixando-os, porém, à mercê da autonomia privada.

---

sas: a) os elevados encargos sociais incidentes sobre os salários; b) a inflexibilidade das normas que regem a relação de emprego. Se é certo que muitos tributos não deveriam incidir sobre salários, não menos certo é que estes são tão baixos em nosso país, que a média do salário-hora acrescido dos encargos sociais é muito inferior à da maioria dos países civilizados: apenas US$2,79. Vale sublinhar, ainda, que a participação salarial nos custos industriais brasileiros é inexpressiva e foi reduzida entre 1949 e 2000. Quanto ao alegado engessamento das normas trabalhistas brasileiras, ao contrário do que se alega, é indesmentível que o sistema legal foi objeto de flexibilização em importantes aspectos da relação de emprego. (...) Nesta fase em que diversos governos, inclusive o brasileiro, procuram rever os sistemas legais referentes ao Direito do Trabalho, afigura-se-nos que os planos estratégicos mundiais e nacionais não podem pretender apenas resultados financeiros e até econômicos. É mister a visão política, sociológica e jurídica, sem menosprezar a força normativa da realidade. Ignorar as exigências sociais da humanidade é organizar um mundo para a atividade robótica ou para as relações virtuais propiciadas pela telemática; não para o gênero humano." (SÜSSEKIND, 2010, p. 56-57)

6. Tradução livre: Em regra, o empregador é responsável pelo fornecimento, pela instalação e pela manutenção dos instrumentos necessários ao teletrabalho desenvolvido regularmente, a não ser que o teletrabalhador não faça uso de instrumentos próprios.

Desmascarado, assim, o discurso garantista feito pelo Legislativo, espera-se que o Judiciário não coadune com a constitucionalidade de grande parte das modificações intentadas pela nova norma, vez que impetrada a Ação de Declaração de Inconstitucionalidade nº 5766 de relatoria do Ministro Roberto Barroso, não está o Supremo Tribunal Federal adstrito às impugnações quanto ao acesso à justiça apontadas pelo Procurador-Geral da República, impetrante da ADI.

4. CONCLUSÃO

Pode-se inferir da análise acima a necessidade de manter o olhar crítico quanto a mudanças legislativas que diretamente influenciem a aplicação de direitos sociais constitucionalmente garantidos, tendo em vista o latente interesse econômico que permeia tais debates.

Foi o caso da Reforma Trabalhista trazida pela Lei nº 13.467/17, a qual representou a mudança mais significativa das últimas décadas nas normas de Direito e Processo do Trabalho, abalando as estruturas principiológicas da disciplina, bem como desnaturalizando seus institutos, a exemplo do exposto quanto ao teletrabalho.

Numa explícita violação ao princípio da vedação ao retrocesso, a equiparação antes pacífica entre os empregados que laboravam à distância e aqueles que presencialmente disponibilizavam sua energia sofre o risco de mitigação pela autonomia privada, cuja natureza civilista demonstra sua incompatibilidade com o princípio da proteção, ideologia primeira do Direito do Trabalho.

Isto tende a ocorrer, principalmente, com a previsão de livre negociação quanto à responsabilidade sobre os meios de produção trazida pelo art. 75-D da CLT, retornando o teletrabalhador às zonas grises em que dificilmente se verifica a existência da subordinação que o diferencia do trabalhador autônomo, juntamente com a exclusão do teletrabalhador do capítulo da Jornada de Trabalho e a mitigação da inalterabilidade contratual lesiva.

Defende-se, assim, que a atual reforma ao possibilitar que a autonomia privada passe a reger uma relação em que as partes não se encontram numa situação de igualdade, fê-lo sob o discurso de uma legislação simbólica, tão corrente no Brasil, vendendo a ilusão de segurança jurídica e melhoria da economia brasileira para aproveitar a oportunidade e tolher direitos sociais, violando, assim, a Constituição Federal de 1988.

Desta forma, caminha-se na contramão da evolução natural do ordenamento jurídico, em que se evidenciava a influência do direito do trabalho nas demais esferas, a exemplo do processo civil. Passando-se, ao revés, a uma verdadeira civilização do direito do trabalho, contrapondo-se, inclusive, ao cenário internacional de normas que envolvem os direitos do teletrabalhador de forma protetiva.

Assim, resta o aguardo quanto às repercussões jurisdicionais que a Reforma acarretará, esperando-se que sua aplicação não afete os direitos já conquistados e constitucionalmente garantidos.

REFERÊNCIAS BIBLIOGRÁFICAS

BARROS, Alice Monteiro de. *Curso de Direito do Trabalho.* 9ª ed. Ltr: São Paulo, 2013.

BOURDIEU, Pierre. *O poder simbólico.* 2ª ed. Bertrand Brasil: Rio de Janeiro, 1998.

BRASIL. *Consolidação das Leis do Trabalho.* Ltr: São Paulo, 2017.

CAMARA. *Parecer da Comissão Especial do Projeto de Lei nº 6.787.* Relator Roberto Marinho, 2017. Disponível em: http://www.camara.gov.br/proposicoesWeb/prop_mostrarintegra;jsessionid=41CBBF9E4154847BE892222FD4D2075C.proposicoesWebExterno2?codteor=1548521&filename=Tramitacao-PL+6787/2016. Acesso em 12 de Outubro de 2017.

DELGADO, Maurício Godinho. *Curso de Direito do Trabalho.* 14ª ed. Ltr: São Paulo, 2015.

FOUCAULT, Michel. *A ordem do discurso.* 19ª ed. Loyola: São Paulo, 2009.

GOMES, Orlando e GOTTSCHALK, Elson. *Curso de Direito do Trabalho.* 16ª ed. Forense: Rio de Janeiro, 2000.

ITÁLIA. *ACCORDO INTERCONFEDERALE PER IL RECEPIMENTO DELL'ACCORDO-QUADRO EUROPEO SUL TELELAVORO CONCLUSO IL 16 LUGLIO 2002 TRA UNICE/UEAPME, CEEP E CES.* S/d. Disponível em: https://www.cliclavoro.gov.it/Aziende/Documents/accordo_interconfederale_telelavoro_9_6_2004.pdf. Acesso em 14 de outubro de 2017.

KERSTENETZKY, Celia Lessa. *O Estado do bem-estar social na idade da razão:* A reinvenção do Estado Social no mundo contemporâneo. 1ª ed. Rio de Janeiro: Elsevier, 2012. p. 1-29.

MELO, Geraldo Magela. *O Teletrabalho na Nova CLT.* Publicado em 28/07/2017. Disponível em: https://www.anamatra.org.br/artigos/25552-o-teletrabalho-na-nova-clt. Acesso em 28 de setembro de 2017.

PORTUGAL. *Código de Trabalho de Portugal.* 2017. Disponível em: http://codigodotrabalho.pt. Acesso em 14 de outubro de 2017.

RODRIGUEZ, Américo Plá. *Princípios de Direito do Trabalho.* São Paulo: Ltr, 2015.

SÜSSEKIND, Arnaldo. *Curso de Direito do Trabalho.* 3ª ed. Renovar: São Paulo, 2010.

JORNADA DE TRABALHO (JORNADA MÓVEL VARIADA; JORNADA 12X36; BANCO DE HORAS; ACORDO DE COMPENSAÇÃO)

Gustavo Cisneiros[1]

A Lei 13.467/2017, que corporifica a chamada "Reforma Trabalhista", não alterou o limite diário de horas extras, mantendo a restrição de até duas horas por dia (art. 59, caput, da CLT), sendo certo que esse marco só poderá ser ultrapassado no caso de regime de compensação do tipo 12h por 36h, agora consagrado expressamente na CLT, no art. 59-A.

Aspecto importante da Reforma diz respeito à sutil mudança na redação do caput do art. 59 da CLT, que antes exigia, para a realização de labor extraordinário, o firmamento de "acordo escrito" entre empregado e empregador. O novo texto impõe apenas a pactuação de "acordo individual", ou seja, tácito, verbal ou escrito, porquanto, onde o legislador não restringe, não cabe ao intérprete fazê-lo (*Não cabe ao intérprete restringir o que a lei não restringe – Ubi lex non distinguir nec nos distinguere debemus*).

No que diz respeito aos incisos XIII e XVI do art. 7º da Constituição Federal, a CLT agora está em harmonia com a Lei Maior, seja em relação aos limites diário e semanal (8h e 44h), seja quanto ao adicional mínimo de horas extras (50%), cujo percentual não pode ser reduzido, nem mesmo por acordo coletivo ou convenção coletiva de trabalho, nos termos do inciso X do art. 611-B da CLT.

A Reforma Trabalhista não afetou as categorias especiais.

O bancário, por exemplo, continua com jornada de 6h e carga semanal de 30h, à luz do caput do art. 224 da CLT. Caso o bancário exerça função de confiança e receba gratificação de no mínimo 1/3, trabalhará 8h por dia e 40h por semana, como dispõe o § 2º do art. 224 da CLT. A Súmula 287 do TST continua viva, cravando a

1. Juiz do trabalho, professor de direito do trabalho e de direito processual do trabalho, autor de livros jurídicos e palestrante.

presunção (*juris tantum*) de que o gerente geral bancário não sofre controle de horário, enquadrando-se na excepcional norma do inciso II do art. 62 da CLT.

O empregado submetido a turnos ininterruptos de revezamento permanece com jornada de 6h, tatuada no inciso XIV do art. 7º da Constituição Federal, que só poderá ser majorada mediante negociação coletiva de trabalho. Sempre é bom lembrar que esse regime se caracteriza pela alternância habitual de turnos de trabalho, quando o empregado trabalha ora de dia, ora de noite. A uniformização do enquadramento se encontra na OJ 360 da SDI-1, *verbis*:

> OJ 360 SDI-1. TURNO ININTERRUPTO DE REVEZAMENTO. DOIS TURNOS. HORÁRIO DIURNO E NOTURNO. CARACTERIZAÇÃO (DJ 14.03.2008). Faz jus à jornada especial prevista no art. 7º, XIV, da CF/1988 o trabalhador que exerce suas atividades em sistema de alternância de turnos, ainda que em dois turnos de trabalho, que compreendam, no todo ou em parte, o horário diurno e o noturno, pois submetido à alternância de horário prejudicial à saúde, sendo irrelevante que a atividade da empresa se desenvolva de forma ininterrupta.

O aprendiz também possui jornada de 6h, não podendo realizar ou compensar horas extras – art. 432 da CLT.

Quanto ao operador de telemarketing, o entendimento do TST continua vivo, pertinente à aplicação por analogia do art. 227 da CLT, que trata dos telefonistas. Destarte, o operador de telemarketing ou Call Center possui limite diário de 6h e semanal de 36h.

No novo § 6º do art. 59 da CLT, a Reforma surpreendeu muitos juristas, ao considerar lícito o regime de compensação de jornada estabelecido por acordo individual, tácito ou escrito, desde que a compensação ocorra no mesmo mês.

Confessamos que a surpresa foi boa, pois finalmente o legislador compreendeu que a compensação mensal das horas extras é melhor do que a sua remuneração.

A "monetização" da saúde do obreiro é criticada há muito tempo por doutrinadores de alto quilate, visto que o pagamento de um adicional não é capaz de restabelecer o desgaste físico, mental e emocional do trabalhador submetido a regimes de sobrejornada.

A compensação de jornada, entretanto, só será benéfica se ocorrer dentro do próprio mês da realização das horas extras.

O § 6º do art. 59 da CLT servirá de "incentivo" à concessão de folgas compensatórias mensais, passando a consagrar que o regime de compensação semanal, quinzenal ou mensal pode ser pactuado de qualquer forma (tacitamente, verbalmente ou por escrito).

O regime 12h por 36h, apesar de contemplar a compensação mensal (no regime 12h por 36h o obreiro trabalha menos de 220h por mês, ou seja, menos do que aquele enquadrado nos limites do art. 7º, XIII, da CF – 8h por dia e 44h por semana), não pode ser ajustado "de qualquer forma", pois o caput do art. 59-A da CLT, cuja redação foi alterada pela Medida Provisória nº 808 de 14/11/2017, exige, para a sua implantação, previsão em convenção coletiva ou acordo coletivo de trabalho, salvo para os empregados de empresas ou entidades atuantes no setor de saúde, cuja adoção do referido regime de compensação poderá ocorrer mediante o simples acordo individual escrito (vide § 2º do art. 59-A da CLT, incluído pela Medida Provisória nº 808 de 14/11/2017)

Assim sendo, o § 6º do art. 59 da CLT, que permite o pacto compensatório "de qualquer forma" (tacitamente, verbalmente ou por escrito), incidirá apenas em dois regimes de compensação: "Semana Inglesa" e "Semana Espanhola".

Na Semana Inglesa, a compensação ocorre dentro da própria semana da realização das horas extras. Eis um exemplo clássico: "o empregado labora 9h por dia de segunda a quinta, 8h na sexta, folgando sábado e domingo; realizou, por conseguinte, quatro horas extras, mas a folga no sábado compensou o labor extraordinário".

A Semana Inglesa é o único regime de compensação que pode ser aplicado ao menor de 18 anos, nos termos do inciso I do art. 413 da CLT. Para ele, entretanto, a referida norma exige previsão em acordo coletivo de trabalho ou convenção coletiva de trabalho, tornando-se inaplicável, para o menor de 18 anos, o § 6º do art. 59 da CLT.

A Semana Espanhola já estava prevista em nossa jurisprudência, especificamente na OJ 323 da SDI-1. Trata-se de regime de compensação quinzenal, no qual o empregado labora 48h em uma semana e 40h na semana imediatamente subsequente. Uma semana compensa a outra. Esse regime poderá ser pactuado de qualquer forma, nos termos do § 6º do art. 59 da CLT, o que levará o TST a cancelar ou alterar a OJ 323 da SDI-1, já que esta exige, para a implantação da Semana Espanhola, acordo coletivo ou convenção coletiva de trabalho, encontrando-se, pois, neste aspecto, superada pela Reforma.

Com a Reforma Trabalhista, os §§ 2º, 3º e 5º do art. 59 da CLT passam a regular o regime de compensação intitulado "Banco de Horas" (o epíteto finalmente foi inserido na lei).

Esse regime de compensação é considerado nefasto, porque notoriamente é prejudicial à saúde do obreiro, postergando a compensação das horas extras a uma periodicidade maior do que a mensal (pode chegar a um ano).

Sempre criticamos a "monetização" da saúde do trabalhador, caracterizada pela criação de adicionais (plus salarial) para "contrapesar" os riscos oriundos do labor extraordinário, do trabalho noturno, do contato com agentes insalubres e do exercício de atividades perigosas. No caso da sobrejornada, a compensação (folga) é melhor do que a remuneração (adicional), desde que ocorra "dentro do mês da realização das horas extras".

O legislador já tinha consagrado esse entendimento na LC 150/2015 (Estatuto do Empregado Doméstico), apenas permitindo o lançamento no banco de horas a partir da 41ª hora extraordinária mensal (art. 2º, § 5º, III, da LC 150/2015), ou seja, as 40 primeiras horas extras do empregado doméstico devem ser compensadas dentro do próprio mês ou devidamente remuneradas.

A Reforma Trabalhista bem que poderia ter se inspirado na LC 150/2015. Isso não aconteceu, infelizmente.

O banco de horas, com a Reforma, continua sendo de até um ano. Significa dizer que as horas extras poderão ser compensadas dentro de um ano.

A novidade está na possibilidade de se pactuar o banco de horas por mero acordo individual escrito, ficando, nesse caso, limitado ao lapso de seis meses (§ 5º do art. 59 da CLT).

Simplificando:

(a) O banco de horas de até seis meses pode ser implantado mediante acordo individual escrito, acordo coletivo ou convenção coletiva de trabalho;

(b) O banco de horas com duração maior do que seis meses, limitado ao período de um ano, só pode ser implantado mediante acordo coletivo ou convenção coletiva de trabalho.

Destacamos que o § 3º do art. 59 da CLT não alterou o direito de o empregado receber o pagamento das horas extras, que deverão ser calculadas sobre o salário da época da rescisão (e não da época da realização do labor extraordinário), com o devido adicional, no caso de rescisão contratual por qualquer motivo (essa verba rescisória chama-se "saldo do banco de horas"). O mesmo entendimento se aplica às horas extras não compensadas no período ajustado.

No art. 59-A da CLT, encontramos o regime 12h por 36h, que só poderá ser adotado mediante convenção coletiva de trabalho ou acordo coletivo de trabalho, nos termos da nova redação do caput do citado artigo, esculpida pela Medida Provisória nº 808 de 14/11/2017, salvo para os empregados de empresas ou entidades atuantes no setor de saúde, os quais poderão ajustar o regime por mero acordo individual escrito com o empregador, nos termos do § 2º do art. 59-A da CLT (também incluído pela Medida Provisória nº 808 de 14/11/2017)

Esse regime é válido desde que o labor seja sucedido por trinta e seis horas ininterruptas de descanso, sendo certo que a remuneração mensal pactuada abrangerá os pagamentos devidos pelo descanso semanal remunerado, pelo descanso em feriados e pelas prorrogações de trabalho noturno, quando houver, de que tratam o art. 70 e o § 5º do art. 73 da CLT (§ 1º do art. 59-A da CLT, incluído pela Medida Provisória nº 808 de 14/11/2017, e que manteve o mesmo texto do antigo parágrafo único).

A Reforma soterrou, em parte, a Súmula 444 do TST, mantendo a exigência de previsão em convenção coletiva de trabalho ou acordo coletivo de trabalho, como formalidade essencial para a implantação do regime 12h por 36h (lembrando que para os profissionais de entidades atuantes no setor de saúde a norma coletiva não é necessária), mas fulminando a não extensão da compensação aos feriados. Com efeito, a citada Súmula dizia que, se a escala de trabalho coincidisse com um feriado, o dia de labor deveria ser pago em dobro. Tal previsão foi detonada pela expressa previsão contida no § 1º do art. 59-A da CLT.

Com a Reforma, por conseguinte, o regime 12h por 36h continua exigindo o ajuste por convenção coletiva ou acordo coletivo de trabalho (salvo para as entidades do setor de saúde), abarcando, a compensação de horas extras, o repouso semanal remunerado e os feriados.

Dois aspectos do art. 59-A da CLT merecem atenção especial.

O primeiro diz respeito ao intervalo para refeição e descanso.

O art. 611-A da CLT, no seu inciso III, permite a redução do intervalo até o limite de trinta minutos, mediante acordo coletivo ou convenção coletiva de trabalho, ou seja, não admite a "supressão do intervalo". No caput e no § 2º do art. 59-A da CLT, entretanto, o legislador diz que o referido intervalo pode ser "observado" (concedido) ou "indenizado" (não concedido). Essa indenização é aquela prevista na nova redação do § 4º do art. 71 da CLT (que tinha natureza de horas extras antes da Reforma).

O legislador deixa a entender que no regime 12h por 36h o empregado poderá trabalhar doze horas seguidas "sem intervalo para refeição e descanso", o qual será "indenizado", bastando, para tanto, que a supressão esteja prevista em norma coletiva, ou, para o caso de trabalhadores de entidades de saúde, que a supressão esteja prevista em acordo individual escrito (a previsão nada mais é do que a cópia do caput do art. 10 da LC 150/2015 – Lei do Doméstico).

Impressionante. Inacreditável. Surreal. Fica o registro.

O segundo aspecto se refere ao que chamamos de "irradiação do labor noturno sobre o diurno", efeito previsto no § 5º do art. 73 da CLT e consagrado no item II da Súmula 60 do TST.

Sabemos que o empregado, quando cumpre integralmente o horário noturno e estende o seu labor, terá direito às vantagens do trabalho noturno também sobre a extensão. Vamos exemplificar.

O empregado trabalhou das 22h às 7h, ou seja, cumpriu integralmente o horário noturno (22h às 5h) e o estendeu sobre o diurno (5h às 7h). Essa extensão também será considerada como trabalho noturno, seja para o cômputo da hora noturna reduzida, seja para a incidência do adicional noturno de 20%. Esse empregado, por conseguinte, terá trabalhado em horário noturno durante toda a jornada (22h às 7h).

Essa "irradiação" passa a não ser aplicada ao empregado que cumpre regime 12h por 36h, em face da parte final do § 1º do art. 59-A da CLT. Exemplificando.

O trabalhador labora 12h por 36h, sendo certo que a sua jornada vai das 19h às 7h. Seu horário noturno, antes da Reforma, era das 22h às 7h (a irradiação é só "para frente", ou seja, o horário antes das 22h é considerado diurno). Com a

Reforma, seu horário noturno será das 22h às 5h, pois a extensão não será mais considerada como labor noturno.

Podemos dizer que a "irradiação do horário noturno sobre o diurno" não mais se aplica ao regime 12h por 36h (o legislador simplesmente copiou o que já estava previsto no parágrafo único do art. 10 da LC 150/2015 – Lei do Doméstico).

No art. 59-B da CLT, o legislador veda o enriquecimento sem causa, em clara aplicação do princípio do *non bis in idem*, dispondo que o não atendimento das exigências legais para compensação de jornada, inclusive quando estabelecida mediante acordo tácito, não implica a repetição do pagamento das horas excedentes à jornada normal diária "se não ultrapassada a duração máxima semanal", sendo devido apenas o respectivo adicional, esclarecendo, por fim, no parágrafo único, que a prestação de horas extras habituais não descaracteriza o acordo de compensação de jornada e o banco de horas.

O caput do art. 59-B da CLT traduz aquilo que já estava esculpido no item III da Súmula 85 do TST e que evitava o enriquecimento sem causa do obreiro no caso de compensação de horas extras realizada sem a formalidade exigida.

Data venia, a disposição se torna inócua quanto à "Semana Inglesa" e à "Semana Espanhola", pois são regimes de compensação que podem ser ajustados tacitamente, verbalmente ou por escrito (de qualquer forma), nos termos do § 6º do art. 59 da CLT.

Quanto ao regime 12h por 36h, a previsão tem grande relevância, pois se o empregado laborar nesse sistema, sem previsão em norma coletiva (ou em acordo individual escrito, no caso de trabalhadores de entidades do setor de saúde), não terá direito a receber o pagamento das quatro horas extras "cheias" por jornada, mas apenas o adicional de horas extras, exatamente pelo fato de as horas extraordinárias terem sido de fato compensadas. Vamos exemplificar.

Digamos que o empregado trabalhe 12h por 36h sem qualquer acordo coletivo ou convenção coletiva que ampare o regime. Se o valor do seu salário-hora for R$ 10,00, o valor do adicional de horas extras será de R$ 5,00, sendo, portanto, o valor de cada hora extra de R$ 15,00. Esse empregado não fará jus a receber R$ 15,00 por hora extra, mas apenas R$ 5,00 (valor do adicional).

O item V da Súmula 85 do TST, inserido no ano de 2011, afastava a aplicação desse entendimento ao regime do Banco de Horas. O art. 59-B da CLT não faz isso de forma expressa, mas, implicitamente, torna a sua incidência inaplicável ao dito regime.

A vedação da repetição do pagamento das horas extraordinárias "cheias" vale também, em tese, ao Banco de Horas, "desde que não seja ultrapassada a duração máxima semanal", que é de 44h. Essa condição já estava no item III da Súmula 85 do TST e também se encontra no caput do art. 59-B da CLT, tornando praticamente impossível a aplicação da norma ao Banco de Horas. Vamos exemplificar.

Digamos que o empregado tenha trabalhado nove horas por dia de segunda a sexta e quatro horas no sábado, folgando no domingo, durante todo o mês. O empregador lançou, no final do mês, todas as horas extras semanais no "Banco de Horas", sem possuir acordo de compensação. Caso seja acionado na Justiça do Trabalho, será condenado no pagamento das horas extras "cheias", pois o art. 59-B não será aplica ao caso, exatamente porque o obreiro laborou mais de quarenta e quatro horas semanais.

Para finalizar, observem que o parágrafo único do art. 59-B da CLT fulminou o item IV da Súmula 85 do TST. Dito isso, a habitualidade de horas extras não mais descaracteriza o regime de compensação, seja ele qual for.

A previsão veio em boa hora, pois o item IV da Súmula 85 do TST sempre esteve sombreado de total incongruência. Ora, se a lei autoriza a adoção de um regime como o Banco de Horas, como pode a jurisprudência dizer que a habitualidade de horas extras fulmina o regime de compensação?

Eis o brilho do novo § 2º do art. 8º da CLT, que nasceu como uma ordem, um comando normativo, dizendo que "o TST não é legislador, mas apenas intérprete e aplicador do direito". A Reforma Trabalhista foi feliz, neste ponto. De fato, ao longo dos anos presenciamos o TST, sem qualquer pudor, legislar sobre direito e processo do trabalho, restringindo direitos legalmente previstos, como no caso da qualidade de preposto, e criando obrigações não previstas em lei, como no caso da ultratividade de acordos coletivos e convenções coletivas de trabalho. O novo § 2º do art. 8º da CLT, por si só, soterrará súmulas, orientações jurisprudenciais, precedentes normativos e instruções normativas do TST que apresentem esse tipo de vício.

No art. 60 da CLT, encontramos a previsão de que, nas atividades insalubres, quaisquer prorrogações de horário só poderão ser acordadas mediante licença prévia das autoridades competentes em matéria de higiene do trabalho (Ministério do Trabalho).

Tal previsão continua viva, mas conta agora com duas exceções.

(a) Regime 12h por 36h para trabalhadores de entidades atuantes no setor de saúde – O parágrafo único do art. 60 da CLT e o § 2º do art. 59-A da CLT permitem a realização de horas extras em ambiente insalubre, mediante previsão em mero acordo individual escrito;

(b) Inciso XII do art. 611-A da CLT – Os sindicatos das categorias profissionais, mediante acordo coletivo ou convenção coletiva de trabalho, poderão autorizar a realização de horas extras em ambiente insalubre.

O caput do art. 60 da CLT, portanto, deixou de ser absoluto.

Assim sendo, a realização de horas extras em ambiente insalubre pode ser:

(1) "Autorizada pelo Ministério do Trabalho";

(2) "Autorizada por acordo coletivo ou convenção coletiva de trabalho", nos termos do inciso XII do art. 611-A da CLT;

(3) "Autorizada por acordo individual escrito", exclusivamente para o regime 12h por 36h dos trabalhadores de entidades atuantes no setor de saúde - § 2º do art. 59-A da CLT c/c parágrafo único do art. 60 da CLT.

A licença prévia (autorização) do Ministério do Trabalho, para a realização de horas extras em ambiente insalubre, deixou de ser a única via legal. Podemos concluir, destarte, que o empregador, em regra, só poderá exigir horas extras dos seus empregados, quando se tratar de ambiente insalubre, no caso de licença prévia do Ministério do Trabalho (caput do art. 60 da CLT) ou no caso de previsão em acordo coletivo ou convenção coletiva de trabalho (inciso XII do art. 611-A da CLT). A exceção fica por conta das horas extras resultantes da aplicação do regime 12h por 36h para trabalhadores de entidades atuantes no setor de saúde, pois, neste caso, a implantação poderá ocorrer, mesmo em ambiente insalubre, mediante um mero acordo individual escrito.

Observem que o art. 60 da CLT não trata de "compensação" de jornada, mas de "realização" de trabalho extraordinário por empregados que laboram em contato com agentes insalubres.

A observação é vital, pois a Reforma Trabalhista terminou esquecendo-se do item VI da Súmula 85 do TST, inserido em junho de 2016, que diz: "*Não é válido acordo de compensação de jornada em atividade insalubre, ainda que estipulado em norma coletiva, sem a necessária inspeção prévia e permissão da autoridade competente, na forma do art. 60 da CLT*".

Diante disso, podemos dizer que a restrição jurisprudencial continua eficaz, salvo, evidentemente, para o regime 12h por 36h, a uma pelo fato de a Lei 13.467/2017 não ter alterado a redação do caput do art. 60 da CLT, a duas pela previsão contida no inciso XVII do art. 611-B da CLT, que proíbe a supressão ou a redução (alteração) de normas de saúde, higiene e segurança do trabalho, previstas em lei ou em normas regulamentadoras do Ministério do Trabalho.

No art. 61 da CLT encontramos uma prova cabal do açodamento do legislador e da sua falta de compromisso com a construção de uma legislação trabalhista mais bem estruturada e organizada.

Esse artigo trata das horas extras geradas por "necessidade imperiosa".

A necessidade imperiosa, por sua vez, pode ser fruto de "motivo de força maior" ou de "serviços inadiáveis".

A alteração do § 1º do art. 61 da CLT era a menos importante, porque a antiga redação já estipulava, em face da imperiosa necessidade patronal, a desnecessidade de acordo para a prorrogação do horário.

O § 2º do art. 61 deveria ter sido alterado, quer na obrigatória incidência do adicional, quer no percentual de horas extras (50%), aplicado desde a promulgação da Constituição Federal (inciso XVI do art. 7º da CF), quer na imposição de um texto mais objetivo.

De qualquer sorte, fica o registro de que, no caso de necessidade imperiosa, o labor extraordinário será ilimitado, quando lastreado em motivo de força maior, até que cesse o problema, e poderá alcançar até quatro horas extras por dia, no caso de serviços inadiáveis, sempre com a remuneração das horas extras e do adicional mínimo de 50%.

As horas extras ilimitadas são inaplicáveis ao menor de 18 anos, por força do inciso II do art. 413 da CLT.

Não podemos esquecer o "empregado hipersuficiente" (chamamos de "empregado diferenciado"), criado pelo parágrafo único do art. 444 da CLT: *"A livre estipulação a que se refere o caput deste artigo aplica-se às hipóteses previstas no art. 611-A desta Consolidação, com a mesma eficácia legal e preponderância sobre os instrumentos coletivos, no caso de empregado portador de diploma de nível superior e que perceba salário mensal igual ou superior a duas vezes o limite máximo dos benefícios do Regime Geral de Previdência Social"*.

Sabemos que a autonomia da vontade individual é mitigada no direito do trabalho, exatamente pelo fato de a relação jurídica envolver um sujeito que, historicamente, é bem mais fraco do que o outro (empregado = hipossuficiente).

O caput do art. 444 da CLT, mantido pela Reforma Trabalhista, traduz exatamente isso.

Mas o legislador inovou no parágrafo único, dizendo aquilo que muitos já diziam: "a hipossuficiência de um trabalhador rural, por exemplo, não é a mesma de um médico ou engenheiro".

Enxergamos com bons olhos a diferenciação feita pelo legislador, passando a admitir a livre negociação individual para "empregados diferenciados".

A diferenciação está no nível de escolaridade (exige-se nível superior) e no valor do salário mensal.

O empregado que possuir diploma de nível superior e que receber R$ 10.379,64 ou mais por mês (o valor corresponde ao dobro do teto dos benefícios previdenciários, que atualmente é de R$ 5.189,82, mas já há previsão para que seja de R$ 5.578,00 em 2018), poderá negociar individualmente, ou seja, diretamente com o empregador, as matérias elencadas nos quinze incisos do art. 611-A da CLT.

Para manter a coerência interpretativa, a negociação não poderá reduzir ou suprimir os direitos previstos nos trinta incisos do art. 611-B da CLT.

O curso superior e o salário mensal, por conseguinte, passam a balizar a hipossuficiência, impondo o tratamento desigual aos desiguais, na medida de suas desigualdades.

O acordo firmado entre os sujeitos contratuais, nesse caso, prevalecerá sobre a lei e sobre os acordos coletivos e as convenções coletivas de trabalho, desde que estejam em harmonia com os incisos do art. 611-A da CLT.

Sendo assim, o empregado hipersuficiente poderá ajustar por escrito, diretamente com o seu empregador, qualquer regime de compensação de horas extras, inclusive o sistema 12h por 36h e o Banco de Horas de até um ano.

Isso não afasta a possibilidade jurídica de anulação do acordo, pela Justiça do Trabalho, afinal o legislador não pode excluir, da apreciação do Poder Judiciário, lesão ou ameaça a direito (inciso XXXV do art. 5º da CF), sendo nulos os negócios jurídicos viciados por fraude, simulação, dolo, má-fé, coação ou qualquer outro vício de consentimento (arts. 138 a 184 do CCB e 9º da CLT).

SÚMULAS E OJs AFETADAS PELA REFORMA

Súmula nº 85 do TST

COMPENSAÇÃO DE JORNADA.

I. A compensação de jornada de trabalho deve ser ajustada por acordo individual escrito, acordo coletivo ou convenção coletiva. (ex-Súmula nº 85 - primeira parte - alterada pela Res. 121/2003, DJ 21.11.2003).

II. O acordo individual para compensação de horas é válido, salvo se houver norma coletiva em sentido contrário. (ex-OJ nº 182 da SBDI-1 - inserida em 08.11.2000).

III. O mero não atendimento das exigências legais para a compensação de jornada, inclusive quando encetada mediante acordo tácito, não implica a repetição do pagamento das horas excedentes à jornada normal diária, se não dilatada a jornada máxima semanal, sendo devido apenas o respectivo adicional. (ex--Súmula nº 85 – segunda parte – alterada pela Res. 121/2003, DJ 21.11.2003).

IV. A prestação de horas extras habituais descaracteriza o acordo de compensação de jornada. Nesta hipótese, as horas que ultrapassarem a jornada semanal normal deverão ser pagas como horas extraordinárias e, quanto àquelas destinadas à compensação, deverá ser pago a mais apenas o adicional por trabalho extraordinário. (ex-OJ nº 220 da SBDI-1 - inserida em 20.06.2001).

V. As disposições contidas nesta súmula não se aplicam ao regime compensatório na modalidade "banco de horas", que somente pode ser instituído por negociação coletiva.

VI - Não é válido acordo de compensação de jornada em atividade insalubre, ainda que estipulado em norma coletiva, sem a necessária inspeção prévia e permissão da autoridade competente, na forma do art. 60 da CLT.

Súmula nº 444 do TST

JORNADA DE TRABALHO. NORMA COLETIVA. LEI. ESCALA DE 12 POR 36. VALIDADE.

É valida, em caráter excepcional, a jornada de doze horas de trabalho por trinta e seis de descanso, prevista em lei ou ajustada exclusivamente mediante acordo coletivo de trabalho ou convenção coletiva de trabalho, assegurada a remuneração em dobro dos feriados trabalhados. O empregado não tem direito ao pagamento de adicional referente ao labor prestado na décima primeira e décima segunda horas.

OJ 323 da SDI-1

ACORDO DE COMPENSAÇÃO DE JORNADA. "SEMANA ESPANHOLA". VALIDADE.

É válido o sistema de compensação de horário quando a jornada adotada é a denominada «semana espanhola», que alterna a prestação de 48 horas em uma semana e 40 horas em outra, não violando os *arts. 59, § 2º, da CLT e 7º, XIII, da CF/1988 o seu ajuste mediante acordo ou convenção coletiva de trabalho.*

Comentários às Súmulas e OJ'S afetadas

O item I da Súmula 85 do TST já estava totalmente defasado, por sua inaplicabilidade, antes da Reforma, ao banco de horas (item V da mesma Súmula), à Semana Espanhola (OJ 323 da SDI1-1) e ao regime 12h por 36h (Súmula 444 do TST). A Reforma Trabalhista apenas jogou a última pá de cal na sua sorumbática redação, estipulando o seguinte: (a) A Semana Inglesa e a Semana Espanhola podem ser ajustadas tacitamente, verbalmente ou por escrito – § 6º do art. 59 da CLT; (b) O regime 12h por 36h só pode ser implantado mediante acordo coletivo ou convenção coletiva de trabalho - caput do art. 59-A da CLT, salvo no caso de trabalhadores de entidades atuantes no setor de saúde, para os quais basta um mero acordo individual escrito - § 2º do art. 59-A da CLT; (c) O Banco de Horas de até seis meses pode ser aplicado mediante acordo escrito entre empregado e empregador, acordo coletivo ou convenção coletiva de trabalho – § 5º do art. 59 da CLT; (d) O Banco de Horas com previsão de compensação por mais de seis meses e limitado ao período de um ano só pode ser pactuado por acordo coletivo ou convenção coletiva de trabalho – § 5º do art. 59 da CLT, a contrario sensu; (e) O Banco de Horas do empregado diferenciado, com previsão de compensação por mais de seis meses e limitado ao período de um ano, e o regime 12h por 36h podem ser pactuados por acordo escrito entre empregado e empregador, acordo coletivo ou convenção coletiva de trabalho – parágrafo único do art. 444 da CLT.

O item II da Súmula 85 do TST não foi totalmente afetado pela Reforma, pois, à luz do art. 611-A da CLT, as normas coletivas têm prevalência sobre a lei, e, naturalmente, sobre os acordos individuais, sendo certo que o acordo coletivo prevalece sobre as demais normas, nos termos do art. 620 da CLT. Assim sendo, existindo acordo individual e norma coletiva prevendo a compensação, aplicar-se-á, a priori, o pacto coletivo, em detrimento do individual, salvo no caso de empregado diferenciado, previsto no parágrafo único do art. 444 da CLT.

O item III da Súmula 85 do TST passou a ter status de lei, pois a Reforma transcreveu a sua previsão no caput do art. 59-B da CLT. "Promoção" merecida, principalmente por representar uma regra capaz de espancar o enriquecimento sem causa.

O item IV da Súmula 85 do TST já se mostrava ineficaz, por sua própria incongruência, já que a própria legislação autorizava a compensação de jornada, tornando frágil a descaracterização (nulidade) do regime apenas pelo fato de a compensação ser habitual. A Reforma Trabalhista enterrou de vez a previsão, especificamente no parágrafo único do art. 59-B da CLT, dando maior segurança jurídica ao tema.

O item V da Súmula 85 do TST foi totalmente revogado, bastando, para tanto, observar o comentário ao item I.

O item VI da Súmula 85 do TST também foi totalmente fulminado pela Reforma Trabalhista. Com efeito, o inciso XII do art. 611-A da CLT passou a permitir a prorrogação de horário, em ambiente insalubre, mediante previsão em acordo coletivo ou convenção coletiva, apesar de o caput do art. 60 da CLT não ter sofrido qualquer alteração (para o regime 12h por 36h dos trabalhadores de entidades atuantes no setor de saúde, basta um acordo escrito entre empregado e empregador – parágrafo único do art. 60 da CLT c/c § 2º do art. 59-A da CLT). Ora, se a realização de horas extras em locais insalubres não está mais restrita à licença prévia do Ministério do Trabalho, a compensação, naturalmente, também não mais está – "quem pode o mais, pode o menos".

A Súmula 444 do TST foi parcialmente afetada pela Reforma Trabalhista. Cai a previsão de pagamento em dobro dos feriados, mas permanece a exigência de norma coletiva para a implantação do regime 12h por 36h (salvo para os empregados de entidades atuantes no setor de saúde). A aplicação também terá efeitos *ex nunc*, preservando a incidência da referida Súmula ao período laborado antes de 11/11/2017.

A OJ 323 da SDI-1 continua viva quanto à definição da Semana Espanhola, sofrendo alteração em relação à formalidade necessária para a sua aplicação. Com efeito, o regime, com a Reforma, pode ser pactuado de qualquer forma, nos termos do § 6º do art. 59 da CLT.

COMPENSAÇÃO DE JORNADA E JORNADA FLEXÍVEL

Konrad Saraiva Mota[1]

Sumário: 1. Direito do Trabalho e ambivalência: decifrando as premissas da modernização – 2. Compensação e prorrogação de jornada: conceito e diferenças – 3. Compensação tradicional ou ordinária: 3.1. Caracterização; 3.2. Requisito formal de validade; 3.3. Consequência jurídica da ilegalidade da compensação; 3.4. Horas extras habituais na compensação de jornada – 4. Escala de compensação 12x36: 4.1. Caracterização; 4.2. Requisito formal de validade; 4.3. Escala 12x36 e pagamento em dobro dos feriados trabalhados; 4.4. Intervalos intrajornadas indenizados; 4.5. Não pagamento de adicional noturno para as horas trabalhadas além das 5h da manhã; 4.6. Escala 12x36 em ambiente insalubre – 5. Banco de Horas: 5.1. Caracterização; 5.1.1. Banco de horas anual; 5.1.2. Banco de horas semestral; 5.2. Consequência do desrespeito aos requisitos de validade do banco de horas – 6. Compensação de jornada para trabalhador menor de 18 anos – 7. Quadro sintético comparativo da compensação de jornada após a reforma trabalhista – 8. Considerações finais – Referências

1. DIREITO DO TRABALHO E AMBIVALÊNCIA: DECIFRANDO AS PREMISSAS DA MODERNIZAÇÃO

Denomina-se ambivalente aquilo que tem dupla significância. Em termos jurídicos, a ambivalência pode ser associada aos fundamentos de determinado instituto ou ramo específico do direito. Nesse sentido, dizer que o direito do trabalho é ambivalente corresponde ao reconhecimento de que suas normas embasam-se em pelo menos dois fundamentos: um de caráter personalista e outro de natureza econômica.

O fundamento personalista, assim entendido como aquele vinculado ao componente ético-humanitário da norma, está intimamente relacionado às fontes ma-

1. Mestre em direito constitucional (UNIFOR/CE), doutorando em direito do trabalho (PUC/MG), foi juiz do trabalho junto ao TRT 14ª Região (aprovado em 4º lugar no concurso de 2004), atualmente é juiz do trabalho junto ao TRT 7ª Região (aprovado em 1º lugar no concurso de 2006), professor universitário, de cursos preparatórios para concursos públicos, exames da OAB e um dos idealizadores do Instituto Intellegens.

teriais do direito do trabalho. Como se sabe, o principal impulso para concepção das normas de proteção ao trabalho decorreu das consequências sociais geradas pela exploração do trabalho humano, provocando movimentos de classe que, em meio a um modelo concentrado de produção industrial, reuniram as forças necessárias para a institucionalização positiva do direito laboral nas formações sociais do ocidente. Trata-se de um fundamento essencialmente causal.

Por outro lado, considerando que o direito laboral regulamenta pactos destinados à execução do trabalho e este, enquanto fator de produção, interessa à economia, as normas trabalhistas acabam influenciado, de maneira muito mais reflexa, as relações desenvolvidas pelos agentes econômicos. A propósito disto, tem crescido a corrente que prega a chamada análise econômica do direito do trabalho, utilizando postulados da ciência econômica para investigar as consequências das normas trabalhistas na economia. O fundamento econômico é, portanto, substancialmente consequencial.

A ambivalência alcança, com isso, os critérios de abordagem epistêmica do direito do trabalho. O operador ou intérprete pode olhar para as normas trabalhistas de um ponto de vista prevalentemente personalista ou preferencialmente econômico, a depender do fundamento escolhido. Tal semântica dará o tom do sentido e do alcance que o direito do trabalho pode atingir, bem como dos interesses que suas normas deverão atender na comunidade.

No Brasil, embora muitas normas de direito do trabalho, especialmente a Consolidação das Leis do Trabalho (CLT), tenham se antecipado aos fatos, o certo é que a mencionada ambivalência jamais deixou de existir. Quando a economia vai bem, o direito do trabalho não sofre críticas, sobretudo porque o desenvolvimento econômico recebe influência de inúmeros outros fatores, tais como: inovações tecnológicas, investimentos públicos e privados, políticas de juros e câmbio, mercado de capitais, especulação financeira, etc.

Contudo, sempre que uma das crises cíclicas do capitalismo acomete a economia nacional, o discurso de flexibilização ou relativização do direito do trabalho é trazido à baila, curiosamente justificado pela necessidade de criação de novos empregos, como se o empresário contratasse empregados cuja baixa demanda produtiva não exige, por ter se tornado mais barato fazê-lo.

A reforma trabalhista de 2017 – com a dinâmica de alteração trazida pela Lei nº 13.467, sofisticadamente batizada de "modernização das normas trabalhistas" – assimilou amplamente o pensamento econômico. Os fundamentos econômicos da mudança legislativa relegaram os componentes personalistas a um plano secundário, não obstante a amenização do argumento pautado na promessa de combate ao desemprego, atribuindo-se à rigidez normativa uma pseudorresponsabilidade pela escassez dos postos de trabalho.

A partir do momento em que o fundamento econômico da norma trabalhista impera sobre o personalista, conforme matriz intencionalmente instituída pela reforma brasileira, parece inevitável que o sistema de proteção do trabalho reste recrudescido. Afinal, levando em conta que o pensamento econômico traduz-se no binômio custo *versus* benefício, os direitos trabalhistas, por tornarem nominalmente mais cara a compra do trabalho humano, afetam o preço do produto final, diminuindo a rentabilidade de sua circulação.

Com relação às regras de duração do trabalho, a reforma trabalhista espelhou claramente a opção legislativa pelo fundamento econômico da norma, facilitando a jornada flexível, ao admitir o acordo tácito de compensação de jornada e o banco de horas semestral por acordo individual. Sem falar na desnecessidade de participação sindical para o ajuste da escala 12x36, com compensação dos feriados legais e permissão de indenização dos intervalos. Tudo isso deixa evidente que, ao menos no tocante à jornada de trabalho, a matriz personalista do direito do trabalho pouco foi considerada pela Lei nº 13.467 de 2017.

2. COMPENSAÇÃO E PRORROGAÇÃO DE JORNADA: CONCEITO E DIFERENÇAS

Embora ambas refiram-se a modelos de distribuição da jornada de trabalho, não se deve confundir compensação de jornada com prorrogação de jornada. A diferença passa, necessariamente, pela constatação de que a Constituição Federal (CF) estabelece limites às durações diária e semanal do trabalho.

De acordo com o art. 7º, XIII, da CF, a jornada dos trabalhadores urbanos, rurais, domésticos e avulsos está limitada em 8h por dia e 44h por semana. Trata-se de medida ligada à saúde e à segurança no trabalho e que não é exclusividade do ordenamento jurídico brasileiro[2]. Jornadas excessivas causam fadiga, estresse e elevam as possibilidades de acidentes de trabalho, sem falar nos prejuízos social e familiar aos quais são submetidos os trabalhadores com alongamento de jornada, reduzindo o tempo para atividades de interesses pessoal, alheias ao contrato de trabalho.

Não por acaso, o art. 7º, XVI, da CF estabelece que o trabalho realizado acima do limite fixado importará no pagamento das horas suplementares com adicional de, no mínimo, 50% da hora normal. Portanto, prorrogar a jornada significa trabalhar além dos limites diário ou semanal de duração do trabalho, situação que implicará no pagamento de horas extras acrescidas do referido adicional[3], independentemente de sua regularidade formal.

2. Alice Monteiro de Barros dá conta de registros históricos acerca de normas de limitação de jornada de trabalho em diversos países, tais como: Espanha, cuja Lei das Índias (1593) fixou em 8h diárias a jornada de trabalho; Inglaterra, com a primeira lei (1847) limitando em 10h diárias a jornada de trabalho; França, com a primeira lei (1848) também limitando em 10h diárias a jornada de trabalho; Estados Unidos, com a primeira lei (1868), limitando a jornada diária dos empregados federais em 8h de trabalho, entre outros. *In* BARROS, Alice Monteiro de. **Direito do trabalho**. 11. ed., atual por Jessé Cláudio Franco de Alencar. São Paulo: LTr, 2017, p. 436.

3. Para empregados com salário variável, calculados com base na produção, as horas suplementares serão remuneradas apenas com o adicional de 50% ou outro negociado, sem a repetição da hora normal (OJ 235, SDI1).

Ressalte-se que a prorrogação de jornada não ocorre apenas quando o limite constitucional de duração do trabalho é extrapolado, tendo em vista a existência de jornadas especiais reduzidas[4], casos em que o trabalho excedente à jornada especial, ainda que respeitado o limite constitucional, deverá ser pago com o merecido adicional.

Para que seja formalmente regular, a prorrogação de jornada deve ser precedida de ajuste entre as partes. O art. 59, *caput*, da CLT, em sua redação originária, exigia a celebração de acordo individual escrito ou negociação coletiva para a validade formal da sobrejornada. Nesse ponto, a Lei nº 13.467 de 2017 alterou o dispositivo para retirar a necessidade do instrumento individual escrito, fazendo menção apenas ao ajuste, que poderá ou não ser expresso[5]. Permaneceu, todavia, o limite diário de 2h extras[6].

Já na compensação de jornada, o modelo de distribuição do horário é diferente: "o regime de compensação ocorre quando houver aumento da jornada em um dia pela correspondente diminuição em outro[7]". A compensação pressupõe que as horas excedentes da jornada de trabalho sejam oportunamente reduzidas, a fim de que, levando em conta um determinado período de tempo, o módulo semanal de 44h seja respeitado. Atendidos os requisitos de validade, não serão devidas horas extras nas escalas de compensação de jornada.

A distribuição compensatória da jornada de trabalho alinha-se ao modo de produção flexível, notadamente aquele disseminado a partir da década de 1970, mundialmente conhecido como *toyotismo*, vocábulo cunhado em referência à fábrica japonesa de automóveis *Toyota Motors*. No paradigma *toyotista*, a rigidez da jornada de trabalho destoa das premissas flexibilizatórias apregoadas. Haja vista a formula do estoque zero ou *just in time*[8], é preciso uma maleabilidade de horário para que a produção seja intensificada na mesma proporção da demanda, daí o encaixe perfeito entre o modelo *toyotista* e o regime de compensação de horário.

No Brasil, a compensação de jornada encontra-se textualmente autorizada na parte final do art. 7º, XIII, da CF, condicionada à celebração de acordo ou conven-

4. Citam-se como exemplos as jornadas dos bancários (art. 224, CLT), dos professores (art. 318, CLT), dos jornalistas (arts. 303 e 304, CLT), dos operadores cinematográficos (art. 234, CLT), dos mineradores de subsolo (art. 293, CLT), dos telefonistas (art. 227, CLT), dos operadores de telemarketing (NR nº17 do Ministério do Trabalho, Anexo II), dos advogados empregados (art. 20, Lei nº 8.906/1994), entre outros.
5. O acordo, individual ou coletivo, é dispensado nos casos de necessidade imperiosa ou interrupção do trabalho por motivo de força maior ou causas acidentais (art. 61, CLT).
6. A limitação legal da jornada suplementar a 2h diárias não exime o empregador de pagar todas as horas trabalhadas além do limite (súm. 376, I, TST).
7. CASSAR, Vólia Bomfim. **Direito do trabalho**. 4. ed. Niterói: Impetus, 2010, p. 633.
8. Trata-se de arquétipo produtivo em que as mercadorias (no caso, os automóveis) são elaboradas em estrita sintonia com a demanda, sem a criação de estoques. Sobre o tema, ver DELGADO, Maurício Godinho. **Capitalismo, trabalho e emprego**: entre o paradigma da destruição e os caminhos da reconstrução. São Paulo: LTr, 2007, p. 48.

ção coletiva de trabalho. Contudo, a Constituição Federal não disciplina o formato do sistema de compensação, tampouco regulamenta em quais contextos a distribuição compensatória do horário poderá ser realizada, deixando os procedimentos a cargo da legislação infraconstitucional e da jurisprudência.

O ordenamento brasileiro reconhece três tipos básicos de compensação de jornada: a) a compensação tradicional ou ordinária; b) a escala de compensação 12x36; e c) o banco de horas. Na sequência, serão analisados os três modelos separadamente, já com as mudanças trazidas pela reforma trabalhista.

3. COMPENSAÇÃO TRADICIONAL OU ORDINÁRIA

3.1. Caracterização

Considera-se compensação tradicional ou ordinária aquela cuja redução ou abatimento das horas suplementares trabalhadas ocorra com respeito ao módulo semanal de 44h, levando em conta o limite máximo de um mês[9]. É exemplo de compensação ordinária a intitulada "semana inglesa", resultado da ampliação de 1h suplementar diária de segunda-feira à quinta-feira e correspondente abatimento das 4h normalmente trabalhadas aos sábados. Note-se que, em tal situação, o módulo semanal de 44h não é ultrapassado em nenhuma semana sequer.

Outro exemplo de compensação ordinária identifica-se na chamada "semana espanhola", assim entendida como aquela na qual o trabalhador alterna a prestação de 48h de trabalho em uma semana e 40h em outra, sucessivamente (OJ 323, SDI1). De igual forma, o módulo semanal de 44h mantem-se preservado, levando em consideração a média das horas trabalhadas durante o mês.

A legislação trabalhista não enuncia taxativamente todas as possibilidades de compensação tradicional de jornada de trabalho, tampouco especifica o limite diário ou semanal do horário. Entretanto, têm sido consideradas abusivas as escalas de compensação de jornada que coloquem em risco a saúde e a segurança do trabalhador, como ocorre no regime de compensação de 24h de trabalho por 72h de descanso[10].

9. O TST entende não configurar violação ao art. 7º, XIII, da CF o estabelecimento de parâmetro de compensação superior a uma semana: "HORAS EXTRAS. COMPENSAÇÃO DE JORNADA. PARÂMETRO DE COMPENSAÇÃO SUPERIOR A UMA SEMANA (6x2). Violação do art. 7º, inciso XIII , da Constituição federal Não configurada. Ao fixar a jornada diária em 8 horas e a semanal em 44, a Constituição Federal, pelo art. 7º, inciso XIII, não traçou o parâmetro semanal para a compensação de jornada. Recurso não provido. (RR - 413034-12.1998.5.12.5555 , Relator Juiz Convocado: Luiz Francisco Guedes de Amorim, Data de Julgamento: 13/12/2000, 5ª Turma, Data de Publicação: DJ 09/02/2001)" Disponível em <http://www.tst.jus.br/web/guest/consulta-unificada>. Acesso em 17out2017.

10. RECURSO DE REVISTA INTERPOSTO NA VIGÊNCIA DA LEI Nº 13.015/2014. JORNADA DE TRABALHO. REGIME DE 24 HORAS DE TRABALHO POR 72 HORAS DE DESCANSO (24 x 72). INVALIDADE. Na hipótese, o Tribunal Regional reconheceu a validade do regime de 24 horas de trabalho por 72 de descanso, instituído pela reclamada sem prévia negociação coletiva, por considerar que a apli-

Acontece que a validade da compensação tradicional de jornada vincula-se ao preenchimento de requisito formal, o qual foi significativamente abrandado pela reforma trabalhista.

3.2. Requisito formal de validade

A redação atual da súmula 85 do TST, interpretando o art. 7º, XIII, da CF, preleciona, em seu inciso I, que a compensação de jornada poderá ser ajustada por acordo individual escrito, convenção ou acordo coletivo de trabalho. O acordo individual de compensação de jornada somente será inválido se a negociação coletiva dispuser em sentido contrário à sua utilização, conforme inciso II da mesma súmula.

O entendimento do TST baseia-se na literalidade da Constituição[11], que prevê, no citado art. 7º, XIII, a possibilidade de compensação de jornada mediante "acordo ou convenção coletiva", de maneira que a qualificadora "coletiva", inclusive adaptada ao gênero feminino, estaria em concordância com o vocábulo "convenção", possibilitando a pactuação individual para o acordo descrito na primeira parte do inciso.

Por outro lado, a Constituição Federal não traz qualquer disciplinamento quanto ao formato que o acordo individual deve assumir: se expresso ou tácito, escrito ou verbal. Mais uma vez, ficou a cargo da jurisprudência a indicação da estrutura formal do instrumento, tendo o TST decidido pela exigência do ajuste escrito (súm. 85, I, TST), rechaçando o acordo tácito (súm. 85, III, TST).

O entendimento do TST, neste particular, guarda coerência com a redação originária do art. 59, *caput*, da CLT, que impõe, ao menos, a celebração de acor-

cação desse regime é mais benéfica aos empregados. Assim, a controvérsia cinge-se em saber se é válida a instituição do regime de 24x72, sem prévia autorização em negociação coletiva. O artigo 7º, inciso XIII, da Constituição Federal determina que a duração o trabalho semanal não seja superior a 44 horas, facultada a compensação de horários ou a redução mediante norma coletiva. No caso, o reclamante, que laborava em regime de escala de 24 horas de trabalho por 72 horas de descanso cumpria a jornada de, pelo menos, 48 horas semanais, ou seja a jornada praticada era superior à máxima prevista na Constituição da República. Salienta-se que a limitação da jornada de trabalho também constitui direito vinculado à saúde e à segurança do trabalho, assegurado por norma de ordem pública, nos termos do artigo 7º, inciso XIII, da Constituição Federal, motivo pelo qual esta Corte tem admitido o elastecimento da jornada diária por meio de negociação coletiva, desde que respeitado o limite semanal de 44 horas. Na hipótese dos autos, além de a escala 24 x 72 ultrapassar o limite de 44 horas semanais de trabalho estabelecido na Constituição Federal, deu-se sem previsão em norma coletiva. Assim, tem-se por irregular o regime de compensação de jornada imposto ao trabalhador. Recurso de revista conhecido e provido. (RR - 1927-43.2013.5.20.0008 , Relator Ministro: José Roberto Freire Pimenta, Data de Julgamento: 05/10/2016, 2ª Turma, Data de Publicação: DEJT 14/10/2016). Disponível em: <http://www.tst.jus.br/web/guest/consulta-unificada>. Acesso em: 17out2017.

11. Dispõe o art. 7º, XIII, da CF: "São direitos dos trabalhadores urbanos e rurais além de outros que visem à melhoria de sua condição social: [...] XIII - duração do trabalho normal não superior a oito horas diárias e quarenta e quatro semanais, facultada a compensação de horários e a redução da jornada, mediante acordo ou convenção coletiva de trabalho".

do individual escrito para a prorrogação de jornada. Ora, se para a prorrogação de horário, que sempre gera o pagamento das horas suplementares acrescidas de adicional, a lei requer instrumento escrito; nada mais razoável que essa formalidade seja estendida ao regime de compensação de jornada, cuja regularidade afasta o pagamento das horas extras.

Todavia, a Lei nº 13.467 de 2017 relativizou inteiramente o requisito formal do acordo de compensação de jornada. Primeiramente, modificou a redação do art. 59 celetista, retirando a necessidade de acordo escrito para a prorrogação de jornada, o que, a reboque, derrogou a base normativa que deu origem aos precedentes da súmula 85 do TST. Não fosse pouco, inseriu o §6º no art. 59 da CLT, cuja redação prescreve ser "lícito o regime de compensação de jornada estabelecido por acordo individual, tácito ou escrito, para a compensação no mesmo mês".

A reforma trabalhista não somente aboliu a exigência da forma escrita para o acordo de compensação de horário, como viabilizou que o ajuste se dê de maneira expressa ou tácita. Considera-se tácito o acordo que se aperfeiçoa através de condutas objetivamente aferíveis, sem que haja a necessidade da manifestação explícita de vontade. Os pactos tácitos tendem a ser excepcionais, dada a inegável dificuldade para a demonstração de sua existência.

Uma vez ausente o registro escrito da celebração, a prova do acordo de compensação, em eventual conflito judicial, ficará relegada aos depoimentos pessoais e/ou testemunhais. Sem falar que, para o empregado, haverá uma clara insegurança quanto aos limites do pacto, dificultando a verificação de sua regularidade material. Em contrapartida, o regime de compensação restará facilitado, flexibilizando a rigidez do limite de jornada estabelecido na Constituição Federal.

3.3. Consequência jurídica da ilegalidade da compensação

A jurisprudência do TST, apesar de velar pela observância das exigências legais de validade do regime de compensação de jornada, não elimina inteiramente seus efeitos quando constatadas quaisquer ilicitudes, notadamente aquelas de natureza formal.

Isto porque, a súmula 85, inciso III, do TST prescreve expressamente que o mero não atendimento dos requisitos legais para a compensação de jornada "[...] não implica a repetição do pagamento das horas excedentes à jornada normal diária, se não dilatada a jornada máxima semanal, sendo devido apenas o respectivo adicional".

Ou seja, somente serão pagas como horas extras (hora normal acrescida do adicional de, no mínimo, 50%) aquelas que ultrapassarem o módulo semanal de 44h. Para as horas trabalhadas além da oitava diária, mas que não superarem o módulo semanal, será devido tão somente o adicional. O posicionamento do TST, por si, já sofre diversas críticas, porquanto ignora a limitação de jornada instituída pelo art. 7º, XIII, da CF, que leva em conta não apenas o limine semanal de jornada, mas também o limite diário, ensejando horas extras sempre que qualquer deles seja desrespeitado.

De todo modo, o entendimento firmado pelo TST na súmula 85 foi retratado na Lei nº 13.467 de 2017 que, ao introduzir o art. 59-B na CLT, espelhou conteúdo substancialmente igual ao previsto no inciso III da súmula 85 do TST[12], corroborando com o entendimento da corte superior trabalhista, no sentido de que as horas efetivamente destinadas à compensação não deverão ser repetidas, repassando-se ao empregado apenas o adicional de, no mínimo, 50% da hora normal. Agora, as horas que extrapolarem o módulo de 44h semanais, serão pagas como horas extras, repetindo-se a hora normal e se acrescendo o adicional.

3.4. Horas extras habituais na compensação de jornada

A regularidade formal e material do regime de compensação de jornada afasta o pagamento de horas extras com acréscimo do adicional, pressupondo-se que as horas suplementares sejam verdadeiramente compensadas, e não simplesmente monetizadas.

É estranho que, no curso de uma escala compensatória, o trabalhador não desfrute da correspondente diminuição do horário, prestando, ao revés, horas extras habituais, ainda que lhes sejam pagas com o respectivo adicional. Tal prática faz ecoar o uso fraudulento do regime, gerando no trabalhador a falsa impressão de que usufruirá de folgas compensatórias, quando estas, de fato, nunca são concedidas.

Admita-se, por exemplo, que um determinado empregado celebre pacto de compensação de jornada para trabalhar em "semana inglesa". Nasce, a partir daí, a expectativa real de que as horas trabalhadas a mais durante a semana importarão na ausência de trabalho aos sábados. O empregado, portanto, conduzirá sua vida profissional e familiar nesse sentido.

Entretanto, burlando o acordo, o empregador passa a exigir desse mesmo empregado labor habitual aos sábados, cujas horas são remuneradas como extras. Ora, em tais casos, fica evidente que a compensação ajustada restou frustrada, de modo que esse empregado teria direito, ao menos, ao pagamento do adicional relativamente as horas trabalhadas além da oitava diária, de segunda-feira a quinta-feira.

Tanto é verdade que, de acordo com o entendimento atual do TST (súm. 85, IV), a prestação de sobrejornada habitual na vigência de uma escala de compensação importa na descaracterização do regime, resultando no pagamento de horas

12. Dispões o art. 59-B da CLT, com redação dada pela Lei nº 13.467 de 2017: "O não atendimento das exigências legais para compensação de jornada, inclusive quando estabelecida mediante acordo tácito, não implica a repetição do pagamento das horas excedentes à jornada normal diária se não ultrapassada a duração máxima semanal, sendo devido apenas o respectivo adicional"

extras para horas que ultrapassarem o módulo semanal de 44h, e apenas do adicional para as horas trabalhadas além da oitava diária, mas que não vergastaram o módulo.

Porém, contrariando o entendimento sumulado do TST, o parágrafo único do art. 59-B da CLT, inserido pela reforma trabalhista, assinala que "a prestação de horas extras habituais não descaracteriza o acordo de compensação de jornada e o banco de horas". Destarte, ainda que, durante a escala de compensação de jornada, o trabalhador venha a prestar horas extras habituais, o acordo compensatório permanecerá hígido, de forma que o empregado não fará jus sequer ao adicional relativamente às horas não compensadas.

Neste ponto, é flagrante o retrocesso trazido pela Lei nº 13.467 de 2017, já que o empregado, embora tenha celebrado acordo de compensação de jornada, com a legítima expectativa de redução proporcional do horário, verá sua folga ser substituída pelo cumprimento de horas extras habituais, sem que as horas destinadas à compensação - e verdadeiramente não compensadas - resultem, ao menos, no pagamento do adicional de 50%.

4. ESCALA DE COMPENSAÇÃO 12X36

4.1. Caracterização

Outra modalidade de jornada compensatória admitida pelo direito brasileiro é a denominada escala de compensação 12x36, assim entendida como aquela na qual o empregado alterna 12h de trabalho por 36h de descanso. A despeito de algumas críticas sofridas, tendo em vista que, em tal escala, a duração do labor diário extrapola o limite de 2h fixado pelo art. 59, *caput*, da CLT, a jornada 12x36 já tinha recebido o reconhecimento pela jurisprudência do TST, que a considerou válida desde que celebrada mediante negociação coletiva de trabalho (súm. 444, TST).

A escala de compensação 12x36 é uma realidade, comumente praticada em diversos segmentos empresariais, sobretudo em hospitais, serviços de vigilância, asseio e conservação. Entretanto, até o advento da Lei nº 13.467 de 2017, sua disciplina encontrava-se apenas na jurisprudência do TST, excetuando-se o empregado doméstico, cujo art. 10 da Lei Complementar nº 150 de 2015 já admitia a escala.

4.2. Requisito formal de validade

Conforme redação atual da súmula 444 do TST, o regime de compensação de jornada 12x36 pressupõe autorização mediante negociação coletiva de trabalho. Analisando os precedentes da referida súmula, percebe-se que a exigência de negociação coletiva decorre, justamente, do limite de 2h previsto no art. 59, *caput*, da CLT.

No julgamento do ERR 41700-39.2005.5.15.0033[13], por exemplo, o Ministro Augusto César Leite de Carvalho deixou claro que, o fato de haver negociação coletiva autorizando a escala de 12h de trabalho por 36h de descanso, afastaria a violação da limitação de 10h diárias trazida pelo art. 59, *caput*, da CLT, não sendo devidas como extras as 11ª e 12ª horas trabalhadas.

A exceção ficaria a cargo da relação de emprego doméstico, para a qual o art. 10 da Lei Complementar nº 150 de 2013 viabilizou a escala 12x36 mediante acordo individual escrito, notadamente pela inegável falta de organização coletiva da categoria dos empregados domésticos, carecendo, na prática, de sindicato legitimamente capaz de celebrar negociações coletivas nas variadas localidades em que a referida modalidade de labor se apresenta.

Contrariando a jurisprudência sumulada do TST, o art. 59-A da CLT, inserido pela Lei nº 13.467 de 2017, prelecionava ser "facultado às partes, mediante acordo individual escrito, convenção coletiva ou acordo coletivo de trabalho, estabelecer horário de trabalho de doze horas seguidas por trinta e seis horas ininterruptas de descanso". Desse modo, a reforma trabalhista relativiza o título autorizativo da escala 12x36, suplantando a exigência do instrumento coletivo previsto na súmula 444 do TST.

Mesmo em se tratando de jornada que supera o limite de 2h diárias estatuído pelo art. 59, *caput*, da CLT (não alterado, neste ponto, pela Lei nº 13.467 de 2017), o legislador reformista entendeu bastar um acordo individual escrito entre as partes para o implemento da jornada compensatória 12x36, afastando a necessidade de participação obrigatória do sindicato profissional nesta pactuação.

Acontece que, dias após a entrada em vigor da Lei nº 13.467 de 2017, o Presidente da República editou a Medida Provisória nº 808 de 2017, ocasião em que retrocedeu em relação ao requisito formal para a instituição da escala 12x36, retomando a necessidade de acordo ou convenção coletiva de trabalho.

Excepcionalmente, porém, a referida Medida Provisória ressalvou a possibilidade de acordo individual escrito ou negociação coletiva de trabalho para estabelecer escala 12x36 no âmbito das entidades atuantes no setor de saúde, conforme art. 59-A, §2º, da CLT.

Em síntese, após a edição da Medida Provisória nº 808 de 2017, a escala de compensação de jornada 12x36 somente pode ser estabelecida por convenção ou acordo coletivo de trabalho, salvo para as entidades atuantes no setor de saúde, cujo acordo individual escrito também será aceito.

13. Disponível em: < http://aplicacao5.tst.jus.br/consultaunificada2/inteiroTeor.do?action=printInteiroTeor&highlight=true&numeroFormatado=RR%20-%2041700-39.2005.5.15.0033&base=acordao&numProcInt=520069&anoProcInt=2008&dataPublicacao=29/04/2011%2007:00:00&query=>, Acesso em: 19out2017.

4.3. Escala 12x36 e pagamento em dobro dos feriados trabalhados

A distribuição da jornada no regime de compensação 12x36, quando regular, faz com que o empregado labore, em média, 42h por semana. Isto porque, o trabalhador alterna semanas de trabalho de 48h e de 36h, sucessivamente, gerando, no acumulado do mês, um módulo semanal médio não superior a 42h, respeitado o limite constitucional previsto no art. 7º, XIII, da CF.

Razoável, portanto, que o repouso semanal remunerado de 24h consecutivas, imposto pelo art. 7º, XV, da CF e regulamentado pela Lei nº 605 de 1949, seja considerado compensado na escala 12x36. Ressalte-se que a compensação do repouso semanal remunerado é expressamente prevista pelo art. 9º da Lei nº 605 de 1949.

Por outro lado, no tocante aos feriados legais (nacionais, estaduais e municipais), a súmula 444 do TST atribui ao empregador a obrigação de pagamento do dia em dobro, caso o empregado que labora em escala de compensação 12x36 venha a ter o dia de trabalho coincidente com feriado legal. Registre-se que o pagamento de feriados em dobro, na hipótese de o empregado trabalhar no dia respectivo e não compensá-lo, encontra-se expressamente previsto no art. 9º da Lei nº 605 de 1949.

Todavia, a reforma trabalhista, no parágrafo único do art. 59-A da CLT, passou a considerar compensados não apenas os dias de repouso semanal remunerado, mas, igualmente, os feriados trabalhados pelos empregados em escala 12x36, sepultando a obrigação disposta na súmula 444 do TST.

O Brasil possui, ao todo, nove dias de feriados nacionais[14], sem prejuízo dos feriados estaduais e municipais, desde que estabelecidos em lei. Assim, após a reforma trabalhista, todos os feriados trabalhados pelo empregado em regime de compensação 12x36, no todo ou em parte, serão considerados compensados, não mais havendo a necessidade do pagamento em dobro.

4.4. Intervalos intrajornadas indenizados

Os intervalos para descanso e alimentação, especialmente aqueles concedidos dentro da jornada de trabalho, variam de acordo com a duração diária de trabalho do empregado. Conforme art. 71 da CLT, para jornadas diárias não superiores a 4h, não haverá obrigação de concessão de intervalo intrajornada; se a jornada superar 4h, mas não ultrapassar 6h de trabalho, o intervalo será de 15min; por fim, para

14. 1º de janeiro: Confraternização Universal; 14 de abril: Paixão de Cristo; 21 de abril: Tiradentes; 1º de maio: Dia Mundial do Trabalho; 7 de setembro: Independência do Brasil; 12 de outubro: Nossa Senhora Aparecida; 2 de novembro: Finados; 15 de novembro: Proclamação da República e 25 de dezembro: Natal. Disponível em: < http://www.brasil.gov.br/governo/2016/11/confira-feriados-nacionais-e-pontos-facultativos-de-2017> Acesso em: 19out2017.

jornadas superiores a 6h de trabalho ao dia, a lei estabelece um intervalo intrajornada que varia entre 1h e 2h.

Além dos intervalos intrajornadas, o art. 66 da CLT prevê que, entre duas jornadas de trabalho, haverá um período mínimo de 11h consecutivas para descanso. Trata-se do denominado intervalo interjornada, igualmente relevante para a higidez psicofísica do trabalhador.

Tal como ocorre com a limitação da jornada de trabalho, os intervalos constituem medida de saúde e segurança para o trabalhador, "[...] com objetivo de recuperação e implementação de suas energias, ou de sua inserção familiar, comunitária e política[15]". É por isso que a não concessão dos intervalos para descanso, além de importar em infração administrativa[16], obrigam o empregador ao pagamento de hora não concedida com acréscimo de, no mínimo, 50% (art. 71, §4º, CLT e OJ 355, SDI1).

A reforma trabalhista, exclusivamente para a escala de compensação 12x36, permite expressamente que os intervalos para descanso sejam indenizados. Associe-se a isso o fato de que a mesma Lei nº 13.467 de 2017 autoriza, em qualquer regime de jornada, a redução de intervalo intrajornada para, no mínimo, 30min, via negociação coletiva (art. 611-A, III, CLT), bem como retira a natureza salarial das horas de intervalo não concedidas, cujo valor indenizatório com acréscimo de 50% corresponderá, tão somente, ao tempo de intervalo suprimido (art. 71, §4º, CLT), ab-rogando a súmula 437 do TST.

Destarte, após a reforma trabalhista, no regime de compensação 12x36, o empregador possui a permissão legal para, simplesmente, monetizar os intervalos para descanso, substituindo sua concessão pelo pagamento indenizado do tempo correspondente, com acréscimo de 50%, sem que isso importe, sequer, em infração administrativa.

Mesmo em manifesto prejuízo à saúde e segurança do trabalhador, o regime de compensação 12x36 autoriza, com o advento da Lei nº 13.467 de 2017, a substituição dos intervalos legais por dinheiro, de maneira que o empregado poderá vir a trabalhar, literalmente, 12h consecutivas e ininterruptas, sem tempo para repouso e alimentação, trocando compulsoriamente sua saúde por pecúnia.

4.5. Não pagamento de adicional noturno para as horas trabalhadas além das 5h da manhã

O trabalho noturno é também protegido pela lei, na medida em que o empregado se submete, neste tipo de labor, a horário que interfere no seu metabolismo.

15. DELGADO, Maurício Godinho. **Curso de direito do trabalho.** 16 ed. rev. e ampl. São Paulo: LTr, 2017, p. 1.068.
16. Que implica na obrigatória lavratura de auto de infração (art. 628, CLT).

Como ser biológico, o trabalhador adstringe-se ao ritmo circadiano[17], uma espécie de "marcapasso natural que regula a cadência física e psicológica do corpo humano, influenciando o apetite, a digestão, a circulação sanguínea, a sensação térmica, a fadiga muscular e, especialmente, o estado de vigília, o humor e a disposição para o trabalho[18]".

Não é à toa que o trabalho noturno[19] implica no pagamento de um adicional de, no mínimo, 20% por cada hora noturna laborada (art. 73, CLT). Ademais, com o objetivo de evitar que a jornada noturna se estenda para além das 5h da manhã, a legislação reduziu ficticiamente a hora noturna para 52min30seg (art. 73, §1º, CLT), fazendo com que o período de 22h às 5h corresponda a uma jornada diária de 8h noturnas reduzidas.

Se o trabalho noturno, por si, já enseja uma piora na situação metabólica do empregado, imagine se este o estiver realizando em regime de prorrogação de jornada, somando-se duas situações ruins: trabalho noturno e prorrogado. Tendo isso em vista, o art. 73, §5º, da CLT vaticina que as prorrogações de trabalho noturno não afastarão o adicional noturno para as horas trabalhadas após as 5h de manhã (súm. 60, II, TST).

Compreendendo que a compensação de jornada em escala 12x36 prejudica o trabalhador em igual proporção à prorrogação de horário noturno, a OJ 388 da SDI1 do TST firmou que o empregado submetido a tal regime compensatório, que compreenda a totalidade do período noturno, tem direito ao adicional noturno, relativo às horas trabalhadas após as 5h da manhã. A extensão das horas noturnas após as 5h da manhã para o regime de compensação 12x36 afigura-se perfeitamente condizente com a situação do trabalhador, que, tanto na prorrogação como na compensação, estará trabalhando à noite e com excesso de jornada.

Nada obstante, a reforma trabalhista, na redação dada pela Lei nº 13.467 de 2017 à parte final §1º do art. 59-A, considerou compensadas as horas trabalhadas em escala 12x36 para além das 5h da manhã, abolindo textualmente a incidência do art. 73, §5º, da CLT. Portanto, após a reforma trabalhista, o empregado que, em escala 12x36, cumprir a integralidade da jornada noturna e ultrapassá-la, não mais terá direito ao adicional noturno para as horas trabalhadas após as 5h da manha, restando suplantada a OJ 388 da SDI1.

4.6. Escala 12x36 em ambiente insalubre

Define-se por insalubre o trabalho realizado em contato com agentes químicos, físicos e biológicos que prejudiquem a saúde do empregado (art. 192, CLT), desde que tais agentes estejam elencados no rol do Ministério do Trabalho. Por conta dis-

17. Do latim, *circa diem*, que significa cerca de um dia.
18. MARTINEZ, Luciano. **Curso de direito do trabalho**. São Paulo: Saraiva, 2010, p. 294.
19. No caso dos empregados urbanos, compreende aquele realizado entre as 22h de um dia e 5h do dia seguinte (art. 73, §2º, CLT).

to, o trabalhador que labore em condições de insalubridade fará jus ao pagamento de adicional de 10%, 20% ou 40% do salário mínimo, a depender da classificação da insalubridade nos graus mínimo, médio ou máximo, respectivamente.

Considerando que o trabalho em ambiente insalubre, numa jornada diária regular de 8h de trabalho, já se apresenta deveras prejudicial à saúde o trabalhador, o art. 60 da CLT estabelece que, nas atividades insalubres, a prorrogação de jornada ficará condicionada à prévia autorização do Ministério do Trabalho.

Caberá ao Estado, através da fiscalização, analisar se o nível de insalubridade e as condições de trabalho a que está submetido o trabalhador em ambiente insalubre permitem ou não a prestação de jornada estendida, sem que isso provoque um agravamento nos males naturalmente gerados àquele que labora nesse tipo de espaço.

Caso o Ministério do Trabalho verifique, mediante procedimentos técnicos, que o trabalho insalubre desempenhado, no curso de uma jornada normal, já é suficientemente prejudicial à saúde do empregado, negará a prorrogação de horário. Por outro lado, constatando a possibilidade da sobrejornada, a fiscalização do trabalho dará seu aval e dirá quantas horas suplementares poderão ser prestadas.

Entendendo que não apenas a prorrogação, mas a compensação de jornada em ambiente insalubre prejudica a saúde do empregado, o TST promoveu o cancelamento da súmula 349, que autorizava a compensação de jornada em ambiente insalubre independente de licença prévia do Ministério do Trabalho, desde que prevista em negociação coletiva. Com o cancelamento da súmula, reafirmou-se a ideia de que, tanto na prorrogação de jornada como na compensação, o regime de horas estendidas em ambiente insalubre exige autorização antecipada do Ministério do Trabalho.

Todavia, a reforma trabalhista inseriu o parágrafo único no art. 60 da CLT, excetuando a licença prévia do Ministério do Trabalho para labor em escala de compensação 12x36 realizada em ambiente insalubre. Com isso, no regime de 12h de trabalho por 36h de descanso, o empregado poderá ser submetido ao ambiente insalubre sem a necessidade de anuência da fiscalização do trabalho, retirando-lhe o direito à aferição técnica necessária à certificação de que sua saúde não estará sendo ainda mais afetada pela insalubridade.

5. BANCO DE HORAS

5.1. Caracterização

De todos os regimes de compensação de jornada, o banco de horas é, sem dúvidas, o que mais rompe a rigidez da duração do trabalho tradicionalmente implantada pelo direito brasileiro. No banco de horas, como o próprio nome sugere, o trabalhador computará as horas excedentes como "saldo de horas", as quais deverão ser compensadas em um determinado bloco temporal. Assim, cada hora ou mesmo variação de minutos trabalhados a mais serão "depositados no banco" e corresponderão a uma diminuição de jornada posterior.

O banco de horas não existia na redação originária da CLT, tendo sido inicialmente criado pela Lei nº 9.601 de 1998, que alterou o art. 59, §2º, da CLT. Posteriormente, este mesmo artigo celetista sofreu nova alteração, desta feita em decorrência da Medida Provisória nº 1.709 de 1998, assim permanecendo até a reforma trabalhista.

A Lei nº 13.467 de 2017 não modificou o disposto no citado art. 59, §2º, da CLT, apenas inserindo o §5º no mesmo artigo, que instituiu o banco de horas semestral, mediante acordo individual escrito. A figura, por tornar a jornada de trabalho mais flexível, atende amplamente aos anseios econômicos pelos quais se pautou a reforma trabalhista.

5.1.1. Banco de horas anual

Conforme disposto no art. 59, §2º, da CLT, "poderá ser dispensado o acréscimo de salário se, por força de acordo ou convenção coletiva de trabalho, o excesso de horas em um dia for compensado pela correspondente diminuição em outro dia, de maneira que não exceda, no período máximo de um ano, à soma das jornadas semanais de trabalho previstas, nem seja ultrapassado o limite máximo de dez horas diárias".

Do referido artigo celetista, extraem-se três requisitos para a validade do banco de horas anual: a) negociação coletiva como título autorizativo do regime; b) limitação diária de jornada de trabalho fixada em 10h; c) compensação das horas realizada no bloco temporal máximo de um ano, com respeito aos módulos semanais.

Quanto ao primeiro requisito, vê-se que o banco de horas, por expressa determinação legal, somente poderá ser pactuado por acordo ou convenção coletiva de trabalho, não se admitindo o instrumento individual para sua celebração. A exigência se justifica devido à natureza do regime compensatório, que praticamente destrói a rigidez da jornada de trabalho, de modo que o empregado trabalhará sempre na incerteza quanto à duração diária de seu trabalho. A participação do sindicato no pacto de banco de horas anual, ao menos em tese, permitirá um melhor controle sobre os limites dessa modalidade compensatória.

No que tange ao segundo requisito, é razoável que o limite diário de jornada de trabalho não ultrapasse 10h. Isto porque, a própria prorrogação de jornada, tal como prevista no *caput* do art. 59 da CLT, fixa em 2h o quantitativo máximo de horas suplementares por dia, o que, levando em consideração a jornada ordinária de 8h descrita no art. 7º, XIII, da CF, resultará em um tempo máximo de duração diária de trabalho não superior à 10h.

Com isso, o limite máximo diário de jornada no banco de horas corresponderá, praticamente, ao mesmo limite instituído nas prorrogações de jornada, guardando coerência sistêmica com as demais regras de duração do trabalho.

Finalmente, o terceiro requisito diz respeito ao bloco temporal máximo para a compensação em regime de banco de horas. No caso, o limite máximo para a compensação será o transcurso de um ano. Até o final desse período, as horas trabalhadas para além do limite deverão ser compensadas, de modo que a duração média semanal de trabalho não extrapole o módulo constitucional de 44h.

A lei não define a quem competirá estabelecer os dias em que o empregado prestará horas excedentes ou os momentos em que gozará da correspondente redução de jornada. A dinâmica ficará a cargo da negociação coletiva, que, em regra, atribui tal prerrogativa ao empregador, dada a sua condição e o fato de assumir os riscos da atividade.

Observados os requisitos legais, o banco de horas não ensejará o pagamento de horas extras ao trabalhador.

5.1.2. Banco de horas semestral

A grande novidade trazida pela Lei nº 13.467 de 2017 é a possibilidade de banco de horas por acordo individual escrito, desde que o bloco temporal máximo para a compensação seja um semestre.

Portanto, após a reforma trabalhista, empregado e empregador poderão celebrar, individualmente, o banco de horas previsto na CLT, desde que o façam por instrumento escrito e a compensação ocorra em até seis meses, prazo em que os módulos semanais de 44h horas deverão ser respeitados.

O banco de horas semestral por acordo individual amplia, ainda mais, a flexibilidade da jornada de trabalho, além de criar, no ambiente de trabalho, tratamento diferenciado entre os trabalhadores, já que alguns poderão ter celebrado individualmente o regime e outros não.

Assim, empregados de um mesmo setor poderão conviver com jornadas de trabalho absolutamente distintas, alguns prorrogando sua jornada e recebendo, com o salário mensal, o pagamento das horas extras; e outros simplesmente aguardando para, a critério do empregador, terem reduzidas suas jornadas de trabalho, dentro do semestre.

Não há dúvidas de que a abertura para sua pactuação individual facilitará a implementação do banco de horas semestral, o que tenderá a ampliar essa modalidade de distribuição de jornada de trabalho.

5.2. Consequência do desrespeito aos requisitos de validade do banco de horas

Tanto no banco de horas anual como no semestral, a consequência para o desrespeito de quaisquer dos seus requisitos de validade será o pagamento das horas suplementares como horas extras.

"Não pode haver dúvida de que qualquer frustração aos requisitos e funcionamento regulares do banco de horas produzirá o pagamento de jornada em excesso como horas extras (isto é, o principal mais adicional)[20]". Diferentemente do que ocorre na compensação tradicional (cuja irregularidade provoca apenas o pagamento do adicional para as horas destinadas à compensação, quando não ultrapassado o módulo semanal de 44h), no banco de horas o não preenchimento dos requisitos legais importará no pagamento de horas extras (a hora normal acrescida de adicional de, no mínimo, 50%).

O mesmo ocorrerá quando, ao final do bloco temporal de compensação - seja ele anual ou semestral - as horas suplementares não tiverem sido compensadas. De igual modo, também haverá o pagamento de horas extras, calculadas sobre o valor da remuneração da data da rescisão, se o contrato de trabalho do empregado for cessado antes da correspondente compensação de jornada, tal como disposto no art. 59, §3º, da CLT, com redação dada pela Lei nº 13.467 de 2017.

6. COMPENSAÇÃO DE JORNADA PARA TRABALHADOR MENOR DE 18 ANOS

Sabe-se que o trabalhador menor, assim entendido como aquele que possui idade inferior a 18 anos (art. 402, CLT), está enquadrado em um arquétipo diferenciado de trabalho. Na verdade, existe no Brasil um verdadeiro microssistema de proteção integral à criança e ao adolescente, não apenas no trabalho, mas na sua vida social, familiar e educacional.

Especificamente em relação ao trabalho do menor, a legislação traz uma série de restrições, haja vista a preocupação com seu desenvolvimento físico e psicológico. No que toca à jornada de trabalho, apesar de o menor submeter-se ao mesmo limite de duração dos trabalhadores com mais de 18 anos, o art. 413, II, da CLT lhe veda a prorrogação de jornada, a não ser nos casos de força maior e desde que seu trabalho seja indispensável ao funcionamento do estabelecimento, com jornada diária não superior à 12h e, é claro, o correspondente pagamento do adicional de, pelo menos, 50% sobre as horas suplementares.

Interessante, porém, é o disposto no inciso I do referido art. 413 da CLT, que admite, mediante acordo ou convenção coletiva de trabalho, que o menor prorrogue sua jornada de trabalho em até 2h diárias, desde que o excesso de horas de um dia seja compensado pela diminuição em outro, respeitado o módulo semanal constitucional de 44h.

Trata-se de abertura legal para que o menor de 18 anos possa ser inserido em regime de compensação de jornada, exigindo-se, como requisitos: a) negociação coletiva; b) limite de 2h suplementares por dia; c) respeito ao módulo semanal, com compensação no bloco temporal máximo de uma semana.

20. DELGADO, Maurício Godinho. **Curso de direito do trabalho**. 16 ed. rev. e ampl. São Paulo: LTr, 2017, p. 1.014.

Atendidos os requisitos da lei, além de a compensação de horas ser possível para o trabalhador menor, este não receberá o pagamento de horas extras com adicional de 50%. Caso não se observem as exigências legais, o menor terá direito ao pagamento de horas extras acrescidas de, no mínimo, 50%.

7. QUADRO SINTÉTICO COMPARATIVO DA COMPENSAÇÃO DE JORNADA APÓS A REFORMA TRABALHISTA

A fim de facilitar a visão global das mudanças, segue, abaixo, quadro sintético comparativo das diversas modalidades de compensação de jornada admitidas:

Tipo	Compensação ordinária	Escala 12x36	Banco de horas semestral	Banco de horas anual	Compensação do menor
Título Autorizativo	Acordo expresso ou tácito, individual ou coletivo	Negociação coletiva, salvo para entidades de saúde, cujo acordo individual escrito também será aceito	Acordo individual escrito ou negociação coletiva	Negociação coletiva	Negociação coletiva
Bloco temporal de compensação	Respeito ao módulo semanal no bloco temporal máximo de um mês	Respeito ao módulo semanal no bloco temporal máximo de um mês	Respeito ao módulo semanal no bloco temporal máximo de um semestre	Respeito ao módulo semanal no bloco temporal máximo de um ano	Respeito ao módulo semanal no bloco temporal máximo de uma semana
Limite diário de jornada	Submetido ao razoável	12h de jornada diária	10h de jornada diária	10h de jornada diária	2h suplementares diárias
Consequência do desrespeito aos requisitos	Pagamento do adicional para as horas destinadas à compensação e de horas extras para aquelas que ultrapassem o módulo semanal.	Pagamento do adicional para as horas destinadas à compensação e de horas extras para aquelas que ultrapassem o módulo semanal.	Pagamento de horas extras	Pagamento de horas extras	Pagamento de horas extras

8. CONSIDERAÇÕES FINAIS

Não há dúvidas que a reforma trabalhista, através da Lei nº 13.467 de 2017, conferiu maior flexibilidade à jornada de trabalho, facilitando os ajustes de compensação de jornada a ponto de torna-los quase uma regra, e não mais uma exceção.

É difícil dizer, em um primeiro momento, como a sistemática criada pela lei para o regime compensatório poderá afetar a vida do trabalhador brasileiro e em que medida as escalas compensatórias podem ser verdadeiramente objeto de aquiescência do empregado, naturalmente exposto a uma situação de hipossuficiência contratual.

Por outro lado, é impossível ignorar as mudanças trazidas pela pós-modernidade na dinâmica de execução do trabalho, transformando a jornada flexível em símbolo de desejo dos mais variados segmentos empresariais, o que confirma a tese de que a reforma trabalhista, especialmente em relação às regras de duração do trabalho, pautou-se claramente pelos fundamentos econômicos do direito do trabalho.

REFERÊNCIAS

BARROS, Alice Monteiro de. **Direito do trabalho.** 11. ed., atual por Jessé Cláudio Franco de Alencar. São Paulo: LTr, 2017.

CASSAR, Vólia Bomfim. **Direito do trabalho.** 4. ed. Niterói: Impetus, 2010.

DELGADO, Maurício Godinho. **Capitalismo, trabalho e emprego**: entre o paradigma da destruição e os caminhos da reconstrução. São Paulo: LTr, 2007.

DELGADO, Maurício Godinho. **Curso de direito do trabalho**. 16 ed. rev. e ampl. São Paulo: LTr, 2017

MARTINEZ, Luciano. **Curso de direito do trabalho**. São Paulo: Saraiva, 2010.

O TRIUNFO DA VONTADE PATRONAL: ESQUEMAS DE PRORROGAÇÃO E COMPENSAÇÃO DE JORNADAS INSTITUÍDOS PELA "REFORMA TRABALHISTA" BRASILEIRA

Paulo Henrique Tavares da Silva[1]

Sumário: 1. Introdução – 2. Apresentando as mudanças – 3. Críticas ao novo modelo – 4. Conclusões – Referências.

1. INTRODUÇÃO

Cuida este ensaio de analisar as mudanças implementadas pela denominada "reforma trabalhista", através da Lei 13.467/2017, cuja vigência está programada para os primeiros dias do mês de novembro vindouro. Dentre o vasto pacote de mudanças, sobressaem transformações no campo da gestão das horas de labor, seja através da criação de uma inédita forma de contratação segmentada (trabalho intermitente) ou mesmo reconhecendo, ao menos no plano contratual, a desnecessidade do controle de jornada no denominado teletrabalho. Aqui, iremos cuidar das alternativas criadas a respeito do que for pertinente aos esquemas de prorrogação e compensação de jornadas.

O tema é da maior importância, diretamente relacionado à histórica luta travada pela classe operária visando a redução do trabalho, como imperativo de valorização da dignidade do homem e da sua saúde ocupacional, redundando no fato de ser objeto da primeira Convenção da recém-nascida Organização Internacional

1. Doutor e mestre em Direitos Humanos e Desenvolvimento pela UFPB; Professor da UFPB; Professor do UNIPÊ-JP (graduação e mestrado); Juiz do Trabalho, titular da 5ª VT de João Pessoa; Vice-diretor da Escola Judicial do TRT 13.

do Trabalho (OIT). O fato é que, por mais significativos que sejam os desenvolvimentos tecnológicos, o manejo da força de trabalho ainda permanece, ao menos nas economias periféricas, como fator nuclear para a produção de riqueza. Não fosse assim, a disseminação de formas de trabalho que desconsiderassem a presença do operário no "chão de fábrica", seria alçada à condição de regra, e não situação excepcional.

Dentre aqueles que propugnam a necessidade dessas mudanças, incluem-se os que defendem a possibilidade de "libertar" os trabalhadores das amarras de uma jornada fixa, empoderando-os no momento da pactuação com a possibilidade de produzir alternativas que atendessem a ambos os lados da relação de emprego. Já pelo lado patronal, desponta a necessidade de um incremento no "jus variandi", visando maior eficiência na alocação da força do trabalho dentro do ciclo produtivo. Nesse sentido, rearranjos na política do banco de horas e a criação de possibilidades sintonizadas com essas demandas contribuiriam para um desenvolvimento econômico literalmente compartilhado. No entanto, o que se irá revelar neste ensaio é um cenário bem diverso.

Curiosamente, esse esforço pela "modernização" das relações trabalhistas merece uma leitura atenta, ressaltando não apenas aquilo que aparece ostensivamente, mas com especial ênfase às possibilidades ocultas que surgem quando transpomos o discurso legal para a práxis dos contratos de trabalho. Isso porque a contradição decorrente da submissão da vontade do empregado ao poder econômico, durante a vigência do contrato, não foi eliminada. O temor pela perda da ocupação é uma constante, ainda mais saliente nesses tempos de ajustes às tendências ultraliberais. Assim, tomar por premissa essa tal liberdade no momento das alterações contratuais é uma falácia, valendo destacar que isso ainda está consagrado no texto da CLT muito embora, a partir da reforma, as antinomias lógicas decorrentes dessa suposta liberdade serão bem mais recorrentes.

Em verdade, usa-se a ideia de uma gestão compartilhada para legitimar o exercício da vontade do empregador, vez que foram criados subterfúgios que, lateralmente, podem afastar a presença sindical do processo de negociação desses arranjos da jornada. Isso sem falar do ataque direto a autonomia sindical, solapando seu custeio, sem a criação de fontes alternativas de sobrevivência, correndo-se o risco de presenciarmos sindicatos profissionais de fachada, que em verdade representariam o outro lado da relação. O que se prioriza nessa reforma é a vontade do empregador. Noutras palavras, o novel texto legal representou um autêntico levante do patronado contra o sistema protetivo do trabalho então vigente, a ponto de desconsiderar, solenemente, até mesmo disposições constitucionais acerca do tema, estas inclusive inspiradas em toda uma disciplina supranacional correlata.

No intento de comprovar aquilo que defendemos, dividiremos nossa argumentação em dois momentos. O primeiro apresentará ao leitor o objeto das inovações legislativas acerca dos esquemas de prorrogação e compensação da jornada, de certo modo delimitando o espaço crítico deste estudo, sem prejuízo de correlacionarmos as transformações com outros pontos da reforma, o que se revela absolutamente necessário, dado que o trabalho levado a efeito pela Lei 13.467/2017 foi magnificamente costurado, sistêmico, revelando uma clara motivação, uma inversão de papéis: mais vale a produção que a saúde do trabalhador. Nesse sentido, dedicamos a segunda parte do trabalho, confrontando as propostas modernizadoras com o dito no sistema protetivo laboral, seja internamente, nas normas de hierarquia superior, nos tratados e convenções internacionais quanto ao tema, bem assim na jurisprudência dos tribunais brasileiros, notadamente a do Tribunal Superior do Trabalho. Cuidamos, ainda, de agregar as conclusões adotadas pela recente 2ª Jornada de Direito Material e Processual do Trabalho, promovida pela Associação Nacional dos Magistrados do Trabalho (Anamatra), na capital federal, nos dias 9 e 10 de outubro passados, que congregou integrantes do judiciário, advogados, membros do Ministério Público do Trabalho e fiscais do trabalho, representando um esforço coletivo destinado a repensar essa reforma trabalhista frente à experiência daqueles que vivenciam diretamente os conflitos do trabalho.

2. APRESENTANDO AS MUDANÇAS

Comecemos pelo art. 59 da CLT, em sua nova redação, com destaques nossos:

> Art. 59. A duração diária do trabalho poderá ser acrescida de horas extras, em número não excedente de duas, **por acordo individual**, convenção coletiva ou acordo coletivo de trabalho.
>
> § 1º. A remuneração da hora extra será, pelo menos, 50% (cinquenta por cento) superior à da hora normal.
>
> § 2º. Poderá ser dispensado o acréscimo de salário se, por força de acordo ou convenção coletiva de trabalho, o excesso de horas em um dia for compensado pela correspondente diminuição em outro dia, de maneira que não exceda, no período máximo de um ano, à soma das jornadas semanais de trabalho previstas, nem seja ultrapassado o limite máximo de dez horas diárias. (Redação dada pela Medida Provisória nº 2.164-41, de 2001)
>
> § 3º. Na hipótese de rescisão do contrato de trabalho sem que tenha havido a compensação integral da jornada extraordinária, na forma dos §§ 2º e 5º deste artigo, o trabalhador terá direito ao pagamento das horas extras não compensadas, calculadas sobre o valor da remuneração na data da rescisão.
>
> § 4º. (Revogado).
>
> § 5º. O banco de horas de que trata o § 2º deste artigo **poderá ser pactuado por acordo individual escrito, desde que a compensação ocorra no período máximo de seis meses.**
>
> § 6º. **É lícito o regime de compensação de jornada estabelecido por acordo individual, tácito ou escrito, para a compensação no mesmo mês.**

Do texto original, manteve-se apenas integro o disposto no parágrafo 2º, ao estabelecer os lineamentos do sistema do banco de horas, com resolução anual. A revogação do § 4º veio a possibilitar a prática de horas extras mesmo nos contratos por prazo determinado, sem que com isso violássemos a integridade dessa modalidade de contratação, o que antes era expressamente vetado. Nada de novo há quanto à possibilidade de acordo escrito entre empregado e empregador corporificar compensação de jornada, ante o expresso permissivo do item I da Sum. 85 do TST. O que realmente desponta aqui é o dito nos parágrafos 5º e 6º. O primeiro, a viabilizar o banco de horas via acordo individual, desde que semestral, bem como a prática de acordo individual táctico, para compensação praticada no mesmo mês.

Com efeito, a dita Súmula 85 do TST veda a adoção do banco de horas mediante acordo individual, este que somente pode ser objeto de negociação coletiva (item V), bem assim que no acordo tácito de compensação de jornada haveria a penalização do empregador no adicional de sobrejornada sobre as horas objeto do ajuste, excetuada a hipótese de trabalho em jornada excedente habitual, fato que simplesmente descaracterizaria o pactuado (itens III e IV). Aliás, neste ponto, o legislador reformista, como que condoído frente aqueles pobres empregadores condenados pela implacável Justiça do Trabalho, resolveu atacar expressamente aquele entendimento jurisprudencial consolidado pela mais alta corte do país na matéria, proclamando, num dispositivo novo inserido no contexto do art. 59:

> Art. 59-B. O não atendimento das exigências legais para compensação de jornada, **inclusive quando estabelecida mediante acordo tácito,** não implica a repetição do pagamento das horas excedentes à jornada normal diária se não ultrapassada a duração máxima semanal, sendo devido apenas o respectivo adicional.
>
> Parágrafo único. **A prestação de horas extras habituais não descaracteriza o acordo de compensação de jornada e o banco de horas.**

Em paralelo ao sistema geral introduzido pelo art. 59, houve criação de uma alternativa que subverte os padrões jurisprudenciais até então praticados, qual seja a transformação, em regra geral, da possibilidade da adoção do esquema de 12x36 horas, considerando a posterior modificação levada a efeito pela Medida Provisória 808/17. Vejamos:

> Art. 59-A. **Em exceção ao disposto no art. 59 e em leis específicas**, é facultado às partes, por meio de convenção coletiva ou acordo coletivo de trabalho, estabelecer horário de trabalho de doze horas seguidas por trinta e seis horas ininterruptas de descanso, **observados ou indenizados os intervalos para repouso e alimentação**. (Redação dada pela Medida Provisória nº 808, de 2017)
>
> § 1º A remuneração mensal pactuada pelo horário previsto no *caput* **abrange os pagamentos devidos pelo descanso semanal remunerado e pelo descanso em feriados e serão considerados compensados os feriados e as prorrogações de trabalho noturno, quando houver, de que tratam o art. 70 e o § 5º do art. 73**. (Redação dada pela Medida Provisória nº 808, de 2017)
>
> § 2º **É facultado às entidades atuantes no setor de saúde estabelecer, por meio de acordo individual escrito, convenção coletiva ou acordo coletivo de trabalho**, horário de trabalho de doze horas seguidas por trinta e seis horas ininterruptas de descanso, observados ou indenizados os intervalos para repouso e alimentação. (Redação dada pela Medida Provisória nº 808, de 2017)

A redação original, oriunda da Lei 13.467/17, possibilidade essa disseminação da jornada por plantões inclusive pela via do acordo individual escrito. A redação emprestada pela MP 808/17 apenas permitiu o uso dessa alternativa para as "entidades atuantes no setor de saúde". Mas convém pontuar que se trata aqui de discriminação injustificada, isto porque não é possível discernir o setor de saúde da segurança, por exemplo, visando permitir que por acordo entre patrão e empregado se possa introduzir esquema de trabalho que, ao nosso ver, é flagrantemente agressivo à saúde do trabalhador. Se vamos enveredar pelo caminho da abrangência do excepcional sobre o normal, melhor que fosse por uma única via, aquela da normatização coletiva.

Válido ainda ressaltarmos que para as atividades ditas insalubres, cuja prorrogação exigiria prévia autorização administrativa, conforme então previsto no art. 60 da consolidação, adicionou-se a exceção da jornada de 12x36 horas pela via de um parágrafo único agregado ao citado dispositivo, sem que se tenha aqui especificada qualquer razão de natureza técnica para similar permissivo. Muito embora ainda não estejamos no território da análise crítica dessas inovações, a contradição aqui é manifesta, uma vez que o caput do artigo enuncia que qualquer prorrogação há de ser objeto de autorização prévia e, no parágrafo único, uma prorrogação que, em apenas um dia, acresce quatro horas à jornada normal de oito, inclusive sem a possibilidade de descanso intervalar, seria placidamente admissível.

Complementa o pacote reformista nesses aspectos a alteração sutil feita no § 1º, do art. 61 da CLT, que cuida das prorrogações por imperiosa necessidade, desonerando o empregador de notificar as autoridades administrativas em tais casos. Destaco, nesse ponto, o fato do § 2º daquele artigo permitir a prorrogação até doze horas diárias para os casos de excesso de horário por motivo de força maior, desde que ocorra, naturalmente, o pagamento das horas extras.

Noutro lado, embora não estejam inseridos na província legal do disciplinamento das jornadas, há outras normas novas que se enlaçam ao tema. Cito, por exemplo, a criação da figura do "hipersuficiente", através do parágrafo único do art. 444, emprestando-se poderes similares aos do sindicato aqueles trabalhadores que perceberem patamar salarial igual ou superior a duas vezes o limite máximo dos benefícios do Regime Geral de Previdência Social e sejam portadores de diploma de nível superior. Fala-se ali, textualmente, ao dito no art. 611-A, matriz da tese do "negociado sobre o legislado", possibilitando-se ajustes pontuais, por exemplo, quanto a à "jornada de trabalho, observados os limites constitucionais, banco de horas anual; intervalo intrajornada, respeitado o limite mínimo de trinta minutos para jornadas superiores a seis horas" (art. 611-A, introduzido pela reforma, itens I a III).

Num fecho sórdido, ainda calha pôr em relevo o disposto no parágrafo único do art. 611-B, pelo que o legislador declara, sem maiores constrangimentos que "regras sobre duração do trabalho e intervalos não são consideradas como normas de saúde, higiene e segurança do trabalho para os fins do disposto neste artigo."

São essas, em linhas gerais, as inovações que serão objeto de nossas considerações na seção que segue.

3. CRÍTICAS AO NOVO MODELO

Na regulação jurídica do fenômeno social do trabalho repousa um dilema de difícil equação: como separar o trabalho que é levado ao mercado da pessoa do trabalhador? Geralmente isso é simplesmente mascarado pela forma contratual que assumiu o processo de alienação da força de trabalho, esquecendo-se, deliberadamente, que o objeto-trabalho é indissociável da figura do trabalhador. Nesse sentido, fala-se na constituição de um estatuto jurídico que recai sobre o corpo do trabalhador, escondido detrás da clássica formula que vincula um credor a um devedor visando a satisfação de determinadas obrigações. Nega-se por vezes a dimensão biológica dos sujeitos (SUPIOT, 2016, p. 70). É bem verdade que o trajeto que percorreu o direito do trabalho em sua história se traduz num esforço para reconhecer uma gradual mudança de percepção, sensibilizando-o e ajustando-o à realidade, esta que não reconhece sequer distinção entre o trabalho manual e o intelectual, quando o assunto é o desgaste físico:

> O estatuto jurídico do corpo na relação de trabalho não depende, com efeito, da natureza "manual" ou "intelectual" deste último. Há, em todos os casos, e de maneira indissolúvel, "alienação da energia muscular" e da energia mental. Assim como não existem tarefas puramente físicas, que não ponham de nenhum modo em jogo as faculdades intelectuais, também não existem tarefas puramente intelectuais, que não mobilizem nenhuma energia física. Em todos os casos, a capacidade de trabalho acha-se subordinada a uma capacidade física, e todos os acontecimentos que afectem esta afectarão aquela: a fadiga, a doença, a juventude ou a velhice. (SUPIOT, 2016, p. 73-74)

Por tais razões, a doutrina tradicional do direito do trabalho aponta que as razões para limitar a jornada de trabalho poderiam ser classificadas em três grandes ordens: fisiológicas; morais e sociais; econômicas. Aquelas do primeiro bloco atrelam-se aos aspectos da fisiologia humana, que impõem a paralisação do serviço como imperativo para recuperação das forças físicas e mentais e prevenção de agravos à saúde. O fundamento moral e social liga-se mesmo à dignidade da pessoa, a exigir que o trabalhador possa exercitar os prazeres de possuir uma vida pessoal e social, bem como compartilhar do sadio convívio comunitário e familiar. Por fim, o aspecto econômico da redução da jornada prende-se ao desenvolvimento tecnológico que a humanidade vem experimentando exponencialmente no curso dos três últimos séculos, racionalizando a produção e possibilitando uma gradual libertação da força física do trabalhador, substituída ou mais bem gerenciada por processos mais enxutos de produção (GOMES e GOTTSCHALK, 2012, p. 311-316).

A par desses fundamentos teóricos, nosso país ainda preservava o modelo fordista de padronização da contagem do trabalho com base nas horas prestadas, tendo-se em caráter excepcional apenas aquelas formas que, pela absoluta impossibilidade de controle, ou dada a condição do empregado na hierarquia da empresa, possibilitasse um certo domínio de seu horário de trabalho (nesse sentido, ver a redação pré-reforma do art. 62 da CLT). O fato é que o padrão-hora, da década de 1940 até a virada para o século XXI aprimorou-se, incorporando medidas que visavam a preservação da saúde do trabalhador, com a introdução de sistemas de pausas intra e interjornada mais rígidos, flexibilização de horários controlada pela interveniência sindical, rigidez na admissão do banco de horas, reconhecimento do dano moral por infração do direito ao lazer, reconhecimento legislativo do computo das horas de percurso na jornada, dentre outros melhoramentos, restando indiscutivelmente importante o papel da jurisprudência das cortes trabalhistas nessa modelagem.

Não que isso tenha ocorrido de forma pacifica. Há uma disputa inerente à própria lógica do sistema, uma luta pela hegemonia do direito de pautar a contagem do trabalho e seus efeitos. De um lado, a pretensão de legitimar a atividade capitalista por intermédio da ampliação dos direitos aos trabalhadores; do outro, considerando que essa justificativa é desnecessária, por inexistir mais outra alternativa, insistindo num retorno à valorização das relações individuais entre padrões e empregados, ao ajuste dos esquemas produtivos ao cenário internacional, com uma consequente redução dos custos da mão de obra (RAMOS FILHO, 2012, p. 380). O foco dessa segunda vertente, no que tange à jornada, é aumentar a intensidade do trabalho sem a mudança de salário, como bem advertem Boltanski e Chiapello:

> A precarização do trabalho e o desenvolvimento da terceirização possibilitam, em primeiro lugar, pagar apenas o tempo efetivamente trabalhado e subtrair do tempo pago todos os intervalos, o tempo dedicado à formação e as folgas antes parcialmente integradas na definição de justa jornada de trabalho. O desenvolvimento do período parcial na forma frequentemente praticada visa à obtenção de um ajuste quase em tempo real entre o número de empregados e demanda, com um custo da hora extra não superior ao da hora normal. (BOLTANSKI e CHIAPELLO, 2009, p. 272)

O fato é que a denominada "reforma trabalhista" seguiu o itinerário traçado por outras reestruturações promovidas noutros países, a exemplo da Espanha e, mais recentemente, a França. Trata-se, segundo Supiot, de um movimento de "contrarrevolução ultraliberal", pelo qual os novos dogmas do fundamentalismo econômico neoliberal, codificados pelas instituições econômicas e financeiras mundiais, atinentes à infalibilidade do mercado, as maravilhas da concorrência generalizada, a privatização dos serviços públicos, a desregulamentação do trabalho, a livre circulação de capitais e mercadorias, tornaram-se, em poucos anos ao final do século passado, numa espécie de religião oficial, cujo "culto é celebrado por uma multidão de pregadores que encontram diariamente nas grandes mídias, meios de propagação de sua fé, muito mais invasores do que as tribunas das igrejas de outrora" (SUPIOT, 2014, p. 33).

Lançadas, de maneira sintética, as bases ideológicas gerais do movimento que culminou no nosso "pacote" de mudanças, podemos observar que, em sentido contrário ao discurso oficial da prevalência do negociado coletivo sobre o legislado, o que se tem é um retorno à negociação individual das bases contratuais. Isso porque o disposto no art. 611-A, berço dos poderes entregues à negociação coletiva, perde significação quando consideramos a migração discreta de novos poderes dados aos empregadores, ampliando-se seu jus variandi. Vale ressaltar que a presença dos sindicatos nas negociações coletivas restou ainda solapada pela iniciativa de extinguir a principal fonte de custeio do sistema de representação dos trabalhadores que, apesar de todas as críticas decorrentes de sua coatividade, não poderia ser encetada sem a construção de alternativas destinadas a viabilizar a ação sindical. Ou seja, durante um bom tempo, os sindicatos, federações e confederações, estarão bem mais preocupados com sua sobrevivência do que com a celebração de acordos e convenções alinhados aos novos tempos de concorrência internacional.

Acerca da disciplina das jornadas, esse movimento de "modernização" da legislação trabalhista resta centrado nos seguintes pontos: a) desconsideração do valor jurídico do descanso no curso da jornada laboral, retirando sua pertença daquilo que é pertinente à saúde do trabalhador; b) centralidade na hora efetivamente trabalhada, aqui entendida como aquela que se engaja no processo produtivo do empregador, estabelecendo-se obstáculos à caracterização do tempo à disposição como fator gerador de algum tipo de remuneração ao empregado; c) flexibilização das jornadas no interesse patronal, sob o argumento de que o empregado teria tempo disponível para desenvolver outras atividades a seu bel-prazer.

Essas iniciativas acarretam numa manifesta desvalorização do trabalho humano, uma vez que o tempo à disposição, remunerado que era sob a sistemática anterior, juntamente com o tempo para recomposição orgânica, perdem significação. De outro lado, a introdução de um contrato tipicamente atrelado às horas requisitadas pelo empregador, denominado de "intermitente" (art. 443, § 3º, com a nova redação da reforma), faz parte dessa nova ótica que se dá ao processo de captação da força de trabalho. O "tempo livre" supostamente dado ao empregado será por este aproveitado nessas atividades manifestamente precárias, causando um desgaste físico maior daquele sentido quando havia vinculação apenas a uma fonte tomadora de serviço. A diferença é que a responsabilidade pelos danos físicos, emocionais e sociais decorrentes dessa novel exploração não ficará centrada num empregador específico, sendo assim socializada através dos serviços de saúde pública e previdência social (COSTA NETO e SILVA, 2017, p. 133)

A reforma veicula uma preocupação com a "hora trabalhada", elegendo-a mesmo como "moeda de troca" na negociação coletiva. Das matérias prevalecentes do negociado sobre o legislado (elencadas, exemplificativamente, no art. 611-A da CLT), versam, direta ou indiretamente, sobre a hora trabalhada, os seguintes itens I (jornada, especificamente); II (banco de horas); III (pausa intrajornada), VIII (teletrabalho, sobreaviso e trabalho intermitente); IX (produtividade); X (registro de jornada); XI (troca de feriados); XIII (prorrogação de jornada em ambientes insalubres). Ou seja, dos quinze itens listados naquele dispositivo, oito tratam do trabalho corporificado no tempo de serviço efetivamente prestado ao empregador.

Com isso, estabelecemos as bases de um "banco de horas" exógeno, negociado fora do contrato de trabalho e compartilhado entre os tomadores de serviço do mercado. O trabalhador, supostamente liberto do ambiente empresarial, poderia exercer outras atividades, ou até mesmo, no dizer dos arautos da reforma, ficar em casa descansando. Esquecem, todavia, da diminuição do padrão remuneratório da hora, com a supressão do ressarcimento do tempo à disposição, bem assim do incremento da extração de sobrevalor decorrente do aumento da carga de trabalho mediante os esquemas intensos de captação da força de trabalho em doze horas de labor, inclusive com a supressão das pausas para repouso e alimentação, que poderão ser pagas pelo empregador, como se a reconstituição física decorrente do desgaste laboral pudesse ser simplesmente ressarcida na forma contratual mais elementar.

Na prática, o trabalhador "liberto" irá buscar uma complementação de renda através de uma contratação precária e periférica, seja por meio de intermitência ou mesmo de serviço autônomo formalmente reconhecido, que em tese afastaria o contrato de trabalho, isso segundo também a reforma (nesse sentido, observar o art. 442-B da CLT inserido na CLT, mesmo com as alterações da MP 808/17). As horas livres, agora existentes em maior número, podem ser preenchidas com o trabalho em atividades da economia compartilhada, a exemplo dos serviços de transporte por meio de aplicativos de telefonia celular, tão em gosto na sociedade contemporânea.

Por outro lado, embora se fale em negociação coletiva, há na reforma um componente de prevalência da vontade patronal. Isso porque o desejo em promover a inversão do nível macroeconômico para o microeconômico foi tamanho a ponto de se olvidar das normas constitucionais que regem a matéria. O art. 7º da Constituição Federal vincula a recomposição da jornada à participação do ente sindical nas negociações, isso claramente expresso em seus itens XIII e XIV, parte final, respectivamente. Daí, caminhou bem o TST ao vincular a adoção do banco de horas à autorização via negociação coletiva, restando, por óbvio, inconstitucional o permissivo contido nos parágrafos 5º e 6º do art. 59 da CLT, alterado pela Lei 13.467/2017. Nesse sentido foi a conclusão extraída da 2ª Jornada de Direito Material e Processo do Trabalho, através de sua Comissão Temática 2, Enunciado 1, estes termos: "Banco de horas por acordo individual. A compensação de horários requer intervenção sindical obrigatória, independentemente do seu prazo de duração, conforme artigo 7º, XIII, CF, que autoriza a compensação apenas mediante acordo ou convenção coletiva de trabalho" (ANAMATRA, 2017). Isso porque ambos os dispositivos colocam, em verdade, ao alvedrio do empregador, que possui a prevalência da vontade no curso do contrato de emprego, a determinação acerca da adoção ou não do regime de banco de horas, semestral ou mensal. O regime de prorrogação que pode ser individualmente pactuado diz respeito apenas aquele que se resolve a cada semana, como aliás prescreve a Súmula 85 do TST.

O mesmo aroma de inconstitucionalidade permeia a autorização para que o empregador possa submeter os empregados à prorrogação de jornada em trabalho insalubre, despontando aqui o disposto no Enunciado 6 (aglutinado, da Comissão 3, daquela citada jornada), bem assim, especificamente quanto ao tema, mais este Enunciado temático:

> **INCONSTITUCIONALIDADE NA FIXAÇÃO DE JORNADA SUPERIOR A OITO HORAS EM ATIVIDADES INSALUBRES**
> **Ementa**: A fixação de jornada de trabalho superior a oito horas em atividades insalubres, sem prévia autorização das entidades responsáveis pela higiene e segurança no trabalho, viola os termos do inciso XXII do artigo 7º. da Constituição Federal de 1988. Assim, são inconstitucionais o parágrafo único do artigo 60 e o inciso XIII, do artigo 611- A, introduzidos pela Lei 13.467/2017. (ANAMATRA, 2017)

Pelas mesmíssimas razões acima invocadas, até mesmo reforçadas pela agressão direta que o texto reformador faz à história do direito do trabalho, que se confunde com a proteção ao excesso da jornada, seja por sua limitação temporal ou mesmo com o estabelecimento de intervalos remunerados, todos aqueles entendimentos derivados da separação da política de intervalos do universo das normas de saúde e segurança do trabalho são, flagrantemente, inconstitucionais, por importar em retrocesso social expresso.

Acerca da adoção da jornada de 12x36 como alternativa possível a qualquer atividade econômica, inclusive com o pagamento como extra dos intervalos intrajornada e a inclusão na remuneração dos domingos, feriados e do trabalho noturno, pronunciou-se assim o plenário da Jornada em tela, através do Enunciado 2, da Comissão 2 (aglutinados):

> **JORNADA DE 12X36**
>
> **Ementa**: JORNADA 12X36. 1. tratando-se de regime de compensação de jornada, é essencial para a sua validade a previsão em acordo coletivo ou convenção coletiva de trabalho, nos termos do artigo 7º, XIII, da Constituição Federal, inclusive em relação ao comerciário, em razão de lei especial (Lei 12.790/2013). 2. Artigo 60, parágrafo único da CLT. Dispensa de licença prévia para a realização de jornada 12x36. Matéria de saúde e segurança do trabalho. Inconstitucionalidade por infração ao artigo 7º, XXII, da Constituição Federal. 3. Impossibilidade de regime "complessivo" quanto ao pagamento de feriados e prorrogação da jornada noturna, por infração ao artigo 7º, IX, da Constituição Federal. 4. A prestação de horas extras, inclusive pela supressão do intervalo intrajornada (ainda que parcial), descaracteriza o regime de compensação de jornada 12x36, implicando o pagamento como hora extraordinária daquelas laboradas além da 8ª diária, por infração ao artigo 7º, XIII e XXVI, da Constituição Federal. (ANAMATRA, 2017)

Com efeito, desde a origem, a CLT entendia que o trabalho que superava dez horas diárias deveria ser praticado em caráter excepcionalíssimo. Gradualmente, e mesmo assim mediante ajuste coletivo, passou a permitir a adoção de jornadas de 12 x 36 horas, respeitados determinados critérios, todos incrustrados na Súmula 444 do TST, nos seguintes termos:

> **JORNADA DE TRABALHO. NORMA COLETIVA. LEI. ESCALA DE 12 POR 36. VALIDADE. - Res. 185/2012, DEJT divulgado em 25, 26 e**

> **27.09.2012 - republicada em decorrência do despacho proferido no processo TST-PA-504.280/2012.2 - DEJT divulgado em 26.11.2012**
>
> É valida, em caráter excepcional, a jornada de doze horas de trabalho por trinta e seis de descanso, prevista em lei ou ajustada exclusivamente mediante acordo coletivo de trabalho ou convenção coletiva de trabalho, assegurada a remuneração em dobro dos feriados trabalhados. O empregado não tem direito ao pagamento de adicional referente ao labor prestado na décima primeira e décima segunda horas.

À luz daquilo que está posto, entendemos que a adoção desse esquema de prorrogação/compensação sempre deve ser precedida de autorização inserta em acordo ou convenção coletiva, jamais por ajuste individual, bem assim devidamente justificada pelas peculiaridades do serviço, descabendo sua banalização, sob pena de subversão de todo um sistema protetivo histórico e legalmente posto, seja em nível interno e, mais ainda, internacional. Ademais, concordamos integralmente com as conclusões da 2ª Jornada acerca da aglutinação do trabalho noturno, repousos semanais e feriados na remuneração, complessividade que não ajusta com a disciplina da morfologia remuneratória prevista na própria CLT, violando, em especial, a prática dos contratos existentes ao tempo da vigência da reforma, por se traduzir em modificação manifestamente lesiva ao interesse do empregado (CLT, art. 468, *caput*).

4. CONCLUSÕES

Gostaria de terminar este breve ensaio com as palavras de Engels, ao descrever a dura situação da vida dos trabalhadores na Inglaterra do final do século XIX:

> Todas as ilusões e tentações se juntam para induzir os trabalhadores ao alcoolismo. A aguardente é para eles a única fonte de prazer e tudo concorre para que a tenham a mão. O trabalhador retorna à casa fatigado e exausto; encontra uma habitação sem nenhuma comodidade, úmida, desagradável e suja; tem a urgente necessidade de distrair-se; precisa de qualquer que faça seu trabalho valer a pena, que torne suportável a perspectiva do amargo dia seguinte. Fica acabrunhado, insatisfeito, sente-se mal, é levado à hipocondria; esse estado de ânimo se deve principalmente às suas más condições de saúde, à sua má alimentação e é exacerbado até o intolerável pela incerteza de sua existência, pela absoluta dependência do acaso e por sua incapacidade de pessoalmente fazer algo para dar segurança à sua vida. (ENGELS, 2010, p. 142).

Indago se esse triste cenário é diferente daquele vivenciado pelos trabalhadores precarizados em qualquer canto desse mundo que se anuncia pós-moderno. E será que, efetivamente, caminhamos bem ao relegar dessa forma normas historicamente construídas a partir desse cenário de horror, hipervalorizando o tempo de trabalho em detrimento do descanso?

Como vimos, a reforma trabalhista brasileira está em perfeita sintonia com a epidemia ultraliberal que contamina as economias capitalistas ocidentais, transformando o então estado do bem-estar social pelo estado do trabalho, invertendo a lógica da relação de emprego, antes centrada em aspectos macroeconômicos, nas sutis interconexões que marcam a utilização do trabalho numa sociedade desenvolvida, para a lógica do microindividual, do contrato de trabalho e, desta forma, frente a desigualdade ínsita na relação de emprego, na prevalência da vontade do mais forte sobre o mais fraco.

Não nos convence, todavia, que o trabalhador do século XXI não esteja sujeito aos mesmos riscos da exploração da sua capacidade produtiva que aquele que atuava nas fábricas inglesas há duzentos anos. O que mudou foi a forma, bem mais insidiosa, agora centrada na apropriação não só da força física, mas também da capacidade intelectiva do obreiro.

Não se pode deixar indene essa inversão perversa. No entanto, a reação legítima pode ser travada no território do jurídico. Sem dúvida que o reformista, em sua sede de readequar a relação de emprego aos seus propósitos, esqueceu-se da necessidade de transformar não apenas da lei ordinária, mas principalmente os cânones constitucionais da proteção da dignidade da pessoa humana. É por esse prisma, o da proteção da pessoa e aquele que veda o retrocesso social, que a resistência jurídica deve se fiar. Do contrário, aprimoraremos, lastimavelmente, a barbárie.

REFERÊNCIAS

ASSOCIAÇÃO NACIONAL DOS MAGISTRADOS DA JUSTIÇA DO TRABALHO (ANAMATRA). 2ª. Jornada de Direito Material e Processual do Trabalho. **Enunciados Aprovados.** Disponível em: <http://www.jornadanacional.com.br/listagem-enunciados-aprovados.asp>. Acesso em: 22 out. 2017.

BOLTANSKI, Luc; CHIAPELLO, Ève. **O novo espírito do capitalismo.** São Paulo: Martins Fontes, 2009.

COSTA NETO, Antonio Cavalcante da Costa; SILVA, Paulo Henrique Tavares da. Mercado de Horas: acerca do novo e cruel modelo de exploração do trabalho implementado pela "reforma trabalhista" brasileira. In: FELICIANO, Guilherme Guimarães; TREVISO, Marco Aurélio Marsiglia; FONTES, Saulo Tarcísio de Carvalho. **Reforma Trabalhista:** visão, compreensão e crítica. São Paulo: LTr, 2017, p. 123-134.

ENGELS, Friedrich. **A situação da classe trabalhadora na Inglaterra.** São Paulo: Boitempo, 2010.

GOMES, Orlando; GOTTSCHALK, Elson. **Curso de Direito do Trabalho.** 19 ed. Rio de Janeiro: Forense, 2012.

RAMOS FILHO, Wilson. **Direito capitalista do trabalho:** história, mitos e perspectivas no Brasil. São Paulo: LTr, 2012.

SUPIOT, Alain. **Crítica do Direito do Trabalho.** 1ed. Lisboa: Calouste Gulbekian, 2016.

____. **O espirito de Filadélfia:** a justiça social diante do mercado total. Porto Alegre: Sulina, 2014.

IMPACTOS DA REFORMA TRABALHISTA SOBRE A SAÚDE DOS TRABALHADORES NO TOCANTE À JORNADA DE TRABALHO

Raimundo Simão de Melo[1]
Guilherme Aparecido Bassi de Melo[2]

1. INTRODUÇÃO

Objetiva-se com o presente trabalho fazer algumas reflexões sobre o Direito do Trabalho e seu papel na sociedade contemporânea e os impactos da reforma trabalhista aprovada pela Lei n. 13.467/2017 e Medida Provisória n. 808 de 14/11/2017 sobre o meio ambiente do trabalho e a saúde dos trabalhadores no Brasil, em especial no tocante à jornada de trabalho. Será feita uma breve evolução a respeito da proteção legal ambiental, especialmente a partir da Constituição Federal de 1988, até chegarmos à análise de alguns importantes aspectos trazidos pela reforma trabalhista, que entrou em em vigor em 11/11/2017 e 14/11/2017. Serão examinadas possíveis consequências que poderão advir da lei nova para a saúde dos trabalhadores pela extrapolação da jornada de trabalho e os prejuízos para a sociedade brasileira. Por fim, serão apresentados alguns parâmetros para se interpretar as alterações trazidas pela reforma trabalhista.

---

1. Consultor Jurídico e Advogado. Procurador Regional do Trabalho aposentado. Doutor em Direito das Relações Sociais pela PUC/SP. Professor de Direito e de Processo do Trabalho, Professor Titular do Centro Universitário UDF/Mestrado em Direito e Relações Sociais e Trabalhistas. Membro da Academia Brasileira de Direito do Trabalho. Autor de livros jurídicos, entre outros, "Direito ambiental do trabalho e a saúde do trabalhador" e "Ações acidentárias na Justiça do Trabalho".
2. Mestre em Direito pela PUC/SP, Pós-Graduado em Direito pela Universidade de Coimbra, Especialista em Interesses Difusos e Coletivos pela Escola Superior do Ministério Público do Estado de São Paulo. Professor Universitário. Autor de livros pelas editoras RT, *Lumen Juris* e LTr e Assessor de Desembargador do TRT/15.

2. O PAPEL DO DIREITO DO TRABALHO

O Direito do Trabalho nasceu por necessidade humanitária de se regulamentar as relações de trabalho entre empregadores e empregados, visando à proteção destes, em especial contra a sua exposição às mais indignas e desumanas condições de trabalho, como jornadas excessivas, não existência de salário mínimo suficiente à manutenção das suas necessidades, seguridade social para os momentos de invalidez, velhice e outras necessidades fundamentais do ser humano.

Em razão dessas necessidades os trabalhadores se organizaram em sindicatos e buscaram a intervenção do Estado como forma de se estabelecer algum equilíbrio na relação entre capital e trabalho.

Para ajudar na implementação desse propósito foi criada a OIT em 1919, como parte do Tratado de Versalhes, que pôs fim à Primeira Guerra Mundial, a qual foi fundada sobre a convicção primordial de que a paz universal e permanente somente pode estar baseada na justiça social.

As longas jornadas de trabalho sempre foram uma preocupação no mundo do trabalho em razão das consequências e dos prejuízos nefastos que delas decorrem para os trabalhadores e para a sociedade. Por isso, na primeira Conferência Internacional do Trabalho, realizada em 1919, a OIT adotou seis convenções, sendo que a primeira delas respondia a uma das principais reivindicações do movimento sindical e operário do final do século XIX e começo do século XX, qual seja, a limitação da jornada de trabalho a 8 horas diárias e 48 horas semanais.

Nessa linha social e humanitária, mas com muitas lutas os trabalhadores conquistaram direitos importantes até atingirmos o chamado piso vital mínimo necessário à dignificação do ser humano na maioria dos países globais.

No Brasil não foi diferente e os trabalhadores obtiveram importantes conquistas, culminando com as garantias sociais consagradas pela Constituição Federal de 1988, somadas a outros direitos normatizados pela Justiça do Trabalho e obtidos nas negociações coletivas, tudo isso com o apoio de importantes movimentos grevistas, embora nunca tenham atingido o chamado Estado do bem estar social, como noutros países, especialmente nos europeus. Os direitos sociais fundamentais trabalhistas marcaram grande e importante conquista na Constituição de 1988, ultrapassando-se aqueles meramente patrimoniais para se atingir direitos da personalidade voltados à proteção da dignidade da pessoa humana, entre eles o direito a condições de trabalho adequadas que preservem a sua saúde física e mental.

Todavia, setores patronais nunca se conformaram com essas conquistas sociais e trabalhistas e sempre que possível e oportuno empreenderam campanhas na busca de mudanças, rebaixamento e até mesmo extinção de direitos conquistados ao longo dos anos.

Assim, a ânsia de flexibilização e desregulamentação dos direitos sociais sempre foi uma tônica no nosso país, principalmente depois de 1988. É interessante notar e oportuno lembrar que o chamado Estado Social depende da política de cada governo e que os governos de esquerda são mais afáveis às políticas sociais, enquanto que os de direita são mais conservadores e defendem a mínima atuação do Estado em prol do povo mais pobre. Os governos de direita vêm avançando no mundo nos últimos tempos e, também, na América latina. Nos governos de direita ganham espaço as políticas neoliberais: liberdade econômica e de comércio, menos intervenção do Estado no mercado de trabalho, incentivo à autonomia da vontade, abertura econômica às multinacionais, mesmo comprometendo a soberania nacional, entre outras políticas não benéficas ao povo mais pobre, como está acontecendo no Brasil com o avanço do neoliberalismo, cuja política é flexibilizar ao máximo as relações de trabalho, sendo as jornadas de trabalho um dos pontos importantes nessa empreitada, para dar maior liberdade aos empregadores, sobrepor o negociado *in pejus* sobre o legislado, liberar a terceirização irrestrita, o que é perigoso para o próprio capitalismo, que deixa de crescer. Assim, os neoliberais defendem com rigor as reformas trabalhistas sempre com a justificativa de modernização da legislação e criação de empregos, todavia, não querem discuti-las com a sociedade, mas, aprová-las a "toque de caixa" em curtíssimo prazo à custa dos mais pobres e necessitados, como aconteceu com a trabalhista.

Nessa senda e com extraordinária pressa a reforma trabalhista foi aprovada na Câmara dos Deputados (PL 6787/2016) e no Senado Federal (PL 38/2017) e transformada na Lei n. 13.467 de 13/07/2017.

São muitas as alterações e, embora se diga que não supressão de direitos, é inegável que, mesmo que por vias transversas os trabalhadores sofrerão muitos prejuízos no decorrer do tempo. São exemplos disso, como afirmam estudiosos do direito, a Pejotização, a Terceirização, o pagamento abaixo do salário mínimo, a flexibilização e aumento das jornadas de trabalho, a autorização generalizada do trabalho intermitente, a redução do intervalo intrajornada, o trabalho da gestante em local insalubre, a redução da responsabilidade do empregador, a negociação individual para quem ganha acima de R$ 11 mil por mês, o negociado sobre o legislado, a eleição de representantes de trabalhadores nas empresas sem a participação dos sindicatos, a redução das horas de descanso, o tabelamento das indenizações por dano moral, a restrição de acesso do trabalhador à Justiça do Trabalho e a limitação de atuação dessa Justiça Especializada Trabalho, entre outros.

Sobre a terceirização ampla aprovada pela Lei nº 13.467/17, em Nota Técnica nº 4 de 23/01/2017 o Ministério Público do Trabalho alerta para os principais retrocessos e prejuízos que poderão ocorrer para a saúde a segurança dos trabalhadores, indicando que os terceirizados:

> "sofrem 80% dos acidentes de trabalho fatais; sofrem com piores condições de saúde e segurança no trabalho; recebem salários menores do que os empregados diretos; cumprem jornadas maiores do que os empregados diretos; recebem menos benefícios indiretos, como planos de saúde, auxílio-alimentação, etc.; permanecem menos tempo na empresa (maior rotatividade de mão de obra, com contratos mais curtos);sofrem com a fragmentação da representação sindical; quando "pejotizados" perdem todos os direitos previstos na CLT (http://portal.mpt.mp.br/wps/portal/portal_mpt/mpt/sala-imprensa/mpt-noticias/4f48dcfe-8c4f-4c0b-95a7-65ec58c7643c/!ut/p/z0/jYzJDoIwFEV_BRcsm1ewDC6RGIKEqDvsxjxKwSqUqXH4e_EHjMtzc-4BDgVwjQ_Vo-

FG9xnbhM_cvTkJZuj3QLMmOAY1OTr5LE8eNaQB74L-FpeBOeZw3wA-c0V6J03UPBahZWopYkFKwmTNCSbDwMiO9J4YUi8NlafK_qNo48Ai56beTLQNENxqYztmhV0lLdMEk9o02X2dK9UULhbNO_6sOdl-9ntPoAu2n-J4g!!/ - acesso em 03102017).

3. PROTEÇÃO LEGAL SOBRE O MEIO AMBIENTE DO TRABALHO E A SAÚDE DO TRABALHADOR NO BRASIL

Como consagrado em declarações internacionais, o primeiro e mais importante direito fundamental do homem é o direito à vida, suporte para existência e gozo dos demais direitos, sendo necessário, porém, assegurar os seus pilares básicos de sustentação, que são o trabalho digno, decente, seguro e sadio em condições que não ponham em risco a integridade físico-psíquica do trabalhador.

É indene de dúvida que a Constituição Federal do Brasil de 1988 representou importante marco histórico na proteção dos direitos fundamentais dos trabalhadores, incluindo o meio ambiente do trabalho e a saúde como núcleos básicos dessa proteção. Como princípios fundamentais estabelece o art. 1º da Constituição Federal que a República Federativa do Brasil constitui-se em Estado Democrático de Direito e tem como fundamentos, entre outros, a cidadania, a dignidade da pessoa humana e os valores sociais do trabalho. O art. 170, por sua vez, diz que a ordem econômica, fundada na valorização do trabalho humano e na livre iniciativa, tem por fim assegurar a todos existência digna, conforme os ditames da justiça social, observados a defesa do meio ambiente e o pleno emprego.

O art. 6º, um dos mais importantes comandos constitucionais, elenca como direitos sociais a educação, a **saúde**, o **trabalho**, o **lazer**, a segurança, a previdência social, a proteção à maternidade e à infância, e a assistência aos desamparados[3], na forma desta Constituição.

Quanto ao meio ambiente no geral, de forma ímpar e contundente o art. 225 da Carta Magna brasileira estabelece que todos têm direito ao **meio ambiente ecologicamente equilibrado**, bem de uso comum do povo e **essencial à sadia qualidade de vida**, impondo-se ao Poder Público e à coletividade o dever de defendê-lo e preservá-lo para as presentes e futuras gerações. Para assegurar a efetividade desse importante direito incumbe ao Poder Público (§ 1º) promover a educação ambiental em todos os níveis de ensino e a conscientização pública para a preservação do meio ambiente (inc. VI), sendo que as condutas e atividades consideradas lesivas ao meio ambiente sujeitarão os infratores, pessoas físicas ou jurídicas, a sanções penais e administrativas, independentemente da obrigação de reparar os danos causados (§ 3°).

O art. 196 da mesma Carta Maior diz que a saúde é direito de todos e dever do Estado, garantido mediante **políticas sociais e econômicas** que visem à redução

3. Esse direitos são considerados piso vital mínimo, como frequentemente tem sustentado o Professor Fiorillo.

do risco de doença e de outros agravos para o ser humano, o que é complementado pelo art. 200 do diploma constitucional, que atribui ao Sistema Único de Saúde (SUS) competência para, além de outras atribuições, nos termos da lei, executar as ações de vigilância sanitária e epidemiológica, bem como as de **saúde do trabalhador** e colaborar na proteção do meio ambiente, nele compreendido o meio ambiente do trabalho.

A questão que se coloca é: como assegurar saúde e lazer a quem trabalha em longas jornadas de trabalho ou em jornadas totalmente flexíveis, que somente beneficiam o tomador de serviços?

Quanto ao meio ambiente do trabalho, nos aspectos preventivos e reparatórios o art. 7º da Constituição Federal estabelece que são direitos dos trabalhadores urbanos e rurais, além de outros que visem à melhoria de sua condição social a **redução dos riscos inerentes ao trabalho**, por meio de normas de saúde, higiene e segurança (XXII) e, não menos importante, o inc. XXVIII sobre o seguro contra acidentes de trabalho, a cargo do empregador, sem excluir a indenização a que este está obrigado, quando incorrer em dolo ou culpa.

No inc. XIII do art. 7° assegura-se a "duração do trabalho normal não superior a **oito horas diárias** e quarenta e quatro semanais, facultada a compensação de horários e a redução da jornada, mediante acordo ou convenção coletiva de trabalho", no inc. XIV "jornada de **seis horas** para o trabalho realizado em turnos ininterruptos de revezamento, salvo negociação coletiva".

Como se vê da Lei Maior, a jornada de trabalho de oito horas diárias é a regra e, dependendo do desgaste maior da atividade para o trabalhador, o seu limite é menor, lembrando essa limitação da jornada de trabalho marcou as mais importantes lutas trabalhistas e, por conta delas, conquistas mundiais. Portanto, 8 horas de trabalho por dia é o limite cientificamente reconhecido para o ser humano para que ele possa preservar sua saúde e vida, ter lazer e uma existência digna.

A lei brasileira estabelece a obrigação de o empregador **adotar medidas coletivas e individuais** de proteção dos riscos nos ambientes de trabalho e de **prestar informações** aos trabalhadores sobre os riscos das atividades que desenvolvem. Dentre essas medias coletivas estão as jornadas de trabalho compatíveis com as atividades desenvolvidas, respeitado o limite de 8 horas por dia.

Ainda no aspecto legal existem várias normas internacionais promulgadas pelo Brasil, que se incorporaram ao nosso sistema jurídico, as quais visam à proteção do meio ambiente do trabalho e da saúde dos trabalhadores na busca do trabalho descente.

4. ESTATÍSTICA ACIDENTÁRIA E A POSIÇÃO DO BRASIL NO CENÁRIO MUNDIAL

Conforme dados oficiais ocorrem mais de 700 mil acidentes de trabalho por ano no Brasil, muitas mortes e inúmeros trabalhadores são mutilados e ficam incapacitados total ou parcial, provisória ou permanentemente para o trabalho e até para os mais simples atos da vida humana. O gasto da Previdência Social atinge mais de 5% do Produto Interno Bruto (PIB) do Brasil, além dos gastos a cargo das empresas com horas perdidas de trabalho, indenizações por danos material, moral, estético e pela perda de uma chance, das ações regressivas da Previdência Social contra as empresas que agem com culpa e das indenizações coletivas buscadas nas ações coletivas ajuizadas pelo Ministério Público do Trabalho e pelos Sindicatos.

Apesar de preocupantes, os dados oficiais sequer refletem a realidade, principalmente quanto às doenças ocupacionais, que na maioria dos casos não são registradas, quer porque o órgão previdenciário diagnostica-as como doenças normais, quer porque existe grande massa de trabalhadores que não têm carteira assinada e porque muitas empresas subnotificam os acidentes para não serem acusadas de altos índices acidentárias, que interferem na sua vida no mercado local e concorrente.

As doenças mentais vêm aumentando assustadoramente e muitas estão relacionadas com o trabalho e com as longas jornadas de trabalho.

Excesso de trabalho mata, que o diga o Japão, onde se reconheceu muitas mortes por excesso de trabalho de trabalhadores jovens, mortes súbitas ocupacionais, chamadas de karoshi. As principais causas médicas das mortes pelo karoshi são ataques do coração e derrame cerebral devido ao estresse a que são submetidos os trabalhadores pelo excesso de trabalho. O primeiro caso de karoshi foi relatado em 1969 com a morte relacionada a derrame de um trabalhador homem de 29 anos no departamento de remessa da maior companhia de jornal do Japão1. A partir do final da década de 1980, durante a bolha econômica, alguns executivos de alto nível passaram a morrer sem qualquer sinal prévio de doença, cujo fenômeno foi imediatamente visto como uma nova e séria ameaça às pessoas na força de trabalho.

Além dessas e outras causas existentes, o processo de globalização da economia, a flexibilização do Direito do Trabalho e a terceirização de atividades têm contribuído de maneira decisiva para o aumento dos riscos ambientais e das doenças ocupacionais, dificultando a atuação dos órgãos de fiscalização pela fuga de responsabilidades quanto à proteção do meio ambiente do trabalho[4], o que poderá agravar-se mais ainda com a aplicação das novas regras legais trazidas pela reforma trabalhista, que não teve intenção e a menor preocupação em melhorar

4. As normas internacionais, em razão dessa crescente terceirização das atividades das empresas, passaram a atribuir ao beneficiário dos serviços a responsabilidade pela aplicação das regras de segurança e saúde, mesmo que o trabalhador esteja vinculado formalmente a outro empregador, como é o caso da Convenção nº 167, da OIT, art. 8.1 e da legislação de vários países, cujo exemplo marcante é da Lei 31/95, da Espanha, art. 24-3: *Las empresa que contraten o subcontrten con otras la realizacion de obras o serviços correpondientes a la propia actividad de aquélla y que se desarrolen en sus proprios centros de trabajo deberán vigilar el cumplimiento por dichos contratistas y subcontratistas de la normativa de prevención de riesgos laborales*(Cf. Sebastião Oliveira, *A proteção jurídica à saúde do trabalhador*, p. 112).

condições ambientais, diminuir riscos do trabalho e preservar a saúde e vida dos trabalhadores.

A flexibilização e aumento das jornadas de trabalho, inclusive sem proteção sindical e do Estado, sem dúvida colocam em risco a saúde dos trabalhadores não somente no tocante às doenças, mas também em relação aos acidentes de trabalho típicos, que na sua maioria têm a ver com o excesso da jornada de trabalho.

Para piorar a situação a fiscalização do trabalho no Brasil está cada dia mais deficiente por falta de condições de trabalho dos agentes do Ministério do Trabalho, os quais carecem de recursos humanos e materiais. É tão grave a situação dos Auditores Fiscais do Trabalho que o Sindicato dos Auditores denunciou o Brasil na Organização Internacional do Trabalho (OIT), porque este, ao longo do tempo, não tem se preocupado em equipar tão importante órgão do Estado incumbido da fiscalização das condições de trabalho[5].

Infelizmente, muitos empregadores e o próprio Estado parece que não perceberam ainda que a prevenção de riscos e, consequentemente, das doenças e dos acidentes de trabalho, além de preservar vidas humanas significa melhor qualidade, maior produtividade e competitividade dos produtos e, com isso, mais lucro, que é o principal objetivo do capital.

5. ASPECTOS DA REFORMA TRABALHISTA SOBRE AS NORMAS DE SAÚDE E SEGURANÇA DO TRABALHO

A reforma trabalhista implementada pela Lei n. 13.467/2017, que entrará em vigor em 12/11/2017, trouxe importantes alterações no mundo do trabalho, reduzindo parâmetros protetivos em ralação à saúde e segurança dos trabalhadores, sem considerar que o trabalho é meio de vida e o adoecimento e morte dos trabalhadores acarretam graves problemas sociais, humanos e econômicos não somente para as vítimas e suas famílias, mas também para a sociedade, que finalmente responde pelas mazelas decorrentes dos acidentes laborais.

Um desses aspectos envolve o chamado negociado sobre o legislado, ou seja, aquilo que for negociado, mesmo que inferior à lei existente deve prevalecer.

Sobre a questão da saúde do trabalhador é interessante notar que a nova lei diz que a **negociação coletiva não pode reduzir ou suprimir direitos relacionados à segurança e saúde** dos trabalhadores. Assim rezam o art. 611-B e inc. XVII:

---

5. "... Representantes do Sinait estiveram no escritório da Organização Internacional do Trabalho – OIT na quarta-feira, 19 de março, em Brasília, para protocolar denúncia contra o governo brasileiro pelo número insuficiente de Auditores-Fiscais do Trabalho. O documento também foi encaminhado para Genebra, na Suíça, onde está a sede da Organização. De acordo com o Sinait, o governo não está cumprindo a Convenção 81 da OIT, ratificada pelo Brasil, especialmente o seu artigo 10, que estabelece, aos países signatários, **quantitativo suficiente de Auditores-Fiscais do Trabalho em relação ao número de estabelecimentos, de trabalhadores,** além de observar também as exigências demandadas pela complexidade de suas legislações trabalhistas...". (Fonte: SINAIT. https://www.sinait.org.br. Em 17/04/2014).

"Constituem objeto ilícito de convenção coletiva ou de acordo coletivo de trabalho, exclusivamente, a supressão ou a redução dos seguintes direitos: ... XVII - normas de saúde, higiene e segurança do trabalho previstas em lei ou em normas regulamentadoras do Ministério do Trabalho".

No entanto, de forma injustificada (ou muito bem justificada no contexto da reforma), incrivelmente consta no § único do art. 611-B que "Regras sobre duração do trabalho e intervalos não são consideradas como normas de saúde, higiene e segurança do trabalho para os fins do disposto neste artigo"), ou seja, **normas sobre duração da jornada de trabalho e intervalos intrajornada não são mais consideradas como normas de saúde, higiene e segurança do trabalho** e, portanto, deixaram de ser normas cogentes, de ordem pública!

Com isso, na forma do art. 611-A da CLT agora se pode negociar livremente, com prevalência sobre o legislado, a jornada de trabalho, o intervalo intrajornada, o teletrabalho, o grau de insalubridade e a prorrogação da jornada, mesmo em ambientes insalubres, neste caso, sem interferência dos órgãos estatais de segurança e saúde do trabalho.

Com sabido e consabido, no mundo e no direito brasileiro esses temas se inserem dentro das normas de natureza ambiental e sanitária e, portanto, de ordem pública e inderrogáveis aos talantes das partes porque visam proteger o bem maior: a integridade física e mental dos trabalhadores.

A questão a saber daqui para frente é se esses novos mandamentos se conformam com os comandos constitucionais acima aludidos. Em especial, o primeiro aspecto a ser verificado numa norma coletiva negociada é se ela trouxe melhoria aos trabalhadores em relação à lei, pois como estabelece o *caput* do art. 7º da Constituição Federal são direitos dos trabalhadores urbanos e rurais, **além de outros que visem à melhoria de sua condição social**.

Este é o parâmetro e norte para interpretação das novas regras trabalhistas: a norma, inclusive negociada, que vier para melhorar a condição social dos trabalhadores é válida porque está de acordo com a Constituição Federal; a norma que vier para piorar a condição social dos trabalhadores não é válida porque está em desacordo com a Constituição Federal, parece lógico.

De forma inusitada admite a lei nova que o enquadramento da insalubridade e a prorrogação da jornada de trabalho em ambientes insalubres, decisões eminentemente técnicas, ocorram por meio de negociação coletiva e que o grau de insalubridade seja negociado livremente.

Ao invés de a lei se preocupar em melhorar as condições de trabalho prejudiciais à saúde dos trabalhadores, simplesmente maquia a situação, permite e incentiva a "livre negociação" e ainda diz expressamente que a falta de contrapartida não caracteriza vício de nulidade do negócio jurídico (art. 611-A, § 2º).

Como se vê, ao contrário do que se apregoa, a lei foi feita com o propósito claro de retirar direitos dos trabalhadores, mesmo em flagrante afronta ao que assegura a Constituição Federal no art. 7º e inc. XXII, *in verbis*:

> "São direitos dos trabalhadores urbanos e rurais, além de outros que visem à melhoria de sua condição social: ... redução dos riscos inerentes ao trabalho, por meio de normas de saúde, higiene e segurança".

Ora, se a Lei Maior é clara ao garantir como primado do direito do trabalho a melhoria da condição social do trabalhador e, no tocante à saúde, a redução dos riscos inerentes ao trabalho por meio de normas de saúde, higiene e segurança, certamente que a reforma trabalhista neste aspecto vai se deparar com resistência quanto à sua validade, porque em desconformidade constitucional.

Vejamos a seguir alguns aspectos da reforma trabalhista sobre jornada de trabalho, que poderão impactar sobre a saúde dos trabalhadores.

5.1. Jornada de doze horas seguidas por trinta e seis de descanso

O art. 59-A da CLT, incluído pela Lei 13.467 de 13/07/2017, àa lei da reforma trabalhista, passou a vigorar em 11/11/2017. com a seguinte redação:

> "Em exceção ao disposto no art. 59 desta Consolidação, é facultado às partes, mediante **acordo individual** escrito, **convenção coletiva ou acordo coletivo de trabalho**, estabelecer horário de trabalho de **doze horas seguidas por trinta e seis horas ininterruptas de descanso,** observados ou indenizados os intervalos para repouso e alimentação".

Todavia, por meio da Medida Providsória n. 808 de 14/11/2017 o artigo 59-A da CL passou a ter outra redação, a saber:

> "Art. 59-A. Em exceção ao disposto no art. 59 e em leis específicas, é facultado às partes, por meio de **convenção coletiva ou acordo coletivo de trabalho**, estabelecer horário de trabalho de doze horas seguidas por trinta e seis horas ininterruptas de descanso, observados ou indenizados os intervalos para repouso e alimentação.
>
> § 1º A remuneração mensal pactuada pelo horário previsto no **caput** abrange os pagamentos devidos pelo descanso semanal remunerado e pelo descanso em feriados e serão considerados compensados os feriados e as prorrogações de trabalho noturno, quando houver, de que tratam o art. 70 e o § 5º do art. 73.
>
> § 2º **É facultado às entidades atuantes no setor de saúde estabelecer**, por meio de **acordo individual** escrito, **convenção coletiva ou acordo coletivo de trabalho**, horário de trabalho de doze horas seguidas por trinta e seis horas ininterruptas de descanso, observados ou indenizados os intervalos para repouso e alimentação." (NR).

A importante alteração entre as duas redações do referido artigo 59-A é que na primeira havia liberação geral da negociação da jornada de 12 por 36 por **acordo individual, convenção coletiva ou acordo coletivo de trabalho.** Na segunda redação o acordo individual somente é permitido no setor de saúde, onde, como é sabido, há muito tempo existe esse tipo de jornada de trabalho.

Cientificamente, está comprovado que os acidentes de trabalho ocorrem mais nos finais das jornadas de trabalho e na sua extrapolação, razão de se ter estabelecido como regra o máximo de 8 horas de trabalho por dia. Toda a literatura técnica admite o vínculo estreito entre jornadas, descanso e infortúnios laborais, também fartamente documentados em relatórios de fiscalização e em processos judiciais que tramitam perante a Justiça do Trabalho, inclusive as Ações Civis Públicas ajuizadas pelo Ministério Público do Trabalho para prevenir acidentes laborais.

A chamada jornada de doze horas seguidas por trinta e seis de descanso vinha sendo aplicada somente a algumas atividades, de forma excepcional, porém, mediante negociação coletiva com o sindicato da respectiva categoria profissional.

Esse alargamento da jornada de doze por trinta seis horas não poderia ter sido liberado como o foi, ainda mais mediante acordo individual com os trabalhadores, como agora se admite, embora somente no setor da saúde, onde repita-se, é praxe sedimentada a sua implementação. Como é fácil concluir, os patrões, que podem fazer o acordo individualmente com os trabalhadores, na sua maioria não vão procurar o sindicato profissional para tanto, diante da resistência e exigências que poderão apresentar.

É o caso específico do setor da saúde, onde existe essa jornada há muito tempo, porém, negociada com os sindicatos dos trabalhadores, que vinha obtendo outros benefícios para os trabalhadores, para compensarem o desgaste e outros problemas provocados pela longa jornada de 12 horas de trabalho. Quando os patrões não queriam conceder alguma compensação os trabalhadores, organizados pelos seus sindicatos usavam do mais importante instrumento de pressão de que dispõe, qual seja, a greve. Foi o que ocorreu recentemente com os trabalhadores da FAMESP de Bauru, que sustentaram uma greve por 54 dias contra a intransigência patronal (Proc. n. **0005720-13.2017.5.15.0000 - DCG), tendo E. TRT da 15ª Região dado razão aos trabalhadores. Então, fica a indagação: como seria essa negociação individualmente com cada trabalhador, sem a participação sindical? Qual a força dos trabalhadores para enfrentar o patrão, sozinhos? Como seria e como será esse tipo de negociação daqui pra frente?**

Como é público e notório e, especialmente por conta dos baixos salários que recebem, a maioria dos trabalhadores que atuam nessa jornada de trabalho, por extrema necessidade, procuram outro emprego para complementar a renda. Assim, esconde-se por trás desta alteração o incentivo ao rebaixamento das remunerações, a procura de um segundo emprego e, com isso, a degradação das condições de vida dos trabalhadores, que terão seu lazer prejudicado e a saúde e vida ameaçadas, ganhando com isso somente o setor patronal, que terá as suas necessidades atendidas de forma mais barata.

Esta alteração legal demonstra de maneira insofismável que o objetivo da reforma foi favorecer os setores patronais, sem qualquer preocupação com as questões de saúde e segurança do trabalho, propiciando o amento dos acidentes e adoecimentos dos trabalhadores.

Até por **acordo individual** admite a lei a implementação dessa jornada de trabalho, no caso, no setor da saúde, onde ela é mais intensa do em qualquer outra atividade. Quem será o grande beneficiário em tudo isso? É natural que o empregador do setor da saúde que quiser implementar essa jornada de trabalho daqui pra frente vai fazê-lo diretamente com o trabalhador porque é muito mais fácil do que negociar com o sindicato, quando encontrar alguma resistência ou alguma reivindicação compensatória. Com o empregado não haverá negociação, mas, imposição, como sabido e consabido, pois este, premido pela necessidade do emprego, regra geral, não vai se opor à "oferta" patronal.

Em recente decisão judicial (ACP 0000043-11.2017.5.23.0022) Sindicato e empregador foram condenados em obrigação de não fazer: firmarem convenções ou acordos coletivos que generalizem a possibilidade de extrapolação da jornada de trabalho a tornar regra períodos superiores a 8 diárias.

Na decisão foi enfatizado que a regra é o limite de 8 horas diárias de trabalho, fundamentando que: "Essa prática de se permitir indiscriminadamente jornadas de 10 e 12 horas de trabalho viola o artigo 7º, XIII e XVI da Constituição Federal ao estabelecer o limite de 08h00 diárias de trabalho e 44h00 semanais e, apenas excepcionalmente, a sua extrapolação, como autorizado pelo artigo 61 da CLT, que permite o labor por até 12 horas em caso de necessidade imperiosa, força maior ou para atender à realização ou conclusão de serviços inadiáveis ou cuja inexecução possa acarretar prejuízo manifesto", enaltecendo a sentença o caráter holístico do direito do trabalho, ao priorizar as condições de saúde e segurança do trabalho, admitindo a sua prorrogação apenas em situações realmente extraordinárias e jamais como regra.

5.2. Banco de horas

Diz o § 5º do art. 59 que "O **banco de horas** de que trata o § 2o deste artigo poderá ser pactuado por **acordo individual** escrito, desde que a compensação ocorra no período máximo de **seis meses**".

Historicamente sempre houve resistência ao banco de horas por parte dos sindicatos mais combativos porque o seu objetivo é favorecer o empregador.

Com o tempo e muita pressão os sindicatos passaram a negociá-lo, mas buscando alguma compensação para os trabalhadores.

Por conta disso e para facilitar a vida do empregador, com a reforma o banco de horas será implementado por **acordo individual** escrito, desde que a compensação ocorra no período máximo de **seis meses**. Se for por mais de seis meses a negociação se dará com o sindicato.

Duas questões bem simples se apresentam: primeiro, se o empregador pode negociar direto com o empregado e, na verdade, não haverá negociação, mas, imposição, nenhuma empresa vai, por vontade própria, chamar o sindicato para uma negociação. Ela vai fazer e renovar esse acordo individual a cada seis meses. Isso é obvio e foi a intenção da reforma afastar o sindicato e deixar o caminho livre para o empregador fazer o que e como quiser.

A segunda questão é uma indagação: se o inciso VI do artigo 8º da Constituição Federal diz que é obrigatória a participação dos sindicatos nas negociações coletivas de trabalho e o artigo 7º da mesma Norma Maior assegura como direitos dos trabalhadores a melhoria de sua condição social, qual validade terá um acordo individual de trabalho que não lhe traga nenhuma benefício?

Quando a Constituição Federal exige a participação dos sindicatos nas negociações coletivas visa exatamente a proteção do trabalhador, porque individualmente ele não tem força alguma para negociar com o patrão, como é óbvio. Mesmo na negociação com o sindicato a regra é a busca de melhoria para os trabalhadores. Sempre foi este o objetivo da negociação coletiva: trazer algo além do que já está assegurado na lei.

5.3. Regime de compensação de jornada

Diz o § 6º do art. 59 que "É lícito o **regime de compensação** de jornada estabelecido por **acordo individual**, tácito ou escrito, para a compensação no mesmo mês".

O que foi falado no item anterior vale para a compensação de jornada de trabalho, bastando ao empregador que fazê-la no mesmo mês e tudo está resolvido.

O objetivo, mais uma vez, foi beneficiar o empregador.

Basta ver que o art. 59-B, parágrafo único diz que a **prestação de horas extras habituais não descaracteriza o acordo de compensação** de jornada e o banco de horas.

O que diz a lei é que não haverá mais limite para a jornada diária, pois o trabalhador poderá trabalhar dez horas normais e fazer quantas horas extras o patrão exigir num mesmo dia.

Essa autorização fere de morte uma das mais importantes proteções do trabalhador, que foi conquistada com muita luta no mundo inteiro, qual seja, a jornada de oito horas diárias. Trata-se de uma proteção à saúde e vida do trabalhador e, por isso, constitui norma de saúde, de ordem pública, que não pode ser derrogada ao talante das partes, mas, "espertamente", a lei diz que não são mais normas de saúde e segurança. Fica a pergunta: essa alteração vale em face dos comandos constitucionais? Qual o benefício da norma para o trabalhador?

5.4. Intervalo para refeição e descanso

Na forma do art. 611-A, inc. III o **intervalo para refeição e descanso** agora poderá ser de apenas trinta minutos para jornadas superiores a seis horas e a sua não concessão ou concessão parcial implicará apenas o pagamento do período suprimido como indenização (nova redação do § 4º do art. 71 da CLT), ou seja, sem natureza salarial, como estava sedimentado na lei (art. 71, § 4º da CLT) e na jurisprudência.

No âmbito da jurisprudência trabalhista a questão do intervalo intrajornada há muito tempo está sedimentada (OJ 342 da SBDI-I e Súm. 437 do C. TST), cujo inc. II deste último precedente assim orienta:

> "**SÚMULA Nº 437 DO TST:** "INTERVALO INTRAJORNADA PARA REPOUSO E ALIMENTAÇÃO. APLICAÇÃO DO ART. 71 DA CLT. ... **II** - É inválida cláusula de acordo ou convenção coletiva de trabalho contemplando a supressão ou redução do intervalo intrajornada porque este constitui medida de higiene, saúde e segurança do trabalho, garantido por norma de ordem pública (art. 71 da CLT e art. 7º, XXII, da CF/1988), infenso à negociação coletiva".

A base da sedimentação jurisprudencial está embasada nos arts. 71 e §§, da CLT e 7º, inc. XXII, da Constituição Federal brasileira de 1988, os quais embasam o entendimento de que o tema é infenso à negociação coletiva quando o conteúdo da avença for prejudicial aos trabalhadores.

> Nesse sentido estabelece a Lei Maior no art. 7º, inciso XXII:
>
> "São direitos dos trabalhadores urbanos e rurais, além de outros que visem à melhoria de sua condição social: ... redução dos riscos inerentes ao trabalho, por meio de normas de saúde, higiene e segurança".

Trata-se esse mandamento legal, como se vê, do mais importante direito dos trabalhadores, uma vez que a Constituição Federal alçou a altitude constitucional, como direito fundamental, na categoria de direitos humanos, o direito à saúde e à vida, o que somente pode ser alcançado mediante a implementação das normas de saúde, higiene e segurança do trabalho, que visem à redução dos riscos inerentes ao trabalho.

O objetivo maior do mandamento constitucional é diminuir os acidentes de trabalho e os agravos à saúde dos trabalhadores e retirar o Brasil dos anais mundiais como recordista em acidentes e doenças ocupacionais, o que foi ignorado pelos representantes do povo brasileiro na dita reforma trabalhista, com o objetivo de beneficiar apenas o outro lado da relação de trabalho.

Os direitos decorrentes das normas de saúde, higiene e segurança do trabalho, como se reconhece mundialmente, são inderrogáveis ao talante das partes envolvidas – empregados, empregadores e sindicatos –, sendo, pois, infensos à negociação coletiva, a qual, sem dúvida é importante e também foi alçada a altitude constitucional no inc. XXVI do art. 7º (reconhecimento das convenções e acordos coletivos de trabalho). Todavia, a autonomia privada coletiva das partes encontra limites exatamente nas normas de ordem pública. Nesse campo somente pode atuar a negociação coletiva para melhorar as condições de trabalho; *in pejus*, para piorar, nunca se aceitou.

É sabido que 30 minutos de intervalo são insuficientes para alguém fazer uma refeição adequada e descansar um pouco para recompor suas energias e retomar à segunda parte da jornada de trabalho, refeito dos desgastes da primeira etapa da mesma, o que é o objetivo maior da proteção legal agora revogada.

6. NORTE PARA INTERPRETAR AS ALTERAÇÕES TRAZIDAS PELA REFORMA TRABALHISTA

A reforma trabalhista, como se sabe, nasceu pequena por meio de proposta do Poder Executivo Federal e logo que chegou ao Congresso nacional, na Câmara dos Deputados, tornou-se um grande monstro contra o Direito do Trabalho, sem deixar de atacar a atuação dos órgãos responsáveis pela sua aplicação, como os sindicatos, que restaram enfraquecidos e a Justiça do Trabalho, que sofreu restrições sobre sua atuação.

Tratou-se de um processo legislativo superapressado, certamente o mais apressado de todos, sem que houvesse efetiva e real discussão com a sociedade e com os próprios interessados, os trabalhadores. A maioria dos "representantes" do povo não quis e não permitiu essa discussão porque sabia que ela esbarraria em primeiro lugar em obstáculos constitucionais. Por isso que as alterações legais aprovadas finalmente não foram submetidas ao crivo da Constituição Federal, como exige qualquer processo legislativo, pelo que essa reforma nasceu maculada e quando passar a ser interpretada no varejo muitos dos seus dispositivos não resistirão a um confronto com a Constituição Federal, o que será suficiente para torná-los nulos.

São muitas as alterações que atingem os direitos sociais e fundamentais dos trabalhadores.

Para aplicá-las, antes, cabe fazer a interpretação de cada dispositivo alterado à luz do texto constitucional, para se buscar o seu sentido e alcance. Se se fizer um trabalho interpretativo realmente científico e não meramente embasado em interesses econômicos e outros, certamente serão encontradas muitas inconstitucionalidades.

Toda lei, antes ser aplicada, precisa ser interpretada, por mais clara que seja. Essa tarefa em relação à reforma trabalhista começa com os doutrinadores, que estão apresentando aspectos de inconstitucionalidades. Na prática, serão os advogados, como primeiros juízes das causas, que levarão ao Judiciário o seu entendimento sobre as novas regras legais e, finalmente e em especial, aos juízes do trabalho caberá dizer se as alterações valem ou não, se estão ou não em conformidade com o texto da Carta Maior brasileira.

O primeiro cuidado do intérprete de uma lei é verificar se ela se conforma com a Constituição Federal no do seu conteúdo inovador.

Como farol para essa importante tarefa assegura o art. 1º da Constituição Federal que a República Federativa do Brasil tem como fundamentos a dignidade da pessoa humana, os valores sociais do trabalho e da livre iniciativa. O art. 3º, por sua vez, consagra que constituem objetivos fundamentais da República Federativa do Brasil erradicar a pobreza e a marginalização e reduzir as desigualdades sociais e regionais.

Já o art. 170, que trata da ordem econômica no Brasil, ou seja, do sistema capitalista, preconiza com ênfase que a ordem econômica funda-se em primeiro lugar na valorização do trabalho humano e na livre iniciativa e tem por fim assegurar a todos existência digna, conforme os ditames da justiça social, observados, entre outros, os princípios da busca do pleno emprego e da defesa do meio ambiente.

No ponto central do papel do Direito do Trabalho o art. 7º estabelece que são direitos dos trabalhadores urbanos e rurais, além de outros que visem à melhoria de sua condição social, todos aqueles inseridos nos seus incisos. São os chamados direitos mínimos, estando incluídos neles o piso vital mínimo ou "patamar civilizatório", como denomina Maurício Godinho Delgado (Curso de Direito do Trabalho, São Paulo, LTR, 2005, pág. 117).

Como afirma Mauro Schiavi ("Proteção jurídica à dignidade da pessoa humana do trabalhador" - http://cursos.lacier.com.br/artigos/periodicos/protecao_juridica.pdf) "É consenso na doutrina, com grande prestígio da jurisprudência, principalmente a dos Tribunais Superiores, que a proteção à dignidade da pessoa humana é o fundamento de todo o ordenamento jurídico e também a finalidade última do Direito. A interpretação do direito não pode estar divorciada dos princípios constitucionais e, principalmente, dos princípios que consagram direitos fundamentais. Por isso, a moderna doutrina tem se posicionado no sentido de que os princípios fundamentais da Constituição Federal têm caráter normativo, tendo aplicabilidade imediata como se regras fossem".

Esse piso vital mínimo de direitos visa garantir e implementar a proteção à dignidade da pessoa humana e, mesmo em época de flexibilização, desemprego e globalização da economia, não se pode perder de vista a valorização do princípio protetor do Direito do Trabalho, que é a sua razão de ser como medida de efetividade dos direitos fundamentais da pessoa humana e da realização do princípio da igualdade entre os atores sociais partícipes da relação de trabalho: trabalhador e o empregador.

Assim, na busca de um norte para interpretar as novas regras trabalhistas não se pode esquecer da segunda norma legal mais importante no nosso país, a Lei de Introdução às Normas do Direito Brasileiro.

No seu art. 5º está consagrada uma das mais importantes regras par o intérprete, dizendo que:

> "Na aplicação da lei, o juiz atenderá aos fins sociais a que ela se dirige e às exigências do bem comum".

Assim, o juiz deve, antes de aplicar a lei, interpretá-la e buscar o seu sentido e alcance. A interpretação da lei é sempre sociológica e teleológica e pode resultar na ampliação da norma (arts. 5º e 6º da CF 1988 - direitos fundamentais), na sua restrição ou na declaração de validade ou não do seu conteúdo por meio do controle difuso.

O Poder Judiciário trabalhista, em primeiro lugar, terá importante tarefa de determinar os fins sociais da lei trabalhista o bem comum que ela visa proteger, como algo que agrada e interessa a todos, ao povo, à comunidade e não apenas a uma pequena parcela, especialmente aquela que detém o poder e foi a maior patrocinadora da reforma trabalhista.

7. CONCLUSÕES

Como demonstrado no corpo deste trabalho, até meses atrás o Brasil vinha passando por importante evolução no tocante à tutela legal do meio ambiente do trabalho e da saúde dos trabalhadores e, mesmo assim, os índices acidentários ainda são preocupantes, colocando-o no *ranking* mundial por volta do 10º lugar.

Ademais disso, com reforma trabalhista, que não teve qualquer preocupação em melhorar as condições de trabalho, banindo até do conceito de regras de saúde e segurança a duração do trabalho e os intervalos intrajornada, permitindo que convenções, acordos coletivos e acordos individuais de trabalho possam reduzir a proteção prevista em lei para as jornadas de trabalho, banco de horas, intervalos intrajornada, isso poderá trazer graves prejuízos para a saúde e integridade física dos trabalhadores.

As alterações introduzidas em relação às normas de saúde, higiene e segurança do trabalho pela reforma trabalhista ora aprovada ofende o comando do inc. XXII do art. 7º da Constituição Federal, o qual visa à proteção da vida e da saúde dos trabalhadores como direito fundamental, entre outras normas, inclusive tratados internacionais assinados pelo Brasil, o que será enfrentado pela Justiça do Trabalho nos inúmeros processos que vão bater suas portas.

A reforma trabalhista ora aprovada, pelas suas características, poderá ampliar a precarização das condições gerais do mercado de trabalho e contribuir para o aumento dos acidentes e das doenças ocupacionais e aumento de pessoas incapacitadas para o trabalho, que tentarão se afastar pela Previdência Social, aumentando as suas despesas.

As já existentes consequências sociais, humanas e econômicas decorrentes das más condições de trabalho e dos acidentes laborais poderão ser agravadas pela aplicação das novas alterações legais.

8. BIBLIOGRAFIA

BARRETO, Margarida. *Violência, saúde, trabalho: uma jornada de humilhações.* São Paulo: EDUC - FAPESP, 2003.

BRANDÃO, Cláudio. *Acidente do trabalho e responsabilidade civil do empregador*. 3ª ed. São Paulo: LTr, 2009.

BUCK, Célia Regina. *Cumulatividade dos adicionais de insalubridade e periculosidade.* 2ª Ed. São Paulo: LTr, 2015.

CAIRO JÚNIOR, José. *O acidente do trabalho e a responsabilidade civil do empregador.* 8ª. Ed. São Paulo: LTr, 2015.

CAMARGO, Duílio Antero Magalhães; CAETANO, Dorgival& GUIMARÃES, Liliana Andolpho Magalhães (Organizadores). *Psiquiatria ocupacional.* São Paulo: Atheneu, 2010.

CATALDI, Maria José Giannella. *O* stress *no meio ambiente de trabalho.* 3ª Ed. São Paulo: LTr, 2015.

CAVALIERI FILHO, Sérgio. *Programa de responsabilidade civil.* São Paulo: Malheiros, 2003.

FELICIANO, G. G. (Org.); URIAS, J. (Org.); MARANHÃO, Ney (Org.); SEVERO, V. S. (Org.). Direito Ambiental do Trabalho - Apontamentos para uma Teoria Geral - Volume 3. 1. Ed. São Paulo: LTr, 2016, v. 3 (NO PRELO).

FELKER, Reginaldo. *Dano moral, o assédio moral e o assédio sexual nas relações de trabalho.* 2ª ed. São Paulo: LTr, 2007.

FIGUEIREDO, Guilherme José Purvin de. *Direito ambiental e a saúde dos trabalhadores.* 2ª ed. São Paulo: LTr, 2007.

FIORILLO, Celso Antonio Pacheco. *Curso de direito ambiental brasileiro.* 16ª ed. São Paulo: Saraiva, 2015.

GARCIA, Gustavo Felipe Barbosa. *Acidentes do trabalho, doenças ocupacionais e nexo técnico epidemiológico.* 5ª ed. São Paulo: Método, 2013.

GLINA, Débora Miriam Raab& ROCHA, Lys Esther (Organizadores). *Saúde mental no trabalho – da teoria à prática.* São Paulo: Gen - ROCA, 2014.

GODINHO, Maurício. *Curso de Direito do Trabalho.* 5ª Ed. São Paulo: LTR, 2005.

GUEDES, Márcia Novaes. Terror Psicológico no Trabalho. 3ª Edição. São Paulo: LTr, 2008.

GONÇALVES, Carlos Roberto. *Responsabilidade civil.* 15ª ed. São Paulo: Saraiva, 2015.

LEITE, José Rubens Morato. *Dano ambiental: do individual ao coletivo extrapatrimonial.* 7ª Ed. São Paulo: RT, 2015.

MACHADO, Paulo Afonso Leme. *Direito ambiental brasileiro.* 24ª ed. São Paulo: Malheiros, 2016.

MARANHÃO, Ney. Dignidade humana e assédio moral: a delicada questão da saúde mental do trabalhador. *Revista Fórum Trabalhista* - RFT, v. 3, p. 57-70, 2014.

--------. Criminalização do assédio moral trabalhista e garantismo penal. Reflexões centradas na possibilidade e necessidade de expansão da tutela labor-penal em tempos de minimalismo punitivo. *Jus Navigandi*, v. 19, p. 1-2, 2014.

MARANHÃO, Ney; Francisco Milton Araujo Junior. Responsabilidade civil e violência urbana. Considerações sobre a responsabilização objetiva e solidária do Estado por danos decorrentes de acidentes laborais diretamente vinculados à insegurança urbana. *Jus Navigandi*, v. 16, p., 2010.

MARANHÃO, Ney. *Responsabilidade Civil Objetiva Pelo Risco da Atividade: Uma Perspectiva Civil-Constitucional.* São Paulo: Editora Método, 2010, v. 1. 316p.

MARQUES, Christiani. *A proteção ao trabalho penoso.* São Paulo: LTr, 2007.

MARTINS, João Vianey Nogueira. *O dano moral e as lesões por esforços repetitivos.* São Paulo: LTr, 2003.

MEDEIROS NETO, Xisto Tiago de. *Dano moral coletivo.* 4ª ed. São Paulo: LTr, 2014.

MELO, Raimundo Simão de £ MELO, Guilherme. Aparecido Bassi. Responsabilidade civil por acidentes do trabalho nas terceirizações e no trabalho temporário. In: GUSTAVO FILIPE BARBOSA GARCIA e RÚBIA ZANOTELLI DE ALVARENGA. (Org.). Terceirização de Serviços e Direitos Sociais Trabalhistas. São Paulo/SP: LTR Editora Ltda., 2017, v. 1, p. 79-87.

MELO, Raimundo Simão de. Meio ambiente do trabalho e atividades de risco: prevenção e responsabilidades. *I*: GUNTHER, Luiz Eduardo; ALVARENGA, Rúbia Zanotelli; BUSNARDO, Juliana Cristina; BACELLAR, Regina Maria Bueno (Orgs.). Direitos humanos e meio ambiente do trabalho. São Paulo/SP: LTR, 2016, v. , p. 145-152.

--------. A Tutela do Meio Ambiente do Trabalho e da Saúde do Trabalhador na Constituição Federal. *In* Rúbia Zanotelli de Alvarenga. (Org.). Direito Constitucional do Trabalho. São Paulo/SP: LTr, 2015, v. , p. 185-200.

--------. *Ações acidentárias na justiça do Trabalho.* 2ª ed. São Paulo: LTr, 2012.

--------. *Direito ambiental do trabalho e a saúde do trabalhador – responsabilidades.* 5ª. Ed.São Paulo: LTr, 2013.

--------. *Ação Civil Pública na Justiça do Trabalho.* 5ª ed. São Paulo: LTr, 2014.

--------. *A greve no direito brasileiro.* 4ª ed. São Paulo: LTr, 2017.

MICHEL, Oswaldo. *Acidentes do trabalho e doenças ocupacionais.* 3ª ed. São Paulo: LTr, 2008.

OLIVEIRA, Sebastião Geraldo de. *Proteção jurídica à saúde do trabalhador*. 6ª ed. LTr. São Paulo, 2011.

--------. *Indenizações por acidente do trabalho ou doença ocupacional.* 8ª ed. LTr. São Paulo, 2014.

PARREIRA, Ana. *Assédio moral. Um manual de sobrevivência.* 2ª Ed. Campinas/SP: Russel, 2010.

INTERVALO INTRAJORNADA, NORMAS DE ORDEM PÚBLICA E REFORMA TRABALHISTA: AVANÇO OU RETROCESSO?

Bruno Klippel[1]

Sumário: 1. Introdução – 2. A necessária proteção do trabalhador – 3. Imperatividade das normas e proteção à saúde do trabalhador – 4. Jornada de trabalho: 4.1. Natureza jurídica das normas sobre jornada de trabalho; 4.2. Jornada de trabalho e saúde no emprego – 5. A dignidade da pessoa humana e o direito ao descanso – 6. A evolução do entendimento do tst em relação ao intervalo intrajornada – súmula nº 437, II do TST – 7. A reforma trabalhista e a possibilidade de redução do intervalo intrajornada: avanço ou retrocesso? – 8. Conclusões – 9. Referências.

1. INTRODUÇÃO

O presente artigo possui por finalidade estudar um tema fundamental e específico, alterado pela reforma trabalhista - Lei nº 13.467/17 - que entrará em vigor no dia 11 de novembro do mesmo ano, a saber, *intervalo intrajornada.*

Serão analisados os artigos 71, §4º e 611-A, III, ambos da Consolidação das Leis do Trabalho. As normas em estudo tratam, respectivamente, sobre:

a) Alteração da natureza jurídica do pagamento feito ao trabalhador quando o intervalo é suprimido ou reduzido;

b) Possibilidade de redução do intervalo intrajornada por meio de negociação coletiva, mantendo-se um padrão mínimo prescrito em lei;

---

1. Doutor em Direito do Trabalho pela PUC/SP, Mestre em Direito pela FDV/ES, Autor de livros e artigos jurídicos, Professor da Universidade de Vila Velha/ES, Estratégia Concursos/DF, IOB Concursos/SP e Saraiva Aprova/SP. Advogado. Site: www.brunoklippel.com.br

Antes, contudo, de adentrarmos na análise do tema, serão revisitados alguns conceitos indispensáveis ao estudo, tais como: normas de ordem pública, necessidade de proteção do trabalhador, imperatividade das normas de direito do trabalho, dentre outras.

Além disso, será a nova norma, ainda em *vacatio legis* quando escrito o estudo, comparada ao disposto na Súmula nº 437, II do TST, que representa a evolução do pensamento do tribunal acerca das normas que resguardam a saúde do trabalhador, por ele consideradas normas de ordem pública, de inquestionável importância para a manutenção da dignidade do trabalhador.

2. A NECESSÁRIA PROTEÇÃO DO TRABALHADOR:

"Todo direito é, por isso, teleológico, finalístico, na proporção em que incorpora e realiza um conjunto de valores socialmente considerados relevantes[2]", como a saúde, o bem-estar dos trabalhadores, assegurado por norma constitucional (art. 200 da CRFB/88), que reflete a necessidade, para a sua efetivação, da aplicação dos direitos fundamentais em sua eficácia horizontal, ou seja, em particulares.

O valor finalístico essencial[3] do Direito do Trabalho, que guia a produção e interpretação de todas as suas normas, é a busca por melhores condições de trabalho.

Essa busca por melhores condições de trabalho e, porque não, de vida também, além de incansável, pois o Estado busca, a todo momento, proteger o empregado hipossuficiente, pode ser dita igualmente infinita, já que os avanços sociais fazem com que as relações sociais, dentre elas as trabalhistas, estejam em constante evolução, merecendo acurado estudo sobre as suas consequências.

Ocorre que, mesmo com todas as atualizações que o Direito do Trabalho sofreu, tentando adequar-se à realidade social, as suas funções nunca deixaram de focar na pessoa do trabalhador, na necessidade de sua proteção, na preservação dos seus direitos fundamentais, uma vez que, conforme nos ensina Canaris[4], "[...] os direitos fundamentais vigoram imediatamente em face das normas de direito privado, [...] como imperativos de tutela", o que significa dizer que conferem proteção aos trabalhadores tão logo sejam criadas, devendo ser aplicadas de imediato.

A preocupação com a saúde do trabalhador, um direito fundamental de aplicação imediata, constitui-se na principal preocupação do legislador e do intérprete do Direito do Trabalho, uma vez que os estudos sobre a relação jornada de trabalho – saúde e segurança do trabalhador – "[...] têm levado à noção de que a redução da jornada e da duração semanal do trabalho em certas atividades ou

2. DELGADO, Maurício Godinho. **Curso de direito do trabalho**. 10. ed. São Paulo: LTr, 2011. p. 57.
3. Ibidem, p. 58.
4. CANARIS, Claus-Wilhelm. **Direitos fundamentais e direito privado**. Coimbra: Almedina, 2009. p. 36.

ambientes constituiu medida profilática importante no contexto da moderna medicina laboral"[5].

3. IMPERATIVIDADE DAS NORMAS E PROTEÇÃO À SAÚDE DO TRABALHADOR:

Dentre as características do Direito do Trabalho, a que mais está relacionada à efetivação dos direitos fundamentais do trabalhador é, sem dúvida, a *imperatividade das normas.* O Direito do Trabalho é composto, em sua grande maioria, de formas cogentes, imperativas, de ordem pública, que se pode dizer serem normas de aplicação obrigatória, que não podem ser flexibilizadas pelas partes, que não estão condicionadas a qualquer outra para produzirem efeitos. Em suma, são normas criadas pelo legislador para serem aplicadas irrestrita e imediatamente.

Mas por qual motivo tais normas são imperativas? A resposta é simples se o Direito do Trabalho for analisado sob o enfoque dos direitos fundamentais, já que a promoção da dignidade da pessoa humana é função primordial desse ramo do Direito do Trabalho, sendo necessária a inclusão de normas de cunho obrigatório, uma vez que interessa ao Estado a realização desse resultado.

Vislumbra-se o caráter social do Direito do Trabalho, que culmina com a preocupação cada vez mais atual com a efetivação do comando constitucional de zelar pelos direitos fundamentais, principalmente naquilo que se refere ao meio ambiente de trabalho, vinculado às medidas que devem ser tomadas para reduzir os riscos à saúde do empregado, já que "o meio ambiente do trabalho insere-se no meio ambiente como um todo, o qual, por sua vez, integra o rol dos direitos humanos fundamentais [...]"[6].

4. JORNADA DE TRABALHO

4.1. Natureza jurídica das normas sobre jornada de trabalho

O Direito do Trabalho, segundo se sabe, mostra-se como um ramo do direito privado, tal qual hoje defendido pela maioria da doutrina, conforme Cassar[7] ao dizer que:

> *A segunda corrente, defendida por Sérgio Pinto Martins, Hugo Gueiros, Rodrigues Pinto e Délio Maranhão, classifica o Direito do Trabalho como de natureza privada, já que decorre de um contrato feito entre particulares, normalmente sujeitos privados.*

---

5. DELGADO, 2011, p. 806.
6. GARCIA, Gustavo Felipe Barbosa. **Curso de direito do trabalho**. 5. ed. Rio de Janeiro: Forense, 2011a. p. 57.
7. CASSAR, 2013, p. 10-11.

Apesar de as bases estarem fincadas no Direito Civil, que traz o instituto do contrato, aqui no Direito do Trabalho há um diferencial que não se vê naquele primeiro ramo do Direito. Se lá vigora o reconhecimento de que as partes contratantes são iguais juridicamente, sendo que *pacta sunt servanda*, ou seja, o pactuado deve ser cumprido, aqui na disciplina laboral as regras são relativizadas, uma vez que se reconhece, de plano, a desigualmente entre os contratantes.

Isso faz com que, apesar de o direito laboral ser reconhecido como um ramo do direito privado, existem normas que demonstram "[...] um dirigismo estatal, uma intervenção do Estado nas relações particulares e privadas [...][8]" de forma a reequilibrar a relação jurídica. Essa necessidade de se buscar o reequilíbrio parte da premissa de que se está lidando, de um lado com o empregado hipossuficiente e, de outro, com o empregador que quer impor a sua vontade. É por isso que, "apesar de sua natureza privada, é um direito regulamentado por lei, isto é, com cláusulas legais mínimas"[9].

Quando da mesma análise, sobre a natureza das normas trabalhistas, Sussekind[10] dividia aquelas em normas de direito privado e de direito público, sendo que as primeiras estavam relacionadas ao contrato individual de trabalho e as demais, de direito público, à tutela do trabalho, inspeção do trabalho e às de direito processual do trabalho. As últimas não são objeto deste estudo, mas são consideradas como de direito público, já que tratam da resolução de conflitos pelo Estado, conforme ensinamentos de Leite[11].

Apesar de não estar mais alinhado à doutrina atual, o mestre Sussekind já demonstrava a importância das normas relacionadas à tutela do trabalho, ideia mais do que atual e que é levada em consideração no presente trabalho e reconhecida pela jurisprudência do TST. Em síntese, pode-se adiantar e dizer que as normas relacionadas à tutela do trabalho, em especial, aquelas que tratam da limitação da jornada de trabalho e dos períodos de descanso, são normas de ordem pública, de caráter cogente, imperativo, que não podem ser alteradas, uma vez que diretamente relacionadas ao direito fundamental à saúde.

Sobre o tema, o saudoso Sussekind[12] já dizia que:

> *Tais normas são de caráter imperativo, de ordem pública e, em princípio, irrenunciáveis, sendo que a inobservância ou violação das mesmas enseja a aplicação de multas recolhidas em favor do próprio Estado – sintoma que bem caracteriza a intensidade de interesse do Estado, sua presença na aplicação dos preceitos que impôs e a relação de subordinação a que já aludimos. A tendência, já adotada pela Constituição de 1988 (art. 7º, VI, XIII e XIV), de permitir a flexibilização de*

8. CASSAR, 2013, p. 11.
9. Ibidem, p. 10.
10. SUSSEKIND, 2004, p. 124.
11. LEITE, Carlos Henrique Bezerra. **Manual de processo do trabalho**. São Paulo: Atlas, 2014. p. 24.
12. SUSSEKIND, 2004, p. 124-125.

> *direitos sob tutela sindical não desfigura o caráter público das respectivas normas legais.*

O dia a dia forense demonstrou que, apesar de a flexibilização pensada pelo legislador constituinte de 1988 ser possível em algumas situações, existem outras, relacionadas à saúde do obreiro, que não podem ser alteradas, nem mesmo por meio da interveniência sindical, pois a redução da proteção conferida pelo legislador violaria a função de tutela do Direito do Trabalho, a que alude Barros[13], reconhecida em decorrência da hipossuficiência do obreiro.

Tal reconhecimento, de que nem todas as regras podem ser flexibilizadas por meio da interveniência do sindicato, restou indubitável com a edição da Súmula nº 437 do TST, que em seu inciso II diz ser inválida a cláusula de negociação coletiva que reduz ou suprime o intervalo intrajornada, por tratar-se de norma de ordem pública, ligada diretamente ao direito fundamental a uma vida saudável e, por consequência, digna, fazendo com que haja a inter-relação entre dois direitos sociais previstos no art. 6º da CRFB/88: trabalho e saúde.

4.2. Jornada de trabalho e saúde no emprego

No presente tópico serão analisadas as relações entre jornada de trabalho e saúde no emprego, demonstrando o conceito de meio ambiente de trabalho, a preocupação do legislador constituinte com a preservação da qualidade de vida no emprego, bem como as consequências da violação das normas relacionadas ao tema, com análise, sobretudo, das compensações financeiras que podem ser impostas pelo Poder Judiciário e órgãos de fiscalização das relações trabalhistas.

Partir-se-á da premissa, já estudada anteriormente, de que as normas sobre jornada de trabalho são de ordem pública e que as possibilidades de flexibilização não podem ofender a garantia mínima preconizada pelo legislador. O estudo, portanto, terá por finalidade demonstrar a importância da preservação do meio ambiente de trabalho, o que se faz, sobretudo, pela manutenção da jornada de trabalho dentro da normalidade imposta pelo legislador, pois o desgaste do trabalhador, por ocasionar doenças e acidentes, acarreta a redução da segurança no trabalho, o que contraria o art. 7º, XXII da CRFB/88, que fala em *"redução dos riscos inerentes ao trabalho, por meio de normas de saúde, higiene e segurança".*

Sobre o tema se destaca o pensamento de Garcia[14], para quem:

> *As normas de segurança e medicina do trabalho têm o relevante papel de estabelecer condições que assegurem a saúde e a segurança do trabalhador, prevenindo, protegendo, recuperando e preservando a sua higidez física e mental no âmbito das relações de labor.*

13. BARROS, 2008, p. 78.
14. GARCIA, Gustavo Felipe Barbosa. **Meio ambiente do trabalho**. 3. ed. São Paulo: Método, 2011b. p. 24.

Também sobre a importância da preservação do meio ambiente do trabalho, como forma de efetivação do direito fundamental à saúde, Melo[15] afirma que a partir de 1988 o Estado brasileiro deixou de apenas monetarizar o instituto através do pagamento de adicionais de insalubridade e periculosidade, relegando eventuais implicações na saúde do obreiro, para preocupar-se, principalmente, com a prevenção de danos. Dessa forma, dois sistemas passaram a existir, sendo abaixo explicados pelo membro do Ministério Público do Trabalho:

> *Observa-se das disposições constitucionais supra que agora existem dois sistemas distintos, mas que, no final, se complementam. Primeiro e com prioridade, trata-se da prevenção dos riscos no meio ambiente do trabalho, para preservar a saúde do trabalhador, que é um direito humano fundamental. Depois, se essa prevenção não ocorrer ou não atingir os seus desejados efeitos, aplica-se o sistema reparatório, que deve ser usado com a finalidade de compensar a vítima, de um lado, e, de outro, punir o agente do dano exemplarmente, para que sirva pedagogicamente a ele e a outras pessoas pra que, de ora em diante, respeitem as normas legais atinentes e os direitos da pessoa humana.*

Em conclusão, deve-se buscar, por todos os meios existentes, dentre eles a interpretação correta dos dispositivos da Constituição Federal, em especial o art. 7º, XIII da Carta, a manutenção do meio ambiente de trabalho sadio, que somente será alcançado com o total respeito das normas que tutelam a jornada de trabalho.

5. A DIGNIDADE DA PESSOA HUMANA E O DIREITO AO DESCANSO

Há muito tempo a doutrina afirma que a restrição da jornada de trabalho possui diversos fundamentos, sendo que Garcia[16] destaca cinco, a saber: "a. natureza psíquica ou psicológica; b. natureza física; c. natureza social; d. natureza econômica; e. natureza humana".

Em relação ao fundamento de natureza humana, destaca o autor que a mesma deve ser destacada

> *[...] uma vez que o trabalhador, para ter a sua dignidade preservada, não pode ser exposto a jornadas de trabalho extenuantes, o que afetaria a sua saúde e colocaria em risco a sua própria vida, inclusive em razão de riscos quanto a acidentes de trabalho.*

Pode-se afirmar que, dentre as cinco espécies de fundamento apresentadas, três estão relacionadas à preocupação com a saúde do empregado, por trazerem consequências diretas ou indiretas para a saúde física e mental do obreiro. Pode-se afirmar que o trabalho em excesso prejudica a saúde mental, gerando, dentre

15. MELO, Raimundo Simão de. Responsabilidade civil do empregador pelos danos ao meio ambiente do trabalho e à saúde do trabalhador. In: SANTOS, Élisson Miessa dos; CORREIA, Henrique (Coord.). **Estudos aprofundados MPT** - Ministério Público do Trabalho. Salvador: Juspodivm, 2012. p. 139.
16. GARCIA, 2011a, p. 831-832.

outras doenças, a síndrome de fadiga crônica[17], relacionada ao estresse, depressão e outros distúrbios psiquiátricos. Além disso, tal excesso impede o descanso necessário ao corpo, que deve valer-se dos intervalos *intrajornada* e *interjornada* para uma recuperação adequada, que são suprimidos ou reduzidos ilegalmente diante do trabalho em demasia.

Tal preocupação é crescente, já que os trabalhadores brasileiros estão trabalhando e adoecendo mais, conforme dados expostos no capítulo 1 do presente estudo. A restrição da jornada de trabalho faz-se imperiosa para a manutenção da saúde do trabalho, razão pela qual, nas palavras de Delgado[18],

> *[...] as normas jurídicas concernentes à duração do trabalho já não são mais – necessariamente – normas estritamente econômicas, uma vez que podem alcançar, em certos casos, a função determinante de normas de saúde e segurança laborais, assumindo, portanto, o caráter de normas de saúde pública.*

Não apenas o direito ao descanso deve ser garantido ao obreiro, mas também o direito ao lazer, indispensável para o reconhecimento da dignidade do trabalhador, já que o reconhecimento, nas palavras de Calvet[19],

> *[...] propõe de certa forma uma mudança do eixo de visão do fenômeno do trabalho, resgatando sua origem humanística, afigura-se como imperioso para que se possa conquistar a real dignidade do trabalho e a afirmação do valor social do trabalho, propiciando que o ser humano vivencie outras esferas de sua expressão que não apenas a ditada pelo modelo do trabalho produtivo, empregando-se concretude aos valores já reconhecidos em nossa ordem constitucional como fundamentais.*

O mesmo princípio – dignidade da pessoa humana – é entendido por Leite[20] como uma forma de proteção contra os atos denominados de atentatórios à sua integridade física, psíquica e moral, razão pela qual está totalmente interligado ao tema aqui estudado. Segundo o Professor capixaba, tem-se que:

> *Diante do exposto, é factível dizer que dignidade da pessoa humana é uma qualidade intrínseca de todos os seres humanos que pressupõe a existência de direitos fundamentais que os protegem contra atos desumanos atentatórios à sua integridade física, psíquica e moral. Portanto, a dignidade da pessoa humana pressupõe respeito à vida, limitação de poder, condições mínimas para uma existência com liberdade, autonomia, igualdade e solidariedade.*

O excesso de trabalho, que culmina com a redução dos momentos de descanso, é determinante para o atual quadro de doenças profissionais, de afastamentos provocados pelas mesmas e por acidentes de trabalho, bem como por diversas

---

17. VARELLA, Drauzio. **Síndrome da fadiga crônica**. Disponível em: <http://drauziovarella.com.br/drauzio/sindrome-da-fadiga-cronica/>. Acesso em: 7 fev. 2014.
18. DELGADO, 2011, p. 806.
19. CALVET, 2010, p. 146.
20. LEITE, Carlos Henrique Bezerra. **Direitos humanos**. Rio de Janeiro: Lumen Juris, 2010. p. 44.

doenças que já atingem, segundo reportagens[21], quase 20% dos empregados brasileiros.

O direito ao descanso, que é em grande parte efetivado pelo cumprimento da jornada padrão de trabalho, aliado ao respeito aos intervalos intrajornada e interjornada, principalmente, é capaz de reduzir os números negativos apresentados no primeiro capítulo do estudo, que dão conta do adoecimento do brasileiro, provocado, em sua maioria, pelo excesso de jornada, representado pelo grande número de ações trabalhistas buscando a condenação das empresas ao pagamento das verbas dali advindas.

Sobre o tema, em apertada síntese, Branco[22] afirma que "[...] são os próprios limites fisiológicos da pessoa humana que clamam pela limitação de sua jornada laboral diária e semanal, sob pena de ofensa a inúmeros direitos individuais e interesses coletivos da sociedade em questão".

6. A EVOLUÇÃO DO ENTENDIMENTO DO TST EM RELAÇÃO AO INTERVALO INTRAJORNADA – SÚMULA Nº 437, II DO TST

Dentre as alterações empreendidas pelo TST em sua jurisprudência sumulada, entende-se que a mais significativa, pelo menos sob a óptica deste estudo, foi a que reconheceu a impossibilidade de supressão ou redução dos intervalos concedidos ao empregador, mesmo que por meio de negociação coletiva. Reconheceu-se, portanto, que a negociação coletiva não pode flexibilizar todas as normas trabalhistas, notadamente as que tratam de jornada de trabalho, haja vista serem normas de ordem pública, *infensas à negociação*, como consta no texto do inciso II da referida súmula, que é transcrito a seguir:

> *É inválida cláusula de acordo ou convenção coletiva de trabalho contemplando a supressão ou redução do intervalo intrajornada porque este constitui medida de higiene, saúde e segurança do trabalho, garantido por norma de ordem pública (art. 71 da CLT e art. 7º, XXII, da CF/1988), infenso à negociação coletiva.*

Quando da edição da súmula em estudo, tivemos a oportunidade de analisar o entendimento do TST, sendo que assim se assevera:

> *O inc. II afirma a impossibilidade de redução ou supressão do intervalo em estudo, já que a proteção garantida pela norma contida no art. 71 da CLT não pode ser flexibilizada, pois está relacionada ao bem mais precioso do empregado: a saúde.*[23]

21. DOENÇAS relacionadas ao excesso de trabalho podem atingir 17% dos brasileiros. **CBN**, 11 mar. 2012. Disponível em: <http://cbn.globoradio.globo.com/editorias/ciencia-saude/2012/03/11/DOENCAS-RELACIONADAS-AO-EXCESSO-DE-TRABALHO-PODEM-ATINGIR-17-DOS-BRASILEIROS-EMPREGADOS.htm>. Acesso em: 4 mar. 2014.
22. BRANCO, Ana Paula Tauceda, 2007, p. 132.
23. KLIPPEL, 2013, p. 614.

Analisando os precedentes que geraram a redação do inciso II, cumpre ressaltar importantes lições acerca da natureza absoluta das normas que tratam da jornada de trabalho, como em:

> **JORNADA DE 12X36 HORAS - NÃO-CONCESSÃO DE INTERVALO INTRAJORNADA - PREVALÊNCIA DOS PRECEITOS DE ORDEM PÚBLICA PREVISTOS NA CLT E DOS PRINCÍPIOS CONSTITUCIONAIS QUE RESGUARDAM OS DIREITOS INDISPONÍVEIS DO TRABALHADOR SOBRE A AUTONOMIA DA VONTADE DAS PARTES NO ÂMBITO DA NEGOCIAÇÃO COLETIVA.** É válida a jornada especial de 12X36 horas, quando prevista em acordo ou convenção coletiva de trabalho, consoante art. 7º, XXVI, da CF. Não se pode reputar como lícito o ajuste que suprime ou prevê a não-concessão de intervalo para repouso e alimentação. Sem prejuízo das demais cláusulas do instrumento negocial, prevalecem, no particular, os dispositivos do Capítulo II da Seção III da CLT, entre eles o art. 71 e parágrafos, que cuidam dos períodos de descanso, preceitos esses de ordem pública e, portanto, de natureza cogente, que visam resguardar a saúde e a integridade física do trabalhador, no ambiente do trabalho. E, como normas de ordem pública, estão excluídas da disponibilidade das partes, que sobre elas não podem transigir. À luz dos princípios que regem a hierarquia das fontes de Direito do Trabalho, as normas coletivas, salvo os casos constitucionalmente previstos, não podem dispor de forma contrária às garantias mínimas de proteção ao trabalhador previstas na legislação, que funcionam como um elemento limitador da autonomia da vontade das partes no âmbito da negociação coletiva. A negociação coletiva encontra limites nos direitos indisponíveis do trabalhador, assegurados na Carta Magna, e, assim, a higidez física e mental do empregado, ou seja, a preservação da saúde no local de trabalho, é princípio constitucional que se impõe sobre a negociação coletiva. **Recurso de embargos não provido.** Vistos, relatados e discutidos estes autos de Embargos em Recurso de Revista nº **TST-E-RR-480.867/98.9**. (grifo nosso).

O acórdão traz algumas expressões que são a síntese do que vem sendo exposto no presente trabalho, tais como:

- Preceitos de ordem pública;
- Normas cogentes;
- Resguardo da saúde e integridade física do trabalhador;
- Garantias mínimas de proteção;
- Elementos limitadores da vontade das partes;
- Direitos indisponíveis como limites da negociação coletiva;
- Higidez física e mental do trabalhador;
- Preservação da saúde no local de trabalho.

O acórdão mostra-se extremamente feliz e completo ao mencionar oito pontos fundamentais na análise do tema *jornada de trabalho* e sua relação com o reconhecimento dos *direitos fundamentais* do trabalhador. Sobre o tema, são lúcidas as palavras de Cassar[24] para quem:

> *Nulo o ajuste para supressão do intervalo intrajornada ou entre jornada, já que fere normal de ordem pública cuja finalidade é a manutenção das saúdes física, mental e social do trabalhador, mesmo que por norma coletiva – este era o antigo entendimento da OJ nº 342, I da SDI-1 do TST (cujo inciso foi transformado no inciso II da Súmula nº 437 do TST), salvo quando autorizado por lei (§5º do art. 71 da CLT).*

Delgado[25], ao tratar da possibilidade e limites da transação e flexibilização das normas sobre intervalos, deixa claro que as normas relacionadas ao instituto são de ordem pública, que "[...] o espaço para a renúncia é praticamente nenhum, assim como é extremamente reduzido o espaço para a própria transação bilateral [...]"[26], o que conduz à conclusão de que "[...] grande parte das normas relativas a intervalo são, como já exposto, normas de saúde e segurança laborais, portanto normas de saúde pública", o que deve conduzir o intérprete ao entendimento acerca de sua indisponibilidade.

Como afirmado pelo inciso II da Súmula nº 437 do TST, nem mesmo a negociação coletiva possui o condão de flexibilizar tais normas, haja vista que são de indisponibilidade absoluta, uma vez que o empregado não pode renunciar ao seu bem mais precioso – a saúde – assim como aquela deve ser a preocupação maior do empregador, já que o contrato de trabalho produz forte impacto na sociedade, para o bem e para o mal, isto é, gera condições favoráveis ao desenvolvimento da sociedade, quando os direitos fundamentais do trabalhador são reconhecidos, como pode trazer consequências nefastas, tais como doenças, acidentes e óbitos, quando desrespeitadas as normas trabalhistas, sobretudo aquelas grifadas como *de ordem pública*, pois ligadas à saúde do trabalho, ou seja, diretamente vinculadas à dignidade do obreiro.

7. A REFORMA TRABALHISTA E A POSSIBILIDADE DE REDUÇÃO DO INTERVALO INTRAJORNADA: AVANÇO OU RETROCESSO?

Uma das mais questionadas alterações empreendidas pela Lei nº 13.467/17, denominada de *reforma trabalhista,* com vigência a partir de 11 de novembro de 2017, trata da possibilidade de *redução do intervalo intrajornada,* conforme art. 611-A, III da CLT, bem como o *pagamento apenas do período suprimido, com natureza indenizatória,* quando não concedido o intervalo na sua integralidade, conforme art. 71, §4º da CLT.

A primeira modificação, se comparada com a jurisprudência desenvolvida pela TST – Súmula nº 437, II – pode ser entendida como uma alteração totalmente

---

24. CASSAR, 2013, p. 719.
25. DELGADO, 2011, p. 888-889.
26. Ibidem, p. 889.

prejudicial ao trabalhador, pelo menos em um primeiro momento, já que permite a redução do intervalo intrajornada. Diz o novo texto legal que:

> *"Art. 611-A. A convenção coletiva e o acordo coletivo de trabalho têm prevalência sobre a lei quando, entre outros, dispuserem sobre: III – intervalo intrajornada, respeitado o limite mínimo de trinta minutos para jornadas superiores a seis horas (...)"*

Ocorre que a modificação legislativa deve ser analisada sob duas óticas, antes de se afirmar ser a mesma prejudicial aos interesses dos trabalhadores:

a) *Em comparação com a LC nº 150/15:* uma breve análise histórica, que compreende os anos de 2015 a 2017, deixa claro que a Lei nº 13.467/17 manteve o caminho que começou a ser trilhado pela atual lei dos empregados domésticos, que inovou ao permitir a redução do intervalo intrajornada, mantendo-se no mínimo 30 minutos, por mero ajuste escrito particular, conforme art. 13 da norma em análise.

b) *Presunção de que a negociação coletiva é benéfica:* diferentemente da LC nº 150/15, a reforma trabalhista permitiu a redução do intervalo intrajornada, mantendo-se o padrão mínimo de 30 minutos, apenas por norma coletiva, não havendo permissão legal de redução por ajuste individual. Assim, diante do texto do art. 8º, III da CF/88, presume-se que a atuação do sindicato será sempre no sentido de beneficiar a categoria. Logo, se a negociação coletiva foi conduzida pelo sindicato e concluiu pela possibilidade de redução do intervalo intrajornada, presume-se que a situação é benéfica, buscada pela coletividade representada, que não sofre qualquer ofensa à direito.

Certamente a reforma trabalhista seria totalmente desfavorável aos trabalhadores se previsse a irrestrita redução do intervalo ou a sua supressão, o que não ocorreu em virtude da manutenção de um padrão mínimo, ou se autorizasse a redução geral, para todos os empregados e categorias, por ajuste particular. Da forma como foi estipulado pelo legislador – negociação coletiva – a norma não poderá nem mesmo ser implementada, mantendo-se os parâmetros mínimos previstos no art. 71 da CLT, diferentemente do ajuste particular, que poderia ser imposto pelos empregadores aos empregados, parte hipossuficiente da relação jurídica.

Assim, se em um primeiro momento a norma poderia ser considerada prejudicial, agora vislumbra-se que a mesma está garantindo um mínimo que dependerá da atuação do sindicato.

Já a alteração promovida no art. 71, §4º da CLT é, sem sombra de dúvidas, absolutamente prejudicial, desfavorável aos interesses dos trabalhadores, indo de encontro a tudo o que já foi dito no presente trabalho, como a necessidade de proteção da saúde do trabalhador, a garantia ao descanso efetivo do obreiro, dentre outros aspectos que foram sendo construídos ao longo dos últimos anos pela doutrina e jurisprudência pátrias, especialmente o inciso I da Súmula nº 437 do TST.

A mudança implementada pela Lei nº 13.467/17 cria situação avessa à atual, já que:

a) Até 11/11/2017, a redução do intervalo intrajornada gera o direito de receber o período *integral* como jornada extraordinária, sendo que a quantia recebida possui *natureza salarial,* refletindo e majorando as demais verbas trabalhistas.

b) Após 11/11/2017, na hipótese de supressão ou redução do intervalo somente será pago o período suprimido, com natureza indenizatória, ou seja, sem os reflexos típicos do pagamento de verbas salariais.

Comparativamente, em uma hipótese do empregado que possui tão somente 40 minutos de intervalo intrajornada, a mudança implicará em grande perda de remuneração, estimulando até mesmo o descumprimento da norma, conforme quadro abaixo:

40 minutos de intervalo	Até 11/11/2017	Após 11/11/2017
O que é devido ao empregado?	1 (uma) hora extra, com natureza salarial.	20 (vinte) minutos extras, sem natureza salarial.

Certamente a nova redação do art. 71, §4º da CLT, que vai de encontro ao preconizado na Súmula 437, I do TST, olvida de todos os fundamentos que foram utilizados pelo TST para a criação de sua importante jurisprudência sobre proteção à saúde do trabalhador, já que estimula o descumprimento das normas sobre descanso do trabalhador, impedindo a manutenção de sua saúde física e mental.

Por fim, a informação mais absurda e ininteligível inserida pela Lei nº 13.467/17, numa tentativa de demonstrar a constitucionalidade das medidas aqui estudadas, consta no § único do art. 611-A da CLT, a seguir transcrito:

> *"Regras sobre duração do trabalho e intervalos não são consideradas como normas de saúde, higiene e segurança do trabalho para os fins do disposto neste artigo".*

Como conciliar a afirmação acima com a necessidade de proteção do trabalhador e a preservação da saúde e segurança do obreiro? Por que considerar que as normas sobre jornada não são consideradas como regras de saúde, higiene e segurança tão somente para este artigo? Para outros fins, teriam as normas em destaque natureza jurídica diversa?

O único intuito do § único do art. 611-A da CLT é justificar a sua questionável constitucionalidade, já que o art. 7º, XXII da CF/88 garante *a redução dos riscos inerentes ao trabalho, por meio de normas de saúde, higiene e segurança.* Contudo, a norma não foi questionada pela ADI 5766, ajuizada pela Procuradoria-Geral da República, o que não exclui a possibilidade da mesma ser considerada violadora da Constituição Federal, no sistema de controle concreto de constitucionalidade.

8. CONCLUSÕES

Das breves considerações realizadas sobre as alterações implementadas pela Lei nº 13.467/17, pode-se destacar, em especial:

a) O direito ao descanso mostra-se fundamental para a manutenção da higidez física e mental do trabalhador.

b) As normas trabalhistas que tratam do respeito à saúde, segurança e higiene sempre foram consideradas pela doutrina e jurisprudência como de ordem pública, de aplicação imperativa, portanto, sem qualquer possibilidade de renúncia ou transação.

c) A jurisprudência do Tribunal Superior do Trabalho construiu-se no sentido de consagrar tal imperatividade, ao firmar o entendimento de que nem mesmo a negociação coletiva seria capaz de autorizar a redução ou supressão do intervalo intrajornada.

d) Apesar de toda a preocupação com a saúde, segurança e dignidade do trabalhador, a reforma trabalhista possibilitou uma grande violação aos direitos dos trabalhadores, ao alterar o art. 71, §4º da CLT, retirando a natureza salarial da parcela paga ao obreiro pela supressão ou redução do intervalo, ao afirmar que será paga apenas o período suprimido com natureza indenizatória.

e) Outra alteração empreendida pelo legislador reformista, que não pode ser considerada tão maléfica quanto o anterior, encontra-se no art. 611-A, III da CLT, que permite a redução do intervalo por negociação coletiva, desde que mantido o mínimo de trinta minutos. Trata-se, na verdade, de uma evolução daquilo que foi previsto no art. 13 da LC nº 150/15 (Lei dos Domésticos), que permite a mesma redução por acordo individual. Diz-se evolução, na medida em que a proteção conferida pela negociação coletiva impede, em teoria, a violação de direitos da categoria, já que o Sindicato certamente criará a norma que interesse àquele grupo social representado pela entidade sindical.

f) O que não pode ser admitido é a consideração de que as normas sobre jornada e intervalos não estão relacionadas à saúde, higiene e segurança do trabalho, como faz crer o §único do art. 611-A da Consolidação das Leis do Trabalho.

9. REFERÊNCIAS

1. DELGADO, Maurício Godinho. **Curso de direito do trabalho**. 10. ed. São Paulo: LTr, 2011.
2. CANARIS, Claus-Wilhelm. **Direitos fundamentais e direito privado**. Coimbra: Almedina, 2009.
3. GARCIA, Gustavo Felipe Barbosa. **Curso de direito do trabalho**. 5. ed. Rio de Janeiro: Forense, 2011
4. CASSAR, Vólia Bomfim. **Direito do trabalho**. 8. ed. São Paulo: Método, 2013.

5. SUSSEKIND, Arnaldo. **Direito constitucional do trabalho**. 3. ed. Rio de Janeiro: Renovar, 2004. p. 13-14.

6. SUSSEKIND, Arnaldo et al. **Instituições de direito do trabalho**. 22. ed. São Paulo: LTr, 2005. v. 2, p. 809.

7. BARROS, Alice Monteiro de. **Curso de direito do trabalho**. 7. ed. São Paulo: LTr, 2011.

8. MELO, Raimundo Simão de. Responsabilidade civil do empregador pelos danos ao meio ambiente do trabalho e à saúde do trabalhador. In: SANTOS, Élisson Miessa dos; CORREIA, Henrique (Coord.). **Estudos aprofundados MPT** - Ministério Público do Trabalho. Salvador: Juspodivm, 2012.

9. CALVET, Otávio. **Direito ao lazer**. Rio de Janeiro: Labor, 2010.

10. BRANCO, Ana Paula Tauceda. **A colisão de princípios constitucionais no direito do trabalho**. São Paulo: LTr, 2007.

11. LEITE, Carlos Henrique Bezerra. **Direitos humanos**. Rio de Janeiro: Lumen Juris, 2010.

12. KLIPPEL, Bruno. **Direito sumular TST esquematizado**. 4. ed. São Paulo: Saraiva, 2014.

SUPRESSÃO DAS HORAS *IN ITINERE*

Marina Quaglio Marques[1]

Sumário: 1. Introdução – 2. Supressão da hora in itinere – 3. Direito intertemporal – 4. Conclusão – Referências.

1. INTRODUÇÃO

A Reforma Trabalhista começou tímida, como Medida Provisória apresentada pelo Presidente da República, contendo poucos artigos, e acabou se transformando em uma profunda mudança na estrutura do Direito do Trabalho.

A referida Medida Provisória foi convertida em Projeto de Lei, cujo texto substitutivo alterou mais de cem artigos da atual CLT, ao argumento de que a legislação trabalhista vigente está ultrapassada e em descompasso com os avanços sociais, tecnológicos e das relações de trabalho. A Lei nº 13.467/2017 foi aprovada pelo Congresso Nacional em tempo recorde e sancionada pelo Presidente da República apenas três dias após a sua aprovação pelo Senado Federal.

A Reforma Trabalhista transformou a estrutura do Direito do Trabalho, seus princípios e fundamentos.

Dentre tantas significativas alterações legislativas, a supressão da hora *in itinere* se destaca. Ao contrário do que foi noticiado na mídia e propagado repetidamente pelos defensores da Reforma Trabalhista, no sentido de que não houve supressão de direitos trabalhistas, a hora *in itinere* foi um direito expressamente retirado do trabalhador.

Nesse contexto, surge a discussão do direito intertemporal no tocante a aplicação da nova lei aos contratos em curso. Três correntes principais surgem, demonstrando a insegurança jurídica gerada pela Lei nº 13.467/2017, que trouxe em seu bojo tão somente a *vacatio legis* de 120 dias, não estabelecendo nenhuma regra em relação à aplicação da Reforma Trabalhista.

1. Pós-graduada em Direito do Trabalho pela UNIASSELVI/SC. Advogada trabalhista. Professora de Direito do Trabalho.

2. SUPRESSÃO DA HORA *IN ITINERE*

A hora *in itinere*, é uma criação jurisprudencial que interpretou de forma extensiva o disposto no art. 4º da CLT. O referido dispositivo legal estabelece que:

> Art. 4º. Considera-se como serviço efetivo o período em que o empregado esteja à disposição do empregador, aguardando ou executando ordens, salvo disposição especial expressamente consignada.

Assim, tempo à disposição é todo período em que o empregado está disponível para o empregador, trabalhando, ou aguardando ordens, sendo, portanto, considerado tempo de efetivo serviço.

A Súmula 90 do TST, por sua vez determina que:

> HORAS "IN ITINERE". TEMPO DE SERVIÇO
>
> I - O tempo despendido pelo empregado, em condução fornecida pelo empregador, até o local de trabalho de difícil acesso, ou não servido por transporte público regular, e o tempo despendido para o seu retorno é computável na jornada de trabalho.
>
> II - A incompatibilidade entre os horários de início e término da jornada do empregado e os do transporte público regular é circunstância que também gera o direito às horas "in itinere".
>
> III - A mera insuficiência de transporte público não enseja o pagamento de horas "in itinere".
>
> IV - Se houver transporte público regular em parte do trajeto percorrido em condução da empresa, as horas "in itinere" remuneradas limitam-se ao trecho não alcançado pelo transporte público.
>
> V - Considerando que as horas "in itinere" são computáveis na jornada de trabalho, o tempo que extrapola a jornada legal é considerado como extraordinário e sobre ele deve incidir o adicional respectivo.

Ao ampliar o entendimento jurisprudencial retratado na súmula 90 do TST, o legislador incluiu o §2º ao art. 58 da CLT, que passou a ter a seguinte redação a partir de 2001:

> §2º. O tempo despendido pelo empregado até o local de trabalho e para o seu retorno, por qualquer meio de transporte, não será computado na jornada de trabalho, salvo quando, tratando-se de local de difícil acesso ou não servido por transporte público, o empregador fornecer a condução.

De acordo com a jurisprudência que deu origem a alteração legislativa, como a prorrogação da jornada se dava em benefício do empregador, entendeu-se que o tempo gasto no trajeto casa-trabalho e vice-versa se tratava de tempo à disposição. Assim, o legislador incorporou o entendimento jurisprudencial que interpretava extensivamente o art. 4º da CLT, a legislação trabalhista.

Para Alice Monteiro de Barros,

> As horas *in itinere* correspondem ao tempo à disposição do empregador, quando expressamente encontra-se fora do perímetro urbano, via de regra, em local de difícil acesso, ou seja, impossível de ser atingido pelo obreiro sem o uso de transporte. Por essa razão, as empresas optam pela alternativa de propiciar condição a seus empregados, visando a obter mão de obra pontual e assídua. Assim, o tempo gasto pelo empregado no percurso, até o local de trabalho, em veículo fornecido pelo empregador, identifica-se com a hipótese prevista no art. 4º consolidado e autoriza o pagamento pelo tempo gasto no transporte, nos termos da Súmula n. 90, I, do TST, cujo teor é o seguinte "O tempo despendido pelo empregado, em condução fornecida pelo empregador, até o local de trabalho de difícil acesso, ou não servido por transporte público regular, e para o seu retorno é computável na jornada de trabalho" [2]

A regra é que o tempo gasto no trajeto casa-trabalho, trabalho-casa não é computado na jornada de trabalho. Entretanto, se o local de trabalho for de difícil acesso, ou não servido por transporte público regular, e o empregador fornecer o transporte, o tempo de percurso despendido pelo empregado será computado na jornada de trabalho.

Sendo assim, para que o tempo gasto no trajeto seja computado na jornada do empregado, é necessário o preenchimento de dois requisitos, cumulativamente: local de prestação de serviços ser de difícil acesso ou não servido por transporte público e o empregador fornecer o transporte.

Local de difícil acesso é aquele que tem posição geográfica atípica. Todavia, a doutrina majoritária entende que local de difícil acesso é aquele que não é servido por transporte público. Nesse sentido se posiciona Vólia Bomfim:

> Não havia a necessidade de incluir a expressão difícil acesso, uma vez que bastaria o legislador mencionar "local não guarnecido por transporte público e regular". Isso porque mesmo o local de fácil acesso se torna difícil para aqueles que não têm veículo próprio (carro) e a localidade não é servida por transporte público, não tendo como chegar ao local de trabalho. Não existe local de difícil acesso se houver farta condução pública, mesmo que geograficamente a empresa esteja situada em local atípico[3].

A Súmula 90 do TST destaca ainda, que não basta o local de prestação de serviços ser servido por transporte público. É mister que seja servido por transporte público regular. Neste ponto, a jurisprudência diferencia transporte público irregular e insuficiente.

Transporte irregular é aquele em que os horários do transporte são intermitentes e com grandes intervalos. Já a condução insuficiente, embora haja regularidade de horários, em horários de excesso de demanda, as conduções fornecidas não são suficientes para atender a todos.

2. BARROS, Alice Monteiro de. Curso de Direito do Trabalho. 10 ed. São Paulo LTR, 2016. p. 441.
3. CASSAR, Vólia Bomfim. Direito do Trabalho. 5. ed. Niterói: Impetus, 2011, p. 660.

Para fins de cômputo na jornada de trabalho, a mera insuficiência de transporte não gera direito à hora *in itinere*. Já a incompatibilidade do horário do transporte público com o horário de entrada e saída do empregado assegura ao empregado o cômputo do tempo de trajeto à jornada de trabalho.

É fato que o fornecimento do transporte pelo empregador possui como escopo principal a viabilização da mão de obra, bem como sua assiduidade e pontualidade. É certo, ainda, que em quase todos os casos, se o empregador não fornecesse o transporte, dificilmente o empregado conseguiria chegar ao local da prestação de serviços.

No entanto, o computo na jornada do tempo despendido até o local de trabalho, e deste até a residência do empregado sempre foi motivo de críticas, principalmente dos empresários. Isso fez com que algumas empresas parassem de fornecer transporte a seus empregados, para evitar o pagamento de horas extras.

Ademais, nos casos de transporte público incompatível com a jornada de trabalho dos empregados, os empregadores são onerados com o pagamento das horas *in itinere* por falha do Poder Público que não fornece linhas de transporte suficientes à população em geral.

Outro ponto a se observar é se realmente o empregado que se utiliza do transporte fornecido pelo empregador está, realmente, à disposição deste. O simples fato de o empregado estar sendo transportado em veículo fornecido pela empresa não é suficiente para caracterizar tempo à disposição, haja vista que nas empresas com sede em local servido por transporte público, mas que fornecem transporte a seus empregados, não configura hora *in itinere*. De igual modo, aqueles empregados que vão em seu veículo próprio, prestar serviços em locais não servido por transporte público também não estão à disposição do empregador.

O fornecimento de transporte por parte do empregador, seja o local de prestação de serviços servido ou não por transporte público regular, é benéfico ao empregado. Geralmente, é um serviço gratuito oferecido pela empresa, que proporciona mais conforto se segurança aos empregados.

É inegável que o empregador se beneficia de tal oferta, mas o fornecimento de transporte por parte da empresa também é benéfica aos trabalhadores. Principalmente nos grandes centros, em que os empregados muitas vezes utilizam mais de um transporte público, na maioria das vezes lotado.

Assim, o oferecimento de transporte pela empresa deveria ser prática incentivada pelo legislador. Contudo, a CLT e a jurisprudência oneravam o empregador, que já tinha o gasto com o oferecimento do transporte, com a determinação de pagamento de horas extras, caso o tempo de deslocamento superasse a jornada diária.

Em 2006, a Lei Complementar 123 inseriu o §3º ao artigo 58 da CLT, prevendo a possibilidade de microempresas e empresas de pequeno porte celebrar, por meio de acordo ou convenção coletiva, tempo médio despendido pelo empregado no transporte fornecido pelo empregador, até o local de prestação de serviços:

> §3° Poderão ser fixados, para as microempresas e empresas de pequeno porte, por meio de acordo ou convenção coletiva, em caso de transporte fornecido pelo empregador, em local de difícil acesso ou não servido por transporte público, o tempo médio despendido pelo empregado, bem como a forma e a natureza da remuneração.

Vale destacar que o TST tem se posicionado no sentido de que todas as empresas podem fixar o tempo médio das horas *in itinere*, não se restringindo às micro e pequenas empresas. Ressalta-se que, para a jurisprudência majoritária, o tempo médio fixado em cláusula convencional deve ser próximo da realidade, sob pena de configurar renúncia do direito às horas de trajeto.

Antes da Reforma Trabalhista, muito se discutia acerca da validade das cláusulas de acordo ou convenção coletiva que estabeleciam tempo médio desproporcional, ou até mesmo negociações coletivas que suprimiam as horas *in itinere*. Não obstante a jurisprudência majoritária no sentido de invalidar tais cláusulas por representarem renúncia a direito legalmente assegurado, o TRT da 18ª Região, possui recente súmula que reconhece a validade de negociação coletiva que suprime as horas de trajeto:

> SÚMULA Nº 8. HORAS IN ITINERE. NORMA COLETIVA. SUPRESSÃO. VALIDADE. É válida a supressão do pagamento de horas "in itinere" quando prevista em norma coletiva. (RA nº 37/2010 – redação do item II alterada pela RA nº 25/2014, DJE -26.03.2014, 27.03.2014, 28.03.2014 e 03.04.2014 – Alterada pela RA nº 78/2017 – DEJT: 17/08/2017).

Já o TRT da 3ª Região, possui súmula em sentido oposto:

> SÚMULA Nº 41. HORAS IN ITINERE - NORMA COLETIVA.
>
> I - Não é válida a supressão total do direito às horas "in itinere" pela norma coletiva.
>
> II - A limitação desse direito é válida, desde que a fixação do tempo de transporte não seja inferior à metade daquele despendido nos percursos de ida e volta para o trabalho. (RA 188/2015, disponibilização: DEJT/TRT3/Cad. Jud. 25, 26 e 27/08/2015).

Percebe-se, portanto, a insegurança jurídica em relação ao tema, uma vez que, ao celebrar um acordo ou convenção coletiva, as partes poderiam ser surpreendidas, no futuro, com a anulação da cláusula convencional.

Nesse sentido, a Lei nº 13.467/2017, atendendo ao clamor da classe empresarial, colocou fim à discussão doutrinária e jurisprudencial ao alterar a redação do §2º e revogar o §3º, ambos do art. 58 da CLT, que passará a vigorar com a seguinte redação:

> Art. 58. A duração normal do trabalho, para os empregados em qualquer atividade privada, não excederá de 8 (oito) horas diárias, desde que não seja fixado expressamente outro limite.

> § 1º Não serão descontados nem computados como jornada extraordinária as variações de horário no registro de ponto não excedentes de cinco minutos, observado o limite máximo de dez minutos diários.
>
> § 2º O tempo despendido pelo empregado desde sua residência até a efetiva ocupação do posto de trabalho e para o seu retorno, caminhando ou por qualquer meio de transporte, inclusive o fornecimento pelo empregador, não será computado na jornada de trabalho, por não ser tempo à disposição do empregador (Redação dada pela Lei 13.467 de 2017).
>
> § 3º (Revogado).

O Deputado Rogério Marinho, Relator do Projeto de Lei da Reforma Trabalhista, ao apresentar o seu parecer final ao texto substitutivo do PL 6.787/2016, assim justificou a supressão das horas *in itinere:*

> A nossa intenção é a de estabelecer que esse tempo, chamado de hora *in itinere*, por não ser tempo à disposição do empregador, não integrará a jornada de trabalho. Essa medida, inclusive, mostrou-se prejudicial ao empregado ao longo do tempo, pois fez com que os empregadores suprimissem esse benefício aos seus empregados.
>
> Acreditamos que, a partir da aprovação do dispositivo, esse benefício volte a ser concedido.[4]

Ante a alteração legislativa, o tempo gasto pelo empregado no trajeto casa-trabalho e trabalho-casa foi desconsiderado como tempo à disposição, e consequentemente, como tempo de serviço.

O legislador adotou posição diametralmente oposta ao dispositivo celetista vigente. Via de consequência será o cancelamento das Súmulas 90 e 320, ambas do TST.

Ademais, cumpre esclarecer que o §2º do art. 58, da Lei nº 13.467/2017, ainda excluiu da jornada de trabalho o tempo gasto pelo empregado do portão da empresa até o local de trabalho. Isso porque a redação atual do referido dispositivo legal estabelece que: "o tempo despendido pelo empregado até o local de trabalho". Por outro lado, após a alteração legislativa, o §2º do art. 58 da CLT, passará a vigorar com a seguinte redação: "o tempo despendido pelo empregado desde sua residência até a efetiva ocupação do posto de trabalho".

A expressão "local de trabalho" foi substituída por "efetiva ocupação do posto de trabalho". Atualmente, o TST possui posicionamento pacificado, no sentido de que o tempo gasto pelo empregado do portão da empresa até o local de trabalho configura tempo à disposição do empregador e, portanto, é computado na jornada de trabalho. É o que determina a Súmula 429 do TST:

4. Trecho do parecer apresentado pelo Deputado Rogério Marinho (PSDB-RN) à Comissão Especial, disponível em: <http://www.camara.gov.br/proposicoesWeb/prop_mostrarintegra?codteor=1544961&filename=Tramitacao-PL+6787/2016>. Acesso em: 10/10/2017.

> Súmula nº 429 do TST. TEMPO À DISPOSIÇÃO DO EMPREGADOR. ART. 4º DA CLT. PERÍODO DE DESLOCAMENTO ENTRE A PORTARIA E O LOCAL DE TRABALHO. Considera-se à disposição do empregador, na forma do art. 4º da CLT, o tempo necessário ao deslocamento do trabalhador entre a portaria da empresa e o local de trabalho, desde que supere o limite de 10 (dez) minutos diários.

Nesse sentido também é a OJ 36 da SDI-I Transitória, do TST:

> HORA "IN ITINERE". TEMPO GASTO ENTRE A PORTARIA DA EMPRESA E O LOCAL DO SERVIÇO. DEVIDA. AÇOMINAS. Configura-se como hora "in itinere" o tempo gasto pelo obreiro para alcançar seu local de trabalho a partir da portaria da Açominas.

Consequentemente, a Súmula 429 do TST, bem como a OJ 36, da SDI-I Transitória, devem ser canceladas pelo Tribunal Superior do Trabalho.

Tanto a Súmula 429 do TST, como a OJ 36 da SDI-I Transitória, têm como base o art. 294 da CLT que dispõe: "O tempo despendido pelo empregado da boca da mina ao local do trabalho e vice-versa será computado para o efeito de pagamento do salário".

Insta salientar que a Reforma Trabalhista não revogou o art. 294 da CLT, razão pela qual continua sendo computado o tempo gasto pelo empregado no trajeto entre a boca da mina e o local de trabalho.

3. DIREITO INTERTEMPORAL

Uma das questões mais relevantes ao se tratar de qualquer tema referente à Reforma Trabalhista é em relação ao direito intertemporal. Primeiramente, vale destacar que a Lei da Reforma não trouxe uma regra de transição. Ao contrário, somente determinou o período de *vacatio legis* de 120 dias, o que deixa importante lacuna no que tange ao direito intertemporal.

Se, por um lado, o direito se modifica a fim de adaptar-se à realidade, por outro lado o contrato de trabalho é tipicamente de trato sucessivo. Isso significa, que ao mesmo tempo em que existem normas antigas, atuais e futuras, existem contratos antigos, atuais e futuros.

É necessário estabelecer um critério único para a aplicação da nova lei em todos os casos concretos semelhantes. São três situações distintas em que a doutrina e a jurisprudência terão que se posicionar acerca do direito intertemporal: dos contratos iniciados e terminados antes da Reforma. Dos contratos iniciados e terminados após a Reforma. E dos contratos de trabalho que se iniciaram antes da reforma, mas que continuam em vigor após a *vacatio legis.*

Nos dois primeiros casos, a solução é mais simples. Aos contratos iniciados e terminados antes da Reforma, aplica-se a lei antiga, tendo em vista o direito adquirido, o ato jurídico perfeito e a coisa julgada, com base nos arts. 5º, XXXVI

[5]da CF e 6º[6] da LINDB. Aos contratos que tiveram início após a vigência da Lei nº 13.467/2017, aplica-se a nova legislação.

A dúvida que surge é no tocante aos contratos iniciados antes da vigência da Reforma Trabalhista, e que serão extintos após o período de *vacatio legis.*

As consequências serão diferentes, dependendo da corrente adotada. Segundo Vólia Bomfim,

> Para solucionar eventuais conflitos na aplicação da lei às situações concretas devem se buscar no direito intertemporal, princípios próprios para aplicar a nova lei com as consequências da lei antiga, principalmente quando a nova norma prejudica e retira direitos antes concedidos pela antiga lei. O conflito se torna ainda mais acirrado quando analisado sob a ótica do art. 468 da CLT, que proíbe alterações contratuais prejudiciais ao empregado[7].

Um dos mais importantes princípios do direito intertemporal é o da irretroatividade, segundo o qual a lei nova não se aplica aos fatos e contratos anteriores à sua vigência. Assim, extinto o contrato de trabalho antes da Lei nº 13.467/2017, ou vigente o contrato, a nova lei não atinge os fatos anteriores para retirar direitos adquiridos antes da vigência da lei. Nesses casos a lei não retroage.

Este é o posicionamento majoritário da doutrina. Dessa forma, em relação às horas *in itinere*, aqueles trabalhadores que faziam jus ao recebimento da referida parcela e tiveram seu contrato extinto antes da Lei nº 13.467/2017 entrar em vigor, caso ajuízem Reclamação Trabalhista pleiteando tal verba, esta deverá ser deferida.

No tocante aos contratos vigentes e seus efeitos a partir da entrada em vigor da Reforma Trabalhista residem os posicionamentos mais divergentes.

Parte da doutrina defende a aplicação geral e imediata, conforme dispõe o art. 2.035 do CPC:

> Art. 2.035. A validade dos negócios e demais atos jurídicos, constituídos antes da entrada em vigor deste Código, obedecendo ao disposto nas leis anteriores, referidas no art. 2.045, mas seus efeitos, produzidos após a vigência deste código, aos preceitos dele se subordinam, salvo se houver sido prevista pelas partes determinada forma de execução.

No mesmo sentido é o art. 912 das Disposições Finais e Transitórias da atual CLT:

> Art. 912 - Os dispositivos de caráter imperativo terão aplicação imediata às relações iniciadas, mas não consumadas, antes da vigência desta Consolidação.

---

5. Art.5º, XXXVI,CF. a lei não prejudicará o direito adquirido, o ato jurídico perfeito e a coisa julgada;
6. Art. 6º, LINDB. A Lei em vigor terá efeito imediato e geral, respeitados o ato jurídico perfeito, o direito adquirido e a coisa julgada.
7. CASSAR, Vólia Bomfim: BORGES, Leonardo Dias. Comentários à Reforma Trabalhista. São Paulo: Método, 2017. p.3.

Sendo assim, a lei nova se aplica imediatamente, dali para frente, tanto para os novos contratos, como para os contratos vigentes, em relação aos fatos ocorridos a partir daí.

Esse posicionamento é adotado por Vólia Bomfim. Para a autora,

> A lei pode autorizar a alteração *in pejus* do contrato ou criar direitos que impactam a mudança que causa prejuízo ao empregado. Ora, se a norma coletiva pode fazê-lo (art. 611-A da CLT), quanto mais a lei. Se a convenção coletiva ou acordo coletivo podem permitir a supressão de benesses e de direitos legais durante a vigência do contrato, com muito mais razão também poderá a lei fazê-lo[8].

No entanto, essa posição não é unânime. Parte da doutrina entende que a Reforma Trabalhista, na parte que prejudica o trabalhador, somente poderá ser aplicada aos contratos firmados após o período de *vacatio legis*. Para os que defendem essa corrente, os contratos em curso continuarão a ser regidos pela lei revogada.

Destaca-se que são princípios do Direito do Trabalho, o princípio da norma mais favorável e o princípio da condição mais benéfica. Dessa forma, aquele trabalhador que iniciou o seu contrato de trabalho, na vigência de uma determinada cláusula contratual, não pode ter sua condição de trabalho alterada para pior. Assim, no que tange à hora *in itinere*, como a supressão desse direito representa uma alteração prejudicial ao empregado, aqueles que foram contratados antes da vigência da Lei nº 13.467/2017 permanecem com direito ao cômputo do tempo despendido no trajeto casa-trabalho e vice-versa na jornada de trabalho.

Nesse sentido é o item I da Súmula 51 do TST:

> NORMA REGULAMENTAR. VANTAGENS E OPÇÃO PELO NOVO REGULAMENTO. ART. 468 DA CLT
>
> I - As cláusulas regulamentares, que revoguem ou alterem vantagens deferidas anteriormente, só atingirão os trabalhadores admitidos após a revogação ou alteração do regulamento. (ex-Súmula nº 51 - RA 41/1973, DJ 14.06.1973)

É importante ressaltar que, de acordo com a jurisprudência, o princípio da condição mais benéfica aplica-se apenas às cláusulas contratuais, e não em relação às normas de caráter imperativo. As leis, as convenções e acordos coletivos possuem natureza jurídica de norma. São, portanto, dotados de generalidade, imperatividade, impessoalidade e abstração, com força coercitiva àqueles pactuantes.

Esse é o posicionamento do STF (RE 227755 Agr/CE), para o qual não há direito adquirido em relação ao regime jurídico. Assim, se não há direito adquirido em relação à nova legislação, o princípio da condição mais benéfica não incide sobre normas heterônomas, mas tão somente em relação às cláusulas contratuais.

8. CASSAR, Vólia Bomfim: BORGES, Leonardo Dias. Comentários à Reforma Trabalhista. São Paulo: Método, 2017. p.4.

Entendimento diverso se extrai da clássica teoria do princípio da proteção, no qual o princípio da condição mais benéfica seria um subprincípio daquele. Dessa forma, o princípio da condição mais benéfica se aplicaria tanto às cláusulas contratuais como às normas heterônomas.

Uma corrente intermediária defende a aplicação da Reforma Trabalhista aos contratos em curso, exceto quando a supressão do direito importar em redução salarial, entrando em choque com o princípio da irredutibilidade salarial, disposto no art.7º, VI, da CF.

Destaque-se que o referido artigo é um direito social, sendo uma espécie dos direitos fundamentais, que não devem sofrer interpretação restritiva, e sim à luz do princípio da máxima eficácia dos direitos fundamentais. Sendo assim, se o constituinte não restringiu o princípio da irredutibilidade salarial aos atos do empregador, não cabe ao intérprete fazê-lo.

Portanto, para os que defendem esse posicionamento, como a supressão da hora *in itinere* importaria em redução salarial, por esta corrente, os empregadores devem continuar pagando horas extras, quando a jornada normal de trabalho somada ao tempo gasto no trajeto pelos empregados que preenchem os requisitos da hora *in itinere*, ultrapassar as 08h diárias.

A adoção dessas correntes que estabelecem a continuidade do pagamento da hora *in itinere* aos contratos em vigor antes da Reforma gera dois grandes problemas: o tratamento desigual entre empregados que foram contratados antes da entrada em vigor da Reforma Trabalhista, e, principalmente, a demissão em massa de empregados contratados na vigência da atual CLT.

Ao assegurar a continuidade do pagamento das horas *in itinere* àqueles trabalhadores contratados antes da Reforma Trabalhista, em momento posterior a entrada em vigor da nova lei, estar-se-ia violando o princípio da igualdade. Ao adotar essa corrente teremos, na mesma empresa, empregados trabalhando nas mesmas condições, cumprindo a mesma jornada, mas alguns recebendo hora *in itinere* porque foram contratados antes da entrada em vigor da Lei nº 13.467/2017, e empregados que não recebem a referida parcela, por firmarem contrato de trabalho após 11/11/2017.

Ainda mais grave é o problema social que a adoção do princípio da condição mais benéfica pode provocar no tocante aos contratos em curso, com a provável dispensa de trabalhadores e contratação de novos empregados, a partir de 11/11/2017.

É muito mais vantajoso, financeiramente, para os empregadores, dispensar os empregados contratados antes da vigência da Reforma Trabalhista e contratar novos empregados que não terão direito a receber horas *in itinere*, dentre outros direitos suprimidos pela nova lei, do que continuar pagando as referidas verbas aos atuais empregados.

Tendo em vista que a Lei nº 13.467/2017 é omissa no tocante ao direito intertemporal, teremos nos próximos anos, muitas decisões divergentes, dependendo da corrente adotada, ante a diversidade de posicionamentos em relação ao tema.

Nesse contexto, até que o TST e o STF pacifiquem o entendimento em relação ao direito intertemporal, o Direito do Trabalho viverá um momento de grande insegurança jurídica.

4. CONCLUSÃO

A Reforma Trabalhista desconstrói o Direito do Trabalho como historicamente entendido. O princípio basilar da proteção sofreu forte impacto com a promulgação da nova lei.

No entanto, apesar de introduzir profundas mudanças no Direito do Trabalho, o projeto de lei da Reforma Trabalhista não foi suficientemente discutido na sociedade, e nem entre os operadores do direito, principalmente os que atuam na área trabalhista.

A Reforma Trabalhista que entrará em vigor em 11/11/2017 beneficia claramente o setor empresarial, com a justificativa de corrigir distorções provocadas pelo excesso de proteção dada ao empregado pelo Direito do Trabalho.

Contudo, a nova lei é lacunosa e gera dúvidas e interpretações opostas em vários aspectos.

A hora *in itinere* era um tema sempre levantado pela classe empresarial, onerada pelo pagamento de horas extras em razão da extrapolação da jornada, quando o local da prestação de serviços era entendido como de difícil acesso.

A Reforma Trabalhista, atendendo ao clamor dos empresários, suprimiu expressamente o direito às horas *in itinere*. Dessa forma, os empregados contratados a partir de 11/11/2017 não terão direito a receber a referida parcela salarial, ainda que o local de prestação de serviços seja de difícil acesso e o empregador forneça o transporte.

Percebe-se que o legislador inverteu o entendimento até então pacificado pela doutrina e jurisprudência no que tange ao tempo à disposição.

Contudo, é inegável a insegurança jurídica provocada pela entrada em vigor da nova lei, ante a omissão do legislador no tocante às questões atinentes ao direito intertemporal.

Os doutrinadores já começam a expor seus posicionamentos, possuindo, entretanto, entendimentos divergentes. Há, pelo menos, três correntes principais: a primeira que afirma que as normas heterônomas possuem aplicação imediata; a segunda que afirma levar em consideração o direito adquirido e a condição mais benéfica, afirmando que os contratos em curso são regidos pela lei velha; e uma corrente intermediária que defende a aplicação imediata da nova lei, exceto no que importar em redução salarial.

Portanto, não há consenso na doutrina acerca da aplicação da Reforma Trabalhista aos contratos iniciados antes da entrada em vigor da nova lei, e que continuarão em curso após a *vacatio legis*.

O que se pode afirmar é que um dos efeitos da Reforma Trabalhista é uma grande insegurança jurídica que perdurará até que os tribunais superiores pacifiquem a matéria.

Enquanto isso, o que se verá serão decisões conflitantes de juízes e Tribunais de segunda instância, até que a matéria seja objeto de apreciação pelo TST e STF.

REFERÊNCIAS

BARROS, Alice Monteiro de. **Curso de Direito do Trabalho**. 10 ed. São Paulo: LTR, 2016.

Câmara dos Deputados. Disponível em: <http://www.camara.gov.br/proposicoesWeb/prop_mostrarintegra?codteor=1544961&filename=Tramitacao-PL+6787/2016.> Acesso em: 10/10/2017.

CASSAR, Vólia Bomfim. **Direito do Trabalho**. 5. ed. Niterói: Impetus, 2011

CASSAR, Vólia Bomfim: BORGES, Leonardo Dias. **Comentários à Reforma Trabalhista**. São Paulo: Método, 2017.

CORREIA, Henrique. **Direito do Trabalho para Concursos.** 2. ed. Salvador: Juspodivm, 2017.

DELGADO, Mauricio Godinho. **Curso de Direito do Trabalho**. 12ª edição. São Paulo: LTr, 2013.

A SUPRESSÃO DAS HORAS *IN ITINERE*

Leandro Antunes de Oliveira[1]

Sumário: 1. Introdução – 2. Conceito – 3. A mudança no texto legal – supressão das horas in itinere – 4. Possíveis cancelamentos e/ou prejuízos de entendimentos do TST com a chegada da nova redação do artigo 58, § 2º, da CLT – 5. Revogação do parágrafo 3º do artigo 58 da CLT – 6. Considerações finais – 7. Referências bibliográficas.

1. INTRODUÇÃO

O presente texto abordará a supressão das horas *in itinere* pela lei 13.467/17 (reforma trabalhista), porém, antes de adentrar ao assunto, é interessante demonstrar de que forma a mudança em âmbito trabalhista foi recepcionada.

A grande verdade é que, a reforma trabalhista chegou de certa forma causando polêmica e divisão de opiniões nos diversos meios (político, social, jurídico, econômico e etc.). A lei 13.467/17 foi muito bem aceita por alguns, mas não muito bem recebida por outros, tivemos ainda, alguns que discordaram só de alguns pontos, e consequentemente concordaram com outros.

Muitos pontos da chamada reforma trabalhista são tidos por muitos como inconstitucionais. O Ministério Público do Trabalho, por exemplo, editou a nota técnica[2] número 7 atacando de forma fundamentada aquilo que considera como algumas arbitrariedades trazidas pela reforma. Na referida nota técnica, o respeitável órgão assim explica:

---

1. Advogado, Professor Universitário, Professor de cursos preparatórios para concursos públicos, Mestre em Direito pela Universidade Cândido Mendes, Pós-graduado em Direito e Processo do Trabalho pela Universidade Presbiteriana Mackenzie, Coordenador Técnico da Pós-Graduação em Direito e Processo do Trabalho – Ibmec/RJ, Presidente da Comissão de Estudos de Direito Material e Processual do Trabalho da OAB/RJ.

2. portal.mpt.mp.br

"O MINISTÉRIO PÚBLICO DO TRABALHO (MPT), no exercício das atribuições constitucionais de defesa da ordem jurídica justa, do regime democrático e dos interesses sociais e individuais indisponíveis, bem como de promoção da dignidade da pessoa humana, da valorização social do trabalho e da justiça social, apresenta esta Nota Técnica, produzida e aprovada pelo Grupo de Trabalho instituído pela Portaria PGT nº 2, de 9 de janeiro de 2017, para expor seu posicionamento acerca do Projeto de Lei da Câmara nº 38/2017, **com a finalidade de apontar violações à ordem constitucional, demonstrar o profundo prejuízo ao equilíbrio da relação capital-trabalho, bem como a facilitação das fraudes trabalhistas e da corrupção nas relações coletivas de trabalho, acrescido do aprofundamento da insegurança jurídica.**" (grifamos)

O Senador Paulo Paim também apresentou projeto de lei (PLS 233/2017) visando buscar a inconstitucionalidade da lei 13.467/17 (reforma trabalhista).

A Procuradoria Geral da República também ingressou com uma ação direta de inconstitucionalidade (ADI 5766) com o escopo de declarar inconstitucional alguns dispositivos da reforma trabalhista.

A Associação Nacional dos Magistrados da Justiça do Trabalho – ANAMATRA realizou uma jornada com objetivo de aprovar enunciados que possam servir de parâmetro à interpretação/aplicação da Lei 13.467/2017.

E muitas outras medidas estão para eclodir em sentido contrário à reforma, comprovando nitidamente que a lei 13.467/17 ainda vai carecer de muita análise e discussão, sendo certo que, o Poder Judiciário vai ter um papel de vital importância na aplicação e interpretação de alguns dispositivos.

Certo é que, alguns dispositivos causam certa dúvida de interpretação ou aplicação, porém, o tema tratado no presente texto não parece estar neste grupo, ao contrário, resta evidente que com a chegada da chamada reforma trabalhista, foi modificada a redação do artigo 58, § 2º da CLT. **Com isso, ocorreu a supressão do texto legal (sem qualquer dúvida) daquilo que representava a configuração dos requisitos para caracterização das horas *in itinere*.**

Ou seja, aqui o novel texto deixou cristalina a ideia de retirada de qualquer possibilidade de configuração das horas *in itinere*, restando evidente que o Poder Judiciário dificilmente será provocado a se manifestar sobre o tema, **salvo nos casos de estabelecimento da regra através de negociação coletiva.**

2. CONCEITO

Antes de adentrarmos à ideia de supressão das horas *in itinere*, faz-se necessária a conceituação da expressão, até mesmo para que assim o leitor do presente texto possa ter a exata noção do que deixa de existir no mundo jurídico trabalhista a partir da alteração legislativa ocasionada pela lei 13.467/17.

Em primeiro plano, cabe destacar que a lei 10.243/01 introduziu ao artigo 58 da CLT, o parágrafo segundo, tal dispositivo explicitou os requisitos necessários para a configuração das horas *in itinere*. Tal redação claramente levou em consideração o conceito que já estava expresso na redação da súmula 90 do TST desde 1978.

A expressão *itinere* vem do latim e traz a noção de "caminho" ou "percurso", assim, facilmente se concluiria que as horas *in itinere*, representariam o deslocamento do empregado para a casa/trabalho ou para o trabalho/casa, com o consequente cômputo na jornada de trabalho, ou seja, horas *in titnere* = deslocamento computado como tempo de serviço.

Na ideia do conceito das horas *in itinere*, não pensaríamos em tempo efetivo de prestação de serviços, mas sim tempo à disposição ao empregador. Noção inclusive, extraída da redação do artigo 4º da CLT[3]:

> "CLT - Art. 4º - Considera-se como de serviço efetivo o período em que o empregado esteja à disposição do empregador, aguardando ou executando ordens, salvo disposição especial expressamente consignada."

Pela simples análise do artigo, verifica-se que as horas *in itinere* encontravam guarida justamente na parte do artigo que expressa: "que o empregado esteja à disposição do empregador", pois como já citado, no período de deslocamento o empregado não estaria efetivamente com a "mão na massa".

A saudosa Professora Alice Monteiro de Barros[4] assim conceituou as horas *in itinere*:

> "As horas *in tinere* correspondem ao tempo à disposição do empregador, quando a empresa encontra-se foram do perímetro urbano, via de regra, em local de difícil acesso, ou seja, impossível de ser atingido pelo obreiro sem o uso do transporte. Por essa razão, as empresas optam pela alternativa de propiciar condução a seus empregados, visando a obter mão-de-obra pontual e assídua. Assim, o tempo gasto pelo empregado no percurso, até o local de trabalho, em veículo fornecido pelo empregador, identifica-se com a hipótese prevista no art. 4º consolidado e autoriza o pagamento pelo tempo gasto no transporte, nos termos da **Súmula n. 90 do TST** (...)"

Relacionada à concepção das horas *in itinere,* cabe ponderar que no próprio conceito previsto na súmula 90 do TST e no artigo 58, § 2º da CLT, o preenchimento de alguns requisitos acabava sendo essencial para configurar o deslocamento casa/trabalho e trabalho/casa como tempo de serviço.

Pela análise do item I da súmula 90[5] do TST, e artigo 58, § 2º[6] da CLT, restariam evidentes os requisitos:

---

3. http://www.planalto.gov.br/ccivil_03/decreto-lei/Del5452.htm
4. Curso de Direito do Trabalho, 4ª ed, LTr, página 662.
5. http://www.tst.jus.br/sumulas
6. http://www.planalto.gov.br/ccivil_03/decreto-lei/Del5452.htm

> "Súmula nº 90 do TST
>
> HORAS "IN ITINERE". TEMPO DE SERVIÇO
>
> I - O tempo despendido pelo empregado, **em condução fornecida pelo empregador, até o local de trabalho de difícil acesso, ou não servido por transporte público regular**, e para o seu retorno é computável na jornada de trabalho. (...)" (grifamos)
>
> "CLT – Art. 58 (...)
>
> § 2º O tempo despendido pelo empregado até o local de trabalho e para o seu retorno, por qualquer meio de transporte, não será computado na jornada de trabalho, salvo quando, **tratando-se de local de difícil acesso ou não servido por transporte público, o empregador fornecer a condução.**" (grifamos)

Ou seja, para que se considerasse o tempo de deslocamento casa/trabalho e trabalho/casa como tempo de serviço, deveria o percurso **ser de difícil acesso ou não servido por transporte público,** sendo necessário ainda que ocorresse **o fornecimento do veículo pelo empregador**. A constatação exata em cada caso concreto dos citados requisitos, não era tarefa tão fácil, e acabou por render muitos debates doutrinários e jurisprudenciais, principalmente em relação ao local de difícil acesso, que possui um certo grau de subjetividade. O presente texto, não terá por objetivo analisar e enfrentar a verificação dos requisitos, até mesmo porque, a reforma trabalhista os retira do texto legal.

Outro fator que merece destaque, é que a própria redação anterior do § 2º artigo 58 da CLT (antes da reforma) não tratava o tempo de percurso casa/trabalho e trabalho/casa como tempo de serviço **em regra**. Então, ao contrário do que muitos possam imaginar, a reforma trabalhista não retirou do texto legal a configuração das horas *in itinere* em caráter genérico, pois repita-se, esse já não existia, o que ocorreu, foi que a lei 13.467/17 aniquilou qualquer possibilidade de materialização de se computar o período de deslocamento como tempo de serviço, mesmo observados os requisitos de outrora, pelo menos por expressa previsão da lei. Logo, o percurso sem atendimento de requisitos específicos, em que o empregado vai para o trabalho e volta para casa, continua não sendo considerado tempo de serviço, o que já não era antes da reforma.

3. A MUDANÇA NO TEXTO LEGAL – SUPRESSÃO DAS HORAS *IN ITINERE*

Conforme já citado no bojo do presente texto, a lei 13.467/17 de forma cristalina suprimiu a contagem do tempo de deslocamento como tempo de serviço (quando atendidos os requisitos), senão vejamos o antes (redação do § 2º, do artigo 58 da CLT[7] anterior à reforma) e o depois (redação do § 2º, do artigo 58 da CLT[8] posterior à reforma):

7. http://www.planalto.gov.br/ccivil_03/decreto-lei/Del5452.htm
8. http://www.planalto.gov.br/ccivil_03/_ato2015-2018/2017/lei/L13467.htm

> "CLT - Art. 58 (...)
>
> § 2° O tempo despendido pelo empregado até o local de trabalho e para o seu retorno, por qualquer meio de transporte, não será computado na jornada de trabalho, **salvo quando, tratando-se de local de difícil acesso ou não servido por transporte público, o empregador fornecer a condução.**" (grifamos)
>
> "CLT – Art. 58 (...)
>
> § 2º O tempo despendido pelo empregado desde a sua residência até a efetiva ocupação do posto de trabalho e para o seu retorno, caminhando ou por qualquer meio de transporte, inclusive o fornecido pelo empregador, **não será computado na jornada de trabalho, por não ser tempo à disposição do empregador.**" (grifamos)

O leitor do presente texto poderia estar questionando o que teria levado o legislador a retirar do texto legal os requisitos que poderiam caracterizar as horas *in itinere*.

Para tentar encontrar uma resposta para tal questionamento, vejamos agora, trechos extraídos do parecer proferido ao projeto de lei 6.787/2016 (Altera o Decreto-Lei nº 5.452, de 1º de maio de 1943 - Consolidação das Leis do Trabalho, e a Lei nº 6.019, de 3 de janeiro de 1974, para dispor sobre eleições de representantes dos trabalhadores no local de trabalho e sobre trabalho temporário, e dá outras providências), mais precisamente na parte que destaca o voto do relator (Deputado Rogério Marinho):

> "O TST pacificou entendimento de que o tempo despendido pelo empregado até o local do trabalho integra a sua jornada de trabalho, incluindo nessa hipótese até mesmo o tempo gasto no transporte que o empregador concedia por sua liberalidade aos seus empregados. Decidiu, ainda, o Tribunal que, uma vez que esse tempo é computado na jornada de trabalho, o que extrapolar a jornada legal deve ser considerado como hora extra, sobre ela incidindo o adicional.
>
> A nossa intenção é a de estabelecer que esse tempo, chamado de hora in itinere, por não ser tempo à disposição do empregador, não integrará a jornada de trabalho. Essa medida, inclusive, mostrou-se prejudicial ao empregado ao longo do tempo, pois fez com que os empregadores suprimissem esse benefício aos seus empregados.
>
> Acreditamos que, a partir da aprovação do dispositivo, esse benefício volte a ser concedido.
>
> Sobre esta matéria, acatamos ideias trazidas pelas Emendas: 497, do Deputado Jerônimo Goergen (PP/RS); 296, do Deputado Marinaldo Rosendo (PSB/PE); 479, da Deputada Tereza Cristina (PSB/MS); 596, do Deputado Eli Corrêa Filho (DEM/SP); e 702 (Alfredo Kaefer PSL/PR)."

Pela leitura do trecho acima, parece que a ideia do legislador foi de retirar do texto legal os requisitos configuradores das horas *in itinere* em tentativa de benefício dos próprios empregados, pois assim, os empregadores estariam mais dispostos a conceder o veículo a seus empregados sem a caracterização de ônus por força disso, ou seja, concederiam o veículo sem a preocupação se o tempo de trajeto iria ou não ser computado como tempo de serviço, assim, não teriam que remunerar as horas nem muito menos as possíveis horas excedentes (horas extras).

Outro fator que merece destaque, é que, o relator quis expressar que o tempo de percurso não seria considerado tempo à disposição do empregador.

Cabe ressaltar, que o inciso IV do artigo 611-A introduzido pela lei 13.467/17, faz referência às horas *in itinere*, o que nos faz imaginar que, embora tenham sido excluídas do texto legal, possam ainda ser introduzidas por negociação coletiva.

4. POSSÍVEIS CANCELAMENTOS E/OU PREJUÍZOS DE ENTENDIMENTOS DO TST COM A CHEGADA DA NOVA REDAÇÃO DO ARTIGO 58, § 2º, DA CLT

Algo que não se pode desprezar é o fato, de que, o entendimento consolidado e reiterado do TST sofrerá ou poderá sofrer importantes impactos com a nova redação do artigo 58, § 2º, da CLT, ou seja, algumas súmulas e orientações jurisprudenciais fatalmente serão canceladas ou terão a redação alterada, eis que não mais se coadunam com o entendimento consignado na CLT (pós reforma).

A súmula 90[9] do TST, por exemplo, em nosso sentir, não tem mais razão de existir, senão vejamos:

> "Súmula nº 90 do TST
>
> HORAS "IN ITINERE". TEMPO DE SERVIÇO
>
> I - O tempo despendido pelo empregado, em condução fornecida pelo empregador, até o local de trabalho de difícil acesso, ou não servido por transporte público regular, e para o seu retorno é computável na jornada de trabalho.
>
> II - A incompatibilidade entre os horários de início e término da jornada do empregado e os do transporte público regular é circunstância que também gera o direito às horas "in itinere".
>
> III - A mera insuficiência de transporte público não enseja o pagamento de horas "in itinere".
>
> IV - Se houver transporte público regular em parte do trajeto percorrido em condução da empresa, as horas "in itinere" remuneradas limitam-se ao trecho não alcançado pelo transporte público.
>
> V - Considerando que as horas "in itinere" são computáveis na jornada de trabalho, o tempo que extrapola a jornada legal é considerado como extraordinário e sobre ele deve incidir o adicional respectivo.

O item I acima transcrito é antagônico ao novel texto legal, e consequentemente todos os itens restantes perdem o sentido de sua existência.

9. http://www.tst.jus.br/sumulas

De outro lado a súmula 320[10] do TST, já não terá mais sentido, pois a mesma trata especificamente de regra direcionada às horas *in itinere*:

> "HORAS "IN ITINERE". OBRIGATORIEDADE DE CÔMPUTO NA JORNADA DE TRABALHO
>
> O fato de o empregador cobrar, parcialmente ou não, importância pelo transporte fornecido, para local de difícil acesso ou não servido por transporte regular, não afasta o direito à percepção das horas "in itinere".

Acreditamos ainda que a súmula 429[11] do TST também deve restar prejudicada, principalmente em razão da nova redação do artigo 58, § 2º, trazer a expressão "caminhando" como algo que também vai ilidir a caracterização das horas *in itinere*, da forma exposta no verbete jurisprudencial.

A referida súmula assim expressa:

> "Súmula nº 429 do TST
>
> TEMPO À DISPOSIÇÃO DO EMPREGADOR. ART. 4º DA CLT. PERÍODO DE DESLOCAMENTO ENTRE A PORTARIA E O LOCAL DE TRABALHO
>
> Considera-se à disposição do empregador, na forma do art. 4º da CLT, o tempo necessário ao deslocamento do trabalhador entre a portaria da empresa e o local de trabalho, desde que supere o limite de 10 (dez) minutos diários."

Na mesma linha da súmula 429 do TST, não deve ser diferente o caminho da OJ Transitória 36[12] da SDI-1:

> "36. HORA "IN ITINERE". TEMPO GASTO ENTRE A PORTARIA DA EMPRESA E O LOCAL DO SERVIÇO. DEVIDA. AÇOMINAS. (mantida)
>
> Configura-se como hora "in itinere" o tempo gasto pelo obreiro para alcançar seu local de trabalho a partir da portaria da Açominas."

5. REVOGAÇÃO DO PARÁGRAFO 3º DO ARTIGO 58 DA CLT

Se já não bastasse a mudança de forma substancial realizada no § 2º do artigo 58 da CLT, a lei 13.467/17 acabou ainda por revogar a regra anteriormente prevista no § 3º do mesmo artigo:

> "Art. 58 (...)
>
> § 3º Poderão ser fixados, para as microempresas e empresas de pequeno porte, por meio de acordo ou convenção coletiva, em caso de transporte fornecido pelo empregador, em local de difícil acesso ou não servido por transporte público, o tempo médio despendido pelo empregado, bem como a forma e a natureza da remuneração."

---

10. http://www.tst.jus.br/sumulas
11. http://www.tst.jus.br/sumulas
12. http://www3.tst.jus.br/jurisprudencia/OJ_SDI_1_Transitoria/n_transitoria.html#Tema36

A regra revogada, claramente atribuía aos sindicatos o poder de limitar o cômputo das horas *in itinere* para as microempresas e empresas de pequeno porte, porém, a retirada do parágrafo do texto consolidado é totalmente justificável, eis que não se considerando mais a existência das horas *in itinere*, não há que se falar em regra aplicada especialmente à determinados tipos de empresas.

Vale ainda destacar que o TST vinha reconhecendo em alguns casos a possibilidade de limitação das horas *in itinere*, mesmo quando não fosse caso de microempresa ou empresa de pequeno porte:

> "HORAS IN ITINERE. LIMITAÇÃO MEDIANTE NORMA COLETIVA. POSSIBILIDADE.
>
> É válida a norma coletiva que delimita o tempo a ser remunerado a título de horas in itinere, independentemente do tempo real gasto no trajeto, em razão do reconhecimento das convenções e acordos coletivos do trabalho, prestigiados no artigo 7º, inciso XXVI, da Constituição Federal. Precedentes. Recurso de revista não conhecido. (RR – 660-71.2010.5.09.0000, Relator Ministro: Augusto César Leite de Carvalho, Data de julgamento: 23/05/2012, 6ª Turma, Data de publicação: 01/06/2012)."

Em outros casos o TST não reconhecia a validade da cláusula se não houvesse razoabilidade e proporcionalidade na limitação:

> "RECURSO DE EMBARGOS REGIDO PELA LEI Nº 11.496/2007. HORAS IN ITINERE. LIMITAÇÃO MEDIANTE NORMA COLETIVA. REDUÇÃO PARCIAL DAS HORAS DE PERCURSO A PAGAR EM RELAÇÃO AO TEMPO EFETIVAMENTE GASTO. NECESSIDADE DE HARMONIA COM OS PRINCÍPIOS DA RAZOABILIDADE E DA PROPORCIONALIDADE. EMPREGADO QUE DESPENDIA DUAS HORAS NO TRAJETO. NORMA COLETIVA QUE GARANTE APENAS TRINTA MINUTOS. INVALIDADE. Esta colenda SBDI-1, no tocante à limitação de horas in itinere mediante norma coletiva, consagrou entendimento segundo o qual deve prevalecer a norma coletiva celebrada com a participação do sindicato representativo da categoria dos trabalhadores, com fundamento na livre estipulação entre as partes, desde que respeitados os princípios da razoabilidade e da proporcionalidade no ajuste, bem como o equilíbrio entre o convencionado e a realidade dos fatos, visando a imprimir efetividade ao postulado do valor social do trabalho, inscrito no art. 1º, IV, da Constituição Federal. Assim, firmou-se o posicionamento no sentido de que, para se evitar a supressão ou mesmo a renúncia de direitos, não há como validar norma coletiva que fixa horas de deslocamento de ida e volta ao local de trabalho em quantidade significativamente inferior ao tempo real despendido no trajeto, com valor menor ao devido, quando não preservados ao menos 50% do tempo efetivamente gasto no percurso. Na hipótese concreta, o empregado despendia duas horas no trajeto, ao passo que a norma coletiva garantia a remuneração de apenas trinta minutos diários. Logo, tem-se por inválida a pactuação coletiva, por não traduzir a necessária harmonia com os princípios da razoabilidade e da proporcionalidade, não se tratando de mera limitação, mas de efetiva supressão de direito. Precedentes. Recurso de embargos conhecido, por divergência jurisprudencial, e não provido. (TST, SDI-I, E-RR-904-44.2012.5.09.0092, Rel. Min. Alexandre de Souza Agra Belmonte, DEJT 22/08/2014).

Ainda que possível a limitação do cômputo das horas *in itinere*, o TST não admitia, pelo menos em regra, a supressão do benefício. Ao contrário, antes da reforma, o Poder Judiciário vinha se manifestando sobre a impossibilidade de supressão das horas *in itinere* por negociação coletiva. O Professor Maurício Godinho Delgado[13] assim já ensinava:

> "Note-se que a lei não concedeu à negociação coletiva o poder de *suprimir* as horas itinerantes e nem lhes eliminar a natureza salarial. Apenas lhe permitiu fixar o montante médio estimado de horas *in titnere*, afastando a dúvida temporal que comumente ocorre em situações fáticas."

Tais discussões restam superadas com a chegada da reforma trabalhista, pois por conclusão lógica.

6. CONSIDERAÇÕES FINAIS

Por tudo que foi exposto, convém tecer algumas considerações conclusivas acerca das principais ideias apresentadas e analisadas no bojo do presente texto.

Realmente as horas *in itinere*, acabaram por ser extintas com a chegada da lei da reforma trabalhista (13.467/17). Ao que nos parece, a intenção da nova lei foi espancar cabalmente qualquer possibilidade de configuração de contagem de tempo de serviço no trajeto casa/trabalho e trabalho/casa.

Não se pode deixar de comentar que representa sim, uma perda considerável em relação aos direitos dos trabalhadores, pois a conclusão é simples, antes da reforma o empregado tinha o direito ao cômputo na jornada desde que atendidos alguns requisitos, e depois da reforma, não cabe mais analisar se algumas condições estarão ou não presentes, simplesmente não se fala mais nas horas *in itinere* por previsão legal.

Cabe ainda destacar, que o Ministério Público do Trabalho na Nota Técnica n. 7, expressamente considera em seu item 11, letra "a", que a reforma trabalhista sepultou as horas *in itinere*.

Ao que parece, o recado da nova legislação foi justamente de estimular o empregador a fornecer o transporte sem receio de que isso possa acarretar mais ônus, ou seja, pagamento do tempo de percurso.

Por outro lado, fica a dúvida em relação à efetividade desta intenção, ou seja, será que a supressão legislativa realmente vai estimular os empregadores ao maior fornecimento de transporte? Vamos dar tempo ao tempo para encontrarmos a resposta, mas cientes que aquilo que era um direito deixa de ser.

13. Curso de Direito do Trabalho, 11ª ed, LTr, página 872.

7. REFERÊNCIAS BIBLIOGRÁFICAS

BARROS, Alice Monteiro de. *Curso de Direito do Trabalho*. 4ª edição ver. e ampl. – São Paulo: LTr, 2008.

DELGADO. Maurício Godinho. Curso de direito do trabalho. 11 ed. São Paulo: LTr, 2012.

LEITE. Carlos Henrique Bezerra. Curso de Direito do Trabalho. 5. ed. Saraiva. 2014.

NASCIMENTO, Amauri Mascaro. *Curso de Direito do Trabalho* – 26ª ed. São Paulo: Saraiva, 2012

PINTO MARTINS, Sérgio. Direito do Trabalho. 30ª ed. São Paulo: Atlas, 2013.

Disponível<http://www.planalto.gov.br/ccivil_03/_ato2015-2018/2017/lei/L13467.htm>acesso: 12/10/2017. Site do Planalto.

Disponível<http://www.planalto.gov.br/ccivil_03/decreto-lei/Del5452.htm>acesso: 12/10/2017. Site do Planalto.

Disponível<http://www3.tst.jus.br/jurisprudencia/Sumulas_com_indice/Sumulas_Ind_401_450.html#SUM-429>acesso:12/10/2017. Site do TST.

Disponível<http://www3.tst.jus.br/jurisprudencia/Sumulas_com_indice/Sumulas_Ind_301_350.html#SUM-320>acesso:12/10/2017. Site do TST.

Disponível<http://www3.tst.jus.br/jurisprudencia/Sumulas_com_indice/Sumulas_Ind_51_100.html#SUM-90>acesso:12/10/2017. Site do TST.

Disponível<http://portal.mpt.mp.br/wps/wcm/connect/portal_mpt/6e18cf0c-941b-437e-8557-f7554daae5b4/notatecnica07.pdf?MOD=AJPERES>acesso:13/10/2017.

Disponível<http://revistaseletronicas.pucrs.br/ojs/index.php/fadir/article/viewFile/19973/12669>acesso: 13/10/2017.

SUPRESSÃO DAS HORAS *IN ITINERE*

Rodrigo Peixoto Medeiros[1]

Sumário: Introdução – 1. As horas in itinere antes da lei nº 13.467/17 – 2. Horas in itinere e a súmula nº 90 do tribunal superior do trabalho – 3. As horas in itinere após da lei nº 13.467/17 – 4. Conclusão – Referências bibliográficas.

INTRODUÇÃO

A "Reforma Trabalhista" preconizada pela Lei nº 13.467/17 trouxe diversas mudanças na Consolidação das Leis do Trabalho, tais como a prevalência do negociado sobre o legislado; a possibilidade de uma jornada de 12 horas de trabalho, com 36 horas ininterruptas de descanso; regulamentação de modalidades de trabalho por home office; possibilidade de rescisão contratual por mútuo acordo entre empregado e empregador, sem a necessidade de homologação sindical; o fim da obrigatoriedade do chamado "imposto sindical", dentre outras.

Outra dessas mudanças importantes foi a supressão das horas *in itinere* do cômputo da jornada de trabalho, nos casos em que essas horas integravam a jornada. Esta supressão irá mudar a relação de trabalho de diversos empregados e empregadores, motivo pelo qual se mostra relevante realizar um estudo mais aprofundado sobre o tema.

Portanto, o tempo despendido pelo empregado até o local de trabalho e para o seu retorno, por qualquer meio de transporte, não será mais computado na jornada de trabalho. A CLT, antes da vigência da Lei nº 13.467/17, contabilizava como jornada de trabalho o deslocamento do empregado para locais de difícil acesso ou não servido por transporte público, quando o empregador fornecesse a condução.

---

1. Procurador do Estado de São Paulo em exercício na 7º Sub-Procuradoria Judicial especializada na área trabalhista. Pós-Graduado em Direito Empresarial pela Fundação Getúlio Vargas-São Paulo.

Assim, no presente artigo, primeiramente iremos analisar como era o tratamento legal das horas *in itinere* antes da vigência da Lei nº 13.467/17. Posteriormente será demonstrado o tratamento jurisprudencial contido na Súmula nº 90 do Tribunal Superior do Trabalho e, por fim, demonstraremos os principais aspectos alterados pela "Reforma" relativamente a estas horas de deslocamento da residência do empregado até o seu local de trabalho.

1. AS HORAS *IN ITINERE* ANTES DA LEI Nº 13.467/17

Antes da vigência da Lei nº13.467/17, a Consolidação das Leis do Trabalho dispunha sobre as horas *in itinere* no artigo 58, § 2º que possuía a seguinte redação:

> Art. 58 § 2º O tempo despendido pelo empregado até o local de trabalho e para o seu retorno, por qualquer meio de transporte, não será computado na jornada de trabalho, salvo quando, tratando-se de local de difícil acesso ou não servido por transporte público, o empregador fornecer a condução.

Da análise desse dispositivo legal, percebe-se que as horas *in itinere* podiam ser caracterizadas como o tempo despendido pelo empregado no deslocamento de sua residência até o seu trabalho e vice-versa, computando-se este tempo na jornada de trabalho no caso de o local de trabalho ser de difícil acesso ou não servido por transporte público e desde que o empregador fornecesse a condução.

Alice Monteiro de Barros[2] assim discorreu sobre as horas *in itinere*:

> As horas *in itinere* correspondem ao tempo à disposição do empregador, quando a empresa encontra-se fora do perímetro urbano, via de regra em local de difícil acesso, ou seja, impossível de ser atingido pelo obreiro sem o uso de transporte. Por essa razão, as empresas optam pela alternativa de propiciar condução aos seus empregados, visando obter mão de obra pontual e assídua. Assim, o tempo gasto pelo empregado no percurso, até o local de trabalho, em veículo fornecido pelo empregador identifica-se com a hipótese prevista no art. 4º consolidado e autoriza o pagamento pelo tempo gasto no transporte, nos termos da Súmula n. 90, I, do TST, cujo teor é o seguinte: "*O tempo despendido pelo empregado, em condução fornecida pelo empregador, até o local de trabalho de difícil acesso, ou não servido por transporte público regular, e para o seu retorno é computável na jornada de trabalho*"

O fundamento para que estas horas de deslocamento integrassem a jornada de trabalho resultava da conclusão de que neste trajeto o empregado estava à disposição do empregador, nos termos do art. 4º da CLT, de modo que, se o tempo gasto no trajeto implicasse na dilatação da jornada de trabalho, deveria ser pago como hora extra.

2. BARROS, Alice Monteiro de. Curso de Direito do Trabalho. 10ºed. São Paulo: LTR, 2016, p. 441.

Logo, percebe-se que o legislador trabalhista exigia que o meio de transporte fosse concedido pelo empregador e que o local de trabalho fosse de difícil acesso ou não servido por transporte público.

Sobre o tema, Maurício Godinho Delgado[3] assim aduziu:

> São dois os requisitos, portanto, das chamadas horas itinerantes: em primeiro lugar, que o trabalhador seja transportado por condução fornecida pelo empregador. É óbvio que não elide o requisito em exame a circunstância de o transporte ser efetivado por empresa privada especializada contratada pelo empregador, já que este, indiretamente, é que o está provendo e fornecendo. Aqui também não importa que o transporte seja ofertado pela empresa tomadora de serviços, em casos de terceirização, já que há, evidentemente, ajuste expresso ou tácito nesta direção entre as duas entidades empresariais. Também é irrelevante que exista onerosidade na utilização do transporte. Isso porque a figura em tela não diz respeito a salário in natura, mas a jornada de trabalho. É o que bem acentuou a Súmula 320, TST. O segundo requisito pode consumar-se de modo alternativo (ou — e não e — enfatizam tanto a Súmula 90, I, TST, como o novo art. 58, § 2º, CLT). Ou se exige que o local de trabalho seja de difícil acesso, ou se exige que, pelo menos, o local de trabalho não esteja servido por transporte público regular.

Todavia, não se fazia necessário que este transporte fornecido fosse gratuito, podendo o empregador cobrar pelo deslocamento. Por exemplo, caso determinada empresa disponibilizasse a opção aos seus empregados de fazerem uso de um ônibus particular contratado pela empresa para transportá-los das suas residências ao local de trabalho, mediante pagamento pecuniário, tal fato não afastaria o direito à percepção das horas in intinere.

Nesse sentido era o teor da Súmula nº 320 do Tribunal Superior do Trabalho:

> Súmula nº 320 do TST HORAS "IN ITINERE". OBRIGATORIEDADE DE CÔMPUTO NA JORNADA DE TRABALHO (mantida) - Res. 121/2003, DJ 19, 20 e 21.11.2003

O fato de o empregador cobrar, parcialmente ou não, importância pelo transporte fornecido, para local de difícil acesso ou não servido por transporte regular, não afasta o direito à percepção das horas "in itinere".

Ou seja, mesmo que o empregado pagasse pela condução, não ficaria descaracterizada as horas *in itinere*, e consequentemente, o cômputo desse período na jornada de trabalho.

Já no tocante ao ônus da prova se determinado local era de difícil acesso ou não era servido por transporte público, Luciano Martinez[4] entendia que dentro do esquema de distribuição do ônus da prova, caberia ao empregador demonstrar que, a despeito de fornecer por liberalidade a condução, o local não era de

---

3. DELGADO, Maurício Godinho Curso de Direito do Trabalho. 15 ed. São Paulo: LTR, 2016, p. 962
4. Martinez, Ricardo. Curso de direito do trabalho. 7 ed. Editora Saraiva, p. 606

difícil acesso ou era lugar servido por transporte público. O magistrado poderia, entretanto, em casos de extrema evidência, baseado na experiência comum, dispensar a prova por entender que o fato probando era notório (vide o art. 334, I, do CPC/1973 e o art. 374, I, do CPC/2015).

Outrossim, cumpre frisar que, antes da entrada em vigor da "Reforma Trabalhista", o Tribunal Superior do Trabalho possuía jurisprudência dominante no sentido de que a natureza salarial das horas *in itinere*, ou de deslocamento, não podia ser afastada por meio de acordo coletivo. Isso porque, entendia-se que a autonomia negocial coletiva não era absoluta.

Todavia, o Supremo Tribunal Federal, no julgamento do RE 895759 publicado em 23 de maio de 2017, considerou válida cláusula coletiva que suprimiu as horas *in itinere* mediante o oferecimento de contrapartidas por parte do empregador. Vejamos a ementa do referido julgado:

> Ementa: TRABALHISTA. AGRAVOS REGIMENTAIS NO RECURSO EXTRAORDINÁRIO. ACORDO COLETIVO DE TRABALHO. TRANSAÇÃO DO CÔMPUTO DAS HORAS *IN ITINERE* NA JORNADA DIÁRIA DE TRABALHO. CONCESSÃO DE VANTAGENS DE NATUREZA PECUNIÁRIA E DE OUTRAS UTILIDADES. VALIDADE. 1. Conforme assentado pelo Plenário do Supremo Tribunal Federal no julgamento do RE 590.415 (Rel. Min. ROBERTO BARROSO, DJe de 29/5/2015, Tema 152), a Constituição Federal "reconheceu as convenções e os acordos coletivos como instrumentos legítimos de prevenção e de autocomposição de conflitos trabalhistas", tornando explícita inclusive "a possibilidade desses instrumentos para a redução de direitos trabalhistas". Ainda segundo esse precedente, as normas coletivas de trabalho podem prevalecer sobre "o padrão geral heterônomo, mesmo que sejam restritivas dos direitos dos trabalhadores, desde que não transacionem setorialmente parcelas justrabalhistas de indisponibilidade absoluta". 2. É válida norma coletiva por meio da qual categoria de trabalhadores transaciona o direito ao cômputo das horas *in itinere* na jornada diária de trabalho em troca da concessão de vantagens de natureza pecuniária e de outras utilidades. 3. Agravos regimentais desprovidos. Inaplicável o art. 85, § 11, do CPC/2015, pois não houve prévia fixação de honorários advocatícios na causa.

Ou seja, para o Supremo Tribunal Federal, caso houvesse uma contrapartida oferecida ao empregado, seria válida a supressão das horas *in itinere* por meio de cláusula coletiva, não se falando em extrapolação da razoabilidade, prevalecendo, portanto, o negociado sobre o legislado. Tal jurisprudência, já confirmava a tendência de flexibilização dos direitos trabalhistas que seria posta em vigor pela "Reforma Trabalhista".

2. HORAS *IN ITINERE* E A SÚMULA Nº 90 DO TRIBUNAL SUPERIOR DO TRABALHO

Com o objetivo de dar mais clareza ao teor do então vigente art. 58 § 2º da CLT, o Tribunal Superior do Trabalho resolveu editar a Súmula nº 90 cuja redação é a seguinte:

> HORAS "IN ITINERE". TEMPO DE SERVIÇO (incorporadas as Súmulas nºs 324 e 325 e as Orientações Jurisprudenciais nºs 50 e 236 da SBDI-I) - Res. 129/2005, DJ 20, 22 e 25.04.2005
>
> I - O tempo despendido pelo empregado, em condução fornecida pelo empregador, até o local de trabalho de difícil acesso, ou não servido por transporte público regular, e para o seu retorno é computável na jornada de trabalho. (ex--Súmula nº 90 - RA 80/1978, DJ 10.11.1978)
>
> II - A incompatibilidade entre os horários de início e término da jornada do empregado e os do transporte público regular é circunstância que também gera o direito às horas "in itinere". (ex-OJ nº 50 da SBDI-I - inserida em 01.02.1995)
>
> III - A mera insuficiência de transporte público não enseja o pagamento de horas "in itinere". (ex-Súmula nº 324 – Res. 16/1993, DJ 21.12.1993)
>
> IV - Se houver transporte público regular em parte do trajeto percorrido em condução da empresa, as horas "in itinere" remuneradas limitam-se ao trecho não alcançado pelo transporte público. (ex-Súmula nº 325 – Res. 17/1993, DJ 21.12.1993)
>
> V - Considerando que as horas "in itinere" são computáveis na jornada de trabalho, o tempo que extrapola a jornada legal é considerado como extraordinário e sobre ele deve incidir o adicional respectivo. (ex-OJ nº 236 da SBDI-I - inserida em 20.06.2001)

Como se pode observar, o Tribunal Superior do Trabalho entendia que se houvesse uma incompatibilidade entre os horários de início e término da jornada do empregado e os do transporte público regular, conferiria ao trabalhador o direito às horas extras.

Já se houvesse mera insuficiência de transporte público, não se autorizaria o deferimento das horas *in itinere*. Logo, havia uma distinção entre a incompatibilidade de horários e a mera insuficiência de transporte.

Ademais, frise-se que se atendidos os requisitos das horas itinerantes apenas em parte do percurso, somente nesse trecho o tempo despendido na condução fornecida seria considerado como à disposição do empregador.

É relevante registrar, ainda, que, sendo as horas *in itinere* computáveis na jornada de trabalho, o tempo que extrapola a jornada legal era considerado extraordinário, e sobre ele incidia o respectivo adicional.

Ocorre que, com a vigência da "Reforma Trabalhista" veiculada pela Lei nº13.467/17, a referida Súmula deve ser cancelada, por incompatibilidade material com a nova redação do art. 58§ 2º, que impede o cômputo dessas horas na jornada de trabalho.

3. AS HORAS *IN ITINERE* APÓS DA LEI Nº 13.467/17

A "Reforma Trabalhista" modificou o tratamento legal relativo às horas *in itinere*, uma vez que conferiu nova redação ao art. 58 § 2º que passou a dispor:

> Art. 58 § 2º O tempo despendido pelo empregado desde a sua residência até a efetiva ocupação do posto de trabalho e para o seu retorno, caminhando ou

> por qualquer meio de transporte, inclusive o fornecido pelo empregador, não será computado na jornada de trabalho, por não ser tempo à disposição do empregador.

De plano, constata-se que, com a entrada em vigor da Lei nº13.467/17, independentemente do meio de transporte utilizado se público ou fornecido pelo empregador, não será considerado como a disposição do empregador o tempo despendido no trajeto da residência do empregado ao local de trabalho, e, portanto, não será remunerado como horas extras caso esse período exceda à jornada normal de trabalho.

Logo, com essa nova redação do art. 58§ 2º da CLT, a Súmula nº 90 do TST deve ser cancelada, uma vez que pressupunha o cômputo na jornada de trabalho das horas *in itinere*.

Ou seja, verifica-se uma grande mudança no regramento jurídico no tocante ao tempo de deslocamento casa-trabalho do empregado. Com a "Reforma Trabalhista" não há que se falar mais em qualquer cômputo na jornada de trabalho das chamadas horas *in itinere*.

De fato, quando o trabalhador está em trânsito para o trabalho, o mesmo não está produzindo, não está entregando valor para a empresa para a qual trabalha, de forma que, entender que o mesmo se encontrava à disposição do empregador configurava uma interpretação demasiadamente ampliada do quanto contido no art. 4º da CLT, justamente porque, nessa situação, o trabalhador não está aguardando ordens ou as executando.

Dessa forma, a supressão desse tempo de deslocamento do cômputo na jornada de trabalho não se trata de um retrocesso social, e sim, de uma questão de justiça, pois na situação anterior à "Reforma Trabalhista", o empregado acabava por ser remunerado sem efetivamente estar trabalhando. Tal situação ia de encontro à natureza dos contratos sinalagmáticos, justamente por estes gerarem obrigações recíprocas para os que assinam o contrato. Além disso, a Lei acabava por fazer uma diferenciação desarrazoada entre o empregado que passava um longo período indo para o seu trabalho de ônibus ou metrô, sujeito a diversos problemas, como chuva e assalto e o empregado que usufruía de transporte particular oferecido pela empresa, de forma bem mais confortável e segura, uma vez que este poderia receber horas extras por este deslocamento e aquele não.

A redação anterior do art. 58 § 2º da CLT acabava por servir como um desestímulo para que o empregador fornecesse transporte aos empregados, uma vez que, tal fato poderia configurar o pagamento de horas extras, aumentando seus custos. Neste caso, a suposta proteção aos empregados prevista nesse dispositivo acabava por atuar contrariamente aos seus interesses. Logo, esse era um típico caso em que o direito posto estava desvinculado da realidade, pois configurava um benefício que, na prática, trazia prejuízos ao seu beneficiário. Até porque, economicamente falando, era melhor que o empregador não proporcionasse a condução, visto que só esse fato já aumentaria seus custos e, somado ao fato de poder configurar esse período como horas extras, acabava por solapar qualquer estímulo econômico para a concessão desse benefício.

Ou seja, não se trata de uma efetiva supressão de direitos, visto que, com a entrada em vigor do novo texto legal que exclui o dever de computar na jornada de trabalho as horas *in itinere* na hipótese em que o empregador venha a fornecer o transporte, vai fomentar que este forneça ou subsidie a condução dos seus empregados, seja por meio de ônibus, van, barco ou outro meio de transporte.

Em acréscimo, frise-se que em virtude da prevalência do negociado sobre o legislado, ponto chave da reforma trabalhista que conferiu maiores poderes ao sindicato, é plenamente possível que por meio de acordos coletivos e convenções coletivas de trabalho, seja negociado que o empregador compute nas jornada de trabalho as horas de deslocamento do empregado. Isso porque, a Constituição Federal prestigiou a autonomia coletiva da vontade como mecanismo pelo qual o trabalhador participará da formulação das normas que regerão a sua relação de trabalho, bem como, que é pacífico que os acordos e convenções coletivas são instrumentos legítimos de prevenção de conflitos trabalhistas.

Ademais, outro fator importante a ser mencionado é que na situação anterior à vigência da Lei nº 13.467/17, o empregador ficava duplamente onerado, pois acabava por ter que suprir a carência de transporte público que deveria ser oferecido pelo Estado e ainda deveria remunerar o empregado em deslocamento, que não produzia efetivamente nesse ínterim. Assim, o princípio da proteção ao empregado não pode servir de substrato para configurar um privilégio excessivo ao mesmo, onerando a relação de trabalho e aumentando sem justificativa os custos do empregador.

Todavia, por mais que a referida mudança na legislação possa vir a trazer aspectos benéficos à relação de trabalho, o legislador não revogou o art. 294 da CLT, o que poderá gerar conflitos de interpretação com a nova disposição do art. 58 § 2º. Vejamos sua redação:

> Art. 294 - O tempo despendido pelo empregado da boca da mina ao local do trabalho e vice-versa será computado para o efeito de pagamento do salário.

Este dispositivo foi concebido justamente para os trabalhos realizados em minas subterrêneas, de forma que não prejudicasse os empregados que precisassem percorrer um bom tempo entre a abertura da mina até o local efetivo de trabalho de escavação.

Assim, como este artigo ainda se encontra em vigor, resta interpretar que o art. 58 § 2º se trata de regra geral, logo, não computando as horas de deslocamento na jornada de trabalho, e o art. 294 como regra especial, computando-se na jornada o tempo de deslocamento dentro das instalações do empregador que explora a atividade de mineração.

Ademais, é relevante expor que a doutrina e a jurisprudência utilizavam o referido art. 294 combinado com o art. 4º da CLT para, por uma interpretação analógica, entender que o tempo que o empregado gastava do portão da empresa até o local de trabalho era computado na jornada, desde que superasse 10 minutos diários, nos termos da Súmula 429 do Tribunal Superior do Trabalho[5].

Ocorre que tal Súmula restou superada pela atual redação do art. 58, § 2º da CLT, uma vez que ao mencionar o termo "até a efetiva ocupação do posto de trabalho", passou-se a não mais ser computado na jornada de trabalho o tempo de deslocamento entre o portão da empresa e o efetivo local de trabalho.

Outra alteração importante foi a revogação do §3º do art. 58 que facultava a fixação para as microempresas e empresas de pequeno porte, via negociação coletiva, em caso de transporte fornecido pelo empregador, em local de difícil acesso ou não servido por transporte público, do tempo médio despendido pelo empregado, bem como a forma e a natureza da remuneração. Isso porque, não há mais a exceção que previa o cômputo das horas *in itinere* na jornada de trabalho.

Feitos esses esclarecimentos, resta analisar se essa supressão das horas *in itinere* preconizada pela Lei nº 13.467/17 incide sobre os contratos de trabalho que já estavam em andamento antes da sua vigência. Ou seja, se os empregadores que eram obrigados a computar na jornada de trabalho as horas de deslocamento dos seus empregados cujos contratos de trabalho estavam em curso, poderão suprimir esse pagamento com a entrada em vigor da Lei nº 13.467/17.

Primeiramente, é necessário pontuar que é vedado à norma jurídica retroagir, não podendo atingir o direito adquirido, a coisa julgada e o ato jurídico perfeito, de forma que a Lei nº 13.467/17 não pode ser aplicada para atos jurídicos praticados antes da "Reforma Trabalhista". Assim, continuam devidas as horas *in itinere* adquiridas antes da entrada em vigor da referida Lei e desde que tenha cumprido os requisitos à época exigidos.

No tocante aos contratos em curso, esclareça-se que o contrato de trabalho é um contrato de trato sucessivo, ou seja, não se esgota com a prática de um ato singular, não sendo possível sua satisfação em um só momento, por se renovar mês a mês. Sobre essa característica doutrina Maurício Godinho Delgado[6]:

> Contrato de trato sucessivo — As prestações centrais desse contrato (trabalho e verbas salariais) sucedem-se continuadamente no tempo, cumprindo-se e vencendo-se, seguidamente, ao longo do prazo contratual. A relação de trabalho é uma relação de "débito permanente"(12), que incorpora como seu elemento típico a continuidade, a duração. Também as verbas devidas pelo empregador em geral tendem a vencer continuamente, parcela a parcela, ao longo do tempo

5. Súmula nº 429 do TST

TEMPO À DISPOSIÇÃO DO EMPREGADOR. ART. 4º DA CLT. PERÍODO DE DESLOCAMENTO ENTRE A PORTARIA E O LOCAL DE TRABALHO - Res. 174/2011, DEJT divulgado em 27, 30 e 31.05.2011
Considera-se à disposição do empregador, na forma do art. 4º da CLT, o tempo necessário ao deslocamento do trabalhador entre a portaria da empresa e o local de trabalho, desde que supere o limite de 10 (dez) minutos diários.

6. DELGADO, Maurício Godinho Curso de Direito do Trabalho. 15 ed. São Paulo: LTR, 2016, p. 564

> contratual. Dessa forma, o caráter da continuidade e permanência — oposto ao aspecto instantâneo de uns contratos (compra e venda) ou episódico de outros (contrato de trabalho eventual) — é distintivo importante dos contratos empregatícios

Já Alice Monteiro de Barros[7] aduz que o contrato de trabalho é de trato sucessivo, visto que não se esgota com a realização de um ato singular. Ele pressupõe a execução de prestações na organização empresarial, apesar da intermitência da relação jurídica e da condescendência dos critérios diretivos do empregador, no tocante a determinados empregados.

Justamente em virtude dessa natureza de trato sucessivo, os atos praticados depois da vigência da "Reforma Trabalhista" podem sofrer a incidência da nova norma que suprimiu as horas *in itinere*. Portanto, caso um empregado que venha se beneficiando do cômputo das horas *in itinere* na sua jornada de trabalho antes da vigência desta Lei, com a sua entrada em vigor, não terá mais este direito.

Por fim, cumpre expor que essas mudanças não interferem na Lei nº 7.418/85 que trata do Vale-Transporte, pois continua assegurado ao trabalhador o direito de receber vale-transporte sempre que utilizar transporte público e o custo do serviço ultrapassar 6% do respectivo salário básico.

4. CONCLUSÃO

De fato, a "Reforma Trabalhista" mudou o tratamento legal das horas *in itinere*, uma vez que, anteriormente, estas integravam a jornada de trabalho nos casos em que se tratando de local de difícil acesso ou não servido por transporte público, o empregador fornecer a condução. Já com a vigência da Lei nº 13.467/17 ficou suprimida estas horas do cômputo da jornada de trabalho dos empregados que estejam sujeitos a essas condições.

Esta mudança também teve o condão de tornar a disposição contida na Súmula nº 90 do Tribunal Superior do Trabalho incompatível com seu texto, motivo pelo qual a mesma deverá ser revogada pelo Colendo Tribunal.

Ademais, justamente por ser uma mudança em normas relativas aos direitos sociais, as disposições da Lei nº13.467/17 não escaparam do debate mais acalorado dentro da doutrina do direito do trabalho. Porém, devemos analisar se a mesma foi positiva ou negativa analisando cada ponto objeto de mudança, sob pena de a análise ficar superficial. Foi isso que o presente artigo buscou fazer, analisar detalhadamente a mudança ocorrida na temática das horas in itinere, expondo seus principais desdobramentos e nuances.

Sendo assim, a referida alteração legislativa que suprimiu as horas de itinerário da jornada de trabalho poderá trazer aspectos positivos à relação laboral,

7. BARROS, Alice Monteiro de. Curso de Direito do Trabalho. 10ºed. São Paulo: LTR, 2016, p. 158

estimulando que o empregador venha a fornecer a condução aos seus empregados por não ter mais o risco de se considerar tal tempo à disposição do empregador.

REFERÊNCIAS BIBLIOGRÁFICAS

BARROS, Alice Monteiro de. **Curso de Direito do Trabalho**. 10ºed. São Paulo: LTR, 2016

DELGADO, Maurício Godinho **Curso de Direito do Trabalho**. 15 ed. São Paulo: LTR, 2016

Martinez, Ricardo. **Curso de direito do trabalho.** 7 ed. Editora Saraiva, 2016.

SAÚDE, HIGIENE E SEGURANÇA NO TRABALHO NO CONTEXTO DO TRABALHO DIGNO
A Fragmentação do Meio Ambiente de Trabalho Operada pela Reforma Trabalhista

Ricardo José Macêdo de Britto Pereira[1]

Sumário: 1. Considerações iniciais – 2. Saúde e segurança no trabalho como direito fundamental. A necessária amplitude do conceito – 3. A saúde, higiene e segurança no trabalho como elementos indissociáveis do modelo de trabalho digno – 4. O meio ambiente de trabalho como bem coletivo – 5. A greve ambiental como instrumento legítimo de defesa ao meio ambiente hígido – 6. A inconstitucionalidade da cisão de aspectos do meio ambiente de trabalho na lei 13.467, De 2017 – 7. Considerações finais.

1. CONSIDERAÇÕES INICIAIS

O presente artigo examina o conceito de saúde e segurança no trabalho como elemento essencial do modelo de trabalho digno.

O trabalho digno é baseado no ideal de que todo trabalho humano seja prestado de acordo com os patamares estabelecidos normativamente, pelo que devem

1. Subprocurador Geral do Ministério Público do Trabalho. Doutor pela Universidade Complutense de Madri. Professor Titular do Centro Universitário do Distrito Federal, UDF-Brasília, no Mestrado em Direito das Relações Sociais e Trabalhistas e colíder do Grupo de Pesquisa. Mestre pela Universidade de Brasília. Pesquisador colaborador do Programa de Pós-graduação da Faculdade de Direito da Universidade de Brasília. Colíder do Grupo de Pesquisa da Faculdade de Direito da UNB "Trabalho, Constituição e Cidadania". Pesquisador visitante do Instituto de Relações Laborais da Universidade de Cornell (EUA).

ser reprimidas práticas de exploração ou exclusão de pessoas em razão do trabalho. Um meio ambiente de trabalho em desacordo com as normas de saúde, higiene e segurança no trabalho constitui um dos fatores de maior agressão aos trabalhadores e consequentemente de distanciamento do referencial do trabalho digno.

A previsão de padrões mínimos de condições de trabalho impulsionou consideráveis avanços para a consolidação de um modelo protetivo de relações de trabalho. Na atualidade, contudo, esse modelo sofre resistências para o seu desenvolvimento, com tendências de reversão do que foi construído ao longo do tempo. Condições degradantes e precárias de trabalho são recriadas a todo o momento desafiando e desconstruindo o modelo protetivo. A ausência de inovação ou a reversão normativa podem provocar sérios danos não apenas às vítimas diretas, mas aos trabalhadores em geral e a sociedade como um todo.

O trabalho digno como parâmetro geral de conduta que vincula diversos atores consiste na permanente busca para abolir toda prática ou ameaça de menosprezo e desconsideração pelos seres humanos que realizam trabalhos na sociedade em troca da remuneração para a subsistência própria e da família.

O Direito do Trabalho tradicional estendeu seu leque de proteção para incorporar novas áreas de atuação, no intuito de conferir proteção integral à pessoa do trabalhador. A tradicional proteção ao salário e à limitação da duração do trabalho foi associada ao meio ambiente de trabalho hígido. As proteções específicas, como a dispensada ao trabalho da mulher e dos jovens, ampliaram-se para conferir atenção especial às pessoas com deficiência, à agregação familiar e várias outras situações especiais que emergem no dia a dia das relações de trabalho.

Em matéria de saúde, higiene e segurança no trabalho, por mais que se tenha evoluído no campo normativo, são ainda constatados elevados índices de acidentes e adoecimentos em razão do trabalho[2].

O sistema protetivo impõe pronta reação a condições inadequadas e degradantes de trabalho, o que pressupõe o caráter indisponível das normas sobre saúde, higiene e segurança no trabalho. Em contexto de elevados índices de acidentes e adoecimentos no trabalho, mais se justifica o fortalecimento da natureza cogente das previsões relacionadas à matéria e não a sua flexibilização.

A avaliação acerca da rigidez do ordenamento jurídico trabalhista apresenta-se deficiente se o foco recai apenas no aspecto normativo, desconsiderando a situação fática que se busca corrigir. É necessário verificar principalmente se persistem condutas que imprimem condições que prejudicam os trabalhadores,

2. Reportagem sobre o número de acidentes de trabalho causados por falta de equipamentos de proteção e exaustão, entre outros fatores, informa a colocação do Brasil na 4ª. posição, atrás apenas da China, Índia e Indonésia.
Acessado em 04/09/17 no seguinte endereço eletrônico:
http://www.em.com.br/app/noticia/economia/2017/06/05/internas_economia,874113/brasil-tem-700-mil-acidentes-de-trabalho-por-ano.shtml

causando-lhes danos. Em caso positivo, não há qualquer espaço para diminuir o caráter impositivo das disposições normativas trabalhistas. Tal realidade impõe, pelo contrário, o seu fortalecimento.

As várias investidas no sentido de flexibilizar o Direito do Trabalho ou de esvaziar o próprio conceito de saúde e segurança no trabalho mostram-se questionáveis diante desse quadro. A tentativa de separar a regulamentação da duração de trabalho do campo da saúde, higiene e segurança não se sustenta em termos normativos, uma vez que não é possível lograr ambiente de trabalho saudável se os trabalhadores prestam serviços à exaustão. A missão de combater o adoecimento e os acidentes no trabalho torna-se praticamente impossível se são admitidas jornadas excessivas e variáveis que eliminam por completo o projeto de vida dos trabalhadores, convertendo o que deveria ser tempo livre em período de trabalho ou à disposição para eventuais convocações.

O presente artigo cuida da necessária conexão entre saúde, higiene e segurança no trabalho e trabalho digno. Esses conceitos abrangem a limitação e a previsibilidade da duração do trabalho. O controle da duração de trabalho dos empregados não representa mera técnica de gestão nas mãos dos empregadores, uma vez que excessos e variações de jornadas provocam inúmeros danos aos trabalhadores diretamente envolvidos, que se refletem em seu meio.

O texto será dividido nas seguintes partes: saúde, higiene e segurança como direito fundamental e a necessária amplitude de seu conceito; saúde, higiene e segurança como elementos indissociáveis no modelo de trabalho digno; o meio ambiente de trabalho como bem coletivo: a greve ambiental e, por último o questionamento da constitucionalidade da 13.467, de 13.07.2017, no que se refere à cisão das normas de duração do trabalho e da disponibilidade da parte alusiva à duração do trabalho.

2. SAÚDE E SEGURANÇA NO TRABALHO COMO DIREITO FUNDAMENTAL. A NECESSÁRIA AMPLITUDE DO CONCEITO.

Considera-se meio ambiente de trabalho o meio onde pessoas desenvolvem suas atividades de trabalho, que deve preservar condições adequadas de saúde, higiene e segurança dos trabalhadores, em quaisquer circunstâncias, com remuneração ou não, homens ou mulheres, idosos ou menores de idade, empregados ou autônomos, servidores públicos ou empregados da iniciativa privada.[3]

Ou seja, o direito à saúde, higiene e segurança no trabalho concerne a todo e qualquer trabalhador e não apenas aos que detêm vínculo empregatício. Esclarece Raimundo Simão de Melo[4] que o meio ambiente geral alcança todo cidadão e o meio ambiente de trabalho todo trabalhador, uma vez que "todos recebem a pro-

3. FIORILLO, C.A. Pacheco. *Curso de direito ambiental brasileiro*. 4ª. Ed., São Paulo. 2003, págs. 22 e 23.
4. *Direito Ambiental do Trabalho e a Saúde do Trabalhador*. 3ª. Ed., São Paulo, Ltr, 2008, pág. 27.

teção constitucional de um ambiente de trabalho adequado e seguro, necessário à saudável qualidade de vida."

A amplitude do conceito de saúde e segurança no trabalho em relação aos sujeitos destinatários dessa proteção se associa a um conteúdo bastante variado desses direitos. Neste aspecto, trata-se de um conceito dinâmico, na medida em que deve acompanhar todas as inovações ocorridas nos sistemas de produção de bens e serviços. As inovações referem-se tanto ao aspecto da evolução tecnológica de ferramentas, máquinas e aparelhos quanto às técnicas de gestão.

Essa dinamicidade está presente no artigo 7º, XXII, da Constituição que prevê entre os direitos fundamentais dos trabalhadores urbanos e rurais a *redução dos riscos inerentes ao trabalho, por meio de normas de saúde, higiene e segurança.* A Constituição impõe um programa cuja meta é a redução dos riscos inerentes ao trabalho, estabelecendo um dever aos poderes constituídos de produzirem as normas para cumprirem esse fim. A omissão em assim proceder viola a Constituição. Ao Estado se impôs a produção de normas para o meio ambiente de trabalho adequado. Porém, o direito à redução dos riscos inerentes ao trabalho é de aplicabilidade imediata e sua eficácia, além de vertical, é horizontal. O tomador de serviços deverá adotar todas as providências para não submeter os trabalhadores aos riscos inerentes a sua atividade.

O direito fundamental à saúde, higiene e segurança no trabalho insere-se na garantia de proteção do meio ambiente, como bem constitucional de toda a sociedade brasileira.

O meio ambiente é bem de uso comum do povo e essencial à saudável qualidade de vida e abrange o meio ambiente de trabalho (art. 200, VIII, CF). A ideia de meio ambiente na atualidade extrapola o meio ambiente natural para alcançar o meio ambiente artificial. Dessa forma, entende-se por meio ambiente qualquer espaço e entorno nos quais sejam preservadas as condições necessárias para o desenvolvimento da vida com saúde e integridade.

O artigo 225 da Constituição de 1988 impõe não apenas ao Poder Público, mas a toda a coletividade o dever de defender e preservar o meio ambiente para as presentes e futuras gerações. Isso quer dizer que o meio ambiente como bem constitucional não se fragmenta no espaço, pois diz respeito a toda a sociedade brasileira. Além disso, não é limitado no tempo, de modo que a geração atual não zela apenas pelo meio ambiente de seu tempo, estando vinculada com o meio ambiente que abrigará as gerações futuras.

Como direito fundamental e bem constitucional intergeracional, o meio ambiente é exemplo típico de previsão constitucional que limita decisivamente as deliberações dos poderes constituídos, uma vez que nem a geração atual pode deliberar contra a preservação do meio ambiente no futuro nem as gerações futuras podem deliberar no sentido de desconstituir essa opção de caráter fundante e irreversível.

Observa-se, assim, que os direitos relacionados à saúde, higiene e segurança no trabalho reúnem as características dos direitos que possuem o maior grau de proteção previsto no ordenamento jurídico brasileiro. Além da aplicabilidade direta, imediata, proibição de retrocesso, eficácia vertical e horizontal, enquadram-se de forma induvidosa como cláusulas pétreas (art. 60, § 4º, CF).

A amplitude do conceito de saúde, higiene e segurança do trabalho extrapola condutas em relação às instalações físicas e equipamentos, alcançando aspectos relacionados à gestão. Nesse âmbito, incluem-se práticas nocivas que acarretam danos aos trabalhadores resultantes de técnicas e ritmos de trabalho, como também a administração do tempo da atividade prestada. Esse ponto é de extrema importância, na medida em que a legislação atual fragmenta a duração do trabalho da saúde, higiene e segurança, o que se afigura inconstitucional, representando inadmissível atentado contra a dignidade da pessoa humana.

3. A SAÚDE, HIGIENE E SEGURANÇA NO TRABALHO COMO ELEMENTOS INDISSOCIÁVEIS DO MODELO DE TRABALHO DIGNO

Existe intensa controvérsia em torno da temática da *dignidade humana.* Não obstante, por mais que seja questionada ou banalizada, insere-se como dado central na Constituição de 1988, que faz referência expressa a ela, no artigo 1º, III, como fundamento da República Federativa do Brasil.

Esse caráter fundante da dignidade da pessoa humana é o tronco que se ramifica nos diversos direitos fundamentais. Os *direitos fundamentais* não se reduzem a disposições estritamente jurídicas e são incompreensíveis se desvinculados dos valores que visam proteger ou alcançar. Ao lado da dimensão jurídica existe uma dimensão moral. A primeira proporciona razões para a observância da conduta estabelecida e a segunda a justifica, porque conforme com esses valores, ou critica condutas que os contrariam.[5]

As pretensões morais justificadas derivam da ideia de dignidade humana e sua recepção pelo direito positivo é essencial para a realização eficaz de sua finalidade protetiva. Para a pretensão moral ser justificada é necessário que seu conteúdo seja generalizável e, consequentemente, igualitário, sendo os seus destinatários, no aspecto genérico, seres humanos ou cidadãos e, enquanto situados, trabalhador, administrado, consumidor, pessoa com deficiência, crianças, entre outros. (PECES BARBA, 2004, p. 29)

A dimensão moral, ou seja, a referência à dignidade humana, é a responsável pela expansão dos direitos fundamentais, na medida em que confere um sentido de validade que transcende os ordenamentos jurídicos nacionais. Os direitos

5. ATIENZA, Manuel. *El sentido del derecho.* Barcelona, Ariel, 2000, p. 212.

fundamentais se dirigem aos seres humanos enquanto tais e não como membros de um estado.[6]

A ideia de *dignidade humana*, inserida em várias constituições, foi fortemente influenciada pela doutrina kantiana, que diferenciou o que possui preço, e é substituível, do que está acima de todo preço e, por não ser substituível, possui dignidade[7]. Esse "valor interno absoluto" de cada ser humano é atributo da "pessoa aparelhada com identidade moral e auto-responsabilidade, dotada de razão prática e capacidade de autodeterminação" [8]. Separa-se, assim, o âmbito das relações mercantis, de intercâmbio patrimonial, consoante atos de disposição, da esfera dos direitos que tutelam a dignidade humana, não disponível e não negociável.

A dignidade humana vem sendo contextualizada para atender as exigências da democracia e do pluralismo. Não se trata de uma essência imutável alheia às ações humanas. São as ações concretas que constroem espaços de lutas pela dignidade humana[9] e essas ações "alimenta-se da indignação dos humilhados pela violação de sua dignidade humana"[10].

O conceito de dignidade humana se abre em vários de seus aspectos para que sua densidade resulte de um processo comunicativo de disputa e compartilhamento de sentidos intra e intercultural, do reconhecimento do outro para "ampliação dos círculos de reciprocidade" e a consequente ampliação de sua "capacidade de inclusão social".[11]

A noção de dignidade humana foi incorporada ao movimento trabalhista na metade do século XIX e associada à ideia de justiça, o que permitiu que ela extrapolasse do campo do pensamento para a prática jurídica. [12]

Com propriedade, coloca Gabriela Neves Delgado[13]:

> O trabalho deve ser compreendido em sua significação ética, ou seja, em qualquer época e cultura o homem deve afirmar e consolidar, na universalidade do

6. HABERMAS, Jürgen. *La inclusión del otro. Estudios de teoría política.* Barcelona, Paidos, 1999, p. 175.
7. KANT, Immanuel. *Fundamentação da Metafísica dos Costumes*. Lisboa: Edições 70, 1991, p. 81.
8. HABERLE, Peter. "A dignidade humana como fundamento da comunidade estatal". *Dimensões da Dignidade. Ensaios de Filosofia do Direito e Direito Constitucional*. SARLET, Ingo Wolfgang (Org.). Porto Alegre: Livraria do Advogado, 2005, p. 117.
9. HERRERA FLORES, Joaquín. "Los derechos humanos en el contexto de la globalización: trés precisiones conceptuales." *Direitos humanos e globalização: fundamentos e possibilidades desde a teoria crítica*, Rio de Janeiro, Lumen Iuris, 2004, p. 68.
10. HABERMAS, Jürgen. *Sobre a Constituição da Europa.* trad. Denilson Luis Werle, Luiz Repa e Rúrion Melo. São Paulo: Ed. Unesp, 2012, p. 11.
11. SANTOS, Boaventura de Sousa. "Introdução: para ampliar o cânone do reconhecimento, da diferença e da igualdade". Reconhecer para libertar. *Os caminhos do cosmopolitismo cultural*. Rio de Janeiro: Civilização Brasileira, 2003, p. 62-63.
12. HABERLE, Peter. *Ibidem.*, p. 118.
13. DELGADO, Gabriela Neves. *Direito fundamental ao trabalho digno.* São Paulo: LTr, 2006, 236.

tempo e do espaço, considerada qualquer hipótese e circunstância, sua condição de ser humano. Além disso, por meio do trabalho, o homem também deve realizar-se e revelar-se em sua identidade social.

A dignidade permeou toda a história do direito do trabalho, apesar merecer atenção diferenciada por parte da doutrina e jurisprudência trabalhistas apenas nos últimos tempos.

Apesar da tendência expansiva do discurso do trabalho digno, há o confronto com práticas dos detentores de poderes, que buscam converter tudo e todos em objeto para criação e acumulação de riquezas, bem como preservar e incrementar capacidades de influenciar na dinâmica social. Essas posturas possuem suporte em ideologias que neutralizam ou anulam a força dos direitos fundamentais contra propósitos de converter os seres humanos e o meio ambiente em simples mecanismos para a agregação de recursos econômicos e de poder.

A teoria e a prática contra o trabalho digno perseguem: a *naturalização* das violações a esses direitos como se fossem inevitáveis, inviabilizando o potencial transformador dos direitos fundamentais; a *individualização* dos interesses, esvaziando organizações e ações coletivas para alcançar equilíbrios em relações de poder díspares, que atribuem a cada um, de acordo com suas capacidades, a responsabilidade de enfrentar o poderio social, econômico ou político; o *pseudoassistencialismo*, no sentido de que a exploração de seres humanos é apresentada como oportunidade. Sem elas, a situação dos explorados estaria ainda pior. Esses argumentos, associados a vários outros, colocam a exploração dos seres humanos como prática normal e aceitável, além de chance pessoal de recuperação de situações desfavoráveis, cabendo à vítima, e só a ela, as providências para as mudanças de sua vida.

A liberação dos espaços de regulação integra a lógica do mercado, que invade outros âmbitos da vida em sociedade, mercantilizando todos os âmbitos de convivência. Esse quadro é produzido por várias mudanças experimentadas nos sistemas de produção, e também é impulsionado por uma orientação ultraliberal. Numa inversão total e desprezo pelas lutas históricas, chega-se ao ponto de difundir que a produtividade dos trabalhadores é diretamente proporcional a suas dificuldades econômicas e a maior exposição aos riscos. Propaga-se que quanto menor a proteção maior a produtividade. Segundo essa corrente, a ordem econômica não pode se subordinar ao controle democrático e às demandas por justiça social, pois, como se fosse portadora de autoridade científica, não faz sentido politizá-la. A distribuição do trabalho, bem como de seus frutos, só pode corresponder, exclusivamente, ao mercado.[14]

O trabalho digno figura como elemento central da democracia, pois é indispensável para a distribuição de poder. A afronta à dignidade dos trabalhadores é uma das fórmulas mais efetivas de transferência e concentração de poder. A dignidade diz respeito à autonomia, que corresponde ao poder de se fazer presente na

14. SUPIOT, Alain. *El Espíritu de Filadelfia. La justicia social frente al mercado total.* Barcelona, Península, 2011, p. 35.

sociedade e representar adequadamente os seus interesses. As afrontas à dignidade se voltam para a perda desse poder, deslocando os trabalhadores do centro onde as decisões são tomadas. Uma das estratégias dos grandes conglomerados de poder é minar os direitos sociais e trabalhistas, justamente para não ter que distribuir poder. Quanto mais direitos se reconheçam aos trabalhadores e melhores as condições das categorias menos privilegiadas maior é o poder da população e, consequentemente, o padrão de cidadania. O trabalho digno cria as condições para que os trabalhadores possam contribuir com o seu melhor para a sociedade e isso só é possível mediante a preservação de um patamar indisponível de direitos.

Na atualidade, várias estratégias empresarias voltam-se para o enfraquecimento dos trabalhadores, minando o seu poder de resistência. São técnicas que produzem alto índice de adoecimento e acidentes no trabalho, sobretudo dos que não alcançam as metas estabelecidas. Esses trabalhadores são substituídos e o custo dessas práticas ainda é suportado pelas próprias vítimas e pelo Estado.

As ações contra o trabalho digno se voltam para retirar do campo do Direito do Trabalho as prestações de serviços realizadas por trabalhadores, inserindo elementos de relações mercantis e civis, no intuito de afastar o sistema de proteção social.

Além da redução do caráter protetivo, aumenta a tendência de apropriação de aspectos da vida dos trabalhadores pelos empregadores. A noção de dignidade da pessoa humana, baseada na ideia de autonomia, refere-se à capacidade de, como sujeito livre e consciente, determinar e realizar o seu projeto de vida. No momento atual, verifica-se, ao contrário, que os empregadores controlam excessivamente a vida dos trabalhadores, não só durante a prestação de serviços, mas em horários que, em tese, deveriam estar desconectados do trabalho.

De qualquer forma, há muito a avançar em termos de proteção à saúde, higiene e segurança no trabalho. Contudo, isso só é possível com o reconhecimento do caráter indisponível dos direitos que tutelam esses bens constitucionais. A flexibilização das disposições que preveem esses direitos fundamentais no sentido de admitir a transação de alguns de seus aspectos constitui grave afronta à dignidade da pessoa humana.

A tendência de flexibilização aumenta o poder do empregador, como no passado em que se negava a incidência dos direitos fundamentais nos ambientes laborais. Nos sistemas como os militares, prisionais, educacionais, assim como nas empresas, concebia-se a existência de um poder incontrastável nos estabelecimentos nos quais não havia espaços para o exercício de direitos fundamentais, denominadas relações especiais de poder. Boa parte do exercício desses poderes permanecia sem controle do Estado, pois estava nas mãos dos empregadores.[15]

A preocupação com a integridade dos trabalhadores é o ponto de origem de várias leis protetivas para a consolidação do Direito do Trabalho. As primeiras

15. LASAGABASTER HERRARTE, I. L. *Las relaciones de sujeción especial.* Madrid, Civitas, 1994.

leis cuidaram das jornadas excessivas e o trabalho em condições prejudiciais à saúde. Pode-se dizer que a evolução dessas leis que passam a integrar o meio ambiente do trabalho representa avanço inquestionável para esse ramo do direito. A pesar de tudo, o número de acidentes de trabalho provocados por descumprimentos das normas de saúde, higiene e segurança no trabalho permanece extremamente elevado. A situação se agrava na medida em que o meio ambiente de trabalho considera todos os aspectos da vida do trabalhador. Ou seja, não só aspectos físicos, mas também mentais. Com a eliminação da violência física como método legítimo para obter resultados, os mecanismos de controle passaram a ser dissimulados, com caráter psicológico. Neste último aspecto, há uma enorme carência e dificuldade de atuação. Os efeitos do exercício de poderes empresariais na vida dos trabalhadores vêm-se mostrando como um problema gravíssimo de violência e sofrimento.[16]

Por tal razão, as normas de saúde, higiene e segurança no trabalho possuem a natureza de *jus cogens*, com a máxima força, de modo que não comportam flexibilização de seu conteúdo pela via da negociação coletiva. Isso não significa que os atores das relações de trabalho não possam disciplinar algumas matérias para incrementar a proteção, porém sempre desde que respeitado o conteúdo previsto nos instrumentos normativos cogentes.

4. O MEIO AMBIENTE DE TRABALHO COMO BEM COLETIVO

A defesa do meio ambiente de trabalho pressupõe que se trata de tutela de bem que não pertence aos indivíduos na sua singularidade ou a grupos específicos, mas a toda coletividade.[17] A atuação na defesa do meio ambiente de trabalho apenas adquire sentido em perspectiva coletiva e isso se apresenta como grande desafio, no contexto de uma tradição individualista. Enfrenta-se resistência por parte de diversos agentes e instituições em aceitarem novas categorias baseadas na coletividade como um todo e não nos indivíduos considerados isoladamente. Ao mesmo tempo, constata-se um processo gradual de assimilação de novos instrumentos de tutela, com significativos avanços.

Tomando os interesses como pretensões em condições favoráveis para alcançar bens capazes de satisfazer as necessidades humanas, não há dúvida de que algumas necessidades apenas podem ser satisfeitas se considerado o todo e não as suas partes separadas. A tutela coletiva se ocupa dessa relação entre necessidades dos sujeitos que se apresentam em grupo e dos bens capazes de satisfazê-las, além das condições e dos meios para se alcançar situações vantajosas ou afastar as desvantajosas. Todo esse processo se desenvolve de acordo com as previsões contidas no ordenamento jurídico.

---

16. *Cf.* DEJOURS, Chistophe. *A banalização da injustiça social.* 7ª. Ed., Rio de Janeiro: Ed. FGV, 2006.
17. Como ressalta MELO, Raimundo Simão o meio ambiente de trabalho se refere a todo trabalhador ou trabalhadora, com remuneração ou não e independente do regime jurídico de trabalho. *Direito Ambiental do Trabalho e a Saúde do Trabalhador.* 3ª. Ed., São Paulo, Ltr, 2008, pág. 27.

A dimensão do coletivo no direito surge como resultado da reação à noção clássica de direito subjetivo, considerada uma situação particular como a única passível de tutela, consoante a autonomia da vontade de seu titular. Posteriormente, houve a mudança de foco da vontade individual para os interesses como consequência da insuficiência dos direitos tradicionais. Os ordenamentos jurídicos não só protegem situações individualizadas, mas também cuidam da satisfação de interesses mais gerais por meio de disposições objetivas, que acabam afetando os indivíduos ainda que de forma reflexa. Esses interesses foram denominados inicialmente como legítimos e, logo, convertidos em direitos. Hoje se aceita com mais naturalidade a existência de sujeitos, interesses e direitos coletivos destinatários de tutela pelo ordenamento jurídico.[18].

Há dois conceitos que são de fundamental importância para se operar com categorias coletivas: a indivisibilidade e a indisponibilidade. O coletivo pressupõe conjunto, bloco e não admite que um possa dispor do que não pertence só a ele, já que é compartilhado pela coletividade. Esclareça-se que a indivisibilidade e indisponibilidade constituem conceitos normativos e não apenas fáticos. Ou seja, não é o caso de identificar se um determinado bem ou uma determinada situação comporta divisão e disposição. A verificação não está no campo do ser, mas do dever ser. Em lugar de identificar a possibilidade de divisão e disposição da tutela, deve-se verificar quais as consequências para a coletividade como um todo, ou seja, se o tratamento fragmentado e ou baseado na disposição do bem é razoável e não causa prejuízos sociais. Quais as consequências para a sociedade admitir-se a renúncia de bens assegurados a parte da população carente de poderes reais de disposição?

Para o modelo liberal, o coletivo representava opressão aos indivíduos e como tal era reprimido e rejeitado pelo Estado. O modelo liberal, ainda que superado teoricamente, deixou suas marcas nas instituições do Estado atual. Não há dúvida de que algumas categorias tradicionais já não são adequadas para a tutela efetiva dos interesses, embora ainda sejam utilizadas em grande escala.

Além das alterações normativas, requer-se também uma mudança de mentalidade e de práticas. Sem uma internalização dos novos instrumentos pelos agentes do Estado e a disposição para inovar dificilmente serão alcançadas as transformações impostas pelo texto constitucional.

A Constituição brasileira de 1988 é plena em categorias coletivas e isso é relevante para a ampliação da tutela coletiva em nosso país. Os direitos e garantias fundamentais previstos no Título II começam no artigo 5º pelos direitos e deveres individuais e coletivos, onde se prevê sujeitos coletivos e instrumentos para a tutela de interesses e bens coletivos. No artigo 6º são enumerados os direitos sociais e no artigo 7º os dos trabalhadores, seguindo nos artigos 8º e 9º que enumeram os direitos coletivos (organização sindical, greve e negociação coletiva) dos trabalhadores (para alguns no seriam mais do que direitos individuais de exercício coletivo).

---

18. Cfr. LOPEZ CALERA, N. *¿Hay derechos colectivos? Individualidad y socialidad en la teoría de los derechos.* Barcelona, Ariel, 2000.

O meio ambiente é definitivamente um bem coletivo[19]. Ademais, estabelece direta relação com os direitos laborais no texto constitucional. No artigo 7º, XXII, figura entre os direitos fundamentais dos trabalhadores a "redução dos riscos inerentes ao trabalho, por meio de normas de saúde, higiene e segurança". O direito de propriedade não é absoluto, pois deve cumprir sua função social (art. 5º, XXII e XXIII). O artigo 186, que se refere à propriedade rural, estabelece entre os requisitos para a satisfação de sua função social a preservação do meio ambiente e a observância das disposições que regulam as relações de trabalho. O artigo 200, VIII, trata do sistema de serviços de saúde, que deve colaborar na proteção do meio ambiente, incluído o do trabalho. No âmbito internacional, Brasil ratificou as principais convenções da OIT sobre saúde e segurança no trabalho, estando, porém, pendentes de ratificação as mais recentes, de números 184, de 2001, e 187, de 2006, que tratam, respectivamente, de segurança e saúde na agricultura e sobre o marco promocional para a segurança e saúde no trabalho.

A iniciativa legislativa de fragmentar meio ambiente de um de seus componentes essenciais que é a limitação e preservação da regularidade da jornada de trabalho esvazia o conceito e compromete a tutela (art. 611-B, parágrafo único).

5. A GREVE AMBIENTAL COMO INSTRUMENTO LEGÍTIMO DE DEFESA AO MEIO AMBIENTE HÍGIDO

O direito de greve é um direito fundamental em nosso ordenamento jurídico previsto no artigo 9º da Constituição com um conteúdo bastante amplo. Os interesses a serem defendidos por esse mecanismo de autotutela são determinados pelos próprios trabalhadores. As possíveis restrições legais referem-se à definição das atividades essenciais e ao atendimento das necessidades inadiáveis da comunidade.

A Lei de Greve (Lei 7.788/19989) enumera as atividades essenciais, mas estabelece exigências adicionais para o exercício da greve em qualquer atividade, como o pré-aviso de 48 horas.

Apesar de não constar na Constituição autorização para a lei tratar de greve em atividades não essenciais, considera-se que não foge dos parâmetros de razoabilidade a previsão de que os grevistas concedam esse aviso antes da deflagração do movimento ao empregador.

Como os interesses a serem defendidos pela greve são determinados pelos empregados o motivo da greve pode se referir à adequação do meio ambiente de trabalho ao que contém no ordenamento jurídico. Nesse aspecto, a greve ambiental não se diferencia de greves que são deflagradas por outros motivos.

19. SÉGUIN, Elida ressalta que o meio ambiente é um bem transnacional, patrimonio de todos nas presentes e futuras gerações. "Meio ambiente do Trabalho e a Saúde do Trabalhador". *Meio ambiente do trabalho*. Org. SEGUÍN, E. e FIGUEIREDO, G. J. Purvin de. Rio de Janeiro, GZ Ed., 2010, pág. 2.

No entanto, a greve em razão do meio ambiente de trabalho, como está diretamente ligada à integridade do trabalhador, pode justificar-se sem a exigência legal de pré-aviso ou outra formalidade prevista na lei. Se a vida, a saúde ou a segurança dos trabalhadores estão em risco, não há porque condicionar a greve para a constatação de sua legitimidade. A greve ambiental não se sujeita às formalidades legais, se a paralisação do trabalho é medida necessária para a preservação da integridade dos trabalhadores. Além disso, a greve ambiental não apenas suspende, mas interrompe os contratos de trabalho. Os salários são devidos durante o período e o tempo de serviço e considerado para todos os efeitos[20].

O outro ponto que pode desencadear o debate em relação à greve ambiental é se o trabalhador considerado individualmente pode ser considerado titular do direito de greve e senhor exclusivo do seu exercício.

Não há dúvida de que qualquer trabalhador diante de situação de risco está respaldado em paralisar a sua atividade. Trata-se de mecanismo de autotutela ou de resistência que não pode ser negado pelo ordenamento jurídico. Porém, a questão nesta temática é se essa paralisação de caráter individual seria enquadrada como greve.

A situação, embora mereça todo o respaldo do ordenamento jurídico, não decorre de sua natureza jurídica de greve. Essa proteção resulta de outros mecanismos de tutela, embora na prática seja possível aplicar alguns efeitos como se greve fosse.

A greve é um direito coletivo, ou pelo menos de exercício coletivo. Considerar que existe greve de titularidade e exercício individuais descaracteriza por completo o conceito de greve.

A organização coletiva é essencial para a deflagração de uma greve, ainda que a paralisação se realize por um número reduzido de trabalhadores. A recusa de um único trabalhador de prestar serviços sem qualquer processo de deliberação da coletividade, ainda que por razões muito justificáveis, não se caracteriza como greve, mas possui proteção do ordenamento jurídico pois se refere diretamente à dignidade da pessoa humana.

---

20. ... 2. DESCONTO DOS DIAS DE PARALISAÇÃO. A regra geral no Direito brasileiro, segundo a jurisprudência dominante, é tratar a duração do movimento paredista como suspensão do contrato de trabalho (art. 7º, Lei 7.783/89). Isso significa que os dias parados, em princípio, não são pagos, não se computando para fins contratuais o mesmo período. Entretanto, caso se trate de greve em função do não cumprimento de cláusulas contratuais relevantes e regras legais pela empresa (não pagamento ou atrasos reiterados de salários, más condições ambientais, com risco à higidez dos obreiros, etc.), em que se pode falar na aplicação da regra contida na exceção do contrato não cumprido, a greve deixa de produzir o efeito da mera suspensão. Do mesmo modo, quando o direito constitucional de greve é exercido para tentar regulamentar a dispensa massiva. Nesses dois grandes casos, seria cabível enquadrar-se como mera interrupção o período de duração do movimento paredista, descabendo o desconto salarial... (RO - 4030-19.2011.5.02.0000 , Relator Ministro: Mauricio Godinho Delgado, Data de Julgamento: 12/12/2016, Seção Especializada em Dissídios Coletivos, Data de Publicação: DEJT 03/02/2017)

O que se pretende destacar nesta parte é que greves contra jornadas de trabalho excessivas ou inadmissivelmente variáveis, que subtraiam dos trabalhadores a viabilidade de formularem e perseguirem seus projetos de vida, enquadram-se como greves ambientais, pois visam tutelar o meio ambiente de trabalho. E como tais, seguem o mesmo regime jurídico, ou seja, dispensam algumas formalidades previstas em lei e, não apenas suspendem, mas interrompem o contrato de trabalho.

Sem dúvida, haverá resistência na adoção desse posicionamento, pois a separação entre saúde, higiene e segurança no trabalho e duração do trabalho encontra respaldo na nova lei. Não obstante, dita separação não supera o teste de constitucionalidade, na medida em que é incompatível com os princípios e as regras mais elevadas do ordenamento jurídico na matéria.

6. A INCONSTITUCIONALIDADE DA CISÃO DE ASPECTOS DO MEIO AMBIENTE DE TRABALHO NA LEI 13.467, DE 2017

A Lei 13.467, de 13 de julho de 2017 alterou de forma significativa a Consolidação das Leis do Trabalho, podendo-se dizer que sua tônica reside na desconstrução da evolução jurisprudencial resultante da interpretação e aplicação dos dispositivos consolidados. Um dos pontos centrais da reforma refere-se à duração do trabalho.

Como já mencionado, a duração de trabalho passou a ser elemento essencial a saúde, higiene e segurança no trabalho e a jurisprudência providenciou essa integração, restringindo a margem de transação no tocante a sua regulamentação legal.

Antes de adentrar nesse ponto específico, é importante ressaltar que a proposta de reforma trabalhista que culminou na Lei 13.467, de 2017, tramitou no momento de maior crise de representatividade vivenciada no Brasil. Ao lado de problemas políticos e econômicos, o Congresso Nacional em nada reflete a diversidade da sociedade brasileira, muito menos as minorias existentes no país. Expressivo número de parlamentares está comprometido com interesses dos setores econômicos ao passo que fração bastante reduzida defende os segmentos mais carentes da população.

A reforma foi passada como mudança necessária e positiva para a sociedade, porém a sua tramitação acelerada e as negociações por trás de sua aprovação indicam que não houve participação efetiva dos atores sociais. Não houve espaço para tratar de inovações que contemplassem diversos problemas trabalhistas que são levados cotidianamente aos tribunais, mas que até o momento não mereceram atenção do legislador[21]. É curioso que o Senado Federal, embora discordasse de vários

21. O exemplo que costumo apresentar é o do assédio moral. Apesar de inúmeras ações na Justiça do Trabalho tratarem desse tema, até o momento estipulassem garantias contra essa prática que devasta o meio ambiente de trabalho gerando elevado índice de adoecimento no trabalho.

pontos da proposta aprovada pela Câmara dos Deputados, abrisse mão de alterar o texto de modo a evitar o retorno do projeto à Casa revisora, colocando em risco a sua aprovação. Na ocasião, já se cogitava da edição de medida provisória para algumas correções.[22] Nesse aspecto, a lei, que é o instrumento democrático por excelência, impõe condições desvantajosas aos trabalhadores ao passo que medida provisória, que é mecanismo de exceção, apresenta-se, em parte, mais benéfica.

Ainda é cedo para fazer prognósticos acerca dos possíveis resultados que a reforma trabalhista produzirá, porém vários de seus dispositivos contribuem para a informalidade, precariedade e exclusão no trabalho. É inquestionável que o âmbito de proteção foi drasticamente reduzido. Os defensores da reforma entendem que essa diminuição da carga protetiva será importante para redução do desemprego e inclusão no trabalho. Reformas em outros países com este perfil liberalizante, sobretudo na Europa, e que antecederam a reforma brasileira não lograram os benefícios anunciados.[23]

A Lei 13.467, de 2017, promove a reforma de diversos pontos da Consolidação das Leis do Trabalho, ampliando significativamente o poder do empregador em várias áreas, destacando-se, no presente texto, o poder de controle da duração do trabalho, mediante a flexibilização das normas que disciplinam a matéria.

Concentrar nas mãos do empresário isoladamente ou em conjunto com o sindicato profissional a gestão do tempo de trabalho, vista pela perspectivamente puramente administrativa ou econômica, pode sugerir maior racionalidade da produção. Esse ponto, porém, não pode figurar como objeto isolado de análise. Do lado dos prestadores de serviços, é necessário preservar a sua saúde e segurança e a flexibilização da duração do trabalho representa riscos neste aspecto.

Se a gestão do tempo de trabalho é condicionada apenas as demandas da produção, o trabalhador se torna completamente refém do empregador, que passa a se apropriar do tempo livre do empregado, pois haverá sempre a expectativa de ser convocado, sem poder usufruir desse tempo ou sem realizar os projetos concernentes a sua vida pessoal e familiar fora do trabalho. Ou seja, trata-se de campo propício para acidentes e o adoecimento do trabalhador.

A fragmentação entre meio ambiente de trabalho e duração do trabalho permeia toda a reforma trabalhista, que estabelece para o primeiro o caráter indisponível e para o segundo, disponível. O art. 611-B, parágrafo único, acrescentado pela Lei n. 13.467, de 2017, esclarece que as "regras sobre duração do trabalho e intervalos não são consideradas como normas de saúde, higiene e segurança do trabalho", para fins de regulação desses direitos por convenção e acordos coletivos.

A Lei 13.467, de 2017, elimina as horas de itinerário (art. 58, § 2º, CLT) em inadmissível retrocesso em relação à legislação que instituiu o pagamento dessas

22 O que se concretizou com a Medida Provisória nº 808, de 14 de novembro de 2017.

23. Guamán Hernández, Adoración y Illueca Ballester, Héctor. *El huracán neoliberal. Una reforma laboral contra el trabajo.* Madrid, Sequitur, 2012.

horas (Lei 10.243, 2001), o que fere o caput do artigo 7º que prevê os direitos ali enumerados para os trabalhadores urbanos e rurais, "além de outros que visem a melhoria de sua condição social".

A previsão de banco de horas por acordo individual por um período de até seis meses contraria a própria ideia central da reforma que é a prevalência da negociação coletiva (art. 59, § 5º, CLT). Em lugar de ampliar o campo a negociação coletiva houve deslocamento de matérias ali incluídas anteriormente para a negociação individual. Da mesma forma, autoriza-se por acordo individual a compensação de horários no mesmo mês (art. 59, § 6º, CLT). Além disso, a prestação de horas extras habituais não descaracteriza o banco de horas e a compensação de horários (art. 59-B, par. único, CLT)

Igualmente a escala doze por trinta e seis que pela jurisprudência devia ser precedida de convenção ou acordo coletivo, a nova lei a admite por acordo individual escrito, além de dispensar o pagamento do feriado que recaia no período de repouso (art. 59-A, CLT). A Medida Provisória nº 808, de 14/12/2017, condiciona referida escala à convenção ou acordo coletivo, porém, discriminatoriamente, admite que acordo individual escrito estipule esse horário para os trabalhadores do setor de saúde (art. 59-A, § 2º).

A concentração e intensificação dos poderes de controle da duração do trabalho são reforçadas pela previsão inovadora do trabalho intermitente sendo talvez a modalidade mais violenta de apropriação e controle do tempo da vida pessoal e familiar do trabalhador. O contrato de trabalho intermitente permite a alternância de períodos de prestação de serviços e inatividade, sendo certo que o trabalhador não desfrutará de direitos trabalhistas no período de inatividade, mas que passou a ser de controle do empregador, considerando a expectativa de convocação (art. 443, § 3º, e 452-A, CLT).

O novo modelo flexível contraria a Constituição e não pode prevalecer. A sua aceitação amplia o número de acidentes e de doenças de trabalho e rebaixa drasticamente o padrão social normativamente assegurado.

7. CONSIDERAÇÕES FINAIS

A Lei 13.467, de 2017, além de várias outras alterações, promoveu profunda flexibilização nas normas de duração do trabalho e ao assim proceder esvaziou a proteção estabelecida pelas normas de saúde, higiene e segurança no trabalho.

Muitos aspectos da duração do trabalho se inserem no conceito de meio ambiente de trabalho.

Nesse ponto, a duração de trabalho não pode figurar como mero instrumento de gestão nas mãos dos empregadores para perseguir vantagens econômicas, pois diz respeito diretamente com a dignidade dos trabalhadores.

Uma das alterações que se apresenta incompatível com a Constituição é a separação entre o meio ambiente de trabalho e a regulação da duração do trabalho, que impeça jornada exaustiva e trabalho variável. Essa separação coloca de um lado um modelo rígido baseado na indisponibilidade dos direitos e, de outro, um flexível que pressupõe a disponibilidade dos direitos.

A denominada rigidez não foi suficiente para eliminar ou mesmo reduzir o elevado número de acidentes e doenças de trabalho no país. A flexibilização do modelo, caso não sejam adotadas providências imediatas para freá-la, tende a agravar ainda mais esse quadro.

ANÁLISE CRÍTICA E ENFRENTAMENTO DA TARIFAÇÃO DA INDENIZAÇÃO DECORRENTE DE DANO EXTRAPATRIMONIAL PÓS REFORMA TRABALHISTA BRASILEIRA

Victor Hugo de Almeida[1]

Sumário: Introdução – 1. Brevíssimos apontamentos sobre a reforma trabalhista brasileira – 2. Veios da responsabilidade civil – 3. A responsabilidade civil extrapatrimonial no sistema juslaboral brasileiro – 4. A abolição da tarifação da indenização por dano extrapatrimonial pelo supremo tribunal federal e os critérios posteriormente definidos pelo superior tribunal de justiça – 5. Alterações impingidas pelo parágrafo 1º do artigo 223-g da lei nº 13.467/2017: A tarifação da indenização: 5.1. A inconstitucionalidade do parágrafo 1º do artigo 223-g da lei nº 13.467/2017; 5.2. Elementos norteadores para o enfrentamento parágrafo 1º do artigo 223-G da lei nº 13.467/2017 Na justiça do trabalho – Considerações finais – Referências.

INTRODUÇÃO

O intento de fixar parâmetros menos abstratos para a quantificação da indenização decorrente de danos extrapatrimoniais jamais adentrou o universo do esquecimento, encontrando motivações, sobretudo, na segurança jurídica do instituto.

---

1. Doutor pela Faculdade de Direito da Universidade de São Paulo – Largo São Francisco (FADUSP). Mestre pela Faculdade de Filosofia, Ciências e Letras de Ribeirão Preto da Universidade de São Paulo (FFCLRP/USP). Docente de Direito do Trabalho, Vice-Chefe do Departamento de Direito Privado, de Processo Civil e do Trabalho e Vice-Coordenador do Programa de Pós-Graduação em Direito na UNESP – Universidade Estadual Paulista "Júlio de Mesquita Filho" – Faculdade de Ciências Humanas e Sociais – Campus de Franca. Membro Pesquisador do Grupo de Pesquisa (CNPQ) "A transformação do Direito do Trabalho na sociedade pós-moderna e seus reflexos no mundo do trabalho" da Faculdade de Direito de Ribeirão Preto da Universidade de São Paulo (FDRP); e do *Consorcio Latinoamericano de Posgrado en Derechos Humanos – Políticas de regulación das empresas transnacionales por las violaciones de los derechos humanos en América Latina.*

Diante disso, a Lei nº 13.467/2017, a Reforma Trabalhista brasileira, alterou substancialmente o sistema juslaboral pátrio, intervindo, inclusive, em institutos de outras searas do conhecimento jurídico. É o caso do art. 223-G, que, em seu parágrafo 1º, ressuscitou a tarifação da indenização por danos extrapatrimoniais, a despeito da abolição desse critério pelo Superior Tribunal de Justiça e pelo Supremo Tribunal Federal.

Conforme prescrevia a redação original do aludido dispositivo legal, ao arrepio da construção e da *praxis* contemporânea, deveria o julgador aquilatar o grau da ofensa (leve, média, grave ou gravíssima), para, a partir daí, fixar o valor da indenização de acordo com os limites estabelecidos para cada grau, parametrizados pelo último salário contratual do ofendido, ou seja: (I) ofensa de natureza leve, até três vezes o último salário contratual do ofendido; (II) ofensa de natureza média, até cinco vezes o último salário contratual do ofendido; (III) ofensa de natureza grave, até vinte vezes o último salário contratual do ofendido; e (IV) ofensa de natureza gravíssima, até cinquenta vezes o último salário contratual do ofendido.

Diz-se prescrevia, pois, em 14 de novembro de 2017, o Presidente da República editou a Medida Provisória nº 808, no uso da atribuição contida no art. 62 da Constituição Federal de 1988, alterando cerca de 15 dispositivos da Lei nº 13.467/2017, incluindo o parágrafo 1º do art. 223-G, que passou a prever, como parâmetro para a fixação do valor da indenização por danos extrapatrimoniais, não mais o último salário contratual do ofendido, mas o valor do limite máximo dos benefícios do Regime Geral de Previdência Social.

Com espeque nesse cenário, por meio do método de abordagem dedutivo, com aporte na técnica de pesquisa bibliográfica, o objetivo da presente análise é examinar a (in)constitucionalidade do parágrafo 1º do artigo 223-G, acrescentado à Consolidação das Leis do Trabalho pela Lei nº 13.467/2017 e alterado pela Medida Provisória nº 808/2017, bem como aventar fundamentos para o enfrentamento do critério proposto pelo aludido artigo perante a Justiça do Trabalho.

Assim sendo, o primeiro capítulo apresenta brevíssimos apontamentos sobre a Reforma Trabalhista brasileira, evidenciando seu curto período de tramitação e o contexto no qual ela se deu; no segundo, recobra os veios da responsabilidade civil, a fim de demonstrar que, nas mais priscas Eras, já se avistava uma modalidade de compensação em decorrência de um dano extrapatrimonial; o terceiro capítulo versa sobre a responsabilidade civil extrapatrimonial no sistema juslaboral brasileiro; o quarto, sobre a abolição da tarifação da indenização por dano extrapatrimonial pelo Supremo Tribunal Federal e os critérios posteriormente definidos pelo Superior Tribunal de Justiça; e, por fim, o quinto capítulo explora as modificações impingidas pelo parágrafo 1º do artigo 223-G da Lei nº 13.467/2017, alterado pela Medida Provisória nº 808/2017, que instituiu a tarifação como critério para a fixação da indenização por danos extrapatrimoniais, a (in)constitucionalidade desse dispositivo legal, bem como propõe fundamentos para o enfrentamento dessa ilógica e imprópria alteração impingida pela Reforma Trabalhista brasileira.

1. BREVÍSSIMOS APONTAMENTOS SOBRE A REFORMA TRABALHISTA BRASILEIRA

Como proposta tensionada para o enfrentamento da crise brasileira, econômica e política, o Governo Federal brasileiro propôs, nos anos de 2016 e 2017, diversas medidas para equacionar o déficit das contas públicas, estimular o crescimento e frear o desemprego, incluindo: o aumento da competitividade, reduzindo o tempo dos procedimentos de importação e exportação; a imposição de teto para os gastos públicos; a regulamentação da letra imobiliária garantida, para ampliar a oferta de crédito de longo prazo para a construção civil; o aperfeiçoamento do cadastro positivo, para reduzir o risco de crédito e baixar os juros para bons pagadores; a distribuição e parte dos lucros do FGTS para os trabalhadores; a Reforma da Previdência; entre outras.

Ainda, dentre essas medidas, incluiu-se a Reforma Trabalhista, consubstanciada originariamente nos Projetos de Lei nº 6.787/2017 (Câmara dos Deputados) e nº 38/2017 (Senado Federal), cuja proposta, após apenas quatro meses de tramitação, foi aprovada pelas Casas Legislativas federais e sancionada pelo Presidente da República em 13 de julho de 2017, culminando na Lei nº 13.467/2017.

Como justificativa, sustentou o Governo Federal que o arcabouço juslaboral é arcaico e excessivamente protecionista[2], ainda que, em 74 anos, a Consolidação das Leis do Trabalho (CLT) tivesse enfrentado diversas alterações (dos 625 dispositivos celetistas originários que versavam sobre direitos dos trabalhadores propriamente ditos, de um total de 921 artigos apenas 255 não foram alterados ou revogados por legislação posterior e 65 não foram recepcionados pela Constituição Federal de 1988[3]).

Propunha o Poder Executivo a alteração de sete artigos, porém, ao final, após cerca de 1.340 emendas, foram alterados 117 dispositivos da Consolidação das Leis do Trabalho. Dentre as alterações impingidas pela Reforma Trabalhista, encontra-se a inclusão à Consolidação das Leis do Trabalho do Título II-A, "Do Dano Extrapatrimonial", constituído por sete dispositivos (artigos 223-A, 223-B, 223-C, 223-D, 223-E, 223-F e 223-G), cujo instituto até então era regulado pelo Código Civil e balizado pela doutrina e pela jurisprudência trabalhista.

Não bastasse, em 14 de novembro de 2017, ou seja, três dias após o início da vigência da legislação juslaboral reformista, o Presidente da República editou a Medida Provisória nº 808, no uso da atribuição contida no art. 62 da Constitui-

2. AGÊNCIA CNI. Valorizar a negociação - o mundo avançou, mas a legislação trabalhista ficou parada no tempo. **Portal da Indústria**, São Paulo, 11 abr. 2017. Disponível em: <http://www.portaldaindustria.com.br/agenciacni/noticias/2017/04/artigo-valorizar-a-negociacao-o-mundo-avancou-mas-a-legislacao-trabalhista-ficou-parada-no-tempo/>. Acesso em: 20 jun. 2017.

3. SOUTO MAIOR, Jorge Luiz. I- "A CLT é velha". São Paulo, 27 mar. 2017. Disponível em: <http://www.jorgesoutomaior.com/blog/i-a-clt-e-velha>. Acesso em: 30 mar. 2017.

ção Federal de 1988, alterando cerca de 15 dispositivos da Lei nº 13.467/2017, incluindo o parágrafo 1º do art. 223-G, que passou a prever, como parâmetro para a fixação do valor da indenização por danos extrapatrimoniais, não mais o último salário contratual do ofendido, mas o valor do limite máximo dos benefícios do Regime Geral de Previdência Social. Tal ajuste surgiu em decorrência das severas críticas direcionadas à tarifação da indenização por dano extrapatrimonial balizada pelo salário contratual do ofendido, cujo critério encontra vedação no sistema jurídico pátrio, consoante será demonstrado nas linhas seguintes.

2. VEIOS DA RESPONSABILIDADE CIVIL

É possível identificar veios da responsabilidade civil nas codificações das mais priscas Eras. O Código de Ur-Nammu, um dos mais antigos que se tem notícia, instituído pelo rei Ur-Nammu, da Terceira Dinastia de Ur (2047-1750 a.C.), da primitiva Suméria (na Bíblia, Sinar; atual sul do Iraque e Kuwait), enfatizava penas pecuniárias para delitos. Composto por quarenta parágrafos, nesse *Codex* as penas severas foram consideradas desnecessárias para a maioria dos crimes, pois se supunha que as pessoas sabiam como se comportar umas com as outras; considerava-se suficiente a previsão de uma multa pecuniária, prevista em prata, como lembrete de como se comportar.[4]

Por conseguinte, o Código de Hamurabi (1792-1750 a.C.), rei do Império Babilônico (correspondente a maior parte do Iraque, ao Kuwait, partes orientais da Síria, a Turquia do Sudeste e as regiões ao longo das fronteiras turco-sírias, iranianas e iraquianas), também ostentou veios do instituto em apreço, ao passo que os parágrafos 209, 211 e 212 daquele *Codex* previam a compensação do dano por meio de pagamento de montante pecuniário à vítima, ou seja, não sendo possível retornar a coisa lesada ao seu *status quo ante*, caberia ao ofensor a compensação pecuniária da vítima por seu sofrimento, cujo caráter pedagógico se sustentava na diminuição patrimonial do ofensor[5].

Todavia, credita-se ao Direito Romano a substancial contribuição para a edificação do instituto da responsabilidade civil, sobretudo após a vigência da Lei das XII Tábuas (452 a.C.), quando o Direito Romano abandonou a sua natureza consuetudinária, passando a ser fundamentalmente baseado na *lex*. Assim, é na Lei Aquília (ou Lei Aquiliana; 282 a. C.), decorrente de um plebiscito alvitrado pelo tribuno Aquílio, "que se esboça, afinal, um princípio regulador de compensação do dano"[6]. Trata-se do "germe da jurisprudência clássica com relação à injúria, e

4. MARK, Joshua J. Ur-Nammu. **Ancient History Encyclopedia**, 2014. Disponível em: <https://www.ancient.eu/Ur-Nammu/>. Acesso em: 10 out. 2017.

5. HAMMURABI'S Code: Babylonian Law Set in Stone. **Ancient History Encyclopedia**, 2014. https://www.ancient.eu/article/68/hammurabis-code-babylonian-law-set-in-stone/>. Acesso em: 10 out. 2017.

6. DIAS, José de Aguiar. **Da Responsabilidade Civil.** 10. ed. Rio de Janeiro: Forense, 1997. v. I. p. 18.

fonte direta da moderna concepção da culpa aquiliana, que tomou da Lei Aquília o seu nome característico"[7], reforçando a possibilidade de compensação de dano por meio de pagamento em pecúnia, impondo, portanto, a necessidade da valoração do elemento subjetivo da conduta do ofensor[8].

Conforme evidencia António Santos Justo, paulatinamente a *Lex Aquilia* tornou-se ultrapassada, levando a *iurisprudentia* a sugerir a sua extensão para outros casos, bem como a edificar conceitos jurídicos, como, por exemplo, nexo causal, ação, dano e culpa, cujos elementos fortaleceram a consagração da responsabilidade civil por ato ilícito no Direito moderno[9].

O intuito desta brevíssima abordagem acerca do veio da responsabilidade civil é aclarar que a compensação do dano extrapatrimonial, embora não expressamente prevista nos *Codexes* referenciados, encontra raízes nas primeiras codificações que se tem notícia. Conquanto não constasse expressa referência à dor, ao sofrimento e à humilhação da vítima, a imposição da pena pecuniária ao ofensor, ante a impossibilidade de retornar ao *status quo ante*, decorre do reconhecimento de alguns valores imateriais intrínsecos à condição humana.

À guisa de exemplo, previa o Código de Ur-Nammu que se um homem fosse acusado de feitiçaria, mas contra ele não houvesse provas, caso fosse absolvido pelo "Julgamento Divino", deveria receber três *shekels*[10] (prata) do acusador. Significa dizer, portanto, que embora não houvesse, nessa situação, ofensa a um bem jurídico patrimonial da vítima, mas, sim, extrapatrimonial, tal *Codex* já previa, ainda que tacitamente, uma modalidade de compensação em decorrência da humilhação por falsa acusação suportada pela vítima, bem como adotava a tarifação como critério para a fixação do montante compensatório devido em razão da violação de bens extrapatrimoniais do ofendido, não suscetíveis *per si* de quantificação econômica, conforme já era sabido.

3. A RESPONSABILIDADE CIVIL EXTRAPATRIMONIAL NO SISTEMA JUSLABORAL BRASILEIRO

A Constituição Federal da República Federativa do Brasil de 1988, desde o seu preâmbulo, evidenciou sua preocupação com a proteção da pessoa humana, garantindo o exercício dos direitos sociais e individuais, da liberdade, da segurança, do bem-estar e da igualdade, como valores supremos de uma sociedade fraterna, pluralista e sem preconceitos. Evidencia-se, portanto, a preocupação do

7. Ibidem, p. 18.

8. SANTOS, Mauro Sérgio dos. A responsabilidade civil extracontratual no direito romano: análise comparativa entre os requisitos exigidos pelos romanos e os elementos de responsabilidade civil atualmente existentes. **Direito em Ação**, Brasília, v.10, n.1, p. 13-44, jan./jun. 2013.

9. JUSTO, António Santos. **Direito Privado Romano I (Parte geral).** 3. ed. Coimbra: Coimbra Editora, 2008.

10. Moeda de prata; unidade de peso da Suméria, adotada pelo Código de Ur-Nammu.

constituinte em efetivar a dignidade da pessoa humana e o exercício dos seus direitos fundamentais, prevendo, ao longo da Norma Constitucional, uma série de previsões que visam à proteção e à efetiva reparação nas hipóteses de violação dessas garantias.[11]

Mesmo antes da promulgação da Constituição Federal de 1988, a indenização por dano extrapatrimonial já era reconhecida pela doutrina. Todavia, a consagração da ideia de reparabilidade dessa modalidade de dano se consolidou de maneira mais efetiva através do texto constitucional, que passou a admitir essa modalidade de indenização, nos termos do art. 5º, incisos V e X[12]. Tal precedência lançou luzes ao Código Civil de 2002, que positivou tal instituto em seus títulos III (Dos Atos Ilícitos) e IV (Da Responsabilidade Civil – Capítulo I – Da Obrigação de Indenizar); especificamente nos artigos 186 e 927. Ainda, previu os direitos da personalidade (artigos 11 a 21) e a possibilidade de reclamar perdas e danos, sem prejuízo de outras sanções previstas em lei, em caso de ameaça ou lesão a esses direitos (art. 12).

Evidentemente, os dispositivos civilistas são aplicáveis ao contexto laboral em decorrência da previsão contida no art. 8º da Consolidação das Leis do Trabalho, que prevê formas de integração do Direito do Trabalho, cujo dispositivo se manteve intocado pela Reforma Trabalhista brasileira.

Com a evolução da Teoria da Responsabilidade Civil na seara doutrinária, surgiram outras modalidades de dano imaterial, tornando-se insuficiente a classificação tradicional em dano material e dano moral. Por esta razão, passou-se a adotar os gêneros patrimonial e extrapatrimonial[13].

No tocante à seara laboral, "hoje a qualidade do emprego é uma questão de primeira linha no Direito do Trabalho que vê a conformação da relação laboral cada vez mais abandonada exclusivamente às forças do mercado e quase não influi na quantidade de emprego gerado e mantido"[14]. E, nesse contexto, conforme elucida Maria Inês M. S. Alves da Cunha, "os direitos de personalidade, muitas vezes, sucumbem aos interesses econômicos e, desta forma, no Direito do Trabalho assumem especial dificuldade porque a visão funcionalista do direito vê o trabalhador como portador do trabalho, dissociado do próprio trabalho"[15].

---

11. SABONGI, Camila Martinelli; ALMEIDA, Victor Hugo de. A influência labor-ambiental na caracterização do dano existencial: uma abordagem à luz da jurisprudência trabalhista brasileira. In: MAGARELLI, Cristina; CECATO, Maria Aurea Baroni. **V Encontro Internacional do CONPEDI Montevidéu – Uruguai:** Direito do Trabalho e Meio Ambiente do Trabalho II. Florianópolis: CONPEDI, 2016. p. 195-214.

12. VENOSA, Silvio de Salvo. **Direito Civil:** responsabilidade civil. 8. ed. São Paulo: Atlas, 2008. v. IV.

13. LUTZKY, Daniela Courtes. **A reparação de danos imateriais como direito fundamental**. Porto Alegre: Livraria do Advogado, 2012.

14. REDINHA, Maria Regina. Os direitos de personalidade no Código do Trabalho: actualidade e oportunidade da sua inclusão. In: **A Reforma do Código do Trabalho.** Coimbra: Coimbra Editora, 2004. p. 161-172. p. 161.

15. CUNHA, Maria Inês M. S. Alves da. Os direitos de personalidade e o contrato individual de trabalho. **Rev. TST**, Brasília, v. 70, n. 1, p. 91-100, jan./jun. 2004. p. 95.

Assim sendo, ainda que seja ingênuo supor que os danos extrapatrimoniais no contexto laboral são frutos das relações de trabalho contemporâneas, certo é que a consagração constitucional do valor supremo da dignidade da pessoa humana, do valor social do trabalho e dos direitos fundamentais prescritos no art. 5º da Constituição Federal de 1988, bem como a previsão da tutela dos direitos da personalidade no Código Civil de 2002, contribuíram para posicionar o trabalhador no epicentro do universo do trabalho e para a construção de uma sociedade mais digna e igualitária.

Ainda assim, permanece o desafio quanto aos critérios de fixação da indenização por danos extrapatrimoniais. Vólia Bomfim Cassar aponta quatro correntes acerca dessa quantificação, quais sejam: (i) a aplicação analógica do art. 478 da CLT – uma remuneração por ano de serviço ou fração superior a seis meses; para empregado com mais de dez anos, duas remunerações por ano de serviço; (ii) a aplicação analógica do art. 953, *caput*, do Código Civil c/c art. 49 do Código Penal, cujo dispositivo impõe a indenização por injúria ou calúnia equivalente ao dano que delas resulte ao ofendido, devendo, em caso de impossibilidade de comprovar o prejuízo material, o montante indenizatório ser fixado equitativamente pelo julgador, consoante às circunstâncias do caso; (iii) a aplicação da Lei nº 5.250/1967, para a quantificação em salários mínimos, cujo critério fora declarado inconstitucional pelo Supremo Tribunal Federal, nos termos já elucidados; e (iv) a aplicação analógica do parágrafo 1º do art. 1.694 do Código Civil, fixando a indenização com vistas à capacidade econômica do empregador e às características do ato praticado[16].

Todavia, nenhuma dessas correntes, tampouco o critério de tarifação ressuscitado pela Lei nº 13.467/2017, parece atender pontualmente às exigências de um arbitramento equitativo e à máxima efetividade do Princípio da Dignidade Humana, cujas justificativas serão a seguir abalizadas.

4. A ABOLIÇÃO DA TARIFAÇÃO DA INDENIZAÇÃO POR DANO EXTRAPATRIMONIAL PELO SUPREMO TRIBUNAL FEDERAL E OS CRITÉRIOS POSTERIORMENTE DEFINIDOS PELO SUPERIOR TRIBUNAL DE JUSTIÇA

O intento de fixar parâmetros menos abstratos para a quantificação da indenização decorrente de danos extrapatrimoniais jamais adentrou o universo do esquecimento, encontrando motivações, sobretudo, na segurança jurídica do instituto. Diz-se isto, pois há muito o Superior Tribunal de Justiça (STJ) vem se debruçando sobre a questão, tendo, inclusive, sugerido critérios para a fixação do *quantum* indenizatório em casos de reparações por danos extrapatrimoniais[17].

16. CASSAR, Vólia Bomfim. **Direito do Trabalho.** 4. ed. Niterói: Impetus, 2010.

17. STJ define valor de indenizações por danos morais. **Revista Consultor Jurídico**, São Paulo, 15 set. 2009. Disponível em: <https://www.conjur.com.br/2009-set-15/stj-estipula-parametros-indenizacoes-danos-morais>. Acesso em: 10 out. 2017.

Isto porque, em 6 de novembro de 2009, o Supremo Tribunal Federal (STF), através do julgamento da Arguição de Descumprimento de Preceito Fundamental 130 do Distrito Federal[18], aboliu do sistema jurídico pátrio a tarifação da indenização por dano extrapatrimonial previsto nos artigos 51 e 52[19] da Lei nº 5.250, de 9 de fevereiro de 1967, a Lei da Imprensa, ante a inconstitucionalidade de tais dispositivos não recepcionados pela Constituição Federal de 1988, haja vista a vedação à quantificação da indenização em salários mínimos (de 2 a 20) e o previsto em seu art. 5º, inciso V: "é assegurado o direito de resposta, proporcional ao agravo, além da indenização por dano material, moral ou à imagem"[20]. Assim sendo, se a Lei Maior não estabeleceu limites para a indenização por danos extrapatrimoniais, não caberia ao legislador infraconstitucional fazê-lo.

Todavia, o Supremo Tribunal Federal apenas encerrou a questão, posto que o Superior Tribunal de Justiça, em 2004, já havia edificado a Súmula nº 281 com a seguinte letra: "A indenização por dano moral não está sujeita à tarifação prevista na Lei de Imprensa"[21].

Segundo o ministro relator, Carlos Britto, "a indenização por dano material, como todos sabem, é aferida objetivamente, ou seja, o juiz, ao fixá-la, leva em conta o efetivo prejuízo sofrido pela vítima, inclusive mediante avaliação pericial se necessário for". Todavia, a indenização por dano moral deve se pautar nos princípios da equidade e da razoabilidade, além de outros critérios como, por exemplo, a

18. BRASIL. Supremo Tribunal Federal. Tribunal Pleno. **Arguição de descumprimento de preceito fundamental 130 Distrito Federal.** Relator: Carlos Britto, Brasília, 6 nov. 2009. Disponível em: <http://redir.stf.jus.br/paginadorpub/paginador.jsp?docTP=AC&docID=605411>. Acesso em: 10 out. 2017.

19. "Art. 51. A responsabilidade civil do jornalista profissional que concorre para o dano por negligência, imperícia ou imprudência, é limitada, em cada escrito, transmissão ou notícia: I - a 2 salários-mínimos da região, no caso de publicação ou transmissão de notícia falsa, ou divulgação de fato verdadeiro truncado ou deturpado (art. 16, ns. II e IV). II - a cinco salários-mínimos da região, nos casos de publicação ou transmissão que ofenda a dignidade ou decôro de alguém; III - a 10 salários-mínimos da região, nos casos de imputação de fato ofensivo à reputação de alguém; IV - a 20 salários-mínimos da região, nos casos de falsa imputação de crime a alguém, ou de imputação de crime verdadeiro, nos casos em que a lei não admite a exceção da verdade (art. 49, § 1º). (...).

    Art. 52. A responsabilidade civil da emprêsa que explora o meio de informação ou divulgação é limitada a dez vêzes as importâncias referidas no artigo anterior, se resulta de ato culposo de algumas das pessoas referidas no art. 50". (BRASIL. Lei n. 5.250, de 9 de fevereiro de 1967. Regula a liberdade de manifestação do pensamento e de informação. **Planalto**, Brasília, DF, 9 fev. 1967. Disponível em: <http://www.planalto.gov.br/ccivil_03/leis/L5250.htm>. Acesso em: 10 out. 2017.

20. BRASIL. Constituição da República Federativa do Brasil. **Planalto**, Brasília, DF, 1º out. 1988. Disponível em: <http://www.planalto.gov.br/ccivil_03/constituicao/constituicaocompilado.htm>. Acesso em: 10 out. 2017.

21. BRASIL. Superior Tribunal de Justiça. **Súmula nº 281.** Disponível em: <http://www.stj.jus.br/SCON/sumanot/toc.jsp>. Acesso em: 10 out. 2017.

gravidade e a extensão do dano; a reincidência do ofensor; a posição profissional e social do ofendido; e a condição financeira das partes[22].

Em 2015, o ministro Paulo de Tarso Sanseverino, do Superior Tribunal de Justiça, relator do Recurso Especial nº 1.446.213, propôs a fixação de critérios para arbitramento de indenização por danos extrapatrimoniais, com fundamento no art. 543-C do Código de Processo Civil de 1973, incluído pela Lei nº 11.672/2008, cujo dispositivo versa sobre o procedimento para julgamento de recursos repetitivos no âmbito do Superior Tribunal de Justiça; discutiam-se, nesse caso, os critérios para arbitramento de indenização por danos morais na hipótese de inclusão indevida em cadastro de inadimplentes e, em decorrência da reincidência dessa discussão no âmbito daquele Tribunal, decidiu o ministro:

> Tendo em vista a multiplicidade de recursos que ascendem a esta Corte com fundamento em idêntica controvérsia, afeto à SEGUNDA SEÇÃO o julgamento do presente recurso, para, nos termos do art. 543-C do Código de Processo Civil, consolidar o entendimento desta Corte sobre "critérios para arbitramento de indenização dor danos morais na hipótese de inclusão indevida em cadastro de inadimplentes".[23]

Autuada como Tema nº 937, a questão tornou a ser analisada, com voto-vista pelo ministro Luís Felipe Salomão, invocando preliminar suscitada pela ministra Nancy Andrighi como questão de ordem, sob o pálio de que a fixação dos valores indenizatórios pressupõe a necessidade de ponderação caso a caso. E, por maioria, em questão de ordem, decidiram pela desafetação do processo com o cancelamento do Tema nº 937 da sistemática dos recursos repetitivos.[24]

Todavia, em 5 de outubro de 2016, ao analisar a pretensão indenizatória por danos morais de um ex-árbitro de futebol e comentarista esportivo de TV, em decorrência de ameaças de morte recebidas por meio de uma entrevista realizada por um canal televisivo brasileiro com falsos integrantes de uma facção criminosa, a 4ª Turma do STJ tornou a debater os critérios para fixação de indenizações por danos morais, pro iniciativa do ministro Luís Felipe Salomão, relator do Recurso Especial nº 1473393/SP. Para o ministro, "a valoração do dano moral tem sido uma das grandes problemáticas vividas pela prática forense, porque são múltiplos

---

22. BRASIL. Supremo Tribunal Federal. Tribunal Pleno. **Arguição de descumprimento de preceito fundamental 130 Distrito Federal.** Relator: Carlos Britto, Brasília, 6 nov. 2009. Disponível em: <http://redir.stf.jus.br/paginadorpub/paginador.jsp?docTP=AC&docID=605411>. Acesso em: 10 out. 2017.

23. BRASIL. Superior Tribunal de Justiça. **Discussão sobre os critérios para arbitramento de indenização por danos morais na hipótese de inclusão indevida em cadastro de inadimplentes.** Tema/repetitivo 937 - REsp 1.446.213/SP. Relator: Paulo de Tarso Sanseverino, Brasília, 3 set. 2015. Disponível em: <http://www.stj.jus.br/repetitivos/temas_repetitivos/pesquisa.jsp?&l=10&i=111>. Acesso em: 10 out. 2017.

24. Ibidem.

os fatores (...). O problema mais difícil se refere à avaliação ou quantificação dos inúmeros tipos de dano moral"[25]. De acordo com a decisão do relator, acompanhada pelos demais ministros:

> 8. O método bifásico, como parâmetro para a aferição da indenização por danos morais, atende às exigências de um arbitramento equitativo, pois, além de minimizar eventuais arbitrariedades, evitando a adoção de critérios unicamente subjetivos pelo julgador, afasta a tarifação do dano, trazendo um ponto de equilíbrio pelo qual se consegue alcançar razoável correspondência entre o valor da indenização e o interesse jurídico lesado, bem como estabelecer montante que melhor corresponda às peculiaridades do caso.
>
> 9. Na primeira fase, o valor básico ou inicial da indenização é arbitrado tendo-se em conta o interesse jurídico lesado, em conformidade com os precedentes jurisprudenciais acerca da matéria (grupo de casos).
>
> 10. Na segunda fase, ajusta-se o valor às peculiaridades do caso com base nas suas circunstâncias (gravidade do fato em si, culpabilidade do agente, culpa concorrente da vítima, condição econômica das partes), procedendo-se à fixação definitiva da indenização, por meio de arbitramento equitativo pelo juiz.[26]

Observa-se, portanto, ter o Superior Tribunal de Justiça afastado a tarifação da indenização por danos extrapatrimoniais, incompatível com a apreciação das peculiaridades de cada caso, manifestando-se, assim, pela aplicabilidade do método bifásico, como parâmetro para aferição do montante indenizatório, cuja adoção se justifica pelos seguintes motivos: atende às exigências de um arbitramento equitativo, minimiza eventuais arbitrariedades e evitando a adoção de critérios exclusivamente subjetivos pelo julgador.

Consoante à decisão recortada, o método bifásico, composto por duas fases, compreende, na primeira fase, o arbitramento do valor básico ou inicial da indenização, considerando o interesse jurídico lesado, em consonância com a jurisprudência constituída sobre a matéria (casos assemelhados); e, na segunda, o ajustamento do valor indenizatório às peculiaridades do caso, com a fixação definitiva do montante da indenização por meio de arbitramento equitativo pelo juiz, considerando as circunstâncias fáticas, quais sejam, a gravidade do fato, a culpabilidade do agente, eventual culpa concorrente da vítima e a condição econômica das partes. Ressalta-se que alguns desses critérios (a gravidade do fato, a culpabilidade do agente e a condição econômica das partes) já constavam do art. 53 da Lei nº **5.250**/1967, a Lei da Imprensa.

25. BRASIL. Superior Tribunal de Justiça. **Acórdão sobre decisão sobre critérios de fixação de indenização por dano extrapatrimonial.** REsp 1.473.393/SP. Relator: Luis Felipe Salomão, Brasília, 5 out. 2017. Disponível em: <https://ww2.stj.jus.br/processo/revista/documento/mediado/?componente=ATC&sequencial=66966261&num_registro=201303568064&data=20161123&tipo=5&formato=HTML>. Acesso em: 10 out. 2017.

26. Ibidem.

5. ALTERAÇÕES IMPINGIDAS PELO PARÁGRAFO 1º DO ARTIGO 223-G DA LEI Nº 13.467/2017 E PELA MEDIDA PROVISÓRIA Nº 808/2017: A TARIFAÇÃO DA INDENIZAÇÃO

A redação original da Lei nº 13.467/2017, a Reforma Trabalhista brasileira, alterou substancialmente o sistema juslaboral pátrio, intervindo, inclusive, em institutos cunhados por outras searas do conhecimento jurídico. É o caso da redação original do art. 223-G, que, em seu parágrafo 1º, ressuscitou a tarifação da indenização por danos extrapatrimoniais, afeta ao Direito Civil, ao dispor que:

> § 1º Se julgar procedente o pedido, o juízo fixará a indenização a ser paga, a cada um dos ofendidos, em um dos seguintes parâmetros, vedada a acumulação:
>
> I - ofensa de natureza leve, até três vezes o último salário contratual do ofendido;
>
> II - ofensa de natureza média, até cinco vezes o último salário contratual do ofendido;
>
> III - ofensa de natureza grave, até vinte vezes o último salário contratual do ofendido;
>
> IV - ofensa de natureza gravíssima, até cinquenta vezes o último salário contratual do ofendido.[27]

Conforme prescrevia o aludido dispositivo legal, ao arrepio da construção e da *praxis* contemporânea, deveria o julgador aquilatar o grau da ofensa (leve, média, grave ou gravíssima), para, a partir daí, fixar o valor da indenização de acordo com os limites estabelecidos para cada grau, parametrizados pelo último salário contratual da vítima, ou seja: (I) ofensa de natureza leve, até três vezes o último salário contratual do ofendido; (II) ofensa de natureza média, até cinco vezes o último salário contratual do ofendido; (III) ofensa de natureza grave, até vinte vezes o último salário contratual do ofendido; e (IV) ofensa de natureza gravíssima, até cinquenta vezes o último salário contratual do ofendido.

Todavia, a Medida Provisória nº 808/2017, editada em 14 de novembro de 2017 pelo Poder Executivo, substituiu o último salário contratual do ofendido, como parâmetro para a fixação da indenização por dano extrapatrimonial, pelo valor do limite máximo dos benefícios do Regime Geral de Previdência Social, à época no importe de R$ 5.531,31, empregando a seguinte redação ao dispositivo em questão:

> Art. 223-G. (...).
>
> § 1º. Ao julgar procedente o pedido, o juízo fixará a reparação a ser paga, a cada um dos ofendidos, em um dos seguintes parâmetros, vedada a acumulação:

27. BRASIL. Lei n. 13.467, de 13 de julho de 2017. Altera a Consolidação das Leis do Trabalho (CLT), aprovada pelo Decreto-Lei no 5.452, de 1º de maio de 1943, e as Leis n.º 6.019, de 3 de janeiro de 1974, n.º 8.036, de 11 de maio de 1990, e n.º 8.212, de 24 de julho de 1991, a fim de adequar a legislação às novas relações de trabalho. **Planalto**, Brasília, DF, 13 jul. 2017. Disponível em: <http://www.planalto.gov.br/ccivil_03/_ato2015-2018/2017/lei/L13467.htm>. Acesso em: 10 out. 2017.

> I - para ofensa de natureza leve - até três vezes o valor do limite máximo dos benefícios do Regime Geral de Previdência Social;
>
> II - para ofensa de natureza média - até cinco vezes o valor do limite máximo dos benefícios do Regime Geral de Previdência Social;
>
> III - para ofensa de natureza grave - até vinte vezes o valor do limite máximo dos benefícios do Regime Geral de Previdência Social; ou
>
> IV - para ofensa de natureza gravíssima - até cinquenta vezes o valor do limite máximo dos benefícios do Regime Geral de Previdência Social.
>
> (...)
>
> § 3º. Na reincidência de quaisquer das partes, o juízo poderá elevar ao dobro o valor da indenização.
>
> § 4º. Para fins do disposto no § 3º, a reincidência ocorrerá se ofensa idêntica ocorrer no prazo de até dois anos, contado do trânsito em julgado da decisão condenatória.
>
> § 5º. Os parâmetros estabelecidos no § 1º não se aplicam aos danos extrapatrimoniais decorrentes de morte.[28]

O ajuste promovido pela Medida Provisória nº 808/2017 quanto ao parâmetro para a fixação do montante indenizatório em casos de danos extrapatrimoniais, ou seja, a substituição do último salário do ofendido pelo valor do limite máximo dos benefícios do Regime Geral de Previdência Social, visou à correção de evidentes distorções caso se mantivesse a apuração do valor indenizatório com base no salário do ofendido, o que conduziria à fixação de diferentes numerários em situações faticamente semelhantes. Todavia, tal ajuste não fora suficiente.

Até então, o arbitramento do *quantum* indenizatório na Justiça do Trabalho em caso de dano extrapatrimonial se submetia aos princípios da proporcionalidade e da razoabilidade, bem como à valoração equitativa do julgador, orientada pelos seguintes critérios: a gravidade do fato, a culpabilidade do agente, a condição econômica das partes e o caráter pedagógico da condenação[29]. Tais critérios também são sustentados na doutrina juslaboral, conforme evidencia João Oreste Dalazen:

28. BRASIL. Medida Provisória nº 808, de 14 de novembro de 2017. Altera a Consolidação das Leis do Trabalho - CLT, aprovada pelo Decreto-Lei nº 5.452, de 1º de maio de 1943. **Planalto**, Brasília, DF, 14 nov. 2017. Disponível em: <http://www.planalto.gov.br/ccivil_03/_Ato2015-2018/2017/Mpv/mpv808.htm>. Acesso em: 14 nov. 2017.

29. "RECURSO DE REVISTA DA RECLAMANTE. INDENIZAÇÃO POR DANOS MORAIS. FIXAÇÃO DO 'QUANTUM'. A Constituição Federal, ao garantir a indenização por danos morais decorrentes da violação da intimidade, honra e imagem da pessoa, não estipula critérios para a determinação de seu quantum. A subjetividade da valoração do dano moral, uma vez que não há, na legislação, norma aplicável, faz com que os julgadores a quantifiquem, levando-se em conta o contorno fático-probatório, dentro do seu poder discricionário, em observância a critérios de proporcionalidade e adequação e com o seu livre convencimento, de forma a garantirem uma compensação razoável pelos danos sofridos, nos exatos termos do art. 944 do Código Civil. Esta Corte entende que somente há desproporcionalidade entre o dano e o valor da indenização e ofensa aos dispositivos apontados pela Recorrente, quando o quantum se apresenta exorbitante ou irrisório. No presente caso, o Regional, ao fixar a quantia de R$40.000,00 (quarenta mil reais), levando em consideração o grau de culpa da Reclamada; a gravidade da lesão e sua repercussão psíquica; a duração do contra-

> 1) compreender que o dano moral em si é incomensurável; 2) considerar a gravidade objetiva do dano; 3) levar em conta a intensidade do sofrimento da vítima; 4) considerar a personalidade (antecedente, grau de culpa, índole, etc.) e o maior ou menor poder econômico do ofensor; 5) não desprezar a conjuntura econômica do país; 6) pautar-se pela razoabilidade e equidade na estipulação, evitando-se, de um lado, um valor exagerado e exorbitante, a ponto de levar a uma situação de enriquecimento sem causa, ou à especulação, ou conduzir à ruína financeira o ofensor; de outro, evitando-se um valor tão baixo que seja irrisório e desprezível, a ponto de não cumprir a função inibitória.[30]

É verdade que alguns desses critérios foram recepcionados pela legislação em discussão, especificamente pelo seu art. 223-G, que orienta o julgador a apreciar o pedido de compensação decorrente de danos extrapatrimoniais, considerando: a natureza do bem jurídico tutelado; a intensidade do sofrimento ou da humilhação; a possibilidade de superação física ou psicológica; os reflexos pessoais e sociais da ação ou da omissão; a extensão e a duração dos efeitos da ofensa; as condições em que ocorreu a ofensa ou o prejuízo moral; o grau de dolo ou culpa; a ocorrência de retratação espontânea; o esforço efetivo para minimizar a ofensa; o perdão, tácito ou expresso; a situação social e econômica das partes envolvidas; o grau de publicidade da ofensa[31]; e a ocorrência de reincidência[32].

Considerando os elementos prescritos no art. 223 da Lei nº 13.467/2017, talvez desconheça o legislador o tamanho da quizila que ele inaugurou; ou então o fez propositalmente para alimentar o volume de recursos reclamando a majora-

---

to de trabalho; a capacidade econômica do Réu, o caráter compensatório, pedagógico e preventivo da condenação, pautou-se pelo princípio da razoabilidade e proporcionalidade, obedecendo aos critérios de justiça e equidade, não se justificando, assim, a intervenção desta Corte Superior. Recurso de Revista não conhecido". (BRASIL. Tribunal Superior do Trabalho. **Acórdão de decisão versou sobre critérios para fixação de indenização por danos morais.** Recurso de Revista n. 77800-59.2007.5.15.0053. Relatora: Maria de Assis Calsing. 4ª Turma. Julgamento: 04 mar. 2015. Publicação: 06 mar. 2015. Disponível em: <http://aplicacao5.tst.jus.br/consultaunificada2/inteiroTeor.do?action=printInteiroTeor&format=html&highlight=true&numeroFormatado=RR%20-%20 77800-59.2007.5.15.0053&base=acordao&rowid=AAANGhABIAAAH5GAAJ&dataPublicacao=06/03/2015&localPublicacao=DEJT&query=indenizacao%20and%20DANOS%2Cand%20MORAIS%20and%20VALOR>. Acesso em: 10 out. 2017).

30. DALAZEN, João Oreste. Aspectos do dano moral trabalhista. **Revista do Tribunal Superior do Trabalho**, Brasília, v. 65, n. 1, p. 69-84, out./dez. 1999. p. 79-80.

31. BRASIL. Lei n. 13.467, de 13 de julho de 2017. Altera a Consolidação das Leis do Trabalho (CLT), aprovada pelo Decreto-Lei no 5.452, de 1º de maio de 1943, e as Leis n.º 6.019, de 3 de janeiro de 1974, n.º 8.036, de 11 de maio de 1990, e n.º 8.212, de 24 de julho de 1991, a fim de adequar a legislação às novas relações de trabalho. **Planalto**, Brasília, DF, 13 jul. 2017. Disponível em: <http://www.planalto.gov.br/ccivil_03/_ato2015-2018/2017/lei/L13467.htm>. Acesso em: 10 out. 2017.

32. BRASIL. Medida Provisória nº 808, de 14 de novembro de 2017. Altera a Consolidação das Leis do Trabalho - CLT, aprovada pelo Decreto-Lei nº 5.452, de 1º de maio de 1943. **Planalto**, Brasília, DF, 14 nov. 2017. Disponível em: <http://www.planalto.gov.br/ccivil_03/_Ato2015-2018/2017/Mpv/mpv808.htm>. Acesso em: 14 nov. 2017.

ção ou a redução do *quantum* indenizatório com base nos elementos arrolados naquele dispositivo. Diz-se isto, pois compelir o julgador a apreciar a possibilidade de superação física ou psicológica (inciso III); a ocorrência de retratação espontânea (inciso VIII); o esforço efetivo para minimizar a ofensa (inciso IX); o perdão, tácito ou expresso (inciso X); e o grau de publicidade da ofensa (inciso XII); é quase conduzi-lo ao vale das sombras. Apenas o elemento da possibilidade de superação física ou psicológica já exigiria dilação probatória, posto que tal aferição não caberia às partes ou ao julgador, mas sim a um profissional da saúde mental (psiquiatra, psicólogo, etc.). Quanto aos demais, questiona-se quais os parâmetros para graduar a publicidade da ofensa e o que poderia ser considerado retratação espontânea, perdão tácito ou esforço efetivo para minimizar a ofensa. Evidentemente, será preciso muito engenho da jurisprudência e da doutrina para lançar luzes a esse imbróglio.

Por conseguinte, careceu o legislador de destreza ao edificar os artigos 223-A, 223-B e 223-F[33] da Lei nº 13.467/2017, haja vista tais dispositivos empregarem o termo reparação ao invés de compensação, mais correto e adequado. De acordo com Vólia Bomfim Cassar, o sofrimento é impassível de reparação material; daí porque, não tendo o dano moral medida pecuniária, a fixação deve correr por arbitramento. Não bastasse, não se pode esquecer que a corrente majoritária civilista atesta que a natureza da indenização por dano extrapatrimonial é de compensação[34] e não de reparação, posto não ser possível, quando violado um bem jurídico extrapatrimonial, retorná-lo ao *status quo ante*.

Desta feita, a regra para a fixação do montante indenizatório decorrente de dano extrapatrimonial recém-inaugurada pela Lei nº 13.467/2017 e pela Medida Provisória nº 808/2017, qual seja, a tarifação da indenização, além de desconstruir o entendimento edificado pela jurisprudência e pela doutrina trabalhistas, corre ao encontro do que fora abolido do sistema jurídico brasileiro pelo Supremo Tribunal Federal (Arguição de Descumprimento de Preceito Fundamental 130/DF) e pelo Superior Tribunal de Justiça (Súmula nº 281/STJ), conforme já discorrido anteriormente.

33. "Art. 223-A. Aplicam-se à reparação de danos de natureza extrapatrimonial decorrentes da relação de trabalho apenas os dispositivos deste Título.

Art. 223-B. Causa dano de natureza extrapatrimonial a ação ou omissão que ofenda a esfera moral ou existencial da pessoa física ou jurídica, as quais são as titulares exclusivas do direito à reparação. (...).

Art. 223-F. A reparação por danos extrapatrimoniais pode ser pedida cumulativamente com a indenização por danos materiais decorrentes do mesmo ato lesivo".

BRASIL. Lei n. 13.467, de 13 de julho de 2017. Altera a Consolidação das Leis do Trabalho (CLT), aprovada pelo Decreto-Lei no 5.452, de 1º de maio de 1943, e as Leis n.º 6.019, de 3 de janeiro de 1974, n.º 8.036, de 11 de maio de 1990, e n.º 8.212, de 24 de julho de 1991, a fim de adequar a legislação às novas relações de trabalho. **Planalto**, Brasília, DF, 13 jul. 2017. Disponível em: <http://www.planalto.gov.br/ccivil_03/_ato2015-2018/2017/lei/L13467.htm>. Acesso em: 10 out. 2017.

34. CASSAR, Vólia Bomfim. **Direito do Trabalho.** 4. ed. Niterói: Impetus, 2010.

5.1. A (in)constitucionalidade do parágrafo 1º do artigo 223-G da Lei nº 13.467/2017 antes e após a Medida Provisória nº 808/2017

Sancionada a Lei nº 13.467 em 13 de julho de 2017, abriu-se o debate sobre a inconstitucionalidade dos dispositivos por ela albergados, confeccionados às pressas durante um reforma com duração de apenas quatro meses. A despeito dos interesses que impulsionaram a sanha reformista que atingiu o Direito do Trabalho, certo é que alguns desses dispositivos são estranhos aos princípios que alicerçam essa seara jurídica e orientam o intérprete, bem como destoam das normas constitucionais, como é caso do art. 223 e seguintes da Lei nº 13.467/2017, alterada pela Medida Provisória nº 808/2017.

No tocante à redação original do parágrafo 1º do art. 223-G da Lei nº 13.467/2017, para Homero Batista Mateus da Silva, não há fundamento jurídico, lógico ou ético que justifique a tarifação dos danos extrapatrimoniais de acordo com a riqueza de uma pessoa[35]. Justiça seja feita, ninguém sofre mais ou menos porque é ou não abastado; não é isso que determina o limiar da dor e, por esta razão, o salário percebido pelo trabalhador jamais poderia ser instituído como parâmetro para a compensação do dano extrapatrimonial por ele suportado.

Não bastasse, tal critério adotado originariamente pela Lei nº 13.467/2017, além de abolido pelo Superior Tribunal de Justiça e pelo Supremo Tribunal Federal, viola a isonomia e atenta contra a pacificação da jurisprudência. Explica-se. Caso dois trabalhadores, que percebam diferentes salários, sejam humilhados pelo seu empregador em um mesmo momento e situação, apesar de ser a mesma lesão, os montantes indenizatórios porventura fixados para cada um nos moldes do parágrafo 1º do art. 223-G da aludida legislação será desigual, posto que esses trabalhadores percebem salários diferentes. E nem mesmo há de se cogitar que poderia o julgador concluir para um se tratar de lesão leve e, para outro, de lesão média, pois, ainda assim, feriria o tratamento jurisdicional isonômico, em razão de uma mesma lesão, ocorrida em um mesmo contexto, ser graduada de forma distinta. Nas palavras de Homero Batista Mateus da Silva, "a régua deveria ser a mesma para todos"[36].

Tampouco há de se cogitar que o critério estabelecido pela Medida Provisória nº 808/2017, consistente no valor do limite máximo dos benefícios do Regime Geral de Previdência Social como parâmetro para a fixação da indenização por danos extrapatrimoniais, fora a tábua de salvação para afastar tal violação ao primado da isonomia. Isso porque, embora buscasse o Poder Executivo coibir a fixação de superindenizações ou de valores sem o menor critério, a sistemática recém-esta-

35. SILVA, Homero Batista Mateus da. Inconstitucionalidade 005. **Facebook**, Professor Homero Batista Mateus da Silva, 25 jul. 2017. Disponível em: <https://www.facebook.com/professorhomero/posts/2009955349227766>. Acesso em: 10 out. 2017.

36. Ibidem.

belecida, além de limitar o montante indenizatório, rompe com a isonomia dentro do próprio sistema jurídico. Tal inconstitucionalidade pode mostrar-se ainda mais evidente caso se considere um mesmo evento danoso, porém, duas relações jurídicas diferentes. Tome-se, como exemplo, o acidente com o voo JJ3054 da companhia aérea TAM, em São Paulo.

A aeronave Airbus A320 partiu da cidade de Porto Alegre, com 187 pessoas a bordo, cujo destino final era o aeroporto de Congonhas, em São Paulo. Em decorrência da chuva que caía no momento do pouso, a aeronave não desacelerou e passou direto da pista do aeroporto de Congonhas, atingindo um prédio da empresa TAM, também proprietária do avião e operadora do voo. Foram 199 vítimas fatais; (187 a bordo e 12 que, no momento do acidente, encontravam-se no prédio com o qual a aeronave colidiu) e alguns poucos feridos.

Não se propõe aqui discutir se houve ou não culpa da empresa (ou do piloto). Certo é que, nesse mesmo caso, consideram-se vítimas[37] empregados (por exemplo, tripulantes do voo JJ3054 e trabalhadores que se ativavam no prédio da TAM atingido pela aeronave) e consumidores (por exemplo, passageiros do voo JJ3054 e pessoas que transitavam pelo prédio da TAM atingido pela aeronave[38]). Evidente, portanto, a coexistência de relações jurídicas de naturezas distintas, consumerista e trabalhista.

Na primeira, aplica-se a responsabilidade objetiva, por força do art. 14 da Lei nº 8.078/1990[39], o Código de Defesa do Consumidor, cuja fixação da indenização por danos extrapatrimoniais não estaria sujeito ao critério da tarifação, abolido pelo Superior Tribunal de Justiça e pelo Supremo Tribunal Federal.

Todavia, considerando a relação jurídica trabalhista, à qual, por força do art. 7º, inciso XXVIII, da Constituição Federal, aplica-se a responsabilidade civil na modalidade subjetiva, suscetível, portanto, à existência de culpa. Não bastasse, caso fossem observados os critérios instituídos pelo parágrafo 1º do art. 223-G da Lei nº 13.467/2017, estaria o julgador limitado à tarifação baseada no salário do trabalhador ferido ou, considerando o ajuste promovido pela Medida Provisória nº 808/2017, no valor do limite máximo dos benefícios do Regime Geral de Previdência Social, cujo critério limitador não se aplicaria às

---

37. Nessa análise, serão consideradas apenas as poucas vítimas de ferimentos, excetuando-se os casos de vítimas fatais, tendo em vista o disposto no parágrafo 5º do art. 223-G da Lei nº 13.467/2017, alterado pela Medida Provisória nº 808/2017, que excluiu da aplicação do critério estabelecido no aludido dispositivo legal os danos extrapatrimoniais decorrentes de morte.

38. Aplicação do art. 17 da Lei nº 8.078/1990, cujo dispositivo equipara a consumidor todas as vítimas do evento.

39. "Art. 14. O fornecedor de serviços responde, independentemente da existência de culpa, pela reparação dos danos causados aos consumidores por defeitos relativos à prestação dos serviços, bem como por informações insuficientes ou inadequadas sobre sua fruição e riscos".

BRASIL. Lei n. 8.078, de 11 de setembro de 1990. Dispõe sobre a proteção do consumidor e dá outras providências. **Planalto**, Brasília, DF, 11 set. 1990. Disponível em: <http://www.planalto.gov.br/ccivil_03/leis/L8078.htm>. Acesso em: 10 out. 2017.

indenizações fixadas na seara civil aos consumidores atingidos pelo mesmo evento.

Nota-se que, conquanto se trate de um mesmo evento danoso, com coincidência do ofensor e do bem jurídico extrapatrimonial lesado, além do dever de comprovar a existência do elemento culpa, estarão os trabalhadores suscetíveis à limitação do montante indenizatório pelo critério de tarifação impingido pela Lei nº 13.467/2017, em descompasso do que prevê o *caput* do art. 5º da Constituição Federal de 1988. Conclui-se, portanto, que o parágrafo 1º do art. 223-G da aludida legislação infraconstitucional apenas asseverou a menor e franzina cidadania do trabalhador em relação ao consumidor em situações de responsabilidade civil decorrente de dano extrapatrimonial, tanto antes como após a edição da Medida Provisória nº 808/2017.

Por fim, sustenta-se também a inconstitucionalidade do dispositivo em questão por afronta ao inciso V do art. 5º da Constituição Federal, cuja norma alberga o princípio da proporcionalidade. Conforme elucida o ministro Carlos Britto no acórdão prolatado na Arguição de Descumprimento de Preceito Fundamental 130/DF, "o princípio da proporcionalidade, tal com explicitado no referido dispositivo constitucional, somente pode materializar-se em face de um caso concreto"; isto é, "não enseja uma disciplina legal apriorística, que leve em conta modelos abstratos de conduta, visto que o universo da comunicação social constitui uma realidade dinâmica e multifacetada, em constante evolução"[40]. Dessa forma, o critério de tarifação é substancialmente incompatível com a proporcionalidade instituída pela norma constitucional, pois afasta o efetivo e real juízo concreto.

Não restam dúvidas, evidentemente, de que o parágrafo 1º, do art. 223-G, da Lei nº 13.467/2017, antes e após a Medida Provisória nº 808/2017, colide frontalmente com o art. 5º, *caput* e inciso V, da Constituição Federal de 1988, cuja norma consagra o primado da isonomia ao prescrever que "todos são iguais perante a lei, sem distinção de qualquer natureza"[41].

5.2. Elementos norteadores para o enfrentamento parágrafo 1º do artigo 223-G da Lei nº 13.467/2017 na Justiça do Trabalho

Ao examinar a eficácia dos direitos fundamentais, Ingo Wolfgang Sarlet atesta que a dignidade da pessoa humana é a qualidade intrínseca e distintiva de cada

40. BRASIL. Supremo Tribunal Federal. Tribunal Pleno. **Arguição de descumprimento de preceito fundamental 130 Distrito Federal.** Relator: Carlos Britto, Brasília, 6 nov. 2009. Disponível em: <http://redir.stf.jus.br/paginadorpub/paginador.jsp?docTP=AC&docID=605411>. Acesso em: 10 out. 2017.

41. BRASIL. Constituição da República Federativa do Brasil. **Planalto**, Brasília, DF, 1º out. 1988. Disponível em: <http://www.planalto.gov.br/ccivil_03/constituicao/constituicaocompilado.htm>. Acesso em: 10 out. 2017.

ser humano, fazendo-o merecedor de respeito e consideração por parte do Estado e da sociedade. Essa condição implica, portanto, num complexo de direitos e deveres fundamentais que asseguram à pessoa, contra todo e qualquer ato de cunho degradante e desumano, condições existenciais mínimas para uma vida digna, além de propiciar e promover sua participação ativa corresponsável nos destinos da própria existência e da vida em comunhão dos demais seres humanos[42]. Assim sendo, a dignidade da pessoa humana, insculpida no art. 1º, inciso III, da Constituição Federal, representa o *"valor constitucional supremo"*, o epicentro de todo o ordenamento jurídico em torno do qual gravitam as demais normas. Trata-se de um valor guarnecido por determinados direitos, como os direitos da personalidade, os direitos fundamentais e os próprios direitos sociais[43], com destaque ao direito ao trabalho em condições dignas.

Por isto, cabe ao Estado a tutela da compensação ampla e integral em caso da violação de algum dos bens jurídicos extrapatrimoniais do trabalhador, assentados nos direitos da personalidade e nos direitos fundamentais, cuja medida não encontra limitação no ordenamento jurídico pátrio.

Nesse sentido, a 2ª Jornada de Direito Material e Processual do Trabalho, promovida pela Associação Nacional dos Magistrados da Justiça do Trabalho (ANAMATRA) em parceria com outras entidades, aprovou, em 10 de outubro de 2017, 125 Enunciados (58 aglutinados e 67 individuais) sobre a interpretação e aplicação da Lei nº 13.467/2017, incluindo acerca do critério de tarifação previsto em seu art. 223-G, parágrafo 1º. Nessa ocasião, a Comissão 2 – "Jornada de trabalho. Banco de horas. Remuneração e parcelas indenizatórias. Danos extrapatrimoniais: tarifação e outros aspectos"[44] – aprovou o Enunciado 5, com o seguinte teor:

> Dano extrapatrimonial: exclusividade de critérios. Aplicação exclusiva dos novos dispositivos do Título II-A da CLT à reparação de danos extrapatrimoniais decorrentes das relações de trabalho: inconstitucionalidade. A esfera moral das pessoas humanas é conteúdo do valor dignidade humana (art. 1º, III, da CF) e, como tal, não pode sofrer restrição à reparação ampla e integral quando violada, sendo dever do estado a respectiva tutela na ocorrência de ilicitudes causadoras de danos extrapatrimoniais nas relações laborais. Devem ser aplicadas todas as normas existentes no ordenamento jurídico que possam imprimir, no caso concreto, a máxima efetividade constitucional ao princípio da dignidade da pessoa humana (art. 5º, V e X, da CF). A interpretação literal do art. 223-A

42. SARLET, Ingo Wolfgang. **Dignidade da pessoa humana e direitos fundamentais**. Porto Alegre: Livraria do Advogado, 2001.

    ALMEIDA, Victor Hugo de; SOUZA, André Evangelista. O direito à saúde na perspectiva labor-ambiental. In: MIESSA, Élisson; CORREIA, Henrique. **Temas atuais de Direito e Processo do Trabalho.** Salvador: Juspodivm, 2013.

43. CANOTILHO, José Joaquim Gomes. **Direito Constitucional e Teoria da Constituição.** 5. ed. Portugal: Livraria Almedina, 2002. p. 85.

44. ANAMATRA. 2º Jornada de Direito Material e Processual do Trabalho. Enunciados Aprovados. **Jornada Nacional**, 10 out. 2017. Disponível em: <http://www.jornadanacional.com.br/listagem-enunciados-aprovados.asp?ComissaoSel=2>. Acesso em: 18 out. 2017.

> da CLT resultaria em tratamento discriminatório injusto às pessoas inseridas na relação laboral, com inconstitucionalidade por ofensa aos arts. 1º, III; 3º, IV; 5º, caput e incisos V e X e 7º, caput, todas da Constituição Federal.[45]

Nota-se, portanto, a existência de caudalosos fundamentos acerca da inconstitucionalidade do critério de tarifação da indenização por danos extrapatrimoniais, a saber: (a) a esfera moral é conteúdo do valor constitucional supremo da dignidade da pessoa humana; (b) por se tratar de um conteúdo do valor dignidade da pessoa humana, a esfera moral não pode sofrer restrição à reparação ampla e integral quando violada, sob pena de atentar contra o Princípio da Reparação Integral; (c) cabe ao Estado, incluindo a Justiça do Trabalho, a respectiva tutela na ocorrência de danos extrapatrimoniais nas relações laborais; (d) aplicam-se todas as normas existentes no ordenamento jurídico, visando à máxima efetividade constitucional ao Princípio da Dignidade Humana; (e) a adoção do critério de tarifação da indenização por danos extrapatrimoniais (art. 223-G, parágrafo 1º, da Lei nº 13.467/2017) resultaria em tratamento discriminatório às pessoas inseridas na relação laborais, violando o Princípio da Isonomia; e (f) a adoção do critério de tarifação da indenização por danos extrapatrimoniais implica em violação às seguintes normas constitucionais: art. 1º, inciso III; art. 3º, inciso IV; art. 5º, *caput* e incisos V, X e XXXV; e 7º, *caput.*

Ante ao exposto, com assento nos fundamentos esposados, caberá o controle de constitucionalidade difuso em relação ao parágrafo 1º do art. 223-G, da Lei nº 13.467/2017, cujo poder-dever compete a todo e qualquer órgão do Poder Judiciário, incluindo a Justiça do Trabalho, independentemente de grau de jurisdição ou instância; até que o Supremo Tribunal Federal se incumba do controle de constitucionalidade concentrado, com vistas à supremacia da dignidade da pessoa humana frente ao critério de tarifação da indenização decorrente de danos extrapatrimoniais impingido pela Reforma Trabalhista brasileira.

CONSIDERAÇÕES FINAIS

Ao Estado, cabe a tutela da compensação ampla e integral em caso da violação de algum dos bens jurídicos extrapatrimoniais do trabalhador, assentados nos direitos da personalidade e nos direitos fundamentais, cuja medida não encontra limitação no ordenamento jurídico pátrio. A despeito disto, a Lei nº 13.467/2017, que instituiu a Reforma Trabalhista brasileira, ressuscitou em seu art. 223-G, parágrafo 1º, a tarifação da indenização por danos extrapatrimoniais, a despeito da abolição desse critério pelo Superior Tribunal de Justiça e pelo Supremo Tribunal Federal, por ser incompatível com a apreciação das peculiaridades de cada caso.

O exame proposto nesta abordagem evidenciou a existência de caudalosos fundamentos acerca da inconstitucionalidade do critério de tarifação da indenização por danos extrapatrimoniais, a saber: (a) a esfera moral é conteúdo do valor

45. Ibidem.

constitucional supremo da dignidade da pessoa humana; (b) por se tratar de um conteúdo do valor dignidade da pessoa humana, a esfera moral não pode sofrer restrição à reparação ampla e integral quando violada, sob pena de atentar contra o Princípio da Reparação Integral; (c) cabe ao Estado, incluindo a Justiça do Trabalho, a respectiva tutela na ocorrência de danos extrapatrimoniais nas relações laborais; (d) aplicam-se todas as normas existentes no ordenamento jurídico, visando à máxima efetividade constitucional ao Princípio da Dignidade Humana; (e) a adoção do critério de tarifação da indenização por danos extrapatrimoniais (art. 223-G, parágrafo 1º, da Lei nº 13.467/2017) resultaria em tratamento discriminatório às pessoas inseridas na relação laborais, violando o Princípio da Isonomia – tanto no tocante a trabalhadores, que percebem diferentes salários, vítimas de um mesmo ato ilícito (considerando a redação original do aludido dispositivo), como no caso de coexistência, num mesmo evento danoso, de duas relações distintas, de trabalho e civil (incluindo a de consumo), esta não suscetível à tarifação (considerando a redação inaugurada pela Medida Provisória nº 808/2017); e (f) a adoção do critério de tarifação da indenização por danos extrapatrimoniais implica em violação às seguintes normas constitucionais: art. 1º, inciso III; art. 3º, inciso IV; art. 5º, *caput* e incisos V, X e XXXV; e 7º, *caput*.

Conclui-se, portanto, pelo cabimento de controle de constitucionalidade difuso, calcado nos fundamentos acima esposados, visando ao restabelecimento (ou manutenção) do método bifásico, como parâmetro para aferição do montante indenizatório decorrente de danos extrapatrimoniais, com vistas à função tríplice do instituto (função compensatória, função punitiva e função preventiva), cuja adoção se justifica pelos seguintes motivos: atende às exigências de um arbitramento equitativo, minimiza eventuais arbitrariedades e evita a adoção de critérios exclusivamente subjetivos pelo julgador.

REFERÊNCIAS

AGÊNCIA CNI. Valorizar a negociação - o mundo avançou, mas a legislação trabalhista ficou parada no tempo. **Portal da Indústria**, São Paulo, 11 abr. 2017. Disponível em: <http://www.portaldaindustria.com.br/agenciacni/noticias/2017/04/artigo-valorizar-a-negociacao-o-mundo-avancou-mas-a-legislacao-trabalhista-ficou-parada-no-tempo/>. Acesso em: 20 jun. 2017.

ALMEIDA, Victor Hugo de; SOUZA, André Evangelista. O direito à saúde na perspectiva labor-ambiental. In: MIESSA, Élisson; CORREIA, Henrique. **Temas atuais de Direito e Processo do Trabalho.** Salvador: Juspodivm, 2013.

ANAMATRA. 2º Jornada de Direito Material e Processual do Trabalho. Enunciados Aprovados. **Jornada Nacional**, 10 out. 2017. Disponível em: <http://www.jornadanacional.com.br/listagem-enunciados-aprovados.asp?ComissaoSel=2>. Acesso em: 18 out. 2017.

BRASIL. Constituição da República Federativa do Brasil. **Planalto**, Brasília, DF, 1º out. 1988. Disponível em: <http://www.planalto.gov.br/ccivil_03/constituicao/constituicaocompilado.htm>. Acesso em: 10 out. 2017.

_____. Lei n. 13.467, de 13 de julho de 2017. Altera a Consolidação das Leis do Trabalho (CLT), aprovada pelo Decreto-Lei no 5.452, de 1º de maio de 1943, e as Leis n.º 6.019, de 3 de janeiro de 1974, n.º 8.036, de 11 de maio de 1990, e n.º 8.212, de 24 de julho de 1991, a fim de adequar a legislação às novas relações de trabalho. **Planalto**, Brasília, DF, 13 jul. 2017. Disponível em: <http://www.planalto.gov.br/ccivil_03/_ato2015-2018/2017/lei/L13467.htm>. Acesso em: 10 out. 2017.

_____. Lei n. 8.078, de 11 de setembro de 1990. Dispõe sobre a proteção do consumidor e dá outras providências. **Planalto**, Brasília, DF, 11 set. 1990. Disponível em: <http://www.planalto.gov.br/ccivil_03/leis/L8078.htm>. Acesso em: 10 out. 2017.

_____. Medida Provisória n° 808, de 14 de novembro de 2017. Altera a Consolidação das Leis do Trabalho - CLT, aprovada pelo Decreto-Lei nº 5.452, de 1º de maio de 1943. **Planalto**, Brasília, DF, 14 nov. 2017. Disponível em: <http://www.planalto.gov.br/ccivil_03/_Ato2015-2018/2017/Mpv/mpv808.htm>. Acesso em: 14 nov. 2017.

_____. Superior Tribunal de Justiça. **Acórdão sobre decisão sobre critérios de fixação de indenização por dano extrapatrimonial.** REsp 1.473.393/SP. Relator: Luis Felipe Salomão, Brasília, 5 out. 2017. Disponível em: <https://ww2.stj.jus.br/processo/revista/documento/mediado/?componente=ATC&sequencial=66966261&num_registro=201303568064&data=20161123&tipo=5&formato=HTML>. Acesso em: 10 out. 2017.

_____. Superior Tribunal de Justiça. **Discussão sobre os critérios para arbitramento de indenização por danos morais na hipótese de inclusão indevida em cadastro de inadimplentes.** Tema/repetitivo 937 - REsp 1.446.213/SP. Relator: Paulo de Tarso Sanseverino, Brasília, 3 set. 2015. Disponível em: <http://www.stj.jus.br/repetitivos/temas_repetitivos/pesquisa.jsp?&l=10&i=111>. Acesso em: 10 out. 2017.

_____. Superior Tribunal de Justiça. **Súmula nº 281.** Disponível em: <http://www.stj.jus.br/SCON/sumanot/toc.jsp>. Acesso em: 10 out. 2017.

_____. Supremo Tribunal Federal. Tribunal Pleno. **Arguição de descumprimento de preceito fundamental 130 Distrito Federal.** Relator: Carlos Britto, Brasília, 6 nov. 2009. Disponível em: <http://redir.stf.jus.br/paginadorpub/paginador.jsp?docTP=AC&docID=605411>. Acesso em: 10 out. 2017.

_____. Tribunal Superior do Trabalho. **Acórdão de decisão versou sobre critérios para fixação de indenização por danos morais.** Recurso de Revista n. 77800-59.2007.5.15.0053. Relatora: Maria de Assis Calsing. 4ª Turma. Julgamento: 04 mar. 2015. Publicação: 06 mar. 2015. Disponível em: <http://aplicacao5.tst.jus.br/consultaunificada2/inteiroTeor.do?action=printInteiroTeor&format=html&highlight=true&numeroFormatado=RR%20-%2077800-59.2007.5.15.0053&base=acordao&rowid=AAANGhABIAAAH5GAAJ&dataPublicacao=06/03/2015&localPublicacao=DEJT&query=indenizacao%20and%20DANOS%20and%20MORAIS%20and%20VALOR>. Acesso em: 10 out. 2017

CANOTILHO, José Joaquim Gomes. **Direito Constitucional e Teoria da Constituição.** 5. ed. Portugal: Livraria Almedina, 2002.

CASSAR, Vólia Bomfim. **Direito do Trabalho.** 4. ed. Niterói: Impetus, 2010.

CUNHA, Maria Inês M. S. Alves da. Os direitos de personalidade e o contrato individual de trabalho. **Rev. TST**, Brasília, v. 70, n. 1, p. 91-100, jan./jun. 2004.

DALAZEN, João Oreste. Aspectos do dano moral trabalhista. **Revista do Tribunal Superior do Trabalho**, Brasília, v. 65, n. 1, p. 69-84, out./dez. 1999. p. 79-80.

DIAS, José de Aguiar. **Da Responsabilidade Civil.** 10. ed. Rio de Janeiro: Forense, 1997. v. I. p. 18.

HAMMURABI'S Code: Babylonian Law Set in Stone. **Ancient History Encyclopedia**, 2014. https://www.ancient.eu/article/68/hammurabis-code-babylonian-law-set-in-stone/>. Acesso em: 10 out. 2017.

JUSTO, António Santos. **Direito Privado Romano I (Parte geral).** 3. ed. Coimbra: Coimbra Editora, 2008.

LUTZKY, Daniela Courtes. **A reparação de danos imateriais como direito fundamental.** Porto Alegre: Livraria do Advogado, 2012.

MARK, Joshua J. Ur-Nammu. **Ancient History Encyclopedia**, 2014. Disponível em: <https://www.ancient.eu/Ur-Nammu/>. Acesso em: 10 out. 2017.

REDINHA, Maria Regina. Os direitos de personalidade no Código do Trabalho: actualidade e oportunidade da sua inclusão. In: **A Reforma do Código do Trabalho.** Coimbra: Coimbra Editora, 2004. p. 161-172.

SABONGI, Camila Martinelli; ALMEIDA, Victor Hugo de. A influência labor-ambiental na caracterização do dano existencial: uma abordagem à luz da jurisprudência trabalhista brasileira. In: MAGARELLI, Cristina; CECATO, Maria Aurea Baroni. **V Encontro Internacional do CONPEDI Montevidéu – Uruguai:** Direito do Trabalho e Meio Ambiente do Trabalho II. Florianópolis: CONPEDI, 2016. p. 195-214.

SARLET, Ingo Wolfgang. **Dignidade da pessoa humana e direitos fundamentais**. Porto Alegre: Livraria do Advogado, 2001.

SANTOS, Mauro Sérgio dos. A responsabilidade civil extracontratual no direito romano: análise comparativa entre os requisitos exigidos pelos romanos e os elementos de responsabilidade civil atualmente existentes. **Direito em Ação**, Brasília, v.10, n.1, p. 13-44, jan./jun. 2013.

SILVA, Homero Batista Mateus da. Inconstitucionalidade 005. **Facebook**, Professor Homero Batista Mateus da Silva, 25 jul. 2017. Disponível em: <https://www.facebook.com/professorhomero/posts/2009955349227766>. Acesso em: 10 out. 2017.

SOUTO MAIOR, Jorge Luiz. I- "A CLT é velha". São Paulo, 27 mar. 2017. Disponível em: <http://www.jorgesoutomaior.com/blog/i-a-clt-e-velha>. Acesso em: 30 mar. 2017.

STJ define valor de indenizações por danos morais. **Revista Consultor Jurídico**, São Paulo, 15 set. 2009. Disponível em: <https://www.conjur.com.br/2009-set-15/stj-estipula-parametros-indenizacoes-danos-morais>. Acesso em: 10 out. 2017.

VENOSA, Silvio de Salvo. **Direito Civil:** responsabilidade civil. 8. ed. São Paulo: Atlas, 2008. v. IV.

QUANTO VALE A DOR DO SOFRIMENTO: A TARIFAÇÃO DO DANO EXTRAPATRIMONIAL

Natália Costa Aglantzakis[1]

Para adentramos ao assunto central desse artigo, ímpar se faz refletir sobre o ensinamento trazido por Mahatma Gandhi: "*Temos de nos tornar a mudança que queremos ver*". A assertiva dispensa maiores explicações, tendo por fundamento a transformação de um *status quo* à uma nova ordem evolutiva, positiva, progressiva e fiel à sociedade contemporânea. Assim devem ocorrer com as alterações legislativas, visto que o Poder Legislativo – nas vias da democracia semidireta - é ator representante da sociedade. Não possui ele competência para modificar situações jurídicas e fáticas benéficas já consolidadas à classe trabalhista, por total desrespeito à Constituição Federal e aos princípios trabalhistas.

Ademais, toda evolução legislativa, bem como interpretação ou aplicação jurídica, deve observar os princípios regentes da disciplina. O Direito do Trabalho foi delimitado inicialmente, e assim deve prevalecer, como o conjunto de normas jurídicas protetoras do trabalhador, tendo por fundamento o princípio da proteção. Isso significa que as relações dos destinatários das normas trabalhistas devem ser pautadas no princípio da isonomia, levando-se em conta a hipossuficiência do empregado em face do empregador. Há uma desigualdade fática e jurídica nessa relação, a qual é amenizada pela Ordem Jurídica do Trabalhador – CLT.

Nesse ínterim, observa-se o cerne da proteção ao empregador na exposição de motivos quando da criação da Consolidação das Leis Trabalhistas - CLT:

> *"12 . É o diploma do idealismo excepcional do Brasil, orientado pela clarividência genial de V. Ex., reajustando o imenso e fundamental processo de sua dinâmica econômica, nas suas relações com o trabalho,* aos padrões mais altos de dignidade e de humanidade da justiça social. *É incontestavelmente a síntese das instituições políticas estabelecidas por V. Ex. desde o início de seu governo."*

---

1. Advogada da União, Professora de Direito Constitucional.

Da leitura do trecho acima, interpreta-se *facilmente* que o espírito jurídico da criação da Consolidação das Leis Trabalhistas – CLT é proteger o trabalhador. Então, questiona-se: o que aconteceu com a finalidade dessa norma jurídica na elaboração da Lei 13.467/2017?

É nesse cenário de desrespeito aos princípios trabalhistas e de inconstitucionalidade que surgem diversos dispositivos da Reforma Trabalhista – Lei nº 13.467/2017, em especial a tarifação do dano extrapatrimonial. Vejamos a inovação jurídica:

> "TÍTULO II-A
>
> DO DANO EXTRAPATRIMONIAL
>
> 'Art. 223-A. Aplicam-se à reparação de danos de natureza extrapatrimonial decorrentes da relação de trabalho apenas os dispositivos deste Título.'
>
> 'Art. 223-B. Causa dano de natureza extrapatrimonial a ação ou omissão que ofenda a esfera moral ou existencial da pessoa física ou jurídica, as quais são as titulares exclusivas do direito à reparação.'
>
> 'Art. 223-C. A etnia, a idade, a nacionalidade, a honra, a imagem, a intimidade, a liberdade de ação, a autoestima, o gênero, a orientação sexual, a saúde, o lazer e a integridade física são os bens juridicamente tutelados inerentes à pessoa natural.
>
> 'Art. 223-D. A imagem, a marca, o nome, o segredo empresarial e o sigilo da correspondência são bens juridicamente tutelados inerentes à pessoa jurídica.'
>
> 'Art. 223-E. São responsáveis pelo dano extrapatrimonial todos os que tenham colaborado para a ofensa ao bem jurídico tutelado, na proporção da ação ou da omissão.'
>
> 'Art. 223-F. A reparação por danos extrapatrimoniais pode ser pedida cumulativamente com a indenização por danos materiais decorrentes do mesmo ato lesivo.
>
> § 1º Se houver cumulação de pedidos, o juízo, ao proferir a decisão, discriminará os valores das indenizações a título de danos patrimoniais e das reparações por danos de natureza extrapatrimonial.
>
> § 2º A composição das perdas e danos, assim compreendidos os lucros cessantes e os danos emergentes, não interfere na avaliação dos danos extrapatrimoniais.'
>
> 'Art. 223-G. Ao apreciar o pedido, o juízo considerará:
>
> I - a natureza do bem jurídico tutelado;
>
> II - a intensidade do sofrimento ou da humilhação;
>
> III - a possibilidade de superação física ou psicológica;
>
> IV - os reflexos pessoais e sociais da ação ou da omissão;
>
> V - a extensão e a duração dos efeitos da ofensa;
>
> VI - as condições em que ocorreu a ofensa ou o prejuízo moral;
>
> VII - o grau de dolo ou culpa;
>
> VIII - a ocorrência de retratação espontânea;
>
> IX - o esforço efetivo para minimizar a ofensa;
>
> X - o perdão, tácito ou expresso;

> XI - a situação social e econômica das partes envolvidas;
>
> XII - o grau de publicidade da ofensa.
>
> § 1º Ao julgar procedente o pedido, o juízo fixará a reparação a ser paga, a cada um dos ofendidos, em um dos seguintes parâmetros, vedada a acumulação:
>
> I - para ofensa de natureza leve - até três vezes o valor do limite máximo dos benefícios do Regime Geral de Previdência Social;
>
> II - para ofensa de natureza média - até cinco vezes o valor do limite máximo dos benefícios do Regime Geral de Previdência Social;
>
> III - para ofensa de natureza grave - até vinte vezes o valor do limite máximo dos benefícios do Regime Geral de Previdência Social; ou
>
> IV - para ofensa de natureza gravíssima - até cinquenta vezes o valor do limite máximo dos benefícios do Regime Geral de Previdência Social.
>
> § 2º Se o ofendido for pessoa jurídica, a indenização será fixada com observância dos mesmos parâmetros estabelecidos no § 1º deste artigo, mas em relação ao salário contratual do ofensor.
>
> § 3º Na reincidência de quaisquer das partes, o juízo poderá elevar ao dobro o valor da indenização.
>
> § 4º Para fins do disposto no § 3º, a reincidência ocorrerá se ofensa idêntica ocorrer no prazo de até dois anos, contado do trânsito em julgado da decisão condenatória.
>
> § 5º Os parâmetros estabelecidos no § 1º não se aplicam aos danos extrapatrimoniais decorrentes de morte."

Da leitura dos artigos supracitados, percebe-se que a novel legislação trabalhista em nada tutelou o trabalhador. Ao revés, ela desconsiderou o espírito da norma trabalhista e pôs em contraponto a historicidade dos direitos sociais e da própria Justiça Trabalhista ao prever uma tutela favorável ao empregador. Percebe-se também que por mais necessária que seja a aplicação de uma interpretação teleológica – valorizando os princípios trabalhistas -, por vezes essa será impraticável, em virtude de expressas disposições legais. Exemplificando: o artigo 223-A da legislação restringe expressamente a aplicação dos dispositivos do Título II – A do dano extrapatrimonial, impossibilitando, assim, a conjunção dos dispositivos do Código Civil, os quais são mais favoráveis ao trabalhador. Aos intérpretes, fica a difícil indagação: aplicá-la ou não?

De plano nota-se alguns pontos de inconstitucionalidade dos dispositivos regulamentadores do dano extrapatrimonial derivado da relação de trabalho. São eles: a) restrição de aplicação à legislação trabalhista; b) delimitação taxativa dos bens da vida tutelados; c) tarifação do valor do dano.

A Lei nº 13.467/2017 restringiu a aplicação normativa no que diz respeito às normas do dano extrapatrimonial derivados da relação de trabalho. Em seu artigo 223 – A, normatizou que: "aplicam-se à reparação de danos de natureza extrapatrimonial decorrentes da relação de trabalho <u>apenas os dispositivos deste Título</u> ". Isso significa que há uma vedação à aplicação dos demais ramos do direito na solução de lides com o esse objeto.

Não há fundamento jurídico que justifique essa vedação, uma vez que o dano extrapatrimonial vem regulamentado em diversos dispositivos legais, a saber: a Constituição Federal, o Código Civil e o Código de Defesa do Consumidor.

Incide aqui a teoria do Diálogo das Fontes, a qual preconiza que as normas jurídicas não são excludentes – como propõe a Reforma Trabalhista – e sim, complementares, em uma relação de sincronismo jurídico. Dessa forma, é juridicamente cabível a aplicação de dispositivos cíveis e consumeristas em uma relação de trabalho, desde que observados os princípios inerentes à disciplina objeto da lide. Para tanto, abandona-se os critérios clássicos de solução dos conflitos de normas – anterioridade, especialidade e hierarquia – com o intuito de prestigiar o pluralismo jurídico, a máxima efetividade das normas e coesão do ordenamento legislativo.

Tal teoria não se restringe apenas ao campo teórico e doutrinário, possuindo aplicação prática, uma vez que já vem sendo aplicada pelos Tribunais Trabalhistas, conforme pode se observar nos trechos abaixo:

"Saliente-se que não há dúvidas acerca da aplicabilidade da tais noções ao Direito do Trabalho, até mesmo em decorrência da Teoria do Diálogo das Fontes, do jurista alemão Erik Jayme e, no Brasil, tratada com maestria por Cláudia Lima Marques, que ensina que os princípios dos ramos do Direito atuam de forma 'concertada', uns preenchendo lacunas dos outros. A distinção do Direito em vários ramos não pode ser adotada de forma estanque, até mesmo porque ela é mais prática do que científica."[2]

"Entendo que, pela teoria do diálogo das fontes, pode-se aplicar ao Direito Processual do Trabalho a norma geral expressa no artigo 475-J do Código de Processo Civil, mais eficaz que a norma especial decorrente do artigo 880 da CLT. Trata-se aqui de omissão qualitativa do processo trabalhista (artigo 769 da CLT) em comparação ao processo civil. "[3].

Não bastasse isso, é pilar do Direito Trabalhista o princípio da proteção e da norma mais benéfica, os quais restam impossibilitados de dar validade jurídica e constitucional às inovações trazidas pela Reforma Trabalhista.

O princípio da proteção foi desenvolvido para sedimentar a relação de igualdade material[4] entre o empregado e o empregador estabelecida pela legislação trabalhista. Trata-se de um instituto compensador das desigualdades sociais, econômicas e culturais entre as partes, reservando um favorecimento jurídico ao trabalhador, parte mais frágil na relação. Pode-se afirmar que o legislador buscou

2. TST-RR-137700-37.2008.5.15.0085 – Voto do Ministro Walmir Oliveira da Costa.
3. Voto do Ministro JOSÉ ROBERTO FREIRE PIMENTA PROCESSO Nº TST-RR-278-60.2012.5.04.0384.
4. A igualdade material vem esculpida no art. 3º, I e III, da CF/88, que afirma que a República Federativa do Brasil tem como objetivos "construir uma sociedade livre, justa e solidária" e "erradicar a pobreza e a marginalização e reduzir as desigualdades sociais e regionais".

compensar a desigualdade existente na realidade socioeconômica com uma desigualdade jurídica em sentido oposto.[5]

O ramo do Direito do Trabalho foi desenvolvido a partir das nuances do princípio da proteção, irradiando-se à aplicação e à interpretação do campo jurídico trabalhista. A partir dele verifica-se que o trabalhador possui a característica da hipossuficiência, sendo denominado pela doutrina de "trabalhador hipossuficiente", em razão da desigualdade substancial existente. Dessa forma, todos os trabalhadores possuem presunção de hipossuficiência em face dos seus empregadores.

É certo observar que assim como o Direito do Trabalho busca equalizar uma relação desigual, o Direito do Consumidor também o faz ao reconhecer a vulnerabilidade do consumidor, parte mais frágil da relação. Há uma presunção legal[6] da vulnerabilidade do consumidor, a qual relaciona-se com o conceito de "trabalhador hipossuficiente". Aqui resta mais um motivo da flagrante inconstitucionalidade e injuridicidade da regulamentação trazida pela Reforma Trabalhista no artigo 223 – A, o qual restringiu à CLT a desenvoltura do dano extrapatrimonial trabalhista. Tanto o campo trabalhista, quanto o campo consumidor tratam de relações desiguais entre suas partes, justificando – dentre outros motivos – a aplicação da Teoria do Diálogo das Fontes.

Ademais, caminha ao lado do princípio da proteção o princípio da norma mais benéfica, o qual preconiza que diante de múltiplas normas vigentes e regulamentadoras do mesmo tema, deve-se aplicar aquela mais benéfica ao trabalhador.

Pontua brilhantemente o professor Godinho que esse princípio deve ser observado "[...] no instante de elaboração da regra - princípio orientador da ação legislativa), ou no contexto de confronto entre regras concorrentes - princípio orientador do processo de hierarquização de normas trabalhistas[7]) " ou, ainda, " [...] no contexto de interpretação das regras jurídicas - princípio orientador do processo de revelação do sentido da regra trabalhista"[8]. Implica assim ao princípio da norma mais benéfica uma tríplice dimensão – informadora, interpretativa/normativa e hierarquizante.[9]

A aplicação desse princípio é tão significativa que ainda que estivéssemos tratando de disposição constitucional menos benéfica ao trabalhador do que lei ordinária, teríamos de dar prioridade à legislação ordinária. Então, porque aplicar as inovações objeto desse artigo? Não há respaldo jurídico para tanto, pois não se pode restringir o dano extrapatrimonial às disposições menos benéficas aos

5. BEZERRA LEITE, Carlos Henrique. Curso de direito processual do trabalho. 9. ed. São Paulo: LTr, 2011. p. 80.
6. Artigo 4º, I, CDC: I - reconhecimento da vulnerabilidade do consumidor no mercado de consumo [...].
7. DELGADO, Mauricio Godinho. Curso de direito do trabalho. 11. ed. São Paulo: LTr, 2012. p. 194.
8. DELGADO, Mauricio Godinho. Curso de direito do trabalho. 11. ed. São Paulo: LTr, 2012. p. 194.
9. DELGADO, Mauricio Godinho. Curso de direito do trabalho. 11. ed. São Paulo: LTr, 2012. p. 194.

trabalhadores. Os aplicadores do Direito Trabalhista devem ater-se aos princípios estruturantes da ordem jurídica, sob pena de torna-la inócua.

Além dos princípios estruturantes da ordem jurídica trabalhista e da Teoria do Diálogo das Fontes, o cenário de Neoconstitucionalismo contribui para a fundamentação da inconstitucionalidade da disposição legal em comento.

Sucintamente, o Neoconstitucionalismo é um movimento que objetiva revalorizar a base interpretativa do Direito Constitucional, priorizando a aplicação e garantia dos direitos fundamentais e também da força normativa da Constituição, transformando, assim, o Estado Legal em um Estado Constitucional.

O Direito do Trabalho também foi influenciado por esse movimento. A Constituição Federal elegeu como fundamento da República Federativa do Brasil o valor social do trabalho, não olvidando também de dedicar um Capítulo específico sobre os direitos sociais.

Nota-se uma nova perspectiva no campo trabalhista, na qual os aplicadores do direito prestigiarão normas e decisões jurídicas que visam efetivar as disposições constitucionais e as disposições mais benéficas ao trabalhador. O cerne dessa mudança é a dignidade da pessoa humana e a valorização social do trabalhador, normas estruturantes do ativismo judicial.

Por vezes, é necessário que o Judiciário atue como legislador para validar situações fáticas às disposições jurídicas, efetivando direitos fundamentais e inclusão social. E é nesse ínterim que possivelmente se valerá o aplicador do direito para realizar o ativismo judicial quanto à não aplicação das disposições da Reforma Trabalhista do dano extrapatrimonial.

Cabe ressaltar também a aplicação do princípio da proibição do retrocesso social, o qual é um limite material à modificação da legislação e da Constituição quanto aos direitos fundamentais sociais já alcançados. Significa dizer que uma vez conquistados no panorama fático e jurídico, não poderão ser suprimidos via emenda constitucional ou legislação. A proibição do retrocesso social comporta um aspecto negativo – imposição ao legislador para observar os direitos sociais já garantidos - e um aspecto positivo – dever ao Poder Público para concretizar os direitos sociais já regulamentados.

Percebe-se que a inovação do dano extrapatrimonial na CLT ofende o princípio da proibição do retrocesso social no aspecto negativo e impõe uma atuação do aplicador da lei quanto ao aspecto positivo. Traduz-se tal aspecto como mais um fator para serem declarados inconstitucionais os artigos em comento.

Ao disciplinar o dano extrapatrimonial quanto aos aspectos - a) restrição de aplicação à legislação trabalhista; b) delimitação taxativa dos bens da vida tutelados; c) tarifação do valor do dano -, acabou criando uma restrição inexistente anteriormente. A jurisprudência trabalhista e a doutrina ao tratar do dano extrapatrimonial utilizavam diversos diplomas legais, não elencavam taxativamente os bens jurídicos tutelados e não tarifavam o valor do dano – situações que favorecem o empregado. Há uma ofensa ao direito constitucional da dignidade da pessoa humana – em especial no campo social - garantido de forma mais efetiva do que a atual disciplinada na Reforma. Aqui paira a ofensa ao princípio da proibição do retrocesso social quanto ao aspecto negativo.

Quanto à atuação do Poder Público para garantir a proibição do retrocesso social no aspecto positivo, cita-se o ativismo judicial que deverá sem implementado com o intuito de não conferir aplicabilidade prática e jurídica aos artigos inconstitucionais trazidos pela Lei nº 13.467/2017.

Conforme já ressaltado, além da limitação da aplicação legal à CLT aos danos extrapatrimoniais trabalhistas[10], a Reforma também delimitou quais bens jurídicos são passíveis de gozar da proteção inerente a eles.

O dano extrapatrimonial pode ser conceituado – brevemente – como a lesão ou prejuízo aos direitos da personalidade ou aos direitos isentos de valor econômico imediato. Os meros dissabores e os danos corriqueiros não legitimam a reparação.

Para a sua caracterização, em regra, é necessária a presença dos pressupostos da responsabilidade civil: a) ação ou omissão humana; b) dano ou prejuízo[11]; c) nexo de causalidade.

Trata-se de uma verificação casuística, a partir da cláusula geral da tutela da personalidade: a dignidade da pessoa humana. Não há uma correspondência entre sentimentos desagradáveis como dor ou sofrimento e o conceito de dano extrapatrimonial[12], pois esse é uma lesão aos direitos da personalidade, ao passo que aqueles são efeitos da lesão.

Delimitar taxativamente quais direitos da personalidade podem sofrer uma lesão extrapatrimonial é equivalente a delimitar o reflexo da existência psíquica humana. Impossível. Curiosamente, a Reforma os delimitou, ao passo que a etnia, a idade, a nacionalidade, a honra, a imagem, a intimidade, a liberdade de ação, a autoestima, o gênero, a orientação sexual, a saúde, o lazer e a integridade física são os bens juridicamente tutelados inerentes à pessoa física. Já a imagem, a marca, o nome, o segredo empresarial e o sigilo da correspondência *são bens juridicamente tutelados inerentes à pessoa jurídica.* Em uma breve leitura, nota-se que o rol, além de taxativo, é insuficiente, ao não listar – por exemplo - a proteção jurídica da educação e da liberdade religiosa inerente à pessoa *física.*

Ademais, a Constituição Federal ao disciplinar o tema não realizou nenhuma restrição de bens tuteláveis, dispondo apenas que *é assegurado o direito de resposta, proporcional ao agravo, além da indenização por dano material, moral ou à*

10. Cabe advertir que os danos extrapatrimoniais trabalhistas é gênero que comporta as seguintes espécies: a) dano moral; b) dano existencial, e; c) assédio moral.
11. A jurisprudência admite hipóteses de dano moral *in re ipsa,* no qual há a dispensa de dilação probatória, pois é presumido.
12. Enunciado 445 da V Jornada de Direito Civil: O dano moral indenizável não pressupõe necessariamente a verificação de sentimentos humanos desagradáveis como dor ou sofrimento

imagem (artigo 5º, V, CF). Não cabe ao legislador restringir tal direito, pois ele goza de aplicação imediata e, para aqueles que defendem que as normas de direitos fundamentais são aplicáveis até onde possam traduz-se em um verdadeiro mandado de otimização.

O Supremo Tribunal Federal[13] *já definiu que o rol de direitos e garantias fundamentais não está limitado à Constituição Federal, tampouco ao rol do artigo 5º. Não importa a classificação topológica*, e sim o conteúdo material da norma jurídica. Observa-se a presença de direitos e garantias fundamentais – inclusive os direitos da personalidade – em tratados internacionais e também aqueles derivados de ato interpretativo a partir dos já positivados. Estes são os chamados direitos fundamentais implícitos.

Observa-se, assim, a aplicação da cláusula da não taxatividade dos direitos fundamentais - disciplinada no artigo 5º, § 2º: *Os direitos e garantias expressos nesta Constituição não excluem outros decorrentes do regime e dos princípios por ela adotados, ou dos tratados internacionais de que a República Federativa do Brasil seja parte* – e a aplicação dos direitos fundamentais implícitos.

Percebe-se também que essa abertura constitucional acaba reconstruindo o rol de direitos e garantias fundamentais[14] por meio da priorização do seu caráter histórico-relativo, induzindo um processo de diálogo institucional e efetivando a compreensão da sociedade aberta dos intérpretes da constituição.

Reside aqui mais um aspecto da inconstitucionalidade da Reforma Trabalhista: se a Constituição Federal não elencou taxativamente o rol de bens jurídicos tutelados, com qual legitimidade e atribuição o legislador ordinário o fez? Está evidente o excesso da legislação trabalhista.

Entretanto, é possível aplicar a *interpretação conforme* aos artigos 223 – C e 223 – D com o intuito de evitar o juízo de inconstitucionalidade de tais normas jurídicas. Aqui o intérprete conferiria um caráter aberto ao rol de direitos da personalidade disciplinados, desconsiderando a taxatividade da disposição legal.

Pois bem. A Reforma também inovou ao delimitar critérios para serem considerados pelo juízo ao apreciar o pedido, tais como a natureza do bem jurídico tutelado, a intensidade do sofrimento ou da humilhação, a possibilidade de superação física ou psicológica, os reflexos pessoais e sociais da ação ou da omissão, a extensão e a duração dos efeitos da ofensa, as condições em que ocorreu a ofensa ou o prejuízo moral, o grau de dolo ou culpa, a ocorrência de retratação espontânea, o esforço efetivo para minimizar a ofensa, o perdão, tácito ou expresso, a situação social e econômica das partes envolvidas e o grau de publicidade da ofensa. Quanto a esses critérios, tem-se que eles serão benéficos, pois auxiliar*ão o juízo a delimitar o valor da indenização a partir de um parâmetro definido legalmente.*

---

13. ADI 939-7/DF (RTJ 150/68).
14. No qual os direitos da personalidade estão inclusos.

A inconstitucionalidade ocorre quando a legislação definiu taxativamente os seguintes parâmetros: a) ofensa de natureza leve, até três vezes o valor do limite máximo dos benefícios do Regime Geral de Previdência Social ; b) ofensa de natureza média, até cinco vezes o valor do limite máximo dos benefícios do Regime Geral de Previdência Social; c) ofensa de natureza grave, até vinte vezes o valor do limite máximo dos benefícios do Regime Geral de Previdência Social; d) ofensa de natureza gravíssima, até cinquenta vezes o valor do limite máximo dos benefícios do Regime Geral de Previdência Social. Não bastasse a tarifação realizada, definiu que que se o ofendido for pessoa jurídica, a indenização será fixada com observância dos mesmos parâmetros estabelecidos acima, mas em relação ao salário contratual do ofensor e que na reincidência entre partes idênticas, o juízo poderá elevar ao dobro o valor da indenização.

De fato, a tarifação do dano extrapatrimonial é assunto muito debatido na doutrina e na jurisprudência.

No ordenamento jurídico não há previsão de tarifação legal a respeito dos danos extrapatrimoniais, mas já existiu no Código Brasileiro de Aeronáutica (Lei nº 4.117/62) e na Lei de Imprensa (Lei nº 5.250/67). Não há também proibição legal para a estipulação de uma nova tarifação legal. Entretanto, após a declaração de não recepção da Lei de Imprensa[15], os Tribunais passaram a se manifestarem contrariamente à qualquer previsão de tarifação, sob o argumento de ofensa à isonomia e à dignidade da pessoa humana.

Cabe analisar decisão proferida no Recurso Extraordinário nº 447584/RJ, Relator Min. Cezar Peluso, a qual resultou na impossibilidade de tarifação do dano moral:

> "EMENTA: INDENIZAÇÃO. Responsabilidade civil. Lei de Imprensa. Dano moral. Publicação de notícia inverídica, ofensiva à honra e à boa fama da vítima. Ato ilícito absoluto. Responsabilidade civil da empresa jornalística. Limitação da verba devida, nos termos do art. 52 da lei 5.250/67. Inadmissibilidade. Norma não recebida pelo ordenamento jurídico vigente. Interpretação do art. 5º, IV, V, IX, X, XIII e XIV, e art. 220, caput e § 1º, da CF de 1988. Recurso extraordinário improvido. *Toda limitação, prévia e abstrata, ao valor de indenização por dano moral, objeto de juízo de equidade, é incompatível com o alcance da indenizabilidade irrestrita assegurada pela atual Constituição da República.* Por isso, já não vige o disposto no art. 52 da Lei de Imprensa, o qual não foi recebido pelo ordenamento jurídico vigente."

Há a utilização corriqueira dos artigos 946[16] e 953[17], parágrafo único, do Código Civil, como fundamento na individualização do dano moral, pois conferem ao

15. ADPF nº 130

16. Art. 946. Se a obrigação for indeterminada, e não houver na lei ou no contrato disposição fixando a indenização devida pelo inadimplente, apurar-se-á o valor das perdas e danos na forma que a lei processual determinar.

17. Art. 953, Parágrafo único. Se o ofendido não puder provar prejuízo material, caberá ao juiz fixar, equitativamente, o valor da indenização, na conformidade das circunstâncias do caso.

juízo a subjetividade da fixação, a qual deve ser atendida com proporcionalidade e razoabilidade.

Diante da ausência de critérios legais, a doutrina cria alguns parâmetros a serem seguidos.

O professor Sérgio Cavalieri é adepto da corrente do arbitramento judicial, a qual enuncia que cabe ao juízo com base em um prudente arbítrio fixar o valor da indenização, observando a lógica do razoável. Defende também o princípio de que o dano não pode ser fonte de lucro. Vejamos:

> *"Creio que na fixação do quantum debeatur da indenização, mormente tratando-se de lucro cessante e dano moral, deve o juiz ter em mente o princípio de que o dano pode ser fonte de lucro. A indenização, não há dúvida, deve ser suficiente para reparar o dano, o mais completamente possível, e nada mais. Qualquer quantia a maior importará enriquecimento sem causa, ensejador de novo dano. Creio, também, que este é outro ponto onde o princípio da lógica do razoável deve ser a bússola norteadora do julgador. Razoável é aquilo que é sensato, comedido, moderado; que guarda uma certa proporcionalidade. [...] Importa dizer que o juiz, ao valorar o dano moral, deve arbitrar uma quantia que, de acordo com o seu prudente arbítrio, seja compatível com a reprovabilidade da conduta ilícita, a intensidade e duração do sofrimento experimentado pela vítima, a capacidade econômica do causador do dano, as condições sociais do ofendido, e outras circunstâncias mais que se fizerem presente."*

Por outro prisma, os professores Pablo Stolze e Rodrigo Pamplona defendem a existência de um duplo sistema de reparação dos danos morais: o sistema aberto e o sistema tarifário. Neste o valor da indenização já está fixado na lei, cabendo ao juízo apenas aplica-lo ao caso concreto. Já naquele o valor da indenização será fixando a partir do arbítrio motivado do juízo. Os autores são adeptos do sistema aberto de reparação dos danos morais, desde que realizado com proporcionalidade e razoabilidade.

A jurisprudência do Superior Tribunal de Justiça adota critérios semelhantes aos estipulados pela doutrina, sempre com ênfase nos princípios da proporcionalidade e razoabilidade e de tal forma que o valor fixado pela indenização desestimule a reiteração da prática e não implique enriquecimento indevido.

Por vezes, o STJ também adota o método bifásico de fixação do dano moral, no qual inicialmente o juízo analisa um valor básico para a indenização - considerando o bem jurídico tutelado e tendo por base os precedentes semelhantes - e em um segundo momento fixa o valor definitivo da indenização de acordo com as circunstâncias específicas do caso.

O Ministro Salomão, em voto proferido[18] ressaltou que:

18. http://www.stj.jus.br/sites/STJ/default/pt_BR/Comunica%C3%A7%C3%A3o/noticias/Not%C3%ADcias/Quarta-Turma-adota-m%C3%A9todo-bif%C3%A1sico-para-defini%C3%A7%C3%A3o-de-indeniza%C3%A7%C3%A3o-por-danos-morais acesso em 15/10/2017.

> "Realmente, o método bifásico parece ser o que melhor atende às exigências de um arbitramento equitativo da indenização por danos extrapatrimoniais, uma vez que minimiza eventual arbitrariedade de critérios unicamente subjetivos do julgador, além de afastar eventual tarifação do dano".

A reforma trabalhista prestigiou o sistema tarifário. Ocorre que ao delimitar o valor da indenização tendo por parâmetro o valor do limite máximo dos benefícios do Regime Geral de Previdência Social é desarrazoado e desproporcional. Tal previsão não encontra correspondência em qualquer legislação, tampouco no Código Civil e no Código de Defesa do Consumidor. Assim, é possível que diante de um mesmo fato danoso haja indenizações totalmente diversas, tendo como envolvidos um trabalhador e um consumidor/homem civil. No caso, o trabalhador, possivelmente, receberá um valor menor.

Outrossim, a legislação também desprestigiou a classe trabalhadora ao prever ofensas de níveis diversos – leve, média, grave e gravíssima. Ora, como é possível classificar a natureza de uma ofensa?

Há uma clara ofensa ao princípio constitucional da igualdade, o qual pugna pelo tratamento dos iguais de maneira igual, e dos desiguais na medida de sua desigualdade. Ademais, há também uma ofensa ao subprincípio da igualdade na lei, que consiste em comando endereçado ao legislador, que não deve instituir discriminações ou tratamentos diferenciados baseados em fundamento que não seja razoável ou que não vise a um fim legítimo.

É certo que a inovação legislativa não atende ao princípio da proporcionalidade e também não se coaduna com um fim legítimo. Ao revés, a nova legislação acaba desprestigiando a classe trabalhadora, remontando, assim, aos resquícios do trabalho escravocrata, período em que era comum a diferenciação das pessoas com critérios não razoáveis.

O princípio da proporcionalidade possui dupla função, a saber: a) proibição da proteção insuficiente; b) proibição do excesso. A primeira vertente ensina que o Estado deve proteger os direitos fundamentais de maneira eficaz e suficiente, situação essa que não observamos na Reforma Trabalhista, visto que ela restringiu o campo de proteção dos direitos dos trabalhadores. Já a proibição do excesso pretendeu com a Reforma a proibição de valores exorbitantes da indenização, enriquecimento indevido de uma das partes. Ocorre que para tanto deveria observar a adequação, a necessidade e a ponderação, optando pelo meio de restrição mais adequado, necessário e que restringisse em menor grau os direitos fundamentais, cenário não alcançado com a tarifação da indenização.

É necessário observar que a legislação trabalhista tem por objetivo a inclusão dos trabalhadores no processo socioeconômico globalizado, de tal forma que se alcance o valor social do trabalho. Não pode por legislação ordinária ou emenda constitucional restringir um direito já conquistado pela classe trabalhista, isso é, a proteção integral dos direitos da personalidade e da dignidade da pessoa humana. O trabalhador tem o direito de ter avaliada individualmente o dano que sofreu, conforme os princípios da proporcionalidade, razoabilidade e as condições específicas do caso.

Dessa forma, tem-se que a Reforma Trabalhista nos aspectos tratados nesse artigo é inconstitucional, pois não representa uma conquista aos trabalhadores. Ela representa um retrocesso social, desconsiderando a igualdade das partes e os princípios da razoabilidade e proporcionalidade. Rejeita também as conquistas alcançadas no tempo da classe trabalhadora, prestigiando a classe mais forte da relação operária – situação inadmissível na Constituição de 1988.

BIBLIOGRAFIA

Diniz, Maria Helena. Manual de Direito Civil/ Maria Helena Diniz – São Paulo: Saraiva, 2011.

Cavalieri Filho, Sérgio. Programa de Responsabilidade Civil – 9. Ed. – São Paulo: Atlas, 2010.

Fernandes, Bernardo Gonçalves. Curso de Direito Constitucional – 9. Ed. – Salvador: Juspodivm, 2017.

Figueiredo, Luciano e Figueiredo, Roberto. Direito Civil: Direitos das Obrigações e Responsabilidade Civil. Coleção Sinopse para Concursos – Volume 11. – 4. Ed. – Salvador: Juspodivm, 2015.

Delgado, Mauricio Godinho. Curso de Direito do Trabalho. 11. Ed. São Paulo: LTR, 2012.

Bezerra Leite, Carlos Henrique. Curso De Direito Processual Do Trabalho. 9. Ed. São Paulo: LTR, 2011.

A TARIFAÇÃO DA INDENIZAÇÃO DO DANO MORAL: PRÉ-FIXAÇÃO DO *QUANTUM* REPARATÓRIO

Maria do Perpétuo Socorro Wanderley de Castro[1]

É preciso tomar a medida do homem e se regular por ela (Nikos Kazantzakis: O Cristo recrucificado).

"O dano, além de condição primordial, torna-se verdadeira metáfora de como a sociedade enxerga o Direito". Seu conceito não é 'dado' mas 'construído'. (Daniel de Andrade Levy. Responsabilidade Civil. De um direito dos danos a um Direito das condutas lesivas)

I. INTRODUÇÃO

Os danos morais foram por muito tempo alvo de grande resistência ao reconhecimento de sua indenizabilidade. Dentre os argumentos em contrário a esse reconhecimento, dois ecoaram fortemente no tema a ser abordado – a impossibilidade de ser atribuído um valor efetivamente correspondente a esses danos e a duração de seus efeitos sobre a pessoa.

A doutrina moderna, na busca de melhor definir essa espécie de danos passou a propugnar pela noção de danos extrapatrimoniais, de modo a desvincular o dano moral da ideia de sofrimento e dor. Com efeito, a subjetividade aí exis-

1. Desembargadora Federal do Trabalho, TRT 21. Mestre em Direito, Processo e Cidadania, UNICAP, Recife,PE.

tente sempre foi tratada como um elemento de dificuldade para a quantificação da reparação devida. Cabe lembrar que a noção de sofrimento também teve reduzida sua importância, quando se apresentou a ideia do reconhecimento da existência de danos morais infligidos às pessoas com redução ou perda de faculdades mentais. A expressão danos extrapatrimoniais é tanto mais relevante porque conduz à distinção das situações danosas exclusivamente ao patrimônio e permite olhar a pessoa humana em sua integralidade, física e espiritual, ou como já se firmou na doutrina, em danos biológicos e danos morais puros, os clássicos danos da alma.

A matéria é inçada de dificuldades e divergências.

O reconhecimento do direito da vitima do acidente do trabalho à reparação dos danos dele decorrentes se confunde com a própria origem da responsabilidade civil nos tempos modernos, haja vista que essa questão foi despertada com a Revolução Industrial quando se constatou o elevado número de trabalhadores mutilados e mortos, chamando a fixação da responsabilidade civil objetiva ainda que sob noção do dano patrimonial.

A questão no Direito do Trabalho vem se intensificando à luz do diálogo com o Direito Civil dada a necessidade de reflexão sobre a natureza da responsabilidade civil do empregador nas relações de trabalho, objetiva ou subjetiva, sempre considerando a posição especial da vítima que se intensifica nas relações assimétricas, como é o caso.

O Código Civil, com seu art. 927, parágrafo único, destacou a responsabilidade objetiva como uma visão da responsabilidade civil particularmente relevante no mundo atual, em que se depara a chamada 'sociedade de riscos'.

De outro lado, com o reconhecimento e atribuição de status constitucional, ao dano moral e direito a sua reparação, a multiplicidade de fatos e das formas e situações em que ocorre o dano moral passou a exigir compreensão dilargada e atenção na análise. Mas, há de se estar atento à advertência de Schreiber[2] de que não são novos danos, mas novas situações geradoras de dano.

Ora, são numerosos os danos na sociedade atual e nas relações sociais. Daí, sua presença na relação de trabalho, além daquele ligado ao acidente de trabalho, com a morte e incapacidades total ou parcial do trabalhador, surgem cada vez mais frequentemente os danos psíquicos, o dano a um projeto de vida, o assédio moral. Todos eles são facetas do dano moral, alguns se autonomizando como terceira espécie (dano estético e dano existencial) e que exigem consideração à situação em que se materializam. Nesse quadro, a indenização e o arbitramento do valor devido exigem redobrada atenção do Julgador e é questionada a adoção de estalão pelo legislador.

2. Schreiber. Anderson. Novos paradigmas da responsabilidade civil. Da erosão dos filtros da reparação à diluição dos danos. 6ª ed. São Paulo: Atlas, 2016.

II. A REPARAÇÃO DO DANO MORAL NO ACIDENTE DE TRABALHO

Em 1963, na vigência da Constituição de 1946 e do sistema de seguros privados dos acidentes do trabalho, o Supremo Tribunal Federal estabeleceu a Súmula 229[3] afirmando a concomitância da indenização de responsabilidade civil com aquela decorrente do sistema específico dos acidentes de trabalho. Em 1967, com a superveniência da Lei 5.316 o sistema de seguros privados dos acidentes do trabalho foi alterado, isto é, foi substituído pela indenização de natureza previdenciária. Todavia, a dicotomia persistiu, haja vista o seguro obrigatório previdenciário e a responsabilidade civil comum.

A antiga Lei 7036/1944, embora dispusesse apenas sobre danos patrimoniais como era próprio da legislação e doutrina da época, previa indenização calculada à base de numero de diárias (*rectius* ganho do trabalhador), tendo em vista os eventos morte e invalidez.

No caso de morte (artigo 21) a indenização correspondia a uma soma entre o máximo de quatro anos e o mínimo de dois anos da diária do acidentado, sendo sua variação estabelecida em razão dos dependentes existentes, com ênfase na existência de dependência econômica, como se depreende tanto da menção às filhas solteiras como aos pais da vítima, sendo presumida essa dependência quanto à esposa e aos filhos menores de 18 anos e ao esposo e filhos inválidos e à pessoa cuja subsistência estivesse a cargo da vítima na inexistência dos outros beneficiários.

No caso de incapacidade total e permanente (artigo 17) a indenização também tinha como limite máximo uma quantia igual a quatro anos de diária, sendo que, no caso de cegueira total, perda ou paralisia dos membros superiores ou alienação mental, a indenização era acrescida ainda de valor fixo estipulado na mesma lei.

No caso de incapacidade parcial e permanente (artigo 18) a indenização também estava jungida à quantia correspondente a quatro anos de diária, cuja variação ocorria em proporção ao grau da incapacidade entre 3% e 80% desse valor base, sendo apurada mediante tabela, na qual seriam consideradas "natureza e gravidade da lesão por ele sofrida, a sua idade e profissão".

No caso de incapacidade temporária prevista como aquela correspondente à perda da capacidade de trabalho por um tempo nunca superior a um ano (artigo 19) a indenização era atribuída a base de 70% da remuneração diária.

Esse primeiro momento se traduz com duas características: indenização do dano decorrente de acidente do trabalho, com natureza patrimonial; indenização de caráter tarifário, por meio de valores e tabelas, as quais resultavam em um valor em torno de vinte e cinco (25) a cinquenta (50) salários da vítima.

---

3. Súmula 229: A indenização acidentária não exclui a do direito comum, em caso de dolo ou culpa grave do empregador.

III. A QUANTIFICAÇÃO DA INDENIZAÇÃO DO DANO MORAL

A antiga norma da lei de acidentes do trabalho indicava critérios para estabelecer o valor devido da indenização, no caso da incapacidade, a natureza e gravidade da lesão sofrida pelo trabalhador, a sua idade e profissão. Ou seja, mesmo na natureza patrimonial do dano, havia uma consideração pela vitima, cujas condições eram determinantes para apuração da indenização.

O acidente do trabalho causa danos imediatos, mas também frequentemente implica danos mediatos: enfermidade, suas sequelas e deformidades às quais conformam situações de danos morais . A situação superveniente pode ser causa de danos morais, a partir do próprio fato em si da afetação da composição física da pessoa, das dores físicas, das limitações para exercício do trabalho ou realização de atos comuns da vida, e de cicatrizes e afeamento.

De outra parte, a reabilitação e retorno ao trabalho por muitas vezes acarreta a mudança de função, que implica não uma modificação salarial isto é, uma perda patrimonial, mas traz às vezes um dano moral no próprio sentimento de não mais poder realizar a atividade anterior, na perda de convivência com antigos colegas de trabalho. E não é surpreendente que esse retorno seja ocasião para supervisores ou até colegas passarem a agir de modo constitutivo de assédio moral.

As normas do Código Civil da época, sem serem específicas do acidente do trabalho, também forneciam alguns parâmetros, de valores ou critérios para a quantificação da indenização de danos. As disposições sobre "Liquidação das obrigações" se referiam à liquidação mediante o meio termo do preço entre a data do vencimento e a do pagamento e em arbitramento e, em casos especificados, estabelecia critérios como: no homicídio o pagamento das despesas com o tratamento da vítima, seu funeral, luto da família e prestação de alimentos. No caso de ferimento ou ofensa à saúde, eram previstas as despesas de tratamento, lucros cessantes e "importância da multa no grau médio da pena criminal correspondente" e sua duplicação em caso de aleijão ou deformidade. Essa diretriz de duplicação da multa no grau máximo da pena criminal era estabelecida no caso da indenização por injúria ou calúnia ou na ofensa à liberdade pessoal. Nessa passagem, já há indicação para indenização do dano moral. O Código Civil de 1916 se referia até mesmo ao dote devido à mulher 'segundo as posses do ofensor, as circunstâncias do ofendido e a gravidade do defeito' o que também era aplicável em hipóteses específicas de atentado à liberdade sexual. Essas normas eram consideradas como atinentes ao dano moral – seu reconhecimento e a atribuição a indenização devida.

Com a Lei 4117, de 1962 (Código Brasileiro de Telecomunicações) foi prevista indenização por ofensa à honra, em casos de calúnia, difamação ou injúria, nos limites entre 5 (cinco) e 100 (cem) salários mínimos (art. 84), com sua dobra em caso de reincidência, apontando para estimação do dano moral (art. 84), a posição social ou política do ofendido, a situação econômica do ofensor, a intensidade do ânimo de ofender, a gravidade e repercussão da ofensa.

Da mesma época, a Lei 5.250, de 1967 (Lei de Imprensa) estabeleceu indenização no valor entre dois e vinte salários mínimos, cuja variação decorria da espécie fática. Isto é dois salários mínimos se houvesse publicação de noticia falsa ou divulgação de fato verdadeiro truncado ou deturpado; cinco salários mínimos na publicação ofensiva à dignidade ou decoro de alguém; dez salários mínimos em se tratando de imputação de fato ofensivo a reputação de alguém; e vinte salários mínimos nos casos de falsa imputação de crime ou de imputação de crime verdadeiro sem cabimento da exceção da verdade (art. 51). Previa mais que, para arbitrar a indenização do dano moral seriam considerados os critérios: intensidade do sofrimento do ofendido, gravidade, natureza e repercussão da ofensa e a posição social e política do ofendido; intensidade do dolo ou grau de culpa do ofensor, sua situação econômica e sua condenação anterior; a retratação espontânea e cabal e a extensão da reparação por esse meio havida (art. 53).

Desse bosquejo do ordenamento jurídico anterior, pode-se considerar que, em situações específicas com expressa previsão em lei, eram ditados os critérios e parâmetros de valor para a indenização do dano moral. A regra geral era o arbitramento segundo o critério do julgador: era aplicado a todas as situações em que não houvesse expressa previsão em lei.

Assim, para as situações mais gerais e constantes de enunciados das normas civilistas, eram estabelecidos critérios, como "segundo as posses do ofensor, as circunstâncias do ofendido e a gravidade do defeito", "a posição social ou política do ofendido, a situação econômica do ofensor, a intensidade do ânimo de ofender, a gravidade e repercussão da ofensa"; "a intensidade do sofrimento do ofendido, gravidade, natureza e repercussão da ofensa e a posição social e política do ofendido; intensidade do dolo ou grau de culpa do ofensor, sua situação econômica e sua condenação anterior; a retratação espontânea e cabal e a extensão da reparação por esse meio havida".

Somente situações específicas eram objeto de tarifação que ocorriam mediante valores mínimo e máximo, como no tocante à violação de direito através da imprensa e comunicações e os limites baseados em salários mínimos, ou seja entre 5 (cinco) e 100 (cem) e entre dois e vinte salários mínimos; ou em relação ao meio termo do preço entre a data do vencimento e a do pagamento prevista no Código Civil quanto às obrigações líquidas não cumpridas (dano patrimonial). Encontrava-se também o sistema de múltiplos, mediante a dobra quanto à indenização pelo ferimento ou ofensa à saúde, no Código Civil; ou, no Código Brasileiro de Telecomunicações com a dobra em caso de reincidência.

O reconhecimento da indenizabilidade por dano moral na norma constitucional de 1988 intensificou a discussão sobre a tarifação da indenização correspondente, laivo da velha resistência ao reconhecimento do dano moral. A doutrina, majoritária, afirmava a insubsistência de anteriores tabelas ou tarifas e o descabimento de qualquer forma de tarifação. Nas palavras de CAVALIERI: "*Em conclusão, após a Constituição de 1988 não há mais nenhum valor legal prefixado, nenhuma tabela ou tarifa a ser observada pelo juiz na tarefa de fixar o valor da indenização pelo dano moral(...) o juiz não pode se afastar dos princípios da proporcionalidade e da razoabilidade, hoje tidos como princípios constitucionais"*[4]. Já em entendimento oposto, STOCO também invoca o art. 5º, V da Constituição[5].

A Constituição de 1988, ao lado do reconhecimento da indenizabilidade do dano moral entre os direitos fundamentais, consignou no rol dos direitos sociais, mediante o art. 7º, XXIII, a responsabilidade do empregador pelos danos em acidentes do trabalho e o dever de indenizar, o que fez esse aspecto do tema assumir lugar destacado no Direito do Trabalho.

Ao mesmo tempo, sob a inspiração do princípio da dignidade da pessoa humana e a inscrição, no artigo 5º, incisos V e X, do rol de direitos fundamentais, de direitos da personalidade e da compensação do dano moral, em qualquer âmbito das relações sociais, em que ocorrer uma ofensa a esses direitos surge o dever de indenizar. Importa a pessoa humana e não, o âmbito em que ocorreu o dano.

Como à época inicial da vigência da Constituição da República, estava em vigor o Código Civil de 1916 que previa no tocante ao dano decorrente de ofensa à reputação, indenização correspondente ao dobro da multa no grau máximo da pena criminal, o que implicava o critério de dias multa, os doutrinadores consideraram a aplicação desse critério que remete ao valor da multa penal para dele extrair uma considerável margem de discricionariedade na mensuração do valor da compensação por dano moral trabalhista. Nessa linha inicial, foi exposto o pensamento de Costa[6].

A superveniência do Código Civil de 2002 e a afirmação de não recepção pela Constituição Federal, das leis que continham tarifação , conforme o entendimento da doutrina e a diretriz jurisprudencial do Supremo Tribunal Federal, resultaram na total superação dos parâmetros anteriores para a fixação do valor da indenização. Desde então não mais comportava consideração seja de valores, mínimo e máximo invocados por analogia, seja da multa criminal. Instaurou-se o sistema reconhecido pela doutrina de arbitramento como o procedimento a ser seguido na fixação do valor da indenização por danos morais.

Coube, então, à doutrina e jurisprudência e ao Judiciário, conformar os elementos da indenização de danos morais para fixação do valor devido. Os julgados então proferidos afirmam a diretriz de que "o valor do dano moral deve ser fixado com moderação, considerando a realidade de cada caso"; constata-se também adoção de múltiplos do salário mínimo para a fixação do valor[7].

É preciso atentar que a Constituição da República afirma princípios e cláusulas gerais, como se apreende no art. 5º, V ao se referir à proporcionalidade ao

4. CAVALIERI, Sérgio. Programa de Responsabilidade Civil, 11 ed. São Paulo: Atlas. 2014 p. 127.

5. STOCO, Rui. Tratado de Responsabilidade Civil, 8 ed. São Paulo: Revista dos Tribunais. 2011.

6. COSTA, Walmir Oliveira. Dano Moral nas Relações Laborais. 2. ed. Curitiba: Juruá 2002

7. Superior Tribunal de Justiça. AgRg no AREsp 333421, Relator Ministro Sidnei Beneti; AgRg no REsp 1022501, Relator Ministro Villas Bôas Cueva; AgRg noAg 469137, Relator Ministro Carlos Alberto Menezes Direito, Terceira Turma

dano. A partir de conceitos indeterminados e cláusulas gerais, se constrói um entendimento ou sistema que não pode ser isolado ou enquistado em uma posição misoneísta, mas constitui o fruto da reflexão sobre a sociedade, o fato social e a experiência judicante, com a referência a outros julgados sobre casos semelhantes, sempre sob a necessária atenção a que, no âmbito dos danos morais, a natural diversidade entre as pessoas, o respeito e observância da individualidade de cada um delineados por sua história de vida, profissional e pessoal, são a régua e o compasso do seu dizer. Lembrando, então Fernando Noronha[8] é de ser seguido o principio da satisfação compensatória: nunca poderá ser equivalente a um preço, mas uma compensação pela ofensa, um lenitivo para o sofrimento havido.

A dificuldade de estabelecer o valor devido levou à formação de dois sistemas: o sistema aberto e o sistema tarifado, que são objeto de disputa doutrinária.

a) Os sistemas aberto e fechado (tarifado)

O sistema tarifado tem valores certos e preestabelecidos, enquanto o sistema aberto confere à discricionariedade do Julgador a atribuição do valor devido. Afirma CAIO MÁRIO que a Lei Aquília desempenhou papel importante na evolução da responsabilidade civil, pois substituiu as multas fixas por uma pena proporcional.[9] Antiga, portanto, a preferência pela dosagem da indenização, mediante a proporcionalidade.

Sobre a existência de dois sistemas, Stoco[10] menciona "(...) duas correntes ou teorias surgiram: a primeira, entendendo que o sistema adequado para a fixação do dano moral é o chamado 'sistema aberto', que deixa ao prudente critério do julgador o seu estabelecimento, sem qualquer limitação, ao qual se opõe o 'sistema fechado', ou tarifado, em que os valores são predeterminados pela lei ou pela aplicação da analogia e da integração analógica".

Sustenta, então, a pertinência e utilidade do sistema fechado ou tarifado, porque o valor para compensar a dor, o sofrimento, a ofensa e outros bens imateriais só pode ser convencionado.

De outra parte, Carlos Alberto Bittar[11] prestigia o sistema aberto, dizendo que ele se se mostra mais eficiente para o alcance dos objetivos da reparação e, portanto, não deve existir limite máximo em leis sobre a matéria em observância ao principio fundamental da ilimitação da responsabilidade no patrimônio do lesante; ressalta que – *A tônica desse entendimento reside na necessidade absoluta e prioritária de cabal satisfação do interesse lesado, que os índices ou os valores tarifados quase sempre não propiciam*"

8. NORONHA, Fernando. Direito das obrigações. Vol. I. São Paulo: Saraiva, 2003, p.569
9. PEREIRA, Caio Mário da Silva. Responsabilidade Civil. Rio de Janeiro: Forense. p. 6.
10. STOCO, Rui. Tratado de Responsabilidade Civil, 8ª ed. São Paulo: Saraiva, 2011, capítulo XVII, item 16.04, pp. 1929/1930
11. Danos morais: critérios para a sua fixação. Repert. IOB Jurisp. São Paulo, n. 15/93, 1ª quinzena, ago./1993, apud STOCO, Rui. Tratado de Responsabilidade Civil, 8ª ed. São Paulo: Saraiva, 2011.

De forma incisiva, Sanseverino ressalta, ante o principio da reparação integral, na forma mitigada, a rejeição de qualquer forma de tarifamento indenizatório dos danos extrapatrimoniais, seja por norma legal seja por assentos jurisprudenciais, notadamente em razão da exigência deque o montante da indenização seja fruto de uma avaliação concreta dos prejuízos efetivamente sofridos pela vítima[12].

O mesmo entendimento expressa Santos[13], ao dizer que é possível regular, mas não tarifar, a indenização, pois a tarifação é a completa dissociação da moderna tendência de ampla proteção dos direitos da personalidade, de forma a manter incólume a reparação integral do prejuízo.

Na mesma linha, Braga Netto, Farias e Rosenvald[14] afirmam a rejeição à tarifação ou ao tabelamento do dano, como regulamento rígido, de fonte legislativa, de caráter generalizado e abstrato, pois esses tetos compensatórios ferem legalmente a regra da reparação integral. De forma incisiva reafirmam – *Mesmo que a norma apresente aparentes parâmetros técnicos, nunca se perca de vista que o ser humano não possui valor de mercado que seja objeto de apreciação científica pela lei da oferta e da procura. Vale dizer, não há um dano moral igual a outro!*

A doutrina assenta no Enunciado 550 da V Jornada de Direito Civil que: *A quantificação da reparação por danos extrapatrimoniais não deve estar sujeita a tabelamento ou a valores fixos.*

O proponente do verbete tomou como ponto de parte a frase do senso comum "Cada caso é um caso", que trasladou para o âmbito jurídico, no tocante aos danos morais, lembrando a iniciativa do STJ para estabelecer parâmetros de uniformização dos valores dos danos morais chegando a, por exemplo, morte de filho no parto (250 salários) e paraplegia (600 salários). Justificou ainda que o julgador, ao se posicionar acerca de um dano moral, deve atentar para alguns pontos, entre os quais a gravidade do fato, a extensão do dano, a posição social e profissional do ofendido, a condição financeira do agressor e do agredido, baseando-se nos princípios da razoabilidade, equidade e proporcionalidade, além da teoria do desestímulo. Concluiu que a chance de resultados finais serem idênticos é praticamente nula.

Nesse quadro, a diretriz segura sobre o sentido do ordenamento jurídico na matéria foi fixado pelo Supremo Tribunal Federal, no julgamento da ADPF 130/DF, Relator o Ministro Ayres Britto, em que foi firmado o entendimento de que a Lei de Imprensa (Lei nº 5.250/1967) não fora recepcionada pela Constituição de 1988, em razão da *plenitude da liberdade de imprensa como reforço ou sobretutela das liberdades de manifestação do pensamento, de informação e de expressão artística, científica, intelectual e comunicacional. Liberdades que dão conteúdo às relações de*

12. SANSEVERINO, Paulo de Tarso Vieira. Princípio da Reparação Integral. Indenização no Código Civil. São Paulo: Saraiva, 2010, p. 269.
13. SANTOS, Antônio Jeová. Dano Moral Indenizável, 6 ed. Salvador: JusPodivm, 2016, p. 127.
14. BRAGA NETTO, Felipe; Farias, Cristiano Chaves de; Rosenvald, Nelson. Novo Tratado de responsabilidade civil. 2. Ed. São Paulo: Saraiva, 2017, pp.371/372.

imprensa e que se põem como superiores bens de personalidade e mais direta emanação do princípio da dignidade da pessoa humana.[15]

Nesse debate foi destacado o princípio da proporcionalidade, explicitado no art. 5º, V, em face do qual o Ministro Ricardo Lewandowski asseverou que a indenização é fixada tendo em vista os princípios da equidade e da razoabilidade, acrescentando;

> Esta Suprema Corte, no tocante à indenização por dano moral, de longa data, cristalizou jurisprudência no sentido de que o art. 52 e 56 da Lei de Imprensa não foram recepcionados pela Constituição, com o que afastou a possibilidade do estabelecimento de qualquer tarifação, confirmando, nesse aspecto, a Súmula 281 do Superior Tribunal de Justiça.

No voto da Ministra Cármen Lúcia, com referência expressa aos arts. 51 e 52 da Lei de Imprensa, constou:

> Quanto a esses dispositivos há de se assentar não prevalecerem eles, conforme jurisprudência sobre a matéria que já se pode ter como assentada. O Supremo Tribunal Federal (RE 447.584, Segunda Turma, Rel. Min. Cezar Peluso, DJ 26.3.2007) e o Superior Tribunal de Justiça (Resp 213.188, Quarta Turma, Rel. Min. Barros Monteiro, DJ 12.8.2002) já se manifestaram, expressamente, pela não limitação indenizatória contida na Lei de Imprensa.
>
> É esta a ementa do RE 447.584:
>
> ***INDENIZAÇÃO. Responsabilidade civil. Lei de Imprensa. Dano moral. Publicação de notícia inverídica, ofensiva à honra e à boa fama da vítima. Ato ilícito absoluto. Responsabilidade civil da empresa jornalística. Limitação da verba devida, nos termos do art. 52 da lei 5.250/67. Inadmissibilidade. Norma não recebida pelo ordenamento jurídico vigente. Interpretação do art. 5º, IV, V, IX, X, XIII e XIV, e art. 220, caput e § 1º, da CF de 1988. Recurso extraordinário improvido.*** *Toda limitação, prévia e abstrata, ao valor de indenização por dano moral, objeto de juízo de equidade, é incompatível com o alcance da indenizabilidade irrestrita assegurada pela atual Constituição da República. Por isso, já não vige o disposto no art. 52 da Lei de Imprensa, o qual não foi recebido pelo ordenamento jurídico vigente."*

Sanseverino[16] lembra que já foi preconizado para a quantificação da indenização por dano extrapatrimonial, o critério do tarifamento legal; refere as duas hipóteses existentes no Código Civil anterior (arts. 1.547 e 1.550) que indicavam a aplicação do valor do dobro da multa no grau máximo da pena criminal respectiva e ainda as disposições da Lei de Imprensa. Ressalta que, com o ordenamento constitucional de 1988, tais normas que eram as mais expressivas do ordenamento jurídico brasileiro para a indenização por dano moral, foram completamente rejeitadas, com fundamento no postulado da razoabilidade.

15. Supremo Tribunal Federal, ADPF 130, Relator Min. Carlos Britto, Tribunal Pleno, j. 30/04/2009. IN: www.stf.jus.br em 20/09/2017.

16. SANSEVERINO, Paulo de Tarso Vieira. Princípio da Reparação Integral. Indenização no Código Civil. São Paulo: Saraiva, 2010, pp. 277/280.

Em continuação, esse autor afirma que – é patente a preocupação com a função concretizadora do princípio da reparação integral, em face da reiterada preocupação com a razoabilidade dos valores das indenizações por danos morais. Conclui que – *37) O tarifamento legal da indenização por danos extrapatrimoniais mostra-se incompatível com o principio da reparação integral do dano*[17].

Afirmada essa diretriz, com a inexistência, no Código Civil, de disposições com esse conteúdo, a aplicação da responsabilidade civil por danos morais suscitou também essa inquietação na doutrina trabalhista.

b) Estudos doutrinários.

No âmbito do Direito do Trabalho, alguns estudos foram desenvolvidos. Assim, encontra-se o estudo de Dalazen[18] sobre "DETERMINAÇÃO DO VALOR DA "COMPENSAÇÃO" POR DANO MORAL TRABALHISTA" em que reputa a falta de um parâmetro mínimo e máximo estipulado em lei como "aspecto mais crucial e desafiador para os estudiosos do tema." Após considerar que a sua natureza jurídica é de uma "**compensação**", reportando-se a RIPERT e sua manifestação de que 'a dor moral **jamais** pode ser **ressarcida** convenientemente por bens materiais, uma vez que as nódoas da difamação, da injúria e da calúnia são como as pétalas da flor da paineira que, desprendidas ao vento, jamais poderão ser recolhidas todas.', menciona que ela também que "constitui **sanção ou castigo ao ofensor**".

Prossegue o autor afirmando que "Uma vez que o art. 5º, inc. V, da CF/88 cogita de um critério de proporcionalidade entre a reparação e o agravo infligido à vítima, parece apropriado afirmar-se que a reparação, além de cumprir uma finalidade de compensação, também ostenta um nítido caráter **punitivo** ao ofensor, destinado a **inibir ou desencorajar,** pelo efeito intimidativo do valor econômico, a reincidência na ofensa a bens preciosos da personalidade objeto de tutela jurídica."

Lembra o critério de fixação da indenização mediante a aplicação analógica da indenização de antiguidade prevista na CLT (art. 477 e segs.) e a decorrente estipulação em valor correspondente a tantas vezes a maior remuneração mensal do empregado quantos sejam os anos de serviço prestado, mas reputa ser um critério esdrúxulo e simplista por valorar os danos morais ao sabor da maior ou menor remuneração. Em seguida alude ao critério tarifário do Código Civil anterior (art. 1547, parágrafo único) baseado em valor duplicado da multa criminal máxima cominada no Código Penal; todavia, entende que "**não** mais se coaduna com a já referida diretriz de proporcionalidade entre a reparação e o agravo, hoje elevada à dignidade constitucional (art. 5º, inc. V)." Conclui então pela prevalência da avaliação do dano moral por arbitramento mediante um sistema aberto ou não tarifário.

17. SANSEVERINO, Paulo de Tarso Vieira. Princípio da Reparação Integral. Indenização no Código Civil. São Paulo: Saraiva, 2010, p. 338.
18. Dalazen. João Oreste. Aspectos do dano moral trabalhista. Revista do Tribunal Superior do Trabalho, vol. 65, n. 1, pp.81/88

Enfatiza que os critérios - 1º) **compreender que o dano moral em si é incomensurável;** 2ª) considerar a **gravidade objetiva** do dano, 3ª) levar em conta a **intensidade do sofrimento da vítima;** 4ª) considerar a **personalidade** (antecedentes, grau de culpa, índole, etc.) e o maior ou menor **poder econômico** do ofensor; 5ª) não desprezar a **conjuntura econômica do Pais**: 6ª) pautar-se pela **razoabilidade e equitatividade** na estipulação, fornecem a **justa medida** para a quantificação do dano moral, sem oferecerem todavia uma equação matemática ficando subordinado ao **bom senso** do Juiz e a uma avaliação preponderantemente e sempre subjetiva de quem julga. Na conclusão, todavia, alude à fixação, em legislação infraconstitucional, de "patamar mínimo e máximo (piso e teto)" e delineamento objetivo dos elementos para a aferição e dosagem do valor do dano moral." o que reputa forma de equilibrar os sistemas *tarifário* e *aberto*." Propunha uma solução intermediária.

Em escrito de 2012, Belmonte[19] formula seu entendimento com base no principio da extensão do dano, integralidade da indenização; princípios da razoabilidade e da proporcionalidade para a moderação e delimitação proporcional à parcela de culpa, intensidade e duração da dor, repercussão da ofensa e condições pessoais do ofensor e do ofendido e ainda a observância do principio da tríplice função, compensatória, dissuasória e exemplar. No tocante à situação específica do dano moral no acidente do trabalho ao se referir à gravidade da ofensa e sua apreciação, pondera que "ofensa mais grave, como a morte do trabalhador, em confronto com a perda de um membro, deve desafiar resposta maior, ou seja, indenização mais elevada; da mesma forma, ofensa mais duradoura, como a perda de um membro em decorrência de acidente de trabalho por culpa do empregador, em confronto com a fratura de uma perna também por acidente do trabalho culposo". Arremata propondo a adoção de critério objetivo e sugere fórmula matemática, em que "para a fixação da indenização segundo a extensão do dano e sua proporcionalidade, propõe-se o cálculo a partir de três vezes a remuneração mensal do trabalhador, variando o resultado para mais, conforme o poder ofensivo (natureza da ofensa, grau de culpa do ofensor e tempo de exposição ou efeitos da ofensa) e a possibilidade econômica do ofensor, sendo cada uma das variáveis internas multiplicáveis por 1, 1,5 ou 2, conforme o caso, cumulativamente, exceto quando atenuantes, hipóteses em que serão divisíveis por 2". Não se trata, porém, de tarifação, mas de um método para, à luz do sistema aberto, encontrar um valor objetivo para a atribuição da indenização.

Esses entendimentos guardam pontos de contato com a manifestação de Stoco[20], que, ao defender a adoção de um sistema tarifado com patamares máximo e mínimo, sustenta que, dentro dessas margens, poderia ser estabelecido o valor que, em casos excepcionais e plenamente justificados pelas circunstâncias do fato, poderia ser triplicado ou quadruplicado, mediante decisão fundamentada com es-

19. BELMONTE. Alexandre Agra. Critérios científicos para a fixação da indenização do dano moral. Revista LTr, Ano 76, Setembro de 2012. São Paulo. pp. 1033/1036

20. STOCO, Rui. Tratado de responsabilidade Civil, 8 ed. Saraiva, 2011, Capítulo XVII, item 7.06, p. 1879

clarecimento das razões da causa especial de aumento. De forma mais incisiva, Stoco explica "após a fixação in abstracto de margens mínima e máxima, seriam estabelecidas as causas de aumento e diminuição desses valores, que seriam expressos em salários mínimos, de modo a preservar o valor da moeda no momento do pagamento, fixando-se as circunstâncias particularizadoras, como, por exemplo: a) a gravidade objetiva do dano; b) a possiblidade do réu; c) a necessidade da vítima ou ofendido; d) a intensidade do dolo e grau da culpa; e) a posição social, política e familiar da vítima; f) a intensidade da dor, do sofrimento, da angústia e outros sentimentos internos; g) a repercussão da ofensa; h) a reincidência; i) a equidade e outros."

Em escrito posterior, Belmonte[21] critica Projeto de Lei (PLS nº 150/99) que prevê a tarifação (leve: até R$ 20.000,00; média: até R$ 90.000,00; e grave: até R$ 180,000,00) afirmando que a limitação valorativa é desaconselhável pois obriga o juiz a fixar valor que, na situação concreta, pode se revelar insuficiente. Assim, expõe a adoção de método para a apuração da indenização de danos morais individuais compreendendo a utilização dos critérios gerais de integralidade de indenização avaliada segundo os critérios da proporcionalidade e razoabilidade, informados por parâmetros objetivos; a consideração de agravantes e atenuantes com interferência na majoração ou redução da indenização mediante atribuição de multiplicadores e divisores; e propõe a fixação da indenização base em duas vezes o salário médio do trabalho *"evitando assim que o trabalhador que recebe menos tenha, como ponto de partida na avaliação, indenização inferior àquele que tem ganhos maiores"*.

Delgado[22], após assinalar que o critério para a aferição do dano moral compreende os elementos referentes ao fato deflagrador do dano e ao próprio dano, os referentes aos sujeitos envolvidos, essencialmente a vítima e o ofensor e os referentes à própria indenização, ressalta que o montante indenizatório é fixado mediante um juízo de equidade que se harmoniza com os comandos constitucionais dos artigos 5º, incisos V e X e 7º, inciso XXVIII). Acrescenta que são critérios constitucionalmente repelidos: a indexação ao salário mínimo; a consideração do status pessoal do ofendido na sociedade civil e na sociedade política por ser parâmetro que resulta em incorporação de discriminação ou valoração diferenciada entre pessoas humanas; e o tarifamento. Acentua que o tarifamento formal prefixado é incompatível com a norma constitucional que prevê que a indenização há de ser proporcional ao agravo. Observa-se que essa visão se harmoniza com o pensamento de Sanseverino e ao que tem sido entendido pelo STF, repelindo a possibilidade de qualquer tarifação com notável atenção ao princípio da indenizabilidade irrestrita.

21. BELMONTE. Tutela da composição dos danos morais nas relações de trabalho. *Identificação das ofensas morais e critérios objetivos para quantificação.* São Paulo: LTr, maio de 2014, pp. 224 e 230.

22. DELGADO, Maurício Godinho. Curso de Direito do Trabalho. 16 ed. São Paulo: LTr, fevereiro de 2017, pp. 714/718.

Esse princípio se encontra enunciado na jurisprudência do Supremo Tribunal Federal que o tem como consagrado no artigo 5º, incisos V e X da Constituição da República[23].

Com efeito, nas situações relativas à responsabilidade civil por danos morais a fixação da reparação comporta valores variados, pois a variabilidade decorre da multiplicidade das situações que não condizem a um tarifamento da indenização. Em uma sociedade mutante, instável e líquida exige soluções da mesma natureza. As diferentes situações de danos exigem sopesamento para serem consideradas a gravidade do dano e os efeitos do evento lesivo sobre uma pessoa humana em sua condição específica, a pessoa situada, sobre quem falou Reale, realçando o enfoque da eticidade que compreende a pessoa humana em seu contexto. Daí, a convergência para o princípio da centralidade da pessoa humana. Ora, se na sociedade de produtores, a redução ou limitação física se reflete na remuneração do acidentado, diminuindo a contraprestação que lhe vem do mercado, na sociedade em que os direitos fundamentais constituem o ápice dos ideais do ordenamento tendo como núcleo a pessoa e o fundamento da dignidade da pessoa humana, o dano deve ser considerado sobre o modo em que o prejuízo sofrido pela pessoa repercute sobre a sua relação social, com o binômio do dano patrimonial e do dano pessoal, em que há um dano ao direito do indivíduo a ser considerado[24].

A inquietação que paira sobre a atribuição do quantum à indenização devida integra a crise da teoria geral da responsabilidade civil que decorre da multiplicidade de casos, da heterogeneidade das responsabilidades especiais levando à abstração para abarcar tais situações[25].

c) Propostas legislativas

Algumas iniciativas legislativas visaram a estabelecer critérios ou valores por meio de normas legais. Cabe pinçar algumas delas, realçando desde logo que elas

---

23. RE 447.584, Rel. Min. Cézar Peluso. "Já ninguém tem dúvidas de que, pondo termo às controvérsias inspiradas no silêncio (não eloquente) do ordenamento anterior, essas regras constitucionais consagraram, de modo nítido e muito mais largo, no plano nomológico supremo, o princípio da indenizabilidade irrestrita do chamada **dano moral** concebendo-o, numa síntese, como ofensa a direito da personalidade, sob cuja definição vem considerado, no plano da experiência pré--normativa, não só todo gravame não patrimonial **subjetivo** que diz com sensações dolorosas ou aflitivas, inerentes ao sofrimento advindo da lesão a valores da afetividade, senão também o chamado prejuízo não patrimonial **objetivo**, que concerne à depreciação da imagem da pessoa como modo de ser perante os outros. No primeiro caso, a concepção normativa tende a preservar os elementos introspectivos da personalidade humana e, no segundo, a consciência da dignidade pessoal, como alvo da estima e da consideração alheias. Por isso se traduz e resume na previsão de específica tutela constitucional da dignidade humana, do ponto de vista de um autêntico **direito à integridade** ou **à incolumidade moral,** pertencente à classe dos direitos absolutos.

24. Lorenzetti, Ricardo Luis. Teoria da Decisão Judicial. Fundamentos de Direito. 2. Ed. São Paulo: Revista dos Tribunais. 2010, p.258/259.

25. Lorenzetti, Ricardo Luis. Teoria da Decisão Judicial. Fundamentos de Direito. 2. Ed. São Paulo: Revista dos Tribunais. 2010, p. 49.

tinham em vista o Código Civil que constitui a regulação geral do ordenamento privado.

No PL 9690/2002 era proposto o acréscimo de um parágrafo ao art. 944 do Código Civil para apontar os fundamentos da indenização por danos morais mediante a dicção "2º. A reparação do dano moral deve constituir-se em compensação ao lesado e adequado desestímulo ao lesante".

Pelo PL nº 7.124/2002, eram estabelecidos critérios, isto é, que o juiz, ao apreciar o pedido, considerará "o teor do bem jurídico tutelado, os reflexos pessoais e sociais da ação ou omissão, a possibilidade de superação física ou psicológica, assim como a extensão e duração dos efeitos da ofensa", e ainda previam como parâmetros para a fixação da indenização "a situação social, política e econômica das pessoas envolvidas, as condições em que ocorreu a ofensa ou o prejuízo moral, a intensidade do sofrimento ou humilhação, o grau de dolo ou culpa, a existência de retratação espontânea, o esforço efetivo para minimizar a ofensa ou lesão e o perdão, tácito ou expresso". Além disso, a reparação dos danos morais era vinculada a faixas de indenização assim escalonadas:

> "I – ofensa de natureza leve: até R$ 20.000,00 (vinte mil reais); II – ofensa de natureza média: de R$ 20.000,00 (vinte mil reais) a R$ 90.000,00 (noventa mil reais); III – ofensa de natureza grave: de R$ 90.000,00 (noventa mil reais) a R$ 180.000,00 (cento e oitenta mil reais)."

O Projeto de Lei do Senado PLS-334/2008 propunha a alteração do art. 944 do Código Civil e previa a adoção de critérios – extensão e a gravidade do dano; gravidade e repercussão da ofensa; sofrimento experimentado pelo ofendido; condição econômica do ofensor; ajustamento do valor pleiteado à situação posta em julgamento. Propunha ainda um § 1º - Fica vedada qualquer indenização superior ao valor de R$ 20.000,00 (vinte mil reais)[26].

Assim, critérios ou patamares mínimo e máximo já foram sugeridos como meio para alcançar a indenização devida, de forma objetiva.

IV. ALGUMAS NOÇÕES

a) Principio da restitutio in integrum

O principio da reparação integral é norteador da indenização da responsabilidade civil. Sanseverino[27] aponta a grande controvérsia existente em sua aplicação no âmbito da indenização por danos extrapatrimoniais com sua rejeição por doutrinadores como Cavalieri e Menezes Direito mas considera que o principio tem importância e aplicação também nessa modalidade de danos, na qual opera de forma *mitigada*.

26. O PL foi rejeitado e arquivado em 2011.
27. Princípio da reparação integral. Indenização no Código Civil. São Paulo: Saraiva. 2010, pp.267/269

Diz que essa incidência terá como efeitos: a rejeição de qualquer forma de tarifamento indenizatório, de origem legal ou jurisprudencial, notadamente ante a exigência de que o seu montante seja fruto de uma avaliação concreta dos prejuízos efetivamente sofridos pela vítima. Afirma que a aplicação do princípio serve para assegurar uma razoável igualdade de tratamento na fixação de indenização para prejuízos extrapatrimoniais semelhantes e tem como terceiro efeito, o de evitar que o arbitramento da indenização seja feito em valores excessivamente elevados ou demasiadamente baixos.

Agrega como quarto efeito o reconhecimento da superioridade do conceito de dano extrapatrimonial de modo que o arbitramento da indenização deva guardar correspondência com o interesse jurídico efetivamente lesado.

Encerra suas observações, no tópico, considerando que é "perfeitamente possível a utilização mitigada do principio da reparação integral para auxiliar na quantificação da indenização dos prejuízos extrapatrimoniais, respeitadas as suas peculiaridades, devendo-se atentar apenas para as particularidades de cada caso".

b) Enriquecimento sem causa

Com grande frequência, na discussão sobre o valor da indenização dos danos morais surge a menção ao enriquecimento sem causa. É enfoque antigo e que foi enfrentado por Wilson Melo da Silva[28], opondo a essa objeção o entendimento de COLMO que reputa a melhor resposta. Assim afirma:

> "na hipótese de um dano moral, o lesado antes preferiria a reparação em espécie (a devolução do objeto dado em depósito ou o restabelecimento da honra feminina postergada) que qualquer pretendido enriquecimento."

Adverte depois que um dos pressupostos básicos para o exercício da ação de enriquecimento é a prova do *alterius detrimentum* e o correspondente empobrecimento do patrimônio daquele que indenizou o que não sói acontecer no mundo dos bens extrapatrimoniais, porque "Nem sempre (ou mesmo nunca), aí, a alegria que se proporciona a terceiro corre por conta de uma própria tristeza."

Também Donini[29] se ocupa do tema, afirmando:

> "(...) Portanto, a finalidade desse instituto não se relaciona ao arbitramento da indenização por dano moral realizado de maneira proporcional, razoável, justa, tampouco na hipótese de fixação do valor de desestimulo, pois seu escopo e o de compelir aquele que enriqueceu injustamente a restituir o obtido, o que não ocorre para a vitima de um dano, exceto em situações desproporcionais, com indenizações exageradas e injustas.
>
> Ao se arbitrarem os danos morais e estabelecer ainda uma quantia titulo de *valor de desestímulo*, inexiste causa injustificada ou ausência de causa. Se há *dano*,

28. O dano moral e sua reparação.2.ed. Rio de Janeiro: Forense. 1969 pp 288/284
29. Comentários ao Código Civil Brasileiro, vol. VIII. Rio de Janeiro: Forense, 2013)

existe causa para o arbitramento desse valor, em reconhecimento a finalidade social da responsabilidade e ao bem comum."

Fica claro, por conseguinte, que, na indenização de dano moral, incluída a quantia a título de *valor de desestimulo*, não cabe o conceito de enriquecimento sem causa. Embora seja possível vislumbrá-lo na teoria da diferença, ela somente atua na indenização do dano estritamente patrimonial em que se apura o valor do patrimônio anteriormente ao dano e seu valor após o fato danoso, de forma a que a reparação integral corresponda com exatidão àquilo que passou a faltar no patrimônio do lesado. Daí porque, havendo excesso, havia enriquecimento.

Ora, no dano moral, a atribuição de um certo valor à vítima, não encontra elemento de comparação para daí defini-lo como mais, ou menos, vultoso. Os danos extrapatrimoniais não podem ser colocados nesse estalão, pois a ele são alheias a intimidade, a vida privada, até, como ainda afirmado, os sentimentos.

c) Princípios da razoabilidade e ponderação

Os princípios da razoabilidade e ponderação são os elementos centrais, predominantes e louvados para a fixação do quantum da indenização por danos morais. Tem como centro a dicção constitucional do art. 5º, V, sobre a proporcionalidade ao agravo, no direito de resposta.

Ora, como o dano moral consiste em lesão a atributos íntimos da pessoa, ele deriva do princípio da dignidade da pessoa humana, sob a perspectiva de uma sociedade livre, justa e solidária enunciada os objetivos da república (CF, arts. 1º, III, e 3º, I). Daí, a pertinência do sistema aberto em que é observado o principio da razoabilidade, de modo a chegar à reparação proporcional.

Na doutrina, Calixto[30] ressalta a grande dificuldade que oferece a fixação da reparação dos danos extrapatrimoniais, ante a completa ausência de critérios legais para o arbitramento dessa reparação. Em razão do silêncio normativo reporta-se às funções da responsabilidade civil e critica a adoção de critérios eminentemente econômicos, alertando que o dano atinge bens jurídicos desprovidos desse caráter. Desta forma, diz que, ao insistir nos elementos relativos às condições econômicas do ofensor e do ofendido como critérios determinantes para a apuração do valor da reparação, *a justiça obreira é obrigada a lançar mão de institutos impertinentes a reparação civil, em especial a tão propalada vedação ao enriquecimento sem causa. De fato, se o que se busca e a reparação de dano extrapatrimonial, e somente isso, parece realmente não haver espaço para que se tenha o enriquecimento da vitima*. Assim, após afastar os critérios correspondentes à reparação punitiva e os critérios não econômicos, propõe a adoção de critérios *não econômicos* quais

30. CALIXTO. Marcelo Junqueira. Critérios para a quantificação de danos nas relações de trabalho. IN: Diálogos entre o Direito do Trabalho e o Direito Civil. TEPDINO, Gustavo. VIEIRA DE MELLO FILHO, Luiz Philippe, FRAZÃO, Ana; DELGADO, Gabriela Neves. Coordenadores. São Paulo: Revista dos Tribunais. 2013.pp.459/476

sejam: as *condições pessoais* da vitima e a *dimensão* do dano em um olhar voltado para o *dano* e para a *pessoa* do ofendido.

Outro autor, Rosenvald[31], cuidando da responsabilidade civil do empregador, afirma que ela é baseada no cumprimento da obrigação de segurança à qual é indiferente o evento superveniente. Assim, afirma: *Afinal, ontologicamente a tutela em face de um acidente ou de uma moléstia profissional remete ao mesmo bem jurídico do trabalhador: vida e integridade pessoal.'*

Esse autor se louva em procedimento do Superior Tribunal de Justiça, consistente em um critério bifásico de fixação de danos extrapatrimoniais, que reputa sensato e coerente com a exata medida do dano moral e, consequentemente, de delimitação de seus confins:

> *'Na primeira etapa, deve-se estabelecer um valor básico para a indenização, considerando o interesse jurídico lesado, com base em grupo de precedentes jurisprudenciais que apreciaram casos semelhantes. Na segunda etapa, devem ser consideradas as circunstâncias do caso, para fixação definitiva do valor da indenização, atendendo a determinação legal de arbitramento equitativo pelo juiz.'(REsp 1.152.541/RN, Ministro Paulo de Tarso Sanseverino)*

Constata-se, do procedimento que Rosenvald aponta a partir do STJ, que, nele, é, por primeiro, constatada a violação a situações jurídicas existenciais, sob a regra de sua configuração *in re ipsa*, em que basta a narração dos fatos para que o magistrado seja capaz de inferir a ofensa à dignidade da pessoa humana. Em um segundo momento, entram em cena as peculiaridades da vítima, isto é, o antes e o depois do dano. Uma comparação da condição psicofísica da vítima no momento anterior da lesão com a maior ou menor gravidade do reflexo dela sobre a pessoa. "Em nossa singularidade, cada indivíduo é atingido de uma maneira peculiar por danos existenciais."

Também a esse critério, referem-se Costa Couto e Salgado: "consiste em estabelecer uma indenização básica conforme a média dos arbitramentos feitos nos precedentes jurisprudenciais em casos semelhantes (*primeira fase*) e, em seguida, ajustar a indenização básica para mais ou para menos de acordo com as particularidades do caso concreto (*segunda fase*)" de modo a contemplar os precedentes jurisprudenciais e as particularidades do caso concreto, evitando assim um tabelamento jurisprudencial rígido, contrário ao princípio da reparação integral". Implicaria, segundo os autores. em uma "resultante da valorização sucessiva do *interesse jurídico lesado* e das *circunstâncias particulares do caso*" que observa a justiça comutativa mediante a igualdade de tratamento para casos semelhantes e dessa indenização básica, eleva-se ou reduz-se esse valor de acordo com as circunstâncias particulares do caso (gravidade do fato em si, culpabilidade do agente, culpa concorrente da vítima, condição econômica das partes) até se alcançar o montante definitivo.

---

31. ROSENVALD. Nelson. As Funções da Responsabilidade Civil. São Paulo: Atlas. 2013, p.184

d) A equidade

Os princípios da proporcionalidade e da razoabilidade informam a equidade. Sobre ela, a doutrina de Miguel Reale:

> *"Para o autor da ética, Nicômaco, a eqüidade é uma forma de justiça, ou melhor, é a justiça mesma em um de seus momentos, no momento decisivo de sua aplicação ao caso concreto. A eqüidade para Aristóteles é a justiça do caso concreto, enquanto adaptada, ajustada á particularidade de cada fato concorrente. Enquanto que a justiça em si é medida abstrata, suscetível de aplicação a todas as hipóteses a que se refere; a eqüidade já é a justiça no seu dinâmico ajustamento ao caso. Foi por esse motivo que Aristóteles a compara à régua de Lesbos. Esta expressão é de grande precisão. A régua de Lesbos era a régua especial de que se serviam os operários para medir certos blocos de granito, por ser feita de metal flexível que lhe permitia ajustar-se ás irregularidades do objeto. A justiça é uma proporção genérica e abstrata, ao passo que a eqüidade é específica e concreta, como a régua de Lesbos: flexível, que não mede apenas aquilo que é normal, mas, também, as variações e curvaturas inevitáveis de experiências humanas."*

Observar a equidade no âmbito da responsabilidade civil se impõe, quer por ser pertinente ao arbitramento do valor da indenização, quer porque, no âmbito específico do Direito do Trabalho ela recebeu positivação, ao ser referida por duas vezes na CLT, tanto no principiológico art. 8º[32], como nas regras processuais específicas do § 2º do art.852, I[33] ao atribuir ao Juiz a adoção da decisão que reputar mais justa e equânime.

Vem a propósito lembrar o asserto de Dallegrave Neto[34] de que, para atender à lógica do razoável na fixação do valor da indenização, o magistrado deve atuar segundo o principio da investidura fática, ou seja, investido no fato que atingiu a vítima explicando que o juiz deve supor o acidente como ocorrido com ele a ou alguém que lhe seja muito próximo.

A equidade impõe, ao Julgador, a análise do caso concreto, medindo suas circunstâncias pelo parâmetro da pessoa humana situada[35].

---

32. Art. 8º- As autoridades administrativas e a Justiça do Trabalho, na falta de disposições legais ou contratuais, decidirão, conforme o caso, pela jurisprudência, por analogia, por equidade e outros princípios e normas gerais de direito, principalmente do direito do trabalho e, ainda, de acordo com os usos e costumes, o direito comparado, mas sempre de maneira que nenhum interesse de classe ou particular prevaleça sobre o interesse público. Parágrafo único – O direito comum será fonte subsidiária do direito do trabalho, naquilo em que não for incompatível com os princípios fundamentais deste.(Redação dada pela Lei 13.467/267: Art. 8º- O direito comum será fonte subsidiária do direito do trabalho. Essa norma deve ser aplicada em conformidade com a Lei de Introdução às Normas do Direito Brasileiro, reconhecida como norma de sobredireito, da qual desde já se destacam desde já os artigos 4º e 5º.
33. Art. 852-I- § 1º- O juízo adotará, em cada caso, a decisão que reputar mais justa e equânime, atendendo aos fins sociais da lei a exigências do bem comum.
34. DALLEGRAVE NETO. José Affonso. Responsabilidade civil no Direito do Trabalho, 4 ed. São Paulo: LTr, p.446.
35. Art. 5º Na aplicação da lei, o juiz atenderá aos fins sociais a que ela se dirige e às exigências do bem comum (Lei de Introdução às Normas do Direito Brasileiro).

V. LEI Nº 13.467, DE 13 DE JULHO DE 2017 E MP Nº 808 DE 14 DE NOVEMBRO DE 2017 (ARTIGO 223-G)

A recente Lei nº 13.467, de 13 de julho de 2017, veio, por meio do art. 1º a acrescentar à CLT o Título II-A Do Dano Extrapatrimonial, objeto dos artigos 223-A a 223-G. Intentou configurar os danos extrapatrimoniais e estabelecer, de uma só vez, critérios para a apreciação do pedido e valores para a fixação da indenização desse dano, laborando em área dificultosa e permeada de problemas.

Seguiu-se-lhe a Medida Provisória nº 808, de 14 de novembro de 2017 que alterou a Consolidação das Leis do Trabalho em vários dos seus artigos, entre os quais os novéis artigos 223-C e 223-G, no que dispõem sobre danos extrapatrimoniais e os parâmetros da correspondente indenização.

Por primeiro, importa lembrar que os danos extrapatrimoniais estão presentes em todas as áreas da vida humana e das relações sociais. É relevante a sua inserção, na forma de menção exemplificativa constante do artigo 5º, inciso X da Constituição da República[36], pois significou o reconhecimento no direito brasileiro da figura jurídica dos danos morais e sua reparação, superando de uma vez por todas as remanescentes posições doutrinárias em contrário. Realça Cavalieri[37] que o rol constitucional é exemplificativo, isto é que, à luz da Constituição, o dano moral em sentido estrito é violação do direito à dignidade tendo como corolários a inviolabilidade da intimidade, da vida privada, da honra e da imagem.

Com a criação de um título específico, na CLT, o legislador atuou como se o dano moral fosse um evento próprio dessa relação. Delgado[38] aponta esses danos como efeitos conexos do contrato de trabalho configurados em razão de a Constituição de 1988 ter rompido o entendimento tradicional de que a indenização do dano moral exigia texto legal inequívoco a respeito, existente em segmentos estritos que não incluíam a área trabalhista. Em face da nova lei, o mesmo autor desvela a tentativa de descaracterizar o avanço da Constituição de 1988 consistente no princípio da centralidade da pessoa humana, mediante a equalização de situações e conceitos jurídicos distintos que abrangem trabalhadores e empresas, ao definir esses danos de formas similares afastando-se da força constitucional inspiradora em benefício da pessoa humana[39].

A lei 13.467/2017 traz a descrição dos valores protegidos na relação trabalhista. Ela foi ampliada com a edição da Medida Provisória nº 808, de 14 de novembro de 2017; todavia, essa leitura só pode ser feita segundo o texto constitucional que

36. Art. 5ª – V – são invioláveis a intimidade, a vida privada, a honra e a imagem das pessoas, assegurado o direito a indenização pelo dano material ou moral decorrente de sua violação.

37. CAVALIERI, Sérgio. Programa de Responsabilidade Civil, 11 ed. São Paulo: Atlas. 2014 pp. 106/107.

38. DELGADO, Maurício Godinho. Curso de Direito do Trabalho. 16 ed. São Paulo: LTr, fevereiro de 2017, pp. 702/704.

39. DELGADO, Maurício Godinho. DELGADO, Gabriela Neves. A reforma trabalhista no Brasil com os comentários à Lei n. 13.467/2017. São Paulo: LTr, 2017, pp. 144/145.

fundamenta o Estado brasileiro na dignidade da pessoa humana[40] e conjugada, no diálogo das fontes, às normas constantes do Código Civil e do Código do Consumidor. O primeiro deles constituindo um sistema geral e o outro, um microssistema informado pela noção da relação assimétrica. Logo, a partir da norma constitucional, o dano na relação de trabalho, e agora, em norma integrante da CLT, deve ser examinado consoante o Direito Civil e as definições dos institutos da responsabilidade civil ali expostas.

De logo, observa-se que a inclusão da matéria sob disciplinamento específico no Direito do Trabalho e pretenso rol específico de bens protegidos, denota um procedimento discriminatório ao trabalhador. A matéria dos danos morais tem como cerne a pessoa humana. As diversas situações em que a pessoa se encontra, ou seus diferentes papéis na sociedade, não são elementos definidores de sua dignidade, a qual existe em si e por si mesma, no único e essencial fato de ser pessoa humana. No ordenamento jurídico brasileiro, há indicação de situações relevantes na Constituição da República (art. 5º, incisos V e X, um cuidando do meio de agressão e outro das situações) e no Código Civil atinente às relações privadas. Como é de há muito sabido, tais normas são exemplificativas. Assim, a descrição de situações que são especificadas à condição do trabalhador empregado regido pelo Direito do Trabalho insinua a pretensão de lhe conferir um tratamento diferenciado. Isto vai de encontro por conseguinte ao principio da igualdade, pois – Todos são iguais perante a lei[41]. Logo, o rol, agora ampliado por via da Medida Provisória nº 808/2017[42], denota a discriminação. Reitera-se ainda que esse rol não pode ser lido sem a noção de sua natureza exemplificativa.

Além disso, não se pode omitir que a vida é múltipla e surpreendente nas situações que deflagra de modo que a relação das situações correspondentes aos danos extrapatrimoniais constante da CLT é exemplificativa, isto é, focaliza os aspectos mais comuns, mais frequentes, como é próprio da disciplina dos danos.

As novas normas enveredam ainda pelo estabelecimento de critérios de apreciação do pedido e pela fixação de valores para a indenização desses danos. Assim dispôs a Lei nº 13.467[43]; a modificação empreendida por meio da MP 808 atiçada

---

40. Art. 1º – A República Federativa do Brasil, formada pela união indissolúvel dos Estados e Municípios e do Distrito Federal, constitui-se em Estado Democrático de Direito e tem como fundamentos: I – a soberania; II – a cidadania; III – a dignidade de pessoa humana; IV – os valores sociais do trabalho e da livre iniciativa; V – o pluralismo político.

41. Art. 5º - Todos são iguais perante a lei, sem distinção de qualquer natureza, garantindo-se aos brasileiros e aos estrangeiros residentes no País a inviolabilidade do direito à vida, à liberdade, à igualdade, à segurança e à propriedade, nos termos seguintes:

42. Art. 223-C – A etnia, a idade, a nacionalidade, a honra, a imagem, a intimidade, a liberdade de ação, a autoestima, o gênero, a orientação sexual, a saúde, o lazer e a integridade física são os bens juridicamente tutelados inerentes à pessoa natural" (NR).

43. Art. 223- G – Ao apreciar o pedido, o juízo considerará: I – a natureza do bem jurídico tutelado; II – a intensidade do sofrimento ou da humilhação; III – a possibilidade de superação física ou psicológica; IV – os reflexos pessoais e sociais da ação ou da omissão; V – a extensão e a duração dos efeitos da ofensa; VI – as condições em que ocorreu a ofensa ou o prejuízo moral; VII – o grau de dolo ou

pelas numerosas críticas ao texto permaneceu distante da norma constitucional sobre a reparação de danos morais e, de modo superficial reviu os parâmetros do valor da indenização, substituindo o salário como base pelo valor máximo dos benefícios do Regime da Previdência Social[44]. A novel legislação atua desde a descrição dos fatos até à fixação de valores, em terreno pantanoso, pois tem a pretensão de enquadrar a vida em moldes rígidos.

A questão que ora se enfrenta, por ser a mais dissonante do ordenamento jurídico brasileiro, tem em vista a tarifação da indenização. Esse é o real sentido e alcance de todo o título, tanto na Lei nº 13.467 como na Medida Provisória nº 808 que se afastam do padrão do sentido da pessoa humana para delimitar e precificar as antigas 'dores da alma'.

Não se pode calar, nessas considerações iniciais sobre a lei, a acerba crítica de que é merecedor o enunciado esdrúxulo do critério "X – o perdão tácito ou expresso". Há referência ao perdão, no Direito Civil[45] como modo de extinção das obrigações: corresponde a um ato unilateral de livre iniciativa do credor capaz de alienar em favor de outrem. Também é objeto de previsão no Direito Penal[46] nos crimes em que só se procede mediante queixa e constitui meio de extinção da punibilidade; logo, vê-se que é restrito a algumas situações, as quais apresentam menor gravidade. Na esfera dos danos morais, destacadamente aqueles que atingem direitos fundamentais definidos na Constituição da República, que são a inti-

---

culpa; VIII – a ocorrência de retratação espontânea; X – o perdão, tácito ou expresso; XI – a situação social e econômica das partes envolvidas; XII – o grau de publicidade da ofensa. § 1º - Se julgar procedente o pedido, o juízo fixará a indenização a ser paga, a cada um dos ofendidos, em um dos seguintes parâmetros, vedada a acumulação: I – ofensa de natureza leve, até três vezes o último salário contratual do ofendido; II – ofensa de natureza média, até cinco vezes o último salário contratual do ofendido; III – ofensa de natureza grave, até vinte vezes o último salário contratual do ofendido; IV – ofensa de natureza gravíssima, até cinquenta vezes o último salário contratual do ofendido. § 2º - Se o ofendido for pessoa jurídica, a indenização será fixada com observância dos mesmos parâmetros estabelecidos no § 1º deste artigo, mas em relação ao salário contratual do ofensor. § 3º - Na reincidência entre partes idênticas, o juízo poderá elevar ao dobro o valor da indenização.

44. § 1º - Ao julgar procedente o pedido, o juízo fixará a indenização a ser paga, a cada um dos ofendidos, em um dos seguintes parâmetros, vedada a acumulação: I – para ofensa de natureza leve - até três vezes o valor do limite máximo dos benefícios do Regime Geral da Previdência Social; II – para ofensa de natureza média - até cinco vezes o valor do limite máximo dos benefícios do Regime Geral da Previdência Social; o último salário contratual do ofendido; III – para ofensa de natureza grave - até vinte vezes o valor do limite máximo dos benefícios do Regime Geral da Previdência Social; ou IV – para ofensa de natureza gravíssima, até cinquenta vezes o valor do limite máximo dos benefícios do Regime Geral da Previdência Social. § 2º - Se o ofendido for pessoa jurídica, a indenização será fixada com observância dos mesmos parâmetros estabelecidos no § 1º deste artigo, mas em relação ao salário contratual do ofensor. § 3º - Na reincidência de quaisquer das partes, o juízo poderá elevar ao dobro o valor da indenização. § 4º - Para fins do disposto no § 3º, a reincidência ocorrerá se ofensa idêntica ocorrer no prazo de até dois anos, contado do trânsito em julgado da decisão condenatória. § 5º - Os parâmetros estabelecidos no § 1º, não se aplicam aos danos extrapatrimoniais decorrentes de morte.

45. Código Civil, arts. 385 a 388.

46. Código Penal, arts. 105 a 107.

midade, a vida privada, a honra e a imagem das pessoas, estendendo-se aos danos que afetem a manifestação do pensamento e a expressão da atividade intelectual, artística, científica e de comunicação, a liberdade de consciência, de crença religiosa ou convicção filosófica ou política, a inviolabilidade da casa, do sigilo da correspondência e comunicações também enunciados nas normas constitucionais, o perdão é incompatível, mesmo como critério de apreciação do pedido, pretendido na norma legal em análise. O direito é feito para o mundo dos homens e não, dos anjos e não é o espaço adequado para cuidar da salvação da alma. Encontra-se em Comte-Sponville[47], citando Jankélévitch – *"Apenas o arrependimento do criminoso e, principalmente, seu remorso dão um sentido ao perdão, assim como apenas o desespero dá um sentido à graça (...) Antes que se possa falar em perdão, seria necessário que o culpado, em vez de contestar, se reconhecesse culpado, sem arrazoados nem circunstâncias atenuantes, e sobretudo sem acusar suas próprias vítimas – é o mínimo!"* No terreno humano e em vista do texto sob a análise crítica do direito, os elementos existentes desvelam que o sentido e a perspectiva que informam esse texto legal estão dissociadas do verdadeiro significado do perdão.

Retomando a questão da tarifação, tema objeto deste estudo, assinala-se o entendimento expresso por Silva no sentido de que a estratégia de fixação de valores não é tranquila, pois as situações são múltiplas, há nuances e detalhes em cada um dos sinistros nessa diversidade de fatos como poderia haver uma catalogação em quatro patamares?[48]

Esse autor, após lembrar, acertadamente, que a previsão não compreende os danos materiais (remédios, próteses e gastos com profissionais liberais, por exemplo) e que os danos estéticos constituem um terceiro gênero indenizável, comenta:

> "indubitavelmente, o art. 223-G é o mais controvertido deste bloco, ao apresentar os valores da tarifação; muito embora tenha havido o cuidado de apresentar nada menos do que doze ponderações que o juiz deve fazer antes da estipulação do valor, o fato é que as indenizações têm de caber em uma das quatro faixas criadas pela reforma – leve, média, grave e gravíssima – sem prejuízo da reincidência;
>
> Houve severa crítica ao governo federal, por haver utilizado o salário-contratual do empregado com base de cálculo para a indenização, pois esse padrão, por qualquer ângulo que se observe, faz com que a dor do pobre seja menor do que a dor do rico, independentemente da lesão; essa crítica é irrespondível;
>
> Para piorar a situação, o legislador somente admite a reincidência se for entre as mesmas partes, o que praticamente jamais acontecerá; mesmo que a gente deixe de lado o evento morte, dificilmente o mesmo empregador perseguirá o mesmo empregado por questões raciais, sexuais ou morais duas vezes seguidas: o contrato já estará rompido e enterrado; a reincidência, em qualquer livro

47. COMTE-SPONVILLE. André. Pequeno Tratado das Grandes Virtudes. São Paulo: Martins Fontes, 1999, p. 100.

48. SILVA, Homero Batista Mateus da. Comentários à reforma trabalhista. São Paulo: Editora Revista dos Tribunais, 2017, p. 59.

> que se consulte, diz respeito à conduta do agressor de voltar à delinquência mesmo depois de punido; é grotesco alguém imaginar que a reincidência seja voltar a delinquência contra a mesma vítima; em outras palavras, é como se o legislador dissesse que o juiz não pode levar em consideração a repetição dos mesmos fatos na mesma fábrica, mas com vítima diferentes; apesar de todos esses argumentos eloquentes, o Senado Federal concordou em aprovar o texto tal como proposto.[49]

Indaga-se: é cabível uma tarifação? O texto constitucional ao dispor sobre os danos e sua indenização não se refere a valor, mas a princípios, proporcionalidade e razoabilidade. Na verificação da lei em comento, importa destacar que a Constituição da República estabelece a dignidade da pessoa humana[50] e, entre as garantias e direitos fundamentais, impõe a indenização pelo dano moral ou material decorrente de sua violação[51]. Como se verifica, a norma constitucional determina a indenização do dano e é pela natureza e dimensão dele que o valor é atribuído. A proporcionalidade da indenização se refere ao dano, à violação de direitos fundamentais que são assegurados pela Constituição e não podem ser amesquinhados ou negados.

O padrão para a fixação da indenização com utilização de critérios e subsequente atribuição de valores, a teor da recente legislação, seque na esteira do pensamento do Superior Tribunal de Justiça, pois lhe subjaz a noção de duas fases: a primeira em que são apurados os critérios entre eles as condições pessoais da vítima, como do ofensor; e a segunda, na qual há atribuição do valor da indenização. Como se sabe a Medida Provisória nº 808 intentou corrigir o erro da Lei nº 13.467 quanto à estipulação de valores calcados na remuneração do trabalhador. Mas, persevera no erro, porque se ausenta da compreensão de que os danos morais não podem ser precificados de antemão mediante tabelas. Já o disse o Supremo Tribunal Federal, como realçado antes; esse entendimento da Suprema Corte constitui um marco histórico na doutrina do dano moral e sua reparabilidade, no Brasil. A decisão da ADPF 30 deve ser lida, compreendida e cumprida. Isto não ocorreu, nas duas oportunidades, pelo legislador de 2017 que errou uma vez e errou de novo.

Na previsão de tarifação, seja vinculada à remuneração do trabalhador, seja ao limite máximo dos benefícios da Previdência Social , surpreende-se a aplicação da análise econômica do direito, do consequencialismo, que nega os valores hu-

49. SILVA, Homero Batista Mateus da. Comentários à reforma trabalhista. São Paulo: Editora Revista dos Tribunais, 2017, pp. 60/61.

50. Art. 5º - Todos são iguais perante a lei, sem distinção de qualquer natureza, garantindo-se aos brasileiros e aos estrangeiros residentes no País a inviolabilidade do direito à vida, à liberdade, à igualdade, à segurança e à propriedade, nos termos seguintes:

51. V – é assegurado o direito de resposta, proporcional ao agravo além da indenização por dano material, moral ou à imagem; (...) X – são invioláveis a intimidade, a vida privada, a honra e a imagem das pessoas, assegurado o direito a indenização pelo dano material ou moral decorrente de sua violação;

manos e os substitui pelas cifras do Mercado. Não é de somenos lembrar que, se antes a indenização vinculada ao ganho do trabalhador mostrava uma discriminação àqueles da base da escala salarial, a suposta igualdade que parece emanar da nova redação do dispositivo legal (MP 808/2017) se depara com os limites de benefício do sistema previdenciário[52] e portanto resulta subsistente de forma velada e canhestra. Aliás, é a velha resistência à reparação do dano moral e o velho conceito do exclusivo reconhecimento das coisas que têm preço que subjaz à norma. Assim, de diferentes formas e graus, a tarifação proposta é uma clara confrontação com o preceito constitucional. Não há no art. 5º, X, da Constituição da República, previsão de regramento por lei, nem qualquer hipótese que possa remeter a valores pecuniários prévios o direito fundamental à reparação por danos morais; são os princípios - razoabilidade e proporcionalidade – que a informam. Dizer algo diferente disso é dizer algo inconstitucional.

A atribuição de indenização não comporta parâmetros ou quantum pré-estabelecido pois, sob qualquer forma que se pretenda atribuir a essa base de cálculo, o procedimento desatende ao principio do *restitutio in integrum*.

Na doutrina de Stoco[53], encontra-se a notícia de que a crítica feita à tarifação dirigia-se ao fato de que os valores estabelecidos em leis esparsas eram "apequenados e mesquinhos, razão pela qual desenvolveu-se o entendimento de que a Constituição Federal não estabelece limites e, portanto, essas norma limitadoras estariam – só por essa razão – revogadas ou não recepcionadas." Ora, se na fixação da indenização de danos morais, ocorre a observação das *condições pessoais* da vitima e da *dimensão ou extensão* do dano, esse olhar voltado para o *dano* considera o interesse jurídico lesado e sua importância no ordenamento jurídico enquanto no olhar sobre a condição da vítima, segundo as circunstâncias do caso e as peculiaridades da vítima, atenta-se para a pessoa humana situada de forma que cada indivíduo, até num mesmo e único evento, é atingido de uma maneira peculiar. Ressalta Santos[54] que a determinação inflexível de quantias para o ressarcimento leva a uma solução idêntica em situações distintas, verificando-se ausência de Justiça e equitatividade no procedimento. Aí, mais uma vez, observa-se que as novas normas reiteram a inconstitucional por descumprimento do princípio da igualdade.

A crítica que suscitava o texto primígeno da lei - último salário contratual do ofendido não desaparece com a adoção de outro parâmetro. É que a técnica, em si, é o nó górdio da questão e tem como pano de fundo uma visão preconceituosa do dano extrapatrimonial, de modo a reduzi-lo ao parâmetro de valor de coisas.

Observa-se que o evento morte foi excluído dessa tarifação. Único momento em que a novel legislação está em sintonia com a Constituição da República.

52. Lei nº 8.213/1991. Art. 29.
53. STOCO, Rui. Tratado de Responsabilidade Civil, 8ª ed. São Paulo: Saraiva, 2011, capítulo XVII, item 16.04, p.1930.
54. SANTOS, Antônio Jeová. Dano Moral Indenizável, 6 ed. Salvador: JusPodivm, 2016, p. 133.

Atenta-se também para a previsão de dobra do valor da indenização em caso de reincidência, inserta no § 3º[55]. A reincidência é instituto colhido, notadamente, no direito penal; assim, consta do Código Penal, o art. 63[56] e sua definição com os olhos postos no agente que comete novo crime. É, pois, a reiteração da prática de crime. Comenta Capez que a natureza jurídica da reincidência é de circunstância agravante genérica, cujo caráter é subjetivo ou pessoal[57].

À reincidência aí mal delineada deve ser dado o seu real e técnico sentido. De logo, convém destacar que ofensa idêntica é apurada em razão do bem ofendido, e não do comportamento; ora, de várias formas pode ocorrer ofensa à intimidade, mas em qualquer delas é sempre e o mesmo o bem ofendido; ademais, o conceito do instituto não faz nenhuma distinção quanto à natureza dos crimes, de modo que também não pode haver nenhuma distinção entre as espécies de danos causados.

De outra parte, se lançado o olhar para as ações civis coletivas, em que o ente sindical ou o Ministério Público do Trabalho atuam, o empregado é parte naquela ação, como membro da coletividade e o mesmo fato pode servir à discussão no âmbito individual, plano que, sem maior esforço, determina a aplicação da dobra prevista. Considerado que o legislador tem olhos postos na realidade e que as ações coletivas vêm se tornando frequentes com a nova visão processual, essa previsão e a respectiva dobra se dirigem a tais situações. Também nos casos de sucessão, pode se identificar a reincidência, uma vez que a nova empresa é a mesma de antes, na sua condição de sucessora, situação que se pode apreender nas fusões entre empresas e nos conglomerados, típicos dessa época de acumulação.

No texto anterior (reincidência entre partes idênticas), havia um desvio do instituto denotadora de que a imputação de responsabilidade com indenização simples abria a possibilidade de poder voltar a transgredir sem medo de arcar com uma indenização em valor exemplar. No quadro atual, tem-se a possibilidade de aplicação da dobra, por efeito da reincidência que deve ser entendida como aplicável desde as situações tidas como ofensa de natureza leve até às situações extremas, como aquela em que o empregador, por descumprimento de normas de segurança do trabalho, deu causa à invalidez de empregado; se o fato se repete, ele é reincidente. Aqui, é necessário esclarecer que essa previsão de dobra se aplica ao evento morte, haja vista que o parágrafo 5º do art. 223-G se refere à exclusão dos parâmetros de valores.

Surpreendente, a vida apresenta às vezes situações inusitadas. Como se vê em recente julgado do Tribunal Superior do Trabalho, a mesma empregada sofreu na mesma máquina, duas vezes seguidas e em anos diversos, acidente com ampu-

55. § 3º- Na reincidência de qualquer das partes, o juízo poderá elevar ao dobro o valor da indenização. (redação da MP 808/2017)

56. Art. 63 - Verifica-se a reincidência quando o agente comete novo crime, depois de transitar em julgado a sentença que, no País ou no estrangeiro, o tenha condenado por crime anterior.

57. CAPEZ, Fernando. Curso de Direito Penal. Parte Geral. 3ª ed. São Paulo: Saraiva, 2001, pp. 458/459.

tação de dedos[58]. A excepcionalidade desse fato o deixa como situação singular. A questão insinuada na expressão legal – ofensa idêntica, atrai possibilidades que devem ser construídas de forma ampla, de modo a definir a reincidência e decorrente aplicação da dobra da reparação mediante as regras sobre o dano, nas suas duas grandes categorias, inseridas no direito privado.

---

58. **A) AGRAVO DE INSTRUMENTO. RECURSO DE REVISTA. PROCESSO SOB A ÉGIDE DA LEI 13.015/2014. INSTRUÇÃO NORMATIVA Nº 40 DO TST. CABIMENTO DE AGRAVO DE INSTRUMENTO EM CASO DE ADMISSIBILIDADE PARCIAL DO RECURSO DE REVISTA PELO TRT DE ORIGEM. 1. ACIDENTE DE TRABALHO. RESPONSABILIDADE CIVIL DA RECLAMADA. NEXO CAUSAL. INDENIZAÇÃO POR DANOS MATERIAIS E MORAIS. 2. INDENIZAÇÃO POR DANOS MORAIS. VALOR DA CONDENAÇÃO. 3. INDENIZAÇÃO POR DANOS MATERIAIS. VALOR DA CONDENAÇÃO (SÚMULA 126/TST).** A indenização por dano moral, estético e material resultante de acidente do trabalho e/ou doença profissional ou ocupacional supõe a presença de três requisitos: a) ocorrência do fato deflagrador do dano ou do próprio dano, que se constata pelo fato da doença ou do acidente, os quais, por si sós, agridem o patrimônio moral e emocional da pessoa trabalhadora (nesse sentido, o dano moral, em tais casos, verifica-se pela própria circunstância da ocorrência do malefício físico ou psíquico); b) nexo causal ou concausal, que se evidencia pelo fato de o malefício ter ocorrido em face das condições laborativas; c) culpa empresarial, excetuadas as hipóteses de responsabilidade objetiva. Embora não se possa presumir a culpa em diversos casos de dano moral - em que a culpa tem de ser provada pelo autor da ação -, tratando-se de doença ocupacional, profissional ou de acidente do trabalho, essa culpa é presumida, em virtude de o empregador ter o controle e a direção sobre a estrutura, a dinâmica, a gestão e a operação do estabelecimento em que ocorreu o malefício. **No caso dos autos**, o Tribunal Regional consignou que: ***"A reclamante foi vítima de dois acidentes de trabalho na reclamada, ambos envolvendo máquina. O primeiro, conforme CAT de ID d740dce, ocorreu em 25/01/13, às 12h, quando a reclamante, ao encaixotar sabonetes, o plástico trancou na máquina e, ao desprender o plástico, teve o segundo dedo da mão esquerda amputado parcialmente*** *(laudo pericial de ID 68f4792). A demandante teve que se submeter a cirurgia e ficou dois meses afastada em tratamento médico. Após, teve alta do INSS e reassumiu as atividades.* ***O segundo acidente, consoante CAT de ID 7c31847, ocorreu no dia 10/4/2014, às 05h15min, aproximadamente, quando a autora, ao substituir o plástico usado na embalagem dos sabonetes, apertou o botão de desligar a máquina e esta, por apresentar defeito, não desligou, amputando parcialmente o segundo e terceiro dedos da mão direita da reclamante.*** *A autora foi outra vez submetida a procedimento cirúrgico e permaneceu em tratamento médico por 03 meses. Após retornou às atividades na reclamada e lá permanece."* Registrou que, além da responsabilidade civil objetiva, "também há no caso responsabilidade da reclamada pelo enfoque subjetivo, já que a ré foi omissa no seu dever legal de promover a redução de riscos de acidente e foi negligente ao optar pela utilização de máquinas precárias do ponto de vista da ausência de sistemas de segurança obrigatórios". Ante esse contexto, para que se pudesse chegar, se fosse o caso, a conclusão fática diversa, seria necessário o revolvimento do conteúdo fático-probatório, o que fica inviabilizado nesta instância recursal (Súmula 126/TST). Em suma: afirmando o Juiz de Primeiro Grau de jurisdição, após análise da prova, corroborada pelo julgado do TRT, que se fazem presentes os requisitos fáticos das indenizações por danos morais e materiais por fatores da infortunística do trabalho, não cabe ao TST, em recurso de revista - no qual é vedada a investigação probatória (Súmula 126) -, revolver a prova para chegar a conclusões diversas. Óbice processual intransponível (Súmula 126/TST). **Agravo de instrumento desprovido.**

B) RECURSO DE REVISTA. PROCESSO SOB A ÉGIDE DA LEI 13.015/2014. INSTRUÇÃO NORMATIVA Nº 40 DO TST. HONORÁRIOS ADVOCATÍCIOS. AUSÊNCIA DE ASSISTÊNCIA SINDICAL. IMPOSSIBILIDADE DE DEFERIMENTO. (...) **Processo:** ARR - 20047-89.2015.5.04.0791 **Data de Julgamento:** 20/09/2017, **Relator Ministro:** Mauricio Godinho Delgado, 3ª Turma, **Data de Publicação: DEJT** 22/09/2017.

De outra parte, o teor da norma permite que dela se extraia o reconhecimento legal da indenização punitiva (*punitive damages*) no ordenamento jurídico brasileiro porquanto traz uma das características desse instituto anglo-saxão, isto é, a fixação da indenização em múltiplos do valor originário. Como o parágrafo 3º se reporta à dobra na reincidência, instituto que, como se sabe, traz a noção de persistência na conduta errada; o instituto anglo-saxão considera a displicência do agressor para com o ordenamento jurídico e a vítima. É, pois, o caso, dado que a reincidência traz consigo a conduta desviada das normas jurídicas, afrontando o Direito e a convivência em sociedade; com esse sentido, ela exige imediata observação e aplicação.

VI. CONCLUSÃO

Diante das normas de tarifação com a fixação de valores máximos, observa-se que a novel legislação tem por objetivo a negação ou obscurecimento da complexidade da vida. A par disso e com grave atentado ao ordenamento jurídico, há uma negação do texto constitucional que dispõe sobre danos morais, assegurando-lhes reparação limitada tão somente pela razoabilidade e proporcionalidade.

Desde o acidente de trabalho, como evento lesivo, os danos morais podem assumir diferentes modalidades. Assim ocorre atualmente, recordando que não são novos danos, pois prevalece a clássica distinção entre danos patrimoniais e morais, estes últimos, os melhor designados como danos extrapatrimoniais. Cuidar da fixação do valor da indenização considerando critérios estabelecidos é forma relevante, a que é agregado o reconhecimento da possibilidade da dobra do valor previamente encontrado. Dentre os critérios, o mais destacado é aquele que elege como dano a ser mais fortemente compensado aquele que corresponde a um dano moral por violação da dignidade da pessoa humana, observados os direitos fundamentais enunciados de forma expressa, a inviolabilidade do direito à vida e a inviolabilidade da intimidade, a vida privada, a honra e a imagem das pessoas, aos quais a norma constitucional assegura o direito a indenização pelo dano moral decorrente de sua violação, proporcional ao agravo. Já a previsão da dobra do valor da reparação serve a punir, como é da natureza do instituto, comportamentos maliciosos, malsãos em que a empresa menospreza o trabalhador em sua dignidade, afetando e, muitas vezes, arruinando sua vida, pelos danos causados à saúde, à vida de relação, à sua existência como o estar no mundo.

A leitura das normas trabalhistas recém-editadas não pode ser feita sem atentar para as funções punitiva e compensatória da responsabilidade civil as quais informam os critérios para a atribuição do quantum devido segundo o critério do equilíbrio no qual avulta a natureza assimétrica da relação laboral. Daí permanecer válido o entendimento gravado na Súmula 51 da I Jornada de Direito do Trabalho: "O valor da condenação por danos morais decorrentes da relação de trabalho será arbitrado pelo juiz de maneira equitativa, a fim de atender ao seu caráter compensatório, pedagógico e preventivo."

A consideração das funções da reparação civil, nos danos extrapatrimoniais constitui norteamento decisivo para estabelecer a indenização devida. Em razão da função satisfatória, deve ser atribuída uma relação de equivalência entre a indenização e os danos extrapatrimoniais sofridos pela vítima. Depois a função punitiva atua para dissuadir o ofensor a tornar a incidir no fato danoso, aspecto que toma circunstâncias como a gravidade da ofensa ao interesse jurídico tutelado, a intensidade do dolo ou grau de culpa do ofensor para chegar ao valor da indenização. A função preventiva se soma às citadas para estimular as empresas a serem cautelosas nas relações e no ambiente de trabalho, momento em que devem se voltar para o princípio da precaução e o observarem, adotando os mecanismos, instrumentos e recursos tecnológicos que possam afastar ou reduzir o risco.

Assim, a adoção de faixas de valores pré-estipulados pelo legislador, seja qual for a base de cálculo (limite máximo dos benefícios da Previdência Social, ou, mais grave, a anterior previsão de adoção do salário da vítima), conspira contra o princípio da indenizabilidade irrestrita ou da reparação integral, além de se mostrar em franca dissonância com as normas constitucionais que enunciam a igualdade de todos perante a lei e que asseguram a indenização do dano moral proporcional ao agravo.

A indenização por danos morais não comporta tarifamento, valores fixos e preestabelecidos; ela só pode ser estabelecida mediante a atuação sensível e sensata, informada pela sociologia do trabalho e pelo reconhecimento do esgarçamento das relações sociais, com a fragmentação do trabalho. Não há respostas em equações matemáticas, mas respostas encontradas na percepção de que a grandeza do direito está na atuação dos seus intérpretes segundo os fatos.

Numa época em que medram os ilícitos lucrativos, em que os valores monetários procuram granjear uma preeminência sobre os valores morais, a tarifação dos danos morais significa concorrer para a intensificação desses ilícitos.

A fixação da indenização por danos morais somente será adequada quando for consequência do exame segundo as funções da responsabilidade civil e sob a consideração de que, "se o fato determinador do dano decorreu de evento relacionado à pessoa, à coisa, ou à empresa do agente causador do dano, o julgador deve ser rigoroso" não apenas no tocante ao reconhecimento da responsabilidade, como no arbitramento do valor da indenização devida.

Outrossim, deve ser ressaltado que o dano moral, como violação dos direitos da personalidade, compreende todas as ofensas à pessoa, em suas dimensões individual e social. Portanto, o valor atingido e sua relevância no ordenamento jurídico é o primeiro elemento a ser considerado, seguindo-se a extensão de sua repercussão, interior e exterior em relações sociais e existenciais e a diversidade que caracteriza os danos morais, como elementos iniciais e provisórios, Em seguida, há fixação do quantum. E, na nova legislação, cabe na última fase a dobra do valor base fixado à indenização, encontrado no momento inicial, atuando a reincidência como instrumento de majoração da indenização, coarctando, segundo as características do instituto (punitive damages) o descuido com a pessoa humana e a repetição da conduta prejudicial à pessoa humana, considerado que o dano causado ao trabalhador ultrapassa sua individualidade pois atua também sobre a sociedade, tanto em relação aos demais empregados do seu próprio ambiente, como sobre os trabalhadores em geral, isto é, o mundo do trabalho.

A indenização do dano moral não comporta a tarifação do valor pois a pessoa humana traz indelével a marca de suas circunstâncias e o Direito Brasileiro ao considerar as funções da responsabilidade civil, está vinculado à observância dos princípios da dignidade da pessoa humana e do valor do trabalho que são enunciados na Constituição da República.

REFERÊNCIAS

BELMONTE. Alexandre Agra. Critérios científicos para a fixação da indenização do dano moral. Revista LTr, Ano 76, Setembro de 2012. São Paulo.

_____. Tutela da composição dos danos morais nas relações de trabalho. *Identificação das ofensas morais e critérios objetivos para quantificação*. São Paulo: LTr, maio de 2014.

BODIN DE MORAES, Maria Celina. Danos à pessoa humana*: uma leitura civil-constitucional dos danos morais*. Rio de Janeiro: Renovar, 2003.

BRAGA NETTO, Felipe; Farias, Cristiano Chaves de; Rosenvald, Nelson. Novo Tratado de responsabilidade civil. 2. Ed. São Paulo: Saraiva, 2017.

BRASIL. Lei nº 13.467, de 13 de julho de 2017. Altera a Consolidação das Leis do Trabalho (CLT), aprovada pelo Decreto-Lei nº 5.452, de 1º de maio de 1943, e as Leis nºs 6.019, de 3 de janeiro de 1974, 8.036, de 11 de maio de 1990, e 8.212, de 24 de julho de 1991, a fim de adequar a legislação às novas relações de trabalho.

_____. Medida Provisória nº 808, de 14 de novembro de 2017. Altera a Consolidação das Leis do Trabalho (CLT), aprovada pelo Decreto-Lei nº 5.452, de 1º de maio de 1943.

CAPEZ, Fernando. Curso de Direito Penal. Parte Geral. 3ª ed. São Paulo: Saraiva, 2001

CAVALIERI FILHO, Sergio. Programa de responsabilidade civil. 11. ed. São Paulo: Atlas, 2014.

COMTE-SPONVILLE. André. Pequeno Tratado das Grandes Virtudes. São Paulo: Martins Fontes, 1999.

COSTA. Walmir Oliveira. Dano Moral nas Relações Laborais. 2. Ed. Curitiba: Juruá, 2002.

DALAZEN, João Oreste. Aspectos do dano moral trabalhista. Brasília: Revista do Tribunal Superior do Trabalho, vol. 65, n. 1.

DALLEGRAVE NETO, Jose Affonso. Responsabilidade Civil no Direito do Trabalho 4 ed. São Paulo: LTr, 2012.

DELGADO, Maurício Godinho. Curso de Direito do Trabalho. 16 ed. São Paulo: LTr, fevereiro de 2017.

DELGADO, Maurício Godinho. DELGADO, Gabriela Neves. A reforma trabalhista no Brasil com os comentários à Lei n. 13.467/2017. São Paulo: LTr, 2017

DONINI, Rogério. Comentários ao Código Civil Brasileiro, vol. VIII. Rio de Janeiro: Forense, 2013.

LEVY, Daniel de Andrade. Responsabilidade Civil. De um direito dos danos a um Direito das condutas lesivas. Atlas: São Paulo. 2012.

LORENZETTI, Ricardo Luis. Teoria da Decisão Judicial. Fundamentos de Direito. 2. Ed. São Paulo: Revista dos Tribunais. 2010

NORONHA, Fernando. Direito das obrigações. Vol. I. Rio de Janeiro: Forense.

PEREIRA. Caio Mário da Silva. Responsabilidade Civil. São Paulo: Atlas. 2013

ROSENVALD. Nelson. As Funções da Responsabilidade Civil. São Paulo: Atlas. 2013

SANSEVERINO, Paulo de Tarso Vieira. Princípio da Reparação Integral. Indenização no Código Civil. São Paulo: Saraiva, 2010.

SANTOS, Antônio Jeová. Dano Moral Indenizável, 6 ed. Salvador: JusPodivm, 2016.

SCREIBER, Anderson. Novos paradigmas da responsabilidade civil. Da erosão dos filtros da reparação à diluição dos danos. 6ª ed. São Paulo: Atlas, 2016

SILVA, Homero Batista Mateus da. Comentários à reforma trabalhista. São Paulo: Editora Revista dos Tribunais, 2017.

STOCO, Rui. Tratado de Responsabilidade Civil: doutrina e jurisprudência. 8. Ed. São Paulo: Editora Revista dos Tribunais, 2011.

Supremo Tribunal Federal, ADPF 130, Relator Min. Carlos Britto, Tribunal Pleno, j. 30/04/2009. IN: www.stf.jus.br em 20/09/2017.

_____. RE 447.584, Relator Min. Cézar Peluso, Segunda Turma, j. 28/11/2006. IN: www.stf.jus.br em 20/09/2017.

Superior Tribunal de Justiça, AgRg no AResp 333421, Relator Min. Sidnei Beneti; AgRG no REsp 1022501, Relator Ministro Villas Boas Cueva; AgRg no Ag 469137, Relator Min. Carlos Alberto Menezes Direito. IN: www.stj.jus.br em 20/09/2017.

RUMO AO DIREITO CIVIL! (MAS NEM TANTO...) – A SISTEMÁTICA DOS DANOS EXTRAPATRIMONAIS NA REFORMA TRABALHISTA

Afonso de Paula Pinheiro Rocha[1]

Sumário: Introdução – 1. A incongruência (hipocrisia) da sistemática de evocação do direito civil na reforma trabalhista e os danos extrapatrimoniais – 2. A (in)constitucionalide da tarifação dos danos extrapatrimoniais – 3. A função da responsabilidade civil em contraste com a reforma trabalhista – 4. Análise prospectiva – os enunciados da 2ª jornada nacional – Conclusão – Referências.

INTRODUÇÃO

O objetivo deste artigo é apresentar reflexão sobre a sistemática adotada pela reforma em relação aos danos extrapatrimoniais. Além do ponto essencial que já anima os debates atuais, isto é, a tarifação do dano moral, pretende-se levantar alguns questionamentos sobre a operacionalização prática no manejo da responsabilidade extrapatrimonial no âmbito da justiça do trabalho.

Neste momento (redundância com o parágrafo seguinte), mais do que respostas, é importante indicar potenciais caminhos para responder às situações concretas que inevitavelmente irão se apresentar perante o Judiciário. A mudança de paradigma e principiologia evidenciada na nova legislação vai demandar uma revisão de posicionamentos e condutas de todos que atuam na seara trabalhista.

Chama-se inicialmente a atenção para a incoerência interna quanto à utilização do direito civil como paradigma tanto para a reforma como um todo, como

1. Procurador do Trabalho. Doutor em Direito Constitucional pela Universidade de Fortaleza – UNIFOR. Mestre em Direito Constitucional pela Universidade Federal do Ceará. MBA em Direito Empresarial pela FGV/Rio. Professor Universitário.

para a parte específica dos danos extrapatrimoniais. Após, far-se-á um apanhado do que a jurisprudência trabalhista vem indicando ser o papel da responsabilidade civil trabalhista, bem como se seria fundamentada a pressuposição imanente de que existe desequilíbrio nas condenações por danos extrapatrimoniais.

O artigo conclui que existe patente inconstitucionalidade no tocante ao ponto, além de uma insegurança sobre a extensão do que virá a ser declarado inconstitucional e sobre quais partes serão preservadas.

Adicionalmente, consigne-se que este artigo foi originalmente elaborado antes da Medida Provisória nº 808/2017 que alterou substancialmente o panorama da responsabilidade civil trabalhista por danos extrapatrimoniais. É problemático para a ordem jurídica que até mesmo um artigo doutrinário é comprometido por legislação sucessiva que pretende corrigir aspecto que teria sido tratado de forma adequada, não fosse a reforma aprovada de maneira não célere com prejuízo da maturação que a matéria merecia.

1. A INCONGRUÊNCIA (HIPOCRISIA) DA SISTEMÁTICA DE EVOCAÇÃO DO DIREITO CIVIL NA REFORMA TRABALHISTA E OS DANOS EXTRAPATRIMONIAIS

Tratar da sistemática dos danos extrapatrimoniais na seara trabalhista pressupõe a análise da existência do desequilíbrio e da incongruência imanente à reforma. Logo no Art. 8º da CLT é feita alteração na estrutura dos parágrafos, para indicar em novo § 1º que *"o direito comum será fonte subsidiária do direito do trabalho", rompendo, destarte* a dinâmica anterior que fazia a ressalva essencial quanto à autonomia principiológica fundamental do direito do trabalho. Seria possível argumentar que se trata de uma mensagem subliminar (ou silêncio eloquente) de que diferenças fundamentais não subsistem, sendo o direito do trabalho um subcampo específico do direito obrigacional/contratual, anuindo aos seus cânones fundamentais, com aparente destaque para o princípio da relatividade dos contratos e da autonomia das estipulações individuais.

A noção de que a reforma deseja uma concepção contratual com ênfase no respeito à autonomia da vontade plena (tanto individual como coletiva) para o direito do trabalho é reforçada com o § 3º, que referencia o direito obrigacional civil como sendo de observância obrigatória e preceitua o "princípio da intervenção mínima na autonomia da vontade coletiva". Além disso, o cerne de hipossuficiência, que informa o direito do trabalho é desconsiderado com a criação da figura do trabalhador hipersuficiente nos termos dos artigos 444 e 611-A da Nova CLT.

É possível afirmar, sejam por razões históricas, sejam por razões práticas, que a aproximação do direito do trabalho ao direito civil, especialmente diante da validade da tradição dogmática e dos inegáveis avanços doutrinários e jurisprudenciais, seria oportuna, para o fim de corrigir eventuais distorções ou mesmo permitir uma evolução positiva da doutrina e jurisprudência trabalhistas. O que se percebe, entretanto, é um desejo de aproximação do direito civil apenas parcial, ou seja, naquilo que eventualmente interessa à lógica de restrição das potencialidades jurisdicionais de efetivação de direitos e à reprimenda a comportamentos contratuais oportunísticos, seja no plano coletivo, seja no plano individual.

Essa incongruência, ou mesmo hipocrisia, de asseverar que a reforma objetiva a atualização do direito do trabalho é evidenciada nos arts. 223-A e seguintes.

De plano o Art. 223-A ao indicar que "aplicam-se à reparação de danos de natureza extrapatrimonial decorrentes da relação de trabalho apenas os dispositivos deste Título", parece querer "sanitarizar" e prevenir todo o amplo escopo de avanços que existem no campo da responsabilidade civil, no âmbito do direito civil e consumerista. Parece querer prevenir qualquer recurso argumentativo às muitas figuras doutrinárias e jurisprudenciais decorrentes da progressiva interpretação dos cânones da responsabilidade civil: responsabilidade civil da cadeia produtiva, responsabilidade do terceiro ofensor, responsabilidade pela perda de uma chance, responsabilidade indireta.

Reforço imediato dessa lógica vem no Art. 223-B, ao indicar exclusividade de titularidade de danos extrapatrimoniais. Em análise superficial, já é possível antever linha argumentativa de que restou inviabilizado o que a doutrina e jurisprudência vêm caracterizando como "dano moral em ricochete" na justiça do trabalho. Os contornos parecem definidos para extirpar essa figura do campo juslaboral.

Outras questões acessórias se põem de imediato: se a reparação é de titularidade exclusiva, isso significa que o dano do terceiro familiar ou próximo não é indenizável? Ou esse dano moral dos familiares ainda será passível de indenização na via cível comum? E os parâmetros dessa indenização, estarão limitados pela ofensa originária?

Uma primeira resposta pode ser no sentido de que a legislação apenas ressalta o posicionamento anterior do TST de que os familiares não podem pleitear em nome próprio danos morais sofridos pelo trabalhador falecido. Contudo, não se afigura absurda a perspectiva de argumentos da impossibilidade de tal pleito. Ressalte-se, por relevância, que essa interpretação de restrição da impossibilidade de pleitos de danos em ricochete redundaria em violação ao art. 1º, III e 5º, V da Constituição Federal, bem como aos art. 186 e 948 do Código Civil, por tornar o direito do trabalho um fator excludente de danos daqueles que se relacionam com o trabalhador.

Essa primeira resposta, que admite o pleito de danos morais em ricochete, por sua vez não exclui a indagação sobre limitação em casos onde o trabalhador não falece, mas quando os danos sofridos impactam os familiares (amputações, invalidez, paralisias laborais graves). Nesses casos, é possível a seguinte indagação: o dano dos familiares não está adstrito a limites enquanto o dano do trabalhador está? Licito concluir que a reforma, particularmente no campo da responsabilidade civil por danos extrapatrimoniais, termina por fulminar a aplicação do próprio direito civil dentro da perspectiva reparatória/compensatória.

Outro ponto que merece atenção é o fato de que o Art. 223-C indica que a integridade física se insere dentro da gama de bens cuja violação enseja o dano de natureza extrapatrimonial. Nos art. 223-F prevê a cumulação do dano extrapatrimonial apenas com o chamado dano material e no § 1º do Art. 223-G, veda a cumulação de tipos de ofensas.

Dessa sistemática é possível inferir que não será mais possível a condenação individualizada em parcela a título de dano moral e outra a título de dano estético? E o dano existencial, recentemente reconhecido de forma recorrente nos precedentes do Tribunal Superior do Trabalho? Deverá ser fundido ou conglobado às outras categorias para que o juiz determine condenação única no valor máximo de 50 salários (50 vezes o limite máximo dos benefícios do Regime Geral de Previdência Social, caso a Medida Provisória 808/2017 seja convertida em lei)? Infelizmente aparenta ser essa a opção da *mens legislatoris.*

Mais um ponto de distanciamento do Direito Civil, pode ser encontrado no Art. 223-E, onde fixa um parâmetro diferente da dinâmica estabelecida pelo Art. 186 e 927, onde todos que concorrem para a ocorrência do ilícito são passíveis de responsabilização solidária. Surge a necessidade de indagar, porque estabelecer a "proporção da ação ou da omissão" como parâmetro legal?

Uma possível resposta seria o fato de que a reforma foi prolífica em criar formas de contratação e ampliar o escopo do "terceirizável", logo, seria condizente com essa lógica de proteção da empresa principal, a possibilidade de externar já na condenação trabalhista uma redução por força legal de seu *quantum* indenizatório em detrimento da necessidade de reparar à vítima e buscar ressarcimento da empresa terceirizada. É quase como se a própria dinâmica da reforma não acreditasse na pujança e higidez financeira das empresas terceirizadas que surgirão. Fica mais uma vez evidente a incongruência com o direito civil, particularmente o direito do consumidor, é patente, especialmente nas cadeias de consumo.

Perceba-se que mesmo que não se deseja falar em hipossuficiência de todos os trabalhadores, é inegável que existe uma assimetria contratual entre empregado e empregador. Mesmo no campo do direito comercial as assimetrias contratuais são elementos que ensejam a proteção legislativa ainda que para assegurar que não ocorram comportamentos oportunísticos. Neste caso, a incongruência da reforma ao prescrever uma guinada ao direito civil, mas apenas naquilo que interessa, gera uma situação de patente precarização da posição jurídica do trabalhar em face do cidadão comum em suas múltiplas relações, a exemplo do consumidor.

Nesse particular, é lapidar a análise da Professora Ana Frazão (2017) sobre as incongruências da reforma:

> Entretanto, colocar o trabalhador em uma situação pior do que os demais credores é uma verdadeira aberração, que compromete não apenas os pressupostos do Estado democrático de direito, como também a mais elementar noção de unidade e coerência que se espera do ordenamento jurídico como um todo. Aliás, do ponto de vista da unidade do ordenamento jurídico, teria sido até mais coerente que a CLT fosse revogada, deixando que o Código Civil e a jurisprudência civil fossem aplicados aos trabalhadores. Certamente que haveria restrições de direitos dos trabalhadores em relação à ordem anterior, mas pelo

> menos o trabalhador estaria na mesma situação dos demais cidadãos nos diferentes aspectos da sua vida.
>
> Entretanto, criar uma legislação específica que, em diversos pontos, trata o trabalhador de forma pior do que o regramento que o Código Civil atribui aos demais cidadãos em suas relações simétricas é um total contrassenso. É atribuir a um vulnerável menor proteção do que aquela que se atribui àquele que tem poder de barganha. É ir além de transformar o trabalhador brasileiro em um credor de segunda categoria: é transformá-lo em um cidadão de segunda categoria.

Logo, os magistrados estão diante de uma nova legislação que os incita a ter um pensamento civilista, mas ao mesmo tempo esquecer os cânones do direito civil quando forem tratar de danos extrapatrimoniais. Trata-se de legislação que funciona quase como que uma política de restrição de passivo para as empresas, particularmente as tomadoras se imaginarmos estruturas amplas de terceirização. Neste momento, é oportuno questionar a constitucionalidade desses dispositivos.

2. A (IN)CONSTITUCIONALIDE DA TARIFAÇÃO DOS DANOS EXTRAPATRIMONIAIS

De plano, cumpre verificar que o Supremo Tribunal Federal já tratou expressamente da tarifação do dano moral, sendo o caso de referência o RE 396.386 (de relatoria do Ministro Carlos Velloso, DJ 13/08/2004), indicando a não recepção dos dispositivos que efetivavam a tarifação do dano moral através da lei de imprensa, por ofensa ao art. 5º, incisos V e X da Constituição Federal. Em sequência, marcante a ADPF nº 130 que rechaçou definitivamente a Lei de Imprensa. O Superior Tribunal de Justiça, por sua vez, em 2004, editou a Súmula nº 281: "a indenização por dano moral não está sujeita à tarifação prevista na Lei de Imprensa".

Também nesse sentido de patente inconstitucionalidade foi a conclusão da Nota Técnica nº 07, de 09/05/2017, elaborada pela Secretaria de Relações Institucionais do Ministério Público do Trabalho, caracterizando o texto da reforma como discriminatório e inconstitucional relativamente ao ponto dos danos extrapatrimoniais, citando a jurisprudência do STF.

Embora este seja o retrato mais imediato de precedentes que tratam da questão, é interessante verificar que a eventual inconstitucionalidade da tarifação do dano moral não é tão autoevidente quanto parece. Chama-se atenção à importante estudo sobre a quantificação do dano moral no direito pátrio realizado pela Fundação Getúlio Vargas, coordenado pela Professora Flávia Püschel (PÜSCHEL, *et all*; 2011), que historiografa o posicionamento do STF sobre tarifação do dano moral e evidencia que o mesmo sempre abordou a questão em casos concretos, não traçando a impossibilidade geral da tarifação. Com efeito, a conclusão do estudo é por demais relevante para a análise da reforma:

> De tudo o que foi exposto até aqui, se pode extrair duas conclusões gerais:
>
> 1. É possível antever certo risco de que um projeto legislativo que pretenda estabelecer limitações aos valores pagos a titulo de dano moral por meio da

criação de um sistema tarifário uma vez tornado lei seja - diante dessas linhas jurisprudenciais consolidadas ou em vias de consolidação e estabilização no Supremo Tribunal Federal acerca do alcance do âmbito de aplicação das normas presentes no art. 5º, V, X e XXXII - declarado inconstitucional.

2. Parece haver perspectiva positiva para um projeto legislativo que pretenda estabelecer limitações aos valores pagos a titulo de dano moral por meio da criação de um sistema de critérios balizadores do exercício de prudência judicial na fixação de valores das indenizações (arbitramento).

Portanto, não é de todo absurdo que seja declarada a constitucionalidade da reforma, embora se esteja diante de situação clara de violação à isonomia e a um desequilíbrio com a proteção ofertada pelo direito civil evidenciado no tópico anterior. Nesse particular, perceba-se que a recente Medida Provisória nº 808/2017, ao retirar a referência do salário individual e substituí-lo pelo o limite máximo dos benefícios do Regime Geral de Previdência Social, visa tratar de dois pontos que foram essenciais da percepção ampla inicial de inconstitucionalidade: a) a quebra de isonomia e tratamento discriminatório ao vincular ao salário; e b) limites indenizatórios por demasiado reduzidos, inclusive em comparação com a jurisprudência cível para bens e direitos análogos. Essa alteração, embora não afasta completamente a percepção de inconstitucionalidade, efetivamente torna a questão mais controvertida ainda.

A questão da constitucionalidade em si não é o único problema, o tempo do processo e a estratégia processual também o são.

Perceba-se que é possível aos juízes adotarem múltiplos cursos de conduta: a) podem afastar expressamente a tarifação, notadamente os limitadores do § 1º do Art. 223-G, mesmo que indenização efetivamente esteja dentro dos parâmetros preconizados pela norma; b) pode fixar indenizações dentro dos parâmetros preconizados pelo dispositivo, mas sem fazer referência expressa a constitucionalidade do dispositivo; c) pode afirmar a constitucionalidade e legalidade, seguindo o dispositivo. Logo, o tempo será um fator contrário a qualquer indenização que viole os patamares do dispositivo, pois estará inegavelmente franqueada a discussão até as instâncias extraordinárias trabalhistas e mesmo perante o STF. Definição poderá demorar anos.

Além disso, independentemente da questão constitucional, é possível que diante da sucumbência reciproca na nova dinâmica processual, as partes autoras (via de regra os trabalhadores) não façam pedidos fora do parâmetro da tarifação. Se o magistrado do caso entender pela constitucionalidade, ou mesmo simplesmente quiser evitar essa discussão decidindo dentro dos parâmetros fixados, qualquer valor postulado além será automaticamente sucumbência imposta a parte postulante. Perceba-se que a nova dinâmica trabalhista pode ser fator de observância prática da tarifação, independentemente de sua constitucionalidade.

Talvez o ponto nodal da tarifação e especialmente dos parâmetros indicados, seja o ultraje inconsciente sobre a disparidade que será propiciada para danos a trabalhadores e aos outros cidadãos dentro do direito. Nesse ponto o direito a noção quase inata de igualdade deve ser destacado. O STF já determinou na ADI nº

3070 que: *"A lei pode, sem violação do princípio da igualdade, distinguir situações, a fim de conferir a uma tratamento diverso do que atribui a outra. Para que possa fazê-lo, contudo, sem que tal violação se manifeste, é necessário que a discriminação guarde compatibilidade com o conteúdo do princípio."* Neste contexto, aparenta-se desproporcional excluir o arcabouço de princípios do direito civil do regramento dos danos extrapatrimoniais. Redunda-se em proteção deficiente do indivíduo enquanto trabalhador em detrimento do mesmo indivíduo enquanto cidadão ou consumidor.

Um exemplo hipotético pode aclarar a incongruência da situação. Considere-se a redação original da reforma, que valerá caso a Medida Provisória nº 808/2017 não venha a ser convertida em lei. Um trabalhador que viesse a falecer em virtude de acidente de trabalho por negligência da empresa em adotar equipamentos de proteção coletiva em discordância expressa com as normas regulamentares da atividade seria provavelmente indenizado nos patamares de ofensa gravíssima no valor máximo de 50 vezes o salário contratual. Supondo-se ainda o salário mínimo, existiria um teto de no máximo 50 salários mínimos para reparar a ofensa sofrida.

Essa parametrização com o que vem decidindo o STJ de longa data. Particularmente o O Ministro Paulo de Tarso Sanseverino, ainda em 2011, no julgamento do REsp nº 959780/ES (STJ-3ªT, julgado em 26/04/2011, DJe 06/05/2011) realizou estudo dos precedentes do Superior Tribunal de Justiça a respeito do tema, indicando que a maioria das indenizações por danos morais em situações de gravidade da perda variavam entre 300 e 500 salários mínimos (ainda em 2011!).

Logo, outra questão que se propõe é: a moral consumerista vale mais que a moral do trabalhador? Outro caso hipotético: um trabalhador de uma rede de *fastfood* e o cliente levam um choque elétrico na bancada de atendimento ao consumidor por negligência de manutenção da empresa. O choque foi o mesmo, as queimaduras elétricas foram as mesmas, bem como a amputação de membros inferiores e superiores.

Na sistemática da reforma, teremos, potencialmente, o reconhecimento de lesão gravíssima e máximo de 50 salários mínimos, por suposição. Mais ainda, se o entendimento for de que os danos morais e estéticos devem ser vistos de forma conglobada dentro de uma só situação de dano extrapatrimonial como levantado por hipótese argumentativa acima, o valor máximo a ser recebido seria exatamente o "teto" de 50 salários mínimos.

Já o cliente, por sua vez, já teria a certeza da cumulatividade dos danos morais e estéticos espelhada na Súmula 387 do STJ. Além disso, a jurisprudência do Superior Tribunal de Justiça possui precedentes com valores muito superiores para esse tipo de dano. Notadamente como exemplo, cite-se o AgRgAgRE nº 812.474 – SP (Relatoria do Min. Raul Araújo, julgado em 18/08/2015; DJe 03/09/2015), que manteve como proporcionais e adequadas para amputações por choque elétrico os valores de indenização por danos morais e estéticos, arbitrados, respectivamente, em R$ 200.000,00 (duzentos mil reais) e R$ 70.000,00 (setenta mil reais).

Mesmo considerando a atual redação da vigente ao tempo desta redação (que pode muito bem estar ultrapassada em alguns meses, dada a volatilidade com que o legislativo vem tratando a matéria)a disparidade desaparece, seja pela distância entre os valores, seja pela efetiva limitação imposta ao judiciário em quantificar adequadamente a miríade de casos concretos, cada um com nuanças específicas que inviabilizam qualquer compartimentalização abstrata. A MP – "reforma da reforma nascente" – simplesmente atenua o contraste inicial de insuficiência de proteção, não elimina esse fator de inconstitucionalidade.

O mesmo argumento se pode dizer em face da exclusão do fato jurídico morte da tarifação, consoante o § 5º do Art. 223-G, parece ser a concessão ao argumento de que um fato tão nocivo como a perda do bem jurídico "vida", tão essencial, não pode estar limitada abstratamente em sua avaliação. Mas essa efetiva concessão à crítica social e doutrinária evidencia exatamente que existem situações que não devem ser limitadas. E o trabalhador que fica em estado vegetativo? E o trabalhador que fica tetraplégico? Qual a linha divisória dos bens e situações que admitem tarifação e as que não? Será que só a morte é tão aviltante que merece ultrapassar um teto indenizatório arbitrariamente fixado? A própria discussão parece infirmar a premissa de que a dignidade humana é valor fundante de nossa sociedade.

Fica evidente a disparidade da proteção dos mesmos bens jurídicos com a limitação trabalhista. Sob esta ótica, além da inconstitucionalidade da tarifação propriamente dita do § 1º do Art. 223-G, se está diante de uma inconstitucionalidade por proteção deficiente de direitos fundamentais da personalidade nos Arts. 223-A e 223-E.

Outro ponto importante que deve ser discutido é a aparente pressuposição de que a Justiça do Trabalho defere sistematicamente condenações absurdas e que demandariam uma parametrização do legislador. Embora o debate tenha se centrado em torno de recursos retóricos a casos episódicos para justificar eventual excesso, cumpre perquirir e existência de eventuais estudos estatísticos ou de jurimetria sobre o ponto.

Com efeito, referenciando novamente o estudo realizado pela Fundação Getúlio Vargas, coordenado pela Professora Flávia Püschel (PÜSCHEL, *et all;* 2011), a evidência concreta disponível parece ir no sentido de uma coerência dinâmica e moderação das condenações. Foram analisados centenas de julgados de vários TRTs. Uma das conclusões possíveis é que a ausência de regras específicas para a atribuição de danos morais não leva necessariamente à proliferação de decisões atribuindo reparações erráticas. A existência de normas de conteúdo aberto não implica, por si, em insegurança jurídica, fato revelador de que a percepção de segurança não é um problema de técnica legislativa propriamente, mas um efeito integrado entre instituto jurídico, processo e praxe judiciária

Nesse particular, a Medida Provisória nº 808/2017 evidencia que o processo legislativo e a atuação governamental estão a contribuir para a insegurança jurídica. Uma reforma que foi aprovada com velocidade muito superior à peças legislativas congêneres (códigos civil e de processo civil, por exemplo) e que no seu nascedouro já é objeto de uma "reforma da reforma", torna insustentável a premissa de que o objetivo da legislação é promover, exatamente, "segurança jurídica".

Logo, surge o questionamento de qual a função da sistemática de danos extrapatrimoniais preconizada pela reforma.

3. A FUNÇÃO DA RESPONSABILIDADE CIVIL EM CONTRASTE COM A REFORMA TRABALHISTA

Para que se possa aferir a qualidade ou eficiência de um instituto jurídico é essencial saber primeiro qual sua finalidade, qual o seu desiderato. Então, qual seria a função da responsabilidade civil trabalhista contemporânea? A doutrina, em resposta a esta indagação, aponta uma multiplicidade de funções da responsabilidade civil dentro da ordem jurídica.

Na lição de Ana Frazão, a responsabilidade civil volta-se a multiplicidade de funções, não só a reparação, pelo que ganha relevância sua utilização instrumental para a sociedade:

> Quanto às funções da responsabilidade civil na atualidade, embora persista a importância da compensação, vem ganhando destaque a função normativa ou de desestímulo, cuja dimensão social é evidente, já que ultrapassa a relação entre o causador do dano e a vítima que requer a indenização. Essa é uma das razões pelas quais não há ranço acentuadamente patrimonialista que impeça a responsabilidade civil de cumprir a função de tutelar os mais diversos interesses, inclusive os públicos. (FRAZÃO, 2011, p. 36)

Gizelda Hinoraka, por seu turno, reforça a instrumentalização da responsabilidade civil na atualidade para a realização de direitos sociais e civis:

> Se for o caso de observar um horizonte histórico de responsabilidade civil, este instituto contemporâneo é um instituto que hoje, exige uma reformulação de concepção e clama por uma concepção ético-política, vale dizer uma concepção que vá além da sua singela compreensão dogmática ou burocrática. A compensação e a reparação, porque, porque são formas concebidas contemporaneamente para o reequilíbrio da vida social, não podem simplesmente procurar restabelecer um mesmo estado anterior de pouca cidadania. Clama também por obrigação e responsabilidade civil, mas pode – ou melhor, deve – fazer da responsabilidade civil um instrumento para garantia de direitos sociais e de exercício de direitos civis por todos os cidadãos, inclusive o direito à propriedade.
>
> Se, todavia, se pretender apenas considerar a responsabilidade civil como um simples instituto jurídico – que pode simplesmente ser reduzido à condição de ser uma garantia da propriedade – certamente a sociedade brasileira poderá deixar de contar com mais uma excepcional vertente endereçada a uma substancial alteração de uma cultura de violência e de exclusão social. (HIRONAKA, 2005, p. 346)

Já em relação a jurisprudência, particularmente do Tribunal Superior do Trabalho, múltiplos julgados apontam para o manejo da responsabilidade civil para além da mera reparação do dano, destacando sua importância na dissuasão de comportamentos sociais lesivos e inclusive referenciando a função punitiva da condenação em danos[2]:

> **A gravidade e a natureza extrapatrimonial do dano social exigem que se pense na responsabilidade civil não apenas sob a ótica tradicional (compensatória). O debate envolve a discussão sobre as distintas funções da responsabilidade civil e sobre o equilíbrio entre elas: (I) compensatória, (II) preventiva, (III) normativa, (IV) equitativa (evitar o locupletamento ilícito) e (V) punitiva, embora essa última perspectiva envolva muitas controvérsias. (...). Como parâmetros de quantificação, devem ser considerados: a) Reprovabilidade da conduta: se a responsabilidade objetiva é discutível, não há dúvidas de que casos de reincidência, dolo (violação calculada) e culpa grave devem ser tratados com rigor; B) capacidade econômica e patrimonial da empresa; C) montante da vantagem ilicitamente obtida. A perspectiva de uma política jurisdicional de enfrentamento de tais questões, que comumente é invocado sob a terminologia imprópria de combate ao "dumping social", muitas vezes reverberam em iniciativas não isonômicas podem gerar distorções.** As múltiplas funções da responsabilidade civil precisam ser harmonizadas com o princípio da manutenção da empresa e com a necessidade de se observar os múltiplos interesses que sobre ela se projeta. (...). **O princípio da preservação da empresa não é incompatível com o reconhecimento e a reparação de danos sociais, mas deve ser importante parâmetro para a identificação, o tratamento e a quantificação de tais danos.** (TST - RR 0001850-92.2010.5.03.0111 - Rel. Min. Luiz Philippe Vieira de Mello Filho - DJe 23.10.2015 - p. 2690)

> **Entendo que o fim precípuo da indenização por dano moral não seja o de apenas compensar o sofrimento da vítima, mas, também, de punir de forma pedagógica o infrator (punitive damages), desestimulando a reiteração de práticas consideradas abusivas.** Assim sendo, o valor arbitrado não pode ser considerado exorbitante, eis que **atende aos princípios da razoabilidade e proporcionalidade.** Agravo de instrumento não provido. (TST - AIRR 0000243-56.2014.5.05.0464 - Relª Minª Maria Helena Mallmann - DJe 11.12.2015 - p. 2321)

> **Há lastro jurídico consistente, portanto, para extrair da ordem jurídica as funções dissuasória e punitiva, as quais transcendem o escopo de mensurar a dor, a vexação ou o constrangimento resultantes da ofensa a bens extrapatrimoniais e autorizam que o juiz fixe indenização em valor que também sirva para tornar antieconômico ao ofensor insistir na ofensa e para constranger, tal qual se apreende no direito comparado (*punitive damages*) pelo mal que já consumara. Em igual senda segue a exegese do art. 5º, V e X, da Constituição Federal. A não ser assim, a perspectiva do causador do dano será a de quem se insere em uma relação custo-benefício, estimulando-se a indústria do dano moral, qual seja, aquela em que a lesão extrapatrimonial, pelo que custa, pode compensar financeiramente para o ofensor.** No caso dos autos, "não há dúvidas de que as lesões decorrentes da doença ocupacional provocaram forte abalo moral ao autor, que tem que conviver com a angústia de estar incapacitado permanentemente para as atividades laborais que de-

2. Os trechos reputados mais relevantes para a pesquisa foram negritados.

senvolvia na reclamada", segundo o Regional. Logo, **a indenização fixada (R$ 30.000,00) não atende à função compensatória, porque grave a extensão do dano, e menos ainda se revela punitiva e inibitória.** O fato de o dano resultar da exposição do trabalhador à sílica, poeira mineral que desde tempos imemoriais devasta o aparelho respiratório, atesta o elevado grau de culpa da empresa e denuncia a desproporção entre o dano e a indenização arbitrada, quando considerados os aspectos acima referidos. Eleva-se o valor da reparação a R$ 100.000,00, com vistas a alcançar a aludida proporcionalidade. Recurso de revista conhecido e provido. (TST - ARR 0220000-59.2009.5.15.0008 - Rel. Min. Augusto César Leite de Carvalho - DJe 25.09.2015 - p. 2565)

Acerca do quantum da indenização fixada a título de danos morais, há que se observar a sua dupla finalidade, ou seja, a função compensatória e a função pedagógico-punitiva, sem que isso signifique a adoção do instituto norte-americano do *punitive damages*. Presentes tais aspectos, alguns critérios devem ser definidos para a fixação do valor da indenização. Em primeiro lugar, a indenização não pode ser excessiva à parte que indeniza e ensejar uma fonte de enriquecimento indevido da vítima. Também não pode ser fixada em valores irrisórios e apenas simbólicos. (TST - RR 9956700-89.2006.5.09.0013 - Rel. Min. Hugo Carlos Scheuermann - DJe 28.08.2015 - p. 775).

O propósito da indenização por dano moral coletivo não é apenas de compensar o eventual dano sofrido pela coletividade, mas também de punir o infrator (punitive damages) de forma a desencorajá-lo a agir de modo similar no futuro, servindo, inclusive, como exemplo a outros potenciais causadores do mesmo tipo de dano. (TST - RR 0024800-87.2011.5.21.0005 - Relª Minª Delaíde Miranda Arantes - DJe 19.06.2015 - p. 2481).

É oportuno destacar nos julgados a reiteração do cuidado com o desestímulo da conduta dos ofensores, inclusive citando que a relação custo-benefício da violação deve ser considerada na fixação do dano.

Tal lógica se perde totalmente com a dinâmica da reforma, especialmente por violações trabalhistas por parte dos entes empregadores são usualmente procedidas com ganho de escala na violação, bem como considerando que o máximo que o texto da reforma permite seria o dobro do valor da indenização em caso de reiteração apenas se parte idênticas (Art. 223, § 3º).

Com efeito, determinada empresa que gera danos à saúde de seus empregados por ausência de mecanismos de proteção coletiva não estará sujeita a qualquer majoração de indenização mesmo sendo múltiplas e reiteradas as demandas com mesmo fundamento. Com efeito, mais do que permitir a função de desestímulo nos comportamos sociais lesivos, a reforma trabalhista parece permitir a infraestrutura para ganhos de escala exatamente em comportamentos socialmente lesivos. Reforça a noção de que a reforma funciona como limitador de potencial passivo para empresas.

Assim, em múltiplas searas jurídicas, fora a trabalhista, a responsabilidade civil continuará a ser um mecanismo de proteção da ordem jurídica a direitos fundamentais, permitindo que a jurisprudência adeque indenizações que frustram o propósito violador para que observância ou não das normas seja uma questão de coesão social e não de mera análise de custo benefício.

Logo, além da quebra de isonomia, a inconstitucionalidade da reforma pode ser vista não apenas pela quebra da isonomia, mas pelo fato de ensejar uma proteção deficiente de direitos fundamentais. O próprio STF já assentou que o princípio da proporcionalidade admite a vertente de proibição do excesso, como a de proibição de proteção deficiente (HC 104.410, rel. min. Gilmar Mendes, j. 6-3-2012, 2ª T, DJE de 27-3-2012). Inegável que diante da própria praxe evidenciada pela disparidade de julgados cíveis/trabalhistas e do design e funcionalidades do sistema de responsabilidade civil, se estará diante de uma proteção deficiente.

4. ANÁLISE PROSPECTIVA – OS ENUNCIADOS DA 2ª JORNADA NACIONAL

As análises apresentadas neste artigo estão consentâneas com as preocupações que ocupara parte das discussões da 2ª Comissão Temática da 2ª Jornada Nacional promovida pela Anamatra – Associação Nacional dos Magistrados da Justiça do Trabalho, particularmente nos enunciados nºs 5, 6 e 7:

> **Enunciado 5. Título**: DANO EXTRAPATRIMONIAL: EXCLUSIVIDADE DE CRITÉRIOS. **Ementa:** APLICAÇÃO EXCLUSIVA DOS NOVOS DISPOSITIVOS DO TÍTULO II-A DA CLT À REPARAÇÃO DE DANOS EXTRAPATRIMONIAIS DECORRENTES DAS RELAÇÕES DE TRABALHO: INCONSTITUCIONALIDADE. A ESFERA MORAL DAS PESSOAS HUMANAS É CONTEÚDO DO VALOR DIGNIDADE HUMANA (ART. 1º, III, DA CF) E, COMO TAL, NÃO PODE SOFRER RESTRIÇÃO À REPARAÇÃO AMPLA E INTEGRAL QUANDO VIOLADA, SENDO DEVER DO ESTADO A RESPECTIVA TUTELA NA OCORRÊNCIA DE ILICITUDES CAUSADORAS DE DANOS EXTRAPATRIMONIAIS NAS RELAÇÕES LABORAIS. DEVEM SER APLICADAS TODAS AS NORMAS EXISTENTES NO ORDENAMENTO JURÍDICO QUE POSSAM IMPRIMIR, NO CASO CONCRETO, A MÁXIMA EFETIVIDADE CONSTITUCIONAL AO PRINCÍPIO DA DIGNIDADE DA PESSOA HUMANA (ART. 5º, V E X, DA CF). A INTERPRETAÇÃO LITERAL DO ART. 223-A DA CLT RESULTARIA EM TRATAMENTO DISCRIMINATÓRIO INJUSTO ÀS PESSOAS INSERIDAS NA RELAÇÃO LABORAL, COM INCONSTITUCIONALIDADE POR OFENSA AOS ARTS. 1º, III; 3º, IV; 5º, CAPUT E INCISOS V E X E 7º, CAPUT, TODAS DA CONSTITUIÇÃO FEDERAL.
>
> **Enunciado 6. Título:** DANOS EXTRAPATRIMONIAIS: LIMITES. **Ementa:** É DE NATUREZA EXEMPLIFICATIVA A ENUMERAÇÃO DOS DIREITOS PERSONALÍSSIMOS DOS TRABALHADORES CONSTANTE DO NOVO ARTIGO 223-C DA CLT, CONSIDERANDO A PLENITUDE DA TUTELA JURÍDICA À DIGNIDADE DA PESSOA HUMANA, COMO ASSEGURADA PELA CONSTITUIÇÃO FEDERAL (ARTIGOS 1º, III; 3º, IV, 5º, CAPUT, E §2º).
>
> **Enunciado 7. Título:** DANO EXTRAPATRIMONIAL: LIMITES E OUTROS ASPECTOS. **Ementa:** DANOS EXTRAPATRIMONIAIS. O ARTIGO 223-B DA CLT, INSERIDO PELA LEI 13.467, NÃO EXCLUI A REPARAÇÃO DE DANOS SOFRIDOS POR TERCEIROS (DANOS EM RICOCHETE), BEM

COMO A DE DANOS EXTRAPATRIMONIAIS OU MORAIS COLETIVOS, APLICANDO-SE, QUANTO A ESTES, AS DISPOSIÇÕES PREVISTAS NA LEI 7.437/1985 E NO TÍTULO III DO CÓDIGO DE DEFESA DO CONSUMIDOR.

Considerando a incerteza inicial sobre a aplicação de mudança legislativa que atinge a própria principiologia do direito do trabalho e inverte sistemas de proteção, os enunciados são um primeiro porto seguro, o que indica pela análise prospectiva de adesão por parte significativa de magistrados.

A inconstitucionalidade é diretamente mencionada. A dúvida reside na questão apresentada no tópico anterior, se o esforço institucional a cada julgado e o risco processual possível não serão proibitivos da observância ampla dos enunciados.

CONCLUSÃO

Como conclusões do estudo, pode-se elencar:

1. O tratamento dado aos danos extrapatrimoniais dado pela reforma trabalhista almeja negar às situações de dano todo o arcabouço jurídico presente no direito civil para a efetiva reparação dos danos e prevenção de comportamentos socialmente danosos.
2. Evidencia-se a incoerência lógica da reforma ou um interesse de aproveitamento "fatiado" do direito civil, notadamente naquilo que apresenta restrição de direitos ou aplicação da relatividade dos contratos.
3. A chamada tarifação do dano extrapatrimonial à luz dos precedentes do STF e mesmo do STJ parece violar os postulados de reparação adequada e mesmo normas do art. 5º, incisos V e X, da CF/88. Tal conclusão redundaria na sua inconstitucionalidade do Art. 223-G, § 1º.
4. Também é argumento deste artigo a incoerência do texto e a segregação da aplicabilidade do direito civil aos danos extrapatrimoniais na seara trabalhista, especialmente quando os parâmetros jurisprudenciais são efetivamente muito superiores para os mesmos bens jurídicos, se está diante de situação de proteção desproporcional e deficiente em face de direitos fundamentais, o que também levaria à inconstitucionalidade da tarifação propriamente dita (Art. 223-G, § 1º) e dos dispositivos Art. 223-A e 223-E.
5. Importante, entretanto, ressaltar posicionamentos doutrinários de que eventual legislação ao fixar balizas indenizatórias, não valores específicos para danos, seria passível de interpretação como constitucional.
6. Independentemente da constitucionalidade dos dispositivos é possível que a própria praxe judiciária redunde na observância da tarifação em face do design processual e a provável demora na definição nas instâncias superiores.

REFERÊNCIAS

FRAZÃO, Ana. **Reforma trabalhista e suas distorções.** 2017. Disponível em: <https://jota.info/colunas/constituicao-empresa-e-mercado/reforma-trabalhista-e-suas-distorcoes-20092017>. Acesso em: 13/10/2017.

FRAZÃO, Ana de Oliveira. **Dano Social e Dumping Social no Direito do Trabalho: Perspectivas e Limitações.** Revista LTr, Vol. 80, nº 03, Março/2016.

HIRONAKA, Giselda Maria Fernandes Novaes. **Responsabilidade pressuposta**. Belo Horizonte: Del Rey, 2005.

PÜSCHEL, *et all.* **A quantificação do Dano Moral no Brasil: Justiça, segurança e eficiência.** Escola de Direito de São Paulo da Fundação Getúlio Vargas. Série Pensando o Direito n° 37/2011.

O DANO EXISTENCIAL À LUZ DA LEI Nº 13.467, DE 13 DE JULHO DE 2017 E MP 808, 14 DE NOVEMBRO DE 2017

Kleber Henrique S. Afonso[1]

Sumário: 1. Introdução – 2. Do fundamento da república federativa do Brasil – 3. Dos direitos fundamentais e a dignidade da pessoa humana – 4. Do direito do trabalho e a proteção do trabalhador – 5. Do dano existencial – 6. Demais considerações sobre pontos prescritos pela lei em comento quanto à indenização – 7. Conclusão – 8. Referências bibliográficas.

1. INTRODUÇÃO

O direito do trabalho e o processo do trabalho passam a sofrer um desafio quanto à interpretação do direito ao se depararem com a positivação dada pela Lei nº 13.467, de 13 de julho de 2017, com vacância de 120 dias, que encontrou em vigência em 11 de novembro de 2017 e sofreu alteração com a MP nº 808 publicada em 14 de novembro de 2017.

Limitando-se ao objeto do presente estudo e diante da citada Lei, faz-se necessário realizar uma análise ao Título II-A, acrescido na Consolidação das Leis Trabalhistas (CLT), denominado Dano Extrapatrimonial, composto pelos dispositivos 223-A até o 223-G, sem correspondentes anteriores e, de forma específica a positivação nos artigos 223-A[2] e 223-B[3], que disciplina a reparação do dano ex-

---

1. Mestre em Direito pela Univem. Advogado e Professor de Direito do trabalho e Processo do trabalho da UNILAGO – União das Faculdades dos Grandes Lagos de São José do Rio Preto-SP, da FIPA – Faculdades Integradas Padre Albino de Catanduva-SP e professor convidado da ESA – Escola Superior da Advocacia.
2. Art. 223-A. Aplicam-se à reparação de danos de natureza extrapatrimonial decorrentes da relação de trabalho apenas os dispositivos deste Título.
3. 223-B. Causa dano de natureza extrapatrimonial a ação ou omissão que ofenda a esfera moral ou existencial da pessoa física ou jurídica, as quais são as titulares exclusivas do direito à reparação.

trapatrimonial e a prescrição, sem qualquer conteúdo de figura jurídica do dano existencial, em total confusão teórica do citado dano.

Assim, parte-se da premissa de que o dano existencial se refere ao prejuízo, mal, vinculado ao existencialismo da pessoa humana, ou seja, o estar aqui, cujo ato ilícito praticado pelo infrator interfere diretamente na vida pessoal do trabalhador e se prolonga para fora do ambiente de trabalho, com a frustração do projeto de vida e da vida de relação, elementos necessários para a configuração do dano existencial que não se encontram no rol dos artigos 223-C[4] (alterado pela MP 808/2017) e 223-D da CLT[5].

Desta forma, o estudo pretende demonstrar, com um viés de interpretação constitucional, que o Título em questão, II-A – Dano Extrapatrimonial, não se sustenta, diante da limitação da norma que repara o dano e, ainda, porque não traz os elementos necessários para configuração do dano existencial para o fim de reparação e, também porque o dano existencial prescrito se refere ao dano moral, mantendo-se a mesma confusão teórica encontrada em alguns julgados, que não se preocupam em reconhecer a autonomia do dano existencial, ao lado do dano moral, como uma espécie de dano extrapatrimonial.

Não obstante o art. 223-B da CLT tenha disciplinada a ocorrência de dano moral ou existencial, o que leva, *prima facie*, a autonomia, já que a conjunção alternativa "ou" corresponde à possibilidade de que, configurado a afronta aos bens tutelados (art. 223-D, da CLT) pode surgir o dever de reparar um ou outro dano extrapatrimonial, mas não apresenta os elementos necessários para configuração do dano existencial de forma autônoma e que possa ser reparado juntamente com dano moral para se atender a reparação integral do dano sofrido pela vítima.

Neste aspecto da reforma que se pretende apresentar o estudo em questão, não podendo, de certa forma, deixar de tecer algumas críticas, para serem valoradas pelos aplicadores do direito, à nova legislação que limita o dano extrapatrimonial, tanto quanto à sua aplicabilidade sem observância à Constituição Federal (CRFB), com o fim na interpretação da dignidade da pessoa humana, assim como ao Direito Civil, além de limitar apenas um dano extrapatrimonial, já que apresenta a conjunção alternativa, inibindo a cumulação dos danos no mesmo caso, o que é passível diante da natureza e dos elementos do dano existencial, que o distingue do dano moral.

Situação que não se pode admitir e nem se limitar a interpretação literal, mas sim com o olhar para a norma maior e a reparação integral, diante da afronta a dignidade humana, tem-se, por certo, a existência e a continuidade de condenação de infrator de forma autônoma e cumulativa quanto à indenização extrapatrimo-

4. Art. 223-C. A etnia, a idade, a nacionalidade, a honra, a imagem, a intimidade, a liberdade de ação, a autoestima, o gênero, a orientação sexual, a saúde, o lazer e a integridade física são os bens juridicamente tutelados inerentes à pessoa natural
5. Art. 223-D. A imagem, a marca, o nome, o segredo empresarial e o sigilo da correspondência são bens juridicamente tutelados inerentes à pessoa jurídica.

nial, inclusive, com possibilidade de outras, a exemplo, perda da chance, em face do sistema aberto que rege a natureza do dano e da reparação.

O dano existencial que, como se sabe, é de origem no Direito Italiano e foi aceito em nosso ordenamento com suporte nos incisos III e IV, art. 1º da CRFB[6], que atribuiu a *dignidade da pessoa humana* e *os valores sociais do trabalho e da livre iniciativa* como fundamento da República Federativa do Brasil e, diante do sistema atípico e aberto, com cláusula geral quanto ao dano extrapatrimonial.

E esse sistema ainda vigora em nosso ordenamento, embora a Lei nº 13.467/2017 pretenda transformá-lo em um sistema fechado e alternativo de reparação, sem que possa ser cumulado com outro dano, mesmo que este tenha essência diversa, como a frustração ao projeto de vida e da vida de relação.

Ocorre que, não obstante a nova legislação, persiste a deficiência da doutrina e dos julgamentos quanto às interpretações necessárias para se analisar o dano existencial, no caso específico da relação de emprego, precisamente quanto à sua autonomia, focada na reparação integral da vítima, o que de forma direta envolve a prova para configuração do dano existencial, onde se faz necessário a prova dos elementos, infração contratual, da responsabilidade civil (ato ilícito, culpa ou dolo, nexo causal e dano) e, este último, como sendo frustração do projeto de vida e da vida de relação, não se admitindo o reconhecimento por mera presunção, como é possível no dano moral.

Com efeito, o presente estudo propõe, embora de forma superficial, mas pode-se dizer que com a esperança de que a interpretação se volte, ou melhor, continue voltada para atender a dignidade da pessoa humana, base fundamental da República, a tecer algumas considerações a respeito do tema tão importante, mas delimitado pelos arts. 223-A e seguintes da CLT, inclusive, quanto ao critério de arbitragem e a tarifação já posicionada pelos aplicadores como inconstitucional, *mesmo diante da nova tarifação apresentada pela MP nº 808/2017*, traçando inclusive um contraponto com o próprio dano existencial no que diz respeito ao conceito de existencialismo, dano e às pessoas envolvidas como vítimas, assim como, a sua autonomia no campo do extrapatrimonial e ainda a possibilidade do dano por ricochete, excluída pelo art. 223-B da CLT.

Para ao final, concluir a respeito, do equívoco da lei ao colocar no citado dispositivo legal a previsão de dano existencial, sem qualquer parâmetro doutrinário e jurisprudencial, tratando-se de letra morta diante do atual contexto do que efetivamente seja dano existencial e sua permissão no nosso ordenamento jurídico.

Tais reflexões são de extrema importância, precisamente em época de incerteza em relação a lei nova e da sua vigência já conturbada, mas com a esperada e certeza que sua interpretação será em consonância da CRFB, Código Civil Brasileiro (CCB) e

6. Art. 1º A República Federativa do Brasil, formada pela união indissolúvel dos Estados e Municípios e do Distrito Federal, constitui-se em Estado Democrático de Direito e tem como fundamentos: [...]; III - a dignidade da pessoa humana; IV - os valores sociais do trabalho e da livre iniciativa;

os princípios que norteiam o ordenamento jurídico material referente a responsabilidade civil e direito do trabalho. É o que se espera do Poder Judiciário, cuja competência de dizer a jurisdição não pode sofrer delimitação por lei infraconstitucional.

2. DO FUNDAMENTO DA REPÚBLICA FEDERATIVA DO BRASIL

Como premissa para se realizar uma interpretação normativa, tem-se como fundamental, valorar e voltar a análise para a CRFB e, em se tratando de dano extrapatrimonial, o fundamento da República Federativa valorado na dignidade da pessoa humana, diga-se, princípio, que permite uma interpretação ampla e concluir pela continuidade da reparação integral, tratando o dano existencial de forma autônoma, estendendo a terceiro, por reflexo ou ricochete e, de forma cumulada com o dano moral e fora da tarifação apresentada pelo § 1º e seus incisos, art. 223-G da CLT[7].

Assim, como é do conhecimento, a CRFB institui como fundamento da República a dignidade da pessoa humana, inciso III, art. 1º, e também, não menos importante, os valores sociais do trabalho e da livre iniciativa, inciso IV, do citado dispositivo constitucional. Ponto crucial para uma interpretação.

Além deste fundamento, a CRFB dispôs nos arts. 5º, 6º, 7º, 8º e 9º[8] e seus incisos, no Título referente aos Direitos e Garantias Fundamentais, os direitos e deveres fundamentais, assegurando direito à igualdade e à inviolabilidade à intimidade, à vida privada, à honra e à imagem das pessoas, assim como os direitos sociais mínimos à educação, a saúde, lazer, segurança, previdência social, a proteção à maternidade, à infância e assistência aos desamparados, além dos direitos

---

7. Art. 223-G. Ao apreciar o pedido, o juízo considerará: [...].
§ 1º Ao julgar procedente o pedido, o juízo fixará a reparação a ser paga, a cada um dos ofendidos, em um dos seguintes parâmetros, vedada a acumulação:
I – para ofensa de natureza leve – até três vezes o valor do limite máximo dos benefícios do Regime Geral de Previdência Social; II – para ofensa de natureza média – até cinco vezes o valor do limite máximo dos benefícios do Regime Geral de Previdência Social; III – para ofensa de natureza grave – até vinte vezes o valor do limite máximo dos benefícios do Regime Geral de Previdência Social; ou IV – para ofensa de natureza gravíssima – até cinquenta vezes o valor do limite máximo dos benefícios do Regime Geral de Previdência Social.

8. Art. 5º. Todos são iguais perante a lei, sem distinção de qualquer natureza, garantindo-se aos brasileiros e aos estrangeiros residentes no País a inviolabilidade do direito à vida, à liberdade, à igualdade, à segurança e à propriedade, nos termos seguintes; I – LXXVII.
Art. 6º. São direitos sociais a educação, a saúde, a alimentação, o trabalho, a moradia, o lazer, a segurança, a previdência social, a proteção à maternidade e à infância, a assistência aos desamparados, na forma desta Constituição.
Art. 7º. São direitos dos trabalhadores urbanos e rurais, além de outros que visem à melhoria de sua condição social; I – XXXIV.
Art. 8º. É livre a associação profissional ou sindical, observado o seguinte; I – VIII.
Art. 9º. É assegurado o direito de greve, competindo aos trabalhadores decidir sobre a oportunidade de exercê-lo e sobre os interesses que devam por meio dele defender.

mínimos do trabalhador no âmbito da relação individual e o direito de associar-se, ser representado e lutar pelas condições de melhoria ou para que sejam respeitados os direitos mínimos assegurados pela CRFB.

Para arrematar o cenário constitucional, citamos a obediência aos Princípios Gerais da Atividade Econômica, art. 170 da CRFB/88[9], que funda a ordem econômica na valoração do trabalho humano e na livre iniciativa com o objetivo de assegurar a todos uma existência digna.

É neste cenário que as relações de trabalho devem se pautar e, assim cabe a intepretação à nova lei, que acresceu os arts. 223-A até 223-G na CTL, *para o fim de se concluir por afastar tais dispositivos quando o fato tratar efetivamente de dano existencial*, mantendo-se sua entrada no ordenamento jurídico, diante do sistema aberto do dano, com suporte nos arts. 186 e 927 do CCB e da dignidade humana, inciso III, art. 1º, e dos direitos violados, art. 5º e 6º todos da CRFB, base da intepretação que o aplicador do direito necessita refletir.

3. DOS DIREITOS FUNDAMENTAIS E A DIGNIDADE DA PESSOA HUMANA

Passado pelo breve relato do fundamento da República, soma-se a premissa de uma análise do direito fundamental como sendo aquele que tem o fim de assegurar os direitos da personalidade, os direitos sociais e, na relação de emprego, os direitos mínimos previstos no art. 7º da CRFB, já que estes estão inclusos no capítulo dos direitos sociais.

Desta feita, Lora[10] entrelaça os direitos fundamentais com a dignidade humana, com o qual se concorda, e conclui a autora[11] que os direitos fundamentais assumem, de certa forma, um aspecto fundamental no âmbito de justificar e fundamentar as reparações de atos ilícitos praticados por infratores e, no caso, em exame, reparar o dano existencial.

Assim, verifica-se que o direito fundamental visa assegurar os direitos mínimos da pessoa humana, *inclusive na relação entre particulares*, determinando-se que, no conflito com a autonomia privada, *a interpretação se faça no sentido de assegurá-lo para só assim proteger a dignidade humana*, espinha dorsal do nosso ornamento jurídico e fundamento de validade de toda norma e relação pessoal, portanto, base de interpretação para aplicabilidade da Lei nº 13.467/2017, denominada como reforma trabalhista que, embora será aplicada, a interpretação será diversa do que pretendeu o texto positivado.

9. Art. 170. A ordem econômica, fundada na valorização do trabalho humano e na livre iniciativa, tem por fim assegurar a todos existência digna, conforme ditames da justiça social, observados os seguintes princípios: I – IX.

10. LORA, Ilse Marcelina Bernardi. O dano no direito do trabalho. *Revista Síntese Trabalhista e Previdenciária*. São Paulo, v. 24, n. 284, fev. 2013. p. 11-12.

11. Ibid., p. 20.

Tem-se também como direito fundamental, portanto, o direito social mínimo que o art. 6º da CRFB constitui como sendo *direito à educação, à saúde, à alimentação, ao trabalho, à moradia, ao lazer, à segurança, à previdência social, a proteção à maternidade e à infância, à assistência aos desamparados*, o que já autoriza também sustentar, de forma breve, que os bens tutelados e postos no art. 223-C da CLT são meramente exemplificativos, mesmo após o acréscimo e alteração com a MP nº 808/2017, não podendo ser taxativa sua interpretação, precisamente, diante da dignidade humana e os direitos fundamentais, incluídos os sociais.

Pois, sustentar a taxatividade, seria ferir de morte os direitos fundamentais de forma ampla em suas dimensões ou gerações.

Com efeito, não se pode deixar de citar as lições de Canotilho[12] ao discorrer sobre a função do direito fundamental como sendo o de defesa da pessoa humana, incluindo aqui a dignidade humana, assim como a de prestação social quanto a usufruir dos direitos mínimos assegurados e proteção perante terceiro para que não sofra violação de seus direitos, e por fim, assegurar a igualdade em face da função de não discriminação.

Em relação ao liame laboral, o art. 7º da CRFB, constituído num cenário mínimo de 34 incisos, assegura ao trabalhador atingir os direitos sociais citados no art. 6º, vez que estabelece, por exemplo, o mínimo salarial para atender às necessidades mínimas suficientes para viver com dignidade, determina limite de jornada de trabalho, períodos semanal e anual de descanso, DSR e férias para efeito de atender ao lazer e família, remuneração superior em horário noturno e medidas de segurança para assegurar a saúde do trabalhador, meio ambiente de trabalho digno, etc.

Assim o presente estudo, inclusive, refletindo sobre a Lei nº 13.467/2017, deve-se voltar para o respeito aos direitos fundamentais, eis que este é visto como meio para atingir o mínimo social, permitindo condições de uma vida digna e, via de consequência, assegurar o mínimo existencial.[13]

Os direitos sociais podem ser conceituados como sendo prestações que devem ser proporcionadas pelo Estado para o fim de permitir ou possibilitar melhores condições de vida.

12. CANOTILHO, José Joaquim Gomes. *Direito constitucional e teoria da constituição*. 7. ed. Coimbra: Almedina, 2000. p. 407-411.

13. A efetiva garantia de uma existência digna não se reduz à garantia da simples sobrevivência física, porém se estende para além do limite da pobreza absoluta. Portanto, o mínimo existencial não se confunde com o mínimo vital ou com o mínimo de sobrevivência, pois este concerne à garantia da vida humana, sem considerar as condições necessárias à sobrevivência física com dignidade. Sholler ensina que somente haverá garantia de dignidade da pessoa humana 'quando for possível uma existência que permita a plena fruição dos direitos fundamentais de modo especial, quando seja possível o pleno desenvolvimento da personalidade'.

O mínimo existencial corresponde ao núcleo essencial dos direitos fundamentais sociais, o qual é protegido contra as ingerências do Estado e da sociedade. NASSAR, Rosita de Nazaré Sidrim. A garantia do mínimo existencial – trabalho digno e sustentável – o caso dos maquinistas. *Revista LTr*. São Paulo, v. 77, n. 5, p. 77-05/536-544, maio 2013. p. 77-05/539-540.

Silva conceitua que os direitos sociais como dimensão do direito fundamental:

> [...] são prestações positivas proporcionadas pelo Estado direta ou indiretamente, enunciativas em normas constitucionais, que possibilitam melhores condições de vida aos mais fracos, direitos que tendem a realizar a igualização de situações sociais desiguais. São, portanto, direitos que se ligam ao direito de igualdade. Valem como pressupostos do gozo dos direitos individuais na medida em que criam condições materiais mais propícias ao auferimento da igualdade real, o que, por sua vez, proporciona condições mais compatíveis com o exercício efetivo da liberdade.[14]

Vinculado à proteção do ser humano na relação de emprego, tem-se, inclusive por previsão normativa constitucional – a exemplo, inciso VI, do art. 1º, arts. 6º, 170 e 193[15] da CRFB –, o trabalho e sua valoração como um direito social, e o direito do trabalho corrobora para a concretização dos direitos sociais da pessoa humana, permitindo-se uma vida digna.

Completando o direito fundamental, ao lado dos direitos sociais, também para assegurar a dignidade do trabalhador, etêm-se os direitos da personalidade com a vigência do CCB, que passou a disciplinar no Capítulo II, nos arts. 11 até 21, o Direito da Personalidade, que deve ser interpretado também em conjunto com o art. 5º, da CRFB, no sentido de complemento para o fim de proteção à personalidade, neste ponto, da pessoa física ou jurídica, nos termos que dispõe o art. 52 do CCB[16], que reza aplicar a estas, no que couber ou for compatível, a proteção ao direito da personalidade.

Assim, ao eleger tais direitos como fundamentais e ao assegurar no âmbito da relação particular laboral, estar-se-á assegurando a dignidade da pessoa humana positivada no inciso III, do art. 1º da CRFB e autorizando interpretação do título II-A – Dano extrapatrimonial de forma ampla e não apenas nos termos determinado pelo art. 223-A da CLT, ou seja, limitar a reparação ao disposto nos dispositivos acrescidos pela Lei nº 13.467/2017.

Portanto, em suma, o que deve ser tutelado é a afronta à dignidade humana e esta somente será tutelada quando assegurados os direitos fundamentais (social e da personalidade) e um trabalho digno/decente e, não se limitar aos bens tutelados no art. 223-C da CLT.

Com isto, permite-se concluir, na mesma linha de Góes: "A dignidade da pessoa humana merece ser considerada como um valor supremo que atrai o conteúdo de todos os direitos fundamentais do homem, desde o direito à vida"[17].

---

14. SILVA, José Afonso da. *Curso de direito constitucional positivo.* 35. ed. rev. e atual. até a Emenda Constitucional n. 68, de 21.12.2011. São Paulo: Malheiros, 2012. p. 286-287.
15. Art. 193. A ordem social tem como base o primado do trabalho, e como objetivo o bem-estar e a justiça social.
16. Art. 52. Aplica-se às pessoas jurídicas, no que couber, a proteção dos direitos da personalidade.
17. GOÉS, Maurício de Carvalho. Os direitos fundamentais nas relações de emprego: da compreensão às novas tendências. *Revista Magister de Direito Trabalhista e Previdenciário.* São Paulo, v. 28, p. 52-73, nov./dez. 2008. p. 57.

Até por ser a dignidade fundamento da República Federativa do Brasil, cabe ser interpretada no conflito de princípio, com base no critério de ponderação, para interpretação a ela voltada, todas as vezes que desrespeitados os direitos fundamentais dos seres humanos.

Tratar sobre a dignidade da pessoa humana é algo inquietante, visto que se trata de uma qualidade inerente a cada ser humano que o faz merecedor da concretização dos direitos fundamentais[18].

Com isto, de suma importância as lições de Sarlet a respeito:

> Temos por dignidade da pessoa humana a qualidade intrínseca e distintiva de cada ser humano que o faz merecedor do mesmo respeito e consideração por parte do Estado e da comunidade, implicando, neste sentido, um complexo de direitos e deveres fundamentais que assegurem a pessoa tanto contra todo e qualquer ato de cunho degradante e desumano, como venham a lhe garantir as condições existenciais mínimas para uma vida saudável, além de propiciar e promover sua participação ativa co-reponsável nos destinos da própria existência e da vida em comunhão dos demais seres humanos.[19]

Com base nesse raciocínio, a dignidade é atributo peculiar de cada ser humano, atribuído pela CRFB como fundamento da República, cujo respeito está, de certa forma, vinculado aos direitos e condições mínimas existenciais para que a pessoa humana tenha uma vida digna[20] e, diante da dúvida da interpretação da norma posta, tem-se como necessário voltar à defesa da dignidade humana.

---

18. Apesar de ser um conceito jurídico indeterminado, pode-se afirmar que a dignidade da pessoa humana implica em conjunto de direitos, tais como: paz, prosperidade, educação, moradia, igualdade de direitos e oportunidades. Vale dizer: a dignidade da pessoa humana é a plenitude concreta de todos os direitos fundamentais para que todos os seres humanos gozem de um tratamento idêntico e realístico quanto às condições de vida em sociedade. Nesse contexto temos o Direito do Trabalho, como conjunto de normas, princípios e institutos que visam atenuar os antagonismos decorrentes da relação de trabalho e capital, estabelecendo regras de proteção ao trabalhador. JORGE NETO, Francisco Ferreira; CAVALCANTE, Jouberto de Quadros Pessoa. *Direito do Trabalho.* 8. ed. São Paulo: Atlas, 2015. p. 108.
19. SARLET, Ingo Wolfgang. *Direito da pessoa humana e direitos fundamentais.* Porto Alegre: Livraria do Advogado, 2011. p. 60.
20. [...] a dignidade da pessoa humana é atributo peculiar e distintivo de cada ser humano e que o faz merecer igual respeito e deferência por parte do Estado e da comunidade. Implica, assim, conjunto de deveres e direitos fundamentais que garantem a pessoa contra quaisquer atos degradantes e desumanos. Tais deveres e direitos fundamentais também determinam a garantia de condições existenciais mínimas para vida salutar e viabilizam à pessoa tomar parte ativamente e com responsabilidade nos destinos da própria existência coletiva. Ao abordar a dimensão ontológica da dignidade, o autor afirma que esta é qualidade inerente à pessoa humana, que qualifica o ser humano e dele não pode ser destacada. Não pode, por isso, ser criada, concedida ou retirada, mas pode e deve ser promovida e respeitada. LORA, Ilse Marcelina Bernardi. Direitos fundamentais e o problema da discriminação em razão da origem nas relações de trabalho. *Revista Eletrônica do Tribunal Regional do Trabalho da 9ª Região.* Paraná, v. 4, n. 42, jul. 2015. p. 76.

Desta feita, a dignidade da pessoa humana é valor intrínseco e inerente de cada ser humano, de valor elevado a fundamento da própria República Federativa, o que autoriza a conversão da interpretação com foco em sua efetivação, com o respeito de todos os direitos mínimos assegurados ao ser humano[21].

Não poderia deixar de citar Kant, ao transcorrer quanto à dignidade, já que se trata de ponto percursor da reparação quando afrontada:

> No reino dos fins, tudo tem ou um preço ou uma dignidade. Quando uma coisa tem preço, pode ser substituída por algo equivalente; por outro lado, a coisa que se acha acima de todo preço, e por isso não admite qualquer equivalência, compreende uma dignidade. O que diz respeito a inclinações e necessidades do homem tem um preço comercial; o que, sem supor uma necessidade, se conforma a certo gosto, digamos, a uma satisfação produzida pelo simples jogo, sem finalidade alguma, de nossas faculdades, tem um preço de afeição ou de sentimento; mas o que se faz condição para que alguma coisa seja fim em si mesmo, isso não tem simplesmente valor relativo ou condição que pode fazer de um ser racional um fim em si mesmo, pois só por ela lhe é possível ser membro legislador no reino dos fins. Por isso, a modalidade e a humanidade enquanto capaz de moralidade são as únicas coisas providas de dignidade.[22]

Lições de suma importância para efetivamente analisar e valorar a questão da dignidade humana, que necessita ser tutelada com a devida reparação e, utilizar-se como instrumento para interpretação da norma que, simplesmente, citou expressamente a previsão do dano existencial, sem se preocupar com a essência efetivada dos elementos que possam caracterizar o dano em questão. Por mais esta questão, pode-se esperar a afastabilidade da intepretação literal, o que há muito, foi reconhecida ser inviável quando se tratar de reparação de dano e atendimento a dignidade humana.

4. DO DIREITO DO TRABALHO E A PROTEÇÃO DO TRABALHADOR

Como o presente estudo visa a análise no campo do direito do trabalho e à luz da inovação legislativa apresentada pela Lei nº 13.467/2017 e pela MP nº 808/2017, é de suma importância, um breve relato, não pretendendo a exploração

21. O princípio da dignidade da pessoa humana é a expressão normativa do valor fundamental do ser humano na ordem jurídica brasileira. Embora assente em profundas raízes históricas, de natureza ética, filosófica e religiosa, esse princípio é relativamente novo na sua positivação jurídica, tendo adquirido relevância jurídica após a segunda guerra mundial, integrando-se, por sua reconhecida importância, na Declaração Universal dos Direitos do Homem, de 10.12.48, e em diversas Constituições europeias e documentos internacionais.

    [...]

    Esse princípio exprime a convicção de que a pessoa humana é um valor em sim mesmo, intrínseco, não meio de realizar interesses alheios. AMARAL, Francisco. *Direito Civil:* Introdução. 7. ed. Rio de Janeiro: Renovar, 2008. p. 70-71.
22. KANT, Immanuel. *Fundamentação da metafísica dos costumes e outros escritos*. Tradução de Leopoldo Holzbach. São Paulo: Martin Claret, 2011. p. 65.

neste momento, sobre o direito do trabalho e a proteção que assegura ao trabalhador, como instrumento inclusive de efetivação do direito social, cuja afronta visa a reparação de dano patrimonial e extrapatrimonial.

Até para se entender que não se pode afrontar o princípio que rege a relação empregatícia, independente da Lei ter sido aprovada, entrar em vigência, esta para ter eficácia no plano fático deve atender aos princípios, sob pena de ser derrotada. E é neste sentido que deve caminhar o entendimento da justiça do trabalho ao se deparar com o pedido de forma cumulativa de dano moral e existencial, derrotando dispositivo que limita a reparação integral da vítima.

Neste cenário, direito do trabalho e dignidade da pessoa humana, não sobra espaço para intepretação literal da norma, precisamente quanto à necessidade da reparação integral do dano sofrido pela vítima e por culpa do infrator.

Assim, tem-se que o direito do trabalho é estudado como uma disciplina do direito que visa regulamentar a relação entre empregado (art. 3º da CLT) e empregador (art. 2º da CLT), em se tratando de direito individual do trabalho e, possui também a função de promover a melhoria da condição social e efetivação do direito social, apoiando-se no conjunto de normas que possuem a finalidade de *proteger* o trabalhador e assegurar uma relação saudável para ambos, ou seja, atender a dignidade do trabalhador em detrimento do abuso.

Tem-se que a exposição de motivo da norma trabalhista é manter o emprego do trabalhador e a proteção deste, portanto, essa premissa deve ser considerada para uma análise da aplicabilidade da nova lei que altera a CLT.

Apresentado por Martinez como o primeiro direito social e estimulante da construção de tanto outros direitos sociais, como saúde, educação, lazer, segurança, moradia, previdência social, etc.[23], pode-se dizer que o direito do trabalho surge com a Revolução Industrial, tendo o escopo e instrumento proteger o trabalho do ser humano da exploração, contrapondo-se ao capital explorador.

Da mesma forma, surge com o fim de dar efetividade ao direito social e assegurar a igualdade entre os sujeitos envolvidos na relação de emprego, ou seja, empregado (detentor da mão de obra, parte fraca na relação desigual) e o empregador (detentor do poder econômico e que assume o risco do negócio).

O direito do trabalho é produto de transformações econômicas, sociais e políticas que visam à proteção do trabalho subordinado[24]. Em face disso, Jorge Neto

23. MARTINEZ, Luciano. *Curso de direito do trabalho*. 4. ed. São Paulo: Saraiva, 2013. p. 58.

24. O Direito do Trabalho é, pois, produto cultural do século XIX e das transformações econômica--sociais e políticas ali vivenciadas. Transformações todas que colocam a relação de trabalho subordinado como núcleo motor do processo produtivo característico daquela sociedade. Em fins do século XVIII e durante o curso do século XIX é que se maturaram, na Europa e Estados Unidos, todas as condições fundamentais de formação do trabalho livre mas subordinado e de concentração proletária, que propiciaram a emergência do Direito do Trabalho. DELGADO, Mauricio Godinho. *Curso de direito do trabalho*. 16. ed. **São Paulo:** LTr, 2017. p. 92-93.

e Cavalcante prelecionam a importância do direito do trabalho no âmbito social, apontando uma visão humanista:

> O Direito do Trabalho reflete a visão humanista do próprio Direito nas relações sociais, cujo objeto é o trabalho humano subordinado. É a expressão mais autêntica do humanismo jurídico, atuando como forma de renovação social, evitando os problemas decorrentes da questão social nas relações trabalhistas.[25]

É visto como um conjunto de normas e princípios que visam tutelar o trabalho subordinado, assegurando melhores condições para uma efetivação dos direitos sociais e da própria dignidade do trabalhador[26], eis a base de interpretação da norma.

Nesse sentido, o direito do trabalho tem a finalidade ímpar de assegurar melhoria ao trabalhador, na intenção máxima de dar efetividade aos direitos sociais e regulamentar a relação desigual que existe entre o empregado (hipossuficiente) e o empregador (capital)[27].

Não se pode perder de vista que o direito do trabalho corresponde a um direito social e possui importante destaque na conquista dos demais direitos sociais, atualmente prescritos no art. 6º da CRFB.

Portanto, de todos os lados em que se analisa o direito do trabalho, seja relacionado às normas em caráter amplo, seja aos princípios e regras em caráter de espécies, destaca-se a preocupação com a efetivação dos direitos sociais, o que se pode comprovar com uma análise do art. 7º da CRFB[28], o qual expressa um rol mínimo de direitos, assegurando constitucionalmente outros que tenham como fim a melhoria da condição social do trabalhador, cujos direitos mínimos são regulamentados pela CLT que disciplina critérios e regras para o integral cumprimento e efetivação dos direitos.

---

25. JORGE NETO, Francisco Ferreira; CAVALCANTE, Jouberto de Quadros Pessoa. *Direito do Trabalho*. 8. ed. **São Paulo: Atlas, 2015.** p. 56.

26. Magano, *apud* Jorge Neto e Cavalcante, o define como sendo *"Um conjunto de princípios, normas e instituições, aplicáveis à relação de trabalho e situações equiparáveis, tendo em vista a melhoria da condição social do trabalhador, através de medidas protetoras e da modificação das estruturas sociais".* (grifos do autor) Ibid., p. 56.

27. A finalidade do Direito do Trabalho é assegurar melhores condições de trabalho, porém não é só essas situações, mas também condições sociais ao trabalhador. Assim, o Direito do Trabalho tem como fundamento melhorar as condições de trabalho dos obreiros e também suas situações sociais, assegurando que o trabalhador possa prestar seus serviços num ambiente salubre, podendo, por meio de seu salário, ter uma vida digna para que possa desempenhar seu papel na sociedade. O Direito do Trabalho pretende corrigir as deficiências encontradas no âmbito da empresa, não só no que diz respeito às condições de trabalho, mas também para assegurar uma remuneração condigna a fim de que o operário possa suprir as necessidades de sua família na sociedade. Visa o Direito do Trabalho melhoras essas condições do trabalhador. MARTINS, Sérgio Pinto. *Direito processual do trabalho*. 28. ed. São Paulo: Atlas, 2011. p. 18.

28. Art. 7º São direitos dos trabalhadores urbanos e rurais, além de outros que visem à melhoria de sua condição social:[...].

Desta feita, não se pode realizar uma interpretação rígida e literal da legislação, em determinadas situações e contratos, a exemplo, não se poderá interpretar a Lei nº 13.467/2017 da forma posta, sob pena de negar vigência aos arts. 186 e 927 do CCB e a dignidade humana, deixando de reparar o dano, quando vítima, em sua integralidade e, pior, com tarifação ao valor da dor, no caso dano moral e, tarifação da frustração do projeto de vida e da vida de relação, no caso do dano existencial.

5. DO DANO EXISTENCIAL

Apresentada a base para que possa ser interpretada e efetivamente verificada a afronta com o fim de caracterizar o dano extrapatrimonial, na espécie, o existencial, ao lado do dano moral e demais danos, como por exemplo, a perda da chance, antes de adentrar propriamente na positivação apresentada pelo art. 223-A até 223-G da CLT, cujos dispositivos, no mínimo, quando se tratar de dano existencial, objeto do estudo, deverá ser derrotado, tem-se como de suma importância, uma breve passagem a respeito do conceito em si do dano existencial, para após concluir que a previsão legal, nada se atentou para a essência e característica do dano.

Pior, continuou a confundir os danos, o que se pode extrair diante dos bens tutelados que foram apresentados no art. 223-C da CLT, mesmo com a MP nº 808/2017 e, ainda, ao admitir o dano existencial para a pessoa jurídica, art. 223-B, o que poderá levar a uma banalização do instituto que é diverso do dano moral, inclusive, quanto ao campo da prova.

Sem falar na restrição da reparação apenas das vítimas exclusivamente, desconsiderando a possibilidade de um dano existencial por reflexo ou por ricochete, o que é plenamente possível diante do disposto no art. 186 do CCB e inciso III, art. 1º da CRFB.

Pois bem, em se tratando de dano existencial, é de suma importância partir da premissa do conceito de **dano** e de **existência**, com o fim de tutelar a dignidade humana e chegar a conclusão de que a norma posta em questão, efetivamente não se atentou ao dano existencial e sim, manteve a confusão com o moral.

Talvez só por aqui, já adiantando, se percebe a crítica quanto a positivação de que a pessoa jurídica possa ser vítima de dano existencial! De dano moral, não se discuti a possibilidade, mas existencial tem-se como uma demonstração de que a lei não se preocupou com a essência e nem mesmo com o conceito de dano existencial para, em letras ao vento, lançar a expressão, no art. 223-B da CLT, dano existencial.

Veja-se. Com efeito, a palavra "dano" se refere a todo mal ou ofensa praticada por uma pessoa a outra, emana no latim *damnum*, que se refere à *perda*. Desta feita, sua origem vincula-se a prejuízo, diminuição, ofensa, etc.[29]

29. Derivado do latim *damnum*, genericamente, significa todo *mal* ou *ofensa* que tenha uma pessoa causado a outrem, da qual possa resultar uma deterioração ou destruição à coisa dele ou um prejuízo a seu patrimônio.

Portanto, o dano, em qualquer origem que se busque, está relacionado ao prejuízo e perda praticados a outrem, razão disto se trata de objeto da responsabilidade civil (arts. 186 e 927 do CC[30/31]) que enseja a reparação.

Nas lições de Santos:

> Dano é prejuízo. É diminuição de patrimônio ou detrimento a afeição legítima. Todo ato que diminua ou cause menoscabo aos bens matérias ou imateriais, pode ser considerado dano. O dano é um mal, um desvalor ou contravalor, algo que se padece com dor, posto que nos diminui e reduz; tira de nós algo que era nosso, do qual gozávamos ou nos aproveitávamos, que era integridade psíquica ou física, as possibilidades de acréscimos ou novas incorporações, como diz o Jorge Mosset Iturraspe (*Responsabilidade Civil*, p. 21).[32]

Desta feita, o dano está vinculado a uma conduta, um prejuízo que não é, necessariamente, econômico, material, podendo ser, para a pessoa, de ordem psíquica, imaterial, no caso, extrapatrimonial e tendo como modalidade autônoma, o existencial.

Para melhor conclusão, faz-se necessário, no âmbito do existencial, discorrer em breve palavras, quanto ao significado de existência **voltada à pessoa humana**.

O significado da palavra "existência" decorre, em um primeiro momento, do estar, existir, no caso em questão, relacionado à existência humana, à própria vida, ao direito de ser livre, tomar liberdade e proceder escolhas, mas de forma limitada à razão e aos valores como os jurídicos, religiosos, sócios-culturais, éticos, etc., pois tem o significado de manter-se relacionado com outro, projetar-se[33].

Para uma melhor exploração da existência, no campo da filosofia existencial, tem-se como referencial teórico o pensamento de Karl Jaspers (1973), que se

---

Possui, assim o sentido econômico de *diminuição* ocorrida ao patrimônio de alguém, por ato ou fato estranho à sua vontade. Equivale, em sentido, a perda ou prejuízo.

Juridicamente, *dano* é, usualmente, tomado no sentido do efeito que produz: é o *prejuízo causado*, em virtude de ato ou de outrem, que vem causar diminuição patrimonial. SILVA, De Plácido e. *Vocabulário Jurídico*. vol. I (A-I). Rio de Janeiro: Forense, 1984. p. 3.

30. Art. 186. Aquele que, por ação ou omissão voluntária, negligência ou imprudência, violar direito e causar dano a outrem, ainda que exclusivamente moral, comete ato ilícito.

31. Art. 927. Aquele que, por ato ilícito (arts. 186 e 187), causar dano a outrem, fica obrigado a repará-lo.

32. SANTOS, Antônio Jeová. *Dano moral indenizável*. 3. ed. São Paulo: Editora Método, 2001. p. 75.

33. *Existir* é se encontrar com o mundo, tendo-o como sua morada (*ser-no-mundo*), e estar em relação com o mundo e com as coisas e os seres nele situados (*ser-com*), incluindo-se o 'relacionar-se consigo mesmo e com o seu ser'.

A existência humana decorre da coexistência com coisas e pessoas (*ser-com*), durante a vivência em um mundo (*ser-no-mundo*), que é moldado pelo diálogo, seja do indivíduo consigo mesmo, seja entre o seu universo e os universos das coisas e das demais pessoas. (grifos do autor) FROTA, Hidemberg Alves da; BIÃO, Fernanda Leite. O fundamento Filosófico do dano existencial. *Revista Jurídica UNIGRAN*. Mato Grosso do Sul, v. 12, n. 24, p. 41-59, jul./dez. 2010. p. 45.

dedicou ao estudo da existência no plano do existencialismo cristão, em sentido contrário ao existencialismo sustentado por Jean-Paul Sartre (1943)[34], para quem a existência precede a essência e o ser humano é possuidor de uma liberdade irrestrita, sem limite e, por isso, o homem se constrói com suas tomadas de decisão, assumindo suas consequências.

Nas lições de Jaspers, há *existência* em relação ao *ser-no-mundo enquanto ser-em-situação*. Situação esta esclarecida nas lições de Perdigão:

> Situação cujo sentido está ligado embrionariamente a todos os temas que giram em torno da existência humana como o são, por exemplo, a temporalidade, a historicidade, a liberdade, a finitude, o sofrimento (e/ou o naufrágio), a morte, a transcendência.[35]

Essa filosofia funde-se em três conceitos: *Dasein, Existenz* e *Transzendenz*.

O primeiro conceito – *Dasein,* considera o ser humano como vida apenas, é o estar aí, pois apenas neste ponto a existência que se pretende estudar fica limitada à presença do homem no mundo, o que, por si só, justificaria derrotar o art. 223-B da CLT quanto à pessoa jurídica ser vítima de dano existencial.

Nesse contexto, sustenta-se que a existência está relacionada a uma superação de si mesmo (enquanto ser humano) que é procedido por meio de lutas, fracasso e fé, pois defende-se que o "existir" (*Dasein – estar aí*) é transcender na liberdade, por Jaspers denominada de *Existenz,* o segundo conceito, estágio em que se apresentam caminhos em meio de um conjunto de situações. O *Existenz* representa a liberdade de escolha – ligada à razão[36], sem a qual inexiste existência própria – que permite a transcendência, o *Transzendenz.*

Desta feita, o ser humano em liberdade transcende completamente tudo quanto seja, conheça ou faça[37], portanto, a frustração enseja reparação.

---

34. Teoria apresentada pela primeira vez em 1943, com a publicação da obra *O ser e o nada: ensaio de ontologia fenomenológica*. SARTRE, Jean-Paul. *O ser e o nada:* ensaio de ontologia fenomenológica. Tradução e Notas de Paulo Perdigão. Petrópolis: Vozes, 2007.
35. PERDIGÃO, Antónia Cristina. A filosofia existencial de Karl Jaspers. *Análise Psicológica.* v. 19, n. 4, p. 539-557, 2001. p. 540. Disponível em: <http://publicacoes.ispa.pt/index.php/ap/article/view/386>. Acesso em: 28 jul. 2017.
36. Por sua vez, a Razão é para Jaspers, fundamentalmente duas coisas: por um lado, e tal como para Descartes, uma *exigência formal* de método, objectividade e rigor; por outro, como no pensamento Kantiniano, uma faculdade cuja atividade tem uma *função reguladora*. O significado mais profundo que Karl Jaspers atribuiu ao esclarecimento da Existência surge da articulação destes dois aspectos. Sem essa luz própria da Razão, a Existência não teria o brilho humano que a caracteriza. A razão confere-lhe as condições e/ou a capacidade que lhe faltava (ao nível do *Dasein)* de significação e reflexividade do seu *dentro,* do seu conteúdo especificamente humano. A existência, por sua vez, dá sentido, profundidade e futuro, da humanidade à Razão. Em conjunto, conjunto, constituem e alimentam o horizonte de possibilidades e significação que garante um *con-texto* a cada indivíduo enquanto projecto existencial concreto. Ibid., p. 543.
37. JASPERS, Karl. *Filosofia da Existência.* Tradução de Marco Aurélio de Moura Matos. Rio de Janero: Imago, 1973.

Para concluir a respeito da existência com fundamento no existencialismo estudado por Jaspers, aproveita-se das lições de Jeannette Antonios Maman que ensina que, para o filósofo, *o existir é sempre existir em uma determinada situação e que há situações limites e vinculadas à razão.* Portanto, pode-se também apresentar como exemplo do conceito de limite aqui citado os *valores jurídicos, religiosos, sócioculturais, éticos, etc.*[38], pois se trata de um limitador no exercício da liberdade.

Assim, autoriza-se concluir que *existir* é estar aí (*Dasein*) em relação com o mundo, com as coisas e com os outros homens (*Existenz e Transzendenz*), até porque a comunicação se faz necessária para complementar a existência no sentido de relacionar-se, ser-no-mundo e, portanto, o ato ilícito que interfere nesta relação, provoca o dano existencial.

Desta composição, verifica-se que o dano em estudo, necessariamente, precisa de um prejuízo, uma perda vinculada à existência humana, caso da restrição à liberdade de escolha referente às atividades cotidianas, ou restrição às condições mínimas para que se assegure à pessoa humana a existência digna, tais como alteração relevante no projeto de vida ou no prazer em se relacionar, esta característica única do ser humano, visto o existencialismo considerar o existir como o estar em relação com o mundo e com os outros[39].

Com efeito, pode-se partir da premissa de que o dano existencial é uma espécie de dano extrapatrimonial e, ainda, *de forma autônoma*, que provoca na vítima uma frustração, decorrente do ato ilícito, no caso da relação de emprego, praticado pelo empregador, suficiente para impedi-lo de dar prosseguimento ao projeto de vida, às suas escolhas ou de manter-se relacionado com terceiros, deixando de concretizar os direitos mínimos sociais[40].

---

38. Karl Jaspers vê o homem existente *em situação*, condicionado por fatos que o impede de querer e agir de modo diferente daquilo que é (ainda que seja possível a mudança de uma situação pelo trabalho humano). Para ele, há situações-limites "situações que subsistem em sua essência, ainda quando que se modifique a sua aparência momentânea e se dissimule sob um véu a sua onipotência: tenho de morrer, de sofre, tenho de lutar: estou sujeito ao acaso, encontro-me inevitamente preso aos laços de culpabilidade" – que levam o homem, "desde o fundo de sim mesmo, a buscar, através do malogro, o caminho do ser". Neste sentido, existir é sempre existir nunca situação determinada: não se pode viver sem luta e sem dor e a todo momento somos levados a decidir na situação que nos apresenta-decidir pelo superficial ou inautêntico, ou pelas determinações profundas da autencidade. MAMAN, Jeannette Antonios. *Fenomenologia existencial do direito.* Crítica do pensamento jurídico brasileiro. São Paulo: Edipro, 2000. p. 83.

39. [...] é a lesão ao complexo de relações que auxiliam no desenvolvimento normal da personalidade do sujeito, abrangendo a ordem pessoal ou a ordem social. É uma afetação negativa, total ou parcial, permanente ou temporária, seja a uma atividade, seja a um conjunto de atividades que a vítima do dano, normalmente, tinha como incorporado ao seu cotidiano e que, em razão do efeito lesivo, precisou modificar em sua forma de realização, ou mesmo suprimir de sua rotina. SOARES, Flaviana Rampazzo. *Responsabilidade civil por dano existencial.* Porto Alegre: Livraria do Advogado, 2009. p. 44.

40. O dano existencial constitui espécie de dano imaterial ou não material que acarreta na vítima, de modo parcial ou total, a impossibilidade de executar, dar prosseguimento ou reconstruir o seu projeto de vida (na dimensão familiar, afetivo-sexual, intelectual, artística, científica, desportiva,

Para encerrar, não poderia o estudo deixar de apresentar o conceito apresentado por Bebber:

> Por dano existencial (também chamado de dano ao projeto de vida ou *prejudice d' agrément* – perda da graça, do sentido) compreende-se toda lesão que compromete a liberdade de escolha e frustra o projeto de vida que a pessoa elaborou para sua realização como ser humano. Diz-se existencial exatamente porque o impacto gerado pelo dano provoca um vazio existencial na pessoal que perde a fonte de gratificação vital.[41]

Independentemente dos conceitos apresentados, há os elementos necessários para a configuração, que refletirão no objeto e necessidade da prova dos autos e se difere do dano moral, que é dor íntima, mas sem uma frustração de vida ou restrição da liberdade, no sentido de exigir da pessoa humana uma reprogramação da vida, do seu cotidiano.

Dessa forma, o conceito de dano existencial, qualquer que seja, não foge da necessidade de estar presente e demonstrado a frustração de projeto de vida e da vida de relação.

Sendo assim, tem-se como dano existencial o dano que decorre de um ato ilícito, por culpa ou dolo e que frustre um projeto de vida razoável e com objeto lícito, com probabilidade de concretização, assim como uma vida de relação.

Nas lições de Frota e Bião:

> O dano existencial compromete, sensivelmente, a *situação existencial do ser-aí* (obsta-se "o encontrar-se no mundo e com o outro"): o ilícito provoca um injusto embaraço à liberdade de *coexistir* com os demais (*ser-com-os-outros*) e de *participar* do mundo *circundante* e do mundo *humano*(*ser-no-mundo*).[42]

Por se tratar de uma reparação civil, aplicam-se os mesmos requisitos necessários da reparação geral: ato ilícito, culpa ou dolo, nexo causal e o dano, aqui

---

educacional ou profissional, dentre outras) e a dificuldade de retornar sua vida de relação (de âmbito público ou privado, sobretudo na seara da convivência familiar, profissional ou social) FROTA, Hidemberg Alves da. Noções fundamentais sobre o dano existencial. *Revista Síntese Trabalhista e Previdenciária*. São Paulo, v. 24, n. 284, p. 22-34, fev. 2013. p. 32.

No mesmo sentido, Almeida Neto: O dano existencial, ou seja, dano à existência da pessoa, portanto, consiste na violação de qualquer um dos direitos fundamentais da pessoa, tutelados pela Constituição Federal, que causa uma alteração danosa no modo de ser do indivíduo ou nas atividades por ele executadas com vistas ao projeto de vida pessoal, prescindindo de qualquer repercussão financeira ou econômica que do fato da lesão possa decorrer. ALMEIDA NETO, Amaro Alves de. *Dano existencial* – A tutela da dignidade da pessoa humana. p. 25. Disponível em: <http://www.mpsp.mp.br/portal/page/portal/cao_consumidor/doutrinas/DANO%20EXISTENCIAL.doc>. Acesso em: 09 maio 2017.

41. BEBBER, Júlio César. Danos extrapatrimoniais (estético, biológico e existencial) – breves considerações. *Revista LTr:* legislação do trabalho. São Paulo, v. 73, n. 1, p. 73-01/26-29, jan. 2009. p. 73-01/28.

42. FROTA, Hidemberg Alves da; BIÃO, Fernanda Leite. O fundamento Filosófico do dano existencial. *Revista Jurídica UNIGRAN*. Mato Grosso do Sul, v. 12, n. 24, p. 41-59, jul./dez. 2010. p. 47.

vinculado à frustração do projeto de vida e da vida de relação, *que ultrapassa de certa forma a dor, o sofrimento, característica interiorizada da vítima e, não se pode se analisar com base específica e única aos ditames positivados pela Lei nº 13.467/2017, conforme reza o disposto no "caput" do art. 223-A da CLT e nem mesmo limitar a vítima, já que familiares ou terceiro vinculados a vítima podem sofrer o dano existencial por reflexo, basta ter a vida de relação* ou profeto de vida frustrado diante da necessidade única de dispor do seu tempo para cuidar da pessoa *vitimizada por ato ilícito.*

Até porque, ao atribuir a pessoa jurídica como vítima de dano existencial (art. 223-B da CLT) e considerar os bens tutelados da pessoa jurídica citados no art. 223-D da CLT, demonstra que manteve-se a *confusão conceitual* que já vinha exteriorizada em alguns julgamentos que reconhecem a modalidade de dano existencial, mas na forma de dano moral, *condenando inclusive por presunção*, o que não é aceitável, já que se faz necessário a prova dos elementos frustração do projeto de vida e da vida de relação[43].

Em se tratando de dano existencial na relação de emprego, para que efetivamente seja configurado e que nasça o dever de reparação, faz-se necessária a presença de elementos como: *a) infração contratual; b) os requisitos da responsabilidade civil e c) frustração de projeto de vida e da vida de relação.*

Por tais razões, o conhecimento e contato com o conceito e com os elementos passíveis de caracterização do dano existencial são importantes, inclusive, para distingui-lo das demais modalidades de dano extrapatrimonial ou imaterial, dei-

---

43. O relator explicou que o dano existencial é diferente do dano moral. "O primeiro é um conceito jurídico oriundo do Direito civil italiano e relativamente recente, que pretende uma forma de proteção à pessoa que transcende os limites classicamente colocados para a noção de dano moral", observou. Os danos, nesse caso, se refletem não apenas no âmbito moral e físico, mas comprometem também suas relações com terceiros. Na doutrina trabalhista, o conceito tem sido aplicado às relações de trabalho no caso de violações de direitos e limites inerentes ao contrato de trabalho que implicam, além de danos materiais ou morais, danos ao seu projeto de vida ou à chamada "vida de relações".

Vieira de Mello ressaltou, porém, que, embora uma mesma situação possa gerar duas formas de lesão, seus pressupostos e demonstração probatória são independentes. "No caso concreto, embora exista prova da sobrejornada, não houve demonstração ou indício de que isso tenha comprometido as relações sociais do trabalhador ou seu projeto de vida, fato constitutivo do seu direito", afirmou.

O ministro esclareceu que não se trata, "em absoluto", de negar a possibilidade de que a jornada de 70 horas semanais possa ter esse efeito. "Trata-se da impossibilidade de presumir que esse dano efetivamente aconteceu no caso concreto, em face da ausência de prova nesse sentido", argumentou. "O que não se pode admitir é que, comprovada a prestação em horas extraordinárias, extraia-se daí automaticamente a consequência de que as relações sociais do trabalhador foram rompidas ou que seu projeto de vida foi suprimido do seu horizonte". BRASIL. *Tribunal Superior do Trabalho.* Notícias. Turma afirma necessidade de comprovação de dano existencial para deferimento de indenização a trabalhador. Disponível em: <http://www.tst.jus.br/noticias/-/asset_publisher/89Dk/content/turma-afirma-necessidade-de-comprovacao-de-dano-existencial-para-deferimento-de-indenizacao-a-trabalhador>. Acesso em: 10.01.2017.

xando claro que se trata de uma modalidade autônoma, ao lado do dano material, moral e até mesmo de outro dano extrapatrimonial, a exemplo, a perda da chance[44] que leva a interpretação da prática de ato ilícito que retira da vítima a possibilidade de conseguir algo que melhorasse a situação que se encontrava, no entanto, sem adentrar no campo da obtenção do êxito, o que se indeniza é chance perdida, desde que real, séria e de, no mínimo, probabilidade de ser alcançada e, que não estará disciplinada, na hipótese de interpretação literal do art. 223-A da CLT. Por tais motivos, sustenta-se que a indenização continua a ser interpretada pelo direito comum e constitucional e, ainda, diante do sistema aberto jurídico, pelas cláusulas gerais[45].

Onde tais cláusulas gerais são de suma importância para uma interpretação em conformidade com o ordenamento jurídico como um todo, precisamente, voltado à norma constitucional, viga mestre do nosso ordenamento jurídico, pois as cláusulas gerais permitem o diálogo das normas para o fim de dar efetividade aos direitos fundamentais, permitindo adaptações, precisamente no sentido de valorar a dignidade da pessoa humana e, no presente caso, diante da intepretação dos arts. 223-A até 223-G da CLT, permitir uma reparação integral, afastando inclusive a tarifação dos valores[46], mesmo as apresentadas pela MP nº 808/2017.

---

44. No mesmo caminho Theodoro Júnior: A evolução da responsabilidade civil culminou na permissão, por parte da doutrina, de se indenizar a perda de uma chance da vítima do ato ilícito. A ideia surgiu do direito francês e, posteriormente, no norte-americado, que atribuíram às chances perdidas um caráter autônomo para fins de indenização. Para os ordenamentos estrangeiros, a chance, segundo Rafael Peteffi da Silva, 'representa uma expectativa necessariamente hipotética, materializada naquilo que se pode chamar de ganho final ou dano final, conforme o sucesso do processo aleatório'. E acrescenta, 'quando esse processo aleatório é paralisado por um ato imputável, a vítima experimentará a perda de uma probabilidade de um evento favorável. Esta probabilidade pode ser estatisticamente calculada, a ponto de lhe ser conferido um caráter de certeza'. No país, o instituto é recente, mas a doutrina reconhece a necessidade de que a chance perdida seja séria e real para que seja indenizada. Segundo Fernando Noronha, 'o dano da perda da chance, para ser reparável, ainda terá de ser certo, embora consistindo somente na possibilidade de que havia, por ocasião da oportunidade que ficou perdida, de obter o benefício, ou de evitar o prejuízo. Mas ressalta, 'mais ou menos incerto será apenas saber se essa oportunidade, se não tivesse sido perdida, traria o benefício esperado'. Daí porque o valor da indenização dependerá do grau de probabilidade de que a vantagem seria alcançada ou de que o prejuízo seria evitado. THEODORO JÚNIOR, Humberto. *Dano moral*. 8. ed. Rio de Janeiro: Forense, 2016. p. 191-192.
45. [...] são preposições normativas cuja hipótese de fato (*fattispecie*), em virtude de sua ampla abstração e generalidade, pode disciplinar um amplo número de casos, conferindo ao intérprete maior autonomia na sua função criadora. AMARAL, Francisco. *Direito Civil*. Introdução. 7. ed. Rio de Janeiro: Renovar, 2008. p. 105.
46. As cláusulas gerais visam dotar o sistema de mobilidade, permitindo a mitigação de regras mais rígidas, proporcionando assim um completo diálogo sistémico e uma nova forma de realizar a efetiva concretização do que se encontra previsto nos princípios gerais do Direito e nos conceitos legais indeterminados. Servem, ainda, para abrandar as desvantagens do estilo excessivamente abstrato e genérico da lei, daí porque devem passar, necessariamente, pelos conceitos determinados pela função, que se estruturam mediante a análise do caso concreto.

    [...]. A maior vantagem da utilização das cláusulas gerais pelo legislador é que elas fazem com que o sistema possa abranger as novas situações futuras, evitando-se assim o engessamento da

Até porque, pensar o contrário e aplicar apenas na relação de emprego o dano prescrito no art. 223-B da CLT, tem-se por negar aplicabilidade ao dano existencial e outras espécies, como a perda da chance, por exemplo, o que é inadmissível, diante do sistema aberto e cláusula geral que opera em nosso ordenamento jurídico.

Assim, da análise até então apresentada e do conceito do dano existencial, em se tratando do objeto em estudo, na relação de emprego exige-se, para configuração de ato ilícito, em primeiro momento, a prática abusiva por parte do empregador quanto à infração contratual e que ultrapasse a zona cinzenta da reparabilidade apenas patrimonial, chegando a atingir a esfera do projeto de vida e a vida de relação do empregado.

Ao se tratar de reconhecimento do ato ilícito contratual, como elemento do dano existencial, para não se banalizar o instituto, devem ser muito bem valoradas as condições em cada caso concreto, até porque o dano existencial necessita de prova, não cabendo a regra de experiência e presunção, com isso cabe a valoração casual, sob pena de limitar a reparação de dano material.

Ademais, no julgamento a razoabilidade deve ser considerada, analisando critério importantíssimo, a exemplo, o tempo de durabilidade da infração contratual, para se concluir se o ilícito será mera infração contratual que, por si só, é reparada pelo direito do trabalho via critério econômico, com pagamentos das verbas e multas, ou se, além do ilícito contratual, configurou-se o dano existencial.

Outro aspecto que enseja interpretação do julgador refere-se ao período em que o ilícito contratual ocorreu, posto que nem a doutrina e nem a jurisprudência atentam-se ou apresentam um critério para apuração, apenas o que se verifica é que fato isolado, *na maioria das vezes*, não gera dano existencial, com exceção de acidente de trabalho que venha incapacitar o trabalhador ou levá-lo a óbito, do que nasce o dano existencial para vítima ou por ricochete, ou seja, por reflexo aos familiares, o que restou afastado pelo art. 223-B da CLT, mas que não será interpretado literalmente diante da norma constitucional e direito comum.

Abre-se um parêntese, inclusive, para sustentar que a competência, mesmo do dano por reflexo ou ricochete, continuará sendo da Justiça do Trabalho, inciso I, do art. 114 da CRFB[47], fecha-se o parêntese.

Tem-se como ponto de extrema dificuldade valorar o período em que a infração contratual se prolonga no tempo para efeito de caracterizar dano existencial ou apenas infração contratual, que merece ser reparada economicamente. Como

legislação. SUPIONI, Adriana Jardim Alexandre. *Responsabilidade civil do empregador pelo exercício de atividade de risco:* da incidência às excludentes. 2015. 172 f. Dissertação (Mestrado em Direito) – Pontifícia Universidade Católica de São Paulo (PUC-SP). p. 46-47. Disponível em: <https://sapientia.pucsp.br/bitstream/handle/6923/1/Adriana%20Jardim%20Alexandre%20Supioni.pdf>. Acesso em: 09 maio 2017.

47. Art. 114. Compete à Justiça do Trabalho processar e julgar: I as ações oriundas da relação de trabalho, abrangidos os entes de direito público externo e da administração pública direta e indireta da União, dos Estados, do Distrito Federal e dos Municípios.

parâmetro, tem-se o julgado do Tribunal Superior do Trabalho (TST) que afastou o dano por curto período e por não haver continuidade da infração contratual, não obstante não estabeleça o que seria curta duração ou não para caracterização[48].

Salienta-se que a curta duração deve ser valorada em situações de infrações continuadas, que no prolongamento do tempo acarrete o dano, visto que há possibilidade fática do empregador praticar ato único que venha afrontar projeto de vida ou vida de relação, inclusive, de familiares, a exemplo, acidente de trabalho com incapacidade parcial ou total da vítima.

Da mesma forma, ao interpretar o que configure curta duração para afastar o dano, quando não decorrente de ato único, como no *acidente de trabalho*, por exemplo, mas sim, por jornadas prolongadas ou ausência de intervalos, tem-se como *razoável o período inferior a 12 meses*. Justifica-se a interpretação diante da análise do ordenamento jurídico constitucional e infraconstitucional trabalhista ao estabelecer nos direitos mínimos esse período como base para aquisição de tais direitos.

Verifica-se o art. 130 da CLT[49], que reza que a cada 12 meses de vigência do contrato o trabalhador adquira o descanso anual, chamado de férias, além do § 1º, do art. 478 da CLT[50], que considera o primeiro ano de contrato de trabalho como sendo de experiência para efeito de indenização quando rescindido o contrato.

Frisa-se que não se pretende estabelecer critério de tempo como se fosse tabelado, como prescreveu a Lei nº 13.467/2017 e MP nº 808/2017 com a quantificação da dor, mas sim, estabelecer parâmetro para efeito de *ponderar* o pedido de indenização, sem que torne o instituto banalizado, mas, claro, sem deixar de valorar

---

48. [...]. O dano existencial é espécie de dano imaterial, e ocorre quando o trabalhador sofre dano/limitações em relação à sua vida fora do ambiente de trabalho, em razão de condutas ilícitas praticadas pelo empregador, impossibilitando-o de estabelecer a prática de um conjunto de atividades culturais, sociais, recreativas, esportivas, afetivas, familiares, etc., ou de desenvolver seus projetos de vida nos âmbitos profissional, social e pessoal. Mas não é qualquer conduta isolada e de curta duração, por parte do empregador, que pode ser considerada como um dano existencial. Para isso, a conduta deve perdurar no tempo, sendo capaz de alterar o objetivo de vida do trabalhador, trazendo prejuízo à sua dignidade humana ou à sua personalidade, no âmbito de suas relações sociais. No caso, não ficou comprovada a conduta ilícita por parte da empresa que implicasse o dever de indenizar o Obreiro para além da esfera puramente patrimonial. Assim, não preenchidos os requisitos necessários à responsabilidade civil do empregador, no caso os elementos caracterizadores do prejuízo moral, não há de se falar em indenização por dano moral. Nesse sentido, precedente desta 4ª Turma. Recurso de Revista conhecido, no particular, e não provido. BRASIL. *Tribunal Superior do Trabalho*. Recurso de Revista nº 0000434-37.2014.5.09.0126, Quarta Turma. Recorrentes: ARM Telecomunicações e Serviços de Engenharia S.A e Lindiomar Santin. Recorrida: OI S.A. Relatora: Ministra Maria de Assis Calsing. Julgado em: 13.04.2016. Publicado em: 15.04.2016.
49. Art. 130 - Após cada período de 12 (doze) meses de vigência do contrato de trabalho, o empregado terá direito a férias, na seguinte proporção:
50. Art. 478 - A indenização devida pela rescisão de contrato por prazo indeterminado será de 1 (um) mês de remuneração por ano de serviço efetivo, ou por ano e fração igual ou superior a 6 (seis) meses. § 1º - O primeiro ano de duração do contrato por prazo indeterminado é considerado como período de experiência, e, antes que se complete, nenhuma indenização será devida.

o caso concreto, até porque pode-se distinguir tal critério do que seja dano moral, existencial e, até mesmo, a perda da chance, portanto, tal parâmetro não retira a possibilidade de ser valorado outro no caso concreto.

Nesse sentido, encontram-se na jurisprudência julgados afastando o pedido de dano existencial, levando em consideração o critério período e considerando que a jornada de trabalho em excesso, por um período inferior a 12 meses, não é passível de configurar dano ao projeto de vida ou afrontar a vida em relação[51].

Dessa forma, em se tratando de ato ilícito, o próprio CCB, no art. 186, o apresentou como sendo o ato praticado por ação ou omissão voluntária, negligência ou imprudência e que viola, afronta direito a outrem, causando dano na esfera material ou extrapatrimonial da vítima. Nota-se que essa premissa limita o trabalho ao ato ilícito civil, portanto o ato ilícito decorre de uma conduta que contraria o ordenamento jurídico, contrapondo-se ao ato lícito que age de acordo com o ordenamento, seja afrontando um dever contratual, seja um direito, conforme o apresenta Amaral: "ato praticado como infração de um dever legal ou contratual, de que resulta dano para outrem"[52].

Nota-se que, conforme prescrito na própria definição legal, para sua configuração, o ato ilícito necessita de uma conduta que pode ser por ação ou omissão, ponto este apresentado também pelo art. 223-A da CLT, sendo a primeira um ato voluntário e a segunda, uma abstenção quando presente o dever de agir, sendo que a conduta, no mínimo deve ser culposa, seja por negligência, seja imperícia, contratual ou extracontratual, para que nasça o dever de indenizar.

Para completar a ocorrência do ato ilícito e o dever de reparar o dano, necessário se faz, como elemento de responsabilidade civil, o nexo causal, que se refere à relação causa (ato ilícito) e o efeito (dano), sem o qual inexiste o dever de responsabilidade, conforme explica Amaral: "Nexo de causalidade é a relação da causa e efeito entre o fato e o dano. Constituiu elemento essencial ao dever de indenizar, porque só existe responsabilidade civil se houver nexo causal entre o fato e seu autor, independente da culpa do agente"[53].

51. [...]. Mas não é qualquer conduta isolada e de curta duração, por parte do empregador, que pode ser considerada como um dano existencial. Para isso, a conduta deve perdurar no tempo, sendo capaz de alterar o objetivo de vida do trabalhador, trazendo prejuízo à sua dignidade ou à sua personalidade, no âmbito de suas relações sociais. No caso, não ficou comprovada a conduta ilícita por parte da empresa que implicasse o dever de indenizar o Obreiro. Assim, não preenchidos os requisitos necessários à responsabilidade civil do empregador, no caso os elementos caracterizadores do prejuízo moral, não há de se falar em indenização por dano moral. Agravo de Instrumento conhecido e não provido. [...]. BRASIL. *Tribunal Superior do Trabalho.* Agravo de Instrumento em Recurso de Revista nº 0000077-10.2013.5.12.0029, Quarta Turma. Agravante: Ambev S.A e Maurício Pires Martins. Agravada: União (PGF). Relatora: Ministra Maria de Assis Calsing. Julgado em: 19.04.2017. Publicado em: 28.04.2017.

52. AMARAL, Francisco. *Direito Civil.* Introdução. 7. ed. Rio de Janeiro: Renovar, 2008. p. 552.

53. AMARAL, Francisco. *Direito Civil.* Introdução. 7. ed. Rio de Janeiro: Renovar, 2008. p. 558.

Preenchidos todos esses elementos, ato ilícito, culpa ou dolo, nexo causal e o dano, cujo conceito já foi inicialmente explorado, seja o prejuízo de ordem econômica ou não, nasce o dever de *reparar de forma integral*, decorrente da responsabilidade civil estudada pelo Direito Civil.

Importante a lição de Amaral, que apresenta o instituto da responsabilidade sob o panorama ético-jurídico:

> O instituto da responsabilidade civil traduz a realização jurídica de um dos aspectos do personalismo ético, segundo o qual ter responsabilidade, ser responsável, é assumir as consequências do próprio agir, em contrapartida ao poder de ação consubstanciado na autonomia privada. Não mais a concepção egoística do indivíduo em si, mas o indivíduo como pessoa, comprometido com o social. A responsabilidade civil traduz, portanto, o dever ético-jurídico de cumprir uma prestação de ressarcimento[54].

Não obstante a relação do dano existencial com a responsabilidade civil, eis que uma vez preenchidos todos os elementos necessários para a configuração, tem-se o dever de reparar o dano.

O que se faz necessário, a esta altura, é a análise dos elementos como frustração do projeto de vida e da vida de relação.

Projeto de vida que é inerente à pessoa humana, tem por natureza projetar a realização própria, sempre no sentido de angariar e concretizar o que propõe para sua vida, considerando-se "vida" no sentido de existência mínima garantida ao ser humano[55]. Nesse sentido, a psicóloga Bião arremata a questão referente ao projeto de vida, que denomina como:

> [...] um arcabouço de planos e movimento cuja finalidade é atribuir sentido à própria existência do indivíduo, ou seja, representa o sentido concreto e individual de cada experiência de vida. Por meio das escolhas que realiza em sua existência, entre o passado (experiências pretéritas), o presente (aqui e agora) e o futuro (vir-a-ser), o ser é convidado a experimentar o investimento de seus sonhos e desejos ou optar pela não concretude de tais aspectos.[56]

E arremata Teixeira *apud* Bião:

---

54. Ibid., p. 576.
55. Por projeto de vida entenda-se o destino escolhido pela pessoa; o que decidiu fazer com a sua vida. O ser humano, por natureza, busca sempre extrair o máximo das suas potencialidades. Por isso, as pessoas permanentemente projetam o futuro e realizam escolhas no sentido de conduzir sua existência à realização do projeto de vida. O fato injusto que frustra esse destino (impede a sua plena realização) e obriga a pessoa a resignar-se com o seu futuro é chamado de dano existencial. BEBBER, Júlio César. Danos extrapatrimoniais (estético, biológico e existencial) – breves considerações. *Revista LTr: legislação do trabalho*. São Paulo, v. 73, n. 1, p. 73-01/26-29, jan. 2009. p. 73-01/28.
56. BIÃO, Fernanda Leite. Do terror psicológico à perda no sentido da vida: estudo de caso a respeito do assédio moral e do dano existencial no ambiente de trabalho. *Revista Síntese Trabalhista e Previdenciária*. São Paulo, v. 21, n. 255, p. 218-229, set. 2010. p. 226.

> *O projeto existencial* é a união, o "fio condutor" entre o passado, presente e futuro, a continuidade compreensível das vivências, coerências internas do mundo individual, que reflete a escolha originária que o indivíduo fez de si e que aparece em todas as suas realizações significativas, quer ao nível dos sentimentos, quer ao nível das realizações pessoais e profissionais.[57]

Desta feita, um dano provocado a este projeto atinge a própria existência, eis que frustra o desenvolvimento pessoal proposto, assim como reflete na frustração do projeto de vida de familiares ou vinculados à vítima por afinidade[58].

Lembra-se que o projeto de vida deve ser provável e lícito, que seja possível ou com probabilidade, no mínimo razoável, de realização pela vítima. Por razoável entende-se o que pode ser sonhado e com probabilidade de ser concretizado, pois projetos irreais não são possíveis de serem materializados, portanto, incabível a indenização, a exemplo, morar na lua[59]. Além disto, o objeto do projeto de vida deve ser lícito, não sendo tutelado projeto de vida que possui conteúdo ilícito, como o de praticar o exercício da atividade de contrabando ou descaminho, prestar serviço para crime organizado, etc.

Nas palavras de Frota e Bião:

> [...] o projeto de vida, para que seja indenizável em face de dano existencial, necessita (além de ter tido sua execução prejudicada por ato ilícito) possuir *objeto lícito* e ter estado, no cenário do *status quo ante*, imbuído de coeficiente mínimo de razoabilidade, sendo, em outras palavras, imperioso que, no contexto prévio à ocorrência da conduta ilícita, fosse um programa de ações *realistas* e *exequível*, de *possível* ou *provável* concretização (profilaxia a evitar indenizações por dano existencial baseadas em hipóteses absurdas, genéricas em demasia ou fantasiosas – *verbi gratia*, alegar-se prejuízo a uma escolha profissional sem, contudo, trazer a lume indícios fundados de que, ausente dado acontecimento, teria a suposta vítima trilhado determinada carreira profissional e formação acadêmica), em conformidade com o ordenamento jurídico pátrio (*ad exemplum*, não seria indenizável a título de dano ao projeto de vida quem se sente prejudicado pela ação repressora do Estado, porque foi tolhido do intento de continuar a traficar drogas e/ou a evolver na hierarquia de uma organização criminosa).[60]

---

57. Ibid., p. 226.

58. O dano ao projeto de vida atinge as expectativas de desenvolvimento pessoal profissional e familiar da vítima, incidindo sobre sua liberdade de escolher o seu próprio destino. FROTA, Hidemberg Alves da. Noções fundamentais sobre o dano existencial. *Revista Síntese Trabalhista e Previdenciária*. São Paulo, v. 24, n. 284, p. 22-34, fev. 2013. p. 24.

59. Bebber traz a razoabilidade do projeto de vida como um elemento para aferição do dano existencial: c) a razoabilidade do projeto de vida. Somente a frustração injusta de projetos razoáveis (dentro de uma lógica do presente e perspectiva de futuro) caracteriza dano existencial. Em outras palavras: é necessário haver possibilidade ou probabilidade de realização do projeto de vida. Ibid., p. 73-01/28.

60. FROTA, Hidemberg Alves da; BIÃO, Fernanda Leite. O fundamento Filosófico do dano existencial. *Revista Jurídica UNIGRAN*. Mato Grosso do Sul, v. 12, n. 24, p. 41-59, jul./dez. 2010. p. 53.

Já a vida de relação refere-se ao direito que o trabalhador tem de, após encerrada sua jornada legal de trabalho, portanto fora do ambiente de trabalho, relacionar-se com a família, amigo, sociedade, usufruindo do seu tempo livre com o lazer, cultura, educação, etc., ou seja, usufruir de sua liberdade de escolha, direitos que dignificam a existência mínima do ser humano e que se encontram dentro do rol de direitos sociais e da personalidade, portanto, fundamentais, até porque, quando exercidos em sua plenitude, sem restrições, permitem melhores condições de vida.

Continua neste sentido trazendo os ensinamentos Frota:

> E, de outra banda, no prejuízo à *vida de relação*, a qual diz respeito ao conjunto de *relações interpessoais*, no mais diversos ambientes e contextos, que permite ao ser humano estabelecer a sua *história vivencial* e se *desenvolver* de forma ampla e saudável, ao comungar com seus pares a experiência humana, compartilhando pensamentos, sentimentos, emoções, hábitos, reflexões, aspirações, atividades e afinidades, e crescendo, por meio do contato contínuo (processo de diálogo e de dialética) em torno da diversidade de ideologias, opiniões, mentalidades, comportamentos, culturas e valores ínsitos à humanidade.[61]

Portanto, nota-se que o dano existencial se vincula também à demonstração de que a liberdade, direito fundamental da pessoa humana, tenha sido afrontada ou cerceada pelo poder diretivo do empregador.

O art. 223-C da CLT, de certa forma, aos citar os bens tutelados, refere-se a frustração de projeto de vida ou da vida de relação, com a liberdade de ação, autoestima, saúde, lazer e a integridade física.

Nas lições de Tula, o dano existencial está sempre vinculado a um fazer ou não fazer, uma nova tomada de atitude, uma alteração de hábitos, da própria agenda da vítima, frente às consequências do ato lesivo, frustrando o projeto de vida original do indivíduo[62].

Com isto, tem-se como elemento caracterizador do dano um fazer ou não fazer que frustra o projeto de vida e a vida de relação da vítima, causando nesta uma modificação em seu cotidiano, em seus afazeres extra relação de emprego.

O dano existencial, não obstante a presença dos requisitos da responsabilidade civil, conforme antes sustentado, caracteriza-se, de forma específica, em dois pontos complementares, quais sejam: dano ao projeto de vida e da vida de relação.

Com efeito, o dano existencial somente entrará na esfera indenizável se o ato praticado pelo empregador fugir da normalidade, de forma prolongada, interferindo intensamente na vida extra laboral do trabalhador, pois frustrações even-

61. FROTA, Hidemberg Alves da. Noções fundamentais sobre o dano existencial. *Revista Síntese Trabalhista e Previdenciária*. São Paulo, v. 24, n. 284, p. 22-34, fev. 2013. p. 24-25.

62. WESENDONCK, Tula. O dano existencial nas jurisprudências italiana e brasileira – um estudo de direito comparado. *Revista da AJURIS*. Rio Grande do Sul, v. 38, n. 124, p. 327-356, dez. 2011. p. 338.

tuais e sem qualquer interferência na vida do trabalhador fora do âmbito laboral, por si só, não geram o dever de indenizar, limitando-se à indenização de reparação material, como, por exemplo, pagamento de hora extra, se extrapolar a jornada, pagamento de férias vencidas em dobro ou simples se não concedidas em épocas próprias, art. 134 da CLT[63], até porque meros aborrecimentos e desconfortos devem ser suportados pelo ser humano comum e pelo trabalhador no contrato de trabalho[64/65].

Pode-se apresentar, como suporte ao acima sustentado, quanto ao critério de apuração, a real e efetiva agressão à dignidade humana, como forma de configurar o dano, evitando-se assim reparações por meros desconfortos ou por meras situações que o homem comum tem o dever de suportar na vida em sociedade.

Seguem as lições de Cavalieri Filho:

> Como julgador, por quase 40 anos, sempre utilizei como critério aferido do dano moral se, no caso concreto, houve alguma agressão à dignidade daquele que se diz ofendido (dano moral em sentido estrito e, por isso, o mais grave) ou, pelo menos, se houve alguma agressão, mínima que seja, a um bem integrante da sua personalidade (nome, imagem, reputação, etc.). Sem que isso tenha ocorrido, não haverá que se falar em dano moral, por mais triste e aborrecido que alega estar aquele que pleiteia a indenização.[66]

Portanto, deve-se utilizar como critério de ofensa o projeto de vida e a vida de relação, no sentido de que efetivamente tenham sido frustrados e, diante de tais premissas, não há como atender uma interpretação literal, aplicando-se o estrito teor do art. 223-A da CLT e o art. 223-B quanto a vítima de dano existencial ser pessoa jurídica.

---

63. Art. 134 - As férias serão concedidas por ato do empregador, em um só período, nos 12 (doze) meses subsequentes à data em que o empregado tiver adquirido o direito.

64. [...]. Considerando-se a natureza imaterial do dano moral e existencial, somente na presença das circunstâncias de ordem pessoal que afetem o trabalhador, de forma concreta e direta, transcendendo a esfera do mero aborrecimento ou insatisfação é que se justifica a imposição de indenização. BRASIL. *Tribunal Regional do Trabalho da 8ª Região.* Recurso Ordinário nº 0000001-04.2015.5.08.0101, Quarta Turma. Recorrente: José Carlos Batista da Silva. Recorrido: Vale S.A. Relatora: Desembargadora Alda Maria de Pinho Couto Julgado em: 02.02.2016. Publicado em: 12.02.2016.

65. [...]. Dano existencial. Sobrejornada habitual. Não configuração automática da jornada extenuante. Dano moral indeferido. O dano moral é a lesão imaterial provocada por fato de outrem que fere a personalidade, o bom nome do ofendido ou o sentimento de estima da pessoa. A ocorrência de sobrejornada habitual, em que pese o desconforto causado, não possui o condão de automaticamente configurar jornada extenuante, logo não há como reconhecer o ventilado dano existencial no presente caso. BRASIL. *Tribunal Regional do Trabalho da 14ª Região.* Recurso Ordinário nº 0000433-25.2015.5.14.0111, Primeira Turma. Recorrente: Jeferson Julio Venancio e Transalessi Transportes Rodoviários Ltda - EPP. Recorridos: os mesmos. Relator: Juiz Convocado Afrânio Viana Gonçalves. Julgado em: 21.03.2017. Publicado em: 27.03.2017.

66. CAVALIERI FILHO, Sérgio. *Programa de responsabilidade civil.* 11. ed. **São Paulo: Atlas, 2014.** p. 112.

Eis as considerações que se entende necessárias, neste momento, para uma análise da interpretação da norma em questão, sem que seja afastado o direito a proteção da dignidade humana.

6. DEMAIS CONSIDERAÇÕES SOBRE PONTOS PRESCRITOS PELA LEI EM COMENTO QUANTO À INDENIZAÇÃO

Embora não seja o foco o artigo, não se pode deixar de tecer algumas considerações a respeito dos critérios estabelecidos pela Lei nº 13.467/2017, precisamente no art. 223-G, acrescido na CLT como parâmetro para apreciação do pedido de dano extrapatrimonial.

Pois bem, chama-se a atenção ao inciso X que se refere ao perdão tácito e expresso da vítima, já que os demais, de certa forma, já estavam presentes no critério para consideração, o que inclusive pode interferir na subjetividade para se concluir pela natureza da ofensa, se leve, média, grave ou gravíssima para atender a tarifação da dor ou do dano alheio, art. 223-G, § 1º da CLT.

O perdão tácito chama atenção dentro do contexto de contrato em que foi colocado, ou seja, relação de emprego, visto que, neste principalmente, deve ser levada em consideração a boa-fé das partes envolvidas, não que as demais não seriam necessárias, mas limita-se ao ponto em análise.

Isto porque o perdão tácito pode decorrer da continuidade da relação de emprego ou até mesmo de uma aceitação de melhoria, premiação, participação em confraternização e etc., portanto, considerando a subordinação e a necessidade de manter o emprego, tal requisito deve ser valorado com cautela e não de forma isolada.

Em sequência, também há que se valorar o parâmetro de tarifação da indenização, primeiro, pelo critério subjetivo do que seja a gravidade da ofensa, isto porque, a dor será medida pelo salário e, ainda, diante da premissa apresentada, o dano existencial não estaria dentro desta tarifação, já que a intepretação do dever de indenizar deve ser ampla e voltada a CRFB e ao direito comum e por isso, não se aplica o disposto no art. 223-A da CLT, via de consequência, não se limita a tarifação aplicada.

Salienta-se que não se sustenta e nem se questiona o valor atribuído pelo § 1º, do art. 223-G da CLT, mas sim a vinculação a uma tabela de valores, que inclusive restou mantido o tabelamento com a MP nº 808/2017, alterando apenas o valor de referência..

Até mesmo porque o julgador pode fixar aquém ou além do valor fixado, teria sido louvável se a tabela fosse mero parâmetro, mas não com a limitação de valores pelo julgador e muito menos como critério de reparar a dor com base nem em salário e nem mesmo com referência do valor do benefício do Regime Geral de Previdência Privada, conforme modificado pela MP nº 808/2017, portanto, longe de ser parâmetro para reparar a dor, no caso do dano moral ou a frustração do projeto de vida e da vida de relação, na hipótese de dano existencial.

Sendo que citada parâmetro não se aplica no dano extrapatrimonial decorrente do evento morte, conforme inovação apresentada pela MP nº 808/2017, em seu § 5º, do art. 223-G da CLT.[67]

Também se argumenta a questão trazida pelo art. 223-B acrescida pela Lei 13.467/2017 quanto à limitação da exclusividade (pessoa física e jurídica) que, na primeira leitura nos leva a compreender que o dano por ricochete ou reflexo deixaram de ser reparados.

No entanto, em interpretação com vista à reparação integral do dano e com vista ao disposto no direito comum, art. 186 do CCB, não se sustenta a interpretação de que o dano por ricochete deixou de ser aplicado na relação de emprego, nem mesmo na modalidade do dano existencial, posto que há situação totalmente permitida e que frustra o projeto de vida ou a vida de relação também de terceiro, familiares vinculados à vítima, pode-se citar por exemplo, a mãe ou esposa que rompe bruscamente com seu projeto ou sua vida de relação para dedicar-se exclusivamente a cuidar do filho ou marido que, em razão de um acidente de trabalho, fica acamado, sem movimentos por si, na dependência de terceiros, no caso a família, para todas as atividades básicas vitais.

Segue a consideração de Silva em análise ao citado dispositivo: "o art. 223-B refere que a vítima é o titular exclusivo para o ajuizamento da ação, de fato, mas isso se nós consideramos que o evento morte está fora do alcance desses artigos".[68]

No entanto, a questão não pode ser analisada apenas quando envolver a morte, isto porque, no caso de dano existencial, o exemplo acima citado deixa claro que é possível a reparação por ricochete e reflexo, mesmo com a vítima em vida, mas cujo elemento caracterizador do dano atingiu terceiro ou familiares vinculados, com isto, deve-se no presente caso a interpretação derrotar a norma e reparar o dano.

Da mesma forma, embora não seja o foco do presente estudo, pode-se desde já sustentar a competência da justiça do trabalho, nos termos do art. 114 do CRFB, visto que o dano decorre da relação de trabalho, entendimento também utilizado no caso de indenização por morte.

Feito tais considerações e, analisando todos os princípios que regem o direito do trabalho, responsabilidade civil e dignidade da pessoa humana, verifica-se que não há lugar para uma interpretação literal quanto ao título dano extrapatrimonial.

---

67. § 5º Os parâmetros estabelecidos no § 1º não se aplicam aos danos extrapatrimoniais decorrentes de morte." (NR)

68. SILVA, Homero Batista Mateus da. *Comentários à reforma trabalhista*. Revista dos Tribunais: São Paulo. 2017. p. 61.

7. CONCLUSÃO

Diante das considerações expostas, as quais se voltam para uma análise refletiva dos arts. 223-A até art. 223-G da CLT, mormente, quanto à positivação da reparação por dano existencial, como dano extrapatrimonial, chega-se, neste momento, mesmo que precoce, mas com fundamento baseado em princípio que deve atender a reparação civil, à conclusão de que a interpretação seguirá a linha aplicada pela doutrina e jurisprudência atual, com o viés para a norma fundamental constitucional e o direito comum civil, não se limitando a interpretar nos termos do art. 223-A da CLT, sob pena de não reparar a vítima de forma integral e, com isso, afrontar a dignidade humana.

Com isto, o dano existencial deverá ser valorado como dano extrapatrimonial autônomo, ao lado do dano moral, perda da chance, diante do nosso sistema aberto e da cláusula geral em relação a responsabilidade civil que autoriza a criação de novos direitos, com o fim de atender a dignidade humana, fundamento da República.

E, ainda, derrotando a norma, o art. 223-B da CLT, ao colocar como vítima de dano existencial a pessoa jurídica, visto que não contextualiza com o próprio conceito e elementos necessários para configuração desta modalidade de dano extrapatrimonial, a exemplo, o existencialismo, que é vinculado à pessoa humana, ao *estar aqui*, autonomia de liberdade e etc., além da necessidade de frustração do projeto de vida ou da vida de relação, com reflexo na mudança de seu cotidiano.

Assim como, não se pode limitar a reparação à vítima, quando o ato ilícito afrontar projeto de vida ou a vida de relação de terceiros, a exemplo, citado neste estudo, sob pena de ofensa a direito fundamental e à própria dignidade humana, cuja reparação encontra respaldo no art. 186 do CCB.

Sendo assim, é certo que o dano existencial, originado no Direito Italiano, passou a ser aplicado pelos nossos Tribunais e continuará sendo também no direito do trabalho, com o suporte no inciso III, do art. 1º da CRFB, que atribuiu a dignidade da pessoa humana como fundamento da República Federativa do Brasil e aceito diante da cláusula geral quanto ao dano extrapatrimonial, reparando a frustração de projeto de vida ou da vida em relação, cuja prova se faz necessário, da vítima que sofreu o dano.

E com valor apurado nos critérios do caráter pedagógico considerado pelo instituto dano extrapatrimonial, sem a limitação apresentada pelo art. 223-G, § 1º da CLT, inclusive, também considerado a boa-fé para efeito de análise dos critérios, precisamente, o item X do citado dispositivo, já que o perdão tácito pode ser provocado pelo empregador durante a relação de emprego ou até mesmo após a rescisão, mas antes do ajuizamento da reclamação trabalhista.

Situações apresentadas pela nova lei e que não podem sair dos olhos dos aplicadores do direito, precisamente em relação à intepretação focada na ordem constitucional.

Deste modo, como conclusão, é importante reafirmar a ideia de que o dano existencial apenas restará configurado, e passível de reparação, nos casos em que os atos praticados pelo empregador fugirem à normalidade, prolongando-se no tempo. Não restando demonstrado no caso concreto tal situação, restará ao empregador tão somente a obrigação quanto à indenização de reparação material e, uma vez demonstrada, caberá de forma cumulativa com o dano moral, perda da chance e etc.

A nós resta analisar, interpretar, evoluir e aguardar. Eis as considerações preliminares a respeito dos mal-aventurados artigos em comento.

8. REFERÊNCIAS BIBLIOGRÁFICAS

ALMEIDA NETO, Amaro Alves de. *Dano existencial* – A tutela da dignidade da pessoa humana. p. 25. Disponível em: <http://www.mpsp.mp.br/portal/page/portal/cao_consumidor/doutrinas/DANO%20EXISTENCIAL.doc>. Acesso em: 09 maio 2017.

AMARAL, Francisco. *Direito Civil:* Introdução. 7. ed. Rio de Janeiro: Renovar, 2008.

BEBBER, Júlio César. Danos extrapatrimoniais (estético, biológico e existencial) – breves considerações. *Revista LTr:* legislação do trabalho. São Paulo, v. 73, n. 1, p. 73-01/26-29, jan. 2009.

BRASIL. *Tribunal Superior do Trabalho.* Notícias. Turma afirma necessidade de comprovação de dano existencial para deferimento de indenização a trabalhador. Disponível em: <http://www.tst.jus.br/noticias/-/asset_publisher/89Dk/content/turma-afirma-necessidade-de-comprovacao-de-dano-existencial-para-deferimento-de-indenizacao-a-trabalhador>. Acesso em: 10.01.2017.

_____. *Tribunal Superior do Trabalho.* Recurso de Revista nº 0000434-37.2014.5.09.0126, Quarta Turma. Recorrentes: ARM Telecomunicações e Serviços de Engenharia S.A e Lindiomar Santin. Recorrida: OI S.A. Relatora: Ministra Maria de Assis Calsing. Julgado em: 13.04.2016. Publicado em: 15.04.2016.

_____. *Tribunal Superior do Trabalho.* Agravo de Instrumento em Recurso de Revista nº 0000077-10.2013.5.12.0029, Quarta Turma. Agravante: Ambev S.A e Maurício Pires Martins. Agravada: União (PGF). Relatora: Ministra Maria de Assis Calsing. Julgado em: 19.04.2017. Publicado em: 28.04.2017.

_____. *Tribunal Regional do Trabalho da 14ª Região.* Recurso Ordinário nº 0000433-25.2015.5.14.0111, Primeira Turma. Recorrente: Jeferson Julio Venancio e Transalessi Transportes Rodoviários Ltda - EPP. Recorridos: os mesmos. Relator: Juiz Convocado Afrânio Viana Gonçalves. Julgado em: 21.03.2017. Publicado em: 27.03.2017.

_____. *Tribunal Regional do Trabalho da 8ª Região.* Recurso Ordinário nº 0000001-04.2015.5.08.0101, Quarta Turma. Recorrente: José Carlos Batista da Silva. Recorrido: Vale S.A. Relatora: Desembargadora Alda Maria de Pinho Couto Julgado em: 02.02.2016. Publicado em: 12.02.2016.

BIÃO, Fernanda Leite. Do terror psicológico à perda no sentido da vida: estudo de caso a respeito do assédio moral e do dano existencial no ambiente de trabalho. *Revista Síntese Trabalhista e Previdenciária.* São Paulo, v. 21, n. 255, p. 218-229, set. 2010.

CANOTILHO, José Joaquim Gomes. *Direito constitucional e teoria da constituição.* 7. ed. Coimbra: Almedina, 2000.

CAVALIERI FILHO, Sérgio. *Programa de responsabilidade civil.* 11. ed. São Paulo: Atlas, 2014.

DELGADO, Mauricio Godinho. *Curso de direito do trabalho*. 16. ed. São Paulo: LTr, 2017.

FROTA, Hidemberg Alves da; BIÃO, Fernanda Leite. O fundamento Filosófico do dano existencial. *Revista Jurídica UNIGRAN*. Mato Grosso do Sul, v. 12, n. 24, p. 41-59, jul./dez. 2010.

FROTA, Hidemberg Alves da. Noções fundamentais sobre o dano existencial. *Revista Síntese Trabalhista e Previdenciária*. São Paulo, v. 24, n. 284, p. 22-34, fev. 2013.

GOÉS, Maurício de Carvalho. Os direitos fundamentais nas relações de emprego: da compreensão às novas tendências. *Revista Magister de Direito Trabalhista e Previdenciário*. São Paulo, v. 28, p. 52-73, nov./dez. 2008.

JASPERS, Karl. *Filosofia da Existência*. Tradução de Marco Aurélio de Moura Matos. Rio de Janero: Imago, 1973.

JORGE NETO, Francisco Ferreira; CAVALCANTE, Jouberto de Quadros Pessoa. *Direito do Trabalho*. 8. ed. São Paulo: Atlas, 2015.

KANT, Immanuel. *Fundamentação da metafísica dos costumes e outros escritos*. Tradução de Leopoldo Holzbach. São Paulo: Martin Claret, 2011.

LORA, Ilse Marcelina Bernardi. O dano no direito do trabalho. *Revista Síntese Trabalhista e Previdenciária*. São Paulo, v. 24, n. 284, fev. 2013. p. 11-12.

_____. Direitos fundamentais e o problema da discriminação em razão da origem nas relações de trabalho. *Revista Eletrônica do Tribunal Regional do Trabalho da 9ª Região*. Paraná, v. 4, n. 42, jul. 2015.

MAMAN, Jeannette Antonios. *Fenomenologia existencial do direito*. Crítica do pensamento jurídico brasileiro. São Paulo: Edipro, 2000.

MARTINEZ, Luciano. *Curso de direito do trabalho*. 4. ed. São Paulo: Saraiva, 2013.

MARTINS, Sérgio Pinto. *Direito processual do trabalho*. 28. ed. São Paulo: Atlas, 2011.

NASSAR, Rosita de Nazaré Sidrim. *A garantia do mínimo existencial* – trabalho digno e sustentável – o caso dos maquinistas. Revista LTr. São Paulo, v. 77, n. 5, p. 77-05/536-544, maio 2013.

PERDIGÃO, Antónia Cristina. A filosofia existencial de Karl Jaspers. *Análise Psicológica*. v. 19, n. 4, p. 539-557, 2001. p. 540. Disponível em: <http://publicacoes.ispa.pt/index.php/ap/article/view/386>. Acesso em: 28 jul. 2017.

SANTOS, Antônio Jeová. *Dano moral indenizável*. 3. ed. São Paulo: Editora Método, 2001.

SARLET, Ingo Wolfgang. *Direito da pessoa humana e direitos fundamentais*. Porto Alegre: Livraria do Advogado, 2011.

SARTRE, Jean-Paul. *O ser e o nada:* ensaio de ontologia fenomenológica. Tradução e Notas de Paulo Perdigão. Petrópolis: Vozes, 2007.

SILVA, De Plácido e. *Vocabulário Jurídico*. vol. I (A-I). Rio de Janeiro: Forense, 1984.

SILVA, Homero Batista Mateus da. *Comentários à reforma trabalhista*. Revista dos Tribunais: São Paulo. 2017.

SILVA, José Afonso da. *Curso de direito constitucional positivo*. 35. ed. rev. e atual. até a Emenda Constitucional n. 68, de 21.12.2011. São Paulo: Malheiros, 2012.

SOARES, Flaviana Rampazzo. *Responsabilidade civil por dano existencial*. Porto Alegre: Livraria do Advogado, 2009.

SUPIONI, Adriana Jardim Alexandre. *Responsabilidade civil do empregador pelo exercício de atividade de risco:* da incidência às excludentes. 2015. 172 f. Dissertação (Mestrado em Direito) – Pontifícia Universidade Católica de São Paulo (PUC-SP). p. 46-47. Disponível em: <https://sapientia.pucsp.br/bitstream/handle/6923/1/Adriana%20Jardim%20Alexandre%20Supioni.pdf>. Acesso em: 09 maio 2017.

THEODORO JÚNIOR, Humberto. *Dano moral.* 8. ed. Rio de Janeiro: Forense, 2016.

WESENDONCK, Tula. O dano existencial nas jurisprudências italiana e brasileira – um estudo de direito comparado. *Revista da AJURIS.* Rio Grande do Sul, v. 38, n. 124, p. 327-356, dez. 2011.

LEI 13.467/2017: DANO EXTRAPATRIMONIAL E A SUA QUANTIFICAÇÃO NO DIREITODOTRABALHOPÓS-REFORMA

Guilherme de Luca[1]

Sumário: Introdução – A vinculação do dano moral no Poder Judiciário Trabalhista – Dano moral e a reforma trabalhista – Considerações finais – REFERÊNCIAS

INTRODUÇÃO

O ano de 2017 ficará marcado na história do direito do trabalho como o mais impactante e transformador na legislação laboral, desde que a Consolidação das Leis do Trabalho – CLT, fora aprovada.

É cediço que a lei n° 13.467/2017, conhecida como Reforma Trabalhista, ensejou um grande impacto nas relações juslaborais e que veemente modificou a vida de todos os trabalhadores regidos pela norma celetista.

A reforma trabalhista, que inicialmente fora proposta como uma minirreforma, trouxe inúmeras modificações nos mais diversos institutos de direito do trabalho, tanto que alterou acerca de cem dispostos de lei.

Desse modo, não seria diferente no âmbito do dano moral que, com certeza, na esfera jurídica trabalhista, configura-se como causador de inúmeras controversas entre empregador e empregado, bem como a posição adotada pelo Poder Judiciário, tanto nas varas, como tribunais. Até o advento da reforma, evidente que o julgador se pautava exclusivamente da normatização de direito civil.

---

1. Mestre em Teoria do Direito e do Estado; Pós- graduando em Direito do Trabalho e Previdenciário; Advogado, consultor e parecerista jurídico;. Professor de Direito e Processo do Trabalho em cursos preparatórios para concurso público, OAB e pós-graduação lato-sensu; Advogado e Palestrante.

Por outro lado, nas novas disposições inseridas na CLT, o instituto em baila traz pontos polêmicos, que são capazes de gerar ambiguidades no tocante a sua aplicação, razão pela qual justifica a elaboração do presente artigo.

Percebe-se que ao longo dos anos, caberá a jurisprudência, como costumeiramente acontece no Direito, desempenhar o relevante papel, no que tange a consolidação dos limites introduzidos na lei que alterou significativamente a CLT.

A partir do questionamento que aqui se demonstra, busca-se com o presente artigo a verificação minuciosa do instituto do dano moral dentro das mais diversas óticas compreensivas, motivo pelo qual verificará a melhor definição de dano, a conceituação de dano moral no âmbito do direito do trabalho, além de compreender o impacto da reforma trabalhista e da recente medida provisória que alterou a Lei n° 13.467/2017.

A pesquisa se fundamenta no seguinte problema: As modificações quanto à quantificação do dano moral aplicado nas relações trabalhistas e sua parametrização não ensejam uma afronta aos direitos fundamentais, visto que o maior bem jurídico humano não se quantifica?

Visando responder o presente questionamento, a pesquisa focará na exploração dos objetivos, sendo o principal o entendimento acerca do dano moral diante da Reforma Trabalhista, bem como, especificadamente, analisará a aplicação do instituto na prática-jurídica trabalhista. Além do mais, a temática será tratada em consonância com a recente Medida Provisória n° 808, de 14 de Novembro de 2017, que alterou a CLT, mas a partir de modificações ao texto da Reforma, especialmente no que tange a análise dos danos extrapatrimoniais.

A análise a seguir, respeitando os critérios lógicos de investigação e mensuração do problema, pauta-se no estudo dedutivo, baseando-se no levantamento de informações decorrentes de comparadas bibliográficas, análises doutrinárias e jurisprudências, além da leitura seca e decorrente do texto normativo legal originado pela Lei n° 13.467/2017.

No que tange os procedimentos técnicos utilizados, prevaleceu-se, como demonstrado no parágrafo anterior, às pesquisas bibliográfica e documental com base, principalmente, em livros, teses, artigos, legislação (destacando a nova redação da CLT, emergida da Reforma Trabalhista), jurisprudência e demais dados.

Diante das considerações suscitadas, justifica-se a pesquisa, tendo em vista a relevância do instituto e a significativa positivação jurídica originada da Reforma Trabalhista.

A VINCULAÇÃO DO DANO MORAL NO PODER JUDICIÁRIO TRABALHISTA

No que diz respeito à existência do dano moral, pode-se afirmar que sempre existiu, todavia a sua possibilidade de indenização e consequentemente a sua quantificação, foi adquirida com progresso da sociedade.

Havia certa ideia, que no ordenamento jurídico imperava-se uma recusa, diga-se, constrangimento em aceitar que o sofrimento em razão do dano moral fosse compensado por valores monetários, ou seja, por dinheiro, chegando a ser questionada eticamente a hipótese de indenização por danos morais.

Entretanto, com a evolução social e jurídica, não se pode mais ignorar o dano moral, visto que é uma realidade, tanto que foi positivado a partir do advento da reforma.

Com o tempo, o dano moral passou a ser matéria tão importante na sociedade, de modo que a respectiva indenização impede a incidência de descontos decorrentes do imposto de renda.

Para uma melhor compreensão sobre o dano moral, cita-se a doutrina:

> É qualquer sofrimento humano que não é causado por uma perda pecuniária, e abrange todo atentado à reputação da vítima, à sua autoridade legitima, ao seu pudor, à sua segurança e tranquilidade, ao seu amor próprio estético, à integridade de sua inteligência, a suas afeições (SAVATIER, 1989 p. 136).

Já o Professor Yussef Said Cahali, conceitua dano moral na seguinte forma:

> É a privação ou diminuição daqueles bens que têm um valor precípuo na vida do homem e que são a paz, a tranquilidade de espírito, a liberdade individual, a integridade individual, a integridade física, a honra e os demais sagrados afetos, classificando-se desse modo, em dano que afeta a parte social do patrimônio moral (honra, reputação, etc.) e dano que molesta a parte afetiva do patrimônio moral (dor, tristeza, saudade, etc.), dano moral que provoca direta ou indiretamente dano patrimonial (cicatriz deformante, etc.) e dano moral puro (dor, tristeza, etc.) (CAHALI, 1998, P. 22-23).

No âmbito constitucional, o artigo 5º assegura o direito de resposta, proporcional ao agravo, além da indenização por dano material, moral ou a imagem.

Por vez, o inciso X do mencionado artigo, dispõe sobre a inviolabilidade da intimidade, da vida privada, da honra e da imagem das pessoas, sendo cabível o direito de indenização pelo dano material e moral ocasionado.

Esses dois dispositivos consagrados na redação da atual Constituição Federal encontram respaldos no princípio da dignidade da pessoa humana, conforme discorrido no tópico anterior, que constitui um dos fundamentos básicos da República.

No estudo do dano moral na Justiça do Trabalho, deve se observar que a República Federativa do Brasil, constitui-se em Estado democrático de Direito e tem com fundamentos a dignidade da pessoa humana e o valor social do trabalho.

Percebe-se que o princípio constitucional que consagra a saúde como um direito de todos e dever do Estado, foi também adaptado para o âmbito de aplicação do Direito do Trabalho, indicando que a saúde é direito líquido e certo do trabalhador e dever do empregador. Portanto, a Constituição positivou no artigo 7º, XX, II, a redução dos riscos inerentes ao trabalho, por meio de normas de saúde, higiene e segurança.

Claramente se percebe que o dano moral é muito acentuado quando decorre de um acidente de trabalho. Nesta ótica, em muitas situações o trabalhador é atingido na sua integridade psíquico e física, o que na maioria das situações ensejam na modificação do planejamento de vida do próprio empregado.

Possível se notar que a indenização por danos matérias, em alguns casos, pode até alcançar a recomposição do prejuízo por meio da simples matemática. Mas a questão que envolve toda a situação de dor da exclusão, a tristeza da inatividade, "a solidão do abandono na intimidade familiar, o vexame de mutilações expostas, o constrangimento da dependência permanente de outra pessoa, a perda de uma pessoa querida, não tem dinheiro no mundo que se faça reparar" (AGNES, 2013, p. 78).

Mas se a reparação não é atingível, é possível se aplicar, ao menos, uma compensação monetária, também denominado como um "remédio" de intuito reparador e educador, que possa oferecer ao empregado outro bem que possa amenizar a sua tristeza e revolta, castigando e educando a parte geradora do dano.

Até o advento da Reforma Trabalhista, falava-se que a reparação por dano moral não se tratava meramente da imposição de um valor para "curar" a dor, mas criar mecanismos para que o trabalhador ofendido pudesse praticar novas atividades, superando todas angustias e imagens do passado, que se tornaram indesejáveis para a sua vida.

Ocorre que a partir da Reforma Trabalhista, tais pontos passaram por polêmicas, principalmente em razão do artigo 223-G, §1°, trazer parâmetros na fixação de condenação moral, conforme se discorrerá a seguir.

DANO MORAL E A REFORMA TRABALHISTA

A mencionada "reforma trabalhista", que alterou a CLT a partir das inovações decorrentes da redação da Lei n° 13.467/2017, trouxe diversas modificações a serem aplicadas no instituto do dano moral em um futuro próximo, dentre elas, a inserção de um título inteiramente dedicado ao chamado "dano extrapatrimonial" (Título II-A).

O "dano extrapatrimonial", como o próprio nome diz, é aquele que decorre de relações não patrimoniais, ou seja, advém de relações existenciais e de direitos de personalidade. Portanto, tais danos extrapatrimoniais figuram-se como o sinônimo do dano moral.

No tocante ao âmbito de aplicação, o novo artigo 223-A da CLT, deixa expresso que é cabível a reparação por danos extrapatrimoniais e que sejam decorrentes da relação de trabalho. Portanto, se finda qualquer questionamento, ainda que remoto, sobre o cabimento do instituto na seara laboral.

A CLT, a partir do artigo 223-B, passa a definir que o dano de natureza extrapatrimonial será considerado todo aquele que ensejar em ação ou omissão que ofenda a esfera moral ou existencial da pessoa física ou jurídica, as quais são as titulares exclusivas do direito à reparação.

O legislativo considerou na sua redação o que poderia ser classificado como ofensa moral ou existencial da pessoal, tanto que o artigo seguinte (Art. 223-C) define que a honra, a imagem, a intimidade, a liberdade de ação, a autoestima, a sexualidade, a saúde, o lazer e a integridade física são os bens juridicamente tutelados inerentes à pessoa física. Portanto, há uma nítida tendência em consagrar e postular a dignidade humana.

Chama-se a atenção acerca da alteração pautada no art. 223-C, da CLT, inserido pela Reforma Trabalhista, bem como, a sua modificação dada pela Medida Provisória n° 808, de 14 de Novembro de 2017, editada pelo Presidente da República Michel Temer.

Com esta nova redação ao artigo 223-C, nota-se que o Executivo alterou a redação no sentido de substituir a expressão "sexualidade" para "gênero".

Tal alteração demonstra a tendência utilizada pela antropologia, que entende que a expressão "sexualidade" remete apenas para a idéia de práticas eróticas e sexuais entre os indivíduos, classificados na sociedade com termos como "heterossexuais, homossexuais", etc. Por vez, gênero constituiria algo do plano das construções socioculturais, variando através da história e de contextos regionais, não se confundindo como uma prática sexual, mas sim, uma teoria social.

Além disso, a redação da Medida Provisória incluiu na referida redação as terminologias "etnia, idade e nacionalidade", como elementos que também deverão ser juridicamente tutelados, inerente as pessoas naturais, razão pela qual, são compreendidos como direitos fundamentais invioláveis.

Já o artigo 223-D, conceitua as hipóteses de dano moral em face da pessoa jurídica. Ou seja, a legislação trabalhista passa a considerar a possibilidade de dano moral praticado contra o empregador, tanto que qualquer ofensa quanto a imagem, a marca, o nome, o segredo empresarial e o sigilo da correspondência são bens juridicamente tutelados.

Em relação à responsabilidade, o legislador figura que será punido aquele que causar o dano extrapatrimonial para todos os que tenham colaborado para a ofensa ao bem jurídico tutelado, na proporção da ação ou da omissão.

É certo, também, que a reparação por danos extrapatrimoniais pode ser pedida cumulativamente com a indenização por danos materiais decorrentes do mesmo ato lesivo. Mas, se houver cumulação de pedidos, o juízo, ao proferir a decisão, discriminará os valores das indenizações a título de danos patrimoniais e das reparações por danos de natureza extrapatrimonial.

No tocante a prova do dano moral, trata-se de um assunto de perspicaz dificuldade de aferir, principalmente quando ocorre de forma velada, entre empregador e empregado.

Alguns magistrados consideram que não é devida a indenização por danos morais se o trabalhador suporta bem as ofensas ou se a doença ocupacional ou acidente de trabalho não afetaram de forma substancial o psicológico.

Mas há que considera que se realmente fosse necessário provar esses danos, o resultado poderia variar de pessoa para pessoa, visto que os acidentados mais sensíveis e emotivos teriam direito a indenização já os mais resignados teriam seu pedido negado. A despeito do assunto discorre Rui Stoco:

> A afirmação de que o dano moral independe de prova decorre muito mais da natureza imaterial do dano do que das *quaestionis facti*. Explica-se: Como o dano moral é, em verdade, um 'não dano', não haveria como provar, quantificando, o alcance desse dano, como resuma óbvio. Sob esse aspecto porque o gravame no plano moral não tem a expressão matemática, nem se materializa no mundo físico e, portanto, não se indeniza, mas apenas se compensa, é que não se pode falar em prova de um dano que, a rigor, não existe no plano material (STOCO, 2007, p. 1714-1715).

Mesmo o trabalhador tenha suportado bem a doença ocupacional ou o acidente de trabalho, continua presente a necessidade de condenação, pois a indenização por danos morais tem uma finalidade pedagógica, já que ensina para o empregador e para a sociedade a punição exemplar em decorrência do desrespeito às regras da segurança e saúde no local de trabalho.

Um dos pontos mais polêmicos da reforma no tocante aos danos extrapatrimoniais, é o que trazem diretrizes e parâmetros para que o magistrado aplique e quantifique a extensão do dano moral. Esta polêmica pode ser comprovada, em razão da própria redação da reforma trabalhista não ser unânime, tanto que dias após a vigência da Lei n° 13.467/2017, o Presidente da República Michel Temer, conforme já mencionado, alterou significativamente a redação do art. 223-G.

Desta forma, dividiremos em trechos o artigo 223-G, inserido na CLT em razão da reforma e modificado pela MP n° 808, para melhor análise.

No primeiro ponto, o legislador traz os pontos que deverão ser analisados pelo juiz:

A natureza do bem jurídico tutelado, intensidade do sofrimento ou humilhação, reflexos pessoais e sociais, extensão e duração do dano, condições que ocorreram, grau da culpa ou do dolo, ocorrência da retratação espontânea, esforços para minimizar a ofensa, perdão e situação econômica das partes, além do grau de publicidade.

> Art. 223-G.Ao apreciar o pedido, o juízo considerará:
>
> I - a natureza do bem jurídico tutelado;
>
> II - a intensidade do sofrimento ou da humilhação;
>
> III - a possibilidade de superação física ou psicológica;
>
> IV - os reflexos pessoais e sociais da ação ou da omissão;
>
> V - a extensão e a duração dos efeitos da ofensa;
>
> VI - as condições em que ocorreu a ofensa ou o prejuízo moral;

> VII - o grau de dolo ou culpa;
>
> VIII - a ocorrência de retratação espontânea;
>
> IX - o esforço efetivo para minimizar a ofensa;
>
> X - o perdão, tácito ou expresso;
>
> XI - a situação social e econômica das partes envolvidas;
>
> XII - o grau de publicidade da ofensa.

Nota-se que alguns destes itens se apresentam como controversos, principalmente no que diz respeito à situação econômica das partes envolvidas. Questiona-se se o rico sofre mais o abalo moral que o pobre ou vice-e-versa.

Uma vez deferido o pedido a partir dos critérios acima, cabe ao juiz fixar a indenização que será paga. Portanto, considerará se a ofensa é leve, média, grave ou gravíssima, inserindo os patamares:

> § 1° Se julgar procedente o pedido, o juízo fixará a indenização a ser paga, a cada um dos ofendidos, em um dos seguintes parâmetros, vedada a acumulação:
>
> I - ofensa de natureza leve, até três vezes o último salário contratual do ofendido;
>
> II - ofensa de natureza média, até cinco vezes o último salário contratual do ofendido;
>
> III - ofensa de natureza grave, até vinte vezes o último salário contratual do ofendido;
>
> IV - ofensa de natureza gravíssima, até cinquenta vezes o último salário contratual do ofendido.

A partir da redação do artigo 223-G, §1°, acima descrito, as indenizações seriam calculadas com base no salário do empregado. Portanto, quanto maior a gravidade do caso, maior o número de salários a que o profissional teria direito, caso ganhasse a ação trabalhista. Além do mais, o profissional que ganhasse mais, receberia uma maior indenização, o que não seria justo.

Diante deste contexto, em razão da ideéia de que o profissional que ganhasse mais receberia uma maior indenização do que aquele obreiro que ganhasse menos se gerou a seguinte indagação. Imagina-se num escritório onde o gestor assedia sexualmente a secretária que recebe a remuneração em torno de R$1.500,00 (mil e quinhentos reais) e assedia a encarregada, que recebe na faixa de R$10.000,00 (dez mil reais). Segundo os parâmetros decorrentes da Reforma Trabalhista, embora seja o mesmo fato, a gestora receberia uma indenização muito superior ao valor que seria recebido pela secretária. Não seria justa a referida diferenciação, ora que ambas foram assediadas e sofreram pelo eventual abuso.

Desta forma, em razão deste descontentamento ocasionado, é evidente que a Medida Provisória teve o intuito de sanar tal equivoco do legislativo, impondo que os parâmetros expressos nos incisos do parágrafo primeiro do art. 223-G, da CLT, ao invés de serem baseados no salário contratual do ofendido, serão calculados com a base decorrente do Regime Geral da Previdência Social.

Além do mais, a medida provisória insere no artigo 223-G, os parágrafos quarto e quinto, sendo que o primeiro mencionado define que a reincidência ocorrerá se ofensa idêntica ocorrer no prazo de até dois anos, contado do trânsito em julgado da decisão condenatória e o segundo expõe que a parametrização de dano extrapatrimonial não será utilizada quando o dano decorrer de morte.

Acerca deste ponto, trata-se de uma significativa modificação, vez que a morte não pode ser tratada a partir de diretrizes legais, ora que o bem jurídico da vida é imensurável.

Outro ponto que merece destaque, diz respeito ao fato da redação legal não demonstrar quais são os inúmeros tipos de ofensa que se enquadram dentro de cada categoria trazida na classificação legiferante, sendo certo que a MP exclui a morte da referida classificação.

Ainda no que diz respeito ao referido artigo, a Reforma Trabalhista traz um esclarecimento acerca dos atos pelos quais o magistrado entenderá como sendo dano extrapatrimonial.

Com a redação normativa, o magistrado deverá analisar a demanda a partir dos critérios que considerará como maior intensidade e grau de sofrimento ou humilhação ocasionada na vida da vítima.

Neste item, cabe as partes envolvidas demonstrarem a extensão dos danos morais, com as singularidades do caso concreto, podendo as provas influenciar no valor da indenização, o que vem acontecendo nos casos mais complexos, acima do que a simples presunção sugere. A prova dos danos morais não se exige como pressuposto para condenação, mas no decorrer da instrução processual podem ser colhidos elementos importantes que auxiliem o magistrado no arbitramento do valor indenizatório.

Além do mais, o magistrado considerará quais são as possibilidades de superação física ou psicológica; além dos reflexos pessoais e sociais; a extensão e a duração dos efeitos da ofensa; as condições em que ocorreu tal ofensa; o grau de culpa do acusado; a situação social e econômica das partes envolvidas e o grau de publicidade da ofensa, entre outros.

Por fim, o artigo dispõe sobre os parâmetros de fixação quando o ofendido for pessoa jurídica e quando houver reincidência.

> § 2° Se o ofendido for pessoa jurídica, a indenização será fixada com observância dos mesmos parâmetros estabelecidos no §1° deste artigo, mas em relação ao salário contratual do ofensor.
>
> § 3° Na reincidência entre partes idênticas, o juízo poderá elevar ao dobro o valor da indenização.

A condenação por dano moral deve oferecer um caráter pedagógico também, de modo que a parte que deverá indenizar sinta o "valor" do dano causado, e que tal fato possa ser utilizado até mesmo de exemplo para outras partes, a fim de que se evitem novos danos.

Por fim, podemos dizer que, mesmo havendo critérios e parâmetros normativos para estipular o valor da indenização por danos morais decorrente de acidente de trabalho, o juiz ainda possui a faculdade de aferir se tal ocorrência realmente merece ser digna de uma reparação extrapatrimonial.

CONSIDERAÇÕES FINAIS

Diante do exposto, percebe-se que os critérios de aplicação de condenação quanto ao dano moral serão utilizados pelo Julgador na fixação do valor da indenização, deverão observar, na prática, as características da ofensa, do ofendido e do ofensor, em cada caso.

Percebe-se que a Reforma Trabalhista foi omissa quanto à definição do que seria uma lesão de "natureza leve" ou "gravíssima".

Portanto, mais uma vez caberá a jurisprudência, valer-se do seu imperioso e necessário posicionamento, na busca pela consolidação dos parâmetros que a nova lei inovou na CLT, quanto ao dano moral.

Há que se considerar que as possibilidades de indenizações de valores exagerados ou fora dos parâmetros reais nos processos trabalhistas tende a diminuir de forma drástica.

Outro ponto importante, diz respeito a MP editada pelo Presidente da República, que impôs que as condenações utilizariam o parâmetro dos valores do limite máximo dos benefícios do Regime Geral da Previdência Social e não o salário contratual do ofendido. Dessa forma, não há que se falar em distinção de condenação em razão do cargo que o ofendido exerce o que de certo modo, trará equidade nas condenações em razão do fato e não em razão da função.

Por fim, muito embora tais modificações tendessem a trazer apenas uma equidade na aplicação de condenações, espera-se, de fato, que isto não lesione e desconsidere os parâmetros de Justiça inerente aos princípios da dignidade da pessoa humana.

REFERÊNCIAS

AGNEIS, Paulo Henrique Balbo. **Meio Ambiente do Trabalho**: Um Direito Fundamental e Constitucional. Disponível em: <aberto.univem.edu.br/handle/11077/1284>. Acesso em: 15 ago. 2017.

CAHALI, Yussef Said. **Dano Moral**. 2ª ed., 2ª tiragem, São Paulo: RT, 1998.

COSTA, Ilton Garcia; REIS, Junior Barreto. **Direito ao trabalho como fator de inclusão social**: proibição da despedida arbitrária e discriminatória. Revista Jurídica (FIC), v. 1, p. 78-96, 2014.

DINIZ, Maria Helena. **Curso de Direito Civil Brasileiro 7º volume, Responsabilidade Civil**. São Paulo: Editora Saraiva, 2003.

GAGLIANO, Pablo Stolze; PAMPLONA FILHO, Rodolfo. **Novo curso de direito civil**. Responsabilidade Civil. 8ª. ed. São Paulo: Saraiva, 2010.

SAVATIER, René. **Traité de La Responsabilité Civile.**vol.II, nº 525, in Caio Mario da Silva Pereira, Responsabilidade Civil, Editora Forense, RJ, 1989.

STOCO, Rui. **Tratado de responsabilidade civil**: doutrina e jurisprudência. 7 ed.. São Paulo Editora Revista dos Tribunais, 2007.

OS IMPACTOS DA LEI Nº 13.467/17 (REFORMA TRABALHISTA) NOS DIREITOS TRABALHISTAS DAS MULHERES

Beatriz Carvalho Nogueira[1]
Paulo Henrique Martinucci Boldrin[2]

1. INTRODUÇÃO

O capítulo III da CLT é destinado ao estabelecimento de normas específicas de proteção ao trabalho da mulher, tendo como objetivo garantir o acesso ao mercado de trabalho e aos direitos trabalhistas dele decorrentes. Alguns dispositivos, entretanto, acabavam reproduzindo estereótipos relacionados aos papeis atribuídos às mulheres.

A Constituição Federal de 1988 garante em seu artigo 7º, incisos XX e XXX, a proteção do mercado de trabalho da mulher e a proibição de diferença de salários, de exercício de funções e de critério de admissão por motivo de sexo, idade, cor ou estado civil, respectivamente.

1. Advogada, mestranda em Direito pela Faculdade de Direito de Ribeirão Preto - USP e graduada pela mesma universidade.

2. Advogado, mestre em Direito pela Faculdade de Direito de Ribeirão Preto – USP e graduado pela mesma universidade.

Diante dessa previsão constitucional, diversos artigos da CLT começaram a ser questionados, sendo alguns, inclusive, revogados, uma vez que geravam e reforçavam as assimetrias de gênero no mercado de trabalho. Outros artigos, contudo, permaneceram vigentes, pela importância na promoção ao trabalho decente das mulheres.

A Lei nº 13.467/17 (Reforma Trabalhista) e a Medida Provisória nº 808/17 atingiram de forma direta três dispositivos relacionados ao trabalho da mulher. Também deram maior prevalência aos acordos coletivos e às negociações coletivas, dando maior poder às negociações realizadas no âmbito dos sindicatos. Provocaram ainda modificações nas relações de trabalho e no acesso à justiça de todos os trabalhadores, de forma geral, sob o pretexto de necessária "flexibilização" e "modernização" das normas trabalhistas.

Ressalta-se que, recentemente (14/11/2017), foi editada a MP nº 808/2017, que alterou a redação de diversos artigos da Reforma Trabalhista. Referida medida provisória entrou em vigor na data de sua publicação, mas aguarda votação pelo Congresso Nacional para sua conversão em lei[3]. Uma das alterações promovidas pela MP nº 808/2017 consistiu na alteração da redação do art. 394-A da CLT, que versa sobre o afastamento das gestantes e lactantes de ambientes e atividades insalubres.

Optamos por abordar as alterações promovidas pela MP nº 808/2017 sem remover a disciplina da Reforma Trabalhista, tendo em vista que, caso não votada ou rejeitada pelo Congresso Nacional, permanecerá aplicável o dispositivo na redação dada pela Lei nº 13.467/2017.

Nesse cenário, o presente artigo tem como objetivo analisar a importância de dispositivos que garantam a proteção específica à mulher no mercado de trabalho, verificando se as modificações legislativas tiveram como finalidade garantir a eliminação de discriminações de gênero ou acirrar ainda mais as desigualdades já existentes, precarizando os direitos trabalhistas das mulheres.

2. NORMAS ESPECÍFICAS DE PROTEÇÃO DO TRABALHO DAS MULHERES

Mesmo antes da promulgação da Constituição Federal em 1988, a legislação trabalhista já possuía normas de "proteção" ao trabalho da mulher, contando a CLT com um capítulo específico sobre o tema (Capítulo III). De acordo com Cristiane Maria Sbalquiero Lopes os principais objetivos e, consequentemente, os efeitos ocasionados por muitas dessas normas não eliminavam a discriminação existente no mercado de trabalho em relação às mulheres, mas reforçavam papeis que são a elas atribuídos como, por exemplo, o da maternidade, a submissão à autoridade

3. Até o fechamento desta edição, a MP nº 808/2017 não havia sido apreciada pelo Congresso Nacional.

do marido e o seu status de relativamente incapaz: "o que efetivamente buscou-se proteger foi a estrutura da família patriarcal"[4].

Diversas normas trabalhistas de proteção às mulheres acabavam, portanto, reforçando estereótipos de gênero. Os estereótipos de gênero correspondem à "construção ou compreensão dos homens e das mulheres, em razão da diferença entre suas funções físicas, biológicas, sexuais e sociais"[5]. Com relação às mulheres, os estereótipos de gênero são os responsáveis pela construção de papeis, características e atributos inferiores em relação aos homens.

Os estereótipos representam, portanto, uma visão generalizada ou uma preconcepção sobre as características dos membros de determinado grupo social, presumindo-se que todos eles terão esses mesmos atributos. A utilização de estereótipos não permite que os membros desse grupo social possuam características diferentes daqueles atribuídos à coletividade[6].

A desconstrução de estereótipos de gênero constitui-se, assim, como importante instrumento na eliminação de todas as formas de discriminação contra as mulheres[7]. Nesse sentido, o art. 5º, da Convenção sobre a Eliminação de todas as formas de discriminação contra a mulher (CEDAW), promulgada pelo Brasil por meio do Decreto nº 4.377/02, impõe como obrigação dos Estados-Parte a tomada de medidas apropriadas para:

> a) Modificar os padrões socioculturais de conduta de homens e mulheres, com vista a alcançar a eliminação dos preconceitos e práticas consuetudinárias, e de qualquer outra índole, que estejam baseados na ideia de inferioridade ou superioridade de qualquer dos sexos ou em funções estereotipadas de homens e mulheres; (...)

No caso da legislação trabalhista, apesar de diversos dispositivos da CLT serem tidos e justificados como normas de "proteção", na realidade, reforçavam estereótipos sobre os papeis atribuídos às mulheres na sociedade.

Lopes aponta que essa "proteção" teve as seguintes justificativas: a) históricas (e econômicas); b) morais; c) biológicas e d) utilitaristas. Como razões históricas (a), a autora aponta a reação à exploração em que eram submetidas, principalmente, mulheres e crianças, durante a Revolução Industrial. Essas razões históricas, entretanto, vieram acompanhadas por justificativas econômicas, evitando

4. LOPES, Cristiane Maria Sbalquiero. Direito do trabalho da mulher: da proteção à promoção. *Cadernos Pagu (26), jan.-jun.2006*. p. 410-411.

5. COOK, Rebecca J.; CUSACK, Simone. *Estereotipos de género: perspectivas legales transnacionales*. Trad. por Andrea Parra. Bogotá: Profamilia, 2010. p. 2.

6. COOK, Rebecca J.; CUSACK, Simone. *Estereotipos de género: perspectivas legales transnacionales*. Trad. por Andrea Parra. Bogotá: Profamilia, 2010. p. 11.

7. COOK, Rebecca J.; CUSACK, Simone. *Estereotipos de género: perspectivas legales transnacionales*. Trad. por Andrea Parra. Bogotá: Profamilia, 2010. p. 3.

que a mão de obra feminina e de crianças, mais barata, substituísse a mão de obra masculina[8].

Ademais, justificativas morais (b) fariam com que as mulheres tivessem normas de trabalho específicas. Em geral, ao marido ou ao pai competia as decisões referentes ao trabalho exercido pelas esposas ou filhas. É nesse contexto que o art. 446, parágrafo único da CLT, revogado pela Lei nº 7.855/8, declinava:

> Art. 446 - Presume-se autorizado o trabalho da mulher casada e do menor de 21 anos e maior de 18. Em caso de oposição conjugal ou paterna, poderá a mulher ou o menor recorrer ao suprimento da autoridade judiciária competente.
>
> Parágrafo único. Ao marido ou pai é facultado pleitear a rescisão do contrato de trabalho, quando a sua continuação for suscetível de acarretar ameaça aos vínculos da família, perigo manifesto às condições peculiares da mulher ou prejuízo de ordem física ou moral para o menor.

No mesmo sentido, o art. 372, parágrafo único, da CLT, revogado apenas com a vigência da Lei nº 13.467/17 (Reforma Trabalhista) estabelecia:

> Art. 372 - Os preceitos que regulam o trabalho masculino são aplicáveis ao trabalho feminino, naquilo em que não colidirem com a proteção especial instituída por este Capítulo.
>
> Parágrafo único - Não é regido pelos dispositivos a que se refere este artigo o trabalho nas oficinas em que sirvam exclusivamente pessoas da família da mulher e esteja esta sob a direção do esposo, do pai, da mãe, do tutor ou do filho.

Os dispositivos traziam como justificativa moral o argumento de preservação da hierarquia entre homens e mulheres[9].

Além disso, a vedação do trabalho extraordinário, previsto no art. 375 da CLT, e as restrições do trabalho noturno da mulher, de forma geral, constantes no art. 379 da CLT, ambos revogadas pela Lei nº 7.855/89, também tinham como finalidade a manutenção do casamento e a realização das tarefas domésticas, possibilitando que a mulher não utilizasse seu tempo apenas com o trabalho realizado fora do âmbito doméstico[10].

A autora ainda apresenta que argumentos de ordem biológica (c) foram utilizados no estabelecimento das normas de "proteção" trabalhistas. Nesse sentido, apresenta dispositivos baseados em diferenças físicas das mulheres[11]:

---

8. LOPES, Cristiane Maria Sbalquiero. Direito do trabalho da mulher: da proteção à promoção. *Cadernos Pagu (26), jan.-jun.2006.* p. 412.
9. LOPES, Cristiane Maria Sbalquiero. Direito do trabalho da mulher: da proteção à promoção. *Cadernos Pagu (26), jan.-jun.2006.* p. 418.
10. LOPES, Cristiane Maria Sbalquiero. Direito do trabalho da mulher: da proteção à promoção. *Cadernos Pagu (26), jan.-jun.2006.* p. 417-418.
11. LOPES, Cristiane Maria Sbalquiero. Direito do trabalho da mulher: da proteção à promoção. *Cadernos Pagu (26), jan.-jun.2006.* p. 420.

> Art. 387 - É proibido o trabalho da mulher:
>
> a) nos subterrâneos, nas minerações em sub-solo, nas pedreiras e obras, de construção pública ou particular.
>
> b) nas atividades perigosas ou insalubres, especificadas nos quadros para este fim aprovados[12].
>
> Art. 390 - Ao empregador é vedado empregar a mulher em serviço que demande o emprego de força muscular superior a 20 (vinte) quilos para o trabalho continuo, ou 25 (vinte e cinco) quilos para o trabalho ocasional.
>
> Parágrafo único - Não está compreendida na determinação deste artigo a remoção de material feita por impulsão ou tração de vagonetes sobre trilhos, de carros de mão ou quaisquer aparelhos mecânicos[13].

Como última justificativa apresentada por Lopes para o estabelecimento de normas de "proteção" ao trabalho pela CLT, encontra-se a argumentação utilitarista (d), também denominada de conveniência. De acordo com a autora, em alguns setores as restrições ao trabalho da mulher eram menores, principalmente naqueles em que era conveniente a utilização dessa mão de obra. Utiliza como exemplo as exceções apresentadas à vedação do trabalho noturno das mulheres[14]:

> Art. 379. É vedado à mulher o trabalho noturno, exceto às maiores de 18 (dezoito) anos empregadas:
>
> I - em empresas de telefonia, radiotelefonia ou radiotelegrafia;
>
> II - em serviço de enfermagem;
>
> II - Em serviço de saúde e bem-estar;
>
> III - em casas de diversões, hotéis, restaurantes, bares e estabelecimentos congêneres;
>
> IV - em estabelecimento de ensino;
>
> V - que, não participando de trabalho continuo, ocupem postos de direção.
>
> V - Que, não executando trabalho contínuo, ocupem cargo técnicos ou postos de direção, de gerência, de assessoramento ou de confiança;
>
> VI - Na industrialização de produtos perecíveis a curto prazo durante o período de safra quando ocorrer necessidade imperiosa de serviço, bem como nos demais casos em que o trabalho se fizer com matérias-primas ou matérias em elaboração suscetíveis de alteração rápida, quando necessário o trabalho noturno para salvá-las de perda inevitável;
>
> VII - Em caso de força maior (art. 501);
>
> VIII - Nos estabelecimentos bancários, nos casos e condições do artigo 1º e seus parágrafos do Decreto-lei nº 546, de 18 de abril de 1969.

12. Esse dispositivo foi revogado pela Lei nº 7.855/89.
13. Esse dispositivo ainda se encontra em vigor.
14. LOPES, Cristiane Maria Sbalquiero. Direito do trabalho da mulher: da proteção à promoção. *Cadernos Pagu (26), jan.-jun.2006*. p. 423.

> IX - em serviços de processamento de dados para execução de tarefas pertinentes à computação eletrônica;
>
> X - em indústrias de manufaturados de couro que mantenham contratos de exportação devidamente autorizados pelos órgãos públicos componentes.
>
> Parágrafo único. Nas de hipóteses de que tratam os itens VI e VII o trabalho noturno dependera de:
>
> a) concordância prévia da empregada, não constituindo sua recusa justa causa para despedida;
>
> b) exame médico da empregada, nos termos do artigo 375;
>
> c) comunicação à autoridade regional do trabalho no prazo de quarenta e oito horas do início do período de trabalho noturno.

A autora aponta que o dispositivo permitia o trabalho noturno justamente em profissões consideradas como "feminizadas", quais sejam, serviços de enfermagem, de saúde, de ensino, em casas de diversões e no setor bancário. Aliás, indica que mesmo em relação ao trabalho na indústria, os interesses "domésticos" eram substituídos pelas necessidades de produção, prevalecendo, assim, interesses econômicos[15].

Observa-se, portanto, que determinadas normas específicas ao trabalho das mulheres não tiveram, em sua criação, o escopo de efetivar a proteção e a eliminação das discriminações baseadas em sexo no âmbito das relações de trabalho, o que reforçava estereótipos de papeis sociais e em relação às diferenças biológicas e físicas atribuídas às mulheres.

Com a promulgação da Constituição Federal de 1988 e a consequente proibição do preconceito baseado em sexo (art. 3º, IV), a proteção do trabalho da mulher (art. 7º, XX), a proibição de diferença de salários, de exercício de funções e de critério de admissão por motivo de sexo (art. 7º, XXX), bem como a igualdade de direitos e deveres no casamento (art. 226, § 5º), diversas normas celetistas foram revogadas ou alteradas, principalmente as que possuíam conteúdo falsamente protetivo, como abordado.

Aliás, como já mencionado, o Brasil, como signatário da Convenção sobre a Eliminação de todas as formas de discriminação contra a mulher (CEDAW) tem como obrigação a eliminação dos preconceitos e de práticas consuetudinárias, e de qualquer outra índole, que estejam baseados na ideia de inferioridade ou superioridade de qualquer dos sexos ou em funções estereotipadas de homens e mulheres.

Isso não significa que não possa haver normas específicas ao trabalho das mulheres, mas sim, que todas as alterações legislativas devem estar compromissadas com a eliminação das discriminações de gênero e de estereótipos que atribuam às mulheres papel de inferioridade em relação aos homens.

---

15. LOPES, Cristiane Maria Sbalquiero. Direito do trabalho da mulher: da proteção à promoção. *Cadernos Pagu (26), jan.-jun.2006*. p. 425.

Preconiza-se, portanto, que as normas que sejam especificamente direcionadas às mulheres não tenham caráter meramente protetivo, mas sim "promocional", visando à eliminação de quaisquer discriminações[16]. Devem, assim, considerar a realidade do grupo ao qual se destinam, para que possam eliminar quaisquer assimetrias existentes.

Em determinadas situações, é necessário que existam normas específicas, ou seja, que sejam estabelecidas ações afirmativas, para que a igualdade material seja alcançada, uma vez que a igualdade meramente formal no âmbito legislativo não é capaz de assegurar a eliminação de desigualdades.

Como mencionado, diversos dispositivos que reforçavam apenas esse papel "protetivo" e consequentemente, a inferioridade das mulheres aos homens foram revogados após a Constituição de 1988.

No presente artigo, contudo, analisaremos as normas que haviam permanecido em vigência após o texto constitucional de 1988, mas que foram alteradas ou revogadas pela Lei nº 13.467/17 (Reforma Trabalhista) no âmbito das relações de trabalho das mulheres. Nosso objetivo será analisar se essas modificações tiveram como finalidade reduzir as assimetrias entre as condições laborais de homens e mulheres ou provocar a precarização dos direitos trabalhistas das mulheres.

2.1. Intervalo prévio à jornada extraordinária das mulheres

A limitação da jornada de trabalho foi uma importante conquista para os trabalhadores e trabalhadoras. Durante o período inicial de industrialização brasileira no final do Século XIX e início do Século XX, as primeiras gerações de operários eram basicamente formadas pela população mais pobre, marcada predominantemente pelo trabalho de mulheres e crianças. Esses trabalhadores estavam sujeitos a extenuantes jornadas de trabalho que chegavam a totalizar 10 a 12 horas diárias em alguns ramos industriais, como o têxtil[17].

Impulsionadas pela atuação dos trabalhadores migrantes que vieram ao Brasil, as organizações dos trabalhadores logo pautaram suas disputas em torno da redução da jornada de trabalho, do pagamento de adicional para horas extras e de questões ligadas à saúde do trabalhador, com o desenvolvimento de diversas greves. Por sua vez, os empresários não estiveram dispostos a ceder na redução da

16. LOPES, Cristiane Maria Sbalquiero. Direito do trabalho da mulher: da proteção à promoção. *Cadernos Pagu (26), jan.-jun.2006*. p. 427.

17. CARDOSO, Ana Claudia Moreira. *Tempos de trabalho, tempos de não trabalho: vivências cotidianas de trabalhadores*. 2007. Doutorado em Sociologia. Faculdade de Filosofia, Letras e Ciências Humanas da Universidade de São Paulo. Universidade de São Paulo e École Doctorale da Universidade de Paris-8. São Paulo: 2007. p. 84-85.

jornada de trabalho. Essa situação foi alterada com o governo Vargas, que passou a fixar a limitação de jornada de trabalho em 8 horas a partir de 1932[18].

Ao longo dos anos do governo de Vargas, diversas normas foram editadas para ramos específicos e para os demais trabalhadores regulamentando as questões atinentes à jornada de trabalho. Em 1943, essa legislação desenvolvida foi reunida e passou a compor diversos artigos da CLT, inclusive com capítulo específico à duração do trabalho (capítulo II). De acordo com o art. 58 e 59 da CLT, a jornada de trabalho foi limitada em 8 horas diárias, com a possibilidade de realização de 2 horas extras diárias, sendo devido o adicional de 20% sobre o valor da hora normal de trabalho. Destaca-se que a Constituição Federal de 1988, ampliou o adicional de horas extras para, no mínimo, 50%.

A limitação da jornada de trabalho em 8 horas diárias foi fundamental para se permitir que os trabalhadores e trabalhadoras pudessem usufruir igualmente de 8 horas de lazer e 8 horas de sono por dia. Vale ressaltar, contudo, que as horas de lazer são fortemente impactadas pelas horas despendidas nos transportes coletivos e também pela dupla jornada em tarefas domésticas, cujos principais afetados são as mulheres. Ocorre que a própria legislação se refere à jornada de 8 horas como a duração normal do trabalho, o que permite a conclusão de que se admite a realização de jornada extraordinária[19].

Além das alterações na jornada de trabalho, a CLT também prevê períodos de descanso, que devem ser respeitados como normas indispensáveis à saúde e segurança do trabalhador. Esses períodos compreendem a outra faceta da limitação da jornada de trabalho. De nada adiantaria a restrição da jornada de trabalho, se não concedido aos trabalhadores períodos para descanso, alimentação ou recuperação física e psicológica do trabalho realizado. Nesse sentido, há previsões de intervalos, intra e interjornadas, descanso semanal remunerado e férias.

Destaca-se que o art. 611-B, parágrafo único, da CLT, acrescentado pela Reforma Trabalhista, estabelece que as regras sobre duração do trabalho e intervalos não são consideradas como normas de saúde, higiene e segurança do trabalho. Nesse caso, seria plenamente possível a flexibilização desses direitos por meio de negociação coletiva de trabalho.

Entendemos que esse artigo viola o princípio da proteção do trabalhador, base estruturante do Direito do Trabalho, pois permite que sejam livremente negociados os direitos que foram conquistados por meio da luta dos trabalhadores nos últimos séculos. A sua redução ou a supressão podem trazer sérios riscos, como acidentes de trabalho, doenças profissionais, síndrome do esgotamento pro-

18. CARDOSO, Ana Claudia Moreira. *Tempos de trabalho, tempos de não trabalho: vivências cotidianas de trabalhadores*. 2007. Doutorado em Sociologia. Faculdade de Filosofia, Letras e Ciências Humanas da Universidade de São Paulo. Universidade de São Paulo e École Doctorale da Universidade de Paris-8. São Paulo: 2007. p. 84-85.
19. SILVA, Homero Batista Mateus da. *Curso de Direito do Trabalho aplicado: Jornadas e pausas*. Rio de Janeiro: Elsevier, 2009. p. 6.

fissional e outras condicionantes. Ressalta-se, inclusive, que o aumento no número de acidentes e doenças, eleva o custo da Previdência Social com a concessão de benefícios previdenciários, como auxílio-doença, aposentadoria por invalidez, auxílio-acidente, pensão por morte etc.

De acordo com Maurício Godinho Delgado[20], os intervalos e a duração do trabalho não podem ser enquadrados apenas quanto o seu caráter econômico. A extensão do contato do empregado em determinadas atividades constitui fator decisivo para a determinação de seu efeito insalubre ou perigoso. Assim, a redução de jornada ou a inserção adequada de intervalos durante seu cumprimento, podem ser medidas profiláticas para a medicina do trabalho. Nesse sentido, esses dispositivos corresponderiam a normas de saúde pública.

Acerca dos períodos de descanso, o art. 384 da CLT, revogado pela Lei nº 13.467/17 (Reforma Trabalhista), previa a necessidade de concessão de intervalo de 15 minutos às empregadas na hipótese de prorrogação do horário normal:

> Art. 384 - Em caso de prorrogação do horário normal, será obrigatório um descanso de 15 (quinze) minutos no mínimo, antes do início do período extraordinário do trabalho.

Portanto, se exigida a prestação de horas extras para as mulheres, o empregador era obrigado a conceder intervalo de, no mínimo, 15 minutos antes do início do período extraordinário. Conforme salientado, a própria CLT admite a possibilidade de que sejam prestadas horas extras, desde que não sejam ultrapassadas 2 horas diárias e que seja celebrado acordo individual, convenção ou acordo coletivos de trabalho:

> Art. 59. A duração diária do trabalho poderá ser acrescida de horas extras, em número não excedente de duas, por acordo individual, convenção coletiva ou acordo coletivo de trabalho.[21]

Vale destacar que esse intervalo especial também era aplicado aos empregados menores de 18 anos por expressa previsão no art. 413, parágrafo único, da CLT:

> Art. 413 - É vedado prorrogar a duração normal diária do trabalho do menor, salvo:
>
> I - até mais 2 (duas) horas, independentemente de acréscimo salarial, mediante convenção ou acordo coletivo nos termos do Título VI desta Consolidação, desde que o excesso de horas em um dia seja compensado pela diminuição em outro, de modo a ser observado o limite máximo de 48 (quarenta e oito) horas semanais ou outro inferior legalmente fixada;

20. DELGADO, Maurício Godinho. *Curso de Direito do Trabalho*. 15. ed. São Paulo: LTr, 2016. p. 1.048.

21. O "caput" do dispositivo teve sua redação alterada pela Reforma Trabalhista para prever a possibilidade de prorrogação da jornada normal por acordo individual e instrumento coletivo de trabalho. Na redação anterior, o artigo se referia ao contrato coletivo de trabalho, figura inexistente no Direito do Trabalho brasileiro.

> II - excepcionalmente, por motivo de força maior, até o máximo de 12 (doze) horas, com acréscimo salarial de, pelo menos, 25% (vinte e cinco por cento) sobre a hora normal e desde que o trabalho do menor seja imprescindível ao funcionamento do estabelecimento.
>
> Parágrafo único. Aplica-se à prorrogação do trabalho do menor o disposto no art. 375, no parágrafo único do art. 376, no art. 378 e no art. 384 desta Consolidação.

Após a promulgação da CF/88, que prevê a igualdade de direitos entre homens e mulheres em seu art. 5º, I, surgiu o questionamento quanto à constitucionalidade e, consequente, recepção do art. 384 da CLT no ordenamento jurídico brasileiro. O TST[22] já havia se manifestado pela constitucionalidade do tema em diversas oportunidades.

Em 27/11/2014, o STF julgou, em repercussão geral, a constitucionalidade do art. 384 da CLT, no Recurso Extraordinário nº 658312/SC, de Relatoria do Ministro Dias Toffoli. Na decisão, por maioria, reconheceu-se que o intervalo de 15 minutos para mulheres antes da prestação de horas extras é constitucional, pois a Constituição Federal permite tratamento diferenciado às mulheres, basicamente sob três principais enfoques:

a) Componente histórico: as mulheres sempre estiveram excluídas do mercado de trabalho, sendo necessárias medidas de proteção no âmbito do Direito do Trabalho;

b) Componente orgânico: as mulheres teriam menor resistência física em relação aos homens, o que justificaria tratamento diverso; e

c) Componente social: dupla jornada das mulheres, com atividades no lar e no ambiente de trabalho.

Ocorre que a decisão foi anulada por vício formal na intimação dos defensores da parte reclamada. Cumpre destacar que o argumento utilizado pelo STF de que as mulheres têm menor resistência física em relação aos homens reforça o estereótipo de gênero e implica em tratamento discriminatório da mulher.

Contudo, apesar das críticas que podem ser realizadas à fundamentação, a possibilidade de pequeno intervalo de 15 minutos antes do início da jornada extraordinária era de grande importância para a preservação da saúde e da segurança do trabalho, pois dificultava que o cansaço físico ou mental pela prestação de horas extras pudesse ocasionar em acidente de trabalho.

Nesse sentido, Homero Batista Mateus da Silva[23] salienta que a manutenção do intervalo restrito apenas às mulheres importaria no reconhecimento da dis-

---

22. Nesse sentido, confira: Processo nº RR 16949120125090653, 1ª Turma, Relator: Hugo Carlos Scheuermann, Data de Publicação: 03/10/2014; Processo nº 858007920125130004, 3ª Turma, Relator: Alberto Luiz Bresciani de Fontan Pereira, Data de Publicação: 06/06/2014.
23. SILVA, Homero Batista Mateus da. *Curso de Direito do Trabalho aplicado: Jornadas e pausas.* Rio de Janeiro: Elsevier, 2009. p. 194-195.

tinção de força física entre homens e mulheres, com presunção absoluta, sem que fosse possível questionar a existência de exceções. Por outro lado, ao se estender ao homem o intervalo das mulheres, dispositivo poderia ser analisado como norma de segurança do trabalho, tendo como principal função, diminuir e prevenir acidentes, além de propiciar ganho de produtividade aos trabalhadores.

Por essa razão, acreditamos que esse dispositivo não deveria ter sido revogado pela Lei nº 13.467/17 (Reforma Trabalhista). Como mencionado, as pausas e descansos antes do início da jornada extraordinária podem prevenir acidentes e doenças do trabalho. Assim, solução diversa permitiria que, ao invés da revogação total do dispositivo, fosse possível a sua extensão também aos homens.

Em situação semelhante, o art. 373-A da CLT prevê a proibição de revistas íntimas das mulheres. Para se evitar a possibilidade de discriminação na contratação de mulheres e de se assegurar o tratamento igualitário entre homens e mulheres, há o entendimento de que é possível a extensão da proibição da revista íntima também aos homens.

Em resumo, a revogação do intervalo especial do art. 384 da CLT trouxe prejuízos às mulheres, pois, ao invés de auxiliar na redução do tratamento discriminatório, pode levar ao aumento nos riscos de acidentes e doenças do trabalho.

2.2. Intervalos para amamentação

Como visto, os períodos de descanso são indispensáveis para se assegurar a saúde e segurança do trabalho e, consequentemente, reduzir os riscos de acidentes e doenças do trabalho.

Dentro da Seção de Proteção à Maternidade no capítulo de Proteção do Trabalho da Mulher, a CLT prevê, em seu art. 396, a necessidade de concessão de dois intervalos de meia hora cada um à empregada lactante para que possa amamentar seu filho até que complete 6 meses de vida. Felizmente, a Lei nº 13.467/17 (Reforma Trabalhista) não revogou o art. 396 da CLT, mas acrescentou o § 2º ao dispositivo, nos seguintes termos:

> Art. 396. Para amamentar o próprio filho, até que este complete 6 (seis) meses de idade, a mulher terá direito, durante a jornada de trabalho, a 2 (dois) descansos especiais, de meia hora cada um.
>
> § 1º Quando o exigir a saúde do filho, o período de 6 (seis) meses poderá ser dilatado, a critério da autoridade competente.
>
> § 2º Os horários dos descansos previstos no caput deste artigo deverão ser definidos em acordo individual entre a mulher e o empregador.

Diferentemente do intervalo intrajornada para jornada extraordinária das mulheres (art. 384 da CLT), não há questionamento quanto à necessidade dos intervalos para amamentação, pois é uma importante ferramenta para viabilizar o aleitamento materno, medida indispensável para o desenvolvimento saudável da criança. Além disso, permite que a mãe tenha maior contato com seus filhos nos primeiros 6 meses de vida. Esse intervalo destina-se, portanto, à proteção da maternidade, da saúde da criança e também da mãe.

A CLT foi silente no tocante à remuneração desses intervalos. No entanto, a Convenção nº 103 da OIT, também denominada Convenção sobre o Amparo à Maternidade, dispõe sobre a necessidade de estabelecimento de intervalo para amamentação da empregada lactante:

> Art. V – 1. Se a mulher amamentar seu filho, será autorizada a interromper seu trabalho com esta finalidade durante um ou vários períodos cuja duração será fixada pela legislação nacional.
>
> 2. As interrupções do trabalho para fins de aleitamento devem ser computadas na duração do trabalho e remuneradas como tais nos casos em que a questão seja regulamentada pela legislação nacional ou de acordo com esta; nos casos em que a questão seja regulamentada por convenções coletivas, as condições serão estipuladas de acordo com a convenção coletiva pertinente.

De acordo com o art. V, 2, de referida convenção, os intervalos para aleitamento devem ser computados na duração do trabalho e remunerados. Tendo em vista a ratificação e promulgação da Convenção nº 103 da OIT pelo Brasil pelo Decreto nº 58.820/1966, deve ser aplicada em conjunto com o art. 396 da CLT para confirmar a integração dos intervalos à jornada de trabalho, na condição de intervalo remunerado.

Ademais, o § 1º do art. 396 da CLT, que também não sofreu modificações textuais pela Reforma Trabalhista, prevê que o prazo de 6 meses de duração dos intervalos pode ser dilatado quando a saúde do filho exigir. Essa prorrogação de prazo fica condicionada, no entanto, à aprovação pela autoridade competente do Ministério do Trabalho.

A novidade acerca dos intervalos trazida pela Lei nº 13.467/17 (Reforma Trabalhista) consistiu na inserção do § 2º ao dispositivo para exigir que os horários dos intervalos sejam definidos em acordo individual entre a mulher o empregador. De acordo com o novo dispositivo, o momento para a concessão do intervalo deve ser estabelecido em acordo entre a mulher e o empregador.

O primeiro efeito desse dispositivo consiste na impossibilidade de imposição unilateral pelo empregador do horário para a concessão dos intervalos para amamentação. Esses intervalos não podem ficar sujeitos exclusivamente ao poder de organização do empregador, pois a proteção à maternidade deve ser contemplada antes dos interesses econômicos do empregador.

Além disso, entendemos que o dispositivo não permite que os intervalos deixem de ser concedidos pelo empregador. Portanto, não cabe em nenhuma hipótese a flexibilização da duração total dos intervalos. Nesse sentido, não seria possível, por exemplo, reduzir por acordo individual para apenas um intervalo de 30 minutos. Referida modificação é nula de pleno direito e assegura o pagamento do período como horas extras, além de possibilitar a autuação do empregador pelos órgãos de fiscalização do trabalho.

Por outro lado, os horários para a concessão podem ser negociados entre as partes, o que leva à conclusão de que seria permitida a concessão dos intervalos no início ou no final da jornada ou, ainda, de forma cumulativa, com dois intervalos seguidos de 30 minutos.

Entendemos que o ideal seria a concessão dos intervalos ao longo da jornada de modo que permitisse maior contato da mãe com seu filho. No entanto, por vezes inexistem creches disponibilizadas pela empresa ou próximas ao local de trabalho, o que impediria que a mãe realizasse a amamentação nos 30 minutos previstos em lei. Para esses casos, seria possível a celebração de acordo com o empregador que previsse a concessão dos intervalos no início e ao final da jornada de trabalho para que a mãe retornasse o mais breve possível junto ao seu filho após o trabalho.

De plano, não é possível dizer que esse novo dispositivo será necessariamente prejudicial às mulheres, pois a celebração de acordo individual não enseja necessariamente reforço de estereótipos de gênero. Contudo, acreditamos que ele deverá ser analisado caso a caso. O acordo individual não poderá servir de instrumento de pressão do empregador para que a empregada aceite as condições que beneficie apenas os interesses da empresa em prejuízo dos interesses da mãe e de seu filho. Deve, assim, servir como instrumento de promoção aos direitos da mulher.

Se comprovado na prática que o acordo celebrado trouxe prejuízos diretos à criança ou à mãe, com vícios no consentimento da empregada para beneficiar a empresa, o acordo deve ser desconsiderado e os períodos devem ser pagos como horas extras. Nesse ponto, assume especial relevância a atuação dos órgãos de proteção do trabalhador. Cabe aos Auditores-fiscais do trabalho a fiscalização das condições de trabalho e dos acordos individuais celebrados. Além disso, eventual denúncia de abuso na celebração desses acordos, é possível o encaminhamento ao Ministério Público do Trabalho para que se viabilize a cessação da prática que viole os direitos indisponíveis das lactantes.

Feitas as considerações acerca dos intervalos impactados pela Reforma Trabalhista, passaremos à análise de outro importante tema relacionado à proteção da maternidade: o afastamento das atividades insalubres de empregadas gestantes e lactantes.

2.3. Afastamento da empregada gestante ou lactante de atividades insalubres

As atividades insalubres são aquelas cujo exercício pode trazer prejuízos à saúde dos trabalhadores. De acordo com o art. 189 da CLT, as atividades insalubres consistem na exposição dos empregados a agentes nocivos à saúde, acima dos limites de tolerância:

> Art. 189 – Serão consideradas atividades ou operações insalubres aquelas que, por sua natureza, condições ou métodos de trabalho, exponham os empregados

> a agentes nocivos à saúde, acima dos limites de tolerância fixados em razão da natureza e da intensidade do agente e do tempo de exposição aos seus efeitos.

Existem dois requisitos básicos para a configuração da insalubridade. O primeiro deles exige que o empregado esteja exposto a agente nocivos à saúde. O segundo requisito demanda que a exposição ao agente ocorra acima dos limites de tolerância fixados em razão da natureza e da intensidade do agente e pelo tempo de exposição[24].

Caso configurado o desenvolvimento de atividade insalubre e a impossibilidade de sua neutralização completa pelo uso de equipamentos de proteção individual (EPIs), o empregado tem direito ao recebimento de adicional de insalubridade a depender do grau de insalubridade da atividade desenvolvida. Nos termos do art. 192 da CLT, o adicional será respectivamente de 40%, 20% e 10% sobre o valor do salário-mínimo nos graus máximo, médio e mínimo.

Há grande discussão acerca da base de cálculo do adicional de insalubridade, pois, de acordo com a Súmula Vinculante nº 4 do STF, é vedada a vinculação do salário mínimo na base de cálculo de vantagem de empregado. Ocorre que, diante da ausência de nova base de cálculo firmada, os tribunais trabalhistas, inclusive o TST, permanecem calculando o adicional de insalubridade sobre o valor do salário mínimo.

Antes da promulgação da Lei nº 13.287/2016, não havia vedação para a prática de atividades insalubres por empregadas gestantes ou lactantes. O art. 394 da CLT, ainda vigente, trazia a previsão de que era facultado à gestante colocar fim ao contrato de trabalho caso a atividade desenvolvida fosse prejudicial à gestante.

Em 11 de maio de 2016, foi promulgada a Lei nº 13.287/2016, que passou a proibir expressamente que todas as empregadas gestantes ou lactantes exercessem atividades insalubres, devendo prestar seus serviços em locais salubres. Segue a redação do art. 394-A da CLT dada pela Lei nº 13.287/2016:

> Art. 394-A da CLT (redação dada pela Lei nº 13.287/2016). A empregada gestante ou lactante será afastada, enquanto durar a gestação e a lactação, de quaisquer atividades, operações ou locais insalubres, devendo exercer suas atividades em local salubre.

A partir da entrada em vigor da Lei nº 13.287/2016, as empregadas deveriam ser transferidas para atividades salubres. A legislação foi silente, no entanto, acerca das consequências da inexistência de atividades salubres na empresa ou da alteração da função exercida, se haveria ou não configuração de desvio de função.

De acordo com Raimundo Simão de Melo[25], a redação dada ao art. 394-A da CLT pela Lei nº 13.287/2016 teve como objetivo a proteção da gestante e da lac-

24. MARTINS, Sérgio Pinto. *Direito do Trabalho*. 28. ed. São Paulo: Atlas, 2012. p. 256.
25. MELO, Raimundo Simão de. Reforma erra ao permitir atuação de grávida e lactante em local insalubre. *Revista Eletrônica do Tribunal Regional do Trabalho da 9ª Região*. V.6, n. 61, jul./ago. 2017. p. 180-181.

tante, do feto e da criança, pois o desenvolvimento de atividades insalubres por essas empregadas traz mais prejuízos cientificamente comprovados do que aos demais empregados, que já sofrem com os agentes nocivos.

Pouco mais de um ano depois da aprovação da Lei nº 13.287/2016, a Reforma Trabalhista voltou a regulamentar o assunto, alterando completamente a redação do art. 394-A da CLT, que passou a prever o seguinte:

> Art. 394-A da CLT (redação dada pela Lei nº 13.467/2017). Sem prejuízo de sua remuneração, nesta incluído o valor do adicional de insalubridade, a empregada deverá ser afastada de:
>
> I - atividades consideradas insalubres em grau máximo, enquanto durar a gestação;
>
> II - atividades consideradas insalubres em grau médio ou mínimo, quando apresentar atestado de saúde, emitido por médico de confiança da mulher, que recomende o afastamento durante a gestação;
>
> III - atividades consideradas insalubres em qualquer grau, quando apresentar atestado de saúde, emitido por médico de confiança da mulher, que recomende o afastamento durante a lactação.
>
> § 1º (VETADO)
>
> § 2º Cabe à empresa pagar o adicional de insalubridade à gestante ou à lactante, efetivando-se a compensação, observado o disposto no art. 248 da Constituição Federal, por ocasião do recolhimento das contribuições incidentes sobre a folha de salários e demais rendimentos pagos ou creditados, a qualquer título, à pessoa física que lhe preste serviço.
>
> § 3º Quando não for possível que a gestante ou a lactante afastada nos termos do caput deste artigo exerça suas atividades em local salubre na empresa, a hipótese será considerada como gravidez de risco e ensejará a percepção de salário-maternidade, nos termos da Lei nº 8.213, de 24 de julho de 1991, durante todo o período de afastamento.

Com a Lei nº 13.467/17, o afastamento da gestante e da lactante de atividades insalubres (grau médio e mínimo) deixou de ser, via de regra, obrigatório. Somente para a gestante em atividade insalubre de grau máximo permaneceu a obrigatoriedade de afastamento obrigatório.

Para as gestantes em atividades de insalubridade em grau médio e mínimo e para as lactantes em qualquer grau de insalubridade, somente deveria ocorrer o afastamento caso houvesse recomendação de afastamento por meio de atestado de saúde, emitido por médico de confiança da mulher.

Se houvesse a necessidade de afastamento, é importante destacar que o dispositivo previa a concessão de benefício de salário-maternidade à gestante ou lactante que não pudesse ser transferida para atividades salubres na empresa. Nesse caso, a gravidez seria considerada de risco e a empregada gestante ou lactante teria direito ao benefício previdenciário durante todo o período de afastamento.

A disciplina jurídica do art. 394-A da CLT trazida pela Reforma Trabalhista trouxe diversos embates e discussões jurídicas quanto aos prejuízos causados às gestantes e lactantes e pelos impactos previdenciários da nova espécie de salário-maternidade criado. No sentido de conferir nova regulamentação ao assunto, a MP nº 808/2017[26] alterou novamente a redação do art. 394-A da CLT:

> Art. 394-A da CLT (redação dada pela MP nº 808/2017). A empregada gestante será afastada, enquanto durar a gestação, de quaisquer atividades, operações ou locais insalubres e exercerá suas atividades em local salubre, excluído, nesse caso, o pagamento de adicional de insalubridade.
>
> I – (Revogado)
>
> II – (Revogado)
>
> III – (Revogado)
>
> Parágrafo único. (VETADO).
>
> § 2º O exercício de atividades e operações insalubres em grau médio ou mínimo, pela gestante, somente será permitido quando ela, voluntariamente, apresentar atestado de saúde, emitido por médico de sua confiança, do sistema privado ou público de saúde, que autorize a sua permanência no exercício de suas atividades.
>
> § 3º A empregada lactante será afastada de atividades e operações consideradas insalubres em qualquer grau quando apresentar atestado de saúde emitido por médico de sua confiança, do sistema privado ou público de saúde, que recomende o afastamento durante a lactação.

A nova redação conferida ao art. 394-A da CLT passou a conceder tratamento jurídico diferenciado entre as empregadas gestantes e lactantes. Para as gestantes, o "caput" do dispositivo estabelece como regra a proibição do trabalho em atividades insalubres.

Como exceção à regra de afastamento da gestante, a nova redação conferida ao § 2º do artigo determina que, nas atividades insalubres de grau mínimo e médio, será possível, excepcionalmente, a prestação de serviços em ambientes insalubres caso a empregada apresente atestado de saúde, emitido por médico de sua confiança, autorizando o trabalho. Por sua vez, sempre será obrigatório o afastamento quando se tratar de atividade insalubre de grau máximo.

Entretanto, cabe ressaltar que, transferida a empregada para ambiente salubre na empresa, deixará de receber o adicional de insalubridade. A redação anterior da Reforma Trabalhista previa a manutenção do adicional mesmo com o afastamento da empregada.

Note-se que houve uma inversão de posicionamento do legislador em relação ao afastamento das gestantes. Com a Lei nº 13.467/2017, excepcionada a insalubridade em grau máximo, a regra seria a prestação de serviços, que poderia não ocorrer caso apresentado atestado médico.

26. Recentemente (14/11/2017), foi editada a MP nº 808/2017, que alterou a redação de diversos artigos da Reforma Trabalhista. Referida medida provisória entrou em vigor na data de sua publicação, mas, até o fechamento desta edição, aguarda votação pelo Congresso Nacional para sua conversão em lei.

Agora, com a MP nº 808/2017, a regra é o afastamento da gestante das atividades insalubres, somente sendo possível a prestação de serviços nesses locais com atestado médico e nas atividades de grau médio e mínimo.

Por sua vez, o tratamento jurídico conferido à lactante permanece o mesmo daquele previsto na Lei nº 13.467/17 (Reforma Trabalhista). A regra do novo § 3º do art. 394-A da CLT estabelece a permanência do trabalho na atividade insalubre independentemente do grau de insalubridade, a menos que a empregada apresente atestado de saúde de seu médico de confiança que determine o afastamento.

Por fim, a MP nº 808/2017 excluiu o pagamento de salário-maternidade à gestante ou lactante que, apesar de determinado o afastamento, estivessem impossibilitadas de prestar seus serviços em locais salubres. Dessa forma, se determinado o afastamento e a empresa não puder transferir a empregada para ambiente salubre, será do empregador a responsabilidade pelo pagamento do período de afastamento da trabalhadora.

Para Raimundo Simão de Melo[27], há questionamento quanto à efetiva proteção das mulheres por meio dos atestados médicos, pois o médico pode não ter o conhecimento necessário sobre segurança do trabalho. Além disso, haverá grande responsabilidade do profissional ao emitir seu atestado, pois eventual dano sofrido pode ensejar responsabilidade civil e penal do médico. Assim, haveria grande dificuldade prática na aplicação da legislação, pois sem o exame do ambiente de trabalho pelo médico, o atestado médico seria incompleto. Além disso, para o autor, o trabalho em ambientes insalubres pode trazer danos à trabalhadora e também aos fetos e recém-nascidos.

Endentemos que, mesmo com as alterações promovidas pela MP nº 808/2017, a norma é extremamente prejudicial às mulheres. O afastamento de atividades insalubres era necessário como medida de proteção à saúde da gestante e lactante e também do feto e do recém-nascido. A proteção contra atividades insalubres relacionava-se exatamente às necessidades da mulher gestante e lactante.

Destaca-se que o dispositivo surgiu com o argumento de se evitar o tratamento discriminatório na contratação de mulheres que estivessem ou pudessem estar grávidas ou amamentando. Ainda que a regra agora em relação às gestantes seja o afastamento de suas atividades, permite-se tratamento discriminatório entre as próprias mulheres, pois aquelas que apresentarem o atestado, de saúde de seu médico particular, têm mais chances de serem dispensadas ou tratadas de forma discriminatória pelo empregador.

Além disso, para as lactantes a situação é ainda pior, pois a regra será a permanência na atividade insalubre, o que poderia inibir a busca por atestado que indicasse o afastamento na tentativa de preservação do emprego.

27. MELO, Raimundo Simão de. Reforma erra ao permitir atuação de grávida e lactante em local insalubre. *Revista Eletrônica do Tribunal Regional do Trabalho da 9ª Região*. V.6, n. 61, jul./ago. 2017.

Diante da possibilidade de tratamento discriminatório entre as mulheres pela apresentação dos atestados médicos, entendemos que o ideal seria a realização de controle de constitucionalidade pelo STF, para a supressão da possibilidade de apresentação de atestado médico permitindo o trabalho em ambientes insalubres para a gestante e para a não exigência de atestado para o afastamento no caso da empregada lactante. Dessa forma, sempre que constatada atividade insalubre, a gestante ou a lactante deveria ser afastada para atividade salubre.

A revogação, pela MP nº 808/2017, do benefício de salário-maternidade às gestantes e lactantes afastadas e impossibilitadas de trabalhar em locais salubres, poderá trazer ainda mais prejuízos às gestantes e lactantes. A antiga redação do § 3º do art. 394-A da CLT, dada pela Lei nº 13.467/2017, era fundamental para se evitar novo tratamento discriminatório às mulheres, pois o pagamento de salário maternidade retiraria o ônus do afastamento dos empregadores e reduziria a recusa das empresas na contratação de empregadas em idade fértil.

Com a MP nº 808/2017, haverá forte desestímulo aos empregadores na contratação de empregadas gestantes e lactantes para se evitar o risco de pagamento de salários e demais verbas durante o afastamento.

Enquanto não haja o controle concentrado de constitucionalidade, caberá aos órgãos de fiscalização do trabalho verificarem se o empregador está cumprindo a determinação legal de afastamento, como regra para as gestantes e quando apresentado atestado pelas lactantes. Nesse caso, é possível o ajuizamento de ação para responsabilização do empregador, especialmente quando houver violação de direitos indisponíveis das trabalhadoras.

Se verificado que há prejuízos à saúde da mulher também deve ser determinado o afastamento, ainda que o atestado médico permita o trabalho nessas condições. Nesse caso, pela apresentação de denúncias e pela realização de perícia médica, poderia ser atestado o risco à gestação ou à lactação e determinado o afastamento em respeito ao princípio da primazia da realidade.

Destacamos, por fim, que a redação do art. 611-A, XII, da CLT, dada pela Lei nº 13.467/2017, trazia ainda outro problema relacionado à identificação da insalubridade, pois a convenção e o acordo coletivo de trabalho poderiam versar sobre o enquadramento do grau de insalubridade com prevalência sobre a lei. Portanto, uma atividade tida como insalubre em grau máximo por Normas Regulamentadoras do Ministério do Trabalho poderia ter seu grau de insalubridade alterado por instrumento coletivo de trabalho.

Felizmente, a MP nº 808/2017 alterou a redação do art. 611-A, XII, da CLT para prever que a convenção e o acordo coletivos de trabalho podem versar sobre o enquadramento do grau de insalubridade, desde que respeitem, na integralidade, as normas de saúde, higiene e segurança do trabalho previstas em lei ou em normas regulamentadoras do Ministério do Trabalho.

A NR nº 15 do Ministério do Trabalho, que versa sobre as atividades e operações insalubres, estabelece as atividades consideradas insalubres e os graus de insalubridade que devem ser aplicados a cada uma delas. A norma coletiva pode alterar o enquadramento do grau de insalubridade desde que respeite o previsto nessa norma regulamentadora. Assim, somente seria possível a alteração que beneficie a trabalhador. Uma atividade considerada de insalubridade de grau médio pode ser modificada para grau máximo por meio de norma coletiva. O contrário não seria possível, pois haveria violação direta da NR.

Portanto, as gestantes em atividade insalubre de grau máximo sempre estarão protegidas pela legislação e seu afastamento sempre será obrigatório, independentemente da apresentação de atestados médicos.

3. PARTICIPAÇÃO DAS MULHERES EM SINDICATOS E VALORIZAÇÃO DO NEGOCIADO

Além de alterações realizadas em dispositivos concernentes aos direitos trabalhistas das mulheres, a Lei nº 13.467/17 (Reforma Trabalhista) também ampliou consideravelmente o poder de negociação dos sindicatos, dando maior força e prevalência àquilo que tiver sido objeto de negociação coletiva do que ao previsto legalmente (prevalência do negociado sobre o legislado).

Nesse sentido, o art. 611-A da CLT[28], alterado pela Medida Provisória nº 808/17, estabeleceu rol exemplificativo de direitos que podem ser disciplinados por convenção e acordo coletivos de trabalho com prevalência sobre a legislação. A Reforma Trabalhista traçou 15 hipóteses expressas, mas inseriu a expressão "dentre outros", o que amplia significativamente as possibilidades de negociação:

> Art. 611-A. A convenção coletiva e o acordo coletivo de trabalho, observados os incisos III e VI do caput do art. 8º da Constituição, têm prevalência sobre a lei quando, entre outros, dispuserem sobre:
>
> I - pacto quanto à jornada de trabalho, observados os limites constitucionais;
>
> II - banco de horas anual;
>
> III - intervalo intrajornada, respeitado o limite mínimo de trinta minutos para jornadas superiores a seis horas;

28. Na redação original trazida pela Lei nº 13.467/17 (Reforma Trabalhista), o "caput", os incisos XII e XIII e o § 5º do art. 611-A da CLT continham a seguinte redação:

    Art. 611-A. A convenção coletiva e o acordo coletivo de trabalho têm prevalência sobre a lei quando, entre outros, dispuserem sobre:

    (...)

    XII - enquadramento do grau de insalubridade;

    XIII - prorrogação de jornada em ambientes insalubres, sem licença prévia das autoridades competentes do Ministério do Trabalho;

    (...)

    § 5º Os sindicatos subscritores de convenção coletiva ou de acordo coletivo de trabalho deverão participar, como litisconsortes necessários, em ação individual ou coletiva, que tenha como objeto a anulação de cláusulas desses instrumentos.

IV - adesão ao Programa Seguro-Emprego (PSE), de que trata a Lei no 13.189, de 19 de novembro de 2015;

V - plano de cargos, salários e funções compatíveis com a condição pessoal do empregado, bem como identificação dos cargos que se enquadram como funções de confiança;

VI - regulamento empresarial;

VII - representante dos trabalhadores no local de trabalho;

VIII - teletrabalho, regime de sobreaviso, e trabalho intermitente;

IX - remuneração por produtividade, incluídas as gorjetas percebidas pelo empregado, e remuneração por desempenho individual;

X - modalidade de registro de jornada de trabalho;

XI - troca do dia de feriado;

XII - enquadramento do grau de insalubridade e prorrogação de jornada em locais insalubres, incluída a possibilidade de contratação de perícia, afastada a licença prévia das autoridades competentes do Ministério do Trabalho, desde que respeitadas, na integralidade, as normas de saúde, higiene e segurança do trabalho previstas em lei ou em normas regulamentadoras do Ministério do Trabalho;

XIII – (Revogado);

XIV - prêmios de incentivo em bens ou serviços, eventualmente concedidos em programas de incentivo;

XV - participação nos lucros ou resultados da empresa.

§ 1o No exame da convenção coletiva ou do acordo coletivo de trabalho, a Justiça do Trabalho observará o disposto no § 3o do art. 8o desta Consolidação.

§ 2o A inexistência de expressa indicação de contrapartidas recíprocas em convenção coletiva ou acordo coletivo de trabalho não ensejará sua nulidade por não caracterizar um vício do negócio jurídico.

§ 3o Se for pactuada cláusula que reduza o salário ou a jornada, a convenção coletiva ou o acordo coletivo de trabalho deverão prever a proteção dos empregados contra dispensa imotivada durante o prazo de vigência do instrumento coletivo.

§ 4o Na hipótese de procedência de ação anulatória de cláusula de convenção coletiva ou de acordo coletivo de trabalho, quando houver a cláusula compensatória, esta deverá ser igualmente anulada, sem repetição do indébito.

§ 5º Os sindicatos subscritores de convenção coletiva ou de acordo coletivo de trabalho participarão, como litisconsortes necessários, em ação coletiva que tenha como objeto a anulação de cláusulas desses instrumentos, vedada a apreciação por ação individual.

Existem, contudo, limites que devem ser observados e que impedem a flexibilização de todos os direitos trabalhistas. Foras as hipóteses permitidas no próprio texto constitucional, o art. 7º da CF/88 apresenta os direitos dos trabalhadores que não são passíveis de redução ou supressão por negociação coletiva.

Além disso, a própria Lei nº 13.467/2017 trouxe, no novo art. 611-B da CLT, rol de direitos cuja redução ou supressão constituem objeto ilícito de instrumentos coletivos de trabalho. Apesar de reproduzir muitos direitos que já estão previstos no art. 7º da CF/88 e que, portanto, já não comportariam flexibilização, o art. 611-B da CLT é um importante reforço e limite a ser observado pelos sindicatos e pelos órgãos de fiscalização do trabalho.

Entendemos que eventual conflito entre os art. 611-A e 611-B da CLT, deve sempre haver prevalência deste último, pois a flexibilização de direitos trabalhistas sempre deve ser interpretada de forma restritiva para não ferir direitos indisponíveis dos trabalhadores em respeito ao princípio da proteção do trabalhador.

Acreditamos que essas alterações poderão provocar impactos significativos no âmbito dos direitos trabalhistas das mulheres, se não estiverem acompanhadas de outras medidas, uma vez que a participação das mulheres no âmbito sindical ainda é numericamente pequena e que as negociações coletivas, em regra, não são realizadas tomando como base uma perspectiva de gênero[29][30].

Com relação à participação numérica, cabe destacar que, nos anos 70, houve um crescimento da força de trabalho de mulheres, o qual foi acompanhado por um aumento na sindicalização das mulheres: "entre 1970 e 1978, o número de trabalhadoras sindicalizadas aumentou 176% enquanto sua participação no mercado de trabalho cresceu 123%. No caso dos homens, para efeitos de comparação, o crescimento da sindicalização foi de 87% e da PEA masculina de 67%"[31].

Essa participação, contudo, além de não ter se mantido nos anos posteriores, também não representou uma alteração qualitativa, uma vez que as mulheres continuaram a ser sub-representadas em posições de liderança tanto nos sindicatos locais quanto em federações e confederações[32].

Essa realidade pode dificultar que as negociações coletivas contem com o aperfeiçoamento e ampliação de direitos às mulheres, proporcionando a eliminação de desigualdades nas relações de trabalho[33]:

---

29. THOME, Candy Florencio. *O princípio da igualdade em gênero e a participação das mulheres nas organizações sindicais de trabalhadores*. 2012. Doutorado em Direito. Faculdade de Direito da Universidade de São Paulo. São Paulo, 2012. p. 82.

30. A perspectiva de gênero corresponde ao tratamento igualitário entre homens e mulheres e a eliminação de "toda forma de discriminação contra as mulheres, entre as quais as práticas baseadas em funções estereotipadas de inferioridade ou superioridade entre os sexos e/ou gêneros" (SEVERI, Fabiana Cristina. Justiça em uma perspectiva de gênero: elementos teóricos, normativos e metodológicos. *Revista digital de direito administrativo*, vol. 3, n. 3, 2016. p. 575.

31. YANNOULAS, Silvia Cristina. Estudos sobre questões de gênero na reforma sindical. In: SORJ, Bila; YANNOULAS, Silvia Cristina. Perspectivas e críticas feministas sobre as reformas trabalhista e sindical. Brasília: CFEMA, 2006. p. 67.

32. YANNOULAS, Silvia Cristina. Estudos sobre questões de gênero na reforma sindical. In: SORJ, Bila; YANNOULAS, Silvia Cristina. Perspectivas e críticas feministas sobre as reformas trabalhista e sindical. Brasília: CFEMA, 2006. p. 68.

33. É válido destacar que tem aumentado a negociação de cláusulas de trabalho relacionadas à igualdade de gênero, principalmente em temas relacionados à maternidade/paternidade, gestação e responsabilidades familiares. Contudo, ainda há pouca expressividade na negociação de cláusulas referentes à raça. OIT, Organização Internacional do Trabalho. *Negociação de cláusulas relativas à*

> O diálogo social dá voz às necessidades e aspirações de seus constituintes e sua relevância depende da capacidade de todos os segmentos das sociedades serem ouvidos. O baixo número de mulheres em posições importantes nos organismos representativos funciona como um obstáculo ao alcance da igualdade de gênero e na melhoria da situação da mulher no mundo do trabalho. Questões como discriminação sexual, assédio sexual, igual remuneração entre os sexos, conciliação entre trabalho e família e organização de horários de trabalho só são levados em conta quando um número suficiente de mulheres faz parte dos diálogos[34].

Para que as negociações coletivas sejam instrumentos efetivos de garantia de direitos trabalhistas das mulheres é preciso não apenas que se aumente a participação das mulheres nas organizações sindicais como também se incorpore uma perspectiva de gênero no diálogo social[35].

Atualmente, diversas centrais sindicais e confederações contam com política de cotas para que haja um aumento nos cargos de direção dessas entidades sindicais. Acreditamos que esse tipo de política afirmativa pode favorecer as negociações coletivas referentes à igualdade de gênero pela efetiva participação das mulheres em cargos decisórios. Essas políticas devem, contudo, ser aprimoradas, possibilitando-se, por exemplo, cursos de capacitação dessas mulheres[36]. Essa capacitação é importante, inclusive, para que sua atuação seja pautada por uma perspectiva de gênero.

Além disso, destaca-se o estabelecimento de comissões ou comitês formados por mulheres em diversas formas de organização sindical, as quais possuem a função específica de identificar os problemas de gênero sofridos nas relações de trabalho[37].

Acreditamos, portanto, que o estabelecimento, por si só, da primazia das negociações coletivas realizadas em âmbito sindical pode dificultar a eliminação das

equidade de gênero e raça 2007-2009. p. 31-32. Brasília: OIT, 2011. Disponível em: https://www.dieese.org.br/livro/2011/livroNegociacaoClausulasEquidadeGenero2007-2009.html. Acesso em: 16 out. 2017.

34. THOME, Candy Florencio. *O princípio da igualdade em gênero e a participação das mulheres nas organizações sindicais de trabalhadores*. 2012. Doutorado em Direito. Faculdade de Direito da Universidade de São Paulo. São Paulo, 2012. p. 215.

35. THOME, Candy Florencio. *O princípio da igualdade em gênero e a participação das mulheres nas organizações sindicais de trabalhadores*. 2012. Doutorado em Direito. Faculdade de Direito da Universidade de São Paulo. São Paulo, 2012. p. 223 e OIT, Organização Internacional do Trabalho. *La igualdad de género como eje del trabajo decente: Conferencia Internacional del Trabajo, 98.a reunión*, 2009. p. 185-186.

36. THOME, Candy Florencio. *O princípio da igualdade em gênero e a participação das mulheres nas organizações sindicais de trabalhadores*. 2012. Doutorado em Direito. Faculdade de Direito da Universidade de São Paulo. São Paulo, 2012. p. 275.

37. THOME, Candy Florencio. *O princípio da igualdade em gênero e a participação das mulheres nas organizações sindicais de trabalhadores*. 2012. Doutorado em Direito. Faculdade de Direito da Universidade de São Paulo. São Paulo, 2012. p. 268.

discriminações entre homens e mulheres no ambiente de trabalho se não estiver acompanhado de outras medidas e políticas que garantam a participação de mulheres em cargos decisórios dos sindicatos e de ações voltadas à perspectiva de gênero.

4. ALTERAÇÕES GERAIS DAS NORMAS TRABALHISTAS

Além das alterações específicas no tocante ao trabalho das mulheres e em relação à força das negociações coletivas, a Lei nº 13.467/17 (Reforma Trabalhista) também alterou diversos outros dispositivos da CLT, os quais, em sua grande maioria, significam verdadeira precarização das relações de trabalho e ao acesso à justiça trabalhista. Dentre essas modificações, destacam-se os seguintes temas: fim das horas *in itinere* (art. 58, § 2º); compensação de jornada tácita e banco de horas individual (art. 59, § 5º e 6º); teletrabalhador excluído da limitação de jornada (art. 62, III); tarifação do dano moral (art. 223-G, § 1º); trabalho intermitente (art. 443, § 3º e 452-A a 452-H); ampliação das parcelas sem natureza salarial (art. 457, § 1º e 2º); fim da homologação das verbas trabalhistas (art. 477); quitação anual das obrigações trabalhistas (art. 507-B); restrições à concessão do benefício da justiça gratuita (CLT, arts. 790, 3º e 4º; 790-B, *caput* e § 4º; 791-A, § 4º; 844, § 2º); exigência de apresentação dos valores dos pedidos (CLT, art. 840, § 1º); possibilidade de acordo extrajudicial (CLT, art. 855-B a 855-E), restrições à possibilidade de instauração da execução de ofício (CLT, art. 878); atualização dos créditos por meio da taxa TR (CLT, art. 879, § 7º) e as restrições ao protesto da decisão judicial, à inscrição do nome do executado em órgãos de proteção ao crédito ou no Banco Nacional de Devedores Trabalhistas (BNDT) (CLT, art. 883-A).

Apesar dessas alterações afetarem de modo geral todos os trabalhadores submetidos às normas celetistas, acreditamos que incidirão de forma mais perversa nas relações que envolvam trabalhadores de determinadas categorias sociais, relacionadas, principalmente, ao sexo/gênero e raça/etnia, uma vez que estas estão fortemente ligadas às condições de trabalho, sendo estruturantes das desigualdades sociais.

De acordo com pesquisa realizada pelo IPEA, apesar de no campo educacional as mulheres, em geral, encontrarem-se em posição mais favorável que a dos homens, ressaltando-se a presença de desigualdades referentes à raça, no mercado de trabalho essa vantagem não se reproduz. Enquanto 78,3% dos homens em idade ativa (16 a 59 anos) estão à disposição ao mercado de trabalho, apenas 55,3% das mulheres estão procurando ou à procura de trabalho[38].

38. IPEA, Instituto de Pesquisa Econômica Aplicada. *Retrato das Desigualdades de Gênero e Raça – 20 anos*. 2017 *(a)*. Disponível em: http://www.ipea.gov.br/portal/images/stories/PDFs/170306_apresentacao_retrato.pdf. Acesso em: 16 out. 2017. p. 12.

No tocante à taxa de desocupação, referente à proporção de pessoas desempregadas em busca de emprego, enquanto entre mulheres negras a taxa é de 13,3%, entre os homens brancos, o percentual é de 6,8%[39].

No mercado de trabalho, portanto, a maior parte dos indicadores mostra que o topo da hierarquia é ocupado por homens brancos, enquanto sua base é composta por mulheres negras[40].

Há também grandes disparidades entre homens e mulheres no que tange à renda auferida, o que é ampliado nos graus mais elevados de escolarização. Em média, as mulheres apresentam renda 28% inferior ao recebido pelos homens[41]. Cabe destacar que a Convenção nº 100 da OIT, promulgada no Brasil pelo Decreto nº 41.721, de 25.6.57, preconiza a igualdade de remuneração de homens e mulheres trabalhadores por trabalho de igual valor, estabelecendo que cada Estado-membro deverá incentivar e, na medida em que for compatível, assegurar a aplicação a todos os trabalhadores do princípio de igualdade de remuneração para a mão de obra masculina e a mão de obra feminina por um trabalho de igual valor.

Além disso, é válido destacar que 92% do total de 6,019 milhões de empregados domésticos no Brasil, correspondem a mulheres, sendo que 63% são mulheres negras. Mesmo com a importância dessa atividade ao desenvolvimento social, apenas com a Lei nº 5.859/72 se reconheceu e regulou o emprego doméstico no país. A ampliação dos direitos relacionados ao trabalho doméstico e a eliminação de diversas assimetrias em relação aos demais trabalhadores urbanos, contudo, só ocorreu com a promulgação da Lei Complementar nº 150/15. Apesar da atual regulamentação, muitas empregadas domésticas ainda não são formalizadas, ou seja, não possuem registro na CTPS, nem mesmo auferem os direitos previstos[42].

É importante, no âmbito das relações de trabalho das mulheres, mencionar a divisão sexual do trabalho e a consequente dupla ou até tripla jornada às quais são submetidas. A responsabilidade do trabalho doméstico é ainda predominantemente atribuída às mulheres na sociedade brasileira. Enquanto 90% das mulheres declaram que realizam atividades domésticas, apenas 53% dos homens realizam a mesma atividade[43].

---

39. IPEA, Instituto de Pesquisa Econômica Aplicada. *Retrato das Desigualdades de Gênero e Raça – 20 anos.* 2017 *(a).* Disponível em: http://www.ipea.gov.br/portal/images/stories/PDFs/170306_apresentacao_retrato.pdf. Acesso em: 16 out. 2017. p. 13.

40. IPEA, Instituto de Pesquisa Econômica Aplicada. *Retrato das Desigualdades de Gênero e Raça – 1995 a 2015. 2017. (b).* Disponível em: http://www.ipea.gov.br/portal/images/stories/PDFs/170306_retrato_das_desigualdades_de_genero_raca.pdf. Acesso em 16. out. 2017. p. 2.

41. PNUD, Programa das Nações Unidas para o Desenvolvimento. *Desenvolvimento humano para além das médias.* 2017. Disponível em: http://www.br.undp.org/content/dam/brazil/docs/IDH/desenvolvimento-alem-das-medias.pdf. Acesso em: 13 out. 2017. p. 17.

42. VASCONCELOS, Beatriz da Rosa; DORA, Denise Dourado. A trilha dos direitos. *Themis: gênero e justiça. Cadernos Themis gênero e direito.* Vol. I. N. I. Porto Alegre: Themis, 2000. p. 15-20.

43. IPEA, Instituto de Pesquisa Econômica Aplicada. *Retrato das Desigualdades de Gênero e Raça – 20 anos.* 2017 *(a).* Disponível em: http://www.ipea.gov.br/portal/images/stories/PDFs/170306_apresentacao_retrato.pdf. Acesso em: 16 out. 2017. p. 32.

Assim, a soma da jornada do trabalho remunerado ("trabalho principal") com o tempo despendido aos afazeres domésticos faz com que as mulheres tenham uma jornada média semanal de 53,6 horas; enquanto os homens dispendem 46,1 horas no total[44].

Essa divisão sexual dos trabalhos domésticos, faz com que as mulheres gastem grande parte de seu tempo em um trabalho que é efetuado gratuitamente e de forma invisível:

> A divisão sexual do trabalho é a forma de divisão do trabalho social decorrente das relações sociais entre os sexos; mais do que isso, é um fator prioritário para a sobrevivência da relação social entre os sexos. Essa forma é modulada histórica e socialmente. Tem como características a designação prioritária dos homens à esfera produtiva e das mulheres à esfera reprodutiva e, simultaneamente, a apropriação pelos homens das funções com maior valor social adicionado (políticos, religiosos, militares etc.).[45]

Diante de todas as assimetrias de gênero e raça verificadas no mercado de trabalho e da realidade mais precária das condições de trabalho das mulheres, as supramencionadas alterações realizadas pela Lei nº 13.467/17 (Reforma Trabalhista), terão efeitos mais perversos às mulheres, apesar de não as terem como destinatárias específicas.

Como exemplo, tem-se as alterações referentes aos arts. 223-A a 223-G da CLT, referentes ao dano extrapatrimonial. O dano extrapatrimonial é causado pela "ação ou omissão que ofenda a esfera moral ou existencial da pessoa física ou jurídica, as quais são as titulares exclusivas do direito à reparação" (CLT, art. 223-B). No caso da pessoa física, tutela-se "a etnia, a idade, a nacionalidade, a honra, a imagem, a intimidade, a liberdade de ação, a autoestima, o gênero, a orientação sexual, a saúde, o lazer e a integridade física" (CLT, art. 223-C[46]).

A CLT, contudo, estabelece quais são os critérios que devem ser adotados pelo juiz na fixação dos valores da reparação pelos danos extrapatrimoniais, bem como os parâmetros da indenização, sendo estes últimos calculados com base no salário contratual do trabalhador ofendido:

> § 1º Ao julgar procedente o pedido, o juízo fixará a reparação a ser paga, a cada um dos ofendidos, em um dos seguintes parâmetros, vedada a acumulação:

---

44. IPEA, Instituto de Pesquisa Econômica Aplicada. *Retrato das Desigualdades de Gênero e Raça – 20 anos*. 2017 *(a)*. Disponível em: http://www.ipea.gov.br/portal/images/stories/PDFs/170306_apresentacao_retrato.pdf. Acesso em: 16 out. 2017. p. 38.

45. HIRATA, Helena; KERGOAT, Danièle. Novas configurações da divisão sexual do trabalho. *Cadernos de Pesquisa*, v. 37, n. 132, set./dez. 2007. p. 599.

46. O dispositivo encontra-se com a redação dada pela MP nº 808/2017. Na redação original dada pela Lei nº 13.467/17 (Reforma Trabalhista) o rol de bens jurídicos tutelados previstos no art. 223-C da CLT era menor: "A honra, a imagem, a intimidade, a liberdade de ação, a autoestima, a sexualidade, a saúde, o lazer e a integridade física são os bens juridicamente tutelados inerentes à pessoa física."

> I - para ofensa de natureza leve - até três vezes o valor do limite máximo dos benefícios do Regime Geral de Previdência Social;
>
> II - para ofensa de natureza média - até cinco vezes o valor do limite máximo dos benefícios do Regime Geral de Previdência Social;
>
> III - para ofensa de natureza grave - até vinte vezes o valor do limite máximo dos benefícios do Regime Geral de Previdência Social; ou
>
> IV - para ofensa de natureza gravíssima - até cinquenta vezes o valor do limite máximo dos benefícios do Regime Geral de Previdência Social[47].

Acreditamos que essa delimitação provocará graves prejuízos às mulheres. Explicamos. Os casos de assédio sexual/ou moral, frequentes em relação a trabalhadoras mulheres, podem ser enquadrados como violadores jurídicos dos bens tutelados pelos mencionados dispositivos celetistas, possibilitando a reparação por danos extrapatrimoniais. Essa indenização, contudo, estará vinculada a critérios legais e a tetos máximos do Regime de Benefícios da Previdência Social dificultando que ocorra efetiva reparação dos graves danos extrapatrimoniais sofridos.

A Lei nº 13.467/17 (Reforma Trabalhista) também instituiu a possibilidade de estabelecimento do contrato de trabalho intermitente (CLT, arts. 443, *caput* e § 3º e 452-A a 452-H[48]). O contato de trabalho intermitente é aquele "no qual a prestação de serviços, com subordinação, não é contínua, ocorrendo com alternância de períodos de prestação de serviços e de inatividade, determinados em horas, dias ou meses, independentemente do tipo de atividade do empregado e do empregador, exceto para os aeronautas, regidos por legislação própria" (CLT, art. 443, § 3º).

O trabalho intermitente é caracterizado, portanto, por períodos de prestação de serviços e de inatividade, sendo que, durante esses últimos, não há contagem do tempo serviço e recebimento de remuneração. O trabalho intermitente correspondeu à legalização do trabalho informal, pois o empregado trabalhará apenas por determinado período, recebendo as verbas trabalhistas proporcionais ao tempo de prestação até que seja convocado novamente pelo empregador.

Essa modalidade de contratação permite que o empregado trabalhe para vários empregadores ao mesmo tempo e é caracterizado pela insegurança financeira

47. O dispositivo encontra-se com a redação dada pela MP nº 808/2017. Na redação original dada pela Lei nº 13.467/17 (Reforma Trabalhista) o valor da indenização era calculado sobre o último salário contratual do trabalhador:

    Art. 223-G, § 1º Se julgar procedente o pedido, o juízo fixará a indenização a ser paga, a cada um dos ofendidos, em um dos seguintes parâmetros, vedada a acumulação:

    I - ofensa de natureza leve, até três vezes o último salário contratual do ofendido;

    II - ofensa de natureza média, até cinco vezes o último salário contratual do ofendido;

    III - ofensa de natureza grave, até vinte vezes o último salário contratual do ofendido;

    IV - ofensa de natureza gravíssima, até cinquenta vezes o último salário contratual do ofendido.

48. A disciplina jurídica do trabalho intermitente foi alterada pela MP nº 808/2017. Lembre-se de que, apesar de vigente, a medida provisória ainda não havia sido apreciada pelo Congresso Nacional até o fechamento desta edição.

do trabalhador, que não sabe o valor que receberá todos os meses pela prestação de serviços.

Por ter o trabalho informal maior espaço entre as mulheres, pesamos que a possibilidade do estabelecimento de trabalho intermitente terá maior incidência às relações de trabalho entre as mulheres.

Por fim, a Lei nº 13.467/17 (Reforma Trabalhista) passou a regulamentar a jornada de 12 horas de trabalho por 36 horas de descanso, que antes somente era prevista na Súmula nº 444 do TST. Diferentemente da regulamentação do TST, o art. 59-A da CLT, com a redação dada pela Lei nº 13.467/2017, permitia o estabelecimento dessa jornada por meio de acordo individual, extinguindo o requisito da excepcionalidade de contratação. Tendo em vista que as mulheres, muitas vezes, estão sujeitas à dupla jornada, com necessidade de atendimento de diversas tarefas domésticas, a previsão indistinta de jornada 12 x 36 poderia trazer consequências muito prejudiciais à saúde física e psicológica das mulheres. Felizmente, a MP nº 808/2017 vedou a celebração de jornada 12 x 36 por meio de acordo individual. Em regra, exige-se a sua instituição por meio de instrumento coletivo de trabalho. Como exceção, para os empregados no setor de saúde, é possível o estabelecimento dessa modalidade de jornada por meio de acordo individual escrito entre empregado e empregador.

Como visto, as alterações da Reforma Trabalhista trarão impactos negativos diretos e indiretos nos direitos trabalhistas das mulheres.

5. CONCLUSÃO

No presente trabalho tivemos como objetivo analisar as alterações provocadas pela Lei nº 13.467/17 (Reforma Trabalhista) e seus impactos nos direitos trabalhistas das mulheres. Além disso, buscou-se apresentar as principais alterações promovidas pela MP nº 808/2017, que modificou diversos artigos da Reforma Trabalhista.

Assim, analisamos dispositivos alterados que tinham como finalidade específica regular as relações de trabalho de mulheres para que pudéssemos verificar se as alterações tiveram como objetivo diminuir assimetrias de gênero ou apenas flexibilizar as garantias e direitos necessários à promoção do trabalho da mulher, gerando maior precarização.

Nesse contexto, foram analisadas as modificações provocadas nos arts. 384 da CLT (intervalo prévio à jornada extraordinária das mulheres); 396 da CLT (intervalo para amamentação); e 394-A da CLT (afastamento da empregada gestante ou lactante de atividades insalubres).

Em relação ao art. 384 da CLT, acreditamos que sua revogação terá impactos negativos nas relações de trabalho das mulheres, pois se tratava de importante mecanismo de segurança e proteção do trabalho, de modo que poderia ter havido sua extensão também ao âmbito das relações de trabalhadores do sexo masculino.

No que tange ao art. 396 da CLT e as consequentes alterações referentes ao intervalo para amamentação concedido às mulheres, é necessário que se veja, na prática, os efeitos das mudanças legislativas. De todo modo, acreditamos que as possibilidades de negociação em relação ao intervalo para amamentação deverão sempre levar em consideração os interesses das mulheres e das crianças.

Ainda em relação às normas de proteção especifica, acreditamos que a possibilidade de apresentação de atestados médicos pelas gestantes prevendo o trabalho em atividade insalubre e a exigência de atestados médicos pelas lactantes para seu afastamento trará prejuízos às mulheres e aos seus filhos, violando o dispositivo normas de saúde e segurança no trabalho. Além disso, o fim da previsão de salário-maternidade às gestantes e lactantes que não puderem ser afastadas para ambiente salubre, trará tratamento discriminatório dos empregadores na contratação de mulheres. Na vigência do dispositivo, pensamos que os órgãos de fiscalização poderão avaliar se o trabalho apresenta riscos.

Analisamos também a prevalência do negociado sobre o legislado, regra instituída no art. da CLT pela Lei nº 13.46/17 (Reforma Trabalhista). Acreditamos que, se mantido o modelo atual de baixa representatividade das mulheres nos sindicatos, essa prevalência poderá fazer com que normas relacionadas ao trabalho das mulheres não sejam levadas em consideração no âmbito das negociações coletivas. Assim, a alteração da Lei nº 13.467/17 deverá ocorrer em conjunto com medidas que estimulem a participação de mulheres em cargos decisórios do sindicato e que a atuação das entidades sindicais ocorra com uma perspectiva de gênero.

Por fim, avaliamos que, diante da realidade atual das mulheres no mercado de trabalho e dos papeis que são a elas atribuídos, diversas outras normas modificadas pela Lei nº 13.467/17 (Reforma Trabalhista) trarão prejuízos ainda mais substanciais às mulheres, destacando-se as novas regras em relação aos danos morais (CLT, art. 223-G, § 1º); ao trabalho intermitente (CLT, art. 443, § 3º e 452-A a 452-H) e à duração da jornada (CLT, art. 59-A).

6. REFERÊNCIAS BIBLIOGRÁFICAS

CARDOSO, Ana Claudia Moreira. *Tempos de trabalho, tempos de não trabalho: vivências cotidianas de trabalhadores.* 2007. Doutorado em Sociologia. Faculdade de Filosofia, Letras e Ciências Humanas da Universidade de São Paulo. Universidade de São Paulo e École Doctorale da Universidade de Paris-8. São Paulo: 2007.

COOK, Rebecca J.; CUSACK, Simone. *Estereotipos de género: perspectivas legales transnacionales.* Trad. por Andrea Parra. Bogotá: Profamilia, 2010.

DELGADO, Maurício Godinho. *Curso de Direito do Trabalho.* 15. ed. São Paulo: LTr, 2016.

HIRATA, Helena; KERGOAT, Danièle. Novas configurações da divisão sexual do trabalho. *Cadernos de Pesquisa*, v. 37, n. 132, set./dez. 2007.

IPEA, Instituto de Pesquisa Econômica Aplicada. *Retrato das Desigualdades de Gênero e Raça – 20 anos.* 2017 *(a).* Disponível em: http://www.ipea.gov.br/portal/images/stories/PDFs/170306_apresentacao_retrato.pdf. Acesso em: 16 out. 2017.

_____. *Retrato das Desigualdades de Gênero e Raça – 1995 a 2015. 2017. (b).* Disponível em: http://www.ipea.gov.br/portal/images/stories/PDFs/170306_retrato_das_desigualdades_de_genero_raca.pdf. Acesso em 16. out. 2017.

LOPES, Cristiane Maria Sbalquiero. Direito do trabalho da mulher: da proteção à promoção. *Cadernos Pagu (26), jan.-jun.2006.*

MAIOR, Jorge Luiz Souto; SEVERO, Valdete Souto. O acesso à justiça sob a mira da reforma trabalhista – ou como garantir o acesso à justiça diante da reforma trabalhista. Revista Eletrônica do Tribunal Regional do Trabalho da 9ª Região. V.6, n. 61, Julho/Agosto 2017.

MARTINS, Sérgio Pinto. *Direito do Trabalho.* 28. ed. São Paulo: Atlas, 2012.

MELO, Raimundo Simão de. Reforma erra ao permitir atuação de grávida e lactante em local insalubre. *Revista Eletrônica do Tribunal Regional do Trabalho da 9ª Região.* V.6, n. 61, Julho/Agosto 2017.

OIT, Organização Internacional do Trabalho. *La igualdad de género como eje del trabajo decente: Conferencia Internacional del Trabajo, 98.a reunión*, 2009.

_____. *Negociação de cláusulas relativas à equidade de gênero e raça 2007-2009.* p. 31-32. Brasília: OIT, 2011. Disponível em: https://www.dieese.org.br/livro/2011/livroNegociacaoClausulasEquidadeGenero2007-2009.html. Acesso em: 16 out. 2017.

PNUD, Programa das Nações Unidas para o Desenvolvimento. *Desenvolvimento humano para além das médias.* 2017. Disponível em: http://www.br.undp.org/content/dam/brazil/docs/IDH/desenvolvimento-alem-das-medias.pdf. Acesso em: 13 out. 2017.

SEVERI, Fabiana Cristina. Justiça em uma perspectiva de gênero: elementos teóricos, normativos e metodológicos. *Revista digital de direito administrativo*, vol. 3, n. 3, 2016.

SILVA, Homero Batista Mateus da. *Curso de Direito do Trabalho aplicado: Jornadas e pausas.* Rio de Janeiro: Elsevier, 2009.

THOME, Candy Florencio. *O princípio da igualdade em gênero e a participação das mulheres nas organizações sindicais de trabalhadores.* 2012. Doutorado em Direito. Faculdade de Direito da Universidade de São Paulo. São Paulo, 2012.

VASCONCELOS, Beatriz da Rosa; DORA, Denise Dourado. A trilha dos direitos. *Themis: gênero e justiça. Cadernos Themis gênero e direito.* Vol. I. N. I. Porto Alegre: Themis, 2000.

YANNOULAS, Silvia Cristina. Estudos sobre questões de gênero na reforma sindical. In: SORJ, Bila; YANNOULAS, Silvia Cristina. Perspectivas e críticas feministas sobre as reformas trabalhista e sindical. Brasília: CFEMA, 2006.

A REFORMA TRABALHISTA DE 2017 E A NOVA COMPOSIÇÃO DO SALÁRIO

Marcelo Moura[1]

Sumário: 1. Legislação comparada – 2. Remuneração e salário – 3. Teorias jurídicas sobre o salário – 4. Componentes do salário: 4.1. Complexo salarial; 4.2. Salário-base; 4.3. Comissões; 4.4. Gratificações salariais – 5. Parcelas de natureza indenizatória: 5.1 Abonos pagos pelo empregador; 5.2. Ajuda de custo e diárias para a viagem; 5.3. Prêmios; 5.4. Auxílio-alimentação – 6. Conclusões.

1. LEGISLAÇÃO COMPARADA

REDAÇÃO NOVA (CLT)	REDAÇÃO ANTERIOR (CLT)
CONCEITO DE REMUNERAÇÃO Art. 457. Compreendem-se na remuneração do empregado, para todos os efeitos legais, além do salário devido e pago diretamente pelo empregador, como contraprestação do serviço, as gorjetas que receber. (Redação da Lei nº 1.999, de 1.10.1953)	**CONCEITO DE REMUNERAÇÃO** Art. 457. Compreendem-se na remuneração do empregado, para todos os efeitos legais, além do salário devido e pago diretamente pelo empregador, como contraprestação do serviço, as gorjetas que receber. (Redação da Lei nº 1.999, de 1.10.1953)
COMPONENTES DO SALÁRIO § 1º – Integram o salário a importância fixa estipulada, as gratificações legais e as comissões pagas pelo empregador. (Redação da Lei nº 13.467, de 13.07.2017).	**COMPONENTES DO SALÁRIO** § 1º – Integram o salário não só a importância fixa estipulada, como também as comissões, percentagens, gratificações ajustadas, diárias para viagens e abonos pagos pelo empregador. (Redação da Lei nº 1.999, de 1.10.1953)

1. Juiz Titular da 19ª Vara do Trabalho do Rio de Janeiro. Doutorando em Direito na Universidade do Porto, Portugal. Mestre em Ciências Jurídicas pela Universidade Antonio de Nebrija, Madrid, Espanha. Bacharel em Direito pela Faculdade Nacional de Direito da UFRJ. Coordenador de Extensão e Pós-graduação da Universidade Cândido Mendes, Ipanema, Rio de Janeiro. Professor de Direito do Trabalho na mesma Instituição.

PARCELAS NÃO INTEGRANTES DO SALÁRIO § 2º – As importâncias, ainda que habituais, pagas a título de ajuda de custo, auxílio-alimentação, vedado seu pagamento em dinheiro, diárias para viagem, prêmios e abonos não integram a remuneração do empregado, não se incorporam ao contrato de trabalho e não constituem base de incidência de qualquer encargo trabalhista e previdenciário. (Redação da Lei nº 13.467, de 13.07.2017) (...)	**PARCELAS NÃO INTEGRANTES DO SALÁRIO** § 2º – Não se incluem nos salários as ajudas de custo, assim como as diárias para viagem que não excedam de 50% (cinqüenta por cento) do salário percebido pelo empregado. (Redação da Lei nº 1.999, de 1.10.1953)
PRÊMIOS § 4º Consideram-se prêmios as liberalidades concedidas pelo empregador em forma de bens, serviços ou valor em dinheiro a empregado ou a grupo de empregados, em razão de desempenho superior ao ordinariamente esperado no exercício de suas atividades. (Redação da Lei nº 13.467, de 13.07.2017) (...)	§ 4º - Não tem correspondente

2. REMUNERAÇÃO E SALÁRIO

O legislador pretendeu fazer uma distinção entre salário, como contraprestação ao trabalho paga diretamente pelo empregador, e remuneração, onde se integram os pagamentos oriundos de terceiros, ou seja, a gorjeta. Com esta estrutura bipartite: salário e remuneração, que não existe no direito estrangeiro, procurou o legislador retirar a natureza salarial da gorjeta; esta estrutura, criação infeliz do legislador pátrio, traz a falsa impressão de que existem outros pagamentos que advém de terceiros, além da gorjeta, o que não é verdade. Existem, outrossim, inúmeros pagamentos feitos ao empregado, pelo empregador, que não se inserem no conceito de salário, diante de sua natureza indenizatória.

A escolha do legislador, estabelecendo a distinção vista no caput, do art. 457, resultou na formação de duas correntes: a primeira, de viés subjetivista, toma por base a fonte da qual provém o pagamento: sendo salário aquele oriundo do empregador e remuneração o conjunto de pagamentos feitos por terceiros; a segunda, não analisa a regra do art. 457 sob o prisma da fonte pagadora, mas quanto à amplitude dos dois institutos, apontando remuneração como gênero e salário como espécie ou, ainda, reconhecendo a possibilidade de utilização dos dois vocábulos como sinônimos. (Amauri, Teoria Jurídica do Salário, 1997, p. 71).

3. TEORIAS JURÍDICAS SOBRE O SALÁRIO

O conceito legal adotou a concepção objetivista, definindo salário como contraprestação ao trabalho, ignorando as circunstâncias em que não há trabalho, mas ainda assim é devido o salário.

A teoria da contraprestação do trabalho, traduzida no texto do art. 457, levou em consideração a correspondência absoluta entre trabalho e salário, mas falha ao não explicar a natureza jurídica dos pagamentos salariais onde não há trabalho.

A CLT, em seu art. 4º, adotou a teoria da disponibilidade, que representou um significativo avanço quanto à teoria da contraprestação do trabalho. Evoluiu-se para ser considerada a obrigação de pagar salário não só nos momentos de prestação de serviços, mas também naqueles em que o empregado está aguardando ordens, pondo sua mão de obra à disposição do empregador, mesmo não executando qualquer serviço. Ainda assim, esta teoria só considerou salário o tempo à disposição do empregador, não explicando a natureza jurídica dos pagamentos feitos nas interrupções contratuais.

Já a teoria da contraprestação do contrato de trabalho ampliou os fundamentos de retribuição para abranger circunstâncias onde o empregado sequer está à disposição do empregador, como nos descansos obrigatórios, a exemplo do repouso semanal, férias, etc; a teoria abrange também paralisações nos serviços do empregado nas quais seu trabalho é proibido, mas permanece a obrigação de pagar salário, como na interrupção contratual por motivo de doença nos primeiros 15 dias de afastamento. A aplicação desta teoria, que é a mais aceita para explicar os fenômenos de interrupção do contrato de trabalho, não justifica considerar todos os pagamentos feitos ao empregado como salário; a retribuição pelo contrato de trabalho possui, predominantemente, natureza salarial, mas existem outros pagamentos, também decorrentes do contrato, que têm natureza indenizatória, como os exemplos da ajuda de custo e diárias para viagem.

Como explica Amauri Mascaro Nascimento, in Teoria Jurídica do Salário, 1997, p. 111:

> "Ampliou-se o pressuposto do pagamento do salário que não se restringiu à contraprestação ou à disponibilidade, passando a abranger, também, as paralisações remuneradas do trabalho, com o que a doutrina direcionou-se numa diretriz excessivamente larga, a da correspondência entre salário e contrato de trabalho para afirmar que aquele é o conjunto de pagamentos efetuados neste. É fácil desde logo ver que nem todos os pagamentos a que o empregador está obrigado, como as indenizações, podem ser enquadrados no conceito de salário, o que prejudica a amplitude da teoria."

Os argumentos trazidos por Amauri, e acima alinhados, justificam a crítica feita à teoria que define salário como o conjunto de percepções econômicas do trabalhador, pois a amplitude da tese também acaba por abranger parcelas que não possuem vinculação com o contrato de trabalho, e até mesmo benefícios sociais, como salário-família, seguro-desemprego e outros.

Diante das teorias acima e da normatização do tema no direito nacional, adotamos o conceito construído por Amauri Mascaro Nascimento (1997, p. 122), considerando salário como o "conjunto de prestações econômicas do trabalhador, em contraprestação ao trabalho, por sua disponibilidade e nas interrupções e intervalos remunerados pelo empregador", excluindo-se as prestações com natureza de indenização, as vantagens assistenciais e gastos destinados à capacitação profissional do trabalhador.

A conceituação do professor Amauri Mascaro Nascimento, cunhada há muitos anos, adequa-se sob medida às alterações promovidas pela Lei nº 13.467, de 13.07.2017, pois diversas parcelas, antes consideradas salariais, foram excluídas do conceito de salário, tanto na definição de indenização (como é exemplo a diária para a viagem, independentemente do valor), ou como vantagem assistencial (na hipótese do auxílio-alimentação, desde que não seja pago em dinheiro).

4. COMPONENTES DO SALÁRIO

4.1. Complexo salarial

O rol do art. 457, §1º, da CLT, com a redação da Lei nº 1.999, de 1.10.1953, tinha a seguinte redação: "Integram o salário não só a importância fixa estipulada, como também as comissões, percentagens, gratificações ajustadas, diárias para viagens e abonos pagos pelo empregador".

Percebe-se, claramente, que o rol não era taxativo ("como também" é a expressão que nos leva a esta conclusão). A força atrativa do salário tendia a inserir em sua abrangência toda e qualquer parcela, ainda que não arroladas no texto do § 1º, desde que de índole retributiva pelo trabalho, ou em razão da vigência do contrato de trabalho, excluídas as parcelas de natureza indenizatória e as gorjetas.

A restrição da atual redação do art. 457, § 1º, da CLT nos conduz a uma mudança paradigmática. A expressão "como também" desapareceu. Não estou a afirmar que somente será considerado salário a importância fixa (salário base), as gratificações legais e as comissões, pois outras parcelas, previstas também em lei, igualmente possuem natureza salarial, uma vez que retributivas ao trabalho do empregado, como são exemplos os adicionais noturno (art. 73, *caput*, da CLT), de periculosidade (art. 193, § 1º da CLT) e de horas extras (art. 59, § 1º, da CLT), ainda que estejam sujeitos à regra da condicionalidade, podendo ser suprimidos sempre que cessarem sua causa.

Acresça-se que, mesmo diante da restrição do texto do art. 457, § 1º da CLT, não se pode excluir a natureza salarial de outras parcelas que, também fixadas por lei, atribuam a qualquer pagamento natureza salarial.

Por outro lado, a fixação de qualquer parcela no contrato de trabalho, sem que se lhe atribua natureza salarial, atrai a conclusão de que se trata de título com natureza indenizatória ou, mesmo, remuneratória, mas sem o epíteto de salário.

A lógica da remuneração, como já foi dito, se inverteu. Consequentemente, o que não for expressamente acordado como salário, mas pago ao empregado por força do contrato de trabalho, do costume, por norma coletiva, ou em razão de qualquer outra fonte formal de direito do trabalho, não será, em princípio, parcela salarial.

Todavia, ainda é possível que algum pagamento, ajustado tácita ou expressamente, possa ser enquadrado no conceito de salário, desde que preenchidas as características que o padronizam. Contudo, passa a ser do empregado o ônus de demonstrar a natureza salarial da parcela ajustada, diante da nova premissa de que, fora do que disposto em lei, os pagamentos feitos ao empregado, por força do contrato ou do costume, não ostentam, em princípio, natureza salarial.

Antes da Lei nº 13.467, de 13.07.2017, fazíamos a seguinte distinção entre salário base e os demais componentes salariais, especificamente nos comentários ao art. 457 consolidado, em outra obra de nossa autoria:

> "O salário-base, tratado a seguir, é representado pela parte fixa, distinguindo-se dos demais componentes do complexo salarial, chamados de complementos salariais (comissões, percentagens, gratificações ajustadas, diárias para viagens, abonos pagos pelo empregador). Estes complementos, que possuem estrita natureza salarial, distinguem-se do salário-base por suas características próprias, destacadas por Amauri Mascaro Nascimento (Teoria, 1997, p. 70): **a)** acessoriedade, pois não podem ser a forma exclusiva de pagamento, à exceção da comissão, como veremos logo abaixo; **b)** periodicidade específica, pois ao contrário do salário-base, podem ser atribuídos em intervalos maiores, não necessariamente mensais; **c)** plurinormatividade diante da origem nas mais diversas fontes, como acordos, convenções coletivas, sentenças normativas, regulamentos de empresa, usos e costumes e do próprio contrato individual de trabalho; **d)** multicausalidade, que torna impossível uma enumeração taxativa, como por exemplos os adicionais legais (insalubridade, noturno, horas extras), gratificações (por produtividade, assiduidade, etc); **e)** condicionalidade, pois são obrigações sob condição, permitindo sua supressão, decorrente do desaparecimento de sua causa.".

A quantidade de complementos salariais foi reduzida substancialmente (somente comissões e gratificações legais), mas a maioria das características acima postas ainda se aplica, a saber: **a) acessoriedade**, pois nenhum empregado pode ser remunerado somente à base de gratificações legais, mas pode sê-lo exclusivamente a base de comissões (empregado comissionista puro); **b) periodicidade específica**, pois ao contrário do salário-base, as gratificações legais e comissões podem ser atribuídas em intervalos maiores, não necessariamente mensais; **c) plurinormatividade,** diante da origem nas mais diversas fontes, como acordos, convenções coletivas, sentenças normativas, regulamentos de empresa, usos e costumes e do próprio contrato individual de trabalho; as gratificações são fixadas por lei, mas nada impede que as demais fontes normativas tratem de outros aspectos de seu pagamento, como periodicidade e repercussões, desde que não colidam com o texto legal que as instituiu; **d) multicausalidade**, que torna impossível uma enumeração taxativa, como por exemplos os adicionais legais (insalubridade, noturno, horas extras); **e) condicionalidade**, pois são obrigações sob condição, permitindo sua supressão, decorrente do desaparecimento de sua causa.

Quanto a este último aspecto (condicionalidade), destaca Amauri (1997, p. 70):

> "Há complementos salariais mensais e com habitualidade tal que o empregado passa a contar com os mesmos para seus gastos normais e contínuos. Nesse caso, o aspecto econômico tem prevalecido no sentido de promover a comunicação dos efeitos do salário-base para cálculos que deste resultam e, mais ainda, incorporação e perda de condicionalidade."

A descrição acima explica, perfeitamente, a hipótese da gratificação pelo exercício da função de confiança referida no art. 62, II e § único da CLT.

4.2.SALÁRIO-BASE

A parcela fixa, chamada de "salário-base" é a parte principal do conjunto de percepções econômicas do empregador. O núcleo do conceito de salário-base esta na noção de "obrigação principal", independentemente da forma de pactuação do salário. Tanto é salário-base aquele fixado por unidade de tempo como aquele fixado por produção.

Como explica Amauri Mascaro Nascimento: "...a adoção do conceito de salário-base é associada à noção de salário regular, normal, periódico, portanto a obrigação salarial principal". Só não concordamos com a afirmação do ilustre mestre paulista de que também compõem o salário-base as comissões do vendedor que ganha apenas estas (Teoria, 1997, p. 64), pois não foi a vontade do legislador, como se observa do texto do § 1º, do art. 457, ora comentado.

4.3. COMISSÕES

As comissões são pagamentos feitos aos empregados em razão da venda de um produto ou da execução de um serviço. Vendedores de loja e montadores de móveis na residência dos compradores são dois exemplos de trabalhadores que podem ser remunerados à base de comissões. Nada obsta que o empregado receba somente as comissões, sem ter qualquer parcela fixa que retribua o seu trabalho; são os chamados comissionistas puros. Para estes o empregador tem a obrigação de garantir o salário-mínimo (art. 7º, VII, da CF), sempre que as comissões não forem suficientes a atingir tal valor. Nestes casos, o empregador não está obrigado a pagar o salário-mínimo integral, mas somente complementar a diferença.

Na falta sobre o percentual fixado a título de comissão, deve ser pago ao empregado o valor que o costume local ordinariamente prevê, levando-se em consideração as condições econômicas do empregador, o tipo de atividade e as peculiaridades dos produtos vendidos ou serviços executados (art. 460 da CLT). A ausência de fixação do percentual de comissão pode gerar enorme controvérsia quanto a seu valor, de forma que não é recomendável tal omissão.

O direito à comissão surge quando realizada a transação, ou seja, o negócio de compra e venda, independentemente do fato do cliente pagar ou não o preço ajustado.

> A Lei nº 3.207, de 18.7.1957, em seu art. 7º, admitiu uma hipótese na qual a comissão ou percentagem deixa de ser devida ao empregado, qual seja, a insolvência do comprador; sendo autorizado, inclusive, o estorno daquelas comissões ou percentagens já pagas ao empregado. Insolvência possui sentido inequívoco e representa a total impossibilidade do devedor em cumprir as obrigações legais, bem como aquelas assumidas contratualmente. É preciso que se esclareça, portanto, que o inadimplemento por parte do comprador não justifica a supressão das comissões, mas somente a insolvência; esta, não precisa de declaração judicial, mas recai sobre o empregador, quando instado ao pagamento das comissões, o ônus de demonstrar a condição de insolvência do comprador.

Alguns autores não fazem distinção entre comissões e percentagens, como é o caso de Sussekind (Curso, 2010, p. 432/434); outros, contudo, fazem clara diferenciação.

Sérgio Pinto Martins, in Comentários, 2010, p. 407, explica que a comissão refere-se a um valor determinado, como por exemplo: R$5,00 por cada produto vendido, já a percentagem incide sobre as vendas em percentual, e não em valores (2% sobre as vendas, por exemplo). Mesma distinção é feita por Castellões, quando afirma que "a percentagem não se confunde com a comissão, eis que esta última pode ser avençada em bases não percentuais, mas em valor fixo por unidade ou quantidade vendida." (Curso, Vol II, 1994, p. 73).

A distinção entre percentagens e comissões tinha importância jurídica quando o texto legal referia-se a ambas no § 1º do art. 457 da CLT. Com a redação da Lei nº 13.467, de 13.07.2017, o mesmo parágrafo deixou de fazer menção à percentagem. A nosso ver, após a alteração legislativa, o pagamento em comissão ou em percentagem terá o mesmo tratamento legal.

4.4. Gratificações salariais

Em sentido próprio, gratificação é uma liberalidade do empregador, paga ocasionalmente, como bonificação ao empregado. Esta não tem natureza salarial.

Após a reforma trabalhista, somente passa a ser considerada como salário a gratificação prevista em lei, como é exemplo a gratificação por exercício de função de confiança (art. 62, II, § único, da CLT). As gratificações ajustadas, tácita ou expressamente, mas sem previsão legal, ainda que habituais, deixam de ter natureza salarial, salvo se a prática tiver por objetivo mascarar o pagamento de parcela fixa do salário (salário base), ou de comissões.

5. PARCELAS DE NATUREZA INDENIZATÓRIA

5.1 Abonos pagos pelo empregador

Explicava **Amauri Mascaro Nascimento, antes da atual redação do art. 457, §§ 1º e 2º** que "em nosso Direito, abono é um adiantamento salarial, uma antecipação do pagamento de salários, eventual, não continuado, para atender a determinadas situações de perda do poder aquisitivo do salário." (Teoria, 1997, p. 231). Percebe-se, com este conceito, que abono é um pagamento de natureza emergencial, circunstancial e, portanto, com tendência a ser provisório, salvo se a fonte normativa que o instituir determinar sua incorporação, em definitivo, ao salário. Em regra, passado o momento que motivou sua concessão, o abono desaparecerá, e não mais comporá o complexo salarial. Os abonos tanto podem ser fixados pelo ajuste de vontades, individual ou coletivamente, como por lei, regulamento empresarial ou sentença normativa. Nada obsta que o empregador o conceda mesmo sem qualquer ajuste expresso, por ato de sua vontade; a ausência de ajuste, contudo, não retira do abono sua natureza salarial.

Após o plano de estabilização da economia, de 1994, os abonos salariais previstos em lei, no direito brasileiro, tornaram-se incomuns, e tendem a desaparecer. As considerações acima feitas continuam atuais quanto ao conceito de abono e suas características, mas com uma ressalva: com o advento da Lei nº 13.467, de 13.07.2017 não se trata mais de parcela salarial, mas sim indenizatória, conforme redação do art. 457, § 2º, da CLT.

Trata-se de instituto jurídico em extinção, pois sem muito viés prático e sua incidência, cada vez mais rara, demonstra seu desuso.

5.2. Ajuda de custo e diárias para a viagem

A ajuda de custo é parcela de natureza indenizatória, paga pelo empregador para ressarcir o empregado com gastos no trabalho. Qualquer que seja seu valor não terá natureza salarial, pois não é paga como retribuição ao trabalho, mas sim com o intuito de ressarcir o empregado. Mesmo quando a ajuda de custo tem um valor fixo, com periodicidade mensal, não será salário.

A fim de se evitar qualquer tipo de fraude, a ajuda de custo deve ser paga em contraprestação aos gastos com as atividades do empregado, que comprovará ao empregador as despesas feitas. Não importa o montante que se pague a tal título. O valor da ajuda de custo pode ser até mesmo maior do que o salário, desde que haja correspondência com os gastos feitos no trabalho, na execução normal das atividades do empregado. A ajuda de custo repõe o combustível gasto pelo empregado, as despesas com fotocópias de documentos, com reposição de material utilizado nas tarefas diárias, e outras despesas típicas da execução do serviço. Só para exemplificar a ideia de que ajuda de custo é assim tipificada pela sua natureza, e não pelo seu valor, um empregado que mantenha um cartão de crédito corporativo, sem limite de gastos, considerando-se que sua função seja recepcionar e acompanhar todos os fornecedores da empresa na qual trabalha, custeando as despesas de hospedagem, alimentação e demais necessidades dos mesmos, tais valores gastos, por mais elevados, não possuem natureza salarial.

As diárias para viagem são pagamentos feitos pelo empregador ao empregado, de caráter habitual ou eventual, com vistas ao custeio de viagens, inerentes ou não à função exercida na empresa.

As diárias são pagamentos complessivos (ou seja, um só valor englobando todas as despesas), enquanto a ajuda de custo exige a discriminação exata e discriminada dos gastos; as diárias não sofrem controle do empregador, enquanto a ajuda de custo é estritamente controlada por recibos; as diárias são destinadas às despesas com viagem tão somente, enquanto a ajuda de custo visa ressarcir uma despesa especificamente indicada, mas em qualquer circunstância; as diárias para viagem são pagas em valores fixos, estimadas de acordo com o gasto médio despendido em viagens, e pode até mesmo aparecer, rotineiramente, no recibo de pagamento em rubrica própria; a ajuda de custo, porque visa ressarcir os gastos comprovados, tem valores variáveis, vinculados a estes gastos.

Antes da Lei nº 13.467, de 13.07.2017, o então § 2º do art. 457, já alterado, criava, artificialmente, a seguinte regra: "Não se incluem nos salários as ajudas de custo, assim como as diárias para viagem que não excedam de 50% (cinquenta por cento) do salário percebido pelo empregado." Diz-se artificialmente, pois sempre foi muito difícil, na prática, definir quais parcelas seriam consideradas como salário para definição deste percentual de 50%. Tamanha dificuldade no estabelecimento dos limites do que podia ou não ser considerado salário levou o TST à aprovação da S. 101 de sua jurisprudência. A referida Súmula, depois da Lei nº 13.467, de 13.07.2017, merece ser cancelada, pois as diárias, não importando o valor, perderam sua natureza salarial.

5.3. Prêmios

Os prêmios são pagamentos prometidos pelo empregador como incentivo à produtividade. Assemelham-se às gueltas – incentivos pagos por terceiros, como por exemplo fornecedores - para aumentar a venda de determinado produto, sendo que os prêmios são pagos pelo próprio empregador.

Antes da Lei nº 13.467, de 13.07.2017, dizíamos que sendo objeto de ajuste entre empregado e empregador e tendo pagamento regular (habitual), os prêmios assumiam natureza salarial. Quando o pagamento fosse sazonal, como ocorre nas campanhas de estímulo às vendas, de forma que não se possa definir a habitualidade, teria natureza somente remuneratória. Atualmente não importa mais a habitualidade, pois o prêmio não poderá ser considerado salário, desde que seja efetivamente prêmio.

Antes da reforma trabalhista, dizia Mauricio Godinho Delgado, Curso, 2009, p. 696:

> "no período em que for pago com habitualidade o prêmio deverá produzir os reflexos em FGTS, aviso prévio, 13º salário, férias etc. (Súmula 209 do STF), compondo também o correspondente salário de contribuição (efeito expansionista circular dos salários)."

O autor lembrava que se tratava de espécie de salário condição, cujo pagamento está vinculado ao implemento da meta ou objetivo estabelecido pelo empregador. Não é mais salário, mas a condição se mantém.

Assim, a cláusula unilateral instituidora do prêmio não pode ser suprimida, mas nem sempre o direito será alcançado. Portanto, atingida a meta, ou objetivo, o prêmio será pago. Mesmo que nem sempre seja atingida a meta, o empregador, uma vez instituído o prêmio, não pode mais suprimir esta possibilidade de ganho pelo empregado, salvo se, quando do inicio de sua fixação, tenha deixado claro seu caráter provisório.

Alice Monteiro de Barros, Curso, 2008, p. 299, na mesma esteira de Godinho, afirma que a natureza salarial do prêmio está condicionada à sua habitualidade e que seu cancelamento gera alteração contratual lesiva ao empregado. O prêmio deixou de ser salário, com a Lei nº 13.467, de 13.07.2017, mas sua supressão, quando mantida a condição que o gerou, continua a ser alteração contratual ilícita.

A saudosa autora mineira distingue o prêmio de outras parcelas semelhantes: não é gratificação, porque esta depende de fatos externos à vontade do empregado (exemplo: gratificação de função); não é participação nos lucros, porque o recebimento do prêmio só está condicionado ao desempenho do empregado (prêmio individual), ou de sua equipe (prêmio coletivo), e não ao lucro da empresa.

Conclui-se que o prêmio é parcela paga em razão do contrato de trabalho, pelo empregador, mas que não possui natureza salarial, diante do imperativo legal, independentemente de sua habitualidade, mas não pode ser suprimido do contrato de trabalho se mantida a condição que o gerou; classifica-se em prêmio individual e coletivo, conforme os objetivos sejam do empregado ou de uma coletividade do qual faz parte.

5.4. Auxílio-alimentação

A interpretação do tema deve ser feita de forma conjunta com o art. 458 da CLT, que cuida de salário *in natura*.

O salário pode ser fixado parte em dinheiro (pelo menos 30%, conforme art. 82, § único, da CLT), parte em utilidades (70%, observadas as proporções definidas para cada parcela *in natura*, conforme regra do art. 458 da CLT).

O art. 457, § 2º da CLT, de acordo com a redação da Lei nº 13.467, de 13.07.2017 trata do auxílio-alimentação, que se distingue, totalmente, do salário-utilidade referido no art. 458 da CLT.

O auxilio-alimentação é o fornecimento de alimentação sob a forma de *tíquete* ou similar. Antes da reforma trabalhista, qualquer fornecimento de *tíquete*, ou mesmo de alimentação em restaurante da empresa, estabelecimentos conveniados, etc., mas que não atendessem às rígidas especificações da Lei nº 6.321/76 (Plano de Alimentação do Trabalhador – PAT), seria considerado salário. Neste sentido, inclusive, a jurisprudência do TST (vide Súmula nº 241 e Orientações Jurisprudenciais da SDI-1 nº 133 e 413).

Com a reforma trabalhista, qualquer que seja a forma de concessão do auxilio-alimentação, tíquete, restaurante, empresa conveniada, lanche fornecido pela empresa, café da manhã, mesmo sem atender às especificações do PAT, não se lhe pode mais atribuir natureza salarial. A única vedação é o pagamento em dinheiro, pois, desta forma, se constituirá em retribuição pelo trabalho, podendo ser definido como salário. Mesmo assim, a meu ver, trata-se de presunção relativa de veracidade, pois a concessão de dinheiro para alimentação, desde que seja demonstrada claramente esta intenção, representa mera infração administrativa, não transmudando a alimentação em salário. A prova desta intenção, contudo, é ônus que se atribui ao empregador que descumprir a vedação de pagamento em dinheiro da verba destinada à alimentação.

6. CONCLUSÕES

a) a restrição imposta pela reforma trabalhista, que subtraiu a natureza salarial da maioria dos componentes salariais previstos, anteriormente, no art. 457, § 1º, da CLT, impõe uma análise pormenorizada da consequência de cada parcela paga por força do contrato de trabalho;

b) após a reforma trabalhista e, nos termos da atual redação do art. 457, § 1º, da CLT, somente possuem natureza salarial: a importância fixa estipulada entre os sujeitos do contrato de trabalho (denominado salário básico ou base), as gratificações previstas por lei (deixam de ter natureza salarial as gratificações ajustadas contratualmente, ou pagas por foça do contrato, do costume ou previstas em regulamento empresarial, sentenças normativas, acordos coletivos e convenções coletivas de trabalho);

c) nada obsta que as mesmas fontes antes citadas atribuam natureza salarial a qualquer pagamento, mas a ausência de menção expressa nesse sentido atrai a interpretação de que a rubrica não tem natureza salarial;

d) a mudança de natureza salarial da parcela paga ou devida ao empregado não permite ao empregador promover sua supressão ou alterar os critérios de seu pagamento, sob pena de se considerar alteração ilícita do contrato de trabalho, vedada pelo art. 468 da CLT.

PRÊMIOS E GRATIFICAÇÕES CONTRATUAIS OU ESPONTÂNEAS SEM NATUREZA SALARIAL

Heloisa Valença Cunha Hommerding[1]

Sumário: 1. Introdução – 2. Da contraprestação ao empregado: 2.1. Dos complementos salariais antes e depois da Lei 13.467/2017; 2.2. Da natureza jurídica das gratificações; 2.3. Da natureza jurídica dos prêmios – 3. Conclusão – Referências.

1. INTRODUÇÃO

Este artigo visa aproximar o leitor das discussões travadas em torno da Lei 13.467/2017, conhecida como "reforma trabalhista", especialmente no artigo 457 da Consolidação das Leis Trabalhistas (CLT), quanto à regulamentação dos prêmios e as alterações pertinentes à natureza jurídica das gratificações contratuais ou espontâneas concedidas pelo empregador.

O salário é um dos pilares que sustenta o edifício das relações de emprego, isto é, do trabalho subordinado (GODINHO, 2017). Modificar alguns andares desse edifício, suprimindo parcelas consideradas salariais, pode deteriorar ou fazer ruir o edifício inteiro. Desde a década de 70, o Direito laboral vivencia uma crise indenitária, que no Brasil, se aprofundou na última década, desembocando na aprovação sobressaltada da última reforma na CLT, de maneira conjuntural. Por isso, analisaremos criticamente o conjunto dessas transformações morfológicas vividas pelo Direito do Trabalho, nos que nos cabe, sobre os impactos sofridos no âmbito do complexo salarial do obreiro.

Quanto às alterações introduzidas na natureza jurídica das parcelas, de salariais para indenizatórias, as repercussões sentidas a partir de 11 de novembro

---

1. Advogada, Professora Universitária, Doutoranda em Direito do Trabalho pela FDUL, Mestre em Direito pela UFRN/FDUC

de 2017, data em que entrou em vigor a reforma, estão sendo imensas, pois tal mudança afeta não somente o "efeito expansionista circular" dos salários, isto é, os reflexos, como também para o Estado, na diminuição da arrecadação fiscal, em curto prazo, e no aumento da concessão de benefícios e estímulos à política social, exigidos pela flexisegurança como contrapartida.

2. DA CONTRAPRESTAÇÃO AO EMPREGADO

Antes mesmo do Direito do Trabalho surgir enquanto disciplina autônoma, tratando das relações entre capital e trabalho, havia a noção de que o contrato de trabalho compunha uma obrigação bilateral, cujo equilíbrio se assumia numa obrigação de dar, pagar contraprestação por parte de quem usufruía da mão de obra e ao mesmo tempo, em uma obrigação de fazer, prestar os serviços conforme requeridos pelo contratante, portanto, um contrato bilateral e sinalagmático.

O dever de retribuição sempre compôs um dos vértices cadentes das relações de trabalho, pois aquele que trabalha, em regra, o faz com o intuito de perceber um valor patrimonial em troca de sua força de trabalho. Aliás, a onerosidade é um dos requisitos imprescindíveis para se ter configurado o vínculo empregatício.

Na lição de RAMALHO (2016, p. 494): "o débito patrimonial do empregador no contrato de trabalho não se esgota no pagamento da retribuição correspondente ao trabalho prestado, havendo situações de não trabalho em que também é devido o pagamento e ainda outras prestações patrimoniais do empregador, que não se deixam reconduzir à ideia de contrapartida do trabalho."

Ou seja, nem tudo que o empregado recebe é atribuído como contraprestação. Há momentos, que o empregado recebe salário mas não trabalha, como nos casos de interrupção do contrato, bem como há parcelas que são concedidas pelo empregador, mas que não integram o salário, possuindo uma natureza jurídica de indenização.

Embora as nomenclaturas salário e remuneração tenham uso corrente e semelhante no cotidiano popular, no direito pátrio, nomeadamente, na Consolidação das Leis Trabalhistas, o *caput* do art. 457 faz uma acepção técnica, diferenciando-as. Sendo aquele todo valor patrimonial pago pelo empregador em virtude da relação de emprego e esta como o somatório do salário pago pelo empregador com as gorjetas, verba paga por um terceiro, alheio ao pacto laboral, mas que de forma voluntária ou compulsória contribui com essa verba.

Ao fim e ao cabo, o legislador quis dizer que o salário é sempre devido e pago unicamente pelo empregador, enquanto a remuneração é mais abrangente, sendo composta pelo salário, além de parcela atribuída a terceiro, as gorjetas.

Para (CATHARINO apud GODINHO, 2017), o salário é um todo composto de parcelas devidas em caráter de retribuição ou por força do contrato de trabalho que juntas denominamos complexo salarial.

Importa observar que o art. 76, da CLT quando aduz que o salário mínimo é *"a contraprestação mínima devida e paga diretamente pelo empregador a todo trabalhador"* este, está a indicar que um trabalhador não pode receber a título de retribuição somente verba paga por terceiro, gorjetas, transferindo os riscos de sua atividade econômica à conta alheia. Por isso, mesmo que o trabalhador perceba gorjetas, também lhe será devido, ao menos, salário mínimo para compor a sua remuneração. (GODINHO, p. 801, 2017)

Os conceitos de salário e remuneração e suas possíveis distinções, entabulados no caput, do art. 457 da CLT, não sofreram alterações significativas pela Lei 13.467/2017, lei da reforma trabalhista, havendo, sim, grandes impactos em relação à composição salarial e ao rateio das gorjetas nos parágrafos desse artigo.

No que se refere às gorjetas, a Lei n. 13.419/2017 que faz parte do pacote de reforma trabalhista, regulamentou a CLT e trouxe mudanças em relação à forma de rateio e de sua fiscalização, ampliando os poderes de ingerência dos sindicatos dentro dos estabelecimentos.

No que toca ao salário, houve uma redefinição normativa de quais seriam parcelas salariais e quais teriam natureza meramente indenizatória, sem nenhum contributo social e/ou fiscal. Assim, é importante dizer que há parcelas que compõem o salário, logo são de natureza salarial e outras de cunho indenizatório que não integram o salário, tampouco a remuneração do empregado, são parcelas indenizatórias que o empregado recebe com o intuito de ressarcimento a algum prejuízo ou lesão sofrida.

Homero (2017, p. 53), de maneira cristalina traduz essa ideia inicial do legislador, ao aduzir que: "Para assumir a natureza salarial, é suficiente que o pagamento seja feito com habitualidade e a fonte da renda seja o empregador. Assim, diferencia-se da gorjeta, por exemplo, que é pagamento feito por terceiros, e das indenizações e ressarcimentos, que são ocasionais ou que não servem para contra-prestar serviços efetuados".

Com efeito, muito embora a lei venha a modificar abstratamente a natureza jurídica de certas parcelas que integre o plexo salarial, cabe ao magistrado, no caso em concreto, o dever de interpretar conforme a Constituição e garantir a manutenção da aplicação de direitos sociais para que não se tornem apenas letra morta, com caráter programático em nossa Carta Maior.

Quanto ao complexo salarial, essas verbas terminam por produzir um "efeito expansionista circular que é sua aptidão de produzir repercussões sobre outras parcelas de cunho trabalhista e, até mesmo, de outra natureza, como, ilustrativamente, previdenciária." (GODINHO, p. 811, 2017.)

Atento a isso, passamos a identificar as parcelas salariais e as mudanças implementadas pela reforma trabalhista, por meio da Lei 13.467/2017.

2.1. Dos complementos salariais antes e depois da Reforma Trabalhista

A Lei 13.467/2017, que reformou a CLT, passou a vigorar em 11 de novembro de 2017 e trouxe consigo alguns recortes importantes, que em uma leitura apressada, poderia gerar algumas confusões a respeito do que seria incorporado como parcela salarial ou não. Tais mudanças foram postas no texto legislativo de maneira tão atabalhoada que careceu de uma faxina tão logo inaugurada a casa nova, para expurgar alguns dos excessos cometidos pelas novas regras, estamos a falar de uma "minirreforma" ou de uma "reforma da reforma" implantada por meio da Medida Provisória (MP) de n. 808, do dia 14 de novembro de 2017, com vigência imediata.

Antes de tratar do imbróglio que se transformou o novo capítulo sobre remuneração, é preciso fazer uma retrospectiva e descortinar o parágrafo primeiro, do art. 457, CLT, em sua redação inicial, que trazia um rol exemplificativo das verbas consideradas salariais, ao mencionar que:

> *§ 1º Integram o salário não só a importância fixa estipulada, como também as comissões, percentagens, gratificações ajustadas, diárias para viagens e abonos pagos pelo empregador. (Redação dada pela Lei nº 1.999, de 1.10.1953)*

A simplicidade com que a CLT descriminou quais verbas continham essência salarial queriam, em última análise, informar que para ser considerado salário bastava que o pagamento fosse realizado pelo empregador e que tivesse a intenção de remunerar pelo serviço prestado, de forma habitual, pouco importando a denominação da parcela.

Coadunando-se a essa posição, alguns enunciados emitidos pela ANAMATRA (Associação Nacional de Magistrados Trabalhistas) na II Jornada de Direito Material e Processual do Trabalho, que discutiu em Brasília, nos dias 9 e 10 de outubro, ponto a ponto da matéria reformada pelo Congresso Nacional, pontuando a visão dos juízes, membros do Ministério Público do Trabalho e outras entidades especializadas da área laboral, sobre a perspectiva da remuneração, *in verbis*:

> *"Composição da Remuneração. Parcelas efetivamente salariais. Incorporação ao contrato de trabalho independentemente de sua nomenclatura. Primazia da realidade. Constatando-se a natureza contraprestativa das parcelas denominadas "ajuda de custo", "auxílio- alimentação", "diárias para viagem", "prêmios" e "abonos salariais", à luz do artigo 457, caput, da CLT, serão elas incorporadas ao contrato de trabalho e constituirão base de cálculo dos demais encargos trabalhistas, previdenciários e tributários, independentemente de sua nomenclatura. Interpretação sistemática com o artigo 9 da CLT."*

Essa interpretação se alinha a certos conceitos jurídicos indeterminados, como percentagens, gratificações ajustadas, às quais cargas valorativas cabem uma infinidade de insígnias.

Que se poderia entender por gratificações ajustadas? As contratualmente entabuladas, doutrinariamente reconhecidas, instituídas via negociação coletiva ou mesmo concedidas por via do costume? Quais os critérios aptos a auferir a concretude desse ajuste? Em outras palavras, de que ferramenta se valeria o julgador para interpretar o alcance que o legislador quis dar a norma quando inseriu o termo "gratificações ajustadas"?

Essa é uma questão interessante. Justamente pela dimensão que se deu a norma. Pois a única gratificação regulamentada por lei é a natalina, décimo terceiro salário, que, inclusive, possui força cogente.

Gratificações ajustadas sugerem que esses ajustes podem ser expressos (previstos em contrato, regulamentos de empresa, negociação coletiva ou sentença normativa, além de legais) ou tácito, quando de forma habitual forem pagos.

Em virtude da generalidade do termo "gratificação ajustada", o legislador intentou diminuir a amplitude de interpretações ao suprimir o vocábulo "ajustadas" e substituí-lo por gratificações "legais", a fim de minimizar seu alcance. Vejamos a redação do parágrafo primeiro modificado:

> *§ 1º Integram o salário a importância fixa estipulada, as gratificações legais e as comissões pagas pelo empregador. (Redação dada pela Lei nº 13.467, de 13.7.2017)*

Todavia, o parágrafo primeiro do art. 457 passou apenas três dias com esse texto em vigor, haja vista que a MP 808/2017, no dia 14 de novembro do corrente ano o modificou novamente, para constar:

> *§ 1º Integram o salário a importância fixa estipulada, as gratificações legais e de função e as comissões pagas pelo empregador.* (Redação dada pela Medida Provisória nº 808, de 2017)

Ou seja, a nova lei suprimiu algumas parcelas salariais e colocou-as como parcelas indenizatórias, independentemente do seu caráter de contraprestatividade ou habitualidade do pagamento, as diárias para viagem, as percentagens, os abonos concedidos pelo empregador, não mais contabilizam o salário. Sobre essas parcelas não mais incidem contribuições à Previdência Social (INSS) e aos depósitos no fundo de garantia por tempo de serviço (FGTS), também não integram e/ou refletem em outras parcelas salariais.

Observe que o legislador não incluiu os adicionais salariais, como: horas extras, de insalubridade, de periculosidade e de transferência, todos com natureza salarial, regulamentados por lei e na expressão de GODINHO, "espécies de salário condição". Também não incluiu o adicional de quebra de caixa, geralmente regulado por norma coletiva. O fato de não estarem incluídos no rol descrito no parágrafo primeiro do art. 457, só demonstra a sua não taxatividade. Pois, nem por isso, deixarão de serem consideradas parcelas salariais.

Há de se anotar que parcelas de flagrante natureza salarial como os adicionais salariais (adicional de horas extras; adicional de transferência; adicional noturno; adicional de insalubridade e de periculosidade), não comportavam o rol antigo do parágrafo primeiro e permanecem sem integrá-lo. A interpretação mais coerente que se assume, nesse caso, é de continuar a entendê-los como parcelas que compõem o salário do obreiro.

Para além dos adicionais legais, há também os adicionais instituídos por negociação coletiva e os que por força do contrato de trabalho foram dados e se incorporam para todos os fins como salário.

Da mesma forma que o § 1º, art. 457 traz o conjunto de parcelas salariais, o § 2º do mesmo artigo aponta quais parcelas tem cunho indenizatório. A redação anterior afirmava:

> *§ 2º Não se incluem nos salários as ajudas de custo, assim como as diárias para viagem que não excedam de 50% (cinquenta por cento) do salário percebido pelo empregado. (Redação dada pela Lei nº 1.999, de 1.10.1953).*

No entanto, o parágrafo segundo do art. 457, CLT inova ao afirmar que parcelas como auxílio alimentação, diárias para viagem (independentemente do percentual), prêmios e abonos não mais integrarão o complexo salarial, ainda que sejam dadas com habitualidade. Confira o que dispõe o parágrafo reformado:

> *§ 2º As importâncias, ainda que habituais, pagas a título de ajuda de custo, auxílio-alimentação, vedado seu pagamento em dinheiro, diárias para viagem, prêmios e abonos não integram a remuneração do empregado, não se incorporam ao contrato de trabalho e não constituem base de incidência de qualquer encargo trabalhista e previdenciário. (Redação dada pela Lei nº 13.467, de 13.7.2017).*

Em uma emenda que saiu pior que o soneto, a MP 808/2017 também visou retificar a parcela de ajuda de custo, alterando o texto do § 2º, do art. 457, da CLT, senão vejamos:

> *§ 2º As importâncias, ainda que habituais, pagas a título de ajuda de custo, limitadas a cinquenta por cento da remuneração mensal, o auxílio-alimentação, vedado o seu pagamento em dinheiro, as diárias para viagem e os prêmios não integram a remuneração do empregado, não se incorporam ao contrato de trabalho e não constituem base de incidência de encargo trabalhista e previdenciário. (Redação dada pela Medida Provisória nº 808, de 2017)*

A ajuda de custo tem a essência de ressarcimento concernente às despesas efetuadas pelo empregado, oriundas de sua transferência para local diverso daquele em que tem domicílio. Logo, sempre foi parcela de natureza meramente indenizatória. Dessa forma, andou mal o legislador quando confundiu a essência das diárias para viagens com as ajudas de custo, ao estabelecer um parâmetro limite de 50% da remuneração mensal.

No que tange à alimentação, desde que fosse concedida por força do contrato teria natureza salarial, vide Súmula 241 do TST. Muito embora, em regra, o vale refeição fosse considerado salário utilidade, a jurisprudência já permitia a flexibilização desse pagamento nas Orientações Jurisprudenciais (OJ) 123 e 413, ambas da SDI-I do TST, a primeira em relação aos bancários e a segunda referente à alteração da natureza jurídica por meio de norma coletiva.

Para além disso, a Lei n. 6.321/76 regulamenta o Programa de Alimentação do Trabalhador (PAT), o qual já tinha natureza indenizatória, desde que a empresa preenchesse os requisitos de ingresso no programa.

Como bem se nota, já havia um interesse do legislador em retirar o caráter salarial das verbas relacionadas à alimentação. O novo § 2º, art. 457 admite o auxílio alimentação como indenizatória, independente da forma que for concedida a partir de então, sendo que vetou que o seu pagamento seja efetuado em pecúnia, agiu com acerto o legislador para evitar fraudes.

No que for pertinente aos abonos, esses diferem do abono pecuniário de férias. São, em verdade, adiantamentos salariais. A jurisprudência do TST também já flexibilizava a possibilidade de se retirar a natureza salarial via negociação coletiva através da OJ 346 do TST.

Já as diárias para viagem, em regra têm a função de ressarcimento do empregado por despesas contraídas em virtude do trabalho. Para evitar fraudes, a jurisprudência criou um critério objetivo de que as diárias que ultrapassassem 50% do valor do salário do empregado teria natureza salarial, sob pena de caracterizarem fraude.

Segundo SUSSEKIND, as diárias para viagens podem assumir dois sentidos: um próprio que é destinado a cobrir rigorosamente as despesas que o viajante tem ou presume que terá em virtude de sua deslocação; e outro impróprio, que visa a compensar o empregado pela vida pouco cômoda e nômade que leva. Comumente aplicada quando o salário principal é exíguo, fato que, não há dúvida, evidencia o caráter remuneratório das falsas diárias.

Com a reforma trabalhista, não mais se verifica o requisito objetivo para o pagamento das diárias para viagem, pois, sendo própria ou imprópria, passa a ter, necessariamente, natureza indenizatória, o que pode ser uma via de escape para o desvirtuamento do valor efetivo recebido enquanto salário.

Por último, os prêmios. Esse não era previsto na CLT ainda, havia uma construção doutrinária em torno dele. Antes da mudança sofrida no parágrafo segundo da CLT, os prêmios era considerados salário, desde que preenchesse os requisitos da habitualidade no pagamento e do intuito de retribuição. A partir de então, essa parcela que decorre do mérito e da produtividade do empregado terá natureza indenizatória. Mais explanaremos sobre ele no tópico 2.3.

2.2. Da natureza jurídica das gratificações

Em sentido etimológico, o verbete gratificar, origina-se do latim 'gratificare' e quer dizer: mostrar-se agradecido, dar graças, ser grato. Porém, para o Direito do Trabalho, gratificações são aportes com conteúdo patrimonial, dado ao empregado, em virtude da execução de alguma função extraordinária ou de um mérito pessoal, que desperte no empregador o desejo por remunerá-lo para além do que foi pactuado.

Para (Barbosa, p. 411, 2015.) "Trata-se de contraprestação paga pelo serviço prestado em certas condições, ou em ocasiões especiais, diferenciadas, como a gratificação de função, a gratificação de tempo de serviço etc."

No direito comparado, Cabanellas admitiu quatro significados para as gratificações: a) recompensa pecuniária por um serviço eventual ou por uma prestação extraordinária; b) qualquer pagamento extra; c) toda dádiva fundada em alguma causa beneficiosa ou grata para quem a concede; d) remuneração fixa pelo desempenho de certos serviços ou encargos, sem o caráter de salário ou compatível com o salário". (OMEBA, 1968, t.1, p. 605)

Em Espanha, Palomeque Lopez ensina que é uma decisão unilateral e discricionária do patrão o pagamento de gratificações, mas caso o faça, tem de provar a natureza ocasional, voluntária e desconectada das obrigações de remuneração (legal, convencional) para que não tenha natureza remuneratória.

In verbis: "El empresario puede tornar la decisón unilateral fundada en su propria discrecionalidad y poder de organización, de abonar unas cantidades que, retribuyendo el trabajo, tengan la consideración de gratificaciones voluntarias. Existe, pues, un ánimo de mera liberalidade tanto en la cuantía como em las condiciones de abono. No es lo fundamental sustantivar estas gratificaciones como salario o como complementos, sino dejar claro su no exigibilidade, su no consolidación. Este régimen de no exigência, alejado del proprio del salario, se dará sólo si el empresario prueba el carácter ocasional, voluntario y desligado de las obligaciones retributivas (legales, convencionales o unilaterales consolidadas); así, el empresario podrá validamente catalogar la percepción como gratificación voluntaria y dejarla de abonar, si esa es su intención. Desde luego, lo que se indica nada tiene que ver com gratificación voluntarias, retribuciones voluntarias o gratificaciones que suelen aparecer en los recibos de salarios en el subconjunto denominado complementos salariales (debe incluirse en este epígrafe aquellos casos en que la empresa o la negociación colectiva fija una determinada cantidad como ayuda por comidas, normalmente después de haber suprimido el servicio de comedor." (LÓPEZ y ROSA, 2005, p. 645)

Ainda, o art. 260, n.1, alínea b, do Código de Trabalho Português dispõe que as gratificações, em princípio, correspondem a uma liberalidade concedida pelo empregador, uma doação, para além do valor estabelecido como retribuição. É em função do *animus donandi* do empregador que visa recompensar o empregado em razão de algo extra ao que foi combinado no contrato.

Nesse sentido Ramalho (2016, p. 512),

> Entende que embora possa haver habitualidade no pagamento da gratificação, isso não altera a natureza donativa da gratificação, não configurando um dever retributivo a ser adimplido pelo empregador de forma imperativa, caso desejasse cessar o pagamento dela.

Entretanto, assevera Martinez (2017, p. 595/596) que

> "o problema estará em saber quando se deve qualificar a atribuição como uma liberalidade, até porque, não raras vezes, pode tratar-se de uma retribuição

> indireta, com aparência de gratificação. A distinção, atento ao disposto no art. 260 do CT, passa pela contraposição entre o *animus donandi* e a obrigatoriedade de efetuar a prestação, associado à sua regularidade, a obrigatoriedade e a regularidade podem ser determinadas pelos usos e costumes da empresa".

Pelo que se observa no Código do Trabalho Português de 2009, que passou por inúmeras flexibilizações recentes em virtude da crise vivenciada pela Europa em geral, as gratificações somente possuem a característica de gratuidade quando dadas de maneira ocasional pelo empregador como forma de recompensa. Quando convencionada será salário.

Trazendo o direito comparado para nosso estudo com o escopo de demonstrar que num lugar ou noutro, a essência do instituto não se perde. Entre nós, vale a ideia de que se houver habitualidade conjugada com o caráter contraprestativo, independente da denominação que a gratificação receba, será considerada verba salarial, repercutindo em férias +1/3, FGTS, adicionais salariais e encargos previdenciários. Pois torna-se uma obrigação contratual, um dever do empregador.

Cristalinas são as palavras do mestre Orlando Gomes (p.225, 2000,), quando assevera que "O certo é que, em sua origem, a gratificação ao empregado surge como uma liberalidade, um impulso generoso do empregador. As suas matrizes psicológicas se encontram no intento prático de consumar uma dádiva, um agrado uma recompensa. Até aí, não possui força vinculante, não obriga para o futuro. É atribuída uma vez ou outra, esporadicamente, em importe e época variáveis, relegada ao *arbitrium boni viri* do empregador. Em tais circunstâncias e somente nelas, pode-se falar em gratificação própria; tipicamente uma liberalidade, na sua acepção jurídica e etimológica. Há, porém, ao lado dessa, as gratificações impróprias, ou atribuições patrimoniais, impropriamente denominadas gratificações cuja identificação vocabular só se explica pelo prestígio do termo que, todavia, adquire outro significado. Podem surgir da fonte contratual, mediante ajuste expresso ou tácito, ou de fontes imperativas ou normativas. O salário do décimo terceiro mês, que em alguns países (Itália, França) é considerado uma gratificação anual, provém da fonte normativa, enquanto, entre nós, resulta da fonte imperativa estatal".

Dessa forma, o X da questão quanto à definição da natureza jurídica da gratificação está em observar se se trata de uma gratificação ajustada, com natureza salarial ou não ajustada, sem natureza salarial. Ou melhor, se é gratificação-liberalidade ou gratificação-obrigação.

Na hipótese de gratificação liberalidade, não atrairá conotação salarial, pois são concedidas de forma esporádicas e unilateral, pelo impulso do empregador, configurando o *animus donandi* da conduta, já na gratificação-obrigação, o empregador se obriga por meio de contrato ou de outro instrumento normativo a adimplir com tal verba à título retributivo e, portanto, constituirá um dever.

O art. 457, em seu parágrafo primeiro dispunha que as gratificações ajustadas compunham o salário. Por ajustadas, leiam-se aquelas estipuladas de forma expressa (verbal ou por escrito) ou tácita (usos e costumes), em uma analogia a própria formação do contrato de trabalho. A jurisprudência colmatou a lei, ao prevê que havendo habitualidade, configurado estava o ajuste tácito.

Corroborando com esse entendimento a jurisprudência consolidada do Supremo Tribunal Federal, na súmula 207: "As gratificações habituais, inclusive a de Natal, consideram-se tacitamente convencionadas, integrando o salário". Também a Súmula 152, TST – "O fato de constar do recibo de pagamento de gratificação, o caráter de liberalidade não basta, por si só, para excluir a existência de um ajuste tácito".

Assim, o requisito da habitualidade só se presta para dirimir dúvidas quanto à natureza da gratificação quando o ajuste for tácito, porque se expresso (verbal ou escrito), é inquestionável sua condição de contraprestação por acordo entre as partes.

A CLT não traz em seu bojo um rol de gratificações, estas nascem por meio de regulamentos de empresa, normas coletivas ou construção jurisprudencial, como são os casos da gratificação de função, gratificação por tempo de serviço, gratificação de balanço, gratificação semestral, décimo quarto salário, etc.

Por falar em gratificação de função, esta voltou a ser considerada salário de forma expressa no teor do art, 457, §1^0, CLT. De fato, não era razoável olvidar o caráter contraprestativo da retribuição concedida em razão da relação de fidúcia especial entre as partes envolvidas, pois, neste caso, o empregado incorpora poderes do próprio empregador para gerir a atividade empresarial.

Salienta-se que não houve alteração do texto reformado do §1^0 e §2^0, do art. 468, ao prevê a licitude da reversão do empregado em cargo de confiança, bem como a ausência de incorporação da gratificação de função, após dez anos de efetivo exercício do cargo, desconsiderando o princípio da estabilidade financeira, previsto na Súmula 372, do TST, que deverá passar por revisão pelo Colendo Tribunal.

Já a gratificação natalina ou décimo terceiro salário, apesar de não constar da CLT, tem previsão constitucional, art. 7, VIII, CF e na Lei n. 4.090/1962 que o regulamenta. Essa é a única espécie prevista em lei e de força obrigatória, por isso, conhecida também como gratificação legal.

A modificação trazida pela reforma, o §1^0, art. 457, CLT em substituir o termo gratificações ajustadas por gratificações legais teve a intenção restringir os encargos trabalhistas derivados das gratificações que integravam o salário, principalmente as ajustadas tacitamente.

Possivelmente, as súmulas 207 do STF e 152 do TST devem passar por revisão nos Tribunais Especializados a fim de orientar a uniformização da interpretação de acordo com a modificação do § 1º, do art. 457, da CLT. Isto é, para retirar a natureza salarial das gratificações que sejam ajustadas de forma tácita, ainda que habituais. Esse foi o grande impacto em relação às gratificações sofridos pela reforma trabalhista. Pois, o entendimento doutrinário e jurisprudencial cuidou de colmatar as lacunas deixadas pela lei, e disciplinou por muito tempo que bastava haver habitualidade na prestação para ser considerada salário, agora não mais, há de haver o ajuste expresso, para configurar a legalidade da obrigação.

Como é sabido, a insígnia gratificações 'legais' não abrange somente a lei propriamente dita, mas também todas as outras fontes formais do Direito do Trabalho, como normas coletivas, Tratados Internacionais de que o Brasil tenha ratificado, regulamentos de empresa, outras leis esparsas, além de dever estar harmônico a própria Constituição da República e seus valores sociais.

Dessa forma, independentemente da nomenclatura que o empregador destine para pagar a verba, o que irá importar será a sua natureza jurídica, ficando comprovada a sua natureza salarial, compete ao aplicador do Direito, interpretar a norma conforme à Constituição Federal de 1988, e os valores sociais do Trabalho, a fim de evitar fraudes à legislação trabalhista, nulo de pleno direito, conforme dispõe o art. 9, da própria CLT.

2.3. Da natureza jurídica dos prêmios

Como dito alhures, os prêmios não tinham previsão na lei até então. No entanto, a doutrina e a jurisprudência brasileira convergem majoritariamente no sentido de considerá-lo como verba de natureza salarial, sempre que fosse adimplido pelo empregador com habitualidade e na vontade de remunerá-lo por algum esforço particular e diferenciado na execução do trabalho desempenhado.

De acordo com Barbosa (2015), trata-se de contraprestação por se verificar a prestação de serviços com o preenchimento de certas condições específicas, previamente fixadas, como alcançar determinada meta, ou não se verificarem faltas e atrasos injustificados (prêmio assiduidade) etc. Portanto, o fato de ser o valor do prêmio variável e, condicionado a certos eventos, não afasta a sua natureza salarial, quando pago de forma habitual, eis que tais aspectos são naturais nos contornos dessa parcela.

Adotando esse entendimento a Orientação Jurisprudencial Transitória da SBDI-I do TST: "Servita. Bonificação de assiduidade e produtividade paga semanalmente. Repercussão no repouso semanal remunerado. O valor das bonificações de assiduidade e produtividade, pago semanalmente e em caráter permanente pela empresa Servita, visando a incentivar o melhor rendimento dos empregados, possui natureza salarial, repercutindo no cálculo do repouso semanal remunerado".

Boa parte da doutrina também enuncia que parcela desportiva denominada de "bicho", paga aos atletas profissionais em razão de vitórias ou empates, é um tipo especial de prêmio, com natureza salarial quando devida de forma habitual. (BARBOSA, 2015)

Importa salientar que os prêmios não podem constituir única forma de adimplemento do contrato.

Para Nascimento, 1997 os prêmios são espécie de salário condição, atrelados a um fator de ordem pessoal do empregado ou geral de muitos empregados, via de regra, a sua produção. Daí se falar, também, em salário por rendimento ou salário por produção. Uma vez verificada a condição de que resultam, devem ser pagos.

O mesmo autor classifica os prêmios, como: "1) Quanto às pessoas beneficiadas, os prêmios são individuais ou coletivos, conforme fixados para cada trabalhador individual, ou globalmente considerado, em função do trabalho de uma multiplicidade ou grupo de trabalhadores (ex.: um departamento). 2) Quanto à causa: a) prêmios de produção, quando a causa do seu pagamento é uma determinada produção a ser atingida; b) prêmios de assiduidade, tendo como causa a frequência do empregado e como fim o estímulo à sua presença constante; c) prêmios de economia, pela economia de gastos que o empregado consegue; d) prêmios de antiguidade, também denominado adicional de antiguidade ou gratificação de antiguidade, pelo tempo de serviço que o empregado atingir na empresa. 3) Quanto à fonte jurídica formal, os prêmios resultam da lei, dos contratos individuais, das convenções coletivas, dos regulamentos de empresas, enfim, das normas jurídicas no sentido amplo. 4) Quanto às técnicas de cálculo, previstas pela ciência econômica, entre os sistemas mais conhecidos estão os concebidos por Halsey, Rowan, Gantt, Emerson etc., todos estabelecendo incentivos de diferentes valores para aumentar a produção e as taxas de salário."

Não se compatibilizam a participação nos lucros, uma vez que a sua causa não é o atingimento de lucros pela empresa, mas a execução, pelo obreiro, de uma condição preestabelecida.

Tampouco com a gratificação se assemelham, cujas causas estão ligadas à eventos de ordem objetiva e alheios à vontade do empregado, enquanto os prêmios se conectam diretamente ao esforço, ao rendimento pessoal do empregado.

Em suma, os prêmios compunham o salário do empregado desde que fosse dado em caráter de retribuição por um desempenho especial que motivasse o empregador a conceder uma remuneração adicional, que por óbvio, poderia não ser paga, caso a condição não fosse implementada.

Por possuírem natureza salarial, os prêmios integravam a remuneração-base para recolhimento dos depósitos do FGTS, CONTRIBUIÇÕES PREVIDENCIÁRIAS, cálculos de indenização, 13 salário, repouso semanal remunerado, férias etc.

Também não admitiam a sua supressão, como disposto na Súmula 209 do STF: "O salário-produção, como outras modalidades de salário-prêmio, é devido, desde que verificada a condição a que estiver subordinado, e não pode ser suprimido unilateralmente, pelo empregador, quando pago com habitualidade". Essa súmula terá de ser revista em razão dos parágrafos segundo e quarto do art. 457, da CLT atual.

Na exposição de motivos que antecedeu a reforma, o relator do projeto argumentou que a alteração do art. 457, CLT era necessária para facilitar o pagamento de prêmios, por mera liberalidade, pois o empregador teria receio de recompensar o empregado em razão dos encargos sociais e tributários decorrentes do pagamento de parcelas que integram o salário. Na verdade, o objetivo era a legalização do "pagamento por fora", desvirtuando a função primordial do sistema laboral, qual seja, a proteção às garantias mínimas conquistadas pelo obreiro.

Pois bem, além do parágrafo segundo do art. 457 asseverar que a natureza jurídica dos prêmios agora é indenizatória, o parágrafo quarto do mesmo artigo regulamentou-o, aduzindo que:

> *§ 4º Consideram-se prêmios as liberalidades concedidas pelo empregador em forma de bens, serviços ou valor em dinheiro a empregado ou a grupo de empregados, em razão de desempenho superior ao ordinariamente esperado no exercício de suas atividades. (Redação dada pela Lei nº 13.467, de 13.7.2017*

Em resumo, o legislador pátrio entendeu que deveria retirar a natureza salarial da parcela para permitir uma maior flexibilidade nos encargos fiscais e sociais decorrentes do salário e com isso estimular a economia a contratar mais. Todavia, sabemos que, na realidade, o que houve foi uma legalização do "pagamento por fora", levando a uma patente elisão fiscal e prejuízos a arrecadação do INSS, diminuindo potencialmente, o valor das contribuições a nível de salário para fins de aposentadoria e arrecadação do Estado.

É imperioso destacar que essa mudança afeta não somente questões trabalhistas como também previdenciárias, os desdobramentos do art. 457, da CLT, acabaram por alterar também o art. 28 da Lei n. 8.212/1991.

Mais que isso, a supressão da natureza salarial dos prêmios sem observar os critérios de pagamento configura uma patente inconstitucionalidade, uma vez que os artigos 195, I e 201, caput e § 11º, da Constituição Federal afirmam que os encargos de contribuições sociais recaem sobre todo ganho habitual, prestado por serviço alheio, a fim de preservar o equilíbrio financeiro e atuarial do Regime Geral da Previdência Social.

Como se percebe, o Direito é todo interligado e a interpretação deve sempre resguardar a Constituição e respaldar os princípios inerentes a ela. Nesse norte são também os enunciados aprovados na II Jornada de Direito Material e Processual do Trabalho.

Em Portugal, o Código do Trabalho (art. 260, n.1 b e c) admite os prêmios como ato de vontade e mera liberalidade do empregador. Todavia, a lei abre uma exceção, na conjectura de estar previamente estipulado em contrato, coletivo ou individual, como uma obrigação, logo salarial.

Ao que parece, o legislador nacional quis dar a mesma conotação a nova norma, quando afirmou que os prêmios dados por mera liberalidade não farão parte da remuneração do empregado. Aqui, pode-se dar duas interpretações ao termo "liberalidade", a primeira vertente que se coloca, é, em sentido amplo, abrangendo tudo que for pactuado e não exigível por norma. Afinal, o contrato de trabalho é antes de tudo um contrato que deve obedecer a vontade das partes, sendo assim, o que não for proibido por lei, é possível ser estabelecido em contrato. E o empregador que concedeu de forma liberal algum benefício, não poderia ser exigido de maneira obrigatória.

Uma segunda interpretação, mais coerente à função do Direito do Trabalho, restringiria a ideia de que a liberalidade tratada na redação do §4, art. 457, CLT, para admitir como doação, sem caráter salarial, somente aquelas premiações que fossem dadas ocasionalmente, de forma esporádica e sem prévia estipulação contratual, tal qual são consideradas as gratificações não ajustadas. Nesse sentido caminhou o § 22º, do art. 457, da CLT, recém incluído pela MP 808/2017.

> *§ 22. Consideram-se prêmios as liberalidades concedidas pelo empregador, **até duas vezes ao ano**, em forma de bens, serviços ou valor em dinheiro, a empregado, grupo de empregados ou terceiros vinculados à sua atividade econômica em razão de desempenho superior ao ordinariamente esperado no exercício de suas atividades. (Incluído pela Medida Provisória nº 808, de 2017) (grifos nossos)*

Com efeito, apesar da manutenção intacta do § 4º regulamentando os prêmios, o Presidente da República através da MP n. 808, inseriu o § 22º para também definir os prêmios, com a peculiaridade de delimitar a quantidade de vezes permitida para seu pagamento no ano, assim como, autorizar que eles sejam pagos a terceiros vinculados à atividade empresarial.

Duas possibilidades podem ser extraídas desse contexto. A primeira, houve uma incoerência legislativa em se manter duas regulamentações distintas para a mesma parcela. A segunda interpretação, menos óbvia, porém mais acertada, a CLT regulamentou com a mesma nomenclatura, duas parcelas diferentes.

Isto é, a referência a exclusão da natureza salarial dos prêmios trazida no § 2º estaria em harmonia com o preceituado no § 22º, ambos do art. 457, da CLT, pois o § 22º cuida do prêmio pago de forma esporádica, em razão de um desempenho profissional superior ao ordinariamente esperado. Podendo esse desempenho excepcional ser realizado, inclusive por um terceiro.

Já o § 4º do art. 457, da CLT regulamentou os prêmios de forma mais genérica, enquanto gênero, que pode ter natureza salarial se preenchidos os requisitos da habitualidade e da contraprestatividade, sob pena de configurar fraude o seu pagamento complessivo como verba de caráter indenizatório, pois o princípio da primazia da realidade deve ser respeitado.

Dessa forma, a jurisprudência consolidada no sentido de que a mera habitualidade configura ajuste tácito, deverá ser reformulada para se adaptar aos novos paradigmas. É evidente que o que foi previamente estipulado em contrato ou por norma, ilide o caráter de espontaneidade e passa a ser compromisso, obrigação pactuada. A partir de então, não será a mera habitualidade a conferir caráter salarial a essa parcela, mas somente aquela expressamente ajustada. Nesse mesmo norte, a Súmula 152 do TST, anteriormente mencionada, deve ser observada e sofrer alterações.

Como se denota, esta última visão é mais racional e oblíqua a subsistência do Direito Laboral enquanto instituto. Compreender de forma dissonante é quebrar a lógica de existência desse ramo do direito e todo viés protetivo que carrega. Caso não vigore o entendimento de que a natureza indenizatória dos prêmios é dada somente como estímulo a uma ocasião específica e eventual, teremos consagrada pela lei, uma dedução indireta dos ganhos do trabalhador, pois haverá, uma diminuição brutal do valor do salário, para se admitir que a maior parte dos ganhos se dê de forma indenizatória, a fim de evitar o pagamento de reflexos e contribuições sociais e fiscais decorrentes das parcelas salariais.

3. CONCLUSÃO

É preciso enfrentar a gênese dos interesses que conduziram a reforma, perceber as entrelinhas do que o legislador quis pontuar com as alterações engendradas na legislação laboral, sob a justificativa de modernização (leia-se flexibilização) das relações de trabalho, quais os contornos que isso gera no bolso do trabalhador e, em última análise, quais os desdobramentos e consequências de colocar os prêmios e as gratificações como parcelas de natureza indenizatória.

Muito se discutiu sobre trabalho intermitente, regulamentação da terceirização, novas condições de execução do trabalho e pouco ou quase nada se observou em torno das mudanças implementadas no art. 457, no que toca à remuneração, ou melhor, na supressão da natureza salarial de várias parcelas.

Ao que parece, sem diminuir a importância de outras temáticas, o encurtamento do contracheque e a legalização do 'pagamento por fora' não despertaram tanto interesse e discussão acalorada por parte da doutrina e da sociedade. Sendo tema de extrema importância haja vista seus reflexos no salário do trabalhador, na previdência e em última instância na arrecadação do próprio Estado, que parece ter dado "um tiro no próprio pé" com a adoção dessa medida.

Diminuir de forma indireta o valor da retribuição pelo trabalho desempenhado é chancelar o aviltamento das condições de trabalho em total desrespeito ao princípio da proteção, transformando o trabalho humano em uma mercadoria qualquer, contrariando os pressupostos traçados pela OIT, declinados na Constituição 1919, e, em última escala, a própria condição humana e sua dignidade.

Isto é, o princípio da irredutibilidade salarial, que de forma indireta está a ser agredido, em última análise, afeta o princípio da proteção, pois este é o esqueleto que informa todo o Direito do trabalho, tudo que mais decorre enquanto princípio, parte dele.

Na lição de SEVERO:

> A proteção não está, portanto, à disposição do intérprete, para ser afastada no caso concreto, a partir da ponderação com outra norma jurídica. A proteção é o que legitima a regra trabalhista, está nela necessariamente "grudada" sob pena de invalidade, em razão da quebra da função do ordenamento jurídico trabalhista. Essa afirmação, que sabemos contrária à maioria da doutrina constitucional, é vital para que o Direito do Trabalho (malgrado as investidas do discurso flexibilizante continue a ser Direito do Trabalho: não perca a sua genética.(SEVERO, p. 143, 2013)

É por isso que não se pode passar despercebida a intenção do legislador em retirar a natureza salarial dos prêmios e das gratificações, pois isso pode chancelar para a classe empresarial a ideia que é possível remunerar no mínimo legal qualquer categoria e propiciar o pagamento restante todo em parcelas de natureza indenizatória, sob a denominação de prêmios e gratificações, que, consequentemente, diminuirão o valor final da aposentadoria e dos auxílios previdenciários, bem como dos depósitos fundiários.

De acordo com a exposição de motivos exposta no parecer do relator da reforma, a CLT como foi pensada em 1943 estaria obsoleta para regular as novas relações de trabalho e traria, inclusive, certa discriminação por normatizar regras aplicáveis somente a quem é empregado, deixando no limbo toda uma massa de trabalhadores informais que também mereceriam amparo. O principal argumento levantado em todo o texto é a necessidade de flexibilização das normas para gerar maior competitividade do país perante outras nações e o estímulo as contratações, em virtude do afrouxamento das regras laborais, o que provocaria a diminuição da informalidade e a ampliação do empreendedorismo.

Na lição de AMADO (2015) o Direito do Trabalho surge "como um direito regulador de uma relação essencialmente conflitual e estruturalmente assimétrica, na qual o trabalhador envolve profundamente a sua pessoa. O Direito do Trabalho afirmou-se como um direito de tutela dos trabalhadores subordinados, como uma ordem normativa de compensação da debilidade fáctica destes, face aos respectivos empregadores, como um direito que, enquanto tal, não confiava nos automatismos do mercado nem na liberdade contratual."

Entretanto, desde o último quartel de século, o Direito do Trabalho vem sendo pressionado por um discurso flexibilizante, sendo posto como ferramenta à serviço da promoção da empregabilidade e do investimento como variável das políticas econômicas, de tal maneira, que a função protetora do trabalho subordinado é posta em cheque, para transmitir a ideia de que a luta não é mais de classes (operariado x burguesia), e, sim, dos *'insiders* (os empregados formalizados) e os *'outsiders'* (os informais).

"Vistas as coisas sob este prisma, a defesa dos interesses dos *outsiders* reclamaria a eliminação dos direitos, ou melhor, dos privilégios dos *insiders*. E o apetite flexibilizador de alguns revela-se, por isso, insaciável – "sempre mais!": sempre mais mobilidade, sempre mais adaptabilidade, sempre mais desregulamentação, tudo em nome das supostas exigências do sacrossanto e omnipotente "Mercado", concebido este como a Grundnorm de toda a ordem jurídica.(AMADO, p. 184, 2015).

Como operadores do direito conscientes desse desiderato, não podemos nos omitir a essas investidas legislativas, devemos prosseguir interpretando normas laborais de acordo com a sua função social, principalmente segundo os fundamentos constitucionais de valorização do trabalho como instrumento de promoção social e não com retrocessos sociais, sob pena de perder a sua essência, seu 'código genético'.

REFERÊNCIAS

AMADO, João Leal, Perspectivas do Direito do Trabalho: um ramo em crise indenitária, Revista do TRT 15, n. 47, 2015

CABANELLAS, compendio de derecho laboral, Omeba, 1968, t.1, p. 605

CATHARINO, José Martins. Tratado *Jurídico do Salário*. Edição fac-similada. 2ª tiragem. São Paulo: LTr, 1994.

CASSAR, Vólia Bonfim, Curso de Direito do Trabalho, Ed. Método, 2015.

DELGADO, Maurício Godinho. *Curso de Direito do Trabalho*. São Paulo: LTr, 2017.

CORREIA, Henrique, Direito do Trabalho, 2 ed, Ed. Juspodivm, 2017.

GARCIA, Gustavo Felipe Barbosa, Curso de Direito do Trabalho, Ed. Método, 2015.

GOMES, Orlando e GOTTSCHALK, Elson, Curso de Direito do Trabalho, 16 ed., Ed. Forense, 2000.

LÓPEZ, Manuel Carlos Palomeque y ROSA, Manuel Álvarez de, DERECHO DEL TRABAJO, Madrid, 2005.

MARQUES DE LIMA, Francisco Metton e Francisco Péricles, Reforma Trabalhista.

MARTINS, Sérgio Pinto. *Direito do Trabalho*. 20. ed. rev., atual. e ampl., São Paulo: Atlas, 2004.

Martinez, Pedro Romano, Direito do Trabalho, Almedina, 2017

NAHAS, Thereza, PEREIRA, Leone e MIZIARA, Raphael, CLT Comparada Urgente, Revistas dos Tribunais, 2017.

NASCIMENTO, Amauri Mascaro Nascimento. *Teoria Jurídica do Salário*. 2ª ed., São Paulo: Ltr, 1997.

_________ *Curso de Direito do Trabalho*. 13ª ed., São Paulo: Saraiva, 1997.

RAMALHO, Maria do Rosário Palma, Tratado De Direito do Trabalho, Parte I – Dogmática Geral, Almedina, 2015.

__________, Tratado De Direito do Trabalho, Parte II – Situações Laborais Individuais, Almedina, 2016.

SILVA, Homero Batista Mateus da, Comentários à Reforma Trabalhista, Revista dos Tribunais, 2017.

SEVERO, Valdete Souto, Proteção: o princípio do Direito do Trabalho, Revista Trabalhista: Direito e Processo, n. 50, LTR, ano 13.

SUSSEKIND, Arnaldo. MARANHÃO, Délio. VIANNA, Segadas, TEIXEIRA, Lima. *Instituições de direito do trabalho*. 20. ed. atual., 1º vol., São Paulo: Ltr, 2002.

PREVALÊNCIA DO NEGOCIADO SOBRE O LEGISLADO EM NORMA COLETIVA

Rogério Renzetti[1]

Sumário: 1. INTRODUÇÃO – 2. A PREVALÊNCIA DO NEGOCIADO SOBRE O LEGISLADO – 3. CONCLUSÃO – 4. REFERÊNCIAS BIBLIOGRÁFICAS

1. INTRODUÇÃO

Não resta dúvida de que o Brasil de 1943 não é o país de 2017. Éramos um país rural, marcado pela maioria populacional do campo. No início do processo de industrialização, vivíamos na ditadura do Estado Novo, quando o governo outorgou a legislação trabalhista, a qual regulamentava basicamente as necessidades de sua época, garantindo os patamares mínimos de dignidade para os trabalhadores.

Hoje vivemos a era da informação rápida, época em que os nossos telefones celulares são microcomputadores e em que os nossos trabalhadores trabalham à distância. As dinâmicas sociais foram sensivelmente alteradas, as formas de se relacionar, produzir e atuar mudaram drasticamente.

Ainda temos uma legislação que diz que a mulher não merece as proteções legais se for empregada do seu marido ou pai, que divide o Brasil em 22 regiões. E mais! Ainda diz que a mulher casada não precisa pedir autorização do marido para ajuizar uma demanda perante a Justiça do Trabalho.

Tenho convicção da necessidade de modernização da nossa Consolidação das Leis do Trabalho (CLT), que sofreu desgastes com o passar do tempo, o que

---

1. Mestrando em Teoria do Direito e do Estado pelo Centro Universitário Eurípides de Marília (UNIVEM-SP); Especialista em Direito e Processo do Trabalho pela Escola de Magistratura da Justiça do Trabalho no Estado do Rio de Janeiro (EMATRA); Gerente Geral na UOL – EdTech (área de atuação B2C). Professor de Direito e Processo do Trabalho em cursos preparatórios para concursos públicos na área jurídica, preparatórios para o Exame de Ordem dos Advogados do Brasil e prática para Advogados na modalidade presencial e online.

demandou uma força tarefa para a sua atualização. Que fique claro! Precisamos modernizar, mas sem abandonar os direitos básicos conquistados pelos trabalhadores, inseridos no artigo 7º da Constituição da República.

Os problemas que enfrentamos em relação à CLT esbarram em outra questão: o Brasil é líder no ajuizamento de reclamações trabalhistas em todo o mundo. De acordo com o Tribunal Superior do Trabalho (TST), só no ano de 2016 as varas do trabalho receberam, na fase de conhecimento, 2.756.259 processos, o que representa um aumento de 4,5% em relação ao ano de 2015.

No tocante ao excesso de demandas que tramitam perante a Justiça Laboral, é inegável que decorrem do descumprimento intencional da lei pelo empresário, mas também pesa a interposição de infinitos recursos, apesar dos esforços empreendidos pelo TST para redução do tempo de tramitação dos processos.

Como resultado do que foi exposto, surgiu o projeto de reforma trabalhista, que resultou na Lei nº 13.467/2017, de 13/07/2017, a qual se encontra em período de *vacatio legis*, para vigorar em 120 (cento e vinte) dias após a sua publicação.

O projeto original da Câmara dos Deputados continha apenas sete artigos. Envolvia trabalho temporário, trabalho em tempo parcial, prestação de serviços a terceiros, representação dos trabalhadores nas empresas e prevalência do negociado sobre o legislado, nos limites lá apresentados. As audiências públicas realizadas versaram sobre esses 7 artigos, durante os meses de tramitação do projeto original.

Parte do projeto original se transformou na Lei nº 13.429/2017, versando apenas sobre trabalho temporário e prestação de serviços a terceiros (objeto da Lei nº 13.429/2017) e um substitutivo a dispositivos daquele projeto, com mais de 100 artigos, que em curtíssimo espaço de tempo obteve aprovação na Câmara dos Deputados. Dali seguiu para o Senado Federal, indo finalmente à sanção presidencial, tendo resultado, na Lei nº 13.467, de 13/07/2017.

A nova lei concentra as alterações em exatamente 117 artigos da CLT, num total de mais de 200 dispositivos modificados, abrangendo o direito material do trabalho e o direito processual do trabalho.

Na parte referente ao direito material, envolve: grupo econômico, contagem do tempo de serviço em caso de acidente do trabalho e serviço militar, o que é ou não computado como tempo à disposição do empregador, sucessão trabalhista, regras de prescrição, inclusive intercorrente, horas in itinere, trabalho em tempo parcial, banco de horas, incidência apenas do adicional de horas extras para as horas diárias não compensadas, se não ultrapassada a duração máxima semanal, não descaracterização de acordo de compensação de jornada pela prestação de horas extras habituais, ajuste de jornada de 12 X 36 por acordo individual, possibilidade de diminuição do intervalo para almoço por acordo ou convenção coletiva, pagamento como extra apenas do tempo suprimido pela concessão apenas parcial do intervalo, regulação do teletrabalho, fruição de férias de três períodos, um deles não inferior a 14 dias e os demais não inferiores a cinco dias corridos cada, regulação dos danos extrapatrimoniais para efeito de reparação de ofensas, fixação de critérios e valores para a condenação em danos morais, regulação das hipóteses de afastamento da mulher em relação ao trabalho insalubre em virtude de gestação e lactação, pejotização, regulação do trabalho intermitente, requisitos para a livre estipulação de condições de trabalho, padrão de vestimenta e responsabilidade pela higienização, parcelas que integram e que não integram o salário, critérios para a equiparação salarial, com vedação de indicação de paradigmas remotos, critérios de promoção de quadro de carreira, com dispensa de homologação e escolha de critérios de merecimento e antiguidade ou de apenas um deles, limitação a 50% do limite máximo dos benefícios do regime geral de previdência em caso de discriminação para efeito de promoção por motivo de sexo ou etnia, além das diferenças salariais, despedimento individual, plúrimo ou coletivo não atrelado a autorização sindical ou norma coletiva, PDI ou PDV importando em quitação plena e irrevogável do contrato de trabalho, salvo estipulação em contrário das partes, fixação do quantum das parcelas rescisórias devidas acordo de extinção do contrato, representação dos trabalhadores nas empresas, extinção da contribuição sindical obrigatória, prevalência da convenção e do acordo coletivo de trabalho sobre a lei, entre outras, nas matérias elencadas no art.611-A, fixação dos direitos mínimos inegociáveis (art.611-B) e prevalência do acordo coletivo sobre as convenções coletivas (art.620).

Na tocante ao direito processual, a novel lei determina a participação obrigatória, como litisconsortes, dos sindicatos em ação anulatória de cláusula de acordo ou convenção coletiva (art.611, §5º), estabelecimento do princípio da intervenção mínima na autonomia da vontade coletiva para limitar a atuação excluir do judiciário trabalhista ao exame dos elementos essenciais do negócio jurídico (art.8º, §3º), mas considerando como objeto ilícito convenção ou acordo sobre direitos mínimos inegociáveis (art.611-B), arbitragem nos conflitos individuais (art.507-A a B), contagem do prazo processual somente em dias úteis (art.775), justiça gratuita condicionada a comprovação de miserabilidade (art.790, §§3º e 4º), proibição de adiantamento de valores para perícias (art.790-B, §3º), responsabilidade da parte sucumbente pelo pagamento dos honorários periciais ainda que beneficiária da justiça gratuita (art. 790-B), honorários recíprocos de sucumbência e sem compensação (art.791-A, caput e §3º), responsabilidade por má fé processual da parte e de testemunha (art.793-A e D), incidente de exceção de incompetência territorial, com suspensão do processo e tramitação especial (art.800), distribuição do ônus da prova conforme CPC (art.818), impossibilidade de desistência da ação após contestação (art.841, §3º), preposto não empregado (art.843, §3º), pagamento das custas em caso de arquivamento, exceto se comprovar ser beneficiário da justiça gratuita (art.844, §2º), obrigação do juiz aceitar a contestação e documentos, em caso de revelia (art.844, §5º), incidente de desconsideração da personalidade jurídica na forma do CPC, exceto quanto ao cabimento de agravo de petição, independentemente de garantia do juízo na fase de execução (art.855-A, §1º, II), homologação de acordo extrajudicial em procedimento de jurisdição voluntária (art.855-B), execução de oficio apenas nos casos de jus postulandi (art.878), utilização da TR para atualização dos créditos trabalhistas (art.879, §7º) e transcendência econômica, social, jurídica e política como condição de admissibilidade do recurso de revista (art.896-A), etc.

2. A PREVALÊNCIA DO NEGOCIADO SOBRE O LEGISLADO

O pilar da intitulada reforma trabalhista é a possibilidade de que a negociação coletiva realizada por entidades representativas de trabalhadores e empregadores prevaleça sobre normas legais, em respeito à autonomia coletiva da vontade.

A proposta foi defendida pelo Legislador sob o argumento de que o dia a dia das negociações mostra que ao longo dos últimos vinte anos, os sindicatos negociaram aumentos salariais e diversas conquistas para classe trabalhadora.

Não resta dúvida de que a negociação coletiva constitui um dos mais importantes métodos de resolução de conflitos coletivos de trabalho. Traduz-se em mecanismo autocompositivo que tem por função principal a criação de normas jurídicas disciplinadoras das condições de trabalho a serem empregadas nas relações laborais desenvolvidas no âmbito da sua esfera de aplicação. Contudo, precisávamos na verdade, fortalecer a estrutura sindical como um todo, fazendo com que as categorias se sintam verdadeiramente representadas.

É importante destacar que o Supremo Tribunal Federal (STF) já possuía dois julgados históricos que reconheciam a prevalência do negociado sobre o legislado: a Suprema Corte deu provimento a um recurso para afastar a condenação de uma empresa ao pagamento das horas in itinere e dos respectivos reflexos salariais. A decisão fez prevalecer acordo coletivo de trabalho, pois a empresa havia firmado acordo com o sindicato para suprimir o pagamento das horas in itinere e, em contrapartida, conceder outras vantagens aos empregados, como cesta básica durante a entressafra; seguro de vida e acidentes além do obrigatório e sem custo para o empregado; abono anual com ganho mensal superior a dois salários-mínimos; salário-família além do limite legal; fornecimento de repositor energético; adoção de tabela progressiva de produção além da prevista na Convenção Coletiva.

No mesmo sentido o Plenário do STF decidiu, na sessão plenária do dia 30/4/2016, que nos planos de dispensa incentivada (PDI) ou voluntária (PDV), é válida a cláusula que dá quitação ampla e irrestrita de todas as parcelas decorrentes do contrato de emprego, desde que este item conste de acordo coletivo de trabalho e dos demais instrumentos assinados pelo empregado. A decisão reformou entendimento do TST, consolidado na Orientação Jurisprudencial 270 da Subseção 1 Especializada em Dissídios Individuais (SDI-1), no sentido de que os direitos trabalhistas são indisponíveis e irrenunciáveis e, assim, a quitação somente libera o empregador das parcelas especificadas no recibo, como prevê o artigo 477, parágrafo 2º, da CLT. O posicionamento foi adotado no julgamento do Recurso Extraordinário (RE) 590415, com repercussão geral reconhecida.

Por outro lado, em 26/09/2016 o TST manteve a invalidade de instrumento coletivo de trabalho que assegurava natureza indenizatória à parcela das horas in itinere. Entendeu a Colenda Corte que as decisões do STF acerca da prevalência dos acordos e convenções coletivas sobre a legislação necessitam ser analisadas pela técnica do distinguishing, isto é, somente serão aplicadas se presentes os mesmos elementos que deram origem à decisão da Suprema Corte.

> ***Matéria afetada ao Tribunal Pleno. Horas in itinere. Norma coletiva. Natureza indenizatória. Exclusão do cômputo da jornada e do cálculo das horas extras. Invalidade.***
>
> *A autonomia privada não é absoluta, de modo que as normas coletivas devem se amoldar ao princípio da dignidade da pessoa humana, não se admitindo a prevalência de cláusulas indiferentes ao bem-estar do trabalhador, à sua saúde e ao pleno desenvolvimento de sua personalidade a pretexto de viabilizar ou favorecer a atividade econômica. De outra sorte, os precedentes do STF, em especial o RE 895759/PE e o RE 590415/SC, não comportam leitura e classificação puramente esquemáticas, sem a minuciosa análise dos fragmentos da realidade factual ou jurídica, razão pela qual há sempre a possibilidade de se suscitar elemento de distinção (distinguishing). Com essas razões de decidir, o Tribunal Pleno, por maioria, conheceu do recurso de embargos, por divergência jurisprudencial e, no mérito, negou-lhe provimento, mantendo, portanto, a decisão turmária que, não vislumbrando violação do art. 7º, VI, XIII e XXVI, da CF, não conheceu do recurso de revista. No caso, o acórdão do Regional condenou a reclamada a integrar as horas in itinere ao conjunto remuneratório do empregado, em razão da ineficácia de cláusula de norma coletiva que estabeleceu a natureza indenizatória das horas de percurso e excluiu seu cômputo da jornada de trabalho e do cálculo das horas extras, além de impedir a repercussão nas demais verbas. Ao afastar a incidência dos precedentes do STF à hipótese, ressaltou o Ministro relator que a Corte Suprema, ao decidir que a quitação de verbas trabalhistas, com eficácia liberatória geral, é possível desde que autorizada por acordo coletivo de trabalho (RE 590415/SC), não tratou sobre a validade de cláusulas normativas que desvirtuam direitos fundamentais, nem se debruçou sobre questões relativas à estrutura sindical. De igual modo, ao dar provimento ao RE 895759/PE para validar cláusula de acordo coletivo que suprimiu as horas in itinere e, em contrapartida, concedeu outras vantagens aos empregados, o Ministro Teori Zavascki destacou a simetria de poder presentes nas relações coletivas de trabalho, situação que não se repete no caso em análise, conforme consignado pelo TRT. Vencidos os Ministros Ives Gandra da Silva Martins Filho, Maria Cristina Irigoyen Peduzzi, Antonio José de Barros Levenhagen e Dora Maria da Costa. TST-E-RR-205900-57.2007.5.09.0325, Tribunal Pleno, rel. Min. Augusto César Leite de Carvalho, 26.9.2016* (Informativo nº 145, TST).

É notório que o legislador "amarrou" a análise dos instrumentos coletivos pelo Poder Judiciário sob o argumento de insegurança jurídica da representação patronal, vez que não tinha certeza se o que fosse negociado seria preservado pela Justiça do Trabalho, ao dispor:

> Art. 8º, § 3º. CLT. No exame de convenção coletiva ou acordo coletivo de trabalho, a Justiça do Trabalho analisará exclusivamente a conformidade dos elementos essenciais do negócio jurídico, respeitado o disposto no art. 104 da Lei no 10.406, de 10 de janeiro de 2002 (Código Civil), e balizará sua atuação pelo princípio da intervenção mínima na autonomia da vontade coletiva.

A Justiça do Trabalho, ao apreciar um acordo ou convenção coletiva, deve restringir sua análise à presença dos elementos essenciais do negócio jurídico (agente capaz, objeto lícito, forma prescrita ou não defesa em lei). Entretanto, há outros vícios que podem tornar nulo o negócio jurídico, como aqueles previstos nos artigos 613 e 614 da CLT, contrariar o artigo 611-B, além da nulidade por afrontar normas constitucionais.

E mais! Quanto ao conteúdo decisório, deve o Judiciário aplicar o princípio da intervenção mínima na autonomia da vontade coletiva. Estamos diante de um ponto flagrantemente inconstitucional da reforma. O artigo 5º da CF traz de forma expressa o princípio da inafastabilidade da jurisdição. O juiz pode e deve apreciar tudo!

Todos os operadores da Justiça do Trabalho têm conhecimento do número substancial de cláusulas normativas que são celebradas ao arrepio da lei e da Constituição, o que leva ao ajuizamento de ações anulatórias pelo Ministério Público do Trabalho.

De acordo com a norma inserta no § 5º do artigo 611-A da CLT, os sindicatos subscritores de convenção coletiva ou de acordo coletivo de trabalho deverão participar como litisconsortes necessários em ação individual ou coletiva que tenha como objeto a anulação de cláusulas desses instrumentos.

Lamentavelmente entendeu o legislador da reforma que, por exemplo, uma cláusula ajustada entre as partes não corre o risco de ser invalidada pelo Poder Judiciário, contribuindo assim para uma maior segurança jurídica nas relações de trabalho.

Enfim, há referência à necessidade de se observar o § 3º do art. 8º da CLT quando da análise do acordo ou convenção; a atuação do Judiciário será pautada pelo princípio da intervenção mínima na autonomia da vontade coletiva.

No entanto, umas das inovações introduzidas pela Lei nº 13.467/2017 foi a inserção do artigo 611-A à CLT, apresentando um rol exemplificativo de temas em relação aos quais haverá a prevalência do negociado sobre o legislado. Ou seja, autoriza-se a prevalência dos acordos e convenções coletivos de trabalho sobre a lei em toda e qualquer matéria, com ressalva daquelas veiculadas no artigo 611-B, o qual reproduz, em sua grande maioria, os direitos sociais previstos no artigo 7º da Constituição da República.

Portanto, a redução, ou mesmo a supressão de direitos trabalhistas em sede de negociação coletiva abre as portas à precarização das relações de trabalho, contrariando a própria finalidade ínsita aos instrumentos negociais coletivos.

Flexibilização trabalhista significa tornar maleável a rigidez dos direitos trabalhistas. Em outras palavras, flexibilizar traduz redução ou supressão de direitos previstos em lei. Os artigos 611-A e 611-B da CLT tratam de flexibilização por meio de acordo coletivo ou convenção coletiva.

O artigo 611-A da CLT trouxe quinze pontos em que o negociado prevalecerá sobre o legislado. Causa arrepio quando o legislador menciona ao término do dispositivo: "... entre outros". Neste exato momento, a redação amplia a possibilidade de negociação de outros direitos.

Merece destaque especial a previsão do art. 611-A, § 3º da CLT: este dispositivo assegura que seja pactuada cláusula de redução salarial ou jornada, por meio de convenção coletiva, ou ainda que o acordo coletivo de trabalho preveja a proteção dos empregados contra dispensa imotivada durante o prazo de vigência do instrumento coletivo.

A redução salarial já era prevista no artigo 7º, VI, CF, via previsão em norma coletiva. Entretanto, a partir de agora, durante o período de redução salarial, os empregados gozam de garantia provisória no emprego. Ou seja, não poderão ser dispensados de forma imotivada.

Objetivando aumentar ainda mais a segurança jurídica do acordado, o legislador acrescentou um novo dispositivo (art. 611-B da CLT) para especificar taxativamente um marco regulatório das matérias que não podem ser objeto de negociação, por serem direitos de indisponibilidade absoluta, preservando-se, o que se convencionou denominar de patamar civilizatório mínimo dos trabalhadores.

Entretanto, há outros direitos que também são considerados indisponíveis ou casos que são considerados como tendo objeto ilícito, e que não constam dos incisos do artigo 611-B, como por exemplo a renúncia da dignidade do trabalhador, dos bens imateriais da personalidade etc.

Destaca ainda o legislador que regras sobre duração do trabalho e intervalos não são consideradas como normas de saúde, higiene e segurança do trabalho.

O desrespeito do poder legiferante aqui chega ao seu limite máximo, em uma completa inversão da lógica de interpretação/aplicação dos direitos fundamentais, ao permitir que muitas normas constitucionais sejam derrogadas por convenção das partes.

Pelo visto, ainda discutiremos e muito a reforma. De tal forma que a Medida Provisória nº 808, de 14 de novembro de 2017 altera alguns pontos da CLT:

1 - Foi ampliado o art. 510-E à CLT que estabelece, com clareza, que a comissão de representantes dos empregados não possui competência para realizar negociações coletivas na defesa dos direitos e interesses coletivos ou individuais da categoria, quer no âmbito administrativo, quer no judicial, consoante o que preconiza o art. 8º, inciso III, da CF, sendo, portanto, obrigatória a participação dos sindicatos nas negociações coletivas, conforme determina o art. 8º, inciso VI, da CF;

2 - A alteração do caput do art. 611-A da CLT representa uma preocupação a menos para os sindicatos, haja vista estabelecer, de maneira inquestionável, que somente eles, e ninguém mais, possui competência para firmar convenção e acordo coletivo, o que se acha escrito de forma in-

delével no art. 8º, incisos III e VI, da CF; mas que eram subliminarmente negados pela redação anterior, deste dispositivo, apresentado pela Lei nº 13.467/2017;

3 – Outra correção estabelecida pela MP é a que faz dos sindicatos litisconsortes passivos necessários (réus) nas ações judiciais que discutam o conteúdo de convenção e acordo coletivo de trabalho. Antes, as ações poderiam ser de natureza individual ou coletiva; a partir de agora, apenas as coletivas. Ótima medida!

3. CONCLUSÃO

A redução de direitos trabalhistas atenta contra o patamar civilizatório das conquistas trabalhistas históricas, contra o caput do art.7º da Constituição Federal. A redução de direitos diminui o custo empresarial, mas não gera emprego. O que gera emprego é crescimento econômico.

O discurso defendido pelo legislador para a plateia, muitas vezes foi pautado na atualização. Novas profissões surgiram e outras desapareceram, e as leis trabalhistas permanecem as mesmas.

Data máxima vênia, se esse foi o intuito do legislador, por que razão não foi atualizado ou revogado o art. 72 da CLT, que fala nos serviços de datilografia?

Não quero deixar a impressão ao leitor que a legislação trabalhista não precisasse de reformas. Precisava sim. E ainda precisa. Mas não essa, aprovada em tempo recorde e sem debates consistentes com os operadores do direito. Enfim, penso que a reforma trabalhista, não surtirá os desejados efeitos quanto ao objetivo anunciado de gerar mais empregos.

Não consigo compreender como a prevalência do negociado sobre o legislado, na forma instituída pela Lei nº 13.467/2017, possa assegurar uma vida mais digna ao trabalhador, tampouco contribuir para o aperfeiçoamento das relações de trabalho.

As alterações são de completa destruição da base normativa que orienta e identifica o Direito do Trabalho. A impressão que se tem é de que a pretensão do atual governo é de que nada sobre; é destruir completa e sistematicamente todos os espaços que o Direito do Trabalho conseguiu conquistar nos últimos dois séculos.

Se o que se quer é promover a valorização da negociação coletiva, antes de se pensar em estabelecer qualquer prevalência do negociado sobre o legislado devem ser adotadas algumas medidas preliminares, como a elaboração de uma legislação que combata efetivamente as práticas antissindicais e a adequação de nossa ordem jurídica ao princípio da liberdade sindical, não só extinguindo o imposto sindical, que sabemos que corre o grande risco de retorno via Medida Provisória, mas também instituindo uma contribuição negocial e eliminando o monopólio de representação sindical.

A reforma juslaboral apresentada deveria assumir o papel de não apenas manter os direitos dos trabalhadores, mas também propiciar o acesso aos direitos trabalhistas daqueles que não possuem nenhum direito, a exemplo do que ocorre com os que trabalham na informalidade, realidade do nosso país.

A hipossuficiência dos trabalhadores não deve ser medida por um diploma de ensino superior e tampouco pelo salário alcançado. Não se pode afirmar que um trabalhador com diploma de graduação em ensino superior e salário acima da média remuneratória da maioria dos trabalhadores não esteja vulnerável ao poderio do empregador. Ele também precisará da proteção do Estado e da tutela sindical para negociar os seus direitos.

Concluo então que a regulamentação sancionada não terá impacto significativo na oferta de empregos e levará o Poder Judiciário indistintamente a fazer diversas interpretações sobre a mesma matéria.

4. REFERÊNCIAS BIBLIOGRÁFICAS

CASSAR, Vólia Bomfim. **Direito do trabalho**, 14ª. ed. Rio de Janeiro, Método, 2017.

CORREIA, Henrique. **Direito do trabalho**, 10ª. ed. Salvador, Bahia: JusPodivm, 2017.

DELGADO, Maurício Godinho. **Curso de direito do trabalho**. 14ª. ed. São Paulo: LTr, 2015.

NASCIMENTO, Amauri Mascaro. **Curso de direito do trabalho - história e teoria geral do direito do trabalho, relações individuais e coletivas do trabalho**. 14ª ed. Ver. São Paulo, Saraiva, 1997.

RENZETTI FILHO, Rogério Nascimento. **Direito do trabalho para concursos**. 3ª. ed. Rev. atual. e ampl. São Paulo: Método, 2016.

PREVALÊNCIA DO NEGOCIADO SOBRE O LEGISLADO NA PERSPECTIVA CONSTITUCIONAL

Ricardo José Macêdo de Britto Pereira[1]

SUMÁRIO: 1. Considerações iniciais – 2. Alterações feitas no âmbito da negociação coletiva – 3. Regime jurídico de proteção ao trabalho na constituição: 3.1. Constitucionalização do direito do trabalho e a centralidade do trabalho na constituição; 3.2. Proteção ao trabalho na constituição de 1988; 3.3. Princípios aplicáveis à negociação coletiva – 4. Análise constitucional dos novos dispositivos sobre negociação coletiva – 5. Referência ao direito do trabalho norte-americano. Desfazendo alguns equívocos – 6. Considerações finais – 7. Referências bibliográficas.

1. CONSIDERAÇÕES INICIAIS

O presente texto aborda o alcance e os limites constitucionais da negociação coletiva, considerando as recentes mudanças no ordenamento jurídico trabalhista.

A Lei 13.467, de 13.07.2017, denominada "Reforma Trabalhista", acrescentou dispositivos na Consolidação das Leis do Trabalho e alterou diversas partes de seu texto e de legislação esparsa, bem como tratou de temas objeto da jurisprudência do Tribunal Superior do Trabalho, confirmando alguns entendimentos, porém superando vários outros[2].

---

1. Subprocurador Geral do Ministério Público do Trabalho. Doutor pela Universidade Complutense de Madri. Professor Titular do Centro Universitário do Distrito Federal, UDF-Brasília, no Mestrado em Direito das Relações Sociais e Trabalhistas e cólider do Grupo de Pesquisa. Mestre pela Universidade de Brasília. Pesquisador colaborador do Programa de Pós-graduação da Faculdade de Direito da Universidade de Brasília. Colíder do Grupo de Pesquisa da Faculdade de Direito da UNB "Trabalho, Constituição e Cidadania". Pesquisador visitante do Instituto de Relações Laborais da Universidade de Cornell (NY). Mastering of Law Unividade de Syracuse (NY). Coordenador da Coordenadoria Nacional de Promoção da Liberdade Sindical do MPT (CONALIS) no período de 2009 a 2012.
2. A Medida Provisória nº 808, de 14 de novembro de 2017, altera em parte a Lei 13.467, de 2017.

Um dos pontos centrais da reforma é a reformulação da negociação coletiva. Pode-se dizer que esta é a tônica do novo conjunto normativo, na medida em que sua ideia inspiradora consistiu na prevalência do negociado sobre o legislado.

A proposta de reforma trabalhista que culminou na Lei 13.467, de 2017, tramitou no momento de maior crise de representatividade vivenciada no Brasil. Ao lado de problemas políticos e econômicos, o Congresso Nacional não reflete a diversidade da sociedade brasileira, muito menos as minorias existentes no país. Apesar de passada como mudança necessária e positiva para a sociedade, não houve participação efetiva dos atores sociais durante a tramitação das propostas. Além do mais, não se cogitou de resolver alguns problemas trabalhistas que são levados cotidianamente aos tribunais, mas que até o momento não mereceram atenção do legislador[3].

Ainda é cedo para fazer prognósticos acerca dos possíveis resultados que a reforma trabalhista produzirá, porém vários de seus dispositivos contribuem para a informalidade, precariedade e exclusão no trabalho. É inquestionável que o âmbito de proteção foi drasticamente reduzido. Diante de tal quadro, os embates no âmbito do Judiciário, em lugar de decrescer, provavelmente aumentarão de forma significativa.

Os defensores da reforma entendem que a redução da carga protetiva será importante para combater o desemprego e incrementar a inclusão no trabalho. No entanto, o resultado anunciado carece de qualquer confirmação. Reformas trabalhistas ocorridas em outros países com o mesmo perfil liberalizante, sobretudo na Europa, e que antecederam a reforma trabalhista brasileira não lograram os benefícios anunciados.[4]

De qualquer forma, apesar de todas as críticas lançadas contra a nova lei pelos defensores do sistema protetivo de relações trabalhistas, a sua aprovação ocorreu e ela será aplicada, já que uma inconstitucionalidade de todo o seu texto não se apresenta viável. O Legislativo detém competência para alterar as leis, o que deve ser considerado como parte do próprio processo democrático, desde obviamente que se respeite a Constituição.

Revisitar os limites constitucionais da negociação coletiva, portanto, passa a ser tarefa fundamental diante da nova lei. Como será visto, alguns dispositivos da nova lei sobre negociação coletiva contrariam frontalmente a Constituição. Outros, embora em desacordo com a tradição do Direito do Trabalho, não violam a Constituição e será inevitável a sua aplicação, ainda que orientados por uma interpretação conforme. Contudo, há algumas novidades que, mesmo não violan-

3. O exemplo que costumo apresentar é o do assédio moral. Apesar de inúmeras ações na Justiça do Trabalho tratarem desse tema, não há garantias legais contra essa prática que devasta o meio ambiente de trabalho gerando elevado índice de adoecimento no trabalho.
4. GUAMÁN HERNÁNDEZ, Adoración y ILLUECA BALLESTER, Héctor. *El huracán neoliberal. Una reforma laboral contra el trabajo.* Madrid, Sequitur, 2012.

do a Constituição, praticamente inviabilizam o funcionamento do sistema, pois se apresentam como meios inadequados para alcançar os fins propostos, o que torna difícil a sua aplicação.

O presente texto será dividido nas seguintes partes: principais alterações da negociação coletiva; regime constitucional de proteção ao trabalho; exame constitucional das novas disposições sobre negociação coletiva. Pretende-se, por fim, fazer breve menção ao Direito do Trabalho norte-americano, cujo desconhecimento leva-se inadvertidamente à conclusão equivocada de que se trata de matriz da nova configuração normativa brasileira.

2. ALTERAÇÕES FEITAS NO ÂMBITO DA NEGOCIAÇÃO COLETIVA

A reforma trabalhista ampliou significativamente o espaço da negociação coletiva. Transferiu-se considerável margem de conteúdo da legislação para o âmbito do negociado coletivamente. Apesar desse protagonismo da negociação coletiva, ocorreu igualmente uma transferência de matérias do âmbito da negociação coletiva para a esfera individual.

Percebe-se, assim, que a reforma não apenas estabeleceu a prevalência do negociado sobre o legislado, mas também a ampliação da autonomia individual, aproximando o ramo trabalhista do direito comum.

Logo de início, o legislador reformista buscou uma espécie de imunidade da negociação coletiva em relação à atuação do Judiciário trabalhista. No artigo 8º da Consolidação das Leis do Trabalho, foi incluído o § 3º prevendo que a Justiça do Trabalho ao examinar convenção coletiva ou acordo coletivo ficará restrita aos "elementos essenciais do negócio jurídico", conforme os ditames do Código Civil, "e balizará sua atuação pelo princípio da intervenção mínima na autonomia da vontade coletiva".

No artigo 59 e 59-A, deslocaram-se matérias do campo da negociação coletiva para a autonomia individual da vontade, como no caso do banco de horas em que a compensação ocorra no período de até seis meses (art. 59, § 5º) e no do horário de doze de trabalho por trinta e seis de descanso (art. 59-A)[5].

O artigo 477-A da Consolidação das Leis do Trabalho equipara as dispensas imotivadas individuais, plúrimas ou coletivas e afasta a autorização pelo sindicato ou da previsão em convenções ou acordos coletivos de trabalho.

Foi conferida nova redação aos artigos 545, 578, 579, 582, 583, 587 e 602 da Consolidação das Leis do Trabalho, para modificar a natureza da contribuição sindical, retirando o seu caráter obrigatório. Como será examinado, a alteração produz impacto na negociação coletiva.

5. A Medida Provisória nº 808, de 14/12/2017, condiciona referida escala à convenção ou acordo coletivo, porém, discriminatoriamente, admite que acordo individual escrito estipule esse horário para os trabalhadores do setor de saúde (art. 59-A, § 2º).

Mais diretamente em relação às convenções e aos acordos coletivos de trabalho foi introduzido o artigo 611-A prevendo a prevalência do negociado sobre o legislado nas seguintes matérias: jornada de trabalho, observado o limite constitucional; banco de horas anual; intervalo intrajornada; adesão ao Programa de Seguro Emprego; plano de cargos, salários e funções; regulamento empresarial; representação dos trabalhadores no local de trabalho; teletrabalho, sobreaviso e trabalho intermitente; remuneração por produtividade, incluídas as gorjetas; registro da jornada de trabalho; troca do dia de feriado; grau de insalubridade; prorrogação da jornada em ambientes insalubres; prêmios e participações nos lucros e resultados.

O artigo 611-A da CLT contém cinco parágrafos estabelecendo que a ausência de contrapartida expressa não invalida a convenção ou o acordo coletivo; que a redução do salário por instrumento coletivo deve ser acompanhada da garantia de emprego; de que a ação anulatória alcançará a cláusula anulada e a cláusula compensatória; e a participação dos sindicatos subscritores como litisconsortes necessários nas ações anulatórias de cláusulas de convenções ou acordos coletivos, vedando a apreciação por ação individual. Esses dois últimos pontos contradizem a previsão do § 3º do artigo 8º já citado, restringindo o exame pela Justiça do Trabalho dos aspectos formais das convenções e acordos coletivos ao mencionar a ação anulatória de cláusulas desses instrumentos normativos.

O artigo 611-B da CLT prevê as matérias que não poderão ser suprimidas ou reduzidas por convenção ou acordo coletivo: carteira de trabalho; seguro desemprego; FGTS; salário mínimo; décimo terceiro salário; remuneração do trabalho noturno superior a do diurno; proteção do salário; salário família; repouso semanal remunerado; horas extraordinárias com no mínimo 50% da hora normal; número de dias de férias; férias com um terço da remuneração; licença maternidade de cento e vinte dias; licença paternidade nos termos da lei; proteção ao mercado de trabalho da mulher; aviso prévio proporcional de no mínimo trinta dias; normas de saúde, higiene e segurança no trabalho; remuneração para atividade penosas, insalubres e perigosas; aposentadoria; seguro contra acidente de trabalho; prazo de prescrição; proibição de discriminação do trabalhador com deficiência; proibição de trabalho noturno, perigoso ou insalubre aos menores de dezoito anos e de qualquer trabalho aos menores de dezesseis anos, salvo na condição de aprendiz a partir dos quatorze; medidas legais de proteção da criança e adolescente; liberdade de associação sindical e de não ter descontado do salário qualquer parcela em convenção ou acordo coletivo sem anuência do trabalhador; direito de greve e definição das atividades essenciais; tributos e outros créditos de terceiros; e, por fim, disposição sobre o trabalho da mulher e proteção à maternidade.

O parágrafo único do mencionado artigo exclui as regras sobre duração e intervalos das normas de saúde, higiene e segurança para os fins ali previstos.

O § 3º do artigo 614 da CLT confirma o prazo máximo de dois anos para os acordos e convenções coletivas e veda a ultratividade desses instrumentos normativos.

O artigo 620 da CLT, por fim, prevê a prevalência das condições previstas em acordo coletivo em relação as de convenção coletiva.

3. REGIME JURÍDICO DE PROTEÇÃO AO TRABALHO NA CONSTITUIÇÃO

3.1. Constitucionalização do Direito do Trabalho e a centralidade do trabalho na Constituição.

É inquestionável que a Constituição passou a ocupar espaços antes reservados aos diversos ramos do direito. Com o Direito do Trabalho não foi diferente. O fenômeno da constitucionalização do Direito do Trabalho surgiu no século XX e alcança o presente momento como referência paradigmática do estudo e desenvolvimento desse ramo do direito.

A convergência entre Direito Constitucional e Direito do Trabalho, que reforça as bases para a emancipação do ser humano mediante garantias inclusivas, não comporta abordagem apenas na dogmática trabalhista, devendo abranger igualmente a dogmática constitucional. Não se apresenta adequado pensar na superioridade constitucional para consagrar sua autoridade na determinação dos diversos ramos do direito, mas não permitir os influxos desses ramos nos estudos voltados para a interpretação e aplicação das disposições constitucionais.

A constituição, como ordenação de sociedades plurais, livres e igualitárias, pressupõe a supressão de situações de dominação e opressão. Busca-se a eliminação das discrepâncias que facilitam a instrumentalização de seres humanos, destituindo-os de dignidade, para a satisfação de interesses alheios.

As experiências que antecederam o Estado constitucional basearam-se na naturalização da desigualdade, ou seja, no princípio de que os homens eram desiguais por natureza e nada poderia ser feito para desfazer as relações de dominação e subordinação. A estabilidade dessas relações não dependia de formalização expressa. O poder decorria da própria natureza e por tal motivo não necessitava ser constituído. O Estado constitucional, ao contrário, pressupõe a igualdade entre os homens. Sua história é a realização, com maior ou menor amplitude, do princípio da igualdade e, para cumprir esse desiderato, o poder político é constituído[6].

Para tanto, identifica-se que a centralidade do trabalho é elemento propulsor da realização dos valores e da efetivação dos direitos constitucionais. Percebe-se, contudo, a carência de iniciativas no intuito de interpretar e reforçar a efetividade das normas constitucionais, levando-se em conta a importância do valor constitucional do trabalho. Essa atitude freia os processos de efetivação dos direitos fundamentais e incremento da participação popular na condução dos interesses gerais.

---

6. PEREZ-ROYO, Javier. *Curso de Derecho Constitucional*, Madrid, Marcial Pons, 2007, p. 87.

Essa grande transformação no modo de compreender e aplicar as disposições trabalhistas de acordo com a perspectiva constitucional vem sendo incorporada na teoria e prática voltadas para a área trabalhista. Os grandes debates do Direito do Trabalho, como reforma da legislação sindical e trabalhista e flexibilização das normas trabalhistas, passam necessariamente a considerar os princípios e as regras constitucionais. Na doutrina trabalhista, aumentam significativamente as obras que abordam as questões do mundo do trabalho com ênfase no Direito Constitucional. Na jurisprudência, são inúmeros os conflitos trabalhistas solucionados a partir de normas constitucionais, inclusive aqueles que, por muito tempo, foram objeto de aplicação isolada do ordenamento infraconstitucional.

A consagração do trabalho como valor central na Constituição estabelece um rumo no complexo debate travado no âmbito da teoria social, acerca da centralidade do trabalho na sociedade[7].

Sem dúvida alguma, o trabalho possui papel inquestionável na integração de seres humanos e como indutor de transformações sociais. Por algum tempo, acreditou-se que o trabalho levaria à ruptura das estruturas de relações de poder do sistema capitalista, deixando de ser subordinado ao capital, para a implantação de um modelo de sociedade em que o trabalho seria auto-organizado.

O desencanto de alguns teóricos contemporâneos em relação a mudanças tão profundas levou ao questionamento da centralidade do trabalho na sociedade. De fato, uma situação de completa emancipação do trabalho em relação ao capital, ao ponto de eliminar o trabalho subordinado, parece ter deixado de ser incluída mesmo nas projeções mais comprometidas com a defesa dos trabalhadores[8].

A perda do referencial de um modelo baseado no trabalho autônomo não comprometeu o valor social do trabalho na sociedade, considerando que o trabalho preserva a sua centralidade na vida das pessoas e da sociedade no sistema capitalista[9]. O trabalho dependente perdeu o caráter de vilão contra a emancipação dos trabalhadores e passou a ser, ao contrário, perseguido como modalidade de trabalho que melhor se ajusta ao desencadeamento dos mecanismos protetivos de caráter social que operam no marco de um sistema livre de produção.

Em outras palavras, o trabalho socialmente valioso e a sua adequada proteção social deixaram de ser ideais vinculados à superação do capitalismo, passando a integrar as bases civilizatórias de quaisquer sociedades.

A conciliação entre capital e trabalho foi possível mediante uma fórmula notável, por meio da qual se assegura a possibilidade de o empregador perseguir a

7. O tema é tratado em todos os seus contornos em ANTUNES, Ricardo. *Os sentidos do trabalho.* São Paulo, Boitempo Editorial, 2007, p. 135 e seg.

8. HABERMAS, Jürgen. A nova intransparência. A crise do estado de bem-estar social e o esgotamento das energias utópicas. *Revista Novos Estudos - CEBRAP,* n. 18, setembro de 1987, p. 103-114.

9. HONNETH, Axel. Trabalho e reconhecimento: tentativa de uma redefinição. *Civitas. Revista de Ciências Sociais.* v. 8, n. 1, 2008, 46-67.

lucratividade de sua atividade, bem como a de se apropriar desse resultado. Por outro lado, a liberdade do trabalho é garantida com a observância de um patamar mínimo, que deve ser rigorosamente observado pelas partes, e da organização e ação sindicais para a defesa de interesses comuns.

O trabalho dependente foi assimilado pelo ordenamento jurídico, na qualidade de subordinação jurídica, como elemento necessário para a configuração da relação de emprego, espécie de relação de trabalho a qual é destinada a maior carga de proteção jurídica. A subordinação é a contrapartida de poderes reconhecidos pelo ordenamento jurídico aos empregadores voltados à organização e ao controle da atividade empresarial, justamente para perseguir o resultado lucrativo em seu empreendimento. Como é possível observar, toda essa construção é própria do sistema capitalista, que assegura o valor social do trabalho, por um lado, e o valor social da livre iniciativa por outro. A subordinação jurídica não recai sobre a pessoa do trabalhador, que preserva suas faculdades de sujeito de direito, mas sobre sua atividade.

A otimização da inclusão social por meio do trabalho impõe interpretação no sentido de conferir maior abrangência ao conceito de subordinação, para evitar que trabalhadores sejam excluídos do sistema de proteção social empregatício. Nas demais modalidades de prestação de serviços em que não é possível reunir os elementos fáticos-jurídicos da relação empregatícia, a carga protetiva dispensada ao trabalho pode se dar pela via da organização e ação coletivas, asseguradas a qualquer trabalhador, bem como por um conjunto de normas extraídas da Constituição e da legislação, como as de saúde, higiene e segurança no trabalho.

Observa-se que apenas no contexto do trabalho protegido é que a Constituição pode chegar ao modelo de sociedade nela estabelecido. A previsão de patamares mínimos de condições de trabalho impulsionou consideráveis avanços para a consolidação de um modelo protetivo de relações de trabalho., que é fundamental para a elevação do padrão geral de cidadania.

Todo esse arcabouço teórico estruturante não subsiste isolado. O processo de constitucionalização do direito e, em particular, do Direito do Trabalho condiciona-se à convicção dos intérpretes constitucionais acerca do modelo consagrado, assim como da disposição desses intérpretes em fazer avançar a incidência das normas constitucionais no ramo especializado. Esse processo, portanto, não é inexorável e a depender dos intérpretes constitucionais ele pode não apenas estagnar como também retroceder.

Isso significa que no curso do processo de releitura e ressignificação do ordenamento infraconstitucional e da própria constituição para se adaptar ao seu tempo, experimentam-se momentos de constitucionalização do direito, mas também de desconstitucionalização, intercalados por períodos de estagnação.

O processo de desconstitucionalização do Direito do Trabalho apresenta-se de alto risco para a sociedade brasileira, com consequências totalmente imprevisíveis, cujo proveito para poucos só pode ocorrer por curto prazo e a um elevado custo.

Na atualidade, o modelo constitucionalmente consagrado sofre resistências para o seu desenvolvimento, com tendências de reversão do que foi construído ao longo do tempo. Condições degradantes e precárias de trabalho são recriadas a todo o momento, em franco ataque às normas constitucionais. A ausência de inovação ou a reversão normativas podem provocar sérios danos não apenas às vítimas diretas, mas aos trabalhadores em geral e a sociedade como um todo.

3.2. Proteção ao trabalho na Constituição de 1988

A previsão do valor social do trabalho e da dignidade da pessoa humana é estruturante na Constituição e, portanto, modela o estado e a sociedade brasileira. No aspecto dogmático, a referência ao trabalho é conceitual, de modo que se insiste no ponto de que uma teoria da Constituição brasileira de 1988 que não leve em conta a centralidade do trabalho no ordenamento jurídico brasileiro apresenta-se deficitária.

A proteção ao trabalho em toda a sua dimensão decorre da exigência de respeito à dignidade da pessoa humana[10]. A partir dela, estabelecem-se as condições para a efetivação dos direitos fundamentais nas relações de trabalho, convertendo os locais onde as atividades eram exercidas com observância de uma lógica de absoluta supremacia do poderio empresarial em espaços democráticos de exercício da cidadania. Dessa forma, eliminam-se potenciais âmbitos de exploração e exclusão em razão do trabalho. Além disso, a ideia de trabalho digno não almeja a eliminação do trabalho subordinado. O que se rechaça é o trabalho desregulado que converte o trabalhador em mercadoria e instrumento de exploração alheia.

O texto constitucional, logo em seu artigo introdutório, consagra os valores sociais do trabalho e da livre iniciativa (art. 1º, IV, CF). O trabalho socialmente protegido figura ao lado da liberdade reconhecida para os empreendedores, que é direcionada ao cumprimento de sua função social, assim como se verifica em relação ao direito de propriedade e sua função social (art. 5º, XXII e XXIII, CF).

Para realizar os valores fundamentais, a Constituição brasileira de 1988 estabeleceu um modelo de relações de trabalho, por meio do qual cabe ao empregador dirigir e controlar a sua empresa, incluindo-se o comando da atividade prestada pelos empregados por ele contratados. Além dos direitos enumerados no artigo 7º da Constituição, aplicam-se outros que visem à melhoria da condição social dos trabalhadores urbanos e rurais.

Esse dispositivo merece todo o destaque. A previsão expressa na Constituição de direitos buscando a melhoria da condição social do trabalhador resulta do reconhecimento constitucional de uma posição de desvantagem dos trabalhadores

10. Para uma abordagem mais aprofundada da noção de dignidade RAO, Neomi, Three Concepts of Dignity in Constitutional Law (May 11, 2011). Notre Dame Law Review, Vol. 86, No. 1, pp. 183-271, 2011; George Mason Law & Economics Research Paper No. 11-20. Available at SSRN: https://ssrn.com/abstract=1838597.

urbanos e rurais em comparação com a outra parte da relação jurídica. Os direitos ali previstos constituem um mínimo e devem ser progressivamente elevados para se alcançar o equilíbrio da relação. De um lado o sujeito empregado que se apresenta individual e sem capacidade de negociação efetiva para defender seus interesses, e, de outro, o sujeito coletivo empregador, que além de impor seus interesses na determinação das condições de trabalho, possui enorme poder de controle sobre o que se encontra no seu círculo de ação[11].

A melhoria das condições sociais dos trabalhadores urbanos e rurais somente é possível num regime de indisponibilidade dos direitos. Se todos os direitos trabalhistas fossem disponíveis ou transacionáveis, a condição social dos trabalhadores seria aspecto totalmente irrelevante para o constituinte originário. A melhoria das condições sociais se contrapõe à indiferença e ao relativismo, no sentido de que tanto faz a melhora ou piora das condições de trabalho.

Sendo assim, extraem-se do texto constitucional limites à disposição dos direitos trabalhistas tanto pela via da negociação coletiva quanto pela individual.

Elemento integrante do modelo de relações de trabalho adotado na Constituição de 1988 é a consideração do trabalhador na sua subjetividade e intersubjetividade, ou seja, como sujeito de direitos, cuja identidade é moldada, sobretudo, em função do trabalho que realiza e das relações que em razão dele estabelece. A finalidade do ramo especializado sempre foi a de que o empregado detivesse a condição de sujeito e não objeto de direito, como ocorreu anteriormente em boa parte da história da prestação de trabalho na humanidade.

No aspecto normativo, a Constituição consagrou, no âmbito do princípio de proteção, o princípio da norma mais favorável. Pelo princípio protetor, o trabalho é algo distinto de uma mercadoria e o trabalhador um ser humano e não uma ferramenta. Está diretamente vinculado à dignidade do trabalhador. O princípio opera criando desigualdades a seu favor para compensar o desequilíbrio na relação de trabalho, protegendo o trabalhador contra imposições patronais abusivas.

O princípio de proteção no trabalho consagrado no texto constitucional orienta a interpretação de todos os direitos trabalhistas, no plano individual ou coletivo. Ele não é desconsiderado no Direito Coletivo do Trabalho em razão da equivalência das partes contratantes, como sujeitos coletivos. A proteção constitucional dirige-se às condições de trabalho e sociais, ou seja, de caráter objetivo, como espécie de cláusula de irreversibilidade ou de vedação de retrocesso.

Tome-se, como exemplo, o inciso VI do artigo 7º, da Constituição, que *assegura a irredutibilidade do salário, salvo o disposto em convenção ou acordo coletivo de trabalho.* Não é possível extrair de referido texto autorização aos sindicatos para reduzir salários, de forma discricionária. A regra é a irredutibilidade do salário, que se insere dentro do princípio de proteção. Para que a exceção prevaleça e produza efeitos válidos faz-se necessária a observância do princípio. A redução

11. DELGADO, Maurício Godinho. *Direito coletivo do trabalho.* 2ª. ed., São Paulo, LTr, 2003, p. 39.

do salário, como medida drástica que afeta condição fundamental de trabalho, só se justifica se a empresa passa realmente por situação econômico-financeira grave, comprovada mediante informações fornecidas ao sindicato profissional. Constatada a necessidade da providência, verifica-se sua idoneidade e adequação, no sentido de certificar que outras medidas mais amenas, como flexibilização de jornada, suspensão dos contratos de trabalho para capacitação dos trabalhadores, não serão suficientes para resolver os problemas da empresa. Além disso, deve-se exigir algo em contrapartida. Se os trabalhadores vão contribuir para o empresário superar momento de crise, por lapso temporal determinado, nada mais razoável do que resguardar os empregos por um período. Por todas essas razões é que a medida mais danosa aos trabalhadores, que é a dispensa coletiva, só poderia ser considerada válida mediante convenção ou acordo coletivo de trabalho. O direito (irredutibilidade dos salários) deve ser garantido em toda sua amplitude e o sacrifício ali previsto (redução) deve consistir em medida excepcional, mediante vantagem compensatória.

O regime dos direitos trabalhistas é definido considerando-se a centralidade do trabalho digno na Constituição e o princípio de proteção daí decorrente. Esse regime se baseia no caráter fundamental de todos os direitos sociais que integram o Título II da Constituição, da aplicação direta e imediata desses direitos, da progressividade e proibição de retrocesso e da proteção máxima conferida pelo ordenamento jurídico.

As investidas para a desconstitucionalização dos direitos sociais dos trabalhadores se baseiam numa possível disponibilidade de alguns direitos incluídos no texto constitucional, o que retiraria a seu caráter fundamental. Interpretações nesse sentido desprezam a centralidade do trabalho digno no ordenamento constitucional e os alicerces que o estruturam.

Após a promulgação da Constituição de 1988, o tema da flexibilização do Direito do Trabalho foi retomado, lastreado na previsão constitucional de alteração de direitos estabelecidos, mediante convenção e acordos coletivos de trabalho. São quatro os dispositivos relacionados com essa discussão: os incisos VI, XIII, XIV e XXVI do artigo 7º da Constituição, que tratam respectivamente da "irredutibilidade do salário, salvo o disposto em convenção ou acordo coletivo", duração normal do trabalho, facultando "a compensação de horários e a redução da jornada, mediante acordo ou convenção coletiva de trabalho"; "jornada de seis horas para o trabalho realizado em turnos ininterruptos de revezamento, salvo negociação coletiva"; e o "reconhecimento das convenções e acordos coletivos de trabalho".

Tais dispositivos figuram como cláusulas de abertura para que, por meio de negociação coletiva livre e de boa fé, seja possível adequar norma e realidade. O conjunto normativo constitucional estabelece nítido compromisso com um modelo de trabalho socialmente protegido e consagra a indisponibilidade dos direitos, justamente para lograr a melhoria da condição social dos trabalhadores.

Convém destacar que a difundida flexibilização dos direitos trabalhistas extrapola a questão do alcance e limites dos instrumentos coletivos em relação aos direitos assegurados pelo ordenamento jurídico. Ela também resulta da interpretação realizada pelos tribunais. Há uma perceptível cisão entre uma jurisprudência mais tradicional, de cunho patrimonialista, que resulta da leitura dos dispositivos constitucionais a partir da Consolidação das Leis do Trabalho, e outra, de caráter humanista, que relê os mesmos dispositivos com suporte em princípios e valores consagrados na Constituição.

Os avanços sociais apenas são possíveis no contexto do trabalho regulado e protegido. Na ausência de condições adversas ou justificativas plausíveis momentâneas, a paralisia ou o retrocesso são inconstitucionais. Repita-se, a Constituição não é indiferente à situação dos trabalhadores, de modo que não é razoável a interpretação que nega valor jurídico ao *caput* de seu artigo 7º, que impõe a melhoria da condição social dos trabalhadores. O referido *caput* é reforçado pelo disposto no § 2º do artigo 114 da Constituição, que prevê limites de reversão pelo poder normativo ante a lei, acordos e convenções coletivas de trabalho, como instrumento também para a melhoria das condições sociais de trabalho.

3.3. Princípios aplicáveis à negociação coletiva

Da análise dos artigos 7º, XXVI e 8º, VI, da Constituição, pode-se defender a titularidade coletiva da negociação coletiva. A obrigatoriedade de participação do sindicato na negociação coletiva refere-se aos trabalhadores, não incluindo os empregadores. É a interpretação que se extrai da Constituição, uma vez conjugados os citados artigos 8º, VI, e 7º, XXVI, este reconhecendo as convenções e os acordos coletivos de trabalho. O acordo coletivo é feito diretamente pelo empresário, sem a presença da entidade de classe. Como mencionado, para o direito coletivo do trabalho os empregadores, ainda que se apresentem isoladamente, são considerados sujeitos coletivos, não em razão de sua constituição e enquadramento jurídicos propriamente ditos, mas do impacto gerado por seus atos e decisões na sociedade.

A titularidade coletiva das convenções e dos acordos coletivos é relevante também na determinação da supremacia desses instrumentos normativos em relação aos contratos individuais de trabalho. Fossem os titulares os trabalhadores considerados individualmente tais cláusulas estariam à disposição deles, podendo ser afastadas se assim o entendessem. A defesa de uma titularidade individualizada neutralizaria o intuito do Direito do Trabalho de reduzir o campo da autonomia individual da vontade na determinação nas condições de trabalho.

A obrigatoriedade da participação do sindicato nas negociações coletivas de trabalho tem especial importância. Sua referência no mesmo dispositivo do direito fundamental de liberdade sindical implica não só um vínculo entre esses direitos, mas também que a negociação coletiva, na configuração constitucional, está compreendida no direito de liberdade sindical.

As disposições que fazem menção aos acordos e convenções coletivas, especialmente os incisos VI e XIII do artigo 7º, atribuem uma eficácia normativa a ambos instrumentos, na medida em que em tais casos produzem consequências jurídicas, independentemente de qualquer providência complementar do legislador. A eles se soma o inciso XXVI do mesmo artigo, que reconhece os acordos e as convenções coletivas de trabalho. Ou seja, traslada-se para a Constituição a eficácia normativa desses instrumentos coletivos para, como norma jurídica, primar sobre a autonomia privada dos contratantes.

A compreensão dos dispositivos constitucionais é fundamental para a determinação do alcance da negociação coletiva prevista na Constituição. Além da previsão do direito de negociação coletiva propriamente dito, afigura-se o direito dos trabalhadores de ter suas relações de trabalho disciplinadas por esses instrumentos coletivos nos atos que tenham impacto na coletividade. Também se pode extrair do artigo 7º, XXVI, garantias para que os acordos e convenções possam ser alcançados e cumpridos. Neste aspecto, a negociação coletiva como liberdade prevista no artigo 8º já assegura tal possibilidade, uma vez que está implícito em seu conteúdo o dever de negociar de boa-fé. Por outro lado, a dimensão institucional do direito de negociação coletiva do artigo 7º, XXVI, impõe ao legislador a preservação de um sistema que, em todo caso, garanta a eficácia normativa das convenções e acordos coletivos.

Ou seja, o conteúdo do artigo 7º, XXVI, assegura o direito de que os acordos e convenções coletivas prevaleçam em relação às disposições dos contratos individuais de trabalho. Como regra geral, isso se verifica quando as disposições dos instrumentos coletivos são mais benéficas.

A questão é se a Constituição providencia a inclusão das convenções e acordos coletivos no sistema de fontes trabalhistas, definindo, em seu texto, a hierarquia desses instrumentos normativos, especialmente no que se refere às leis ou aos diplomas normativos a elas equiparados.

A inserção das convenções e acordos coletivos no sistema de fontes não está definida na Constituição. Não há no texto constitucional uma preferência pela fonte negociada em detrimento da legal ou vice-versa. O que há na Constituição é a previsão de reservas para uma ou outra fonte dependendo da matéria, mas não uma posição hierárquica no plano geral. Evidentemente que pela cláusula da irreversibilidade dos direitos sociais dos trabalhadores, extraída do caput do artigo 7º. da Constituição, prevalece o conjunto normativo mais benéfico.

Em suma, a liberdade sindical prevista na Constituição engloba um genérico direito de negociação coletiva, mas que diversos de seus aspectos não dizem respeito diretamente ao conteúdo constitucional. O legislador possui margem para a configuração de sistemas de negociação coletiva, sem alterar o modelo protetivo previsto constitucionalmente.

Integra os princípios sobre negociação coletiva a Convenção n. 98 da Organização Internacional do Trabalho, ratificada pelo Brasil[12], que é integrante da Declaração de Princípios e Direitos Fundamentais do Trabalho de 1998.

12. Decreto-Legislativo nº. 49, de 27.08.1952, D.C.N. de 28.08.1952, p. 8607.

O Comitê de Liberdade Sindical considera o direito de livre negociação das condições de trabalho com os empregadores "um elemento essencial da liberdade sindical". Nas atividades preparatórias para a aprovação da Convenção 87, houve o registro dos fins relevantes mediante a garantia da liberdade sindical, entre os quais se encontrava a possibilidade de as organizações criadas sem a intervenção dos poderes públicos "determinar, por meio de convenções coletivas levadas a cabo livremente, os salários e outras condições de trabalho".[13] Para a OIT, o "direito de organização é essencial para a representação coletiva dos interesses, e o exercício do direito de negociação coletiva é a chave para que essa representação converta-se em realidade".[14]

São pelo menos três os pilares que orientam esse direito genérico de negociação coletiva, segundo os instrumentos da OIT. O primeiro deles é a negociação livre e voluntária, que expressamente consta do artigo 4º da Convenção 98. De acordo com esse princípio, qualquer medida governamental destinada a forçar as organizações à negociação coletiva ou a imposição de alcançar um acordo é com ele incompatível. O segundo é a liberdade para decidir o nível da negociação, de maneira que se uma legislação prevê limitação neste aspecto viola a liberdade dos interessados de decidir o mais conveniente para eles. Por último, o princípio da boa-fé, que se traduz na exigência de que as partes negociadoras assumam a postura de estabelecer uma negociação autêntica, com o propósito de chegar a um acordo ou, quando isso não seja possível, que se evidenciem os esforços para a obtenção daquele resultado. Uma vez realizado o acordo, deve ser cumprido e aplicado nos termos pactuados.[15]

Percebe-se, portanto, que há limites constitucionais e internacionais impostos ao alcance da negociação coletiva e o exame de seu conteúdo é de fundamental importância para verificar o cumprimento desses princípios.

4. ANÁLISE CONSTITUCIONAL DOS NOVOS DISPOSITIVOS SOBRE NEGOCIAÇÃO COLETIVA

O primeiro tópico que exige atenção é o § 3º do artigo 8º da CLT, segundo o qual o controle do Judiciário Trabalhista se limitaria ao aspecto formal dos instrumentos coletivos. Além de problemática a previsão no aspecto constitucional ele se contradiz em relação a outros dispositivos introduzidos pela reforma.

13. Cfr. *La libertad sindical. Recopilación de decisiones y principios del Comité de Libertad Sindical del Consejo de Administración de la OIT.* 5ª. Ed., Ginebra, Oficina Internacional do Trabalho, 2006., pp. 171 e 174, verbetes. 782 e 799.

14. Cfr. *Su voz en el trabajo. Informe del director general. Informe global con arreglo al seguimiento de la Declaración de la OIT relativa a los principios y derechos fundamentales en el trabajo.* Conferencia Internacional del Trabajo. 88ª Reunión, Informe I (B) Ginebra, Oficina Internacional del Trabajo, 2000, p. 37.

15. GERNIGON, Bernard; ODERO, Alberto e GUIDO, Horacio. "Principios de la OIT sobre la negociación colectiva. *Revista Internacional del Trabajo.* Vol 119, n. 1, 2000, pp. 44/7.

A vedação de exame pelo Judiciário do conteúdo inviabilizaria a melhoria da condição social dos trabalhadores. A Lei Complementar 75/93 prevê expressamente a atribuição do Ministério Público do Trabalho de ajuizar ações para anulação de cláusulas de contratos, convenções e acordos coletivos. Lei ordinária não é capaz de interferir na atribuição da Institucional como fiscal do ordenamento jurídico. A nova previsão trabalhista que estabelece uma espécie de escudo para a negociação coletiva não passa no teste de constitucionalidade.

Outro ponto que afronta a Constituição é a equiparação da dispensa imotivada individual com a plúrima e coletiva. Como já mencionado, a Constituição ao reconhecer as convenções e acordos coletivos, não apenas consagra esses institutos jurídicos, elevando para o plano constitucional suas garantias e seus efeitos jurídicos, assim como estabelece o direito subjetivo dos trabalhadores de terem as situações que afetam a coletividade disciplinadas por negociação coletiva em lugar da decisão individual.

Não faz sentido exigir a negociação coletiva para a redução salarial, que no plano lógico antecede a despedida coletiva, e dispensar o instrumento coletivo para a última que é a medida mais drástica.

A proteção contra a despedida arbitrária ou sem justa causa deve ser disciplinada por lei complementar. O dispositivo mencionado, além de desproteger os trabalhadores contra a despedida sem justa causa, foi incorporado na CLT por lei ordinária.

Note-se que o legislador brasileiro desconsiderou a tendência internacional de se estabelecer limites à dispensa coletiva e que estabelecem medidas severas de acompanhamento em razão dos impactos que ela causa em toda a comunidade. Desconsiderou igualmente que a matéria se encontra pendente no Supremo Tribunal Federal, tanto em relação à repercussão geral do caso EMBRAER[16], quanto ao da denúncia da Convenção n. 158 da OIT.[17]

No tocante à contribuição sindical, que passa a ser facultativa, a Lei 13.467, de 2017, ao conferir nova redação aos artigos 545, 578, 579, 582, 583, 587 e 602 da Consolidação das Leis do Trabalho, para modificar a natureza da contribuição sindical, retirando o seu caráter obrigatório, não violou a Constituição. O texto constitucional não prevê a obrigatoriedade dessa contribuição ou sua natureza tributária.

Questão distinta diz respeito a conveniência e oportunidade da alteração legislativa de forma isolada, estabelecendo o fim da contribuição obrigatória, sem nada tratar acerca da representatividade dos sindicatos. Não há dúvida de que a contribuição sindical voluntária é a que se mostra compatível com os princípios contidos nas convenções da Organização Internacional do Trabalho. Porém, a supressão abrupta da contribuição obrigatória sem a previsão de uma forma de financiamento alternativa para a atuação sindical ou de uma gradação para os

16. STF – RE 999435.
17. STF – ADI 1625.

ajustes necessários mostra-se como medida que apenas diminui a capacidade financeira das entidades, comprometendo ainda mais sua atuação.

A alteração produz enorme impacto no âmbito da negociação coletiva. A contribuição sindical compulsória era o elemento de direito público que vinculava o sindicato e o trabalhador não filiado. Com o seu fim, adquirindo essa contribuição o caráter voluntário, não é suficiente a Constituição fazer menção à categoria. Eliminou-se o único vínculo jurídico que existia entre eles. Com efeito, o sindicato não possui legitimidade para interferir nas condições de trabalho dos empregados não filiados. A contribuição negocial que poderia ser uma forma de se estabelecer essa vinculação jurídica também foi inviabilizada pela reforma, pois condicionou qualquer pagamento ao sindicato à autorização prévia (art. 611-B, CLT). O sindicato é pessoa jurídica de direito privado e, no marco da reforma, não pode representar a não ser os seus filiados. Portanto, o legislador trouxe grande problema para a funcionalidade do sistema de negociação coletiva. Esse é apenas um dos pontos que inviabiliza a adoção de um sistema de negociação coletiva que corresponda a um efetivo diálogo social. As condições estruturais para essa negociação, como é a representatividade das entidades sindicais não foram tocadas pelo legislador.

Perdeu-se na verdade mais uma oportunidade para modificar as normas que tratam das relações coletivas de trabalho, que é a parte da CLT que mais necessitava revisão.

O artigo 611-A é igualmente inconstitucional, pois não se pode estabelecer uma prevalência da negociação coletiva prejudicial em relação à lei como critério geral, sem afetar a imposição de melhoria das condições sociais dos trabalhadores. A flexibilização das normas trabalhistas é possível, mas em caráter excepcional e não ordinário.

Da mesma forma, carece de sentido a dispensa de cláusula compensatória na convenção e acordo coletivo de trabalho. Ela retira a ideia de negociação de boa fé mediante concessões recíprocas. O exame do conteúdo do instrumento coletivo é essencial nos termos da Constituição e a aceitação do negociado de forma prejudicial só pode ocorrer por meio de vantagem compensatória.

Para finalizar essa parte, a vedação da ultratividade desestimula completamente a negociação, pois coloca toda a carga para iniciar o processo nas mãos do sindicato de trabalhadores. Embora referida vedação não seja compatível com os princípios da negociação livre e de boa fé não há qualquer sinalização dos tribunais quanto a eventual pronúncia de inconstitucionalidade da nova previsão. Além do mais, representa limitação à deliberação dos atores na negociação coletiva ao inviabilizar que a ultratividade seja objeto de instrumento coletivo.

A fragmentação entre meio ambiente de trabalho e duração do trabalho permeia toda a reforma trabalhista, que estabelece para o primeiro o caráter indisponível e para o segundo, disponível. O art. 611-B, parágrafo único, acrescentado pela Lei n. 13.467, de 2017, esclarece que as "regras sobre duração do trabalho e intervalos não são consideradas como normas de saúde, higiene e segurança do trabalho", para fins de regulação desses direitos por convenção e acordos coletivos.

A Lei 13.467, de 2017, impõe um sistema restritivo de remuneração do sobre-trabalho. Elimina as horas de itinerário (art. 58, § 2º, CLT) em inadmissível retrocesso em relação à legislação que instituiu o pagamento dessas horas (Lei 10.243, 2001). Além do que, a prestação de horas extras habituais não descaracteriza o banco de horas e a compensação de horários (art. 59-B, par. único, CLT)

O novo modelo flexível contraria a Constituição e não pode prevalecer. A sua aceitação amplia o número de acidentes e de doenças de trabalho e rebaixa drasticamente o padrão social normativamente assegurado.

A avaliação acerca da rigidez do ordenamento jurídico trabalhista apresenta-se deficiente se o foco recai apenas no aspecto normativo, desconsiderando a situação fática que se busca corrigir. É necessário verificar principalmente se persistem condutas que imprimem condições que prejudicam os trabalhadores, causando-lhes danos. Em caso positivo, não há qualquer espaço para diminuir o caráter impositivo das disposições normativas trabalhistas. Tal realidade impõe, pelo contrário, o seu fortalecimento.

5. REFERÊNCIA AO DIREITO DO TRABALHO NORTE-AMERICANO. DESFAZENDO ALGUNS EQUÍVOCOS

Difunde-se a ideia equivocada de que nos Estados Unidos não há Direito do Trabalho. Trata-se de desconhecimento acerca do sistema jurídico daquele país. Ao lado do tradicional *common law* existe um conjunto significativo de leis (*statutes*) que desempenham papel fundamental naquele ordenamento jurídico e, em especial, no Direito do Trabalho. No sistema primário de fontes, os estatutos possuem primazia em relação ao *common law*.[18]

Além do importante papel que as leis possuem no ordenamento trabalhista norte-americano, há inúmeras agências independentes, com poderes muitos similares aos do Ministério Público do Trabalho do Brasil, algumas com atribuições mais efetivas inclusive. Para fazer menção entre várias outras agências independentes no plano federal, tanto a *U.S. Equal Employment Opportunity Commission*[19] quanto a *National Labor Relations Board*[20] são dotadas de poder regulamentar, investigatório, fiscalizatório, punitivo e de justiça administrativa, bem como possuem legitimidade para atuar em juízo em ações individuais e coletivas para a defesa dos direitos dos trabalhadores. Além das agências federais, há agências estaduais com poderes semelhantes.

18. BURNHAM, William. *Introduction to the Law and Legal System of United States.* 6th ed., St. Paul, West Academic, 2016.
19. https://www.eeoc.gov/, acesso em 28.09.2017.
20. https://www.nlrb.gov/, acesso em 28.09.2017.

A diferença em relação ao Brasil, é que nos Estados Unidos o Direito do Trabalho é objeto de leis federais e estaduais. Em geral, as leis federais estabelecem um patamar mínimo que é elevado pelas leis estaduais.

Para se ter uma ideia, no estado da Califórnia, no último ano, novas leis foram aprovadas tratando de várias matérias, entre as quais salário mínimo; extensão direitos para os trabalhadores domésticos; igual pagamento para empregados de todas as raças e etnias; restrições aos empregadores no requerimento de antecedentes criminais dos empregados; proibição de escolha do direito e de fórum nos contratos entre empregado e empregador; notificação pelos empregadores de violência doméstica, sexual e de outros tipos; proibição de publicidade de informações referentes a idade dos empregados; proibição de discriminação por orientação sexual; limitação de jornada e intervalos remunerados.[21]

Há grande discussão sobre a possibilidade de se acordar resolução de conflitos trabalhistas por arbitragem, quando estejam em jogo direitos previstos em leis.

No caso *Alexander v. Gardner Denver Co.*, de 1974, a Suprema Corte dos Estados Unidos, em questão sobre discriminação racial, em que havia cláusula em instrumento coletivo prevendo a solução de conflitos por arbitragem, assegurou-se ao trabalhador, mesmo após a decisão arbitral, levar a questão ao Poder Judiciário.[22] Em *Mitsubishi Motors Corp. v. Soler Chrysler-Plymouth, Inc.*, a Suprema Corte decidiu que o fato de se levar o caso para a arbitragem acarreta apenas a mudança de procedimento e instância para a resolução do conflito, mas a parte não abre mão do direito material assegurado por lei.[23]

O mesmo entendimento foi confirmado em *Gilmer v. Interstate/Johnson Lane Corp.*[24]. Esta decisão gerou alguma polêmica em relação a ter ou não superado *Alexander*, considerando que o cumprimento da cláusula de arbitragem pode ser exigido pelo empregador. Contudo, substanciosa doutrina é no sentido de que não houve superação. O que importa destacar é que por acordo individual ou coletivo não é possível afastar a incidência de direito previsto em lei[25].

Aguarda julgamento na Suprema Corte dos Estados Unidos interessante questão sobre cláusulas de arbitragem impostas no momento da celebração de contratos de empregados em que há renúncia de ajuizamento de *class actions* e outras formas coletivas em face de violação a direitos. *National Labor Relation Board* considera que tais cláusulas violam o direito de concertação coletiva assegurado pela

---

21. http://labor.ca.gov/laborlawreg.htm, acesso em 28.09.2017.
22. Alexander v. Gardner-Denver Co., 415 U.S. 36 (1974).
23. *Mitsubishi Motors Corp. v. Soler Chrysler-Plymouth, Inc.* 473 U.S. 614, 626-28 (1985).
24. Gilmer v. Interstate/Johnson Lane Corp., 500 U.S. 20, 26-29 (1991).
25. WEATHERSPOON, Floyd D. Incorporating Mandatory Arbitration Employment Clauses Into Collective Bargaining Agreements: Challenges And Benefits To The Employer And The Union." Delaware Journal of Corporate Law. Vol. 38, 2014, p. 1027-1071.

Seção 7 do *National Labor Relation Act.*[26] Independentemente do resultado a ser pronunciado pela Suprema Corte, é possível perceber a existência de instituições consolidadas integrantes de um sistema de condições de trabalho que não é deixado nas mãos dos sujeitos contratantes.

6. CONSIDERAÇÕES FINAIS

A reforma trabalhista promovida pela Lei 13.467, de 2017, modifica completamente a estrutura da Consolidação das Leis do Trabalho.

O debate acerca da legislação vigente e sua modificação deve ser recebido como procedimento normal num regime democrático. Da mesma forma, não deve surpreender nem a discussão acerca da constitucionalidade e da operabilidade das novas previsões, muito menos cerceá-las.

Apesar da profunda reestruturação no sistema normativo e obrigacional, a reforma não cuidou da estrutura dos atores legitimados para promoverem as mudanças e torná-las efetivas. Eliminou-se a contribuição sindical obrigatória, o que poderia ser considerado positivo no contexto de uma reformulação da estrutura sindical, porém, de forma isolada se apresenta como grande problema para se estabelecer a representação sindical com a amplitude que a reforma pretende.

Associa-se a esse problema operacional uma série de inconstitucionalidades, como a prevalência do negociado sobre o legislado como modelo geral *rígido, dispensa coletiva ou* plúrima sem participação do sindicato e previsão em convenção ou acordo coletivo e separação entre saúde, higiene e segurança no trabalho e duração do trabalho, entre outras.

O produto da reforma trabalhista em nada se assemelha ao modelo de regulação do trabalho do direito norte-americano.

Longe de se tratar de um apego nostálgico a uma legislação que realmente apresentava-se defasada em muitos pontos, o fato é que se perdeu uma oportunidade para aprimorar o conjunto normativo trabalhista, estabelecendo mecanismos mais eficazes para diminuir a grande litigiosidade que desemboca no Judiciário Trabalhista.

7. REFERÊNCIAS BIBLIOGRÁFICAS

BURNHAM, William. *Introduction to the Law and Legal System of United States.* 6th ed., St. Paul, West Academic, 2016.

DELGADO, Maurício Godinho. *Direito coletivo do trabalho.* 2ª. ed., São Paulo, LTr, 2003.

GERNIGON, Bernard; ODERO, Alberto e GUIDO, Horacio. "Principios de la OIT sobre la negociación colectiva. *Revista Internacional del Trabajo.* Vol 119, n. 1, 2000.

---

26. Epic Systems Corp. v. Lewis, Ernst & Young LLP v. Morris, National Labor Relations Board v. Murphy Oil USA, Inc. http://www.scotusblog.com/case-files/terms/ot2017/. Acesso em 28.09.2017.

GUAMÁN HERNÁNDEZ, Adoración y ILLUECA BALLESTER, Héctor. *El huracán neoliberal. Una reforma laboral contra el trabajo.* Madrid, Sequitur, 2012.

HABERMAS, Jürgen. A nova intransparência. A crise do estado de bem-estar social e o esgotamento das energias utópicas. *Revista Novos Estudos - CEBRAP*, n. 18, setembro de 1987.

HONNETH, Axel. Trabalho e reconhecimento: tentativa de uma redefinição. *Civitas. Revista de Ciências Sociais.* v. 8, n. 1, 2008.

La libertad sindical. Recopilación de decisiones y principios del Comité de Libertad Sindical del Consejo de Administración de la OIT. 5ª. Ed., Ginebra, Oficina Internacional do Trabalho, 2006.

PEREZ-ROYO, Javier. *Curso de Derecho Constitucional*, Madrid, Marcial Pons, 2007.

RAO, Neomi, Three Concepts of Dignity in Constitutional Law (May 11, 2011). Notre Dame Law Review, Vol. 86, No. 1, pp. 183-271, 2011; George Mason Law & Economics Research Paper No. 11-20. Available at SSRN: https://ssrn.com/abstract=1838597.

Su voz en el trabajo. Informe del director general. Informe global con arreglo al seguimiento de la Declaración de la OIT relativa a los principios y derechos fundamentales en el trabajo. Conferencia Internacional del Trabajo. 88ª Reunión, Informe I (B) Ginebra, Oficina Internacional del Trabajo, 2000

WEATHERSPOON, Floyd D. Incorporating Mandatory Arbitration Employment Clauses Into Collective Bargaining Agreements: Challenges And Benefits To The Employer And The Union." Delaware Journal of Corporate Law. Vol. 38, 2014, p. 1027-1071.

FLEXIBILIZAÇÃO DOS DIREITOS TRABALHISTAS: PREVALÊNCIA DO NEGOCIADO COLETIVAMENTE SOBRE O LEGISLADO

Vólia Bomfim Cassar[1]

Sumário: Flexibilização dos direitos trabalhistas – Negociado sobre legislado – Outros casos – Contrapartidas – Limitações – Ultratividade e conflito de normas coletivas – Conclusão – Bibliografia.

A reforma trabalhista começou timidamente com um projeto de sete artigos e se transformou numa radical mudança, não só da legislação trabalhista, mas também da estrutura do Direito do Trabalho, seus princípios e fundamentos.

A Lei 13.467/17 entrou em vigor no dia 11.11.17 e modificou mais de 100 artigos tanto da CLT como das Leis 8.213/91, 8.036/90 e 13.429/17. Na prática, as alterações impactam em mais de 200 dispositivos legais relativos tanto ao direito material como processual. As alterações visaram favorecer o empresário, suprimir ou reduzir direitos dos trabalhadores, autorizar a ampla flexibilização por norma coletiva e a terceirização. Apenas sete novidades são favoráveis aos trabalhadores.

A chamada "Reforma Trabalhista" reduziu os custos com a mão de obra, permitindo a maior lucratividade do empresário e a precarização do trabalho; além disso, ampliou sensivelmente a flexibilização das rígidas regras trabalhistas e enfraqueceu economicamente os sindicatos, tudo sob o falso argumento de que estas medidas acarretarão a diminuição do desemprego e o crescimento da economia, o que não é verdade, pois a legislação trabalhista não tem relação direta com tais

1. Vólia Bomfim Cassar é Doutora em Direito e Economia pela UGF, Mestre em Direito Público pela UNESA, Pós-graduada em Direito do Trabalho pela UGF, Pós-graduada em Processo Civil e Processo do Trabalho pela UGF, coordenadora da Pós-graduação de Direito do Trabalho do LFG, professora do LFG e do Curso Forum, desembargadora do TRT da 1ª Região e autora.

fatores. Tanto é verdade, que o Brasil vivenciou seu ápice de desenvolvimento e apogeu da economia nos anos de 2011 a 2013 com a mesma legislação trabalhista que agora se ataca. A legislação trabalhista de fato precisava ser revisitada, atualizada, aprimorada, mas não foi o que de fato ocorreu em todos os pontos alterados.

O conteúdo da Lei 13.467/17 desconstrói o Direito do Trabalho como conhecemos, contraria alguns de seus princípios básicos, suprime regras favoráveis ao trabalhador, prioriza a norma menos favorável ao empregado, autoriza a livre autonomia da vontade individual; permite que o negociado individualmente e coletivamente prevaleça sobre o legislado (para reduzir direitos trabalhistas), valoriza a imprevisibilidade do trabalho intermitente, exclui regras protetoras de direito civil e de processo civil ao direito e processo do trabalho.

O presente artigo visa explorar o tema sob a ótica do direito coletivo abordando os pontos da reforma que tratam ou influenciam na matéria relacionada à flexibilização dos direitos coletivos por meio da convenção ou do acordo coletivo.

ANÁLISE DA CONVENÇÃO E ACORDO COLETIVO

De acordo com os novos parágrafos do artigo 8º da CLT:

> Art. 8º ....
>
> ....
>
> § 3º No exame de convenção coletiva ou acordo coletivo de trabalho, a Justiça do Trabalho analisará exclusivamente a conformidade dos elementos essenciais do negócio jurídico, respeitado o disposto no art. 104 da Lei nº 10.406, de 10 de janeiro de 2002 (Código Civil), e balizará sua atuação pelo princípio da intervenção mínima na autonomia da vontade coletiva.

O artigo 8º, parágrafo 3º da CLT, acrescido pela Lei 13.467/17, dificultou ao máximo a intervenção do Judiciário na análise das cláusulas contidas nas convenções coletivas e acordos coletivos, limitando as hipóteses de nulidade, pois atreladas ao artigo 104 do CC. Adotou o princípio a **intervenção mínima (do Judiciário) na autonomia da vontade coletiva**, dando maior segurança às flexibilizações praticadas por convenções coletivas e acordos coletivos e liberdade (poder) aos seres coletivos. Isto está refletido tanto no parágrafo 3º do artigo 8º, como no artigo 611-A da CLT.

A verdadeira intenção do p. 3º do artigo 8º da CLT foi o de impedir ou dificultar o ativismo judicial, isto é, tenta limitar a postura proativa do Judiciário Trabalhista na proteção do trabalhador. Em outras palavras visa "calar a boca" do juiz do trabalho, amarrar suas mãos, impedir sua postura intervencionista e protetiva. Entretanto, a interpretação é inerente do ser humano e o princípio da proteção ao trabalhador não foi extinto, apesar de abalado com a Reforma.

Passemos à interpretação técnica do dispositivo em estudo.

Apesar da expressão "exclusivamente" contida no *caput* do artigo 611-B da CLT, por óbvio que há outros vícios capazes de anular a norma coletiva ou uma cláusula contida no instrumento coletivo, como veremos abaixo.

Para validade da negociação coletiva e, consequentemente, da convenção coletiva e do acordo coletivo, é necessário observar o requisito contido no artigo 612 da CLT (quórum da assembleia ou do estatuto), com ampla divulgação da convocação para a assembleia, registro em ata, bem como os requisitos dos artigos 613, 614 e 616 da CLT. Além disso, devem ser observados os princípios, valores e regras constitucionais no seu conteúdo, sob pena de nulidade da cláusula violadora deste direito, mesmo que este direito não esteja expressamente apontado em um dos muitos incisos do artigo 611-B da CLT. Outra nulidade não apontada no artigo 8º, p. 3º da CLT é a da cláusula redutora do salário se o instrumento coletivo não garantiu a contrapartida legal exigida (garantia de emprego durante a vigência da norma), como exige o p. 3º do artigo 611-A da CLT.

Enfim, de fato foi limitado o poder do Judiciário de anular cláusulas contidas nas normas coletivas, e, com isso, o poder der interferir na autonomia coletiva. Entretanto, não é taxativo, como aparenta, o artigo 611-B da CLT, mas sim restritivo. Logo, a limitação do juiz não está apenas na análise dos requisitos do artigo 104 do CC.

É claro que a medida visou dar garantia e segurança ao empresário que se valeu das normas coletivas para reduzir direitos dos trabalhadores (flexibilização).

> Art. 611-A....
>
> .....
>
> § 1º No exame da convenção coletiva ou do acordo coletivo de trabalho, a Justiça do Trabalho observará o disposto no § 3º do art. 8º desta Consolidação.
>
> § 2º A inexistência de expressa indicação de contrapartidas recíprocas em convenção coletiva ou acordo coletivo de trabalho não ensejará sua nulidade por não caracterizar um vício do negócio jurídico.
>
> § 3º Se for pactuada cláusula que reduza o salário ou a jornada, a convenção coletiva ou o acordo coletivo de trabalho deverão prever a proteção dos empregados contra dispensa imotivada durante o prazo de vigência do instrumento coletivo.
>
> § 4º Na hipótese de procedência de ação anulatória de cláusula de convenção coletiva ou de acordo coletivo de trabalho, quando houver a cláusula compensatória, esta deverá ser igualmente anulada, sem repetição do indébito.

O § 5º do art. 611-A da CLT, alterado pela MP 808/17, criou um litisconsórcio obrigatório ou necessário (art. 115, parágrafo único, do CPC), e corretamente apontou a competência exclusiva da Seção de Dissídios Coletivos (SDC) para as ações anulatórias, corrigindo o equívoco da redação anterior dada pela Lei 13.467/17.

A decisão que declara a nulidade de cláusula de norma coletiva deverá declarar também nula a cláusula compensatória existente na mesma norma, quando houver, sem repetição do indébito, isto é, sem devolução do valor já recebido.

FLEXIBILIZAÇÃO DOS DIREITOS TRABALHISTAS

Com a transmutação da economia mundial e o consequente enfraquecimento da política interna de cada país, dos altos índices de desemprego mundial e de subempregos de milhões de pessoas, mister a adoção de medidas que harmonizem os interesses empresariais com as necessidades profissionais, justificando a flexibilização de determinados preceitos rígidos ou de criação de regras alternativas para justificar a manutenção da saúde da empresa e da fonte de emprego. Flexibilizar pressupõe a manutenção da intervenção estatal nas relações trabalhistas estabelecendo as condições mínimas de trabalho, sem as quais não se pode conceber a vida do trabalhador com dignidade (mínimo existencial), mas autorizando, em determinados casos, exceções ou regras menos rígidas, de forma que possibilite a manutenção da empresa e dos empregos.

O contrato de trabalho, por ser regulamentado por lei, limita a liberdade do ajuste. Isto se explica diante da desigualdade das partes, em que um dos lados é hipossuficiente em relação ao outro, necessitando da proteção estatal. Diante deste desnivelamento substancial mister a aplicação de uma igualdade jurídica[2] nos contratos de trabalho. O paradigma deste contrato, salvo exceções raríssimas no Brasil, não é mais a vontade, mas a necessidade.

Para Rosita Nassar,[3] a flexibilização das normas trabalhistas faz parte integrante de um processo maior de flexibilização do mercado de trabalho, consistente em um conjunto de medidas destinadas a dotar o Direito do Trabalho de novos mecanismos capazes de compatibilizá-lo com as mutações decorrentes de fatores de ordem econômica, tecnológica ou de natureza diversa. Isto significa que a flexibilização das normas trabalhistas não se exaure numa só medida, mas sim na totalidade do fenômeno da flexibilização, que é mais abrangente, compreendendo estratégias políticas, econômicas e sociais, e não apenas jurídicas.

Algumas soluções já foram adotadas como aumento da carga fiscal e diminuição da proteção estatal nas relações privadas, flexibilização das regras trabalhistas, havendo alguns que defendem até a desregulamentação, isto é, a total ausência do Estado na regulação das relações contratuais.

Muitos economistas[4] distinguem três formas fundamentais de flexibilização:

1) flexibilização funcional: que corresponde à capacidade da empresa de adaptar seu pessoal para que assuma novas tarefas ou aplique novos métodos de produção;

2) flexibilização salarial: que consiste na vinculação dos salários à produtividade e à demanda dos seus produtos;

---

2. TEIXEIRA, João Lima; SÜSSEKIND, Arnaldo. *Instituições de Direito do Trabalho*. 21. ed. São Paulo: LTr, 2003, v. 1, p. 239.
3. NASSAR, Rosita de Nazaré Sidrim. *Flexibilização do Direito do Trabalho*. São Paulo: LTr, 1991, p. 76.
4. *Apud* SÜSSEKIND, Arnaldo. *Direito Constitucional do Trabalho*. Rio de Janeiro: Renovar, 1999, p. 49.

3) flexibilização numérica: que consiste na faculdade de adaptar o fator trabalho à demanda dos produtos da empresa.

Sob outro enfoque, dividimos a flexibilização em duas espécies:

1) flexibilização **necessária:** consiste na flexibilização apenas em caso de necessidade de recuperação da saúde da empresa. É a forma de manutenção dos empregos, algumas vezes reduzindo direitos mínimos do trabalhador, como o próprio salário. Neste caso, a norma coletiva será utilizada para autorizar a redução de vantagens ou do próprio salário na expectativa de aliviar as contas e gastos da empresa e, tentar recuperá-la. Normalmente a medida é temporária e excepcional. A manutenção da saúde da empresa com esta premissa está em consonância com o princípio da função social da empresa – art. 170 da CF.

2) flexibilização para **adaptação**: é a utilizada para alterar as regras legais e moldá-las à realidade da atividade, da empresa ou da localidade. É a que ocorre por exemplo, com o acordo de compensação dos médicos, que preferem trabalhar em regime de compensação de jornada por plantão de 24 horas consecutivas, uma vez por semana, em hospitais e clínicas médicas. Entretanto, a CLT não permite (ou não permitia) o aumento de mais que duas horas por dia. Normalmente a empresa não está atravessando dificuldades econômicas e precisa da norma coletiva apenas para fazer a adaptação da lei ao caso concreto, atendendo a necessidade de ambas as partes.

3) flexibilização abusiva: é a que visa reduzir direitos dos trabalhadores apenas para majorar os lucros da empresa. Não tem finalidade de adequar nem de manter a saúde da empresa. Deveria ter sido inibida, mas não o foi.

Como visto acima, a flexibilização só deveria ser utilizada para priorizar temporariamente a sobrevivência da empresa ou para adaptar, moldar a regra legal à realidade.

Parece que a Reforma Trabalhista percebeu a distinção destas modalidades de flexibilização, mas as confundiu, pois exigiu a contrapartida (vantagem concedida em substituição à benesse legal suprimida ou reduzida) para as flexibilizações por necessidade, quando deveria ter exigido apenas para as praticadas por adaptação ou por abuso, hipóteses em que a empresa não está atravessando dificuldades econômicas e, por isso, poderia ajustar contrapartidas vantajosas em substituição às suprimidas.

A reforma exigiu que apenas para as hipóteses de redução de salário ou[5] jornada (flexibilização por necessidade) deverá haver uma contrapartida para a validade

5. A correta expressão deveria ser salário "e" jornada e não "ou", pois reduzir salário sem reduzir a jornada é benéfico para o empregado.

da norma coletiva flexibilizadora: proteção dos empregados quanto à dispensa imotivada na vigência do instrumento coletivo (p. 3º, artigo 611-A CLT). Por outro lado, a flexibilização de adequação e a abusiva não exigem concessão de contrapartida recíproca (art. 611-A, p. 2º). Aí está a contradição!

NEGOCIADO SOBRE LEGISLADO

O objetivo da negociação coletiva é adequar as relações trabalhistas à realidade enfrentada pelos interessados, que se modifica a cada dia, de acordo com a base territorial, a categoria, a empresa e a época. Busca a harmonia dos interesses antagônicos da classe econômica e da profissional. Assim, é possível a criação de benefício não previsto em lei, a supressão desse mesmo benefício ou sua modificação. A negociação irá se adequar às necessidades das respectivas categorias, seja para melhorar, seja para a retração ou supressão de direitos. Por isso, o empregador poderá propor a flexibilização[6] de certos direitos previstos em lei desde que não violem os direitos constitucionais (art. 611-B da CLT).

A negociação é feita entre os sindicatos da categoria econômica e da profissional (convenção coletiva) ou entre o sindicato dos trabalhadores e a empresa (acordo coletivo).

As normas coletivas têm ampla liberdade para conceder benefícios superiores aos previstos na lei, mas possuem limitações quando desejarem reduzir ou suprimir direitos previstos em lei.[7-8] Esse poder está limitado pelos direitos constitucionalmente garantidos aos trabalhadores. O grupo deverá avaliar, em cada caso, o quanto aquela coletividade deve ceder para não perder seus empregos ou ganhos de forma coletiva.

O art. 611-B da CLT, acrescido pela Lei 13.467/2017, apontou os direitos que não podem ser negociados coletivamente, impondo os limites da negociação. Entendemos que a relação ali apontada não é taxativa, apesar da expressão "exclusivamente" contida no *caput* do artigo, pois não incluiu alguns direitos, princípios

6. A expressão flexibilização foi utilizada neste texto no sentido de redução de vantagens legais.
7. Godinho dividia, antes da reforma trabalhista, os direitos trabalhistas previstos em lei em duas espécies, os de "indisponibilidade absoluta" e aqueles de "indisponibilidade relativa". Defendia que apenas os direitos trabalhistas de indisponibilidade relativa poderiam ser negociados e, em consequência, transacionados. Os direitos de indisponibilidade absoluta, segundo o autor, não poderiam ser negociados, por constituírem um patamar mínimo civilizatório. Segundo o autor, este se dividia em três grupos convergentes de normas trabalhistas heterônomas: normas constitucionais em geral; normas de tratados e convenções internacionais vigorantes no plano interno e normas legais infraconstitucionais. Considera como de indisponibilidade absoluta a assinatura da CTPS, o salário mínimo ou bases salariais mínimas; normas antidiscriminatórias e de identificação profissional; os direitos previstos nas convenções internacionais do trabalho; as normas de medicina e segurança do trabalho e demais normas constitucionais em geral, com algumas ressalvas. *Ibidem*, p. 1.296-1.299.
8. Assim também as Súmulas 437, II, e 449 do TST.

e valores constitucionais. Tão não é meramente exemplificativo, mas restritivo. Retornaremos ao assunto a seguir.

Na verdade, o art. 611-A da CLT aponta alguns dos direitos que podem ser reduzidos ou alterados pela negociação coletiva e o art. 611-B da CLT a limitação desse poder. Sem dúvida, o art. 611-A da CLT é muito mais amplo que o art. 611-B da CLT. A expressão "entre outros" contida no *caput* do art. 611-A espelha essa intenção do legislador de ampliar ao máximo a flexibilização com finalidade de redução ou supressão de direitos legais.

A seguir analisaremos o art. 611-A da CLT e cada um dos seus incisos:

> Art. 611-A. A convenção coletiva e o acordo coletivo de trabalho, observados os incisos III e VI do **caput** do art. 8º da Constituição, têm prevalência sobre a lei quando, entre outros, dispuserem sobre:

O *caput* do art. 611-A da CLT autoriza a ampla flexibilização, aumentando o leque de possibilidades de direitos previstos em lei que podem ser reduzidos ou suprimidos. A norma não teve o objetivo de ampliar direitos dos trabalhadores, pois isso sempre foi possível.

O texto contido na nova regra aponta que os direitos contidos nos incisos do artigo 611-A da CLT são meramente exemplificativos. A prevalência do negociado sobre o legislado enfraquece o princípio da indisponibilidade dos direitos legais trabalhistas, assim como derruba o princípio da prevalência da norma mais favorável. Torna os direitos trabalhistas previstos em lei em direitos privados, transformando a maioria dos direitos contidos na CLT, que não se encontram na Constituição, em direitos disponíveis, hipótese antes não admitida pela maioria da doutrina e julgados.

> I –pacto quanto à jornada de trabalho, observados os limites constitucionais;
>
> I – banco de horas anual;

Os incisos I e II tratam de compensação de jornada tradicional e compensação por banco de horas.

O legislador tratou o banco de horas em inciso diverso da compensação tradicional, como também o fez no art. 59 da CLT, demonstrando que são espécies do mesmo gênero, mas com efeitos diferentes.

A compensação tradicional é aquela em que as partes ajustam os dias que o empegado vai trabalhar além da jornada normal e o (s) dia (s) da correspondente diminuição (compensação). Assim, pode o trabalhador se preparar para o labor extra e para a compensação, pois tem ciência prévia dos horários e dias.

Diversamente é o que ocorre com a compensação por banco de horas, que se traduz num sistema de crédito e débito, se assemelhando a uma conta corrente bancária. Neste tipo de ajuste nem o empregado nem o patrão sabem quando haverá labor extra e quando será a compensação. É aleatório, imprevisível, variável, sem ajuste fixo de horas. Logo, poderá num dia o empregado trabalhar mais 40 minutos para atender os clientes da fila, noutro laborar mais 1:30 para fechar um negócio inadiável; noutro apenas 15 minutos, tudo depende do dia, das demandas, dos clientes etc. Em contrapartida, todas as faltas, saídas antecipadas e atrasos são abatidos e nos dias de menor movimento o empregado é liberado no meio do expediente ou de véspera, para fins de compensação. O trabalhador fica à mercê da necessidade do seu serviço. Se firmado por acordo individual escrito o limite da compensação será semestral e só poderá trabalhar por até 2 horas. Se autorizado por norma coletiva poderá ultrapassar o limite diário, mas respeitar o ano de aniversário de cada labor extra.

O inciso I do art. 611-A da CLT autoriza a compensação de jornada, sem impor os mesmos requisitos do artigo 59 da CLT[9], observado o limite constitucional.

Logo, poderá a norma coletiva, por exemplo, adotar o regime de compensação de 24 x 120, no sistema 1 x 5, isto é, poderá autorizar os médicos a trabalharem em regime de plantão de 24 horas consecutivas um dia na semana, compensando este excesso nos cinco dias subsequente, além do repouso semanal remunerado. Esta forma de compensação ultrapassa o limite de 2 horas por dia, imposto no artigo 59 da CLT e não ultrapassa o limite semanal de 44 horas.

Poderá, por outro lado, o instrumento coletivo autorizar que o empregado trabalhe 10 horas durante dois anos e nos dois anos seguintes trabalhe 6 horas, sempre com o mesmo salário.

Quanto ao banco de horas, estampado no inciso II do artigo em estudo, como já mencionado, o legislador estabeleceu apenas o limite anual. Assim, o ajuste coletivo poderá autorizar o labor de mais duas horas por dia, superando o artigo 59 da CLT.

> III – intervalo intrajornada, respeitado o limite mínimo de trinta minutos para jornadas superiores a seis horas;

A regra é clara e não há necessidade de maiores explicações. O instrumento coletivo poderá reduzir o período mínimo de intervalo intrajornada de 1 hora para os que trabalham mais de 6 horas por dia, mesmo que a empresa não possua refeitório (regra contida no art. 71 da CLT), respeitado o limite mínimo de 30 minutos. Ressalte-se que o parágrafo único do art. 611-B da CLT excluiu a duração do trabalho e os intervalos como espécie de norma de medicina e segurança do trabalho para fins de negociação coletiva.

> IV – adesão ao Programa Seguro-Emprego (PSE), de que trata a Lei nº 13.189, de 19 de novembro de 2015;

Estranha a inclusão da Lei 13.189/15 na CLT, pois de vigência temporária[10]. Por que o legislador incluiria uma lei de vigência temporária numa lei definitiva?

9. O artigo 59 da CLT limita em duas horas diárias o acordo de compensação.
10. O PSE extingue-se em 31/12/18 e com ele todo o regulamento do programa trazido pela Lei 13.189/17.

A partir de dezembro de 2018 o Programa não mais existirá, salvo nova lei ou medida provisória que o prorrogue.

O objetivo do legislador foi o de autorizar a redução do salário em percentuais superiores ao ali previstos[11], desde que reduza proporcionalmente a jornada, claro, sem onerar o FAT, pois o inciso XXIX do art. 611-B da CLT impede a negociação de direitos de terceiros. Assim, poderá a norma coletiva reduzir os salários, por motivo de comprovada dificuldade econômica, em 50%, reduzindo proporcionalmente a jornada, desde que garanta o emprego no período de vigência da norma coletiva, como exige a lei e o p. 3º do artigo 611-A da CLT.

> V – plano de cargos, salários e funções compatíveis com a condição pessoal do empregado, bem como identificação dos cargos que se enquadram como funções de confiança;

A negociação coletiva poderá apontar quais são os cargos considerados de confiança, com a nítida intenção de excluir esses trabalhadores do Capítulo "Da Duração do Trabalho" contido na CLT, isto é, excluir o trabalhador do direito às horas extras, noturnas, intervalos etc. Com isso, não poderá o Judiciário perquirir se aquela função é de alta confiança, média ou de confiança mínima, pois sua intervenção na autonomia coletiva se limita ao exame dos requisitos contidos no art. 104 do CC. Desta forma, poderá a norma coletiva, por exemplo, apontar que a função de chefe de servente está inserida no inciso II do artigo 62 da CLT, sem a necessidade de percepção de ganho ou gratificação superior a 40% do salário efetivo.

> VI – regulamento empresarial;

O instrumento coletivo poderá revogar, alterar e suprimir vantagens anteriormente concedidas aos empregados da empresa que estavam previstas no seu regulamento ou regimento interno, excluindo a incidência da Súmula 51, I, do TST, isto é, permitindo a alteração *in pejus* do contrato de trabalho durante sua vigência. Com isso, afasta-se a aplicação do art. 468 da CLT. Assim, prevalecerá o novo regulamento de empresa que cause prejuízo aos admitidos antes da alteração.

> VII – representante dos trabalhadores no local de trabalho;

O objetivo do inciso VII foi o de alterar as regras contidas nos arts. 510-A e seguintes da CLT a respeito da estabilidade do representante dos empregados nas empresas com mais de 200 empregados. Assim, a norma poderá disciplinar o procedimento da eleição de forma diversa; poderá restringir o tempo de estabilidade, o prazo do mandato, reduzir o número de beneficiários pela estabilidade e número de representantes etc. Entendemos que não poderá excluir a estabilidade em si porque a norma visou regulamentar o art. 11 da CF.

---

11. A Lei 13.189/17 autoriza a redução de até 30% do salário, mas 50% deste valor será pago trabalhador com recursos do FAT (Fundo de Amparo do Trabalhador), limitado a 65% do valor do seguro desemprego. Podem aderir ao PSE as empresas de todos os setores em situação de dificuldade econômico-financeira que celebrarem acordo coletivo de trabalho específico de redução de jornada e de salário.

> VIII – teletrabalho, regime de sobreaviso, e trabalho intermitente;

Pouco espaço restou para a norma coletiva reduzir os direitos do teletrabalhador, pois os arts. 62, III, e 75-A e seguintes da CLT já excluíram vários direitos desse trabalhador. Mesmo assim, ainda será possível que a norma coletiva discipline regras do teletrabalho para, por exemplo, apontar a responsabilidade do empregado na aquisição e manutenção do maquinário, dispensando o ajuste individual bilateral.

A inclusão do sobreaviso no inciso VIII visou eliminar de vez o sobreaviso como tempo à disposição, excluindo seu pagamento ou reduzindo ainda mais, ou apontando situações que não serão consideradas como "sobreaviso".

Poderá a norma coletiva alterar as regras contidas no art. 452-A e seguintes da CLT para, por exemplo, modificar o prazo de convocação mínima do trabalhador intermitente, fixar cláusula penal pelo descumprimento da convocação, alterar o período de inatividade etc. Provavelmente virá para aumentar a supressão dos direitos desse trabalhador já tão prejudicado pela reforma trabalhista.

> IX – remuneração por produtividade, incluídas as gorjetas percebidas pelo empregado, e remuneração por desempenho individual;

A finalidade do inciso IX foi retirar a natureza salarial dos sobressalários ou parcelas pagas com base na produtividade ou no desemprenho individual do empregado, além de permitir que o instrumento coletivo suprima a integração das gorjetas ao salário, revogando parcialmente o art. 457 da CLT.

Poderá, ainda, a norma coletiva aumentar o percentual de desconto previsto nos novos incisos I e II do § 22 do art. 457 da CLT e retirar a natureza salarial de qualquer outra parcela, salvo do próprio salário base, com base no *caput* do artigo 611-A da CLT. Logo, o acordo coletivo poderá afirmar que as gratificações ajustadas e as de função ou pagas com habitualidade não terão natureza salarial, assim como o adicional noturno ou de transferência; poderá permitir a supressão de sobressalários não previstos em lei etc.

> X – modalidade de registro de jornada de trabalho;

Alterar a modalidade de registro da jornada de trabalho não depende de norma coletiva. O empregador sempre pôde escolher entre a marcação manual, mecânica, eletrônica ou digital. Logo, despicienda a autorização contida no inciso X do art. 611-A da CLT, sob este ponto de vista.

Como o *caput* do art. 611-A da CLT amplia as hipóteses de reduções ou supressão de direitos contidas nos incisos, poderá a norma coletiva dispensar o registro diário de ponto; autorizar a adoção do sistema mensal de *timesheet* confeccionado pelo próprio empregado, ou declaração pelo próprio empregado de quantas horas laborou, ou, ainda, determinar que os estabelecimentos com menos de 50, 200 ou 500 empregados estão dispensados de controle de ponto. Esses exemplos não estão autorizados pelo inciso X, mas sim pelo *caput* do mesmo artigo. Também poderá a norma coletiva afirmar que não será nulo o controle de ponto rasurado ou britânico. A regra que obriga o patrão ao controle de ponto não está na Constituição e sim no artigo 74 da CLT, que pode ser superado por instrumentos coletivos.

> XI – troca do dia de feriado;

O trabalho do empregado em dia feriado deve ser pago em dobro ou compensado por outra folga, na forma da Lei 605/1949, logo, não foi este o objetivo do inciso XI do art. 611-A da CLT, pois sempre foi possível trocar o dia de feriado. Sua verdadeira intenção foi a de permitir o funcionamento da atividade empresarial em dia feriado, sem a prévia necessidade da autorização da autoridade competente. Poderá também, a norma coletiva, permitir que a compensação pelo trabalho em dia feriado ocorra dentro do mês, semestre ou ano, por exemplo ou que o repouso em feriado seja fracionado.

Outra finalidade foi a de não ser autuado pelos fiscais caso o estabelecimento funcione em dia feriado ou não tenha feito a escala de revezamento determinada pela lei ou por portarias da DRT.

O direito ao repouso remunerado aos feriados não está garantido pela Constituição, logo, poderá a norma coletiva suprimi-lo ou retirar a obrigatoriedade de pagamento pela pausa.

> XII – enquadramento do grau de insalubridade e prorrogação de jornada em locais insalubres, incluída a possibilidade de contratação de perícia, afastada a licença prévia das autoridades competentes do Ministério do Trabalho, desde que respeitadas, na integralidade, as normas de saúde, higiene e segurança do trabalho previstas em lei ou em normas regulamentadoras do Ministério do Trabalho;

A redação originária o inciso XII e a do inciso XIII da CLT contrariava o disposto no parágrafo único do art. 611-B da CLT, que proíbe a flexibilização de direitos relacionados à segurança, higidez e saúde do trabalhador. A contradição foi corrigida pela MP 808/17 que revogou o inciso XIII e incluiu a necessidade da flexibilização respeitar as normas de medicina e segurança do trabalho. Assim, poderá a norma coletiva reduzir o grau da insalubridade ou permitir a prorrogação da jornada em local insalubre, desde que não viole as NRs e as demais normas de medicina e segurança do trabalho.

A prorrogação do trabalho em local insalubre sem a prévia autorização da autoridade competente permite que o trabalhador se exponha mais tempo ao agente insalubre, sem que um *expert* analise previamente o fato. Ora, só um especialista pode afirmar se a exposição do trabalhador ao agente insalubre em tempo superior ao previsto na NR (Norma Regulamentar) importa em majoração da nocividade. A intenção do legislador foi a de excepcionar o *caput* do art. 60 da CLT para todos os tipos de trabalho além da jornada, seja para fins de compensação (já autorizada para o sistema 12x36 no parágrafo único do art. 60 da CLT), seja para horas extras. A norma coletiva que contiver tal autorização deverá ter o cuidado de não violar normas de segurança, medicina e saúde do trabalhador, sob pena de nulidade.

> XIII – REVOGADO

XIV – prêmios de incentivo em bens ou serviços, eventualmente concedidos em programas de incentivo;

O inciso XIV do art. 611-A da CLT pode não só retirar a natureza salarial do prêmio criado e pago pelo empregador por um programa de incentivo para maior produtividade, mesmo que pago com periodicidade superior a duas vezes ao ano, ou de um prêmio adesão ao PDV, como também pode prever a ampla quitação pela adesão deste PDV (art. 477-B da CLT).

XV – participação nos lucros ou resultados da empresa.

A finalidade do inciso em estudo é permitir que as empresas distribuam o lucro aos seus empregados com liberdade e fora dos parâmetros contidos na Lei 10.101/2000. Logo, a periodicidade de seu pagamento poderá ser até mensal, desde que isso esteja expresso na norma coletiva.

OUTROS CASOS

Assim, além dos casos acima estudados, contidos nos incisos I a XV do art. 611-A da CLT, é possível, por exemplo, a norma coletiva autorizar a alteração contratual *in pejus* dos contratos de emprego; alterar os requisitos da equiparação salarial para dificultá-la ainda mais; aumentar o limite de horas extras diárias; alterar a natureza da prontidão e sobreaviso ou suprimi-los; parcelar em até 12 vezes o pagamento do 13º salário; fracionar ainda mais as férias; determinar a inclusão no inciso I do art. 62 da CLT de qualquer tipo de externo, sem as limitações ali contidas; será possível, ainda, alterar o prazo legal ou determinar o parcelamento do pagamento das verbas da rescisão; diminuir a multa prevista pelo atraso no pagamento da rescisão; alterar a data de pagamento dos salários além do 5º dia útil do mês subsequente (garantido o valor do salário mínimo mensal); diminuir o adicional de transferência ou até retirá-lo; revogar estabilidades não previstas na Constituição; aumentar o prazo do contrato de experiência ou de qualquer contrato determinado; permitir mais prorrogações dos contratos determinados; apontar que a hora noturna é de 60 minutos e que o horário é de 2h às 4 da manhã, por exemplo; reduzir ou limitar a cota de contratação obrigatória de aprendizes ou deficientes; fracionar ou permitir o acúmulo do repouso semanal remunerado; determinar que o pagamento do repouso semanal trabalhado será de forma simples e não dobrada etc. Enfim, a negociação coletiva poderá praticar amplas flexibilizações (revogações ou supressões).

CONTRAPARTIDAS

O § 3º do art. 611-A da CLT garantiu uma contrapartida, mas apenas no caso de ser pactuada cláusula que reduza o salário ou a jornada. Nesse caso, a norma coletiva deverá prever a proteção dos empregados contra dispensa imotivada durante o prazo de vigência do instrumento coletivo. Assim, também cai por terra a tese do TST de que a retirada de vantagens por norma coletiva só é válida se houver uma contrapartida compensatória. Aliás, o § 2º do mesmo artigo foi expresso nesse sentido: "a inexistência de expressa indicação de contrapartidas recíprocas em convenção coletiva ou acordo coletivo de trabalho não ensejará sua nulidade por não caracterizar um vício do negócio jurídico".

LIMITAÇÕES

Além das limitações descritas no artigo 611-B da CLT ao poder de reduzir ou suprimir direitos por norma coletiva, não será possível a norma coletiva afastar o vínculo de emprego (art. 611-B, I); reduzir o adicional de insalubridade ou periculosidade (por serem normas de medicina e segurança do trabalho - art. 611-B, VII); induzir de qualquer forma os trabalhadores a se associarem ou obrigar os não associados à homologação da rescisão mediante pagamento, pois fere a liberdade sindical (art. 611-B, XXVI); ajustar banco de horas com prazo de compensação superior ao ano (art. 611-B, II) etc.

Logo, apesar do vocábulo "exclusivamente" contido no *caput* do art. 611-B da CLT, é claro que a norma não é taxativa, mas sim restritiva, pois esqueceu de impedir que a negociação coletiva que viole, por exemplo, os direitos da personalidade e liberdades garantidas na Constituição, além dos princípios e valores constitucionais. Não poderá, assim, a norma coletiva violar a dignidade, a intimidade, a privacidade, a honra do trabalhador, determinando, por exemplo, utilização de uniforme indecente, que exponha as partes íntimas, ou autorizando o monitoramento nos banheiros; excluir a responsabilidade extrapatrimonial decorrente da violação de algum bem imaterial contido no inciso X do art. 5º da CF ou a responsabilidade patrimonial decorrente de acidente de trabalho por dolo e culpa (art. 7º, XXVIII CF); restringir a liberdade do trabalhador, impedindo, por exemplo, seu afastamento do local de trabalho durante os intervalos; ou impedir a contratação ou promoção de algum trabalhador por motivo de crença, etnia, gênero ou opção sexual etc.

A Lei 13.467/2017 dificultou ao máximo a intervenção do Judiciário na negociação coletiva, restringindo as hipóteses de nulidade das normas coletivas, limitando sua atuação. Adotou como princípio a intervenção mínima na autonomia da vontade coletiva, dando maior segurança às convenções coletivas e acordos coletivos e aos seres coletivos. Isso está refletido tanto no § 3º do art. 8º como no art. 611-A da CLT.

Apesar da expressão "exclusivamente" contida no *caput* do art. 611-B da CLT, por óbvio que há outros vícios capazes de anular a norma coletiva ou uma cláusula contida no instrumento coletivo, como já visto.

É claro que a medida visou dar garantia e segurança ao empresário que se valeu das normas coletivas para reduzir direitos (flexibilização).

ULTRATIVIDADE E CONFLITO DE NORMAS COLETIVAS

O § 3º do art. 614 da CLT visou impedir que os direitos previstos na convenção coletiva e no acordo coletivo obrigassem o empregador por um período superior ao da vigência da norma. Com isso, limitou-se a ultratividade, alterando o entendimento do TST consubstanciado na Súmula 277.

A prevalência do acordo coletivo sobre a convenção coletiva pode ser uma exceção ao princípio da aplicação da norma mais favorável ao trabalhador. Isso porque a nova regra, oposta à anterior, trazida pela Lei 13.467/2017, visou a aplicação da norma menos favorável ao trabalhador, dando segurança jurídica ao acordo coletivo que flexibiliza a legislação trabalhista autorizada no art. 611-A da CLT.

Percebe-se que o legislador se cercou de toda precaução, pois usou a expressão "sempre" indicando sua intenção de não cisão da norma quando de sua aplicação pelos critérios atomista ou intermediário. O acordo coletivo será aplicado como um todo sobre a convenção, mesmo que reduza direitos ou os suprima.

CONCLUSÃO

A reforma trabalhista visou (re)afirmar o poder e a autonomia da negociação coletiva dos sindicatos, pois ampliou as hipóteses de redução ou supressão de direitos trabalhistas autorizados em convenção ou acordo coletivo.

A medida seria razoável num regime de pluralidade sindical[12], de liberdade associativa, de competitividade de entes sindicais, em que os trabalhadores pudessem escolher o sindicato que melhor os representa. Entretanto, não é o que ocorre no Brasil que impera a unicidade sindical.

As normas coletivas são aplicáveis a associados e não associados de toda categoria daquela base territorial, sem dar a liberdade de escolha pelo trabalhador do melhor sindicado. Logo, não é crível que num país em que impera a unicidade sindical, a aplicação erga omnes das normas coletivas, o controle de criação de sindicatos, que o negociado prevaleça sobre o legislado.

BIBLIOGRAFIA

CASSAR, Vólia Bomfim. Direito do Trabalho. São Paulo: Gen, 14ª Ed., 2017.

CASSAR, Vólia Bomfim. BORGES, Leonardo Dias. Comentários à Reforma Trabalhista. São Paulo: Gen, 1ª Ed, 2017.

DELGADO, Maurício Godinho. Curso de Direito do Trabalho. São Paulo: LTr, 15ª ed, 2016.

NASSAR, Rosita de Nazaré Sidrim. Flexibilização do Direito do Trabalho. São Paulo: LTr, 1991.

SÜSSEKIND, Arnaldo. Direito Constitucional do Trabalho. Rio de Janeiro: Renovar, 1999.

TEIXEIRA, João Lima; SÜSSEKIND, Arnaldo. Instituições de Direito do Trabalho. 21. ed. São Paulo: LTr, 2003.

12. A unicidade sindical é regra imposta pela Constituição (art 8º) e, por este motivo não foi ratificada a Convenção 87 da OIT.

PREVALÊNCIA DO NEGOCIADO EM NORMA COLETIVA SOBRE O LEGISLADO

Ricardo Souza Calcini[1]

1. INTRODUÇÃO

É certo que a Consolidação das Leis do Trabalho (CLT) foi alvo de mudanças, sem precedentes, trazidas pela "Reforma Trabalhista", aprovada pela Lei nº 13.467, de 13 de julho de 2017, inclusive com as novas alterações realizadas pela recém editada Medida Provisória nº 808, de 14 de novembro de 2017. Assim, é possível afirmar que, doravante, se estará diante de um novo Direito do Trabalho, notadamente no aspecto sindical, com importantes impactos na negociação coletiva e, porque não dizer, na própria subsistência das entidades sindicais.

O objeto deste trabalho está adstrito ao estudo das novas disposições aplicadas ao Direito Coletivo do Trabalho, mais particularmente quanto à controvertida temática referente à "prevalência do negociado sobre o legislado".

---

1. Professor de Pós-Graduação e de Cursos Jurídicos. Instrutor de Treinamentos "In Company". Palestrante em Eventos Corporativos. Mestrando em Direito do Trabalho pela PUC/SP. Pós-Graduado em Direito Processual Civil pela EPM do TJ/SP. Especialista em Direito Social pela Universidade Presbiteriana Mackenzie. Assessor de Desembargador e Professor da Escola Judicial no TRT/SP da 2ª Região. Membro do IBDSCJ, da ABDPC, do CEAPRO, da ABDPro, da ABDConst, do IDA e do IBDD.

Contatos: rcalcini@gmail.com (e-mail) e/ou www.ricardocalcini.com (site)

2. PREVALÊNCIA DO NEGOCIADO SOBRE O LEGISLADO

Em razão das mudanças ocorridas a partir da Revolução Cultural da década de 1960 (novas exigências de mercado), e da crise do petróleo da década de 1970 (pressão pela flexibilização das leis trabalhistas), é certo que houve acentuada modificação das relações entre capital e trabalho (Max Weber).

Assim, fatores como políticas neoliberais, globalização, fragmentação dos postos de trabalho e automação estariam a exigir dos mercados uma adequação das normas trabalhistas, haja vista a necessidade de reformulação da estrutura de produção.

Neste contexto, tornou-se inevitável discutir a possibilidade do negociado prevalecer sobre o legislado, sobretudo por ser a negociação coletiva instrumento propulsor do diálogo social.

Hodiernamente, a importância da temática não poderia ser ainda maior, tanto por força das recentes decisões proclamadas pelo Supremo Tribunal Federal, nos precedentes exarados nos Recursos Extraordinários nºs 590.415/SC e 895.759/PE, quanto porque a reforma trabalhista traz expressa viabilidade para que o acordado entre patrões e empregados se sobreponha aos termos estabelecidos pela legislação celetária.

3. A AUTONOMIA NEGOCIAL COLETIVA

Cumpre esclarecer que, como efetiva ciência jurídica, o Direito Coletivo do Trabalho se preocupa em regular as relações inerentes à autonomia privada coletiva. Em outras palavras, trata-se de relações firmadas entre organizações coletivas de empregados e empregadores e/ou entre as organizações profissionais e as próprias empresas, e que surgem da dinâmica da representação sindical e atuação coletiva inerente à classe dos trabalhadores[2].

Por essa razão é que comumente se afirma que o Direito Coletivo é construído a partir da relação entre entes teoricamente equivalentes, uma vez que são reputados como seres tecnicamente coletivos. Esse é o ponto crucial e diferenciador quando comparado ao Direito Individual do Trabalho, que se preocupa em regulamentar a relação direta entre empregados e patrões, ao passo que aquele é representativo das relações entre grupos.

---

2. O artigo 8º, VI, da Constituição Federal de 1988, prevê o chamado *"princípio da interveniência sindical na negociação coletiva"*. Tal preceito propõe que a validade do processo negocial coletivo se submeta à necessária intervenção do ser coletivo institucionalizado obreiro. No caso brasileiro, o sindicato. Logo, a Constituição da República, ao considerar obrigatória a participação dos sindicatos nas negociações coletivas, não se refere ao sindicato de empregadores, mas sim ao sindicato de empregados. Essa é a razão pela qual o empregador não pode negociar diretamente com comissão eleita pelos trabalhadores, sem intervenção do respectivo sindicato, para tratar, por exemplo, da participação nos lucros ou resultados.

Além do mais, o Direito Coletivo do Trabalho tem como objetivo maior disciplinar os interesses coletivos e, por essa razão, guarda em si a função criadora de normas que regem seus grupos, atuando na constituição de regramentos que vão inclusive determinar direitos e obrigações na órbita dos contratos individuais de trabalho.

Sucede, porém, que sempre se entendeu que a autonomia do Direito Coletivo, na sua função criativa da norma normativa, não significa necessária soberania perante o Estado, nem sobreposição de uma ordem jurídica paralela e à margem da ordem jurídica estatal.

Por essa razão é que se mostra bastante oportuna, a partir da reforma trabalhista, a definição dos limites da autonomia negocial coletiva para fins de identificar quais são as cláusulas de acordos e convenções coletivas de trabalho que podem ou não serem de livre pactuação pelos entes coletivos no exercício da regular negociação coletiva de trabalho.

4. A SUPREMACIA DA NEGOCIAÇÃO COLETIVA DE TRABALHO

Em princípio, tem-se como premissa a ser seguida neste artigo o fato de a autonomia privada coletiva, também chamada de autonomia sindical ou autonomia coletiva dos grupos (Amauri Mascaro Nascimento), encontra-se prevista no artigo 7º, XXVI, da Constituição da República Federativa do Brasil (CRFB), que é taxativo ao conferir validade às normas originárias de convenções e acordo coletivos de trabalho, *in verbis*:

> Art. 7º São direitos dos trabalhadores urbanos e rurais, além de outros que visem à melhoria de sua condição social: [...]
>
> XXVI - reconhecimento das convenções e acordos coletivos de trabalho.

Não por outra razão que o próprio Constituinte Originário de 1988 trouxe hipóteses permissivas à validade do negociado sobre o legislado, em casos nos quais as normas coletivas venham a dirimir controvérsias em torno de temas como salário e jornada de trabalho.

Destaca-se, nesse sentido, o teor dos incisos VI, XIII e XVI, do artigo 7º, da Constituição Federal:

> Art. 7º São direitos dos trabalhadores urbanos e rurais, além de outros que visem à melhoria de sua condição social: [...]
>
> VI - irredutibilidade do salário, salvo o disposto em convenção ou acordo coletivo;
>
> [...]
>
> XIII - duração do trabalho normal não superior a oito horas diárias e quarenta e quatro semanais, facultada a compensação de horários e a redução da jornada, mediante acordo ou convenção coletiva de trabalho;
>
> XIV - jornada de seis horas para o trabalho realizado em turnos ininterruptos de revezamento, salvo negociação coletiva.

Fala-se aqui, portanto, nas palavras do Professor da USP, Gustavo Filipe Barbosa, em certa medida de *flexibilização* dos direitos trabalhistas, por meio de negociação coletiva, nas hipóteses de redução de salário, compensação e redução da jornada de trabalho e turnos ininterruptos de revezamento (artigo 7º, incisos VI, XIII e XIV da Constituição Federal de 1988), justamente com os objetivos de proteção do emprego e de adaptação às atuais condições sociais e econômicas.[3]

E note-se que essa *flexibilização* já fora mencionada pelo saudoso jurista, Miguel Reale, que, à época, sob a ótica das atuais necessidades sociais e práticas existentes nos conflitos entre empregados e empregadores, referiu o seguinte: "*O Direito do Trabalho pode e deve ser um Direito de Vanguarda, no sentido de que se coloca sempre a par dos últimos acontecimentos últimos que se realizam no Plano Cultural, em benefício dos valores essenciais daqueles que exercem atividade criadora em qualquer campo do conhecimento*".[4]

No mesmo prumo, ainda, o advogado e professor, Luiz Carlos Amorim Robortella, para quem a *flexibilização* no Direito do Trabalho é "*o instrumento de política social caracterizado pela adaptação constante das normas jurídicas à realidade econômica, social e institucional, mediante intensa participação de trabalhadores e empresários, para eficaz regulação do mercado de trabalho, tendo como objetivos o desenvolvimento econômico e progresso social*".[5]

Assim, a autonomia privada coletiva, prevista como direito fundamental pelo artigo 7º, XXVI, da Lei Maior, é a capacidade atribuída aos sujeitos de Direito Coletivo de criar normas complementares ao regramento heterônomo, por meio do processo negocial. Aquela, frise-se, difere da autonomia privada individual, já que esta representa a pactuação firmada no âmbito individual do contrato de trabalho entre empregado e empregador.

A autonomia privada coletiva, fundada na autonomia sindical (CRFB, artigo 8º, I), encontra respaldo também nos princípios da equivalência dos contratantes e da criatividade jurídica. Está vinculada, por isso, aos princípios do patamar mínimo civilizatório e da adequação setorial negociada.

5. OS LIMITES À AUTONOMIA PRIVADA COLETIVA

Acontece que a autonomia negocial deve respeitar o "núcleo duro" do Direito do Trabalho, formado por normas de fonte estatal (imperativas e de ordem pública), pautadas pelos princípios da proteção e da irrenunciabilidade. Exemplos disso são os direitos relativos ao marco regulatório mínimo de cidadania dos trabalhadores, cuja transação não pode ser objeto de negociação coletiva.

3. GARCIA, Gustavo Filipe Barbosa. *Curso de direito do trabalho*. 10. ed. Rio de Janeiro: Forense, 2016. p. 111-113.
4. REALE, Miguel. *A globalização da economia e do direito do trabalho*. São Paulo: LTr, 1997, p. 11.
5. ROBORTELLA, Luiz Carlos Amorim. *O moderno direito do trabalho*. São Paulo: LTr, 1994, p. 93.

A reforma trabalhista, neste ponto, encampou expressamente a clássica distinção já feita no âmbito da jurisprudência entre normas de indisponibilidade absoluta e normas de indisponibilidade relativa. As primeiras, como acima mencionado, englobam o patamar mínimo civilizatório dos trabalhadores, insuscetíveis, portanto, de modificação pela via da negociação coletiva. Já as segundas conferem efetividade ao princípio da adequação setorial negociada, mas, para sua legitimação, em tese, seria necessário garantir ao menos um mínimo de contraprestação, além de se estabelecer um patamar superior de direitos, de acordo com o princípio constitucional da progressividade dos direitos sociais.[6]

E quando se fala "em tese", a assertiva é proposital vista agora sob o ponto o enfoque da reforma trabalhista. Isso porque o novo artigo 611-A da CLT, com a redação trazida pela Lei 13.467/2017, e que foi alterado recentemente pela Medida Provisória nº 808, de 14 de novembro de 2017, dispõe que *"a convenção coletiva e o acordo coletivo de trabalho, observados os incisos III e VI do caput do art. 8º da Constituição,* ***têm prevalência sobre a lei*** *quando, entre outros, dispuserem sobre (...)".* (g.n.)

Ora, pode-se inferir, neste prumo, que a partir da reforma, passa-se a admitir, de forma expressa, a chamada "prevalência do negociado sobre o legislado", e, mais, as hipóteses de cláusulas normativas elencadas no citado artigo legal se traduzem em um rol meramente exemplificativo, uma vez que o legislador utilizou a expressão "entre outros".

Para tanto, de se transcrever essa importante novidade agora positivada na CLT, com os ajustes feitos pela Medida Provisória nº 808/2017 editada pelo Governo Federal:

> Art. 611-A. A convenção coletiva e o acordo coletivo de trabalho têm prevalência sobre a lei quando, entre outros, dispuserem sobre:
>
> I - pacto quanto à jornada de trabalho, observados os limites constitucionais;
>
> II - banco de horas anual;
>
> III - intervalo intrajornada, respeitado o limite mínimo de trinta minutos para jornadas superiores a seis horas;
>
> IV - adesão ao Programa Seguro-Emprego (PSE), de que trata a Lei nº 13.189, de 19 de novembro de 2015;
>
> V - plano de cargos, salários e funções compatíveis com a condição pessoal do empregado, bem como identificação dos cargos que se enquadram como funções de confiança;
>
> VI - regulamento empresarial;
>
> VII - representante dos trabalhadores no local de trabalho;
>
> VIII - teletrabalho, regime de sobreaviso, e trabalho intermitente;
>
> IX - remuneração por produtividade, incluídas as gorjetas percebidas pelo empregado, e remuneração por desempenho individual;

6. CF/88, Artigo 7º: *"São direitos dos trabalhadores urbanos e rurais, além de outros que visem à melhoria de sua condição social".*

X - modalidade de registro de jornada de trabalho;

XI - troca do dia de feriado;

XII - enquadramento do grau de insalubridade e prorrogação de jornada em locais insalubres, incluída a possibilidade de contratação de perícia, afastada a licença prévia das autoridades competentes do Ministério do Trabalho, desde que respeitadas, na integralidade, as normas de saúde, higiene e segurança do trabalho previstas em lei ou em normas regulamentadoras do Ministério do Trabalho;

XIII - (Revogado Medida Provisória nº 808, de 2017)

XIV - prêmios de incentivo em bens ou serviços, eventualmente concedidos em programas de incentivo;

XV - participação nos lucros ou resultados da empresa.

Interessante notar que, ao contrário do que tradicionalmente sempre se entendia na doutrina e na jurisprudência, as regras sobre a duração do trabalho e intervalos deixam de ser consideradas como normas de saúde, higiene e segurança do trabalho para os fins do disposto neste artigo. Inteligência da redação do parágrafo único do artigo 611-B da CLT, incluída por força da Lei nº 13.467/2017.

Dessarte, salvo nas hipóteses em que, taxativamente, a lei prever a proibição da negociação coletiva, entende-se que, doravante, haverá uma ampliação, ainda maior, no âmbito de atuação da negociação coletiva, sem que, necessariamente, essa tenha que tratar de cláusulas que disponham sobre as hipóteses referendadas pelo artigo 611-A da CLT.

Bem por isso, como medida a compreender essa amplitude na dimensão da negociação coletiva, recomenda-se a leitura do artigo 611-B da CLT que, por versar sobre a ilicitude do objeto de cláusulas normativas, impede que haja a supressão e/ou a redução dos seguintes direitos, cujo rol aqui transcrito é exaustivo por versar sobre norma de natureza restritiva, que não comporta interpretação ampliativa, a saber:

Art. 611-B. Constituem objeto ilícito de convenção coletiva ou de acordo coletivo de trabalho, exclusivamente, a supressão ou a redução dos seguintes direitos:

I - normas de identificação profissional, inclusive as anotações na Carteira de Trabalho e Previdência Social;

II - seguro-desemprego, em caso de desemprego involuntário;

III - valor dos depósitos mensais e da indenização rescisória do Fundo de Garantia do Tempo de Serviço (FGTS);

IV - salário mínimo;

V - valor nominal do décimo terceiro salário;

VI - remuneração do trabalho noturno superior à do diurno;

VII - proteção do salário na forma da lei, constituindo crime sua retenção dolosa;

VIII - salário-família;

IX - repouso semanal remunerado;

X - remuneração do serviço extraordinário superior, no mínimo, em 50% (cinquenta por cento) à do normal;

XI - número de dias de férias devidas ao empregado;

XII - gozo de férias anuais remuneradas com, pelo menos, um terço a mais do que o salário normal;

XIII - licença-maternidade com a duração mínima de cento e vinte dias;

XIV - licença-paternidade nos termos fixados em lei;

XV - proteção do mercado de trabalho da mulher, mediante incentivos específicos, nos termos da lei;

XVI - aviso prévio proporcional ao tempo de serviço, sendo no mínimo de trinta dias, nos termos da lei;

XVII - normas de saúde, higiene e segurança do trabalho previstas em lei ou em normas regulamentadoras do Ministério do Trabalho;

XVIII - adicional de remuneração para as atividades penosas, insalubres ou perigosas;

XIX - aposentadoria;

XX - seguro contra acidentes de trabalho, a cargo do empregador;

XXI - ação, quanto aos créditos resultantes das relações de trabalho, com prazo prescricional de cinco anos para os trabalhadores urbanos e rurais, até o limite de dois anos após a extinção do contrato de trabalho;

XXII - proibição de qualquer discriminação no tocante a salário e critérios de admissão do trabalhador com deficiência;

XXIII - proibição de trabalho noturno, perigoso ou insalubre a menores de dezoito anos e de qualquer trabalho a menores de dezesseis anos, salvo na condição de aprendiz, a partir de quatorze anos;

XXIV - medidas de proteção legal de crianças e adolescentes;

XXV - igualdade de direitos entre o trabalhador com vínculo empregatício permanente e o trabalhador avulso;

XXVI - liberdade de associação profissional ou sindical do trabalhador, inclusive o direito de não sofrer, sem sua expressa e prévia anuência, qualquer cobrança ou desconto salarial estabelecidos em convenção coletiva ou acordo coletivo de trabalho;

XXVII - direito de greve, competindo aos trabalhadores decidir sobre a oportunidade de exercê-lo e sobre os interesses que devam por meio dele defender;

XXVIII - definição legal sobre os serviços ou atividades essenciais e disposições legais sobre o atendimento das necessidades inadiáveis da comunidade em caso de greve;

XXIX - tributos e outros créditos de terceiros;

XXX - as disposições previstas nos arts. 373-A, 390, 392, 392-A, 394, 394-A, 395, 396 e 400 desta Consolidação.

6. REGRAS DE INTERPRETAÇÃO

A par disso, do cotejo entre os instrumentos coletivos de trabalho (normas autônomas) e a legislação consolidada (normas heterônomas), há de se aplicar o princípio da criatividade jurídica[7], traduzido na função normogenética da negociação coletiva.

Isso porque o ordenamento jurídico brasileiro adotou a "Teoria Híbrida ou Mista" quanto à natureza jurídica dos acordos e convenções coletivas de trabalho. Assim sendo, a norma coletiva constitui um *tertium genus* entre o contrato de trabalho e a legislação consolidada, uma vez que sua formação decorre de um ajuste de vontades e seu conteúdo equivale a de uma norma jurídica aplicável aos sujeitos das relações individuais de trabalho.

Por esta razão, como não há se falar em direito absoluto, mais fundamental que outro, pois, havendo aparente colisão entre direitos, deve ser aplicada a técnica de ponderação de interesses, com a adoção dos princípios da concordância prática e da cedência recíproca (Konrad Hesse). Afinal, há de se garantir a própria unidade do ordenamento jurídico pátrio, com adoção de critérios constitucionais como a proporcionalidade e a razoabilidade, sem que haja exclusão de quaisquer dos direitos fundamentais envolvidos.

E no aspecto da eficácia normativa dos princípios, interesse relembrar as lições de Robert Alexy, em sua clássica obra "Teoria dos Direitos Fundamentais", para quem os princípios são fundamentos não apenas do ordenamento jurídico, como também de todas as relações entre particulares:

> Princípios são mandamentos de otimização, caracterizados pelo fato de que podem ser cumpridos em diferentes graus, sendo que a medida devida de seu cumprimento depende não apenas das possibilidades reais, mas também das jurídicas, cujo âmbito é determinado por princípios e regras opostos. Já as regras, são normas que só podem ser cumpridas ou não. Se uma regra é válida, então há que se fazer exatamente o que ela exige, nem mais, nem menos. Portanto, as regras contem determinações no âmbito do fático e juridicamente possível.[8]

Dito isso, cabe ao intérprete, na aferição dos limites da negociação coletiva, promover a compatibilização entre as normas coletivas negociadas (autônomas) e a normatização estatal (heterônoma), devendo, contudo, ser respeitado o "núcleo duro" do Direito do Trabalho, constituído por normas tidas por inderrogáveis.

Feita essa harmonização, as normas juscoletivas podem sim prevalecer sobre o padrão geral heterônomo, ao transacionarem direitos de indisponibilidade meramente relativa, e que agora estão elencados, exemplificadamente, no artigo 611-A da CLT.

7. Segundo referido princípio, os processos negociais coletivos e seus instrumentos (ACT e CCT) têm real poder de criar norma jurídica, em harmonia com a normatividade heterônoma estatal (DELGADO, Maurício Godinho. *Direito coletivo do trabalho*. 6. ed. São Paulo: LTr, 2016, p. 68).
8. ALEXY, Robert. *Teoria dos Direitos Fundamentais*. Trad. Virgílio Afonso da Silva. São Paulo: Malheiros, 2008, p. 38.

Ressalte-se, porém, que não se está aqui a referendar atos que impliquem efetiva renúncia a direitos trabalhistas, que ostentam natureza alimentar (CF/88, artigo 100, §1º)[9], considerados, inclusive, como créditos privilegiados por nosso arcabouço jurídico (Código Tribunal Nacional, artigo 186[10] c/c Lei de Execuções Fiscais, artigos 10[11] e 30[12] c/c Lei nº 11.101/2005, artigo 83, I)[13].

Tanto é verdade que se extrai, implicitamente, do artigo 7º da Lei Maior, o princípio da norma mais favorável ao empregado, o que orienta a todos que "*a Constituição deve ser interpretada como um conjunto de direitos mínimos e não de máximos, de modo que nela mesma se encontra o comando para que os direitos mais favoráveis ao trabalhador venham a ser fixados através da lei ou das convenções coletivas*"[14]. Essa era visão do professor e advogado, José Affonso Dallegrave Neto, ao afirmar que "*o negociado somente prevalecerá sobre o legislado quando trouxer melhores condições ao trabalhador*".[15]

E mais que a feição bilateral da negociação, a transação de direitos não se perpetua frente àqueles considerados de indisponibilidade absoluta, que se traduzem em parcelas imantadas por tutela de interesse público, insuscetível de pactuação pelas partes acordantes, e que agora estão taxativamente enumerados no artigo 611-B da CLT.

Pelo exposto, afigura-se oportuno asseverar que o Direito do Trabalho atua como instrumento mediador e institucionalizador na solução de conflitos entre o trabalho

---

9. CF/88, Art. 100. [...]: "*§ 1º Os débitos de natureza alimentícia compreendem aqueles decorrentes de salários, vencimentos, proventos, pensões e suas complementações, benefícios previdenciários e indenizações por morte ou por invalidez, fundadas em responsabilidade civil, em virtude de sentença judicial transitada em julgado, e serão pagos com preferência sobre todos os demais débitos, exceto sobre aqueles referidos no § 2º deste artigo*".

10. CTN, Art. 186: "*O crédito tributário prefere a qualquer outro, seja qual for sua natureza ou o tempo de sua constituição, ressalvados os créditos decorrentes da legislação do trabalho ou do acidente de trabalho*".

11. LEF, Art. 10: "*Não ocorrendo o pagamento, nem a garantia da execução de que trata o artigo 9º, a penhora poderá recair em qualquer bem do executado, exceto os que a lei declare absolutamente impenhoráveis*".

12. LEF, Art. 30: "*Sem prejuízo dos privilégios especiais sobre determinados bens, que sejam previstos em lei, responde pelo pagamento da Dívida Ativa da Fazenda Pública a totalidade dos bens e das rendas, de qualquer origem ou natureza, do sujeito passivo, seu espólio ou sua massa, inclusive os gravados por ônus real ou cláusula de inalienabilidade ou impenhorabilidade, seja qual for a data da constituição do ônus ou da cláusula, excetuados unicamente os bens e rendas que a lei declara absolutamente impenhoráveis*".

13. Art. 83: "*A classificação dos créditos na falência obedece à seguinte ordem: I – os créditos derivados da legislação do trabalho, limitados a 150 (cento e cinquenta) salários-mínimos por credor, e os decorrentes de acidentes de trabalho*".

14. NASCIMENTO, Amauri Mascaro. *Direito do Trabalho na Constituição de 1988*. 2ª ed. São Paulo: Saraiva, 1991, p. 40.

15. DALLEGRAVE NETO, José Affonso. *Prevalência do negociado sobre o legislado- reflexões à luz da Constituição Federal*. Disponível em <http://www.internet-lex.com.br>, consultado em outubro de 2017, p. 3.

assalariado e o capital. Desta forma, mesmo com a reforma trabalhista, acredita-se na subsistência de importantes dispositivos protetivos, mesmo porque *"a proteção é o fator de maior produtividade e de paz social, que interessam ao capitalismo"*.[16]

7. A VALORIZAÇÃO DA NEGOCIAÇÃO COLETIVA DE TRABALHO

Entrementes, é certo que os limites da autonomia negocial coletiva, antes da reforma trabalhista, já foram objeto de um paradigmático precedente do Supremo Tribunal Federal – decisão plenária, no RE 590.415, com repercussão geral reconhecida –, ao decidir que, nos casos de Planos de Dispensa Incentivada (chamados PDIs), é válida a cláusula que dá quitação ampla e irrestrita a todas as parcelas decorrentes do contrato de emprego, desde que esta condição conste de acordo coletivo de trabalho firmado com a empresa, como também dos demais instrumentos assinados pelo empregado.

Ao dar provimento ao recurso extraordinário, os ministros fixaram a seguinte tese:

> A transação extrajudicial que importa rescisão do contrato de trabalho em razão de adesão voluntária do empregado a plano de dispensa incentivada enseja quitação ampla e irrestrita de todas as parcelas objeto do contrato de emprego, caso essa condição tenha constado expressamente do acordo coletivo que aprovou o plano, bem como dos demais instrumentos celebrados com o empregado.

Prevaleceu, assim, o entendimento de que a incidência do princípio da proteção às relações individuais de trabalho (Américo Plá Rodriguez) é diversa da incidência nas negociações coletivas, uma vez que o poder econômico do empregador é contrabalanceado pelo poder dos sindicatos profissionais que representam os empregados.

Isso porque a proteção estatal presente nas relações trabalhistas individuais, tendo em vista o fato de empregado e empregador possuírem pesos econômico e político diversos, não guarda exata correlação quando se está diante das negociações coletivas de trabalho, em que aludidos pesos e forças tendem a se igualar. As entidades sindicais têm efetivo poder social, político e de barganha, razão pela qual, em matéria de negociação coletiva, os norteadores são diversos, o que justifica atenuar a proteção ao trabalhador para dar espaço a outros princípios.

Além do mais, também foi destacada pela Suprema Corte a importância dos planos de dispensa incentivada como alternativa social relevante para mitigar o impacto de demissões em massa[17], pois permitem ao empregado condições de rescisão mais benéficas do que teria no caso de uma simples dispensa.

---

16. SILVA, Luiz de Pinho Pedreira da. *Principiologia do Direito do Trabalho.* São Paulo: LTr, 1999, p. 38.
17. Na ocasião, o então Presidente do STF, ministro Ricardo Lewandowski, afirmou ser preciso fomentar formas alternativas de prevenção de conflitos no Brasil, afinal, no Brasil tramitavam mais de 100 milhões de processos, segundo dados do Conselho Nacional de Justiça (CNJ).

Referida decisão ainda se mostra em sintonia justamente com a valorização das negociações e acordos coletivos (CF/88, artigo 7º, XXVI), seguindo a tendência mundial pela composição enfatizada, inclusive, nas Convenções nº 98 e 154, ambas da Organização Internacional do Trabalho (OIT).

Bem por isso, há de prevalecer a livre negociação coletiva entre entes coletivos que ostentam paridade de armas, estando, assim, em igualdade de condições no plano constitucional.

8. EFICÁCIA DAS NORMAS COLETIVAS

A legislação consolida, tradicionalmente, sempre previu a limitação da vigência das normas coletivas de trabalho. Não por outra razão que o §3º do artigo 614 celetista, antes da reforma trabalhista, dispunha que "*não será permitido estipular duração de Convenção ou Acordo superior a 2 (dois) anos*". (g.n)

Acontece, porém, que o Tribunal Superior do Trabalho, ao interpretar referido preceito legal, editou a Súmula nº 277 que, com a alteração de sua redação promovida pelo Tribunal Pleno, em sessão realizada no dia 14/09/2012, passou a entender o seguinte:

> **SUM-277 CONVENÇÃO COLETIVA DE TRABALHO OU ACORDO COLETIVO DE TRABALHO. EFICÁCIA. ULTRATIVIDADE (redação alterada na sessão do Tribunal Pleno realizada em 14.09.2012) - Res. 185/2012 – DEJT divulgado em 25, 26 e 27.09.2012.**
>
> As cláusulas normativas dos acordos coletivos ou convenções coletivas integram os contratos individuais de trabalho e somente poderão ser modificadas ou suprimidas mediante negociação coletiva de trabalho.

Note-se que, pelo entendimento acima exposto, houve a chamada "ultratividade" dos efeitos da norma coletiva, por força da incorporação das cláusulas coletivas no contrato de trabalho. Bem por isso, na hipótese em que a cláusula previa direito que se projetasse para além do término da vigência da norma coletiva, tendo o trabalhador cumprido seus pressupostos durante o seu prazo de vigência, se admitia a defesa da "ultratividade" do instrumento coletivo de trabalho.

E essa mudança paradigmática chancelada pela Corte de Vértice Trabalhista teve por objetivo fomentar as negociações coletivas periodicamente, e não mais restringi-las ao prazo de a cada 2 (dois) anos, adequando os instrumentos à realidade econômica e regional de cada categoria. O aludido prazo, contudo, era interpretado juntamente com a teoria da aderência limitada por revogação, ou seja, enquanto não houvesse um novo acordo ou convenção coletiva que modificasse a situação do instrumento ajustado, este continuava em vigor, mesmo após terminado o seu prazo de vigência de 2 (dois) anos.

Entrementes, o ministro Gilmar Mendes, do Supremo Tribunal Federal, concedeu, no dia 14 de outubro de 2016, medida cautelar para suspender todos os processos e efeitos de decisões no âmbito da Justiça do Trabalho que discutam a aplicação da "ultratividade" de normas de acordos e de convenções coletivas.

A decisão, ainda a ser referendada pelo Plenário do Excelso Pretório, foi proferida na Arguição de Descumprimento de Preceito Fundamental (ADPF) nº 323, ajuizada pela Confederação Nacional dos Estabelecimentos de Ensino (Confenen), questionando a Súmula de nº 277 do Tribunal Superior do Trabalho.

Ao conceder a liminar o ministro justificou que *"da análise do caso extrai-se indubitavelmente que se tem como insustentável o entendimento jurisdicional conferido pelos tribunais trabalhistas ao interpretar arbitrariamente a norma constitucional"*. Sua Excelência ressaltou que a suspensão do andamento dos processos *"é medida extrema que deve ser adotada apenas em circunstâncias especiais"*, mas considerou que as razões apontadas pela Confederação, bem como a reiterada aplicação do entendimento judicial consolidado na atual redação da Súmula nº 277 do C. TST, *"são questões que aparentam possuir relevância jurídica suficiente a ensejar o acolhimento do pedido"*.

E justamente por conta da controvérsia que se instaurou no âmbito das Cortes Superiores, a respeito da eficácia das normas coletivas, é que a reforma trabalhista, categoricamente, passou a proibir a chamada "ultratividade", consoante se infere da leitura da redação conferida ao §3º do artigo 614 consolidado: *"Não será permitido estipular duração de convenção coletiva ou acordo coletivo de trabalho superior a dois anos,* ***sendo vedada a ultratividade****"*. (g.n.)

9. CONCLUSÃO

Este trabalho se dedicou ao estudo dos impactos da reforma trabalhista no Direito Coletivo, em particular quanto à problemática de grande relevância relativa à prevalência do negociado sobre o legislado, e que agora passou a estar previsto na legislação consolidada.

Por essa razão, procurou-se enfatizar a valorização da autonomia negocial coletiva, como instrumento hábil a estabelecer regras e condições mais propícias à realidade dos sujeitos da relação de emprego, sem descurar do respeito às cláusulas normativas reputadas como ilícitas para efeitos da negociação coletiva, descritas pormenorizadamente no rol trazido pelo atual artigo 611-B da CLT.

De mais a mais, não se está a chancelar aqui com a violação ao patamar mínimo civilizatório dos trabalhadores, entendido como arcabouço de direitos de indisponibilidade absoluta igualmente previstos no artigo 7º da Carta de Outono de 1988, além daqueles estabelecidos em tratados e convenções internacionais.

Logo, pugna-se por uma proposta na defesa do incremento da própria negociação coletiva, na forma do que preceituam as Convenções nºs 98 e 154 da OIT, que foram ratificadas pelo Brasil. Tais normatizações internacionais dão respaldo à negociação coletiva, a qual constitui instrumento propulsor de diálogo social.

Em derradeiro, o que se espera é um processo interpretativo que leve em conta a força normativa da Constituição e a ideia de unidade do direito, afastando o voluntarismo e ativismo judicial pernicioso e arbitrário, já que "(...) *és um princi-*

pio básico de la administración de justicia que los casos similares deben ser decididos de manera similar)"[18].

REFERÊNCIAS

ALEXY, Robert. **Teoria dos Direitos Fundamentais**. Trad. Virgílio Afonso da Silva. São Paulo: Malheiros, 2008, p. 38.

CROSS, Rupert; HARRIS, J.W. **El precedente em el Derecho Inglês**. Madrid: Marcial Pons, 2012.

DALLEGRAVE NETO, José Affonso. **Prevalência do negociado sobre o legislado- reflexões à luz da Constituição Federal**. Disponível em <http://www.internet-lex.com.br>, consultado em outubro de 2017, p. 3.

DELGADO, Maurício Godinho. **Direito coletivo do trabalho**. 6. ed. São Paulo: LTr, 2016.

GARCIA, Gustavo Filipe Barbosa. **Curso de direito do trabalho**. 10. ed. Rio de Janeiro: Forense, 2016. p. 111-113.

NASCIMENTO, Amauri Mascaro. **Direito do Trabalho na Constituição de 1988**. 2ª ed. São Paulo: Saraiva, 1991, p. 40.

REALE, Miguel. **A globalização da economia e do direito do trabalho**. São Paulo: LTr, 1997, p. 11.

ROBORTELLA, Luiz Carlos Amorim. **O moderno direito do trabalho**. São Paulo: LTr, 1994, p. 93.

SILVA, Luiz de Pinho Pedreira da. **Principiologia do Direito do Trabalho**. São Paulo: LTr, 1999, p. 38.

18. CROSS, Rupert; HARRIS, J.W. *El precedente em el Derecho Inglês*. Madrid: Marcial Pons, 2012, p. 23.

SUPREMACIA DO NEGOCIADO SOBRE O LEGISLADO NA REFORMA TRABALHISTA: O EFEITO PRÁTICO NO CONTRATO DE TRABALHO DO EMPREGADO

Cristiane Maria Adad Amorim Castelo Branco[1]

Sumário: 1. INTRODUÇÃO – 2. A PREVALÊNCIA DO NEGOCIADO SOBRE O LEGISLADO – 3. ANALISE DOS DIREITOS PASSÍVEIS DE NEGOCIAÇÃO SEGUNDO O ART. 611-A DA CLT – 4. CONCLUSÃO – REFERÊNCIAS

1. INTRODUÇÃO

Sob a fundamentação de ampliar as condições de empregabilidade no país o governo fez modificações recentes na legislação trabalhista. Tais alterações não se resumem apenas à edição da Lei nº 13.467/17, chamada de reforma trabalhista, mas também a outros institutos jurídicos considerados caros ao Direito do Trabalho, como a Lei n º 13.429/17 que amplia as hipóteses de trabalho temporário e disciplina a terceirização. Todas essas modificações, no entender de seus idealizadores, estimula os empregadores a gerarem mais empregos, uma vez que são eles os responsáveis pela formalização dos vínculos de emprego no país.

Nesse estudo busca-se demonstrar o efeito nefasto que essas modificações acarretarão nas relações de emprego, uma vez que essas medidas adotadas difi-

---

1. Auditora Fiscal do Trabalho. Professora de graduação e pós-graduação em Direito do Trabalho nas Faculdades Estácio e Instituto Camillo Filho. Especialista em Direito do Trabalho e Processo do Trabalho pela Universidade Federal do Piauí. Mestre em Ciências Políticas pela Universidade Federal do Piauí.

cultam o acesso aos diretos trabalhistas dos empregados, gerando prejuízos também aos cofres públicos que têm no emprego formal um dos meios eficazes de reduzir a necessidade do auxílio do Estado na vida do cidadão.

Para isso, será feita a análise do artigo 611-A da CLT, onde institui a prevalência do negociado sobre o legislado em uma série de direitos enumerados no próprio artigo, cujo o rol não é taxativo, uma vez que utiliza a expressão "entre outros". Tal dispositivo de lei alcançou uma das principais finalidades das alterações na legislação do trabalho ocorridas desde que houve a mudança de governo no nosso país, qual seja: a flexibilização das normas trabalhista, que significa tornar maleável a rigidez dos direitos trabalhistas estabelecidos em lei. Em outras palavras, para os idealizadores dessa reforma, flexibilizar quer dizer redução ou supressão de direitos trabalhistas previstos em lei.

Assim, faremos uma breve análise dos efeitos que essa mudança legislativa trará para as relações de emprego, em especial para os empregados, uma vez que estamos em fase inicial de compreensão da dimensão que essas normas aprovadas podem alcançar, já que grande parte da jurisprudência construída ao longo de anos em todas as esferas do judiciário trabalhista foi severamente atingida e alterada por essas modificações legislativas.

2. A PREVALÊNCIA DO NEGOCIADO SOBRE O LEGISLADO

O artigo 611-A da CLT, estabelece que a negociação coletiva tem prevalência sobre a lei quando dispuser sobre vários direitos estabelecidos no próprio artigo. Embora, esses direitos possam ser reduzidos ou suprimidos não são considerados taxativos, pois a expressão "entre outros" contida no texto legal permite a inclusão de outras hipóteses ali não prevista, desde que não violem o artigo 611-B da CLT apresentado pelo legislador como limitador desse poder. No entanto, entendemos que os direitos inegociáveis contidos no art. 611-B da CLT, apesar da expressão "exclusivamente", não é taxativo, pois não inclui alguns direitos e princípios constitucionais.

Entretanto, é preciso lembrar que o ordenamento jurídico brasileiro sempre reconheceu aos sujeitos da negociação coletiva o direito de criar a norma jurídica, regulamentando as condições de trabalho. O negociado, nesse país, já prevalecia sobre o legislado quando era para estabelecer condições mais benéficas ao trabalhador ou quando havia autorização legal, como por exemplo, os casos previstos nos incisos VI (redução de salários por convenção ou acordo coletivo), XIII (redução e compensação da jornada por acordo ou convenção coletiva) e XIV (aumento da jornada em turnos ininterruptos de revezamento para mais de 6 horas) do art. 7º da Constituição.

Nesse diapasão, Márcio Túlio Viana (2001) assinala:

> "Na verdade, o negociado já prevalece sobre o legislado, quando se trata de dar mais vantagens ao trabalhador. Assim, o que se está pretendendo não é valorizar a convenção coletiva, como instrumento de conquistas da classe tra-

balhadora, mas desvalorizá-la, utilizando-a para destruir o que foi construído. É esse o significado real do slogan".

Na mesma acepção, ensina Maurício Godinho Delgado (2016),

"Pelo princípio da adequação setorial negociada as normas autônomas juscoletivas construídas para incidirem sobre certa comunidade econômico-profissional podem prevalecer sobre o padrão geral heterônomo justrabalhista desde que respeitados certos critérios objetivamente fixados. São dois esses critérios autorizativos: a) quando as normas autônomas juscoletivas implementam um padrão setorial de direitos superior ao padrão geral oriundo da legislação heterônoma aplicável; b) quando as normas juscoletivas transacionam setorialmente parcelas justrabalhistas de indisponibilidade apenas relativa (e não de indisponibilidade absoluta)".

As parcelas consideradas de indisponibilidade absoluta são aquelas asseguradas por normas de ordem pública, por formarem o patamar mínimo civilizatório das relações de emprego. Esses direitos não poderiam ser reduzidos, nem mesmo mediante negociação coletiva, sob pena de ofensa à dignidade da pessoa humana e à valorização do trabalho, fundamentos da República Federativa do Brasil (CRFB/88, artigos 1º, III, e 170).

Com a vigência da Reforma Trabalhista este cenário se modifica, tendo em vista que o legislador estabeleceu um rol exemplificativo de direitos que podem ser negociados, uma vez que usa a expressão entre outros no art. 611-A da CLT, o que por consequência, acarreta a diminuição do espaço normativo sob o qual se apoia o limite à liberdade e implanta a supremacia das normas coletivas.

Nessa nova perspectiva estabelecida pela reforma torna-se importante analisar os seguintes pontos: qual a intenção do legislador ao estabelecer a supremacia da negociação coletiva se a legislação já acatava regulamentação criada por esse instrumento jurídico? Será que os sindicatos laborais/empregados estão realmente organizados para negociar em igualdade de condições com empresários ou sindicatos patronais?

A implantação na legislação do trabalho da supremacia do negociado sobre o legislado deriva da compreensão por parte dos legisladores de que o trabalho tem um valor expressivamente alto e que ações devem ser implementadas para desonerá-lo a qualquer custo. Este discurso, há muito tempo defendido pela classe empresarial e reforçado em momentos de crises econômicas, ganhou espaço com aqueles que levantaram a bandeira da Reforma, abalando as estruturas do Direito Coletivo e do Direito Individual do Trabalho.

Princípios importantes que fundamentam a existência de um ramo jurídico autônomo como o Direito do Trabalho e que são utilizados para solucionarem questões de hermenêutica, como o da norma mais favorável, que estabelece uma hierarquia flexível e dinâmica entre as fontes formais do Direito do Trabalho foram esquecidos em prol de um discurso que argumenta que o aumento da liberdade dos contratantes através da ampliação da autonomia coletiva gerará benefícios para os dois lados.

Não haveria problema nesta ideia se no panorama atual não existisse a predominância de uma doutrina que almeja impor a lei do mercado ajustando a norma às necessidades da realidade econômica, às custas de condições de trabalho fixadas pela parte patronal e não verdadeiramente negociadas pelos representantes dos empregados. Além disso, com uma taxa de desemprego alta como a existente no país e sem a garantia de direitos mínimos estabelecidos pela lei, os sindicatos deixariam de adotar uma posição ativa de reivindicações, mantendo-se na defensiva, para tentar preservar pelo menos os direitos já estabelecidos na CLT.

O que se percebe é que na situação vivenciada antes da reforma os sindicatos profissionais, embora pouco representativos, sempre que participavam de negociações coletivas estavam providos de um mínimo de direitos garantidos pela legislação trabalhista, o que consequentemente permitia que a negociação pudesse avançar para obter a melhoria das condições sociais dos trabalhadores, princípio fundamental do próprio Direito do Trabalho, conforme estabelecido no artigo 7º, caput, da Constituição Federal.

Nesse sentido, João Batista Brito Pereira (2002) afirma que:

> "Ora, sem uma garantia mínima fixada em lei como patamar a partir do qual a negociação se desenvolve, é pouco provável que as condições negociadas favoreçam os empregados. Ao contrário, as negociações tendem a se tornar mais favoráveis ao empregador ante o fantasma da retirada de benefícios garantidos na lei que regerá o processo de negociação, reduzindo o poder das entidades sindicais profissionais de acrescentar algo de novo nas reivindicações. É bem possível que estas se esforçarão para assegurar o contido nos instrumentos já existentes, dando ensejo a uma triste disputa, situando-se de um lado os empregados postulando algo mais e, de outro, os empregadores condicionando a concessão de um novo à retirada de dois antigos."

Dessa forma, verifica-se que o negociado pode assumir feição prejudicial e revogatória do mínimo legal, ainda mais quando o legislador relacionou o que constituí ilicitude, ao utilizar, no texto da lei a expressão exclusivamente, criando aparentemente um rol exaustivo ao conteúdo do art. 611-B da CLT reformada, ampliando, portanto, demasiadamente os direitos que podem ser negociados.

O patamar mínimo civilizatório de direitos garantidos aos empregados, que são considerados inegociáveis e as razões pelas quais este conteúdo mínimo nasceu e se ampara parecem ter sido esquecidos ou ignorados por aqueles que sustentam a sua desconstrução com intuito de privilegiar a ordem econômica sob o popular argumento da necessidade de criação de condições favoráveis aos investimentos privados e a manutenção e criação dos empregos.

A verdade é que os empregados vêm sofrendo o impacto pela atuação do poder econômico, uma vez que a consagração da autonomia da vontade pouco a pouco toma o espaço que, historicamente, era reservado à norma jurídica estatal protecionista.

3. ANALISE DOS DIREITOS PASSÍVEIS DE NEGOCIAÇÃO SEGUNDO O ART. 611-A DA CLT

Analisaremos as consequências jurídicas e os reflexos na prática diária dessas alterações no contrato de trabalho do empregado brasileiro ao sopesar o art.611--A da CLT e cada um dos seus incisos.

I - pacto quanto à jornada de trabalho, observados os limites constitucionais

O inciso I do artigo 611-A determina que a compensação de jornada está limitada à Constituição Federal. Veja, o limite constitucional é de 8 horas por dia e 44h semanais, portanto, não há que se permitir compensação ou flexibilização nessa regra. Se a intenção é respeitar os limites constitucionais, não pode haver trabalho além da jornada determinada pela Constituição.

Isso, aparentemente, poderia nos dar a impressão de que esse inciso visaria a reduzir a jornada, porém, ao pensar assim, esse dispositivo legal estaria contrariando outros artigos da mesma reforma, a exemplo, o que permite ampliação da jornada até 12 horas de trabalho com 36 horas de folga.

Ademais, o inciso I autoriza a compensação da jornada sem estabelecer os requisitos para essa compensação, não impondo as regras da CLT. Nesse contexto surgem as seguintes dúvidas: pode a norma coletiva estabelecer compensação de jornada que tenha como limite a duração de trabalho mensal ou mesmo anual? Deveria essa compensação respeitar os arts. 59 e 59-A da CLT que limita em duas horas excedentes diárias de trabalho para o empregado?

No nosso entendimento, a intenção do legislador foi a de não respeitar esse limite de duas horas excedentes diárias, autorizando a compensação sem limites por dia, desde que respeitado o limite mensal ou mesmo anual da duração do trabalho, possibilitando que o empregado trabalhe 12, 13 ou mais horas por dia.

Certamente, essa jornada afrontaria a proteção à integridade física e psíquica do empregado, porém, a própria reforma tratou de solucionar esse problema ao estabelecer no parágrafo único do art. 611-B, que o instituto da jornada não é considerado norma de medicina e segurança do trabalho.

II - banco de horas anual

O inciso II do artigo 611-A da CLT, apenas reforça o nosso entendimento anteriormente firmado quando do estudo do inciso I do mesmo dispositivo, pois autoriza, expressamente, o banco de horas anual, sendo que a Constituição só autoriza compensação de horários dentro do limite semanal de 44 horas. Novamente, não são especificados limites para a prorrogação diária (hoje de 2 horas por dia), o que não pode ser acolhido sob pena de na prática consentir o trabalho de 14 , 16 ou mais horas por dia, o que coloca em risco a saúde e segurança do trabalhador.

III - intervalo intrajornada, respeitado o limite mínimo de trinta minutos para jornadas superiores a seis horas;

A regra não deixa margem de dúvida para sua interpretação, visto que estabeleceu a redução do período de descanso intrajornada daqueles que laborem mais de seis horas diárias, mesmo que não seja possível na prática que o empregado se alimente e descanse, como ocorre naquelas empresas que não têm refeitórios próprios.

Esse inciso se mostra conflitante com o interesse da reforma, pois se a intenção é evitar a intervenção do Estado, deixando que a vontade das partes seja observada, por que se fixaria um limite de intervalo de no mínimo 30 minutos? Estaria a reforma estabelecendo limites para a negociação?

Os intervalos concedidos aos empregados, vale lembrar, são necessários para a preservação da sua saúde, até mesmo para evitar os custos sociais das doenças profissionais e dos acidentes de trabalho. Apesar, do parágrafo único do art. 611-B, estabeleça que o descanso não é considerado norma de medicina e segurança do trabalho.

No entanto, é interessante observar que a legislação atual não proíbe a redução do intervalo para 30 minutos, exigindo apenas que seja observada a possibilidade dessa redução por meio da verificação das condições necessárias para tanto pelo órgão estatal competente.

IV – adesão ao Programa Seguro-Emprego (PSE), de que trata a Lei nº 13.189, de 19 de novembro de 2015;

A adesão ao programa de seguro-emprego é uma clara demanda de política pública, não sendo possível, ser modificada pela vontade das partes. A não ser, que o objetivo do legislador seja prorrogar os benefícios contidos no Programa Seguro-Emprego para as empresas que provarem dificuldades financeiras, permitindo a redução ou a retirada das vantagens criadas pela lei ao trabalhador, obviamente, sem onerar a União, uma vez que o inciso XXIX do art. 611-B da CLT veda a negociação que envolva direitos de terceiros.

V – plano de cargos, salários e funções compatíveis com a condição pessoal do empregado, bem como identificação dos cargos que se enquadram como funções de confiança;

Esse inciso pretende autorizar que o plano de cargos e salários identifique quais os cargos que se enquadram na função de confiança. Claramente a finalidade desse inciso é o de excluir esses trabalhadores do Capítulo "Da Duração do Trabalho", fazendo com que se enquadrem na hipótese do artigo 62, II da CLT, retirando desses trabalhadores o direto às horas extras, descansos intra e interjornada, adicional noturno e etc. Um exemplo, seria a possibilidade de diminuição do valor da gratificação para menos de 40% do salário dos demais empregados.

VI- regulamento empresarial

Aparentemente esse inciso não traria nenhuma consequência para o contrato de trabalho, tendo em vista que regulamento empresarial não tem regulamentação legal, portanto, o dispositivo seria inofensivo ao empregado.

Todavia, o legislador não cria normas em vão, o verdadeiro intuito desse inciso é permitir que negociação coletiva possa suprimir ou reduzir benefícios concedidos anteriormente pela empresa aos empregados por meio de regulamento empresarial, ou seja, vantagens criadas livremente pelo empregador, excluindo, por consequência a aplicação da Sumula 51, I, do TST e do art. 468 da CLT, ao permitir a alteração prejudicial ao empregado.

VII – representante dos trabalhadores no local de trabalho;

A reforma regulamentou a criação dentro da empresa da figura da representação no local de trabalho no art. 510-A da CLT, buscando afastar claramente a presença do sindicato. Em seguida, diz que a negociação coletiva pode suplantar a própria lei criada. Então, qual o intuito desse inciso?

Não há dúvida de que o objetivo foi modificar a própria regra criada na reforma, permitindo que negociação coletiva possa regulamentar estabilidade do empregado, procedimento de eleição e prazo de mandato diverso do estabelecido no art. 510-A da CLT.

VIII – teletrabalho, regime de sobreaviso, e trabalho intermitente;

Em relação ao teletrabalho e ao trabalho intermitente ocorreu novamente a situação do inciso anterior, o legislador criou e regulamentou as espécies em questão e posteriormente, permitiu que negociação coletiva normatizasse de forma totalmente diversa.

No entanto, quanto ao teletrabalhador, esse já teve vários direitos reduzidos por meio da própria lei nos artigos 62, III, e 75-A e seguintes da CLT, restando pouco espaço para norma coletiva, a não ser que a intenção seja piorar ainda mais sua forma de trabalho, como por exemplo, estabelecer a obrigatoriedade do empregado custear todo o gasto com a execução do trabalho sem necessidade de ter acordo individual entre as parte.

O trabalho intermitente, também regulamentado no art. 452-A e seguintes da CLT já torna a vida profissional desse trabalhador instável economicamente, uma vez que não tem como mensurar salário e jornada mensal, por depender das necessidades do empregador. Já não bastasse a instabilidade criada por essa modalidade de contrato, a norma coletiva poderá prejudicar ainda mais esse trabalhador modificando, por exemplo, o prazo de convocação mínima que o empregador tem que cumprir..

Quanto ao sobreaviso, a este não sobreveio nova regulamentação. Sabe-se que para melhorar um direito do empregado sempre foi possível a criação de normas por meio de negociação coletiva, assim, resta-nos entender se a intenção do legislador foi eliminar o sobreaviso como tempo à disposição ou apontar situações em que mesmo em regime de plantão ou equivalente o tempo do empregado não seja considerado de sobreaviso. Ainda é possível que se estabeleça a redução do valor a ser pago ou mesmo a retirada do pagamento quando o empregado encontra-se de sobreaviso.

IX – remuneração por produtividade, incluídas as gorjetas percebidas pelo empregado, e remuneração por desempenho individual;

A remuneração por produtividade, em algumas situações, é maléfico ao trabalhador, vez que para alcançar uma remuneração pelo menos decente, o empregado se submete ao trabalho exaustivo. Por essa razão algumas decisões judiciais já questionavam e impediam a fixação de remuneração por produtividade quando isso colocava em risco a saúde dos trabalhadores, como é o caso dos cortadores de cana.

O inciso em questão criou ainda uma nova modalidade de remuneração, qual seja, remuneração por desempenho individual.

O real objetivo desse inciso IX do artigo 611-A é excluir a natureza salarial das parcelas pagas por produtividade e incentivo ao empregado, impedindo sua integração ao salário e sonegando tais valores da base de cálculo de vários direitos trabalhistas e previdenciários.

A Gorjeta, recentemente, foi regulamentada, estabelecendo entre outros direitos a incorporação em caso de supressão das gorjetas, retenção de parte das mesmas pelo empregador e criando representantes dos empregados para acompanhar o pagamento quando a empresa tiver mais de 60 empregados. Com a inclusão das gorjetas nesse inciso, torna-se possível alterações nesses dispositivos, pois a liberdade coletiva, a partir da reforma, não está limitada à lei.

X – modalidade de registro de jornada de trabalho;

A modalidade de registro de jornada não depende de norma coletiva, podendo ser manual, mecânica, eletrônica ou digital, desde que seja eficaz para a sua finalidade, que consiste em garantir que as horas efetivamente trabalhadas sejam registradas em meios verdadeiros e seguros.

Porém, não podemos esquecer que o caput do art. 611-A permite outras modificações além das expressamente previstas nos incisos, nesse caso poderia ser a ampliação do número de empregados na empresa para utilização obrigatório de registro de ponto, por exemplo, modificando de 10 empregados para 30, a aceitação do registro britânico ou mesmo a supressão da obrigatoriedade de registro de ponto.

XI – troca do dia de feriado;

Na prática essa conduta sempre foi possível, não existindo impedimento para isso, desde que compensado o dia de trabalho na mesma semana. Parece-nos, no entanto, que quis o legislador permitir a autorização de trabalho em feriado por norma coletiva sem a prévia necessidade de autorização da autoridade competente, bem como, permitir que a compensação do dia de feriado possa ser feita em lapso temporal maior que a semana, por exemplo, dentro do mês ou semestre.

XII - enquadramento do grau de insalubridade e prorrogação de jornada em locais insalubres, incluída a possibilidade de contratação de perícia, afastada a licença prévia das autoridades competentes do Ministério do Tra-

balho, desde que respeitadas, na integralidade, as normas de saúde, higiene e segurança do trabalho previstas em lei ou em normas regulamentadoras do Ministério do Trabalho; (Redação dada pela Medida Provisória nº 808, de 2017)

A Lei nº 13.467/17, no inciso XII, se expressava de forma limitada ao estabelecer "enquadramento do grau de insalubridade", por essa razão foi alterada pela Medida Provisória 808, com a clara intenção de abranger todas as possibilidades jurídicas que a expressão anteriormente limitada deixava livre para negociação, mas, mesmo assim, essa alteração não conseguiu atingir seu objetivo.

Primeiro por que não podemos esquecer que no inciso XXIII do art. 7º da CF foi estabelecido como direito dos trabalhadores, "adicional de remuneração para as atividades penosas, insalubres ou perigosas, na forma da lei".

Segundo, a autorização para fixar o grau de enquadramento não significa que as partes podem por negociação coletiva negar a existência da insalubridade, uma vez que está expresso no art. 191 da CLT que a "eliminação ou a neutralização da insalubridade ocorrerá: I - com a adoção de medidas que conservem o ambiente de trabalho dentro dos limites de tolerância; ou II - com a utilização de equipamentos de proteção individual ao trabalhador, que diminuam a intensidade do agente agressivo a limites de tolerância".

Ademais, para estabelecer o enquadramento é necessário ter alguma base técnica, não podendo as partes livremente arbitrarem qual grau de insalubridade a atividade deve se enquadrar, pois o art. 189 da CLT expressamente diz que "serão consideradas atividades ou operações insalubres aquelas que, por sua natureza, condições ou métodos de trabalho, exponham os empregados a agentes nocivos à saúde, acima dos limites de tolerância fixados em razão da natureza e da intensidade do agente e do tempo de exposição aos seus efeitos", e o art. 190 complementa estipulando que "O Ministério do Trabalho aprovará o quadro das atividades e operações insalubres e adotará normas sobre os critérios de caracterização da insalubridade, os limites de tolerância aos agentes agressivos, meios de proteção e o tempo máximo de exposição do empregado a esses agentes".

O Ministério do Trabalho fixa esses parâmetros técnicos estabelecidos na CLT na Portaria 3.214/78 e seus Anexos, que levam em consideração o risco que o exercício da atividade pode causar à saúde do empregado e não a questão financeira, interesse principal daqueles que defendem o enquadramento por meio de negociação coletiva.

Portanto, somente amparado por fundamentos técnicos que justifiquem a modificação do enquadramento do grau de insalubridade por meio de negociação coletiva, será possível a fixação fora dos parâmetros legais, obviamente provado que essa alteração visará uma melhor proteção da saúde do empregado.

Em caso contrário, não será admissível a validade da cláusula normativa que modifique o enquadramento, uma vez que o grau estabelecido pode não ser suficiente para contrastar o dano causado ao trabalhador. Nesse caso, deverá ser observado o parâmetro legal estabelecido no art. 192: "O exercício de trabalho em condições insalubres, acima dos limites de tolerância estabelecidos pelo Ministério do Trabalho, assegura a percepção de adicional respectivamente de 40% (quarenta por cento), 20% (vinte por cento) e 10% (dez por cento) do salário-mínimo da região, segundo se classifiquem nos graus máximo, médio e mínimo".

Além do mais, por lei a caracterização e a classificação da insalubridade e da periculosidade, far-se-ão através de perícia a cargo de Médico do Trabalho ou Engenheiro do Trabalho, registrados no Ministério do Trabalho, como estabelecido nas normas do Ministério do Trabalho (art. 195 da CLT)

Ao analisar essa parte do inciso, o que verificamos como em muitos outros, é a contradição com os demais dispositivos da própria reforma, pois a atividade insalubre e seus graus são direitos relacionados à medicina e segurança do trabalho e, por isso, impedidos de ser negociados via norma coletiva, o que está expresso no artigo 611-B da CLT.

Quanto a parte que autoriza a prorrogação da jornada em atividade insalubre sem a prévia autorização da autoridade competente, entendemos também está em contradição com o art. 611-B da CLT, pois não podemos esquecer que os prejuízos à saúde do trabalhador em trabalho insalubre pode intensificar conforme o tempo de exposição do trabalhador ao agente nocivo. Por essa razão, é necessário que um expert em matéria de higiene e segurança do trabalho confirme se a exposição por mais horas pode prejudicar a saúde do trabalhador.

XIV – prêmios de incentivo em bens ou serviços, eventualmente concedidos em programas de incentivo;

A reforma permitiu a concessão de prêmios com habitualidade. Porém, tratou de definir o que se considera prêmios para efeito legal, ao estabelecer que são liberalidades concedidas pelo empregador em forma de bens, serviços ou valor em dinheiro a empregado ou a grupo de empregados, em razão de desempenho superior ao ordinariamente esperado no exercício de suas atividades.

Portanto, se concedido como estabelecido na lei, não há espaço para modificações, a não ser que possamos entender que mesmo a instituição de prêmios por desempenho ordinário, tal benesse não teria natureza salarial.

XV – participação nos lucros ou resultados da empresa.

A Lei 10.101/2000 regula a participação dos trabalhadores nos lucros ou resultados da empresa como instrumento de integração entre o capital e o trabalho e como incentivo à produtividade, nos termos do art. 7º, inciso XI, da Constituição. Já havia, portanto, normatização a respeito, o que demonstra que a finalidade da inclusão desse inciso é permitir que os empregadores distribuam os lucros aos seus empregados com maior liberdade, inclusive permitindo a mudança na periodicidade do seu pagamento, podendo ser até mensal.

§ 1º No exame da convenção coletiva ou do acordo coletivo de trabalho, a Justiça do Trabalho observará o disposto no § 3º do art. 8º desta Consolidação.

Esse parágrafo pretende impedir que a Justiça do Trabalho, no exame das negociações coletivas, anule suas cláusulas, evitando que sejam aplicados os preceitos de ordem pública, já fixados na Constituição Federal e em diversos outros dispositivos legais, dando garantia e segurança aos empregadores que utilizaram das normas coletivas para reduzirem direitos.

Portanto, busca-se obrigar o Poder Judiciário a analisar eventuais questionamentos jurídicos tão somente por meio dos parâmetros do Direito Civil estabelecidos no artigo 104.

§ 2º A inexistência de expressa indicação de contrapartidas recíprocas em convenção coletiva ou acordo coletivo de trabalho não ensejará sua nulidade por não caracterizar um vício do negócio jurídico.

Nesse parágrafo o legislador permite a redução de direitos sem compensação para o empregado. Ora, a redução ou retirada de um direito somente pode ser considerada licita caso ocorra uma troca de vantagem, a falta da mesma torna a norma leonina. Esse posicionamento contraria, inclusive, a própria flexibilização já autorizada pelo STF no (RE) 590415.

§ 3º Se for pactuada cláusula que reduza o salário ou a jornada, a convenção coletiva ou o acordo coletivo de trabalho deverão prever a proteção dos empregados contra dispensa imotivada durante o prazo de vigência do instrumento coletivo.

Ao analisar esse parágrafo, temos a impressão de que se tenha concedido aos trabalhadores alguma garantia jurídica, ao prevê proteção contra dispensa imotivada como forma de compensar a redução de salário, não levando em consideração, o fato de que a redução de salário representa uma diminuição proporcional em outros direitos trabalhistas e previdenciários.

Na reforma tenta-se compensar a grande perda de direito do trabalhador, limitando a proteção à dispensa imotivada, que tem previsão constitucional, a quem consinta na redução de direitos e pelo tempo restrito de validade dessa redução.

§ 4º Na hipótese de procedência de ação anulatória de cláusula de convenção coletiva ou de acordo coletivo de trabalho, quando houver a cláusula compensatória, esta deverá ser igualmente anulada, sem repetição do indébito.

O § 4º garante às empresas a invalidação da cláusula compensatória da cláusula anulada. Portanto, no caso de redução salarial com garantia de emprego, fica anulada essa garantia, porém, o empregado não receberá a complementação do valor salarial decorrente do tempo da vigência da cláusula.

§ 5º Os sindicatos subscritores de convenção coletiva ou de acordo coletivo de trabalho participarão, como litisconsortes necessários, em ação co-

letiva que tenha como objeto a anulação de cláusulas desses instrumentos, vedada a apreciação por ação individual. (Redação dada pela Medida Provisória nº 808, de 2017)

No texto anterior estabelecido pela reforma o parágrafo, obrigava que os sindicatos fossem integrados às lides individuais na qualidade de litisconsortes necessários, ou seja, em qualquer questão que tivesse por objeto a anulação de cláusula de negociação coletiva, o sindicato deveria ser citado para integrar a lide, o que acabava por inviabilizar que algum trabalhador pudesse efetuar questionamento judicial sobre cláusulas de norma coletiva que tenham reduzido os seus direitos.

O parágrafo 5º estabelecido na reforma também cometia um equívoco processual, uma vez que errava ao estabelecer o tipo de ação e a competência, pois cláusula de norma coletiva somente pode ser anulada coletivamente em ação coletiva. Portanto, não existia competência para os juízes, nas ações individuais, declararem a nulidade de norma coletiva.

Após severas críticas ao texto original, a Medida Provisória 808 tentou minimizar os equívocos da reforma, no entanto, as críticas não foram bem compreendidas, mantendo-se o absurdo de tentar obstar o acesso à ordem jurídica justa.

É necessário entender que o § 5º está tratando de ação anulatória de cláusula coletiva, que não tem incidência nas reclamações trabalhistas nas quais o reclamante questiona a aplicabilidade dessa cláusula, contrapondo-a à norma legal. Essas reclamações trabalhistas, na prática, estabelecem um conflito de normas, que possibilitam o juiz aplicar uma em prejuízo da outra, sem a necessidade de que o magistrado declare a nulidade daquela norma que afastou, nesse caso, não há que falar em incidência o § 5º do art. 611-A.

4. CONCLUSÃO

Nesse contexto, o art. 611-A da CLT desequilibra as relações entre empregados e empregadores no nosso país, prejudicando demasiadamente os direitos trabalhista conquistados ao longo de décadas e alterando a construção jurisprudencial e doutrinária formada por meio da verificação das reais condições de trabalho que se submetem os trabalhadores brasileiros. O que se esperou do Congresso Nacional foi uma reforma que possibilitasse uma política consciente de estímulo aos empregos e trouxesse ganhos recíprocos.

A reforma que foi construída nada mais é do que a concretização da pauta proposta há alguns anos pela Confederação Nacional da Indústria, totalmente acatada pelas leis que foram implantadas nesse ano no país.

O art. 611-A da CLT torna ainda mais precários os direitos trabalhistas ao permitir a sua negociação sem parâmetro mínimo de proteção legal. A precarização desses direitos trará consequências prejudiciais para a vida profissional do trabalhador, que será submetido a jornadas excessivas, trabalhos incertos e salários menores. Além disso, o Estado sofrerá perda na capacidade de consumo do trabalhador, visto que o desaquecimento da economia deverá afetar ainda mais a empregabilidade no país.

Acreditamos, por fim, que o negociado sobre o legislado somente tem sentido jurídico quando atende aos imperativos constitucionais de melhoria das condições sociais dos trabalhadores, nos termos estabelecidos no art. 7º da CF/88, que busca a ampliação e não o retrocesso dos direitos sociais já conquistados. Ademais, não acreditamos nas promessas alardeadas de geração de emprego, uma vez que as normas trazem contradições internas, a exemplo da ampliação da jornada ao invés de sua redução para aumentar o número de empregos no pais.

REFERÊNCIAS

BRITO FILHO, José Cláudio Monteiro de. Direito sindical. 4. ed.. São Paulo : LTr, 2012.

CASSAR, Vólia Bomfim. Comentários à reforma trabalhista/ Vólia Bomfim Cassar, Leonardo Dias Borges. Rio de Janeiro: Forense; São Paulo: Método, 2017.

DELGADO, Maurício Godinho. Curso de Direito do Trabalho. 15 ed. São Paulo: LTr, 2016, p. 1465-1466.

PEREIRA, João Batista Brito. Notas sobre a flexibilização do direito do trabalho. Rev. TST, Brasília, vol. 68, nº 2, abr/jun 200

VIANA, Márcio Túlio. Quando a livre negociação pode ser um mau negócio (crítica ao projeto que altera o art. 618 da CLT). Rev. Trib. Reg. Trab. 3ª Reg. - Belo Horizonte, 34 (64): 155-159, jul./dez.2001

NEGOCIADO SOBRE LEGISLADO: O MITO DE ULISSES E AS SEREIAS

Rodrigo Trindade[1]

1. INTRODUÇÃO

No Livro XII da Odisseia, Homero conta uma das estórias mais interessantes da saga do retorno de Ulisses para Ítaca. Pronto a reencontrar seu reino, seu lar e, principalmente, sua amada Penélope, soube que o trajeto marítimo envolvia as proximidades da ilha rochosa de Capri, onde - diziam - habitavam sereias que, com seu canto sedutor, já tinham provocado diversos naufrágios. Para evitar o encantamento, Ulisses decidiu tapar os ouvidos dos marinheiros com cera. Mas o herói não seguiu o mesmo caminho e preferiu que fosse amarrado ao mastro de Argos, seu navio. Homero conta que Ulisses, então, ouviu o canto de perdição, contorceu-se de vontades, mas só foi desatado quando passaram da ilha.

Daí surgiu o conselho de "não cair no canto da sereia". Ulisses é o herói de verdade, sem superpoderes, sabe da própria fragilidade e é esse conhecimento que o faz mais forte.

Em uma sociedade democrática, espera-se que sindicatos tenham plena liberdade de negociar com empresas condições de trabalho. Mas há limites ao magne-

1. Mestre em Direito das Relações Sociais pela UFPR. Especialista em Direito do Trabalho pela Udelar (Uruguai). Presidente da Associação dos Magistrados da Justiça do Trabalho da 4ª Região – AMATRA IV. Vice Presidente da Academia Sul-Rio-Grandense de Direito do Trabalho. Professor de Direito do Trabalho em diversas instituições.

tismo da autocomposição. O comprometimento de Ulisses compara-se à opção do Direito do Trabalho em estabelecer que os instrumentos da negociação coletiva (acordos e convenções coletivas de trabalho) não podem criar condições piores que as previstas pelas leis. Sindicatos podem ouvir promessas sedutoras de regrar para pior, mas há elementos da vida que precisam se sobrepor ao canto.

A lei 13.467 de 2017, em seus artigos 611-A e 611-B, aparentemente subverte toda essa construção e cria opção hermenêutica de abrir as portas da negociação coletiva para regramento em patamares mesmo inferiores ao previsto na lei. A Medida Provisória 808/2017 altera diversos dispositivos, mas não foge dessa orientação. Em poucas palavras, prevê que convenções e acordos coletivos de trabalho têm prevalência sobre a legislação no que dispuser sobre 15 itens. Além disso, fixa limitadores para atividade jurisdicional de controle de conteúdo dos instrumentos coletivos. Envolve o desamarrar do mastro, permitir que sindicatos e empresários fiquem "livres" para fixar condições de trabalho piores que as da lei.

A iniciativa legislativa (ou apenas certa opção hermenêutica) tem como aparente motivação o retorno do chamado "Estado Mínimo", reprimido de iniciativas para compensar desigualdades econômicas e ativo para desregulamentar a relação capital-trabalho. Pretende-se superar as experiências de constitucionalizados Estados de Bem-Estar Social e passar ao Estado Neoliberal. Para isso, passa-se a defender o inverso: a desuniversalização dos direitos trabalhistas e a mitigação abrupta do princípio da proteção ao empregado[2].

Pretende-se, adiante, analisar a efetiva extensão da alteração legislativa, em cotejo com o atual ambiente sindical, primados de lealdade concorrencial e orientações principiológicas e constitucionais.

2. JUSTIFICAÇÃO PARLAMENTAR

Segundo sua justificação, o projeto que deu origem à Lei n. 13.467 de 2017, pretendia aprimorar as relações do trabalho no Brasil, utilizando-se de mecanismos de valorização da negociação coletiva e atualização de instrumentos de combate à informalidade da mão-de-obra no país. A proposição teve larga ampliação, mantendo-se a pretensão de inovação no tema do campo de atuação da negociação coletiva.

O relator do projeto na Câmara, Deputado Rogério Marinho, defendeu a necessidade de fortalecimento da negociação coletiva, garantindo maior segurança jurídica. Mas o parlamentar também esclareceu a importância de preservação de direitos já previstos na lei, assim referindo:

> **Nesse sentido, é acertada a ideia contida na proposta do Governo. Ao se abrir espaço para que as partes negociem diretamente condições de trabalho mais adequadas, sem revogar as garantias estabelecidas em lei, o proje-**

2. DALLEGRAVE NETO (2006), p. 6.

> **to possibilita maior autonomia às entidades sindicais, ao mesmo tempo em que busca conferir maior segurança jurídica às decisões que vierem a ser negociadas.** A insegurança jurídica da representação patronal, que não tem certeza se o que for negociado será preservado pela Justiça do Trabalho, é um grande empecilho à celebração de novas condições de trabalho mais benéficas aos trabalhadores e, em última instância, um entrave à contratação de mão de obra. **Nessa linha de raciocínio, o foco que se almeja com a presente reforma é a expansão das condições de negociação dos sindicatos diante das rígidas regras da CLT, sem comprometer os direitos assegurados aos trabalhadores.** (grifei).

Em outros dois trechos, o mesmo parlamentar explicita que o projeto de lei não pretendia reduzir direitos dos trabalhadores:

> **Repita-se, não se busca com esse dispositivo reduzir direitos dos trabalhadores**, mas apenas permitir que regras rígidas da CLT possam ser disciplinadas de forma mais razoável pelas partes, sem que haja o risco de serem invalidadas pelo Judiciário, contribuindo para uma maior segurança jurídica nas relações de trabalho. (grifei)
>
> (...)
>
> Esse é, justamente, o espírito das alterações que almejamos nesta oportunidade. Como já expusemos, deve-se fortalecer o entendimento direto entre as entidades sindicais que representam empregados e empregadores, **sem que haja a violação dos direitos assegurados aos trabalhadores.** (grifei) [3]

Ao que se vê, o próprio relator da alteração legislativa defendeu seu projeto a partir da garantia de que a modificação do campo de atuação da negociação coletiva não serviria para diminuição de direitos trabalhistas já assegurados em lei. Atente-se que os benefícios obreiros que devem ser preservados, na referência do próprio deputado, não se limitam ao fixado na Constituição, mas alcançam a lei em sentido estrito.

3. INCONVENCIONALIDADES

Inserido na comunidade internacional, o Brasil submete políticas e legislações internas às regras fixadas em acordos e convenções internacionais que firma.

Nosso país é signatário de importantes convenções da Organização Internacional do Trabalho indicativas do campo de atuação da negociação coletiva.

Enquanto em tramitação o projeto de lei que resultou na lei n. 13.457, a OIT teve oportunidade de se manifestar acerca da convencionalidade de seu conteúdo. Em resposta à consulta efetuada, em julho de 2017, por cinco centrais sindicais brasileiras, a Sra. Corinne Vargha, Diretora de Normas Interacionais do Trabalho, identificou descumprimento às Convenções de número 98, 151 e 163. Especial-

3. MARINHO (2016)

mente afirmou que o objetivo da negociação coletiva deve ser de buscar condições de trabalho mais favoráveis que prevista na legislação.

Também há especial referência à Convenção n. 154 da OIT, a qual restou aprovada na 67ª Conferência Internacional da OIT, entrou em vigor no plano internacional em 1983. Foi aprovada no Brasil pelo Decreto Legislativo n. 22, de 12.5.1992, alcançando plena vigência no território nacional em 10.7.1993. Assim estabelece:

> Art. 7 – As medidas adotadas pelas autoridades públicas para estimular o desenvolvimento da negociação coletiva deverão ser objeto de consultas prévias e, quando possível, de acordos entre as autoridades públicas e as organizações patronais e as de trabalhadores.

Apesar da gigantesca amplitude da Lei n. 13457 de 2017, o projeto legislativo foi pouquíssimo discutido pela sociedade civil, ficou muito distante de consenso, foi (e permanece sendo) amplamente rejeitada pelas organizações de trabalhadores e pode oferecer opção hermenêutica de permitir fixação de condições de trabalho inferiores ao legalmente previsto. Nesse contexto, dificilmente há condições de se encontrar cumprimento a compromissos internacionais do Brasil frente à OIT.

4. PROBLEMAS DE LEGITIMIDADE SINDICAL

O projeto de lei que resultou na Lei 13.657 de 2107 apoiou-se em pressões empresariais para flexibilização das leis trabalhistas. Em resumo, foram determinantes argumentos relativos a globalização econômica, alteração na organização empresarial e novas formas de empreender e trabalhar. Tudo isso demandaria reestruturações de produção. No tema da alteração do campo de atuação da negociação coletiva, colou-se a prevalência do negociado como possível catalizador do diálogo social.

A Medida Provisória 808/2017 apresentou nova redação ao caput do art. 611-A da CLT e especificou que deve haver observância dos incisos, III e VI do caput do art. 8º da CRFB. Com isso, esclarece imprescindibilidade da atuação sindical na formação dos instrumentos convencionais.

Não há dúvidas que o discurso é, potencialmente, sedutor. As partes da negociação coletiva são as que mais conhecem as próprias rotinas e demandas. São sindicatos e empresas quem melhor sabem dos detalhes de suas atividades, o que está sobrando e faltando e, portanto, poderiam abrir mão de algo considerado "supérfluo".

O projeto de aparente ampliação do objeto de convenções coletivas de trabalho, todavia, tem problemas de premissas.

O fundamento de qualquer negociação é paridade de armas e isso vale para tudo na vida, principalmente complexas e importantes negociações sindicais. Ordinariamente afirma-se que no Direito Coletivo – ao contrário do Direito Individual do Trabalho – as partes representativas possuem condições equivalentes de negociação. No capitalismo, poder de fogo é medido pelo dinheiro e não é segredo que trabalhadores têm menos que empresários, inclusive suas entidades representativas.

É verdade que em períodos de pleno emprego, de crescimento da economia, esse poder de fogo tende a ficar um pouco menos desequilibrado. Se não há poder de negociar de igual para igual, pelo menos passa a ser possível extrair algum tipo de benefício. Mas, em épocas de desemprego e recessão, autonomia negocial é pura e simplesmente o meio mais rápido de diminuir salário, aumentar jornada e reduzir condições de higiene no meio ambiente laboral. Tudo como forma de reduzir custos e aumentar lucratividade[4].

Há, ainda, uma segunda premissa equivocada: a de que sindicatos possuem perfeita legitimidade para estabelecer as condições de trabalho que julgarem mais adequadas a seus representados – sejam as condições que forem, inclusive inferiores ao *standart* legal.

Há diversos sindicatos de absoluta seriedade e que jamais permitiriam consciente prejuízo geral a seus representados. Mas, lamentavelmente, nosso ambiente sindical está muito distante da perfeição e não são incomuns presidentes de sindicatos que mantém indevida dependência do empresariado.

A questão é polêmica e delicada, mas precisamos ser sinceros na constatação de haver certa regularidade na má atuação corporativa. O principal fator é o da unicidade sindical acoplada à contribuição sindical compulsória.

A regra de único sindicato por categoria na base geográfica é um pedir por distorções e, assim como imposto sindical, é prática rejeitada pela Organização Internacional do Trabalho. Atualmente, só é preciso registro administrativo para fazer um sindicato, sem qualquer tipo de contrapartida séria. Não é à toa que a maior parte das entidades sindicais jamais entabulou qualquer negociação coletiva em toda a sua história.

Apenas 19,5% dos 94,4 milhões de trabalhadores brasileiros são sindicalizados[5]. Mas isso está longe de resultar poucas agremiações. Em tese, a regra nacional de sindicato único da categoria deveria significar número muito reduzido de entidades. E assim seria se não houvesse tamanha criatividade semântica para o conceito de categoria, o qual é continuamente inflado para abarcar criação de novas

4. "O terceiro espírito capitalista, ao contrário, vislumbra na precarização das tutelas estatais incidentes sobre o trabalho e na valorização dos contratos individuais de trabalho as condições de possibilidade para o crescimento econômico em ambiente de globalização. pela ampliação dos mercados para produtos brasileiros produzidos com baixos custos de mão de obra" RAMOS FILHO (2012), p. 380.

5. AGENCIA BRASIL (2017)

agremiações. Já são mais de 15 mil sindicatos no Brasil e cerca de 2 mil pedidos de registro no Ministério do Trabalho[6].

O resultado de toda essa distorção na representação sindical nacional é a formação de cenário perfeito para negociações espúrias de simples redução de direitos dos trabalhadores, sem muito cuidado por vantagens compensatórias.

5. DISTORÇÕES DE LEALDADE CONCORRENCIAL E RESTRIÇÃO DO MERCADO DE CONSUMO

Para bem situarmos os problemas de interpretação ampla do art. 611-A da CLT não precisamos – nem devemos – focar apenas nas atividades sindicais.

A construção histórica do Direito do Trabalho Brasileiro é de outorgar à legislação tarefa de estabelecer condições mínimas de civilização no mundo do trabalho. Os patamares dos dispositivos legais se situam em condições essenciais, basilares, sem previsão de que possam ser relativizados, diminuídos e – muito menos – inviabilizados por meio de negociação coletiva. Não há condições mínimas de trabalho digno fora dos parâmetros legais.

Permissão de acordos coletivos restritivos de direitos legais pode gerar graves comprometimentos ao esperado equilíbrio de acesso ao mercado. Não há dúvidas que acordo coletivo que diminui custos de trabalho tende a aumentar lucratividade da empresa que obtém a negociação vantajosa.

A prática, todavia, deve ser vista em perspectiva mais ampla. A inserção do achatamento salarial como elemento de competição desequilibra perigosamente as relações. Se, dentro de uma comunidade, uma empresa consegue, via negociação coletiva, precarizar o trabalho (e, por conseguinte, reduzir custos) e outra não, forma-se situação de concorrência desleal à instituição mercado. Nesse cenário, os lucros de quem mais precariza são privativos, mas os custos ficam socializados, tornam-se ônus para toda a comunidade em que as empresas se inserem.

A socialização de custos com a precarização do trabalho ocorre em duas ordens.

Primeiro, com a perspectiva de necessidade de atuação compensatória do Estado, especialmente gastando com políticas públicas de assistência ao desemprego e à perda geral da renda dos trabalhadores afetados. Valores que poderiam ser direcionados para infraestrutura à atividade empresarial, são direcionados à assistência de trabalhadores.

Segundo, com a retração do mercado consumidor. A maior parte da renda nacional advém do salário e a redução dos rendimentos individuais tende, inicial-

6. O GLOBO (2017)

mente, a estrangular o mercado; após, direciona-o à retração. Seguindo-se a necessidade de corte crescente de custos via redução de benefícios trabalhistas, todos os empresários restam prejudicados pela perda do consumo.

A possível prática de *dumping social* por parte do Brasil, caso seja concebível redução exponencial de direitos trabalhistas via negociação coletiva, já é objeto de preocupação no campo das relações com as nações parceiras. Em agosto de 2017, o Uruguai informou que pedirá reunião do Mercosul sobre a reforma trabalhista, considerando que coloca em riscos as regras de competitividade do bloco[7].

Por fim, a opção brasileira de ter um Direito do Trabalho federal – aplicado de modo uniforme por todo território nacional – serve a objetivos importantes da República: garantir primados de redução de desigualdade regional e permitir condições justas de concorrência empresarial. É exatamente o contrário do que pode ser obtido via possibilidade de negociações coletivas regionalizadas para redução de custos do trabalho.

A utilização do expediente redução de benefícios trabalhistas é, não apenas contrário aos interesses dos trabalhadores, como às regras elementares de funcionamento do próprio mercado.

6. A OPÇÃO CONSTITUCIONAL PELA PROGRESSIVIDADE NA NEGOCIAÇÃO COLETIVA

Tradicionalmente, a Constituição firma-se como ápice hierárquico da pirâmide normativa. A partir de suas orientações, forma-se o espaço em que legislador infraconstitucional e agentes da negociação coletiva podem movimentar-se para estabelecer conteúdo das demais fontes formais do Direito.

Nossa Carta Política consagra a valorização da negociação coletiva, do que se extrai que acordos e convenções coletivas de trabalho são fontes formais do Direito do Trabalho. Como sempre, a análise deve ser feita de forma sistemática, contextualizando a disposição de liberdade normativa oferecida às partes representativas do capital e trabalho com a orientação – também constitucional – de progressividade.

A autonomia privada coletiva é prevista no art. 7º, XXVI da Constituição como direito fundamental, de modo a permitir criação de regramento heterônomo complementar, a partir de negociação coletiva. Limita-se, todavia, à adequação setorial negociada e a garantia de patamar civilizatório mínimo.

O cenário constitucional nacional já reconhece a prevalência do negociado sobre legislado, mas sob a opção qualitativa das regras em comparação. Tanto o *caput*, como o inciso XXVI do art. 7º da atual Carta Magna direcionam a negociação

7. CORREIO BRAZILIENSE (2017)

coletiva para o objetivo de fixação de condições de trabalho superiores ao *standart* fixado na lei[8].

As normas coletivas são classificadas como autônomas, pelas quais o Estado não interfere na formação, mas garante espaço no vazio deixado pela lei e com ela não colidindo. Não obstante inexista interferência do Estado na elaboração da norma, PINTO MARTINS já deixa claro um dos limites à autonomia privada coletiva, que consiste na não colisão com a lei[9].

Nesses termos, seguindo a classificação do mesmo autor, normas de ordem pública absolutas são as que não podem ser derrogadas por convenções das partes, prevalecendo o interesse público sobre o individual. Já as de ordem pública relativa, são aquelas em que há interesse público de efetivo cumprimento, mas convivem com permissão para que sejam flexibilizadas. Normas dispositivas dizem respeito à interesse menor do Estado na tutela dos direitos do empregado. São as que estabelecem um patamar mínimo, que pode ser aumentado por acordo ou convenção coletiva. As normas ditas autônomas, por fim, são aquelas em que o Estado não interfere estabelecendo regras de conduta, deixando margem às partes para diretamente formularem regras não previstas em lei[10].

Constituindo-se o acordo ou convenção coletiva de trabalho em normas autônomas que integram o ordenamento jurídico juslaboral, embora sejam fruto da atuação da autonomia privada coletiva, seus limites de negociação estão diretamente vinculados ou limitados pela conformação com as normas legais e constitucionais de ordem pública, sob pena de invalidade. Esse é o regramento positivado no artigo 623 da CLT[11].

A Constituição não assegura apenas direito abstrato de firmar convenções coletivas de trabalho, mas fixar, em concreto, novas condições de trabalho para "melhoria de sua condição social" (art. 7º, *caput* da CRFB).

As exceções a essa regra são retiradas apenas da própria Carta Constitucional. Em três incisos do art. 7º estão as hipóteses em que a negociação coletiva pode passar a padrões inferiores ao legal: redução de salário (VI), compensação de jornada (XIII) e turno ininterrupto de revezamento (XIV). Fora das três hipóteses do art. 7º da Constituição, não é possível a flexibilização para aquém das referências legais.

Estudiosos como BEZERRA LEITE compreendem que todos os direitos dos trabalhadores previstos na legislação infraconstitucional implicam melhoria de sua condição social, razão pela qual conclui que foram recepcionados como nor-

---

8. A questão não é simples. Edilton Meireles refere que o direito trabalhista previsto no art. 7º, XXVI da Constituição Federal é um dos "mais enigmáticos" previstos no rol de diretos dos trabalhadores. MEIRELES (2016), p. 1194.

9. PINTO MARTINS (2008), p. 45.

10. PINTO MARTINS (2008), p. 44-45.

11. PINTO MARTINS (2008), p. 44-45.

mas constitucionais. O mesmo doutrinador explica, de outro modo, que com a Constituição de 1988, houve processo de constitucionalização dos direitos trabalhistas, em função do que qualquer proposta de alteração de normas infraconstitucionais tendente a abolir, reduzir ou extinguir direitos sociais dos trabalhadores importa violação ao art. 7º, *caput*, da Constituição[12].

A certeza do constituinte de 1988 a respeito da importância dos direitos sociais fica clara na opção de integrá-los como cláusulas pétreas. Conforme fixado no art. 60, § 4º, IV da Norma Fundamental, direitos e garantias individuais não podem ser objeto de deliberação para proposta de emenda tendente a abolir. Daí se conclui que, se o feixe de direitos trabalhistas, consignado no art. 7º, sequer pode ser objeto de emenda constitucional, por maior razão lhe é vedado, mediante negociação coletiva, a supressão de sua regulamentação legal. Assim, é inadmissível que normas coletivas possam revogar direitos trabalhistas contemplados na CLT ou qualquer outra lei esparsa[13].

Com propriedade, MEIRELES verifica que, não havendo hierarquia entre lei estatal infraconstitucional e norma coletiva trabalhista, os conflitos eventualmente surgidos entre as mesmas se resolvem pelos critérios cronológicos e da especialidade. Todavia, o autor chama atenção de que sempre se deve observar a aplicação do princípio do não retrocesso social quando da análise da validade da norma posterior. Desse modo, também a regra da convenção coletiva deve servir para melhorar a condição social do trabalhador, sob pena de invalidade[14].

Em síntese, a Constituição assegura prevalência do negociado sobre o legislado, mas apenas para elementos dos acordos e convenções coletivas que estabeleçam benefícios superiores ao fixado na lei e na própria Constituição. A isso damos os nomes de "progressividade" e "vedação de retrocesso social".[15]

O Direito do Trabalho Francês não se afasta dessa orientação:

> "La convention ou l'accord collectif on normalement pour but et pour effet d'améliorer la situation des salariés. Ils peuvent comporter des stipulations plus favorables aux salariés que les dispositions légales em vigueur. Ils ne peuvent déroger aux dispositions qui revêtent um caractere d'ordre public. De là, l'affirmation que l'ordre public social est relatif: la loi s'impose em tant qu'elle assure um minimum; ele peut être écartée lorsque la convention acorde plus aux salariés."[16]

---

12. BEZERRA LEITE (2016), p. 10.
13. DALLEGRAVE NETO (2006), p. 13.
14. MEIRELES (2016), p. 1198.
15. Manoel Gonçalves Ferreira Filho chega a sustentar que a convenção coletiva de trabalho estaria *sub lege*, pois "é a lei que permite o seu estabelecimento (quando não o é a Constituição), que marca os seus limites, que põe suas condições" FERREIRA FILHO (1995), p. 189.
16. AUZERO; DOCKÈS (2015), p. 1.352.

E, mesmo cronologicamente antes da Constituição de 1988, a mesma regra vem extraída da CLT. O art. 444 limita a autonomia privada ao estabelecido nos acordos e convenções coletivas e o art. 468 consagra o princípio da Inalterabilidade Lesiva.

As orientações constitucionais e legais partem da própria essência do Direito do Trabalho, definido pela condição de desigualdade material das partes e efeito necessário de oferecer proteção compensatória. Com propriedade, BARBAGELATTA define como *particularidade essencial:*

> "La principal particularidad del Derecho del Trabajo, de la que em cierta forma derivan todas las demás quedó em evidencia em los párrafos introductivos. Tiene que ver con el objeto de su protección y supone uma nueva actitud ante las realidades del mundo del trabajo. Implica asimismo, desde outro ángulo, um cambio em la forma de concebir la igualdad de personas, la que – como señalaba Radbruch – 'deja de ser así, punto de partida del Derecho, para convertirse em meta o aspiración del orden jurídico"[17]

Em sínteses, por aplicação à a) orientação constitucional para construção de Estado de Bem Estar Social, b) particularismo do Direito do Trabalho, c) expressas orientações constitucionais e legais, a negociação coletiva tem objetivos bem definidos: estabelecer instrumentos que visem assegurar melhores condições sociais que as já fixadas no plano individual e legal.

A partir desses aportes – e como conclusão parcial –, pode-se reconhecer constitucionalidade no art. 611-A da CLT a partir da referência de que as convenções coletivas de trabalho alcançam prevalência sobre a lei naquilo em que puderem oferecer melhores condições sociais, comparativamente ao *standart* legal.

7. LIMITES DA AUTONOMIA NEGOCIAL COLETIVA NA JURISPRUDÊNCIA DOS TRIBUNAIS SUPERIORES

Historicamente, o entendimento prevalente do Tribunal Superior do Trabalho vem sendo de limitação dos poderes negociais coletivos. O Ministro e excepcional doutrinador, GODINHO DELGADO, sintetiza dois critérios autorizadores para prevalência das normas coletivas:

a) quando as normas coletivas implementam padrão setorial de direitos superior ao padrão da lei;

b) quando essas mesmas normas transacionam parcelas trabalhistas de indisponibilidade apenas relativa[18].

A orientação jurisprudencial firmada pelo Tribunal Superior do Trabalho vem sendo a de que convenções e acordos coletivos de trabalho poderiam derrogar algumas garantias legais, desde que a negociação coletiva trate de direitos patri-

17. BARBAGELATTA (2012), p. 20.
18. DELGADO (2017), p. 1.497-1.499.

moniais, que seriam, então disponíveis. As normas de indisponibilidade relativa servem para garantir efetivação do princípio da adesão setorial negociada e dependem de exame de garantia de compensação adequada para cumprimento da orientação geral de progressividade dos direitos sociais[19].

Nesse sentido, o decidido pela 7ª Turma do TST no Recurso de Revista n. 690-82.2013.5.09.0459, julgado em 10/12/2014.

> RECURSO DE REVISTA DA RECLAMADA - HORAS IN ITINERE - LIMITAÇÃO POR NORMA COLETIVA - DISPARIDADE ENTRE O TEMPO EFETIVAMENTE GASTO PELO EMPREGADO E AQUELE PREVISTO NA NORMA - INVALIDADE. Consoante o entendimento oriundo da SBDI-1 desta Corte, é possível a fixação prévia, em norma coletiva, de um determinado número de horas in itinere a serem pagas aos trabalhadores, desde que demonstrados a razoabilidade no ajuste efetuado pelas partes e o equilíbrio entre o pactuado e a realidade dos fatos. Isso para se evitar o benefício apenas do empregador, com a ausência de concessões mútuas e a consequente renúncia dos empregados ao direito de recebimento das horas concernentes ao período de deslocamento de ida e volta ao local de trabalho. Considera-se adequada a redução de até 50% (cinquenta por cento) entre o montante das horas de percurso efetivamente cumpridas e aquele pago ao empregado. No caso, não há como validar a norma coletiva que estabeleceu redução parcial das horas a serem pagas em relação ao tempo real gasto no trajeto, determinando o adimplemento, como horas in itinere, de apenas 20 minutos, tempo substancialmente inferior às 5 horas efetivamente despendidas no deslocamento. Houve a supressão de mais de 93% (noventa e três por cento) das horas itinerantes efetivamente realizadas. Logo, afigura-se acertado o Tribunal Regional que considerou inválida a negociação coletiva firmada em franco descompasso com as diretrizes acima traçadas, sendo devido o pagamento da totalidade das horas in itinere. Precedentes. Óbice da Súmula nº 333 do TST e do art. 896, § 7º, da CLT. Recurso de revista não conhecido. (...)

Há duas decisões especialmente importantes do Supremo Tribunal Federal. Em julgamento do RE 590.415-SC, em 30.4.2015, de relatoria do Min. Luís Roberto Barroso, o Supremo exerceu controle de constitucionalidade sobre a Justiça do Trabalho, estabelecendo orientações para a autonomia negocial coletiva. De modo geral, registou que a Constituição prestigia a autonomia coletiva da vontade na autocomposição dos conflitos trabalhistas. Como consequência, a invalidação de dispositivos de acordos e convenções coletivas pela Justiça do Trabalho deve ser medida excepcional.

Em setembro de 2016, o Supremo Tribunal Federal, por meio de voto do Min. Teori Zavascki (RE 895.759/PE), apresentou inovação, baseada em fundamentos de segurança jurídica e autonomia negocial. Eis a ementa:

---

19. "Dessa forma, do cotejo entre os instrumentos coletivos de trabalho (normas autônomas) e a legislação consolidada (normas heterônomas), há de se aplicar o princípio da criatividade jurídica, traduzido na função normogenética da negociação coletiva, em harmonia com o citado princípio da adequação setorial negociada" CALCINI (2017), p. 253. Recomenda-se a leitura desse artigo, especialmente para análise de diversos casos em que o TST analisou em concreto limites da negociação coletiva.

> TRABALHISTA. AGRAVOS REGIMENTAIS NO RECURSO EXTRAORDINÁRIO. ACORDO COLETIVO DE TRABALHO. TRANSAÇÃO DO CÔMPUTO DAS HORAS IN ITINERE NA JORNADA DIÁRIA DE TRABALHO. CONCESSÃO DE VANTAGENS DE NATUREZA PECUNIÁRIA E DE OUTRAS UTILIDADES. VALIDADE. 1. Conforme assentado pelo Plenário do Supremo Tribunal Federal no julgamento do RE 590.415 (Rel. Min. ROBERTO BARROSO, DJe de 29/5/2015, Tema 152), a Constituição Federal "reconheceu as convenções e os acordos coletivos como instrumentos legítimos de prevenção e de autocomposição de conflitos trabalhistas", tornando explícita inclusive "a possibilidade desses instrumentos para a redução de direitos trabalhistas". Ainda segundo esse precedente, as normas coletivas de trabalho podem prevalecer sobre "o padrão geral heterônomo, mesmo que sejam restritivas dos direitos dos trabalhadores, desde que não transacionem setorialmente parcelas justrabalhistas de indisponibilidade absoluta". 2. É válida norma coletiva por meio da qual categoria de trabalhadores transaciona o direito ao cômputo das horas in itinere na jornada diária de trabalho em troca da concessão de vantagens de natureza pecuniária e de outras utilidades. 3. Agravos regimentais desprovidos. Inaplicável o art. 85, § 11, do CPC/2015, pois não houve prévia fixação de honorários advocatícios na causa.

Em suma, o Supremo Tribunal Federal estabeleceu que a prevalência do negociado sobre o legislado deve ser medida caso a caso – e, aparentemente sem muito cuidado de estabelecer outras condições, em qualquer caso[20]. O requisito indispensável, todavia, foi o de explicitação de vantagens proporcionais ao direito legal diminuído.

O § 2º do art. 611-A refere que a inexistência de expressa indicação de contrapartidas recíprocas no instrumento coletivo não ensejará sua nulidade. Ainda que não haja nulidade do acordo ou convenção coletiva de trabalho, a existência de efetiva e proporcional vantagem compensatória é condição essencial da validade da cláusula do instrumento que eventualmente reduzir benefício trabalhista.

8. CONSOLIDAÇÃO DOS LIMITES DA NEGOCIAÇÃO COLETIVA

De modo geral, para identificação dos limites das convenções coletivas de trabalho, cabe ao intérprete verificar atendimento de duas amplas condições: a) respeito ao "núcleo duro" do Direito do Trabalho, impedindo a inviabilização de direito previsto em abstrato na normatividade estatal e internacional; b) atendimento a vantagens superiores ao padrão legal, de modo a se alcançar melhoria na condição social.

---

20. No presente caso, representantes de capital e trabalho firmaram acordo coletivo, prevendo supressão do pagamento das horas in itinere. Como contrapartida, foram concedidas outras vantagens aos empregados: fornecimento de cesta básica durante a entressafra; seguro de vida e acidentes além do obrigatório e sem custo para o empregado; pagamento do abono anual aos trabalhadores com ganho mensal superior a dois salários-mínimos; pagamento do salário-família além do limite legal; fornecimento de repositor energético; adoção de tabela progressiva de produção além da prevista na Convenção Coletiva. O Tribunal de origem entendeu, todavia, pela invalidade do acordo coletivo de trabalho, vez que o direito às horas in itinere seria indisponível em razão do que dispõe o art. 58, § 2º, da CLT.

Nos itens anteriores deste estudo, verificamos que a regra introduzida pelo art. 611-A da CLT visa a permitir que normas coletivas se sobreponham a lei quando se mostrarem habilitadas a outorgar melhores condições sociais aos trabalhadores que o já fixado na legislação.

De acordo com o entendimento em consolidação pelo STF, o conceito de "melhores condições sociais" precisa ser firmado a partir de elementos mais amplos. Deve-se ultrapassar o específico direito trabalhista objeto de regramento inovatório na norma coletiva, para se alcançar análise contextualizada. A partir da verificação de necessárias vantagens compensatórias (obrigatórias na norma coletiva) é que será possível concluir se houve atendimento do requisito de melhores condições sociais.

Todavia, há, ainda outra condição a ser atendida. Mesmo com vantagem compensatória, a norma coletiva não pode reduzir, ao ponto de inviabilizar, direito trabalhista de previsão legal. De outra forma, se admitiria que regramento privado afastasse por completo disposição legal impositiva e subvertesse todo o sistema jurídico.

Tome-se o exemplo do inciso IX do art. 611-A. Permite-se à norma coletiva oferecer regramento para remuneração por produtividade, incluídas as gorjetas, e remuneração por desempenho individual. O dispositivo indica modalidades remuneratórias que podem receber regramento particularizado em acordos e convenções coletivas de tralho. Arts. 7º, VI da CRFB e art. 468 da CLT instrumentalizam regra geral de inalterabilidade lesiva no campo remuneratório, impedindo redução nominal de rendimentos do empregado. Entre outras disposições, o espaço da norma coletiva pode ser ocupado estabelecendo regras de aferição de produtividade, percentuais de comissões e modos de distribuição de gorjetas. Eventualmente, pode-se permitir a extinção de uma parcela remuneratória, fixando explicitamente algum tipo de compensação ao empregado afetado. Não há, todavia, como permitir que cláusula de instrumento coletivo permita alterações desses elementos para propiciar redução remuneratória global, pois significaria inviabilização de regra constitucional e infraconstitucional.

9. CONCLUSÕES

Apesar da autonomia científica do Direito do Trabalho e da importância que possui o embate entre legislado e negociado, tal não se constitui particularidade desse ramo da Ciência Jurídica. Todos os campos do Direito e ordenamentos jurídicos nacionais são formados por leis e relações jurídico-privadas constitutivas de direitos. O que varia é a intensidade de seu uso, conforme tempos, culturas e matérias.

É impossível a construção de um Direito do Trabalho apenas legislado ou somente negociado. Mas a particularidade protetiva está integrada em todos os campos de atuação, fazendo com que a negociação coletiva nada mais seja que uma técnica de criação de condições mais favoráveis ao empregado, a partir da ação dos representantes do capital e trabalho.

É inegável a sedução de possível interpretação dos arts. 611-A e 611-B da CLT como de ampla e quase irrestrita possibilidade de normas coletivas diminuidoras de benefícios trabalhistas com previsão legal. Mas tudo isso pode ser evitado se pensarmos como Ulisses. A opção das amarras também tem simbologia interessante: Argos é o veículo de toda a tripulação para um futuro de conforto e segurança e, ao ser atado ao poste, nosso herói mostra como acredita e integra-se voluntariamente ao instrumento. A opção civilizadora de garantir a lei como mínimo demonstra a vontade de seguir uma existência coletiva e permanente, sem retroceder.

REFERÊNCIAS

AGÊNCIA BRASIL. **Número de trabalhadores sindicalizados cresce em 2015 e chega a 19,5%.** Edição Eletrônica de 26/4/2017. Disponível em: http://agenciabrasil.ebc.com.br/educacao/noticia/2017-04/menos-de-20-dos-trabalhadores-brasileiros-sao-sindicalizados

AUZERO, Giles; DOCKÈS, Emmanuel. **Droit du Travail.** 29ª ed. Paris: Dalloz, 2015.

DALLEGRAVE NETO, José Affonso. **Prevalência do negociado sobre o legislado e a nova proposta de acordo coletivo especial.** Revista Magister de Direito do Trabalho, n. 60. Porto Alegre: Ed. Magister, 2006.

BARBAGELATTA, Hector-Hugo. **El Particularismo del Derecho del Trabajo y los Derechos Humanos Laborales.** Montevideo, 2012.

BEZERRA LEITE, Carlos Henrique. **A quem interessa o modelo negociado sobre legislado no Brasil?** Revista Síntese. São Paulo: Síntese, 2016.

CALCINI, Ricardo Souza. **A prevalência do negociado sobre o legislado.** Suplemento Trabalhista LTr 051/17. São Paulo: LTr, 2017.

CORREIO BRAZILIENSE. **Uruguai pede reunião do Mercosul sobre reforma trabalhista.** Edição eletrônica de 14/8/2017. Disponível em: http://www.correiobraziliense.com.br/app/noticia/mundo/2017/08/14/interna_mundo,617559/uruguai-critica-reforma-trabalhista-brasileira.shtml

DELGADO, Maurício Godinho. **Curso de Direito do Trabalho.** 16ª ed. São Paulo: LTr, 2017.

FERREIRA FILHO, Manoel Gonçalves. **Do Processo legislativo.** 3ª ed. São Paulo: Saraiva, 1995.

MARINHO, Rogério. **Parecer do Relator do PRL 1 PL678716.** Comissão Especial da Câmara dos Deputados. Disponível em: http://www.camara.gov.br/proposicoesWeb/prop_mostrarintegra;jsessionid=BE3261ADD665E2D55EE3E8D9AC497B8E.proposicoesWebExterno2?codteor=1544961&filename=Tramitacao-PL+6787/2016

MARTINS, Sérgio Pinto. **Direito do Trabalho.** 24ª ed. São Paulo: Atlas, 2008.

MEIRELES, Edilton. **Trabalho negociado e legislado – normas de mesma hierarquia.** Revista LTr, vol. 80, n. 10, outubro de 2016. São Paulo: LTr, 2016.

O GLOBO. **Com mais de 250 novos sindicatos por ano, Brasil já tem mais de 15 mil entidades.** Edição eletrônica 29/4/2013. Disponível em: https://oglobo.globo.com/economia/com-mais-de-250-novos-sindicatos-por-ano-brasil-ja-tem-mais-de-15-mil-entidades-8237463

RAMOS FILHO, Wilson. **Direito Capitalista do Trabalho: história, mitos e perspectivas no Brasil.** São Paulo: LTr, 2012.

A PREVALÊNCIA DO NEGOCIADO SOBRE O LEGISLADO NA PERSPECTIVA DA REFORMA TRABALHISTA: A MUTAÇÃO GENÉTICA DO DIREITO DO TRABALHO NO BRASIL

Cleber Lúcio de Almeida[1]

Sumário: 1. Introdução – 2. O significado e a inconstitucionalidade da prevalência do negociado sobre o legislado – 3. A regra da prevalência do negociado sobre o legislado e os limites da negociação coletiva – 4. Anotações conclusivas – 5. Referências bibliográficas.

1. INTRODUÇÃO

O Direito do Trabalho tem como característica a pluralidade das fontes e adota, para a solução de eventuais antinomias entre as suas normas, o princípio da prevalência da norma mais favorável aos trabalhadores.

A *reforma trabalhista*, realizada por meio da Lei n. 13.467/17 e Medida Provisória n. 808/17, interferiu na pluralidade das fontes do Direito do Trabalho e na relação entre elas, o que fez, principalmente, ao adotar a regra da prevalência do negociado sobre o legislado.

A regra da prevalência do negociado sobre o legislado foi consagrada no art. 611-A da CLT,[2] que é complementado pelo § 3º do art. 8º da CLT, segundo o qual, no

---

1. Pós-doutor em Direito pela Universidad Nacional de Córdoba/ARG. Doutor em Direito pela Universidade Federal de Minas Gerais. Mestre em Direito pela Pontifícia Universidade Católica de São Paulo. Professor dos cursos de graduação e pós-graduação (mestrado e doutorado) da Pontifícia Universidade Católica de Minas Gerais. Juiz do Trabalho junto ao TRT da 3ª Região.
2. "A convenção coletiva e o acordo coletivo de trabalho, observados os incisos III e VI do caput do art. 8º da Constituição, têm prevalência sobre a lei quando, dentre outros, dispuser sobre...".

exame de convenção coletiva ou acordo coletivo de trabalho, a Justiça do Trabalho analisará **exclusivamente** a conformidade dos elementos essenciais do negócio jurídico e balizará a sua atuação pelo **princípio da intervenção mínima na autonomia da vontade coletiva**. Assim, não só foi imposta a prevalência do negociado sobre o legislado, como, para reforçá-la, procurou-se limitar a atuação do Poder Judiciário em eventual exame dos ajustes coletivos, ou seja, da manifestação da vontade.[3]

A *reforma trabalhista* estabeleceu, também reforçando a prevalência do negociado sobre o legislado, a **prevalência do acordo coletivo de trabalho sobre a convenção coletiva de trabalho** (art. 620 da CLT).

Mas, indo muito além, a *reforma trabalhista* impôs a regra da **prevalência do contrato individual de trabalho sobre os instrumentos coletivos**, no caso de o trabalhador empregado ser portador de diploma de nível superior e perceber salário mensal igual ou superior a duas vezes o limite máximo dos benefícios do Regime Geral da Previdência Social (art. 444, parágrafo único, da CLT). Trata-se, portanto, da adoção do **primado do contrato individual do trabalho sobre o negociado**, que parte da premissa, **sem qualquer evidência empírica**, de que o trabalhador na situação mencionada no citado dispositivo possui liberdade real para, em condições de igualdade concreta, definir, em conjunto com o seu empregador, as suas condições de trabalho.[4]

O que é mais preocupante é que o art. 444, parágrafo único, remete ao art. 611-A, dispondo que a "livre estipulação" das condições de trabalho por meio de contrato individual de trabalho "aplica-se às hipóteses previstas no art. 611-A desta Consolidação, com a mesma eficácia legal e preponderância sobre os instrumentos coletivos", indicando que o contrato individual de trabalho pode versar sobre as matérias previstas no art. 611-A, dentre as quais jornada de trabalho, adesão ao programa de seguro-desemprego,[5] enquadramento do grau de insalubridade,

3. Parte-se da premissa, neste dispositivo legal, de que haveria um **excesso de intervenção** do Poder Judiciário na autonomia da vontade coletiva, Poder que, inclusive, estaria restringindo direitos legalmente previstos e criando obrigações não impostas pela lei (daí a proibição de restrição de direitos e criação de obrigações, por meio de súmulas e outros enunciados de jurisprudência, constante do art. 8º, § 2º, da CLT, observando que já foi dito, em defesa da *reforma trabalhista*, que a maior parte dos direitos reconhecidos em juízo não possui fundamento legal, posto que criados pela jurisprudência dos tribunais trabalhistas, isto, vale ressaltar, sem qualquer demonstração empírica).

4. A *reforma trabalhista* desconsidera, portanto, que liberdade e a igualdade são dados da realidade e não surgem de abstrações legais. A *reforma*, no entanto, não foi realizada de forma neutra, vez que persegue a destruição dos limites que o Direito do Trabalho impõe ao empregador e ao capital, o que resulta na transmutação do Direito do Trabalho, de um direito que impõe limites para um direito que legitima a prevalência da vontade em um ambiente de inegável desigualdade de poder. Em suma, o que se pretende é o estabelecimento de um poder não sujeito ao Direito.

5. É interessante observar que, no art. 611-B foi estabelecido, expressamente, que não pode ser objeto de negociação coletiva o seguro-desemprego.

prorrogação de jornada de trabalho em locais insalubres e participação nos lucros e resultados, **o que equivale a esvaziar, completamente, a negociação coletiva**.

Acrescente-se, inclusive, que, segundo a *reforma trabalhista*, **os instrumentos coletivos prevalecem sobre o legislado** e sobre eles prevalece o contrato individual de trabalho. Isso significa que foi estabelecida, de forma indireta, **a prevalência do contrato individual de trabalho sobre o legislado**.

O presente ensaio pretende examinar o significado da imposição da prevalência do negociado sobre o legislado e confrontá-la com a Constituição da República, os compromissos assumidos pelo Brasil perante a comunidade internacional e princípios do Direito do Trabalho.

Cumpre esclarecer que é adotada neste ensaio a premissa de que o exame da *reforma trabalhista* não pode ser reduzido à indagação sobre a eventual retirada de direitos dos trabalhadores. É que o Direito do Trabalho é uma *categoria política*, na medida em que a *política trabalhista* possui reflexos não apenas econômicos, mas, também e principalmente, humanos, sociais e políticos.[6]

2. O SIGNIFICADO E A INCONSTITUCIONALIDADE DA PREVALÊNCIA DO NEGOCIADO SOBRE O LEGISLADO

A análise da *reforma trabalhista* sob o prisma dos seus efeitos sobre as fontes do Direito do Trabalho e da relação entre elas torna certo que ela possui dois objetivos claros.

É que por meio dela são **limitadas as fontes do Direito do Trabalho e é afastada a imperatividade das normas trabalhistas**, o que é alcançado: a) fazendo prevalecer convenções coletivas de trabalho e acordos coletivos de trabalho sobre legislação e o contrato individual de trabalho sobre instrumentos coletivos e o legislado; b) colocando a legislação ordinária acima da Constituição e dos tratados sobre direitos humanos.

De outro lado, a *reforma* **substitui**, como critério de solução de antinomias entre as normas que compõem o Direito do Trabalho, o princípio da aplicação da norma **mais favorável aos trabalhadores** pela regra da aplicação da norma **mais favorável ao capital**, em ambiente, inclusive, de fragilidade da esmagadora maioria dos sindicatos brasileiros. Fragilidade, inclusive, que foi acentuada pela *reforma trabalhista*, que retira dos sindicatos a sua principal fonte de custeio e ainda estabelece uma espécie de *negociação coletiva atípica*, o que indica que foi utilizada contra a classe trabalhadora a técnica consistente em **enfraquecer para dominar**

A conclusão no sentido de que a reforma pretende **substituir uma solução pela outra** é confirmada pelo art. 620 do CLT. É que este dispositivo estabelecia,

6. Por *política trabalhista*, tem-se, consoante Oscar Ermida Uriarte, "a parte da política geral e da social em particular, referida às relações de trabalho, com especial ênfase na situação dos trabalhadores e suas organizações" (URIARTE, 2009, p. 407).

na sua redação original, que as condições estabelecidas em convenção coletiva de trabalho, quando mais **favoráveis aos trabalhadores**, prevaleceriam sobre as estipuladas em acordo coletivo de trabalho e passará a dispor que as condições estabelecidas em acordo coletivo de trabalho prevalecerão, **sempre**, ou seja, **ainda que desfavoráveis aos trabalhadores**, sobre as estipuladas em convenção coletiva de trabalho.

Contudo, no afã de alcançar tais objetivos, a *reforma trabalhista* violou vários dispositivos da Constituição da República de 1988, quais sejam:

a) art. 1º, II, que inclui a cidadania entre os princípios fundamentais da República, e art. 1º, parágrafo único, que adota a democracia como forma de governo.

O gozo dos direitos sociais, entre eles os inerentes ao trabalho, constitui condição de possibilidade da cidadania ativa. Logo, desconstruir tais direitos, pela via legal ou negocial, atenta contra a cidadania, sendo relevante mencionar que não existe democracia na ausência de cidadania ativa, o que autoriza afirmar que desconstruir os direitos inerentes ao trabalho também atenta contra a democracia;

b) art. 3º, que define os objetivos fundamentais da República.

A construção de uma sociedade livre, justa e solidária, a garantia do desenvolvimento nacional (que não é só econômico, mas, também, humano, social, cultural e político), a erradicação da pobreza e da marginalização, a redução das desigualdades e a promoção do bem de todos **exigem** o respeito aos direitos inerentes ao trabalho, o que não harmoniza com a sua destruição legal ou negocial;

b) art. 7º, *caput*, que consagra, expressamente, o princípio da aplicação da norma mais favorável aos trabalhadores, impedindo, então, a sua substituição pelo princípio da aplicação da norma mais favorável ao capital e aos empregados;

c) art. 60, § 4º, IV, que veda a abolição de direitos fundamentais por meio de emenda constitucional e, ainda, impede que o princípio da aplicação da norma mais favorável aos trabalhadores seja substituído pela regra da aplicação da norma mais favorável ao capital;

Este dispositivo constitucional veda a edição de emenda constitucional que venha a abolir direitos fundamentais, vedação que alcança também a autonomia da vontade coletiva (o que é vedado ao constituinte derivado é também vedado à autonomia da vontade), sendo por ele vedada, ainda, que princípio da aplicação da norma mais favorável aos trabalhadores seja substituído pela regra da aplicação da norma mais favorável ao capital, visto que esta substituição implica inegável retrocesso na condição social dos trabalhadores;

c) art. 170, *caput*, que define os fundamentos e a finalidade da ordem econômica.

A ordem econômica tem como fundamento a valorização do trabalho humano e a livre inciativa, e, por finalidade, garantir a todos existência digna. Os direitos inerentes ao trabalho, notadamente os fundamentais e humanos, são direitos inerentes à dignidade humana, isto é, direitos cujo gozo constitui uma exigência da vida em conformidade com a dignidade humana, o que implica que, desconstruir, pela via legal ou negocial, os direitos inerentes ao trabalho é atentar contra o disposto no art. 170, *caput*, da Constituição;

d) art. 186, III e IV, que define as condições em que a propriedade cumprirá a sua função social.

O cumprimento da função social da propriedade está condicionado à observância das disposições que regulam as relações de trabalho e à sua exploração que também favoreça o bem-estar dos trabalhadores, o que traduz a opção pela não admissão do exercício de atividade econômica voltado apenas ao atendimento de interesses do capital e realizado sem o respeito às normas que compõem o Direito do Trabalho.

Também são inconstitucionais os arts. 8º, § 3º, e 611-B da CLT, que são complementares ao art. 611-A.

Conforme o primeiro destes dispositivos, no exame de convenção coletiva de trabalho ou acordo coletivo de trabalho, a Justiça do Trabalho analisará **exclusivamente** a conformidade dos elementos essenciais do negócio jurídico, respeitado o disposto no art. 104 do Código Civil (este dispositivo define os requisitos essenciais do negócio jurídico: agente capaz, objeto lícito, possível, determinado ou determinável e forma prescrita ou não defesa em lei) e deverá se pautar pela **intervenção mínima na autonomia da vontade coletiva**.

É patente a afronta ao art. 5º, XXXV, da Constituição da República, segundo o qual a lei **não poderá** excluir da apreciação do Poder Judiciário lesão ou ameaça a direito, o que significa que a lei não pode impor ao Poder Judiciário que, no exame de um negócio jurídico, despreze o seu conteúdo, inclusive a título de intervenção mínima na autonomia da vontade coletiva.

É também inconstitucional o art. 611-B da CLT, segundo o qual somente haverá nulidade do ajuste coletivo quando ele versar **exclusivamente** sobre uma das matérias elencadas neste dispositivo legal, que são, vale o registro, somente as relativas aos direitos constitucionalmente assegurados aos trabalhadores nos arts. 7º e 8º da CLT.

O art. 611-B da CLT, ao limitar as hipóteses de nulidade do ajuste coletivo, aponta no sentido de que a negociação coletiva pode, **sem ser nula**, afrontar os direitos fundamentais assegurados pelos arts. 5º, 6º e 9º da Constituição, isto quando **sequer o constituinte pode fazê-lo**, por força do art. 60, § 4º, IV, da Constituição, que, portanto, também foi desrespeitado.

Os arts. 8º, § 3º, e art. 611-B da CLT contrariam, ainda, os arts. 4º, II, e 5º, § 1º, da Constituição, que, além de incluir os direitos humanos entre os direitos constitucionalmente protegidos, estabelecem a **prevalência dos tratados sobre direitos humanos**. Ora, se estes tratados prevalecem sobre a própria lei, **do seu respeito não está dispensada a autonomia da vontade coletiva**.

Tais inconstitucionalidades demonstram que o respeito à Constituição não parece ter sido a preocupação daqueles que elaboraram a *reforma trabalhista*, o que corresponde, consoante adverte Luigi Ferrajoli, processo de *desconstitucionalização do sistema político*, no sentido na rejeição "aos limites e vínculos constitucionais impostos às instituições representativas", fundada na "pretensão de onipotência da maioria governativa e de neutralização do complexo sistema de regras governativa e contrapesos, de garantias e de funções e instituições de garantia, que constituem a substância da democracia constitucional" (FERRAJOLI, 2014, p. 13).

Trata-se, ainda consoante Luigi Ferrajoli, do retorno ao *paleopositivismo do Estado liberal*, segundo qual, "a lei, qualquer que fosse o seu conteúdo, era fonte suprema e ilimitada do direito" (FERRAJOLI, 2014, p. 22), que foi abandonado após os horrores da segunda guerra, com a afirmação da supremacia da Constituição, que passa a funcionar como "um limite e um vínculo ao legislador", observando-se que "esse *direito sobre o direito*, esse sistema de normas metalegais no qual consistem as hodiernas constituições rígidas não se limita, portanto, a regular *formas* de produção do direito mediante normas procedimentais sobre a formação das leis, mas vincula, outrossim, em relação a estas leis, os seus *conteúdos*, mediante normas substanciais sobre a produção, como são, em particular, aquelas que enunciam direitos fundamentais" (FERRAJOLI, 2014, p. 22).[7]

Não se pode olvidar, ainda, que o Brasil se comprometeu perante a comunidade internacional, como se vê dos arts. 4º, II, e 5º, § 1º, da Constituição, a respeitar, proteger e realizar concretamente os direitos humanos, não podendo uma lei ordinária, limitando as hipóteses de nulidade dos ajustes coletivos, autorizar o desrespeito a tais direitos.

Anote-se que estas mesmas obrigações foram assumidas em razão da adesão do Brasil a tratados sobre direitos humanos, como deixam claro *o art. 26 da Convenção de Viena sobre o Direito dos Tratados, os arts. 2º, 3º e 4º do Pacto Internacional dos Direitos Econômicos, Sociais e Culturais, e o art. 26 da* Convenção Americana sobre Direitos Humanos, por exemplo.

A Convenção Americana sobre Direitos Humanos dispõe, inclusive, que os Estados que a subscreverem se comprometem a respeitar os direitos e liberdades nela reconhecidos e a garantir o seu livre e pleno exercício (art. 1º, inciso 1) e que nenhuma de suas disposições pode ser interpretada no sentido de: permitir ao Estado, grupo ou indivíduo, suprimir o gozo e o exercício dos direitos e liberdades nela reconhecidos ou limitá-los em maior medida do que a nela prevista; limitar o gozo e o exercício de qualquer direito ou liberdade que possam ser reconhecidos em virtude de leis de qualquer Estado ou em virtude de Convenções em que seja parte; excluir outros direitos e garantias que são inerentes ao ser humano ou

7. Para Luigi Ferrajoli, com a sua constitucionalização, o direito deixa de ser subordinado à política e a política passa a estar "submetida aos vínculos a ela impostos por princípios constitucionais" (FERRAJOLI, 2014, p. 23).

que decorram da forma democrática representativa e governo; excluir ou limitar o efeito que possam produzir a *Declaração Americana dos Direitos e dos Deveres do Homem* e outros atos internacionais da mesma natureza (art. 29).

Acrescente-se, por fim, a *Declaração Sociolaboral do MERCOSUL de 1988, cujos signatários, dentre eles o Brasil, se comprometeram a respeitar os direitos fundamentais nela reconhecidos (art. 20), e a Declaração Sociolaboral do MERCOSUL de 2015, no qual o Brasil reafirmou o seu compromisso com as declarações, pactos, protocolos e outros tratados que integram o patrimônio jurídico da humanidade, entre eles a Declaração Universal dos Direitos Humanos, o Pacto Internacional dos Direitos Civis e Políticos, o Pacto Internacional dos Direitos Econômicos, Sociais e Culturais, a Declaração Americana de Direitos e Obrigações do Homem, a Carta Interamericana de Garantias Sociais e a Carta da Organização dos Estados Americanos.*

É importante ter presente, no particular, que *"os juízes não podem ignorar que todas as normas relativas a direitos humanos, inclusive as normas de princípios, são de aplicação direta e imediata, nos precisos termos do disposto no art. 5º, § 1º, da Constituição Federal" (COMPARATO, 2001, p. 29).*

Em suma, a *reforma trabalhista* em vários momentos se colocou como **superior à Constituição e aos tratados sobre direitos humanos e independente deles, ainda que eles sejam mais benéficos para os trabalhadores.** Cite-se, ainda como exemplo desta postura, o art. 223-A da CLT, segundo o qual "aplicam-se na reparação de danos de natureza extrapatrimonial decorrentes da relação de trabalho **apenas** os dispositivos desse Título". Significa que, ao examinar a pretensão de reparação/compensação de danos extrapatrimoniais, o Poder Judiciário deve se ater **apenas** ao que estabelece a CLT sobre a questão, **o que implica a desconsideração da Constituição e dos tratados sobre direitos humanos.**

A *reforma trabalhista* também agride o **princípio da vedação de retrocesso social.**

Trata-se, inclusive, de princípio constitucionalmente estabelecido. Com efeito, o art. 7º, VI, proíbe a redução salarial, salvo mediante negociação coletiva, o art. 60, § 4º, IV, consagra a vedação de exclusão de direitos fundamentais por meio de emenda constitucional e o art. 114, §2º, veda o retrocesso social como consequência da atuação do Poder Judiciário, tornando certo que o Direito do Trabalho tem como diretriz fundamental a garantia de **estabilidade da condição social do trabalhador**, cujo respeito se impõe ao empregador, ao Poder Legislativo, inclusive no desempenho de função constituinte, ao Poder Judiciário, ao Poder Executivo e, também, à autonomia da vontade coletiva.

Não se olvide, ainda, que redução negocial de direitos sem contrapartida equivale à renúncia de direitos e os sindicatos não podem renunciar a direitos dos quais não são titulares, cabendo-lhe, ao contrário e por expresso mandamento constitucional, promover a sua **defesa** (art. 8º, III, da Constituição).

Também foi desconsiderado o **princípio da progressividade da condição social dos trabalhadores.**

É que "O Direito do Trabalho não se limita à *tutela* da condição social alcançada pelos trabalhadores (*estabilidade da condição social alcançada*), mas visa sua melhora progressiva (*melhoria da condição social alcançada*). A vedação de retrocesso e a progressividade são, portanto, complementares [...]. O exame dos objetivos da República elencados no art. 3º da Constituição (*construir* uma sociedade livre, justa e solidária, *erradicar* a pobreza e a marginalização, *reduzir* as desigualdades sociais, promover o bem comum) e dos princípios gerais da atividade econômica, apontados no art. 170, também da Constituição, em especial a *redução* das desigualdades sociais e a *busca* do pleno emprego, apontam no sentido da adoção do princípio da progressividade, visto que tais dispositivos exigem 'atuação promocional, através da concepção de justiça distributiva, voltada para a igualdade substancial [...]. De acordo com o texto da Lei Maior, a configuração do nosso Estado Democrático de Direito tem por fundamentos a dignidade humana, a igualdade substancial e a solidariedade social, e determina, como sua meta prioritária, a correção das desigualdades sociais e regionais, com o propósito de reduzir os desequilíbrios entre as regiões do País, buscando melhorar a qualidade de vida de todos os seus cidadãos' (MORAES, 2006, p. 157-176). Este princípio é também consagrado pelo art. 7º, *caput*, da Constituição que, ao determinar a prevalência da norma mais benéfica ao trabalhador, indica que deve ser prestigiada a melhoria da sua condição social" (ALMEIDA; ALMEIDA, 2017, p. 164).

O alcance da *reforma trabalhista*, no entanto, vai ainda mais longe.

A *reforma trabalhista*, contrariando a Constituição, obrigações assumidas perante a comunidade internacional e os princípios mencionados, visa promover uma verdadeira *mutação genética* do Direito do Trabalho.

O código genético do Direito do Trabalho é definido:

1) pela sua **finalidade fundamental**, *que é a tutela e promoção da dignidade humana daqueles que dependem da alienação da sua força do trabalho para assegurar a existência própria e familiar;*

2) pela sua **função fundamental**, *que é realizar a justiça social, cidadania e democracia.*

A finalidade e a função fundamentais do Direito do Trabalho o tornam **um direito especial.** *Trata-se de direito especial em razão da* **essencialidade** *dos direitos que assegura aos trabalhadores, em razão da sua relação com a* **realização das condições necessárias a uma vida conforme a dignidade humana, justiça social, cidadania e democracia**;

3) pelo seus **princípios primeiros**, quais sejam, *o trabalho humano não é uma mercadoria e* proteção e promoção da dignidade humana daqueles que trabalham.

Deste último princípio decorrem, inclusive, vários outros princípios, dentre os quais a imperatividade das suas normas, a indisponibilidade dos direitos que assegura aos trabalhadores, a prevalência da norma mais favorável aos trabalhadores, a continuidade da relação de emprego, a proibição de retrocesso na condição social dos trabalhadores e a progressividade na melhoria da condição social dos trabalhadores, os quais são complementados, no campo processual, pelo sério compromisso com a efetividade da jurisdição e processos trabalhistas.

Em suma, o Direito do Trabalho surge como instrumento de promoção e tutela da dignidade humana e construção da justiça social, cidadania e democracia e, por meio da *reforma trabalhista* e como reação contra a mercantilização do trabalho humano, e o que se pretende, com a *reforma trabalhista*, é **transformá-lo em instrumento de política econômica, informada pela prevalência dos interesses do capital sobre os do trabalho**, sob o argumento da "necessidade" de criar empregos (como se a criação de empregos estivesse direta e necessariamente relacionada ao nível de proteção da dignidade humana e realização da justiça social, cidadania e democracia), atrair investimentos externos (neste momento, o próprio Direito do Trabalho é transformado em moeda de troca no mercado global, ou seja, de instrumento de desmercantilização, ele é transformado em mercadoria) e de garantir a eficiência das empresas, ou seja, em um *Direito do Trabalho de exceção*.[8]

Note-se que o negociado tradicionalmente prevaleceu sobre o legislado, mas, em sentido bem claro e definido, que seja, o da tutela da dignidade humana daquele que trabalha e construção da justiça social, cidadania e democracia. Contudo, a *reforma trabalhista*, mantém a prevalência do negociado sobre o legislado, **mas em outro sentido**, que é a redução negociada dos direitos assegurados aos trabalhadores, em favor dos interesses do capital.

Vale ressaltar que o processo de *mutação genética* do Direito do Trabalho não é um fenômeno brasileiro, mas global.

Neste sentido, João Leal Amado afirma que, a partir dos anos 1970 teve início, na Europa, as críticas ao Direito do Trabalho, que é acusado de excessivamente protetivo e rígido, "de irracionalidade regulativa e de produzir consequências danosas, isto é, de criar mais problemas do que aqueles que resolve, em particular no campo econômico e no plano da gestão empresarial – é o chamado 'efeito *boomerang*' das normas juslaborais, grandes responsáveis, diz-se, pelas elevadas taxas de desemprego", o que conduz à sua **transformação** em "instrumento a serviço da promoção do emprego e do investimento, como variável econômica, mostrando-se dominado - quando não obcecado - por considerações de eficiência (produtividade da mão de obra, competividade das empresas etc.)" (AMADO, 2015, p. 183).

Especificamente em relação a Portugal, João Leal Amado afirma que as alterações legislativas realizadas naquele país a partir de 2003 obedecem a duas

8. A *reforma trabalhista* é justificada pela suposta *necessidade* de criar empregos, garantir a eficiência das empresas e impedir a criação ou restrições de direitos por meio do ativismo judicial dos tribunais trabalhistas, em especial do Tribunal Superior do Trabalho, mas, na essência, atende às *necessidades* do mercado. Como, consoante aduz Giorgio Agamben, "as terminologias nunca podem ser neutras" (AGAMBEN, 2004, p. 15), cumpre esclarecer as expressões *exceção* e *necessidade* são adotadas no presente ensaio na perspectiva, definida também a partir da lição Giorgio Agamben, de que o *estado de exceção* é sempre estabelecido para atender a supostas *necessidades* (AGAMBEN, 2004, p. 40-49). Daí se falar, no presente ensaio, em *Direito do Trabalho de exceção*.

ideias-chaves, quais sejam, a "redução/compressão dos custos empresariais" e a "ampliação das faculdades/poderes patronais de gestão da mão de obra", o que leva o legislador a "vender" o Direito do Trabalho "em ordem a tentar atrair clientes, em ordem a acalmar os 'mercados', em ordem a cativar os investidores, isto é, o capital", o que faz ao disciplinar o banco de horas, o trabalho extraordinário, os feriados e as férias, por exemplo, o que significa "maior facilidade de recurso patronal ao esquema do banco de horas, condições menos onerosas para o recurso ao trabalho suplementar, menos feriados e menos dias de férias" (AMADO, 2015, p. 187-190), registrando este doutrinador, ainda, que, no tocante à "relação entre a lei e convenção coletiva de trabalho, a lei portuguesa passou a consagrar a regra de princípio da prevalência do negociado, ainda que *in pejus*, sobre o legislado" (AMADO, 2015, p. 186).

António Casimiro Ferreira noticia observação de Miguel Souza Tavares no sentido de que as alterações legislativas levadas a efeito em Portugal se assentam em duas vertentes, quais sejam, "os trabalhadores portugueses são todos descartáveis" e "as nossas empresas só serão competitivas se puder pagar-lhes o mínimo, explorá-los o máximo e despedi-los à vontade" e lançaram "os desesperados sem emprego contra os aterrorizados com emprego" (FERREIRA, p. 63-64).

Noticiando fatos ocorridos na Itália, Luigi Ferrajoli afirma que "o medo sempre foi um recurso do poder político", que é acentuado pela "fábrica do medo que se tornou a televisão" e que "a ideia de que o futuro pode ser melhor que o passado, dominante nos últimos anos, foi invertida: passou à concepção do medo, ou pior, da certeza de que o futuro será pior do que o passado. Essa depressão do espírito público, juntamente com a depreciação dos valores constitucionais da isonomia e da dignidade da pessoa, foi gerada sobretudo [...] pelo ataque ao trabalho e aos direitos dos trabalhadores", ataques que, segundo ele, se voltaram contra, por exemplo: a "estabilidade no emprego por intermédio da precariedade, que priva de fato os trabalhadores precários das mais elementares garantias, fazendo que seja impossível que venham a lutar contra os empregadores", "às garantias jurisdicionais de todos os direitos"; introdução de cláusula compromissória, "com a qual o trabalhador se compromete, no ato da sua admissão, a renunciar o direito de agir e juízo e se submeter aos juízos privados do tipo arbitral"; "à segurança do trabalho, "por intermédio da redução das sanções pelas violações das normas que visam prevenir os acidentes de trabalho", política de ataque que visa "a divisão dos trabalhadores e o desencorajamento do conjunto de trabalhadores: pelo enfraquecimento das formas tradicionais de solidariedade baseadas no senso comum de pertinências às mesmas condições; pela competição no mundo do trabalho introduzida pelo crescente desemprego e pela multiplicação das figuras atípicas de trabalho precário; pela desvalorização geral do trabalho provocada pela possibilidade de deslocar a produção para além dos limites nacionais; pela neutralização dos conflitos sociais, e a imposição aos trabalhadores da renúncia aos seus direitos sob ameaça de demissão" (FERRAJOLI, 2014, p. 49-50).

Ainda falando em relação à Europa, afirma Valerio Speziale que o Direito do Trabalho está passando por uma mutação genética, que altera o seu DNA, os seus objetivos, a escala de valores sobre os quais se baseia e a sua função, tudo isto resultando na sua subordinação à economia e transformação em instrumento de política econômica (SPEZIALE, 2017, p. 2 e 9).

Para demonstrar a sua assertiva, Valerio Speziale aduz que a evolução do Direito do Trabalho pode ser examinada sob o ponto de vista da "eliminação ou drástica redução da dimensão econômica da relação de emprego", o que tem como razões o fato de: a) o trabalhador ser "um sujeito que possui limites biológicos que impedem a sua assimilação a uma máquina ou a outros fatores produtivos 'inertes', em razão da resistência física à fadiga, à usura, do condicionamento devido a patologias etc."; b) o trabalhador ser uma pessoa, o que torna "impossível separar o trabalho, inclusive como bem - objeto (a energia expedida que possa ser cedida no mercado de trabalho) - da essência humana e, também, da esfera psicológica e do conjunto de atributos que concernem à sua personalidade, com aquela 'que é chamada a implicação da pessoa humana na prestação de serviços'; c) a relação de emprego se fundar sobre uma relação de poder", sendo a sujeição a tal poder "jurídica (a subordinação às diretivas de outro contratante), organizativa (porque o trabalhador é parte da estrutura de empresa que não lhe pertence e é organizada por outrem) e econômica (posto que o empregado faz da retribuição o seu único ganho, em um mercado caracterizado por um equilíbrio entre demanda e oferta de trabalho e pelo desemprego estrutural)" (SPEZIALE, 2015, p. 10).

Para Valerio Speziale, o fato de a relação de emprego envolver um sujeito que é biologicamente limitado e ser uma relação de poder e a impossibilidade de separar o trabalho da pessoa humana que o realiza é que levaram, como efeito de uma pluralidade de fatores, à sua juridificação no aspecto individual e coletivo, "que gradualmente produziu o efeito de 'imunizar' (total ou parcialmente) o trabalhador da sua dimensão de fator de produção" (SPEZIALE, 2015, p. 10-11).

Aduz Valerio Speziale, examinado a juridificação da relação de emprego, que, no primeiro momento, a juridificação "se consubstanciava na edição de uma legislação social que tinha como objetivo a tutela da integridade física e moral do trabalhador (redução da jornada de trabalho; limitação da idade laborativa; seguro obrigatório etc.), na ótica, típica do Estado liberal, de proteger o trabalhador 'somente quando parecer insuportável, também pela consciência (da época), dos efeitos do livre agir industrial e em um contexto de 'indiscutível gestão do trabalho como matéria prima comerciável' [...]. O Estado liberal garantiu a liberdade contratual do singular e também do trabalhador. Todavia, tal liberdade não é em grau suficiente para eliminar a desigualdade de poder estrutural entre empregador e trabalhador e a sua subordinação econômica. A liberdade que o contrato lhe conferiu, é somente a liberdade de escolher autonomamente a ocupação, mas não a liberdade de determinar autonomamente a própria condição de vida e de trabalho, inclusive porque 'livre não é aquele que possui direito abstrato sem o poder de exercitá-lo, mas quem, além do direito, tem o poder de exercício" (SPEZIALE, 2015, p. 12).

Para Valerio Speziale, "a este problema tentará dar solução o direito do trabalho [...], que se opõe 'aquela violência sobre a pessoa humana que se exercitava, nos confrontos dos trabalhadores, através de um direito que não levava em consideração a sua particular posição social. O significado do direito do trabalho consiste no fato que este não se contenta com a igualdade formal dos sujeitos, sobre a qual se funda a regulamentação precedente, mas dá relevo jurídico à particular posição social dos trabalhadores'. Esta função do direito do trabalho se realizará de modo diverso. Uma primeira linha de intervenção é a introdução de normas que limitam a 'consequente lógica do conceito de troca, vez que tal conceito se releva incompatível com a exigência de tutela da dignidade e segurança dos trabalhadores. De tal modo, a personalidade do trabalhador passa a constituir o critério de numerosas derrogações aos princípios gerais dos contratos e das obrigações, as quais rompem a simetria das duas posições jurídicas que a relação de trabalho coloca em evidência'. Há então o reconhecimento de uma série de direitos do trabalhador no contrato, que impõem limites aos poderes organizativos que detém o empregador. Eles, apesar de pôr em evidência a indissolúvel 'relação do homem que trabalha com a (dimensão econômica da) sua prestação', são direitos que garantem a 'dimensão humana da prestação de trabalho no confronto dos poderes organizativo e diretivo do empregador, aos quais, mediante o contrato, é sujeito" (SPEZIALE, 2015, p. 12).

De outro lado, ainda consoante Valerio Speziale, se desenvolvia o movimento sindical e crescia a contratação coletiva, "que produzem um incremento de direitos (não apenas salariais) dos trabalhadores, como expressão de um verdadeiro e próprio 'poder social' que transcende a mera realidade econômica. É criado, então, um 'contrapoder' fundado sobre a representação coletiva dos interesses que incide sobre a gestão da fábrica e impõe a negociação da estrutura e do funcionamento da organização produtiva [...]. É neste contexto que a contratação coletiva estenderá em medida significativa os direitos 'não econômicos' conexos à relação de trabalho" (SPEZIALE, 2015, p. 13).

Um momento fundamental neste processo, conforme Valerio Speziale, é a "declaração segundo a qual 'o trabalho não deve ser considerado simplesmente uma mercadoria ou artigo de comércio", expressão "que 'adquiriu sucessivamente os mais amplo significado ético jurídico de incisiva negação do valor mercantil do trabalho, transportando a proteção do trabalho em abstrato aos direitos fundamentais da pessoa que trabalha, pela qual o trabalho é oportunidade de desenvolvimento da pessoa humana e de progresso material'. Esta desmercantilização do trabalho encontrou a sua junção fundamental na constitucionalização dos direitos dos trabalhadores e na sua transformação em direitos fundamentais [...]. Neste contexto, o trabalho torna-se um 'direito' e é tutelado também no seu sentido econômico (retribuição, indenização do desemprego, proteção contra a doença, tutela da deficiência) com uma lógica que – colocada em correlação com a produtividade do trabalhador – a transcende, em uma dimensão que se preocupa com a garantia de qualidade de existencial" (SPEZIALE, 2015, p. 13-14), sendo que, com a constitucionalização, são reconhecidos outros direitos, como ao recebimento de salário suficiente para assegurar uma vida livre e digna, "com a atribuição ao salário de caráter estranho à relação de troca e vinculado a fins existenciais (liberdade e dignidade) que envolve direitos que são expressão da personalidade humana" [...], "direito de associação, de atividade sindical e de contratação coletiva, no âmbito do 'contrapoder sindical" (SPEZIALE, 2015, p. 14-15).

Valerio Speziale afirma que o Direito do Trabalho constitui instrumento "de emancipação de uma coletividade humana', que, garantido a "efetiva participação de todos os trabalhadores na organização política, econômica e social do Estado", assume a condição de condição de "'direito de cidadania dos trabalhadores subordinados'" e contribuiu para a solução do problema de "'como fazer coexistirem bem-estar econômico, coesão social, democracia política'" (SPEZIALE, 2015, p. 15-16).

É este, consoante Valerio Speziale, o momento de "maior distância entre direito do trabalho e economia" e que dá início à "idade da desmercantilização do trabalho" (SPEZIALE, 2015, p. 17).

Fez-se todo este longo relato para demonstrar que o Direito do Trabalho tem, no seu DNA, a preocupação com a dignidade humana daqueles que vivem do trabalho (atuando no sentido de evitar a sua transformação em mercadoria), a cidadania e a democracia e que a sua *mutação genética* se dá com a sua transformação em instrumento de política econômica, com a consequente *remercantilização* do trabalho humano, e, ele próprio, em uma mercadoria no *mercado global de leis* e, no caso do Brasil, também *moeda de troca* na busca por apoio político.

Deste modo, a *mutação genética* do Direito do Trabalho constitui o resultado da *subversão* do princípio da proteção e dos princípios dele decorrentes, da sua finalidade e das funções fundamentais.

Mas a *mutação genética* do Direito do Trabalho, consoante já foi anotado, também se apresenta de outras formas, quais sejam:

a) limitação das fontes do Direito do Trabalho;

A tentativa de redução das fontes do Direito do Trabalho apenas à CLT joga por terra a sua **evolução no sentido da sua constitucionalização e internacionalização** e **condena o ordenamento jurídico a um verdadeiro hermetismo jurídico**, fundado da noção tradicional de soberania absoluta do Estado e caracterizado pela negativa da força normativa aos tratados;

b) redução da imperatividade das normas trabalhistas, por meio da adoção da prevalência do negociado individual e coletivamente sobre o legislado;

c) enfraquecimento do contrapoder representado pela ação coletiva dos trabalhadores, por meio dos sindicatos;

d) atribuição de especial valor à vontade das partes no contexto da relação de emprego;

e) destriuição dos limites aos poderes do capital e do trabalho representados pelos direitos assegurados aos trabalhadores e consequente reforço dos poderes do capital.

Também faz parte do processo de *mutação genética* do Direito do Trabalho a tentativa de alterar a sua relação com o direito comum. É que a *CLT dispunha, no art. 8º, parágrafo único, que* "o direito comum será fonte subsidiária do direito do trabalho, naquilo em que não for incompatível com os princípios fundamentais deste".

Este dispositivo, portanto, atribui ao Direito do Trabalho a condição de **direito *especial*** e estabelece, em razão desta sua natureza especial, que o direito comum somente poderá atuar como sua fonte subsidiária quando fosse compatível com os seus princípios fundamentais. A *reforma trabalhista*, conferiu nova redação ao art. 8º da CLT, que passa a dispor, no § 1º, que "o direito comum será fonte subsidiária do direito do trabalho". Por meio desta alteração, o que se busca é afastar a natureza especial do Direito do Trabalho e indica que ele surge e se desenvolve como um direito especial, mas deve voltar ao seio do direito comum.

No entanto, a natureza especial do Direito do Trabalho não é uma mera concessão legislativa. Ela decorre da **essencialidade**, individual e social, dos direitos que assegura aos trabalhadores, tendo em vista que se trata de **direitos de dignidade humana, justiça social, cidadania e democracia.**

A *mutação genética* do Direito do Trabalho, como dito, faz surgir verdadeiro *Direito do Trabalho de exceção,* como direito *desmaterializado*, isto é, desvinculado da tutela e promoção da dignidade humana o ser que trabalha e construção da justiça social, cidadania e democracia, e *transformado* "em instrumento de política econômica funcional à eficiência de mercado", como exigência "da valorização do capital e da sua lógica global" (PERULLI, 2016, p. 21-22).

Note-se que a *mutação genética do Direito do Trabalho* não tem efeitos limitados à situação do trabalhador individualmente considerado em relação ao seu empregador.

Primeiro, porque o Direito do Trabalho tem por finalidade fundamental a tutela e promoção da dignidade e, como função política, a realização da justiça social, cidadania e democracia, ou seja, não tem por horizonte apenas o trabalhador na sua específica relação de emprego.

Segundo, porque há muito o Direito do Trabalho ultrapassou a concepção restritiva de proteção do contratante vulnerável e adotou concepção bem mais ampla, que é a promoção e tutela da dignidade humana e realização da justiça social, cidadania e democracia.

Em termos globais, esta passagem se dá com a adoção, quando da criação da Organização Internacional do Trabalho, do princípio segundo o qual o trabalho não é mercadoria, e, no Brasil, ocorre, de forma definitiva, com a Constituição da República de 1988, que inclui entre os seus princípios fundamentais a cidadania, a dignidade humana e o valor social do trabalho (art. 1º), define como objetivos da República a construção de uma sociedade justa, livre e solidária (art. 3º, I), define como finalidade da ordem econômica, que é fundada na valorização do trabalho humano, assegurar a todos uma existência digna (art. 170) e define como base da ordem social o primado do trabalho e, como seu objetivo, a justiça social (art. 193).

Deste modo, a *reforma trabalhista* é também uma *reforma política*, valendo observar que, "em um esquema neoliberal, a política trabalhista se dissolve na econômica e na melhor das hipóteses só existe para servi-la. Em um esquema de valorização do social, a política laboral exige importância própria e autonomia" (URIARTE, 2009, p. 408), o que equivale dizer que a *reforma trabalhista* é uma *reforma política neoliberal*, ou seja, que estabelece a orientação neoliberal na política trabalhista, econômica e social.

Por consequência, a *mutação genética* do Direito do Trabalho não pode ser vista como uma simples questão de mais ou menos direitos (em especial patrimoniais), mas, sim, de mais ou menos dignidade humana, justiça social, cidadania e democracia.

3. A REGRA DA PREVALÊNCIA DO NEGOCIADO SOBRE O LEGISLADO E OS LIMITES DA NEGOCIAÇÃO COLETIVA

É certo que aos sindicatos representantes de categorias profissionais e econômicas é lícito firmar convenção coletiva de trabalho, estipulando condições de trabalho aplicáveis, no âmbito das respectivas representações, às relações individuais de trabalho (art. 611, *caput*, da CLT), ao passo que aos sindicatos representantes de categorias profissionais e empresas da correspondente categoria econômica é lícito firmar acordo coletivo de trabalho, estipulando condições de trabalho aplicáveis, no âmbito da empresa(s) acordante(s), às relações individuais de trabalho (art. 611, § 1º, da CLT). O direito à negociação coletiva é assegurado pela Constituição, como manifestação do direito à liberdade sindical (arts. 7º, XXVI, e 8º, incisos III e VI).

No entanto, a autonomia da vontade coletiva não é isenta de limites.

Com efeito, é nula cláusula negocial coletiva que:

1) desvirtuar, impedir ou fraudar a aplicação das normas regentes da relação de emprego, em razão do disposto nos arts. 9º e 444, *caput*, da CLT;

2) violar as liberdades individuais (direito à intimidade, vida privada, honra e imagem, por exemplo), liberdades coletivas (direito de se filiar e de se manter filiado a sindicato, por exemplo) e direitos individuais indisponíveis dos trabalhadores (anotação do contrato de trabalho na CTPS, por exemplo), nos termos do art. 83, IV, da Lei Complementar n. 75/93;

3) violar direitos fundamentais trabalhistas, específicos e inespecíficos, assegurados pela Constituição da República, lembrando que as convenções coletivas de trabalho e os acordos coletivos de trabalho também estão sujeitos a *controle de constitucionalidade* (verificação da compatibilidade da norma infraconstitucional com a Constituição);

4) contrariar tratados de que o Brasil seja signatário, notadamente aqueles que asseguram direitos humanos trabalhistas, específicos ou inespecíficos, em

razão, por exemplo, do disposto no art. 5º, § 2º, da Constituição da República, do qual resulta que as convenções coletivas de trabalho e os acordos coletivos de trabalho estão sujeitos a *controle de convencionalidade* (verificação da compatibilidade das normas internas com os tratados que compõem a ordem jurídica);

Note-se, a propósito dos limites da autonomia da vontade coletiva, que: a Lei n. 13.467/17 não revogou os arts. 9º e 444, *caput*, da CLT, que impedem a derrogação, ainda que seja pela *vontade coletiva*, de normas de ordem pública; a Constituição da República, por meio do art. 5º, XXXV, impede que a lei proíba o Poder Judiciário de examinar os aspectos substanciais de qualquer negócio jurídico, notadamente quando se trate de ofensa aos direitos sociais assegurados aos trabalhadores, **cuja relevância é reconhecida pela reforma**, ao tratar da transcendência social a ser observada no exame de admissibilidade de recurso de revista (art. 896-A, § 1º, III);[9] a possibilidade de prevalência do negociado sobre o legislado permite a *desconstrução do direito legislado*, ainda que em prejuízo dos trabalhadores, em ofensa à *função social da negociação coletiva*, que é, nos termos do *caput* do art. 7º, *caput*, da Constituição da República, a melhoria da condição social dos trabalhadores, e, do art. 8º, III, a **defesa** dos direitos e interesses coletivos ou individuais da categoria.

Na *reforma*, é apenas **aparente**, o reforço da autonomia da vontade coletiva, por meio da adoção da prevalência do negociado sobre o legislado, na medida em que dos sindicatos, já seriamente fragilizados, foi retirada a sua principal fonte de custeio, o que implica dizer que a prevalência do negociado sobre o legislado significa, na essência, o estabelecimento da prevalência dos interesses do capital e da vontade do empregador.

Aliás, em vários momentos a *reforma trabalhista* **reduz o papel dos sindicatos**, o que faz, por exemplo, ao: dispensar, no art. 477, a **homologação sindical das rescisões contratuais** (revogação do § 1º); estabelecer, no art. 478, que a **dispensas coletivas** independem de prévia autorização sindical ou da celebração de acordo ou convenção coletiva. Estas disposições deixam claro, portanto, que não se pretende, com a reforma trabalhista, reformar o papel desempenhado pelos sindicatos, este papel é reforçado, no entanto, somente quando se trata de permitir **a desconstrução negociada do Direito do Trabalho.**

É interessante notar que, ao mesmo tempo que reduz o papel dos sindicados, a *reforma trabalhista* **reforça os poderes do capital e dos empregadores**, o que realiza, por exemplo, quando:

9. Abre-se um parêntese para anotar que a *reforma trabalhista* considera que a dispensa individual e a dispensa coletiva não diferem quanto aos seus efeitos, mas, ao mesmo tempo, atribui transcendência social à demanda proposta pelo trabalhador que versar sobre direito social constitucionalmente assegurado. Entre os direitos sociais constitucionalmente assegurados está o direito ao trabalho (art. 6º da Constituição) e a dispensa coletiva, principalmente, envolve exatamente o exercício do direito ao trabalho. Com isto, segundo a própria *reforma trabalhista*, a dispensa coletiva possui transcendência social, o que impede equipará-la à dispensa individual.

a) autoriza, no art. 58-A, a exigência de prestação de até 6 horas extras semanais no contrato de trabalho em regime de tempo parcial com duração de 26 horas semanais;

b) institui, no art. 59-B, a modalidade acordo tácito de prorrogação da jornada de trabalho;

c) permite, consoante o art. 61, § 1º, prorrogação da jornada no caso de força maior ou para atender à realização ou conclusão de serviços inadiáveis cuja execução possa acarretar prejuízo manifesto, sem necessidade de comunicação à autoridade competente em matéria trabalhista;

d) possibilita ao empregador, por ato unilateral, como é previsto no art. 75-C. § 2º, alterar o regime de teletrabalho para regime presencial;

e) autoriza o empregador a definir, unilateralmente, o padrão de vestimenta no meio ambiente de trabalho (art. 456-A);

f) aumenta, com a nova redação do art. 461, a liberdade para a diferenciação salarial, na medida em que a equiparação somente será possível entre empregados no mesmo estabelecimento (antes, era na mesma localidade, entendendo-se como tal a mesma região metropolitana) e não será possível quando o empregador tiver pessoal organizado em quadro de carreira ou adotar, em norma interna ou mediante negociação coletiva, plano de cargos e salários, dispensada qualquer forma de homologação ou registro em órgão público e sem necessidade de alternância das promoções por antiguidade e merecimento (antes, era exigido quadro de carreira, com previsão de promoção alternada por merecimento e antiguidade);

g) estabelece que a dispensa coletiva independe de prévia autorização sindical ou da celebração de acordo ou convenção coletiva (art. 478).

Anote-se que, analisada "com uma ótica indulgente ou otimista, a proposta de **disponibilidade coletiva** pode apresentar-se como um mecanismo contemporizador ente o garantismo social exagerado e a desregulamentação imposta de maneira unilateral e 'selvagem'. Deste modo, pode visualizar-se como uma opção que promove a participação dos atores sociais, que assim evitam ficar à margem das decisões sobre temas que os envolvam e, ademais, podem negociar compensações, possibilidade que - naturalmente –resta excluída quando a flexibilização é imposta unilateralmente pelo Estado. A abertura da mencionada 'complexização' das relações entre a lei o convênio coletivo (habilitando as opções de articulação 'alternativa': derrogação, supletividade e disponibilidade; em lugar da clássica exclusivamente baseada na superação e conservação) também podem abordar-se como uma técnica que coloca em prática a consulta aos interessados, em congruência com as normas internacionais que promovem o tripartismo, a negociação coletiva e a ação sindical", mas esta "visão indulgente ou 'dulcificada' do fenômeno, geralmente desconsideram os riscos que têm o exercício desta autonomia coletiva carente de toda margem ou referência mínima proveniente da lei, em contextos de debilidade sindical ou em aqueles sistemas de relações laborais onde a negociação coletiva ou os meios de autotutela não lograram desenvolver-se suficientemente (realidade que é bastante habitual na América Latina)" (GARMENDIA, 2017, p. 27).

É digno de registro, ainda, que a *reforma trabalhista* criou uma espécie de **negociação coletiva atípica**.

É que o art. 11 da Constituição de 1988 dispõe que, nas empresas com mais de duzentos empregados, é assegurada a eleição de um representante destes, com a finalidade de promover-lhes o entendimento direto com os empregadores. Este artigo foi, **estrategicamente**, regulamentado no contexto da *reforma trabalhista*.

Com efeito, o art. 510-A da CLT repete o art. 11 da Constituição, determinando que, nas empresas com mais de duzentos empregados, é assegurada a eleição de uma comissão para representa-los, com a finalidade de promover-lhe o entendimento direto com os empregadores, ou seja, o entendimento sem a intermediação dos sindicatos.

No entanto, o "entendimento direto" entre empregados e empregadores poderá versar, **segundo o art. 510-B, IV, da CLT**, sobre a *solução de conflitos decorrentes da relação de trabalho*, observando-se, por ser importante, que **não foi estabelecida restrição em relação à natureza deste conflito**, **o que implica que poderá ser um conflito coletivo**. De seu turno, o art. 510-B, VI, alude, ainda, à possibilidade de a comissão "encaminhar reivindicações específicas dos empregados de seu âmbito de representação". Note-se que a hipótese é de **reivindicação dos empregados da empresa, ou seja, de reivindicações coletivas**.

Assim, a *reforma trabalhista* permite uma espécie de *negociação coletiva atípica*, entendendo-se como tal aquela que é realizada pelos empregadores e pela comissão de empregados, ou seja, da qual não participam os sindicatos.

É certo que, por meio da Medida Provisória n. 808/17, foi acrescentado à CLT o art. 510-E, estabelecendo que "a comissão de representantes dos empregados não substituirá a função do sindicato de defender os direitos e os interesses coletivos ou individuais da categoria, inclusive em questões judiciais e administrativas, hipótese em que será obrigatória a participação dos sindicatos em negociações coletivas de trabalho, nos termos dos incisos III e VI do *caput* do art. 8º da Constituição".

O art. 510-E reduz o impacto do que dispõe o art. 510-B, incisos IV e VI, mas não afeta a conclusão de que a *reforma* pretendeu reduzir, significativamente, a atuação sindical e o fez desconsiderando que a possibilidade da realização da negociação coletiva atípica não se harmoniza com o art. 8º, IV, da Constituição, que impõe, expressamente, a participação dos sindicatos na negociação coletiva, assim como com a Convenção n. 154 da OIT, aprovada por meio do Decreto Legislativo n. 22/92 e promulgada pelo Decreto n. 1.256/94, segundo a qual a *negociação coletiva* compreende "todas as negociações que tenham lugar entre, de uma parte, um empregador, um grupo de empregadores ou uma organização ou várias organizações de empregadores, e, de outra parte, uma ou várias associações de trabalhadores", com o fim de "fixar as condições de trabalho e emprego", ou "regular as relações entre empregadores e trabalhadores", ou "regular as relações entre os empregadores ou as suas organizações e uma ou mais organizações de trabalhadores, ou alcançar todos estes objetivos de uma só vez".

4. ANOTAÇÕES CONCLUSIVAS

Delfim Netto recentemente chamou a atenção para o fato de que "o Brasil deixou o poder econômico controlar a política" e, com isto, "o setor privado anulou a única força que controla o capital, que é o Congresso".[10]

O capital, controlando a política, tratou de, por meio da *reforma trabalhista*, promover a tentativa de alterar o código genético do Direito do Trabalho, na medida em que procura:

a) desvinculá-lo da tutela e promoção da dignidade humana, justiça social, cidadania e democracia e atribuir-lhe a função de instrumento de política econômica, informada pela prevalência dos interesses do capital sobre os interesses do trabalho, com a consequente colonização do humano, social e político pelo econômico;

b) afastar a sua natureza especial, visando aproximá-lo do direito comum, e, em um segundo momento, afirmar a sua desnecessidade;

c) reduzir as fontes do Direito do Trabalho, colocando a legislação infraconstitucional como superior à Constituição e aos tratados sobre direitos humanos e independentes deles;

d) adotar como regra a prevalência da norma mais favorável aos interesses do capital;

e) transformar a negociação coletiva e individual em instrumento de desconstrução do Direito do Trabalho;

f) transformar o Direito do Trabalho em moeda de troca no mercado global, ou seja, em mercadoria.

A *mutação genética* do Direito do Trabalho não se resume a uma questão de mais ou menos direitos, mas, sim, de mais ou menos dignidade humana, justiça social, cidadania e democracia, o que significa que a *reforma trabalhista* é, na sua essência, uma *reforma política neoliberal*, que conduz ao estabelecimento de um verdadeiro *Direito do Trabalho de exceção.*

Como resposta a esta política, deve ser adotada uma *política trabalhista pós-neoliberal*, informada pela estreita vinculação do Direito do Trabalho e dos direitos inerentes ao trabalho à dignidade humana, justiça social, cidadania e democra-

10. Jornal Folha de São Paulo. Caderno Mercado, A16, 03.07.17.

cia, como forma de tornar concretos os princípios fundamentais da República e alcançar os seus objetivos fundamentais.

Ainda que seja admitida, para argumentar, a constitucionalidade da instituição da prevalência do negociado sobre o legislado, é imperioso ter presente que a autonomia da vontade coletiva não é isenta de limites, que são estabelecidos pela Constituição da República, tratados sobre direitos humanos e leis de ordem pública, lembrando-se que a Constituição e os tratados sobre direitos humanos constituem valiosos instrumentos de oposição à *subordinação da tutela da dignidade humana e realização da justiça social, cidadania e democracia a interesses políticos e econômicos dominantes em determinado contexto social, o que realça a sua importância.*

5. REFERÊNCIAS BIBLIOGRÁFICAS

AGAMBEN, Giorgio. *Estado de exceção.* 2. Ed. São Paulo: Boitempo, 2004.

ALMEIDA, Cleber Lúcio; ALMEIDA, Wânia Guimarães Rabêllo. *Direito do Trabalho e Constituição: a constitucionalização do Direito do Trabalho no Brasil.* LTr: São Paulo, 2017.

ALMEIDA, Cleber Lúcio. Por um Direito do Trabalho de segunda geração: trabalhador integral e Direito do Trabalho integral. *Revista do Tribunal Regional do Trabalho da 3ª Região*, v. 60, n. 91, jan./jun. 2005, p. 235-256.

AMADO, João Leal. Perspectivas do direito do trabalho: um ramo em crise identitária?. *Revista Do Tribunal Regional do Trabalho da 15ª Região*, n. 47, jul./dez. 2015, p. 181-202.

FERREIRA, António Casimiro. Sociedade da austeridade e direito do trabalho de exceção. Vida Económica: Porto, 2012.

COMPARATO, Fábio Konder. O papel do juiz na efetivação dos direitos humanos. In *Direitos humanos: visões contemporâneas.* São Paulo: Associação dos Juízes para a Democracia, 2001, p. 15-30.

FERRAJOLI, Luigi. *Poderes selvagens.* São Paulo: Saraiva, 2014.

GARMENDIA ARIGÓN, Mário. La relación "ley-convenio colectivo" Em el ordenamento jurídico uruguayo. *In Negociado sobre o legislado no direito comparado do trabalho.* Campinas: Tribunal Regional do Trabalho da 15ª Região, 2017, p. 18-39.

MORAES, Maria Celina Bodin de. O princípio da solidariedade. *In Os princípios da Constituição de 1988.* 2. ed. PEIXINHO, Manoel Messias et al (Org.). Rio de Janeiro: Lumen Juris, 2006, p.157-176.

NETTO, Delfim. *Jornal Folha de São Paulo.* Caderno Mercado, A16, 03.07.17.

PERULLI, Adalberto. L'idea di diritto del lavoro, oggi. *In Lavoro e Diritto.* n. 1/2016. Bolonha: Il Mulino, 2016, p. 17-34.

SPEZIALE, Valerio. *La mutazione genetica del diritto del lavoro.* WP CSDLE MASSIMO D'ANTONA. IT. Disponível em *http//csdle,lex.unicit.it.*

URIARTE. Oscar Ermida. Políticas laborales después del neoliberalismo. *In Temas centrales del derecho del trabajo del siglo XXI.* Lima: Ara Editores, 2009, p.407-428.

A REFORMA TRABALHISTA E A CONTRATAÇÃO COLETIVA: PREVALÊNCIA DO NEGOCIADO SOBRE O LEGISLADO

José Claudio Monteiro de Brito Filho[1]
Vanessa Rocha Ferreira[2]

1. CONSIDERAÇÕES INICIAIS

O que começou como uma proposta modesta, significativamente ampliada na Câmara dos Deputados, e aprovada, depois, no Senado, em uma conturbada sessão, já pela noite, transformou-se na Lei nº 13.467, de 13 de julho de 2017, depois que o resultado das votações, no Congresso Nacional, do Projeto de Lei da Câmara (PLC) nº 38 foi sancionado, sem vetos, pelo Presidente da República. Citada lei entrará em vigor 120 dias após sua publicação e recebeu a alcunha de "reforma trabalhista"

Cabe registrarmos que, diferentemente do que essa denominação possa aparentar, a lei aprovada não trata somente de alterações de normas que tratam das relações individuais de trabalho. É muito mais que isso, A Lei nº 13.467/2017 representou uma reforma ampla da Consolidação das Leis do Trabalho (CLT), e, por

1 Doutor em Direito das Relações Sociais pela PUC/SP. Professor do PPGD-UFPA. Professor do PPGD e do Curso de Graduação em Direito do CESUPA. Titular da Cadeira nº 26 da ABDT.

2 Doutora em Direitos Humanos pela Universidade de Salamanca/ES. Professora Universitária. Auditora do Tribunal de Contas do Estado do Pará.

isso, há alterações, também, de normas do Direito Sindical e do Direito Processual do Trabalho.

Nesse breve texto vamos tratar de uma dessas alterações, qual seja a que é mencionada, em relação à contratação coletiva, como a "prevalência do negociado sobre o legislado", e procuraremos identificar como tal deve ser encarada, além desvendar o que isso, de fato, significou no ordenamento jurídico brasileiro.

Registramos, por oportuno, que não é nossa intenção discutir as hipóteses em que é possível haver a contratação fora das regras genéricas previstas na Consolidação das Leis do Trabalho (CLT) no plano individual, ou seja, entre um trabalhador e seu empregador, como é o caso, por exemplo, do que consta do acrescentado artigo 59-A Consolidado, pois isso significaria ter não um, mas pelo menos dois problemas de pesquisa, e iria além do que esse breve texto pode abraçar.

A questão que se coloca, então, é a seguinte: o que é, e quais os limites para a prevalência do negociado sobre o legislado, na contratação coletiva, a partir da reforma trabalhista?

Estabelecido de forma clara o problema, pode-se vislumbrar que os objetivos do trabalho serão demonstrar o que significa para a contratação coletiva a prevalência do negociado sobre o legislado na reforma trabalhista, e quais limites foram traçados para que isso ocorra de forma válida.

Não podemos, todavia, iniciar a análise sem deixar de dizer que a reforma que foi feita ocorreu, em perspectiva macro, de forma pouco oportuna e insensível às necessidades e aos direitos dos trabalhadores, além de açodada e sem os debates que caracterizam a boa atividade parlamentar. Sintomática dessa falta de discussão foi a decisão da maioria do Senado Federal de abrir mão de seu poder revisor, aprovando sem qualquer alteração o que havia sido objeto de decisão na Câmara dos Deputados, mesmo havendo críticas a determinados aspectos do texto aprovado, e sob a expectativa de que o que era objeto de críticas, ao menos em boa parte, seria ajustado por iniciativa do Presidente da República por intermédio de uma medida provisória[3].

Não queremos, com isso, somar a vozes que são contrárias, e dizem que não era necessário reformar parte do conjunto normativo que regia a legislação que trata, no plano individual, coletivo e procedimental as relações de trabalho, pois, não pensamos necessariamente dessa forma. Ao contrário, acreditamos que esse debate foi praticamente todo feito a partir de segmentos conservadores dos meios político e sindical brasileiros, tanto do lado dos que empreenderam, com sucesso, seu pleito de reforma, como do lado dos que, simplesmente, tentaram, sem êxito, impedir as mudanças.

3 Ver, por exemplo, um resumo dessa discussão, em http://www.correiobraziliense.com.br/app/noticia/economia/2017/07/16/internas_economia,610012/reforma-trabalhista-o-que-ainda-deve-mudar.shtml. Acesso em: 25 de setembro de 2017.

Há mais ou menos vinte anos, por exemplo, um dos autores desse texto vem pregando a necessidade de reformar radicalmente o modelo brasileiro de Direito Sindical, totalmente ultrapassado e que só prejudica as relações coletivas de trabalho, e muito especialmente os trabalhadores[4]. Isso, na reforma trabalhista, foi feito de maneira muito parcial, e sem atacar o principal problema, que é a falta da liberdade sindical coletiva de organização, conforme prevista na Convenção 87 da Organização Internacional do Trabalho (OIT), e não ratificada pelo Brasil em virtude de um impedimento Constitucional (art. 8º, II da Constituição da República Federativa do Brasil – CRFB/88).

Vamos enveredar, entretanto, nesse texto, por outro caminho, discutindo somente um aspecto da reforma, conforme foi indicado acima.

E faremos isso discutindo, no item seguinte, as modificações que dizem respeito à matéria em discussão, que é a possibilidade de flexibilizar as normas jurídicas insculpidas em lei por meio da contratação coletiva, no caso de negociação bem sucedida a respeito, assim como verificando quais são os limites para, em item final, apresentar algumas conclusões.

Fixados os limites do texto, registro que a pesquisa desenvolvida é principalmente teórica, com apoio na doutrina, tendo especialmente por norte desvendar as mudanças produzidas pela alteração inserida a respeito do assunto na Lei nº 13.467/2017.

2. AMPLIAÇÃO DA FLEXIBILIZAÇÃO DO DIREITO DO TRABALHO: PREVALÊNCIA E LIMITES DO NEGOCIADO SOBRE O LEGISLADO NA CONTRATAÇÃO COLETIVA

De início, é preciso dizer que o que se tem chamado, na contratação coletiva, de "prevalência do negociado sobre o legislado", é somente uma ampliação do leque de opções do que se convencionou chamar de flexibilização do Direito do Trabalho, fenômeno já bastante discutido, até no Brasil, especialmente nos primeiros anos da década de 90.

Por isso, é conveniente revisitar algumas noções a respeito desse fenômeno, e sobre o conteúdo dos contratos coletivos de trabalho (acordos e convenções coletivas de trabalho).

A regra geral era de que não poderiam os contratos coletivos (convenções e acordos coletivos de trabalho) dispor contra as normas de proteção dos trabalhadores que estivessem reguladas pelo ordenamento jurídico estatal.

Essa regra geral, cabe notar, já sofria limitações, impostas pelo texto constitucional (art. 7º, VI, XIII e XIV), no tocante à redução de salários e à compensação

4 Ver, a respeito, de José Claudio Monteiro de Brito Filho, o livro *Direito sindical* (6. ed. São Paulo: LTr, 2017).

de jornada, e por algumas hipóteses estabelecidas de forma muito particular pelo ordenamento infraconstitucional.

Nesses casos poderia haver, mediante negociação coletiva, ajuste em prejuízo dos trabalhadores (real ou aparente), tomando-se por base, em oposição, é claro, as condições normais definidas na legislação trabalhista geral, e isso é o que caracteriza a flexibilização do Direito do Trabalho.

A propósito, sem pretender enveredar de forma profunda sobre a questão, é preciso indicar que a flexibilização do Direito do Trabalho deve ser entendida como fenômeno que importa no fortalecimento da autonomia privada coletiva, em detrimento do ordenamento jurídico trabalhista estatal.

Segundo Octavio Bueno Magano, a flexibilização é o "processo de adaptação de normas trabalhistas à realidade cambiante" que vem sendo delineado em razão da crise econômica e do desenvolvimento da técnica, que colocaram em cheque a rigidez da concepção tradicional de Direito do Trabalho[5].

Cassio Mesquita Barros Jr., por seu turno, leciona que a origem da flexibilização está "nas grandes modificações econômicas, estruturais e tecnológicas que começaram a ocorrer na Europa já a partir da década dos anos 1960"[6].

Nela, existe um "avanço das soluções negociadas, ficando em segundo plano as normas legais — genéricas e incapazes de regular todas as situações —, como forma de solucionar os conflitos de trabalho e, mais ainda, como forma de regular as condições de trabalho, adaptando-as ao momento"[7].

Aos seus críticos, suficiente observar o que diz Arnaldo Süssekind. Para ele, o fato de ser a flexibilização uma fenda na inderrogabilidade das normas de proteção ao trabalhador, em relação às normas de ordem pública, é, podemos dizer, compensada pelo fato de que a flexibilização "visa a amparar a coletividade operária e a prestigiar a ação sindical na tutela dos interesses dos seus representados"[8].

É que, na flexibilização, o ajuste em condições diversas e até inferiores ao disposto em lei é fruto da vontade coletiva, pois pactuado por instrumentos coletivos, não por meio dos contratos individuais de trabalho. Isto, em tese, previne as fraudes e possibilita igualdade de forças na negociação.

Seria natural, então, a ampliação das hipóteses de flexibilização, até como consequência natural das transformações que se vem operando, no mundo todo, em relação à normatização das relações de trabalho, sendo tendência geral privilegiar a contratação coletiva como forma de solucionar conflitos trabalhistas, em

5 MAGANO, Octavio Bueno. *Política do trabalho*. São Paulo: LTr, 1995. v. II. p. 95-96

6 BARROS JUNIOR, Cassio Mesquita. Flexibilização do direito do trabalho. *Revista LTr*, São Paulo, v. 59, n. 8, p. 1038-1039, ago.1995.

7 BRITO FILHO, José Claudio Monteiro de. A implantação do contrato coletivo de trabalho, *Revista GENESIS*, Curitiba, v. 8, p. 495, out.1996.

8 SÜSSEKIND, Arnaldo. *Instituições de direito do trabalho*. 17. ed. São Paulo: LTr, 1997. v.1. p. 213.

desfavor da solução estatal, muitas vezes posta sem a oitiva dos interessados e servindo mais como problema que como solução."[9].

Isso em princípio, pelo fato de que, em modelo de organização sindical ultrapassado, o que temos são entidades sindicais débeis e que pouco ou nada protegem o trabalhador, sendo razoável dizer que a flexibilização, nas mãos destas entidades, não é uma arma em favor do ajuste dos interesses dos trabalhadores com os dos empregadores, e sim mais um fator para a desproteção dos primeiros.

Apoiando a flexibilização em termos mais amplos, e na suposição de que, no plano das relações coletivas de trabalho há uma simetria de poder, o que não se verificaria nas relações individuais, está o Supremo Tribunal Federal que, em acórdão da lavra do Ministro Roberto Barroso, nos autos do Recurso Extraordinário (RE) nº 590.415-Santa Catarina, tendo o julgamento ocorrido em 30 de abril de 2015, decidiu nesse sentido, sendo a ementa a seguinte:

> DIREITO DO TRABALHO. ACORDO COLETIVO. PLANO DE DISPENSA INCENTIVADA. VALIDADE E EFEITOS. 1. Plano de dispensa incentivada aprovado em acordo coletivo que contou com ampla participação dos empregados. Previsão de vantagens aos trabalhadores, bem como quitação de toda e qualquer parcela decorrente de relação de emprego. Faculdade do empregado de optar ou não pelo plano. 2. Validade da quitação ampla. Não incidência, na hipótese, do art. 477, § 2º da Consolidação das Leis do Trabalho, que restringe a eficácia liberatória da quitação aos valores e às parcelas discriminadas no termo de rescisão exclusivamente. 3. No âmbito do direito coletivo do trabalho não se verifica a mesma situação de assimetria de poder presente nas relações individuais de trabalho. Como consequência, a autonomia coletiva da vontade não se encontra sujeita aos mesmos limites que a autonomia individual. 4. A Constituição de 1988, em seu artigo 7º, XXVI, prestigiou a autonomia coletiva da vontade e a autocomposição dos conflitos trabalhistas, acompanhando a tendência mundial ao crescente reconhecimento dos mecanismos de negociação coletiva, retratada na Convenção n. 98/1949 e na Convenção n. 154/1981 da Organização Internacional do Trabalho. O reconhecimento dos acordos e convenções coletivas permite que os trabalhadores contribuam para a formulação das normas que regerão a sua própria vida. 5. Os planos de dispensa incentivada permitem reduzir as repercussões sociais das dispensas, assegurando àqueles que optam por seu desligamento da empresa condições econômicas mais vantajosas do que aquelas que decorreriam do mero desligamento por decisão do empregador. É importante, por isso, assegurar a credibilidade de tais planos, a fim de preservar a sua função protetiva e de não desestimular o seu uso. 7. Provimento do recurso extraordinário. Afirmação, em repercussão geral, da seguinte tese: "A transação extrajudicial que importa rescisão do contrato de trabalho, em razão de adesão voluntária do empregado a plano de dispensa incentivada, enseja quitação ampla e irrestrita de todas as parcelas objeto do contrato de emprego, caso essa condição tenha constado

9 BRITO FILHO, José Claudio Monteiro de. *O Ministério Público do Trabalho e a ação anulatória de cláusulas convencionais*. São Paulo: LTr, 1998. p. 53.

> expressamente do acordo coletivo que aprovou o plano, bem como dos demais instrumentos celebrados com o empregado"[10].

Para encerrar este aspecto, conveniente trazer o posicionamento de Cassio Mesquita Barros:

> Se é certo que os trabalhadores aceitam negociar sobre flexibilidade, antes de tudo, isso não quer dizer que a aceitem: com frequência para eles a flexibilização é a solução menos ruim. Supor também que é possível regular a relação integralmente por meio da negociação coletiva implica ignorar que a condição essencial da negociação, para que seja autêntica, é que ambos os interlocutores se encontrem numa situação de equilíbrio relativo de forças.
>
> Ora, mormente no Terceiro Mundo os sindicatos não estão presentes em todos os setores e regiões geoeconômicos. Considerando essa realidade a primeira parte do anteprojeto de 'modernização das leis do trabalho' cuja comissão tive a honra de participar, convertido em dois projetos de lei hoje em curso no Congresso Nacional do Brasil, preconiza solução mista: a lei se aplica mas instrumento normativo idôneo poderá dispor de maneira diversa, respeitados sempre os direitos básicos, constitucionais.
>
> Na verdade o único fator em comum entre a América Latina e a Europa é a crise econômica. Ainda aqui a natureza da crise é diferente da América Latina, onde as economias são muito mais fechadas e protecionistas. A redução de salários no Terceiro Mundo significa passar fome. Na Europa o trabalhador tem direito a prestações da seguridade social. Poder-se-ia dizer o mesmo no Brasil?[11](89)

Antes de voltar a essa questão, por nós já levantada anteriormente, e muito bem exposta por Cássio Mesquita Barros Junior, é conveniente dizer que, agora, com a reforma trabalhista, as hipóteses de flexibilização foram ampliadas. É o que consta do agora, inserido na Consolidação das Leis do Trabalho (CLT), artigo 611-A:

> Art. 611-A. A convenção coletiva e o acordo coletivo de trabalho têm prevalência sobre a lei quando, entre outros, dispuserem sobre:
>
> I - pacto quanto à jornada de trabalho, observados os limites constitucionais;
>
> II - banco de horas anual;
>
> III - intervalo intrajornada, respeitado o limite mínimo de trinta minutos para jornadas superiores a seis horas;
>
> IV - adesão ao Programa Seguro-Emprego (PSE), de que trata a Lei nº 13.189, de 19 de novembro de 2015;
>
> V - plano de cargos, salários e funções compatíveis com a condição pessoal do empregado, bem como identificação dos cargos que se enquadram como funções de confiança;
>
> VI - regulamento empresarial;

10 Disponível em: http://www.stf.jus.br/portal/processo/verProcessoAndamento.asp?incidente=2629027. Acesso em: 02 de outubro de 2017.

11 BARROS JUNIOR, Cássio Mesquita. Flexibilização do direito do trabalho. *Revista LTr*, São Paulo, v. 59, n. 8, p. 1045, ago.1995.

VII - representante dos trabalhadores no local de trabalho;

VIII - teletrabalho, regime de sobreaviso, e trabalho intermitente;

IX - remuneração por produtividade, incluídas as gorjetas percebidas pelo empregado, e remuneração por desempenho individual;

X - modalidade de registro de jornada de trabalho;

XI - troca do dia de feriado;

XII - enquadramento do grau de insalubridade[12];

XIII - prorrogação de jornada em ambientes insalubres, sem licença prévia das autoridades competentes do Ministério do Trabalho[13];

XIV - prêmios de incentivo em bens ou serviços, eventualmente concedidos em programas de incentivo;

XV - participação nos lucros ou resultados da empresa.

§ 1° No exame da convenção coletiva ou do acordo coletivo de trabalho, a Justiça do Trabalho observará o disposto no § 3° do art. 8° desta Consolidação.

§ 2° A inexistência de expressa indicação de contrapartidas recíprocas em convenção coletiva ou acordo coletivo de trabalho não ensejará sua nulidade por não caracterizar um vício do negócio jurídico.

§ 3° Se for pactuada cláusula que reduza o salário ou a jornada, a convenção coletiva ou o acordo coletivo de trabalho deverão prever a proteção dos empregados contra dispensa imotivada durante o prazo de vigência do instrumento coletivo.

§ 4° Na hipótese de procedência de ação anulatória de cláusula de convenção coletiva ou de acordo coletivo de trabalho, quando houver a cláusula compensatória, esta deverá ser igualmente anulada, sem repetição do indébito.

§ 5° Os sindicatos subscritores de convenção coletiva ou de acordo coletivo de trabalho deverão participar, como litisconsortes necessários, em ação individual ou coletiva, que tenha como objeto a anulação de cláusulas desses instrumentos."[14]

Essas novas possibilidades tornam real a utilização da flexibilização do Direito do Trabalho no Brasil, deixando claro que o que for negociado no plano coletivo, nas hipóteses indicadas, valerá para os contratos individuais de empregadores e trabalhadores que estejam no âmbito de aplicação, subjetivo e espacial, do ajuste.

---

12. Essa disposição, por força do que dispõe o artigo 1º da Medida Provisória nº 808, de 14 de novembro de 2017, passou a ter a seguinte redação: "enquadramento do grau de insalubridade e prorrogação de jornada em locais insalubres, incluída a possibilidade de contratação de perícia, afastada a licença prévia das autoridades competentes do Ministério do Trabalho, desde que respeitadas, na integralidade, as normas de saúde, higiene e segurança do trabalho previstas em lei ou em normas regulamentadoras do Ministério do Trabalho".

13. Inciso revogado pelo que está previsto no artigo 3º da Medida Provisória nº 808, de 14 de novembro de 2017.

14. Também alterado pelo artigo 1º da Medida Provisória nº 808/2017. A redação passou a ser a seguinte: "Os sindicatos subscritores de convenção coletiva ou de acordo coletivo de trabalho participarão, como lirtisconsortes necessários, em ação coletiva que tenha por objeto a anulação de cláusulas desses instrumentos, vedada a apreciação por ação individual".

Com essa alteração, claramente o negociado passa a prevalecer sobre legislado, porém é preciso considerar que a Constituição Federal ao reconhecer a força dos acordos e convenções coletivas em seu artigo 7º, XXVI, o faz para que sejam instrumento de progresso social. Assim, cabe registrarmos, a propósito, que houve a preocupação do legislador em permitir a flexibilização, mas, sem invadir a esfera dos direitos fundamentais dos trabalhadores, o que, caso ocorresse, invalidaria qualquer ajuste feito, pela natural pecha de inconstitucionalidade[15]. É o que se verifica já no artigo 611-A, acima transcrito, mas, principalmente, no também incluído artigo 611-B, que preceitua:

> Art. 611-B. Constituem objeto ilícito de convenção coletiva ou de acordo coletivo de trabalho, exclusivamente, a supressão ou a redução dos seguintes direitos:
>
> I - normas de identificação profissional, inclusive as anotações na Carteira de Trabalho e Previdência Social;
>
> II - seguro-desemprego, em caso de desemprego involuntário;
>
> III - valor dos depósitos mensais e da indenização rescisória do Fundo de Garantia do Tempo de Serviço (FGTS);
>
> IV - salário mínimo;
>
> V - valor nominal do décimo terceiro salário;
>
> VI - remuneração do trabalho noturno superior à do diurno;
>
> VII - proteção do salário na forma da lei, constituindo crime sua retenção dolosa;
>
> VIII - salário-família;
>
> IX - repouso semanal remunerado;
>
> X - remuneração do serviço extraordinário superior, no mínimo, em 50% (cinquenta por cento) à do normal;
>
> XI - número de dias de férias devidas ao empregado;
>
> XII - gozo de férias anuais remuneradas com, pelo menos, um terço a mais do que o salário normal;
>
> XIII - licença-maternidade com a duração mínima de cento e vinte dias;
>
> XIV - licença-paternidade nos termos fixados em lei;
>
> XV - proteção do mercado de trabalho da mulher, mediante incentivos específicos, nos termos da lei;
>
> XVI - aviso prévio proporcional ao tempo de serviço, sendo no mínimo de trinta dias, nos termos da lei;

15. O que ainda deverá ser objeto de discussão, em pelo menos dois aspectos, recentemente alterados pelo artigo 1º da Medida Provisória nº 808/2017, relativamente ao artigo 611-A, XII e §5º. Na primeira hipótese porque trata de meio ambiente do trabalho, no caso insalubridade, o que, em princípio, não admitiria alteração lesiva aos trabalhadores. No segundo caso porque, vedar o pedido de anulação de clausula de contrato coletivo por meio de ação individual pode levar ao entendimento de que estaria sendo violado o artigo 5º, XXXV, da Constituição da República, que não permite negar acesso ao Poder Judiciário em caso de lesão ou ameaça de lesão a direito.

> XVII - normas de saúde, higiene e segurança do trabalho previstas em lei ou em normas regulamentadoras do Ministério do Trabalho;
>
> XVIII - adicional de remuneração para as atividades penosas, insalubres ou perigosas;
>
> XIX - aposentadoria;
>
> XX - seguro contra acidentes de trabalho, a cargo do empregador;
>
> XXI - ação, quanto aos créditos resultantes das relações de trabalho, com prazo prescricional de cinco anos para os trabalhadores urbanos e rurais, até o limite de dois anos após a extinção do contrato de trabalho;
>
> XXII - proibição de qualquer discriminação no tocante a salário e critérios de admissão do trabalhador com deficiência;
>
> XXIII - proibição de trabalho noturno, perigoso ou insalubre a menores de dezoito anos e de qualquer trabalho a menores de dezesseis anos, salvo na condição de aprendiz, a partir de quatorze anos;
>
> XXIV - medidas de proteção legal de crianças e adolescentes;
>
> XXV - igualdade de direitos entre o trabalhador com vínculo empregatício permanente e o trabalhador avulso;
>
> XXVI - liberdade de associação profissional ou sindical do trabalhador, inclusive o direito de não sofrer, sem sua expressa e prévia anuência, qualquer cobrança ou desconto salarial estabelecidos em convenção coletiva ou acordo coletivo de trabalho;
>
> XXVII - direito de greve, competindo aos trabalhadores decidir sobre a oportunidade de exercê-lo e sobre os interesses que devam por meio dele defender;
>
> XXVIII - definição legal sobre os serviços ou atividades essenciais e disposições legais sobre o atendimento das necessidades inadiáveis da comunidade em caso de greve;
>
> XXIX - tributos e outros créditos de terceiros;
>
> XXX - as disposições previstas nos arts. 373-A, 390, 392, 392-A, 394, 394-A, 395, 396 e 400 desta Consolidação.
>
> Parágrafo único. Regras sobre duração do trabalho e intervalos não são consideradas como normas de saúde, higiene e segurança do trabalho para os fins do disposto neste artigo.

Observamos que os limites para a flexibilização, ao contrário do que sugere a decisão do Supremo Tribunal Federal, devem ser rigidamente observados pela jurisprudência, no âmbito do Judiciário Trabalhista. É o que se vê na decisão abaixo, do Tribunal Superior do Trabalho:

> Gorjetas. Cláusula de acordo coletivo que prevê a retenção e o rateio de parte dos valores arrecadados. Invalidade. Art. 457 da CLT e Súmula n. 354 do TST.
>
> É invalida cláusula de acordo coletivo que autoriza a retenção de parte do valor das gorjetas para fins de indenização e ressarcimento das despesas e benefícios inerentes à introdução do próprio sistema de taxa de serviço, bem como para contemplar o sindicato da categoria profissional, principalmente quando constatado que a retenção atinge mais de um terço do respectivo valor. De outra sorte, nos termos do art. 457 da CLT e da Súmula n. 354 do TST, as gorjetas, ainda que não integrem o salário, constituem acréscimo remuneratório e con-

> figuram contraprestação paga diretamente pelo cliente, não podendo ter outro destino que não o próprio empregado. Com esse entendimento, a SBDI-I, por unanimidade, conheceu dos embargos interpostos pelo reclamado, por divergência jurisprudencial e, no mérito, negou-lhe provimento.[16]

Serão essas salvaguardas suficientes?

Do ponto de vista do uso da flexibilização como instrumento para solucionar conflitos localizados nas categorias de empregadores e trabalhadores, a resposta é sim. A flexibilização, ao quebrar a rigidez da norma estatal, é capaz de dar conta de questões particulares que podem, circunstancialmente, afetar um determinado segmento econômico, e que não seriam solucionadas por meio da legislação trabalhista estatal, que é, como dito, rígida e válida para todo o território nacional, independentemente dos diversos segmentos produtivos.

Preocupado exatamente com essa questão foi que o legislador inverteu, no novo artigo 620 da CLT, a hierarquia das normas negociais passando a prever que os acordos coletivos de trabalho, por serem mais específicos e adequados à realidade de determinada empresa, devem prevalecer sobre as convenções coletivas de trabalho[17].

Por outro lado, sob o plano da condição básica para que a flexibilização possa ser feita em condições de igualdade, que é a existência de entidades sindicais profissionais fortes, capazes de equilibrar as forças com os empregadores e com suas organizações sindicais, a resposta é, ao contrário, não.

Não temos, no Brasil, um modelo de organização sindical que favoreça a existência de entidades sindicais com força suficiente para representar adequadamente os trabalhadores, principalmente pela ausência, em nosso modelo, do que se convenciona chamar de liberdade sindical coletiva de organização, e isso seria condição para uma flexibilização em condições de igualdade[18].

Há o risco, então, de ser o instrumento da flexibilização somente uma forma de aviltar condições de trabalho, com um retrocesso inaceitável nas relações

---

16 TST-E-ED-RR-139400-03.2009.5.05.0017, SBDI-I, Rel. Ministro Eurico Vitral Amaro, 13.11.2014. Disponível em: <http://www.tst.jus.br/documents/10157/0b457999-18e2-4886-800b-7d0042c98e58>. Acesso em: 4.1.2015. É importante ressaltar o momento atual de tensão, gerado pelas visões conflitantes do Supremo Tribunal Federal e do Tribunal Superior do Trabalho em algumas questões trabalhistas e sindicais. Essa tensão, geradora de insegurança para os sujeitos da relação entre o capital e o trabalho, acreditamos, sofrerá a natural acomodação, como via de regra acontece na jurisprudência.

17 Neste ponto cabe observar que parcela da doutrina tem entendido que tal alteração é prejudicial ao trabalhador, pois revogou a regra anteriormente prevista que salvaguardava o *Princípio da condição mais benéfica*, pois previa que quando as condições estabelecidas em Convenções fossem mais favoráveis, deveriam prevalecer sobre as estipuladas em Acordos. Sobre o tema ver LIMA, Francisco Meton Marques de. LIMA, Francisco Péricles Rodrigues Marques de. *Reforma Trabalhista: entenda ponto por ponto*. São Paulo: LTr, 2017, p. 106.

18 Ver, a respeito, a defesa que é feita da reforma sindical, novamente, em livro de um dos autores desse texto, José Claudio Monteiro de Brito Filho (*Direito sindical*. 6. ed. São Paulo: LTr, 2017).

entre trabalhadores e empregadores no Brasil que, se sempre foi marcada pelo signo do descumprimento, poderá agora ser conhecida, ainda, pela marca da proteção insuficiente, principalmente porque o Judiciário Trabalhista pouco poderá fazer na análise do conteúdo dessas negociações coletivas, ao menos em tese, considerando que o §3º do novo artigo 8º da CLT restringiu a atuação da Justiça do Trabalho à análise exclusiva da conformidade dos elementos essenciais do negócio jurídico (previstos no artigo 104[19], do Código Civil Brasileiro), fazendo prevalecer expressamente o princípio da intervenção mínima na autonomia da vontade coletiva.

3. CONSIDERAÇÕES FINAIS

A partir de um projeto de lei votado pelo Congresso Nacional sem um debate que tenha esgotado a temática, tanto pela magnitude da proposta, como pela importância que isso tem para um contingente muito significativo, que é o dos trabalhadores, foi editada a Lei nº 13.467/2017, também denominada de reforma trabalhista.

Essa lei produziu modificações de monta na esfera do Direito Individual do Trabalho, do Direito Sindical e do Direito Processual do Trabalho. Nossa tarefa, nesse texto, foi discorrer, ainda que de forma breve, a respeito de uma dessas modificações, que resultou na ampliação das hipóteses de flexibilização do Direito do Trabalho na contratação coletiva, o que importa na prevalência dessas negociações sobre o disposto em lei.

Como visto no item anterior, consideramos a flexibilização um fenômeno que, bem manejado, pode dar conta de regular, melhor que a norma jurídica estatal, as situações específicas de determinadas categorias, até as que se apresentam em momentos de crise e que atingem o setor produtivo de forma segmentada.

O problema é que a flexibilização é uma ferramenta que exige, em princípio, entidades sindicais fortes, principalmente as profissionais, e estamos longe de ter esse panorama no Brasil, que convive com um modelo ultrapassado de relações coletivas de trabalho, especialmente pela falta da liberdade sindical coletiva de organização.

Há, então, o fundado receio de que a ampliação das hipóteses de flexibilização venha a representar não uma forma de encontrar uma solução para questões localizadas e que precisam ser reguladas nessa perspectiva, mas, uma sensível diminuição na proteção que os trabalhadores atualmente possuem, sem qualquer contrapartida (como previsto expressamente no §2º do artigo 611-A da CLT), e sem uma motivação justificável.

19 Art. 104, CCB: "A validade do negócio jurídico requer: I - agente capaz; II - objeto lícito, possível, determinado ou determinável; III - forma prescrita ou não defesa em lei" Disponível em: http://www.planalto.gov.br/ccivil_03/leis/2002/L10406.htm. Acesso em: 02 de outubro de 2017.

É um risco que os trabalhadores vão correr, até que se decida pelo que efetivamente falta fazer, mas que parece não interessar aos diversos atores do mundo do trabalho, especialmente às entidades sindicais: uma verdadeira reforma sindical.

REFERÊNCIAS

BARROS JR, Cassio Mesquita. Flexibilização do direito do trabalho. *Revista LTr*, São Paulo, v. 59, n. 8, p. 1034-1045, ago.1995.

BRITO FILHO, José Claudio Monteiro de. A implantação do contrato coletivo de trabalho, *Revista GENESIS*, Curitiba, v. 8, p. 494-500, out.1996.

_____. *O Ministério Público do Trabalho e a ação anulatória de cláusulas convencionais*. São Paulo: LTr, 1998.

_____. *Direito sindical*. 6. ed. São Paulo: LTr, 2017.

LIMA, Francisco Meton Marques de. LIMA, Francisco Péricles Rodrigues Marques de. *Reforma Trabalhista: entenda ponto por ponto*. São Paulo: LTr, 2017

MAGANO, Octavio Bueno. *Política do trabalho*. São Paulo: LTr, 1995. v. II.

SÜSSEKIND, Arnaldo *et al. Instituições de direito do trabalho*. 17. ed. São Paulo: LTr, 1997. v.1.

AUTONOMIA PRIVADA COLETIVA E HIERARQUIA NORMATIVA NA LEI N. 13.467/2017 – A QUESTÃO DO LEGISLADO E DO NEGOCIADO

Ronaldo Lima dos Santos[1]

Sumário: 1. Introdução – 2. A organização sindical no Brasil – 3. Principais alterações da lei n. 13.467/2017 Referentes à autonomia privada coletiva: 3.1. Autonomia privada coletiva (acordos e convenções coletivas) e princípio da intervenção mínima (art. 8º, § 3º, da CLT); 3.2. Prevalência do negociado sobre o legislado?; 3.3. Matérias não suprimíveis ou redutíveis por meio de acordos e convenções coletivas; 3.4. Prevalência do acordo coletivo sobre a convenção coletiva?; 3.5. Negociação individual com eficácia de norma coletiva? – 4. Bibliografia.

1. INTRODUÇÃO

O contexto social, político e econômico do país, no qual foi editada a Lei n. 13.467, de 13 de julho de 2017, demonstra claramente como a legislação está enraizada no contexto social, em sua concepção mais ampla, como demonstra a origem da denominada "reforma trabalhista".

Trata-se de um corpo normativo originário direta e literalmente das mãos do empresariado nacional, como revela estudo do CESIT – Centro de Estudos Sindicais e Economia do Trabalho da Unicamp –, intitulado "Dossiê da Reforma Trabalhista"[2], pelo qual se demonstra que o texto da "reforma" tem origem em argumentos e textos institucionais da Confederação Nacional da Indústria – como o documento intitulado "101 Propostas para Modernização Trabalhista" (2012); a "Agenda Legislativa da Indústria" (2014), "Caminhos da Modernização Trabalhista" (2016) –, bem como da Confederação Nacional da Agricultura –, e da Confederação Nacional da Agricultura e da Pecuária "Proposta da Bancada de Empregadores" (2016), " Balanço 2016 e Perspectivas 2017".

1. Professor Doutor da Faculdade de Direito da Universidade de São Paulo – USP. Procurador do Ministério Público do Trabalho em São Paulo – PRT/2º Região. Mestre e Doutor em Direito pela Faculdade de Direito da Universidade de São Paulo – USP.
2. http://www.cesit.net.br/wp-content/uploads/2017/06/Dossie_FINAL.pdf. Acesso em 31/07/2017.

Ainda, de acordo com o estudo do CESIT, estas propostas forma incorporadas pelo denominado programa do PMDB intitulado "Uma ponte para o futuro" e passara a compor o projeto de "reforma trabalhista" durante a sua tramitação na Câmara dos Deputados.

As alterações efetuadas na Consolidação das Leis de Trabalho não podem sequer ser denominadas de "reforma trabalhista", no sentido técnico do termo, uma vez que não se tratou de uma alteração normativa sistematizada, dialogada e amadurecida pelo corpo social, mas de um mero conjunto de alterações legislativas representativas dos interesses de determinados setores da classe empresarial.

Neste contexto, pelo presente trabalho, pretendemos colaborar para a discussão em torno das relações de trabalho no Brasil, mas especificamente sobre o tema da questão sindical e da autonomia privada coletiva no âmbito das alterações legislativas perpetradas pela Lei n. 13.467/2017, comumente denominada de "reforma trabalhista".

Vale ressaltar que se trata de um trabalho elaborado após a recente promulgação da Lei n. 13.467/2017, razão pela qual muitas das questões e suas análises aqui formuladas poderão ser desenvolvidas e aprimoradas *a posteriori*, tanto no campo infranconstitucional quanto no âmbito das inconstitucionalidades.

2. A ORGANIZAÇÃO SINDICAL NO BRASIL

A organização sindical brasileira desenvolveu-se historicamente inspirada no sindicalismo de Estado italiano do período fascista, cujas características corporativistas ainda se encontram presentes na atual estrutura sindical delineada pela Constituição Federal de 1988, não obstante referido regime tenha sido extirpado do ordenamento jurídico italiano com a redemocratização do período pós-guerra e com a Constituição italiana de 1948.

A Carta Constitucional brasileira de 1937, outorgada durante a Era Vargas, inspirou-se na Declaração III da *Carta Del Lavoro*, cuja cópia, quase que literal encontra-se no artigo 138 da Carta Constitucional do Estado Novo.

Carta Del Lavoro	**Constituição Federal de 1937**
Declaração III	**Art. 138**
"A organização sindical ou profissional é livre. Mas só o sindicato legalmente reconhecido submetido ao controle do Estado tem o direito de representar legalmente toda a categoria de empregadores ou de trabalhadores para a qual é constituído; de defender os interesses dessa categoria perante o Estado e as outras associações profissionais; de celebrar contratos coletivos de trabalho obrigatórios para todos os integrantes da categoria, impor-lhes contribuições e exercer, relativamente a eles, funções delegadas do Poder Público"	*"A associação profissional ou sindical é livre. Somente, porém, o sindicato regularmente reconhecido pelo Estado tem o direito de representação legal dos que participem da categoria de produção para que foi constituído, e de defender-lhes os direitos perante o Estado e as outras associações profissionais, estipular contratos coletivos de trabalho obrigatórios para todos os associados, impor-lhes contribuições exercer em relação a eles funções delegadas de poder público."*

Ascendia ao âmbito constitucional sob a égide do Estado Novo presidido por Getúlio Vargas a doutrina do corporativismo sindical inspirada no modelo do fascismo italiano consagrado na *Carta Del Lavoro* de 1927, a qual teve início normativo no âmbito infraconstitucional antes mesmo da Carta de 1937, com o advento do Decreto n. 19.770, de 19.3.1931, que havia regulamentado minuciosamente a organização sindical; complementada pelo Decreto n. 24.694, de 12.7.1934, ambos consagradores de uma política intervencionista e corporativista em relação ao sindicalismo.

Embora possa ser compreendido em diversas fases[3], o período getulista se caracterizou, desde o seu início, pela centralização do poder, preocupação com a questão social e os direitos dos trabalhadores e pelo nacionalismo. A centralização política fez-se sentir na esfera sindical por meio de uma legislação intervencionista que se iniciou precocemente ainda durante o governo provisório, inspirada na *Carta Del Lavoro*, do fascismo italiano, e seguiu-se por todo o regime, marcando não somente o Direito Sindical deste período, mas estruturando as linhas mestras da nossa estrutura sindical, presentes até os dias atuais e na Carta Constitucional de 1988.

Além da implementação de uma legislação minuciosa em matéria sindical, a qual consolidava a intervenção estatal e as linhas mestras do corporativismo, outro marco importante para as relações coletivas de trabalho foi a criação do Ministério do Trabalho, Indústria e Comércio, em 26 de novembro de 1930, cuja primeira pasta foi ocupada por Lindolfo Collor, o qual contou com a colaboração dos renomados juristas trabalhistas Joaquim Pimenta e Evaristo de Moraes.

Consolidava-se a fase corporativista e intervencionista. O Estado, para manter maior controle sobre o movimento operário, regulou minuciosamente a atividade sindical, idealizando um sistema sindical burocratizado, piramidal e atrelado ao Ministério do Trabalho, recém-criado. A legislação do trabalho passou a ser um instrumento de sustentação do regime autoritário que se seguiu, atribuindo aos sindicatos uma função de colaboração com o Estado, típica dos regimes corporativistas europeus.

Hiato na história sindical brasileira, a Constituição de 1934 sofreu ressonância da Constituição de *Weimar* e, entre outros direitos trabalhistas, assegurou a liberdade de associação (art. 113) e a pluralidade sindical (art. 120). Porém, logo foi sucedida pela Carta Política de 1937.

3. A "Era Vargas" teve início com a ascensão ao poder de Getúlio Vargas, chefe político da "Revolução de 1930", dando nascimento a uma nova fase da história brasileira, que se estendeu até 1945. A "Era Vargas" pode ser dividida em três grandes etapas: governo provisório (1930-1934); governo constitucional (1934-1937) e governo ditatorial (1937-1945). "Perdurante esse período, a sociedade brasileira sofreu grandes transformações: a população urbana cresceu em relação à sociedade rural; a indústria aumentou seu espaço na economia nacional; a burguesia empresarial das cidades aumentou o seu poder sobre as tradicionais oligarquias agrárias, a classe média e o proletariado desenvolveram-se e conquistaram um amplo espaço na vida política e econômica do país". (COTRIM, Gilberto. *História global: Brasil e geral*. 5. ed. São Paulo: Saraiva. 1999. p. 413)

A Carta de 1937 extinguiu o modelo pluralista da Constituição de 1934 e acentuou o intervencionismo estatal nos sindicatos, centralizado no Conselho de Economia Nacional. Alçou o conceito de representatividade da categoria ao âmbito constitucional (art. 138). Previu a liberdade sindical, mas condicionou a representação legal da categoria apenas à associação sindical reconhecida pelo Estado (art. 138). Atribuiu aos sindicatos o poder de celebrar contratos coletivos de trabalho e de impor contribuições aos membros das categorias representadas (art. 137, "a" e art. 138).

A Carta Política de 1937 também atribuiu aos sindicatos o exercício de funções delegadas do poder público, colocando-os "sob a assistência e a proteção do Estado" (art. 140). Considerou a greve e o *lockout* "recursos anti-sociais, nocivos ao trabalho e ao capital e incompatíveis com os superiores interesses da produção nacional" (art. 139). Também instituiu a Justiça do Trabalho para dirimir os conflitos oriundos de relações entre empregadores e empregados, com expressa previsão de que não faria parte do Poder Judiciário, ao dispor que a referida Justiça seria "regulada em lei e à qual não se aplicam as disposições desta Constituição relativas à competência, ao recrutamento e às prerrogativas da justiça comum".

O Decreto n. 1.402, de 5.7.1939, fortaleceu a política intervencionista e consagrou as linhas mestras do corporativismo na estrutura sindical brasileira: regulamentou a unicidade sindical compulsória, com excessiva intervenção estatal na organização e estrutura das entidades sindicais, com a possibilidade de cassação da carta de reconhecimento sindical; possibilitou a formação de associações, sendo que a investidura sindical passou a ser conferida pelo Ministério do Trabalho à associação mais representativa; proibiu a greve e instituiu o enquadramento sindical e a divisão por categorias econômicas e profissionais.[4]

O Decreto-lei n. 2.377, de 8.7.1940, criou o imposto sindical, cujas receitas seriam partilhadas entre as entidades sindicais reconhecidas e o Ministério do Trabalho.[5] No esteio da política intervencionista, proliferaram as medidas legislativas em matéria sindical. Em 1943, foi promulgada a Consolidação das Leis do Trabalho, Decreto n. 5.452, de 1º de maio, que praticamente manteve o sistema sindical com os componentes corporativistas e intervencionistas: associação profissional prévia, imposto sindical, paralelismo sindical, enquadramento sindical, padronização de estatutos e balanços dos sindicatos, unicidade sindical etc.

Fruto da redemocratização do país, a Constituição de 1946, votada em Assembleia Nacional Constituinte, reconheceu o direito de greve (já instituído no Decreto-lei n. 9.070, de 13.3.1946, de controvertida constitucionalidade, à época) e estabeleceu a liberdade sindical, porém nos termos regulamentados em lei: "*Art. 159. É livre a associação profissional ou sindical, sendo reguladas por lei a forma de sua constituição, a sua representação legal nas convenções coletivas de trabalho e o exercício de funções delegadas pelo poder público*". Embora possível a elaboração

4. AROUCA, José Carlos. *Repensando o sindicato*. São Paulo: LTr. 1998. p. 570-581.

5. MARTINS, Milton. *Sindicalismo e relações trabalhistas*. São Paulo: LTr, 1995. p. 82.

de lei ordinária instituidora da pluralidade sindical, a Consolidação das Leis do Trabalho, vigente desde 1943, foi tida como recepcionada pela nova Carta, pois o Supremo Tribunal Federal, em julgamento de mandado de segurança impetrado por um sindicato de bancários, proclamou a compatibilidade dos dispositivos da CLT com a nova ordem constitucional.[6] Com a recepção do estatuto celetista, manteve-se a organização sindical corporativista implementada durante a Era Vargas.

A Carta de 1967, em seu art. 166, repetiu o art. 159 da Constituição anterior. Acrescentou, no entanto, dois parágrafos para garantir entre as funções delegadas das entidades sindicais o direito de arrecadar contribuições para o custeio das suas atividades e instituir o voto obrigatório nas eleições sindicais. Assegurou o direito de greve (art. 165, XXI), excetuando os serviços públicos e atividades essenciais definidos em lei (art. 162). A Emenda Constitucional n. 1/69 manteve integralmente as disposições da CF/67.

Durante o regime militar, o Estado procurou impor aos sindicatos uma postura assistencialista em detrimento da reivindicatória. Essa característica é facilmente notada no Decreto n. 67.227/70, que previu uma série de posturas assistenciais aos sindicatos para a promoção social do trabalhador — assistência médico-hospitalar, odontológica, creches, cooperativas de consumo, colônias de férias etc., com a respectiva participação dos sindicatos em órgãos públicos e privados para cumprimento desses desideratos.

A Constituição de 1988 mesclou alguns elementos de autonomia e liberdade sindicais com outros de heteronomia e intervencionismo ao estear o modelo sindical do seguinte modo: a) apesar de dispor que é livre a associação em sindicatos, manteve o monopólio de representação e a unicidade sindical (não permissão de mais de um sindicato da mesma categoria profissional ou econômica na mesma base territorial); b) adotou a liberdade de autodefinição das bases e de fixação da base territorial pelos sindicatos, mas condicionou que esta não seja ser inferior à área de um município (inviabiliza-se a criação de sindicatos por empresa ou estabelecimento); c) manteve, por vias indiretas, a contribuição sindical compulsória, e criou a contribuição confederativa; d) aboliu o estágio preliminar de sindicatos sob a forma de associações e a necessidade de reconhecimento pelo Ministério do Trabalho; e) garantiu a livre criação de sindicatos sem a necessidade de autorização do Estado e a liberdade de administração com vedação da interferência do Poder Público; f) manteve a organização sindical piramidal, com sindicatos, federações e confederações; g) previu a liberdade individual de filiação e de desfiliação; h) concedeu aos aposentados o direito de votar e serem votados nas eleições sindicais; i) consagrou o direito de negociação coletiva, com o reconhecimento dos acordos e convenções coletivas; j) dispôs sobre o direito de greve; l) conferiu estabilidade aos dirigentes sindicais; m) consagrou o direito de representação dos trabalhadores.

6. GOMES NETO, Indalécio. Características do sindicalismo brasileiro. *Revista LTr*, ano 58, n. 3, p. 267-270, mar. 1994.

Como se observa, desde os primórdios do desenvolvimento sindical no país, o Brasil adotou um sistema heterônomo de regulamentação da atividade sindical, caracterizado por uma forte intervenção sindical, no campo legislativo, por meio de uma legislação prescritiva da atividade sindical (trata da organização sindical, greve, negociação coletiva, unicidade sindical).

A Constituição Federal de 1988 conservou os principais traços estruturais da organização sindical corporativista instituída durante o Estado Novo e inspirada no regime fascista italiano.

A Lei n. 13.467/2017, a chamada "reforma trabalhista" alterou a Consolidação das Leis do Trabalho em aspectos pertinentes ao sindicalismo, como a facultatividade da contribuição sindical, outrora compulsória, a regulamentação da relação entre negociado e legislado e entre os acordos e as convenções coletivas de trabalho, entre outras alterações, algumas das quais serão analisadas a seguir.

3. PRINCIPAIS ALTERAÇÕES DA LEI N. 13.467/2017 REFERENTES À AUTONOMIA PRIVADA COLETIVA

3.1. Autonomia privada coletiva (acordos e convenções coletivas) e princípio da intervenção mínima (art. 8º, § 3º, da CLT)

Pela Lei n. 13.467/2017, foi alterado o artigo 8º da CLT, com a inserção do seguinte parágrafo:

> "§ 3º No exame de convenção coletiva ou acordo coletivo de trabalho, a Justiça do Trabalho analisará exclusivamente a conformidade dos elementos essenciais do negócio jurídico, respeitado o disposto no art. 104 da Lei nº 10.406, de 10 de janeiro de 2002 (Código Civil), e balizará sua atuação pelo princípio da intervenção mínima na autonomia da vontade coletiva."

Tratando-se de norma infraconstitucional com o objeto de limitar o exercício do poder jurisdicional da Justiça do Trabalho, a regra do § 3º do artigo 8º da CLT, com redação conferida pela Lei n. 13.467/2017, é manifestamente inconstitucional, pois somente o legislador constituinte possui o poder de regulamentar ou limitar o exercício da atividade jurisdicional, sendo inclusive vedado ao poder constituinte derivado a abolição do referido poder, seja como órgão institucional, seja pela esvaziamento, total ou parcial da sua função jurisdicional (art. 60,§ 4º, CF/88).

Por outro lado, a norma do § 3º do artigo 8º da CLT padece do vício de inconstitucionalidade por violar o princípio da universalidade da função jurisdicional, insculpido no artigo 5º, XXXV, da CF/88, segundo o qual "*a lei não excluirá da apreciação do Poder Judiciário lesão ou ameaça de direito*". Tratando-se de uma garantia fundamental sequer ao poder constituinte derivado é possível a abolição, total ou parcial, do acesso universal à jurisdição, sendo uma hipótese teratológica que uma norma infraconstitucional viesse a restringir a função jurisdicional, abolindo-a parcialmente.

Ad argumentandum, ainda que o § 3º do artigo 8º da CLT (Lei n. 13.467/2017), tivesse alguma possibilidade de sobreviver ao juízo de constitucionalidade, não haveria óbice à análise do conteúdo normativo dos acordos e convenções coletivas.

Antes de passarmos a esta análise, vale assinalar que, durante longo período histórico, a autonomia privada individual foi um dos símbolos da doutrina do liberalismo econômico, que se centrava na igualdade jurídico-formal dos contratantes.

Como assevera *Walküre Lopes Ribeiro da Silva*, "*o iluminismo forneceu as bases filosóficas para a Revolução Francesa. Com a vitória desta e sua repercussão em todo o mundo, o contrato tornou-se o instrumento tendencionalmente exclusivo de regulação das relações jurídicas. Afirmou-se a concepção de contrato como acordo ou encontro de vontades entre indivíduos livres e iguais*"[7].

O Direito Positivo, no entanto, como forma de proteção da parte hipossuficiente, passou a intervir nas relações materialmente desiguais com a elaboração de normas cogentes ou de ordem pública, para, por intermédio da limitação da autonomia privada individual, resguardar a integridade jurídica da parte considerada mais vulnerável que, impossibilitada de discutir em situação de igualdade o conteúdo da relação contratual, via-se obrigada a aceitar condições jurídicas que lhe eram impróprias.

Entretanto, diante da insuficiência e da falta de efetividade dessa legislação intervencionista estatal para a garantia da esfera individual, incrementou-se a noção da autonomia privada coletiva como instrumento de igualização de relações jurídicas inicialmente desiguais em diversos setores do Direito Privado, sendo o Direito do Trabalho o berço, por excelência, da autonomia privada coletiva.

A autonomia privada coletiva é o poder jurídico reconhecido a determinados grupos sociais de criar normas jurídicas para a tutela de interesses de uma coletividade, comunidade ou classe de pessoas globalmente consideradas. Insere-se num contexto em que se verifica a disparidade de poder contratual entre categorias socioeconômicas contrapostas. Sua concepção baseia-se na percepção social da existência de uma lacuna entre a norma geral e a particular, entre a abstração das normas gerais estatais e a excessiva concretude e singularidade das situações particulares (hiperespecíficas), cujo preenchimento dá-se pela esfera contratual coletiva.

Nas relações de trabalho, a autonomia privada coletiva não surgiu como antítese do princípio protetor; ela objetiva exatamente uma maior efetivação desse princípio, ante as mudanças fáticas que apontam para a necessidade de incrementar outros instrumentos de tutela dos interesses dos trabalhadores, diante da in-

7. SILVA, Walküre Lopes Ribeiro da. Autonomia privada coletiva e o direito do trabalho. *Revista de Direito do Trabalho*, São Paulo, jan./mar. 200, p. 31.

suficiência, historicamente demonstrada, do ordenamento jurídico estatal para essa missão.

Em todo o Direito do Trabalho, há um ponto de partida e um ponto de chegada; o primeiro é representado pela união dos trabalhadores; o segundo pela melhoria das suas condições. Direito Individual e Direito Coletivo constituem apenas diferentes caminhos para se percorrer o mesmo itinerário. Ambos constituem modalidades de um mesmo fenômeno, pois o princípio da proteção constitui o critério fundamental que orienta o Direito do Trabalho.[8]

O procedimento da autonomia privada coletiva é a negociação coletiva. Seu produto jurídico são os acordos e convenções coletivas, também denominados genericamente de normas coletivas, instrumentos normativos, normas convencionais.

Quanto à sua natureza jurídica, prevalece na doutrina e na jurisprudência o entendimento segundo o qual as normas coletivas possuem natureza mista (híbrida). São adeptos desta corrente a maioria absoluta dos juslaboralistas (*Kaskel-Dersch, Nipperdey, Nikish, Krotoschin, Paul Durand, Jaussaud, Rivero, Savatier, Octavio Bueno Magano, Carlos Moreira de Luca, Mozart Victor Russomano*).

Essa doutrina constitui um *tertium genus* entre as correntes contratualistas e regulamentares. Seus adeptos consideram a convenção coletiva como um instituto híbrido: quanto à formação, identifica-se com um contrato; por seu conteúdo, equivale a uma norma jurídica.

A teoria mista é praticamente resumida na clássica e célebre definição de *Francesco Carnelluti*, segundo a qual *"O contrato coletivo é um híbrido, que tem corpo de contrato e alma de lei; mediante o mecanismo contratual desempenha uma força, que transcende o direito subjetivo, e desencadeia um movimento, que vai além da relação jurídica entre as partes"*. Possui corpo de contrato, porque se aperfeiçoa como uma acordo de declaração de vontades; tem alma de lei, porque, em seu conteúdo, regula relações jurídicas em princípio abstratas, que se concretizam *ad futurum* com a sua aplicação.

A natureza contratual dos acordos e convenções coletivas é representada pela cláusulas de envoltura, que dizem respeito aos pressupostos de validade e de existência da norma convencional, e pelas cláusulas obrigacionais, pelas quais são fixados direitos e obrigações para os sujeitos pactuantes. Já o aspecto normativo destas normas coletivas são consubstanciados nas denominadas cláusulas normativas, consistente no conjunto de disposições que regulamentam as relações individuais de trabalho.

Assim, evidentemente que os acordos e convenções coletivas não se equiparam aos negócios jurídicos individuais, pois possuem nítido caráter normativo.

8. PLÁ RODRIGUEZ, Américo. *Princípios de direito do trabalho*. Trad. Wagner D. Giglio. São Paulo: LTr, 1997. p. 25-28.

Deste modo, a limitação imposta no § 3º do artigo 8º da CLT, com a redação dada pela Lei n. 14.367/2017, numa tentativa de adstrir a análise da Justiça do Trabalho à "conformidade dos elementos essenciais do negócio jurídico, respeitado o disposto no art. 104 da Lei nº 10.406, de 10 de janeiro de 2002 (Código Civil), só pode se referir, no máximo, às cláusulas de envoltura e algumas cláusulas obrigacionais das normas coletivas, pois somente estas devem ser entabuladas em conformidade com os elementos de existência e validade do negócio jurídico.

Quanto às cláusulas normativas, a estas o legislador fez menção implícita ao referir-se, ao final do § 3º do artigo 8º, ao princípio da intervenção mínima, pois é exatamente no conteúdo normativo do acordo e da convenção coletiva que se encontra a essência da autonomia privada coletiva dos negociantes. Deste modo, não haveria qualquer proibição de analise do mérito das normas coletivas, desde que observado o princípio da intervenção mínima na autonomia privada coletiva.

Em se tratando de acordos e convenções coletivas, a autonomia privada coletiva é primordialmente manifestada por meio das cláusulas normativas, não pelas cláusulas de envoltura ou cláusulas obrigacionais. Desse modo, ao se referir ao princípio da intervenção mínima na autonomia privada coletiva, o legislador permitiu a apreciação do conteúdo normativo pelo judiciário trabalhista, desde que observado referido princípio.

Veja-se, neste diapasão, e numa interpretação sistemática que, do mesmo modo, ao dispor no § 1º do artigo 611-A, *in verbis*, "§ 1º No exame da convenção coletiva ou do acordo coletivo de trabalho, a Justiça do Trabalho observará o disposto no § 3º do art. 8º desta Consolidação", o legislador apenas remeteu o julgador ao princípio da intervenção mínima no que se refere às cláusulas normativas, não significando, em nenhuma hipótese, proibição de apreciação do conteúdo normativo.

Assim, não se pode confundir o princípio da intervenção mínima na autonomia privada coletiva com limitação à análise da conformidade dos elementos essenciais do negócio jurídico à luz do artigo 104 do Código Civil. Esta remissão refere-se às denominadas cláusulas de envoltura e cláusulas obrigacionais. No que pertine às cláusulas normativas, a Justiça do Trabalho poderá adentrar ao mérito das referidas cláusulas, em quaisquer dos seus aspectos, respeitado o princípio da intervenção mínima na autonomia privada coletiva.

Deve-se assinalar, ad cautelam, que entre os requisitos do negócio jurídico encontra-se a licitude do objeto (art. 104 CCB), razão pela qual, ainda por este prisma, a Justiça do Trabalho possui plenos poderes de apreciação da licitude da norma coletiva, em seu mais amplo sentido, desde a sua inconstitucionalidade ou ilegalidade, como a inobservância dos princípios da progressividade dos direitos sociais trabalhistas e da vedação do retrocesso social (artigo 7º, caput, CF/88).

3.2. Prevalência do negociado sobre o legislado?

A relação entre a convenção coletiva e a legislação estatal depende das características de cada ordenamento jurídico, sendo influenciada por diversos fatores como a formação histórica do ordenamento, os aspectos históricos, culturais, sociais e econômicos da nação, as raízes históricas e ideológicas da formação do movimento sindical, o tipo de modelo sindical adotado, o grau de autonomia e liberdade dos sindicatos, o nível de intervencionismo estatal na sociedade, as características da democracia e o grau de participação popular.

No Brasil, os acordos e convenções coletivas do trabalho estão submetidos ao princípio da progressividade dos direitos sociais, esculpido no artigo 7º, *caput*, da Constituição Federal de 1988. Deste modo, por imperativo constitucional, a autonomia privada coletiva está adstrita à sua função social, constituindo um verdadeiro direito função, o qual só deve exercido para a tutela da coletividade representada.

Deste modo, a autonomia privada coletiva, no ordenamento jurídico brasileiro, constitui um direito-função, que tem objetivo previamente estatuído na Carta Constitucional: a melhoria das condições de vida dos trabalhadores. Qualquer norma infraconstitucional que disponha sobre a autonomia privada coletiva deve ser interpretada conforme a Constituição ou declarada inconstitucional.

Neste diapasão, a Lei n. 13.467/2017 inseriu o artigo 611-A na CLT com vistas a regulamentar a hierarquia entre as normas coletivas e a legislação estatal, dispondo, *ipsis litteris*:

> "Art. 611-A. A convenção coletiva e o acordo coletivo de trabalho têm prevalência sobre a lei quando, entre outros, dispuserem sobre:
>
> I - pacto quanto à jornada de trabalho, observados os limites constitucionais;
>
> II - banco de horas anual;
>
> III - intervalo intrajornada, respeitado o limite mínimo de trinta minutos para jornadas superiores a seis horas;
>
> IV - adesão ao Programa Seguro-Emprego (PSE), de que trata a Lei nº 13.189, de 19 de novembro de 2015;
>
> V - plano de cargos, salários e funções compatíveis com a condição pessoal do empregado, bem como identificação dos cargos que se enquadram como funções de confiança;
>
> VI - regulamento empresarial;
>
> VII - representante dos trabalhadores no local de trabalho;
>
> VIII - teletrabalho, regime de sobreaviso, e trabalho intermitente;
>
> IX - remuneração por produtividade, incluídas as gorjetas percebidas pelo empregado, e remuneração por desempenho individual;
>
> X - modalidade de registro de jornada de trabalho;
>
> XI - troca do dia de feriado;
>
> XII - enquadramento do grau de insalubridade;
>
> XIII - prorrogação de jornada em ambientes insalubres, sem licença prévia das autoridades competentes do Ministério do Trabalho;
>
> XIV - prêmios de incentivo em bens ou serviços, eventualmente concedidos em programas de incentivo;
>
> XV - participação nos lucros ou resultados da empresa."

Por meio artigo 611-A, introduzido pela Lei n. 13.467/2017 na CLT, pretendeu-se alterar os parâmetros da hierarquia normativa do ordenamento jurídico brasileiro para adotar-se um sistema estático, predefinido, de prevalência da norma coletiva sobre a legislação estatal em relação às matérias previstas no próprio artigo 611-A.

No entanto, o artigo 611-A da CLT é flagrantemente inconstitucional uma vez que viola o princípio da progressividade dos direitos sociais trabalhistas insculpido no *caput* do artigo 7º da CF/88. No ordenamento jurídico brasileiro, as normas decorrentes da autonomia privada coletiva somente podem fixar regras e condições de trabalho *in mellius* aos trabalhadores, não se admitindo a fixação de condições *in pejus* por meio de acordos e convenções coletivas, sendo inconstitucional qualquer norma pela qual se pretenda inverter a diretriz constitucional da progressividade dos direitos sociais trabalhistas e da vedação do retrocesso social.

Não se pode olvidar, outrossim, que os direitos sociais fundamentais trabalhistas previstos no artigo 7º da CF/88 constituem cláusulas pétreas impassíveis de abolição pelo poder constituinte derivado (art. 60, § 4º, CF/88), de forma que a norma do artigo 611-A, numa verdadeira teratologia jurídica, releva à mera autonomia privada coletiva, por meio de acordos e convenções coletivas, um poder somente reconhecido ao poder constituinte originário.

Deste modo, por violar o princípio da progressividade dos direitos sociais trabalhistas e da vedação do retrocesso social, cristalizados no artigo 7º, *caput*, da CF/88, a norma do artigo 611-A é manifestamente inconstitucional, não podendo surtir efeitos no mundo jurídico.

Por outro lado, *ad argumentandum tantum*, ainda que a norma do artigo 611-A tivesse alguma possibilidade de ultrapassar o juízo de constitucionalidade, referida norma, numa interpretação conforme a Constituição, somente poderia ser considerada com sobrevida à luz da hierarquia dinâmica que rege o ordenamento jurídico trabalhista, regida pelo princípio da norma mais favorável, de forma que eventual acordo ou convenção coletiva só poderia ter prevalência sobre o legislado nas hipóteses em que se comprovasse ser mais vantajoso ao empregado que a legislação estatal.

Verifica-se, neste diapasão, que o próprio legislador considerou que as alterações das matérias enunciadas no artigo 611-A da CLT só teriam prevalência sobre a respectiva lei se delas adviessem vantagens aos trabalhadores, ainda que a referida vantagem não estivesse prevista expressamente no instrumento coletivo, como se infere do § 2º do artigo 611-A, *in verbis*: *"§ 2º A inexistência de expressa indicação de contrapartidas recíprocas em convenção coletiva ou acordo coletivo de trabalho não ensejará sua nulidade por não caracterizar um vício do negócio jurídico."*

Deste modo, consoante o artigo 611 –A da CLT, os acordos e convenções coletivas só possuem prevalência sobre a lei quando dispuserem de modo mais favorável ao trabalhador, por meio de contrapartidas recíprocas, ainda que estas não estejam previstas expressamente no instrumento normativo. Não se deve confundir inexistência de contrapartida expressa com a ausência da própria contrapartida. Em ambas as situações, deve haver uma condição mais favorável aos trabalhadores para a validade da alteração; a facultatividade diz respeito apenas à previsão expressa no próprio instrumento normativo da contrapartida ou não.

O § 3º do artigo 611-A da CLT, também com redação conferida pela Lei n. 13.467/2017, não somente corrobora a adoção do princípio da progressividade dos direitos sociais trabalhistas pelo legislador infraconstitucional, como determinada que a favorabilidade da alteração esteja expressamente prevista no instrumento normativo, como se observa do seu teor: *"§ 3º Se for pactuada cláusula que reduza o salário ou a jornada, a convenção coletiva ou o acordo coletivo de trabalho deverão prever a proteção dos empregados contra dispensa imotivada durante o prazo de vigência do instrumento coletivo."*

À guisa de conclusão, o artigo 611-A, com redação dada pela Lei n. 13.467/2017, é manifestamente inconstitucional por violar o princípio da progressividade dos direitos trabalhistas e da vedação do retrocesso social insculpido no *caput* do artigo 7º da Constituição Federal de 1988. *Ad argumentandum tantum*, ainda que houvesse possibilidade de sua sobrevivência ao juízo de constitucionalidade, referida alteração seria totalmente ineficaz, pois, interpretado conforme à Constituição e à luz da hierarquia dinâmica que rege o ordenamento jurídico trabalhista, movida pelo princípio da norma mais favorável, eventual acordo ou convenção coletiva só poderia ter prevalência sobre o legislado nas hipóteses em que se comprovasse ser mais vantajoso ao empregado que a legislação estatal, tanto que o próprio legislador impôs a necessidade de concessões recíprocas nos §§ 2º e 3º do artigo 611-A, as quais podem ser expressas ou implícitas, mas deve estar sempre presentes. Aplicação do princípio da primazia da realidade.

3.3. Matérias não suprimíveis ou redutíveis por meio de acordos e convenções coletivas

Os direitos sociais fundamentais constituem cláusulas pétreas de nosso ordenamento jurídico, os quais não podem ser abolidos pelo poder constituinte derivado, consoante o artigo 60 da Constituição Federal de 1988, o qual veda expressamente qualquer tentativa de emenda constitucional com vistas à supressão dos direitos e garantidas fundamentais (art. 60, IV, CF/88).

Assim, se ao poder constituinte derivado é vedada qualquer tentativa de supressão, total ou parcial (redução) de direitos e garantias fundamentais, por meio de emenda constitucional, evidentemente que a todas as demais normas do ordenamento jurídico pátrio (leis complementares, leis ordinárias, leis delegadas, medidas provisórias, decretos legislativos, resoluções e outras) que se situam em grau hierárquico inferior, devem preservam integralmente os direitos e garantias fundamentais.

Deste modo, a norma do artigo 611-B[9], assim como o próprio artigo 611-A, na atual redação conferida pela Lei n. 13.467/2017 constituiu um preceito teratológico ao considerar-se a teoria geral do direito e o constitucionalismo moderno, uma vez que, por meio dela pretende-se uma subversão na hierarquia normativa em relação à Constituição Federal, como se a lei infranconstitucional pudesse determinar a natureza das normas constitucionais e dos direitos constitucionalmente protegidos.

De fato, o artigo 611-B da CLT é inócuo, uma vez que referidos direitos não podem ser suprimidos ou reduzidos sequer por emenda constitucional, quanto mais por normas infraconstitucionais ou acordos e convenções coletivas, diante da égide do artigo 60 da CF/88 que cristaliza referidos direitos e garantias sociais como cláusulas pétreas, bem como pela observância do princípio constitucional da progressividade dos direitos humanos sociais, consagrado no artigo 7º, *caput*, da CF/88.

9. "Art. 611-B. Constituem objeto ilícito de convenção coletiva ou de acordo coletivo de trabalho, exclusivamente, a supressão ou a redução dos seguintes direitos: I - normas de identificação profissional, inclusive as anotações na Carteira de Trabalho e Previdência Social; II - seguro-desemprego, em caso de desemprego involuntário; III - valor dos depósitos mensais e da indenização rescisória do Fundo de Garantia do Tempo de Serviço (FGTS); IV - salário mínimo; V - valor nominal do décimo terceiro salário; VI - remuneração do trabalho noturno superior à do diurno; VII - proteção do salário na forma da lei, constituindo crime sua retenção dolosa; VIII - salário-família; IX - repouso semanal remunerado; X - remuneração do serviço extraordinário superior, no mínimo, em 50% (cinquenta por cento) à do normal; XI - número de dias de férias devidas ao empregado; XII - gozo de férias anuais remuneradas com, pelo menos, um terço a mais do que o salário normal; XIII - licença-maternidade com a duração mínima de cento e vinte dias; XIV - licença-paternidade nos termos fixados em lei; XV - proteção do mercado de trabalho da mulher, mediante incentivos específicos, nos termos da lei; XVI - aviso prévio proporcional ao tempo de serviço, sendo no mínimo de trinta dias, nos termos da lei; XVII - normas de saúde, higiene e segurança do trabalho previstas em lei ou em normas regulamentadoras do Ministério do Trabalho; XVIII - adicional de remuneração para as atividades penosas, insalubres ou perigosas; XIX - aposentadoria; XX - seguro contra acidentes de trabalho, a cargo do empregador; XXI - ação, quanto aos créditos resultantes das relações de trabalho, com prazo prescricional de cinco anos para os trabalhadores urbanos e rurais, até o limite de dois anos após a extinção do contrato de trabalho; XXII - proibição de qualquer discriminação no tocante a salário e critérios de admissão do trabalhador com deficiência; XXIII - proibição de trabalho noturno, perigoso ou insalubre a menores de dezoito anos e de qualquer trabalho a menores de dezesseis anos, salvo na condição de aprendiz, a partir de quatorze anos; XXIV - medidas de proteção legal de crianças e adolescentes; **XXV - igualdade de direitos entre o trabalhador com vínculo empregatício permanente e o trabalhador avulso;** XXVI - liberdade de associação profissional ou sindical do trabalhador, inclusive o direito de não sofrer, sem sua expressa e prévia anuência, qualquer cobrança ou desconto salarial estabelecidos em convenção coletiva ou acordo coletivo de trabalho; XXVII - direito de greve, competindo aos trabalhadores decidir sobre a oportunidade de exercê-lo e sobre os interesses que devam por meio dele defender; XXVIII - definição legal sobre os serviços ou atividades essenciais e disposições legais sobre o atendimento das necessidades inadiáveis da comunidade em caso de greve;

XXIX - tributos e outros créditos de terceiros; XXX - as disposições previstas nos arts. 373-A, 390, 392, 392-A, 394, 394-A, 395, 396 e 400 desta Consolidação. *Parágrafo único.* Regras sobre duração do trabalho e intervalos não são consideradas como normas de saúde, higiene e segurança do trabalho para os fins do disposto neste artigo."

Na realidade, pretendeu-se, por meio da inserção dos artigos 611-A e 611-B na CLT, classificar os direitos e garantias sociais previstos nos artigos 6º, 7º, 8º e 9º da CF/88, em direitos sociais disponíveis e indisponíveis, como se a legislação infraconstitucional tivesse o condão de discriminar direitos fundamentais de mesma natureza, grau e intensidade constitucional.

Pretende-se pela via oblíquia do artigo 611-B legitimar a inconstitucionalidade do artigo 611-A, pois a menção expressa do legislador à ilicitude de supressão ou redução exclusiva dos direitos elencados no artigo 611-B não possui o condão de legitimar a pretensão de supressão, redução ou alteração *in pejus* dos direitos mencionados no artigo 611-A da CLT, uma vez que possuem a mesma natureza, cogência e indisponibilidade conferidas pelo legislador constituinte originário, estando sob o manto da petrealidade constitucional (art. 60, IV, CF/88) e submetidos ao princípio constitucional da progressividade dos direitos humanos sociais (art. 7º, caput, CF/88).

3.4. Prevalência do acordo coletivo sobre a convenção coletiva?

A legislação brasileira consagrou a utilização de duas denominações para designar as espécies de normas coletivas elaboradas pelos atores sociais: acordo coletivo de trabalho e convenção coletiva de trabalho.

Essa distinção é típica e exclusiva do direito brasileiro. No direito comparado, a regra é a utilização de uma mesma denominação para as normas coletivas, sendo que a sua diferenciação dá-se pelos sujeitos pactuantes, conteúdo ou o papel reservado a cada norma no ordenamento jurídico.

Na França, Bélgica e Luxemburgo, a denominação mais adotada é convenção coletiva de trabalho. Na Itália, geralmente, é utilizado contrato coletivo, mas também encontramos *"concordato di tarifa" (Messineo)*, *"regolamento corporativo"* (*Costamagna*) e *"trattado intersindicale"*. Na Alemanha, a denominação habitual é *"tarifvertrag"* (contrato de salários); mas também é usada *"betriebsvereibarung"* (contrato de estabelecimento). Os países anglo-saxônicos comumente empregam a expressão *"collective bargaining"*(2). Em Portugal, emprega-se a expressão contrato coletivo(3). Na Espanha, utiliza-se contrato coletivo. A Recomendação n. 91 da Organização Internacional do Trabalho (de 1951), sobre os contratos coletivos, adota tanto a expressão convenção coletiva de trabalho quanto contrato coletivo de trabalho para designar o mesmo fenômeno.

No ordenamento jurídico brasileiro, não há uma diferença essencial entre o acordo e a convenção coletiva. Eles diferem-se apenas quanto aos sujeitos pactuantes e em relação à sua abrangência. Quanto aos sujeitos, a convenção coletiva possui natureza eminentemente intersindical, porque celebrada com a presença de sindicatos em ambos os polos, isto é, sindicato profissional e sindicato da categoria econômica; o acordo coletivo, por sua vez, caracteriza-se pela presença de um sindicato profissional de um lado e, de outro, pela existência de uma ou mais empresas que atuam diretamente no próprio nome, sem a necessidade da presença do sindicato patronal.

Em relação à abrangência, a convenção coletiva abrange a todos os membros (trabalhadores e empregadores) das categorias representadas pelos sindicatos convenentes, já o acordo coletivo se restringe aos trabalhadores da(s) empresa(s) pactuante(s), ou conforme delimitado no instrumento pelas partes, podendo corresponder a um setor ou a um estabelecimento da empresa.

Os acordos e as convenções coletivas de trabalho figuram no mesmo grau na pirâmide hierárquica normativa, não havendo correlação lógica de superioridade e inferioridade entre eles. Ambos os convênios retiram seu fundamento de validade da própria Constituição Federal de 1988, inclusive dos mesmos dispositivos constitucionais (art. 7º, incisos VI, XIII, XIV XXVI). Não existe, *a priori*, hierarquia normativa entre acordos e convenções coletivas de trabalho, pois nenhuma dessas normas retira seu fundamento de validade da outra.

Em sua antiga redação, o artigo 620 da CLT sobre a aplicação da norma mais favorável para solucionar o conflito entre convenção e acordo coletivo, ao prescrever que *"As condições estabelecidas em Convenção, quando mais favoráveis, prevalecerão sobre as estipuladas em Acordo"*.

A Lei n. 13.467/2017 alterou o artigo 620 da CLT para dispor, *in verbis*: "*As condições estabelecidas em acordo coletivo de trabalho sempre prevalecerão sobre as estipuladas em convenção coletiva de trabalho.*"

A tendência moderna é a conjugação do princípio da norma mais favorável com as circunstâncias específicas solucionadas por normas coletivas de menor abrangência. Por esse prisma, o princípio da norma mais favorável, geralmente aplicado no cotejamento da convenção com o acordo coletivo, não deve ser aplicado *in abstracto*, mas considerando-se as condições fático-jurídicas que levaram à elaboração de cada norma e as implicações da aplicação de cada uma delas no caso concreto.

Desse modo, um acordo coletivo que, em princípio, apresenta-se menos favorável para os trabalhadores de determinada empresa em comparação com a convenção coletiva da categoria, pode apresentar-se mais idôneo para reger as peculiaridades da realidade da coletividade de trabalhadores para a qual foi elaborada. Um acordo nesse sentido pode tornar-se mediata e efetivamente mais favorável para a coletividade de trabalhadores, obstando os prejuízos que poderiam advir de uma convenção coletiva que se apresentaria imediata e nominalmente mais vantajosa.

Por esse critério, aplica-se a norma mais favorável, salvo se a norma mais específica reger uma situação peculiar de determinada coletividade de trabalhadores, que viriam a ser prejudicados pela aplicação de uma norma geral. Em síntese, a vantagem deve ser aferida concretamente em se tratando de conflito entre acordo e convenção coletiva.

Deste modo, a disposição do artigo 620 da CLT, com a redação conferida pela Lei n. 13.467/2017, deve ser interpretada à luz dos princípios da norma mais favorável e da primazia da realidade, de forma que o acordo coletivo somente prevalece sobre uma convenção coletiva quando concreta e comprovadamente mais favorável aos trabalhadores. A norma não estipula uma hierarquia normativa, mas, no máximo, cria uma presunção favorável ao acordo, a qual pode ser elidida por verdade dos fatos.

3.5. Negociação individual com eficácia de norma coletiva?

Um dos princípios norteadores do Direito do Trabalho é o princípio da irrenunciabilidade dos direitos trabalhistas. Trata-se de princípio nuclear do Direito do Trabalho, sendo um dos vértices do caráter tuitivo da legislação trabalhista, limitador da autonomia vontade nas relações individuais de trabalho.

De fato, ao absorver os dogmas liberais da igualdade formal e da liberdade contratual sujeita à lei da oferta e da procura, a legislação civil mostrou-se incongruente para a regulamentação de uma nova categoria de relação jurídica advinda com o novo modo de produção capitalista - o trabalho subordinado, pessoal, habitual e assalariado -, marcada por sua natureza assimétrica e autocrática; o que suscitou a formação de novas categorias dogmáticas para a regulamentação dos conflitos entre trabalhadores e empregadores, cujo centro de gravidade consiste na própria canalização para o âmbito das relações de trabalho do desigual conflito de classes emergente na sociedade capitalista.

Nasce, neste contexto, não somente um corpo legislativo regulamentador dos conflitos individuais e coletivos do trabalho, mas também um sistema de regulamentação com um claro objetivo tuitivo e promocional de um dos polos da relação de trabalho: a figura do empregado; sendo que um dos veículos principais para essa proteção consistiu exatamente na relativização dos dogmas da autonomia da vontade e da igualdade formal entre as partes, consagrando-se os direitos sociais fundamentais dos trabalhadores, com vistas a impedir a sua coisificação e preservar a sua condição humana numa relação jurídico-material na qual a sua pessoa ocupa uma posição central.

A limitação da autonomia da vontade é consagrada pelo princípio da irrenunciabilidade dos direitos trabalhistas e da inalterabilidade das condições de trabalho. Princípios supralegais, informadores da legislação trabalhista, mas também cristalizados em diversos dispositivos legais, como os artigos 9º, 444 e 468 da CLT. Seu objetivo é tutelar a parte hipossuficiente da relação de emprego – o empregado -, em virtude do seu estado de subordinação jurídica ao empregador e, consequentemente, de vulnerabilidade.

A Lei n. 13.467/2017 inseriu um parágrafo único ao artigo 444 da CLT, *in verbis:*

> Art. 444 - As relações contratuais de trabalho podem ser objeto de livre estipulação das partes interessadas em tudo quanto não contravenha às disposições

de proteção ao trabalho, aos contratos coletivos que lhes sejam aplicáveis e às decisões das autoridades competentes.

Parágrafo único. A livre estipulação a que se refere o **caput** deste artigo aplica-se às hipóteses previstas no art. 611-A desta Consolidação, com a mesma eficácia legal e preponderância sobre os instrumentos coletivos, no caso de empregado portador de diploma de nível superior e que perceba salário mensal igual ou superior a duas vezes o limite máximo dos benefícios do Regime Geral de Previdência Social." (NR)

O parágrafo único do artigo 444 da CLT, inserido pela Lei n. 13.467/2017, é a síntese da diretriz da "reforma trabalhista": a supremacia do econômico sobre o social; a desconsideração da pessoa humana do trabalhador pelo mecanismo da monetização, como se o fato de o trabalhador ter curso superior e perceber salário mensal igual ou superior a duas vezes o limite máximo perdesse seu estado de subordinação jurídica perante o empregador. Desde muito se consagrou o entendimento de que a subordinação do contrato de trabalho, denominada de "dependência" no artigo 3º, *caput*, da CLT, não é técnica, nem hierárquica e muito menos econômica, e sim jurídica. Deste modo, é irrelevante o grau de qualificação do trabalhador ou o valor dos seus rendimentos.

Assim, o parágrafo único do artigo 444 da CLT, com redação dada pela Lei n. 13.467/2017, é manifestamente inconstitucional, pois, além de conferir um tratamento discriminatório entre trabalhadores que estão em um mesmo estado de subordinação, nega o caráter humano destes mesmos trabalhadores, violando flagrantemente o princípio da dignidade da pessoa humana, esculpido no artigo 1º, III, da CF/88 e os princípios da igualdade e da prevalência dos direitos humanos, também cristalizados em diversos dispositivos constitucionais.

4. BIBLIOGRAFIA

AROUCA, José Carlos. *Repensando o sindicato*. São Paulo: LTr. 1998.

COTRIM, Gilberto. *História global: Brasil e geral. 5.* ed. São Paulo: Saraiva. 1999.

GOMES NETO, Indalécio. Características do sindicalismo brasileiro. *Revista LTr*, ano 58, n. 3, p. 267-270, mar. 1994.

MARTINS, Milton. *Sindicalismo e relações trabalhistas*. São Paulo: LTr, 1995.

PLÁ RODRIGUEZ, Américo. *Princípios de direito do trabalho*. Trad. Wagner D. Giglio. São Paulo: LTr, 1997. p. 25-28.

SANTOS, Ronaldo Lima dos. Teoria das normas coletivas. 3. ed. São Paulo: LTr, 2014.

__________. *Sindicatos e ações coletivas*: acesso à justiça, jurisdição coletiva e tutela dos direitos difusos, coletivos e individuais homogêneos. 4. ed. São Paulo: LTr, 2014.

SILVA, Walküre Lopes Ribeiro da. Autonomia privada coletiva e o direito do trabalho. *Revista de Direito do Trabalho*, São Paulo, p. 27-39, jan./mar. 2000.

LIVREM-NOS DA LIVRE NEGOCIAÇÃO: *Aspectos Subjetivos da Reforma Trabalhista*

Márcio Túlio Viana[1]

Sumário: 1. Introdução – 2. As emoções de ontem – 3. As emoções de hoje – 4. A reforma que deforma – 5. Reformando a reforma.

1. INTRODUÇÃO

Em 1941, o serviço secreto norte-americano resolveu pesquisar Adolf Hitler. E concluiu, com surpresa, que embora ele fosse feio e sem graça, as pessoas que o viam de perto, e o ouviam falar, achavam-no até simpático[2].

Este pequeno exemplo talvez nos ajude a mostrar que as ideias se ligam, muitas vezes, às nossas emoções. E se assim é no campo da política, não tem sido diferente no mundo do trabalho, nem na dimensão do Direito.

O tema aqui abordado será "o negociado sobre o legislado". Mas no pano de fundo há outra questão, talvez até mais importante, em que iremos tocar. Trata-se do papel das emoções na reforma trabalhista - e qual o resultado disso.

Além de recorrer a alguns autores, retomaremos pontos de vista já expostos em textos anteriores.

1. Professor no Programa de Pós-graduação da PUC Minas. Desembargador aposentado do TRT da 3ª Região.
2. LANGER, Walter Charles. The mind of Adolf Hitler: the secret wartime report. New York: Basic Books, 1972.

2. AS EMOÇÕES DE ONTEM

Como andavam as emoções há meio século?

Nos chamados "anos gloriosos do capitalismo"[3], a visão iluminista, mesmo já um tanto abalada - inclusive em razão do próprio Hitler – era ainda bastante forte. Respirávamos um clima de mais confiança e otimismo. Em boa parte, permaneciam os sonhos, as utopias.

E como tínhamos mais fé nos projetos, aceitávamos melhor as regras e chefias – vistas como meio para atingirmos aqueles fins. Assim, em todas as dimensões da vida – talvez até no amor – a liberdade convivia sem tantos traumas com a constrição. Ou seja: *com o seu contrário*.

Mesmo as regras do Direito do Trabalho não pareciam tão fortes. O próprio capital percebia que era este o preço que lhe cabia pagar à sociedade, e não só para contornar as críticas, mas para vencer as crises e talvez se eternizar[4].

De um modo geral, mesmo querendo ser livres, todos aceitavam melhor os comandos. No lar, o pai se sentava à cabeceira – de onde ditava os seus conselhos e verdades à família. E não era diferente na religião, na escola, na política e em outras dimensões da vida.

Na fábrica, especialmente, as hierarquias podiam ser claras, diretas, explícitas. Apesar dos gritos do chefe, ninguém falava em assédio moral. Na linha de montagem, os gestos do operário, induzidos pela máquina, pareciam tão naturais como as batidas de seu coração. Até as frustrações do dia a dia eram mais bem digeridas: afinal, os mesmos operários que se perdiam no trabalho alienado se reencontravam no sindicato, no partido, e assim se reconstruíam.

Em nome do futuro, do projeto, eles também se uniam mais facilmente. As próprias normas de proteção serviam para uni-los – selando um destino igual para todos – mais ou menos como faz a rede do pescador com os peixes. Sempre que o sindicato o chamava, o operário estava ali, com a faixa ou a bandeira, marchando como um soldado, seguindo as palavras de ordem.

No entanto, como a constrição e a liberdade eram mais amigas - sem tantos desencontros como hoje – as próprias lutas aprenderam a se impor limites. Por isso, o grevista já não contestava a fábrica: se parava as máquinas, causando-lhe prejuízo, era para voltar a ela depois. A um só tempo conformista e rebelde, o sindicato assumiu também o papel de disciplinar a classe operária[5] – tanto para a greve como para o trabalho – jogando as regras do jogo.

---

3. A expressão é de Hobsbawm.
4. Trata-se da mais importante forma de distribuição de renda que a modernidade criou, como ensina Maurício Godinho Delgado, em seus livros e conferências.
5. BIHR, Alain. Da grande noite à alternativa. S. Paulo: Boitempo, 1998, *passim*.

Naquele tempo, tentávamos – muito mais do que hoje – controlar o caos, o diferente, o heterogêneo. No urbanismo, Brasília é um bom exemplo: Asa Sul, Asa Norte, Plano Piloto... As casas populares, todas iguais e simétricas, também são filhas daquele tempo. Não foi à toa que a fábrica inventou o uniforme. Uniformizar o mundo parecia necessário para construir o futuro.

Naquele tempo, quem saía – ou tentava sair – da disciplina eram apenas os jovens, com os seus *rocks* e *lambrettas*, e algumas outras minorias, como os negros e as feministas. Na verdade, ao que tudo indica, foram eles que mais ajudaram a romper com aquele mundo, espalhando mais tarde aqueles sentimentos, ou parte deles, para as gerações futuras.

3. AS EMOÇÕES DE HOJE

Hoje, cinco ou seis décadas depois, várias das emoções passadas se transformaram – seja para mais, seja para menos, seja deslizando para *outras* emoções.

A cada dia, a sede de liberdade aumenta – e se espalha. É como se todos nós nos tornássemos jovens, ou continuássemos assim, pelo menos *por dentro*. Não é à toa que os pais de hoje – jovens de ontem – são muito mais permissivos.

Como a sede de liberdade aumenta, a regra, só por ser regra, entra em crise.

Afinal, ela passa a imagem de repressiva, rígida, com pretensão de durar – se possível, para sempre. E o nosso tempo, como dizíamos, parece o contrário de tudo isso, posto que heterogêneo, rebelde, variável, obcecado pelo presente, sem futuro definido.

Pior ainda se a regra é imperativa, de ordem pública, como em geral acontece com o Direito do Trabalho. Ele parece desabar como uma tempestade sobre as cabeças das pessoas – e, de quebra, traz a marca do Estado, que se desgasta pelo simples fato de ser uma instituição, mas também por estar sendo acusado de autoritário, corrupto, inepto, ultrapassado.

Além disso, temos menos fé no futuro - e, por isso, os grandes projetos (como o do Direito do Trabalho) se enfraquecem.[6] Desse modo, fica também mais difícil unir as pessoas. Podemos até ser solidários com as vítimas de uma enchente, e participamos com prazer de grupos de *WhatsApp*, mas resistimos ao sindicato, com os seus líderes, as suas rotinas, que cerceiam os nossos passos e nos pedem compromissos.

Assim, tendencialmente, o coletivo cede espaço ao difuso – e não apenas no plano jurídico[7]. De forma bem mais intensa do que antes, as pessoas circulam, oscilam, transitam. Mesmo quando juntas, sentem-se ou querem se sentir soltas,

---

6. HARVEY, David. A condição pós-moderna. S. Paulo: Loyola, 1999

7. Curiosamente, como sabemos, a doutrina jurídica desenvolveu há poucas décadas o conceito de direitos e interesses difusos, atendendo sobretudo ao fenômeno das lesões em massa.

prontas para se desgarrar, livres até de suas certezas – salvo esta.. Há gente que chega a circular por várias igrejas, como se preenchesse cartelas de loteria, para aumentar suas *chances* de ganho.

E se a fé no futuro é menor, tentamos viver um presente maior. Nossas emoções afloram com mais força: podemos até entrar em transe, seja em cultos religiosos ou em festas *rave*. Mesmo a vida de Cristo despeja sangue nas telas. Voamos de asa delta, descemos em cachoeiras, pulamos do alto das pontes, como se a morte vista de perto nos fizesse sentir mais vivos. E isso mais uma vez afeta o Direito do Trabalho, um Direito voltado para o futuro – a um só tempo racional e sonhador.

Por outro lado, a sede de igualdade é também maior. Basta notar, por exemplo, que nunca falamos tanto em discriminação. Aliás, até os discriminados, às vezes, são acusados de discriminar: há algum tempo, por exemplo, um professor do movimento LGBT, no nordeste, afirmava que Zumbi era *gay,* despertando protestos da comunidade negra.

Ao mesmo tempo, vivemos com mais força o nosso *eu*. Queremos ter voz, participar. Não à toa, esculpimos o nosso corpo, tatuamos a nossa pele, gritamos as nossas verdades. Na TV, elegemos o vencedor do *Big Brother*. Às vezes, somos chamados a construir o final do filme ou da novela.

Não muito tempo atrás, em Porto Alegre, o então prefeito Tarso Genro criou o orçamento participativo – cuja fama se espalhou pela Europa. Em Minas, nas *instalações* do belo museu Inhotim, o público vai completando – com a sua presença – as surpreendentes obras de arte.

Podemos propor novas leis. Somos cada vez mais críticos da democracia representativa. Na dança, o coreógrafo – antes, quase uma *estrela* - já ouve a opinião dos bailarinos. Nas vitrines, o comércio potencializa este mesmo processo, oferecendo à nossa escolha um relógio entre mil[8]. E embora o *marketing*, tantas vezes, induza os nossos comportamentos, o que importa, no fundo, é que queremos decidir – ou nos sentir decidindo – para expressar, assim, a nossa identidade, o nosso jeito único de ser. Inventamos até um verbo: *empoderar-se.*

Há alguns anos, dizia-nos um aluno de pós-graduação – que é também auditor fiscal do trabalho[9] – que as queixas dos patrões contra as multas sempre foram comuns; hoje, porém, o *multado* quer saber o que diz a lei, interpreta a seu modo suas palavras, rebela-se muito mais facilmente contra a autoridade que lavra o auto.

Por tudo isso, não só no campo das ideias, mas até nos corações, a lei cede espaço ao contrato. Afinal, ela parece rígida, autoritária, e nasce para durar. Já o contrato se apresenta libertário, flexível, disponível, igualitário, ligado ao presente, *eternamente jovem*.

8. LIPOVETSKY, Gilles. L´empire de l´éphèmére: la mode et son destin dans les sociétés modernes. Paris: Gallimard, 1987
9. Thiago Moraes Raso Leite Soares, mestre pela PUC-Minas.

Pois bem. Para lançar suas ideias, o sistema capitalista joga com essas emoções. E por isso mesmo as ideias são fortes. Elas parecem justamente atender às emoções, ou seja, ao que sentimos, ao que queremos, ao nosso *eu*.

Assim é, por exemplo, que se as nossas vontades estão em alta, vem a lei e nos diz: *"resolvam vocês o que for melhor!"* É como se nos desse uma lição de democracia. E se todos nós – o trabalhador, inclusive - queremos ser mais livres e iguais, vem a empresa e nos diz: *"você é meu parceiro, meu colaborador!"* – até o dia em que resolve nos despedir... Um grande banco já nos avisou[10] que a nova carteira de trabalho é um *tablet* – sinal de autonomia, de empreendedorismo.

Enfim: se o sistema capitalista fosse um homem, poderíamos imaginá-lo, talvez, com um binóculo na mão - pesquisando, curiosamente, como as pessoas estão, e imaginando os melhores modos de cooptá-las. E não é de se estranhar. Como até Delfim Netto admitia, o capitalismo é antes um organismo que um mecanismo; adapta-se continuamente, produzindo mutações.[11]

Desse modo, quando um político ou o âncora do jornal fala em "livre negociação", não está apenas replicando o discurso da Fiesp ou o editorial da "Veja". Está surfando sobre as ondas da emoção, que o capital percebeu, examinou e agora usa em seu favor.

Por isso, como dizíamos, o discurso é mesmo forte. Entre outras coisas, ele exige mais liberdades e igualdades – assim como faziam os *hippies* dos anos 60. Daí aquela valorização do contrato. Respeitá-lo significa, supostamente, celebrar as liberdades e tratar as pessoas como iguais" – atendendo, portanto, aos seus desejos mais profundos. O próprio trabalhador pode se sentir melhor se o empresário o chama de "colaborador", ainda que a sua "colaboração" implique, na prática, deixar de receber direitos.

E a chave para o contrato, como sabemos, é a flexibilização – ideia simpática, expressa por uma palavra também assim, especialmente para os corações e mentes do nosso tempo. Afinal, se tudo está tão flexível, por que não o Direito?

Naturalmente, as emoções que hoje sentimos não têm inspirado apenas ideias más. Também produzem ideias positivas.

Como dizíamos, nunca condenamos tanto as discriminações, e o mesmo acontece com os assédios, os abusos de autoridade, as violações de privacidade. Nesse ponto, o Direito do Trabalho não se flexibiliza – mas endurece. Ele próprio surfa – positivamente - sobre as ondas da emoção.

Mas vejam bem: se ele surfa, é porque essas regras *não implicam* distribuição de renda. Ou, pelo menos, não foram feitas para isso. São regras civilistas, de primeira geração, ou dimensão, e que entraram como turistas no Direito do Trabalho. Assim, não afrontam o discurso neoliberal. Ou pelo menos não o incomodam tanto.

10. Em publicidade veiculada na TV.

11. Citação não necessariamente literal, já que reproduzida de memória.

E é bem mais difícil atacá-las. De fato, uma coisa é ir à TV, por exemplo, e dizer que o excesso de proteção causa desemprego – discurso que pode convencer muita gente. Outra é dizer que as pessoas com deficiência devem se arranjar sozinhas - o que certamente terá o repúdio de todos, ainda que nem sempre sincero.

Outro efeito positivo das novas emoções começa a acontecer com o sindicato. Pouco a pouco, ele tenta se adaptar a elas. Um bom exemplo aconteceu há poucos meses, em Belo Horizonte, quando a CUT escolheu uma praça para fazer seu congresso. A pauta era aberta. E qualquer um, da rua, podia participar. Tudo horizontal.

É o que também vai sucedendo com os novos movimentos sociais. Eles absorvem boa parte das novas tendências. Vejam-se, por exemplo, as ocupações. Ao invés de planejar hoje para viver depois, o *sem casa* ou o *sem terra* vive desde já o depois. Antes de *pensar*, trata-se de *fazer*, ou talvez *fazer pensando*. Vivendo o presente.[12]

No entanto, quando o assunto é a reforma trabalhista, essa sintonia positiva não existe. Ao contrário, as emoções produzem ideias que – quase sempre - corrompem, enganam, destroem. É que, nesse caso, *apenas na aparência* elas atendem às nossas emoções.

4. A REFORMA QUE DEFORMA

No caso da reforma, as emoções parecem, sim, justificar as ideias, mas as ideias servem a *outros* desejos, a outros fins.

Voltemos, por exemplo, à "flexibilização". Em teoria, poucas palavras expressam melhor o que somos e o que queremos. De fato, como vimos, estamos mais flexíveis em tudo. Em nossos valores, certezas, opiniões, profissões... Fazemos até *Pilates*, para flexibilizar o corpo. E é bom que seja assim.

Na relação de emprego, porém, é cada vez mais atual a frase de Lacordaire: "entre o fraco e o forte, entre o pobre e o rico, é a liberdade que escraviza, é a lei que liberta." Quase sempre, tornar a relação flexível significa dar mais poder a quem é forte. Ou seja: como dizíamos, a ideia não corresponde à emoção. Na verdade, chega a ser o *oposto* dela.

Mas a reforma também trabalha com disfarces, com sutilezas, como acontece, por exemplo, ao abrir novos espaços para a fraude ou a corrupção, inclusive no plano coletivo; ao permitir que as normas do Direito Civil sejam aproveitadas pelo Direito do Trabalho sem exigir (como antes) que sejam compatíveis com ele; ou quando proíbe os tribunais de reduzir direitos, para em seguida chegar ao que realmente lhe interessa, que é a possibilidade de criar obrigações.[13]

12. A propósito, cf. o nosso pequeno livro "Da greve ao boicote e outros pequenos estudos". Belo Horizonte: RTM, 2017

13. É que a tendência do Tribunal Superior do Trabalho, na última década, tem sido a de interpretar as normas de forma a ampliar a proteção ao trabalhador – embora nem sempre o faça. Para combater

Na prática das empresas, e até mesmo entre muitos juízes, o contrato passa a se valorizar tanto que basta a sua forma para fazer presumir – de forma praticamente absoluta – o seu conteúdo. Aliás, o nosso tempo também parece privilegiar a aparência sobre a essência; [14] e a reforma se aproveita disso, abrindo espaços inéditos para a fuga do Direito.

Nesses casos se enquadra, por exemplo, a norma que prevê o contrato do autônomo, mesmo trabalhando para uma única empresa[15]. Na aparência, o artigo seria apenas inútil, redundante. Na prática, porém, pode se tornar muito útil ao empregador desonesto e até inverter o ônus da prova da relação de emprego. Possivelmente, muitos empregados de hoje serão transformados em falsos autônomos.

É claro que fraudes sempre existiram - mesmo no mundo animal. Há pássaros que aprendem a pescar, usando iscas de pão, assim como há macacos que desviam o olhar que percebeu a comida, para que os outros do bando não a vejam...[16] No entanto, quando *a própria lei* chama a fraude, devemos nos preocupar.

No caso do "negociado sobre o legislado", a reforma parte da ideia de que há um equilíbrio de forças no plano coletivo. E nesse ponto, aliás, até acompanha a doutrina, que sempre se baseou no velho discurso de que a união faz a força - ou, mais precisamente, de que *basta* a união para fazer a força.

Acontece, porém, que o contexto mudou. Por uma série de razões, repete-se hoje, no plano coletivo, a desigualdade existente no plano individual. E mesmo assim, ou também por isso, o legislador quer que as partes negociem livremente – inclusive para baixo.

Note-se que a negociação pode alcançar temas importantes, como o teletrabalho, o regulamento de empresa, o salário variável. Ainda assim, o legislador tenta atar as mãos da Justiça. Ela só poderia controlar a forma, não o fundo.[17]

Para que o Leitor possa nos entender melhor, utilizamos uma pequena metáfora – a do elevador. Na tradição do nosso Direito, como se sabe, a negociação coletiva era como um elevador num prédio sem subsolos. Só podia avançar. Já com a nova regra, porém, constroem-se subsolos. Ele já pode descer.

Para o sindicato profissional, isso pode até parecer interessante. É que estava difícil subir – e ele corria o risco de se tornar inútil. Agora, no entanto, passa a ter

---

essa tendência, o novo art. 8º da CLT, de forma inteligente, proíbe primeiro as interpretações que reduzem direitos (e que, na verdade, constituem uma minoria), para em seguida impedir as que os ampliam (que constituem a maioria).

14. Nos fins dos anos 60 Guy Debord já falava em "sociedade do espetáculo", título de seu livro mais famoso.

15. Art. 442-B da CLT.

16. DARWIN, Charles. A expressão das emoções no homem e nos animais. S. Paulo: Companhia de Bolso, 2007

17. Art. 8º§3º da CLT.

um novo espaço. Sua função é impedir que o elevador desça muito – o que tem levado alguns setores a apoiar a ideia.

No entanto, trata-se de um triste papel – que trai a sua história de conquistas. Além disso, é um papel perigoso. De fato, se até hoje o sindicato patronal era apenas um sindicato de resposta, com as novas regras pode passar ao ataque – dificultando ainda mais o avanço das normas de proteção.

Desse modo, no futuro, quando os trabalhadores apresentarem a sua pauta, os empresários poderão retrucar com a deles. E se os trabalhadores acenarem com a greve, responderão com práticas semelhantes ao *lock-out* – como a de se mudar para outras paragens. E isso num contexto em que a relação de forças já era desfavorável mesmo com um piso – ou seja, mesmo quando o prédio não tinha subsolos. .

Observe-se que frear as perdas de direitos não chega a ser uma vantagem; a vantagem era *não precisar* fazer isso. Assim, o que a reforma faz não é apenas abrir espaço para reduzir direitos. É agravar esse desequilíbrio - e legitimar o processo de desconstrução.

Afinal, se o próprio sindicato participa dele, quem irá contestar? O Estado terceiriza o custo político das políticas antissociais. Joga a responsabilidade por sobre os ombros do sindicato. E a situação se agrava quando o trabalhador é chamado a aceitar ou recusar um Direito. Na verdade, mais acordo, mais contrato, pode significar menos trato entre as partes, ou seja, mais opressão e menos autonomia.

Além disso, há o problema do *clima*.

Façamos uma pequena comparação. Nos tempos da ditadura, o poder do patrão, já tão forte, ganhava uma ajuda extra. Quase sempre, havia um espião na fábrica, e uma simples ameaça de greve podia se tornar assunto do DOPS[18]. Aliás, mesmo hoje, vivemos um pouco desse clima: basta notar como a polícia reage aos movimentos de rua. E é um clima que contagia a todos – inclusive os juízes - pois conta com o respaldo da ideologia.

Na verdade, tal como a ditadura, a reforma tem uma forte carga discursiva.

Mesmo sem discursar, ela fala. E fala mesmo em silêncio.

Mais de um linguista já escreveu sobre o silencio. [19] Na aparência, trata-se de uma falha, de uma falta de linguagem. Mas na verdade o silêncio pode até pesar mais do que a palavra – e, *dentro dele*, mil possibilidades se abrem. Não é a toa que se a pessoa ao nosso lado se cala, nós logo perguntamos: *"o que você tem? Em quê está pensando?"* O silêncio intriga, incomoda, ameaça.

E o que diz a reforma, nas entrelinhas? Quais as falas que o seu silêncio sugere?

---

18. Um dos órgãos do complexo político-policial da época.
19. ORLANDI, Eni Puccinelli. As formas do silêncio. Campinas: Unicamp, 1998. O tema também tem sido objeto de estudos por parte da Professora Aldacy Rachid Coutinho, da UFPR.

Ela diz à sociedade que o trabalhador tem direitos em excesso, que a CLT é obra fascista e que a Justiça do Trabalho ajuda a destruir o País. E esse discurso – que é tão ignorante e policialesco quanto os cassetetes e as bombas – faz com que a reforma extrapole os seus próprios limites formais, afetando os julgamentos, deslegitimando o sindicato e diminuindo ainda mais a efetividade da CLT. No fundo, a reforma autoriza cada empregador a se defender da própria lei, *fazendo justiça* pelas próprias mãos.

E tudo isso se liga aos princípios. A reforma ignora alguns deles, a começar do mais importante – o da proteção. Mas também aqui ela traz uma mensagem – anunciando que eles já não têm o valor de antes.

Por fim, permita-nos o Leitor uma breve viagem ao passado – à qual já recorremos, também, em outros textos. Sabemos que o Direito do Trabalho nasceu na Europa, e em boa parte na fábrica. Ao reunir os trabalhadores, para melhor controlá-los e racionalizar a produção, o capital não pôde evitar que eles se unissem. E, ao se unir os trabalhadores mostraram uma nova postura diante do Direito[20]. Passaram a questioná-lo e a reconstrui-lo.

O Direito do Trabalho nasceu assim, *operário*, como foi tantas vezes chamado. Operário por servir aos operários, mas também por ser em boa parte obra deles. Operário até por e ser um pouco como eles – simples, rente à vida, de pés no chão.

Acontece que este diferencial, que sempre foi o seu ponto forte, é também o seu ponto fraco. Ao contrário dos outros ramos jurídicos, o Direito do Trabalho precisa de mãos operárias para avançar. E nem suas próprias sanções lhe bastam. Ele precisa de uma sanção paralela – a greve, o sindicato – até para ser efetivo.

Pois bem. Hoje, com a empresa em rede, a ideologia, as terceirizações e tudo o mais, o capitalismo já consegue produzir sem reunir – e até mesmo reunir sem unir. Também por isso, o sindicato entra em crise. E sua crise é a crise do próprio Direito.

Na verdade, é o Direito do Trabalho, como um todo, que vem sendo atacado - e *atacado por dentro*, em sua essência.

Há poucos meses, o programa "Zorra Total", da Rede Globo, editou dois ou três quadros de humor – ou de mau-humor -, ironizando os fiscais e a lei. No caso da Justiça do Trabalho, a crítica tem vindo até daquele que seria o seu líder natural – o Presidente do TST.

Nesse contexto meio esquizofrênico, que o bombardeia com elementos estranhos, o Direito do Trabalho começa a viver, também, uma crise de identidade. Começa a não saber quem é. Afinal, ele sempre nos ensinou que "trabalho não é mercadoria"[21]; que o juiz deve aplicar a norma mais favorável; e que devemos des-

20. Infelizmente, não nos recordamos do nome do autor.

21. Referência da Constituição da OIT.

confiar dos acordos de vontade. Hoje, vai e volta, transita, circula, como se também fosse um turista.

5. REFORMANDO A REFORMA

Seja como for, a reforma trabalhista está longe de ser obra acabada. Houve, sim, o momento do legislador, que usou os sentimentos e valores do nosso tempo para atender aos interesses da grande empresa e da pior espécie de corrupção; mas agora é a vez do intérprete, do aplicador. E é possível extrair novos sentidos daquelas normas, seja corrigindo, modulando, neutralizando ou até mesmo invertendo os seus anunciados (ou disfarçados) propósitos.

E o que se pode fazer?

A nosso ver, o juiz deve tentar revalorizar os princípios – sejam os da Constituição, sejam os do Direito do Trabalho – para superar as regras precarizantes. E estar atento às fraudes, que certamente irão explodir.

Em seu dia a dia, nos tribunais, é preciso se esforçar para não diminuir ainda mais o já precário acesso à Justiça, não obstante a literalidade das novas regras. Afinal, a justiça gratuita é preceito constitucional.

De um modo geral, como observa Francisco Gerson M. de Lima[22], devemos ter em mente que os direitos humanos simplesmente *não podem* retroceder. E deve tentar fortalecer o sindicato, não tanto em atenção a ele, sindicato, mas pelo que ele representa, como verdadeira condição para o Direito do Trabalho.

No caso das flexibilizações que vão depender – além do sindicato – da aceitação do trabalhador, é bem provável que o patrão o pressione. Mas isso – como nota aquele mesmo Autor – poderá anular o ato, nos termos do próprio Código Civil.[23]

E se o negociado prevalece sobre o legislado, a negociação pode alterar – como sugere ainda o Autor - *a própria lei da reforma,* nos pontos em que ela retrocede (e que são muitos).[24] Nesse caso, as regras criadas para diminuir estariam restituindo os direitos roubados...

Note-se, a propósito, que em vários aspectos a prática da negociação pode ser útil, desde que as forças se tornem mais iguais, o que eliminaria o risco de se negociar para baixo. Afinal, como nos ensinou Carnelutti, "a lei é como uma roupa

---

22. LIMA, Francisco Gerson Marques de. Reforma trabalhista: convite à hermenêutica no Direito do Trabalho. Disponível em: http://www.prt7.mpt.mp.br/2-uncategorised/1196-francisco-gerson-marques-de-lima-aplicacao-da-lei-da-reforma-trabalhista. Acesso em 15/09/17

23. Ibidem.

24. LIMA, Francisco Gerson Marques de. Sobre as várias faces do princípio do não retrocesso, veja-se especialmente REIS, Daniela Muradas. O princípio da vedação do retrocesso no Direito do Trabalho. São Paulo: LTr, 2010.

feita: serve a todos, por não servir bem a ninguém. Já a convenção coletiva é uma roupa sob medida"[25].

Em síntese – e parodiando um amigo[26] – o que se abre com a reforma não são apenas tragédias consumadas, mas "riscos e possibilidades" palpáveis. Isso significa que a reforma continua em disputa. Já agora em contato com a vida, afasta-se das salas - tão ricas e ao mesmo tempo tão pobres - do Congresso Nacional para ganhar as escolas, os simpósios, os tribunais, as esquinas. E talvez não seja exagero dizer que o resultado final irá depender especialmente de dois atores: dos advogados, que são os grandes inventores da jurisprudência, e dos estudantes, que guardam ainda a chama da rebeldia.

25. Citação não necessariamente literal, já que reproduzida de memória.

26. José Eymard Loguercio, autor de uma interessante obra com esse enfoque dual.

A LIVRE NEGOCIAÇÃO NAS HIPÓTESES DO ART. 611-A DA CLT

Luciano Pizzotti Silva[1]

1. FUNDAMENTOS AXIOLÓGICOS

A relação de causalidade permeia as grandes conquistas da humanidade, denotando coerência nas descobertas científicas e contribuindo para a melhoria da condição social e, também, da própria condição existencial humana (Jean-Paul Sartre[2]).

O cotejo social demanda determinadas inovações científicas que possibilitam uma reverência ao valor fundamental do ordenamento jurídico, qual seja, a pessoa. Certamente não foi o acaso, mas sim a causalidade, que ensejou todas as reformas importantes que alteraram as legislações hodiernas, posicionando o ser humano no centro das ordens jurídicas, principalmente após as atrocidades cometidas durante a Segunda Grande Guerra (Declaração Universal dos Direitos do Homem de 1948).

Por exemplo, no âmbito do Direito Civil brasileiro, com a implementação do Código Civil de 2002, o ponto central deste ordenamento deixa de ser institucionalista e passa a ser humanitário, com os respectivos institutos gravitando em torno

1. Advogado trabalhista com especialização em Direito Processual Civil.
2. O Livro da Filosofia / [tradução: Douglas Kim]. – São Paulo: Globo, 2011.

do núcleo civilista moderno, qual seja, o ser humano, sujeito de direitos e deveres (Art. 1º do CCB/02).

Além do mais, apesar da reconhecida distinção entre moral e direito, sabe-se da importância daquela para a ciência jurídica. Conforme se percebe dos ensinamentos de Washington de Barros Monteiro, "... frequentemente, refere-se o direito às prescrições da moral, elevando-as a momentos culminantes da ordem jurídica."[3]

Ainda neste sentido, nota-se que a moral implica no ser humano uma tendência de prática do bem e abstenção à do mal. Ainda recorrendo ao magistério qualificado, o professor César Fiuza vale-se dos ensinamentos de Edgar de Godói da Mata-Machado para indicar que "É evidente que o homem não aspira a fazer o mal. O mal se lhe apresenta, precisamente, como aquilo que deve ser evitado; o que deve ser feito pelo homem é o bem. Por mais que nos esforçássemos para definir o bem, não conseguiríamos exprimi-lo melhor do que ao afirmar: o bem é aquilo que deve ser feito. E o mal? É precisamente aquilo que deve ser evitado.". E continua "Daí porque os vícios, as violações da regra, o delito são outras tantas demonstrações da verdade deste primeiro princípio: *o bem deve ser feito, o mal deve ser evitado*."[4]

Daí percebe-se que, constantemente, o ser humano busca aprimorar o conhecimento que possui, tanto individual, quanto coletivamente considerado, para atingir melhores condições de convivência comunitária e social, valendo-se de determinada causa para que se alcance consequência legítima (relação de causalidade), partindo, da mesma forma, do conteúdo da moralidade, consoante definição apresentada – que se distancia de imposição moralista – para a elevação jurídica.

Afinal, conforme já ensinava Aristóteles, todos nós buscamos, essencialmente, a felicidade, sendo que o sentimento de satisfação encontra-se na mediania, ou seja, na razão (virtude). Portanto, além do Direito, já existem critérios filosóficos e sociológicos aptos a demonstrar a necessária condição humana de, constantemente, aprimorar sua condição de vida, nos aspectos unilateral, bilateral e coletivo.

2. O ENQUADRAMENTO FINALÍSTICO DO DIREITO DO TRABALHO

A teleologia do Direito do Trabalho consiste no aprimoramento, constante, das relações de trabalho, ou seja, finalidade condizente com todo o objetivo amplo até aqui apresentado. O ramo laboral parte de cenário (causa) verificador de precariedade de condições empregatícias para normatizar valores que ensejam condutas necessárias à melhora deste cenário (consequência). Por óbvio, que a moral auxilia, da mesma forma, neste processo, pois, como dito, pode ser elevada à integração da ordem jurídica.

Assim, verifica-se que alterar a dinâmica de um ramo científico, distanciando-se de sua finalidade legítima, prejudica a qualidade dos resultados a serem experimentados.

3. MONTEIRO, Washington de Barros. *Curso de Direito Civil – Parte Geral*. São Paulo: Saraiva, 1997, p. 3-4.
4. FIUZA, César. *Direito Civil: curso completo*. Belo Horizonte: Del Rey, 2004, p. 8.

O Direito do Trabalho consiste em ramo jurídico apto a permitir que os direitos fundamentais aplicáveis à relação contratual trabalhista (direitos sociais) sejam, de fato, garantidos aos sujeitos de direito, sob pena de se experimentar um esvaziamento da conscientização coletiva existente em prol da plena realização da cidadania.

As leis fundamentais pátrias, com fundamento na *common law* ou na *civil law*, buscam conceder concretude ao princípio da isonomia, tratando os desiguais de maneira desigual, como já nos orientava, mais uma vez, Aristóteles (384-322 a.C.). Resta, assim, a indicação de que a legislação infraconstitucional deve ser lida à luz da *Lex Fundamentalis*, pois nesta repousa a previsão de louvável realização plena cidadã perante a interação social.

No caso brasileiro, os direitos sociais previstos na Constituição da República são condições *sine qua non* para a realização plena do princípio da dignidade da pessoa (Art. 1º, III da CF/88), sendo que sua força normativa deve irradiar-se para todo o ordenamento jurídico, orientando o intérprete para a realização de uma adequada exegese, observado o princípio da ubiquidade (Art. 5º, XXXV da CF/88).

Observa-se que toda a lógica jurídica demonstrada até aqui denota um caminho de progressão da condição humana, fundamentada em critérios filosóficos, sociológicos e éticos. Nesse contexto ingressa o Direito do Trabalho, tendo em vista sua teleologia acima apresentada, também com necessária leitura em conformidade com o texto constitucional.

O ramo laboral possui suas raízes históricas voltadas para a proteção da parte mais fraca da relação empregatícia, sendo que o desvirtuamento desta característica indicará uma incoerência fatal em todo o segmento científico laboral, colocando em risco o louvável objetivo de se construir uma sociedade livre, justa e solidária, garantindo o desenvolvimento nacional, com a erradicação da pobreza e a redução das desigualdades sociais e regionais, além da necessária promoção do bem da coletividade (Art. 3º, I, II, III e IV da CF/88).

Por meio desta perspectiva protetiva, ensejadora da própria gênese do Direito do Trabalho, verifica-se uma confirmação laboral da ordem constitucional vigente. Diferenciando-se de maneira perfunctória, sabe-se que os direitos fundamentais são os direitos humanos positivados por determinado ordenamento jurídico. A Carta Política de 88 positiva, enquanto direitos fundamentais, os direitos sociais (Art. 7º), verificando-se, assim, que o ramo juslaboral ratifica a essencialidade humana da *mens legis* (Ihering [5]), voltando-se não apenas para a característica fundamental, mas também humanística.

3. AS CONSEQUÊNCIAS NORMATIVAS DO PRINCÍPIO DA PROTEÇÃO

A seara jurídica-laboral possui características próprias. Considerando o núcleo basilar de princípios especiais do Direito do Trabalho nota-se o princípio da

5. LORDELO, João Paulo. *Noções Gerais de Direito e Formação Humanística*. Salvador: Juspodivm, 2017.

proteção, o qual determina a necessidade de se conferir um tratamento protetivo à parte hipossuficiente da relação de emprego, buscando mitigar, no plano jurídico, a diferenciação fática natural em cotejo com o empregador (ser coletivo).

Consoante ensinamento do Ministro Maurício Godinho Delgado, "O princípio tutelar influi em todos os segmentos do Direito Individual do Trabalho, influindo na própria perspectiva desses ramos ao construir-se, desenvolver-se e atuar como direito. Efetivamente, há ampla predominância nesse ramo jurídico especializado de regras essencialmente protetivas, tutelares da vontade e interesses obreiro; seus princípios são fundamentalmente favoráveis ao trabalhador; suas presunções são elaboradas em vista do alcance da mesma vantagem jurídica retificadora da diferenciação social prática. Na verdade, pode-se afirmar que sem a ideia protetivo-retificadora, o Direito Individual do Trabalho não se justificaria histórica e cientificamente."[6] (g.n.)

A doutrina mais abalizada entende que o princípio da proteção configura a essência do Direito do Trabalho, pois busca concretizar a orientação humana e fundamental isonômica, além de irradiar seus efeitos para toda a estrutura deste ramo jurídico. Muito importante para o tema em análise é conhecer a razão do surgimento e concretização do mencionado princípio, qual seja, pela necessidade de retificação da diferenciação econômica, de poder e social percebida no âmbito da relação jurídico-contratual empregatícia.

Também é reconhecido que o princípio tuitivo não irradia seus efeitos apenas para as três dimensões usualmente reconhecidas, quais sejam, princípio *in dubio pro operario*, princípio da norma mais favorável e princípio da condição mais benéfica. Sabe-se que, por refletir a essencialidade do ramo jurídico especializado, distribui sua característica para todo o conjunto de regras, princípios e institutos laborais.

Portanto, a condição de hipossuficiência do empregado é algo fático, reconhecido pela constatação das características da relação de emprego. A etimologia da palavra "hipossuficiência" indica que o prefixo grego *hipo* denota posição inferior, escassez, sendo que diversos elementos contribuem para a formação da mencionada condição.

A partir da verificação da diferenciação de posição socioeconômica surge a carga principiológica laboral, buscando, como dito, atenuar os efeitos negativos da diversidade de colocação das partes na relação jurídica, objetivando a efetivação da igualdade substancial, propiciando o alcance de equilíbrio entre os contratantes.

Vale ressaltar, desde já, que as raízes do Direito do Trabalho encontram-se, a princípio, no impedimento da exploração do capital em relação à mão de obra e, continuamente, no sentido de aprimorar as condições de trabalho e possibilitar que o obreiro alcance, efetivamente, possibilidade de exercer, plenamente, sua cidadania (Art. 1º, II, CF/88).

6. DELGADO, Maurício Godinho. *Curso de Direito do Trabalho*. São Paulo: LTr, 2013, p. 190.

4. A CARACTERIZAÇÃO DA HIPOSSUFICIÊNCIA DO EMPREGADO

É justamente aqui que se encontra o ponto do debate. A legislação pátria laboral busca reverenciar os princípios da força normativa e da máxima efetividade das normas constitucionais, tal como a necessária função social da propriedade (Art. 5º, XXIII e Art. 170, III da CF/88). Apenas para exemplificar, segundo a ONG britânica Oxfam, as seis pessoas mais ricas do Brasil detêm um patrimônio que equivale às posses de metade da população mais pobre do país, cerca de 100 milhões de pessoas.[7]

Verifica-se, desta forma, a necessidade de se privilegiar a mitigação (e não potencialização) da diferenciação socioeconômica por meio de institutos, regras e presunções que possibilitem uma justa (critério da adequação) distribuição de riquezas. Apesar do sistema positivista adotado pelo Brasil (*civil law*) deve-se considerar que, consoante a teoria tridimensional do Direito (Reale[8]), a norma advém do conjunto fático e da respectiva valoração, mostrando-se inadequada qualquer tentativa de se inverter este processo lógico.

Mitigar a hipossuficiência do empregado, diante de um quadro de realidade que constata esta característica, significa inverter a teleologia do ramo científico laboral, enaltecendo o conjunto fático que distancia a posição dos contratantes, com vistas a prejudicar o alcance dos benefícios potencialmente experimentados por toda a teia social, haja vista ser a fraternidade valor universalmente consagrado (desde o século XVIII, por meio da Revolução Francesa).

A hipossuficiência concretiza-se no plano fático, sendo que diversos elementos contribuem para sua formação. A doutrina é pacífica em definir que componentes econômicos e sociais são determinantes para caracterizar a posição dos contratantes. Sob o ponto de vista econômico considera-se a necessidade de o trabalhador de possuir renda para o próprio sustento e de sua família, além de permitir que realize atividades propiciadoras de sua plena cidadania (lazer, por exemplo).

Já sob o aspecto social nota-se a demanda por interação adequada com a comunidade, com possibilidades de realização de atividades plenas que possam contribuir para o desenvolvimento da pessoa, desde o círculo mais próximo de convivência até o mais remoto, caracterizando um sistema de progressão constante em relação à toda a teia social.

Além das mencionadas, é importante consignar que diversas características incluem-se no componente socioeconômico, tais como condições psicológicas e comunitárias (integração das minorias étnicas e manutenção de situação social, por exemplo) e que influenciam na dinâmica laboral.

---

7. No Brasil, os seis mais ricos detêm o equivalente à riqueza de 100 milhões de brasileiros. Disponível em: <http://congressoemfoco.uol.com.br/noticias/no-brasil-os-seis-mais-ricos-detem-o-equivalente-a-riqueza-de-100-milhoes-de-brasileiros/>. Acesso em: 13 out. 17

8. REALE, Miguel. *Lições Preliminares de Direito*. 27ª ed. São Paulo: Saraiva, 2002.

Consoante o magistério da professora Vólia Bomfim Cassar, "O trabalhador já adentra na relação de emprego em desvantagem, seja porque vulnerável economicamente, seja porque dependente daquele emprego para sua sobrevivência, aceitando condições cada vez menos dignas de trabalho, seja porque primeiro trabalha, para, só depois, receber sua contraprestação, o salário."[9]. Ensina também que, "No Direito do Trabalho há uma desigualdade natural, pois o capital possui toda a força do poder econômico. Desta forma, a igualdade preconizada pelo Direito do Trabalho é tratar os desiguais de forma desigual."[10].

Por exemplo, uma maior remuneração ou formação superior não atenua o que as minorias, étnicas e sociais, enfrentam. A característica da hipossuficiência, nesse caso, ocorre em mais profunda formatação, haja vista a infeliz postura discriminatória ainda arraigada em nosso contexto social. Por vezes, a conduta em relação às minorias não chega a caracterizar danos aos direitos da personalidade (dano ou assédio moral, por exemplo), mas concretizam uma inserção no ambiente de trabalho diferenciada, em razão de todo o contexto de vida desses trabalhadores (diferenciação salarial, p.ex.)

A composição do conceito de hipossuficiência, portanto, perpassa por diversos fatores ínsitos ao ser humano, ora trabalhador, não se adstringindo ao aspecto econômico ou de formação intelectual. A vivência plena do ser humano indica, com clareza e completude, quais as facetas se inclinam para uma diferenciação fática, demandando, por parte do Direito, um tratamento desigual, em busca, constante, do direito fundamental à felicidade, já reconhecido pela jurisprudência pátria e alienígena.

5. A INOVAÇÃO LEGISLATIVA PREVISTA NA LEI Nº 13.467/2017

A Lei nº 13.467/2017, também conhecida como reforma trabalhista, inclui o parágrafo único ao Art. 444 da CLT, dispondo que o trabalhador portador de diploma de nível superior e que perceba salário mensal igual ou superior a duas vezes o limite máximo dos benefícios do Regime Geral de Previdência Social poderá negociar livremente com seu empregador as hipóteses previstas no Art. 611-A da CLT, também incluído pela mencionada lei e alterado pela Medida Provisória nº 808/2017, com a mesma eficácia legal e com preponderância em relação às normas coletivas aplicáveis.

Antes de se adentrar no mérito do parágrafo único do Art. 444 da CLT, vale mencionar que o Art. 611-A preconiza a tese de prevalência do negociado coletivamente em relação à legislação vigente, nas matérias previstas, tais como, banco de horas anual, intervalo intrajornada, teletrabalho, troca do dia de feriado e enquadramento do grau de insalubridade.

9. CASSAR, Vólia Bomfim. *Direito do Trabalho*. - 13.ª ed. rev., atual. e ampl. - Rio de Janeiro: Forense; São Paulo: MÉTODO, 2017, p. 170.
10. idem.

Desta forma, a legislação de regência passa a permitir que o empregado enquadrado nos requisitos do parágrafo único do Art. 444 da CLT possa negociar diretamente com seu empregador as matérias incluídas nos incisos do Art. 611-A da CLT, ou seja, cria-se um modelo de relativização da hipossuficiência do empregado, em razão de critério econômico e instrutório.

A questão que se coloca é saber se os critérios estabelecidos abarcam toda a complexidade do instituto da hipossuficiência, percorrendo o caminho lógico da formação da norma jurídica de acordo com o modelo positivista, qual seja, primeiro, valorando-se os fatos explicitados no âmbito social para depois conceder roupagem formal.

Percebe-se que a legislação indica a cumulatividade dos requisitos, quais sejam, possuir diploma de curso superior e receber salário acima do dobro do teto previdenciário legal. Diante deste cenário, poderá o empregado, até mesmo, renunciar aos direitos previstos nas normas coletivas, haja vista que o acordo individual prevalecerá sobre o conjunto negociado e, até mesmo, sobre a lei.

5.1. Análise constitucional à luz dos princípios da vedação ao retrocesso social e da legalidade

Necessário se faz ressaltar, constantemente, que a legislação infraconstitucional deve ser lida sempre à luz das disposições magnas, pois estas caracterizam um norte para o exegeta, tendo em vista repousar, no texto político, os princípios fundamentais da República. Nesse sentido, tem-se, no *caput* do Art. 7º da Constituição de 88, a disposição do princípio da vedação ao retrocesso social, o qual determina que o conteúdo fundamental de direitos sociais já concretizado deve ser constitucionalmente garantido, tanto em relação à legislação, quanto à jurisprudência.

Assim, deve-se verificar a aptidão constitucional do preceptivo em análise, medindo sua força normativa para propiciar que o empregado, individualmente, possa regredir em sua condição social. Veja-se que, neste caso, não há chancela do sindicato obreiro, argumento que se poderia utilizar para legitimar a disposição legal (Art. 7º, XXVI da CF/88), mas atuação bilateral entre uma parte coletiva e outra individual, ou seja, dotadas de posicionamento fático diverso.

Por exemplo analisa-se o inciso XII do Art. 611-A da CLT, incluído pela Lei nº 13.467/2017 e alterado pela Medida Provisória nº 808/2017, o qual permite que o empregado que atenda aos requisitos do parágrafo único do Art. 444 da CLT, também incluído pela mencionada lei, negocie o enquadramento do grau de insalubridade e a prorrogação da jornada em locais insalubres. Primeiro, sabe-se que a classificação das atividades insalubres às faixas previstas em lei cabe à autoridade competente, no caso, ao Ministério do Trabalho, por razões não meramente formalísticas, mas por condições estruturais e de conteúdo do órgão estatal.

Segundo, qual a razoabilidade da possibilidade de determinado empregado, que atualmente labora em atividade cuja classificação insalubre encontre-se no grau máximo (40%), de alterar, sem qualquer justificativa técnica, sua percepção salarial para acolher o adicional em grau mínimo? Este exemplo, além de denotar clara regressão da condição social (constitucionalmente vedada), explicita a provável e infeliz consequência do preceptivo, qual seja, o empregado, por possuir maior formação intelectual e com ganho previsto em lei, estará mais sujeito aos arbítrios de seu empregador em face da necessidade da manutenção de seu vínculo empregatício.

Da mesma forma, sabe-se que a regra prevista no texto celetista (Art. 60) determina a necessidade de licença prévia também por parte da autoridade competente, buscando resguardar a adequação do meio ambiente laboral (Art. 200, VIII c/c Art. 225 da CF/88). O ganho econômico e a formação superior instrutória não fornecem condições para que o empregado, por si só, possa verificar o cumprimento das regras de saúde, higiene e segurança, pois são qualificantes que não equiparam a atuação do empregado ao órgão estatal.

Além do cotejo com o princípio da vedação ao retrocesso, pode-se, também, analisar a possibilidade celetista com o princípio da legalidade, de envergadura constitucional (Art. 5º, II, CF/88). O novo parágrafo único do Art. 444 é expresso ao afirmar que a livre estipulação aplica-se às hipóteses do novo Art. 611-A da CLT, com a mesma eficácia legal, sendo que referida eficácia remete à conclusão positiva (prevista no próprio Art. 611-A) de superioridade à legislação vigente.

Sabe-se que as avenças firmadas no âmbito civil, entre os contratantes, possuem força legal, nos termos do princípio da força obrigatória dos contratos. Assim, mostra-se a incoerência da disposição normativa ao preconizar que a livre estipulação, realizada nos termos da inovação legislativa, prevalecerá sobre a lei.

Percebe-se uma violação natural do princípio fundamental da legalidade (Art. 5º, II da CF/88), pois não existem motivos técnico-jurídicos para ensejar a referida diferenciação. Além do mais vale ressaltar que, do Estado Democrático de Direito abstrai-se o princípio da legalidade, fundamento para que o sujeito de direitos e deveres possa exercer a plena cidadania. Portanto, pode-se notar a complexidade dos efeitos que uma norma jurídica destoante da finalidade constitucional pode concretizar.

Assim, o hermeneuta encontrará dificuldade para compatibilizar a nova disposição legal com o conteúdo constitucional, pois a nova legislação determina que o pactuado, individualmente, prevaleça sobre a lei, até mesmo em hipóteses de contrariedade a normas de ordem pública, determinantes de direitos trabalhistas que configuram o patamar civilizatório mínimo.

Ainda, importa dizer que o Art. 5º, inciso II da Carta Política de 88 configura cláusula pétrea, ou seja, não poderá ser objeto de deliberação a proposta de emenda que tenda a abolir referida carga principiológica (limitação material expressa – Art. 60, §4º, CF/88). Portanto, potencializa-se a inadequação constitucional do preceptivo em análise, haja vista a não configuração de legitimidade de alteração do referido princípio nem pelo poder constituinte reformador.

Além disso, tem-se que o entendimento jurisprudencial pacificado pela Suprema Corte mostra que a hierarquia supralegal somente se caracteriza aos tratados de direitos humanos aprovados sem a formalidade prevista no Art. 5º, §3º da CF/88. Nota-se, portanto, não ser o caso do parágrafo único do Art. 444 da CLT.

Ainda considerando a prevalência da Carta Magna, existe uma série de disposições constitucionais que colocam a inovação legislativa em questionamento. Consoante os ensinamentos do professor Gustavo Filipe Barbosa Garcia, "a interpretação jurídica não pode ser feita de modo apenas literal e isolado, mas deve considerar as demais normas envolvidas, realizando-se também de forma sistemática e teleológica."[11]

Portanto, deve-se considerar o teor do Art. 5º da LINDB, o qual determina que o processo de aplicação de lei deve ser regido pelos fins sociais a que ela se dirige e às exigências do bem comum, em conjunto com o disposto no Art. 8º da CLT, orientando que as decisões trabalhistas devem privilegiar o prevalecimento do interesse público, impedindo que qualquer interesse de classe ou particular tenha guarida sobre a tutela social.

Tem-se, também, todo o conjunto normativo que compõe os fundamentos da República (Art. 1º, CF/88) e os respectivos objetivos fundamentais (Art. 3º, CF/88). Ressalta-se, nesse sentido, o disposto no *caput* do Art. 170 (valorização do trabalho humano) e nos incisos III e VIII do mesmo artigo (função social da propriedade e busca do pleno emprego).

Ainda, verifica-se que o constituinte originário reverenciou a social democracia (Estado Democrático de Direito), elegendo valores normatizados que garantem ao cidadão oportunidades de realização plena de sua dignidade. Veja-se o teor do Art. 193 da CF/88, dispondo sobre a ordem social, ou seja, norteando o exegeta, em todos os âmbitos de aplicabilidade (seja no momento pré ou pós-jurídico), em relação ao caminho a ser adotado no âmago do pragmatismo concretizador da teia social, norteado pela característica valorativa do primado do trabalho e do bem-estar e justiça sociais.

Toda esta argumentação serve para legitimar a conclusão de que o parágrafo único do Art. 444 da CLT não pode autorizar a regressão de situação laboral social inferior ao patamar civilizatório mínimo preconizado pela legislação heterônoma ou pelo aprimoramento possibilitado pela normatização autônoma. Portanto, em conformidade com a orientação constitucional, o acordo individual entre empregado e empregador somente se legitima se prever condições mais favoráveis do que as previstas pela legislação de regência e negociada.

11. GARCIA, Gustavo Filipe Barbosa. *Reforma Trabalhista*. 2. ed ver., amp e atual. – Salvador: Ed. JusPODIVM, 2017.

5.2. Possibilidade de conformação constitucional

Com a necessária *venia*, tendo em vista todo o arcabouço jurídico apresentado, percebe-se que o incluso parágrafo único pode apresentar característica polissêmica, legitimando a utilização da técnica interpretativa conforme a Constituição Federal.

Segundo a doutrina constitucionalista, coloca-se como condição para a utilização da referida técnica hermenêutica a existência de mais de uma possibilidade de interpretação, sendo uma delas passível de conformação constitucional e a primazia pela conservação legislativa, sendo que a lei não deve ser declarada inconstitucional quando existir a possibilidade de conformação de seu conteúdo com a Magna Carta.

Portanto, sugere-se o acolhimento constitucional da norma em análise desde que se adeque com os valores normatizados pela Carta Política de 88, ou seja, quando o ajuste individual do empregado possuidor de diploma superior e que percebe duas vezes o teto do benefício previdenciário e seu empregador estabeleça condição mais favorável em relação ao trabalho desempenhado.

5.3. Análise do novo modelo proposto perante as definições laborais

Superada a análise constitucional, volta-se para a apreciação específica laboral da inovação legislativa. Consoante dito alhures, a hipossuficiência do empregado forma-se em decorrência de diversos fatores sociais e econômicos. A doutrina reconhece que, muitas vezes, o empregado aceita condições pragmáticas desfavoráveis para que possa manter o emprego, tendo em vista a necessidade de sustentar a si próprio e seu núcleo familiar.

Um pensamento progressista deve considerar, ainda, a necessidade de se possibilitar uma constante evolução cidadã, ou seja, a relação empregatícia não deveria servir apenas para a sustentação mínima do trabalhador, mas para permitir uma ascendência social plena, ainda que respeitadas as condições específicas de cada círculo comunitário.

Desta forma, o reconhecimento da característica hipossuficiente mostra-se presente não apenas para que o empregado resguarde seu emprego, noção mínima e indesejada de cidadania, mas também para que seja permitida uma integração social maior, pois a relação laboral, por caracterizar um tipo contratual massificado, incrusta-se enquanto componente do resultado de uma equação social legítima, em consonância com os louváveis valores constitucionais.

Para que a norma jurídica relativize a característica fática da hipossuficiência, necessário se faz que ela abarque todas os componentes integrantes deste conceito. Deve-se ir além: referida caracterização é tão complexa que se mostra muito difícil eleger regra que denote a completude da definição, pois a relação de trabalho pode apresentar características específicas, em que a distinção de posições ocorra por razões e com vistas a alcançar objetivos diversos.

A hipossuficiência pode-se mostrar com facetas diferentes quando se considera cada relação contratual empregatícia. Deve-se apreciar não apenas o próprio conteúdo laboral, mas também todo o contexto social prévio e atual que acompanha o trabalhador.

O fato de o empregado possuir diploma de curso superior e rendimento igual ou maior que o dobro do teto previdenciário não impede que acolha condições de trabalho menos favoráveis para a manutenção de seu emprego, tendo em vista suas aspirações sociais e de seu núcleo familiar.

Além do mais, sabe-se da infeliz característica jurisdicional pátria - decorrente da pouca horizontalização (e também da pequena eficácia diagonal) dos direitos fundamentais - de verificação da judicialização da matéria trabalhista após o encerramento do vínculo laboral. A não observância do princípio da ubiquidade, estampado no Art. 5º, XXXV da CF/88, contribui para a agravação do contexto hipossuficiente do trabalhador, ainda que este possua condições intelectuais e pecuniárias acima da média.

Referida ocorrência, juntamente com outras práticas nefastas, tal qual a elaboração de "listas negras" (empregados que utilizaram seu direito fundamental de efetivação da tutela jurisdicional), permite que os empregadores aprofundem a característica da hipossuficiência, haja vista ser esta composta por elemento social.

Observa-se, assim, que o contexto da diferenciação fática de posicionamentos no âmbito contratual laboral envolve diversos componentes não considerados, em sua integralidade, pelo parágrafo único do Art. 444 da CLT, tendo em vista seu objetivo de permitir que o empregado negocie, individualmente, condições de trabalho, ainda que para regredir sua condição social.

O legislador não logrou êxito ao estabelecer a duplicidade de critérios em nome da legitimidade da mencionada negociação, pois as características mencionadas no tipo legal não garantem, por si só, uma melhoria da dinâmica laboral e concretização do exercício cidadão. A previsão normativa para que determinados empregados estabeleçam condições de trabalho não envolveu elementos suficientes para proteger estes trabalhadores das imposições do empregador. Não existe demonstração científica de que os empregados enquadrados pelo parágrafo único do Art. 444 da CLT possuam maior facilidade de permanência ou recolocação no mercado de trabalho.

Pode ocorrer, até mesmo, precarização das relações de trabalho no tocante aos empregados que se enquadrem no dispositivo em tela, pois, em momento de dificuldade pessoal ou de contexto adverso coletivo, poderão submeter-se às condições do empregador para conseguir uma colocação no mercado de trabalho.

Ainda, tem-se as definições principiológicas do Direito do Trabalho, conceitos normativos que justificam sua existência científica, tais como a indisponibilidade e a imperatividade das normas trabalhistas. Deve-se lembrar de que a exceção possui envergadura constitucional, qual seja, apenas mediante a confecção de norma coletiva (Art. 7º, XXVI da CF/88).

A plena e ilimitada autonomia individual da vontade encontra-se superada até mesmo pelas regras do Direito Civil, portanto, a busca pela concessão da possibilidade de o empregado (com instrução superior e percepção pecuniária maior) negociar suas condições de trabalho individual e livremente com seu empregador, nas hipóteses exemplificativas do Art. 611-A da CLT, com prevalência sobre a lei e a norma coletiva, contraria o núcleo basilar do Direito do Trabalho.

Sabe-se que o empregado não é o titular dos meios de produção, sendo que estes devem cumprir sua função social. Ainda, o poder de direção e a subordinação independem do nível de instrução do empregado ou do salário percebido. A autorização legal que ora se examina inverterá a lógica do aprimoramento constante das relações laborais.

Lembra-se, ainda, da disposição normativa contida no Art. 619 da CLT, preconizando que "nenhuma disposição de contrato individual de trabalho que contrarie normas de convenção ou acordo coletivo de trabalho pode prevalecer na execução dele, sendo considerada nula de pleno direito.".

Argumenta-se, no sentido de considerar o equívoco normativo da norma em questão, que a flexibilização laboral (conceito que não se confunde com a desregulamentação trabalhista) somente é autorizada, nos termos da Constituição Federal, por meio da participação sindical da categoria profissional, confeccionando-se norma coletiva, nos termos do Art. 7º, VI, XIII, XIV, XXVI e Art. 8º, VI da CF/88).

6. CONCLUSÃO

Portanto, a relativização da hipossuficiência do empregado não pode ser apreciada apenas sob os critérios econômico e intelectual, pois envolve uma conjuntura de elementos além da unicidade conceitual eleita pelo legislador. O trabalhador pode ser qualificado ao ponto de perceber um alto salário, entretanto, sua condição pessoal não lhe permite negociar a imperatividade das decisões empregatícias.

Existem alternativas apontadas pela doutrina e pela jurisprudência que possibilitam uma mitigação da hipossuficiência com vistas ao aprimoramento socioeconômico do empregado, distanciando-se do modelo de relativização que busque a diminuição do patamar civilizatório mínimo.

Pode-se citar, por exemplo, os institutos da subordinação estrutural e da teoria da relação jurídico-contratual complexa, ambos primando pela integração do empregado na estrutura do empreendimento, considerando a plasticidade da relação jurídico-laboral. Por este caminho nota-se que o empregado poderá desenvolver-se em conjunto com o empregador, sempre visando o aprimoramento de suas condições de trabalho e de sua cidadania, ou seja, observando os princípios cardeais constitucionais aplicáveis ao Direito do Trabalho.

Assim, percebe-se que o critério eleito pelo legislador não abarca toda a complexidade do instituto da hipossuficiência. Portanto, a única alternativa jurídica que se conclui para o parágrafo único do Art. 444 da CLT, acrescentado pela Lei nº 13.467/2017, *data venia*, é possibilitar ao empregado que perceba salário igual ou superior a duas vezes o limite máximo dos benefícios do Regime Geral de Previdência Social e que possua diploma de nível superior possa negociar condições mais benéficas, sempre respeitando o contido na legislação de regência e nas normas coletivas.

Desta forma, vale-se do critério de interpretação conforme a Constituição para a manutenção da disposição normativa no ordenamento jurídico, legitimando, nestes termos, sua produção de efeitos.

BIBLIOGRAFIA

CASSAR, Vólia Bomfim. *Direito do Trabalho*. - 13.ª ed. rev., atual. e ampl. - Rio de Janeiro: Forense; São Paulo: MÉTODO, 2017.

CASSAR, Vólia Bomfim. *CLT comparada e atualizada: com a reforma trabalhista*. Rio de Janeiro: Forense; São Paulo: Método, 2017.

CASSAR, Vólia Bomfim. BORGES, Leonardo Dias. *Comentários à reforma trabalhista*. Rio de Janeiro: Forense; São Paulo: Método, 2017.

DELGADO, Maurício Godinho. *Curso de Direito do Trabalho*. 12. ed. – São Paulo: LTr, 2013.

GARCIA, Gustavo Filipe Barbosa. *Reforma Trabalhista*. 2.ed rev. amp e atual. – Salvador: Ed. JusPODIVM, 2017.

GARCIA, Gustavo Filipe Barbosa. *Curso de Direito do Trabalho*. 10ª ed., rev. atual. E ampl. – Rio de Janeiro: Forense, 2016.

FIUZA, César. *Direito Civil: curso completo*. Belo Horizonte: Del Rey, 2004.

LORDELO, João Paulo. *Noções Gerais de Direito e Formação Humanística*. Salvador : Juspodivm, 2017.

MONTEIRO, Washington de Barros. *Curso de Direito Civil – Parte Geral*. São Paulo: Saraiva, 1997.

O Livro da Filosofia / [tradução Douglas Kim]. – São Paulo : Globo, 2011.

PAULO, Vicente. ALEXANDRINO, Marcelo. *Direito Constitucional Descomplicado*. 12. ed. – Rio de Janeiro: Forense; São Paulo: MÉTODO: 2014.

REALE, Miguel. *Lições preliminares de Direito*. 27ª ed. São Paulo : Saraiva, 2002.

SÜSSEKIND, Arnaldo. *Direito Constitucional do Trabalho*. 4.ed. (ampl. e atual.) – Rio de Janeiro: Renovar, 2010.

No Brasil, os seis mais ricos detêm o equivalente à riqueza de 100 milhões de brasileiros. Disponível em: <http://congressoemfoco.uol.com.br/noticias/no-brasil-os-seis-mais-ricos-detem-o-equivalente-a-riqueza-de-100-milhoes-de-brasileiros/>. Acesso em: 13 out. 17.

SOBRE A POSSIBILIDADE DE ENQUADRAMENTO DO GRAU DE INSALUBRIDADE POR MEIO DE NEGOCIAÇÃO COLETIVA. ANÁLISE CRÍTICA DA PREVISÃO CONTIDA NO ART. 611-A, XII DA CLT

Ricardo José das Mercês Carneiro[1]

Sumário: 1. As mudanças no mundo do trabalho como pano de fundo – 2. Um sistema jurídico voltado prioritariamente à prevenção no meio ambiente do trabalho – 3. Análise sobre o instrumental "negociação coletiva" e seu alcance em matéria de meio ambiente de trabalho: 3.1. Convenções coletivas e acordos coletivos do brasil. Objeto e limites – 4. Afinal, é possível definir o enquadramento do grau de insalubridade por meio de negociação coletiva? – 5. Referências bibliográficas.

1. AS MUDANÇAS NO MUNDO DO TRABALHO COMO PANO DE FUNDO

É inquestionável que nos últimos anos a revolução tecnológica tem gerado profundas alterações nas relações laborais, em especial pela necessidade de atender a um mercado globalizado e com um nível de exigência cada vez mais elevado. Para os juslaboralistas, estes efeitos costumam ser sintetizados na palavra "flexibilização".

Vista de uma maneira simples, e dentro da perspectiva deste ensaio, pode-se dizer que a flexibilização é responsável por profundas alterações na dinâmica do

1. Procurador do Trabalho lotado na Procuradoria Regional do Trabalho da 20ª Região, mestre e doutor em Direito Constitucional pela Universidade de Sevilha (revalidado pela UFPE). Professor em cursos jurídicos e em pós-graduação. Autor de livros jurídicos.

trabalho, motivadas pela necessidade de competir em um mercado globalizado, que exige respostas mais precisas e principalmente mais rápidas. Sai o sistema estandardizado e entra um novo modelo que se apoia em uma produção diversificada, tomando o princípio da eficiência econômica como parâmetro que garante a necessária internacionalização da produção e a busca de outros mercados consumidores. Torna-se imperiosa a adaptação da organização laboral a favor da flexibilidade. Brota, então, a necessidade de renovação infinita de infraestruturas e programas, mudança dos costumes laborais e descentralização produtiva (*outsourcing*) como premissa necessária para a preservação da competitividade no mercado de trabalho, e que tem desembocado nos sempre questionados processos de terceirização (quarteirização etc.) de parcelas da atividade produtiva.

A variação das necessidades desse novo mercado consumidor demanda do empresário frequentes câmbios no objeto do empreendimento, exigindo do trabalhador, por sua vez, uma maior capacidade de adaptação a novas demandas e condições de trabalho. A seu turno, os contratos de duração indeterminada de trabalho, que antes eram a regra, vêm se tornando cada vez mais raros diante da sazonalidade das demandas exigidas. Também o sindicato, e o chamado direito coletivo do trabalho passam por um processo de reengenharia diante da dificuldade que as entidades sindicais têm de estabelecer o liame comum entre obreiros de uma mesma categoria que desempenham seus trabalhos em condições tão heterogêneas e que não se sentem minimamente ligados entre si. Essa fragmentação de interesses que, para muitos, tem como resultado um novo reforço da individualização das relações de trabalho e no contrato individual[2], tem causado enormes dificuldades para negociação coletiva de condições de trabalho, resvalando, não raro, em normas cada vez mais pejorativas em relação aos direitos dos trabalhadores ou numa padronização de comportamentos absolutamente dissociada da realidade do trabalho e das perspectivas do trabalhador[3].

Nesse contexto de mudança, a situação dos Estados não é muito mais confortável, a partir da substituição do modelo fordista (pátio da fábrica) pelo modelo toyotista (produção dispersa em vários países – aproveita vantagens de cada legislação – fala-se no "fim da sociedade do trabalho"), o que viabiliza uma maior mobilidade e volatilidade do capital. Busca-se uma completa libertação dos agentes econômicos transnacionais de amarras do direito interno de cada país, reforçando a ideia de que os países do globo se tornaram reféns dos interesses do capital internacional.

De fato, a cosmovisão neoliberal, expressada no pensamento de economistas como Von Hayek, consagra a premissa de uma "ordem espontânea", na qual have-

2. Entre outros estudos, o tema é destacado em Gutiérrez Pérez, Miguel. *Ciudadanía en la empresa y derechos fundamentales inespecíficos*. Ediciones Laborum, Murcia, 2011.

3. Fala-se em um processo de colonização dos comportamentos do trabalhador, que ficaria obrigado a interiorizar regras de comportamento definidas na norma coletiva, impedindo um agir individual (Gutiérrez Pérez, Miguel, "*Ciudadanía en la empresa...*", op. cit).

ria uma superioridade das leis de mercado em relação ao planejamento humano. Em outras palavras, defende-se que a intervenção do Estado oprimiria a liberdade individual. Assim, nessa perspectiva, que retrata o pensamento do consenso de Washington, direitos fundamentais são direitos que simplesmente pretendem proteger a liberdade individual.[4].

Nesse sentido, não são poucos os agentes econômicos que, amparados na relevância que desempenham para a economia dos países, defendem uma adaptação do princípio da reserva do possível, teoria alemã voltada a estudar as ações prestacionais do Estado no campo dos direitos sociais, para uma pretensão de "reserva do possível econômico", que justificaria a inadequação ou adequação tão somente parcial às normas trabalhistas dos países onde estão sediadas, em especial as que envolvam custos para implementação de soluções voltadas à melhoria das condições de saúde e segurança no trabalho. Sempre sob a ameaça de fecharem suas unidades para abri-las em outras localidades...

Nessa conjuntura de crise e releitura do próprio conceito de trabalho humano subordinado, no Brasil, foi aprovada a Lei 13.467, de 13 de julho de 2017 (já alterada pela MP 808/2017), sob o signo de instrumento normativo de modernização das relações de trabalho e que prestigia a norma coletiva em detrimento do direito trabalhista posto, de caráter tuitivo. Entre as novidades, destaca-se a autorização, em seu art. 611-A, XII, para que a norma coletiva defina o enquadramento do grau de insalubridade, fazendo com que a autonomia coletiva privada possa adentrar no campo das matérias de ordem pública, tidas, até então, como imunes a sua influência.

Os tópicos que se seguem são uma tentativa de análise da possibilidade de livre negociação nessa matéria a partir do marco jurídico-normativo vigente no país.

2. UM SISTEMA JURÍDICO VOLTADO PRIORITARIAMENTE À PREVENÇÃO NO MEIO AMBIENTE DO TRABALHO

É relativamente recente a maior ênfase e preocupação humana com a qualidade de vida e esta trouxe no seu bojo, noções como a de ergonomia, voltada a oferecer ao indivíduo o conforto adequado e os métodos de prevenção de acidentes e de patologias específicas para cada tipo de atividade executada. Ademais, o trabalho hoje faz parte do projeto de felicidade humana, daí o desenvolvimento de áreas como a psicologia do trabalho que se volta para a análise da dignificação do labor em detrimento do sofrimento e do adoecimento.

Naturalmente, essa inquietação com a saúde e o bem-estar do ser humano trabalhador repercutiu no ordenamento jurídico.

4. Uma das críticas principais a este pensamento está no fato de que a exclusão, no contexto do neoliberalismo globalizado, seria ainda mais cruel do que o Estado liberal, pois naquele as forças produtivas necessitavam de mão de obra para produção da mais valia. Hoje, com os avanços da automação, o trabalhador desqualificado não tem mais nenhuma utilidade para o capital, e torna-se simplesmente descartável.

Em um plano mais remoto, no campo internacional, desde a Declaração universal dos Direitos humanos, ratificada pelo Brasil em 10.12.1948, há uma preocupação em garantir a dignidade humana através do trabalho.

Em seu texto, o art. 23.1, já consagrava que *"Todo homem tem direito ao trabalho, à livre escolha de emprego, as condições justas e favoráveis de trabalho e à proteção contra o desemprego."*

Em tempos mais recentes, sistematizando e detalhando a ideia de condições justas e favoráveis de trabalho, sob a vertente de seu meio ambiente, entre as convenções da OIT, destaca-se a Convenção n. 155 da OIT (Decreto 1254/1994) – sobre segurança e saúde dos trabalhadores e o meio ambiente de trabalho, e a Convenção 161 da OIT (Decreto 127/1991) – sobre serviços de saúde no trabalho. Ambas, ainda que abordem o tema do meio ambiente do trabalho sob distintas perspectivas, apresentam um ponto de chegada comum, qual seja, a ideia de que, nesta seara de vida e saúde humana, deve-se priorizar soluções baseadas na prevenção dos riscos e proteção do ser humano trabalhador[5].

Nessa toada, depreende-se destes diplomas, a partir de uma ordem de preferência, a necessidade de eliminação do risco à saúde do trabalhador. Não sendo este objetivo atingido, busca-se, sucessivamente, a eliminação da exposição da pessoa ao risco (quando não é possível eliminar o risco ou reduzi-lo a níveis suportáveis), o isolamento do risco (criação de barreira entre a fonte de risco e as pessoas expostas e ele) e, por último, a proteção da pessoa que se expõe ao risco (através de EPI e EPC).

Por sua vez, o ordenamento interno, desde o seu marco constitucional, igualmente se volta à proteção da saúde e segurança do trabalhador (e não a situação do trabalho), adotando uma visão antropocêntrica do meio ambiente de trabalho, tendo o ser humano no palco central, de forma que o trabalho deve ser avaliado de acordo com a relação que estabelece com o homem. Em resumo: o trabalho está a serviço do homem, e não o inverso.

Desse olhar, depreende-se uma tutela constitucional imediata do meio ambiente de trabalho (e não apenas mediata através do meio ambiente ecologicamente considerado, do direito à vida e à saúde) no contexto da ordem social, que tem como base o "primado do trabalho e como objetivo o bem-estar e a justiça sociais" (arts. 193 c/c 200, VIII, ambos da Constituição Federal).

Sob esse prisma, surge um modelo constitucional misto, a um só tempo preventivo e reparatório. Em resumo, adota-se, em respeito ao marco internacional, uma mirada universal predominantemente preventiva ***(arts. 7º, XXII** - redução dos riscos inerentes ao trabalho, por meio de normas de saúde, higiene e segurança; **200, VIII** - colaborar na proteção do meio ambiente, nele compreendido o do trabalho; e*

5. A convenção 155 da OIT, em seu artigo 4º, item 2, determina que a política estatal deve ser direcionada para *"prevenir os acidentes e os danos à saúde que forem consequência do trabalho, tenham relação com a atividade de trabalho, ou se apresentarem durante o trabalho, reduzindo ao mínimo, na medida em que for razoável e possível, as causas dos riscos inerentes ao meio ambiente de trabalho."*

***225** - todos têm direito ao meio ambiente ecologicamente equilibrado, bem de uso comum do povo e essencial à sadia qualidade de vida, impondo-se ao Poder Público e à coletividade o dever de defendê-lo e preservá-lo para as presentes e futuras gerações.)* e, em caráter subsidiário, reconhecendo a realidade das relações de trabalho no país, marcado por tantas desigualdades, a Constituição prevê sistemas de compensações e reparações, com caráter primordialmente pedagógico *(**art. 7º, XXIII** - adicional de remuneração para as atividades penosas, insalubres ou perigosas, na forma da lei; e **XXVIII** - seguro contra acidentes de trabalho, a cargo do empregador, sem excluir a indenização a que este está obrigado, quando incorrer em dolo ou culpa).*

Pois bem. A partir destes paradigmas informativos e verdadeiros referenciais hermenêuticos, toda a legislação trabalhista vem sendo construída desde então, com reflexos particulares na CLT e nas normas regulamentadoras do Ministério do Trabalho.

A Lei 13.467/2017 não inaugura o ordenamento e, em matéria de meio ambiente do trabalho, "não joga sozinha", necessitando dialogar com as prescrições normativas específicas, seja no plano internacional ou no interno, e, particularmente, compatibilizar-se com a própria Constituição, que a informa. Além disso, necessário verificar se o instrumental utilizado, a negociação coletiva, *é* idôneo para o propósito buscado. Só assim, analisado o conteúdo e a forma do novel modelo, será possível verificar o seu real alcance.

3. ANÁLISE SOBRE O INSTRUMENTAL "NEGOCIAÇÃO COLETIVA" E SEU ALCANCE EM MATÉRIA DE MEIO AMBIENTE DE TRABALHO

A autonomia privada individual, durante muito tempo, foi tida como um dos símbolos do liberalismo econômico, que se alicerçava na noção de igualdade formal entre os contratantes. Com o tempo, identificada desigualdade real entre as pessoas, coube ao direito positivo, como forma de proteção da parte hipossuficiente, intervir nas relações materialmente desiguais com a elaboração de normas cogentes ou de ordem pública, para, por intermédio da limitação da autonomia privada individual, resguardar a integridade jurídica da parte considerada mais vulnerável que, impossibilitada de discutir em igualdade de condições o teor das cláusulas contratuais, via-se jungida a aceitar condições jurídicas prejudiciais, que lhes eram impostas.

Entretanto, diante da insuficiência e da falta de efetividade dessa legislação intervencionista para garantia individual dos mais fracos, foi fortalecida a noção de autonomia privada coletiva, como instrumento de igualização de relações jurídicas originariamente desiguais em diversos setores da vida privada, sendo o direito laboral o seu berço, por excelência[6]. A dimensão coletiva da contratação

6. Rodrigues Pinto (*Curso de Direito Individual do Trabalho*. 5ª edição, São Paulo: LTr, 2003, p. 39) pontua que a massa operária conscientizada de sua força coletiva percebeu a necessidade de ter representatividade perante os empregadores, indispensável à efetividade das reivindicações negociadas.

constitui, assim, na expressão de Roppo[7] um *"instrumento de proteção da parte frágil, alternativo à proteção publicista realizada pela lei"*.

Vale o registro de que na evolução dos sistemas jurídicos, sociais e econômicos nota-se historicamente uma tendência à redução da autonomia individual e um extraordinário incremento da autonomia privada coletiva, instrumental que se caracteriza por melhor atender ao equilíbrio de convivência de interesses opostos. Daí que, em tempos atuais, ainda que haja um movimento de reforço do contrato individual, observa-se que em diversos ordenamentos jurídicos a faculdade de regulação dos próprios interesses não é reconhecida apenas aos indivíduos singularmente considerados, mas também aos mais diversos agrupamentos sociais.

Assim, diversos grupos sociais organizados, denominados pela doutrina "*corpos intermediários*", definidos por interesses comuns, têm reconhecidamente o poder[8] de emitir normas destinadas aos seus membros e às relações com outros entes, indivíduos ou esferas jurídicas, para a satisfação de interesses comuns à coletividade, classe ou categoria de pessoas representadas. Rodrigues Pinto[9], sobre a índole da negociação coletiva, nesse sentido, afirma que esta "é um impulso dos atores das relações de trabalho subordinado para emancipar-se da disciplina da lei e, do ponto de vista do trabalhador, da tutela emanada do poder público. Trata-se de um impulso progressivo, mas gradual, que nunca representará uma separação completa entre a vontade dos contratantes e a autoridade do Estado, no aspecto global da disciplina e da tutela mínima das relações jurídicas entre trabalhadores e empresas".

Trata-se do poder conferido a certos grupos sociais de criar normas jurídicas para a tutela dos interesses de uma coletividade, comunidade ou classe de pessoas globalmente consideradas. E se insere num contexto em que se verifica a disparidade do poder contratual entre categorias socioeconômicas contrapostas. Sua concepção é baseada na percepção social da existência de uma lacuna entre a norma geral e a particular, entre a abstração das normas gerais estatais e a excessiva concretude e singularidade das normas particulares (hiperespecíficas), cujo preenchimento se dá pela esfera contratual coletiva[10].

7. Roppo, Vicenzo. *Il contratto*. Milano: Giuffrè, 2001, pp. 44-46.
8. Para muitos, trata-se de um poder função, já que toda a atuação teria por finalidade a tutela dos interesses coletivos dos trabalhadores e não os interesses próprios das entidades sindicais ou de seus dirigentes. Sobre o tema, recomenda-se a leitura de Santi Romano (*Frammenti de un dizionario*. Milano, Giuffrè, 1947), na doutrina brasileira, Ronaldo Lima dos Santos (*Teoria das normas coletivas*, 2ª edição, São Paulo: LTr, 2009), entre outros.
9. *Direito Sindical e Coletivo do Trabalho*, São Paulo: LTr, 1998, p. 169.
10. Nesse sentido, Lima dos Santos, Ronaldo, *op. cit*.

3.1. Convenções coletivas e acordos coletivos do Brasil. Objeto e limites

Na forma do art. 611 da CLT, a convenção coletiva de trabalho é definida como o "*acordo de caráter normativo, pelo qual dois ou mais sindicatos representativos de categorias econômicas e profissionais estipulam condições de trabalho aplicáveis, no âmbito das respectivas representações, às relações individuais do trabalho*".

O acordo coletivo apenas se distingue desta pelo fato de poder ser celebrado por empresa ou grupos de empresas perante o sindicato da categoria profissional. Quanto à sua natureza jurídica, doutrinariamente se reconhece o hibridismo de ambos entre contrato e norma. Afigura-se norma por prazo determinado, cujas disposições se aplicam a toda a categoria, sendo refutada hoje a tese de eventual incorporação de suas cláusulas em definitivo ao contrato individual de trabalho. Nesse sentido, fixou-se em sede de jurisprudência que as cláusulas das convenções coletivas se aplicam aos contratos individuais apenas durante o período de vigência destas.

É recorrente o reconhecimento doutrinário e jurisprudencial de que as convenções e os acordos coletivos do trabalho no ordenamento jurídico brasileiro devem atender aos princípios constitucionais de sustentação ao primado do trabalho e à melhoria das condições sociais do trabalhador e, por isso, qualquer disposição normativa criada em sede de produção legislativa privada (acordos ou convenções) não poderá colocar-se em antagonismo aos referidos princípios.

O reconhecimento das convenções e acordos coletivos de trabalho inserido no art. 7º, XXVI, da Constituição Federal não permitiria, assim, absolutamente, a adoção indiscriminada de cláusulas normativas contrárias às garantias mínimas do trabalhador, estejam estas localizadas na própria Lei Maior ou sediadas na esfera infraconstitucional. O preceito constitucional aludido tem como condicionante o princípio de que o reconhecimento daqueles documentos coletivos não apenas é um direito do trabalhador, mas tem por fim a melhoria de sua condição social[11]. Nem poderia ser de forma diferente, pois não se consegue conceber, dentro de uma Constituição que proclama o primado dos valores sociais do trabalho (art. 1º, IV), a supremacia de regras de cunho convencional, geradas na órbita da negociação coletiva, nem sempre igualitária, sobre normas legais, mais benéficas, com conteúdo mínimo de garantia.

11. Antonio Ojeda Avilés em prólogo à edição espanhola de interessante obra do autor americano, William B. Gould IV, cujo título original é *A Primer on American Labor Law*, (*Nociones de Derecho Norteamericano del Trabajo*, Madrid: Tecnos, 1991) pontua que a utilização dos instrumentos de negociação coletiva só pode dar-se em benefício do trabalhador e para aquisição de conquistas na área do trabalho, uma vez que é esta a própria característica histórica deste ramo do Direito, de tal modo que não se poderá pensar, pelo menos em princípio, em normas criadas pela vontade coletiva privada que tenham por objeto a supressão de direitos ou a instauração de retrocessos.

A respeito dos limites constitucionais à negociação coletiva, oportunas as considerações de Brito Lopes, quando assevera:

> *O primeiro limite constitucional à negociação coletiva é o próprio art. 7º da Constituição Federal, que constitucionaliza praticamente todos os principais institutos do direito do trabalho e impõe, com regra, uma legislação protetiva (vide "caput" do art. 7º). A redução do terreno negocial é flagrante e inconteste. Um segundo aspecto a ser considerado, é que a negociação coletiva de trabalho só pode ter por objeto o ajuste de condições que incidam sobre os contratos de trabalho (cláusulas normativas), que disciplinem relações entre os sindicatos convenentes (cláusulas obrigacionais), ou que se refiram à própria convenção ou acordo coletivo de trabalho (duração, prorrogação, modificação, multa por descumprimento etc). Questões estranhas ao contrato de trabalho e às partes envolvidas na negociação não são pertinentes. Tal limitação está implícita na Constituição Federal, que cria a entidade sindical como uma espécie particular de associação com objetivos próprios relacionados a trabalhadores e empregadores, em suas relações de trabalho (art. 8º da CF), deixando questões de interesse político para os partidos políticos (art. 17 da CF) e outros interesses para as associações comuns e as cooperativas (art. 5º, incisos XVII, XVIII, XIX, XX e XXI da CF). Outra limitação decorre da existência de garantias, direitos e princípios constitucionais inderrogáveis, tanto pelo legislador infraconstitucional quanto pela autonomia privada coletiva. São vários os exemplos. A autonomia privada coletiva não possui densidade suficiente, por exemplo, para legitimar a discriminação de uma parcela de trabalhadores (art. 5º, "caput" e inciso I e art. 7º, incisos XXX, XXXI, XXXII e XXXIV, da CF); para permitir a contratação de trabalhadores menores de 16 anos como empregados (art. 7º, inciso XXXIII); para impor obrigações pecuniárias aos trabalhadores não associados da entidade sindical, como forma de interferir na liberdade de sindicalização (art. 8º, inciso V); para impor obrigações a terceiros alheios aos limites da negociação e à representação das entidades convenentes; para abolir as garantias de emprego das gestantes e membros da CIPA (art. 10, II, "a" e "b" do ADCT); para limitar o acesso de trabalhadores e empregadores ao judiciário (art. 5º, inciso XXXV); para atingir o piso constitucional dos direitos sociais, salvo na hipótese de flexibilização (art. 7º, "caput" e inciso VI); para restringir o direito à vida, à saúde, à liberdade, inclusive a sindical, à segurança, ao exercício profissional e a outras garantias e direitos fundamentais. Estão nesta mesma situação as normas de proteção à saúde e segurança do trabalhador (meio ambiente do trabalho), pois tutelam, em última análise, a vida e a saúde do cidadão-trabalhador, logo, são inalienáveis e não podem ser objeto de flexibilização.*[12]

Na mesma linha, colhem-se ensinamentos similares, em especial na doutrina trabalhista clássica. Em geral, os autores convergem para os limites da superioridade da negociação coletiva a partir do respeito à dignidade da pessoa humana, de modo que se pode concluir que não prevalece, à luz do princípio da proporcionalidade, a validade jurídica de normas autônomas coletivas em face de normas heterônomas imperativas, em razão de estas serem oriundas da expressão do

12. Brito Lopes, Otávio. *Limites Constitucionais à Negociação Coletiva. In: www.planalto.gov.br/ccivil_03/revista/Rev_09/neg_coletiva_Otavio.htm.* Acesso em 23.08.2016.

interesse público que visa assegurar um mínimo de direitos que não podem ser reduzidos sob pena de afrontarem a dignidade da pessoa humana.

Adotando esta leitura, segue a doutrina de Álvares da Silva[13], que afirma que os comandos de ordem pública ou imperativos não podem ser negociados ou, ainda, Plá Rodriguez[14], para quem as leis de ordem pública ou imperativas expressariam aquilo que o Estado julga imprescindível e essencial para a sobrevivência da própria sociedade caracterizando-se por um conjunto de condições fundamentais da vida social, as quais afetam a organização desta, não podendo ser alteradas pela vontade dos indivíduos.

Sobre normas de ordem pública, em especial em matéria trabalhista, Godinho Delgado considera que estas seriam o *"patamar civilizatório mínimo"*, isto é, normas que asseguram um mínimo de proteção ao empregado que não podem ser renunciadas por meio de processo negocial, a partir de três grupos de normas trabalhistas: *as normas constitucionais em geral*, sendo respeitadas as ressalvas feitas expressamente pela própria Constituição (art. 7º, VI, XIII e XIV), as *normas de tratados e convenções internacionais que vigoram no ordenamento pátrio* (art. 5º, §2º da CF) e as *normas legais infraconstitucionais que asseguram patamares de cidadania ao indivíduo que labora*, como os preceitos relativos à saúde e segurança no trabalho, normas concernentes a bases salariais mínimas, dispositivos antidiscriminatórios e as demais leis de natureza imperativa[15].

Até mesmo doutrinadores como Sako[16], que, à primeira vista, defendem que a regra da preponderância da lei de ordem pública sobre negociações menos favoráveis ao trabalhador seria considerada relativa, sob o argumento de que, ausente o prejuízo, a negociação poderia avançar em diferentes direções, acabam, ainda que por motivação conjuntural, por se render a este pensamento, ao afirmar que o grande responsável pelo avanço dos direitos trabalhistas, isto é, os sindicatos, possuem no Brasil estrutura e representatividade que não correspondem com as expectativas de um sistema eficiente de reivindicação e proteção dos trabalhadores, em razão do que, prevalecer o negociado sobre essas condições seria, na verdade, precarizar o direito do trabalho, ao arrepio do princípio protetivo.

De fato, o problema do modelo brasileiro de flexibilização, centrado na negociação coletiva, que se dá através de sindicatos de categorias profissionais e empresas/grupos de empresas/sindicatos de categorias econômicas é dos fatores

13. Álvares da Silva, Antônio. *Flexibilização das Relações de Trabalho*, 1ª Ed., São Paulo: LTr, 2002, p. 93.

14. Plá Rodriguez, Américo. *Princípios de direito do trabalho*, 3ª Ed., São Paulo: LTr, 2004, p. 152.

15. Godinho Delgado, Maurício. *Curso de direito do trabalho*, 12ª ed., São Paulo: LTr, 2012, p. 1436.

16. Sako, Albino & Simeão Albino, Emília. "A atuação dinâmica e eficiente dos sindicatos como garantia de realização dos direitos fundamentais e sociais dos trabalhadores". *Revista de Direito do Trabalho*, São Paulo, ano 33, n. 126, p. 70, abr./jun. 2007, p. 56-77. No mesmo diapasão, Máximo Teodoro, Maria Cecília e Miranda da Silva, Aarão *in* "A imprescindibilidade da negociação coletiva nas demissões em massa e a limitação de conteúdo constitucionalmente imposta", *Revista Jus Vigilantibus*, 16 de abril de 2009. Acesso em 16.10.2016.

que mais contribuem para o receio de um uso pejorativo da norma coletiva em relação às condições de trabalho dos empregados. Nesse contexto, uma das mazelas sempre consistiu na falta de obrigação de negociar com ônus decorrentes da omissão. Ou seja, quem não está disposto a negociar não sofre qualquer sanção por isto, podendo até estrategicamente se locupletar futuramente de sua inércia, já que a legislação brasileira não adota a ultratividade das cláusulas (o art. 614, § 3º, da CLT, com a redação dada pela Lei 13.467/2017 veda expressamente a ultratividade).

A esse problema se agrega um modelo de negociação cujo monopólio, ao menos em relação aos trabalhadores, está no sindicato de classe, como decorrência da não ratificação da convenção 87 da OIT pelo Brasil, que mantém uma estrutura baseada na unicidade sindical. Assim, não há nenhuma associação (que não a sindical) legitimada para negociar com as empresas. E esse monopólio se dá em um contexto de sindicatos pouco representativos, fragilizados com a exclusão de sua principal fonte de renda (nova redação do art. 579 da CLT acaba com a contribuição sindical compulsória[17]) e com o fim da necessidade de homologação das verbas decorrentes da extinção do contrato (revogação do art. 477,§ 1º pela Lei 13.467/2017).

Assim, a síntese do pensamento da doutrina científica trabalhista pode ser esquematizado da seguinte forma: a negociação coletiva não tem aptidão ou permissão para renunciar (coletivamente) aos direitos trabalhistas das categorias envolvidas. Pela negociação coletiva somente é possível que haja transação de direitos cuja indisponibilidade seja apenas relativa, ou seja, a Constituição Federal deve prever a sua "flexibilização" mediante convenção ou acordo coletivo, como o faz no art. 7º, VI, XIII, XIV da Constituição Federal. Nos demais casos, onde não há o permissivo constitucional, os direitos se revestem de indisponibilidade absoluta e, mesmo para aqueles que admitem a negociação envolvendo outras questões, o posicionamento é de que não poderão ser transacionados os direitos de forma a piorar a situação dos trabalhadores por meio da norma coletiva.

Não se pode olvidar, entretanto, a despeito da expressa dicção do texto constitucional, que especialmente entre os estudiosos do direito constitucional ganha força uma corrente que admite, ao menos no plano abstrato, a flexibilização de direitos em normas coletivas, além dos limites expressos na Constituição Federal.

Santiago e Molina[18], em interessante estudo sobre a renúncia e transação no Direito do Trabalho, após criticar a carga ideológica da jurisprudência trabalhista

---

17. O art. 579 da CLT, com a redação dada pela Lei 13.467/2017, passa a ter a seguinte redação: *"O desconto da contribuição sindical está condicionado à autorização prévia e expressa dos que participarem de uma determinada categoria econômica ou profissional, ou de uma profissão liberal, em favor do sindicato representativo da mesma categoria ou profissão ou, inexistindo este, na conformidade do disposto no art. 591 desta Consolidação"*.

18. Araújo Molina, André; Guerra Filho, Willis Santiago. **"Renúncia e transação no Direito do Trabalho. Uma nova visão constitucional à luz da teoria dos princípios"**. *Jus Navigandi*, Teresina,

que tenta emprestar ao princípio constitucional implícito da irrenunciabilidade caráter absoluto, conclui que *"em sede de Direito do Trabalho, poderá haver restrição proporcional de direitos, para conquista de outro benefício, por meio de negociação coletiva"*. E assim o faz por entender que uma cláusula coletiva poderia reduzir algum direito previsto em lei, desde que em outra parte concedesse outro benefício, guardando correlação e proporcionalidade.

Toneti de Oliveira, em estudo conjunto sobre os limites da negociação coletiva a partir do princípio da proporcionalidade"[19], também abraça, ainda que com ressalvas em relação às normas imperativas do direito do trabalho, solução similar, baseada no princípio da proporcionalidade. A esse respeito dispõem:

> *Essa possibilidade de conciliação entre tais princípios, segundo a doutrina, apenas encontra solução no princípio da proporcionalidade, em razão de que, a harmonização de princípios fundamentais aparentemente conflitantes somente se estabelecerá diante de uma ponderação dos interesses postos em causa, no sentido de que os valores a serem discutidos (proteção x autonomia), possam ser colocados em uma chamada "linha de interesse", de modo a preponderar um ou outro de acordo com o interesse em questão, devendo, todavia, haver certo bom senso no sentido de evitar excessos nessa valoração, para que um princípio não seja afetado mais do que o necessário para a vigência do outro.*

O fato é que, seja por força da inevitável influência do direito constitucional sobre os demais ramos do direito, seja em razão da situação conjuntural ou, ainda, por mero reflexo do pensamento neoliberal, posições similares às anteriormente mencionadas, até então sequer cogitadas entre os juslaboralistas, começaram a ser adotadas também entre estes, como soe ocorrer com Chaves Júnior[20], que pontua que a Constituição Federal, ao contrário de, como afirmam alguns, ter apenas incorporado ao seu texto normas do Direito do Trabalho tradicional, positivo, transformou as conquistas trabalhistas obtidas através dos anos em princípios constitucionais, de um Direito Dúctil do Trabalho[21].

---

ano 14, n. 2126, 27 abr. 2009. Disponível em: <http://jus.com.br/revista/texto/12715>. Acesso em 14.03.2016.

19. Toneti de Oliveira, Pérola & de Oliveira, Lourival José. *Os limites da negociação coletiva a partir da negociação coletiva a partir do princípio da proporcionalidade, in http://www.uel.br/revistas/uel/index.php/direitopub/article/view/10743,* visitado em 10 de março de 2016.

20. Chaves Júnior, José Eduardo de Resende. *Da flexibilização ou direito dúctil do trabalho*, artigo classificado em 2º lugar no 2º Concurso de Monografias promovido pelo TRT/2ª Região, *in* **Revista da AMATRA II, Janeiro/2003**.

21. São evidentes no trabalho citado as influências do estudo de Zagrebelsky, Gustav (*El Derecho* Dúctil. *Ley, Derechos y Justicia,* 7ª ed. Editorial Trotta, 2007) para a formulação da tese. No estudo referido, entre outros aspectos relevantes de sua construção doutrinária, o pluralismo das sociedades atuais configura fator importante que, em razão do relativismo, caracteriza as Constituições não como o centro de um projeto pré-determinado de vida comunitária, mas sim como o documento que busca realizar as condições de possibilidade da plural vida social moderna. Para Zagrebelsky, a Constituição é a plataforma de partida que representa a garantia de legitimidade para os diferentes grupos sociais: a internalização do pluralismo na Constituição é uma proposta de co-

Constitui-se, na visão do autor, um novo direito do trabalho que deve se confundir e consolidar, através do que o sociólogo Boaventura Souza Santos, chamou de a modernidade, assentada em dois pilares: o da emancipação e o da regulação. Nas relações de trabalho, sob o novo enfoque da flexibilização, a lei se flexibiliza para atender, não ao mercado, ou à Constituição, mas aos fins culturais do trabalho humano, de modo que a autonomia privada coletiva só iria desconstruir direitos, para reconstruir soluções mais eficazes em termos de emancipação social do trabalhador. Na busca dessa emancipação do trabalhador, na visão do autor, fundamental o papel do Direito (Dúctil) do Trabalho, já que este, em sua visão, é o ramo da ciência do direito que tem por objeto as normas jurídicas que disciplinam as *relações de trabalho* (e não mais, apenas, subordinado), determinam os seus sujeitos e as organizações destinadas à proteção desse trabalho, em sua estrutura e atividade.

Em linha ainda mais incisiva o ministro do TST, Ives Gandra Martins Filho, em artigo publicado em 2006, sustenta ser viável a flexibilização dos direitos dos trabalhadores sob o fundamento de que se os dois principais direitos trabalhistas são passíveis de flexibilização, todos aqueles que deles decorrem, ou seja, parcelas de natureza salarial ou decorrentes da conformação da jornada de trabalho, também podem ser flexibilizados por acordos e convenções coletivas.

Após criticar a posição do TST, restritiva às normas coletivas contrárias à Constituição, aponta algumas razões para a valorização da norma coletiva:

> *a) valorizando o art. 7º, XXVI, da Constituição Federal, que reconhece os acordos e convenções coletivas como fonte do direito trabalhista; b) prestigiando o princípio da boa-fé que norteia as relações negociais e a interpretação dos negócios jurídicos, sob pena de se desacreditar tal princípio com o acolhimento de ações anulatórias de cláusulas que, flexibilizadas em compensação de outras vantagens comparativas concedidas, acabam sendo anuladas e as vantagens já concedidas mantidas, com duplo ganho para o trabalhador; c) propiciando o fortalecimento dos sindicatos, pondo fim ao eterno paternalismo que, sob o argumento de que os sindicatos são fracos, mantém indefinidamente um regime de tutela estatal*

existência, um compromisso de possibilidades e não um projeto rígido de fixação de um a priori da política. Zagrebelsky entende que o Direito dos Estados Constitucionais pode ser definido por uma imagem: ductibilidade (maleabilidade). A coexistência de valores e princípios nem sempre pacificamente harmônicos, ou melhor, cada vez mais conflituosos, faz com que a estrutura desses valores e princípios não tenha caráter absoluto justamente para tornar possível a convivência. Para Zagrebelsky o caráter absoluto reside tão somente no meta-valor do pluralismo. A ductibilidade constitucional se assenta em dois termos, coexistência e compromisso. Assim, não há que se falar em uma política amigo-inimigo, mas sim na integração *"a través de la red de valores y procedimientos comunicativos que es además la única visión no catastrófica de la política posible en nuestro tiempo"* (Zagrebelsky, op. cit., p. 15)". Escreve Zagrebelsky que a "condição espiritual do tempo em que vivemos" é a aspiração aos muitos princípios que conformam a convivência coletiva. Para tanto, cada valor e cada princípio não podem ser concebidos de forma absoluta e o tradicional imperativo da não contradição deve ser mitigado. Sendo assim, a adesão unilateral a um projeto político particular fechado deve ser evitado. Assim, Zagrebelsky leciona que os grandes temas de direito constitucional só podem coexistir se forem relativizados.

> *das relações trabalhistas; d) dando segurança jurídica aos jurisdicionados, que se conscientizarão de que o pactuado vale e é respeitado pela jurisprudência (ela própria não flutuando ao sabor de maiorias ocasionais); e) modernizando as relações trabalhistas, na medida em que é mais racional se admitir eventual flexibilização de norma legal trabalhista em caráter transitório (período de vigência da convenção ou acordo coletivo), voltando-se à regência legal caso a flexibilização não tenha contribuído para gerar empregos e melhorar as relações laborais, do que proceder a um "enxugamento" da CLT, revogando-se todos os dispositivos tidos por anacrônicos e comprometedores do mercado de trabalho, com a conclusão posterior de que a redução de normas não garantiu o nível de empregabilidade nem contribuiu para a formalização do emprego ou a geração de novos postos de trabalho, com a difícil tarefa de se restaurar, via processo legislativo (sempre lento e incerto), as garantias anteriormente existentes; f) dando vida ao princípio da subsidiariedade, básico no campo da filosofia política e social, segundo o qual o Estado apenas ajuda o indivíduo a atingir os seus fins existenciais, não o substituindo e não tendo competência para fazer o que o indivíduo ou comunidades menores podem fazer por sua iniciativa e recursos (reserva que entra em ação apenas quando o ente menor não tem forças para desempenhar sua missão)*[22].

No plano jurisprudencial, por sua vez, ainda que o STF não apresente tese definitiva sobre a possibilidade de as normas coletivas restringirem direitos voltados à tutela do meio ambiente do trabalho, o posicionamento adotado em julgados recentes parece traduzir uma posição mais favorável a uma relativização dos direitos e viabilidade de sua limitação pela via negocial.

É fato, entretanto, que, em geral, o Supremo Tribunal Federal tem entendido ser incabível nessa via o reexame de cláusula de acordo ou convenção coletiva. Isso porque a interpretação de tais instrumentos normativos, na dicção da Corte Constitucional, demandaria o revolvimento de matéria fática, atinente à realidade de trabalho própria de cada categoria, incluindo a ponderação, caso a caso, das vantagens e desvantagens oriundas da estipulação de determinadas condições de trabalho pelas partes acordantes.

Tem se posicionado, a Corte Constitucional, no sentido de que, nesses casos, incidiriam, para impedir a análise do recurso extraordinário, as súmulas 279 e 454[23] do STF, que vedam o reexame de prova e a simples interpretação de cláusulas contratuais através do recurso extraordinário. Neste ponto, sendo os acordos/convenções coletivas norma e contrato, para o STF este último caráter predominaria para inviabilizar o exame das eventuais inconstitucionalidades de suas cláusulas. Assim, a maior parte das lesões constitucionais seriam meramente reflexas[24].

---

22. Martins Filho, Ives Gandra da Silva. "Valorização da negociação coletiva e flexibilização das normas legais trabalhistas". *Revista Jurídica*, Brasília, v. 8, n. 79, pp. 1/7, jun/jul 2006. Disponível em http://planalto.gov.br/ccivil_03/revista/Rev_79/index.htm. Acesso 12.01.2012.

23. Para simples reexame de prova não cabe recurso extraordinário (súmula 279). Simples interpretação de cláusulas contratuais não dá lugar a recurso extraordinário (súmula 454).

24. Por todos os casos, cita-se a possibilidade de redução do intervalo intrajornada e majoração da jornada de trabalho, no regime de turnos ininterruptos de revezamento, por negociação coletiva. Recurso que buscava o exame constitucional da matéria foi recentemente rechaçado pelo STF,

Nada obstante, em duas oportunidades bem recentes, o Supremo se pronunciou sobre o alcance de normas coletivas que amesquinhavam direitos trabalhistas. No RE 590.415, que ficou nacionalmente conhecido como o "Caso BESC", foi apreciada a conduta do Banco do Estado de Santa Catarina que, antes de ser privatizado, firmou um acordo coletivo com o sindicato dos empregados em que constava uma cláusula de quitação geral, de modo que o empregado que aderisse ao plano recebia indenização e estaria impedido de obter qualquer diferença em processo judicial trabalhista. Com voto vencedor do Ministro Luís Roberto Barroso, restou decidido que a cláusula era válida, tendo sido afirmado, em apertada síntese, que a Constituição Federal prestigiou a autonomia coletiva de vontade como mecanismo pelo qual o trabalhador participará da formulação das normas que regerão a sua própria vida, inclusive no trabalho, bem como que os acordos e convenções coletivas seriam instrumentos legítimos de prevenção de conflitos trabalhistas, podendo ser utilizados, inclusive, para redução de direitos trabalhistas.

Dessa leitura, aflitiva aos direitos trabalhistas, não discrepou o STF quando apreciado tema que repercutia na jornada de trabalho. É o que se deu em julgado em torno das *horas in itinere* (RE 895.759). Nele, o STF reformou decisão do Tribunal Superior do Trabalho (TST), que havia anulado uma cláusula de acordo coletivo que excluía o pagamento da parcela. No caso, o sindicato e a empresa haviam negociado essa exclusão em troca de outros benefícios mais vantajosos financeiramente aos empregados.

Assim, como se vê, ainda que a amostragem seja bem reduzida, não é incorreto afirmar que a posição do STF tende a se alinhar com o entendimento da doutrina científica que vislumbra horizontes mais amplos em relação à negociação coletiva, ainda que desaguem em restrição a direitos trabalhistas, até mesmo aqueles, como a jornada de trabalho, que tenham alguma repercussão no meio ambiente do trabalho.

À guisa de conclusão das ideias apreciadas neste tópico, pode-se aduzir que os que defendem a possibilidade de restrição a direitos fundamentais e a direitos tutelados por norma de ordem pública, como aquelas atinentes ao meio ambiente do trabalho, através da negociação coletiva, têm seu pilar na autonomia privada coletiva que autorizaria o sindicato, no exercício de seu poder função, a realizar uma aferição de benefícios e prejuízos em concreto e não no plano abstrato. Seria, nessa visão, função dos sindicatos efetuar a adaptação da regra fria da lei à realidade da empresa, inclusive para questões de ordem circunstancial. De tal modo, ao intérprete caberia averiguar se houve verdadeira contrapartida à faculdade cedida pelos trabalhadores por ocasião da negociação coletiva.

---

que não apreciou o seu mérito sob o fundamento de ausência de repercussão geral da questão e por considerar que não se tratava de matéria constitucional (AGR ARE 919622), já que a violação constitucional seria tão somente reflexa.

4. AFINAL, É POSSÍVEL DEFINIR O ENQUADRAMENTO DO GRAU DE INSALUBRIDADE POR MEIO DE NEGOCIAÇÃO COLETIVA?

Como visto, entre os operadores do direito do trabalho, predomina a visão de que as partes podem e devem negociar condições de trabalho, desde que observem o que comanda o *caput* do multicitado artigo 7º da Constituição, ou seja, desde que "*visem à melhoria de sua condição social*". Essa posição não encontra eco na doutrina científica constitucional, tampouco na jurisprudência do STF que, nas poucas oportunidades em que apreciou a matéria, demonstrou tendência ampliativa quanto ao alcance da norma coletiva em detrimento dos direitos trabalhistas consagrados na Constituição e na CLT. Nada obstante a cizânia que envolve a matéria, o fato de a Lei 13.467/2017 trazer luzes sobre a questão do enquadramento do grau de insalubridade envolve outras nuances além da exclusiva apreciação sobre o papel da autonomia privada coletiva.

Assim, fazendo um exercício hermenêutico, mesmo que se admita a capacidade potencial da negociação coletiva para adaptação do texto da lei e da Constituição à realidade da empresa, outros empecilhos existem, de ordem prática, dentro do próprio contexto do sistema de proteção ao meio ambiente de trabalho (e aqui, por razões metodológicas, me restrinjo à Constituição e à CLT), quando se tenta admitir que a convenção coletiva e o acordo coletivo de trabalho têm prevalência sobre a lei quando dispuser sobre "enquadramento do grau de insalubridade".

Como visto anteriormente, neste ensaio, a lógica do sistema normativo em torno do meio ambiente do trabalho, seja a partir do marco internacional, seja, tendo em conta a norma interna, é de progressiva redução das situações risco no trabalho, sendo voltado à proteção da saúde e segurança do trabalhador, o que fica evidenciado pela previsão do art. 7º, XXIII, que consagra a redução dos riscos inerentes ao trabalho, por meio de normas de saúde, higiene e segurança. Dessa forma, qualquer leitura que conduza a um incremento de situações de risco vai de encontro a este marco normativo.

Não se tem qualquer dúvida que, em uma conjuntura de desemprego e crise econômica, cuja ementa da norma (Lei 13.467) afirma estar voltada a "adequar a legislação às novas relações de trabalho", a autorização para que o enquadramento do grau de insalubridade seja definido por norma coletiva tende a estimular a manutenção de ambientes de trabalho precários, que exponham a risco a saúde e a vida dos empregados.

Ademais, se admitido o retrocesso através das normas coletivas, esta interpretação traria reflexos deletérios também no marco constitucional da saúde e da previdência social, visto competir ao SUS a execução de ações de saúde do trabalhador (art. 200, II, da Constituição Federal), além de causar evidentes reflexos de ordem previdenciária, seja em decorrência da morte, doença ou invalidez prematuras.

Todavia, além do parâmetro constitucional, o texto da reforma, que se incorpora à CLT, necessita travar contato com o texto em vigência, cujos dispositivos se contrapõem à ideia de que é possível negociação livre em torno da temática do meio ambiente do trabalho.

Assim, qualquer tentativa de tornar o enquadramento da insalubridade menos favorável aos trabalhadores por meio de negociação coletiva encontra trava no próprio texto da CLT.

Começando a análise do texto da CLT pelo art. 157, este traz prescrição capaz de minimizar os efeitos perniciosos da regra do art. 611-A, ao atribuir ao empregador a obrigação de "*cumprir e fazer cumprir as normas de segurança e medicina do trabalho*". Essa norma que, para muitos, gera efeitos bem próximos de uma responsabilização objetiva, consagra que, embora o dever de proteção do meio ambiente do trabalho seja universal, a gestão do sistema cabe ao empregador e traz, ademais, como contrapartida, a possibilidade de este exercer seu poder disciplinar em face do empregado, podendo, inclusive, aplicar-lhe a penalidade de resolução contratual por justa causa, em caso de inobservância das normas de saúde e segurança do trabalho pelo empregado.

De outra banda, o art. 189 da CLT define atividades insalubres, pontuando que "*serão consideradas atividades ou operações insalubres aquelas que, por sua natureza, condições ou métodos de trabalho, exponham os empregados a agentes nocivos à saúde, acima dos limites de tolerância fixados em razão da natureza e da intensidade do agente e do tempo de exposição aos seus efeitos*".

Assim, de acordo com a dicção do dispositivo, a condição insalubre de trabalho é circunstância definida no texto da CLT, cujo escopo é a proteção à saúde de quem trabalha. Não está, dessa forma, à disposição das partes que participam das relações de trabalho, tampouco trata-se de matéria passível de transação pelo sindicato, especialmente quando se tem em conta os reflexos no campo da saúde e até da previdência social antes mencionados.

Não sem razão, o art. 191 da CLT, convergindo com os demais dispositivos em torno da matéria, estabelece que a eliminação ou a neutralização da insalubridade ocorrerá:

> *I – com a adoção de medidas que conservem o ambiente de trabalho dentro dos limites de tolerância; ou*
>
> *II – com a utilização de equipamentos de proteção individual ao trabalhador, que diminuam a intensidade do agente agressivo a limites de tolerância.*

Logo, do somatório destes dispositivos, não revogados pela Lei 13.467/2017, consentâneos com o marco normativo constitucional e com as normas internacionais ratificadas pelo Brasil, e com os quais a reforma precisa dialogar, em interpretação sistemática, mesmo que se admita ser a norma coletiva um campo propício para o tratamento do enquadramento da insalubridade em desconformidade com os percentuais e demais parâmetros legais, para que a cláusula normativa possa ter validade, (*i*) ou a disposição precisará tornar menos atrativa ao empregador o trabalho insalubre, com majoração dos percentuais legais e das exigências para o exercício deste labor, como medida para inibir o risco inerente a este tipo de atividade ou (*ii*) a norma coletiva terá que justificar a previsão acerca do adicional devido, com a existência de prova técnica que justifique a adoção de percentual efetivamente compatível com o dano causado ao trabalhador. E, para esse fim, sequer vislumbra-se a utilidade da norma coletiva que poderia ser facilmente substituída por qualquer dos programas adotados pelas empresas, a exemplo do Programa de Prevenção de Riscos Ambientais (PPRA) ou do Programa de Gerenciamento de Riscos (PGR), conforme a atividade desempenhada.

Do contrário, forçoso que se observe o comando do art. 195 da CLT, que consagra que a caracterização e a classificação da insalubridade e da periculosidade se dá, segundo as normas do Ministério do Trabalho, através de perícia a cargo de Médico do Trabalho ou Engenheiro do Trabalho, combinado com a prescrição do art.192 da CLT, que define que o exercício de trabalho em condições insalubres, acima dos limites de tolerância estabelecidos pelo Ministério do Trabalho, assegura a percepção de adicional respectivamente de 40% (quarenta por cento), 20% (vinte por cento) e 10% (dez por cento) do salário-mínimo, segundo se classifiquem nos graus máximo, médio e mínimo.

Em síntese, mesmo que se admita, na linha defendida por parte da doutrina científica constitucionalista, referendada pela jurisprudência mais recente do STF, a definição do grau de insalubridade em norma coletiva, esta não poderá, em nenhuma hipótese, prescindir da análise técnica, salvo se, como salientado anteriormente, o objetivo for majorar o seu percentual, como medida pedagógica de inibição ao trabalho que põe em risco a saúde do trabalhador.

5. QUANDO TUDO PARECIA BEM RUIM, ENTÃO VEIO A MP 808/2017 E PIOROU

Ainda na primeira semana de vigência da Lei 13.467, foi editada, em 14 de novembro de 2017, a Medida Provisória 808, que introduziu mais de 80 alterações na norma reformista.

Do ponto de vista formal, forçoso reconhecer que o texto da Medida Provisória em exame não resiste a uma primeira e perfunctória análise, visto que, como preconiza o art. 62 da CF, a edição de Medida Provisória só pode se dar em caso de relevância e urgência. No caso concreto, tais requisitos não foram observados ou sequer mencionados na exposição de motivos, conforme fica claro no seu texto quando se aponta que a MP 808 "*tem por objetivo o aprimoramento de dispositivos pontuais, relacionados a aspectos discutidos durante a tramitação do PLC nº 38, de 2017, no Senado Federal. Se, por um lado, tais aspectos refletem o profundo processo de diálogo e análise realizado pelo Senado Federal, por outro, esta Casa Legislativa observou a desnecessidade de alteração do projeto no momento de sua tramitação, o que implicaria atrasos desnecessários à eficácia deste importante diploma legal*"[25].

25. A exposição de motivos da MP 808/2017 é encontrada no endereço eletrônico http://www.planalto.gov.br/ccivil_03/_Ato2015-2018/2017/Exm/Exm-MP-808-17.pdf.

Assim, a MP já nasce viciada, já que não se tem dúvida que o ordenamento jurídico não lhe atribui a missão de "aprimorar" ou corrigir "defeitos" de uma lei.

Nada obstante a existência desse vício de origem, em relação à definição do grau de insalubridade através de norma coletiva inserida por meio da Lei 13.467, sequer do ponto de vista material algum avanço pode ser notado.

Para esclarecer, veja-se como ficou a nova redação do texto do art. 611, XII:

> *Art. 611-A. A convenção coletiva e o acordo coletivo de trabalho, observados os incisos III e VI do caput do art. 8º da Constituição, têm prevalência sobre a lei quando, entre outros, dispuserem sobre:*
>
> ....
>
> *XII - enquadramento do grau de insalubridade e prorrogação de jornada em locais insalubres, incluída a possibilidade de contratação de perícia, afastada a licença prévia das autoridades competentes do Ministério do Trabalho, desde que respeitadas, na integralidade, as normas de saúde, higiene e segurança do trabalho previstas em lei ou em normas regulamentadoras do Ministério do Trabalho;*

Cotejando a norma original e o texto da Medida Provisória, verifica-se que o inciso XII do art. 611-A autorizava, de forma simples, que a norma coletiva definisse o "*enquadramento do grau de insalubridade*", tendo sido alterado para possibilitar que a norma coletiva faça o "*enquadramento do grau de insalubridade e prorrogação de jornada em locais insalubres, incluída a possibilidade de contratação de perícia, afastada a licença prévia das autoridades competentes do Ministério do Trabalho, desde que respeitadas, na integralidade, as normas de saúde, higiene e segurança do trabalho previstas em lei ou em normas regulamentadoras do Ministério do Trabalho*".

A questão referente à prorrogação da jornada em locais insalubres, que não é objeto de análise neste ensaio, foi acrescida em razão da revogação do inciso XIII do art. 611-A, de modo que ambas as questões são agora enfrentadas em um único inciso.

A novidade fincada no texto é a "possibilidade de contratação de perícia, afastada a licença prévia das autoridades competentes do Ministério do Trabalho, desde que respeitadas, na integralidade, as normas de saúde, higiene e segurança do trabalho previstas em lei ou em normas regulamentadoras do Ministério do Trabalho".

Como se vê, se é certo que anteriormente, a respeito do texto da Lei 13.467, havíamos anotado que o dispositivo de norma coletiva ou *(i)* tornaria menos atrativa ao empregador o trabalho insalubre, com majoração dos percentuais legais e das exigências para o exercício deste tipo labor ou *(ii)* teria que justificar a previsão acerca do adicional devido, com a existência de prova técnica que justificasse a adoção de percentual efetivamente compatível com o dano causado ao trabalhador, a Medida Provisória 808/2017 parece querer deixar claro que seu propósito é apenas se valer da perícia para eventualmente reduzir o percentual legal, sem ter por finalidade a inibição do risco inerente ao labor em atividade insalubre.

Assim, ainda que não tenha o condão de controlar a produção da norma autônoma coletiva, fixa seu escopo, contrário aos valores que informa o ordenamento jurídico, o que, como dito alhures, torna a norma totalmente despicienda, na medida em que pode ser facilmente substituída por qualquer dos programas adotados pelas empresas, a exemplo do PPRA ou do PGR. Em resumo, mesmo que se busque, quanto ao tema, defender a "quadratura do círculo", não há espaço no nosso ordenamento jurídico para negociação que banalize o trabalho em atividade insalubre.

De modo que, independente da mudança cosmética e artificial que introduz no texto da CLT, em relação à redação original da Lei 13.467, e do forte traço de arbitrariedade que envolve esta Medida Provisória, ela sequer atinge o ilegítimo propósito externado em sua exposição de motivos, já que não teve o condão de aprimorar o já defeituoso texto original. Assim, como já consignado anteriormente, em relação ao enquadramento da insalubridade através de norma coletiva, salvo quando se buscar elevar os percentuais legais, remanesce imperiosa a prova técnica para justificar qualquer câmbio em relação aos parâmetros legais, em respeito ao farol que orienta todo o sistema de proteção ao meio ambiente de trabalho, que é a proteção à saúde e à segurança do trabalhador.

6. REFERÊNCIAS BIBLIOGRÁFICAS

Álvares da Silva, Antônio. *Flexibilização das Relações de Trabalho*, 1ª Ed., São Paulo: LTr, 2002.

MOLINA, André Araújo; GUERRA FILHO, Willis Santiago. "**Renúncia e transação no Direito do Trabalho. Uma nova visão constitucional à luz da teoria dos princípios**". *Jus Navigandi*, Teresina, ano 14, n. 2126, 27 abr. 2009. Disponível em: <http://jus.com.br/revista/texto/12715>. Acesso em 14.03.2016.

BRASIL. Constituição da República Federativa do Brasil, de 5 de outubro de 1988. Disponível em: http://www.planalto.gov.br/ccivil_03/Constituicao/Constituiçao_Compilado.htm. Acesso em 12.10.2017.

BRASIL. Decreto – Lei 5452, de 1º de maio de 1943. Aprova a Consolidação das Leis do Trabalho.

BRASIL. Decreto 127, de 22 de maio de 1991. Promulga a Convenção nº 161, da Organização Internacional do Trabalho – OIT, relativa aos Serviços de Saúde do Trabalho.

BRASIL. Decreto 1254, de 29 de setembro de 1994. Promulga a Convenção número 155, da Organização Internacional do Trabalho, sobre Segurança e Saúde dos Trabalhadores e o Meio Ambiente de Trabalho.

BRASIL. Lei 13.467, de 13 de julho de 2017. Altera a Consolidação das Leis do Trabalho, a fim de adequar a legislação às novas relações de trabalho.

BRASIL. Medida Provisória 808, de 14 de novembro de 2017. Altera a Consolidação das Leis do Trabalho.

BRITO LOPES, Otávio. *Limites Constitucionais à Negociação Coletiva, in www.planalto.gov.br/ccivil_03/revista/Rev_09/neg_coletiva_Otavio.htm.* Acesso em 23.08.2016.

CHAVES JUNIOR, José Eduardo de Resende. "Da flexibilização ou direito dúctil do trabalho", artigo classificado em 2º lugar no 2º Concurso de Monografias promovido pelo TRT/2ª Região, *in* **Revista da AMATRA II, Janeiro/2003**, pp. 42-48.

Godinho Delgado, Maurício. *Curso de direito do trabalho*, 12ª ed., São Paulo: LTr, 2012GOULD, William B. *Nociones de Derecho Norteamericano del Trabajo*, Madrid: Tecnos, 1991.

GUTIÉRREZ PÉREZ, Miguel. *Ciudadanía en la empresa y derechos fundamentales inespecíficos.* Ediciones Laborum, Murcia, 2011.

LIMA DOS SANTOS, Ronaldo. *Teoria das normas coletivas*, 2ª edição, São Paulo: LTr, 2009.

MARTINS FILHO, Ives Gandra da Silva. "Valorização da negociação coletiva e flexibilização das normas legais trabalhistas". *Revista Jurídica*, Brasília, v. 8, n. 79, pp. 1/7, jun/jul 2006. Disponível em http://planalto.gov.br/ccivil_03/revista/Rev 79/index.htm. Acesso 12.01.2012.

MÁXIMO TEODORO, Maria Cecília & MIRANDA DA SILVA, Aarão. "A imprescindibilidade da negociação coletiva nas demissões em massa e a limitação de conteúdo constitucionalmente imposta", *Revista Jus Vigilantibus*, 16 de abril de 2009. In: http://jusvi.com/pecas/39249. Acesso em 16.10.2016

OIT. Convenção 87, de 17 de junho de 1948, sobre liberdade sindical e proteção ao direito de sindicalização.

Plá Rodriguez, Américo. *Princípios de direito do trabalho*, 3ª Ed., São Paulo: LTr, 2004.

RODRIGUES PINTO, José Augusto. *Direito Sindical e Coletivo do Trabalho*, São Paulo: LTr, 1998.

____________. *Curso de Direito Individual do Trabalho*. 5ª edição, São Paulo: LTr, 2003.

ROMANO, Santi. *Frammenti de un dizionario*. Milano, Giuffrè, 1947.

ROPPO, Vicenzo. *Il contratto*. Milano: Giuffrè, 2001.

SAKO, Emília Simeão Albino. "A atuação dinâmica e eficiente dos sindicatos como garantia de realização dos direitos fundamentais e sociais dos trabalhadores". *Revista de Direito do Trabalho*, São Paulo, ano 33, n. 126, p. 70, abr./jun. 2007, pp.56-77.

TONETI DE OLIVEIRA, Pérola & DE OLIVEIRA, Lourival José. *Os limites da negociação coletiva a partir da negociação coletiva a partir do princípio da proporcionalidade.* Artigo encontrado no sítio da internet: *http://www.uel.br/revistas/uel/index.php/direitopub/article/view/10743.* Acesso em 10.03.2016.

ZAGREBELSKY, Gustavo. *El derecho dúctil. Ley, derechos, justicia*. Trad. Marina Gascón. 7ª edición, Editorial Trotta, Madrid, 2007.

ALTERAÇÕES NA RESCISÃO DO CONTRATO DE TRABALHO PREVISTAS NA LEI Nº 13.467/2017

Iara Marthos Águila[1]

Sumário: Introdução – 1. As alterações do artigo 477 da CLT: 1.1. Assistência e homologação da quitação das verbas rescisórias; 1.2. Alteração na forma de pagamento das verbas rescisórias; 1.3. Prazo para pagamento das verbas rescisórias – 2. Os efeitos das dispensas imotivadas individuais, plúrimas e coletivas previstas no artigo 477-a da CLT – 3. Plano de demissão voluntária ou incentivada e o alcance do artigo 477-b da CLT: 3.1. Distrato previsto no artigo 484-a da CLT – 4. O impacto do artigo 507-b da clt na quitação das verbas rescisórias – Considerações finais – Referências consultadas

INTRODUÇÃO

A Lei 13.467, de 13 de julho de 2017, conhecida como Reforma Trabalhista, entra em vigor no dia 11/11/2017, e altera significativamente a Consolidação das Leis do Trabalho (CLT), modificando artigos, revogando outros e ainda criando dispositivos legais. Dentre os vários dispositivos alterados estão o artigo 477 e seus parágrafos, a criação dos artigos 477-A e 477-B, e também a criação do artigo 507-B. Os dispositivos legais citados tratam direta ou indiretamente da rescisão do contrato de trabalho quanto aos seus efeitos jurídico-formais e efeitos patrimoniais, no que se refere às verbas rescisórias.

A exposição de motivos da Lei 13.467/2017 revela preocupação maior em trazer segurança jurídica para as relações de emprego e fomento para a negociação coletiva, mas também existe em vários pontos uma indicação clara para a desjudicialização das relações de trabalho. É possível perceber, ainda, que a Reforma Trabalhista foi elaborada como resposta à atuação do judiciário trabalhista na edição de Súmulas e Orientações Jurisprudenciais, sendo que alguns dispositivos

1. Professora na Faculdade de Direito de Franca e advogada trabalhista.

legais da Reforma Trabalhista parecem propositadamente desautorizar a aplicação da jurisprudência uniforme dos Tribunais Trabalhistas.

Em consonância com a exposição de motivos da nova lei, a almejada segurança jurídica atribuída aos ajustes realizados entre trabalhadores e empregadores e a diminuição de processos trabalhistas se manifesta nos artigos 477, 477-A, 477-B e 507-B, além de outros dispositivos legais modificados ou criados na Reforma Trabalhista.

A inserção do artigo 477-A da CLT tem a evidente intenção de afastar o entendimento adotado pelo judiciário trabalhista sobre a necessidade de negociação coletiva precedente à dispensa coletiva. E parar eliminar qualquer dúvida na configuração de uma dispensa individual e de uma dispensa coletiva também abarcou a dispensa plúrima.

Com o mesmo propósito de oferecer segurança jurídica o artigo 477-B regulamenta os efeitos e alcance do Plano de Demissão Voluntária ou Incentivada.

A homologação judicial de acordos extrajudiciais também tem a finalidade de diminuir os litígios trabalhistas na Justiça do Trabalho, indicando a conciliação extrajudicial como forma rápida e pacífica de solução dos conflitos. O tema jurisdição voluntária será tratado em capítulo específico.

Importante observar que embora tenha sido ajuizada no Supremo Tribunal Federal, pela Procuradoria-Geral da República, Ação Direta de Inconstitucionalidade (ADI 5766), a matéria tratada em referida ação não alcança os artigos 477, 477-A, 477-B e 507-B, analisados neste momento. A discussão sobre eventual inconstitucionalidade nesses artigos será tratada no decorrer do texto.

O objeto de estudo neste momento não é a cessação do contrato de trabalho em si, no que tange às modalidades possíveis, validade e verbas rescisórias decorrentes e sim a análise de formalidade estabelecida na CLT e na Reforma Trabalhista para a rescisão contratual e o pagamento das verbas rescisórias cabíveis.

A terminologia adotada – rescisão do contrato de trabalho – acompanha aquela usada na previsão legal da CLT, sem considerar a distinção técnica existente entre rescisão, resilição e resolução contratual. Já há algum tempo a expressão rescisão do contrato de trabalho é utilizada na prática para se referir a qualquer modalidade de extinção do contrato ou cessação da prestação de serviços, independente da causa do término do contrato. A reforma trabalhista supera, nesse aspecto, a diferença entre a prática e a teoria.

1. AS ALTERAÇÕES DO ARTIGO 477 DA CLT

O artigo 477 celetista foi alterado na redação do *caput* e dos parágrafos 4º e 6º; os parágrafos 1º, 3º e 7º foram revogados; e foi inserido o parágrafo 10. Os demais parágrafos não foram modificados. A nova redação do *caput* do artigo 477:

> Art. 477. Na extinção do contrato de trabalho, o empregador deverá proceder à anotação na Carteira de Trabalho e Previdência Social, comunicar a dispensa aos órgãos competentes e realizar o pagamento das verbas rescisórias no prazo e forma estabelecidos neste artigo.

A indenização por tempo de serviço prevista na cabeça do artigo, em sua redação anterior à Reforma Trabalhista, não era sustentável juridicamente desde a Constituição Federal de 1988, tendo em vista que, o artigo 7º, inciso III da Constituição tornou o Fundo de Garantia do Tempo de Serviço (FGTS) obrigatório, de modo que, desde então não é mais possível adquirir a estabilidade decenal prevista na CLT e, por conseguinte, a indenização vinculada a este instituto jurídico.

O FGTS, antes de sua obrigatoriedade, representou uma alternativa ao modelo da estabilidade decenal, de modo que, ou o trabalhador optava pelo sistema da estabilidade ou escolhia o sistema do FGTS, sendo um excludente do outro. A Súmula 98 do Tribunal Superior do Trabalho (TST) reconhece a equivalência entre os regimes do FGTS e da estabilidade prevista na CLT.

A indenização por tempo de serviço antes prevista no *caput* do artigo 477 consolidado e regulamentada no artigo 478 também da CLT somente teria cabimento para o empregado não optante do FGTS e que se manteve no regime da estabilidade celetista, por conseguinte, após um ano de serviço efetivo passava a ter direito à indenização por tempo de serviço nos casos de extinção do contrato de emprego por prazo indeterminado para a qual o empregado não deu motivo.

Maurício Godinho Delgado afirma que: "Contudo, também esta indenização celetista foi revogada (não recepcionada) pela Constituição de 1988."[2] Na mesma linha de raciocínio e pelos mesmos motivos o artigo 478 da CLT também foi tacitamente revogado pela Constituição Federal de 1988.

O descabimento da indenização por tempo de serviço prevista no caput do artigo 477 celetista foi confirmado com o disposto no artigo 7º, inciso I, da Constituição Federal e artigo 10, inciso I, do Ato das Disposições Constitucionais Transitórias (ACDT).[3] A Lei 5.107/66 foi revogada e o valor atual da indenização corresponde a 40% dos depósitos de FGTS realizados pelo empregador na conta vinculada do empregado, nos termos do parágrafo primeiro, do artigo 18 da Lei 8.036/90.

O depósito de 40% da soma de todos os valores depositados na conta vinculada foi previsto para o caso de dispensa sem justa causa, como substitutivo da indenização por tempo de serviço determinada no *caput* do artigo 477 da CLT para os empregados optantes do sistema do FGTS como alternativa à estabilidade celetista.

---

2. DELGADO, Maurício Godinho. *Curso de direito do trabalho*, 14. ed., São Paulo: LTr, 2015, p. 1336.
3. Art. 10. Até que seja promulgada a lei complementar a que se refere o artigo 7º, I, da Constituição: I – fica limitada a proteção nele referida ao aumento, para quatro vezes, da porcentagem prevista no artigo 6º, caput e § 1º, da Lei 5.107, de 13 de setembro de 1966;.

Os incisos I e III, do artigo 7º, da Constituição sepultaram o cabimento da indenização prevista no artigo 477 da CLT. Desse modo, a alteração trazida pela Reforma Trabalhista para excluir do *caput* do artigo 477 a indenização nos casos de dispensa sem justo motivo de empregado não optante do FGTS sedimentou algo que após a Constituição Federal de 1988 já ocorria, ou seja, a impossibilidade de coexistência entre referida indenização e a obrigatoriedade do FGTS com multa específica para a dispensa sem justa causa. Desse modo, a supressão do texto anterior apenas regulamentou o que já estava posto.

Por uma questão de coerência, o artigo 478 da CLT, que regulamenta o cabimento e valor da indenização prevista no artigo precedente, deveria ser revogado expressamente, já que a Constituição Federal o revogou tacitamente.

A inovação de conteúdo no *caput* do artigo 477 trazida pela Lei nº 13.467/2017, por sua vez, representa obrigação legal já imposta ao empregador, especificamente no que se refere à necessidade de anotar os dados do contrato de trabalho na Carteira de Trabalho e Previdência Social – CTPS – do obreiro, inclusive a data do término do contrato, e fazer o pagamento das verbas rescisórias no prazo legal. No mesmo sentido, impõe ao empregador comunicar a dispensa aos órgãos competentes.

A nova redação da cabeça do artigo 477 revela a intenção desburocratizante quando analisada em conjunto com o parágrafo 10 acrescentado ao mencionado artigo.[4] É inegável que havendo a comunicação da dispensa aos órgãos competentes ficará muito mais simples e fácil para o trabalhador requerer e receber o benefício do seguro-desemprego e sacar os depósitos do FGTS, desde que em ambos os casos sejam preenchidas as hipóteses legais, apenas com a apresentação da CTPS.

O empregador não precisa mais entregar as guias próprias da cessação do contrato de trabalho para o empregado, a comunicação será direta para os órgãos competentes.

1.1. Assistência e homologação da quitação das verbas rescisórias

A revogação dos parágrafos, 1º, 3º e 7º, do artigo 477 da CLT alterou drasticamente o procedimento anteriormente estabelecido para validade do pedido de demissão ou quitação das verbas ou parcelas rescisórias.

O parágrafo 1º do artigo 477 consolidado determinava a obrigatoriedade do sindicato representativo da categoria profissional do empregado ou da autoridade do Ministério do Trabalho e Previdência Social prestar assistência ao trabalhador

4. §10. A anotação da extinção do contrato na Carteira de Trabalho e Previdência Social é documento hábil para requerer o benefício do seguro-desemprego e a movimentação da conta vinculada no Fundo de Garantia do Tempo de Serviço, nas hipóteses legais, desde que a comunicação prevista no caput deste artigo tenha sido realizada.

no ato do pagamento das verbas rescisórias quando o contrato de trabalho tivesse duração superior a um ano.

O parágrafo 3º do mesmo artigo estabelecia a possibilidade de outros órgãos existentes na localidade poderem prestar a assistência prevista no parágrafo 1º, na hipótese de ausência de entidade sindical ou órgão do Ministério do Trabalho e Previdência Social no local da prestação de serviços. Por sua vez, o parágrafo 7º do artigo em referência ditava que a assistência deveria ser prestada sem ônus para o trabalhador e para o empregador.

A obrigatoriedade da assistência no pedido de demissão ou no ato da quitação das verbas ou parcelas rescisórias para contratos com duração superior a um ano é uma formalidade especial criada com a finalidade de garantir a autenticidade da vontade do trabalhador que pede demissão e garantir a correção no pagamento das verbas rescisórias, quanto aos valores discriminados no termo de rescisão do contrato de trabalho e quanto às parcelas constantes em referido documento.

Nesse sentido, a assistência tem o objetivo de orientar e esclarecer os direitos e obrigações decorrentes da extinção do contrato de trabalho e seus efeitos. A homologação do termo de rescisão do contrato de trabalho é ato contínuo, que representa a confirmação do pagamento dos valores e parcelas constantes no documento de quitação.

O TST editou a Súmula 330 expressando seu entendimento sobre a quitação e validade da assistência prestada no ato da quitação das verbas rescisórias, no sentido de que a eficácia liberatória produzida pela homologação se restringe aos valores e parcelas constantes expressamente no termo de rescisão contratual ou recibo de quitação, portanto, não produz eficácia liberatória geral.

A assistência acompanhada de posterior homologação do recibo de pagamento das verbas rescisórias passou a ter o mesmo efeito de recibo de pagamento, tendo em vista o entendimento sedimentado no judiciário trabalhista sobre a eficácia da assistência no ato da quitação das parcelas decorrentes da cessação do contrato de trabalho.

Na prática, a assistência gerava apenas o efeito de garantir que o trabalhador estava ciente dos efeitos da extinção do vínculo de emprego e no caso de pedido de demissão expressava ser a iniciativa do empregado fruto de sua vontade, sem nenhum tipo de vício de vontade.

Considerando a atuação da Justiça do Trabalho em apreciar a validade de rescisões contratuais mesmo quando feitas com a assistência sindical e homologadas pela entidade, a previsão constante nos dispositivos legais já era de pouca utilidade prática. Contudo, é evidente a perda da garantia de esclarecimento e orientação feita no ato da assistência, sobretudo no que se refere aos pedidos de demissão. De todo modo, o judiciário trabalhista poderá suprir essa deficiência.

Na exposição de motivos da Lei 13.467/2017 o excesso de demandas trabalhistas foi apontado como uma das razões para a existência da Reforma Trabalhista. Parece ser um contrassenso, portanto, retirar a obrigatoriedade da assistência realizada pela entidade sindical ou órgão do Ministério do Trabalho e Previdência Social e remeter à Justiça do Trabalho discussão sobre a validade da quitação das verbas rescisórias ou do pedido de demissão, especialmente pedido de demissão de empregado estável.

O artigo 507-B da Reforma Trabalhista regulamenta atividade sindical de assistência em outra circunstância. O novo dispositivo legal permite e valida a quitação anual de obrigações trabalhista acompanhada por entidade sindical representativa da categoria dos trabalhadores, ou seja, com a assistência do sindicato. Esse procedimento demonstra que a assistência foi suprimida em um ponto e aplicada em outro.

Talvez fosse mais eficiente para a proposta da Reforma Trabalhista regulamentar os efeitos da assistência no pedido de demissão ou quitação das verbas rescisórias ao invés de revogar os parágrafos do artigo 477 sobre o tema, de modo que, o parágrafo 1º do artigo 477 poderia atuar em harmonia com o novo artigo 507-B da CLT. Quer parecer que, de fato, a intenção foi apenas simplificar as formalidades para validar o pagamento das verbas rescisórias e cessação da prestação de serviços.

A revogação dos parágrafos 1º, 3º e 7º vai refletir direta ou indiretamente nas normas regulamentadores do Ministério do Trabalho sobre assistência e homologação do termo de rescisão do contrato de trabalho. Da mesma forma, a Súmula 330 do TST deverá sofrer modificação ou mesmo cancelamento.

1.2. Alteração na forma de pagamento das verbas rescisórias

A revogação do parágrafo 1º, do artigo 477 da CLT pela Lei nº 13.467/2017 impôs alteração em outros parágrafos do mesmo artigo, dentre eles o parágrafo 4º que ficou com a seguinte redação:

> § 4º O pagamento a que fizer jus o empregado será efetuado:
>
> I – em dinheiro, depósito bancário ou cheque visado, conforme acordem as partes; ou
>
> II – em dinheiro ou depósito bancário quando o empregado for analfabeto.

Não havendo mais assistência e homologação do pedido de demissão e da quitação das verbas rescisórias não faria sentido manter a redação original de que o pagamento das referidas verbas deverá ser efetuado no ato da homologação da rescisão do contrato de trabalho, como constava no parágrafo 4º. A segunda parte do dispositivo legal estabelecia a forma de pagamento das parcelas rescisórias.

Com a alteração foi suprimido o mandamento sobre o momento para efetuar o pagamento das verbas rescisórias e inseridos os incisos I e II sobre a forma de pagamento, especificando que para o empregado analfabeto a quitação deve ser feita em dinheiro ou depósito bancário e para empregado alfabetizado as partes podem acordar no pagamento feito em dinheiro, depósito bancário ou cheque visado.

Não houve uma alteração substancial, tendo em vista que na prática a jurisprudência já admitia a validade da quitação das verbas rescisórias pagas por meio de depósito bancário. A inclusão da nova modalidade de pagamento atende à critérios de segurança e praticidade.

Particularidade trazida pela nova redação do parágrafo 4º poderá suscitar controvérsia. Das alternativas na forma de pagamento estabelecidas para o empregado alfabetizado será adotada aquela que foi definida de comum acordo entre as partes. O texto legal não estabeleceu formalidade expressa para manifestação da concordância na forma de quitação das verbas rescisórias, o que permite a concordância tácita, de modo que, concretizado o pagamento seguindo o mesmo critério adotado para o pagamento do salário mensal parece não haver embasamento para a discussão sobre concordância ou não dessa mesma ferramenta ou meio para quitar as verbas rescisórias. Adotada a modalidade de depósito bancário para pagamento de salários durante o pacto empregatício a quitação das verbas rescisórias está validada por essa mesma modalidade de pagamento, ainda que não tenha a concordância expressa e formal do trabalhador.

1.3. Prazo para pagamento das verbas rescisórias

O prazo para pagamento das verbas rescisórias foi unificado em dez dias na nova redação do parágrafo 6º, do artigo 477 da CLT. As alíneas *a* e *b* foram revogadas na alteração do texto legal.

> § 6º A entrega ao empregado de documentos que comprovem a comunicação da extinção contratual aos órgãos competentes bem como o pagamento dos valores constantes do instrumento de rescisão ou recibo de quitação deverão ser efetuados até dez dias contados a partir do término do contrato.

O prazo unificado de dez dias independe da existência ou não de aviso prévio, da mesma forma não se vincula ao aviso prévio ter sido trabalhado ou não. Desse modo, não se aplica mais o prazo de um dia útil para pagamento das parcelas rescisórias no caso de aviso prévio trabalhado ou cumprido.

No mesmo prazo de dez dias o empregador deve entregar ao empregado os documentos que comprovam a comunicação da extinção do contrato de trabalho aos órgãos competentes. A modificação legal torna desnecessário o conteúdo da Orientação Jurisprudencial (OJ) nº 14 da SDI-I do TST, que se refere ao aviso prévio cumprido em casa.

A redação do texto legal no que se refere à entrega ao empregado de documentos que comprovem a comunicação da extinção do contrato aos órgãos competentes parece se referir aos documentos eletrônicos utilizados pelo empregador para informar o término da relação de emprego. Isso não significa que o trabalhador irá precisar de tais documentos para poder requerer o seguro-desemprego e sacar os depósitos de FGTS, como deixa claro o parágrafo 10 do artigo 477 celetista. A entrega dos documentos apenas tem a finalidade de comprovar, inclusive perante os órgãos competentes, que o empregador já fez a comunicação e com isso a apresentação da CTPS com as devidas anotações é suficiente para o recebimento do seguro-desemprego e FGTS. Resta saber como os órgãos que administram referidos direitos vão se comportar frente à inovação e desburocratização trazida pela Reforma Trabalhista.

O novo parágrafo 6º estabelece que o prazo de dez dias para pagar as parcelas decorrentes da extinção do contrato de trabalho será contado a partir do término do contrato. O marco inicial da contagem do prazo no caso de aviso prévio indenizado deve ser a notificação da extinção do contrato de trabalho, seguindo o parâmetro do texto da revogada alínea *b* do parágrafo 6º, bem como de todo contexto do Direito do Trabalho.

O aviso prévio indenizado se projeta no tempo de modo que o contrato continua a gerar efeitos jurídicos mesmo após encerrada a efetiva prestação de serviços. Tecnicamente o contrato se extingue após o período do aviso prévio indenizado, nesse sentido é a OJ 82 da SDI-I do TST, que adota o entendimento de que a anotação na CTPS da data da saída ou data do término do contrato de trabalho deve ser a data correspondente ao término do prazo do aviso prévio, mesmo que indenizado. No entanto, o pagamento das verbas rescisórias no prazo de dez dias, em se tratando de aviso prévio indenizado, deve observar a data da comunicação da extinção do contrato.

A importância de se estabelecer o marco inicial da contagem do prazo para pagar as verbas rescisórias está na penalidade mantida no parágrafo 8º do artigo 477, vale dizer, multa no valor correspondente a um mês de salário no caso de atraso ou inadimplemento no pagamento das verbas rescisórias, salvo no caso em que o trabalhador der causa à mora.

A contagem do prazo, agora uniformizado em dez dias, segue a regra do artigo 132 do Código Civil, conforme entendimento pacificado no TST e exposto na OJ 162 da SDI-I.

2. OS EFEITOS DAS DISPENSAS IMOTIVADAS INDIVIDUAIS, PLÚRIMAS E COLETIVAS PREVISTAS NO ARTIGO 477-A DA CLT

O novo artigo 477-A da CLT determina que as dispensas imotivadas individuais, plúrimas e coletivas são equiparadas para todos os fins, sem a necessidade de autorização prévia de entidade sindical ou previsão em norma coletiva para a efetivação e validade da dispensa imotivada.

> Art. 477-A. As dispensas imotivadas individuais, plúrimas ou coletivas equiparam-se para todos os fins, não havendo necessidade de autorização prévia de entidade sindical ou de celebração de convenção coletiva ou acordo coletivo de trabalho para sua efetivação.

A redação do citado dispositivo legal deixa clara a intenção do legislador em afastar o entendimento adotado pela jurisprudência do TST sobre a necessidade de negociação coletiva prévia à dispensa coletiva. Ao equiparar a dispensa coletiva e plúrima à dispensa individual também afasta a necessidade de assistência da entidade sindical ou órgão do Ministério do Trabalho e da Previdência Social quando da quitação das parcelas rescisórias, pela revogação do parágrafo 1º do artigo 477 consolidado.

A diferença básica entre a dispensa individual e a coletiva está na abrangência e dimensão das duas modalidades extintivas do contrato de trabalho. A individual atinge um ou alguns trabalhadores, sem configurar o aspecto de grupo tratado em ato uno, por sua vez a dispensa coletiva tem consigo o caráter de massa, representando um número expressivo de trabalhadores da empresa ou do estabelecimento. A dispensa plúrima envolve mais de um trabalhador, mas sem a dimensão maciça própria da dispensa coletiva, na verdade, a dispensa plúrima é dispensa individual de alguns trabalhadores em contraponto à dispensa individual singular. Para esvaziar qualquer dúvida o legislador preferiu usar terminologia mais específica.

A motivação de criar o artigo 477-A, de acordo com o que se percebe na exposição de motivos da Lei nº 13.467/2017, foi terminar com as demandas no judiciário trabalhista sobre a validade das dispensas coletivas sem a necessidade de negociação coletiva precedente. No que se refere à dispensa coletiva a Convenção Internacional nº 158 da Organização Internacional do Trabalho (OIT), no artigo 13, prevê que no caso de dispensa coletiva, ainda que motivada (motivos econômicos, tecnológicos, estruturais ou análogos), o empregador deve informar o ato à entidade sindical representativa da categoria, bem como informar o período no qual as dispensas se realizariam. Ao empregador cabe também manter negociação coletiva com as entidades sindicais da categoria profissional para tentar minimizar os efeitos sociais da dispensa coletiva. O TST possui jurisprudência sobre a necessidade da negociação coletiva para validar dispensa coletiva e usa como fundamento a Convenção nº 158 da OIT, dentre outras.

A Convenção Internacional nº 158 da OIT, conhecida como a Convenção sobre o término da relação de trabalho, estabelece que a efetividade de seus dispositivos deve se dar por lei nacional. Como é tradição das Convenções Internacionais a aplicação e eficácia do conteúdo da Convenção nº 158 depende de lei nacional que regulamente a norma programática expressa na Convenção, razão pela qual, sua validade no ordenamento jurídica interno é dependente da compatibilidade da norma internacional com a legislação nacional, sobretudo, com a Constituição Federal.

A Convenção Internacional foi ratificada pelo Brasil e em seguida denunciada com fundamento na incompatibilidade da Convenção com a Constituição, especialmente com o artigo 7º, inciso I, da Carta Magna. Ainda está pendente de julgamento no STF a validade da denúncia da Convenção Internacional nº 158, por meio de Ação Direta de Inconstitucionalidade (ADI 1625). No entanto, existe decisão em outra Ação Direta de Inconstitucionalidade (ADI 1.480) que entendeu que a Convenção Internacional nº 158 tem eficácia limitada e não garante o direito ao emprego, de modo que, por ora os efeitos da Convenção não podem ser invocados para impedir a dispensa imotivada.

O ponto mais destacado da Convenção é a impossibilidade da dispensa imotivada. Mas a norma internacional também trata da dispensa coletiva e, portanto, sobre esse tema a aplicação e eficácia da Convenção Internacional segue as mesmas diretrizes fornecidas pelo STF sobre a dispensa individual imotivada.

De acordo com Vólia Bomfim Cassar[5], sobre a inserção do artigo 477-A celetista: "A novidade soterra a discussão a respeito da validade ou não da renúncia à Convenção 158 da OIT. Portanto, agora também as dispensas coletivas ou plúrimas também fazem parte do poder potestativo do empregador."

Por outro lado, Homero Batista Mateus da Silva[6] acredita que a constitucionalidade do artigo 477-A será fortemente discutida em razão do que consta no artigo 7º, inciso I, da Constituição Federal. O mesmo autor sustenta, no que tange à aplicação da Convenção Internacional nº 158 da OIT, que: "Apesar de sua validade ainda estar pendente de julgamento no plenário do STF, a Convenção 158 da OIT, se for aplicada ao ordenamento jurídico brasileiro, colide frontalmente com a redação dada ao art. 477-A da CLT, que cede diante do tratado internacional."

A polêmica sobre a aplicação da Convenção no direito interno se mantém, contudo, parece não ter cabimento. O inciso I, do artigo 7º, da Constituição Federal assegura proteção ao trabalhador contra a dispensa arbitrária ou sem justa causa, sendo que a proteção é manifestada com a exigência, no caso de dispensa arbitrária ou sem justa causa, de pagamento por parte do empregador de indenização compensatória a estas modalidades de término do contrato de trabalho, além de outros direitos. A Constituição Federal não veda a dispensa arbitrária ou sem justa causa, portanto, não adota a regra da estabilidade no emprego. Ao determinar o pagamento de indenização compensatória permite a dispensa arbitrária ou sem justa causa, contudo, com uma contrapartida financeira.

O dispositivo constitucional remete para lei complementar a regulamentação da indenização compensatória. O artigo 10 e seu inciso I, do Ato das Disposições Constitucionais Transitórias (ADCT) estabelecem que enquanto não for promulgada a lei complementar referida no inciso I do artigo 7º da Constituição o valor da indenização será o valor da porcentagem prevista no atual artigo 18, da Lei 8.036/90, ou seja, 40% dos depósitos feitos na conta vinculada do FGTS.

O inciso I, do artigo 10 do ADCT deixa claro que a indenização prevista no inciso I, do artigo 7º da Constituição é a proteção contra a dispensa arbitrária ou sem justa causa. Alice Monteiro de Barros[7] esclarece que o preceito contido no inciso I, do artigo 7º da Constituição não é autoaplicável e mantém a dispensa como um direito potestativo do empregador, portanto, não impede o término do contrato de trabalho imotivadamente.

---

5. CASSAR, Vólia Bomfim. *CLT comparada e atualizada: com a reforma trabalhista*. Rio de Janeiro: Forense; São Paulo: Método, 2017, p. 242.
6. SILVA, Homero Batista Mateus da. *Comentários à reforma trabalhista*, São Paulo: Revista dos Tribunais, 2017, pp. 90 e 92.
7. BARROS, Alice Monteiro. *Curso de direito do trabalho*. São Paulo: LTr, 2009, p. 978.

Amauri Mascaro Nascimento sobre o tema leciona:

> Assim, não é possível afastar a interpretação segundo a qual a proteção da relação de emprego consiste na adoção de medidas ordenatórias da dispensa imotivada do trabalhador, sendo uma forma de restrição ao direito potestativo de despedir. Coincidiria, de certo modo, com a ideia de estabilidade absoluta e seria mesmo identificável com ela, caso não tivesse a Constituição indicado a possibilidade de indenização de dispensa.[8]

O STF ao julgar a arguição de inconstitucionalidade da Convenção Internacional nº 158 considerou que o artigo 7º, inciso I, da Constituição Federal não é autoexecutável e que necessita de lei complementar para sua regulamentação, de modo que: "Sepultou a Corte Suprema, em consequência, qualquer possibilidade de eficácia jurídica ao diploma convencional no território do Brasil."[9]

A incompatibilidade da Convenção Internacional nº 158 da OIT com a Constituição é evidente. A própria Convenção remete sua eficácia à necessidade de regulamentação por lei nacional. A Reforma Trabalhista em análise é expressa por lei ordinária que, particularmente quanto ao teor do artigo 477-A, salvo melhor juízo, não revela inconstitucionalidade.

De acordo com a sistemática estabelecida no parágrafo 2º do artigo 8º da CLT o judiciário trabalhista não poderá manter jurisprudência que obrigue o empregador estabelecer negociação coletiva antes da dispensa coletiva como requisito de validade do término dos contratos.

É indiscutível que o impacto da dispensa coletiva no cenário social e econômico é muito mais abrangente que a dispensa individual, razão pela qual a jurisprudência do TST vertia para o tratamento desigual das duas modalidades de dispensa e estabelecia a negociação coletiva como procedimento prévio imprescindível para os casos de dispensa em massa. No entanto, a interpretação jurisprudencial deve ceder frente ao texto legal expresso adotado na Reforma Trabalhista, até que seja editada lei complementar regulamentando matéria que necessita mesmo de regulamentação, como é o caso da dispensa coletiva.

3. PLANO DE DEMISSÃO VOLUNTÁRIA OU INCENTIVADA E O ALCANCE DO ARTIGO 477-B DA CLT

O artigo 477-B é uma inovação prevista na Lei nº 13.467/2017 e não tem correspondente na legislação anterior, embora tivesse existência prática reconhecida.

> Art. 477-B. Plano de Demissão Voluntária ou Incentivada, para dispensa individual, plúrima ou coletiva, previsto em convenção coletiva ou acordo coletivo

8. NASCIMENTO, Amauri Mascaro. *Direito contemporâneo do trabalho*. São Paulo: Saraiva, 2011, pp. 248-249.
9. DELGADO, Maurício Godinho. *Curso de direito do trabalho*. 14. ed. São Paulo: LTr, 2015, p. 1266.

de trabalho, enseja quitação plena e irrevogável dos direitos decorrentes da relação empregatícia, salvo disposição em contrário estipulada entre as partes.

No cenário jurídico precedente à Reforma Trabalhista o Plano de Demissão Voluntária (PDV) ou Programa de Demissão Incentivada (PDI), dentro das modalidades existentes para a cessação do contrato de trabalho, representa formalmente término do contrato laboral por dispensa sem justa causa e, por conseguinte, gera as verbas rescisórias desta modalidade extintiva de contrato. Por aderir ao plano de demissão voluntária promovido pelo empregador o trabalhador deve receber, além das verbas rescisórias típicas, uma importância em pecúnia ou benefícios assistenciais a título de incentivo para a adesão, tratada como uma indenização. De acordo com a OJ nº 207 da SDI-I do TST, a indenização paga em virtude de adesão ao PDV não tem natureza salarial.

O PDV poderá ser criado por negociação coletiva (convenção coletiva ou acordo coletivo) ou por norma interna da empresa. Nos dois casos cabe ao empregador oferecer contrapartida em dinheiro ou benefícios ao empregador que aderir ao PDV e se desligar da empresa. Considerando a dinâmica do PDV, na qual a empresa faz as propostas incentivadoras para o desligamento dos empregados e os trabalhadores concordam ou não com as propostas e, portanto, concordam ou não com a cessação do vínculo de emprego, o PDV é uma espécie de distrato, extinção do contrato de trabalho de forma bilateral.

O STF ao julgar em Sessão Plenária Recurso Extraordinário (RE 590415), com repercussão geral reconhecida, decidiu que os planos de demissão voluntária ou planos de dispensa incentivada, quando negociados por norma coletiva, validam cláusula que dá quitação ampla, geral e irrestrita de todas as parcelas e verbas decorrentes do contrato de emprego. De acordo com o STF a desigualdade econômica e social existente entre empregado e empregador individualmente considerados desaparece na hipótese em que os trabalhadores são representados e assistidos por entidade sindical, de modo que não há desequilíbrio de forças na negociação feita com a participação do sindicato representativo da categoria dos trabalhadores, razão pela qual, a adoção de cláusula que estabelece quitação geral é válida nessa circunstância.

A decisão do STF desautoriza o entendimento contrário exposto na OJ nº 270 da SDI-I do TST, segundo o qual a quitação alcança apenas e exclusivamente as parcelas e valores constantes no recibo. No mesmo sentido a OJ nº 356 da SDI-I do TST sustenta que a indenização paga em decorrência de adesão do empregado ao PDV não pode ser usada para compensar créditos trabalhistas reconhecidos em juízo, expressando claramente que não ocorre quitação geral na cessação do contrato de trabalho por adesão à Programa de Demissão Voluntária.

O entendimento do TST sobre o alcance da quitação das verbas trabalhistas via adesão à PDV destoa do entendimento do STF. O novo artigo 477-B da CLT está em consonância com a decisão do STF e positiva o tema, estabelecendo que Plano de Demissão Voluntária ou Incentivada para dispensa individual, plúrima ou coletiva previsto em convenção coletiva ou acordo coletivo de trabalho "enseja quitação plena e irrevogável dos direitos decorrentes da relação empregatícia, salvo disposição em contrário estipulada entre as partes."

Quer parecer que o texto legal foi mais além da interpretação dada pelo STF. Enquanto a jurisprudência valida cláusula que prevê a quitação geral, o texto do artigo 477-B não exige para a quitação a existência de cláusula na norma coletiva, sendo a quitação geral e irrevogável decorrência natural dos planos de demissão voluntária ou incentivada negociados em instrumento coletivo.

De todo modo, a quitação das verbas e direitos originários no contrato de emprego que foi extinto via PDV ou PDI somente ocorre na implantação dos programas de demissão em norma coletiva, com a participação de entidade sindical representativa da categoria dos trabalhadores. Na implantação de PDV por norma interna da empresa não haverá a quitação prevista no artigo 477-B celetista.

3.1. Distrato previsto no artigo 484-A da CLT

O Plano de Demissão Voluntária ou Incentivada em perspectiva técnico-formal é uma espécie de distrato, no sentido de que empregado e empregador concordam e ajustam a cessação do contrato de trabalho e seus efeitos patrimoniais e jurídicos. No entanto, o término do contrato de trabalho via PDV ocorre pelo procedimento da adesão do trabalhador às propostas apresentadas pelo empregador e não por genuína vontade inicial do empregado.

O distrato como forma de cessação da prestação de serviços também foi inserido na CLT no artigo 484-A. Essa inovação da Reforma Trabalhista trata da extinção do contrato de trabalho por mútuo acordo e verbas rescisórias devidas para essa modalidade de término do vínculo laboral.

De acordo com a nova previsão legal, o término do contrato de trabalho por mútuo acordo entre as partes implica no pagamento da metade do valor do aviso prévio indenizado, metade do valor da indenização prevista para dispensa sem justa causa (cujo valor integral corresponde a 40% dos depósitos do FGTS) e pagamento integral das demais verbas rescisórias típicas da dispensa sem justa causa (saldo de salário, férias acrescidas de 1/3 e décimo terceiro salário). Contudo, não terá direito ao recebimento do seguro-desemprego e o saque dos depósitos do FGTS está limitado a 80% do valor dos depósitos, o restante dos depósitos do FGTS permanece na conta vinculada do trabalhador até que ocorram outras hipóteses legalmente previstas e que autorizam o levantamento do valor remanescente.

O distrato não se confunde com transação de verbas trabalhistas e por isso todas as parcelas rescisórias elencadas no artigo 484-A celetista deverão ser pagas e no valor estabelecido no texto legal. O distrato adotado na Reforma Trabalhista permite o ajuste de vontade entre empregado e empregador apenas para pactuar consensualmente a cessação do contrato de trabalho e não quais verbas serão quitadas.

A extinção do vínculo de emprego por mútuo acordo atende a situação prática reiterada, na qual o empregado não quer manter o contrato, mas também não quer pedir demissão em razão a perda significativa de direitos rescisórios nessa modalidade de extinção do contrato de trabalho em comparação com a dispensa sem justa causa. É comum, então, que o empregado peça ao empregador para ser dispensado. O empregador, por sua vez, reluta em atender a solicitação do obreiro em razão dos custos que a dispensa sem justa causa representa. É uma situação concreta difícil de ser equalizada, mas que poderá ser solucionada com a aplicação do artigo 484-A consolidado.

Considerando o PDV uma espécie de distrato é possível pensar inicialmente no cabimento das verbas rescisórias previstas no artigo 484-A da CLT e não nas verbas rescisórias da dispensa sem justa causa ou previstas no PDV. No entanto, o PDV não se confunde com o distrato previsto no artigo 484-A em face de sua essência e razão de existência, sendo que, o PDV é instrumento que interessa ao empregador e por isso são previstas contrapartidas aos empregados que aderirem ao plano.

Parece ser incompatível a previsão do artigo 484-A da CLT com a figura jurídica do Plano de Demissão Voluntário ou Incentivada, tendo em vista a redução de parcelas rescisórias previstas no caso de dispensa por mútuo acordo entre empregado e empregador. É certo, por conseguinte que são duas formas diferentes de cessão da prestação de serviços e com efeitos jurídicos e patrimoniais também diferentes.

A recente Reforma Trabalhista permite, neste ponto, um questionamento que somente será respondido no decorrer do tempo, trata-se do uso do distrato que não representa vontade hígida do trabalhador, distrato realizado com vício de consentimento. Na vigência do antigo parágrafo 1º, do artigo 477, a assistência sindical no ato da rescisão contratual e quitação das parcelas rescisórias poderia identificar o vício de vontade e não validar o distrato. Não havendo mais a assistência sindical e consequente homologação das verbas rescisórias a discussão será levada ao judiciário trabalhista, de modo que, a medida legal adotada para diminuir as demandas trabalhistas poderá atuar no sentido contrário.

4. O IMPACTO DO ARTIGO 507-B DA CLT NA QUITAÇÃO DAS VERBAS RESCISÓRIAS

O artigo 507-B foi inserido na CLT com a Reforma Trabalhista promovida pela Lei nº 13.467/2017 e possui a seguinte redação:

> Art. 507-B. É facultado a empregados e empregadores, na vigência ou não do contrato de emprego, firmar o termo de quitação anual de obrigações trabalhistas, perante o sindicato dos empregados da categoria.
>
> Parágrafo único. O termo discriminará as obrigações de dar e fazer cumpridas mensalmente e dele constará a quitação anual dada pelo empregado, com eficácia liberatória das parcelas nele especificadas.

A quitação anual de obrigações trabalhistas já foi adotada anteriormente para os trabalhadores rurais e foi revogada pela Emenda Constitucional nº 28/2000.

A nova sistemática mais uma vez demonstra o perfil da Reforma Trabalhista de diminuir as demandas trabalhistas e permitir maior segurança jurídica com procedimentos extrajudiciais para quitar direitos trabalhistas. Havendo a quitação anual homologada pelo sindicato representativo da categoria profissional dos trabalhadores ocorre sensível redução de questionamentos sobre o pagamento de verbas vencidas antes da extinção do contrato de emprego, com isso, diminui o passivo trabalhista das empresas.

A faculdade de firmar o termo de quitação anual das obrigações trabalhistas deve ser exercida de comum acordo por empregado e por empregador, e somente terá validade com a chancela do sindicato dos empregados. Nesse ponto se assemelha ao acordo extrajudicial regulamentado nos artigos 855-B a 855-E da CLT, sem, contudo, exigir a homologação da Justiça do Trabalho que continua a ser o instrumento hábil e seguro para a quitação geral dos acordos realizados extrajudicialmente, exceto no caso da adesão ao Plano de Demissão Voluntária ou Incentivada, conforme exposto acima.

Em perspectiva prática o termo de quitação apenas se concretizará com a participação efetiva da entidade sindical que representa a categoria dos empregados que deverá, se entender correto, homologar o termo de quitação anual. Desse modo, a adoção do novo procedimento proposto pela Reforma Trabalhista depende da vontade do sindicato, que poderá atuar com viés mais político/ideológico e simplesmente se recusar a passar o termo de quitação ou poderá atuar com viés de política de resultado e homologar o termo de quitação.

O novo dispositivo legal permite o termo de quitação anual na vigência ou não do contrato de emprego. Em termos práticos parece ser de pouca valia a opção oferecida pelo legislador. Fora da vigência do contrato, após o seu término, a quitação anual equivale a assistência e homologação de um termo de quitação das verbas rescisórias, procedimento revogado na Reforma Trabalhista. Por seu turno, findo o vínculo de emprego e havendo interesse das partes em quitar as obrigações trabalhistas, o acordo extrajudicial levado para homologação na Justiça do Trabalho, por meio de jurisdição voluntária, mostra-se mais adequado para a finalidade almejada pelas partes.

Com a revogação do parágrafo 1º, do artigo 477, a entidade sindical perdeu atuação quantitativa que pode ser reassumida com nova roupagem na atuação no termo de quitação anual. A participação do sindicato na quitação anual adquire maior relevância na medida em que deverá investigar se realmente o trabalhador recebeu as parcelas identificadas no termo de quitação e valores correspondentes a elas. Mais do que isso, o sindicato deverá certificar se não existe vício de consentimento do empregado no termo de quitação anual.

Ainda que as relações de trabalho com vínculo de emprego tenham se modificado no tempo a hipossuficiência do trabalhador persiste, a assimetria de forças entre o empregado e o empregador continua a existir. A possibilidade de firmar termo de quitação anual, inclusive de todos os anos, na vigência do contrato de emprego causa especial preocupação, uma vez que representa ferramenta poderosa na mão do empregador para quitar obrigação independente de seu pagamento, bastando que o trabalhador, que ainda é empregado e depende de seu emprego como fonte de subsistência, concorde e confirme ao sindicato o recebimento das parcelas. Poderá, ainda, o empregador inserir todas as parcelas possíveis, mesmo que não pagas, e a quitação será efetivada.

No que tange ao alcance da quitação já começam haver entendimentos diferentes, no sentido de que a quitação será geral e no sentido contrário. O texto do parágrafo 1º, do artigo 477 celetista, salvo melhor juízo, não permite interpretação para a quitação geral, posto que textualmente estabelece que a quitação anual dada pelo empregado tem eficácia liberatória das parcelas especificadas no termo de quitação. Entendimento contrário, pela liberação geral, se baseia na eficácia liberatória das parcelas especificadas no termo de quitação considerando apenas a nomenclatura da parcela, independente da correção do valor pago referente à parcela especificada, no sentido de que, havendo a discriminação da parcela no termo de quitação anual não importa o valor que foi pago. A jurisprudência do judiciário trabalhista não caminha nessa direção, como se verifica no teor da Súmula 330 do TST.

O cabimento de interpretações diferentes sobre o alcance da quitação anual afasta a almejada segurança jurídica nas relações de trabalho. Resta o questionamento sobre o interesse dos empregadores em adotar referido procedimento, tendo em vista que o entendimento de que a quitação não é geral e que o judiciário trabalhista poderá não acolher a validade do procedimento, não reconhecendo a validade dos termos de quitação anual.

Por outro lado, acolhido o entendimento de que a quitação é geral, o termo de quitação assume papel de destaque nas relações de trabalho e esvazia a jurisdição voluntária para homologação de acordos extrajudiciais, uma vez que o termo de quitação terá os mesmos efeitos de quitação geral e possui procedimento muito mais simplificado, inclusive sem a necessidade de advogado acompanhando o trabalhador. Esse entendimento causa preocupação e fere os princípios basilares do Direito do Trabalho, razão pela qual, parece não ter vida longa no judiciário trabalhista.

A Justiça do Trabalho se encontra no paradoxo de possuir o dever de zelar pela correta aplicação das normas trabalhistas protetivas e de observar os preceitos legais em vigor, inclusive a Lei 13.467/2017. Nesse sentido, quer parecer que a Justiça do Trabalho não poderá simplesmente ignorar dispositivo legal e retirar eficácia do texto legal, recusando-se sistematicamente validar o termo de quitação anual homologado pelo sindicato dos trabalhadores. Novamente, levará tempo para a jurisprudência pacificar o entendimento sobre o tema.

De todo modo, a quitação anual das obrigações trabalhistas não apenas impacta nas verbas rescisórias, mas impacta em questões operacionais das empresas e, sobretudo, na garantia para o trabalhador de recebimento de direitos trabalhistas.

CONSIDERAÇÕES FINAIS

No decorrer dos debates para a aprovação do Projeto de Lei da Reforma Trabalhista vários motivos foram expostos, alguns favoráveis e outros contrários à reforma. A análise feita em perspectiva eminentemente jurídica não autoriza a conclusão de que a reforma irá aumentar a quantidade de empregos. Contudo, revela a tentativa de diminuir a atuação do judiciário trabalhista por meio da edição de Súmulas e Orientações Jurisprudenciais que acabam, em certa medida, *legislando* sobre relações de emprego. A Reforma Trabalhista também propõe medidas que buscam diminuir a quantidade de demandas trabalhistas e para isso cria ferramentas que simplificam ou desburocratizam atos do contrato de trabalho, ferramentas que permitem acordo entre as partes para resolver conflitos trabalhistas e também instrumentos que trazem maior segurança jurídica nas relações de trabalho.

Das várias inovações trazidas pela Lei nº 13.467/2017 algumas foram de natureza estruturante, outras de natureza procedimental e outras de natureza formal.

No que se refere ao artigo 477 da CLT, as alterações foram de todas as ordens. A alteração no *caput* do artigo representa uma adequação que merecia ser feita desde a Constituição Federal de 1988, que tornou incompatível a indenização por tempo de serviço com o sistema do FGTS obrigatório.

A revogação dos parágrafos 1º, 3º e 7º, do artigo 477 celetista e inserção do parágrafo 10, manifesta cunho pragmático e simplificado, eliminando a obrigatoriedade da assistência sindical no pedido de demissão ou quitação das verbas rescisórias para os contratos com duração superior a um ano. No mesmo sentido prático caminha a alteração exposta no parágrafo 4º, que permite o pagamento das verbas rescisórias por meio de depósito bancário.

A alteração do parágrafo 6º mantém o viés prático da reforma e unifica o prazo para pagamento das verbas rescisórias em dez dias, contados do término do contrato de trabalho.

O artigo 477-A é uma novidade trazida pela Lei nº 13.467/2017 e expressa movimento diretamente contrário à atuação do TST e do judiciário trabalhista. O novo dispositivo legal determina que a dispensa coletiva e a dispensa plúrima equivalem à dispensa individual para todos os efeitos, e que não existe necessidade de autorização da entidade sindical ou negociação coletiva prévia para validade a dispensa coletiva. Ao que parece, o texto do artigo 477-A celetista foi pensado para afastar expressamente a aplicação da Convenção Internacional nº 158 da OIT.

No mesmo sentido, a regulamentação no artigo 477-B celetista sobre o alcance e extensão da quitação das verbas rescisórias decorrentes da adesão do trabalhador ao Plano de Demissão Voluntária ou Incentivada revela-se claramente uma resposta ao judiciário trabalhista e atua para entregar a segurança jurídica prometida.

Os artigos 484-A e 507-B dialogam com os artigos que tratam da rescisão contratual, um porque regulamenta o distrato e outro porque esvazia o pagamento das verbas rescisórias por meio de termo de quitação anual das parcelas trabalhistas.

As alterações foram postas pela Lei 13.467/2017, algumas mais polêmicas outras menos, algumas poderão ser regulamentadas por meio de Medida Provisória prometida pela Presidência da República e outras poderão ser declaradas inconstitucionais em ações ajuizadas no STF. Mas tudo indica que as alterações do artigo 477 e regulamentação trazida no artigo 477-B serão mantidas, enquanto que o conteúdo do artigo 477-A continuará a gerar controvérsia. Já a efetividade e aplicação prática do disposto no artigo 484-A e artigo 507-B somente o tempo dirá.

REFERÊNCIAS CONSULTADAS

BARROS, Alice Monteiro. *Curso de direito do trabalho*. 5. ed., São Paulo: LTr, 2009.

CASSAR, Vólia Bomfim. *CLT comparada e atualizada: com a reforma trabalhista*. Rio de Janeiro: Forense; São Paulo: Método, 2017.

CORREIA, Henrique; MIESSA, Élisson. *Súmulas, orientações jurisprudenciais e informativos do TST*. Salvador: *Jus*Podivm, 2017.

DELGADO, Maurício Godinho. *Curso de direito do trabalho*. 14. ed., São Paulo: LTr, 2015.

MARTINS, Sérgio Pinto. *Direito do Trabalho*. 32. ed., São Paulo: Saraiva, 2016.

NASCIMENTO, Amauri Mascaro. *Direito contemporâneo do trabalho*. São Paulo: Saraiva, 2011.

SILVA, Homero Batista Mateus da. *Comentários à reforma trabalhista*. São Paulo: Revista dos Tribunais, 2017.

EXTINÇÃO DA NECESSIDADE DE HOMOLOGAÇÃO DA RESCISÃO E DEMISSÃO DE EMPREGADO COM MAIS DE 1 (UM) ANO E A QUITAÇÃO ANUAL DAS VERBAS TRABALHISTAS

Carla da Silva Bartoli[1]
Henrique Correia[2]

O presente estudo tem por finalidade suscitar algumas reflexões acerca da substancial alteração do artigo 477 da CLT e da inclusão do artigo 507-B e este diploma legal, pela Lei n.º 13.467/2017, a Reforma Trabalhista, e suas consequências e repercussões para empregados e empregadores.

Para tanto, além de analisarmos a questão específica da extinção da necessidade de homologação da rescisão contratual e pedido de demissão do empregado que conte com 1 (um) ano ou mais de relação laboral, a cotejaremos com o novel instituto da quitação anual das verbas trabalhistas, por acordo individual entre empregado e empregador, acrescido através do referido artigo 507-B à CLT.

Referidas alterações têm causado grande balbúrdia no meio jurídico pelo impacto causado nos princípios balizadores do Direito do Trabalho, que sempre buscaram a segurança do trabalhador hipossuficiente durante a relação de emprego

---

1. Mestre e Bacharel em Direito pela UNESP, Professora Universitária, Assessora Jurídica no Ministério Público do Trabalho
2. Procurador do Trabalho. Professor de Direito do Trabalho do CERS *on-line* (www.cers.com.br). Autor e Coordenador de diversos livros para concursos públicos pela Editora Juspodivm

e, sobretudo, no seu término, trazendo o respaldo de entidades sindicais ou outros entes públicos para protegê-lo, garantindo o encerramento escorreito do contrato de trabalho, visando garantir o pagamento das verbas rescisórias de forma íntegra e integral.

1. EXTINÇÃO DA NECESSIDADE DE HOMOLOGAÇÃO DA RESCISÃO E DEMISSÃO DE EMPREGADO COM MAIS DE 1 (UM) ANO

Mister reproduzirmos, antes de mais nada, a íntegra do artigo 477 da CLT, antes e depois da Reforma Trabalhista:

Artigo 477 da CLT (antes da Lei n.º 13467/2017)	Artigo 477 da CLT (com as alterações da Lei n.º 13467/2017)
Art. 477 - É assegurado a todo empregado, não existindo prazo estipulado para a terminação do respectivo contrato, e quando não haja ele dado motivo para cessação das relações de trabalho, o direto de haver do empregador uma indenização, paga na base da maior remuneração que tenha percebido na mesma empresa. (Redação dada pela Lei nº 5.584, de 26.6.1970) § 1º - O pedido de demissão ou recibo de quitação de rescisão, do contrato de trabalho, firmado por empregado com mais de 1 (um) ano de serviço, só será válido quando feito com a assistência do respectivo Sindicato ou perante a autoridade do Ministério do Trabalho e Previdência Social. (Redação dada pela Lei nº 5.584, de 26.6.1970) § 2º - O instrumento de rescisão ou recibo de quitação, qualquer que seja a causa ou forma de dissolução do contrato, deve ter especificada a natureza de cada parcela paga ao empregado e discriminado o seu valor, sendo válida a quitação, apenas, relativamente às mesmas parcelas. (Redação dada pela Lei nº 5.584, de 26.6.1970) § 3º - Quando não existir na localidade nenhum dos órgãos previstos neste artigo, a assistência será prestada pelo Represente do Ministério Público ou, onde houver, pelo Defensor Público e, na falta ou impedimento dêste, pelo Juiz de Paz. (Redação dada pela Lei nº 5.584, de 26.6.1970)	Art. 477. Na extinção do contrato de trabalho, o empregador deverá proceder à anotação na Carteira de Trabalho e Previdência Social, comunicar a dispensa aos órgãos competentes e realizar o pagamento das verbas rescisórias no prazo e na forma estabelecidos neste artigo. § 1º (Revogado). .... § 3º (Revogado). § 4º O pagamento a que fizer jus o empregado será efetuado: I - em dinheiro, depósito bancário ou cheque visado, conforme acordem as partes; ou II - em dinheiro ou depósito bancário quando o empregado for analfabeto. .... § 6º A entrega ao empregado de documentos que comprovem a comunicação da extinção contratual aos órgãos competentes bem como o pagamento dos valores constantes do instrumento de rescisão ou recibo de quitação deverão ser efetuados até dez dias contados a partir do término do contrato. a) (revogada); b) (revogada). § 7º (Revogado). ....

§ 4º - O pagamento a que fizer jus o empregado será efetuado no ato da homologação da rescisão do contrato de trabalho, em dinheiro ou em cheque visado, conforme acordem as partes, salvo se o empregado fôr analfabeto, quando o pagamento sòmente poderá ser feito em dinheiro. (Redação dada pela Lei nº 5.584, de 26.6.1970) § 5º - Qualquer compensação no pagamento de que trata o parágrafo anterior não poderá exceder o equivalente a um mês de remuneração do empregado.(Redação dada pela Lei nº 5.584, de 26.6.1970) § 6º - O pagamento das parcelas constantes do instrumento de rescisão ou recibo de quitação deverá ser efetuado nos seguintes prazos: (Incluído pela Lei nº 7.855, de 24.10.1989) a) até o primeiro dia útil imediato ao término do contrato; ou (Incluído pela Lei nº 7.855, de 24.10.1989) b) até o décimo dia, contado da data da notificação da demissão, quando da ausência do aviso prévio, indenização do mesmo ou dispensa de seu cumprimento. (Incluído pela Lei nº 7.855, de 24.10.1989) § 7º - O ato da assistência na rescisão contratual (§§ 1º e 2º) será sem ônus para o trabalhador e empregador. (Incluído pela Lei nº 7.855, de 24.10.1989) § 8º - A inobservância do disposto no § 6º deste artigo sujeitará o infrator à multa de 160 BTN, por trabalhador, bem assim ao pagamento da multa a favor do empregado, em valor equivalente ao seu salário, devidamente corrigido pelo índice de variação do BTN, salvo quando, comprovadamente, o trabalhador der causa à mora. (Incluído pela Lei nº 7.855, de 24.10.1989) § 9º (vetado). (Incluído pela Lei nº 7.855, de 24.10.1989)	§ 10. A anotação da extinção do contrato na Carteira de Trabalho e Previdência Social é documento hábil para requerer o benefício do seguro-desemprego e a movimentação da conta vinculada no Fundo de Garantia do Tempo de Serviço, nas hipóteses legais, desde que a comunicação prevista no **caput** deste artigo tenha sido realizada." (NR) "Art. 477-A. As dispensas imotivadas individuais, plúrimas ou coletivas equiparam-se para todos os fins, não havendo necessidade de autorização prévia de entidade sindical ou de celebração de convenção coletiva ou acordo coletivo de trabalho para sua efetivação."

Verifica-se que, de acordo com a nova redação do artigo 477 da CLT, foram revogados os §§ 1.º e 3.º, retirando-se a necessidade de homologação do TRCT (Termo de Rescisão do Contrato de Trabalho) pelo Sindicato ou pelo Ministério do Trabalho ou, ainda, na ausência destes, do Ministério Público, do Defensor Público ou do Juiz de Paz (este último, apenas na ausência de todos os anteriores).

Pela redação do artigo em comento, até então vigente, segundo afirmava Maurício Godinho Delgado:

> *"A ordem jurídica estabelece, regra geral, a observância de certas formalidades para a prática do ato de terminação do contrato de emprego, com o pagamento das respectivas parcelas rescisórias. Tais formalidades visam, essencialmente, assegurar isenção e transparência à manifestação do empregado, possibilitando a este certeza quanto às circunstâncias e fatores envolventes à terminação contratual, além de maior segurança quanto ao significado do ato extintivo e pagamento das correspondentes parcelas trabalhistas.*
>
> *Há, desse modo, um rito especial previsto para a homologação da rescisão, com a participação das entidades especificadas em lei, como, ilustrativamente, o respectivo sindicato profissional ou o órgão local do Ministério do Trabalho e Emprego (art. 477, §§ 1.º a 3.º, e 500 da CLT). Tal rito formal para a homologação rescisória somente não é obrigatório nos casos de extinção de contratos com um ano ou menos de serviço (art. 477, § 1.º, CLT)."*[3]

O "rito especial", referido pelo renomado doutrinador, deixa de existir com a Reforma e o resguardo dos direitos rescisórios do trabalhador, até então considerado hipossuficiente, ficará a seu próprio encargo, o que significa que deverá efetivar os cálculos dos seus haveres, cálculos esses muitas vezes complexos; poderá contratar um advogado ou contador, as suas expensas para fazê-lo ou, simplesmente, anuir com os valores apresentados e recebê-los da forma que ofertados pelo empregador. É certo que, em muitas situações (ou na maioria delas), terá receio de proferir questionamentos, podendo, com isso, a alteração legislativa, ocasionar um volume ainda maior de reclamações trabalhistas individuais.

Sem recursos para custear um advogado ou contador, sem conhecimento acerca da forma de calcular os seus direitos, o trabalhador pode não enxergar outra saída, se não receber os seus créditos no montante exato apresentado pelo empregador e, em seguida, postular em juízo para verificação da sua correção e recebimento de eventuais diferenças que suspeite haver, o que contrariará, em tese, a *mens legis* da Reforma Trabalhista.

A homologação da rescisão contratual, que na sua grande maioria, era efetivada pela entidade sindical, tinha o intuito de assegurar que o ato praticado estivesse livre de vícios de consentimento e se realizasse de forma a deixar claros os direitos e deveres de ambas as partes contratantes, tomando-se como base os princípios da continuidade da relação de emprego, do *in dubio pro operario*, da norma mais favorável, dentre outros.

Porém, aboliu-se a garantia da assistência gratuita na homologação da rescisão contratual sob o pretexto de desburocratizar o ato rescisório em prol do empregador que, a partir de 13 de novembro de 2017, com a entrada em vigor da lei, poderá rescindir os contratos de trabalho de seus empregados, devendo apenas, como requisitos legais:

1. comunicar a dispensa aos órgãos competentes, com o intuito de permitir o levantamento do FGTS e a percepção do seguro-desemprego;

---

3. DELGADO, Maurício Godinho. *Curso de Direito do Trabalho*. 14 ed. São Paulo: LTr, 2015, pag. 1238.

2. realizar o pagamento das verbas rescisórias no prazo de 10 (dez) dias;
3. paga em dinheiro, depósito bancário ou cheque visado, conforme acordem as partes ou, caso analfabeto o empregado, o pagamento deverá ser em dinheiro ou depósito bancário, excluindo-se, nessa hipótese, a possiblidade de pagamento em cheque;
4. além de anotar a CTPS do trabalhador.

Reconhece-se, dessa forma, a validade do termo de quitação das verbas trabalhistas e do pedido de demissão, mesmo sem a homologação sindical, o que era necessário pelo texto anterior da CLT.

Quanto ao prazo para pagamento das verbas rescisórias que era diverso para as hipóteses de haver ou não cumprimento do aviso prévio, quais sejam:

a) até o primeiro dia útil imediato ao término do contrato, quando cumprido o aviso prévio; ou

b) até o décimo dia, contado da data da notificação da demissão, quando da ausência do aviso prévio, indenização do mesmo ou dispensa de seu cumprimento.

Com a Reforma, houve a unificação e foram revogadas as letras "a" e "b" do § 6.º do artigo 477 da CLT, devendo, a partir da entrada em vigor da Lei n.º 13467/2017, as verbas rescisórias serem pagas em 10 (dez) dias, contados do término do contrato, haja ou não cumprimento do aviso prévio.

Nesse aspecto, consideramos interessante a mudança, pois a unificação dos prazos para pagamento das verbas rescisórias torna mais simples o procedimento rescisório para ambas as partes e não deixa dúvidas na sua contagem, evitando discussões acerca da data correta para quitação.

Por sua vez, o revogado § 7º do artigo sob análise determinava que o ato da assistência na rescisão contratual seria sem ônus para as partes, impedindo os sindicatos de cobrarem qualquer valor ao realizarem a assistência na homologação das verbas rescisórias dos empregados. Da mesma forma, o órgão do Ministério do Trabalho deveria prestar os serviços de forma gratuita, sem qualquer cobrança.

Contrariando a principiologia trabalhista, sob a justificativa de se conferir segurança ao empregador (e não mais ao empregado), a Reforma torna desnecessária a assistência sindical gratuita prestada ao trabalhador no momento da rescisão, que, caso queira, deverá contratar advogado para assisti-lo, naturalmente, pagando honorários.

Porém, a desnecessidade de homologação da rescisão não deverá ser aplicada no término do contrato de trabalho das empregadas gestantes, por exemplo, devendo permanecer para essas trabalhadoras a exigência de assistência sindical ao ato, conforme preconiza o entendimento previsto no art. 500 da CLT, não alterado pela Reforma Trabalhista, *in verbis*:

> *Art. 500, CLT: O pedido de demissão do empregado estável só será válido quando feito com a assistência do respectivo sindicato e, se não o houver, perante autoridade local competente do Ministério do Trabalho e Previdência Social ou da Justiça do Trabalho.*

O mesmo se pode afirmar em relação ao trabalhador menor de 18 anos. Considerando a sua condição especial merecedora de maior proteção, o menor de 18 anos somente poderá dar quitação do término do contrato de trabalho com a assistência de seus pais ou representantes legais.

Neste sentido, a literalidade do artigo 439 da CLT, que permanece dispondo:

> *Art. 439 da CLT: É lícito ao menor firmar recibo pelo pagamento dos salários. Tratando-se, porém, de rescisão do contrato de trabalho, é vedado ao menor de 18 (dezoito) anos dar, sem assistência dos seus responsáveis legais, quitação ao empregador pelo recebimento da indenização que lhe for devida.*

Assim, com a Lei nº 13.467/2017, é abolida a formalidade da homologação das verbas rescisórias trabalhistas com a assistência obrigatoriamente gratuita prestada pela entidade sindical, restando ao próprio empregado a análise, verificação e conferencia das verbas e dos valores que lhe são devidos, gerando insegurança ao obreiro, o que poderá resultar no ajuizamento de mais ações trabalhistas.

A mudança legislativa sob análise, como visto, acaba beneficiando apenas um dos lados da relação contratual empregatícia, o empregador e gera incertezas ao empregado.

2. RECIBO DE QUITAÇÃO DAS VERBAS TRABALHISTAS

A despeito da extinção da necessidade de homologação da rescisão contratual com a assistência da entidade sindical ou outros órgãos na falta desta, persiste a necessidade de conferir-se transparência às relações contratuais, inclusive no seu encerramento, e de atuação das partes com lealdade, devendo o recibo de quitação especificar a natureza de cada parcela paga ao empregado e discriminar o seu valor.

As parcelas que expressamente constarem no recibo terão a eficácia liberatória, mesmo que a quitação tenha sido passada sem a, agora desnecessária, assistência do sindicato ou do Ministério do Trabalho, não sendo cabível, via de regra, ajuizamento de ação sobre essas parcelas, exceto se apostas ressalvas.

Outra hipótese em que se permitirá a rediscussão em Juízo ocorrerá caso sejam aferidos eventuais vícios de consentimento na manifestação de vontade do empregado, tais como a ocorrência de erro, dolo ou coação, permitindo-se o ajuizamento de ação para revisão das parcelas que constaram no recibo de quitação.

A respeito do recibo de quitação, afirmava Alice Monteiro de Barros[4], à luz das regras até então vigentes:

---

4. BARROS, Alice Monteiro. Curso de Direito do Trabalho. 2. Ed. São Paulo: Ltr.2006, pag. 928.

> *"Por outro lado, o instrumento de rescisão ou recibo de quitação, qualquer que seja a forma de dissolução do contrato de trabalho, terão a sua validade condicionada* **à especificação das parcelas e respectivos valores, sendo válida a quitação apenas relativamente à***s mesmas parcelas (art. 477, § 1.º, da CLT). Se o empregado tiver mais de um ano de serviço, a validade do citado recibo estará condicionada, ainda, à assistência do respectivo sindicato ou do Ministério do Trabalho e, se não houver, pelo representante do Ministério Público ou, onde houver, pelo Defensor Público e, na falta destes, pelo Juiz de Paz (art. 477, §§ 1.º e 3.º da CLT)."*

E, após a Reforma, a eficácia liberatória do empregador em relação à homologação das verbas trabalhistas passa a configurar-se, em síntese, da seguinte forma, nas lições extraídas do site do Prof. Henrique Correia[5]:

1. Perante as Comissão de Conciliação Prévia, a eficácia liberatória será geral, com exceção das parcelas expressamente ressalvadas, conforme disposto no artigo 625-E, parágrafo único, da CLT;
2. Mediante os Programas de Demissão Voluntária (PDVs), a eficácia liberatória somente ocorrerá em relação às parcelas expressamente consignadas, segundo entendimento consubstanciado na OJ nº 270 da SDI-I do TST. E, caso haja acordo ou convenção coletiva, a eficácia liberatória será geral, com fulcro no artigo 477-B da CLT, acrescentado pela Lei nº 13.467/2017;
3. Com o novel instituto da quitação anual das verbas trabalhistas, a sua celebração perante o sindicato profissional tem eficácia liberatória em relação às parcelas expressamente especificadas, segundo a dicção do artigo 507-B da CLT;
4. Mediante recibo de quitação ou instrumento de rescisão, deverão ser especificadas as parcelas pagas ao empregado, considerando-se válida a quitação apenas quanto às parcelas especificadas. Neste sentido, o disposto no artigo 477, § 2º, da CLT. Lembrando que, conforme discorrido acima, a partir da entrada em vigora da Lei n.º 13467/2017, o recibo de quitação será realizado entre as próprias partes, empregado e empregador, não havendo mais homologação das verbas trabalhistas no final do contrato de trabalho pelo sindicato ou Ministério do Trabalho.
5. Na hipótese de homologação em juízo do acordo extrajudicial entre empregado e empregado, de acordo com a OJ nº 132 da SDI-II do TST, é possível que seja conferida eficácia liberatória geral das verbas trabalhistas.

Nesse sentido, sobre o acordo judicial em que o empregado daria plena e ampla quitação, sem nenhuma ressalva, alcançaria todos os direitos decorrentes do contrato de trabalho.

5. *www.henriquecorreia.com.br*

Com a vigência da Lei nº 13.467/17, há necessidade de alteração da mencionada orientação jurisprudencial, uma vez que o novo art. 855-E prevê que apenas há a suspensão do prazo prescricional com relação aos direitos nela especificados. Assim, os direitos decorrentes do contrato de trabalho que não forem expressamente objeto do acordo extrajudicial não terão a prescrição suspensa, podendo, consequentemente, ser objeto de nova reclamação trabalhista. Possibilita-se, portanto, que a parte ingresse com reclamação trabalhista para a discussão dos direitos que não estiverem expressamente integrados ao acordo extrajudicial, sem que isso viole a coisa julgada.

3. QUITAÇÃO ANUAL DE OBRIGAÇÕES TRABALHISTAS

A Lei nº 13.467/2017 acrescentou o artigo 507-B à CLT, permitindo, por acordo individual, entre empregado e empregador, que seja concedida a "quitação anual de obrigações trabalhistas", sendo a sua dicção legal:

> "*Art. 507-B.* É facultado a empregados e empregadores, na vigência ou não do contrato de emprego, firmar o termo de quitação anual de obrigações trabalhistas, perante o sindicato dos empregados da categoria.
>
> *Parágrafo único. O termo discriminará as obrigações de dar e fazer cumpridas mensalmente e dele constará a quitação anual dada pelo empregado, com eficácia liberatória das parcelas nele especificadas.*"

Esse novel instituto, sem precedentes na legislação trabalhista até então, estabelece a faculdade de empregado e empregador celebrarem termo de quitação perante o sindicato dos empregados da categoria.

Portanto, para esse instituto será imprescindível a participação do ente sindical.

O termo deverá discriminar as obrigações de dar e fazer cumpridas mensalmente e terá eficácia liberatória das parcelas nele especificadas, desde que feito com a devida assistência do órgão sindical.

O objetivo da Reforma Trabalhista, mais uma vez, é diminuir o número de litígios, assim, no tocante a essas parcelas quitadas, não cabe, em regra, ação judicial.

Somente seria possível questionar a validade do termo de quitação caso comprovado em juízo a existência de vício de consentimento do empregado, como a ocorrência de erro, dolo, coação, dentre outros.

A Reforma Trabalhista ampliou significativamente a possibilidade de ajuste individual entre empregado e empregador, podendo negociar livremente, conforme as 13 (treze) hipóteses trazidas pela nova legislação:

1) Compensação de jornada - artigo 59, § 6º, CLT;

2) Banco de horas semestral – artigo 59, § 5º, CLT;

3) Jornada 12 x 36 - artigo 59-A, CLT;

4) Alteração do regime presencial para o teletrabalho - artigo 75-C, § 1º, CLT;

5) Compra e manutenção de equipamentos necessários ao teletrabalho - artigo 75-D, CLT;

6) Fracionamento das férias - artigo 134, § 1º, CLT;

7) Intervalo para amamentação - artigo 396, CLT;

8) Empregado "hipersuficiente" - artigo 444, parágrafo único e 611-A da CLT;

9) Forma de pagamento das verbas rescisórias - artigo 477, § 4º, I, da CLT;

10) Eficácia liberatória no Plano de Demissão Voluntária - artigo 477-B, parte final, CLT;

11) Distrato - artigo 484-A, CLT;

12) Celebração da cláusula compromissória de arbitragem - artigo 507-A, CLT;

13) Quitação anual de obrigações trabalhistas - artigo 507-B, CLT.

Em relação à extensão da quitação "anual" conferida pelo termo, defendem doutrinadores que não caberia, por exemplo, a quitação anual dos últimos 5 anos, referindo-se apenas ao último ano, o que está em consonância com o arcabouço protetivo da relação de emprego e do empregado, agora um pouco combalido, diante das últimas alterações legislativas.

Deve-se aplicar a norma mais favorável, assim, somente seria possível a quitação ser ofertada, com a assistência do ente sindical, quanto ao último ano do contrato de trabalho, para que esse instrumento não seja utilizado como instrumento de renúncia de direitos. Ressalvando-se entendimentos de que o dispositivo tende a ser interpretado de forma a permitir a quitação de cada ano do contrato.

Por outro lado, as parcelas não consignadas no termo de quitação poderão sim ser objeto de discussão na Justiça do Trabalho.

Note-se que, para que tenha essa eficácia liberatória, o novo artigo obriga a homologação do termo de quitação no sindicato da categoria profissional. De acordo com o parecer do relator do Projeto de Lei nº 6.787/2016, que deu origem à Lei de Reforma Trabalhista, a medida seria necessária como mais um instrumento de prova na hipótese de ser ajuizada reclamação trabalhista.

Entendemos que o ideal seria assegurar eficácia liberatória apenas aos valores expressamente consignados no termo de quitação anual. Nesse caso, o novo dispositivo sustenta eficácia liberatória para a parcela constante, independentemente do valor, o que pode dificultar ao trabalhador rediscutir o montante pago.

Destaca-se que a quitação anual não pode ser entendida como medida de transação de verbas trabalhistas mas, tão somente, de efetivo pagamento dos valores devidos aos empregados. Não cabe, portanto, às partes transacionarem parcelamentos, concessões nos valores, dentre outras medidas.

Além disso, o termo de quitação deve conter expressamente cada parcela que está sendo quitada, pois apenas a indicação do valor pago configura salário complessivo.

Cabe, portanto, ao sindicato da categoria profissional a responsabilidade de avaliar toda a documentação antes de validar a eficácia liberatória do termo de quitação anual.

A ideia do legislador, ao prever o instituto sob análise, da quitação anual de obrigações trabalhistas, foi dar mais segurança jurídica quanto aos períodos já trabalhados e diminuir as discussões individuais posteriores. No entanto, é importante destacar que não cabe a quitação de direitos indisponíveis pelo trabalhador como danos extrapatrimoniais e indenizações decorrentes de estabilidades provisórias no emprego.

Para aqueles que defendem a quitação anual das obrigações trabalhistas sustentam que, se o termo de conciliação firmado em uma Comissão de Conciliação Prévia, composta por empregados, pode conceder eficácia liberatória geral das verbas trabalhistas, ainda mais legitimidade teria a quitação anual firmada pelo sindicato da categoria profissional, que é o guardião dos trabalhadores.

Entendemos que essa nova previsão legal é desnecessária e prejudicial ao trabalhador. O termo de quitação anual das verbas trabalhistas é desnecessário, pois a legislação já exige a emissão de recibo de cada parcela trabalhista paga pelo empregador para que o trabalhador confirme o correto recebimento dos valores, a exemplo dos dispositivos constantes dos artigos 135 e 464, ambos da CLT:

> *Art. 135, CLT: A concessão das férias será participada, por escrito, ao empregado, com antecedência de, no mínimo, 30 (trinta) dias. Dessa participação o interessado dará recibo.*
>
> *Art. 464 da CLT: O pagamento do salário deverá ser efetuado contra recibo, assinado pelo empregado; em se tratando de analfabeto, mediante sua impressão digital, ou, não sendo esta possível, a seu rogo.*

Além disso, a alteração é prejudicial aos empregados, pois estimula a ocorrência de fraudes nas relações de trabalho. O empregado, na condição de parte hipossuficiente da relação de emprego, pode se ver obrigado a assinar anualmente o termo de quitação das verbas trabalhistas para que possa se manter no emprego. A prova do erro, dolo ou coação do empregador caberá ao trabalhador e poderá ser difícil de ser realizada, o que estimularia essa prática ilícita.

Direitos comumente discutíveis no final do contrato, como horas extraordinárias, não concessão de intervalos interjornada e intrajornada, DSRs, serão declarados por muitos empregados como pagos, pois o receio de perder o emprego, sobretudo diante do atual cenário econômico, deverá ser a maior preocupação do trabalhador.

Portanto, acreditamos que o melhor momento para a realização de quitação das parcelas trabalhistas ocorre com a homologação após o término do contrato de trabalho, pois é reduzida a possibilidade de o empregador se valer de fraude para obter a assinatura do termo de rescisão com a presença de algum vício de consentimento do empregado.

Ocorre que, em sentido oposto, a Lei de Reforma Trabalhista eliminou a obrigação de homologação das verbas rescisórias com o término do contrato de trabalho, independentemente do tempo de duração do contrato, como já discorrido acima.

É interessante destacar também, como já ressaltado, que o artigo em apreço excluiu a possibilidade de participação do Ministério do Trabalho no controle da homologação das verbas trabalhistas. Conforme a antiga redação do art. 477, § 1º, CLT, o Ministério do Trabalho tinha a atribuição juntamente com o sindicato profissional de realizar a homologação das verbas rescisórias. Com a exclusão dessa homologação e com a previsão de participação apenas do sindicato profissional, o Ministério do Trabalho perde a atribuição de homologar as verbas trabalhistas.

Por outro lado, assume especial relevância a atuação do sindicato da categoria profissional na homologação do termo de quitação anual das obrigações trabalhistas, pois deverá contar com profissionais capacitados que consigam identificar eventual vício de consentimento do empregado ao firmar o termo.

Verificamos que a Reforma Trabalhista visa dar especial destaque ao sindicato profissional, que deverá, efetivamente defender os trabalhadores de sua categoria, sob pena de haver um desbalanceamento ainda maior na relação de emprego.

Em sendo verificado o vício de consentimento pelos empregados e a prática recorrente de fraudes contra os trabalhadores, é possível a apresentação de denúncia ao Ministério Público do Trabalho para a apuração da conduta do empregador e adoção de eventuais medidas como a celebração de TAC (termo de ajuste de conduta) ou o ajuizamento de ação civil pública.

Por fim, o termo de quitação anual das obrigações trabalhistas tem apenas presunção relativa de veracidade, cabendo ao Poder Judiciário a análise de vício de consentimento do empregado na sua celebração, quando ajuizadas as reclamações trabalhistas.

Ademais, há possibilidade de anulação do termo caso se comprove, inclusive, por outros documentos, que o valor quitado não corresponde à realidade. O Judiciário terá um papel decisivo nos próximos anos para afastar fraudes nas novas quitações anuais de obrigações trabalhistas.

CONCLUSÃO

O presente artigo não tem a intenção de esgotar as possíveis implicações que advirão no mundo do trabalho com a alteração trazida ao artigo 477 da CLT, exclusão da necessidade de homologação das verbas rescisórias com a assistência da entidade sindical para empregados com mais de 1(um) ano de contrato, ou com a inserção do artigo 507-B à CLT, que trouxe o novel instituto da quitação anual de obrigações trabalhistas, pela Lei n.º 13.467/2017.

Traçamos aqui apenas as primeiras linhas argumentativas e indagações ao debate já inaugurado com a criação do projeto de lei e agora acirrado com a iminente entrada em vigor da Reforma Trabalhista, em 13 de novembro de 2017.

O que nos parece claro é que a exclusão de um instituto, há anos em vigor, da homologação das verbas rescisórias com a assistência sindical, que busca trazer transparência e isenção ao empregado no momento da rescisão contratual, poderá surtir efeito contrário ao esperado pelo legislador e acarretar o ajuizamento de inúmeras reclamações trabalhistas, aumentando os ônus e custos do empregado que verá reduzidas, portanto, as suas verbas rescisórias, de caráter alimentar.

Essa exclusão acarreta, ademais, a redução do prestígio sindical, aumentando a insegurança do trabalhador.

Por outro lado, a inclusão do temo de quitação anual de obrigações trabalhistas, amplia o poderio sindical, pois somente terá validade se houver a assistência por esses entes, que deverão zelar pela higidez das verbas trabalhistas recebidas e a receber pelo obreiro, resguardando a firmatura do termo de quitação sem que haja vícios de consentimento ou renúncia e supressão de direitos trabalhistas.

Essa inclusão tenciona a redução das ações trabalhistas e amplia o prestígio sindical.

Como a prática costuma nos surpreender, não há outra saída senão aguardarmos o dia a dia dessas alterações para novas análises e conclusões.

INDICAÇÕES BIBLIOGRÁFICAS

BARROS, Alice Monteiro. *Curso de Direito do Trabalho*. 2 ed. São Paulo: Ltr.2006,

CORREIA, Henrique. *Direito do Trabalho*. 2 ed. Salvador: *JusPodvum*. 2016.

CORREIA, Henrique e MIESSA, Élisson. *Súmulas e Orientações Jurisprudenciais do TST*. 5 ed. Salvador: *JusPodvum*. 2015.

DELGADO, Maurício Godinho. *Curso de Direito do Trabalho*. 14 ed. São Paulo: LTr, 2015

www.henriquecorreia.com.br

EXTINÇÃO DA CONTRIBUIÇÃO SINDICAL

Túlio Macedo Rosa e Silva[1]

Sumário: Introdução – 1. A raiz do problema: o corporativismo – 2. O brasil e o corporativismo – 3. As fontes de recursos das entidades sindicais – 4. Nova dinâmica sindical? – Conclusão – Referências bibliográficas.

INTRODUÇÃO

As inovações trazidas pela Lei nº 13.467/2017, conhecida também como a lei da reforma trabalhista, provocam uma infinidade de desafios aos operadores e aos estudiosos da seara jus laboral. Essas inovações concentraram-se nos campos do direito individual do trabalho e do processo do trabalho. Enquanto isso, em uma primeira análise, pode-se afirmar que o direito sindical não foi alvo de grandes alterações, residindo aí uma das graves falhas do texto aprovado.

O legislador perdeu o momento e a oportunidade de realizar as transformações sindicais que há tanto tempo merecem ser implementadas no ordenamento jurídico pátrio, como por exemplo, o fim da unicidade sindical, a utilização do critério da categoria sindical para estruturar o modelo de organização sindical e a criação de mecanismos mais eficientes aptos a aumentar o grau de proteção da liberdade sindical que continua sendo desprestigiada em nosso país, que ainda não ratificou a Convenção 87 da Organização Internacional do Trabalho. Caso essas medidas fossem adotadas, as alterações impostas no campo do direito individual do trabalho via negociação coletiva, procedimento valorizado a partir de agora com a inclusão do artigo 611-A ao texto da CLT, causariam menos prejuízos aos trabalhadores.

---

1. Mestre e doutorando em Direito do Trabalho pela Faculdade de Direito da Universidade de São Paulo. Juiz do trabalho do Tribunal Regional do Trabalho da 11ª Região. Professor assistente da Universidade do Estado do Amazonas.

Apesar da inexistência dessas mudanças, a extinção da contribuição sindical obrigatória realizada pelo novo artigo 579 da CLT figura como um dos poucos exemplos das modificações realizadas pela nova lei no campo no direito sindical.

O objeto, portanto, do presente artigo consiste na análise dos impactos que essa novidade acarretará aos trabalhadores, empregadores e organizações sindicais, ressaltando os motivos que levaram à criação da contribuição sindical, o fato dela ter sobrevivido a tantas décadas no ordenamento jurídico pátrio e os desafios que surgem a partir de sua extinção.

1. A RAIZ DO PROBLEMA: O CORPORATIVISMO

Os artigos e textos acadêmicos que estudam o direito sindical comumente afirmam que o modelo sindical pátrio possui influência corporativista ou está fundamentado no corporativismo. Mas poucos são aqueles que explicam o significado do que foi a corporação e a doutrina do corporativismo, fato que prejudica a compreensão integral sobre o estudo proposto a respeito da contribuição sindical obrigatória. Assim, de acordo com os ensinamentos de Mihail Manoilesco, um dos grandes expoentes dessa doutrina, a corporação constitui uma organização coletiva e pública, integrada por todas as pessoas (físicas ou jurídicas) que exercem conjuntamente uma idêntica função nacional e possui, como finalidade, garantir o exercício dessa função, servindo o interesse dessa superior Nação, por meio de regras de direito estabelecidas para seus membros. Nessa medida, essa definição possui três fatores a serem ressaltados: 1) o caráter de organização pública é fundamental para conceituar a corporação; esse caráter destaca a relevância da corporação e reconhece a função social que ela desempenha; 2) o segundo fator consiste na finalidade que a corporação possui e que deve estar sempre de acordo com o interesse nacional. A representação e a proteção dos interesses de grupos não estão relacionadas às corporações. Essa representação é desempenhada por outras entidades, especialmente os sindicatos; 3) o último fator compreende o direito da corporação de instituir algumas normas aplicáveis a todos seus integrantes, mesmo fora da corporação.[2]

O corporativismo, por sua vez, consiste na "doutrina que pretende superar o conflito social mediante a eliminação da concorrência no plano econômico, a luta de classes no plano social e as diferenças ideológicas no plano político."[3] Logo, ele compreende uma forma de controle indireto e ferramenta eficaz de disciplina. Por meio dele, restringe-se a participação aos segmentos interessados no Estado, eliminando-se potenciais conflitos sociais.[4]

---

2. MANOILESCO, Mihail. *O século do corporativismo*: doutrina do corporativismo integral e pura. Trad. Azevedo Amaral. Rio de Janeiro: José Olympio, 1938. p. 126-127.

3. SOUZA, Francisco Martins de. *Raízes teóricas do corporativismo brasileiro*. Rio de Janeiro: Tempo Brasileiro, 1999. p. 121.

4. VIEIRA, Evaldo Amaro. *Oliveira Vianna e o Estado corporativo*: um estudo sobre corporativismo e autoritarismo. São Paulo: Grijalbo, 1976. p. 132.

Na mesma linha, Leôncio Martins Rodrigues define corporativismo como uma estrutura de organização dos segmentos sociais, ou das "forças produtoras", por meio da ação reguladora do poder estatal que tem o objetivo de harmonizar os grupos profissionais representantes do trabalho e do capital em organizações hierarquizadas e desprovidas de conflitos. As entidades de representação de interesses são dotadas de reconhecimento do Estado que lhes atribui formas de atuação e relacionamento mútuo, de maneira que o funcionamento de cada entidade e suas demandas devem ser integrados de forma harmônica para beneficiar todo o organismo. O Estado admite a existência de classes sociais e de seus respectivos interesses, no entanto, busca diminuir ou extinguir o conflito.[5] A estrutura corporativa, assim, está amparada na eliminação do conflito e no reconhecimento da colaboração entre as classes e delas com o Poder Público.[6]

Na Itália, Alfredo Rocco é um dos grandes responsáveis pela elaboração da doutrina corporativista fascista colocada em prática, tendo publicado várias obras relacionadas ao assunto, como, por exemplo, O Estado Totalitário (1930). Sua perspectiva sobre essa doutrina pode ser resumida na seguinte expressão: "Nada fora do Estado, nada acima do Estado, nada contra o Estado. Tudo no Estado, tudo pelo Estado"[7]. A lei italiana de 3 de abril de 1926 conceitua corporação como um órgão responsável por promover a aproximação entre as entidades sindicais dos trabalhadores e dos empregadores. Sua função é suprimir a luta de classes. A respeito dessa função pertencente às corporações, o autor lembra que Mussolini pregava a não representação de um fim em si mesmo pelos sindicatos; as organizações sindicais deveriam terminar no socialismo político ou na corporação fascista.[8]

Nesse quadro, o indivíduo possui a função de ser um instrumento a serviço do poder estatal, que, como já mencionado, constitui a ferramenta mais relevante de um ideal nacional. Portanto, o indivíduo, ao contrário do que acontece no Estado liberal e individualista, desconhece seus direitos, porque possui apenas deveres. O Estado possui força moral para requerer deveres, pois ela é a expressão de uma finalidade suprema.[9]

A razão do desenvolvimento do corporativismo está amparada na opinião de que o Estado democrático encontrava-se superado, pois se mostrou incompetente para organizar-se e apresentou-se dotado de excessivos encargos de diferentes or-

5. RODRIGUES, Leôncio Martins. *Partidos e sindicatos*. São Paulo: Ática, 1990. p. 54.

6. RODRIGUES, Leôncio Martins. *Partidos e sindicatos*. São Paulo: Ática, 1990, p. 60.

7. AZAMBUJA, Darcy. *Teoria geral do Estado*. 4. ed. 2. impr. Rio de Janeiro; Porto Alegre; São Paulo: Globo, 1962. p. 168.

8. SOUZA, Francisco Martins de. *Raízes teóricas do corporativismo brasileiro*. Rio de Janeiro: Tempo Brasileiro, 1999, p. 124.

9. Mussolini, na Assembléia do partido (4-9-1930: "O indivíduo não existe enquanto ele está no Estado e subordinado às necessidades deste; quanto mais complexa se torna a civilização, mais se restringe a liberdade do indivíduo"). *In* MANOILESCO, Mihail. *O século do corporativismo*: doutrina do corporativismo integral e pura. Trad. Azevedo Amaral. Rio de Janeiro: José Olympio, 1938, p. 46-47.

dens. Dessa maneira, o Estado estaria impossibilitado de atender as mais diversas exigências que surgem na sociedade. Em meio a tal cenário, o único modelo que poderia auxiliar nessa crise estatal é o proposto pela descentralização corporativa. Esse sistema desafoga o Estado centralista de suas funções não essenciais, atribuindo-as às corporações. A descentralização corporativa permite que a nação deixe de assumir uma posição de espera perante o Estado. Além disso, possibilita que cada corporação, em sua área de abrangência, desenvolva iniciativas de ordem pública, proporcionando uma esfera nova de ação à iniciativa de vários outros indivíduos, que não encontrariam espaço no Estado democrático, que concede lugar apenas aos políticos e aos funcionários.[10]

As ideias autoritárias e corporativistas viveram seu apogeu na primeira metade do século XX: na Alemanha, sob o manto do nazismo de Adolf Hitler; na Itália, havia o fascismo de Benito Mussolini; na Espanha, o nacional-sindicalismo de Francisco Franco; em Portugal, o corporativismo de Oliveira Salazar;[11] no Brasil, como será analisado no próximo item, encontrou terreno fértil no governo de Getúlio Vargas.

Sendo assim, a construção e o desenvolvimento do modelo corporativista tiveram como base a incorporação dos sindicatos na estrutura do Estado e a eliminação do conflito entre trabalhadores e empregadores com a criação das corporações que abrigavam esses dois polos da relação de trabalho.

2. O BRASIL E O CORPORATIVISMO

O corporativismo foi, também no caso brasileiro, uma importante ferramenta aplicada à organização e ao controle da sociedade, representando instrumento legitimador do domínio e do desenvolvimento da burocracia estatal depois de 1930.[12]

Mesmo assim, anteriormente ao Golpe de 1930, podem-se destacar vários elementos que proporcionaram a consolidação do modelo sindical corporativo, como, por exemplo, as propostas apresentadas por técnicos e juristas naquele período (Evaristo de Moraes e Joaquim Pimenta), bem como as ideias sustentadas por personalidades ilustres do tenentismo e os estudos realizados por jovens intelectuais da época, como são os casos de Alberto Torres, Azevedo Amaral, Oliveira Vianna, dentre outros.[13]

---

10. MANOILESCO, Mihail. *O século do corporativismo*: doutrina do corporativismo integral e pura. Trad. Azevedo Amaral. Rio de Janeiro: José Olympio, 1938, p. 57.
11. ROMITA, Arion Sayão. A matriz ideológica da CLT. LTr: Revista Legislação do Trabalho. São Paulo. v.77. n.11. p.1307-35. nov. 2013
12. VIEIRA, Evaldo Amaro. *Oliveira Vianna e o Estado corporativo*: um estudo sobre corporativismo e autoritarismo. São Paulo: Grijalbo, 1976, p. 121.
13. CRIVELLI, Ericson. *Democracia sindical no Brasil*. São Paulo: LTr, 2000. p. 13.

Nesse contexto, o Estado brasileiro, de forma gradual, desde o início do século XX, articulava-se no sentido de regulamentar o trabalho e, mesmo que pontualmente, criava um modelo para a organização legal das relações de trabalho. Não se pode deixar de mencionar nesse período a existência no movimento sindical nacional de corrente política que abrigou o embrião de dois fenômenos relevantes: o núcleo de um movimento operário propenso a admitir a colaboração de classes por meio de um modelo sindical heterônomo e, como resultado, a perspectiva de existência de segmentos sociais que admitiriam alguma forma de acordo com os trabalhadores.[14] [15] [16]

Uma das primeiras medidas tomadas pelo Governo Provisório instalado pela Aliança Liberal, sob a chefia de Getúlio Vargas, em 1930, foi a criação do Ministério do Trabalho, Indústria e Comércio. A partir de então, iniciou-se a construção do novo modelo sindical brasileiro que, apesar de na época ter sido criticado por socialistas, anarquistas, comunistas e liberais, e visto com certa desconfiança pelos empresários, conseguiu prosperar, constituindo em modelo apto a organizar as relações profissionais e a solucionar conflitos trabalhistas, transformando-se, em seguida, numa das instituições mais estáveis do país.[17]

Pouco tempo depois da criação do Ministério do Trabalho, Indústria e Comércio, foi promulgado, em 1931, o Decreto nº 19770 relacionado às formas de organização das entidades sindicais dos trabalhadores. A norma inaugurou o controle do Estado sobre as associações profissionais, instituindo, dentre outras coisas, a unicidade sindical e a obrigatoriedade do reconhecimento do sindicato pelo Poder Público. A Exposição dos Motivos desse decreto trazia explicação expressa do Ministro Lindolfo Collor no sentido de incorporar o movimento sindical ao Estado

---

14. CRIVELLI, Ericson. *Democracia sindical no Brasil*. São Paulo: LTr, 2000, p. 12.

15. Além desses elementos, cumpre salientar que as ideias corporativistas tiveram grande expressão na obra de Oliveira Vianna ao tempo em que o Presidente da República concentrava força política e a administração pública demonstrava crescimento considerável, aumentando ainda mais a partir da Revolução de 1930. Esse intelectual desempenhou atuação de destaque como membro do Ministério do Trabalho, na elaboração técnica e jurídica do modelo corporativo brasileiro. Oliveira Vianna foi, sem dúvida, um dos grandes responsáveis pela implantação do corporativismo no Brasil. Ele acreditava na organização corporativa como instrumento transformador da consciência dos trabalhadores, eliminando o "espírito antipatronal" e o "sentimento de inferioridade", elevando-os à condição de igualdade em relação ao empregador. VIEIRA, Evaldo Amaro. *Oliveira Vianna e o Estado corporativo*: um estudo sobre corporativismo e autoritarismo. São Paulo: Grijalbo, 1976, p. 121 e 124.

16. Conforme ensinamentos de Oliveira Vianna, constata-se, primeiramente, que seu pensamento segue a mesma linha de Mihail Manoilesco. Dessa maneira, segundo o primeiro, num país em que a legislação adota a pluralidade sindical, há sindicatos distintos para cada categoria e organizados de forma autônoma, o que significa que eles estão fora do controle estatal. Assim, seria incompatível para o Estado orientar as atividades econômicas da Nação para certa direção, ou implementar alguma política econômica nacional específica. VIANNA, Francisco José de Oliveira. *Problemas de direito sindical*. Rio de Janeiro: Max Limonad, [1943]. p. 11

17. RODRIGUES, Leôncio Martins. *Partidos e sindicatos*. São Paulo: Ática, 1990, p. 46.

e às leis da República nascente.[18] A partir, portanto, desse decreto, identifica-se a influência do corporativismo italiano em que há a construção de um sindicalismo apolítico e destinado à harmonização das classes produtoras.[19]

A Constituição de 1937, outorgada pelo ditador Getúlio Vargas, instituiu o Estado Novo, dotada de elementos autoritários e corporativistas, constituindo documento relevante na configuração do modelo sindical que estava sendo consolidado. Nessa medida, ela preservou os direitos individuais garantidos no texto constitucional de 1934, mas trouxe grandes alterações no campo das relações coletivas de trabalho: inseriu no ordenamento jurídico pátrio a unicidade sindical, a contribuição sindical obrigatória[20], a proibição de greve e de lockout[21], a delegação de exercício de funções do Estado para as entidades sindicais e a criação de corporações como órgãos do poder estatal[22], integradas por representantes dos empregadores e trabalhadores.[23]

No entanto, apenas dois anos após a promulgação desse texto constitucional é que Getúlio Vargas demonstrou interesse em instituir novas regras para o funcionamento das organizações sindicais.[24] Assim, em 1939, há a promulgação do Decreto-Lei nº. 1.402 que trouxe as principais características do modelo sindical nacional, vigente até o advento da Constituição de 1988. Esse Decreto, em consonância com as diretrizes corporativistas, tornou condicional a obtenção da personalidade jurídica ao reconhecimento pelo Poder Público; permitiu a intervenção nas organizações sindicais, na hipótese de dissídio ou situação que criasse pro-

18. RODRIGUES, Leôncio Martins. *Partidos e sindicatos*. São Paulo: Ática, 1990, p. 47.

19. SILVA, Walküre Lopes Ribeiro da. Direito do trabalho brasileiro: principais aspectos de sua evolução histórica e as propostas de modernização. *Revista do Tribunal Superior do Trabalho*. Brasília, v. 69, n. 2, p. 120-138, jul./dez. 2003.

20. Art. 138 - A associação profissional ou sindical é livre. Somente, porém, o sindicato regularmente reconhecido pelo Estado tem o direito de representação legal dos que participarem da categoria de produção para que foi constituído, e de defender-lhes os direitos perante o Estado e as outras associações profissionais, estipular contratos coletivos de trabalho obrigatórios para todos os seus associados, impor-lhes contribuições e exercer em relação a eles funções delegadas de Poder Público. PRESIDÊNCIA DA REPÚBLICA. Constituição dos Estados Unidos do Brasil (de 10 de novembro de 1937). Disponível em: <http://www.planalto.gov.br/ccivil_03/constituicao/constituicao37.htm>. Acesso em: 14.out.2017.

21. Art. 139 - A greve e o *lock-out* são declarados recursos antissociais nocivos ao trabalho e ao capital e incompatíveis com os superiores interesses da produção nacional. PRESIDÊNCIA DA REPÚBLICA. Constituição dos Estados Unidos do Brasil (de 10 de novembro de 1937). Disponível em: <http://www.planalto.gov.br/ccivil_03/constituicao/constituicao37.htm>. Acesso em: 14.out.2017.

22. Art. 140 - A economia da população será organizada em corporações, e estas, como entidades representativas das forças do trabalho nacional, colocadas sob a assistência e a proteção do Estado, são órgãos destes e exercem funções delegadas de Poder Público. PRESIDÊNCIA DA REPÚBLICA. Constituição dos Estados Unidos do Brasil (de 10 de novembro de 1937). Disponível em: <http://www.planalto.gov.br/ccivil_03/constituicao/constituicao37.htm>. Acesso em: 14.out.2017.

23. SILVA, Walküre Lopes Ribeiro da. Direito do trabalho brasileiro: principais aspectos de sua evolução histórica e as propostas de modernização, cit., p. 120-138.

24. RODRIGUES, Leôncio Martins. *Partidos e sindicatos*. São Paulo: Ática, 1990, p. 48.

blemas para seu funcionamento por ordem do Ministro do Trabalho, Indústria e Comércio; instituiu um quadro de atividades e profissões utilizado para classificar as organizações existentes e garantir que somente uma teria a legitimidade de representação numa certa esfera geográfica e pessoal; atribuiu poder ao Ministro do Trabalho para anular a carta de reconhecimento sindical, em face de desobediência à lei, a ato do Presidente da República ou às orientações da política econômica. Em 1943, esse decreto foi incorporado à CLT.[25]

Dessa forma, a interferência do Estado no modelo sindical assumiu sua expressão máxima, limitando completamente a liberdade sindical. No entanto, cumpre destacar que o modelo corporativista inaugurado com a Constituição de 1937 não conseguiu ser completamente implantado. Isso porque as corporações, integradas por representantes dos trabalhadores e empregadores, que seriam órgãos de sobreposição aos sindicatos, federações e confederações, participando do desenvolvimento e implementação da política econômica do Estado, não foram concretizadas.[26]

Desde o começo da década de 30 do século XX, portanto, o Brasil alinhava-se ao modelo corporativista. A Constituição de 1937 representou a escolha evidente por esse modelo. Da mesma maneira, apesar de, desde os anos 70, existirem ímpetos de redemocratização, é a Constituição de 1988 que constitui o marco de ruptura com o corporativismo. Mesmo assim, esse documento não foi suficiente para romper integralmente com o modelo, pois ainda abriga dispositivos tipicamente corporativistas: unicidade sindical e contribuição sindical compulsória.[27]

No período da última constituinte, as entidades sindicais, tanto de trabalhadores, como de empregadores cindiram-se em dois grupos basicamente: um deles pregava a liberdade sindical, a partir da pluralidade de sindicatos e a extinção da contribuição sindical obrigatória, o outro defendeu a conservação do sindicato único por categoria e a base territorial mínima, a manutenção da contribuição sindical, mas lutou pela autonomia do sindicato diante do Estado. Esse segundo grupo venceu e a Constituição previu expressamente a vedação à criação de mais de um sindicato por categoria numa mesma base territorial. Assim, a Constituição de 1988, na esfera das relações coletivas de trabalho, ainda é caracterizada pela manutenção de uma "herança corporativista".[28]

25. SILVA, Walküre Lopes Ribeiro da. Direito do trabalho brasileiro: principais aspectos de sua evolução histórica e as propostas de modernização, *Revista do Tribunal Superior do Trabalho*. Brasília, v. 69, n. 2, p. 120-138, jul./dez. 2003., p. 120-138.

26. SILVA, Walküre Lopes Ribeiro da. Direito do trabalho brasileiro: principais aspectos de sua evolução histórica e as propostas de modernização, *Revista do Tribunal Superior do Trabalho*. Brasília, v. 69, n. 2, p. 120-138, jul./dez. 2003, p. 120-138.

27. SILVA, Walküre Lopes Ribeiro da. Autonomia Privada Coletiva. In *Curso de Direito do Trabalho*, vol. 3, Direito Coletivo do Trabalho. Jorge Luiz Souto Maior e Marcus Orione Gonçalves Correia (org). São Paulo: LTr, 2008, pp. 48 – 65.

28. SILVA, Walküre Lopes Ribeiro da. Direito do trabalho brasileiro: principais aspectos de sua evolução histórica e as propostas de modernização. *Revista do Tribunal Superior do Trabalho*. Brasília, v. 69, n. 2, p. 120-138, jul./dez. 2003.

Portanto, a promulgação do texto constitucional de 1988, no plano das relações de trabalho, representou um processo de transição incompleto. De um lado, foram eliminados alguns elementos típicos do modelo sindical brasileiro, de outro, reconheceu-se em nível constitucional outros fatores, o que resultou num processo tensional e ambíguo. Nessa linha, conservou-se o sistema corporativo de representação de interesses, no entanto, outros aspectos das relações de trabalho foram flexibilizados.[29]

Deve-se observar que tanto o modelo sindical como o sistema de relações de trabalho construídos a partir do primeiro governo de Vargas (1930-1945) e vigentes, em grande parte, até os dias atuais, superaram diversas transformações institucionais e políticas associadas às formas de governo, como também sobreviveram às várias mudanças relativamente profundas de ordem social, econômica e cultural. Nesse período, o número de habitantes do país quadruplicou, a industrialização desenvolveu-se em larga escala, transformando quantitativa e qualitativamente a proporção de trabalhadores industriais e assalariados da PEA (População Economicamente Ativa), a população rural encolheu, problemas urbanos e ecológicos surgiram, relações de mercado foram ampliadas para outros ramos da economia e regiões brasileiras; mesmo assim, o modelo sindical corporativo e de relações de trabalho conservou-se inalterado. Dessa maneira, resta evidente que uma instituição apta a superar tantas mudanças e transformações de naturezas distintas, convivendo com o Estado Novo, o nacional-populismo, regimes militares ditatoriais e as constituições de 1937, 1946, 1967 e com a de 1988 está arraigada na vida social e política do país.[30]

Nessa medida, Antônio Rodrigues de Freitas Júnior realiza crítica que permanece atual em relação à existência de maiores chances de o corporativismo sindical continuar a vigorar no ordenamento jurídico pátrio em função dos resultados "retroalimentadores" característicos do sistema. Isso porque, paralelamente às restrições e parâmetros estabelecidos pelo modelo vigente, há um conjunto de interesses negligenciados, oriundos ou estendidos por seus privilégios capazes de restaurar uma gama de cumplicidades e/ou indiferenças associados à manutenção do atual modelo sindical. Os elementos que sustentam esse contexto são: a) contribuições parafiscais dotadas de finalidade de financiar as organizações sindicais oficiais; b) manutenção de sindicato oficial como titular da prerrogativa de representar os interesses, judicial e extrajudicialmente, dos trabalhadores e empregadores, mesmo que não exista filiação espontânea dessas pessoas às entidades sindicais em virtude de serem integrantes, por determinação legal, das categorias fixadas também por lei, na elaboração das convenções coletivas e ajuizamento de dissídios coletivos; c) conservação da unicidade sindical imposta por lei (no caso brasileiro, com previsão constitucional); d) que introduz a necessidade de controle administrativo antecipado (como o que era praticado pela antiga Comissão

29. CRIVELLI, Ericson. *Democracia sindical no Brasil*. São Paulo: LTr, 2000, p. 10.
30. RODRIGUES, Leôncio Martins. *Partidos e sindicatos*. São Paulo: Ática, 1990, p. 49.

de Enquadramento Sindical), ou por meio mais transparente, como é o caso do controle judicial *a posteriori* (como ocorre na atualidade).[31]

Um dos últimos exemplos que se pode citar e que demonstra claramente esse caráter de retroalimentação do sistema sindical e a acomodação dos interesses em relação à manutenção do modelo vigente foi a aprovação da Lei nº. 11.648/2008 que disciplina as Centrais Sindicais. Por meio dessa lei, as Centrais Sindicais passaram a ser reconhecidas pelo Poder Público e ainda recebem uma parcela da contribuição sindical descontada obrigatoriamente do salário dos trabalhadores. Com isso, o Estado conseguiu, mais uma vez, acomodar interesses de diferentes setores da sociedade em torno do modelo de organização sindical brasileiro.

Seguindo essa linha, Ricardo Antunes afirma que o governo Lula, não apenas com a edição da Lei das Centrais Sindicais, mas também em função de toda sua relação com os movimentos sindicais, recuperou o "getulismo sindical" levando-o ao extremo. Segundo o sociólogo do trabalho, o processo de sujeição das entidades sindicais ao poder estatal criado no período de Vargas foi finalizado pelo governo Lula. A única peça que faltava para terminar a estatização era a incorporação das centrais sindicais ao sistema. Com a destinação de parcela da contribuição sindical também às centrais, tanto elas, como os sindicatos, federações e confederações, perdem autonomia e caminham rumo à submissão ao Poder Público.[32] Resta saber agora de que forma as centrais sindicais conseguirão sobreviver ao fim da contribuição sindical obrigatória realizada pela Lei nº 13.467/2017.

3. AS FONTES DE RECURSOS DAS ENTIDADES SINDICAIS

Para prosseguir com a análise do significado da extinção da contribuição sindical obrigatória, cumpre explorar as fontes de receitas das entidades sindicais. Assim, elas podem desempenhar atividades econômicas (por exemplo, participação acionária em empresas, criação de negócios) compreendendo tais atividades na função econômica sindical[33] e que proporcionam recursos destinados às entidades. Existem ordenamentos jurídicos que não estabelecem muitos limites a essa atividade, e os sindicatos desempenham-na de forma muito ativa, chegando, por exemplo, a ser acionista de empresas e instituições financeiras.[34]

---

31. FREITAS Jr., Antonio Rodrigues de. Outro século de corporativismo sindical no Brasil? *Revista de Direito do Trabalho,* São Paulo, v. 26, n. 100, p. 59-66, out./dez. 2000.

32. VILLAVERDE, João. Lula levou getulismo ao extremo. [Lula e o getulismo, entrevista no jornal Valor com Ricardo Antunes]. *Adriano Nascimento*. Disponível em: <http://adrianonascimento.webnode.com.br/news/lula-e-o-getulismo-entrevista-no-jornal-valor-com-ricardo-antunes/>. Acesso em: 13.out.2017.

33. SILVA, Otavio Pinto e. A questão da liberdade sindical, In: SOUTO MAIOR, Jorge Luiz; COOREIA, Marcus Orione Gonçalves (Orgs.). *Curso de direito do trabalho*: direito coletivo do trabalho. São Paulo: LTr, 2008. v. 3, p. 66-85

34. NASCIMENTO, Amauri Mascaro. *Direito sindical*, 2. ed. rev. ampl. São Paulo: Saraiva, 1991, p. 122.

Na mesma linha, Magano salienta que essa função consiste nos meios pelos quais o sindicato buscará atender suas necessidades, isto é, os instrumentos que serão utilizados para formar suas fontes de custeio. A manutenção do sindicato é feita, na maior parte das vezes, pela contribuição de seus sócios. Em virtude disso, as organizações sindicais lutam para expandir o número de filiados o que consequentemente aumentará sua receita.[35]

Mesmo assim, existem outras relevantes fontes de renda para as entidades sindicais, como é o caso do desenvolvimento pelo próprio sindicato de atividades comerciais e industriais. Importante mencionar ainda que a atividade econômica dos sindicatos teve exemplos no setor bancário, como o caso do "Bank für Gemeinwirtschalt"[36], mas também existem casos expressivos nas áreas da construção civil e do turismo.[37]

Em relação à função econômica e ao custeio das entidades sindicais, Messias Pereira Donato lembra a questão da autodeterminação dos sindicatos. Assim, estão incluídas na autodeterminação institucional dos sindicatos as seguintes prerrogativas: 1) poder constituinte, por meio do qual a assembleia geral estrutura a coletividade, fornecendo-lhe instrumentos de autodeterminar-se. Para atingir essa finalidade, cria instrumentos normativos que disciplinarão seu governo, constituição e funcionamento de seus órgãos, estruturação do ordenamento; 2) direito de autodirigir-se, no contexto de realizar sua própria administração, escolher seus dirigentes, cuidar de seu patrimônio, instituir direitos, deveres, obrigações de seus filiados, fixar e desenvolver programa de ação, discutir a respeito de iniciativas, condições e meios imprescindíveis para atingir suas finalidades; 3) direito de instituir contribuição para financiar o sistema confederativo da respectiva representação sindical.[38]

No Brasil, em virtude das determinações contidas na legislação, constituem fontes de receita das entidades sindicais: a) contribuições sindicais; b) contribuições de solidariedade; c) contribuição dos associados; d) bens e valores obtidos e suas respectivas rendas; e) doações e legados; f) multas e outras rendas. O ar-

35. MAGANO, Octavio Bueno. *Manual de direito do trabalho:* direito coletivo do trabalho. 3. ed. rev. e atual. São Paulo: LTr, 1993, v. 3, p. 147.

36. O "Bank für Gemeinwirtschalt" chegou a ser a quarta mais importante instituição financeira da Alemanha, sendo composto por duzentas e quarenta filiais e sete mil empregados.

37. MAGANO, Octavio Bueno. *Manual de direito do trabalho:* direito coletivo do trabalho. 3. ed. rev. e atual. São Paulo: LTr, 1993, v. 3, p. 147.

38. DONATO, Messias Pereira. Princípios do direito coletivo do trabalho. *LTr*: revista legislação do trabalho, São Paulo, v. 71, n. 12, p. 1418-1424, dez. 2007.

tigo 564 da CLT proíbe que os sindicatos obtenham renda oriunda de atividades econômicas.[39,40]

Quanto às contribuições sindicais, cumpre destacar a existência das seguintes espécies: contribuição confederativa (art. 8º, IV, CF), contribuição assistencial (art. 513, "e", CLT), mensalidade dos sócios (art. 548, "b", CLT) e, a agora extinta, contribuição sindical obrigatória (art. 579, CLT).

A contribuição confederativa, instituída pela Constituição da República em 1988 é votada em assembleia da categoria e descontada em folha de pagamento, destinando-se à manutenção do sistema confederativo. Importante salientar que o Supremo Tribunal Federal publicou em 20 de março de 2015 a súmula vinculante n. 40, com a seguinte redação: "A contribuição confederativa de que trata o art. 8º, IV, da Constituição Federal, só é exigível dos filiados ao sindicato respectivo".

A contribuição assistencial, conhecida também como taxa assistencial, compreende pagamento realizado pelo trabalhador integrante de categoria profissional ao seu respectivo sindicato em razão de ter participado das negociações coletivas, arcando com despesas para tanto, bem como para pagar despesas assistenciais implementadas pelo sindicato. As contribuições assistenciais são estabelecidas por sentenças normativas, acordos e convenções coletivas, não assumindo natureza tributária, pois não são destinadas ao Estado.[41]

As mensalidades dos filiados aos sindicatos são contribuições pagas apenas por aqueles que, como o próprio nome diz, optaram por associar-se às entidades sindicais, em razão de apenas eles beneficiarem-se dos serviços oferecidos pela organização.[42]

Por fim, a contribuição sindical não é mais dotada da natureza jurídica de imposto, passando a ter cobrança facultativa a partir de novembro de 2017 com a entrada em vigor da reforma trabalhista. Nesse contexto, interessante lembrar Gino Giugni segundo o qual, no regime corporativista, a contribuição sindical assumia cunho obrigatório porque o trabalhador, independente de estar filiado ao sindicato, tinha o dever de pagar esse tributo. Entretanto, os trabalhadores hoje na

---

39. Art. 564 - Às entidades sindicais, sendo-lhes peculiar e essencial a atribuição representativa e coordenadora das correspondentes categorias ou profissões, é vedado, direta ou indiretamente, o exercício de atividade econômica.

40. MAGANO, Octavio Bueno. *Manual de direito do trabalho:* direito coletivo do trabalho. 3. ed. rev. e atual. São Paulo: LTr, 1993, v. 3, p. 148.

41. SILVA, Wanise Cabral. GOMES, Fábio de Medina da Silva. Contribuição sindical: o calcanhar de aquiles da receita sindical. *In* Reforma trabalhista em debate: direito individual, coletivo e processual do trabalho. MARTINS, Juliane Caravieri, BARBOSA, Magno Luiz, MONTAL, Zélia Maria Cardoso (orgs.). São Paulo: LTr, 2017, p. 147 - 153.

42. SILVA, Wanise Cabral. GOMES, Fábio de Medina da Silva. Contribuição sindical: o calcanhar de aquiles da receita sindical. *In* Reforma trabalhista em debate: direito individual, coletivo e processual do trabalho. MARTINS, Juliane Caravieri, BARBOSA, Magno Luiz, MONTAL, Zélia Maria Cardoso (orgs.). São Paulo: LTr, 2017, p. 147 - 153.

Itália fazem contribuições aos sindicatos que estão filiados como uma obrigação assumida livremente. Essas contribuições constituem, assim, os valores que os associados repassam para a entidade sindical em virtude da filiação, obedecendo às regras do estatuto e determinações dos organismos sociais.[43]

No Brasil, a redação do inciso IV do artigo 8º da Constituição da República foi preservada, mesmo com a reforma.[44] Assim, o dispositivo constitucional menciona a expressão "independentemente da contribuição prevista em lei". Esta contribuição é a regulamentada pelo artigo 579 da CLT:

> Art. 579 - A contribuição sindical é devida por todos aquêles que participarem de uma determinada categoria econômica ou profissional, ou de uma profissão liberal, em favor do sindicato representativo da mesma categoria ou profissão ou, inexistindo êste, na conformidade do disposto no art. 591.

A partir de 11 de novembro de 2017, entra em vigor a seguinte redação do dispositivo:

> Art. 579. O desconto da contribuição sindical está condicionado à autorização prévia e expressa dos que participarem de uma determinada categoria econômica ou profissional, ou de uma profissão liberal, em favor do sindicato representativo da mesma categoria ou profissão ou, inexistindo este, na conformidade do disposto no art. 591 desta Consolidação."

Com a mudança, a principal fonte de custeio das entidades sindicais, que até novembro de 2017 era descontada obrigatoriamente de todos os trabalhadores e empregadores, independente de estarem filiados às entidades sindicais, está ameaçada, pois seu desconto passa a ser facultativo. Logo, apenas aqueles que autorizarem expressamente sofrerão os descontos da contribuição sindical. As consequências dessa mudança serão analisadas no próximo item.

4. NOVA DINÂMICA SINDICAL?

Como visto nos itens acima, a contribuição sindical obrigatória serviu de instrumento instituído pelo poder estatal, ainda na década de 30, para estruturar um regime sindical corporativista.

Octavio Bueno Magano lembra que a contribuição sindical obrigatória deixou de ser somente uma base para a consolidação do corporativismo e tornou-se a

43. GIUGNI, Gino. *Direito sindical*. Mario Giovanni Garofalo e Pietro Curzio (colab.), Eiko Lucia Itioka (trad.), José Francisco Siqueira Neto (rev.). São Paulo: LTr, 1991. p. 83.

44. IV - a assembléia geral fixará a contribuição que, em se tratando de categoria profissional, será descontada em folha, para custeio do sistema confederativo da representação sindical respectiva, independentemente da contribuição prevista em lei;

razão para existência de sindicatos fantasmas, destinados mais ao atendimento dos interesses de seus dirigentes do que aos interesses de seus representados.[45]

O próprio professor defende a supressão da contribuição sindical em razão de compreender um "resquício de corporativismo autoritário", inconciliável com um modelo que prima pela democracia e pelo pluralismo e que os grupos profissionais e econômicos devem desempenhar suas atividades de forma autônoma, desvinculados do paternalismo estatal. Esse paternalismo inclusive, que possui como uma de suas consequências o corporativismo, é incompatível com o fato de o governo ser destinatário de 10%[46] do total arrecadado com esse tributo.[47]

Cumpre destacar que a própria Organização Internacional do Trabalho já se posicionou expressamente contra os modelos sindicais que adotam as contribuições sindicais de caráter obrigatório, pois tal medida viola a liberdade sindical preconizada pela entidade. Nesse sentido é o parágrafo 473 da Recopilação de decisões e princípios do Comitê de Liberdade Sindical de seu Conselho de Administração:

> 473. Las cuestiones relativas a la financiación de las organizaciones sindicales y de empleadores, tanto por lo que respecta a sus propios presupuestos como a los de las federaciones y confederaciones, deberían regularse por los estatutos de los sindicatos, federaciones y confederaciones, por lo que la imposición de cotizaciones por medio de la Constitución o por vía legal no es conforme con los principios de la libertad sindical.[48]

Mas, o fim da obrigatoriedade do desconto da contribuição sindical implementado pela Lei n. 13.467/2017 prestigia a liberdade sindical? De forma alguma. Pelo contrário, a mudança realizada apenas fragilizará os sindicatos existentes conforme as razões a seguir expostas.

---

45. MAGANO, Octavio Bueno. Contribuições sindicais. In: ______. *Política do trabalho*. São Paulo: LTr, 2001. v. 4, p. 122-125.

46. CLT, Art. 589. Da importância da arrecadação da contribuição sindical serão feitos os seguintes créditos pela Caixa Econômica Federal, na forma das instruções que forem expedidas pelo Ministro do Trabalho:

    II - para os trabalhadores: (Redação dada pela Lei nº 11.648, de 2008)

    a) 5% (cinco por cento) para a confederação correspondente; (Incluída pela Lei nº 11.648, de 2008)

    b) 10% (dez por cento) para a central sindical; (Incluída pela Lei nº 11.648, de 2008)

    c) 15% (quinze por cento) para a federação; (Incluída pela Lei nº 11.648, de 2008)

    d) 60% (sessenta por cento) para o sindicato respectivo; e (Incluída pela Lei nº 11.648, de 2008)

    e) 10% (dez por cento) para a 'Conta Especial Emprego e Salário'; (Incluída pela Lei nº 11.648, de 2008)

47. MAGANO, Octavio Bueno. Contribuição confederativa. In: ______. *Política do trabalho*. São Paulo: LTr, 2001. v. 4, p. 125-127.

48. ORGANIZACIÓN INTERNACIONAL DEL TRABAJO – OIT. La libertad sindical. Recopilación de decisiones y princípios del Comité de Libertad Sindical del Consejo de Administración de la OIT. 5. ed. Ginebra: Oficina Internacional del Trabajo, 2006.

A estrutura sindical brasileira estava confortavelmente acomodada até a reforma trabalhista: os sindicatos não precisavam preocupar-se com a quantidade de filiados, pois independente de filiação, trabalhadores e empregadores sofriam os descontos da contribuição sindical obrigatória que era repassada aos sindicatos, federações, confederações e centrais sindicais. E o governo, claro, ainda ficava com parcela desses recursos, como já mencionado.

Nesse quadro, a criação de novas organizações sindicais não sofre interferência do Estado (art. 8º, I, CF), mas a unicidade sindical impõe limites à fundação de novas entidades, pois é "vedada a criação de mais de uma organização sindical, em qualquer grau, representativa de categoria profissional ou econômica, na mesma base territorial, que será definida pelos trabalhadores ou empregadores interessados, não podendo ser inferior à área de um Município" (art. 8º, II, CF).

Em função dessa dinâmica, e atraídos pela certeza de receita fácil e estabilidade financeira, o país chegou a mais de 16.000 entidades sindicais atuais[49], na medida em que novas categorias profissionais e econômicas foram criadas e, ainda, organizações sindicais mais antigas sofreram sucessivos desmembramentos, atendendo ao princípio da especificidade em detrimento do princípio da agregação, rotineiramente aplicado pela jurisprudência de nossos tribunais.

Dentro desse círculo vicioso, estávamos condenados a assistir ao aumento ilimitado do número de entidades sindicais até que foi promulgada a Lei n. 13.467/2017 trazendo a reforma trabalhista. A nova lei, todavia, extingue apenas a obrigatoriedade da contribuição sindical. Mantém a unicidade sindical, a categoria como critério de organização das entidades sindicais e a representação legal da categoria realizada pelos sindicatos. Logo, toda a estrutura e dinâmica sindicais permanecem inalteradas, exceto a obrigatoriedade da contribuição sindical.

No período da redemocratização, o país perdeu a oportunidade de extirpar de vez as raízes corporativistas que sufocam nosso modelo sindical, optando pela manutenção da unicidade sindical, da representação legal da categoria pelos sindicatos, da estrutura verticalizada das entidades sindicais e da contribuição sindical obrigatória. Apesar dos ímpetos de rompimento com os institutos criados em períodos ditatoriais pretéritos, as estruturas do campo sindical permaneceram inalteradas. Em 2017, mais uma vez, perdeu-se o momento adequado para eliminar tais estruturas do ordenamento jurídico. A extinção da obrigatoriedade da contribuição sindical, como mudança realizada no campo do direito sindical, foi mal feita, assim como as alterações realizadas no direito individual do trabalho e processual do trabalho.

Mudanças eram necessárias no direito do trabalho como um todo: na seara sindical, no direito individual e no direito processual. Todavia, da forma como realizadas, as alterações introduzidas pela Lei n. 13.467/2017 encontrarão difi-

49. CAMPOS, André Gambier. Sindicatos no Brasil: o que esperar no futuro próximo? Instituto de Pesquisa Econômica Aplicada - IPEA. 2016. Disponível em: <http://www.ipea.gov.br/portal/images/stories/PDFs/TDs/td_2262.pdf>. Acesso em: 13.out.2017.

culdades para serem concretizadas, pois foram aprovadas no Poder Legislativo em velocidade assustadora, sem o devido debate com a sociedade e sem consulta prévia aos especialistas da área.

Especificamente quanto à extinção da contribuição sindical obrigatória, não se deve praticar exercícios de futurologia em estudos acadêmicos como o presente artigo. Afirmar se os sindicatos sobreviverão à mudança, se o número de entidades sindicais diminuirá ou aumentará, seria leviano e destituído da seriedade intrínseca às ciências jurídicas.

O quadro que se desenha a partir de 11 de novembro de 2017 é o seguinte: o desconto da contribuição sindical será realizado apenas pelos trabalhadores e empregadores que o autorizarem expressamente. Independente disso, todos os trabalhadores e empregadores continuarão sendo representados pelos sindicatos de sua categoria, mesmo não sendo filiados a essas entidades. As convenções e acordos coletivos continuarão a produzir efeitos nos contratos de trabalho pactuados entre trabalhadores e empregadores, mesmo que eles não recolham a contribuição sindical. Logo, a representação da categoria imposta pela lei aos sindicatos obrigará essas entidades a atuarem em benefício de pessoas que estão autorizadas a não contribuir com o sistema.

Chegamos, portanto, a uma situação absurda. Antes da Lei n. 13.467/2017, a liberdade sindical no país era violada em razão da unicidade sindical, da contribuição sindical obrigatória e da representação legal da categoria pelas entidades sindicais. Todavia, existia uma lógica no sistema, pois a contribuição sindical descontada dos trabalhadores e empregadores legitimava, de uma maneira distorcida e autoritária, a representação legal exercida pelas organizações sindicais. Agora, com a contribuição sindical facultativa, não há mais vinculação entre as pessoas e os sindicatos que as representam e nem por isso aumentou-se o grau de proteção da liberdade sindical no ordenamento jurídico pátrio.

Realizar uma alteração dessa natureza, sem eliminar a unicidade sindical, a representação da categoria imposta pela lei aos sindicatos e o próprio critério da categoria para a organização sindical, fragiliza os sindicatos, tornando-os entidades mais suscetíveis a pressões políticas e econômicas exercidas pelas empresas, pelo Estado e até mesmo por sindicatos rivais.

A situação fica ainda mais dramática em virtude da introdução do artigo 611-A na CLT, também fruto da Lei n. 13.467/2017, que insere no ordenamento jurídico a prevalência dos acordos e convenções coletivas de trabalho sobre o conteúdo da legislação. O dispositivo legal em comento valoriza a autonomia privada coletiva exercida pelos sindicatos, trazendo vantagens para trabalhadores e empregadores, pois está inserida num ambiente de pluralismo jurídico que admite normas jurídicas de ordem estatal, bem como de ordem intersindical. O problema é que sem a alteração das estruturas do modelo sindical pátrio, já identificadas acima, não há liberdade sindical plena no país, logo, as entidades sindicais não possuem a força e a representatividade necessárias para exercerem a autonomia privada coletiva.

A falta de seriedade do legislador ao aprovar uma medida como o fim da obrigatoriedade da contribuição sindical, desacompanhada das demais alterações necessárias ao direito sindical, mostra apenas quão longo é o caminho a ser percorrido pela sociedade brasileira até chegar à liberdade sindical plena.

A falta de consciência de atuação coletiva da sociedade brasileira, especialmente no campo das relações de trabalho, contribui para a fragilização dos sindicatos provocada pela extinção da obrigatoriedade da contribuição sindical. Nessa linha, ao tratar das características de nossa sociedade, Evaristo de Moraes Filho consegue resumi-las de forma impecável, sendo interessante sua exposição, pois mostra a atualidade de seu pensamento quando aplicado ao contexto em que foi aprovada a reforma trabalhista:

> Tudo isso veio a propósito da existência de uma verdadeira constante, que não se cansam os autores de mostrar no carácter do povo brasileiro: a sua falta de sentimento de cooperação de solidariedade social, de aproximação durável e profunda em associações voluntárias. Desde os tempos coloniais, como que vive o brasileiro isolado, separado um do outro, em verdadeiro atomicismo social. Salvo raras manifestações de filantropia, de festividades periódicas, de motivos de emotividade superficial e passageira, não se aproximam as pessoas, voluntariamente, para um convívio contínuo, para a constituição de um colégio institucional, independente de suas próprias vidas individuais. (...) É inegável essa nossa inorganização nacional, essa falta de inclinação para a vida associativa. (...) A nossa tendência é para a dispersão, tanto na vida econômica, como na cultural. Nesta última, preferimos sempre o autodidatismo ao estudo metódico em conjunto, universitário ou escolar. Querem todos que sua personalidade se mantenha intacta e dominante, querem impô-la discricionariamente. Não estamos habituados ao debate, ao convívio, ao seminário. Ninguém quer dar-se por vencido, em favor do conjunto ou da coletividade. Vivemos de egoísmos e de isolamentos. Cada um no seu mundo, fechado na sua torre de marfim.[50]

Dessa forma, não há o que ser comemorado com o fim da obrigatoriedade da contribuição sindical. Mesmo sendo contrário à sua cobrança compulsória, em virtude de sua vinculação ao corporativismo que alicerça o modelo sindical pátrio, para o almejado rompimento integral com as estruturas corporativistas de nosso sistema, são necessárias mudanças menos superficiais e mais estruturais do que a realizada pela reforma trabalhista.

CONCLUSÃO

No presente artigo foram analisados os motivos para a criação da contribuição sindical obrigatória, a forma como as entidades sindicais se organizaram em virtude de sua instituição compulsória ao longo das décadas de sua existência, as

50. MORAES FILHO, Evaristo de. *O problema do sindicato único no Brasil*. 2ª ed., São Paulo: Editora Alfa-Omega, 1978, pp. 310 – 311.

outras fontes de receita dos sindicatos e os problemas que surgirão com o fim da obrigatoriedade da contribuição sindical implementada pela Lei n. 13.467/2017.

Assim, em que pese sempre ter defendido a extinção da compulsoriedade de sua cobrança, não deve ser celebrada a nova redação do artigo 579 da CLT que institui a facultatividade da contribuição sindical, pois não foi realizada reforma nas estruturas do direito sindical pátrio.

A liberdade sindical, nos moldes traçados pela Convenção 87 da Organização Internacional do Trabalho, que, é sempre bom lembrar, ainda não foi ratificada pelo Brasil, continua a ser uma realidade longe de ser conquistada. A alteração do artigo 579 da CLT também não prestigia a liberdade sindical. Isso porque a unicidade sindical, a representação legal da categoria imposta aos sindicatos e o critério da categoria como forma de organização das entidades sindicais continuam vigentes no ordenamento jurídico.

A extinção da contribuição sindical obrigatória constitui apenas uma medida superficial trazida pela reforma trabalhista, que agradará inicialmente a maioria dos trabalhadores e empregadores, pois privilegiará a autonomia da vontade quanto à autorização de seu desconto. Todavia, a medida não fortalecerá os sindicatos no exercício da autonomia privada coletiva.

Sem as mudanças estruturais necessárias, o fim da obrigatoriedade da contribuição sindical fragiliza a independência das entidades sindicais, tornando-as mais suscetíveis às ameaças e pressões políticas e econômicas que podem ser exercidas pelas empresas, pelo Estado e até mesmo por sindicatos rivais.

REFERÊNCIAS BIBLIOGRÁFICAS

AZAMBUJA, Darcy. *Teoria geral do Estado*. 4. ed. 2. impr. Rio de Janeiro; Porto Alegre; São Paulo: Globo, 1962.

CAMPOS, André Gambier. Sindicatos no Brasil: o que esperar no futuro próximo? Instituto de Pesquisa Econômica Aplicada - IPEA. 2016. Disponível em: <http://www.ipea.gov.br/portal/images/stories/PDFs/TDs/td_2262.pdf>. Acesso em: 13.out.2017.

CRIVELLI, Ericson. *Democracia sindical no Brasil*. São Paulo: LTr, 2000.

DONATO, Messias Pereira. Princípios do direito coletivo do trabalho. *LTr*: revista legislação do trabalho, São Paulo, v. 71, n. 12, p. 1418-1424, dez. 2007.

FREITAS Jr., Antonio Rodrigues de. Outro século de corporativismo sindical no Brasil? *Revista de Direito do Trabalho*, São Paulo, v. 26, n. 100, p. 59-66, out./dez. 2000.

GIUGNI, Gino. *Direito sindical*. Mario Giovanni Garofalo e Pietro Curzio (colab.), Eiko Lucia Itioka (trad.), José Francisco Siqueira Neto (rev.). São Paulo: LTr, 1991.

MAGANO, Octavio Bueno. Contribuições sindicais. In: _____. *Política do trabalho*. São Paulo: LTr, 2001. v. 4.

MAGANO, Octavio Bueno. *Manual de direito do trabalho:* direito coletivo do trabalho. 3. ed. rev. e atual. São Paulo: LTr, 1993, v. 3.

MANOILESCO, Mihail. *O século do corporativismo*: doutrina do corporativismo integral e pura. Trad. Azevedo Amaral. Rio de Janeiro: José Olympio, 1938.

MORAES FILHO, Evaristo de. *O problema do sindicato único no Brasil*. 2ª ed., São Paulo: Editora Alfa-Omega, 1978.

NASCIMENTO, Amauri Mascaro. *Direito sindical*, 2. ed. rev. ampl. São Paulo: Saraiva, 1991, p. 122.

ORGANIZACIÓN INTERNACIONAL DEL TRABAJO – OIT. La libertad sindical. Recopilación de decisiones y princípios del Comité de Libertad Sindical del Consejo de Administración de la OIT. 5. ed. Ginebra: Oficina Internacional del Trabajo, 2006.

PRESIDÊNCIA DA REPÚBLICA. Constituição dos Estados Unidos do Brasil (de 10 de novembro de 1937). Disponível em: <http://www.planalto.gov.br/ccivil_03/constituicao/constituicao37.htm>. Acesso em: 14.out.2017.

RODRIGUES, Leôncio Martins. *Partidos e sindicatos*. São Paulo: Ática, 1990.

ROMITA, Arion Sayão. A matriz ideológica da CLT. LTr: Revista Legislação do Trabalho. São Paulo. v.77. n.11. p.1307-35. Nov. 2013.

SILVA, Otavio Pinto e. A questão da liberdade sindical, In: SOUTO MAIOR, Jorge Luiz; COOREIA, Marcus Orione Gonçalves (Orgs.). *Curso de direito do trabalho*: direito coletivo do trabalho. São Paulo: LTr, 2008. v. 3, p. 66-85.

SILVA, Walküre Lopes Ribeiro da. Direito do trabalho brasileiro: principais aspectos de sua evolução histórica e as propostas de modernização. *Revista do Tribunal Superior do Trabalho*. Brasília, v. 69, n. 2, p. 120-138, jul./dez. 2003.

SILVA, Walküre Lopes Ribeiro da. Autonomia Privada Coletiva. In *Curso de Direito do Trabalho*, vol. 3, Direito Coletivo do Trabalho. Jorge Luiz Souto Maior e Marcus Orione Gonçalves Correia (org). São Paulo: LTr, 2008, pp. 48 – 65.

SILVA, Wanise Cabral. GOMES, Fábio de Medina da Silva. Contribuição sindical: o calcanhar de aquiles da receita sindical. *In* Reforma trabalhista em debate: direito individual, coletivo e processual do trabalho. MARTINS, Juliane Caravieri, BARBOSA, Magno Luiz, MONTAL, Zélia Maria Cardoso (orgs.). São Paulo: LTr, 2017, p. 147 - 153.

SOUZA, Francisco Martins de. *Raízes teóricas do corporativismo brasileiro*. Rio de Janeiro: Tempo Brasileiro, 1999.

VIANNA, Francisco José de Oliveira. *Problemas de direito sindical*. Rio de Janeiro: Max Limonad, [1943].

VIEIRA, Evaldo Amaro. *Oliveira Vianna e o Estado corporativo*: um estudo sobre corporativismo e autoritarismo. São Paulo: Grijalbo, 1976.

VILLAVERDE, João. Lula levou getulismo ao extremo. [Lula e o getulismo, entrevista no jornal Valor com Ricardo Antunes]. *Adriano Nascimento*. Disponível em: <http://adrianonascimento.webnode.com.br/news/lula-e-o-getulismo-entrevista-no-jornal-valor-com-ricardo-antunes/>. Acesso em: 13.out.2017.

REFORMA TRABALHISTA: DA CONTRIBUIÇÃO SINDICAL OBRIGATÓRIA PARA A CONTRIBUIÇÃO SINDICAL FACULTATIVA

Ícaro de Souza Duarte[1]

1. CONSIDERAÇÕES INICIAIS

Os sindicatos atuam na representação e defesa dos interesses e direitos de toda a categoria, independentemente da condição de filiado, seja em âmbito judicial ou administrativo, seja negociando novas e ou melhores condições de trabalho, seja prestando serviços assistenciais ou atuando politicamente em benefício da categoria a qual representa.

Para o exercício desse tão importante e democrático mister, os sindicatos precisam ter renda, precisam de uma diversificada fonte de custeio, sobressaindo-se como de extrema importância a contribuição sindical obrigatória, que é (era) recolhida de todos os membros da categoria, para o custeio do sistema confederativo sindical.

1. Bacharel em Direito pela Universidade Estadual de Santa Cruz (UESC). Mestre em Direito Privado pela Universidade Federal da Bahia (UFBA). Advogado. Professor dos cursos de Direito da Faculdade Madre Thaís (Ilhéus/BA) e da Faculdade de Tecnologia e Ciências (FTC), Unidade de Itabuna, Bahia. E-mail: icaro_duarte@hotmail.com

Obviamente que os sindicatos sempre contaram com tão importante fonte de renda, sendo ela muitas vezes a única fonte disponível para o embate diuturno em benefício de sua categoria.

A reforma trabalhista (Lei 13.467/17) modificou profundamente a contribuição sindical obrigatória, transformando-a em contribuição sindical meramente facultativa, o que vai trazer uma série de repercussões e incertezas acerca da sobrevivência de muitos sindicatos.

Assim, o presente trabalho tem o objetivo de analisar especificamente essa alteração, trazendo, inicialmente, uma análise da contribuição sindical obrigatória antes da reforma trabalhista, partindo-se, posteriormente, para a análise dos principais pontos modificados na nova CLT.

2. PREVISÃO NORMATIVA

A contribuição sindical obrigatória pode ser primeiramente extraída do próprio texto constitucional, ao dispor que "*a assembleia geral fixará a contribuição que, em se tratando de categoria profissional, será descontada em folha, para custeio do sistema confederativo da representação sindical respectiva, independentemente da contribuição prevista em lei*" (art. 8º, IV). Uma análise mais detida leva à conclusão de que o dispositivo constitucional abrangeria duas espécies de contribuição, quais sejam a contribuição confederativa (quando diz claramente que a assembleia geral fixará), bem como a contribuição sindical obrigatória (quando diz que independentemente da **contribuição prevista em lei**). Ora, a contribuição prevista em lei é aquela constante dos arts. 578 ao 610 do texto Consolidado – Contribuição Sindical Obrigatória.

Ainda no bojo da Constituição Federal, a contribuição sindical encontra amparo no art. 149, ao dispor que "compete exclusivamente à União instituir contribuições sociais, de intervenção no domínio econômico e de interesse das categorias profissionais ou econômicas, como instrumento de sua atuação nas respectivas áreas [...]".

Verifica-se, outrossim, que a contribuição sindical obrigatória está prevista no texto da CLT no art. 545, quando alude que

> "os empregadores ficam obrigados a descontar na folha de pagamento dos seus empregados, desde que por eles devidamente autorizados, as contribuições devidas ao Sindicato, quando por este notificados, salvo quanto à contribuição sindical, cujo desconto independe dessas formalidades." (grifos nossos).

Igualmente, a Consolidação das Leis do Trabalho se refere à contribuição sindical expressamente, ao prevê-la como patrimônio das entidades sindicais, *in verbis*:

> Art. 548 - Constituem o patrimônio das associações sindicais:

> a) as contribuições devidas aos Sindicatos pelos que participem das categorias econômicas ou profissionais ou das profissões liberais representadas pelas referidas entidades, sob a denominação de imposto sindical, pagas e arrecadadas na forma do Capítulo III deste Título;

Portanto, a contribuição sindical obrigatória encontra assento normativo a partir da Constituição da República (de forma mais genérica), culminando na CLT, que a disciplina minuciosamente.

3. SISTEMÁTICA DE RECOLHIMENTO

A contribuição sindical obrigatória possui natureza tributária, de caráter parafiscal[2], uma vez que seu recolhimento é compulsório, isto é, não cabe aos sujeitos passivos decidirem se desejam ou não pagar referida verba, sendo o seu fato gerador a situação fática de pertencer a uma determinada categoria, econômica ou profissional. Dessa forma, a característica marcante da contribuição sindical reside no fato de que ela é recolhida de todos aqueles que pertençam a uma determinada categoria, independentemente da condição de filiado. É dizer, tanto os filiados, quanto os não filiados, estão todos obrigados a pagar a contribuição sindical em comento[3].

Assim sendo, para os empregados, a contribuição sindical obrigatória terá como valor o equivalente a um dia de trabalho, de maneira que para os mensalistas tal importância será obtida da divisão da remuneração mensal por 30 (trinta) dias. Portanto, pode-se dizer que há um dia em que o empregado acordará, se deslocará ao trabalho, irá laborar a sua jornada normal, voltará para casa, mas o produto desse trabalho não lhe pertencerá, pois será compulsoriamente descontado para o custeio do sistema confederativo sindical (art. 580, I).

Esse valor de um dia de trabalho será recolhido de uma só vez, anualmente, isto é, uma vez por ano haverá referido pagamento da contribuição sindical obrigatória, sendo o responsável tributário o empregador, que está obrigado a descontar, da folha de pagamento de seus empregados relativa ao **mês de março** de cada ano, a contribuição sindical por estes devida (art. 582, CLT). Destarte, em relação

---

2. "Derivada de lei e incidindo também sobre os trabalhadores não sindicalizados, a receita tem indisfarçável matiz parafiscal. Com isso, atrai severas críticas quanto à agressão que propiciaria aos princípios da liberdade associativa e da autonomia dos sindicatos. Entretanto, contraditoriamente, sua manutenção na ordem jurídica foi autorizada pelo Texto Máximo de 1988 (art. 8º, IV, in fine: "independentemente da contribuição prevista em lei") — embora a regra constitucional não impeça a revogação dos preceitos legais instituidores da verba". (DELGADO, Mauricio Godinho. **Curso de direito do trabalho**. 16. ed. São Paulo: LTr, 2017. p. 1530.)

3. "Hoje, no Brasil a maioria dos sindicatos sobrevive das receitas advindas da arrecadação do imposto sindical. São sindicatos que foram criados com o único objetivo de receber as receitas obrigatórias ou para indicar representantes para concorrer ao cargo de Juiz Classista na Justiça do Trabalho, quando existia a representação paritária nessa Justiça Especializada". (CAIRO JUNIOR, José. **Curso de direito do trabalho**. 13 ed. Salvador: JusPodivm, 2017. p. 1191.)

à folha de pagamento referente ao mês de março, quando o empregado consultar seu contracheque irá verificar que além dos descontos rotineiros, haverá uma novidade, qual seja a contribuição sindical obrigatória.

Caso alguém esteja desempregado na época do recolhimento, porém vem a ser contratado após o mês de março, estaria livre do desconto em folha da contribuição sindical obrigatória? Com efeito, os "*empregados que não estiverem trabalhando no mês destinado ao desconto da imposto sindical serão descontados no primeiro mês subseqüente ao do reinício do trabalho*" (CLT, 602, caput). Ou seja, por ano-base, ninguém está livre da contribuição sindical obrigatória.

Cumpre ressaltar interessante situação do advogado regularmente inscrito nos quadros da OAB, uma vez que para estes o "*pagamento da contribuição anual à OAB isenta os inscritos nos seus quadros do pagamento obrigatório da contribuição sindical*" (art. 47 da Lei 8.906/94). Observe-se que a isenção não está condicionada à situação de advogado ser ou não empregado na empresa.

Nesse sentido, esclarece Henrique Correia que:

> Sobre a isenção tributária aos advogados, o STF entendeu que referido dispositivo não fere a constituição e que, portanto, deve ser mantida a isenção aos inscritos na OAB. Por outro lado, é válido ressaltar que outros profissionais, como médicos e engenheiros, continuam obrigados a efetuar o pagamento tanto para o órgão de classe – CRM e CREA, respectivamente – quanto para o sindicato da categoria[4].

Por sua vez, em relação aos empregadores, a contribuição sindical consiste numa "*importância proporcional ao capital social da firma ou empresa, registrado nas respectivas Juntas Comerciais ou órgãos equivalentes, mediante a aplicação de alíquotas*", conforme tabela progressiva prevista no bojo do próprio texto Consolidado (art. 580, III). A época de recolhimento para os empregadores será no mês de janeiro, devendo ocorrer diretamente no banco arrecadador (art. 587, CLT).

Os trabalhadores avulsos e profissionais autônomos (e liberais) também estão obrigados a realizar o pagamento da contribuição sindical obrigatória, consoante a CLT, quando dispõe que o "*recolhimento da contribuição sindical referente aos empregados e trabalhadores avulsos será efetuado no mês de abril de cada ano, e o relativo aos agentes ou trabalhadores autônomos e profissionais liberais realizar-se-á no mês de fevereiro*". A dinâmica de recolhimento obedecerá ao sistema de guias, de acordo com as instruções expedidas pelo Ministro do Trabalho. Ademais, "comprovante de depósito da contribuição sindical será remetido ao respectivo Sindicato; na falta deste, à correspondente entidade sindical de grau superior, e, se for o caso, ao Ministério do Trabalho" (art. 583, CLT).

Por fim, "*servirá de base para o pagamento da contribuição sindical, pelos agentes ou trabalhadores autônomos e profissionais liberais, a lista de contribuintes*

4. CORREIA, Henrique. **Direito do trabalho para concursos**. 2. ed. Salvador: JusPodivm, 2017. p. 1242.

organizada pelos respectivos sindicatos e, na falta destes, pelas federações ou confederações coordenadoras da categoria" (art. 584, CLT).

4. REPARTIÇÃO DA CONTRIBUIÇÃO SINDICAL OBRIGATÓRIA

Não obstante o "*nomen juris*" do instituto se refira expressamente à "sindical", deve-se tomar cuidado para não cair na armadilha de imaginar que o único destinatário da contribuição sindical obrigatória é o sindicato. Com efeito, o ordenamento jurídico pátrio prevê um inequívoco sistema confederativo sindical, cuja representação gráfica adotada pela doutrina é piramidal, em que os sindicatos seriam as entidades de base ou de 1º grau, ao passo que as federações e confederações ocupariam o centro e o ápice da pirâmide, respectivamente. Ressalte-se que isso não se trata de hierarquia, mas mera representação didático-funcional.

Ademais, não se pode olvidar das Centrais Sindicais, órgão de cúpula que gravita em torno dessa pirâmide representativa do sistema sindical, havendo cizânia doutrinária acerca de sua inclusão ou não no sistema confederativo sindical, discussão que, dado o objetivo do trabalho, não permite um maior aprofundamento nesse espaço. Enfim, desde a edição da Lei 11.648/08, que reconheceu formalmente as Centrais Sindicais, que estas também passaram a ser destinatárias de parte da contribuição sindical obrigatória.

Além das entidades sindicais (sindicatos, federações e confederações) e central sindical, a União também participa do rateio da contribuição sindical obrigatória, especificamente por meio da "Conta Especial Emprego e Salário", cujo objetivo principal é servir de fonte de custeio do Fundo de Amparo ao Trabalhador (FAT), que tem dentre as suas funções, financiar o seguro-desemprego.

Assim, nos termos da CLT, tratando-se da contribuição sindical obrigatória recolhida dos empregadores, será assim distribuído o produto final arrecadado: a) 5% (cinco por cento) para a confederação correspondente; b) 15% (quinze por cento) para a federação; c) 60% (sessenta por cento) para o sindicato respectivo; e d) 20% (vinte por cento) para a 'Conta Especial Emprego e Salário' (art. 589, I).

Sendo assim, caso uma determinada empresa do comércio tenha contribuído com R$ 1.000,00 a título de contribuição sindical obrigatória, o valor de R$ 600,00 é que pertence ao seu sindicato representativo, enquanto a Federação com base territorial na unidade federativa em que localizado o município da empresa ficará com R$ 150,00; a Confederação Nacional daquela categoria teria direito a R$ 50,00 e o governo seria destinatário de R$ 200,00.

Quando se trata da repartição da contribuição sindical obrigatória recolhida dos empregados, a divisão ocorre da seguinte forma: a) 5% (cinco por cento) para a confederação correspondente; b) 10% (dez por cento) para a central sindical; c) 15% (quinze por cento) para a federação; d) 60% (sessenta por cento) para o sindicato respectivo; e) 10% (dez por cento) para a "Conta Especial Emprego e Salário" (art. 589, II, CLT).

Ressalte-se que na redação do art. 589, da CLT, anteriormente à Lei nº. 11.648/08, não havia qualquer menção às Centrais Sindicais enquanto beneficiária da contribuição sindical arrecadada dos trabalhadores, adquirindo esse *status* apenas após a edição da referida lei federal. Note-se que não há participação das centrais sindicais em parcela do montante arrecadado a título de contribuição sindical obrigatória dos empregadores, haja vista que as centrais representam exclusivamente a classe trabalhadora.

Ademais, como apareceu um novo destinatário da contribuição sindical obrigatória (centrais sindicais), alguém teve que abrir mão de sua quota-parte. Nesse caso, sobrou para a Conta Especial Emprego e Salário (Governo – verba pública), que abriu mão de metade (saiu de 20% para 10%) do que teria direito, em relação ao montante global das contribuições sindicais de todos os empregados do Brasil.

Interessante observar que não existindo sindicato, nem entidade sindical de grau superior ou central sindical, a contribuição sindical será creditada, integralmente, à Conta Especial Emprego e Salário (art. 590, § 3º, CLT). Por outro lado, inexistindo confederação, o percentual que lhe pertence caberá à federação representativa do grupo (art. 590, caput, CLT). Por fim, inexistindo sindicato, o seu percentual (60%) será destinado à federação, que, por sua vez, terá o seu percentual direcionado à confederação, de forma que a federação ficara com 60% e a confederação com 20% (15% + 5%), nos termos do art. 591 Consolidado.

E assim a arrecadação da contribuição sindical é rateada entre todos os interessados.

5. FISCALIZAÇÃO DA CONTRIBUIÇÃO SINDICAL OBRIGATÓRIA PELO TCU

Pode o Tribunal de Contas fiscalizar os sindicatos no que toca ao uso das receitas sindicais?

Para responder a esta pergunta, inicialmente cabe analisar a seguinte questão. O projeto de lei que resultou na Lei 11.648/08 (que reconheceu formalmente as centrais sindicais) previa, em seu art. 6º que:

> Art. 6º - Os sindicatos, as federações e as confederações das categorias econômicas ou profissionais ou das profissões liberais e as centrais sindicais deverão prestar contas ao Tribunal de Contas da União sobre a aplicação dos recursos provenientes das contribuições de interesse das categorias profissionais ou econômicas, de que trata o art. 149 da Constituição Federal, e de outros recursos públicos que porventura venham a receber.

Referido artigo foi vetado (veto jurídico) pelo Presidente da República (mensagem de veto 139), ao argumento de que:

> "O art. 6º viola o inciso I do art. 8o da Constituição da República, porque estabelece a obrigatoriedade dos sindicatos, das federações, das confederações e

> das centrais sindicais prestarem contas ao Tribunal de Contas da União sobre a aplicação dos recursos provenientes da contribuição sindical. Isto porque a Constituição veda ao Poder Público a interferência e a intervenção na organização sindical, em face o princípio da autonomia sindical, o qual sustenta a garantia de autogestão às organizações associativas e sindicais."

Dessa forma, a (equivocada) mensagem passada aos sindicatos seria no sentido de imunidade de prestação de contas, verdadeiro salvo-conduto para aplicar as verbas provenientes da contribuição sindical obrigatória ao seu "bel-prazer", sem preocupação de justificar ou publicar como essa receita estaria sendo aplicada.

Contudo, um precedente importantíssimo ocorreu diante da situação em que o Tribunal de Contas da União (TCU) instaurou procedimento de tomada de contas a fim de investigar a evolução patrimonial suspeita dos membros da diretoria de um determinado sindicato em virtude da existência de indícios de que estaria ocorrendo má administração dos recursos provenientes da contribuição sindical obrigatória. Diante disso, referido sindicato impetrou Mandado de Segurança perante o Supremo Tribunal Federal (art. 102, I, "d", da CF/88), contra o TCU. Os principais argumentos foram: a) as contribuições sindicais obrigatórias não configuram recursos públicos federais; b) a fiscalização pelo TCU de atos do sindicato configura ofensa à liberdade e autonomia sindical (art. 8º, I, da CF/88).

Por sua vez, o STF entendeu que *"as contribuições sindicais compulsórias possuem natureza tributária, constituindo receita pública, estando os responsáveis sujeitos à competência fiscalizatória do Tribunal de Contas da União"*. Ademais, evidenciou que *"a atividade de controle do Tribunal de Contas da União sobre a atuação das entidades sindicais não representa violação à respectiva autonomia assegurada na Lei Maior"*. Com efeito, sustentou o Relator, Ministro Marco Aurélio no sentido de que:

> Precisa-se diferenciar, todavia, o regime de autonomia administrativa dos sindicatos e a incidência de regras de controle sobre as atividades desempenhadas por entes públicos e privados. Afirmar simplesmente que a autonomia tem o condão de impedir o exercício de funções fiscalizatórias do Poder Público consubstancia argumento que, se for levado às últimas consequências, revela-se inaceitável. O mesmo motivo serviria para afastar a atuação da polícia administrativa, que se estende por diversos campos de intenso interesse público: edilícia, trabalhista, de saúde pública, etc. Autonomia sindical não é salvo-conduto, mas prerrogativa direcionada a certa finalidade – a plena e efetiva representação das classes empregadora e empregada[5].

Em síntese, caso haja procedimento de tomada de contas, os sindicatos estão obrigados a prestar contas ao TCU sobre a aplicação dos valores referentes à contribuição sindical obrigatória, uma vez que tal medida em nada viola a autonomia sindical.

---

5. STF. 1ª Turma. MS 28465/DF, Rel. Min. Marco Aurélio, julgado em 18/03/2014.

6. REFORMA TRABALHISTA: CONTRIBUIÇÃO SINDICAL FACULTATIVA

A modificação promovida pela Lei nº. 13.467, de 13 de Julho de 2017, em relação à contribuição sindical obrigatória foi indubitavelmente substancial, porquanto se retirou a obrigatoriedade do recolhimento, conforme se verifica do quadro abaixo:

Redação Anterior à Reforma Trabalhista	Redação após a Reforma Trabalhista
Art. 545 - Os empregadores ficam obrigados a descontar na folha de pagamento dos seus empregados, desde que por eles devidamente autorizados, as contribuições devidas ao Sindicato, quando por este notificados, salvo quanto à contribuição sindical, cujo desconto independe dessas formalidades.	Art. 545. Os empregadores ficam obrigados a descontar da folha de pagamento dos seus empregados, **desde que por eles devidamente autorizados**, as contribuições devidas ao sindicato, quando por este notificados.
Art. 578 - As contribuições devidas aos Sindicatos pelos que participem das categorias econômicas ou profissionais ou das profissões liberais representadas pelas referidas entidades serão, sob a denominação do "imposto sindical", pagas, recolhidas e aplicadas na forma estabelecida neste Capítulo.	Art. 578. As contribuições devidas aos sindicatos pelos participantes das categorias econômicas ou profissionais ou das profissões liberais representadas pelas referidas entidades serão, sob a denominação de contribuição sindical, pagas, recolhidas e aplicadas na forma estabelecida neste Capítulo, **desde que prévia e expressamente autorizadas.**
Art. 579 - A contribuição sindical é devida por todos aquêles que participarem de uma determinada categoria econômica ou profissional, ou de uma profissão liberal, em favor do sindicato representativo da mesma categoria ou profissão ou, inexistindo êste, na conformidade do disposto no art. 591.	Art. 579. O desconto da contribuição sindical está **condicionado à autorização prévia e expressa** dos que participarem de uma determinada categoria econômica ou profissional, ou de uma profissão liberal, em favor do sindicato representativo da mesma categoria ou profissão ou, inexistindo este, na conformidade do disposto no art. 591 desta Consolidação.
Art. 582. Os empregadores são obrigados a descontar, da folha de pagamento de seus empregados relativa ao mês de março de cada ano, a contribuição sindical por estes devida aos respectivos sindicatos.	Art. 582. Os empregadores são obrigados a descontar da folha de pagamento de seus empregados relativa ao mês de março de cada ano a contribuição sindical dos empregados que **autorizaram prévia e expressamente o seu recolhimento** aos respectivos sindicatos.
Art. 583 - O recolhimento da contribuição sindical referente aos empregados e trabalhadores avulsos será efetuado no mês de abril de cada ano, e o relativo aos agentes ou trabalhadores autônomos e profissionais liberais realizar-se-á no mês de fevereiro.	Art. 583. O recolhimento da contribuição sindical referente aos empregados e trabalhadores avulsos será efetuado no mês de abril de cada ano, e o relativo aos agentes ou trabalhadores autônomos e profissionais liberais realizar-se-á no mês de fevereiro, **observada a exigência de autorização prévia e expressa** prevista no art. 579 desta Consolidação.

Art. 587. O recolhimento da contribuição sindical dos empregadores efetuar-se-á no mês de janeiro de cada ano, ou, para os que venham a estabelecer-se após aquele mês, na ocasião em que requeiram às repartições o registro ou a licença para o exercício da respectiva atividade.	Art. 587. Os empregadores **que optarem pelo recolhimento** da contribuição sindical deverão fazê-lo no mês de janeiro de cada ano, ou, para os que venham a se estabelecer após o referido mês, na ocasião em que requererem às repartições o registro ou a licença para o exercício da respectiva atividade.
Art. 602 - Os empregados que não estiverem trabalhando no mês destinado ao desconto da imposto sindical serão descontados no primeiro mês subseqüente ao do reinício do trabalho.	Art. 602. Os empregados que não estiverem trabalhando no mês destinado ao desconto da contribuição sindical e que venham a **autorizar prévia e expressamente o recolhimento** serão descontados no primeiro mês subsequente ao do reinício do trabalho.

Analisando-se perfunctoriamente as modificações realizadas, não se exige muito esforço hermenêutico para se inferir que a principal alteração foi converter a contribuição sindical obrigatória em contribuição sindical facultativa, uma vez que está clara a necessidade de autorização dos sujeitos passivos.

Com efeito, a nova contribuição sindical só pode ser recolhida dos trabalhadores se estes autorizarem previamente, isto é, não será possível o desconto de ofício, com eventual e futura ratificação pelo empregado. Não. A nova CLT é eloquente em exigir autorização prévia. Assim, ou o empregado autoriza o desconto, ou este não poderá ser realizado, sob pena de configurar desconto indevido, com a sua consequente devolução.

Da mesma forma, a nova redação dada pela Lei 13.467/17 é incisiva em exigir que dita autorização seja expressa, é dizer, não se admite autorização tácita. Portanto, seria inadmissível conduta do empregador ou sindicato que notificasse o empregado a se manifestar sobre o recolhimento da contribuição sindical, de forma que seu silêncio importaria autorização tácita. Invariavelmente tal conduta seria nula, contrária à nova CLT, sendo passíveis de devolução valores porventura descontados.

Ademais, a nova CLT fala em autorização "expressa", que não necessariamente significa autorização por escrito. Expressa, juridicamente, contrapõe-se à tácita, de forma que uma manifestação de vontade pode ser verbal e expressa ao mesmo tempo. Assim, a autorização deve ser inequívoca, contundente, indubitável, patente e não tácita. Todavia, seria mais cauteloso adotar-se a forma escrita, como meio mais eficaz de prova, caso futuramente haja impugnação a eventual desconto a título de contribuição sindical.

Importante destacar que, a priori, seria uma tendência natural se focar apenas na contribuição sindical descontada dos trabalhadores. Contudo, deve ser lembrado que o fato gerador da contribuição é o pertencimento a uma categoria, o que inclui, além da profissional, a econômica, os trabalhadores avulsos, os autônomos e profissionais liberais.

Assim, também para os empregadores a contribuição passa a ser facultativa, já que a reforma trabalhista incluiu a expressão *"que optarem pelo recolhimento"* (art. 587, CLT). Portanto, para os empregadores, não há necessidade de prévia e expressa autorização de desconto, por questões lógicas, mas, por outro lado, não há mais a obrigação de proceder com o recolhimento, já que este só ocorrerá se os empregadores voluntária e espontaneamente pagarem.

Em relação ao recolhimento da contribuição sindical referente aos empregados e trabalhadores avulsos, que será efetuado no mês de abril de cada ano, e o relativo aos agentes ou trabalhadores autônomos e profissionais liberais, que realizar-se-á no mês de fevereiro, necessariamente deve ser observada a exigência de autorização prévia e expressa, igualmente aos trabalhadores.

Por conseguinte, percebe-se que a contribuição sindical teve sua natureza jurídica alterada, deixando de ser compulsória, passando a ser facultativa, já que a manifestação de vontade do sujeito passivo é condição necessária para o seu recolhimento. É dizer, sem autorização prévia e expressa no sentido de autorizar, não será realizado o recolhimento, situação bem distinta sob a égide da redação anterior à reforma, em que o recolhimento ocorreria de todos os membros (filiados e não filiados), independentemente da anuência ou autorização do empregado.

Curioso alertar que a reforma trabalhista transformou a contribuição sindical de obrigatória para facultativa, mas, antes disso já havia sido decretada a pena de morte da contribuição sindical obrigatória. Explica-se: a Lei 11.648/08, que reconheceu formalmente as centrais sindicais, incluindo-as como destinatárias da contribuição sindical obrigatória obreira, prevê que *"os arts. 578 a 610 da Consolidação das Leis do Trabalho - CLT, aprovada pelo Decreto-Lei no 5.452, de 1o de maio de 1943,* ***vigorarão até que a lei venha a disciplinar a contribuição negocial****, vinculada ao exercício efetivo da negociação coletiva e à aprovação em assembleia geral da categoria"* (art. 7º).

Bem, não foi exatamente o que aconteceu, já que não fora aprovada a referida "contribuição negocial", vinculada ao exercício efetivo da negociação coletiva. Todavia, detendo-se numa análise prospectiva, imagina-se que no memento em que a contribuição sindical deixa de ser obrigatória, passando a ser facultativa, e considerando que se trata de importante fonte de custeio das entidades sindicais, os efeitos práticos da reforma possivelmente seguirão esse caminho. Ou seja, para estimular os trabalhadores a recolherem a contribuição sindical, os sindicatos deverão investir em efetiva e eficaz negociação coletiva que resulte em inquestionável melhoria da condição social obreira, tendo, assim, um grande poder de barganha para atrair cada vez mais trabalhadores a recolherem a contribuição.

Nesse sentido, destaca Homero Batista que:

> Provavelmente as campanhas de conscientização serão realizadas pelos sindicatos mais combativos, mas o mais provável é que novas rendas sejam buscadas, como a cobrança de taxas para a aferição das contas anuais do empregador

> – em troca de quitação do passivo trabalhista daquele ano, ao menos na expectativa do art. 507-B – e, quem sabe, assistiremos ao impensável cenário de arbitragem trabalhista dentro de entidades sindicais, para fazer frente a nova demanda para empregados com salários médios e altos (art. 507-A)[6].

Ressalte-se que entre as futuras e novas alternativas a serem encontradas pelos sindicatos, com o intuito de estimular o voluntarismo para o recolhimento da contribuição sindical obrigatória, uma via está totalmente inviabilizada, haja vista que a reforma trabalhista vedou a possibilidade de se incluir cláusula de norma coletiva fixando a obrigatoriedade do recolhimento da contribuição sindical obrigatória (art. 611-B, XXVI, CLT).

Outro ponto digno de nota se refere ao fato de que as demais contribuições sindicais existentes (confederativa, assistencial e associativa) só podem ser exigidas dos filiados, isto é, uma vez estabelecidas, o empregador pode realizar o desconto, independentemente da autorização dos trabalhadores associados. Contudo, a reforma trabalhista conduziu a contribuição sindical para um patamar diferente, porquanto nem dos filiados poderá ser descontada, a menos que haja prévia e expressa autorização, o que não ocorre com as outras contribuições sindicais citadas.

Assim sendo, havia uma contribuição que era compulsoriamente recolhida de todos, independentemente da condição de filiado e que se converteu em contribuição que nem dos filiados poderá ser descontada sem autorização prévia e expressa.

Discussão interessantíssima acerca da alteração promovida diz respeito à sua possível inconstitucionalidade, como bem esclarece Francisco Meton, asseverando que *"em virtude de sua previsão constitucional, entendemos que não pode ser removida por lei. Nem tornada facultativa, pois é um tributo, e não há tributo facultativo. Assim, a lei incorre em flagrante inconstitucionalidade"*[7], e complementa, ao afirmar que "a lei padece de flagrante inconstitucionalidade, ao manter um tributo cobrado apenas dos que concordarem (que absurdo!) em recolhê-lo"[8].

Com efeito, a tese da inconstitucionalidade deve ganhar maiores repercussões nos momentos iniciais pós-reforma.

Destarte, são essas as principais questões que podem surgir em torno da metamorfose sofrida pela contribuição sindical, deixando de ser obrigatória, para ser facultativa, exigindo-se, para tanto, prévia e expressa autorização.

---

6. SILVA, Homero Batista Mateus da. **Comentários à reforma trabalhista**: análise da Lei 13.467/2017 – artigo por artigo. São Paulo: Revista dos Tribunais, 2017. p. 109.
7. LIMA, Francisco Meton Marque de; LIMA, Francisco Péricles Rodriges Marque de. **Reforma Trabalhista**: entenda ponto por ponto. São Paulo: LTr, 2017. p. 90.
8. Ibidem. p. 93.

7. CONSIDERAÇÕES FINAIS

Diante do que foi acima exposto, verifica-se que a alteração promovida pela reforma trabalhista vai impactar significativamente no custeio do sistema confederativo sindical, vez que não apenas os sindicatos, mas também federações, confederações, centrais sindicais e, especialmente, o Governo são destinatários da referida contribuição, de forma que este flagrantemente estaria abrindo mão de verba pública, verba esta que custeia um importante benefício, qual seja o seguro-desemprego.

Além disso, infelizmente os justos estão pagando pelos pecadores, em razão da desenfreada proliferação de sindicatos que objetivaram apenas a contribuição sindical obrigatória, prejudicando, a partir da reforma, os sindicatos sérios, combativos, que efetivamente defendem os interesses e direitos da categoria, mas que agora terão maiores dificuldades.

A busca de novas alternativas de arrecadação será pauta diária dos sindicatos, que precisam compensar, financeiramente, a perda que terão com o fim da obrigatoriedade da contribuição, devendo estimular cada vez mais que os trabalhadores voluntariamente recolham a contribuição sindical.

Destarte, só o tempo dirá como vão os sindicatos atuar nessa nova configuração.

REFERÊNCIAS

CAIRO JUNIOR, José. **Curso de direito do trabalho**. 13 ed. Salvador: JusPodivm, 2017

CORREIA, Henrique. **Direito do trabalho para concursos**. 2. ed. Salvador: JusPodivm, 2017.

DELGADO, Mauricio Godinho. **Curso de direito do trabalho**. 16. ed. São Paulo: LTr, 2017.

LIMA, Francisco Meton Marque de; LIMA, Francisco Péricles Rodriges Marque de. **Reforma Trabalhista**: entenda ponto por ponto. São Paulo: LTr, 2017.

SILVA, Homero Batista Mateus da. **Comentários à reforma trabalhista**: análise da Lei 13.467/2017 – artigo por artigo. São Paulo: Revista dos Tribunais, 2017.

O TRABALHO AUTÔNOMO E A REFORMA TRABALHISTA

Lorena Vasconcelos Porto[1]
Augusto Grieco Sant'Anna Meirinho[2]

1. INTRODUÇÃO

O presente artigo visa ao estudo do artigo 442-B da Consolidação das Leis do Trabalho (CLT), relativo à contratação de trabalhador autônomo, o qual foi introduzido pela Lei n. 13.467, de 13 de julho de 2017, e alterado pela Medida Provisória n. 808, de 14 de novembro de 2017.

Primeiramente, demonstra-se a necessidade da interpretação sistemática desse dispositivo legal, em conjunto com os demais dispositivos da própria CLT, entre os quais os artigos 2º, 3º e 9º.

Em seguida, trata-se da interpretação do artigo 442-B da CLT em conformidade com as normas constitucionais e internacionais de proteção ao trabalho. A questão é estudada também no Direito comparado, que é fonte formal subsidiária do Direito brasileiro (art. 8º, caput, da CLT).

---

1. Lorena Vasconcelos Porto é Procuradora do Ministério Público do Trabalho. Doutora em Autonomia Individual e Autonomia Coletiva pela Universidade de Roma II. Mestre em Direito do Trabalho pela PUC-MG. Especialista em Direito do Trabalho e Previdência Social pela Universidade de Roma II. Professora Titular do Centro Universitário UDF. Professora Convidada do Mestrado em Direito do Trabalho da Universidad Externado de Colombia, em Bogotá.

2. Augusto Grieco Sant'Anna Meirinho é Procurador do Ministério Público do Trabalho. Doutor em Direito pela PUC-SP. Mestre em Direito Previdenciário pela PUC-SP. Especialista em Direito do Trabalho pela USP. Especialista em Relações Internacionais pela Universidade Cândido Mendes / RJ. Professor universitário.

Passa-se à discussão das normas do Código Civil relativas à simulação, as quais se aplicam subsidiariamente ao Direito do Trabalho por força do artigo 8º, parágrafo único, da CLT. Discute-se, ainda, a aplicação do princípio da primazia da realidade, bem como a adoção de um conceito amplo de subordinação para fins de sua distinção em relação à autonomia.

2. A INTERPRETAÇÃO SISTEMÁTICA

A Lei n. 13.467, de 13 de julho de 2017, e a Medida Provisória n. 808, de 14 de novembro de 2017, ao alterarem a CLT, introduziram o seguinte dispositivo legal:

> "Art. 442-B. A contratação do autônomo, cumpridas por este todas as formalidades legais, de forma contínua ou não, afasta a qualidade de empregado prevista no art. 3º desta Consolidação.
>
> § 1º É vedada a celebração de cláusula de exclusividade no contrato previsto no caput.
>
> § 2º Não caracteriza a qualidade de empregado prevista no art. 3º o fato de o autônomo prestar serviços a apenas um tomador de serviços.
>
> § 3º O autônomo poderá prestar serviços de qualquer natureza a outros tomadores de serviços que exerçam ou não a mesma atividade econômica, sob qualquer modalidade de contrato de trabalho, inclusive como autônomo.
>
> § 4º Fica garantida ao autônomo a possibilidade de recusa de realizar atividade demandada pelo contratante, garantida a aplicação de cláusula de penalidade prevista em contrato.
>
> § 5º Motoristas, representantes comerciais, corretores de imóveis, parceiros, e trabalhadores de outras categorias profissionais reguladas por leis específicas relacionadas a atividades compatíveis com o contrato autônomo, desde que cumpridos os requisitos do caput, não possuirão a qualidade de empregado prevista o art. 3º.
>
> § 6º Presente a subordinação jurídica, será reconhecido o vínculo empregatício.
>
> § 7º O disposto no caput se aplica ao autônomo, ainda que exerça atividade relacionada ao negócio da empresa contratante." [3].

Segundo Carlos Maximiliano, "a hermenêutica jurídica tem por objeto o estudo e a sistematização dos processos aplicáveis para determinar o sentido e o alcance da norma"[4].

Nesse sentido, a interpretação de uma norma jurídica pressupõe a aplicação de regras anteriormente definidas pela hermenêutica para extrair o significado e

---

3. A Lei 13.467/2017 foi publicada no Diário Oficial da União em 14.07.2017 e previu, em seu artigo 6º, que entraria em vigor após 120 (cento e vinte) dias de sua publicação oficial, o que ocorreu em 11.11.2017. A Medida Provisória 808/2017, por sua vez, foi publicada no Diário Oficial da União em 14.11.2017 e previu, em seu artigo 4º, a sua entrada em vigor na própria data de sua publicação.
4. MAXIMILIANO, Carlos. **Hermenêutica e aplicação do direito**. 18ª ed. Rio de Janeiro: Forense, 1999. p. 01.

extensão da norma. Entre os métodos de interpretação pode-se citar o sistemático, que consiste em

> interpretação da norma à luz das outras normas e do espírito (principiologia) do ordenamento jurídico, o qual não é a soma de suas partes, mas uma síntese (espírito) delas. A interpretação sistemática procura compatibilizar a partes entre si e as partes com o todo - é a interpretação do todo pelas partes e das partes pelo todo[5].

Guilherme Guimarães Feliciano diz que, se o Direito do Trabalho é expressão do humanismo jurídico e arma de renovação social, "nenhuma interpretação / aplicação da fonte formal laboral que se aparte dessa razão de existir é verdadeiramente legítima"[6].

Como toda norma jurídica, o novel artigo acima transcrito deve ser interpretado de forma sistemática, em conjunto com os demais dispositivos da própria CLT, entre os quais os artigos 2º, 3º e 9º.

Nos termos dos artigos 2º e 3º da CLT, há relação de emprego quando o trabalhador presta serviços com pessoalidade, onerosidade, não eventualidade e subordinação. No caso da contratação prevista no artigo 442-B da CLT, é necessário verificar se na relação estabelecida entre o trabalhador autônomo e o contratante estão presentes os elementos fático-jurídicos da relação de emprego, em especial a subordinação. Caso estes se façam presentes, por força do artigo 9º da CLT, deve ser declarada a nulidade do contrato, com o consequente reconhecimento de vínculo empregatício do trabalhador com o seu contratante.

Ressalta-se que o próprio §6º do art. 442-B, com a nova redação conferida pela Medida Provisória n. 808, de 14 de novembro de 2017, passou a prever expressamente que, presente a subordinação jurídica, será reconhecido o vínculo empregatício. Isso se aplica, inclusive, às figuras de trabalhadores previstas no §5° do mesmo dispositivo legal ("motoristas, representantes comerciais, corretores de imóveis, parceiros, e trabalhadores de outras categorias profissionais reguladas por leis específicas relacionadas a atividades compatíveis com o contrato autônomo"). Com efeito, o §5° deve ser lido e interpretado, de forma conjunta e sistemática, com o §6° do mesmo artigo e com os artigos 2°, 3° e 9° da CLT, os quais, inclusive, não foram alterados pela Lei 13.467/2017 e pela Medida Provisória n. 808/2017.

Nota-se, no particular, que a localização tópica do §6°, logo após o §5°, reforça o argumento de que este está submetido ao disposto naquele, isto é, que também nas hipóteses previstas no §5°, caso esteja presente a subordinação jurídica, deve ser reconhecida a relação de emprego.

5. FILHO, Glauco Barreira Magalhães. **Hermenêutica Jurídica Clássica**. Belo Horizonte: Mandamentos, 2002. p. 37.

6. FELICIANO, Guilherme Guimarães. **Curso Crítico de Direito do Trabalho**. Teoria Geral do Direito do Trabalho. São Paulo: Saraiva, 2013, p. 274.

Cumpre notar que esse mesmo entendimento foi adotado pela doutrina e jurisprudência pátrias na interpretação do parágrafo único do artigo 442 da CLT, introduzido pela Lei 8.949, de 1994[7]. Com efeito, consagrou-se o entendimento de que, não obstante o trabalhador preste serviços formalmente como cooperado, caso presentes os elementos fático-jurídicos da relação de emprego, deve ser reconhecido o vínculo empregatício daquele com o seu tomador de serviços, com fulcro no artigo 9º da CLT[8].

Nesse sentido, é irrelevante o fato de o trabalhador prestar serviços ao contratante sem exclusividade, pois esta não é elemento necessário para a configuração da relação de emprego. Com efeito, é plenamente possível que o trabalhador mantenha simultaneamente mais de um vínculo empregatício[9].

Do mesmo modo, a ausência de continuidade não é obstáculo para o reconhecimento da relação de emprego do trabalhador com o respectivo contratante. Conforme assentado pela doutrina e jurisprudência pátrias -, com exceção do trabalho doméstico, que tem a continuidade como um de seus requisitos -, para a configuração da relação de emprego é necessária a presença da não eventualidade, que é diversa da continuidade. Com efeito, enquanto a CLT, ao conceituar a relação de emprego, prevê expressamente "serviços de natureza *não eventual*" (artigo 3º, *caput*), o que não foi alterado pela Lei 13.467/2017 e pela Medida Provisória 808/2017, a legislação aplicável ao trabalho doméstico vale-se de expressão distinta, isto é, "serviços de natureza *contínua*" (artigo 1º, *caput*, da Lei 5.859/72[10]) ou "serviços de forma contínua" (artigo 1º, *caput*, da Lei Complementar 150/2015).

Disso resulta a possibilidade de reconhecimento do vínculo empregatício do trabalhador contratado formalmente como autônomo, ainda que preste serviços de forma descontínua, desde que presente o elemento fático-jurídico da não eventualidade. Como ressalta Mauricio Godinho Delgado:

---

7. "Art. 442 - Contrato individual de trabalho é o acordo tácito ou expresso, correspondente à relação de emprego. Parágrafo único - Qualquer que seja o ramo de atividade da sociedade cooperativa, não existe vínculo empregatício entre ela e seus associados, nem entre estes e os tomadores de serviços daquela".

8. "Por isso, comprovado que o envoltório cooperativista não atende às finalidades e princípios inerentes ao cooperativismo (princípio da *dupla qualidade* e princípio da *retribuição pessoal diferenciada*, por exemplo), *fixando, ao revés, vínculo caracterizado por todos os elementos fático-jurídicos da relação de emprego, esta deverá ser reconhecida, afastando-se a simulação perpetrada*". DELGADO, Mauricio Godinho. **Curso de Direito do Trabalho**. 16ª ed. São Paulo: LTr, 2017. p. 364.

9. "Longe do entendimento de Rafael Caldera, a exclusividade não guarda nexo com a subordinação, mormente no Direito do Trabalho brasileiro, como ensina Célio Goyatá, que consagra a pluralidade simultânea de empregos". VILHENA, Paulo Emílio Ribeiro de. **Relação de emprego: estrutura legal e supostos**. São Paulo: Saraiva, 1975. p. 237. No mesmo sentido: "O fato de trabalhar o músico em vários locais não desnatura o contrato de trabalho por ser tal fato compatível com sua profissão". Acórdão proferido pelo TRT da 1ª Região, RO 27.556/93, Rel. Juiz José J. Félix, publicada em 13.12.1995.

10. Cabe anotar que a Lei nº 5.859/72 foi expressamente revogada pelo art. 46 da LC nº 150/2015, que passou a disciplinar o trabalho doméstico.

> a eventualidade, para fins *celetistas*, não traduz intermitência; só o traduz para a *teoria da descontinuidade* – rejeitada, porém, pela CLT. Desse modo, se a prestação é descontínua, mas permanente, deixa de haver eventualidade. É que a jornada contratual pode ser inferior à jornada legal, inclusive no que concerne aos dias laborados na semana[11].

Desse modo, conclui-se que, para a declaração da nulidade do contrato previsto no artigo 442-B da CLT e o consequente reconhecimento do vínculo empregatício do trabalhador com seu contratante, basta que estejam presentes os elementos fático-jurídicos da relação de emprego (pessoalidade, subordinação, onerosidade e não eventualidade), sendo irrelevante o fato de o serviço ser prestado sem exclusividade ou de forma descontínua.

Por outro lado, a presença de exclusividade e de continuidade na prestação de serviços pode ser tida, na análise do caso concreto, como indícios da existência da relação de emprego, para cuja configuração, no entanto, é necessária a presença dos elementos fático-jurídicos acima referidos.

Na verdade, parece uma contradição em si mesma o art. 442-B da CLT falar em trabalhador autônomo como aquele que possa ser "contratado" com exclusividade e de forma contínua. A razão de existir do autônomo é a liberdade de organização da forma como o trabalhador executa o seu labor.

Assim, trabalhador autônomo exclusivo "cheira" a trabalhador subordinado enfeixado em uma casca formal de autonomia, sobretudo quando fica evidenciado que essa autonomia não existirá no plano real, na medida em que o seu trabalho será dirigido pelo tomador de serviços.

Por outro lado, o §7º do art. 442-B da CLT, introduzido pela Medida Provisória 808/2017, prevê que o fato de o trabalhador exercer atividade relacionada ao objeto social da empresa contratante não exclui a autonomia. Todavia, a coincidência das atividades exercidas pelo trabalhador e por seu tomador de serviços, em verdade, é indício de subordinação e de não eventualidade, que são elementos fático-jurídicos da relação de emprego.

Invoca-se, no particular, o disposto na Recomendação 198, de 31 de maio de 2006, da OIT, sobre a qual se falará adiante, que prevê como indício da existência da relação de emprego a integração do trabalhador na organização da empresa, o que invariavelmente ocorrerá quando houver a coincidência de atividades acima referida.

Cumpre notar, ainda, a enorme contradição existente no §4º do art. 442-B da CLT, introduzido pela Medida Provisória 808/2017. Esse dispositivo, ao mesmo tempo em que garante ao trabalhador contratado formalmente como autônomo recusar a realização de uma atividade demandada por seu tomador de serviços, assegura a esse último a aplicação de penalidade prevista no contrato. Primeiramente, se pode ser penalizado, não há verdadeira liberdade para o trabalhador recusar a prestação de serviços, o que aponta para a ausência de real autonomia. Por outro

11. DELGADO, Mauricio Godinho. **Curso de Direito do Trabalho**. p. 320.

lado, a aplicação de penalidade pelo contratante revela, em verdade, o exercício do poder disciplinar, uma das facetas do poder empregatício, e, portanto, a presença de subordinação na relação existente entre o trabalhador e seu tomador de serviços. E, como visto, uma vez configurada a subordinação, deve ser reconhecido, em qualquer hipótese, o vínculo empregatício.

O que o legislador reformista pretendeu com o art. 442-B da CLT foi criar uma presunção absoluta de que, observando formalidades legais, não haverá relação de emprego entre o tomador de serviços e o trabalhador autônomo, o que é inadmissível[12].

Resta claro, portanto, que o artigo 442-B da CLT não pode ser interpretado como uma excludente legal da relação de emprego. Primeiramente, por força do disposto nos artigos 2º, 3º e 9º do mesmo diploma legal. Ademais, tal interpretação viria de encontro às normas constitucionais e internacionais de proteção ao trabalho.

3. A INTERPRETAÇÃO CONFORME AS NORMAS CONSTITUCIONAIS E INTERNACIONAIS

A Constituição Federal de 1988 consagra, em seus artigos arts. 1º, IV, 7º a 11, 170, III, VII e VIII, e 193, o regime de emprego socialmente protegido, centrado no contrato de emprego por prazo indeterminado, por meio do qual podem ser efetivamente exercidos os direitos previstos nos referidos dispositivos constitucionais[13]. Com efeito, o contrato de emprego tem demonstrado ser historicamente a mais objetiva, direta e eficiente maneira de propiciar igualdade de oportunidades, de consecução de renda, de afirmação pessoal e de bem-estar para a grande maioria das populações na sociedade capitalista. O exemplo dos países desenvolvidos é bastante ilustrativo: por meio da relação de emprego, é possível garantir poder a quem originalmente é destituído de riqueza, consistindo em fórmula eficaz de distribuição de renda e de poder na desigual sociedade capitalista[14].

A importância fundamental do emprego para o desenvolvimento econômico e a maior igualdade e justiça social pode ser demonstrada estatisticamente. Conforme nos revelam dados da Organização Internacional do Trabalho (OIT), os países

12. Confira-se, a respeito do tema do presente artigo, a obra DELGADO, Mauricio Godinho; DELGADO, Gabriela Neves. **A reforma trabalhista no Brasil: com os comentários à Lei 13.467/2017**. São Paulo: LTr, 2017. p. 152-153, bem como o artigo DE PAULA, Priscila Moreto. Trabalho autônomo: Art. 442-B. **Reforma trabalhista interpretada. Lei 13.467/2017**. coord. Cirlene Luiza Zimmermann. Caxias do Sul: Plenum, 2017, p. 117-132.

13. Vide, a propósito, a petição inicial da Ação Direta de Inconstitucionalidade (ADI) 5735 ajuizada pelo Procurador-Geral da República em face das alterações introduzidas pela Lei 13.429, de 2017, na Lei 6019/74.

14. Vide DELGADO, Mauricio Godinho, PORTO, Lorena Vasconcelos. O Estado de Bem-Estar Social no capitalismo contemporâneo. **O Estado de Bem-Estar Social no Século XXI**. org. Mauricio Godinho Delgado e Lorena Vasconcelos Porto. São Paulo: LTr, 2007.

mais desenvolvidos econômica e socialmente do mundo são aqueles que possuem o maior percentual da população economicamente ativa (PEA) na condição de "empregados" e menor percentual nas categorias "empregadores e trabalhadores autônomos" e "trabalhadores familiares não remunerados". Basta confrontar, por exemplo, no que tange ao percentual de empregados na composição da PEA, os números da Noruega (92,5%), Suécia (90,4%), Dinamarca (91,2%), Alemanha (88,6%), Países-Baixos (88,9%) e Reino Unido (87,2%), com aqueles presentes na Grécia (60,2%), Turquia (50,9%), Tailândia (40,5%), Bangladesh (12,6%) e Etiópia (8,2%)[15].

No mesmo sentido é a conclusão do estudo publicado pelo Global Entrepreneurship Monitor (GEM) em 2015, o qual foi realizado a partir de dados coletados entre 2012 e 2014 em cinco regiões do mundo: África Sub-Saariana, Oriente Médio e Norte da África, Sul e Sudeste da Ásia, América Latina e Caribe e países da Europa. Esse estudo demonstra que nos países periféricos, isto é, com economias pouco competitivas, ainda regradas por produção de bens básicos e *commodities*, baixa qualificação profissional e baixos salários, há maior "empreendedorismo" entre os jovens (52%). Nos países desenvolvidos, por sua vez, com economias mais estáveis, alta tecnologia, bons salários e indicadores de eficiência e inovação, os jovens optam invariavelmente pelo contrato de emprego, isto é, por serem contratados por uma empresa na qual possam desevolver uma carreira profissional. Com efeito, apenas 19% dos jovens europeus pensam em abrir um negócio próprio e somente 8% estão engajados em alguma atividade empreendedora[16].

Esses dados revelam uma realidade perversa, eufemisticamente encoberta pela denominação "empreendedorismo". É como se passasse um recado à sociedade: "jovem, é melhor que você se vire por conta própria, pois o mercado de trabalho formal não terá condiçoes de te absorver".

Desse modo, em consonância com o regime constitucional de emprego socialmente protegido, o artigo 442-B da CLT não pode ser interpretado como uma excludente legal da relação de emprego.

Nesse sentido são as lições de Mauricio Godinho Delgado:

> É que não permite a ordem jurídica civilizada a contratação do trabalho humano, com os intensos elementos formadores da relação de emprego, sem a incidência do manto normativo mínimo assecuratório da dignidade básica do ser humano nesta seara da vida individual e socioeconômica. Os princípios constitucionais da valorização do trabalho e emprego, da centralidade do ser humano na ordem jurídica e da dignidade da pessoa humana não absorvem fórmulas regentes da relação de emprego que retirem tal vínculo do patamar civilizatório mínimo afirmado pela ordem jurídica contemporânea. A propósito, o próprio art. 7º, *caput*

15. OIT. **La relación de trabajo.** Conferencia Internacional del Trabajo. 95ª Reunião. Genebra: OIT, 2006. p. 80-88.

16. Disponível em <http://www.abrhbrasil.org.br/cms/materias/noticias/jovens-de-paises-menos-desenvolvidos-sao-mais-empreendedores-segundo-estudo/> Acesso em 05 set. 2017.

> e incisos da Constituição estabelecem o envoltório protetivo justrabalhista para toda relação de emprego configurada na sociedade[17].

A Constituição da República de 1988, diante de sua conformação humanista, funciona como limite e barreira contra mudanças na legislação patrocinadas por maiorias formadas circunstancialmente, mesmo diante de evidente contrariedade da maioria da sociedade. Como assinala Eduardo Marques Vieira de Araújo, "a Constituição estabeleceu um extenso rol de direitos fundamentais, os quais operam como anteparo contramajoritário"[18].

Esse anteparo contramajoritário, ressalte-se, centrado na aplicação dos valores e princípios constitucionais positivados na Carta Cidadã, deve ser suficiente para frear o movimento reducionista dos direitos fundamentais dos trabalhadores, impulsionado pela maioria parlamentar formada episodicamente por interesses dissonantes com os da maioria da população brasileira.

Lenio Luiz Streck critica a visão deturpada da modernidade que se quer passar para a sociedade pelos agentes políticos que empenham os seus préstimos às mudanças que vêm ocorrendo:

> No Brasil, a modernidade é tardia e arcaica. O que houve (há) é um simulacro de modernidade. Como muito bem assinala Eric Hobsbawn, o Brasil é "um monumento à negligência social" (...). Ou seja, em nosso país as promessas da modernidade ainda não se realizaram. E, já que tais promessas não se realizaram, a solução que o *establishment* apresenta, por paradoxal que possa parecer, é o retorno ao Estado (neo)liberal. Daí que a pós-modernidade é vista como a vista como a visão neoliberal. Só que existe um imenso déficit social em nosso país, e, por isso, temos que defender as instituições da modernidade contra esse neoliberalismo pós-moderno[19].

A interpretação do artigo 442-B da CLT como excludente legal da relação de emprego viola, ainda, o disposto nas normas internacionais de proteção ao trabalho, que também consagram o regime de emprego socialmente protegido, centrado no contrato de trabalho por prazo indeterminado.

Nesse sentido, por meio da Recomendação 198, de 31 de maio de 2006, a OIT propõe, no âmbito das políticas nacionais, que os Estados-membros definam em suas leis e regulamentos "indicadores específicos da existência de uma relação de trabalho", com destaque para as seguintes características fáticas que integram conteúdo histórico da relação de emprego (item 4): a) o trabalho deve ser realizado envolvendo integração do trabalhador na organização da empresa (item 13.a); b) o trabalho deve ser realizado pessoalmente pelo trabalhador (13.a); e c) o trabalho deve ter duração particular e certa continuidade no tempo (13.a).

---

17. DELGADO, Mauricio Godinho. **Curso de Direito do Trabalho**. p. 364-365.
18. ARAÚJO, Eduardo Marques Vieira. **O Direito do Trabalho Pós-Positivista**. Por Uma Teoria Geral Justrabalhista no Contexto do Neoconstitucionalismo. São Paulo: LTr, 2014, p. 76.
19. STRECK, Lenio Luiz. **Hermenêutica Jurídica e(m) Crise**. Uma Exploração Hermenêutica da Construção do Direito. Porto Alegre: Livraria do Advogado Editora, 2007, pp. 25-26

A OIT realizou vários estudos comparados, em mais de sessenta países-membros, considerando as respectivas legislação e jurisprudência. Tais estudos confirmaram a importância da noção de relação de emprego, sobre a qual repousa substancialmente o sistema de proteção do Direito do Trabalho[20].

Essa manifestação exortativa da OIT sintetiza pretensão de consenso entre os Estados-membros acerca de elementos fundamentais da relação de emprego: integração do trabalhador na organização da empresa, pessoalidade da prestação do trabalho e pretensão de máxima continuidade do vínculo de emprego, como atributos que conferem conteúdo protetivo ao vínculo de trabalho.

Tais elementos, no entanto, são flagrantemente negados pela interpretação do artigo 442-B da CLT como excludente legal da relação de emprego, o que descumpre princípios constitutivos da Organização Internacional do Trabalho, de que participa o Brasil. Tal interpretação, em verdade, permitiria se tratar o trabalho como se mera mercadoria fosse, em violação à própria Constituição da OIT, que proíbe expressamente que o trabalho seja tratado como artigo de comércio: "labour is not a commodity" (art. 1°, "a", da Declaração de Filadélfia, de 1944, incorporada à Constituição da OIT)[21].

Cumpre notar que, conforme o entendimento firmado pelo Supremo Tribunal Federal (STF), os tratados internacionais de direitos humanos -, como é o caso das normas produzidas no âmbito da OIT -, quando não aprovados segundo os parâmetros estabelecidos no art. 5º, §3º, da CF/88, ingressam no ordenamento jurídico pátrio com *status* supralegal, embora infraconstitucional[22]. Desse modo, as normas legais, como o artigo 442-B da CLT, devem ser interpretadas de acordo com as normas internacionais, pois estas possuem, no mínimo, hierarquia supralegal.

E, possuindo hierarquia supralegal, estão em estrato superior em relaçao às normas complementares e ordinárias, entre elas a própria CLT. Portanto, o art. 442-B da CLT deve ser confrontado com dois níveis de compatibilidade ou controle: controle de convencionalidade (em relação às normas internacionais, sobretudo aquelas versando sobre direitos humanos) e controle de constitucionalidade (em relação às normas constitucionais, sejam elas regras, princípios ou valores).

Passando por esses controles, ainda se faz necessária a aferição da relação jurídica subjacente ao art. 442-B da CLT, que seria um contrato entre um trabalhador autônomo e o tomador de serviços, sob o crivo da realidade dos fatos: evidenciada a presença dos elementos da relação de emprego, levanta-se o véu da formalidade, desnudando a realidade do vínculo empregatício.

20. Vide OIT. **La relación de trabajo**. Conferencia Internacional del Trabajo. 95ª Reunião. Genebra: OIT, 2006.

21. OIT. **ILO Constitution**. Disponível em <http://www.ilo.org/dyn/normlex/en/f?p=1000:62:6135403041771296::NO:62:P62_LIST_ENTRIE_ID:2453907:NO#A1>. Acesso em: 16 ago. 2017.

22. STF, Recurso Extraordinário (RE) n. 466.343/SP, Rel. Min. Cezar Peluso. Tribunal Pleno. Julgamento: 03.12.2008. Publicação: DJe 04.06.2009.

4. O DIREITO COMPARADO

Nesse ponto, cumpre invocar também o Direito comparado, que é fonte formal subsidiária do Direito brasileiro (art. 8º, *caput*, da CLT).

Na França, foi emanada a denominada Lei "Madelin", em 11 de fevereiro de 1994, que, ao modificar o Código do Trabalho (art. L. 120-3) e o Código da Seguridade Social (art. L. 311-11), instituiu a presunção relativa da não subordinação, com relação às pessoas que são inscritas na Seguridade Social como trabalhadores autônomos. A alteração levou à inversão do ônus probatório, de modo que caberia ao obreiro interessado provar a existência de um "vínculo de subordinação permanente". A presunção, por outro lado, poderia ser consolidada, tornando-se absoluta, por iniciativa das partes contratuais. O critério da "permanência" da subordinação, além disso, acabava por reduzi-la, pois levava à exclusão dos trabalhadores intermitentes.

Como observado por Otávio Pinto e Silva, a Lei Madelin "levou ao entendimento de que a inscrição do trabalhador como autônomo no registro correspondente descartaria *a priori* qualquer vínculo de subordinação, constituindo forte presunção da vontade das partes"[23]. Todavia, felizmente, a lei foi um grande fracasso. A jurisprudência se recusou a aplicá-la para restringir a definição do contrato de trabalho e o trabalho autônomo não se proliferou da forma imaginada por seus idealizadores. Por fim, dando-se conta do fracasso, o legislador "acabou revogando, sem debates, esse diploma malformado"[24].

Na Itália, o legislador buscou restringir a abrangência do Direito do Trabalho através de diplomas que excluíam a possibilidade de que determinadas relações de trabalho fossem enquadradas como relações de emprego. Essas tentativas foram imediatamente barradas pela Corte Constitucional italiana. Assim, na decisão n. 121, de 1993, a Corte declarou a invalidade da lei que excluía a possibilidade de configuração da relação de emprego no caso de trabalhadores contratados por determinados setores da Administração Pública (notadamente por meio de contratos a termo renováveis) para a prestação de atividade especializada relativa aos serviços de informação e de propriedade literária, artística e científica, ou relacionada aos serviços do turismo e do espetáculo. A Corte entendeu não ser possível "ao legislador negar a qualificação jurídica de relação de emprego a relações que objetivamente tenham essa natureza, quando disso derive a inaplicabilidade das normas inderrogáveis previstas pelo ordenamento para dar atuação aos princípios, às garantias e aos direitos ditados pela Constituição para a tutela do trabalho subordinado"[25].

---

23. SILVA, Otávio Pinto e. **Subordinação, Autonomia e Parassubordinação nas Relações de Trabalho**. São Paulo: LTr, 2004, p. 101.
24. SUPIOT, Alain. Les nouveaux visages de la subordination. **Droit Social**, Paris, Éditions Techniques et Économiques, n. 02, p. 131-145, fev. 2000. p. 141. Tradução nossa.
25. Disponível em: <http://www.cortecostituzionale.it>. Acesso em: 05 set. 2017. Tradução nossa.

Na decisão n. 115, de 1994, foi levada à apreciação da Corte uma lei que afirmava que, quando determinados entes públicos celebrassem contratos por eles formalmente classificados como de natureza civil, restaria excluída a possibilidade de posterior qualificação (mesmo em sede judicial) de tais pactos como contrato de trabalho. Tratava-se, assim, de uma presunção absoluta da ausência de subordinação. A Corte conferiu a esses dispositivos legais uma interpretação conforme à Constituição, entendendo que somente se aplicavam quando a relação de trabalho fosse realmente autônoma, de modo que, uma vez configurada de fato uma relação de emprego, deveriam ser aplicados todos os direitos e garantias a esta correlatos. Assim, a sanha desregulamentadora do legislador também foi, nesse caso, detida pela Corte Constitucional[26].

A Corte Constitucional italiana já havia adotado o mesmo entendimento anteriormente, como nas decisões n. 51, de 24 de abril de 1967; n. 199, de 28 de julho de 1976; n. 32, de 11 de fevereiro de 1982; n. 121, de 29 de março de 1993. A Corte afirmou que ao legislador não é permitido excluir as tutelas previstas para o trabalho subordinado de uma relação que efetivamente se configura como tal, por meio da sua qualificação como autônoma. Obviamente, essa exclusão não pode também ser operada pelo contrato individual ou pela negociação coletiva, como afirmou a Corte de Cassação nas decisões n. 5520, de 20 de maio de 1997, e n. 4509, de 05 de maio de 1999, respectivamente[27].

5. AS NORMAS DO CÓDIGO CIVIL

O ordenamento jurídico se apresenta como um sistema que deve ser lido e interpretado de forma holística, considerando o todo, e não compartimentado, em ambientes normativos estanques. Embora essa assertiva seja evidente para o estudioso do direito, parece que o óbvio deve ser reafirmado quando alterações normativas buscam fins colidentes com realidades fáticas, mormente quando fragilizam a incidência de normas protetivas do trabalhador.

Assim, a CLT não se encontra imune ao diálogo com outras fontes do direito, sobretudo com o Código Civil de 2002, que avançou axiologicamente ao trazer para as relações privadas elementos evidentes de eticidade.

Portanto, cumpre invocar também as normas do Código Civil relativas à simulação, as quais se aplicam subsidiariamente ao Direito do Trabalho por força do artigo 8º, parágrafo único, da CLT. Nesse sentido, o artigo 167 do Código Civil prevê o seguinte:

---

26. Para consultar a íntegra da decisão, bem como o respectivo comentário, vide AVIO, Alberto. La subordinazione *ex lege* non è costituzionale. **Rivista Italiana di Diritto del Lavoro**, Milano, Giuffrè, ano XIV, n. 02, p. 227-236, abr./jun. 1995.

27. VALLEBONA, Antonio. **Istituzioni di Diritto del Lavoro. Il rapporto di lavoro**. v. 2. 4ª ed. Padova: CEDAM, 2004. p. 04.

> Art. 167. É nulo o negócio jurídico simulado, mas subsistirá o que se dissimulou, se válido for na substância e na forma.
>
> § 1º Haverá simulação nos negócios jurídicos quando:
>
> (...)
>
> II - contiverem declaração, confissão, condição ou cláusula não verdadeira;

Ora, se um contrato firmado com um trabalhador formalmente autônomo encobre uma verdadeira relação de emprego, trata-se de um negócio jurídico simulado, pois contém declarações e cláusulas que não correspondem à realidade. Nesse caso, declara-se a nulidade do contrato simulado, subsistindo o pacto dissimulado, isto é, o contrato de emprego.

Como ressalta Cláudia Lima Marques, "a luz que ilumina o diálogo das fontes em direito privado é (e deve ser) sempre a constitucional, valores dados e não escolhidos pelo aplicador da lei"[28]. Nesse sentido, o resultado do diálogo com o Código Civil só pode ser a favor do valor constitucional do trabalho.

6. A APLICAÇÃO DO PRINCÍPIO DA PRIMAZIA DA REALIDADE

Trata-se, em verdade, da aplicação do princípio da primazia da realidade, basilar ao Direito do Trabalho e consagrado, na ordem jurídica brasileira, notadamente pelo artigo 9º ("Serão nulos de pleno direito os atos praticados com o objetivo de desvirtuar, impedir ou fraudar a aplicação dos preceitos contidos na presente Consolidação") e pelo artigo 442, *caput* ("Contrato individual de trabalho é o acordo tácito ou expresso, *correspondente à relação de emprego*"), ambos da CLT.

Importante observar que o princípio da primazia da realidade funda-se na evidência fática da relação de emprego, que se apresenta como uma relação jurídica assimétrica, na qual o trabalhador subordinado encontra-se vulnerável em relação ao tomador de serviços.

Necessitando do trabalho para a manutenção própria e de sua família, o trabalhador se encontra fragilizado no que tange à manifestação de sua vontade no momento da formação do contrato de trabalho. Não se pode atribuir plena liberdade volitiva para quem precisa de trabalho: a pessoa necessitada irá se sujeitar ao pacto que lhe for imposto pelo tomador de serviços.

Segundo o princípio da primazia da realidade, na análise de uma relação de trabalho, deve-se dar maior importância aos fatos do que à forma; a essência se sobrepõe à aparência[29]. Esse princípio – que, nas palavras da OIT, goza de "vigência

---

28. MARQUES, Cláudia Lima. O "Diálogo das Fontes" como Método da Nova Teoria Geral do Direito: um Tributo a Erik Jayme. In: MARQUES, Cláudia Lima (Coord.). **Diálogo das Fontes.** Do Conflito à Coordenação de Normas do Direito Brasileiro. São Paulo: Editora Revista dos Tribunais, 2012, p. 61.
29. Vide RODRIGUEZ, Américo Plá. **Princípios de Direito do Trabalho.** 3ª ed. São Paulo: LTr, 2000. p. 339 e 341 e DELGADO, Mauricio Godinho. **Princípios de Direito Individual e Coletivo do Trabalho**. São Paulo: LTr, 2001. p. 61.

universal"[30] – em alguns países é previsto expressamente pela lei e em outros foi consagrado pela jurisprudência[31].

Assim, aplicando-se o princípio em tela, a análise acerca da existência da relação de emprego não deve se limitar ao nome ou à forma atribuídos à relação (*v.g.*, contrato de prestação de serviços, de empreitada, de sociedade, de estágio, de franquia, cooperativa), pois que muitas vezes a intenção é exatamente tentar afastar a incidência do Direito do Trabalho. Deve-se, ao contrário, investigar a concreta relação desenvolvida entre as partes para averiguar a existência da relação de emprego. Como observado por Homero Batista Mateus da Silva, ao comentar o artigo 442-B da CLT:

> Numerosas são as leis e os artigos que buscam negar a existência do vínculo de emprego em certas situações, como ocorreu com os cooperados, com os representantes comerciais autônomos e com os viajantes. O erro fundamental na concepção dessas normas guarda semelhança com nossa crítica feita ao art. 71, §4º, acerca da natureza jurídica das horas extras: tanto o vínculo de emprego quanto a natureza salarial de uma parcela não decorrem da boa vontade do legislador, da mão pesada de um magistrado, da presença do fiscal do trabalho e nem mesmo dos dizeres constantes do contrato escrito. O vínculo de emprego e a parcela salarial nascem da percepção da realidade, da essência de um relacionamento, da lógica dos fatos. (...). Ou seja, o art. 442-B dispõe de *mera presunção relativa*. O legislador não consegue, nesta quadra de desenvolvimento jurídico, criar uma presunção absoluta de inexistência de emprego. (Assim sendo, não faz diferença se o art. 442-B existe ou não existe, porque a presunção relativa já ocorreria sem ele.). O legislador parece impressionado com o cumprimento das 'formalidades legais', ignorando que o direito do trabalho enaltece o princípio da primazia da realidade e, como tal, essas formalidades serão analisadas em conjunto com os elementos de fato que permearam a relação. Em caso de colisão entre a forma e o conteúdo, este sempre prevalecerá sobre aquela. Em resumo, a nosso sentir, este dispositivo representa mais uma perda de tempo[32].

Como observado pelo professor japonês Yuichiro Mzumachi "o Direito do Trabalho nasceu em oposição ao formalismo do Direito Civil. Se hoje, mais uma vez, cresce a diferença entre o formal e o real, é preciso que ele encontre novas formas de agir. O Direito do Trabalho é a língua que descreve a realidade social, mas tam-

30. OIT. **La relación de trabajo**. p. 24. A OIT defende expressamente a aplicação do princípio da primazia da realidade, que pode ser muito útil em situações nas quais a qualificação da relação de trabalho é duvidosa, seja em razão de uma ambiguidade objetiva, seja em virtude do seu "encobrimento" intencional. p. 57-58.

31. Na Inglaterra, por exemplo, o princípio em tela foi construído pela jurisprudência e, atualmente, a proibição de simulações tendentes a fraudar a legislação trabalhista encontra-se no art. 203 do "Employment Rights Act", de 1996. HONEYBALL, Simon. BOWERS, John. **Textbook on Labour Law**. 8ª ed. Oxford: Oxford University Press, 2004. p. 23.

32. SILVA, Homero Batista Mateus da. **Comentários à reforma trabalhista**. São Paulo: Revista dos Tribunais. p. 66-68.

bém a força que a corrige"[33]. Assim, toda vez que um trabalhador resulta ser, de fato, um empregado, como tal deve ser qualificado, com a consequente aplicação das normas trabalhistas, não importando que ele tenha sido formalmente contratado como autônomo -, a exemplo do artigo 442-B da CLT -, pois o "nomen iuris" atribuído ao contrato em nada releva para a sua qualificação. A distinção entre subordinação e autonomia deve se fundar em critérios objetivos, fáticos, e não na forma contratual adotada[34].

Essa ressalva, embora óbvia até mesmo para os estudiosos iniciais do Direito do Trabalho, pois se trata de um princípio basilar desse ramo jurídico, nos dias atuais, infelizmente, deve ser novamente reiterada, mormente em razão do artigo 442-B da CLT.

Como dito acima, em momentos de flexibilização dos direitos fundamentais dos trabalhadores, o óbvio deve ser reafirmado, não apenas para ressaltar a defesa do valor social do trabalho, mas também para expor a intenção do legislador.

Esse dispositivo legal, em verdade, pretende retomar o formalismo vigente na época anterior à criação do Direito do Trabalho, ao valorizar a "declaração de vontade das partes" (leia-se: do empregador) para qualificar a relação como autônoma. O interessante é que se trata de um regresso ao formalismo do Direito Civil clássico, pois até mesmo esse ramo jurídico, na atualidade, vem desconsiderando a forma em favor dos fatos, como nos exemplifica claramente o Direito do Consumidor[35].

A Lei nº 13.467/2017, ao introduzir o art. 442-B na CLT, modificado pela Medida Provisória 808/2017, parece querer retroceder ao século XIX, ao fetiche da forma em detrimento da virtuosidade da realidade fática, desconsiderando a

33. Citado em VIANA, Márcio Túlio. A flexibilização pelo mundo: breves notas do XVIII Congresso Mundial de Direito do Trabalho e Seguridade Social. **Revista do Tribunal Regional do Trabalho da 3ª Região**, Belo Horizonte, TRT da 3ª Região, n. 73, p. 29-38, jan./jun. 2006. p. 34.

34. "A qualificação inicial do pacto ou mesmo a sua inicial execução como contrato de prestação de serviços autônomos cedem diante da sucessão de fatos ulteriores (...) Por aí, não só se reconhece o pouco valor da forma inicial da prestação de serviços, como a nenhuma significação do *nomen iuris* que as partes dão ao ajuste". VILHENA, Paulo Emílio Ribeiro de. **Relação de emprego**. p. 234.

35. "Não se pode olvidar, ademais, que o próprio direito civil, hoje constitucionalizado, já é sensível aos desvios que a perspectiva individualista e excessivamente privatística podem conduzir, tendo incorporado perspectivas diversas ao longo de sua trajetória, no sentido de tutelar diferencialmente relações em que há assimetria entre as partes, buscando a igualdade substancial, entendendo limitada a própria autonomia da vontade (autonomia da vontade limitada e autonomia privada regrada), outrora considerada absoluta, bem como relendo seis institutos a partir dos postulados da dignidade da pessoa humana, da boa-fé objetiva, da solidariedade social, da função social da propriedade, dos contratos, e da empresa. (...). Assim é que a Constituição de 1988 e as releituras constitucionais do Código Civil, analisadas sistematicamente em relação ao direito do trabalho, não poderiam coadunar com o retrocesso desse ramo do direito em direção a origens patrimonialistas e individualistas remotas". FILHO, Luiz Philippe Vieira de Mello; DUTRA, Renata Queiroz. Contrato de locação de serviços, contrato de prestação de serviços e contrato de trabalho. **Diálogos entre o direito do trabalho e o direito civil**. coord. Gustavo Tepedino, Luiz Philippe Vieira de Mello Filho, Ana Frazão e Gabriela Neves Delgado. São Paulo: Revista dos Tribunais, 2013. p. 243 e 245.

assimetria entre os sujeitos da relação de emprego e os avanços observados nos últimos quinze anos no âmbito do Direito Civil, que vem sendo iluminado pela Constituição da República.

Embora a Constituição Federal de 1988 se refira aos valores sociais do trabalho em pelo menos três momentos (artigos 1º, 170 e 193), o legislador reformista retoma concepções anacrônicas com o seu novo texto. Pretende fazer valer mais o que está escrito do que aquilo que acontece no mundo real.

O entendimento contrário levaria a se deixar ao livre arbítrio das partes – ou melhor, do empregador – a aplicação dos direitos e garantias trabalhistas, tornando letra morta a imperatividade e a indisponibilidade que lhes são inerentes, o que é inadmissível. Como observa ironicamente Olivier Pujolar, bastaria que os empresários determinassem a seus empregados: "Obedeçam-me, sejam autônomos!"[36].

A configuração de vínculo de emprego, em verdade, é decorrência natural do reconhecimento judicial de fraude contra o regime jurídico-trabalhista. Nesse sentido, são as lições de Jorge Luiz Souto Maior:

> Ora, se houvesse algum modo juridicamente válido para que, de forma generalizada, um autêntico empregado não fosse considerado empregado, essa fórmula serviria a todas as pessoas, o que implicaria dizer que não existiria a relação de emprego. O problema é que no Brasil muitos acham que podem ser mais "espertos" que os outros. Enquanto seu concorrente contrata empregados e os registra, o "esperto" acha que pode – só ele, o concorrente não – admitir trabalhadores para executar os mesmos serviços, mas, por conta de uma mágica qualquer, não os considerar seus empregados e, consequentemente, não suportar os custos decorrentes da aplicação do Direito do Trabalho. Claro que isso só pode ser uma doce ilusão, que, ao final, fica bastante amarga[37].

O mesmo autor traz um exemplo alegórico para explicar a existência de fraudes nas relações laborais com a tentativa de contornar a realidade dos fatos, quando aborda a afirmação do propagado fim do emprego.

> Quando se fala que o emprego não existe mais, mesmo sem a intenção de fazê-lo, ou se está aniquilando, banindo do mapa, por uma canetada, várias pessoas, ou se está tentando dizer que um verdadeiro empregado não é empregado, isto é, tentando corroborar uma fraude à legislação trabalhista (...). Tratando deste tema, não há como não lembrar, também, de um desenho animado cujo protagonista, o super herói, era um elefante (o Elefantástico), que, na linha do que se passava no filme do Super Homem, para não ser reconhecido, colocava uma máscara sobre os olhos. Todos os demais personagens eram pessoas comuns e o elefante não era identificado por ninguém, porque tinha colocado

36. PUJOLAR, Olivier. Poder de dirección del empresario y nuevas formas de organización y gestión del trabajo. **Relaciones Laborales: revista critica de teoria y practica**, Madrid, La Ley, n. 02, p. 237-254, 2005.

37. SOUTO MAIOR, Jorge Luiz. **Curso de Direito do Trabalho: a relação de emprego**. v. II. São Paulo: LTr, 2008. p. 47-48.

> uma pequeníssima máscara sobre os olhos. O que se está criando pela teoria do fim dos empregos são "os empregados elefantásticos". Trabalhadores com máscaras nos olhos e que, desse modo, embora sendo típicos empregados, passam à condição de trabalhadores autônomos. Mas só não vê isto quem se assustava quando o elefantástico tirava a sua máscara...[38].

Ressalta-se que a própria OIT, por meio da citada Recomendação n. 198, de 2006, sobre a relação de trabalho, prevê que devem ser levados em conta, primordialmente, os fatos relativos à execução do trabalho, consagrando, assim, o princípio da primazia da realidade (art. 9°). Os países-membros deveriam admitir uma ampla variedade de meios para determinar a existência da relação de emprego (certamente para facilitar o ônus probatório) e consagrar uma presunção legal da sua existência quando se verifiquem um ou mais indícios (art. 11). Estes seriam indicadores da presença, no caso concreto, dos pressupostos dessa relação.

Nesse sentido, são elencados alguns indícios que poderiam cumprir essa missão, os quais, em nossa opinião, mesmo que não estejam previstos expressamente em lei, podem ser utilizados pela jurisprudência na interpretação e aplicação dos pressupostos da relação de emprego ao caso concreto.

Entre tais indícios é mencionado o fato de a remuneração constituir "a única ou a principal fonte de renda do trabalhador" e de a prestação laborativa ser efetuada "única ou principalmente em benefício de outra pessoa". Outros critérios elencados são a "integração do trabalhador na organização da empresa", o que aponta para a ideia de subordinação objetiva, e a ausência da assunção de "riscos financeiros" pelo trabalhador. Desse modo, como visto, o fato de o trabalhador contratado formalmente como autônomo prestar os seus serviços com exclusividade e de forma contínua para um determinado tomador de serviços podem ser tidos como indícios da existência de verdadeira relação de emprego.

A interpretação do artigo 442-B da CLT como excludente legal da relação de emprego pretende, em verdade, a substituição do princípio da primazia da realidade pelo da autonomia da vontade. Fundamenta-se, assim, em uma premissa falsa, isto é, que a situação fática de desigualdade entre as partes do contrato de trabalho, outrora vigente, não mais subsiste, vigorando, na atualidade, uma suposta paridade entre os contratantes. Ora, estaríamos muito felizes se essa desigualdade tivesse sido eliminada, mas bem sabemos que ela persiste no mundo atual, em alguns aspectos até mesmo de forma mais acentuada do que no passado, o que continua a justificar plenamente a aplicação do Direito do Trabalho e de todos os seus princípios.

A desigualdade fática entre as partes torna-se ainda mais acentuada e evidente diante da realidade social brasileira com significativa parcela da população economicamente ativa desempregada. Pessoas necessitando de trabalho para sobreviver, diante da fragilidade da proteção patrocinada pelo Estado Social em relação ao risco do desemprego, tendem a priorizar a contratação, seja sob que forma de

38. SOUTO MAIOR, Jorge Luiz. **Relação de Emprego e Direito do Trabalho.** São Paulo: LTr, 2007, p. 21-22.

trabalho, e sem levar em consideração o que se está perdendo. Não há autonomia da vontade hígida onde há risco real de indigência.

Como observa Mauricio Godinho Delgado, a função central, primordial, do Direito do Trabalho é garantir a "melhoria das condições de pactuação da força de trabalho na ordem socioeconômica" [39]. É óbvio que o objetivo ideal é buscar a maior proximidade das condições econômicas e de poder do empregado em relação ao empregador. Todavia, como dito, é um ideal, que deve ser constantemente buscado, mas que ainda está longe de ser concretizado, não podendo, assim, ser tomado como uma premissa, como um dado da realidade.

António Lemos Monteiro Fernandes, conhecido autor português, ao enfrentar a questão da dissimulação do contrato de trabalho, é a favor da hipótese de criação de uma presunção legal de laboralidade, diante do contrato de trabalho autônomo.

> Mas existe uma terceira razão, e seguramente não a menos importante, a favor da hipótese de criação de uma presunção legal de 'laboralidade'. É que, sem ela, a prova da existência de subordinação (ou de factos que, indiciariamente, conduzam à sua verificação) pertence ao trabalhador. Ora este tem, normalmente, particular dificuldade em produzir tal prova, até porque a dissimulação do contrato de trabalho é, em regra, assente numa configuração factual originária criada pelo empregador e a que o trabalhador adere para obter a ocupação. A presunção implicaria a inversão do ónus da prova: face à alegação e prova, pelo trabalhador, da execução de uma actividade remunerada em proveito de outrem, caberia ao empregador demonstrar a inexistência de trabalho subordinado. A objecção usual de que se trataria de provar de provar factos negativos deveria ser acautelada: o que se trataria de provar é a existência de uma relação de trabalho autónomo, ou seja, factos positivos excludentes da subordinação[40].

Caso fosse assentado na autonomia da vontade, o Direito do Trabalho se desnaturaria, deixaria de existir, tornar-se-ia mero segmento do Direito Civil. Analogicamente, seria o mesmo de dizer: daqui em diante o pagamento de tributos é facultativo; não haveria mais Direito Tributário, pois o conceito básico do ramo jurídico – tributo – pressupõe a obrigatoriedade.

7. A DISTINÇÃO ENTRE AUTONOMIA E SUBORDINAÇÃO

Como vimos, para a declaração da nulidade do contrato previsto no artigo 442-B da CLT e o consequente reconhecimento do vínculo empregatício do tra-

39. "O ramo justrabalhista incorpora, no conjunto de seus princípios, regras e institutos, um valor finalístico essencial, que marca a direção de todo o sistema jurídico que compõe. Este valor – e a consequente direção teleológica imprimida a este ramo jurídico especializado – consiste na *melhoria das condições de pactuação da força de trabalho na ordem socioeconômica*. Sem tal valor e sem tal direção finalística, o Direito do Trabalho sequer se compreenderia, historicamente, e sequer justificar-se-ia, socialmente, deixando, pois, de cumprir sua função principal na sociedade contemporânea". DELGADO, Mauricio Godinho. **Curso de Direito do Trabalho**. p. 58.

40. FERNANDES, António Lemos Monteiro. **Direito do Trabalho**. Coimbra: Almedina, 1999, p. 147.

balhador com seu contratante, basta que estejam presentes os elementos fático-jurídicos da relação de emprego, entre os quais se destaca a subordinação.

Ressalta-se que o próprio §6º do art. 442-B, com a nova redação conferida pela Medida Provisória n. 808, de 14 de novembro de 2017, passou a prever expressamente que, presente a subordinação jurídica, será reconhecido o vínculo empregatício. Isso se aplica, inclusive, às figuras de trabalhadores previstas no §5° do mesmo dispositivo legal ("motoristas, representantes comerciais, corretores de imóveis, parceiros, e trabalhadores de outras categorias profissionais reguladas por leis específicas relacionadas a atividades compatíveis com o contrato autônomo"). Com efeito, o §5° deve ser lido e interpretado, de forma conjunta e sistemática, com o §6° do mesmo artigo e com os artigos 2°, 3° e 9° da CLT, os quais, inclusive, não foram alterados pela Lei 13.467/2017 e pela Medida Provisória n. 808/2017.

Com premissa necessária, é fundamental reconhecer quem é o verdadeiro autônomo. Embora a doutrina juslaboral se debruce em identificar o trabalhador autônomo, sobretudo quando antagonizando ao empregado, o legislador pátrio nos concede uma definição legal.

O trabalhador autônomo, atualmente enquadrado como segurado obrigatório da Previdência Social, como contribuinte individual, é considerado pelo legislador como sendo aquele que presta serviços de natureza urbana ou rural, em caráter eventual, a uma ou mais empresas, sem relação de emprego, bem como a pessoa física que exerce, por conta própria, atividade econômica de natureza urbana, com fins lucrativos ou não (art. 11, inciso V, letras "g" e "h", da Lei n° 8.213/91)[41].

Observe-se que o legislador atribui caráter de eventualidade à atividade exercida pelo autônomo, quando prestando serviços a uma ou mais empresas.

Quando o autônomo trabalha por conta própria, assumindo os riscos de sua atividade, a lógica é diversa, na medida em que o seu labor é exercido com continuidade em proveito próprio, mesmo que prestado em favor de terceiros.

Vólia Bomfim Cassar define o trabalhador autônomo da seguinte forma:

> Autônomo é o trabalhador que explora seu ofício ou profissão com habitualidade, por conta e risco próprio. A palavra habitualidade tem o conceito temporal, ou seja, que a atividade é exercida com repetição. O exercício da atividade é habitual em relação ao trabalhador (que tem constância e repetição no seu labor) e não em relação ao tomador, como é o caso do empregado, cuja necessidade de sua mão de obra para o empregador é permanente. Normalmente executa seus serviços para diversos tomadores (clientela variada), sem exclusividade,

41. Observe-se que a espécie contribuinte individual foi formada a partir da unificação de três tipos de segurados obrigatórios da Previdência Social, quais sejam, o empresário, o trabalhador autônomo e o equiparado a autônomo, o que se deu pela Lei nº 9.876, de 26/11/1999. Os trabalhadores autônomos eram, justamente, os que prestavam serviço de natureza urbana ou rural, em caráter eventual, a uma ou mais empresas, sem relação de emprego, bem como a pessoa física que exercia, por conta própria, atividade econômica de natureza urbana, com fins lucrativos ou não;

> com independência no ajuste, nas tratativas, no preço, no prazo e na execução do contrato. Corre o risco do negócio e não tem vínculo de emprego[42].

No mesmo sentido é o entendimento de Rodrigo Garcia Schwarz, para quem o trabalho autônomo envolve independência no ajuste e na execução[43].

O art. 442-B parece querer subverter a lógica intrínseca do trabalho autônomo, quando prestado em proveito de uma ou mais empresas, em antagonismo direto com o art. 3º da CLT, ao afirmar que, mesmo quando contratado de forma contínua, não haverá relação de emprego, embora o trabalho autônomo devesse ser eventual quando prestado em favor de empresa.

O traço marcante na presente análise repousa na subordinação do trabalhador, que afasta a ideia de autonomia inerente ao trabalhador autônomo.

Conforme as lições da doutrina e da jurisprudência, deve-se reconhecer a existência da subordinação, não apenas quando esta se faz presente em sua acepção clássica ou tradicional, mas também quando resta configurada em sua dimensão estrutural, também denominada integrativa ou reticular.

O conceito de subordinação, em sua dimensão clássica ou tradicional, foi criado na mesma época em que o Direito do Trabalho se afirmou como um ramo jurídico autônomo, isto é, no final do século XIX e início do século XX. Foi elaborado, assim, a partir da relação de emprego mais comum e predominante nessa época: a relação do operário da indústria. Este prestava seus serviços em locais pertencentes ao empregador (na fábrica); devia respeitar um horário de trabalho rígido e preestabelecido, sob a vigilância e as ordens constantes e intensas por parte do empregador ou de seus prepostos. Ademais, a sua prestação laborativa geralmente era muito simples, resumindo-se à mera repetição de tarefas elementares e singelas, de modo que não possuía autonomia técnica e funcional, limitando-se a repetir as ordens ditadas pelo empregador. Em síntese, a subordinação em sua acepção clássica se caracteriza pela presença da heterodireção patronal forte e constante da prestação laborativa, em seus diversos aspectos: conteúdo, modalidade, tempo e lugar[44].

A subordinação clássica, assim, consiste na situação jurídica derivada do contrato de trabalho, pela qual o trabalhador se compromete a acolher o poder de direção empresarial quanto ao modo de realização de sua prestação laborativa. Manifesta-se na intensidade de ordens do tomador de serviços em relação ao trabalhador[45].

42. CASSAR, Vólia Bomfim. **Direito do Trabalho**. Rio de Janeiro: Forense; São Paulo: Método, 2012, p. 276.

43. SCHWARZ, Rodrigo Garcia. **Curso de Iniciação ao Direito do Trabalho**. Rio de Janeiro: Elsevier, 2011, p. 104.

44. PORTO, Lorena Vasconcelos. **A subordinação no contrato de trabalho: uma releitura necessária**. São Paulo: LTr, 2009.

45. DELGADO, Mauricio Godinho. **Curso de Direito do Trabalho**. p. 327.

A adoção do critério da subordinação jurídica, em sua matriz clássica, levava a excluir do campo de incidência do Direito do Trabalho vários trabalhadores que necessitavam da sua tutela, mas que não se enquadravam naquele conceito parcial e restrito. Este não cumpria plenamente a sua finalidade essencial, pois não era capaz de abranger todos os trabalhadores que necessitam – objetiva e subjetivamente – das tutelas trabalhistas.

Os dispositivos que definem a relação de emprego e seus elementos fático-jurídicos (como os artigos 2º e 3º, da CLT) devem ser interpretados de forma teleológica, isto é, a noção de trabalhador subordinado deve ser elaborada em conformidade com as finalidades concretas de tutela perseguidas pelas normas trabalhistas. Essa releitura fundamenta-se nos próprios princípios do Direito do Trabalho -, que devem orientar e guiar a interpretação de todas as normas do ordenamento juslaboral -, entre os quais se destaca o princípio da proteção, que é a razão de ser e objetivo maior desse ramo jurídico[46].

Desse modo, em decorrência das mudanças verificadas no mundo do trabalho e das novas percepções da Ciência do Direito acerca desse elemento fático-jurídico da relação de emprego, ocorreu a ampliação do conceito de subordinação por obra da jurisprudência e da doutrina.

No período seguinte à Segunda Guerra Mundial, ocorreram grandes transformações socioeconômicas, tais como as inovações e os avanços tecnológicos (sobretudo nos campos das telecomunicações, robótica, microeletrônica e microinformática), conhecidos como Terceira Revolução Industrial; a reestruturação empresarial, com a tendência de a grande empresa se fragmentar em unidades menores, organizadas em rede e por ela fortemente controladas, para as quais transfere parcelas de seu ciclo produtivo; o aumento da concorrência, inclusive no plano internacional, com a abertura dos mercados; e a globalização econômica e cultural.

Tais transformações geraram importantes consequências no mundo do trabalho, como o aumento das relações laborativas de enquadramento duvidoso, posto que situadas na denominada "zona grise" entre a autonomia e a subordinação. Para enfrentar essa situação e proceder a um correto enquadramento dessas relações de trabalho, fez-se ainda mais imperativa a necessidade da releitura ampliativa do conceito de subordinação.

Entre as teorias elaboradas para a expansão do conceito de subordinação, na doutrina brasileira, destaca-se a tese da "subordinação estrutural", defendida por Mauricio Godinho Delgado[47]. Esse autor propõe que se vá além do conceito clássico de subordinação, que consiste no fato de o trabalhador acatar a direção da sua prestação laborativa pelo empregador. O enfoque dado pelo conceito clássico ao comando empresarial deve ser atenuado, acentuando-se, como fator primordial, a

46. RODRIGUEZ, Américo Plá. **Princípios de Direito do Trabalho**. p. 83.
47. DELGADO, Mauricio Godinho. Direitos fundamentais na relação de trabalho. **Revista LTr**, São Paulo, LTr, ano 70, n. 06, p. 657-667, jun. 2006. p. 667.

inserção estrutural do obreiro na dinâmica do tomador de seus serviços. Ele propõe o conceito de subordinação estrutural, nos seguintes termos:

> Estrutural é, pois, a subordinação que se manifesta pela inserção do trabalhador na dinâmica do tomador de seus serviços, independentemente de receber (ou não) suas ordens diretas, mas acolhendo, estruturalmente, sua dinâmica de organização e funcionamento[48].

O autor esclarece que, na subordinação estrutural, "não importa que o trabalhador se harmonize (ou não) aos objetivos do empreendimento, nem que receba ordens diretas das específicas chefias deste: o fundamental é que esteja estruturalmente vinculado à dinâmica operativa da atividade do tomador de serviços"[49].

Ressalta-se que a nova redação do artigo 6º da CLT, conferida pela Lei 12.551/2001, incorporou o conceito de subordinação estrutural, equiparando-o à subordinação clássica para fins de reconhecimento da relação de emprego. Com efeito, esse dispositivo legal, ao tratar do trabalho a distância, prevê expressamente que "os meios telemáticos e informatizados de comando, controle e supervisão se equiparam, para fins de subordinação jurídica, aos meios pessoais e diretos de comando, controle e supervisão do trabalho alheio".

Assim, a subordinação estrutural se manifesta na integração do trabalhador à dinâmica organizativa e operacional do tomador de serviços, incorporando e se submetendo à sua cultura corporativa dominante. Essa noção de subordinação vem sendo adotada, inclusive, pela jurisprudência[50].

Por meio da noção de subordinação estrutural podem ser superadas as atuais dificuldades, enfrentadas pelos operadores jurídicos, no enquadramento de situações fáticas, advindas do uso do conceito tradicional de subordinação.

Todavia, mesmo nos dias atuais, na maior parte das relações de emprego, a subordinação ainda se faz presente em sua acepção tradicional. Desse modo, a ma-

---

48. DELGADO, Mauricio Godinho. Direitos fundamentais na relação de trabalho. p. 667.
49. DELGADO, Mauricio Godinho. **Curso de Direito do Trabalho**. p. 328.
50. A título exemplificativo, podem ser citados os seguintes acórdãos: TST, AIRR-286900-72.2005.5.02.0025, 3ª Turma, Relator: Mauricio Godinho Delgado, j. 12.12.2012. p. 14.12.2012; TST, RR 3833600-25.2008.5.09.0016, Relator: Ministro Augusto César Leite de Carvalho, publicado em 09/03/2012; TST, RR 964-35.2013.5.10.0001, Relator Ministro: Mauricio Godinho Delgado, Data de Julgamento: 04/11/2015, 3ª Turma, Data de Publicação: DEJT 18/12/2015. TST, AIRR 394500-42.2009.5.09.0018, Relator Ministro: Luiz Philippe Vieira de Mello Filho, Data de Julgamento: 18/12/2012, 4ª Turma, Data de Publicação: DEJT 01/02/2013; TRT da 3ª Região. Recurso Ordinário n. 00326-2007-076-03-00-4, 1ª Turma, Relator: Mauricio Godinho Delgado, DJMG 31.08.2007, p. 05; TRT da 3ª Região, RO-00942-2008-109-03-00-2, Relator: Luiz Otavio Linhares Renault, j. 03.12.2008, p. 13.12.2008; TRT da 3ª Região, RO 0000501-82.2012.5.03.0079, 1ª Turma, Relatora Convocada Erica Aparecida Pires Bessa, DEJT 14.12.2012, p. 31; TRT da 9ª Região, Processo 4396-2008-021-09-00-1, ACO 30390-2009, 2ª Turma, Relatora: Marlene T. Fuverki Suguimatsu, DJPR 18.09.2009; e TRT da 9ª Região, Processo 01829-2009-303-09-00-0, ACO-22457-2010, 1ª Turma, Relator: Celio Horst Waldraff, DEJT 13.07.2010.

triz clássica não pode ser abandonada ou substituída, mas, sim, deve ser acrescida de uma nova dimensão, que é a subordinação estrutural.

Em razão de a subordinação clássica consistir na presença de efetivas e intensas ordens patronais, a sua visualização e prova no caso concreto são mais fáceis. Assim, basta a constatação da sua existência para que o operador do Direito possa concluir pela configuração da subordinação. Todavia, caso a dimensão clássica não se faça presente, a análise e a investigação do caso concreto devem necessariamente prosseguir, para se determinar se a subordinação se configura em sua dimensão estrutural.

Destarte, o método mais racional seria verificar, primeiramente, se a subordinação em sua dimensão clássica faz-se presente. Em caso negativo, parte-se para a análise da presença da subordinação na dimensão estrutural. Presente qualquer uma das duas dimensões - clássica ou estrutural - resta configurada a subordinação, com o consequente reconhecimento do vínculo empregatício, ainda que o trabalhador tenha sido contratado formalmente como autônomo nos moldes do art. 442-B da CLT.

Como argumento adicional, parece despido de razoabilidade acreditar que o tomador de serviços contrate um autônomo para laborar em seu favor, em proveito de sua atividade empresarial, e abdique do seu poder diretivo, deixando ao trabalhador a liberdade de execução dos serviços para os quais foi contratado. Não parece crível que isso venha a acontecer no mundo real.

8. CONCLUSÃO

O artigo 442-B da CLT, introduzido pela Lei n. 13.467/2017 e modificado pela Medida Provisória n. 808/2017, deve ser interpretado de forma sistemática, isto é, em conjunto com os demais dispositivos da própria CLT, entre os quais os artigos 2º, 3º e 9º. Nos termos dos artigos 2º e 3º da CLT, há relação de emprego quando o trabalhador presta serviços com pessoalidade, onerosidade, não eventualidade e subordinação. No caso da contratação prevista no artigo 442-B da CLT, é necessário verificar se na relação estabelecida entre o trabalhador autônomo e o contratante estão presentes os elementos fático-jurídicos da relação de emprego, em especial a subordinação. Caso estes se façam presentes, por força do artigo 9º da CLT, deve ser declarada a nulidade do contrato, com o consequente reconhecimento de vínculo empregatício do trabalhador com o seu contratante.

Essa interpretação se encontra em plena conformidade com a Constituição Federal de 1988, a qual consagra, em seus artigos arts. 1º, IV, 7º a 11, 170, III, VII e VIII, e 193, o regime de emprego socialmente protegido, centrado no contrato de emprego por prazo indeterminado. Está em conformidade, ainda, com as normas internacionais de proteção ao trabalho, em especial com aquelas produzidas no âmbito da Organização Internacional do Trabalho (OIT).

Ademais, a interpretação ora defendida respalda-se no Direito comparado, que é fonte formal subsidiária do Direito brasileiro (art. 8º, *caput*, da CLT), bem como nas normas do Código Civil relativas à simulação, as quais se aplicam subsidiariamente ao Direito do Trabalho por força do artigo 8º, parágrafo único, da CLT.

Pode-se invocar, ainda, a aplicação do princípio da primazia da realidade, basilar ao Direito do Trabalho e consagrado, na ordem jurídica brasileira, notadamente pelos artigos 9º e 442, *caput*, da CLT. Tal princípio, segundo a OIT, goza de vigência universal.

Por fim, conforme as lições da doutrina e da jurisprudência deve-se reconhecer a existência da subordinação, não apenas quando esta se faz presente em sua acepção clássica ou tradicional, mas também quando resta configurada em sua dimensão estrutural, também denominada integrativa ou reticular. Assim, presente qualquer uma das duas dimensões - clássica ou estrutural - resta configurada a subordinação, com o consequente reconhecimento do vínculo empregatício, ainda que o trabalhador tenha sido contratado formalmente como autônomo nos moldes do art. 442-B da CLT.

9. REFERÊNCIAS BIBLIOGRÁFICAS

ARAÚJO, Eduardo Marques Vieira. **O Direito do Trabalho Pós-Positivista**. Por Uma Teoria Geral Justrabalhista no Contexto do Neoconstitucionalismo. São Paulo: LTr, 2014.

AVIO, Alberto. La subordinazione ex lege non è costituzionale. **Rivista Italiana di Diritto del Lavoro**, Milano, Giuffrè, ano XIV, n. 02, p. 227-236, abr./jun. 1995.

CASSAR, Vólia Bomfim. **Direito do Trabalho**. Rio de Janeiro: Forense; São Paulo: Método, 2012.

DE PAULA, Priscila Moreto. Trabalho autônomo: Art. 442-B. **Reforma trabalhista interpretada. Lei 13.467/2017**. coord. Cirlene Luiza Zimmermann. Caxias do Sul: Plenum, 2017,

DELGADO, Mauricio Godinho. **Princípios de Direito Individual e Coletivo do Trabalho**. São Paulo: LTr, 2001.

____________. Direitos fundamentais na relação de trabalho. **Revista LTr**, São Paulo, LTr, ano 70, n. 06, p. 657-667, jun. 2006.

____________. **Curso de Direito do Trabalho**. São Paulo: LTr, 2017.

DELGADO, Mauricio Godinho; DELGADO, Gabriela Neves. **A reforma trabalhista no Brasil: com os comentários à Lei 13.467/2017**. São Paulo: LTr, 2017.

DELGADO, Mauricio Godinho, PORTO, Lorena Vasconcelos. O Estado de Bem-Estar Social no capitalismo contemporâneo. **O Estado de Bem-Estar Social no Século XXI**. org. Mauricio Godinho Delgado e Lorena Vasconcelos Porto. São Paulo: LTr, 2007.

FELICIANO, Guilherme Guimarães. **Curso Crítico de Direito do Trabalho**. Teoria Geral do Direito do Trabalho. São Paulo: Saraiva, 2013.

FERNANDES, António Lemos Monteiro. **Direito do Trabalho**. Coimbra: Almedina, 1999.

FILHO, Glauco Barreira Magalhães. **Hermenêutica Jurídica Clássica**. Belo Horizonte: Mandamentos, 2002.

FILHO, Luiz Philippe Vieira de Mello; DUTRA, Renata Queiroz. Contrato de locação de serviços, contrato de prestação de serviços e contrato de trabalho. **Diálogos entre o direito do trabalho e o direito civil**. coord. Gustavo Tepedino, Luiz Philippe Vieira de Mello Filho, Ana Frazão e Gabriela Neves Delgado. São Paulo: Revista dos Tribunais, 2013.

HONEYBALL, Simon. BOWERS, John. **Textbook on Labour Law**. 8ª ed. Oxford: Oxford University Press, 2004.

MARQUES, Cláudia Lima. O "Diálogo das Fontes" como Método da Nova Teoria Geral do Direito: um Tributo a Erik Jayme. In: MARQUES, Cláudia Lima (Coord.). **Diálogo das Fontes**. Do Conflito à Coordenação de Normas do Direito Brasileiro. São Paulo: Editora Revista dos Tribunais, 2012, pp. 17-66.

MAXIMILIANO, Carlos. **Hermenêutica e aplicação do direito**. 18ª ed. Rio de Janeiro: Forense, 1999.

OIT. **ILO Constitution**. Disponível em <http://www.ilo.org/dyn/normlex/en/f?p=1000:62:6135403041771296::NO:62:P62_LIST_ENTRIE_ID:2453907:NO#A1>. Acesso em: 16 ago. 2017.

OIT. **La relación de trabajo.** Conferencia Internacional del Trabajo. 95ª Reunião. Genebra: OIT, 2006.

PORTO, Lorena Vasconcelos. **A subordinação no contrato de trabalho: uma releitura necessária**. São Paulo: LTr, 2009

PROCURADORIA-GERAL DA REPÚBLICA. **Ação Direta de Inconstitucionalidade (ADI) 5735**.

PUJOLAR, Olivier. Poder de dirección del empresario y nuevas formas de organización y gestión del trabajo. **Relaciones Laborales: revista critica de teoria y practica**, Madrid, La Ley, n. 02, p. 237-254, 2005

RODRIGUEZ, Américo Plá. **Princípios de Direito do Trabalho**. 3ª ed. São Paulo: LTr, 2000.

SCHWARZ, Rodrigo Garcia. **Curso de Iniciação ao Direito do Trabalho**. Rio de Janeiro: Elsevier, 2011.

SILVA, Homero Batista Mateus da. **Comentários à reforma trabalhista**. São Paulo: Revista dos Tribunais, 2017.

SILVA, Otávio Pinto e. **Subordinação, Autonomia e Parassubordinação nas Relações de Trabalho**. São Paulo: LTr, 2004.

SOUTO MAIOR, Jorge Luiz. **Relação de Emprego e Direito do Trabalho**. São Paulo: LTr, 2007.

________. **Curso de Direito do Trabalho: a relação de emprego**. v. II. São Paulo: LTr, 2008.

STRECK, Lenio Luiz. **Hermenêutica Jurídica e(m) Crise**. Uma Exploração Hermenêutica da Construção do Direito. Porto Alegre: Livraria do Advogado Editora, 2007.

SUPIOT, Alain. Les nouveaux visages de la subordination. **Droit Social**, Paris, Éditions Techniques et Économiques, n. 02, p. 131-145, fev. 2000.

VALLEBONA, Antonio. **Istituzioni di Diritto del Lavoro. Il rapporto di lavoro**. v. 2. 4ª ed. Padova: CEDAM, 2004.

VIANA, Márcio Túlio. A flexibilização pelo mundo: breves notas do XVIII Congresso Mundial de Direito do Trabalho e Seguridade Social. **Revista do Tribunal Regional do Trabalho da 3ª Região**, Belo Horizonte, TRT da 3ª Região, n. 73, p. 29-38, jan./jun. 2006.

VILHENA, Paulo Emílio Ribeiro de. **Relação de emprego: estrutura legal e supostos**. São Paulo: Saraiva, 1975.

A TERCEIRIZAÇÃO NO ORDENAMENTO JURÍDICO BRASILEIRO E O DIREITO INTERNACIONAL DO TRABALHO

Letícia Ferrão Zapolla[1]

Sumário: Introdução; 1. Direito Internacional do Trabalho e Organização Internacional do Trabalho; 1.1 Das diretrizes da Organização Internacional do Trabalho; 2. Terceirização no ordenamento jurídico brasileiro; 2.1. Lei nº 6.019/74 e alterações no ano de 2017: Lei nº 13.429/2017 e Reforma Trabalhista; 2.1.1. Requisitos para a terceirização lícita; 2.1.2. Quarteirização; 2.1.3. Condições de trabalho do terceirizado; 2.1.4. Período de quarentena. 3. Diretrizes da OIT e Reforma Trabalhista; 3.1 Solução de antinomias e aplicação do princípio *pro homine*; Conclusão; Referências.

INTRODUÇÃO

Com a globalização da economia, é cada vez mais frequente a flexibilização ou até mesmo a desregulamentação de direitos sociais. Com isso, noções como a progressividade dos direitos sociais – propagada pelos documentos de direitos humanos, – e vedação do retrocesso social são "esquecidas" pelos Estados, em prejuízo aos trabalhadores.

No caso do Brasil, esta noção não é diferente. O ano de 2017 foi marcado por inúmeras mudanças em âmbito trabalhista, sendo que, uma delas, diz respeito à possibilidade de terceirização irrestrita, ou seja, se anteriormente à Reforma Trabalhista, apenas era permitida a terceirização da atividade-meio da empresa, o

1. Mestra em Ciências na Área Desenvolvimento no Estado Democrático de Direito pela Faculdade de Direito de Ribeirão Preto/USP. Advogada.

que recebia regulamentação dada pela Súmula nº 331 do TST, com o advento da Lei nº 13.467/2017 foi expandida para a atividade-fim da empresa, o que pode representar um aumento da precarização do trabalho.

Tendo em vista o cenário apontado, o estudo pretende analisar a compatibilidade das alterações trazidas pela Lei nº 13.467/2017 (Reforma Trabalhista) com as Convenções da Organização Internacional do Trabalho (OIT).

Para isso, utiliza-se da investigação dogmática, que tem como base de investigação a legislação e a jurisprudência, por meio do estudo bibliográfico – doutrinas, artigos científicos – e dogmático – legislação nacional e internacional e do método dedutivo.

Assim, passa-se do estudo do âmbito normativo internacional para o nacional, com posterior consideração acerca do conflito entre as normas estudadas, em especial aquelas afetadas pela Reforma Trabalhista. Após a análise, propõe-se a aplicação do princípio *pro homine* para a resolução de antinomias, haja vista o critério se mostrar o mais adequado do ponto de vista dos direitos humanos.

Espera-se, dessa forma, aplicar a noção de progressividade e do princípio da vedação do retrocesso social ao campo do Direito do Trabalho, mais especificamente no que toca à terceirização da mão de obra.

1. DIREITO INTERNACIONAL DO TRABALHO E ORGANIZAÇÃO INTERNACIONAL DO TRABALHO

A noção de Direito Internacional do Trabalho é recente. Apesar da ideia ter surgido no século XIX, foi apenas no século XX que referida internacionalização deixou de ser utopia, podendo-se citar, como prova disso, a conclusão do tratado de trabalho e a incorporação das normas constitucionais do trabalho no Tratado de Versalhes, em 26 de junho de 1919, quando foi criada a OIT (SÜSSEKIND, 2000, p. 81-93).

O desenvolvimento do Direito Internacional do Trabalho, nesse sentido, possibilitou o surgimento de diretrizes universais sobre direitos trabalhistas, as quais seriam responsáveis por evitar ou diminuir a concorrência desleal entre países. Isso porque, com a globalização e a possibilidade de transferência do capital a locais diversos, além das grandes divergências encontradas nas legislações ao redor de todo o mundo, há uma preocupação em se evitar a sonegação de direitos trabalhistas e consequentes violações de direitos sociais por parte dos Estados.

A OIT, por sua vez, foi instituída pelo Tratado de Versalhes, na Parte XIII, no ano de 1919, sendo que, no mesmo ano, em Washington, foi realizada a 1ª Conferência Internacional do Trabalho, quando foi criada a OIT como órgão da Liga das Nações. Tal Organização pertence ao quadro da ONU, sendo, nos termos do art. 57 da Carta das Nações Unidas, um organismo especializado e, portanto, gozando de autonomia.

Nesse sentido, referida organização teria como um de seus objetivos a edição de diretrizes gerais sobre Direito do Trabalho, de forma a conferir direitos mínimos aos trabalhadores que se encontrem em qualquer lugar do globo, as quais serão a seguir estudadas.

1.1. Das diretrizes da Organização Internacional do Trabalho

Dentre as diretrizes da Organização Internacional do Trabalho (OIT) que mostram correlação com a ideia de terceirização, assim como com alguns aspectos trazidos pela nova lei brasileira (Lei nº 13.467/2017), podem-se citar:

i) Constituição da Organização Internacional do Trabalho e seu Anexo (Declaração de Filadélfia), que estabelece, dentre outros, o princípio de que o trabalho não é mercadoria (OIT, 1944).

ii) Constituição da Organização Internacional do Trabalho e seu Anexo (Declaração de Filadélfia) que afirma, em seu preâmbulo a urgência de melhoria de condições de trabalho no que tange, por exemplo, à garantia de um salário que assegure condições de existência convenientes, proteção contra moléstias profissionais e à afirmação do princípio "para igual trabalho, mesmo salário" (OIT, 1944).

iii) Convenção nº 111 da OIT, promulgada pelo Brasil por meio do Decreto nº 62.150/1968, sobre discriminação em matéria de emprego e ocupação, que considera discriminação a distinção, exclusão ou preferência que destrua ou altere a igualdade de tratamento ou oportunidades em matéria de emprego e ocupação (BRASIL, 1968).

iv) Convenção nº 154 da OIT, promulgada pelo Brasil, pelo Decreto nº 1.256/94, sobre incentivo à negociação coletiva (BRASIL, 1994).

Importa destacar que as convenções da OIT, as quais versam sobre direitos sociais[2], são consideradas como normas de direitos humanos, o que lhes confere, segundo entendimento do Supremo Tribunal Federal, status de norma supralegal[3].

Note-se, nesse sentido, que há, em âmbito internacional, convenções que impõe ao Estado a necessidade de seu cumprimento, haja vista sua ratificação, sendo que, no caso da Constituição da OIT, esta é de cumprimento obrigatório pelos Estados-membros da organização. Ocorre que as novas legislações brasileiras edi-

---

2. Nesse sentido: "O presente trabalho parte da ideia de que os direitos econômicos, sociais e culturais são direitos humanos, muito embora sejam incompletos os mecanismos que garantem a exigibilidade plena de todos os direitos desse tipo (...)" (LIMA JÚNIOR, 2001, p. 01).

3. Em âmbito doutrinário, entretanto, o status dos tratados sobre direitos humanos é controvertido: segundo MAZZUOLI (2016, p. 929), Piovesan (2010, p. 72) e Para Trindade (1998, p. 66), referidos tratados teriam status de norma constitucional, enquanto que para GORDILLO, 1990 apud PIOVESAN, 2010 e PEREIRA; QUADROS, 1993 apud PIOVESAN, 2010 teriam natureza de norma supraconstitucional.

tadas no ano de 2017 descumprem referidos *standards* mínimos, conforme será a seguir demonstrado.

2. TERCEIRIZAÇÃO NO ORDENAMENTO JURÍDICO BRASILEIRO

A terceirização se trata de relação triangular, em que se "dissocia a relação econômica de trabalho da relação justrabalhista que lhe seria correspondente". Em razão disso, o vínculo de emprego é formado entre o terceirizado e a empresa prestadora de serviços, sendo que o serviço é prestado na empresa contratante (DELGADO, 2016, p. 487).

Perceba-se, dessa forma, que a terceirização nada mais é do que a transferência de um serviço ou atividade da empresa, que concede, a outra empresa, o serviço em questão, o qual será prestado pelos empregados contratados por esta última.

A terceirização passa a ganhar destaque com a crise do sistema fordista na década de 1970. A emergência do *toyotismo* permitiu uma maior produtividade, com a contratação de um menor número de empregados, graças ao processo de subcontratação de atividades especializadas. Dessa forma, a terceirização surge como forma de reformulação das estratégias de operação das empresas, voltada à otimização da produtividade e da eficiência no uso de recursos produtivos (POCHMANN, 2011, p. 11).

Seguindo a tendência mundial, de acordo com Araújo e Apolinário (2015, p. 79), a terceirização no Brasil tem maior relevância a partir da década de 1990, em razão da estabilização da moeda, abertura econômica e imposição de flexibilização da economia pelo mercado internacional.

Até o ano de 2017, entretanto, não havia regulamentação legal – de forma ampla – sobre o tema no Brasil, que era tratado, inicialmente, pela Súmula nº 256 do TST, de 1986[4], que vedava a terceirização, salvo nos casos de trabalho temporário e serviço de vigilância. Este entendimento veio a ser revisto nos anos de 1993 e 2000 pela Súmula nº 331 do TST, que, no ano de 2000, acresceu o inciso IV à referida Súmula, para prever a responsabilidade subsidiária da Administração Pública no tocante às verbas trabalhistas (BIAVASCHI; DROPPA, 2011, p. 130-139).

Antes disso, já havia leis voltadas a atividades específicas que permitiam a terceirização, como, por exemplo, o Decreto nº 200/1967, que autorizava a contratação de serviços executivos no setor público e a Lei nº 7.201/83, que tratava sobre a terceirização nas atividades bancárias (CARLEIAL, 2012, p. 09).

Desse modo, a terceirização surge com objetivo de minimizar o desemprego, fortalecendo a flexibilização das relações de trabalho. Apesar disso, houve o crescimento de ações judiciais, assim como de acidentes envolvendo trabalhador terceirizado (ARAÚJO; APOLINÁRIO, 2015, p. 80).

4. Salvo os casos de trabalho temporário e de serviço de vigilância, previstos nas Leis nºs 6.019, de 03.01.1974, e 7.102, de 20.06.1983, é ilegal a contratação de trabalhadores por empresa interposta, formando-se o vínculo empregatício diretamente com o tomador dos serviços (BRASIL, 1986).

Assim, apontando a visão do patronato, Araújo e Apolinário (2015, p. 83-84) destacam a necessidade de divisão do trabalho e especialização, assim como a relevância de se aumentar a eficiência da empresa, sendo importante para a sustentabilidade desta. Nesse sentido, não seria plausível a divisão entre atividade-meio e atividade-fim. Krein (2017, p. 154) citado por Marcelino (2007, p. 65) afirma que os custos da empresa contratante se reduzem consideravelmente com a terceirização, chegando a uma economia de 60%, caso se considerarem as contribuições sociais e encargos trabalhista.

Quanto à visão da academia, Araújo e Apolinário (2015, p. 84-85) apontam a terceirização como forma de exploração dentro do capitalismo e flexibilização do mercado de trabalho, que traz como consequências o aprofundamento das diferenças sociais e precarização do trabalho, com elevada rotatividade, baixa remuneração e longa jornada de trabalho.

Além disso, apontam-se a ausência de vinculação ao sindicato da contratante, o que acaba por pulverizar a organização dos trabalhadores e a discriminação entre terceirizado e o empregado da contratante (ARAÚJO; APOLINÁRIO, 2015, p. 89-90).

Nesse sentido, pode-se afirmar que as opiniões quanto ao tema "terceirização" divergem quanto ao formulador da teoria: quando se trata do patronato, a terceirização tende a ser vista como meio de otimização da produção. Por sua vez, do ponto de vista da academia, a terceirização é vista como forma de precarização do trabalho.

Apesar do dissenso apontado, o que se nota é que o trabalhador deixa de figurar como parte da relação contratual, passando a ser objeto de negociação comercial – entre empresa contratante e prestadora de serviços, assim como fonte de lucro da empresa prestadora de serviços:

> O que se percebe, então, é a inclusão do trabalhador como mercadoria na cadeia produtiva da sociedade do trabalho. O lucro da empresa "prestadora de serviços" não estará na fabricação de um bem, no fornecimento de um serviço especializado ou na elaboração de trabalho intelectual qualificado. A empresa lucrará com a força de trabalho "alugada" a um tomador, o que implica concluir: o homem perde a perspectiva da centralidade do trabalho (PAIXÃO, 2006, p. 08).

Se já era possível chegar à conclusão citada no ano de 2006, com as mudanças promovidas na Lei nº 6.019/74, torna-se mais incisiva, conforme será a seguir exposto.

2.1. Lei nº 6.019/74 e alterações no ano de 2017: Lei nº 13.429/2017 e Reforma Trabalhista

Conforme já dito, o ano de 2017 foi um marco na alteração de diversos pontos da legislação trabalhista brasileira como um todo. Antes de 2017, o tema era regulamentado pela Súmula nº 331 do TST, que trazia os requisitos para a terceirização: i) atividades-meio ou atividade secundária da empresa e ii) ausência de pessoalidade e subordinação entre trabalhado e tomadora.

Em 31/03/2017 foi promulgada a Lei nº 13.429/2017, que não restringiu os serviços passíveis de terceirização à atividade-meio da empresa, como fazia a Súmula nº 331 do TST. Nesse sentido, com a abertura dada pela lei em questão, a Reforma Trabalhista, passou a prever, de forma expressa, a transferência da execução de quaisquer atividades, inclusive a atividade principal da empresa, pondo fim à discussão envolvendo o que seria atividade-meio da empresa e da omissão da anterior Lei nº 13.429/2017[5]:

> **Art. 4º-A da Lei nº 6.019/74 (redação dada pela Lei nº 13.467/2017):** Considera-se prestação de serviços a terceiros a transferência feita pela contratante da execução de quaisquer de suas atividades, inclusive sua atividade principal, à pessoa jurídica de direito privado prestadora de serviços que possua capacidade econômica compatível com a sua execução (BRASIL, 1974).
>
> **Art. 5º-A da Lei nº 6.019/74 (redação dada pela Lei nº 13.467/2017):** Contratante é a pessoa física ou jurídica que celebra contrato com empresa de prestação de serviços relacionados a quaisquer de suas atividades, inclusive sua atividade principal.

Com isso, os requisitos para a configuração da terceirização lícita, antes regidos pela Lei nº 13.467/2017, foram alterados com a nova legislação.

2.1.1. Requisitos para a terceirização lícita

Note-se que antes da Reforma Trabalhista, os requisitos para a configuração da terceirização lícita eram: *(i)* serviços prestados pelos terceiros deveriam estar relacionados à atividade-meio da empresa; *(ii)* ausência de subordinação entre contratante e trabalhador. O primeiro requisito citado deixa de existir com o advento da Lei nº 13.467/2017, que inclui a exigência de que a empresa prestadora tenha capacidade econômica compatível com a execução da atividade, sendo o inadimplemento contratual suficiente para comprovação da ausência da capacidade econômica.

A inexistência deste requisito, qual seja, a capacidade econômica da empresa prestadora, com o consequente inadimplemento contratual, faz gerar um vínculo direto com a empresa contratante, configurando, por consequência, a terceirização ilícita.

De todo modo, diante da subordinação entre contratante e trabalhador e da ausência de capacidade econômica, ficará presente a fraude na terceirização, com

5. Segundo o Enunciado nº 6 da Comissão nº 6 da ANAMATRA, a Lei nº 13.467/2017, ao alterar a Lei nº 6.019/74, será aplicada apenas às empresas privadas, não servindo para a Administração Pública.

aplicação do art. 9º da CLT, e da responsabilidade solidária entre as empresas, no sentido do Enunciado nº 8 da Comissão nº 6 da ANAMATRA (ANAMATRA, 2017).

2.1.2. Quarteirização

Cabe destacar, ainda, a possibilidade, antes inexistente, de subcontratação da pela empresa prestadora de serviços, o que configuraria a "terceirização em cascata" ou "quarteirização", que nada mais é do que a transferência de serviços da empresa terceirizada para outra empresa:

> **Art. 4º-A, § 1º da Lei nº 6.019/1974 (Acrescentado pela Lei nº 13.429/2017):** A empresa prestadora de serviços contrata, remunera e dirige o trabalho realizado por seus trabalhadores, ou subcontrata outras empresas para realização desses serviços.

Sobre este tema, Marcelino (2007, p. 64) aponta que, se o objetivo da terceirização é reduzir os custos, isso ocorre ainda mais com a quarteirização, trazendo consequências na precarização de suas condições de utilização e remuneração, em prejuízo aos trabalhadores.

2.1.3. Condições de trabalho do terceirizado

Outro ponto de destaque das alterações ocorridas, diz respeito à inclusão do art. 4º-C à Lei nº 6.019/74, pela Lei nº 13.467/2017 e do art. 5º-A, §3ª da Lei nº 6.019/74, pela Lei nº 13.429/17, que elencam as condições asseguradas aos trabalhadores terceirizados, que devem, obrigatoriamente, ser concedidas pela contratante[6], além de estabelecer a faculdade de contratante e prestadora estabelecerem igualdade salarial e outros direitos que não foram elencados na Lei nº 6.019/74, de forma a contrariar o princípio da isonomia salarial e a Orientação Jurisprudencial nº 383, da Subseção I de Dissídios Individuais do Tribunal Superior do Trabalho[7] (TST), que, provavelmente, passará por alterações:

> **Art. 4º-C da Lei nº 6.019/1974 (acrescentado pela Lei nº 13.467/2017):** São asseguradas aos empregados da empresa prestadora de serviços a que se refere o art. 4º-A desta Lei, quando e enquanto os serviços, que podem ser de qualquer uma das atividades da contratante, forem executados nas dependências da tomadora, as mesmas condições:

---

6. Antes da Lei nº 13.467/2017, a Lei nº 13.429/2017 estabelecia, no art. 5º, §4º da Lei nº 6.019/74, a faculdade de a contratante conceder as mesmas condições de atendimento ambulatorial e de refeição aos terceirizados, o que deve ser superado pela edição do art. 4º-C da Lei nº 6.019/74, que estipula que esta igualdade de tratamento é obrigatória.

7. OJ nº 383 da SDI-I do TST: "A contratação irregular de trabalhador, mediante empresa interposta, não gera vínculo de emprego com ente da Administração Pública, não afastando, contudo, pelo princípio da isonomia, o direito dos empregados terceirizados às mesmas verbas trabalhistas legais e normativas asseguradas àqueles contratados pelo tomador dos serviços, desde que presente a igualdade de funções. Aplicação analógica do art. 12, "a", da Lei nº 6.019, de 03.01.1974".

> I – relativas a:
>
> a) alimentação garantida aos empregados da contratante, quando oferecida em refeitórios;
>
> b) direito de utilizar os serviços de transporte;
>
> c) atendimento médico ou ambulatorial existente nas dependências da contratante ou local por ela designado;
>
> d) treinamento adequado, fornecido pela contratada, quando a atividade o exigir.
>
> II – sanitárias, de medidas de proteção à saúde e de segurança no trabalho e de instalações adequadas à prestação do serviço.
>
> § 1º Contratante e contratada poderão estabelecer, se assim entenderem, que os empregados da contratada farão jus a salário equivalente ao pago aos empregados da contratante, além de outros direitos não previstos neste artigo.
>
> § 2º Nos contratos que impliquem mobilização de empregados da contratada em número igual ou superior a 20% (vinte por cento) dos empregados da contratante, esta poderá disponibilizar aos empregados da contratada os serviços de alimentação e atendimento ambulatorial em outros locais apropriados e com igual padrão de atendimento, com vistas a manter o pleno funcionamento dos serviços existentes.
>
> **Art. 5º-A, § 3º da Lei nº 6.019/1974 (Acrescentado pela Lei nº 13.429/2017):** É responsabilidade da contratante garantir as condições de segurança, higiene e salubridade dos trabalhadores, quando o trabalho for realizado em suas dependências ou local previamente convencionado em contrato.

Importa destacar que quanto ao trabalhador temporário, é assegurada a percepção de remuneração equivalente à percebida pelos empregados de mesma categoria da tomadora, o que não sofreu alterações com a Lei nº 13.429/2017 nem com a Lei nº 13.467/2017.

Apesar da discriminação quanto ao salário, tanto a Lei nº 13.429/17 como a Lei nº 13.467/17 representam um avanço ao proporcionar igualdade de condições de saúde, segurança e higiene[8], assim como alimentação, atendimento médico ambulatorial e direito de utilizar transportes, quando o serviço for executado na sede da tomadora.

Ressalta-se que o art. 4º-C, §§1º e 2º da Lei nº 6.019/74 foram objeto do Enunciado nº 7 da Comissão nº 6 ANAMATRA, que destaca que o artigo em questão viola o princípio da igualdade e dignidade da pessoa humana, ao conferir tratamento não isonômico aos terceirizados (ANAMATRA, 2017).

8. O Enunciado nº 13 da Comissão nº 6 da ANAMATRA estabelece a solidariedade entre contratante e tomador pelo cumprimento das normas de segurança e saúde, assim como pela adoção de medidas para um meio ambiente saudável (ANAMATRA, 2017).

2.1.4. Período de quarentena

Como tentativa de se evitarem fraudes trabalhistas, estipulou-se, outrossim, um período de quarentena para que o empregado figure como sócio ou titular da empresa contratada. Assim, caso o empregado ou trabalhador autônomo seja dispensado pela empresa contratante, só poderá figurar como sócio ou titular após decorridos 18 meses do fim da prestação de serviços, à exceção do aposentado, o qual foi ressalvado do período em questão:

> **Art. 5º-C da CLT (com redação dada pela Reforma Trabalhista):** Não pode figurar como contratada, nos termos do art. 4º-A desta Lei, a pessoa jurídica cujos titulares ou sócios tenham, nos últimos dezoito meses, prestado serviços à contratante na qualidade de empregado ou trabalhador sem vínculo empregatício, exceto se os referidos titulares ou sócios forem aposentados (BRASIL, 2017).

Além disso, houve expressa previsão no sentido de que o empregado dispensado não poderá figurar como terceirizado durante o prazo de 18 meses, período que não foi estendido ao trabalhador autônomo:

> **Art. 5º-D da Lei nº 6.019/74 (com redação dada pela Reforma Trabalhista):** O empregado que for demitido não poderá prestar serviços para esta mesma empresa na qualidade de empregado de empresa prestadora de serviços antes do decurso de prazo de dezoito meses, contados a partir da demissão do empregado (BRASIL, 2017).

Perceba-se que o art. 5º-D acima citado se utiliza, de forma não técnica, da expressão "demitido", devendo-se compreender o termo em seu sentido lato, para compreender todo tipo de rescisão contratual.

Ante o exposto, passa-se a analisar as diretrizes internacionais apontadas em conjunto com as modificações trazidas pela Reforma Trabalhista.

3. DIRETRIZES DA OIT E REFORMA TRABALHISTA

Ante o apontado nos itens 1.1 e 2.1, pode-se notar que há divergência entre as diretrizes da OIT e os dispositivos inseridos pela Reforma Trabalhista, pela Lei nº 13.467/2017.

Segundo entendimento adotado no artigo, não seria cabível a ampliação irrestrita da terceirização, de forma a se aplicar às atividades principais da empresa, haja vista estabelecer a mercantilização de mão de obra, em afronta ao que estabelece a Declaração de Filadélfia no sentido de que o trabalho não é mercadoria[9].

---

9. Além disso, segundo o Enunciado nº 11 da Comissão nº 6 da ANAMATRA, ao permitir a terceirização da atividade-fim, haveria violação ao princípio da dignidade da pessoa humana e do valor social do trabalho, previstos constitucionalmente (ANAMATRA, 2017).

Além disso, se a terceirização da atividade-meio, por si só, é encarada como hipótese de precarização do trabalho, já que tem como uma de suas principais características, a redução do salário, assim como o aumento de acidentes de trabalho, a quarteirização e a possibilidade de terceirização da atividade principal da empresa não se conformam com a previsão da Constituição da OIT no sentido de que os países devem buscar melhores condições de trabalho, com garantia de um salário que assegure condições de existência e proteção contra moléstias profissionais, inobstante, nesse último caso, a previsão legal no sentido de que a contratante deve promover medidas de proteção à saúde e segurança no trabalho a estes trabalhadores (art. 4º-C, II da Lei nº 6.019/74).

Por sua vez, a previsão do art. 4º-C da Lei nº 6.019/74, no sentido de que algumas condições de trabalho devam ser garantidas aos terceirizados vai contra o que dispõe a Convenção nº 111 da OIT, no sentido da impossibilidade de discriminação no emprego e ocupação. Apesar disso, a disposição contida no art. 5º-A, §3º da Lei nº 6.019/74, assegura ao trabalhador as condições de saúde, segurança e higiene, o que vai ao encontro do estabelecido na Convenção em questão.

Ainda, a previsão no sentido de que contratada e contratante poderão estabelecer a igualdade de salário entre terceirizado e empregados da contratante, assim como outros direitos não previstos no art. 4º-C da Lei nº 6.019/74, opõe-se à Convenção nº 111 da OIT, sobre discriminação no emprego e ocupação, além de contrastar com o exposto na Constituição da OIT, no sentido de se garantir mesmo salário para igual trabalho.

Apontada como uma das consequências da terceirização, a pulverização da organização dos trabalhadores contraria a Convenção nº 154 da OIT, que prevê o estímulo das negociações coletivas[10].

Deve-se destacar, outrossim, que as alterações trazidas pela Reforma Trabalhista, aqui estudadas, vão de encontro com a noção de trabalho decente adotada pela OIT, sendo este aqui compreendido como "trabalho produtivo e adequadamente remunerado, exercido em condições de liberdade, equidade, e segurança, sem quaisquer formas de discriminação, e capaz de garantir uma vida digna a todas as pessoas que vivem de seu trabalho" (DRUCK, 2011, p. 46).

Por fim, haja vista as incompatibilidades apontadas, deve-se primar pela aplicação da norma que seja mais favorável ao trabalhador, conforme será visto a seguir.

3.1. Solução de antinomias e aplicação do princípio *pro homine*

Diante da existência de inúmeros instrumentos normativos em vigor no país, sejam eles de âmbito nacional ou internacional, podem surgir conflitos normati-

10. Além disso, segundo Enunciado nº 12 da Comissão nº 6 da ANAMATRA, presume-se da mesma categoria os trabalhadores terceirizados e os contratados pela tomadora e que exerçam serviços relacionados à sua atividade principal (ANAMATRA, 2017).

vos, que deverão ser resolvidos por critérios interpretativos específicos, já que é consenso entre os operadores do direito "que as antinomias são indesejáveis e impedem a efetiva realização da justiça". (MAZZUOLI, 2010, p. 36).

Para que ocorram antinomias, nas palavras de Mazzuoli (2010, p. 59), deve haver contradição entre duas normas no mesmo âmbito normativo - ou seja, as normas são jurídicas, não devendo ser emanadas de ordens jurídicas idênticas - e o intérprete não sabe, diante delas, qual aplicar ao caso concreto.

Dessa maneira, levando em consideração o fato de que os tratados da OIT são considerados tratados de direitos humanos[11], o conflito entre o direito interno e o Direito Internacional dos Direitos Humanos é solucionado de forma distinta da que ocorre com os tratados internacionais que não versem sobre direitos humanos, segundo, por exemplo, ensinamentos de Mazzuoli (2010), Trindade (1998) e Piovesan (2010) (ZAPOLLA, 2017, p. 136).

A solução de antinomias, de acordo com Mazzuoli (2010, p. 28), dar-se-ia por "novos métodos de solução de antinomias", aplicando-se, para tanto, o princípio *pro homine*.

Referido princípio, além de reconhecido pela doutrina, tem sua operacionalidade reafirmada em diversas diretrizes internacionais, as quais contêm vasos comunicantes ou cláusulas de comunicação em seu texto. Tais cláusulas de comunicação, de acordo com Mazzuoli (2010, p. 116) consubstanciam em "cláusulas de diálogo", as quais "interligam os tratados entre si e com as normas internas de proteção dos direitos fundamentais".

Como exemplos, podem-se citar o art. 31, §1º da Convenção de Viena sobre o Direito dos Tratados, de 1969, segundo o qual um tratado "deve ser interpretado de boa-fé segundo o sentido comum atribuível aos termos do tratado em seu contexto e à luz de seu objetivo e finalidade" (BRASIL, 2009). O art. nº 29, "b" da Convenção Americana de Direitos Humanos, que dispõe sobre normas de interpretação, também estabelece que nenhuma disposição nela elencada poderá "limitar o gozo e exercício de qualquer direito ou liberdade que possam ser reconhecidos de

11. Adota-se, nesse estudo, o posicionamento de Delgado (2014, p. 154) e LIMA JÚNIOR (2001, p. 01). Nesse sentido: "O presente trabalho parte da ideia de que os direitos econômicos, sociais e culturais são direitos humanos, muito embora sejam incompletos os mecanismos que garantem a exigibilidade plena de todos os direitos desse tipo (...)". Ademais, a adoção de referido posicionamento se adequa ao exposto por MAZZUOLI (2010, p.31), para o qual: "O telos dos tratados internacionais de direitos humanos também é, em tudo, diverso dos chamados tratados comuns, uma vez que não visam a salvaguarda dos direitos dos Estados em suas relações recíprocas, mas a proteção dos direitos das pessoas pertencentes aos seus Estados-partes. As obrigações contidas nos tratados internacionais de direitos humanos extrapolam os limites físicos sobre os quais se assenta a soberania estatal, para ir além das fronteiras estatais e atingir toda a sociedade internacional de maneira *erga omnes*, aproximando-se daquilo que Kant já desenvolvera no seu Projeto de Paz Perpétua: a violação de um direito em qualquer lugar e a qualquer pessoa se faz sentir em todos os lugares e a todas as pessoas".

acordo com as leis de qualquer dos Estados Partes ou de acordo com outra convenção em que seja parte um dos referidos Estados" (BRASIL, 1992).

O princípio *pro homine,* nesse sentido, consistiria em se aplicar, ao caso concreto, a norma que melhor tutelasse o ser humano. Sobre referido princípio, vale destacar os ensinamentos de Mazzuoli (2010, p. 107):

> O princípio *pro homine,* em outras palavras, garante ao ser humano a aplicação da norma que, no caso concreto, melhor o proteja, levando em conta a força expansiva dos direitos humanos, o respeito do conteúdo essencial desses direitos e a ponderação de bens, valores e interesses. Nessa ordem de ideias, faz-se necessário interpretar as normas domésticas de proteção com aquelas previstas em tratados e declarações internacionais de direitos humanos, bem assim com a jurisprudência dos organismos supraestatais de proteção desses direitos, em especial (no caso do Brasil e dos demais países do continente) a da Corte Interamericana de Direitos Humanos.

Nesse sentido, em caso de conflito entre a lei brasileira e as convenções da OIT citadas, deve ser aplicada aquela que seja mais favorável àquele que teve um direito violado, no caso, o trabalhador. Isso é inegável, ademais, em razão do status supralegal das diretrizes da OIT, as quais, conforme já salientado, são consideradas como normas de direitos humanos.

Some-se a isso a existência de outros princípios a serem aplicados aos direitos de ordem social, dentre os quais os princípios da progressividade e da vedação ao retrocesso social. Com a utilização desses princípios, não se quer evitar a ocorrência de mudanças legislativas, mas sim que estas mudanças se deem de forma a preservarem parâmetros mínimos de proteção ao trabalhador.

O princípio da progressividade, por exemplo, vem exposto no: (i) art. 2º, 1 do Pacto Internacional de Direitos Sociais, Econômicos e Sociais, ratificado pelo Brasil, que é claro ao dispor acerca da progressividade dos direitos sociais; (ii) art. 26 do Pacto São José da Costa Rica, que prevê que os Estados devem adotar providências para, de forma progressiva, dar plena efetividade aos direitos que decorram de normas sociais.

Além disso, a vedação ao retrocesso social – que se relaciona, diretamente, com a progressividade dos direitos sociais – indica que o Estado deve se abster de atentar contra um direito, o que não significa, por sua vez, a sua imutabilidade, mas sim que as mudanças devem estar atreladas à manutenção de um mínimo essencial (CENCI; TESTA, 2015, p. 172-175).

Nesses termos, a vedação ao retrocesso, princípio implícito na Constituição Federal brasileira, pode ser entendida como a possibilidade de se invalidar a revogação de normas que não venham acompanhadas de uma política substitutiva equivalente (BÜHRING, 2015, P. 61). Seu conteúdo impeditivo busca brecar planos políticos que enfraqueçam os direitos fundamentais, servindo como forma de mensuração para o controle de constitucionalidade em abstrato (ALMEIDA, 2006 apud BÜHRING, 2015, p. 64).

No caso das alterações promovidas na legislação trabalhista, no âmbito da terceirização, segundo Martins Filho (2012, p. 9), "o critério da distinção por atividade-fim ou atividade-meio continua sendo adequado", de forma que sua ampliação pode levar a uma maior precarização do trabalho, com menores salários e pulverização de sindicatos, o que vai contra o princípio da progressividade e da vedação ao retrocesso social.

CONCLUSÃO

Ante o exposto, pode-se notar que o Direito Internacional do Trabalho, assim como a Organização Internacional do Trabalho são criações recentes, sendo este organismo um dos responsáveis pela edição de diretrizes para a garantia de standards mínimos de proteção aos trabalhadores.

Como exemplo dessas diretrizes, foram estudadas aquelas que se relacionam, de alguma forma, com as novas disposições legais trazidas pela Reforma Trabalhista brasileira (Lei nº 13.467/2017), quais sejam: Constituição da OIT e Declaração de Filadélfia e Convenções nº 111 e 154 da OIT.

Após isto, foi estudada a terceirização no ordenamento jurídico brasileiro, passando-se à análise das inovações legais trazidas pela Reforma Trabalhista à Lei nº 6.019/2017, as quais, de forma geral, foram consideradas prejudiciais aos trabalhadores.

Além disso, foi feita uma análise entre as diretrizes internacionais e os dispositivos inseridos à Lei nº 6.019/74, o que permitiu concluir pela incompatibilidade entre os textos em questão.

Diante da existência de vários dispositivos legais e internacionais e se levando em conta o fato de que as diretrizes da OIT são consideradas normas de direitos humanos, entendeu-se que a solução de antinomias deve se dar pela aplicação do princípio *pro homine,* com aplicação da norma que seja mais benéfica àquele que teve seu direito violado.

Por fim, destacou-se a existência de outros princípios que devem ser aplicados quando da interpretação dos direitos sociais, quais sejam: princípio da vedação ao retrocesso social e da progressividade, os quais não foram observados pelo legislador na elaboração da Reforma Trabalhista.

Em suma, diante da incompatibilidade entre as diretrizes internacionais e o ordenamento jurídico brasileiro, cumprirá aos seus aplicadores e intérpretes a utilização de ferramentas que tutelem o trabalhador, de forma que seus direitos sejam de fato assegurados, de forma progressiva.

REFERÊNCIAS

ANAMATRA. **2ª Jornada de Direito Material e Processual do Trabalho.** 2017. Disponível em: <http://www.jornadanacional.com.br/listagem-enunciados-aprovados.asp?ComissaoSel=6>. Acesso em: 19 out. 2017.

ARAÚJO, Igor José Santana de; APOLINÁRIO, Valdênia. A TERCEIRIZAÇÃO E A 'AGENDA DO TRABALHO DECENTE' DA OIT: REFLEXÕES A PARTIR DO BANCO DO BRASIL S/A. **Revista da Abet,** Paraíba, v. 14, n. 1, p.78-98, jan. 2015. Disponível em: <http://periodicos.ufpb.br/index.php/abet/article/view/25702/13878>. Acesso em: 13 out. 2017.

BIAVASCHI, Magda Barros; DROPPA, Alisson. A história da súmula 331 do tribunal superior do trabalho: a alteração na forma de compreender a terceirização. **Revista de Ciências Sociais,** Londrina, v. 16, n. 1, p.124-141, maio 2011. Disponível em: <http://www.uel.br/revistas/uel/index.php/mediacoes/article/view/9657/8494>. Acesso em: 13 out. 2017.

BRASIL. **Decreto nº 62.150, de 19 de janeiro de 1968.** Promulga a Convenção nº 111 da OIT sôbre discriminação em matéria de emprêgo e profissão. Brasília, Disponível em: <http://www.planalto.gov.br/ccivil_03/decreto/1950-1969/d62150.htm>. Acesso em: 13 out. 2017.

BRASIL. **Decreto nº 1256, de 29 de setembro de 1994.** Promulga a Convenção nº 154, da Organização Internacional do Trabalho, sobre o Incentivo à Negociação Coletiva, concluída em Genebra, em 19 de junho de 1981. Disponível em: <http://www.planalto.gov.br/ccivil_03/decreto/1990-1994/d1256.htm>. Acesso em: 13 out. 2017.

BRASIL. **Lei nº 13.467, de 13 de julho de 2017.** Altera a Consolidação das Leis do Trabalho (CLT), aprovada pelo Decreto-lei no 5.452, de 1o de Maio de 1943, e as Leis nos 6.019, de 3 de Janeiro de 1974, 8.036, de 11 de Maio de 1990, e 8.212, de 24 de Julho de 1991, a fim de adequar a legislação às Novas Relações de Trabalho. Brasília, Disponível em: <http://www.planalto.gov.br/ccivil_03/_ato2015-2018/2017/lei/L13467.htm>. Acesso em: 13 out. 2017.

BÜHRING, Marcia Andrea. Direito Social: proibição de retrocesso e dever de progressão. **Direito & Justiça,** Rio Grande do Sul, v. 41, n. 1, p.53-73, jan. 2015. Disponível em: <http://revistaseletronicas.pucrs.br/ojs/index.php/fadir/article/viewFile/18175/12667>. Acesso em: 13 out. 2017.

CENCI, Elvi Miguel; TESTA, Janaina Vargas. Universalização de direitos trabalhistas: uma proposta de avanço no papel da Organização Internacional do Trabalho. Disponível em: <http://www.uel.br/revistas/uel/index.php/iuris/article/dowload/23230/17468. Acesso em 13 out. 2016.

DELGADO, Maurício Godinho. **Curso de Direito do Trabalho.** 15. ed. São Paulo: Ltr, 2016.

DRUCK, Graça. Trabalho, precarização e resistências: novos e velhos desafios?.

CADERNO CRH, Salvador, v. 24, p. 37-57, 2011.

LIMA JÚNIOR, Jayme Benvenuto. **Os Direitos Humanos Econômicos, Sociais e Culturais.** Rio de Janeiro: Renovar, 2001.

MARCELINO, Paula. AFINAL, O QUE É TERCEIRIZAÇÃO? EM BUSCA DE FERRAMENTAS DE ANÁLISE E DE AÇÃO POLÍTICA. **Pegada,** Presidente Prudentee, v. 8, n. 2, p.55-71, dez. 2007. Disponível em: <http://revista.fct.unesp.br/index.php/pegada/article/view/1640>. Acesso em: 13 out. 2017.

MAZZUOLI, Valério de Oliveira. **Tratados Internacionais de Direitos Humanos e Direito Interno.** São Paulo: Saraiva, 2010

OIT. **Constituição da Organização Internacional do Trabalho (OIT) e Seu Anexo (Declaração de Filadélfia), 1946**. Filadélfia, Disponível em: <http://www.oitbrasil.org.br/sites/default/files/topic/decent_work/doc/constituicao_oit_538.pdf>. Acesso em: 02 abr. 2016.

PAIXÃO, Cristiano. Terceirização: o trabalho como mercadoria. **Direito Unifacs: Debate Virtual,** Salvador, abr. 2006. Disponível em: <http://www.revistas.unifacs.br/index.php/redu/article/view/1444/1127>. Acesso em: 13 out. 2017.

PIOVESAN, Flávia. **Direitos Humanos e o Direito Constitucional Internacional.** São Paulo: Saraiva, 2010.

POCHMANN, Márcio. **A transnacionalização da terceirização na contratação do trabalho.** Campinas: CNTS, 2011. Disponível em: <http://www.cnts.org.br/public/arquivos/Pesquisa_TG_Pochmann.pdf>. Acesso em: 06 ago. 2013.

SÜSSEKIND, Arnaldo. **Direito Internacional do Trabalho.** 3. ed. São Paulo: Ltr, 2000.

TRINDADE, Antônio Augusto Cançado. **Memorial em prol de uma nova mentalidade quanto à proteção dos direitos humanos nos planos internacional e nacional.** Brasília. 1998.

TERCEIRIZAÇÃO & PRECARIZAÇÃO DO TRABALHO: A BUSCA DE UM CONCEITO OBJETIVO

Jair Aparecido Cardoso[1]

Sumário: 1. Introdução – 2. Definição de terceirização – 3. Argumentos prós e contra a terceirização – 4. Terceirização e precarização – 5. Conclusão – Referências.

1. INTRODUÇÃO

Objetiva-se com este ensaio enfrentar a discussão da terceirização do trabalho, face à resistência de seu acolhimento pelo sistema jurídico trabalhista e sua normal aceitação por outros ramos do direito, e também pela ciência econômica. Esta antinomia científica radica-se no próprio direito, e não raro encontramos posicionamentos distintos na própria doutrina trabalhista. Partindo-se da premissa de que a terceirização é um fenômeno econômico e social, e considerando que esta realidade não é exclusivamente nossa[2], precisamos enfrentar esta questão para aferir se a solução que está sendo dada a ela, pelo nosso sistema, é a melhor, sem permitir que o sistema jurídico crie óbice a livre iniciativa. O Direito não pode engessar a Economia, assim como a Economia não pode ignorar o Direito; porém as duas ciências devem ter o homem como centro das relações sociais, e ter em mira que a sociedade é para o homem e não o homem para a sociedade. Essa afirmação

1. Professor da Faculdade de Direito de Ribeirão Preto – USP (FDRP/USP); líder do grupo de pesquisa (CNPQ) "A transformação do direito do trabalho na sociedade pós-moderna e seus reflexos no mundo do trabalho" da FDRP/USP. Doutor em Direito pela Universidade Católica de São Paulo, PUC – SP; graduado e mestre em Direito pela Universidade Metodista de Piracicaba, UNIMEP. Autor de livros e artigos da área. Advogado.
2. Não admitem: Itália e Suécia; Tolera: México (alguns casos); França (trabalho temporário); Bélgica, Dinamarca , Noruega e Países Baixos (regulamentam); Alemanha, Inglaterra, Luxemburgo, Irlanda, Suíça (permitem por negociação coletiva). Permitem: Argentina, Colômbia, Venezuela, Peru – porém limita. Japão, Cingapura, Taiwan, Hong Kong – prática comum.

não pode ser recebida como mero exercício semântico – o que menos precisamos neste momento é de frases de efeito, mas de critérios de efetividade de proteção à ordem econômica e social.

Considerando que a discussão sobre a terceirização encontra-se polarizadas em no mínimo dois entendimentos – prós e contra -, precisamos encontrar um denominador comum entre elas, e para tanto alguns enfrentamentos devem ser considerados: Você é a favor ou contra a terceirização? Essa indagação parece ser simples e objetiva, mas dependendo do interlocutor a resposta pode ser complexa e pelas mais variada razões, porque a simples afirmação negativa ou positiva suscitará as razões do posicionamento, e qualquer das posições seguramente terá fortes argumentos para sedimentar suas posições.

O objetivo, portanto, não é aderir a nenhuma das posturas, mas analisá-las com o escopo de um consenso prospectivo do fenômeno em comento. Afinal, como estará esta situação daqui a dez ou quinze anos?

Em alguns casos a resposta poderá estar contaminada por posturas ideológicas, o que traz certa dificuldade para o desenvolvimento do diálogo. Ver o assunto, de forma isenta é tarefa a ser exercida para quem pretende discutir o tema pela ótica acadêmica científica. Para isso, algumas premissas precisam ser estabelecidas. Sendo a terceirização um fenômeno econômico e social, precisamos saber: como enfrenta-lo? O mundo jurídico pode ignorar a realidade social? A forma como ela vem sendo tratada pelo Direito do Trabalho é a melhor? A sua regulamentação é necessária? A proposta de sua regulamentação (PLS 30/2015) é satisfatória? A reforma trabalhista (lei 13.467/2017) altera o cenário da terceirização?

A primeira indagação – pro ou contra - objetiva identificar com quem se está dialogando, para que o exercício dialético seja franco, aberto e com isenções ideológicas. Colhemos da sabedoria popular que o uso do cachimbo entorta a boca; tal assertiva pode ser traduzida também pela expressão de que a especialização, seja pela própria formação profissional ou pelo exercício de determinadas atividades profissionais, faz com que o individuo desenvolva algumas convicções pessoais sobre determinados assuntos. A especialização, portanto, é uma limitação; é a opção pelo essencial, ou pelo que se entende ser essencial de acordo com determinada perspectiva. É o ponto de vista que poderá não ser o mesmo de outro ponto, e isto também não é uma frase de efeito. Olhando pelo aspecto positivo isso é bom, pois o individuo se especializa, mas não podemos perder de vista também que este fato possa trazer alguns vícios e dificultar o olhar com outras perspectivas, o que evidentemente não é bom, por não contribuir para o desenvolvimento da discussão.

Isso ocorre no próprio campo do direito, no qual podemos encontrar dentre os profissionais da área do direito do trabalho, por exemplo, aqueles que são contra e aqueles que são a favor da terceirização do trabalho. Isso também ocorre na área do Direito Civil e do Direito Comercial, sendo certo que a tendência civilista e comercialista, com algumas exceções, evidentemente, é pelo acolhimento da terceirização no cenário jurídico.

Na área da ciência econômica, por sua vez, o acolhimento da terceirização é tranquilo e sobre ele não pesa nenhuma restrição, porque a própria formação técnica interpreta esse fenômeno como normal e necessário para o desenvolvimento econômico. Lado outro, para os profissionais da área das ciências sociais, tal acolhimento encontra forte resistência.

Diante da perspectiva do percurso dialético, após a identificação do oposto, é normal que se indague o porquê da oposição, e é neste campo que se encontra outra gama de divergência, na verdade os discursos não são coesos e padecem, muitas vezes, de objetividade científica. O mais comum dentre os opositores da terceirização é a afirmação de que a terceirização ocasiona a precarização do trabalho. Para estes interlocutores, a terceirização é sinônimo de precarização. (STEIN, e ZYLBERSTAJN, p. 608)

Pois bem, desta assertiva surge outra indagação, mas o que é precarização do trabalho? Esta é outra questão para a qual não se encontra pacificação conceitual nem mesmo entre os mais conceituados doutrinadores. Afinal, qual o conceito de precarização para o Direito do Trabalho? O que é precarização do trabalho? Estas e as indagações lançadas anteriormente são os desafios a serem enfrentados no bojo deste ensaio.

2. DEFINIÇÃO DE TERCEIRIZAÇÃO

A primeira coisa que devemos fazer é saber sobre o que estamos falando, e para isso é importante que se estabeleça uma definição do objeto da narrativa, para se estabelecer limites do que se fala, e a indicação do real sentido da discussão. Como dissemos anteriormente, terceirização é um termo econômico, do qual se apropriou o sistema jurídico, portanto, a definição de terceirização deve levar em conta esta premissa e não simplesmente lançar um recorte somente técnico jurídico. Penso que ai esteja o primeiro problema a ser enfrentado. O segundo é aparar as óticas restritivas e equivocadas sobre o tema, de ambos os lados, para afiná-la a uma realidade consentânea.

Pela ótica econômica, terceirizar, é a simples transferência da atividade de uma empresa para outra empresa. Nesse aspecto, portanto, a relação é bilateral. (STEIN, e ZYLBERSTAJN, p. 593)

O termo surge, na linguagem popular, por derivação lógica de que a atividade (produto ou serviço) foi passada para um terceiro estranho à empresa[3], mas a relação é bilateral, entre contratante e contratado. Esta opção decorre de uma estratégia empresarial, na qual são visados diversos tipos de situações tendentes a facilitar a administração e, objetivando também certa segurança ao empreendimento.

3. - estranho a empresa, no sentido de pessoa física ou jurídica, que mesmo conhecida, não participa do seu quadro associativo ou funcional.

É evidente que esta estratégia visa reduzir custos fixos, reduzir riscos do empreendimento, e por derivação lógica, também, reduzir o quadro de empregados. Como se colhe das doutrinas sobre o assunto, por ser um fenômeno empresarial, tal fato surge com o próprio surgimento da empresa. No inicio da revolução industrial, era normal o empresário centralizar tudo numa única oficina, mas num segundo momento desta fase, para alguns com marcas fincadas nas guerras mundiais, enquanto para outros decorrentes do simples desenvolvimento empresarial, alguns produtos, ou parte deles, passaram a ser fabricados por outras oficinas.

Esse ponto marca três aspectos importantes, o primeiro, pela ótica empresarial, é o inicio da especialização empresarial. Enquanto no modelo anterior a oficina fabricava tudo, do inicio ao fim, neste segundo momento ela passa a se preocupar com a qualidade final de seu produto. Focando na finalização de seu produto, passa a comprar alguns componentes de outro fornecedor. Esta estratégia tinha por objetivo finalizar a sua produção com melhor quantidade e qualidade, vez que poderia canalizar o esforço fabril de seu empreendimento para esta finalidade.

O outro aspecto é que surge ai, de forma embrionária, o princípio da terceirização; passar a fabricação de algum componente de seu produto final para outro fornecedor, comprando dele este produto que na verdade para ele poderia ser o seu produto final. Isso dá origem ao terceiro fenômeno nesta intrincada evolução empresarial, que é o sistema de rede. Contemporaneamente já se fala em rede empresarial, ou rede de produção; tal fenômeno causou uma reengenharia no sistema de produção, em decorrência da evolução tecnológica, com forte influência agora da era informacional, por via obliqua, necessário se fez implementar a reengenharia social[4]. Surgem novas formas de produção e, por consequência, surgem novas formas de organização do trabalho, por óbvio o sistema jurídico precisa estar sensível a estas alterações e acompanhar as dinâmicas sociais.

A grande realidade é que modernamente nenhuma empresa fabrica mais o seu produto final, do inicio ao fim, sem contar com a colaboração de um "terceiro", um "parceiro", ou um fornecedor. Esta é uma realidade que precisa ser levada em consideração, não pode ser ignorada se quiser compreender este fato social, para introduzi-lo no mundo jurídico[5]. Em algum momento desta evolução, foi desenvolvido também, além da transferência da fabricação de produtos, a contratação de serviços. Combater a terceirização, portanto, é o mesmo que impor ao sistema econômico empresarial uma barreira ao seu desenvolvimento, ou um comando para que eles retornem as suas origens, no sistema de oficinas fechadas e isoladas, o que evidentemente é incompatível com a sociedade atual.

Pela ótica econômica, portanto, esta questão parece ser tranquila. Pela ótica jurídica, por sua vez, surgem problemas até mesmo terminológicos, pois embora o

4. - O próprio conceito de rede empresarial, que aqui não aprofundaremos, também tem sua complexidade.

5. - Mundo jurídico no sentido amplo, que acolhe os fatos sociais, e não simplesmente a limitação dos autos.

termo terceirização já esteja consagrado pela ciência econômica e pelo uso popular, supremo arbitro da linguagem, podemos constatar divergências doutrinárias que partem desde a inadequação do termo, até sua definição. Volia Bonfim Cassar resume bem esta questão ao gizar que para Arion Sayão Romita o termo correto seria terciarização, por estar ligado ao setor terciário, de serviços, ao passo que terceirização esta incorreto porque induz a existência de uma terceira pessoa, a qual esta ausente na relação, por ser uma relação bilateral. É nesta mesma fonte que encontramos também a seguintes expressões sinônimas: desverticalização, horizontalização, exteriorização, subcontratação, filialização, reconcentração, focalização, parceria. (CASSAR, 2017. p. 479/480, e, MARTINS. P.298) Não nos aprofundaremos as questões terminológicas, porquanto puramente acadêmicas, despidas de objetividade e indelével ao escopo deste ensaio.

Merece ser enfrentado, todavia, a posição da mencionada autora, para quem a terceirização traz em seu âmago uma relação trilateral e não bilateral, pois envolve o empregado, o empregador aparente (empresa prestadora) e o empregador real (empresa tomadora), pois se acolhêssemos esta premissa, de plano já estaríamos encerrando a finalidade deste ensaio. (CASSAR, 2017. p. 480)

Para estribar sua assertiva a autora dá a seguinte explicação:

> Na terceirização o vínculo empregatício se forma com o empregador aparente (prestadora de serviço), desde que regular, isto é, nos casos previstos em lei ou naqueles em que os requisitos formadores da relação de emprego entre o tomador e o trabalhador não estiverem presentes. Caso contrário, de acordo com a regra trabalhista (princípio da *ajenidad*), o vinculo de emprego será sempre com o seu real empregador, ou seja, com o tomador (salvo quando o tomador for ente da administração Pública – art. 37, II da CRFB). (CASSAR – 480)

Com a devida vênia, resistimos a este entendimento.

Como se verifica na primeira parte da citação, se há a admissão de uma relação de emprego entre o empregado e a prestadora do serviço - *empregador aparente*-, e esta situação pode ser regular, o que temos é uma relação contratual bilateral e não trilateral como afirmado. Pode surgir ainda uma segunda situação, como destaca a autora, a qual não se confunde com o primeiro exemplo por ela destacado, que são os casos em que a terceirização não se dá por previsão legal, mas também não estão presentes os requisitos formadores da relação de emprego. Neste caso também a relação é bilateral, entre o empregado e empregador.

Somente em casos em que o tomador do serviço exerça sobre o trabalhador a coordenação dos serviços, de tal sorte a configurar a pessoalidade e a subordinação, é que a situação foge da normalidade e por isso teremos uma nova situação configurada, que ai sim, poderia sugerir uma triangulação contratual da relação de emprego, e neste caso não se discute se a terceirização é regular ou não.

Há que se destacar ainda, que a autora, a exemplo de outros doutrinadores, traz em sua conclusão o entendimento de que a terceirização seria dos serviços. É o entendimento esposado por Arion Sayão Romita ao desenvolver sua tese da terciarização, alusivo ao setor terciário.

Ocorre, todavia, que a terceirização que talvez interesse mais ao Direito do Trabalho seja a de serviços, mas não esgota ai as possibilidades de efetivação deste instituto, pois é muito comum também à terceirização de bens ou de produto (MARTINS. 2017. p. 298), o que esvazia o argumento conclusivo acima mencionado, sem adentrar em outros aspectos.

Outro ponto interessante a ser destacado é a distinção entre atividade fim e atividade meio da empresa. Sérgio Pinto Martins, ao abordar o assunto, fazendo coro com a doutrina de escol, frisa que a terceirização esta ligada a atividade meio, traçando o conceito de terceirização como sendo a *"contratação de terceiro para a realização de atividades que não constituem o objeto principal da empresa"*. (MARTINS. 2017. p. 298) Em outro momento vaticina que *"vários nomes são utilizados para denominar a contratação de terceiros pela empresa para a prestação de serviços ligados a sua atividade meio"*. (MARTINS. P. 298). Há, portanto, consenso na doutrina jurídica trabalhista, de que a terceirização será destinada à atividade meio da empresa, todavia, não encontramos o mesmo consenso na doutrina para explicitar a razão de tal afirmação, sendo certo, como veremos, o próprio autor mencionado admite a legalidade da terceirização na atividade fim, o que também da assertiva de Volia Bonfim Cassar, destacada acima.

Embora a corrente doutrinaria trabalhista adote essa classificação, ela não encontra eco na área econômica e em alguns outros posicionamentos doutrinários, considerando que tal assertiva existe somente na doutrina jurídica trabalhista do nosso sistema.

O que deve prevalecer para a área jurídica é a licitude do objeto. Não é outro o entendimento de Sergio Pinto Martins, para quem o Tribunal Superior do Trabalho – TST, só admite a terceirização da atividade meio e não da atividade fim, entretanto, *é possível a terceirização da atividade fim da empresa, como ocorre na indústria automobilística ou na construção civil, desde que não haja a fraude"*. (MARTINS. p. 299). É evidente, portanto, que a exemplo da indústria automobilística e da construção civil, usado pelo autor, outras empresas podem terceirizar sua atividade fim, desde que não fraude a legislação trabalhista. Por derivação lógica dessa ilação, com o que concordamos, a fraude a legislação não esta na terceirização da atividade da empresa, quer seja ela meio ou fim, mas na possibilidade desta atividade não observar a proteção legal ao trabalho. Não é outro o entendimento de Rider Nogueira de Brito, para quem nada impede que haja a terceirização da atividade fim, desde que esta não deixe de observar a norma legal. (BRITO. p. 25). Conclui o autor: *"se para chegar a esse resultado – o serviço prestado ou a obra pronta – eu não violei lei alguma, se não atropelei direito de ninguém, onde estaria a ilegalidade da minha atuação"*. (BRITO. p. 28).

Diante deste quadro, perde relevo a distinção entre atividade fim e atividade meio, pois a toda evidência o que interessa é a licitude do objeto do contrato, e a ausência de pessoalidade e subordinação do trabalhor com o tomador do serviço. Há que se destacar, todavia, que se houver a pessoalidade e a subordinação, não importa se a atividade seja fim ou meio, de acordo com a inteligência do at. 9º da

CLT, estará presente a relação de emprego com o tomador dos serviços. Em decorrência desta assertiva, perde relevo também o aprofundamento da discussão de que a lei 13.467/2017 tenha implantado ou legalizado o sistema da terceirização de forma ampla, pois, embora pudesse ser encontrada alguma resistência, a terceirização da atividade empresarial, quer seja fim quer seja meio, já vinha ocorrendo de forma ampla no sistema de produção atual.

A lei talvez tenha contribuído para colocar um fim nesta discussão, para que outra pudesse ser iniciada, que é a possibilidade das empresas mudarem sua estratégia de produção e terceirizarem tudo e em todas as atividades econômicas. Forçoso convir que pela cultura de produção isso já vinha ocorrendo em alguns setores e, embora essa possibilidade pudesse ocorrer em algum segmento econômico, não era uma regra geral, porque além da legislação sobre o assunto, existe uma lei natural no sistema de produção que também deve ser observada e era esta norma que fomentava a produção e continuará a fomentá-la, observando-se a própria evolução natural do mercado, a qual não consegue ser barrada por regras normativas, por ter vida própria.

3. ARGUMENTOS PRÓS E CONTRA A TERCEIRIZAÇÃO.

Entendemos como adequado listar alguns argumentos favoráveis e contrários à terceirização, sem o objetivo de esgotá-los, mas com o fito de ilustrar que o assunto realmente comporta certa diversidade de posicionamento.

Colhemos como argumentos favoráveis, pela ótica econômica, os seguintes aspectos: descentralização da produção; busca da qualidade do produto final; democratização do exercício da atividade econômica; contribui para o aumento dos postos de trabalho; melhora a arrecadação de tributos; fomenta o princípio da preservação da empresa; mantém os direitos trabalhistas.

Poderia ser acrescentado a esses argumentos o princípio da boa fé, que deve ser observado neste contexto, partindo-se da premissa de que o empresário dá inicio ao seu empreendimento para produzir e obter lucro, e não para frustrar os direitos trabalhistas.

Lado outro, pela ótica social, o lucro não é antissocial e fomenta a atividade e o crescimento econômicos, além de criar e manter postos de trabalho. O lucro faz parte do objetivo da empresa, mas faz parte também do objetivo da sociedade, pois a sociedade desenvolve-se por meio da sua riqueza.

Para Arnoldo Wald, citado por Rider Nogueira de Brito, "*A visão do mundo contemporâneo considera que não há mais como distinguir o econômico do social, pois ambos os interesses se encontram e se compatibilizam na empresa, núcleo central da produção e da criação da riqueza, que deve beneficiar tanto o empresário como os empregados e a própria sociedade de consumo*". (BRITO, p. 65) Concordamos com afirmação do autor, pois este é um pensamento que busca efetivar a conciliação entre a ordem econômica e ordem social, pois como afirmou Leão XIII, "*não pode haver capital sem trabalho, nem trabalho sem capital.*" (Leão XIII, § 11). Leão XIII ao tecer suas criticas ao socialismo, pregava que não deveria haver lutas entre as classes sociais, mas concórdia, destacando que sempre existiu e sempre existirá, em toda a humanidade, as diferenças sociais, o que torna falacioso o discurso socialista, mas não autoriza a discórdia entre as classes sociais, pois *impossível que na sociedade civil todos sejam elevados ao mesmo nível, (...)contra a natureza todos os esforços são vãos.* (Leão XIII, § 11). Não é outro o entendimento de Wald, ao concluir que "*não há mais dúvida que são os lucros de hoje que, desde logo, asseguram a sobrevivência da empresa e a melhora dos salários e que ensejam a criação dos empregados de amanhã*". (BRITO, p. 65)

Pela ótica jurídica, destaca-se destacar os seguintes argumentos: a terceirização não é ilegal, porque não há legislação especifica que a proíba (Art. 5º, II da CF/88), e na ausência de legislação especifica proibindo tal atividade, ela não é ilícita; somente a União poderia legislar nesse sentido (Art. 22, I da CF/88), portanto, é inócuo o entendimento do Tribunal Superior do Trabalho, exarado na Súmula 331; a ordem econômica esta fundada na valorização do trabalho, mas também na livre iniciativa (art. 170 da CF/88), portanto é inconstitucional qualquer legislação que obste a consecução de tal desiderato; e *toda a espécie de serviço ou trabalho lícito, material ou imaterial, pode ser contratada mediante retribuição* (art. 594 do Código Civil), e como destacado alhures, tal assertiva é verdadeira e é acolhida por parte da doutrina trabalhista.

Esta é uma síntese dos argumentos favoráveis à terceirização e, a ela poderiam ser acrescidos outros argumentos, mas na verdade todos eles gravitam nestas mesmas questões. O objetivo da empresa, evidentemente, é adotar estratégia que vise aperfeiçoar seus investimentos, enxugando ao máximo a máquina administrativa, para torná-la enxuta, leve e exequível. Estes objetivos não são escusos e de certa forma comungam com os objetivos traçados pelo Decreto Lei 200/67 ao determinar a descentralização administrativa dos serviços[6]. O objetivo é o mesmo, sendo certo que no caso da administração pública a "descentralização" é uma determinação legal[7]. Por esta razão entendem os defensores da terceirização que se para o órgão público, o gestor deverá procurar observar os princípios da legalidade, da eficiência e do interesse público, e por esta razão terceirizar a maioria das suas atividades, porque assim determina a lei, é princípio natural que o empresário também poderá procurar a mesma eficiência em seu empreendimento, desde que observe a legalidade.

---

6. - Decreto 200/67. Art. 10. A execução das atividades da Administração Federal deverá ser amplamente descentralizada. § 7º Para melhor desincumbir-se das tarefas de planejamento, coordenação, supervisão e controle e com o objetivo de impedir o crescimento desmesurado da máquina administrativa, a Administração procurará desobrigar-se da realização material de tarefas executivas, recorrendo, sempre que possível, à execução indireta, mediante contrato, desde que exista, na área, iniciativa privada suficientemente desenvolvida e capacitada a desempenhar os encargos de execução.

7. - Art. 3º da lei 5.645/70 – As atividades relacionadas com transporte, conservação, custódia, operação de elevadores, limpeza e outras assemelhadas serão, de preferência, objeto de execução mediante contrato, de acordo com o art. 10, § 7º do Decreto 200/67.

Não vamos nos aprofundar na exploração da crítica ou defesa destes argumentos defensivos da terceirização, para não induzir o leitor de que esta já seria uma forma de posicionamento, e também porque estes argumentos podem ser facilmente encontrados nos manuais que dedicam a discutir o assunto. A mesma postura adotaremos para o destaque dos argumentos contrários a terceirização.

Na linha dos argumentos contrários, temos também assertivas diversas.

Para os críticos da terceirização, este fenômeno decorre do modelo neoliberal e tem por objetivo precarizar o trabalho, por isso é incompatível com a ordem social, e também com a ordem econômica que coloca a valorização do trabalho como um dos seus fundamentos. Se é certo que a livre iniciativa é um dos fundamentos da ordem econômica, esta, em harmonia com a valorização do trabalho, não pode ignorar que a finalidade da ordem econômica é assegurar a todos existência digna e os ditames da justiça social.

Entendem por este motivo, que as razões principiológicas do microssistema trabalhista abonam com tranquilidade o entendimento esposado pelo Tribunal Superior do Trabalho, exarado na sumula 331, pois tal atividade fere os princípios da proteção da relação de emprego. Acrescentam a estes argumentos o fato de que o Estado quando quis disciplinar a relação de emprego, editou a CLT e nela não previu tal situação e que quando quis permitir tal atividade o fez de forma objetiva, por norma específica. São os casos das leis: Lei 6.019/74; Lei 7.102/83; Lei 8.987/95; Lei 9.472/97; Lei 4.886/65; 11.788/2008[8]. Sem adentrar na discussão especifica de cada uma delas, cumpre destacar que neste rol há casos em que o Estado permite e casos em que o Estado determina a terceirização, como é o caso da lei 7.102/83. Assim, se a norma geral regula a relação de emprego e por leis especiais situações nas quais pode ocorrer a terceirização, na ausência de previsão legal, valeria a regra geral da relação de emprego, aplicando-se neste caso o contrato realidade, com a presunção laboral com o tomador dos serviços.

4. TERCEIRIZAÇÃO E PRECARIZAÇÃO

Assim como a terceirização é um termo econômico do qual se apropriou o sistema jurídico, e por isso traz alguma dificuldade conceitual, a precarização também é termo social popular, do qual se apropria doutrina jurídica para se referir ao prejuízo que possa ser trazido aos direitos dos trabalhadores.

Precarizar é ato ou efeito de tornar precário, *escasso, insuficiente, incerto, inconsistente, débil (FERREIRA, p.1379)*, ou ainda, *pobre, de pouco conteúdo, insignificante*[9]. Precarização Trabalhista, portanto, seria o ato ou efeito de precarizar os direitos do empregado, de torna-lo precário, insuficiente diante das garantias legais,

8. A lei do estágio foi incluída neste elenco apenas para destacar que a análise não ignorou este fato, e a o fato de que, às vezes, seu objetivo é desvirtuado causando o mesmo dissabor ao prestador da atividade.

9. http://www.dicionarioinformal.com.br/precário/. Acesso em 25.09.2017.

por meio de ações do tomador do seu serviço. Dentre os seus mais diversos sentidos, interessa-nos aqui o seu sentido de ato ou efeito de mitigação dos direitos trabalhistas, por meio de ardis e simulações, em detrimento do aparato legal que objetive garantir ao trabalhador os direitos mínimos à sua sobrevivência e de sua família. O conceito, portanto, não envolve somente os créditos trabalhistas, mas todas as conquistas sociais e medidas que garantam a dignidade da pessoa humana e a dignidade do trabalho. Qualquer prejuízo que possa existir nas conquistas sociais de proteção econômica ou social do trabalho, causa um retrocesso social, o que é vedado pelo nosso sistema, portanto, este prejuízo será precarizante.

Estabelecida esta premissa, buscamos na leitura de recente pesquisa dos professores Guilherme Stein, Eduardo Zylberstajn, e Hélio Zylberstajn, a assertiva de que em pesquisa comparativa de salários dos trabalhadores terceirizados e não terceirizados, *a comparação simples entre as remunerações médias dos dois grupos indica que os salários dos terceirizados são 17% inferiores, mas quando o diferencial é controlado pelo efeito fixo do trabalhador, a diferença cai para 3,6%.* (STEIN, e ZYLBERSTAJN)

É nesta mesma fonte, todavia, que encontramos a afirmação de que estes índices são variáveis, ao afirmarem: *As evidências indicam ainda que o diferencial desfavorável ao terceirizado apresentou um aumento entre 2007 e 2012 e uma redução a partir de então*, além do fato de que, *as evidências apontam para uma grande heterogeneidade no diferencial salarial.* (STEIN, e ZYLBERSTAJN, p.609) Há casos, todavia, em que foram observados salários maiores para os trabalhadores terceirizados, ao concluírem: *por outro lado, ocupações como segurança e vigilância oferecem salários estatisticamente maiores, em média, para os terceirizados.* (STEIN, e ZYLBERSTAJN, p.609). Com base nesta pesquisa concluem: *O principal argumento daqueles que se opõem à terceirização é o da precarização do trabalho. As evidências apresentadas neste trabalho não permitem corroborar essa hipótese (de precarização), ao menos em relação à remuneração mensal dos empregados.*

Os autores mencionados concluem que a terceirização não ocasiona a precarização do trabalho, no sentido de diminuição de salários, pois embora possam ser encontrados alguns apontamentos neste sentido, algumas categorias apresentaram vantagem econômica quando se esta na função terceirizada, mas é fato que esta atividade é uma realidade de mercado e por isso contribuem para o fomento dos postos de trabalho. Lado outro, há quem diga que a precarização esta também no não pagamentos dos direitos trabalhistas, fazendo referência assim ao créditos trabalhistas, mas outras estatísticas mostram que não é somente a mão de obra terceirizada que bate a porta da justiça do trabalho para reclamar seus créditos trabalhistas.

Enfim, a celeuma está lançada, afinal, a terceirização precariza ou não os direitos dos trabalhadores?

Entendemos que a resposta a esta intricada situação também não é tão simplista. A partir da lógica de que a proteção dos direitos trabalhistas deve levar em conta a proteção da pessoa do trabalhador, podemos iniciar a discussão de um conceito jurídico de precarização e a partir dai buscar certas respostas, ou iniciar a construção das mesmas.

Com o advento da CF/88, houve uma mudança de paradigma, no que tange a proteção da dignidade humana, até o advento da constituição o homem valia pelo que tinha e a partir do advento da Constituição passou a valer pelo que ele é, pessoa humana, porque a sua dignidade passou a ser respeitada. É a partir desta perspectiva que devemos considerar certas premissas, pois para proteger a dignidade do trabalho, temos que proteger, primeiramente, a dignidade do trabalhador, e a lógica de se analisar somente alguns aspectos, pode tornar a conclusão míope para o fim que se objetiva. Assim, para aprofundamento da análise do conceito da precarização na relação de emprego, não podemos levar em consideração somente a igualdade salarial ou a questão dos pagamentos dos créditos trabalhistas, mas a proteção da dignidade humana em sua concretude. Não olvidamos do fato de que se em certas atividades econômicas o respeito a proteção aos direitos trabalhistas não forem observados, isso não cause também prejuízos ao trabalhador e neste aspecto este prejuízo possa ser caracterizado por precarização do trabalho, mas há atividades em que a margem salarial é observada, assim como os pagamentos dos créditos trabalhistas, mas mesmo assim poderá estar presente a precarização das proteções trabalhistas se não forem respeitadas a proteção da dignidade humana. Exemplo claro desta ilação está na terceirização dos serviços públicos de portaria e limpeza. Este exemplo serve somente para ilustração da exposição, não se esgotando aqui as potencialidades das situações que ocorrem. É muito comum neste tipo de atividade, a empresa terceirizada perder a concorrência anual e ter que abrir mão de seu contrato e desligar seus empregados. Para poder ficar em ordem para futura concorrência, paga os créditos trabalhistas a seus empregados (verbas rescisórias) e a nova empresa contrata estes mesmos empregados, pois precisam do trabalho. Esse exercício se repete a cada ciclo licitatório, geralmente anuais, fazendo com que os empregados sejam dispensados e recontratados imediatamente por outa empresa, recebendo os seus créditos trabalhistas e mantendo a margem salarial, mas sempre recebendo suas férias em dinheiro, ficando vários anos sem o seu devido repouso. A dignidade do trabalho, deve respeitar a dignidade do descanso devido ao trabalhador, a observância somente aos aspectos econômicos da relação, o que é muito importante, não esgota o rol dos aspectos que devem ser observados à proteção da dignidade do trabalho.

5. CONCLUSÃO

Em síntese, conclui-se que a terceirização faz parte da realidade social e com ela a sociedade já vem convivendo há algum tempo, e numa visão prospectiva essa realidade perdurará ainda por muito tempo. Por este motivo, o sistema jurídico deve ter a sensibilidade de observar esta realidade, todavia, deverá também procurar refinar seus posicionamentos, não para olhar somente se esta atividade "precariza" a proteção aos direitos trabalhistas pelo olhar de eventuais diferenças salariais e ou de créditos trabalhistas. Evidente que este aspecto é importante e já vem sendo observados pela justiça obreira e pelos demais órgãos de proteção ao trabalho, mas deverá ser desenvolvida uma perspectiva que coloque em mira, além do aspecto pecuniário, a proteção da dignidade do trabalhador em todos os sentidos.

Assim, a terceirização é uma realidade social, traduzida na estratégia empresarial de transferir parte de sua produção ou serviços para outras empresas, mantendo com estas somente relações comerciais. Essa estratégia empresarial não encontra restrição legal quer seja para sua atividade fim ou meio, desde que o tomador dos serviços não exerça nenhum tipo de coordenação do trabalho, que caracterize a pessoalidade e subordinação dos empregados da empresa contratada, pois nestes casos não há como ignorar a aplicação da legislação trabalhista. Neste caso, todavia, o problema não é a terceirização, mas a estratégia mal empregada pelo contratante dos serviços.

A única certeza que fica é que um conceito objetivo de terceirização e precarização vai demandar ainda mais algum tempo de maturação, mas para isso não podemos partir da premissa de que a terceirização seja uma atividade precarizante, pois a premissa, como vimos, não se demonstra verdadeira e por esta razão produzirá uma conclusão com a mesma qualidade. Por outro lado, o termo precarização trabalhista não poderá ser banalizado, como se servisse para tudo, mas não dissesse nada. Precarização trabalhista, como visto, deve evoluir para um conceito que se preocupe com a proteção do trabalhador, no que tange ao aspecto legal de seus direitos trabalhistas, manutenção do seu posto de trabalho, mas acima de tudo, a sua dignidade enquanto ser humano, detentor de um direito existencial e destinatário último de todo o produto do trabalho.

REFERÊNCIAS

ABREU, Osmani Teixeira de. RELAÇÕES DE RABALHO NO BRASIL A PARTIR DE 1824. São Paulo: LTr. 2005.

CASSAR, Volia Bonfim. Direito do Trabalho. São Paulo: Gem/Método. 2017, 14º Ed.

FERREIRA, Aurélio Buarque de Holanda. NOVO DICIONÁRIO DA LINGUÁ PORTUGUESA. SÃO PAULO: Nova Fronteira. 2º edição. 1986.

GOMES NETO, Indalécio. e BRITO, Rider Nogueira. A Terceirização no Brasil. Curitiba. Ithala. 2012.

MARTINS, Sérgio Pinto. Direito do Trabalho. São Paulo: Saraiva. 2017. 33º Ed.

MINISTÉRIO DEL TRABAJO E PREVISION SOCIAL; SUBSECRETARIA DEL TRABAJO. D.F.L. 1. NUEVO CÓDIGO DEL TRABAJO. SANTIAGO/CHILE: GALAS EDICIONES. 2017

NOGUER, Héctor Humeres. DERECHO DEL TRABAJO Y DE LA SEGURIDAD SOCIAL. Tomo I. Santiago/Chile: Editorial Jurídica de Chile. 2009.

PORTO, Antonio Maristrello, e SAMPAIO, Patrícia. Organizadores. DIREITO E ECONOMIA EM DOIS MUNDOS. Rio de Janeiro. Editora FGV, 2014.

SARTORI, Luis Maria A. CONTESTAÇÕES DO EVANGELHO AO MUNDO DO TRABALHO. São Paulo. LTR. 1994.

STEIN, Guilherme, ZYLBERSTAJN, Eduardo e ZYLBERSTAJN, Hélio. REVISTA ESTUDOS ECONÔMICOS. DEPARTAMENTO DE ECONOMIA FEA/USP, Vol. 47, nº 3. São Paulo jul/set. 2017, artigo: DIFERENCIAL DE SALÁRIOS DA MÃO DE OBRA TERCEIRIZADA NO BRASIL. In: https://www.revistas.usp.br/ee/article/view/102004. Acesso em 15.10.17.

Parte 2

PROCESSO DO TRABALHO

APLICABILIDADE DA ARBITRAGEM NAS LIDES INDIVIDUAIS DE TRABALHO

Enoque Ribeiro dos Santos[1]

Sumário: Introdução – 1. A crescente importância da arbitragem – 2. Conceito de arbitragem – 3. O desenvolvimento do instituto da arbitragem no Direito Brasileiro – 4. Posição do Tribunal Superior do Trabalho quanto à aplicabilidade da arbitragem em lides individuais – 5. Posição dos Tribunais Regionais do Trabalho quanto à aplicabilidade da arbitragem às lides individuais – 6. Posição da doutrina quanto à aplicabilidade da arbitragem nas lides individuais de trabalho – Conclusões – Referências bibliográficas:

INTRODUÇÃO

Com a crescente valorização do instituto da arbitragem, comc forma de resolução de conflitos nos vários campos do Direito, que ficou reforçada com o advento da Lei 13.129/2015, que alterou a Lei n. 9307/96, e, finalmente, com o novo Código de Processo Civil, que o elegeu entre os principais instrumentos de pacificação, ao lado da mediação e da conciliação, entendemos que é chegada a hora de aprofundarmos o debate sobre a compatibilidade e legitimidade deste instituto nas lides individuais laborais.

1. A CRESCENTE IMPORTÂNCIA DA ARBITRAGEM

Com o assoberbamento e exaurimento do Poder Judiciário como um dos canais preferenciais de acesso ao sistema de justiça, em uma sociedade conflituosa

1. Desembargador do Trabalho do Tribunal Regional do Trabalho da 1ª. Região. Ex-Procurador do Trabalho do Ministério Público do Trabalho (PRT 2ª. Região – São Paulo). Professor Associado do Departamento de Direito do Trabalho e Seguridade Social da Faculdade de Direito da Universidade de São Paulo (USP). Mestre (UNESP), Doutor e Livre Docente em Direito do Trabalho pela Faculdade de Direito da USP.

como a nossa, é natural que o legislador pátrio busque e incorpore as inovações processuais civis de outros sistemas jurídicos para o atendimento do mandamento constitucional da razoável duração do processo, de forma a pelo menos tentar reduzir a vergonhosa duração real de tramitação de nossos processos nas searas civis e trabalhista.

Como falar para um pai de família que seu processo trabalhista poderá durar até vinte anos, se o empregador se utilizar de todo instrumento recursal disponível e protelatório à disposição, na medida em que até o advento do novo Código de Processo Civil não existe capital de giro mais em conta que o passivo trabalhista?

Daí, a imperativa necessidade de se criar meios alternativos, inovadores, ousados, de resolução de conflitos individuais e coletivos que provoquem uma mudança no presente estado de coisas na seara processual trabalhista, de modo a promover uma espécie de *turning point* (ponto de inflexão) no sistema atualmente vigente, no sentido de dar-lhe maior celeridade e eficácia.

2. CONCEITO DE ARBITRAGEM

Para Alfredo Ruprecht[2] "arbitragem é um meio de solução de conflitos coletivos de trabalho, pelo qual as partes, voluntária ou obrigatoriamente, levam suas dificuldades ante um terceiro, obrigando-se a cumprir o laudo que o árbitro ditar".

Carlos Alberto Etala[3], por seu turno, conceitua arbitragem como "um procedimento de solução das lides de trabalho, mediante a qual as partes, de comum acordo, designam uma pessoa alheia a elas – o árbitro – para que resolvam em um prazo determinado as questões controvertidas que lhes submetem voluntariamente a sua decisão".

Vemos, desta forma, que a arbitragem, diferentemente da mediação e da conciliação, impõe a presença de um árbitro, ou seja, um terceiro de livre escolha dos litigantes, que, de comum acordo, podem estabelecer até mesmo o direito ou os princípios gerais de direito para a solução da controvérsia.

O instituto da arbitragem apresenta-se como um dos mais importantes instrumentos de resolução de conflitos nos Estados Unidos da América, o qual opera diferentemente das formas do sistema legal das cortes de justiça e das agências administrativas.

Vejamos, agora, de forma sucinta, que o instituto da arbitragem, desde seu advento entre nós, com a Lei n. 9307/96, vem gradualmente densificando sua importância e participação como forma de resolução de conflitos, em especial no Direito Coletivo do Trabalho, no qual foi erigido a instituto constitucional, no art. 114, parágrafo 1º., da Constituição Federal de 1988.

2. RUPRECHT, Alfredo. Relações coletivas de trabalho. São Paulo: Ltr, 1995, p. 941
3. ETALA, Carlos Alberto. Derecho colectivo del trabajo. Buenos Aires, Astrea, 2002, p. 392

Porém, o que se busca neste pequeno espaço é o seu reconhecimento como instrumento competente, legítimo e cabível para a resolução de demandas individuais trabalhistas, independentemente do *status* ou condição social ou econômica do trabalhador envolvido no litígio.

3. O DESENVOLVIMENTO DO INSTITUTO DA ARBITRAGEM NO DIREITO BRASILEIRO

É de reconhecimento geral e legal, da doutrina e da jurisprudência a legitimidade, cabimento e competência do instituto da arbitragem para a resolução de conflitos coletivos de trabalho, após sua inserção no art. 114, da Constituição Federal de 1988, *in verbis*:

> *Art. 114*
>
> *§ 1º. Frustrada a negociação coletiva, as partes poderão eleger árbitros.*
>
> *§ 2º Recusando-se qualquer das partes à negociação coletiva ou à arbitragem, é facultado às mesmas, de comum acordo, ajuizar dissídio coletivo de natureza econômica, podendo a Justiça do Trabalho decidir o conflito, respeitadas as disposições mínimas legais de proteção ao trabalho, bem como as convencionadas anteriormente. (Redação dada ao parágrafo pela Emenda Constitucional nº 45, de 08.12.2004, DOU 31.12.2004.)*

Já em 2000, a Lei 10.101/2000 (Participação nos Lucros e Resultados das empresas), contemplava este instituto, em seu art. 4º.:

> *"Art. 4º Caso a negociação visando à participação nos lucros ou resultados da empresa resulte em impasse, as partes poderão utilizar-se dos seguintes mecanismos de solução do litígio:*
>
> *I - mediação;*
>
> *II - arbitragem de ofertas finais, utilizando-se, no que couber, os termos da Lei nº 9.307, de 23 de setembro de 1996. (Redação dada ao inciso pela Lei nº 12.832, de 20.06.2013, DOU de 21.06.2013, com efeitos a partir de 01.01.2013)*
>
> *§ 1º Considera-se arbitragem de ofertas finais aquela em que o árbitro deve restringir-se a optar pela proposta apresentada, em caráter definitivo, por uma das partes.*
>
> *§ 2º O mediador ou o árbitro será escolhido de comum acordo entre as partes.*
>
> *§ 3º Firmado o compromisso arbitral, não será admitida a desistência unilateral de qualquer das partes.*
>
> *§ 4º O laudo arbitral terá força normativa, independentemente de homologação judicial".*

A Lei 11.442/2007 (lei do transporte rodoviário de cargas) também apresentou a seguinte inovação:

> *"Art. 19. É facultado aos contratantes dirimir seus conflitos recorrendo à arbitragem".*

A Lei Complementar n. 75/93, em seu artigo 84 também apresenta o instituto da arbitragem como um dos veículos de solução de conflitos de atribuição e competência do *Parquet* Laboral:

"XI - atuar como árbitro, se assim for solicitado pelas partes, nos dissídios de competência da Justiça do Trabalho".

A nova Lei dos Portos, Lei 12.815/2013, que revogou a Lei 8630/93, apresenta os artigos alusivos à arbitragem:

"Art. 37. Deve ser constituída, no âmbito do órgão de gestão de mão de obra, comissão paritária para solucionar litígios decorrentes da aplicação do disposto nos arts. 32, 33 e 35.

§ 1º Em caso de impasse, as partes devem recorrer à arbitragem de ofertas finais.

§ 2º Firmado o compromisso arbitral, não será admitida a desistência de qualquer das partes.

§ 3º Os árbitros devem ser escolhidos de comum acordo entre as partes, e o laudo arbitral proferido para solução da pendência constitui título executivo extrajudicial.

§ 4º As ações relativas aos créditos decorrentes da relação de trabalho avulso prescrevem em 5 (cinco) anos até o limite de 2 (dois) anos após o cancelamento do registro ou do cadastro no órgão gestor de mão de obra".

Da mesma forma, as LC 123/2006 e LC 147/2014, também valorizaram o instituto da arbitragem, da conciliação e da mediação:

"Da Conciliação Prévia, Mediação e Arbitragem

Art. 75. As microempresas e empresas de pequeno porte deverão ser estimuladas a utilizar os institutos de conciliação prévia, mediação e arbitragem para solução dos seus conflitos.

§ 1º Serão reconhecidos de pleno direito os acordos celebrados no âmbito das comissões de conciliação prévia.

§ 2º O estímulo a que se refere o caput deste artigo compreenderá campanhas de divulgação, serviços de esclarecimento e tratamento diferenciado, simplificado e favorecido no tocante aos custos administrativos e honorários cobrados".

O Estatuto da Defensoria Pública da União (LC n. 80/1994), também inseriu como funções institutos deste órgão federal, o instituto da arbitragem:

"Art. 4º. São funções institucionais da Defensoria Pública, dentre outras:

I - prestar orientação jurídica e exercer a defesa dos necessitados, em todos os graus; (Redação dada ao inciso pela Lei Complementar nº 132, de 07.10.2009, DOU 08.10.2009)

II - promover, prioritariamente, a solução extrajudicial dos litígios, visando à composição entre as pessoas em conflito de interesses, por meio de mediação, conciliação, arbitragem e demais técnicas de composição e administração de conflitos; (Redação dada ao inciso pela Lei Complementar nº 132, de 07.10.2009, DOU 08.10.2009".

A Lei Pelé (Lei nº 9615/2008), também recebeu inovações da Lei n. 12395/2011, que acrescentou-lhe os seguintes artigos:

"Art. 90-C. As partes interessadas poderão valer-se da arbitragem para dirimir litígios relativos a direitos patrimoniais disponíveis, vedada a apreciação de matéria referente à disciplina e à competição desportiva.

Parágrafo único. A arbitragem deverá estar prevista em acordo ou convenção coletiva de trabalho e só poderá ser instituída após a concordância expressa de ambas as partes, mediante cláusula compromissória ou compromisso arbitral."

Mais recentemente o novo CPC – Código de Processo Civil caminhou na mesma direção, ao introduzir, em seu artigo 3º:

"Art. 3º Não se excluirá da apreciação jurisdicional ameaça ou lesão a direito.

§ 1º É permitida a arbitragem, na forma da lei.

§ 2º O Estado promoverá, sempre que possível, a solução consensual dos conflitos.

§ 3º A conciliação, a mediação e outros métodos de solução consensual de conflitos deverão ser estimulados por juízes, advogados, defensores públicos e membros do Ministério Público, inclusive no curso do processo judicial".

Observa-se que a própria Lei induz que os instrumento de solução consensual de conflitos devem ser estimulados em todas as suas fases, não apenas pelos agentes políticos encarregados do processo, como também por aqueles que participam da demanda.

E, ainda neste desenvolvimento, a Lei nº 13.129, de 26 de maio de 2015, veio acrescentar alguns dispositivos à Lei n. 9307/96, bem como valorizar o papel dos árbitros, por meio de inovações legais, das quais citamos:

"Art. 1º .....

§ 1º A administração pública direta e indireta poderá utilizar-se da arbitragem para dirimir conflitos relativos a direitos patrimoniais disponíveis.

§ 2º A autoridade ou o órgão competente da administração pública direta para a celebração de convenção de arbitragem é a mesma para a realização de acordos ou transações." (NR)

DAS TUTELAS CAUTELARES E DE URGÊNCIA

Art. 22-A. Antes de instituída a arbitragem, as partes poderão recorrer ao Poder Judiciário para a concessão de medida cautelar ou de urgência.

Parágrafo único. Cessa a eficácia da medida cautelar ou de urgência se a parte interessada não requerer a instituição da arbitragem no prazo de 30 (trinta) dias, contado da data de efetivação da respectiva decisão.

Art. 22-B. Instituída a arbitragem, caberá aos árbitros manter, modificar ou revogar a medida cautelar ou de urgência concedida pelo Poder Judiciário.

Parágrafo único. Estando já instituída a arbitragem, a medida cautelar ou de urgência será requerida diretamente aos árbitros."

"CAPÍTULO IV-B

DA CARTA ARBITRAL

Art. 22-C. O árbitro ou o tribunal arbitral poderá expedir carta arbitral para que o órgão jurisdicional nacional pratique ou determine o cumprimento, na área de sua competência territorial, de ato solicitado pelo árbitro.

> *Parágrafo único. No cumprimento da carta arbitral será observado o segredo de justiça, desde que comprovada a confidencialidade estipulada na arbitragem."*

Com base neste breve retrospecto histórico não é difícil constatar que o instituto da arbitragem e o papel dos árbitros vêm sendo gradualmente valorizados em virtualmente todos os ramos do Direito e, é com fulcro neste fundamento que defendemos a plena aplicabilidade do instituto para a resolução de demandas individuais de trabalho.

4. POSIÇÃO DO TRIBUNAL SUPERIOR DO TRABALHO QUANTO À APLICABILIDADE DA ARBITRAGEM EM LIDES INDIVIDUAIS

O Colendo Tribunal Superior do Trabalho tem se mostrado refratário à utilização da arbitragem como forma de resolução de conflito individual de trabalho, conforme acórdãos, cujas ementas abaixo transcrevemos:

> "RECURSO DE REVISTA. ARBITRAGEM. INAPLICABILIDADE DA LEI 9.307/96 NOS CONFLITOS INDIVIDUAIS DE TRABALHO. Embora o artigo 31 da Lei nº 9307/96 disponha que - a sentença arbitral produz, entre as partes e seus sucessores, os mesmos efeitos da sentença proferida pelos órgãos do Poder Judiciário e, sendo condenatória, constitui título executivo -, entendo-a inaplicável ao contrato individual de trabalho. Com efeito, o instituto da arbitragem, em princípio, não se coaduna com as normas imperativas do Direito Individual do Trabalho, pois parte da premissa, quase nunca identificada nas relações laborais, de que empregado e empregador negociam livremente as cláusulas que regem o contrato individual de trabalho. Nesse sentido, a posição de desigualdade (jurídica e econômica) existente entre empregado e empregador no contrato de trabalho dificulta sobremaneira que o princípio da livre manifestação da vontade das partes se faça observado. Como reforço de tese, vale destacar que o artigo 114 da Constituição Federal, em seus parágrafos 1º e 2º, alude à possibilidade da arbitragem na esfera do Direito Coletivo do Trabalho, nada mencionando acerca do Direito Individual do Trabalho. Agravo de instrumento a que se nega provimento" (Processo TST/AIRR 415/2005-039-02-40.9, Relator Ministro Horácio Raymundo de Senna Pires, 6ª Turma, DEJT 26/06/2009).

> "(...) RECURSO DE REVISTA. ARBITRAGEM. RELAÇÕES INDIVIDUAIS DE TRABALHO. INAPLICABILIDADE. As fórmulas de solução de conflitos, no âmbito do Direito Individual do Trabalho, submetem-se, é claro, aos princípios nucleares desse segmento especial do Direito, sob pena de a mesma ordem jurídica ter criado mecanismo de invalidação de todo um estuário jurídico-cultural tido como fundamental por ela mesma. Nessa linha, é desnecessário relembrar a absoluta prevalência que a Carta Magna confere à pessoa humana, à sua dignidade no plano social, em que se insere o trabalho, e a absoluta preponderância deste no quadro de valores, princípios e regras imantados pela mesma Constituição. Assim, a arbitragem é instituto pertinente e recomendável para outros campos normativos (Direito Empresarial, Civil, Internacional, etc.), em que há razoável equivalência de poder entre as partes envolvidas, mostrando-se, contudo, sem adequação, segurança, proporciona-

lidade e razoabilidade, além de conveniência, no que diz respeito ao âmbito das relações individuais laborativas. Recurso de revista provido, no aspecto." (Processo: RR -8952000-45.2003.5.02.0900 Data de Julgamento: 10/02/2010, Relator Ministro: Mauricio Godinho Delgado, 6ª Turma, Data de Divulgação: DEJT 19/02/2010.)

RECURSO DE REVISTA. ARBITRAGEM. INAPLICABILIDADE AO DIREITO INDIVIDUAL DO TRABALHO. 1. Não há dúvidas, diante da expressa dicção constitucional (CF, art. 114, §§ 1º e 2º), de que a arbitragem é aplicável na esfera do Direito Coletivo do Trabalho. O instituto encontra, nesse universo, a atuação das partes em conflito valorizada pelo agregamento sindical. 2. Na esfera do Direito Individual do Trabalho, contudo, outro será o ambiente: aqui, os partícipes da relação de emprego, empregados e empregadores, em regra, não dispõem de igual poder para a manifestação da própria vontade, exsurgindo a hipossuficiência do trabalhador (bastante destacada quando se divisam em conjunção a globalização e tempo de crise). 3. Esta constatação medra já nos esboços do que viria a ser o Direito do Trabalho e deu gestação aos princípios que orientam o ramo jurídico. O soerguer de desigualdade favorável ao trabalhador compõe a essência dos princípios protetivo e da irrenunciabilidade, aqui se inserindo a indisponibilidade que gravará a maioria dos direitos - inscritos, quase sempre, em normas de ordem pública - que amparam a classe trabalhadora. 4. A Lei nº 9.307/96 garante a arbitragem como veículo para se dirimir -litígios relativos a direitos patrimoniais disponíveis- (art. 1º). A essência do instituto está adstrita à composição que envolva direitos patrimoniais disponíveis, já aí se inserindo óbice ao seu manejo no Direito Individual do Trabalho (cabendo rememorar-se que a Constituição Federal a ele reservou apenas o espaço do Direito Coletivo do Trabalho). 5. A desigualdade que se insere na etiologia das relações de trabalho subordinado, reguladas pela CLT, condena até mesmo a possibilidade de livre eleição da arbitragem (e, depois, de árbitro), como forma de composição dos litígios trabalhistas, em confronto com o acesso ao Judiciário Trabalhista, garantido pelo art. 5º, XXXV, do Texto Maior. 6. A vocação protetiva que dá suporte às normas trabalhistas e ao processo que as instrumentaliza, a imanente indisponibilidade desses direitos e a garantia constitucional de acesso a ramo judiciário especializado erigem sólido anteparo à utilização da arbitragem no Direito Individual do Trabalho. Recurso de revista conhecido e provido. (RR-1020031-15.2010.5.05.0000, 3ª Turma, Rel. Min. Alberto Luiz Bresciani de Fontan Pereira, j. 23.03.2011);

TRABALHADOR PORTUÁRIO AVULSO. ARBITRAGEM. RELAÇÕES COLETIVAS DE TRABALHO. REDUÇÃO OU SUPRESSÃO DE DIREITOS DE INDISPONIBILIDADE ABSOLUTA. IMPOSSIBILIDADE. JORNADA DE SEIS HORAS. DOBRA DE TURNOS. DUPLA PEGADA. EXTRAPOLAÇÃO DA JORNADA. HORAS EXTRAS DEVIDAS. A jurisprudência trabalhista consolidou o entendimento acerca da incompatibilidade da arbitragem no campo do Direito Individual do Trabalho, no qual vigora o princípio da indisponibilidade de direitos, que imanta de invalidade qualquer renúncia ou mesmo transação lesiva operada pelo empregado ao longo do contrato. No campo do Direito Coletivo do Trabalho, por outro lado, a arbitragem é admitida, na medida em que há significativo equilíbrio de poder entre os agentes participantes, envolvendo, ademais, direitos efetivamente disponíveis. A própria Constituição faz expressa referência à arbitragem facultativa como veículo para a resolução de disputas coletivas no mercado de trabalho. De fato, dispõe a Carta Magna que, após frustrada a negociação coletiva, as partes juscoletivas poderão passar ao caminho da arbitragem (art. 114, § 1º). Neste quadro, autorizado pela negociação coletiva, esse tipo de laudo arbitral (que não se confunde com o produzido no âmbito das relações meramente bilaterais de trabalho) dá origem a regras jurídicas, isto é, dispositivos gerais, abstratos, impessoais e obrigatórios no âmbito das respectivas bases. Nada obstante, a circunstância de se admitir tal meio de solução de conflito no campo coletivo trabalhista não autoriza a redução ou supressão de direitos revestidos de indisponibilidade absoluta, na linha do que disciplina o art. 1º da Lei de Arbitragem (Lei 9.307/96). Nesse contexto, não se pode suprimir, mesmo por arbitragem em procedimento coletivo, o direito à sobrerremuneração da jornada extraordinária, assegurada constitucionalmente aos empregados (art. 7º, XVI, da CF), sob pena de precarização do labor, notadamente em face do caráter de saúde pública das normas jurídicas concernentes à duração do trabalho. Da mesma forma, eventual autorização em norma coletiva para o trabalho em diversas escalas do dia não pode acarretar a eliminação do pagamento pelo labor em sobrejornada. Portanto, o trabalho após a jornada contratada, inclusive em razão da "dobra de turno" e "dupla pegada", e ainda que em razão da prestação de trabalho para tomadores diversos, deve ser entendido como trabalho extraordinário, acarretando o pagamento do adicional sobre as horas trabalhadas em excesso (art. 7º, XVI e XXXIV, da CF). Todavia, em atendimento ao princípio do non reformatio in pejus, mantém-se a restrição da condenação do labor extraordinário aos dias em que o Obreiro trabalhou para o mesmo operador, uma vez que este aspecto do acórdão não foi objeto de irresignação por parte do Reclamante. Recurso de revista não conhecido no tema. PROCESSO Nº TST-RR-614-45.2012.5.09.0022. 3ª. Turma. TST. Ministro Relator. MAURICIO GODINHO DELGADO. DO. 29/06/2015.

ARBITRAGEM – RESCISÃO DO CONTRATO DE TRABALHO – HOMOLOGAÇÃO – NÃO CABIMENTO – "Arbitragem. Aplicabilidade ao direito individual de trabalho. Quitação do contrato de trabalho. 1. A Lei nº 9.307/1996, ao fixar o Juízo Arbitral como medida extrajudicial de solução de conflitos, restringiu, no art.1º, o campo de atuação do instituto apenas para os litígios relativos a direitos patrimoniais disponíveis. Ocorre que, em razão do princípio protetivo que informa o direito individual do trabalho, bem como em razão da ausência de equilíbrio entre as partes, são os direitos trabalhistas indisponíveis e irrenunciáveis. Por outro lado, quis o legislador constituinte possibilitar a adoção da arbitragem apenas para os conflitos coletivos, consoante se observa do art. 114, §§ 1º e 2º, da Constituição da República. Portanto, não se compatibiliza com o direito individual do trabalho a arbitragem. 2. Há que se ressaltar, no caso, que a arbitragem é questionada como meio de quitação geral do contrato de trabalho. Nesse aspecto, a jurisprudência desta Corte assenta ser inválida a utilização do instituto da arbitragem como supedâneo da homologação da rescisão do contrato de trabalho. Com efeito, a homologação da rescisão do contrato de trabalho somente pode ser feita pelo sindicato da categoria ou pelo órgão do Ministério do Trabalho, não havendo previsão legal de que seja feito por laudo arbitral. Recurso de embargos de que se conhece e a que se nega provimento." (TST – E-ED-RR 795/2006-028-05-00.8 – SBDI-I – Rel. Min. João Batista Brito Pereira – DJe 30.03.2010)

5. POSIÇÃO DOS TRIBUNAIS REGIONAIS DO TRABALHO QUANTO À APLICABILIDADE DA ARBITRAGEM ÀS LIDES INDIVIDUAIS

No entanto, temos observado que a posição do Colendo Tribunal Superior do Trabalho não é pacífica, ou uníssona, sequer no âmbito interno daquele Tribunal, apresentando posições divergentes.

Neste sentido, pedimos venia para transcrevermos entendimento do Ministro Ives Gandra da Silva Martins filho[4] para quem: *"A mesma preocupação quanto ao desprestígio das comissões de conciliação prévia contempladas pela CLT pelo STF nos assalta em relação à vedação à arbitragem em dissídios individuais formulada pelo TST, quando a lei da arbitragem estabelece, logo em seu art. 1º., que "as pessoas capazes de contratar poderão valer-se da arbitragem para dirimir litígios relativos a direitos patrimoniais disponíveis". (Lei n,. 9307/96). Ora, afastar, de plano, a arbitragem em dissídios laborais individuais seria afirmar que todo o universo de direitos laborais tenha natureza indisponível, o que não condiz com a realidade".*

Ainda conforme o ilustre Ministro do TST: "Interessante notar que o veto presidencial ao parágrafo 4º. do art. 4º. da Lei n. 9307/96, alterado pelo art. 1º. da Lei n. 13.129/15, o qual previa expressamente *a arbitragem como meio alternativo de composição de litígio trabalhista em relação a empregados que ocupassem cargos de direção e administração de empresas*, fundou-se especialmente no princípio da isonomia, considerando discriminatória a arbitragem apenas em relação a tais empregados[5]".

E finaliza sobre o assunto: *"De qualquer forma, em ações trabalhistas que tenham por reclamada embaixada, representação diplomática ou organismos internacionais que gozem de imunidade de jurisdição (Orientação Jurisprudencial n. 416 da SDI-1 do TST), especialmente na fase de execução, talvez a saída seja a arbitragem ou a mediação do Itamarati, visando a que o trabalhador brasileiro que neles se empregue possa vir a receber seus haveres trabalhistas reconhecidos judicialmente. Do contrário, continuarão a ganhar e não levar.*[6]"

Filiamo-nos a esta posição exatamente porque nem todos os direitos trabalhistas são, o tempo todo, indisponíveis[7], pois se assim o fossem jamais poderiam ser objeto de transação ou mesmo de negociação coletiva de trabalho.

---

4. MARTINS FILHO, Ives Gandra da Silva. Métodos alternativos de solução de conflitos laborais: viabilizar a jurisdição pelo prestígio à negociação coletiva. São Paulo: Revista LTr, ano 79, julho, 2015, p. 792-793.
5. Idem, ibidem, p. 793
6. Idem, ibidem, p. 793
7. Pode-se notar que idêntico fenômeno se verifica na diferença entre as hipóteses de dispensa por justa causa (art. 482 da CLT) e no inquérito para apuração de falta grave de empregado estável (art. 494 da CLT). Naquele, a partir da dispensa do empregado, com o contrato de trabalho morto, os direitos laborais já não são mais disponíveis, transformam-se em créditos e podem ser objeto de transação nas comissões de conciliação prévia ou nas audiências individuais no curso da ação trabalhista, enquanto no segundo, como o contrato de trabalho está suspenso, e, portanto ainda

Pensar desta forma seria relevar todos os trabalhadores a uma situação de menoridade, de falta absoluta de discernimento quanto a seus direitos básicos, inclusive de cidadania.

Apesar de viver em um país de miseráveis, com enorme contingente de trabalhadores ainda analfabetos, sem teto, sem educação e agora sem emprego[8], e muitos na informalidade[9], as pessoas sabem como buscar seus direitos nos vários canais de acesso ao sistema de justiça disponibilizados, especialmente após a Constituição Federal de 1988.

Neste mesmo sentido, temos a posição do Tribunal Regional do Trabalho da 5ª. Região, cujas ementas transcrevemos, a seguir:

> "ARBITRAGEM – TRANSAÇÃO ENVOLVENDO DIREITOS INDIVIDUAIS TRABALHISTAS – POSSIBILIDADE – A indisponibilidade dos direitos do empregado existe somente durante a vigência do contrato de trabalho, quando se presume encontrar-se o obreiro em uma situação de subordinação e dependência econômica que o impede de manifestar a sua vontade sem vícios. Findo o contrato de trabalho, esta indisponibilidade não mais existe, uma vez que o empregado já não se encontra subordinado ao empregador, nem também depende deste para a sua sobrevivência, estando, deste modo, em condições de livremente manifestar a sua vontade, o que inclusive possibilita a celebração de conciliação na Justiça do Trabalho, conforme dispõe o parágrafo único do art. 831 da CLT." (TRT 05ª R. – RO 0001482-62.2013.5.05.0551 – 5ª T. – Rel. Des. Paulino Couto – DJe 15.09.2014)".
>
> "ARBITRAGEM – DIREITO DO TRABALHO – COMPATIBILIDADE – Arbitragem. Lei nº 9.307/1996. Aplicável às relações individuais do trabalho. Validade da sentença arbitral quando inexistente vício de consentimento ou coação. As regras contidas na Lei nº 9.307/1996 são aplicáveis às relações individuais de trabalho e a sentença arbitral deve ser declarada válida nas demandas trabalhistas quando não demonstrado nenhum vício de consentimento, coação ou irregularidade capaz de torná-la nula." (TRT 05ª R. – RO 0001477-33.2012.5.05.0015 – 3ª T. – Rel. Des. Humberto Jorge Lima Machado – DJe 30.10.2013)".

vivo, os direitos materiais laborais continuam indisponíveis e eventual dispensa do estável somente poderá ser declarada pelo juiz do trabalho, e não mais pelo empregador, com a limitação do poder potestativo patronal, que neste caso nada poderá fazer a não ser aguardar a decisão judicial, já que o poder disciplinar, nesta hipótese, não é mais absoluto.

8. O índice de desemprego no Brasil, segundo pesquisa de julho/2015 do IBGE aponta um índice em torno de 8,5% nos grandes centros brasileiros.
9. Segundo dados divulgados pelo IBGE, na pesquisa 2014 sobre informalidade nos grandes centros metropolitanos brasileiros, cerca de 32% dos trabalhadores brasileiros ainda trabalham na clandestinidade ou informalidade. (fonte: www.ibge.gov.br)

6. POSIÇÃO DA DOUTRINA QUANTO À APLICABILIDADE DA ARBITRAGEM NAS LIDES INDIVIDUAIS DE TRABALHO

O fundamento que embasa a posição divergente quanto à aplicabilidade da arbitragem nas lides individuais de trabalho se relaciona ao artigo 1º. da Lei n. 9307/96, que assim dispõe:

> "*As pessoas capazes de contratar poderão valer-se da arbitragem para dirimir litígios relativos a direitos patrimoniais disponíveis*".

Com o advento da Lei 13.129, de 26 de maio de 2015, ao presente artigo foram incorporados os parágrafos seguintes:

> "*§ 1º A administração pública direta e indireta poderá utilizar-se da arbitragem para dirimir conflitos relativos a direitos patrimoniais disponíveis.*
>
> *§ 2º A autoridade ou o órgão competente da administração pública direta para a celebração de convenção de arbitragem é a mesma para a realização de acordos ou transações.*"

Observa-se que toda a discussão se relaciona ao fato de que supostamente as lides envolvendo os direitos individuais trabalhistas tratam de direitos materiais indisponíveis, e, portanto, não se inserem no objeto da lei da arbitragem.

Carlos Alberto Carmona[10] se posiciona no sentido de que "tanto para as questões ligadas aos direitos coletivos quanto para aquelas atinentes aos individuais pode incidir a Lei n, 9.307/96, cujos dispositivos são plenamente aplicáveis também à arbitragem trabalhista".

No mesmo sentido, defendendo a aplicabilidade da arbitragem às lides individuais de trabalho, J. E. Carreira Alvim[11] assinala que "*excluem alguns ordenamentos jurídicos do âmbito da arbitragem – assim procede o italiano, art. 806 – as controvérsias individuais de trabalho, o que não acontece entre nós, onde a Lei n. 9307/96 não faz qualquer restrição neste sentido*".

Este notável doutrinador defende o célebre adágio de que onde a lei não restringe, não cabe ao intérprete fazê-lo.

Francisco Ferreira Jorge Neto e Jouberto Pessoa Cavalcante[12] aduzem que "*a doutrina trabalhista tem apresentado grande resistência à aplicação da arbitragem aos conflitos entre empregado e empregador, por serem os direitos individuais para o trabalhador. A Lei n. 9.307, art. 25, prevê que se no curso da arbitragem sobrevier*

---

10. CARMONA, Carlos Alberto. Arbitragem e processo: um comentário à Lei n. 9.307/96, São Paulo: Malheiros, 1998, p. 51
11. CARREIRA ALVIM, J.E. Comentários à Lei de Arbitragem (Lei n. 9307/96, de 23/9;1996). Rio de Janeiro: Lumen Juris, 2004, p. 32
12. JORGE NETO, Francisco Ferreira e CAVALCANTE, Jouberto Pessoa. Direito processual do trabalho. 7ª. Ed. São Paulo: Atlas, 2015, p. 1447

controvérsia acerca de direito indisponível, o árbitro deverá remeter as partes ao Judiciário, como questão prejudicial".

E, ainda sobre as características da arbitragem, podemos mencionar Fredie Didier Jr.[13] que assinala as seguintes: *"a) há a possibilidade de escolha da norma de direito material a ser aplicada (art. 2º, §§1º e 2º): as partes podem escolher qual a regra a ser aplicável, podendo ainda convencionar que o julgamento se realize com base nos princípios gerais do direito, nos usos e costumes e nas regras internacionais de comércio; b) árbitro (art. 13 da Lei nº 9.307/96): dois são os requisitos exigidos pela lei para o exercício das funções de árbitro: ser pessoa física e ser capaz. Os árbitros têm o status de juiz de direito e de fato, sendo equiparados aos servidores públicos para efeitos penais; c) desnecessidade de homologação judicial da sentença arbitral (art. 31, da Lei nº 9.307/96), que produz efeitos imediatamente; d) a sentença arbitral é título executivo judicial (art. 31, da Lei nº 9.307/96; art. 475-N, IV CPC): o árbitro pode decidir, mas não tem poder para tomar nenhuma providência executiva; e) possibilidade de reconhecimento e execução de sentenças arbitrais produzidas no exterior (art. 34 e segs., da Lei nº 9.307/96)".*

A Lei n. 13.467/2017 (Reforma Trabalhista), como novidade, apresentou o seguinte artigo a respeito:

> *"Art. 507-A. Nos contratos individuais de trabalho cuja remuneração seja superior a duas vezes o limite máximo estabelecido para os benefícios do Regime Geral de Previdência Social, poderá ser pactuada cláusula compromissória de arbitragem, desde que por iniciativa do empregado ou mediante a sua concordância expressa, nos termos previstos na Lei 9.307, de 23 de setembro de 1996".*

Desta forma, o artigo acima mencionado permite a utilização do instituto da arbitragem para pacificar conflitos de interesse entre patrão e empregado, desde que este receba remuneração superior a duas vezes o limite máximo estabelecido para os benefícios do Regime Geral da Previdência Social.

Oportuno colacionar a seguinte ementa do TRT da 1ª. Região, alusivo à matéria:

> RECURSO DO RECLAMADO. PRELIMINAR DE CONVENÇÃO DE ARBITRAGEM. TRANSAÇÃO ENVOLVENDO DIREITOS TRABALHISTAS. POSSIBILIDADE. O fundamento principal para justificar que os direitos trabalhistas são indisponíveis/irrenunciáveis é fulcrado na hipossuficiência/vulnerabilidade do trabalhador. E, é exatamente por isso que o próprio TST, ainda que timidamente, já vem admitindo a arbitragem nos casos em que não se vislumbra esta hipossuficiência, deixando claro que tal indisponibilidade/irrenunciabilidade não é absoluta. Fato é que nem todos os direitos trabalhistas são, a todo tempo, indisponíveis, pois, se assim o fossem, jamais poderiam ser objeto de transação ou mesmo de negociação coletiva de trabalho. Aliás, se todos os direitos gozassem de uma indisponibilidade absoluta intangível, haveria, certamente, um entrave à evolução da ordem jurídica e social. Na ver-

13. Fredie Didier Jr. Curso de Direito Processual Civil. Salvador: Juspodium, vol. 1, 2013, p. 121.

dade, não há que se falar em indisponibilidade absoluta de qualquer direito em abstrato, pois é, no caso concreto, que o Judiciário vai aferir se aquele direito é ou não indisponível, analisando-o e ponderando-o com os demais direitos, princípios e normas presentes no ordenamento jurídico. No caso em questão, a magistrada sentenciante afastou a cláusula de arbitragem prevista no contrato celebrado entre o autor e o réu utilizando como fundamentos a "inafastabilidade da jurisdição" e a "indisponibilidade dos direitos trabalhistas". Quanto à inafastabilidade da jurisdição, esta não é violada com a aplicação da arbitragem, pois o decidido pelo árbitro evidentemente poderá ser apreciado pelo Poder Judiciário. E no que tange à indisponibilidade dos direitos trabalhistas, se está é fulcrada na hipossuficiência/vulnerabilidade do trabalhador, então, obviamente, não tem aplicabilidade no presente caso, eis que o autor era um alto executivo do banco réu, verdadeiro alter ego e detentor de expertise e brain-power financeiro, com vultosos ganhos mensais e vasto conhecimento na área, razão pela qual não se vislumbra qualquer hipossuficiência/vulnerabilidade por parte dele, mas sim sua paridade com a parte adversa. Aliás, é justamente no setor do conhecimento e da informação que a relação jurídica de dependência muitas vezes se inverte, ou seja, é o empregador que fica dependente ou refém do empregado dotado do *expertise* e neurônios privilegiados, que dá um diferencial ao seu negócio, proporcionando-lhe elevados ganhos financeiros, levando-o a celebrar pactos e aditivos para a manutenção de tais empregados laborando a seu favor. Entendo também que os direitos indisponíveis do empregado se mantêm ao longo de todo o contrato de trabalho, pois, a partir da ruptura deste há uma transmutação dos direitos indisponíveis do empregado em créditos, na esteira do que expressa o art. 11 da CLT e o art. 7o., inciso XXIX da CF/88, o que permite até mesmo a transação entre as partes em juízo ou fora dele. Portanto, havendo instrumento alternativo entre os canais de acesso ao sistema de justiça, que não se confunde com acesso à jurisdição, que, na verdade constitui-se em apenas um entre os vários outros disponíveis ao empregado na seara laboral, deve-se privilegiar os demais meios de pacificação dos conflitos individuais e coletivos de trabalho e não rechaçá-los como fez o juízo monocrático, porque de nada vale o discurso, corroborado pelo CPC/2015, se, diante dos casos concretos, na prática, o judiciário ao invés de acolhê-los, os afasta. Preliminar acolhida. RO PROCESSO nº 0011289-92.2013.5.01.0042 (RO). 5ª. Turma. TRT 1ª. Região. Relator: Des. Enoque Ribeiro dos Santos.

CONCLUSÕES

Considerando e respeitando todas as posições em contrário, nos posicionamos a favor da aplicação voluntária, e de comum acordo, da arbitragem no direito individual do trabalho, que sem dúvida poderia dar uma enorme contribuição no esvaziamento das causas individuais laborais, especialmente as de grande monta, de trabalhadores do conhecimento e da informação, que podem arcar com as despesas processuais/honorários arbitrais, com base nos seguintes fundamentos:

a) Trata-se de uma forma alternativa de resolução ou pacificação de conflito, coletivo ou individual, que não deve ser afastada no Judiciário Trabalhista, pelo contrário, consoante dispõe o novo Código de Processo Civil, deve ser privilegiada, incentivada e disponibilizada às partes que querem se valer deste instituto e tenham condições de arcar com os respectivos custos/despesas do processo arbitral;

b) Da mesma forma como entendem alguns doutrinadores acima citados, a hermenêutica é clara ao aduzir que onde a lei não discrimina ou restringe, não cabe ao interprete fazê-lo, e não encontramos qualquer vedação legal à não utilização do instituto da arbitragem às lides individuais de trabalho;

c) Entendemos que o instituto também não agride ou colide com princípios basilares do Direito Individual do Trabalho, como o da proteção e sua tríplice vertente, irrenunciabilidade, indisponibilidade, igualdade etc. pois tais princípios se aplicam ao direito material individual e não ao direito processual (ou instrumental) do trabalho, no qual devem prevalecer a imparcialidade e os poderes assistenciais do magistrado, aptos a fazer valer o princípio da paridade de armas, já que ele não é um mero convidado de pedra no processo;

d) Desta forma, a arbitragem é plenamente aplicável às lides individuais de trabalho, da mesma forma que as CCPs – Comissões de Conciliação Prévia (Lei 9958/2000). Se algum vício sobrevier no curso das arbitragens, da mesma forma que ocorre em relação às CCPs, as partes podem recorrer ao Judiciário para requerer sua nulidade;

e) A arbitragem se aplica geralmente[14] a direitos materiais individuais disponíveis, sujeitos à transação[15], na medida em que as partes buscam a

14. Entendemos que não pode ser utilizado o instituto da arbitragem quando o contrato de trabalho estiver em curso (portanto, vivo), mesmo envolvendo servidores públicos, empregados públicos, contratados por meio de concursos públicos de provas e títulos, com sociedades de economia mista e empresas públicas, pois enquanto remanesce o contrato de trabalho *"in full force and effect"* os direitos são indisponíveis, pois sob o guarda chuva protetor do princípio da proteção. Observe que, mesmo neste caso, não haverá o temor reverencial do empregado em relação ao empregador, já que estes trabalhadores não podem mais ser dispensados arbitrariamente, sem o advento da motivação, consoante recente posição do STF- Supremo Tribunal Federal. Defendemos, inclusive que em cumprimento ao art. 5º., LIV, da Constituição Federal de 1988, tais dispensas tenham que passar pelo crivo do contraditório e da ampla defesa, ou seja, processo administrativo, já que houve a mitigação do entendimento em relação à Súmula n. 390 do Colendo TST: Nº 390 - ESTABILIDADE. ART. 41 DA CF/1988. CELETISTA. ADMINISTRAÇÃO DIRETA, AUTÁRQUICA OU FUNDACIONAL. APLICABILIDADE. EMPREGADO DE EMPRESA PÚBLICA E SOCIEDADE DE ECONOMIA MISTA. INAPLICÁVEL. (CONVERSÃO DAS ORIENTAÇÕES JURISPRUDENCIAIS NºS 229 E 265 DA SDI-1 E DA ORIENTAÇÃO JURISPRUDENCIAL Nº 22 DA SDI-2). I - O servidor público celetista da administração direta, autárquica ou fundacional é beneficiário da estabilidade prevista no art. 41 da CF/1988. (ex-OJ nº 265 da SDI-1 - Inserida em 27.09.2002 e ex-OJ nº 22 da SDI-2 - Inserida em 20.09.00). II - Ao empregado de empresa pública ou de sociedade de economia mista, ainda que admitido mediante aprovação em concurso público, não é garantida a estabilidade prevista no art. 41 da CF/1988.

15. Daí, a redação do art. 7º., inciso XXIX, da CF/88: *"XXIX - ação, quanto aos créditos resultantes das relações de trabalho, com prazo prescricional de cinco anos para os trabalhadores urbanos e rurais, até o*

arbitragem apenas após a resolução do contrato individual de trabalho, ou seja, quando o contrato de trabalho está morto, restando claro que direitos indisponíveis trabalhistas somente têm guarida no contrato de trabalho vivo, que possui o guarda chuva protetor do Direito do Trabalho;

f) Enquanto o contrato de trabalho está vivo, em curso, remanescem todos os direitos individuais, "*in full force and effect*", que são indisponíveis e vários deles de ordem pública (relacionados à saúde, medicina, segurança e meio ambiente laboral), o que já não ocorre quando o contrato de trabalho é rescindido. Neste caso, os direitos indisponíveis trabalhistas, a partir do momento da rescisão (morte) do contrato laboral se transmuta em "créditos", e daí, ser objeto de transação nas lides individuais em juízo (conciliação judicial na audiência), e também de eventual arbitragem.

g) É crível (e seria ingenuidade pensar de modo diferente) que não é todo trabalhador que se submeterá à arbitragem, que deverá ser mais um instrumento colocado à disposição de trabalhadores do conhecimento e da informação, com subordinação invertida[16] ou mitigada, que detêm condições econômico-financeiras para arcar com os custos da arbitragem, o que não acontecerá com a grande maioria dos trabalhadores hipossuficientes subordinados, que dependem da gratuidade de justiça e que não possuem condições de arcar com os custos do processo, sem prejuízo próprio e de sua família.

REFERÊNCIAS BIBLIOGRÁFICAS:

CARMONA, Carlos Alberto. Arbitragem e processo. Um comentário à Lei 9307/96. São Paulo: Malheiros, 1998

CARREIRA ALVIM, J.E. Comentários à Lei da Arbitragem. Rio de Janeiro: Lumen Juris, 2004

DIDIER JR., Fred. Curso de Direito Processual Civil. Salvador: Juspodium, vol. 1, 2013

ETALA, Carlos Alberto. Derecho colectivo del trabajo. Buenos Aires, Astrea, 2002

JORGE NETO, Francisco Ferreira e CAVALCANTE, Jouberto Pessoa. Direito processual do trabalho, 7ª. Ed. São Paulo: Atlas, 2015.

MARTINS FILHO, Ives Gandra da Silva. Métodos alternativo de solução de conflitos laborais; viabilizar a jurisdição pelo prestigio à negociação coletiva. São Paulo: Revista Ltr, ano 79, julho, 2015.

RUPRECHT, Alfredo. Relações coletivas de trabalho. São Paulo: Ltr, 1995.

limite de dois anos após a extinção do contrato de trabalho".

16. Hipóteses de trabalhadores parasubordinados, ou com subordinação invertida, ou seja, aqueles que a subordinação ou dependência é da empresa em relação ao expertise técnico e científico, ou *brainpower* do trabalhador, que constitui o "cérebro" do empreendimento, sem o qual a empresa poderá até mesmo sucumbir perante a concorrência.

ARBITRAGEM E OS REFLEXOS DA REFORMA TRABALHISTA

Leone Pereira[1]

Sumário: 1. Introdução – 2. Formas ou métodos de solução dos conflitos trabalhistas: 2.1. Autotutela (autodefesa); 2.2. Autocomposição; 2.3. Heterocomposição – 3. A arbitragem e seus reflexos na justiça do trabalho: 3.1. Introdução; 3.2. Cabimento da Arbitragem na Justiça do Trabalho; 3.3. Vantagens e desvantagens da Arbitragem – 4. Reflexos da reforma trabalhista e conclusão.

1. INTRODUÇÃO

Em 2017, inegavelmente, o tema mais debatido na seara justrabalhista foi a Reforma Trabalhista, consubstanciada no advento da Lei 13.467, de 13 de julho de 2017 (DOU 14.07.2017).

Insta consignar que a aludida Reforma possui *vacatio legis* de 120 dias e entrou em vigor no dia 11 de novembro de 2017 (sábado).

Com efeito, promoverá substanciais modificações nos âmbitos do Direito Individual do Trabalho, do Direito Coletivo do Trabalho e do Direito Processual do Trabalho.

---

1. Advogado Trabalhista e Consultor Jurídico Trabalhista do Escritório PMR Advogados, Professor, Autor e Palestrante. Pós-Doutorando pela Faculdade de Direito da Universidade de Coimbra. Doutor e Mestre em Direito do Trabalho e Processo do Trabalho pela Pontifícia Universidade Católica de São Paulo (PUC/SP). Especialista em Direito do Trabalho e Direito Processual do Trabalho, com capacitação para o ensino no magistério superior. Atualmente, é Coordenador da Área Trabalhista e Professor de Direito do Trabalho, Direito Processual do Trabalho e Prática Trabalhista do Damásio Educacional e da Faculdade Damásio. Professor e Palestrante de Direito do Trabalho e Direito Processual do Trabalho na Escola Superior de Advocacia - ESA/SP. Membro Efetivo da Comissão de Direito Material do Trabalho e de Direito Processual do Trabalho da OAB/SP. Sua experiência profissional inclui a Coordenação e a Docência em diversos cursos de Graduação, Pós-Graduação e preparatórios para concursos públicos e exames de ordem, Palestras em diversos eventos jurídicos por todo o país e Entrevistas para jornais, revistas e programas de televisão. Autor de diversos livros e artigos jurídicos.

Nesse contexto, o presente artigo tem por escopo analisar os impactos da Reforma Trabalhista na seara da Arbitragem e o seu respectivo cabimento na Justiça do Trabalho.

Trata-se de tema polêmico na doutrina, cujo dissenso possui respaldo jurisprudencial, e que ganhará novos contornos com a famigerada Reforma Trabalhista.

Vamos ao estudo dos seus tópicos jurídicos.

2. FORMAS OU MÉTODOS DE SOLUÇÃO DOS CONFLITOS TRABALHISTAS

No âmbito da hermenêutica ou exegese, a doutrina e a jurisprudência apresentam 3 (três) formas ou métodos de solução dos conflitos coletivos de trabalho, a seguir explanadas.

2.1. Autotutela (autodefesa)

A **autotutela ou autodefesa** *é a forma de solução dos conflitos de interesses caracterizada pela imposição da força por uma das partes e a submissão da parte contrária.*

Vale ressaltar que a imposição da força pode ser evidenciada por diversas formas – força física, econômica, social, política, cultural etc.

É o método mais primitivo de solução dos conflitos de interesses.

Em regra, é vedada pelo ordenamento jurídico vigente e caracteriza o crime insculpido no art. 345 do CP (exercício arbitrário das próprias razões):

> "Art. 345. Fazer justiça pelas próprias mãos, para satisfazer pretensão, embora legítima, salvo quando a lei o permite:
>
> Pena – detenção, de 15 (quinze) dias a 1 (um) mês, ou multa, além da pena correspondente à violência.
>
> Parágrafo único. Se não há emprego de violência, somente se procede mediante queixa".

Todavia, em algumas situações específicas, a autotutela é excepcionalmente admitida, como a legítima defesa e o desforço imediato na tutela da posse.

Nessa linha de raciocínio, na seara justrabalhista, podemos citar como exemplos a greve e o locaute.

2.2. Autocomposição

A **autocomposição** é *a forma de solução dos conflitos de interesses caracterizada quando as próprias partes põem termo à lide (conflito de interesses qualificado por uma pretensão resistida), sem o emprego da força.*

A solução é corolário da manifestação de vontade unilateral ou bilateral, mas sempre sem imposição.

Trata-se da forma mais privilegiada de solução das lides, gozando de reconhecido prestígio nos âmbitos nacional e internacional.

Constitui natural evolução da sociedade, em que as próprias partes solucionam os conflitos de interesses, sem a necessidade da submissão ou subjulgo de uma delas, contribuindo veementemente para a justa composição das lides e a respectiva pacificação social, natural objetivo do Direito e do Poder Judiciário.

No ordenamento jurídico vigente na República Federativa do Brasil, as formas autocompositivas de solução dos conflitos de interesses devem ser utilizadas e estimuladas pelos operadores do direito, consoante verificamos nos dispositivos legais abaixo consignados:

> "Art. 764 CLT. Os dissídios individuais ou coletivos submetidos à apreciação da Justiça do Trabalho serão sempre sujeitos à conciliação.
>
> § 1º Para os efeitos deste artigo, os juízes e Tribunais do Trabalho empregarão sempre os seus bons ofícios e persuasão no sentido de uma solução conciliatória dos conflitos.
>
> § 2º Não havendo acordo, o juízo conciliatório converter-se-á obrigatoriamente em arbitral, proferindo decisão na forma prescrita neste Título.
>
> § 3º É lícito às partes celebrar acordo que ponha termo ao processo, ainda mesmo depois de encerrado o juízo conciliatório".

> Art. 3º CPC/2015. Não se excluirá da apreciação jurisdicional ameaça ou lesão a direito.
>
> § 1º É permitida a arbitragem, na forma da lei.
>
> § 2º O Estado promoverá, sempre que possível, a solução consensual dos conflitos.
>
> § 3º A conciliação, a mediação e outros métodos de solução consensual de conflitos deverão ser estimulados por juízes, advogados, defensores públicos e membros do Ministério Público, inclusive no curso do processo judicial".

A autocomposição poder ser classificada da seguinte forma:

I) Quanto à manifestação de vontade:

a) Autocomposição unilateral: quando há manifestação de vontade de apenas uma das partes. Exemplo: renúncia (manifestação de vontade de uma das partes, envolvendo um direito certo).

b) Autocomposição bilateral: quando há manifestação de vontade de ambas as partes. Exemplo: transação (manifestação de vontade de ambas as partes, concessões recíprocas, cujo objeto constitui um direito duvidoso - *res dubia*).

II) Quanto ao âmbito de estipulação:

a) Autocomposição extraprocessual: quando é realizada fora do âmbito do Poder Judiciário. Exemplos: acordo coletivo de trabalho, convenção coletiva de trabalho, costumes e mediação.

b) Autocomposição processual, intraprocessual ou endoprocessual: quando é realizada no âmbito do Poder Judiciário. Exemplo: conciliação.

Vale ressaltar que prevalece o entendimento no sentido de que a mediação é uma forma de autocomposição e não de heterocomposição.

Nesse contexto, a ***mediação*** *é a forma de solução dos conflitos de interesses pela qual um terceiro (mediador) emprega seus esforços na solução conciliatória do litígio.* O mediador não tem poder de decisão sobre as partes, mas apenas faz propostas conciliatórias com escopo de aproximação das partes para a solução do impasse. O seu trabalho é persuasivo, mas não impositivo.

Atualmente, o Ministério Público do Trabalho e o Ministério do Trabalho vêm atuando como grandes mediadores na seara trabalhista.

Malgrado, há uma linha de entendimento que advogada a tese da mediação como modalidade de heterocomposição, pela presença de um terceiro na solução do conflito de interesses.

Por derradeiro, insta consignar o instituto do jurídico do PDV (Programa de Demissão Voluntária), PIDV (Programa de Incentivo à Demissão Voluntária) ou PDI (Plano de Demissão Incentivada). Constitui uma forma alternativa de solução dos conflitos justrabalhistas, na modalidade transação extrajudicial, que sempre gerou polêmica na doutrina e na jurisprudência. Com efeito, impende destacar consagrados entendimentos consolidados do Tribunal Superior do Trabalho:

> "OJ 270 SDI-1/TST. PROGRAMA DE INCENTIVO À DEMISSÃO VOLUNTÁRIA. TRANSAÇÃO EXTRAJUDICIAL. PARCELAS ORIUNDAS DO EXTINTO CONTRATO DE TRABALHO. EFEITOS.
> A transação extrajudicial que importa rescisão do contrato de trabalho ante a adesão do empregado a plano de demissão voluntária implica quitação exclusivamente das parcelas e valores constantes do recibo".
>
> "OJ 207 SDI-1/TST. PROGRAMA DE INCENTIVO À DEMISSÃO VOLUNTÁRIA. INDENIZAÇÃO. IMPOSTO DE RENDA. NÃO INCIDÊNCIA.
> A indenização paga em virtude de adesão a programa de incentivo à demissão voluntária não está sujeita à incidência do imposto de renda".
>
> "OJ 356 SDI-1/TST. PROGRAMA DE INCENTIVO À DEMISSÃO VOLUNTÁRIA (PDV). CRÉDITOS TRABALHISTAS RECONHECIDOS EM JUÍZO. COMPENSAÇÃO. IMPOSSIBILIDADE.
> Os créditos tipicamente trabalhistas reconhecidos em juízo não são suscetíveis de compensação com a indenização paga em decorrência de adesão do trabalhador a Programa de Incentivo à Demissão Voluntária (PDV)".

Nesse contexto, a adesão ao PDV não trazia quitação geral ao extinto contrato individual de trabalho. Ou seja, não possui o que chamamos de eficácia liberatória geral. Desta forma, o trabalhador poderia ajuizar reclamação trabalhista pleiteando outros direitos ou diferenças que não foram objeto do Plano.

Não obstante, após a decisão do Supremo Tribunal Federal no Recurso Extraordinário 590.415-SC, cujo relator foi o Ministro Roberto Barroso, se o PDV estiver previsto em acordo coletivo de trabalho (interveniência sindical), a respectiva adesão do trabalhador importará, assim, na quitação geral (eficácia liberatória geral) ao extinto contrato individual de trabalho. Em tese, haveria presunção relativa de higidez na manifestação de vontade obreira.

Corroborando esse raciocínio jurídico, a Reforma Trabalhista (Lei 13.467/2017) trouxe o novo art. 477-B da Consolidação das Leis do Trabalho, aduzindo que o Plano de Demissão Voluntária ou Incentivada, para dispensa individual, plúrima ou coletiva, previsto em convenção coletiva ou acordo coletivo de trabalho, enseja quitação plena e irrevogável dos direitos decorrentes da relação empregatícia, salvo disposição em contrário estipulada entre as partes.

2.3. Heterocomposição

A **heterocomposição** *é a forma de solução dos conflitos de interesses* que apresenta duas características:

a) presença de um terceiro;

b) o terceiro tem poder de decisão sobre as partes.

Não basta, portanto, a presença de um terceiro para a caracterização da heterocomposição. É necessário que esse terceiro tenha efetivamente poder de decisão sobre as partes.

Hodiernamente, a grande maioria das lides é resolvida com a forma heterocompositiva. Em tese, existem duas grandes formas de heterocomposição:

I) jurisdição: em que o terceiro é a figura do Estado-juiz, que, ao ser provocado, aplica o direito objetivo ao caso concreto para resolver o conflito de interesses, promovendo a justa composição da lide e a pacificação social;

II) arbitragem: na qual o terceiro é a figura do árbitro, escolhido de comum acordo pelas partes.

3. A ARBITRAGEM E SEUS REFLEXOS NA JUSTIÇA DO TRABALHO

3.1. Introdução

A arbitragem é regida pela Lei 9.307/1996, com reflexos da Lei 13.129/2015.

Inegavelmente, é um grande método alternativa de solução de conflitos, que tem por escopo desafogar o Poder Judiciário, assoberbado de ações, contribuindo para minorar a cediça morosidade na entrega da prestação jurisdicional.

Nesse contexto, há um dissenso doutrinário e jurisprudencial se a arbitragem é constitucional ou inconstitucional.

Tal discussão ganhou reforço com o advento do art. 1º do Código de Processo Civil de 2015, ao vaticinar que o processo civil será ordenado, disciplinado e interpretado conforme os valores e as normas fundamentais estabelecidos na Constituição da República Federativa do Brasil.

Temos 2 grandes linhas de entendimento:

1ª corrente: defende a **inconstitucionalidade** da arbitragem. São seus fundamentos:

- a arbitragem ofende o artigo 5º, XXXV, CF/1988 (princípio do amplo acesso ao Poder Judiciário ou da inafastabilidade da jurisdição);
- ofensa ao princípio do juiz natural (por ser livremente escolhido pelas partes); e
- ofensa ao princípio da imparcialidade (como o magistrado pode ser imparcial se ele é escolhido pelas partes).

2ª corrente (posição majoritária): defende a **constitucionalidade** da arbitragem. São seus fundamentos:

- a arbitragem é facultativa e não obrigatória;
- se o árbitro é livremente escolhido pelas partes, não há vício na manifestação de vontade; e
- nada impede que vícios processuais sejam levados à apreciação do Poder Judiciário.

Com efeito, esta última linha de entendimento ganhou veemente argumento de validade com a entrada em vigor do novo Código de Processo Civil. Assim, o seu art. 3º, parágrafo 1º, aduz que é permitida a arbitragem, na forma da lei.

3.2. Cabimento da Arbitragem na Justiça do Trabalho

Trata-se de tema com grande controvérsia doutrinária e jurisprudencial, exigindo a sua análise em duas partes.

No âmbito dos **conflitos coletivos de trabalho**, a arbitragem sempre foi majoritariamente aceita pela doutrina e pela jurisprudência, até pela autorização na Constituição Cidadã de 1988 (art. 114, §§ 1º e 2º), fruto do advento da Emenda Constitucional 45/2004 (Reforma do Judiciário):

> Art. 114, § 1º, CF/1988. Frustrada a negociação coletiva, as partes poderão eleger árbitros".
>
> § 2º "Recusando-se qualquer das partes à negociação coletiva ou à arbitragem, é facultado às mesmas, de comum acordo, ajuizar dissídio coletivo de natureza

> econômica, podendo a Justiça do Trabalho decidir o conflito, respeitadas as disposições mínimas legais de proteção ao trabalho, bem como as convencionadas anteriormente".

Assim, nesse contexto, a arbitragem é plenamente cabível.

Todavia, vale ressaltar que ainda não está sendo utilizada da forma que se espera, tendo em vista os seus altos custos e a natural desconfiança do brasileiro por estar num país de terceiro mundo. Em outras palavras, por mais que o Poder Judiciário seja marcado pela sua morosidade na entrega da prestação jurisdicional, em decorrência do número assustador de ações que tramitam perante as suas estruturas físicas e virtuais, mesmo diante dos hercúleos esforços dos seus magistrados e servidores, o cidadão brasileiro ainda "prefere" levar a sua lida para ser solucionada pelo Poder Judiciário.

À guisa de desenvolvimento de estudos, na seara dos conflitos individuais trabalhistas, a temática está longe de ser pacífica nos dizeres doutrinários e jurisprudenciais. Não obstante, a posição que vinha prevalecendo era no sentido do seu não cabimento.

Com efeito, o grande argumento jurídico que rechaça a compatibilidade da arbitragem na solução dos conflitos individuais trabalhistas é o que vaticina o art. 1º, *caput*, da Lei de Arbitragem (Lei 9.307/1996), sendo que as pessoas capazes de contratar poderão valer-se da arbitragem para dirimir litígios relativos a direitos patrimoniais disponíveis.

Em tese, a aludida assertiva viola inexoravelmente um dos maiores princípios justrabalhistas, que é o da indisponibilidade (irrenunciabilidade ou inderrogabilidade) dos direitos trabalhistas, alinhavado pelo saudoso jurista uruguaio Américo Plá Rodriguez, que teve grande influência na construção dos alicerces do desenvolvimento da ciência laboral na República Federativa do Brasil.

Em que pese a força da tese jurídica acima entabulada, alguns juristas começaram a questioná-la.

Dessa forma, surgiu uma linha de pensamento pautada no ideário de que, excepcionalmente a arbitragem poderá ser aceita em relação aos trabalhadores que possuem maior discernimento e uma subordinação jurídica mais rarefeita. Poderíamos citar como exemplo didático um professor de direito.

Partindo da premissa da possiblidade, é preciso diferenciar a cláusula compromissória, prevista no artigo 4º da Lei 9.307/1996, do compromisso arbitral, estampado no artigo 9º da Lei 9.307/1996.

Assim, a cláusula compromissória é a convenção através da qual as partes em um contrato comprometem-se a submeter à arbitragem os litígios que possam vir a surgir, relativamente a tal contrato.

De outra sorte, o compromisso arbitral é a convenção através da qual as partes submetem um litígio à arbitragem de uma ou mais pessoas, podendo ser judicial ou extrajudicial.

Portanto, a cláusula compromissória é estipulada antes da ocorrência do litígio. Já o compromisso arbitral é entabulado após a ocorrência do conflito de interesses.

Ainda, impende destacar outra linha de entendimento. Advoga a tese de que é possível a estipulação da arbitragem sobre direitos trabalhistas de indisponibilidade relativa. (Exemplo: prêmio).

Todavia, não há uma clareza legislativa, doutrinária e jurisprudencial de quais seriam, exatamente, os direitos trabalhistas de indisponibilidade absoluta e os de indisponibilidade relativa.

Talvez, com o advento da Reforma Trabalhista (Lei 13.467/2017), especialmente os novos arts. 611-A e 611-B do Diploma Consolidado, que aduzem os contornos do princípio do negociado sobre o legislado, a mencionada diferenciação poderá ser desenvolvida com mais precisão:

> "Art. 611-A. A convenção coletiva e o acordo coletivo de trabalho têm prevalência sobre a lei quando, entre outros, dispuserem sobre:
>
> I – pacto quanto à jornada de trabalho, observados os limites constitucionais;
>
> II – banco de horas anual;
>
> III – intervalo intrajornada, respeitado o limite mínimo de trinta minutos para jornadas superiores a seis horas;
>
> IV – adesão ao Programa Seguro-Emprego (PSE), de que trata a Lei nº 13.189, de 19 de novembro de 2015;
>
> V – plano de cargos, salários e funções compatíveis com a condição pessoal do empregado, bem como identificação dos cargos que se enquadram como funções de confiança;
>
> VI – regulamento empresarial;
>
> VII – representante dos trabalhadores no local de trabalho;
>
> VIII – teletrabalho, regime de sobreaviso, e trabalho intermitente;
>
> IX – remuneração por produtividade, incluídas as gorjetas percebidas pelo empregado, e remuneração por desempenho individual;
>
> X – modalidade de registro de jornada de trabalho;
>
> XI – troca do dia de feriado;
>
> XII – enquadramento do grau de insalubridade;
>
> XIII - prorrogação de jornada em ambientes insalubres, sem licença prévia das autoridades competentes do Ministério do Trabalho;
>
> XIV – prêmios de incentivo em bens ou serviços, eventualmente concedidos em programas de incentivo;
>
> XV – participação nos lucros ou resultados da empresa.
>
> § 1º No exame da convenção coletiva ou do acordo coletivo de trabalho, a Justiça do Trabalho observará o disposto no § 3º do art. 8º desta Consolidação.
>
> § 2º A inexistência de expressa indicação de contrapartidas recíprocas em convenção coletiva ou acordo coletivo de trabalho não ensejará sua nulidade por não caracterizar um vício do negócio jurídico.

§ 3º Se for pactuada cláusula que reduza o salário ou a jornada, a convenção coletiva ou o acordo coletivo de trabalho deverão prever a proteção dos empregados contra dispensa imotivada durante o prazo de vigência do instrumento coletivo.

§ 4º Na hipótese de procedência de ação anulatória de cláusula de convenção coletiva ou de acordo coletivo de trabalho, quando houver a cláusula compensatória, esta deverá ser igualmente anulada, sem repetição do indébito.

§ 5º Os sindicatos subscritores de convenção coletiva ou de acordo coletivo de trabalho deverão participar, como litisconsortes necessários, em ação individual ou coletiva, que tenha como objeto a anulação de cláusulas desses instrumentos."

"Art. 611-B. Constituem objeto ilícito de convenção coletiva ou de acordo coletivo de trabalho, exclusivamente, a supressão ou a redução dos seguintes direitos:

I – normas de identificação profissional, inclusive as anotações na Carteira de Trabalho e Previdência Social;

II – seguro-desemprego, em caso de desemprego involuntário;

III – valor dos depósitos mensais e da indenização rescisória do Fundo de Garantia do Tempo de Serviço (FGTS);

IV – salário mínimo;

V – valor nominal do décimo terceiro salário;

VI – remuneração do trabalho noturno superior à do diurno;

VII – proteção do salário na forma da lei, constituindo crime sua retenção dolosa;

VIII – salário-família;

IX – repouso semanal remunerado;

X – remuneração do serviço extraordinário superior, no mínimo, em 50% (cinquenta por cento) à do normal;

XI – número de dias de férias devidas ao empregado;

XII – gozo de férias anuais remuneradas com, pelo menos, um terço a mais do que o salário normal;

XIII – licença-maternidade com a duração mínima de cento e vinte dias;

XIV – licença-paternidade nos termos fixados em lei;

XV – proteção do mercado de trabalho da mulher, mediante incentivos específicos, nos termos da lei; XVI – aviso prévio proporcional ao tempo de serviço, sendo no mínimo de trinta dias, nos termos da lei;

XVII – normas de saúde, higiene e segurança do trabalho previstas em lei ou em normas regulamentadoras do Ministério do Trabalho;

XVIII – adicional de remuneração para as atividades penosas, insalubres ou perigosas;

XIX – aposentadoria;

XX – seguro contra acidentes de trabalho, a cargo do empregador;

XXI – ação, quanto aos créditos resultantes das relações de trabalho, com prazo prescricional de cinco anos para os trabalhadores urbanos e rurais, até o limite de dois anos após a extinção do contrato de trabalho;

XXII – proibição de qualquer discriminação no tocante a salário e critérios de admissão do trabalhador com deficiência;

XXIII – proibição de trabalho noturno, perigoso ou insalubre a menores de dezoito anos e de qualquer trabalho a menores de dezesseis anos, salvo na condição de aprendiz, a partir de quatorze anos;

XXIV – medidas de proteção legal de crianças e adolescentes;

XXV – igualdade de direitos entre o trabalhador com vínculo empregatício permanente e o trabalhador avulso;

XXVI – liberdade de associação profissional ou sindical do trabalhador, inclusive o direito de não sofrer, sem sua expressa e prévia anuência, qualquer cobrança ou desconto salarial estabelecidos em convenção coletiva ou acordo coletivo de trabalho;

XXVII – direito de greve, competindo aos trabalhadores decidir sobre a oportunidade de exercê-lo e sobre os interesses que devam por meio dele defender;

XXVIII – definição legal sobre os serviços ou atividades essenciais e disposições legais sobre o atendimento das necessidades inadiáveis da comunidade em caso de greve;

XXIX – tributos e outros créditos de terceiros;

XXX – as disposições previstas nos arts. 373-A, 390, 392, 392-A, 394, 394-A, 395, 396 e 400 desta Consolidação. Parágrafo único. Regras sobre duração do trabalho e intervalos não são consideradas como normas de saúde, higiene e segurança do trabalho para os fins do disposto neste artigo."

3.3. Vantagens e desvantagens da Arbitragem

Podemos citar as seguintes desvantagens da arbitragem no campo laboral:

- viola o princípio da inafastabilidade da jurisdição (acesso ao Poder Judiciário);
- ofensa o ideário do trabalhador hipossuficiente;
- agride o estado de subordinação jurídica inerente ao contrato individual de trabalho; e
- violação do princípio da indisponibilidade dos direitos trabalhistas.

Em contrapartida, é possível elencar as seguintes vantagens da arbitragem justrabalhista:

- celeridade na solução dos conflitos;
- ausência de recursos, o que contribui sobremaneira para a celeridade na solução dos conflitos;
- talvez o árbitro possa possuir maior discernimento sobre temas trabalhistas específicos (exemplo: um engenheiro tenha maiores conhecimentos específicos e práticos sobre a função em cotejo com um magistrado); e
- possibilidade da decisão ser exarada por equidade:

"Art. 2º **Lei 9.307/1996** A arbitragem poderá ser de direito ou de equidade, a critério das partes.

§ 1º Poderão as partes escolher, livremente, as regras de direito que serão aplicadas na arbitragem, desde que não haja violação aos bons costumes e à ordem pública.

§ 2º Poderão, também, as partes convencionar que a arbitragem se realize com base nos princípios gerais de direito, nos usos e costumes e nas regras internacionais de comércio.

§ 3º A arbitragem que envolva a administração pública será sempre de direito e respeitará o princípio da publicidade.

Nesse contexto, é importante apontar a diferença jurídica entre decisão por equidade e decisão com equidade.

A decisão por equidade é aquela pautada na visão romana de que poderá ser proferida totalmente pautada em critérios de justiça, podendo até afastar a incidência de regras previstas no ordenamento jurídico vigente.

De outra sorte, a decisão com equidade consubstancia a visão grega que permite a flexibilização das regras previstas no ordenamento jurídico vigente pelos ideários de justiça. Como exemplo, podemos citar a sentença proferida no procedimento sumaríssimo:

"Art. 852-I CLT. A sentença mencionará os elementos de convicção do juízo, com resumo dos fatos relevantes ocorridos em audiência, dispensado o relatório.

§ 1º O juízo adotará em cada caso a decisão que reputar mais justa e equânime, atendendo aos fins sociais da lei e as exigências do bem comum.

§ 2º (VETADO)

§ 3º As partes serão intimadas da sentença na própria audiência em que prolatada".

Ainda, o supramencionado raciocínio está estampado no art. 5º da Lei de Introdução às Normas do Direito Brasileiro:

"Art. 5º LINDB. Na aplicação da lei, o juiz atenderá aos fins sociais a que ela se dirige e às exigências do bem comum".

4. REFLEXOS DA REFORMA TRABALHISTA E CONCLUSÃO

Com a entrada em vigor da chamada Reforma Trabalhista (Lei 13.467/2017), é oportuno consignar dois dispositivos legais:

"Art. 444, parágrafo único, CLT. A livre estipulação a que se refere o *caput* deste artigo aplica-se às hipóteses previstas no art. 611-A desta Consolidação, com a mesma eficácia legal e preponderância sobre os instrumentos coletivos, no caso de empregado portador de diploma de nível superior e que perceba salá-

> rio mensal igual ou superior a duas vezes o limite máximo dos benefícios do Regime Geral de Previdência Social."
>
> "Art. 507-A CLT. Nos contratos individuais de trabalho cuja remuneração seja superior a duas vezes o limite máximo estabelecido para os benefícios do Regime Geral de Previdência Social, poderá ser pactuada cláusula compromissória de arbitragem, desde que por iniciativa do empregado ou mediante a sua concordância expressa, nos termos previstos na Lei nº 9.307, de 23 de setembro de 1996."

Assim, **art. 507-A da CLT** prevê a possibilidade da estipulação da **cláusula compromissória de arbitragem** ao **hipersuficiente**, desde que por iniciativa do empregado ou mediante a sua concordância expressa, que é o trabalhador que celebra contrato individual de trabalho cuja remuneração é superior a duas vezes o limite máximo estabelecido para os benefícios do Regime Geral da Previdência Social.

Trata-se de uma tentativa de desafogar o Poder Judiciário e estimular formas alternativas de solução dos conflitos individuais trabalhistas (método heterocompositivo). Em tese, não há ofensa ao princípio do amplo acesso ao Poder Judiciário (princípio da inafastabilidade da jurisdição) insculpido no art. 5º, inciso XXXV, da Constituição Federal de 1988 e do art. 3º, *caput*, do CPC/2015, tendo em vista a faculdade da estipulação da cláusula compromissória de arbitragem, não obstante natural existência de entendimento em sentido contrário.

Com efeito, sempre houve grande dissenso doutrinário e jurisprudencial sobre o cabimento ou não da arbitragem na solução dos conflitos individuais trabalhistas, prevalecendo o entendimento da incompatibilidade.

No cotejo do art. 507-A da CLT com o art. 444, parágrafo único, da CLT, há a lacuna da expressão "empregado portador de diploma de nível superior", o que gerará cizânia doutrinária e jurisprudencial da respectiva necessidade ou não na seara da arbitragem na solução dos conflitos individuais trabalhistas.

Nessa toada, há uma linha de entendimento de que, mesmo em relação ao hipersuficiente, continua existindo o estado de subordinação jurídica inerente ao contrato individual de trabalho, o que resultará na ausência de barganha negocial.

Como conclusão, seríamos levianos em tentar demonstrar todas as consequências jurídicas da Reforma Trabalhista, máxime da Arbitragem e o seu cabimento na Justiça do Trabalho.

Em tese, levando-se em conta que o Poder Judiciário Trabalhista trará os seus respectivos entendimentos, especialmente nos Tribunais Regionais e no Tribunal Superior do Trabalho, o discernimento das reais dimensões desse momento histórico laboral na República Federativa do Brasil demandará anos e anos de muita dedicação dos estudiosos e operadores do direito.

Ademais, após o trânsito em julgado, serão renovadas as discussões no bojo do cumprimento das sentenças (execuções).

Nesse raciocínio, não podemos esquecer o possível advento da respectiva Medida Provisória (a "Reforma da Reforma").

Outrossim, teremos os impactos da fiscalização e atuação do Ministério do Trabalho e do Ministério Público do Trabalho.

Também, não podemos olvidar o posicionamento do Supremo Tribunal Federal sobre diversas questões da Reforma Trabalhista, sem prejuízo da manifestação de diversos órgãos e entidades na qualidade de *amicus curiae*.

Por consectário, não é exagero aduzir que levaremos mais de 10 anos para entendermos de forma substancial os contornos da Lei 13.467/2017.

Diante desse intenso debate, ainda teremos que lidar com a constante ameaça da extinção da Justiça do Trabalho e a imagem negativa que, em regra, os empresários possuem desse ramo da Justiça Nacional.

Como estudiosos e amantes da Área Trabalhista, nos resta acompanhar tudo isso de perto, nos estudos, obras, artigos, congressos, seminários, palestras, eventos e, especialmente, na nossa militância prática.

E não perdermos o otimismo e a esperança de que, após a tempestade, virá a bonança, com as relações laborais sendo regidas por uma legislação razoável, proporcional, justa, ética, efetiva (quiça codificada), e o Brasil consiga ganhar, novamente, competitividade no plano internacional, ponderada com os direitos sociais sendo preservados em seu patamar civilizatório mínimo.

O ARTIGO 507-A DA CLT: CONSTITUCIONALIDADE E APLICAÇÃO

Olavo Augusto Vianna Alves Ferreira[1]

Sumário: Introdução – 1. Arbitragem: 1.1. Natureza jurídica da arbitragem – 2. Arbitragem na reforma trabalhista – 3. Questões polêmicas da arbitragem trabalhista: 3.1. Constitucionalidade do Art. 507-A da CLT; 3.2. Abrangência da arbitragem trabalhista prevista no art. 507-A da CLT; 3.3. Adiantamento de custas e despesas; 3.4. Aplicação do artigo 507-a aos contratos em curso – Conclusão – Referências.

INTRODUÇÃO

Com o crescimento do emprego da arbitragem[2], como forma de resolução de conflitos, surge no contexto da reforma trabalhista recém-aprovada pela Lei nº

1. Procurador do Estado de São Paulo, Doutor e Mestre em Direito do Estado pela PUC-SP (Sub-área Direito Constitucional), Professor do Programa de Mestrado em Direito da UNAERP e professor convidado de cursos de pós-graduação (PUC-COGEAE, Faculdade Baiana de Direito e USP-FDRP), membro do Conselho Curador da Escola Superior da Procuradoria Geral do Estado de São Paulo, Árbitro. E-mail: olavoaferreira@hotmail.com.

2. Segundo pesquisa concluída em abril de 2017 pela advogada Selma Lemes, autoridade em arbitragem, na doutrina e na prática: "Em 2010, o número de arbitragens nas 6 câmaras pesquisadas era de 128 novos casos. Em 2016, foram 249 novas arbitragens, o que representa um aumento de quase 95% no número de procedimentos novos entrantes". Há tendência de aumento das arbitragens, inclusive com a Administração Pública: "Em 2016 houve 20 novos casos de arbitragens envolvendo a Administração Pública Direta ou Indireta em cinco das seis Câmaras pesquisadas (CAMARB, CAM-CCBC, CAMFIESP/CIESP, CAM-BOVESPA e CAM-FGV). Já no que se refere às arbitragens em curso em 2016 com a Administração Pública foram 55 casos. Considerando que em 2016 o número total de arbitragens sendo processadas era de 609 casos, pode-se dizer que quase 9% (9,03%) dessas arbitragens tiveram em um dos pólos a Administração Pública. Esse percentual provavelmente tenderá a subir nos próximos anos, haja vista a previsão expressa na Lei de Arbitragem (Lei nº 9.307/96 alterada pela Lei nº 13.129/2015) acerca de arbitragem com a Administração

13.467/2017 a arbitragem individual trabalhista, surgindo algumas questões jurídicas, que merecem abordagem, dentre elas a sua constitucionalidade, a abrangência da arbitragem individual trabalhista; o adiantamento de custas e despesas; e a aplicação do art. 507-A da CLT aos contratos em curso.

Optamos pela divisão do desenvolvimento do trabalho em três partes, tratando destas polêmicas, visando antecipar algumas propostas de solução de problemas que surgirão e externando as conclusões ao final.

O método dedutivo foi adotado, realizando a pesquisa bibliográfica e consistente na análise crítica sobre a doutrina nacional e alguns precedentes, visando consolidar entendimento para o desenvolvimento da problemática exposta.

1. ARBITRAGEM

Antes de adentrarmos diretamente no ponto central deste trabalho, necessárias algumas considerações acerca da arbitragem.

Um dos maiores desafios, após a vigência da Constituição de 1988, constitui a celeridade na prestação jurisdicional[3], lembrando que "justiça atrasada não é justiça, senão injustiça qualificada e manifesta", conforme salientava Rui Barbosa[4]. Nesse contexto da necessidade de criar um mecanismo de solução de lides, mais célere[5] do que o Judiciário[6],

Pública nos contratos de PPP, concessões em geral e a Parceria Pública de Investimento – PPI (Lei nº 13.334/2016 e MP 752/2016) conforme *site*: http://selmalemes.adv.br/artigos/An%C3%A1lise-%20Pesquisa-%20Arbitragens%20Ns%20%20e%20Valores%20_2010%20a%202016_.pdf. "Em 2005, primeiro ano em que foi realizada a pesquisa 'Arbitragem em números e valores', o levantamento mostrou que as cinco maiores câmaras do país cuidavam de 21 arbitragens sobre assuntos do dia a dia das empresas, como contratos de compra e venda de equipamentos e seguros, em disputas que envolviam pouco mais de R$ 247 milhões. Em 2013, nessas mesmas câmaras discutiu-se cerca de R$ 3 bilhões em 147 processos arbitrais. Os temas debatidos, hoje bem mais complexos, tratam principalmente de questões sobre disputas societárias e contratos de infraestrutura", **Jornal Valor Econômico**, 27 de janeiro de 2014, site: < http://www.valor.com.br/legislacao/3407430/arbitragens-envolveram-r-3-bilhoes-em-2013>.

3. **"A morosidade processual no Poder Judiciário é a reclamação de quase metade dos cidadãos que procuram a Ouvidoria do Conselho Nacional de Justiça (CNJ)"**, fonte site CNJ: <http://www.cnj.jus.br/noticias/cnj/62126-morosidade-da-justica-e-a-principal-reclamacao-recebida-pela-ouvidoria-do-cnj>. Acesso em 24/05/2017.
4. **Trecho de Oração aos Moços**, Obras Completas de Rui Barbosa, V. 48, t. 2, 1921.
5. "A arbitragem mostra já ter conquistado espaço definitivo como forma de solução de conflitos em contratos comerciais, no Brasil. Algumas variáveis importantes conduziram a essa resultante, dentre elas – e inegavelmente – a morosidade do Judiciário, seu despreparo para o trato com negócios mais sofisticados, bem como a possibilidade de sigilo no processo arbitral", Hermes Marcelo Huck e Rodolfo da Costa Manso Real Amadeo, Árbitro: juiz de fato e de direito, **Revista de Arbitragem e Mediação**, vol. 40/2014, p. 181 – 192, Jan - Mar / 2014.
6. O prazo para a sentença arbitral ser proferida é de seis meses, caso não tenha sido outro convencionado pelas partes, art. 23 da Lei de Arbitragem, contado da instituição da arbitragem ou da substituição do árbitro".

surgiu em 1996, no direito pátrio[7], a arbitragem[8], que prevê vantajosa[9] modalidade alternativa de solução de controvérsias sobre direitos patrimoniais disponíveis, por meio da participação de uma ou mais pessoas (árbitros), que recebem poderes de uma convenção de arbitragem, decidindo com fundamento nesta, sem participação estatal, certo que a decisão tem os mesmos atributos de uma sentença judicial .

1.1. Natureza jurídica da arbitragem

A Lei de Arbitragem prevê expressamente que "o árbitro é juiz de fato e de direito" (art. 18 da Lei 9.307/1996). Esta previsão da atividade do árbitro remonta, no Brasil, a 1850 no art. 457 do Regulamento 737: "os arbitros julgarão de facto e de direito, conforme a legislação commercial (Cap. I do Tit. I) e clausulas do compromisso" e foi reiterada:

i) No art. 1.041 do CC/1916: "os árbitros são juízes de fato e de direito, não sendo sujeito seu julgamento a alçada, ou recurso, exceto se o contrário convencionarem as partes"; e

ii) No art. 1.078, do Código de Processo Civil de 1973 (revogado pela Lei de Arbitragem): "o árbitro é juiz de fato e de direito e a sentença que proferir não fica sujeita a recursos, salvo se o contrário convencionarem as partes".

---

7. Sobre a origem da arbitragem vide Alfredo Buzaid, **Do juízo arbitral, Doutrinas Essenciais Arbitragem e Mediação**, vol. 1/2014, p. 635, Set / 2014: "O instituto do Juízo arbitral é conhecido e praticado desde a mais remota antiguidade. Nossa investigação começa, porém, no Direito Romano, onde a matéria, foi regulada com precisão no "Digesto", Liv. IV, tít. 8, no Código. Liv. II, tít. 55, sob a epígrafe 'De Receptis'. Os documentos relativos ao período mais antigo deitam pouca luz e a sua invocação tem um valor muito relativo".

8. Por meio da Lei 9.307/1996.

9. "Pode-se dizer que as empresas entenderam as vantagens em utilizar a arbitragem. Podem resolver com mais brevidade (em comparação com o Judiciário) demandas contratuais e, seja qual for o resultado (não obstante esperam sair vitoriosos em seus pleitos), retirar de suas demonstrações financeiras (balanço contábil) esse contingenciamento. Na linguagem econômica, reduzem-se os custos de transação. A decisão em optar pela arbitragem é tanto econômica como jurídica", conforme site Consultor Jurídico, site:< http://www.conjur.com.br/2016-jul-15/solucoes-arbitragem-crescem-73-seis-anos-mostra-pesquisa>,acesso em 26.07.2017. "As vantagens geralmente atribuídas à arbitragem incluem a celeridade, a economia, o conhecimento específico do prolator da decisão, a privacidade, a maior informalidade e a definitividade da decisão sem possibilidade de recurso", Marcus Sherman, **Complex litigation**, St. Paul (Minn.), West Publ., 1992, p. 988. Candido Rangel Dinarmarco acrescenta outra vantagem extraída da doutrina de Carnelutti: "não sem uma gota de cinismo, também se aponta entre as vantagens da arbitragem a defesa contra possíveis riscos fiscais da publicidade dos negócios e da contabilidade das partes", **A arbitragem na teoria geral do processo**, São Paulo, Malheiros, 2013, p. 32.

Portanto, neste trabalho é adotada a tese no sentido de que o legislador, ao expressar que o "árbitro é juiz de fato e de direito" (art. 18 da Lei 9.307/1996), acolheu a natureza jurisdicional da arbitragem[10]:

Cabe acrescentar que os impedimentos e suspeições previstos para os juízes no Código de Processo Civil são aplicáveis aos árbitros (art. 14, *caput*, da Lei da Arbitragem), corroborando a natureza jurisdicional da arbitragem[11].

---

10. Carlos Alberto Carmona afirma: "É possível que o legislador, ao empregar a consagrada expressão 'juiz de fato e de direito', tenha tido em mente a ideia de que em alguns juízos separam-se as decisões de fato e de direito (como ocorre com o julgamento do júri, onde apenas os fatos são submetidos aos jurados, enquanto toca ao juiz togado aplicar o direito), querendo deixar consolidada a ideia de que no juízo arbitral não se fará tal separação; talvez tenha o legislador querido ressaltar que, por conta de sua investidura privada, os árbitros são juízes de fato (privados), mas sua decisão produz a mesma eficácia da decisão estatal (daí serem também juízes de direito); talvez tenha o legislador querido ressaltar que o árbitro lidará tanto com as questiones facti quanto com as questiones iuris. Seja como for, resulta claro desta fórmula, verdadeiramente histórica, que o intuito da lei foi o de ressaltar que a atividade do árbitro é idêntica à do juiz togado, conhecendo o fato e aplicando o direito" (**Arbitragem e processo: um comentário à Lei n. 9.307/96**, 3. ed., São Paulo: Atlas, 2009, p. 268-269). No mesmo sentido: "O texto normativo expressa, sim, a essência jurisdicional devotada pelo legislador à atividade arbitral. Volta-se para os elementos intrínsecos da função exercida pelo árbitro. Função essa eminentemente jurisdicional. É nesse particular que a atividade arbitral se embrica com a do juiz togado. Ambos exercem munus publicum, a despeito da temporariedade dos poderes do árbitro. Ambos são chamados a resolver uma controvérsia, não obstante o caráter privado da nomeação do árbitro. Ambos manejam as questões de fato e de direito. Árbitros e juízes ordinários aplicam o direito ao caso concreto, componente maior da expressão da jurisdição (iudicium), muito embora não detenha o árbitro os poderes de coerção e de execução. Daí por que o árbitro é, sem duvida, juiz de fato e de direito. Ao menos no que toca aos elementos intrínsecos da sua atividade" (Pedro A. Batista Martins, **Apontamentos sobre a Lei de Arbitragem**, Rio de Janeiro: Forense, 2008, p. 218-219)."Admitida e reconhecida a jurisdicionalidade da atividade arbitral, a relevância do debate, nos dias de hoje, está muito mais na percepção da limitação dos poderes dos árbitros no exercício de sua função jurisdicional, em face das disposições da Lei n. 9.307/1996. E esse debate, por seu turno, leva a uma questão de enorme relevância para o desenvolvimento da arbitragem em nosso país e que será tratada a seguir: a verdadeira 'cooperação' que deve ditar o relacionamento entre juízes e árbitros, dada a limitação de poderes destes, para que se cumpra a missão unívoca da pacificação social, mediante a resolução célere e eficaz dos conflitos (...). Assim é que o árbitro exerce atividade cognitiva plena, cabendo-lhe estudar o caso, investigar os fatos, colher as provas que entender cabíveis e aplicar as normas legais apropriadas (notio). Do mesmo modo, tem o árbitro poder convocatório das partes, sem necessidade qualquer auxílio judicial, sendo certo que as partes vinculam-se a todos os atos do procedimento arbitral. Por fim, é inquestionável que, ao árbitro, compete proferir julgamento final que, no ordenamento atual, reveste-se da mesma eficácia da sentença judicial", GIUSTI, Gilberto, **O árbitro e o juiz: da função jurisdicional do árbitro e do juiz**. RBA 5/10-12. Candido Rangel Dinarmarco também defende a natureza jurisdicional da arbitragem, já que a caracterização da jurisdição deve ser feita não pelos sujeitos que a exercem, mas pela natureza e escopos da atividade exercida", op. cit., p. 40/41.

11. Comentando o Código Civil de 1973, Nelson Nery e Rosa Nery afirmam: "A natureza jurídica da arbitragem é de jurisdição. O árbitro exerce jurisdição porque aplica o direito ao caso concreto e coloca fim à lide que existia entre as partes. A arbitragem é instrumento de pacificação social. Sua decisão é exteriorizada por meio de sentença, que tem qualidade de título executivo judicial (CPC (LGL\1973\5) 475-N IV), não havendo necessidade de ser homologada pela jurisdição estatal. A execução da sentença arbitral é aparelhada por título judicial, sendo passível de impugnação ao

Ademais, a sentença arbitral produz os mesmos efeitos da sentença proferida pelos órgãos do Poder Judiciário (art. 31, da Lei da Arbitragem), configura título executivo judicial (art. 515, VII do Código de Processo Civil de 2015[12] e art. 31, da Lei da Arbitragem), sujeito a impugnação ao cumprimento de sentença, nos termos do artigo 525 e seguintes do Código de Processo Civil de 2015, conforme prevê o art. 33 § 3º da Lei de Arbitragem.

Acrescentamos que o Código de Processo Civil equiparou a carta arbitral[13] à carta precatória feita pelo juiz (artigos 237, IV, 260 e 267), corroborando a natureza jurisdicional da arbitragem, defendida por Carnelutti[14].

As partes interessadas podem submeter a solução de seus litígios ao juízo arbitral, mediante convenção de arbitragem:

> A lei de arbitragem, na esteira das mais avançadas legislações similares, adotou a expressão convenção de arbitragem para o acordo no qual as partes interessadas submetem a solução de seus litígios ao juízo arbitral, seja por meio de cláusula compromissória, seja por meio de compromisso arbitral (art. 3º). Tanto a cláusula compromissória como o compromisso arbitral são, pois, espécies de convenção de arbitragem, que é o pacto através do qual se sujeita alguma questão (presente ou futura) ao juízo arbitral.
>
> Os dois instrumentos podem ser utilizados para viabilizar a arbitragem, embora possuam, cada qual, finalidades distintas. Em outros termos, o legislador brasileiro conferiu funções diversas à cláusula compromissória e ao compromisso arbitral.
>
> Além da diferença tópica (a cláusula está sempre inserida em contrato ou a ele adere), existe entre as referidas figuras diferença temporal, da qual decorre a diversa regulamentação. A cláusula refere-se sempre ao futuro, característica que ressalta da definição legal: "as partes em um contrato comprometem-se a submeter à arbitragem os litígios que possam vir a surgir, relativamente a tal contrato." (art. 4º). Isto significa – se o contrário não for estipulado pelas partes – que qualquer litígio que se origine do contrato no qual está inserida a cláusula – ou o contrato a que ela faça referência – será submetido à arbitragem. A

---

cumprimento de sentença com fundamento no CPC (LGL\1973\5) 475-L, segundo a LArb 33 § 3.º", Op. cit., coment. 1, art.18 da Lei de Arbitragem, p. 1531.

12. Este artigo repete a previsão do art. 475-N, IV, do CPC de 1973.

13. A carta arbitral, criada pelo Código de Processo Civil de 2015, é expedida para que "para que órgão do Poder Judiciário pratique ou determine o cumprimento, na área de sua competência territorial, de ato objeto de pedido de cooperação judiciária formulado por juízo arbitral, inclusive os que importem efetivação de tutela provisória" (art. 237, IV, do CPC/2015). Esta novidade tem por fim estimular a cooperação entre árbitro e juiz na distribuição da justiça com celeridade e eficiência, já que não são foros antagônicos, nesse sentido José Antonio Fichtner, Sergio Nelson Mannheimer e André Luis Monteiro, **Cinco pontos sobre a arbitragem no Projeto do Novo Código Processo Civil**, Revista de Processo 205/307. São exemplos de providências a serem solicitadas na carta arbitral intimação por meio de oficial de justiça ou cumprimento de liminar.

14. **Instituciones del Proceso Civil**, tradução da quinta edição italiana por Santiago Sentis Melendo, Buenos Aires, Ed. Jurídicas Europa-America, 1989, v. I, p. 109-114.

regulamentação constante dos dispositivos seguintes (4º ao 8º) confirma essa característica: a cláusula é escrita para o futuro...

No compromisso arbitral, efetivamente, regula-se o presente, pois seu pressuposto é a existência de litígio: o "compromisso arbitral é a convenção através da qual as partes submetem um litígio à arbitragem de uma ou mais pessoas..." (art. 9º). Igualmente, a normatização constante dos dispositivos seguintes confirma o caráter de atualidade. É no compromisso que se estipulam todos os elementos necessários à constituição e ao desenvolvimento da arbitragem. Este compromisso (art. 9º) pode ser judicial – celebrado por termo nos autos, na pendência de demanda a respeito de litígio, em que é oferecida a solução arbitral à questão – ou extrajudicial – realizado por escrito particular, desde que assinado por duas testemunhas, ou por instrumento público.

Este compromisso deve conter, obrigatoriamente, sob pena de nulidade da arbitragem, os requisitos do art. 10, podendo ainda contemplar os elementos do art. 11 da lei.

O fato de o legislador ter mantido as duas formas de opção pela arbitragem, dando-lhes regulação diversa, leva a concluir pela obrigatoriedade do compromisso, hipótese somente descartada diante de uma cláusula compromissória "cheia", ou seja, que contenha todos os requisitos necessários à instituição e desenvolvimento da arbitragem, previstos no art. 10 (requisitos essenciais do compromisso) e no art. 11 (requisitos opcionais do compromisso).

O compromisso não exige que haja previsão anterior da opção pela arbitragem em cláusula contratual. Mas a cláusula, embora vincule as partes ao julgamento pela arbitragem, não é normalmente suficiente (excetuada a hipótese acima descrita) para que esta se processe validamente, pois é na oportunidade do compromisso que as partes, em geral junto com os árbitros, decidirão a respeito dos seus elementos essenciais (requisitos do art. 10). Estes, ao lado de outros elementos que as partes e os árbitros tenham escolhido para integrar o conteúdo do compromisso, vinculam os árbitros e determinam sua competência[15].

2. ARBITRAGEM NA REFORMA TRABALHISTA

A Lei nº 7.783/89, no artigo 7º, já previa a possibilidade da utilização a arbitragem para conflitos decorrentes do direito de greve e para conflitos de interesses decorrentes da participação dos trabalhadores nos lucros ou resultados da empresa (art. 4º da Medida Provisória nº 1539-34/1997).

Em 2015 foi aprovada pelo Parlamento, mas vetada pela Presidente da República, a tentativa de previsão expressa da arbitragem em matéria trabalhista, prevista no § 4º do art. 4º, da Lei nº 9.307, de 23 de setembro de 1996, alterados pelo art. 1º do projeto de lei no 406/2013 (no 7.108/14 na Câmara dos Deputados)[16]:

15. ARENHART, Sérgio Cruz, **Breves considerações sobre o procedimento arbitral**, site Academus:< https://www.academia.edu/214088/BREVES_OBSERVA%C3%87%C3%95ES_SOBRE_O_PROCEDIMENTO_ARBITRAL?auto=download>, acesso em 17.08.2017.

16. Constam como razões do veto: "O dispositivo autorizaria a previsão de cláusula de compromisso em contrato individual de trabalho. Para tal, realizaria, ainda, restrições de sua eficácia nas relações envolvendo determinados empregados, a depender de sua ocupação. Dessa forma, acabaria por

> "§ 4º Desde que o empregado ocupe ou venha a ocupar cargo ou função de administrador ou de diretor estatutário, nos contratos individuais de trabalho poderá ser pactuada cláusula compromissória, que só terá eficácia se o empregado tomar a iniciativa de instituir a arbitragem ou se concordar expressamente com a sua instituição."

No projeto de lei originário[17] enviado pelo Poder Executivo ao Congresso sobre a Reforma Trabalhista não constava qualquer previsão sobre a arbitragem quanto a contratos individuais do trabalho[18]. Houve emenda aditiva ao substitutivo do projeto de lei em tela, de autoria da Deputada Benedita da Silva, prevendo a arbitragem para negociação coletiva que tenha por objeto a demissão coletiva de empregados[19].

Contudo, o texto aprovado pelo Parlamento e sancionado foi o seguinte:

> Art. 507-A. Nos contratos individuais de trabalho cuja remuneração seja superior a duas vezes o limite máximo estabelecido para os benefícios do Regime Geral de Previdência Social, poderá ser pactuada cláusula compromissória de arbitragem, desde que por iniciativa do empregado ou mediante a sua concordância expressa, nos termos previstos na Lei no 9.307, de 23 de setembro de 1996.

Trata-se de uma possibilidade de resolução de conflitos, que depende da concordância expressa do empregado e do empregador, desde que:

i) A remuneração do empregado seja superior a duas vezes o limite máximo estabelecido para os benefícios do Regime Geral de Previdência Social, isto é, superior a R$ 11.062,62 (onze mil e sessenta e dois reais e sessenta e dois centavos), na data da publicação da Lei em comento[20], o que corresponde, em valores atuais, "tão-somente, a um universo de aproximadamente dois por cento dos empregados"[21]; e

---

realizar uma distinção indesejada entre empregados, além de recorrer a termo não definido tecnicamente na legislação trabalhista. Com isso, colocaria em risco a generalidade de trabalhadores que poderiam se ver submetidos ao processo arbitral", Mensagem do veto nº 162/2015, disponível em: <http://www.planalto.gov.br/ccivil_03/_Ato2015-2018/2015/Msg/VEP-162.htm> .

17. Projeto de Lei nº 6.787/2016.

18. Conforme site da Câmara dos Deputados: <http://www.camara.gov.br/proposicoesWeb/prop_mostrarintegra;jsessionid=21F21027E772DC9A6CBC3CE497D42DE6.proposicoesWebExterno1?codteor=1520055&filename=PL+6787/2016>, acesso em 01.08.2017.

19. – "Art. 507-A. Nos casos de negociação coletiva que tenha por objeto a demissão coletiva de empregados, poderá ser pactuada cláusula compromissória de arbitragem, desde que por iniciativa dos sindicatos ou mediante a sua concordância expressa, assistido por representante do Ministério Público do Trabalho, nos termos previstos na Lei nº 9.307, de 23 de setembro de 1996", Emenda ao Substitutivo nº 379, Conforme site da Câmara dos Deputados: http://www.camara.gov.br/proposicoesWeb/fichadetramitacao?idProposicao=2130645, acesso em 01.08.2017.

20. O limite previdenciário é de R$ 5.531,31 (cinco mil quinhentos e trinta e um reais e trinta e um centavos), cf. site da Previdência Social: http://www.previdencia.gov.br/2017/01/beneficios-indice-de-reajuste-para-segurados-que-recebem-acima-do-minimo-e-de-658-em-2017/ .

21. Relatório do Deputado Rogério Marinho elaborado durante a aprovação do Projeto de Lei da Reforma Trabalhista, site da Câmara dos Deputados:< http://www.camara.gov.br/proposicoesWeb/

ii) A cláusula compromissória[22] seja pactuada "por iniciativa do empregado ou mediante sua concordância expressa, nos termos previstos na lei 9.307/96", sempre por escrito (art. 4o, §1º da Lei de Arbitragem), ou seja, este requisito exige livre manifestação de vontade, na forma escrita do empregado[23].

O legislador partiu da premissa de que o empregado, sujeito a remuneração maior do que a média da população brasileira, que observe os requisitos "terá a possibilidade de discutir as condições de sua contratação, afastando a disciplina típica dos contratos de adesão"[24].

Diante desta previsão algumas questões merecem ser debatidas, dentre elas: a constitucionalidade do artigo 507-A da Consolidação das Leis Trabalhistas, a abrangência das questões decididas na arbitragem, o adiantamento do custeio das despesas e a aplicação da arbitragem trabalhista aos contratos em curso, é o que propomos a enfrentar neste estudo.

3. QUESTÕES POLÊMICAS DA ARBITRAGEM TRABALHISTA

A nova previsão legislativa que institui a arbitragem na esfera trabalhista suscitará inúmeras polêmicas, mas, diante dos limites do presente trabalho, trataremos apenas de algumas delas.

3.1. Constitucionalidade do Art. 507-A da CLT

A polêmica acerca da inconstitucionalidade da arbitragem trabalhista é anterior à reforma em comento, existindo duas correntes. André Vasconcelos Roque sintetiza:

> No TST, por exemplo, nada menos que seis das oito Turmas possuem precedentes considerando os dissídios individuais inarbitráveis de uma forma geral.

prop_mostrarintegra?codteor=1548298&filename=Tramitacao-PL+6787/2016> , acesso em 03.08.2017.

22. O art. 4º da Lei nº 9.307/96 define a cláusula compromissória como: "a convenção através da qual as partes em um contrato comprometem-se a submeter à arbitragem os litígios que possam vir a surgir, relativamente a tal contra".

23. Não foi acolhida a tese no sentido de que "a arbitragem no âmbito do direito do trabalho somente seria admitida após o encerramento do vínculo trabalhista, com a celebração do compromisso arbitral, hipótese em que o conflito já estaria perfeitamente delimitado. Nesse momento, qualquer pretensão do empregado terá natureza pecuniária (inclusive eventual indenização, por exemplo, decorrente de descumprimento às normas de segurança e de medicina do trabalho ou de eventual dano moral) e ele já estará livre do vínculo de dependência que mantinha com seu antigo empregador, não havendo mais receio de que a sua manifestação de vontade esteja viciada", ROQUE, André Vasconcelos, **A EVOLUÇÃO DA ARBITRABILIDADE OBJETIVA NO BRASIL: TENDÊNCIAS E PERSPECTIVAS**, Revista de Arbitragem e Mediação | vol. 33/2012 , Abr - Jun / 2012.

24. ROQUE, André Vasconcelos, op. cit..

> Uma turma possui julgados nos dois sentidos, evidenciando que a matéria ainda não se pacificou naquele órgão fracionário. E apenas a 4.ª Turma do TST tem orientação mais favorável à arbitragem trabalhista nos litígios individuais. A validade das sentenças arbitrais, entretanto, tem sido reconhecida pela Justiça Federal e até mesmo pelo STJ em demandas ajuizadas por ex-empregados para fins de liberação do FGTS após o encerramento da arbitragem que reconhecer o fim da relação de trabalho[25].

No sentido da inconstitucionalidade há precedente do Tribunal Superior do Trabalho, da lavra do Ministro Maurício Godinho Delgado, fundamentando no fato de que:

> A absoluta prevalência que a Carta Magna confere à pessoa humana, à sua dignidade no plano social, em que se insere o trabalho, e a absoluta preponderância deste no quadro de valores, princípios e regras imantados pela mesma Constituição. Assim, a arbitragem é instituto pertinente e recomendável para outros campos normativos (Direito Empresarial, Civil, Internacional, etc.), em que há razoável equivalência de poder entre as envolvidas, mostrando-se, contudo, sem adequação, segurança, proporcionalidade e razoabilidade, além de conveniência, no que diz respeito ao âmbito das relações individuais laborativas. Recurso de revista não conhecido[26].

Acrescentando em outra decisão o citado Tribunal Superior em Acórdão Relatado pelo Ministro João Batista Brito Pereira:

> Por outro lado, quis o legislador constituinte possibilitar a adoção da arbitragem apenas para os conflitos coletivos, consoante se observa do art. 114, §§ 1º e 2º, da Constituição da República. Portanto, não se compatibiliza com o direito individual do trabalho a arbitragem[27].

A Ministra Rosa Weber, enquanto Ministra do Tribunal Superior do Trabalho, comungava do entendimento pela inconstitucionalidade[28].

---

25. Op. cit., p. 309.
26. TST-RR 192700-74.2007.5.02.0002, j. 19.05.2010, Rel. Min. Mauricio Godinho Delgado, 6ª T., DEJT 28.05.2010. No mesmo sentido vide: TST/AIRR 1229/2004-014-05-40.3, Relator Ministro Luiz Philippe Vieira de Mello Filho, 1ª Turma, DEJT 27.11.2009; TST/RR 1599/2005-022-02-00.8, Relator Ministro Alberto Luiz Bresciani de Fontan Pereira, 3ª Turma, DEJT 02.10.2009;TST/AIRR 415/2005-039-02-40.9, Relator Ministro Horácio Raymundo de Senna Pires, 6ª Turma, DEJT 26.06.2009; RR 955/2007-024-02-00, 8.ª T., rel. Min. Maria Cristina Irigoyen Peduzzi, DJ 05.12.2008; RR 795/2006-028-05-00, 3.ª T., rel. Min. Alberto Luiz Bresciani de Fontan Pereira, DJ 29.05.2009; e AgIn em RR 2823/2003-068-02-40, 2.ª T., rel. Min. Renato de Lacerda Paiva, DJ 19.06.2009.
27. E-ED-RR-79500-61.2006.5.05.0028, Rel. Min. João Batista Brito Pereira, SDI-1, DEJT 30.03.2010.
28. "AGRAVO DE INSTRUMENTO EM RECURSO DE REVISTA. JUÍZO ARBITRAL. DISSÍDIO INDIVIDUAL. DESCABIMENTO. Aparente violação do art. 5º, XXXV, da Constituição da República, nos moldes da alínea "c" do art. 896 da CLT, a ensejar o provimento do agravo de instrumento, nos termos do art. 3º da Resolução Administrativa nº 928/2003. Agravo de instrumento conhecido e provido. RECURSO DE REVISTA. JUÍZO ARBITRAL. DISSÍDIO INDIVIDUAL. DESCABIMENTO. Essa Corte Superior tem se posicionado pela inaplicabilidade da convenção arbitral aos dissídios individuais trabalhistas, mormente na presente hipótese, em que conferida plena e geral quitação dos direitos decorrentes

Há Acórdão, relatado pelo Ministro Augusto César Leite de Carvalho, fundamentando na natureza indisponível dos direitos trabalhistas[29].

O Tribunal Superior do Trabalho acolheu pedido do Ministério Público do Trabalho e não admitiu a arbitragem em matéria trabalhista, condenando Câmara e Arbitragem a abster-se de promover a arbitragem quanto a direitos individuais trabalhistas[30].

Na doutrina, acolhendo os fundamentos acima, temos as lições de Carlos Henrique Bezerra Leite[31], Maurício Godinho Delgado[32], Francisco Ferreira Jorge Neto e Jouberto de Quadros Pessoa Cavalcante[33].

---

do contrato de trabalho, em contrariedade à Súmula 330/TST. Viola, nesse passo, o art. 5º, XXXV, da CF/88 decisão regional no sentido de que, "se as partes, de livre e espontânea vontade, decidem se submeter ao instituto da arbitragem, devem aceitar a solução ali encontrada, não podendo em seguida, recorrer ao Poder Judiciário, para discutir a mesma matéria". Recurso de revista conhecido e provido", RR-93900-53.2001.5.05.0611, Rel. Min. Rosa Maria Weber, 3ª Turma, Data de Publicação: 13/11/2009.

29. TST: RR 148400-18.2004.5.02.0039; Sexta Turma; Rel. Min. Augusto César Leite de Carvalho; DEJT 10.12.2010; Pág. 899. No mesmo sentido a SbDI-1 do TST, ao examinar caso bastante semelhante: "EMBARGOS REGIDOS PELA LEI Nº 11.496/2007. ARBITRAGEM. DISSÍDIOS INDIVIDUAIS TRABALHISTAS. INCOMPATIBILIDADE. Nos dissídios coletivos, os sindicatos representativos de determinada classe de trabalhadores buscam a tutela de interesses gerais e abstratos de uma categoria profissional, como melhores condições de trabalho e remuneração. Os direitos discutidos são, na maior parte das vezes, disponíveis e passíveis de negociação, a exemplo da redução ou não da jornada de trabalho e de salário. Nessa hipótese, como defende a grande maioria dos doutrinadores, a arbitragem é viável, pois empregados e empregadores têm respaldo igualitário de seus sindicatos. No âmbito da Justiça do Trabalho, em que se pretende a tutela de interesses individuais e concretos de pessoas identificáveis, como, por exemplo, o salário e as férias, a arbitragem é desaconselhável, porque outro é o contexto: aqui, imperativa é a observância do princípio protetivo, fundamento do direito individual do trabalhador, que se justifica em face do desequilíbrio existente nas relações entre trabalhador - hipossuficiente - e empregador. Esse princípio, que alça patamar constitucional, busca, efetivamente, tratar os empregados de forma desigual para reduzir a desigualdade nas relações trabalhistas, de modo a limitar a autonomia privada. Imperativa, também, é a observância do princípio da irrenunciabilidade, que nada mais é do que o desdobramento do primeiro. São tratados aqui os direitos do trabalho indisponíveis previstos, quase sempre, em normas cogentes, que confirmam o princípio protetivo do trabalhador. Incompatível, portanto, o instituto da arbitragem nos dissídios individuais trabalhistas. Embargos conhecidos e providos." (ERR-27700-25-2005-5-05-0611, SbDI-1, Rel. Min. José Roberto Freire Pimenta, julgado em 26/3/2015, DEJT 10/4/2015).

30. "A intermediação de pessoa jurídica de direito privado – 'câmara de arbitragem' - quer na solução de conflitos, quer na homologação de acordos envolvendo direitos individuais trabalhistas, não se compatibiliza com o modelo de intervencionismo estatal norteador das relações de emprego no Brasil. 7. Embargos do Ministério Público do Trabalho de que se conhece, por divergência jurisprudencial, e a que se dá provimento", Embargos em Embargos de Declaração em Recurso de Revista nº TST-E-ED-RR-25900-67.2008.5.03.0075

31. "Não obstante a sua previsão constitucional (CF, art. 114, § § 1º e 2º) como meio de solução dos conflitos coletivos de trabalho, a convenção de arbitragem não tem sido adotada na prática trabalhista, sendo certo que, quanto aos conflitos individuais de trabalho, a convenção arbitral (CPC, art. 301, IX, e § 4º) é de duvidosa aplicação na seara laboral, mormente porque o Direito do Trabalho é informado pelo princípio da indisponibilidade dos direitos individuais dos trabalhadores. É por isso que a convenção de arbitragem nos dissídios individuais oriundos da relação de emprego se mostra

Em sentido contrário, pela constitucionalidade da arbitragem individual trabalhista temos precedentes do Tribunal Superior do Trabalho[34], dentre eles da Relatoria do Ministro Ives Gandra Martins Filho afirmou:

> A arbitragem (Lei 9.307/96) é passível de utilização para solução dos conflitos trabalhistas, constituindo, com as comissões de conciliação prévia (CLT, arts. 625-A a 625-H), meios alternativos de composição de conflitos, que desafogam o Judiciário e podem proporcionar soluções mais satisfatórias do que as impostas pelo Estado-juiz[35].

Da mesma forma o Ministro Pedro Paulo Teixeira Manus:

> Juízo Arbitral. Coisa julgada. Lei nº. 9.307/96. Constitucionalidade. O art. 5º, XXXV, da Constituição Federal dispõe sobre a garantia constitucional da universalidade da jurisdição, a qual, por definir que nenhuma lesão ou ameaça a direito pode ser excluída da apreciação do Poder Judiciário, não se incompatibiliza com o compromisso arbitral e os efeitos de coisa julgada de que trata a Lei nº 9.307/96. É que a arbitragem se caracteriza como forma alternativa de prevenção ou solução de conflitos à qual as partes aderem, por força de suas próprias vontades, e o inciso XXXV do art. 5º da Constituição Federal não impõe o direito à ação como um dever, no sentido de que todo e qualquer litígio deve ser submetido ao Poder Judiciário. Dessa forma, as partes, ao adotarem a arbitragem, tão-só por isso, não praticam ato de lesão ou ameaça à direito. Assim, reconhecido pela Corte Regional que a sentença arbitral foi proferida nos termos da lei e que não há vício na decisão proferida pelo juízo arbitral, não se há de falar em afronta ao mencionado dispositivo constitucional ou em inconstitucionalidade da Lei nº 9.307/96[36].

Do julgamento acima também aderiu à tese o Ministro Guilherme Caputo Bastos.

Na doutrina, o Professor Carlos Alberto Carmona é favorável a aplicação da arbitragem individual trabalhista:

> Quanto aos conflitos individuais, embora não se deixe de reconhecer o caráter protetivo do direito laboral, é fato incontestável que nem todos os direitos inseridos na Consolidação das Leis do Trabalho assumiriam a feição irrenunciável pregada pela doutrina especializada mais conservadora: se assim não fosse,

---

incompatível com os princípios da proteção do empregado hipossuficiente e da irrenunciabilidade", **Curso de Direito Processual do Trabalho.** 11ª edição: São Paulo. Editora LTr, 2013, p. 110.

32. **Direito Processual do Trabalho,** Tomo I, 3ª Edição, Rio de Janeiro: Lúmen Júris Editora, 2007, p. 158.

33. **Curso de direito do trabalho.** 10ª Ed. São Paulo: LTr, 2011, p. 1378

34. Nesse sentido: AgIn em RR 72491/2002-900-02-00, 3.ª T., rel. Min. Alberto Luiz Bresciani de Fontan Pereira, DJ 27.03.2009; AgIn em RR 2547/2002-077-02-40, 7.ª T., rel. Min. Ives Gandra Martins Filho, DJ 08.02.2008; AgIn em RR 1475/2000-193-05-00, 7.ª T., rel. Min. Pedro Paulo Manus, DJ 17.10.2008; RR 1650/1999-003-15-00, 4.ª T., Juíza convocada rel. Maria Doralice Novaes, DJ 30.09.2005; RR 1799/2004-024-05-00, 4.ª T., rel. Min. Barros Levenhagen, DJ 19.06.2009.

35. TST, AIRR – 2547/2002-077-02-40. No mesmo sentido do mesmo Relator: TST, AIRR - 2547/2002-077-02-40.

36. TST, AIRR - 1475/2000-193-05-00.

> não se entenderia o estímulo sempre crescente à conciliação (e à consequente transação), de tal sorte que parece perfeitamente viável solucionar questões trabalhistas que envolvam direitos disponíveis através da instituição do juízo arbitral.[37]

Zoraide Amaral de Souza admite a arbitragem trabalhista individual, já que algumas normas da Constituição e da Consolidação das Leis Trabalhistas, sobre contrato individual do trabalho, estão sujeitas a negociação pelas partes, concluindo pela constitucionalidade da arbitragem[38].

Da mesma forma, no sentido da constitucionalidade da arbitragem individual do trabalho defende Rildo Albuquerque Mousinho de Brito:

> Essa indisponibilidade, que se apresenta como uma proteção contra renúncias forçadas e descabidas, a fim de assegurar a dignidade da pessoa humana, depende de circunstâncias como a natureza do direito em disputa, do grau de independência do trabalhador em relação ao empregador, do momento em que ocorre o conflito e quando se opta pelo juízo arbitral (se antes, durante ou após o contrato de trabalho)[39].

Rodolfo Pamplona Filho conclui:

> (...) Talvez já seja hora de assumir, sem hipocrisias, que os direitos trabalhistas talvez não sejam tão irrenunciáveis assim, mas a própria possibilidade da conciliação judicial por valores menores do que o efetivamente devido já demonstra a real disponibilidade na prática (e com chancela judicial!)[40]

Externadas os fundamentos de ambas as correntes, resta externar o entendimento adotado neste estudo acerca da constitucionalidade ou inconstitucionalidade da modalidade de arbitragem trabalhista individual inserida pela Reforma Trabalhista.

Não há inconstitucionalidade, já que não há cláusula sujeita à reserva de jurisdição quanto aos litígios trabalhistas individuais. O postulado constitucional da reserva de jurisdição é um tema ainda pendente de definição pelo Supremo Tribunal Federal. Este, quando tratou do assunto, não mencionou os litígios trabalhistas individuais, afastando-os da arbitragem:

---

37. **Arbitragem e Processo**, 2ª edição, 2004, pg. 59.
38. **Arbitragem - Conciliação - Mediação nos Conflitos Trabalhistas**. São Paulo: LTr, 2004, p. 191-192: "Observa-se que algumas normas contidas na Consolidação das Leis do Trabalho, atinentes ao contrato individual do trabalho, podem estar sujeitas à negociação pelas partes contratantes (empregado e empregador). [...] Do exposto, pode-se constatar que diversas regras constitucionais e legais, referentes ao contrato individual de trabalho, admitem renúncia e transação, o que conduz ao convencimento da disponibilidade de direitos que a princípio são considerados indisponíveis".
39. **Mediação e Arbitragem de Conflitos Trabalhistas no Brasil e no Canadá**. São Paulo: LTr, 2010, p. 43-44.
40. **Atualizando uma visão didática da arbitragem na área trabalhista.** Jus Navigandi, Teresina, ano 9, n. 700, 5 jun. 2005. Disponível em: <http://jus2.uol.com.br/doutrina/texto.asp?id=6831>. Acesso em: 08.08.2011.

> A cláusula constitucional da reserva de jurisdição – que incide sobe determinadas matérias, como a busca domiciliar – (CF, art. 5º, XI), a interceptação telefônica (CF, art. 5º, XII) e a decretação da prisão de qualquer pessoa, ressalvada a hipótese de flagrância (CF, art. 5º, LXI) – traduz a noção de que, nesses temas específicos, assiste ao Poder Judiciário, não apenas o direito de proferir a última palavra, mas, sobretudo, a prerrogativa de dizer desde logo, a primeira palavra, excluindo-se, desse modo, por força e autoridade do que dispõe a própria Constituição, a possibilidade do exercício de iguais atribuições, por parte de quaisquer outro órgão ou autoridades do Estado. Doutrina.
>
> O princípio constitucional da reserva de jurisdição embora reconhecido por cinco (5) Juízes do Supremo Tribunal Federal – Min. CELSO DE MELLO (Relator), Min. MARCO AURÉLIO, Min. SEPÚLVEDA PERTENCE, Min. NÉRI DA SILVEIRA e Min. CARLOS VELLOSO (Presidente) – não foi objeto de consideração por parte dos demais eminentes Ministros do Supremo Tribunal Federal, que entenderam suficiente para efeito de concessão do writ mandamental, a falta de motivação do ato impugnado.[41]

Canotilho denomina o princípio da reserva absoluta de jurisdição de "monopólio da primeira palavra", aplicável "quando em certos litígios, compete ao juiz não só a última e decisiva palavra, mas também a primeira palavra referente à definição do direito aplicável a certas relações jurídicas"[42], sendo tal princípio aplicável à privação de liberdade nos artigos 27.º/2, e 28.º/1, da Constituição Portuguesa.

Ademais, não há como considerar que o direito à inafastabilidade do controle jurisdicional constitui direito absoluto, impossibilitando que empregado e empregador (desde que observem os requisitos do art. 507-A da CLT), resolvam eventual conflito de interesses por meio da arbitragem trabalhista. Convém lembrar que que não há direito fundamental absoluto, segundo a doutrina[43] e o Supremo Tribunal Federal[44].

---

41. MS 23.452-RJ
42. **Direito Constitucional.** 4ª ed., Coimbra: Livraria Almedina, p. 653.
43. Bobbio afirma que é impossível "atribuir um fundamento absoluto a direitos historicamente relativos". BOBBIO, Norberto. **A era dos direitos.** Trad. Carlos Nelson Coutinho. Rio de Janeiro: Elsevier, 2004, 7ª reimpressão, p. 38.
44. Já decidiu o Plenário do STF que os "direitos e garantias individuais não têm caráter absoluto. Não há, no sistema constitucional brasileiro, direitos ou garantias que se revistam de caráter absoluto, mesmo porque razões de relevante interesse público ou exigências derivadas do princípio de convivência das liberdades legitimam, ainda que excepcionalmente, a adoção, por parte dos órgãos estatais, de medidas restritivas das prerrogativas individuais ou coletivas, desde que respeitados os termos estabelecidos pela própria Constituição. O estatuto constitucional das liberdades públicas, ao delinear o regime jurídico a que estas estão sujeitas – e considerado o substrato ético que as informa – permite que sobre elas incidam limitações de ordem jurídica, destinadas, de um lado, a proteger a integridade do interesse social e, de outro, a assegurar a coexistência harmoniosa das liberdades, pois nenhum direito ou garantia pode ser exercido em detrimento da ordem pública ou com desrespeito aos direitos e garantias de terceiros" (MS 23.452/RJ).

Não se pode olvidar que o Poder Judiciário detém o "monopólio da última palavra"[45] para anular a arbitragem, caso exista um dos fundamentos legais para a anulação[46].

A previsão constitucional da arbitragem no dissídio coletivo (art. 114, §2º, da Constituição Federal) não significa opção do constituinte em afastar a arbitragem individual do trabalho, sob pena de o intérprete inserir conteúdo ao texto da Lei Maior[47], o que lhe é vedado.

O Supremo Tribunal Federal, quanto à arbitragem trabalhista individual, posiciona-se no sentido de que a matéria é infraconstitucional, portanto, delegada ao Legislador, não existindo a possibilidade de controle de constitucionalidade via recurso extraordinário:

> A aplicabilidade da arbitragem como medida extrajudicial de solução de conflitos na esfera do direito trabalhista está adstrita à análise da matéria infraconstitucional de regência, especialmente a do texto normativo da Lei nº 9.307/96, o que inviabiliza a abertura da instância extraordinária[48,49].

Merece abordagem a questão da indisponibilidade dos direitos trabalhistas e nos valemos das lições de André Vasconcelos Roque:

> Em primeiro lugar, é preciso ter em mente que os direitos trabalhistas, em geral, não são absolutamente indisponíveis. Embora a CLT (LGL\1943\5) estabeleça a sua irrenunciabilidade pelo empregado, seus efeitos ou consequências de ordem patrimonial são suscetíveis de apreciação econômica e plenamente disponíveis. Quando um empregado postula, por exemplo, o recebimento de determinada verba que não lhe foi paga ou indenização pelo descumprimento

45. Sobre o monopólio da última palavra, vide Canotilho, op. cit., p. 652.

46. Rol do art. 32 da Lei de Arbitragem.

47. "Para a interpretação constitucional, que parte do primado do texto, é o texto o limite insuperável da sua atividade", HESSE, Konrad. **A Força Normativa da Constituição**. Tradução de Gilmar Ferreira Mendes. Porto Alegre: Sérgio Antonio Fabris Editor, p.70.

48. RECURSO EXTRAORDINÁRIO 681.357/BA, Relator Min. Luiz Fux, 27.06.2012. No mesmo sentido: ARE 857799, Relator(a): Min. LUIZ FUX, julgado em 02/02/2015, publicado em DJe-027 DIVULG 09/02/2015 PUBLIC 10/02/2015; e ARE 730.630/MT, Rel. Min. Gilmar Mendes.

49. Este recurso apreciará a questão do levantamento do FGTS determinado pelo árbitro: "trata-se de agravo de instrumento contra decisão que negou seguimento a recurso extraordinário interposto de acórdão assim ementado: "ADMINISTRATIVO. CAIXA ECONÔMICA FEDERERAL. FGTS. SENTENÇAS ARBITRAIS. Se a legislação trabalhista permite que uma comissão de conciliação prévia, ente parcial e privado, reconheça a existência de situação trabalhista que autorize o levantamento do FGTS, como a demissão sem justa causa, com maior razão se deverá admitir reconhecimento equivalente quando oriundo de entes presuntivamente imparciais e privados como os tribunais arbitrais." (fl. 77). No RE, fundado no art. 102, III, a, da Constituição, alegou-se ofensa, em suma, ao art. 114, §§1° e 2°, da mesma Carta. O agravo merece acolhida. Assim, preenchidos os requisitos de admissibilidade do recurso, dou provimento ao agravo de instrumento e determino a subida dos autos principais para melhor exame da matéria. Publique-se. Brasília, 3 de agosto de 2010. Ministro RICARDO LEWANDOWSKI - Relator ", AI 807239, Relator(a): Min. RICARDO LEWANDOWSKI, julgado em 03/08/2010, publicado em DJe-154 DIVULG 19/08/2010 PUBLIC 20/08/2010.

> de norma da CLT (LGL\1943\5), não se está decidindo o direito trabalhista em si mesmo, mas sua repercussão patrimonial e a quantificação do valor efetivamente devido ao trabalhador, sendo este interesse francamente disponível[50].

Acrescenta o citado autor:

> A transação, aliás, é realidade frequente nas Varas do Trabalho pelo país inteiro, a evidenciar que nem todos os direitos do empregado são indisponíveis[51].

Verificamos anteriormente que o artigo 507-A da Consolidação das Leis do Trabalho limitou a arbitragem a empregados cuja remuneração seja superior a duas vezes o limite máximo estabelecido para os benefícios do Regime Geral de Previdência Social. Tratando-se de um perfil de empregado que detém condição financeira privilegiada perante a maioria da população brasileira, representando, conforme dissemos anteriormente, "tão-somente, a um universo de aproximadamente dois por cento dos empregados"[52], possuindo maior condição de acesso a conhecimento para não ser prejudicado pelos eventuais desvios na arbitragem, que merecem, sempre reparo pelo Judiciário, tal como preceitua o art. 32 da Lei de Arbitragem.

Portanto, concluímos pela constitucionalidade do 507-A da Consolidação das Leis do Trabalho.

3.2. Abrangência da arbitragem trabalhista prevista no art. 507-A da CLT

O art. 507-A da Consolidação das Leis Trabalhistas prevê a arbitragem trabalhista, nos contratos individuais, cuja remuneração seja maior a duas vezes o limite máximo estabelecido para os benefícios do Regime Geral de Previdência Social.

Surge uma questão levantada por André Vasconcelos Roque, antes da reforma legislativa em comento:

> É preciso admitir, com efeito, que existem áreas do direito do trabalho que não são suscetíveis, mesmo em tese, de solução pela via arbitral. Isso porque tais matérias não são apreciáveis economicamente e, portanto, não apresentam o caráter patrimonial exigido pelo art. 1.º da Lei 9.307/1996[53].

---

50. op. cit., p. 309.
51. Ibidem, p. 311.
52. Relatório do Deputado Rogério Marinho elaborado durante a aprovação do Projeto de Lei da Reforma Trabalhista, site da Câmara dos Deputados:< http://www.camara.gov.br/proposicoesWeb/prop_mostrarintegra?codteor=1548298&filename=Tramitacao-PL+6787/2016>, acesso em 03.08.2017.
53. Ibidem, p. 311.

A doutrina exemplificava, antes da nova redação do artigo em comento da Reforma Trabalhista, que assuntos como a segurança e medicina do trabalho não podem ser submetidos à arbitragem, muito embora os possíveis danos ocasionados pelo descumprimento de tais normas, sejam apreciados em pecúnia e, portanto, submetidos à um árbitro[54].

Como a redação do artigo 507-A da Consolidação das Leis do Trabalho não restringiu os assuntos sujeitos à arbitragem, uma vez presentes os requisitos que a norma exige, não há como o intérprete restringi-la, aplicando-se as lições de Carlos Maximiliano: "quando o texto dispõe de modo amplo, sem limitações evidentes, é dever do intérprete aplicá-lo a todos os casos particulares que se possam enquadrar na hipótese geral prevista explicitamente"[55]. Contudo, as partes contratantes, empregado e empregador, podem restringir a matéria a ser posta à decisão dos árbitros:

> No compromisso as partes devem definir e delimitar a matéria posta à consideração dos árbitros, o que constitui sua principal função. No compromisso dispensa-se a expressa opção pela arbitragem, uma vez que ele próprio já a revela, mas a "definição da matéria" deve ser expressa e clara, sob pena de nulidade. No compromisso, a "matéria" tem que ser fixada em seus exatos limites, pois estes, se não observados pelos árbitros, tornam viciada a sentença.

Em resumo: admite-se que quando da celebração de um contrato estipule-se a cláusula – chamada de cláusula compromissória – de que os futuros e eventuais litígios que decorrerem do contrato devem ser submetidos à arbitragem. Mas quando o conflito já existe – e assim não é incerto e eventual no futuro –, deve-se firmar compromisso de arbitragem, definindo-se precisamente – como exige a lei de arbitragem – os limites da matéria que se pretende submeter à arbitragem[56].

3.3. Adiantamento de custas e despesas

O artigo 507-A da Consolidação das Leis Trabalhistas não tratou da responsabilidade pelo adiantamento das despesas com a arbitragem.

A responsabilidade pelo pagamento dos honorários e despesas com a arbitragem é tratada na Lei de Arbitragem como uma das cláusulas do compromisso arbitral (art. 11, V), possibilitando que o árbitro ou tribunal arbitral determine às partes o adiantamento de verbas para despesas e diligências que julgar necessárias (art. 13, §7º da Lei 9.307/96), certo que a sentença arbitral decidirá sobre a responsabilidade das partes acerca das custas e despesas com a arbitragem, respeitadas as disposições da convenção de arbitragem, se existirem (art. 27 da Lei da Arbitragem).

54. BRAGA, Rodrigo Bernardes. **Teoria e prática da arbitragem**. Belo Horizonte: Del Rey, 2009. p. 256.
55. **Hermenêutica e aplicação do direito**. Rio de Janeiro: Forense, 1999, p. 306-307.
56. ARENHART, Sérgio Cruz, Breves, op. cit..

Portanto, inexiste norma legal identificando quem adiantará as despesas com a arbitragem trabalhista, o que levou ao Dr. Carlos Forbes, autoridade em arbitragem, a afirmar:

> "Se um empregado me perguntasse se vale a pena fechar um contrato assim, eu diria para garantir que esteja escrito que o patrão paga as custas"[57].

Sobre o adiantamento das despesas e diligências, a regra geral é que cabe ao árbitro (ou aos árbitros) esta definição, mas prevalece, "a autonomia da vontade das partes sobre a regra legal, que aqui tem caráter supletivo"[58]. Como há resistência em se admitir a arbitragem individual trabalhista pelo Judiciário, conforme apontado anteriormente, recomendável seja evitado qualquer obstáculo ou dificuldade para a realização da arbitragem, consistente na ausência de recursos financeiros do empregado para efetuar o adiantamento das despesas arbitrais, já que ele é considerado hipossuficiente pela doutrina[59] e jurisprudência[60].

Portanto, a melhor opção é prever já na cláusula compromissória de arbitragem regra escrita consagrando que o adiantamento das custas cabe ao empregador, evitando problemas no futuro.

Joaquim de Paiva Muniz salienta que:

> Enfrentaremos o desafio de superar as desconfianças e comprovar que o instituto pode ser benéfico não só ao empregador, como também ao empregado. Estamos otimistas que isso seja possível, especialmente diante da maior rapidez do foro arbitral e da possibilidade de discutir questões mais específicas, distintas da realidade do trabalhador 'chão de fábrica'[61].

3.4. Aplicação do artigo 507-a aos contratos em curso

Não há óbice que as partes, respeitando o teor do artigo 507-A da Consolidação das Leis Trabalhistas, façam opção pela arbitragem nos contratos de trabalho em curso, considerando que a proteção do artigo 5º, XXXVI da Constituição Fede-

57. Site da Folha de São Paulo:http://www1.folha.uol.com.br/mercado/2017/07/1905729-empresas--querem-arbitro-privado-para-solucionar-disputas-trabalhistas.shtml, acesso em 10.08.2017.

58. CARMONA, Carlos Alberto, op. cit., p. 248.

59. **Sobre proteção do trabalhador como hipossuficiente na relação contra o empregador**, vide Carlos Henrique Bezerra Leite, op. cit., p. 110.

60. "Imperativa é a observância do princípio protetivo, fundamento do direito individual do trabalhador, que se justifica em face do desequilíbrio existente nas relações entre trabalhador - hipossuficiente - e empregador. Esse princípio, que alça patamar constitucional, busca, efetivamente, tratar os empregados de forma desigual para reduzir a desigualdade nas relações trabalhistas, de modo a limitar a autonomia privada" (TST, ERR-27700-25-2005-5-05-0611, SbDI-1, Rel. Min. José Roberto Freire Pimenta, julgado em 26/3/2015, DEJT 10/4/2015).

61. **Arbitragem na Reforma Trabalhista**, site Migalhas: http://www.migalhas.com.br/dePeso/16,MI258392,61044-Arbitragem+na+Reforma+Trabalhista, acesso em 01.08.2017.

ral veda o ato normativo prejudicial ao ato jurídico perfeito, direito adquirido e a coisa julgada, admitindo-se a retroatividade benéfica, motivo pelo qual temos que tal modificação dos contratos de trabalho acima, com o aditamento pelas partes em livre manifestação de vontade, desde que atendidos os requisitos da nova norma, não se afigura inconstitucional.

CONCLUSÃO

A previsão da arbitragem trabalhista individual é compatível com a Lei Maior, já que não há cláusula sujeita à reserva de jurisdição quanto aos litígios trabalhistas individuais. Não há como considerar que o direito à inafastabilidade do controle jurisdicional constitui direito absoluto, impossibilitando que empregado e empregador (desde que observem os requisitos do art. 507-A da CLT), resolvam eventual conflito de interesses por meio da arbitragem trabalhista.

O Poder Judiciário detém, sempre, o monopólio da última palavra para anular a arbitragem, caso exista um dos fundamentos legais para a anulação.

A previsão constitucional da arbitragem no dissídio coletivo (art. 114, §2º, da Constituição Federal) não significa opção do constituinte em afastar a arbitragem individual do trabalho, sob pena de o intérprete inserir conteúdo ao texto da Lei Maior, o que lhe é vedado. O Supremo Tribunal Federal, quanto à arbitragem trabalhista individual, posiciona-se no sentido de que a matéria é infraconstitucional, portanto, delegada ao Legislador, não existindo a possibilidade de controle de constitucionalidade via recurso extraordinário.

O artigo 507-A da Consolidação das Leis do Trabalho limitou a arbitragem a empregados cuja remuneração seja superior a duas vezes o limite máximo estabelecido para os benefícios do Regime Geral de Previdência Social. Tratando-se de um perfil de empregado que detém condição financeira privilegiada perante a maioria da população brasileira, possuindo maior condição de acesso ao conhecimento para não ser prejudicado pelos eventuais desvios na arbitragem, que merecem, sempre reparo pelo Judiciário, tal como preceitua o art. 32 da Lei de Arbitragem.

Como a redação do artigo 507-A da Consolidação das Leis do Trabalho não restringiu os assuntos sujeitos à arbitragem individual trabalhista, uma vez presentes os requisitos que a norma exige, não há como o intérprete restringi-la.

A regra geral sobre o adiantamento das despesas e diligências na arbitragem é que cabe ao árbitro (ou aos árbitros) esta definição, mas prevalece o pactuado entre as partes. Como há resistência em se admitir a arbitragem individual trabalhista pelo Judiciário, recomendável seja evitado qualquer obstáculo ou dificuldade para a realização da arbitragem, consistente na ausência de recursos financeiros do empregado para efetuar o adiantamento das despesas arbitrais, já que ele é considerado hipossuficiente.

Portanto, a melhor opção é prever já na cláusula compromissória de arbitragem regra escrita consagrando que o adiantamento das custas cabe ao empregador, viabilizando eventual compensação ao final do litígio, evitando problemas no futuro.

Não há óbice que as partes, respeitando o teor do artigo 507-A da Consolidação das Leis Trabalhistas, façam opção pela arbitragem nos contratos de trabalho em curso, considerando que a proteção do artigo 5º, XXXVI da Constituição Federal veda o ato normativo prejudicial ao ato jurídico perfeito, direito adquirido e a coisa julgada, admitindo-se a retroatividade benéfica, motivo pelo qual temos que tal modificação dos contratos de trabalho acima, atendidos os requisitos da nova norma, não se afigura inconstitucional.

O futuro da arbitragem trabalhista dependerá da sua aplicação com imparcialidade e independência, típicas características da atividade jurisdicional.

REFERÊNCIAS

ARENHART, Sérgio Cruz. Breves considerações sobre o procedimento arbitral. Site Academus:<https://www.academia.edu/214088/BREVES_OBSERVA%C3%87%C3%95ES_SOBRE_O_PROCEDIMENTO_ARBITRAL?auto=download>, acesso em 17.08.2017.

ARROYO, Diego P. Fernández, e VETULLI, Ezequiel H., *Certezas e Dúvidas sobre o Novo Direito Arbitral Argentino*, RBA Nº 49 - Jan-Mar/2016.

ASSIS, Araken de. Processo civil brasileiro, volume I: parte geral: fundamentos e distribuição de conflitos, São Paulo: Editora Revista dos Tribunais, 2015.

ABBOUD, Georges. Processo Constitucional Brasileiro, São Paulo: Editora Revista dos Tribunais, 2016.

BARBOSA, Rui. Oração aos Moços, Obras Completas de Rui Barbosa, V. 48, t. 2, 1921.

BARROSO, Luís Roberto Barroso. *Interpretação e aplicação da Constituição*. São Paulo: Saraiva, 1996.

BERNARDES, Juliano Taveira Bernardes e FERREIRA, Olavo Augusto Vianna Alves, Direito Constitucional, T. I, 2017, Salvador: Editora Juspodivm, 7ª Edição.

BIANCHI, Roberto A., *Competencia arbitral para decidir sobre la constitucionalidad*, Rev. JA 2003-IV-75.

BOBBIO, Norberto. A era dos direitos. Trad. Carlos Nelson Coutinho. Rio de Janeiro: Elsevier, 2004, 7ª reimpressão

BRAGA, Rodrigo Bernardes. Teoria e prática da arbitragem. Belo Horizonte: Del Rey, 2009.

BRITO, Rildo Albuquerque Mousinho de. Mediação e Arbitragem de Conflitos Trabalhistas no Brasil e no Canadá. São Paulo: LTr, 2010.

BUZAID, Alfredo. Do juízo arbitral, Doutrinas Essenciais Arbitragem e Mediação, vol. 1/2014, p. 635, Set / 2014

CAIVANO, Roque J.. Planteos de inconstitucionalidad en el arbitraje. Revista Peruana de Arbitraje, Lima, 2006, p. 107-153.

CANOTILHO, J. J. Gomes. *Direito Constitucional.* 4ª ed. Coimbra: Livraria Almedina.

________. *Manual de direito constitucional.* 2ª ed. Coimbra: Coimbra Editora, 1988.

______; MOREIRA,Vital. *Constituição da república portuguesa anotada.* 3ª ed. Coimbra: Coimbra Editora, 1993.

CARMONA, Carlos Alberto. Arbitragem e processo: um comentário à Lei n. 9.307/96, 3. ed., São Paulo: Atlas, 2009.

DELGADO, Maurício Godinho. Curso de direito do trabalho. 10ª Ed. São Paulo: LTr, 2011.

DINARMARCO, Candido. *A arbitragem na teoria geral do processo*, São Paulo, Malheiros, 2013

ENGISCH, Karl. *Introdução ao pensamento jurídico.* 6ª ed. Lisboa: Fundação Gulbenkian, 1995.

FERREIRA, Olavo Augusto Vianna Alves. Controle de constitucionalidade e seus feitos.

Juspodivm: Salvador. 3ª ed. 2016.

FILHO, Rodolfo Pamplona. Atualizando uma visão didática da arbitragem na área trabalhista. Jus Navigandi, Teresina, ano 9, n. 700, 5 jun. 2005. Disponível em: http://jus2.uol.com.br/doutrina/texto.asp?id=6831 . Acesso em: 08.08.2011.

GIUSTI, Gilberto, O árbitro e o juiz: da função jurisdicional do árbitro e do juiz. RBA 5/10-12.

GRAU, Eros Roberto. *Sobre a produção legislativa e sobre a produção normativa do direito oficial: o chamado "efeito vinculante".* Revista Trimestral de Direito Público, n. 16.

HESSE, Konrad. A Força Normativa da Constituição. Tradução de Gilmar Ferreira Mendes. Porto Alegre: Sérgio Antonio Fabris Editor.

HUCK, Hermes Marcelo; AMADEO, Rodolfo da Costa Manso Real, Árbitro: juiz de fato e de direito, Revista de Arbitragem e Mediação, vol. 40/2014, p. 181 – 192, Jan - Mar / 2014.

IUDICA, Giovanni. Arbitragem e questões relativas à constitucionalidade, Revista de Arbitragem e Mediação. N. 1/2004, Janeiro – Abril / 2004.

KLEIMAN, Elie e SALEH, Shaparak, Arbitrators Cannot Seek a Ruling on The Constitutionality of Statutory Provisisons, Newsletters, International Law Office, disponível em: http://www.internationallawoffice.com/Newsletters/Arbitration-ADR/France/Freshfields-Bruckhaus-Deringer-LLP/Arbitrators-cannot-seek-a-ruling-on-the-constitutionality-of-statutory-provisions?redir=1 .

LEITE, Carlos Henrique Bezerra. Curso de Direito Processual do Trabalho. 11ª edição: São Paulo. Editora LTr. 2013.

LEMES, Selma. Arbitragem em Números e Valores, site: http://selmalemes.adv.br/artigos/An%C3%A1lise-%20Pesquisa-%20Arbitragens%20Ns%20%20e%20Valores%202010%20a%202016 .pdf .

MAYER, Pierre. *L'arbitre international et la hiérarchie des normes, Revue de l'arbitrage: Bulletin du Comité français de l'arbitrage* Nº. 2, 2011

MARTÍNEZ, José Maria Roca. Arbitraje e Instituciones Arbitrales, Barcelona, J. M. Bosch Ed., 1992.

MARTINS, Pedro A. Batista, Apontamentos sobre a Lei de Arbitragem, Rio de Janeiro: Forense, 2008.

MAXIMILIANO, Carlos. *Hermenêutica e aplicação do Direito.* 7ª ed. São Paulo: Livraria Freitas Bastos, 1961.

MORELLO, Augusto. "¿Pueden los árbitros declarar la inconstitucionalidad de las leyes?". ED 198-467, 2002

MUNIZ, Joaquim de Paiva. Arbitragem na Reforma Trabalhista, site Migalhas:<http://www.migalhas.com.br/dePeso/16,MI258392,61044-Arbitragem+na+Reforma+Trabalhista>, acesso em 01.08.2017.

NAON, Horatio A. Grigera. Arbitration and Latin America. In: LEW, Julian; MISTELIS, Loukas. *Arbitration insights: twenty years of the annual lecture of the school of international arbitration.* 2007

NERY, Ana Luiza. *Arbitragem coletiva*, São Paulo: Editora Revista dos Tribunais, 2016.

NETO, Francisco Ferreira Jorge; e CAVALCANTE, Jouberto de Quadros Pessoa. Direito Processual do Trabalho, Tomo I, 3ª Edição, Rio de Janeiro: Lúmen Júris Editora, 2007.

PARENTE, Eduardo de Albuquerque, Processo arbitral e sistema, São Paulo: Atlas, 2012.

ROQUE, André Vasconcelos, A EVOLUÇÃO DA ARBITRABILIDADE OBJETIVA NO BRASIL: TENDÊNCIAS E PERSPECTIVAS. Revista de Arbitragem e Mediação, vol. 33/2012, Abr - Jun / 2012, DTR\2012\44754.

SEGALL, Pedro Machado; ZOUARI, Thomas, AUTONOMIA DO PROCEDIMENTO ARBITRAL EM RELAÇÃO AO ORDENAMENTO ESTATAL - A POSSIBILIDADE DE DECLARAÇÃO DE INCONSTITUCIONALIDADE DE UMA NORMA PELO ÁRBITRO. COMENTÁRIOS À DECISÃO 804 DU 28 JUIN 2011 (11-40.030) DA CORTE DE CASSAÇÃO FRANCESA, Revista de Arbitragem e Mediação, vol. 33/2012, Abr - Jun/2012

SHERMAN, Marcus, Complex litigation, St. Paul (Minn.), West Publ., 1992.

SILVA, José Afonso da. *Curso de Direito Constitucional Positivo.* 11ª ed. São Paulo: Malheiros, 1996.

SILVA, Vírgilio Afonso da. Interpretação Constitucional e Sincretismo Metodológico. *In* Interpretação Constitucional. São Paulo: Malheiros, 2005.

SILVA, José de Anchieta da. *A súmula do efeito vinculante amplo no direito brasileiro: um problema e não uma solução.* Belo Horizonte: Del Rey, 1998.

SIQUEIRA JÚNIOR, Paulo Hamilton. *Controle de Constitucionalidade.* São Paulo: Editora Juarez de Oliveira, 2001.

SOUZA, Zoraide Amaral de. Arbitragem - Conciliação - Mediação nos Conflitos Trabalhistas. São Paulo: LTr, 2004.

TEMER, Michel. *Elementos de Direito Constitucional.* 12ª ed. São Paulo: Malheiros, 1996.

TIBURCIO, Carmen. Controle de constitucionalidade das leis pelo árbitro: notas de direito internacional privado e arbitragem, Revista de Direito Administrativo, Rio de Janeiro, v. 266.

THEODORO JÚNIOR, Humberto. *Curso de Direito Processual Civil.* 18ª ed. Rio de Janeiro: Forense, 1996.

DANO PROCESSUAL E REFORMA TRABALHISTA

Antonio Umberto de Souza Júnior[1]
Fabiano Coelho de Souza[2]
Ney Maranhão[3]
Platon Teixeira de Azevedo Neto[4]

Sumário: 1. Entrando pela porta – 2. Litigância desleal e desonesta no processo do trabalho – 3. Hipóteses caracterizadoras da litigância de má-fé – 4. Tríplice responsabilização do improbus litigator – 5. Multa sancionatória por improbidade testemunhal – 6. Fechando a porta.

---

1. Antonio Umberto de Souza Junior é Professor Universitário. Mestre em Direito pela Faculdade de Direito da Universidade de Brasília. Professor da Escola Nacional de Formação e Aperfeiçoamento de Magistrados do Trabalho (ENAMAT) e de diversas Escolas Judiciais de Tribunais Regionais do Trabalho. Conselheiro do Conselho Nacional de Justiça (2007-2009). Advogado (1986-1993). Juiz Titular da 6ª Vara do Trabalho de Brasília/DF (TRT da 10ª Região). E-mail: antonio.umberto.jr@gmail.com

2. Fabiano Coelho de Souza é Mestre em Direito pela PUC-GO. Professor da Escola de Direito de Brasília. Professor da Escola Nacional de Formação e Aperfeiçoamento de Magistrados do Trabalho (ENAMAT) e de diversas Escolas Judiciais de Tribunais Regionais do Trabalho. Membro Integrante da Coordenação do Grupo de Pesquisas em Direito do Trabalho do Instituto Brasiliense de Direito Público (IDP). Coordenador Nacional do Processo Judicial Eletrônico no âmbito da Justiça do Trabalho. Juiz Auxiliar da Presidência do TST e do CSJT. Juiz Titular da Vara do Trabalho de Formosa (GO) (TRT da 18ª Região). E-mail: mmfabianocoelho@gmail.com

3. Ney Maranhão é Professor do Curso de Direito da Universidade Federal do Pará (graduação e pós-graduação). Doutor em Direito do Trabalho pela Universidade de São Paulo (USP), com estágio de Doutorado-Sanduíche junto à Universidade de Massachusetts (Boston/EUA). Mestre em Direitos Humanos pela Universidade Federal do Pará (UFPA). Especialista em Direito do Trabalho pela Universidade de Roma – La Sapienza (Itália). Professor convidado de diversas Escolas Judiciais de Tribunais Regionais do Trabalho. Membro do Comitê Gestor Nacional do Programa Trabalho Seguro (TST/CSJT). Juiz Titular da 2ª Vara do Trabalho de Macapá (AP) (TRT da 8ª Região/PA-AP). E-mail: ney.maranhao@gmail.com

4. Platon Teixeira de Azevedo Neto é Professor Adjunto de Direito Processual do Trabalho da Universidade Federal de Goiás. Doutor em Direito pela Universidade Federal de Minas Gerais. Mestre em Direitos Humanos pela Universidade Federal de Goiás. Professor da Escola Nacional de Formação e Aperfeiçoamento de Magistrados do Trabalho (ENAMAT) e de diversas Escolas Judiciais de Tribunais Regionais do Trabalho. Ex-Diretor de Informática da Associação Nacional dos Magistrados da Justiça do Trabalho (ANAMATRA). Ex-Presidente da Associação dos Magistrados do Trabalho da 18ª Região (AMATRA18) e do Instituto Goiano de Direito do Trabalho (IGT). Membro Efetivo do Instituto Ítalo-Brasileiro de Direito do Trabalho. Titular da Cadeira nº 3 da Academia Goiana de Direito. Juiz Titular da Vara do Trabalho de São Luís de Montes Belos/GO (TRT da 18ª Região). E-mail: platon.teixeira@gmail.com

1. ENTRANDO PELA PORTA

A despeito de seu nome enganoso, a chamada "Reforma Trabalhista" compreende um complexo e extenso arcabouço normativo que não ficou confinado a múltiplos aspectos da legislação material laboral. Também buscou imprimir uma nova fisionomia ao direito processual do trabalho. Não é este o momento e o espaço adequado para uma avaliação mais global dos impactos potenciais das alterações. Porém, é certo afirmar que as mudanças não conspiraram a favor de um processo mais efetivo e atento aos melhores avanços alcançados pelos demais subsistemas processuais - em especial o cível - e oscilaram entre novas regras tendencialmente retardadoras da marcha processual célere aspirada pelo legislador de 1.943 (CLT, art. 765), ora se limitaram a trazer para dentro da legislação processual trabalhista, com poucas alterações, alguns institutos contemplados na nova legislação processual civil, inserida no bojo da Lei nº 13.105/2015.

Dentre tais institutos agora instalados no corpo próprio da CLT como fruto de migração normativa das regras do novo CPC, contempla a Lei nº 13.467/2017 um regime sancionatório da deslealdade processual.

Neste estudo, fundamentalmente lastreado em um texto abrangente de toda a Reforma Trabalhista elaborado pelo quarteto autor,[5] focalizamos as regras novas que a CLT recebeu para punir os maus litigantes. Por um corte epistemológico consciente que permita o confinamento das ideias no espaço curto programado para o presente texto, a análise abordará exclusivamente o dano processual provocado pelas partes, advogados e testemunhas.

2. LITIGÂNCIA DESLEAL E DESONESTA NO PROCESSO DO TRABALHO

Nossa Carta Constitucional assegura a todos, no âmbito judicial e administrativo, "a razoável duração do processo e os meios que garantam a celeridade de sua tramitação" (CF, art. 5º, inciso LXXVIII). Também é indene de dúvidas que "aquele que de qualquer forma participa do processo deve comportar-se de acordo com a boa-fé" (CPC, art. 5º), sendo certo, também, que "todos os sujeitos do processo devem cooperar entre si para que se obtenha, em tempo razoável, decisão de mérito justa e efetiva (CPC, art. 6º). Extrai-se desse valioso arcabouço normativo que processo de duração razoável e decisão justa são atividades necessariamente pautadas pelo vetor da probidade. Enfim, devido processo é, também, **processo ético**.

Com a Lei nº 13.467/2017, o legislador reformista acresceu a Seção IV-A ao Capítulo II da Consolidação das Leis do Trabalho, intitulado *"Da responsabilidade por dano processual"*. Com isso, passam a existir na Consolidação das Leis do Tra-

5. SOUZA JÚNIOR, Antonio Umberto de; SOUZA, Fabiano Coelho de; MARANHÃO, Ney; AZEVEDO NETO, Platon Teixeira de. *Reforma Trabalhista:* análise comparativa e crítica da Lei nº 13.467/2017. São Paulo: Rideel, 2017.

balho dispositivos expressamente voltados à regência da **litigância ímproba no processo do trabalho**. Até então, essa regência da lealdade processual advinha por completo da aplicação subsidiária das normas do Código de Processo Civil (CLT, art. 769; CPC, art. 15).

Esse novo apêndice legislativo, portanto, não significa que os deveres de **lealdade** e **boa-fé** só a partir de agora dirigirão a processualística laboral. Significa, apenas, que, doravante, o tema passa a ter regramento próprio no Texto Celetista,[6] embora ainda de modo incompleto, forçando a aplicação supletiva do Código de Processo Civil, em especial no que se refere aos deveres processuais, inclusive quanto à configuração do ato atentatório à dignidade da justiça e ao uso moderado da linguagem nos autos e nas audiências (CPC, arts. 77 e 78).

Inaugurando essa significativa cadeia de novos dispositivos celetistas protetores da **eticidade processual**, dispõe o art. 793-A da CLT que "responde por perdas e danos aquele que litigar de má-fé como reclamante, reclamado ou interveniente". Cuida-se, porém, de mera reprodução quase literal do quanto contido no art. 79 do CPC ("responde por perdas e danos aquele que litigar de má-fé como **autor, réu** ou interveniente" - grifamos). Com isso, a lei processual trabalhista passa a reconhecer, expressamente, à vítima da litigância desleal, o **direito à plena e adequada reparação por danos processuais**. No geral, o legislador reformista, com essa regra, tão somente transportou para o processo do trabalho histórica regra do Código de Processo Civil (também presente, por exemplo, no art. 16 do antigo CPC)[7].

Importante destacar quem é exatamente o sujeito passivo das sanções por litigância processual desleal de que fala a lei - será a parte ("reclamante" ou "reclamado") ou o terceiro interveniente. Ou seja, tanto a lei processual trabalhista nova quanto a norma processual comum que lhe serviu de óbvia inspiração restringem a imposição de sanções pela má conduta em juízo às partes e terceiros.

---

6. A doutrina é pacífica quanto à aplicabilidade do regime processual civil de sanção à litigância de má fé nas demandas trabalhistas. Conferir, por todos: LEITE, Carlos Henrique Bezerra. *Curso de direito processual do trabalho*. 14. ed. São Paulo: Saraiva, 2016, p. 546-549; GARCIA, Gustavo Filipe Barbosa. Curso de direito processual do trabalho. 5. ed. Rio de Janeiro: Forense, 2016, p. 306-311; SILVA, Bruno Freire e. O novo CPC e o processo do trabalho, I, Parte Geral. São Paulo: LTr, 2015, p. 83-84. Também a jurisprudência admite sem hesitação o instituto. Confira-se, ilustrativamente, a OJ 409/SDI-1/TST: "MULTA POR LITIGÂNCIA DE MÁ-FÉ. RECOLHIMENTO. PRESSUPOSTO RECURSAL. INEXIGIBILIDADE. O recolhimento do valor da multa imposta como sanção por litigância de má-fé (art. 81 do CPC de 2015 – art. 18 do CPC de 1973) não é pressuposto objetivo para interposição dos recursos de natureza trabalhista".

7. O legislador, porém, acabou mantendo a tônica de identificar o exercício do direito fundamental de ação com o substantivo "reclamação" (por todos, confira-se o art. 840, *caput*, da CLT) e, a partir daí, alcunhar autor e réu, respectivamente, como "reclamante" e "reclamado" (por todos, confira-se o art. 845 da CLT). Ora, essa é uma reminiscência histórica do processo do trabalho, porquanto decorrente da época em que a Justiça do Trabalho era ainda vinculada ao Poder Executivo, quando então recebia "reclamações" administrativas de trabalhadores frente a seus empregadores. Cremos que o legislador perdeu ótima oportunidade de imprimir no texto da CLT linguagem processual mais cientificamente escorreita, como reflexo de sua efetiva integração ao Poder Judiciário brasileiro (CF, art. 92). Entretanto, pela consagração histórico-doutrinária, seguiremos no uso desses termos, com a ressalva supra.

No entanto, é preciso apontar que os advogados, no exercício profissional, também podem responder pelos danos causados por culpa ou dolo. Por exemplo, quando ficar configurada a lide temerária por atos lesivos à parte contrária praticados **em regime de cumplicidade entre advogado e cliente**, a serem apurados em ação própria, serão eles solidariamente responsáveis pelos danos processuais (Lei nº 8.906/94, art. 32). Logo, a exclusividade da responsabilidade por dano processual, confinada às partes e intervenientes, dependerá da exclusividade da autoria do ato ímprobo.[8]

Também parece haver campo interpretativo, dentro da perspectiva de universalidade do princípio da proteção da boa-fé (e seu vetor de repressão aos atos de má-fé), para admitir-se a responsabilização patrimonial dos advogados públicos e privados, defensores e procuradores por dano processual doloso, ainda que em caráter meramente regressivo, naquelas situações em que a conduta processual desleal seja **exclusivamente imputável** a tais assistentes ou representantes das partes.

Sem embargo de toda essa discussão, revela-se interessante a tese pela qual, **em hipóteses extremamente excepcionais**, de comprovado e inequívoco dolo, em decisão fundamentada e nos autos do próprio processo onde se deu a infração ética, o magistrado poderá reputar o advogado **solidariamente responsável**, junto com seu cliente, pelas sanções aplicadas em decorrência da violação da eticidade processual, valendo-se, para tanto, dos princípios da proporcionalidade, razoabilidade e eficiência (CF, arts. 5º, LIV e LXXVIII, e 37, *caput*; CPC, art. 8º) e ainda com fulcro na pedagógica regra contida no art. 81, § 1º, do CPC (CLT, art. 769 c/c CPC, art. 15).[9] No entanto, a jurisprudência atual do Tribunal Superior do Tra-

8. Há mesmo algumas condutas que dificilmente serão imputáveis, em geral, apenas à parte. Pouco crível, por exemplo, que derive de exclusiva iniciativa da parte, normalmente leiga em Direito, a dedução de pretensão ou defesa contra texto expresso de lei ou a interposição de recurso com intuito protelatório (CLT, art. 793-B, I e VII).

9. A respeito, confira-se a seguinte publicação: **"Após manipulação do local de trabalho, advogado e empresa são multados por litigância de má-fé. Eles também foram condenados por ato atentatório à dignidade da Justiça.** Segunda-feira, 7 de agosto de 2017. A juíza do trabalho Samantha Mello, da 8ª vara de São Bernardo do Campo/SP, condenou uma empresa e seu advogado por litigância de má-fé e ato atentatório à dignidade da Justiça após verificar manipulação do local de trabalho. Após constatar depoimentos contraditórios, a magistrada reteve os celulares das partes em audiência. Os celulares da reclamante, de sua advogada, da preposta e das três testemunhas presentes ficaram sobre a mesa da juíza, e foram devolvidos apenas depois da diligência na empresa. A única pessoa que não entregou o aparelho foi o advogado da reclamada, que com ela foi condenado solidariamente por litigância de má-fé e indenização em favor da autora, além e multa por ato atentatório à dignidade da Justiça. Enquanto a patrona da reclamante e a preposta permaneceram na sala de audiências com a juíza, a autora e todas as testemunhas se deslocaram no carro da oficial de justiça do TRT da 2ª região à escola reclamada. De acordo com a decisão, lá a oficial de justiça pôde constatar diversos artifícios utilizados para invalidar a versão da trabalhadora como: retirada de captadores de alunos na porta da ré; computadores vazios, mas ligados; contradição entre relatos de empregadas que se encontravam no local; sonegação de livro de registro de pontos e relógio de ponto sem controle. Para a juíza ficou evidente que o patrono da ré fez contato por telefone, que resultou em manipulação do local de trabalho. *"Salta aos olhos a*

balho repele tal possibilidade, indicando que a apuração da responsabilidade do causídico desafia ação própria, conforme se percebe dos seguintes precedentes:

> **ADVOGADO. MULTA POR LITIGÂNCIA DE MÁ-FÉ. CONDENAÇÃO SOLIDÁRIA. VIOLAÇÃO DO ART. 32 E PARÁGRAFO ÚNICO DA LEI Nº 8.906/94.** I - Delineada objetivamente na decisão rescindenda tese a propósito da possibilidade de os advogados serem condenados solidariamente com o seu constituinte pelo pagamento de multa por litigância de má-fé, na hipótese de lide temerária, sobressai a viabilidade do juízo rescindente pelo prisma do artigo 32 e parágrafo único da Lei nº 8.906/94, invocado expressamente tanto na inicial quanto nas razões recursais. II - Com efeito, o referido dispositivo é claríssimo ao preceituar que somente por meio de ação própria pode-se cogitar da condenação solidária do advogado com seu cliente, mediante comprovação de que, coligados, objetivavam lesar a parte contrária. III - Tendo por norte a literalidade do preceito legal, não há lugar para invocar-se o óbice da Súmula nº 83 desta Corte, de modo que a vulneração da norma da legislação extravagante se afigura incontrastável, em condições de autorizar o corte rescisório e por consequência afastar a condenação imposta aos advogados. IV - Recurso provido parcialmente (TST, SDI 2, ROAR 272-85.2011.5.18.0000, LEVENHAGEN, DEJT 20/4/2017)

> **LITIGÂNCIA DE MÁ-FÉ DOS ADVOGADOS - ART. 32, PARÁGRAFO ÚNICO, DA LEI Nº 8.906/94** - DESCABIMENTO. A previsão expressa no art. 32, parágrafo único, da Lei nº 8.906/94 é a de que a conduta inadequada do advogado em juízo deve ser apurada em ação própria. A condenação do advogado às penalidades impostas ao litigante de má-fé deve observar o devido processo legal, sendo-lhe assegurados o contraditório e a ampla defesa em processo autônomo. Logo, ainda que evidenciada a conduta desleal, não tem cabimento a condenação do causídico ao pagamento de multa e indenização por litigância de má-fé. Precedentes. Recursos de revista conhecidos e providos (TST, 7ª T., RR 627-62.2012.5.15.0156, PHILIPPE, DEJT 25/8/2017)

---

má-fé e mesmo a falta de bom senso da empresa e seu patrono: Se apenas o patrono da empresa não acautelou o celular e todas as testemunhas e a Autora estavam com a oficial, bem como a patrona da Autora e a preposta da Ré estavam com celulares acautelados e presentes na sala de audiência, quem poderia ter avisado à empresa acerca da diligência? Mais. Bastante ingênua a postura da empresa ao acreditar que poderia orientar suas empregadas, esquecendo-se que existem outros meios de colheita de prova (vizinhos, ligação para outra filial) que poderiam ser - e o foram - utilizados pela oficiala, profissional experiente." Segunda a magistrada, a condenação não irá reparar o dano, mas servirá de caráter pedagógico à ré, que lesou a trabalhadora, sustentou uma versão inverossímil e manipulou o local de trabalho para manter uma mentira apresentada em juízo. A juíza pontuou que existe um senso comum – equivocado – de que na Justiça do Trabalho 'vence o processo aquele que mente melhor', porém a realidade não é essa já que partes, testemunhas, advogados, de ambos os lados, são corriqueiramente multados pelo Judiciário. Dessa forma, foi reconhecido o vínculo de emprego e determinado o pagamento dos valores devidos, e o reclamado e seu patrono foram condenados a pagar solidariamente à reclamante multa de 10% do valor da causa por litigância de má-fé e indenização de 20% sobre o valor da causa, nos termos do arts. 80 I,II,III, V, VI, e 81, caput e § 2º do CPC, e multa de 20% sobre o valor da causa em favor da União, por ato atentatório ao exercício da jurisdição, nos termos do art. 77, I, II, III e IV, e parágrafos 1º e 2º do CPC. Processo: 1002594.83.2016.5.02.0468". Fonte: <www.migalhas.com.br> Acesso em: 07/08/2017.

Tal conjunto de possibilidades de responsabilização ética e patrimonial das partes e terceiros e de seus assistentes jurídicos públicos e privados certamente incutirá, em especial a partir da simbólica transfusão do regime de repressão ao dolo processual para dentro da CLT, um maior senso de profissionalismo, de busca da máxima fidelidade na reprodução dos fatos controvertidos da causa e no cuidado no manejo dos diversos instrumentos processuais colocados à disposição para postulação, instrução e interposição de recursos, realçando o novo ambiente de um processo judicial trabalhista realmente cooperativo e ético.

Importante o registro de que deve o juiz perscrutar a revelação do propósito desonesto na conduta examinada (ou seja, deve-se buscar segregar situações compreensíveis de mera confusão ou esquecimento, na memorização de dados fáticos relevantes ou secundários que possam ter alicerçado a inicial ou a defesa, daquelas situações repugnantes de deliberada tentativa de simulação ou adulteração da verdade com o propósito de levar vantagem processual). Não sendo clara a presença dessa premissa, a presunção de inocência recomenda que se descarte a condenação da parte suspeita por deslealdade processual.[10]

Demais disso, deve o magistrado, no momento da cogitação da repressão ao dolo processual, sempre averiguar se, de algum modo, nos autos está evidenciada a flagrante inocência da parte, de maneira que a atitude processual censurável tenha sido praticada sem seu conhecimento nem anuência, em claro excesso de mandato, o que também conduzirá ao indeferimento do pedido de imposição de sanções por improbidade processual.

3. HIPÓTESES CARACTERIZADORAS DA LITIGÂNCIA DE MÁ-FÉ

À luz dessa alvissareira perspectiva de máxima proteção do conteúdo ético do processo e visando a dar maior concretude ao princípio da lealdade processual, o art. 793-B da CLT passa a considerar como **litigante de má-fé** aquele que:

> I – deduzir pretensão ou defesa contra texto expresso de lei ou fato incontroverso;
>
> II – alterar a verdade dos fatos;

10. "É certo que, na prática, poderão existir aquelas 'zonas cinzas', tomadas pela neblina da incerteza, em que o magistrado terá dificuldade em definir se o ato praticado pela parte ou por terceiro foi produto, ou não, de má-fé. Na dúvida, deverá concluir que não, pois a presunção ordinária é de que as partes e terceiros agem com boa-fé (bona fides). Essa presunção tanto mais se justifica quando o ato tenha sido praticado pelo autor, vale dizer, por quem provocou o exercício da função jurisdicional. A propósito. Muito mais comedido na aplicação desse dispositivo legal deverá ser o magistrado do trabalho quando a parte estiver atuando em juízo sem advogado, como lhe faculta o art. 791, *caput*, da CLT. Em situações como essa calha com perfeição a sentença latina *summum ius, summa iniuria* (Cícero, "Dos Deveres"), a significar que o excesso de rigor na aplicação da lei constitui causa de injustiça" (TEIXEIRA FILHO, Manoel Antonio. *Comentários ao novo Código de Processo Civil sob a perspectiva do processo do trabalho:* Lei n. 13.105, 16 de março de 2015. São Paulo: LTr, 2015, p. 97).

III – usar do processo para conseguir objetivo ilegal;

IV – opuser resistência injustificada ao andamento do processo;

V – proceder de modo temerário em qualquer incidente ou ato do processo;

VI – provocar incidente manifestamente infundado;

VII – interpuser recurso com intuito manifestamente protelatório

Mais uma vez, o legislador reformista promove o simplório transporte para o processo do trabalho daquilo que **literalmente** já consta do art. 80 do CPC. Trata-se, pois, de mais uma **singela migração normativa** de um sistema para outro, ressaltando-se, uma vez mais, que tais vetores de eticidade sempre incidiram na processualística laboral, todavia por força de aplicação subsidiária do Código Processual Civil (CLT, art. 769; CPC, art. 15), técnica de colmatação de lacunas que, nesse particular, já não mais será necessária porque, agora, *legem habemus* no Diploma Consolidado, ou seja, não há mais omissão legislativa justificadora de qualquer ato integrativo, quanto ao tema objeto deste específico artigo.

Apesar da abertura semântica de muitos desses itens, marcados por termos abertos e de conteúdo indefinido, não hesitamos em afirmar que se trata de **rol meramente exemplificativo.** O ardil humano pode chegar às raias do inimaginável. A velhacada e a chicana no bojo do processo podem ser expressadas, enfim, por uma miríade de condutas cuja integral captação normativa será sempre empreitada impossível para o legislador. No entanto, diante do silêncio da Lei nº 13.467/2017, será possível a aplicação subsidiária e supletiva do processo comum quanto à condenação das partes por caracterização de ato atentatório da dignidade da justiça.

Neste caso, após advertir qualquer dos sujeitos passíveis de punição, o magistrado aplicará ao responsável multa de até 20% (vinte por cento) do valor da causa, de acordo com a gravidade da conduta (CPC, art. 77, §§ 1º e 2º), revertida para a União (CPC, art. 77, § 3º) quando do descumprimento dos seguintes deveres processuais:

a) cumprir com exatidão as decisões jurisdicionais, de natureza provisória ou final, e não criar embaraços à sua efetivação (CPC, art. 77, IV);

b) não praticar inovação ilegal no estado de fato de bem ou direito litigioso (CPC, art. 77, VI).

Também não se lembrou o legislador reformista de estender, textualmente, os comandos concernentes aos atos atentatórios à dignidade da Justiça praticados pelas partes na fase de execução (CPC, art. 774).[11] Assim, incompleta a migração

11. A suspeita de um esquecimento do legislador talvez seja, em verdade, excessivamente generosa e infundada se analisarmos o conjunto de regras novas em matéria de execução, em linhas gerais na mesma direção de um afrouxamento dos instrumentos legais voltados ao cumprimento das sentenças condenatórias e homologatórias de acordos trabalhistas: proibição de execução de ofício quando o credor esteja assistido por advogado, instauração de contraditório compulsório

normativa do regime sancionatório das diversas formas de litigância de má-fé nos processos, deve-se aplicar tal disposição processual comum supletivamente (CLT, art. 769; CPC, art. 15) quando o executado trabalhista fraude a execução, se oponha à execução mediante "ardis e meios artificiosos", crie dificuldades para a efetivação da penhora, resista sem justificativa às ordens judiciais ou deixe de colaborar com o juízo, informando, intimado para tanto, os bens penhoráveis, indicando os respectivos valores e exibindo a prova de sua propriedade e de inexistência de ônus sobre eles.

Constatada a perpetração de ato desleal na execução, o juiz poderá fixar multa de até 20% (vinte por cento) sobre o "valor atualizado do débito em execução" em favor do credor prejudicado com sua conduta, a ser cobrada nos mesmos autos e "sem prejuízo de outras sanções de natureza processual ou material" (CPC, arts. 774, parágrafo único e 777).

4. TRÍPLICE RESPONSABILIZAÇÃO DO IMPROBUS LITIGATOR

Assevera o art. 793-C da CLT que, "de ofício ou a requerimento, o juízo condenará o litigante de má-fé a pagar multa, que deverá ser superior a 1% (um por cento) e inferior a 10% (dez por cento) do valor corrigido da causa, a indenizar a parte contrária pelos prejuízos que esta sofreu e a arcar com os honorários advocatícios e com todas as despesas que efetuou". Cuida-se, novamente, de **simplória migração normativa** da integralidade do contido no art. 81 do CPC para o texto da Consolidação das Leis do Trabalho, inclusive seus três parágrafos.

A disposição central, materializada no caput do art. 793-C da CLT, consubstancia a chamada tríplice responsabilização legalmente imposta ao litigante desonesto (*improbus litigator*), na medida em que abarca: i) **pagar multa** (superior a um por cento e inferior a dez por cento do valor corrigido da causa); ii) **indenizar as perdas e danos** da parte contrária; e iii) **arcar com honorários advocatícios e despesas efetuadas** pela parte adversa.

O valor da indenização será fixado pelo juiz ou, caso não seja possível mensurá-lo, liquidado por arbitramento ou pelo procedimento comum (que a CLT continua a chamar de "artigos" – art. 879, *caput*), nos próprios autos (CLT, art. 793-C, § 3º). Demais disso, quando forem dois ou mais os litigantes de má-fé, o juiz condenará cada um na proporção de seu respectivo interesse na causa ou solidariamente aqueles que se coligaram para lesar a parte contrária (CLT, art. 793-C, § 1º). Vale destacar que "o valor das sanções impostas ao litigante de má-fé reverterá **em benefício da parte contrária**" (CPC, art. 96, parte inicial).

No mais, há apenas duas ligeiras mudanças nessa intensa migração normativa.

na liquidação, dispensa de garantia do juízo para oferta de embargos no caso de entidades beneficentes e o alongamento do prazo para a inscrição do devedor em bancos de dados públicos de inadimplentes, inclusive o Banco Nacional de Devedores Trabalhistas (CLT, arts. 878, 879, § 2º, 884, § 6º).

A primeira expressa mais um grosseiro **equívoco técnico-redacional** da Lei nº 13.467/2017. De fato, fez substituir todas as palavras "juiz", corretamente constantes do art. 81 do CPC, pela palavra "juízo". Nada mais desacertado porque a Constituição Federal é clara ao afirmar que são órgãos do Poder Judiciário, entre outros, os *juízes* (juízes federais, juízes estaduais, juízes do trabalho etc. – CF, art. 92) e não os juízos. Lamentavelmente, o apressado legislador reformista confunde **órgão jurisdicional** (a pessoa que exerce a jurisdição) com **unidade jurisdicional** (o local onde se exerce a jurisdição), misturando alhos com bugalhos. Trata-se de perceber o óbvio para o específico contexto e propósito da norma: quem condenará em litigância de má-fé não será o "juízo", mas, sim, o "juiz" que analisar o caso concreto. A redação do Código de Processo Civil, portanto, é tecnicamente mais escorreita e, nesse particular, deveria ter sido integralmente transferida para a Consolidação das Leis do Trabalho.

Quanto à segunda mudança, dispõe o § 2º do art. 793-C da CLT que, "quando o valor da causa for irrisório ou inestimável, a multa poderá ser fixada **em até duas vezes o limite máximo dos benefícios do Regime Geral de Previdência Social"** (grifamos). Aqui, a multa por litigância de má-fé, quando o valor da causa for irrisório ou inestimável (mandados de segurança, ações declaratórias etc.), toma por referência o dobro do limite máximo dos benefícios do Regime Geral de Previdência Social, ao passo que o seu correspondente no Código de Processo Civil fixa que tal multa poderá ser fixada "**em até 10 (dez) vezes o valor do salário-mínimo**" (grifamos).

Portanto, conforme o novo regramento celetista, tal multa poderá alcançar, no ano de 2.017, o preciso montante de **R$11.062,62** (onze mil, sessenta e dois reais e sessenta e dois centavos),[12] ao passo que, no processo civil, poder-se-á atingir o valor total de **R$9.370,00** (nove mil, trezentos e setenta reais).[13] Logo, no processo laboral, em termos totais, a reprimenda pela deslealdade processual, quando o valor da causa for irrisório ou inestimável, poderá ser mais incisiva que a prevista no processo civil. Nada justifica essa diferenciação de tratamento, porquanto a ofensa ao conteúdo ético do processo sempre deterá a mesma gravidade, tanto lá como cá, porque ambos são instrumentos públicos de solução de conflitos.

Importa registrar, ainda, que a parte que abusar do direito de defesa ou expressar manifesto propósito protelatório, além das sanções previstas no art. 793-C da CLT, também se sujeitará à possibilidade da emissão de **tutela de evidência** a seu desfavor (CPC, art. 311, inciso I – aplicado subsidiariamente ao processo do trabalho [CLT, art. 769; CPC, art. 15]). Igualmente, o tríplice sancionamento ora previsto não afasta o acúmulo com a reprimenda mais severa exigida para atos enquadrados como **atentatórios à dignidade da justiça** (CPC, art. 77, § 2º – apli-

12. Atualmente, o limite máximo dos benefícios do Regime Geral de Previdência Social está em **R$5.531,31** (cinco mil, quinhentos e trinta e um reais e trinta e um centavos). Fonte: <www.previdencia.gov.br> Acesso em: 25.07.2017.

13. Atualmente, o valor do salário mínimo está fixado em **R$937,00** (novecentos e trinta e sete reais), a teor do Decreto nº 8.948, de 29 de dezembro de 2016, publicado no DOU em 30.12.2016.

cado supletivamente ao processo do trabalho [CLT, art. 769; CPC, art. 15]), quando fundados em comportamentos ímprobos diversos.[14]

Importante assinalar que as sanções pecuniárias por litigância de má-fé não estão entre as despesas processuais de que são exonerados os beneficiários da justiça gratuita. Afinal, quis a Constituição livrar os litigantes judiciais das despesas usuais para estarem em juízo e não acobertar comportamentos indevidos e indignos. Daí ter o CPC, expressamente, indicado a exclusão das multas processuais da suspensão de exigibilidade das despesas processuais nas hipóteses de deferimento da gratuidade judiciária (art. 98, § 4º).

5. MULTA SANCIONATÓRIA POR IMPROBIDADE TESTEMUNHAL

Como frisamos alhures, "aquele que **de qualquer forma** participa do processo deve comportar-se de acordo com a boa-fé" (CPC, art. 5º). Ora, não há dúvidas de que aquele que depõe como testemunha em um processo judicial dele participa ativamente, colaborando para o alcance de uma decisão meritória justa (CPC, art. 6º).

A informalidade que muitas vezes permeia a relação laboral e o fato de que, a rigor, a documentação do contrato fica em mãos do empregador, acabam potencializando a importância da prova testemunhal no âmbito do processo do trabalho, o que só faz recrudescer a necessidade, nessa seara, de se exigir a **máxima probidade** de todo aquele que desempenha esse relevante mister processual, considerado **genuíno serviço público** (CLT, art. 822; CPC, art. 463), não podendo sofrer desconto em seu salário por ausência decorrente de sua participação em audiência judicial. Para assegurar a seriedade e sinceridade das declarações testemunhais, o principal instrumento técnico-jurídico continua sendo a solene coleta do **compromisso de dizer a verdade** (CLT, art. 828; CPC, art. 458), com sérias implicações penais (crime de falso testemunho – CP, art. 342).

É bem verdade que a Consolidação das Leis do Trabalho há muito prevê multa a desfavor daquele que, injustificadamente, recusar-se a depor como testemunha (arts. 730 e 825, parágrafo único). O Código de Processo Civil, por sua vez, também há tempos estabelece o dever de responder pelas despesas do adiamento àquele que, injustificadamente, não comparecer à audiência para a qual esteja expressamente intimado para depor como testemunha (CPC/2015, art. 455, § 5º; CPC/1973, art. 412). Essas disposições, todavia, estão mais voltadas para a garantia do que a doutrina chama de **direito fundamental à prova**. É dizer: têm a ver mais com o resguardo da efetiva produção probatória da parte que com o resguardo da incolumidade ética do processo. Complementa esse regime de responsabilização patrimonial a possibilidade do constrangimento corporal da testemunha

---

14. GAJARDONI, Fernando da Fonseca; DELLORE, Luiz; ROQUE, André Vasconcelos; OLIVEIRA JR., Zulmar Duarte de. *Teoria geral do processo:* comentários ao CPC de 2015 – parte geral. São Paulo: Forense, 2015, p. 277.

que, injustificadamente, se recuse a comparecer ao fórum para ser ouvida – nessa hipótese será contra ela expedido o mandado de condução coercitiva (CPC, art. 455, § 5º).

Agora, o legislador celetista promove **interessante inovação legislativa** ao prever a aplicação de multa à testemunha "que intencionalmente alterar a verdade dos fatos ou omitir fatos essenciais ao julgamento da causa" (CLT, art. 793-D, *caput*). Estabelece, assim, a inédita possibilidade de se impor **multa sancionatória por improbidade testemunhal**. Por certo, o que o legislador anseia, com essa novidadeira previsão, é munir o magistrado com mais uma ferramenta jurídica potencialmente capaz de inibir e sancionar a testemunha que, como participante do processo, descumpre com seu indeclinável dever de probidade e boa-fé (CPC, art. 5º). Esclareça-se, por oportuno, que, como a testemunha não é parte nos autos, a multa, por óbvio, não a atingirá porque **litiga** de má-fé, mas, sim, porque **depõe** de má-fé. É algo inteiramente diverso.

Ao estabelecer a multa em destaque, o legislador se reporta, expressamente, ao art. 793-C (CLT, art. 793-D, *caput*). Isso significa que tal sanção pode ser implementada **de ofício ou a requerimento** de qualquer das partes ou do Ministério Público. Igualmente, pelo mesmo motivo, compreendemos que o valor dessa multa deve reverter a favor da parte que seria potencialmente prejudicada com a improbidade testemunhal (CPC, art. 96, parte inicial – aplicado supletivamente ao processo do trabalho [CLT, art. 769; CPC, art. 15]). Pela mesma razão, o valor da multa deverá ser fixado atentando-se às precisas balizas ali fixadas: superior a 1% (um por cento) e inferior a 10% (dez por cento) do valor corrigido da causa. A execução da multa, ademais, dar-se-á nos mesmos autos em que for aplicada (CLT, art. 793-D, parágrafo único), o que deve servir como mais uma medida inibitória da improbidade testemunhal.

Como o dispositivo é claro ao prever a aplicação de multa à testemunha "que **intencionalmente** alterar a verdade dos fatos ou omitir fatos essenciais ao julgamento da causa", não há dúvida de que esse sancionamento pressuporá inequívoca demonstração da **intenção fraudatória** da testemunha. Logo, não será o simples descompasso entre o teor das declarações de uma testemunha e a convicção do julgador em torno dos fatos por ela referidos que permitirá a abertura do novo flanco de punição processual. Afinal, tal descompasso pode derivar, obviamente, de deliberada mentira, mas também pode resultar de má percepção sensorial do ocorrido, do esquecimento ou de perturbações da memória da testemunha. Tal qual na esfera penal, a regra é a presunção de inocência. Assim, será necessária a confluência de dados da realidade que permitam ao juiz formar a certeza da deslealdade da conduta da testemunha.

O instrumento da **acareação** pode ser uma boa ferramenta para a descoberta da existência ou não da improbidade testemunhal (CPC, art. 461, inciso II, e §§ 1º e 2º – aplicados supletivamente ao processo do trabalho [CLT, art. 769; CPC, art. 15]). Também eventual dilação probatória à busca de elementos novos pode ser decisiva na construção da certeza da improbidade testemunhal ou da convicção de sua inexistência, no caso concreto. Assim, novos documentos podem ser requisitados às partes ou a terceiros ou pode-se ouvir uma nova testemunha referida nos depoimentos colhidos, nos documentos juntados ou nas alegações lançadas nos autos.

Estabelece o § 2º, do art. 342 do Código Penal que, quanto ao crime de falso testemunho, "o fato deixa de ser punível se, **antes da sentença no processo em que ocorreu o ilícito**, o agente se retrata ou declara a verdade". Ora, se o escopo central da norma em comento é resguardar o conteúdo ético do processo, inibindo práticas testemunhais desleais, cremos que a racionalidade desse regramento penal **não deve ser aplicada** à multa sancionatória de improbidade testemunhal agora prevista no art. 793-D da CLT. Trata-se de disposição específica da esfera penal, expressamente relacionada à **mera extinção da punibilidade** (CP, art. 107, inciso VI), ou seja, apesar do ato delituoso, impede-se a imposição da pena prevista em lei. A retratação poderá servir, no entanto, como critério na dosimetria da punição pecuniária, podendo o magistrado, nestes casos, reduzir a multa aplicada à testemunha até mesmo ao patamar mínimo possível, a depender da dimensão da colaboração instrutória que tal arrependimento implicar.

Destarte, havendo **retratação da testemunha** antes da sentença no processo em que ocorreu a irregularidade, haverá apenas a extinção da punibilidade do crime de falso testemunho no âmbito penal, mas isso, por si, não a isenta de eventual multa sancionatória em razão do descumprimento do dever de boa-fé e lealdade processual no âmbito do processo do trabalho. Por tal autonomia de desdobramentos do falso testemunho, será recomendável que o juiz do trabalho, antes de tomar o compromisso da testemunha, advirta-a não só da possibilidade de enquadramento criminal de eventual conduta indevida, mas também da hipótese de cobrança de multa caso constatada a intenção de ludibriar o Poder Judiciário.

Nada impede, de todo modo, que o magistrado, mesmo não se convencendo da **intenção fraudatória**, decida por remeter cópia de peças dos autos à autoridade competente para a devida apuração de possível crime de falso testemunho (CPP, art. 40), haja vista que são esferas de apreciação jurisdicional autônomas. Porém, existindo demonstração da intenção fraudatória da testemunha e não havendo qualquer retratação antes da prolação da sentença, constitui **dever** do juiz não apenas impor multa sancionatória à testemunha como também comunicar o fato à autoridade competente, para os fins de direito (CPP, art. 40). Afinal, incolumidade ético-processual é tema de **indiscutível interesse público**.

Por fim, registramos nossa posição no sentido de que a testemunha reconhecida como ímproba e judicialmente sancionada com a multa em destaque, deixará, *ipso facto*, o simples status de auxiliar do juízo e passará a figurar no processo como legítimo **terceiro prejudicado** (CPC, art. 996, *caput*). Logo, gozará de **plena legitimidade recursal** para discutir o específico incidente que o envolve, cujo exercício, seguramente, deverá atentar ao tempo e modo previstos na Consolidação das Leis do Trabalho. Para tanto, deverá também ser **intimada da decisão** que promoveu reprimenda ética e aplicou a respectiva multa sancionatória a seu desfavor. O recolhimento dessa multa não constitui pressuposto recursal (OJ 409// SDI-1/TST).

6. FECHANDO A PORTA

Portanto, a novidade trazida para o texto da CLT, com a inédita disciplina do sistema de repressão ao dano processual provocado pela conduta das partes e testemunhas nos processos judiciais, tem, no geral, o sabor do desgastado livro que pela centésima vez o viciado leitor abra e procure apreciar algum detalhe ainda não percebido. Afora a inovadora regra de repressão ao dolo testemunhal e algumas mudanças cosméticas em termos redacionais, às vezes para pior, como visto, o regime sancionatório da deslealdade processual trabalhista é um mal disfarçado (e incompleto) plágio das normas processuais comuns.

Evidentemente, não se pode desprezar o peso simbólico da positivação de um sistema legal de proteção da boa-fé processual para o interior da CLT. Todavia, do ponto de vista da fisionomia do processo trabalhista, a mudança não traz absolutamente nada que permita uma perspectiva otimista do futuro da jurisdição trabalhista, pressionada por múltiplos fatores, quase todos, paradoxalmente, ligados muitos mais às suas virtudes – em especial de celeridade e efetividade quando comparada aos demais ramos do Judiciário brasileiro – que aos seus defeitos. Mesmo a novidade da improbidade testemunhal pode gerar um fenômeno perverso de evasão das pessoas dispostas a deporem como testemunhas – e aqui não nos referimos às mentirosas, mas às medrosas que temam uma decisão injusta que ao final puna sua boa vontade e eventuais lapsos de memória. Assim, como sempre, é de se esperar extrema prudência dos magistrados na repressão dos possíveis danos à probidade processual, não transformando um moralizador instrumento de garantia da eticidade em mais uma arma de estreitamento dos canais de acesso à justiça.

A NOVA JURISDIÇÃO VOLUNTÁRIA PARA HOMOLOGAÇÃO DE AUTOCOMPOSIÇÃO EXTRAJUDICIAL NA JUSTIÇA DO TRABALHO

Carlos Henrique Bezerra Leite[1]

1. INTRODUÇÃO

Este estudo tem por objetivo analisar os aspectos teóricos e práticos que gravitam em torno do novo instituto criado pela Lei 13.467, de 13 de julho de 2017 (DOU 14.07.2017), entrou em vigor cento e vinte dias depois de sua publicação, a saber: a homologação de acordo extrajudicial.

Este novel instituto está previsto na alínea *f* do art. 652 da CLT, acrescentada pela Lei n. 13.467/2017, e será regido pelo "Processo de Jurisdição Voluntária para Homologação de Acordo Extrajudicial", introduzido pelos arts. 855-B a 855-E da CLT, com redações dadas pela referida lei.

---

1. Doutor e mestre em Direito (PUC/SP). Professor de Direitos Humanos Sociais e Metaindividuais (mestrado e doutorado) e Direito Processual do Trabalho (graduação) da Faculdade de Direito de Vitória-FDV. Desembargador do TRT/ES. Membro da Academia Brasileira de Direito do Trabalho.

2. DOS PROCEDIMENTOS DE JURISDIÇÃO CONTENCIOSA E DE JURISDIÇÃO VOLUNTÁRIA NO PROCESSO CIVIL

O CPC de 1973 previa duas espécies de jurisdição: a contenciosa e a voluntária.

O art. 16 do Novo CPC prevê apenas que: "A jurisdição civil é exercida pelos juízes e pelos tribunais em todo o território nacional, conforme as disposições deste Código".

No entanto, o Livro I da Parte Especial do Novo CPC, em seu Título III, dispõe sobre os "Procedimentos Especiais", Capítulos I a XIV (arts. 539 a 718), destinados às ações e procedimentos especiais, como a ação de consignação em pagamento, a ação de exigir contas, as ações possessórias, os embargos de terceiro, a oposição, a habilitação, a ação monitória, a restauração de autos etc., e o Capítulo XV, que trata dos "Procedimentos de Jurisdição Voluntária" (arts. 719 a 770).

Podemos dizer, assim, que os procedimentos especiais no Novo CPC abrangem:

- a jurisdição contenciosa, que visa à composição de litígios por meio de um processo autêntico, pois existe uma lide a ser resolvida, com a presença de partes e aplicação dos efeitos da revelia, sendo que a decisão fará coisa julgada formal e material;
- a jurisdição voluntária, que visa à participação do Estado, como mero administrador de interesses privados, para dar validade a negócios jurídicos por meio de um procedimento judicial, pois não existe lide nem partes, mas apenas interessados, sendo que a decisão proferida fará, tão somente, coisa julgada formal.

3. DOS PROCEDIMENTOS DE JURISDIÇÃO CONTENCIOSA E DE JURISDIÇÃO VOLUNTÁRIA NO PROCESSO DO TRABALHO

Nos sítios do processo do trabalho, só existia jurisdição contenciosa, ou melhor, não havia, formalmente, a jurisdição voluntária, tal como prevista no processo civil.

No entanto, há alguns procedimentos especiais que a doutrina identifica como inerentes à jurisdição voluntária.

Mauro Schiavi[2] lembra o art. 500 da CLT, segundo o qual o "pedido de demissão do empregado estável só será válido quando feito com a assistência do respectivo Sindicato e, se não o houver, perante autoridade local competente do Ministério do Trabalho e Previdência Social ou da Justiça do Trabalho".

Parece-nos, porém, que a parte final de dispositivo equipara a Justiça do Trabalho a um órgão administrativo, meramente homologador de rescisão de contrato de trabalho do empregado estável.

2. SCHIAVI, Mauro. Manual de direito processual do trabalho. 2. ed. São Paulo: LTr, 2009. p. 54.

É interessante que a redação do referido artigo foi dada pela Lei n. 5.584/70, que também deu nova redação ao § 1º do art. 477 da CLT, nos seguintes termos:

> "O pedido de demissão ou recibo de quitação de rescisão, do contrato de trabalho, firmado por empregado com mais de 1 (um) ano de serviço, só será válido quando feito com a assistência do respectivo Sindicato ou perante a autoridade do Ministério do Trabalho e Previdência Social".

Vê-se que, aqui, não há previsão para a Justiça do Trabalho atuar como órgão extrajudicial (ou judicial) homologador de validade de rescisão contratual, seja por iniciativa do empregador ou por iniciativa do trabalhador.

Outros dois exemplos de jurisdição voluntária no processo do trabalho encontram-se no Enunciado n. 63 da 1ª Jornada de Direito Material e Processual do Trabalho (disponível em: <www.anamatra.org.br>):

> COMPETÊNCIA DA JUSTIÇA DO TRABALHO. PROCEDIMENTO DE JURISDIÇÃO VOLUNTÁRIA. LIBERAÇÃO DO FGTS E PAGAMENTO DO SEGURO-DESEMPREGO. Compete à Justiça do Trabalho, em procedimento de jurisdição voluntária, apreciar pedido de expedição de alvará para liberação do FGTS e de ordem judicial para pagamento do seguro-desemprego, ainda que figurem como interessados os dependentes de ex-empregado falecido.

4. NOVO "PROCESSO DE JURISDIÇÃO VOLUNTÁRIA" NA JUSTIÇA DO TRABALHO

Por força da alínea *f* do art. 652 da CLT, acrescentada pela Lei n. 13.467/2017, as Varas do Trabalho, ou melhor, os Juízos trabalhistas de primeira instância, passaram a ter competência para: "decidir quanto à homologação de acordo extrajudicial em matéria de competência da Justiça do Trabalho".

Para viabilizar a homologação desse acordo, a Lei 13.467/2017, inseriu na CLT o Título X, Capítulo III-A, "Do Processo de Jurisdição Voluntária para Homologação de Acordo Extrajudicial", que contém os arts. 855-B a 855-E, *in verbis*:

> Art. 855-B. O processo de homologação de acordo extrajudicial terá início por petição conjunta, sendo obrigatória a representação das partes por advogado.
>
> § 1º As partes não poderão ser representadas por advogado comum.
>
> § 2º Faculta-se ao trabalhador ser assistido pelo advogado do sindicato de sua categoria.
>
> Art. 855-C. O disposto neste Capítulo não prejudica o prazo estabelecido no § 6º do art. 477 desta Consolidação e não afasta a aplicação da multa prevista no § 8º art. 477 desta Consolidação.
>
> Art. 855-D. No prazo de quinze dias a contar da distribuição da petição, o juiz analisará o acordo, designará audiência se entender necessário e proferirá sentença.
>
> Art. 855-E. A petição de homologação de acordo extrajudicial suspende o prazo prescricional da ação quanto aos direitos nela especificados.

> Parágrafo único. O prazo prescricional voltará a fluir no dia útil seguinte ao do trânsito em julgado da decisão que negar a homologação do acordo.

5. NATUREZA JURÍDICA DO "PROCESSO DE JURISDIÇÃO VOLUNTÁRIA"

O Novo CPC dedicou a Parte Especial, Livro I, Título III, Capítulo XV, Seção I (Disposições Gerais), aos "Procedimentos Especiais de Jurisdição Voluntária" (arts. 719 a 770), sendo certo que o art. 725, VIII, do Novo CPC dispõe literalmente que:

> Art. 725. Processar-se-á na forma estabelecida nesta Seção o pedido de:
>
> ....
>
> VIII - homologação de autocomposição extrajudicial, de qualquer natureza ou valor.

Embora o legislador "Reformador da CLT" tenha utilizado o termo "Processo de Jurisdição Voluntária", sabe-se que não se trata de processo, e sim de procedimento especial de jurisdição voluntária, porquanto não há lide ou litigante, e sim interessados, cabendo ao juiz, na essência, o papel de gestor de negócio jurídico entabulado extrajudicialmente.

Destarte, parece-nos que a terminologia adequada ao novo instituto é "Procedimento de Jurisdição Voluntária para Homologação de Autocomposição Extrajudicial".

6. DAS REGRAS DO PROCEDIMENTO ESPECIAL DE JURISDIÇÃO VOLUNTÁRIA PARA HOMOLOGAÇÃO DE AUTOCOMPOSIÇÃO EXTRAJUDICIAL

Disciplinando o procedimento de homologação de acordo extrajudicial, o novel art. 855-B da CLT dispõe que ele "terá início por petição conjunta, sendo obrigatória a representação por advogado", sendo facultada a ambas as partes serem "representadas por advogado comum", podendo o trabalhador ser "assistido pelo advogado de sua categoria".

Vê-se, pois, que o procedimento de homologação de acordo extrajudicial não permite o *jus postulandi* (CLT, art. 791), pois as partes devem estar obrigatoriamente representadas por advogado.

Não nos parece razoável a possibilidade de as partes (empregado e empregador) poderem ser representadas por advogado comum, pois o empregado é a parte vulnerável na desigual relação de direito material de trabalho, e o acordo entabulado, na verdade, pode conter autêntica renúncia de direitos fundamentais sociais dos trabalhadores, mormente em situações de desemprego estrutural, como a que vivemos atualmente.

7. DA DESIGNAÇÃO DE AUDIÊNCIA

De toda sorte, pensamos que o Juiz do Trabalho deve ter a máxima cautela para "decidir quanto à homologação de acordo extrajudicial" (CLT, art. 652, *f*), sob pena de se tornar o principal protagonista do desmonte do sistema de proteção jurídica dos direitos humanos e fundamentais dos trabalhadores brasileiros.

Exatamente por isso, deve o magistrado observar o disposto no art. 855-D da CLT, segundo o qual:

> "No prazo de quinze dias a contar da distribuição da petição, o juiz analisará o acordo, designará audiência se entender necessário e proferirá sentença".

Vale dizer, nesse novel procedimento de jurisdição voluntária na Justiça do Trabalho é imprescindível, a nosso sentir, a oitiva das partes em audiência, para que elas ratifiquem perante o Juiz os termos do acordo extrajudicial entabulado, evitando-se, assim, eventuais fraudes à lei ou contra terceiros ou, ainda, as conhecidas lides simuladas.

Do contrário, isto é, sem a realização da audiência de ratificação da proposta de acordo firmado extrajudicialmente pelas partes, a Justiça do Trabalho poderá se transformar em mero órgão cartorário homologador de rescisões de contratos de trabalho, em substituição ao histórico papel que era atribuído aos sindicatos e aos órgãos do Ministério do Trabalho, Ministério Público, Defensoria Pública ou Juiz de Paz, como previam o §§ 1º e 3º do art. 477 da CLT, revogados expressamente pelo art. 5º, I, *j*, da Lei n. 13.467/2017.

8. DA AUSÊNCIA DE PREJUDICIALIDADE DOS PRAZOS PARA PAGAMENTO DE VERBAS RESCISÓRIAS

O procedimento de homologação de acordo extrajudicial não prejudica o prazo estabelecido no § 6º e não afasta a aplicação da multa prevista no § 8º, ambos do art. 477 da CLT, que não foram revogados pela Lei n. 13.467/2017.

9. DA SUSPENSÃO DO PRAZO PRESCRICIONAL

De acordo com o art. 855-E e seu parágrafo único, da CLT, "a petição de homologação de acordo extrajudicial suspende o prazo prescricional da pretensão deduzida na ação", voltando "a fluir no dia útil seguinte ao do trânsito em julgado da decisão que negar a homologação do acordo".

Na verdade, ao que nos parece, não é a petição de homologação de acordo extrajudicial que suspende a prescrição, e sim o protocolo da petição junto ao Juízo da Vara do Trabalho.

Ademais, pensamos que a interpretação adequada ao termo "suspensão" deve ser "interrupção" (Código Civil, art. 202, VI), ou seja, o simples ajuizamento da petição de acordo extrajudicial para homologação é condição suficiente para interromper a prescrição com relação a todos os créditos trabalhistas oriundos da relação empregatícia entre as partes signatárias da petição do acordo extrajudicial, e não apenas quanto às verbas ou parcelas constantes desse acordo.

10. DA "SENTENÇA" QUE HOMOLOGA O ACORDO EXTRAJUDICIAL

Como o novel art. 855-D da CLT fala em "sentença", e o parágrafo único do art. 855-E utiliza o termo "decisão", certamente surgirão discussões sobre:

- a natureza jurídica do ato que homologa ou rejeita a homologação do acordo extrajudicial;
- a possibilidade ou não de interposição de recurso contra tal decisão;
- a possibilidade ou não de ajuizamento de ação rescisória;
- impetração de mandado de segurança contra a decisão que homologa ou rejeita total ou parcialmente a homologação do acordo extrajudicial.

A nosso ver, o ato do Juiz de Vara do Trabalho que homologa ou rejeita a homologação de acordo extrajudicial tem natureza jurídica de decisão judicial irrecorrível em procedimento de jurisdição voluntária, sendo, portanto, irrecorrível (salvo para a Previdência Social quanto às contribuições que lhe forem devidas) e não impugnável por mandado de segurança.

Por interpretação analógica do art. 831, parágrafo único, da CLT e da Súmula 259 do TST, somente por ação rescisória poderá ser desconstituída a decisão a que se referem os arts. 855-D e 855-E, parágrafo único, da CLT.

É claro que do ato judicial em comento caberão embargos de declaração nas hipóteses do art. 897-A da CLT e arts. 1.022 a 1.026 do CPC/2015.

11. DECISÃO QUE REJEITA HOMOLOGAÇÃO DO ACORDO JUDICIAL

A decisão rejeita a homologação do acordo entabulado entre as partes nos autos de reclamação trabalhista não fere direito líquido e certo a ser amparado em mandado de segurança, pois nestes casos estamos diante do poder discricionário (e não arbitrário) do juiz.

É o que se infere da Súmula 418 do TST:

> A homologação de acordo constitui faculdade do juiz, inexistindo direito líquido e certo tutelável pela via do mandado de segurança.

Parece-nos que a referida Súmula foi adotada para impedir que o reclamante ou o reclamado ou ambos impetrem mandado de segurança contra decisão do juiz que se recusa a homologar acordo nos próprios autos da ação trabalhista.

É que, neste caso, a decisão que vier a ser proferida no mandado de segurança não pode substituir a decisão que, em sede de reclamação trabalhista, negou a homologação do acordo, emitindo juízo positivo respeitante à prestação jurisdicional de competência funcional e originária do Juízo originário da causa.

Dito doutro modo, o mandado de segurança não pode ser manejado para "reformar" a decisão judicial proferida pelo Juízo de origem, mas tão somente suspendê-la, anulá-la ou cassá-la quando violar direito líquido e certo do impetrante.

De toda sorte, pensamos que a decisão que rejeita homologar acordo judicial deve ser sempre fundamentada (CF, art. 93, IX). Noutro falar, se a causa de pedir no mandado de segurança for a inexistência de fundamentação da decisão impugnada, cremos que neste caso haverá direito líquido e certo a ser protegido por este remédio constitucional.

Nesta situação, contudo, o Tribunal *ad quem* não deve reformar a decisão indeferitória e, sim, anulá-la e determinar que a autoridade impetrada profira outra, devidamente fundamentada.

12. DA DECISÃO QUE REJEITA HOMOLOGAR ACORDO EXTRAJUDICIAL

A questão se tornará mais complexa em função do disposto nos arts. 855-B a 855-E da CLT (acrescentados pela Lei n. 13.467/2017), que instituiu o procedimento de jurisdição voluntária para homologação de acordo extrajudicial, pois, de acordo com o art. 855-D da CLT, o juiz, no prazo de quinze dias a contar da distribuição da petição, analisará o acordo, designará audiência se entender necessário e proferirá "sentença".

Essa "sentença" poderá homologar o acordo ou rejeitar a sua homologação, total ou parcialmente.

13. DA IMPUGNAÇÃO À DECISÃO PROFERIDA EM PROCEDIMENTO DE JURISDIÇÃO VOLUNTÁRIA

Não há previsão para recurso e haverá dúvida sobre a medida judicial a ser adotada.

Pensamos ser cabível embargos de declaração, por aplicação supletiva do art. 1022 do Novo CPC, nos casos de obscuridade, omissão ou contradição na decisão embargada, tanto a que homologa quanto a que rejeita a homologação do acordo extrajudicial.

Parece-nos factível, por outro lado, admitir o recurso ordinário da decisão que rejeita total ou parcialmente a homologação do acordo extrajudicial, em homenagem ao princípio do duplo grau de jurisdição.

Da decisão que homologa o acordo extrajudicial somente caberá, em tese, ação rescisória.

Em qualquer hipótese, penso que será incabível o mandado de segurança por ausência de direito líquido e certo do impetrante, salvo na hipótese de falta de fundamentação da decisão que rejeita a homologação do acordo, como alertamos em linhas transatas.

CONCLUSÃO

O novo procedimento de jurisdição voluntária para homologação de autocomposição extrajudicial instituído pela Lei 13.467/2017 poderá implicar profundas alterações na gestão humana e de processos no âmbito das Varas do Trabalho.

A aplicação do novo instituto é polêmica e gerará diversas interpretações, implicando, provavelmente, aumento de demandas na Justiça do Trabalho, ao contrário do prometido politicamente pelos Poderes Legislativo e Executivo responsáveis pela chamada "Reforma Trabalhista".

BIBLIOGRAFIA CONSULTADA

BUENO, Cassio Scarpinella. *Manual de direito processual civil*. São Paulo: Saraiva, 2015.

LEITE, Carlos Henrique Bezerra. *Curso de direito processual do trabalho*. 16. ed. São Paulo: Saraiva, 2018 (no prelo).

SCHIAVI, Mauro. *Manual de direito processual do trabalho*. São Paulo: LTr, 2009.

HOMOLOGAÇÃO JUDICIAL DE ACORDO EXTRAJUDICIAL

Edilton Meireles[1]

1. INTRODUÇÃO

A Lei n. 13.467/17, que implantou a Reforma Trabalhista no Brasil, acabou por incluir na Consolidação das Leis Trabalhistas expressa menção à possibilidade de homologação judicial de acordo extrajudicial (autocomposição).

Conquanto não seja nenhuma novidade processual, ao se incluir em lei processual trabalhista essa possibilidade, qualquer dúvida até então existente quanto ao seu cabimento no processo do trabalho restou afastada.

Procurando, porém, contribuir para o debate em torno do cabimento e processamento desta demanda de natureza voluntária, trataremos desse tema adiante.

2. PRECEDENTES LEGISLATIVOS E CABIMENTO

O disposto no art. 855-B da CLT, com a redação dada pela Lei n. 13.467/17, com vigência a partir de 11 de novembro de 2017, a rigor, não introduziu qualquer novidade no processo do trabalho. Isso porque, conforme legislação processual civil subsidiariamente aplicável, o processo de homologação de acordo extrajudicial

1. Pós-doutor em Direito pela Faculdade de Direito da Universidade de Lisboa. Doutor em Direito pela Pontifícia Universidade Católica de São Paulo (PUC/SP). Professor de Direito Processual Civil na Universidade Federal da Bahia (UFBa). Professor de Direito na Universidade Católica do Salvador (UCSal). Desembargador do Trabalho na Bahia (TRT 5ª Região).

já tinha cabimento na Justiça do Trabalho em face da previsão na lei processual civil[2].

Essa possibilidade foi introduzida no processo brasileiro pelo art. 57 da Lei n. 9.099/95, que dispõe sobre os Juizados Especiais Cíveis e Criminais.

Em seu art. 57, essa Lei, em regra de direito processual civil aplicável a qualquer demanda cível, dispõe que "O acordo extrajudicial, de qualquer natureza ou valor, poderá ser homologado, no juízo competente, independentemente de termo, valendo a sentença como título executivo judicial".

Semelhante disposição, posteriormente, foi introduzida no CPC de 1973 pela Lei n. 8.953/94, que acrescentou ao então código processual civil brasileiro o inciso III do art. 584, posteriormente, reintroduzido pela Lei n. 10.358/01, para estabelecer que é título executivo judicial a sentença homologatória de transação, *"ainda que esta não verse questão posta em juízo".*

A então grande modificação introduzida foi no sentido de permitir que as partes acordantes pudessem requerer ao juiz a homologação da autocomposição extrajudicial "ainda que esta não verse questão posta em juízo". Em resumo, o acordo extrajudicial firmado antes do ajuizamento da ação ou mesmo no seu curso, poderia ser levada à homologação judicial, constituindo-se em título executivo[3].

Assim, independentemente de existir demanda judicial, as partes interessadas poderiam celebrar acordo requerendo, em seguida, sua homologação judicial.

Já o atual CPC, em seu art. 725, inciso VIII, seguindo a linha da Lei n. 9.099/95, foi mais explícito, estabelecendo expressa disposição quanto ao cabimento do processo de "homologação de autocomposição extrajudicial, de qualquer natureza ou valor".

É, pois, neste caminhar, que os arts. 855-B a 855-E da CLT vieram disciplinar, na realidade, apenas o procedimento do processo de homologação de acordo extrajudicial no âmbito da Justiça do Trabalho. Isso porque, na pior das hipóteses, por força da aplicação subsidiária ou supletiva, desde o início da vigência do CPC de 2015, já tinha cabimento na Justiça do Trabalho o processamento desta espécie de processo de jurisdição voluntária.

A Reforma Trabalhista, portanto, apenas se preocupou em disciplinar o processamento, não o cabimento, desta espécie de demanda judicial.

Antes de tratar do processamento em si, no entanto, é preciso delimitar o que se tem por acordo extrajudicial.

2. Teixeira Filho, Manoel Antonio, As Recentes Alterações no Processo Civil e suas Repercussões no Processo do Trabalho, p. 111.
3. Calmon de Passos, Inovações no Código de Processo Civil, p. 132; Theodoro Junior, Humberto, As Inovações no Código de Processo Civil, p. 39-40.

3. DO ACORDO EXTRAJUDICIAL. CONCEITO E DISTINÇÕES

A CLT fala em "acordo extrajudicial". O CPC/15, mais técnico, menciona a autocomposição extrajudicial. Não falam em transação.

Transação é o ato pelo qual os interessados previnem ou terminam o litígio "mediante concessões mútuas" (art. 840 do CC). No caso, na transação, diante do litígio em torno de alguma pretensão, inclusive quanto a "direitos" contestados judicialmente (res dubia), os interessados podem celebrar um verdadeiro acordo pondo fim ao conflito mediante concessões mútuas.

Na hipótese de transação é preciso que se esteja diante de um conflito, ao menos em potencial, e que as partes façam concessões mútuas. É o que ocorre, por exemplo, quando o trabalhador afirma que o empregador lhe deve mil reais a título de aviso prévio e este aduz que apenas deve seiscentos reais. No caso, diante da res dubia (coisa duvidosa; quem tem razão?), as partes podem fazer concessões mútuas, v.g., transacionando o pagamento de oitocentos reais. Há, neste caso, concessões mútuas.

A transação, ainda, está limitada "a direitos patrimoniais de caráter privado" (art. 841 do Código Civil).

A CLT e o CPC/15, no entanto, não falam em transação. Mencionam o "acordo extrajudicial" (ou autocomposição extrajudicial). E por "acordo" podemos ter o acerto de vontades; a comunhão de vontades. Ou seja, qualquer acordo de vontades, ainda que não haja concessões mútuas e ainda que não vise a prevenir ou encerrar um conflito. Aqui se deve dar interpretação ampla ao que se deve ter por acordo, privilegiando a autonomia da vontade, nos limites da lei.

O CPC menciona, ainda, que ele pode ser "de qualquer natureza ou valor" (inciso VIII do art. 725 do CPC/15). Logo, não se limita "a direitos patrimoniais de caráter privado" (art. 841 do CC). E essa disposição processual bem revela que a expressão acordo extrajudicial não se equivale a transação, já que esta somente pode envolver direitos patrimoniais privado.

A partir, portanto, desses dispositivos se pode concluir que acordo extrajudicial é qualquer acerto de vontade, envolvendo direito de qualquer natureza, patrimonial ou não, privado ou público, gracioso ou oneroso, etc.

Ele, assim, pode se referir a um acordo para alterar um contrato, um acordo para distratar o contrato, para quitar direitos e obrigações, etc. Em suma, pelo acordo as partes podem, nos limites da lei, pactuar qualquer acerto, com declarações recíprocas de vontade, ainda que por mera liberalidade ou graciosa.

Neste caminho, acrescentando com outros exemplos, podem ser objeto de homologação judicial: o acordo para rescisão contratual (art. 484-A da CLT), o acordo (cláusula ou compromisso) de arbitragem (art. 507-A da CLT), a quitação anual de obrigações (art. 507-B da CLT), a alteração contratual (art. 468 da CLT) e o acordo de compensação de jornada de trabalho (arts. 59 e 59-A da CLT), dentre outras hipóteses.

Nada impede, ainda, que o acordo coletivo possa ser levado a homologação judicial, passando a gozar da natureza de sentença normativa.

4. PROCEDIMENTO

A CLT não disciplina pormenorizadamente o procedimento a ser adotado no processo de homologação judicial do acordo extrajudicial. O mesmo ocorre em relação ao CPC.

Assim, na Justiça do Trabalho, cabe se valer das regras supletivas e subsidiárias, apoiando-se, ainda, nas regras gerais que disciplinam o processo civil brasileiro.

A partir da legislação processual, então, podemos traçar algumas regras básicas de procedimento.

4.1. Iniciativa

O CPC/15, em seu art. 720 dispõe que na demanda de jurisdição voluntária para homologação judicial de acordo extrajudicial "o procedimento terá início por provocação do interessado, do Ministério Público ou da Defensoria Pública, cabendo-lhes formular o pedido devidamente instruído com os documentos necessários e com a indicação da providência judicial" (art. 720). No caso, a providência judicial seria a mera homologação do acordo.

A CLT, porém, dispõe que "O processo de homologação de acordo extrajudicial terá início por petição conjunta, sendo obrigatória a representação das partes por advogado" (art. 855-A), não podendo as partes serem representadas pelo mesmo causídico (§ 1º do art. 855-A da CLT). Logo, ao contrário do processo civil, na qual qualquer interessado, o Ministério Público e a Defensoria Pública, pode propor a demanda pedindo a homologação judicial do acordo extrajudicial, na Justiça do Trabalho esse pleito deve ser formulado em conjunto.

Essa regra, no entanto, é de questionável constitucionalidade, já que condiciona o acesso à justiça de um à vontade do outro. E, em tese, quem celebra acordo extrajudicial tem interesse em pedir a sua homologação judicial por força do que lhe é assegurado no CPC (inciso VIII do art. 725), especialmente quando ele, por si só, já constitua título executivo extrajudicial (art. 785 do CPC/15).

De qualquer forma, pode-se pensar na constitucionalidade desse dispositivo, que exige comum acordo para propositura da demanda homologatória, numa interpretação conforme a Constituição, partindo-se do pressuposto de que a oposição de um dos acordantes em propor a ação respectiva não pode ser injustificada. Logo, o acordante-interessado, quando diante dessa recusa injustificada, pode requerer a outorga judicial respectiva no bojo do próprio procedimento homologatório.

E aqui vale lembrar que nossa legislação, em diversas situações, submete o exercício do direito ao consentimento de outrem. E, em geral, nessas situações, o legislador prevê a possibilidade de o consentimento ser suprimido por decisão judicial.

Podemos, assim, citar o caso do menor que somente pode se casar com o consentimento de seus responsáveis (art. 1.517 do CC), mas a lei possibilita ao juiz suprir esse consentimento quando "injusta" a recusa (art. 1.519 do CC). Igualmente, o Código Civil também estabelece que o cônjuge, salvo quando casado sob regime de separação absoluta de bens, somente pode concretizar determinados negócios jurídicos com o consentimento do outro (art. 1.647 do CC). O juiz, no entanto, poderá suprir o consentimento quando a recusa não tenha um "justo motivo" (art. 1.648 do CC).

No âmbito processual pode ser citado o exemplo do ajuizamento de algumas ações judiciais por parte do cônjuge condicionada à concordância do outro (art. 73 do CPC). O próprio CPC, porém, autoriza a supressão judicial quando o cônjuge não concede a autorização "sem justo motivo, ou quando lhe seja impossível concedê-lo" (art. 74 do CPC).

Esses exemplos, portanto, estabelecem a regra de que, sempre que o exercício de um direito dependa da concordância de outrem, a recusa por parte deste outro deve ser motivada. E, no caso de recusa sem justo motivo, pode o interessado demandar pedindo que seja suprido o consentimento. Assim, o acordante extrajudicial, mesmo sem o consentimento prévio da parte contraria, pode pedir a homologação, com eventual pedido cumulado de supressão do consentimento.

Vale acrescentar, ainda, que nada impede de a parte ser substituída processualmente nesta demanda, seja pela entidade sindical, seja pelo Ministério Público do Trabalho.

Lembre-se, ainda, que o interessado na homologação do acordo pode ser o trabalhador, o que reforça a possibilidade da substituição processual em defesa do interesse do empregado.

4.2. Rito procedimental

A CLT dispõe que, uma vez proposta a demanda, "no prazo de quinze dias a contar da distribuição da petição, o juiz analisará o acordo, designará audiência se entender necessário e proferirá sentença" (art. 855-D).

Caso, porém, a demanda seja proposta por apenas um dos interessados, a hipótese é de aplicação da regra subsidiária do CPC, em seu art. 721, determinando-se a citação de "todos os interessados" para se manifestarem no prazo de quinze dias.

Assim, mesmo na hipótese de a demanda ser proposta por apenas um dos acordantes, não cabe ao juiz, de logo, extinguir o feito pela ausência de manifestação de interesse do outro acordante. No caso, cabe-lhe, em verdade, mandar citar o interessado para que ele se pronuncie quanto a concordância ou não com o pedido de homologação judicial.

Em qualquer hipótese, porém, cabe intimar o Ministério Público nos casos previstos no art. 178 do CPC/15, ou seja, nos processos que envolvam "interesse público ou social", "interesse de incapaz" ou quando envolver "litígios coletivos pela posse de terra rural ou urbana", lembrando que a "participação da Fazenda Pública não configura, por si só, hipótese de intervenção Parquet (parágrafo único do art. 178 do CPC/15).

A CLT ainda prevê (e nada impediria qualquer omissão legislativa neste ponto) a possibilidade de o juiz do trabalho designar audiência, "se entender necessário". No caso, na audiência o juiz poderia pedir que as partes prestassem algum esclarecimento, tirar dúvidas, etc., podendo, ainda, sugerir alterações no acordo de modo a adequá-lo aos limites da lei, evitando, assim, eventual decisão desfavorável aos interessados.

Nada impede, ainda, que a audiência sirva como meio de ratificação do acordo extrajudicial, especialmente quando, pelo menos, um dos acordantes esteja numa condição de vulnerabilidade qualificada. Esclarecemos.

Por certo que, em regra, o trabalhador pode ser classificado como vulnerável, já que se encontra numa situação de fragilidade, permanente ou provisória, perante o empregador. Daí porque necessita de maior proteção. Logo, em tese, o juiz do trabalho sempre pode designar a audiência como meio de controle do acordo, já que na oportunidade pode apurar o grau de vontade do trabalhador na celebração do acordo.

Há trabalhadores, porém, que se encontram em dupla situação de vulnerabilidade dada sua condição pessoal. São os casos dos incapazes, idosos, negros, homossexuais, indígenas, deficientes físicos, etc. São pessoas vulneráveis em face de duas ou mais condições, ou seja, além de vulnerável em face da condição de empregado, ainda é dada outra condição pessoal.

Na prática, então, essa audiência será uma verdadeira audiência de conciliação ou mediação, regulada no art. 334 do CPC, atraindo a aplicação dos princípios apontados no art. 166 do mesmo diploma legal.

Assim, no caso, o juiz deve, se for o caso, observar os "princípios da independência, da imparcialidade, da autonomia da vontade, da confidencialidade, da oralidade, da informalidade e da decisão informada" (art. 166 do CPC).

Dentre todos eles cabe especial aplicação o princípio da decisão informada. Por este, cabe prestar ao interessado todas as informações e esclarecimentos necessários à compreensão do que está sendo acordado, inclusive quanto as suas consequências. Ou seja, é condição necessária que o interessado tenha plena consciência quanto aos seus direitos e a realidade fática na qual se encontra e as consequências que possam advir do acordo celebrado.

Logo, ao menos em casos especiais, o juiz pode se valer da audiência para prestar esses esclarecimentos, solicitando a ratificação do acordado antes de sua homologação.

Neste caminhar, optando pela realização dessa audiência, mas desde que advertindo previamente as partes, cabe, ainda, a aplicação da regra do § 8º do art. 334 do CPC, de modo que o não comparecimento injustificado da parte audiência poderá ser "considerado ato atentatório à dignidade da justiça e será sancionado com multa de até dois por cento da vantagem econômica pretendida ou do valor da causa, revertida em favor da União [...]".

Nada impede, ainda, de o juiz, antes de homologar o acordo, pedir esclarecimentos por escrito, sugerir retificação de cláusulas, ou, ainda, ouvir terceiros na qualidade de amicus curiae, "considerando a relevância da matéria, a especificidade do tema objeto da demanda ou a repercussão social da controvérsia" (art. 138 do CPC).

4.3. Da sentença e do recurso

Com ou sem a realização da audiência, seja qual for a hipótese, o juiz deve pronunciar sua decisão em sentença. Essa poderá ser simplesmente homologatória do acordo, ainda que parcialmente, ou extintiva sem resolução do mérito (ilegitimidade de parte, etc) ou, ainda, de rejeição do pleito com resolução de mérito (improcedência do pedido de homologação).

No caso de homologação integral, a decisão dispensa maiores fundamentos, já que ela não contraia a vontade dos interessados na homologação. Basta a menção ao preenchimento dos pressupostos legais.

Nas demais hipóteses, no entanto, em recusando, ainda que em parte, a homologação judicial, o juiz deve apontar o fundamento da sua decisão denegatória. Aqui se exige a motivação expressa e explícita, já que a decisão contraria os interesses dos acordantes.

O CPC, no parágrafo único do art. 723, aplicável por força do disposto no art. 725, caput, estabelece que neste procedimento "O juiz não é obrigado a observar critério de legalidade estrita, podendo adotar em cada caso a solução que considerar mais conveniente ou oportuna".

De fato. Adaptando essa regra ao procedimento em comento, quando da apreciação do pedido de homologação judicial do acordo extrajudicial (tal como já ocorre na conciliação judicial), o juiz não pode se limitar a aferir o pleito somente à luz da legalidade estrita. Ele, em verdade, deve ser ater à situação na qual se encontram as partes interessadas, procurando verificar, a par da legalidade estrita, a conveniência e oportunidade do acordo.

Conjugando-se, assim, os princípios que nortearam a reforma trabalhista, em especial a elevação de grau de autonomia das partes, com a regra do parágrafo único do art. 723 do CPC/15, o que se quer com a homologação judicial do acordo extrajudicial é que o juiz do trabalho, em determinadas situações, possa servir como autorizador do consentimento de vontade do trabalhador, "referendando" ou suprindo a sua vontade nas hipóteses em que a lei limita a sua autonomia.

Por exemplo: a CLT estabelece que somente o empregado que perceba salário mensal igual ou superior a duas vezes o limite máximo dos benefícios do Regime Geral de Previdência Social e seja portador de diploma de nível superior possa firmar acordo contratual nas hipóteses previstas no art. 611-A da CLT (conforme disposto no parágrafo único do art. 444 da CLT).

Quem não preencha essas duas condições, no entanto, poderá firmar o acordo extrajudicial e pedir sua homologação judicial. Imaginem que esse acordo fosse celebrado por um jogador de futebol que percebe salário elevadíssimo. No caso, então, o juiz, não se limitando a legalidade estrita, tendo em conta a conveniência ou a oportunidade, poderá homologar o acordo, referendando a vontade da parte cuja autonomia para negociar é limitada.

Da decisão judicial, por sua vez, cabe embargos de declaração e eventual apelo (recurso ordinário).

Impõe-se, ainda, que o juiz fixe as custas do processo.

Se o acordo envolver o pagamento de dinheiro, o juiz deve, ainda, em indicar a natureza jurídica das parcelas, bem como a responsabilidade de cada interessado pelo recolhimento da contribuição previdenciária, se for o caso (§ 3º do art. 832 da CLT).

Óbvio, ainda, que se o juiz perceber que as partes se valem do procedimento "para praticar ato simulado ou conseguir fim vedado por lei", cabe-lhe proferir decisão que impeça os objetivos das partes (art. 142 do CPC).

Diga-se, ainda, que mesmo diante da recusa do acordo extrajudicial, nas hipóteses previstas em lei, ele, por si só, já pode ser título executivo extrajudicial (por exemplo, nas hipóteses dos incisos II, III e IV do art. 784 do CPC/15).

4.4. Efeitos

A CLT dispõe de duas regras quanto aos efeitos que decorrem do ajuizamento da ação de homologação de acordo extrajudicial.

Todos os efeitos são negativos.

Assim, conforme art. 855-C da CLT, o ajuizamento da demanda de homologação não prejudica o prazo para pagamento das verbas rescisórias estabelecido no § 6º do art. 477 da CLT e não afasta a incidência da multa sancionatória prevista no § 8º do mesmo dispositivo.

Da mesma forma, conforme art. 855-E da CLT, com o início do procedimento homologatório, o prazo prescricional da pretensão é suspenso em relação aos direitos especificados no acordo extrajudicial. Esse prazo, porém, "voltará a fluir no dia útil seguinte ao do trânsito em julgado da decisão que negar a homologação do acordo" (parágrafo único do art. 855-E da CLT).

5. CONTROLE JUDICIAL

Outra questão bastante relevante é em se saber se o juiz pode exercer o controle judicial quanto ao acordo extrajudicial.

A resposta, por óbvio, deve ser positiva, até porque a decisão judicial não é vinculante à vontade das partes.

Assim por óbvio, que o juiz deve verificar o preenchimento de todos os requisitos necessários para validade do negócio jurídico (arts. 104 e 166 do Código Civil), negando homologação aos atos nulos de forma absoluta.

Caso, porém, esteja diante de ato anulável, ele somente poderá negar a homologação se provocado (art. 141 do CPC).

O acordo extrajudicial pode envolver um negócio jurídico processual na forma permitida no art. 190 do CPC. Logo, o juiz, no caso, deve observar as regras pertinentes antes de sua homologação. Ou seja, deve verificar se as partes são "plenamente capazes", suprindo a vontade se oportuno ou conveniente.

Da mesma forma, como o acordo processual é menos que o formalizado em torno do direito material, já que aquele é apenas instrumental em relação a este, poderá o juiz aplicar a regra do parágrafo único do art. 190 do CPC em qualquer caso, mesmo não se tratando de negócio jurídico processual.

Assim, "de ofício ou a requerimento, o juiz controlará a validade das convenções [...], recusando-lhes aplicação somente nos casos de nulidade ou de inserção abusiva em contrato de adesão ou em que alguma parte se encontre em manifesta situação de vulnerabilidade" (parágrafo único do art. 190 do CPC), sem perder de vista a oportunidade e conveniência da homologação do acordo, e não somente se atendo à legalidade estrita.

6. ANULAÇÃO E RESCISÃO

A decisão meramente homologatória não é rescindível. No caso, aplica-se a regra do § 4º do art. 966 do CPC, sujeitando a decisão à anulação nos termos da lei.

No caso, a decisão homologatória do acordo poderá ser anulada no prazo decadencial de quatro anos (art. 178 do Código Civil), contado "I - no caso de coação, do dia em que ela cessar; II - no de erro, dolo, fraude contra credores, estado de perigo ou lesão, do dia em que se realizou o negócio jurídico; III - no de atos de incapazes, do dia em que cessar a incapacidade".

O juízo que homologou o acordo, por sua vez, é o prevento para a respectiva ação anulatória[4].

4. BRASIL. Superior Tribunal de Justiça. Conflito de competência n. 120.556. Rel. Min. Luis Felipe Salomão. Julgado em 09/10/2013. DJe 17/10/2013. Disponível em: https://ww2.stj.jus.br/processo/

No caso em que o juiz nega a homologação judicial, no entanto, a decisão respectiva pode ser objeto de ação rescisória nas hipóteses taxativas prevista no CPC (art. 966 do CPC). Isso porque, no caso, por lógica, não se trata de decisão meramente homologatória de ato de vontade. E a que nega a homologação é de mérito.

7. CONCLUSÃO

Assim, em apertada síntese podemos concluir que o procedimento de homologação de acordo extrajudicial já tinha cabimento na Justiça do Trabalho pelo menos desde o início da vigência do Código de Processo Civil de 2015, por força de sua aplicação subsidiária e supletiva, tendo em vista o disposto no art. 725, inciso VIII, deste diploma legal.

A Lei n. 13.467/17, por sua vez, apenas veio disciplinar, em alguns aspectos, o processamento deste procedimento de jurisdição voluntária, estabelecendo algumas regras mais especiais em relação ao CPC de 2015, a exemplo da exigência do seu ajuizamento em petição conjunta pelas partes interessadas.

O acordo extrajudicial difere da transação, já que aquele pode ter por objeto matéria de qualquer natureza e valor (inciso VIII do art. 745 do CPC/15), enquanto esta outra (transação) é reservada a direitos patrimoniais privados.

O juiz do trabalho pode exercer, de ofício, o controle judicial do acordo extrajudicial, negando sua homologação quando diante de nulidades absolutas. Os vícios que anulam o acordo extrajudicial, no entanto, somente podem ser apreciados por provocação da parte interessada.

Por fim, cabe ressaltar que a decisão que homologa o acordo extrajudicial é passível de anulação nos termos da legislação civil. Já a decisão que rejeita o pedido ou que eventualmente extingue sem resolução de mérito o procedimento pode, nas hipóteses legais, ser objeto de rescisão judicial.

8. REFERÊNCIAS

BRASIL. Lei n. 5.869, de 11 de janeiro de 1973. Institui o Código de Processo Civil. 1973. Disponível em: http://www.planalto.gov.br/ccivil_03/leis/L5869.htm; Acesso em: 17 set. 2017.

BRASIL. Lei n. 8.953, de 13 de dezembro de 1994. Altera dispositivos do Código de Processo Civil relativos ao processo de execução. 1994. Disponível em: http://www.planalto.gov.br/ccivil_03/leis/L8953.htm. Acesso em: 17 set. 2017.

pesquisa/?tipoPesquisa=tipoPesquisaNumeroRegistro&termo=201103109345&totalRegistrosPorPagina=40&aplicacao=processos.ea. Acesso em: 25 set. 2017; BRASIL. Superior Tribunal de Justiça. Recurso especial n. 1.150.745. Rel. Min. Marco Buzzi. Julgado em 11/02/2014. DJe 19/02/2014. Disponível em: https://ww2.stj.jus.br/processo/pesquisa/?tipoPesquisa=tipoPesquisaNumeroRegistro&termo=200901437560&totalRegistrosPorPagina=40&aplicacao=processos.ea. Acesso em: 25 set. 2017.

BRASIL. Lei n. 9.099, de 26 de setembro de 1995. Dispõe sobre os Juizados Especiais Cíveis e Criminais e dá outras providências. 1995. Disponível em: http://www.planalto.gov.br/ccivil_03/leis/L9099.htm. Acesso em: 17 set. 2017.

BRASIL. Lei n. 10.358, de 27 de dezembro de 2001. Altera dispositivos da Lei no 5.869, de 11 de janeiro de 1973 - Código de Processo Civil, relativos ao processo de conhecimento. 2001. Disponível em: http://www.planalto.gov.br/ccivil_03/leis/LEIS_2001/L10358.htm. Acesso em: 17 set. 2017.

BRASIL. Lei n. 10.406, de 10 de janeiro de 2002. Institui o Código Civil. Disponível em: http://www.planalto.gov.br/ccivil_03/leis/2002/L10406.htm. Acesso em: 03 jul. 2017.

BRASIL. Lei n. 13.105, de 16 de março de 2015. Código de Processo Civil. 2015. Disponível em: http://www.planalto.gov.br/ccivil_03/_ato2015-2018/2015/lei/l13105.htm. Acesso em: 05 jun. 2017.

BRASIL. Lei n. 13.467, de 13 de julho de 2017. Altera a Consolidação das Leis do Trabalho (CLT), aprovada pelo Decreto-Lei no 5.452, de 1o de maio de 1943, e as Leis nos 6.019, de 3 de janeiro de 1974, 8.036, de 11 de maio de 1990, e 8.212, de 24 de julho de 1991, a fim de adequar a legislação às novas relações de trabalho. 2017. Disponível em: http://www.planalto.gov.br/ccivil_03/_ato2015-2018/2017/lei/L13467.htm. Acesso em: 28 ago. 2017.

BRASIL. Superior Tribunal de Justiça. Conflito de competência n. 120.556. Rel. Min. Luis Felipe Salomão. Julgado em 09/10/2013. DJe 17/10/2013. Disponível em: https://ww2.stj.jus.br/processo/pesquisa/?tipoPesquisa=tipoPesquisaNumeroRegistro&termo=201103109345&totalRegistrosPorPagina=40&aplicacao=processos.ea. Acesso em: 25 set. 2017; BRASIL. Superior Tribunal de Justiça. Recurso especial n. 1.150.745. Rel. Min. Marco Buzzi. Julgado em 11/02/2014. DJe 19/02/2014. Disponível em: https://ww2.stj.jus.br/processo/pesquisa/?tipoPesquisa=tipoPesquisaNumeroRegistro&termo=200901437560&totalRegistrosPorPagina=40&aplicacao=processos.ea. Acesso em: 25 set. 2017.

CALMON DE PASSOS. Inovações no Código de Processo Civil. Rio de Janeiro: Forense: 1995.

TEIXEIRA FILHO, Manoel Antonio. As Recentes Alterações no Processo Civil e suas Repercussões no Processo do Trabalho. Suplemento Trabalhista LTr, 011/95, São Paulo. p. 111-113.

THEODORO JUNIOR, Humberto. As Inovações no Código de Processo Civil. Rio de Janeiro: Forense, 1995.

REFORMA TRABALHISTA: HOMOLOGAÇÃO DE ACORDO EXTRAJUDICIAL

Júlio César Bebber[1]

1. CONSIDERAÇÕES INICIAIS

A Lei n. 13.467/2014 é um paradoxo em si. Ao mesmo tempo em que avança em algumas matérias, retrocede em muitas outras; ao mesmo tempo em que dispensa tratamento técnico-científico em alguns pouquíssimos dispositivos, peca por uma linguagem pobre, deficiente e nada técnico-científica em muitos outros.

Não é dessa característica geral da Lei n. 13.467/2014, entretanto, que iremos discorrer nesse ensaio. Nele pretendemos nos ocupar, com o intuito de despertar o debate, do sistema de *homologação de acordo extrajudicial entre empregado (ou ex empregado) e empregador (ou ex empregador)*, formalmente instituído no direito processual do trabalho mediante a inserção, na CLT: a) da alínea *f* ao art. 652; b) dos arts. 855-B a 855-E.

1. Juiz do Trabalho – Doutor em Direito do Trabalho

2. JURISDIÇÃO VOLUNTÁRIA

Modernamente e de modo singelo, podemos definir *jurisdição* (do latim *juris* de *jus* = direito; e *dictio* de *dicere* = dizer) como a atividade, o poder e o dever estatal, exercidos por órgão independente e imparcial em todo o território nacional, com eficácia vinculativa plena, destinada a:

— *solucionar os conflitos de interesses* mediante a declaração e/ou a realização forçada do direito;

— *tutelar interesses particulares.*

A jurisdição, como se percebe, tem como finalidades:

a) *solucionar conflitos de interesses* — mediante a emissão de uma sentença de mérito que declara (em sentido amplo) o direito e ou mediante a prática de atos materiais que realizem forçadamente o direito (execução);

b) *tutelar interesses particulares* — mediante a concorrência da vontade do Estado como condição para: o nascimento, validade ou eficácia de certos atos da vida privada; a formação, desenvolvimento, documentação ou extinção de uma relação jurídica; a eficácia de uma situação fática ou jurídica; o exercício de certos direitos de alta relevância social (embora não o suficiente para serem considerados de interesse público).

Ao atribuir às Varas do Trabalho a competência para "decidir quanto à homologação de acordo extrajudicial em matéria de competência da Justiça do Trabalho" (CLT, 652, *f*), a Lei n. 13.467/2014 formalmente instituiu uma *modalidade especial* de *tutela assistencial de interesses particulares* no direito processual do trabalho (a par da instituída no art. 233 da CF para o trabalho do rural), que até então não era admitida pela jurisprudência do TST:

> AGRAVO DE INSTRUMENTO. RECURSO DE REVISTA. COMPETÊNCIA MATERIAL. JUSTIÇA DO TRABALHO. HOMOLOGAÇÃO DE ACORDO EXTRAJUDICIAL. Não compete à Justiça do Trabalho homologar acordo extrajudicial firmado entre empregado e empregador, haja vista a ausência de previsão legal. Precedentes do TST (TST-AIRR-1542-77.2012.5.04.0234, 4ª T., Rel. Min. João Oreste Dalazen, DJ 07.10.2016).
>
> AGRAVO DE INSTRUMENTO. RECURSO DE REVISTA. JURISDIÇÃO VOLUNTÁRIA. INCOMPETÊNCIA DA JUSTIÇA DO TRABALHO. ACORDO. HOMOLOGAÇÃO. Na hipótese em exame, a parte agravante insurgiu-se contra a decisão que determinou o arquivamento do feito sem julgamento do mérito ante o reconhecimento da incompetência desta Justiça Especializada para chancelar acordo extrajudicial oriundo da relação de trabalho. Nada obstante, não prospera a pretensão recursal, uma vez que a jurisdição voluntária tal como ensina a melhor doutrina, mesmo quando exercida pelo juiz, detém natureza tipicamente administrativa. E sendo assim, entendo que da interpretação conjunta do art. 114 da Carta Magna, que fixa a competência desta Justiça Especializada combinado com os dispositivos consolidados presentes no Título VIII, Capítulo I, da CLT, que tratam da Justiça do Trabalho, no caso arts. 643/649, demonstram que, a jurisdição voluntária, consistente no exercí-

> cio pelo Juízo da função administrativa de interesses privados, para sua validade, não está compreendida por esta Justiça Especializada, motivo pelo qual refoge à sua competência homologar acordos extrajudiciais, efetuados antes da interposição da competente ação. Agravo de instrumento improvido (TST-AIRR-758-08.2013.5.09.0661, 6ª T., Rel. Des. Conv. Américo Bedê Freire, DJ 29.5.2015).

Uma nota é indispensável diante de algumas vozes (como se vê na ementa acima reproduzida) que equivocadamente atribuem à jurisdição voluntária a natureza de ato administrativo, partindo da premissa de que a jurisdição necessariamente pressupõe conflito de interesses e decisão que o resolva.

A ausência de litígio e de decisão que o solucione não constituem premissas para negar o caráter jurisdicional dos atos de jurisdição voluntária. Mesmo nesta o Estado atua por meio de "um órgão imparcial e independente", que tem o dever de respeitar "as garantias fundamentais do processo" (GRECO, 2010, v. I, p. 100). O que identifica a jurisdição não é o conflito de interesses ou a decisão que o resolva, mas a atuação do Estado por meio de órgão independente e imparcial.

Araken de Assis também afirma que a "intervenção do órgão judiciário na autonomia privada ostenta inequívoca natureza jurisdicional", sustentado, porém, em razões diversas. São elas: "(*a*) a existência de lide (*v.g.*, na interdição) (...); (*b*) a distinção entre jurisdição contenciosa e jurisdição voluntária repousa na matéria, e, não, nas características" (ASSIS, 2015, v. 1, p. 579).

3. COMPETÊNCIA FUNCIONAL

Ao mesmo tempo em que o art. 652, *f*, da CLT introduz a possibilidade de "homologação de acordo extrajudicial", fixa as Varas do Trabalho como órgãos funcionalmente competentes.

Nada de inovador há nisso.

As Varas do Trabalho são competentes para processar e julgar originariamente as demandas trabalhistas em sentido estrito. Desse modo, **são** igualmente competentes para homologar os acordos extrajudiciais firmados pelos mesmos sujeitos que figurariam na demanda evitada.

4. ACORDO EXTRAJUDICIAL

Acordo é o vocábulo utilizado para indicar a *transação* (DINAMARCO, 2009, p. 63), que possui natureza jurídica de *contrato* (bilateral ou sinalagmático) e está fundado na *autonomia da vontade*. Diante da existência (ou da possível ocorrência) de um conflito de interesses gerado pela dúvida acerca da natureza (validade ou eficácia) da relação jurídica ou de um direito, as partes ajustam suas diferenças e repartem o risco mediante concessões recíprocas, prevenindo ou pondo termo a uma demanda judicial (CC, 840).

Conceito mais técnico de transação pode ser encontrado em Plácido e Silva:

> No conceito do Direito Civil, e como expressão usada em sentido estrito, transação é a convenção em que, mediante concessões recíprocas, duas ou mais pessoas ajustam certas cláusulas e condições para que previnam litígio, que se possa suscitar entre elas, ou ponham fim a litígio já suscitado. Assim, a transação, sempre de caráter amigável, fundada que é em acordo ou em ajuste, tem a função precípua de evitar a contestação ou o litígio, prevenindo-o, ou de terminar a contestação, quando já provocada, por uma transigência de lado a lado, em que se retiram, ou se removem todas as dúvidas ou controvérsias, acerca de certos direitos (PLÁCIDO E SILVA, 2005, v. II, p. 1.421).

Ou em Pontes de Miranda:

> A *transação* é o negócio jurídico bilateral, em que duas ou mais pessoas acordam em concessões recíprocas, com o propósito de pôr termo a controvérsia sobre determinada, ou determinadas relações jurídicas, seu conteúdo, extensão, validade ou eficácia. Não importa o estado de gravidade em que se ache a discordância, ainda se é quanto à existência, ao conteúdo, à extensão, à validade ou à eficácia da relação jurídica; nem, ainda, a proveniência dessa, de direito das coisas, ou de direito das obrigações, ou de direito de família, ou de direito das sucessões, ou de direito público (PONTES DE MIRANDA, 1996, Tomo XXV, p. 117).

Ou, ainda, contemporaneamente, em Carlos Roberto Gonçalves:

> No sentido técnico-jurídico do termo (...), constitui *negócio jurídico bilateral, pela qual as partes previnem ou terminam relações jurídicas controvertidas, por meio de concessões mútuas*. Resulta de um acordo de vontades, para evitar os riscos de futura demanda ou para extinguir litígios judiciais já instaurados, em que cada parte abre mão de uma parcela de seus direitos, em troca de tranquilidade (GONÇALVES, 2004, v. III, p. 539).

Sempre que o acordo for realizado anteriormente ao ajuizamento de demanda será *extrajudicial* (CC, 842, CPC, 784, IV). Se a transação, porém, ocorrer após o ajuizamento de demanda, será *judicial* (CC, 842, segunda parte; CLT, 876; CPC, 515, II e III), ainda que tenha sido "obtida no escritório de um dos advogados" (GONÇALVES, 2004, v. III, p. 543), desde que homologado judicialmente.

4.1. Finalidade do acordo extrajudicial

O escopo do acordo (transação) é a "eliminação de litígio ou de inseguridade" (PONTES DE MIRANDA, 1996, Tomo XXV, p. 118), caracterizado pela controvérsia (dúvida) razoável acerca da natureza (validade ou eficácia) da relação jurídica ou de um direito. Esse escopo da transação já havia sido exaltado na exposição de motivos do *Code Napoléon*:

> Des tous les moyens de mettre fin aux defférends que font naître entre les hommes leurs rapports variés et multipliés à l'infini, le plus heureux dans tous ses

> effets est la transaction, ce contrat par lequel sont terminées les contestations existentes ou par lequel on prévient les contestations à naître.

A transação extrajudicial, como destacava Orlando Gomes, visa evitar a instalação de um litígio judicialmente. Segundo ele, por meio do acordo extrajudicial,

> Elimina-se a incerteza dos direitos que cada interessado supõe ter, fazendo-se composição amigável. Não raro, prefere-se fazer concessões mútuas a arriscar-se num pleito cuja solução poderá ser inteiramente desfavorável a um deles. Por vezes a *transação preventiva* é usada menos para evitar a decisão judicial do que para eliminar os vexames e a demora de uma lide (GOMES, 1990, P. 500).

4.2. Limites do acordo extrajudicial

O acordo realizado extrajudicialmente entre os sujeitos da relação de emprego possui benefícios (*v. g.*, solução do conflito pelas próprias partes, economia de custo, de tempo e de atos), sujeitando-se, porém, a certos limites. São eles:

a) *capacidade das partes (CC, 104, I);*

b) *licitude do objeto (CC, 104, II).* Incluem-se na licitude os vetos à negociação:

— de direitos não patrimoniais (CC, 841);

— do prazo e da multa do art. 477, §§ 6º e 8º, da CLT (CLT, 855-C).

c) *forma* prescrita ou não vedada (CC, 104, III);

d) *ausência de dolo, coação e de erro essencial* quanto à pessoa ou coisa controversa (CC, 849 e 138 a 155). Diante da qualidade da relação jurídica trabalhista, não se deve ignorar que a transação extrajudicial sujeita (principalmente) o trabalhador (seja pela subordinação seja pela dependência econômica) a severos riscos. Nessa perspectiva:

— aos limites do art. 849 do CC acrescem-se a *ausência de estado de perigo* (CC, 156), a *ausência de lesão* (CC, 157) e *todas as demais causas* que podem viciar o negócio jurídico. Aliás, esse é também o entendimento de Gonçalves para a transação civil *lato sensu. In litteris*:

> No art. 849, o Código de 2002 reproduz regra que já existia no Código de 1916: *"A transação só se anula por dolo, coação, ou erro essencial quanto à pessoa ou coisa controversa"*. Tal afirmativa contém uma impropriedade, porque a transação pode ser invalidada por qualquer das causas que conduzem à anulação dos negócios jurídicos em geral, bem como se a situação fática tomada como seu suporte material não corresponder à realidade (...).

— o acordo firmado no curso do contrato de trabalho padece de vício presumido (*juris tantum*) de consentimento.

e) *ausência de afronta* a *preceitos de ordem pública* legalmente estabelecido para assegurar a função social da propriedade e dos contratos (CC, 2.035, parágrafo único);

f) *dúvida razoável* sobre natureza (validade ou eficácia) da relação jurídica ou de um direito (*res dubia*). Do contrário (sendo certo o direito), não será hipótese de acordo, mas de renúncia, *em princípio* vedada pelo ordenamento jurídico (CLT, 9º):

> RECURSO DE REVISTA. (...) afastou a eficácia ampla, geral e irrestrita do acordo extrajudicial, restringindo a quitação aos valores reconhecidamente recebidos. Com efeito, as evidências levam a crer que houve tentativa de burla à legislação trabalhista, atraindo, assim, os preceitos contidos no artigo 9º da CLT. Isso porque a pretensão da empresa de eximir-se de obrigações incontroversas decorrentes de rescisão do contrato de trabalho sem justa causa, desvirtua a finalidade da Comissão de Conciliação Prévia, que, nesse caso, atuou como simples órgão homologatório de rescisão contratual (TST-RR-27200-32.2009.5.01.0060, 7ª T., Rel. Min. Cláudio Mascarenhas Brandão, DJ 06.3.2017).

> AGRAVO DE INSTRUMENTO (...). I – É assente nesta Corte a eficácia liberatória geral do termo de conciliação firmado junto à Comissão de Conciliação Prévia, exceto quanto às parcelas expressamente ressalvadas, a teor do disposto artigo 625-E, parágrafo único, da CLT. II - Tal efeito não socorre, todavia, os casos em que o Colegiado local patenteia o desvirtuamento das finalidades autocompositivas da Comissão de Conciliação Prévia, no intento de fraudar os direitos trabalhistas (TST-AIRR-27100-77.2009.5.01.0060, 5ª T., Rel. Min. Antonio José de Barros Levenhagen, DJ 11.11.2016).

4.3. Formalidades do acordo extrajudicial

A negociação realizada extrajudicialmente no âmbito trabalhista, diversamente do que se passa no âmbito civil, não prescinde da assistência jurídica.

Tal exigência decorre de interpretação lógica e extensiva do art. 855-B, *caput*, da CLT, que impõe que o pedido de homologação dirigido ao Poder Judiciário seja subscrito por advogado. O que se pretende, na verdade, não é a mera subscrição do pedido de homologação por advogado. O escopo da norma é o de garantir às partes a plena ciência da extensão e dos efeitos da transação. Precede, portanto, o pedido dirigido ao Poder Judiciário e torna imprescindível a ativa participação de advogado durante a negociação extrajudicial.

O advogado *pode ser comum*, desde que tenha sido (livremente) escolhido pelo empregado — que tem a faculdade de se valer do advogado da entidade sindical profissional (CLT, 855-B, § 2º). O veto imposto pelo art. 852-B, § 1º, da CLT (*"As partes não poderão ser representadas por advogado comum"*) tem por escopo proteger o empregado. Se este, porém, livremente (sem influência ou sugestão do empregador) escolher o procurador, terá seus interesses devidamente protegidos:

> RECURSO ORDINÁRIO EM AÇÃO RESCISÓRIA PROPOSTA E APRECIADA SOB A LEI Nº 5.869/73. ART. 485, VIII, DO CPC/73. ACORDO JUDICIAL. VÍCIOS QUE PREJUDICAM A VALIDADE DO NEGÓCIO JURÍDICO. Na ação rescisória ajuizada com base no art. 485, VIII, do CPC/73, mostra-se imprescindível a evidência da caracterização de um dos vícios capazes

> de invalidar a transação. Na hipótese, os documentos colacionados aos autos comprovam que o acordo entabulado não condizia com a vontade do autor, pois patrocinado por advogado indicado pela reclamada. Nesse sentir, persistentes os defeitos que prejudicam a validade do negócio jurídico e impedem que a vontade seja declarada livre e de boa-fé, impõe-se o corte rescisório. Recurso ordinário conhecido e provido, para julgar procedente a ação rescisória (TST-RO-5472-83.2015.5.09.0000, SBDI-2, Rel. Min. Alberto Luiz Bresciani de Fontan Pereira, DJ 28.4.2017).

Com assistência jurídica, ao redigirem o acordo as partes deverão estabelecer e especificar todas as suas bases (CLT, 846, § 1º – aplicação analógica), como:

a) o valor;

b) o prazo para o cumprimento, se o pagamento não for à vista;

c) as garantias – se assim convencionarem;

d) a forma de pagamento – em dinheiro, depósito, cheque *etc.*;

e) o local do pagamento;

f) as consequências da mora – se assim desejarem (CC, 408 e 847). Como o acordo é pré-processual, não há espaço à aplicação da regra do art. 846, § 2º, da CLT, restringindo-se o montante da cláusula penal ao valor da obrigação principal (CC, 412);

g) a natureza jurídica das parcelas quitadas no acordo (CLT, 832, § 3º), diante da possibilidade de incidência de contribuição previdenciária (CF, 114, VIII; Súmula TST n. 368, I).

4.4. Efeitos do acordo extrajudicial

No direito:

a) *civil* – o acordo extrajudicial produz seus efeitos automaticamente. Por isso, eventual homologação judicial apenas a ele agrega a condição de título executivo judicial (CPC, 515, III; e 725, VIII);

Ressalte-se que na vigência do CPC-1973, apesar do disposto no art. 475-N, V (*constitui título executivo judicial o acordo extrajudicial, de qualquer natureza, homologado judicialmente*), e do art. 57 da Lei n. 9.099/1995 (*o acordo extrajudicial, de qualquer natureza ou valor, poderá ser homologado, no juízo competente, independentemente de termo, valendo a sentença como título executivo judicial*), que sugeriam haver um direito à homologação de acordos extrajudiciais, a 3ª Turma do STJ o negou, utilizando-se dos seguinte fundamentos:

> 6. É necessário romper com a ideia de que todas as lides devem passar pela chancela do Poder Judiciário, ainda que solucionadas extrajudicialmente. Deve-se valorizar a eficácia dos documentos produzidos pelas partes, fortalecendo-se a negociação, sem que seja necessário, sempre e para tudo, uma chancela judicial. 7. A evolução geral do direito, num panorama mundial, ca-

> minha nesse sentido. (...). 8. Ao homologar acordos extrajudiciais, o Poder Judiciário promove meramente um juízo de delibação sobre a causa. Equiparar tal juízo, do ponto de vista substancial, a uma sentença judicial seria algo utópico e pouco conveniente. Atribuir eficácia de coisa julgada a tal atividade implicaria conferir um definitivo e real a um juízo meramente sumário, quando não, muitas vezes, ficto. Admitir que o judiciário seja utilizado para esse fim é diminuir-lhe a importância, é equipará-lo a um mero cartório, função para a qual ele não foi concebido (STJ-REsp-1184151/MS, 3ª T., Red. Min. Nancy Andrighi, DJ 09.02.2012).

b) *do trabalho* – os efeitos do acordo extrajudicial permanecem latentes e somente são liberados com a homologação judicial. Esse parece ser o escopo objetivo da norma. Do contrário, nada justificaria a inclusão, no Título X da CLT, do Capítulo III-A, regulando com diversas regras (CLT, 855-B a 855-E) o *processo de jurisdição voluntária para homologação de acordo extrajudicial*.

4.4.1. *Efeitos objetivos*

Os principais efeitos objetivos que o acordo extrajudicial homologado irradia são:

a) a "extinção da relação jurídica controvertida, pela eliminação da sua incerteza. Produz a extinção das obrigações decorrentes da *res dubia*, e declara ou reconhece direitos" (GOMES, 1990, p. 501), como, aliás, expressa o art. 843, parte final;

b) a incorporação do negócio jurídico à decisão judicial, que terá *status* de título executivo judicial (CPC, 515, III).

4.4.2. *Efeito subjetivo*

O principal efeito objetivo que o acordo extrajudicial homologado irradia é a *limitação* da extinção da relação jurídica controvertida *exclusivamente entre os transatores*, uma vez que ninguém "possui o direito de penetrar no âmbito da liberdade alheira, firmando contratos desautorizadamente em seu nome" (PAULO NADER, 2005, v. 3, p. 533).

A transação, por isso, não aproveita nem prejudica terceiros (*res inter alios acta aliis nec nocet nec prodest*), ainda que diga respeito a coisa indivisível (CC, 844). Em outras palavras: "a transação é válida *inter partes*, e somente entre elas produz seus efeitos" (GONÇALVES, 2004, v. III, p. 549).

Há três exceções, porém, à eficácia da transação somente entre os transatores. Se o acordo for concluído:

a) *entre o credor e o devedor* – desobrigará o fiador (CC, 844, § 1º). Essa regra, levada para o direito do trabalho, importa na desoneração do responsável secundário (subsidiário) pela obrigação assumida em acordo extrajudicial realizado, sem a sua participação, entre o credor e o devedor. Em outras palavras: a relação obrigacional controvertida ficará extinta, extinguindo-se com ela a garantia (acessório);

b) *entre um dos credores solidários e o devedor* – extinguirá a obrigação deste para com os outros credores (CC, 844, § 2º). Trata-se de um dos efeitos da solidariedade ativa;

c) *entre um dos devedores solidários e seu credor* – extinguirá a dívida em relação aos codevedores (CC, 844, § 3º). Trata-se de um dos efeitos da solidariedade ativa.

Essas duas últimas exceções são explicadas com precisão por Gonçalves. *In litteris*:

> O que caracteriza a solidariedade ativa é o fato de cada credor ter direito de exigir do devedor o cumprimento da prestação '*por inteiro*' (CC, art. 267); e a solidariedade passiva, o de o credor ter direito a receber de um, de um ou de alguns dos devedores, também a dívida inteira (CC, art. 275). Portanto, na relação entre os devedores solidários e o credor, cada um daqueles responde pela dívida toda. Por conseguinte, a transação realizada com um só credor solidário, na solidariedade ativa, e com um só devedor solidário, na solidariedade passiva, envolve a dívida inteira, e não a quota de cada um. Como a transação tem efeitos liberatórios do pagamento, por ela ficam exonerados os demais, que não participaram do acordo (GONÇALVES, 2004, v. III, p. 550).

4.4. Interpretação

A transação deve ser interpretada restritivamente (CC, 843), uma vez que o negócio jurídico estabelecido entre as partes exige concessões mútuas. É legítimo pressupor, então, que o negociante age da forma menos onerosa possível em relação a seus direitos. "Na dúvida sobre se determinado bem fez parte do acordo, ou se foram convencionados juros, por exemplo, devem eles ser excluídos, pois só pode ser considerado o que foi expressamente mencionado" (GONÇALVES, 2004, v. III, p. 546).

5. REGRAS PROCEDIMENTAIS

A Lei n. 13.467/2017, de modo pouco técnico, ditou regras, que tentaremos complementar para estabelecer um roteiro do arco procedimental, com a interpolação de alguns temas materiais e processuais.

5.1. Pedido de homologação do acordo – petição escrita e conjunta

Realizado o acordo extrajudicialmente, deverá ele ser redigido e assinado. Em seguida, as partes deverão dirigir petição para uma Vara do Trabalho (sujeita à distribuição nas localidades com mais de uma dessas unidades jurisdicionais), com pedido de homologação do acordo.

A petição deverá ser:

a) *conjunta* (CLT, 855-B, *caput*);

b) *firmada pelos procuradores das partes* (CLT, 855-B, caput, e §§ 1º e 2º). Como alertado em item precedente, é possível às partes fazerem-se representar por procurador comum (*supra, n. 4.3*). Não há, nesse caso, risco de tipificação de tergiversação (CP, 355), uma vez que essa figura penal pressupõe comportamento doloso em que o advogado, na mesma demanda, simultânea ou sucessivamente patrocine interesses de partes adversárias. Pressupõe, portanto, conflito de interesses entre as partes;

c) *instrumentalizada (instruída) com o acordo.*

5.2. Suspensão e retomada da contagem do prazo prescricional

Segundo disposição legal, "a petição de homologação de acordo extrajudicial suspende o prazo prescricional da ação quanto aos direitos nela especificados" (CLT, 855-E), que "voltará a fluir no dia útil seguinte ao do trânsito em julgado da decisão que negar a homologação do acordo" (CLT, 855-E, parágrafo único).

Referida norma possui impropriedades técnicas imperdoáveis:

– o ato que tem capacidade para suspender o prazo prescricional não é a *petição de homologação* de acordo extrajudicial, mas o seu ajuizamento. Vale dizer: a sua apresentação formal em juízo;

– o que o ajuizamento da petição com pedido de homologação de acordo extrajudicial suspende não é o *prazo prescricional da ação*, mas a contagem do prazo prescricional da pretensão (CC, 189).

Adequado o texto legal à técnica, façamos, então, a sua análise.

Ajuizada a petição com pedido de homologação de acordo extrajudicial suspende-se (automaticamente) a contagem do prazo prescricional da pretensão. A regra é similar à do art. 625-G da CLT. A suspensão da contagem do prazo:

a) ocorre para o que (impropriamente) denominamos de prescrição bienal e prescrição quinquenal;

b) perdura por tempo não quantificado e cessa, unicamente, se for indeferido o pedido de homologação do acordo. Homologado este, desaparece a pretensão e, por conseguinte, o prazo destinado à sua dedução em juízo.

5.3. Prazo destinado à análise do acordo

Segundo a disciplina legal, "no prazo de quinze dias a contar da distribuição da petição, o juiz analisará o acordo, designará audiência se entender necessário e proferirá sentença" (CLT, 855-D).

O escopo objetivo da norma é o de que, em 15 dias contados da data do ajuizamento da petição, o juiz decida sobre o pedido de homologação do acordo extrajudicial. Se o juiz entender que há necessidade de esclarecimentos ou de que o acordo padece de algum vício que pode ser corrigido, deverá designar audiência, que se realizará dentro do interregno de 15 dias.

O prazo de 15 dias, entretanto, não é preclusivo. Em outras palavras: trata-se de prazo impróprio, cujo descumprimento não produz consequências processuais. A demora excessiva na apreciação do pedido, entretanto, traduz descumprimento de dever legal e conspira contra os interesses das partes que podem, diante da omissão na prática do ato, lançar mão de mandado de segurança com a finalidade de obter decisão mandamental que imponha a análise do pedido (Lei n. 12.016/2009, 1º).

5.4. Desistência unilateral

No direito civil a transação é irretratável unilateralmente, sendo essa uma consequência natural da bilateralidade dos negócios jurídicos.

No direito do trabalho, entretanto, porque os efeitos da transação extrajudicial permanecem latentes e somente são liberados com a homologação judicial, enquanto não for proferida a referida decisão, qualquer uma das partes poderá se retratar, livremente desistindo do pedido de homologação do acordo. A desistência, no caso, é unilateral (independentemente de consentimento da outra) e produz efeitos imediatamente.

6. DECISÃO

Como ressalta Araken de Assis, lembrando lição de José Frederico Marques, a "administração dos interesses privados pela autoridade judiciária implica 'reconhecer, verificar, autorizar, aprovar, constituir ou modificar situações jurídicas'" (ASSIS, 2015, v. 1, p. 581). Nela há, portanto, decisão.

Não é necessário frisar, mas o fazemos mesmo assim, que tanto a decisão que homologa como a que nega o pedido de homologação de um acordo extrajudicial têm de ser fundamentadas (CF, 93, IX):

> O dever do juiz será o de motivar a decisão que rejeite ou acate o pedido de homologação, uma vez que o julgador tem o poder-dever de prevenir simulação, colusão, e outras situações que possam configurar fraude à legislação trabalhista, e até mesmo, situações de extremo desequilíbrio entre as partes, devido

à hipossuficiência do empregado (TST-AIRR-10764-70.2014.5.15.0015, 3ª T., Rel. Min. Alexandre de Souza Agra Belmonte, DJ 29.5.2015).

6.1. Direito à homologação

Segundo a Súmula TST n. 418, a "homologação de acordo constitui faculdade do juiz, inexistindo direito líquido e certo tutelável pela via do mandado de segurança".

Somente se pode considerar uma faculdade do juiz a homologação de acordo se o ato for encarado como administrativo, em que prevalece a discricionariedade, fundada na conveniência e na oportunidade que, ainda assim, têm de ser explicitadas (CF, 93, IX), como imperativo do Estado Constitucional Democrático.

Como vimos acima:

a) *há limites para o acordo extrajudicial trabalhista (supra, n. 4.2)*. O magistrado, assim, não se limitará a analisar apenas *a exterioridade* (*a regularidade extrínseca*). Incursionará, também, ainda que superficialmente, sobre *a substância*. Decidirá, então, sobre a validade externa e interna do acordo. Não há, desse modo, por incompatibilidade com essa dinâmica, aplicação da regra do art. 723, parágrafo único, do CPC, que dispõe que o "juiz não é obrigado a observar critério de legalidade estrita, podendo adotar em cada caso a solução que considerar mais conveniente ou oportuna";

b) *a intervenção do Poder Judiciário na autonomia privada para tutela de interesses privados possui natureza jurisdicional*. O magistrado, portanto, não é detentor de faculdades (a não ser por anomalia do sistema), mas, apenas, de poderes e deveres. Como ressalta Dinamarco,

> "A ordem jurídico-processual não outorga *faculdades nem ônus ao juiz*. Aquelas têm por premissa a disponibilidade de bens ou de situações jurídicas e, daí, serem conceituadas como liberdade de conduta: cada qual age ou omite-se segundo sua vontade e sua própria escolha, tendo em vista o resultado que mais lhe agrade. Mas o juiz não está no processo para gestão de seus próprios interesses, senão para regular os de outrem, ou seja, das partes. Não tem disponibilidade alguma sobre esses interesses, que não são seus, nem sobre as situações jurídico-processuais ocupadas por elas. Todos os *poderes* que a lei lhe outorga são acompanhados do *dever* de exercê-los. (...). Geralmente, só *uma* decisão é legítima e as demais viriam a contrariar direitos e garantias dos sujeitos litigantes. (...) Se não tem faculdades processuais, o juiz também não pode ter ônus. Só está sujeito a estes aquele que tem a ganhar ou a perder, pelo exercício da faculdade ou pela omissão em exercê-la. O Estado-juiz nada ganha e nada perde no processo, conforme o resultado da causa. Os interesses postos sob seu zelo e tutela não são seus, mas das partes" (DINAMARCO, 2001, v. II, p. 208-9).

Se o juiz não possui faculdade, cabe-lhe recusar a homologação de acordo extrajudicial somente se evidenciar a presença de vícios, resguardando, assim, o cumprimento de normas de ordem pública. Não havendo causa legítima, entretanto, a recusa à homologação de acordo extrajudicial será ilegal, uma vez que haverá negativa de tutela de interesse privado prometido pela norma legal.

6.2. Indeferimento do pedido de homologação do acordo extrajudicial

A decisão que indefere o pedido de homologação de acordo extrajudicial possui aptidão, segundo a sugestão do art. 855-E, parágrafo único, da CLT para produzir a coisa julgada formal.

O trânsito em julgado, diversamente do que ocorre na hipótese de deferimento do pedido de homologação (*infra, n. 6.3*), não é imediato (instantâneo; contemporâneo à decisão). Havendo um direito (negado) à homologação (diante da inexistência de vício no negócio jurídico), poderá qualquer uma das partes interpor recurso ordinário (CLT, 895, I).

6.3. Deferimento do pedido de homologação do acordo extrajudicial

A decisão que defere o pedido de homologação de acordo extrajudicial possui aptidão, segundo aplicação analógica do art. 831, parágrafo único, da CLT e das Súmulas TST ns. 100 e 269, para produzir a coisa julgada material.

O trânsito em julgado, diversamente do que ocorre na hipótese de indeferimento do pedido de homologação (*supra, n. 6.2*), é imediato (instantâneo; contemporâneo à decisão), uma vez que as partes não têm interesse em impugnar a decisão que atendeu ao pedido por elas formulado em conjunto (CLT, 855-B, *caput*). Como corolário, referida decisão é irrecorrível (Súmula TST n. 100, V, *primeira parte*, por aplicação analógica) e somente pode ser desconstituída por meio de ação rescisória (Súmula TST n. 259, por aplicação analógica).

6.4. União – recorribilidade e coisa julgada

A irrecorribilidade da decisão que homologa acordo extrajudicial e o trânsito em julgado material imediato são efeitos que não atingem a União, que pode interpor recurso (CLT, 832, §§ 4º e 5º, por aplicação analógica).

6.5. Custas processuais

As custas processuais:

a) serão de valor equivalente a 2% do montante do acordo, observados os limites mínimo e máximo (CLT, 789, *caput* e I);

b) serão pagas pela parte que por elas houver se responsabilizado. Não havendo pacto a esse respeito, as custas processuais serão quitadas em partes iguais (CLT, 789, § 3º), ficando dispensado da sua parte aquele que for beneficiário da justiça gratuita (CLT, 790-A).

7. NULIDADE

A nulidade de qualquer cláusula da transação acarreta a nulidade da transação (CC, 848, *caput*). Essa *indivisibilidade* decorre da premissa de que houve "concessões recíprocas, não sendo justo que, sendo nula uma, prevaleça a outra" (GONÇALVES, 2004, v. III, p. 546). A indivisibilidade (*negociação jurídico uno*), portanto, é da essência da transação.

Se, porém, a transação abranger diversos direitos independentes entre si, a indivisibilidade recairá sobre cada direito, de modo que a nulidade ficará restrita ao objeto nulo.

8. CONSIDERAÇÕES FINAIS

Embora tenhamos tentado sistematizar dogmaticamente (observadas as particularidades do direto material) o instituto da homologação de acordo extrajudicial inserido no direito processual pela Lei n. 13.467/2017, ainda haverá muita discussão e controvérsias, que, ao final, serão solucionadas pela jurisprudência.

BIBLIOGRAFIA

ASSIS, Araken. *Processo civil brasileiro. Parte geral: fundamentos e distribuição de conflitos*. São Paulo: RT, 2015, v. 1.

DINAMARCO, Cândido Rangel. *Instituições de Direito Processual Civil*. São Paulo: Malheiros, 2001, v. II.

DINAMARCO, Cândido Rangel. *Vocabulário do processo civil*. São Paulo: Malheiros, 2009.

GOMES, Orlando. *Contratos*. 12. ed. Rio de Janeiro: Forense, 1990.

GONÇALVES, Carlos Roberto. *Direito civil brasileiro*. São Paulo: Saraiva, 2004, v. III.

GRECO, Leonardo. *Instituições de Processo Civil*. 2. ed. Rio de Janeiro: Forense, 2010, v. I.

NADER, Paulo. *Curso de direito civil – contratos*. Rio de Janeiro: Forense, 2005, v. 3.

PONTES DE MIRANDA, Francisco Cavalcanti. *Tratado de Direito Privado*. 4. ed. São Paulo: RT, 1996, Tomo XXV.

SILVA, Plácido e. *Vocabulário Jurídico*. Rio de Janeiro: Forense, 2005, v. II.

ZULIANI, Ênio. *Transação*, Rio de Janeiro: Seleções Jurídicas, 2001.

CONTAGEM DOS PRAZOS PROCESSUAIS

Henrique Silveira Melo[1]

Sumário: Introdução – 1. Da contagem de prazos processuais antes da "reforma trabalhista" – 2. Da contagem de prazos processuais após à "reforma trabalhista": 2.1. Considerações gerais; 2.2. Da previsão da contagem de prazos processuais em dias úteis; 2.3. Da previsão do § 1º, do artigo 775 da CLT; 2.4. Da previsão do § 2º, do artigo 775 da CLT; 2.5. Das prerrogativas da fazenda pública – Considerações finais – Referências.

INTRODUÇÃO

A "Reforma Trabalhista" efetuada com a publicação da Lei nº 13.467, de 13 de julho de 2017, alterou, suprimiu ou revogou mais de 100 (cem) artigos da Consolidação das Leis do Trabalho (CLT), ensejando substancial e direto impacto sobre as relações trabalhistas no ordenamento jurídico nacional.

A Lei nº 13.467/2017, entrará em vigor depois de 120 (cento e vinte) dias de sua publicação oficial, ocorrida em 14.07.2017, ou seja, a aludida Lei será aplicada a partir do dia 11 de novembro de 2017.

Registra-se que qualquer alteração de direitos sociais, incluídos os direitos trabalhistas, causam grande preocupação na sociedade, já que, segundo abalizada doutrina, não admitem retrocesso.

No presente estudo, serão analisados especificamente os aspectos da reforma referentes à contagem de prazos processuais, matéria de indispensável domínio para os operadores do direito.

---

1. Procurador do Estado de São Paulo, em exercício na Procuradoria Regional de Campinas/SP. Graduado em Direito pela Universidade Católica de Pernambuco. Membro da equipe Aprovação PGE – Planejamento e Gestão do Estudo.

No primeiro capítulo será relembrada a contagem de prazos processuais antes da reforma trabalhista. Posteriormente, no segundo capítulo, serão demonstrados todos os aspectos da alteração legislativa com o aprofundamento do tema. Após, serão realizadas as considerações finais com os principais aspectos tratados no presente estudo.

1. DA CONTAGEM DE PRAZOS PROCESSUAIS ANTES DA "REFORMA TRABALHISTA"

Inicialmente, é imperioso relembrar a forma da contagem dos prazos processuais na atualidade, ou seja, sem as repercussões decorrentes da Lei 13.467, de 13 de julho de 2017.

A CLT disciplina atualmente a contagem dos prazos processuais no artigo 775, com a seguinte redação:

> Art. 775 - Os prazos estabelecidos neste Título contam-se com exclusão do dia do começo e inclusão do dia do vencimento, e são contínuos e irreleváveis, podendo, entretanto, ser prorrogados pelo tempo estritamente necessário pelo juiz ou tribunal, ou em virtude de força maior, devidamente comprovada
>
> Parágrafo único - Os prazos que se vencerem em sábado, domingo ou dia feriado, terminarão no primeiro dia útil seguinte.

Pela leitura do *caput* do dispositivo legal o legislador foi expresso em estabelecer que os prazos são "contínuos e irreleváveis", contínuos porque não se suspendem em feriados e dias não úteis, e irreleváveis porque o juiz não os poderá desconsiderar.

Ademais, o artigo 775, *caput*, da CLT, em sua atual redação, prevê a possibilidade de os prazos processuais serem *"prorrogados pelo tempo estritamente necessário pelo juiz ou tribunal, ou em virtude de força maior, devidamente comprovada"*.

Nesse contexto, cumpre ressaltar que, com a entrada em vigor do Código de Processo Civil de 2015, houve alteração da forma da contagem de prazos processuais no processo civil. Foi estabelecido no artigo 219: *" Na contagem de prazo em dias, estabelecido por lei ou pelo juiz, computar-se-ão somente os dias úteis"*.

Referida alteração levou parte da doutrina a defender a tese da aplicação do artigo 219 do Código de Processo Civil de 2015, na seara trabalhista, com fundamento no artigo 769 da CLT, o qual estabelece que: *"Nos casos omissos, o direito processual comum será fonte subsidiária do direito processual do trabalho, exceto naquilo em que for incompatível com as normas deste Título"*.

Assim, não há dúvidas sobre a aplicação subsidiária do Código de Processo Civil ao processo do trabalho, em casos de omissão e desde que haja compatibilidade com as normas e princípios do direito processual do trabalho.

Nada obstante, e com o devido respeito aos que defendem a aplicabilidade do art. 219 do Código de Processo Civil de 2015 na seara trabalhista, entendemos que não estão presentes todos os requisitos necessários para aplicação supletiva da norma em referência, uma vez que não existe omissão na CLT, pois tal norma estabelece, expressamente, no artigo 775, anteriormente transcrito, a forma da contagem dos prazos que são "contínuos e irreleváveis".

Imperioso registrar que este foi o entendimento do Tribunal Superior do Trabalho, o qual, por meio da Instrução Normativa nº 39/2016, interpretou que a regra prevista no artigo 219 do Código de Processo Civil de 2015 não se aplica ao processo do trabalho, por haver norma expressa na CLT, a qual fixa os prazos em dias corridos.

Vejamos o teor do artigo 2º da Instrução Normativa nº 39/2016:

> **Art. 2°** Sem prejuízo de outros, **não se aplicam ao Processo do Trabalho, em razão de inexistência de omissão ou por incompatibilidade**, os seguintes preceitos do Código de Processo Civil:
>
> I - art. 63 (modificação da competência territorial e eleição de foro); II - art. 190 e parágrafo único (negociação processual);
>
> **III - art. 219 (contagem de prazos em dias úteis);**
>
> IV - art. 334 (audiência de conciliação ou de mediação);
>
> V - art. 335 (prazo para contestação);
>
> VI - art. 362, III (adiamento da audiência em razão de atraso injustificado superior a 30 minutos);
>
> VII - art. 373, §§ 3º e 4º (distribuição diversa do ônus da prova por convenção das partes);
>
> VIII - arts. 921, §§ 4º e 5º, e 924, V (prescrição intercorrente);
>
> IX - art. 942 e parágrafos (prosseguimento de julgamento não unânime de apelação);
>
> X - art. 944 (notas taquigráficas para substituir acórdão);
>
> XI - art. 1010, § 3º(desnecessidade de o juízo *a quo* exercer controle de admissibilidade na apelação);
>
> XII - arts. 1043 e 1044 (embargos de divergência);
>
> XIII - art. 1070 (prazo para interposição de agravo) (grifos nossos).

De toda forma, a discursão sobre a aplicabilidade ou não do artigo 219 do Código Processo Civil no processo do trabalho perdeu sentido, pois, conforme será demonstrado em tópico específico, a nova legislação trabalhista seguiu as diretrizes do Novo Código de Processo Civil.

2. DA CONTAGEM DE PRAZOS PROCESSUAIS APÓS À "REFORMA TRABALHISTA"

2.1. Considerações gerais

Com a "Reforma Trabalhista" o artigo 775 da CLT ganhou nova redação:

> Art. 775. Os prazos estabelecidos neste Título serão contados em dias úteis, com exclusão do dia do começo e inclusão do dia do vencimento.
>
> § 1º Os prazos podem ser prorrogados, pelo tempo estritamente necessário, nas seguintes hipóteses:
>
> I - quando o juízo entender necessário;
>
> II - em virtude de força maior, devidamente comprovada.
>
> § 2º Ao juízo incumbe dilatar os prazos processuais e alterar a ordem de produção dos meios de prova, adequando-os às necessidades do conflito de modo a conferir maior efetividade à tutela do direito.

A nova redação do artigo 775, da CLT, acompanhou a mudança efetuada no Código de Processo Civil de 2015, o qual estabelece que na contagem de prazo em dias, estabelecidos por leu ou pelo juiz, somente serão computados os dias úteis.

Assim, com a vigência da Lei 13.467, de 13 de julho de 2017, os prazos serão contados apenas em dias úteis.

Com a nova redação do artigo 775 da Consolidação, entendemos que deverão ser observados na contagem dos prazos processuais trabalhistas as previsões do *caput* do artigo 220 e do artigo 221, ambos do Código de Processo Civil de 2015, os quais têm as seguintes previsões:

> Art. 220. Suspende-se o curso do prazo processual nos dias compreendidos entre 20 de dezembro e 20 de janeiro, inclusive.
>
> Art. 221. Suspende-se o curso do prazo por obstáculo criado em detrimento da parte ou ocorrendo qualquer das hipóteses do art. 313, devendo o prazo ser restituído por tempo igual ao que faltava para sua complementação.
>
> Parágrafo único. Suspendem-se os prazos durante a execução de programa instituído pelo Poder Judiciário para promover a autocomposição, incumbindo aos tribunais especificar, com antecedência, a duração dos trabalhos.

Dessa maneira, foi adotada a uniformidade na contagem dos prazos processuais no processo civil e no processo do trabalho.

Ademais, com a previsão do inciso I, do § 1º, do artigo 775, foram ampliados os poderes para o magistrado prorrogar os prazos processuais, uma vez que ficou estabelecido que aquele pode prorrogar os prazos processuais quando "entender necessário".

Por outro lado, o inciso II, do § 1º, do artigo 775, prevê a possibilidade de prorrogação dos prazos no caso de força maior, devidamente comprovada. O conceito de força maior pode ser extraído em parte do artigo 223, § 1º do Código de Processo Civil de 2015, que considera justa causa o evento alheio à vontade da parte e que a impediu de praticar o ato por si ou por mandatário.

Outrossim, foi acrescentado o § 2º ao artigo 775, concedendo liberdade para o juízo ampliar os prazos processuais e alterar a ordem de produção dos meios de prova.

É relevante registrar, ainda, que a previsão do artigo 775 é apenas aplicável aos prazos processuais. É que constou expressamente no dispositivo legal a expressão "neste título", de forma que os prazos referentes ao direito material continuam a ser contados em dias corridos.

Importante registrar também, que a nova regra de contagem de prazos em dias úteis será aplicada imediatamente aos processos em curso, por força do artigo 1.046 do Código de Processo Civil de 2015.

2.2. Da previsão da contagem de prazos processuais em dias úteis

Com relação à nova previsão de contagem de prazos processuais somente em dias úteis, houve muitas críticas da doutrina, com especial fundamento na suposta ofensa ao princípio da celeridade processual e à natureza alimentar dos créditos trabalhistas.

Nesse sentido, vale trazer o magistério de Homero Batista Mateus da Silva[2]:

> A reforma trabalhista pegou carona na alteração empreendida pelo art. 219 do NCPC, de 2015, e passa a estipular a contagem dos prazos processuais em dias úteis. Para muitos escritórios, essa alteração representa um bálsamo, para melhor gestão dos prazos e das prioridades, mas o processo do trabalho como um todo se afasta cada vez mais de seus ideais de celeridade e de afirmação dogmática. Aos poucos, sua identidade desaparece.

Com o devido respeito às opiniões em contrário, entendemos que a nova redação do *caput* do artigo 775 da Consolidação das Leis do Trabalho não ofende em nada o princípio celeridade processual e a natureza alimentar dos créditos trabalhistas.

É de conhecimento comum que, em regra, os processos se perpetuam além do tempo razoável, contrariando os mandamentos do artigo 5º, LXXVIII, da Constituição Federal de 1988. Tal dispositivo determina que: *"a todos, no âmbito judicial e administrativo, são assegurados a razoável duração do processo e os meios que garantam a celeridade de sua tramitação"*, porém, os prazos processuais não são os culpados pela demora na prestação jurisdicional.

Nos últimos tempos ocorreu um aumento no número de processos nos órgãos da Justiça do Trabalho de todo país, o que ocasionou um volume muito elevado de trabalho, ocasionando assim, a demora no julgamento dos feitos. Muitas vezes as audiências são designadas meses após a distribuição dos processos e sentenças são proferidas após meses das realizações das audiências.

2. SILVA, Homero Batista Mateus da. Comentários à reforma trabalhista. São Paulo. Editora Revistas dos Tribunais, 2017, p. 133.

Nada obstante, entendemos que com um tempo maior para cumprimento dos prazos processuais, os advogados poderão elaborar as suas petições com mais perfeição técnica, o que, consequentemente, ajudará o magistrado na formação do seu convencimento.

A nova previsão de contagem de prazos processuais dentro de uma perspectiva mais ampla, atende até mesmo o princípio da cooperação, que encontra fundamento no artigo 6º do Código de Processo Civil de 2015, com a seguinte redação:

> Art. 6º Todos os sujeitos do processo devem cooperar entre si para que se obtenha, em tempo razoável, decisão de mérito justa e efetiva.

Para uma melhor definição do princípio da cooperação, trazemos os ensinamentos de Daniel Amorim Assumpção Neves[3]:

> No art. 6º do Novo CPC consagra-se o princípio da cooperação, passando a exigir expressa previsão legal para que todos os sujeitos do processo cooperem entre si para que se obtenha a solução do processo com efetividade e em tempo razoável. Como o dispositivo prevê a cooperação como dever, é natural que o desrespeito gere alguma espécie de sanção, mas não há qualquer previsão nesse sentido no dispositivo ora analisado.
>
> (...)
>
> A colaboração das partes com o juiz vem naturalmente de sua participação no processo, levando aos autos alegações e provas que auxiliarão o juiz na formação de seu convencimento. Quanto mais ativa a parte na defesa de seus interesses mais colaborará com o juiz, desde que, é claro, atue com a boa-fé exigida pelo art. 5º do Novo CPC.

Tem-se, ainda, com a contagem de prazos somente em dias úteis, o benefício de os advogados gozarem do descanso semanal, já que os prazos não correrão nos finais-de-semana e feriados.

Nesse diapasão, para um melhor entendimento sobre o tema, transcrevemos o magistério do doutrinador Manoel Antonio Teixeira Filho[4]:

> Repitamos: o argumento de que a contagem dos prazos somente em dias úteis conspiraria contra o princípio da celeridade do processo do trabalho e contra a natureza alimentar dos valores postulados pelo trabalhador sempre nos soou como hipocrisia, porquanto a realidade nos demonstrou, sucessivas vezes – e ainda está a demonstrar –, que os órgãos da Justiça do Trabalho, em seus diversos graus, soíam desrespeitar, amplamente, os prazos fixados em lei para prática dos atos processuais que lhes competiam, nomeadamente, os de natureza decisória (decisões interlocutórias, sentença, acórdãos). E poucas vozes se

3. NEVES, Daniel Amorim Assumpção. Novo Código de Processo Civil Comentado. 2ª ed. rev. atual. Salvador: Ed. JusPodivm, 2017, p 32 et seq.

4. TEIXEIRA FILHO, Manoel Antonio. O processo do trabalho e a reforma trabalhista: as alterações introduzidas no processo do trabalho pela Lei n. 13.467/2017/Manoel Antonio Teixeira Filho. São Paulo: LTr, 2017, p. 67.

levantaram, diante desse quadro para alegar desrespeito ao princípio da celeridade do processo do trabalho e a natureza alimentar das verbas postuladas pelos trabalhadores.

Pelo exposto, resta demonstrado que a contagem de prazos processuais somente em dias úteis não trará prejuízos a celeridade do processo, bem como propiciará a observância do princípio da cooperação.

2.3. DA PREVISÃO DO § 1º, DO ARTIGO 775 DA CLT

Como visto, a nova redação do § 1º, inciso I, do artigo 775, da CLT, ampliou os poderes para o magistrado prorrogar os prazos processuais, permitindo a este prorrogar os prazos processuais quando "entender necessário".

É importante registrar que o magistrado, no momento de aplicar tal dispositivo legal, tem que respeitar o princípio da isonomia, previsto expressamente no artigo 7º do Código de Processo Civil de 2015, com a seguinte redação:

> Art. 7º É assegurada às partes paridade de tratamento em relação ao exercício de direitos e faculdades processuais, aos meios de defesa, aos ônus, aos deveres e à aplicação de sanções processuais, competindo ao juiz zelar pelo efetivo contraditório.

Assim, o juiz deve oferecer paridade de tratamento ao exercício de direitos e das faculdades processuais, sob pena de infringir o princípio da isonomia.

Para uma melhor visualização sobre o assunto, trazemos os ensinamentos de Daniel Amorim Assumpção Neves[5], que explica com maestria o princípio da isonomia:

> A previsão do art. 7º do Novo CPC ao assegurar às partes paridade de tratamento no curso do processo se limita a repetir a regra já consagrada no art. 125, I, do CPC/1073. Inova apenas ao prever que ao tratar as partes com isonomia i juiz deverá zelar pelo efetivo contraditório, no que parecer ser uma consequência natural da conduta isonômica a ser adotada pelo juiz. Afinal, a isonomia processual é o que garante às partes uma "paridade de armas", como forma de manter equilibrada a disputa judicial entre elas, o que só será obtido no caso concreto com o respeito ao efetivo contraditório.

Ademais, entendemos que a dilação dos prazos processuais possa ocorrer de duas formas: 1º) a pedido da parte e 2º) de ofício, com fundamento no artigo 765 da CLT, que possibilita ampla liberdade na direção do processo pelo magistrado.

2.4. Da previsão do § 2º, do artigo 775 da CLT

Outro ponto relevante diz respeito à inclusão do § 2º que estipula a possibilidade da dilação dos prazos processuais e alterações da ordem de produção dos meios de prova.

5. Ibid., p. 34 et seq.

Assim, o § 2º, do artigo 775 da CLT concede ao magistrado duas faculdades de bastante relevância, quais sejam:1º) dilatar os prazos processuais; e 2º) alterar a ordem de produção dos meios de prova, para adequá-los às necessidades do conflito de modo a conferir maior efetividade à tutela do direito.

Quanto à possibilidade de dilatar prazos processuais, acompanhamos o entendimento de Manoel Antonio Teixeira Filho, que afirma que essa previsão é aplicável apenas aos prazos dilatórios. É que os prazos peremptórios não estão sujeitos à alteração por livre faculdade do juiz.

Para um maior aprofundamento do tema, seguem os fundamentos do autor Manoel Antonio Teixeira Filho[6]:

> a) *Dilação dos prazos processuais*. No processo, há prazos peremptórios e não peremptórios. Os primeiros derivam de norma cogente e não podem sofrer alteração, seja por vontade das partes, seja por determinação judicial, como é o caso, dentre outros, dos prazos para contestar, embargar de declaração, recorrer, embargar a execução.
>
> Desta forma, a regra inserida no § 2º do art. 775, da CLT, só pode ser entendida como concernente aos prazos *não peremptórios*, também ditos dilatórios. A propósito, o art. 222, § 1º, do CPC, ao declarar ser vedado ao juiz reduzir prazos peremptórios sem o consentimento das partes não está a insinuar, segundo se posso supor, que a *ampliação* dos prazos dessa natureza possa ser ordenada sem anuência dos litigantes. Nada mais equivocado do que imaginar que isso seria possível.

Já com relação a possibilidade de alteração da ordem de produção dos meios de prova, entendemos que tal faculdade decorre do princípio do impulso oficial, que tem como ideia central conferir ao juiz impulsionar, de ofício, o processo após a propositura da demanda, com previsão no artigo 776 da CLT, que assim prevê:

> Art. 765 - Os Juízos e Tribunais do Trabalho terão ampla liberdade na direção do processo e velarão pelo andamento rápido das causas, podendo determinar qualquer diligência necessária ao esclarecimento delas.

Ademais, cumpre frisar que, a disposição legal está em consonância com o princípio da instrumentalidade do processo e também encontra previsão no artigo 139, inciso VI, do CPC, com a seguinte redação:

> Art. 139. O juiz dirigirá o processo conforme as disposições deste Código, incumbindo-lhe: (...)
>
> VI - dilatar os prazos processuais e alterar a ordem de produção dos meios de prova, adequando-os às necessidades do conflito de modo a conferir maior efetividade à tutela do direito

Com efeito, na prática forense é comum a alteração da ordem de produção dos meios de prova, desde que não fique demonstrado qualquer prejuízo às partes envolvidas.

6. Ibid., p. 71.

Nesse sentido, trazemos entendimentos firmados, respectivamente, pelos Tribunais Regionais do Trabalho da 3ª e 23ª Regiões, que demonstram o entendimento já pacificado na Justiça Especializada:

> Ementa: DEPOIMENTO PESSOAL. INDEFERIMENTO. CERCEAMENTO DO DIREITO DE PRODUZIR PROVA. NULIDADE DO JULGADO. ORDEM DE COLHEITA DOS DEPOIMENTOS NOS AUTOS - Constitui prerrogativa do julgador, arrimada nos artigos 765 da CLT, e 130 e 131 do CPC, a liberdade na condução do processo, de modo a conferir-lhe andamento rápido, indeferindo, se julgar conveniente, as provas que entender inúteis e desnecessárias ao deslinde da controvérsia estabelecida nos autos. Todavia, verificado o efetivo prejuízo sofrido pela parte, incumbida do ônus de prova, com o julgamento desfavorável à sua tese, quando lhe foi negado o direito de produzir prova oral (depoimento pessoal) a respeito dos fatos alegados em sua defesa, fica configurado o cerceamento ao direito de produzir prova, conduzindo-se à nulidade do julgado. De outro ponto, a ordem procedimental prevista nos artigos 848 da CLT e 452 do CPC, não é fechada e insuscetível de alteração, se considerado, por exemplo, o disposto no próprio CPC (artigo 342), onde está previsto que o "juiz pode, de ofício, em qualquer estado do processo, determinar o comparecimento pessoal das partes, a fim de interrogá-las sobre os fatos da causa", sendo omissa a CLT quanto a essa oportunidade ou prerrogativa, o que, no entanto, não exclui a que o magistrado assim conduza o processo nessa Especializada. E, se assim pode agir o magistrado, não há razão lógica a que as partes também não possam fazê-lo, enquanto ainda não encerrada a instrução processual, ou seja, pretender a oitiva da parte contrária mesmo após a colheita da prova testemunhal, por exemplo, via carta precatória, com a única diferença a que, para tanto, assim o requeira previamente. Isso implica em admitir, por decorrência, que a ordem disposta nos artigos de lei processual citados não importa em exclusão de outra oportunidade da parte interessado para oitiva do depoimento pessoal da parte ex-adversa, desde, como dito, proceda ao requerimento prévio para essa oitiva. Desde, então, que não encerrada a instrução processual, e requerido previamente o depoimento pessoal da parte, este sempre deve ser oportunizado a quem o requereu, a não ser que o magistrado se convença da desnecessidade da produção dessa prova, porquanto não (mais) controvertidos os fatos, ou, apesar de reconhecer-se eventual possibilidade de caracterização de cerceio, convencer-se de que a matéria objeto de prova pretendida possa ser decidida favoravelmente à parte a quem a nulidade aproveitaria. (TRT-3 - RO: 00216201411403003 0000216-13.2014.5.03.0114, Relator: Emerson Jose Alves Lage, Primeira Turma, Data de Publicação: 19/02/2016)

> Ementa: PROVA TESTEMUNHAL. NEGATIVA DE VÍNCULO EMPREGATÍCIO. INVERSÃO NA ORDEM DA OITIVA DAS PARTES E DAS TESTEMUNHAS. POSSIBILIDADE. Embora a ré argumente em seu recurso que a autora não tenha lhe prestado 'quaisquer tipo de serviços', o procedimento de se ouvir primeiramente seu representante apenas possibilitou a busca de sua confissão acerca dos fatos alegados na inicial, em observância aos Princípios da Celeridade e Economia processual, tão caros ao Processo do Trabalho. Ademais, como mencionado pela parte recorrente, o art. 848 da CLT, não indica o procedimento a ser adotado pelo Juiz do Trabalho quando da oitiva das partes e testemunhas, nada prescrevendo acerca da ordem a ser seguida. Na verdade, o legislador, atribuindo plena incidência dos já mencionados princípios da Ce-

> leridade e Economia processual no Processo do Trabalho, preferiu deixar a cargo do juiz a condução dos atos a serem praticados em audiência, notabilizando na seara processual em análise, por meio da aplicação do art. 765 da CLT, o poder diretivo do magistrado na condução dos feitos que são submetidos à sua apreciação. Assim, não se verifica na ordem dos citados atos praticados em audiência qualquer prejuízo processual a parte ré, bem como a inobservância aos princípios constitucionais do contraditório e da ampla defesa, de modo a nulificar a sentença. Recurso não provido. VÍNCULO DE EMPREGATÍCIO. PROVA DE SUA EXISTÊNCIA EFETUADA SATISFATORIAMENTE EM JUÍZO. Da análise da prova testemunhal tem-se que restou evidenciado a existência do vínculo empregatício reconhecido. O argumento da ré de que o vínculo não restou caracterizado em face da ausência da onerosidade, já que a autora afiançou não ter recebido nenhum valor a título de remuneração, não é suficiente para afastar o reconhecimento de tal liame. Fosse assim, bastaria que os empregadores deixassem de pagar os salários de seus empregados por um ou mais meses para o fim de elidir em Juízo o reconhecimento da existência do contrato de trabalho. Verificada nos autos a presença de elementos probatórios capazes de formar o convencimento no sentido de que, de fato, a relação havida entre as partes materializou-se na típica relação de emprego, a sentença é mantida. Recurso não provido. DAS COMISSÕES E DO ALEGADO BIS IN IDEM. Em relação às transações imobiliárias, as declarações de fl. 53/56 são hábeis a comprovação de que de fato foram realizadas, já que tais documentos não foram impugnados pela ré e, quando confrontados com a prova testemunhal produzida, sobressai a conclusão de que, no particular, o julgado não merece reforma. No entanto, em relação à remuneração reconhecida em sentença, creio que a razão esta com a ré. À autora é devida, somente a remuneração relativa aos demais meses de labor em que efetuou transações, no valor de R$ 2.000,00 (dois mil reais) mensais, média fixada na sentença a título de comissões, configurando bis in idem nova determinação do 'pagamento das comissões pleiteadas na inicial', como constou da sentença. Com efeito, dá-se parcial provimento ao recurso patronal para extirpar da condenação a remuneração relativa aos três primeiros meses do contrato de trabalho, no valor de R$ 2.000,00 cada, bem como também o valor deferido, em duplicidade, a título de 'comissões pleiteadas na inicial' (R$ 6.120,00), devendo, no particular, a conta ser retificada. In casu, foram observados os limites do pedido (art. 128 e 460 do CPC), já que a autora não manifestou pretensão quanto ao deferimento da paga do salário mínimo para os meses em que não efetuou vendas, conforme parágrafo único do art. 78 da CLT). Recurso parcialmente provido. (TRT-23 - RO: 853200900423008 MT 00853.2009.004.23.00-8, Relator: DESEMBARGADOR JOÃO CARLOS, Data de Julgamento: 09/06/2010, 2ª Turma, Data de Publicação: 10/06/2010)

Demonstrado, portanto, a compatibilidade do 2º, do artigo 775, da CLT, com o ordenamento jurídico pátrio.

2.5. Das prerrogativas da Fazenda Pública

Vale registrar ainda, que as pessoas jurídicas de Direito Público (União, Estados, Municípios, Distrito Federal, Autarquias e Fundações Públicas), gozam de prerrogativas específicas com relação aos prazos para apresentação da contestação e interposição dos recursos.

O Decreto-Lei nº 779/69, em seu artigo 1º, incisos II e III, estabelece, respectivamente o prazo em quádruplo para apresentar contestação e o prazo em dobro para recurso. Pela importância da mencionada previsão legal, colacionamos a literalidade dos dispositivos:

> Art. 1º Nos processos perante a Justiça do Trabalho, constituem privilégio da União, dos Estados, do Distrito Federal, dos Municípios e das autarquias ou fundações de direito público federais, estaduais ou municipais que não explorem atividade econômica:
>
> I - a presunção relativa de validade dos recibos de quitação ou pedidos de demissão de seus empregados ainda que não homologados nem submetidos à assistência mencionada nos parágrafos 1º, 2º e 3º do artigo 477 da Consolidação das Leis do Trabalho;
>
> II - o quádruplo do prazo fixado no artigo 841, "in fine", da Consolidação das Leis do Trabalho;
>
> III - o prazo em dôbro para recurso;
>
> IV - a dispensa de depósito para interposição de recurso;
>
> V - o recurso ordinário "ex officio" das decisões que lhe sejam total ou parcialmente contrárias;
>
> VI - o pagamento de custas a final salva quanto à União Federal, que não as pagará.

Portanto, é preciso ter em mente que as prerrogativas acima mencionadas não excluem a aplicação do *caput* do artigo 775 da CLT. Ou seja, as pessoas jurídicas de Direito Público, além do prazo em quadruplo para apresentação da contestação e em dobro para interposição dos recursos, observam a contagem dos prazos processuais em dias úteis.

CONSIDERAÇÕES FINAIS

O novo regime de contagem de prazos processuais implementado pela Lei 13.467, de 13 de julho de 2017, repercutirá de forma efetiva no âmbito processual.

Restou demonstrado que, não obstante as críticas realizadas por parte da doutrina, a nova forma de contagem de prazos processuais não ofende os direitos dos empregados, bem como não desrespeita o princípio da celeridade processual.

De toda forma, após a entrada em vigor da Lei 13.467/2017, a qual, diante dos seus expressos termos, deixa pouco espaço a interpretações em relação à matéria abordada, a nova modalidade de contagem de prazos será realizada em todos os processos que tramitam na Justiça do Trabalho, restando apenas aguardar como será o efeito prático da norma.

REFERÊNCIAS

NEVES, Daniel Amorim Assumpção. **Novo Código de Processo Civil Comentado**. 2 ed. rev. e atual. Salvador: Editora JusPodivm, 2017.

SILVA, Homero Batista Mateus da. **Comentários à reforma trabalhista**. São Paulo: Editora Revistas dos Tribunais, 2017.

TEIXEIRA FILHO, Manoel Antonio. **O processo do trabalho e a reforma trabalhista: as alterações introduzidas no processo do trabalho pela Lei n. 13.467/2017/Manoel Antonio Teixeira Filho**. São Paulo: Editora Revistas dos Tribunais, 2017.

CONTAGEM DOS PRAZOS PROCESSUAIS TRABALHISTAS APÓS A LEI N. 13.467/2017

Cláudio Dias Lima Filho[1]

Sumário: 1. Introdução – 2. A sistemática anterior quanto à contagem dos prazos processuais trabalhistas – 3. A contagem do prazo em dias úteis e a amplitude dessa regra – 4. Os prazos do título x da clt e os recursos trabalhistas – 5. Os prazos direcionados aos magistrados – 6. Os prazos para o ministério público do trabalho – 7. Contagem dos prazos não fixados em dias – 8. Contagem dos prazos não processuais – 9. Contagem do prazo para intimações eletrônicas – 10. Direito intertemporal – 11. Considerações finais – Referências.

1. INTRODUÇÃO

A promulgação do Código de Processo Civil em 16 de março de 2015 trouxe relevante modificação à dinâmica dos prazos processuais: assim como na codificação anterior, os atos processuais continuariam a ser praticados em dias *úteis* (art. 172, *caput*, do CPC/1973 e art. 212, *caput*, do CPC/2015). A contagem dos prazos para a prática desses atos, contudo, passou de *contínua*, "não se interrompendo nos feriados" (art. 178 do CPC/1973) para a fluência *apenas em dias úteis*, tanto para os prazos fixados em lei como aqueles assinalados pelo juízo (art. 219 do CPC/2015).

O processo do trabalho, no entanto, mesmo com a edição da nova codificação processual civil, manteve a sistemática consagrada desde sempre: os prazos continuavam a ser contados em dias corridos, tal como no CPC anterior, e em alinhamento à disciplina que já existia no Código de Processo Civil de 1939. Esse cená-

1. Procurador do Trabalho com lotação na Procuradoria Regional do Trabalho da 5ª Região (Salvador/BA). Coordenador do Núcleo de Estágio Acadêmico (NEA) da Procuradoria Regional do Trabalho da 5ª Região. Mestre em Direito Público pela Universidade Federal da Bahia (UFBA). Professor efetivo (classe Assistente) da Faculdade de Direito da Universidade Federal da Bahia (FDUFBA).

rio, todavia, também foi profundamente impactado por uma mudança legislativa significativa.

A Lei n. 13.467/2017 ("reforma trabalhista") promoveu alteração no art. 775 da Consolidação das Leis do Trabalho e, desde 11 de novembro de 2017, os prazos processuais trabalhistas passaram a ser contados em *dias úteis*, assim como o atual Código de Processo Civil. Assinale-se, contudo, que a dinâmica processual trabalhista a respeito da contagem dos prazos processuais *não foi totalmente equiparada à sistemática processual civil*: a inserção da regra da contagem do prazo processual trabalhista em *dias úteis* trouxe repercussões *inéditas* e *peculiares*, sem paralelo no Código de Processo Civil, apesar das muitas e inegáveis semelhanças. Em razão disso, o presente capítulo apresentará as consequências esperadas para a nova regra da contagem dos prazos processuais trabalhistas, tanto no que se refere à replicação das consequências já previstas e experimentadas no processo civil quanto no que diz respeito às repercussões que são próprias do processo do trabalho.

2. A SISTEMÁTICA ANTERIOR QUANTO À CONTAGEM DOS PRAZOS PROCESSUAIS TRABALHISTAS

Na redação vigente até 10 de novembro de 2017, a CLT veiculava a seguinte disciplina acerca da contagem dos prazos processuais:

> Art. 775. Os prazos estabelecidos neste Título contam-se com exclusão do dia do começo e inclusão do dia do vencimento, e são contínuos e irreleváveis, podendo, entretanto, ser prorrogados pelo tempo estritamente necessário pelo juiz ou tribunal, ou em virtude de força maior, devidamente comprovada.
>
> *(Redação dada pelo Decreto-lei n. 8.737, de 19.1.1946)*
>
> Parágrafo único - Os prazos que se vencerem em sábado, domingo ou dia feriado terminarão no primeiro dia útil seguinte.
>
> *(Redação dada pelo Decreto-lei n. 8.737, de 19.1.1946)*

De imediato se nota a absorção da regra já expressa no Código de Processo Civil de 1939, segundo a qual os prazos seriam "contínuos e peremptórios, correndo em dias feriados e nas férias" (art. 26). Os prazos eram *contínuos*, e assim a contagem não se submetia a interrupções e suspensões, ainda que no seu curso houvesse dia sem expediente forense (sábado, domingo ou feriado), e também *irreleváveis* (ou "peremptórios", na redação do CPC/1939), de modo que a sua inobservância não poderia ser perdoada nem atenuada, independentemente do motivo alegado.

O dispositivo celetista também reafirmou a regra tradicional da contagem dos prazos que consta no Código Civil, segundo a qual, ressalvada "disposição legal ou convencional em contrário, computam-se os prazos, excluído o dia do começo, e incluído o do vencimento" (art. 132, *caput*, do CC/2002 e 125, *caput*, do CC/1916).

Admitia-se, porém, que a inflexibilidade dessa regra sofresse certas concessões, todas previstas no próprio dispositivo: *a prorrogação pelo tempo estritamen-*

te necessário, a critério do juízo; *a prorrogação por força maior*, equivalente à justa causa referida na legislação processual civil, a qual seria "evento alheio à vontade da parte e que a impediu de praticar o ato por si ou por mandatário" (art. 183 do CPC/1973 e art. 223 do CPC/2015)[2], cabendo ao interessado a prova dessa alegação; e a *prorrogação até o primeiro dia útil subsequente*, nos casos em que o dia do vencimento do prazo recaía sobre sábados, domingos e feriados – idêntico tratamento era estendido também aos casos em que "o expediente forense for encerrado antes ou iniciado depois da hora normal ou houver indisponibilidade da comunicação eletrônica", por força do art. 224 § 1º do CPC, aplicável ao processo do trabalho.

Após a edição da Lei n. 13.467/2017, a contagem dos prazos no processo do trabalho voltou a ter disciplina semelhante à do Código de Processo Civil, de maneira que o módulo temporal de contagem deixa de ser os *dias corridos*, passando a ser os *dias úteis*. Essa modificação, contudo, cria diversas situações controvertidas na prática, as quais serão expostas a seguir.

3. A CONTAGEM DO PRAZO EM DIAS ÚTEIS E A AMPLITUDE DESSA REGRA

Eis a redação em vigor do *caput* do art. 775 da Consolidação das Leis do Trabalho, conforme o texto que lhe foi conferido pela Lei n. 13.467/2017:

> Art. 775. Os prazos estabelecidos neste Título serão contados em *dias úteis*, com exclusão do dia do começo e inclusão do dia do vencimento. [...]

Apesar de estabelecer um novo critério para contagem dos prazos, o texto vigente da CLT silencia sobre o que seria "dia útil". Na redação anterior, o parágrafo único do art. 775 poderia ser um bom parâmetro conceitual, pois estabelecia que "os prazos que se vencerem em sábado, domingo ou feriado, terminarão no primeiro dia útil seguinte". Ora, se os prazos vencidos nesses dias tinham o termo *ad quem* postergado para o primeiro dia útil seguinte, disso decorre que, *a contrario sensu*, esses dias deveriam ser reconhecidos como dias não úteis para os efeitos da legislação processual trabalhista.

De maneira inexplicável, todavia, o texto anterior do parágrafo único do art. 775 da CLT não foi mantido pela Lei n. 13.467/2017. Assim, o fundamento normativo remanescente, que se invoca aqui pela inexistência de regramento próprio na Consolidação das Leis do Trabalho, e tendo em vista não haver incompatibilidade

---

2. Há sutil diferença entre as redações dos dispositivos citados: o trecho transcrito entre aspas no texto refere-se à redação do art. 223 § 1º do atual Código de Processo Civil; no CPC anterior, o art. 183 § 1º conceituava justa causa como o "evento *imprevisto*, alheio à vontade da parte, e que a impediu de praticar o ato por si ou por mandatário". Como se percebe, a codificação anterior condicionava a justa causa à ocorrência da *imprevisibilidade*; no texto atualmente vigente, basta que a parte não tenha dado causa a esse evento, independentemente de ele ser, ou não, imprevisível.

com o processo do trabalho (art. 769 da CLT), passa a ser o texto do art. 216 do CPC, segundo o qual "além dos declarados em lei, são feriados, para efeito forense, os sábados, os domingos e os dias em que não haja expediente forense" – não por acaso, critério quase idêntico ao estabelecido na norma celetista revogada, com o único acréscimo do *dia sem expediente forense como dia não útil*.

Deve-se considerar como dia não útil tanto o dia sem expediente forense como também o *dia em que o expediente forense não tenha sido completo*: como dispõe o já citado art. 224 § 1º do CPC, impacta na contagem do prazo processual o dia em que "o expediente forense for encerrado antes ou iniciado depois da hora normal". É relevante chamar a atenção para a literalidade do texto: basta que o expediente não tenha observado os horários de início (postergado) ou término (antecipado) para que esse dia seja descartado da contagem; assim, não será válida a contagem desse dia se o expediente forense *mantiver a sua duração, porém com horários que desrespeitam os marcos originais de abertura e encerramento do serviço.* Nessa hipótese incluem-se tanto o caso de início com quinze minutos de antecipação e término com igual antecedência quanto o caso de início com meia hora de atraso e término meia hora depois do horário original. A pretensa "compensação de horários", mantida a duração do expediente, não se presta para convalidar esse dia como sendo "útil" para fins de contagem do prazo processual. Justifica-se essa interpretação estrita do texto com base na noção de que é direito da parte utilizar todo o horário de expediente forense para a prática do ato processual – os horários alterados, apesar de mantida a duração do expediente, *surpreendem a parte*, podendo ser considerados *obstáculos criados em detrimento do seu interesse*, caso em que o próprio CPC comina a consequência de suspensão e decorrente devolução do prazo pelo lapso temporal faltante (art. 221, *caput*).

Esse raciocínio, contudo, deve ser ponderado em face do que dispõe o art. 794 da CLT, segundo o qual "nos processos sujeitos à apreciação da Justiça do Trabalho só haverá nulidade quando resultar dos atos inquinados manifesto prejuízo às partes litigantes". Assim o sendo, o dia de expediente forense incompleto só acarretará o descarte desse dia na contagem do prazo em dias úteis caso a parte alegue e demonstre a ocorrência de prejuízo.

4. OS PRAZOS DO TÍTULO X DA CLT E OS RECURSOS TRABALHISTAS

A primeira grande perplexidade causada pela atual redação do *caput* do art. 775 da CLT diz respeito ao seu alcance: se os "prazos estabelecidos neste Título [o título X – arts. 763 a 910 da CLT] serão contados em dias úteis", como ficam os demais prazos, que não constam nesse Título?

Dentre os prazos processuais trabalhistas que foram fixados em outras leis, o mais relevante é o prazo recursal *genérico* de oito dias (art. 6º da Lei n. 5.584/70).

Esse prazo, em verdade, tem alcance limitado, visto que os recursos no processo do trabalho contam com menção expressa ao respectivo prazo no próprio texto da CLT, conforme se verifica nos artigos 894 a 897-A – e, portanto, dentro do

Título X, tornando desnecessária a invocação da lei esparsa para tratar do tema. Três manifestações recursais importantes não têm, contudo, prazo estabelecido no âmago desse título, e para cada uma delas a solução quanto à contagem de prazo passa por uma construção jurídica diferenciada.

O primeiro desses recursos é o *recurso extraordinário*, cujo prazo, cabimento e tramitação não constam de modo específico no texto consolidado. Nesse caso, contudo, o prazo contado em dias úteis é de aplicabilidade inquestionável, não exatamente por conta da CLT, mas sim pela disciplina do próprio CPC: é que o art. 896-C § 14 da CLT faz referência expressa ao CPC, ao estipular que "aos recursos extraordinários interpostos perante o Tribunal Superior do Trabalho será aplicado o procedimento previsto no art. 543-B da Lei n. 5.869, de 11 de janeiro de 1973 (Código de Processo Civil)". Como a Lei n. 5.869/73 (CPC anterior) foi substituída pelo atual Código de Processo Civil (Lei n. 13.105/2015), isso implica afirmar que o recurso extraordinário tem prazo definido pela codificação processual civil em quinze dias (art. 1.003 § 5º do CPC), e sua contagem será regida também pela aquela normatização, estipulada, como se viu, em dias úteis, tal como o atual texto celetista (art. 219 do CPC).

Outro recurso que não tem menção expressa quanto ao prazo no texto da Consolidação é o *agravo interno*. Na verdade, até há menção a esse prazo, também fixado em oito dias, mas apenas nos casos de *agravo contra decisão monocrática do Ministro do Tribunal Superior do Trabalho que denega seguimento aos embargos no TST* (art. 894 § 4º da CLT) ou no caso de *decisão do Ministro relator que denega seguimento ao recurso de revista monocraticamente* (art. 896 §§ 12 da CLT). Os eventuais recursos de agravo interno cabíveis contra as demais decisões monocráticas[3], especialmente aquelas lavradas por juízes dos Tribunais Regionais do

3. O autor deste capítulo tem o entendimento de que o Código de Processo Civil atual sepultou a antiga – e inócua – polêmica a respeito da denominação desse recurso. Sob a vigência do CPC anterior, não havia uma sistematização dos agravos interpostos contra decisão monocrática do relator, sendo detectável em seu texto apenas indicações esparsas nos arts. 120, 527, II, 531, 545, 557, § 1º, do Código de Processo Civil de 1973. Esses agravos, sem adjetivação específica, ganhavam os mais variados nomes: agravo interno, agravo de mesa, agravo inominado, agravo simples e até mesmo o apelido de "agravinho". Por exclusão, todos os demais casos de impugnação contra decisão monocrática referido nos regimentos internos dos Tribunais, não havendo expressa indicação na legislação processual civil, caberia ao denominado "agravo regimental" (a esse respeito conferir NEVES, Daniel Assumpção Amorim. Agravo interno regimental. *Revista Dialética de Direito Processual*, v. 39, p. 25-34, 2006). Com o advento do atual Código de Processo Civil, essa dicotomia foi suplantada: todos os casos de recorribilidade contra decisão monocrática do relator foram reunidos sob o recurso de *agravo interno*, de modo que essa denominação também se estende aos agravos sem adjetivação previstos no texto da Consolidação das Leis do Trabalho (art. 894 § 4º, art. 896 § 12 e art. 896-A § 2º). Dessa forma, não haveria mais espaço para a manutenção da dicotomia entre o agravo interno "legal" (previsto de modo assistemático na legislação processual) e o agravo interno "regimental" (previsto nos Regimentos Interno dos Tribunais em caso de lacuna da lei). Apesar dessa conclusão, é possível apontar que, ao menos no âmbito do Direito Processual do Trabalho, existiria ainda uma única hipótese de cabimento de *agravo regimental*, denominado exatamente dessa maneira, que seria o agravo contra a decisão adotada pelo Corregedor-Geral da Justiça do Trabalho, nos termos do art. 709 § 1º da CLT. Mesmo nessa hipótese, contudo, nada

Trabalho, não são mencionados expressamente no texto da Consolidação, ressalvado apenas o caso de agravo interno contra decisão do relator caso o incidente de desconsideração de personalidade jurídica seja instaurado no âmbito do TRT (art. 855-A, III, da CLT).

Situação semelhante ocorre também com o *recurso de revista*: o art. 896 da CLT não traz expressamente qual seria o seu prazo de interposição. Desse modo, o prazo recursal genérico fixado pelo art. 6º da Lei n. 5.584/70 é o que justifica o prazo reconhecido pacificamente como sendo aquele aplicável a essa modalidade recursal: oito dias.

Nesses dois últimos casos, é prudente mencionar que a regra generalista inscrita no art. 6º da Lei n. 5.584/70, que fixa o prazo recursal trabalhista em oito dias, apesar de não constar no Título X da CLT – até porque se trata de outra lei –, deve ser interpretada no sentido de que *também esse prazo será contado em dias úteis*.

O primeiro fundamento para isso é a redação do próprio artigo em foco: ao final do seu texto, há *expressa referência ao art. 893 da CLT*, como se verifica abaixo:

> Art. 6º. Será de 8 (oito) dias o prazo para interpor e contra-arrazoar qualquer recurso (CLT, art. 893).

Desse modo, ao se referir a dispositivo que está incluído no Título X da CLT, não há como refutar o raciocínio segundo o qual essa regra genérica também deve ser interpretada no sentido de que o prazo nela mencionado também será contado em dias úteis.

Essa conclusão aplica-se sem sobressaltos ao recurso de revista, mencionado expressamente no art. 893 consolidado (inciso III), sendo, pois, esse o fundamento específico para se confirmar que o recurso de revista, apesar de não ter prazo especificamente estabelecido no Título X da CLT, terá a sua contagem em dias úteis, por conta da expressa remissão legal feita ao art. 893 da Consolidação das Leis do Trabalho pelo art. 6º da Lei n. 5.584/70.

A dúvida remanesce, entretanto, em relação ao agravo interno, não enumerado nesse dispositivo: embora o inciso IV do art. 893 consolidado aponte expressamente o recurso de "agravo", essa nomenclatura não pode ser interpretada no sentido de comportar, também, o agravo interno. Isso porque o art. 893 da CLT foi redigido de maneira a apresentar uma espécie de *sumarização* dos recursos: seus incisos tratam dos recursos de embargos (I), recurso ordinário (II), recurso de revista (III) e agravo (IV). Esses recursos vêm especificados em seguida, na mesma sequência: embargos (art. 894 da CLT), ordinário (art. 895), revista (896) e agravo

obsta que o recurso seja denominado também de *agravo interno*, conforme art. 1.021 do CPC, visto que o caso também se enquadra na regra de recorribilidade contra decisão monocrática – e o fato de a decisão impugnada ocorrer no âmago de um procedimento correcional em nada impacta na natureza do recurso.

(897). Quanto a estes, constata-se que essa modalidade recursal é limitada, no Título X da CLT, apenas aos agravos de petição (art. 897, alínea "a") e de instrumento (art. 897, alínea "b"), não havendo referência específica ao agravo interno.

O agravo interno, no âmbito processual trabalhista, remanesceria sem indicação expressa quanto à contagem do respectivo prazo em dias úteis, ressalvadas as hipóteses de cabimento no âmbito do Tribunal Superior do Trabalho (art. 894 § 4º e art. 896 § 12, ambos da CLT).

Para esse caso, cabe trazer à luz um segundo fundamento, visto que a referência expressa ao art. 893 da CLT não socorre o intérprete nessa circunstância: é possível invocar o conjunto de regras que disciplina o processo do trabalho, atribuindo-lhe a sistematização que aparentemente não foi lembrada quando da alteração legislativa feita no texto do art. 775 da CLT, a fim de que os prazos em dias úteis *não fiquem limitados apenas aos casos de menção expressa no Título X da CLT*.

Assim, tem-se que o próprio Título X da CLT conta com dois regramentos que permitem essa ampliação interpretativa: o art. 769, segundo o qual "o direito processual comum será fonte subsidiária do direito processual do trabalho, exceto naquilo em que for incompatível com as normas deste Título", além do art. 889, para o qual "aos trâmites e incidentes do processo da execução são aplicáveis, naquilo em que não contravierem ao presente Título, os preceitos que regem o processo dos executivos fiscais para a cobrança judicial da dívida ativa da Fazenda Pública Federal".

Ambos os dispositivos invocam a subsidiariedade da legislação esparsa "comum" – o primeiro dos artigos refere-se ao Código de Processo Civil e o segundo à Lei de Execuções Fiscais. Em ambos os casos, a subsidiariedade observará a necessidade de *não se contrapor às normas do Título X da CLT*. Desse modo, tendo esse título da CLT *firmado a regra segundo a qual os prazos processuais trabalhistas serão contados em dias úteis*, tem-se que, acaso aplicáveis subsidiariamente, os prazos advindos do CPC e da Lei de Execuções Fiscais também deverão ser contados desse modo.

Devem-se afastar, de imediato, argumentos pouco robustos e lastreados em suposta "principiologia" que dão azo a diversas arbitrariedades interpretativas, em prejuízo à segurança jurídica das partes. Por isso, é inadequado sustentar que o Título X da CLT seria uma "normatização principiológica" ou "regramento básico" do processo do trabalho, sendo as demais leis esparsas apenas um complemento dessa normatização. Essa ilação contraria a disciplina legal específica a respeito: o art. 7º, IV, da Lei Complementar n. 95/98, estipula que "o mesmo assunto não poderá ser disciplinado por mais de uma lei, exceto quando a subsequente se destine a complementar lei considerada básica, vinculando-se a esta por remissão *expressa*"[4]. Desse modo, *somente se a lei esparsa indicar a sua complementaridade*

---

4. O artigo 59, parágrafo único, da Constituição, dispõe que "lei complementar disporá sobre a elaboração, redação, alteração e consolidação das leis". Essa norma é a Lei Complementar n. 95/98, ci-

de maneira expressa é que o aludido "regramento básico" estenderá seus efeitos a essa normatização.

É o que ocorre, por exemplo, na Lei n. 4.725/65, que trata do processamento dos dissídios coletivos: seu artigo 1º assevera que "a Justiça do Trabalho, no processo dos dissídios coletivos, entre categorias profissionais e econômicas, observará as normas previstas na Consolidação das Leis do Trabalho (arts. 856 a 874), com as alterações subsequentes e as constantes desta lei". Nesse caso, é inegável que os prazos nela mencionados seguirão a contagem em dias úteis estabelecida pelo atual texto do art. 775 da CLT[5], por conta da remissão *expressa* feito pelo seu artigo 1º.

Mas não é o caso da Lei n. 5.584/70: seu artigo 1º estabelece que "nos processos perante a Justiça do Trabalho, observar-se-ão os princípios estabelecidos nesta lei", sem menção expressa de complementaridade à CLT – ressalvam-se dispositivos específicos, como o já citado art. 893 consolidado, mencionado no art. 6º, e a menção ao depósito recursal no seu art. 7º, que faz remissão expressa art. 899 da CLT.

Nessa situação, a construção hermenêutica que se faz é a seguinte: o art. 769 da CLT estabelece que "o direito processual comum será fonte subsidiária do direito processual do trabalho, exceto naquilo em que for incompatível com as normas deste Título". Como esse direito processual "comum" diz respeito ao Código de Processo Civil, e o CPC estabelece que a contagem do prazo em dias, *estabelecido por lei ou pelo juiz*, abarcará *somente os dias úteis* (art. 219), conclui-se que essa estipulação, não sendo incompatível com a atual redação do art. 775 da CLT, seria a fonte normativa pela qual se justifica a contagem dos prazos estabelecidos pela Lei n. 5.584/70 em *dias úteis*. Advirta-se que essa solução não era possível antes da entrada em vigor da Lei n. 13.467/2017, pelo fato de que a contagem dos prazos processuais em dias úteis *era incompatível com a anterior redação do art. 775 da CLT, que estabelecia serem os prazos processuais trabalhistas "contínuos" e "irreleváveis"*. Essa incompatibilidade, atualmente, não mais vigora, de modo que, estando o critério de contagem de prazos equiparado entre a CLT e a CPC, nada

tada no texto. O destaque em *itálico* feito na citação foi adicionado pelo subscritor deste capítulo, não constando no texto original.

5. Essa conclusão teórica dificilmente será observada na prática: há dois prazos processuais estabelecidos nessa lei, ambos no artigo 6º. No § 1º desse dispositivo é apontado o prazo de cinco dias para que a parte interessada interponha agravo (no caso, interno) contra a decisão do Presidente do TST que deferir efeito suspensivo ao recurso ordinário interposto em dissídio coletivo iniciado no Tribunal Regional do Trabalho, mas esse prazo foi suplantado pela regra do art. 6º da Lei n. 5.584/70, que uniformizou os prazos recursais trabalhistas em oito dias. Resta vigorante, assim, apenas o outro prazo, relativo ao lapso temporal para que o Tribunal Superior do Trabalho julgue o recurso ordinário interposto em dissídio coletivo, em sessenta dias (art. 6º § 2º). Por ser prazo não sujeito a preclusão, não haverá nulidade ou irregularidade processual em caso de sua inobservância, ressalvada, porém, a possibilidade de sancionamento do(s) magistrado(s) pelo atraso. A respeito, remete-se o leitor ao tópico seguinte, que trata, dentre outros pontos, da contagem do prazo para os magistrados.

obsta que este seja invocado como "fonte subsidiária do direito processual do trabalho, exceto naquilo em que for incompatível *[com este]*", nos exatos termos do art. 769 da CLT.

Firma-se, portanto, o raciocínio de que *a contagem dos prazos dos recursos trabalhistas somente levará em conta os dias úteis, independentemente de a manifestação ter (arts. 893, 894, 895, 897 e 897-A da CLT) ou não (recurso extraordinário, recurso de revista e agravo interno) lapso temporal expressamente definido no Título X da Consolidação das Leis do Trabalho.* Ou seja: a regra estabelecida no art. 6º da Lei n. 5.584/70 deve ser interpretada de modo que os prazos recursais em oito dias somente serão contados em dias úteis, apesar de essa regra não constar expressamente no Título X da CLT.

5. OS PRAZOS DIRECIONADOS AOS MAGISTRADOS

Como já visto, a atual redação do art. 775 da CLT aponta que "os prazos estabelecidos neste título serão contados em dias úteis". A generalidade da regra não faz distinção se o prazo seria contado desse modo apenas para a prática de ato pela parte ou se também os prazos estabelecidos para o magistrado estariam incluídos nessa contagem.

Desse modo, é possível assentar a conclusão de que *também* os prazos estipulados no Título X da CLT para a prática de ato processual pelos juízes seriam contados em dias úteis.

Assim, passam a ser contados em dias *úteis* os prazos do art. 852-B, III, da CLT (prazo máximo de quinze dias para a apreciação da reclamação trabalhista ajuizada sob o procedimento sumaríssimo), do art. 852-H § 7º (prazo máximo de trinta dias para prosseguimento da audiência interrompida e para a solução do processo submetido ao rito sumaríssimo, salvo motivo relevante justificado nos autos pelo juiz da causa), do art. 855-D (prazo de quinze dias para análise do magistrado acerca da homologação de acordo extrajudicial), do art. 860 (prazo de dez dias para realização da audiência de conciliação em dissídio coletivo), do art. 880 § 3º (prazo de cinco dias para que o edital de citação do executado fique afixado na sede do juízo), do art. 885 (prazo de cinco dias para a decisão do magistrado sobre os embargos à execução), do art. 895 § 1º, II (prazo de dez dias para o relator liberar o voto relativo aos recursos ordinários interpostos contra sentença proferida em demanda trabalhista sujeita a rito sumaríssimo), do art. 896-C § 7º (informações a serem prestadas pelo TRT, no prazo de quinze dias, ao Ministro relator do incidente de recurso repetitivo instaurado no âmbito do Tribunal Superior do Trabalho).

Todos esses prazos direcionados ao magistrado são denominados pela doutrina de *prazos impróprios*, pois, "uma vez desrespeitados, não geram qualquer consequência no processo"[6]. Com efeito, desconhece-se qualquer repercussão

---

6. DONIZETTI, Elpídio. *Curso Didático de Direito Processual Civil*. 19. ed. São Paulo: Atlas, 2016, p. 433

processual ou disciplinar decorrente do descumprimento dos prazos supramencionados.

Outros prazos impróprios, contudo, não constantes no Título X da CLT, geram efeitos disciplinares e profissionais relevantes: por meio da Resolução n. 177, de 21 de outubro de 2016, o Conselho Superior da Justiça do Trabalho veda, por exemplo, que o magistrado receba a Gratificação por Exercício Cumulativo de Jurisdição (GECJ) no caso de atraso reiterado de sentenças, configurando-se essa circunstância se os prazos mencionados no art. 226 do CPC (cinco dias para despachos, dez dias para decisões interlocutórias e trinta dias para sentença, podendo esses lapsos serem excedidos por igual tempo) não forem cumpridos. Por sua vez, o art. 23, parágrafo único, da Consolidação de Provimentos da Corregedoria Geral da Justiça do Trabalho determina a deflagração de procedimento administrativo disciplinar quando os prazos previstos no art. 226 do CPC forem excedidos em mais de sessenta dias. E, embora o regramento seja tímido, o próprio Conselho Nacional de Justiça alude à "não retenção de autos além do prazo legal" como critério para promoção por merecimento (art. 3º, III, da Resolução CNJ n. 106/2010).

Além desses prazos, o próprio Código de Processo Civil estabelece que o magistrado que exceder os prazos legalmente estabelecidos ficará sujeito à apuração e possível sanção disciplinar (art. 235 do CPC).

Como se percebe, mesmo no âmbito trabalhista, os prazos impróprios realmente relevantes são aqueles estabelecidos pelo CPC. E, nesse caso, sendo esses prazos estabelecidos por lei, e não havendo no CPC nem na CLT qualquer restrição quanto a uma possível contagem diferenciada desses lapsos temporais, a conclusão a ser adotada é a de que *também esses prazos são contados em dias úteis no processo do trabalho*, por força do art. 219 do Código de Processo Civil – sendo a CLT omissa a respeito, descabe invocar o art. 775 consolidado nesse caso, sendo a aplicabilidade desse dispositivo limitada aos prazos impróprios "irrelevantes", mencionados no Título X, tais como apresentados no início deste tópico.

6. OS PRAZOS PARA O MINISTÉRIO PÚBLICO DO TRABALHO

Na condição de parte da demanda, o Ministério Público do Trabalho detém a prerrogativa do prazo em dobro em todas as suas manifestações processuais (art. 180, *caput*, do CPC). Como essa prerrogativa é originada do texto do Código de Processo Civil, esse prazo também deve ser contado em *dias úteis*, conforme art. 219 do mesmo código. Descabe, mais uma vez, a invocação do art. 775 da CLT nesse caso, pois esse prazo não consta no Título X da CLT. E se esclarece, novamente, que, embora o art. 180 do CPC pudesse ser invocado pelo MPT no âmbito do Direito Processual do Trabalho desde a entrada em vigor do atual Código, a contagem desse prazo dobrado em *dias úteis* não poderia ser também incorporada à realidade justrabalhista pela incompatibilidade anteriormente existente entre a redação do art. 219 do CPC (prazo fixado em dias úteis, não havendo contagem nos dias sem expediente forense) e a antiga redação do art. 775 da CLT (prazo contado em dias corridos, de modo *contínuo* e *irrelevável*). Superada a incompatibilidade, não há óbice à invocação do art. 219 do CPC nessa circunstância.

Na condição de fiscal da ordem jurídica (*custos iuris*, nos termos do art. 179 do CPC), o Ministério Público do Trabalho costuma se deparar com dois prazos próprios fixados para a instituição. Descabe-se falar, pois, em prazo dobrado, pelo fato de que "não se aplica o benefício da contagem em dobro quando a lei estabelecer, de forma expressa, prazo próprio para o Ministério Público" (art. 180 § 2º do CPC). São eles: o prazo de quinze dias para emissão de opinativo a respeito do incidente de recurso repetitivo (CLT, art. 896-C § 9º) e o prazo "geral" para emissão de parecer, em oito dias (art. 5º da Lei n. 5.584/70).

O primeiro desses prazos não traz consigo qualquer controvérsia – estando inserido no corpo do Título X da CLT, sua contagem inegavelmente ficará adstrita aos dias *úteis*.

Já no que concerne ao prazo de oito dias para emissão de parecer, é necessário refazer o exercício interpretativo já exposto no tópico "4" deste capítulo, acima: a Lei n. 5.584/70 não é mera complementação da CLT, a despeito de alguns artigos seus terem essa finalidade (artigos 6º e 7º); como a contagem do prazo em dias úteis passou a ser uniformizada no processo civil e no processo do trabalho, e não havendo qualquer norma a respeito do prazo para o MPT emitir parecer no texto consolidado, cabe invocar, por conta da subsidiariedade admitida no texto da CLT (art. 769), a disciplina do art. 219 do CPC, para se reconhecer que os prazos processuais trabalhistas serão contados em dias úteis, ainda que não esteja no âmago do Título X da CLT.

Assim o sendo, o prazo de oito dias para emissão de parecer por parte do Ministério Público do Trabalho *também será contado em dias úteis*, não por conta da alteração promovida no texto do art. 775 da CLT, mas sim por força da disciplina do art. 219 do CPC. Essa invocação subsidiária do Código de Processo Civil, contudo, não poderia ser feita antes da entrada em vigor da Lei n. 13.467/2017, haja vista a incompatibilidade até então existente entre a contagem em dias úteis estabelecida pelo art. 219 do CPC e a contagem de modo contínuo e irrelevável expressa no antigo texto do art. 775 consolidado.

7. CONTAGEM DOS PRAZOS NÃO FIXADOS EM DIAS

A redação aplicada ao art. 219 do Código de Processo Civil teve o cuidado de estabelecer que "na contagem de prazo em dias, estabelecido por lei ou pelo juiz, computar-se-ão somente os dias úteis". Assim, *apenas os prazos que têm o parâmetro de contagem fixado no "dia" seriam afetados por essa regra*. Prazos estipulados em meses ou anos não seguem essa diretriz, por óbvio.

São pouquíssimos os prazos fixados pelo CPC tendo a *hora* como critério de contagem. Quase todas as ocorrências relevantes na prática dizem respeito aos atos de constrição patrimonial determinada pelo juiz em aplicações financeiras da parte executada, nos termos do art. 854 do CPC, atos esses que não envolvem um sujeito da demanda (parte), mas sim uma entidade que colabora com o Judiciário (instituição financeira). E todos os prazos fixados por esse dispositivo, por serem contados por *hora*, não sofrem qualquer repercussão da regra firmada pelo art. 219 do CPC. E se porventura sofressem, dificilmente haveria questionamento a respeito, visto que, como se afirmou anteriormente, a relação do magistrado com a instituição financeira nesse caso é bem diferente da interação "parte – Estado-juiz", não havendo interesse processual da instituição em impugnar qualquer medida adotada pelo magistrado nesse caso.

Infelizmente a redação do art. 775 da CLT após a modificação feita pela Lei n. 13.467/2017 não observou qualquer dessas peculiaridades: a) não se atentou para o fato de que a nova modalidade de contagem deveria ficar adstrita apenas aos prazos fixados em *dias*; e b) não observou que o processo do trabalho, ao contrário do processo civil, *conta com diversos prazos processuais fixados em horas*, surgindo daí fundados questionamentos a respeito da repercussão dessa contagem estabelecida em dias úteis.

São fixados em horas no Título X da CLT os seguintes prazos: 1) prazo de vinte e quatro horas de antecedência para a fixação de edital que comunica a realização de audiências fora da sede da Vara ou Tribunal (art. 813 § 1º da CLT); 2) prazo de quarenta e oito horas para expedição da notificação ao demandado após o protocolo da petição inicial (art. 841, *caput*); 3) prazo de quarenta e oito horas para juntada aos autos da ata de audiência e/ou da sentença assinada pelo magistrado (art. 851 § 2º); 4) prazo de quarenta e oito horas para que o executado pague a dívida ou faça a garantia da execução, sob pena de penhora (art. 880, *caput*); 5) prazo de quarenta e oito horas de intervalo entre a primeira e a segunda diligência do oficial de justiça a fim de localizar o executado para notificá-lo (art. 880 § 3º); 6) prazo de quarenta e oito horas para que os servidores façam os autos conclusos para decisão após audiência realizada no âmbito do processamento dos embargos à execução (art. 886, *caput*); e 7) prazo de vinte e quatro horas para que o arrematante ou o seu fiador pague o preço da arrematação, sob pena de perda do sinal de vinte por cento que foi antecipado para garantia do lance (art. 888 § 4º)[7].

Apesar dessa quantidade considerável de prazos fixados em hora, o pouco cuidadoso texto do art. 775 da CLT estipulou apenas que "os prazos estabelecidos neste Título *serão contados em dias úteis*, com exclusão do dia do começo e inclusão do dia do vencimento".

Desse texto é possível extrair quatro possibilidades interpretativas diante dos prazos fixados em hora: 1) todos os prazos em horas ficam convertidos em dias; 2) os prazos passam a ser contados em "horas úteis"; 3) todos os prazos em horas

7. Não foi incluído no rol o prazo de quarenta e oito horas para que o juízo ou Tribunal designe audiência de instrução da exceção de impedimento ou suspeição, visto que o procedimento referido no art. 802 da CLT não mais subsiste, sendo aplicável ao caso as normas processuais civis a respeito, conforme estipulação do art. 20 da Consolidação dos Provimentos da Corregedoria-Geral da Justiça do Trabalho.

devem ser contados independentemente do fato de os dias serem ou não úteis; 4) os prazos continuam a ser contados normalmente, porém com fluência apenas nos dias úteis.

A primeira alternativa deve ser descartada de imediato: a conversão automática dos prazos, de "horas" para "dias" cria o intransponível obstáculo de se deixar o elemento quantitativo sem definição: no lugar de um prazo de quarenta e oito horas, o que viria em seu lugar? Qualquer indicação numérica (dois, cinco, dez dias) aqui seria pura arbitrariedade. Caso se mantivesse a quantificação anterior – ou seja, um prazo de quarenta e oito horas seria transformado em quarenta e oito dias – o regime dos prazos processuais também seria inteiramente descaracterizado: em regra, os prazos fixados em horas atrelam-se a determinadas providências processuais que são reputadas urgentes; não faria o menor sentido substituir a unidade de contagem e manter inalterada a sua expressão numérica anterior. Exemplificando: se o executado tem quarenta e oito horas para efetuar o pagamento ou garantir a execução, esse prazo foi delimitado dessa forma porque o reclamante, em regra, está buscando a satisfação de um crédito de natureza alimentar, tendo esperado meses, anos, até décadas para ter o seu direito reconhecido em sentença transitada em julgado. Assim, o grau de certeza firmado pela coisa julgada material permite que a legislação restrinja temporalmente os meios de resistência do executado, a fim de privilegiar o credor que pacientemente esperou a Justiça reconhecer o seu direito em definitivo. Seria complemente atentatório à lógica defender que esse prazo passaria a ser de quarenta e oito dias. Pior do que isso: quarenta e oito dias *úteis*! Ou seja: admitir esse raciocínio implicaria converter um prazo que se esgotaria em dois dias noutro que só expiraria *depois de dois meses*! Percebe-se facilmente quão desconectada da realidade essa solução se afigura.

A contagem em "horas úteis" também geraria controvérsias intermináveis. Se o conceito de "dias úteis", para fins de contagem dos prazos processuais, refere-se aos dias com expediente forense, a ideia de "horas úteis" faria referência *às horas em que o expediente forense estivesse em funcionamento regular*. Embora problemática no caso concreto, seria possível até admitir que essa contagem fosse feita levando-se em conta a hora de pré-definida de abertura e de encerramento do serviço judiciário no local. O problema, no entanto, seria o parâmetro de contagem: os prazos fixados em hora, de acordo com o Código Civil, são contados "de minuto a minuto" (art. 132 § 4º), de modo que o expediente judiciário deveria funcionar com pontualidade britânica a fim de se evitar questionamentos e os infindáveis pedidos de certidões dos advogados e partes. A solução se mostra, também, de execução inviável na prática.

A contagem contínua dos prazos em horas, que seria uma terceira solução possível, independentemente de os dias serem ou não úteis, também teria os seus percalços. Utilizando-se o mesmo exemplo do executado que tem quarenta e oito horas para efetuar o pagamento ou garantir a execução (art. 880, *caput*), se a sua notificação acontecesse numa sexta-feira à tarde, por volta das dezesseis horas, o seu prazo estaria esgotado às dezesseis horas de domingo. Imagine-se que o executado tenha o valor exequendo depositado numa conta-corrente e pretenda fazer uma transferência desse montante a uma conta em outra instituição financeira (conta judicial ou não): não há como cumprir a determinação do juízo num domingo; caso se espere o início do expediente bancário na segunda-feira, o prazo já estaria perdido.

Assim, a solução que se mostra mais alinhada com o novo regramento da contagem dos prazos processuais trabalhistas é aquela que mantém a contagem dos prazos em horas corridas, *porém o transcurso desse prazo somente ocorrerá nos dias em que haja expediente forense, ou seja, dias úteis*. Dessa maneira, a notificação feita às dezesseis horas de sexta-feira, para que a determinação judicial seja cumprida em quarenta e oito horas, terá o seu prazo expirado às dezesseis horas e um minuto da terça-feira subsequente, estando excluídos dessa contagem o sábado e o domingo, dias não úteis por não contarem com expediente forense[8].

Quanto aos prazos estipulados em meses ou anos – a exemplo do prazo máximo de quatro anos para a vigência da sentença normativa no dissídio coletivo de extensão (art. 868, parágrafo único, da CLT) ou o prazo mínimo de um ano de vigência para que haja a instauração do dissídio coletivo de revisão (art. 873 da CLT) –, esses não estarão sujeitos a qualquer sobressalto em sua contagem: expirarão "no dia de igual número do de início, ou no imediato, se faltar exata correspondência" (art. 132 § 3º do Código Civil), até porque, no cômputo do ano ou mês, estarão incluídos todos os dias, úteis ou não.

8. CONTAGEM DOS PRAZOS NÃO PROCESSUAIS

O art. 219 do CPC faz expressa restrição ao seu alcance, afirmando em seu parágrafo único que "o disposto neste artigo aplica-se somente aos prazos processuais". Uma vez mais, deve-se lamentar não ter havido idêntico cuidado ao se incorporar a contagem dos prazos em dias úteis ao direito processual do trabalho.

Não é demais relembrar que o art. 775 consolidado impõe a contagem em dias úteis aos prazos estabelecidos no Título X da CLT. E um desses prazos *não detém natureza processual*: trata-se do prazo de trinta dias para instauração do inquérito para apuração de falta grave, a contar da suspensão do empregado (art. 853 da CLT).

Nos termos do art. 219 do CPC, esse prazo transcorreria em dias corridos, pois não tem natureza processual, e sim *decadencial*. A disciplina estabelecida pelo art. 775 da CLT, porém, não faz essa distinção. E não há qualquer outra razão juridicamente fundamentada para que a sua contagem não seja feita em dias úteis: não há

8. Os poucos pronunciamentos colhidos na doutrina a respeito da contagem do prazo fixado em horas também vão nesse sentido, a exemplo do que afirma Guilherme Rizzo Amaral: "[...] apesar de a regra do art. 219 fazer referência apenas à contagem do prazo em dias, vale ela também para os prazos processuais contados em horas. Contam-se somente as horas transcorridas em dias úteis" (AMARAL, Guilherme Rizzo. *Comentários às Alterações do Novo CPC*. São Paulo: RT, 2015, p. 312).

inconstitucionalidade, não há subsidiariedade do CPC, não há norma esparsa que viabilize interpretação diferente. Dessa maneira, mesmo sendo prazo de natureza *decadencial*, não há como se negar que esse prazo *deve ser contado em dias úteis*.

A problemática, no entanto, fica deslocada para outro quadrante: o art. 775 da CLT, como visto, não caracteriza o que viria a ser um dia útil. Daí que, pela inexistência de regramento próprio na Consolidação das Leis do Trabalho, e tendo em vista não haver incompatibilidade com o processo do trabalho (art. 769 da CLT), essa concepção deve ser importada do texto do art. 216 do CPC, segundo o qual "além dos declarados em lei, são feriados, para efeito forense, os sábados, os domingos e os dias em que não haja expediente forense". Perceba-se que o art. 216 do CPC limita a concepção do dia não útil *para efeito forense*.

Em Direito do Trabalho, sabe-se que os dias úteis são aqueles em que há labor regular, excluindo-se os feriados e o dia de repouso semanal remunerado (o qual coincidirá preferencialmente com o domingo). Ou seja: *o sábado sem labor é tido como dia útil não trabalhado*. Como o prazo do art. 853 da CLT inscreve-se no âmbito do direito material do trabalho, cabe ponderar *se os trinta dias úteis de prazo decadencial que o empregador dispõe para exercer a sua pretensão processual incluem ou não o sábado na contagem*. Ou, ainda que não se trate do sábado, cabe indagar se o empregador, à exceção dos feriados, deverá contar cinco dias (como o expediente forense) ou seis dias (como o expediente na empresa) por semana para fins de delimitação do efetivo término do prazo decadencial de trinta dias úteis agora previsto no art. 853 da Consolidação das Leis do Trabalho.

Apesar de o prazo ser decadencial e, portanto, de natureza não processual, esse caso específico deve ser interpretado no sentido de que a contagem observará *os dias úteis forenses*. É que essa pretensão, ainda que pré-processual, será inegavelmente exercida perante o Judiciário – *o prazo de trinta dias para o ajuizamento do inquérito tem a sua contagem estabelecida estritamente em observância à possibilidade de busca de uma intervenção judicial no caso*. Não há qualquer outra utilidade "material" nesse prazo: caso o empregador não exerça essa prerrogativa, nada impede que ele despeça o empregado detentor da estabilidade, desde que arque com os ônus dessa prática (pagamento de indenização dobrada, nos termos dos arts. 496 e 497 da CLT). Este texto defende a ideia, portanto, de que os trinta dias *úteis* serão contados à vista dos dias de efetivo expediente forense, como os demais prazos constantes no Título X da CLT.

9. CONTAGEM DO PRAZO PARA INTIMAÇÕES ELETRÔNICAS

A universalização do Processo Judicial Eletrônico no âmbito da Justiça do Trabalho, ocorrida em outubro de 2017[9], faz com que os autos processuais sem papel

9. BRASIL. CONSELHO SUPERIOR DA JUSTIÇA DO TRABALHO. *Processos recebidos na Justiça do Trabalho já são 100% eletrônicos*. Disponível em: <http://www.csjt.jus.br/noticias-destaque/-/asset_publisher/E6rq/content/processos-recebidos-na-justica-do-trabalho-ja-sao-100-eletronicos?redirect=%2F>. Acesso em: 20 out. 2017.

já não causem mais estranheza, bem assim as peculiaridades da operação dos processos em ambiente virtual.

A Lei n. 11.419/2006, ao disciplinar as regras de tramitação e comunicação dos atos processuais, estipulou que as intimações seriam consideradas como feitas a partir do momento em que o sistema eletrônico certificasse o acesso do interessado ao seu teor (art. 5º § 1º). Caso não houvesse esse acesso, o sistema eletrônico consideraria a intimação como realizada em dez dias corridos a contar do seu envio (art. 5º § 3º).

No âmbito do Conselho Nacional de Justiça, a Resolução CNJ n. 185/2013, que trata do tema, deixa claro que o prazo para ciência presumida da intimação *não deve ser contado em dias úteis*, conforme se constata:

> Art. 21. Para efeito da contagem do prazo de 10 (dez) dias corridos de que trata o art. 5º, § 3º, da Lei n. 11.419, de 19 de dezembro de 2006, no sistema PJe:
>
> I – o dia inicial da contagem é o dia seguinte ao da disponibilização do ato de comunicação no sistema, independentemente de esse dia ser, ou não, de expediente no órgão comunicante;
>
> II – o dia da consumação da intimação ou comunicação é o décimo dia a partir do dia inicial, caso seja de expediente judiciário, ou o primeiro dia útil seguinte, conforme previsto no art. 5º, § 2º, da Lei n. 11.419, de 19 de dezembro de 2006.
>
> Parágrafo único. A intercorrência de feriado, interrupção de expediente ou suspensão de prazo entre o dia inicial e o dia final do prazo para conclusão da comunicação não terá nenhum efeito sobre sua contagem, excetuada a hipótese do inciso II.

Apesar da regra da contagem de prazos processuais em dias úteis estabelecida no art. 219 do CPC, o entendimento que prevalece nesse caso é que esses prazos *não são prazos processuais, e sim prazos de sistema*. Isso porque esse lapso temporal de dez dias apenas demarca *quando se inicia o prazo da parte para a efetiva prática de ato processual*, não sendo esse decêndio, por si só, um prazo processual. Essa conclusão também se justifica porque, nos termos do art. 21, I, da Resolução, o início de sua contagem ocorrerá mesmo quando não houver expediente forense: não se trata de prazo para a prática de ato processual, e sim de prazo de sistema para *início do prazo processual*. Assim o sendo, não se aplica para esses dez dias de disponibilização da intimação a regra do art. 224 § 1º do CPC segundo a qual "os dias do começo e do vencimento do prazo serão protraídos para o primeiro dia útil seguinte, se coincidirem com dia em que o expediente forense for encerrado antes ou iniciado depois da hora normal ou houver indisponibilidade da comunicação eletrônica".

Dessa forma, no âmbito do PJe em operação na Justiça do Trabalho, também esse prazo de ciência presumida da intimação continuará a ser contado em *dias corridos*, ainda que o *dia de início de sua contagem não coincida com dia de expediente forense*, nos termos do art. 21, I, da Resolução CNJ n. 185/2013. Não há porque se invocar, aqui, a contagem em dias úteis, visto não se tratar de prazo propriamente processual (e sim um prazo de sistema que demarcará, ao seu término, o início do prazo efetivamente processual), ficando afastada a regra do art. 219 do CPC e também a disciplina do art. 775 consolidado – afinal, nada há no Título X da CLT a respeito do assunto.

10. DIREITO INTERTEMPORAL

Em 11 de novembro de 2017 entrou em vigor a Lei n. 13.467/2017, e nessa data milhões de processos trabalhistas estão em tramitação e muitos deles se depararam com essa data estando no início, fim ou meio da contagem do prazo.

A nova legislação e o texto que anteriormente já existia na CLT nada dispõem a respeito do assunto. Por isso, convém invocar a disciplina do CPC sobre a questão, ao estabelecer que "a norma processual não retroagirá e será aplicável imediatamente aos processos em curso, respeitados os atos processuais praticados e as situações jurídicas consolidadas sob a vigência da norma revogada" (art. 14).

O encadeamento dos atos processuais caracteriza-se pelo *isolamento dos atos*, de modo que cada ato processual terá uma demarcação legal-temporal específica, a depender da lei vigente à época da viabilização de sua prática.

A contagem do prazo em dias úteis, no processo do trabalho, beneficia-se, de certo modo, da experiência que lhe antecedeu em pouco mais de um ano e meio: a entrada em vigor do Código de Processo Civil promulgado em 2015 também foi precedida de profundos debates e controvérsias a respeito das diversas modificações que passariam a impactar os processos em curso. E dessa experiência é possível extrair conclusões que muito auxiliarão na dinâmica processual trabalhista a partir da entrada em vigor da Lei n. 13.467/2017.

Assim, é possível importar as conclusões firmadas pelo Fórum Permanente de Processualistas Civis (FPPC) a respeito do tema. De acordo com o seu Enunciado n. 267, "os prazos processuais iniciados antes da vigência do CPC serão integralmente regulados pelo regime revogado". Essa conclusão lastreia-se fundamentalmente na ideia de que a parte não deve ser surpreendida pela mudança de critérios estabelecida pela legislação nova, e também na circunstância de que *o direito da parte à prática do ato processual consolida-se a partir de sua ciência para praticá-lo*. Dessa forma, se o prazo se iniciou sob a égide da legislação anterior, o seu curso e o respectivo término também observarão aquela normatização, sendo inviável a alteração do critério de contagem enquanto esse lapso temporal fluía.

Também de acordo com o FPPC, "a regra de contagem de prazos em dias úteis só se aplica aos prazos iniciados após a vigência do Novo Código" (Enunciado n. 268). Transplantando-se a mesma ideia à modificação do art. 775 da CLT, tem-se que a ciência da parte no dia da entrada em vigor da Lei n. 13.467/2017 acarretará, para ela, a prática do ato processual pertinente já em observância à contagem do prazo em dias úteis, visto que o dia do início do prazo será o dia seguinte à ciência, como é a regra no processo do trabalho.

Conclui-se, portanto, que *em nenhum caso a mudança do critério da contagem do prazo (de dias corridos para dias úteis) será aplicável com o prazo já em curso.* E que a contagem em dias úteis *somente será estabelecida se a parte tiver sido intimada, ao menos, no dia da entrada em vigor da Lei n. 13.467/2017, de modo que o seu prazo tem/teve início integralmente sobre a égide da lei nova.*

11. CONSIDERAÇÕES FINAIS

Muitos dos mais respeitados processualistas civis brasileiros saudaram a mudança na forma da contagem dos prazos processuais, por ocasião da entrada em vigor do atual Código de Processo Civil em 18 de março de 2016. Defendeu-se que a medida traria certa racionalização ao trabalho do advogado, visto que este poderia ter o merecido descanso aos finais de semana sem que houvesse fluência de prazo processual durante o período[10].

No âmbito do direito processual civil, com um regramento muito mais organizado e tecnicamente mais cuidadoso, a contagem dos prazos em dias úteis causou e ainda causa inúmeros questionamentos, de modo que se começa a perceber que essa mudança talvez tenha sido prejudicial – criaram-se diversas celeumas onde não existiam e o suposto "benefício" aos advogados acaba sendo tragado pela insegurança gerada por essa nova modalidade de contagem dos prazos.

Como bem apontou a indignada manifestação de um dos membros da Comissão de Juristas responsável pela consolidação do texto do atual Código de Processo Civil, o fato de a contagem ocorrer em dias úteis não é capaz, por si só, de garantir o descanso do advogado – o profissional que tem o último dia útil do prazo expirando na segunda-feira sofrerá da mesma angústia que acomete aquele que teve o seu prazo em dias corridos vencido no sábado e que também se utilizará da segunda-feira subsequente para finalizar a peça processual respectiva; o propósito de dilatar os prazos processuais poderia ser alcançado tão somente promovendo uma ampliação da quantidade de dias do prazo, sendo desnecessária a criação de nova maneira de contagem desses lapsos temporais[11].

---

10. Por todos, colhe-se a manifestação de Daniel Amorim Assumpção Neves: "Sendo advogado militante no contencioso cível, não tenho como deixar de saudar efusivamente a novidade legislativa. Nem é preciso muita experiência forense para compreender que, com prazos em trâmite durante o final de semana, o advogado simplesmente não tem descanso. Basta imaginar o termo inicial de contestação numa ação cautelar numa quarta-feira com feriado na quinta e na sexta" (NEVES, Daniel Amorim Assumpção. *Novo Código de Processo Civil Comentado Artigo por Artigo*. Salvador: JusPodivm, 2016, p. 348).

11. "Diferentemente do CPC/73, que estabelece a continuidade dos prazos processuais sem levar em consideração a sua interrupção em razão de feriados (art. 177, CPC/73), a nova lei processual é expressa ao estabelecer que na contagem dos prazos legais ou judiciais computar-se-ão somente os dias úteis (art. 219). O art. 216 do NCPC, por sua vez, considera como feriado e, portanto, como dia não útil, o sábado, o domingo e os dias em que não há expediente forense. Da análise dos dois dispositivos é fácil concluir que o novo CPC elasteceu os prazos, possibilitando uma 'folga' maior para a prática de determinados atos processuais. Não se pode deixar de reconhecer que a contagem

Na tentativa de se criar certa "homogeneidade" em relação do Direito Processual Civil, todos esses problemas acabam de ser transplantados ao processo do trabalho por meio da nova redação do art. 775 da CLT, causando problemas ainda mais aprofundados, pois, conforme visto no presente capítulo:

- nem todos os recursos trabalhistas foram expressamente abarcados por essa contagem diferenciada em dias úteis;
- a contagem dos prazos para os magistrados e para o Ministério Público do Trabalho lastreia-se muito mais no regramento processual civil do que na disciplina do art. 775 consolidado;
- muitos prazos processuais trabalhistas são fixados em horas e anos, gerando dúvidas a respeito de sua contagem; e
- até mesmo o prazo decadencial para o ajuizamento do inquérito para apuração de falta grave foi afetado por essa nova modalidade de contagem dos prazos.

Esses percalços não permitem que se enxergue com simpatia a inclusão, no texto da CLT, da contagem dos prazos em dias úteis. Certamente os problemas daí decorrentes ainda estão apenas no início.

Não bastasse o já óbvio contratempo do aumento do prazo de tramitação das demandas trabalhistas em razão da adoção dessa nova modalidade de contagem do prazo – o que afeta não só a duração "razoável" do processo (Constituição, art. 5º, inciso LXXVIII) como também a necessidade de "andamento rápido das causas", conforme art. 765 da CLT – o prazo contado em dias úteis provavelmente

dos prazos somente em dias úteis acarretará mais problemas do que benefícios. Na contagem de prazos contínuos, de antemão se sabe que dia vence o prazo de quinze dias. Ao revés, na contagem em dias úteis, há que se verificar quais os dias são 'inúteis' (sábados, domingos e feriados) e, a partir de então ir somando os dias úteis. Não é por outra razão que de regra os comerciantes não vendem para pagar em trinta, sessenta ou noventa dias úteis. Na prática comercial, pelo menos quando favoráveis ao vendedor ou ao prestador do serviço, os prazos são contínuos. É lamentável que o legislador, em vez de facilitar, tenha complicado. Quando dos trabalhos da Comissão de Juristas, tive a oportunidade de alertar para a complicação, mas a regra da contagem dos prazos somente em dias úteis acabou prevalecendo. Diziam os advogados da Comissão que a contagem em dias úteis permitia que os advogados pudessem descansar no final de semana. Ledo engano. Se o prazo vence na segunda-feira e o advogado não elaborou a peça processual na sexta, terá que trabalhar no domingo. Deus ajuda quem cedo madruga. Os que dormem e também os que deixam tudo para a última hora, continuarão a trabalhar de madrugada. Quisesse ampliar os prazos não precisaria o legislador desse subterfúgio. Bastaria estabelecer, por exemplo, que o prazo para recorrer é de vinte dias. Caindo no feriado, prorroga-se para o dia útil imediato. Se podemos complicar, para que facilitar? Resultado: com a entrada em vigor do novo CPC, todos os prazos serão contados em dias úteis. Vale ressaltar que a contagem em dias úteis não é dirigida apenas aos advogados, aparentemente os grandes beneficiários desta inovação. Juízes, membros do Ministério Público, da Defensoria Pública e da Advocacia Pública, peritos e todos aqueles que estejam condicionados ao cumprimento de prazos processuais (art. 219, parágrafo único, CPC/2015) podem fazer o uso desse dispositivo" (DONIZETTI, Elpídio. *Curso Didático de Direito Processual Civil*. 19. ed. São Paulo: Atlas, 2016, p. 435).

ainda trará muitas outras polêmicas adiante, sendo essas razões suficientes para se lamentar a mudança ora empreendida no texto do art. 775 da Consolidação das Leis do Trabalho.

REFERÊNCIAS

AMARAL, Guilherme Rizzo. *Comentários às Alterações do Novo CPC*. São Paulo: RT, 2015.

BRASIL. CONSELHO SUPERIOR DA JUSTIÇA DO TRABALHO. *Processos recebidos na Justiça do Trabalho já são 100% eletrônicos*. Disponível em: <http://www.csjt.jus.br/noticias-destaque/-/asset_publisher/E6rq/content/processos-recebidos-na-justica-do-trabalho-ja-sao-100-eletronicos?redirect=%2F>. Acesso em: 20 out. 2017.

DONIZETTI, Elpídio. *Curso Didático de Direito Processual Civil*. 19. ed. São Paulo: Atlas, 2016.

FÓRUM PERMANENTE DE PROCESSUALISTAS CIVIS. *Carta de São Paulo – Enunciados do Fórum Permanente de Processualistas Civis*. Disponível em: <http://www.cpcnovo.com.br/wp-content/uploads/2016/06/FPPC-Carta-de-Sa%CC%83o-Paulo.pdf>. Acesso em: 20 out. 2016.

NEVES, Daniel Assumpção Amorim. Agravo interno regimental. *Revista Dialética de Direito Processual*, v. 39, p. 25-34, 2006.

______. *Novo Código de Processo Civil Comentado Artigo por Artigo*. Salvador: JusPodivm, 2016.

HONORÁRIOS ADVOCATÍCIOS

Bruno Tauil Pivatto[1]

Sumário: 1. Os honorários advocatícios – inclusão do artigo 791-A na CLT, com redação dada pela lei nº 13.467/2017 – 2. Os honorários advocatícios na jutiça do trabalho após o início da vigência da lei nº 13.467/2017: 2.1. Sucumbência recíproca; 2.2. Honorários advocatícios em pedidos que não forem deferidos integralmente; 2.3. Deferimento de percentuais diferentes às partes em sucumbência recíproca – 3. Condenação ao pagamento de honorários de sucumbência pelo beneficiário de gratuidade de justiça – 4. A previsão do código de processo civil sobre honorários sucumbenciais – aplicação supletiva e/ou subsidiária – 5. Honorários de sucumbência: conquista da advocacia trabalhista? – Conclusão – Bibliografia.

1. OS HONORÁRIOS ADVOCATÍCIOS – INCLUSÃO DO ARTIGO 791-A NA CLT, COM REDAÇÃO DADA PELA LEI Nº 13.467/2017

O tema em comento é um dos mais controversos da reforma trabalhista (Lei nº 13.467/2017) e, por certo, ainda causará muita divergência de entendimentos, especialmente porquanto se trata se de uma mudança diametralmente oposta ao que todos os operadores e aplicadores do direito do trabalho e do direito processual do trabalho estão adaptados.

Nos termos do novo artigo 791-A da CLT, incluído na Seção IV ("Das partes e dos procuradores") do Capítulo II ("Do processo em geral"), inseridos no Título X ("Do processo judiciário trabalhista") do referido diploma normativo, haverá a fixação de honorários de sucumbência no processo do trabalho, mesmo que o advogado atue em causa própria, fixados em, no mínimo, 5% e, no máximo, 15% (cinco a quinze por cento) sobre o valor que: *a)* resultar da liquidação da sentença;

1. Advogado. Bacharel em Direito pela USP. Especialista em Direito Constitucional Aplicado pelo Damásio Educacional. Especializando em Direito do Trabalho e Processo do Trabalho pela USP. Membro efetivo da Comissão de Direito Material da OAB Seção São Paulo triênio 2016/2018. Membro efetivo da Comissão de Direito do Trabalho e Processo do Trabalho da OAB Subseção Guarulhos triênio 2016/2018.

b) do proveito econômico obtido; ou *c)* não sendo possível mensurá-lo, sobre o valor atualizado da causa.

Ademais, estabeleceu no parágrafo 1º do aludido dispositivo que existirá condenação ao pagamento de honorários de sucumbência também nas ações contra a Fazenda Pública e naquelas em que a parte estiver assistida ou substituída pelo sindicato de sua categoria, bem como, nos termos do parágrafo 5º, em reconvenção.

No parágrafo 2º, o legislador discriminou os critérios que devem ser observados pelo magistrado na fixação dos honorários advocatícios entre 5 e 15% (cinco e quinze por cento), quais sejam: o grau de zelo do profissional, o lugar de prestação do serviço, a natureza e a importância da causa e o trabalho realizado pelo(a) advogado(a) e o tempo exigido para o seu serviço.

Já o parágrafo 3º traz a denominada sucumbência recíproca, que ocorre quando a ação é julgada parcialmente procedente, instituindo-se a obrigação de ambas as partes arcarem com os honorários advocatícios da parte contrária relativa aos pleitos que não obtiveram decisão judicial favorável.

Por fim, o parágrafo 4º trata da hipótese em que o beneficiário de justiça gratuita é sucumbente e não dispõe de créditos para suportar a despesa, seja no processo em que foi parte vencida seja em outros processos. Nesses casos, a obrigação de arcar com os honorários de sucumbência fica suspensa e somente será executada se, em até 02 (dois) anos subsequentes ao trânsito em julgado **da decisão que as certificou**, o credor demonstrar que deixou de existir a insuficiência de recursos que justificou a concessão da gratuidade. Exaurido esse prazo de 02 (dois) anos sem que o credor obtenha êxito em tal comprovação, extingue-se a obrigação de pagamento dos honorários de sucumbência pelo beneficiário da gratuidade de justiça.

Diante de tais inovações, faz-se necessária análise crítica e pormenorizada sobre o instituto, a fim de interpretamos a norma jurídica e entender, principalmente, sua aplicação prática.

Revela-se oportuno relembrar que a CLT, antes do início da vigência da Lei nº 13.467/2017, não trouxe qualquer menção sobre honorários advocatícios em seu texto.

Nos termos da Súmula nº 219 do TST, pautada pelo art. 14 da Lei nº 5.584/70, a qual certamente será revisada pelo TST (Tribunal Superior do Trabalho) ante a sua incompatibilidade com o art. 791-A da CLT, os honorários advocatícios ocorrem somente quando a parte estiver assistida por sindicato da categoria profissional e comprovar a percepção de salário inferior ao dobro do salário mínimo ou encontrar-se em situação econômica que não lhe permita demandar sem prejuízo do próprio sustento ou da respectiva família:

> Súmula nº 219 do TST – HONORÁRIOS ADVOCATÍCIOS. CABIMENTO.
>
> I - Na Justiça do Trabalho, a condenação ao pagamento de honorários advocatícios não decorre pura e simplesmente da sucumbência, devendo a arte, con-

comitantemente: a) estar assistida por sindicato da categoria profissional; b) comprovar a percepção de salário inferior ao dobro do salário mínimo ou encontrar-se em situação econômica que não lhe permita demandar sem prejuízo do próprio sustento ou da respectiva família. (art.14,§1º, da Lei nº 5.584/1970). (ex-OJ nº 305da SBDI-I).

II - É cabível a condenação ao pagamento de honorários advocatícios em ação rescisória no processo trabalhista.

III – São devidos os honorários advocatícios nas causas em que o ente sindical figure como substituto processual e nas lides que não derivem da relação de emprego.

IV – Na ação rescisória e nas lides que não derivem de relação de emprego, a responsabilidade pelo pagamento dos honorários advocatícios da sucumbência submete-se à disciplina do Código de Processo Civil (arts. 85, 86, 87 e 90).

V - Em caso de assistência judiciária sindical ou de substituição processual sindical, excetuados os processos em que a Fazenda Pública for parte, os honorários advocatícios são devidos entre o mínimo de dez e o máximo de vinte por cento sobre o valor da condenação, do proveito econômico obtido ou, não sendo possível mensurá-lo, sobre o valor atualizado da causa (CPC de 2015, art. 85, § 2º).

VI - Nas causas em que a Fazenda Pública for parte, aplicar-se-ão os percentuais específicos de honorários advocatícios contemplados no Código de Processo Civil.

Art 14. Na Justiça do Trabalho, a assistência judiciária a que se refere a Lei nº 1.060, de 5 de fevereiro de 1950, será prestada pelo Sindicato da categoria profissional a que pertencer o trabalhador.

§ 1º A assistência é devida a todo aquele que perceber salário igual ou inferior ao dobro do mínimo legal, ficando assegurado igual benefício ao trabalhador de maior salário, uma vez provado que sua situação econômica não lhe permite demandar, sem prejuízo do sustento próprio ou da família.

(...)

Apenas para as lides que não envolviam relação de emprego, a Instrução Normativa nº 27 do TST trouxe que os honorários advocatícios são devidos pela mera sucumbência[2].

Assim, não havia a condenação ao pagamento de honorários sucumbenciais quando o empregado contratava um advogado particular para atuar em sua causa, entendimento contrário ao trazido pela Lei nº 13.467/2017, o que fomenta o debate sobre o assunto, especialmente para que possa, agora, ser bem definida a sua aplicação ao processo do trabalho.

2. Art. 5º Exceto nas lides decorrentes da relação de emprego, os honorários advocatícios são devidos pela mera sucumbência.

2. OS HONORÁRIOS ADVOCATÍCIOS NA JUTIÇA DO TRABALHO APÓS O INÍCIO DA VIGÊNCIA DA LEI Nº 13.467/2017

O texto do artigo 791-A da CLT, com redação dada pela Lei nº 13.467/2017, dispõe que:

> Art. 791-A. Ao advogado, ainda que atue em causa própria, serão devidos honorários de sucumbência, fixados entre o mínimo de 5% (cinco por cento) e o máximo de 15% (quinze por cento) sobre o valor que resultar da liquidação da sentença, do proveito econômico obtido ou, não sendo possível mensurá-lo, sobre o valor atualizado da causa.
>
> § 1º Os honorários são devidos também nas ações contra a Fazenda Pública e nas ações em que a parte estiver assistida ou substituída pelo sindicato de sua categoria.
>
> § 2º Ao fixar os honorários, o juízo observará:
>
> I - o grau de zelo do profissional;
>
> II - o lugar de prestação do serviço;
>
> III - a natureza e a importância da causa;
>
> IV - o trabalho realizado pelo advogado e o tempo exigido para o seu serviço.
>
> § 3º Na hipótese de procedência parcial, o juízo arbitrará honorários de sucumbência recíproca, vedada a compensação entre os honorários.
>
> § 4º Vencido o beneficiário da justiça gratuita, desde que não tenha obtido em juízo, ainda que em outro processo, créditos capazes de suportar a despesa, as obrigações decorrentes de sua sucumbência ficarão sob condição suspensiva de exigibilidade e somente poderão ser executadas se, nos dois anos subsequentes ao trânsito em julgado da decisão que as certificou, o credor demonstrar que deixou de existir a situação de insuficiência de recursos que justificou a concessão de gratuidade, extinguindo-se, passado esse prazo, tais obrigações do beneficiário.
>
> § 5º São devidos honorários de sucumbência na reconvenção.

Havendo pedidos julgados procedentes, o(a) advogado(a) do(a) autor(a) terá direito a receber honorários advocatícios de 5 a 15% (cinco a quinze por cento) sobre o valor da liquidação da sentença, ou, caso não haja esta, sobre o proveito econômico que o(a) autor(a) obteve ou sobre o valor da causa atualizado.

E para os pedidos julgados improcedentes, o advogado da reclamada também terá direito a receber honorários advocatícios de 5 a 15% (cinco a quinze por cento) relativos a estes pedidos.

É oportuno ressaltar que, com a alteração do artigo 840, parágrafo 1º, da CLT, com redação dada também pela Lei nº 13.467/2017, as partes saberão o valor de cada pedido de forma líquida, ante a necessidade do(a) autor(a) indicá-lo na inicial, sob pena de extinção sem resolução do mérito:

> Art. 840. ....
>
> § 1º Sendo escrita, a reclamação deverá conter a designação do juízo, a qualificação das partes, a breve exposição dos fatos de que resulte o dissídio,

> o pedido, que deverá ser certo, determinado **e com indicação de seu valor**, a data e a assinatura do reclamante ou de seu representante.
>
> § 2º Se verbal, a reclamação será reduzida a termo, em duas vias datadas e assinadas pelo escrivão ou secretário, observado, no que couber, o disposto no § 1º deste artigo.
>
> § 3º Os pedidos que não atendam ao disposto no § 1º deste artigo serão **julgados extintos sem resolução do mérito. (grifos nosso)**

Caso não seja possível mensurar o pedido ou o proveito econômico obtido, utilizar-se-á o valor atualizado da causa para se apurar os honorários advocatícios.

O legislador, assim como fez no processo civil (conforme se verá adiante), deixou margem para que o(a) juiz(a) avalie o trabalho dos procuradores das partes e defina o percentual que entenda pertinente para remunerar o trabalho realizado, considerando o zelo com o processo, o trabalho realizado, o tempo dispendido de serviço etc.

Com a imposição de pagamento de honorários pela parte sucumbente, o processo se torna potencialmente mais caro para ambas as partes, o que faz com que os(as) autores(as) tenham maior receio em entrar com pedidos sem embasamento ou provas convincentes para sustentá-los. Desta feita, acredita-se que haverá uma redução no número de ações e no valor das reclamações trabalhistas, sendo que, a bem da verdade, essa foi a intenção do legislador.

Ademais, é pertinente ressaltar que o *jus postulandi* não deixou de existir em razão da existência de honorários sucumbenciais, posto que a parte ainda tem faculdade de atuar no processo sem constituir patrono para defendê-la (com exceção das hipóteses em que não é cabível o *jus postulandi*, descritas na Súmula nº 425 do TST[3]).

2.1. Sucumbência recíproca

Em relação à sucumbência recíproca, alguns pontos merecem destaque específico.

Se a ação for julgada parcialmente procedente, sendo que autor(es) e réu(s) são, ao mesmo tempo, vencedor(es) e vencido(s), haverá obrigação de ambos pagarem honorários advocatícios à parte contrária, relativos aos pedidos em que foram sucumbentes.

O parágrafo 3º do artigo 791-A da CLT, com redação dada pela Lei nº 13.467/2017, deixa muito claro que é **vedada a compensação de honorários** em sucumbência recíproca.

3. Súmula nº 425 do TST - *JUS POSTULANDI* NA JUSTIÇA DO TRABALHO. ALCANCE. O *jus postulandi* das partes, estabelecido no art. 791 da CLT, limita-se às Varas do Trabalho e aos Tribunais Regionais do Trabalho, não alcançando a ação rescisória, a ação cautelar, o mandado de segurança e os recursos de competência do Tribunal Superior do Trabalho.

Tal disposição, em nosso ver, está correta, posto que os honorários pertencem ao advogado da parte vencedora e têm natureza salarial, mesmo que esteja atuando em causa própria.

O trabalho do(a) advogado(a) deve ser remunerado condignamente, sendo que a prestação de serviços não pode ser uma obrigação de resultado, mas uma obrigação de meio. Isto é, o(a) advogado(a), em defesa de seu cliente, deve atuar da forma mais leal, zelosa e dedicada no processo trabalhista, mas não tem como garantir o sucesso da causa sob seu risco.

2.2. Honorários advocatícios em pedidos que não forem deferidos integralmente

Outra questão de suma importância prática e que, inegavelmente, gera divergências é a respeito do que for pertinente aos honorários de sucumbência em pedidos que não forem julgados procedentes em sua integralidade.

Isto é, o(a) autor(a) da ação judicial pleiteou um direito e deu a ele determinado valor. Caso o direito não seja judicialmente reconhecido por inteiro, ou caso seja reconhecido o direito, mas em valor inferior ao pleiteado pelo(a) autor(a), surge o questionamento se deve ser aplicada a sucumbência recíproca, se somente a(o) ré(u) arcará com os honorários advocatícios legais ou se será aplicada uma proporcionalidade entre o valor pleiteado e o valor deferido para determinar a parte "vencida" no pedido.

O artigo 791-A, parágrafo 3º, da CLT não dá a solução, cabendo, por conseguinte, aos intérpretes definirem o seu alcance.

A situação mais evidente em que isso acontecerá será em pedidos que envolvam indenizações por danos materiais e expatrimoniais, não obstante a Lei nº 13.467 tenha incluído o Título II-A à CLT ("Do Dano Extrapatrimonial"), o qual limita os valores deste.

É comum que o(a) autor(a) acredite e defenda que o dano foi de natureza ou gravidade expressiva e pleiteie o valor a título de indenização que entende devido, mas que, conquanto o direito à reparação seja deferido, o valor arbitrado pelo(a) julgador(a) seja inferior ao pretendido.

A título de exemplificação, imagine-se que um ex-empregado de uma empresa pleiteie judicialmente R$ 80.000,00 (oitenta mil reais) a título de danos morais supostamente ocorridos no ambiente de trabalho. O pedido é julgado procedente, mas no importe de R$ 10.000,00 (dez mil reais), sendo que o(a) juiz(a) já deverá fixar honorários de sucumbência. Seguindo a linha de raciocínio acima, quem ele deveria condenar ao pagamento dos honorários? O(a) autor(a), a(o) ré(u) ou ambos?

OPÇÃO A – AUTOR

A reclamada certamente alegará que o(a) autor(a) é quem deverá suportar os honorários de sucumbência, posto que foi sucumbente na maior parte do pedido isoladamente considerado: pediu R$ 80.000,00, "ganhou" R$ 10.000,00 e "perdeu" R$ 70.000,00. Desta maneira, essa corrente assevera que o(a) autor(a) deve ser considerado(a) parte vencida.

OPÇÃO B – RÉU

Por essa interpretação doutrinária ao artigo 791-A, parágrafo 3º, da CLT, temos que o enfoque deve ser que o pedido foi julgado procedente, isto é, o direito foi reconhecido. O valor é elemento acessório, não sendo estritamente necessária a sua exatidão, mormente porque é difícil liquidar com clareza e de forma incontroversa alguns direitos, como os danos materiais e/ou extrapatrimoniais.

A sucumbência ocorre em relação ao pedido, e não em relação ao valor.

Por tal razão, a(o) ré(u) deve ser considerada(o) parte vencida no pedido e arcar com os honorários de sucumbência sobre o valor deferido, sem haver condenação do(a) autor(a) a pagar qualquer honorários advocatícios no tocante ao pleito em análise.

OPÇÃO C – SUCUMBÊNCIA RECÍPROCA

Sob a ótica de tal entendimento, temos que o(a) autor(a) deveria pagar honorários de sucumbência sobre a parte do valor pleiteado que não foi deferida ((R$ 70.000,00 no exemplo em análise) e a(o) ré(u) sobre o valor que foi deferido (R$ 10.000,00, *in casu*).

Ou seja, não se considera o pedido, mas o valor do pedido para se definir a sucumbência recíproca.

Com o devido respeito àqueles que divergem de nosso entendimento, somos adeptos da segunda corrente (opção B), visto que a informalidade e simplicidade que são características do processo do trabalho não podem torná-lo tão rigoroso a ponto de exigir que os valores requeridos pelo(a) autor(a) sejam exatamente iguais aos valores reconhecidos em decisão judicial.

Afirmar o valor correto de um direito, isto é, liquidá-lo antes do julgamento, em que não se sabe os limites e parâmetros da condenação, não é tarefa das mais simples, tanto por ficar no campo da especulação sobre o que vai e o que não vai ser deferido pelo Poder Judiciário quanto por, na mais variadas vezes, os patronos dos reclamantes sequer terem os elementos necessários para determinar o valor exato do direito.

Entendemos que é o **pedido** que deve ser analisado: se o direito foi deferido, ainda que de forma parcial, a sucumbência cabe a(o) ré(u); se o direito foi indeferido, a sucumbência deve ser imputada ao autor(a)[4].

---

4. Uma sugestão que pode ser feita é que a(o) ré(u), verificando que o valor do pedido feito pelo(a) autor(a) é manifestamente desproporcional e incompatível com o direito pleiteado, pode realizar a impugnação do valor e solicitar a sua retificação antes do julgamento, ou, em complemento, requerer aplicação de multa por litigância de má-fé ao autor(a), com fulcro no artigo 80, incisos III e V, do CPC (usar do processo para conseguir objetivo ilegal (como, por exemplo, o enriquecimento

Com base em tal entendimento, no tocante à indenização por danos morais, temos a Súmula nº 326 do STJ (Superior Tribunal de Justiça):

> Súmula 326 - Na ação de indenização por dano moral, a condenação em montante inferior ao postulado na inicial não implica sucumbência recíproca. (Súmula 326, CORTE ESPECIAL, julgado em 22/05/2006, DJ 07/06/2006 p. 240)

Tal súmula, que talvez possa, por enquanto, servir como um parâmetro para a área trabalhista, aduz que, na ação de indenização por dano moral, a condenação em montante inferior ao postulado na inicial não implica sucumbência recíproca. Ou seja, somente a(o) ré(u) arcará com o pagamento dos honorários advocatícios legais em caso de pedido não integralmente procedente.

Portanto, em nosso entendimento, somente existirá sucumbência recíproca entre os pedidos da ação judicial, ou seja, somente se alguns pedidos forem acolhidos e outros não. Dentro do mesmo pedido, não há que se falar em sucumbência recíproca.

2.3. Deferimento de percentuais diferentes às partes em sucumbência recíproca

Como bem estabelece o *caput* do art. 791-A da CLT, com redação dada pela Lei nº 13.467/17, os honorários advocatícios legais serão de, no mínimo, 5% (cinco por cento) e, no máximo, 15% (quinze por cento), fixados pelo(a) juiz(a) de acordo com os critérios delineados no parágrafo 2º do aludido artigo.

Nesse sentido, em caso de sucumbência recíproca, poderia o(a) magistrado(a) - ao analisar o grau de zelo profissional, o lugar da prestação dos serviços, a natureza e importância da causa, o trabalho realizado pelo(a) advogado(a) e o tempo exigido para o seu serviço – fixar honorários advocatícios em percentuais diferentes para os patronos das partes?

Parece-nos que sim. Em análise ao caso concreto, temos que o(a) juiz(a) pode entender que o patrono de cada parte atuou de forma diferente nos autos, que foi mais ou menos zeloso com o processo, dispendeu mais ou menos tempo etc., e, com isso, estabelecer percentuais diversos.

3. CONDENAÇÃO AO PAGAMENTO DE HONORÁRIOS DE SUCUMBÊNCIA PELO BENEFICIÁRIO DE GRATUIDADE DE JUSTIÇA

Conforme mencionado alhures, até mesmo o beneficiário da justiça gratuita deverá arcar com os honorários de sucumbência.

sem causa), ou proceder de modo temerário em qualquer incidente ou ato do processo, respectivamente).

E mais, se não obtiver nenhum crédito na ação judicial ou em outro processo judicial, o credor poderá pesquisar bens do beneficiário da justiça gratuita e, se demonstrar que a insuficiência de recursos deste não existe mais, requerer a penhora dos bens dentro do prazo de 02 (dois) anos da decisão que certificar que o beneficiário não tinha créditos capazes de suportar a despesa (ou seja, em regra, da decisão que deferir a gratuidade de justiça).

Após o escoamento do prazo de 02 (dois) anos sem que o credor demonstre que o beneficiário de justiça gratuita deixou de ter a insuficiência de recursos que justificou a concessão de gratuidade, a obrigação de pagamento de honorários de sucumbência decai e será considerada extinta.

Para esses fins, é pertinente relembrar os critérios para a concessão dos benefícios da justiça gratuita, elencados no art. 790, parágrafo 3º, da CLT, com redação dada pela Lei nº 13.467/17: salário igual ou inferior a 40% (quarenta por cento) do limite máximo dos benefícios do Regime Geral de Previdência Social[5].

A matéria é polêmica e, inclusive, alvo de Ação Direta de Inconstitucionalidade (ADI) perante o STF (Supremo Tribunal Federal) – ADI 5766 -, proposta pela Procuradoria-Geral da República sob o fundamento de que o art. 791-A, parágrafo 4º e outros dispositivos, violaram direito fundamental dos trabalhadores pobres à gratuidade judiciária e restrição de acesso à jurisdição trabalhista, pugnando que o acesso aos tribunais é princípio estruturante do estado de direito e reconhecido como um direito humano em diversas normas internacionais, bem como pelo fato do acesso à justiça ser um direito constitucionalmente assegurado pelo art. 5º, incisos XXXV e LXXIV, da Constituição Federal.

Em fato, ao impor o pagamento de honorários de sucumbência ao trabalhador(a) que não dispõe de recursos financeiros para adimplir eventual crédito sem prejudicar a sua vida pessoal e seu sustento, bem como o de sua família, cria-se um significativo receio e/ou "medo" de ingressar com a ação judicial, mesmo eventualmente ciente de que tem boas chances do pedido ser julgado procedente (a máxima processual de que "não existe causa ganha" certamente é conhecida por todos que atuam com processos judiciais).

É extremamente difícil para uma pessoa com baixa condição econômica arriscar-se em algo que pode lhe gerar um custo que não tem como adimplir.

Portanto, a condenação de pagamento de honorários de sucumbência pelo beneficiário de justiça gratuita, se aplicada, deve ser feita com muita cautela e sem excessos, sob pena de gerar restrição de acesso ao Poder Judiciário.

Ademais, em nosso entendimento, somente seria possível descontar os honorários sucumbenciais do crédito do(a) autor(a) beneficiário de gratuidade de jus-

5. Art. 790. (...) § 3º É facultado aos juízes, órgãos julgadores e presidentes dos tribunais do trabalho de qualquer instância conceder, a requerimento ou de ofício, o benefício da justiça gratuita, inclusive quanto a traslados e instrumentos, àqueles que perceberem salário igual ou inferior a 40% (quarenta por cento) do limite máximo dos benefícios do Regime Geral de Previdência Social.

tiça se o valor final destinado ao trabalhador for suficiente para que este deixe de ter miserabilidade econômica e possa dignamente manter seu sustento e o de sua família. Isto é, o crédito final deve ser um valor que permita ao trabalhador e sua família viver condignamente e usufruir economicamente dos direitos trabalhistas que foram reconhecidos em ação judicial.

Se assim não for, a nossa conclusão é que ele não deixou de ser "pobre na acepção jurídica do termo", razão pela qual deve ser amparado pelos benefícios da justiça gratuita, dentre os quais que a União suporte as despesas, custas e encargos decorrentes do processo.

O que não se deve admitir, a nosso ver, é que o trabalhador tenha direito a um crédito e, em razão de sucumbência em outros pedidos, não receba nada ou receba um valor irrisório/pífio. Em tal hipótese, o processo se torna nitidamente oneroso para o beneficiário de justiça gratuita, bem como fere a finalidade da Justiça do Trabalho e do próprio direito do trabalho.

O trabalho serve para que as pessoas consigam obter recursos financeiros e interagir socialmente, a fim de manter a sua vida e a de seus familiares dignamente, possibilitando alimentação, moradia, educação, segurança, lazer, saúde etc.

Nesses termos, os direitos trabalhistas se revelam de uma importância crucial, posto que buscam garantir que a contrapartida pelo trabalho permita que o(a) trabalhador(a) e sua família possam ter acesso a esses itens, ao menos minimamente, ao que chamam de patamar civilizatório mínimo.

Se alguns desses direitos são violados, o(a) trabalhador(a) deve ter oportunidade de questioná-los judicialmente. Portanto, qualquer dificuldade de acesso ao Judiciário deve ser repelida.

Ocorre que - como todos aplicadores atuantes do direito do trabalho certamente observam no cotidiano forense - não existe pedido indiscutivelmente ganho em ação judicial, o que faz com que o(a) trabalhador(a) apresente todos os pedidos que entende ter direito e o empregador demonstre aqueles que são indevidos, ao qual o(a) juiz(a) profere o seu veredicto pautado no livre convencimento motivado.

Em princípio, não se trata de um abuso cometido pelo(a) trabalhador(a) ter feito pedido que foi julgado improcedente, especialmente porquanto muitas vezes tem o direito, mas não consegue comprová-lo nos autos (a verdade processual prevalece sobre a verdade real; ou seja, aquilo que está demonstrado nos autos é tido como verdade em detrimento do que realmente aconteceu).

O processo serve para conceder a cada uma das partes aquilo que lhe é devido. Assim, se o(a) trabalhador(a) recorre ao Poder Judiciário para obter algum direito trabalhista, e este direito é reconhecido judicialmente, não deveria, em tese, deixar de recebê-lo em razão de um outro pedido que não foi acolhido, mormente se este crédito não puder tirá-lo de uma condição de pobreza e miserabilidade econômica. Respeita-se, assim, a função social do trabalho.

Ao estabelecer que qualquer crédito recebido possa ser abatido a título de honorários sucumbenciais, estar-se-ia colocando em risco pessoas de boa-fé que acessam a Justiça do Trabalho com pedidos e fundamentos razoáveis e que de fato são dubitáveis da relação de trabalho/emprego, tornando o acesso ao Judiciário, ao invés de um mecanismo de justiça, um mecanismo que fomenta injustiças.

Ademais, ao permitir que qualquer crédito obtido pelo trabalhador possa obter descontos para suportar as despesas com honorários de sucumbência, estar-se-ia dificultando que uma pessoa hipossuficiente economicamente possa adquirir recursos financeiros e desenvolver-se socialmente, o que, de forma patente, contraria os objetivos da República Federativa do Brasil insculpido no art. 3º, incisos I a IV, da Constituição Federal:

> Art. 3º Constituem objetivos fundamentais da República Federativa do Brasil:
>
> I - construir uma sociedade livre, justa e solidária;
>
> II - garantir o desenvolvimento nacional;
>
> III - erradicar a pobreza e a marginalização e reduzir as desigualdades sociais e regionais;
>
> IV - promover o bem de todos, sem preconceitos de origem, raça, sexo, cor, idade e quaisquer outras formas de discriminação.

É direito do trabalhador receber os seus direitos trabalhistas, ainda que tenha que ingressar com a ação judicial. E é direito do trabalhador atingir pelo trabalho, mesmo que por meio de tutela jurisdicional, a elevação de seu status social e econômico.

Por todas essas razões, os honorários de sucumbência, a princípio, não devem ser descontados do beneficiário da justiça gratuita. O simples fato de ter um pedido julgado improcedente não deve ser um ônus ao autor da ação judicial, posto que não representa um uso abusivo do processo.

O que poderia ser feito é: verificando-se que o pedido é manifestamente improcedente e que o trabalhador não agiu com lealdade processual e boa-fé ao realizar o pleito, a(o) ré(u) requerer a aplicação de multa por litigância de má-fé e o(a) juiz(a) deferir, com fulcro no art. 80 e seguintes do CPC.

Malgrado todo o exposto, acreditamos que não é assim que deverá acontecer.

A previsão contida no art. 791-A, parágrafo 4º, da CLT, com redação dada pela Lei nº 13.467/17, aduz que, se o(a) trabalhador(a) não tiver obtido crédito em juízo capaz de suportar a despesa, a obrigação de pagar a sucumbência ficará em condição suspensiva. Ou seja, dá indícios de que qualquer crédito obtido será utilizado para suportar a despesa, ficando o remanescente sob condição suspensiva:

> § 4º Vencido o beneficiário da justiça gratuita, desde que não tenha obtido em juízo, ainda que em outro processo, créditos capazes de suportar a despesa, as obrigações decorrentes de sua sucumbência ficarão sob condição suspensiva de exigibilidade e somente poderão ser executadas se, nos dois anos subsequentes ao trânsito em julgado da decisão que as certificou, o credor demons-

> trar que deixou de existir a situação de insuficiência de recursos que justificou a concessão de gratuidade, extinguindo-se, passado esse prazo, tais obrigações do beneficiário. (grifo nosso)

Ainda assim, entendemos que tal artigo deve ser interpretado com muita cautela, sendo que a demonstração de que deixou de existir a insuficiência de recursos que justificou a concessão dos benefícios da justiça gratuita deve ser muito clara e bem sustentada, não devendo o(a) magistrado(a) acolher, por exemplo, que qualquer bem que o(a) trabalhador(a) tenha serve para findar o direito à gratuidade de justiça.

Por exemplo, o simples fato do(a) trabalhador(a) ter um veículo automotor não deve ser considerado como suficiente para indeferir a gratuidade de justiça. Todos têm direito ao lazer, a ter um veículo para passearem com a família etc. Ademais, o veículo às vezes pode ser de valor não muito alto, comprado em diversas parcelas. Em contrapartida, um veículo de alto valor econômico poderia, em tese, ser causa para indeferimento da justiça gratuita. Por isso, o(a) juiz(a) deve ter bastante atenção ao analisar as manifestações dos credores.

O assunto não é pacífico e ainda vai ser alvo de calorosos e hercúleos debates doutrinários e jurisprudenciais.

4. A PREVISÃO DO CÓDIGO DE PROCESSO CIVIL SOBRE HONORÁRIOS SUCUMBENCIAIS – APLICAÇÃO SUPLETIVA E/OU SUBSIDIÁRIA

Embora os honorários advocatícios tenham previsão expressa na CLT por força da Lei nº 13.467/2017, é importante que se conheça as normas do Código de Processo Civil sobre o assunto, tanto para observarmos a influência do diploma processual civilista quanto para utilizarmos tais normas de forma **supletiva** ou **subsidiária** em caso de omissão parcial ou total da norma processual trabalhista.

O Código de Processo Civil prevê a condenação do vencido ao pagamento de honorários advocatícios ao patrono do vencedor (artigo 85, *caput*, CPC), inclusive em reconvenção, em cumprimento de sentença provisório ou definitivo, em execução e em recursos, cumulativamente (parágrafo 1º).

Para a fixação de tais honorários sucumbenciais, prevê o **percentual mínimo de 10% (dez por cento) e máximo de 20% (vinte por cento)** sobre: *a)* o valor da condenação; *b)* do proveito econômico obtido; ou *c)* não sendo possível mensurá-lo, sobre o valor atualizado da causa (artigo 85, parágrafo 2º, CPC).

É curioso notar que o percentual aplicado ao processo civil é diferente do percentual aplicado ao processo do trabalho. Qual a razão em diferenciar a atuação do advogado trabalhista da atuação realizada pelo advogado de outras áreas?

O advogado trabalhista lida muitas vezes com causas de natureza mais complexas que advogados de outras áreas, bem como há exigência de tempo expressivo dedicado ao processo trabalhista e outros fatores. Desta maneira, não vemos razão em tal distinção. Ao contrário, parece um desprestígio ao advogado trabalhista, pois, não obstante pensemos que o legislador não se ocupou em atentar a tal diferença, dá a entender que o trabalho do patrono em outras áreas é mais valoroso que o trabalho do patrono em ações judiciais trabalhistas.

O CPC estabelece, também, os critérios para a fixação do percentual, igualmente aos critérios estabelecidos no artigo 791-A da CLT:

Art. 85, par. 2º, CPC:	Art. 791-A, par. 2º, CLT:
I - o grau de zelo do profissional;	I - o grau de zelo do profissional;
II - o lugar de prestação do serviço;	II - o lugar de prestação do serviço;
III - a natureza e a importância da causa;	III - a natureza e a importância da causa;
IV - o trabalho realizado pelo advogado e o tempo exigido para o seu serviço.	IV - o trabalho realizado pelo advogado e o tempo exigido para o seu serviço.

Nas ações judicias em que a Fazenda Pública faz parte, o CPC estabelece a fixação de honorários de sucumbência (artigo 85, parágrafos 3º a 5º, CPC), bem como estabelece limitações a tal valor, o que o legislador não fez na Lei nº 13.467/2017.

Nas causas em que o proveito econômico for inestimável ou irrisório, ou quando o valor da causa for muito baixo, o juiz fixará o valor dos honorários por apreciação equitativa, observados os percentuais previstos. Tal previsão também não está prevista na legislação trabalhista.

Nas ações de indenização por ato ilícito contra pessoa, o percentual de honorários incidirá sobre a soma das prestações vencidas acrescida de 12 (doze) prestações vincendas, nos ditames do parágrafo 9º do artigo 85 do CPC. Não há previsão na lei processual trabalhista sobre os honorários sucumbenciais especificamente em ações de indenização, o que poderá ensejar a aplicação subsidiária do diploma processual civilista.

Havendo perda do objeto, os honorários serão devidos por quem deu causa ao processo (artigo 85, parágrafo 10º, CPC). Em caso de sentença fundada em desistência, renúncia ou em reconhecimento do pedido, mesmo que proporcional, os honorários serão pagos pela parte que desistiu, renunciou ou reconheceu (artigo 90, *caput*, CPC). E, na hipótese do réu reconhecer a procedência do pedido e, simultaneamente, cumprir a prestação reconhecida, os honorários serão reduzidos pela metade (artigo 90, parágrafo 4º, CPC).

Outra previsão interessante do CPC é no que se refere aos honorários de sucumbência recursais: quando julgar os recursos interpostos, o Tribunal **majorará** os honorários fixados em sentença, considerando o trabalho adicional realizado em grau recursal, **não podendo ultrapassar, porém, os limites percentuais estabelecidos no parágrafo segundo do artigo 85 (10 a 20%) e os limites atri-**

buídos às causas em que a Fazenda Pública faz parte (parágrafo 3º do artigo 85, CPC).

Aduz o parágrafo 14º do artigo 85 do CPC que "os honorários constituem direito do advogado e têm natureza alimentar, com os mesmos privilégios dos créditos oriundos da legislação do trabalho, sendo vedada a compensação em caso de sucumbência parcial". Conquanto não haja previsão atribuindo natureza alimentar aos honorários advocatícios na legislação trabalhista, encontra-se consignado nesta a vedação à compensação de honorários em caso de sucumbência recíproca.

Para os advogados que integram sociedade de advogados na qualidade de sócios, o parágrafo 15º do artigo 85 do CPC estabelece que é suficiente o requerimento para que o pagamento dos honorários seja efetuado em favor da sociedade de advogados, sem deixar de ter natureza alimentar. A norma trabalhista é omissa sobre isso.

Ademais, fixados os honorários em quantia certa, os juros moratórios incidirão a partir do trânsito em julgado da decisão que os arbitrou (parágrafo 16º do CPC). A norma trabalhista também é omissa sobre isso.

Se a decisão transitada em julgado for omissa sobre o direito aos honorários ou o sobre o seu valor, o parágrafo18º do artigo 85 do CPC assegura que é cabível ação autônoma para sua definição e cobrança. É uma previsão normativa interessante, que não está descrita na legislação trabalhista e, assim, como as demais, poderá ser aplicada ao processo do trabalho.

Atuando o advogado em causa própria, há a fixação de honorários, tal qual assegurado pelo artigo 791-A da CLT (redação dada pela Lei nº 13.467/2017). O Código de Processo Civil deixa claro, outrossim, que os advogados públicos têm direito a honorários de sucumbência, nos termos da lei.

Já em caso de sucumbência em **parcela mínima do pedido**, a parte contrária responderá **por inteiro** pelos honorários advocatícios da parte vencedora (artigo 86, parágrafo único, CPC). Esta previsão normativa é importante para os processos trabalhistas, pois, além de aplicação subsidiária do CPC, pode nos dar balizas para definir o funcionamento da sucumbência recíproca na Justiça do Trabalho.

E, se houver diversos autores ou diversos réus, cada um responderá proporcionalmente pelos honorários sucumbenciais, devendo a sentença distribuir a responsabilidade entre os litisconsortes (artigo 87 do CPC), sob pena de configuração de responsabilidade solidária.

5. HONORÁRIOS DE SUCUMBÊNCIA: CONQUISTA DA ADVOCACIA TRABALHISTA?

A fim de gerar um estudo mais completo sobre o assunto, cabe interpretarmos se a instituição de honorários advocatícios no processo trabalhista representa uma conquista ou se configura um prejuízo aos advogados trabalhistas.

Não é tarefa simples posicionar-se, especialmente porque não há uma resposta precisa a tal questionamento. Assim como muitas coisas trazidas pela reforma trabalhista, somente o tempo nos permitirá analisar se o resultado foi favorável ou não.

Respeitadas as opiniões individuais, entendemos que é uma conquista da advocacia, na medida em que o(a) advogado(a) terá remuneração pelo seu trabalho independentemente de honorários contratuais fixados com seu cliente.

O artigo 133 da Constituição Federal assevera que "o advogado é indispensável à administração da justiça, sendo inviolável por seus atos e manifestações no exercício da profissão, nos limites da lei".

Todavia, se a imposição de honorários advocatícios legais se tornar algo muito rigoroso, que dificulte o acesso à justiça, é possível que o número de ações judiciais reduza drasticamente, reduzindo a atuação dos(as) advogados(as), mormente aqueles que atuam na área contenciosa. Nesse caso, resultará em prejuízo aos advogados(as).

Questão interessante é sobre como se dará a cobrança de honorários advocatícios. Haverá cobrança de honorários advocatícios legais acrescidos de honorários advocatícios contratuais ou cobrança somente de honorários advocatícios legais? E, se mantidos os honorários contratuais, será que ainda será mantido o importe usualmente praticado de 30% (trinta por cento) sobre o valor do crédito recebido?

Novamente é o tempo quem nos responderá.

Acreditamos que, a princípio, os(as) advogados(as) manterão a cobrança de honorários advocatícios contratuais no importe de 30% (trinta por cento), além de honorários advocatícios legais. Entretanto, a tendência é que, com o tempo, os honorários contratuais serão reduzidos, por uma questão de competição de mercado.

Observe-se, apenas, que o Código de Ética e Disciplina da OAB dispõe, em seu artigo 2º, parágrafo único, inciso VIII, alínea *f*, que o advogado deve "abster-se de contratar honorários advocatícios em valores aviltantes".

Já o artigo 49 do mesmo diploma normativo aduz que:

> Art. 49. Os honorários profissionais devem ser fixados com moderação, atendidos os elementos seguintes:
>
> I - a relevância, o vulto, a complexidade e a dificuldade das questões versadas;
>
> II - o trabalho e o tempo a ser empregados;
>
> III - a possibilidade de ficar o advogado impedido de intervir em outros casos, ou de se desavir com outros clientes ou terceiros;
>
> IV - o valor da causa, a condição econômica do cliente e o proveito para este resultante do serviço profissional;
>
> V - o caráter da intervenção, conforme se trate de serviço a cliente eventual, frequente ou constante;

> VI - o lugar da prestação dos serviços, conforme se trate do domicílio do advogado ou de outro;
>
> VII - a competência do profissional;
>
> VIII - a praxe do foro sobre trabalhos análogos.

A Lei nº 8.906/1994 (Estatuto da Advocacia) também traz disposições sobre honorários advocatícios, que devem ser analisadas para o assunto em apreço.

CONCLUSÃO

A inclusão de honorários advocatícios de sucumbência tem o condão de alterar toda a realidade do processo do trabalho, trazendo uma maior limitação nos pedidos feitos pelos autores, reduzindo o número de ações temerárias, remunerando os(as) advogados(as) pelo seu trabalho etc.

A princípio, a imposição de honorários legais na Justiça do Trabalho se mostra benéfica. Todavia, não pode servir para restringir o acesso dos trabalhadores à justiça e/ou para impedir que o(a) trabalhador(a) receba créditos.

A questão da sucumbência recíproca merece melhor debate, ante à abstração da lei. Em nosso entendimento, ocorre para a sucumbência entre os pedidos, e não para a sucumbência parcial dentro do mesmo pedido.

Ademais, o percentual (5 a 15%) deveria ter sido igual ao estabelecido no Código de Processo Civil (10 a 20%), por absoluta ausência de distinção entre a qualidade do trabalho realizado pelo(a) advogado(a) trabalhista e advogados(as) de outras áreas.

Outrossim, deve-se ter cautela na aplicação dos honorários de sucumbência e na utilização da sucumbência recíproca, mormente em relação aos beneficiários de gratuidade de justiça. Considerando-se a finalidade do processo, dos direitos trabalhistas e da Justiça do Trabalho, temos que somente poderia ser descontado valores a título de sucumbência do crédito do(a) autor(a) se este(a) não se mantiver mais em condições de miserabilidade econômica, porém acreditamos que não será o que ocorrerá na prática.

O assunto carece de melhor amadurecimento doutrinário e jurisprudencial, especialmente por se tratar de inovação no direito processual do trabalho (para as hipóteses de relação de emprego). Em nossa opinião, é um dos pontos mais expressivos da reforma trabalhista trazida pela Lei nº 13.467/17, fazendo-se necessário maior debate, estudos e pesquisas sobre o assunto, mormente pelos integrantes do Poder Judiciário – que definirão a aplicação dos honorários advocatícios – e pelos procuradores das partes – que são diretamente interessados no assunto.

BIBLIOGRAFIA

COSTA, Rafael Ponciano. *Honorários de sucumbência e sua incidência na Justiça do Trabalho.* Brasil, out. 2017. Disponível em: <https://jus.com.br/artigos/60968/honorarios-de-sucumbencia-e-sua-incidencia-na-justica-do-trabalho>. Acesso em: 14 out. 2017.

LIRA, Josimor; GUARDA, Milena. *Reforma trabalhista: as despesas processuais, os honorários advocatícios e a justiça gratuita.* Brasil, 11 ago. 2017. Disponível em: <http://www.informadireito.com.br/reforma-trabalhista-as-despesas-processuais-os-honorarios-advocaticios-e-justica-gratuita/>. Acesso em: 13 out. 2017.

LEITE, Carlos Henrique Bezerra. *Curso de direito processual do trabalho.* 15. Ed. – São Paulo : Saraiva, 2017.

MATHEUS, Luann. *O cabimento dos honorários advocatícios frente ao jus postulandi na relação de emprego.* Brasil, jun. 2017. Disponível em: <https://jus.com.br/artigos/58864/o-cabimento-dos-honorarios-advocaticios-frente-ao-jus-postulandi-na-relacao-de-emprego/2>. Acesso em: 13 out. 2017.

NEVES, Daniel Amorim Assumpção. *Manual de direito processual civil.* Vol. Único. 8. ed. – Salvador : Ed. JusPodivm, 2016.

ORTEGA, Marcos Eliseu. Os honorários advocatícios e periciais, a sucumbência e a justiça gratuita depois da reforma trabalhista. *Revista eletrônica [do] Tribunal Regional do Trabalho da 9ª Região*, Curitiba, PR, v. 6, n. 61, p. 135-138, jul./ago. 2017. Disponível em: <https://juslaboris.tst.jus.br/handle/1939/111530>. Acesso em: 12 out. 2017.

SCHIAVI, Mauro. *Manual de direito processual do trabalho.* 9. ed. – São Paulo : LTr, 2015.

SEVERO, Valdete. *A tormentosa questão dos honorários advocatícios na Justiça do Trabalho.* Brasil, 17 fev. 2017. Disponível em: <http://www.espacovital.com.br/publicacao-34699-a-tormentosa-questao-dos-honorarios-advocaticios-na-justica-do-trabalho>. Acesso em: 14 out. 2017.

SILVA, Homero Batista Mateus da. *Comentários à reforma trabalhista.* São Paulo : Editora Revista dos Tribunais, 2017.

HONORÁRIOS ADVOCATÍCIOS NA JUSTIÇA DO TRABALHO E A REFORMA TRABALHISTA – LEI 13.467 DE 2017

Marcos Scalercio[1]

1. INTRODUÇÃO

Tema que envolve, em especial, o acesso à Justiça do Trabalho, foi objeto de reparos conforme a novo dispositivo da CLT (art. 791-A) introduzido pela Reforma Trabalhista (Lei 13.467 de 2017) ao tratar dos honorários de sucumbência.

Os honorários de sucumbência são verbas devidas ao advogado por força do que dispõe o art. 22 e seguintes da Lei nº 8.906/94. Estes independem da existência de contrato particular firmado entre advogado e cliente, são de titularidade daquele que postula em juízo representando a parte.

Nesse sentido, na Justiça Laboral observava a regra da Súmula 219 do TST que, inclusive, sofreu recentes alterações em decorrência do Novo Código de Processo Civil.

---

1. Juiz do Trabalho da 2° Região (SP); Aprovado nos Concursos para Magistratura do Trabalho dos TRT's da 1ª e da 24ª Região; Pós Graduado em Direito e Processo do Trabalho: Professor de Direito Processual do Trabalho e de Cursos Preparatórios para Magistratura Trabalhista; Professor convidado para ministrar palestras nas Escolas Judiciais dos TRT's da 1°, 2°, 5° e 17° Região. Autor de obras jurídicas. Instagram: @marcosscalercio Facebook: Marcos Scalercio Twitter: @marcosscalercio

Com efeito, o novel artigo celetista prevê ao advogado, ainda que atue em causa própria, o pagamento de honorários de sucumbência sobre o valor que resultar da liquidação da sentença, do proveito econômico obtido, ou, não sendo possível mensurá-lo, sobre o valor atualizado da causa.

Pois bem, dissídio que se observa é sobre o deslinde do parágrafo 3º do artigo em comento, que estabelece também ao empregado que tiver pretensões não atendidas o pagamento dos respectivos honorários ao procurador da parte contrária.

Assim, para um primeiro entendimento, o fito da imposição do artigo é o de reduzir a insegurança jurídica e o número de ações trabalhistas.

Noutras palavras, como uma forma de aumentar os riscos de uma ação judicial leviana, todo empregado que procurar a Justiça do Trabalho e tiver uma ação improcedente, pagará honorários em favor dos advogados das empresas.

Por outro viés, há quem defenda que a fixação dos parâmetros convencionados pelo art. 791-A configura afronta aos direitos trabalhistas adquiridos pelos trabalhadores durante décadas de luta, vez que intimidadores para a propositura de novas reclamatórias.

Por fim, as recentes decisões do STJ sobre os critérios de aplicação de honorários de sucumbência geraram celeuma sobre a possível aplicação do mesmo entendimento para os processos trabalhistas.

2. HONORÁRIOS ADVOCATÍCIOS

O art. 22 do Estatuto da Ordem dos Advogados do Brasil dispõe que os honorários advocatícios se dividem em três espécies, quais sejam, os convencionados, os fixados por arbitramento judicial e os sucumbenciais.

Os honorários convencionados são os fixados através de um contrato entre o profissional e seu cliente. Cabe destacar que o art. 35[2] do Código de Ética da categoria recomenda a fixação dos honorários contratuais por escrito.

Já os honorários fixados por arbitramento judicial resultam da falta de estipulação específica ou de divergência entre os sujeitos do contrato de trabalho (art. 22, § 2º, do Estatuto da Ordem dos Advogados do Brasil).

Por sua vez, segundo Alberto Nogueira Júnior (In: JUS NAVEGANDI, 2007) os honorários sucumbenciais são aqueles fixados, por ocasião da sentença, em razão do acolhimento, total ou parcial, mas em proporção maior que o reconhecido ao adversário, portanto, não decorrem do direito próprio da parte, mas sim, da vitória desta na causa, graças ao trabalho prestado pelo advogado.

2. Art. 35. Os honorários advocatícios e sua eventual correção, bem como sua majoração decorrente do aumento dos atos judiciais que advierem como necessários, devem ser previstos em contrato escrito, qualquer que seja o objeto e o meio da prestação do serviço profissional, contendo todas as especificações e forma de pagamento, inclusive no caso de acordo. (CÓDIGO DE ÉTICA DA OAB, 1994)

Ainda nas lições de Alberto Nogueira Júnior:

> *"Os honorários advocatícios sucumbenciais, portanto, não decorrem do direito da parte, mas sim, da vitória desta na causa, graças ao trabalho prestado pelo advogado; é um elemento da sentença, posto que o juiz encontra-se obrigado funcionalmente a estipulá-los; e é, ainda, um direito que surge com a sentença, vale dizer, não lhe era preexistente". (In: JUS NAVEGANDI, 2007)*

Sobre tal espécie de honorários, é de ressaltar a sua regulamentação dada pelo art. 82 e seguintes do Código de Processo Civil de 2015.

3. CARÁTER ALIMENTAR

Conforme nos ensina o mestre Cassio Scarpinella Bueno (2009, p.3) "a sobrevivência é um dos direitos fundamentais da pessoa humana e para isso ela precisa de condições materiais básicas para prover o seu próprio sustento".

O caráter alimentar dos honorários advocatícios foi tema amplamente discutido nos tribunais pátrios e, diante do dissídio, foi aprovada a Súmula Vinculante nº 85, em sessão extraordinária do plenário da Suprema Corte, em 27 de maio de 2015, "*in verbis*":

> *"Os honorários advocatícios incluídos na condenação ou destacados do montante principal devido ao credor consubstanciam verba de natureza alimentar cuja satisfação ocorrerá com a expedição de precatório ou requisição de pequeno valor, observada ordem especial restrita aos créditos dessa natureza".*

Destaque-se que o referido entendimento antecipou o art. 85, parágrafo CPC/2015, que merece ser transcrito:

> *"Art. 85. A sentença condenará o vencido a pagar honorários ao advogado do vencedor.*
>
> *[...]*
>
> *§ 14. Os honorários constituem direito do advogado e têm natureza alimentar, com os mesmos privilégios dos créditos oriundos da legislação do trabalho, sendo vedada a compensação em caso de sucumbência parcial".*

Além disso, o Tribunal Superior do Trabalho, no art. 3º, XXI, da Instrução Normativa nº 39 do TST, que trata do artigo 916 e parágrafos do novo CPC, entende ser aplicável que o executado continue podendo efetuar o parcelamento da dívida, devendo ser acrescida à execução as custas e os honorários, trazendo importante substrato para corroborando a nossa assertiva, ser devido os honorários sucumbenciais ao advogado trabalhista.

4. HONORÁRIOS ADVOCATÍCIOS NA JUSTIÇA DO TRABALHO

No Direito Processual Civil, os honorários advocatícios serão devidos pela mera sucumbência, nos termos do art. 85[3] do Novo CPC.

Em contraponto, na Justiça do Trabalho, a regra é a observância das Súmula n°s 219 e 329, TST[4], sendo que os honorários advocatícios não decorrem pura e simplesmente da sucumbência.

Não obstante, vale esclarecer a existência dos honorários sucumbenciais, desde que observados dois requisitos cumulativos, quais sejam, a parte deverá estar assistida por sindicato (arts. 14 e seguintes da Lei 5.584/19701), bem como tem que ser beneficiária da justiça gratuita (art. 790, §3º, CLT).

Por oportuno, necessário se faz verificar, de forma pontual, a evolução jurisprudencial do verbete nº 219 do TST.

Recentemente, a Resolução 197 de 2015 do TST, cancelou a OJ 305[5], SDI-1, TST dando nova redação a Súmula nº 219[6] do TST.

A reforma sumular trouxe a inovação de o trabalhador ganhar até dois salários mínimos ou salário maior, desde que não tenha condições de arcar com as custas do processo sem prejuízo do sustento próprio ou de sua família.

Assim, preenchidos os requisitos os honorários serão limitados em 15%.

---

3. Art. 85. A sentença condenará o vencido a pagar honorários ao advogado do vencedor.
4. Súmula nº 329 do TST HONORÁRIOS ADVOCATÍCIOS. ART. 133 DA CF/1988 (mantida) - Res. 121/2003, DJ 19, 20 e 21.11.2003 - Mesmo após a promulgação da CF/1988, permanece válido o entendimento consubstanciado na Súmula nº 219 do Tribunal Superior do Trabalho.
5. 305. HONORÁRIOS ADVOCATÍCIOS. REQUISITOS. JUSTIÇA DO TRABALHO (cancelada em decorrência da sua incorporação à nova redação da Súmula nº 219) – Res. 197/2015, DEJT divulgado em 14, 15 e 18.05.2015 - Na Justiça do Trabalho, o deferimento de honorários advocatícios sujeita-se à constatação da ocorrência concomitante de dois requisitos: o benefício da justiça gratuita e a assistência por sindicato.
6. Súmula nº 219 do TST HONORÁRIOS ADVOCATÍCIOS. CABIMENTO (incorporada a Orientação Jurisprudencial nº 305 da SBDI-1 ao item I) - Res. 197/2015, DEJT divulgado em 14, 15 e 18.05.2015 I - Na Justiça do Trabalho, a condenação ao pagamento de honorários advocatícios, nunca superiores a 15% (quinze por cento), não decorre pura e simplesmente da sucumbência, devendo a parte, concomitantemente: a) estar assistida por sindicato da categoria profissional; b) comprovar a percepção de salário inferior ao dobro do salário mínimo ou encontrar-se em situação econômica que não lhe permita demandar sem prejuízo do próprio sustento ou da respectiva família. (art.14,§1º, da Lei nº 5.584/1970). (ex-OJ nº 305da SBDI-I) II - É cabível a condenação ao pagamento de honorários advocatícios em ação rescisória no processo trabalhista. III – São devidos os honorários advocatícios nas causas em que o ente sindical figure como substituto processual e nas lides que não derivem da relação de emprego. Súmula nº 329 do TST HONORÁRIOS ADVOCATÍCIOS. ART. 133 DA CF/1988 (mantida) - Res. 121/2003, DJ 19, 20 e 21.11.2003 Mesmo após a promulgação da CF/1988, permanece válido o entendimento consubstanciado na Súmula nº 219 do Tribunal Superior do Trabalho.

Nesse contexto, vê-se, quatro exceções, ou seja, que os honorários advocatícios decorrem da mera sucumbência (art. 85, CPC/2015, Súmula 219 do TST e OJ 421, SDI-1, TST[7]):

I) Ação rescisória na Justiça do Trabalho.

II) Na hipótese de o sindicato atuar como substituto processual.

III) No caso de mera relação de trabalho que não seja relação de emprego (art. 5º[8], IN 27/2005 e Enunciado 53[9] da 1ª Jornada de Direito Material e Processual do Trabalho).

IV) Ação de indenização por danos materiais ou morais decorrentes de acidente de trabalho ou doença ocupacional ajuizada na Justiça Comum antes da EC 45/2004 e remetida à Justiça do Trabalho após a Reforma do Judiciário.

Por sua vez, a Súmula nº 219 do TST teve alterada a redação do item I e acrescidos os itens IV a VI em decorrência do CPC de 2015, conforme a Resolução 204/2016, *"in verbis"*:

> *"Súmula nº 219 do TST*
>
> *HONORÁRIOS ADVOCATÍCIOS. CABIMENTO (alterada a redação do item I e acrescidos os itens IV a VI em decorrência do CPC de 2015) - Res. 204/2016, DEJT divulgado em 17, 18 e 21.03.2016*
>
> *I - Na Justiça do Trabalho, a condenação ao pagamento de honorários advocatícios não decorre pura e simplesmente da sucumbência, devendo a parte, concomitantemente: a) estar assistida por sindicato da categoria profissional; b) comprovar a percepção de salário inferior ao dobro do salário mínimo ou encontrar-se em situação econômica que não lhe permita demandar sem prejuízo do próprio sustento ou da respectiva família. (art.14,§1º, da Lei nº 5.584/1970). (ex-OJ nº 305da SBDI-I).*

---

7. 421.HONORÁRIOS ADVOCATÍCIOS. AÇÃO DE INDENIZAÇÃO POR DANOS MORAIS E MATERIAIS DECORRENTES DE ACIDENTE DE TRABALHO OU DE DOENÇA PROFISSIONAL. AJUIZAMENTO PERANTE A JUSTIÇA COMUM ANTES DA PROMULGAÇÃO DA EMENDA CONSTITUCIONAL Nº 45/2004. POSTERIOR REMESSA DOS AUTOS À JUSTIÇA DO TRABALHO. ART. 20 DO CPC. INCIDÊNCIA. (DEJT divulgado em 01, 04 e 05.02.2013) A condenação em honorários advocatícios nos autos de ação de indenização por danos morais e materiais decorrentes de acidente de trabalho ou de doença profissional, remetida à Justiça do Trabalho após ajuizamento na Justiça comum, antes da vigência da Emenda Constitucional nº 45/2004, decorre da mera sucumbência, nos termos do art. 20 do CPC, não se sujeitando aos requisitos da Lei nº 5.584/1970.

8. Art. 5º Exceto nas lides decorrentes da relação de emprego, os honorários advocatícios são devidos pela mera sucumbência. 53. REPARAÇÃO DE DANOS – HONORÁRIOS CONTRATUAIS DE ADVOGADO. Os artigos 389 e 404 do Código Civil autorizam o Juiz do Trabalho a condenar o vencido em honorários contratuais de advogado, a fim de assegurar ao vencedor a inteira reparação do dano.

9. 53. REPARAÇÃO DE DANOS – HONORÁRIOS CONTRATUAIS DE ADVOGADO. Os artigos 389 e 404 do Código Civil autorizam o Juiz do Trabalho a condenar o vencido em honorários contratuais de advogado, a fim de assegurar ao vencedor a inteira reparação do dano.

II - É cabível a condenação ao pagamento de honorários advocatícios em ação rescisória no processo trabalhista.

III – São devidos os honorários advocatícios nas causas em que o ente sindical figure como substituto processual e nas lides que não derivem da relação de emprego.

IV – Na ação rescisória e nas lides que não derivem de relação de emprego, a responsabilidade pelo pagamento dos honorários advocatícios da sucumbência submete-se à disciplina do Código de Processo Civil (arts. 85, 86, 87 e 90).

V - Em caso de assistência judiciária sindical ou de substituição processual sindical, excetuados os processos em que a Fazenda Pública for parte, os honorários advocatícios são devidos entre o mínimo de dez e o máximo de vinte por cento sobre o valor da condenação, do proveito econômico obtido ou, não sendo possível mensurá-lo, sobre o valor atualizado da causa (CPC de 2015, art. 85, § 2º).

VI - Nas causas em que a Fazenda Pública for parte, aplicar-se-ão os percentuais específicos de honorários advocatícios contemplados no Código de Processo Civil.

Desse modo, nos termos da nova redação da Súmula n. 219, itens II e IV, do TST, é cabível a condenação em honorários advocatícios sucumbenciais em ação rescisória, devendo ser observado o regramento do Novo Código de Processo Civil, nos artigos 85, 86, 87 e 90, ou seja, não se exige assistência sindical e a justiça gratuita.

5. HONORÁRIOS ADVOCATÍCIOS O *"JUS POSTULANDI"*

No Processual do Trabalho é assegurado o denominado "*jus postulandi*" (artigo 791 e 839, a, ambos da CLT), ou seja, a possibilidade do empregado ou empregador postularem perante a Justiça Laboral sem advogado.

Entretanto, a Súmula nº 425[10], TST, limitou tal figura, às Varas do Trabalho e ao TRT, não alcançando a ação rescisória, ações cautelares, o mandado de segurança e os recursos de competência do TST.

Há quem defenda que tal fundamento legal enseja a negativa de honorários.

Apontam que inviabilizar os honorários não só desacredita e desvaloriza o advogado trabalhista, como demonstra uma depreciação quanto às outras áreas, que remuneram o advogado responsável pela tese vencedora.

Nesse contexto, o princípio do devido processo legal pressupõe não somente o respeito às formalidades e princípios inerentes ao processo (devido processo legal formal), mas, também, que o processo seja justo, devido, permeado de razoabilidade e proporcionalidade.

10. Súmula nº 425 do TST - *JUS POSTULANDI* NA JUSTIÇA DO TRABALHO. ALCANCE. Res. 165/2010, DEJT divulgado em 30.04.2010 e 03 e 04.05.2010 O *jus postulandi* das partes, estabelecido no art. 791 da CLT, limita-se às Varas do Trabalho e aos Tribunais Regionais do Trabalho, não alcançando a ação rescisória, a ação cautelar, o mandado de segurança e os recursos de competência do Tribunal Superior do Trabalho.

Tal vertente pressupõe a atuação das partes em verdadeira igualdade e, para tanto, imprescindível enaltecer o advogado como essencial à prestação jurisdicional, tal como estampado no seio constitucional (art. 133).

Com efeito, alguns doutrinadores já defendiam os honorários sucumbenciais desde a Emenda Constitucional nº 45, de 30 de dezembro de 2004.

Por sua vez, Francisco Antônio de Oliveira (1999, p. 89) ensina: *"A capacidade postulatória das partes na Justiça do Trabalho é ranço pernicioso originário da fase administrativa e que ainda hoje persiste em total discrepância com a realidade atual. E o Direito do Trabalho constitui hoje, seguramente, um dos mais, senão o mais dinâmico dentro do ramo do Direito e a presença do advogado especializado já se faz necessária".*

6. REFORMA TRABALHISTA – LEI 13.467 DE 2017

A Reforma Trabalhista (Lei 13.467/2017) inovou no que tange à aplicação aos honorários advocatícios na Justiça Laboral, ao disciplinar no artigo 791-A, *"in verbis"*:

> *"Art. 791-A. Ao advogado, ainda que atue em causa própria, serão devidos honorários de sucumbência, fixados entre o mínimo de 5% (cinco por cento) e o máximo de 15% (quinze por cento) sobre o valor que resultar da liquidação da sentença, do proveito econômico obtido ou, não sendo possível mensurá-lo, sobre o valor atualizado da causa.*
>
> *§ 1º Os honorários são devidos também nas ações contra a Fazenda Pública e nas ações em que a parte estiver assistida ou substituída pelo sindicato de sua categoria.*
>
> *§ 2º Ao fixar os honorários, o juízo observará:*
>
> *I - o grau de zelo do profissional;*
>
> *II - o lugar de prestação do serviço;*
>
> *III - a natureza e a importância da causa;*
>
> *IV - o trabalho realizado pelo advogado e o tempo exigido para o seu serviço.*
>
> *§ 3º Na hipótese de procedência parcial, o juízo arbitrará honorários de sucumbência recíproca, vedada a compensação entre os honorários.*
>
> *§ 4º Vencido o beneficiário da justiça gratuita, desde que não tenha obtido em juízo, ainda que em outro processo, créditos capazes de suportar a despesa, as obrigações decorrentes de sua sucumbência ficarão sob condição suspensiva de exigibilidade e somente poderão ser executadas se, nos dois anos subsequentes ao trânsito em julgado da decisão que as certificou, o credor demonstrar que deixou de existir a situação de insuficiência de recursos que justificou a concessão de gratuidade, extinguindo-se, passado esse prazo, tais obrigações do beneficiário.*
>
> *§ 5º São devidos honorários de sucumbência na reconvenção."*

Sobre o tema, Homero Batitsta Mateus da Silva[11] obtempera que:

---

11. MATEUS DA SILVA, Homero Batista. Comentários a Reforma Trabalhista. Ed. Revista dos Tribunais, 2017.

> *"A inauguração dos honorários de sucumbência no processo do trabalho é um divisor de águas, uma quebra de paradigma, um momento decisivo em sua história – e, para muitos, o início do fim do processo do trabalho como um ramo autônomo, que procurava sua afirmação dogmática. Como dissemos em outras passagens neste livro, aos poucos a identidade do processo do trabalho foi perdida. Se serve de consolo, ele emprestou algumas soluções criativas para o processo civil, influenciando decisivamente as reformas processuais de 1994 e 2006, sobre o CPC de 1973, bem assim a elaboração do CPC de 2015. São exemplos variados, como o sincretismo processual que funde conhecimento e execução, a maior ênfase à oralidade e à conciliação, a simplificação das formas, o enxugamento recursal e maior alcance da gratuidade dos atos para a facilitação do acesso à justiça. Quais seriam as causas da perda da identidade do processo do trabalho? Múltiplas. O enorme aumento da complexidade das matérias, sobretudo após a CF, e a ampliação da competência da Justiça do Trabalho, através da EC 45, dizem muito sobre os ataques intensificados contra a estrutura do processo do trabalho. Em rigor, ele não poderá desaparecer jamais porque somente ele poderia ou poderá buscar o equilíbrio entre partes sabidamente desiguais: sua razão de ser é precisamente atuar em relação assimétrica, como a relação de emprego. Sustentar a assimilação do processo do trabalho ao processo civil equivale a sustentar a assimilação do direito do trabalho ao direito civil, recuando ao Século XIX. Assustador, mas nem por isso impossível de estarmos vivos para assistir a esse movimento"*[12].

Para o autor, os honorários sucumbenciais representam em termos de novidade e de impactos para a essência do processo do trabalho. "Afastou-se um degrau a mais do princípio da gratuidade e da facilitação do acesso à justiça, mas temos de encarar a realidade de uma época em que o exercício da capacidade postulatória se tornou uma caricatura de si mesma[13]".

Ademais, valendo-nos de todos os critérios classificatórios demonstrados anteriormente, os conceitos de honorários assistenciais e dos honorários contratuais também terão que ser revistos[14].

Traçados os ensinamentos em destaque, pontuamos algumas premissas.

Pois bem, numa primeira análise do art. 791-A da Lei 13.467/2017 verificamos uma possível mudança conceitual.

---

12. MATEUS DA SILVA, Homero Batista. Comentários à Reforma Trabalhista. Ed. Revista dos Tribunais, 2017.
13. MATEUS DA SILVA, Homero Batista. Comentários à Reforma Trabalhista. Ed. Revista dos Tribunais, 2017.
14. Conforme anota Homero Batista Mateus da Silva, "talvez já não se justifique mais o art. 16 da Lei 5.584/1970, que se apoiava no fato de honorários assistenciais serem devidos ao sindicato, no exercício da assistência jurídica que lhe é inerente, no âmbito de um processo refratário ao conceito de sucumbência. E talvez os trabalhadores já não tenham mais, por outro lado, de deixar 20%, 25% ou 30% de seus créditos retidos pelos escritórios para os fins da cobrança dos honorários contratuais, matéria estranha ao juiz do trabalho, claro, mas corriqueira nos corredores forenses". (Comentários à Reforma Trabalhista. Ed. Revista dos Tribunais, 2017).

Antes da lei de reforma, no processo trabalhista tem-se a figura do "*jus postulandi*". Após, o instituto passa a ser opção da parte, consequentemente, cabendo os honorários advocatícios de sucumbência.

Outrossim, conforme delineado anteriormente, a Justiça Laboral observava a regra da Súmula nº 219 do TST, que resta prejudicada em razão do novo artigo celetista.

Com efeito, o novo artigo da CLT prevê ao advogado, ainda que atue em causa própria, o pagamento de honorários de sucumbência sobre o valor que resultar da liquidação da sentença, do proveito econômico obtido, ou, não sendo possível mensurá-lo, sobre o valor atualizado da causa. (art. 791-A, "*caput*"[15]).

Ademais, os honorários serão fixados pelo juízo devendo observar o grau de zelo do profissional, o lugar de prestação do serviço, a natureza e a importância da causa, bem como o trabalho realizado pelo advogado e o tempo exigido para o seu serviço, mesmos critérios utilizados no artigo 50 parágrafo 2º do NCPC. Todavia, o valor definido na seara trabalhista deve permanecer no limite entre 5% e 15%.

Neste contexto nos casos de procedência parcial haverá honorários de sucumbência recíproca, todavia não poderá ser realizada a compensação entre os valores de honorários advocatícios.

Importante esclarecer que preferencialmente base de cálculo será o valor da liquidação da sentença. Desse modo nao se conhecerá dos honorários à época da prolação da sentença da fase de conhecimento, mas somente ao final do processo.

Apesar de elaborada à época dos honorários assistenciais, pensamos ser aplicável a este raciocínio o disposto na OJ 348 da SDI do TST[16], ou seja, a base de cálculo é o valor bruto da liquidação, sem o abatimento dos descontos previdenciários ou fiscais; trata-se do valor liquidado e não do valor líquido[17].

No tocante aos casos em que o vencido é beneficiário da justiça gratuita as obrigações da sucumbência ficarão sob condição suspensiva de exigibilidade, podendo ser executadas apenas se nos dois anos seguintes ao transito em julgado da decisão que as certificou, o credor demonstrar que o devedor não mais permanece na situação de insuficiência econômica. Passado o prazo de dois anos sem que haja alteração na situação financeira do devedor, as obrigações do beneficiário serão extintas.

---

15. "Art. 791-A. Ao advogado, ainda que atue em causa própria, serão devidos honorários de sucumbência, fixados entre o mínimo de 5% (cinco por cento) e o máximo de 15% (quinze por cento) sobre o valor que resultar da liquidação da sentença, do proveito econômico obtido ou, não sendo possível mensurá-lo, sobre o valor atualizado da causa.

16. OJ 348: "Os honorários advocatícios, arbitrados nos termos do art. 11, § 1º, da Lei nº 1.060, de 05.02.1950, devem incidir sobre o valor líquido da condenação, apurado na fase de liquidação de sentença, sem a dedução dos descontos fiscais e previdenciários".

17. MATEUS DA SILVA, Homero Batista. Comentários à Reforma Trabalhista. Ed. Revista dos Tribunais, 2017.

Ressalta-se apenas que a suspensão ocorrerá apenas quando o beneficiário da justiça gratuita não tenha obtido em juízo, ainda que em outro processo, créditos capazes de suportar a despesa.

Nota-se, ademais, que "ao contrário do que já foi decidido anteriormente pelos tribunais trabalhistas, aplicam-se honorários advocatícios em todas as causas trabalhistas, inclusive aquelas em entes públicos e de âmbito coletivo, com substituição processual sindical"[18].

Por fim, a Lei 13.467/2017 admitiu a sucumbência recíproca exclusivamente para os honorários, não cabendo para as custas processuais.

6.1. Restrição à jurisdição

O parágrafo 3º do art. 791-A da CLT dispõe:

> *"§ 3º Na hipótese de procedência parcial, o juízo arbitrará honorários de sucumbência recíproca, vedada a compensação entre os honorários".*

Com efeito, há veemente crítica doutrinária no tocante ao tema da sucumbência recíproca.

Ainda em fase de discussão do Projeto de Lei da Reforma Trabalhista, em artigo publicado no site da AMATRA IV, o Presidente da AMATRA IV, juiz Rodrigo Trindade, explicita alguns princípios que considera como "Princípios do Direito Empresarial do Trabalho", sendo um deles, o "Princípio das Restrições à Jurisdição".

Este, além de abarcar a quitação periódica, restrições à justiça gratuita e responsabilidade por honorários periciais; insere também a sucumbência recíproca.

Por sua vez, o autor ensina:

> *"Atualmente, para não reprimir acesso ao Judiciário, e seguindo-se a compreensão de dificuldades econômicas inerentes à condição de empregado litigante, apenas o réu empregador paga honorários advocatícios de sucumbência. Com a regra do art. 791-A, § 3º, na hipótese de procedência parcial, o juízo arbitrará honorários de sucumbência recíproca, veada a compensação entre os honorários. Estabelece-se, portanto, que também empregado que tiver pretensões não atendidas deverá pagar respectivos honorários ao procurador da parte contrária. Pelo § 4º do mesmo artigo, caso não tenha condições de pagar, a exigibilidade de pagamento se esgota em dois anos[19]".*

18. MATEUS DA SILVA, Homero Batista. Comentários à Reforma Trabalhista. Ed. Revista dos Tribunais, 2017.
19. TRINDADE, Rodrigo. REFORMA TRABALHISTA – 10 (NOVOS) PRINCÍPIOS DO DIREITO EMPRESARIAL DO TRABALHO Disponível em: < http://www.amatra4.org.br/79-uncategorised/1249-reforma-trabalhista-10-novos-principios-do-direito-empresarial-do-trabalho> Acesso em: 14 de outubro de 2017.

Ademais, frisa que não há dúvidas que a medida tende a reprimir integração no petitório inicial de pedidos de baixíssima probabilidade de êxito.

O grande problema é que também desestimula a busca de satisfação de direitos efetivamente descumpridos e que apenas não conseguiram ser demonstrados no processo (grifo nosso).

6.2. Sucumbência Parcial

Discutindo-se ainda o parágrafo 3º do novo artigo da CLT, questiona-se sobre a possibilidade de sucumbência parcial dos pedidos, caso em que o magistrado do trabalho "arbitrará honorários de sucumbência recíproca, vedada a compensação entre os honorários".

Rodrigo Dias da Silveira[20], juiz do trabalho do TRT 18ª Região e professor, leciona:

> *"Breve relato de um advogado, que muito bem exemplifica a questão: deduz-se pedido de reparação por danos morais, atribuindo-se a ele o valor de R$ 100.000,00 (cem mil reais). Suponhamos que o juiz acolha o pedido em parte, condenando o reclamado a pagar indenização fixada em R$ 10.000,00 (dez mil reais). Nesse caso, queixava-se o causídico, o réu teria de pagar de R$ 500,00 a R$ 1.500,00 de honorários advocatícios ao autor, calculados sobre o valor da indenização. Ocorre que, argumentava ele, sobre os R$ 90.000,00 do pedido que não foram acolhidos, seriam devidos honorários advocatícios pelo reclamante, que poderiam chegar a até R$ 13.500,00 (treze mil e quinhentos reais), se fossem fixados em 15%. Dessa forma, concluiu, o autor sairia devendo, pois nem mesmo o valor da indenização bastaria para pagar os honorários da parte contrária".*

O autor deixa claro que tal interpretação é equivocada, tendo por referência a Súmula nº 326 do STJ que dispõe: "Na ação de indenização por dano moral, a condenação em montante inferior ao postulado na inicial não implica sucumbência recíproca." Ou seja: no caso de acolhimento parcial do valor da indenização postulada, não são devidos honorários à parte contrária; caso em que o reclamante apenas seria devedor da verba sucumbencial se restasse integralmente vencido nesse pedido (grifo nosso).

Reitera ainda que tal interpretação restritiva do pagamento de honorários advocatícios, a depender da interpretação que seja conferida pela jurisprudência, pode se estender a qualquer pedido na Justiça do Trabalho, em vista de suas peculiaridades.

---

20. Rodrigo Dias da Fonseca. HONORÁRIOS ADVOCATÍCIOS SUCUMBENCIAIS NA JUSTIÇA DO TRABALHO APÓS A REFORMA TRABALHISTA. UMA TENTATIVA DE INTERPRETAÇÃO EQUÂNIME. Disponível e: http://ostrabalhistas.com.br/honorarios-advocaticios-sucumbenciais-na-justica-do-trabalho--apos-reforma-trabalhista-uma-tentativa-de-interpretacao-equanime/ Acesso em: 15 de outubro de 2017.

É cediço que na justiça do Trabalho, como regra, são formulados na inicial pelo reclamante, pedidos cumulados, o que não necessariamente são dependentes ou vinculados entre si.

Nesse contexto:

> *"Dentre os típicos pedidos trabalhistas temos, ilustrativamente, os de horas extras, intervalos, equiparação salarial, que são apresentados em uma mesma ação. E quanto a estes, é ordinário que sejam acolhidos apenas em parte. Por exemplo, postulam-se horas extras, que são deferidas, porém em proporção inferior à requerida. O mesmo em relação a intervalos e diferenças oriundas de equiparação salarial. Em todos esses casos, conferindo uma interpretação extensiva do que dispõe a referida súmula do STJ, os honorários advocatícios somente seriam devidos pelo autor quando o pedido fosse integralmente rejeitado. Por consequência, apenas se um pedido for indeferido, na íntegra, o reclamante será devedor dos respectivos honorários à contraparte, tentando-se evitar com isso o ajuizamento de ações descabidas".*[21]

Vê-se, pois, que de um lado preserva-se o conteúdo ético subjacente à nova disposição legal, posto que se visa ao manejo responsável da ação trabalhista, e de outro busca-se não adotar uma exegese que desestimule o demandante de boa-fé a buscar a reparação de direitos realmente violados (grifo nosso).

De resto, entendemos perfeitamente cabível a interpretação extensiva da Súmula nº 326 do STJ.

Quando o legislador mencionou "sucumbência parcial", quando da elaboração da lei, referiu-se ao acolhimento de parte dos pedidos formulados na reclamatória trabalhista. Assim, o juiz do trabalho arbitrará honorários de sucumbência recíproca apenas em caso de indeferimento total do pedido específico.

7. APLICAÇÃO DA LEI NO TEMPO

A jurisprudência do Superior Tribunal de Justiça prevê que as regras do NCPC sobre honorários sucumbenciais não se aplicam, aos casos ajuizados antes da sua vigência.

Nesse panorama, nota-se que as recentes decisões da corte sobre os critérios de aplicação de honorários de sucumbência geraram celeuma sobre a possível aplicação do mesmo entendimento para os processos trabalhistas.

21. Rodrigo Dias da Fonseca. HONORÁRIOS ADVOCATÍCIOS SUCUMBENCIAIS NA JUSTIÇA DO TRABALHO APÓS A REFORMA TRABALHISTA. UMA TENTATIVA DE INTERPRETAÇÃO EQUÂNIME. .Disponível e: http://ostrabalhistas.com.br/honorarios-advocaticios-sucumbenciais-na-justica-do-trabalho-apos-reforma-trabalhista-uma-tentativa-de-interpretacao-equanime/ Acesso em: 15 de outubro de 2017.

Para Calcini[22], a aplicação do entendimento do STJ aos processos trabalhistas é possível já que não pode haver diferença entre os processos cíveis e trabalhistas. Ademais, "a linha não pode fazer diferença, trabalhista ou civil, porque a discussão é a mesma, ou seja, quando é que a lei se aplica. O STJ tem tradição com esse assunto e é provável que a própria Justiça do Trabalho siga este raciocínio".

No aspecto, o ministro Herman Benjamin, em recente decisão do Superior Tribunal de Justiça, determinou que não se cogita da aplicação dos parâmetros estabelecidos pelo novo CPC para a fixação de verba honorária, vez que "possui nítido colorido de direito material".

> *"RECURSO ESPECIAL. PROCESSUAL CIVIL. EMBARGOS DE DECLARAÇÃO. NÃO OCORRÊNCIA DE OMISSÃO. REDISCUSSÃO DA MATÉRIA. HONORÁRIOS ADVOCATÍCIOS. NATUREZA JURÍDICA LEI NOVA. MARCO TEMPORAL PARA A APLICAÇÃO DO CPC/2015. PROLAÇÃO DA SENTENÇA.*
>
> *1. Constata-se que não se configura a ofensa ao art. 1.022 do Código de Processo Civil/2015, uma vez que o Tribunal de origem julgou integralmente a lide e solucionou a controvérsia, tal como lhe foi apresentada.*
>
> *2. Cabe destacar que o simples descontentamento da parte com o julgado não tem o condão de tornar cabíveis os Embargos de Declaração, que servem ao aprimoramento da decisão, mas não a(crase) sua modificação, que só muito excepcionalmente é admitida.*
>
> *3. No mérito, o Tribunal a quo consignou que "a melhor solução se projeta pela não aplicação imediata da nova sistemática de honorários advocatícios aos processos ajuizados em data anterior à vigência do novo CPC."*
>
> *4. Com efeito, a Corte Especial do Superior Tribunal de justiça posicionou-se que o arbitramento dos honorários não configura questão meramente processual.*
>
> *5. Outrossim, a jurisprudência do STJ é pacífica no sentido de que a sucumbência é regida pela lei vigente na data da sentença.*
>
> *6. Esclarece-se que os honorários nascem contemporaneamente à sentença e não preexistem à propositura da demanda. Assim sendo, nos casos de sentença proferida a partir do dia 18.03.2016, aplicar-se-ão as normas do CPC/2015.*
>
> *7. In causu, a sentença prolatada em 21.3.2016, com supedâneo no CPC/1973 (fls. 40-41, e-STJ), não está em sintonia com o atual entendimento deste Tribunal Superior, razão pela qual merece prosperar a irresignacao.*
>
> *8. Quanto à destinação dos honorários advocatícios de sucumbência das causas em que forem parte a União, as autarquias e as fundações públicas federais, o artigo 29 da Lei 13.327/2016 é claro ao estabelecer que pertencem originariamente aos ocupantes dos cargos das respectivas carreiras jurídicas.*
>
> *9. Recurso Especial parcialmente provido, para fixar os honorários advocatícios em 10% do valor da condenação, nos termos do artigo 85, parágrafo 3º, I do*

22. Livia Scocuglia, Honorários de sucumbência e a reforma trabalhista. Disponível em: <https://viniciusgmp.jusbrasil.com.br/artigos/492167956/honorarios-de-sucumbencia-e-a-reforma-trabalhista> Acesso em: 14 de outubro de 2017.

CPC/2015. (RECURSO ESPECIAL Nº 1.635.124 – AL (2016/0288549-8), Relator: Minitro Herman Benjamin)

Desse modo, em respeito à garantia da não surpresa, bem como a observância ao princípio da causalidade[23], e, ainda mais, ao princípio da dignidade humana, perfilhamos o entendimento de que a condenação à verba sucumbencial somente poderá ser imposta pelo magistrado do trabalho nos processos iniciados após a entrada em vigor da nova CLT.

Nota-se, portanto, que não há falar na aplicação da teoria do isolamento dos atos processuais, em razão da sucumbência recíproca e pela possibilidade de "compensação" de crédito do empregado.

8. CONCLUSÃO

Em razão de todo o exposto, traçamos algumas notas conclusivas:

- O princípio do devido processo legal pressupõe não somente o respeito às formalidades e princípios inerentes ao processo (devido processo legal formal), mas, também, que o processo seja justo, devido, permeado de razoabilidade e proporcionalidade.
- Tal vertente pressupõe a atuação das partes em verdadeira igualdade e, para tanto, imprescindível enaltecer o advogado como essencial à prestação jurisdicional, tal como estampado no seio constitucional (art. 133).
- A redação da Súmula 219 do TST resta prejudicada em razão do novo dispositivo 791-A da CLT.
- Não há dúvidas de que a medida prevista no parágrafo 3º do novel artigo tende a reprimir integração no petitório inicial de pedidos de baixíssima probabilidade de êxito, o que acaba por desestimular a busca de satisfação de direitos efetivamente descumpridos e que apenas não conseguiram ser demonstrados no processo.
- Nos casos de sucumbência parcial, conferindo uma interpretação extensiva do que dispõe a Súmula 326 do STJ, os honorários advocatícios somente seriam devidos pelo autor quando o pedido fosse integralmente rejeitado.
- Por consequência, apenas se um pedido for indeferido, na íntegra, o reclamante será devedor dos respectivos honorários à contraparte, tentando-se evitar com isso o ajuizamento de ações descabidas.
- O Superior Tribunal de Justiça, em recente decisão, determinou que não se cogita da aplicação dos parâmetros estabelecidos pelo novo CPC para

23. Observa-se que a expectativa de custos e riscos é auferida no momento do ajuizamento da demanda.

a fixação de verba honorária, vez que "possui nítido colorido de direito material", não se aplicando aos casos ajuizados antes de sua vigência.

- Perfilhamos o entendimento de que a condenação aos honorários sucumbenciais só poderá ser imposta nos processos iniciados após a entrada em vigor da Lei 13.467 de 2017, em respeito a garantia da não surpresa, bem como a observância do princípio da causalidade.

9. REFERÊNCIAS BIBLIOGRÁFICAS

BUENO, Cassio Scarpinela. A Natureza Alimentar dos Honorários Advocatícios Sucumbenciais em Trabalho elaborado a pedido da Associação dos Advogados de São Paulo em 2009). Acesso em: 13 de outubro de 2017.

LEITE, Carlos Henrique Bezerra. *Curso de Direito Processual do Trabalho*. 13. Ed., São Paulo: Saraiva, 2015.

Livia Scocuglia, Honorários de sucumbência e a reforma trabalhista. Disponível em: <https://viniciusgmp.jusbrasil.com.br/artigos/492167956/honorarios-de-sucumbencia-e-a-reforma-trabalhista> Acesso em: 14 de outubro de 2017

Rodrigo Dias da Fonseca, HONORÁRIOS ADVOCATÍCIOS SUCUMBENCIAIS NA JUSTIÇA DO TRABALHO APÓS A REFORMA TRABALHISTA. UMA TENTATIVA DE INTERPRETAÇÃO EQUÂNIME. Disponível em: http://ostrabalhistas.com.br/honorarios-advocaticios-sucumbenciais-na-justica-do-trabalho-apos-reforma-trabalhista-uma-tentativa-de-interpretacao-equanime/ Acesso em: 15 de outubro de 2017.

MATEUS DA SILVA, Homero Batista, Comentários à Reforma Trabalhista, Ed. Revista dos Tribunais, 2017.

NASCIMENTO, Amauri Mascaro. *Curso de Direito Processual do Trabalho*. 23 ed., São Paulo: Saraiva, 2008.

TRINDADE, Rodrigo. REFORMA TRABALHISTA - 10 (NOVOS) PRINCÍPIOS DO DIREITO EMPRESARIAL DO TRABALHO Disponível em: < http://www.amatra4.org.br/79-uncategorised/1249-reforma-trabalhista-10-novos-principios-do-direito-empresarial-do-trabalho> Acesso em: 14 de outubro de 2017.

A GRATUIDADE DA JUSTIÇA NO PROCESSO DO TRABALHO: REFLEXÕES À LUZ DO CPC E DA LEI Nº 13.467/17

Luiz Ronan Neves Koury[1]
Carolina Silva Silvino Assunção[2]

Sumário: 1. Introdução – 2. Conceito. Abrangência subjetiva e objetiva – 3. Procedimento. Peculiaridades relacionadas à gratuidade da justiça – Conclusões.

1. INTRODUÇÃO

A Gratuidade da Justiça era um tema pouco explorado na doutrina, mas que ganhou relevância com o seu tratamento em Seção específica do Código de Processo Civil.

É natural o espaço normativo dado ao tema no ordenamento processual em função das normas fundamentais positivadas no próprio Código somado à preocupação do legislador processual em estabelecer um diálogo com o Direito Constitucional e a sua disposição de transcrever parte dos princípios processuais constitucionais, tornando-os objeto de toda ação legislativa subsequente.

1 Desembargador 2º Vice-Presidente do Tribunal Regional do Trabalho da 3ª Região. Mestre em Direito Constitucional pela UFMG. Professor de Direito Processual do Trabalho da Faculdade de Direito Milton Campos.

2 Advogada. Pós-graduanda em Direito do Trabalho pela FGV. Especialista em Direito Material e Processual do Trabalho pela Faculdade de Direito Milton Campos. Graduada pela Faculdade de Direito Milton Campos. Membro do Grupo de Estudos em Processo do Trabalho da Faculdade de Direito Milton Campos.

Cabe mencionar, em primeiro lugar, o art. 1º do CPC em que o legislador infraconstitucional presta reverência e faz verdadeira profissão de fé em relação aos valores e normas constitucionais. Para o nosso tema de estudo - gratuidade da justiça – tem relevância o valor embutido na norma constitucional, de que o Estado prestará assistência jurídica, integral e gratuita aos que comprovarem a insuficiência de recursos (art. 5º, LXXIV da Constituição Federal), como instrumento indispensável para o amplo acesso à justiça.

Muito mais do que uma simples norma trata-se neste caso de valor positivado na Constituição Federal, de interesse direto da sociedade, com origem nos fundamentos republicanos, representados pela valorização da cidadania, dignidade da pessoa humana (art. 1º. II e III da CF) e da igualdade de todos perante a lei, de forma substancial e não apenas formal, como extensão do direito à jurisdição sem quaisquer privilégios (art. 5º. *Caput*).

Como o caderno processual fixa a previsão de acesso amplo à justiça nos moldes constitucionais (art. 3º), tornou-se quase uma exigência, de mais básica coerência por parte do legislador, a existência de normas garantidoras de sua concretização por meio da gratuidade da justiça.

Também se inscreve a gratuidade da justiça como extensão do tratamento igualitário atribuído às partes quanto ao exercício de seus direitos, faculdades e ônus no processo (art. 7º), o que só será implementado, em alguns casos, se a justiça gratuita for reconhecida à parte carente.

Na mesma linha têm-se os requisitos para boa aplicação do ordenamento (art. 8º) quando faz expressa referência ao resguardo e preservação da dignidade humana, no início como no curso do processo, o que, também, em muitos casos, só será possível se às partes for garantida isonomia de condições e oportunidades no processo.

Outro aspecto a ser mencionado é de que a referência à gratuidade da justiça aparece em outros artigos do Código além daqueles de sua Seção própria – art. 98 a 102, a exemplo dos arts. 82 (cabe às partes prover as despesas dos atos que realizarem ou requererem no processo), 95 (quando o custeio da perícia for de responsabilidade do beneficiário da justiça gratuita) e 105 (poderes especiais para o advogado assinar declaração de hipossuficiência econômica), entre outros.

A gratuidade da justiça é colocada como exceção à onerosidade do processo (art. 82), pois em se tratando de serviço judiciário, espécie de serviço público, faz-se necessária a imposição de um custo na sua utilização, mesmo porque a sua manutenção acarreta um encargo elevado para a sociedade.

A exceção, representada pela justiça gratuita, ganha contornos de interesse público, de forma pontual, quando se garante o pagamento de honorários do perito pelo poder público (art. 95), porquanto neste caso está em jogo a necessidade de remuneração por um trabalho realizado em prol da justiça e também como medida de política judiciária. Previne-se, com esse procedimento, eventual parcialidade no exame da pretensão daquele que é beneficiário da justiça gratuita e não poderá arcar com o ônus representado pelos honorários periciais.

Os poderes especiais para declarar a hipossuficiência econômica por parte do advogado em relação ao seu cliente devem constar da procuração (art. 105) em razão das consequências que uma declaração falsa pode gerar para a parte representada.

A disposição legal acarretou o cancelamento da OJ 331 do TST, que dizia ser desnecessária a outorga de poderes especiais ao patrono da causa a fim de firmar declaração de insuficiência econômica para concessão dos benefícios da justiça gratuita.

Como o entendimento contido na OJ 331 se fundamentava no art. 4º da Lei 1060/50, alterado pela Lei nº 7510/86, que exigia apenas a afirmação na inicial de insuficiência econômica para gozo dos benefícios da assistência judiciária, agora revogado no art. 1072, III, do Código de Processo Civil, é inequívoco o acerto do cancelamento da referida Orientação Jurisprudencial.

Adequando-se à nova ordem processual, o C. TST, em 26.06.17, editou a Súmula 463, estabelecendo a necessidade de o procurador ter poderes específicos para firmar declaração de hipossuficiência. O Verbete teve seus efeitos modulados de forma a se exigir a cláusula especial apenas para requerimentos formulados após a data da publicação da Súmula. Apesar de o Tribunal Superior do Trabalho não ter sinalizado, na Instrução Normativa 39/16, sobre a aplicação da norma contida no art. 105 do CPC ao processo do trabalho, observam-se os esforços contínuos da Corte em compatibilizar a jurisprudência laboral ao novo contexto normativo.

Não obstante, cumpre registrar que, em razão das alterações introduzidas no art. 790 da CLT pela Lei 13647/17, a previsão legal que permite ao juiz, de ofício, conceder os benefícios da justiça gratuita restou mitigada, haja vista ter limitado a concessão da gratuidade apenas àqueles que recebem salário igual ou inferior a 40% do limite máximo dos benefícios do Regime Geral da Previdência Social (art. 790, §3º CLT). Não se pode olvidar, contudo, que a referida norma, que notadamente engloba a grande maioria dos trabalhadores que demandam na Justiça Especializada, servirá, no âmbito do processo do trabalho, para relevar a exigência de poderes especiais prevista na norma processual.

É preciso, portanto, verificar, com a inclusão de Seção própria levada a efeito no ordenamento processual, se a sua aplicação se faz de forma automática ao processo do trabalho considerando as suas peculiaridades e a existência de normas tratando do tema na CLT, como se vê dos arts. 790, 790-A e 790- B e 791-A. A análise da medida da compatibilidade ganha ainda maior relevância com o advento da Lei 13.467/17, também conhecida como reforma trabalhista, que trouxe especificidades quanto à responsabilidade do beneficiário da justiça gratuita pelo pagamento dos honorários periciais e advocatícios quando sucumbente na pretensão posta à apreciação do órgão jurisdicional.

Nesse ponto pode até mesmo ser vislumbrada uma eventual inconstitucionalidade no cotejo da norma celetista, que determina o pagamento de honorários periciais ainda que a parte seja beneficiária da justiça gratuita, e o dispositivo constitucional (art. 5º, LXXIV CF/88), em que o Estado deve conceder assistência jurídica aos que comprovarem insuficiência de recursos.

Aliás, a norma contraria até mesmo o acesso à jurisdição, pois tem o condão de inibir o requerimento para produção de provas, funcionando como verdadeiro mecanismo de cerceamento de defesa.

No sentido de sua inconstitucionalidade, cabe mencionar a ADI 5766, que suscita a inconstitucionalidade parcial dos arts. 790-B caput e §4º, 791-A, §4º e §2º do art. 844 da CLT no que se refere ao pagamento dos honorários periciais e advocatícios, ainda que a parte seja beneficiária da justiça gratuita, bem como o seu pagamento em consequência de parcelas advindas do processo ou de outro processo.

Como cria verdadeira mitigação dos efeitos da gratuidade da justiça nos processos que tramitam perante a Justiça do Trabalho, necessário se faz analisar se a abrangência da justiça gratuita, o seu procedimento e peculiaridades, impugnação ao pedido, os recursos próprios e as consequências do trânsito em julgado na hipótese de revogação da gratuidade, matérias contidas nos art. 98 a 102 do CPC, podem ser harmonizados às novas regras inseridas no texto celetista.

2. CONCEITO. ABRANGÊNCIA SUBJETIVA E OBJETIVA

Antes mesmo de fixar o conceito de gratuidade da justiça, é necessário, em coro com a melhor doutrina, fazer a distinção entre justiça gratuita, assistência judiciária e assistência jurídica, objetos da Constituição Federal, Leis nº 1060/50 e 5584/70.

A assistência jurídica, da qual a assistência judiciária é espécie, é aquela prevista no art. 5º, LXXIV, da Constituição Federal, devendo ser a mais ampla possível, judicial e extrajudicialmente, até mesmo em atividades de consultoria e aconselhamento. A assistência jurídica prevista na Constituição é de tal amplitude que engloba a assistência judiciária e a justiça gratuita. [3]

Para a referida doutrina apenas será concretizado o comando do preceito constitucional, de assistência jurídica universal e gratuita, se o cidadão tiver assegurada a possibilidade de defender seus interesses em juízo com a isenção das despesas do processo e o patrocínio de um profissional sem qualquer custo, em-

3 OLIVEIRA SILVA, José Antônio Ribeiro de (coordenador); DIAS, Oliveira Carlos Eduardo; FELICIANO, Guilherme Guimarães; TOLEDO FILHO, Manoel Carlos – Comentários ao Novo CPC e sua aplicação ao processo do trabalho, volume 1 - parte geral - arts. 1º do 317 - atualizado conforme a Lei nº 13.256 – São Paulo: LTr, 2016, p. 146.

bora reconhecendo a distinção dos institutos da assistência judiciária e da justiça gratuita.[4]

A assistência judiciária, muitas vezes confundida com a gratuidade de justiça na Lei nº 1060/50, é aquela prestada por advogado em determinado processo ou mesmo pelo sindicato, de forma gratuita, como se verifica na Lei nº 5584/70.

A gratuidade da justiça, de que trata o Código de Processo Civil, com o significado preciso de eximir o seu beneficiário das despesas pelos atos processuais e requerimentos realizados não se refere à assistência por advogado, dizendo respeito apenas ao âmbito da atuação judicial e, ao contrário da legislação anterior, não faz referência à chamada assistência judiciária.

Na distinção das figuras acima mencionadas, pode-se dizer em conjunto com a doutrina específica sobre o tema que, em síntese, "a assistência jurídica é a orientação jurídica ao hipossuficiente, em juízo ou fora dele; a assistência judiciária é o serviço de postulação em juízo (portanto, inserido na assistência jurídica) e a justiça gratuita é a isenção de custas e despesas (seja diante do serviço prestador de assistência jurídica, seja diante do advogado)."[5]

No processo do trabalho a Lei 5.584/70 trata da assistência judiciária prestada pelo sindicato, as condições em que ela se torna devida e os honorários advocatícios, entre outros temas, sem que se refira à gratuidade da justiça propriamente dita.

Fixado o conceito de gratuidade da justiça e as distinções com a assistência jurídica da qual é espécie e da assistência judiciária, em relação à qual guarda similitude e representa parte de um todo positivado pela assistência jurídica prevista na Constituição Federal, cabe agora verificar a sua abrangência, que se distingue em subjetiva e objetiva, na forma prevista no art. 98 do Código de Processo Civil.

Em relação aos beneficiários da justiça gratuita, o art. 98, *caput*, do CPC estabelece que será a pessoa natural ou jurídica, brasileira ou estrangeira, desde que com insuficiência de recursos para pagar custas, despesas processuais e honorários advocatícios.

É esta a abrangência subjetiva que agora, de forma expressa, encontra-se prevista no Código de Processo Civil, anotando-se que o art. 5º, LXXIV, da Constituição Federal, embora não faça referência a pessoas naturais ou jurídicas, permite que o legislador infraconstitucional assim proceda, porquanto prevê que a assistência jurídica será concedida "aos que comprovarem a insuficiência de recursos".

Em razão dessa abertura dada pelo legislador constitucional, mas sem a menção expressa às pessoas jurídicas, bem como a omissão constante do art. 2º da Lei

4 OLIVEIRA SILVA, José Antônio Ribeiro de (coordenador); DIAS, Oliveira Carlos Eduardo; FELICIANO, Guilherme Guimarães; TOLEDO FILHO, Manoel Carlos. Ob. citada – p. 146.

5 TARTUCE, Fernanda e DELLORE, Luiz – Gratuidade da Justiça no Novo CPC, Revista de Processo / Vol. 236/2014 - out/2014. – p. 307.

nº 1060/50, é que se discutiu no âmbito da doutrina se as pessoas jurídicas se beneficiariam da gratuidade da justiça.

A pacificação da matéria se deu com a edição da Súmula 481 do STJ e, agora, com a sua positivação no CPC no tocante à extensão do benefício às pessoas jurídicas, sendo que o único pressuposto exigido é a insuficiência de recursos.

Também não se exige mais a residência no país, seja de brasileiros ou estrangeiros, referindo-se apenas ao direito à gratuidade da justiça na forma da lei, que só pode se referir ao Código de Processo Civil e à Lei nº 1060/50, esta última na parte que não foi revogada.

No processo do trabalho sempre existiu divergência quanto à concessão da justiça gratuita às pessoas jurídicas, com posição que, por anos, se firmou contrária ao seu deferimento. Necessário ressaltar, no entanto, que a Lei nº 13467/17 inseriu, no art. 790 da CLT, o §4º, que prevê a concessão dos benefícios da justiça gratuita à parte que comprovar insuficiência de recursos para o pagamento das custas do processo. Observa-se que a nova norma legal não faz referência apenas às pessoas físicas, estendendo o direito subjetivo à qualquer parte desde que seja comprovada a insuficiência financeira.

A matéria já vinha sendo flexibilizada no âmbito do TST ao deferir os benefícios da gratuidade da justiça às pessoas jurídicas, mas sem estender a isenção ao depósito recursal, que visa a garantir o cumprimento de futura execução. A alteração do entendimento majoritário do TST foi cristalizada no item II da nova Súmula 463, que prevê expressamente a possibilidade de concessão da gratuidade de justiça às pessoas jurídicas desde que demonstrem, de forma cabal, a impossibilidade de arcar com as despesas do processo.

Note-se que a inovação implementada pela reforma trabalhista não permite extrair a conclusão de que a gratuidade de justiça engloba o depósito recursal, porquanto a redação do §4º do art. 790 da CLT é clara em prever isenção apenas para as custas processuais[6].

O §1º do art. 98 trata da abrangência objetiva do instituto e sua extinção, apresentando as custas como compreendidas na gratuidade da justiça, acrescendo, como novidade, as despesas realizadas para exame de código genético – DNA e outros exames considerados essenciais, sem cuidar de especificar esses últimos.

Também foram acrescentados a remuneração do intérprete ou tradutor para apresentação de versão em português de documento redigido em língua estrangeira, bem como o custo para elaboração da memória de cálculo, necessária à instauração da execução.

No processo do trabalho, em especial na Justiça do Trabalho, a impossibilidade de elaboração da memória de cálculo para início da execução, mais precisa-

6 No entanto, é preciso registrar que a Lei 13. 467/17 incluiu o §10 ao art. 899 da CLT que isenta, de forma expressa, o beneficiário da justiça gratuita do depósito recursal.

mente da liquidação, acarreta o seu direcionamento para contadoria do juízo ou do serviço (diretoria) de liquidação judicial.

Essa providência no âmbito do processo do trabalho era rotineira em face da possibilidade de instauração da execução e prática dos demais atos processuais, de ofício, pelo juiz, na forma da redação original do art. 878 da CLT, e também pela necessidade de se dar a mais completa efetividade à execução trabalhista. Com o advento da Lei nº 13467/17, contudo, a partir do fim da *vacatio legis - que se dará em 11.11.17*, a elaboração de cálculos pela contadoria necessitará, como regra, de requerimento expresso do exequente. A execução, assim, apenas será impulsionada de ofício pelo magistrado caso a parte não esteja assistida por advogado. Não há dúvidas de que a referida alteração legislativa traz verdadeira involução, pois põe fim a um aspecto positivo do processo do trabalho, que proporcionava execuções mais céleres e eficazes.

O §2º do art. 98 do CPC é uma exceção à extensão do benefício da justiça gratuita, que favorece o acesso à justiça, porque não se trata de uma garantia absoluta sem qualquer limite à parte beneficiada.

O referido parágrafo aplica-se ao beneficiário da justiça gratuita, vencido na demanda, que deve arcar com as despesas e honorários de sucumbência. A sua leitura deve ser conjugada com a do §3º do mesmo art. 98 do CPC, porquanto se tiver alterada a sua situação no prazo de 5 anos deverá arcar com as despesas decorrentes da sucumbência.

No processo do trabalho os honorários de sucumbência apenas eram devidos na hipótese de assistência pelo sindicato, despesa própria do reclamado, sendo ainda certo, pelos termos do art. 790-B da CLT que, mesmo na sucumbência de honorários periciais, o beneficiário da justiça gratuita não suportava tal encargo, a teor da Resolução 66/2010 do CSJT.

A reforma trabalhista, ao alterar a redação do caput do art. 790-B da CLT e incluir o art. 791-A, modificou substancialmente a sistemática de pagamento dos honorários de sucumbência, de forma a admitir a responsabilização do reclamante pelo seu pagamento mesmo quando estiver sob o pálio da justiça gratuita. De acordo com a nova legislação, o reclamante que for sucumbente na pretensão ou no objeto da perícia terá que arcar com os honorários advocatícios sucumbenciais e/ou honorários do perito, devendo o magistrado descontar o valor devido dos créditos recebidos pelo trabalhador na própria ação ou em qualquer outro processo (art. 790-B, §4º e 791-A, §4º).

Observa-se assim que, com a entrada em vigor da Lei nº 13.467/17, a Resolução 66/2010 do CSJT somente será aplicada nos casos em que o reclamante não obtiver êxito nas pretensões de natureza condenatória ou, apesar de lograr êxito em algum dos pedidos, o numerário não for suficiente para arcar com a remuneração do perito.

Quanto aos honorários advocatícios sucumbenciais, caso o reclamante não obtenha sucesso nas pretensões condenatórias em numerário suficiente para arcar com honorários do advogado da parte adversa, as obrigações decorrentes da sucumbência ficarão sob condição suspensiva de exigibilidade e somente poderão ser executadas se, nos dois anos subsequentes ao trânsito em julgado da decisão que as certificou, o credor demonstrar que deixou de existir a situação de insuficiência de recursos que justificou a concessão da gratuidade. Após o prazo de dois anos, extinguem-se as obrigações do beneficiário (art. 791-A, §4º CLT).

É certo que o novo regramento ainda será objeto de inúmeras discussões. Por ora, nos parece que, além de ser dissonante de toda a sistemática processual implementada pelo Código de Processo Civil, que veio ao ordenamento jurídico pátrio com clara vocação de código geral de processo, a Lei 13.467/17 não se preocupou em tratar de temas importantes, tais como o direito intertemporal e a forma de cômputo da sucumbência recíproca.

Observe-se que o legislador trabalhista adotou conceito mitigado da gratuidade da justiça, permitindo seu afastamento nos casos de insucesso do trabalhador na demanda. Com as alterações perpetradas, verifica-se verdadeira subversão às razões que deram origem ao processo do trabalho, que objetivavam suprir a hipossuficiência econômica e jurídica do trabalhador com a implementação de normas que permitissem a retomada da igualdade material através da hipersuficiência judicial do empregado.

A partir da nova redação do texto celetista, passou o processo laboral a ser menos protetivo e benéfico que o processo comum, criando uma forma de relativização do benefício da justiça gratuita justamente àqueles que batem às portas do Poder Judiciário em busca do recebimento de verbas de natureza alimentar. A norma incorporada à CLT, além de violar diretamente o art. 5º, LXXIV da Constituição Federal, desrespeita o princípio republicano do tratamento isonômico, haja vista tratar de maneira desigual os jurisdicionados a depender da matéria posta à análise do órgão jurisdicional.

Como mencionado anteriormente, a concessão da gratuidade da justiça refere-se a atuação judicial em relação às partes, pois, em uma perspectiva mais ampla, quando se negam os seus efeitos, é como se o Estado deixasse de cumprir a previsão constitucional de oferecer assistência jurídica, entendida no aspecto, como sinônimo de jurisdição.

Cabe aqui transcrever tópicos da argumentação apresentada pelo Procurador Geral da República na ADI 5677:

> A Constituição de 1988 consagra a garantia de amplo acesso à jurisdição no art. 5o, XXXV e LXXIV, que tratam dos direitos a inafastabilidade da jurisdição e a assistência judiciária integral aos necessitados.
>
> Na contramão dos movimentos democráticos que consolidaram essas garantias de amplo e igualitário acesso a justiça, as normas impugnadas inviabilizam ao trabalhador economicamente desfavorecido assumir os riscos naturais de demanda trabalhista e impõe-lhe pagamento de custas e despesas processuais de sucumbência com uso de créditos trabalhistas auferidos no processo, de natureza alimentar, em prejuízo do sustento próprio e do de sua família.

> (...)
> Ao impor maior restrição à gratuidade judiciária na Justiça do Trabalho, mesmo em comparação com a Justiça Comum, e ao desequilibrar a paridade de armas processuais entre os litigantes trabalhistas, as normas violam os princípios constitucionais da isonomia (art. 5o, caput), da ampla defesa (art. 5o, LV), do devido processo legal (art. 5o, LIV) e da inafastabilidade da jurisdição (art. 5o, XXXV).

Além disso, o legislador não se preocupou em estabelecer regras de direito intertemporal, fundamentais à segurança jurídica. Não há dúvidas de que a relativização da justiça gratuita será aplicada aos processos judiciais ajuizados após 11.11.17. A grande questão, no entanto, fica a cargo dos processos em curso que não foram sentenciados até a data de entrada em vigência da reforma trabalhista.

O direito transitório é regido pela regra do *tempus regit actum* de maneira que se aplica aos atos a lei vigente no momento de sua prática. O Direito Processual Brasileiro adotou a teoria do isolamento dos atos processuais, que se caracteriza por considerar o processo um conjunto concatenado de atos, que podem ser individualizados para fins de incidência de novas regras (art. 1046 CPC)

É certo que o momento processual em que se define a condenação e, consequentemente, a sucumbência é na prolação da sentença, de forma que, considerando o comando constitucional previsto no art. 5º, XXXVI, o art. 6º da LINDB e os arts. 14 e 1046 do CPC, deverá ser considerada a norma vigente no momento da prolação sentença.

Não se pode olvidar que o descuido do legislador em prever normas transitórias pautadas na razoabilidade, segurança jurídica, na preservação da boa fé e confiança causará aos jurisdicionados que demandam sob o pálio da justiça gratuita verdadeira frustração de expectativas, porquanto não se era esperado, quando do ajuizamento da ação, a possibilidade de pagamento dos honorários do advogado e/ou do perito em caso de insucesso na pretensão posta à análise do Poder Judiciário.

Outro ponto da reforma que também será objeto de insegurança e que influenciará diretamente na extensão dos benefícios da justiça gratuita concedida à parte é a forma de cômputo da sucumbência recíproca. O art. 791-A, §3º apenas previu que, na hipótese de procedência parcial, o juízo arbitrará honorários de sucumbência recíproca, vedada a compensação entre os honorários.

Ocorre que na Justiça do Trabalho a cumulação de pedidos é a regra, sendo certa a possibilidade de ocorrência de procedência parcial do pedido e de pedidos, o que, indubitavelmente, gera complexidade no cálculo da sucumbência. Não há dúvidas de que apenas o tempo dirá como os juslaboralistas conviverão com a nova realidade. Há de ser registrado que a jurisprudência estampada na Súmula 326 do STJ, que não reconhece a sucumbência recíproca em casos de procedência parcial do pedido de dano moral, pode ser um critério a ser considerado em face do número de pedidos presentes nas reclamações trabalhistas.

Retornando às disposições do CPC, observa-se que o §4º do art. 98 refere-se a uma hipótese não abrangida pela justiça gratuita, como no caso das multas a serem pagas pela parte no curso do processo.

Trata-se de situação em que o comportamento da parte resvalou para deslealdade processual ou má-fé, com atitudes de procrastinação do feito ou abuso processual, não podendo se valer da nobreza do instituto da gratuidade da justiça para não ter que arcar com a multa que lhe foi imposta.

É indiscutível que a norma tem inspiração na previsão contida no art. 5º do CPC, que determina, àqueles que participem do processo, um comportamento de boa-fé, seja hipossuficiente ou não.

A reforma trabalhista incluiu, no texto celetista, a Seção IV-A para tratar exclusivamente da responsabilidade por dano processual. Além de elencar rol taxativo de condutas consideradas desleais (art.793-B), estendeu a responsabilidade por danos processuais aos sujeitos intervenientes (art. 793- A) e às testemunhas que intencionalmente alterarem a verdade dos fatos ou omitirem fatos essenciais ao julgamento da causa (art. 793-D). Apesar de tratar de forma abrangente da responsabilidade daqueles que agem de má-fé, nada mencionou acerca da amplitude da gratuidade de justiça quanto às multas porventura aplicadas, de maneira que, no nosso sentir, permanece a utilização supletiva do §4º do art. 98 do CPC.

Os parágrafos 5º e 6º do art. 98 do CPC, tributários também da abrangência objetiva da gratuidade da justiça, dizem respeito à chamada, pela doutrina, modulação na concessão do benefício, a sua limitação a determinados atos processuais ou mesmo a redução percentual de despesas processuais como também o seu parcelamento.

Deve ser elogiada a iniciativa legislativa considerando a realidade existente nos processos e que tem, ao contrário do que pensam alguns doutrinadores, inteira aplicação ao processo do trabalho nas raras hipóteses em que a parte recebe determinado valor antecipadamente ou mesmo quando se trata de reclamante que não é propriamente um hipossuficiente.

3. PROCEDIMENTO. PECULIARIDADES RELACIONADAS À GRATUIDADE DA JUSTIÇA

Embora o art. 99, *caput*, do CPC estabeleça a previsão de oportunidades processuais para apresentação do pedido de justiça gratuita, é certo que o §1º do referido artigo desfaz a ideia de que seja uma regra absoluta quando permite que o pedido seja formulado por meio de simples petição se superveniente à primeira manifestação da parte na instância. Aliás, nesta última direção, a jurisprudência do TST, consubstanciada na OJ 269 da SBDI-1.

Tem-se aqui também, em coerência com o artigo anterior, a mesma ideia de facilitação do acesso à justiça e de concretização do comando contido nos já mencionados princípios processuais constitucionais.

Quando se fixam diversos momentos processuais para que o pedido de justiça gratuita seja formulado, com a possibilidade de sua apresentação em petição simples como consta do CPC, o que se pretende é romper com eventuais amarras do procedimento e do formalismo processual a fim de que se alcance o bem maior representado pelo acesso à jurisdição.

Nesta linha de entendimento é a interpretação doutrinária dada ao texto legal no sentido de que teve o objetivo de sepultar de vez qualquer exigência formal para requerimento da gratuidade da justiça, superando os limites temporais para a apresentação do requerimento. Esclarece também referida doutrina, que a norma prevê a gratuidade como um direito que se estende ao réu e àquele que intervém no processo.[7]

De outro lado sempre surge a discussão doutrinária sobre os parâmetros para o reconhecimento do direito à gratuidade da justiça.

Entende parte da doutrina que não devem existir critérios objetivos, rígidos e matemáticos, mas que esses decorrem da indisponibilidade financeira do requerente, cotejando-se os seus ganhos e gastos com o sustento da família. Já outro segmento doutrinário ressente-se da existência de critérios objetivos para se aferir a necessidade ou não da gratuidade da justiça e, com isso, evitar eventuais disparidades.[8]

Rigorosamente o legislador apenas se preocupou com aspectos formais sobre o tema, em especial a sua inserção no itinerário procedimental e a superação de eventuais formalismos ou mesmo de uma interpretação restritiva, à luz da Lei 1060/50, com a limitação do momento de apresentação do pedido com a petição inicial.

O legislador trabalhista, contudo, inovou quanto a esse aspecto trazendo parâmetros objetivos a serem observados pelo juiz no momento da concessão dos benefícios da justiça gratuita, de ofício. Segundo a nova redação do §3º do art. 790 da CLT, o magistrado apenas concederá, de ofício, o benefício àqueles que perceberem salário igual ou inferior a 40% do limite máximo dos benefícios do Regime Geral de Previdência Social.

A fixação de parâmetros como regra a ser obrigatoriamente observada e considerada pelo juiz no momento de apreciar a pretensão é, sem dúvida, critério interessante, assim como ocorre com a fixação dos honorários advocatícios (art. 85) e com o lance a ser considerado vil (art. 891, parágrafo único). Em ambas as situações, o juiz, a despeito dos critérios legais, tem liberdade de avaliar as condições que envolvem o caso concreto para decidir sobre a sua aplicação. No processo do trabalho, a liberdade de adequação da norma ao caso concreto fica a cargo do §4º do art. 790, que permite a concessão do benefício à parte que não se enquadrar na

7 OLIVEIRA SILVA, José Antônio Ribeiro de (coordenador); DIAS, Carlos Eduardo de Oliveira; GUIMARÃES, Feliciano Guilherme; TOLEDO FILHO, Manoel Carlos – ob. Citada, p. 149).

8 TARTUCE, Fernanda e DELLORE, Luiz, ob. Citada, p. 5.

norma do §3º, desde que o magistrado se convença da insuficiência de recursos da parte para o pagamento das custas do processo.

Verifica-se, portanto, a criação de exigência legal de comprovação de rendimentos, de qualquer natureza, bem como os eventuais gastos para sustendo da família e a relação estabelecida entre eles para propiciar uma correta avaliação da necessidade do benefício quando o trabalhador auferir salários superiores ao limite fixado no §3º do art. 790 da CLT. A necessidade de confrontação de faturamento e despesas também é necessária para a concessão do benefício às pessoas jurídicas.

Interessante ressaltar que, a partir das alterações introduzidas pela reforma trabalhista, não mais subsiste na seara laboral a hipótese de mera presunção de veracidade de declaração firmada pela parte, tal como preconiza o §3º do art. 99 do CPC.

O §2º do art. 99 do CPC fixou a justiça gratuita como direito processual da parte somente deixando de ser concedido o benefício quando restar evidenciada a falta de pressupostos legais para sua concessão.

Como mencionado no artigo anterior, o legislador processual civil não estabeleceu os requisitos mínimos a serem observados para o deferimento da gratuidade da justiça, ficando a sua definição à inteira subjetividade do magistrado, excetuando-se as hipóteses legais também já mencionadas.

O dispositivo legal em comento fixou a exceção na hipótese em que o juiz poderá indeferir o pedido quando, dos elementos existentes nos autos, extrair a conclusão de que parte não faz jus ao benefício.

A regra no processo civil, portanto, é o deferimento do benefício, seja por presunção ou pela prova existente no processo e, o indeferimento, como exceção, ocorrerá quando evidenciada a ausência dos elementos necessários ao deferimento do benefício. Antes, todavia, de indeferir a pretensão, o juiz ainda deverá conceder à parte requerente a oportunidade de preenchimento dos pressupostos para concessão do benefício.

Como exemplo de situação que se enquadraria no dispositivo legal em comento pode ser descrita a juntada de comprovantes de rendimento elevado que acarretaria o indeferimento do benefício, mas, antes disso, o juiz deverá deferir à parte a oportunidade de demonstrar que os seus gastos são também elevados e que o pagamento das despesas processuais poderá comprometer o sustento de sua família.

O Superior Tribunal de Justiça, em acórdão publicado já na vigência do CPC de 2015, entendeu que o indeferimento da gratuidade da justiça, na hipótese de não preenchimento dos pressupostos legais, trata-se de verdadeiro poder-dever do juiz desde que tenha fundada razão para tanto e propicie à parte demonstrar sua incapacidade econômico-financeira de fazer frente às custas e/ou despesas do processo.[9]

9 Processo Eletrônico – Resp. 1.584.130/15, 4ª Turma, Rel. Ministro Luis Felipe Salomão, julgado em 19/04/2016.

O §3º do art. 99 estabelece a presunção de insuficiência de recursos mediante alegação realizada pela parte, desde que se trate de pessoa natural.

Alguns autores citam a jurisprudência anterior e o STJ no sentido de que as pessoas jurídicas sem fins lucrativos gozavam também da presunção legal de insuficiência de recursos pela simples declaração.[10]

Tal posição não mais se sustenta em razão da forma expressa com que se encontra vazado o dispositivo legal mencionado, que apenas faz referência à pessoa natural. É certo, no entanto, que a presunção estabelecida legalmente admite prova em contrário, como se depreende do parágrafo anterior (§2º) e também da própria jurisprudência do STJ, apontada anteriormente.

Nelson Nery Júnior, referindo-se à legislação anterior (Lei nº 1060/50), afirma que era suficiente a mera declaração de pobreza para fazer jus ao benefício. Agora é mantida a previsão da norma anterior, mas de forma relativa, pois o juiz pode, caso tenha dúvida quanto ao estado de pobreza, fazer um juízo de valor cotejando-se a afirmação feita com as provas existentes nos autos, considerando a situação atual do requerente.[11]

A reforma trabalhista preferiu tomar caminhos contrários aos traçados pelo CPC/15. A partir das alterações dos art. 790 e seguintes, passou-se a ser regra o deferimento do benefício somente mediante comprovação do preenchimento do requisito objetivo do §3º ou da comprovação inequívoca de incapacidade financeira para arcar com os custos do processo de forma a não mais subsistir na seara laboral a presunção de veracidade da declaração feita por pessoa natural.

A alteração legislativa, no nosso sentir, mostra-se retrógada e dissociada do devido processo constitucional instituído pela Constituição de 1988 e materializado pelo CPC, que presume a atuação das partes conforme os ditames da boa fé objetiva.

O §4º do art. 99 do CPC estabelece que a representação por advogado não impede a concessão da justiça gratuita.

Mesmo nas hipóteses de carência financeira e de capacidade postulatória da parte, como ocorre no processo do trabalho, a contratação de advogado se torna necessária pela complexidade da matéria tratada, ficando o pagamento dos honorários condicionado ao êxito na demanda.

É exatamente nesta hipótese que se torna evidente a distinção da assistência judiciária e justiça gratuita, pois na primeira, como já restou mencionado, trata-se da assistência por profissional do direito e, na segunda, é a exoneração do pagamento das despesas e custas do processo.

---

10 MARINONI, Luiz Guilherme; ARENHART, Sérgio Cruz; MITIDIERO, Daniel – Novo Código de Processo Civil Comentado – São Paulo: Editora Revista dos Tribunais, 2015, p. 183.

11 JÚNIOR, NELSON NERY; NERY, Rosa Maria de Andrade – Comentários ao Código de Processo Civil - São Paulo: Editora Revista dos Tribunais, 2015, p. 477.

No caso do artigo em tela, trata-se de advogado particular, aspecto que não tem qualquer influência ou mesmo se comunica para análise do pedido de gratuidade da justiça.

O §5º do art. 99 do CPC, que se encontra atrelado ao §4º, refere-se à hipótese em que o recurso versa exclusivamente sobre o valor dos honorários de sucumbência em que estaria sujeito a preparo, salvo se o advogado demonstrar que faz jus à gratuidade.

Nesta hipótese, partindo do princípio de que o advogado é que teria legitimidade e interesse em recorrer, exige-se que seja realizado o preparo, salvo se o advogado demonstrar que também é beneficiário da justiça gratuita, já antecipando a previsão do parágrafo seguinte (§6º) de que a concessão desta última é pessoal. A referida norma ganha ainda mais relevância e aplicação no processo do trabalho em razão de a Lei 13.467/17 ter ampliado a incidências dos honorários sucumbenciais, inclusive para as lides que tratam exclusivamente de relação de emprego (art. 791-A CLT) .

O §6ª do art. 99 do CPC fixa uma regra que atende ao imperativo de lógica, porquanto a concessão do benefício da justiça gratuita só pode ser pessoal, pois decorre do exame da situação do requerente.

Referida análise, como é evidente, não se estende a outras pessoas, razão pela qual o benefício, que é personalíssimo, não pode também ser estendido, ainda que se trate de litisconsorte ou sucessor do beneficiário, mesmo atuando em conjunto no mesmo polo da relação processual ou sucedendo a parte.

A rigor o dispositivo legal é até mesmo dispensável, pois cada uma das partes, litisconsortes ou sucessores, tem uma situação financeira distinta em termos de ganhos e gastos, o que determina avaliação diversa em relação à gratuidade da justiça, como se denota da parte final do parágrafo em comento.

O §7º do art; 99 do CPC trata do requerimento da justiça gratuita realizada em recurso, permitindo a dispensa do preparo a fim de que a pretensão seja apreciada para garantir o acesso à jurisdição.

A regra fixada no referido parágrafo atende à previsão contida no art. 3º do CPC no tocante ao acesso à justiça, porquanto se a parte não satisfaz o preparo porque requer a concessão da justiça gratuita no recurso a sua não apreciação por deserção constitui-se em rematada injustiça e clara vedação de acesso à jurisdição.

Neste exato sentido é o julgamento realizado pelo STJ, no Ag. Rg. Nos ERESP 1.222355/MG, em que a sua Corte Especial entendeu pela desnecessidade do preparo do recurso cujo mérito discute o próprio direito ao benefício da assistência judiciária gratuita.

Cabe apenas acrescentar que, também por razões de ordem lógica, indeferida a pretensão de gratuidade, deve ser concedido prazo à parte para se desincumbir do preparo, sob pena de deserção de seu recurso.

Não se tem a menor dúvida de que os aspectos referidos nos parágrafos do art. 99 do CPC, quanto à gratuidade da justiça, têm aplicação ao processo do trabalho, observadas, evidentemente, as disposições previstas na CLT sobre o tema, em especial o art. 790. Visando adequar a jurisprudência ao devido processo constitucional, o TST alterou a redação da OJ 269 da SDI-I para aduzir, no item II, a necessidade de o relator fixar prazo para que o recorrente efetue o preparo nos casos em que seu requerimento de justiça gratuita for indeferido.

O art. 100, que se refere à impugnação ao deferimento do pedido de justiça gratuita, rompe com o sistema adotado pelo Código em relação ao contraditório prévio, exigido antes da decisão a ser tomada pelo juiz ainda que versando sobre matéria de ordem pública (art. 10).

Embora o deferimento da gratuidade da justiça não se trate de decisão contra uma das partes, na forma mencionada no art. 9º do CPC, é inequívoco que não se observou o comando contido no art. 10 do CPC já mencionado, de que o juiz não pode decidir com base em fundamento a respeito do qual as partes não tiveram a oportunidade de se manifestar.

Como se sabe, o Novo CPC atribuiu indiscutível importância ao princípio do contraditório que tem cidadania constitucional, guardando coerência com a sua finalidade de ratificar expressamente os princípios processuais expressos na Constituição Federal, com a novidade de exigir que o contraditório seja observado antes das decisões judiciais.

Quanto ao mais, o referido dispositivo legal garantiu a igualdade das partes para o oferecimento da impugnação, observando-se as mesmas oportunidades oferecidas para o requerimento de gratuidade da justiça, com a qual guarda simetria, inclusive por intermédio de petição simples.

Em seu parágrafo único, o legislador prevê as consequências da revogação do benefício, que são agravadas na hipótese de configuração de má-fé, podendo chegar à importância de, até, dez vezes o valor a ser pago, com reversão para os cofres públicos e a possibilidade de inscrição como dívida ativa.

Coerente com as normas fundamentais inscritas nos arts. 1º a 12 do CPC, em especial a que trata da boa-fé (art. 5º), o legislador reprime, de forma veemente, as tentativas de macular o processo com atitudes de má-fé, como já ocorria na legislação anterior (art. 4º, §1º da Lei 1060/50) e agora se verifica do art. 100, parágrafo único do CPC.

Não vemos como não aplicar o referido dispositivo legal ao processo do trabalho, como entende determinado segmento da doutrina trabalhista[12], porquanto ainda que a pretensão não seja apreciada no mesmo momento processual em que ocorre no processo civil, é certo que a parte deve ter garantido o contraditório, ainda que diferido, na forma do art. 100, *caput*, e deve sofrer as consequências da

12 SILVA, José Antônio Ribeiro de Oliveira (coordenador); DIAS, Carlos Eduardo Oliveira; FELICIANO, Guilherme Guimarães; FILHO, Manoel Carlos Toledo, ob. citada, p. 152.

revogação do benefício, apenada com rigor no caso de má-fé, seja pessoa física ou jurídica (para aqueles que estendem os benefícios a ela).

O art. 101 do CPC e seus parágrafos tratam da medida a ser adotada quando indeferido ou revogado o pedido no curso do procedimento que, no cível, é o agravo de instrumento. E, quando na sentença, o recurso cabível é a apelação.

No processo do trabalho não cabe agravo de instrumento com esse objetivo, pois como se sabe, só pode ser aviado das decisões que denegarem seguimento aos recursos.

Quando a medida judicial de indeferimento ou revogação do pedido for adotada na sentença, dela caberá recurso ordinário, com o mesmo procedimento tratado nos § 1º e 2º do art. 101 do CPC, como já mencionado por ocasião dos comentários ao art. 99, §7º do CPC, ainda que em distintos momentos processuais, por se tratar também de facilitação do acesso à jurisdição.

O art. 102 refere-se às consequências da decisão transitada em julgado que revoga a gratuidade concedida advindo daí o recolhimento das despesas anteriormente dispensadas, sem prejuízo da aplicação de sanções previstas em lei.

Em seu parágrafo único faz referência às consequências processuais do indeferimento tanto para o autor como para os demais participantes do processo, em que não se deferirá a realização de qualquer ato ou diligência requerida pela parte inadimplente.

Para Cássio Scapinella Bueno a solução apontada pelo legislador, ao que parece, atrita-se com o art. 5º, XXXV, da CF, entendendo que a solução mais adequada para o caso é cobrar o valor devido e não impedir o acesso à jurisdição.[13]

Também aqui não vejo dificuldade na sua aplicação ao processo do trabalho, que poderá ser concretizada na fase de execução, inclusive com as consequências pelo não recolhimento das importâncias devidas.

CONCLUSÕES

1. A gratuidade da justiça não tinha previsão no Código de Processo Civil anterior e, embora se trate de tema pouco estudado na doutrina, agora ganhou relevância com a sua previsão em Seção específica do novo CPC;
2. A previsão legal da justiça gratuita é uma decorrência da positivação de Normas Fundamentais do Processo, contida em Título Único do CPC, em especial a referência aos valores fundamentais consagrados na Constituição Federal, como a assistência jurídica integral e gratuita (art. 5º, LXXIV), cidadania, dignidade da pessoa humana (art. 1º, II e III da CF) e igualdade de todos perante a lei, sem quaisquer privilégios;

13 BUENO, Cássio Scarpinella – Novo Código de Processo Civil Anotado – 2ª ed. rev. atual. e ampl. – São Paulo: Saraiva, 2016, p. 142.

3. Com a ratificação dos princípios processuais constitucionais pelo Código de Processo Civil, tais como o acesso à justiça (art. 3º), o tratamento igualitário atribuído às partes (art. 7º), como também as regras para boa aplicação do ordenamento jurídico (art. 8º) tornou-se um imperativo de coerência o tratamento, em Seção própria, do tema da gratuidade da justiça;

4. Ampliou-se a abrangência subjetiva do instituto da gratuidade da justiça, de trato exclusivo no Código, de forma expressa às pessoas jurídicas, utilizando como critério único para sua concessão a insuficiência de recursos. A reforma trabalhista também adotou esse critério de forma a permitir, expressamente, a concessão da gratuidade às sociedades empresarias;

5. O C. TST, que já vinha flexibilizando seu entendimento, passou a permitir a concessão da gratuidade de justiça às pessoas jurídicas. A nova posição do Tribunal Superior do trabalho encontra-se estampada no item II da nova Súmula 463;

6. A abrangência objetiva, com novidades trazidas pelo Código de Processo Civil, diz respeito a exames, como o relativo ao código genético - DNA e outros essenciais que não são especificados, a remuneração de tradutor ou intérprete e o custo para elaboração da memória de cálculo que, no processo do trabalho, nesta última hipótese, é realizada pela contadoria do juízo ou diretoria de cálculo do Tribunal.

7. A reforma trabalhista traz mitigação à abrangência objetiva da concessão da gratuidade de justiça de forma a permitir a responsabilização pelo pagamento dos honorários advocatícios e periciais à parte sucumbente, mesmo que seja beneficiária da justiça gratuita. A inovação legislativa contraria, ao que parece, a norma prevista no art. 5º LXXIV da Constituição Federal, pois, além de ferir o princípio da isonomia, porque permite tratamento desigual aos jurisdicionados hipossuficientes, inviabiliza o acesso à justiça em sua plenitude.

8. A reforma trabalhista não estabeleceu regras de direito intertemporal e não determinou a forma de cômputo da sucumbência recíproca, matérias que certamente serão objeto de debate na doutrina e jurisprudência e que causarão situações de extrema insegurança jurídica;

9. Na perspectiva da modulação do instituto da gratuidade da justiça inclui-se a sua abrangência parcial a determinados atos processuais, redução percentual de despesas e o seu parcelamento, não ocorrendo a isenção de multas, porque tem fato gerador diverso (litigância de má-fé, protelação no desfecho do processo com medidas de abuso processual).

10. O legislador permitiu, na perspectiva do amplo acesso à justiça, que a pretensão à gratuidade da justiça possa ser apresentada em vários momentos processuais assim como a sua impugnação;

11. Na hipótese anterior abre-se uma exceção ao contraditório prévio previsto em seu art. 10, porquanto autoriza a intimação da parte para impugnar a pretensão de justiça gratuita somente após o seu deferimento pelo juiz.

12. De acordo com o CPC, preenchidos os pressupostos legais, que não têm discriminação em qualquer dos artigos da Seção sobre gratuidade da justiça, a concessão da justiça gratuita passa a ser direito processual da parte, com oportunidade para comprovar o preenchimento dos requisitos legais na hipótese de indeferimento. A reforma trabalhista inova quanto a esse aspecto e traz parâmetros objetivos para a análise da necessidade de concessão dos benefícios da justiça gratuita de forma que, a partir de 11.11.17, o juízo somente poderá concedê-la de ofício àqueles que percebem salario igual ou inferior a 40% do limite máximo dos benefícios do Regime Geral de Previdência Social.

13. Conforme as normas processuais comuns, a declaração de miserabilidade legal realizada pela parte, pessoa natural, tem presunção de veracidade e é pessoal, sendo certo que o fato de o requerente estar representado por advogado particular não lhe retira o direito ao benefício. A partir das alterações introduzidas pela reforma trabalhista, não mais subsiste na seara laboral a hipótese de mera presunção de veracidade da declaração firmada pela parte, tal como preconiza o §3º do art. 99 do CPC.

14. Os dispositivos que tratam da gratuidade da justiça no processo civil têm aplicação ao processo do trabalho, com a devida conformação à previsão contida nos arts. 769, 790, 790-A, 790-B e 791-A da CLT, inclusive em relação às novidades trazidas quanto à modulação do instituto da justiça gratuita.

O (IN)ACESSO À JUSTIÇA SOCIAL COM A DEMOLIDORA REFORMA TRABALHISTA

Sandoval Alves da Silva[1]

Sumário: 1. Introdução – 2. A concepção de estado social e a intervenção para atender os direitos sociais dos necessitados – 3. Os direitos sociais e a distribuição do bem comum processual de acesso à justiça social – 4. O acesso à justiça social como bem comum processual a ser distribuído aos trabalhadores – 5. Análise da convencionalidade e da constitucionalidade de alguns dispositivos processuais da demolidora reforma trabalhista: 5.1. O (in)acesso à justiça social pela elevação do custo do processo para os trabalhadores: dificuldades na concessão da justiça gratuita e a imposição de honorários periciais e sucumbenciais ao trabalhador; 5.2. O (in)acesso à justiça social pelo exagero formal e exigências limitadoras da interpretação judicial trabalhista: violação dos princípios da independência funcional, da separação de poderes e da unidade da jurisdição – 6. Conclusão – Referências.

1. INTRODUÇÃO

Recentemente foi aprovada a Lei n.º 13.467, de 13 de julho de 2017, que altera a Consolidação das Leis do Trabalho (CLT), aprovada pelo Decreto-Lei n.º 5.452, de 1.º de maio de 1943, e as Leis n.º 6.019, de 3 de janeiro de 1974, n.º 8.036, de 11 de maio de 1990, e n.º 8.212, de 24 de julho de 1991, a fim de adequar a legislação às "supostas" novas relações de trabalho. As alterações introduzidas pela Lei n.º 13.467 entram em vigor após decorridos cento e vinte dias de sua publicação

1. Doutor e mestre em Direito pela Universidade Federal do Pará (UFPA), na linha de pesquisa "Constitucionalismo, democracia e direitos humanos". Procurador do trabalho lotado na Procuradoria Regional do Trabalho da 8.ª Região, professor de Teoria Geral do Processo e de Processo Civil na UFPA, ex-professor de Direito Financeiro e Orçamento Público, ex-procurador do Estado do Pará, ex-assessor da Auditoria Geral do Estado do Pará e ex-analista de controle externo do Tribunal de Contas do Estado do Pará.

oficial, ou seja, em 11 de novembro de 2017[2], pois a publicação ocorreu em 14 de julho de 2017.

Dentre as inúmeras alterações da demolidora Reforma Trabalhista tanto de cunho material, quanto processual, destacam-se, para os fins deste artigo, apenas os dispositivos que impactam o custo econômico e temporal do processo e as limitações interpretativas e violadoras da independência funcional e da unidade da jurisdição que a lei traz para os juízes trabalhistas, por excesso de formalidade que diferencia de forma inconstitucional os juízes do trabalho dos demais juízes brasileiros.

Além de examinar a constitucionalidade e a convencionalidade de alguns dispositivos de cunho processual, a análise levará em consideração a natureza social dos direitos trabalhistas, a concepção social de Estado e as discussões sobre o acesso à justiça trazidas por Cappelletti e Garth (1988) ao defenderem as três ondas processuais renovatórias para viabilizar a fruição dos direitos quando questionados judicialmente, a fim de deixar demonstrado o total descompasso acadêmico e normativo de algumas alterações.

Nesse contexto, o artigo enfrentará a demolidora Reforma Trabalhista sob o enfoque do acesso à justiça no que se refere à gratuidade da justiça, aos honorários advocatícios sucumbenciais e periciais e às normas procedimentais exageradas para alterar e editar súmulas e enunciados de jurisprudência.

Por essa razão, o presente artigo abordará alguns temas processuais, como as restrições inconstitucionais e "inconvencionais" de acesso à Justiça do Trabalho e a violação da independência funcional da justiça laboral e da unidade da jurisdição, analisando mais detidamente os §§ 2.º e 3.º do artigo 8.º, a alínea "f" do inciso I e os §§ 3.º e 4.º do artigo 702, os §§ 3.º e 4.º do artigo 790, o artigo 790-B, o artigo 791-A e os § 2.º e 3.º do artigo 844, sempre tendo em vista o acesso à justiça, em especial, à justiça social.

2. A CONCEPÇÃO DE ESTADO SOCIAL E A INTERVENÇÃO PARA ATENDER OS DIREITOS SOCIAIS DOS NECESSITADOS

Antes de fazer uma análise dos dispositivos que são objeto deste artigo à luz do acesso à justiça, é necessário tratar da evolução da organização estatal, particularmente da relação entre o Estado e os jurisdicionados, bem como verificar o grau de intervenção na economia e na sociedade para atender os necessitados na distribuição dos bens comuns ou coletivos, que são usualmente chamados "direitos sociais", ainda que pelo ângulo processual, como é o caso do acesso à justiça.

2. De acordo com o § 1.º do artigo 8.º da Lei Complementar n.º 95/98, "a contagem do prazo para entrada em vigor das leis que estabeleçam período de vacância far-se-á com a inclusão da data da publicação e do último dia do prazo, entrando em vigor no dia subsequente à sua consumação integral". Portanto, ao se computar o dia 14 de abril de 2017, o prazo de cento e vinte dias acaba dia 10 de novembro de 2017, começando a Lei a vigorar em 11 de novembro de 2017.

Não se abordará aqui o Estado no contexto histórico, sua formação e concepção, nem tampouco se discutirão os elementos do Estado, como proposto nos livros de Teoria Geral do Estado (BONAVIDES, 2004, p. 27-36); focalizar-se-á antes a evolução do Estado em relação ao progresso das instituições jurídicas de defesa da pessoa humana contra a violência, o aviltamento, a exploração e a miséria (COMPARATO, 2003, p. 1-68).

A concepção de Estado desenvolvida após a Revolução Francesa tinha o claro objetivo de estabelecer os direitos dos indivíduos contra o poder opressor do Estado absolutista (SCAFF, 2002, p. 395). Essa época foi marcada pelo Estado liberal ou Estado mínimo, no qual a política econômica não intervinha nos negócios privados, deixando-os sob a influência do mercado (SCAFF, 2001, p. 68).

Com a defesa da liberdade individual como valor supremo, o capitalismo chegou ao seu apogeu no Estado liberal, o que trouxe sérios problemas sociais, já que, na autonomia da vontade, o capital sempre tinha mais força do que a mão de obra. Assim, se o liberalismo incentivou a construção da autonomia da vontade, o capitalismo acabou por desnaturar a ideia de liberdade, pois quem não tinha propriedade não tinha liberdade, o que ensejou a célebre pergunta de Proudhon "Onde está a liberdade do não proprietário?" (AZEVEDO, 1999, p. 81).

Opondo-se a essa realidade e após vários momentos históricos, tais como as revoluções industriais, a revolução russa e o colapso econômico das duas guerras mundiais, surgiu a necessidade de um Estado intervencionista, denominado *welfare state, Wohlfahrtsstaat*, Estado Social, Estado Providência ou de Prestações, que tem como objetivo principal oferecer ajuda aos cidadãos ou fazer com que a sua qualidade de vida melhore e a injustiça social diminua (AZEVEDO, 1999, p. 83-91), como forma de compensar a ausência de autonomia da vontade dos hipossuficientes.

Em um estudo sobre as prestações fornecidas pelo Estado, Paulo Gustavo Gonet Branco (2002, p. 139-152) assevera que uma das formas de distinguir os direitos fundamentais é dividi-los em direitos de defesa, de participação e prestações – estas últimas compreendem os direitos à prestação jurídica (que inclui o acesso à justiça) e a prestações materiais. Já Ingo Wolfgang Sarlet (2001, p. 188-206) divide as prestações em direito à proteção[3]; direito de participação na organização e no procedimento[4] (que inclui o acesso à justiça) e direito a prestações em sentido estrito ou *status positivus socialis*[5].

3. O direito à proteção é uma posição jurídica fundamental que outorga ao indivíduo o direito de exigir do Estado que ele o proteja contra ingerências de terceiros em determinados bens pessoais (SARLET, 2001, p. 195).

4. Para Alexy (apud SARLET, 2001, p. 198), o direito de participação na organização e no procedimento é o direito ao estabelecimento de determinadas normas procedimentais e à determinada interpretação e aplicação das normas sobre procedimento.

5. As prestações em sentido estrito objetivam assegurar, mediante a compensação das desigualdades sociais, o exercício de uma liberdade e de uma igualdade real e efetiva, que pressupõem um comportamento ativo do Estado (SARLET, 2001, p. 202).

As características intervencionistas e assistenciais do Estado social levaram a um crescimento desmensurado do Estado, com acréscimo de funções, ineficiência nas prestações de serviços, em virtude da forma burocrática de organização e da deficiência do controle jurisdicional – o Estado limitou-se a fazer um controle formal, sem observar o conteúdo de justiça e sem acompanhar a evolução dos novos conflitos que surgiram de um Estado de prestações (DI PETRO, 1999, p. 21-22). A despreocupação com o conteúdo da justiça foi objeto de estudo como a terceira onda renovatória da crise do bem comum do acesso à justiça aos hipossuficientes, na qual se defende o desapego às formas que agravavam a injustiça pelo acesso desequilibrado das pessoas envolvidas no conflito (CAPPELLETTI; GARTH, 1988, p. 15).

O Estado Social, nesse contexto, tem como objetivos: garantir a todos uma existência digna; reduzir as diferenças de riquezas; vencer ou controlar as relações de dependência. Entretanto, com o exagero da retórica sobre a justiça social, que conduziria à transferência de rendas da classe rica para a pobre, o Estado Social declinou em razão das seguintes causas: endividamento exagerado dos países, impossibilidade de atendimento das demandas sociais, paternalismo excessivo e crença na inesgotabilidade dos recursos públicos (TORRES, 2003, p. 23-25).

Diante da dificuldade de justificação de um Estado Social ou de prestações, insere-se no conceito do *welfare state* a noção de Estado Democrático de Direito (TORRES, 2003, p. 25-27), que deu origem ao Estado de Direito Social e Democrático, cujo objetivo é promover a participação popular no processo político, nas decisões do Governo e no controle da Administração, o que compreende a participação do cidadão (Estado Democrático) e a justiça material (Estado de Direito) (DI PETRO, 1999, p. 23-24).

Entretanto, mesmo após esse ajuste, as consequências do Estado Social levaram ao desenvolvimento da teoria do Estado Subsidiário, na qual o Estado não interfere no exercício das atividades que o particular tem condições de realizar por sua própria iniciativa e com seus próprios recursos, limitando a intervenção estatal apenas às atividades de fomento, coordenação e fiscalização da iniciativa privada, e às atuações em parceria com o setor privado, de forma a subsidiá-lo, quando ele (setor privado) for deficiente (DI PETRO, 1999, p. 25).

Essa fase histórica de redução da concepção de Estado Social deve ter limites, pois há casos em que a iniciativa privada não pode agir sozinha de forma justa, pois as leis do mercado por si só não são capazes de realizar os parâmetros da justiça social, conforme constatado ao longo da história com as revoluções industriais, a revolução russa e as guerras mundiais, de forma que concluir que os trabalhadores têm condições de realizar por sua própria iniciativa e com seus próprios recursos a justiça social quando em negociação com a classe patronal, limitando a intervenção estatal, revela-se uma inferência que contraria a Constituição, as convenções internacionais sobre direitos humanos internalizadas no Brasil e a concepção de Estado Social, bem comum, justiça social e acesso à justiça.

Assim, não é defensável que o mercado assuma, como forma de realizar justiça, as relações laborais e proíba ou dificulte a atuação estatal por não permitir a interferência estatal no exercício das atividades que o particular tem, quando esse particular é o trabalhador.

É com base nessas concepções de Estado que a ordem constitucional estabeleceu várias normas no sentido de garantir a dignidade da pessoa humana, a erradicação da pobreza, a redução das desigualdades sociais e regionais, os direitos sociais etc.

Nessa confusão de concepções de Estado, sobressaem as disposições constitucionais no sentido de atender o direito do trabalho como direito social e a abertura para outras formas de concepções de Estado, para demonstrar a positivação constitucional de um Estado social como a melhor forma de explicar um dos pontos da violação constitucional e convencional dos direitos sociais do trabalhador, numa total inversão da natureza histórica e teórica do surgimento do direito do trabalho em contraposição às ideias liberais de uma economia livre com a igualdade de chances e a distribuição de riquezas.

Demonstrada a concepção de Estado Social como forma ideal para realizar justiça material e processual quanto aos direitos sociais trabalhistas e a incompatibilidade de adoção de um Estado Subsidiário ou mínimo nas relações laborais, cabe analisar a definição de direitos sociais e bem coletivo como segunda premissa deste artigo, no sentido de demonstrar pontos contrários à Constituição e às convenções internacionais.

3. OS DIREITOS SOCIAIS E A DISTRIBUIÇÃO DO BEM COMUM PROCESSUAL DE ACESSO À JUSTIÇA SOCIAL

Um dos questionamentos que têm mais importância no processo constitucional diz respeito "àquilo que se decide" ou ao conteúdo das deliberações provisórias por meio de acordo deliberativo e fundamentado sobre os direitos humanos. Alia-se a esse questionamento, a preocupação em responder "quem" é o responsável pela concretização dos direitos humanos, que foi especificado pelo questionamento que diz respeito ao conteúdo dos direitos sociais.

Usualmente a definição dos direitos humanos baseia-se em uma classificação em gerações e dimensões de acordo com o grau da interferência estatal para respeitá-los ou garanti-los. Assim, está-se diante de direitos de primeira dimensão quando o Estado não intervém na liberdade ou no *status positivus libertatis*, enquanto, para os de segunda dimensão (os sociais), exige-se a intervenção estatal no *status positivus socialis* (TORRES, 2000, p. 191). Os direitos de terceira dimensão, que têm como conteúdo os direitos transindividuais, até então ignorados nas demandas judiciais (CAPPELLETTI, 1975, p. 365 et seq.), são protegidos por várias ações de cunho coletivo e podem ou não ser demandados contra o Estado.

Porém, essa classificação é insuficiente e confusa para descrever as diferenças entre os direitos de cada dimensão, pois não se sabe em que circunstâncias alguns direitos, como o direito à segurança pública, ao trabalho, à saúde, à educação, à alimentação, são de primeira, segunda ou terceira dimensão, mas sabe-se que eles podem ser demandados contra o Estado e têm caráter difuso, coletivo ou social por tratar-se de apropriação de bens comuns ou coletivos, independentemente de qualquer vínculo aos termos "gerações" ou "dimensões". Por conseguinte, não há necessidade de classificação dos direitos humanos em dimensões ou gerações para que se possa concluir sobre a necessidade ou não de intervenção estatal nas relações privadas, em especial, as laborais.

Da mesma forma, não se sabe como alguns direitos ditos de primeira dimensão, como o direito à segurança pública, à manutenção das Forças Armadas, da polícia, do Judiciário (incluindo-se o acesso à justiça) e do Ministério Público, por exemplo, cujo fundamento é garantir o direito de liberdade e de propriedade, podem ser assim considerados. Tais direitos, apesar de protegerem indiretamente os direitos de liberdade e de propriedade, com eles não se confundem, uma vez que a sua concepção é difusa, indivisível ou indeterminada, ainda que haja apropriação individual, quando alguém é protegido diretamente por encontrar-se em situação de precisar de tais serviços públicos. Por isso, abandona-se a antiga classificação dos direitos humanos por dimensões (SILVA, 2007, p. 21-26)[6], sem que isso implique o abandono de qualquer outra característica, como a relação com a concepção de Estado, a intervenção estatal, a indivisibilidade do objeto, a indeterminação dos sujeitos, as fontes de financiamento etc., que são elementos ainda percebidos na estrutura dos direitos prestacionais[7].

Os direitos econômicos, sociais e culturais como direitos humanos separados dos direitos civis e políticos são questionados nas discussões entre capitalistas e socialistas iniciadas na Organização das Nações Unidas (ONU), em um cenário de guerra fria (TEREZO, 2014, p. 46). Essa dicotomia faz surgir tentativas diferentes de caracterização e de definição dos direitos civis e políticos e dos direitos sociais.

De acordo com a visão liberal, os direitos civis e políticos são direitos subjetivos que têm as seguintes características:

- são individuais: sua titularidade é unicamente do indivíduo;
- são naturais: sua existência precede a formação artificial da sociedade civil;
- são exercitáveis contra uma comunidade política constituída de forma artificial, para que não sejam colocados em perigo e para que sejam protegidos dos ataques de terceiros,
- são correlatos: o direito subjetivo de um titular é correlato ao dever do destinatário, o direito prevalecendo sobre o dever;

---

6. Foi Karel Vasak quem empregou, pela primeira vez, a expressão "gerações de direitos do homem". Cançado Trindade, que criticou a classificação dos direitos humanos em dimensões, teria questionado pessoalmente Karel Vasak sobre as gerações, e o jurista tcheco teria respondido que lhe viera a ideia quando, sem tempo para preparar uma palestra, lembrara o lema da bandeira francesa, o que demonstra que nem o próprio Vasak levou muito a sério a sua tese (CANÇADO, 2000).

7. Apenas por deferência aos pactos internacionais de direitos civis e políticos (PIDCP) e de direitos econômicos, sociais e culturais (Pidesc), alude-se a tal classificação. Atualmente, do total de 193 Estados-membros da ONU, 167 países são considerados Estados-partes do PIDCP e 160, do Pidesc (TEREZO, 2014, p. 33).

- são egoísticos: visam a atender o benefício pessoal ou o autointeresse;
- são unilaterais: concebem o indivíduo de forma isolada da sociedade.

Assim, com essas características, obtém-se a especificação completa do conteúdo e do aspecto ativo e passivo do direito (ATRIA, 2004, p. 18-19), evidenciando-se os elementos identificadores necessários para a exigibilidade de tais direitos civis e políticos.

Na concepção socialista, com exceção das duas primeiras características (os direitos são individuais e naturais), as demais são adaptadas para atender as definições próprias de direitos sociais:

- a proteção contra o perigo e os ataques contra terceiros é substituída por uma forma de vida humana em que cada um pode relacionar-se com os outros;
- a prevalência do direito sobre o dever é substituída por uma relação plurilateral com prioridade normativa no dever-direito[8];
- o autointeresse ou o benefício pessoal é substituído pela solidariedade, enfatizando-se a obrigação que a comunidade tem de garantir o bem-estar de cada um de seus membros de acordo com suas capacidades e necessidades;
- o caráter unilateral é substituído por uma percepção social, pela observação da comunidade, em que há uma indeterminação de sujeitos e do objeto por falta de especificação (ATRIA, 2004, p. 19-20) e o bem comum é concebido clara e conscientemente como de natureza indivisa.

Os direitos sociais não são negados nas duas concepções, mas sua definição varia. Na concepção liberal, os direitos prestacionais fundam-se no autointeresse, porque cada agente tem direito a uma espécie de seguro para precaver-se contra uma situação adversa; trata-se do direito a um mínimo de bem-estar que defenda o indivíduo da pobreza e que o ligue a uma situação melhor do que aquela que tinha no estado de natureza (visão de justiça comutativa). Já na concepção socialista, os direitos coletivos perseguem a redução das desigualdades de classe e são manifestações de uma vida superior de comunidade, onde cada um contribui de acordo com suas capacidades e recebe de acordo com suas necessidades[9] (visão de

8. Deve-se observar que as relações jurídicas comutativas são bilaterais e correlatas, enquanto as relações jurídicas distributivas são plurilaterais e solidárias.

9. O relato da ressurreição de Jesus Cristo deixou claro esse pensamento próprio da concepção filosófica cristã, como se pode ver em Atos 4, 32-35. "A multidão dos fiéis era um só coração e uma só alma. Ninguém considerava como próprias as coisas que possuía, mas tudo entre eles era posto em **comum**. Com grandes sinais de poder, os apóstolos davam testemunho da ressurreição do Senhor Jesus. E os fiéis eram estimados por todos. **Entre eles ninguém passava necessidade, pois aqueles que possuíam terras ou casas vendiam-nas, levavam o dinheiro e o colocavam aos pés dos apóstolos. Depois era distribuído conforme a necessidade de cada um"** (grifo nosso).

justiça distributiva) (ATRIA, 2004, p. 31-33). Essa última concepção fundamenta os direitos sociais em uma forma de vida humana e na construção de uma sociedade mais igualitária baseada no princípio da solidariedade (PULIDO, 2008, p. 143).

As concepções que abordam os direitos sociais como um meio para o desfrute, em condições de igualdade, dos direitos civis e políticos ou para o exercício da liberdade (visão liberal) ou como um fim em si mesmo (visão social), como deveres correlatos de solidariedade para prover o necessário para a subsistência do indivíduo em condições dignas (PULIDO, 2008, p. 146-147), têm pouca importância prática, pois o problema da juridicidade do direito acaba nas dificuldades de exigibilidade trazidas pelas indefinições dos elementos necessários para fruir o direito.

Um dos traços característicos do bem público e, por via de consequência, dos direitos sociais é sua indivisibilidade e sua indeterminação, razão pela qual a fruição do bem comum exige a concretização dos direitos sociais, determinada pela especificação positiva (apropriação devida) ou negativa (apropriação indevida[10]) para que os produtos comuns possam ser distribuídos, pois a especificação é uma forma reconhecida pelo direito de tirar as coisas comuns da sua comunhão (LOPES, 2006, p. 143).

A indivisibilidade e a indefinição dos elementos caracterizadores dos direitos sociais tiveram fortes impactos na compreensão de sua natureza (jurídica ou política) e de sua exigibilidade. Nesse contexto, os direitos sociais são normas gerais, inespecíficas e ilíquidas, que precisam de normas procedimentais de especificação, para posterior **concretização** dos direitos sociais, de forma a torná-los exigíveis e exequíveis no campo individual e coletivo – apropriação positiva, o que inclui nesse contexto o acesso à justiça, que representa um bem comum a ser partilhado ou acessado de forma a atender os necessitados ou hipossuficientes.

A denominação "**concretização** dos direitos humanos" ora utilizada refere-se, semanticamente, ao ato de "interpretação", "definição", "delimitação", "criação", "interpretação construtiva" dos direitos humanos consagrados na órbita internacional, constitucional ou em políticas públicas, e não se confunde com o termo "**realização** dos direitos humanos", o qual significa "aplicação" do direito, efetividade ou implementação material da concretização do direito outrora espe-

Assim, numa versão filosófica cristã, a concepção socialista defende a ideia de que a distribuição equitativa dos recursos do mundo não implica expropriar todo o dinheiro dos ricos para distribuí-lo aos pobres e tampouco lhes dar migalhas; garante-se o suficiente para conceber uma vida comum melhor para todos, pois os pobres precisam de algo mais que esmolas, precisam construir uma vida melhor para si. Para isso, faz-se necessário levar às comunidades menos favorecidas a educação básica de que precisam e ensinar-lhes as habilidades vocacionais e as formas de gerenciamento necessário aos empreendimentos econômicos baseados na comunidade, visto que a justiça não é resolvida com a perpetuação da dependência, mas preparando-se os desfavorecidos pobres para cuidar das próprias necessidades (PERKINS, 1982, p. 153-156), segundo a mão generosa de Deus (BUZZELL, 2004, p. 439).

10. O uso poluidor que se faz do ar ou da água é uma forma perversa de partir ou distribuir o bem coletivo, de uma especificação negativa, de uma apropriação indevida ou de uma caracterização do efeito carona ou predatório (LOPES, 2006, p. 147).

cificado, verificando-se quando a concretização produz efeitos reais no mundo da vida (GAVRONSKI, 2010, p. 121, nota de rodapé n.º 9).

Assim, o que se afirma é que os direitos sociais são jurídicos e de exigibilidade contínua[11], progressiva[12], gradual[13] e dinâmica[14] (SILVA, 2016, p. 25-26). Apenas se ordena que se abra um incidente ou procedimento para que se alcancem os elementos necessários ou mínimos para identificar uma relação jurídica (sujeito ativo e passivo, objeto determinado, prazo, forma, lugar etc.), como ocorre com qualquer direito de crédito quando uma sentença genérica necessita liquidar ou concentrar as obrigações, para só depois praticar os atos materiais de realização do direito ofendido.

O certo é que se mostra imprescindível a identificação de todos os elementos essenciais e acidentais para caracterizar a exigibilidade dos direitos sociais, que se

---

11. **Contínua**, porque os direitos sociais são concretizados de forma ininterrupta ou continuada, visto que os direitos à saúde, educação, lazer, moradia, trabalho são percebidos de forma prospectiva, enquanto houver vida humana em sociedade, com a respectiva necessidade de partilha de bem coletivo ou comum. Isso decorre do processo natural da vida humana, com o nascimento e o desenvolvimento das pessoas, que sempre estão a necessitar de prestações materiais que atendam os direitos sociais para as gerações presentes e futuras.

12. **Progressiva**, porque a concretização dos direitos sociais é regida pelo princípio do não retrocesso, de forma a evitar uma regressão nas prestações concretizadas e definidas na apropriação coletiva ou individual do bem comum. Obviamente que a progressividade da concretização dos direitos sociais não tem o caráter inflexível ou de indisponibilidade absoluta, admitindo-se certo grau de retrocesso, desde que acompanhado de medidas compensatórias, com vantagens alternativas ou com medidas mitigadoras, impeditivas ou extintivas da ocorrência de algum mal comum de maior grau.

13. **Gradual**, porque a concretização dos direitos sociais não pode ser exigida de forma binária ou extremista, com a preocupação em dizer se algo é ou não é; deve antes ser exigida com base no raciocínio gradualista ou no grau de concretização de determinado ideal, de forma a definir em que grau ou em que medida algo é ou não é, ou quanto algo se aproxima ou se distancia do ideal, sem abrir mão do raciocínio binário. O gradualismo busca acomodar as tensões no processo de concretização dos direitos humanos, sem abrir mão do binarismo, mas submete os extremos a um tratamento diferente, em que as assertivas não podem ser de plano acolhidas ou rejeitadas. Por outras palavras, essa perspectiva dos direitos sociais evidencia que a medida justa de concretização dos direitos sociais pode estar em qualquer ponto entre zero e um, sem que se possa optar entre ser exigível, concretizável e realizável, de um lado, e, de outro lado, não exigível, concretizável e realizável em sua inteireza, de forma que em qualquer medida ou grau haverá algo a ser exigível, concretizável e realizável e, simultaneamente, algo que não pode, naquele momento, ser exigível, concretizável e realizável, salvo se o ponto concretizável se localizar em um dos extremos.

14. **Dinâmica**, porque a relação obrigacional oriunda da concretização dos direitos sociais é altamente mutável de acordo com a realidade e as circunstâncias de planejamento que se apresentam em sua exigência jurídica, de forma que uma medida adotada ou um planejamento feito para determinada necessidade de atendimento dos direitos sociais pode não mais ser eficaz ou eficiente, visto que os quesitos de concretização podem mudar gradualmente no que se refere ao conteúdo, ao sujeito, ao prazo, ao lugar, à razão, à forma, ao custo e à cominação por eventual descumprimento. Entre todas as características das relações jurídicas de concretização dos direitos sociais, é o aspecto dinâmico que mais demonstra grau de incompatibilidade com a natureza definitiva das decisões judiciais, visto que qualquer decisão que tenha essa pretensão pode sofrer eventual desuso ou ser inaplicável aos casos futuros, por não ter mais aplicabilidade às circunstâncias ou aos quesitos futuros, considerando-se o dinamismo, a continuidade, a progressividade e o gradualismo de tais relações.

resumem em saber **o quê** (objeto), **por quê** (fundamentos), **onde** (lugar), **quando** (prazo), **quem** (sujeitos legítimos), **como** (forma) e o **custo** (valor econômico) da tomada de decisão e da concretização e realização dos direitos humanos sociais[15]. A essa teoria, deve-se acrescentar ainda a estipulação de cominações para o caso de descumprimento – elemento consequencial (SILVA, 2016, p. 193).

A desconsideração de qualquer um desses questionamentos leva invariavelmente à ineficácia social dos direitos humanos prestacionais, salvo se, de alguma forma, o responsável pela concretização do direito tenha como responder ao questionamento sobre a inclusão em orçamento, a definição do conteúdo, do responsável etc.

Para fins de indicação desse processo de especificação, a ordem constitucional brasileira assegurou em vários dispositivos a concepção de direitos sociais para o trabalhador ao garantir:

- a dignidade da pessoa humana e os valores sociais do trabalho e da livre iniciativa, que são fundamentos da República Federativa do Brasil, que constitui um Estado Democrático de Direito (art. 1.º, incisos III e IV);
- a constituição de uma sociedade livre, justa e solidária, a erradicação da pobreza e da marginalização e a redução das desigualdades sociais e regionais, bem como a promoção do bem de todos, sem preconceitos de origem, raça, sexo, cor, idade e quaisquer outras formas de discriminação, como objetivos fundamentais da República Federativa do Brasil (art. 3.º, I, III e IV);
- as garantias processuais de igualdade de todos perante a lei (art. 5.º, *caput*), de acesso à justiça jurisdicional (art. 5.º, XXXV), com a prestação pelo Estado de assistência jurídica integral e gratuita aos que comprovarem insuficiência de recursos (art. 5.º, LXXIV, e art. 134) e com as garantias da ampla defesa (art. 5.º, LV) e do devido processo (art. 5.º, LIV);
- os direitos sociais – a educação, a saúde, a alimentação, o trabalho, a moradia, o transporte, o lazer, a segurança, a previdência social, a proteção à maternidade e à infância, a assistência aos desamparados (art. 6º);
- vários direitos sociais do trabalhador, entre os quais o direito de ação, quanto aos créditos resultantes das relações de trabalho (art. 7.º, XXIX), a livre associação sindical (art. 8.º), o direito de greve (art. 9.º);
- a defesa institucional da ordem jurídica, do regime democrático e dos direitos sociais e individuais indisponíveis pelo Ministério Público (art. 127 e art. 129), por meio do inquérito civil, da ação civil pública etc.;
- a orientação jurídica, a promoção dos direitos humanos e a defesa, em todos os graus, judicial e extrajudicial, dos direitos individuais e coletivos,

15. Essas questões são conhecidas pela sigla em inglês 5W2H ou diagrama de árvore, e representam os elementos necessários de um plano de ação. São 5W: *what* (o quê), *why* (por quê), *where* (onde), *when* (quando) e *who* (quem). E são 2H: *how* (como) e *how much* (quanto custa) (FERREIRA; REIS; PEREIRA, 2001). A essas questões, deve ser acrescida a cominação (*commination*), e a sigla passaria a ser 5W2H1C.

de forma integral e gratuita, aos necessitados pela Defensoria Pública (art. 5.º, LXXIV, e art. 134);

- a ordem econômica fundada na valorização do trabalho humano, na livre iniciativa, na existência digna, conforme os ditames da justiça social e dos princípios da função social da propriedade, da redução das desigualdades regionais e sociais, da busca do pleno empego etc. (art. 170, *caput* e incisos II, VII e VIII), entre outras disposições constitucionais.

Nesse contexto, verifica-se que o acesso à justiça de um direito declaradamente social como é caso dos direitos trabalhistas, merece uma concepção processual de justiça social no acesso à justiça, pois de nada adianta garantir materialmente um direito se processualmente não se garante o acesso à ordem jurídica justa, deixando às forças do mercado a concretização e realização da justiça, quando se sabe da covardia e a gritante desproporcionalidade de forças entre capital e trabalho.

4. O ACESSO À JUSTIÇA SOCIAL COMO BEM COMUM PROCESSUAL A SER DISTRIBUÍDO AOS TRABALHADORES

O efetivo acesso à ordem jurídica justa pode ser tido como a igualdade de armas processuais entre os sujeitos envolvidos no processo, porém uma perfeita igualdade é algo utópico, visto que o custo econômico e temporal do processo, o conhecimento sobre os direitos e formas de defesa, os recursos financeiros e a instrução dos sujeitos, os conflitos de massa (direitos difusos ou coletivos *lato sensu*) e a preocupação de garantir justiça aos necessitados com desapego às formas podem agravar a injustiça pelo acesso desequilibrado das pessoas envolvidas no conflito (CAPPELLETTI; GARTH, 1988, p. 15).

Pesquisas desenvolvidas desde a década de 70 do século XX em vários países demonstraram que alguns pontos revelavam-se como barreiras para o acesso à justiça jurisdicional (CAPPELLETTI; GARTH, 1988, p. 15-29).

A primeira barreira são os gastos econômicos e os ônus temporais do processo, visto que o alto custo das despesas processuais sucumbenciais, como custas judiciais e honorários, e a elevada morosidade do Poder Judiciário sufocam a realização da justiça para aqueles que estão envolvidos em pequenas causas, cuja solução judicial tem um custo mais elevado do que a lesão, bem como para aqueles denominados necessitados, que, por não terem acesso à ordem jurídica jurisdicional – bem coletivo –, não podem ser beneficiários de prestações estatais que deveriam atender socialmente os que delas precisam de forma gratuita.

A segunda barreira que demanda a intervenção estatal no acesso à justiça jurisdicional está ligada à vantagem ou às melhores possibilidades que os detentores de recursos financeiros têm para pagar os gastos processuais e suportar a demora do processo. Tal situação usualmente está aliada à classe social que detém conhecimento com aptidão para reconhecer um direito e propor ação ou defender-se em juízo, visto que seus membros são litigantes habituais e podem planejar estrategicamente os litígios por terem maior experiência, baratear o acesso à justiça por terem economia de escala, desenvolver relações informais com os membros da instância decisora, testar estratégias em maior números de caso etc.., o que resulta em um forte desequilíbrio no acesso aos juízes e tribunais, quando comparados àqueles desprovidos de recursos e de educação e que não são litigantes eventuais. É o caso dos trabalhadores na comparação entre patrões e empregados.

A terceira barreira compreende os conflitos de massa, que são representados pelos interesses fragmentados, coletivos ou difusos, como as relações que envolvem o meio ambiente, o consumo (e o trabalho), que, para serem reparados judicialmente, precisam de intervenção estatal e devem ser tratados como coletivos para permitir o acesso processualmente aos desprovidos de bens materiais, processuais e educacionais.

A crise de acesso à justiça mundial nos idos de 70 e 80 levou ao desenvolvimento de ideias que superassem tais entraves processuais para a fruição dos direitos violados, por meio do Estado-juiz, com a possibilidade de alcançar, ao mesmo tempo, as três ondas renovatórias de acesso à justiça: a gratuidade na assistência judiciária, a resolução dos conflitos de massa (difusos ou coletivos) e a preocupação com a justiça da decisão, em especial a justiça social, sem o apego exagerado à forma (CAPPELLETTI; GARTH, 1988, p. 31-73).

A primeira onda renovatória, que é centrada na assistência judiciária aos pobres, busca superar os obstáculos de acesso à justiça como bem comum a ser apropriado coletiva e individualmente pelos hipossuficientes.

Nessa onda renovatória, várias ideias surgiram no mundo inteiro, discutindo-se algumas medidas como:

- o auxílio de advogados para decifrar leis complexas e procedimentos misteriosos suportados pelo Estado;
- a adoção de um sistema de remuneração pelo Estado dos advogados que fornecessem assistência judiciária e aconselhamento jurídico, como foi o caso das reformas introduzidas na Alemanha e na Inglaterra nos regimes social-democratas ou trabalhistas (1919-1923), porém essas técnicas de acesso à justiça de forma gratuita deveriam ter sido implementadas com um mecanismo de fiscalização para garantir a adequação dos serviços prestados, visto que a ausência de tal mecanismo de aferição trouxe problemas na qualidade dos serviços jurídicos prestados;
- a definição do custo dos honorários suportados pelo Estado;
- a remuneração adequada dos advogados para a melhoria dos serviços advocatícios aos necessitados;
- a adoção de modelos isolados e combinados de advogados servidores públicos (defensores públicos ou promotores de justiça em alguns países) e advogados particulares financiados pelo Estado, com o direito de acesso à justiça para todas as pessoas que se enquadrem nos termos da legislação

ou consideradas pobres ou acima do nível de pobreza, mas sem condições de arcar com os custos do processo, com a finalidade de proporcionar aos litigantes de baixa renda (hipossuficientes) a mesma representação que teriam se pudessem pagar um advogado.

Entretanto, essas medidas encontram alguns entraves, como a quantidade de advogados suficientes para atender as demandas, dotações orçamentárias suficientes, remuneração adequada dos advogados ou defensores, defesa de causas de pequena monta etc. (CAPPELLETTI; GARTH, 1988, p. 31-48).

O Brasil adotou o sistema de advogados denominados "defensores públicos", conforme disposição do artigo 134 da Constituição da República Federativa do Brasil (CRFB), tanto em nível federal como estadual, mas até os dias atuais esse sistema de gratuidade da justiça não abrangeu a justiça do trabalho, o que mostra um desequilíbrio da ordem jurídica de acesso à justiça em relação aos hipossuficientes trabalhistas e aos demais necessitados, que ficavam nas mãos dos advogados particulares, que se tornavam verdadeiros coproprietários dos créditos trabalhistas. Bom ou ruim, esse sistema ainda era funcional, mas parece que, com a Reforma Trabalhista, esse quadro agrava-se, porque os litigantes trabalhadores ainda têm de suportar todos os custos do processo quando vencidos, mesmo que seja por um certo período de tempo prescricional.

A segunda onda renovatória trata da representação e da defesa dos direitos difusos ou de massa. Houve uma série de mudanças nas definições do que seja direito e interesse, pois a concepção tradicional (ou individual) de processo civil não alberga esse olhar difuso ao transformar o papel do juiz e os conceitos básicos do litígio individual, como citação, contraditório, legitimidade, coisa julgada etc., visto que, para ser efetiva, a decisão deve obrigar (parcial ou integralmente) todos os membros do grupo, mesmo que todos não sejam ouvidos processualmente. Para cumprir essa onda renovatória, o mundo apresentou a proteção de tais interesses por meio de várias medidas como:

- a proteção por ações governamentais, que em certo grau não se mostraram bem-sucedidas, envolvendo instituições como agências públicas com poderes de representação do interesse público em quaisquer procedimentos administrativos e judiciais, bem como o Ministério Público e instituições análogas com legitimação para proteger os direitos difusos e coletivos;
- a técnica do *private attorney general* (procurador geral privado), que permite a propositura, por indivíduos, de ações de interesses públicos ou coletivos para impugnar ou paralisar determinadas ações do governo, técnica que se mostra evoluída, apesar das barreiras quanto à legitimidade de grupos ou de classes (essa técnica assemelha-se no Brasil à ação popular);
- a técnica do *organizational private attorney general* (advogado particular do interesse público), que tem três níveis: o reconhecimento de grupos privados organizados coletivamente, a organização e o fortalecimento de grupos privados para a defesa dos interesses difusos, o que concede legitimidade

ativa para proteger os direitos difusos ou coletivos às associações de determinado grupo organizado, às organizações privadas de proteção de interesse difuso e à assessoria pública de advogados financiados com recursos públicos, quando haja fatos direta ou indiretamente prejudiciais ao interesse coletivo ou difuso do grupo legitimado para proteger tais direitos – a *class action* é um exemplo dessa técnica, apesar de ser um meio imperfeito para proteger os interesses difusos (CAPPELLETTI; GARTH, 1988, p. 49-67).

Apesar dos vários modelos e técnicas de proteção dos direitos difusos, a proposta ideal passa por uma solução pluralística ou mista dessas três técnicas combinando meios, como as ações coletivas, as sociedades de advogados do interesse público, a assessoria pública e o advogado público.

A terceira onda renovatória preocupou-se com a justiça da decisão, em especial a justiça social, prescindindo do apego exagerado à forma como forma de fazer efetivos os direitos de indivíduos e grupos que estiveram privados dos benefícios de uma justiça igualitária na fruição dos direitos no duplo aspecto material e processual, distribuindo ou redistribuindo as vantagens tangíveis existentes no nível prático (e formados pelo bem comum de acesso à justiça). O problema reside na falta de execução das leis que se destinam a proteger e a beneficiar as camadas menos afortunadas da sociedade em geral, o que demonstra a necessidade de mecanismos procedimentais que tornem os direitos exequíveis, visto que são as regras procedimentais que insuflam a vida nos direitos substantivos, são elas que os ativam e os tornam efetivos, evidenciando o verdadeiro acesso à justiça.

Nesse contexto, a demanda latente por métodos que tornem os novos direitos efetivos forçou uma nova reflexão sobre o sistema judiciário no sentido de providenciar: alterações nas formas e nos procedimentos de proteção dos direitos; mudanças na estrutura dos tribunais ou criação de novos tribunais; o uso de pessoas leigas ou paraprofissionais, tanto como juízes quanto como defensores; modificações dos direitos substantivos destinados a evitar litígios ou a facilitar sua solução; utilização de mecanismos privados e informais de solução de litígios; adaptação do processo civil ao tipo de litígio a ser solucionado, com a adoção de várias técnicas com repercussões coletivas e individuais, como a mediação, e de outros mecanismos de interferência apaziguadora (a negociação, práticas restaurativas etc.) (CAPPELLETTI; GARTH, 1988, p. 68-73).

A preocupação com o apego exagerado à forma em detrimento de uma ordem jurídica justa tem sido matéria de estudo como forma de mitigar ou eliminar os entraves para que se alcancem resultados que atendam ao direito material ou à justiça substancial diante do caso concreto (OLIVEIRA, 2010). Também se discute a dicotomia das normas de conduta e de organização, visto que há o dogma de que as primeiras são exigíveis, porque estabelecem alguma ordem, proibição ou permissão, e de que as segundas não são dotadas de exigibilidade. Mas esse é um discurso perverso e uma forma de, transversamente, negar efetividade às normas de conduta, pois a razão de ser das normas de organização e de procedimento é dar garantia e efetividade às normas de conduta, já que em todo ordenamento jurídico há, ao lado das normas de conduta, as normas de estrutura ou de competência, de tal sorte que negar exigibilidade a estas é o mesmo que negar exigibilidade àquelas. Elas são, pois, interdependentes, as primeiras estabelecendo a conduta e as segundas fornecendo a forma pela qual a conduta será exercida (SILVA, 2007, p. 167-168).

Da mesma forma, essas razões lembram as prestações que devem ser entregues pelo Estado, no que se refere ao direito de participação na organização e no procedimento (SARLET, 2001, p. 188-206), por depender de providências estatais de criação e conformação de órgãos judiciários (**direito à organização**) e por depender de medidas normativas processuais destinadas a ordenar a fruição do direito (**direito a procedimento**), respectivamente (MENDES, 2012, p. 474-475).

Isso mostra claramente o quão importante é a discussão organizacional e procedimental para garantir a fruição dos direitos materialmente consagrados, pois não se pode admitir que as normas de conduta consagrem os direitos sociais dos trabalhadores e as normas de organização e de procedimento os neguem por não permitirem o acesso à ordem jurídica justa a cargo do Poder Judiciário como forma de fruí-los diante das ameaças e lesões a direitos.

Na ordem constitucional e processual brasileira de acesso à justiça, devem-se relembrar os artigos 5.º, XXXV e LXXIV, 127, 129 e 134, entre outros dispositivos da Constituição da República Federativa do Brasil, segundo os quais a lei não excluirá da apreciação do Poder Judiciário lesão ou ameaça a direito, mesmo que essa proteção necessite de garantir a justiça gratuita aos necessitados, destacando-se instituições como Ministério Público e Defensoria Pública para permitir o acesso à justiça das lesões e ameaças coletivas e dos desprovidos de recursos.

O acesso à justiça também é garantido pelos artigos 8.º[16] e 25[17] da Convenção Americana de Direitos Humanos (CADH), em especial pelo artigo 8.1, que assevera que toda pessoa terá o direito de ser ouvida, com as devidas garantias e dentro de um prazo razoável, por um juiz ou Tribunal competente, independente e imparcial, estabelecido anteriormente por lei, na determinação de seus direitos e obrigações de caráter civil, **trabalhista**, fiscal ou de qualquer outra natureza. No campo probatório, essa obrigação resta clara na alínea "f" do item 2 do artigo 8.º, que prescreve o direito da defesa de inquirir as testemunhas presentes no Tribunal e de obter o comparecimento, como testemunhas ou peritos, de outras pessoas que possam lançar luz sobre os fatos[18].

---

16. Artigo 8.º: Garantias judiciais "1. **Toda pessoa terá o direito de ser ouvida, com as devidas garantias e dentro de um prazo razoável, por um juiz ou Tribunal competente, independente e imparcial**, estabelecido anteriormente por lei, na apuração de qualquer acusação penal formulada contra ela, ou **na determinação de seus direitos e obrigações de caráter civil, trabalhista, fiscal ou de qualquer outra natureza**" (grifos nossos).
17. Artigo 25: Proteção judicial "1. Toda pessoa tem direito a um recurso simples e rápido ou a qualquer outro recurso efetivo, perante os juízes ou tribunais competentes, que a proteja contra atos que violem seus direitos fundamentais reconhecidos pela Constituição, pela lei ou pela presente Convenção, mesmo quando tal violação seja cometida por pessoas que estejam atuando no exercício de suas funções oficiais".
18. O artigo 6(3) da Convenção Europeia de Direitos Humanos também traz a mesma garantia.

Disposições semelhantes são encontradas nos artigos 8.º[19] e 10.º[20] da Declaração Universal dos Direitos Humanos (DUDH), de 10 de dezembro de 1948, e no artigo 14.1[21] do Pacto Internacional sobre Direitos Civis e Políticos (PISDCP), de 19 de dezembro de 1966, o que caracteriza o direito de acesso aos tribunais como concretização do princípio estruturante do estado de direito (CANOTILHO, 2003, p. 491), reconhecido no plano internacional como direito humano.

Esses dispositivos da ordem constitucional e internacional representam esforços destinados a criar sociedades mais justas e igualitárias, provendo direitos materiais e processuais aos mais fracos economicamente, inclusive aos trabalhadores, que se encontram tradicionalmente isolados e impotentes ao enfrentar organizações fortes e burocracias governamentais, visto que a luta revela-se no dever de garantir a proteção de direitos, independentemente de sua natureza material ou processual, aos relativamente fracos, em especial, aos consumidores contra os empresários, à sociedade contra os poluidores, aos locatários contra os locadores, aos empregados contra os empregadores (e os sindicatos) e aos cidadãos contra os governos (CAPPELLETTI; GARTH, 1988, p. 91).

Essa perspectiva demonstra claramente que qualquer medida legislativa de onerar, dificultar ou impedir o acesso à jurisdição trabalhista aos trabalhadores, além de inverter a ordem da concepção de Estado Social e de apropriação de bem comum ou de fruição dos direitos humanos, revela-se inconstitucional e "inconvencional", por criar obstáculo à justiça gratuita, aos direitos sociais (coletivos, difusos e individuais indisponíveis) dos trabalhadores, inclusive processuais, e à justiça da decisão, em especial a justiça social, sem o apego exagerado à forma.

5. ANÁLISE DA CONVENCIONALIDADE E DA CONSTITUCIONALIDADE DE ALGUNS DISPOSITIVOS PROCESSUAIS DA DEMOLIDORA REFORMA TRABALHISTA

Como são muitos os dispositivos da Reforma Trabalhista (ou melhor, da **Demolição Trabalhista**[22]), concentrou-se, por compromisso acadêmico-profissional, a análise em apenas alguns dispositivos que trouxeram empecilhos quanto

---

19. Artigo 8. "Todo homem tem direito a receber, dos tribunais nacionais competentes, remédio efetivo para os atos que violem os direitos fundamentais que lhe sejam reconhecidos pela constituição ou pela lei".

20. Artigo 10. "Todo homem tem direito, em plena igualdade, a uma justa e pública audiência por parte de um tribunal independente e imparcial, para decidir de seus direitos e deveres ou do fundamento de qualquer acusação criminal contra si".

21. Artigo 14.1. "Todas as pessoas são iguais perante os tribunais e as cortes de justiça. Toda pessoa terá o direito de ser ouvida publicamente e com devidas garantias por um tribunal competente, independente e imparcial, estabelecido por lei, na apuração de qualquer acusação de caráter penal formulada contra ela ou na determinação de seus direitos e obrigações de caráter civil".

22. Fazendo-se uma analogia com os conceitos utilizados em obras e serviços de engenharia civil, prefere-se, para os efeitos do presente artigo, adotar o termo "**demolição**" a "reforma", para representar as alterações legislativas trazidas pela Lei n.º 13.467/2017, visto que tais alterações visam,

ao elevado custo do processo e à forma exagerada e limitativa de interpretação dos juízes trabalhistas sobre os direitos sociais do trabalhador em clara ofensa à independência funcional da Justiça do Trabalho e ao princípio da unidade da jurisdição. Esses dispositivos da Lei n.º 13.467/2017 são: de um lado, os §§ 3.º e 4.º do artigo 790, o artigo 790-B, o artigo 791-A e o § 2.º do artigo 844; de outro, os §§ 2.º e 3.º do artigo 8.º, a alínea "f" do inciso I e os §§ 3º e 4º do artigo 702. A análise considera o acesso à justiça social na perspectiva das ondas renovatórias, da concepção do Estado Social, dos direitos sociais ou do compartilhamento dos bens comuns, das convenções internacionais e da ordem constitucional brasileira.

Cabe informar que a Procuradoria Geral da República ingressou com uma ação direta de inconstitucionalidade (ADI n.º 5.766) da Lei n.º 13.467/2017, dita "Reforma Trabalhista", com fundamento na assistência judiciária gratuita, no que se refere às alterações dos artigos 790-B, *caput* e § 4º, 791-A, § 4.º, e 844, § 2.º, da Consolidação das Leis do Trabalho por violação do acesso à justiça (art. 5.º, *caput*, XXXV e LXXIV, da Constituição da República). Na ação, foi formulado um pedido liminar, nos termos do artigo 10, § 3.º, da Lei n.º 9.868/1999, como **medida cautelar** para suspender a eficácia dos seguintes textos normativos, inseridas pela Lei n.º 13.467/2017: a) da expressão "ainda que beneficiária da justiça gratuita", inserida no *caput* do artigo 790-B, e do § 4.º do art. 790-B da CLT; b) da expressão "desde que não tenha obtido em juízo, ainda que em outro processo, créditos capazes de suportar a despesa", no § 4.º do artigo 791-A da CLT; c) da expressão "ainda que beneficiário da justiça gratuita", no § 2.º do artigo 844 da CLT A decisão ainda está pendente pelo relator Roberto Barroso.

A liminar ainda pende de deliberação monocrática e colegiada do Supremo Tribunal Federal.

5.1. O (in)acesso à justiça social pela elevação do custo do processo para os trabalhadores: dificuldades na concessão da justiça gratuita e a imposição de honorários periciais e sucumbenciais ao trabalhador

Os primeiros artigos examinados reportam-se à apreciação dos entraves para a concessão do benefício da justiça gratuita e para a atribuição da responsabilidade pelo pagamento de custas judiciais e de honorários periciais e sucumbenciais, como barreiras que contrariam a ordem constitucional e convencional positivada no Brasil, que estão expressas nos §§ 3.º e 4.º do artigo 790, no artigo 790-B, no artigo 791-A e nos §§ 2.º e 3.º do artigo 844 da CLT com a alteração trazida pela Lei n.º 13.467, de 13 de julho de 2017.

A gratuidade judiciária, tratada antes da Reforma Trabalhista pelo § 3.º do artigo 790 da CLT, era um benefício destinado àqueles que percebessem salário igual

em certa medida, a destruir boa parte dos direitos sociais trabalhistas. Daí a denominação Demolição Trabalhista para designar a Reforma Trabalhista.

ou inferior ao dobro do mínimo legal, ou que declarassem, sob as penas da lei, não estarem em condição de pagar as custas do processo sem prejuízo do sustento próprio ou de sua família.

Justiça gratuita, ou benefício da gratuidade, ou ainda gratuidade judiciária, consiste na dispensa da parte do adiantamento de todas as despesas, judiciais ou não, diretamente vinculadas ao processo, bem assim na dispensa do pagamento dos honorários do advogado ou do patrocínio gratuito da causa por advogado público ou particular (DIDIER; OLIVEIRA, 2005, p. 6-7). Portanto, a gratuidade judiciária abrange custas, despesas processuais e honorários advocatícios, conforme anunciado na primeira onda renovatória do acesso à justiça.

Com efeito, uma das barreiras que se impõe pela chamada "Demolição" ou Reforma Trabalhista é a dificuldade de se alcançar a justiça gratuita, benefício limitado genericamente àqueles que perceberem salário igual ou inferior a 40% (quarenta por cento) do limite máximo dos benefícios do Regime Geral de Previdência Social, o que representa um valor de aproximadamente R$ 2.000,00 (dois mil reais), para fins de parâmetro de presunção de pobreza (SILVA, 2017, p. 136-137), nos termos dos §§ 3.º e 4.º do artigo 790 da CLT[23], com as alterações e inclusões trazidas pela Lei 13.467/2017.

Cabe destacar a própria incoerência do governo ao fixar a presunção de pobreza em R$ 2.000,00 (dois mil reais), quando o salário mínimo necessário segundo o Departamento Intersindical de Estatística e Estudos Socioeconômicos (Dieese) atingiu, em setembro de 2017, o valor de R$ 3.668,55 (três mil, seiscentos e sessenta e oito reais e cinquenta e cinco centavos). Ressalte-se que esse valor, em abril deste ano, era R$ 3.899,66 (três mil, oitocentos e noventa e nove reais e sessenta e seis centavos) e, em outubro de 2016, R$ 4.016,27 (quatro mil e dezesseis reais e vinte e sete centavos), enquanto o salário mínimo era R$ 937,00 (novecentos e trinta e sete reais) em 2017 e R$ 880,00 (oitocentos e oitenta reais) em 2106[24].

Se, de acordo com o cálculo do Dieese, para atender os direitos dos trabalhadores urbanos e rurais, e suprir às necessidades vitais básicas do trabalhador e de sua família – moradia, alimentação, educação, saúde, lazer, vestuário, higiene, transporte e previdência social –, conforme consagrado no artigo 7.º, IV, da CRFB (MUNIZ, 2010), é necessário um valor aproximadamente 4 (quatro) vezes maior que o valor do salário mínimo previsto legalmente e 80% (oitenta por cento) superior à presunção legal de pobreza trazida pela Reforma Trabalhista, conclui-se

23. Artigo 790. "§ 3.º É facultado aos juízes, órgãos julgadores e presidentes dos tribunais do trabalho de qualquer instância conceder, a requerimento ou de ofício, o **benefício da justiça gratuita**, inclusive quanto a traslados e instrumentos, àqueles que perceberem **salário igual ou inferior a 40%** (quarenta por cento) **do limite máximo dos benefícios do Regime Geral de Previdência Social**". § 4.º "O benefício da justiça gratuita será concedido à parte que **comprovar insuficiência de recursos para o pagamento das custas do processo**" (grifos nossos).

24. Disponível em: <https://www.dieese.org.br/analisecestabasica/salarioMinimo.html>. Acesso em: 7 out. 2017.

pela inconstitucionalidade desse dispositivo ante a realidade econômica em que se encontra o país.

O vilipêndio contra esse patamar remuneratório mínimo levou o Supremo Tribunal Federal (STF) (ADI 1442 QO/DF) a julgar inconstitucional, por omissão parcial, a insuficiência do valor fixado para o salário mínimo: **1)** por se revelar incapaz de atender as necessidades vitais básicas do trabalhador; **2)** por não preservar o poder aquisitivo do salário mínimo; **3)** por desrespeitar o postulado constitucional de remuneração digna; **4)** por impedir, por ausência de medidas concretizantes, a própria aplicabilidade dos postulados e princípios insertos na *Lex Mater*. O STF considerou que a cláusula inscrita no artigo 7.º, IV, da CRFB representava uma verdadeira imposição legiferante dirigida ao Poder Público, que tem por finalidade vincular o salário mínimo à efetiva prestação positiva destinada a satisfazer as necessidades essenciais do trabalhador e de sua família e a preservar, mediante reajustes periódicos, o valor intrínseco dessa remuneração básica, conservando-lhe o poder aquisitivo[25] (SILVA, 2007, p. 178-179).

O § 4.º do artigo 790 também padece de inconstitucionalidade porque submete, por exemplo, à comprovação de pobreza aqueles que ganham entre R$ 2.000,00 (dois mil reais) e R$ 3.668,55 (três mil, seiscentos e sessenta e oito reais e cinquenta e cinco centavos), que foi o mínimo necessário para setembro de 2017, quando este último valor deveria ser considerado como parâmetro para definir a gratuidade da justiça, por ser o mínimo necessário para atingir a constitucionalidade desse direito trabalhista.

Outra barreira à gratuidade da justiça foi a responsabilidade atribuída ao trabalhador pelo pagamento de honorário periciais, quando **sucumbente, ainda que beneficiário da justiça gratuita**, conforme o *caput* do artigo 790-B e seus parágrafos[26].

A normatividade do dispositivo traz a interpretação de que o trabalhador, mesmo que beneficiário da justiça gratuita, responderá por honorários periciais. Mais ainda: traz a possibilidade de compensação dos créditos alimentares oriundos de relações trabalhistas do trabalhador, ainda que em outro processo, para só depois de fracassadas essas tentativas de responsabilidades do trabalhador, atribuir o encargo à União, mostrando-se como uma medida em direção oposta à primeira onda renovatória do acesso à justiça, à concepção de Estado Social e

25. STF. ADI 1442 QO/DF, 03/11/2004. **DJ** 29/04/2005, p. 00007. EMENT. v. 02189-1, p. 00113. Órgão julgador: Tribunal Pleno. Relator(a): Min. Celso de Mello. Voto do relator, p. 133.

26. Artigo 790-B. "A responsabilidade pelo pagamento dos **honorários periciais** é da parte sucumbente na pretensão objeto da perícia, **ainda que beneficiária da justiça gratuita.** § 1.º Ao fixar o valor dos honorários periciais, o juízo deverá respeitar o limite máximo estabelecido pelo Conselho Superior da Justiça do Trabalho. § 2.º O juízo poderá deferir parcelamento dos honorários periciais. § 3.º O juízo não poderá exigir adiantamento de valores para realização de perícias. § 4.º Somente no caso em que o **beneficiário da justiça gratuita não tenha obtido em juízo créditos capazes de suportar a despesa referida no caput, ainda que em outro processo, a União responderá pelo encargo**" (grifos nossos).

ao compartilhamento do bem comum que permite processualmente a fruição dos direitos materiais sociais por meio do Poder Judiciário.

Mas a **Demolição Trabalhista** não para por aí! Agrava a situação ao impor ao trabalhador os honorários da sucumbência, conforme o artigo 791-A, *caput* e parágrafos[27].

O gasto com honorários da sucumbência sempre foi tema de elevado impacto no acesso à justiça. Estados Unidos e Japão não usam o sistema de responsabilização pela sucumbência, pois nesses países cada parte suporta seus custos. A adoção do princípio ou sistema que impõe ao vencido os ônus da sucumbência traz custos aproximadamente 2 (duas) vezes maior do que os ônus suportados por aqueles que não o adotam, elevando a dificuldade de acesso à justiça, em especial, a social (CAPPELLETTI; GARTH, 1988, p. 16-17), ao impor à classe hipossuficiente dos trabalhadores o receio de acessar o Judiciário laboral.

A Justiça do Trabalho brasileira normalmente, por força de lei, de decisão judicial ou por prática forense, não responsabilizava o reclamante quando sucumbente, fazendo com que a reclamada suportasse os honorários contratados e o advogado do reclamante suportasse os riscos do insucesso da demanda trabalhista, isentando o reclamante de todas as despesas processuais, ainda que sucumbente, por ser economicamente hipossuficiente.

Nesse sentido, o artigo 791-A da CLT inserido pela Lei nº 13.467/2017 tenta trazer para a justiça laboral, se não for afastado por vício de inconstitucionalidade e "inconvencionalidade", o princípio da sucumbência para os honorários advocatícios, fixados entre o mínimo de 5% (cinco por cento) e o máximo de 15% (quinze por cento) sobre o valor que resultar da liquidação da sentença, do proveito econômico obtido ou, não sendo possível mensurá-lo, sobre o valor atualizado da causa. Situação semelhante determina o artigo 790-B para os honorários periciais, o que agrava a posição processual de quem já é material e economicamente hipossuficiente, como é o caso do trabalhador.

27. Artigo 791-A. "Ao advogado, ainda que atue em causa própria, serão devidos **honorários de sucumbência**, fixados entre o mínimo de 5% (cinco por cento) e o máximo de 15% (quinze por cento) sobre o valor que resultar da liquidação da sentença, do proveito econômico obtido ou, não sendo possível mensurá-lo, sobre o valor atualizado da causa. § 1.º Os honorários são devidos também nas ações contra a Fazenda Pública e nas ações em que a parte estiver assistida ou substituída pelo sindicato de sua categoria. § 2.º Ao fixar os honorários, o juízo observará: I - o grau de zelo do profissional; II - o lugar de prestação do serviço; III - a natureza e a importância da causa; IV - o trabalho realizado pelo advogado e o tempo exigido para o seu serviço. § 3.º Na hipótese de procedência parcial, o juízo arbitrará honorários de sucumbência recíproca, vedada a compensação entre os honorários. § 4.º Vencido o beneficiário da justiça gratuita, desde que não tenha obtido em juízo, ainda que em outro processo, créditos capazes de suportar a despesa, as obrigações decorrentes de sua sucumbência ficarão sob condição suspensiva de exigibilidade e somente poderão ser executadas se, nos dois anos subsequentes ao trânsito em julgado da decisão que as certificou, o credor demonstrar que deixou de existir a situação de insuficiência de recursos que justificou a concessão de gratuidade, extinguindo-se, passado esse prazo, tais obrigações do beneficiário. § 5.º São devidos honorários de sucumbência na reconvenção" (grifo nosso).

O § 4.º do citado artigo 791-A estende a responsabilização e a limitação de tal princípio ao beneficiário da justiça gratuita, determinando a compensação dos créditos capazes de suportar a despesa no processo em debate ou em outro processo. E, caso o trabalhador não tenha créditos suficientes para compensar o ônus da sucumbência no processo em que foi vencido ou em outro processo, as obrigações decorrentes da sucumbência ficarão sob condição suspensiva de exigibilidade e somente poderão ser executadas se, nos dois anos subsequentes ao trânsito em julgado da decisão que as certificou, o credor demonstrar que deixou de existir a situação de insuficiência de recursos que justificou a concessão de gratuidade, extinguindo-se, passado esse prazo, tais obrigações do beneficiário da justiça gratuita, que usualmente é o trabalhador.

A inversão dessa ordem de justiça gratuita, conforme sugere a primeira onda renovatória para uma justiça com base no princípio da sucumbência, significa tornar a justiça laboral pelo menos 2 (duas) vezes mais cara para o trabalhador, visto que, para os patrões que são detentores de recursos financeiros, litigantes habituais e conhecedores dos meandros do sistema judicial, a medida não tem tanto impacto. Porém, para o trabalhador, essa medida é uma inibição processual da fruição dos demais direitos sociais do trabalhador.

O parágrafo 3.º do artigo 791-A estipula a adoção do princípio sucumbencial para a sucumbência recíproca; de acordo com a proporção da improcedência do trabalhador o reclamante pode ter seus direitos trabalhistas consumidos pelas custas e pelos honorários da sucumbência ou ainda pelos honorários periciais, nos termos do § 4.º do artigo 790-B, o que traz não só receio para a litigância pelo trabalhador, mas a verdadeira submissão dos créditos alimentares do hipossuficiente em contraposição aos créditos periciais, tributários (custas) e sucumbenciais e a inversão dos cuidados de um Estado Social com os necessitados.

O § 1.º do citado artigo 791-A traz a sucumbência de honorários advocatícios para a Fazenda Pública e para as ações em que a parte estiver assistida ou substituída pelo sindicato de sua categoria, o que revela uma aplicação tão prejudicial quanto as demais normas comentadas. O § 4.º aplica o princípio da sucumbência à reconvenção, e o § 2.º estipula critérios para a ponderação do percentual entre 5% (cinco por cento) e 15% (quinze por cento) sobre a base de cálculo estipulada no *caput* do artigo[28].

Barreira de menor potencial é a hipótese de responsabilização do reclamante pelo pagamento das custas calculadas na forma do artigo 789 desta Consolida-

28. Deve-se observar que esse regramento oneroso para o processo trabalhista supera por completo a Súmula 219, do Tribunal Superior do Trabalho (TST), que só admitia honorários na Justiça do Trabalho quando a parte estivesse assistida por sindicato da categoria profissional, *in verbis:* "Súmula 219. Honorários advocatícios. Hipótese de cabimento. Na Justiça do Trabalho, a condenação em honorários advocatícios, nunca superiores a 15%, não decorre pura e simplesmente da sucumbência, devendo a parte estar assistida por sindicato da categoria profissional e comprovar a percepção de salário inferior ao dobro do mínimo legal, ou encontrar-se em situação econômica que não lhe permita demandar sem prejuízo do próprio sustento ou da respectiva família".

ção, por ausência do reclamante, ainda que beneficiário da justiça gratuita, salvo se comprovar, no prazo de quinze dias, que a ausência ocorreu por motivo legalmente justificável[29], conforme §§ 2.º e 3.º do artigo 844 da CLT. O § 3.º do mesmo dispositivo condiciona a propositura de nova demanda ao pagamento das custas a que se refere o § 2.º, demonstrando claramente uma limitação do acesso à justiça laboral por uma classe conhecidamente necessitada de proteção estatal.

Isso revela a total inversão de um Estado Social e um descaso com o mínimo existencial do perito ou do advogado, em menor grau, e do trabalhador, em maior grau, pois há uma colisão de créditos alimentares, em que os créditos alimentares do reclamante trabalhador tem menos proteção que os demais créditos. O Estado torna-se, em certa medida, irresponsável quanto à gratuidade da justiça para os necessitados, o que contraria o artigo 5.º, *caput*, XXXV, LIV, LV, LXXIV, e os artigos 127, 129 e 134 da CRFB, ao impor maior restrição à gratuidade judiciária na Justiça do Trabalho, mesmo em comparação com a Justiça Comum, ao desequilibrar a paridade de armas processuais entre os litigantes trabalhistas, bem como ao violar os princípios constitucionais da isonomia, da ampla defesa, do devido processo legal, da inafastabilidade da jurisdição, da proporcionalidade e da proibição de excesso.

Essa perspectiva milita contra a primeira onda renovatória de acesso à justiça, por onerá-la em relação aos necessitados; afasta-se da concepção de Estado Social, por tornar o Poder Público irresponsável para atender aos que não têm recursos financeiros para prover sua defesa em juízo; reverte a natureza de direitos sociais do trabalhador para submetê-los à autonomia da vontade entre classes diferentes em sua dimensão econômica e educacional, além de violar os dispositivos constitucionais e convencionais de acesso à justiça, em particular, os incisos XXXV e LXXIV do artigo 5.º da CRFB.

5.2. O (in)acesso à justiça social pelo exagero formal e exigências limitadoras da interpretação judicial trabalhista: violação dos princípios da independência funcional, da separação de poderes e da unidade da jurisdição

A demolidora Reforma Trabalhista não se contentou apenas com os entraves econômicos do acesso à justiça social, mas também busca amordaçar a justiça do trabalho com a imposição da não interpretação das normas trabalhistas de forma livremente motivada e de um formalismo exagerado para que a jurisdição trabalhista firme tese jurídica ou precedentes formalmente vinculantes, sem qualquer

29. Artigo 844. "§ 2.º Na hipótese de ausência do reclamante, este será condenado ao pagamento das custas calculadas na forma do art. 789 desta Consolidação, ainda que beneficiário da justiça gratuita, salvo se comprovar, no prazo de quinze dias, que a ausência ocorreu por motivo legalmente justificável. § 3.º O pagamento das custas a que se refere o § 2.º é condição para a propositura de nova demanda".

possibilidade de adoção de interpretação compensatória de desequilíbrio entre patrões e empregados.

Nessa linha, o § 1.º do artigo 8.º assegura o direito comum como fonte subsidiária do direito social do trabalho; já o § 2.º impõe que as súmulas e outros enunciados de jurisprudência editados pelos tribunais trabalhistas não poderão restringir direitos legalmente previstos, nem criar obrigações que não estejam previstas em lei. Por outro lado, o § 3.º limita a justiça do trabalho à apreciação de convenção coletiva ou acordo coletivo de trabalho exclusivamente quanto à conformidade dos elementos essenciais do negócio jurídico[30].

A limitação inconstitucional e "inconvencional" de cercear a interpretação dos direitos sociais do trabalhador, não permitindo atuação interpretativa de restrição de direitos legalmente previstos nem de criação de obrigações que não estejam previstas em lei, remete à ideia de que o juiz é a "boca da lei" da época do rei Luiz XIV da França, que interferiu na atividade jurisdicional como monarca.

De fato, o direito francês do século XVII era lacunoso, e os juízes que estavam no parlamento de Paris exerciam os poderes de interpretação, o que limitava o poder do rei, razão pela qual o rei Luiz XIV invocou os poderes de legislar e de julgar, criando para isso o *Code Louis* em 1667, de forma que, se o juiz tivesse dúvida, deveria consultar o rei. Nesse período, os juízes só tinham o poder de declarar uma norma preexistente e contida no texto legislativo, funcionando como a **boca da lei** e declarando algo já existente e criado pelo legislador (MITIDIERO, 2016, p. 47), o que se mostra inconcebível nos dias atuais com a ordem constitucional e convencional brasileira de concepção de Estado Social, de direitos fundamentais sociais do trabalhador e de acesso à justiça gratuita para os necessitados, que é obrigação do Estado brasileiro. A limitação interpretativa determinada pela Lei n.º 13.467/2017 é ainda mais severa que o *Code Louis*, pois nem o direito de consulta, em caso de dúvida, restou como possibilidade ao juiz trabalhista, impondo uma prisão interpretativa plena a esse ramo judicial especializado.

A prisão hermenêutica da jurisdição laboral não se restringe apenas ao juiz **boca da lei**, no sentido de não poder restringir direitos legalmente previstos nem criar obrigações que não estejam previstas em lei, o que por si só revela contrariedade à ordem constitucional e convencional. Vai além, no parágrafo 3.º do artigo 8.º da CLT, ao positivar o princípio da intervenção jurisdicional mínima na autonomia da vontade coletiva no exame de convenção coletiva ou acordo coletivo de trabalho, no sentido de condicionar a Justiça do Trabalho à análise exclusivamente

---

30. Artigo 8.º "§ 1.º O direito comum será fonte subsidiária do direito do trabalho. § 2.º Súmulas e outros enunciados de jurisprudência editados pelo Tribunal Superior do Trabalho e pelos Tribunais Regionais do Trabalho **não poderão restringir direitos legalmente previstos nem criar obrigações que não estejam previstas em lei**. § 3.º No exame de convenção coletiva ou acordo coletivo de trabalho, a Justiça do Trabalho **analisará exclusivamente a conformidade dos elementos essenciais do negócio jurídico**, respeitado o disposto no art. 104 da Lei n.º 10.406, de 10 de janeiro de 2002 (Código Civil), e balizará sua atuação pelo princípio da intervenção mínima na autonomia da vontade coletiva" (grifos nossos).

da conformidade dos elementos essenciais do negócio jurídico, nos termos do artigo 104 da Lei n.º 10.406, de 10 de janeiro de 2002 (Código Civil), contrariando por completo o princípio da independência funcional, a concepção de Estado Social, os direitos sociais e a partilha de bem comum, sem mencionar o retrocesso nos direitos sociais, visto que a classe patronal, por ter mais poder, acabará por fulminar todos os avanços e direitos conquistados pelos trabalhadores na ordem constitucional e convencional brasileira, pois interromperá as características da continuidade, da progressividade para a exigibilidade dos direitos sociais.

No mesmo sentido limitador da interpretação dos direitos sociais do trabalho, a alínea "f" do inciso I e os §§ 3.º e 4.º do artigo 702 da CLT fazem exigências procedimentais inconstitucionais e exageradas[31] para fins de estabelecer ou de alterar súmulas e outros enunciados de jurisprudência uniforme.

De fato, condicionar o estabelecimento e a alteração de súmulas e de outros enunciados de jurisprudência uniforme às formalidades exageradas prescritas no artigo 702, I, f, da CLT – quais sejam a) aprovar os precedentes ou teses jurídicas pelo voto de pelo menos dois terços de seus membros, b) exigir que a matéria seja anteriormente decidida de forma idêntica por unanimidade em, no mínimo, dois terços das turmas em pelo menos dez sessões diferentes em cada uma delas e c) restringir os efeitos da declaração ou decidir que ela só tenha eficácia a partir de sua publicação no Diário Oficial por maioria de dois terços de seus membros – revela-se, com exceção da última formalidade, uma exigência procedimental exagerada contrária aos princípios da independência funcional, da separação de poderes e da unidade da jurisdição, por impedir que o juiz decida de acordo com o princípio da persuasão racional e por impor à Justiça Obreira formalidades exageradas que não são impostas aos outros ramos judiciais.

No direito processual, a crise do formalismo exacerbado levou parte da doutrina a livrar-se de amarras processuais para defender a adequação da relação processual ao direito material. Preconizou-se a superação do formalismo exacerbado em prol de um formalismo valorativo, diante da justiça do caso concreto, para que se alcancem resultados que atendam ao direito material ou à justiça substancial (OLIVEIRA,

31. Artigo 702. "I – [...] f) estabelecer ou alterar súmulas e outros enunciados de jurisprudência uniforme, pelo voto de pelo menos dois terços de seus membros, caso a mesma matéria **já tenha sido decidida de forma idêntica por unanimidade em, no mínimo, dois terços das turmas em pelo menos dez sessões diferentes em cada uma delas**, podendo, ainda, **por maioria de dois terços de seus membros, restringir os efeitos daquela declaração ou decidir que ela só tenha eficácia a partir de sua publicação no Diário Oficial**; [...] § 3.º As sessões de julgamento sobre estabelecimento ou alteração de súmulas e outros enunciados de jurisprudência deverão ser públicas, divulgadas com, no mínimo, trinta dias de antecedência, e deverão possibilitar a sustentação oral pelo Procurador-Geral do Trabalho, pelo Conselho Federal da Ordem dos Advogados do Brasil, pelo Advogado-Geral da União e por confederações sindicais ou entidades de classe de âmbito nacional. § 4.º **O estabelecimento ou a alteração de súmulas e outros enunciados de jurisprudência pelos Tribunais Regionais do Trabalho deverão observar o disposto na alínea f do inciso I e no § 3.º deste artigo**, com rol equivalente de legitimados para sustentação oral, observada a abrangência de sua circunscrição judiciária" (grifos nossos).

2010), para que o bem comum tenha seu aspecto procedimental voltado para a concretização dos direitos humanos, especialmente os direitos sociais, permitindo que se alcancem objetivos razoáveis de forma que todos colaborem uns com os outros, por meio de um procedimento que seja justo (SILVA, 2016, p. 200).

Reexaminando as prestações entregues pelo Estado, Ingo Wolfgang Sarlet (2001, p. 188-206) divide as prestações em direito à proteção[32], prestações em sentido estrito ou *status positivus socialis* e direito de participação na organização e no procedimento[33]. Entretanto, o principal relevo da dimensão objetiva dos direitos sociais encontra-se nos dois últimos tipos, visto que os direitos sociais são aqueles cuja concretização e cuja realização dependem de providências estatais: a criação e a conformação de órgãos (quem) e de procedimentos (como) indispensáveis a sua efetivação.

Isso é necessário para que não haja a desvalorização funcional da Constituição em virtude da inércia. Com efeito, a não materialização das exigências constitucionais seria um inaceitável gesto de desprezo pela Carta constitucional e revelaria um incompreensível sentimento de desapreço pela autoridade, pelo valor e pelos significados da Constituição, conforme orientado pelo STF na STA 175 (SILVA, 2016, p. 198-199).

Esse viés demonstra típico caso de direito fundamental cuja realização depende tanto de providências estatais de criação e de conformação de órgãos judiciários (**direito à organização**), quanto de medidas normativas processuais destinadas a ordenar a fruição do direito (**direito a procedimento**) (MENDES, 2012, p. 474-475) para a fruição dos direitos sociais no campo processual de acesso à justiça.

Essas prescrições normativas que tentam amordaçar a Justiça do Trabalho e impor formalidades exageradas para fixar teses jurídicas e precedentes formalmente vinculantes violam os princípios da independência funcional dos juízes trabalhistas, da separação de poderes, constante no artigo 2.º da CRFB, e da unidade da jurisdição, por discriminação na atuação jurisdicional sem assento constitucional, revelando-se inconstitucional e contrária às convenções internacionais, e às concepções de Estado Social e de partilha do bem coletivo como exigibilidade dos direitos sociais.

Assim, impor exageradamente à atuação jurisdicional laboral esse formalismo radical mostra-se descabido e sem qualquer suporte constitucional, convencional ou doutrinário, por contrariar a terceira onda renovatória de uma justiça social que atenda aos necessitados (CAPPELLETTI; GARTH, 1988), o formalismo valorativo destinado a atender ao direito substancial (OLIVEIRA, 2010) ou o direito de participação na organização e no procedimento (MENDES, 2012; SARLET, 2001).

32. São posições jurídicas fundamentais que outorgam ao indivíduo o direito de exigir do Estado que ele o proteja contra ingerências de terceiros em determinados bens pessoais (SARLET, 2001, p. 195).

33. Constitui o direito à emissão de determinadas normas procedimentais e a determinada interpretação e aplicação das normas sobre procedimento (SARLET, 2001, p. 198).

6. CONCLUSÃO

O artigo teve como finalidade precípua demonstrar a violação da Constituição, das convenções internacionais, da concepção de Estado Social, dos princípios da independência funcional e da unidade da jurisdição e da proteção dos direitos sociais do trabalhador, especialmente no que se refere à partilha do bem coletivo de acesso à ordem jurisdicional, com base em alguns dispositivos da demolidora Reforma Trabalhista. Espera-se que o STF tenha sensibilidade para afastar as normas que padecem de vícios de constitucionalidade e de convencionalidade.

A ordem constitucional brasileira consagrou a concepção do Estado Social como forma ideal de realizar a justiça material e processual quanto aos direitos sociais trabalhistas e a incompatibilidade de adoção de um Estado Subsidiário ou mínimo nas relações laborais, mostrando-se inconcebível a intenção da Reforma Trabalhista de impor uma total inversão de natureza histórica e teórica do surgimento do direito do trabalho em contraposição às ideias liberais de uma economia livre, com igualdade de chances e distribuição de riquezas.

A proteção dos direitos sociais dos trabalhadores passa por uma concepção processual de justiça social no acesso à justiça, pois de nada adianta garantir materialmente um direito se processualmente não se garante o acesso à ordem jurídica justa, deixando às forças do mercado a concretização e a realização da justiça, quando se sabe da covardia nessa tensão de interesses e a gritante desproporcionalidade de forças entre capital e trabalho.

A percepção do acesso à justiça como direito social envolto numa concepção de Estado intervencionista trouxe para a ordem constitucional e internacional normas destinadas a criar sociedades mais justas e igualitárias, provendo direitos materiais e processuais aos mais fracos economicamente, inclusive aos trabalhadores, que se encontram tradicionalmente isolados e impotentes ao enfrentar organizações fortes e burocracias governamentais, visto que a luta reside no dever de garantir a proteção de direitos, independentemente de sua natureza material ou processual, aos relativamente fracos, em especial, aos consumidores contra os empresários, à sociedade contra os poluidores, aos locatários contra os locadores, aos empregados contra os empregadores (e os sindicatos) e aos cidadãos contra os governos.

Essa perspectiva demonstra claramente que qualquer medida legislativa de onerar, dificultar ou impedir formalmente o acesso à jurisdição por parte dos trabalhadores, além de inverter a ordem da concepção de Estado Social e de apropriação de bem comum, revela-se inconstitucional e "inconvencional", por criar obstáculo à justiça gratuita, aos direitos sociais (coletivos, difusos e individuais indisponíveis) dos trabalhadores, inclusive processuais, e à justiça da decisão, em especial a justiça social, sem o apego exagerado à forma. Esse tipo de medida impõe maior restrição à gratuidade na Justiça do Trabalho, mesmo em comparação com a Justiça Comum, desequilibra a paridade de armas processuais entre os litigantes trabalhistas, impõe exageradamente à atuação jurisdicional laboral um formalismo radical, bem como viola os princípios constitucionais da isonomia, da ampla defesa, do devido processo legal, da inafastabilidade da jurisdição, da proporcionalidade, da proibição de excesso, da independência funcional e da unidade da jurisdição, além de atentar contra a terceira onda renovatória de uma justiça social que atenda aos necessitados, o formalismo valorativo voltado para atender ao direito substancial ou o direito de participação na organização e no procedimento.

Essas premissas demonstram o perigo da Demolição Trabalhista ao delegar ao mercado a regulação, por meio de supostos acordos livres, das relações laborais e ao proibir ou dificultar a atuação estatal por não permitir a interferência estatal no exercício das atividades particulares trabalhistas.

Os dispositivos que tratam da onerosidade do acesso do trabalhador à justiça laboral invertem a ordem de justiça gratuita, como a primeira onda renovatória, tornando a Justiça do Trabalho pelo menos 2 (duas) vezes mais cara para o trabalhador. Com efeito, para os detentores do capital que são litigantes habituais e têm recursos financeiros e conhecimentos dos meandros do sistema judicial, essa medida não tem tanto impacto; para o trabalhador, porém, é uma inibição processual da fruição dos demais direitos sociais do trabalhador, por não permitir aos necessitados o acesso à justiça.

Assim, a Reforma demolidora milita contra a primeira e a terceira ondas renovatórias de acesso à justiça, por onerar o acesso à jurisdição em relação aos trabalhadores necessitados, afasta-se da concepção de Estado Social, por tornar o Poder Público irresponsável para atender aos que não têm recursos financeiros para prover sua defesa em juízo e por impor limitações procedimentais e interpretativas à Justiça do Trabalho na apreciação dos litígios a ela submetidos. Essa Reforma reverte a natureza dos direitos sociais do trabalhador para submetê-los à autonomia da vontade entre classes diferentes em sua dimensão econômica e educacional, além de violar os dispositivos constitucionais de acesso à justiça, em particular, os incisos XXXV, LXXIV, LIV, LV e o *caput* do artigo 5.º da CRFB, permitindo, por consequência, pela via processual do acesso à justiça, a violação dos artigos 1.º, incisos III e IV, 3.º, incisos I, III e IV, 6.º, 7.º, *caput* e incisos, 8.º, 9.º, 127, 129, 134 e 170, *caput* e incisos II, VII e VIII, da CRFB, entre outras disposições constitucionais.

No mesmo sentido, a Reforma viola as convenções internacionais internalizadas na ordem jurídica brasileira sobre o acesso à justiça, reconhecido no plano internacional como direito humano, conforme disposições dos artigos 8.º e 25 da Convenção Americana de Direitos Humanos (CADH), dos artigos 8.º e 10.º da Declaração Universal dos Direitos Humanos (DUDH), de 10 de dezembro de 1948, e do artigo 14.1 do Pacto Internacional sobre Direitos Civis e Políticos (PISDCP), de 19 de dezembro de 1966.

Diante dessa perspectiva, cabe asseverar a incompatibilidade da CRFB e das convenções internacionais acima indicadas com a Lei n.º 13.467/2017, dita "Reforma Trabalhista" (Demolição Trabalhista), no que se refere às alterações dos artigos 790-B, *caput* e § 4.º, 791-A, § 4.º, e 844, §§ 2.º e 3.º, da Consolidação das Leis do Trabalho, por violação do acesso à justiça, notadamente com fundamento na assistência judiciária gratuita e no exagero de formalismo, sem compromisso com outras inconstitucionalidades trazidas pela citada lei.

Espera-se que os argumentos aqui lançados possam germinar nos tribunais para fins de aplicação dos direitos do trabalhador livre desse retrocesso nos direitos sociais inaugurado pela Lei n.º 13.467/2017.

REFERÊNCIAS

ATRIA, Fernando. ¿Existen derechos sociales? Edição digital a partir de **Discusiones: Derechos Sociales**, n. 4, p. 15-59, 2004. Disponível em: <http://descargas.cervantesvirtual.com/servlet/Sirveobras/01826630549036114110035/015570.pdf?incr=1)>. Acesso em: 16 nov. 2014.

AZEVEDO, Plauto Faraco de. **Direito, justiça social e neoliberalismo**. São Paulo: Revista dos Tribunais, 1999.

BONAVIDES, Paulo. **Teoria do Estado**. 5. ed. rev. e ampl. São Paulo: Malheiros, 2004.

BRANCO, Paulo Gustavo Gonet. Aspectos da teoria geral dos direitos fundamentais. In: MENDES, Gilmar Ferreira; COELHO, Inocêncio Mártires; BRANCO, Paulo Gustavo Gonet. **Hermenêutica constitucional e direitos fundamentais**. Brasília, DF: Brasília Jurídica, 2002. p. 103-191.

BUZZELL, Sid (Org.). **Bíblia do executivo:** nova versão internacional. Tradução de Valdemar Kroker. São Paulo: Vida, 2004.

CANÇADO Trindade questiona a tese de "gerações de direitos humanos" de Norberto Bobbio. In: SEMINÁRIO DIREITOS HUMANOS DAS MULHERES, Evento associado à V Conferência Nacional de Direitos Humanos. Câmara dos Deputados, Brasília, DF, 25 maio 2000. Disponível em: <http://www.dhnet.org.br/direitos/militantes/cancadotrindade/cancado_bob.htm>. Acesso em: 25 jan. 2013.

CANOTILHO, José Joaquim Gomes. **Direito Constitucional e teoria da constituição**. 7. ed. Coimbra: Almedina, 2003.

CAPPELLETTI, Mauro. Formazioni sociali e interessi di grupo davanti allá giustizia civile. **Rivista di Diritto Processuale**, Padova, v. 30, n. 3, p. 361-402, 1975.

CAPPELLETTI, Mauro; GARTH, Bryant. **Acesso à justiça**. Tradução de Ellen Gracie Northfleet. Porto Alegre: Sergio Antonio Fabris, 1988.

COMPARATO, Fábio Konder. **A afirmação histórica dos direitos humanos**. 3. ed. rev. e ampl. São Paulo: Saraiva, 2003.

DIDIER, Fredie; OLIVEIRA, Rafael Alexandria de. **Benefício da justiça gratuita:** aspectos processuais da Lei de Assistência Judiciária (Lei Federal n.º 1060/50). 2. ed. Salvador: JusPodivm, 2005.

DI PIETRO, Maria Sylvia Zanella. **Parcerias na administração pública:** concessão, permissão, franquia, terceirização e outras formas. 3. ed. São Paulo: Atlas, 1999.

FERREIRA, Ademir Antonio; REIS, Ana Carla Fonseca; PEREIRA, Maria Isabel. **Gestão empresarial:** de Taylor aos nossos dias. São Paulo: Pioneira Thomson Learning, 2001.

GAVRONSKI, Alexandre Amaral. **Técnicas extraprocessuais de tutela coletiva:** a efetividade da tutela coletiva fora do processo judicial. São Paulo: Revista dos Tribunais, 2010.

LOPES, José Reinaldo de Lima. **Direitos sociais:** teoria e prática. São Paulo: Método, 2006.

MENDES, Gilmar Ferreira. **Direitos fundamentais e controle de constitucionalidade:** estudos de Direito Constitucional. 4. ed. São Paulo: Saraiva, 2012.

MITIDIERO, Daniel. **Precedentes:** da persuasão à vinculação. São Paulo. Revista dos Tribunais, 2016.

MUNIZ, Mirella Karen de Carvalho Bifano. **O direito fundamental ao salário mínimo digno:** uma análise à luz do princípio da dignidade da pessoa humana. São Paulo: LTr, 2010.

OLIVEIRA, Carlos Alberto Álvaro de. **Do formalismo no processo civil:** proposta de um formalismo valorativo. 4. ed. São Paulo: Saraiva, 2010.

PERKINS, John. **With Justice for All**. Ventura, California: Regal Books, 1982.

PULIDO, Carlos Bernal. Fundamento, conceito e estrutura dos direitos sociais: uma crítica a "Existem direitos sociais?" de Fernando de Atria. In: SOUZA NETO, Claudio Pereira de; SARMENTO, Daniel (Coord.). **Direitos sociais:** fundamentos, judicialização e direitos sociais em espécie. Rio de Janeiro: Lumen Juris, 2008. p. 137-176.

SARLET, Ingo Wolfgang. **A eficácia dos direitos fundamentais**. 2. ed. rev. e atual. Porto Alegre: Livraria do Advogado, 2001.

SCAFF, Fernando Facury. **Responsabilidade civil do Estado intervencionista**. 2. ed. rev. e ampl. Rio de Janeiro: Renovar, 2001.

SCAFF, Fernando Facury. Contribuições de intervenção e direitos humanos de segunda dimensão. In: MARTINS, Ives Gandra da Silva (Coord.). **Contribuições de intervenção no domínio econômico**. São Paulo: Revista dos Tribunais, 2002. p. 394-422.

SILVA, Humberto Batista Mateus. **Comentários à reforma trabalhista.** São Paulo: Revista dos Tribunais, 2017.

SILVA, Sandoval Alves da. **Direitos sociais:** leis orçamentárias como instrumento de implementação. Curitiba: Juruá, 2007.

_____. **O Ministério Público e a concretização dos direitos humanos**. Salvador: JusPodivm, 2016.

TEREZO, Cristina Figueiredo. **Sistema interamericano de direitos humanos:** pela defesa dos direitos econômicos, sociais e culturais. Curitiba: Appris, 2014.

TORRES, Ricardo Lobo. **Tratado de direito constitucional financeiro e tributário**. 2. ed. Rio de Janeiro: Renovar, 2000, v. 4.

_____. A metamorfose dos direitos sociais em mínimo existencial. In: SARLET, Ingo Wolfgang. **Direitos fundamentais sociais**: estudos de direito constitucional, internacional e comparado. Rio de Janeiro: Renovar, 2003. p. 1-46.

PETIÇÃO INICIAL – ART. 840, §§ 1°, 2° E 3°

Felipe Bernardes[1]

Sumário: 1. Introdução: modificações substanciais dos dispositivos da clt sobre petição inicial – 2. Certeza, determinação e liquidez do pedido: noções essenciais – 3. Panorama jurisprudencial – 4. Liquidação de pedidos na realidade da justiça do trabalho – 5. Interpretação conforme à constituição do art. 840, §1º, da CLT – 6. Interpretação consequencialista da exigência de liquidação dos pedidos: isonomia – 7. Exemplos práticos – 8. Extinção do processo sem resolução de mérito: princípios aplicáveis – 9. Modificações redacionais do art. 840, Caput e parágrafos, da CLT – 10. Conclusão – 11. Referências bibliográficas.

1. INTRODUÇÃO: MODIFICAÇÕES SUBSTANCIAIS DOS DISPOSITIVOS DA CLT SOBRE PETIÇÃO INICIAL

A Reforma Trabalhista trouxe duas importantes inovações de conteúdo nos parágrafos do art. 840 da CLT, ao prever: (i) que o pedido deve ser "certo, determinado e com indicação de seu valor"; (ii) e que deve haver julgamento sem resolução de mérito quanto aos pedidos que não atendam aos requisitos estabelecidos no §1º do mesmo dispositivo.

O objetivo deste artigo é expor sistematicamente o tema e demonstrar as possibilidades interpretativas das novidades legislativas, à luz da doutrina e jurisprudência pertinentes, com destaque para a exigência de liquidação dos pedidos formulados na petição inicial. Serão analisadas, ainda, ao final, as modificações meramente redacionais feitas pela Lei 13.467/2017 no art. 840 (*caput* e parágrafos) da Consolidação das Leis do Trabalho.

1. Juiz do Trabalho - TRT da 1ª Região

2. CERTEZA, DETERMINAÇÃO E LIQUIDEZ DO PEDIDO: NOÇÕES ESSENCIAIS

A mais significativa inovação da Reforma no que tange à petição inicial diz respeito à exigência de certeza, determinação e indicação do valor do pedido. Pretendeu-se generalizar, com a nova lei, tal requisito, que era aplicável anteriormente apenas nos processos trabalhistas que tramitassem no rito sumaríssimo (CLT, art. 852-B, I).

O pedido é considerado certo quando for explícito na petição inicial (PONTES DE MIRANDA, 1999, p. 36). Só se admitem pedidos implícitos nas hipóteses taxativamente previstas em lei: é o que ocorre, por exemplo, com a correção monetária, com os juros de mora e com as verbas de sucumbência, inclusive os honorários advocatícios (CPC, art. 322, §1º).

Já a exigência de determinação do pedido, conforme entendimento majoritário da doutrina, significa que o pedido deve ser delimitado quanto à qualidade e à quantidade pretendidas (DIDIER, 2016, p. 575); dessa concepção resulta que, quando se tratar de obrigação pecuniária, o autor deve indicar na petição inicial, em princípio, o respectivo valor.

Contudo, há linhas doutrinárias que associam a determinação do pedido ao fato de o autor dever fazer conhecer com segurança e clareza a tutela jurisdicional postulada, sendo preciso na indicação da prestação jurisdicional a ser obtida (THEODORO JÚNIOR, 2015, p. 767).

O Código de Processo Civil de 2015 aparentemente sufragou a corrente majoritária, pois se refere apenas à certeza e determinação, não exigindo expressamente a liquidez dos pedidos (arts. 322 e 324). Apesar disso, admite o pedido genérico (= indeterminado ou ilíquido): (i) nas ações universais, se o autor não puder individuar os bens demandados; (ii) quando não for possível determinar, desde logo, as consequências do ato ou do fato; (iii) quando a determinação do objeto ou do valor da condenação depender de ato que deva ser praticado pelo réu (art. 324, §1º).

A Lei 13467/2017 (Reforma Trabalhista), talvez com o objetivo de evitar tais controvérsias doutrinárias, optou por estabelecer a necessidade de que o pedido seja não apenas certo e determinado, mas que haja, também, indicação de seu valor. No entanto, o tema apresenta diversas nuances e certamente gerará divergências interpretativas, conforme se demonstrará a seguir.

3. PANORAMA JURISPRUDENCIAL

Como se trata de previsão legislativa nova no campo trabalhista, deve-se recorrer à jurisprudência firmada sobre o tema da liquidação dos pedidos na petição inicial no Processo Civil.

Nesse contexto, há, no Superior Tribunal de Justiça (órgão uniformizador da interpretação da lei federal), precedentes no sentido de ser "*permitida a formu-*

lação de pedido genérico na impossibilidade imediata de mensuração do 'quantum debeatur''", quando se tratar de "*conteúdo econômico ilíquido e de difícil apuração prévia*".[2]

Outros julgados do STJ também concluem pela licitude de pedido genérico (= ilíquido) sempre que a causa envolver cálculos contábeis complexos, "*hipótese em que o valor da causa pode ser estimado pelo autor, em quantia simbólica e provisória, passível de posterior adequação ao valor apurado pela sentença ou no procedimento de liquidação*".[3]

Em matéria tributária, a jurisprudência pacífica do STJ, quanto aos pedidos de repetição de indébito tributário, entende ser "*desnecessária, para fins de reconhecer o direito alegado pelo autor, a juntada de todos os comprovantes de recolhimento do tributo*", providência que deve ser levada a termo "*quando da apuração do montante que se pretende restituir, em sede de liquidação do título executivo judicial*".[4]

Conclui-se que o STJ relativiza, no âmbito cível, a exigência de liquidação dos pedidos que a doutrina majoritária extrai do art. 324, *caput*, do CPC, sempre que houver dificuldade de apuração prévia do valor devido ou se fizerem necessários cálculos contábeis complexos. Além disso, mesmo em matéria tributária, na qual há nitidamente prerrogativas da Fazenda Pública (exemplo: autoexecutoriedade e presunção de legitimidade dos atos administrativos de lançamento e inscrição em dívida ativa), a Corte admite a formulação de pedido genérico.

4. LIQUIDAÇÃO DE PEDIDOS NA REALIDADE DA JUSTIÇA DO TRABALHO

Os processos trabalhistas envolvem, na absoluta maioria das vezes, pedidos de condenação ao pagamento de parcelas pecuniárias. Daí resulta a necessidade de liquidação dos valores correspondentes, sendo que a praxe demonstra que, no rito ordinário, a providência costumeiramente é adotada apenas após a prolação da sentença condenatória.

Sem dúvida, há grande número de processos nos quais os pedidos formulados são de fácil liquidação, sendo suficientes simples cálculos aritméticos para chegar ao valor devido. É o que ocorre, por exemplo, nas hipóteses em que se postula o pagamento de verbas rescisórias (aviso prévio, 13º salário proporcional etc.), que podem ser facilmente calculadas por qualquer advogado ou magistrado, já que a simples realização das quatro operações básicas da matemática permite apurar o valor do crédito.

---

2. AgRg no REsp 825.994/DF, Rel. Ministro MAURO CAMPBELL MARQUES, SEGUNDA TURMA, julgado em 02/03/2010, DJe 16/03/2010.
3. AgRg no REsp 906.713/SP, Rel. Ministro LUIZ FUX, PRIMEIRA TURMA, julgado em 23/06/2009, DJe 06/08/2009.
4. REsp 1111003/PR, Rel. Ministro HUMBERTO MARTINS, PRIMEIRA SEÇÃO, julgado em 13/05/2009, DJe 25/05/2009.

Presumidamente, quando o legislador estabeleceu a exigência de liquidação dos pedidos no rito sumaríssimo (CLT, art. 852-B, I), partiu da premissa - que geralmente coincide com a realidade - de que, diante do menor valor da causa, há menor complexidade dos cálculos envolvidos.

De outro lado, há causas em que a liquidação é extremamente complexa e dificultosa; algumas vezes, há necessidade até mesmo de realização de perícia contábil na fase de execução. Exemplifica-se com o cálculo de diferenças de comissões ou de participação nos lucros em função da inobservância, pela empresa, de critérios estabelecidos em seu regulamento, o que pode depender eventualmente de análise do balanço patrimonial do empregador; ou de apuração de diferenças de horas extras à luz dos cartões de ponto (fidedignos) e dos contracheques, devendo-se apurar dia a dia a existência de diferença não quitada.

Situação também comum diz respeito à cumulação de pedidos, com facilidade para liquidação de alguns deles, e dificuldade para outros.

5. INTERPRETAÇÃO CONFORME À CONSTITUIÇÃO DO ART. 840, §1º, DA CLT

Como visto, a redação do art. 840, §1º, da CLT, indica a necessidade genérica e aparentemente absoluta de indicação do valor dos pedidos na petição inicial. Nitidamente, a Reforma Trabalhista reforça a tendência de aproximação recíproca entre o Direito Processual Civil e do Trabalho.

Dessa forma, embora não conste do texto da CLT, é inevitável a aplicação das exceções contidas no art. 324, §1º, do CPC (dada a omissão da CLT e a compatibilidade com os princípios do Processo do Trabalho), que permitem a prolação de sentença genérica em algumas hipóteses. Isso porque a aplicação de tais exceções é imperativo lógico-jurídico, cuja não observância geraria situação de perplexidade e de impedimento ilegítimo ao exercício do direito de ação.

Assim, quando não for possível determinar, desde logo, as consequências do ato ou do fato, a sentença pode, licitamente, ser ilíquida. Exemplo no campo trabalhista é o pedido de indenização por danos materiais em decorrência de incapacidade laborativa (cujo percentual deve ser apurado em perícia) causada por doença ocupacional.

Igualmente, a sentença pode ser ilíquida quando a determinação do objeto ou do valor da condenação depender de ato que deva ser praticado pelo réu. Exemplifica-se com o pedido de equiparação salarial, na hipótese em que o trabalhador não saiba a remuneração exata do empregado paradigma, fazendo-se necessária a juntada das fichas financeiras ou contracheques pelo empregador.

Perceba-se que, nos dois casos, é materialmente impossível ao reclamante liquidar os pedidos, considerando as particularidades da causa de pedir. Tal fato já comprova, por si só, que a aplicabilidade do art. 840, §1º, da CLT, não é absoluta, mesmo que o enunciado normativo não indique a existência de situações excepcionais. Conclui-se que o dispositivo é inexato, ao não mencionar as exceções contidas no art. 324, §1º, do CPC.

Partindo-se dessa premissa, deve ter aplicabilidade, nos processos trabalhistas, o entendimento consolidado no âmbito do STJ (retratado em tópico anterior) a respeito da possibilidade de relativização da exigência de liquidação dos pedidos.

De fato, além da inexatidão já demonstrada, mesmo em situações não incluídas no art. 324, §1º, do CPC, pode ser muito dificultoso - ou até virtualmente impossível - para o autor liquidar os pedidos, nas situações que haja necessidade de realizar operações contábeis complexas ou for difícil a apuração prévia do valor.

A complexidade, apta a justificar a formulação de pedido ilíquido, estará presente quando a apuração do *quantum* depender de cálculos que exijam nível de conhecimentos contábeis e matemáticos superior aos titularizados pelo homem médio.

Em outras palavras: se a elaboração do cálculo requerer conhecimento e técnica especializados, e não puder ser feita pelo profissional do Direito mediano (advogado, Juiz do Trabalho etc.), não há necessidade de a petição inicial, no rito ordinário, liquidar o valor dos pedidos. Se o cálculo for daqueles que só puder ser feito precisamente por profissional especializado (contador ou calculista), a petição ilíquida deve ser aceita.

Tal solução se impõe à luz do princípio constitucional do acesso à justiça (CF, art. 5º, XXXV), já que, exigir a liquidação nessas hipóteses criaria obstáculo prático irrazoável e intransponível ao ajuizamento da ação, sobretudo quando o autor (empregado ou empregador) for beneficiário da justiça gratuita. Ora, se o cidadão não tem condições de pagar as despesas do processo, inevitavelmente não terá recursos para contratar um contador particular antes do ajuizamento da ação.

Poder-se-ia objetar dizendo que, nas hipóteses de gratuidade de justiça, a elaboração do cálculo deveria ser feita pelo contador judicial (servidor da Vara do Trabalho). Contudo, a objeção não procede, porque a realidade do foro faria com que ficassem inviabilizados os serviços da Secretaria da Vara, considerando a grande quantidade de processos trabalhistas nos quais se defere a gratuidade de justiça.

Em suma, a exigência de liquidação dos pedidos na petição inicial não se aplica quando houver complexidade nos cálculos envolvidos. Essa é a única interpretação do art. 840, §1º, da CLT, que se compatibiliza com o princípio constitucional do acesso à justiça.

6. INTERPRETAÇÃO CONSEQUENCIALISTA DA EXIGÊNCIA DE LIQUIDAÇÃO DOS PEDIDOS: ISONOMIA

Além dos óbices jurídicos já analisados, há dois aspectos de ordem prática que inviabilizam a interpretação de que o art. 840, §1º, da CLT, estaria a exigir a liquidação dos pedidos em qualquer caso.

O primeiro é que, sendo líquida a inicial, a sentença, em princípio, também deveria ser líquida (CPC, art. 491, *caput*). Além disso, o art. 491, §1º, II, autoriza a prolação de sentença ilíquida quando a apuração do valor devido depender da produção de prova de realização demorada ou excessivamente dispendiosa, assim reconhecida na sentença.

Tal dispositivo é elogiável, já que contribui fortemente com a celeridade processual: isso porque, enquanto tramitar eventual recurso (com ou sem efeito suspensivo) contra a sentença ilíquida, o interessado já pode promover de imediato a liquidação provisória (CPC, art. 512). Dessa forma, não há necessidade de realizar a demorada ou dispendiosa liquidação (pressuposto do art. 491, §1º) antes da interposição do recurso, o que acelera a prestação jurisdicional.

Ora, se a sentença pode ser ilíquida em virtude da dificuldade dos cálculos, não se vislumbra o motivo pelo qual a mesma flexibilização não se deva admitir no que tange à elaboração da petição inicial. Não há proeminência do juiz que justifique a possibilidade de prolação de sentença genérica, enquanto o advogado, no mesmo caso, teria o ônus de liquidar a petição. Seria flagrante violação ao princípio da isonomia.

Outra violação ao mesmo princípio também decorreria dessa interpretação: presumidamente, os grandes escritórios de advocacia não teriam dificuldades para liquidarem as iniciais mais complexas, enquanto os pequenos não conseguiriam fazê-lo em virtude da ausência de recursos humanos e financeiros. Portanto, a exigência de liquidação indiscriminada gera tratamento injusto e indesejado, por beneficiar apenas os profissionais mais abastados.

7. EXEMPLOS PRÁTICOS

À luz da exposição acima, passa-se a expor alguns exemplos cotidianos no foro.

Situações em que não haverá necessidade de liquidação dos pedidos: (i) diferenças de horas extras, tendo em vista a necessidade de apuração da jornada já registrada nos cartões de ponto e os valores já pagos a título de horas extras nos contracheques, o que depende da juntada dos documentos pertinentes pelo réu; (ii) diferenças de comissões, em virtude da necessidade de apuração das vendas efetivamente realizadas pelo trabalhador; (iii) equiparação salarial, pois a evolução salarial do paradigma é informação que fica em poder da empresa; (iv) indenização por danos materiais decorrentes de acidente ou doença ocupacional, por ser impossível fixar de antemão as consequências jurídicas.

De outro lado, por exemplo, os seguintes pedidos, em princípio, deverão ser formulados com indicação do respectivo valor: (i) verbas rescisórias; (ii) adicional de insalubridade e reflexos, pois o cálculo é feito considerando percentual sobre o salário mínimo; (iii) indenização de vale-transporte, já que basta multiplicar o valor do transporte público pelos dias trabalhados etc.

8. EXTINÇÃO DO PROCESSO SEM RESOLUÇÃO DE MÉRITO: PRINCÍPIOS APLICÁVEIS

De acordo com o novo §3º do art. 840 da CLT, os pedidos que não atendam aos requisitos do §1º - inclusive a ausência de liquidação - devem ser julgados extintos sem resolução de mérito.

Não há novidade significativa no ponto. De fato, sempre que não observado algum requisito da petição inicial, a consequência processual é a extinção sem resolução de mérito em função da inépcia (CPC, art. 330, §1º).

No entanto, o regramento trazido pela Reforma não afasta a aplicação do art. 321 do CPC, segundo o qual o juiz, ao verificar que a petição inicial não preenche os requisitos legais, ou que apresenta defeitos e irregularidades capazes de dificultar o julgamento de mérito, determinará que o autor, no prazo de 15 (quinze) dias, a emende ou a complete, indicando com precisão o que deve ser corrigido ou completado.

Esse regramento é aplicável ao Processo do Trabalho, conforme entendimento consolidado na Súmula 263. Trata-se de concretização legislativa dos princípios da cooperação e da primazia da decisão de mérito (CPC, arts. 4º e 6º).

Portanto, em qualquer caso em que falte algum dos requisitos da inicial, elencados no art. 840, §1º, da CLT - inclusive a liquidação dos pedidos, quando exigível -, o Juiz do Trabalho, inicialmente, deve conceder prazo para que o autor corrija o defeito. Não é possível a extinção do processo sem a adoção prévia dessa providência.

9. MODIFICAÇÕES REDACIONAIS DO ART. 840, *CAPUT* E PARÁGRAFOS, DA CLT

O *caput* do art. 840 da CLT não foi alterado pela Reforma Trabalhista: daí decorre que continua sendo possível o ajuizamento de reclamação trabalhista de forma verbal, com a subsequente redução a termo pelo servidor público responsável. Os Tribunais Regionais do Trabalho devem dispor de estrutura adequada a fim de possibilitar o oferecimento verbal de petição inicial, já que permanece em vigor o *jus postulandi* – possibilidade de atuação de empregado ou empregador em Juízo sem a assistência de advogado (CLT, art. 791, *caput*).

Já os parágrafos do art. 840 apresentam algumas alterações meramente redacionais, e outras de conteúdo; as primeiras, com o único objetivo de aprimorar e atualizar o texto da Consolidação, enquanto as últimas trazem efetivas inovações no Direito Processual do Trabalho.

São modificações redacionais:

(i) a menção ao direcionamento da petição inicial a determinado Juízo, e não ao "Presidente da Junta" ou ao "juiz de direito", conforme constava da redação revogada. Depreende-se que houve, no ponto, aprimoramento técnico do texto legal, pois a ação deve ser endereçada a um órgão jurisdicional (= Juízo), e não à pessoa física de determinado juiz. Mesmo que se trate de localidade que possua Vara única e já se possa prever o juiz que presumidamente julgará a causa, a perpetuação da jurisdição (CPC, art. 43) ocorre para o órgão judiciário, e não para o magistrado, que pode ser substituído, removido, promovido etc. Ademais, desde a entrada em vigor da Emenda Constitucional 24/1999 não era mais pertinente mencionar-se a existência de "Juntas", que passaram a ser chamadas de Varas do Trabalho a partir do fim da representação classista na Justiça do Trabalho;

(ii) qualificação das partes, e não do "reclamante e reclamado". Aqui também se nota apuro do vocabulário técnico-jurídico: os processos trabalhistas envolvem não apenas as reclamações trabalhistas típicas (ações entre empregados e empregadores, em relação às quais é pertinente a nomenclatura "reclamante" e "reclamado), mas também diversas outras espécies de ações, inclusive as que tramitam em procedimentos diferenciados (e nas quais se utilizam, tradicionalmente, outras designações). Assim, nos embargos de terceiro tem-se embargante e embargado; nos dissídios coletivos, suscitante e suscitado; no mandado de segurança, impetrante e autoridade coatora etc. Como o art. 840 da CLT se aplica para todas as espécies de procedimento - ressalvada a existência de previsão peculiar a determinado rito especial -, a modificação redacional empreendida se revela adequada.

No entanto, o legislador reformista não foi rigoroso no apuro técnico, pois na parte final do §1º do art. 840 menciona a necessidade de assinatura do "reclamante", incidindo no mesmo equívoco redacional que parece ter almejado corrigir.

(iii) o §2º não menciona mais a redução a termo feita pelo "chefe de secretaria", designação que não mais se utiliza na Justiça do Trabalho, na qual a designação do servidor que dirige os trabalhos em uma Vara é "Diretor de Secretaria". O dispositivo menciona, ainda, a possibilidade de redução a termo pelo "secretário"; seria melhor, no lugar desta expressão, fosse feita referência ao "servidor responsável", já que a atribuição pode ser exercida por qualquer funcionário designado para tanto.

10. CONCLUSÃO

A mudança mais significativa da Reforma Trabalhista, no que tange aos requisitos da petição inicial, é a exigência de liquidação dos pedidos, que pode impactar fortemente o acesso à Justiça do Trabalho. A partir da interpretação sistemática, constitucional e consequencialista, entretanto, e considerando também a jurisprudência do Superior Tribunal de Justiça e a realidade dos processos trabalhistas, conclui-se que nem sempre haverá necessidade de indicação do valor dos pedidos na petição inicial.

11. REFERÊNCIAS BIBLIOGRÁFICAS

BARBOSA MOREIRA, José Carlos. *O Novo Processo Civil Brasileiro.* 27ª ed. Rio de Janeiro: Forense, 2008.

CÂMARA, Alexandre. *O Novo Processo Civil Brasileiro.* 2ª ed. São Paulo: Atlas, 2016.

DIDIER, Fredie. *Curso de Direito Processual Civil,* v.1. 18ª ed. Salvador: Jus Podivm, 2016.

GRECO, Leonardo. *Instituições de Processo Civil: Processo de Conhecimento.* V.2. Rio de Janeiro: Forense, 2010.

MALTA, Christovão Piragibe Tostes. *Prática do Processo Trabalhista.* 31ª ed. São Paulo: LTR, 2002.

NEVES, Daniel Amorim Assumpção. *Novo Código de Processo Civil - Leis 13.105/2015 e 13.256/2016.* 3ª ed.rev., atual. e ampl. - Rio de Janeiro: Forense, São Paulo, 2016.

PONTES DE MIRANDA, Francisco Cavalcanti. *Comentários ao Código de Processo Civil,* t.4. 3ª ed. Rio de Janeiro: Forense, 1999.

THEODORO JÚNIOR, Humberto. *Curso de Direito Processual Civil,* v.1. 56ª ed. Rio de Janeiro: Forense, 2015.

PETIÇÃO INICIAL LÍQUIDA. E AGORA?

Maximiliano Carvalho[1]

Sumário: Breve histórico – Artigo 840, § 1º, da CLT – Referências.

Segundo dados do Instituto de Pesquisa Econômica Aplicada - IPEA[2], o tempo médio de tramitação do processo trabalhista em fase de conhecimento é de 161 (cento e sessenta e um) dias, enquanto a média para o cumprimento de sentença ultrapassa 1.000 (mil) dias[3].

Quando analisados os dados por Tribunal Regional do Trabalho, percebe-se queda drástica no tempo da fase de conhecimento quando existe o estímulo ao peticionamento líquido, como é o caso, por exemplo, do Tribunal Regional do Trabalho da 8ª Região - TRT8:

Quadro 1[4]

TRIBUNAL	TEMPO MÉDIO DA ETAPA DE CONHECIMENTO (DIA)	TEMPO MÉDIO DA ETAPA DE EXECUÇÃO (DIA)
1	304,89	873,86
3	81,62	778,66
4	226,24	884,31
5	192,64	1124,71

1. Coordenador Executivo da Comissão Nacional de Efetividade da Execução Trabalhista (CNEET). Juiz Auxiliar da Presidência do Tribunal Superior do Trabalho (TST). Mestrando em Administração Pública pelo Instituto Brasiliense de Direito Público – IDP. Pós-graduado em Direito Tributário pela Universidade Católica de Brasília/FGV. Juiz Federal do Trabalho - TRT da 10ª Região (DF/TO).
2. Instituto de Pesquisa Econômica Aplicada.
3. TD 2140 - Insumos para a Regulamentação do Funget: informações sobre execuções na Justiça do Trabalho. Disponível em http://www.ipea.gov.br/portal/index.php?option=com_content&view=article&id=26455&catid=344&Itemid=383
4. VIEIRA RÊGO, Caio – Relatório sobre o tempo e o custo das ações trabalhistas, março de 2015. Disponível em www.ipea.gov.br

6	113,71	619,69
7	186,16	1814,38
8	68,94	451,54
9	229,13	2088,4
10	129,52	1515,35
11	116,74	280,97
12	190,54	1112,53
13	138,15	1990,25
14	50,18	1033,59
15	247,31	1122,6
16	101,61	1032,31
17	173,86	854,14
18	95,95	513,4
19	131,44	1222,27
20	103,21	1082
21	93,15	2065,47
22	100,39	470
23	174,74	1609,74
24	146,6	1468,53
BRASIL	161,12	1027,61

Fonte: IPEA/DIEST, com base no BANAFAT – Banco Nacional de Autos Findos de Ações Trabalhistas, DATA.

Eis o nosso ponto de partida, para reflexão.

BREVE HISTÓRICO

Foi a partir da Lei 9.099/95 (cria os Juizados Especiais no âmbito da Justiça Estadual) que a ideia da indicação do valor de cada pedido surgiu. Tal se deu, à época, ante a estreita relação entre o valor da causa e o valor do pedido. Isto porque, conforme preconizado na redação original da indigitada legislação, a competência do JEC se fixa, entre outros, pelo valor da causa não excedente de quarenta vezes o salário mínimo.

Tendo isto em vista, no ano subsequente o legislador positivo inseriu a seção II-A na CLT (Lei 9.957/00), que criou o procedimento sumaríssimo, passando-se a exigir, no art. 852-B, que as reclamações enquadradas em tal rito contivessem pedido com indicação de valor correspondente.

Ora, "a demanda vem a ser, tecnicamente, o ato pelo qual alguém pede ao Estado a prestação jurisdicional, isto é, exerce o direito subjetivo público de ação, causando a instauração da relação jurídico-processual que há de dar solução ao litígio em que a parte se viu envolvida" (THEODORO JR, 2009, p.345, *apud* BARBOSA MOREIRA 1ª Ed, p. 21).

Quando se pleiteia em juízo, busca-se a certificação de um Direito que – via de regra – é composto por 05 (cinco) elementos: a) *an debeatur* (existência do débito); b) *cui debeatur* (a quem é devido); c) *quid debeatur* (o quê é devido); d) *quis debeat* (quem deve); e e) *quantum debeatur* (o quanto é devido).

Destes, apenas o *quantum debeatur* – historicamente – fica relegado a uma fase própria de certificação, qual seja, a liquidação da sentença. Porém, a partir de 1999 houve por bem a *mens legis* modificar este quadro, na sabedoria de que em causas de menor complexidade, a presença dos cinco elementos já na sentença daria maior efetividade ao quanto contido no artigo 5º, LXXVIII, CF (duração razoável do processo).

Para Humberto Theodoro Junior (2009, p.355): "O núcleo da petição inicial é o pedido, que exprime aquilo que o autor pretende do Estado frente ao réu. É a revelação da pretensão que o autor espera ver acolhida e que, por isso, é deduzida em juízo. [...] Nele, portanto se consubstancia a demanda".

Nesse sentido, 18 (dezoito) anos de prática forense separam as primeiras experiências com a indicação do valor do pedido em causas de menor complexidade e a novel redação do art. 840, § 1º, da CLT.

No interim, uma bem sucedida cultura propagada pelo TRT8 (quadro 01), em que OAB, MPT e Judiciário Trabalhista se uniram em colaboração para estimular tanto o peticionamento líquido, quanto a entrega da prestação jurisdicional com a supressão da fase de liquidação da sentença. Alhures detalhar-se-á tal projeto.

Assim, de se ver que a ideia de Justiça, celeridade e efetividade estão intrinsecamente ligadas; e que já há maturidade suficiente para um novo passo rumo à máxima eficácia do quanto preconizado na Carta Magna. Seja pelo quanto aqui delineado, seja – enfim – pelos inúmeros avanços tecnológicos (adiante mencionados), os quais permitem e até mesmo estimulam esta nova etapa para o Ordenamento Jurídico pátrio.

ARTIGO 840, § 1º, DA CLT

A partir da Lei 13.467/, de 13 de julho de 2017, (Reforma Trabalhista), nova regra foi inserida no Ordenamento Jurídico brasileiro, exigindo-se também nas ações que tramitem em rito ordinário que a reclamação escrita indique o valor do pedido:

> Art. 840. [...]§ 1º **Sendo escrita**, a reclamação deverá conter a designação do juízo, a qualificação das partes, a breve exposição dos fatos de que resulte o dissídio, o pedido, que deverá ser certo, determinado e **com indicação de seu valor**, a data e a assinatura do reclamante ou de seu representante.
>
> § 2º **Se verbal**, a reclamação será reduzida a termo, em duas vias datadas e assinadas pelo escrivão ou secretário, observado, **no que couber, o disposto no § 1º** deste artigo.
>
> § 3º **Os pedidos que não atendam** ao disposto no § 1º deste artigo serão julgados **extintos sem resolução do mérito**. (BRASIL, 2017, s/p, grifo nosso)

Tal alteração, na exposição de motivos da reforma, busca respaldo na duração razoável do processo "[...] pois permite que todos os envolvidos na lide tenham pleno conhecimento do que está sendo proposto, além de contribuir para a celeridade processual com a prévia liquidação dos pedidos [...]".

Outrossim, pode-se amparar a alteração legislativa na boa-fé processual, esclarecendo-se desde o início da lide qual o valor econômico pleiteado em juízo.

Ainda, com argumento no princípio da sucumbência[5], é importante que se tenha a indicação dos valores dos pedidos na inicial, tornando possível estimar eventual valor de honorários a serem pagos por quem não obtiver êxito na causa.

Questiona-se, entretanto, a utilidade de pedidos líquidos, considerando-se que possivelmente haverá alteração decorrente da fase instrutória do processo; e mesmo da ausência ou míngua de elementos asseguradores da correta liquidação dos pleitos pelo reclamante.

Acrecente-se: - Como exigir a liquidação de pedido genérico (art. 324, § 1º, CPC)[6]?

Além, nos casos do exercício do *jus postulandi*, seria o caso de mitigação da exigência legal?

Inicialmente, consigna-se que ao contrário de Schiavi (A Reforma Trabalhista e o Processo do Trabalho, LTR, 2017, p. 93-94), e também diferente de Antonio Umberto de Souza Júnior, Fabiano Coelho de Souza, Ney Maranhão e Platon Teixeira de Azevedo Neto (Reforma Trabalhista – Análise Comparativa e Crítica da Lei nº 13.467/2017, RIDEEL, 2017), os quais consignam a necessidade de "reles indicação do valor do pedido", tem-se que a indicação do montante de cada pleito deve sim – como regra – ser detalhado, justificando-se a mera estimativa apenas como exceção, conforme se verá.

5. CLT, "Art. 791-A. Ao advogado, ainda que atue em causa própria, serão devidos honorários de sucumbência, fixados entre o mínimo de 5% (cinco por cento) e o máximo de 15% (quinze por cento) sobre o valor que resultar da liquidação da sentença, do proveito econômico obtido ou, não sendo possível mensurá-lo, sobre o valor atualizado da causa. [...]"

6. CPC, Art. 324. O pedido deve ser determinado. § 1º É lícito, porém, formular pedido genérico: I - nas ações universais, se o autor não puder individuar os bens demandados; II - quando não for possível determinar, desde logo, as consequências do ato ou do fato; III - quando a determinação do objeto ou do valor da condenação depender de ato que deva ser praticado pelo réu.

Tal se dá, além dos argumentos já delineados, ante a necessidade de extrair da norma sua máxima eficácia, assim como já ocorre nos casos de rito sumaríssimo (art. 852-B, I, da CLT). Além, Souza Júnior *et al* (*in. ob. cit.*) consignam que:

> Em alguns tribunais, como no Tribunal Regional do Trabalho da 8ª Região (PA/AP), praticamente todas as petições iniciais há muito trazem pedidos devidamente liquidados em planilhas de cálculo, independentemente do rito processual, **por conta das imensas facilidades operacionais ofertadas pelo sistema de cálculos ali utilizado.** Trata-se de excepcional hipótese de costume processual, atribuindo-se à prática, portanto, peculiar força normativa (CLT, art. 8º, caput). Nesse caso, pois, a exigência judicial de clara demonstração dos parâmetros de cálculo é legítima e se impõe. (JÚNIOR, 2017, p. , grifo nosso)Tais facilidades, adiante serão demonstradas, estão à disposição de todos, cumprindo aos operadores do Direito aproveitar a oportunidade da alteração normativa para também transformar a cultura, consolidando o peticionamento líquido (o qual, conforme apontado alhures, maximiza a celeridade e efetividade processuais).

De outro giro, saliente-se que se discorda do entendimento de Teixeira Filho, que afirma que:

> a exigência estampada no § 1º, do art. 840, da CLT, **também incide** no caso de pedidos *alternativos* (CPC, art. 325), *subsidiários* (*idem*, art. 326) e *cumulados* (*ibidem*, art. 327). Para efeito de fixação do valor da causa (CPC, art. 291) deverão ser observados os incisos VI, VII e VIII, respectivamente, do art. 292, do CPC (FILHO, 2017, p.132, grifo nosso).

Isso porque, conforme Souza Júnior et al (*in. ob. cit.*):

> [...] **Importante ressalvar que apenas as prestações pecuniárias (obrigações de pagar) principais e vencidas devem compor o conjunto de pedidos sujeitos à atribuição de valores. Afinal, somente em relação a estes a liquidez tem relevância por corresponder ao bem da vida perseguido em juízo, prioritariamente.**
>
> Reconhecimento de vínculo (pretensão declaratória), reintegração ao emprego, entrega de guias para saque do FGTS ou requerimento do seguro desemprego, anotação da CTPS ou reenquadramento (obrigações de fazer) ou ainda tutelas inibitórias (obrigações de não fazer) não são pedidos dependentes de liquidez para seu exame, ainda que, para efeito de valor da causa, sendo eles os únicos pleitos, se possa dar um valor estimativo (CPC, arts. 77, § 5º, 81, § 2º, 85, § 8º, e 291).
>
> Também inviável a atribuição de valor a pedidos correspondentes a obrigações pecuniárias inexigíveis no momento da propositura da ação, mas que poderão ser contempladas na sentença condenatória. É o caso da multa do art. 467 da CLT, sanção processual totalmente dependente do comportamento processual do réu (seu valor dependerá do conteúdo da resposta do reclamado e da ocorrência ou não da purgação da mora na primeira audiência trabalhista). No mesmo conjunto estão os encargos previdenciários, imposto de renda, SAT/RAT, custas processuais e honorários advocatícios. São todas verbas cuja contemplação judicial dependerá do reconhecimento de pendencia de uma obrigação principal – está necessariamente sujeita à liquidez. Ademais, nestes

últimos casos, todas as verbas têm seu valor ou percentual definidos expressamente em lei, sendo completamente supérflua a atribuição de valores na inicial a tal respeito.

Parece igualmente uma abominável homenagem ao exacerbado formalismo exigir atribuição de valores a pedidos subsidiários e a pedidos cujo deferimento independe de pleito expresso na inicial.

No primeiro caso, o CPC, supletivamente aplicável aos processos trabalhistas (CPC, art. 15), aponta explicitamente a sua desconsideração para fixação do valor da causa, a balizar-se exclusivamente pelo pedido principal a que ele se atrele (CPC, arts. 292, VIII, e 326). É o que se dá quando o reclamante postula sua reintegração ao emprego ou, sucessivamente, caso inviável ou impossível no momento do julgamento ou da execução, a indenização estabilitária compensatória. Nada obsta, de todo modo, que a parte, querendo, já os liquide.

No segundo caso, se sequer é necessário que o autor formule o pedido para que o juiz lho defira, não deve ser indeferida a inicial se tal pedido vier de modo ilíquido, pois remanesce a possibilidade do acolhimento de ofício da pretensão. É o caso da própria multa do art. 467 da CLT e das multas cominatórias em geral fixadas pela lei ou arbitradas pelo juiz para assegurarem o cumprimento da obrigação principal (astreintes para compelir o empregador a assinar ou devolver a CTPS ou a reintegrar o empregado). Também aqui se encontram os encargos tributários, previdenciários e sucumbenciais referidos logo acima. Igualmente desnecessária a mensuração prévia dos juros e correção monetária, ingredientes de garantia de preservação do valor da moeda e de compensação da mora, pois sua aferição prescinde de pedido e tem os seus parâmetros delineados na lei (CLT, art. 879, § 7º, se se entender compatível com a Constituição a estipulação legal de índice de atualização monetária que não espelha a evolução inflacionária, mas a política governamental de gestão das taxas de juros no mercado financeiro).(...)" (JÚNIOR, ANO, p. , grifou nosso)

Do mesmo modo, Miessa (*in* Comentários à Lei 13.467, *Juspodivm*, 2017), consigna que

> [...] não podemos concordar com a interpretação puramente gramatical desse dispositivo, de modo que, a nosso juízo, deve ser interpretado da seguinte forma: 1) não haverá necessidade de indicação de valor para os pedidos: a) genéricos; b) implícitos; c) declaratórios e constitutivos; d) condenatórios que não tenha conteúdo pecuniário (obrigação de fazer, não fazer e entrega de coisa); e) de prestações que não são exigíveis no momento do ajuizamento da reclamação, mas que poderão ser contempladas na sentença condenatória (p.e., multa art. 467 da CLT); e 2) o valor do pedido deverá ser indicado na inicial, nas hipóteses não elencadas no item anterior (MIESSA, 2017, p.).

Além disso, a extinção sem resolução do mérito preconizada no § 3º do art. 840 da CLT deve ser mitigada para – em diálogo de fontes com o CPC – aplicar-se o art. 321 da lei adjetiva comum:

> Art. 321. O juiz, ao verificar que a petição inicial não preenche os requisitos dos arts. 319 e 320 **ou que apresenta defeitos e irregularidades capazes de dificultar o julgamento de mérito**, determinará que o autor, no **prazo de 15 (quinze) dias, a emende ou a complete**, indicando com precisão o que deve ser corrigido ou completado. [...] (grifo nosso).

Isso, por inexistir obrigação legal de instrução e julgamento em audiência única, ou de apreciação em prazo máximo de 15 (quinze) dias, como ocorre no procedimento sumaríssimo (arts. 852-B, III e 852-C, ambos da CLT). Embora a necessidade de liquidação do pedido seja idêntica, o tratamento em caso de inobservância da regra é diferenciado.

Quanto ao tema, Souza Júnior *et al* (*in. ob. cit.*) consignam que]

> [...] é importante frisar que o indeferimento da petição inicial trabalhista por iliquidez poderá ser total ou parcial [...] sendo comum a cumulação de pedidos na Justiça do Trabalho, a ausência de indicação de valor de apenas um ou alguns pleitos formulados não obstará o prosseguimento do processo em relação aos demais pedidos, salvo se houver conexão de prejudicialidade, ou seja, a menos que não seja possível analisar determinado pedido líquido sem apreciar, previamente, outro pedido que esteja indevidamente ilíquido (JÚNIOR, ANO, p.).

Ademais, nos casos em que for extremamente oneroso ao reclamante a definição do valor dos pedidos, Teixeira Filho traça as diretrizes:

> [...] a) para que a petição inicial expresse, desde logo, o valor dos pedidos, **incumbirá ao autor ingressar com pedido de tutela de urgência de natureza cautelar (CPC, art. 301) ou com ação de produção antecipada de prova (CPC, art. 381)**, fundando-se no art. 324, § 1º, III, do CPC, assim redigido: '§ 1º É lícito, porém, formular pedido genérico: I (...); III quando a determinação do objeto ou do *valor* da condenação *depender de ato a ser praticado pelo réu'* (destacamos). Apresentados os documentos necessários, os pedidos deverão ser liquidados antes de serem postos na inicial;
>
> b) **para que o valor seja fixado após a apresentação da defesa, o autor deverá suscitar o incidente de exibição de documentos**, regulado pelos arts. 396 a 404, do CPC; exibidos os documentos, o juiz concederá prazo para que o autor emende a petição inicial, no prazo de quinze dias, indicando o valor dos pedidos formulados (CPC, art. 321, caput), sob pena de indeferimento da petição inicial (ibidem, parágrafo único).
>
> Dir-se-á, talvez, que a possibilidade de haver essa emenda encontra óbice no art. 329, II, do CPC, que permite o aditamento ou a alteração do pedido e da causa de pedir, após o saneamento do processo, somente se houver consentimento do réu. Se assim se alegar, devemos contra-argumentar, em caráter proléptico, que a emenda à inicial, de que estamos a tratar **não implicará aditamento nem alteração do pedido.** Expliquemo-nos. Aditamento e modificação não se confundem. Aquele representa o acréscimo quantitativo de pedidos, vale dizer, a inclusão, na mesma causa, de pedidos inicialmente omitidos; esta não implica a formulação de novos pedidos, senão que a modificação dos já existentes (ou da causa de pedir).
>
> Ora, se o juiz do trabalho conceder prazo para que o autor, após haver obtido do réu os documentos necessários, indique o valor dos pedidos formulados na inicial, não estará autorizando nenhum aditamento e nenhuma alteração, se não que permitindo ao autor emendar a petição inicial, a fim de dar cumprimento à determinação contida no § 1º, do art. 840, da CLT, para que o pedido possua uma expressão pecuniária. Efetuada a emenda, juiz concederá prazo de

> quinze dias, ao réu, para que se manifeste a respeito. Especificamente para essa finalidade, pode-se invocar a incidência analógica do disposto no inciso II, do art. 329, do CPC. [...] (FILHO, 2017, p. 132, grifo nosso).

Assim, da ótica jurídica, inexiste empecilho hábil a impedir a aplicação da nova regra do art. 840, § 1º, da CLT. Mesmo nos casos de *jus postulandi*, a Lei 13.467/2017 houve por bem deixar a cabo do magistrado compreender pela mitigação (ou não) do comando legal, ao aduzir no § 2º que "**se verbal**, a reclamação será reduzida a termo, em duas vias datadas e assinadas pelo escrivão ou secretário, observado, **no que couber, o disposto no § 1°** deste artigo" (grifo nosso).

Outrossim, nos casos de revelia não há obrigação legal de o magistrado manter a simetria de uma eventual condenação conforme os valores apontados na inicial. Veja-se que os pedidos devem indicar o valor, mas a sentença não será necessariamente líquida. Aplica-se ao caso, portanto, a regra do art. 879, CLT:

> Art. 879 - Sendo ilíquida a sentença exequenda, ordenar-se-á, previamente, a sua liquidação, que poderá ser feita por cálculo, por arbitramento ou por artigos.

Tal entendimento encontra respaldo, inclusive, no veto ao § 2º do artigo 852-I, da CLT, em que se consignou como razão:

> O § 2° do art. 852-I não admite sentença condenatória por quantia ilíquida, o que poderá, na prática, atrasar a prolação das sentenças, **já que se impõe ao juiz a obrigação de elaborar cálculos**, o que nem sempre é simples de se realizar em audiência. Seria prudente vetar o dispositivo em relevo, já que **a liquidação por simples cálculo se dará na fase de execução da sentença**, que, aliás, **poderá sofrer modificações na fase recursal** (AUTOR, ano, p., grifo nosso).

Ademais, Souza Júnior *et al* (*in. ob. cit.*) aduzem que:

> [...] o valor definido para determinado pedido não vincula o julgador, que poderá deferi-lo em montante inferior (julgamento citra petita), **mas limita o valor máximo atendível, pois veda a lei o julgamento ultra petita fora das hipóteses legalmente autorizadas (CPC, art. 492)**. Assim, a atribuição aleatória de valores aos pedidos poderá redundar em severos prejuízos ao reclamante quando a expressão monetária de seu crédito for superior àquela informada na inicial. [...] (JÚNIOR, 2017, p. grifo nosso).

Some-se a isso – à guisa da conclusão – o fato de que o Conselho Superior da Justiça do Trabalho (CSJT), reconhecendo o excelente trabalho realizado no TRT8, chancelou em sua Resolução nº 185/2017 (dispõe sobre a **padronização do uso** do PJe), no art. 47, § 5º:

> [...] § 5° Independente da pactuação de parceria a que se refere o § 4° deste artigo, os TRTs promoverão a capacitação dos advogados na usabilidade do Sistema "**PJe Calc Cidadão**", fomentando a distribuição de ações e apresentação de defesa, **independente do rito, sempre acompanhadas da respectiva planilha de cálculos.** (BRASIL, 2017, s/p, grifo nosso)

Tal sistema se encontra disponível na primeira página de acesso ao TRT8 e pode ser descarregado em qualquer computador, contando com manual do usuário e tutoriais com um simples clique em www.trt8.jus.br, optando por "serviços" e PJe-Calc. Mesmo no *Youtube* não faltam vídeos acerca do sistema, dando o passo a passo para uso dessa intuitiva ferramenta[7].

Assevere-se, em arremate, que o sistema PJe Calc Cidadão se comunica com o sistema PJe Calc Tribunais (a que se referem os arts. 47 - § 3º - e 49, ambos da Resolução CSJT nº 185/17)[8], assim dando eficácia ao princípio cooperativo preconizado pelo CPC, além de possibilitar a plena normatividade do art. 133, da CF, pelo qual a advocacia é indispensável à administração da Justiça.

REFERÊNCIAS

BRASIL. **Consolidação das Leis do Trabalho. Decreto-Lei n.º 5.452, de 1º de maio de 1943.** Diário Oficial [da] Republica Federativa do Brasil, Brasília, DF.

MIESSA, Élisson. **Comentários à Lei 13.467/17.** JUSPODIVM. 2017

SCHIAVI, Mauro. **A Reforma Trabalhista e o Processo do Trabalho**. LTR. 2017.

SOUZA JÚNIOR, Antonio Umberto de *et al.* **Reforma Trabalhista – Análise Comparativa e Crítica da Lei nº 13.467/2017**. RIDEEL, 2017.

TEIXEIRA DE FREITAS, Manoel Antônio. **O Processo do Trabalho e a Reforma Trabalhista**. LTR, 2017.

THEODORO JÚNIOR, Humberto. **Curso de Direito Processual Civil- Teoria geral do direito processual civil e processo de conhecimento**. FORENSE, 2009.

VIEIRA RÊGO, Caio. **Relatório sobre o tempo e o custo das ações trabalhistas**. março de 2015. Disponível em www.ipea.gov.br

7. https://www.youtube.com/results?search_query=pje+calc . Acesso em 05/09/2017

8. Art. 47. Os TRTs promoverão investimentos para a formação e aperfeiçoamento dos usuários, inclusive pessoas com deficiência, com o objetivo de prepará-los para o aproveitamento adequado do PJe.

   § 3º Sem prejuízo do disposto no § 2º deste artigo, bem como no desenvolvimento de outras expertises, os magistrados de 1º e 2º graus, bem como os servidores usuários do PJe serão capacitados em: I – princípios da teoria geral do direito processual eletrônico; II – uso do editor de textos do PJe; e III – liquidação de sentenças no Sistema "PJe Calc Tribunais".

   Art. 49. Sem prejuízo do disposto no art. 47 desta Resolução, o CSJT, às suas expensas promoverá, anualmente, a capacitação de magistrados de 1º e 2º graus, observando: I – dois encontros, um a cada semestre, voltado à disseminação e debate dos princípios da teoria geral do direito processual eletrônico; II – dois encontros, um a cada semestre, voltado à prática eletrônica de atos processuais (regras de negócio) e conhecimento das funcionalidades do PJe; e III – dois encontros, um a cada semestre, voltados à liquidação de sentenças no Sistema "PJe Calc Tribunais".

ALGUMAS CONSIDERAÇÕES SOBRE A DEFESA E A REVELIA NA REFORMA TRABALHISTA

Guilherme Guimarães Ludwig[1]

Sumário: 1. Introdução – 2. Alterações na sistemática da resposta do réu – 3. A nova configuração da revelia – 4. Conclusões – 5. Referências.

1. INTRODUÇÃO

Após uma tramitação em tempo recorde, foi promulgada a Lei 13.467/2015, a denominada *"reforma trabalhista"*, que proporcionou a revogação, a alteração e o acréscimo de centenas de dispositivos da Consolidação das Leis do Trabalho, tanto no âmbito material, quanto no processual, muitos deles em aparente contradição principiológica em relação ao sistema justrabalhista ou em choque com a jurisprudência consolidada nas cortes trabalhistas.

Considerando uma modificação desta complexidade, faz-se urgente uma análise de tais dispositivos que aponte caminhos possíveis para sua interpretação e aplicação, a partir da Constituição Federal, das convenções internacionais, além do próprio sistema infraconstitucional de normas trabalhistas e suas fontes subsidiárias. O objetivo do presente artigo é justamente, dentro do corte do processo do trabalho, identificar as alterações havidas na disciplina da resposta do réu e também da revelia.

1. Doutor em Direito pela Universidade Federal da Bahia – UFBA, Extensão universitária em Economia do Trabalho pelo CESIT/UNICAMP, Professor de Direito e Processo do Trabalho na Universidade do Estado da Bahia – UNEB, Juiz Titular da Vara do Trabalho de Bom Jesus da Lapa/BA, Membro do Conselho Consultivo da Escola Judicial do Tribunal Regional do Trabalho da Quinta Região (biênios 2005-2007, 2007-2009, 2009-2011 e 2013-2015 e 2015-2017), Coordenador Executivo da Escola da Associação dos Magistrados da Justiça do Trabalho da 5ª Região – EMATRA5 (biênio 2012-2014).

O trabalho se encontra dividido basicamente em duas partes interdependentes. Na primeira, serão identificadas, na perspectiva da garantia do acesso à Justiça, as premissas fundamentais do modelo trabalhista e o correspondente impacto das alterações propostas numa compreensão sistêmica, especialmente considerando a compatibilidade entre as regras do processo do trabalho e o processo judicial eletrônico. Na segunda, serão abordados: o novo tratamento dispensado representação patronal por preposto, as causas excludentes da confissão do réu revel e a possibilidade de acolhimento da contestação e dos documentos na revelia.

2. ALTERAÇÕES NA SISTEMÁTICA DA RESPOSTA DO RÉU

A postulação de defesa ou resposta do réu concretiza o direito fundamental de defesa (CF, art. 5º, LV), na perspectiva de um desdobramento do direito fundamental de acesso à Justiça (CF, art. 5º, XXXV).

Em sede constitucional brasileira, a garantia a ter acesso à Justiça (CF, art. 5º, XXXV), segundo Cândido Rangel Dinamarco, se configura como a promessa-síntese das demais promessas instrumentais relativas às garantias processuais, sendo certo que toda a tutela constitucional do processo converge para o aprimoramento do sistema processual como meio idôneo a oferecer decisões justas e efetivas a quem delas necessite[2]. É um norte para o qual o Poder Judiciário eficiente direciona a sua argumentação no âmbito de suas próprias decisões diante das possibilidades jurídicas e fáticas em cada caso concreto.

A qualificação como "*síntese*" importa em dizer que ter acesso à Justiça é possuir necessariamente direito: a não ser processado nem sentenciado senão pela autoridade competente, ao devido processo legal, ao contraditório e à ampla defesa, à inadmissibilidade da prova ilícita, à razoável duração do processo e aos meios que garantam a celeridade de sua tramitação, à publicidade dos atos processuais, à fundamentação das decisões, entre outras garantias constitucionais de índole processual que, em seu conjunto, assegura ao cidadão um processo justo, inclusive evidentemente na condição de reclamado.

Cada uma dessas garantias processuais complementares, por si só, é condição necessária, embora não absoluta ou suficiente, à consecução do efetivo acesso à Justiça, na medida em que este apenas se configura a partir da *síntese harmônica* de todas elas. Assim, por exemplo, da mesma forma que não haverá acesso à Justiça sem o respeito à ampla defesa e ao contraditório, também não o haverá se a jurisdição for exercida para além da razoável duração do processo, sem celeridade na tramitação do feito.

Sob o enfoque aqui defendido, concretizar o direito fundamental a ter acesso à Justiça é também o resultado da concretização em equilíbrio ponderado de todas as garantias processuais de foro constitucional, interpretadas e parametrizadas

2. DINAMARCO, Cândido Rangel. *Instituições de direito processual civil*. v.I. 8.ed. rev. e atual. São Paulo: Malheiros, 2016, p.200.

necessariamente em cotejo com o princípio da eficiência administrativa aplicada ao Poder Judiciário. O conjunto das garantias processuais deve ser pensado de forma instrumental, portanto, em direção a um processo de efetivos resultados.

Não é possível, dentro do complexo paradigma do pós-positivismo jurídico, compreender e interpretar o direito a ter acesso à Justiça simplesmente com a perspectiva do fenômeno jurídico na modernidade, olvidando-se do perfil do novo direito processual, com clara finalidade instrumental e utilitarista porque tendente a soluções concretas e eficientes para o problema da baixa efetividade da prestação jurisdicional. Como já explanado em trabalho anterior, a eficiência aplicada é pressuposto desta instrumentalidade e desta nova racionalidade, ambas direcionadas ao atendimento do jurisdicionado na justa proporção de sua demanda[3].

A defesa pode assumir três formas: contestação, exceção processual ou reconvenção. Ademais, nas circunstâncias de cada caso concreto, pode ser articulada de maneiras distintas. Pode ser contra o próprio processo em si: de forma direta, quando se busca a nulidade, extinção ou carência de ação (exceções peremptórias), por intermédio das preliminares em contestação; ou ainda de forma indireta, quando se busca apenas suspender o andamento do feito (exceções dilatórias), por meio das exceções processuais. Por outro lado, pode a defesa se voltar contra o mérito da causa: seja diretamente, pela negativa dos fatos alegados ou das consequências jurídicas postas pelo autor; seja indiretamente, quando, embora reconhecendo a veracidade dos fatos alegados, o reclamado oponha outros fatos que impeçam, modifiquem ou extingam o direito do reclamante.

Consoante a dicção da Consolidação das Leis do Trabalho, no processo do trabalho a defesa – no sentido mais amplo de contestação, exceções e reconvenção – é aduzida de forma oral em audiência, pelo tempo de vinte minutos, quando malograda a tentativa de acordo:

> "Art. 847. Não havendo acordo, o reclamado terá vinte minutos para aduzir sua defesa, após a leitura da reclamação, quando esta não for dispensada por ambas as partes (CLT)".

Vale enfatizar neste ponto que a análise vindoura dos novos dispositivos que envolvem a matéria relativa (ou conexa) à defesa e à revelia não pode prescindir do assentamento desta premissa estrutural peculiar do processo do trabalho em torno do recebimento da defesa pelo juiz em audiência, que o distingue no particular do processo comum. Trata-se aqui de uma decorrência dos princípios da imediatidade e da concentração dos atos processuais, norma em razão da qual deve o juiz ter um contato direito com as partes e a produção da prova, para melhor alcançar a verdade dos fatos discutidos no litígio. Assim como a faculdade de apresentação da reclamação verbal (CLT, art. 840), na perspectiva do *jus postulan-*

---

3. LUDWIG, Guilherme Guimarães. O princípio da eficiência como vetor de interpretação da norma processual trabalhista. In: MIESSA, Élisson (org.). *O novo Código de Processo Civil e seus reflexos no processo do trabalho.* 2.ed. rev. amp. e atual. Salvador: Juspodivm, 2016, p.141.

di (CLT, art. 791), é também uma regra que tende a simplificar a postulação das partes, para tornar esta atividade mais acessível ao jurisdicionado leigo, democratizando o processo judicial.

A regra em comento (art. 847) já havia passada por atualização. A redação original da Consolidação situava a apresentação da defesa anteriormente à primeira tentativa de conciliação, uma vez que disciplinava que: "*terminada a defesa, o juiz ou presidente proporá a conciliação*". Esta sequência de atos processuais foi invertida pela Lei 9.022/1995, num visível propósito naquela ocasião de prestigiar e facilitar a conciliação judicial, agora sem mais a influência do possível acirramento dos ânimos diante dos termos da resposta do réu.

Observe-se inclusive que, em sintonia com o processo do trabalho, o Código de Processo Civil de 2015 adotou a audiência de conciliação e mediação, que antecede o próprio prazo para apresentação da contestação no processo comum (CPC, art. 334). A premissa do processo brasileiro contemporâneo passa, portanto, pela priorização da solução consensual. Sendo assim, apenas com o esgotamento desta fase, é que começa a correr o prazo para apresentação da contestação:

> "Art. 335. O réu poderá oferecer contestação, por petição, no prazo de 15 (quinze) dias, cujo termo inicial será a data:
>
> I - da audiência de conciliação ou de mediação, ou da última sessão de conciliação, quando qualquer parte não comparecer ou, comparecendo, não houver autocomposição;
>
> II - do protocolo do pedido de cancelamento da audiência de conciliação ou de mediação apresentado pelo réu, quando ocorrer a hipótese do art. 334, § 4º, inciso I;
>
> III - prevista no art. 231, de acordo com o modo como foi feita a citação, nos demais casos (CPC)".

Enquanto no processo comum se fixa um prazo para apresentação de defesa, no processo do trabalho a lógica é diversa. Exatamente em razão da circunstância do recebimento da defesa em audiência, não há sentido na Justiça do Trabalho de uma previsão de prazo legalmente definido para a apresentação a partir do recebimento da citação, tal como se mostra necessário no processo comum. A CLT estabelece, no entanto, um condicionamento temporal para a realização desta audiência em que a defesa poderá ser apresentada, justamente de modo a permitir que seja elaborada e que sejam colhidos os documentos necessários. Como ali consignado, uma vez recebida e protocolada a reclamação, dentro de 48 horas a Secretaria da Vara remeterá a segunda via da petição inicial ou do termo, ao reclamado, notificando-o ao mesmo tempo, para comparecer à audiência do julgamento, que será a primeira desimpedida, depois de 5 dias (CLT, art. 841) ou excepcionalmente 20 dias no caso de pessoas jurídicas de direito público (Decreto-Lei 779/69, art. 1º, II). Há, portanto, a necessidade de ser observado este interstício mínimo entre a citação e a audiência.

A crescente complexidade das lides trabalhistas implicou, porém, no costume da apresentação de defesa escrita em audiência. Tal prática em nada colide com o comando celetista. Pelo contrário, nos casos mais complexos, presta-se mesmo a concretizar, em maior grau de profundidade, os princípios constitucionais do contraditório e da ampla defesa no pleno exercício do direito fundamental de defesa (CF, art. 5º, LV), que condiciona todas as regras infraconstitucionais processuais. A par da natural evolução do Direito, prevaleceu a essência da imediatidade e da concentração dos atos processuais.

Adiante, a partir especificamente da Lei 11.419/2006 – que versou sobre a informatização do processo judicial –, a juntada da defesa e demais petições, nos autos do processo judicial eletrônico, passou a ser feita em formato digital, diretamente pelos advogados públicos e privados, sem necessidade da intervenção do cartório ou secretaria judicial, com autuação forma automática e fornecimento de recibo eletrônico de protocolo (art. 10).

A regra acima, dirigida ao processo em geral, não implicou em nenhum momento na revogação da sistemática do art. 847 da CLT. Pelo contrário, foi ela especificamente compatibilizada com o processo do trabalho. Na Resolução 94/2012 do Conselho Superior da Justiça do Trabalho, que instituiu o sistema processual judicial eletrônico da Justiça do Trabalho, houve a previsão de a defesa poderia ser protocolizada no sistema antes da audiência (art. 22), mantendo-se, todavia, a faculdade da defesa oral.

> "Art. 22. Os advogados devidamente credenciados deverão encaminhar eletronicamente as contestações e documentos, com opção de sigilo, quando for o caso, até antes da realização da audiência, sem prescindir de sua presença àquele ato processual.
>
> Parágrafo único. Fica facultada a apresentação de defesa oral, pelo tempo de até 20 minutos, conforme o disposto no art. 847 da CLT (Res. 94/2012 do CSJT)".

Assim, até que seja confirmada pelo reclamado em audiência e recebida pelo juiz, a juntada em meio eletrônico da contestação é mero *ato de fluxo*. Em outros termos, seja pela apresentação oral, seja pela protocolização nos autos eletrônicos anteriormente à audiência, a defesa ainda é apenas reconhecida como tal quando for efetivamente recebida pelo juiz em audiência, posteriormente à primeira tentativa de conciliação. Tanto assim que, como se verá adiante, a reforma manteve a configuração da revelia e o consequente efeito da confissão em caso de não comparecimento do réu em audiência (CLT, art. 844).

A Lei 13.467/2017 atualizou o texto celetista na perspectiva do processo judicial eletrônico, incluindo um parágrafo único no art. 847, que basicamente reproduz, em outros termos, o retro citado art. 22 da Resolução 94/2012 do CSJT:

> "Art. 847. ....
>
> Parágrafo único. A parte poderá apresentar defesa escrita pelo sistema de processo judicial eletrônico até a audiência (CLT)".

A protocolização da defesa nos autos do processo judicial eletrônico, portanto, continua sem dispensar o réu de comparecimento em audiência para, após a tentativa frustrada de conciliação, ratificar os termos da peça constantes dos autos, quando então finalmente será ela recebida pelo juiz. Vale destacar, porém, que, por conta ainda da reforma trabalhista, embora se trate de um ato de fluxo, esta apresentação da contestação pelo sistema de processo judicial passou a gerar o efeito processual de exigir, a partir dali, a anuência do reclamado em caso de desistência da ação:

> "Art. 841. ....
>
> § 3º. Oferecida a contestação, ainda que eletronicamente, o reclamante não poderá, sem o consentimento do reclamado, desistir da ação (CLT)".

O novo dispositivo reproduz, quase na íntegra, o art. 485, §4º do Código de Processo Civil, que, no entanto, vale enfatizar, parte da lógica distinta da apresentação da defesa nos autos, não em audiência.

Embora no processo do trabalho, a contestação continue devendo ser apresentada em audiência, o acréscimo deste parágrafo encontra justificativa na circunstância de que, uma vez apresentada a contestação no processo judicial eletrônico – salvo quando se tratar de hipótese de sigilo –, o autor pode obter acesso pelo sistema ao seu inteiro teor e à prova documental com ela juntada. Esta circunstância lhe confere grande vantagem em relação ao ser adversário, porque ciente das teses e documentos de defesa, pode desistir do feito sem a anuência do réu, inclusive para eventualmente preparar uma nova petição inicial adequada e ajustada a driblar a já conhecida estratégia de insurgência.

Se assim agiu em resguardo do princípio da lealdade processual, não há, entretanto e curiosamente, uma idêntica providência do legislador em relação à possibilidade de aditamento ou alteração da petição inicial.

O aditamento é o acréscimo de algo ao pedido ou à causa de pedir, enquanto a alteração é a substituição do pedido ou da causa de pedir. De acordo com a lei processual civil, o autor poderá aditar ou alterar o pedido ou a causa de pedir, até a citação, independentemente de consentimento do réu. A partir daí e até o saneamento do processo, desde que com tal anuência, assegurado o contraditório prazo mínimo de quinze dias, além de ser facultado o requerimento de prova suplementar (CPC, art. 329).

No processo do trabalho, por ausência de regra em sentido contrário, o aditamento e a alteração podem e continuam podendo ser feitos até o recebimento da defesa em audiência, mesmo sem concordância do réu, sendo-lhe assegurada a oportunidade de adequar a defesa. É que a regra do art. 329 do Código de Processo Civil não se ajusta ao processo do trabalho, na medida em que, como já referido, neste último a defesa apenas é apresentada em audiência. O texto da reforma trabalhista não disciplina diversamente esta matéria, de modo que, entre a apresentação da defesa nos autos eletrônicos e seu efetivo recebimento em audiência, sem o reclamado anuir não será permitido ao reclamante desistir dos pedidos, mas poderá aditar ou alterar a petição inicial.

3. A NOVA CONFIGURAÇÃO DA REVELIA

A ausência das partes na audiência trabalhista acarreta algumas consequências.

Não estando o reclamante presente na audiência, ocorrerá o arquivamento do feito, que significa a extinção do processo sem resolução de mérito. Por outro lado, se o reclamado não contestar a ação ou não comparecer na audiência em que deveria ratificar a defesa já protocolizada no sistema, é declarada a revelia, pela qual são reputados verdadeiros os fatos afirmados pelo autor.

> "Art. 844 - O não-comparecimento do reclamante à audiência importa o arquivamento da reclamação, e o não-comparecimento do reclamado importa revelia, além de confissão quanto à matéria de fato".

A confissão, portanto, é um dos efeitos da revelia, que não representa propriamente uma penalidade, mas sim um estado de fato que acarreta certas consequências jurídicas desfavoráveis ao réu.

Uma das alterações da Lei 13.467/2017, que se relaciona diretamente com o tema da revelia, diz respeito à desnecessidade do preposto portar a condição de empregado.

Consoante a Consolidação das Leis do Trabalho, é facultado ao empregador fazer-se substituir por gerente ou qualquer outro preposto que tenha conhecimento do fato, e cujas declarações obrigarão o proponente (CLT, art. 843, §1º). Ao interpretar tal dispositivo, porém, o Tribunal Superior do Trabalho fixou entendimento, no sentido de que, mais do que possuir conhecimento do fato que interessa ao litígio, o preposto devia ser necessariamente empregado do réu, posteriormente ressalvados apenas os casos do empregador doméstico e do micro ou pequeno empresário (Súmula 377 do TST).

Parte da doutrina se mostrava contrária a este raciocínio. Segundo José Augusto Rodrigues Pinto, por exemplo, ao citar a inexistência de requisitos outros além do estritamente legal para que um indivíduo seja preposto do reclamado, leciona:

> "a contraposição entre a liberdade evidente, em relação ao empregador, e as restrições feitas ao empregado, para nomear preposto (ver n. 111, b), serve de exemplo da influência exercida sobre a legislação processual pelo princípio da proteção do economicamente fraco.
>
> Envolvendo a preposição os riscos da confissão pelo inexato conhecimento dos fatos, ou por sua ignorância, a lei trabalhista buscou proteger o empregado da má escolha, mostrando-se indiferente à do empregador, que não é destinatário da tutela do Direito do Trabalho"[4].

4. PINTO, José Augusto Rodrigues. *Processo trabalhista de conhecimento*. 5.ed. São Paulo: LTr, 2000, p.291.

De todo modo, em sentido similar à crítica acima, a reforma inverteu a jurisprudência trabalhista pacífica e consolidada desde 1997, acrescentando novo dispositivo que disciplina:

> "Art. 843. ....
>
> § 3º. O preposto a que se refere o § 1º deste artigo não precisa ser empregado da parte reclamada (CLT)".

Outra alteração proporcionada pela Lei de 2017 é a inserção de hipóteses de afastamento da confissão decorrente da revelia. O legislador reformador resolveu trazer para o texto celetista a inteireza do art. 345 do Código de Processo Civil, em que pese, vale ponderar, que este dispositivo já fosse perfeitamente passível de aplicação subsidiária diante da omissão e da inexistência de incompatibilidade:

> "Art. 844. ....
>
> § 4º. A revelia não produz o efeito mencionado no caput deste artigo se:
>
> I - havendo pluralidade de reclamados, algum deles contestar a ação;
>
> II - o litígio versar sobre direitos indisponíveis;
>
> III - a petição inicial não estiver acompanhada de instrumento que a lei considere indispensável à prova do ato;
>
> IV - as alegações de fato formuladas pelo reclamante forem inverossímeis ou estiverem em contradição com prova constante dos autos (CLT)".

Quanto à primeira hipótese, cabe pontuar que apenas ocorre o afastamento da confissão se se tratar de litisconsórcio passivo unitário (CPC, art. 116 e 117)[5] ou se o réu alegar fato comum a todos os litisconsortes[6]. Considere-se, por exemplo, um litisconsórcio passivo entre empresas tomadora e prestadora de serviços numa terceirização. Revel a ré tomadora, a defesa da ré prestadora lhe é aproveitável, exceto quanto às alegações relativas à própria responsabilidade subsidiária.

Registre-se ainda um destaque também para a última hipótese da norma, que visa a ratificar que a confissão ficta não pode prevalecer perante alegações que desafiem os limites do real e do humanamente possível numa relação de trabalho. Independentemente de revelia, não é possível reconhecer como verdadeira, por exemplo, a alegação de que o empregado laborou ao longo de cinco anos, de domingo a domingo, sem folga ou férias, por vinte horas diárias de trabalho.

---

5. Código de Processo Civil, "Art. 116. O litisconsórcio será unitário quando, pela natureza da relação jurídica, o juiz tiver de decidir o mérito de modo uniforme para todos os litisconsortes" e "Art. 117. Os litisconsortes serão considerados, em suas relações com a parte adversa, como litigantes distintos, exceto no litisconsórcio unitário, caso em que os atos e as omissões de um não prejudicarão os outros, mas os poderão beneficiar".

6. MARINONI, Luiz Guilherme; ARENHART, Sérgio Cruz; MITIDIERO, Daniel. *Novo código de processo civil*: tutela dos direitos mediante procedimento comum. v.2. São Paulo: Revista dos Tribunais, 2015, p.190.

Por fim, cuidou a reforma de disciplinar a situação da ausência do reclamado em audiência em que o advogado presente requer o recebimento da defesa e dos documentos.

Para a jurisprudência pacífica do Tribunal Superior do Trabalho, a partir da interpretação do art. 844 da CLT, ainda que presente seu advogado munido de procuração, se o reclamado não se fizesse presente na audiência em que deveria apresentar defesa, seria considerado revel, podendo ser ilidida a revelia mediante a apresentação de atestado médico, que deveria declarar, expressamente, a impossibilidade de locomoção (Súmula 122 do TST).

O legislador reformador acrescentou então um novo dispositivo celetista, no sentido de que:

> "Art. 844. ....
>
> § 5º. Ainda que ausente o reclamado, presente o advogado na audiência, serão aceitos a contestação e os documentos eventualmente apresentados (CLT)".

Observe-se que, assim como a Lei 13.467/2017 não revogou a regra de que a defesa deve ser aduzida em audiência após a tentativa frustrada de conciliação (CLT, art. 847, *caput*), também mantendo aquela, segundo a qual, o não comparecimento do reclamado importa a revelia, além de confissão quanto à matéria de fato (CLT, art. 844, *caput*). Tais dispositivos se encontram em conformidade com o princípio da concentração dos atos processuais, que informam o processo do trabalho em sentido da celeridade necessária à entrega da prestação jurisdicional que envolve créditos alimentares.

A interpretação dos novos dispositivos deve levar em conta a compatibilidade com as regras retro destacadas e seus princípios informadores sistêmicos, pois, conforme Carlos Maximiliano, "*o direito objetivo não é um conglomerado caótico de preceitos; constitui vasta unidade, organismo regular, sistema, conjunto harmônico de normas coordenadas, em interdependência metódica, embora fixada cada uma no seu lugar próprio*"[7].

Diante da ausência do reclamado em audiência em que a defesa deveria ser recebida, há revelia.

Como já dito supra, o parágrafo único do art. 847 da CLT não altera a regra do *caput*, nem tampouco colide com o *caput* do art. 844, apenas reconhecendo a possibilidade de apresentação da defesa escrita pelo sistema de processo judicial eletrônico enquanto mero <u>ato de fluxo</u> no sistema, ainda que possa gerar o efeito processual de impedir a desistência sem o consentimento do reclamado (CLT, art. 841, §3º).

Em consequência, por se tratar de mero ato de fluxo, o §5º do art. 844 da CLT não tem o poder de afastar o reconhecimento da revelia, nem tampouco da confis-

7. MAXIMILIANO, Carlos. *Hermenêutica e aplicação do direito*. 20.ed. Rio de Janeiro, Forense: 2011, p.104.

são quanto à matéria de fato. Tal conclusão se reforça, inclusive, diante da hipótese não estar tratada entre as listadas no parágrafo quarto do mesmo artigo, que versa exatamente acerca das circunstâncias em que a revelia não produz o efeito da confissão ficta. Pelo contrário, a regra do §5º do art. 844 permite apenas que o juiz, ao aceitar a peça naquela hipótese descrita, na perspectiva de concretização da garantia fundamental ao acesso à Justiça, possa conhecer das questões de ordem pública e da matéria fática não alcançada pela confissão acerca do fato alegado pelo autor, bem assim dos correspondentes documentos.

E qual a matéria não alcançada pela confissão do réu?

A resposta pode ser deduzida das regras de distribuição estática do ônus da prova[8]. A reforma trabalhista alterou o enunciado conciso do art. 818 da Consolidação das Leis do Trabalho, que indicava que "a prova das alegações incumbe à parte que as fizer", para novamente – tal com o fez no §4º do art. 844 – repetir o exato regramento do Código de Processo Civil:

> "Art. 818. O ônus da prova incumbe:
> I - ao reclamante, quanto ao fato constitutivo de seu direito;
> II - ao reclamado, quanto à existência de fato impeditivo, modificativo ou extintivo do direito do reclamante (CLT)".

Os fatos constitutivos correspondem ao suporte fático sobre o qual incidirá a norma jurídica cujo pedido de aplicação representa a pretensão formulada na petição inicial, como, por exemplo, "*houve labor extraordinário*", do qual decorre o pedido de horas extraordinárias. Já os fatos impeditivos, modificativos ou extintivos, por seu turno, não se confundem com a contraprova do fato constitutivo, mas apenas correspondem às alegações próprias ao reclamado, no pressuposto que aqueles constitutivos sejam verdadeiros, como, por exemplo, "*houve sim labor extraordinário (fato constitutivo verdadeiro), mas as horas extraordinárias foram quitadas (fato extintivo)*". Esta distribuição, portanto, leva em conta que cada alegação recai ordinariamente sobre aquele que tem interesse em sua prevalência.

Logo, o fato alegado pelo autor que é objeto da confissão do réu (decorrente da revelia) apenas pode ser logicamente o fato constitutivo, em relação ao qual não há controvérsia, inclusive a justificar instrução probatória. Por outro lado, a revelia não impede a alegação de fatos impeditivos, modificativos ou extintivos e suas respectivas provas, razão pela qual nada impede que, mesmo diante da revelia, sejam apreciados os recibos de quitação, por exemplo. Repita-se: o que a

8. O fundamento da repartição do ônus da prova, consoante Antônio Carlos de Araújo Cintra, Ada Pelegrini Grinover e Cândido Rangel Dinamarco, "repousa principalmente na premissa de que, visando à vitória na causa, cabe à parte desenvolver perante o juiz e ao longo do procedimento uma atividade capaz de criar em seu espírito a convicção de julgar favoravelmente. O juiz deve julgar secundum allegata et probata partium e não secundum propriam suam conscientiam – e daí o encargo, que as partes têm no processo, não só de alegar, como também de provar (encargo = ônus)" In: CINTRA, Antônio Carlos de Araújo; GRINOVER, Ada Pellegrini; DINAMARCO, Cândido Rangel. Teoria geral do processo. 28.ed. São Paulo: Malheiros, 2012, p. 387.

confissão veda ao réu é produzir prova que sustente a negativa do fato constitutivo alegado pelo reclamante, pois incontroverso.

A matéria relativa aos documentos juntados pelo revel anteriormente à audiência já se encontrava sedimentada, por exemplo, no âmbito do Tribunal Regional do Trabalho da 5ª Região:

> "PROCESSO JUDICIAL ELETRÔNICO - PJe-JT. REVELIA. DOCUMENTOS COLACIONADOS AOS AUTOS ANTES DA AUDIÊNCIA INAUGURAL POR RECLAMADO REVEL. ATRIBUIÇÃO DE VALOR PROBATÓRIO. POSSIBILIDADE. No processo eletrônico, os documentos colacionados antes da audiência inaugural, mesmo quando o réu é declarado revel, devem ser conhecidos, cabendo ao juiz condutor do processo avaliar o valor probante dos mesmos, após a manifestação da parte contrária (Súmula 50 do TRT5)".

Este entendimento já era compartilhado em parte da doutrina mesmo antes da Lei 13.467/2017. É o que se observa, a título de ilustração, na lição de Marcelo Moura, para quem,

> "o comparecimento do advogado regularmente constituído, portando defesa com documentos, além de carta indicando o preposto ausente, deve ser interpretado como ânimo de defesa. (...) Diante da inequívoca intenção do réu em se defender, entendemos que deverá o juiz juntar aos autos contestação com documentos, mesmo que considere o réu confesso quanto aos fatos articulados na inicial"[9].

Em consequência, pode ser reconhecido que a regra do §5º do art. 844 não afasta a revelia nem os efeitos da confissão, mas permite que o juiz, ao aceitar a peça naquela hipótese descrita, na perspectiva de concretização da garantia fundamental ao acesso à Justiça, possa conhecer das questões de ordem pública e da matéria não alcançada pela confissão acerca do fato constitutivo alegado pelo autor, bem assim dos documentos que demonstrem os correspondentes fatos impeditivos, modificativos e extintivos.

4. CONCLUSÕES

Diante do quanto exposto, é possível concluir que:

4.1 Mesmo após a reforma trabalhista, a protocolização da defesa nos autos do processo judicial eletrônico continua não dispensando o réu de comparecimento em audiência para, após a tentativa frustrada de conciliação, ratificar os termos da peça constantes dos autos, quando então finalmente será ela recebida pelo juiz.

9. MOURA, Marcelo. *Consolidação das Leis do Trabalho para concursos*. 2.ed. rev. ampl. e atual. Salvador: Juspodivm, 2012, p.1.117.

4.2 No processo do trabalho, entre a apresentação da defesa nos autos eletrônicos e seu efetivo recebimento em audiência, sem o reclamado anuir não será permitido ao autor desistir dos pedidos, mas poderá ainda assim aditar ou alterar a petição inicial.

4.3 Para que a revelia não produza o efeito da confissão no caso da pluralidade de reclamados, não basta somente que algum deles conteste a ação, mas que se trate de litisconsórcio passivo unitário (CPC, art. 116 e 117) ou que o réu alegue fato comum a todos os litisconsortes.

4.4 A reforma trabalhista não revogou a regra de que a defesa deve ser recebida em audiência após a tentativa frustrada de conciliação, também mantendo a de que a ausência do reclamado importa a revelia e a confissão, sendo que a interpretação dos novos dispositivos deve levar em conta a compatibilidade com as regras antes destacadas e seus princípios informadores sistêmicos.

4.5 Por se tratar consequentemente de mero ato de fluxo, o §5º do art. 844 da CLT não tem o poder de afastar o reconhecimento da revelia, nem tampouco da decorrente confissão.

4.6 A regra do §5º do art. 844 permite que o juiz, ao aceitar a peça naquela hipótese descrita, na perspectiva de concretização da garantia fundamental ao acesso à Justiça, possa conhecer das questões de ordem pública e da matéria não alcançada pela confissão acerca do fato constitutivo alegado pelo autor, bem assim dos documentos que demonstrem os correspondentes fatos impeditivos, modificativos e extintivos.

5. REFERÊNCIAS

CINTRA, Antônio Carlos de Araújo; GRINOVER, Ada Pellegrini; DINAMARCO, Cândido Rangel. *Teoria geral do processo*. 28.ed. São Paulo: Malheiros, 2012.

DINAMARCO, Cândido Rangel. *Instituições de direito processual civil*. v.I. 8.ed. rev. e atual. São Paulo: Malheiros, 2016.

LUDWIG, Guilherme Guimarães. O princípio da eficiência como vetor de interpretação da norma processual trabalhista. In: MIESSA, Élisson (org.). *O novo Código de Processo Civil e seus reflexos no processo do trabalho*. 2.ed. rev. ampl. e atual. Salvador: Juspodivm, 2016, p.129-152.

MARINONI, Luiz Guilherme; ARENHART, Sérgio Cruz; MITIDIERO, Daniel. *Novo código de processo civil*: tutela dos direitos mediante procedimento comum. v.2. São Paulo: Revista dos Tribunais, 2015.

MAXIMILIANO, Carlos. *Hermenêutica e aplicação do direito*. 20.ed. Rio de Janeiro, Forense: 2011.

MOURA, Marcelo. *Consolidação das Leis do Trabalho para concursos*. 2.ed. rev. ampl. e atual. Salvador: Juspodivm, 2012.

PINTO, José Augusto Rodrigues. *Processo trabalhista de conhecimento*. 5.ed. São Paulo: LTr, 2000.

REVELIA NO PROCESSO DO TRABALHO EM NOVO PADRÃO

Vitor Salino de Moura Eça[1]

Sumário: Introdução – Conceito de revelia – Inibição de efeitos da revelia – Pluralidade de réus – Direito indisponível – Ausência de instrumento indispensável – Alegações inverossímeis ou contraditórias com o conjunto probatório – Ausência da parte e presença do advogado doravante importa em ânimo de defesa – Absentismo de revelia da ação rescisória – Conclusão – Referências bibliográficas.

INTRODUÇÃO

A Reforma Trabalhista instituída pela Lei 13.467/17, doravante LRT, não se ocupa apenas de direito material do trabalho, mas também de processo. A revelia consiste na nucleação de um dos principais institutos da ciência processual e de larga aplicação no campo do Direito Processual do Trabalho, situação em que o réu deixa de comparecer à audiência em que deveria produzir defesa válida, com a contestação dos pedidos formulados. E considerando-se que os feitos processados perante a Justiça do Trabalho são muito ricos em fatos, e que a principal consequência da revelia é a presunção de veracidade dos fatos alegados na petição inicial,

1. Pós-doutor em Direito Processual Comparado pela Universidad Castilla-La Mancha, na Espanha. Professor Adjunto IV da PUC-Minas (CAPES 6), lecionando nos cursos de mestrado e doutorado em Direito. Professor visitante em diversas universidades nacionais e estrangeiras. Professor conferencista na Escola Nacional de Magistratura do Trabalho – ENAMAT e na Escola Superior de Advocacia da Ordem dos Advogados do Brasil. Pesquisador junto ao Centro Europeo y Latinoamericano para el Diálogo Social - España. Membro efetivo, dentre outras, das seguintes sociedades: Academia Brasileira de Direito do Trabalho – ABDT; Asociación Iberoamericana de Derecho del Trabajo y de la Seguridad Social – AIDTSS; Asociación de Laboralistas - AAL; Equipo Federal del Trabajo - EFT; Escuela Judicial de América Latina - EJAL; Instituto Brasileiro de Direito Social Júnior- IBDSCJ; Instituto Latino-Americano de Derecho del Trabajo y de la Seguridad Social – ILTRAS; Instituto Paraguayo de Derecho del Trabajo y Seguridad; e da Societé Internationale de Droit du Travail et de la Sécurité Sociale.

a sanção em seara laboral assume caráter de uma pena ainda mais pesada, estimulando o comparecimento das partes à audiência.

A presença física das partes em audiência é um dos grandes triunfos do Direito Processual do Trabalho, pois a primeira providência que cabe ao magistrado trabalhista é formular a proposta de conciliação, onde ele emprega os seus bons ofícios e a consagrada persuasão a fim de que possam os interesses jurídicos e econômicos se aproximem, com o encurtamento da atividade judiciária e a pacificação antecipada do conflito existente.

Esta a razão pela qual a presença das partes se torna tão importante nos feitos trabalhistas, e explica ainda o principal motivo porque temos a jurisdição mais ágil e eficiente. Por isso, qualquer alteração nesta sistemática é vista com extrema cautela.

A revelia segue hígida no *caput* do artigo 844/CLT, mas a grande mudança está nas atitudes que legitimam algumas ausências, atenuando os efeitos sancionatórios, o que pode gerar indevida acomodação nos réus, com perda de eficiência do conjunto de normas processuais trabalhistas.

Vamos destacar as principais alterações promovidas com a criação de novos parágrafos do artigo 844/CLT, e criticar o abrandamento das sanções para o revel, o que em nosso sentir milita em desproveito da unidade sistêmica do Direito Processual do Trabalho, pelas razões que seguem.

CONCEITO DE REVELIA

O conhecimento escorreito de qualquer instituto é indispensável para a sua compreensão e manejo. Nesse sentido e convindo com a doutrina, colecionamos algumas definições de que a ciência processual entende por revelia e quais os seus efeitos.

Antes de tudo é preciso se considerar que proposta uma demanda em face de alguém, esta pessoa tem algumas possibilidades processuais, sendo a mais proveitosa para si a contestação, que é a impugnação dos pedidos formulados, cuja inércia atrai o efeito processual a que chamamos de revelia, que tem como principal consequência a presunção de veracidade dos fatos alegados pelo autor. E como o processo do trabalho é muito rico em fatos, os seus efeitos perante a Justiça do Trabalho são mais contundentes. Sendo assim, e em descrição absolutamente sumária podemos dizer que revelia é a ausência de defesa por parte do réu.

A despeito desta colocação que ordem técnica, a LRT gerou uma grave inconsistência em termos de revelia, pois manteve o *caput* do artigo 844/CLT, onde revelia é o não comparecimento do réu, constando do texto consolidado que [... o não comparecimento do reclamado importa revelia...], logo, conceitualmente, para esta norma, a revelia é a ausência da parte. Ocorre que a LRT acrescenta o § 5º, no aludido artigo 844/CLT, o qual aduz que ainda que ausente o reclamado, presente o seu advogado na audiência, serão aceitos a contestação e os documentos eventualmente apresentados. Vale dizer: pelo *caput* a revelia é a ausência da parte, e pelo § 5º a revelia é a ausência de defesa.

A toda evidência esta última disposição é mais técnica, alinhando-se ao conceito que aqui agregamos neste tópico, em sede doutrinária e em sintonia com a ciência processual, pelo que se pode debitar a compreensão constante do *caput* do artigo 844/CLT como mera atecnia.

Não se pode confundir revelia, que é um ato-fato, com a presunção de veracidade dos fatos afirmados pelo autor, que é um de seus efeitos. A revelia não é um efeito jurídico; a revelia encontra-se no mundo dos fatos e é um ato-fato jurídico (DIDIER Jr., 2015, p. 665).

A revelia é uma sanção processual bem conhecida e aplicada na ciência processual. O Código de Processual Civil também se ocupa com o instituto, o fazendo no artigo 344, e o Código de Processo Penal igualmente a contempla, sempre com o mesmo sentido e efeitos semelhantes.

Ao ensejo, parece-nos proveitoso trazer à coleção o artigo 346/CPC, pelo qual os prazos contra o revel que tenha patrono nos autos fluirão da data de publicação do ato decisório no órgão oficial, no nosso caso o DEJT. Seguramente que havendo procurador constituído no processo trabalhista a solução será idêntica entre nós, mas jamais podemos nos olvidar que remanesce perante a Justiça do Trabalho o *ius postulandi* direto, e neste caso cabe à autoridade judiciária promover a intimação da parte diretamente, a fim de lhe cientificar.

Por derradeiro, a garantia de que o revel poderá intervir no processo em qualquer fase, recebendo-o no estado em que se encontrar, sendo-lhe faculdade a prática de atos posteriores, consoante o parágrafo único, do artigo 346/CPC, vez que o artigo 852/CLT trata apenas da intimação da sentença. Com efeito, o referido artigo 346/CPC não manda intimar o revel, e sim aceitar a prática de seus atos processuais caso ele compareça.

INIBIÇÃO DE EFEITOS DA REVELIA

O legislador reformista manteve a revelia, mas resolveu abrandar os seus efeitos de modo acentuado, colocando em xeque, a nosso sentir, a integridade do Direito Processual do Trabalho.

A ausência do réu segue tratada no caput do artigo 844/CLT, como uma sanção para quem descumpre o artigo precedente, de número 843, que impõe o dever de comparecimento às partes na audiência[2].

2. Os artigos 843 e 844/CLT se ocupam com o comparecimento de ambas as partes, e os novos §§ 2º e 3º, deste último dispositivo alteram de modo significativo a consequência processual da ausência do autor. No entanto, estamos a desconsiderar esta parte da alteração legislativa face à limitação do objeto deste estudo, que trata exclusivamente da revelia.

Note-se que a regra processual já abria espaço para a condescendência, sabedora dos incidentes na vida das pessoas. O antigo parágrafo único, do artigo 844/CLT previa que ocorrendo motivo relevante, poderia (e segue podendo) o Juiz do Trabalho suspender o julgamento, designando nova audiência.

Convém aclarar que o vocábulo *julgamento* é utilizado porque a audiência é idealizada para ser una, culminando com o julgamento – seria, assim, a sessão de julgamento, mas a norma quer se referir à presença da parte em audiência. E que o referido "paragrafo único" se converte em § 1º, com o advento da LRT, pois outros parágrafos foram adicionados, porém sem alteração de sentido normativo.

A justificação já existente diz respeito a fatos poderosos e emergenciais, como alguma catástrofe na cidade no dia da audiência, o óbito de parente próximo, e assim por diante. O problema histórico era fazer isso chegar ao conhecimento do magistrado a tempo, a fim de impedir a prolação da sentença, que costuma ser bem rápida nos casos de revelia[3]. Após a facilitação dos meios de comunicação, a operacionalidade desses fatos se torna mais tranquila.

Note-se que a esta regra exige muita prudência em sua aplicação, a fim de se impedir o desvirtuamento de seu bom uso ético. Vale ressaltar que engarrafamentos, fato constante da maioria dos pedidos de adiamento emergencial, não podem servir como escusa diante da frequência com que ocorrem, mesmo em cidades de menor densidade populacional. Entretanto, sabemos que em determinadas situações, para além do travamento usual do trânsito, ou seja, diante de fatos extraordinários e mediante comprovação, o impedimento ocasional de comparecimento da parte pode ser justificado.

As alterações mais marcantes vieram nos incisos do § 4º, do artigo 844/CLT – criação da LRT, que tratam da inibição dos efeitos da revelia. Destarte, segundo o novo padrão, a revelia não produz efeito se houver pluralidade de reclamados, algum deles contestar a ação; se o litígio versar sobre direitos indisponíveis; se a petição inicial não estiver acompanhada de instrumento que a lei considere indispensável à prova do ato; e ainda se as alegações de fato formuladas pelo reclamante forem inverossímeis ou estiverem em contradição com prova constante dos autos.

O apontamento das hipóteses tem mais a ver com a confissão do que com a revelia. Já indicamos que a revelia é a ausência de defesa, enquanto a pena de confissão dela decorrente importa em se admitir, por ficção jurídica, os fatos afirmados na petição inicial como verdadeiros. E a mitigação considerada pela reforma remete-nos ao campo dos efeitos da revelia, cuja pena de confissão é um deles.

A reforma também não importa numa nova disposição, e sim no acréscimo do § 4º, do artigo 844/CLT, que, aliás, tampouco trata de matéria inédita, pois reproduz exatamente os preceitos do artigo 345/CPC, que por sua vez repete literalmente o teor do artigo 568 do CPC português e de outros diplomas estran-

3. Se a informação não chegar a tempo ou se a justificativa não for aceita pelo Juiz, a solução processual é a interposição de recurso ordinário.

geiros, quase que confirmando uma tendência de ciência processual. Antes havia resistência na chance de se usar os dispositivos mais abrangentes da legislação processual comum, impedindo a incidência dos artigos 769/CLT e 15/CPC, o que desaparece após a LRT.

PLURALIDADE DE RÉUS

A revelia não produz efeito confessional se houver pluralidade de réus e algum deles contestar os pedidos. Trata-se, pois de hipótese de litisconsórcio, que tanto pode ser simples como unitário, apesar de não precisar ser necessário, pois a decisão há de ser invariavelmente uniforme para todos os litigantes[4], nos moldes do artigo 116/CPC, de cômoda aplicação no processo do trabalho.

Como se sabe, os litisconsortes são considerados, em suas relações com a parte adversa, como litigantes distintos, exceto no litisconsórcio unitário, caso em que os atos e as omissões de um não prejudicarão os outros, mas os poderão beneficiar.

Um alerta importante é que a contestação de um litigante a outro aproveita apenas nos casos em que coincidência de interesses. Do contrário, os efeitos deletérios de sua ausência se verificarão.

Pontue-se que em boa técnica processual, diante de revelia deve haver o julgamento imediato dos pedidos. Entretanto, havendo a pluralidade de réus, e inexistindo o encerramento da instrução na primeira audiência/una, ou seja, havendo o seu fracionamento, com a designação de audiência para data posterior, mesmo o réu revel poderá intervir do processo, podendo até produzir prova oral em assentada, com depoimento e oitiva de testemunhas, nos moldes do artigo 349/CPC, a fim de se contrapor ao acervo probatório oferecido pelo autor, desde que se faça representar nos autos a tempo de praticar os atos processuais indispensáveis a essa produção.

DIREITO INDISPONÍVEL

A revelia também não opera os seus efeitos se o pedido envolver direito indisponível. Novamente buscou-se inspiração direta no CPC/15, cujo *caput* do artigo 392 aduz que não vale como confissão a admissão, em juízo, de fatos relativos a direitos indisponíveis.

A indisponibilidade de direitos atende ao interesse público e o Direito do Trabalho é privado, razão pela qual o tema sempre foi muito controvertido em jurisdição trabalhista. E a celeuma tem justa motivação, porquanto apesar do indicativo de área, diversos assuntos laborais escapam à disponibilidade da parte, como a sua dignidade da pessoa do trabalhador, bem como os temas ligados à sua saúde

4. Convém lembrar que em se tratando de grupo econômico a questão continua sob a orientação da Súmula 129/TST.

e segurança, dentro outros. A nova regulamentação fica autorizada a contemplar tais situações, em homenagem ao valor social do trabalho, de fonte constitucional.

Interessante é o caso das pessoas jurídicas de direito público interno, que podem ser revéis, nos moldes da OJ 152, da SDI-I/TST, mas que não podem ser apenadas com a confissão ficta, na medida em que os bens públicos ostentam a condição de indisponíveis.

AUSÊNCIA DE INSTRUMENTO INDISPENSÁVEL

A ausência de confissão como efeito da revelia diante da falta de documento essencial é outro tema que comporta também alguma inquietação junto aos juslaboralistas, como se o *iure novit curia* tivesse uma amplitude desmedida. Não se pode mesmo prover o pedido quanto faltar documento essencial. É o caso de pedido lastrado em instrumentos coletivos de trabalho (CCT e ACT), num regulamento de empresa e assim por diante, ou seja, nos casos em que o magistrado não tenha mesmo como ter conhecimento da existência e validade de documento privado, pois ele somente tem o dever legal de conhecer as leis da República.

Naturalmente que a *mens legis* é no sentido de se extinguir o processo imediatamente, com o julgamento em desfavor do autor, que se descurou de juntar o documento e a revelia não mais o beneficiará por completo. Entretanto, os pretórios trabalhistas podem invocar o disposto no artigo 321/CPC, a Súmula 263/TST e a IN/39 indicam que deve ser dado prazo à parte para a juntada de documento essencial, antes da extinção do processo, mas não nos parece de boa interpretação. Isso porque, as referidas regras dilatórias se destinam à instrução exauriente do processo, hipótese que não se verifica na revelia, cujo encerramento abreviado do processo é de interesse público, e, assim, se sobrepõe ao interesse das partes.

No particular um ponto interessante é o comparecimento do preposto, no entanto sem portar a carta de credenciamento, lembrando que com a nova redação do § 3º, do artigo 843/CLT sequer precisa ser empregado do réu. Em nosso sentir é um fato irrelevante, bastando que porte a defesa e os documentos, porquanto a lei não lhe impõe tal obrigação, e sim que tenha conhecimento dos fatos da causa, mas vozes importantes como a de Carlos Henrique Bezerra Leite dissentem. Este festejado doutrinador afirma que "o comparecimento do preposto sem carta de preposição enseja, a nosso ver, irregularidade de representação" (LEITE, 2017, p. 681). Sendo assim, se o magistrado se filiar ao derradeiro entendimento, a ausência de carta de preposto pode ser um entrava, mas que se resolve à luz do princípio da simplicidade procedimental que informa o Direito Processual do Trabalho.

ALEGAÇÕES INVEROSSÍMEIS OU CONTRADITÓRIAS COM O CONJUNTO PROBATÓRIO

Por fim, a consideração em torno do § 4º, do artigo 844/CLT, com a redação que lhe foi dada pela LRT, segundo a qual a revelia não produz efeito quando as alegações de fato formuladas forem inverossímeis ou estiverem em contradição com as provas constantes dos autos. Convenhamos que ninguém pode se colocar em desacordo com este padrão ético, de deve nortear aos atos pessoais e processuais.

Mauro Schiavi ao comentar a norma aduz, com maestria, que o dispositivo é perfeitamente compatível com o processo do trabalho, pois propicia maior veracidade, racionalidade e justiça à decisão, e encontra suporte em doutrina autorizada e significativo número de julgados, mas adverte que o Juiz poderá determinar que o autor prove os fatos constitutivos de seu direito, a teor do inciso III, da Súmula 74/TST[5] (SCHIAVI, 2017, p. 101).

AUSÊNCIA DA PARTE E PRESENÇA DO ADVOGADO DORAVANTE IMPORTA EM ÂNIMO DE DEFESA

Sempre entendemos que o comparecimento da parte à audiência era essencial, nos moldes dos artigos 843 e 844/CLT, rechaçando a recepção da defesa, e mesmo de documentos, no tempo dos autos físicos, e a total ausência de efeitos processuais da contestação apresentada remotamente, por meio do PJ-e/JT.

A doutrina e a jurisprudência caminhavam no mesmo sentido, a ponto de vir à luz a Súmula 122/TST, segundo a qual a reclamada, ausente à audiência em que deveria apresentar defesa, é revel, ainda que apresente seu advogado munido de procuração, podendo ser ilidida a revelia mediante a apresentação de atestado médico, que deverá declarar, expressamente, a impossibilidade de locomoção do empregador ou do seu preposto no dia da audiência. Agora ela tende a desaparecer.

O direito rechaça a rebeldia da parte, mas definitivamente são condutas díspares o simples desatendimento do chamado judicial e o envio de advogado portando defesa e munido de documentos, no afã de apresentar impugnação aos pedidos formulados. Esta distinção é marcante e deve mesmo contar com a consideração da Justiça. É bem verdade que pode prejudicar o envolvimento direto da parte com a tentativa de conciliação, mas se o advogado estiver cônscio de seu alto dever, pode receber, avaliar e decidir quanto as propostas de conciliação advindas em sala de audiência.

A ampla defesa e o contraditório ganharam *status* constitucional desde a CF/88, e têm contado com crescente prestígio nas legislações infraconstitucionais

5. Eis o inteiro teor da Sumula 74/TST, já com os acréscimos decorrentes do CPC/15, cujos termos tendem a ser profundamente revisitados, com chance extinção: I - Aplica-se a confissão à parte que, expressamente intimada com aquela cominação, não comparecer à audiência em prosseguimento, na qual deveria depor. II - A prova pré-constituída nos autos pode ser levada em conta para confronto com a confissão ficta (arts. 442 e 443, do CPC de 2015), não implicando cerceamento de defesa o indeferimento de provas posteriores. III- A vedação à produção de prova posterior pela parte confessa somente a ela se aplica, não afetando o exercício, pelo magistrado, do poder/dever de conduzir o processo.

que dispõem de processo, daí porque a defesa passa a ser aceita e produzirá efeito processual válido.

ABSENTISMO DE REVELIA DA AÇÃO RESCISÓRIA

A LRT deixou escapar uma belíssima oportunidade de positivar o entendimento uníssono de que o absentismo de defesa em ação rescisória não gera a confissão ficta, nos moldes da Súmula 398/TST, na medida em que nesta ação o que se ataca é a sentença, ato de Estado, acobertado pela presunção de exatidão. Sendo assim, e considerando-se que a coisa julgada envolve matéria de ordem pública, a revelia não produz efeito de confissão na ação rescisória.

CONCLUSÃO

Na sistemática do Direito Processual do Trabalho a audiência não é apenas o espaço destinado a que as partes levem presencialmente os seus argumentos e provas para o Juiz, mas também uma bela oportunidade de encontro dos litigantes, cujas presenças sempre foi obrigatória, com o fito de estimular o entendimento e a composição, abreviando a prestação jurisdicional e trazendo paz e equilíbrio para os contendores.

O processo eletrônico – PJ-e, de modo sutil, começou a debelar o privilegiado momento de aproximação das partes, diante da figura imparcial do julgador, permitindo o encaminhamento antecipado da contestação remotamente, mas seguindo com a exigência da presença do réu em audiência, que, agora, a LRT solapa, ao minimizar os efeitos da revelia.

Apesar de a revelia permanecer como uma pena para quem deixa de atender ao chamado do Juiz do Trabalho, as alterações promovidas, no seguido de impedir que os seus efeitos se cumpram inexoravelmente, com a ampliação de hipóteses escusáveis de ausência, debilita a força sancionatória que deve regular as regras processuais.

Lado outro, é preciso se reconhecer que as alterações promovidas se somam a outras iniciativas equivalentes que estão inseridas nos demais sistemas processuais, em linha com a universal tendência de se promover maior espaço para a teoria da argumentação jurídica, por meio de provimentos judiciais construídos com intensa participação dos demais atores processuais. A verdade formal tem cada vez ambiente, como meio de se tentar impedir a aplicação do direito divorciada dos fatos.

O advogado deixa de ser coadjuvante na audiência trabalhista, tendo o seu papel aumentado significativamente, inclusive ganhando autonomia para a prática de atos defensivos sem a presença de seu constituinte. Esperamos todos que esta participação mais exuberante possa vir acompanhada de plena ciência de seu papel constitucional, como verdadeiro fomentador de justiça, falando em nome da parte com conhecimento profundo dos fatos, possibilidade real de transação e genuíno interesse na resolução do litígio no menor espaço de tempo possível.

REFERÊNCIAS BIBLIOGRÁFICAS

DIDIER Jr. Fedie. *Curso de Direito Processual Civil.* Vol. I. 17ª ed. Salvador. JusPodivm. 2015.

LEITE, Carlos Henrique Bezerra. *Curso de direito processual do trabalho.* 15ª ed. São Paulo. Saraiva. 2017.

SCHIAVI, Mauro. *A reforma trabalhista e o processo do trabalho.* São Paulo. LTr. 2017.

O NOVO PROCESSAMENTO TRABALHISTA DA EXCEÇÃO DE INCOMPETÊNCIA

Cláudio Dias Lima Filho[1]

Sumário: 1. Introdução – 2. O processamento da exceção de incompetência trabalhista antes da lei n. 13.467/2017 – 3. A exceção de incompetência territorial disciplinada na nova redação do art. 800 Da CLT: prazo e modo de apresentação – 4. O efeito suspensivo da tramitação processual – 5. A ampla defesa e os meios probantes – 6. Prolação da decisão e fase recursal – 7. Direito intertemporal – 8. Considerações finais – Referências.

1. INTRODUÇÃO

À medida que se aprofundam os estudos sobre a legislação processual trabalhista, surgem novas críticas a respeito dos pecados técnicos do texto da Consolidação das Leis do Trabalho e das omissões quanto a diversos institutos jurídicos. Não raro o profissional que atua no foro trabalhista (juiz, advogado, procurador e servidor) busca amparo no Código de Processo Civil também para atualizar alguns procedimentos previstos no texto consolidado, não se limitando às omissões que a própria CLT já reconhece existentes (art. 769).

Eventualmente acontece o oposto: a efetividade do Direito Processual do Trabalho, que conta com procedimento reconhecidamente mais célere do que o rito ordinário previsto na legislação processual civil, acaba por *antecipar uma tendência que só viria/virá a figurar no âmbito do Direito Processual Civil alguns anos (ou até décadas) depois*, depois de testada e aprovada no âmago da Justiça do Trabalho.

1. Procurador do Trabalho com lotação na Procuradoria Regional do Trabalho da 5ª Região (Salvador/BA). Coordenador do Núcleo de Estágio Acadêmico (NEA) da Procuradoria Regional do Trabalho da 5ª Região. Mestre em Direito Público pela Universidade Federal da Bahia (UFBA). Professor efetivo (classe Assistente) da Faculdade de Direito da Universidade Federal da Bahia (FDUFBA).

Assim aconteceu com a disciplina das exceções processuais: o então vigente Código de Processo Civil de 1939 (Decreto-Lei n. 1.608, de 18 de setembro daquele ano) trazia em sua disciplina quatro modalidades de exceções processuais, sendo duas delas processadas em autos apartados, sem suspensão da causa (exceções de litispendência e de coisa julgada) e outras duas processadas nos mesmos autos, com suspensão da tramitação processual (exceções de suspeição e incompetência), nos termos do art. 182 daquele CPC[2].

Dessa maneira, essas matérias de defesa não deveriam constar na contestação, até pela preclusão temporal diferenciada: segundo o seu art. 182, as exceções deveriam ser opostas nos três primeiros dias do prazo para a contestação, cujo prazo total era de dez dias, a contar da juntada aos autos do mandado citatório cumprido (art. 292).

Nesse aspecto, a Consolidação das Leis do Trabalho, de 1943, trouxe uma inovação que veio a se provar bastante eficaz: o art. 799 consolidado mantinha as modalidades de exceções do CPC de 1939 que provocavam a suspensão do trâmite processual: suspeição e incompetência. Na disciplina do respectivo § 1º, contudo, "as demais exceções serão alegadas como matéria de defesa". Ou seja: com uma formulação simples – *transposição das duas exceções que eram processadas em autos apartados para o corpo da contestação* – a CLT eliminou a necessidade de abertura de novo volume físico dos autos, além de racionalizar e concentrar as alegações defensivas do réu, com nítido ganho à agilidade processual, ainda que, com essa providência, o réu, curiosamente, pudesse usufruir de prazo mais dilatado para construir as suas alegações relativas a essas matérias. Se as alegações de litispendência e coisa julgada não provocavam a suspensão do trâmite processual, não haveria óbice algum para que elas fossem apreciadas no conjunto da defesa, esta concentrada em uma única peça – ressalvadas, obviamente, as exceções de suspeição e incompetência, que continuavam a ser alegadas em peças autônomas, com prazos e tramitação diferenciados.

Quando da edição do Código de Processo Civil de 1973, essa diretriz estabelecida na CLT veio a ser incorporada ao texto do novo Código: litispendência e coisa

2. O texto faz questão de destacar o uso da expressão "exceção processual" para se referir à *peça* de defesa, dissociada da contestação, que veicula alegações específicas, não se confundindo com a exceção substancial, que seria uma *matéria* de defesa que não poderia ser reconhecida pelo juízo sem a devida provocação da parte interessada. Nesse sentido: "Na acepção processual, exceção é o meio pelo qual o demandado se defende em juízo, representando, neste último caso, o exercício concreto do direito de defesa. Exceção é, pois, a própria defesa. Em sentido processual ainda mais restrito, exceção seria uma espécie de matéria que não poderia ser examinada *ex officio* pelo magistrado. Em sentido material, exceção relaciona-se com a pretensão (essa relação entre os institutos é fundamental para a sua compreensão), sendo um direito de que o demandado se vale para opor-se à pretensão, para neutralizar-lhe a eficácia — é uma situação jurídica que a lei material considera como apta a impedir ou retardar a eficácia de determinada pretensão (situação jurídica ativa), espécie de contradireito do réu em face do autor: é uma pretensão que se exerce como contraposição à outra pretensão". (DIDIER JR., Fredie. *Curso de Direito Processual Civil*. v. 1. 13. ed. Salvador: Juspodivm, 2011, p. 499-500).

julgada passaram a ser matérias alegáveis na contestação, antes do enfrentamento do mérito (art. 301, V e VI). As exceções ficaram circunscritas às hipóteses de suspeição (desdobrada, a partir de então, em suspeição e impedimento) e de incompetência, tal como já se previa no texto consolidado trinta anos antes.

Com o advento do novo Código de Processo Civil em 2015, o caminho torna-se invertido: chegou a vez de a (ausência de) disciplina do atual CPC acerca das exceções processuais influenciar a Consolidação das Leis do Trabalho, por meio da Lei n. 13.467/2017. A partir desse marco legislativo, em vigor desde 11 de novembro de 2017, o processamento da exceção de incompetência no processo do trabalho sofreu profundas mudanças, com certa influência do Código de Processo Civil de 2015 – o art. 800 da CLT, que trata dessa modalidade de exceção processual, foi inteiramente reescrito, sendo oportuno tratar, neste capítulo, acerca do alcance dessas modificações.

2. O PROCESSAMENTO DA EXCEÇÃO DE INCOMPETÊNCIA TRABALHISTA ANTES DA LEI N. 13.467/2017

Na redação vigente até 10 de novembro de 2017, o art. 800 da CLT dispunha que "apresentada a exceção de incompetência, abrir-se-á vista dos autos ao exceto, por 24 (vinte e quatro) horas improrrogáveis, devendo a decisão ser proferida na primeira audiência ou sessão que se seguir".

Sendo uma modalidade de defesa, a exceção de incompetência deveria observar a delimitação temporal estabelecida pela Consolidação: caso quisesse apresentá-la oralmente, o prazo de vinte minutos em audiência deveria ser respeitado (art. 847 da CLT); optando pela apresentação por meio eletrônico, o prazo também idêntico àquele estipulado para as demais defesas, conforme art. 22 da Resolução CSJT n. 185/2017, ou seja, antes da apresentação, pelo juízo, da proposta conciliatória infrutífera.

Como a exceção de incompetência paralisava a tramitação do feito (art. 799, *caput*, da CLT), as alegações e postulações das partes ficavam, a partir de sua oposição, concentradas na exceção. O exceto – autor da demanda e polo passivo da exceção – teria então o prazo de vinte e quatro horas para impugnar as alegações do excipiente, prazo este que geralmente era dispensado pelo demandante – tornou-se comum a apresentação dessa impugnação à exceção, de modo oral, na própria audiência, a fim de agilizar a tramitação do processo, visto que a demora no trâmite processual contraria o interesse autoral em ter a sua questão decidida com brevidade.

Admitia-se a produção de prova oral, tanto interrogatório quanto depoimento testemunhal – não por acaso, a antiga redação do art. 800 da CLT reservava uma nova audiência ("primeira audiência ou sessão que se seguir") para apreciar a questão, já prevendo, implicitamente, a possibilidade de as provas orais serem fundamentais ao esclarecimento dos fatos.

Apreciada a questão pelo juízo, essa decisão seria quase sempre irrecorrível de imediato – tratando-se de decisão interlocutória, a irresignação da parte somente poderia ser renovada por ocasião da interposição de recurso contra a sentença (art. 893 § 1º da CLT). A exceção, prevista no próprio art. 799 § 2º da CLT, seria a prolação de uma decisão terminativa do feito – expressão essa interpretada pelo Tribunal Superior do Trabalho como sendo a decisão "que acolhe exceção de incompetência territorial, com a remessa dos autos para Tribunal Regional distinto daquele a que se vincula o juízo excepcionado" (Súmula n. 214, item "c").

Solucionada a questão, o processo retomava o seu curso regular, no mesmo juízo (caso rejeitada a alegação de incompetência) ou em outro órgão jurisdicional (caso acolhida a alegação do excipiente), restituindo-se ao demandado o prazo para a apresentação de contestação e demais respostas[3], caso houvesse interesse.

3. A EXCEÇÃO DE INCOMPETÊNCIA TERRITORIAL DISCIPLINADA NA NOVA REDAÇÃO DO ART. 800 DA CLT: PRAZO E MODO DE APRESENTAÇÃO

Na sistemática do Código de Processo Civil de 1973, a competência fixada em razão do valor e do território poderia ser objeto de convenção das partes, cabendo a prorrogação de competência do juízo caso não alegada a inobservância dos critérios legais para essa definição de competência (arts. 102 e 111 do antigo CPC). O descumprimento das regras atinentes a esses critérios de estipulação de competência acarretava a *incompetência relativa do juízo*, que passava a se tornar competente se não oposta a exceção pertinente no prazo legalmente estabelecido.

A disciplina a respeito do tema pouco foi alterada pelo CPC de 2015 – o seu artigo 63 continua a considerar os critérios de *valor* e do *território* como sendo balizadores da competência modificável ou prorrogável pela vontade das partes, sendo possível, nos termos do dispositivo, o estabelecimento de foro de eleição por qualquer desses critérios. A mudança mais palpável a respeito é a maneira como se alega a incompetência relativa nesses casos: não mais através de exceção de incompetência, e sim por meio de *preliminar de contestação* (art. 337, II, do CPC de 2015) assim como já ocorria, sob a égide do Código anterior, com a alegação de incompetência absoluta.

Desses dois critérios – *valor* e *território* – cabe ressaltar que apenas o segundo deles constitui hipótese de efetiva competência cujo regramento pode ficar à disposição das partes. A competência fixada em razão do *valor* é um critério *absoluto* de definição de competência, não *relativo*. Bem aponta a doutrina especializada a respeito:

3. Essa restituição do prazo causava insegurança entre advogados e partes sob a égide da legislação anterior. Remete-se o leitor ao tópico "4", abaixo, para esclarecimentos aprofundados sobre o assunto.

> Mantido o equívoco consagrado pelo CPC/1973, o art. 63, *caput*, do novo CPC mantém a competência em razão do valor da causa como espécie de competência relativa, ao lado da competência territorial.
>
> [...]
>
> Da forma como está redigido o dispositivo pode parecer que as partes podem escolher por cláusula de eleição de foro, por exemplo, os juizados especiais, ainda que a causa tenha valor que ultrapasse a sua alçada ou matéria excluída expressamente por lei de sua competência. É evidente que isso não ocorrerá, até porque se a eleição é de foro, naturalmente só pode existir na competência territorial, mas a manutenção do equívoco é sempre prejudicial.
>
> [...]
>
> Como se pode notar, se era perdoável um Código de 1973 prever como relativa a competência em razão do valor da causa, a mesma complacência não deve existir para um Código de 2015[4].

No processo do trabalho, até o momento, não há estipulação legal que diferencie a competência em razão do valor atribuído à causa: todas as Varas e Tribunais do Trabalho no Brasil têm competência para julgar causas de qualquer valor, desde que os demais critérios de fixação de competência tenham sido respeitados. O valor pode, no máximo, impactar na definição do rito a ser adotado (art. 852-A da CLT, que define o rito sumaríssimo para causas de até quarenta vezes o salário mínimo, e art. 2º §§ 3º e 4º da Lei n. 5.584/70, que faz referência aos chamados "dissídios de alçada"), de modo que o debate a respeito da natureza do critério de definição de competência em razão do *valor* - se *absoluta* ou *relativa* - não tem repercussões no processo do trabalho.

Dessa maneira, não há perda de alcance da defesa processual na modalidade de *exceção de incompetência* pela nova redação dada ao art. 800 da CLT pela Lei n. 13.467/2017. Compare-se os dois textos (destaques em *itálico* acrescidos):

Texto anterior	**Texto após a Lei n. 13.467/2017**
Art. 800. Apresentada a *exceção de incompetência*, abrir-se-á vista dos autos ao exceto, por 24 (vinte e quatro) horas improrrogáveis, devendo a decisão ser proferida na primeira audiência ou sessão que se seguir.	Art. 800. Apresentada *exceção de incompetência territorial* no prazo de cinco dias a contar da notificação, antes da audiência e em peça que sinalize a existência desta exceção, seguir-se-á o procedimento estabelecido neste artigo. [...]

Numa leitura rápida, fica a impressão de que a nova redação promoveu certa diminuição do alcance da exceção, delimitando-a apenas à incompetência fundada no critério *territorial*, sendo esta apenas uma espécie do gênero *incompetência relativa*. Como já visto anteriormente, todavia, além de o critério do *valor* não ser, propriamente, identificado com a incompetência relativa, o processo do trabalho

4. NEVES, Daniel Amorim Assumpção. *Novo Código de Processo Civil Comentado Artigo por Artigo*. Salvador: JusPodivm, 2016, p. 87-88.

ignora o valor da causa para fins de definição de competência do juízo. Em termos práticos, portanto, tanto faz se denominação utilizada para essa exceção processual fica limitada apenas ao termo "incompetência", ou "incompetência relativa" ou "incompetência territorial": todas essas denominações referem-se à mesma peça processual e detêm rigorosamente o mesmo alcance.

Outra mudança perceptível – essa, contudo, bastante relevante – é a definição do novo prazo para a apresentação da exceção. Na redação anterior, o excipiente poderia arguir a incompetência oralmente em audiência, já que se tratava de uma espécie de defesa (art. 847 da CLT), ou então protocolar a peça pelo ambiente PJe a qualquer momento antes da apresentação, pelo juízo, da proposta conciliatória infrutífera (art. 22 da Resolução CSJT n. 185/2017). Pela nova disciplina a respeito do tema, *o excipiente fica, sob pena de preclusão e consequente prorrogação da competência do juízo, impedido de apresentar a exceção oralmente em audiência,* devendo fazê-lo no prazo de cinco dias, a contar da notificação, exclusivamente pelo ambiente PJe.

O prazo de cinco dias foi fixado em observância à regra do interstício mínimo legal para a realização da audiência, também delimitado em pelo menos cinco dias a contar do recebimento da notificação inicial (art. 841, *caput*, da CLT).

Dessa forma, estará tempestiva a exceção apresentada se, cumulativamente, o excipiente observar as duas exigências temporais estabelecidas: 1) apresentar a peça, via PJe, antes da audiência; e 2) apresentá-la no prazo de cinco dias, a contar da notificação. Caso a audiência seja realizada em exatamente cinco dias a contar da ciência do demandado acerca de postulação promovida contra si pelo demandante, estará tempestiva a exceção *apenas se o upload da peça houver sido feito antes da realização da audiência*, sendo descabido alegar que a exceção, conquanto protocolada dentro do quinquídio legal, estaria tempestiva mesmo depois de finalizada a audiência.

Faz-se uma observação adicional a esse respeito: é que, como se aborda em outro capítulo desta obra[5], o art. 775 da CLT estipula que os prazos referidos no Título X da Consolidação (arts. 763 a 910) serão contados em dias *úteis*, sendo essa regra aplicável tanto para o interstício mínimo de cinco dias para a realização da audiência quanto para a apresentação da exceção de incompetência.

O novo texto do art. 800 da CLT alude ainda a uma "peça que sinalize a existência desta exceção", devendo-se interpretar essa redação como sendo uma cláusula de formalidade aberta: desse modo, a Consolidação está a admitir que *o demandado pode apresentar uma peça exclusivamente voltada à alegação da incompetência territorial, a ser denominada de "exceção de incompetência", como também viabiliza que, de forma análoga à disciplina do atual Código de Processo Civil, o réu possa apresentar a contestação e, preliminarmente, alegar a incompetência relativa do*

5. Conferir, nesta obra, o capítulo "Contagem dos Prazos Processuais Trabalhistas após a Lei n. 13.467/2017", confeccionado pelo mesmo autor do presente capítulo.

juízo, conforme art. 337, II, do CPC de 2015. É de se esperar que os demandados optem, naturalmente, pela primeira dessas providências: caso se alegue a incompetência relativa em preliminar de contestação, *o réu fica condicionado a apresentar toda a sua contestação nos moldes estabelecidos no art. 800 da CLT*, ou seja: protocolá-la em cinco dias, a contar da notificação, e antes da audiência, abrindo mão da possibilidade que a legislação lhe confere de apresentar a contestação pelo ambiente PJe a qualquer tempo até a audiência (art. 847, parágrafo único, da CLT) e mesmo oralmente no curso da sessão (art. 847 da CLT, *caput*). Nada obsta, contudo, que o demandado apresente uma *contestação parcial*, desde que a alegação da incompetência esteja completamente deduzida na peça, e faça o complemento de sua contestação oralmente em audiência (art. 847, *caput*, da CLT), vedada essa complementação, porém, ao argumento anteriormente apresentado que alicerçou a alegação de incompetência relativa.

Como o protocolo da exceção ocorrerá *somente por meio do ambiente PJe*, descabe invocar no caso, por conta da incompatibilidade com a dinâmica processual trabalhista, a disciplina do art. 340 do CPC, que viabiliza a apresentação dessa impugnação no foro do domicílio do réu: uma vez cadastrados, advogados e partes têm acesso a esse ambiente virtual a partir de qualquer computador conectado à internet, não havendo necessidade de se protocolar qualquer peça física nem se dirigir presencialmente a nenhum órgão judiciário para promover suas postulações.

4. O EFEITO SUSPENSIVO DA TRAMITAÇÃO PROCESSUAL

De acordo com o novo § 1º do art. 800 da CLT, "protocolada a petição, será suspenso o processo e não se realizará a audiência a que se refere o art. 843 desta Consolidação até que se decida a exceção".

A suspensão processual já era determinada pelo texto original consolidado, por conta da previsão do art. 799, *caput*, da CLT. O novo dispositivo, porém, não traz norma inútil: sua disciplina traz a vantagem de eliminar uma dúvida muito corriqueira em quem milita no foro trabalhista.

O art. 799, *caput*, da CLT, desde sempre estipulou que "nas causas da jurisdição da Justiça do Trabalho, somente podem ser opostas, com suspensão do feito, as exceções de suspeição ou incompetência". Disso decorre que a exceção de incompetência, uma vez apresentada, suspendia a tramitação processual, de modo que o processo somente retomaria o seu curso regular quando decidida a exceção.

A celeuma ficava por conta do alcance da expressão "com suspensão do feito": é que a CLT não distinguia o momento para a apresentação da exceção da oportunidade de apresentação da contestação. Na dicção do art. 847 da CLT, todas essas manifestações processuais eram tratadas globalmente como "defesa". E isso gerava enorme insegurança entre advogados e partes, a fim de se saber se o protocolo da exceção de incompetência deveria ser feito de maneira antecipada e separada da contestação (ficando esta última reservada para apresentação ao juízo a partir do momento em que a tramitação fosse retomada após decidida a exceção) ou se ambas as peças deveriam ser apresentadas em conjunto, ficando a contestação, porém, aguardando apreciação nos autos até que a exceção fosse definitivamente decidida.

José Augusto Rodrigues Pinto percebeu bem o ponto:

> O recebimento da exceção, justamente pela natureza dilatória da defesa, importa na *suspensão do feito*, conforme a linguagem adotada pelo texto legal (art. 799 da CLT). A necessidade dessa suspensão é clara, pois, antes de fixado *o foro da demanda*, essa não pode ser conhecida.
>
> Sendo, porém, a defesa uma *peça integrada* no procedimento do dissidio individual de cognição, há alguma hesitação, na prática forense, em saber se, oposta a exceção, deve o réu prosseguir com o restante da defesa ou ter reservado o direito de produzi-la perante o juízo que vier a ser definido como competente.
>
> [...]
>
> Pelo aspecto eminentemente técnico, a defesa deve ser suspensa com a oposição da exceção, para prosseguir após solucionado o incidente. Pelo aspecto prático, deve observar-se a *integração* da defesa, considerando que ela será conhecida, mais cedo ou mais tarde, no juízo cuja competência for fixada na decisão do incidente. Pelo aspecto *pragmático*, deve o réu *consultar* o juiz, assim que opuser a exceção, sobre o prosseguimento da defesa e, *se obtiver resposta negativa*, requerer sejam a consulta e a solução consignadas em ata para prevenir as surpresas da variação de entendimento do juiz que, no futuro, vier a assumir a direção do processo[6].

A partir da entrada em vigor da Lei n. 13.467/2017, esse receio não mais se justifica: ao antecipar a oposição da exceção em relação à contestação, esta última peça defensiva *não necessita ser protocolada em momento contemporâneo à oposição da exceção*, podendo o demandado tranquilizar-se em relação à preservação de sua oportunidade processual futura. E isso é reforçado pela redação do novo § 1º, que estabelece a suspensão do processo a partir de "protocolada a petição", sem qualquer outra condicionante para que esse efeito processual venha a ser efetivamente produzido na tramitação da demanda.

O dispositivo em comento também faz referência ao fato de que "não se realizará a audiência" a partir do protocolo da peça.

No caso concreto, porém, não é recomendável que o juízo simplesmente cancele a realização da audiência já designada, reservando a prerrogativa de designar outra sessão somente depois de decidir a exceção: há de se averiguar se as circunstâncias não viabilizam outra solução.

Com o progressivo aumento do número de reclamações trabalhistas e consequente acúmulo de serviço, dificilmente as audiências inaugurais trabalhistas atualmente são designadas com lapso inferior a algumas semanas, não raro tendo o reclamante que esperar até mesmo meses a fio até que se realize a primeira sessão.

6. PINTO, José Augusto Rodrigues. *Processo Trabalhista de Conhecimento*. 6. ed. São Paulo: LTr, 2002, p. 316-317. Destaques conforme o original.

Diante disso, existe a possibilidade bastante palpável de que a exceção seja definitivamente decidida antes da data de realização da audiência designada, visto que o seu trâmite e a sua instrução são relativamente simplificados: o excipiente apresenta a peça em cinco dias *úteis*, a contar da notificação inicial; os excetos têm a possibilidade de apresentarem impugnação em outros cinco dias *úteis*; não havendo necessidade de prova oral, a exceção já estará pronta para a prolação da decisão; caso haja, a designação de uma audiência em horário especialmente aberto para esse fim não é uma solução a ser desconsiderada.

Assim, não havendo necessidade de produção de prova oral, a exceção poderá ser decidida em até três semanas, a contar do seu protocolo inicial; se houver a necessidade de audiência, esse lapso temporal será obviamente dilatado, mas, a depender da movimentação da Vara, talvez até mesmo essa decisão possa ser proferida antes da data designada para a audiência inaugural relativa à causa principal.

E, com isso, é bastante provável que se chegue à primeira audiência, na data originalmente agendada, com um incidente processual já solucionado, sem a necessidade de cancelá-la apenas pelo fato da oposição da exceção.

Note-se que essa solução – manutenção da data original da audiência, sem o cancelamento motivado tão-somente pela apresentação da exceção de incompetência – não agride a regra legal, pois o art. 800 § 1º estipula que "não se realizará a audiência" e não que "a audiência deverá ser cancelada/adiada". Solucionada a exceção, cessa a suspensão processual por ela ocasionada, não havendo óbice algum para que a audiência anteriormente designada seja mantida, desde que toda a tramitação da exceção, incluindo a respectiva decisão, tenha sido definitivamente encerrada antes da realização da audiência.

5. A AMPLA DEFESA E OS MEIOS PROBANTES

Nos termos do art. 800 § 2º da CLT, "os autos serão imediatamente conclusos ao juiz, que intimará o reclamante e, se existentes, os litisconsortes, para manifestação no prazo comum de cinco dias".

O reclamante será o "réu" da exceção, naturalmente. Afinal, foi ele quem "escolheu" o juízo "relativamente incompetente" para demandar. O dispositivo faz referência à existência de litisconsortes da demanda original, que podem ser litisconsortes ativos (reclamação plúrima) ou passivos (responsabilidade subsidiária ou solidária de terceiros, dentre outros casos).

É possível que os litisconsortes passivos sejam contrários ao deslocamento da demanda para outro juízo. Nesse caso, apesar de serem co-réus na demanda original, nada obsta que os litisconsortes passivos assumam posição em favor do demandante/exceto, pois "os litisconsortes serão considerados, em suas relações com a parte adversa, como litigantes distintos" (art. 117 do CPC). Todos os envolvidos poderão apresentar as suas manifestações e requerer a produção de provas.

O prazo para todos será comum, estando descartada a possibilidade de prazo sucessivo pelo fato de que, desde o início do mês de outubro de 2017, o Processo Judicial Eletrônico (PJe) foi universalizado no âmbito da Justiça do Trabalho[7], não havendo mais a necessidade de se esperar a restituição dos autos físicos: como os autos da exceção serão *necessariamente eletrônicos*, todos os envolvidos terão a possibilidade de acessá-los paralelamente, sem que a vista de uma das partes retire da outra o direito a consultar o inteiro teor dos autos, em qualquer lugar do mundo, via internet.

A CLT estipula ainda que "se entender necessária a produção de prova oral, o juízo designará audiência, garantindo o direito de o excipiente e de suas testemunhas serem ouvidos, por carta precatória, no juízo que este houver indicado como competente" (art. 800 § 3º).

Observe-se que o "direito de oitiva das testemunhas" não é uma prerrogativa processual ilimitada da parte: esse meio probante necessita passar pelo crivo da *necessidade de produção da prova*, a ser aferida pelo juízo. Uma vez deferida a oitiva, porém, o juízo não poderá limitar a produção da prova testemunhal quanto ao local de destino da precatória: ela deve ser endereçada ao juízo correspondente ao domicílio da testemunha, ainda que o local onde ela resida seja de difícil acesso, tendo o juízo deprecado o dever legal de cumpri-la nos termos do art. 653, "e", da CLT.

Apesar de a redação limitar a oitiva de testemunhas apenas àquelas indicadas pelo excipiente, essa restrição, caso entendida dessa forma superficial, pode acarretar uma prática inconstitucional: o art. 5º, inciso LV, da Constituição assegura a disponibilização dos meios probantes "aos litigantes", sem prévia restrição. Desse modo, a não ser que o pleito de produção de prova não passe pelo crivo da necessidade do meio probante (art. 800 § 3º da CLT), não há razão para se restringir a prova testemunhal colhida a partir da expedição de carta precatória apenas ao excipiente: o exceto e os litisconsortes da demanda original, independentemente da posição que assumam diante da exceção de incompetência oposta, também terão esse direito assegurado.

6. PROLAÇÃO DA DECISÃO E FASE RECURSAL

Conforme dispõe o art. 800 § 4º da CLT, "decidida a exceção de incompetência territorial, o processo retomará seu curso, com a designação de audiência, a apresentação de defesa e a instrução processual perante o juízo competente.

A primeira ponderação a ser feita diz respeito à "(nova) designação de audiência": como já se esclareceu no tópico "4", acima, a não realização da audiência

7. BRASIL. CONSELHO SUPERIOR DA JUSTIÇA DO TRABALHO. *Processos recebidos na Justiça do Trabalho já são 100% eletrônicos*. Disponível em: <http://www.csjt.jus.br/noticias-destaque/-/asset_publisher/E6rq/content/processos-recebidos-na-justica-do-trabalho-ja-sao-100-eletronicos?redirect=%2F>. Acesso em: 20 out. 2017.

após a oposição da exceção de incompetência não significa que a sessão deva ser cancelada, mas sim que ela não poderá ser realizada enquanto pendente a decisão acerca da exceção de incompetência.

A redação do § 4º do art. 800 reitera, uma vez mais, que não há mais motivo para insegurança da parte a respeito da apresentação da contestação: a apresentação desta peça poderá ser postergada para depois de retomado o trâmite processual regular, sendo desnecessário antecipar o seu protocolo. Caso, porém, o demandado opte por apresentar *preliminar de contestação que se alegue a incompetência relativa*, no prazo de cinco dias a contar da notificação, a retomada da tramitação regular exigirá dele apenas que chame a atenção do juízo, em caso de lapso dessa verificação pela Vara do Trabalho, no sentido de que a contestação já consta nos autos, sendo desnecessária qualquer ratificação ou reiteração da peça de defesa anteriormente apresentada.

Quando o dispositivo alude à "decisão" da exceção, há de se ter em vista que essa decisão será a que encerra o incidente. Em regra, como se trata de decisão interlocutória, a decisão adotada pelo juízo nesses casos é irrecorrível, conforme disciplina o art. 893 § 1º da CLT. Ressalva-se, porém, a decisão "terminativa do feito", nos termos do art. 799 § 2º da Consolidação, sendo reconhecida como tal aquela que "acolhe exceção de incompetência territorial, com a remessa dos autos para Tribunal Regional distinto daquele a que se vincula o juízo excepcionado" (Súmula n. 214, item "c", do TST).

Assim, serão irrecorríveis as decisões que rejeitam a alegação de incompetência e também as que acolhem essa alegação, desde que o juízo reputado competente esteja no âmbito do mesmo Tribunal Regional do Trabalho: nesses casos, o excipiente insatisfeito poderá renovar a alegação no recurso ordinário a ser interposto da sentença que julgar a demanda original.

Será recorrível, pois, apenas a decisão que *acolhe* a alegação e *determina a remessa dos autos a juízo trabalhista vinculado a TRT distinto daquele em que a causa estava a tramitar*: nesses casos, o TST entende que a decisão provoca o "término" da tramitação processual no âmbito daquela Região, sendo excessivamente oneroso à parte que se sente prejudicada ter que se deslocar à Região de destino para acompanhar toda a instrução e, somente depois disso, renovar a sua irresignação por meio de recurso ordinário interposto contra a sentença e que será *apreciado pelo TRT de destino*.

Assim, para esses casos, o açodamento do juízo pode acarretar surpresa à parte, a qual, imaginando que os autos ainda estariam no juízo de origem para a apresentação do seu recurso, depara-se com o "desaparecimento" desses autos para fins de protocolo de sua petição, os quais teriam sido remetidos, indevidamente, a uma Região Trabalhista distinta. Desse modo, considerando a possibilidade de recurso da decisão, o juízo *deve aguardar o escoamento do prazo recursal para a interposição de recurso ordinário* – oito dias úteis – para, somente depois da certificação do transcurso *in albis* desse prazo, retomar a tramitação regular da demanda original.

7. DIREITO INTERTEMPORAL

Em 11 de novembro de 2017 entrou em vigor a Lei n. 13.467/2017, e nessa data milhões de processos trabalhistas estão em tramitação e muitos deles se depararam com essa data estando no início, fim ou meio da contagem do prazo.

A nova legislação e o texto que anteriormente já existia na CLT nada dispõem a respeito do assunto. Por isso, convém invocar a disciplina do CPC sobre a questão, ao estabelecer que "a norma processual não retroagirá e será aplicável imediatamente aos processos em curso, respeitados os atos processuais praticados e as situações jurídicas consolidadas sob a vigência da norma revogada" (art. 14).

O encadeamento dos atos processuais caracteriza-se pelo *isolamento dos atos*, de modo que cada ato processual terá uma demarcação legal-temporal específica, a depender da lei vigente à época da viabilização de sua prática.

A contagem do prazo em dias úteis, no processo do trabalho, beneficia-se, de certo modo, da experiência que lhe antecedeu em pouco mais de um ano e meio: a entrada em vigor do Código de Processo Civil promulgado em 2015 também foi precedida de profundos debates e controvérsias a respeito das diversas modificações que passariam a impactar os processos em curso. E dessa experiência é possível extrair conclusões que muito auxiliarão na dinâmica processual trabalhista a partir da entrada em vigor da Lei n. 13.467/2017.

Assim, é viável importar as conclusões firmadas pelo Fórum Permanente de Processualistas Civis (FPPC) a respeito do tema. De acordo com o seu Enunciado n. 267, "os prazos processuais iniciados antes da vigência do CPC serão integralmente regulados pelo regime revogado". Essa conclusão lastreia-se fundamentalmente na ideia de que a parte não deve ser surpreendida pela mudança de critérios estabelecida pela legislação nova, e também na circunstância de que *o direito da parte à prática do ato processual consolida-se a partir de sua ciência para praticá-lo*. Dessa forma, se o prazo se iniciou sob a égide da legislação anterior, o seu curso e o respectivo término também observarão aquela normatização, sendo inviável a alteração do critério de contagem enquanto esse lapso temporal fluía.

Trazendo esse entendimento para a entrada em vigor da Lei n. 13.467/2017, tem-se que o prazo iniciado a partir de 11 de novembro de 2017 em diante balizará o momento para que o demandado, caso queira, apresente a exceção de incompetência por meio do ambiente PJe, no prazo de cinco dias (art. 800, *caput*, da CLT), contados apenas os dias úteis (art. 775, *caput*, da CLT). Mesmo que a audiência inaugural tenha sido designada para outra data bem adiante (o que lhe daria, num raciocínio equivocado, o suposto direito de apresentar a exceção de incompetência até a abertura da audiência) não será possível a ele obstar os efeitos da perda da oportunidade processual: a ele se aplica o prazo de cinco dias para oposição da exceção, exclusivamente via PJe, estando preclusa a sua oportunidade processual caso não observado esse lapso temporal.

A contrario sensu, os prazos iniciados antes dessa data permitirão ao excipiente apresentar a exceção de incompetência nos termos da legislação revogada: até a abertura da audiência, via PJe, ou oralmente em audiência, conforme art. 847 da CLT, seguindo-se, a partir daí, o procedimento estabelecido na norma revogada: impugnação do exceto em vinte e quatro horas e decisão até a primeira audiência que se seguir.

8. CONSIDERAÇÕES FINAIS

A mudança promovida pela Lei n. 13.467/2017 no processamento da exceção de incompetência ("territorial", nos termos da nova redação atribuída ao art. 800 da CLT) traz como desvantagem o açodamento do texto legal, ao determinar que a audiência inaugural "não será realizada", descuidando-se da possibilidade de a exceção de incompetência vir a ser instruída e decidida antes da data para a qual a audiência inaugural fora designada.

Apesar disso, é possível destacar vantagens: a eliminação da insegurança quanto à necessidade ou não de apresentação da contestação em conjunto com a exceção; a possibilidade de que o incidente seja solucionado sem que as partes necessitem deslocar-se até a sede do juízo; e até mesmo o regramento diferenciado quanto ao momento da apresentação da peça (atualmente, cinco dias uteis a contar da notificação) é salutar: na legislação revogada, o excipiente poderia aguardar até minutos antes da audiência para apresentar a sua exceção, de modo que todo o tempo transcorrido entre a notificação inicial e a audiência teria sido desperdiçado; a partir da modificação legal, viabiliza-se que o incidente seja inteiramente solucionado antes mesmo da primeira audiência, o que certamente vem ao encontro da necessidade de duração "razoável" do processo (Constituição, art. 5º, inciso LXXVIII) e do "andamento rápido das causas", conforme art. 765 da CLT.

REFERÊNCIAS

BRASIL. CONSELHO SUPERIOR DA JUSTIÇA DO TRABALHO. *Processos recebidos na Justiça do Trabalho já são 100% eletrônicos*. Disponível em: <http://www.csjt.jus.br/noticias-destaque/-/asset_publisher/E6rq/content/processos-recebidos-na-justica-do-trabalho-ja-sao-100-eletronicos?redirect=%2F>. Acesso em: 20 out. 2017.

DIDIER JR., Fredie. *Curso de Direito Processual Civil*. v. 1. 13. ed. Salvador: Juspodivm, 2011

FÓRUM PERMANENTE DE PROCESSUALISTAS CIVIS. *Carta de São Paulo – Enunciados do Fórum Permanente de Processualistas Civis*. Disponível em: <http://www.cpcnovo.com.br/wp-content/uploads/2016/06/FPPC-Carta-de-Sa%CC%83o-Paulo.pdf>. Acesso em: 20 out. 2016.

NEVES, Daniel Assumpção Amorim. *Novo Código de Processo Civil Comentado Artigo por Artigo*. Salvador: JusPodivm, 2016.

PINTO, José Augusto Rodrigues. Processo Trabalhista de Conhecimento. 6. ed. São Paulo: LTr, 2002.

a abertura da audiência, via Pje, ou oralmente – em audiência – conforme art. 847 da CLT, seguindo-se, a partir daí, o procedimento estabelecido na norma revogada: impugnação da exceção em vinte e quatro horas e decisão na primeira audiência que se seguir.

8. CONSIDERAÇÕES FINAIS

A mudança promovida pela Lei n. 13.467/2017 no processamento da exceção de incompetência "territorial", no seio da nova redação atribuída ao art. 800 da CLT, traz como desvantagem o acodamento do texto legal ao determinar que a audiência inaugural "não será realizada", descuidando-se da possibilidade de a exceção de incompetência vir a ser instruída e decidida antes da data já, a qual a audiência inaugural fora designada.

Apesar disso, é possível destacar vantagens: a eliminação da insegurança quanto à necessidade ou não de apresentação da contestação em conjunto com a exceção; a possibilidade de que o incidente seja solucionado sem que as partes necessitem deslocar-se até a sede do juízo; e até mesmo o regramento diferenciado quanto ao momento da apresentação da peça (atualmente, cinco dias úteis a contar da notificação). É salutar: na legislação revogada, o excipiente poderia aguardar até minutos antes da audiência para apresentar a sua exceção, de modo que todo o tempo transcorrido entre a notificação inicial e a audiência teria sido desperdiçado; a partir da modificação legal, viabiliza-se que o incidente seja integralmente solucionado antes mesmo da primeira audiência, o que certamente vem ao encontro da necessidade de duração "razoável" do processo (Constituição, art. 5º, inciso LXXVIII) e do "andamento rápido das causas", conforme art. 765 da CLT.

REFERÊNCIAS

BRASIL. CONSELHO SUPERIOR DA JUSTIÇA DO TRABALHO. *Processos recebidos na Justiça do Trabalho já são 100% eletrônicos*. Disponível em: <http://www.csjt.jus.br/noticias-destaque/-/asset_publisher/P6rq/content/processos-recebidos-na-justica-do-trabalho-ja-sao-100-eletronicos?redirect=%2F>. Acesso em: 26 out. 2017.

DIDIER JR., Fredie. *Curso de Direito Processual Civil*. v. 1. 15. ed. Salvador: Juspodivm, 2013.

FÓRUM PERMANENTE DE PROCESSUALISTAS CIVIS. *Carta de São Paulo*. Enunciados do Fórum Permanente de Processualistas Civis. Disponível em: <http://www.cpcnovo.com.br/wp-content/uploads/2016/06/FPPC-Carta-de-S%C3%A3o-Paulo.pdf>. Acesso em: 21 out. 2016.

NEVES, Daniel Assumpção Amorim. *Novo Código de Processo Civil Comentado Artigo por Artigo*. Salvador: Juspodivm, 2016.

PINTO, José Augusto Rodrigues. *Processo Trabalhista de Conhecimento*. 6. ed. São Paulo: LTr, 2002.

O ÔNUS DA PROVA NA CLT

Paulo Sérgio Jakutis[1]

Sumário: I. Introdução – II. Processo e sociedade – 1 – O processo em interação com a realidade: 1.1. A separação dos poderes, o liberalismo e o sistema adversarial – III – a prova como sistema – 1. A palavra prova – 2. Valoração da prova – 3. O ônus da prova – 4. O funcionamento do novo artigo 818 da CLT – 5. A audiência una e o novo ônus da prova – IV. Conclusões.

I. INTRODUÇÃO

A Lei 13.467 de 2017 trouxe modificações expressivas ao texto da CLT. Tratarei, nas linhas que se seguem, de uma delas apenas, aquela relacionada ao ônus da prova no processo do trabalho. Começo, por oportuno, frisando que as novas disposições sobre tal assunto, convém ter presente desde logo, fogem da tônica geral do diploma em que se encontram inseridas, pois não se traduzem em nenhuma espécie de retrocesso aos direitos conquistados pelos trabalhadores. Ao contrário: se se pode argumentar que não se trata do sistema perfeito sobre o ônus da prova para os conflitos entre capital e trabalho (crítica que dificilmente deixará de ser apresentada em relação a qualquer inovação legal relacionada a conflitos com longo histórico entre interesses irremediavelmente opostos), é inegável que o novo artigo 818 da CLT contém um horizonte promissor de oportunidades – como se verá – para que o processo trabalhista consiga, de fato, resolver o conflito de forma mais efetiva e justa. Ao interiorizar a recente mudança realizada pelo artigo 373 do CPC, o legislador descuidou-se dos ideais que parecem ter dirigido a confecção da maioria dos demais artigos da Lei 13.467/17 e deixou aberta a porta para um processo trabalhista muito mais próximo do que ele deveria sempre ter sido, isto é, um processo que não se traduza em obstáculo para as conquistas obtidas pelo direito material do trabalho.

Explico: o direito material do trabalho, todos sabem, desgarrou-se do direito civil por incompatibilidade das aspirações/necessidades desse novo direito –

1. Paulo Sérgio Jakútis é juiz do trabalho, titular da 18ª VT/SP.

nascido para disciplinar a relação capital/trabalho – com o universo contratual civilista, especialmente com a ideia do ajuste de vontades. Como conceber que o trabalhador, ao se tornar empregado, negociasse as bases de um contrato com o empregador, nos mesmos moldes que a contratação ocorreria, por exemplo, na compra e venda de um objeto? A força de trabalho – a ser adquirida pelo empregador/comprador – não pode ser apartada da pessoa do empregado e, por isso mesmo, não comporta um tratamento indiferente, semelhante àquele que se dá aos objetos comercializados usualmente, no mercado capitalista. Porque um empregado não é sabonete, não pode ser tratado como "coisa", ou como não mais do que outro custo para a composição do produto final, a menos, é claro, que se voltasse a considerá-lo como escravo, via essa que, todavia, já se encontrava interditada pela lógica do próprio ideário liberal, onde os "... homens nascem e são livres e iguais em direitos".[2]

O direito civil, tratando os contratantes de forma imparcial, não se mostrou apto a resolver o conflito de interesses entre empregados e empregadores, no qual, de forma bem elementar, os primeiros – em maior número – querem melhores salários e menos trabalho e os segundos – proprietários dos meios de produção – pretendem exatamente o inverso.

Foi preciso um novo sistema legal, uma nova "filosofia jurídica", para que se conseguisse amenizar as turbulências entre capital e trabalho. Examinando-se essa realidade de uma perspectiva mais ampla, porém, percebe-se que a proposta de um sistema jurídico específico, voltado para tal relação, é, em certa medida, simples consequência de uma nova compreensão do papel do Estado, na sociedade pós Revolução Industrial. Em termos breves: o direito do trabalho surge – conquanto em forma de embrião daquilo que existe contemporaneamente – como um dos resultados de uma sociedade diversa daquela existente até então, consequência direta de atribulações sociais e políticas e como resposta a tais situações. Como, entrementes, não poderia exercer o papel a que se destinava sem tornar-se parte da realidade que pretendia ajudar a moldar, precisava ser injetado no corpo dessa sociedade por intermédio de um instrumental apto para tanto. Essa ferramenta, da mesma forma, também não podia ser o processo civil, formado – e contaminado – pela concepção do Estado liberal, sob pena de que as distinções concebidas no plano material do novo sistema legal se perdessem no terreno adjetivo, insensível, a exemplo do direito civil, para uma realidade estrangeira àquela vivenciada pelos ajustes de vontades dos contratantes da vida mercantil.

Nas linhas que se seguem, tentarei detalhar essa percepção da realidade, demonstrando como o direito do trabalho justifica o direito processual do trabalho,[3]

2. Conforme o artigo 1º da Declaração dos Direitos do Homem e do Cidadão, de 1789, disponível em < http://www.direitoshumanos.usp.br/index.php/Documentos-anteriores-%C3%A0-cria%C3%A7%C3%A3o-da-Sociedade-das-Na%C3%A7%C3%B5es-at%C3%A9-1919/declaracao-de-direitos-do-homem-e-do-cidadao-1789.html>, com acesso em 19-09-2017.

3. Essa demonstração está feita com mais e melhores detalhes em JAKUTIS, Paulo Sérgio. O ônus da prova no processo protetivo do trabalho. São Paulo: LTr, 2017.

enquanto ramo diverso do processo civil, na frondosa árvore do direito brasileiro, e como o ônus da prova, na redação da Lei 13.467/17, se enquadra em uma concepção protetiva desta espécie processual, situação que se ajusta perfeitamente à finalidade maior do processo trabalhista, enquanto ferramenta voltada para a melhoria da condição social da classe trabalhadora, exatamente nos termos do que prevê o artigo 7º da Constituição Federal brasileira.

II. PROCESSO E SOCIEDADE

1 – O PROCESSO EM INTERAÇÃO COM A REALIDADE

Ninguém que tenha algum tipo de ligação mais estreita com o direito ignora que há uma forte penetração entre este e as questões políticas. É certo que existiram correntes do pensamento jurídico que pretenderam a criação de uma teoria pura do direito, isto é, de um direito distanciado do cotidiano político, ou melhor, a ser considerado como tal apenas a partir da norma posta, positivada. Mas essa pretensão, nos dias atuais, parece coisa bastante distante da realidade. Seguindo as serenas considerações de Barbosa Moreira[4], ficamos em boa companhia ao perceber que

> "[A]figura-se óbvio que a disciplina legal do processo (e não só do processo) sofre influência das características do regime político sob o qual é editada. Mas, à luz da experiência histórica, também deveria ser óbvio que constitui exagero de simplificação conceber essa relação à guisa de vínculo rígido, automático e inflexível, para considerar que, se determinada lei (processual ou qualquer outra) surgiu sob governo autoritário, essa contingência cronológica fatalmente lhe imprime o mesmo caráter e a torna incompatível com o respeito às garantias democráticas. A realidade é sempre algo mais complexa do que a imagem que dela propõem interpretações assim lineares, para não dizer simplórias."

Portanto, as realidades do direito (inclusive processual) e dos processos políticos e econômicos estão em constante comunicação.

E é a partir dessa premissa que se pode, então, fazer duas afirmações que permitirão dar continuidade à exposição que aqui está sendo feita:

a) o processo é uma criação do homem e, nesse diapasão, não é neutro, ou seja, ainda que se pretenda ver nele um instrumento da aplicação do direito substancial, é ele, também, um registro das disputas de interesses entre os vários grupos e classes existentes na sociedade;

b) o processo do trabalho tem um *plus* vocacional para a ausência de neutralidade, que não deriva apenas das disputas políticas que o influenciam,

---

4. MOREIRA, José Carlos Barbosa. **O Neoprivativismo no processo civil**. *In* http://www.ablj.org.br/revistas/revista26/revista26%20%20JOS%C3%89%20CARLOS%20BARBOSA%20MOREIRA%20%E2%80%93%20O%20Neoprivatismo%20no%20Processo%20civil.pdf. Acesso em 19-09-2018.

mas que decorre do fato de que ele é o instrumento destinado à aplicação de um direito material (o direito do trabalho) que também não é neutro (na medida em que trata as partes componentes da relação de forma desigual), razão pela qual o direito processual do trabalho deve ser aplicado de sorte a permitir que o direito material do trabalho exista com as particularidades próprias que ele contém.

1.1. A separação dos poderes, o liberalismo e o sistema adversarial

Como dito acima, o processo não é uma dádiva da natureza, mas é fruto do gênio e do trabalho dos seres humanos. Logo, os valores que são contemplados pelas normas que alicerçam o sistema processual e que definem cada um dos institutos processuais são, todos eles, frutos de discricionariedades, de escolhas e de opções que as pessoas fizerem e fazem no transcurso da vida em sociedade.

Essa constatação preliminar se presta a, desde logo, afastar um equívoco grave normalmente relacionado ao direito processual, qual seja, o de se entender que, em decorrência do aspecto mais técnico (no sentido de que, como regra, trata-se de um ramo voltado aos profissionais do direito) das normas processuais, elas estariam preservadas das disputas políticas, ficando estas últimas adstritas ao campo do direito material. Nada mais equivocado. O direito, em todas as manifestações dele, é um fenômeno social e, como tal, influi e é influenciado pelas disputas que afloram na sociedade que o produz. Por isso, a ninguém deve espantar a afirmação de que o processo trabalhista não é neutro. Também não o é o processo civil, mas o processo do trabalho – porque veicula o direito do trabalho – tem no protecionismo (histórico) o caráter definidor da singularidade dele, em relação ao processo civil e é esse traço que o justifica. Já o processo civil reflete, de forma contingente, os interesses prevalecentes na sociedade em que está inserido. Dito de outra forma: sem protecionismo, o processo do trabalho não precisaria existir, porque se traduziria num obstáculo à manutenção das conquistas obtidas pelo direito material do trabalho e, dessa forma, nada o distinguiria do processo civil, tudo sugerindo que este último se tornasse o instrumento único de aplicação do direito material do trabalho.

Uma rápida referência a alguns momentos históricos servirá para aclarar o que aqui se está dizendo.

Vejamos Atenas, que tantas marcas deixou na cultura ocidental. Aristóteles[5] defendia que um cidadão, para fazer jus a esse *status*, não deveria descurar de nenhuma das duas formas de participação que se reclamavam ao ateniense, quer na função judiciária (nos tribunais dos júris, onde uma série deles – entre 201 a

5. Apud ROSANVALLON, Pierre. **La contre-démocratie: la politique à l'âge de la defiance**. Paris: 2006, pág. 199.

501 pessoas escolhidas por sorteio – decidia conflitos públicos e privados), quer na função pública (na Assembleia do Povo, onde seis mil cidadãos se reuniam de trinta a quarenta vezes por ano para resolver pendências políticas).[6] A exemplo do que acontecia na política,[7] também o universo jurídico estava restrito, como se vê, a uma específica – e privilegiada – parcela da população (e aos interesses dela, claro), da qual estavam excluídos mulheres, escravos e estrangeiros.[8]

Essa forma diferente (para nossos padrões) de dizer o direito – onde o julgador e o legislador se confundem e onde os julgadores só exercem tal função temporariamente (não profissional nem permanentemente) – não causa tanta espécie aos nossos espíritos contemporâneos, quanto causam as formas de resolução de conflitos que a ela se seguem, na Idade Média. Neste período (onde toda a realidade está enredada em um cipoal de irracionalidades), nos processos de bruxaria, v.g., era preciso estabelecer a existência de um contrato com as forças sobrenaturais como um elemento necessário para a caracterização do crime de magia, sendo que os advogados elaboravam argumentações sofisticadas sobre como certos sinais poderiam ser provas desse tipo.[9] O processo europeu, é bem de ver, só consegue deixar de utilizar recursos "irracionais" após o século dezessete,[10] eis que, até esse período, muitas disputas eram resolvidas com base em complicadíssimos recitais,[11] ou através de duelos,[12] ou mesmo por intermédio de provas[13] que, hoje,

6. Idem.

7. "Embora Atenas fosse uma democracia, os aristocratas continuaram a dominar a vida política durante a maior parte do século V. Os generais eleitos pelo povo e os políticos mais destacados da Assembleia provinham de famílias nobres. Os estrangeiros residentes eram quase totalmente excluídos da cidadania e, portanto, da participação política. Os escravos, que constituíam aproximadamente um quarto da população de Atenas, não desfrutavam de nenhuma das liberdades que os atenienses tinham em tão alta conta. Pelo contrário, os gregos consideravam a escravidão essencial à democracia. A existência dos escravos liberava o tempo ao cidadão para se dedicar às atividades políticas e culturais. (...) As mulheres atenienses não podiam participar da Assembleia nem exercer cargos administrativos; geralmente não podiam comparecer aos tribunais sem representante masculino nem possuir ou herdar bens (...) Atenas era uma sociedade sob o domínio do sexo masculino" (CAMPOS, Flávio de & CLARO, Regina. **Oficina de história**. São Paulo: Leya, 2012, pág. 90).

8. GUIMARÃES, Laércio Dias & VIEIRA, Ana Lívia. **O ideal da cidadania na sociedade da Atenas Clássica**. Disponível em < http://www.nehmaat.uff.br/revista/2012-2/artigo05-2012-2.pdf>. Acesso em 22-09-2017.

9. DAMASKA, Mirjan R.. **Rational and irrational proof revisited**. In <http://digitalcommons.law.yale.edu/fss_papers/1577>. Acesso em 07-06-2017, pág. 29.

10. Idem.

11. A parte deveria reproduzir textos longos e sem alterar qualquer passagem ou palavra, sob pena de considerar-se derrotada na disputa processual.

12. Onde se invocava o julgamento de Deus, que deveria manter vivo àquele que tivesse razão na disputa.

13. Como, nomeadamente, obrigar a parte a segurar um ferro em brasa, durante certo tempo (se o ferro não queimasse a pessoa, ela havia comprovado estar dizendo a verdade).

seriam consideradas exemplos de tortura.[14] Nesse ambiente singular, as questões sociais, naturalmente, refletiram-se no processo. A lógica das castas, por exemplo, mantinha as pessoas em patamares diferentes, mesmo quando interiorizadas no processo, como testemunhas, de sorte que o depoimento de um nobre era mais confiável do que o de um servo e o de uma mulher valia menos que o de um homem.[15]

Se em determina altura da existência de Atenas, como visto, o julgador era apenas uma faceta do *status* do cidadão e, já na idade média, o julgamento era uma oportunidade para a manifestação do divino, o século XIII vê nascer as primeiras manifestações de uma das instituições mais polêmicas – até hoje – de todo o universo processual: o júri. Enquanto os modos antigos de prova iniciam um lento declínio, "... o precursor do júri moderno começa a surgir, com o *sheriff* convocando um número de homens livres do local, que tinham certo conhecimento dos fatos (...) para servir como jurados".[16] Este esboço ainda está bem distante do modelo de júri que temos no século XXI, na medida em que os jurados são figuras muito mais próximas do que, nos dias atuais, chamamos de testemunhas.[17] Todavia, a evolução acontece[18] e, na independência dos EUA, em 1776, o júri já é adotado naquele país, em moldes próximos dos contemporâneos (e em França, pouco tempo depois – ao

14. SWARD, Ellen E.. Values, **Ideology, and the evolution of the adversary system**. Indiana Law Journal: Vol. 64: Iss. 2 , Article 4. Disponível em http://www.repository.law.indiana.edu/ilj/vol64/iss2/4. Acesso em 24-07-2017.

15. Segundo Mauro Cappelletti (**O processo civil no direito comparado**. Belo Horizonte: Editora Líder, 2001, pág. 70), "[A]s mulheres, ou não eram admitidas a testemunhar, ou melhor, em caso de o ser, eram valoradas pela metade ou por um terço ou menos ainda que as testemunhas masculinas. O mesmo se dizia quanto ao testemunho dos 'servos'. O testemunho de testemunhas não nobres valia menos que o testemunho de testemunhas nobres ou de eclesiásticos; com toda uma escala aritmética de valores conforme o grau de nobreza ou conforme a hierarquia eclesiástica. Análoga concepção regulava a valoração do testemunho do rico que era preferido ao do pobre. O testemunho de uma única testemunha não tinha força probatória alguma (*testis unus, testis nullus*), salvo quando se tratasse de um cardeal ou, direta e pessoalmente, do Papa". Esse sistema de prova legal, com valorização apriorística das testemunhas (envolvendo, obviamente, todo o critério de hierarquia existente na sociedade) perdurou até a Revolução Francesa: "[N]a França, ainda na obra de um grande jurista do século XVIII, Pothier, pode-se ler, por exemplo, que *Le témoignage d'un seul témoin ne peutfairepreuve, quelque digne de foi qu'il soit, et en quelque dignité qu'il soit constitué* ['o testemunho de uma única testemunha não pode fazer prova, por digno de fé que ele seja e qualquer dignidade em que esteja constituído']; enquanto, por outro lado, o testemunho de duas *témoins irreprochables* constituía prova legal, ou seja, prova plena, vinculante para o juiz. Ainda na época de Pothier, nas vésperas da Revolução Francesa, tinha valor ainda na França a regra de que *le témoignage de deux hommes équivaudrait a celui de trois gemmes* ['o testemunho de dois equivalia ao de três mulheres'], etc." (idem, pág. 76).

16. Idem, pág. 321.

17. Bis in idem, pág. 322.

18. Pierre Rosanvallon (in La contre-démocratie..., op. cit., pág. 217) informa que o verdadeiro nascimento da ideia moderna de júri ocorre um pouco mais tardiamente – neste estudo se indica, em verdade, uma manifestação embrionária do que viria a ser esse fenômeno --, por volta de meados do século XVIII, como decorrência das reflexões dos Iluministas sobre a redução dos erros judiciais. Esclarece, o referido autor, que alguns dos mais célebres iluministas – Beccaria, Blackstone, Condorcet e Voltaire – escreveram sobre os erros judiciais, considerados um gravíssimo problema

menos no direito penal – o júri também é adotado, quando o sistema processual deixa de contemplar as provas legais[19]). Juntamente com a existência de um corpo de profissionais especializados em direito – advogados que atuavam em favor das partes – e da noção de soberania,[20] já perfeitamente conhecida e utilizada naquele país, forjam-se nesses três elementos,[21] os sustentáculos para o funcionamento do sistema processual intitulado de "adversarial".[22] Essa verdadeira filosofia proces-

---

para a defesa dos direitos do homem, e que o júri se impôs, nesse período, como uma instituição essencial para a proteção dos direitos e liberdades individuais.

19. Segundo Cappelletti "[O] bom senso começou a abrir caminho na França, com a legislação emanada no tempo da Revolução. Caiu, por obra daquela legislação, o método da valoração numérica das testemunhas, tanto nos processos civis quanto nos penais; e certamente não carece de fundamento a opinião daqueles que vêem um vínculo entre a queda daquele método e a introdução, também na França, no sistema do júri, pelo menos no processo penal" (*in* O processo civil..., op. cit. pág. 77).

20. Ferraz Jr. (FERRAZ JR., Tércio Sampaio. **Introdução ao estudo do direito**. São Paulo: Editora Atlas, 2003, pág. 65) adverte que "[A]o se colocar o rei como personagem central de todo o edifício jurídico, aparece, nessa época, um conceito chave, que irá dominar a organização jurídica do poder: a noção de soberania". E prossegue: "[A] noção de soberania propicia uma forma de conceber o direito a partir de um princípio centralizador. Dessa forma, todos os seres tinham sua unidade de convergência em Deus; assim como a verdade só podia ser uma, assim também o direito só podia ser um, dentro de um determinado território, de determinada esfera de poder".

21. SWARD, Ellen E., Values, Ideology..., op. cit. pág. 323

22. Para Didier Jr. (in **Os três modelos de direito processual: Inquisitivo, Dispositivo e Cooperativo**. <https://edisciplinas.usp.br/pluginfile.php/364050/mod_resource/content/0/FREDIE%20DIDIER%20-%20Os%20tr%C3%AAs%20modelos%20de%20processo%20-%20dispositivo,%20inquisitivo%20e%20cooperativo.pdf>. Acesso em 30-07-2017.), "[A] doutrina costuma identificar dois modelos de estruturação do processo: o modelo adversarial e o modelo inquisitorial. (...) Em suma, o modelo adversarial assume a forma de competição ou disputa, desenvolvendo-se como um conflito entre dois adversários diante de um órgão jurisdicional relativamente passivo, cuja principal função é a de decidir. O modelo inquisitorial (não adversarial) organiza-se como uma pesquisa oficial, sendo o órgão jurisdicional o grande protagonista do processo. No primeiro sistema, a maior parte da atividade processual é desenvolvida pelas partes; no segundo, cabe ao órgão judicial esse protagonismo" (pág. 208). E prossegue: "Fala-se que, no modelo adversarial, prepondera o princípio dispositivo, e, no modelo inquisitorial, o princípio inquisitivo. (...) Assim, quando o legislador atribui às partes as principais tarefas (págs, 208/209) relacionadas à condução e instrução do processo, diz-se que se está respeitando o denominado princípio dispositivo; tanto mais poderes forem atribuídos ao magistrado, mais condizente com o princípio inquisitivo o processo será. A dicotomia princípio inquisitivo-princípio dispositivo está intimamente relacionada à atribuição de poderes ao juiz: sempre que o legislador atribuir um poder ao magistrado, independentemente da vontade das partes, vê-se manifestação de 'inquisitividade'; sempre que se deixe ao alvedrio dos litigantes a opção, aparece a 'dispositividade'" (pág. 209). Em sentido semelhante, veja-se também Ada Pellegrine Grinover (in GRINOVER, Ada Pellegrini. **A iniciativa instrutória do Juiz no processo penal acusatório**. Disponível em http://www.metajus.com.br/textos_nacionais/texto-nacional21.html. Acesso em 31-07-2017, pág. 32). Mais importante, entrementes, do que a divisão "didática" que se faz a respeito desses dois sistemas, parece ser constatar que, atualmente, as duas formas de condução do processo estão recebendo influências mútuas, de sorte a quase inexistir qualquer sistema puramente adversarial, ou inquisitivo (v. Didier Jr., Os três modelos..., op. cit., pág. 209, onde o autor afirmar, textualmente, que "... [N]ão há sistema totalmente dispositivo ou inquisitivo: os procedimentos são construídos a partir de várias combinações de elementos adversariais e inquisitoriais.").

sual (quase uma tradução jurídica do pensamento liberal), acompanhada do seu contraponto continental – o sistema inquisitorial –, fazem com que os conflitos sociais passem a ser resolvidos pela jurisdição de forma preponderantemente racional.[23]

Entrementes, a racionalidade é apenas parte da história. Cappelletti, ao tratar da França pré-revolucionária, afirmou: "[O]s juízes estavam de tal maneira identificados com o regime feudal que consideravam inaceitável qualquer inovação liberal".[24] E mais:

> Os cargos [dos juízes] eram hereditários, podendo ser comprados e vendidos. O trabalho dos juízes devia ser pago pelos litigantes como se a administração da justiça fosse um privilégio dos magistrados e não uma obrigação. *Status*, educação, família e interesses pessoais de classe se combinavam para motivar comportamentos extremamente conservadores, fato que, eventualmente, contribuiu para a deflagração da explosão revolucionária.[25]

Nesse diapasão, ninguém se surpreende que os juízes fossem identificados com a aristocracia e, portanto, com o inimigo, para os revolucionários de 1789. Daí a compreensão clara de que, na Revolução Francesa – e nas obras que a precederam, através da pena dos Iluministas –, o judiciário deveria apartar-se do legislativo e executivo, cumprindo-lhe, como expressou Montesquieu, a tarefa de ser meramente a "boca da lei",[26] ou seja, apenas um adaptador, ao caso concreto, da regra abstrata criada pelo legislativo (este sim o poder mais relevante,[27] porque composto por representantes escolhidos pelo povo).

---

23. Ferraz Júnior (Introdução..., op. cit., pág. 66) relembra que "[O] humanismo renascentista modifica a legitimação do Direito Romano, purificando e refinando o método de interpretação dos textos e, com isso, abrindo as portas para a entrada da ciência moderna na teoria jurídica." De acordo, ainda, com esse mesmo autor, a era do direito racional (pág. 66), que vai aproximadamente de 1600 a 1800, vê surgir o amor pela ciência, impondo-se, pouco a pouco, a noção da racionalidade do sistema jurídico, o que leva (pág. 68) ao enfraquecimento progressivo da ideia do conteúdo sagrado do direito.

24. CAPPELLETTI, Mauro. Repudiando Montesquieu? A expansão e a legitimidade da "justiça constitucional. *In* **Revista do Tribunal Regional Federal da 4ª Região**. Porto Alegre: TRF, 2001, págs. 15-49.

25. Idem, pág. 26.

26. Bis in idem.

27. "No Estado Liberal de Direito, os parlamentares da Europa continental reservaram para si o poder político mediante a fórmula do princípio da legalidade. Diante da hegemonia do parlamento, o Executivo e o Judiciário assumiram posições óbvias de subordinação: o Executivo somente poderia atuar se autorizado pela lei e nos seus exatos limites, sendo que o Judiciário poderia apenas aplicá-la, sem mesmo poder interpretá-la. O Legislativo, assim, assumia uma nítida posição de superioridade. Na teoria da separação dos poderes, a criação do direito era tarefa única e exclusiva do Legislativo". (MARINONI, Luiz Guilherme, ARENHART, Sérgio Cruz & MITIDIERO, Daniel. **Novo curso de processo civil.. Volume 1, Teoria do Processo Civil.** São Paulo: Revista dos Tribunais, 2015, pág. 31). Esses autores destacam que essa visão limitadora da atuação do judiciário avança no tempo, tornando-se dominante no século XIX e chegando ao século XX. Segundo informam, "...as concepções de Carnelutti e Calamandrei, apesar de filiadas à teoria unitária do ordenamento

A Revolução Francesa é um importante marco para o direito processual. Por conta da visão revolucionária, os juízes são colocados sob limitações significativas no direito continental, enquanto na Inglaterra e EUA – menos influenciados pela revolução e, principalmente, pelo Código Napoleão – o papel do judiciário é outro:

> A Revolução proclamou, como um de seus primeiros princípios, a absoluta supremacia do direito escrito; do direito originado do *corps législatif* por representantes do povo, enquanto reduzia o judiciário a desempenhar uma tarefa puramente mecânica de aplicação da lei aos casos concretos. (...) Na realidade, a estrita separação 'French style', dos poderes governamentais (...) estava a milhas de distância do tipo da separação dos poderes praticamente adotada ao mesmo tempo pela Constituição Americana. A separação dos poderes na América é melhor caracterizada como 'pesos e contrapesos' e sob este princípio está reservado aos tribunais a função extremamente importante de rever atos do legislativo e da administração. 'Séparation des Pouvoirs' no estilo francês, ao contrário, implicava que o judiciário deveria a qualquer preço assumir um papel totalmente subserviente, estritamente diverso do papel e da atividade dos órgãos políticos".[28]

Se nada mais fosse dito, talvez essa observação relacionada a esses dois modos de encaminhar a solução dos conflitos (o sistema adversarial e o inquisitivo) – através do processo, detalhando a diferença de cada um deles, reforçados pelo acontecimento da Revolução Francesa – bastasse para fazer perceber não apenas a interação entre os conflitos sociais e o processo (deixando antever que não é somente o direito material que está interagindo com os interesses sociais), mas, principalmente, que a suposição de que o processo seria um saber imune a paixões, sem propensões ou posicionamentos políticos, não se sustenta.

Mas é o período posterior à Revolução Francesa que mais interessa a este estudo, vez que é a partir do liberalismo que se apresentam alguns dos traços econômicos, sociais e políticos que melhor se prestam ao debate existente atualmente, em nossas sociedades contemporâneas, no domínio do direito material e processual do trabalho. Ferraz Jr.[29] obtempera que, após a separação de poderes, o judiciário passa a ser visto como um poder politicamente neutro e isso é um fator determinante no aparecimento de um novo saber jurídico: a ciência do direito. Segundo ele[30], "[A] neutralização política do judiciário significará a canalização da produção do direito para o endereço legislativo, donde o lugar privilegiado ocupado pela lei como fonte do direito". E com essa super importância da lei, nasce o Positivismo (a positivação do direito), onde a dogmática jurídica, desde o século XIX, passa a ter a função "de apresentar critérios para a qualificação jurídica de manifestações prescritivas da conduta social".[31]

---

jurídico, não se desligaram da ideia de que a função do juiz está estritamente subordinada à do legislador, devendo declarar a lei." (Idem, pág. 46).

28. Cappelletti, Repudiando..., op. cit. págs. 28-29.
29. Tércio, Introdução..., op. cit. pág. 73.
30. Idem, págs. 73-74.
31. Bis in idem, pág. 226.

Atentemos, então, para o Estado pós Revolução de 1789. "O Estado Liberal construiu-se a partir das irresignações que os cidadãos, especialmente a burguesia, estavam nutrindo em relação à monarquia absolutista".[32] O ponto fundamental desse pensar tem "...como princípio maior a liberdade plena do indivíduo em relação ao Estado, que deveria ser o menos interventor possível, permitindo que os cidadãos (pelas vias do mercado) pudessem, livremente, dar regras a si mesmos".[33]

O liberalismo, portanto e ao mesmo tempo, deita raízes em aspectos econômicos[34] – querendo que o mercado[35] resolva as dúvidas a respeito das mercadorias a serem produzidas, com que preços e em quais quantidades – e políticos/sociais, pretendendo uma representação sem castas, ou privilégios religiosos, e com controles[36] bem definidos sobre os exercentes dos poderes (preferencialmente com o poder distribuído entre algumas mãos, de sorte a se evitar o despotismo[37]). E o univer-

32. ESPINDOLA, Ângela Araújo da Silveira & CUNHA, Guilherme Cardoso Antunes da. O processo, os direitos fundamentais e a transição do estado liberal para o estado contemporâneo. *In* **Revista de Estudos Constitucionais, Hermenêutica e Teoria do Direito (RECHTD)**, janeiro-junho 2011, pág. 85.

33. Idem.

34. Rosanvallon (ROSANVALLON, Pierre. **Le libéralisme économique historie de l'idée de marche**. Paris: Éditions Du Seuil, 1989, pág. II) nota que: "O nascimento do liberalismo econômico não foi só uma teoria – ou uma ideologia – acompanhando o desenvolvimento das forças produtivas e a transformação da burguesia na classe dominante: ele, em verdade, traduziu a emancipação da atividade econômica das amarras da moral". A "... consequência essencial de uma concepção dessa espécie reside no fato que ela se traduz por uma recusa do político (...) não sendo mais o político, o direito e o conflito, que devem governar a sociedade, mas o mercado. O mercado não é mais limitado, nessa perspectiva, a um simples instrumento técnico de organização da atividade econômica, tendo mais profundamente um senso sociológico e político" (pág. III). Jerome Maucourant (*in* **L'economie de marche selon Karl Polanyi – Karl Polanyi views on the free market economy**. Vídeo disponível em < https://www.youtube.com/watch?v=WWNYpDK2FIs >. Acesso em 18-07-2017) observa algo semelhante, ao concluir que enquanto o pensamento liberal vê o poder como uma coisa perigosa, ruim, buscando preservar o indivíduo do Estado, Karl Polanyi defende que o que é ruim é a renúncia moral a que o liberalismo conduz, relativamente à questão política.

35. Para Rosanvallon (Le libéralisme..., op. cit. pág. V), o mercado visa a erigir o poder de uma mão invisível, neutra por natureza, porque não personalizada, instaurando um modo de regulação social abstrato, ou seja, com leis objetivas que regulam as relações entre os indivíduos sem que exista entre eles nenhuma relação de subordinação ou comando.

36. Em verdade, toda a história da democracia está entrelaçada não apenas à forma como a representação dos cidadãos acontece e como a maioria deve expressar a vontade dela, mas, da mesma forma, também aos aspectos relacionados ao controle que deve ser exercido sobre os representantes do povo para que a representação cumpra o papel que dela se espera. Rosanvallon escreveu todo um livro (*La contre-démocratie la politique à l'âge de la défiance*) discutindo essa faceta dos regimes ditos democráticos, destacando que após a revolução de 1789, a ideia de vigilância sobre os representantes do povo se tornou a própria encarnação da figura abstrata da soberania popular.

37. Ainda é Rosanvallon (Le libéralisme, op. cit. pág. VI) que pontua: "[A]s ideias de mercado, de pluralismo político, de tolerância religiosa e de liberdade moral participam de uma mesma recusa: aceitar um modo de instituição de autoridade sobre os indivíduos. Em cada um desses domínios, um mesmo princípio se afirma: a autonomia individual fundada sobre a denegação de todas as soberanias absolutas".

so jurídico acaba sendo contagiado por essa onda de necessidades imperativas dos negócios, consagrando a segurança jurídica como um valor dos mais importantes e voltando-se a proteger – sem se dar conta, por vezes, das distintas necessidades sociais – quase tão somente aqueles que poderiam suportar os custos e o tempo de uma demanda debatida em juízo.[38] O juiz, reduzido a ser a boca da lei, ou seja, à mera adequação do texto legal ao caso concreto, não deveria causar problemas, limitado a agir, como regra, apenas após o dano já se encontrar consumado[39] e, quase sem exceções, somente dentro das fronteiras dos conflitos individuais.

De certa forma, não é difícil perceber que os principais traços do ideal liberal[40] contaminaram,[41] em alguma medida, o direito, dando vazão a uma espécie de "Liberalismo jurídico, que se preocupa principalmente com uma determinada organização do Estado capaz de garantir os direitos do indivíduo (...)".[42] As três

---

38. Espíndola, O processo..., op. cit. pág. 92.

39. Idem.

40. É missão das mais difíceis querer definir o liberalismo, tendo em conta as várias conotações que a palavra tem recebido. Veja-se, por exemplo, o longo exercício desenvolvido por Bobbio e colegas na tentativa de equacionar uma definição razoável para o verbete, na obra Dicionário de Política, citada algumas vezes neste texto. Sem embargo dessas limitações, algumas características desse movimento são sempre destacadas pelos estudiosos do tema e é com base nelas que pretendo trabalhar aqui, evitando dedicar-me de forma indevida – por conta da lateralidade do assunto, apenas isso – a um aspecto periférico ao objeto estudado. Sendo assim, o liberalismo será examinado, nos aspectos políticos, naquilo que tange à preocupação com a limitação do governo ("[O] 'primeiro liberalismo', aquele que toma corpo no século XVIII, caracteriza-se pela elaboração da questão dos limites do governo. O governo liberal é enquadrado por 'leis', mais ou menos conjugadas: leis naturais que fazem do homem o que ele é 'naturalmente' e devem servir de marco para a ação pública; leis econômicas, igualmente 'naturais', que devem circunscrever e regular a decisão política. Contudo, por mais finas e flexíveis que sejam as doutrinas do direito natural e da dogmática do *laissez-faire*, as técnicas utilitaristas do governo liberal tentam orientar, estimular e combinar os interesses individuais para fazê-los servir ao bem geral." Dardot & Laval, A nova razão..., op. cit. pág. 33), e, nas vertentes econômicas, no que Karl Polanyi (**A grande transformação – as origens políticas e econômicas do nosso tempo**. Lisboa: Edições 70, sem data informada, versão ebook, pág. 110) denominou de "os três dogmas clássicos": a fixação do preço do trabalho pelo mercado, a existência de um mecanismo automático de criação de moedas e a livre circulação de bens e valores.

41. Não se está dizendo, aqui, que o liberalismo fez nascer qualquer dessas características processuais, pois este próprio texto já indicou, em relação a algumas delas, origens anteriores. Mas o que se afirma é que, conforme pode ser confirmado com o exame sobre a história do processo civil, algumas características do processo que coincidiam com os ideais do liberalismo acabaram se acentuando, quando esta forma de pensamento econômico/político se tornou preponderante na Europa e EUA, bem como nos países que sofrem influências dessas potências econômicas.

42. BOBBIO, Norberto, MATEUCCI, Nicola & PASQUINO, Gianfranco. **Dicionário de política**. Brasília: Editora UNB, 11° edição, pág. 688. Os referidos autores destacam, agora na página 702: "A luta do Liberalismo contra o absolutismo tem seu ponto de partida na reivindicação dos direitos naturais do indivíduo e na afirmação do princípio da separação dos poderes. Este princípio visa assegurar a independência do poder judiciário, mero aplicador do direito (quer seja uma lei, quer seja um costume) e, ao mesmo tempo, deixar com o monarca a titularidade do poder executivo, enquanto os representantes do povo recebem a tarefa de definir, mediante a lei, a vontade comum da nação (Locke, Montesquieu, Kant, Humboldt, Constant)".

leis fundamentais do direito privado universal – a liberdade do contrato, a inviolabilidade da propriedade e o dever de compensar pelos danos causados[43] – tornam-se indissociáveis da própria essência do capitalismo. Consequentemente, a livre iniciativa, a concorrência[44], o individualismo, o mercado, e todos os traços que marcam fortemente o liberalismo[45] se espraiam pelas relações sociais[46] e seus contornos, dentre os quais, obviamente, o direito e, no seio dos vários ramos jurídicos, o processo.

Por conta disso, a livre iniciativa[47], nomeadamente, pode ser percebida sem grandes esforços, no principio da inércia do juízo:

> ... segundo a ideologia liberal vigente na época codificadora, em fins do século XIX era concebido como coisa das partes (...) pressupunha deixar não só a iniciativa de demandar, mas também a marcha processual a cargo dos litigantes, sendo vedada a investigação probatória oficial. Se os temas discutidos no processo interessavam exclusivamente às partes, não só lhes incumbia determinar o ponto litigioso, mas também comprovar os fatos relevantes do processo.[48]

E o individualismo, traço marcante do liberalismo, é o próprio espírito do processo nascido nos séculos XVIII, XIX. Cappelletti, por sinal, não deixa margens para dúvidas, ao asseverar:

> Nos estados liberais 'burgueses' dos séculos dezoito e dezenove, os procedimentos adotados para a solução dos litígios civis refletiam a filosofia essencialmente individualista dos direitos, então vigorante. Direito ao acesso à proteção judicial significava essencialmente o direito *formal* do indivíduo agravado de

---

43. DARDOT, Pierre & LAVAL, Christian. **A nova razão do mundo ensaio sobre a sociedade neoliberal**. São Paulo: Boitempo, 2016, pág. 168.
44. Nas palavras de F. A. Hayek (*in* **The Road to serfdom**. New York: Routledge, 2006, pág. 37.), "O argumento liberal é em favor de que se faça o melhor uso possível das forças de competição como um meio de coordenação dos esforços humanos, não um argumento para deixar as coisas como elas estão. Isso se baseia na convicção de que onde a competição efetiva pode ser criada, ela será uma forma melhor para se guiar os esforços individuais do que qualquer outra possível".
45. E que são, basicamente, desdobramentos dos três dogmas relacionados por Polanyi, nas notas anteriores a esta.
46. O liberalismo deve ser compreendido como uma resposta aos problemas não resolvidos pelas teorias políticas do contrato social e é nesse sentido que é necessário se entender o conceito de mercado que se forma no século XVIII (Rosanvallon, Le libéralisme..., pág. II). Trata-se de um conceito sociológico e político, que se opõe ao conceito de contrato, e não é apenas um conceito técnico (modo de regulação da atividade econômica por um sistema de preços formado livremente) (idem). A afirmação do Liberalismo econômico traduz a aspiração ao surgimento de uma sociedade civil auto-regulada, sendo que é o mercado (econômico) e não o contrato (político) que verdadeiramente regula tal sociedade (e não apenas a economia) (bis in idem).
47. A livre iniciativa é um dos grandes desdobramentos econômicos do princípio da liberdade, principalmente no que diz respeito à proteção do indivíduo em relação ao governo e ao planejamento centralizado, especialmente.
48. PACÍFICO. Luiz Eduardo Boaventura. **O ônus da prova**. São Paulo: Editora Revista dos Tribunais, 2012, págs. 165-166.

> propor ou contestar uma ação. A teoria era de que, embora o acesso à justiça pudesse ser um 'direito natural', os direitos naturais não necessitavam de uma ação do Estado para sua proteção. Esses direitos eram considerados anteriores ao Estado; sua preservação exigia apenas que o Estado não permitisse que eles fossem infringidos por outros.[49]

A concorrência e o mercado, é bem de ver, estão consubstanciados em toda a lógica que regeu, por anos, os procedimentos daquele que é o coração do processo contemporâneo: o capítulo da prova. Enquanto o mercado, de forma bem simplificada, pode ser visto como o lugar onde os produtores, em concorrência, apresentam as mercadorias para que o consumidor escolha a que melhor preenche as necessidades de que carece, o juiz, após o exame de todos os argumentos e provas (apresentados sob a "concorrência" do princípio do contraditório), escolheria aqueles que, nos termos da legislação posta, fundamentariam a decisão adotada em favor de uma das partes. E a lógica da prova, desnecessário dizer, só se completa com a figura do ônus – da qual trataremos com mais detalhes, adiante --, complemento que tem importância decisiva quando se imagina uma "política" de efetivação dos direitos previstos na legislação material.

O Código Napoleão – fruto dos ideais liberais --, de 1804, que se tornou "modelo para todo o mundo burguês não Anglo-Saxão",[50] tratou do ponto, fixando um olhar em tudo consentâneo com o liberalismo sobre o tema do ônus da prova:

> Além das ideias provindas principalmente da doutrina alemã, Michele salienta a influência da codificação civil francesa, quer sobre as codificações que seguiram seus passos, quer sobre o desenvolvimento das doutrinas que tinham por objeto o tema em exame. (...) Com efeito, o Código Civil Napoleônico estabeleceu o princípio legal (art. 1.315) segundo o qual quem demanda a execução de uma obrigação deve prová-la; e quem pretende liberar-se deve provar o pagamento ou o fato que produziu sua extinção. A legislação italiana seguiu o princípio (art. 1.312 do CC de 1865) e, (...) tal orientação direcionou o desenvolvimento da doutrina.[51]

E é essa, basicamente, a influência que o processo civil brasileiro recebe e carrega por muito tempo, quer no modelo de 1939, quer naquele adotado em 1973[52]:

---

49. CAPPELLETTI, Mauro & GRATH, Bryant. **Acesso à justiça**. Rio Grande do Sul: Sérgio Antônio Fabris Editor, 1988, pág. 9..

50. HOBSBAWM, Eric. **The Age of Revolutions 1789-1848**. New York: Vintage Books, 1996, págs. 75. Alice Monteiro de Barros (**Curso de Direito do Trabalho**. São Paulo: LTr., 2011, pág. 50) exemplifica a afirmação de Hobsbawm, afirmando "...os códigos elaborados no século XIX e no início do século XX, como o Código Civil Argentino, o Espanhol e o nosso, de 1916, seguiram a diretriz já traçada [pelo Código Napoleão] e inseriram o serviço humano nos moldes clássicos, ou seja, ao lado da locação de coisas ou de animais."

51. Pacífico, O ônus..., op. cit. pág. 94.

52. A afirmação é de Dinamarco: "O processo civil vigente a partir de 1974 foi na prática o mesmo processo civil do Código de 1939, com alguns aperfeiçoamentos técnicos mas sem diferenças substanciais quanto ao modo como o processo civil atua sobre a vida dos direitos" (*in* Instituições de Direito Processual Civil, vol. I. São Paulo: Malheiros, 2016, pág. 35).

a de um processo calcado em ideais liberais, isto é, voltado para os interesses individuais, despreocupado das questões do acesso amplo (de todos, mesmo daqueles sem recursos financeiros) à justiça e "... de um pacato conformismo diante das ineficiências do sistema e de um constantemente renegado, mas conscientemente cultivado culto à forma".[53]

Os ventos passam a soprar em direção diferente, todavia, após a Primeira Grande Guerra Mundial, a revolução russa de 1917 e, principalmente, a depressão iniciada nos EUA, após 1929. Esses eventos são os gatilhos[54] que, em alguns casos, determinam e, em outros, consolidam as modificações[55] econômicas, políticas e sociais[56] que se tornaram necessárias, como reação às dificuldades que o liberalismo aparentava não conseguir superar e que deram lugar ao *New Deal* e à consagração do keynesianismo. O Estado deixa de ser um ator indesejado e passa

53. Idem, pág. 26.

54. Rosanvallon (*in* La société dês égaux. Disponível em < https://www.youtube.com/watch?v=lkU0Tfkme9s&t=2739s>. Acesso em 11-07-2017) adverte que o século XIX foi um período de desigualdades crescentes que redundaram nas alterações que levaram à construção do *welfare state*. Ele alinha três razões para que tais alterações ocorressem: a) primeiramente, um recuo estratégico das classes dominantes, dando ensejo ao que ele denomina de "reformas do medo", ou seja, o temor decorrente da formação dos partidos socialistas, ao mesmo tempo em que se consolidava a ideia do sufrágio universal, levando a classe dominante a considerar melhor ceder em alguns aspectos para manter o controle social, sobretudo após a vitória da revolução de 1917; b) demais disso, o "espírito de trincheira", fruto do término da Primeira Grande Guerra Mundial, criou uma relação de solidariedade entre as pessoas que leva à superação do individualismo exacerbado do ideal liberal; c) um terceiro fator é a construção da "qualidade do coletivo", fenômeno que está incorporado à ideia da empresa, que, no século XX, valoriza a noção do coletivo, da organização (científica) do método de produção, superando a crença anteriormente calcada na criatividade/genialidade do indivíduo.

55. Cujas sementes já estavam lançadas desde as reformas introduzidas por Bismark, nos anos 1880, na Alemanha, posteriormente reforçadas com o *Old Pension Act*, de 1908, na Grã-Bretanha (que previa que o imposto deveria assegurar um ganho mínimo para os aposentados sem recursos suficientes) e *National Insurance Bill*, de 1911, bem como pela legislação dos seguros sociais franceses, de 1928.

56. Rosanvallon detecta as mudanças de perspectiva, já em momentos anteriores aos eventos destacados no texto. A visão individual do liberal, onde cada homem é responsável pelo destino que enfrenta, dá lugar, em razão da nova realidade da sociedade pós-revolução industrial e da sociedade de produção em massa, a uma experiência diversa, na qual nem sempre o homem tem condições de se contrapor ao risco a que está exposto. O autor, então, (ROSANVALLON, Pierre. The New Social Question – rethinking the welfare state. Princeton: Princeton University Press, 2000, pág. 15) observa: "[A] aplicação do seguro aos problemas sociais permitiu uma saída dessas dificuldades. Passando da noção subjetiva de comportamento e responsabilidade individual para a noção objetiva de risco, o seguro mudou nossa perspectiva sobre a sociedade. Permitiu ir além dos dilemas anteriores sobre a aplicação dos direitos sociais. De fato, ao abordar os problemas sociais em termos de risco, o seguro se concentra na dimensão probabilística e estatística da sociedade (o risco pode ser calculado) e relega o julgamento sobre os indivíduos para um nível secundário. Quando as situações são percebidas em termos de risco, a questão dos erros pessoais e das atitudes individuais torna-se menos importante, como foi bastante evidente na lei francesa de 1898 sobre compensação por acidentes de trabalho."

a ser visto como agente essencial para o desenvolvimento econômico[57]. A legislação trabalhista floresce, bem como a relacionada à previdência pública[58], levando ao nascimento da ideia do Estado do Bem-Estar Social (*Welfare State*). Consoante Bauman:

> "[O] conceito de Estado do Bem-Estar encerra a ideia de que é dever e obrigação do Estado garantir o bem-estar (isto é, algo mais que a mera sobrevivência: sobrevivência com dignidade, como entendido em uma dada sociedade em um dado momento) em todos os sentidos concernentes à atuação estatal."[59]

---

57. "A partir do exposto, pode-se questionar: por que o Estado Liberal começou a intervir? (...) Em primeiro lugar, a burguesia se sentiu ameaçada pelas tensões sociais existentes e, em razão delas, possibilitou maior flexibilização do regime liberal. Da mesma forma, a própria burguesia se beneficiou desta intervenção, pois permitiu que a infraestrutura básica necessária para o desenvolvimento das atividades de acumulação e expansão do capital fosse gerada com verbas públicas constituídas pela poupança e taxação generalizadas. (...) Tal processo gerou uma tripla vantagem para a burguesia: A - a flexibilização do sistema, possibilitando sua manutenção de forma mitigada; B - a divisão por todo o povo dos custos da infraestrutura básica necessária para o desenvolvimento do capital; e C - o benefício decorrente da concessão de obras e serviços públicos" (STRECK, Lênio & MORAIS, José Luis Bolzan de. **Ciência política & teoria do estado**. Porto Alegre: Livraria do Advogado Editora Ltda., 2014, pág. 56, versão eletrônica).

58. Alice Monteiro de Barros (Curso..., op. cit. págs. 54-55) aponta, transcrevendo a lição de outros autores, uma linha evolutiva de acontecimentos e legislações que bem traduzem esse fenômeno. Segundo essa autora, em um primeiro momento, que ela denomina de Formação e que compreenderia o lapso de 1802 a 1848, surge na Inglaterra o *Moral and Health Act* (1802), proibindo o trabalho de menores à noite e por duração superior a 12 horas diárias. Em 1806, Napoleão restabelece em França os *conseils de prud'homme,* destinados a dirimir controvérsias entre fabricantes e operários e em 1813 proibi-se, também em França, o trabalho de menores nas minas. Em 1824, na Inglaterra, a coalizão deixa de constituir crime. No segundo período, denominado de Intensificação (1848 a 1890), os acontecimentos mais importantes, sempre segundo a autora citada, são a publicação do Manifesto Comunista de Marx e Engels e a implantação da primeira forma de seguro social na Alemanha, em 1883, no governo de Bismarck. Segue-se a terceira fase, chamada de Consolidação (1890 a 1919), onde os destaques são a Encíclica *Rerum Novarum*, de Leão XIII, preconizando o salário justo e a conferência em Berlim, em 1890, sobre o Direito do Trabalho. Finalmente, o quarto período – intitulado de Autonomia e que iria de 1919 até os nossos dias – seria caracterizado pela criação da OIT, em 1919 e pelo Tratado de Versailles (1919) que, no artigo 427, assegura que o trabalho não deve ser tratado como mercadoria, limita a jornada ao máximo de oito horas diárias [e 48 semanais], prevê igualdade de salário para o trabalho de igual valor, além de tratar do repouso semanal, inspeção do trabalho, salário mínimo, tratamento especial para a mulher e o menor, bem como apresentar disposições sobre o direito sindical.

59. BAUMAN, Zygmunt, **Work, consumerism and the new poor**. London: Open University Press, 2005. pág. 46. Pouco mais adiante, Bauman afirma: "[P]or outro lado, ao proclamar que a vida digna deve ser assegurada em todos os momentos e a todos os membros do grupo 'como um direito', independentemente de sua própria contribuição para a riqueza comum, a idéia de *welfare* público permitiu (explicitamente ou implicitamente) (...) o direito à vida digna como uma questão de cidadania política e não de desempenho econômico." (pág. 46). Streck & Morais afirmam: "...o *Welfare state* seria aquele Estado no qual o cidadão, independente de sua situação social, tem direito a ser protegido contra dependências de curta ou longa duração. Seria o Estado que garante tipos mínimos de renda, alimentação, saúde, habitação, educação, assegurados a todo o cidadão, não como caridade, mas como direito político" (*in* Ciência política..., op. cit. pág. 108).

E como não poderia deixar de ser, essa modificação expressiva do entendimento do papel do Estado, gerando legislações materiais específicas (protetivas, como no caso do Direito do Trabalho, v.g.), levou o processo a também se alterar, pois se tornaria indispensável à existência de um instrumento legal apto a implementar essa nova realidade (material) na solução dos conflitos sociais.

No processo civil toma vulto "... o movimento mundial pela bandeira da *efetividade do processo*, especialmente na obra grandiosa dos *condottieri* Mauro Cappelletti e Vottirio Denti".[60] Essa corrente passa a tratar da

> "... *justiça social* a ser promovida pelos canais do processo, sobre as *ideologias* que devem estar presentes na configuração dos institutos processuais, sobre a indispensável consciência dos interesses dos *consumidores* dos serviços judiciais, sobre a caminhada da Justiça ao encontro do cidadão, sobre a imperiosidade da *universalização do acesso à justiça*, etc." [61]

Ao mesmo tempo, na medida em que, por exemplo, os trabalhadores conquistaram[62] direitos – como limitação de jornada, salário mínimo, férias –, por in-

60. Dinamarco, Instituições, op. cit. 2016, pág, 26.
61. Idem.
62. Não é porque, de uma forma geral, passou-se a entender que o Estado deveria intervir na economia para melhorá-la, no período do *welfare state*, que qualquer intervenção era bem-vinda e desejada pelo capital. Ao contrário: os direitos trabalhistas foram sempre objeto de contestação e a legislação demonstra, claramente, que as conquistas ocorreram, como regra, no transcurso do tempo e sempre após a superação de grande resistência. Veja-se, nomeadamente, o caso brasileiro relacionado às férias. No livro **A indústria em face das leis do trabalho** (NOGUEIRA, Octávio Pupo. Escolas Profissionaes Salesianas. São Paulo, 1935), o então secretário-geral da Federação das Indústrias do Estado de São Paulo – FIESP, Octávio Pupo Nogueira, irresigna-se contra o Decreto 17.496 de 30 de outubro de 1926, que previa o direito de 15 dias de férias para o trabalhador e indaga (pág. 72): "[Q]uanto representará isto para as indústrias nacionais, para o trabalho nacional em geral, pois que a lei abrangeu todas as classes trabalhadoras com exclusão dos trabalhadores agrícolas?" E mais adiante (pág. 76), reforça o inconformismo: "[S]ão aqui prejudicados diretamente o patrão e indiretamente o consumidor, que é quem compartilha dos prejuízos com o patrão e mais, o fisco que não terá incidência do imposto de consumo sobre os já mencionados 33.528.885 metros de tecido [em páginas anteriores, o autor demonstrara que essa seria a soma de tecidos não produzidos pela indústria nacional nos quinze dias de inatividade).(...) Mas perder-se-á tal soma num país pobre como o nosso com algum benefício para a coletividade?" (pág. 77). E, para finalizar a presente transcrição, veja-se a argumentação em relação à questão social (pág. 70): "[Q]ue fará um trabalhador braçal durante quinze dias de ócio? Ele não tem o culto do lar, como ocorre nos países de climas inóspitos e padrão de vida elevado. Para o nosso proletário, para o geral do nosso povo, o lar é um acampamento – sem conforto e sem doçura. O lar não pode prendê-lo e ele procurará matar as suas longas horas de inação nas ruas. A rua provoca com frequência o desabrochar de vícios latentes e não vamos insistir nos perigos que ela representa para o trabalhador inactivo, inculto, presa fácil dos instinctos subalternos que sempre dormem na alma humana, mas que o trabalho jamais desperta. Não nos alongaremos sobre a influência da rua na alma das crenças que mourejam nas indústrias e nos cifraremos a dizer que as férias operárias virão quebrar o equilíbrio de toda uma classe social da nação, mercê de uma floração de vícios, e talvez, de crimes que esta mesma classe não conhece no presente. Repitamos como o ínclito Ford: 'não podereis fazer maior mal a um homem do que permitir que folgue nas horas de trabalho'. O proletário é, pois, um elemento da coletividade social que as férias estragarão".

termédio de leis prevendo esses benefícios, o direito do trabalho se desprendeu definitivamente da matriz civilista, dando origem a uma concepção inusitada: a constatação da existência de uma relação assimétrica entre capital e trabalho e a pretensão de reequilibrá-la através de ficções jurídicas[63] como a intangibilidade salarial, o princípio da norma mais favorável e uma série de outras disposições que traduzem, justamente, essa singularidade do direito obreiro em comparação com as demais vertentes do direito, então existentes.[64]

Em Portugal, o Decreto-Lei n. 24.194, de 1934, é o antecedente dos Códigos de Processo do Trabalho publicados em 1940, 1963 e 2009[65]. Na Alemanha, uma jurisdição do trabalho propriamente dita passou a existir apenas após 1926, enquanto na Espanha a magistratura do trabalho se consolida em 1940. Na Inglaterra os tribunais existiam já em 1919 e os *probiviri* – tribunais paritários --, na Itália, são substituídos em 1928 pela magistratura trabalhista.[66]

No Brasil, ainda durante a Segunda Grande Guerra Mundial, em 1943, a Consolidação das Leis do Trabalho é publicada, apresentando algumas inovações processuais[67] que, sem dúvida, pretenderam tornar o processo menos demorado, mais simples e mais efetivo (quando comparado ao processo civil então em vigor). A própria criação da Justiça do Trabalho[68] é um marco, pensada, inicialmente, em

---

63. "Ora, numa relação jurídica tão assimétrica, em que uma parte sabidamente estará em desvantagem para negociar, exigir e cobrar, é natural que a ciência jurídica reflita sobre formas de reequilíbrio, na medida do possível, no plano material e no plano processual. (...) Assim foi que se desenvolveu, desde os primórdios do direito do trabalho, o sentimento de que a parte subordinada não deve receber o mesmo nível de exigências e de incumbências que a parte subordinante" (SILVA, Homero Batista Mateus da. **Curso de direito do trabalho aplicado – vol. 1 parte geral**. São Paulo: Revista dos Tribunais, 2015, pág. 168).

64. Nas palavras de Bernardo da Gama Lobo Xavier (*in* **Iniciação do Direito do Trabalho**. Lisboa: Verbo, 2005, pág. 39), "[O] Direito do Trabalho pretende opor-se a essa desigualdade, criando as condições de uma igualdade prática pela concessão ao trabalhador de um estatuto legalmente protegido, estranho à ótica paritária tradicional nos contratos."

65. NASCIMENTO, Amauri Mascaro. Direito Processual do Trabalho. São Paulo: Saraiva. 2013, p. 82.

66. Idem.

67. Os direitos trabalhistas, previstos em abstrato, precisavam ser aplicados à realidade e, para que isso ocorresse e as normas não se tornassem letra morta, era necessário tornar a Justiça do Trabalho acessível ao beneficiário primeiro dessa realidade protetiva, qual seja, o trabalhador. Seguindo essa lógica, a normas processuais da CLT trouxeram disposições franqueadoras do aparelho jurisdicional, tais como o pagamento de custas somente ao final do procedimento e unicamente se o empregado não fosse beneficiário do sistema da justiça gratuita; também se determinou que o trabalhador poderia promover a ação sem estar assistido por advogado e que a execução, em caso de procedência da ação, poderia ser realizada de ofício pelo juiz da causa. Os prazos foram, em grande medida, encurtados em relação àqueles que vigoravam no CPC e muitos atos tradicionalmente realizados pela parte (como a citação, a indicação das provas que seriam necessárias para o deslinde do feito, na inicial e até a própria inicial, efetivamente) passaram a ser desenvolvidos pela jurisdição. A grande exceção a essa situação, como se verá adiante, residia na questão do ônus da prova.

68. A Justiça do Trabalho, conforme Amauri Mascaro Nascimento (Direito Processual, op. cit. pág. 113), passa a fazer parte do poder judiciário brasileiro apenas em 1946, sendo que antes dessa data já

uma lógica tripartite (com representantes dos empregados, dos empregadores e do Estado) e com uma estrutura totalmente dedicada à resolução única e exclusivamente dos conflitos trabalhistas. Em certa medida, o processo trabalhista antecipa e inspira até mesmo algumas das alterações que a ele se seguem no processo civil brasileiro, principalmente as relacionadas ao acesso ao judiciário, esse grande movimento mundial que, de alguma maneira, reflete não só o espírito que comanda a criação da regras processuais da CLT, mas toda a filosofia que percorre a criação de um Estado do bem-estar social.[69]

E os avanços sociais se sucedem, tanto no terreno do direito material, quanto no campo do direito processual do trabalho, até que, novamente, os ventos dos ideais liberais voltam a soprar mais fortemente, principalmente após a eleição dos governos de Margaret Thatcher (primeira ministra entre 1979-1990), na Grã-Bretanha e Ronald Reagan (presidente entre 1981-1988), nos EUA.

Começa o reinado do neoliberalismo, acompanhado da globalização e da política de austeridade dos gastos públicos, movimentos que invertem, de forma significativa, os entendimentos econômicos intervencionistas, derivados da era Keynes. Mais uma vez, o Estado passa a ser visto como indesejado, sobretudo no que toca ao controle legislativo que ele promove sobre a circulação de capital, ao direcionamento político que decorre das intervenções no mercado (inclusive nas relações trabalhistas, onde o discurso da solução negociada entre empregador e empregado ressurge), à fixação de uma tributação "exagerada" e na atuação – qualquer que seja – além dos limites da segurança e da confirmação dos contratos.

Essa nova onda – que alguns denominaram como um pesadelo que não tem fim[70] – atingiu vários países da Europa e América de formas diferentes, em momentos distintos. O Brasil, por exemplo, recebeu um primeiro impacto dos ventos neoliberais durante os oito anos do governo Fernando Henrique Cardoso, onde a tônica da administração esteve voltada para as privatizações e o controle da infla-

existia, mas como órgão não judicial.

69. Essa conscientização em grande escala sobre a importância fundamental do acesso à justiça, tem como grande marco o livro de Cappelletti e Garth *Acess to Justice The worldwide movement to make right effective. A general report*, de 1978, que foi parcialmente traduzido para o português como *Acesso à justiça*, obra descrita ao final deste texto. Esse movimento em tudo se afina com os ideais de um Estado do Bem-Estar Social, vocacionado a propiciar as condições mínimas de educação, saúde e, certamente, justiça. A ideia de um segmento do poder judiciário voltado, exclusivamente, para as questões relacionadas aos conflitos entre capital e trabalho, com juízes especializados nessa espécie de conflito – e, portanto, cônscios da singularidade da força de trabalho em comparação com os outros bens negociados na sociedade capitalista – e com um processo mais simples, rápido e acessível ao trabalhador é uma verdadeira antecipação desse movimento, mas no mesmo diapasão dele e, nessa medida, também em harmonia com os anseios do *Welfare State*.

70. *Ce cauchemar qui n'en finit pas – comment le néolibéralisme défait la democracie*, é o título do livro de Pierre Dardot e Christian Laval , lançado em 2016.

ção.[71] Após esse período, houve um lapso onde o governo passou para o Partido dos Trabalhadores, com intervenções mais significativas do Estado na economia (bolsa família, v.g.), mas que teve fim em 2016, com o impedimento da presidente Dilma Russeff e a volta mais intensa das políticas neoliberais,[72] dessa data em diante. Nos EUA e Grã-Bretanha, após a avalanche Thatcher-Reagan, seguiu-se, nos primeiros, o governo Bush, com orientações semelhantes às do antecessor e, na sequência, o Governo Clinton. Este, embora eleito pelo partido dos democratas – que foi o de Franklin Delano Roosevelt e tem tradição mais próxima de uma visão onde a participação estatal não é, ao menos, objeto de ojeriza --, representou, juntamente com Tony Blair, na Grã-Bretanha, a versão "terceira via" desse embate entre os ideais liberais e sócio-democratas, propondo uma administração intermediária entre uma solução e a outra. O neoliberalismo volta ao poder, porém, no período Bush (filho) e, com Obama, tem-se, mais uma vez, uma administração menos contrária à participação do Estado na economia. Finalmente, chegamos ao momento atual, onde o partido republicano está no poder, com o presidente Trump, enquanto o *Brexit* é a grande incógnita europeia.

E é, justamente, nessa fase de retomada do neoliberalismo (ao menos no Brasil[73]) em que nos encontramos e da qual a Lei 13.467/17 é decorrência direta. Sem embargos disso – como se verá a seguir – no capítulo específico do ônus da prova a nova lei desgarra desse invólucro ideológico, talvez por incorporar as disposições do novo CPC (de 2015) sobre o tema (elaboradas anteriormente aos ideais que passaram a preponderar entre nós, após o impedimento da então presidente, em 2016), talvez por descuido do legislador, talvez por alguma razão misteriosa: fato é, porém, que um novo horizonte no universo do ônus da prova se descortina, dentre nós.

---

71. Que nos governos anteriores havia se descontrolado e atingido, em março de 1990, a marca de 84,32% ao mês.

72. O governo pós-impedimento, marcado por denúncias de corrupção e instabilidade política, promoveu, mesmo enfrentando tumultuada agenda, a promulgação da Emenda Constitucional 95, de 15-12-2016 – que congelou os gastos públicos nos próximos 20 anos --, a liberação da terceirização para qualquer tipo de atividade – Lei 13.429 de 31-03-2017 – e a alteração da CLT, através da lei 13.467 de 14-07-2017, onde foi acolhida a possibilidade do despedimento coletivo (sem necessidade de nenhum procedimento prévio), a implantação de banco de horas, sem participação dos sindicatos, o reconhecimento da prescrição intercorrente, além de uma série de outras modificações, quase todas representando diminuições de benefícios alcançados anteriormente pelos trabalhadores. Corre atualmente no Congresso, ainda, um projeto que prevê alterações também em relação aos benefícios previdenciários existentes, com aumento do período mínimo de contribuições para fazer jus à aposentadoria.

73. Há quem veja na eleição do presidente Trump e no Brexit o início de um novo protecionismo/nacionalismo, que seriam contrários aos ideais do neoliberalismo e, por conta disso, que essa corrente de pensamento já teria chegado ao fim. O Brasil, ao menos quando escrevo estas linhas, no segundo semestre de 2017, não parece afinado com essa realidade, seguindo firme as receitas de menos Estado.

III – A PROVA COMO SISTEMA

1. A PALAVRA PROVA

Prova é palavra de muitos significados e alcances. Jeremy Bentham[74] buscando reduzir a questão do que seria a prova ao nível mais elementar, asseverou que ela significaria "... um fato suposto como verdadeiro e então considerado como razão para se acreditar na existência ou não existência de algum outro fato". E acrescentou: "... toda prova compreende ao menos dois fatos distintos: o primeiro, que pode ser chamado de *fato principal*, que é a existência ou não existência do que se quer provar; o segundo, denominado *fato prova*, que é empregado na prova da verdade ou falsidade do fato principal".[75] Por conta disso, concluiu Bentham, que toda decisão alicerçada em prova é uma inferência: com base nesses e naqueles fatos, infere-se a existência de outro fato.

Em toda literatura jurídica podemos ver a palavra prova a designar coisas distintas: um documento, um sentimento, um procedimento ou uma forma de raciocínio. E para além do universo jurídico, é usual ver-se a palavra prova, ou evidência (por vezes tratadas como sinônimos[76]), sendo utilizada quando se trata da demonstração de uma hipótese (a prova dos nove, tão conhecida da matemática, ou o *dopping* de um atleta, ou, ainda, a autenticação de um trabalho artístico, como um quadro)[77].

Prova, então, neste texto, será expressão empregada com os olhos voltados ao universo jurídico e mais particularmente, ao ambiente processual, onde, como se sabe, há um julgador que desconhece a verdade de um determinado conflito em que as partes, nele envolvidas, buscam convencê-lo de que a verdade (sobre os fatos ocorridos) as favorece. Nesse diapasão, a prova não é um documento, simplesmente, nem uma impressão sobre um determinado acontecimento. A prova é, verdadeiramente, um **sistema** (entendido como um conjunto de partes reunidas destinadas a concorrerem para um resultado[78]), onde, conforme a síntese de Bentham, há um elemento ou fato apresentado ao julgador que é utilizado como meio para se concluir (se inferir) pela existência ou inexistência de um elemento ou fato

74. *in* Dumont, M., **A treatise on judicial evidence, extracted from the manuscripts of Jeremy Bentham**. London: published by Messrs. Baldwin, Cradock and Joy, 1825, pág. 8.
75. Idem.
76. Segundo Gifis , *proof* é a evidência que tende a estabelecer a existência do fato em questão; a persuasão do julgador do fato pela produção da evidência da verdade de um fato alegado. Já *evidence* pode ser entendida como "todos os meios pelos quais qualquer alegada questão de fato, cuja veracidade é submetida ao exame do tribunal, é comprovada ou desmentida." GIFIS, Steven H., **Law Dictionary**. NY: Barron's, 2006, pág. 399.
77. Conforme William Twining *in* **Rethinking evidence, exploratory essays**. Cambridge: Cambridge University Press, 2006, pág. 436.
78. Uma das muitas definições de sistema no dicionário Priberam < http://www.priberam.pt/dlpo/sistema >. Acesso em 09-07-2016.

remoto. Faz parte desse conceito, obviamente, todo o complexo[79] de raciocínios, atos e ações que vão compor a ponte que permitirá a ligação dos dois momentos, ou, se se preferir, que permitirá a transformação do elemento próximo na melhor reprodução possível do elemento distante. Como todo sistema, a prova tem, também, uma finalidade: formar o convencimento do julgador.

2. VALORAÇÃO DA PROVA

Se a prova visa o convencimento do julgador, é importante ter presente como esse convencimento pode ser formado e em que medida a prova age nesse processo. A tradição no processo comum brasileiro, por exemplo, é que, em regra, o juiz aprecia a prova livremente, sem nenhuma obrigação de privilegiar uma fonte de prova em relação à outra. Trata-se do conhecido **sistema do (livre) convencimento motivado**, que se contrapõe ao da prova legal[80] e ao do convencimento moral ou íntimo[81]. Esse princípio está previsto pelo artigo 371, NCPC, onde se lê que o "... juiz apreciará a prova constante dos autos, independentemente do sujeito que a tiver promovido, e indicará na decisão as razões da formação de seu convencimento".

De forma semelhante, a Constituição da República Portuguesa dispõe que as decisões dos Tribunais são fundamentadas nos casos e nos termos previstos na lei (artigo 205.º, n.º 1).

Se o convencimento deve ser fundamentado, é óbvio que ele não deriva apenas das idiossincrasias de cada julgador. Ninguém ignora que o juiz é um ser humano e, como tal, tem opiniões, preferências e falhas como todo ser humano, não se desfazendo dessas características quando julga. Mas o que o está ínsito no sistema - e daí a necessidade de fundamentação - é que o convencimento deverá ser construído a cada caso, a partir das provas que permitam ao julgador, racionalmente, reconstruir o (ou aproximar-se do) fato remoto da forma mais perfeita possível, vez que essa é a condição indispensável para a solução da lide.

Assim, através dessa construção racional do convencimento, aliado com o sistema do ônus da prova, seria possível objetivar a solução do conflito, isto é, evitar que a decisão se tornasse mera decorrência dos caprichos do julgador, na medida em que a lógica da avaliação das provas redundaria na resolução do impasse.

Porque o julgador não presenciou os acontecimentos em disputa, ele nunca terá 100% de certeza sobre o que realmente se deu entre as partes e essa incerte-

---

79. Dinamarco (**Instituições de direito processual civil, III.** São Paulo: Malheiros, 2003, p. 43) assevera que "...prova é um conjunto de atividades de verificação e demonstração, mediante as quais se procura chegar à verdade quanto aos fatos relevantes para o julgamento".

80. "Em que preponderam regras de valoração da prova estabelecidas pela lei em caráter geral e abstrato e não pelo juiz, em cada caso que julga" (idem, p. 162).

81. Onde o julgador resolve segundo "seus próprios impulsos ou impressões pessoais, sem o dever de alinhar os fundamentos ou dar satisfações a quem quer que fosse" (idem, p. 163).

za decorre, em grande parte, do fato de que o caminho para a verdade passa, para ele, necessariamente pela prova. Infelizmente, porém, as provas não conseguem ser absolutamente fiéis à realidade que buscam reproduzir e, por vezes, chegam a ser até mesmo contraditórias. Dinamarco[82] pondera:

> Nunca os encargos probatórios devem ser tão pesados para uma das partes, que cheguem ao ponto de dificultar excessivamente a defesa de seus possíveis direitos. Considera-se cumprido o *onus probandi* quando a instrução processual houver chegado à demonstração razoável da existência do fato, sem os extremos da exigência de uma certeza absoluta que muito dificilmente se atingirá. A certeza, em termos absolutos, não é requisito para julgar. Basta que, segundo o juízo comum do *homo medius*, a probabilidade seja tão grande que os riscos de erro se mostrem suportáveis.

Como se vê, o juiz não trabalha como a certeza a respeito dos fatos narrados pelas partes, mas com probabilidades, isto é, com "...a convergência de elementos que conduzem razoavelmente a crer numa afirmação, superando a força de convicção dos elementos divergentes desta (Malatesta)".[83]

Portanto, a probabilidade encerra um aspecto inegável da realização de um juízo de ponderações, isto é, uma comparação que é feita em relação às provas produzidas, contra e a favor de certa hipótese. Trabalhando-se com a ideia da probabilidade, não se exige a ausência da contrariedade para se decidir por determinada tese, mas se busca a convicção de que, dentro da divergência, existam razões de convencimento que levem o julgador a crer que a tese x, quando comparada à tese y, tem mais probabilidade de ser a correta.

Em face dessa realidade por vezes tormentosa, o direito processual desenvolveu técnicas específicas visando permitir ao julgador a formação do convencimento, de sorte a permitir a resolução do conflito em termos aceitáveis pela sociedade, e, como consequência, a obtenção da pacificação desejada. Uma dessas técnicas é, sem dúvida, a relacionada com o ônus da prova, de que se tratará a seguir.

3. O ÔNUS DA PROVA

O ônus da prova é, em última análise, uma espécie de regra do jogo processual, vital para os bons ofícios do processo em nossa sociedade. O processo, sabemos todos, é uma forma de resolução de conflitos, uma técnica, que tem a função de preservar – ou tornar viável – a vida em sociedade.[84] Vendo o mundo jurídico pe-

82. Op. cit. pags. 81.
83. Idem. Dinamarco esclarece: "Exigir certeza absoluta seria desconhecer a falibilidade humana. O juiz que pela obsessão da verdade considerasse inexistentes os fatos afirmados, somente porque algum leve resquício de dúvida ainda restasse em seu espírito, em nome dessa ilusória segurança para julgar estaria com muito mais freqüência praticando injustiças do que fazendo justiça".
84. Em alguma medida, a ausência de conflitos favorece, obviamente, à manutenção do *status quo* e, por conta disso, o processo – e o direito, em uma visão mais ampla desse fenômeno – acaba

los olhos de Bourdieu,[85] seria possível entender que as escolhas que fazemos não são feitas de forma completamente livre, mas sob a influência de aspectos sociais que quando não determinam, contribuem no direcionamento de tais decisões. A sintonia fina entre as opções e as escolhas decorre da lógica do investimento, a ser feito na alternativa que apresente a maior possibilidade de sucesso. A maioria dos jogadores, porém, recebe informações precárias para formar os conceitos necessários à tomada de decisão, lastreando-se no *habitus* (entendido neste particular como uma somatório da experiência de vida e da perspectiva de futuro, de acordo com a posição ocupada no campus) para decidir, razão pela qual, dessa forma, a decisão tem sempre grande parte da motivação derivada da questão social e política. Poder-se-ia ampliar o leque de opções viáveis melhorando-se as posições dos jogadores (com aumento dos capitais sociais e culturais, por exemplo), mas, em sentido contrário, um *campus* com poucas opções atrativas poderia levar ao desinteresse pelo jogo. Percebe-se, facilmente, assim, que manter a fé no direito (e no processo) como o resultado da vontade democrática da sociedade (e como instrumento de resolução justa dos conflitos), depende sempre de manter acesa a chama da esperança no sucesso por parte membros (jogadores) da sociedade. A descrença no jogo processual (e no direito, da mesma forma), redunda na busca do sucesso dos interesses pessoais/grupais através de outros caminhos, pois o investimento no jogo pressupõe um mínimo de chance de êxito.

O ônus da prova é engrenagem das mais interessantes nessa dinâmica, vez que verdadeiro instrumento destinado a indicar o percurso para a solução da controvérsia, quando as provas produzidas não oferecem segurança para a decisão. De acordo com Rosenberg[86],

---

se tornando uma ferramenta de contenção da insatisfação com a situação política. Para que essa faceta do processo – e do direito, repita-se – se torne efetiva, porém, é fundamental que o conflito processual ocupe o lugar do conflito real, fazendo com que este último perca força e importância. Quando essa estratégia funciona, o conflito real é substituído pelo jogo processual e os conflitantes passam a buscar a vitória processual em vez da solução do problema verdadeiro, que existe no mundo real. Tércio Sampaio Ferraz Jr. (Introdução ao estudo do direito: técnica, decisão, dominação. São Paulo: Atlas, 1996, pág. 344-346) assevera: "O discurso dogmático sobre a decisão não é só um discurso informativo sobre como a decisão deve ocorrer, mas um discurso persuasivo sobre como se faz para que a decisão seja acreditada pelos destinatários. Visa a despertar uma atitude de crença. Intenta motivar condutas, embora não se confunda com a eficácia das próprias normas. (...) Por todas essas razões pode-se dizer, por fim, que a dogmática da decisão constrói um sistema conceptual que capta a decisão como um exercício controlado do poder, como se as relações sociais de poder estivessem domesticadas. Sublima-se a força e, com isso, se diminui a carga emocional da presença da violência do direito. (...) Não se fala da violência como instrumento de direito, que é um fato e não pode ser negado. Mas trata-se a violência como manifestação do direito, como é o caso da violência da vingança em sociedades primitivas, nas quais ela não significa, então, a punição concreta do culpado, mas a representação, socialmente esperada, de que o direito continua valendo, apesar de ter sido violado".

85. BOURDIEU, Pierre. **Méditations pascaliennes.** Paris: Seuil, 2003, págs. 312/313.

86. Rosenberg, Leo, **La carga de la prueba**, Buenos Aires: IB de F, 2002, pág. 27.

> O juiz só pode aplicar um preceito jurídico, isto é, declarar que foi produzido o seu efeito, quando tenha se convencido da existência das circunstâncias que constituem os pressupostos do preceito. Disso resulta que a norma jurídica é aplicada não só quando o juiz está convencido da inexistência de tais pressupostos, mas também quando está em dúvida sobre sua existência. Os inconvenientes dessa incerteza recaem sobre a parte cujo triunfo no processo depende da aplicação da norma jurídica em questão. Desse modo obtemos o princípio da carga da prova: aquela parte cuja petição processual não pode ter êxito sem a aplicação de um determinado preceito jurídico, suporta a carga da prova da demonstração de que as características do preceito tenham ocorrido no acontecimento real, ou – dito mais brevemente – suporta o ônus da prova a respeito dos pressupostos do preceito jurídico aplicável.

Calamandrei[87] qualifica-o como um mecanismo típico do liberalismo processual, onde a parte é a única responsável pela sorte processual dela mesma, mas é perceptível que diferentes situações processuais demandaram alterações dessa concepção estreita do processo como um jogo onde os jogadores estavam sempre com idênticas condições de obter o melhor resultado.

Dentre nós, no universo trabalhista, a jurisprudência tratou de temperar os rigores do artigo 818 da CLT, onde se lia o clássico "quem alega prova" e passou a ditar consideráveis exceções[88] para essa regra, vivenciada, portanto, como inapropriada para um processo envolvendo forças tão díspares como aquelas tradicionalmente apresentadas por empregados e empregadores.

Tempos depois, o processo civil foi além e passou a perceber na relação de consumo uma desigualdade de forças também significativa, tratando de criar um mecanismo de ônus da prova explicitamente favorável ao consumidor, através do artigo 6º, VIII, do Código de Defesa do Consumidor, que prescreve a facilitação da defesa de direitos, inclusive com a inversão do ônus da prova, quando, a critério do juiz, for verossímil a alegação ou quando houver hipossuficiência, segundo as regras ordinárias da experiência. E, com o novo CPC, caminhou-se ainda mais adiante, incorporando ao nosso ordenamento, através do artigo 373, a teoria das cargas probatórias dinâmicas, difundidas por Jorge Peyrano, que assim se manifestou sobre esta:

> ...a chamada doutrina das cargas probatórias dinâmicas pode e deve ser utilizada pelos tribunais em determinadas situações nas quais não funcionam adequada e valiosamente as previsões legais que, em regra, repartem os esforços

87. Apud White, Inés Lépori, in Cargas Probatorias Dinámicas, artigo constante do livro de mesmo nome, dirigido por Peyrano, Jorge W., Buenos Aires, Rubinzal – Culzoni Editores, 2008, pág. 62.
88. As súmulas e OJs do TST são suficientes para exemplificar alguns desses casos, onde a jurisprudência sentiu a necessidade de afastar-se da inflexibilidade da redação original do artigo 818 da CLT. Merecem nota, dentre outras, a súmula 212 do TST, que trata da questão do ônus da prova do desligamento, impondo-o ao empregador, nos casos em que este nega a existência da relação de emprego e esta é comprovada. Da mesma forma, a súmula 338 do TST, que cuida da jornada de trabalho e das horas extras e fixa que o ônus passa a ser do empregador quando este não traz os controles de ponto para os autos.

> probatórios. Importa no deslocamento do *ônus probandi* conforme forem as circunstâncias do caso, em cujo mérito aquele pode recair, por exemplo, sobre quem está em melhores condições técnicas, profissionais ou fáticas para produzi-las, sem ser relevante a posição de autor ou demandado, ou se se trata de fatos constitutivos, impeditivos, modificativos, ou extintivos.[89]

E mais a frente, continua o referido autor:

> ...trata-se de um afastamento excepcional das normas legais sobre a distribuição da carga da prova, a que se deve recorrer só quando a aplicações destas normas leva a consequências manifestamente sem valor. Tal afastamento se traduz em novas regras de repartição da imposição probatória ligadas às circunstâncias do caso e relutantes em relação a enfoques feitos *a priori* (tipo de fato a ser provado, papel de autor ou demandado, etc.). Entre as novas regras referidas, destaca-se aquela consistente em fazer recair o *ônus probandi* sobre a parte que está em melhores condições profissionais, técnicas ou fáticas para produzir a prova respectiva. (....) ...sua aplicação é procedente só *in extremis*, vale dizer, quando a utilização da divisão legalmente prevista do *ônus probandi* gera consequências claramente inconvenientes e iníquas. [90]

E a nova redação do artigo 818, da CLT, reproduziu, quase que integralmente, o artigo 373 do CPC. Eis o novo paradigma do encargo probatório trabalhista:

> Art. 818. O ônus da prova incumbe:
>
> I - ao reclamante, quanto ao fato constitutivo de seu direito;
>
> II - ao reclamado, quanto à existência de fato impeditivo, modificativo ou extintivo do direito do reclamante.
>
> § 1º Nos casos previstos em lei ou diante de peculiaridades da causa relacionadas à impossibilidade ou à excessiva dificuldade de cumprir o encargo nos termos deste artigo ou à maior facilidade de obtenção da prova do fato contrário, poderá o juízo atribuir o ônus da prova de modo diverso, desde que o faça por decisão fundamentada, caso em que deverá dar à parte a oportunidade de se desincumbir do ônus que lhe foi atribuído.
>
> § 2º A decisão referida no § 1º deste artigo deverá ser proferida antes da abertura da instrução e, a requerimento da parte, implicará o adiamento da audiência e possibilitará provar os fatos por qualquer meio em direito admitido.
>
> § 3º A decisão referida no § 1º deste artigo não pode gerar situação em que a desincumbência do encargo pela parte seja impossível ou excessivamente difícil."

O artigo supra, repita-se, é quase uma integral reprodução do artigo 373[91] do NCPC, com distinções nos parágrafos 2º e 3º dos dois artigos. Enquanto no NCPC,

89. *In* Nuevos Lineamientos de Las Cargas Probatorias Dinámicas, artigo publicado no livro Peyrano, Jorge W. e White, Inés Lépori, Cargas Probatorias Dinamicas, Buenos Aires, Rubinzal-Culzoni Editores, 2008, págs. 19/20.

90. Idem, pág. 21.

91. Art. 373. O ônus da prova incumbe:

I - ao autor, quanto ao fato constitutivo de seu direito;

o parágrafo 2º do artigo 373 determina que "[A] decisão prevista no § 1o deste artigo não pode gerar situação em que a desincumbência do encargo pela parte seja impossível ou excessivamente difícil", o parágrafo 2º, do 818, da CLT, se preocupa com o momento em que a alteração do ônus deve ocorrer, permitindo, inclusive, o adiamento da audiência no caso da referida modificação implicar surpresa para a parte, ficando a redação do que consta do parágrafo 2º do NCPC transferida para o parágrafo 3º do 818. Já o parágrafo 3º do 373, do NCPC (que trata da distribuição do ônus por convenção das partes), está totalmente excluída do artigo 818 da CLT).

4. O FUNCIONAMENTO DO NOVO ARTIGO 818 DA CLT

A teoria das cargas dinâmicas parece ter sido criada para o processo do trabalho, pois parte de uma posição de fato, da realidade, para a fixação do encargo e não da posição processual (autor/réu). Essa alteração de perspectiva é enormemente benéfica para o trabalhador, que está na posição de autor na enorme maioria dos processos trabalhista. Sendo assim, na vigência do artigo 818 anterior (e mesmo do artigo 333 do CPC de 1973), caberia ao trabalhador, independentemente das condições reais para conseguir a produção da prova, o ônus de produzi-la.

Na nova redação do artigo 818, porém, a situação é diferente. Em princípio, as coisas não se modificam, isto é, o trabalhador permanece com o encargo de fazer a demonstração dos fatos constitutivos do direito dele. Mas, nos termos do que determina o parágrafo primeiro da nova redação desse artigo, o juiz poderá distribuir o ônus da prova de modo diverso, desde que:

a) trate-se de hipótese prevista em lei para tanto;

b) as peculiaridades da causa relacionadas à impossibilidade ou à excessiva dificuldade de cumprir o encargo o recomende;

c) exista maior facilidade da obtenção da prova do fato contrário.

II - ao réu, quanto à existência de fato impeditivo, modificativo ou extintivo do direito do autor.

§ 1º Nos casos previstos em lei ou diante de peculiaridades da causa relacionadas à impossibilidade ou à excessiva dificuldade de cumprir o encargo nos termos do caput ou à maior facilidade de obtenção da prova do fato contrário, poderá o juiz atribuir o ônus da prova de modo diverso, desde que o faça por decisão fundamentada, caso em que deverá dar à parte a oportunidade de se desincumbir do ônus que lhe foi atribuído.

§ 2º A decisão prevista no § 1º deste artigo não pode gerar situação em que a desincumbência do encargo pela parte seja impossível ou excessivamente difícil.

§ 3º A distribuição diversa do ônus da prova também pode ocorrer por convenção das partes, salvo quando:

I - recair sobre direito indisponível da parte;

II - tornar excessivamente difícil a uma parte o exercício do direito.

§ 4º A convenção de que trata o § 3o pode ser celebrada antes ou durante o processo.

Pode-se resumir tais requisitos com o seguinte: o ônus deve ser endereçado àquele com mais e melhores condições de dele se desincumbir, sendo irrelevante em que posição processual essa parte se encontre, desde que essa incumbência não imponha a ela, parte, a prova impossível. Essa é, em síntese, a ideia central do parágrafo primeiro do novo artigo 818 da CLT

Trata-se, convém ter presente, de medida a ser adotada pelo juiz independentemente do requerimento de qualquer das partes e cuja decisão deve ser sempre fundamentada, permitindo a apresentação de recurso, após a sentença (não há recurso imediato, como é regra no processo trabalhista - CLT, art. 893,§ 1º).

O temor de que a possível "facilitação" da prova, através da adoção da teoria das cargas dinâmicas, possa incentivar processos lotéricos - onde o autor demandaria contando apenas com sorte da dificuldade da prova da outra parte --, parece estar controlado, de forma adequada, por um duplo sistema de segurança: a) primeiro, a subsidiariedade da alteração das disposições da cabeça do artigo, isto é, a carga só se torna efetivamente dinâmica quando o juiz entender que o sistema tradicional (com os encargos fixados de acordo com a posição processual da parte) não está apto a resolver o conflito; b) depois, qualquer alteração do contexto tradicional não pode nunca levar à situação da prova impossível, o que garante que a parte poderá, sempre, ter condições de defender-se adequadamente de processos infundados.

Da mesma forma, parece oportuno tecer algumas considerações sobre a interpretação de que, em certa medida, a imposição do ônus da prova a quem não está, por força de lei, com tal encargo, poderia representar desrespeito ao princípio de que a parte não está obrigada a fazer provas contra ela mesma. Veja-se, por exemplo, a observação feita por Nelson Nery Jr.:

> Ônus dinâmico da prova e direito de não produzir prova contra si mesmo. Ninguém pode ser obrigado a produzir prova contra si mesmo. Esse princípio de direitos humanos (CIDH 8.º 2 g), em pleno vigor no Brasil, atua no sistema probatório do CPC. Caso a inversão do ônus da prova estabeleça caber à parte produzir prova contra si mesma, é determinação inconstitucional que não precisa ser cumprida pela parte. De consequência, havendo o *non liquet* (inexistência da prova do ato ou fato), não se pode decidir contra a parte que não se desincumbiu do ônus da prova porque detrimentosa a seu direito e a seus interesses, porquanto protegida pela cláusula constitucional de proibição de auto-incriminarão. V. Nery. Princípios 11, n. 30.4. É necessário, pois, que a essa exceção à regra geral seja data interpretação conforme a Constituição.[92]

Antes de qualquer outra consideração, é preciso ter presente que essa proibição da exigência de prova contra si mesmo (autoincriminarão), que parte da

92. NERY JR., Nelson e NERY, Rosa Maria de A.. **Comentários ao Código de Processo Civil**. São Paulo: Revista dos Tribunais, 2015, p. 1061.

doutrina entendia vigorar no processo comum, antes do novo CPC, não era aceita de forma inconteste e registrava seus "descontentes":[93]

> Um dos aforismos mais difundidos do Direito brasileiro é o de que "ninguém é obrigado a produzir prova contra si mesmo". Este adágio tem se repetido com incomum frequência nos últimos anos, especialmente após a edição da Lei n. 11.705/2008, conhecida como "lei seca", que endureceu as penas contra condutores de veículos que dirigem alcoolizados. Têm sido comum notícias jornalísticas acerca de motoristas que, utilizando-se da alegada prerrogativa, recusam-se a fazer o teste de alcoolemia através do aparelho conhecido como bafômetro.
>
> Curioso observar, no entanto, que o afirmado direito do réu não encontra respaldo expresso em nenhum dispositivo da Constituição Federal, rica em garantias ao indivíduo que responde a processo penal. Diz-se que a garantia decorreria do art. 5º, LXIII do texto constitucional, que afirma que o preso será informado de seus direitos, inclusive o de permanecer calado, sendo o silêncio interpretado como uma forma de não colaborar com a elucidação de crime cometido por ele.
>
> Sobre temas análogos, há algumas decisões do Supremo Tribunal Federal. No Habeas Corpus 77.135, o STF entendeu que o réu pode se recusar a fornecer padrão gráfico para exame grafotécnico cujo resultado possa ser-lhe desfavorável. No HC 83.096, decidiu-se que o acusado não é obrigado a fornecer padrões vocais necessários à prova pericial sobre o timbre de voz, quando assim entender conveniente.
>
> Ousamos discordar das aludidas decisões da Suprema Corte.
>
> [...]
>
> Entendemos que a aplicação do processo penal não serve ao réu, mas sim a toda a sociedade (inclusive ao réu), para esclarecer a existência ou inexistência de um determinado crime. Se de um lado a persecução penal é um mal, em si mesmo, para o réu, de outro, pode ser um mal necessário, caso o crime realmente exista e o acusado seja o seu autor. Será imperativa a aplicação da pena para "reprovar o mal produzido pela conduta praticada pelo agente, bem como prevenir futuras infrações penais",[4] e neste contexto o processo penal é o único instrumento aceitável para se chegar a este objetivo.
>
> Por tudo isso, entendemos que o antigo adágio "ninguém é obrigado a produzir prova contra si mesmo" deve ser lido com bastante cautela. Ao mesmo tempo em que consagra o direito de qualquer cidadão de não se auto-incriminará, não serve para que este mesmo cidadão impeça o aparelho estatal de investigar a existência de crimes, sob pena de superestimar o direito de uma única pessoa, subestimando o direito de toda a sociedade de apurar e punir delitos.

Essas considerações, todavia, perderam considerável força com a publicação do novo CPC, na medida em que este parece ter definitivamente acolhido o princípio da não obrigação de produção de provas contra si mesmo, pois a redação atual do artigo 379 dispõe:

93. COLARES, Samuel Miranda. **O direito de não produzir prova contra si mesmo**. Disponível em: <http://www.ibccrim.org.br>. Acesso: 23/07/2016.

> Art. 379. **Preservado o direito de não produzir prova contra si própria**, incumbe à parte:
>
> I – comparecer em juízo, respondendo ao que lhe for interrogado;
>
> II – colaborar com o juízo na realização de inspeção judicial que for considerada necessária;
>
> III – praticar o ato que lhe for determinado. (destaquei)

Comentando o artigo acima transcrito, porém, José Miguel Garcia Medina pondera que o princípio em questão não significa, necessariamente, que a parte não sofra consequências – por vezes nada interessantes – caso adote posturas de recusa de participação dos atos processuais. E um exemplo claro dessa situação, dado pelo autor, é a pena de confissão, imposta a quem se recuse a depor sobre fatos relevantes para o processo, ou a presunção de que o fato é verdadeiro, em caso de recusa de juntada de documentos, tudo conforme previsto pelo próprio CPC:

> De acordo com o art. 379, caput, do CPC/2015, deve ser preservado o direito da parte "de não produzir prova contra si própria". No caso, está-se diante de reprodução do direito que "toda pessoa acusada de delito" tem "de não ser obrigada a depor contra si mesma, nem a confessar-se culpada" (art. 8.º, 2, g, do Pacto de São José da Costa Rica). Como reflexo disso, estabelece a Constituição brasileira que tem o preso direito "de permanecer calado" (art. 5.º, LXIII; a respeito, cf. o que escrevemos em Constituição Federal comentada cit., comentário ao art. 5.º, LXIII da CF). **Se é certo que a parte tem direito de não produzir prova contra si própria, não se nega que sua inação pode levar a consequências negativas contra si (p.ex., pena de confesso, em relação à recusa de prestar depoimento pessoal, cf. art. 385, § 1.º, do CPC/2015, admissão como verdadeiros os fatos que se pretendia provar por documento não exibido pela parte, nos casos previstos no art. 400 do CPC/2015)**.[94] Grifei

Qualquer que seja a posição que se adote em relação ao processo comum, no processo do trabalho a jurisprudência parece utilizar, há tempos, essa máxima com cores bem menos intensas e já muito mais próxima das observações feitas por Medina, na transcrição supra, como se percebe, por exemplo, pela súmula 338 do TST, que exige a apresentação dos cartões de ponto pela empresa, sob pena de presumir verdadeiro o horário alegado pelo trabalhador.

Obviamente, existem situações onde as dúvidas desaparecem e que, atualmente, estão relacionadas no artigo 388 do NCPC (que incorporou o artigo 229 do CC) :

> Art. 388. A parte não é obrigada a depor sobre fatos:
>
> I - criminosos ou torpes que lhe forem imputados;
>
> II - a cujo respeito, por estado ou profissão, deva guardar sigilo;
>
> III - acerca dos quais não possa responder sem desonra propria, de seu cônjuge, de seu companheiro ou de parente em grau sucessível;
>
> IV - que coloquem em perigo a vida do depoente ou das pessoas referidas no inciso III.
>
> Parágrafo único. Esta disposição não se aplica às ações de estado e de família.

94. **Novo código de processo civil comentado**. São Paulo: Revista dos tribunais. 2015, p. 407.

Ou seja, existem hipóteses em que a própria legislação prevê a possibilidade da recusa em depor, de forma expressa, tudo levando a crer que, nesses casos, não há falar em consideração de confissão ficta ao recusante.[95] Tirante essas situação, creio que a melhor interpretação de todas as normas transcritas acima é no sentido de que, no nosso sistema atual – no processo do trabalho –, a parte está desobrigada de produzir provas contra ela mesma, mas deve suportar os ônus dessa decisão, sendo que, no caso do ônus da prova, a pena é justamente ser considerado não satisfeito o encargo que a ela cabia, em relação à prova dos fatos.

5. A AUDIÊNCIA UNA E O NOVO ÔNUS DA PROVA

A maior dificuldade com a nova realidade do ônus da prova, no processo do trabalho, parece estar no fato da adaptação da audiência una, nos moldes previstos pela CLT, com a necessidade de se preservar o direito de defesa. O que acontece, em termos práticos, é que no procedimento trabalhista padrão não há despacho saneador, ou seja, o juiz conhece a inicial apenas em audiência, mesmo ato em que será apresentado à contestação. O problema está em que esse será o momento único em que ele poderá, de forma a não prejudicar nenhuma das partes, fixar o ônus da prova em termos diversos daquele previsto pela cabeça do artigo 818 da CLT. E se o fizer, deverá dar oportunidade àquele que tem o ônus, agora, de dele se desincumbir, sendo razoável concluir que poderá ser obrigado a adiar a audiência, para que a parte não seja surpreendida com o novo encargo e traga as testemunhas necessárias a fazer a prova que, anteriormente, não estava obrigado a fazer.

O primeiro ponto a enfrentar, nessa nova realidade, é a harmonização do novo dispositivo legal, com as súmulas e OJs que tratam do ônus da prova e que são anteriores ao novo artigo 818 da CLT. Em que medida seria necessário que o juiz fixasse, no início da audiência, que o ônus da prova da jornada seria da reclamada que, contando com mais de 10 empregados, não apresentasse os cartões de ponto do reclamante? A reclamada poderia dizer-se surpreendida com uma decisão nesse sentido se a súmula 338 do TST há tempos fixa o ônus da prova nesses termos? E se não há surpresa nessa situação, haveria necessidade do juiz fixar expressamente o encargo da prova, no início da audiência e, digamos, se ver obrigado a, ao fazê-lo, atender ao requerimento da reclamada por um adiamento da oitiva de testemunhas, pois a empresa não as trouxe na medida em que não pensava que estaria obrigada a fazer a prova da jornada?

Minha primeira impressão sobre essa questão é no sentido de que só há necessidade do adiamento se a parte não estava preparada para a situação e esse

95. Felipe Kirchner (*in* MACEDO, Elaine Harzheim & MIGLIAVACCA, Carolina Moraes (coordenadoras). **Novo código de processo civil anotado**. Porto Alegre: OAB, 2015, p 319) destaca: "O dispositivo ainda prevê, em seu parágrafo primeiro, a aplicação da pena de confissão para a parte que não comparece ao ato, embora pessoalmente intimada, ou que, comparecendo, se recusa a depor, excetuando-se as hipóteses previstas no artigo 388, onde dispensado o depoimento pessoal, exceções que não se aplicam às ações de estado e de família."

despreparo não poderá ser levantado, obviamente, por um litigante contumaz, desses que têm várias audiências todos os dias na Justiça do Trabalho, nos casos em que o ônus esteja fixado em súmulas ou OJs, que existem, justamente, para divulgar uma posição prevalente em todo o judiciário trabalhista.

Tirante essas hipóteses, porém, as fixações do ônus em relação às provas produzidas em audiência e nas perícias serão, efetivamente, situações novas, que poderão demandar a oportunidade para a parte que passa a ter o encargo da prova realizá-la e o adiamento da audiência poderá se tornar uma realidade mais habitual do que aquela que estamos acostumados a viver. A situação não parece gerar os mesmos problemas com a prova documental, na medida em que, no sistema tradicional da produção dessas provas, as peças inaugurais (inicial e contestação) já devem estar acompanhadas dos documentos em que as razões das partes se lastreiam. A prática da audiência fracionada (onde ocorre a tentativa do acordo e a apresentação da defesa, em uma primeira sentada, para a realização da oitiva de partes e testemunhas apenas num segundo encontro) poderá se tornar uma regra e não uma exceção, como é a previsto pela CLT, ao menos nos moldes anteriores à nova redação do artigo 818.

IV. CONCLUSÕES

O novo artigo 818 da CLT incorpora ao universo trabalhista brasileiro, de forma explícita, a teoria dinâmica do encargo probatório. É um novo horizonte que se abre, contrariando a maré de retrocessos aos direitos dos trabalhadores que a Lei 13.467 de 2017 trouxe. A adaptação dessa nova realidade ao esqueleto procedimental da CLT demandará, entretanto, uma fase de transição, que poderá se desdobrar em alterações ao próprio procedimento trabalhista.

A possibilidade de que o ônus da prova recaia sobre a parte que tem mais condições de produzi-la se mostra, em princípio, como medida mais adequada aos ideais do processo trabalhista, enquanto instrumento destinado à aplicação do direito material do trabalho, entendido como um conjunto de normas e princípios voltados, nos termos do artigo 7º da Constituição Federal, para a melhoria da condição social dos trabalhadores.

O direito material do trabalho tem como uma de suas principais características a preocupação com a disparidade econômica existente entre o empregado e empregador, criando mecanismos jurídicos que diminuam essa diversidade de forças. A presença do ônus dinâmico da prova em nosso ordenamento dá ao juiz, ao menos, a possibilidade de fazer com que a questão do encargo de provar não se torne um momento processual que lance por terra as vantagens criadas pelo direito material trabalhista, na expectativa de tornar a relação empregado/empregador menos desequilibrada. Nesse diapasão, a alteração é auspiciosa e tem tudo para contribuir para a existência de um processo do trabalho mais apto à aplicação do direito material do trabalho, sem deformá-lo e, portanto, para justificar o processo trabalhista como algo efetivamente diverso do processo civil nacional.

O ÔNUS DA PROVA NO PROCESSO DO TRABALHO E A "REFORMA TRABALHISTA" (LEI Nº 13.467/2017)

Guilherme Guimarães Feliciano[1]
Olivia de Quintana Figueiredo Pasqualeto[2]

Sumário: Introdução – 1. O ônus da prova no direito processual (civil) brasileiro – 2. Inversões pretorianas do ônus da prova no direito processual do trabalho brasileiro – 3. A reforma trabalhista e a nova redação do artigo 818 da CLT – Considerações finais – Referências bibliográficas.

INTRODUÇÃO

A Lei nº 13.467/2017, que deu positividade à controversa "reforma trabalhista", trouxe em seu bojo diversas alterações - muitas das quais qualificadas como verdadeiros retrocessos sociais (inclusive para os efeitos do art. 26 do Pacto de San José da Costa Rica) -, seja no tocante ao direito material, seja quanto ao direito processual do trabalho.

Neste artigo, pretende-se analisar uma das alterações trazidas pela reforma em âmbito processual, qual seja, a alteração do artigo 818 da CLT no tocante ao ônus da prova. Eis um dos poucos pontos da "reforma" em que não se identifica propriamente um retrocesso; ao revés, comparativamente ao que dispôs historicamente o artigo 818 celetário e o que agora dispõe o artigo 373 do CPC/2015,

---

1. Professor Associado II do Departamento de Direito do Trabalho e da Seguridade Social da Faculdade de Direito da Universidade de São Paulo. Juiz Titular da 1ª Vara do Trabalho de Taubaté/SP. Presidente da Associação Nacional dos Magistrados da Justiça do Trabalho (ANAMATRA), gestão 2017-2019.
2. Mestre e Doutoranda em Direito do Trabalho pela Faculdade de Direito da Universidade de São Paulo. Advogada. Professora universitária.

pode-se mesmo reconhecer algum avanço. Tudo a depender, porém, do filtro e do ajuste hermenêutico.

A redação original do artigo 818 da CLT, por tudo sintética, resumia-se à afirmação de que "*a prova das alegações incumbe à parte que as fizer*". Esse texto será agora substituído, a partir de 11/11/2017, por uma nova redação, muito semelhante àquela disposta no artigo 373 do novo Código de Processo Civil.

Quais as consequências mais evidentes dessa alteração?

Para responder à questão, a partir de pesquisa bibliográfica e jurisprudencial, este estudo foi organizado em três partes centrais: (i) a análise da regra processual civil sobre ônus da prova, consubstanciada no artigo 373 do NCPC; (ii) o exame das inversões pretorianas do ônus da prova no direito processual do trabalho brasileiro, observando a jurisprudência mais relevante e representativa de tais inversões no âmbito juslaboralista; e (iii) a nova redação do artigo 818 da CLT dada pela "reforma trabalhista", apontando críticas por parte da doutrina e balizando sua interpretação a partir da possibilidade de uma repartição do ônus da prova dinâmica e sensível à natureza da pretensão do direito material.

1. O ÔNUS DA PROVA NO DIREITO PROCESSUAL (CIVIL) BRASILEIRO

O (novo) Código de Processo Civil brasileiro de 2015 (NCPC), assim como já havia feito o código de 1973 e, antes dele, o de 1939, disciplinou a distribuição do ônus da prova a partir da positivação de regras estáticas para sua repartição em seus dois primeiros incisos (artigo 373, I e II, NCPC), assumindo como pano de fundo o modelo rosenberg-chiovendiano, pelo qual a prova dos fatos constitutivos cabe ao autor e prova dos fatos impeditivos, modificativos ou extintivos cabe ao réu (ROSEMBERG, 2002). Contudo, diferentemente dos diplomas anteriores, o NCPC positivou hipóteses gerais de relativização de tal regramento, como se lê textualmente no artigo 373, §1º, destacado a seguir:

> Art. 373. O ônus da prova incumbe:
> I - ao autor, quanto ao fato constitutivo do seu direito;
> II - ao réu, quanto à existência de fato impeditivo, modificativo ou extintivo do direito do autor.
> **§1º Nos casos previstos em lei ou diante de peculiaridades da causa relacionadas à impossibilidade ou à excessiva dificuldade de cumprir o encargo nos termos do caput ou à maior facilidade de obtenção da prova do fato contrário, poderá o juiz atribuir o ônus da prova de modo diverso, desde que o faça por decisão fundamentada, caso em que deverá dar à parte a oportunidade de se desincumbir do ônus que lhe foi atribuído.** (grifo nosso)
> §2º A decisão prevista no §1º deste artigo não pode gerar situação em que a desincumbência do encargo pela parte seja impossível ou excessivamente difícil.
> §3º A distribuição diversa do ônus da prova também pode ocorrer por convenção das partes, salvo quando:

I - recair sobre direito indisponível da parte;

II - tornar excessivamente difícil a uma parte o exercício do direito.

§ 4º A convenção de que trata o § 3º pode ser celebrada antes ou durante o processo.

Neste particular, o NCPC dispôs expressamente sobre prática já assimilada no âmbito do processo civil: mesmo sob a égide do CPC/1973 – quando a única possibilidade legal de inversão do ônus da prova derivava da pactuação entre as partes (artigo 333, parágrafo único) e, ainda assim, se a convenção incidisse sobre direitos de caráter disponível[3] –, havia hipóteses específicas de inversão ou exclusão do *"onus probandi"* positivadas na legislação esparsa. São exemplos:

(a) a inversão do ônus da prova nas ações consumeristas, em favor do consumidor, e a critério do juiz, quando houver verossimilhança da alegação e/ou hipossuficiência do autor, *"segundo as regras ordinárias da experiência"* (permissão legal contida no artigo 6º, VIII, do Código de Defesa do Consumidor)[4];

(b) a inversão do ônus da prova em matéria de publicidade, sendo certo que o *"ônus da prova da veracidade e correção da informação ou comunicação publicitária cabe a quem as patrocina"* (artigo 38 do CDC), em caráter incondicional;

(c) a inversão do ônus da prova, em favor do devedor, nas ações relativas a estipulações usurárias e afins, ainda que não regidas pelo CDC, desde que haja verossimilhança da alegação (MP n. 2.172-32, de 23.08.2011[5]);

---

3. A exemplo da proibição do artigo 51, VI, do CDC, segundo o qual *"são nulas de pleno direito, entre outras, as cláusulas contratuais relativas ao fornecimento de produtos e serviços que: [...] VI - estabeleçam inversão do ônus da prova em prejuízo do consumidor"*.

4. Nesse sentido, segundo o artigo 6º do CDC, *"são direitos básicos do consumidor: [...] a facilitação da defesa de seus direitos, inclusive com a inversão do ônus da prova, a seu favor, no processo civil, quando, a critério do juiz, for verossímil a alegação ou quando for ele hipossuficiente, segundo as regras ordinárias de experiências"*. Merece menção o debate doutrinário e jurisprudencial sobre a natureza da hipossuficiência que autorizaria a inversão condicional do artigo 6º, VIII, do CDC: se hipossuficiência técnica ou hipossuficiência econômica (como é a laboral), ou ainda se ambas. No primeiro sentido (hipossuficiência técnica), TJSP, AI n. 301006-4-7, 3ª Câm. Direito Privado, rel. Des. Luiz Antônio de Godoy, j. 18.11.2003; TJSP, AI 214037-4-9, 1ª Câm. Direito Privado, rel. Des. PAULO DIMAS MASCARETTI, j. 25.09.2001).

5. A medida procurou conter os efeitos funestos das atividades usurárias e de agiotagem, declarando *"nulas de pleno direito as estipulações usurárias, assim consideradas as que estabeleçam: **I** - nos contratos civis de mútuo, taxas de juros superiores às legalmente permitidas, caso em que deverá o juiz, se requerido, ajustá-las à medida legal ou, na hipótese de já terem sido cumpridas, ordenar a restituição, em dobro, da quantia paga em excesso, com juros legais a contar da data do pagamento indevido; **II** - nos negócios jurídicos não disciplinados pelas legislações comercial e de defesa do consumidor, lucros ou vantagens patrimoniais excessivos, estipulados em situação de vulnerabilidade da parte, caso em que deverá o juiz, se requerido, restabelecer o equilíbrio da relação contratual, ajustando-os ao valor corrente, ou, na hipótese de cumprimento da obrigação, ordenar a restituição, em dobro, da quantia recebida em excesso, com juros legais a contar da data do pagamento indevido"* (art. 1º), e alcançando ainda *"as disposições contratuais que, com o pretexto de conferir ou transmitir direitos, são celebra-*

(d) a inversão do ônus da prova, em favor do segurado, nas ações judiciais de aposentadoria (reforma), derivada da correspondente inversão do encargo probatório no plano administrativo (artigo 29-A, §1º, da Lei n. 8.213/1991[6], com a redação da Lei n. 10.403, de 08.01.2002)[7];

(e) a exclusão ou inversão do ônus da prova, nos processos que demandam prova pericial médica, em desfavor da parte recusante à perícia que pressupõe disponibilidade física (artigo 232 do NCC[8]).

---

das para garantir, direta ou indiretamente, contratos civis de mútuo com estipulações usurárias" (i.e., simulações maliciosas — art. 2º). E, em todos esses casos, dispõe que *"[n] as ações que visem à declaração de nulidade de estipulações com amparo no disposto nesta Medida Provisória,* ***incumbirá ao credor ou beneficiário do negócio o ônus de provar a regularidade jurídica das correspondentes obrigações****, sempre que demonstrada pelo prejudicado, ou pelas circunstâncias do caso, a verossimilhança da alegação"* (art. 3º — *g.n.*). A ementa da MP n. 2.172-32/2001, aliás, já diz a que veio, nos planos material e processual: *"Estabelece a nulidade das disposições contratuais que menciona e* ***inverte, nas hipóteses que prevê, o ônus da prova nas ações intentadas para sua declaração****"* (grifo nosso).

6. *"In verbis": "O INSS terá até 180 (cento e oitenta) dias, contados a partir da solicitação, para fornecer ao segurado as informações previstas no* caput *deste artigo"*. O *caput* dispõe que *"[o] INSS utilizará, para fins de cálculo do salário-de-benefício, as informações constantes no Cadastro Nacional de Informações Sociais - CNIS sobre as remunerações dos segurados".*

7. Com esse entendimento, cf. , por todos, Sandra Aparecida Sá dos Santos, *A inversão do ônus da prova como garantia constitucional do devido processo legal*, 2ª ed., São Paulo, Revista dos Tribunais, 2006, pp.97-98. *"In verbis": "Antes, o contribuinte era obrigado a apresentar a carteira de trabalho para comprovar o tempo de serviço e a remuneração. Agora, é o INSS que deve fornecer as informações relativas ao tempo e ao valor da contribuição do segurado, constantes do Cadastro Nacional de Informações Sociais (CNIS). [...]* ***É evidente que ocorrerá a inversão do onus probandi*** ***na esfera jurisdicional*** *havendo necessidade de propositura da ação, pelo contribuinte, visando ao recebimento do benefício previdenciário, uma vez que cabe ao INSS fornecer ao segurado todas as informações constantes do Cadastro Nacional das Informações Sociais, nos termos da mencionada lei"* (*g.n.*). Como se trata de uma *interpretação* derivada da inversão administrativa, esta hipótese é obviamente mais polêmica. Assim, em sentido contrário, v. Xavier Leonardo, *Imposição e inversão...*, p.310: *"Não se trata, efetivamente, de uma regra de inversão do ônus da prova. Isto porque, em primeiro lugar, sua aplicação limita-se ao procedimento administrativo voltado para o recebimento do salário-de-benefício* [*rectius*: do benefício]. *Em segundo lugar, não se inverte um ônus de provar ao se estabelecer um* dever legal *de prestação de informações, no caso, constantes do Cadastro Nacional de Informações Sociais".* Mas a seguir concede: *"A não apresentação dessas informações pelo INSS, porém, pode ser utilizada como elemento de convicção do julgador ao apreciar uma demanda voltada para o recebimento do benefício previdenciário".* Entende-se correto o posicionamento de Sá dos Santos: se o único objeto da prova, nos pedidos simples de aposentadoria, é o tempo de serviço ou contribuição e o elenco histórico das contribuições — todas informações disponíveis no CNIS —, e se o INSS é legalmente obrigado a apresentá-los no procedimento administrativo (não se exigindo, naquele âmbito, qualquer atividade probatória anterior do segurado), não é lógico que, na demanda judicial, essa vantagem seja perdida. O ônus da prova resta aprioristicamente invertido, até mesmo em homenagem ao princípio da aptidão para a prova. Se, todavia, a prova documental carreada pela autarquia infirmar a pretensão inicial, caberá ao autor a contraprova, seja ela documental (v., no plano administrativo, o artigo 29-A, §2º, da Lei n. 8.213/1991), seja mesmo oral (v. artigo 55, §3º, da Lei n. 8.213/1991).

8. *"In verbis": "A recusa à perícia médica ordenada pelo juiz poderá suprir a prova que se pretendia obter com o exame".* V. a respeito G. G. Feliciano, *Direito à prova...*, *passim.*

Para além dessas possibilidades legais, tanto a jurisprudência cível como, sobretudo, a trabalhista já admitiam outras situações de inversão/exclusão do ônus da prova, antes mesmo do CPC/2015, em casuísticas ora *"secundum legem"*, ora *"praeter legem"* ou até mesmo *"contra legem"*. Dada a sua proeminência nessa temática, passa-se ao estudo específico da jurisprudência trabalhista.

2. INVERSÕES PRETORIANAS DO ÔNUS DA PROVA NO DIREITO PROCESSUAL DO TRABALHO BRASILEIRO

A (re)distribuição do ônus probatório não é novidade no âmbito da Justiça do Trabalho, que possui ampla jurisprudência, inclusive sumulada, sobre repartição do ônus da prova, ora meramente declaratória do modelo legislativo em vigor, ora efetivamente inovadora (chamadas, aqui, de inflexões pretorianas). Abaixo serão analisados alguns exemplos dessa tradição existente nos tribunais laborais.

A Súmula nº 6, VIII, do TST, dispõe que é *"do empregador o ônus da prova do fato impeditivo, modificativo ou extintivo da equiparação salarial"*; reproduzindo, fielmente, o disposto no artigo 333, II, do CPC/1973 – e, agora, no artigo 373, II, do CPC/2015 –, já que em casos de equiparação salarial, o empregador será o réu, isto é, o reclamado na ação trabalhista.

Aponta-se, contudo, que o enunciado não esclarece o que se considera como fato impeditivo, modificativo ou extintivo da equiparação, tal como o fez o artigo 461 da CLT, ao dispor sobre os elementos da perfeição técnica ou a diversa produtividade entre paradigma e paragonado, ou ainda o tempo de serviço na função superior a dois anos, todos fatos impeditivos à luz do artigo 461, *caput* e §1º, da CLT (atente-te que a Lei nº 13.467/2017 traz mudanças neste particular)[9].

A Súmula nº 12 do TST dispõe que as *"anotações apostas pelo empregador na carteira profissional do empregado não geram presunção 'juris et de jure', mas*

9. A nova redação do artigo 461 dispõe:

"Sendo idêntica a função, a todo trabalho de igual valor, prestado ao mesmo empregador, no mesmo estabelecimento empresarial, corresponderá igual salário, sem distinção de sexo, etnia, nacionalidade ou idade. §1º Trabalho de igual valor, para os fins deste Capítulo, será o que for feito com igual produtividade e com a mesma perfeição técnica, entre pessoas cuja diferença de tempo de serviço para o mesmo empregador não seja superior a quatro anos e a diferença de tempo na função não seja superior a dois anos. §2º Os dispositivos deste artigo não prevalecerão quando o empregador tiver pessoal organizado em quadro de carreira ou adotar, por meio de norma interna da empresa ou de negociação coletiva, plano de cargos e salários, dispensada qualquer forma de homologação ou registro em órgão público. §3º No caso do § 2o deste artigo, as promoções poderão ser feitas por merecimento e por antiguidade, ou por apenas um destes critérios, dentro de cada categoria profissional. [...] §5º A equiparação salarial só será possível entre empregados contemporâneos no cargo ou na função, ficando vedada a indicação de paradigmas remotos, ainda que o paradigma contemporâneo tenha obtido a vantagem em ação judicial própria. §6º No caso de comprovada discriminação por motivo de sexo ou etnia, o juízo determinará, além do pagamento das diferenças salariais devidas, multa, em favor do empregado discriminado, no valor de 50% (cinquenta por cento) do limite máximo dos benefícios do Regime Geral de Previdência Social."

apenas 'juris tantum'". Tal verbete não trouxe grande novidade, contudo assegura expressamente ao empregado o direito processual à contraprova. No subtexto, reputa-se satisfeito, pela prova preconstituída em CTPS, o *"onus probandi"* do empregador em torno da matéria.

A O.J. SDI-1/TST nº 215 dispunha que é *"do empregado o ônus de comprovar que satisfaz os requisitos indispensáveis à obtenção do vale-transporte"*, i.e., a sua necessidade e a manifestação de vontade perante o empregador; aplicando-se a lógica do *"ei incumbit probatio qui dicit non qui negat"* (= incumbe a prova àquele que afirma, não ao que nega). No entanto, essa orientação foi cancelada pela Resolução nº 175, de 24.05.2011 do TST, levando à suposição de que a jurisprudência do TST poderia vir a infletir o ônus da prova, em favor do empregado, também nessa hipótese. E, de fato, foi editada em 2016 a Súmula nº 460 do TST, pela qual é *"do empregador o ônus de comprovar que o empregado não satisfaz os requisitos indispensáveis para a concessão do vale-transporte ou não pretenda fazer uso do benefício"*. Dá-se, pois, clara inversão do ônus da prova, já que caberia ao reclamante, *a priori*, fazer a prova dos requisitos indispensáveis para o direito ao vale-transporte (fatos constitutivos do direito).

Já a Súmula nº 212 do TST estabelece que o *"ônus de provar o término do contrato de trabalho, quando negados a prestação de serviço e o despedimento, é do empregador, pois o princípio da continuidade da relação de emprego constitui presunção favorável ao empregado"*. Aqui efetivamente se inverteu o ônus da prova, a partir de uma presunção derivada do princípio da continuidade da relação de emprego: embora seja alegação do empregado a data e o modo de terminação da relação de emprego, cumprirá ao empregador provar eventual data ou modo mais favorável aos seus interesses, resolvendo-se as dúvidas em seu detrimento (e infletindo-se, portanto, a regra contida na redação original do artigo 818 da CLT, na direção do que fez a legislação portuguesa, *ut* artigos 435º, 1 e 3, do CT).

A O.J. SDI-1/TST nº 233 indicou que a *"decisão que defere horas extras com base em prova oral ou documental não ficará limitada ao tempo por ela abrangido, desde que o julgador fique convencido de que o procedimento questionado superou aquele período"*. Nisto, modulou o ônus da prova, infletindo parcialmente a regra do artigo 818 da CLT: comprovadas as sobrejornadas em certo período, o juiz poderá, por *"praesumptio hominis"*, considerar que as mesmas sobrejornadas eram praticadas em outros períodos não abrangidos pela prova (o que significa, na prática, *inverter o ônus da prova* dos excessos nos períodos não provados).

A O.J. SDI-1/TST nº 301 dispunha que,

> definido pelo reclamante o período no qual não houve depósito de FGTS, ou houve em valor inferior, alegada pela reclamada a inexistência de diferenças nos recolhimentos de FGTS, atrai para si o ônus da prova, incumbindo-lhe, portanto, apresentar as guias respectivas, a fim de demonstrar o fato extintivo do direito do autor.

Nessa situação também se aplicava o princípio da melhor aptidão para a prova (já que a guarda das guias é temporariamente obrigatória para o empregador — v., p. ex., artigos 2º e 3º da IN SIT/MTE n. 84/2010), mas buscava travesti-lo de legalidade formal com a remissão ao artigo 818 da CLT (redação original, segundo a qual "*a prova das alegações incumbe à parte que as fizer*"), dando interpretação ao dispositivo no sentido de reconhecer a alegação de inexistência de diferenças. Contudo, também essa orientação foi cancelada pela Resolução n. 175/2011, o que insinuava refluxo jurisprudencial, agora num sentido menos tuitivo. Não foi, porém, o que ocorreu. Em 2016, editou-se a Súmula n. 461 do TST, pela qual fica a cargo "*do empregador o ônus da prova em relação à regularidade dos depósitos do FGTS, pois o pagamento é fato extintivo do direito do autor (art. 373, II, do CPC de 2015)*", seguindo o padrão do artigo 373, I, do NCPC.

A Súmula nº 338 do TST, enfim, consubstancia atualmente o melhor ou um dos melhores exemplos de inflexão do ônus da prova no universo processual trabalhista, em matéria de duração do trabalho, redistribuindo a carga probatória conforme a aptidão para a prova (embora, na literalidade da redação original do artigo 818 da CLT, a alegação de jornada extraordinária seja sempre do empregado), dispondo:

> JORNADA DE TRABALHO. REGISTRO. ÔNUS DA PROVA (incorporadas as Orientações Jurisprudenciais nºs 234 e 306 da SBDI-1) - Res. 129/2005, DJ 20, 22 e 25.04.2005 I - **É ônus do empregador que conta com mais de 10 (dez) empregados o registro da jornada de trabalho** na forma do art. 74, § 2º, da CLT. A não-apresentação injustificada dos controles de frequência gera presunção relativa de veracidade da jornada de trabalho, a qual pode ser elidida por prova em contrário. (ex-Súmula nº 338 – alterada pela Res. 121/2003, DJ 21.11.2003) II - A presunção de veracidade da jornada de trabalho, ainda que prevista em instrumento normativo, pode ser elidida por prova em contrário. (ex-OJ nº 234 da SBDI-1 - inserida em 20.06.2001) III - Os cartões de ponto que demonstram horários de entrada e saída uniformes são inválidos como meio de prova, invertendo-se o ônus da prova, relativo às horas extras, que passa a ser do empregador, prevalecendo a jornada da inicial se dele não se desincumbir. (ex-OJ nº 306 da SBDI-1- DJ 11.08.2003)[10].

O mesmo se diga, mais recentemente, da Súmula 443 do TST, aprovada por ocasião da *Segunda Semana Jurídica do Tribunal Superior do Trabalho* (2012), presumindo, à falta de prova das razões objetivas da dispensa, que é discriminatória a

10. O artigo 74, §2º, da CLT estatui que "[p]*ara os estabelecimentos de mais de dez trabalhadores será obrigatória a anotação da hora de entrada e de saída, em registro manual, mecânico ou eletrônico, conforme instruções a serem expedidas pelo Ministério do Trabalho, devendo haver pré-assinalação do período de repouso*". Logo, por dever legal, o empregador com mais de dez empregados está *obrigado* a manter controles de ponto, o que o torna muito mais *apto* para produzir essa prova em juízo. "*A contrario*", manter esse ônus com o empregado, por obediência cega à letra do artigo 818 da CLT, significaria "premiar" o empregador desidioso com suas responsabilidades administrativas: desatendendo ao comando do artigo 74, §2º, da CLT, não geraria prova preconstituída; e, por seu ilícito (sancionado com multa, *ut* artigo 75 da CLT), teria em juízo a vantagem de que a prova da jornada alegada caberia, de regra, ao trabalhador-reclamante. Nada mais ignominioso.

dispensa de empregado portador de vírus HIV ou de outra doença de caráter estigmatizante. Nesses casos, presumida a discriminação, aplicam-se integralmente os efeitos da Lei n. 9.029/1995[11]. Estabilizou-se, com o novo verbete, jurisprudência que há muito vinha sendo repercutida nos tribunais regionais[12]. *"In verbis"*:

> DISPENSA DISCRIMINATÓRIA. PRESUNÇÃO. EMPREGADO PORTADOR DE DOENÇA GRAVE. ESTIGMA OU PRECONCEITO. DIREITO À REINTEGRAÇÃO – Res. 185/2012, DEJT divulgado em 25, 26 e 27.09.2012. Presume-se discriminatória a despedida de empregado portador do vírus HIV ou de outra doença grave que suscite estigma ou preconceito. Inválido o ato, o empregado tem direito à reintegração no emprego.

Ainda, neste sentido, merece atenção a questão da prova nos casos em que o Direito, seja por meio de legislação ou jurisprudência, não tratou do *"onus probandi"* com regras específicas, a exemplo dos casos de assédio. Apesar da matéria ainda não estar sumulada, a técnica da inversão do ônus da prova tem sido frequentemente aplicada pelos tribunais regionais do trabalho: em diversos julgados tem-se admitido, à falta de prova da normalidade da conduta, que o abuso foi perpetrado, mesmo à falta de testemunhas oculares. Não se trata de jurisprudência dominante[13], mas tais possibilidades merecem análise mais aprofundada, o que será feito mais adiante.

11. A Lei n. 9029, de 13.04.1995, *"proíbe a exigência de atestado de gravides e esterilização e outras práticas discriminatórias, para efeitos admissionais ou de permanência da relação jurídica de trabalho, e dá outras providências".*

12. V., *e.g.*, TST, AIRR n. 8925-84.2010.5.01.0000, 8ª T., rel. Min. MÁRCIO EURICO VITRAL AMARO, j. 03.08.2011, *in* DEJT 05.08.2011. *"In verbis"*: *"AGRAVO DE INSTRUMENTO EM RECURSO DE REVISTA - EMPREGADA PORTADORA DO VÍRUS HIV. DISPENSA IMOTIVADA. REINTEGRAÇÃO. PRESUNÇÃO DE ATO DISCRIMINATÓRIO . INVERSÃO DO ÔNUS DA PROVA. Nega-se provimento ao Agravo de Instrumento que não logra desconstituir os fundamentos do despacho que denegou seguimento ao Recurso de Revista. Agravo de Instrumento a que se nega provimento"* (g.n.). Ou, ainda, TST, RR n. 124400-43.2004.5.02.0074, 1ª T., rel. Des. JOSÉ PEDRO DE CAMARGO RODRIGUES DE SOUZA, j. 25.04.2012, *in* DEJT 11.05.2012. *"In verbis"*: *"RECURSO DE REVISTA - EMPREGADO PORTADOR DO VÍRUS HIV - DISPENSA IMOTIVADA - PRESUNÇÃO DE ATO DISCRIMINATÓRIO - DIREITO À REINTEGRAÇÃO. A jurisprudência desta Corte é firme no sentido de que a dispensa imotivada de empregado soropositivo é presumidamente discriminatória, salvo comprovação de que o ato decorreu de motivo diverso. Viabilizado o recurso por divergência válida e específica, merece reforma a decisão do Regional, para que se restabeleça a r. sentença que concedeu ao reclamante o direito à reintegração. Recurso de revista conhecido e provido"* (g.n.).

13. Assim, p.ex.: *"ASSÉDIO MORAL. NÃO CONFIGURAÇÃO. INDENIZAÇÃO INDEVIDA. Não restando provado, por parte da reclamante, o alegado assédio moral, correta a sentença ao não deferir a pleiteada indenização correspondente"* (TRT 7ª Região, RO n.0001721-79.2010.5.07.0013, 2ª Turma, rel. Paulo Régis Machado Botelho, *in* DEJT 14.11.2011). *"INDENIZAÇÃO POR DANO MORAL. INEXISTÊNCIA DE PROVA. Não demonstrada pela prova dos autos o propalado assédio moral perpetrado pela reclamada, o indeferimento do pedido de indenização por danos morais é medida que se impõe. Recurso parcialmente provido"* (TRT 7ª Região, RO n. 0000702-47.2010.5.07.0010, 2ª Turma, rel. Maria Roseli Mendes Alencar, *in* DEJT 03.10.2011). *"DANOS MORAIS. AUSÊNCIA DE PROVA. O panorama instrutório se presta suficientemente para respaldar as lúcidas conclusões da magistrada sentenciante quanto à ausência de elementos probatórios robustos da ofensa moral alegada, em face mesmo da impossibilidade de se dar crédito aos depoimentos das testemunhas do autor - sob suspeita de troca de favores e*

3. A REFORMA TRABALHISTA E A NOVA REDAÇÃO DO ARTIGO 818 DA CLT

De acordo com a nova redação dada ao artigo 818 da CLT pela Lei nº 13.467/2017,

> O ônus da prova incumbe:
>
> I - ao reclamante, quanto ao fato constitutivo de seu direito;
>
> II - ao reclamado, quanto à existência de fato impeditivo, modificativo ou extintivo do direito do reclamante.
>
> §1º Nos casos previstos em lei ou diante de peculiaridades da causa relacionadas à impossibilidade ou à excessiva dificuldade de cumprir o encargo nos termos deste artigo ou à maior facilidade de obtenção da prova do fato contrário, poderá o juízo atribuir o ônus da prova de modo diverso, desde que o faça por decisão fundamentada, caso em que deverá dar à parte a oportunidade de se desincumbir do ônus que lhe foi atribuído.
>
> §2º A decisão referida no § 1º deste artigo deverá ser proferida antes da abertura da instrução e, a requerimento da parte, implicará o adiamento da audiência e possibilitará provar os fatos por qualquer meio em direito admitido.
>
> §3º A decisão referida no §1º deste artigo não pode gerar situação em que a desincumbência do encargo pela parte seja impossível ou excessivamente difícil.

Nota-se que a nova redação do artigo 818 da CLT em muito se parece com a redação dada ao artigo 373 do NCPC, já examinada acima. Em seus dois primeiros incisos, mantém a fórmula rosenberg-chiovendiana (prova dos fatos constitutivos pelo autor e prova dos fatos impeditivos, modificativos ou extintivos pelo réu); e, em seu §1º, abre espaço para uma relativização dessa regra estática, seja para casos previstos em lei (*i*), seja ainda diante de peculiaridades da causa relacionadas à impossibilidade (*ii*) ou à excessiva dificuldade de cumprir o encargo nos termos deste artigo (*iii*), ou, por fim, em razão da maior facilidade de obtenção da prova do fato contrário (*iv*).

Parte da doutrina, por entender que a nova redação do artigo 818 da CLT – semelhante à redação do artigo 373 do CPC/2015 – poderia imobilizar a distribuição do *"onus probandi"* na seara trabalhista, é refratária à novidade. Nesse sentido,

---

aliciamento - os quais, por outro lado, foram contrariados, em seu conteúdo, pelas testemunhas conduzidas pela empresa que ressaltam o clima de tranquilidade e harmonia na agência gerenciada pela Sra. Rosângela, impondo-se, pois, a confirmação da sentença vergastada, também neste tocante" (TRT 7ª Região, RO n. 0079900-91.2009.5.07.0003,1ª Turma, rel. Rosa de Lourdes Azevedo Bringel, *in* DEJT 08.11.2011). *"ASSÉDIO MORAL. ÔNUS DA PROVA. Indevida indenização por danos morais quando não restou evidenciado o alegado assédio moral, ônus que incumbia ao reclamante (artigo 818 da CLT c/c artigo 333, inciso I, do CPC). Não se vislumbram nos autos quaisquer indícios de que tenha o autor tenha sofrido constrangimento em razão de receber salário inferior aos paradigmas indicados. Sentença que se mantém"* (TRT 9ª Região, RO n. 1558-2008-094-09-00.0, 4ª Turma, rel. Sérgio Murilo Rodrigues Lemos, *in* DJe 14.05.2010, p. 243). V. ainda, entre outros, TRT 9ª Reg., RO n. 00297-2006-673-09-00-7-ACO-34648-2007, 1ª T., rel. Des. UBIRAJARA CARLOS MENDES, *in* DJPR 23.11.2007; TRT 3ª Reg., RO n. 0001235-68.2011.5.03.0014, 2ª T., rel. Des. JALES VALADÃO CARDOSO, *in* DEJT 02.02.2012.

ao comentar tal questão quando da edição do NCPC, Teixeira Filho (2015, p. 500) evidenciou preocupação sobre

> trasladar-se para o processo do trabalho, no qual a desigualdade real das partes é fato inomitível, o critério civilista a respeito da distribuição do ônus objetivo da prova, que se sabe estar estribado, ao contrário, no pressuposto da igualdade formal dos litigantes.

Ainda em perspectiva aparentemente crítica, veja-se Silva (2017, p. 151), para quem

> acabou a história de 74 anos do art. 818 da CLT, que procurava, em sua redação sintética, apartar-se do ônus da prova do processo civil e lançar luzes sobre uma espécie de aptidão da prova mais afeta ao empregador do que aos trabalhadores.
>
> [...]
>
> A expressão clássica do art. 818 original, no sentido de que a prova incumbe a quem fizer as alegações, foi objeto de profundas reflexões pela doutrina trabalhista, que invariavelmente atribuíam ao empregador o encargo de demonstrar os fatos, muitos deles negados, com documentação, perícias e testemunhos que ele supostamente estava mais propenso a fazer.

Tais críticas são compreensíveis e pertinentes, especialmente quando se trata de uma modificação trazida por uma "reforma" tão ampla, não debatida e, de regra, veiculadora de retrocessos sociais de diversas ordens.

Nada obstante, entendemos que o disposto no parágrafo 1º do "novo" artigo 818 da CLT deve se interpretado de forma mais estratégica e alargada, especialmente quando trata das "*peculiaridades da causa relacionadas à impossibilidade ou à excessiva dificuldade de cumprir o encargo nos termos deste artigo ou à maior facilidade de obtenção da prova do fato contrário*".

Entende-se que tal dicção deve abrir espaço para que a distribuição do ônus da prova leve em consideração o que está sendo demandado ou, em outras palavras, seja sensível à natureza da pretensão do direito material. Assim, ao analisar o caso *"sub judice"*, poderá o juízo atribuir o *"onus probandi"* de modo diverso, desde que o faça **(a)** de forma fundamentada e **(b)** dando ao *"ex adverso"* a oportunidade de se desincumbir do ônus que lhe foi atribuído. A repartição dinâmica não poderá, ademais, fulminar as possibilidades de prova de qualquer das partes: a decisão não poderá gerar situação em que *"a desincumbência do encargo pela parte seja impossível ou excessivamente difícil"*.

Em boa hora, ademais, a Lei n. 13.467/2017 não admitiu a distribuição diversa do ônus da prova por força de *convenção das partes*, como prevê o artigo 373, §3º, do CPC, porque tal possibilidade atentaria contra a própria natureza dos interesses materiais geralmente disputados no processo laboral.

De outro turno, à diferença do preceito processual civil, o dispositivo sob análise prevê textualmente que a decisão que infletir o ônus estático da prova *"deverá ser proferida **antes da abertura da instrução** e, a requerimento da parte, implica-*

*rá o **adiamento da audiência** e possibilitará provar os fatos por qualquer meio em direito admitido"* (*g.n.*). O texto certamente se refere à abertura da instrução *em audiência*, porque, a rigor, provas documentais já estarão sendo admitidas desde a propositura da ação, com a petição inicial. Ademais disso, à vista do que dispõe o artigo 765 da CLT, temos por indiscutível que, a depender da hipótese concreta versada nos autos, a redistribuição do *"onus probandi"* tanto poderá se dar *após* a abertura da instrução em audiência, como também poderá o juiz *indeferir* fundamentadamente o pedido de adiamento da audiência, se o entender abusivo (assim, p. ex., se a parte interessada já tiver presentes, nas dependências da unidade, testemunhas aptas a discorrer sobre os pontos controvertidos).

Por fim, buscando afastar sensações de instabilidade e insegurança jurídica decorrentes da recepção legal do modelo de repartição dinâmica, é por tudo recomendável que doutrina e jurisprudência trabalhistas passem a utilizar mais largamente as *tecnologias processuais* que, noutros sistemas, têm balizado a flexibilização do modelo estático de repartição do ônus da prova. Feliciano (2016) analisou detidamente três dessas tecnologias, quais sejam, **(a)** o princípio da melhor aptidão para a prova; **(b)** a *"Anscheinsbeweis"* ou prova por verossimilhança; e **(c)** as constelações de indícios.

O princípio da melhor aptidão para a prova pode ser entendido como o princípio instrumental pelo qual se atribui o ônus de provar à parte que provavelmente esteja em situação mais confortável para cumpri-lo (isto é, para fornecer a prova). Tal princípio informa, por exemplo, a racionalidade da Súmula nº 338 do TST, *"in verbis"*:

> JORNADA DE TRABALHO. REGISTRO. ÔNUS DA PROVA
>
> I - **É ônus do empregador** que conta com mais de 10 (dez) empregados **o registro da jornada de trabalh**o na forma do art. 74, § 2º, da CLT. **A não-apresentação injustificada dos controles de frequência gera presunção relativa de veracidade da jornada de trabalho**, a qual pode ser elidida por prova em contrário.
>
> II - A presunção de veracidade da jornada de trabalho, ainda que prevista em instrumento normativo, pode ser elidida por prova em contrário.
>
> III - Os cartões de ponto que demonstram horários de entrada e saída uniformes são inválidos como meio de prova, invertendo-se o ônus da prova, relativo às horas extras, que passa a ser do empregador, prevalecendo a jornada da inicial se dele não se desincumbir.

É possível encontrar a aplicação de tal princípio em julgados variados ao longo da jurisprudência, como exemplo:

> AGRAVO DE INSTRUMENTO. RECURSO DE REVISTA. DEPÓSITOS DE FGTS. ÔNUS DA PROVA. **PRINCÍPIO DA APTIDÃO PARA A PROVA.** 1. Segundo a jurisprudência firmada nesta Corte Superior, cabe ao empregador o ônus de comprovar a regularidade dos depósitos de FGTS, entendimento que se justifica pelo princípio da aptidão para a prova, inclusive pelo fato de que a empresa deve manter em seu poder os comprovantes dos depósitos do FGTS. 2. Admite-se o recurso de revista interposto contra acórdão regional

> proferido em desconformidade com a iterativa, notória e atual jurisprudência do Tribunal Superior do Trabalho (art. 896, § 7º, da Consolidação das Leis do Trabalho). 3. Agravo de instrumento de que se conhece e a que se dá provimento (TST, RR n. 2149-25.2012.5.02.0015, 4ª T., rel. Des. Conv. ROSALIE MICHAELE BACILA BATISTA, j. 16.12.2015, in DEJT 18.12.2015).

Ressalte-se que tal princípio já havia sido positivado no artigo 373 do NCPC e, agora, também no §1º do artigo 818 da CLT, autorizado *"diante de peculiaridades da causa relacionadas à impossibilidade ou à excessiva dificuldade de cumprir o encargo nos termos deste artigo ou à maior facilidade de obtenção da prova do fato contrário"*.

A tecnologia da *"Anscheinsbeweis"*, importada do direito alemão,

> baseia-se em "hipóteses-tipos" definidas pela lei ou pela jurisprudência que, uma vez verificadas no caso concreto, bastam para a satisfação do ônus probatório da parte, por mera verossimilhança (= plausibilidade, credibilidade, atributo do que parece ser verdadeiro ou tem condições de realmente ter acontecido) da alegação. Diante da hipótese-tipo (*prima facie case*), incumbirá à parte contrária provar que aquele fato presuntivo não se verificou (FELICIANO, 2016)

Esse mecanismo destina-se, especialmente, a situações de grande assimetria processual e/ou nas pretensões materiais protegidas. Nesse sentido, o foi positivada segue o artigo 6º, VIII, do Código de Defesa do Consumidor *("... quando, a critério do juiz, for verossímil a alegação...")*, podendo decerto ser aplicada em outras espécies litigiosas, inclusive no âmbito da Justiça do Trabalho.

No direito processual do trabalho brasileiro, a *"Ancheisbeweis"* vinha sendo aplicada para inverter o ônus da prova em ações indenitárias relacionadas a acidentes do trabalho (assim, *e.g.*, nas ações em que se reclama, do empregador, indenização civil sob presunção do nexo causal entre o trabalho e a lesão sofrida, fiando-se em hipótese coberta pelo chamado nexo técnico-epidemiológico administrativo — NTEP).

Tal tecnologia aparece ainda quando da inversão do ônus da prova na dispensa discriminatória, em se tratando de empregado soropositivo para HIV (ou portador de outras doenças igualmente estigmatizantes), conforme indica a súmula n. 443 do TST, *"in verbis"*:

> DISPENSA DISCRIMINATÓRIA. **PRESUNÇÃO.** EMPREGADO PORTADOR DE DOENÇA GRAVE. ESTIGMA OU PRECONCEITO. DIREITO À REINTEGRAÇÃO (Res. 185/2012, DEJT divulgado em 25, 26 e 27.09.2012). **Presume-se discriminatória** a despedida de empregado portador do vírus HIV ou de outra doença grave que suscite estigma ou preconceito. Inválido o ato, o empregado tem direito à reintegração no emprego.

Cite-se, por fim, a tecnologia das constelações de indícios, pela qual um conjunto coerente de fatos laterais tendentes ao fato principal (= objeto da prova) satisfaz o respectivo *"onus probandi"* (FELICIANO, 2016), permitindo atribuir à contraparte processual o ônus de provar a inocorrência do fato principal ou a imprestabilidade dos indícios para a inversão no caso concreto. Essa é a concepção que embasa a O.J. SDI-1/TST nº 233, pela qual *"a decisão que defere horas extras com base em prova oral ou documental não ficará limitada ao tempo por ela abrangido, desde que o julgador fique convencido de que o procedimento questionado superou aquele período"*.

Nesse sentido, valendo-se das referidas tecnologias processuais (sem prejuízo de outras similares, igualmente testadas e admitidas pela *"communis opinio doctorum"*), e fazendo-o de forma fundamentada, é possível manter e até mesmo alargar a tradição dos tribunais laborais de evitar que a utilização do regramento estático sobre o ônus da prova conduza *"a armadilhas probatórias que mortifiquem as pretensões materiais dos trabalhadores no processo laboral"* (FELICIANO, 2016, p. 721).

O novel artigo 818 da CLT legou-nos, portanto, menos que um retrocesso, uma *janela hermenêutica de possibilidades*, passível de exploração com melhor ciência do que a que se aplicou, historicamente, à redação de 1943. Ao intérprete competirá, agora, extrair, do texto revisado, as suas integrais potencialidades.

CONSIDERAÇÕES FINAIS

A nova redação do artigo 818 da CLT, atribuída pela Lei n. 13.467/2017 — da chamada "reforma trabalhista" —, assemelha-se sobremaneira ao quanto disposto, a propósito, na legislação processual civil, após o advento da Lei 13.105/2015 (artigo 373). A proximidade tanto se dá no tocante à adoção do modelo estático de distribuição do ônus da prova, quanto em relação à possibilidade de se esquivar da fórmula rosemberguiana para modular, mitigar, redistribuir ou mesmo excluir o ônus da prova, para além das amarras do "alegado".

Frisa-se que o desapego legal-positivo àquelas amarras deve dar azo, no espaço forense, não apenas a relativizações baseadas em presunções (legais ou *"hominis"*), mas também em tecnologias processuais típicas, tais como a da melhor aptidão para a prova (a rigor, uma norma-princípio que o sistema processual brasileiro passa a assimilar), a da constelação de indícios e a da *"Anscheinsbeweis"*, as quais minimizam, no contexto da repartição dinâmica do *"onus probandi"*, a sensação de imprevisibilidade e insegurança jurídica ao longo do curso processual.

Dessa forma, ainda que a Lei nº 13.467/2017 tenha uma vez mais abrigado o modelo estático de repartição do *"onus probandi"* (incisos I e II do artigo 818 da CLT), também abriu espaço para uma interpretação mais flexível de tal repartição, abolindo a "ditadura da prova do alegado" — o que, a rigor, já podia ser superado sob o pálio do artigo 765 da CLT, mas não tinha respaldo textual específico — e referendando algo que já era tradição na justiça laboral: distribuir o ônus da prova de forma a considerar a característica da pretensão material em jogo, proporcionando maior coerência com o fim último do Direito do Trabalho, qual seja, o de conferir maior equilíbrio a uma relação contratual essencialmente desigual.

REFERÊNCIAS BIBLIOGRÁFICAS

CARNELUTTI, Francesco. *Sistema di Diritto Processuale Civile*. Padova: CEDAM, 1936. v. I.

_____. *Teoria Geral do Direito*. Tradução de Antônio Carlos Ferreira. São Paulo: LEJUS, 1999.

FELICIANO, Guilherme Guimarães. *Direito à prova e dignidade humana: Cooperação e proporcionalidade nas provas condicionadas à disposição física da pessoa humana*. São Paulo: LTr, 2007.

___________. *Por um processo realmente efetivo:* tutela processual de direitos humanos fundamentais e inflexões do "due process of law". São Paulo: LTr, 2016.

ROSENBERG, Leo. *La carga de la prueba*. 2 ed. Tradução de Ernesto Krotoschin. Montevideo: Editorial B de F, 2002.

SANTOS, Sandra Aparecida Sá dos. *A inversão do ônus da prova como garantia constitucional do devido processo legal*. 2ª ed. São Paulo: Revista dos Tribunais, 2006.

SILVA, Homero Batista Mateus. *Comentários à reforma trabalhista*: análise da lei 13.467/2017 – artigo por artigo. São Paulo: Revista dos Tribunais, 2017.

TEIXEIRA FILHO, Manoel Antonio. *Comentários ao novo código de processo civil sob a perspectiva do processo do trabalho*. São Paulo: LTr, 2015.

PRESCRIÇÃO INTERCORRENTE

Gustavo Bezerra Muniz de Andrade[1]

1. INTRODUÇÃO

A Lei nº 13.467/2017, conhecida como Reforma Trabalhista, trouxe diversas modificações no âmbito do direito material e processual trabalhista, impactando em mais de cem normas contidas na consolidação das Leis trabalhistas e demais legislações extravagantes.

O impacto que a Reforma Trabalhista tem nas relações laborais é significativo, sendo de extrema relevância o estudo das alterações por ela realizada. Dentre as diversas alterações ocorridas, merece destaque aquela relativa à prescrição intercorrente, objeto de análise neste trabalho.

O presente artigo visa, sem a pretensão de esgotar o tema, colocar luz sobre os aspectos relacionados com a prescrição intercorrente no âmbito do processo do trabalho. Nas próximas linhas, serão tratados o conceito e formas de prescrição, o histórico jurisprudencial, com destaque para o conflito redacional entre as Súmulas 327 do Supremo Tribunal Federal e 114 do Tribunal Superior do Trabalho, bem como aplicação, ou não, subsidiária do Código de Processo Civil e da Lei de Execuções Fiscais.

---

1. Procurador do Estado de São Paulo – Procuradoria Judicial Trabalhista; membro da Equipe Aprovação PGE – Planejamento e Gestão do Estudo; Professor e Coach para concursos públicos e autor de materiais jurídicos para concursos públicos.

2. DA PRESCRIÇÃO

Antes de analisarmos o instituto da prescrição é de suma importância o estudo da pretensão, vez que intimamente ligadas.

Sempre que o titular de um direito subjetivo considerar que este encontra-se violado ou ameaçado nascerá para este a **pretensão**, que pode ser conceituada, conforme ensina Pontes de Miranda, como *"a posição subjetiva de poder exigir de outrem alguma prestação positiva ou negativa"*[2].

No momento que surge a **pretensão**, inicia-se, em regra, o transcurso do período de tempo em que esta pode ser exercida sob pena de ser extinta, ao que se denomina **prescrição**, valendo a máxima *"o direito não socorre aos que dormem"*.

Tem-se, assim, que a inevitabilidade do tempo fará com que, em caso de inércia do titular de determinado direito, a sua pretensão extinga-se.

O Código Civil, pois, estabelece em seu artigo 189:

> *"Art. 189. Violado o direito, nasce para o titular a pretensão, a qual se extingue, pela prescrição, nos prazos a que aludem os arts. 205 e 206."*

Os fundamentos para a existência da prescrição são a segurança jurídica e a pacificação social; a presunção de que, se o titular de um direito não o exerce no prazo estabelecido não possuir esta vontade de conservá-lo; na utilidade de punir a negligência do titular do direito e, por fim; na inevitabilidade do tempo, que é capaz de superar o prejuízo causado em virtude do direito violado.[3]

Neste ponto a lição do civilista Paulo Nader é primorosa:

> *"A lei estabelece limite temporal para o exercício do direito de ação. O titular de um direito violado não pode deixar o tempo escoar indefinidamente sem tomar a iniciativa de buscar a tutela judicial. A pendência de um conflito é fator de inquietação social e reclama solução. Em relação àquele contra o qual a pretensão se dirige, a pendência atua como uma espada de Dâmocles, provocando a incômoda incerteza que envolve as ações judiciais. Não seria justo se o titular de um direito pudesse protelar indefinidamente a oportunidade de o Judiciário convocar a outra parte para responder, dizendo os seus motivos. Não houvesse tal limitação temporal, isto é, não houvesse a prescrição do direito de ação, quem efetuasse uma compra ou pagasse uma conta de luz ou telefone teria de guardar os comprovantes de pagamento indefinidamente."*[4]

Verifica-se, assim, que a função primordial da prescrição é a pacificação social, vez que os conflitos sociais não podem se eternizar, atribuindo o ordenamento jurídico a possibilidade de aquele que à pretensão se encontra submetido (devedor) liberta-se após determinado lapso de tempo da aludida *espada de Dâmocles*.

---

2. MIRANDA, Pontes de. Tratado das Ações. Tomo I. 2 ed. São Paulo: RT, 1972.
3. CAHALI, Yussef Said. Prescrição e Decadência. São Paulo: RT, 2008. p. 18.
4. Curso de Direito Civil Vol 1 - Paulo Nader (2016)

2.1. Das formas de prescrição

No âmbito doutrinário, pode se verificar a existência de dois tipos de prescrição.

A primeira delas é denominada como prescrição aquisitiva, ou seja, quando o decurso do tempo faz com que determinado o indivíduo adquira um direito. Este tipo de prescrição pode ser verificado no âmbito do Direito Civil, mais precisamente nas formas de usucapião.

O segundo tipo de prescrição é denominado de prescrição extintiva, vez que o titular de um direito se ver tolhido da sua pretensão de exigi-lo em razão do decurso do tempo.

Por seu turno, a prescrição extintiva pode ser dividida em duas modalidades. A primeira delas se relaciona com o momento anterior ao ajuizamento da ação, iniciando o seu prazo, em regra, quando o sujeito tem o seu direito violado.

No âmbito das normas trabalhistas, é na Constituição Federal de 1988 que se encontra o prazo prescricional envolvendo a violação dos direitos do empregado:

> *Art. 7º São direitos dos trabalhadores urbanos e rurais, além de outros que visem à melhoria de sua condição social:*
>
> *XXIX - ação, quanto aos créditos resultantes das relações de trabalho, com prazo prescricional de cinco anos para os trabalhadores urbanos e rurais, até o limite de dois anos após a extinção do contrato de trabalho; (Redação dada pela Emenda Constitucional nº 28, de 25/05/2000)*

Por seu turno, a segunda modalidade, denominada **prescrição intercorrente**, é aquela que se verifica quando a inércia do titular do direito ocorre durante o transcurso da fase executiva do processo judicial, sendo este o foco do presente artigo.

3. DA PRESCRIÇÃO INTERCORRENTE NO PROCESSO DO TRABALHO

Como já mencionado, a prescrição intercorrente é aquela que ocorre quando o processo de execução fica paralisado durante determinado período de tempo legalmente estabelecido.

Na precisa lição de Mauro Schiavi:

> *Chama-se intercorrente a prescrição que se dar no curso do processo, após a propositura da ação, mais especificamente depois do trânsito em julgado, pois, na fase de conhecimento, se o autor não promover usar atos do processo, o juiz extinguirá sem resolução do mérito, valendo-se do disposto no art. 485 do CPC.*[5]

Assim, para incidência da prescrição intercorrente, o Estado-juiz já se pronunciou acerca da violação, ou não, do direito subjetivo das partes por meio de um

5. SCHIAVI, Mauro. A reforma trabalhista e o processo do trabalho: aspectos processuais da Lei n. 13.467/17. 1. Ed. São Paulo. LTr Editora, 2017.

pronunciamento judicial definitivo (coisa julgada), estando pendente, tão somente, a **satisfação** deste direito.

Antes da Reforma Trabalhista, o entendimento a respeito da possibilidade, ou não, da prescrição intercorrente no âmbito do processo do trabalho passou por dois momentos (pré e pós-Súmulas 114 do Tribunal Superior do Trabalho), como ensina Alice Monteiro de Barros:

> *Entendia-se, antes da Súmula n. 114 do TST, aplicar-se ao processo do trabalho a prescrição intercorrente, com as cautelas impostas pela natureza tutelar do Direito do Trabalho e pelas características da sistemática processual trabalhista (Súmula n. 327 do STF), mas apenas se a paralização do feito tivesse como causa única a inércia do autor na prática de atos de sua responsabilidade.*
>
> *Se, todavia, a paralização do processo se devesse aos órgãos judiciários, não se aplicaria o princípio porque ao Juiz incumbiria velar pelo rápido andamento das causas (art. 765 da CLT), cabendo-lhe, inclusive, o poder de instaurar as execuções ex officio (art. 878 da CLT), à luz do princípio inquisitório. Se a paralização fosse motivada pelo executado, também não se aplicaria a prescrição intercorrente.*
>
> *O TST, uniformizando a jurisprudência trabalhista, afastou a aplicação da prescrição intercorrente na Justiça do Trabalho, por intermédio da Súmula n. 114, cujo teor é o seguinte: "É inaplicável na Justiça do Trabalho a prescrição intercorrente."*[6]

Neste sentido, o Ministro Maurício Godinho Delgado explica o porquê, ***em regra***, não se aplica a prescrição intercorrente no âmbito do processo do trabalho:

> *"Na medida em que o Direito é fórmula de razão, lógica e sensatez, obviamente não se pode admitir, com a amplitude do processo civil, a prescrição intercorrente em ramo processual caracterizado pelo franco impulso oficial. Cabendo ao juiz dirigir o processo, com ampla liberdade (art. 765, CLT), indeferindo diligências inúteis e protelatórias (art. 130, CPC), e, principalmente, determinando qualquer diligência que considere necessária ao esclarecimento da causa (art. 765, CLT), não se pode tributar à parte os efeitos de uma morosidade a que a lei busca fornecer instrumento pare seu eficaz e oficial combate. De par com isso, no processo de conhecimento, tem o juiz o dever de extinguir o processo, sem resolução do mérito, caso o autor abandone o processo, sem praticar atos necessários à sua condução ao objetivo decisório final (art. 267, II e III, §1º, CPC). A conjugação desses fatores torna, de fato, inviável a prescrição intercorrente no âmbito do processo de cognição trabalhista. Por isso, o texto da Súmula 114 do TST.*
>
> *Na fase de liquidação e execução também não incide, em princípio, regra geral, a prescrição intercorrente, O impulso oficial mantém-se nessa fase do processo, justificando o prevalecimento do critério sedimentado na súmula do tribunal maior trabalhista."*[7]

6. DE BARROS, Alice Monteiro. Curso de Direito do Trabalho 2016
7. DELGADO, Mauricio Godinho. Curso de Direito do Trabalho – 12ª Ed.

Há, inclusive, no âmbito da **atual** jurisprudência do Tribunal Superior do Trabalho (julgado de agosto de 2017) entendimento de que o reconhecimento da prescrição intercorrente violaria a coisa julgada:

> *RECURSO DE REVISTA INTERPOSTO NA VIGÊNCIA DO CPC/2015. EXECUÇÃO. PARALIZAÇÃO DO PROCESSO POR INÉRCIA DO EXEQUENTE. PRESCRIÇÃO DA PRETENSÃO EXECUTIVA. NÃO CONFIGURADA. 1. O Tribunal Regional, ao fundamento de que o exequente "silenciou por mais de três anos e apresentou os cálculos sem que qualquer outro documento fosse juntado aos autos, inclusive, com as planilhas que acostou", considerou prescrita a pretensão executiva, nos termos da Súmula 150 do STF. 2.* ***Contudo, a paralisação do processo por inércia do exequente caracterizaria, em tese, a prescrição intercorrente, cuja aplicação encontra óbice na Súmula 114/TST, haja vista que a execução trabalhista prescinde de iniciativa do interessado, uma vez que pode se desenvolver por impulso oficial do juiz. 3. A pronúncia da prescrição, na espécie, viola o art. 5º, XXXVI, da CF, pois impede os efeitos da coisa julgada.*** *Recurso de revista conhecido e provido.*
>
> *(RR - 51400-89.2007.5.05.0019, Relator Ministro: Hugo Carlos Scheuermann, Data de Julgamento: 16/08/2017, 1ª Turma, Data de Publicação: DEJT 18/08/2017)*

Independentemente das vozes doutrinárias de peso e da jurisprudência sedimentada no âmbito do Tribunal Superior do Trabalho, que fundamenta a impossibilidade da ocorrência da prescrição intercorrente no princípio protetor e do inquisitório, o legislador reformista resolveu por incluir expressamente a previsão da prescrição intercorrente no âmbito do processo do trabalho, inovando, assim, no ordenamento jurídico pátrio.

A Reforma Trabalhista inseriu na Consolidação das Leis do Trabalho, o artigo 11-A, que possui a seguinte redação:

> *"Art. 11-A. Ocorre a prescrição intercorrente no processo do trabalho no prazo de dois anos.*
>
> *§ 1º A fluência do prazo prescricional intercorrente inicia-se quando o exequente deixa de cumprir determinação judicial no curso da execução.*
>
> *§ 2º A declaração da prescrição intercorrente pode ser requerida ou declarada de ofício em qualquer grau de jurisdição."*

Assim, a partir da vigência da Reforma Trabalhista, resta expressa a possibilidade da prescrição intercorrente no prazo de dois anos no âmbito do processo do trabalho, sendo que a fluência do prazo se inicia quando o exequente deixa de cumprir determinação judicial no curso da execução, podendo a declaração da prescrição intercorrente ser requerida ou declarada de ofício em qualquer grau de jurisdição.

Neste momento, imprescindível analisar se o artigo 11-A e seus parágrafos podem, ou não, ser considerados como violadores da Constituição Federal.

Por motivos óbvios, até o momento (outubro de 2017) o Tribunal Superior do Trabalho ainda não foi instado a se manifestar sobre o tema. Todavia, analisando a jurisprudência recente da Corte, acredita-se que a Corte Trabalhista entende, que a pronuncia da prescrição intercorrente violaria o artigo 5º, XXXVI, da Constituição Federal, pois impediria os efeitos da coisa julgada:

> *2. **Contudo, a paralisação do processo por inércia do exequente caracterizaria, em tese, a prescrição intercorrente, cuja aplicação encontra óbice na Súmula 114/TST, haja vista que a execução trabalhista prescinde de iniciativa do interessado, uma vez que pode se desenvolver por impulso oficial do juiz. 3. A pronúncia da prescrição, na espécie, viola o art. 5º, XXXVI, da CF, pois impede os efeitos da coisa julgada.** Recurso de revista conhecido e provido.*
>
> *(RR - 51400-89.2007.5.05.0019, Relator Ministro: Hugo Carlos Scheuermann, Data de Julgamento: 16/08/2017, 1ª Turma, Data de Publicação: DEJT 18/08/2017)*

Em que pese o entendimento acima, a jurisprudência do Supremo Tribunal Federal é no sentido de que a questão relativa a prescrição é controvérsia que se situa no âmbito da legislação infraconstitucional. Vejamos trechos do ARE 697514, no qual o Supremo Tribunal Federal entendeu inexistir repercussão geral sobre a prescrição no processo do trabalho (destaque nosso):

> *Trata-se de agravo contra decisão de inadmissibilidade de recurso extraordinário que impugna acórdão do Tribunal Superior do Trabalho, o qual entendeu pela prescrição do direito da parte recorrente às diferenças de complementação de aposentadoria.*
>
> *...*
>
> *No recurso extraordinário, interposto com fundamento no artigo 102, III, a, da Constituição Federal, a parte recorrente sustenta a repercussão geral da matéria deduzida no recurso. **No mérito, alega violação aos artigos 5º, XXXVI; e 7º, XXIX, do texto constitucional.***
>
> *...*
>
> ***Na origem, o recurso extraordinário foi inadmitido**, ao seguinte fundamento:*
>
> *A Constituição da República não exaure a disciplina da prescrição no âmbito do Direito do Trabalho. A distinção entre prescrição total e parcial demanda, necessariamente, o exame de normas ordinárias, em especial do Código Civil, que regulamentam a matéria.*
>
> *Observados os demais requisitos de admissibilidade do presente recurso, submeto a matéria à análise de repercussão geral.*
>
> ***Em síntese, discute-se acerca da espécie de prescrição que deve ser aplicada na esfera do Direito do Trabalho, se total ou parcial.***
>
> *Verifico que **o Tribunal de origem decidiu a questão referente à prescrição trabalhista se total ou parcial à luz da legislação infraconstitucional e da jurisprudência do TST.***
>
> ***O entendimento desta Corte é no sentido de que a discussão quanto à incidência da prescrição no direito trabalhista situa-se no âmbito infraconstitucional. Desse modo, configura ofensa reflexa ao texto constitucional mera alegação de violação a dispositivos constitucionais quando a controvérsia cingir-se à interpretação ou aplicação de normas infraconstitucionais, circunstância que torna inviável o recurso extraordinário.***

> *Sobre o tema, confiram-se os seguintes precedentes de ambas as Turmas: ARE--AgR 676.216, Rel. Min. Cármen* Lúcia, Primeira Turma, *DJe 16.5.2012; AI--AgR 714.508, Rel. Min. Ricardo Lewandowski, Primeira Turma, DJe 5.6.2009; AI-AgR 617.001, de minha relatoria, Segunda Turma, DJe 7.3.2008; e AI-AgR 819.935, Rel. Min. Ayres Britto, Segunda Turma, DJe 2.3.2011, cujas ementas transcrevo respectivamente:*
>
> *AGRAVO REGIMENTAL NO RECURSO EXTRAORDINÁRIO COM AGRAVO. TRABALHISTA. COMPLEMENTAÇÃO DE APOSENTADORIA. Natureza jurídica da parcela denominada PL-DL 1971. Prescrição total ou parcial.* ***Necessidade de análise da legislação infraconstitucional. Ofensa constitucional indireta.*** *Agravo regimental ao qual se nega provimento.*
>
> ...
>
> *Ante o exposto, neste caso,* ***em razão da natureza eminentemente infraconstitucional da matéria, manifesto-me pela inexistência de repercussão geral da questão constitucional suscitada.***
>
> *Brasília, 17 de agosto de 2012.*
>
> *Ministro GILMAR MENDES*

Neste caso, os membros do Supremo Tribunal Federal, por unanimidade, recusaram o recurso ante a ausência de repercussão geral da questão, **por não se tratar de matéria constitucional**.

Além disso, em que pese o posicionamento do Tribunal Superior do Trabalho de que haveria violação ao artigo art. 5º, XXXVI, da Constituição Federal, as decisões proferidas em Agravo de Instrumento em Recurso de Revista sob o fundamento da violação à coisa julgada é no sentido de que não há ofensa direta à Constituição Federal. Eis trecho de decisão de 2016, proferida nos autos do AIRR - 73400-36.2002.5.21.0012:

> *Ademais, embora o reclamante afirme que o recurso se viabilizava por infringência do artigo 5º, inciso XXXVI, da Constituição Federal (ofensa à coisa julgada), a violação do referido preceito, se existente, seria apenas de forma reflexa e não direta, pois dependeria da prévia aferição de legislação infraconstitucional.*
>
> *A propósito, vem a calhar o acórdão proferido no ARE nº 721537 AgR/AC, em que fora Relator o Ministro Luiz Fux:*
>
> *AGRAVO REGIMENTAL NO RECURSO EXTRAORDINÁRIO COM AGRAVO. TRABALHISTA. EXECUÇÃO. PLANOS ECONÔMICOS COMPENSAÇÃO. INTERPRETAÇÃO DE LEGISLAÇÃO INFRACONSTITUCIONAL. ANÁLISE DO CONTEXTO FÁTICO-PROBATÓRIO. SÚMULA 279 DO STF. 1. A violação reflexa e oblíqua da Constituição Federal decorrente da necessidade de análise de malferimentos de dispositivos infraconstitucionais torna inadmissível o recurso extraordinário. Precedentes: RE 596.682, Rel. Min. Carlos Britto, DJe de 21/10/10, e o AI 808.361, Rel. Min. Marco Aurélio, DJe de 08/09/10. 2.* ***Os princípios da legalidade, o do devido processo legal, o da ampla defesa e o do contraditório, bem como a verificação dos limites da coisa julgada e da motivação das decisões judiciais, quando a aferição da violação dos mesmos depende de reexame prévio de normas infraconstitucionais, revelam ofensa indireta ou reflexa à Constituição Federal, o que, por si só, não desafia a instância extraordinária.*** *Precedentes: AI 804.854-AgR, 1ª Turma, Rel. Min.*

> *Cármen* Lúcia, *DJe de 24/11/2010 e AI 756.336-AgR, 2ª Turma, Rel. Min. Ellen Gracie, DJe de 22/10/2010. 3. A decisão judicial tem que ser fundamentada (art. 93, IX), ainda que sucintamente, sendo prescindível que a mesma se funde na tese suscitada pela parte, nesse sentido, AI-QO-RG 791.292, Rel. Min. Gilmar Mendes, Tribunal Pleno, DJe de 13.08.2010. 4. A Súmula 279/STF dispõe: "Para simples reexame de prova não cabe recurso extraordinário". 5. É que* ***o recurso extraordinário não se presta ao exame de questões que demandam revolvimento do contexto fático-probatório dos autos, adstringindo-se à análise da violação direta da ordem constitucional.*** *(...) 7. Agravo regimental a que se nega provimento. (DJE 21/5/2013).*

Além disso, na sistemática recursal do processo do trabalho, dificilmente o tema irá à análise do Supremo Tribunal Federal via controle difuso de constitucionalidade, já que a Consolidação das Leis do Trabalho somente permite a interposição de Recurso de Revista no processo de execução se houver afronta direta à Constituição Federal, sendo este o teor do artigo 896, §2º:

> § 2º Das decisões proferidas pelos Tribunais Regionais do Trabalho ou por suas Turmas, em execução de sentença, inclusive em processo incidente de embargos de terceiro, não caberá Recurso de Revista, salvo na hipótese de ofensa direta e literal de norma da Constituição Federal.

Se, nestes casos, não é cabível o Recurso de Revista, com muito mais razão não será possível o recebimento do Recurso Extraordinário.

Caso o Supremo Tribunal Federal venha a analisar o tema, acredita-se que o confronto da tese acima, relativa à violação à coisa julgada, será em face das teses relativas à segurança jurídica, à pacificação social e ao princípio da confiança, decorrente do princípio da boa-fé objetiva, conforme apontado por Raphael Miziara:

> *A prescrição intercorrente no processo do trabalho deve atualmente ser encarada a partir do princípio da tutela da confiança, que fundamenta o fenômeno da suppressio, originária da boa-fé objetiva, e que tem como conteúdo a perda de um direito não exercido durante um lapso temporal considerável, que, por conta da inação, perde sua eficácia.*

A razão desta supressão é a confiança em um dado comportamento de não exercer o direito. Tal confiança gera na outra parte uma expectativa legítima de que a posição jurídica contraditória não mais será exercida.[8]

A partir do confronto das teses, acredita-se que a aplicação da prescrição intercorrente no processo do trabalho não possa ser considerada inconstitucional, sob pena de se negar os efeitos da inevitabilidade do tempo e, por via de consequência, propiciar a eternização de conflitos sociais.

8. MIZIARA, Raphael. A tutela da confiança e a prescrição intercorrente na execução trabalhista: o equívoco da Instrução normativa n. 39 do TST. Revista eletrônica [do] Tribunal Regional do Trabalho da 9ª Região, Curitiba, PR, v. 5, n. 50, p. 204-222, maio 2016.

Superada a questão da constitucionalidade, ou não, da prescrição intercorrente no âmbito do processo do trabalho, é de suma importância a análise temporal, vez que o enquadramento em determinada fase processual permitirá que se verifique se tratasse da prescrição da pretensão do reconhecimento do direito ou da prescrição da pretensão da satisfação de um direito reconhecido judicialmente (prescrição intercorrente).

Neste ponto, mais uma vez, a lição de Mauro Schiavi:

> *(...) Na fase de conhecimento, se houver inércia do reclamante, o juiz do trabalho este virar a relação jurídica do processo sem resolução do mérito (vide a respeito os artigos 732, 844, ambos da CLT, e 485, do CPC), não havendo espaço para reconhecimento de prescrição intercorrente. A prescrição intercorrente somente se verifica no curso da execução.*[9]

Por exemplo, caso determinado empregado tenha violado os seus direitos trabalhistas, no momento desta violação surgirá a pretensão, passando a fluir, em regra, o prazo prescricional para que este ajuíze a reclamação trabalhista. Uma vez ajuizada a ação e recebida do Poder Judiciária uma decisão definitiva, coberta sob manto da coisa julgada, surge a pretensão executória, começando a transcorrer, em caso de inércia, o prazo da prescrição intercorrente.

Note-se que o legislador reformista, seguindo o quanto já sedimentado pelo Supremo Tribunal Federal no verbete sumular de nº 150[10], estabeleceu que o prazo referente à prescrição intercorrente é igual ao prazo para exercer o direito de ação, sendo curioso observar que, dentre os julgados que deram ensejo a edição da aludida Súmula, dois versavam justamente sobre relações trabalhistas: o Recurso Extraordinário 52.902 e o Recuso Extraordinário 49.434. Assim, o prazo prescricional intercorrente será de dois anos.

A crítica feita a este prazo reside justamente no tratamento diferenciado – mais prejudicial – que se fez aos créditos trabalhistas, já que, por exemplo, a prescrição intercorrente no que tange a Fazenda Pública possuí regramento segundo o qual, em regra, o prazo é de 05 anos (art. 1º do Decreto nº 20.910/1932).

Tem-se, pois, que, a partir da vigência da Reforma Trabalhista, restará previsto em lei a ocorrência da prescrição intercorrente no âmbito do processo do trabalho. Constatado isto, restam algumas indagações a serem respondidas.

A primeira delas é justamente se a prescrição intercorrente é, de fato, um instituto realmente novo no âmbito do processo do trabalho; a segunda é se, de fato, existia a divergência de entendimento entre o Supremo Tribunal Federal e o Tribunal Superior do Trabalho, haja vista as redações das Súmulas 327 do Supremo Tribunal Federal e 114 do Tribunal Superior do Trabalho serem diametralmente

9. SCHIAVI, Mauro. A reforma trabalhista e o processo do trabalho: aspectos processuais da Lei n. 13.467/17. 1. Ed. São Paulo. LTr Editora, 2017

10. Súmula 150. Prescreve a execução no mesmo prazo de prescrição da ação.

opostas; a terceira consiste no termo inicial do prazo prescricional intercorrente de dois anos e; por fim, na omissão da Consolidação das Leis do Trabalho, qual o diploma normativo deverá ser aplicado de forma subsidiária.

3.1. Da prescrição intercorrente no âmbito do processo do trabalho antes mesmo da reforma trabalhista

É fato que, antes da Reforma Trabalhista, inexistiu no ordenamento jurídico preceito normativo que previsse **literalmente** a possibilidade da ocorrência da prescrição intercorrente no âmbito do processo do trabalho.

Diante disso, inclusive, visando um mínimo de segurança jurídica, foram editadas súmulas pelos Supremo Tribunal Federal e Tribunal Superior do Trabalho acerca do tema.

Como visto acima, prevaleceu, num primeiro momento, com base no entendimento do Supremo Tribunal Federal, que haveria, sim, a possibilidade a prescrição intercorrente no âmbito do processo trabalhista.

Vejamos trecho do Recurso Extraordinário 53.881:

> *"O prazo da prescrição tanto da ação quanto da execução é de dois anos (C.L.T art. 11), não havendo possibilidade de aplicar-se subsidiariamente a norma geral de prescrição trintenária fixada pelo Código Civil. É que a sentença encerra a litispendência e a prescrição interrompida recomeça a correr desde então. No caso, proferido sentença de mérito, o agravante permaneceu inerte por mais de 5 anos, pois deixou a causa imobilizada no foro incorrendo em culpa na paralização do processo porque sendo ilíquida a sentença a respectiva liquidação condicionava-se à iniciativa do agravante, que omitiu-se"*[11].

No segundo momento, com a edição da Súmula 114 do Tribunal Superior do Trabalho, restou uniformizado no âmbito da justiça laboral a impossibilidade da aplicação da prescrição intercorrente, haja vista os princípios protetivos e a forma como se desenrolava o processo trabalhista.

Ocorre que, como bem alerta o Ministro Maurício Godinho Delgado, a possibilidade da ocorrência da prescrição intercorrente não estava, de todo, cessada no âmbito do processo do trabalho:

> *"Contudo, há uma situação que torna viável, do ponto de vista jurídico, a decretação da prescrição na fase executória do processo do trabalho - situação que permite harmonizar, assim, os dois verbetes de súmula acima especificados (Súmula 327, STF, e Súmula 114, TST). Trata-se da omissão reiterada do exequente no processo, em que ele abandona, de fato, a execução, por um prazo superior a dois anos, deixando de praticar, por exclusiva omissão sua, atos que tornem fisicamente possível a continuidade do processo. Nesse específico caso, arguida a*

11. RE 53881 Publicações: DJ de 17/10/1963, RTJ 30/32

prescrição, na forma do art. 884, § 1º, CLT, pode ela ser acatada pelo juiz executor, em face, do art. 7º, XXIX, CF/88, combinado com referido preceito celetista. (ressalvada a pronúncia de ofício, a teor da Lei n. 11.280/2006, se for caso)."[12]

No mesmo sentido, a lição de Manoel Antônio Teixeira Filho:

"Ninguém desconhece, por suposto, que em determinadas situações o Juiz do Trabalho fica tolhido de realizar ex officio certo ato do procedimento, pois este somente pode ser praticado pela parte, razão por que a incúria desta reclama a sua sujeição aos efeitos da prescrição (intercorrente), sob pena de os autos permanecerem em um infindável trânsito entre a secretaria e o gabinete do Juiz, numa sucessão irritante e infrutífera de certificações e despachos. Exemplifiquemos com os artigos de liquidação. Negligenciando o credor no atendimento ao despacho judicial que lhe ordenou a apresentação desses artigos, consistiria despautério indisfarçável imaginar que, diante disso, caberia ao próprio juiz deduzir os artigos de liquidação, substituindo, dessa maneira, o credor na prática do ato; não menos desarrazoada seria a opinião de que, na espécie, deveria o juiz transferir ao próprio devedor o encargo de realizar o ato. Que o devedor pode apresentar artigos de liquidação, disso não se dúvida; daí a compeli-lo a tanto vai uma ousada agressão à lei. A solução, portanto, seria aguardar-se o decurso, em branco, do prazo de dois anos, contado da data em que o credor foi intimado a oferecer os artigos de liquidação, para, em seguida - e desde que haja alegação do devedor nesse sentido -, pronunciar-se a prescrição intercorrente e, em virtude disso, extinguir-se o processo de execução com exame do mérito."[13]

Demais disso, importante observar o teor do artigo 884, §1º, da Consolidação das Leis do Trabalho, a seguir transcrito:

Art. 884 - Garantida a execução ou penhorados os bens, terá o executado 5 (cinco) dias para apresentar embargos, cabendo igual prazo ao exeqüente para impugnação.

§ 1º - A matéria de defesa será restrita às alegações de cumprimento da decisão ou do acordo, quitação ou prescrição da dívida.

Ora, se o §1º do artigo 884 da Consolidação das Leis do Trabalho permite que, em sede de embargos à execução, seja alegado como defesa do executado a "prescrição da dívida", esta somente poderia se referir à prescrição intercorrente, haja vista que a prescrição do direito da ação já haveria sido discutida (ou estaria precluso em razão da sua não alegação) no processo de conhecimento.

Interpretar que o §1º do artigo 884 da Consolidação das Leis do Trabalho refere-se à arguição da prescrição prevista no artigo 7º, XXIX, significaria colocar em julgo a coisa julgada ou ferir a lógica do sistema processual.

Neste sentido, novamente a lição de Manoel Antônio Teixeira Filho:

12. DELGADO. Maurício Godinho. Curso de Direito do Trabalho, LTr, 12ª ed., 2012
13. TEIXEIRA FILHO, Manoel Antônio. Execução no processo do trabalho. 10 ed. São Paulo: RT, 2011, p.297.

> *"Em primeiro lugar, estamos convencidos de que a possibilidade de ser alegada a prescrição intercorrente no processo do trabalho está insculpida, de forma nítida, no art. 884, § 1º, da CLT; com efeito, ao dizer que o devedor poderá, em seus embargos, arguir - dentre outras coisas -, a 'prescrição da dívida', a norma legal citada está, a toda evidência, a referir-se à prescrição intercorrente, pois a prescrição ordinária deveria ter sido alegada no processo de conhecimento. A entender-se de maneira diversa, estar-se-ia perpetrando o brutal equívoco de imaginar que o devedor poderia, no momento dos embargos, afrontar a autoridade da coisa julgada material, pois a sentença exequenda poderia, até mesmo, ter rechaçado a arguição de prescrição, suscitada no processo cognitivo. Enfim - indagamos -, se não é a intercorrente, então de que prescrição se trata a que o § 1º do art. 884 da CLT permite o devedor alegar no ensejo dos embargos que vier a oferecer à execução? Em segundo, porque o sentido generalizante, que o enunciado da Súmula n. 114 do TST traduz, comete a imprudência de desprezar a existência de casos particulares, onde a incidência da prescrição liberatória se torna até mesmo imprescindível. Ninguém desconhece, por suposto, que em determinadas situações o Juiz do Trabalho fica tolhido de realizar ex officio certo ato do procedimento, pois este somente pode ser praticado pela parte, razão porque a incúria desta reclama a sua sujeição aos efeitos da prescrição (intercorrente), sob pena de os autos permanecerem em um infindável trânsito entre a secretaria e o gabinete do Juiz, numa sucessão irritante e infrutífera de certificações e despachos.*

Posição com a qual Mauro Schiavi também se alinhava:

> *Nesse sentido,* é a própria redação do art. 884 da *CLT que disciplina em seu* § 1º *a prescrição como sendo uma das matérias passíveis de alegação dos embargos execução. Ora, a prescrição prevista no parágrafo primeiro do art. 884 da CLT, só pode ser a intercorrente, pois a prescrição própria da pretensão deve ser invocada antes do trânsito em julgado da decisão (Súmula n. 153 do C. TST).*

E mais adiante acrescenta:

> *(...) A prescrição intercorrente somente pode ser reconhecida no processo trabalhista na hipótese em que o ato a ser praticado dependa exclusivamente [d]o exequente, e não possa ser suprido de ofício pelo juiz.*[14]

Verifica-se, assim, que, para parcela da doutrina, mesmo antes da Reforma Trabalhista, existia, no âmbito do processo do trabalho, a possibilidade da pronúncia da prescrição intercorrente, a qual ocorreria quando, por culpa única e exclusiva no exequente, a execução trabalhista não se desenvolvesse.

14. SCHIAVI, Mauro. A reforma trabalhista e o processo do trabalho: aspectos processuais da Lei n. 13.467/17. 1. Ed. São Paulo. LTr Editora, 2017

3.2. Da divergência (ou não) entre os posicionamentos do supremo tribunal federal e do tribunal superior do trabalho

Ensina Paulo Nader que *"Súmula dos tribunais* é síntese do entendimento sobre *determinada quaestio iuris. A súmula é método que visa a prevenir a divergência entre as teses jurídicas e impedir os recursos meramente protelatórios."* Visa, assim, *"oferecer à sociedade e aos operadores do Direito a definição da ordem jurídica, proporcionando-lhes tanto quanto possível a certeza jurídica, levou o legislador pátrio a prever as súmulas dos tribunais como procedimento de uniformização da jurisprudência."*[15]

Neste esteio, o Supremo Tribunal Federal e o Tribunal Superior do Trabalho editaram dois importantes verbetes sumulares. A Corte Maior editou a Súmula 327, publicada no Diário Oficial de 13.12.1963, que possui o seguinte teor: *"O Direito Trabalhista admite a prescrição intercorrente."* Por seu turno, a Corte Trabalhista editou a Súmula 114, publicada em 01/11/1980, que possui o seguinte teor: "É inaplicável na Justiça do Trabalho *a prescrição intercorrente.".*

Antes de adentrar na celeuma posta sob análise, importante destacar que o Supremo Tribunal Federal, em decisões recentes, já não analisava a possibilidade, ou não, da prescrição intercorrente no âmbito do processo do trabalho, sob o fundamento de que *"(...) a análise de questão atinente à aplicabilidade do instituto da prescrição intercorrente no âmbito trabalhista demanda o exame da legislação infraconstitucional."*[16]

Pois bem. Da análise superficial da redação das referidas súmulas, chegar-se-ia à conclusão de que elas seriam diametralmente opostas. Todavia, debruçando-se sobre os julgados que deram ensejo a tais enunciados, tem-se que, em verdade, elas poderiam, a depender do alcance que se dê a cada uma delas, ser harmonizadas. Senão, vejamos.

Como visto acima, os julgados que deram ensejo a edição da Súmula 327 do Supremo Tribunal Federal levaram em consideração a seguinte situação fática: inércia exclusiva por parte do exequente.

Neste mesmo sentido, sinalizou o Tribunal Superior do Trabalho, em que pese no caso concreto ter sido afastada a prescrição intercorrente em virtude da ausência da demonstração concreta da inércia por parte do exequente:

> *"Como medida conciliatória à análise sistêmica do conteúdo da norma que emana do art. 878 da CLT (que consagra o impulso oficial da execução na seara trabalhista), com as disposições do art. 884, § 1º, da CLT (trata da prescrição do direito de executar a sentença),* ***parece-me que a incidência da prescrição intercorrente apenas se viabilizaria quando a paralisação do curso do pro-***

15. NADER, Paulo. Curso de Direito Civil Vol 1.
16. AI 841655 AgR, Relator Ministro Ricardo Lewandowski, Primeira Turma, julgamento em 31.5.2011, DJe de 15.6.2011

> ***cesso decorresse exclusivamente da inércia da parte exequente, isto é, quando esta deixasse de praticar os atos necessários ao desenvolvimento da marcha processual, e que só por ela poderiam ser praticados.***
>
> ...
>
> Ademais, no caso presente, a decisão rescindenda - em que declarada a incidência da prescrição intercorrente e determinado o arquivamento dos autos - está embasada nos princípios da boa-fé objetiva e da segurança jurídica, assentando-se na premissa de ocorrência de inércia do Recorrente (exequente), obstativa do prosseguimento do procedimento expropriatório, por mais de 2 (dois) anos, porquanto teria deixado de tomar providências que estavam ao seu encargo (fls. 324/327).
>
> Sucede, porém, que sequer consta da decisão rescindenda, acima transcrita, a indicação do ato que a parte teria deixado de praticar. Há apenas a alusão genérica sobre a inércia da parte exequente por prazo superior a 2 (dois) anos. Vale lembrar que no processo do trabalho a impulsão da execução de ofício (CLT, art. 878), não parecendo razoável – mesmo numa situação em que se vislumbre possível desleixo da parte – concluir pela ocorrência da prescrição intercorrente na hipótese em curso na ação matriz.
>
> Portanto, tratando-se de condenação ao pagamento de créditos oriundos da relação trabalhista, conforme jurisprudência da SBDI-2/TST, não há espaço para o reconhecimento da prescrição intercorrente."[17]

Tem-se, pois, que, a partir de uma interpretação não extremada das súmulas do Supremo Tribunal Federal e Tribunal Superior do Trabalho é possível, sim, conciliá-las.

Para isso, o entendimento do Supremo Tribunal Federal (*O Direito Trabalhista admite a prescrição intercorrente*) não pode ser extremado a ponto de se admitir a prescrição intercorrente em toda e qualquer situação e, por seu turno, o entendimento do Tribunal Superior do Trabalho (É inaplicável na Justiça do Trabalho a prescrição intercorrente) não poderia ir ao extremo de considerar que, mesmo quando a inércia relacionada atos privativos do exequente somente a este pode ser imputada, não restará configurada a prescrição intercorrente.

Neste sentido, a doutrina de Homero Batista Mateus da Silva:

> *"Então, uma solução intermediária propõe que as duas súmulas sejam lidas sob a mesma premissa. A redução da Súmula n. 114 do Tribunal Superior do Trabalho passaria a ser: É inaplicável na Justiça do Trabalho a prescrição intercorrente, supondo-se que a providencia seja concorrente, ao passo que a Súmula 327 do Supremo Tribunal Federal ficaria assim: O direito trabalhista admite a prescrição intercorrente, supondo que a providencia seja exclusiva da parte. Afinal, foram realmente essas premissas sobre as quais as súmulas se assentaram em suas origens, mas, por falta de maior clareza, a redação dos verbetes ficou incompleta, gerando a ambiguidade. Conclui-se, sem medo de errar, que ambas as súmulas*

17. Processo TRT - Referência: RO-6200/1996-0444-02. Órgão Judicante: Subseção II Especializada em Dissídios Individuais Relator: Ministro Douglas Alencar Rodrigues

trazem a mesma mensagem, mas representam um raro caso de discórdia na aparência e concórdia no subterrâneo".[18]

Todavia, não se desconhece que a jurisprudência do Tribunal Superior do Trabalho, predominantemente, possui uma interpretação absoluta da Súmula 114, vedando, regra geral, a aplicação da prescrição intercorrente, como visto no recente julgado RR - 51400-89.2007.5.05.0019, ora transcrito novamente:

> *RECURSO DE REVISTA INTERPOSTO NA VIGÊNCIA DO CPC/2015. EXECUÇÃO. PARALIZAÇÃO DO PROCESSO POR INÉRCIA DO EXEQUENTE. PRESCRIÇÃO DA PRETENSÃO EXECUTIVA. NÃO CONFIGURADA. 1. O Tribunal Regional, ao fundamento de que o exequente "silenciou por mais de três anos e apresentou os cálculos sem que qualquer outro documento fosse juntado aos autos, inclusive, com as planilhas que acostou", considerou prescrita a pretensão executiva, nos termos da Súmula 150 do STF. 2.* ***Contudo, a paralisação do processo por inércia do exequente caracterizaria, em tese, a prescrição intercorrente, cuja aplicação encontra óbice na Súmula 114/TST, haja vista que a execução trabalhista prescinde de iniciativa do interessado, uma vez que pode se desenvolver por impulso oficial do juiz. 3. A pronúncia da prescrição, na espécie, viola o art. 5º, XXXVI, da CF, pois impede os efeitos da coisa julgada.*** *Recurso de revista conhecido e provido.*
>
> *(RR - 51400-89.2007.5.05.0019, Relator Ministro: Hugo Carlos Scheuermann, Data de Julgamento: 16/08/2017, 1ª Turma, Data de Publicação: DEJT 18/08/2017)*

Por fim, importante frisar que, com a Reforma Trabalhista, a Súmula 114 do Tribunal Superior do Trabalho, que categoricamente vedava a prescrição intercorrente, deverá ser cancelada ou, ao menos, alterada.

3.3. Termo inicial do prazo prescricional intercorrente. Normas aplicáveis subsidiariamente à clt no que tange a prescrição intercorrente

Passa-se a tratar, neste momento, a respeito de dois pontos que se interligam, vez que o novel artigo 11-A, inserido pela Reforma Trabalhista, acabou por não regular, com detalhes, o termo inicial do prazo prescricional, o que levará a aplicação subsidiária de outros diplomas normativos, como, por exemplo, a Lei de Execuções Fiscais e o Código de Processo Civil.

De início, importante mencionar a nova redação do artigo 878 da Consolidação das Leis do Trabalho, ora transcrito:

18. DA SILVA, Homero Batista Mateus. Curso de Direito do Trabalho aplicado: execução trabalhista. São Paulo: Campus, 2010. P. 242.

> *Art. 878. A execução será promovida pelas partes, permitida a execução de ofício pelo juiz ou pelo Presidente do Tribunal apenas nos casos em que as partes não estiverem representadas por advogado.*

Assim, restou estabelecido que, em regra, não poderá mais o juiz, agindo por impulso oficial, promover a execução da sentença, ficando esta hipótese restrita aos casos em que a parte não estiver representada por advogado.

Ocorre que, no âmbito do processo trabalhista, existe uma zona de incerteza no que tange ao momento da liquidação, o que influenciará na aplicação do §1º do artigo 11-A, ora transcrito:

> § 1º *A fluência do prazo prescricional intercorrente inicia-se quando o exequente deixa de cumprir determinação judicial no curso da execução.*

Indaga-se: o momento da liquidação pode ser considerado como "*curso da execução*"? Sobre o tema, a doutrina é vacilante.

Parcela dos estudiosos, conforme apontam Renato Saraiva e Aryanna Manfredini, entende que "*a liquidação não integra o processo executivo, mas o antecede, constituindo-se num procedimento complementar do processo cognitivo para tornar líquido o título judicial.*"[19].

De outra parte, nomes como Carlos Henrique Bezerra Leite ensinam que:

> *"Parece-nos que na seara laboral o art. 879 da CLT, ao prescrever que 'sendo ilíquida a sentença ordenar-se-á previamente a sua liquidação', deixou claro que a liquidação constitui simples procedimento prévio da execução. É exatamente por essa razão que não se pode falar, em sede de execução trabalhista, que a liquidação constitui uma ação autônoma"*[20]

Certo é que, os dispositivos da Consolidação das Leis do Trabalho atinentes à liquidação (artigo 879 e parágrafos) estão inseridos dentro do capítulo "Da Execução", configurando um dos procedimentos preliminares.

Assim, caso a liquidação seja considerada como uma fase da execução, já neste momento, o juiz não poderia atuar de ofício, em respeito à nova redação do artigo 878 da Consolidação das Leis do Trabalho. Por seu turno, caso se interprete ser a liquidação um momento anterior à execução, o impulso oficial do juiz se encerraria quando da homologação dos cálculos de liquidação.

Isto impacta na prescrição intercorrente, pois, caso seja dada a interpretação de que a liquidação se insere no "*curso da execução*", duas consequências são vislumbradas: a primeira, acima exposta: o juiz não poderá atuar de ofício nesta etapa; a segunda: a inércia do autor, já neste momento do processo, poderá ensejar a ocorrência da prescrição intercorrente.

---

19. SARAIVA, Renato; MANFREDINI, Aryanna. Curso de Direito Processual do Trabalho. Ed. Juspodivm. 12ª ed.
20. LEITE. Carlos Henrique Bezerra Leite, Curso de direito processual do trabalho, 4 ed., p. 803.

Em que pese o princípio protetivo, acredita-se, na esteira dos antigos julgados do Supremo Tribunal Federal, na posição topográfica da liquidação no texto consolidado e do posicionamento de Manoel Antônio Teixeira Filho, que a liquidação já pode ser inserida no "*curso da execução*":

> *"Exemplifiquemos com os artigos de liquidação. Negligenciando o credor no atendimento ao despacho judicial que lhe ordenou a apresentação desses artigos, consistiria despautério indisfarçável imaginar que, diante disso, caberia ao próprio juiz deduzir os artigos de liquidação, substituindo, dessa maneira, o credor na prática do ato; não menos desarrazoada seria a opinião de que, na espécie, deveria o juiz transferir ao próprio devedor o encargo de realizar o ato. Que o devedor pode apresentar artigos de liquidação, disso não se dúvida; daí a compeli-lo a tanto vai uma ousada agressão à lei. A solução, portanto, seria aguardar-se o decurso, em branco, do prazo de dois anos, contado da data em que o credor foi intimado a oferecer os artigos de liquidação, para, em seguida - e desde que haja alegação do devedor nesse sentido -, pronunciar-se a prescrição intercorrente e, em virtude disso, extinguir-se o processo de execução com exame do mérito."*[21]

Assim, entende-se que a inércia do autor, já no momento da liquidação, poderá ensejar a ocorrência da prescrição intercorrente e que, por força do artigo 878, ao juiz caberá, após o trânsito em julgado da sentença, tão somente, intimar a parte exequente para que realize a liquidação, não podendo o juiz suprir esta inércia ao, por exemplo, determinar o envio dos autos para o setor de cálculos do Tribunal, determinar a realização de perícia contábil ou intimar a parte executada para fazê-lo.

Obviamente, caso a sentença tenha sido liquidada já no momento em que foi proferida, caberá ao juiz apenas intimar o autor para que tome ciência do trânsito em julgado e que tome as providências cabíveis para o regular andamento do feito. Ao autor caberá iniciar, ou não, a fase executória.

Superada a questão acerca da liquidação está, ou não, inserida no "*curso da execução*", avulta tratar da aplicação subsidiária da Lei de Execuções Fiscais e do Código de Processo Civil, no que tange a prescrição intercorrente.

Por motivos didáticos, transcreve-se os dispositivos dos referidos diplomas (com destaques), a fim de verificar as semelhanças e diferenças e analisar quais podem ser aplicados subsidiariamente ao processo do trabalho.

Código de Processo Civil:

> *Art. 921. Suspende-se a execução:*
>
> *III - quando o executado não possuir bens penhoráveis;*
>
> ***§ 1º Na hipótese do inciso III, o juiz suspenderá a execução pelo prazo de 1 (um) ano, durante o qual se suspenderá a prescrição.***

21. TEIXEIRA FILHO, Manoel Antônio. Execução no processo do trabalho. 10 ed. São Paulo: RT, 2011, p.297.

§ 2º Decorrido o prazo máximo de 1 (um) ano sem que seja localizado o executado ou que sejam encontrados bens penhoráveis, o juiz ordenará o arquivamento dos autos.

§ 3º Os autos serão desarquivados para prosseguimento da execução se a qualquer tempo forem encontrados bens penhoráveis.

§ 4º Decorrido o prazo de que trata o § 1º sem manifestação do exequente, começa a correr o prazo de prescrição intercorrente.

§ 5º O juiz, depois de ouvidas as partes, no prazo de 15 (quinze) dias, poderá, de ofício, reconhecer a prescrição de que trata o § 4º e extinguir o processo.

Lei de Execuções Fiscais:

Art. 40 - O Juiz suspenderá o curso da execução, ***enquanto não for localizado o devedor ou encontrados bens sobre os quais possa recair a penhora****, e, nesses casos, não correrá o prazo de prescrição.*

§ 1º - Suspenso o curso da execução, será aberta vista dos autos ao representante judicial da Fazenda Pública.

§ 2º - Decorrido o prazo máximo de 1 (um) ano, sem que seja localizado o devedor ou encontrados bens penhoráveis, o Juiz ordenará o arquivamento dos autos.

§ 3º - Encontrados que sejam, a qualquer tempo, o devedor ou os bens, serão desarquivados os autos para prosseguimento da execução.

§ 4º Se da decisão que ordenar o arquivamento tiver decorrido o prazo prescricional, o juiz, depois de ouvida a Fazenda Pública, poderá, de ofício, reconhecer a prescrição intercorrente e decretá-la de imediato. (Incluído pela Lei nº 11.051, de 2004)

§ 5º A manifestação prévia da Fazenda Pública prevista no § 4º deste artigo será dispensada no caso de cobranças judiciais cujo valor seja inferior ao mínimo fixado por ato do Ministro de Estado da Fazenda. (Incluído pela Lei nº 11.960, de 2009)

Analisando os diplomas acimas, verifica-se que, tanto o Código de Processo Civil quanto a Lei de Execuções Fiscais possuem um rol de abrangência mais amplo em relação à prescrição intercorrente prevista na Consolidação das Leis do Trabalho.

Enquanto nestes diplomas a prescrição intercorrente pode ocorrer quando não encontrado o executado ou este não possuir bens, no âmbito do processo do trabalho o único fato previsto na Consolidação das Leis do Trabalho que poderá ensejar a prescrição intercorrente será **a inercia do exequente em cumprir determinação judicial no curso da execução.**

Surge, então, dois questionamentos. O primeiro, se as hipóteses fáticas que ensejam a prescrição intercorrente no âmbito do processo civil e da execução fiscal poderiam, subsidiariamente, serem aplicadas ao processo do trabalho; a segunda; se o procedimento de suspensão do feito por um ano antes de, efetivamente, se pronunciar a prescrição intercorrente tem aplicação no processo do trabalho.

Estabelece o artigo 899 da Consolidação das Leis do Trabalho:

> *Art. 889 - Aos trâmites e incidentes do processo da execução são aplicáveis, naquilo em que não contravierem ao presente Título, os preceitos que regem o processo dos executivos fiscais para a cobrança judicial da dívida ativa da Fazenda Pública Federal.*

Assim, no processo do trabalho, a regra é que, sendo omisso texto consolidado, aplicar-se-á a Lei de Execuções Fiscais e, somente caso esta não supra a lacuna, aplicar-se-á o Código de Processo Civil.

Todavia, embora o artigo 15 do Código de Processo Civil preceitue que "*na ausência de normas que regulem processos eleitorais, trabalhistas ou administrativos, as disposições deste Código lhes serão aplicadas supletiva e subsidiariamente*", a Lei de Execuções Fiscais e o Código de Processo Civil somente podem ser aplicados se compatíveis com os princípios que regem o processo do trabalho, conforme preceitua o artigo 769 da Consolidação das Leis do Trabalho.

Partindo-se destas premissas, verifica-se que o rol ampliativo constante tanto no Código de Processo Civil como na Lei de Execuções Fiscais, que possibilita a ocorrência da prescrição intercorrente no caso de não localização do devedor ou inexistência de bens, em que pese a respeitável doutrinária contrária[22], podem ser aplicados no âmbito do processo do trabalho.

Aqui, filia-se parcialmente ao entendimento de Mauro Schiavi, que assevera que:

> *De outro lado, quando o executado não possuir bens penhoráveis, ou não for localizado, pensamos que as providências preliminares do art. 921 do CPC (suspensão da execução por um ano, sem manifestação duas aguente) devem ser aplicadas pela Justiça do Trabalho antes do início da fluência do prazo prescricional.*[23]

Parcialmente, haja vista que se entende que existe a possibilidade de aplicação subsidiaria, porém da Lei de Execuções Fiscais, já que não há omissão desta quanto ao tema.

Isto porque a omissão do texto consolidado, mesmo após a Reforma Trabalhista, é evidente e, com a inclusão da prescrição intercorrente no âmbito do processo do trabalho, a aplicação subsidiaria das aludidas normas processuais não pode mais ser considerada como incompatível com o processo do trabalho, já que

---

22. Os autores Thereza Nahas, Leone Pereira e Raphael Miziara entendem que: "*A propósito, não se aplica ao caso o disposto no artigo 921, § 4º, do CPC sobre o início do prazo de prescrição intercorrente. Lá, decorrido o prazo máximo de 1 (um) ano sem que seja localizado o executado ou que sejam encontrados bens penhoráveis, o juiz ordenará o arquivamento dos autos. Decorrido esse prazo sem manifestação do exequente, começa a correr o prazo de prescrição intercorrente. No processo do trabalho, o prazo da prescrição intercorrente se inicia quando o exequente deixa de cumprir determinação judicial no curso da execução.*" (NAHAS, Thereza. CLT Comparada Urgente. Thereza Nahas, Leone Pereira, Raphael Miziara. São Paulo: Editora Revista dos Tribunais, 2017.
23. SCHIAVI, Mauro. A reforma trabalhista e o processo do trabalho: aspectos processuais da Lei n. 13.467/17. 1. Ed. São Paulo. LTr Editora, 2017.

a incompatibilidade cessou quando a Reforma Trabalhista passou a prever a prescrição intercorrente no processo do trabalho.

Demais disso, os fins maiores, quais sejam, a segurança jurídica e pacificação social, não serão obtidos caso, mesmo diante da não localização do devedor ou da inexistência de bens a serem executados, o processo de execução perdure indefinidamente.

Assim, acredita-se que, no momento em que a norma trabalhista não vedou expressamente a hipótese fática prevista na Lei de Execuções Fiscais, abriu-se a possibilidade ao interprete aplicá-la subsidiariamente, já que não existe mais, como apontado acima, a incompatibilidade.

Desta forma, ainda que a vontade do legislador fosse restringir o alcance interpretativo da norma para a situação fática prevista no texto consolidado, interpretações diversas são possíveis, já que o ordenamento jurídico não é um sistema fechado e o desejo do legislador, apesar de importante, não necessariamente prevalece, já que a norma ganha vida própria quando entra em vigor.

Por fim, o segundo questionamento diz respeito a necessidade, ou não, de suspender o feito por um ano antes de, efetivamente, se pronunciar a prescrição intercorrente no processo do trabalho.

Na hipótese de aplicação subsidiária do Código de Processo Civil e da Lei de Execuções Fiscais (não localização do devedor ou inexistência de bens), não resta dúvida de que haverá a necessidade de suspender o feito por um ano, durante o qual não correrá a prescrição intercorrente, sendo que do despacho que determinar o arquivamento do feito, o exequente deverá ser intimado. Ultrapassado este período, o juiz deverá intimar o exequente para se manifestar, sendo este procedimento de suma importância, pois, além de evitar decisões inesperadas, possibilita ao credor expor eventual causa interruptiva ou suspensiva da prescrição.

Por seu turno, no que tange a hipótese de inércia do exequente, a Consolidação das Leis do Trabalho não deixou dúvidas acerca do procedimento a ser adotado. Vejamos a redação do artigo 11-A, em seu § 1º:

> § 1º *A fluência do prazo prescricional intercorrente inicia-se quando o exequente deixa de cumprir determinação judicial no curso da execução.*

Neste caso, entende-se que não se aplicará subsidiariamente a Lei de Execuções Fiscais, sendo desnecessária a suspensão do feito e arquivamento deste por um ano. Assim, caso o exequente, uma vez intimado para dar prosseguimento à execução trabalhista, permaneça inerte, deixando transcorrer o prazo estabelecido pelo juízo, no dia seguinte ao término iniciará o prazo 02 anos relativo à prescrição intercorrente.

Todavia, mesmo nesta hipótese (inércia do exequente), entende-se ser necessária a aplicação do artigo 40, § 4º, da Lei de Execuções Fiscais, ou seja, deverá o exequente ser previamente intimado para se manifestar, vez que existe interesse em expor eventual causa suspensiva ou interruptiva da prescrição.

4. CONCLUSÃO

De todo o exposto, verifica-se o quão relevante foi a inovação trazida pela Reforma Trabalhista, vez que ensejou uma mudança de paradigma, atribuindo um ônus significativo sobre o credor trabalhista.

Sem sombra de dúvidas, o debate sobre a prescrição intercorrente no âmbito do processo do trabalho (que já era acalorado) irá se intensificar cada vez mais, sendo de suma importância a análise dos posicionamentos doutrinários e, principalmente, jurisprudenciais acerca do tema.

Espera-se que as linhas acima tenham contribuído com o debate, pois, desta forma, o presente artigo terá alcançado o seu principal objetivo.

REFERÊNCIAS

CAHALI, Yussef Said. Prescrição e Decadência. São Paulo: RT, 2008.

DA SILVA, Homero Batista Mateus. Curso de Direito do Trabalho aplicado: execução trabalhista. São Paulo: Campus, 2010. P. 242.

DE BARROS, Alice Monteiro. Curso de Direito do Trabalho. LTr 2016

DELGADO, Mauricio Godinho. Curso de Direito do Trabalho. LTr, 12ª Ed.

LEITE. Carlos Henrique Bezerra Leite, Curso de direito processual do trabalho, 4 ed.

MIRANDA, Pontes de. Tratado das Ações. Tomo I. 2 ed. São Paulo: RT, 1972.

MIZIARA, Raphael. A tutela da confiança e a prescrição intercorrente na execução trabalhista: o equívoco da Instrução normativa n. 39 do TST. Revista eletrônica [do] Tribunal Regional do Trabalho da 9ª Região, Curitiba, PR, v. 5, n. 50, p. 204-222, maio 2016.

NADER, Paulo. Curso de Direito Civil Vol 1. Rio de Janeiro: Forense.

SARAIVA, Renato; MANFREDINI, Aryanna. Curso de Direito Processual do Trabalho. Ed. Juspodivm. 12ª ed.

SCHIAVI, Mauro. A reforma trabalhista e o processo do trabalho: aspectos processuais da Lei n. 13.467/17. 1. Ed. São Paulo. LTr Editora, 2017.

TEIXEIRA FILHO, Manoel Antônio. Execução no processo do trabalho. 10 ed. São Paulo: RT, 2011, p.297.

A PRESCRIÇÃO INTERCORRENTE NA EXECUÇÃO TRABALHISTA DEPOIS DA REFORMA TRABALHISTA INTRODUZIDA PELA LEI N. 13.467/2017

Ben-Hur Silveira Claus[1]

"[...] nenhum outro crédito deve ter, em sua execução judicial, preferência, garantia ou rito processual que supere os do crédito público, à exceção de alguns créditos trabalhistas." (item 4 da Exposição de Motivos n. 223 da Lei n. 6.830/80)

Sumário: Introdução – 1. A atual jurisprudência do tst sobre a prescrição intercorrente na execução – 2. A prescrição intercorrente na lei de executivos fiscais – 3. A prescrição intercorrente no cpc de 2015 – 4. A prescrição intercorrente na execução trabalhista – aspectos gerais – 5. A prescrição intercorrente na execução trabalhista – aspectos específicos: a questão da execução de ofício – 6. A prescrição intercorrente na execução trabalhista – aspectos específicos: a prescrição intercorrente não retroage – 7. Em favor da aplicação combinada da lef e do art. 11-A da CLT – 8. A necessidade de intimar também a parte exequente pessoalmente – 9. Consumado o prazo prescricional, não cabe nova diligência para penhora – Conclusão – Referências bibliográficas.

INTRODUÇÃO

O presente estudo tem por objetivo enfrentar o tema da prescrição intercorrente prevista no art. 11-A da CLT e sua aplicação à execução trabalhista. O preceito foi introduzido na Consolidação das Leis do Trabalho pela Lei n. 13.467/2017 (Reforma Trabalhista) e apresenta a seguinte redação:

---

1. Juiz do Trabalho do Tribunal Regional do Trabalho da 4ª Região (RS). Mestre em Direito.

> "Art. 11-A. Ocorre a prescrição intercorrente no processo do trabalho no prazo de dois anos.
>
> § 1º. A fluência do prazo prescricional intercorrente inicia-se quando o exequente deixa de cumprir determinação judicial no curso da execução.
>
> § 2º. A declaração da prescrição intercorrente pode ser requerida ou declarada de ofício em qualquer grau de jurisdição."

Parece adequado iniciar o presente estudo pelo exame da atual jurisprudência do Tribunal Superior do Trabalho sobre o tema da prescrição intercorrente e sobre as perspectivas da jurisprudência diante da introdução da prescrição intercorrente na execução trabalhista no direito positivo do trabalho.

1. A ATUAL JURISPRUDÊNCIA DO TST SOBRE A PRESCRIÇÃO INTERCORRENTE NA EXECUÇÃO

No período anterior à denominada Reforma Trabalhista, o Tribunal Superior do Trabalho pacificou sua jurisprudência no sentido de que a prescrição intercorrente é inaplicável à execução trabalhista. A súmula 114 do TST sintetiza esse posicionamento. Aprovada no ano de 1980, a Súmula 114 do TST tem a seguinte redação: "PRESCRIÇÃO INTERCORRENTE. É inaplicável na Justiça do Trabalho a prescrição intercorrente".

Em que pese a possibilidade de arguição de prescrição intercorrente estivesse prevista no art. 884, § 1º, da CLT[2], o Tribunal Superior do Trabalho construiu sua jurisprudência na perspectiva de afirmar a inaplicabilidade da prescrição intercorrente à execução trabalhista. Mesmo quando a paralisação da execução decorre da inércia do exequente, ainda assim a jurisprudência do TST acabou por afirmar, mais recentemente, ser inaplicável a prescrição intercorrente ao processo do trabalho na fase de execução (TST-RR-20400-07.1995.5.02.0074, Relator Ministro João Oreste Dalazen, DEJT 27/02/2015).

De outra parte, a atual jurisprudência do Tribunal Superior do Trabalho reputa insubsistente a distinção algumas vezes estabelecida entre prescrição intercorrente e prescrição da ação executiva, sob o fundamento de que essa distinção "... traz subjacente a superada ideia de bipartição entre ação de conhecimento e ação de execução, que já não existia no Processo do Trabalho, caracterizado por uma relação processual única, mesmo antes das reformas do CPC, que implicaram a consolidação do chamado processo sincrético, identificado pela união de tutelas cognitivas e executivas" (TST-RR-72600-08.1989.5.02.0007, 2ª Turma, Rel. Min. José Roberto Freire Pimenta, DEJT 13/03/2015).

---

2. "Art. 884. Garantida a execução ou penhorados os bens, terá o executado cinco dias para apresentar embargos, cabendo igual prazo ao exequente para impugnação.

   § 1º. A matéria de defesa será restrita às alegações de cumprimento da decisão ou do acordo, quitação ou prescrição da dívida."

Fundada na possibilidade de o juiz promover a execução de ofício por força da previsão do art. 878, *caput*, da CLT, a jurisprudência do TST foi estruturada axiologicamente sobre uma concepção *substancialista* do Direito do Trabalho, com o evidente propósito de consagrar ao crédito trabalhista a hierarquia própria a sua condição de crédito representativo de direito fundamental previsto no art. 7º da Constituição Federal, dotado do superprivilégio legal previsto no art. 186 do Código Tributário Nacional. Para *André Araújo Molina*, o TST realizou uma metainterpretação da jurisprudência para os casos em que a execução ficava parada em razão de omissão de ato do juízo ou da prática de ato da defesa. Essa interpretação conduzia ao afastamento da prescrição intercorrente, já que a paralisação do processo não era causada pela omissão do exequente.[3]

A concepção *substancialista* que conforma a jurisprudência do Tribunal Superior do Trabalho sobre o tema revela-se evidente quando se observa que o TST admite Recurso de Revista contra a decisão regional que acolhe a arguição de prescrição intercorrente. Essa concepção *substancialista* torna-se ainda mais evidente quando o estudo da jurisprudência do TST revela que o tribunal admite o Recurso de Revista sob fundamento de violação a três distintos dispositivos da Constituição Federal. Em outras palavras, o TST reputa caracterizada ofensa direta e literal a três dispositivos da Constituição Federal quando o Tribunal Regional do Trabalho declara prescrição intercorrente na execução.

Como é sabido, o cabimento de Recurso de Revista na fase de execução está restrito à hipótese de violação literal e direta de norma da Constituição Federal. Com efeito, a teor do art. 896, § 2º, da CLT, não cabe Recurso de Revista das decisões proferidas em execução de sentença, "... salvo na hipótese de ofensa direta e literal de norma da Constituição Federal."[4]

A pesquisa realizada na jurisprudência revela que o Tribunal Superior do Trabalho admite Recurso Revista nessa hipótese tanto sob fundamento de violação ao art. 5º, XXXVI, da Constituição Federal (coisa julgada) quanto sob fundamento de violação ao art. 5º, XXXV, da Constituição Federal (cláusula da inafastabilidade da jurisdição); bem como sob fundamento de violação ao art. 7º, XXIX, da Constituição Federal (prescrição bienal e quinquenal).

As ementas a seguir sintetizam a concepção *substancialista* da jurisprudência do Tribunal Superior do Trabalho acerca da matéria, na medida em que revelam que o TST admite o recurso de revista por:

a) ofensa ao inciso XXXVI do art. 5º da Constituição Federal (coisa julgada):

---

3. "A prescrição intercorrente na execução trabalhista". *Revista Jurídica Luso-Brasileira*, Ano 3 (2017), nº 2. p. 124.

4. "Art. 896. Cabe Recurso de Revista... .

§ 2º. Das decisões proferidas pelos Tribunais Regionais do Trabalho ou por suas Turma, em execução de sentença, inclusive em processo incidente de embargos de terceiro, não caberá Recurso de Revista, salvo na hipótese de ofensa direta e literal de norma da Constituição Federal."

"RECURSO DE EMBARGOS INTERPOSTO SOB A ÉGIDE DA LEI Nº 11.496/2007. EXECUÇÃO. PRESCRIÇÃO INTERCORRENTE. ALEGAÇÃO DE AFRONTA À COISA JULGADA. Afronta o art. 5º, XXXVI, da Constituição da República decisão por meio da qual se extingue a execução com resolução do mérito, em virtude da incidência da prescrição intercorrente, uma vez que tal conduta impede indevidamente a produção dos efeitos materiais da coisa julgada, tornando sem efeitos concretos o título judicial transitado em julgado. Recurso de embargos conhecido e provido." (E-RR – 4900-08.1989.5.10.0002, Relator Ministro Lelio Bentes Corrêa, SBDI – 1, DEJT 29/06/2012);

b) ofensa ao inciso XXXV do art. 5º da Constituição Federal (cláusula da inafastabilidade da jurisdição):

"RECURSO DE REVISTA INTERPOSTO NA VIGÊNCIA DA LEI Nº 13.015/2014. FASE DE EXECUÇÃO. INÉRCIA DO EXEQUENTE. JUSTIÇA DO TRABALHO. PRESCRIÇÃO INTERCORRENTE. INAPLICABILIDADE. ART. 5º, XXXV, DA CONSTITUIÇÃO FEDERAL. 1. A jurisprudência do Tribunal Superior do Trabalho consolidou o entendimento de que não se aplica a prescrição intercorrente na Justiça do Trabalho, sob pena de ineficácia da coisa julgada material. Precedentes. 2. A diretriz perfilhada na Súmula nº 114 do TST também incide no caso de paralisação do processo decorrente de inércia do exequente. Ressalva de entendimento pessoal do Relator. 3. Viola o art. 5º, XXXV, da Constituição Federal acórdão regional que mantém a declaração de prescrição intercorrente, ante a inércia do Exequente. 4. Recurso de revista do Exequente de que se conhece a que se dá provimento para afastar a prescrição intercorrente e determinar a remessa dos autos à Vara do Trabalho de origem, para que prossiga na execução." (RR-162700-04.1997.5.03.0103, Relator Ministro João Oreste Dalazen, 4ª Turma, DEJT 17/06/2016);

c) ofensa ao inciso XXIX do art. 7º da Constituição Federal (prescrição bienal e quinquenal):

"RECURSO DE REVISTA. FASE DE EXECUÇÃO. INÉRCIA DO EXEQUENTE. JUSTIÇA DO TRABALHO. PRESCRIÇÃO INTERCORRENTE. INAPLICABILIDADE SÚMULA Nº 114 DO TRIBUNAL SUPERIOR DO TRABALHO. 1. A jurisprudência do Tribunal Superior do Trabalho consolidou o entendimento de que não se aplica a prescrição intercorrente na Justiça do Trabalho. 2. A diretriz perfilhada na Súmula nº 114 do TST também incide no caso de paralisação do processo decorrente de inércia do exequente. Ressalva de entendimento pessoal do Relator. 3. O art. 7º, XXIX, da Constituição Federal prevê a contagem da prescrição bienal e quinquenal na Justiça do Trabalho em relação à data de extinção da relação de trabalho e do ajuizamento da ação, *não durante seu trâmite*. 4. Viola o art. 7º, XXIX, da Constituição Federal acórdão regional que mantém a declaração de prescrição intercorrente, ante a inércia do Exequente. 5. Recurso de revista de que se conhece e a que se dá provimento para afastar a prescrição intercorrente e determinar a remessa dos autos à Vara do Trabalho de origem, para que prossiga na execução (RR-20400-07.1995.5.02.0074, Relator Ministro João Oreste Dalazen, DEJT 27/02/2015).

No primeiro julgado, o TST reputou violado o art. 5º, XXXVI, da Constituição Federal por entender que a declaração de prescrição intercorrente pelo Tribunal

Regional esvazia a coisa julgada material estabelecida no título executivo judicial em execução; para reproduzir os termos da ementa, porque a pronúncia da prescrição intercorrente pelo Tribunal Regional "... impede indevidamente a produção dos efeitos materiais da coisa julgada, tornando sem efeitos concretos o título judicial transitado em julgado."

No segundo julgado, o TST reputou violado o art. 5º, XXXV, da Constituição Federal por entender que a declaração de prescrição intercorrente pelo Tribunal Regional não se aplica na Justiça do Trabalho, "sob pena de ineficácia da coisa julgada material".

É questionável a conclusão pela ocorrência de ofensa direta e literal aos dois preceitos constitucionais em questão; a ofensa poderia ser considerada apenas reflexa (indireta). Merece registro o fato de que o TST não admite prescrição intercorrente mesmo na hipótese de inércia do exequente. O fato de o relator ter registrado entendimento pessoal em sentido contrário confirma ser majoritário no Tribunal o entendimento de que não se aplica prescrição intercorrente ainda que a paralisação da execução decorra da inércia do exequente. Tanto o primeiro julgado quanto o segundo julgado têm por propósito evitar a ineficácia da coisa julgada material que a declaração da prescrição intercorrente acarretaria em termos concretos. Daí a razão por que reputo *substancialista* a concepção da atual jurisprudência do Tribunal Superior do Trabalho acerca da matéria, na medida em que a conclusão pela ocorrência de ofensa direta e literal dos incisos XXXVI e XXXV revelar-se-ia controvertida em face da tradição da teoria constitucional. A jurisprudência do TST supera o entendimento estrito de que a ofensa aos referidos preceitos constitucionais seria apenas reflexa (indireta), para divisar ofensa direta e literal à *substância* dos incisos XXXVI e XXXV do art. 5º da Constituição Federal quando a decisão regional declara prescrição intercorrente na execução trabalhista.

No terceiro julgado, o TST reputou violado o art. 7º, XXIX, da Constituição Federal por entender que não se pode extrair deste preceito constitucional a existência de prescrição intercorrente. Na fundamentação do julgado, está assentado que a previsão do preceito da Constituição Federal não trata de prescrição durante o trâmite do processo. Isso porque tanto a prescrição bienal quanto a prescrição quinquenal vinculam-se tão-somente à data da extinção do contrato de trabalho e à data da propositura da demanda. Vale transcrever esta parte da ementa: "3. O art. 7º, XXIX, da Constituição Federal prevê a contagem da prescrição bienal e quinquenal na Justiça do Trabalho em relação à data de extinção da relação de trabalho e do ajuizamento da ação, *não durante seu trâmite*" (grifei).

Em outro acórdão em que o TST reputou violado o inciso XXIX do art. 7º da Constituição Federal, da lavra do Min. José Roberto Freire Pimenta, essa fundamentação foi mais especificamente detalhada, tendo o Tribunal assentado que o instituto da prescrição trabalhista tem como fonte normativa principal a própria Constituição Federal. Na ocasião, afirmou-se: "... esta Corte assentou o entendimento de que não se aplica ao processo trabalhista a prescrição intercorrente, porquanto o instituto da prescrição no Direito do Trabalho possui como fonte principal o artigo 7º, inciso XXIX, da Constituição Federal, do qual, absolutamente, não se extrai nem se deduz a incidência da prescrição intercorrente" (TST-RR-72600-08.1989.5.02.0007, 2ª Turma, Rel. Min. José Roberto Freire Pimenta, DEJT 13/03/2015).

Se nos dois julgados anteriores o intérprete depara-se com dúvida razoável acerca do controvertido problema da caracterização de ofensa direta e literal a norma constitucional, no terceiro julgado e no último julgado mencionado parece mais razoável divisar violação direta e literal a preceito constitucional, sobretudo quando o Tribunal afirma que o instituto da prescrição no Direito do Trabalho tem como fonte principal o art. 7º, inciso XXIX, da Constituição Federal.

Se o entendimento que se extrai desses dois últimos julgados permanecer subsistente no âmbito do TST mesmo após a revogação da faculdade de o magistrado promover a execução de ofício pela Lei nº 13.467/2017, que confere nova redação ao art. 878 da CLT, é razoável admitir que a jurisdição trabalhista poderá vir a declarar a inconstitucionalidade do art. 11-A da CLT, em razão do entendimento de que o art. 11-A da CLT violaria o preceito constitucional do art. 7º, inciso XXIX, da Constituição Federal, na medida em que do preceito constitucional não se extrai interpretação acerca de existência prescrição intercorrente no Direito do Trabalho, conforme a atual jurisprudência do Tribunal Superior do Trabalho. Entretanto, é necessário refletir sobre a eventual opção pela declaração incidental de inconstitucionalidade do preceito do art. 11-A da CLT, na medida em que uma reação previsível seria o recurso das entidades patronais ao controle concentrado de constitucionalidade acerca do preceito em questão mediante Ação Direta de Constitucional do art. 11-A, situação na qual a tendência natural do Supremo Tribunal Federal seria a de referendar sua jurisprudência, corroborando a diretriz hermenêutica da Súmula 372, na qual o STF afirma que "o direito trabalhista admite a prescrição intercorrente".[5]

A jurisprudência do TST acerca do tema da prescrição intercorrente foi construída sob o pressuposto de que o juiz estava autorizado a promover a execução de ofício, a teor do art. 878, *caput*, da CLT, na redação anterior à Lei n. 13.467/2017. A denominada Reforma Trabalhista pretendeu retirar esse poder de iniciativa do magistrado, alterando a redação do dispositivo legal em questão. Com a alteração da redação do art. 878 da CLT, a Reforma Trabalhista pretendeu limitar a iniciativa do juiz para promover a execução à hipótese em que as partes não estão representadas por advogado. Essa hipótese é exceção; em regra, as partes têm advogado constituído nos autos do processo.

Resta saber se o TST vai manter a diretriz de sua jurisprudência acerca da prescrição intercorrente após a modificação introduzida na redação do art. 878 da CLT pela Lei nº 13.467/2017 e após a introdução de previsão expressa de pres-

5. Súmula 327 do STF: "PRESCRIÇÃO INTERCORRENTE. O direito trabalhista admite a prescrição intercorrente" (1963).

crição intercorrente na execução trabalhista pelo art. 11-A da CLT reformada. Isso porque a jurisprudência do Tribunal foi estruturada sob a vigência da redação anterior do art. 878 da CLT, preceito revogado pela legislação que introduziu a denominada Reforma Trabalhista na CLT. Para *Manoel Antonio Teixeira Filho*, a superveniência do art. 11-A da CLT reformada deverá implicar o cancelamento da Súmula 114 do TST.[6]

Outro aspecto sobre o qual a comunidade jurídica aguarda pelo posicionamento do TST diz respeito ao itinerário procedimental a ser observado na aplicação da prescrição intercorrente introduzida pelo art. 11-A da CLT reformada. Neste particular, cumpre registrar que a Instrução Normativa nº 39/2016 do TST definira posição pela não aplicação dos arts. 921 e 924 do CPC de 2015 ao processo do trabalho, fazendo-o de forma coerente com a jurisprudência que se uniformizara na Súmula 114 do TST – "É inaplicável na Justiça do Trabalho a prescrição intercorrente". Porém, é necessário registrar o elemento cronológico de que esse posicionamento foi adotado pelo TST antes do advento da Reforma Trabalhista. Com a superveniência da Reforma Trabalhista instituída pela Lei n. 13.467/2017, foi alterada a redação do art. 878 da CLT e foi introduzida a prescrição intercorrente na execução pela redação do art. 11-A, o que torna atual a questão de definir o procedimento a ser observado para a pronúncia da prescrição intercorrente.

2. A PRESCRIÇÃO INTERCORRENTE NA LEI DE EXECUTIVOS FISCAIS

A previsão de incidência da Lei de Executivos Fiscais na execução trabalhista, estabelecida no art. 889 da CLT[7], recomenda o estudo do tema da prescrição intercorrente no âmbito dos executivos fiscais, a fim de melhor compreender o alcance do art. 11-A da CLT, preceito introduzido pela denominada Reforma Trabalhista, instituída pela Lei nº 13.467/2017.

Nada obstante a jurisprudência uniformizada do TST tenha assentado na Súmula 114 o entendimento de que a prescrição intercorrente não se aplica ao processo do trabalho, não se desconhece o fato de que setores consideráveis da magistratura do trabalho, acompanhados da doutrina trabalhista majoritária, vinham sustentando a aplicabilidade da prescrição intercorrente na execução, fazendo-o mediante a adoção do itinerário procedimental estabelecido no art. 40 da Lei n. 6.830/80, sob a invocação da aplicação da Lei de Executivos Fiscais à execução trabalhista, a teor do art. 889 da CLT.

Na redação originária do art. 40 da Lei n. 6.830/80 havia apenas três (3) parágrafos. Não havia o § 4º, que viria a ser introduzido pela Lei 11.051/2004.

A redação originária do art. 40 da LEF era a seguinte:

6. *O processo do trabalho e a reforma trabalhista*. São Paulo: LTr, 2017. p. 39.

7. "Art. 889. Aos trâmites e incidentes do processo da execução são aplicáveis, naquilo que não contravierem ao presente Título, os preceitos que regem o processo dos executivos fiscais para a cobrança judicial da dívida ativa da Fazenda Pública Federal."

> "Art. 40. O juiz suspenderá o curso da execução, enquanto não for localizado o devedor ou encontrados bens sobre os quais possa recair a penhora, e, nesses casos, não correrá o prazo de prescrição.
>
> § 1º. Suspenso o curso da execução será aberta vista dos autos ao representante judicial da Fazenda Pública.
>
> § 2º. Decorrido o prazo máximo de 1 (um) ano, sem que seja localizado o devedor ou encontrados bens penhoráveis, o Juiz ordenará o arquivamento dos autos.
>
> § 3º. Encontrados que sejam, a qualquer tempo, o devedor ou os bens, serão desarquivados os autos para prosseguimento da execução" (sublinhei).

A interpretação gramatical da redação originária do art. 40 da Lei n. 6.830/80 dava margem ao entendimento de que o direito à exigibilidade da obrigação tributária tornar-se-ia imprescritível na hipótese de não localização do devedor ou de bens penhoráveis. Isso porque o § 3º do art. 40 da LEF previa o desarquivamento dos autos para prosseguimento da execução quando encontrados, a qualquer tempo, o devedor ou bens a penhorar. A locução "a qualquer tempo" induzia ao entendimento pela imprescritibilidade do direito a exigir a obrigação tributária, pois sugeria que a execução fiscal poderia ser retomada no futuro sem nenhum limite temporal; encontrado o devedor ou localizados bens a penhorar, a referida locução sugeria a possibilidade de ser retomada a execução fiscal no futuro, indefinidamente. Essa interpretação, contudo, não se conforma à norma de ordem pública do art. 202, parágrafo único, do Código Civil, preceito segundo o qual "a prescrição interrompida recomeça a correr da data do ato que a interrompeu, ou do último ato para a interromper."

A regra é a prescritibilidade das pretensões. A imprescritibilidade é exceção. A Constituição Federal estabelece algumas hipóteses de imprescritibilidade: a) crime de racismo (CF, art. 5º, XLII); b) crime de ação armada contra a ordem constitucional e o Estado Democrático (CF, art. 5º, XLIV); c) ação de ressarcimento por prejuízos causados ao erário (CF, art. 37, § 5º). São hipóteses excepcionais expressamente previstas no direito positivo. As ações declaratórias também são imprescritíveis, por construção doutrinária. As ações condenatórias estão sujeitas à prescrição. As ações reclamatórias trabalhistas são espécie do gênero das ações condenatórias.

Na doutrina, a interpretação pela imprescritibilidade do direito à obrigação tributária foi desde logo rejeitada. *Humberto Theodoro Júnior*, ao comentar o art. 40 da Lei n. 6.830/80, foi categórico sobre o tema, assentando "... a necessidade de evitar-se a interpretação literal, pois essa acabaria provocando a aberração de criar-se direito obrigacional imprescritível em favor da Fazenda Pública"[8].

A tese da imprescritibilidade também foi rejeitada pela jurisprudência. O Supremo Tribunal Federal assentou no particular: "A interpretação dada, pelo acórdão recorrido, ao art. 40 da Lei 6.830/80, recusando a suspensão da prescrição

8. *Lei de Execução Fiscal*. São Paulo: Saraiva, 2009. p. 229.

por prazo indefinido, é a única susceptível de torná-lo compatível com a norma do art. 174, parág. único, do Cód. Tributário Nacional, a cujas disposições gerais é reconhecida a hierarquia da lei complementar" (STF, RE 106.217-SP, Rel. Min. Octávio Galotti, ac. de 9-9-1986, RTJ 119:328).

O Superior Tribunal de Justiça também recusou a tese da imprescritibilidade da ação relativa à obrigação tributária, rejeitando o entendimento a que a interpretação gramatical do § 3º do art. 40 da Lei de Executivos Fiscais poderia conduzir o intérprete desavisado: "O art. 40 da Lei n. 6.830/80 é silente quanto ao prazo máximo da suspensão do curso da execução. Todavia, cumpre afastar interpretação que a identifique à imprescritibilidade. Analogicamente, considerar-se-á o prazo de um ano" (STJ, 2ª T., REsp 6.783-RS, Rel. Min. Vicente Cernicchiaro, ac. de 17-12-1990, DJU 4-3-1991).

Na solução do conflito entre o art. 174 do CTN e o art. 40 da LEF, a jurisprudência do STJ conferiu prevalência ao preceito do Código Tributário Nacional, em detrimento à literalidade do art. 40 da Lei n. 6.830/80, consolidando a diretriz hermenêutica antes referida, segundo a qual o sistema tributário não se compatibiliza com a noção de imprescritibilidade. Em acórdão do ano de 2003, a matéria em questão foi solucionada neste sentido: "4. Os casos de interrupção do prazo prescricional estão previstos no art. 174 do CTN, nele não incluídos os do artigo 40, da Lei n. 6.830/80. Há de ser sempre lembrado que o art. 174, do CTN tem natureza de Lei Complementar. 5. O art. 40, da Lei n. 6.830/80, nos termos em que admitido em nosso ordenamento jurídico, não tem prevalência. Sua aplicação há de sofrer os limites impostos pelo art. 174, do CTN. 6. Repugna aos princípios informadores do nosso sistema tributário a prescrição indefinida. Após o decurso de determinado tempo sem promoção da parte interessada, deve-se estabilizar o conflito, pela via da prescrição, impondo segurança jurídica aos litigantes" (STJ, 1ª T., REsp 388.000/SP, Rel. Min. José Delgado, ac. de 21-2-2003, RJTAMG 85:386).

No ano de 2004 e na linha da orientação que se consolidara na jurisprudência, a Lei n. 11.051/2004 alterou a redação originária da Lei n. 6.830/80, para introduzir o § 4º no art. 40 da LEF, positivando previsão de aplicação de prescrição intercorrente nos executivos fiscais de forma expressa. E essa aplicação ocorre de ofício. Para tanto, basta que tenha ocorrido o arquivamento provisório dos autos e, após, que tenha decorrido o prazo prescricional quinquenal aplicável à execução fiscal.

Com o acréscimo do § 4º introduzido pela Lei n. 11.051/2004, a redação do art. 40 da Lei n. 6.830/80 passou a ser a seguinte:

> "Art. 40. O juiz suspenderá o curso da execução, enquanto não for localizado o devedor ou encontrados bens sobre os quais possa recair a penhora, e, nesses casos, não correrá o prazo de prescrição.
>
> § 1º. Suspenso o curso da execução será aberta vista dos autos ao representante judicial da Fazenda Pública.
>
> § 2º. Decorrido o prazo máximo de 1 (um) ano, sem que seja localizado o devedor ou encontrados bens penhoráveis, o Juiz ordenará o arquivamento dos autos.

> § 3º. Encontrados que sejam, a qualquer tempo, o devedor ou os bens, serão desarquivados os autos para prosseguimento da execução.
>
> § 4º. Se da decisão que ordenar o arquivamento tiver decorrido o prazo prescricional, o juiz, depois de ouvida a Fazenda Pública, poderá, de ofício, reconhecer a prescrição intercorrente e decretá-la de imediato."

Trata-se de inovação legislativa significativa. Comentando o preceito, *Humberto Theodoro Júnior* registra que as dificuldades encontradas pela jurisprudência na aplicação do art. 40 da LEF foram superadas pela Lei n. 11.051/2004, que acrescentou o § 4º. Comentando o novo preceito, o jurista mineiro registrou que, "... uma vez arquivados os autos e transcorrido o prazo prescricional, o juiz ficará autorizado a decretar a prescrição intercorrente, de ofício".[9]

A jurisprudência do STJ confirmou a interpretação de *Humberto Theodoro Júnior* acerca do alcance do § 4º do art. 40 da Lei n. 6.830/80: "O atual § 4º do art. 40 da LEF, acrescentado pela Lei 11.051, de 29.12.04 (art. 6º), viabiliza a decretação da prescrição intercorrente por iniciativa judicial, com a única condição de ser previamente ouvida a Fazenda Pública, permitindo-lhe arguir eventuais causas suspensivas ou interruptivas do prazo prescricional. Tratando-se de norma de natureza processual, tem aplicação imediata, alcançando inclusive os processos em curso". (STJ-1ª T., REsp 735.220, Min. Teori Zavascki, j. 3.3.05, DJU 16-05.05).

A Súmula 314 do STJ sintetiza a atual jurisprudência acerca da prescrição intercorrente no âmbito dos executivos fiscais, ao estabelecer que: "Em execução fiscal, não localizados bens penhoráveis, suspende-se o processo por um ano, findo o qual se inicia o prazo da prescrição quinquenal intercorrente." Essa súmula foi aprovada no final do ano de 2005 e publicada no início do ano de 2006.

A maior novidade a acrescentar à súmula 314 do STJ é, na observação de *Humberto Theodoro Junior*, a autorização legal conferida ao juiz para declarar a prescrição intercorrente de ofício, com fundamento no § 4º do art. 40 da Lei n. 6.830/80, preceito introduzido na Lei de Executivos Fiscais pela Lei n. 11.051/2004.

Como se viu, tanto a doutrina quanto a jurisprudência rejeitaram a tese da imprescritibilidade no âmbito da execução fiscal. Não há dúvida de que a formulação doutrinária e jurisprudencial sobre a matéria serviu de subsídio à legislação que viria alterar a redação originária do art. 40 da Lei n. 6.830/80, mediante a introdução do § 4º, inserido pela Lei n. 11.051/2004, para positivar a aplicabilidade da prescrição intercorrente nos executivos fiscais de forma induvidosa, inclusive de ofício.

Há um outro elemento cronológico importante para a compreensão do tema. Esse elemento cronológico sobrevém cinco (5) anos após o advento da Lei n. 11.051/2004, que acrescentou o § 4º ao art. 40 da LEF. Trata-se do advento da Lei n. 11.960/2009, que acrescentou o § 5º ao art. 40 da Lei n. 6.830/80. Nessa lei, o legislador corrobora a opção pela aplicação da prescrição intercorrente na execu-

9. *Lei de Execução Fiscal*. São Paulo: Saraiva, 2009. p. 230.

ção fiscal, estabelecendo hipótese em que a declaração da prescrição intercorrente pode ser realizada sem a prévia intimação da Fazenda Pública. A redação do § 5º do art. 40 da Lei n. 6.830/80 foi dada pela Lei n. 11.960/2009 e é a seguinte: "§ 5º. A manifestação prévia da Fazenda Pública prevista no § 4º deste artigo será dispensada no caso de cobranças judiciais cujo valor seja inferior ao mínimo fixado por ato do Ministro de Estado da Fazenda."

Vale dizer, a superveniência da Lei n. 11.960/2009 opera como fator de reiteração da opção do legislador pela aplicação de prescrição intercorrente na execução fiscal, restando definitivamente insubsistente a tese da imprescritibilidade a que poderia conduzir a interpretação literal do § 3º do art. 40 da LEF.

A doutrina resume assim a aplicação da prescrição intercorrente na execução fiscal: "Como acontece em qualquer processo, na execução fiscal, o despacho que ordena a citação interrompe a prescrição, e a efetivação do ato citatório faz com que os efeitos interruptivos retroajam até a data da propositura da demanda (interpretação sistemática da LEF (art. 8º, § 2º), do CTN (art. 174, § único), do CPC (art. 240, § 1º) e do CC (art. 202, I). Tal interrupção não se dá indefinidamente e, nos casos de não localização do executado ou de bens penhoráveis, obedece regras próprias para a execução fiscal. Nessas circunstâncias, passado um ano da suspensão da execução nessas hipóteses (§ 1º) e persistindo o insucesso na localização do executado ou de bens penhoráveis, deve haver a remessa dos autos ao arquivo (§ 2º), fato que deflagra o prazo prescricional anteriormente interrompido (§ 4º)."[10]

Por fim, cumpre registrar que requerimentos infrutíferos quanto à localização de bens à penhora não têm o condão de interromper o curso do prazo da prescrição intercorrente iniciado com o arquivamento provisório da execução fiscal. É o que afirma a doutrina de *Ari Pedro Lorenzetti*: "... são irrelevantes as buscas ou quaisquer outros atos promovidos pela Fazenda Pública durante o período, a menos que sejam encontrados bens penhoráveis. Todavia, por mais atos que a Fazenda Pública pratique após o arquivamento, se não obtiver êxito, não conseguirá obstar a liberação do executado".[11]

A jurisprudência orienta-se no mesmo sentido: "Os requerimentos de bloqueios de bens, negativamente respondidos, não têm o condão de suspender ou interromper o prazo prescricional. Antes, comprovam que a exequente não logrou êxito no seu mister de localizar bens penhoráveis do devedor". (STJ-2ª T., REsp 1.305.755, Min. Castro Meira, j. 3.5.12, DJU 10.5.12).

Por derradeiro, cumpre observar que a legislação fiscal abandona o modelo anterior de prescrição intercorrente, no qual se reputava relevante a conduta subjetiva do exequente no processo, para redefinir a prescrição intercorrente sob uma

10. Theotonio Negrão e outros. *Novo Código de Processo Civil e legislação processual em vigor*. 47 ed. São Paulo: Saraiva, 2016. p. 1351.

11. *A prescrição e a decadência na Justiça do Trabalho*. São Paulo: LTr, 2009. p. 303.

perspectiva objetiva, na qual interessam apenas dois (2) elementos objetivos – a inexistência de bens para penhorar e o decurso do tempo. A lição é de *André Araújo Molina*. Para o jurista, o modelo adotou uma perspectiva objetiva, independentemente do elemento subjetivo da inércia do exequente, para considerar apenas os critérios objetivos da inexistência de bens e da passagem do tempo, ainda que o exequente demonstre real interesse (frustrado) nas diligências para a busca de bens penhoráveis.[12]

Em outras palavras, já não mais se exige tenha o exequente incorrido em conduta negligente caracterizadora de inércia processual injustificada para se ter por iniciada a fluência do prazo prescricional intercorrente na execução fiscal. Esse elemento subjetivo é definitivamente abandonado pelo legislador tanto na edição da Lei n. 11.051/2004 quanto na edição Lei n. 11.960/2009, as quais acrescentaram ao art. 40 da Lei n. 6.830/80 os §§ 4º e 5º, respectivamente.

Afirma-se, por isso, que a prescrição intercorrente na execução fiscal assumiu perspectiva objetiva: mesmo que a conduta subjetiva do exequente não possa ser identificada como conduta negligente caracterizadora de inércia processual injustificada, a inexistência de bens para penhorar é o fato objetivo que faz disparar a fluência do prazo prescricional intercorrente na execução fiscal, desde já tenha ocorrido o arquivamento provisório dos autos (Lei n. 6.830/80, art. 40, § 4º). A adoção dessa perspectiva objetiva é confirmada no enunciado da Súmula 314 do STJ: "Em execução fiscal, não localizados bens penhoráveis, suspende-se o processo por um ano, <u>findo o qual se inicia o prazo da prescrição quinquenal intercorrente</u>." O fato de o exequente fazer sucessivos requerimentos infrutíferos não interrompe a fluência do prazo da prescrição intercorrente na execução fiscal.

O prazo de prescrição intercorrente que começa a fluir, nos executivos fiscais, após o arquivamento provisório dos autos, somente é interrompido quando a penhora de bens ocorre e se logra promover a satisfação da execução mediante a alienação judicial do bem penhorado. Vale dizer, na execução fiscal, ainda que a Fazenda Pública faça requerimentos ao juízo com a finalidade de se fazer realizar a penhora de bens, essa pró-atividade processual não tem eficácia jurídica para fazer interromper o curso do prazo da prescrição intercorrente se a penhora não for exitosa.

Essa digressão é necessária porque parece que a Reforma Trabalhista instituída pela Lei n. 13.467/2017 não adotou a mera perspectiva objetiva de prescrição intercorrente imposta aos executivos fiscais pelas Leis n. 11.051/2004 e n. 11.960/2009. A Reforma Trabalhista, ao introduzir a prescrição intercorrente na execução de forma expressa, adotou o modelo de prescrição intercorrente no qual se toma em consideração a conduta subjetiva do exequente que permanece inerte mesmo após instado pelo juízo a promover a execução. É o que indica o § 1º do art. 11-A da CLT, ao estabelecer que "a fluência do prazo prescricional intercorrente

12. "A prescrição intercorrente na execução trabalhista". *Revista Jurídica Luso-Brasileira*, Ano 3 (2017), nº 2. p. 143.

inicia-se quando o exequente deixa de cumprir determinação judicial no curso da execução". Voltaremos a essa questão depois de examinar o tratamento que o Código de Processo Civil 2015 conferiu ao tema da prescrição intercorrente.

3. A PRESCRIÇÃO INTERCORRENTE NO CPC DE 2015

A prescrição intercorrente na execução no CPC de 2015 tem regência legal semelhante àquela adotada nos executivos fiscais, sobretudo depois das explicitações trazidas à execução fiscal com o advento das Leis n. 11.051/2004 e 11.960/2009, revelando que o tema da prescrição intercorrente recebeu disciplina semelhante nesses dois diplomas legais.

O CPC disciplina a prescrição intercorrente nos seguintes termos:

> "Art. 921. Suspende-se a execução:
>
> [...]
>
> III - quando o executado não possuir bens penhoráveis;
>
> [...]
>
> § 1º. Na hipótese do inciso III, o juiz suspenderá a execução pelo prazo de 1 (um) ano, durante o qual se suspenderá a prescrição.
>
> § 2º. Decorrido o prazo máximo de 1 (um) ano sem que seja localizado o executado ou que sejam encontrados bens penhoráveis, o juiz ordenará o arquivamento dos autos.
>
> § 3º. Os autos serão desarquivados para prosseguimento da execução se a qualquer tempo forem encontrados bens penhoráveis.
>
> § 4º. Decorrido o prazo de que trata o § 1º sem manifestação do exequente, começa a correr o prazo de prescrição intercorrente.
>
> § 5º. O juiz, depois de ouvidas as partes, no prazo de 15 (quinze) dias, poderá, de ofício, reconhecer a prescrição de que trata o § 4º e extinguir o processo.
>
> ...
>
> Art. 924. Extingue-se a execução quando:
>
> [...]
>
> V - ocorrer a prescrição intercorrente."

O art. 924, V, do CPC estabelece que a prescrição intercorrente é causa extintiva da execução. A previsão legal é suficiente para afastar interpretação em favor da tese imprescritibilidade da execução no processo civil. Se a interpretação isolada do § 3º do art. 921 pode conduzir o intérprete desavisado à tese da imprescritibilidade, a interpretação sistemática dos arts. 921 e 924 do CPC revela a insubsistência da ideia de imprescritibilidade. Se a prescrição intercorrente pode ser declarada (CPC, art. 921, § 5º), a interpretação que se impõe, para harmonizar os preceitos em questão, é aquela segundo a qual a locução "a qualquer tempo" há de que compreendida no sentido de que o desarquivamento dos autos previsto no § 3º do art. 921 do CPC é possível *enquanto não consumada a prescrição.* É dizer, o desarquivamento dos autos será possível *se o prazo prescricional não tiver transcorrido por inteiro*. A leitura seria então: o desarquivamento dos autos será possível a qualquer tempo *desde que não consumada a prescrição*.

Os §§ 1º e 2º do art. 921 do CPC fixam o arquivamento provisório como marco inicial para a retomada da contagem do prazo prescricional na execução civil, a exemplo do que ocorre no âmbito dos executivos fiscais (Lei n. 6.830/80, art. 40, §§ 2º e 4º).

Esse arquivamento provisório dos autos deve ocorrer um ano após a suspensão da execução.

A suspensão da execução ocorre quando o executado não possuir bens penhoráveis (CPC, art. 921, III), tal qual ocorre nos executivos fiscais (Lei n. 6.830/80, art. 40, *caput*). O prazo de suspensão da execução é de um (1) ano (CPC, art. 921, § 1º). Durante esse prazo de um (1) ano de suspensão da execução, a prescrição estará suspensa (CPC, art. 921, § 1º). Entretanto, decorrido esse prazo de um (1) ano, sem que sejam encontrados bens penhoráveis, o juiz ordenará o arquivamento provisório dos autos (CPC, art. 921, § 2º), data a partir da qual terá início o curso do prazo prescricional intercorrente na execução civil. E o § 5º do art. 921 do CPC prevê que o juiz poderá reconhecer a prescrição intercorrente de ofício e extinguir o processo, depois de ouvidas as partes. Trata-se de disciplina legal semelhante à adotada na Lei de Executivos Fiscais (Lei n. 6.830/80, art. 40, § 4º). As partes são ouvidas apenas para indicar eventual causa de suspensão ou interrupção da prescrição e não para requerer novas diligências de penhora. Isso porque o prazo prescricional já estará consumado, salvo a caracterização de causa de suspensão ou interrupção da prescrição.

Assim como ocorre no âmbito dos executivos fiscais (Lei n. 6.830/80, art. 40, § 3º), somente se forem encontrados bens penhoráveis do executado é que a execução civil terá prosseguimento (CPC, art. art. 921, § 3º). Daí a percepção de que também o CPC adota a perspectiva objetiva para a aplicação da prescrição intercorrente.

A previsão do § 3º do art. 921 do CPC é de que "Os autos serão desarquivados para prosseguimento da execução se a qualquer tempo forem encontrados bens penhoráveis." Conforme já afirmado, a locução "se a qualquer tempo forem encontrados bens penhoráveis" deve ser interpretada de forma sistemática com os demais preceitos dos arts. 921 e 924 do CPC, de modo a evitar que a interpretação literal e isolada dessa locução conduza à tese da imprescritibilidade da execução. Trata-se de conferir à matéria no CPC a mesma interpretação sistemática que a doutrina e a jurisprudência outorgam ao § 3º do art. 40 da LEF, conformando a exegese da locução "a qualquer tempo" aos demais preceitos legais incidentes, de modo a submeter a interpretação dessa locução à supremacia da diretriz hermenêutica da prescritibilidade do direito a exigir pretensão relativa à obrigação de natureza civil.

Desta forma, assim compreendida a questão em razão da interpretação sistemática a ser observada na execução civil, a retomada da execução pode ser feita a qualquer tempo, *mas desde que antes da consumação do prazo da prescrição intercorrente*. Para a retomada da execução civil, o exequente deve indicar bens à penhora. Mas não basta a mera indicação; a simples apresentação de petição não interrompe a prescrição intercorrente que começou a correr quando do arquivamento provisório dos autos. É necessário que a penhora seja realizada de fato, de modo que a execução civil tenha efetivo prosseguimento, com a alienação do bem penhorado e a satisfação da execução.

É ilustrativa a doutrina de *André Araújo Molina* no particular: "Com o arquivamento provisório e reinício da contagem do prazo para a prescrição, a existência de pedidos reiterados, ainda que diligências inúteis tenham sido realizadas, não suspendem ou interrompem o prazo da prescrição que voltou a correr, sendo decisivo que o exequente encontre novos bens e instigue o juiz para a realização da penhora e alienação (art. 40 da Lei 6.830 de 1980 c/c 921, § 3º, do CPC de 2015), extinguindo-se a execução pelo pagamento ou pela transação (art. 924, II e III, do CPC de 2015), antes da consumação do prazo de prescrição".[13]

Na execução fiscal, somente a efetivação da penhora interrompe o curso do prazo prescricional intercorrente iniciado com o arquivamento provisório dos autos. Na execução civil ocorre o mesmo. Assim, requerimentos infrutíferos de penhora de bens não interrompem o curso prescricional já iniciado, seja na execução fiscal, seja na execução civil.

4. A PRESCRIÇÃO INTERCORRENTE NA EXECUÇÃO TRABALHISTA – ASPECTOS GERAIS

Antes do advento da denominada Reforma Trabalhista, instituída pela Lei n. 13.467/2017, embora a doutrina majoritária manifestasse, com fundamento na previsão do art. 884, § 1º, da CLT[14], posicionamento a favor da aplicabilidade da prescrição intercorrente à execução trabalhista (*Mozart Victor Russomano, Valentin Carrion, Wilson de Souza Campos Batalha, Alice Monteiro de Barros, Amauri Mascaro Nascimento, Francisco Antonio de Oliveira, Manoel Antonio Teixeira Filho, Carlos Henrique Bezerra Leite, Sérgio Pinto Martins, Amador Paes de Almeida, Júlio César Bebber, Vitor Salino de Moura Eça, Rodolfo Pamplona Filho* e *Mauro Schiavi*), a jurisprudência do Tribunal Superior do Trabalho orientava-se em sentido contrário na Súmula 114. O enunciado da Súmula 114 do TST é no sentido de que "É inaplicável na Justiça do Trabalho a prescrição intercorrente". A súmula 114 do TST foi aprovada no ano de 1980.

13. "A prescrição intercorrente na execução trabalhista". *Revista Jurídica Luso-Brasileira*, Ano 3 (2017), nº 2. p. 143.

14. "Art. 884. Garantida a execução ou penhorados os bens, terá o executado cinco dias para apresentar embargos, cabendo igual prazo ao exequente para impugnação.

§ 1º. A matéria de defesa será restrita às alegações de cumprimento da decisão ou do acordo, quitação ou prescrição da dívida."

A Lei n. 13.467/2017 acrescentou à CLT o art. 11-A, disciplinando a aplicação da prescrição intercorrente na execução trabalhista. A redação do preceito é a seguinte:

> "Art. 11-A. Ocorre a prescrição intercorrente no processo do trabalho no prazo de dois anos.
>
> § 1º. A fluência do prazo prescricional intercorrente inicia-se quando o exequente deixa de cumprir determinação judicial no curso da execução.
>
> § 2º. A declaração da prescrição intercorrente pode ser requerida ou declarada de ofício em qualquer grau de jurisdição."

Em que pese não se desconheça a ponderação de retrocesso social em relação à orientação estabelecida na Súmula 114 do TST acerca da matéria da prescrição intercorrente na execução trabalhista, o primado da legalidade (CF, art. 5º, II) impõe a observância da nova legislação, já que parece de difícil sustentação a tese da inconstitucionalidade do art. 11-A da CLT reformada. Afirma-se que parece de difícil sustentação a tese da inconstitucionalidade do art. 11-A da CLT reformada porque se imagina que essa interpretação não teria acolhida no âmbito nos Tribunais Superiores e no âmbito dos Tribunais Regionais do Trabalho, seja em face da literalidade do art. 11-A da CLT reformada, seja em face da previsão do § 1º do art. 884 da CLT; seja em face da jurisprudência do Supremo Tribunal Federal (S-372--STF). Aliás, o legislador pretendeu positivar a diretriz da Súmula 372 do STF no art. 11-A da CLT.

É preciso tentar compreender o alcance do novo dispositivo legal.

O prazo de dois (2) anos é um elemento objetivo. Esse prazo está previsto no *caput* do art. 11-A da CLT reformada, de forma expressa. O prazo de dois (2) anos aplica-se quando a ação reclamatória trabalhista foi proposta após a extinção do contrato de trabalho. Entretanto, quando o contrato de trabalho estiver em curso, o prazo será de cinco (5) anos, de forma a fazer valer o prazo prescricional quinquenal estabelecido na Constituição Federal (art. 7º, XXIX) e na CLT (art. 11), conclusão que decorre da hermenêutica imposta pelo método sistemático de interpretação do ordenamento jurídico.

Maior celeuma também não deve gerar a previsão de declaração de ofício da prescrição intercorrente na execução trabalhista, seja porque a literalidade do preceito assim o estabelece (CLT, art. 11-A, § 2º), seja porque a declaração da prescrição intercorrente de ofício tornou-se regra legal tanto nos executivos fiscais (Lei n. 6.830/80, art. 40, § 4º) quanto na execução cível (CPC, art. 921, § 5º). O sistema jurídico nacional registra uma tendência legislativa no sentido do pronunciamento da prescrição de ofício. A Lei n. 11.280/2006 introduziu o § 5º no art. 219 do CPC de 1973, para estabelecer que "O juiz pronunciará, de ofício, a prescrição." Essa tendência orienta também o CPC de 2015. O CPC vigente prevê que haverá resolução do mérito quando o juiz "... decidir, de ofício ou a requerimento, sobre a ocorrência de decadência ou de prescrição" (CPC, art. 487, II).

Cumpre enfrentar agora o alcance da previsão legal do § 1º do art. 11-A da CLT. Trata-se do preceito que enseja maior controvérsia. O preceito está assim redigido: "§ 1º. A fluência do prazo prescricional intercorrente inicia-se quando o exequente deixa de cumprir determinação judicial no curso da execução."

O preceito legal prevê a existência de um fato que determina o início da fluência do prazo prescricional intercorrente na execução trabalhista. Esse fato é o *descumprimento de determinação judicial pelo exequente.* Significa dizer que o art. 11-A, § 1º, da CLT encerra um *requisito normativo adicional* em relação à regência legal do tema estabelecida na LEF e no CPC para a prescrição intercorrente, pois prevê que uma específica determinação judicial tenha sido estabelecida pelo juízo da execução e que essa determinação não tenha sido cumprida pelo exequente.

Na LEF e no CPC, não há tal previsão; de tal modo que a fluência do prazo de prescrição intercorrente inicia-se com o fato objetivo do arquivamento provisório dos autos tanto nos executivos fiscais (Lei n. 6.830/80, art. 40, § 4º) quanto na execução civil (CPC, art. 921, §§ 2º e 4º). Em outras palavras, nos executivos fiscais e na execução civil não há previsão legal para a realização de um *novo ato* pelo qual o juízo insta o exequente a cumprir determinada ordem judicial, de tal modo que a fluência do prazo prescricional tem início - imediata e automaticamente - com o arquivamento provisório dos autos. Esse fato objetivo - o arquivamento provisório dos autos - é suficiente para, isoladamente, fazer disparar a fluência do prazo prescricional intercorrente tanto no âmbito da execução fiscal quanto no âmbito da execução civil.

Na execução trabalhista, contudo, a disciplina da matéria é diversa, porquanto o legislador introduziu na CLT o *requisito normativo adicional* de que tenha havido o *descumprimento, pelo exequente, de uma específica determinação judicial,* para que então - e só daí então - se tenha por iniciada a fluência do prazo prescricional intercorrente de dois (2) anos. O problema está em saber de que espécie de determinação judicial cuida o legislador no § 1º do art. 11-A da CLT.

Parece razoável presumir que se trata de determinação judicial para o exequente impulsionar a execução. Essa presunção apresenta-se em consonância com a denominada interpretação autêntica, na medida que, na justificativa do preceito em estudo, o legislador consignou: "[...] o marco inicial deste prazo ocorre somente quando o o próprio exequente deixar de cumprir *alguma determinação do juízo para prosseguir com o processo.*"

Vejamos algumas espécies de determinação judicial de que se pode cogitar.

A primeira hipótese é a de apresentação de artigos de liquidação pelo exequente.[15] Diante da previsão de execução de ofício existente na redação originária do art. 878, *caput,* da CLT, a jurisprudência do TST foi construída na perspectiva de que não se poderia cogitar de prescrição intercorrente, na medida em que se compreendia

15. A liquidação por cálculos pode continuar determinada de ofício pelo juízo da execução, pois nessa modalidade de liquidação de sentença não há necessidade de alegar e provar fato novo.

ser incumbência do juízo promover a execução de ofício, não podendo o exequente ser prejudicado pela inércia estatal ou por medidas protelatórias adotadas pelo executado, consoante se recolhe dos precedentes que conduziram à edição da Súmula 114 do TST. Entretanto, como o juízo da execução não pode substituir a parte exequente na apresentação de artigos de liquidação diante da necessidade de alegar e provar fatos novos nessa modalidade de liquidação de sentença, a jurisprudência do TST identificou nessa situação hipótese para realizar uma *distinção* – no âmbito da aplicação da Súmula 114 do TST – quando a necessidade de apresentação de artigos de liquidação impunha a necessária iniciativa do exequente, admitindo então que nessa particular situação a inércia injustificada do exequente teria o efeito de fazer iniciar a fluência do prazo prescricional intercorrente, pois, do contrário, o processo ficaria indefinidamente pendente de solução.[16]

Certamente, a determinação judicial para que o exequente apresente artigos de liquidação é uma hipótese em que se tem por preenchido o suporte fático da norma em estudo quando o exequente permanecer inerte diante da ordem do juízo. A previsão legal, contudo, abrange outras hipóteses de descumprimento de determinação judicial. Essa interpretação decorre do enunciado genérico da locução empregada pelo legislador no preceito em exame – "quando o exequente deixa de cumprir determinação judicial no curso da execução". *Mauro Schiavi* cita os seguintes exemplos: "indicação de bens do devedor, informações necessárias para o registro da penhora, instauração do incidente de desconsideração da personalidade jurídica etc.".[17]

Conquanto o preceito legal em estudo constitua-se como uma espécie de cláusula geral em face do enunciado genérico de sua redação, não parece razoável admitir que o juízo da execução possa invocar o preceito do § 1º do art. 11-A da CLT para se desvencilhar do dever funcional previsto no art. 765 da CLT de determinar "qualquer diligência necessária" a assegurar o resultado útil do processo, para transferir para o exequente a incumbência de realizar desde as primeiras pesquisas de bens à penhora, quando é o juízo da execução que tem acesso aos sistemas informatizados de pesquisa patrimonial eletrônica capaz de promover a constrição de patrimônio necessária à satisfação da dívida trabalhista.

Uma tal interpretação contrariaria – além do princípio da proteção (CLT, art. 9º[18]) – tanto a norma de sobredireito do art. 765 da CLT[19] quanto a norma do art.

---

16. TST-SBDI1 – ERR 0693039-80.2005.10.0004 – Rel. Min. João Oreste Dalazen – DJE 08.05.2009. No mesmo sentido, TST-SBDI2 – RO 0000014-17.2014.5.02.0000 – Rel. Min. Douglas Alencar Rodrigues – DEJT 06.000003.2015.
17. *A reforma trabalhista e o processo do trabalho*. São Paulo: LTr, 2017. p. 76.
18. "Art. 9º. Serão nulos de pleno direito os atos praticados com o objetivo de desvirtuar, impedir ou fraudar a aplicação dos preceitos contidos na presente Consolidação."
19. "Art. 765. Os juízos e Tribunais do Trabalho terão ampla liberdade na direção do processo e velarão pelo andamento rápido das causas, podendo determinar qualquer diligência necessária ao esclarecimento delas."

139, IV, do CPC[20], aplicável ao processo do trabalho (CLT, art. 769; CPC, art. 15; Instrução Normativa n. 39/2016 do TST, art. 3º, III[21]), acarretando maltrato também ao princípio de direito administrativo da eficiência da administração pública (CF, art. 37, *caput*[22]; CPC, art. 8º[23]).

Cumpre observar que o art. 139, IV, do CPC estabelece ser incumbência do magistrado determinar todas as medidas necessárias ao cumprimento das decisões judiciais. Essa incumbência do magistrado aplica-se também na execução por quantia, aspecto em relação ao qual é de se registrar que o novo tratamento da matéria no CPC de 2015 denota a superação do paradigma restritivo que orientava o CPC revogado. O novo paradigma visa à efetividade da execução de crédito, inserindo-se numa clara perspectiva de ruptura com o modelo anterior, que ficara identificado pela marca da ineficácia da execução de crédito. O preceito do 139, IV, do CPC "(...) pode ser considerado um adequado *desdobramento supletivo e subsidiário* do comando contido no art. 765 CLT, na medida em que complementa e reforça a expressão 'qualquer diligência' a que o dispositivo consolidado faz menção", conforme a produtiva observação de *Manoel Carlos Toledo Filho*[24].

De outra parte, não se deve cogitar de fluência do prazo de prescrição intercorrente antes de terem sido esgotadas – pelo juízo da execução, de ofício, – as demais providências necessárias à satisfação da execução, entre as quais figuram – além da pesquisa patrimonial eletrônica de bens – tanto o redirecionamento da execução contra os sócios da sociedade executada quanto a pesquisa acerca de existência de grupo econômico, caso não encontrados bens da sociedade executada; o protesto extrajudicial da sentença; a inscrição do nome do executado em cadastro de inadimplentes; a indisponibilidade de bens via Central Nacional de Indisponibilidade de Bens – CNIB, dentre outras providências.

---

20. "Art. 139. O juiz dirigirá o processo conforme as disposições deste Código, incumbindo-lhe:

IV – determinar todas as medidas indutivas, coercitivas, mandamentais ou sub-rogatórias necessárias para assegurar o cumprimento de ordem judicial, inclusive nas ações que tenham por objeto prestação pecuniária;".

21. "Art. 3º. Sem prejuízo de outros, aplicam-se ao Processo do Trabalho, em face de omissão e compatibilidade, os preceitos do Código de Processo Civil que regulam os seguintes temas:

...

III – art. 139, exceto a parte final do inciso V (poderes, deveres e responsabilidades do juiz);".

22. "Art. 37. A administração pública direta e indireta de qualquer dos Poderes da União, dos Estados, do Distrito Federal e dos Municípios obedecerá aos princípios da legalidade, impessoalidade, moralidade, publicidade e eficiência e, também, ao seguinte: ...".

23. "Art. 8º. Ao aplicar o ordenamento jurídico, o juiz atenderá aos fins sociais e às exigências do bem comum, resguardando e promovendo a dignidade da pessoa humana, e observando a proporcionalidade, a razoabilidade, a legalidade, a publicidade e a eficiência."

24. *Comentários ao novo CPC e sua aplicação ao Processo do Trabalho*. vol. I. José Antônio Ribeiro de Oliveira Silva (coordenador). São Paulo: LTr, 2016. p. 200.

5. A PRESCRIÇÃO INTERCORRENTE NA EXECUÇÃO TRABALHISTA – ASPECTOS ESPECÍFICOS: A QUESTÃO DA EXECUÇÃO DE OFÍCIO

A Reforma Trabalhista pretendeu articular a introdução da prescrição intercorrente com a eliminação da execução de ofício. O propósito teria sido o de retirar eficiência da jurisdição trabalhista, nada obstante a Administração Pública seja regida pelo princípio da eficiência (CF, art. 37, *caput;* CPC, art. 8º). A Lei n. 13.467/2017 contraria o princípio da eficiência na Justiça do Trabalho. A Reforma Trabalhista é uma espécie de punição à eficiência da Justiça do Trabalho, o ramo mais eficiente da jurisdição brasileira. A Reforma Trabalhista objetiva uma jurisdição menos eficiente, na contramão do projeto constitucional de construção de um aparato judiciário eficiente.

O impulso do processo do trabalho pelo magistrado é uma característica histórica do sistema processual do trabalho no Brasil. Daí afirmar-se que a execução de ofício é um dos princípios do Direito Processual do Trabalho. A acertada observação é de *Homero Batista Mateus da Silva.*[25] Eliminar a execução de ofício significa descaracterizar um dos elementos essenciais do direito processual do trabalho. Não é só o aspecto conceitual da autonomia científica do processo do trabalho que resta mutilado, a Reforma foi pragmática na realização do desiderato de enfraquecer o direito processual do trabalho na prática, suprimindo uma das principais virtudes do procedimento trabalhista. Entretanto, foi mantida a possibilidade de execução de ofício do crédito previdenciário. O crédito principal não pode ser executado de ofício (o crédito trabalhista), enquanto que o crédito acessório (crédito previdenciário) pode ser executado de ofício (CLT, art. 876, parágrafo único[26]). É um contrassenso. Não é racional que no mesmo processo se possa executar de ofício o crédito previdenciário acessório e não se possa executar de ofício o crédito trabalhista principal, sobretudo quando se considera que o crédito trabalhista serve de base de cálculo às contribuições previdenciárias. Trata-se de uma alteração legislativa ilógica.

Me parece que os magistrados do trabalho não vão acatar essa mutilação do processo do trabalho. Isso porque continua vigente a norma de sobredireito processual do art. 765 da CLT, a qual atribui ao juiz o dever de velar pela rápida solução da causa. Essa mesma norma legal atribui ao magistrado a incumbência de "determinar qualquer diligência necessária". A interpretação desse preceito da CLT deve ser realizada em conformidade com a Constituição Federal. A Constituição estabelece que os cidadãos têm direito à razoável duração do processo (CF, art. 5º, LXXVIII). A interpretação do art. 765 da CLT conforma-se à previsão

25. *Comentários à Reforma Trabalhista*. São Paulo: RT, 2017. p. 169.

26. "Art. 876. ...
Parágrafo único. A Justiça do Trabalho executará, de ofício, as contribuições sociais previstas na alínea *a* do inciso I e no inciso II do *caput* do art. 195 da Constituição Federal, e seus acréscimos legais, relativas ao objeto da condenação constante das sentenças que proferir e dos acordos que homologar."

constitucional apenas quando se assegura às partes a rápida solução da causa em concreto. Daí por que não parece conforme à Constituição a interpretação de que a execução trabalhista seja realizada apenas se houver iniciativa do exequente. De outra parte, o novo Código de Processo Civil atribui ao juiz a incumbência de adotar todas as medidas necessárias ao cumprimento das determinações judiciais (CPC, art. 139, IV), evidenciando que a sociedade quer pronto cumprimento das decisões judiciais.

O processo do trabalho apresenta particularidades que motivam a atuação de ofício do juiz do trabalho na execução. Entre essas particularidades está a natureza alimentar do crédito trabalhista. A estatura jurídica conferida ao crédito trabalhista na ordem de classificação dos créditos no direito brasileiro levou a Superior Tribunal de Justiça a qualificar o crédito trabalhista como crédito *necessarium vitae*.[27] Posicionado no ápice da classificação de créditos na ordem jurídica nacional (CTN, art. 186), o superprivilégio legal do crédito trabalhista constitui uma expressão pela qual se manifesta o primado da dignidade da pessoa humana no sistema de Direito brasileiro. Trata-se de um tipo de crédito especial, ao qual a ordem jurídica confere primazia ainda quando em cotejo com o crédito fiscal, cuja característica é expressar o superior interesse público que o Estado tem na arrecadação de tributos necessária à consecução da vida em sociedade (CTN, art. 186). Em resumo, a ordem jurídica brasileira confere primazia ao crédito trabalhista no cotejo com o crédito fiscal.

Observo que a Lei n. 6.830/80 representou importante passo na desburocratização do processo[28], ao prever que o despacho do juiz que deferir a inicial importa em ordem para citação, penhora, arresto, registro da penhora ou do arresto, independentemente do pagamento de despesas, e avaliação dos bens. Trata-se do art. 7º da Lei n. 6.830/80[29]. Deferida a petição inicial – e a regra é o deferimento –, os atos necessários à execução fiscal são realizados automaticamente, de ofício. Salvo a rara hipótese de indeferimento da petição inicial, basta o ajuizamento da ação para que todos os atos necessários à execução fiscal sejam realizados de ofício. A norma visa à concreta realização do crédito fiscal, cuja satisfação atende ao interesse público de prover as políticas de Estado. A simplificação procedimental justifica-se diante do privilégio legal que o crédito fiscal ostenta na ordem jurídica

27. STJ. 1ª Turma. REsp nº 442.325. Relator Min. Luiz Fux. DJU 25.11.2002, p. 207.

28. Marcos Cavalcanti de Albuquerque. *Lei de Execução Fiscal*. São Paulo: Madras, 2003. p. 30.

29. "Art. 7º. O despacho do Juiz que deferir a inicial importa em ordem para:

I – citação, pelas sucessivas modalidades previstas no art. 8º;

II – penhora, se não for paga a dívida, nem garantida a execução, por meio de depósito ou fiança;

III – arresto, se o executado não tiver domicílio ou dele se ocultar;

IV – registro da penhora ou do arresto, independentemente do pagamento de custas ou outras despesas, observado o disposto no art. 14; e

V – avaliação dos bens penhorados ou arrestados."

nacional (CTN, art. 186[30]). É intuitiva a conclusão de que ao crédito trabalhista deve ser assegurada sua execução de ofício, à semelhança do que ocorre nos executivos fiscais, na medida em que a ordem jurídica posiciona o crédito trabalhista acima do crédito fiscal na classificação dos créditos, conferindo-lhe o superprivilégio legal que levou o Superior Tribunal de Justiça a identificá-lo como crédito necessário à vida.

Tem razão *Platon Teixeira de Azevedo Neto* quando pondera que a Reforma Trabalhista também contraria os arts. 4º e 6º do CPC[31], de aplicação supletiva no processo do trabalho (CLT, art. 769; CPC, art. 15). O art. 4º do CPC é contrariado porque se trata de norma que estabelece o direito de as partes de obterem solução integral do mérito em prazo razoável, *incluída a atividade satisfativa*. O art. 6º é contrariado porque estabelece que todos os sujeitos do processo devem cooperar para obter-se uma decisão justa e *efetiva*. Esses dispositivos integram as normas fundamentais do novo CPC, conformando a teoria geral do processo civil.

A aparente antinomia de normas de mesma hierarquia deve ser resolvida por uma interpretação sistemática e por uma hermenêutica principiológica. O acertado magistério é de *Platon Teixeira de Azevedo Neto*.[32] Acrescento que a teoria do diálogo das fontes pode ser útil à conformação da interpretação sistemática postulada por *Azevedo Neto*, na medida em que o recurso à norma de ordem pública do art. 186 do Código Tributário Nacional pode permitir conformar interpretação sistemática no sentido de conferir dimensão também processual à primazia do crédito *necessarium vitae*, sobretudo se os juristas trabalharem com interpretação conforme à Constituição, na perspectiva da razoável duração do processo e da eficiência da atividade estatal judicial.

Por derradeiro, uma ponderação de matiz consequencialista. O impulso da execução de ofício pelo juiz do trabalho não acarretará nulidade processual. A nulidade processual caracteriza-se quando o ato processual acarretar manifesto prejuízo para a parte. A norma está prevista no art. 794 da CLT.[33] O prejuízo de que se cogita aqui é prejuízo de natureza processual. O prejuízo de natureza processual caracteriza-se apenas quando o exercício de determinada faculdade processual da parte lhe for negado pelo juízo. Na medida em que se assegure ao executado – como, aliás, ordinariamente é mesmo assegurado – a faculdade processual de

30. "Art. 186. O crédito tributário prefere a qualquer outro, seja qual for a sua natureza o tempo de sua constituição, ressalvados os créditos decorrentes da legislação do trabalho ou do acidente do trabalho."

31. Antonio Umberto de Souza Júnior, Fabiano Coelho de Souza, Ney Maranhão e Platon Teixeira de Azevedo Neto. Reforma Trabalhista – análise comparativa e crítica da Lei nº 13.467/2017. São Paulo?: Ridell, 2017. p. /////

32. Antonio Umberto de Souza Júnior, Fabiano Coelho de Souza, Ney Maranhão e Platon Teixeira de Azevedo Neto. Reforma Trabalhista – análise comparativa e crítica da Lei nº 13.467/2017. São Paulo?: Ridell, 2017. p. /////

33. "Art. 794. Nos processos sujeitos à apreciação da Justiça do Trabalho só haverá nulidade quando resultar dos atos inquinados manifesto prejuízo às partes litigantes."

opor embargos à execução após a realização da penhora, não se poderá cogitar de nulidade processual, porquanto nessa situação não caracterizar-se-á o manifesto prejuízo processual de que trata o art. 794 da CLT. Isso porque a faculdade processual do executado é a de se opor à execução mediante a apresentação dos embargos previstos no art. 884 da CLT. Assegurado ao executado o exercício da faculdade processual prevista no art. 884 da CLT, já não mais se poderá cogitar de nulidade processual em decorrência do fato de a execução ter sido impulsionada de ofício diante da ausência de prejuízo processual. E, ainda que se pudesse cogitar de nulidade processual, eventual nulidade processual restaria convalidada por ter sido assegurado ao executado o exercício do contraditório na execução, como, aliás, é da experiência ordinária do foro. Incide, aqui, a teoria teleológica das nulidades processuais: se a finalidade foi alcançada, o ato é considerado válido, mesmo que o itinerário processual observado não seja exatamente aquele prescrito em lei.

6. A PRESCRIÇÃO INTERCORRENTE NA EXECUÇÃO TRABALHISTA – ASPECTOS ESPECÍFICOS: A PRESCRIÇÃO INTERCORRENTE NÃO RETROAGE

No caso de nova hipótese de prescrição instituída por lei superveniente, a fluência do prazo prescricional somente pode ter início a partir da vigência da nova lei. É lição clássica que a instituição de novo prazo prescricional não pode ter efeito retroativo. Mais do que isso: o novo lapso prescricional somente pode ser contado para frente – é a partir da vigência da nova lei que pode ter início a fluência do prazo prescricional fixado na lei que estabelece a nova hipótese de prescrição. A lição decorre do postulado da segurança jurídica.

Assim sendo, na hipótese da prescrição intercorrente instituída pelo art. 11-A da CLT reformada, a fluência do prazo prescricional somente pode ter início a partir da vigência da Reforma Trabalhista. Portanto, não poderá o magistrado, a pretexto de aplicar a nova lei, procurar processos parados há dois anos e declarar a prescrição intercorrente de forma retroativa. Isso porque se trata de nova hipótese de prescrição, situação em que os respectivos efeitos projetam-se – necessária e exclusivamente – para o futuro; nessa hipótese não se pode atribuir efeito retroativo à lei, sob pena de maltrato ao postulado da segurança jurídica. A lição doutrinária é de *Homero Batista Mateus Silva*. O autor invoca o magistério em que Pontes de Miranda afirma que esse tipo de situação – lei que institui nova hipótese de prescrição – equivale à criação de uma nova modalidade de prescrição sobre a pretensão deduzida pela parte. Logo, o novo prazo prescricional somente tem aplicação a partir da criação da nova hipótese de prescrição instituída, sem possibilidade de operar efeito retroativo; e com início da contagem do prazo apenas para o futuro, a partir da vigência da lei instituidora da nova modalidade de prescrição criada pelo legislador.[34]

34. *Comentários à Reforma Trabalhista*. São Paulo: RT, 2017. p. 203/204.

Mesmo aqueles magistrados que aplicavam a prescrição intercorrente na execução trabalhista antes do advento da Lei n. 13.467/2017, fazendo-o mediante a aplicação do art. 40 da Lei de Executivos Fiscais, com fundamento na previsão do art. 889 da CLT, devem considerar que a Lei n. 13.467/2017 instituiu nova hipótese de prescrição, a ser aplicada a partir da vigência da lei e sem caráter retroativo, de modo a evitar seja o exequente surpreendido por prematura declaração de prescrição intercorrente da execução, quando a jurisprudência uniformizada na Súmula 114 do TST afirmava não ser aplicável a prescrição intercorrente na Justiça do Trabalho.

Essa mesma diretriz hermenêutica foi adotada no CPC de 2015 no que diz respeito à prescrição intercorrente na execução. No art. 921 do CPC, o novo diploma processual civil explicitou a aplicabilidade da prescrição intercorrente à execução civil. O CPC de 1973 não havia explicitado a aplicabilidade da prescrição intercorrente na execução. Nos estudos em que são comparados ambos os códigos, a doutrina é pacífica ao afirmar que o CPC de 1973 não tinha dispositivo equivalente aos §§ 1º, 2º, 3º, 4º e 5º do inciso III do art. 921 do CPC de 2015.

No art. 1.056 do CPC de 2015, o legislador houve por bem inserir norma de direito intertemporal destinada a promover segurança jurídica na aplicação da prescrição intercorrente na execução civil. É interessante observar – sob a perspectiva da tópica – que se trata de norma integrante das Disposições Finais e Transitórias do CPC de 2015. Tendo explicitado a hipótese de aplicação de prescrição intercorrente na execução civil no art. 921, o legislador do CPC de 2015 adotou a cautela de definir o termo inicial do prazo prescricional em questão, com o evidente propósito de evitar surpresa ao exequente e com a finalidade de promover segurança jurídica na aplicação da nova norma, ciente de que a instituição de nova hipótese de prescrição reclamava dispositivo definidor do termo inicial do prazo prescricional explicitado no art. 921 do CPC.

A norma de direito intertemporal em questão tem a seguinte redação: "Art. 1.056. Considerar-se-á como termo inicial do prazo da prescrição prevista no art. 924, inciso V, inclusive para as execuções em curso, a data de vigência deste Código".

É interessante reiterar que o CPC de 1973 não tinha norma explícita acerca de prescrição intercorrente na execução. Nada obstante o silêncio do CPC de 1973, a doutrina e a jurisprudência enfrentaram o tema mediante interpretação sistemática e sempre concluíram pela aplicabilidade da prescrição intercorrente na execução, apesar da omissão do Código revogado acerca da matéria. O fato de a doutrina e a jurisprudência terem concluído pela aplicabilidade da prescrição intercorrente na execução civil não dispensou o legislador do CPC de 2015 da cautela de definir, para promover segurança jurídica, que a prescrição intercorrente na execução, explicitada no art. 921 do CPC, somente tem sua fluência a partir da data de vigência do CPC de 2015.

O mesmo raciocínio jurídico é válido para a aplicação da prescrição intercorrente na execução trabalhista. A exemplo da previsão do art. 1.056 do CPC, no caso de prescrição intercorrente na execução trabalhista somente se pode cogitar do início da fluência do prazo prescricional a partir da vigência da Lei n. 13.467/2017. Significa dizer que não se pode aplicar o art. 11-A da CLT reformada de forma retroativa; mais do que isso, é só a partir da vigência da Lei n. 13.467/2017 que se pode cogitar do início da fluência do prazo prescricional de dois (2) anos estabelecido no art. 11-A da CLT. Recorrendo à fórmula adotada na redação do art. 1.056 do CPC, poder-se-á enunciar a regra de que o termo inicial do prazo de prescrição prevista no art. 11-A da CLT reformada, inclusive para as execuções em curso, não poderá ocorrer senão depois da data de vigência da Lei n. 13.467/2017.

A fórmula adotada pelo legislador na redação do art. 1.056 do CPC tem a virtude de promover segurança jurídica ao definir que o termo inicial do novo prazo prescricional somente pode começar a fluir depois da vigência da lei que instituiu a nova modalidade de prescrição no sistema jurídico, o que significa dizer que não há possibilidade de aplicação retroativa do novo prazo prescricional instituído.

Contudo, é preciso ponderar que essa fórmula apresenta-se incompleta – insuficiente – para disciplinar a adequada aplicação da prescrição intercorrente na execução trabalhista, na medida em que o art. 11-A da CLT reformada exige a conformação do *elemento adicional* do descumprimento de uma específica determinação judicial pelo exequente, para que somente após esse descumprimento tenha início a fluência do prazo prescricional bienal (CLT, art. 11-A, § 1º). Na regência do CPC de 2015, não se exige a conformação desse *elemento adicional*, bastando o fato objetivo do arquivamento provisório dos autos para que tenha início a fluência do prazo prescricional intercorrente (CPC, art. 921, §§ 1º, 2º e 3º). Na regência da Lei dos Executivos Fiscais, também não se exige a conformação desse *elemento adicional*, bastando o fato objetivo do arquivamento provisório dos autos para que tenha início a fluência do prazo prescricional intercorrente (Lei n. 6.830/80, art. 40, §§ 2º e 4º). Na execução trabalhista, a prescrição intercorrente tem regência legal distinta daquela prevista na LEF e no CPC.

O legislador reformista da CLT, ciente de que fragilizava a tutela do crédito trabalhista ao instituir a prescrição intercorrente na execução trabalhista quando a jurisprudência uniformizada na Súmula 114 do TST excluía essa modalidade de prescrição, houve por bem, presumivelmente para estabelecer alguma compensação, adotar perspectiva distinta da perspectiva objetiva que foi adotada nos executivos fiscais e na execução civil, ao estabelecer como *requisito normativo adicional* para a fluência do prazo prescricional o descumprimento, pelo exequente, de determinação judicial no curso da execução.

7. EM FAVOR DA APLICAÇÃO COMBINADA DA LEF E DO ART. 11-A DA CLT

A aplicação do art. 40 da Lei de Executivos Fiscais à prescrição intercorrente na execução trabalhista é defendida tanto por *Francisco Meton Marques de Lima* e

Francisco Péricles Rodrigues Marques de Lima[35] quanto por *André Araújo Molina*[36]. *Manoel Antonio Teixeira Filho* também defende essa aplicação.[37] *Raphael Miziara* segue o mesmo caminho, ponderando que a aplicação da LEF à execução trabalhista não dispensa adaptações necessárias.[38] Para *Mauro Schiavi*, o itinerário procedimental da LEF também seria aplicável à prescrição intercorrente. Embora faça menção ao procedimento instituído no art. 921 do CPC de 2015, o itinerário procedimental que o jurista entende aplicável é o mesmo previsto na Lei n. 6.830/80[39]. Isso decorre da similitude que se registra na LEF e no CPC na disciplina do tema da prescrição intercorrente.

Para *Francisco Meton Marques de Lima* e *Francisco Péricles Rodrigues Marques de Lima* essa aplicação tem natureza subsidiária. Embora os juristas não o explicitem, presume-se que estão a trabalhar com a previsão do art. 889 da CLT, quando afirmam que se deve aplicar o rito do art. 40 da LEF na execução trabalhista para efeito de incidência da prescrição intercorrente, com exceção do prazo, que é de dois anos. Os juristas explicam o itinerário procedimental a ser obervado: "Então, primeiro se suspende a execução por um ano. Não sendo encontrado o devedor ou bens penhoráveis, inicia-se a contagem do prazo para a prescrição intercorrente".[40] Embora tenham escrito já na vigência do art. 11-A da CLT, os referidos juristas não abordam o papel adicional que poderia estar reservado à norma do § 1º do art. 11-A da CLT reformada para o equacionamento do tema.

André Araújo Molina escreveu sobre o tema prescrição intercorrente na execução *antes* da Reforma Trabalhista e sustentou, na ocasião, que se aplicam, além do art. 40 da LEF, o art. 202, parágrafo único, do Código Civil, o art. 844, § 1º, da CLT e o art. 924, V, do CPC, tendo concluído, à época, que o procedimento seria então o seguinte: "1) não localizados bens do devedor, deve o magistrado determinar a suspensão da execução pelo prazo de 1 (um) ano; 2) havendo persistência na situação de não encontrar bens penhoráveis, o passo seguinte é a remessa dos au-

35. *Reforma trabalhista – entenda por ponto*. São Paulo: LTr., 2017. p. 28.

36. "A prescrição intercorrente na execução trabalhista". *Revista Jurídica Luso-Brasileira*, Ano 3 (2017), nº 2. p. 143.

37. *O processo do trabalho e a reforma trabalhista*. São Paulo: LTr, 2017. p. 38: "... consideramos aplicável ao processo do trabalho a disposição encartada no art. 40 da Lei n. 6.830/80, segundo a qual o juiz suspenderá o curso da execução: a) enquanto não for localizado o devedor; ou b) não forem encontrados bens sobre os quais possa recair a penhora (*caput*); decorrido o prazo de um ano, sem que o devedor tenha sido localizado ou os bens encontrados, determinará o arquivamento dos autos (§ 2º)".

38. "A tutela da confiança e a prescrição intercorrente na execução trabalhista: o equívoco da instrução normativa nº 39 do TST." Revista eletrônica do Tribunal Regional do Trabalho da 9ª Região, Curitiba, PR, v. 5, n. 50, p. 204-222, maio de 2016.

39. *A reforma trabalhista e o processo do trabalho*. São Paulo: LTr, 2017. p. 77: "... quando o executado não possuir bens penhoráveis, ou não for localizado, pensamos que as providências preliminares do art. 921 do CPC (suspensão da execução por um ano, sem manifestação do exequente) devem ser aplicadas pela Justiça do Trabalho antes do início da fluência do prazo prescricional."

40. *Reforma trabalhista – entenda por ponto*. São Paulo: LTr., 2017. p. 28.

tos ao arquivo provisório; 3) esgotado o prazo de prescrição de 2 ou 5 anos (conforme o caso), deverá o juiz intimar o exequente para se manifestar se ocorreu alguma das causas suspensivas; 4) ao final, pronunciar a prescrição intercorrente da pretensão."[41] Como destacado, no artigo pesquisado, o jurista não tinha conhecimento do teor que viria ser atribuído pela Lei n. 13.467/2017 ao art. 11-A da CLT reformada, de modo que suas ponderações tiveram em consideração a legislação vigente à época da publicação do artigo.

Entendo que a declaração da prescrição intercorrente na execução trabalhista deve obedecer – combinadamente – tanto à previsão do art. 11-A, § 1º, da CLT quanto ao itinerário procedimental previsto no art. 40 da LEF, por força da previsão do art. 889 da CLT, dispositivo que manda aplicar na execução trabalhista os preceitos que regem os executivos fiscais naquilo que não contravierem ao Título do Processo Judiciário do Trabalho (arts. 763 a 910 da CLT). Assim entendo porque o art. 11-A da CLT mostra-se sintético e genérico, apresentando-se incompleto para disciplinar o complexo tema da prescrição intercorrente na execução trabalhista, como se conclui ao cotejar a regência legal do tema na CLT, na LEF e no CPC.

Além de apresentar-se fundada na previsão do art. 889 da CLT, essa interpretação em favor da aplicação combinada da LEF e do art. 11-A, § 1º, da CLT é consentânea com a norma de direito material do art. 186 do CTN, que posiciona o crédito trabalhista no ápice da ordem de classificação de créditos no sistema de direito do país, colocando-se, essa interpretação, outrossim, na perspectiva da teoria do diálogo das fontes formais de direito que tratam da prescrição intercorrente no ordenamento jurídico nacional, de modo a evitar que créditos classificados em posição jurídica inferior tenham tutela jurídica superior àquela conferida ao crédito trabalhista no que diz respeito ao tema da prescrição intercorrente na execução.

Assim, por força da aplicação do art. 40 da LEF à execução trabalhista (CLT, art. 889), a declaração de prescrição intercorrente na fase de execução da sentença trabalhista também deve ser *antecedida* do arquivamento provisório dos autos.[42]

E, antes do arquivamento provisório dos autos, o juiz deverá, para observar o itinerário procedimental previsto no art. 40 da LEF, de aplicação supletiva à execução trabalhista, suspender o curso da execução se não for localizado o devedor ou encontrados bens para a penhora (Lei n. 6.830/80, art. 40, *caput*) e intimar o exequente da suspensão da execução (Lei n. 6.830/80, art. 40, § 1º).

41. "A prescrição intercorrente na execução trabalhista". *Revista Jurídica Luso-Brasileira*, Ano 3 (2017), nº 2. p. 142.

42. A exceção é a hipótese de necessidade de apresentação de artigos de liquidação pelo exequente, uma vez que essa providência é antecedente lógico do arquivamento provisório dos autos; e sem a apresentação de artigos de liquidação pelo exequente o processo não pode prosseguir. Nesse caso específico, caracteriza-se situação que a doutrina identifica sob a denominação de prescrição da pretensão executiva.

Somente depois do decurso do prazo de um (1) ano sem que tenha sido localizado o devedor ou encontrados bens penhoráveis é que o juiz determinará o arquivamento provisório dos autos na execução fiscal (Lei n. 6.830/80, art. 40, § 2º). Durante esse prazo de um (1) ano, a execução ficará suspensa e o prazo prescricional ficará igualmente suspenso (Lei n. 6.830/80, art. 40, *caput*; CPC, art. 921, § 1º).

É depois desse período de um (1) ano que ocorre o arquivamento provisório dos autos. E é somente a partir do arquivamento provisório dos autos que se pode cogitar da fluência do prazo prescricional intercorrente de dois (2) anos previsto no art. 11-A da CLT; mas apenas *após* a ocorrência de específica determinação judicial para que o exequente cumpra ordem judicial para impulsionar a execução. Sem essa determinação judicial, expressamente prevista no art. 11-A, § 1º, da CLT reformada, não se pode cogitar do início da fluência do prazo de prescrição intercorrente de dois (2) anos previsto no preceito legal em estudo. Isso porque o dispositivo legal de regência estabelece que o termo inicial desse prazo prescricional ocorre somente "quando o exequente deixa de cumprir determinação judicial no curso da execução" (CLT, art. 11-A, § 1º).

Para que a fluência do prazo prescricional tenha início é necessário, portanto, que *antes* ocorra uma determinação judicial para que o exequente impulsione a execução e que essa determinação judicial não seja cumprida pelo exequente. É a partir daí que poderá ter início o prazo prescricional intercorrente na execução trabalhista. Antes disso, não. Do contrário, a se entender que a prescrição teria início automático com o arquivamento provisório dos autos, não teria sentido a previsão do legislador, que estabeleceu, no art. 11-A, § 1º, da CLT, a exigência de descumprimento de específica ordem judicial, pelo exequente, para que então tivesse início o curso do prazo prescricional intercorrente – "§ 1º A fluência do prazo prescricional inicia-se quando o exequente deixa de cumprir determinação judicial no curso da execução" – grifei.

Essa interpretação apresenta-se em conformidade também com a denominada interpretação autêntica. Na justificativa do preceito em estudo, o legislador consignou: "[...] o marco inicial deste prazo ocorre *somente* quando o o próprio exequente deixar de cumprir alguma determinação do juízo para prosseguir com o processo."

Outra interpretação possível seria a de se entender que não se aplica ao credor trabalhista a disciplina do art. 40 da LEF no que diz respeito à prescrição intercorrente, aplicando-se tão-somente o art. 11-A da CLT reformada, de modo que bastaria então uma – única e isolada – determinação judicial descumprida pelo exequente para que a fluência do prazo de prescrição intercorrente de dois (2) anos tivesse início, sem necessidade de prévia suspensão da execução por um ano (Lei n. 6.830/80, art. 40, *caput*); e sem necessidade de prévio arquivamento provisório dos autos (Lei n. 6.830/80, art. 40, § 2º) – arquivamento provisório esse realizado depois de um ano de suspensão da execução.

Essa interpretação não parece adequada do ponto de vista sistemático porque, em afronta substancial à norma de ordem pública do art. 186 do CTN, colocaria o credor trabalhista em posição desvantajosa em relação ao credor fiscal, incidindo numa verdadeira contradição axiológico-sistemática no ordenamento jurídico nacional. Essa interpretação teria como consequência autorizar a declaração de prescrição intercorrente de ofício depois de dois (2) anos na execução trabalhista, enquanto que o credor fiscal teria, pelo menos, seis (6) anos para promover a execução tributária (um ano de suspensão da execução; mais cinco anos, depois de realizado o arquivamento provisório dos autos). O mesmo raciocínio vale para cotejar a prescrição intercorrente do crédito trabalhista com a prescrição intercorrente do crédito quirografário na execução civil. O credor quirografário, a exemplo do credor fiscal, contará com a suspensão da execução por um (1) ano e, depois, com o arquivamento provisório dos autos durante o prazo de prescrição da respectiva pretensão, sendo que é a partir desse último – o arquivamento provisório dos autos – que se contará o prazo prescricional intercorrente para o credor quirografário. Vale dizer, o credor quirografário também teria tratamento vantajoso em relação ao credor trabalhista.

A propósito da relação de coerência axiológica que o ordenamento jurídico impõe entre direito material e direito processual no sistema de direito, vem a propósito recordar a lição que se recolhe do item 4 da Exposição de Motivos nº 223 da Lei n. 6.830/80 e que serve de fundamento à proposta adotada no presente artigo para a resolução da questão em estudo: "[...] nenhum outro crédito deve ter, em sua execução judicial, preferência, garantia ou rito processual que supere os do crédito público, à exceção de alguns créditos trabalhistas".

Poder-se-ia pretender afastar a aplicação do art. 40 da LEF à execução trabalhista no tema da prescrição intercorrente sob o argumento de que a CLT não é omissa, na medida em que a matéria foi disciplinada no art. 11-A da CLT reformada. Entretanto, essa não parece ser a melhor solução, porquanto o art. 11-A da CLT apresenta-se extremamente sintético quando comparado com a disciplina adotada no art. 40 da LEF para o tema da prescrição intercorrente. O mesmo ocorre quando o art. 11-A da CLT é comparado com o art. 921 do CPC.

Admitido o entendimento de que se aplica a Lei de Executivos Fiscais à prescrição intercorrente na execução trabalhista, cumpre retornar à crucial questão da oportunidade em que a determinação judicial prevista no art. 11-A da CLT pode ser ordenada pelo juiz. A questão é crucial porque é a partir do descumprimento dessa determinação judicial que tem início a fluência do prazo prescricional intercorrente na execução trabalhista, a teor do § 1º do art. 11-A da CLT.

Penso que a determinação judicial em questão *não pode ser anterior ao arquivamento provisório dos autos*, sob pena de se conferir ao crédito fiscal e ao crédito quirografário tutela jurídica superior àquela assegurada ao crédito trabalhista, em afronta à norma de ordem pública do art. 186 do CTN. Assim, penso que essa determinação deva ser ordenada ou na mesma oportunidade da decisão em que o juiz do trabalho determina o arquivamento provisório dos autos; ou em momento posterior a esse arquivamento provisório; mas nunca antes do arquivamento provisório dos autos. Essa decisão deve explicitar, para promover segurança jurídica, que o prazo prescricional intercorrente terá curso caso não cumprida a determinação judicial ordenada com fundamento no art. 11-A, § 1º, da CLT, de modo que o exequente tenha consciência de que lhe incumbe diligenciar para cumprir a determinação judicial, de modo a evitar a consumação da prescrição intercorrente, sob pena de extinção de sua execução com julgamento de mérito. Para tanto, a intimação respectiva deve ser feita tanto ao procurador quanto ao exequente; quanto a esse último, pessoalmente.

8. A NECESSIDADE DE INTIMAR TAMBÉM A PARTE EXEQUENTE PESSOALMENTE

Tanto na doutrina quanto na jurisprudência prevalece o entendimento de que a parte exequente deve ser intimada pessoalmente, para que tenha fluência o prazo prescricional, medida que se revela consentânea com o instituto da prescrição intercorrente, na medida que a pronúncia da prescrição tem como consequência a extinção do processo com resolução do mérito. Essa providência deve ser adotada pelo juízo trabalhista quando esse último der cumprimento à norma do art. 11-A da CLT.

Comecemos pela doutrina. Para *Manoel Antonio Teixeira Filho*, a intimação também da parte é indispensável para que tenha curso a prescrição intercorrente: "Mesmo nos casos em que a norma legal autoriza o juiz a agir de ofício será indispensável a intimação da parte para que a prescrição intercorrente se constitua. Essa prévia intimação, que figura como requisito ou pressuposto da *praescriptio*, se destina a atribuir segurança jurídica à parte, uma vez que terá ciência de que praticar determinado ato, no prazo previsto em lei ou assinado pelo juiz, sob pena de o seu direito de estar em juízo ser fulminado pelo termo prescricional."[43]

Mauro Schiavi também sustenta a necessidade de que tanto o advogado quanto o exequente sejam intimados para cumprir a determinação judicial: "... pensamos cumprir ao magistrado, antes de reconhecer a prescrição intimar o exequente, por seu advogado e, sucessivamente, pessoalmente, para que pratique o ato processual adequado ao prosseguimento da execução, sob consequência de se iniciar o prazo prescricional."[44]

A mesma posição é adotada por *Raphael Miziara*. Para o jurista, a intimação pessoal do exequente é indispensável.[45] A jurisprudência pesquisada por *Raphael Miziara* confirma que essa posição é adotada também no âmbito do Superior Tribunal de Justiça: "[...] De acordo com precedentes do Superior Tribunal de Justiça, a prescrição intercorrente só poderá ser reconhecida no processo executivo se, após a intimação pessoal da parte exequente para dar andamento ao feito, a mes-

43. *O processo do trabalho e a reforma trabalhista*. São Paulo: LTr, 2017. p. 39.

44. *A reforma trabalhista e o processo do trabalho*. São Paulo: LTr, 2017. p. 77.

45. "A tutela da confiança e a prescrição intercorrente na execução trabalhista: o equívoco da instrução normativa nº 39 do TST." Revista eletrônica do Tribunal Regional do Trabalho da 9ª Região, Curitiba, PR, v. 5, n. 50, p. 204-222, maio de 2016.

ma permanece inerte (AgRg no AREsp 131.359-GO, relator Ministro Marco Buzzi, 4ª Turma, julgado em 20 de novembro de 2014, DJe 26 de novembro de 2014). Na hipótese, não tendo havido intimação pessoal da parte exequente para dar andamento ao feito, não há falar em prescrição" (AgRg no REsp 1.245.41-MT, relator Ministro Luis Felipe Salomão, 4ª Turma, julgado em 8.8.2015, DJe 31.8.2015).

9. CONSUMADO O PRAZO PRESCRICIONAL, NÃO CABE NOVA DILIGÊNCIA PARA PENHORA

Se o prazo prescricional intercorrente de dois (2) consumar-se, o juiz poderá então decretar a prescrição e extinguir o processo com julgamento do mérito. Entretanto, o exequente poderá impedir a consumação desse prazo prescricional, indicando bens à penhora que levem à efetiva constrição do patrimônio de executado; e pode fazê-lo a qualquer tempo (Lei n. 6.830/80, art. 40, § 3º) enquanto não consumado o prazo prescricional de dois (2) anos previsto no art. 11-A da CLT. Mas vale repetir, deverá fazê-lo antes de terminado o prazo prescricional intercorrente. Consumado o prazo prescricional intercorrente de dois (2) anos, novo requerimento de penhora de bens não terá o condão de desconstituir a prescrição já consumada, cujo efeito é o de extinguir o processo com julgamento de mérito (CPC, art. 924, V). A doutrina de *André Araújo Molina* é precisa: "Consumada a prescrição, é evidente que a intimação do exequente não é para dar seguimento à fase de execução, com requerimento de novas diligências, mas apenas para que exercite o contraditório substancial, precisamente indicando alguma causa suspensiva da prescrição intercorrente".[46]

CONCLUSÃO

A súmula 114 do TST foi aprovada em 1980 e adota o entendimento de que a prescrição intercorrente é inaplicável na Justiça do Trabalho.

A jurisprudência do TST acerca do tema da prescrição intercorrente foi construída sob o pressuposto de que o juiz estava autorizado a promover a execução de ofício, a teor do art. 878, *caput*, da CLT, na redação anterior à Lei n. 13.467/2017.

Resta saber se o TST vai manter a diretriz de sua jurisprudência acerca da prescrição intercorrente após a modificação introduzida na redação do art. 878 da CLT pela Lei nº 13.467/2017 e após a introdução de previsão expressa de prescrição intercorrente na execução trabalhista pelo art. 11-A da CLT reformada. Isso porque a jurisprudência do Tribunal foi estruturada sob a vigência da redação anterior do art. 878 da CLT, preceito revogado pela legislação que introduziu a denominada Reforma Trabalhista na CLT.

---

46. "A prescrição intercorrente na execução trabalhista". *Revista Jurídica Luso-Brasileira*, Ano 3 (2017), nº 2. p. 143.

É necessário refletir sobre a eventual opção pela declaração incidental de inconstitucionalidade do preceito do art. 11-A da CLT, na medida em que uma reação previsível seria o recurso das entidades patronais ao controle concentrado de constitucionalidade acerca do preceito em questão mediante Ação Direta de Constitucional do art. 11-A, situação na qual a tendência natural do Supremo Tribunal Federal seria a de referendar sua jurisprudência, corroborando a diretriz hermenêutica da Súmula 372, na qual o STF afirma que "o direito trabalhista admite a prescrição intercorrente".

O prazo de prescrição intercorrente começa a fluir, nos executivos fiscais, após o arquivamento provisório dos autos e somente é interrompido quando a penhora de bens ocorre e se logra promover a satisfação da execução mediante a alienação judicial do bem penhorado. Vale dizer, na execução fiscal, ainda que a Fazenda Pública faça requerimentos ao juízo com a finalidade de se fazer realizar a penhora de bens, essa pró-atividade processual não tem eficácia jurídica para fazer interromper o curso do prazo da prescrição intercorrente se a penhora não for exitosa.

Essa digressão é necessária porque parece que a Reforma Trabalhista instituída pela Lei n. 13.467/2017 não abraçou a mera perspectiva objetiva de prescrição intercorrente adotada nos executivos fiscais pelas Leis n. 11.051/2004 e n. 11.960/2009. A Reforma Trabalhista, ao introduzir a prescrição intercorrente na execução de forma expressa, adotou o modelo de prescrição intercorrente no qual se toma em consideração a conduta subjetiva do exequente que permanece inerte mesmo após instado pelo juízo a promover a execução. É o que indica o § 1º do art. 11-A da CLT, ao estabelecer que "a fluência do prazo prescricional intercorrente inicia-se quando o exequente deixa de cumprir determinação judicial no curso da execução".

A prescrição intercorrente na execução no CPC de 2015 tem regência legal semelhante àquela adotada nos executivos fiscais, sobretudo depois das explicitações trazidas à execução fiscal com o advento das Leis n. 11.051/2004 e 11.960/2009, revelando que o tema da prescrição intercorrente recebeu disciplina semelhante nesses dois diplomas legais.

Assim como ocorre no âmbito dos executivos fiscais (Lei n. 6.830/80, art. 40, § 3º), somente se forem encontrados bens penhoráveis do executado é que a execução civil terá prosseguimento (CPC, art. art. 921, § 3º). A previsão do § 3º do art. 921 do CPC é de que "Os autos serão desarquivados para prosseguimento da execução se a qualquer tempo forem encontrados bens penhoráveis." A locução "se a qualquer tempo forem encontrados bens penhoráveis" deve ser interpretada de forma sistemática com os demais preceitos dos arts. 921 e 924 do CPC, de modo a evitar que a interpretação literal e isolada dessa locução conduza à tese da imprescritibilidade da execução. Trata-se conformar a exegese da locução "a qualquer tempo" aos demais preceitos legais incidentes, de modo a submeter a interpretação dessa locução à supremacia da diretriz hermenêutica da prescritibilidade do direito a exigir pretensão relativa à obrigação de natureza civil.

Na execução trabalhista, contudo, a disciplina da matéria é diversa, porquanto o legislador introduziu na CLT o *requisito normativo adicional* de que tenha havido o *descumprimento, pelo exequente, de uma específica determinação judicial*, para que então – e só daí então – se tenha por iniciada a fluência do prazo prescricional intercorrente de dois (2) anos.

O impulso da execução de ofício pelo juiz do trabalho não acarretará nulidade processual. A nulidade processual caracteriza-se quando o ato processual acarretar manifesto prejuízo para a parte. A norma está prevista no art. 794 da CLT. O prejuízo de que se cogita aqui é prejuízo de natureza processual. O prejuízo de natureza processual caracteriza-se apenas quando o exercício de determinada faculdade processual da parte lhe for negado pelo juízo. Na medida em que se assegure ao executado a faculdade processual de opor embargos à execução após a realização da penhora, não se poderá cogitar de nulidade processual, porquanto nesta situação não estará caracterizado o manifesto prejuízo processual de que trata o art. 794 da CLT. Isso porque a faculdade processual do executado é a de se opor à execução mediante a apresentação dos embargos previstos no art. 884 da CLT. Assegurado ao executado o exercício da faculdade processual prevista no art. 884 da CLT, já não mais se poderá cogitar de nulidade processual em decorrência do fato de a execução ter sido impulsionada de ofício. E, ainda que se pudesse cogitar de nulidade processual, eventual nulidade processual restaria convalidada por ter sido assegurado ao executado o exercício do contraditório na execução.

Na hipótese da prescrição intercorrente instituída pelo art. 11-A da CLT reformada, a fluência do prazo prescricional somente pode ter início a partir da vigência da Reforma Trabalhista. Portanto, não poderá o magistrado, a pretexto de aplicar a nova lei, procurar processos parados há dois anos e declarar a prescrição intercorrente de forma retroativa. Isso porque se trata de nova hipótese de prescrição, situação em que os respectivos efeitos projetam-se – necessária e exclusivamente – para o futuro; nessa hipótese não se pode atribuir efeito retroativo à lei, sob pena de maltrato ao postulado da segurança jurídica.

A declaração da prescrição intercorrente na execução trabalhista deve obedecer – combinadamente – tanto à previsão do art. 11-A, § 1º, da CLT quanto ao itinerário procedimental previsto no art. 40 da LEF, por força da previsão do art. 889 da CLT, dispositivo que manda aplicar na execução trabalhista os preceitos que regem os executivos fiscais naquilo que não contravierem ao Título do Processo Judiciário do Trabalho (arts. 763 a 910 da CLT).

Admitido o entendimento de que se aplica a Lei de Executivos Fiscais à prescrição intercorrente na execução trabalhista, cumpre retornar à crucial questão da oportunidade em que a determinação judicial prevista no art. 11-A da CLT pode ser ordenada pelo juiz.

A determinação judicial em questão *não pode ser anterior ao arquivamento provisório dos autos*, sob pena de se conferir ao crédito fiscal e ao crédito quirografário tutela jurídica superior àquela assegurada ao crédito trabalhista, em afronta à norma de ordem pública do art. 186 do CTN. Assim, penso que essa determinação deva ser ordenada ou na mesma oportunidade da decisão em que o juiz do trabalho determina o arquivamento provisório dos autos; ou em momento posterior a esse arquivamento provisório; mas nunca antes do arquivamento provisório dos autos. Essa decisão deve explicitar, para promover segurança jurídica, que o prazo prescricional intercorrente terá curso caso não cumprida a determinação judicial ordenada com fundamento no art. 11-A, § 1º, da CLT, de modo que o exequente tenha consciência de que lhe incumbe diligenciar para cumprir a determinação judicial, de modo a evitar a consumação da prescrição intercorrente, sob pena de extinção de sua execução com julgamento de mérito. Para tanto, a intimação respectiva deve ser feita tanto ao procurador quanto ao exequente; quanto a esse último, pessoalmente.

Se o prazo prescricional intercorrente de dois (2) consumar-se, o juiz poderá então decretar a prescrição e extinguir o processo com julgamento do mérito. Entretanto, o exequente poderá impedir a consumação desse prazo prescricional, indicando bens à penhora que levem à efetiva constrição do patrimônio de executado; e pode fazê-lo a qualquer tempo (Lei n. 6.830/80, art. 40, § 3º) enquanto não consumado o prazo prescricional de dois (2) anos previsto no art. 11-A da CLT. Mas vale repetir, deverá fazê-lo antes de terminado o prazo prescricional intercorrente. Consumado o prazo prescricional intercorrente de dois (2) anos, novo requerimento de penhora de bens não terá o condão de desconstituir a prescrição já consumada, cujo efeito é o de extinguir o processo com julgamento de mérito (CPC, art. 924, V).

REFERÊNCIAS BIBLIOGRÁFICAS

ALBUQUERQUE, Marcos Cavalcanti. *Lei de Execução Fiscal*. São Paulo: Madras, 2003.

LORENZETTI, Ari Pedro. *A prescrição e a decadência na Justiça do Trabalho*. São Paulo: LTr, 2009.

MARQUES DE LIMA, Francisco Meton. MARQUES DE LIMA, Francisco Péricles Rodrigues. *Reforma trabalhista – entenda por ponto*. São Paulo: LTr., 2017.

MIZIARA, Raphael. "A tutela da confiança e a prescrição intercorrente na execução trabalhista: o equívoco da instrução normativa nº 39 do TST." Revista eletrônica do Tribunal Regional do Trabalho da 9ª Região, Curitiba, PR, v. 5, n. 50, p. 204-222, maio de 2016.

MOLINA, André Araújo. "A prescrição intercorrente na execução trabalhista". *Revista Jurídica Luso-Brasileira*, Ano 3 (2017), nº 2. p. 124.

SCHIAVI, Mauro. *A reforma trabalhista e o processo do trabalho*. São Paulo: LTr, 2017.

SILVA, Homero Batista Mateus da. *Comentários à Reforma Trabalhista*. São Paulo: RT, 2017.

SOUZA JÚNIOR. Antonio Umberto. SOUZA, Fabiano Coelho de. MARANHÃO, Ney. AZEVEDO NETO, Platon Teixeira de. Reforma Trabalhista – análise comparativa e crítica da Lei nº 13.467/2017. São Paulo?: Ridell, 2017.

TEIXEIRA FILHO, Manoel Antonio. *O processo do trabalho e a reforma trabalhista*. São Paulo: LTr, 2017.

TEODORO JÚNIOR, Humberto. *Lei de Execução Fiscal*. São Paulo: Saraiva, 2009.

THEOTONIO NEGRÃO e outros. *Novo Código de Processo Civil e legislação processual em vigor*. 47 ed. São Paulo: Saraiva, 2016.

TOLEDO FILHO, Manoel Carlos. *Comentários ao novo CPC e sua aplicação ao Processo do Trabalho*. vol. I. José Antônio Ribeiro de Oliveira Silva (coordenador). São Paulo: LTr, 2016.

ASPECTOS GERAIS DA REFORMA DA CONSOLIDAÇÃO DAS LEIS DO TRABALHO – CLT (LEI Nº 13.467/2017) NO PROCESSO DE EXECUÇÃO NA JUSTIÇA DO TRABALHO

Daniela Lustoza Marques de Souza Chaves[1]
Luciano Athayde Chaves[2]

Sumário: Introdução – 1. A mitigação do impulso oficial na execução: um debate à luz do princípio do resultado – 2. Do favor legal ao devedor – 3. Ausência de sanção processual na hipótese de não cumprimento voluntário da sentença – 4. O abuso de direito processual no âmbito da execução trabalhista – 5. Outros aspectos ausentes de uma proposta de modernização da legislação processual no terreno do cumprimento da sentença e da execução forçada na justiça do trabalho – Conclusão – Referências.

INTRODUÇÃO

O estudo do Direito Processual do Trabalho tem experimentado grandes desafios nos últimos anos. O advento do novo Código de Processo Civil - CPC (Lei Federal nº 13.105/2015), em período bem recente, impôs, como era de se esperar,

1. Doutoranda em Direito Constitucional (UNIFOR). Mestre em Ciências Sociais (UFRN). Pós-Graduada em Direito e Cidadania (UFRN). Pós-graduanda em Direito Processual Civil (ESMAF/ILP-RN). Juíza Titular da Vara do Trabalho de Assu/RN (TRT 21ª. Região). E-mail: danielalustoza@gmail.com.

2. Doutorando em Direito Constitucional (UNIFOR). Mestre em Ciências Sociais (UFRN). Professor do Departamento de Direito Processual e Propedêutica da Universidade Federal do Rio Grande do Norte (UFRN). Professor do Programa de Pós-Graduação em Residência Judicial (UFRN/ESMARN) e em Direito e Gestão do Judiciário (IEL-PR/TRT21/JFRN/TRE-RN). Juiz Titular da 2ª. Vara do Trabalho de Natal/RN (TRT 21ª. Região). Membro do Instituto Brasileiro de Direito Processual (IBDP). E-mail: lucianoathaydechaves@gmail.com.

a tarefa de estabelecer os diálogos possíveis entre o processo comum e o subsistema processual do trabalho, principalmente por não dispor este de autonomia normativa e regulação bastante para o enfrentamento das funções afetas à Justiça do Trabalho, reclamando, assim, a subsidiariedade e supletividade do CPC.

Ainda sob o calor dos primeiros momentos dessa nova matriz normativa do processo comum, eis que a agenda política do país insere a reforma da Consolidação das Leis do Trabalho – CLT dentre as suas prioridades. Em poucos meses, a proposta[3] se torna a Lei Federal nº 13.467, de 13 de julho de 2017 (Diário Oficial da União de 14 de julho de 2017), que se apresenta uma grande *Reforma Trabalhista*, com prazo de cento e vinte dias de *vacatio legis* (art. 6º).

Conquanto os debates tenham centrado suas luzes na parte relacionada ao direito material, tal *Reforma* também resultou em importantes alterações na parte processual da CLT.

O objeto do presente estudo constitui explorar as alterações impostas na parte processual, investigando suas implicações e alcance, em especial no que se referem aos aspectos mais gerais afetos à fase de cumprimento da sentença e de execução forçada dos títulos extrajudiciais.

Como todo o esforço analítico realizado sem o necessário distanciamento histórico, é desnecessário sublinhar os seus riscos, mesmo considerando a advertência epistemológica de *que todo o conhecimento em ciências sociais é provisório* (POPPER, 2004).

1. A MITIGAÇÃO DO IMPULSO OFICIAL NA EXECUÇÃO: UM DEBATE À LUZ DO PRINCÍPIO DO RESULTADO

A discussão em torno da efetividade das tutelas jurisdicionais assumiu grande centralidade, a partir dos movimentos de reforma do Código de Processo Civil, iniciados nos anos 1990. Forte na percepção de que havia um déficit instrumental, decorrente da separação mais radical entre processos de conhecimento e de execução, buscou a Lei nº 11.232/2005 romper com essa tradição, deslocando os procedimentos de efetivação da tutela para a fase de conhecimento, dispensando-se, inclusive, nova citação para a deflagração dos atos de satisfação do bem jurídico constante da sentença (CHAVES, 2007, p. 37 e ss.).

É bem verdade que os avanços naquele momento, quando inserido o art. 475-J no CPC/1973, foram contidos no que se refere à atuação de ofício do Juiz da Execução, já que exigia requerimento do credor para os atos de construção, aspecto que mereceu críticas:

3. Projeto de Lei nº 6.787/2016, na Câmara dos Deputados, de iniciativa do Poder Executivo, apresentado em 23 de dezembro de 2016, e aprovado pelo Plenário da Câmara em 24 de abril de 2017. Remetido ao Senado Federal em 28 de abril do mesmo ano, foi aprovado e enviado à sanção presidencial em 12 de julho, convertido em lei, sem vetos, em 13 de julho de 2017.

> Poderia a reforma do Código ter avançado neste ponto, inspirando-se, quem sabe, na própria experiência da Justiça do Trabalho, notadamente porque a superada dicotomia cognição/execução, perseguida pela reforma, encontra aqui uma barreira de ordem lógica e prática.
>
> Ora, se a execução é apenas uma fase, diria até que indispensável para a concretização do direito subjetivo objeto da pretensão, não faz qualquer sentido, como sublinhamos anteriormente, esperar-se aqui pela iniciativa do credor para a expedição do mandado de penhora, que, aliás, deveria ser ato praticado pelo cartório judicial ou secretaria do Juízo, posto que meramente ordinatório (CHAVES, 2007, p. 67).

O CPC/2015 seguiu aquela mesma linha e manteve, na redação do art. 523, a exigência *de requerimento do exequente para o cumprimento da sentença*[4], constituindo, portanto, exceção à regra geral do *impulso oficial do processo*[5].

Mesmo em campos especiais do processo civil, como na Lei dos Juizados Especiais (Lei nº 9.099/1995), essa iniciativa do interessado é esperada.[6]

Trata-se do conhecido instituto processual denominado de *princípio da demanda*, desdobramento do princípio dispositivo, pelo qual as partes, livremente, "*dispõem da liberdade de determinar o objeto litigioso e de propor as provas adequadas à resolução da causa*" (ASSIS, 2006, p. 408).[7]

A adoção desse mecanismo, na origem, reflete a ideia de inércia do Judiciário, mercê de uma visão privada e individualista de sociedade, própria do séc. XIX, posição que cedeu espaço, ao longo do tempo, a estágio de equilíbrio com influxos

---

4. Art. 523: "No caso de condenação em quantia certa, ou já fixada em liquidação, e no caso de decisão sobre parcela incontroversa, o cumprimento definitivo da sentença far-se-á a requerimento do exequente, sendo o executado intimado para pagar o débito, no prazo de 15 (quinze) dias, acrescido de custas, se houver". De certa forma, esse novo tratamento normativo para o início da fase de cumprimento se mostra ainda mais dispositivo que o texto revogado o art. 475-J, já que este só fazia expressa referência à iniciativa do credor para a expedição de mandado de penhora, o que permitia que a intimação do devedor, inclusive na pessoa do seu advogado, pudesse ser realizada de ofício pelo Juiz. No novo tratamento dado ao tema (art.523), há exigência legal para a própria instauração da instância de cumprimento, aspecto que representa, a nosso ver, um retrocesso na marcha de simplificação e de inquisitoriedade do processo comum, na perspectiva de concretização da ideia de jurisdição como atividade estatal que deve ser prestada de forma ampla e satisfativa e que só se encerra com a entrega do bem da via reclamado pela parte promovente, caso assim reste reconhecido pelo Estado-Juiz.
5. Art. 2º: "O processo começa por iniciativa da parte e se desenvolve por impulso oficial, salvo as exceções previstas em lei".
6. Art. 52, inciso IV: "não cumprida voluntariamente a sentença transitada em julgado, e tendo havido solicitação do interessado, que poderá ser verbal, proceder-se-á desde logo à execução, dispensada nova citação".
7. Analisando o conjunto de normas atinentes à execução, notadamente o preceito contido no art. 797 do atual Código de Processo Civil, no sentido de que *a execução se realiza no interesse do credor*, concluiu Araken de Assis (2006, p. 409), a despeito da ideologia prevalecente no processo comum: "Exame sistemático da função executiva aponta a prevalência ideológica do interesse individual do credor".

publicistas de aumento dos poderes do juiz, mais próximos dos valores das sociedades contemporâneas, que vê no processo uma garantia de realização de direitos, não podendo permanecer subsumido apenas à esfera dos interesses particulares. Esse equilíbrio se reflete no modelo – dominante no processo comum – de que a iniciativa do processo é sempre da parte, mas, a partir daí, o processo se desenvolve por impulso oficial (ASSIS, 2006, p. 408-9).

A tendência apontada pela Lei nº 11.232/2005, na direção da unificação, num mesmo processo, da cognição e do cumprimento do respectivo título judicial, acabou arrefecendo, como num regresso à dicotomia tradicional novecentista, reclamando do promovente, a rigor, duas manifestações de ruptura da inércia. A primeira, na propositura da ação de conhecimento. A segunda, na promoção das medidas de cumprimento, o que equivale, na essência, à mimese daquele modelo de que as reformas dos anos 2000 pareciam pretender afastar, consubstanciado na dicotomia *processo de conhecimento/processo de execução.*

Nesse terreno, a disposição do art. 878 da Consolidação das Leis do Trabalho, na sua redação original e anterior à *Reforma* de 2017, sempre se apresentou como marco diferenciador e característico do Direito Processual do Trabalho, onde a dicotomia entre processos de conhecimento e de execução nunca apresentou as cores do processo comum, precisamente em virtude de expressa previsão legal de que o cumprimento da sentença poderia ser impulsionado pelo interessado *ou mesmo de ofício pelo Juiz*[8]. Isso implicava, na fenomenologia processual, a dispensa da exclusiva iniciativa da parte para *promover*[9] a execução.

Com o advento da Lei nº 13.467/2017, esse mecanismo de impulsionamento recebeu um tratamento diferente. A nova redação dada ao art. 878 é a seguinte: "*A execução será promovida pelas partes, permitida a execução de ofício pelo Juiz ou Presidente do Tribunal apenas nos casos em que as partes não estiverem representadas por advogado*".

Busca-se, assim, trasladar-se para o Processo do Trabalho a *dispositividade da etapa procedimental de cumprimento forçado da obrigação retratada no título judicial*[10], que é traço do processo comum, ainda que a Justiça do Trabalho somente se constitua ramo especializado em função das características jurídicas específicas

8. "Art. 878 - A execução poderá ser promovida por qualquer interessado, ou *ex officio* pelo próprio Juiz ou Presidente ou Tribunal competente, nos termos do artigo anterior".
9. O verbo "promover", de que agora se utiliza a Lei nº 13.467/2017, para emprestar nova redação ao art. 788 da Consolidação das Leis do Trabalho, é de larga utilização no processo comum. O art. 566 do CPC/73 dele se utilizou para dispor sobre aqueles que poderiam "promover a execução forçada", no sentido lexicográfico (WARAT, 1995) de quem pode propor ou requerer a tutela executiva. O CPC/2015 reproduziu a mesma expressão, ao dispor: "*Pode promover a execução forçada o credor a quem a lei confere título executivo*". Sobre essa mesma interpretação desses dispositivos, cf.: MARINONI e MITIDIERO, 2008, p. 591.
10. O raciocínio não se aplica à execução dos títulos extrajudiciais, porquanto, nessa hipótese, a propositura da ação executiva, que instaura a instância, equivale à postulação da execução forçada do título não adimplido a tempo e modo.

das relações de trabalho, que tem como objeto não somente o *trabalho humano*, cuja dignidade encontra reconhecimento e qualificação constitucional, como fundamento da República (art. 1º, inciso IV, CF), mas também porque, em grande medida, tutela direitos de cariz alimentar, gravitando em torno de bem jurídico protegido pela dimensão jurídica fundamental da pessoa humana (art. 1º, inciso III, CF).

Se já é bem criticável a subsistência da dispositividade para a execução no novo Código de Processo Civil (art. 523)[11], aplicar o mesmo preceito para a Justiça do Trabalho significa reconhecer como quirografário, renunciável e dispositivo, por exemplo, os direitos fundamentais trabalhistas (art. 7º, CF)[12], com potencial de abalo de todas as rotinas e fluxos de trabalho que foram desenvolvidos ao longo de décadas pelos Juízos trabalhistas, no escopo de imprimir efetividades àqueles direitos preferenciais.

É bem verdade que, há muito, parte da literatura já interpretava que a execução de ofício somente teria lugar se a parte não estivesse assistida por advogado. Nesse sentido, Wilson de Souza Campos Batalha (1995, p. 708) pontuou: "*O art. 878 da CLT admite a execução ex officio, pelo próprio Juiz ou presidente. Entretanto, obviamente, esse tipo de execução é inadmissível quando o exeqüente estiver representado nos autos, por advogado legitimamente constituído*".

Sucede, contudo, que essa não foi a trajetória fenomênica do Processo do Trabalho. Não foi essa sua experiência, pelo menos até aqui, muito em razão da inquisitoriedade que marca toda a processualística do trabalho, em função da regra geral estatuída no art. 765 da Consolidação das Leis do Trabalho: "*Os Juízos e Tribunais do Trabalho terão ampla liberdade na direção do processo e velarão pelo andamento rápido das causas, podendo determinar qualquer diligência necessária ao esclarecimento delas*".

Incorporado, portanto, como valor concretizado ao plano processual, o impulso oficial para a instauração da execução (cumprimento) da sentença assumiu

11. Analisando-se essa questão, ainda sob a reforma de 2005, quando o procedimento de instauração dos atos de cumprimento da sentença, sublinhou-se: "Se a reforma introduz da pela Lei nº 11.232 inovou, ao dispensar a citação do executado, permaneceu, por outro lado, conservadora, ao dispor que depende do credor o requerimento para a expedição do mandado de penhora e avaliação (art. 475-J, parte final), dispositivo de nenhuma aplicabilidade prática no Direito Judiciário do Trabalho, onde tem sido a regra a observância do art. 878, segunda parte, da Consolidação, com a expedição do mandado decorrente de impulso oficial do Juiz da Execução. Poderia a reforma do Código ter avançado neste ponto, inspirando-se, quem sabe, na própria experiência da Justiça do Trabalho, notadamente porque a superada dicotomia cognição/execução, perseguida pela reforma, encontra aqui uma barreira de ordem lógica e prática. Ora, se a execução é apenas uma fase, diria até que indispensável para a concretização do direito subjetivo objeto da pretensão, não faz qualquer sentido, como sublinhamos anteriormente, esperar-se aqui pela iniciativa do credor para a expedição do mandado de penhora, que, aliás, deveria ser ato praticado pelo cartório judicial ou secretaria do Juízo, posto que meramente ordinatório" (CHAVES, 2007, p. 67)

12. Sobre a fundamentalidade dos direitos sociais, dentre os quais os trabalhistas, cf.: FILETI, 2009.

a centralidade do *ethos* processual trabalhista[13], sendo o *leitmotiv* do desenvolvimento de diversas ferramentas gerenciais do processo que se mostraram decisivas, senão para a solução do problema do congestionamento processual, pelo menos para posicionar a Justiça do Trabalho em níveis menos caóticos do que os apresentados pelo Poder Judiciário em geral.[14] Foi nesse panorama que vários procedimentos de racionalização da execução foram possíveis, ferramentas eletrônicas foram desenvolvidas, a penhora eletrônica ganhou relevo e importância (CHAVES, 2009).

A partir dessa perspectiva, a arquitetura institucional da Justiça do Trabalho se desenvolveu, com a criação, por exemplo, de secretarias especializadas para a execução, núcleos de investigação e pesquisa patrimonial[15]. Convênios foram pensados e concretizados, no sentido de obter informações dos devedores e de seu patrimônio, viabilizando o direcionamento do esforço executivo de forma mais eficiente e precisa, mirando nos resultados esperados.

A mitigação e/ou supressão desse autêntico poder-dever do impulso oficial pela Lei nº 13.467/2017 *resulta numa mudança radical de rumos*, trazendo para o Processo do Trabalho a mesma e inexplicável contradição ainda subsistente no processo comum: o interessado instaura a instância, reclama um bem jurídico, *mas a tutela material que o concede fica a depender de um novo pronunciamento do ator processual legitimado para propugnar pela deflagração dos atos de cumprimento da sentença*, caso não seja esta cumprida voluntariamente.

Essa posição implica maior ônus aos atores do processo e, ao nosso sentir, viola a própria essência da eficiência da administração da Justiça, arrefecendo a força normativa que se projeta do art. 37, *caput*, Constituição Federal.[16]

Note-se que a própria Lei nº 13.467/2017, ao tratar das contribuições sociais, *manteve a possibilidade da execução de ofício* (art. 876, parágrafo único[17]), apre-

13. Cf., por todos: "EXECUÇÃO. EXTINÇÃO POR ABANDONO DE CAUSA. NÃO CABIMENTO. A previsão de impulso oficial (art. 878 da CLT) afasta a necessidade de iniciativa do exequente para o efetivo cumprimento da sentença e, por decorrência, impede a extinção do feito por inércia, baseada no abandono de causa. Se não encontrados bens do devedor para satisfação do crédito trabalhista, deve o processo ser suspenso, na forma prevista na Lei 6.830/80, de aplicação no processo do trabalho, por força do art. 889 da CLT" (TRT da 3.ª Região; Processo: 0000071-54.2014.5.03.0114 AP; Data de Publicação: 22/08/2016; Órgão Julgador: Terceira Turma; Relator: Camilla G.Pereira Zeidler; Revisor: Luis Felipe Lopes Boson).

14. Sobre os níveis e taxas de congestionamentos processuais no Poder Judiciário brasileiro, cf.: Relatório Justiça em Números do Conselho Nacional de Justiça (CNJ, 2016, *on-line*).

15. A Resolução nº 138/2014, do Conselho Superior da Justiça do Trabalho, instituiu os Núcleos de Pesquisa Patrimonial. Sobre esse tema, ver CHAVES, 2014.

16. "A administração pública direta e indireta de qualquer dos Poderes da União, dos Estados, do Distrito Federal e dos Municípios obedecerá aos princípios de legalidade, impessoalidade, moralidade, publicidade e eficiência [...]".

17. "A Justiça do Trabalho executará, de ofício, as contribuições sociais previstas na alínea a do inciso I e no inciso II do caput do art. 195 da Constituição Federal, e seus acréscimos legais, relativas ao objeto da condenação constante das sentenças que proferir e dos acordos que homologar".

sentando, assim, senão uma antinomia normativa[18], seguramente um eloquente paradoxo, porquanto reconhece como possível o impulso oficial para a cobrança de crédito que, embora privilegiado, encontra-se em patamar secundário ao crédito alimentar trabalhista, nos termos do art. 186 do Código Tributário Nacional.[19]

Trata-se, portanto, de inequívoco retrocesso[20], porquanto o impulso oficial para a execução trabalhista sempre representou elemento normativo modelador do perfil dos atores judiciais da Justiça do Trabalho, permitindo o desenvolvimento de políticas públicas e rotinas de secretaria fortemente otimizadoras dos recursos disponíveis em função do *princípio do resultado*, assim entendido como a síntese dos vetores processuais de efetividade da execução, que não apenas reconhecem que a execução se faz em benefício do credor, mas que tem como objetivo a entrega ao exequente do bem jurídico perseguido, objeto da prestação inadimplida (ASSIS, 2006, p. 99).

A *governança judicial* - assim compreendida como a organização dos atores processuais e a dinâmica do próprio processo (AKUSTU e GUIMARÃES, 2012, p. 185), aplicada no âmbito da administração da Justiça do Trabalho, teve no impulso oficial um amálgama, um elemento fundamental indutor dos fluxos de trabalho em torno da efetividade, ainda que incapaz de superar todos os bloqueios à efetividade jurisdicional (CHAVES, 2008).

A percepção que se tem, em vista das poucas informações disponíveis sobre as fontes materiais da *Reforma* na parte processual, é de que essa alteração no art. 878, a par da jurisprudência dominante na Justiça do Trabalho (cf. Súmula nº 114, Tribunal Superior do Trabalho), foi necessária para a acoplagem expressa do texto da CLT sobre a *prescrição intercorrente*[21], que passa a ser expressamente admitida (art.11-A, CLT), na linha do que já assentava a vetusta jurisprudência do Supremo Tribunal Federal.[22]

---

18. É de lembrar que, como preceito geral, a processualística resguarda o impulso oficial das exceções expressamente previstas em lei (art. 2º, CPC/2015).

19. "O crédito tributário prefere a qualquer outro, seja qual for sua natureza ou o tempo de sua constituição, ressalvados os créditos decorrentes da legislação do trabalho ou do acidente de trabalho".

20. Aqui, portanto, abre-se a possibilidade de discussão da própria legitimidade constitucional da norma a partir do parâmetro principiológico de controle representado pelo *princípio da vedação do retrocesso social*. A respeito do conteúdo material desse princípio, sublinha Narbal Fileti (2009, p. 157) que a proibição do retrocesso social se centra na possibilidade de reconhecimento do grau de vinculação dos órgãos legislativos, é dizer uma limitação material da liberdade do processo de produção de textos legislativos aos ditames constitucionais referentes aos direitos sociais.

21. Não nos aprofundaremos na discussão da prescrição intercorrente, porquanto o tema é analisado em capítulo específico deste livro.

22. Súmula nº 327: *"O direito trabalhista admite a prescrição intercorrente"*. Sublinhe-se que este verbete foi aprovado pelo STF em 1963, quando era bem distinta sua competência. Atualmente, a jurisprudência do Tribunal tem considerado esse tema como meramente infraconstitucional e, portanto, fora de sua competência constitucional (cf.: AI 841655 AgR, Relator Ministro Ricardo Lewandowski, Primeira Turma, julgamento em 31.5.2011, DJe de 15.6.2011; RE 595770 ED, Relatora Ministra Ellen Gracie, Segunda Turma, julgamento em 24.3.2009, DJe de 17.4.2009).

É questionável, no entanto, a alteração proposta. Com efeito, tendo, ao longo de tantos anos, a sociedade brasileira investido nas estruturas – físicas e institucionais – da Justiça do Trabalho, com o fito de desenvolver suas atividades com foco na atuação eficiente para a satisfação da tutela jurisdicional, não se pode afirmar que a imposição de uma dispositividade da execução – retirando-se do Juiz o impulso oficial – seja medida em consonância com o princípio-norma estatuído no art. 37 da Constituição Federal, ou mesmo compatível com a *pretensão de eficácia* (HESSE, 1991) dos direitos sociais estatuídos no art. 7º da Constituição Federal.

A administração pública, de que faz parte a administração da Justiça, precisa ter na eficiência um valor catalisador de práticas efetivas, voltadas ao cumprimento de suas funções.

É de se considerar, contudo, que a nova redação do art. 878 da CLT apenas exige da parte, que é assistida por advogado, a "promoção" para o cumprimento da sentença, ou seja, apenas a manifestação para que as obrigações retratadas no título judicial, uma vez exigíveis, *provisória ou definitivamente*, sejam executadas.

Isto significa dizer que a nova redação do art. 878 não implica considerar que o Juiz da Execução – uma vez requerida a execução – dependa, doravante, de sucessivos requerimentos da parte interessada para a realização de atos voltados ao resultado da tutela cognitiva.

Assim, uma vez instaurada a instância executiva, a se admitir a legitimidade constitucional na inovação, *os demais atos processuais observam a inquisitoriedade* (art. 765, CLT c/c art. 2º, CPC), até mesmo porque cabe ao Juiz ordenar esses atos – como os de constrição – em função da natureza da obrigação e as características do processo.

Essa perspectiva também se alinha ao conteúdo deôntico do art. 139 do Código de Processo Civil, que trata dos poderes, deveres e responsabilidades do Juiz. Esse texto determina ao condutor do processo que observe a *duração razoável do processo* (inciso II), bem como lhe autoriza a "*determinar todas as medidas indutivas, coercitivas, mandamentais ou sub-rogatórias necessárias para assegurar o cumprimento de ordem judicial, inclusive nas ações que tenham por objeto prestação pecuniária*" (inciso IV).

Nessa linha, não é fora de propósito admitir-se que a parte autora, por exemplo, requeira, desde a petição inicial, que haja, oportunamente, o cumprimento da sentença, em caso de procedência, mesmo que parcial, dos pedidos.

Tendo esse quadro em mira, é de se indagar: no que a supressão do impulso oficial contribui com objetivos de efetividade do processo?

Limitar a execução *ex officio* apenas às hipóteses de *jus postulandi*, extremamente raras em algumas sedes de unidades jurisdicionais da Justiça do Trabalho, implica encarregar as partes, por seus procuradores, de protagonizar a promoção da execução, e, de certa forma, exorta-as a também propugnar por medidas de efetivação, apresentando-as ao Juiz da Execução.

É bem verdade que o perfil inquisitorial e oficioso da Justiça do Trabalho, mercê de suas próprias conexões com a natureza do bem da vida que costuma tutelar, acabou por situar as partes interessadas e seus procuradores em uma *zona de conforto* no que se refere à ativa participação na execução forçada dos julgados, em que pese a colaboração que se espera de todos os envolvidos na cena processual para a rápida solução da lide.[23]

Mesmo que não se possa generalizar, à falta de elementos empíricos para uma afirmação cientificamente válida, fato é que a supressão do impulso oficial não resulta na garantia de que, doravante, os advogados trabalhistas incorporarão estratégias extrajudiciais de investigação do réu e de seu patrimônio. Talvez tenhamos apenas uma série de requerimentos padronizados, postulando-se, precisamente, aquilo que os Juízes do Trabalho já costumavam fazer no propósito de imprimir efetividade ao título.

Assinale-se, de outro lado, que as partes sempre foram exortadas, no processo de execução, a apresentar meios idôneos e eficazes para a satisfação do crédito. E mais: sempre puderam fazê-lo, sem qualquer provocação. Por isso que, em situações-limite, até mesmo a prescrição intercorrente chegava a ser pronunciada, já que o impulso oficial encontrava – e encontra - sua fronteira nas possibilidades do mundo da vida.

Trata-se, portanto, de mudança que em nada parece contribuir para o enfrentamento do congestionamento processual e para o prestígio do crédito trabalhista, mais contribuindo para uma desconstrução institucional da execução processada na Justiça do Trabalho, na medida em que abre a possibilidade para a discussão da higidez de atos processuais praticados pela Justiça do trabalho na execução, seja diretamente pelos magistrados ou pelos servidores, mediante delegação judicial.

2. DO FAVOR LEGAL AO DEVEDOR

O art. 883-A da CLT busca oferecer um *favor legal* ao devedor, que somente poderia ter contra si qualquer comando de restrição (protestos, certidão positiva de débitos trabalhistas, inserção nos serviços de proteção ao crédito), após o prazo de quarenta e cinco dias, contados da citação[24], e, ainda assim, se não houver garantia da execução.

> Art. 883-A. A decisão judicial transitada em julgado somente poderá ser levada a protesto, gerar inscrição do nome do executado em órgãos de proteção

23. Sobre a colaboração dos atores do processo, dispõe o art. 6º do Código de Processo Civil: "Todos os sujeitos do processo devem cooperar entre si para que se obtenha, em tempo razoável, decisão de mérito justa e efetiva". Na literatura processual, o tema é explorado, de forma seminal, por Daniel Mitidiero (2011).

24. Esse também é outro ponto bastante criticável no texto: o reforço a ideia de nova citação para a promoção da execução, mecanismo tecnicamente superado pelos modernos procedimentos processuais (CHAVES, 2007, p. 54 e ss.).

> ao crédito ou no Banco Nacional de Devedores Trabalhistas (BNDT)[25], nos termos da lei, depois de transcorrido o prazo de quarenta e cinco dias a contar da citação do executado, se não houver garantia do juízo.

É até difícil compreender o propósito desse texto, porquanto o cumprimento imediato da sentença é mais do que o atendimento a créditos trabalhistas. Trata-se de preservar a dignidade da jurisdição exercida pela Justiça do Trabalho.

Ademais, a proposta institui um desestímulo ao pagamento voluntário das obrigações retratadas no título, já que o devedor teria um prazo de 45 dias em que nenhuma restrição poderia ser feita sobre seu nome, o que esvazia os denominados mecanismos indiretos de coerção.

É certo que essa *vacatio* para a implementação de medidas de *coerção indireta* não impede a realização de atos processuais tendentes ao resultado prático das obrigações retratadas no título executivo, judicial ou extrajudicial, como a própria medida constritiva de bens, mas implica em retardamento injustificado da possibilidade de realização de outros atos indiretos de coerção legal do devedor, ainda inadimplente e com a execução não garantida.

Considerando a natureza alimentar do crédito, esse favor legal se mostra ainda mais descabido, permitindo-se questionar a própria legitimidade constitucional do texto, em especial por estabelecer um mecanismo que, ao invés de trazer eficiência e celeridade, promove retardamento e benefício processual à parte contra quem, agora, estabeleceu-se a certeza da dívida em favor do credor, em razão da coisa julgada material já constituída.

Não é preciso muito esforço para perceber que essa regra desqualifica a ideia substancial de *acesso à justiça*, como garantia fundamental (art. 5º, inciso XXV, CF), bem como investe contra a força normativa do preceito fundamental da *duração razoável do processo*, igualmente enquanto garantia constitucional processual (art. 5º, inciso LXXVIII, CF). Afora isso, também viola o princípio da proibição de retrocesso social.

Sobre o aspecto da duração razoável, pontuou Paulo Hoffman (2006, p. 23): "*o que se tem visto no sistema brasileiro é que, em razão da exagerada duração do processo, muitas vezes favorece-se quem não tem razão em detrimento daquele que vem a Juízo defender seu direito*". E, ao considerar a questão da morosidade processual um problema integrante da agenda político-institucional das democracias contemporâneas, arremata:

> É inconcebível que, em um mundo moderno, capaz de enviar informações de uma parte a outra instantaneamente ou de transmitir uma guerra em tempo real, a burocracia, o formalismo e a falta de estrutura mantenham o Poder Judiciário arcaico e ineficaz. É inadmissível que um processo tenha duração maior que a necessária para assegurar a justa decisão (HOFFMAN, 2006, p. 26).

25. Sobre a Lei nº 12.440/2011 e o Banco Nacional de Devedores Trabalhistas, cf.: CHAVES, 2011.

Ora, é precisamente na direção contrária dessa expectativa de eficiência que traciona o favor legal concedido pelo art. 883-A ao devedor trabalhista, não somente inadimplente, mas que também deixou transcorrer a oportunidade de garantir a execução.

Trata-se, portanto, de texto contrário às garantias constitucionais do processo e, por isso mesmo, ressente-se da legitimidade da matriz constitucional, tendo em vista a *eficácia imediata e direta das garantias constitucionais processuais* (JOBIM, 2012, p. 94-100).

3. AUSÊNCIA DE SANÇÃO PROCESSUAL NA HIPÓTESE DE NÃO CUMPRIMENTO VOLUNTÁRIO DA SENTENÇA

Na contramão do que já sucede há mais de dez anos no âmbito do processo civil[26], a *Reforma da CLT* não institui qualquer multa pelo não pagamento voluntário da sentença, como se vê da nova redação dada ao art. 882:

> O executado que não pagar a importância reclamada poderá garantir a execução mediante depósito da quantia correspondente, atualizada e acrescida das despesas processuais, apresentação de seguro-garantia judicial ou nomeação de bens à penhora, observada a ordem preferencial estabelecida no art. 835 da Lei no 13.105, de 16 de março de 2015 - Código de Processo Civil.

Note-se que o texto, além de não seguir a tendência da processualística contemporânea, na direção de estabelecer uma sanção para estimular o cumprimento voluntário da obrigação retratada no título exequendo, apenas explicita, em realidade, a garantia da execução forçada. Nada inova, contudo, em que pese a existência de vários projetos de lei[27], buscando trazer para o Processo do Trabalho, pelo menos no plano da legislação específica, a multa de 10% já prevista no processo no processo comum desde a Lei nº 11.232/2005, dentre outras importantes ferramentas executivas.

Aliás, nesse ponto a proposta deixa de avançar para estampar um autêntico regresso, já que, oportunizada uma reforma, não pode o Processo do Trabalho, na sua fonte mais importante, a CLT, deixar de incorporar mecanismos de estímulo ao pagamento voluntário já em curso, há mais de dez anos, na processualística geral.

---

26. Cf.: o já mencionado art. 523 do NCPC, que, no particular, reproduziu a inovação constante do art. 475-J do CPC/73, com a redação dada pela Lei nº 11.232/2005.

27. Cf., por todos, o Projeto de Lei nº 7448/2010, elaborado pela Associação Nacional dos Magistrados da Justiça do Trabalho (ANAMATRA) e apresentando, na Câmara dos Deputados, pela Deputada Manuela D'Ávila, após longa discussão no âmbito da Secretaria da Reforma (Comissão instituída pelas Portarias MJ nº 840, 1.787, 2.522 e 3105, de 2009; e o Projeto de Lei nº 606/2011, elaborado pelo Tribunal Superior do Trabalho, e apresentado, no Senado Federal, pelo Senado Romero Jucá. Ambas as proposições, assim como outras, não lograram aprovação até o presente momento.

Isso não implica considerar inviável a integração normativa do contido no atual art. 523, pelas razões já exaustivamente debatidas e conhecidas (CHAVES, 2007, p. 54 e ss.).[28]

No que se refere à constrição de bens, a CLT, desde a revogada redação[29] do art. 882, já remetia ao tratamento legal do Código de Processo Civil a ordem preferencial da penhora, agora disposta no art. 835.

No que toca ao seguro-garantia judicial, outra inovação do art. 882 reformado, já se trata de mecanismo expressamente previsto no art. 835, § 2º do CPC[30], sendo amplamente admito pela jurisprudência trabalhista, como espelham os seguintes arestos:

> RECURSO ORDINÁRIO EM MANDADO DE SEGURANÇA - INDEFERIMENTO DE GARANTIA DA EXECUÇÃO PROVISÓRIA POR SEGURO GARANTIA JUDICIAL - CONCESSÃO DA SEGURANÇA - LIBERAÇÃO DO NUMERÁRIO. A Orientação Jurisprudencial nº 59 da Subseção II Especializada em Dissídios Individuais do TST reconhece que a carta de fiança bancária equivale a dinheiro para efeito da gradação do art. 655 do CPC. O mandado de segurança impetrado contra ato judicial que determinou o depósito em dinheiro pela impetrante, deixando de deferir a indicação de Seguro Garantia Judicial como garantia da execução, viola o direito líquido e certo da impetrante de ver processada a execução da forma a ela menos gravosa, nos termos do art. 620 do CPC, para assegurar a dívida trabalhista. Segurança concedida para a substituição do numerário pelo referido seguro garantia. Precedentes. Recurso ordinário conhecido e provido (RO-21773-80.2014.5.04.0000, Redator Ministro Luiz Philippe Vieira de Mello Filho, DEJT 08/04/2016).

---

28. No que se refere a aplicação da multa do art. 523 do CPC (antigo 475-J), é oportuno fazer algum registro de avaliação quanto à jurisprudência acerca do tema. Em que pese a posição refratária à aplicação da multa no Processo do Trabalho, assentada pela Subseção de Dissídios Individuais I do Tribunal Superior do Trabalho (sendo o *leading case* o Proc. E-RR-38300-47.2005.5.01.0052, Min. Brito Pereira, 29.6.2010), a posição de alguns tribunais regionais, inclusive como ponto fora da curva da tradição judicial de consideração aos pronunciamentos do TST, continuou sendo favorável à integração da multa na Justiça do Trabalho. Representa essa posição a súmula nº 75 do Tribunal Regional do Trabalho da 4ª. Região/RS, assim vazada: "MULTA DO ARTIGO 475-J DO CPC. A multa de que trata o artigo 475-J do CPC é compatível com o processo do trabalho, e a definição quanto à sua aplicação efetiva deve ocorrer na fase de cumprimento da sentença". Em razão disso, e da pletora de recursos que ainda afluem para o TST discutindo o tema, que não chegou a ser sumulado por aquela Corte, foi ali instaurado incidente de recurso de revista repetitivo, com base na Lei nº 13.015/2014, sendo afetado, como representativo da controvérsia, o Recurso de Revista nº RR-1786-24.2015.5.04.0000, de que é relator o Min. Mauricio Godinho Delgado. No momento de elaboração deste texto, o processo se encontrava incluído em pauta para julgamento pelo eg. Tribunal Pleno do TST.
29. "O executado que não pagar a importância reclamada poderá garantir a execução mediante depósito da mesma, atualizada e acrescida das despesas processuais, ou nomeando bens à penhora, observada a ordem preferencial estabelecida no art. 655 do Código Processual Civil".
30. "Para fins de substituição da penhora, equiparam-se a dinheiro a fiança bancária e o seguro garantia judicial, desde que em valor não inferior ao do débito constante da inicial, acrescido de trinta por cento".

> MANDADO DE SEGURANÇA - INDEFERIMENTO DE GARANTIA DA EXECUÇÃO DEFINITIVA POR CARTA DE FIANÇA BANCÁRIA, COM PRAZO DE VALIDADE INDETERMINADO. A Orientação Jurisprudencial nº 59 da SBDI-2 reconhece que a carta de fiança bancária equivale a dinheiro para efeito da gradação do art. 655 do CPC. O mandado de segurança impetrado contra ato judicial que ordenou a penhora em dinheiro, *on line*, do impetrante, deixando de deferir a indicação de carta de fiança bancária, cujo prazo de validade é indeterminado, como garantia da execução, viola o direito líquido e certo do impetrante de ver processada a execução da forma a ele menos gravosa, nos termos do art. 620 do CPC, uma vez que regular sua nomeação, pelo executado, para assegurar a dívida trabalhista. Precedentes. Recurso ordinário conhecido e desprovido (RO-86200-56.2009.5.15.0000, Relator Min. Vieira de Mello Filho, DEJT de 25/3/2011).

De outro lado, a redação proposta mantém ao crivo do devedor a possibilidade de indicação ou nomeação de bens, técnica processual ultrapassada e ineficiente, já há muito abandonada pelo processo comum, como se observa do art. 524, inciso VII, do NCPC, que estabelece que essa faculdade foi deslocada para o credor, providência mais afinada com a experiência e com o princípio do resultado. Aliás, sobre esse aspecto, referindo-se à inovação legislativa do instituto, trazido pela Lei nº 11.232/2005, pontuou-se:

> A medida é preciosa, mormente quando nos damos conta — a partir da observação empírica do que ordinariamente acontece na Justiça do Trabalho (como quero crer nos demais ramos do Poder Judiciário) — que a indicação de bens nem sempre ocorria, e, quando ocorria, recaía normalmente sobre bens distantes da ordem preferencial arrolada no art. 655 do Código [CPC/73].
>
> Demais disso, após a indicação, o Juiz, muitas vezes, concedia vista ao exeqüente sobre a indicação, provocando um novo incidente a ser solucionado de forma interlocutória. Nesse compasso, semanas, meses já foram desperdiçados.
>
> A mudança é virtuosa, porquanto "*a inexistência do direito de o executado nomear bens simplifica sobremodo a fase inicial da expropriação. De posse do mandado executivo, o oficial de justiça penhorará tantos bens quanto bastem à satisfação do crédito*" (Araken de Assis).
>
> Caso o devedor se sinta prejudicado quanto à penhora, poderá apresentar, no prazo de quinze dias, o incidente de impugnação, invocando o disposto no art. 475-L, inciso III do Código.
>
> Contaminada pelo ancilosamento normativo, portanto, a regra do art. 882 da CLT, no particular, resultando em lacuna a ser preenchida pela supletividade autorizada pelo art. 769 do mesmo diploma, posto que inteiramente compatível com os postulados de celeridade e simplificação inerentes ao Processo do Trabalho (CHAVES, 2007, p. 66-7).

Logo, não tendo a Lei nº 13.467/2017 trazido aperfeiçoamento à técnica processual em função da efetividade, é possível persistir na tese de que a indicação de bens pode ser feita pelo credor, quando da promoção da execução, nos termos do art. 524, inciso VII do CPC, em diálogo das fontes[31].

---

31. "[...] a técnica da especialidade, para afastar antinomias normativas, é limitada, na medida em que não garante a higidez valorativa e a coerência de um sistema, tal como sucede no campo pro-

4. O ABUSO DE DIREITO PROCESSUAL NO ÂMBITO DA EXECUÇÃO TRABALHISTA

Os dispositivos iniciais do CPC de 2015 refletem a teleologia da *Reforma processual civil*, retomando a ambiência para o debate sobre a duração razoável do processo no contexto da posição ética que cada ator deve assumir ao se conduzir no curso processual, de forma a evitar mecanismos que contribuam para a eternização do processo ou mesmo a propositura de litígios que não deveriam encontrar lugar no Poder Judiciário.

Já em seu art. 1º, o CPC de 2015 estabelece que suas disposições invocam os valores e normas fundamentais da Constituição da República para a sua disciplina e interpretação - portanto, aí inserta a duração razoável do processo (CF art. 5º, LXXVIII) - assim como a nova legislação processual civil fixa os fundamentos que devem ser observados pelos atores processuais objetivando padrão ético de conduta, como primazia do mérito em prazo razoável (art. 4º), boa-fé (art. 5º) e cooperação (art. 6º).

Tecendo considerações à razoável duração do processo, Samuel Miranda Arruda (2013, p. 508) indica que a referência constitucional da mencionada garantia é a 6ª emenda à Constituição Americana, ao assegurar o *right to a speedy trial*, sem

cessual. O Processo do Trabalho é um microssistema teleologicamente orientado a prestar uma tutela especial, com escopos bem definidos de pretensão de efetividade, diferenciados do sistema comum. A especialidade, portanto, é um atributo de eficiência desse microssistema, não sendo possível olvidar das regras e técnicas mais eficientes – ainda que supervenientes e presentes em outro subsistema ou mesmo no regramento geral (como o CPC) – a pretexto de sua incompatibilidade na presença de regras especiais [...]a adoção desse método não abala a segurança jurídica, enquanto direito fundamental, na medida em que – no contexto jurídico de interpretação e aplicação do Direito como um sistema aberto de normas e princípios – a concepção de segurança merece ser reconfigurada, em ordem a se apoiar não mais em ortodoxos critérios de solução de antonímias ou mesmo de métodos meramente dedutivos ou inferenciais. A argumentação jurídica consistente, e que garanta a estabilidade do sistema, passa a se traduzir como a projeção dessa segurança. É a maior plasticidade na aplicação das normas (enquanto regras e princípios) que assegura o equilíbrio do sistema. Os *standards* produzidos por esse método são referenciais em igual estatura às demais fontes do Direito. É nesse contexto que assume progressiva importância teórica e utilidade prática a Teoria do Diálogo das Fontes, pensada pelo jurista Erik Jayme e trazida para o Brasil por Cláudia Lima Marques, inicialmente para enfrentar as aparentes antinomias entre o Código de Defesa do Consumir e o Novo Código Civil, mas que hoje se desenvolve no âmbito da Teoria Geral do Direito, inclusive com aplicação no Direito Processual, a partir de três vertentes de diálogos possíveis, a saber: a) diálogo sistemático de coerência: "uma lei pode servir de base conceitual para outra, especialmente se uma lei é geral e a outra especial, se uma é a lei central do sistema e a outra um microssistema específico"; b) diálogo de complementaridade e subsidiariedade: "uma lei pode complementar a aplicação de outra, a depender de seu campo de aplicação. Tanto suas normas, quanto seus princípios e cláusulas gerais, podem encontrar uso subsidiário ou complementar, 'diálogo' este exatamente no sentido contrário da revogação ou ab-rogação clássicas, em que uma lei era superada e 'retirada' do sistema pela outra"; c) diálogo das influências recíprocas sistemáticas: "redefinição do campo de aplicação, a transposição as conquistas do 'Richterrecht' (direito dos juízes) alcançadas em uma lei para outra, influência do sistema especial no geral e do geral no especial (diálogo de coordenação e adaptação sistemática)" (CHAVES, 2013, p. 473-77).

deixar de considerar que o direito fundamental à duração razoável do processo floresceu na jurisprudência dos tribunais internacionais de direitos humanos.

Ainda conforme Samuel Miranda Arruda (2013, p. 511), os critérios para definição da duração razoável do processo foram definidos de acordo com a jurisprudência dos tribunais de direitos humanos, adotadas pelo STF e STJ, sendo importante verificar: 1) a complexidade do caso (complexidade jurídica, da matéria fática envolvida, probatória); 2) conduta das autoridades, relacionado diretamente à atuação do Poder Público, dos agentes públicos, como magistrados, membros do Ministério Público, verificando-se, principalmente, o que se denomina "tempos mortos" do processo, lapso de tempo sem qualquer impulsionamento; 3) conduta dos litigantes, verificando-se em que medida a atuação contribuiu para o atraso no desfecho do processo, trata-se do abuso de direito processual.

Luiz Guilherme Marinoni (2015, p. 792) acrescenta que, além dos critérios apontados acima para verificação da duração razoável do processo, a Corte Europeia de Direitos Humanos acrescentou a *relevância do direito reclamado em juízo* para a vida daquele litigante prejudicado pela excessiva demora do processo judicial, como nos casos de litígio sobre responsabilidade do Estado por contágio de doenças e aqueles que envolvam ameaça à liberdade do réu no processo penal.

Observa-se, portanto, que a conduta dos atores do processo contribui para a concretização, ou não, do preceito constitucional da duração razoável do processo, tanto dos agentes públicos - evitando tempos mortos e coibindo, fortemente, o abuso de direito processual - como dos próprios litigantes.

Para Michele Taruffo (2009, p. 2), a ideia geral relativa ao abuso de direito processual – ADP – é no sentido de que se tende a acreditar que a condução dos processos deve ocorrer de forma honesta e leal, conforme padrões gerais de boa-fé e correção.

Um ato processual pode ser entendido como abusivo porque é injustamente nocivo, ou implica abuso de poder, ou é leviano e dilatório, ou é dirigido a propósitos ilegais ou inadequados (TARUFFO, 2009, p. 3).

A *Reforma da legislação processual civil* parece não ter avançado em mecanismos para coibição de abuso de direito processual em relação ao CPC de 1973. Coube aos arts. 77 e seguintes estabelecer os deveres das partes e de todos aqueles que participem do processo, acrescentando expressamente os procuradores das partes.

Porém, percebe-se que não avançou na responsabilização também do advogado, já que, em seu § 6º, exclui os advogados públicos ou privados, membros da Defensoria Pública e do Ministério Público de serem sujeitos passivos de aplicação de multa por ato atentatório da dignidade da justiça. A leitura do CPC de 2015 demonstra que a responsabilização dos advogados por danos processuais - litigante de má-fé - também não foi assegurada no texto legal, restringindo-se a autor, réu ou interveniente (arts. 79 e seg. do CPC).

Veja-se que não houve avanço legislativo nesse sentido, mesmo em um diploma legal que tenta propor o protagonismo não apenas dos julgadores, mas também das partes e seus advogados, ao concentrar esforços na negociação processual e nas soluções dos conflitos que não envolvam apenas um pronunciamento judicial.

Ao oferecer maior protagonismo aos advogados e partes, maior responsabilidade em seu agir no âmbito processual deveria, sim, ser prevista, até mesmo porque não pode haver maior outorga de poder que não implique maior grau de responsabilidade.

O CPC de 2015 trouxe consigo a pretensão de horizontalização dos atores do processo (juízes, partes e procuradores). Seria um fazer o processo de forma dialogada, tendo como protagonista não apenas os juízes, mas também os advogados e partes. A horizontalização do processo, no sentido de participação ativa de seus atores, buscando emprestar maior legitimidade às decisões judiciais, traz consigo, também, uma dimensão mais significativa da responsabilidade, dos compromissos éticos, dos compromissos coma a probidade e a lealdade, bem como com a integridade das decisões judiciais.

Ressalte-se que a ordem constitucional qualifica a advocacia como função essencial à Justiça (art. 133, CF), o que implica reconhecer que há uma dimensão pública no exercício de suas atividades, razão pela qual é de se esperar dos advogados colaboração nas atividades processuais, tendo na ética um fio condutor de seus atos.

Já nos anos 2000, ou seja, há 16 anos, ao proferir discurso na UERJ, em cerimônia de posse dos novos professores titulares e aula magna do ano letivo, Paulo Carneiro escolheu como tema *"a ética e os personagens do processo"*, detalhando a conduta que deveria ser observada pelos juízes, mas também pelos advogados. Já ali, esse autor afirmava que era preciso *acabar de vez com a mentalidade de que o bom advogado é o que sai vitorioso a qualquer custo*, aquele que, mesmo que o cliente não tenha razão, consegue, através de artifícios e incidentes, levar *à loucura* o adversário, obrigando-o a capitular ou a fazer um acordo que lhe seja desfavorável (CARNEIRO, 2000).

Também naquela ocasião, Paulo Carneiro (2000) falou em *solidariedade processual* como um referencial ao campo ético, de forma a delimitar a conduta dos participantes do processo, na defesa dos interesses que lhe cabem sem se distanciarem dos deveres de lealdade, probidade e veracidade.

A *Reforma trabalhista* de 2017, de forma positiva, incluiu no texto da Lei nº 13.467/2017 a *Responsabilidade por dano processual*, arts. 793-A a 793-D[32], que

32. "Art. 793-A. Responde por perdas e danos aquele que litigar de má-fé como reclamante, reclamado ou interveniente.

Art. 793-B. Considera-se litigante de má-fé aquele que:

I - deduzir pretensão ou defesa contra texto expresso de lei ou fato incontroverso;

II - alterar a verdade dos fatos;

prevê a responsabilidade daquele que litigar de má-fé como reclamante, reclamado ou interveniente, além de fixar multa para a testemunha que *intencionalmente alterar a verdade dos fatos ou omitir fatos essenciais ao julgamento da causa*.

Avanço existe no sentido de que não será necessária, em regra, supletividade do diploma processual civil, já que inserta a previsão no corpo da legislação celetista, mas não se pode deixar de registrar que o avanço na responsabilização do advogado não ocorreu nem no CPC de 2015 nem na *Reforma trabalhista* implementada pela Lei nº 13.467/2017.

A Reforma trabalhista também não avançou no caminho já estabelecido pela legislação processual civil que dispõe, em seu art. 139, expressamente, incumbir ao Juiz velar pela duração razoável do processo podendo, em seu atuar, prevenir ou reprimir qualquer ato contrário à dignidade da justiça e indeferir postulações meramente protelatórias, assim como determinar todas as medidas indutivas, coercitivas, mandamentais ou sub-rogatórias necessárias para assegurar o cumprimento de ordem judicial, inclusive nas ações que tenham por objeto prestação pecuniária.

O art. 139 do CPC confere ao Juiz poderes para coibir abusos de direito processual e tentar concretizar o direito fundamental à duração razoável do processo, missão que não pode ser entregue apenas ao Magistrado, como já se afirmou. Observe-se que o referido dispositivo confere ao Juiz os poderes que elenca inclusive nas ações que objetivam prestação pecuniária, o que pode ser aplicado no cumprimento de sentença.

III - usar do processo para conseguir objetivo ilegal;

IV - opuser resistência injustificada ao andamento do processo;

V - proceder de modo temerário em qualquer incidente ou ato do processo;

VI - provocar incidente manifestamente infundado;

VII - interpuser recurso com intuito manifestamente protelatório.'

Art. 793-C. De ofício ou a requerimento, o juízo condenará o litigante de má-fé a pagar multa, que deverá ser superior a 1% (um por cento) e inferior a 10% (dez por cento) do valor corrigido da causa, a indenizar a parte contrária pelos prejuízos que esta sofreu e a arcar com os honorários advocatícios e com todas as despesas que efetuou.

§ 1º Quando forem dois ou mais os litigantes de má-fé, o juízo condenará cada um na proporção de seu respectivo interesse na causa ou solidariamente aqueles que se coligaram para lesar a parte contrária.

§ 2º Quando o valor da causa for irrisório ou inestimável, a multa poderá ser fixada em até duas vezes o limite máximo dos benefícios do Regime Geral de Previdência Social.

§ 3º O valor da indenização será fixado pelo juízo ou, caso não seja possível mensurá-lo, liquidado por arbitramento ou pelo procedimento comum, nos próprios autos.

Art. 793-D. Aplica-se a multa prevista no art. 793-C desta Consolidação à testemunha que intencionalmente alterar a verdade dos fatos ou omitir fatos essenciais ao julgamento da causa.

Parágrafo único. A execução da multa prevista neste artigo dar-se-á nos mesmos autos".

Em que pese prever a responsabilidade por dano processual, a Lei nº 13.467/2017 também não adentrou, de forma específica, ao âmbito da execução, assim como dispõe o art. 774 da atual legislação processual civil, ao considerar como atentatória à dignidade da justiça a conduta comissiva ou omissiva do executado que frauda a execução; a esta se opõe maliciosamente, empregando ardis e meios artificiosos; dificulta ou embaraça a realização da penhora; resiste injustificadamente às ordens judiciais ou mesmo não indica ao juiz quais são e onde estão os bens sujeitos à penhora, seus respectivos valores, nem exibe prova de sua propriedade e, se for o caso, certidão negativa de ônus.

Para esses casos, com os quais se deparam cotidianamente os Juízes do Trabalho, há previsão, no parágrafo único do art. 774 do CPC 2015, de fixação de multa em até 20% do valor atualizado da execução, que será revertida em benefício do exequente, sem prejuízo de sanções de natureza processual ou material. As portas de integração normativa, mediante diálogo das fontes, continuam, portanto, abertas (arts. 769 e 889, CLT; art. 15, CPC).

No terreno da Justiça, os atos, gestos e decisões não são tomados por máquinas (ainda que venham sendo, progressivamente, introduzidos sistemas eletrônicos). São pensados e executados por pessoas, que, ao fim e ao cabo, são os destinatários dos comandos deônticos contidos nos textos legais.

Mostra-se útil e necessário, portanto, observar em que medida o atuar dos sujeitos do processo contribui para o excesso de litigância ou, pelo menos, para o enfrentamento do atual quadro de demanda processual, assim como na dimensão endoprocessual, no que toca ao comportamento do sujeito ao longo da marcha processual, contribuindo para a morosidade da prestação da Justiça.

A questão que se coloca diante da Reforma de 2017 é, para além da já mencionada timidez do regime de sanções processuais, as dificuldades de ver concretizadas, diante de abusos processuais, a sua aplicação, diante da baixa tradição de reprimenda.[33]

5. OUTROS ASPECTOS AUSENTES DE UMA PROPOSTA DE MODERNIZAÇÃO DA LEGISLAÇÃO PROCESSUAL NO TERRENO DO CUMPRIMENTO DA SENTENÇA E DA EXECUÇÃO FORÇADA NA JUSTIÇA DO TRABALHO

Em linhas gerais, a Lei nº 13.467/2017 pouco, ou nada, colabora para a modernização do processo do trabalho, *pelo menos no que se refere à fase de execução.*

É possível até mesmo dizer que seu maior defeito, nesse tema, é não ter avançado, nomeadamente quando se têm em mira os progressos do processo comum quanto ao cumprimento da sentença, desde a Lei 11.232/2005 até o NCPC.

33. Sobre o tema, cf.: FERRAZ JR. *et al*, 2014, que explora essa passividade percebida entre os atores processuais sob o categoria analítica de "cavalheirismo judicial".

Não há um silêncio eloquente aqui. Há um propósito bastante evidente de não dotar o processo do trabalho de mecanismos assecuratórios de cumprimento das decisões proferidas pela Justiça do Trabalho.

E não se trata, diga-se, de um movimento inédito e recente. É bastante para exemplificar esse movimento a revogação do inciso I, art. 3º da Lei nº 8.009/1990, levada a cabo pela Lei Complementar nº 150/2015, que retirou do mundo jurídico a possibilidade de penhora de bem de família em caso de inadimplemento de créditos trabalhistas, embora preservada essa mesma possibilidade contra o fiador de contrato de locação, em evidente descompasso com a natureza e o privilégio do crédito trabalhista.

A *Reforma* da CLT de 2017, em síntese, não mostra avanço algum no que se refere à execução processada na Justiça do Trabalho.

CONCLUSÃO

De um modo geral, as alterações promovidas pela Lei nº 13.467/2017, na parte da CLT dedicada à execução, não foram muito numerosas. Nem por isso, poucas são as consequências.

Com efeito, a supressão do impulso oficial na execução, quando a parte estiver assistida por advogado, descaracteriza a ontologia da jurisdição trabalhista, no sentido de que sua especialização se justifica apenas em função da qualificação da sua tutela, relacionada com uma especial fonte normativa substancial: a proteção ao trabalho humano.

Posicionar a tutela desse bem jurídico no panorama da dispositividade dos direitos quirografários, ou seja, sem privilégio legal e natureza alimentar, resulta em questionar a própria essência da jurisdição trabalhista.

Por implicar retrocesso na governança da administração da Justiça, essa alteração compromete a higidez do princípio-norma da eficiência, estatuído no art. 37, caput, da Constituição Federal, porquanto, mesmo presente todo o aparato para impulsionamento de ofício do processo, na sua fase de cumprimento forçado do título exequendo, a alteração imposta pela Lei nº 13.467/2017 pode resultar na latência dos atos necessários ao andamento processual que visa à satisfação do crédito, aguardando o(s) requerimento(s) formulado(s) pela parte exequente, por meio de seu advogado.

Nada obstante, como a nova redação do art. 878 da CLT apenas exige a iniciativa do credor para a "promoção" do cumprimento da sentença, isto é, para o requerimento de início dessa fase, é de se admitir, em função dos princípios processuais de concentração e em razão do princípio do resultado, que a parte autora, já na petição inicial, requeira o cumprimento das obrigações eventualmente deferidas no título, evitando-se, assim, a suspensão do andamento do feito à espera de uma manifestação do procurador da parte, no sentido do prosseguimento da marcha processual, na direção da satisfação da tutela jurisdicional.

A ausência de ferramentas de estímulo ao cumprimento voluntário da sentença é aspecto extremamente criticável na Reforma de 2017.

De outro lado, é incompreensível o favor legal concedido pela nova redação do art. 882 da CLT, principalmente em função da natureza dos bens jurídicos tutelados pela jurisdição exercida pela Justiça do Trabalho.

De outro lado, a transposição de textos normativos dispondo sobre sanções processuais, já conhecidos no âmbito do processo comum, representa avanço tímido, pois sua aplicação já era possível em processo integrativo. Permanece, contudo, a lacuna de um regime de sanção específica para o processo de execução. Além disso, continua presente o desafio da aplicação dessas sanções na cena processual.

Vê-se, portanto, que as alterações promovidas pela Lei nº 13.467/2017 na Consolidação das Leis do Trabalho, pelo menos no terreno do cumprimento da sentença e da execução forçada de título extrajudicial, pouco ou nada avança na direção da modernização processual e da construção de mecanismos formais voltados à efetividade processual.

REFERÊNCIAS

AKUTSU, Luiz; GUIMARÃES, Tomás de Aquino. Dimensões da governança judicial e sua aplicação ao sistema judicial brasileiro. **Revista Direito GV**, São Paulo, v. 8, n. 1, p. 183-202, jan./jun. 2011.

ARRUDA, Samuel Miranda. O direito fundamental à razoável duração do processo. In: CANOTILHO, J. J. Gomes *et al.* **Comentários à Constituição do Brasil**. São Paulo: Saraiva- Almedina, 2013.

ASSIS, Araken de. **Manual da execução**. São Paulo: Revista dos Tribunais, 2006.

BATALHA, Wilson de Souza Campos. **Tratado de Direito Judiciário do Trabalho**. São Paulo: LTr, 1995.

CARNEIRO, Paulo Cezar Pinheiro. **A ética e os personagens do processo**. Aula magna proferida na Faculdade de Direito da Universidade do Estado do Rio de Janeiro em 22 mar. 2000. Disponível em: <http://pcpc-prof.com.br/artigo2.pdf>. Acesso em: 04 fev. 2017.

CHAVES, Luciano Athayde. **A recente reforma no processo comum e seus reflexos no direito judiciário do trabalho**. São Paulo: LTr, 3ª. Ed., 2007.

________. Jurisdição trabalhista: bloqueios e desafios. **Revista LTr**, São Paulo, n. 9, set. 2008.

________. Ferramentas eletrônicas na execução trabalhista. In: CHAVES, Luciano Athayde (org.). **Curso de processo do trabalho**. São Paulo: LTr, 2009.

________. Certidão negativa de débitos trabalhistas (CNDT): Reflexões sobre a Lei n. 12.440/2011. **Revista de Direito do Trabalho** (RDT), São Paulo, v. 144, p. 237-289, out./dez. 2011.

________. 'O processo eletrônico no projeto do novo código de processo civil e seus efeitos no Direito Processual do Trabalho'. In: MARTINS FILHO, Ives Gandra; MANNRICH, Nelson & PRADO, Ney (coord.). **Os pilares do direito do trabalho**. São Paulo: Lex Magister, p. 460-493, 2013.

________. Justiça do Trabalho: novas ferramentas dependem de melhor estrutura de pessoal no 1º grau. **Revista Consultor Jurídico** (eletrônica), 7 jul. 2014. Disponível em: <http://

www.conjur.com.br/2014-jul-07/luciano-athayde-novas-ferramentas-dependem-mudancas-grau>. Acesso em: 15 ago. 2017.

CNJ - CONSELHO NACIONAL DE JUSTIÇA. **Justiça em Números 2016** (ano-base 2015). Disponível em: <http://www.cnj.jus.br/programas-e-acoes/pj-justica-em-numeros>. Acesso em: 30 de jun. 2017.

FILETI, Narbal Antônio Mendonça. **A fundamentalidade dos direitos sociais e o princípio da proibição do retrocesso social**. Florianópolis: Conceito Editorial, 2009.

FERRAZ JUNIOR, Tércio Sampaio *et al* (coord.). **As inter-relações entre o processo administrativo e o judicial, sob a perspectiva da segurança jurídica do plano da concorrência econômica e da eficácia da regulação pública. Relatório final**. Disponível em: www.cnj.jus.br/pesquisas. Acesso em: 27.12.2014.

HESSE, Konrad. **A força normativa da constituição**. Porto Alegre: Fabris, 1991.

HOFFMAN, Paulo. **Razoável duração do processo**. São Paulo: Quatier Latin, 2006.

JOBIM, Marco Félix. **O direito à duração razoável do processo**. Porto Alegre: Livraria do Advogado, 2012.

MARINONI, Luiz Guilherme; MITIDIERO, Daniel. **Código de Processo Civil** comentado artigo por artigo. São Paulo: Revista dos Tribunais, 2008.

________; SARLET, Ingo; MITIDIERO, Daniel. **Curso de direito constitucional**. São Paulo: Saraiva, 2015.

MITIDIERO, Daniel. **Colaboração no processo civil**: aspectos sociais, lógicos e éticos. São Paulo: Editora Revista dos Tribunais, 2011.

POPPER, Karl. **Lógica das ciências sociais.** Trad. Estevão de Rezende Martins, Ápio Cláudio Muniz, Acqquarone Filho, Vilma de Oliveira Moraes e Silva. Rio de Janeiro: Tempo Brasileiro, 3ª. ed., 2004.

TARUFFO, Michelle. Abuso de direitos processuais: padrões comparativos de lealdade processual (Relatório Geral). **Revista de Processo**. Vol. 177, São Paulo, 2009.

WARAT, Luis Alberto. 1995. **O direito e sua linguagem**. Porto Alegre: Fabris.

A DUVIDOSA CONSTITUCIONALIDADE DO "FIM" DA EXECUÇÃO DE OFÍCIO DO CRÉDITO TRABALHISTA

Ítalo Menezes de Castro[1]

1. CONSIDERAÇÕES INICIAIS

Não é novidade para os operadores do direito que o Brasil é acentuadamente marcado por uma enorme profusão normativa: desde a Constituição de 1988 até setembro/2016, foram editados cerca de 5,4 milhões de atos normativos, correspondendo a leis, medidas provisórias, decretos, instruções normativas etc. Uma média de 769 novas normas por dia útil, segundo dados do Instituto Brasileiro de Planejamento e Tributação – IBPT[2].

---

1. Juiz do Trabalho Substituto do Tribunal Regional do Trabalho da 2ª Região. Mestrando em Direito do Trabalho e da Seguridade Social pela Faculdade de Direito da Universidade de São Paulo (USP). Pós-graduando em Direito Constitucional. Professor de cursos preparatórios para ingresso na magistratura do trabalho. Membro do Conselho Consultivo da Escola Judicial do Tribunal Regional do Trabalho da 2ª Região para o biênio 2016-2018.

2. AMARAL, Gilberto Luiz do *et al. Quantidade de normas editadas no Brasil: 28 anos da Constituição Federal de 1988*. Disponível em: < https://ibpt.com.br/img/uploads/novelty/estudo/2603/QuantidadeDeNormas201628A nosCF.pdf>. Acesso em 21/8/2017.

Referida sanha normativa é capaz de explicar outro alarmante dado sobre o ordenamento jurídico brasileiro: 7 em cada 10 das leis analisadas pelo STF em controle concentrado de constitucionalidade no ano de 2015 foram consideradas inconstitucionais[3].

Esses dados, em verdade, só permitem confirmar a sensação relativamente uníssona entre os estudiosos da Ciência Jurídica: as leis e atos normativos produzidos no Brasil, em geral, são de discutível qualidade técnica.

É nesse contexto que se situa a aprovação da Lei n. 13.467/2017, instituindo a malsinada "Reforma Trabalhista". Fruto de uma atuação, no mínimo, açodada do Poder Legislativo Federal, o referido diploma normativo pretendeu impactar sobremaneira o regramento do direito material e processual do trabalho no país, com opções legislativas, no mais das vezes, de duvidosa constitucionalidade.

Dentre essas opções, podemos destacar a nova redação dada ao art. 878 da CLT pela referida Lei n. 13.467/2017, ao prever que a *"execução será promovida pelas partes, permitida a execução de ofício pelo juiz ou pelo Presidente do Tribunal apenas nos casos em que as partes não estiverem representadas por advogado"*.

2. O ART. 878 DA CLT "REFORMADA"

2.1. O contexto da alteração do art. 878 da CLT

A nova redação dada ao art. 878 da CLT pela Lei n. 13.467/2017 ("Reforma Trabalhista") decorreu do acatamento pelo relator do projeto, Deputado Rogério Marinho (PSDB/RN), da Emenda na Comissão - EMC n. 490, apresentada pelo Deputado Daniel Vilela (PMBD/GO), com a seguinte justificativa:

> O objetivo da proposta de alteração do art. 878 da CLT visa manter a execução de ofício na Justiça do Trabalho apenas para os casos em que as partes estejam desassistidas de advogados. A razão é que a execução de ofício foi formulada justamente com base nessas situações em que o trabalhador empregado busca a Justiça Trabalhista sem o patrocínio de quem tenha preparo técnico e capacidade postulatória para tanto.
>
> Estando a parte assistida de advogado, não há necessidade de execução de ofício promovida pelo próprio Juiz do Trabalho, o que, inclusive mantém sua imprescindível imparcialidade e atende ao princípio dispositivo apregoada pela ciência do direito processual, impedindo grave desequilíbrio na relação jurídica processual trabalhista.[4]

3. PEREIRA, Robson. *Sete em cada dez leis analisadas pelo STF são inconstitucionais.* Disponível em: <http://www.conjur.com.br/2016-abr-24/sete-cada-dez-leis-analisadas-stf-sao-inconstitucionais>. Acesso em: 21/8/2017.
4. Disponível em: <http://www.camara.gov.br/proposicoesWeb/prop_mostrarintegra?codteor=1536187&filename =EMC+490/2017+PL678716+%3D%3E+PL+6787/2016>. Acesso em: 4/9/2017.

Ficou, assim, expressamente consignado que a execução seria "*promovida pelas partes*", em franca modificação à possibilidade de ser "*promovida por qualquer interessado, ou ex officio*", como constava do texto anterior, o que poderia sinalizar para uma eliminação da atuação oficiosa do juiz em sede de execução trabalhista.

Segundo essa premissa, pois, ao juiz do trabalho não mais seria dado, como regra, atuar *sponte sua* no âmbito da atividade executiva, o que, ensejaria a necessidade de requerimento da parte interessada para, doravante, serem promovidos quaisquer atos de execução no âmbito trabalhista.

Ocorre que um exame mais aprofundado do sistema executivo do processo laboral não referenda essa compreensão, ressaltando-se que a norma, uma vez editada, desgarra-se das pretensões intelectivas de seu autor, devendo ser significada pelo intérprete à luz da integridade do ordenamento jurídico, conforme desenvolveremos adiante.

Antes, porém, importa mencionar, apenas, que a nova norma cria situação de exceção a essa enunciação geral, permitindo a atuação oficiosa do juiz, nos moldes tradicionalmente já experimentados, quando "*as partes não estiverem representadas por advogado*", valendo-se, pois, do exercício do *ius postulandi* previsto no art. 791 da CLT. Muito embora o texto mencione o substantivo *partes* (plural), pensamos que a melhor interpretação da norma sinaliza no sentido de que a hipótese de exceção se verificará quando o exequente estiver no exercício do *ius postulandi*, independente de o executado estar ou não representado por advogado, não se exigindo, pois, que todos os integrantes da relação processual estejam concomitantemente sem o patrocínio técnico.

2.2. O impulso oficial da execução trabalhista

Muito embora a nova redação dada ao art. 878 da CLT pela Lei n. 13.467/2017 tenha excluído o juiz do rol de legitimados a promover, em regra, a execução da sentença trabalhista, cabe obtemperar que o impulso oficial do processo – inclusive, na fase executiva – não foi objeto de alteração pela reforma, persistindo, pois, a ideia geral enunciada pelo art. 2º do CPC/2015: "*O processo começa por iniciativa da parte e se desenvolve por impulso oficial, salvo as exceções previstas em lei*".[5]

No âmbito trabalhista, cabe especial menção ao art. 765 da CLT, que intensifica e particulariza o impulso oficial no processo do trabalho, ao garantir aos juízes

5. "À semelhança do processo de conhecimento, a relação processual cujo objeto é ação originada do efeito executivo da sentença condenatória, ou de documento a ela equiparado (art. 585 do CPC), inicia por demanda da parte e se desenvolve pelo impulso do juiz (art. 262). Desta maneira, os atos subsequentes ao ajuizamento da inicial, no procedimento *in executivis*, dentre eles os executivos, se submetem ao princípio do inquistório.

Em outras palavras, uma vez proposta a demanda, nenhum estímulo externo do exequente se requer para a emanação e a prática de qualquer ato, sejam quais forem o alcance e a consequência do provimento do juiz." (ASSIS, Araken. *Manual da execução*. 9ª ed. São Paulo: RT, 2004, p. 85-86).

"*ampla liberdade na direção do processo*", bem como ao lhes impor o dever de velar "*pelo andamento rápido das causas, podendo determinar qualquer diligência necessária ao esclarecimento delas*".

Isso significa que a fase de execução do processo trabalhista, apesar de não mais poder ser iniciada, em regra, pelo juiz, continua sofrendo a incidência do impulso oficioso após o requerimento do exequente.[6]

Assim, requerida a execução da sentença, o juiz do trabalho, além da citação para pagamento (art. 880 da CLT), poderá também determinar, independente de provocação da parte, a penhora livre de bens do executado, se este permanecer inerte, conforme prescreve o art. 883 da CLT ("*seguir-se-á a penhora*").

Noção semelhante está igualmente presente no art. 7º, II e V, da Lei n. 6.830/80 – que rege os executivos fiscais e é o primeiro sistema a ser visitado pelo intérprete em caso de necessidade de colmatação de lacunas na execução trabalhista (art. 889 da CLT) –, ao prever que o despacho inicial na execução fiscal importa em ordem de penhora e registro se a dívida não for paga ou garantida.

Também o CPC/2015, ao determinar a expedição "*desde logo*", do mandado de penhora, caso o devedor não pague o valor do débito no prazo estabelecido para o cumprimento de sentença, com o prosseguimento dos "*atos de expropriação*" (art. 523, § 3º).

Sendo assim, o impulso oficial na execução trabalhista autoriza o juiz a determinar a penhora livre de bens do executado, sendo que, em regra, essa providência é cumprida por mandado, ocasião em que o oficial de justiça, observando a ordem preferencial estabelecida pelo art. 835 do CPC/2015 (art. 882 da CLT), poderá proceder à constrição de quaisquer espécies de bens ali elencados.

Esse arcabouço normativo, portanto, é o fundamento que permite ao juiz do trabalho continuar se valendo dos convênios institucionais viabilizadores dessa constrição patrimonial (Bacenjud, Renajud, etc.). Ora, se o oficial de justiça nada mais é do que a *longa manus* do juízo no cumprimento de ordem judicial e se está autorizado a proceder à penhora de quaisquer dos bens descritos no dispositivo acima citado, não há razão lógica ou jurídica para entender que o juiz não poderia fazê-lo. A conclusão, pois, é de que o magistrado poderá continuar a utilizar as ferramentas institucionais como mera decorrência do impulso oficial existente na execução trabalhista.

6. Destaque-se que a liquidação da sentença, além de poder ser determinada de ofício pelo juiz – como sugere a redação do art. 879, *caput*, da CLT –, tecnicamente, não constitui departamento da fase executiva do processo, estando, pois, livre da restrição trazida pelo novo art. 878 da CLT: "A diferença se justifica porque os cálculos de liquidação, que, no processo do trabalho, são de simples acertamento, via de regra são enquadrados como um complemento à fase cognitiva e não propriamente como parte integrante da execução forçada." (SILVA, Homero Batista Mateus da. *Comentários à reforma trabalhista*. São Paulo: RT, 2017, p. 170).

É verdade que, especificamente quanto à constrição de ativos financeiros por meio eletrônico – a chamada penhora *on-line* –, sempre nos pareceu incongruente, à luz argumentação supra, que o direito processual civil exigisse requerimento expresso do exequente para a realização do ato, conforme regia o antigo art. 655-A do CPC/73, noção que foi mantida no atual art. 854 do CPC/2015. Se o oficial de justiça, no cumprimento do mandado, está autorizado a penhorar dinheiro em espécie do executado (ex.: penhora na "boca do caixa"), nenhuma razão há para que o juiz não possa fazê-lo quando esse montante esteja depositado ou aplicado em instituição financeira. A única diferença é o local em que se encontra o numerário e o meio através do qual a constrição será feita.[7]

Assim, a despeito da jurisprudência que se formou no âmbito do Superior Tribunal de Justiça - STJ[8], acompanhamos a ponderação de parte da doutrina, no sentido de que a norma não veda a atuação oficiosa do juiz na utilização da penhora *on-line* e deve ser lida de forma sistemática com todo o regramento da atividade executiva:

> Entendo que o pedido expresso do requerente só deve ser exigido quando na própria petição inicial for requerida a penhora *on-line* de forma liminar, antes mesmo da citação do executado. [...]
>
> Por outro lado, citado o executado e não sendo realizado o pagamento, entendo absolutamente dispensável o expresso pedido do exequente para a realização da penhora *on-line*, afinal, como já asseverado, esta modalidade de ato constritivo é uma mera forma procedimental de realizar a penhora em dinheiro, primeira classe de bens prevista na ordem do art. 835 do Novo CPC. Cabe ao impulso oficial, previsto no art. 2º do Novo CPC, a realização da penhora, não sendo razoável condicionar a utilização de um meio mais fácil, rápido, barato e eficaz ao expresso pedido do exequente.[9]

Dessa maneira, requerido o início da execução pelo credor trabalhista, o juiz está autorizado a determinar, dentre outros: a) a citação do executado (art. 880 da CLT); b) a penhora de bens (art. 883 da CLT), com observância da ordem legal de

7. "[...] a penhora pelo sistema Bacenjud ("penhora *on-line*") não passa de uma forma específica de realizar um ato processual tão antigo quanto o próprio processo executivo: a penhora de dinheiro, prestando-se tão somente a substituir um sistema que se mostrou caro, demorado e ineficaz. O ato processual, portanto, continua a ser absolutamente o mesmo de antes; o que se tem de novidade é apenas a forma pela qual tal ato será praticado." (NEVES, Daniel Amorim Assumpção. *Manual de Direito Processual Civil*. 8ª ed. Salvador: JusPodivm, 2016, p. 1.169).

8. TRIBUTÁRIO. EXECUÇÃO FISCAL. PENHORA ON LINE. BACEN JUD. AUSÊNCIA DE REQUERIMENTO PELA EXEQUENTE. DETERMINAÇÃO DE OFÍCIO PELO JUIZ. IMPOSSIBILIDADE. ART. 655-A DO CPC. Nos termos do art. 655-A do CPC, a constrição de ativos financeiros da executada, por meio do Sistema Bacen Jud, depende de requerimento expresso da exequente, não podendo ser determinada ex officio pelo magistrado. Precedentes. Agravo regimental improvido. (STJ - AgRg no AREsp 48.136/RS, Rel. Ministro HUMBERTO MARTINS, SEGUNDA TURMA, julgado em 13/12/2011, DJe 19/12/2011).

9. NEVES, Daniel Amorim Assumpção. *Manual...*, p. 1.170. No mesmo sentido: WAMBIER, Teresa Arruda Alvim *et al*. *Primeiros comentários ao Novo Código de Processo Civil artigo por artigo*. São Paulo: RT, 2015, p. 1.221.

preferência (art. 882 da CLT c/c art. 835 do CPC/2015), seja por meio de mandado a ser cumprido pelo oficial de justiça, seja através da utilização de convênios institucionais (Bacenjud, Renajud etc.); c) o registro da penhora e a avaliação (art. 7º, IV e V, da Lei n. 6.830/80); d) os atos necessários a realizar a expropriação dos bens (art. 888 da CLT c/c art. 523, § 3º, *in fine*, do CPC/2015).

Assim, inúmeros mecanismos continuarão a ser tranquilamente utilizados pelo juiz do trabalho no desenrolar da execução trabalhista. O que se faz necessário, pois, é diferenciar a deflagração da execução – que, segundo o novo art. 878 da CLT, somente pode se dar com a iniciativa da parte – do impulso processual oficioso, que é dever do juiz (art. 765 da CLT c/c art. 2º do CPC/2015).[10]

2.3. Algumas limitações impostas pela nova redação do art. 878 da CLT

Do que até aqui se viu, pode-se constatar que, requerido o início da fase executiva pelo credor trabalhista, a decisão que a defere permitirá a citação, a penhora, o registro, a avaliação e a expropriação dos bens penhorados como corolário do impulso oficial presente na fase executiva.

Ocorre que esse impulso oficial na execução não é irrestrito, permitindo-se afastar a ilação de que, requerida a execução pelo credor trabalhista, será "tudo como dantes no quartel de Abrantes".

Cite-se, por exemplo, a polêmica envolvendo o incidente de desconsideração da personalidade jurídica previsto nos arts. 133 e seguintes do CPC/2015, que exige expresso requerimento da parte para a sua instauração.

Apesar de o Tribunal Superior do Trabalho – TST ter firmado a sua orientação no sentido da compatibilidade do referido incidente com o processo trabalho – discussão que, doravante, perderá bastante fôlego, em razão da inserção do novo art. 855-A ao texto da CLT pela Lei n. 13.467/2017 ("Reforma Trabalhista") –, resguardou expressamente a possibilidade de sua instauração pelo juiz em sede de execução trabalhista (art. 6º da IN n. 39/2016 - TST), considerando a regra da execução *ex officio* presente na redação anterior do art. 878 da CLT.

10. "Isto significa dizer que a nova redação do art. 878 da CLT não implica considerar que o Juiz da Execução – uma vez requerida a execução – dependa, doravante, de sucessivos requerimentos da parte interessada para a realização de atos voltados ao resultado da tutela cognitiva.
Assim, uma vez instaurada a instância executiva, a se admitir a legitimidade constitucional na inovação, *os demais atos processuais observam a inquisitoriedade* (art. 765, CLT c/c art. 2º, CPC), até mesmo porque cabe ao juiz ordenar esses atos – como os de constrição – em função da natureza da obrigação e as características do processo." (CHAVES, Daniela Lustoza Marques de Souza; CHAVES, Luciano Athayde. Aspectos gerais da reforma da Consolidação das Leis do Trabalho – CLT (Lei n. 13.467/2017) no processo de execução na Justiça do Trabalho. *In*: FELICIANO, Guilherme Guimarães; FONTES, Saulo Tarcísio de Carvalho; TREVISO, Marco Aurélio Marsiglia. *Reforma trabalhista: visão, compreensão e crítica*. São Paulo: LTr, 2017, p. 247).

Esse nos parece, pois, um eloquente exemplo de ato que não mais poderá ser praticado oficiosamente pelo juiz sob a égide da nova sistemática trazida pela Lei n. 13.467/2017 ("Reforma Trabalhista").[11]

Outrossim, pensamos que também o eventual direcionamento da execução para a responsável subsidiária – como nos casos de terceirização (Súm. 331, IV, do TST e art. 5º-A, § 5º, da Lei n. 6.019/74) – que, antes, se dava por atuação oficiosa do juiz, desafiará, doravante, o necessário requerimento da parte, sendo também idêntica a conclusão para hipótese de inclusão de empresa integrante do mesmo grupo econômico.

Outro exemplo repousa na recente previsão do art. 782, § 3º, do CPC/2015, que permite a inclusão do devedor em cadastro de inadimplentes, mas condiciona a providência a requerimento do credor, exigência justificada em razão da responsabilização pelos danos que eventual inscrição indevida do executado nesses cadastros pode vir a acarretar.

Dessa maneira, entendemos que, apesar de mantido o impulso oficial na execução trabalhista, não há mais permissão para que o juiz continue agindo oficiosamente com a mesma liberdade presente no regime anterior, ficando, pois, condicionado ao regramento existente na Lei n. 6.830/80 e no CPC/2015 para materializar sua atuação.

Precisamente, em razão dessas limitações é que a nova redação dada ao art. 878 da CLT não está isenta de dúvidas quanto à sua constitucionalidade.

2.4. Ainda sobre as limitações impostas pelo art. 878 da CLT "Reformada": a brecha deixada pelo legislador

Antes, porém, de passarmos a incursionar na análise da constitucionalidade da norma contida no novo art. 878 da CLT "Reformada", cabe realçar um aspecto extremamente minucioso não percebido pelo legislador "reformista", que representa solução criativa para a sobrevivência da execução oficiosa do crédito trabalhista.

Ora, sabe-se que a Justiça do Trabalho possui competência para a execução, de ofício, do crédito previdenciário incidente sobre as sentenças que proferir, conforme art. 114, VIII, da CF, o que autoriza o juiz do trabalho a atuar proativamente na busca pela satisfação do crédito previdenciário mesmo sem qualquer provocação dos órgãos de representação judicial da União. E sabe-se também que o crédito trabalhista é privilegiado em relação ao crédito tributário (art. 186 do CTN).

---

11. Em sentido contrário: LIMA, Leonardo Tibo Barbosa. Execução de ofício – do fim ao recomeço. *In*: JANOTTI, Cláudio *et al*. (org.). *Constituição, Seguridade Social e Trabalho*. Livro do Programa de Pós-Graduação *Stricto Sensu* em Direito do Centro Universitário do Distrito Federal – UDF. São Paulo: LTr, "no prelo".

Nesse contexto, pensamos que os limites impostos pelo art. 878 da CLT "Reformada" podem vir a cair por terra, em termos práticos, se o juiz do trabalho se atentar para a regra do referido art. 186 do CTN, pois, procedendo à execução de ofício do crédito previdenciário e vindo a encontrar bens, poderá, antes de satisfazê-lo, intimar o credor trabalhista para dizer se tem interesse na execução do referido patrimônio, por ser credor privilegiado.

Isto é, o juiz do trabalho poderá atuar livremente na execução do crédito previdenciário, mas, encontrando bens passíveis de penhora, deverá intimar o credor trabalhista para se manifestar sobre eventual interesse na expropriação destes, interesse esse que, convenhamos, dificilmente deixará de ocorrer na prática.

Concretamente, pois, aplicada essa solução criativa decorrente da incongruência criada pelo legislador, o resultado prático será quase o mesmo da execução oficiosa do crédito laboral, representando, assim, uma virtuosa alternativa à opção manifestada pela nova redação do art. 878 da CLT, cuja duvidosa constitucionalidade abordaremos adiante.

3. A DUVIDOSA CONSTITUCIONALIDADE DO ART. 878 DA CLT "REFORMADA"

3.1. A execução oficiosa e o direito fundamental à efetividade do processo

O período de ascensão e apogeu do Estado Liberal foi o grande referencial histórico e teórico para a afirmação do Direito Processual como ciência, a partir da concepção do processo como relação jurídica diversa da relação de direito material que lhe é subjacente.[12] Em razão disso, a grande tônica da pesquisa científica no campo do Direito Processual relacionou-se à necessidade de identificar categorias jurídicas próprias a essa nova modalidade de relação jurídica.[13]

---

12. "Com a obra de Oskar Büllow, e a partir dela, o processo deixa de ser mero procedimento, convertendo-se na abstrata relação jurídica que obedece a pressupostos próprios de existência e validade. [...] A ação deixa de ser compreendida como um apêndice do direito material, passando a representar um direito público subjetivo autônomo de ir a juízo e lograr uma sentença." (MITIDIERO, Daniel. *Colaboração no processo civil: pressupostos sociais, lógicos e éticos*. 2ª ed. São Paulo: Editora Revista dos Tribunais, 2011, p. 36).

13. "Embebida pelo racionalismo iluminista burguês do séc. XVIII, a processualística desenvolvida na Europa do séc. XIX assumiu a tarefa de elevar o direito processual civil a um ramo autônomo, mediante o entendimento do processo como uma relação jurídica complexa e mediante uma decomposição desta relação protéica em inúmeras situações jurídicas mais simples (pretensões, faculdades, imunidades, poderes, deveres, sujeições, funções, ônus processuais, etc.). [...] Enfim, sintonizada com a necessidade de segurança jurídica imposta pelo Estado Liberal de Direito, a dogmática processual era uma ciência organizatória das categorias processuais civis a partir de conceitos-chave (ação, jurisdição, processo, etc.). Com isto, a atividade intelectual dos processualistas cingiu-se a aventuras cerebrinas no mundo lógico das normas, e as questões sobre eficácia

Ocorre que, com a ascensão do Estado Social, passou-se a perceber que o processo não deveria funcionar apenas como mecanismo de certificação de direitos, mas, antes de tudo, como instituto capaz de assegurar a obtenção dos resultados concretos desejados pelo direito material, permitindo "*dar, na medida da possibilidade prática, a quem possui um determinado direito, tudo aquilo e exatamente aquilo que tem direito de obter*"[14].

Surge, daí, a noção de efetividade do processo, como corolário da efetividade da tutela jurisdicional e do direito fundamental do acesso à justiça (art. 5º, XXXV, da CF):

> O direito fundamental à efetividade do processo – que se denomina também, genericamente, *direito de acesso à justiça* ou *direito à ordem jurídica justa* – compreende, em suma, não apenas o direito de provocar a atuação do Estado, mas também e principalmente o de obter, em prazo adequado, uma decisão justa e com potencial de atuar eficazmente no plano dos fatos.[15]

Nesse contexto, uma análise inicial do tema já permitiria supor que a redução da atuação oficiosa na execução militaria contra a expansão do referido direito fundamental, na medida em que reduziria o potencial de atuação do Estado na busca pela concretização dos resultados de seus provimentos jurisdicionais.

Ora, se a efetividade do processo nada mais é do que corolário do direito fundamental de acesso à justiça, bem como que processo efetivo é aquele que assegura ao credor a "*obtenção do mesmo resultado que alcançaria se o dever correspondente ao seu direito tivesse sido adimplido espontânea e oportunamente*"[16], a criação de entraves injustificáveis ao alcance desse desiderato sinaliza na contramão da referida garantia.

Deve-se lembrar que o Pacto Internacional sobre Direitos Civis e Políticos, incorporado ao ordenamento jurídico brasileiro pelo Decreto n. 592/1992, à semelhança de outras normas internacionais, prevê como direito humano a garantia de um acesso efetivo dos cidadãos aos tribunais, assim como o cumprimento das respectivas decisões.[17]

---

passaram a circundar as grandes dissidências acadêmicas." (COSTA, Eduardo José da Fonseca. As noções jurídico-processuais de eficácia, efetividade e eficiência. *Revista de Processo*, São Paulo, n. 121, mar./2005, p. 277-278).

14. "[...] dar, en cuanto sea posible prácticamente, a quien tiene um derecho, todo aquello y exactamente aquello que tiene derecho a conseguir." (CHIOVENDA, Giuseppe. Instituciones de Derecho Procesal Civil. Tomo I. Trad.: E. Gomez Orbaneja. Madrid: Editorial Revista de Derecho Privado, 1954, p. 53).

15. ZAVASCKI, Teori Albino. *Antecipação da tutela*. 4ª ed. São Paulo: Saraiva, 2005, p. 66.

16. ALMEIDA, Cléber Lúcio de. Anotações sobre a efetividade da jurisdição e do processo. *Revista dos Tribunais*, São Paulo, n. 919, mai. 2012, p. 330.

17. Artigo 2. [...] 3. Os Estados Partes do presente Pacto comprometem-se a: a) Garantir que toda pessoa, cujos direitos e liberdades reconhecidos no presente Pacto tenham sido violados, possa de um recurso efetivo, mesmo que a violência tenha sido perpetra por pessoas que agiam no exercí-

É verdade que o direito à efetividade do processo (assim como outros direitos fundamentais), além de não ser absoluto, também está sujeito ao natural poder de conformação do legislador.

No entanto, essa conformação precisa atender aos reclamos da proporcionalidade, notadamente, à ideia de adequação, cujo preenchimento é extremamente duvidoso no caso: se uma das razões para se restringir a execução oficiosa era resguardar a garantia da imparcialidade – como justificado pelo legislador –, incongruente, pois, que continue sendo permitida nos casos de *ius postulandi* e no caso de cobrança do crédito previdenciário. O juiz que supostamente seria parcial em processo de credor trabalhista com representação técnica também poderá sê-lo no processo do credor sem essa representação, assim como na execução do crédito previdenciário. Raciocínio que não fecha, a nosso ver.

3.2. A execução oficiosa restrita ao *ius postulandi*: injustificável discriminação à participação do advogado no processo

A questionável distinção na restrição da atuação executiva oficiosa do juiz também gera outro problema ao intérprete.

Com efeito, ao autorizar a execução *ex officio* nos casos de credor em exercício do *ius postulandi* e afastá-la nas hipóteses de exequente representado por advogado, a norma – além de criar inconcebível diferenciação na concretização do direito fundamental à efetividade do processo, considerando que a todos os credores trabalhistas, independentemente da representação técnica, devem ser previstos meios igualmente efetivos para a entrega do bem da vida – descamba para ofensa ao art. 133 da CF.

Ora, se o advogado é "*indispensável à administração da justiça*", como prescreve o referido dispositivo constitucional, como compatibilizar verticalmente a norma do art. 878 da CLT "Reformada", que cria regime aparentemente mais favorável ao credor que atua sem ele?

Nesse contexto, mais vantajoso ao credor trabalhista, então, que figure pessoalmente na fase de execução, de forma a contar com uma atuação estatal mais incisiva e efetiva em favor da satisfação do seu crédito, implicando a norma autêntico estímulo para o afastamento da figura do advogado do exercício da jurisdição da trabalhista.

Inclusive, à luz desse regramento, nada impediria que o trabalhador se fizesse representar por advogado durante toda a fase de conhecimento do processo e, chegado o momento da execução, ajustasse de forma consensual com seu causídico a revogação dos poderes para atuação em juízo (cláusula *ad judicia*), sem prejuízo da manutenção da atuação do patrono na análise e acompanhamento do

---

cio de funções oficiais; [...] c) Garantir o cumprimento, pelas autoridades competentes, de qualquer decisão que julgar procedente tal recurso.

feito[18] e na redação e preparação de requerimentos em nome do credor. Assim, o trabalhador contaria com a atuação oficiosa do juiz, ao mesmo tempo também que manteria a assistência técnica em sua retaguarda.

É verdade que a norma do art. 133 da CF não é de caráter absoluto, como tem reiteradamente proclamado a jurisprudência do Supremo Tribunal Federal - STF, admitindo-se a capacidade postulatória, independente de representação técnica, por exemplo, nas hipóteses de ações propostas perante os juizados especiais[19] e perante a Justiça do Trabalho ou mesmos nos casos de impetração de *habeas corpus*[20].

No entanto, todas essas exceções estão justificadas pela necessidade de facilitação do acesso do cidadão à justiça, pois, nessas hipóteses, exigir a representação técnica para a postulação em juízo poderia implicar ofensa ao art. 5º, XXXV, da CF.

Nesse sentido, extrai-se do voto do Min. Maurício Corrêa, no julgamento da ADI 1539, que questionava o art. 9º da Lei n. 9.099/95:

> A possibilidade de dispensa do advogado, tendo em vista o pequeno valor da causa, visa facilitar a busca da prestação jurisdicional daqueles sem condições econômicas de suportar os ônus do processo e dos honorários advocatícios. Autoriza, desse modo, que as causas antes materialmente inviabilizadas pelos custos a ela inerentes e que no mais das vezes eram superiores à própria reparação pretendida possam agora ser submetidas ao Poder Judiciário.
>
> A disposição, assim concebida, responde ao anseio social de democratização e facilitação do acesso à jurisdição, removendo empecilhos de ordem econômica incompatíveis com a competência especial desses órgãos, sem que com isso se desqualifique a nobilíssima atividade profissional do advogado.

Ademais, o que o STF assentou em sua jurisprudência é que não viola o art. 133 da CF a possibilidade de a parte exercer pessoalmente a sua capacidade postulatória em determinadas situações, e não a possibilidade de o legislador estabelecer regime processual diferenciado conforme se trate de parte com ou sem advogado, como ocorre na hipótese.

A nova redação dada ao art. 878 da CLT, portanto, ao criar regime de execução aparentemente mais efetivo para a parte que se encontra desassistida de advogado, acaba por estimular o alijamento do referido profissional da fase executiva do

18. Lembre-se que o processo é público, assistindo ao advogado o direito de "*examinar, em qualquer órgão dos Poderes Judiciário e Legislativo, ou da Administração Pública em geral, autos de processos findos ou em andamento, mesmo sem procuração, quando não estejam sujeitos a sigilo, assegurada a obtenção de cópias, podendo tomar apontamentos*" (art. 7º, XIII, da Lei n. 8.906/94).

19. STF - ADI 1539, Relator(a): Min. MAURÍCIO CORRÊA, Tribunal Pleno, julgado em 24/04/2003, DJ 05-12-2003 PP-00017 EMENT VOL-02135-03 PP-00398.

20. STF - ADI 1127, Relator(a): Min. MARCO AURÉLIO, Relator(a) p/ Acórdão: Min. RICARDO LEWANDOWSKI, Tribunal Pleno, julgado em 17/05/2006, DJe-105 DIVULG 10-06-2010 PUBLIC 11-06-2010 EMENT VOL-02405-01 PP-00040 RTJ VOL-00215-01 PP-00528.

feito trabalhista, sem qualquer razão justificável para tanto, a descambar para a ofensa ao art. 133 da CF.[21]

3.3. Execução oficiosa apenas do crédito previdenciário: a quebra da isonomia

Outro ponto ensejador de dúvidas quanto à constitucionalidade da nova regulamentação trazida pelo art. 878 da CLT "Reformada" diz respeito à flagrante quebra de isonomia na execução do crédito trabalhista em contraponto à do crédito previdenciário.

Com efeito, sabe-se que a Lei n. 13.467/2017 reiterou a disposição já existente no art. 114, VIII, da Constituição Federal, estabelecendo competência à Justiça do Trabalho para a execução, de ofício, das contribuições previdenciárias incidentes sobre as verbas objeto das condenações que proferir (Súmula Vinculante n. 53 STF).

Disso resulta, inicialmente, que o crédito previdenciário é apenas acessório em relação ao crédito laboral, pois decorre exatamente das sentenças que condenem o empregador ao pagamento em pecúnia de parcelas trabalhistas, conforme fixou o STF no julgamento do RE n. 569.056[22], a despeito da regra contida no art. 876, p.u., da CLT. Assim também foi o pronunciamento do Min. Marco Aurélio, por ocasião do referido julgamento, ao assentar que "*quanto às contribuições sociais, essa competência os revela acessório, ou seja, não se pode cogitar da execução de ofício pela Justiça do Trabalho sem haver o principal a condenação do empregador em verbas trabalhistas*".

Nesse contexto, indaga-se: se o crédito previdenciário é meramente acessório ao crédito laboral e se este é preferencial em relação àquele (art. 186 do CTN), como justificar o tratamento díspare e menos benéfico na execução em relação ao crédito trabalhista?[23]

---

21. FALTA TEXTO?????

22. EMENTA: Recurso extraordinário. Repercussão geral reconhecida. Competência da Justiça do Trabalho. Alcance do art. 114, VIII, da Constituição Federal. 1. A competência da Justiça do Trabalho prevista no art. 114, VIII, da Constituição Federal alcança apenas a execução das contribuições previdenciárias relativas ao objeto da condenação constante das sentenças que proferir. 2. Recurso extraordinário conhecido e desprovido. (STF - RE 569056, Relator(a): Min. MENEZES DIREITO, Tribunal Pleno, julgado em 11/09/2008, REPERCUSSÃO GERAL - MÉRITO DJe-236 DIVULG 11-12-2008 PUBLIC 12-12-2008 EMENT VOL-02345-05 PP-00848 RTJ VOL-00208-02 PP-00859 RDECTRAB v. 16, n. 178, 2009, p. 132-148 RET v. 12, n. 72, 2010, p. 73-85).

23. "Não podemos deixar de observar, ademais, que o mesmo legislador, que agora *restringe* a possibilidade de o juiz do trabalho dar início, por si, à execução, *manteve* o parágrafo único do art. 876, da CLT, que *determina* a execução, de ofício, das contribuições sociais! Teria, o fato, decorrido de inadvertência do legislador, ou sido produto de sua intenção?" (TEIXEIRA FILHO, Manoel Antônio. *O processo do trabalho e a reforma trabalhista: as alterações introduzidas no processo do trabalho pela Lei n. 13.467/2017*. São Paulo: LTr, 2017, p. 196)

Evidentemente que não se desconhece a possibilidade de instituição de prerrogativas processuais em favor da Fazenda Pública, as quais, em último caso, decorrem do próprio interesse público envolvido em sua atuação, bem como, em alguns casos, da necessidade de preservação da paridade de armas. Contudo, soa anti-isonômico que o Estado, uma vez elegendo o crédito trabalhista como superprivilegiado, venha a estabelecer estrutura mais efetiva de execução exatamente em favor do crédito de menor privilégio (tributário), que, além do mais, é meramente acessório.[24]

Sobre o assunto, oportuno lembrar o julgamento da ADI 4357 pelo STF, ocasião em que foi analisada a constitucionalidade do regime especial de pagamento de precatórios instituído pela EC n. 62/09.

No que tange, especificamente, à necessidade de compensação prévia do crédito do particular com os seus débitos perante a Fazenda Pública, procedimento previsto no § 9º do art. 100 da CF (redação dada pela EC n. 62/09), assentou o Min. Luiz Fux (relator designado para o acórdão):

> *In casu*, não está em debate a razoabilidade da compensação de créditos inscritos em precatórios. Tal como já apontado linhas atrás, o instituto jurídico da compensação é, em si, instrumento de justiça e de eficiência na disciplina das relações obrigacionais. O que aqui se discute é, como na ADI nº 1.753/DF, a validade da compensação instituída unilateralmente, em proveito exclusivo da Fazenda Pública. E não me parece haver razoabilidade nesta discriminação. Segundo o magistério de Celso Antônio Bandeira de Mello, "*é agredida a igualdade quando o fator diferencial adotado para qualificar os atingidos pela regra não guarda relação de pertinência lógica com a inclusão ou exclusão no benefício deferido ou com a inserção ou arrendamento do gravame imposto*" (MELLO, Celso Antônio Bandeira de. O conteúdo jurídico do princípio da igualdade. São Paulo: Revista dos Tribunais, 1984, p. 49). Na hipótese aqui analisada, o fator de discrímen (natureza pública ou privada do credor/devedor) não mantém qualquer relação com o tratamento jurídico dispensado às partes (possibilidade ou não da compensação do crédito/débito). [...]
>
> Por que apenas a Administração Pública, quando devedora, poderá ter seus débitos compensados com seus créditos? Não há justificativa plausível para tamanha discriminação. A medida deve valer para credores e devedores públicos e privados, ou acaba por configurar autêntico privilégio ocioso.[25]

---

24. "Então, no que atina ao ponto central da matéria abordada procede afirmar: é agredida a igualdade quando o fator diferencial adotado para qualificar os atingidos pela regra não guarda relação de pertinência lógica com a inclusão ou exclusão no benefício deferido ou com a inserção ou arrendamento do grave imposto. [...]

    Em síntese: a lei não pode conceder tratamento específico, vantajoso ou desvantajoso, em atenção a traços e circunstâncias peculiarizadoras de uma categoria de indivíduos se não houver adequação racional entre o elemento diferencial e o regime dispensado aos que se inserem na categoria diferenciada." (MELLO, Celso Antônio Bandeira de. *O conteúdo jurídico do princípio da igualdade*. 3ª ed. São Paulo: Malheiros, 2010, p. 38-39).

25. STF - ADI 4357, Relator(a): Min. AYRES BRITTO, Relator(a) p/ Acórdão: Min. LUIZ FUX, Tribunal Pleno, julgado em 14/03/2013, ACÓRDÃO ELETRÔNICO DJe-188 DIVULG 25-09-2014 PUBLIC 26-09-2014.

Mutatis mutandis, é exatamente o que ocorre no caso presente, em que o Estado garantiu à Fazenda Pública a execução do seu crédito acessório de maneira oficiosa – aspecto que sequer poderia vir a ser objeto de alteração pela Lei n. 13.467/2017, considerando o *status* constitucional da referida competência (art. 114, VIII, da CF) –, mas instituiu exclusão dessa mesma possibilidade para o particular, detentor do crédito principal e, acima de tudo, privilegiado.[26] Parafraseando o Min. Luiz Fux, poderíamos indagar: por que apenas a União, quando credora, poderá ver seus créditos executados de ofício?

A situação se torna ainda mais intrigante quando analisada sob a dimensão do momento da ocorrência do fato gerador das contribuições previdenciárias resultantes das sentenças condenatórias trabalhistas.

Com efeito, após a inclusão do § 2º ao art. 43 da Lei n. 8.212/91 – efetuada pela Medida Provisória n. 449/2008, posteriormente, convertida na Lei n. 11.941/2009 –, a jurisprudência do TST se firmou no sentido de que, para o período posterior à edição da referida norma, o momento do fato gerador das contribuições previdenciárias coincide com a própria prestação dos serviços, e não com o pagamento em juízo do crédito laboral, como se entendia para o período anterior.[27]

Isto é, o fato gerador da contribuição previdenciária se considera ocorrido na época da prestação dos serviços, independente da data em que os direitos trabalhistas correspondentes venham a ser efetivamente quitados pelo empregador.

Nesse contexto, vindo a sentença a condenar o empregador em determinadas parcelas trabalhistas, para período posterior à inclusão do § 2º do art. 43 da Lei n. 8.212/91, e deixando o trabalhador – representado por advogado – de requerer o início da execução do seu crédito, o juiz do trabalho não poderia atuar na execução do crédito laboral (art. 878 da CLT "Reformada"), mas deveria atuar na cobrança do crédito previdenciário (art. 114, VIII, da CF), gerando situação manifestamente incongruente. Na realidade, seria mais acertado dizer que estaria atuando um verdadeiro "juiz da Previdência" meramente travestido de juiz do trabalho.

CONSIDERAÇÕES FINAIS

Inegável que o legislador reformista (Lei n. 13.467/2017) pretendeu golpear severamente a estrutura de diversos pilares do processo trabalhista, um dos quais a execução oficiosa, por meio da alteração da redação do art. 878 da CLT. No entan-

26. "Em vista disso, a prevalecer a interpretação tão somente gramatical da alteração promovida no art. 878 da CLT, pela Lei nº 13.467/17, haverá flagrante ofensa aos princípios da *proteção* e da *isonomia*, já que o acessório (crédito da União, relativamente às contribuições previdenciárias) seria executado de ofício, ao passo que o principal (crédito trabalhista) e privilegiado (art. 83, I, da Lei nº 11.101/05), a requerimento do interessado". (LIMA, Leonardo Tibo Barbosa. Execução de ofício..., "no prelo").

27. TST - E-RR - 1125-36.2010.5.06.0171, Relator Ministro: Alexandre de Souza Agra Belmonte, Data de Julgamento: 20/10/2015, Tribunal Pleno, Data de Publicação: DEJT 15/12/2015.

to, a opção legislativa não está isenta de dúvidas quanto à sua constitucionalidade, como brevemente suscitamos nas linhas pretéritas.

O presente artigo, sem representar um estudo analítico, minucioso e exauriente do tema, representa, na realidade, uma ebulição de ideias decorrentes da análise da nova conjuntura legislativa, cujo intuito, antes de tudo, é provocar a reflexão dos amantes do processo do trabalho quanto aos temas sucintamente aqui abordados. Afinal, a partir de 11 de novembro de 2017, a Lei n. 13.467/2017 entra em vigor e, junto com ela, uma enxurrada de questões a serem resolvidas. Um oceano novo a ser valentemente desbravado.

REFERÊNCIAS BIBLIOGRÁFICAS

ALMEIDA, Cléber Lúcio de. Anotações sobre a efetividade da jurisdição e do processo. *Revista dos Tribunais*, São Paulo, n. 919, p. 317-335, mai. 2012.

ASSIS, Araken. *Manual da execução*. 9ª ed. São Paulo: RT, 2004.

AMARAL, Gilberto Luiz do *et al*. *Quantidade de normas editadas no Brasil: 28 anos da Constituição Federal de 1988*. Disponível em: <https://ibpt.com.br/img/uploads/novelty/estudo/2603/QuantidadeDeNormas201628AnosCF.pdf>. Acesso em 21/8/2017.

CHAVES, Daniela Lustoza Marques de Souza; CHAVES, Luciano Athayde. Aspectos gerais da reforma da Consolidação das Leis do Trabalho – CLT (Lei n. 13.467/2017) no processo de execução na Justiça do Trabalho. *In*: FELICIANO, Guilherme Guimarães; FONTES, Saulo Tarcísio de Carvalho; TREVISO, Marco Aurélio Marsiglia. *Reforma trabalhista: visão, compreensão e crítica*. São Paulo: LTr, 2017, p. 243-256.

CHIOVENDA, Giuseppe. *Instituciones de Derecho Procesal Civil*. Tomo I. Trad.: E. Gomez Orbaneja. Madrid: Editorial Revista de Derecho Privado, 1954.

COSTA, Eduardo José da Fonseca. As noções jurídico-processuais de eficácia, efetividade e eficiência. *Revista de Processo*, São Paulo, n. 121, p. 275-301, mar./2005.

LIMA, Leonardo Tibo Barbosa. Execução de ofício – do fim ao recomeço. *In*: JANOTTI, Cláudio *et al*. (org.). *Constituição, Seguridade Social e Trabalho*. Livro do Programa de Pós-Graduação *Stricto Sensu* em Direito do Centro Universitário do Distrito Federal – UDF. São Paulo: LTr, "no prelo".

MELLO, Celso Antônio Bandeira de. *O conteúdo jurídico do princípio da igualdade*. 3ª ed. São Paulo: Malheiros, 2010.

MITIDIERO, Daniel. *Colaboração no processo civil: pressupostos sociais, lógicos e éticos*. 2ª ed. São Paulo: Editora Revista dos Tribunais, 2011.

NEVES, Daniel Amorim Assumpção. *Manual de Direito Processual Civil*. 8ª ed. Salvador: JusPodivm, 2016.

PEREIRA, Robson. *Sete em cada dez leis analisadas pelo STF são inconstitucionais*. Disponível em: <http://www.conjur.com.br/2016-abr-24/sete-cada-dez-leis-analisadas-stf-sao-inconstitucionais>. Acesso em: 21/8/2017.

SILVA, Homero Batista Mateus da. *Comentários à reforma trabalhista*. São Paulo: RT, 2017.

TEIXEIRA FILHO, Manoel Antônio. *O processo do trabalho e a reforma trabalhista: as alterações introduzidas no processo do trabalho pela Lei n. 13.467/2017*. São Paulo: LTr, 2017.

WAMBIER, Teresa Arruda Alvim *et al*. *Primeiros comentários ao Novo Código de Processo Civil artigo por artigo*. São Paulo: RT, 2015.

ZAVASCKI, Teori Albino. *Antecipação da tutela*. 4ª ed. São Paulo: Saraiva, 2005.

O FIM DA EXECUÇÃO DE OFÍCIO NO PROCESSO DO TRABALHO E POSSÍVEIS CONFLITOS HERMENÊUTICOS, DE INTERPRETAÇÃO E INTEGRAÇÃO EM UM PANORAMA SISTEMÁTICO NORMATIVO

Lais Vieira Cardoso[1]

Sumário: Introdução – 1. A execução trabalhista no ordenamento jurídico – 2. Princípios aplicáveis ao processo do trabalho na fase de execução: 2.1. Princípios constitucionais e do processo comum relacionados à execução trabalhista: 2.2. Princípios dispositivo e inquisitivo: 2.3. Princípio da proteção – 3. A execução de ofício no processo do trabalho – 4. Modus operandi da execução de ofício – Conclusão – Referências bibliográficas.

INTRODUÇÃO

A reforma trabalhista, dentre as diversas alterações no processo do trabalho, extinguiu a execução do ofício, passando a constar no art. 878 da CLT, com a redação dada pela Lei 13.467/17, que entra em vigor no dia 11/11/2017, que a execução, antes promovida tanto pelas partes como de ofício, será promovida a pedido das partes, permitida a execução de ofício pelo juiz ou pelo Presidente do Tribunal apenas nos casos em que as partes não estiverem representadas por advogado.

---

1. Analista Judiciária do Tribunal Regional do Trabalho da 15ª Região. Professora Universitária no Centro Universitário Moura Lacerda. Especialista em Direito Tributário pela PUC-Campinas. Mestre em Direito Obrigacional Público e Privado pela UNESP de Franca. Autora da obra "Substituição tributária no ICMS", pela editora Quartier Latin, e de diversos capítulos de livros e artigos jurídicos.

No processo do trabalho vigora, ainda, o *jus postulandi,* previsto no art. 791 da CLT, contudo, raras são as demandas movidas sem a presença de advogado, em razão, principalmente, da complexidade e do aprofundamento técnico que as questões materiais e processuais trabalhistas tomaram forma, com vasta legislação, constantemente alterada.

É sabido que, no processo do trabalho, o exequente, em regra o trabalhador, é considerado hipossuficiente e pleiteia direitos de natureza alimentar, o que demanda celeridade na entrega da prestação jurisdicional, principal razão pela qual a execução sempre se processou de ofício.

A celeridade processual é marca registrada do processo laboral, assim como a proteção ao empregado hipossuficiente, contudo, vemos que tais valores, bem como a efetividade na entrega do bem jurídico, estão sendo mitigados com a entrada em vigor da reforma trabalhista, em especial pela redação que torna necessária a provocação da parte para que sejam praticados os atos executórios.

O processo do trabalho, que se encontrava na vanguarda da efetividade na execução e serviu de modelo para as alterações realizadas no processo comum, passa a andar na contramão na história, regredindo, com normas que tolhem a autonomia da atuação estatal.

Questiona-se, neste estudo, se a alteração normativa realizada com a reforma trabalhista é compatível com o ordenamento jurídico, com o sistema de princípios e com as normas que regem o processo como um todo, em especial, o processo do trabalho na fase de execução.

Passa-se, também, à análise do *modus operandi* da execução a pedido da parte, com o objetivo de responder se há necessidade de um simples requerimento, se pode ser feito até mesmo verbalmente, em audiência, constar nas razões finais orais ou em petição escrita ao término da fase de instrução, se pode ser requerido já na petição inicial, para, a partir daí, o juízo praticar todos os atos executórios, ou se há necessidade de peticionamento por fases, desde a tentativa em localizar bens, até a sua constrição pela penhora e leilão.

Assim, verifica-se se a nova regra, de que deve haver pedido da parte para se dar início à fase executória, pode provocar congestionamento, demora na execução e aumento significativo do custo processual, em possível afronta ao princípio da economia processual.

As regras do ordenamento jurídico devem conviver em perfeita sintonia, compatibilizando princípios, valores fundamentais decorrentes do pacto social, assim, este estudo busca responder se a execução de ofício vai ou não ao encontro dos axiomas específicos do processo civil atual e do processo do trabalho, em especial a celeridade e a efetividade, se realmente a mudança moderniza o processo trabalhista ou se se trata de manobra política, visando apenas obstar o acesso à justiça, em proteção aos empregadores que descumpriram as obrigações sociais, praticando, inclusive, *dumping* social.

Analisa-se, em síntese, se essa nova forma de atuação das partes e do Poder Judiciário está ou não em harmonia com o ordenamento jurídico e com os demais valores que orientam a execução trabalhista atual.

1. A EXECUÇÃO TRABALHISTA NO ORDENAMENTO JURIDICO

A Constituição Federal prevê, no art. 5º, XXXV, a inafastabilidade do Poder Judiciário, de modo que o poder de tutela do Estado não pode ser substituído pela autotutela, salvo em raríssimas exceções, como a legítima defesa.

A aplicação da força estatal em substituição ao arbítrio das partes demanda, contudo, a existência de um poder justo, imparcial e efetivo. Para tanto, foi inserido o inciso LXXVIII no art. 5º da Constituição, assegurando a todos, em âmbito judicial e administrativo, a razoável duração do processo e os meios que garantam a celeridade de sua tramitação.

A execução tem por fim dar cumprimento ao comando judicial ou ao título extrajudicial, com a entrega do bem da vida, em regra, o pagamento das verbas remuneratórias ou da prestação de fazer ou não fazer, a quem de direito.

No processo do trabalho, os atos de execução sucedem a fase de conhecimento e liquidação sem a necessidade de ajuizamento de nova demanda, como previsto desde 1943, nos arts. 876 e seguintes da CLT, muito antes do sincretismo processual se tornar regra no processo civil, como bem ressalta Bezerra Leite, ao afirmar que as sentenças trabalhistas "sempre foram executadas nos mesmos autos e perante o mesmo juízo"[2].

No processo civil foi superada a fase de autonomia do processo executório ainda na vigência do CPC/73, fundindo-se as fases de conhecimento e execução com o denominado sincretismo processual, tendo por marco a publicação da Lei 11.232/05, que transformou a execução na fase de cumprimento da sentença.

Com a Lei acima, a sentença deixou de ser o ato que põe fim ao processo decidindo ou não o mérito, para se transmudar em ato do juiz que implica em algumas das situações previstas nos arts. 485 e 487 do CPC/15 (anteriores artigos 267 e 269 do CPC/73), sem exaurir o ofício jurisdicional.

Podemos observar, portanto, que a execução no processo do trabalho sempre esteve modernizada, mais que isso, à frente no tempo, prevendo desde a publicação da CLT, em 1943, a sucessão dos atos de execução logo em seguida à fase de conhecimento, sem a necessidade de ajuizamento de nova ação, possibilitando a rápida entrega da prestação jurisdicional.

---

2. LEITE, Carlos Henrique Bezerra. **Curso de Direito Processual do Trabalho.** São Paulo: Saraiva, 2017, p. 1.329.

2. PRINCÍPIOS APLICÁVEIS AO PROCESSO DO TRABALHO NA FASE DE EXECUÇÃO

Além de ser realizada mediante procedimento simples e unificado, como vimos acima, subsequente à fase de conhecimento, a execução trabalhista, desde 1943, se processou de ofício pelo juiz, dispondo o art. 878 da CLT, antes da alteração pela Lei 13.467/17 que:

> Art. 878. A execução poderá ser promovida por qualquer interessado, ou *ex officio* pelo próprio Juiz ou Presidente ou Tribunal competente, nos termos do artigo anterior.
>
> Parágrafo único. Quando se tratar de decisão dos Tribunais Regionais, a execução poderá ser promovida pela Procuradoria da Justiça do Trabalho.

A prática de atos executórios de ofício vai ao encontro dos mais relevantes valores que informam o processo trabalhista, de modo a dar efetividade ao cumprimento da sentença, em atendimento aos princípios ou axiomas que orientam a execução, os quais analisamos a seguir.

2.1. Princípios constitucionais e do processo comum relacionados à execução trabalhista

O principal objetivo do Poder Judiciário é a pacificação dos conflitos sociais, atribuição que lhe foi concedida em razão da tripartição de poderes, almejada por Montesquieu[3], que defendeu a necessidade de haver autonomia e independência, mas também perfeita harmonia entre os poderes inerentes à estrutura estatal, sendo possível a interferência apenas de forma excepcional, com o objetivo de balancear ou fiscalizar abusos ou excessos.

O Poder Judiciário visa, neste ínterim, garantir o cumprimento das regras que compõem o ordenamento normativo, mantendo a convivência social em um Estado Democrático de Direito, no qual é garantido o acesso de todos à justiça, com previsão expressa do princípio da inafastabilidade do acesso ao Judiciário no art. 5º, XXXV da Constituição Federal.

Para tanto, o Estado de Direito deve solucionar as demandas de forma justa, observando o devido processo legal (art. 5º, LV da CF/88), com atendimento ao contraditório, à ampla defesa, possibilitando o uso de recursos.

O princípio do contraditório, previsto na Constituição, foi amplamente afirmado com a publicação do CPC/15, que ressalta a necessidade de oportunizar às partes que se manifestem sobre todas as decisões que possam lhe impor dever ou

3. SECONDANT, Charles-Louis de (barão de La Brède e de Montesquieu). **O espírito das leis**. Disponível em: http://www.dhnet.org.br/direitos/anthist/marcos/hdh_montesquieu_o_espirito_das_leis.pdf Acesso em: 12. Out. 2017.

causar prejuízo, conforme previsto nos arts. 7º (compete ao juiz zelar pelo efetivo contraditório), 115 (nulidade ou ineficácia da sentença proferida sem observar o contraditório), 329, II (que assegura o contraditório no caso de aditamento ou alteração do pedido ou causa de pedir), dentre outros.

As regras acima certamente se aplicam ao processo do trabalho, em razão da omissão e por serem perfeitamente compatíveis com o sistema laboral, nos termos dos arts. 769 da CLT.

Para que o Estado-juiz cumpra sua função pacificadora dos conflitos, não basta o acesso à justiça, mais que isso, é imprescindível que a prestação ocorra de forma célere, garantindo a efetiva reparação da lesão e evitando que paire a sensação de impunidade na sociedade.

Com o intuito de que essa meta seja alcançada, o legislador dispôs que o processo deve observar os princípios da razoável duração do processo, da celeridade (art. 5º, LXXVIII, CF) e da efetividade da jurisdição (art. 5º, XXXV, CF).

Para que estes princípios sejam alcançados, é necessária também a valoração da economia processual, ou seja, com a menor quantidade de atos, deve se atingir, com o menor custo possível, a finalidade do processo: a satisfação do direito violado.

Nesse ponto, observamos que a necessidade de a parte requerer o que entender de direito na fase de execução trabalhista, como prevista no art. 878 da CLT, com a nova redação dada pela Lei 13.467/17, representa um retrocesso jurídico.

Enquanto no processo civil a execução se tornou fase de cumprimento da decisão, com nítida feição de tornar efetivas as decisões do Estado-juiz, no processo do trabalho a atividade estatal se torna submissa à iniciativa das partes, retraindo o interesse do próprio Estado de ver cumpridas suas decisões.

Enquanto a atuação de ofício do juiz nos atos de execução se torna cada vez mais presente no processo comum, como exemplo, o art. 773 do CPC, que possibilita ao juiz, inclusive de ofício, determinar as medidas necessárias ao cumprimento da ordem de entrega de documentos e dados, o processo do trabalho caminha de forma oposta aos princípios da efetividade, da simplicidade, da celeridade e da razoável duração do processo.

Anda, portanto, o processo do trabalho, na contramão da evolução normativa, de forma contrária à simplificação dos atos processuais.

2.2. Princípios dispositivo e inquisitivo

Dois princípios, aparentemente opostos, são aplicáveis à fase de execução no processo do trabalho. O primeiro é o princípio inquisitivo ou do impulso oficial, segundo o qual o juiz deve conduzir o processo de ofício, por razões de interesse público.

Salvo raríssimas exceções, como dito anteriormente, é vedada a autotutela, assim, cabe ao Estado perseguir a solução do litígio por impulso oficial quando a parte permanecer inerte, regra esta que consta, mesmo após a reforma trabalhista, nos arts. 765 e 852-D da CLT, que dispõem:

> Art. 765. Os Juízos e Tribunais do Trabalho terão ampla liberdade na direção do processo e velarão pelo andamento rápido das causas, podendo determinar qualquer diligência necessária ao esclarecimento delas.
>
> (...)
>
> Art. 852-D. O Juiz dirigirá o processo com liberdade para determinar as provas a serem produzidas, considerado o ônus probatório de cada litigante, podendo limitar ou excluir as que considerar excessivas, impertinentes ou protelatórias, bem como para apreciá-las e dar especial valor às regras de experiência comum ou técnica.

O art. 4º da Lei 5584/70, reforça a possibilidade de o juiz agir de ofício, dispondo que: "Art 4º Nos dissídios de alçada exclusiva das Juntas e naqueles em que os empregados ou empregadores reclamarem pessoalmente, o processo poderá ser impulsionado de ofício pelo Juiz".

Ainda que se considere o artigo 4º acima tacitamente revogado pela nova redação do art. 878 da CLT, os artigos 765 e 852-D possibilitam ao magistrado a prática de atos que deem efetividade à decisão judicial, evitando que se tornem inócuas.

O princípio dispositivo ou da demanda é fundado na livre iniciativa da parte. O juiz prestará a tutela jurisdicional somente quando provocado pela petição inicial (nos limites do que foi pedido, conforme o princípio da congruência, art. 141 do CPC) de modo que o processo começa por iniciativa da parte e se desenvolve por impulso oficial, salvo previsão legal (arts. 2º do CPC).

No processo civil é necessária a iniciativa da parte quando há condenação em obrigação de pagar, art. 513, § 1º, mas a execução se processa tanto por iniciativa do exequente, como de ofício nas condenações em prestações de fazer, não fazer e de entregar coisa, conforme artigos 497, 498, 536 e 538 do CPC.

Assim, a persecução do bem jurídico é nitidamente papel do Estado que, depois de provocado, deve impor suas decisões aos jurisdicionados, garantindo-lhes o cumprimento.

2.3. Princípio da proteção

Enquanto, no direito material, é pacífica a aplicação do princípio da proteção à parte hipossuficiente, há grande polêmica na doutrina quanto à aplicação na seara processual laboral.

A questão, que era duvidosa antes da Reforma Trabalhista, pende, mais ainda, pela mitigação da aplicação do princípio protetivo ao processo trabalhista, tanto na fase de conhecimento como na de execução.

Contudo, ainda permanecem no ordenamento jurídico laboral regras processuais consideradas protetivas. Merece destaque a inversão do ônus da prova[4], sendo possível ao juiz transferir para a parte que possui melhores condições de provar o fato a necessidade de se desincumbir do ônus.

O arquivamento do processo quando o Reclamante não comparece à audiência inicial, também é regra protetiva, mais benéfica do que a consequência sofrida pelo empregador, que são os efeitos da confissão e revelia.

Por outro lado, o valor das custas, que não era cobrado do empregado hipossuficiente, passa a ser exigido com a reforma quando o empregado dá causa ao arquivamento do processo, mesmo que beneficiário da gratuidade processual, conforme nova redação do art. 844, § 2º da CLT, excetuada a hipótese de ausência justificada.

O processo do trabalho possui, ainda, outras presunções favoráveis ao trabalhador, como a competência territorial do local onde prestou serviços, dentre outras, assim, podemos concluir que o princípio tuitivo, ainda que mitigado, permanece presente no processo do trabalho.

Esta proteção tem sua razão de ser na isonomia entre as partes. A igualdade, para Aristóteles, significa tratar os iguais de forma igual e os desiguais de forma desigual, na medida de sua desigualdade, e é inegável que aquele que vende a força de trabalho para sua subsistência e a de sua família, não se encontra em situação de igualdade em relação ao que lhe contrata e paga salários, que está no comando da relação laboral.

Também é assim na relação processual, em que as empresas possuem, muitas vezes, corpo jurídico especializado e se utilizam de todos os recursos possíveis para postergar o cumprimento da decisão, enquanto o empregado contrata advogado "pró-êxito" para, somente ao final da longa espera na demanda judicial, lhe entregar parcela de suas verbas de natureza alimentar como forma de quitação dos honorários.

3. A EXECUÇÃO DE OFÍCIO NO PROCESSO DO TRABALHO

A execução da sentença trabalhista pode ocorrer de forma provisória ou definitiva. Será provisória enquanto o processo estiver pendente de recurso com efeito devolutivo, prosseguindo até a penhora, conforme dispõe o art. 899 da CLT, observadas as regras da Lei de Execuções Fiscais, nº 6.830/80.

A diretriz geral da execução provisória é complementada pela regra do art. 520, I, CPC/2015, prevendo que: "corre por iniciativa e responsabilidade do exequente, que se obriga, se a sentença for reformada, a reparar os danos que o executado haja sofrido".

4. A inversão do ônus da prova não é exatamente um princípio, mas uma regra e, também, uma tendência jurisprudencial que decorre do princípio protetor – ver Súmulas: 338 e 212 do TST.

Mesmo antes da alteração pela Lei 13.467/17, era necessária a iniciativa da parte para o processamento da execução provisória, pois somente a execução definitiva se processava de ofício.

Com a Reforma Trabalhista, o parágrafo único do art. 878 da CLT foi revogado e tanto a execução provisória como a definitiva, com uma interpretação meramente literal, têm prosseguimento por iniciativa das partes. Passa-se à seguinte redação:

> "Art. 878. A execução será promovida pelas partes, permitida a execução de ofício pelo juiz ou pelo Presidente do Tribunal apenas nos casos em que as partes não estiverem representadas por advogado".

Vemos, contudo, que o art. 114, VIII, da Constituição Federal prevê que compete à Justiça do Trabalho executar, de ofício, as "contribuições sociais previstas no art. 195, I, a, e II, e seus acréscimos legais, decorrentes das sentenças que proferir", permanecendo a regra constitucional de que o crédito acessório deve ser executado por iniciativa do juiz.

A Súmula Vinculante nº 53 reafirma que a execução das contribuições previdenciárias ocorre de ofício: "A competência da Justiça do Trabalho prevista no art. 114, VIII, da CF alcança a execução de ofício das contribuições previdenciárias relativas ao objeto da condenação constante das sentenças que proferir e acordos por ela homologados", entendimento este que é repetido na Súmula.

O art. 43 da Lei nº 8.212/91, também dispõe que: "Nas ações trabalhistas de que resultar o pagamento de direitos sujeitos à incidência de contribuição previdenciária, o juiz, sob pena de responsabilidade, determinará o imediato recolhimento das importâncias devidas à Seguridade Social".

A competência para a execução de ofício não se esgota nas regras acima, abrange também a cobrança do seguro acidente do trabalho – SAT, conforme entendimento do TST, sedimentado na Súmula nº 454:

> SUM-454 COMPETÊNCIA DA JUSTIÇA DO TRABALHO. EXECUÇÃO DE OFÍCIO. CONTRIBUIÇÃO SOCIAL REFERENTE AO SEGURO DE ACIDENTE DE TRABALHO (SAT). ARTS. 114, VIII, E 195, I, "A", DA CONSTITUIÇÃO DA REPÚBLICA. (conversão da OJ-SDI1-414) - Res. 194/2014, DEJT divulgado em 21, 22 e 23.05.2014. Compete à Justiça do Trabalho a execução, de ofício, da contribuição referente ao Seguro de Acidente de Trabalho (SAT), que tem natureza de contribuição para a seguridade social (arts. 14, VIII, e 195, I, "a", da CF), pois se destina ao financiamento de benefícios relativos à incapacidade do empregado decorrente de infortúnio no trabalho (arts. 11 e 22 da Lei n. 8.212/1991).

Uma vez que o acessório deve ser executado de ofício, o juiz do trabalho deve executar, primeiramente, o valor principal, mesmo no caso de inércia da parte, ou se torna impossível o cumprimento dos comandos acima, como bem observado pelo jurista José Cairo Júnior[5].

Por coerência na interpretação do sistema jurídico, pode se concluir que tais regras possibilitam que, mesmo após a alteração do art. 878 da CLT, o juiz promova de ofício a execução do crédito trabalhista principal.

4. *MODUS OPERANDI* DA EXECUÇÃO DE OFÍCIO

A interpretação da nova redação do art. 878, contudo, não é uníssona. Enquanto grande parte dos estudiosos, ainda que questione eventual inconstitucionalidade ou violação a princípios, acredita que a execução passa a correr apenas por iniciativa do credor a partir do dia 11/11/2017, há entendimento de que não houve qualquer alteração na execução de ofício.

Como exemplo, a juíza do trabalho Ana Paula Alvarenga Martins[6] explica que o acesso à justiça é muito mais amplo, pois pressupõe a efetividade da decisão judicial, o que envolve, além do interesse do credor, também o interesse do Estado de fazer efetivas suas decisões judiciais, assim, a partir da lógica de todos os princípios constitucionais e de natureza processual, conclui que cabe ao Estado promover a execução, ainda que a parte esteja assistida por advogado, mesmo com a nova previsão legal.

Quanto à aplicação prática, na hipótese de ocorrer a interpretação literal do art. 878 da CLT, correndo a execução por iniciativa das partes, os procedimentos e normas administrativas dos Tribunais do Trabalho deverão sofrer inúmeras adaptações, o que certamente prorrogará a fase de execução por outros longos anos, aumentando consideravelmente o custo das demandas, com aumento de petições e, por conseguinte, necessidade de mais serventuários da justiça.

A CLT é omissa, não possui regras sobre a expropriação de bens, aplicando-se supletivamente as regras do CPC.

No âmbito do TRT da 15ª Região, apurados os cálculos, há citação do devedor para pagamento nos termos do art. 880 da CLT e, decorrido o prazo sem a quitação, tem início o fluxo expropriatório, com diversas etapas, devendo ser observado o Provimento CP-CR nº 05/2015 pelos oficiais de justiça.

Na fase expropriatória, as Varas do Trabalho se utilizam de várias ferramentas que auxiliam a localização de bens do devedor, sendo as mais relevantes: a) o BACEN, convênio firmado junto ao Banco Central do Brasil que possibilita o bloqueio

5. CAIRO JÚNIOR, José. Categoria: **Atualização do Curso de Processo do Trabalho**. Disponível em: <http://www.regrastrabalhistas.com.br/doutrina/atualizacao-cdpt/4093-incidente-de-desconsideracao-da-personalidade-juridica-reforma-trabalhista#ixzz4vRK5akuz>. Acesso em: 13 out. 2017).
6. MARTINS, Ana Paula Alvarenga. **Depoimento**. [ago. 2017] Entrevistador: Juiz Marcus Barberino. Campinas: Entrevista concedida à AMATRAXV.

eletrônico de valores; b) o INFOJUD, firmado junto à Receita Federal do Brasil, que permite a obtenção de informações declaradas à Receita; c) o RENAJUD, por meio do qual ocorre a pesquisa de propriedade de veículos; d) o INFOSEG, que auxilia na busca de pessoas; e) o ARISP firmado com a Associação dos Registradores Imobiliários de São Paulo, para localização de bens imóveis e realização de penhora *on line*; f) a JUCESP, que informa os sócios da pessoa jurídica.

Existem, ainda, outros inúmeros meios eletrônicos voltados à pesquisa e ao cumprimento das decisões judiciais, que dão efetividade da execução.

As ferramentas acima não estão acessíveis às partes, mas apenas ao juiz que irá verificar qual o meio mais adequado de pesquisa e constrição patrimonial para cada caso concreto. Trata-se de ato privativo do magistrado, portanto, não depende de provocação das partes.

Além disso, os procedimentos são realizados conforme as orientações dos provimentos internos dos Tribunais, por exemplo, no TRT da 15ª Região, foi criado o Núcleo de Pesquisa Patrimonial, pelo Provimento GP-CR 01/2014[7], criados, ainda, Núcleos Regionais de Gestão de Processos e de Execução pelo Provimento GP nº 02/2013[8], para a gestão e conciliação de processos em fase de execução.

Os núcleos realizam pesquisas avançadas, destacam um *leading case* para servir de processo principal quando existem várias execuções em face de um só devedor, gerando grande impacto social, de modo que as execuções se concentram em um só procedimento, possibilitando inclusive o rateio proporcional dos valores arrecadados, de modo que nenhum credor deixe de receber, ao menos, quantia proporcional ao seu crédito.

Não são procedimentos compatíveis com a necessidade de postulação das partes, pois ocorrem em bloco, conforme as normas da Corregedoria aplicáveis em âmbito interno, bem como praticados de ofício, para que as decisões sejam cumpridas sem que atos sejam inutilmente repetidos ou desnecessariamente realizados.

Portanto, em seguida à liquidação da sentença, quando se tem início a fase de execução, para a corrente que entende constitucional o art. 878 da CLT pós reforma, basta simples petição do exequente, requerendo apenas que o Juízo prossiga com a execução mediante o uso de todas as ferramentas disponíveis, para que a execução se processe até o final, uma vez que deve ser preservada a autonomia do Poder Judiciário de verificar qual o meio mais econômico, célere e eficaz de organização administrativa relativa ao cumprimento de suas próprias decisões.

7. CAMPINAS. Tribunal Regional do Trabalho da 15ª Região. **Provimento GP-CR 01/2014**. Disponível em: http://portal.trt15.jus.br/web/corregedoria/provimentos-2014/-/asset_publisher/zm9rCi2kErfN/ content/provimento-gp-cr-n%C2%BA-01-2014/10165 Acesso em: 14 out. 2017.
8. CAMPINAS. Tribunal Regional do Trabalho da 15ª Região. **Provimento GP-CR 02/2013**. Disponível em: http://portal.trt15.jus.br/provimentos-da-corregedoria1/-/asset_publisher/3hUEV0s3eqyi/content/ provimento-gp-n-02-2013;jsessionid=DB5BBE120ED600021AFFFA7F03A96383.lr2 Acesso em: 14 out. 2017.

Pretender que o exequente formule um requerimento para cada ato relativo à busca de bens viola o acesso à justiça, a efetividade da jurisdição e invade a esfera organizacional do Poder, além disso, o jurisdicionado deve ter conhecimento, antecipadamente, com ampla divulgação por lei, de todas as ferramentas eletrônicas disponíveis e seu modo de operação.

Sem a regulamentação e ampla divulgação das fases, do *modus operandi* da execução e das ferramentas utilizadas nesta fase processual trabalhista, implementadas conforme as regras de cada Tribunal, observando-se os princípios da legalidade e publicidade, não se pode exigir do advogado o conhecimento das regras do jogo, inviável, portanto, a postulação.

Fazer com que a execução dependa de um pedido para cada ato de pesquisa ou constrição, demanda, ainda, um aumento significativo no número de servidores nesta fase processual, para o atendimento das milhares de petições protocoladas, ferindo de morte a economia processual, tanto em relação às partes, aumentando o serviço dos advogados, como em relação ao próprio orçamento do Tribunal, cada vez menos priorizado, em prol dos gastos desmedidos, com pagamentos de propinas e outras despesas que vemos diariamente em escândalos como o da Petrobrás.

Em atendimento à efetividade, à economia e à celeridade, o pedido para que a execução se processe, nos casos em que o juiz não interpretar o art. 878 da CLT de forma sistemática, prosseguindo de ofício com a execução como autoriza o novo artigo, pode ser feito até mesmo verbalmente, ao final da fase instrutória nas audiências, ou constar nas razões finais, inclusive ser requerido na petição inicial, pois não há vedação legal para tanto. A partir daí, o juízo deve praticar todos os atos executórios, sem a necessidade de peticionamento por fases, desde a localização dos bens, até a sua constrição por meio de bloqueios, penhoras e leilão.

CONCLUSÃO

Não são todos os trabalhadores que buscam na Justiça do Trabalho o amparo à violação de seus direitos, muitos a evitam, mesmo tendo seus direitos violados, com receio de constar em listas negras e ter obstado o maior bem de um ser humano: o direito ao trabalho e à subsistência.

Em uma demanda trabalhista, o reconhecimento em juízo de que a empresa não quitou verbas remuneratórias ou indenizatórias de natureza trabalhista, não possui penalidade alguma além da determinação para que a empresa pague os valores que eram devidos por lei.

Quando o processo chega à fase de execução, não mais se discute o débito, não há mais dúvidas de que o empregador deixou de cumprir com as obrigações legais, que se utilizou da mão de obra alheia sem observar as regras sociais, concorrendo de forma desleal na economia.

Criar regras que favoreçam o devedor, muitas vezes contumaz, retirando do processo do trabalho a agilidade que sempre lhe foi peculiar, na qual todo o processo comum se espelha, gera na economia e no mercado mundial a sensação de que, em nosso país, a violação às leis e a prática do *dumping* social são vantajosas, uma vez que o inadimplente recebe tratamento até mais favorável do que o dado ao empresário correto, fazendo inclusive acordos na fase de execução, nos quais quita valores inferiores aos devidos, que sequer incluíam, até a publicação da Lei 13.467/17, o ônus da sucumbência esse, talvez, um lado positivo da reforma.

Enquanto a Constituição Federal prioriza a razoável duração do processo e os meios que garantam a celeridade de sua tramitação, a reforma trabalhista, como vimos, priorizou a burocracia, prestigiou o acúmulo de entraves à fase que deveria ser a mais célere de todo o processo, a execução, que visa concretizar a decisão estatal que reconheceu a violação e determinou o cumprimento das leis.

Se vivemos uma fase de *déficit* orçamentário, em que há necessidade de corte de gastos, a denominada modernização deveria caminhar para otimizar a execução de ofício e, não, dar um "tiro no pé", aumentando a quantidade de pedidos, dificultando o trabalho da parte e deixando mais complexas as normas internas dos procedimentos dos Tribunais.

O ordenamento jurídico deve ser visto como um todo, interpretado de forma sistemática e harmônica para se atingir o fim comum de todo o processo, que é a pronta atuação estatal, assim, conclui-se que a execução deve se processar de ofício, em atendimento aos princípios da economia, celeridade e eficácia processuais.

A nova redação do art. 878 da CLT não retira do juiz o poder-dever de impulsionar o processo, uma vez que os arts. 765 e 852-D da CLT, bem como os princípios e demais dispositivos legais citados neste estudo, possibilitam ao magistrado solucionar o litígio de ofício, cumprindo com a missão estatal.

A norma que não se coaduna com o espírito harmônico do sistema jurídico, que não vai ao encontro dos anseios sociais, que busca apenas atender interesses mesquinhos de uma classe economicamente dominante, não deve prevalecer e, por si só, se expulsa do ordenamento normativo.

REFERÊNCIAS BIBLIOGRÁFICAS

CAMPINAS. Tribunal Regional do Trabalho da 15ª Região. **Provimento GP-CR 02/2013**. Disponível em: http://portal.trt15.jus.br/provimentos-da-corregedoria1/-/asset_publisher/3hUEV0s3eqyi/content/provimento-gp-n-02-2013;jsessionid=DB5 BBE120ED600021A-FFFA7F03A96383.lr2 Acesso em: 14 out. 2017.

CAMPINAS. Tribunal Regional do Trabalho da 15ª Região. **Provimento GP-CR 01/2014**. Disponível em: http://portal.trt15.jus.br/web/corregedoria/provimentos-2014/-/asset_publisher/zm9rCi2kErfN/ content/provimento-gp-cr-n%C2%BA-01-2014/10165 Acesso em: 14 out. 2017.

LEITE, Carlos Henrique Bezerra. **Curso de Direito Processual do Trabalho.** São Paulo: Saraiva, 2017, p. 1.329.

MARTINS, Ana Paula Alvarenga. **Depoimento**. [ago. 2017] Entrevistador: Juiz Marcus Barberino. Campinas: Entrevista concedida à AMATRAXV.

SECONDANT, Charles-Louis de (barão de La Brède e de Montesquieu). **O espírito das leis**. Disponível em: http://www.dhnet.org.br/direitos/anthist/marcos/ hdh_montesquieu_o_espirito_ das_leis.pdf Acesso em: 12. out. 2017.

EXECUÇÃO DE OFÍCIO – LIMITES E POSSIBILIDADES DA ATUAÇÃO DO JUIZ NA PROVOCAÇÃO DA TUTELA EXECUTIVA DIANTE DA REFORMA TRABALHISTA

Wolney de Macedo Cordeiro[1]

Sumário: 1. Colocações preliminares – 2. A ideia de inércia da jurisdição e a postura inquisitorial do juiz do trabalho – 3. A adequação hermenêutica do novo art. 878 Da consolidação aos princípios da inércia da jurisdição e do dispositivo mitigado – Referências bibliográficas.

1. COLOCAÇÕES PRELIMINARES

A análise da alteração promovida pela Lei n. 13.467, de 13.07.2017 em face do art. 878 da Consolidação deve ser objeto de uma reflexão mais aprofundada em face dos seus limites e de suas consequências processuais. A falta de técnica do legislador promoveu um verdadeiro imbróglio jurídico na questão relacionado à provocação da tutela jurisdicional executiva. Acreditando que a mudança de uma mera expressão no dispositivo legal seria suficiente a promover a solução político-ideológica almejada, a alteração legislativa, elaborada sem uma reflexão mais acurada, resultou um desequilíbrio do sistema e gerou uma antinomia incontornável no texto normativo.

A estrutura procedimental da execução, mesmo diante da escassez normativa típica da Consolidação, segue um norte principiológico que produz um sistema

1. Mestre e doutor em Direito. Desembargador do Tribunal Regional do Trabalho da 13ª Região. Professor Titular do UNIPÊ – Centro Universitário de João Pessoa e da Escola Superior da Magistratura Trabalhista – ESMAT13. Professor visitante das Escolas Judiciais dos TRTs da 2ª, 4ª, 5ª, 6ª, 16ª, 20ª e 21ª Regiões. Vice-Presidente e Corregedor do TRT da 13ª Região no biênio 2017-2019.

regulatório específico e coordenado. Muito embora o rito procedimental executivo mereça, de há muito tempo, uma atualização[2], especialmente em face dos avanços da execução civil, existe um núcleo fundamental na execução trabalhista que merece ser preservado. A mera supressão da possibilidade de provocação da tutela executiva pelo juiz do trabalho, sem a reorganização do regramento acerca da execução, gera uma incontornável instabilidade no sistema normativo e impede a concretização de um procedimento executivo efetivo.

No presente artigo, abordaremos a abrangência da nova redação do art. 878 e seus efeitos em face dos princípios fundamentais da execução trabalhista, especialmente no que concerne à postura inquisitorial do juiz do trabalho.

2. A IDEIA DE INÉRCIA DA JURISDIÇÃO E A POSTURA INQUISITORIAL DO JUIZ DO TRABALHO

O direito processual contemporâneo consagrou o brocardo *nemo iudex sine actore* para designar a impossibilidade de provocação da tutela jurisdicional pelo próprio Poder Judiciário. Muito embora não se possa negar o acesso ao judiciário, em virtude do princípio da inafastabilidade da jurisdição (CF, art. 5º, XXXV[3])[4]. Trata-se de medida de garantia da imparcialidade do órgão estatal responsável pela solução dos conflitos de intersubjetivos. Mesmo a característica fundamental de protecionismo inserida na norma processual trabalhista é incapaz de mitigar essa regra, sendo indispensável para a prestação da tutela jurisdicional de natureza laboral a provocação por parte dos litigantes

Atenuando a regra enunciada no princípio da demanda, o direito processual civil edificou a ideia de um processo inquisitivo, com a participação e impulso promovido pelo juiz[5]. Veda-se a autoprovocação da tutela jurisdicional, todavia

---

2. Há muitos anos nos posicionamos no sentido de que a norma procedimental executiva merece ser atualizada e reformada, mediante a preservação de um núcleo principiológico fundamental. Nesse sentido, ver os nossos **Manual de execução trabalhista-Aplicação ao processo do trabalho das Leis n. 11.232/2005 (Cumprimento da sentença) e 11.382/2006 (Execução de título extrajudiciais, 2.ed.** Rio de Janeiro: Forense, 2010 e **Execução no processo do trabalho, 3.ed.** Salvador: Juspodivm, 2017.
3. "Art. 5º, XXXV - a lei não excluirá da apreciação do Poder Judiciário lesão ou ameaça a direito; "
4. Nesse particular, destaca-se a lição de Cléber Lúcio de Almeida: "A jurisdição não constitui, contudo, atividade cujo exercício se dê sem a provocação dos titulares dos interesses em conflito, sendo, ao contrário, uma atividade provocada, isto é, que somente deixa o estado de inércia em razão da provocação dos titulares dos interesses contrapostos (*nemo iudex sine actore*). A provocação da jurisdição dá-se pela ação dos titulares dos interesses em conflito e esta ação constitui um direito (direito de ação), que é uma contrapartida à proibição da autotutela. " (*In:* **Direito processual do trabalho, 6.ed.** São Paulo: LTr, 2016, p. 33
5. Como acentua Cândido Rangel Dinamarco: "No processo civil moderno a tendência é reforçar os poderes do juiz, dando relativo curso aos fundamentos do processo inquisitivo. Ele tem o dever não só de franquear a participação dos litigantes, mas também de atuar ele próprio segundo os

delega-se ao juiz o impulso da relação processual, conforme se vê do CPC, arts. 2º[6]. A condução da relação processual independe da provocação específica das partes. Essa atuação inquisitiva, no entanto, sofre limitações próprias da natureza do processo civil. Sendo assim, nem todos os atos ou diligências podem ser praticados pelo juiz sem a prévia provocação das partes, conforme exceção preconizada na parte final do art. 2º do CPC.

No âmbito do direito processual do trabalho, no entanto, a atuação do princípio inquisitivo é bem mais visível. A própria consolidação adotou como regra geral uma postura naturalmente proativa do magistrado trabalhista que pode determinar toda e qualquer diligência necessária para o correto e rápido andamento dos efeitos (CLT, art. 765[7]).

A construção do princípio coincide com a própria formação ideológica do direito processual. A origem liberal-burguesa do direito processual moderno construiu a ideia de um Juiz que, para atingir elevado grau de imparcialidade, deveria permanecer circunscrito à lide estruturada e delimitada pelas partes. Tradicionalmente, o princípio dispositivo construía um julgador passivo, aguardando a condução da lide em função dos interesses particularizados das partes.

A gradativa publicização do processo, entretanto, fez com que esse princípio perdesse seu caráter absoluto e hegemônico. O moderno processo não contempla mais um Juiz voltado para si mesmo e descompromissado com a realidade social. O princípio dispositivo, portanto, acha-se mitigado na atualidade através da consagração da figura dinâmica do Juiz em relação aos litigantes. O próprio Código de Processo Civil vigente assegura ao magistrado um cabedal de poderes que relativizaram profundamente o tradicional princípio dispositivo

Apenas exemplificando, é possível citar a faculdade atribuída ao juiz de, em qualquer momento processual, determinar a integração do *amicus curiae* à lide (CPC, art. 138[8]), promover a autocomposição das lides (CPC, art. 139, IV[9]), deter-

cânones do princípio do contraditório, em clima de ativismo jurídico. " (*In:* **Instituições de direito processual civil, v. 01, 2. ed.** São Paulo: Malheiros, 2002, p. 233).

6. "Art. 2º O processo começa por iniciativa da parte e se desenvolve por impulso oficial, salvo as exceções previstas em lei. "

7. "CLT, art. 765. Os Juízos e Tribunais do Trabalho terão ampla liberdade na direção do processo e velarão pelo andamento rápido das causas, podendo determinar qualquer diligência necessária ao esclarecimento delas. "

8. "CPC, art. 138. O juiz ou o relator, considerando a relevância da matéria, a especificidade do tema objeto da demanda ou a repercussão social da controvérsia, poderá, por decisão irrecorrível, de ofício ou a requerimento das partes ou de quem pretenda manifestar-se, solicitar ou admitir a participação de pessoa natural ou jurídica, órgão ou entidade especializada, com representatividade adequada, no prazo de 15 (quinze) dias de sua intimação. "

9. "CPC, art. 139 [...] V – promover, a qualquer tempo, a autocomposição, preferencialmente com auxílio de conciliadores e mediadores judiciais; ".

minar o interrogatório das partes (CPC, art. 139, VIII[10]), determinar a produção de provas (CPC, art. 370, *caput*[11]), entre outras.

Nesse panorama, verifica-se que o princípio dispositivo na atualidade representa tão somente uma limitação para a atuação do Juiz em relação aos interesses particularizados dos litigantes[12]. Esse distanciamento seguro imposto ao Juiz será apenas o necessário para a garantia da sua imparcialidade diante do litígio que se apresenta, sendo ele agente ativo e participante da relação processual. O Juiz não é mero espectador da disputa entre autor e réu, devendo interagir na busca do interesse coletivo.

No âmbito do direito processual do trabalho, no entanto, a atuação do princípio dispositivo mitigado é bem mais visível, aproximando-se bastante de uma estrutura inquisitorial[13]. A própria consolidação adotou como regra geral uma postura naturalmente proativa do magistrado trabalhista que pode determinar toda e qualquer diligência necessária para o correto e rápido andamento dos efeitos (CLT, art. 765).

O direito processual do trabalho tem como característica básica o caráter inquisitivo da atuação do magistrado bem mais acentuado do que no âmbito do direito processual civil. Esse diferencial integra de maneira decisiva a construção da estrutura ideológica diferenciada do processo laboral.

Consolida-se, portanto, de forma clara e inequívoca que a vedação da autoprovocação da jurisdição não repercute na mitigação do princípio dispositivo, permitindo-se que o magistrado **impulsione** o processo mediante a determinação de

10. "CPC, art. 139 [...] VIII – determinar, a qualquer tempo, o comparecimento pessoal das partes, para inquiri-las sobre os fatos da causa, hipótese em que não incidirá a pena de confesso;

11. "CPC, art. 370. Caberá ao juiz, **de ofício** ou a requerimento da parte, determinar as provas necessárias ao julgamento do mérito. " (Negrito nosso)

12. Nesse particular, é relevante mencionar, segundo a lição de Fredie Didier Júnior, que nenhum sistema processual é **totalmente** inquisitivo: "Difícil, portanto, estabelecer um critério identificador da dispositividade ou da inquisitoriedade que não comporte exceção. Não há sistema totalmente dispositivo ou inquisitivo: os procedimentos são construídos a partir de várias combinações de elementos adversariais e inquisitoriais. Não é possível afirmar que o modelo processual brasileiro é totalmente dispositivo ou inquisitivo. O mais recomendável é falar em predominância em relação a cada um dos temas: em matéria de produção de provas, no efeito devolutivo dos recursos, na delimitação do objeto litigioso etc". (*In*: **Os Três Modelos de Direito Processual: Inquisitivo, Dispositivo e Cooperativo**. São Paulo: LTr, 2015, p. 92-97). O processo do trabalho, por suas características intrínsecas, é marcadamente inquisitorial.

13. Reconhecendo a manutenção do princípio dispositivo mitigado no processo do trabalho, alerta Guilherme Guimarães Feliciano: " O juiz do Trabalho poderá, sim, até mesmo produzir a prova (e. g., designando 'ex officio' a perícia, ou convocando, como testemunha do juízo, a testemunha de cuja oitiva a parte desistiu), desde que lhe pareça necessário para o esclarecimento de fatos pertinentes, relevantes e controvertidos. É o que decorre da letra expressa do artigo 765 da CLT - que, nessa parte, não desnatura, mas inflete o princípio dispositivo. E é o que tem acontecido diuturnamente na Justiça do Trabalho brasileira. " (*In:* **Por um processo realmente efetivo – Tutela processual de direitos humanos e inflexões no *due processo of law***. São Paulo: LTr, 2016, p. 743).

todas as medidas necessárias à efetivação da prestação jurisdicional. Ora, a inércia inicial é suplantada pelo dinamismo próprio e específico da atuação jurisdicional destinada a impulsionar o processo.

3. A ADEQUAÇÃO HERMENÊUTICA DO NOVO ART. 878 DA CONSOLIDAÇÃO AOS PRINCÍPIOS DA INÉRCIA DA JURISDIÇÃO E DO DISPOSITIVO MITIGADO

A regra fundamental da inércia da jurisdição tradicionalmente encontrava um tratamento diferenciado no âmbito da tutela executiva trabalhista. Esse tratamento discrepava fundamentalmente daquele dispensado à tutela executiva cível. Enquanto neste prevalece a regra, até certo ponto inflexível, da proibição da atuação jurisdicional de ofício executiva[14], na estrutura processual laboral, até por previsão legal explícita (CLT, art. 878[15]), havia autorização para a autoprovocação da tutela executiva.

A Lei Nº 13.467, de 13.07.2017 promoveu uma relevante mudança no âmbito do art. 878[16] da Consolidação que gerou uma grande repercussão na estrutura da execução trabalhista, além de, como adiante veremos, um grande paradoxo na aplicação da norma processual trabalhista. Originalmente, a norma consolidada estabelecia, de forma explícita, a possibilidade de a tutela executiva ser iniciada diretamente pelo juízo trabalhista, sem a necessidade de provocação das partes. A novel redação do art. 878 passou a vedar essa autoprovocação do juízo executório, **só admitindo tal procedimento na hipótese de a parte não se encontrar assistida por advogado, nos termos da CLT, art. 791**. Essa contraditória mudança legislativa, no entanto, não descaracteriza a essência do princípio da ampla atuação jurisdicional executiva.

A construção principiológica da execução trabalhista, ao contrário dos primados do direito processual, estabelecia a possibilidade de o juiz do trabalho iniciar, de ofício, a prestação jurisdicional executiva. Obviamente, essa possibilidade apresenta algumas restrições de índole procedimental, especialmente diante da

14. No âmbito do processo civil, a extensão do brocardo *nemo iudex sine actore* para a execução é vivenciada como uma verdadeira evolução do sistema processual, que abandona as fórmulas medievais de cumprimento dos julgados (DINAMARCO, Cândido Rangel. **Execução civil, 7. ed.** São Paulo: Malheiros, 2000, p. 134-135.). Essa visão não foi modificada mesmo após o advento da Lei n. 11.232/2005 e o CPC que extirparam a autonomia procedimental da execução de título judicial, pois se manteve a obrigatoriedade de provocação da tutela execução por parte do devedor, nos termos do art. 523.

15. A redação original do art. 878 da Consolidação era a seguinte: "*A execução poderá ser promovida por qualquer interessado, ou ex officio pelo próprio Juiz ou Presidente ou Tribunal competente, nos termos do artigo anterior.*".

16. A nova redação do art. 878 passou a ser a seguinte: "A execução será promovida pelas partes, permitida a execução de ofício pelo juiz ou pelo Presidente do Tribunal apenas nos casos em que as partes não estiverem representadas por advogado. "

execução fundada em título extrajudicial, na qual, constituída por estrutura procedimental autônoma e própria, se exige a atuação do credor interessado na tutela executiva.

É relevante observar que essa característica típica da execução trabalhista se reveste de verdadeiro caráter principiológico da estrutura conceitual da disciplina jurídica. A postura verdadeiramente inquisitorial do Juiz do Trabalho, principalmente enquanto condutor da tutela executiva, não se apresenta como uma mera particularidade da norma positivada, mas sim uma estrutura conceitual indelevelmente vinculada ao aspecto tuitivo do processo do trabalho. Essa fundamentalidade encontra-se explicitamente prevista no texto constitucional, na medida em que o art. 114, VIII[17] determina a execução **de ofício** das contribuições sociais incidentes sobre as condenações laborais.

A assunção de uma responsabilidade adicional do juiz do trabalho, no sentido de provocar a própria jurisdição executiva, não é uma decorrência direta da mitigação da autonomia da execução laboral, mas sim uma característica fundamental do arcabouço protecionista da disciplina instrumental trabalhista[18].

Ressalte-se, ainda, que a possibilidade de atuação de ofício do juiz não se resumia ao chamado impulso oficial, mas sim à provocação de uma tutela executiva, mesmo que a parte não formule pretensão explícita nesse sentido. A regra preconizada pela CLT, art. 878 estabelecia uma faculdade relevante na atuação jurisdicional que, no entanto, não se vincula explicitamente aos poderes inerentes ao impulso oficial amplo conferido, de forma genérica, aos juízes do trabalho (CLT, art. 765).

A assimilação do princípio da ampla atuação jurisdicional executiva, por outro lado, não subtraia a possibilidade de a própria parte ter de provocar a tutela jurisdicional. Conforme já afirmamos, isso acontece na hipótese de execução fundada em títulos extrajudiciais (CLT, art. 876, *caput, in fine*; 877-A), bem como em outras situações na quais a autoprovocação da tutela executiva, mesmo em face dos títulos judiciais, não possa ser, materialmente, exercida pelo Juiz.

Hipótese bastante interessante e peculiar diz respeito à situação na qual o título executivo judicial é formado por intermédio de acórdão de ação rescisória.

17. "Art. 114. Compete à Justiça do Trabalho processar e julgar: [...] VIII a execução, de ofício, das contribuições sociais previstas no art. 195, I, a, e II, e seus acréscimos legais, decorrentes das sentenças que proferir; ".
18. Em sentido contrário, Manoel Antônio Teixeira Filho estabelece uma íntima ligação entre os aspectos da formal autonomia conferida à tutela execução trabalhista e a atuação *ex officio* do Juiz. Segundo o mencionado processualista: "A possibilidade legal de o juiz dar início, *ex officio*, à realização dos atos executivos serve, como afirmamos algures, para dar a tônica à absoluta dependência da execução ao processo de conhecimento [...]" (*In:* **Execução no processo do trabalho, 7. ed.** São Paulo: LTr, 2001, p. 104). Insistimos, entretanto, na desvinculação da atuação de ofício do juiz à mitigação da autonomia da tutela executiva, até porque, utilizando como exemplo o direito processual civil, a erradicação da autonomia executiva em relação aos títulos judiciais, não afastou a necessidade de provocação do exequente (CPC, art. 523, I).

Nessa situação, como o acórdão é formado perante os Tribunais (TRT's ou TST), não existe possibilidade materialmente palpável de o juiz de primeiro grau, órgão responsável pela execução (CLT, art. 836, parágrafo único), promover a execução. Torna-se indispensável a autuação do interessado, não porque seja vedado ao juiz promover a execução de ofício, mas sim porque tal ato afigura-se, materialmente, improvável.[19].

Ainda é relevante destacar o fato de que o princípio em questão não se exaure no âmbito da execução tipicamente trabalhista. Tratando-se de execução de créditos previdenciários, a atuação do juiz do trabalho não dependerá de impulso ou provocação do respectivo titular do crédito (CF, art. 114, VIII). Nessa situação, a transferência parcial da competência para cobrança do executivo fiscal assimilou, desde sua concepção original[20], o atributo típico da estrutura processual laboral.

A nova sistemática do art. 878 modificou fundamentalmente a questão da iniciativa do procedimento executório que dependerá de provocação do credor para ser iniciado. Ao contrário do regime anterior, a tutela executiva só deverá ser prestada quando for requerida. No sistema vigente, só poderá haver a autoprovocação da tutela executiva quando o credor estiver exercendo pessoalmente a capacidade postulatória, sem a atuação de advogado.

O regramento trazido pela Lei Nº 13.467, de 13.07.2017 apresenta uma grave contradição, na medida em que permite, na esteira da permissão constitucional, a autoprovocação da execução das contribuições previdenciárias. Ora, tanto os créditos previdenciários como os trabalhistas emanam topologicamente do mesmo título executivo. É a sentença condenatória trabalhista que alberga os dois créditos. Logo, a interpretação literal do texto nos conduziria à inusitada conclusão de que o juiz só poderia iniciar a execução cujo beneficiário é a União e, quanto à execução trabalhista, dependeria de provocação do advogado do trabalhador.

19. Essa matéria não é estranha aos pronunciamentos jurisprudenciais, conforme se vê do seguinte julgado: "AGRAVO DE PETIÇÃO. AÇÃO DE EXECUÇÃO. INÉRCIA DA JURISDIÇÃO. No âmbito do processo do trabalho o juiz pode, de ofício, impulsionar o processo, em razão do artigo 878 da consolidação, quebrando o princípio da inércia da jurisdição, iniciar a execução. Destaque-se que tal procedimento, autorizado pela Lei (CLT, art. 878), é apenas uma faculdade, e não imposição legal, não retirando a autonomia do processo de execução em relação ao processo de conhecimento. Assim, deixando o devedor transcorrer mais de oito anos sem tomar a iniciativa de executar o acórdão da ação rescisória, impõe-se o acolhimento da prescrição da pretensão executiva. Agravo de petição provido. (TRT 13ª R.; AP 132802-84.1999.5.13.0009; Rel. Des. Wolney de Macedo Cordeiro; DEJTPB 15/04/2013; Pág. 26) "

20. Devemos lembrar que a possibilidade de a Justiça do Trabalho cobrar as contribuições sociais decorrentes de suas decisões ingressou em nosso ordenamento constitucional por intermédio da EC n.º 20/1998, que inclui (o já revogado) § 3º ao art. 114, *verbis*: "Compete ainda à Justiça do Trabalho executar, de ofício, as contribuições sociais previstas no art. 195, I, "a", e II, e seus acréscimos legais, decorrentes das sentenças que proferir.". Nesse sentido, é inequívoca a premissa de que a previsão de autoprovocação da tutela executiva, no caso da execução previdenciária, é decorrente de uma influência direta de um princípio fundamental da execução trabalhista.

A situação acima descrita é insustentável no plano lógico, mas também apresenta restrições a partir da interpretação sistêmica do texto da Consolidação. Ora, é a própria norma processual trabalhista que determina o julgamento conjunto dos embargos e das impugnações relativas aos créditos previdenciário e trabalhista (art. 884, §4º[21]). Esse julgamento simultâneo só será possível caso as execuções sejam processadas conjuntamente. Logo, tendo o juiz do trabalho iniciado a execução previdenciária de ofício, por força de determinação constitucional, deverá também provocar a execução trabalhista, a fim de possibilitar a aplicação do disposto no art. 884, § 4º.

O desencadeamento da execução trabalhista, nessa perspectiva, só não poderia ser realizado de ofício pelo juiz do trabalho, caso a sentença condenatória não contemple obrigações de natureza previdenciária. Só nessa situação torna-se viável a aplicação do art. 878, *caput* na sua literalidade.

Finalmente, a provocação da execução trabalhista não se confunde com a prática dos atos executivos. Independentemente da forma pela qual a execução fora iniciada, todos os atos destinados à sua condução serão determinados pelo juiz, independentemente de provocação do credor. Nesse caso, a atuação do juiz é respalda pela CLT, art. 765[22], plenamente aplicável ao rito da execução. O fato de se limitar a autoprovocação da tutela executiva em nada alterar o poder-dever de o magistrado impulsionar os atos executivos até a integral quitação do crédito exequendo.

REFERÊNCIAS BIBLIOGRÁFICAS

ALMEIDA, Cléber Lúcio de. **Direito processual do trabalho, 6.ed.** São Paulo: LTr, 2016.

CORDEIRO, Wolney de Macedo. **Manual de execução trabalhista-Aplicação ao processo do trabalho das Leis n. 11.232/2005 (Cumprimento da sentença) e 11.382/2006 (Execução de título extrajudiciais), 2.ed.** Rio de Janeiro: Forense, 2010.

_____. **Execução no processo do trabalho, 3.ed.** Salvador: Juspodivm, 2017

DIDIER JÚNIOR, Fredie. **Os Três Modelos de Direito Processual: Inquisitivo, Dispositivo e Cooperativo**. São Paulo: LTr, 2015.

DINAMARCO, Cândido Rangel. **Execução civil, 7. ed.** São Paulo: Malheiros, 2000.

_____. **Instituições de direito processual civil, v. 01, 2. ed.** São Paulo: Malheiros, 2002.

FELICIANO, Guilherme Guimarães. **Por um processo realmente efetivo – Tutela processual de direitos humanos e inflexões no *due process of law*.** São Paulo: LTr, 2016.

TEXEIRA FILHO, Manoel Antônio. **Execução no processo do trabalho, 7. ed.** São Paulo: LTr, 2001.

---

21. § 4º Julgar-se-ão na mesma sentença os embargos e as impugnações à liquidação apresentadas pelos credores trabalhista e previdenciário.

22. "Art. 765 - Os Juízos e Tribunais do Trabalho terão ampla liberdade na direção do processo e velarão pelo andamento rápido das causas, podendo determinar qualquer diligência necessária ao esclarecimento delas. "

A REFORMA TRABALHISTA E A ATUALIZAÇÃO MONETÁRIA DOS CRÉDITOS TRABALHISTAS

Élisson Miessa[1]

Sumário: 1. Introdução – 2. Generalidades – 3. Condenação em face da fazenda pública: 3.1. Juros; 3.2. Correção monetária – 4. Correção monetária pela taxa tr dos débitos dos particulares – Conclusão.

1. INTRODUÇÃO

A Lei nº 13.467/17 (Reforma Trabalhista) alterou diversos dispositivos da CLT relacionados ao processo do trabalho, dentre os quais destacamos a inclusão do § 7º ao art. 879 da CLT, referente à atualização monetária dos créditos decorrentes de condenação judicial por meio da taxa TR (Taxa Referencial), o que já era previsto no art. 39, *caput*, da Lei nº 8.177/91.

A correção monetária tem como objetivo a recomposição do valor do capital devassado pela inflação, assegurando o integral valor da moeda no tempo. Desse modo, é necessário que a atualização seja realizada por meio de índice capaz de assegurar, efetivamente, a recomposição do valor.

Nesse contexto, no âmbito do STF e do TST surgiram inúmeras controvérsias referentes ao índice a ser utilizado para a correção monetária nas condenações da Fazenda Pública e dos particulares, tendo em vista a disciplina já existente no art. 39 da Lei nº 8.177/91 e, agora, incluída no art. 879, § 7º, da CLT.

1. Procurador do Trabalho. Professor de Direito Processual do Trabalho do curso CERS online. Autor e coordenador de obras relacionados à seara trabalhista, dentre elas, "Manual da reforma trabalhista", "CLT comparada", "Processo do trabalho – coleção concursos públicos, 'Súmulas e Orientações Jurisprudenciais do TST comentadas e organizadas por assunto", "Manual dos recursos trabalhistas" e "Impactos do Novo CPC nas Súmulas e Orientações Jurisprudenciais do TST", todas publicadas pela editora *JusPodivm*.

Com efeito, no presente artigo, abordaremos as principais discussões relacionadas ao assunto no âmbito das Cortes Superiores, analisando a pertinência e a constitucionalidade do novel dispositivo celetista.

2. GENERALIDADES

Inicialmente, é importante diferenciar juros moratórios de correção (atualização) monetária.

Os juros moratórios constituem indenização a ser paga pelo atraso no cumprimento da obrigação, sendo, pois, uma forma de composição das perdas e danos, pela utilização do capital alheio.

Eles são devidos a partir do ajuizamento da reclamação (CLT, art. 883), até o efetivo pagamento, incidindo sobre a importância da condenação já corrigida monetariamente (Súmula nº 200 do TST). No direito processual do trabalho, há incidência de 1% ao mês, conforme dispõe o art. 39, § 1º, da Lei nº 8.177/91, *in verbis*:

> § 1° Aos débitos trabalhistas constantes de condenação pela Justiça do Trabalho ou decorrentes dos acordos feitos em reclamatória trabalhista, quando não cumpridos nas condições homologadas ou constantes do termo de conciliação, serão acrescidos, nos juros de mora previstos no caput, **juros de um por cento ao mês**, contados do ajuizamento da reclamatória e aplicados pro rata die, ainda que não explicitados na sentença ou no termo de conciliação. (grifo nosso)

A correção monetária, por sua vez, tem como foco recompor o valor do capital devassado pela inflação. Trata-se, portanto, de assegurar o integral valor da moeda no tempo.

Ela incide desde a data do vencimento da obrigação até o efetivo pagamento, como determina o art. 39, *caput*, da Lei nº 8.177/91:

> **Art. 39.** Os débitos trabalhistas de qualquer natureza, quando não satisfeitos pelo empregador nas épocas próprias assim definidas em lei, acordo ou convenção coletiva, sentença normativa ou cláusula contratual sofrerão **juros de mora equivalentes à TRD** acumulada no período compreendido entre a data de vencimento da obrigação e o seu efetivo pagamento. (grifo nosso)

Embora referido dispositivo indique, equivocadamente, a incidência de juros, é pacífico na jurisprudência que se refere à correção monetária, estando os juros no § 1º, como verificado anteriormente.

Já o art. 879, § 7º, da CLT, acrescentado pela Lei nº 13.467/17 (Reforma Trabalhista), declina o que segue:

> § 7° A atualização dos créditos decorrentes de condenação judicial será feita pela Taxa Referencial (TR), divulgada pelo Banco Central do Brasil, conforme a Lei nº 8.177, de 1° de março de 1991.

Portanto, o novel dispositivo celetista aplica o mesmo índice de correção monetária descrito pelo art. 39 da Lei nº 8.177/91, reproduzindo, portanto, norma já existente no ordenamento jurídico.

3. CONDENAÇÃO EM FACE DA FAZENDA PÚBLICA

3.1. Juros

Quando a Fazenda Pública é condenada em ações decorrentes de seus servidores ou empregados públicos, a incidência dos juros não segue as diretrizes aplicadas aos particulares, tendo outros parâmetros.

Para o C. TST, conforme orientação Jurisprudencial nº 7 do Tribunal Pleno do TST, os juros incidem da seguinte forma:

> a) 1% (um por cento) ao mês, até setembro de 2001, nos termos do § 1º do art. 39 da Lei nº 8.177, de 1.3.1991;
>
> b) 0,5% (meio por cento) ao mês, de setembro de 2001 a junho de 2009, conforme determina o art. 1º – F da Lei nº 9.494, de 10.9.1997, introduzido pela Medida Provisória nº 2.180-35, de 24.8.2001.
>
> c) a partir de julho de 2009, mediante a incidência dos índices oficiais de remuneração básica e juros aplicados à caderneta de poupança, por força do art. 5º da Lei nº 11.960, de 29.6.2009.

No item c, verifica-se que a partir da Lei nº 11.960/2009, os juros de mora e a correção monetária do capital devido estavam sujeitos apenas à incidência dos índices oficiais de remuneração básica e juros aplicados à caderneta de poupança. Queremos dizer, utilizava-se apenas um índice que englobava os juros e a correção monetária.

Desse modo, a medida, ainda que por via indireta, retirou do credor o direito mínimo à correção monetária de seu capital, somados aos juros de mora decorrentes do inadimplemento. Isso porque, ao prever que apenas incidiriam os índices oficiais da poupança, sequer se garantiu a correção monetária, que dirá os juros de mora sobre o capital.

Por esta razão, o Supremo Tribunal Federal, ao julgar a ADI 4357, declarou a inconstitucionalidade da expressão "índice oficial de remuneração básica da caderneta de poupança", existente no art. 100, § 12º, da CF/88, incluído pela Emenda Constitucional nº 62/2009. Em decorrência disso, declarou inconstitucional, por arrastamento (consequência lógica), o art. 5º da Lei nº 11.960/2009, que alterou o art. 1º-F da Lei nº 9.494/97, prevendo a mesma expressão.

Diante dessa decisão e sabendo-se que o regime de incidência de juros e correção monetária nas ações em face da Fazenda Pública não é dos mais simples, começou-se a questionar o alcance da decisão ADI quanto ao arrastamento que atingiu o 5º da Lei nº 11.960/2009, exigindo nova manifestação do E. STF no RE 870947[2], vez que o aludido artigo versa sobre juros e correção monetária.

2. STF, RE 870947. Relator(a): Min. Luiz Fux, J. em: 20.09.2017.

No que **tange aos juros**, o RE 870947 firmou a tese de duas formas diferentes:

- débitos estatais de **natureza tributária**: a fixação dos juros moratórios com base na TR é inconstitucional, devendo ser aplicados os mesmos juros de mora pelos quais a Fazenda Pública remunera seus créditos;
- débitos estatais de **natureza não tributária**: a fixação dos juros moratórios segundo o índice de remuneração da caderneta de poupança é constitucional, permanecendo hígido, nesta extensão, o disposto no art. 1º-F da Lei nº 9.494/97 com a redação dada pela Lei nº 11.960/09.

Portanto, sendo os créditos dos trabalhadores verba de natureza não tributária, mantém-se intacto o item "c" da OJ nº 7 do Tribunal Pleno quanto aos juros, incidindo o índice de remuneração da caderneta de poupança.[3]

De qualquer maneira, cumpre registrar que não incidem juros moratórios no período compreendido entre os cálculos de liquidação e a expedição do precatório ou requisição de pequeno valor[4]. Ademais, os juros de mora não são devidos entre a expedição do precatório e a data do efetivo pagamento, desde que o precatório seja pago no prazo previsto no art. 100, § 5º, da CF/88[5]. Trata-se do chamado "período de graça"[6].

Em resumo, não há incidência dos juros moratórios em face da Fazenda Pública entre os cálculos de liquidação e o pagamento, desde que observado o prazo constitucional para seu pagamento.

Frisa-se que tal prerrogativa na aplicação de juros diferenciados não se aplica quando a **Fazenda Pública é condenada subsidiariamente**, como dispõe a OJ nº 382 da SDI-I do TST:

> **Orientação Jurisprudencial nº 382 da SDI-I do TST.** Juros de mora. Art. 1º-F da Lei nº 9.494, de 10.09.1997. Inaplicabilidade à Fazenda Pública quando condenada subsidiariamente

3. A remuneração dos depósitos de poupança é composta de duas parcelas: I - a remuneração básica, dada pela Taxa Referencial - TR, e II - a remuneração adicional, correspondente a: a) 0,5% ao mês, enquanto a meta da taxa Selic ao ano for superior a 8,5%; ou b) 70% da meta da taxa Selic ao ano, mensalizada, vigente na data de início do período de rendimento, enquanto a meta da taxa Selic ao ano for igual ou inferior a 8,5%. (http://www4.bcb.gov.br/pec/poupanca/poupanca.asp). Acesso em 26.09.2017.
4. TST-RO-1837-57.2012.5.09.0014, Órgão Especial, rel. Min. Alexandre Agra Belmonte, 3.11.2014 (Informativo nº 93 do TST).
5. § 5º É obrigatória a inclusão, no orçamento das entidades de direito público, de verba necessária ao pagamento de seus débitos, oriundos de sentenças transitadas em julgado, constantes de precatórios judiciários apresentados até 1º de julho, fazendo-se o pagamento até o final do exercício seguinte, quando terão seus valores atualizados monetariamente (Redação dada pela Emenda Constitucional nº 62, de 2009).
6. TST-RO-2519-45.2011.5.07.0000, Órgão Especial, rel. Min. Fernando Eizo Ono, 3.9.2012 (Informativo nº 20 do TST).

> A Fazenda Pública, quando condenada subsidiariamente pelas obrigações trabalhistas devidas pela empregadora principal, não se beneficia da limitação dos juros, prevista no art. 1º-F da Lei nº 9.494, de 10.09.1997.

3.2. Correção monetária

Definidos os juros, qual será a correção monetária a ser aplicada aos débitos da Fazenda Pública?

Como bem delineado na decisão que reconheceu a repercussão geral no RE 870947, diferentemente dos juros que incidem apenas uma vez, a atualização monetária da condenação imposta à Fazenda Pública **ocorre em dois momentos distintos.**

O primeiro se dá ao final da fase de conhecimento com o trânsito em julgado da decisão condenatória. Nesse caso, correção compreende o período entre o dano efetivo (ou ajuizamento da ação) e a imputação de responsabilidade à Administração Pública, sendo determinada pelo próprio juízo prolator da decisão condenatória.

O segundo ocorre já na fase executiva, quando o montante devido é efetivamente entregue ao credor. Esta última correção monetária cobre o lapso entre a inscrição do crédito em precatório e o efetivo pagamento, sendo seu cálculo realizado no exercício de função administrativa pela Presidência do Tribunal, vinculado ao juízo prolator da decisão condenatória.

No julgamento das ADIs nº 4.357 e 4.425, o STF declarou a inconstitucionalidade da correção monetária pela taxa TR **apenas quanto ao segundo período,** já que a norma constitucional atacada trata de precatórios e não da atualização na fase de conhecimento.

Desse modo, o arrastamento provocado no art. 5º da Lei nº 11.960/2009 atingiu somente esse aspecto, nada versando sobre o primeiro período.

No entanto, quanto ao primeiro momento (fase de conhecimento), no RE 870947, com repercussão geral reconhecida, o E. STF decidiu que também é inconstitucional a aplicação da taxa TR, como se verifica pelo trecho da ementa a seguir transcrita:

> (...) Ao final, por maioria, vencido o Ministro Marco Aurélio, fixou as seguintes teses, nos termos do voto do Relator:
>
> 1) O art. 1º-F da Lei nº 9.494/97, com a redação dada pela Lei nº 11.960/09, na parte em que disciplina os juros moratórios aplicáveis a condenações da Fazenda Pública, é inconstitucional ao incidir sobre débitos oriundos de relação jurídico-tributária, aos quais devem ser aplicados os mesmos juros de mora pelos quais a Fazenda Pública remunera seu crédito tributário, em respeito ao princípio constitucional da isonomia (CRFB, art. 5º, caput); quanto às condenações oriundas de relação jurídica não-tributária, a fixação dos juros moratórios segundo o índice de remuneração da caderneta de poupança é constitu-

cional, permanecendo hígido, nesta extensão, o disposto no art. 1º-F da Lei nº 9.494/97 com a redação dada pela Lei nº 11.960/09; e

2) O art. 1º-F da Lei nº 9.494/97, com a redação dada pela Lei nº 11.960/09, na parte em que disciplina a atualização monetária das condenações impostas à Fazenda Pública segundo a remuneração oficial da caderneta de poupança, revela-se inconstitucional ao impor restrição desproporcional ao direito de propriedade (CRFB, art. 5º, XXII), uma vez que não se qualifica como medida adequada a capturar a variação de preços da economia, sendo inidônea a promover os fins a que se destina[7].

Portanto, reconheceu a inconstitucionalidade da incidência da taxa TR, tanto para a fase de conhecimento, como para fase executiva.

Não incidindo a taxa TR, definiu-se que deverá ser aplicada o Índice de Preços ao Consumidor Amplo Especial (IPCA-E) para a recomposição do valor no tempo (ADI 4357).

Em resumo, nas condenações trabalhistas em face da Fazenda Pública, por existir regramento próprio, não se aplica o art. 879, § 7º, da CLT, devendo o débito acompanhar a seguinte sistemática:

- **Juros**: aplica-se o índice de remuneração da caderneta de poupança;
- **Correção monetária**: incide o IPCA-E.

4. CORREÇÃO MONETÁRIA PELA TAXA TR DOS DÉBITOS DOS PARTICULARES

Como visto, E. STF entendeu, na ADI 4357, que a taxa TR não era eficaz a recompor o valor no tempo dos débitos da Fazenda Pública, aplicando-se o IPCA-E.

O TST, interpretando o entendimento firmado pelo STF, extraiu a seguinte *ratio decidendi* (fundamentos determinantes):

> a atualização monetária incidente sobre obrigações expressas em pecúnia constitui direito subjetivo do credor e deve refletir a exata recomposição do poder aquisitivo decorrente da inflação do período em que apurado, sob pena de violar o direito fundamental de propriedade, protegido no artigo 5º, XXII, a coisa julgada (artigo 5º, XXXVI), a isonomia (artigo 5º, caput), o princípio da separação dos Poderes (artigo 2º) e o postulado da proporcionalidade, além da eficácia e efetividade do título judicial, a vedação ao enriquecimento ilícito do devedor[8].

Desse modo, passou a declinar que a utilização da TR como índice de correção monetária para os débitos trabalhistas também era inconstitucional, pois não refletia a variação da taxa inflacionária, decidindo o Tribunal Pleno da seguinte forma:

7. STF, RE 870947. Relator(a): Min. Luiz Fux, J. em: 20.09.2017.
8. TST-ArgInc-479-60.2011.5.04.0231, Tribunal Pleno, rel. Min. Cláudio Mascarenhas Brandão, 4.8.2015 (Informativo nº 113 do TST).

> I) por unanimidade:
>
> a) acolher o incidente de inconstitucionalidade suscitado pela 7ª Turma e, em consequência, declarar a inconstitucionalidade por arrastamento da expressão "equivalentes à TRD", contida no "caput" do artigo 39 da Lei nº 8.177/91;
>
> b) adotar a técnica de interpretação conforme a Constituição para o texto remanescente do dispositivo impugnado, a preservar o direito à atualização monetária dos créditos trabalhistas;
>
> c) definir a variação do Índice de Preços ao Consumidor Amplo Especial (IPCA-E) como fator de atualização a ser utilizado na tabela de atualização monetária dos débitos trabalhistas na Justiça do Trabalho;
>
> II) por maioria, atribuir efeitos modulatórios à decisão, que deverá prevalecer a partir de 30 de junho de 2009(data de vigência da Lei nº 11.960/2009, que acresceu o artigo 1º-F à Lei nº 9.494/1997, declarado inconstitucional pelo STF), observada, porém, a preservação das situações jurídicas consolidadas resultantes dos pagamentos efetuados nos processos judiciais, em andamento ou extintos, em virtude dos quais foi adimplida e extinta a obrigação, ainda que parcialmente, sobretudo em decorrência da proteção ao ato jurídico perfeito (artigos 5º, XXXVI, da Constituição e 6º da Lei de Introdução ao Direito Brasileiro -LIDB), vencida a Ministra Dora Maria da Costa, que aplicava a modulação dos efeitos da decisão a contar de 26 de março de 2015;
>
> III) por unanimidade, determinar: (...) b) a expedição de ofício ao Ministro Presidente do Conselho Superior da Justiça do Trabalho a fim de que determine a retificação da tabela de atualização monetária da Justiça do Trabalho (tabela única); (...)[9]

Contudo, o E. STF, inicialmente, em decisão liminar proferida pelo Min. Dias Toffoli em reclamação, suspendeu os efeitos da referida decisão, com o argumento de que o entendimento do TST usurpou a competência do STF, que é o Tribunal competente para decidir em última instância controvérsia com fundamento na Constituição Federal, além de ter extrapolado os limites das decisões proferidas pelo STF que tiveram como objeto a sistemática de pagamento de precatórios introduzida pela EC nº 62/09 e não a expressão "equivalentes à TRD" contida no *caput* do art. 39 da Lei nº 8.177/91[10].

Noutras palavras, o Exmo. Ministro declinou que a decisão do E. STF atingiu apenas os débitos da Fazenda Pública e não os demais débitos trabalhistas, de modo que a declaração de inconstitucionalidade por arrastamento ocorreu em relação ao art. 1º-F da Lei nº 9.494/97 e não em relação ao *caput* do art. 39 da Lei nº 8.177/91 como entendido pelo C. TST.

Além disso, como a decisão do TST alterou a "tabela única" de atualização monetária dos cálculos trabalhistas realizada pelo CSJT, fez com que o efeito da decisão não incidisse apenas sobre o caso concreto, mas sobre todas as execuções da Justiça do Trabalho, tendo efeito *erga omnes*.

9. TST-ArgInc-479-60.2011.5.04.0231, Tribunal Pleno, rel. Min. Cláudio Mascarenhas Brandão, 4.8.2015 (Informativo nº 113 do TST).

10. Rcl 22012 MC. Rel. Min. Dias Toffoli. Julgado em 14.10.2015. Publicado em processo eletrônico DJe-207 divulg 15.10.2015. Public 16.10.2015.

Assim, diante da decisão do Min. Dias Toffoli, manteve-se na Justiça do Trabalho a aplicação da taxa TR para a correção monetária dos particulares, diferenciando apenas se o débito é da Fazenda Pública ou de particulares como se verifica a seguir:

	Juros	Correção monetária
Fazenda Pública	índice de remuneração da caderneta de poupança	IPCA-E
Particulares	1% ao mês	TR

Após a decisão liminar do STF, o C. TST, no julgamento dos embargos de declaração da referida decisão do Tribunal Pleno, esclareceu que sua decisão não teve como objetivo usurpar a competência do STF. Na realidade, extraiu os fundamentos determinantes (*ratio decidendi*) utilizados pelo STF para justificar sua decisão. Desse modo, reconheceu que as ações proferidas no âmbito do STF possuem objeto distinto, mas que, em razão das semelhanças, foi possível utilizar a fundamentação para reforçar seus argumentos.

Ainda explicou que, em decorrência do princípio da igualdade, não se pode diferenciar a atualização monetária incidente nos débitos dos empregados das pessoas jurídicas de direito público dos empregados das pessoas de direito privado, de modo que a taxa TR não deveria ser aplicada, pois não permite a recomposição do valor no tempo.

Contudo, alterou o critério de modulação dos efeitos de sua decisão, passando a aplicar como marco temporal a data de 25 de março de 2015, mesma data estabelecida pelo STF no acórdão da ADI 4.357.

Como a atuação do TST ocorreu no exercício do controle difuso de constitucionalidade, para evitar que sua decisão tivesse efeito *erga omnes*, excluiu a determinação de reedição da Tabela Única de cálculo de débitos trabalhistas para que fosse adotado o IPCA-E[11].

Em resumo, o entendimento atual do C. TST é o de que:

- a correção monetária realizada pela taxa TR é inconstitucional, seja para os débitos das pessoas jurídicas de direito público, seja para as pessoas jurídicas de direito privado;
- a inconstitucionalidade da expressão "equivalentes à TRD" contida no *caput* do art. 39 da Lei nº 8.177/91 apenas produz efeitos a partir de 25.03.2015, mesma data utilizada pelo STF;
- a partir de 25.03.2015, a correção monetária será pelo IPCA-E.

11. TST-ED-ArgInc-479- 60.2011.5.04.0231, Tribunal Pleno, rel. Min. Cláudio Mascarenhas Brandão, 20.3.2017 (Informativo nº 155).

Cabe destacar que, como a decisão do TST foi proferida em controle difuso de constitucionalidade, sua eficácia ficou limitada às partes da relação jurídica abrangida pela decisão. No entanto, por ser proferida pelo Tribunal Pleno do TST, trata-se de precedente de observância obrigatória (CPC, art. 927, V; TST-IN nº 39/2016, art. 15, I, a), devendo o entendimento ser aplicado aos casos futuros.

Aliás, após a decisão do C. TST, o E. STF no RE 870947 ampliou a inconstitucionalidade da aplicação da taxa TR atingindo a atualização monetária dos débitos da Fazenda Pública **na fase de conhecimento**, passando a utilizar como índice de correção monetária o IPCA-E. Noutras palavras, o entendimento do STF não ficou limitado à fase executiva de cumprimento do precatório, incidindo também na fase condenatória, não havendo razões para discriminar se os créditos são relacionados à Fazenda Pública ou aos particulares.

Portanto, a tese firmada no Recurso Extraordinário reforça o entendimento do C. TST, que impede a aplicação da taxa TR. Além disso, a decisão do STF pode ser utilizada como precedente persuasivo para os créditos trabalhistas de particulares.

É importante salientar ainda que, embora o Min. Dias Toffoli tenha concedido liminar na Reclamação nº 22012, a 2ª Turma do STF, recentemente, julgou improcedente a reclamação revogando a liminar deferida, viabiliizando, assim, que o TST possa adotar integralmente a tese firmada na Corte Trabalhista[12].

Apesar de toda essa discussão relacionada à constitucionalidade do art. 39 da Lei 8.177/91, a Lei nº 13.467/17 (Reforma Trabalhista) simplesmente traz para o bojo da CLT que a "atualização dos créditos decorrentes de condenação judicial será feita pela Taxa Referencial (TR)" (art. 879, § 7º).

Noutras palavras, como se nada estivesse acontecendo, o legislador reproduz a previsão constante no art. 39 da Lei nº 8.177/91 para a CLT, apenas alterando sua topografia. Como bem alerta Homero Batista:

> Na verdade, o § 7º é um ato de desespero da reforma trabalhista de 2017, pois sua presença na CLT em nada altera a discussão sobre sua constitucionalidade e tampouco se fazia necessária, haja vista que o art. 39 da Lei 8.177/1991, ora citada pelo art. 879, é expresso quanto ao cabimento da taxa referencial ao processo do trabalho. A discussão nunca foi a posição topográfica da taxa referencial – se dentro da CLT ou no bojo da legislação extravagante: a discussão acalorada diz respeito ao conteúdo da taxa referencial, primeiramente para saber se ela incentivava a usura, por admitir juros sobre juros (o que foi tolerado, conforme se aprende na OJ 300 da SDI), e, depois, para saber se o processo do trabalho poderia conviver com um índice de correção monetária zerado, quer dizer, se o índice podia ser zero, como ocorreu em vários meses e vários anos[13].

---

12. Redigirá o acórdão o Ministro Ricardo Lewandowski. Presidência do Ministro Edson Fachin. 2ª Turma, 5.12.2017.

13. Silva, Homero Batista Mateus da. *Comentários à Reforma Trabalhista*. São Paulo: Editora Revista dos Tribunais, 2017. p. 172.

Em suma, como estamos tratando de inconstitucionalidade, o fato de a taxa TR estar prevista na Lei 8.177/91 e agora no art. 879, § 7º, CLT, não muda o vício da norma, vez que ambas são infraconstitucionais. Apenas mira a inconstitucionalidade para o novel § 7º em comentário.

Com efeito, a nosso juízo e acompanhando o entendimento do STF e do TST, o art. 879, § 7º, da CLT é inconstitucional, devendo ser aplicado o IPCA-E para a correção dos créditos decorrentes de condenação trabalhista, independentemente de serem devidos pela Fazenda Pública ou por particulares.

CONCLUSÃO

A partir das decisões do STF (ADIs nº 4357 e 4425, RE 870947 e Rcl 22012) e do TST (ArgInc-479-60.2011.5.04.0231) analisadas no presente artigo, pudemos observar qual o panorama da atualização monetária em relação aos débitos da Fazenda Pública e dos particulares.

Nas condenações em face da Fazenda Pública, o E. STF decidiu que a atualização feita com base na taxa TR é inconstitucional, pois ela não recompõe o valor no tempo, incidindo o IPCA-E, seja na fase de conhecimento, seja na fase de executiva de cumprimento do precatório.

O mesmo caminho trilhou o C. TST, entendendo que a atualização monetária nos débitos de particulares deve incidir o mesmo índice utilizado nos débitos da Fazenda Pública, qual seja, o IPCA-E, sendo inconstitucional a utilização da taxa TR descrita no art. 39, *caput*, da Lei 8.177/91, a partir de 25.03.2015.

Apesar de toda a consolidação jurisprudencial acerca do tema, o legislador ignorou as discussões realizadas no âmbito dos tribunais superiores e, com a Lei nº 13.467/17 (Reforma Trabalhista), passou a dispor no art. 879, § 7º, da CLT que a "atualização dos créditos decorrentes de condenação judicial será feita pela Taxa Referencial (TR)".

Esqueceu-se, porém, que análise feita pelas Cortes Superiores é de constitucionalidade da norma, o que significa que, sendo o art. 879, § 7º, da CLT norma infraconstitucional, apenas a norma a ser atacada será alterada, mantendo-se o vício de inconstitucionalidade já reconhecido em face do art. art. 39, *caput*, da Lei 8.177/91.

Desse modo, pensamos que deve prevalecer o entendimento de que a atualização monetária realizada por meio da taxa TR é inconstitucional, tanto em relação aos débitos da Fazenda Pública como em relação aos débitos dos particulares, pois não é capaz de recompor o valor do débito no tempo, independentemente de estar ou não prevista na CLT, pois esta também possui natureza infraconstitucional.

A RESPONSABILIDADE PATRIMONIAL DO SÓCIO RETIRANTE

Leonardo Borges[1]

Sumário: 1. Introdução – 2. Breves considerações sobre a patrimonialidade e o processo do trabalho – 3. A responsabilidade do sócio retirante – 4. Outras questões atinentes a responsabilidade patrimonial – 5. A figura do administrador da sociedade e sua responsabilidade – 6. Conclusão – Bibliografia.

1. INTRODUÇÃO

O Direito vive em constante efervescência. A cada novidade, não importando de que ramo jurídico ela venha, existe a reboque toda uma discussão, controvérsias, sentimentos envolvidos e por aí vai. Muitos defendendo a manutenção do **status quo** vigente, outros a novidade e alguns o meio do caminho. Isso é perfeitamente normal, mormente numa sociedade plural como a nossa, em que o convívio com a pluralidade de ideias faz parte da lógica democrática brasileira.

No campo do Direito e do Processo do Trabalho não poderia ser diferente, máxime se refletirmos no sentido de que os temas relacionados aos domínios do direito material trabalhista, foram construídos longe das fábricas ou dos sindicatos, mas dentro do Poder Judiciário. Portanto, a relação entre o Poder e o Direito do Trabalho é muito mais intensa do que em qualquer outro ramo do direito, no Brasil.

Há uma enorme resistência, dos atores sociais que estão diretamente envolvidos com o Direito do Trabalho, às novas ideias e para manter a preservação das posições (legitimamente) conquistadas, sustentam-na com a retórica, que tem como discurso central, da preservação dos direitos dos trabalhadores.

1. Professor Universitário (Graduação e Pós-graduação), Pós-graduado (lato e stricto sensu), autor de diversos livros e artigos publicados e Desembargador Federal do Trabalho do Tribunal Regional do Trabalho da 1ª Região.

Observo por onde passo – e não são poucos os locais que tenho realizado palestras, encontros, debates ou coisas do gênero – que expressivos segmentos das classes dos advogados trabalhistas, magistrados, membros do Ministério Público, sindicalistas, entre outros, têm feito contundente resistência às reformas trabalhistas.

Como escrevi mais acima, as diferentes formas de se enxergar as questões devem ser entendidas como algo natural, em uma sociedade plural. Em momento algum, dentro dessa lógica do pluralismo ideológico, deve se esperar o consenso, ainda mais em tema tão delicado e sensível ao tecido social que é a reforma trabalhista. Precisamos, contudo, entender, que as mudanças ocorreram, querendo ou não. Competirá, portanto, àqueles que não lograram êxito dentro do parlamento brasileiro, por fazerem parte de uma minoria, ainda que momentânea, e, por conseguinte, não concordaram com que foi decidido pela maioria parlamentar, "virar do jogo", através da obtenção, quem sabe um dia, do lugar de maioria em nosso parlamento. Isso faz parte da nossa realidade política democrática.

Não estou emitindo qualquer juízo de valor, acerca da reforma trabalhista, vale dizer: não estou dizendo que ela é boa ou ruim. Apenas fazendo uma simples constatação: ela ocorreu! Simples assim! Agora temos que conviver com ela e entender o seu significado e qual a sua extensão. Até porque os Tribunais ainda sequer tomaram uma posição acerca das mais variadas mudanças ocorridas.

O papel da doutrina, neste primeiro momento, é ajudar a construir, através de uma lógica científica, uma melhor compreensão das mudanças. Sem qualquer crítica desmedida ou elogio apaixonado. Resistir às mudanças, por resistir, não levará a lugar algum.

É preciso entender que se a realidade social mudou, o direito deve, igualmente, renovar-se. O problema político deve ser resolvido politicamente e não com inúmeros e muitas vezes infundados argumentos de inconstitucionalidade. Li recentemente um artigo no qual o articulista dizia que toda a reforma trabalhista é inconstitucional! Pode até haver algumas passagens de constitucionalidade duvidosa, mas não consegui vislumbrar a inconstitucionalidade com a amplitude que alguns enxergaram, talvez pela minha própria limitação... Em verdade tenho visto a tentativa de se transportar o campo político para o terreno jurídico, através de argumentos generalizados de inconstitucionalidade da reforma trabalhista. Se a reforma foi realizada em um momento inconveniente – ou não – é matéria relativa a opção legislativa que, por si só, não pode ser tida como inconstitucional.

A defesa do direito deve levar em conta a sua renovação. Todo e qualquer jurista que se encontra atento e sensível às novas realidades sociais, deve ajudar na construção de um novo Direito. De nada adianta olhar o novo com olhos do velho!

Temas importantes têm vindo á tona como a reforma administrativa, política, previdenciária, tributária, do próprio Poder Judiciário, por que razão a reforma trabalhista ficaria de fora?

Volto a dizer: se ela foi inadequada, se o seu conjunto de mudanças se mostrou inoportuno, se elas mostraram-se inadequadas – ou não, é outro problema. Mas temos que enfrentar a realidade e ponto!

Todos sabem – mas alguns relutam – que, de um modo geral, a legislação que cuida das relações trabalhistas foi implantada no Brasil nos anos 30 (trinta) e 40 (quarenta), quando vivíamos circunstâncias históricas, sociais, jurídicas e até mesmo culturais muito diferentes das que encontramos hoje. O Brasil era essencialmente agrícola, a industrialização era incipiente e, no campo político, vigorava o autoritarismo.

Por diversas razões históricas, cujo campo para o seu desenvolvimento não é aqui, a legislação brasileira é fruto da atividade eminentemente intervencionista do Estado e sua construção se fez, como já dito, dentro do Poder Judiciário.

De há muito se reclama a necessidade de mudanças na legislação do trabalho. O Partido dos Trabalhadores durante sua estada no poder deixou de fazê-la, o que para muitos teria sido bem diferente da que veio. O fato concreto – e isso não se pode negar – é que a reforma veio e, ao contrário de algumas poucas outras que ocorreram, não atingiu apenas a periferia da lógica do sistema trabalhista, mas alcançou, em algumas questões o seu eixo central.

Interessa-nos para fins deste modesto estudo apenas o aspecto processual e, assim mesmo, um único tema.

No aspecto das alterações processuais trabalhistas, na linha mais recente do tempo, as mesmas foram quase insignificantes e não tiveram o condão de efetuar quaisquer modificações substanciais. Apenas para se ter uma ideia, tivemos a Lei n. 9.957, de 2000, que introduziu o risível procedimento sumaríssimo; a Lei n. 9.958, de 2000, que criou as Comissões de Conciliação Prévia, a Lei n. 10.173, de 2001, que alterou o CPC para dar prioridade de tramitação aos processos em que figure como parte pessoa com idade igual ou superior a 65 anos; a Lei n. 10.288, de 2001, que acrescentou ao artigo 789 da CLT o parágrafo décimo, para determinar que o sindicato da categoria profissional preste assistência judiciária gratuita ao trabalhador desempregado, além de dar nova redação ao artigo 793, dentre outras insignificantes alterações.

A reforma trabalhista, agora operada pela Lei n. 13.467, de 2017, afetou diversos institutos processuais trabalhistas, como o sócio retirante, a prescrição intercorrente, a responsabilidade subsidiária vertical, a acumulação dos pedidos e a sua respectiva valoração, a cláusula compromissória de arbitragem e suas implicações processuais, a jurisdição voluntária, o dano patrimonial e extrapatrimonial, a responsabilidade sucessória empresarial, a contagem dos prazos, as despesas processuais, as questões processuais relativas aos honorários do advogado, a representação processual pela figura do preposto, o encargo probatório, a revelia, a desconsideração da pessoa jurídica, questões relativas à execução e à liquidação de sentença, bem como ao sistema recursal, dentre outras.

Claro que a reforma trabalhista, no campo processual, pode ser criticada, como por ter ignorado quase por completo o fenômeno da virtualidade do mundo contemporâneo, uma vez que se trata de realidade em todos os Tribunais do Brasil a utilização do P.J.E.

Outra questão interessante, é que no Parecer da Reforma Trabalhista, enquanto ainda era um Projeto de Lei, se mostrou muito preocupado com alguns dados estatísticos tirados do sítio do Tribunal Superior do Trabalho, a saber:

> *"De acordo com dados colocados à disposição pelo próprio TST, somente no ano de 2016, as Varas do Trabalho receberam, nas fase de conhecimento, **2.756.159** processos, um aumento de 4,5% em relação ao ano anterior. Desses, 2.686.711 forma processados e julgados. A soma da diferença dos processos não julgados no ano com o resíduo já existente nos tribunais totalizou 1.843.336 de processos **pendentes** de julgamento, em 31 de dezembro de 2016. Se forem acrescidas as execuções das sentenças proferidas, foram iniciadas **743.410** execuções e encerradas 660.860 em 2016, estando pendentes, em 31 de dezembro de 2016, o expressivo número de 2.501.722 execuções. Somando todos esses números, chegamos ao expressivo número de cerca de 4 milhões de novas ações trabalhistas. Além disso, foram remetidos aos Tribunais Regionais do Trabalho (TRT), **760.877** processos, um aumento de 11,9% em relação ao ano anterior. Por fim, o TST recebeu, no mesmo período, **239.765** processos, o que representou, em média, 9.990 processos para cada Ministro, não considerados, aqui, o acervo já existente em cada gabinete." (grifos no original)*

Na sequência, o Parecer faz a seguinte pergunta: *"o País suporta tal demanda? Até quando os tribunais trabalhistas suportarão esse volume de processos?"* Quando na realidade, a pergunta deveria ser outra: a culpa é da CLT? A culpa é da Justiça do Trabalho? Diante dessa assumida realidade, pelo próprio legislador, por que se corta a verba da Justiça do Trabalho, de modo tão drástico e injustificável? Não seria a culpa de políticos corruptos que furtam bilhões do Brasil e com a maior "cara de pau" agem como se nada tivesse acontecido?

Convenhamos....

Há mais! Na contramão do que têm jurisprudência e doutrina preconizados, parte o Relatório de mais uma equivocada premissa, pois insiste no falsa contradição da jurisprudência, como se a possibilidade de se interpretar a lei fosse uma quimera, diante de leis perfeitas e que tenham a capacidade de perenidade absoluta. Foi dito expressamente pelo Parecer que:

> *"Outra consequência desse detalhamento da CLT no âmbito processual é a constatação de que, para casos idênticos ajuizados na Justiça do Trabalho, são proferidas sentenças distintas, o que é próprio da atividade judicial de interpretar a lei e se coaduna com a autonomia dos juízes na aplicação da Justiça. E mais. Em sua função jurisdicional, o juiz não pode deixar de proferir sentença sob o argumento de que não existe lei dispondo sobre determinado tema. A própria CLT, em seu art. 8º., determina que, havendo lacuna na lei ou no contrato, o juiz aplicará a jurisprudência, a analogia, a equidade, o direito comparado, em suma, usará dos meios adequados para proferir sua decisão."*

Até aí, nada de mais. O equivoco começa no que vem a seguir, vejamos:

> *"O fato é que, em consequência dessas interpretações distintas, cabe ao TST exercitar a sua competência de uniformizar as decisões judiciais no âmbito trabalhista, utilizando-se, para tanto, das súmulas e de outros enunciados da jurisprudência." "(...) Ocorre, porém, que temos visto com frequência os tribunais trabalhistas extrapolarem sua função de interpretar a lei por intermédio de súmulas, para, indo além, decidirem contra a lei. Assim, um instrumento que deveria ter a finalidade precípua de trazer segurança jurídica ao jurisdicionado, garantindo a previsibilidade das decisões, é utilizado, algumas vezes, em sentido diametralmente oposto, desconsiderando texto expresso de lei (...)."*

O legislador desconhece o seu próprio trabalho, pois tudo isso que foi lido no referido Parecer, encontra-se superado pela Lei n. 13.015, de 2014 e, posteriormente, pela Lei n. 13.105, de 2015. Quem faz as leis? E quem as faz não as conhece? Lembro-me de uma frase muito utilizada no primeiro emprego que consegui, pelo meu chefe, para todos do Setor: "presta atenção no serviço!"

E o Parecer continua a desfiar o seu rosário, pois mais adiante diz que *"outro ponto ao qual conferimos especial destaque são as modificações no processo do trabalho. Temos, hoje, uma coletânea de normas que, em vez de contribuir para a rápida conclusão da demanda, têm sido um fator preponderante para o estrangulamento da Justiça do Trabalho".*

Gostaria de saber que *"coletânea de normas"* é essa a que faz menção o legislador? O processo do trabalho é o mais rápido e eficiente modelo que existe. O processo civil, em todas as reformas que buscou alcançar uma mais rápida solução para os seus litígios, sempre procurou se mirar no processo do trabalho. Se o processo do trabalho é lento, como diz o legislador, imaginem o processo civil! Mas, o que foi efetivamente proposto para melhorar a celeridade processual trabalhista pela reforma?

Há outro equívoco de premissa, qual o de que o Brasil seria o país com o maior número de ações trabalhistas, mormente se comparado com os Estados Unidos da América do Norte. Não há um dado na internet capaz de demonstrar esta assertiva. Se duvida, caro leitor (a), faça você mesmo essa pesquisa!

Enfim, nos deram um limão, restando-nos apenas fazer uma limonada.

Convido, portanto, a amiga (ou o amigo), que se dispuser a ler estas breves linhas, para uma reflexão acerca da Reforma Trabalhista com foco voltado para a responsabilidade patrimonial do sócio retirante.

2. BREVES CONSIDERAÇÕES SOBRE A PATRIMONIALIDADE E O PROCESSO DO TRABALHO

A Consolidação das Leis do Trabalho (CLT) é uma compilação de leis trabalhistas brasileiras elaborada, no governo do então Presidente Getúlio Vargas e promulgada no Brasil em 1º de maio de 1943 por meio do Decreto-Lei n. 5243.

Nesse documento legal, foram reunidas normas de direito individual e coletivo de trabalho, de fiscalização do trabalho e de direito processual do trabalho.

A complexidade da legislação trabalhista esparsa, pré-existente à CLT, foi uma das principais razões para o movimento de consolidação. Eram várias normas que, individualmente, somente abrangiam determinados institutos do direito material ou processual do trabalho ou que só se aplicavam a categorias profissionais específicas. Essas normas tiveram seu conteúdo em grande parte consolidado razão pela qual sua análise se confunde com a do processo de gestação da CLT. Do início da primeira guerra até 1930, foram poucas as leis promulgadas especializadas em matéria trabalhista. O Código Civil aprovado pela Lei n. 3.071, de 1º de janeiro de 1916, com as correções ordenadas pela Lei n. 3.725, de 15 de janeiro de 1919, introduziu dispositivos legais sobre locação de serviços, que é o antecedente histórico do contrato individual de trabalho.

O Código Civil fora informado pelo ideário liberal de impedir a interferência estatal sobre a autonomia de vontade das partes contratantes, inclusive no que se refere aos contratos cujo objeto fosse a prestação de serviços. Nesse sentido, esse diploma não traduzia as novas exigências de maior intervenção estatal sobre a ordem econômica como forma de assegurar maior isonomia social.

Não obstante isso, algumas normas do Código Civil de 1916 serviram de base para a ulterior elaboração da legislação trabalhista especializada, especialmente: a fixação de um prazo máximo de 4 anos para os contratos de duração determinada (art. 1.220); aviso prévio de 8 dias para mensalistas, de 4 dias para semanalistas e quinzenalistas e de véspera quando o contrato tivesse duração inferior a 7 dias (art. 1.221); enumeração de algumas hipóteses de justa causa para rescisão do contrato (art. 1.226); e critérios de reparação decorrentes da rescisão sem justa causa (arts. 1.225 a 1.231). Posteriormente, foram editadas as seguintes leis relacionadas aos interesses dos trabalhadores: Lei n. 4.682, de 24.1.23, de iniciativa de Eloy Chaves, instituindo caixas de aposentadorias e pensões para os ferroviários e definindo estabilidade no emprego para esses trabalhadores ao completarem 10 anos de trabalho; Lei n. 4.982, de 23.12.25, sobre o direito a férias; Lei n. 5.492, de 16.7.28, sobre a locação de serviços teatrais; Decreto n. 16.027, de 30.4.23, criando o Conselho Nacional do Trabalho7; e o Decreto n. 17.934, de 12.10.27, sobre o trabalho de menores. O Decreto n. 17.934, que se constituía em um verdadeiro Código de Menores, possuía capítulo específico sobre o trabalho do menor (Capítulo X), onde se definia: proibição do trabalho para menores de 12 anos e para menores de 14 anos que não tivessem completado instrução primária ou em atividades penosas ou perigosas à saúde e à moralidade; exigência de certificado de aptidão física para admissão de menores; limitação de jornada de 6 horas para menores aprendizes; vedação ao trabalho noturno e obrigatoriedade de remessa periódica de relação de trabalhadores menores. Deve-se frisar uma importante alteração jurídica na área trabalhista, implementada pela reforma constitucional de 07 de setembro de 1926: a inclusão, no art. 34 da Constituição da República, de previsão de competência privativa do poder legislativo federal para legislar sobre o trabalho. Todavia, a produção de leis de conteúdo trabalhista deu-se, de forma mais decisiva, após a revolução de 1930. Passaram a ter maior repercussão prática as ideias de intervenção nas relações de trabalho, com o Estado desempenhando papel central. No período entre 1930 a 1942, podem ser destacadas três fases durante as quais Getúlio Vargas implantou uma legislação mais robusta de proteção ao trabalho. A primeira vai de 26 de novembro de 1930 (data da criação do Ministério do Trabalho, Indústria e Comércio) a 15 de julho de 1934, em que os Ministros do Governo Provisório da Revolução de 1930 obtiveram a adoção de diversos decretos legislativos. A segunda fase vai de 16 de julho de 1934 a 9 de novembro de 1937 (período de vigência da constituição de 1934, durante o qual Agamenon Magalhães dirigiu o Ministério do Trabalho), quando o Congresso Nacional reinstituído, legislou sobre a matéria em foco. A terceira fase, de 10 de novembro de 1937, é marcada pelo início da vigência da Carta Constitucional de 1937, outorgada com fechamento do Congresso Nacional. Nessa época, o Ministro Waldemar Falcão, com intensa participação dos juristas Oliveira Viana e Rego Monteiro, preparou os decretos-leis que instituíram a Justiça do Trabalho e reorganizaram o sistema sindical visando a preparar as corporações que elegeriam os membros do Conselho de Economia Nacional previsto na Constituição.

Na primeira fase, com a vitória da revolução, por meio do Decreto n. 19.398, de 11 de novembro de 1930, foi constituído governo provisório, sob a chefia do Presidente Getúlio Vargas. Nesse governo provisório, foi criado o Ministério do Trabalho, Indústria e Comércio – principal órgão propositor de inovações na área trabalhista. Para chefiar o ministério, foi indicado Lindolpho Collor, de mesma orientação política de Getúlio Vargas. Lindolpho Collor propôs uma série de medidas legais no intuito de aproximar o ordenamento trabalhista brasileiro ao daqueles vigentes nos países com maior proteção social. Para isso, contou com o auxílio dos juristas Evaristo de Moraes, Joaquim Pimenta, Agripino Nazareth e Deodato Maia. Em 12 de dezembro de 1930, foi publicado o decreto n. 19.482, contendo medidas de proteção ao trabalhador. No mesmo ano, foi publicada a Lei dos Dois Terços, voltada à nacionalização do trabalho, com a qual ficou restrita a possibilidade de admissão de estrangeiros (de modo a manter a proporção de um trabalhador estrangeiro para cada dois brasileiros). Nos anos de 1931 e 1932, foram editadas diversas medidas de cunho social entre as quais se destacam: Decreto n. 19.671-A, de 4.2.31, que dispõe sobre a organização do Departamento Nacional do Trabalho; Decreto n. 19.770, de 19.3.31, que regula a sindicalização; Decreto n. 20.303, de 19.8.31, que dispõe sobre a nacionalização do trabalho na marinha mercante; Decreto n. 20.465, de 1.10.31, que altera a legislação das Caixas de Aposentadoria e Pensões; Decreto n. 21.175, de 1932, que institui a Carteira Profissional; Decreto n. 21.186, de 22.3.32, que regula o horário para o trabalho no comércio; Decreto n. 21.186, de 22.3.32, que regula o horário para o trabalho na indústria; Decreto n. 21.396, de 12.5.32, que institui Comissões Mistas de Conciliação; Decreto n. 21.417-A, de 17.5.32, que regula as condições de trabalho das mulheres na indústria e no comércio; Decreto n. 21.690, de 1.8.32, que cria inspetorias regionais do trabalho nos Estados; e Decreto n. 22.042, de 3.11.32, que estabelece as condições de trabalho dos menores na indústria.

Como se pode perceber, em momento algum a legislação trabalhista cuidou da questão da responsabilidade patrimonial do sócio retirante. Portanto, o meio normativo capaz de apresentar alguma solução para o caso estaria fora do contexto da legislação trabalhista.

Com efeito, temos, por via de consequência, que passar pelas regras contidas no Código de Processo Civil. Apesar do revogado CPC/73 ter cuidado de impor, como uma das principais inovações, um novo sistema executório, se comparado com o CPC/39; entrementes, não foi capaz de solucionar o tema ora enfrentado.

A temática relativa à responsabilidade patrimonial encontrava eco legal a partir do artigo 591 do CPC/73. É verdade que a matéria não deveria ter sido abordada por um diploma processual. Tecnicamente ela é estranha aos domínios processuais, já que sua sede própria é do direito material. Mas como o Código Civil de 1916 não cuidava do tema, em boa hora o legislador processual resolveu regulá-lo.

No diploma processual de 1973, portanto, tínhamos o traço normativo acerca da responsabilidade do devedor, tendo como lastro ideológico o fato de quem se obriga oferece para o caso de inadimplemento todos os seus bens, salvo, evidentemente, as restrições legais expressas, que, por óbvio, constituem exceções.

Partia-se, desta forma, da premissa de que os bens do devedor deveriam ser considerados como a garantia do credor, nos casos em que a obrigação deixasse de ser cumprida. Logo, como se evidencia, a partir do momento em que se forma a obrigação, o credor estaria garantido pelo patrimônio do devedor.

O exercício da mercancia não estava obstado, pois o comércio jurídico não podia ser obstaculizado pelo simples fato do devedor não ter adimplido sua obrigação, a tempo e modo. A estabilidade social, de um sistema capitalista, depende da circulação de mercadorias, ainda que originária de uma obrigação inadimplida. O que se quis garantir é a delimitação do uso normal dos bens, na medida em que estes garantem uma dívida, havendo, assim, a sua insensibilidade para o processo executório.

Com efeito, o tema veio a ser tratado pelo Novo Código de Processo Civil (Lei nº 13.105/2015) que mesmo sendo o tema estranho ao processo, nos trouxe algumas inovações. Mas as inovações não se mostraram suficientes, faltando cuidar de algumas questões relevantes para o mundo empírico.

Os arts. 789 e 790, que iniciam o capítulo da responsabilidade patrimonial, já demonstram os desajustes da redação. O primeiro fala que apenas o devedor responde com os seus bens presentes e futuros, sem se referir aos bens passados, nada se referindo ao responsável pelo pagamento sem ser devedor. Já, o segundo, afastando-se do primeiro, indica uma relação de terceiros não devedores que terão os seus bens sujeitos à execução, a demonstrar que não são apenas os bens do devedor que estão sujeitos à execução e por aí vai...

De outro lado, não podemos deixar de registrar algumas novidades, como o registro da ação ou do ato de constrição em face de registro público, com o escopo de prevenir fraude à execução. O reconhecimento da boa-fé do adquirente do bem em execução, que escapavam ao CPC/73.

O Novo CPC, adotando entendimento jurisprudencial, resolveu relevar as diferenças entre os institutos que envolvem a dívida e a responsabilidade, além de deixar clara a diferença entre o exequente e o credor, até porque, como tenho dito e repetido, nem sempre há coincidência entre a figura do exequente e o credor, como também nem sempre há a referida coincidência entre o executado e o devedor.

Outras tantas questões, que no cotidiano forense são enfrentadas, ficaram de fora no Novo CPC.

Se isso ocorreu no processo civil, o que se dirá quanto ao processo do trabalho!?!?

Avancemos!

3. A RESPONSABILIDADE DO SÓCIO RETIRANTE

No mundo capitalista as empresas têm uma lógica muito dinâmica e suas atividades são muito intensas. Trata-se de uma natural consequência da atividade empresarial, que pode resultar em alterações do seu quadro societário. Não havia realmente regra na CLT sobre a responsabilidade do sócio retirante, além de se mostrar a jurisprudência oscilante.

Por via de consequência, não é nova a preocupação que se tem com relação ao sócio retirante, para com as dívidas que por ventura podem existir em face da sociedade da qual não faz mais parte. Isso é uma realidade que aflige a toda pessoa que vive ou vivenciou essa situação. Todos que se retiram de uma sociedade também querem se livrar dos problemas que podem vir a ser ocasionados por ela. Trata-se de um pensamento lógico e aceitável.

A reforma trabalhista buscou apresentar uma solução para o problema, consoante se extrai do artigo 10-A, vejamos:

> "Art. 10-A. O sócio retirante responde subsidiariamente pelas obrigações trabalhistas da sociedade relativas ao período em que figurou como sócio, somente em ações ajuizadas até dois anos depois de averbada a modificação do contrato, observada a seguinte ordem de preferência:
>
> I – a empresa devedora;
>
> II – os sócios atuais; e
>
> III – os sócios retirantes.
>
> Parágrafo único. O sócio retirante responderá solidariamente com os demais quando ficar comprovada fraude na alteração societária decorrente da modificação do contrato."

A responsabilidade patrimonial secundária do sócio sempre foi um tema oscilante. Uma simples pesquisa jurisprudencial confirma esta assertiva. Há julgados que decidem pela responsabilização patrimonial do sócio pelo período em que se aproveitou da mão de obra do trabalhador. Outros no sentido de que sua responsabilidade se dá, pelo simples fato de ter sido sócio da empresa, ainda que não tenha se aproveitado da mão-de-obra. É possível encontrar entendimento de que ao adquirir uma determinada empresa, o adquirente recebe um pacote: o bônus e o ônus. E por aí vai...

Existem ainda discussões no sentido de se aplicar ou não o Código Civil no que diz respeito ao tema, mais especificamente os artigos abaixo, a saber:

> "Art. 1.003. A cessão total ou parcial de quota, sem a correspondente modificação do contrato social com o consentimento dos demais sócios, não terá eficácia quanto a estes e à sociedade.
>
> Parágrafo único. Até dois anos depois de averbada a modificação do contrato, responde o cedente solidariamente com o cessionário, perante a sociedade e terceiros, pelas obrigações que tinha como sócio.
>
> Parágrafo único. Até dois anos depois de averbada a modificação do contrato, responde o cedente solidariamente com o cessionário, perante a sociedade e terceiros, pelas obrigações que tinha como sócio.
>
> Art. 1.032. A retirada, exclusão ou morte do sócio, não o exime, ou a seus herdeiros, da responsabilidade pelas obrigações sociais anteriores, até dois anos após averbada a resolução da sociedade; nem nos dois primeiros casos, pelas posteriores e em igual prazo, enquanto não se requerer a averbação."

A reforma, como se pode depreender, não foi capaz de solucionar todos os problemas, mas elucidou uma parte deles. Escolheu o legislador o caminho adotado pela jurisprudência predominante, no sentido de que o sócio sai da empresa, mas responde, com o seu patrimônio pessoal, apenas e tão somente pelo período em que figurou como sócio. Se até este momento ficou claro que o legislador da reforma aceitou o que restou firmado na jurisprudência; na segunda parte da cabeça do artigo 10-A, andou o legislador em sentido contrário ao da jurisprudência, uma vez que adotou regramento existente no Código Civil, no sentido de que há um período para a inclusão do sócio no polo passivo, qual seja de até dois anos depois de averbada a modificação do contrato. De qualquer sorte, se a ideia era a de propor uma solução, esta foi, ao menos em parte, alcançada.

A regra, portanto, é no sentido de se responsabilizar subsidiariamente o sócio retirante, dentro dos balizamentos acima versados. Todavia, em caso de fraude, a sua responsabilidade é solidária. Não obstante tenha o legislador silenciado se no caso de fraude há de observar o referido prazo de dois anos, penso que que em tais situações este prazo deve ser superado.

Vejamos algumas decisões do Tribunal Superior do Trabalho sobre a matéria em estudo:

> "AGRAVO DE INSTRUMENTO EM RECURSO DE REVISTA. EXECUÇÃO. RESPONSABILIDADE DE SÓCIO RETIRANTE. SÚMULA 266 DO TST. 1. Trata-se de recurso de revista interposto na fase de execução, vale dizer, contra acórdão proferido em sede de agravo de petição, em que a sua admissibilidade

é limitada à demonstração de ofensa direta da Constituição da República, a teor do art. 896, § 2º, da CLT, e da Súmula 266 do TST. Assim contextualizada a hipótese vertente, escapa à cognição extraordinária desta Corte a suposta ofensa a dispositivos infraconstitucionais. 2. Ficou registrado pelo Tribunal Regional que "além do fato de o agravante ter se beneficiado diretamente da mão de obra da agravada, eis que esta prestou serviços quando ainda era sócio e responsável pela administração da sociedade executada, é certo também que tanto no momento da dispensa quanto na data do ajuizamento desta ação o agravante ainda era legalmente responsável pelos débitos da executada". Registrou, ainda, considerando a norma do art. 1003 do Código Civil, que a responsabilidade do agravante perdurou até 14/1/99. Ressaltou da inicial que "a agravada foi admitida na sociedade executada em 1º/6/96, sendo dispensada sem receber as verbas rescisórias em 5/8/98", bem como assinalou que a reclamação trabalhista fora ajuizada em 23/11/98. 3. Com tais singularidades factuais, sabidamente refratárias à cognição extraordinária desta Corte, dado o óbice da Súmula 126, repele-se de imediato a suposta violação ao art. 5º, II, da Constituição da República, a teor do art. 896, § 2º, da CLT e do precedente da Súmula nº 266. Agravo de instrumento conhecido e não provido. Agravo de Instrumento em Recurso de Revista n.º TST-AIRR- 0206000-19.1998.5.01.0044"

"EXECUÇÃ O. RESPONSABILIDADE DO SÓCIO RETIRANTE. DISCUSSÃO CIRCUNSCRITA AO EXAME PRÉVIO DA LEGISLAÇÃO INFRACONST ITUCIONAL QUE NORTEIA A MATÉRIA.

Segundo o disposto no parágrafo 2º do artigo 896 da CLT e na Súmula nº 266 do Tribunal Superior do Trabalho, a admissibilidade do recurso de revista interposto à decisão proferida em execução de sentença está restrita à hipótese de demonstração de ofensa direta e literal a norma da Constituição Federal. Por outro lado, salienta-se que, no caso dos autos, conforme se observa da fundamentação da decisão recorrida, a matéria, inequivocamente, não ostenta natureza constitucional. Isso porque a verificação de ofensa aos dispositivos da Lei Maior tidos por violados depende da análise prévia de afronta ou má aplicação das normas infraconstitucionais que regem a matéria relativa à responsabilização patrimonial do sócio retirante, no caso, a aplicação dos artigos 1.003 e 1.025 do Código Civil. Recurso de revista não conhecido. Recurso de Revista nº TST-RR-42600-07.2009.5.15.0122."

"RECURSO DE REVISTA. SUMARÍSSIMO. RESPONSABILIDADE DE SÓCIO RETIRANTE . CONSTRIÇÃO DE BENS (por violação do artigo 5º, II da CF/88, artigo 1003, parágrafo único do CCB/02, 135, I, II e III do CTN, artigo 339 do Código Comercial, 897-A da CLT e 535, II do CPC, contrariedade à Orientação Jurisprudencial 9 do TRT e divergência jurisprudencial). A admissibilidade do apelo revisional interposto contra acórdão proferido em procedimento sumaríssimo está restrita à demonstração de violência direta ao texto constitucional ou de contrariedade a Súmula de Jurisprudência Uniforme desta Corte, nos termos do § 6º do art. 896 da Consolidação das Leis do Trabalho. Recurso de revista não conhecido. Recurso de Revista nº TST--RR-112600-67.2004.5.15.0070."

4. OUTRAS QUESTÕES ATINENTES A RESPONSABILIDADE PATRIMONIAL

Mas é possível conjugar o novel diploma referente a reforma trabalhista com as regras do CPC?

A resposta é no sentido positivo.

O Novo CPC, no artigo 790, I, trata da responsabilidade patrimonial dos bens do sucessor a título singular, quando a execução fundar-se em direito real ou obrigação reipersecutória, que não tem lugar nas lides trabalhistas. Portanto, de nenhum interesse para o presente estudo.

Ora, se o direito real é aquele que se vincula à determinada coisa, sendo que ao seu titular é permitindo buscá-la nas mãos de quem quer que seja, trata-se de instituto que não tem lugar no campo das relações trabalhistas, portanto, como é o caso da hipoteca, servidão, enfiteuse, usufruto, uso, habitação, entre outros.

Da mesma forma a obrigação reipersecutória que é aquela que permite perseguir a coisa e, da mesma forma, buscá-la nas mãos de quem que seja. É aquela em que o credor demanda coisa certa que lhe pertença ou que lhe é devida, mas que se encontra com outra pessoa. Desta forma, qualquer que seja o fundamento da demanda, se o credor tem direito à entrega ou a devolução do bem, a demanda será reipersecutória e o título executivo conterá obrigação reipersecutória (p. ex., bem penhorado e alienado; obrigação do promitente vendedor em cumprir o compromisso ou quando se pede a anulação de uma venda com devolução da coisa). Refere-se àquela oriunda de direito pessoal, que tem por fim alcançar o bem que por obrigação processual fica sujeito à execução. Cuida-se de obrigação de direito processual. Neste caso, é a coisa quem fica sujeita à execução, e não o sucessor (adquirente), de modo que, se a coisa não der para satisfazer a execução total, mesmo assim o adquirente-sucessor não responderá com outros bens. A responsabilidade fica limitada e restrita àquela coisa. Por via de consequência, não interessa ao processo do trabalho.

No inciso II, do artigo 790, encontraremos a responsabilidade atinente a figura do sócio. Portanto, na forma do inciso II do art. 790 do CPC/2015, ficam sujeitos à execução os bens dos sócios sempre que a lei assim os considere. Neste inciso, a lei fala em bens dos sócios, mas não individualiza, de forma que o ponto crucial é a responsabilidade pelo pagamento da dívida que passa para os sócios, e não determinado bem específico. São os casos em que o sócio, mesmo não sendo devedor, é responsável pelo pagamento da dívida em razão de algum ato capaz de lhe imputar esta responsabilidade. Situações que poderiam ter como exemplo as regras impostas pelo artigo 135 do Código Tributário Nacional ou do artigo 50 do Código Civil.

De outra quadra, o inciso III do art. 790 do CPC/2015 que também responde à execução bens do devedor, ainda que em poder de terceiros. Talvez não houvesse sequer necessidade do legislador assim dispor, pois está na gênese do artigo 789, do mesmo Diploma Legal, que responde pelas dívidas todos os bens do devedor.

Ora, se o bem é do devedor, é natural que responde pelas dívidas deste, ainda que esteja de posse de terceiro. A posse não altera a titularidade do domínio, razão porque parece ser desnecessário este inciso.

No inciso IV, o mesmo artigo parece tratar do óbvio ao dizer que também respondem os bens do cônjuge ou companheiro, nos casos em que os seus bens próprios ou de sua meação respondem pela dívida. Ora, se os bens respondem pela dívida, nada mais natural do que fique sujeito à execução. Este inciso sofreu alteração com o atual Código, que retirou de sua redação os bens reservados dos cônjuges e incluiu a palavra companheiro. Parece melhor esta redação do que aquela que constava da legislação anterior (CPC/1973, art. 592). Matéria que de qualquer sorte escapa ao Judiciário trabalhista.

Já o inciso V do art. 790 CPC/2015 aduz que respondem pela execução os bens que, mesmo não mais pertencendo ao devedor ou responsável, continuam a responder à execução quando os alienados em fraude à execução e aqueles que mesmo pertencendo ao devedor tenham sido onerados da mesma forma em fraude à execução.

A redação deste inciso é muito parecida com aquela contida na sistemática anterior (CPC/1973, art. 592, V), mantendo-se o mesmo conteúdo, apenas alterando a redação porque onde constava fraude de execução, agora em melhor técnica diz-se fraude à execução.

Vale ressaltar que os incisos V e VI, do art. 790, do CPC/2015 aduzem que ficam sujeitos à execução os bens alienados ou onerados pelo executado em fraude contra credores ou à execução. Ao falar somente em alienação ou oneração, as normas disseram menos do que queriam dizer. Não é só a alienação e/ou a oneração de bens pelo devedor que podem caracterizar a fraude contra credor ou à execução. Qualquer que seja o ato de disposição realizado pelo devedor em conluio com terceiro em prejuízo do credor, que vise a retirar algum bem do alcance da execução e prejudicar o credor, já se caracteriza fraude.

Não é só a alienação ou a oneração de bens próprios com o fim de burlar a lei e os direitos dos credores que implica em fraude contra credores. Pode parecer estranho, mas, também, a aquisição de bens pelo devedor ou executado por meio de atos simulados para disfarçar as aparências e encobrir o negócio realizado com o fim de prejudicar os credores configura fraude. Quaisquer aquisições que o devedor ou o executado fizer por meio de disfarces, visando a esconder o bem para não ser alcançado pela execução, caracteriza fraude. Não é só a alienação ou a oneração, como diz a lei, mas também a compra simulada em nome de terceiros, visando a impedir a execução sobre o bem, da mesma forma, implica em fraude contra credores.

Não é só a aquisição em nome alheio que pode caracterizar fraude à execução ou contra credor. A aquisição feita pelo devedor ou responsável em nome próprio também pode caracterizar a fraude, desde que esta aquisição seja realizada com o propósito de prejudicar o credor e, com isso, fraudar a execução. A compra simulada de um bem de pequeno valor, mas com o preço superfaturado, com a intenção de esconder valores que poderiam ser alcançado pela execução.

5. A FIGURA DO ADMINISTRADOR DA SOCIEDADE E SUA RESPONSABILIDADE

O Novo CPC, em seu artigo 795, continuou estabelecendo a lógica sistêmica adotada pelo capitalismo, no que diz respeito à separação entre a pessoa natural e a pessoa jurídica e nem poderia ser diferente. Daí porque o mencionado artigo 795, textualmente, estabeleceu que os bens particulares dos sócios não respondem pelas dívidas da sociedade, salvo nos casos previstos em lei.

O CPC/73 trazia a mesma lógica, consoante artigo 596. Portanto, nenhuma novidade. A regra deve ser associada ao texto constitucional que diz que: "*Ninguém será obrigado a fazer ou deixar de fazer alguma coisa senão em virtude de lei*" (CF/1988, art. 5º, II).

O benefício de ordem, pouco utilizado na prática forense trabalhista, é outra vantagem assegurada pelo Novo CPC, conforme se deflui do artigo 795, parágrafo primeiro. Assim, antes da execução atingir a patrimonialidade pessoal da figura do sócio, ele poderá exigir que a mesma recaia sobre os bens da sociedade.

Mas atenção, pois esse benefício de ordem não é absoluto, na medida em que somente se aplica para os bens localizados na mesma comarca (CPC/2015, art. 795, § 2º). É uma forma de responsabilidade subsidiária, de modo que os bens do sócio somente serão alcançados quando faltarem na mesma localidade bens da sociedade para satisfazer a execução.

O sócio que vier a adimplir a dívida da sociedade poderá sub-rogar na posição de exequente e dar seguimento, substituindo o exequente originário, direcionado à execução, agora na condição de exequente contra a sociedade (CPC/2015, art. 795, § 3º), tal qual ocorre com o fiador.

6. CONCLUSÃO

Diante do que foi exposto, não há mais dúvida de que a reforma estabeleceu um marco regulatório de responsabilização do sócio retirante, que responderá subsidiariamente pelas dívidas que forem contraídas pela sociedade no prazo de até 02 (dois) anos, depois que tiver promovido a baixa no respectivo contrato social de sua participação na societária, nos órgãos competentes, consoante artigo 10-A da CLT.

Embora isso seja uma novidade no campo legislativo trabalhista, uma vez que apenas com a Lei n. 13.467, de 2017, tal limitação passou a incorporar a CLT; contudo, nos domínios da lei não é uma novidade, na medida em que o tema, desde de 2002, é tratado no Código Civil, pelos artigos 1003 e 1032.

Por fim, vale lembrar que não podemos deixar de aproveitar este momento de transformação para vivê-lo do modo mais participativo possível, sob pena de nos arrependermos mais à frente, uma vez que depois que ele virar uma lembrança perceberemos então que deixamos escapar uma ótima oportunidade de participação na construção do "novo Direito". E aí: será tarde demais!

BIBLIOGRAFIA

LEITE, Carlos Henrique Bezerra. Curso de Direito Processual do Trabalho. LTr, 8ª. ed. 2010.

SARAIVA, Renato. Curso de Direito Processual do Trabalho. Editora Método. 6ª ed., 2009.

SENA, Adriana Goulart de. RENAULT, Luiz Otávio Linhares. VIANA, Márcio Túlio. CANTELLI, Paula Oliveira. Processo do Trabalho Atual e temas conexos. Ed. Mandamentos. 2004.

LIMA, Francisco Meton Marques de. Manual de Processo do Trabalho. LTR, 2ª ed., 2010.

PIMENTA, José Roberto Freire; BARROS, Juliana Augusta Medeiros de; FERNANDES, Nadia Soraggi. Tutela Metaindividual Trabalhista. LTR, 2009.

ANAMATRA. Nova Competência da Justiça do Trabalho. LTr, 2005.

ANAMATRA. Justiça do Trabalho: Competência Ampliada, LTr, 2005.

ANAMATRA. Direito Processual do Trabalho: Reforma e Efetividade, LTr, 2007.

SÜSSEKIND, Arnaldo, MARANHÃO, Délio, VIANNA, Segadas e TEIXEIRA, João de Lima. Instituições de DIR.Trab, 2 V., 1999, Ltr.

BARROS, Alice Monteiro de. Compêndio de Direito Processual do Trabalho, 1998, Ltr.

NASCIMENTO, Amauri Mascaro. Curso de Direito Processual do Trabalho, Saraiva.

GONÇALVES, Aroldo Plínio. Técnica Processual e Teoria do Processo, Aide.

TRANSCENDÊNCIA NO RECURSO DE REVISTA

Élisson Miessa[1]

1. INTRODUÇÃO

Um dos grandes impactos que a Lei nº 13.467/17 (Reforma Trabalhista) provocará na seara processual trabalhista consiste nas alterações realizadas no art. 896-A da CLT, que disciplina o pressuposto recursal da transcendência, exigido no recurso de revista.

De acordo com o *caput* do dispositivo, o recurso de revista apenas poderá ser analisado pelo tribunal se tiver transcendência em relação aos reflexos gerais de natureza econômica, política, social ou jurídica, o que significa que o recurso não poderá causar impactos apenas às partes, devendo ultrapassar os interesses da relação processual.

Apesar de esse requisito já ser previsto na CLT desde 2001, ele não era aplicado, uma vez que não havia nenhuma regulamentação no tocante aos seus re-

1. Procurador do Trabalho. Professor de Direito Processual do Trabalho do curso CERS online. Autor e coordenador de obras relacionados à seara trabalhista, dentre elas, "Manual da reforma trabalhista", "CLT comparada", "Processo do trabalho – coleção concursos públicos, "Súmulas e Orientações Jurisprudenciais do TST comentadas e organizadas por assunto", "Manual dos recursos trabalhistas" e "Impactos do Novo CPC nas Súmulas e Orientações Jurisprudenciais do TST", todas publicadas pela editora *JusPodivm*.

quisitos e ao procedimento de sua verificação pelo TST e Tribunais Regionais do Trabalho.

Em razão dessa lacuna, as modificações da referida lei ao art. 896-A da CLT tiveram como objetivo regular a disciplina da transcendência para que ela seja considerada como mais um pressuposto específico de admissibilidade dos recursos de revista interpostos no TST.

No presente artigo, faremos uma análise inicial sobre o tema, seja nos aspectos teóricos, assim como na sua procedimentalização no âmbito do C. TST, sistematizando como possivelmente será sua aplicação, principalmente no tocante ao juízo que realizará sua análise.

2. GENERALIDADES

O recurso de revista deve preencher todos os pressupostos genéricos direcionados aos demais recursos como, por exemplo, o cabimento, a tempestividade, a representação, o preparo etc. Além disso, ele somente será cabível quando invocar a divergência jurisprudencial ou a violação da lei federal ou da Constituição Federal e, ainda, preencher mais dois pressupostos específicos de admissibilidade: o prequestionamento e a transcendência.

A transcendência vem disciplinada no art. 896-A da CLT, dispondo que o recurso de revista somente será analisado se oferecer transcendência com relação aos reflexos gerais de natureza econômica, política, social ou jurídica (CLT, art. 896-A).

Isso significa que a causa não pode produzir reflexos apenas para as partes, mas ultrapassar (transcender) aquela relação processual.

Vê-se que o art. 896-A da CLT conjuga os aspectos de relevância econômica, política, social ou jurídica com a transcendência, ou seja, com a necessidade de que o processo ultrapasse os interesses das partes da relação jurídica.

Aproxima-se da repercussão geral exigida no recurso extraordinário para o STF (NCPC, art. 1.035, § 1º[2]), **sendo um pressuposto intrínseco do recurso de revista, devendo ser o último analisado pelo C. TST**.

2. Art. 1.035. O Supremo Tribunal Federal, em decisão irrecorrível, não conhecerá do recurso extraordinário quando a questão constitucional nele versada não tiver repercussão geral, nos termos deste artigo.

§ 1º Para efeito de repercussão geral, será considerada a existência ou não de questões relevantes do ponto de vista econômico, político, social ou jurídico que ultrapassem os interesses subjetivos do processo.

(...)

Justifica-se essa exigência, porque o recurso de revista não possui como finalidade direta a correção de possíveis injustiças das decisões, devendo haver a demonstração de que o tema em discussão extrapola o interesse das partes[3].

O requisito da transcendência tem como objetivo, portanto, racionalizar a admissibilidade dos recursos de revista interpostos perante o TST e, consequentemente, agilizar o julgamento dos processos julgados pelo Tribunal, pois impede que recursos que possuam relevância limitada aos polos da relação jurídica sejam apreciados[4].

Antes da vigência da Lei nº 13.467/2017, entendia-se que o dispositivo dependia de regulamentação pelo TST, não sendo auto aplicável (art. 2º da Medida Provisória nº 2.226/01).

O C. TST, por sua vez, não expediu nenhuma regulamentação sobre matéria, principalmente diante da inexistência de consenso quanto ao alcance da transcendência e sobre o seu processamento. Neste último ponto, divergia-se, por exemplo, se a turma recursal seria responsável por declarar a transcendência e se essa decisão poderia ser alterada posteriormente pelo plenário ou por seção especializada. Além disso, diante da repercussão nacional da matéria, questionava-se se todos os recursos de revista deveriam ser dirigidos ao plenário, o que tornaria inviável o julgamento, diante do grande número de recursos de revista interpostos[5].

No entanto, como a Lei nº 13.467/17 acrescentou os parágrafos 1º a 6º ao art. 896-A da CLT, regulamentando os indicadores da transcendência (§ 1º), bem como o procedimento de sua verificação (§§ 2º a 5º), ele passa a ser aplicável aos recursos de revista, não dependendo mais de regulamentação pelo C. TST.

Isso não obsta que o C. TST expeça Instrução Normativa definindo outros aspectos da transcendência, inclusive alguns pontos de difícil interpretação, como é o caso do § 5º, do art. 896-A, da CLT.

Por fim, destacamos que, antes da Lei nº 13.467/2017, já se encontrava em tramitação o Projeto de Lei nº 3.267/00[6], o qual trazia critérios diversos para a caracterização da transcendência aplicada ao recurso de revista.

---

3. BEBBER, Júlio César. *Recursos no processo do trabalho. Recursos no processo do trabalho.* 4. ed. São Paulo: LTr, 2014. p. 325.
4. Nesse mesmo sentido: SCHIAVI, Mauro. *Recursos no Processo do Trabalho.* São Paulo: LTr, 2012. p. 207.
5. SILVA, Homero Batista Mateus da. *CLT comentada.* 14. ed. São Paulo: Editora Revista dos Tribunais, 2016. p. 477.
6. De acordo com o Projeto de Lei, seriam incluídos os parágrafos 1º a 3º ao art. 896-A da CLT:

   § 1º Considera-se transcendência: I – jurídica, o desrespeito patente aos direitos humanos fundamentais ou aos interesses coletivos indisponíveis, com comprometimento da segurança e estabilidade das relações jurídicas; II – política, o desrespeito notório ao princípio federativo ou à harmonia dos Poderes constituídos; III – social, a existência de situação extraordinária de discriminação, de comprometimento do mercado de trabalho ou de perturbação notável à harmonia entre capital e trabalho; IV – econômica, a ressonância de vulto da causa em relação a entidade

3. REPERCUSSÃO GERAL

A Repercussão geral é um pressuposto específico para a interposição do Recurso Extraordinário no STF.

Esse pressuposto aparentemente se assemelha à transcendência exigida para a interposição do Recurso de Revista no processo do trabalho, uma vez que afasta a Corte Suprema do julgamento de demandas de menor significância. Diante dessa possível semelhança, nesse tópico, iremos abordar as características principais da repercussão geral.

Antes, porém, já fazemos a observação de que o STJ, Corte incumbida de dar a palavra final sobre a norma infraconstitucional, tal como o TST, não tem pressuposto equivalente, o que significa que, na seara laboral, a discussão infraconstitucional deverá ultrapassar o âmbito das partes envolvidas e a discussão constitucional passará por dois "filtros", a transcendência no TST e a repercussão geral do STF, podendo ser idênticos em alguns casos.

A repercussão geral foi incluída no ordenamento pela EC nº 45/04, a qual acrescentou o § 2º no art. 102 da CF/88, passando a estabelecer que:

> No recurso extraordinário o recorrente deverá demonstrar a repercussão geral das questões constitucionais discutidas no caso, nos termos da lei, a fim de que o Tribunal examine a admissão do recurso, somente podendo recusá-lo pela manifestação de dois terços de seus membros.

Sua regulamentação, atualmente, vem disposta no art. 1.035 do Novo CPC, o qual descreve que haverá repercussão geral quando a questão constitucional se mostrar relevante "do ponto de vista econômico, político, social ou jurídico que ultrapassem os interesses subjetivos do processo" (NCPC, art.1.035, § 1º).

Exige-se, pois, a conjugação da relevância e da transcendência. Relevância quando ligado a aspecto econômico, político, social ou jurídico. E a transcendência quando impõe que a decisão ultrapasse (transcenda) os interesses dos sujeitos da causa.

De qualquer modo, a repercussão geral, tanto em seu aspecto de relevância como no de transcendência, representa um conceito legal indeterminado a ser preenchido em cada caso concreto.

---

de direito público ou economia mista, ou a grave repercussão da questão na política econômica nacional, no segmento produtivo ou no desenvolvimento regular da atividade empresarial. § 2º O Tribunal, ao apreciar recurso oposto contra decisão que contrarie a sua Jurisprudência relativa à questão transcendente, salvo o caso de intempestividade, dará prazo para que a pane recorrente supra o não-preenchimento de pressuposto extrínseco do recurso. §3º O Tribunal não conhecerá de recurso fundado em aspecto processual da causa, salvo com apoio em disposição constitucional direta e literalmente violada, quando o tema de fundo estiver pacificado em sua jurisprudência no sentido da decisão proferida pelo tribunal inferior.

Assim, incumbe ao recorrente demonstrar a existência da repercussão geral no recurso extraordinário. Se não houver no recurso o levantamento da repercussão geral, falta-lhe um pressuposto recursal ligado à regularidade formal, de modo que o próprio vice-presidente do C. TST poderá não admiti-lo. Agora, existindo alegação da repercussão geral, a efetiva apreciação da sua existência é de competência exclusiva do Supremo Tribunal Federal (NCPC, art. 1.035, § 2º)[7].

Ademais, o E. STF somente analisará esse pressuposto depois de se verificar a presença de todos os demais pressupostos. Noutras palavras, é sempre o último pressuposto a ser analisado (STF-RI, art. 323, *caput*).

Para se considerar que a questão não tem repercussão geral, há necessidade de um quórum qualificado de 2/3 dos membros do Supremo Tribunal, o que significa que a turma não pode deixar de conhecer o recurso por ausência desse pressuposto, mas tão somente o plenário, já que, tendo a Corte Suprema 11 ministros, são exigidos pelo menos 8 votos para se negar a existência da repercussão geral, enquanto cada turma do STF é composta de 5 ministros (STF-RI, art. 4º).

Por outro lado, ante a exigência do referido quórum qualificado, existindo 4 votos favoráveis à existência da repercussão geral, desnecessário o encaminhamento para o plenário do STF decidir acerca da repercussão, vez que faltarão apenas 7 votos, os quais são insuficientes para afastar a repercussão geral. Nesse caso, existirá a repercussão geral.

Reconhecida ou não a existência da repercussão geral, a decisão será irrecorrível (NCPC, art. 1.035, *caput*), admitindo-se no máximo os embargos de declaração.

A partir das regras gerais da repercussão geral exigida no Recurso extraordinário ao STF, é possível identificar diferenças com relação à transcendência constante no art. 896-A, da CLT, alterado pela Lei nº 13.467/2017.

4. INDICADORES DA TRANSCENDÊNCIA

Conforme mencionado no tópico anterior, a repercussão geral exige a conjugação de dois critérios:

- **relevância**: é verificado sob os aspectos econômico, político, social ou jurídico;
- **transcendência**: exige que a discussão ultrapasse o interesses das partes da relação processual.

O art. 896, § 1º-A, da CLT, por sua vez, misturou os institutos da relevância e da transcendência, considerando que os aspectos econômico, político, social e

7. DIDIER JR., Fredie; CUNHA, Leonardo Carneiro da. *Curso de direito processual civil: meios de impugnação às decisões judiciais e Processo nos Tribunais, vol. 3.* 13. ed. Salvador: Editora JusPodivm, 2016. p. 364.

jurídico, dentre outros, representam critérios indicadores de transcendência. Dá a impressão equivocada de que, mesmo que o processo não ultrapasse o interesse das partes da relação processual, o recurso será admitido.

No entanto, pensamos que o recurso de revista deverá ter tanto relevância (ligada a aspectos econômico, político, social e jurídico) como transcendência, devendo nesse último caso exigir que a discussão ultrapasse os interesses das partes.

Ademais, embora a Lei nº 13.467/2017 tenha conceituado cada um dos aspectos mencionados, acreditamos que ainda carecem de definição clara e precisa, razão pela qual deverão ser definidos a partir dos casos concretos julgados pelo TST.

Cumpre destacar ainda que o art. 896-A, § 1º, da CLT indica que o rol é exemplificativo, fato evidenciado pela própria literalidade do dispositivo, ao mencionar que "são indicadores de transcendência, **entre outros**" (grifo nosso), Esse dispositivo, porém, deve ser bem interpretado, vez que outros critérios somente podem ser utilizados para conhecer o recurso de revista e nunca para denegá-lo, sob pena de inviabilizar o acesso à Corte Trabalhista, permitindo que a transcendência tenha aspectos muito mais limitativos do que a repercussão geral, que é limitada aos aspectos econômicos, políticos, sociais ou jurídicos.

De qualquer maneira, não é necessário que estejam presentes cumulativamente todos os indicativos (econômico, político, social e jurídico) para que a relevância ("transcendência") seja verificada no recurso de revista, bastando a presença de apenas um deles.

A seguir, passamos à análise de cada um dos critérios estabelecidos no art. 896-A, § 1º, da CLT.

4.1. Critério econômico

De acordo com o art. 896-A, § 1º, I, da CLT o critério econômico que indica haver transcendência corresponde ao elevado valor da causa.

Esse critério, no entanto, não nos parece o mais indicado, por duas principais razões.

A primeira, pelo fato de que, no momento de interposição do recurso de revista, o mais correto não seria a análise do valor da causa (atribuído na petição inicial pelo reclamante), mas sim do valor da condenação.

A segunda razão decorre da limitação da análise dos recursos de revista que atinjam valores exorbitantes, em regra, atribuídos a grandes agentes econômicos. Se utilizado apenas esse critério, recursos de revista que não sejam relacionados a valores expressivos não serão conhecidos pelo TST.

Cabe consignar que a previsão do art. 896-A, § 1º, I, da CLT continua a representar um conceito jurídico indeterminado, pois não traz critérios objetivos para a determinação do que consiste o "elevado valor da causa". A definição exata caberá, portanto, ao C. TST a partir do caso concreto.

Diante disso, é necessário que se considere que, mesmo que a condenação estabeleça valores considerados mais baixos, ele poderá trazer grandes prejuízos ao funcionamento de determinadas empresas ou mesmo aos trabalhadores, razão pela qual, essa análise dependerá do contexto em que interposto o recurso de revista. Queremos dizer, o aspecto econômico deve considerar a repercussão da condenação no patrimônio das partes[8].

4.2. Critério político

Como critério de indicação da relevância política, o art. 896-A, 1º, II, da CLT estabelece o "desrespeito da instância recorrida à jurisprudência sumulada do Tribunal Superior do Trabalho ou do Supremo Tribunal Federal".

A definição constante no dispositivo celetista, contudo, não nos parece uma conceituação de possível relevância no âmbito político, mas sim no âmbito jurídico, já que ligada à jurisprudência consolidada do tribunal. Acreditamos, assim, que a constatação da relevância política exige o estabelecimento de critérios mais amplos e que influenciem de alguma forma possíveis políticas adotadas em âmbito governamental, seja na esfera social, seja na esfera econômica[9], como é o caso, por exemplo, de ações civis públicas que visem à implementação de políticas públicas por determinado ente da federação.

4.3. Critério social

O indicador social corresponde à "postulação, por reclamante-recorrente, de direito social constitucionalmente assegurado" (CLT, art. 896-A, § 1º, III).

Os direitos sociais constitucionalmente assegurados são previstos no Capítulo II do Título II da Constituição Federal (arts. 6º a 11), além dos inseridos título VIII que versa sobre a ordem social (arts. 193 a 232). Incluem-se ainda os tratados de direitos humanos ratificados pelo Brasil[10].

Assim, tratando-se de discussão atinente a qualquer desses direitos, será visualizado o critério social, configurando-se a transcendência do recurso de revista interposto.

Nesse aspecto, embora a Lei nº 13.467/17 tenha adotado um conceito amplo, esqueceu-se que o recurso de revista também tem como foco a legislação infraconstitucional, que trata de diversos direitos sociais, o que irá impor a análise da transcendência, nesse particular, com base no critério jurídico.

8. No mesmo sentido, o Enunciado nº 121, I, da 2º Jornada Nacional de direito e processo do trabalho
9. Esse critério era o proposto por MARTINS, Sergio Pinto. *Comentários à CLT.* 17. ed. São Paulo: Atlas, 2013. p. 1012.
10. No mesmo sentido, o Enunciado nº 121, III, da 2º Jornada Nacional de direito e processo do trabalho

Aliás, ao excluir a reclamada da possibilidade de demonstrar a transcendência pelo critério social, acaba declarando que a empresa não tem função social, violando o art. 170, III, da CF.

4.4. Critério jurídico

Como indicador de relevância jurídica, o art. 896-A, § 1º, IV, da CLT destaca a existência de questão nova em torno da interpretação da legislação trabalhista.

Entende-se por legislação trabalhista as normas decorrentes da Constituição, de Emenda Constitucional, da lei complementar, ordinária, ou delegada, de medida provisória e de decreto-lei, sendo irrelevante se a norma era de direito material ou de direito processual. Incluem-se ainda os tratados de direitos humanos ratificados pelo Brasil.

O dispositivo não exige que a legislação trabalhista seja considerada nova, mas sim que haja a indicação de nova questão no tocante à sua interpretação.

5. ANÁLISE DA TRANSCENDÊNCIA PELO RELATOR

A análise da existência ou não da transcendência é exclusiva do TST, vedando sua verificação pelo juízo *a quo* (CLT, art. 896, § 6º).

Nesse contexto, o art. 896-A, § 2º, da CLT declina que o relator, monocraticamente, poderá denegar seguimento ao recurso de revista que não demonstrar transcendência, cabendo agravo da decisão ao colegiado.

Percebe-se que, diferentemente da repercussão geral do recurso extraordinário para o STF, que é negada apenas pelo órgão colegiado com quórum qualificado de 2/3 dos membros do Supremo Tribunal, a transcendência no recurso de revista é bem mais restritiva, sendo analisada e denegada, monocraticamente, pelo relator.

Trata-se de dispositivo que busca compatibilizar-se com o art. 896, § 14 da CLT, introduzido pela Lei 13.467/17, o qual autoriza a denegação do recurso pelo relator quando não presente pressuposto intrínseco, no caso, a transcendência.

Cabe destacar que, se tratando de pressuposto intrínseco, ele é insanável, não se aplicando o art. 932, parágrafo único do CPC, de modo que o recurso de revista poderá ser denegado de plano, não havendo necessidade de conceder ao recorrente prazo para sua regularização[11].

6. RECURSO DA DECISÃO DO RELATOR

O relator, ao proferir decisão monocrática, atua com mera delegação de poder, "mantendo-se com o órgão colegiado a competência para decidir. Essa é a regra

11. MIESSA, Élisson. *Manual dos Recursos Trabalhistas - teoria e prática: Teoria Geral e Recursos em espécie.* 2. ed. Salvador: Editora JusPodivm, 2017. p. 237.

básica de delegação: é mantida a competência de revisão do órgão que delegou a um determinado sujeito (no caso o relator) a função inicial de apreciação da matéria"[12].

Assim, para manter a substância do tribunal (órgão colegiado) e a competência do colegiado, a decisão monocrática do relator está sujeita ao **agravo interno**, a fim de levar essa decisão ao conhecimento do órgão colegiado (CLT, art. 896-A, § 2º). Ele deve ser interposto no prazo de 8 dias (TST-IN nº 39/2016, art. 1º, § 2º).

7. SUSTENTAÇÃO ORAL NO AGRAVO

Interposto o agravo da decisão monocrática que denegou seguimento ao recurso de revista por ausência de transcendência, o art. 896-A, § 3º da CLT autoriza que, no julgamento do agravo, o recorrente poderá realizar sustentação oral sobre a questão da transcendência durante 5 minutos em sessão (CLT, art. 896-A, § 3º).

É sabido que, no agravo interno, como regra não cabe sustentação oral, sendo admitido apenas contra decisão de relator que extinguir a ação rescisória, o mandado de segurança ou a reclamação (NCPC, art. 937, § 3º).

No entanto, o dispositivo celetista permitiu a sustentação oral no agravo, deixando claro que na sustentação **apenas poderá ser levantada a questão da transcendência**, não sendo possível a alegação de outras matérias referentes aos demais pressupostos recursais ou mesmo em relação ao mérito.

8. FUNDAMENTAÇÃO DO AGRAVO NÃO PROVIDO

O art. 896, § 4º, da CLT estabelece que "mantido o voto do relator quanto à não transcendência do recurso, será lavrado acórdão com fundamentação sucinta (...)".

Na realidade, o dispositivo deve ser interpretado como mantido o posicionamento do relator e não necessariamente o voto do relator como diz, inadequadamente, o texto legal, já que seu voto pode ser mantido, mas os demais integrantes da turma podem dar provimento ao agravo e alterar o posicionamento adotado anteriormente pelo relator.

Ademais, embora o legislador tenha descrito que, mantido o posicionamento, será lavrado acórdão com fundamentação sucinta, esse dispositivo não autoriza o relator do agravo a proferir decisão sem fundamentação, sob pena de violar os arts. 832 da CLT, 489, § 1º, do CPC e 93, IX, da CF.

Aplica-se, ainda, o art. 1.021, § 3º, do CPC que veda o relator de "limitar-se à reprodução dos fundamentos da decisão agravada para julgar improcedente o agravo interno". É que esse dispositivo está ligado ao processo democrático, sendo, pois, compatível com o processo do trabalho.

---

12. NEVES, Daniel Amorim Assumpção. *Manual de direito processual civil*. 8. ed. Salvador: *Jus*Podivm, 2016. p. 1.580.

Não podemos deixar de dizer que a análise da transcendência é eminentemente subjetiva, de modo que a adequada fundamentação cumpre o efeito externo da motivação, que serve como forma de controle público da legitimidade das decisões judiciais[13] e da imparcialidade do julgador.

Portanto, fundamentação sucinta quer dizer concisa e não ausência de fundamentação.

9. IRRECORRIBILIDADE DO AGRAVO NÃO PROVIDO

O art. 896, § 4º, da CLT estabelece, ainda, que a decisão que não dá provimento ao agravo, mantendo o entendimento da decisão monocrática, "constituirá decisão irrecorrível no âmbito do tribunal".

Impede, portanto, a interposição dos embargos de divergência para a SDI.

Esse dispositivo, porém, não obsta a interposição dos embargos de declaração, vez que todas as decisões, inclusive a em análise, estão sujeitas aos embargos. Do mesmo modo, caberá recurso extraordinário para o STF, desde que presentes seus pressupostos.

10. DECISÃO DO RELATOR EM AGRAVO DE INSTRUMENTO

O art. 896-A, § 5º, da CLT declina que é irrecorrível a decisão monocrática do relator que, em agravo de instrumento em recurso de revista, considerar ausente a transcendência da matéria.

Vê-se, de plano, que esse dispositivo quebra a sistemática de que a decisão monocrática é suscetível de agravo, conferindo ao relator a palavra final.

Ademais, esse dispositivo é de difícil compreensão, quando analisado sistematicamente com o § 6º, que impede a análise da transcendência pelo juízo *a quo*. Melhor explicando.

No processo do trabalho, o agravo de instrumento é cabível apenas para impugnar decisão negativa do juízo *a quo* (CLT, art. 897, "b").

No caso do Recurso de Revista, o primeiro juízo de admissibilidade (juízo *a quo*) é realizado pelo Presidente ou vice-Presidente do TRT, de modo que não estando presentes os pressupostos recursais, proferirá juízo de admissibilidade negativo, denegando processamento (seguimento) ao recurso de revista.

Nessa hipótese, viabiliza a interposição do agravo de instrumento, o qual atacará a decisão denegatória, especificamente quanto ao(s) pressuposto(s) não identificado(s) pelo juízo *a quo*.

---

13. ASSIS, Araken de. *Processo Civil Brasileiro, volume I: parte geral: fundamentação e distribuição de conflitos*. São Paulo: Editora Revista dos Tribunais, 2015. p. 443.

Desse modo, se o recurso for trancado, por exemplo, em razão de intempestividade, o agravante apenas poderá agravar quanto a esse pressuposto recursal.

O agravo de instrumento do recurso de revista será julgado pela turma do TST (órgão que seria competente para conhecer o recurso cuja interposição foi denegada - CLT, art. 897, § 4º). Assim, esse agravo de instrumento será analisado pelo relator da turma.

Como o agravo é limitado ao pressuposto não identificado na origem (no nosso exemplo a intempestividade), o relator apenas poderá proferir decisão no agravo de instrumento referente a esse pressuposto. Caso dê provimento ao agravo, destrancará o recurso e passará à análise do recurso de revista propriamente dito, podendo analisar outros pressupostos recursais e seu mérito.

Agora indaga-se: se o agravo de instrumento busca demonstrar a presença do pressuposto não identificado pelo juízo *a quo* e se este juízo não pode analisar a transcendência (§ 6º), quando haverá agravo de instrumento destinado a comprovar que está presente a transcendência da matéria como anuncia o § 5º do art. 896-A?

Com o objetivo de tentar interpretar de forma lógica e sistemática tais parágrafo, pensamos que o presidente ou vice-presidente do TRT (juízo *a quo*) deve verificar se o recorrente apresentou a transcendência no recurso de revista. Se não houver no recurso o levantamento da transcendência, falta-lhe um pressuposto recursal ligado à regularidade formal, de modo que o próprio juízo *a quo* poderá não admiti-lo. Agora, existindo a alegação da transcendência, a efetiva apreciação da sua existência é de competência exclusiva do Tribunal Superior do Trabalho. Aplica-se, pois, analogicamente, o art. 1.035, § 2º, do CPC[14].

Nesse caso, o que poderá ser questionado é se o pressuposto da transcendência deve ser levantado em tópico específico ou não.

Usando novamente de forma analógica a repercussão geral, na época do CPC/73 o art. art. 543-A, § 2º exigia que sua existência deveria ser demonstrada pelo recorrente em preliminar do recurso. Impunha-se, portanto, um tópico especifico em preliminar para demonstração da repercussão.

No CPC/15, não houve reprodução de que a repercussão geral fosse abordada em preliminar do recurso, dispondo o art. 1.035, § 2º, que "o recorrente deverá demonstrar a existência de repercussão geral para apreciação exclusiva pelo Supremo Tribunal Federal". Pelo novel código permite-se que a repercussão geral seja demonstrada nas próprias razões recursais, não havendo exigência expressa de alegação da repercussão geral em tópico específico de preliminar de mérito. Nesse sentido, inclusive, dispõe o enunciado nº 224 do Fórum Permanente de Processualistas Civis, *in verbis*:

14. CPC, art. 1.035. § 2º O recorrente deverá demonstrar a existência de repercussão geral para apreciação exclusiva pelo Supremo Tribunal Federal.

a existência de repercussão geral terá de ser demonstrada de forma fundamentada, sendo dispensável sua alegação em preliminar ou em tópico específico.

No recurso de revista, acreditamos que a CLT acompanhou essa sistemática, pois não exige que a manifestação da transcendência seja realizada em tópico específico, bastando que haja sua demonstração nas razões recursais. Mas é preciso ficar claro: incumbe ao recorrente apresentar que a matéria discutida tem transcendência.

Desse modo, caso o recorrente não apresente a transcendência no recurso de revista, o presidente ou vice-presidente do TRT poderá negar seguimento ao recurso pela ausência de regularidade formal do recurso. Observa-se que, nesse caso, o juízo *a quo* não estabelecerá que não há transcendência no recurso, mas sim que descumpriu um requisito de admissibilidade relacionado à regularidade formal.[15]

Nessa hipótese caberá o agravo de instrumento, tal como previsto no art. 896-A, § 5º, da CLT.

11. ANÁLISE DA TRANSCENDÊNCIA PELO PRESIDENTE DO TRT

O art. 896, § 6º, da CLT impede que o presidente do TRT (juízo *a quo*) possa analisar "o critério da transcendência das questões nele veiculadas". Reserva, pois, de forma exclusiva ao TST a análise da transcendência.

No entanto, como visto no tópico anterior, é necessário que haja o levantamento no recurso de revista de que possui transcendência. Caso não seja apresentada e fundamentada a transcendência, o recurso de revista poderá ser denegado pelo juízo *a quo* (presidente ou vice-presidente do TRT), vez que se trata de pressuposto ligado à regularidade formal do recurso. O juízo *a quo* estará limitado a verificar se o recorrente apresentou e fundamentou a transcendência. Não haverá, nesse momento, análise se o recurso oferece transcendência propriamente dita, ou seja, se o recurso ultrapassa ou não os interesses subjetivos da relação jurídica processual e se possui ou não relevância econômica, política, social ou jurídica, nos termos do art. 896-A, § 6º, da CLT. Esta verificação apenas poderá ser realizada pelo relator ou pela própria turma do TST.

12. DIREITO INTERTEMPORAL

Com a chegada de nova lei, questiona-se a partir de qual momento ela deve ser aplicada, ganhando relevância o estudo relacionado à sua eficácia temporal, a fim de definir quais casos serão solucionados pela lei velha e em quais incidirão a lei nova.

A eficácia temporal das leis é solucionada pela Lei de Introdução às Normas do Direito Brasileiro (LINDB), que é aplicada a todas as leis, inclusive no campo processual.

15. DIDIER JR., Fredie; CUNHA, Leonardo Carneiro da. *Curso de direito processual civil: meios de impugnação às decisões judiciais e processo nos Tribunais.* 14. ed. Salvador: Editora JusPodivm, 2017. v. 3. p. 417.

Referida lei, em seu art. 1º, declina que as regras começam a vigorar em todo o país 45 dias depois de publicadas, salvo disposição em contrário.

O art. 6º da Lei nº 13.467/17 (Reforma Trabalhista) dispôs norma específica no tocante à sua aplicação, pois estabelece que a lei entrará em vigor após decorridos 120 dias de sua publicação oficial, sendo vigente, portanto, a partir do dia 11 de novembro de 2017.

A Lei de Introdução estabelece ainda que "a Lei em vigor terá efeito imediato e geral, respeitados o ato jurídico perfeito, o direito adquirido e a coisa julgada" (art. 6º). Impõe, portanto, a aplicação imediata da nova legislação, vedando-se, porém, a sua retroatividade.

Considerando, entretanto, que o processo, em seu aspecto exterior, é um complexo coordenado de atos processuais, discute-se como se dá a aplicação imediata da norma processual, idealizando a doutrina três sistemas para a solução do problema:

a) **sistema da unidade processual**: indica que o processo, embora possua diversos atos, é um corpo uno e indivisível, de modo que somente pode ser regulado por uma única lei. Assim, para que não haja retroatividade, aplica-se a lei antiga para todo o processo.

b) **sistema das fases processuais**: informa que o processo, embora uno, é dividido em fases processuais autônomas (postulatória, instrutória, decisória e recursal), devendo a lei nova disciplinar as fases ainda não iniciadas.

c) **sistema do isolamento dos atos processuais:** reconhece a unidade processual, mas admite que o complexo de atos do processo possa ser visto de forma isolada para efeito de aplicação da nova lei. Dessa forma, a lei nova tem aplicação perante o ato a ser iniciado. Essa teoria é a incidente em nosso ordenamento, estando disciplinada no art. 14 do CPC/15[16], aplicável ao processo trabalhista.

Portanto, considerando que nosso ordenamento adotou a teoria do isolamento dos atos processuais, a Lei nº 13.467/17 será aplicada, em regra, aos atos processuais a serem realizados a partir da data de sua vigência.

No que tange aos recursos, a lei a ser aplicada é aquela que estava em vigor na data em que foi publicada a decisão recorrida. Nesse sentido, nos ensina Barbosa Moreira:

> Pode acontecer que, na pendência do processo, lei nova modifique o sistema de recursos, quer para facultar algum contra decisão até aí irrecorrível, quer para suprimir recurso existente, quer para alterar-lhe os requisitos de admis-

16. Art. 14. A norma processual não retroagirá e será aplicável imediatamente aos processos em curso, respeitados os atos processuais praticados e as situações jurídicas consolidadas sob a vigência da norma revogada.

> sibilidade ou os efeitos. O princípio fundamental, na matéria, é o de que a recorribilidade se rege pela lei em vigor na data em que foi publicada (isto é, dada a público) a decisão: a norma processual superveniente respeita os atos já praticados e os respectivos efeitos já produzidos antes de sua vigência[17].

No entanto, o processamento e o julgamento do recurso, o que inclui a competência, ocorrerão com base na lei nova.

Queremos dizer, todos os pressupostos do recurso, inclusive a transcendência, serão analisados à luz da lei velha (vigente na data da publicação da decisão), mas os trâmites processuais posteriores de processamento e julgamento seguirão a lei nova, em decorrência da aplicação imediata da norma.

Portanto, como a transcendência é um pressuposto específico do recurso de revista, o recorrente deverá comprová-lo apenas para os recursos interpostos para atacar decisões proferidas após o dia 11 de novembro de 2017.

Por fim, é importante fazer um observação quanto ao direito intertemporal na hipótese de interposição de embargos de declaração. Nesse caso, o C. TST entende que deverá ser observada a data da publicação da sentença ou do acórdão embargados e não da decisão proferida nos embargos, quando estes **não tiverem efeito modificativo**. Por outro lado, sendo acolhidos os embargos de declaração com **efeito modificativo**, entende o Tribunal Superior do Trabalho que deve incidir a norma vigente na data da publicação da decisão dos embargos[18].

13. CONCLUSÃO

A Lei nº 13.467/17 (Reforma Trabalhista) acrescentou os parágrafos § 1º a 6º ao artigo 896-A da CLT, passando a regular os critérios e o procedimento para a análise da transcendência, de modo que sua exigência como pressuposto recursal dos recursos de revista não mais depende de disciplina do TST.

Referido pressuposto, por ter conteúdo subjetivo nos seus indicadores, deverá ser analisado com bastante prudência pela Corte trabalhista, a fim de não inviabilizar o acesso do jurisdicionado do Tribunal Superior do Trabalho.

Assim, esperamos que tal pressuposto sirva para exaltar o papel da Corte Trabalhista no sentido de julgar processos que não se limite às partes envolvidas na demanda, além de ter relevância social, política, econômica e jurídica. Não pode servir, porém, para simplesmente desafogá-la, criando obstáculo instransponível para os fins de apreciação dos recursos e ainda, para a própria uniformização da jurisprudência trabalhista, enquanto função da Corte Superior. Aguardemos!

---

17. MOREIRA, José Carlos Barbosa. *Comentários ao código de processo civil*. 15. ed. Rio de Janeiro: Forense, 2010. v. 5, p. 269.
18. TST-E-ED-Ag-RR-36200-18.2014.5.13.0005, SBDI-I, rel. Min. Aloysio Corrêa da Veiga, 28.4.2016 (Informativo 134 do TST); TST- AIRR -21177-85.2013.5.04.0791, Relator Ministro: Cláudio Mascarenhas Brandão, Data de Julgamento: 13/04/2016, 7ª Turma, Data de Publicação: DEJT 22.4.2016.

Parte 3

DIREITO INTERTEMPORAL

A REFORMA TRABALHISTA E O DIREITO INTERTEMPORAL: QUESTÕES DE DIREITO PROCESSUAL

José Antônio Ribeiro de Oliveira Silva[1]

1. NOTA INTRODUTÓRIA

Promulgada e publicada a *Lei n. 13.467/2017*, questão tormentosa que se coloca é a relacionada à data correta da *vigência* desta lei, que envolve aspectos de direito material e processual nas inúmeras regras advindas da denominada *Reforma Trabalhista*. Não basta perquirir sobre contagem do prazo de *vacatio legis*, para se ter em conta a data em que termina o prazo de vacância de 120 dias estabelecido no art. 6º da lei em comento e a data em que se inicia a efetiva vigência da novel lei de regência que altera (e/ou acrescenta) 104 dispositivos da Consolidação. Há inúmeras situações jurídicas que reclamam interpretação particular; a título meramente exemplificativo, o regramento sobre justiça gratuita, honorários de perito, honorários de sucumbência – no *campo processual* –, bem como a

1. José Antônio Ribeiro de Oliveira Silva é Juiz Titular da 6ª Vara do Trabalho de Ribeirão Preto (SP); Doutor em Direito do Trabalho e da Seguridade Social pela Universidad de Castilla-La Mancha (UCLM), na Espanha – Título revalidado pela Universidade de São Paulo (USP); Mestre em Direito Obrigacional Público e Privado pela UNESP; Membro do Conselho Técnico da Revista do TRT da 15ª Região (Subcomissão de Doutrina Internacional); Professor da Escola Judicial do TRT-15 e Professor Contratado do Departamento de Direito Privado da USP de Ribeirão Preto.

normativa a respeito de horas de itinerário, de banco de horas, sobre o criticado contrato intermitente – no campo do *direito material do trabalho*.

De partida, convém recordar a noção básica do instituto objeto de análise, em seguida definir a data "geral" de vigência da nova lei, para, em seguida, sem qualquer pretensão de esgotamento da extensa temática, proceder-se à abordagem dos aspectos mais cruciais do direito transitório quanto a alguns institutos atingidos, no campo do direito processual.

2. VIGÊNCIA DA LEI N. 13.467/2017

Como pontuei alhures, na Teoria Geral do Direito há que se distinguir entre os planos de validade, vigência e eficácia da lei.

> *A validade* diz respeito ao aspecto formal da lei, ou, ainda, ao seu aspecto material. Como já se disse, na perspectiva da formalidade, há de se observar rigorosamente o processo legislativo, sob pena de *inconstitucionalidade formal*, caso em que a lei não será considerada válida. Também é possível analisar a validade na perspectiva material. Toda vez que a lei ignora uma norma ou um princípio constitucional, fala-se em *inconstitucionalidade material. O plano de validade*, portanto, diz respeito a essa esfera, ao processo legislativo e à constitucionalidade material da lei.
>
> (...) Quanto à *vigência*, ela exige que se verifique um outro critério: *a publicação da norma.*
>
> Destarte, *o plano de vigência* diz respeito à obrigatoriedade da lei, após sua publicação. Para que a lei obrigue é necessário que ela esteja em vigor e, assim, possa produzir efeitos. Normalmente, há uma coincidência entre a obrigatoriedade (vigência) e a eficácia, já na data de publicação ou vencido o prazo de *vacatio legis* para que a lei entre em vigor. Assim, *em regra*, a lei vigente produz seus efeitos. Entretanto, há exceções, como ocorre com as leis orçamentárias, que são publicadas e entram em vigor, mas produzem seus efeitos apenas no ano vindouro (...).
> Assim sendo, *nem sempre há coincidência entre a vigência e a eficácia*. Essa sutil distinção se torna bastante clara quando se estudam as *classificações das normas constitucionais, quanto à sua eficácia*, sobretudo no direito constitucional, falando-se em normas de *eficácia plena, limitada e contida ou restringível.* (...) Em suma, *eficácia formal diz respeito à aplicabilidade da lei.* (SILVA, 2011, p. 45-46)

A respeito da contagem do prazo de vacância e entrada em vigor da nova lei – vigência da lei –, assim explanei na obra citada:

> De acordo com o *art. 1º da Lei de Introdução* às normas do Direito Brasileiro, Decreto n. 4.657/1942, "Salvo disposição contrária, a lei começa a vigorar em todo o país quarenta e cinco dias depois de oficialmente publicada". No entanto, sabe-se que "Nos Estados estrangeiros, a obrigatoriedade da lei brasileira, quando admitida, se inicia três meses depois de oficialmente publicada" (§ 1º). Ocorre que a *Lei Complementar n. 95/1998*, ao estabelecer normas para a elaboração, redação, alteração e consolidação das leis no país, modificou essa di-

> retriz. Com efeito, o art. 8º desta fonte normativa disciplina que a vigência da lei promulgada deve ser indicada "de forma expressa", sendo que o prazo de *vacatio legis* assinado deve ser razoável, para que, da lei, seus destinatários tenham "amplo conhecimento". Entrementes, permitiu-se que as leis de pequena repercussão possam entram em vigor "na data de sua publicação". Neste particular, muito interessante o § 1º do referido dispositivo, incluído pela Lei Complementar n. 107/2001, o qual estabelece forma de contagem do prazo de *vacatio legis*, merecendo ser transcrito: "A contagem do prazo para entrada em vigor das leis que estabeleçam período de vacância far-se-á com a inclusão da data da publicação e do último dia do prazo, entrando em vigor no dia subsequente à sua consumação integral". (SILVA, 2011, p. 49)

Sendo assim, a data correta da vigência da Lei n. 13.467 é o dia *11 de novembro de 2017*, considerando-se que a lei foi publicada no Diário Oficial em 14 de julho, com prazo de *vacatio legis* de 120 dias. Incluindo-se o dia da publicação e o do vencimento do prazo, os 120 dias se esgotaram em 10 de novembro, entrando a lei em vigor no dia seguinte, 11 de novembro, um sábado. Não importa se não há expediente forense nesse dia, porquanto não se trata de prazo processual, mas de vacância para a melhor compreensão do sentido e do alcance da novel legislação. De igual modo, *não há falar em prorrogação* da vigência para o primeiro dia útil seguinte, que seria 13 de novembro. Enfim, para a contagem de prazo de vacância *não se leva em conta distinção* entre normas de direito material e processual, de maneira que toda a extensa normativa (104 artigos alterados e/ou acrescidos à CLT) terá início de vigência (formal) na mesma data, insista-se, 11 de novembro.

Contudo, diante das *peculiaridades* do direito processual do trabalho, há de se perquirir inúmeras situações jurídicas, para não se cometer o desatino de violar o *princípio da irretroatividade das leis*, uma garantia constitucional albergada no art. 5º, inciso XXXVI, da Constituição da República Federativa do Brasil.

Bem se vê, portanto, que a questão da *aplicabilidade no tempo* da chamada Reforma Trabalhista não é tão simples quanto pareça.

3. DIREITO INTERTEMPORAL E O DIREITO PROCESSUAL DO TRABALHO

No campo do *processo do trabalho*, de se apontar as seguintes questões que merecem uma atenção especial, no que toca ao direito intertemporal, dentre outras: a) contagem de prazos em dias úteis; b) concessão de justiça gratuita; c) honorários periciais; d) honorários de sucumbência; e) exceção de incompetência territorial; f) atribuição do ônus da prova; g) novos requisitos da petição inicial; h) incidente de desconsideração da personalidade jurídica; i) homologação de acordo extrajudicial; j) mitigação do princípio inquisitivo. Proceder-se-á, em seguida, apenas à análise dos aspectos mais importantes desses institutos, no que importa ao direito intertemporal.

Antes, porém, a nota introdutória no sentido de que, em regra, quanto à aplicabilidade da lei processual no tempo, o sistema jurídico brasileiro adota a *teoria do isolamento dos atos processuais*, de modo que se respeitam os atos jurídicos processuais já praticados segundo a lei antiga – os atos jurídicos perfeitos –, aplicando-se a lei nova, a partir de sua vigência, aos atos processuais ainda não praticados. Todavia, a solução dos problemas de direito intertemporal ou transitório não é tão simples assim. Pode haver direito adquirido da parte a que o ato siga um ritual já previamente estabelecido, não se podendo olvidar, principalmente, das *situações jurídicas consolidadas*, tal como preconiza o art. 14 do novo Código de Processo Civil. Daí porque a *fase recursal* normalmente é regida pela lei vigente ao tempo da publicação (entrega) da decisão objeto de recurso.

> Nery observa que há *duas situações* a serem observadas: 1ª) quanto ao *cabimento* e à *admissibilidade* do recurso se aplica a lei vigente à época da prolação da decisão, explicando que a data da decisão de primeiro grau é a da entrega em cartório (e não a da publicação no diário oficial), enquanto o marco temporal em segundo grau é a data da sessão de julgamento; 2ª) quanto ao *procedimento* aplicável, o recurso é regido pela lei vigente na data da efetiva interposição do recurso. (NERY, 2015, p. 228-229)

Na sequência, a análise dos temas propostos.

3.1. Contagem de prazos em dias úteis

De todos sabido que o art. 219 do novo Código de Processo Civil trouxe ao sistema jurídico processual brasileiro uma nova dinâmica em relação à contagem de prazos processuais, que passaram a ser contados em dias úteis e não mais em dias corridos. Trata-se de antiga reivindicação dos advogados, atendida pelo legislador que reformou o processo civil.

Contudo, no âmbito do processo do trabalho não houve muita receptividade à novel sistemática, batendo-se os juslaboralistas pela antiga regra do art. 775 da Consolidação das Leis do Trabalho, segundo a qual, no processo do trabalho, os prazos seriam contados com a exclusão do dia do início e a inclusão do dia do vencimento, sendo, entretanto, "contínuos e irreleváveis". Essa continuidade foi interpretada de forma majoritária no sentido de aproveitamento de todos os dias da semana na contagem dos prazos, sem exclusão dos dias em que normalmente não há expediente forense (sábados, domingos e feriados). Com efeito, o próprio TST, quando da edição da *Instrução Normativa n. 39/2016*, houve por bem apontar que a regra do art. 219 do CPC/2015 era incompatível com o processo do trabalho, escudando-se, certamente, na regra posta do art. 775 da CLT (art. 2º, III, da IN 39).

Vem agora a Reforma Trabalhista e muda completamente o destino dessa prática jurisdicional, determinando que também no processo do trabalho os prazos sejam contados *em dias úteis*, na nova redação conferida ao art. 775 da CLT. Não vejo nenhum problema quanto à mudança, que apenas implementa *uniformidade ao sistema processual*, facilitando a vida dos advogados que militam na esfera comum e na Justiça do Trabalho, porque não mais terão de adotar dois raciocínios distintos quanto ao instituto, correndo o risco de cometer equívocos que poderiam conduzir a sérios prejuízos aos jurisdicionados. E, em verdade, não há comprometimento da celeridade simplesmente porque os prazos são contados em dias úteis. As partes, bem ou mal, cumprem os prazos que lhe são designados – especialmente os peremptórios –, o que normalmente não ocorre com os servidores e juízes. Não por vontade destes, mas por uma sobrecarga desumana de trabalho diante da pletora de processos às suas mãos.

Pois bem, como será a *aplicação do direito transitório* quanto a essa contagem? Penso que, em regra, o que vai determinar se a contagem se dará em dias úteis ou corridos, a partir de novembro de 2017, será a *data da notificação*, que tem o propósito de dar ciência à parte da oportunidade ou dever processual de praticar um determinado ato processual. Assim, importa a data da notificação para que se resolva a questão. Pergunta-se: a data da expedição ou do recebimento da notificação? O correto é considerar-se a data em que a parte efetivamente toma ciência do despacho ou decisão, o que se dá, por óbvio, na data em que ela *recebe a correspondência* que lhe foi dirigida pela Vara do Trabalho, recordando-se que, em conformidade com a Súmula n. 16 do TST, presume-se recebida a notificação postal, na Justiça do Trabalho, 48 horas depois de postada nos Correios pela secretaria. Destarte, se a notificação for postada até a quarta-feira (dia 8/11), a contagem dos prazos ainda será em dias corridos, pois se presume o recebimento no dia 10, sexta-feira. De outra mirada, se a postagem ocorrer *na quinta-feira* (dia 9/11), o término das 48 horas já se dará no dia 11/11 (sábado), quando já estará em vigor a Lei n. 13.467, caso em que a *contagem do prazo* já terá que observar a diretriz dos *dias úteis*.

Havendo publicação do despacho ou decisão no diário oficial, aplica-se a regra do art. 224, § 2º, do novo Código de Processo Civil, considerando-se como "data de publicação o primeiro dia útil seguinte ao da disponibilização da informação no Diário da Justiça eletrônico". De modo que as publicações efetuadas no diário oficial eletrônico até o dia 9/11 ainda não desafiam contagem em dias úteis, considerando-se que o dia 10/11 é uma sexta-feira, dia útil. Do contrário, se a publicação ocorrer *no dia 10*, o primeiro dia útil na sequência será o dia 13/11, segunda-feira, aplicando-se, nessa hipótese, a *contagem de prazos em dias úteis*. Vale lembrar que não importa para essa questão de direito intertemporal contagem do prazo e data de início dessa contagem, mas tão somente a *data da ciência do prazo*, que se dá no recebimento da notificação ou da informação do juízo.

3.2. Concessão de justiça gratuita

De se ter em mente que o legislador reformista fez diversas modificações no regime de custas e despesas processuais do processo do trabalho, algumas flagrantemente *inconstitucionais*, como se apontará na sequência. Nesse tópico, analisarei apenas três situações: 1ª) a imposição de um limite máximo para as custas processuais (art. 789, *caput*, da CLT); 2ª) a exigência de comprovação de insuficiência de recursos para a concessão do benefício da justiça gratuita (art. 789, § 4º);

e 3ª) a exigência do recolhimento das custas do processo anterior em que ocorreu o arquivamento, para a propositura de nova demanda (art. 844, §§ 2º e 3º).

No tocante à fixação de limite máximo para as custas processuais, no importe correspondente a "quatro vezes o limite máximo dos benefícios do Regime Geral de Previdência Social", o que daria, atualmente, o valor de R$ 22.125,24 (R$ 5.531,31 x 4), trata-se de regra extremamente benéfica aos empregadores – os que normalmente são condenados nas decisões judiciais proferidas pela Justiça do Trabalho –, porque doravante terão um *teto de custas* a serem recolhidas, ainda que o valor arbitrado à sua condenação seja superior a R$ 1.106,262,00, em valores de 2017. Não é raro encontrar sentenças com valor condenatório superior a esse, como sói acontecer em sede de ação civil pública, em ações coletivas (substituição processual) ou em ações plúrimas. De se perquirir, inclusive, se tal sistemática não fere o princípio da igualdade, tendo em vista que o pequeno empreendedor, que normalmente recebe condenações em valores mais baixos, terá que recolher o *valor integral* de suas custas, ao passo que as grandes empresas – as que em regra são alvo de demandas coletivas –, ainda que condenadas em valores vultosos, saberão que o valor de suas custas estará limitado por força de lei.

Dito isso, a se entender como válida a norma, inclusive por se tratar de regra benéfica – não importa a quem –, *aplica-se imediatamente aos processos em curso*, tendo como marco temporal a *data da decisão judicial*. Se esta for proferida a partir de 11/11/2017, aplica-se o limite imposto pelo art. 789 da Consolidação das Leis do Trabalho, em sua nova redação.

Quanto à segunda questão, penso que nada deve mudar no dia a dia forense da Justiça do Trabalho, ainda que o legislador reformista tenha exigido a comprovação de insuficiência de recursos para a obtenção do benefício da justiça gratuita, a fim de que a parte não tenha de recolher as custas do processo e demais despesas processuais. Isso porque a redação do § 4º do art. 789 é praticamente cópia literal do quanto disposto no *inciso LXXIV do art. 5º* da Constituição da República Federativa do Brasil, segundo o qual o Estado *deverá* prestar "assistência jurídica integral e gratuita aos que comprovarem insuficiência de recursos". Cediço que, apesar da literalidade do texto constitucional, a jurisprudência se cristalizou no sentido de contentar-se com a *mera declaração* de situação de pobreza pela parte, até porque desde antes da nova ordem constitucional a própria legislação já dispensava a comprovação documental a esse respeito. Élisson Miessa recorda que a Lei n. 1.050/60 exigia atestado da autoridade policial ou do Prefeito para essa comprovação, a Lei n. 5.584/70 também exigia atestado do Ministério do Trabalho (ou da autoridade policial) na Justiça especializada, mas já a Lei n. 7.510, de 1986, havia dispensado qualquer documento comprobatório, contentando-se com a *simples afirmação da parte*, presumindo-se sua boa-fé. (MIESSA, 2016, p. 1007-1008)

Ademais, o novo Código de Processo Civil caminhou na mesma direção, possibilitando a concessão do benefício da justiça gratuita à *pessoa natural* com a simples declaração desta, a teor do § 3º de seu art. 99, que merece ser transcrito: "Presume-se verdadeira a alegação de insuficiência deduzida exclusivamente por pessoa natural". Permanece hígida, portanto, a jurisprudência que tanto nos domínios do processo civil quanto na seara trabalhista, interpretando a expressão "comprovação" da norma constitucional, *presume a situação de insuficiência de recursos em relação à pessoa natural* que a declara, exigindo a comprovação por documento ou outro meio de prova idôneo apenas em relação à pessoa jurídica. Nesse sentido, a Súmula n. 481 do STJ e a OJ 304 da SDI-I do TST. Agora, a se exigir comprovação da situação de pobreza ao trabalhador, tal novidade somente pode ser cobrada nas ações ajuizadas *a partir de 11/11/2017*, porque até a véspera a regra do § 4º do art. 790 da CLT não é obrigatória.

Enfim, no que se relaciona à absurdamente *inconstitucional* exigência de recolhimento das custas de processo anterior, extinto sem resolução do mérito com correspondente arquivamento dos autos, para a propositura de nova demanda (art. 844, §§ 2º e 3º), tenho que agride frontalmente a garantia constitucional de acesso à justiça consubstanciada no art. 5º, inciso XXXV, da CF/88, como já apontado pelo nobre Procurador-Geral da República no bojo da ADI n. 5766 (STF, 2017, *on line*) – na qual ataca também a inconstitucionalidade dos §§ 4º dos arts. 790-B e 791-A –, porque o benefício da justiça gratuita significa prestação jurisdicional "integral e gratuita" a todos que tenham direito a essa isenção. Não se trata de favor legal, mas de direito fundamental (art. 5º, LXXIV). Não obstante, a se entender válida a norma, ela somente se aplicará aos arquivamentos (decisões extintivas) ocorridos *a partir de 11/11/2017*, para se evitar a inadmissível retroatividade da lei *in pejus*.

3.3. Honorários periciais

A situação é um tanto pior quando se examina a esdrúxula possibilidade de "compensação" de créditos obtidos pelo trabalhador, ainda que em outro processo, para o pagamento dos honorários periciais, quando ele for sucumbente na pretensão objeto da perícia, relacionada a adicionais de insalubridade, periculosidade, indenizações de acidente do trabalho etc., pasmem, *ainda que beneficiário da justiça gratuita*. Não bastasse a flagrante violação dos direitos fundamentais garantidos pelo art. 5º, incisos XXXV e LXXIV, da CF/88 – acesso à justiça e gratuidade judiciária –, o § 4º do art. 790-B da "nova" CLT agride o direito humano às *condições materiais mínimas de existência*, pois consagrada mundialmente a *garantia ao mínimo existencial*, na teoria geral dos direitos humanos, como bem pondera a PGR na ADI 5766, ainda que no tocante ao § 4º do art. 791-A, tratando da "compensação" para satisfação dos honorários de sucumbência.

Nesse passo, o legislador reformista cometeu uma despropositada subversão do instituto da gratuidade judiciária, lembrando-se que a Lei Maior assegura a todos que não tenham condições de custear as despesas do processo um direito fundamental à assistência jurídica que seja, ao mesmo tempo, *gratuita* e *integral*. Conquanto a norma do inciso LXXIV do art. 5º da CF/88 seja clara como a luz do dia, convém explicitar que a *assistência judiciária gratuita* – mais ampla que a simples justiça gratuita, atinente a custas e despesas processuais em sentido estrito, tal como ainda prevê o § 3º do art. 790 da CLT – abrange todas as despesas de natureza processual, inclusive honorários de perito e de sucumbência – exatamente como prevê o inciso VI do § 1º do art. 99 do CPC/2015 –, por isso, *integral*, e de forma absolutamente *gratuita*. Desculpem-me a redundância: sem qualquer custo. De não se olvidar de que o art. 99, § 1º, do novo Código de Processo Civil trouxe ao sistema jurídico um extenso rol de despesas que devem estar "cobertas" pela *assistência jurídica integral*, inclusive de depósito recursal (inciso VIII) e de emolumentos devidos a notários ou registradores (inciso IX). Daí porque não se compreende a sanha do legislador reformista da CLT em atribuir essa despesa ao sucumbente na pretensão objeto da perícia, quando beneficiário da justiça gratuita, porque nesse caso é a União (ou outro ente público) que deve suportar tais despesas, como já ocorre no processo do trabalho (Resolução n. 66/2010 do TST) e também no processo comum (art. 95, § 3º, do CPC).

A justificativa pode ser a de que há muita aventura jurídica ou até mesmo litigância de má-fé por parte dos trabalhadores, postulando adicionais de insalubridade e de periculosidade, ou mesmo indenizações decorrentes de doença ocupacional, sem o mínimo de seriedade ou responsabilidade. Ora, para essas situações o sistema jurídico já prevê severa consequência processual: a *condenação por litigância de má-fé* (arts. 79 a 81 do CPC). Ademais, a "nova" CLT traz essa diretriz como regramento expresso, sendo que a partir de 11/11/2017 os juízes e tribunais do trabalho poderão aplicar todas as *quatro penalidades* previstas no novel art. 793-C da CLT (multa, indenização de prejuízos, honorários advocatícios e despesas processuais).

Contudo, a se entender válida a "compensação" imposta pela lei, retirando-se crédito do trabalhador para o pagamento dos honorários periciais, penso que isso somente poderá ser possível nas ações ajuizadas *a partir de 11/11/2017*. Explicarei essa preferência doutrinária no próximo item, dada a identidade de argumentos em relação à "compensação" para pagamento de honorários de sucumbência.

3.4. Honorários de sucumbência

Nessa temática a Reforma Trabalhista promove uma *revolução* na Justiça do Trabalho, com uma mudança de 180 graus. De todos sabido que o Tribunal Superior do Trabalho sempre manteve jurisprudência arredia à possibilidade de haver condenação em honorários de sucumbência na Justiça especializada, como bem demonstram as Súmulas n. 219 e 329 daquele Tribunal. De se recordar que a Súmula 219, em sua primeira versão, é anterior à Constituição da República Federativa do Brasil de 1988, mas o entendimento ali manifestado foi mantido sob a égide do novo regime constitucional, como se observa da análise da Súmula 329. Assim, ainda que o art. 133 da CF/88 tenha estatuído a *imprescindibilidade* da participação do advogado para se assegurar a plenitude dos direitos formais e materiais, com fulcro no velho *ius postulandi* que sempre foi uma das marcas registradas da Justiça do Trabalho, consubstanciado no art. 791 da CLT, a Corte Superior Trabalhista *nunca admitiu* a possibilidade de avanço nessa matéria, mantendo firme orientação de não cabimento de honorários de sucumbência no segmento especializado da Justiça, ainda que levado a admitir sua incidência em hipóteses excepcionais, com bem retrata a atual redação da Súmula n. 219.

Pode-se afirmar, portanto, que a água tanto bateu, que *furou a pétrea jurisprudência restritiva* do TST quanto aos honorários de sucumbência. O art. 791-A e §§ da "nova" CLT será um *divisor de águas* no processo do trabalho. Doravante, os trabalhadores e seus advogados terão de sopesar com muito cuidado os riscos da demanda, tendo em vista que, ainda que alguns direitos se tornem quase evidentes – por exemplo, diante do não pagamento de salários e verbas rescisórias quando incontroversa a relação de emprego –, outros dependem de prova convincente sobre sua existência. E quanto mais controvertida for a situação fática que pode ou não dar ensejo ao reconhecimento do direito material alegado, *maior o risco de sucumbência* na demanda, lembrando-se que haverá *sucumbência recíproca* quando o trabalhador não obtiver sucesso quanto a alguns dos direitos reivindicados (§ 3º deste artigo).

Por certo que se trata de *antiga reivindicação* dos advogados trabalhistas, a qual encontrava eco na doutrina, ainda que minoritária.

> De se render aqui homenagem a Jorge Luiz Souto Maior, o jurista que sempre defendeu a possibilidade de condenação em honorários de sucumbência na Justiça do Trabalho, desde 1998. Ainda no século passado este grande jurista afirmava que a ausência de sucumbência no processo do trabalho "acaba por constituir, em verdade, uma verdadeira barreira ao acesso à ordem jurídica justa". E sustentava que os dispositivos processuais aplicáveis no âmbito trabalhista (especialmente do CPC e da Lei n. 1.060/50) já forneciam plena possibilidade "de se adotar a sucumbência no processo do trabalho, como forma de concretização do movimento do acesso à justiça nesta especializada". (MAIOR, 1998, p. 134-142)

Bem-vinda, pois, a novidade, não fosse a malsinada regra inserida no § 4º deste dispositivo, a permitir a "compensação" dos honorários de sucumbência do advogado do empregador com o crédito recebido pelo trabalhador, "ainda que em outro processo" e *mesmo que consiga o benefício da justiça gratuita*. Um despropósito! O legislador reformista copiou literalmente a regra do § 3º do art. 85 do novo Código de Processo Civil, a qual disciplina sobre a suspensão da exigibilidade do crédito resultante dos honorários de sucumbência até que o advogado credor possa demonstrar que o beneficiário da justiça gratuita adquiriu condições materiais de suportar tal despesa, pelo prazo de dois anos após o trânsito em julgado da decisão condenatória – no processo civil, no prazo de cinco anos –, *prazo geral da prescrição trabalhista*. Decorridos esses dois anos sem essa demonstração, dá-se o fenômeno da *prescrição intercorrente*, extinguindo-se as obrigações do beneficiário.

Até aí nenhuma novidade, porquanto essa já era a diretriz desde a edição da Lei n. 1.060/50 (art. 12). O problema fica por conta da matreira intromissão de uma regra de "compensação" logo no início do citado § 4º, permitindo-se que os créditos obtidos pelo trabalhador no julgamento da demanda, "ainda que em outro processo", possam ser "compensados" para o pagamento do advogado da parte contrária. E se os créditos obtidos forem de natureza nitidamente salarial, como saldo de salário e verbas rescisórias? E se essas verbas nem sequer tiverem sido objeto de controvérsia? Imaginem a situação do trabalhador que se viu forçado a contratar advogado para demandar seu ex-empregador a fim de receber aquelas sagradas verbas, diante de seu latente estado de necessidade, e resolve postular indenização por dano moral por conta dessa situação de penúria, mas o juiz entende que não há dano moral no caso. Exemplo: a) trabalhador ganha a demanda de R$ 5.000,00 de saldo de salário e verbas rescisórias; b) mas sucumbe em relação à indenização de dano moral, sendo condenado a pagar 15% de R$ 50.000,00 = R$ 7.500,00; c) ele não receberá os incontroversos R$ 5.000,00, e ainda ficará devendo R$ 2.500,00 de honorários de sucumbência. Situação tão esdrúxula que não pode ser aceita pela jurisprudência trabalhista.

No entanto, se vingar a tese da plena possibilidade de "compensação" do crédito do trabalhador com os honorários de sucumbência do advogado do empregador, há de se ter em conta que até a vigência da nova lei os trabalhadores não tinham qualquer preocupação quanto a eventual sucumbência – e menos ainda com a possibilidade de "compensação" –, porque a insistente jurisprudência trabalhista era no sentido de não haver condenação em honorários de sucumbência na Justiça do Trabalho, em casos gerais de demandas típicas das relações de emprego (Súmula 219, I e IV, do TST). Como poderia agora ser surpreendido com uma nova lei que lhe imponha esse pesado fardo?! Seria uma *surpresa inaceitável*. Daí que a doutrina e a jurisprudência hão de encontrar um caminho de *equidade* para essa drástica situação. De modo que a condenação em honorários de sucumbência no processo do trabalho não pode ser imposta nos processos em curso, ou, pelo menos, nos processos que já se encontram em grau avançado de percurso.

A partir de *qual momento* se poderia cogitar dessa aplicação? Essa intrincada questão de *direito intertemporal* ou de direito transitório encontra *duas teorias* de maior aceitação:

1ª) *teoria da sucumbência* de Chiovenda – com efeito, o *marco temporal* para a aplicação do regramento relativo aos honorários de sucumbência é a *data da prolação da sentença* – segundo essa teoria –, tendo em vista tratar-se a imposição de tais honorários de uma punição ao demandante que litiga sem razão, sem ter o direito material postulado (*princípio da sucumbência*), sendo a sentença de *natureza constitutiva* do direito aos honorários de sucumbência; tendo a parte sucumbido em sua pretensão, deve arcar com os honorários do advogado da parte contrária; de outra mirada, se a sentença já tinha sido prolatada ao tempo da lei anterior, é a disciplina desta que deve ser aplicada até o final do processo, ainda que a lei posterior venha reduzir ou aumentar o campo de atuação em torno da questão; foi o que ocorreu com o novo Código de Processo Civil, que ampliou as situações em que devidos honorários de sucumbência no processo civil (art. 85, §§ 1º e 11), e impôs uma tabela (faixas) de percentuais de honorários de sucumbência em relação à Fazenda Pública (§ 3º do citado art. 85);

> Nesse sentido decidiu o STJ em relação ao novo Código de Processo Civil, no julgamento do REsp n. 1.465.535/SP, em 21 de junho de 2016, por sua 4ª Turma. Após identificar que se tratava de um instituto de direito processual-material, a 4ª Turma, no citado recurso, "elegeu a sentença como marco processual a separar a incidência do Código antigo da do Código novo". (NÓBREGA, 2016, *on line*).

2ª) *teoria da causalidade* – o *marco temporal* para a aplicação do novo regramento a respeito de honorários de sucumbência é a *data do ajuizamento da ação*, não importando se já houve decisão de fundo no processo. Ora, se a condenação em honorários de sucumbência decorre da ideia de punição ao demandante que não sopesou adequadamente os riscos do processo, devendo, por isso, ao sucumbir em sua pretensão, arcar com todas as despesas do processo, inclusive honorários de sucumbência, deve ser aplicada *a lei do tempo da demanda*, porque é nesse momento que o demandante *sopesa os riscos do processo*, tomando em conta todas as despesas que terá de suportar caso não saia vencedor, como custas, emolumentos, honorários de perito e, *principalmente*, honorários de sucumbência. De tal modo que ele não pode ser surpreendido posteriormente, recebendo "castigo" superior ao que divisara quando da propositura da demanda.

Por isso, a doutrina tem sustentado que, a despeito de o STJ ter definido que o marco temporal para a questão é a data da prolação da sentença – porque é nesta que o crédito aos honorários de sucumbência é constituído, motivo pelo qual seria possível utilizar o novo regramento do CPC/2015 para as condenações em sentenças *ainda não proferidas* em 18 de março de 2016, data do início da vigência do novo Código de Processo Civil –, em nome do *princípio da causalidade*, o marco temporal deve ser a *data do ajuizamento da demanda*. Com efeito, se o demandante é punido ao pagamento de honorários de sucumbência porque deu causa ao processo – como autor, réu ou terceiro interveniente, em ação ou reconvenção –, ele não pode ser surpreendido com regramento que piora sua situação jurídica, não imaginada quando do sopesamento dos riscos de se demandar em juízo.

> Guilherme Pupe da Nóbrega cita lição de Yussef Said Cahali, que em 1978 procurou demonstrar a *insuficiência da teoria da sucumbência*, em seu livro *Honorários advocatícios* (Revista dos Tribunais), afirmando que "a raiz da responsabilidade está na relação causal entre o dano e a atividade de uma pessoa. Esta relação causal é denunciada segundo alguns indícios, o primeiro dos quais é a sucumbência; não há, aqui, nenhuma antítese entre o princípio da causalidade e a regra da sucumbência como fundamento da responsabilidade pelas despesas do processo: se o sucumbente as deve suportar, isto acontece porque a sucumbência demonstra que o processo teve nele a sua causa". (NÓBREGA, 2016, *on line*).

No *processo do trabalho* essa teoria é ainda mais necessária, porque neste nem sequer havia condenação em honorários de sucumbência nas lides derivadas das relações de emprego. Seria um *atentado* surpreender o trabalhador com a possibilidade de "compensação" de seus créditos para o pagamento dos honorários de sucumbência do advogado do empregador, em caso se sucumbência recíproca, que é a regra generalíssima na Justiça do Trabalho. Ainda que ele tenha um enorme sucesso e consiga sair vencedor em todas as suas pretensões, o que é raríssimo, em verdade ele não tinha a menor expectativa de que seu advogado pudesse receber honorários de sucumbência porque o instituto, repita-se, era *inaplicável* no processo do trabalho (Súmula n. 219 do TST).

> Nesse sentido, Fabrício Lima Silva, com amparo, inclusive, na *teoria dos jogos*: "Neste ponto, importante a invocação da Teoria dos Jogos em âmbito processual. Segundo esta teoria, ao se compreender o processo como um jogo, em que também são esperados comportamentos de cooperação, disputa e conflito, em que o resultado não depende somente do fator sorte, mas da performance dos jogadores em face do Estado Juiz". Ou seja, é preciso conhecer as regras do jogo antes do início da partida. Continua o referido autor:
>
> "As condutas dos atores processuais, assim como nos jogos, são tomadas conforme as regras pré-estabelecidas para o jogo.
>
> Portanto, é imprescindível que (a) parte tenha ciência das consequências jurídicas do ajuizamento do processo ou da defesa apresentada, com a possibilidade de previsibilidade para avaliação das condutas processuais a serem adotadas.
>
> Não seria razoável que o trabalhador ou a empresa, que tivessem ajuizado o processo ou apresentado defesa, enquanto vigente a legislação que não estabelecia a obrigatoriedade de pagamento de honorários advocatícios de sucumbência no âmbito da Justiça do Trabalho, fossem surpreendidos com a condenação ao pagamento da referida parcela em benefício da parte contrária, com a aplicação do novo art. 791-A, da CLT. Tal conduta implicaria em afronta ao disposto no art. 10, CPC/15, com a configuração de decisão surpresa e violação aos princípios da segurança jurídica e do devido processo legal." (SILVA, 2017, *on line*).

Enfim, por todos esses fundamentos, ao que se soma a necessária proteção ao chamado *mínimo existencial*, penso que a condenação em honorários de sucumbência no processo do trabalho somente será possível nas *ações aforadas a partir de 11/11/2017*. Do contrário, insistindo-se pura e simplesmente no princípio da sucumbência, o juiz do trabalho estará atentando contra o *princípio da causalidade*, o princípio da vedação da decisão surpresa (art. 10 do CPC/2015), a garantia inerente ao mínimo existencial e, em último grau, contra o *princípio da dignidade humana*.

> Nos termos da ADI 5766, créditos trabalhistas auferidos em demandas propostas por trabalhadores pobres assumem caráter de mínimo existencial, compatível com o princípio constitucional da dignidade humana (artigo 1º, inciso III, da CF/88). "Essas verbas trabalhistas, marcadas pelo caráter alimentar, não diferem das prestações estatais de direitos sociais voltadas à garantia de condições materiais mínimas de vida à população pobre, a que o STF confere natureza de mínimo existencial", destaca o ex-Procurador-geral da República Rodrigo Janot. (STF, 2017, *on line*)

3.5. Exceção de incompetência territorial

A nova diretriz do art. 800 e §§ da CLT será a de permitir a *oposição* de exceção de incompetência territorial *antes da audiência inicial* ou *una*, em moldes parecidos com a sistemática do processo civil. A partir da vigência da Lei n. 13.467, uma vez citado, o reclamado poderá, no *prazo de cinco dias*, apresentar exceção de incompetência em razão do território no juízo que indicar como competente (*caput* e § 3º do art. 800). Também no processo civil o réu pode apresentar seu questionamento à competência do juízo onde demandado, mas terá de *necessariamente* já ofertar sua defesa, pois lá, de uma vez por todas, não há mais exceção, em peça apartada. Nos moldes do art. 340 e §§ do novo Código de Processo Civil, c/c o art. 337, II, daquele Código, o réu terá de arguir a incompetência territorial em *preliminar da contestação*, que será apresentada no foro do seu domicílio.

Perdeu, pois, o processo do trabalho a oportunidade de acabar com o fetiche do recebimento de defesa somente após a primeira tentativa conciliatória (arts. 846 e 847 da CLT), porque nesse caso o mal menor seria *já receber toda a matéria defensiva* do reclamado – contestação e alegação de incompetência, com os documentos que por vezes se mostram imprescindíveis à boa conciliação, para se evitar renúncia a direito ou se possibilitar a verificação de pagamentos já efetuados –, não havendo nenhum impeditivo sério à conciliação pelo simples fato de haver a juntada da defesa antes dessa tentativa. E o reclamado não se sentiria estimulado a opor exceção procrastinatória, pois já teria de, *concomitantemente*, apresentar toda sua insurgência às pretensões do reclamante. Ainda mais porque o legislador nem definiu qual será o juízo que o reclamado (excipiente) poderá indicar como competente, o que também pode levar a atitudes de má-fé. Penso que, no mínimo, o reclamado deverá apontar *um dos juízos referidos no art. 651 e §§ da CLT*, sobretudo o do lugar da prestação de serviços ou o do foro da celebração do contrato.

Questão interessante é a de se saber se esse prazo de cinco dias a contar da notificação citatória é *peremptório* ou não. A se entender que sim, preclusa a oportunidade (preclusão temporal) ou já manejada a exceção (preclusão consumativa), *não cabe renovar a medida* como preliminar da contestação. Por certo que até mesmo os empregadores poderão ser surpreendidos com a novidade que veio para lhes beneficiar. Imagine-se o reclamado recebendo uma notificação para comparecer em audiência designada para um ano após a entrega da correspondência pelos Correios. Sem conhecimento jurídico, a maior parte dos empregadores deixará para constituir advogado em data próxima à da audiência. Por isso, não hesito em afirmar que esse novo regramento, inclusive permitindo a realização de audiência de instrução da exceção por carta precatória a ser expedida para o juízo declinado pelo excipiente, aplica-se somente para as *notificações entregues a partir de 11/11/2017*, recordando-se aqui o quanto já ponderei sobre contagem de prazos na véspera desse dia (48 horas da Súmula 16 do TST).

3.6. Atribuição do ônus da prova

Uma boa novidade aportada pela tal Reforma Trabalhista é a de, finalmente, disciplinar melhor sobre o instituto do ônus da prova no processo do trabalho, alterando radicalmente a diretriz do art. 818 da CLT, adotando-se o regramento objetivo de Chiovenda, que leva em conta os sujeitos da demanda, os fatos controvertidos e, principalmente, o *interesse* daqueles *no convencimento do juiz* quanto à pertinência de suas afirmações.

Contudo, mais importante do que a simples *distribuição (estática)* do ônus da prova – art. 333 do CPC/73; art. 373 do NCPC –, a partir do interesse jurídico do reclamante ou do reclamado (atuais incisos I e II do art. 818), é a possibilidade de o juiz do trabalho, por força de lei – pois já o fazia com base em princípios, sobretudo o da aptidão da prova –, poder "atribuir o ônus da prova de modo diverso" – *teoria da distribuição ou atribuição dinâmica do ônus da prova*, tão difundida no sistema jurídico argentino, sistema precursor (SILVA, 2014, p. 399-403) –, em *duas hipóteses*: 1ª) quando houver *previsão legal* – recordando-se do art. 6º, VIII, da Lei n. 8.078/90 –; 2ª) quando se constatar uma *complexidade fática* – regra que atua em *duas direções*: a) nas situações em que a parte que detém o ônus subjetivo tem uma excessiva dificuldade em cumprir seu encargo probatório (ônus da prova excessivo); b) em situações aparentemente invertidas, nas quais a parte contrária tem maior facilidade de produzir a prova do fato por ela afirmado (*maior aptidão para a prova*).

Ocorre que essa ótima novidade do § 1º do art. 818 pode ser ofuscada pela *regra de procedimento* criada no § 2º do mesmo dispositivo, regra tão ousada que não encontra paralelo nem mesmo no novo Código de Processo Civil, que conta apenas com as regras da atribuição dinâmica e da vedação da desincumbência (§§ 1º e 2º do art. 373, correspondentes às dos §§ 1º e 3º deste art. 818). Ora, até mesmo no processo civil ainda predomina a teoria de que o ônus da prova, em seu aspecto objetivo, trata-se de *regra de julgamento*, inclusive porque se o juiz encontrar o fato provado (princípio da aquisição da prova) não terá de se preocupar quanto ao ônus (da prova) *subjetivo*, para saber quem detinha tal encargo e dele não se desincumbiu (o ônus da prova *objetivo* atua somente em casos de prova "dividida" e de ausência ou insuficiência de provas). A propósito, de se consultar: SILVA, 2014, p. 386-389.

Ademais, os advogados poderão ficar de tal modo preocupados com a definição do ônus da prova – ou por malícia – que poderão causar graves tumultos em audiência, requerendo que o juiz defina o ônus da prova em relação a todos os fatos controvertidos do processo. Pior ainda se a parte insistir no adiamento da audiência para poder se desincumbir de seu ônus da prova, argumentando que foi surpreendida com a definição do juiz, nos termos do § 2º do art. 818. Daí porque minha convicção é a de que esse novo regramento quanto ao ônus da prova somente se aplica nas *audiências unas ou de instrução realizadas a partir de 11/11/2017*, não havendo espaço para questionamento em sede de recurso com relação às audiências realizadas até 10/11/2017.

3.7. Novos requisitos da petição inicial

Outra mudança levada a efeito pela Reforma é a pertinente aos requisitos da petição inicial. Pelo menos nos processos de rito ordinário havia uma maior simplicidade no processo do trabalho, contentando-se o legislador de outrora com uma petição inicial enxuta, basicamente com o endereçamento ao juízo competente, a qualificação das partes, uma breve exposição da causa de pedir e a formulação do pedido. Doravante, esse pedido deverá ser *qualificado*, tendo de se apresentar *certo* quanto à sua existência, *determinado* quanto à sua extensão e ainda *indicar o valor correspondente*, o que seria sinônimo de pedido líquido. Como é sabido, não dá para se exigir pedido líquido no processo do trabalho, até porque muitas verbas dependem de averiguação em conformidade com a documentação a ser exibida pelo empregador ou de apuração em perícia. Contudo, tal como já fizera em relação aos processos de rito sumaríssimo – art. 852-B, I, da CLT, acrescido pela Lei n. 9.957/2000 –, o legislador vem a exigir que os pedidos da petição inicial trabalhista sejam formulados com um pouco mais de seriedade, com a indicação do *quantum* que o trabalhador pretende receber.

Não vamos discutir aqui se esse valor indicado limita o pedido – princípio da congruência ou a vedação do julgamento *ultra petita* –, mas o certo é que a nova regra do § 1º do art. 840 da CLT, especialmente pela ameaça do § 3º deste dispositivo – extinção do processo sem resolução do mérito em relação aos pedidos que não tenham atendido as exigências do § 1º –, torna o processo do trabalho *mais formal* e exige mais cuidado do advogado do reclamante.

A questão é: *a partir de quando* se exigem esses requisitos mais formais? Certamente nas demandas ajuizadas *a partir de 11/11/2017*, porque até a véspera a regra em vigor não exige esse rigor. De modo que não poderá o juiz do trabalho, em novembro de 2017, extinguir processo – ou determinar emenda da petição inicial, a se entender cabível – por falta de determinação e liquidez dos pedidos, se o processo foi inaugurado antes de 11/11/2017.

3.8. Incidente de desconsideração da personalidade jurídica

Uma das novidades que causarão maior impacto no processo do trabalho é a da intromissão em seu campo de atuação do *formalístico* instituto do incidente de desconsideração da personalidade jurídica. Como é sabido, o novo Código de Processo Civil criou esse incidente, disciplinando-o de forma bem rigorosa nos arts. 133 a 137.

> Veja-se o *procedimento* deste incidente, conforme os arts. 133 a 137 do novo Código de Processo Civil:
>
> 1º) exigência de um *pedido expresso* da parte ou do Ministério Público (art. 133, *caput*), que dá ensejo, em verdade, a uma ação incidental, tanto que deverá haver comunicação imediata de sua instauração ao distribuidor, "para as anotações devidas" (§ 1º do art. 134);
>
> 2º) o incidente provoca a *suspensão do processo*, salvo se a desconsideração da personalidade jurídica for requerida na petição inicial (§§ 2º e 3º do art. 134);
>
> 3º) na sequência, dá-se a *citação* do sócio ou da pessoa jurídica – desta na desconsideração inversa –, os quais poderão apresentar *defesa*, tanto que o prazo

> fixado em seu favor é de 15 dias, o mesmo prazo de contestação (arts. 135 e 335);
>
> 4º) se houver requerimento de provas, será designada *audiência de instrução* (arts. 135 e 136);
>
> 5º) apenas após todo esse longo expediente é que o juiz ou o relator poderá proferir a *decisão interlocutória* sobre o incidente (art. 136 e parágrafo único);
>
> 6º) desta decisão cabe *agravo de instrumento* (art. 1.015, IV) ou *agravo interno* (parágrafo único do art. 136).
>
> 7º) embora o art. 137 não o exija, na prática, o juiz será levado a determinar o arresto ou a penhora de bens do sócio ou da pessoa jurídica somente *após o trânsito em julgado* daquela decisão. (SILVA *et al.*, 2016, p. 193)

Conquanto desde o início eu tenha sustentado as incompatibilidades de tal incidente com os princípios e a sistemática do processo do trabalho (SILVA *et al.*, 2016, p. 192-194), o Tribunal Superior do Trabalho admitiu sua incidência, com anteparos, num regramento normativo bem extenso (art. 6º da Instrução Normativa n. 39/2016). Ali ficara assentado que o incidente de desconsideração da personalidade jurídica se aplicaria ao processo do trabalho, mas com disciplina distinta quanto à *matéria recursal* – não cabimento de recurso na fase de cognição, agravo de petição na fase de execução e agravo interno no âmbito dos tribunais – e a possibilidade de concessão de *medida de urgência de natureza cautelar* durante o período de suspensão do processo para o processamento e decisão do incidente. De forma sagaz, o legislador reformista aproveitou a concessão do TST e copiou aquele regramento para a CLT (art. 855-A e §§).

A partir de quando se aplica a exigência de instauração do incidente de desconsideração da personalidade jurídica no processo do trabalho, com seu formalismo que certamente comprometerá a efetividade da prestação jurisdicional? Não hesito em afirmar que apenas nas hipóteses de desconsideração *cuja decisão* vá ser tomada *a partir de 11/11/2017*, porque até o dia 10 não se exige esse procedimento. Destarte, os tribunais *não poderão* rever decisões tomadas antes da vigência da lei, simplesmente porque até então o juiz não tinha de observar o rito do incidente de desconsideração da personalidade jurídica instituído na CLT, a menos que se dê caráter normativo à Instrução n. 39/2016.

3.9. Homologação de acordo extrajudicial

A *mesma diretriz* se aplica ao processo de homologação de acordo extrajudicial, outra novidade questionável inserida na Consolidação das Leis do Trabalho pela Lei n. 13.467, nos arts. 855-B a 855-E. Ora, não há falar em tal processo antes de 11/11/2017. A Justiça do Trabalho *não tinha, até a referida data*, competência para homologar acordo extrajudicial, tanto que o legislador precisou alterar o art. 652, para ali acrescentar a alínea "f" – olvidando-se de que este artigo não continha mais a alínea "e" desde 1944, porque o Decreto-lei n. 6.353, de 20-3-44, já havia suprimido esta alínea ao dar nova redação à alínea "d" do art. 652 –, atribuindo às Varas do Trabalho competência para *decidir* sobre a homologação de acordo extrajudicial, em matéria de competência da Justiça do Trabalho.

Assim, se referido processo foi apresentado antes do dia 11/11, deverá ser extinto de plano, porque *apenas a partir desta data* é que as partes podem levar acordos celebrados "sem processo" à apreciação do juiz do trabalho.

3.10. Mitigação do princípio inquisitivo

Enfim, uma mudança que se tornará perversa para a celeridade e efetividade do processo do trabalho, pois irá comprometer seriamente a atuação de ofício do juiz. Ao reformar o art. 878 da CLT para permitir a atuação de ofício apenas nos processos em que houver uso do *ius postulandi*, o legislador ceifou um dos *princípios ontológicos* do processo do trabalho, o *princípio inquisitivo*.

A respeito da importância deste princípio no processo do trabalho, veja-se o quanto afirmei alhures:

> Quanto à iniciativa da parte para a propositura da demanda não há dúvida alguma, aplicando-se, nessa matéria, o princípio *dispositivo*. Também no que concerne ao exercício dos direitos, faculdades e ônus processuais relacionados à defesa, recursos, impugnações variadas, não pode haver dúvida. Agora, no que se refere à iniciativa na *produção das provas*, o processo do trabalho possui regras essenciais que bem revelam a *predominância do princípio inquisitivo* no seu âmbito, tanto que podemos afirmar ser este um princípio *específico* do processo laboral, dada sua concepção e modo de aplicação nos processos que correm na Justiça do Trabalho.
>
> Vale dizer: o princípio inquisitivo se aplica mesmo é no processo do trabalho, no qual os arts. 765 e 852-D da CLT dão ao juiz *ampla liberdade* na direção do processo, bem como para velar pelo andamento rápido das causas, razão pela qual pode determinar *"qualquer diligência necessária ao esclarecimento delas"* (art. 765). No procedimento sumaríssimo – ainda aplicável no processo do trabalho, de acordo com o art. 852-A e seguintes da CLT –, pode o juiz do trabalho inclusive *limitar ou excluir* as provas que considerar excessivas, impertinentes ou protelatórias (art. 852-D). Veja-se, a propósito, a regra elucidativa do art. 4º da Lei n. 5.584/1970: *"Nos dissídios de alçada exclusiva das Varas e naqueles em que os empregados ou empregadores reclamarem pessoalmente, o processo poderá ser impulsionado de ofício pelo Juiz"*.
>
> Como reforço de argumento, podemos recordar que a grande maioria dos direitos materiais trabalhistas é de caráter *indisponível*, daí porque o princípio da indisponibilidade, conquanto relacionado ao direito material do trabalho, ecoa no campo do processo, armando o juiz do trabalho de instrumentos pelos quais pode praticar inúmeros atos de ofício, em busca da verdade "real". Para tanto, não deve esperar pela iniciativa da parte trabalhadora no tocante às diligências probatórias, podendo determinar, de ofício, *quaisquer providências* que se façam necessárias. A título meramente exemplificativo, a determinação de realização de perícias, a despeito da falta de requerimento da parte, para a apuração de insalubridade, periculosidade, incapacidade derivada de acidente ou doença do trabalho; a ordem para juntada de documentos, como recibos

> de pagamento, cartões de ponto, contratos de prestação de serviços e um largo etcétera. E se a verdade se encontrar do lado do trabalhador, poderá, na execução ou cumprimento da sentença, agir de ofício para a plena satisfação dos direitos materiais reconhecidos, nos moldes do art. 878 da CLT e outros dispositivos correlatos. (SILVA *et al.*, 2016, p. 19)

De qualquer sorte, seria possível inovar aqui e trazer entendimento diverso do que tem sido preconizado pela doutrina, que entende pela aplicação imediata dessa nova regra a partir de 11/11/2017. Com efeito, o art. 14 do novo Código de Processo Civil, aplicável ao processo do trabalho por força do art. 769 da CLT e do art. 15 do próprio CPC, disciplina o respeito aos atos jurídicos perfeitos processuais e também às *situações jurídicas processuais consolidadas*. Embora não haja espaço para maiores digressões sobre esse rico tema aqui, convém pontuar que a teoria do isolamento dos atos processuais, regra para a aplicação da norma processual nova aos processos em curso, não atua de forma absoluta. Pelo contrário, há muito a doutrina, com ressonância na jurisprudência, tem se preocupado com situações jurídicas nas quais a aplicação da lei nova pode surpreender de tal modo as partes – ou uma delas – que há de se criar solução distinta para se manter a *equidade* dentro do processo. Daí a teoria de que, na *fase recursal*, aplica-se o *regramento do tempo da publicação (entrega) da decisão* objeto de recurso ou *da data da interposição do recurso* (em relação ao rito a ser seguido), o qual irá disciplinar todo o procedimento daquele recurso cabível e/ou interposto. (NERY, 2015, p. 228-229)

Em igual medida, a *fase de execução* – ou de cumprimento de sentença – se trata de uma fase com tantas especificidades que seria melhor a aplicação das diretrizes – sobretudo dos princípios – em vigor quando da *instauração da fase*. Por óbvio que, se as novas regras da execução são mais benéficas ao credor, em prol da efetividade da satisfação de seu crédito, devem ser aplicadas de imediato. De outra mirada, se elas pioram a situação do credor, seria possível advogar a tese de que não se aplicariam à execução já iniciada.

> Nery é ainda mais radical quanto a essa questão, sustentando aplicar-se, na execução, "a lei vigente à época da prolação da sentença", ainda que a forma, os meios e as vias de execução possam ser regulados pela lei vigente na época da própria execução. E explica: "As regras legais que ampliam ou restringem o conjunto de objetos sobre os quais a execução recai (*v.g.*, a penhorabilidade ou impenhorabilidade de determinado bem) são as vigentes à época da sentença porque se tratam de normas que têm natureza de direito material e são processuais somente na aparência". Assim defende com base em lições de Gabba, Carlos Maximiliano e Luigi Matirollo. E arremata: "Neste último caso, a lei nova não pode retroagir, isto é, não pode atingir situações processuais já consolidadas (*direito adquirido processual e ato jurídico processual perfeito*: CF 5º XXXVI)". (NERY, 2015, p. 230)

Pois bem, ao suprimir o poder inquisitivo do juiz do trabalho na execução cujo credor conta com assistência de advogado, a nova diretriz do art. 878 *atinge uma situação jurídica consolidada do credor trabalhista*, que podia contar com a atuação enérgica e de ofício do juiz, para o mais pronto recebimento de seu crédito.

Portanto, penso que o juiz do trabalho *poderá continuar a agir de ofício nas execuções instauradas até 10/11/2017* - ou nos processos cuja sentença for prolatada até esta data, seguindo-se a lição de Nelson Nery.

Enfim, a se pensar que o art. 765 da CLT - não alterado pela Reforma Trabalhista - confere ao juiz os mesmos poderes, seria possível sustentar que o juiz do trabalho poderá continuar atuando de ofício mesmo depois da vigência da Lei n. 13.467, cujo início se dará em 11/11/2017. A se esperar a reação da jurisprudência trabalhista a esse respeito, na torcida de que a *interpretação mais favorável* ao trabalhador prevaleça.

4. CONSIDERAÇÕES FINAIS

De tudo quanto exposto até esta parte, de se concluir que, em regra, a normativa da Reforma Trabalhista se aplica aos processos em curso, *a partir de 11/11/2017*, sobretudo na fase de conhecimento, em primeiro grau de jurisdição.

Contudo, há de se preservar os direitos adquiridos e as situações jurídicas consolidadas quando da entrada em vigor da Lei n. 13.467. Por isso, proponho que a doutrina e a jurisprudência criem *barreiras de contenção* em busca da preservação dos princípios ontológicos do processo do trabalho, da seguinte forma:

1) a contagem de prazo *em dias úteis* somente se dará no caso de postagem da notificação *a partir do dia 9/11*, pois o término das 48 horas (Súmula 16 do TST) ocorrerá no dia 11/11, data do início da vigência da Lei n. 13.467/2017;

2) *não se deve exigir* comprovação documental da insuficiência de recursos para a aquisição do direito fundamental ao benefício da justiça gratuita, por parte da pessoa natural, pois é assim que a jurisprudência vem interpretando a mesma locução do inciso LXXIV do art. 5º da CF/88; e, a se considerar constitucional a exigência de recolhimento de custas para a nova demanda, que isso se dê apenas em relação aos *arquivamentos ocorridos a partir de 11/11/2017*;

3) conquanto absolutamente inconstitucional a possibilidade de "compensação" do crédito do trabalhador para o pagamento dos honorários do perito, quando aquele sucumbir na pretensão objeto da perícia, a se entender de modo contrário, essa malsinada "compensação" somente poderia ser admissível nas *ações ajuizadas a partir de 11/11/2017*;

4) a mesma sorte de inconstitucionalidade tem a regra que possibilita a "compensação" do crédito do trabalhador para o pagamento de honorários de sucumbência; por isso, a se admitir essa possibilidade, que a regra seja aplicada somente nas *ações propostas a partir de 11/11/2017*, prestigiando-se o *princípio da causalidade*, o princípio da vedação da decisão surpresa (art. 10 do CPC/2015), a garantia inerente ao mínimo existencial e, em última medida, o *princípio da dignidade humana;*

5) também o novo regramento da exceção de incompetência territorial, inclusive por implicar em suspensão do processo por tempo considerável, principalmente quando necessária a expedição de carta precatória para instrução da exceção, somente será aplicável nos casos de *notificação citatória entregue a partir de 11/11/2017*;

6) em igual medida, o novo procedimento da atribuição (dinâmica) do ônus da prova, com a possibilidade de adiamento da audiência para não gerar situação de desincumbência, será exigível apenas *nas audiências unas ou de instrução realizadas a partir de 11/11/2017*;

7) não é distinta a solução quanto à exigibilidade dos novos requisitos da petição inicial trabalhista, porque nas demandas propostas até 10/10/2017 *não se pode extinguir* nenhum processo por falta dessa formalidade, tampouco será possível a determinação de emenda da petição inicial posteriormente a essa data, nos processos já iniciados antes da vigência da nova lei;

8) o procedimento burocrático e procrastinatório do incidente de desconsideração da personalidade jurídica também *não poderá ser exigido nas decisões tomadas antes do dia 11/11/2017*, de modo que não poderão os tribunais rever as decisões tomadas antes dessa data, por inobservância de um procedimento que não era obrigatório;

9) embora pareça óbvio, convém afirmar que *até 10/10/2017 não cabe* propositura de processo de homologação de acordo extrajudicial na Justiça do Trabalho, devendo ele ser extinto se o advogado não aguardar o dia 11/11;

10) nas *execuções iniciadas até o dia 10/10/2017*, o juiz do trabalho poderá continuar *a atuar de ofício*, ainda que o reclamante se encontre assistido por advogado, não se aplicando a lamentável retirada do princípio inquisitivo do art. 878 da CLT nessas execuções.

Enfim, é esperar para ver como a jurisprudência trabalhista vai se comportar quanto a essas delicadas questões, na expectativa de que a interpretação mais consentânea com a *natureza jurídica dos institutos* e os *princípios* da celeridade e da efetividade prevaleçam, recordando-se que a única razão de ser do Direito é a de propiciar o devido respeito à *dignidade da pessoa humana*, ainda que com uma dose de segurança jurídica.

REFERÊNCIAS

MAIOR, Jorge Luiz Souto. *Direito processual do trabalho:* efetividade, acesso à justiça e procedimento oral. São Paulo: LTr, 1998.

MIESSA, Élisson. *Súmulas e Orientações Jurisprudenciais do TST:* Comentadas e organizadas por assunto. 7. ed. rev. e atual. Salvador: JusPodivm, 2016.

NERY JUNIOR, Nelson; NERY, Rosa Maria de Andrade. *Comentários ao Código de Processo Civil.* São Paulo: Editora Revista dos Tribunais, 2015.

NÓBREGA, Guilherme Pupe da. *O STJ decidiu: a sentença é o marco-temporal processual para identificação das normas a regular os honorários. E aí?* Disponível em: <http://www.migalhas.com.br/ProcessoeProcedimento/106,MI241493,31047-O+STJ+decidiu+a+sentenca+e+o+marco+temporalprocessual+para>. Acesso em: 23 set. 2017.

SILVA, Fabrício Lima. *Aspectos processuais da Reforma Trabalhista.* Disponível em: <https://jota.info/artigos/aspectos-processuais-da-reforma-trabalhista-20072017>. Acesso em: 23 set. 2017.

SILVA, José Antônio Ribeiro de Oliveira. *Magistratura e temas fundamentais do direito.* São Paulo: LTr, 2011.

_______. *O ônus da prova e sua inversão no processo do trabalho – análise crítica das teorias estática e dinâmica. In* MIESSA, Élisson; CORREIA, Henrique (Org.). *Estudos Aprofundados da Magistratura do Trabalho.* V. II. Salvador: *JusPodivm*, 2014.

SILVA, José Antônio Ribeiro de Oliveira *et al. Comentários ao Novo CPC e sua aplicação ao processo do trabalho, volume 1: parte geral: arts. 1º ao 317: atualizado conforme a Lei n. 13.256/2016.* São Paulo: LTr, 2016.

STF. *PGR questiona dispositivos da reforma trabalhista que afetam gratuidade da justiça.* Disponível em: <http://www.stf.jus.br/portal/cms/verNoticiaDetalhe.asp?idConteudo=353910>. Acesso em: 23 set. 2017.

EFICÁCIA DA LEI 13.467/2017 NO TEMPO: CRITÉRIOS HERMENÊUTICOS QUE GOVERNAM A RELAÇÃO ENTRE LEIS MATERIAIS TRABALHISTAS SUCESSIVAS NO TEMPO

Raphael Miziara[1]

"La legge non deve riandare le cose passate, ma sibbene provvedere alee future" (Niccolò di Bernardo dei Machiavelli, Il Principe).

Sumário: 1. Notas introdutórias – 2. As teorias de Francesco Gabba e de Paul Roubier sobre intertemporalidade normativa – 3. Aplicação da lei no tempo em relação aos direitos obrigacionais trabalhistas: a necessária identificação da natureza da norma – 4. Análise de algumas situações tratadas pela Lei nº 13.467/2017 – 5. Considerações finais – 6. Rerefências.

1. NOTAS INTRODUTÓRIAS

No dia 11.11.2017 entrou em vigor a Lei nº 13.467 de 13.07.2017, intitulada Reforma Trabalhista, que modificou mais de uma centena de dispositivos legais, especialmente os da Consolidação das Leis do Trabalho.

Após decorrido o período de cento e vinte dias da publicação oficial referentes a vacância legal (art. 6º, da Lei 13.467/2017), as relações de trabalho no Brasil sofreram e ainda sofrerão significativos impactos. O mesmo se diga em relação aos

---

1. Advogado. Mestrando em direito do trabalho e das relações sociais pela UDF. Professor em cursos de graduação e pós-graduação em Direito. Autor de livros e artigos na área juslaboral.

processos trabalhistas, pois a Reforma também altera pontos sensíveis em matéria processual.

Nesse cenário de mudanças, é natural que seja retomado o debate acerca da eficácia da lei no tempo, tanto no que diz respeito aos institutos de direito material, como no que se refere aos institutos de direito processual.

Diante da sucessão de leis trabalhistas no tempo, surge o que se chama de conflito temporal de leis. A superveniência de novas orientações legislativas faz surgir para o intérprete a tarefa de adequação e de conformidade: tarefa essa que tem por objetivo preencher uma lacuna de colisão entre as discrepantes avaliações legislativas, antigas e novas.[2] Indaga-se, nesses casos, qual delas tem prevalência e em até que ponto ficam salvaguardados direitos decorrentes da lei antiga.

A Lei 13.467/2017, incialmente, nada dispôs acerca de sua aplicabilidade ou eficácia no tempo, de modo que caberia ao intérprete encontrar, de forma técnica e desapaixonada, a melhor solução para o problema da sucessão das leis no tempo.

Não obstante, a MP nº 808 de 14 de novembro de 2017 expressamente determinou que "*o disposto na Lei nº 13.467, de 13 de julho de 2017, se aplica, na integralidade, aos contratos de trabalho vigentes*" (art. 2º).

Nessa perspectiva, o objetivo do presente estudo é apresentar à comunidade jurídica possíveis problemas em torno do assunto e, ao final, propor algumas respostas para o quebra-cabeça que certamente se formará em decorrência e em torno da novel legislação. Especialmente, tentar-se-á responder a controvérsia consistente em saber se é possível a incidência de uma nova lei a uma situação contratual em curso, bem como demonstrar a compatibilidade do art. 2º da MP nº 808/2017 com a Constituição republicana de 1988.

Desde já, é preciso deixar claro que o objeto do presente estudo não é tratar da possível violação ao princípio do não retrocesso social ou da proibição da evolução reacionária. A análise pauta-se exclusivamente nas questões afetas à intertemporalidade material da lei nova que, em certas situações, inegavelmente subtraiu direitos dos trabalhadores.

Para tanto, inicialmente, propõe-se uma abordagem geral sobre a sucessão das leis no tempo, com breves referências às teorias de Francesco Gabba e de Paul Roubier.

Em seguida, após o devido corte epistemológico, são enfrentadas as particularidades da eficácia da lei no tempo no âmbito do direito material do trabalho, ramo do direito privado no qual há o predomínio normas imperativas, cogentes e de ordem pública. Porém, sem perder de vista que estas últimas coabitam com normas obrigacionais dispositivas, norteadas pelo *pacta sunt servanda*.

Para exata compreensão das propostas apresentadas, serão enfrentadas ainda as diferenças entre normas imperativas e dispositivas, pois cada qual recebe

2. BETTI, Emilio. *Interpretação da lei e dos atos jurídicos*. São Paulo: Martins Fontes, 2007. p. 39.

tratamento diferenciado em relação ao direito intertemporal, notadamente em se tratando de direitos obrigacionais de trato sucessivo, como sói acontecer no contrato de trabalho.

Mais especificamente, será feita a abordagem de pontos objeto de tratamento pela Lei 13.467/2017, tais como temas relativos ao tempo à disposição, às horas de trajeto, à nova modalidade de dispensa por justa causa, ao intervalo previsto no art. 384 da CLT, às novidades relacionadas às férias, à gratificação de função, às horas extras habituais, à terceirização e, por fim, à prescrição total ou parcial decorrentes de alteração e descumprimento do pactuado, dentre outros.

2. AS TEORIAS DE FRANCESCO GABBA E DE PAUL ROUBIER SOBRE INTERTEMPORALIDADE NORMATIVA

Para melhor compreensão das ideias a seguir alinhavadas, previamente se mostra necessário o enfrentamento, ainda que pontual, das teorias que mais influenciaram o direito intertemporal brasileiro, representadas nas doutrinas de Carlos Francesco Gabba (teoria da proteção do direito adquirido) e de Paul Roubier (teoria das situações jurídicas).

Pode-se afirmar que o direito intertemporal brasileiro é produto de uma simbiose entre a teoria do direito adquirido de Francesco Gabba e a teoria das situações jurídicas de Paul Roubier. Se, de um lado, a LINDB adotou a regra do efeito imediato (Roubier), de outro, a Constituição e a própria LINDB não deixaram de lado a proteção do direito adquirido (Gabba).[3]

Assim, ao resolver problemas de direito intertemporal, o intérprete deverá partir do pressuposto de que a lei opera com efeito imediato – segundo Paul Roubier –, mas não se olvidando de que esse efeito encontra limite no direito adquirido, conforme propugnava Carlos Francesto Gabba.[4]

Gabba entende que a lei nova pode retroagir para atingir efeitos futuros de situações formadas antes de seu advento, desde que respeitados os direitos adquiridos.[5]

3. LEVADA, Filipe Antônio Marchi. *O direito intertemporal e os limites da proteção do direito adquirido.* 2009. Dissertação de Mestrado em Direito Civil. Faculdade de Direito, USP, São Paulo, 2009.

4. Idem.

5. Segundo Gabba, é considerado como adquirido todo direito que: a) é consequência de um fato idôneo para gerá-lo em virtude da lei vigorante ao tempo em que tal fato teve lugar, muito embora a ocasião em que o mesmo possa vir a atuar ou a ter pleno valimento ainda não se tenha apresentado antes da entrada em vigor de uma lei nova relativa ao mesmo assunto e que b) nos termos da lei (nova) sob o império ou o regime da qual o fato aconteceu, tenha e e (o direito originado do fato acontecido) entrado a fazer parte, desde logo, do patrimônio de quem o adquiriu. 41. É esta, no original a definição do direito adquirido de Gabba: "È diritto acquisito ogni diritto, che A) è conseguenza di un fatto idoneo a produrlo in virtü delia legge dei tempo in cui il fatto venne compiuto, benchè l'occasione di farlo valere non sia si presentata prima delVattuazione di una legge nuova sotto Vimpero delia qualle accadde il fatto da cui trae origine, entrò a far parte dei

Por sua vez, Paul Roubier parte da premissa de que, ao atuar, no presente, sobre fatos e relações nascidas no passado, a lei operaria com efeito imediato, e não com efeito retroativo, como entendia Gabba, não incindindo, pois, na proibição que muitos ordenamentos impõem à retroatividade. Para essa teoria, a lei nova poderia atingir todos os fatos e relações em curso, só não se voltando para o passado, ou seja, sobre fatos ocorridos antes do seu advento.[6]

No entanto, a ideia de situação jurídica de Roubier não encontra guarida no direito brasileiro, como anota a doutrina especializada.[7] No Brasil, a fórmula de direito intertemporal será a de que a lei nova se aplica imediatamente, respeitados o direito adquirido, o ato jurídico perfeito e a coisa julgada. Trata-se, como dito, de uma simbiose.

3. APLICAÇÃO DA LEI NO TEMPO EM RELAÇÃO AOS DIREITOS OBRIGACIONAIS TRABALHISTAS: A NECESSÁRIA IDENTIFICAÇÃO DA NATUREZA DA NORMA

O direito do trabalho possui múltiplas fontes que se sucedem no tempo substituindo-se, no todo ou em parte, umas às outras. Há, então, o conflito de normas no tempo. Para resolver tais problemas, vale-se o intérprete de regras de sobredireito (normas que dispõem sobre outras normas) que designam o caminho para identificação da norma válida para informar a decisão final.

O conflito temporal de normas resulta, como dito, da sucessão de leis no tempo. Surge o conflito quando uma situação jurídica parece entrar em contato com normas velhas e novas. Nesse caso, indaga-se qual delas deve prevalecer e até que ponto ficam salvaguardados os efeitos produzidos pela lei antiga.

A Lei 13.467/2017, inicialmente, não trouxe em seu bojo regras de direito intertemporal, de modo que o intérprete precisará se socorrer das normas gerais de direito intertemporal previstas, especialmente, na Constituição da República e na Lei de Introdução às Normas do Direito Brasileiro.

Mas, como já asseverado, no dia 14 de novembro de 2017 foi publicada a MP nº 808, que trouxe disciplina específica sobre o direito intertemporal e determinou a aplicação integral da Reforma Trabalhista aos contratos de trabalhos vigentes.

Nos termos do art. 5º, inciso XXXVI, da Constituição, a lei não prejudicará o direito adquirido, o ato jurídico perfeito e a coisa julgada. Por sua vez, o art. 6º, *caput*, da LINDB estabelece que a lei em vigor terá efeito imediato e geral, respeitados o ato jurídico perfeito, o direito adquirido e a coisa julgada.

patrimonio di chi lo ha acquistato" (In: SILVA, Wilson Melo da. Conflito das leis no tempo. *Revista da Faculdade de Direito da UFMG*. n. 8-11, 1971).

6. LEVADA, Filipe Antônio Marchi. *O direito intertemporal e os limites da proteção do direito adquirido*. 2009. Dissertação de Mestrado em Direito Civil. Faculdade de Direito, USP, São Paulo, 2009.
7. Idem.

Como se vê, a lei tem efeito imediato, mas não pode retroagir para prejudicar o ato jurídico perfeito, assim entendido como aquele *já consumado segundo a lei vigente ao tempo em que se efetuou* (art. 6º, § 2º, da LINDB). A regra é a não retroatividade da lei.

Quando se afirma que a lei "não é retroativa" deve-se entender com isso que *ela não se aplica às controvérsias concernentes às situações jurídicas definitivamente constituídas antes de sua entrada em vigor.*[8]

A controvérsia consiste em saber se é possível a incidência de uma nova lei a uma situação contratual em curso. Não nos contratos de prestação instantânea, mas sim nos contratos de prestação sucessiva e duradoura, tal qual sucede com o contrato de trabalho.

Ou seja, questiona-se se a entrada em vigor da lei nova repercute sobre os efeitos presentes ou futuros das situações pretéritas, no caso, o contrato consumado sob os auspícios da antiga lei. Em síntese, o tormento do conflito intertemporal, nesse caso, gira em torno do saber-se se a lei nova deve, ou não, respeitar os efeitos presentes e futuros das situações pretéritas, concluídas sob o regime da lei revogada.

Admitir o efeito imediato aos contratos de prestação continuada em curso é autorizar indevidamente a retroatividade da lei no tempo, ferindo o direito adquirido e o ato jurídico perfeito. É o que se passa a explicar nas linhas seguintes.

Convém ressaltar, como já dito alhures, que o direito intertemporal brasileiro é produto de uma simbiose entre a teoria do direito adquirido de Francesco Gabba e a teoria das situações jurídicas de Paul Roubier. Se, de um lado, a LINDB adotou a regra do efeito imediato (Roubier), de outro, a Constituição e a própria LINDB não deixaram de lado a proteção do direito adquirido (Gabba).[9]

A natureza inerente a esse tipo contratual – de prestações sucessivas – não autoriza, por si só, a retroatividade como tal. Não o permite porque *não há sucessão de acordos contratuais mês a mês, mas apenas um acordo inicial que domina toda a vida do contrato firmado à luz da antiga lei.*

Com efeito, a *teoria do efeito imediato* não autoriza a aplicação da lei nova aos contratos em curso, mas, tão somente, dali em diante. É o que se infere das lições de Jaussaud e Durant, para quem, ao tratar do domínio da nova lei, assim lecionam:

> (...) de même, en vertu du principe de l'effet immédiat, la loi nouvelle a pour domaine propre: a) la détermination des conditions de validité des contrats, conclus postérieurement à sa mise en viguer, et celle des conditions, auxquelles un fait, survenu après cette date, produit des effets juridiques; b) la détermi-

---

8. COVIELLO *apud* SÜSSEKIND, Arnaldo; MARANHÃO, Délio; VIANNA, Segadas; TEIXEIRA, Lima. *Instituições de direito do trabalho.* 18. ed. São Paulo: LTr, 1999. v. 1. p. 179.

9. LEVADA, Filipe Antônio Marchi. *O direito intertemporal e os limites da proteção do direito adquirido.* 2009. Dissertação de Mestrado em Direito Civil. Faculdade de Direito, USP, São Paulo, 2009.

> nation des conséquences attachées à ces constrats ou à ces faits juridiques; c) l'organisation pour l'avenir des institutions dans le droit du travail. (...)
>
> Suivant les principes du droit transitorie, la loi ancienne continue de régir les effets des contrats conclus sous l'empire de cette loi, même aprés la mise en vigueur d'une loi nouvelle.[10]

Portanto, pela aplicação da não retroatividade das leis, a lei antiga continua regendo os efeitos dos contratos celebrados sob o império da lei anterior, em respeito ao ato jurídico perfeito e à coisa julgada. O próprio Paul Roubier, que considerava despicienda a noção de direito adquirido, sustentava que a lei nova seria aplicável a situações futuras e em curso, *à exceção de casos especiais, como dos contratos:*

> (...) em certas matérias, o efeito imediato é excluído e também o efeito retroativo; *é assim para os contratos em curso, que não são, em princípio, tocados pelas leis novas, nem pelas partes anteriores à lei nova, nem mesmo pelos seus efeitos que venham a acontecer.*[11] (grifo nosso)

Ao retroagir em situações jurídicas pendentes, como contratos que se encontram em execução, a lei produz um abalo naquela estabilidade que os contratantes supunham poder esperar do ordenamento jurídico onde eles contrataram, uma vez que acordaram entre si tendo como base uma lei que presumivelmente regularia sua relação contratual até que fosse concluído o contrato.[12]

A propósito dos contratos de execução continuada, confira-se as lições de Roubier, em excerto pinçado por Anderson Teixeira:

> Um contrato constitui um bloco de cláusulas indivisíveis que não se pode apreciar senão à luz da legislação sob a qual foi entabulado. É por esta razão que, em matéria de contratos, o princípio da não-retroatividade cede lugar a um princípio mais amplo de proteção, o princípio da sobrevivência a lei antiga.[13]

Se o ajuste inicial foi calculado pelas partes, entabulado e concluído sob o broquel de determinado contexto legislativo, em meio a uma determinada conjuntura, não pode a lei nova atingir a situação pretérita. Trata-se de *ato jurídico perfeito*, que não pode ser vulnerado pela nova lei. Em verdade, há mesmo um *direito*

10. DURAND, Paul; JAUSSAUD, R. *Traité de droit du travail*. Paris: Dalloz, 1947. t. I. p. 194. Logo, para Jaussaud e Durand, de acordo com os princípios do direito transitório, *a lei antiga continua a reger os efeitos dos contratos celebrados ao abrigo dessa lei, mesmo após a entrada em vigor de uma nova lei.*
11. ROUBIER, Paul. *Les conflits de lois dans le temps*. Paris: Librarie du Recuiel Sirey, 1929. p. 374-375. Citado por LEVADA, Filipe Antônio Marchi. *O direito intertemporal e os limites da proteção do direito adquirido*. 2009. Dissertação de Mestrado em Direito Civil. Faculdade de Direito, USP, São Paulo, 2009.
12. TEIXEIRA, Anderson V. O direito adquirido e o direito intertemporal a partir do debate entre Roubier e Gabba. *Revista Páginas de Direito*. Porto Alegre, ano 8, n. 816. 14.08.2008. Disponível em: [www.tex.pro.br/home/artigos/62-artigos-ago-2008/5927-o-direito-adquirido-e-o-direito-intertemporal-a-partir-do-debate-entre-roubier-e-gabba]. Acesso em: 24.11.2017.
13. Idem.

adquirido a uma situação contratual pretérita. As partes têm o direito de que as prestações sucessivas se desenvolvam segundo os ajustes originários.

Com efeito, o contrato, ainda que de prestações sucessivas, é relação firmada e baseada na lei existente ao tempo do ajuste. Essa lei orientou e dirigiu a vontade das partes naquela ocasião. Salvo situações excepcionalíssimas, a exemplo da teoria da imprevisão, as partes confiam que o ajuste será cumprido segundo a lei vigente ao tempo da avença.

Nessa lógica, a retroatividade representa a violação da confiança. Viola até mesmo a autonomia contratual e frustra expectativas legítimas. Se não houve proteção do ajuste em face da nova lei, a própria autonomia da vontade perderia a razão de ser.

Logo, se o contrato foi legitimamente celebrado, os contratantes têm o direito de vê-lo cumprido, nos termos da lei contemporânea a seu nascimento, *que regulará inclusive seus efeitos*. Deveras, os efeitos do contrato ficarão condicionados à lei vigente no momento em que foi firmado pelas partes. Aí não há que se invocar o efeito imediato da lei nova.[14] Daí a advertência de Carlos Maximiliano: "não se confundam contratos em curso e contratos em curso de constituição; só a estes a norma hodierna alcança, não aqueles, pois são atos jurídicos perfeitos".[15]

A propósito dessa diferenciação, importa registrar que a CLT preceitua que os dispositivos de caráter *imperativo* terão aplicação imediata às relações iniciadas, mas não consumadas, ante da vigência da Consolidação (art. 912). Ou seja, quando entrou em vigor, a CLT se aplicou aos contratos em curso apenas no tocante aos dispositivos de caráter imperativo, imantados que são por forte interesse público.

Maria Helena Diniz também entende que os contratos em curso, como os de execução continuada, apanhados por uma lei nova, são regidos pela lei sob cuja vigência foram estabelecidos (*tempus regit actum*). Afirma a autora que, teoricamente, "a lei nova não poderá alcançar o contrato efetivado sob o comando da norma anterior".[16]

Nessa trilha, o C. Tribunal Superior do Trabalho possui jurisprudência consolidada (Súmula 191, item III) no sentido de que a nova redação do artigo 193, I, da CLT – que inseriu a atividade dos eletricitários entre aquelas que fazem jus ao adicional de periculosidade, aplicando-lhes a regra geral quanto à base de cálculo e revogou a Lei 7.369/1985 – só poderá ser aplicada à pretensão do empregado que teve seu contrato de trabalho iniciado após a sua vigência. Fundamentou sua decisão justamente no princípio da irretroatividade da lei, estabelecido no artigo 6º

14. Nesse sentido Carvalho Santos, Clóvis Beviláqua, Alain Werner, todos referenciados por DINIZ, Maria Helena. *Lei de introdução ao código civil brasileiro interpretada*. 11. ed. São Paulo: Saraiva, 2005. p. 187.

15. Apud DINIZ, Maria Helena. *Lei de introdução ao código civil brasileiro interpretada*. 11. ed. São Paulo: Saraiva, 2005. p. 188.

16. Idem.

da Lei de Introdução às Normas do Direito Brasileiro (LINDB), como também nos princípios do direito adquirido e da irredutibilidade salarial, insertos nos artigos 5º, XXXVI e 7º, VI, da Constituição Federal, inatingíveis pela alteração introduzida.

Nessa mesma linha, a doutrina espanhola representada por Bayon Chacon e Perez Botija lembra que "la jurisprudencia del Tribunal Supremo (muy especialmente la de la Sala IV) rechaza la retroactividade de las normas, salvo autorización expressa, como contraria a la seguridad jurídica".[17]

Igualmente, caem como luva as lições doutrinárias de Lodovico Barassi, para quem *a norma anterior continua a ser aplicável a situações contratuais formadas antes da nova norma*. Ou seja, para o autor italiano, uma nova norma não pode ser aplicável às disposições contratuais estabelecidas anteriormente a essa mesma nova norma:

> Adunque una norma di legge è inapplicabile anche alle giuridiche contrattuali formatesi prima della norma: inapplicabile anche alle conseguenze giuridiche postume (ancora perduranti) di una situazione contrattuale già cessata prima dell'avvento della norma legale. (...) Ció ha per conseguenza che la norma legale precedente continua a essere applicata alle situazioni contrattuali formatesi anteriormente alla norma legale nuova. Ma soprattutto non é escluso che una legge nuova retroagisca se in questo senso si è espresso esplicitamente il legislatore. Il quale è sempre padrone della sua volontà.[18]

Portanto, o contrato deve ser regido pela lei vigente na época em que as partes se obrigaram. De acordo com os princípios de direito intertemporal, a antiga lei continua a reger os efeitos dos contratos celebrados ao abrigo dessa lei, mesmo após a entrada em vigor de uma nova legislação.

A doutrina francesa caminha no mesmo sentido. Segundo Paul Durand e Jaussaud a nova lei não pode ser aplicada à criação ou extinção de uma situação jurídica *em que todos os elementos foram reunidos sob a influência da lei antiga*. Acrescentam que retroatividade da nova lei, depende de uma manifestação deliberada do legislador ou da natureza da lei (leis confirmativas e leis interpretativas):

> La loi nouvelle ne peut être appliquée à la constitution ou à l'extinction d'une situation juridique dont tous les éléments ont été réunis sous l'empire de la loi ancienne. (...) la survie de la loi ancienne se rencontre dans le domaine des contrats, cette loi régissant les effets des contrats qui n'ont pas été complèment exécutés à la date où la loi nouvelle est appliquée. Quant à la rétroactivité de la loi nouvelle, elle dépend, soit d'une manifestation de volanté du législateur, soit de la nature de la loi (lois confirmatives et lois interprétatives).[19]

Não obstante, referidos autores informam que a jurisprudência do Tribunal de Cassação francês já entendeu que a lei em vigor no momento em que o contra-

17. CHACON, G. Bayon; BOTIJA, E. Perez. *Manual de derecho del trabajo*. Madrid: Marcial Pons, 1974. v. I.
18. BARASSI, Lodovico. *Il diritto del lavoro*. I. Milano: Giuffrè: 1949. p. 186.
19. DURAND, Paul; JAUSSAUD, R. *Traité de droit du travail*. Paris: Dalloz, 1947. t. I. p. 193 e ss.

to é estabelecido não confere às partes um direito definitivo e adquirido de que aquele ajuste será regido sempre pelas leis vigentes ao tempo da formalização da avença, pois, o legislador, por motivos de interesse social ou de proteção do trabalho, pode reconhecer ilícitas determinadas cláusulas antes lícitas.[20]

O caso julgado pelo tribunal se deu por ocasião de uma nova lei francesa que passou a considerar nula qualquer cláusula de um contrato individual, ou um regulamento empresarial, que fixasse um período de licença inferior ao previsto pelos usos e costumes. O Tribunal entendeu que as cláusulas contratuais contidas nos contratos em curso deveriam ser declaradas nulas e sem efeito.[21]

A doutrina italiana segue a linha da jurisprudência francesa e entende que "può essere invece necessária l'applicazione immediata delle leggi destinate a tutelare un largo interesse sociale anche alle situazioni contrattuali precedenti alla legge".[22]

Também na Itália, Roberto de Ruggiero, ao tratar dos conflitos de leis no tempo especificamente ao direito das obrigações, leciona que a não retroatividade da lei nova pode ter exceções desde que sejam motivos de ordem pública que inspi-

---

20. Idem.

21. No entanto, os mesmos autores informam que essa decisão foi duramente criticada por aqueles que entendem que a sobrevivência da lei antiga é uma regra absoluta, que deve ser respeitada mesmo que a nova lei seja de ordem pública. Para essa linha, uma nova lei imperativa não pode excluir a aplicação da antiga lei para os contratos firmados sob sua égide, pois, em uma ordem jurídica baseada na lei, a não retroatividade das leis é em si mesma uma coluna de ordem pública. No original: "la survie de la loi ancienne constitue una règle absolue, que l'on doit respecter même si la loi nouvelle est d'ordre public. Une loi nouvelle impérative ne pourrait écarter la loi ancienne normalement compétent, par ce motif que dans un ordre juridique fondé sur la loi, la non-rétroactivité des lois est elle-même une colonne de l'ordre public" (DURAND, Paul; JAUSSAUD, R. *Traité de droit du travail*. Paris: Dalloz, 1947. t. I. p. 193 e ss.). O pensamento citado por Durand e Jaussaud é de Paul Robier: "L'idée d'ordre public ne peut pas être lise en opposition avec le principe de la non-rétroactivité de la loi, pour ce motif décisif que, dans un ordre juridique fondé sur la loi, la non-rétroactivité des loi est elle-même une des colonnes de l'ordre public. La loi rétroactive est en principe contraire à l'ordre public; et si exceptionnellement le Législateur peut communiquer à une loi la rétroactivité, il ne faudrait pas d'imaginer qu'il fortifie par là l'ordre public; c'est au contraire un ferment d'anarchie qu'il introduit dans la societé, et voilà pourquoi il ne doit être usé de la rétroactivité qu'avec la plus extrême réserve". Em tradução livre: "A idéia de ordem pública não pode ser posta em oposição ao princípio da não retroatividade da lei, pelo motivo decisivo de que, numa ordem jurídica fundada na lei, a não-retroatividade das leis é ela mesma uma das colunas de ordem pública. A lei retroativa é, em princípio, contrária à ordem pública; e, se excepcionalmente o legislador pode comunicar a uma lei a retroatividade, não conviria imaginar que, com isso, ele fortalece a ordem pública; ao contrário, é um fermento de anarquia que ele introduz na sociedade, razão porque não deve ser usada a retroatividade senão com a mais extrema reserva" (ROUBIER, Paul. Op. cit., p. 419).

22. Em tradução livre: "os contratos em curso podem ser afetados quando a nova lei busca proteger um amplo interesse social. Nesses casos, pode ser necessária a aplicação da novel legislação a situações contratuais firmadas anteriormente" (BARASSI, Lodovico. *Il diritto del lavoro*. I. Milano: Giuffrè: 1949. p. 186).

rem essa nova norma.[23] Com efeito, a proteção contra a lei nova cede lugar quando confrontada com certos outros princípios ou valores. Esse é o entendimento Henry de Page, Josserand, Washington de Barros Monteiro, Vicente Ráo, Rui Barbosa e de Rubens Limongi França, que cita todos eles.[24]

O direito brasileiro já teve, a propósito, séria controvérsia doutrinária com a aplicação da Lei 816, de 09.11.1949, que ampliou o período de gozo das férias para 20 dias, naquela ocasião. Elson Gottschalk afirmou que ela deveria ser aplicada aos contratos em curso ao fundamento de que "a lei de férias não só é de ordem pública, mas engendra relação de ordem pública entre os indivíduos e o Estado".[25]

Aliás, o próprio Roubier reconhece que a maior parte das leis trabalhistas, tais como as que regulamentam as condições afetas ao meio ambiente do trabalho (ele usa a expressão "condições de trabalho na fábrica"), devem ser consideradas como relativas a um estatuto legal, o estatuto da profissão. Segundo o autor "essas leis atingem os operários, como operários e não como contratantes".[26] Carlos Maximiliano, valendo-se dessas lições, segue a mesma trilha:

> Entretanto, preceitos imperativos ulteriores, inspirados pelo interesse social e pela necessidade da proteção ao trabalho, atingem os contratos em curso, pois se referem ao estatuto legal da profissão; tem em vista os homens como obreiros, não como contratantes. Assim acontece com as leis trabalhistas, em geral; especialmente as fixadoras das horas de labor quotidiano, das férias periódicas e do repouso hebdomadário.[27]

Portanto, a aplicação imediata da nova lei aos contratos em curso deve limitar-se aos casos em que a ordem pública é premente, nas quais há um forte apelo social e que predomina o interesse público. Tais normas são dotadas de caráter imperativo, ou seja, estão fora do poder dispositivo das partes. Caso contrário, deve-se respeitar o ato jurídico perfeito e o *pacta sunt servanda*.

Nesse ponto, importa dizer que uma lei é dispositiva quando visa a um conjunto de direitos e obrigações entre as partes do contrato nas quais as mesmas são livres para, em princípio, determinar seu conteúdo por si mesmas, e que, em muitos casos, somente a elas interessarão.[28]

Gottschalk, citado por Américo Plá Rodrigues, faz a divisão entre *jus cogens* e *jus dispositivum*, que define da seguinte forma: é direito imperativo quando a ordem jurídica não confere ao sujeito de direito a faculdade de regulamentar livremente suas relações jurídicas, mas determina sua conduta de modo absoluto,

23. RUGGIERO, Roberto de. *Instituições de direito civil*. Campinas: Bookseller, 1999. v. I. p. 237.
24. FRANÇA, Rubens Limongi. *Direito intertemporal brasileiro*: doutrina da irretroatividade das leis e do direito adquirido. 2. ed. São Paulo: Ed. RT, 1968. p. 475 e ss.
25. GOTTSCHALK, Elson. *Férias anuais remuneradas*. São Paulo: Max Limonad, 1956. p. 152.
26. ROUBIER, Paul. *Les Conflits de lois dans le temps*. Paris: Dalloz, 1933. v. 2. p. 133.
27. Apud GOTTSCHALK, Elson. *Férias anuais remuneradas*. São Paulo: Max Limonad, 1956. p. 152.
28. ROUBIER, Paul. *Le droit transitoire*: conflits des lois dans le temps. Paris: Dalloz et Sirey, 1960. p. 122.

soberano, incondicional. É direito dispositivo, quando a própria ordem jurídica delega aos sujeitos de direito o poder de formular sua própria norma de conduta, condicionando a obrigatoriedade da norma legal à não utilização dessa faculdade. Considera, porém, que não se justifica a generalização com de De La Cueva atribui, sumariamente em sua totalidade, o Direito do Trabalho ao *jus cogens*.[29]

Referindo-se diretamente aos direitos obrigacionais e, inclusive fazendo menção ao direito do trabalho, Vicente Ráo percorre a mesma trilha. Entende que continuam sujeitos à lei sob cuja vigência se verificaram as relações de direitos obrigacionais nos quais predomina o interesse individual e, a este título, são deixados pela lei à livre determinação da vontade dos respectivos titulares ou agentes.

Mas, por outro lado, se uma lei posterior passa a atribuir a uma obrigação o caráter, que dantes não possuía, de matéria de interesse social predominante, como, por exemplo, sucedeu com os contratos de trabalho na generalidade das legislações, a nova norma jurídica passa a disciplinar os efeitos mesmos dos contratos anteriormente constituídos, sem atingir, entretanto, nem a existência dos direitos, nem a sua extinção, nem os efeitos já praticados sob o império da lei antiga.[30]

Assim, a teoria do efeito imediato só terá morada nos contratos em curso quanto às disposições de ordem pública, geralmente de caráter imperativo. Fora disso, não há que se falar em aplicação imediata para as obrigações sucessivas no tempo, sob pena de violação ao ato jurídico perfeito e a não retroatividade das leis.[31]

Linhas atrás afirmou-se que a lei "não é retroativa" quando ela não se aplica às controvérsias concernentes às situações jurídicas definitivamente constituídas antes de sua entrada em vigor. Pois bem. O contrato de trabalho é situação jurídica definitivamente constituída antes da entrada em vigor da nova lei. O que sucede mês a mês são seus efeitos e não um novo contrato a cada mês.

---

29. RODRIGUEZ, Américo Plá. *Princípios de direito do trabalho*. 3. ed. São Paulo: LTr, 2000. p. 62.

30. RÁO, Vicente. *O direito e a vida dos direitos*. 3. ed. São Paulo: Ed. RT, 1991. v. 1. p. 351.

31. Em sentido contrário, Amauri Mascaro Nascimento afirma que os conflitos de lei no tempo, em Direito do Trabalho, são resolvidos segundo o princípio do efeito imediato, pelo qual, segundo o autor, a lei nova tem aplicação imediata e recai desde logo aos contratos em curso à data da sua vigência, embora constituídos anteriormente, mas ainda não extintos (NASCIMENTO, Amauri Mascaro. *Compêndio de direito do trabalho*. 2. ed. São Paulo: LTr, 1976. p. 270). Com o devido respeito ao mestre, não é esse o significado de efeito imediato. A *teoria do efeito imediato* não autoriza a aplicação da lei nova aos contratos em curso, mas, tão somente, dali em diante. E quem diz isso é o próprio Roubier, para quem "de même, en vertu du principe de l'effet immédiat, la loi nouvelle a pour domaine propre: a) la détermination des conditions de validité des contrats, conclus postérieurement à sa mise en viguer, et celle des conditions, auxquelles un fait, survenu après cette date, produit des effets juridiques; b) la détermination des conséquences attachées à ces constrats ou à ces faits juridiques; c) l'organisation pour l'avenir des institutions dans le droit du travail" (ROUBIER, Paul. *Le droit transitoire*: conflits des lois dans le temps. Paris: Dalloz et Sirey, 1960. p. 132). Portanto, pela aplicação da não retroatividade das leis, a lei antiga continua regendo os efeitos dos contratos celebrados sob o império da lei anterior.

Entre nós, Maria Helena Diniz, após afirmar que *a lei nova não poderá alcançar o contrato efetivado sob o comando da norma anterior*, lembra que nossos juízes e tribunais, na esteira da jurisprudência francesa, têm admitido que se deve aplicar a lei nova se essa for *de ordem pública*. Lembra que já se decidiu no Brasil que "as leis tidas como de ordem pública são aplicáveis aos atos e fatos que encontram, sem ofensa ao ato jurídico perfeito" (*RSTJ*, v. 17, 1991).[32]

Dentre as normas de caráter imperativo, no qual há predomínio da ordem pública, pode-se mencionar como exemplos as que visam a proteção do salário, as que tutelam a saúde, higiene e segurança do trabalho, as que regulamentam profissões, dentre outras. As leis de proteção ao trabalho são de aplicação imediata e atingem, com razão, os contratos em curso.[33]

É preciso deixar claro que *o critério a ser adotado não é aquele que analisa se a norma é benéfica ou maléfica ao empregado*. Não é disso que se trata. O intérprete deve ter em vista a *natureza da norma*, se dispositiva ou se imperativa, com carga de ordem pública. *O melhor critério é o que leva em conta, portanto, a graduação da intensidade da força obrigatória das normas jurídicas segundo a natureza da matéria sobre a qual dispõem, especialmente se tutelam interesse público.*[34]

Pode-se argumentar que o critério da graduação da intensidade da força obrigatória das normas jurídicas segundo a natureza da matéria sobre a qual dispõem poderá causar dispensas em massa, para contratação de novos empregados sob o império da lei mais recente. Todavia, trata-se de critério que respeita o ato jurídico perfeito e essa é uma opção constitucional.

32. DINIZ, Maria Helena. *Lei de introdução ao código civil brasileiro interpretada*. 11. ed. São Paulo: Saraiva, 2005. p. 188.

33. SÜSSEKIND, Arnaldo; MARANHÃO, Délio; VIANNA, Segadas; TEIXEIRA, Lima. *Instituições de direito do trabalho*. 18. ed. São Paulo: LTr, 1999. v. 1. p. 181.

34. Este também é o critério proposto por Vicente Ráo, em seu clássico *O direito e a vida dos direitos*, que assim leciona: "As novas normas objetivas, em relação às anteriores, podem revelar, segundo sua natureza, maior ou menor intensidade de força obrigatória. Revelam maior intensidade quando alcançam os efeitos, que sob sua vigência se produzirem, dos fatos, atos e direitos verificados sob o império da norma anterior; revelam menor intensidade e cedem ante a persistência da norma anterior, quando esta continua, apesar de revogada, a disciplinar os efeitos de certos atos, fatos ou direitos, verificados ou constituídos sob a sua vigência. Incluem-se *na primeira categoria as normas de direito público* e as de direito privado *imperativas, ou de ordem pública,* as quais traduzem, ou necessariamente se pressupõe que traduzam, um interesse comum ou contêm alterações produzidas pela própria evolução da vida social. Figuram *na segunda categoria* as normas que disciplinam as relações que o direito subordina à *vontade individual do agente, ou das partes, como são, em princípio, as de natureza contratual*" (RÁO, Vicente. *O direito e a vida dos direitos*. 3. ed. São Paulo: Ed. RT, 1991. v. 1. p. 341) (grifo nosso). Assim também pensa Cesarino Júnior ao afirmar que normas com caráter de ordem pública, como a generalidade das leis protetivas dos trabalhadores, devem ser aplicadas imediatamente às relações em curso. Cita, como exemplo, uma lei que confere um novo tipo de garantia de emprego (CESARINO JÚNIOR, A. F. *Direito social brasileiro*. São Paulo: Saraiva, 1970. v. 1. p. 66-67).

Assim, pode ser que um contrato celebrado nas vésperas da entrada em vigor da nova lei tenha o seu conteúdo diferente do de um outro ajustado dias depois, passando a subsistir dois contratos com conteúdo diverso. Mas, ainda assim, esse é o critério que melhor atende ao ato jurídico perfeito e se harmoniza com as regras de intertemporalidade do direito brasileiro.[35]

Augusto César Leite de Carvalho entende que uma nova lei trabalhista que estabelece outros parâmetros (mais favoráveis ao trabalhador) para a composição ou reajuste de salários, dá-se a aplicação imediata do novo preceito legal, notadamente quando se apresenta este revestido de cogência ou imperatividade.[36] Concorda-se parcialmente com tal afirmação. Como dito, o critério a ser adotado não é aquele que analisa se a norma é benéfica ou maléfica ao empregado, mas sim se ela é de natureza cogente ou imperativa, como afirmado pelo autor.

Por exemplo, se determinada lei trabalhista traz nova regulamentação a certa profissão, ela se aplicará imediatamente, *ainda que contenha dispositivos mais gravosos aos empregados daquela categoria*. Isso porque, certamente, trata-se de norma de ordem pública, a qual as partes não possuem liberalidade para transacionar sobre seus comandos.

Concorda com essa conclusão Evaristo de Moraes Filho que, ao analisar a aplicação da norma trabalhista no tempo, *o faz a partir da natureza da regra (imperativa e cogente ou não) e não de sua benevolência ou maleficência ao emprego*. Inclusive, cita o exemplo do que ocorreu quando da promulgação do Decreto-Lei 389, de 26.12.1968, regulando o salário-insalubridade que, apesar de causar prejuízo ao próprio trabalhador em relação à situação pretérita, provocou efeitos imediatos aos contratos em curso.[37]

A análise é casuística e demanda enfrentamento individual de cada norma objeto da Reforma, como mais adiante se fará. Foi assim também quando a CLT entrou em vigor, como bem comenta Mozart Victor Russomano: pelo art. 912, os dispositivos imperativos inovados pela Consolidação – pelo seu interesse público – incidiram sobre as relações jurídicas futuras e as relações jurídicas presentes e pendentes.[38]

---

35. Em Portugal, lembram Palma Ramalho e Pedro Romano Martinez que o art. 7º da Lei 7/2009, que aprovou as alterações ao Código do Trabalho Português, optou legislativamente pela incidência imediata da lei nova aos contratos em curso, mesmo que constituídos antes da entrada em vigor da nova lei (RAMALHO, Maria do Rosário Palma. *Tratado de direito do trabalho*. Parte I: dogmática geral. 4. ed. Coimbra: Almedina, 2015; MARTINEZ, Pedro Romano. *Direito do trabalho*. 7. ed. Coimbra: Almedida, 2015. p. 246).

36. CARVALHO, Augusto César Leite de. *Direito do trabalho*: curso e discurso. São Paulo: LTr, 2016. p. 58.

37. MORAES FILHO, Evaristo de; MORAES, Antonio Carlos Flores de. *Introdução ao direito do trabalho*. 11. ed. São Paulo: LTr, 2014. p. 168.

38. RUSSOMANO, Mozart Victor. *Comentários à consolidação das leis do trabalho*. 17. ed. Rio de Janeiro: Forense, 1997. v. II.

Vale advertir, porém, que no julgamento da Ação Direta de Inconstitucionalidade 493, sob relatoria do Mini. Moreira Alves, *DJ* 04.09.1992, o Supremo Tribunal Federal entendeu que *sequer normas de ordem pública podem incidir sobre os contratos vigentes*. Decidiu que a Lei 8.177/1991 não poderia alcançar os efeitos futuros de contratos celebrados anteriormente a ela, em respeito ao direito adquirido. Confira-se, por oportuno, excerto desse julgado:

> Se a lei alcançar os efeitos futuros de contratos celebrados anteriormente a ela, será essa lei retroativa (retroatividade mínima) porque vai interferir na causa, que é um ato ou fato ocorrido no passado. O disposto no artigo 5º, XXXVI, da Constituição Federal *se aplica a toda e qualquer lei infraconstitucional, sem qualquer distinção entre lei de direito público e lei de direito privado, ou entre lei de ordem pública e lei dispositiva*. Precedente do STF. (Grifo nosso)

Nesse julgamento, o Min. Moreira Alves entendeu que, não importa a sua natureza, a lei nova deve respeitar o ato jurídico perfeito, o direito adquirido e a coisa julgada. Sustentou o Ministro que o preceito constitucional se aplica a toda e qualquer lei infraconstitucional, sem qualquer distinção entre lei de direito público e lei de direito privado, ou entre lei de ordem pública e lei dispositiva. Ainda, argumentou que no Brasil, sendo o princípio do respeito ao direito adquirido, ao ato jurídico perfeito e à coisa julgada de natureza constitucional, sem qualquer exceção a qualquer espécie de legislação ordinária, não tem sentido a afirmação de muitos – apegados ao direito de países em que o preceito é de origem meramente legal – de que as leis de ordem pública se aplicam de imediato, alcançando os efeitos futuros do ato jurídico perfeito ou da coisa julgada, e isso porque, se se alteram os efeitos, é óbvio que se está introduzindo modificação na causa, o que é vedado constitucionalmente.

O entendimento acima revela a regra geral, mas deve ser visto com temperamentos. Adotando-o sem flexibilizações, nenhuma nova lei trabalhista se aplica aos contratos em curso, ainda que se trate de normas de tutela da saúde, higiene e segurança do trabalhador, o que não parece a melhor solução, até mesmo porque nenhum direito é absoluto e comporta ponderações casuísticas.

Como se vê, por qualquer dos aspectos acima explicados o art. 2º da MP nº 808 de 14 de novembro de 2017, ao prever que o disposto na Lei nº 13.467, de 13 de julho de 2017, se aplica, na integralidade, aos contratos de trabalho vigentes, viola flagrantemente a Constituição.[39]

39. Como dito alhueres, de acordo com o texto constitucional em vigor, *"a lei não prejudicará o direito adquirido, o ato jurídico perfeito e a coisa julgada" (CF, art. 5º, XXXVI)*, dispositivo este que consubstancia o princípio geral da irretroatividade da lei, por seu turno, corolário dos princípios da segurança jurídica e da confiança. Segundo Gomes Canotilho (2003, p. 257), citado por Guilherme Ludwig, em excerto extraído das redes sociais: "O princípio geral da segurança jurídica em sentido amplo (abrangendo, pois, a ideia de proteção da confiança) pode formular-se do seguinte modo: o indivíduo tem do direito poder confiar em que aos seus actos ou às decisões públicas incidentes sobre os seus direitos, posições ou relações jurídicas alicerçados em normas jurídicas vigentes e válidas por esses actos jurídicos deixados pelas autoridades com base nessas normas

4. ANÁLISE DE ALGUMAS SITUAÇÕES TRATADAS PELA LEI 13.467/2017

Inicialmente, ao contrário do que sucedeu na Reforma Trabalhista implementada em Portugal no ano de 2009, o legislador brasileiro nada dispôs acerca dos regramentos de direito intertemporal. Acredita-se que tal omissão se deu porque o art. 912 da CLT já contempla tal regra, como dito alhures: "Art. 912. Os dispositivos de *caráter imperativo* terão *aplicação imediata* às relações iniciadas, mas não consumadas, antes da vigência desta Consolidação".

A MP nº 808 de 2017 veio para afirmar que a Lei nº 13.467, de 13 de julho de 2017, se aplica, na integralidade, aos contratos de trabalho vigentes. Mas, como defende-se a inconstitucionalidade de tal Medida, passa-se a enfrentar algumas situações de acordo com os critérios hermenêuticos acima propostos.

A resposta para os problemas de direito intertemporal da Lei 13.467/2017 tem como norte, além das regras gerais de direito transitório, o disposto no art. 912 da CLT.

A redação do art. 912 da CLT não é das mais felizes, pois parece confundir contratos em curso de formação e contratos já formados, porém, de trato sucessivo. Aqui, mais uma vez, calha a advertência de Carlos Maximiliano: "não se confundam contratos em curso e contratos em curso de constituição; só a estes a norma hodierna alcança, não aqueles, pois são atos jurídicos perfeitos".[40] O contrato cujas obrigações sucedem no tempo, periodicamente, já está consumado, embora não esteja extinto. São coisas distintas.

Desse modo, uma vez em vigor a lei que estabeleça alterações nos direitos trabalhistas, só produzirá efeitos para os contratos de trabalho celebrados a partir de então, em respeito à cláusula pétrea constitucional de proteção ao negócio jurídico perfeito,[41] salvo em se tratando de norma de ordem pública com predomínio de interesse público primário, caso que atingirão os contratos com obrigações de trato sucessivo.

Assim, para as relações iniciadas, mas não consumadas (contratos em curso de constituição) deve-se aplicar toda a lei nova, pois antes que o contrato fosse consumado – finalizado – sobreveio nova lei. Por sua vez, para as relações já consumadas (ato jurídico perfeito), somente se aplica a nova lei se de caráter imperativo.

---

se ligam os efeitos jurídicos previstos e prescritos no ordenamento jurídico". CANOTILHO, José Joaquim Gomes. Direito constitucional e teoria da constituição. 4. reimp. da 7.ed. Coimbra: Almedina, 2003.

40. Apud DINIZ, Maria Helena. *Lei de introdução ao código civil brasileiro interpretada*. 11. ed. São Paulo: Saraiva, 2005. p. 188.

41. CAIRO JÚNIOR, José Cairo. *Eficácia da norma no tempo*: reforma trabalhista. Disponível em: [www.regrastrabalhistas.com.br/lei/novidades-legislativas/3979-reforma-trabalhista-eficacia-da-norma-no-tempo#ixzz4vpf2ITEI]. Acesso em: 24.11.2017.

Para as disposições sem caráter imperativo, poderão às partes, em atenção ao *pacta sunt servanda*, ajustarem o contrato à nova realidade legal, mas, desde que observado o art. 468 da CLT, que veda a alteração *in pejus* do contrato de trabalho em razão do princípio da inalterabilidade contratual lesiva. Isso porque os direitos previstos na lei revogada incorporaram-se às cláusulas contratuais firmadas segundo o direito então vigente e, a partir de então, passaram a constituir um patrimônio jurídico, um verdadeiro direito adquirido.[42]

A esse respeito, bem observa a doutrina que o legislador, quando pretendeu a interferência da nova norma sobre os contratos em curso à data de sua vigência, tramou explicitamente procedimento de transição para possibilitar o fenômeno da eficácia imediata plena da lei nova sobre as relações jurídicas preestabelecidas, como, por exemplo, ocorreu nos contratos a tempo parcial (art. 58-A, § 2º, da CLT) e na Lei 13.429/2017, que em seu artigo 19-C dispôs que "os contratos em vigência, se as partes assim acordarem, poderão ser adequados aos termos desta Lei".[43] Ou seja, respeita-se o ato jurídico perfeito nesses casos.

Fixadas essas premissas, interessa o enfrentamento de algumas situações que poderão causar mais polêmicas a partir do dia 11.11.2017, data que entrará em vigor a Reforma Trabalhista.

Em ordem topográfica, a primeira substancial novidade da Reforma é a consagração do grupo econômico por coordenação ou horizontal, antes rechaçado pela jurisprudência até então dominante na SBDI-1 do TST.[44] Ao contrário do que ocorria anteriormente, não mais se exige, para caracterização do grupo econômico, que as empresas estejam sob a direção-controle ou administração de outra. Em outros termos, a CLT, apesar de ainda acolher a teoria hierárquica ou vertical (art. 2º, § 2º, primeira parte), não mais reputa como indispensável para caracterização do grupo a relação de subordinação entre empresas controladas e empresa principal, pois o grupo poderá ser, também, por coordenação.

Trata-se de regra que não está ao alvedrio das partes. Não podem as partes, por força contratual, afastar a caracterização do grupo econômico. Assim, é evidente que a nova roupagem legal alcançará os contratos em curso.

Da mesma forma , a responsabilidade do sócio retirante (art. 10-A da CLT) é norma cogente, razão pela qual os contratos em curso estarão sujeitos a essa nova regra.

Mais adiante, o art. 11, § 2º, da CLT contém regra prescricional sobre a pretensão que envolva pedido de prestações sucessivas decorrente de alteração ou descumprimento do pactuado, caso em que a prescrição é total, exceto quando o

42. MARTINEZ, Luciano. *Curso de direito do trabalho*. 8. ed. São Paulo: Saraiva, 2017. p. 107.

43. SOUZA JÚNIOR, Antonio Umberto de; SOUZA, Fabiano Coelho de; MARANHÃO, Ney; AZEVEDO NETO, Platon Teixeira de. *Reforma trabalhista*: análise comparativa e crítica da Lei n. 13.467/2017. São Paulo: Rideel, 2017. p. 520.

44. TST-E-ED-RR-214940-39.2006.5.02.0472, SBDI-I, rel. Min. Horácio Raymundo de Senna Pires 22.5.2014 (*Informativo* TST n. 83).

direito à parcela esteja também assegurado por preceito de lei. Portanto, a prescrição total, com a reforma trabalhista, passa a se aplicar a uma gama muito maior de situações, não mais se restringindo às hipóteses de alteração do pactuado. Essa novidade somente será aplicada aos casos de *descumprimento* do pactuado que se iniciarem a partir da entrada em vigor da nova Lei, sob pena de odiosa retroatividade e violação da segurança jurídica.

Os novos valores relativos às multas por ausência de registro de emprego ou por registro incompleto aplicam-se imediatamente às relações em curso, adiante da natureza imperativa da norma (art. 47 da CLT).

Para as horas de trajeto (art. 58, § 2º, da CLT), tendo em vista o caráter dispositivo da norma, uma vez que as partes são livres para ajustar em sentido contrário do que está lá estabelecido, a melhor solução é entender que a alteração somente se aplica para os futuros contratos, pois o contrato foi feito levando-se em consideração o conjunto normativo então vigente (direito adquirido a uma situação contratual). Ademais, autorizada doutrina entende que "os direitos previstos em lei se incorporam às cláusulas contratuais em emprego e, a partir de então, passa a constituir um patrimônio jurídico, um verdadeiro direito adquirido".[45]

Em relação ao novo regime de trabalho por tempo parcial (art. 58-A) a lógica é a mesma. Por não se tratar de norma cogente, os contratantes têm o direito de ver o contrato cumprido nos termos da lei contemporânea a seu nascimento.

Já o disposto no artigo 134, § 3º, da CLT, que veda o início das férias no período de dois dias que antecede feriado ou dia de repouso semanal remunerado, é exemplo de norma imperativa e que tem aplicação imediata aos contratos em curso.

De igual modo, as modificações que alteraram a natureza jurídica de determinadas parcelas, a exemplo do auxílio-alimentação e das horas de intervalo intrajornada suprimidas, trazem em si forte carga de interesse público no tocante à desoneração da folha de pagamento e redução da carga tributária. Trata-se, pois, de interesse tributário estatal. Nesses moldes, a transformação em verba remuneratória do que antes era parcela indenizatória ou vice-versa aplica-se aos contratos em curso.[46]

Por fim, situação interessante é aquela na qual o empregado, na data da entrada em vigor da Lei 13.467/2017, já percebia a gratificação de função por dez ou mais anos. Nesse caso, não há que se falar em direito adquirido, pois, como dito, trata-se de entendimento jurisprudencial desprovido de base legal. Não há lei que preveja esse direito. No entanto, é preciso registrar entendimento em contrário na doutrina, que entende ser esse o caso de direito adquirido.[47]

45. MARTINEZ, Luciano. *Curso de direito do trabalho*. 8. ed. São Paulo: Saraiva, 2017. p. 107.

46. Ibidem, p. 109.

47. LIMA, Francisco Meton Marques de; LIMA, Francisco Péricles Rodrigues Marques de. *Reforma trabalhista*: entenda ponto por ponto. São Paulo: LTr, 2017. p. 75. Também nesse sentido: SOUZA JÚ-

5. CONSIDERAÇÕES FINAIS

"O útil refere-se ao tempo futuro. E, em verdade, quando se elaboram as leis, fazem-na para que sejam úteis para os tempos que hão de vir, e aos quais chamam-se muito justamente apenas ao futuro" (Platão). A melhor compreensão da eficácia da Lei 13.467/2017 passa por diversos critérios hermenêuticos, que governam a relação entre leis materiais trabalhistas sucessivas no tempo.

Apesar dos diversos critérios existentes, demonstrou-se que o melhor método a ser adotado não é aquele que analisa se a norma é benéfica ou maléfica ao empregado. Trata-se de critério que provoca insegurança jurídica e que deixa o caso concreto ser levado por subjetivismos do intérprete.

O intérprete, em verdade, deve ter em vista a natureza da norma, se dispositiva ou se imperativa, com carga de ordem pública. Portanto, para solução de conflito de leis materiais trabalhistas no tempo, deve-se levar em conta a graduação da intensidade da força obrigatória das normas jurídicas segundo a natureza da matéria sobre a qual dispõem.

Prova disso é que se determinada lei trabalhista traz nova regulamentação a certa profissão, ela se aplicará imediatamente, ainda que contenha dispositivos mais gravosos aos empregados daquela categoria. Isso porque, certamente, trata-se de norma de ordem pública, a qual as partes não possuem liberalidade para transacionar sobre seus comandos. Não há como se afastar de tal conclusão.

Logo, a aplicação da norma trabalhista no tempo se faz a partir da natureza da regra (imperativa e cogente ou não) e não de sua benevolência ou maleficência ao emprego, como entende boa parte da doutrina estrangeira e brasileira e até mesmo da jurisprudência além-mar.

Portanto, a principal conclusão a que se chegou é a de que se o contrato foi legitimamente celebrado, os contratantes têm o direito de vê-lo cumprido, nos termos da lei contemporânea a seu nascimento, que regulará inclusive seus efeitos, de modo que a teoria do efeito imediato só terá morada nos contratos em curso quanto às disposições de ordem pública, geralmente de caráter imperativo. Fora disso, não há que se falar em aplicação imediata para as obrigações sucessivas no tempo, sob pena de violação ao ato jurídico perfeito e a não retroatividade das leis.

Ao fim e ao cabo foram apresentadas propostas hermenêuticas que tentam, tecnicamente e com maior objetividade, solucionar os problemas de direito intertemporal de modo a adequá-los ao máximo às regras de direito intertemporal previstas no ordenamento jurídico pátrio.

Em arremate, demonstrou-se a inconstitucionalidade do art. 2º da MP nº 808 de 14 de novembro de 2017 por violação ao art. 5º, inciso XXXVI, da CRFB/88.

NIOR, Antonio Umberto de; SOUZA, Fabiano Coelho de; MARANHÃO, Ney; AZEVEDO NETO, Platon Teixeira de. *Reforma trabalhista*: análise comparativa e crítica da Lei n. 13.467/2017. São Paulo: Rideel, 2017. p. 521.

6. REFERÊNCIAS

BARASSI, Lodovico. *Il diritto del lavoro*. I. Milano: Giuffrè: 1949.

BETTI, Emilio. *Interpretação da lei e dos atos jurídicos*. São Paulo: Martins Fontes, 2007.

CAIRO JÚNIOR, José Cairo. *Eficácia da norma no tempo*: reforma trabalhista. Disponível em: [www.regrastrabalhistas.com.br/lei/novidades-legislativas/3979-reforma-trabalhista--eficacia-da-norma-no-tempo#ixzz4vpf2ITEI]. Acesso em: 24.11.2017.

CARVALHO, Augusto César Leite de. *Direito do trabalho*: curso e discurso. São Paulo: LTr, 2016.

CESARINO JÚNIOR, A. F. *Direito social brasileiro*. São Paulo: Saraiva, 1970. v. 1.

CHACON, G. Bayon; BOTIJA, E. Perez. *Manual de derecho del trabajo*. Madrid: Marcial Pons, 1974. v. 1.

DINIZ, Maria Helena. *Lei de introdução ao código civil brasileiro interpretado*. 11. ed. São Paulo: Saraiva, 2005.

DURAND, Paul; JAUSSAUD, R. *Traité de droit du travail*. Paris: Dalloz, 1947. t. I.

FRANÇA, Rubens Limongi. *Direito intertemporal brasileiro*: doutrina da irretroatividade das leis e do direito adquirido. 2. ed. São Paulo: Ed. RT, 1968.

GOTTSCHALK, Elson. *Férias anuais remuneradas*. São Paulo: Max Limonad, 1956.

LEVADA, Filipe Antônio Marchi. *O direito intertemporal e os limites da proteção do direito adquirido*. 2009. Dissertação de Mestrado em Direito Civil. Faculdade de Direito, USP, São Paulo, 2009.

LIMA, Francisco Meton Marques de; LIMA, Francisco Péricles Rodrigues Marques de. *Reforma trabalhista*: entenda ponto por ponto. São Paulo: LTr, 2017.

MARTINEZ, Luciano. *Curso de direito do trabalho*. 8. ed. São Paulo: Saraiva, 2017.

MARTINEZ, Pedro Romano. *Direito do trabalho*. 7. ed. Coimbra: Almedida, 2015.

MORAES FILHO, Evaristo de; MORAES, Antonio Carlos Flores de. *Introdução ao direito do trabalho*. 11. ed. São Paulo: LTr, 2014.

NASCIMENTO, Amauri Mascaro. *Compêndio de direito do trabalho*. 2. ed. São Paulo: LTr, 1976.

RAMALHO, Maria do Rosário Palma. *Tratado de direito do trabalho*. Parte I: dogmática geral. 4. ed. Coimbra: Almedina, 2015.

RÁO, Vicente. *O direito e a vida dos direitos*. 3. ed. São Paulo: Ed. RT, 1991. v. 1.

RODRIGUEZ, Américo Plá. *Princípios de direito do trabalho*. 3. ed. São Paulo: LTr, 2000.

ROUBIER, Paul. *Le droit transitoire*: conflits des lois dans le temps. Paris: Dalloz et Sirey, 1960.

ROUBIER, Paul. *Les Conflits de lois dans le temps*. Paris: Dalloz, 1933. v. 2.

RUGGIERO, Roberto de. *Instituições de direito civil*. Campinas: Bookseller, 1999. v. I.

RUSSOMANO, Mozart Victor. *Comentários à consolidação das leis do trabalho*. 17. ed. Rio de Janeiro: Forense, 1997. v. II.

SILVA, Wilson Melo da. Conflito das leis no tempo. *Revista da Faculdade de Direito da UFMG*. n. 8-11, 1971.

SOUZA JÚNIOR, Antonio Umberto de; SOUZA, Fabiano Coelho de; MARANHÃO, Ney; AZEVEDO NETO, Platon Teixeira de. *Reforma trabalhista*: análise comparativa e crítica da Lei n. 13.467/2017. São Paulo: Rideel, 2017.

SUSSEKIND, Arnaldo; MARANHÃO, Délio; VIANNA, Segadas; TEIXEIRA, Lima. *Instituições de direito do trabalho*. 18. ed. São Paulo: LTr, 1999. v. 1.

TEIXEIRA, Anderson V. *O* Direito adquirido e o direito Intertemporal a partir do debate entre Roubier e Gabba. *Revista Páginas de Direito*. Porto Alegre, ano 8, n. 816. 14.08.2008. Disponível em: [www.tex.pro.br/home/artigos/62-artigos-ago-2008/5927-o-direito-adquirido-e-o--direito-intertemporal-a-partir-do-debate-entre-roubier-e-gabba]. Acesso em: 24.11.2017.

Parte 4

OUTROS TEMAS RELACIONADOS À REFORMA TRABALHISTA

PRESSUPOSTOS PARA A APLICAÇÃO JURISDICIONAL DA REFORMA TRABALHISTA: PROCESSO LEGISLATIVO DEMOCRÁTICO, DEVER DE PROTEÇÃO DOS DIREITOS HUMANOS PELAS AUTORIDADES ESTATAIS E CONTROLE DE CONVENCIONALIDADE

Silvio Beltramelli Neto[1]
Ângelo Fabiano Farias da Costa[2]

Sumário: 1. Introdução – 2. O déficit democrático da Reforma Trabalhista e a inobservância de regramentos internacionais – 3. O Poder Judiciário brasileiro e seu dever de proteção dos direitos humanos – 4. Obrigação jurídica da observância do Direito Internacional dos Direitos Humanos e sua instrumentalização pelo controle de convencionalidade – 5. Considerações finais – Referências.

1. Professor pesquisador da Faculdade de Direito da PUC-Campinas. Doutor em Direito do Trabalho pela Universidade de São Paulo. Mestre em Direito pela Universidade Metodista de Piracicaba. Especialista em Direito e Processo do Trabalho pela PUC-Campinas. Membro do Ministério Público do Trabalho em Campinas/SP.

2. Membro do Ministério Público do Trabalho em Salvador/BA. Presidente da Associação Nacional dos Procuradores do Trabalho.

1. INTRODUÇÃO

O presente escrito não tem por escopo examinar concretamente dispositivos das normas instituídas a propósito da Lei nº 13.467/2017, mas pretende abordar, ainda que suscintamente, algumas premissas jurídicas que deverão ser observadas na aplicação do mencionado diploma legislativo, passando ainda pelo profundo déficit democrático na tramitação e na aprovação da chamada "reforma trabalhista", com foco nas normas internacionais ratificadas pelo Brasil.

Nesse contexto, buscar-se-á analisar o dever de proteção estatal dos direitos humanos no exercício da aplicação jurisdicional da Lei nº 13.467/2017 tendo por consequência a imposição da observância das normas nacionais e, sobretudo, internacionais que se ocupam dos direitos sociais trabalhistas.

Assim, a reflexão a seguir apresenta fundamentos jurídicos impositivos da percepção segundo a qual pensar a reforma trabalhista orientada à sua aplicação não pode prescindir da clareza do seu aplicador acerca de sua indelével vinculação à salvaguarda dos direitos humanos, tendo como norte central o constitucionalismo humanístico e social da ordem jurídica brasileira.

2. O DÉFICIT DEMOCRÁTICO DA REFORMA TRABALHISTA E A INOBSERVÂNCIA DE REGRAMENTOS INTERNACIONAIS

A Lei nº 13.467/2017 alterou profundamente o sistema jurídico normativo trabalhista brasileiro, com densas modificações, especialmente na Consolidação das Leis do Trabalho – CLT e, por conseguinte, demonstrou amplo potencial para esvaziamento de direitos humanos consolidados no ordenamento jurídico nacional.

Como sabemos, a Constituição Federal traz o trabalho como valor social central da sociedade brasileira, conferindo-lhe grande importância para o cumprimento dos objetivos fundamentais da nossa República, quais sejam a construção de uma sociedade livre, justa e solidária, o desenvolvimento nacional, a erradicação da pobreza e da marginalização, a redução das desigualdades sociais e regionais e a promoção do bem comum.

Todavia, alterações desse jaez deveriam ter sido debatidas intensamente com a sociedade brasileira e, especialmente, entre representantes de trabalhadores, de empregadores e do Governo, como preceitua a Convenção nº 144 da Organização Internacional do Trabalho (OIT), ratificada pelo Brasil desde 27 de setembro de 1994, o que não veio a ocorrer.

A própria OIT, por meio do seu departamento de normas internacionais do trabalho, em resposta a consultas efetuadas pelo Ministério Público do Trabalho e por centrais sindicais, afirmou que o texto do então Projeto de Lei da Câmara nº 38/2017 violava diversas convenções internacionais do trabalho ratificadas pelo Brasil, dentre as quais a própria Convenção nº 144 daquela organização internacional.

Assim, o diploma legislativo em questão carece da necessária legitimidade social, pois, desde o seu nascedouro, quando apresentado pelo Poder Executivo no final de 2016, por meio do Projeto de Lei nº 6.787/2016, não foi conferido espaço para que as representações dos trabalhadores, sobretudo, pudessem discutir amplamente seus termos e suas repercussões nas relações de trabalho e na vida de milhões de brasileiros que por ele serão diretamente atingidos.

Em nenhum momento, as entidades sindicais nacionais representativas dos trabalhadores foram convidadas pelo Poder Executivo a discutir os pontos que constariam no projeto de lei que traria a chamada "minirreforma trabalhista", sendo enviada ao Congresso Nacional, à época, uma proposta de alteração de apenas sete artigos da Consolidação das Leis do Trabalho e oito artigos da Lei n º 6.019/1974, que dispõe sobre o trabalho temporário.

E nem se alegue que essas discussões foram feitas perante o Parlamento brasileiro, pois durante toda a tramitação açodada junto ao Poder Legislativo, que culminou num processo legislativo que durou tão-somente cerca de cinco meses, também não foi oportunizado um amplo debate sobre os pontos constantes da proposta e sobre o seu potencial de promoção de retrocessos sociais, atingindo e reduzindo o patamar civilizatório mínimo há muito existente no Direito do Trabalho brasileiro.

Prova da alta relevância do projeto e da necessidade de aprofundamento das discussões com a sociedade foi o grande número de emendas parlamentares oferecidas – aproximadamente oitocentas e cinquenta emendas ao seu texto original –, aparecendo, segundo o site da Câmara dos Deputados, como "a terceira recordista em emendas entre as propostas que já passaram por comissões especiais" naquela casa legislativa[3].

Em sua tramitação na Câmara dos Deputados, o Projeto de Lei nº 6.787/2016 chegou a ser "debatido" em dezenas de audiências públicas, das quais participaram entidades representativas de trabalhadores, de empregadores, procuradores, juízes, advogados, economistas, sociólogos e outros especialistas.

Porém, após sua tramitação perante a comissão especial criada para analisar a matéria, restou apresentado pelo relator Deputado Rogério Marinho um texto que modificava, nada mais nada menos, do que mais de cem artigos da Consolidação das Leis do Trabalho, alterando mais de duzentos dispositivos celetistas, não tendo havido qualquer debate sobre esse novo texto que desfigurava o projeto inicialmente apresentado pelo Poder Executivo, pois sua aprovação pelo Plenário da Câmara dos Deputados se deu poucos dias depois de apresentado pelo relator.

Chama a atenção o número de emendas apresentadas por setores patronais que foram acolhidas pelo relator Deputado Rogério Marinho, o que mostra cla-

3. BRASIL. Câmara dos Deputados. *Maioria das emendas altera prevalência de acordos coletivos na reforma trabalhista,* Brasília, 30 mar. 2017. Disponível em: < https://goo.gl/G8tC64>. Acesso em: 15 out. 2017.

ramente um favorecimento do capital sobre o trabalho, com atendimento de demandas liberalistas que nos levam de volta ao Século XIX e reinstituem o capital predatório, em que se busca o lucro "a todo custo".

Segundo o site The Intercept Brasil[4], que analisou os arquivos de "PDF" das emendas e, a partir de metadados, conseguiu identificar o "autor" e o computador de onde se originaram, o relator acolheu 52,4% das emendas ofertadas por setores do patronato, que foram apresentadas por deputados da base governista, muitos dos quais tiveram suas campanhas financiadas por empresas que se beneficiaram dessas mudanças, o que nos mostra, no mínimo, um grave conflito de interesses. São propostas que, em sua imensa maioria, reduzem ou retiram direitos trabalhistas e restringem o acesso dos trabalhadores à justiça. Em outra perspectiva, praticamente nenhuma emenda ou sugestão de parlamentares com alguma representação trabalhadora foi acolhida.

Não obstante a falta de qualquer oportunidade de debate democrático do teor da proposta, inteiramente modificada, perante a Câmara dos Deputados, esperava-se que o Senado Federal, como casa revisora, franqueasse a abertura de amplas discussões entre as representações de trabalhadores, empregadores, Governo e outras entidades da sociedade civil e que, posteriormente, modificasse seu texto, o que infelizmente não veio a ocorrer.

Ao argumento de que o Brasil tinha pressa, o Senado Federal, com um discurso capitaneado especialmente pelo relator da matéria, Senador Ricardo Ferraço, abriu mão de sua prerrogativa e do seu papel constitucional de casa revisora, e mesmo reconhecendo inúmeros problemas no texto aprovado pela Câmara dos Deputados, aprovou o Projeto de Lei da Câmara nº 38/2017, sem qualquer mudança em seu teor, apenas recomendando, *pasmem*, vetos a determinados dispositivos do referido projeto de lei e a edição de medida provisória para "corrigir" outros pontos objetos de questionamento do relator e de alguns Senadores, o que não veio ocorrer até então, tendo a Lei nº 13.467/2017 sido sancionada pelo Presidente da República em sua inteireza.

Outras situações demonstram, claramente, o açodamento na tramitação de tão importante proposta legislativa. Regras claras do processo legislativo foram frontalmente descumpridas pelo Congresso Nacional, o que gera, sem dúvida, questionamentos quanto à existência de inconstitucionalidade formal da "reforma trabalhista" ou, pelo menos, ilegalidades que podem invalidar a lei como um todo.

No plano da constitucionalidade, verifica-se que a Emenda Constitucional nº 95, que instituiu o Novo Regime Fiscal, adicionou ao Ato de Disposições Constitucionais Transitórias o artigo 114, que dispõe que "A tramitação de proposição elencada no caput do art. 59 da Constituição Federal, ressalvada a referida no seu inciso V, quando acarretar aumento de despesa ou renúncia de receita, será suspensa por até

4. MAGALHÃES, Alline; COSTA, Breno Costa; LAMBRANHO, Lúcio; CHAVES, Reinaldo. Lobistas de bancos, indústrias e transportes estão por trás das emendas da reforma trabalhista. *The Intercept_Brasil* Disponível em: <https://goo.gl/JgsNtC>. Acesso em: 15 out. 2017.

vinte dias, a requerimento de um quinto dos membros da Casa, nos termos regimentais, para análise de sua compatibilidade com o Novo Regime Fiscal."

Nessa perspectiva, não há qualquer dúvida de que o projeto de lei da "reforma trabalhista" traz nitidamente renúncia de receita, não apenas pela perda da arrecadação de parte do chamado imposto sindical, que deixa de ser obrigatório, mas ainda pela estimada perda de arrecadação de impostos que incidem sobre as folhas de salários do trabalhadores que, com as novas formas contratuais criadas pela Lei nº 13.467/2017 e com direitos trabalhistas retirados, certamente serão reduzidas, não tendo havido qualquer análise do impacto orçamentário nas receitas do governo e sua compatibilidade com o Novo Regime Fiscal instituído pela emenda que trouxe o teto de gastos, sobretudo diante dessa grave crise econômica vivenciada pelo nosso país.

No plano de sua regularidade formal, a tramitação do projeto de lei que culminou na Lei nº 13.467/2017 descumpriu regramentos trazidos no próprio regimento das suas duas Casas. Pelo seu conteúdo e amplitude, a "reforma trabalhista" certamente tem a natureza material de um verdadeiro código legal, pois modificou amplamente a Consolidação das Leis do Trabalho, que é considerada a principal codificação do Direito e Processo do Trabalho no Brasil. Seus mais de duzentos dispositivos comprovam sua natureza de código legal. Por isso, deveria, nos termos dos regimentos internos da Câmara dos Deputados e do Senado Federal, observar regramentos específicos para essa espécie de diploma legislativo, com prazos, composições de comissões e aspectos específicos próprios, não obstante olvidados durante sua tramitação.

Todos esses fatos demonstram o déficit democrático que vicia, nos planos material e formal, a Lei nº 13.467/2017, a qual, após uma tramitação apressada, sem aprofundamento de discussões quanto a seu impacto na sociedade brasileira, passará a reger e condicionar, a partir do dia 11 de novembro de 2017, a vida de dezenas de milhões de trabalhadores brasileiros e suas respectivas famílias, alterando por completo o mapa cognitivo do direito do trabalho no nosso país.

Passam a correr sérios riscos princípios constitucionais básicos que regem o ordenamento jurídico nacional, como a dignidade da pessoa humana, a prevalência dos direitos humanos, o primado do trabalho, a função social da empresa e da propriedade e a efetiva aplicação de uma justiça social.

Ao criar empregos e trabalhos sem proteção social, ao promover a redução de direitos, ao fomentar a sonegação de obrigações trabalhistas e ao impor uma série de obstáculos de acesso à justiça, o legislador ordinário brasileiro deixa de lado por completo os princípios da progressividade dos direitos e da vedação ao retrocesso social, verdadeiros vetores de um Estado de Bem-Estar Social como o trazido pela nossa Constituição da República.

O debate, que não foi feito, ressalte-se, sai da seara legislativa - em que a prerrogativa constitucional é conferida a deputados e senadores, que, no último caso, abriram mão de um papel fundamental - e vem para o campo jurídico, onde os principais atores são os procuradores do trabalho, os advogados trabalhistas, os auditores-fiscais do trabalho, as entidades sindicais e, sobretudo, os juízes do trabalho, a quem caberá, a partir da provocação daqueles, aplicar o novo Direito do Trabalho e formar a nova jurisprudência trabalhista.

Sob este ângulo, o principal desafio desses operadores jurídicos é aplicar a Lei nº 13.467/2017 a partir de uma análise lógico-racional, sistemática e teleológica, que tenha como matriz central a Constituição Federal, a própria CLT e outras leis esparsas trabalhistas, bem como e destacadamente as normas internacionais de direitos humanos ratificadas pelo Estado brasileiro, cuja aplicação pelo Poder Judiciário nacional afigura-se obrigação jurídica, como se há de demostrar a seguir.

3. O PODER JUDICIÁRIO BRASILEIRO E SEU DEVER DE PROTEÇÃO DOS DIREITOS HUMANOS

Amplamente difundida, classificação proposta pelo constitucionalista português J. J. Gomes Canotilho afirma que os direitos humanos desempenham quatro funções fundamentais: função de defesa ou de liberdade, função de prestação social, função de proteção perante terceiros e função de não discriminação[5]. Esta classificação coloca em clara evidência o papel de sujeito passivo do Estado frente aos direitos humanos.

A função de defesa ou de liberdade é decorrência da histórica preocupação com a limitação do poder estatal, de modo a pôr a salvo os interesses do cidadão (em especial a sua liberdade) da intervenção arbitrária do Estado.

A função de prestação social está associada aos direitos humanos cuja concretização (otimização) dependa de providências positivas do Estado, *v.g.*, saúde, educação e segurança. Estando o poder estatal adstrito ao cumprimento desta função, não cabe mais cogitar o caráter meramente programático das normas de direitos econômicos, sociais e culturais.

A função da proteção perante terceiros, embora igualmente oponível ao Estado, distingue-se da função de prestação social por exigir providências estatais voltadas à proteção dos titulares de direitos humanos em face da violação perpetrada por terceiros (outros particulares). Esta hipótese trata, mais propriamente, de medidas de proteção (ação de proteger para evitar a violação) e não de promoção (ação para permitir que o direito seja fruído), como visto na função anterior. No exercício desta função de proteção perante terceiros, os diferentes órgãos estatais são instados a prevenir e reprimir afrontas a direitos humanos, principalmente mediante providências administrativas (Poder Executivo), edição de leis punitivas (Poder Legislativo) e realização de investigações, julgamentos e imposição de sanções (autoridade policial, Ministério Público e Poder Judiciário).

5. CANOTILHO, J. J. Gomes. *Direito constitucional e teoria da constituição*. 7. ed. Coimbra: Almedina, 2003, p. 407-410.

A função de não discriminação deriva da igualdade como pilar da salvaguarda da dignidade da pessoa humana. Deve o Estado tratar seus cidadãos como iguais, em todas as suas instâncias de atuação (administrativa, regulamentadora e julgadora).

Com inspiração nesta classificação, é possível afirmar que todo direito humano está apto a ensejar dever de respeito, promoção e proteção. O dever de respeito é consequência da função de defesa ou liberdade e da função da igualdade (mormente a formal). O dever de proteção desdobra-se da função de proteção perante terceiro. Finalmente, o dever de promoção desdobra-se da função de prestação social.

É no Direito Internacional dos Direitos Humanos (DIDH) – ramo do Direito Internacional Público - que esse triplo ônus se encontra mais explicitamente estabelecido. À guisa de ilustração, a Convenção Americana sobre Direitos Humanos, adotada pelo Brasil mediante o Decreto n.º 678, de 06 de novembro de 1992, tem a noção do dever de respeito, proteção e promoção dos direitos humanos incorporada logo nas suas disposições inaugurais (arts. 1.º e 2.º), ao mencionar o "dever de respeito e garantia"[6]. Na mesma linha estão redigidos o art. 2.º do Pacto Internacional de Direitos Econômicos, Sociais e Culturais (ONU) e os arts. 1.º e 2.º do Protocolo de San Salvador (OEA). Trata-se de três documentos em vigor e regularmente ratificados pelo Brasil, tendo ingressado, portanto, no ordenamento jurídico nacional, no marco do art. 5.º, § 2.º da Constituição Federal, com a qualificação supralegal que lhe conferiu o STF[7].

Note-se que o art. 2.º da Convenção Americana sobre Direitos Humanos alcança até mesmo a atuação legislativa, porquanto impõe, de modo literal, ao Estado Parte a obrigação de compatibilizar seu ordenamento jurídico doméstico aos ditames da própria Convenção, por óbvio respeitando o processo legislativo do país. Em iguais termos encontram-se vinculadas, portanto, as instâncias administrativas e judiciárias, assim como todos os demais órgãos estatais, dado que juri-

---

6. Convenção Americana sobre Direitos Humanos. "Artigo 1º - Obrigação de respeitar os direitos. 1.Os Estados-partes nesta Convenção comprometem-se a respeitar os direitos e liberdades nela reconhecidos e a garantir seu livre e pleno exercício a toda pessoa que esteja sujeita à sua jurisdição, sem discriminação alguma, por motivo de raça, cor, sexo, idioma, religião, opiniões políticas ou de qualquer outra natureza, origem nacional ou social, posição econômica, nascimento ou qualquer outra condição social. Artigo 2º - Dever de adotar disposições de direito interno Se o exercício dos direitos e liberdades mencionados no artigo 1 ainda não estiver garantido por disposições legislativas ou de outra natureza, os Estados-partes comprometem-se a adotar, de acordo com as suas normas constitucionais e com as disposições desta Convenção, as medidas legislativas ou de outra natureza que forem necessárias para tornar efetivos tais direitos e liberdades".

7. Confira-se acórdão proferido, em 2008, nos autos do RE 466.343, que veio a fundamentar, em 2009, a Súmula Vinculante n.º 25 do STF ("É ilícita a prisão civil de depositário infiel, qualquer que seja a modalidade de depósito"). A respeito, importa ressalvar, porquanto de todo pertinentes, as manifestações da doutrina especializada em favor da natureza constitucional dos tratados internacionais de direitos humanos ratificados pelo Estado brasileiro. Por todos, *vide* PIOVESAN, Flávia. *Direitos humanos e o direito constitucional internacional*. 11 ed. São Paulo: Saraiva, 2010, p. 79.

dicamente incumbidos de fazer valer, domesticamente, o sistema internacional de proteção de direitos humanos[8].

À vista do exposto, é crucial perceber que o respeito, a proteção e a promoção dos direitos humanos são de incumbência de absolutamente todos os agentes dos mais variados escalões do Estado brasileiro, na integralidade das suas instâncias, *v.g.* o Poder Executivo, o Poder Legislativo, o Poder Judiciário, o Ministério Público, a Defensoria Pública, as Polícias, etc.

Acerca da aplicação desse dever, de modo amplo, a todas as instâncias estatais, citem-se os seguintes trechos de decisões da Corte Interamericana de Direitos Humanos (Corte IDH), órgão jurisdicional ao qual compete aplicar as disposições da Convenção Americana em face dos Estados Partes, incluindo o Brasil, que expressamente reconheceu sua jurisdição em 10 de dezembro de 1998:

> Com fundamento no artigo 1.1 CADH [Convenção Americana sobre Direitos Humanos], o Estado é obrigado a respeitar os direitos e liberdades reconhecidos na Convenção e a organizar o poder público para garantir às pessoas sob sua jurisdição o livre e pleno exercício dos direitos humanos. De acordo com as regras do direito da responsabilidade internacional do Estado, aplicáveis ao Direito Internacional dos Direitos Humanos, a ação ou omissão de qualquer autoridade pública, independentemente de sua hierarquia, constitui um fato imputável ao Estado [...] (Caso *Tribunal Constitucional Vs. Perú*. Mérito, Reparações e Custas. Sentença de 31 de janeiro de 2001. Série C. Nº 71; Caso *Bámaca Velásquez Vs. Guatemala*. Mérito. Sentença de 25 de novembro de 2000. Série C. Nº 70)
>
> A responsabilidade do Estado pode surgir quando um órgão ou funcionário do Estado ou de uma instituição de caráter público afete, indevidamente, por ação ou omissão, alguns dos bens protegidos pela Convenção Americana. Também pode decorrer de atos praticados por particulares, como ocorre quando o Estado é omisso ao prevenir ou impedir condutas de terceiros que violem esses bens jurídicos. (Caso *Albán Cornejo e outros. Vs. Equador*. Mérito, Reparações e Custas. Sentença de 22 de novembro de 2007. Série C. Nº 171).[9]

Acerca da atividade legislativa desconforme com o DIDH, a Corte IDH, quando consultada a respeito, concluiu "que a promulgação de uma lei manifestamente contrária às obrigações assumidas por um Estado ao ratificar ou aderir à Convenção constitui violação dessa e que, na eventualidade de tal violação afetar direitos e liberdades protegidas de determinadas indivíduos, gera responsabilidade internacional do Estado"[10]. Atente-se para o fato de que a exigência de afetação concre-

8. NIKKEN, Pedro. El Derecho Internacional de los Derechos Humanos em el derecho interno. *Revista IIDH 57* (jan-jun2003): 15.

9. Trechos compilados extraídos de GARCÍA, Fernando Silva. *Jurisprudencia interamericana sobre derechos humanos: criterios essenciales*. México: Dirección General de Comunicación del Consejo de la Judicatura, 2011, p. 13-14. Tradução livre do original.

10. A referida posição da Corte IDH, adotada em Opinião Consultiva, restou reafirmada na atividade contenciosa, em diversas oportunidades, com destaque para os casos em que, com vigor, o Tribunal negou efeitos jurídicos às leis de anistia aprovadas, em países da América Latina (inclu-

ta de direitos ou liberdades de determinados indivíduos para a responsabilidade internacional do Estado carrega o pressuposto da aplicação da lei violadora dos direitos humanos, evidenciando, por conseguinte, censura daquele que faz valer, concretamente, os efeitos da norma desconforme com o DIDH[11].

Incumbe, consequentemente, ao julgador, portanto, reparar as lesões decorrentes da violação do DIDH aplicável ao Estado, bem como deixar de aplicar as normas internas que o contraponham. É preciso que se coloque em prática a noção segundo a qual tal postura dos magistrados é obrigação jurídica e não mera discricionariedade, conferindo maior segurança e tranquilidade para que o aplicador do Direito se paute pelos direitos humanos na atividade jurisdicional cotidiana, com isso aperfeiçoando a efetividade desses direitos. Atuando nessa direção, o juiz nacional não só procede como juiz interamericano em nível doméstico, bem como atua como órgão executor das obrigações internacionais do Estado, no que se refere aos seres humanos que estão sob sua jurisdição[12].

Para tanto, há que se ter claras as vias de interlocução, em termos jurídicos, existentes entre o DIDH e o ordenamento jurídico brasileiro, para além de uma relação bilateral entre distintos universos (própria da vetusta concepção dualista), percebendo-os como pontos de um mesmo sistema. Marcelo Neves cuida, de modo científico e detalhado, dessa perspectiva sob a alcunha de "transconstitucionalismo", consubstanciada no reconhecimento de que as diversas ordens jurídicas, por encontrarem-se entrelaçadas para a solução de um caso concreto, demandam formas transversais de articulação, cada uma delas observando a outra[13].

4. OBRIGAÇÃO JURÍDICA DA OBSERVÂNCIA DO DIREITO INTERNACIONAL DOS DIREITOS HUMANOS E SUA INSTRUMENTALIZAÇÃO PELO CONTROLE DE CONVENCIONALIDADE

É certo que o Brasil, desde o desencadeamento do novo panorama de proteção dos Direitos Humanos, a partir da criação da ONU, sempre participou dos debates e da formulação de normas internacionais, inclusive ratificando determinados tratados, nos âmbitos das Nações Unidas, da OIT e da OEA. Contudo, cuidou-se de participação sem efetivo comprometimento. Essa postura brasileira "pró-forma"

sive o Brasil), por regimes militares ditatoriais que com elas pretendiam tornar os agentes da ditadura imunes à investigação, processamento e condenação por crimes praticados supostamente em nome da manutenção da ordem nacional [CORTE INTERAMERICANA DE DIREITOS HUMANOS. *Opinião Consultiva OC-14/94, sobre a responsabilidade internacional por promulgação e aplicação de leis violadoras da Convenção (arts. 1 e 2 da Convenção Americana sobre Direitos Humanos)*, de 9 de dezembro de 1994. Tradução livre. Disponível em: <https://goo.gl/vrX4R9>. Acesso em: 16 out. 2017].

11. *Vide* Casos Barrios Altos vs. Perú, Almonacid Arellano e Outros vs. Chile e Gomes Lund e Outros vs. Brasil.

12. NIKKEN, op. cit., p. 66.

13. NEVES, Marcelo. *Transconstitucionalismo*. São Paulo: WMF Martins Fontes, p. 297-298.

e retórica perdura até a reabertura democrática dos anos 80, quando se verifica uma viragem da preocupação pontual e retórica com os Direitos Humanos para um engajamento político e jurídico na linguagem desses direitos.

Consequência mais recente de tal engajamento é a submissão do Estado brasileiro a dois dos mais importantes sistemas internacionais de proteção dos direitos humanos, quais sejam, o Sistema Universal (ou Global) — no âmbito da ONU, que tem a OIT como uma de suas agências especializadas —, e o Sistema Regional Interamericano — no âmbito da OEA —, conduta por meio da qual, valendo-se de sua soberania para relativizá-la, aceita prestar contas aos mecanismos internacionais de monitoramento e apuração de afrontas a Direitos Humanos.

No que tange, genericamente, aos direitos sociais, incluído os trabalhistas, enfatize-se o comprometimento jurídico do Estado brasileiro com a obrigação de não retrocesso social.[14]

Além dos ditames da Constituição Federal com "identidade social", o Brasil, outrossim, encontra-se obrigado a observar a proibição do retrocesso social ("efeito *cliquet*") por força da adesão (Dec. 3.321/99) ao Protocolo Adicional à Convenção Americana sobre Direitos Humanos em Matéria de Direitos Econômicos, Sociais e Culturais, também conhecido por "Protocolo de San Salvador", firmado no âmbito da OEA – Organização dos Estados Americanos[15].

A proibição do retrocesso social, ao mirar não apenas as medidas supressivas de direitos sociais, mas também aquelas que acarretem a atrofia do patamar de efetividade já obtido, chama a atenção para que inconstitucionais e inconvencionais não são apenas as normas reformadoras que, deliberadamente, visem excluir um direito social previsto na Constituição Federal. Tal advertência pode e deve ser estendida aos demais direitos fundamentais, à luz da literalidade do caput do art. 60, que ao dispor "não será objeto de deliberação a proposta de emenda tendente a abolir", impõe o rechaço de qualquer norma jurídica que, embora não leve o direito fundamental à extinção, contribua, sem amparo constitucional, para o seu sacrifício ou restrição.

No que tange, especificamente, aos direitos trabalhistas contemplados em normas internacionais, existe farta previsão normativa, perpassante por todo tipo

14. CANOTILHO assim conceitua o não retrocesso social: [...] o núcleo essencial dos direitos sociais já realizado e efectivado através de medidas legislativas ("lei de segurança social", lei do subsídio de desemprego", "lei do serviço de saúde") deve considerar-se constitucionalmente garantido, sendo inconstitucionais quaisquer medidas estaduais que, sem a criação de outros esquemas alternativos ou compensatórios, se traduzam, na prática, numa "anulação", "revogação" ou "aniquilação" pura e simples desse núcleo essencial (CANOTILHO, op. cit., p. 340).

15. Protocolo de San Salvador. "Artigo 1. Obrigação de adotar medidas**.** Os Estados Partes neste Protocolo Adicional à Convenção Americana sobre Direitos Humanos comprometemse a adotar as medidas necessárias, tanto de ordem interna como por meio da cooperação entre os Estados, especialmente econômica e técnica, até o máximo dos recursos disponíveis e levando em conta seu grau de desenvolvimento, a fim de conseguir, **progressivamente** e de acordo com a legislação interna, a plena efetividade dos direitos reconhecidos neste Protocolo".

de documento jurídico internacional, a começar pela Declaração Universal dos Direitos Humanos (arts. XXIII e XXIV) e pela Declaração Americana de Direitos e Deveres do Homem (art. XIV).

Tratados pretensamente dedicados a direitos civis e políticos também apresentam disciplina relativa ao trabalho, como, por exemplo, o Pacto Internacional de Direitos Civis e Políticos de 1966 (arts. 8º e 22) e a Convenção Americana sobre Direitos Humanos (arts. 6º e 16).

Diga-se o mesmo de diversos tratados que versam sobre temas específicos, *v.g.* a Convenção Internacional sobre a Eliminação de Todas as Formas de Discriminação Racial (art. V), a Convenção sobre a Eliminação de Todas as Formas de Discriminação contra a Mulher (arts. 8º, 11 e 14), Convenção sobre os Direitos da Criança (art. 32) e a Convenção Internacional sobre os Direitos das Pessoas com Deficiência (arts. 8º e 27). Isso sem falar nas centenas de Convenções e Recomendações específicas da OIT.

As disposições normativas internacionais sobre o trabalho oponíveis ao Brasil devem ser, pois, alvo de prevalente aplicação, sob a ótica de seu *status* hierárquico qualificado no ordenamento jurídico, bem como do ponto de vista do cumprimento pelos agentes públicos do Poder Judiciário do dever estatal de proteção dos Direitos Humanos. Tal aplicação, na hipótese ato legislativo atentatório ao DIDH, deve acontecer pelo manejo do controle de convencionalidade.

A respeito, há que se entender, antes de mais nada, que o processo internacional dos Direitos Humanos – conjunto de regras e procedimentos relativos ao monitoramento e apuração pelas Organizações Internacionais de violação de Direitos Humanos - tem estabelecida uma premissa sólida, alicerçada sobre o instituto da soberania estatal e da autodeterminação dos povos e que diz respeito ao seu aspecto subsidiário.

Segundo o pressuposto da subsidiariedade, é dever primário dos Estados, em seu âmbito doméstico, adotar as providências de proteção e promoção dos Direitos Humanos e, em caso de violação, proporcionar a reparação dos danos decorrentes, tal como contemplado no direito internacional, entendido em sentido lato (tratados, costume internacional, princípios gerais e demais fontes formais e materiais).

Sendo assim, as recomendações e deliberações vinculantes dos órgãos internacionais terão lugar tão somente na hipótese de o Estado falhar na consecução do seu dever de proteção dos Direitos Humanos.

Adotada tal premissa, no plano internacional, aprecia-se a compatibilidade entre a norma nacional e as normas internacionais de Direitos Humanos, sobretudo as convenções internacionais. Não se trata, pois, de controle de constitucionalidade, mas, sim, do que se convencionou denominar "controle de convencionalidade", conceito desenvolvido principalmente no âmbito da Corte Interamericana de Direitos Humanos (Corte IDH).

O controle de convencionalidade advém do entendimento de que a produção de leis é um dos diversos instrumentos estatais que podem servir tanto para promover e proteger os Direitos Humanos, quanto para afrontá-los. Nessa perspectiva, o ato nacional de legislar apresenta-se, para os órgãos internacionais, como um fato (ato do Estado) que deve ser analisado, como qualquer outro, à luz das normas internacionais de direitos humanos. Isto porque, aos Estados Partes não é dado isentarem-se do cumprimento dos tratados internacionais de Direitos Humanos sob a alegação de suposta incompatibilidade com normas, Constituição ou princípios de direito interno.

Relembre-se que diversas convenções internacionais de Direitos Humanos já preveem, expressamente, a obrigação estatal de adequar a sua legislação interna ao compromisso internacionalmente assumido (*vide* o já transcrito art. 2.º da Convenção Americana sobre Direitos Humanos). A respeito, consignou a Corte IDH:

> Esta Corte é consciente de que os juízes e tribunais internos estão sujeitos ao império de lei e, por isso, estão obrigados a aplicar as disposições vigentes no ordenamento jurídico. Mas quando um Estado ratifica um tratado internacional como a Convenção Americana, seus juízes, como parte do aparato do Estado, também estão submetidos a ela, o que os obriga a velar para que os efeitos das disposições da Convenção não se vejam mitigados pela aplicação das leis contrárias ao seu objeto e finalidade, as quais, desde o início, carecem de efeitos jurídicos.[16]

Isto posto, concluindo pela incompatibilidade da norma interna com o DIDH, a Corte internacional sentenciará declarando a responsabilidade internacional do Estado por violação e exigindo as reparações decorrentes, sem que isso importe na invalidade daquela norma perante o ordenamento jurídico nacional.

Por certo, de modo a evitar que os tribunais internacionais sejam levados a exercer o controle de convencionalidade em face de normas domésticas, é imperioso que os juízes, nas respectivas searas nacionais e dentro de suas competências (material e territorial), já pratiquem esse juízo de convencionalidade.

Essa vinculação dos juízes nacionais à aplicação do DIDH é objeto de inúmeras manifestações da Corte IDH, em julgamentos de casos contenciosos, e vem lastreando a construção jurisprudencial da ideia de "controle difuso de convencionalidade" (para alguns, controle nacional ou interno). O controle de convencionalidade difuso deve ser exercido pelos magistrados do Poder Judiciário local, aos quais incumbe, primeira e preferencialmente, examinar, *ex officio*, a compatibilidade de determinada norma doméstica com o DIDH, deixando de aplicá-la, no âmbito da demanda sob jurisdição, na hipótese de desconformidade. Em falhando esse controle difuso, à vista do aspecto subsidiário do processo internacional dos Direitos Humanos, caberá ao órgão internacional colocar em prática o controle concentrado de convencionalidade.

---

16. CORTE INTERAMERICANA DE DIREITOS HUMANOS. *Caso Almonacid Arellano vs. Chile. Exceções Preliminares, Mérito, Reparações e Custas*. Sentença de 26 de setembro de 2006, parágrafo 124. Tradução livre.

Vale transcrever as passagens em que a Corte IDH consolida tal distinção e, com isso, imputa aos juízes nacionais a importante e estratégica missão de fazer valer os comandos internacionais de proteção dos Direitos Humanos:

> Em outras palavras, o Poder Judiciário deve exercer uma espécie de "controle de convencionalidade" das normas jurídicas internas que aplicam nos casos concretos e a Convenção Americana sobre Direitos Humanos. Nessa tarefa, o Poder Judiciário deve ter em conta não apenas o tratado, mas também a sua interpretação, conferida pela Corte Interamericana, intérprete última da Convenção Americana.[17]
>
> Quando um Estado ratifica um tratado internacional como a Convenção Americana, seus juízes também estão submetidos a essa, o que os obriga a velar para que o efeito útil da convenção não se veja mitigado ou anulado pela aplicação de leis contrárias às suas disposições, objeto e finalidade. Em outras palavras, os órgãos do Poder Judiciário devem exercer não só um controle de constitucionalidade, mas também "de convencionalidade" *ex officio* entre as normas internas e a Convenção Interamericana, evidentemente no marco de suas respectivas competências e das regras processuais correspondentes.[18]

Ademais, o controle de convencionalidade difuso não se limita a analisar a adequação de uma norma nacional em face dos tratados internacionais. Para além disso, esse controle admite e até propõe a aplicação alinhada às convenções internacionais, quando o caso permite. Trata-se do instituto da "interpretação conforme". Sob tal prisma, se possível no caso concreto, a interpretação conforme afigura-se importante instrumento para ser utilizado não apenas tendo como parâmetro o texto constitucional, mas também as normas internacionais de Direitos Humanos a que se submete o Estado, como pontua a Corte IDH:

> Assim, nos chamados sistemas difusos de controle de constitucionalidade, onde todos os juízes têm competência para deixar de aplicar uma lei ao caso concreto por contrariar a Constituição nacional, o grau de "controle de convencionalidade" resulta de maior alcance, ao terem todos os juízes nacionais a atribuição de não aplicar a norma contrária à Convenção. Trata-se de um nível intermediário de "controle", que operará apenas se não se mostrar possível a "interpretação conforme" da normatividade nacional com o Pacto de San José (ou de alguns outros tratados internacionais, como veremos mais adiante) e da jurisprudência convencional. Através dessa "interpretação conforme" salva-se a "convencionalidade" da norma interna. O grau de intensidade máximo do "controle de convencionalidade" pode ser verificado pelas altas jurisdições constitucionais (normalmente os últimos intérpretes constitucionais em um determinado ordenamento jurídico), que geralmente têm, ademais, a faculdade de declarar a invalidade da norma inconstitucional com efeitos *erga omnes*.

17. CORTE INTERAMERICANA DE DIREITOS HUMANOS. *Caso Almonacid Arellano vs. Chile. Exceções Preliminares, Mérito, Reparações e Custas*, op. cit. Tradução livre.

18. CORTE INTERAMERICANA DE DIREITOS HUMANOS. *Caso Aguado Alfaro e Outros vs. Perú. Exceções Preliminares, Mérito, Reparações e Custas*. Sentença de 24 de novembro de 2006, parágrafo 128. Tradução livre.

> Se trata de uma declaração geral de invalidade por "inconvencionalidade" da norma nacional.[19]

O controle de convencionalidade difuso já é uma realidade na prestação jurisdicional brasileira. No âmbito do STF, a contemporaneidade do tema foi afirmada por diversos Ministros, no julgamento da ADI n.º 5.240/SP, que tratou sobre a obrigatoriedade das audiências de custódia, em âmbito penal, a despeito de sua improcedência.

Aliás, a Justiça do Trabalho é campo de abordagem vanguardista desse controle, tendo-o manejado de modo mais explícito a propósito da possibilidade de acumulação da percepção dos adicionais de insalubridade e periculosidade, que suscita a não recepção do art. 193, § 2.º, da CLT (que pugna pela opção do trabalhador exposto a ambos os tipos de riscos) pela Constituição Federal e sua desconformidade com as Convenções da OIT[20].

Como se vê, o controle de convencionalidade difuso para declarar, incidentalmente, a incompatibilidade de lei nacional com norma de natureza constitucional/supralegal ou, quando possível, sua interpretação conforme, é instrumento que se impõe em cumprimento do dever estatal jurídico de proteção dos Direitos Humanos, oponível ao Poder Judiciário, não se tratando, bem por isso, de mera ferramenta discricionária de aplicação do Direito.

O controle de convencionalidade difuso é a ferramenta, pois, que se espera manejada na aplicação das disposições da reforma trabalhista.

5. CONSIDERAÇÕES FINAIS

São vastos os fundamentos jurídicos da obrigação estatal de efetivação das normas internacionais de direitos humanos, para tanto compatibilizando-as com sua normativa doméstica. Ocorre que tal objetivo, conquanto perfeitamente colocado no plano jurídico-normativo, depende, para sua consecução prática, dos operadores do Direito, em especial dentro da esfera judicial. Eis a verdadeira chave da efetivação das normas de direitos humanos em âmbito interno.

Impõe-se a conclusão segundo a qual, de um lado, o Estado não pode intentar eximir-se de sua responsabilidade internacional, alegando conduta pessoal do seu agente, ainda que no exercício do Poder Legislativo, e, de outro, o agente estatal encontra-se juridicamente impedido de atuar de forma a afrontar ao DIDH.

Portanto, se é certo que o legislador não pode legislar contra o DIDH, tampouco o juiz pode aplicar a lei doméstica que afronte os direitos humanos pre-

19. CORTE INTERAMERICANA DE DIREITOS HUMANOS. *Caso Cabrera García e Montiel Flores vs. México. Exceções Preliminares, Mérito, Reparações e Custas*. Sentença de 26 de novembro de 2010, Voto Arrazoado de Eduardo Ferrer Mac-Gregor Poisot (juiz ad hoc), parágrafo 36. Tradução livre.
20. Cf, *v.g.*, PROCESSO Nº TST-RR-1072-72.2011.5.02.0384 – MINISTRO RELATOR CLÁUDIO BRANDÃO – Publ. 03/10/2014.

vistos em sua Constituição ou que integrem as normas internacionais oponíveis ao Estado. É nesta perspectiva que os magistrados da Justiça do Trabalho estão sendo chamados a examinar, sob a ótica dos casos práticos, a reforma trabalhista – resultante de procedimento legislativo eivado de déficit democrático -, estando vinculados, juridicamente, a uma interpretação conforme os direitos humanos ou, na impossibilidade, à declaração de sua invalidade.

REFERÊNCIAS

BELTRAMELLI NETO, Silvio. *Direitos humanos.* 4. ed. Salvador: Juspodivm, 2017.

BRASIL. Câmara dos Deputados. *Maioria das emendas altera prevalência de acordos coletivos na reforma trabalhista,* Brasília, 30 mar. 2017. Disponível em: < https://goo.gl/G8tC64>. Acesso em: 15 out. 2017.

CANOTILHO, J. J. Gomes. *Direito constitucional e teoria da constituição.* 7. ed. Coimbra: Almedina, 2003.

CORTE INTERAMERICANA DE DIREITOS HUMANOS. *Opinião Consultiva OC-14/94, sobre a responsabilidade internacional por promulgação e aplicação de leis violadoras da Convenção (arts. 1 e 2 da Convenção Americana sobre Direitos Humanos)*, de 9 de dezembro de 1994.

______. *Caso Almonacid Arellano vs. Chile. Exceções Preliminares, Mérito, Reparações e Custas.* Sentença de 26 de setembro de 2006, parágrafo 124.

______. *Caso Aguado Alfaro e Outros vs. Perú. Exceções Preliminares, Mérito, Reparações e Custas.* Sentença de 24 de novembro de 2006, parágrafo 128.

______. *Caso Cabrera García e Montiel Flores vs. México. Exceções Preliminares, Mérito, Reparações e Custas.* Sentença de 26 de novembro de 2010, Voto Arrazoado de Eduardo Ferrer Mac-Gregor Poisot (juiz ad hoc), parágrafo 36.

GARCÍA, Fernando Silva. *Jurisprudencia interamericana sobre derechos humanos: criterios esenciales.* México: Dirección General de Comunicación del Consejo de la Judicatura, 2011.

MAGALHÃES, Alline; COSTA, Breno Costa; LAMBRANHO, Lúcio; CHAVES, Reinaldo. Lobistas de bancos, indústrias e transportes estão por trás das emendas da reforma trabalhista. *The Intercept_Brasil* Disponível em: < https://goo.gl/JgsNtC>. Acesso em: 15 out. 2017.

NEVES, Marcelo. *Transconstitucionalismo.* São Paulo: WMF Martins Fontes, 2009.

NIKKEN, Pedro. El Derecho Internacional de los Derechos Humanos em el derecho interno. *Revista IIDH 57* (jan-jun2003): 15.

PETERK, Sven. Doutrinas gerais. In: PETERKE, Sven (Coord.). *Manual Prático de Direitos Humanos Internacionais.* Brasília: Escola Superior do Ministério Público da União, 2010.

RAMOS, André de Carvalho. *Curso de direitos humanos.* São Paulo: Saraiva, 2014.

OS DIREITOS FUNDAMENTAIS E A REFORMA TRABALHISTA

Alexandre Albuquerque Almeida[1]
Simone Barbosa de Martins Mello[2]

Sumário: 1. Panorama Geral e o Advento da Reforma – 2. Dos Direitos Fundamentais – 3. A Reforma Trabalhista e os Direitos Fundamentais – 4. Considerações Finais.

1. PANORAMA GERAL E O ADVENTO DA REFORMA

Posto o desafio de tratar a reforma trabalhista na perspectiva dos direitos fundamentais, logo nos vieram às mentes incontáveis argumentos pela inconstitucionalidade da Lei. Brados massivos, argumentos opulentes que pareciam dar corpo a algo realmente inabalável e muito bem embasado.

Ir na contramão e testar a hipótese de que, no ordenamento, a letra da recém-nascida norma seria tão inocente ou maculada quanto o era a "norma-original" nos anos 1940, parecia nada além de vão esforço contra científico.

Ao examinar, contudo, cada mau presságio, foi possível perceber que alguns argumentos não se punham em pé, que outros tantos, muito embora bem adornados, não passavam de sustentações oriundas de densos 'obstáculos epistemológicos' (como diria Gaston Bachelard).

E se nos pareceu que daí decorreria o desafio acadêmico deste artigo: demonstrar que, pela boa-fé e excelência técnica, poder-se-á colher bons resultados com a reforma, tendo-se que, no Direito, bons resultados equivalem a ambiente (social) equilibrado e previsível, em que as pessoas sejam incluídas e protegidas, logo, sem maiores razões para buscar o atrito.

---

1. Advogado. Mestre em Direito pela PUC-SP.
2. Professora Universitária. Mestre em Direito pela PUC-SP.

Pois bem. Em 23 de dezembro de 2016 foi apresentado (em regime de urgência) o Projeto de Lei n. º 6.787, por iniciativa do Poder Executivo e, encaminhado à comissão especial da Câmara dos Deputados, foram-lhe apresentadas inúmeras emendas.

Através da EMC 12/2017, a deputada Gorete Pereira (PR-CE) propôs nova redação ao artigo 468 da CLT, dispondo que para ser conferida a licitude às alterações contratuais, basta o mútuo consentimento. E justificou-se afirmando que deve ser considerado o pressuposto de que o conceito de hipossuficiência não é mais, nos dias de hoje, absoluto.

A mesma parlamentar propôs, por exemplo, que o vale-refeição pago em dinheiro seja excluído do salário (EMC 13); que a garantia de emprego da gestante ficasse condicionada à comunicação do estado gravídico em até 30 dias após sua dispensa (EMC 14/2017); que as normas coletivas poderiam ter a vigência estendida por até 4 anos (EMC 18).

Aquelas propostas não chegaram a ser acolhidas pelo Legislativo em toda a sua possível extensão, mas, se de um lado, no ambiente brasileiro, o conteúdo chega a contrariar muito do que se pratica atualmente, constata-se que o legislador poderia ter imprimido um conteúdo bastante mais abrangente ao *retrofit*.

Nitidamente não o fez.

Preferiu ser mais cirúrgico e trazer à formalidade alguns institutos que se não são praticados à margem da ordem jurídica, também não são desconhecidos, porque há muito discutidos, mas, em alguns momentos não normatizados por falta de composição política, noutros a bem da manutenção do *status quo*, sem juízo de valor quanto a justiça ou injustiça disso, que num processo democrático, em nação ainda jovem e em formação cultural-educacional, tem, claro, o seu preço e o seu tempo.

Assim é que, no universo deste artigo, será observado que a reforma corporificada na Lei 13.467, de 13 de julho de 2017 (alterada pela Medida Provisória 808, de 14.11.2017), se justificou no contexto pelo qual o direito do trabalho devia à sociedade uma conexão mais atual com o real ambiente imposto pela evolução econômica (global) e o avanço tecnológico nos meios de produzir a própria ciência, os serviços, a interação entre as pessoas e os bens, sob pena de continuar impondo-se ao Brasil desvantagens frente às outras nações.

É bem verdade, a Consolidação da Legislação do Trabalho data de 1º de maio de 1943 e nasceu quando o mundo já experimentava processos de produção em escala, mas, naquela época, quase tudo era produzido por meio de poucos processos, sem muita qualificação e distinção entre um produto e outro, sem identificação ou importância para o termo diversidade, tanto que as formas de contratar eram restritas, as de produzir, quase idênticas (no Brasil, diga-se), e a cadeia produtiva pouco se encontrava; cada setor, o primário, o secundário, o terciário, era distinto, bem definido, de modo que assim éramos "conformados" e ensinados nas escolas até quase os anos 1990.

Nos anos 1990, quando o conhecimento começava a se propagar na velocidade da rede, o processo produtivo também sofria drásticas transformações no

Brasil. O País havia aprendido com os EUA e com o velho continente, a indústria estava mais preparada, as universidades federais produziam ciência e profissionais de ponta, havia projetos que integravam a indústria e agricultor no desenvolvimento da semente, preparação do solo, colheita no grão, tudo para um produto com maior valor agregado ao consumidor (e claro, perder menos na cadeia de produção).

Naquela altura, a CLT, com gênesis em 1943, "testemunhava" os tempos finais da grande escala da lista telefônica, período em que as linhas telefônicas fixas deixavam de ser vendidas e perdiam valor de mercado, pouco antes, "testemunhou" a função de operadores de telex deixar de existir, o mercado dos datilógrafos minguar junto com o cerrar de portas da Olivetti, fabricante de máquinas de escrever (que não se estabeleceu no ambiente dos fabricantes de PC). Assim como, hoje, testemunha, advogados (veja você, atento leitor, os advogados!) e médicos sentindo-se ameaçados pelo Watson (da IBM).

A propósito é interessante tratar da "síndrome de Kodak", que todo empreendedor quer evitar:

> - Das 500 maiores companhias do mundo em 1955, segundo a *Fortune*, apenas 60, ou 12%, continuam no ranking até hoje. Naquele ano, a Kodak que chegou a dominar 50% do mercado mundial de fotografia **e empregar 140 000 pessoas**, ocupava a 43ª posição no ranking. Hoje virou símbolo-clichê do que acontece com quem deixa a onda passar. O mais emblemático é que a Kodak inventou aquilo que a levou à falência em 2012. A câmera digital foi projetada em 1975 por um engenheiro que ao mostrá-la ao chefe, deve ter ouvido algo como "legal, mas não conte para ninguém." Provavelmente o líder não queria prejudicar a venda de filmes fotográficos, carro-chefe na época. Com mais de 7 000 patentes registradas, a Kodak deixa ainda outra lição: não é apenas a falta de ideias que destrói um negócio, mas o erro de estratégia e de gestão em capitalizar a inovação."

No Brasil, a CLT com sua redação datada de 1943 (e alterações), testemunhou e regulou as consequências trabalhistas de todos esses acontecimentos, inclusive o despedimento dos empregados da empresa Kodak, falida em 2012.

Seria mais simples se houvesse inteira compreensão de que o direito do trabalho é amorfo, pois, ao regular relações umbilicalmente relacionadas ao mercado e à economia, deve adaptar-se constantemente, de um lado, para obter, nos fatos, o valor social da proteção às pessoas que precisarem, de outro, para garantir o ambiente fluído, equilibrado e pacífico, evitando também que o argumento da fraqueza se torne poderosa arma de paralisia e pior, embotamento, manobra política que se alimenta porque precisa se justificar initerruptamente.

Em recente pesquisa apresentada pela *Accenture*, OECD e CEB, constatou-se que em 2017 apenas 10% dos membros do conselho de uma empresa têm experiência profissional digital; 65% das crianças hoje terão trabalhos que ainda não foram desenvolvidos e 57% dos RHs pretendem atrair e reter 'talentos digitais'. E o medo (crescente) do novo. A preocupação dos CEOs com a velocidade das transformações tecnológicas aumenta a cada ano: 2014, 58%; 2015, 61% e 2016, 71%.

E o que mais os assusta é a falha na segurança digital, 55%. (Fonte: PWC. *Estudo 20 years inside the mind of the CEO... What's next? Revista Você RH, edição 49, abril 2017*)

Ou seja, há mudanças no horizonte, pois 59% acreditam que as tecnologias disruptivas irão afetar o seu negócio (Fonte: *Mit Sloan Management Review e Deloitte University Press. Revista Você RH, edição 49, abril 2017*)

Mas como a compreensão homogênea não parece existir, vale lembrar que:

a) Mais recente do que a CLT e com método mais rígido de alteração, a Constituição Federal (de 1988) mereceu 97 emendas, a última de outubro de 2017, cujo objeto foi "vedar as coligações partidárias nas eleições proporcionais, estabelecer normas sobre acesso dos partidos políticos aos recursos do fundo partidário e ao tempo de propaganda gratuito no rádio e na televisão". Então, por que havia a CLT de manter-se petrificada no tempo da industrialização e do indescritível avanço tecnológico?

b) Aliás, a própria CLT sofreu incontáveis modificações, a exemplo: Decreto-lei 8.079/1945; Decreto-lei 8.249/1945; Lei 2.924/1956; Lei 3.488/1958; Lei 4.072/1962; Lei 4.589/1964; Decreto-lei 5/1966; Decreto-lei 127/1967; Decreto-lei 229/1967; Lei 5.381/68; Decreto-lei 926/1969; Decreto-Lei 972/1969; Lei 5.686/1971; Decreto-lei 1.535/1977; Lei 6.514/1977; Lei 6.533/1978; Lei 6.637/1979; Decreto-lei 2.351/1987; Lei 7.855/1989; Lei 8.260/1991; Lei 8.630/1993; Lei 8.921/1994; Lei 8.966/94; Lei 9.016/1995; Lei 9.013/1995; Lei 9.658/1998; Lei 10.097/2001; Lei 10.270/2001; Medida Provisória 2.164-41/2001, cuja reedição encontra-se em tramitação[3]; Lei 12.551/2011; Lei 12.619/2012; Lei 12.740/2012; Lei 13.015/2014, Lei 13.103/2015 e a derradeira Lei 13.467, de 13 de julho de 2017. Fora a legislação complementar que altera seu sentido e restringe seu alcance (v.g.: Lei 6.019/1974; Lei 5.889/1973, LC 123, LC 150, dentre outras). Inclusive sendo afetada por força de Emenda Constitucional, como a de nº 28/2000, que trata da prescrição.

c) Isso sem considerar leis esparsas, portarias ministeriais, súmulas e orientações jurisprudenciais, que constituem o "Direito Sumular Trabalhista".

Enfim, todos os fatos que ajudam a demonstrar a merecida atualização ainda mais robusta do que a que chegou em 2017.

Assim é que muito embora o projeto de lei que trouxe a Lei 13.467 tenha sido apresentado em regime de urgência em dezembro de 2016, a ideia da reforma

3. EMC 32, de 11/09/2001, Art. 2º: As medidas provisórias editadas em data anterior à da publicação desta emenda continuam em vigor até que medida provisória ulterior as revogue explicitamente ou até deliberação definitiva do Congresso Nacional.

não apenas não era nova (foi até plataforma eleitoral de candidatos presidenciais), como vem sendo obstaculizada há anos, ou décadas, todas as vezes que se toca no assunto.

No ano de 2007 a OAB-SP chegou a criar Comissão da reforma trabalhista, que teve como titular o saudoso professor Amauri Mascaro Nascimento, para que um (Bom) projeto fosse apresentado ao legislativo. A Comissão teve como coordenadora a então conselheira e, hoje, Desembargadora do Trabalho do TRT-SP, Sonia Mascaro Nascimento e, como membros efetivos, o ex-ministro do TST, Almir Pazzianotto Pinto e os advogados Cássio de Mesquita Barros Junior, Nelson Mannrich e Renato Rua de Almeida. Também integraram a Comissão na qualidade de membros colaboradores, Adriana Carrera Calvo, Ari Possidonio Beltran, Carlos Carmelo Balaró, César Augusto de Mello, dentre outros que, de modo voluntário, dedicaram horas ao projeto.

Na época, o Professor José Pastore declarou:

> "No Brasil, os principais problemas na área trabalhista são a taxa de desemprego, de 9%, o que representa 9 milhões de pessoas; a informalidade, que atinge 57% dos trabalhadores e causa rombo na previdência de cerca de R$ 45 milhões; e os conflitos trabalhistas, cerca de 2 milhões de ações por ano. Esses problemas são causados pelo crescimento econômico anêmico, pela educação de má qualidade e pela legislação rígida e detalhista"

E o Professor Arion Sayão Romita afirmou que: "Acredito que só daqui a 10, 15 gerações poderemos fazer essa reforma. Mas espero que a história me desminta e que a reforma venha com rapidez." E houve uma grande preocupação com a heterogeneidade no mercado brasileiro. Nesse contexto, o professor Amauri Mascaro registrou que: "Os problemas trabalhistas não são iguais em todo o país." Diante de obstáculos políticos, embora o Projeto estivesse em fase de finalização, ele não foi apresentado.

Pode-se citar, ainda, outros Projetos de Lei que buscavam alterar a legislação trabalhista e que estavam em trâmite quando foi apresentado o PL 6787: PL 8.640/2017 (dispõe sobre a prescrição processual); PL 7979/2017 (para estender aos dirigentes e representantes de associações de trabalhadores, quando no exercício da defesa dos interesses de sua categoria, as garantias dadas aos dirigentes); PL 4846/2016 (adoção de banco de horas sem norma coletiva); PL 5187/2016 (honorários periciais, litigância de má fé e falso testemunho); PL 4848/2016 (determina que a União custeie as despesas com exame toxicológico de motorista profissional empregado); PL 7549/2014 (efeitos processuais da homologação da rescisão contratual); PLS 432/2013 (Define trabalho escravo; estabelece que o mero descumprimento da legislação trabalhista não caracteriza trabalho escravo e prevê a expropriação das propriedades rurais e urbanas onde se localizem a exploração de trabalho escravo); PL 5347/2013 (estabelece que decorridos oito anos de tramitação do processo trabalhista sem que a ação tenha sido levada a termo o processo será extinto, com julgamento de mérito por decurso de prazo); PL 2795/2011 (Altera a redação do caput do art. 844 da Consolidação das Leis do

Trabalho para estabelecer o prazo de quinze minutos de tolerância para o comparecimento das partes à audiência de instrução e julgamento na Justiça do Trabalho); PL 2409/2011 (a fim de dispor que o tempo de deslocamento do empregado até o local de trabalho e para o seu retorno não integra a jornada de trabalho); PL 7769/2010 (dispõe sobre a responsabilidade das partes e de seus procuradores por litigância de má-fé); PL 5016/2005 (fixa penalidades para o trabalho escravo, altera dispositivos do Código Penal, do CPC e regula o trabalho rural) e o PL 5605/2005 (trata da aplicação de multas trabalhistas a entidades filantrópicas que dependem da transferência de recursos públicos). Dentre outros, pois não seria possível citar os 1.067 projetos de lei que se encontravam (e se encontram) em tramitação na Câmara dos Deputados.

E diante desse ambiente para lá de dinâmico, certa altura, Evaristo de Moraes Filho pontuou que "o direito não pode viver de saudosismos, nem de permanente recuo do passado"[4], é o que se nos parece confirmar, senão pelas tentativas bem sucedidas de evoluir, mas, durante todo o tempo, pela vida como é, apesar do direito encontrar os limites que encontra, mesmo quando não os consegue impor de forma eficiente, dada a incapacidade de vir antes de todas as demandas, antes dos fatos, da criatividade e o mais, antes da natureza humana, seu objeto em sociedade.

Logo, no âmbito trabalhista, a história da produção, revela-a em massa, enxuta, intermitente, contínua, por projetos, cruzada (*Schroeder*), cabendo ao direito, seja qual for a forma, identificar, pontuar limites, coibindo o que atentar contra segurança, saúde, dignidade e todos os direitos do ser humano de ser assenhorar-se de suas decisões.

O Direito, por sua essência, deve acompanhar a evolução comportamental e as mudanças de hábito, regulando as relações daí decorrentes.

Mas, do outro lado, diz-se, por exemplo, que a reforma, ao sugerir alguma flexibilização, demandaria emancipação dos trabalhadores:

a) Em nosso entendimento, numa sociedade democrática – abstendo-nos de tratar do nível educacional e de todos os demais problemas relacionados pelos quais passamos historicamente, desde a vinda da Corte Portuguesa – tratando-se da pessoa física, emancipa-se um menor, ao lado disso, emancipa-se o território, um organismo. E os trabalhadores, maiores e capazes, sob rédea curta, que não precisa ser concedida, posto que é deles. O Estado é do povo, é do trabalhador e apenas por ele e para ele existe, nada além disso. As pessoas não carecem de emancipação ou permissão. Pede-se apenas que sejam ouvidas legitimamente ou deixem o lugar para quem queira fazê-lo de forma honesta e decente.

4. FILHO, Evaristo Moraes. *Tratado Elementar de Direito do Trabalho*. Vol. 1. Rio de Janeiro e São Paulo: Ed. Freitas Bastos, 1960, pág. 47.

b) Se, de outro lado, é a regra da emancipação que deve ser observada, aplique-se o que afirmara Jules Simon, citado por Antonio Álvares da Silva[5]: *Tout lávenir du travail était dans ce Seul mot: emanciper!* (Todo futuro do trabalho repousava sobre esta única palavra: emancipar!).

Para Márcia Mazoni Cúrcio Ribeiro[6], a sociedade trabalhadora, não só no Brasil como no mundo, vem sendo afetada pelas mudanças que se apresentam, além do que, em paralelo, o trabalhador do novo milênio tem características distintas daquelas verificadas quando do surgimento da CLT e demanda outro tipo de proteção; deixar de observar isso e deixar de dar-lhe adequada assistência à sua necessidade.

Como afirmara Euclides da Cunha: "Estamos condenados à civilização. Ou progredimos ou desaparecemos." E hoje, o mais relevante é a manutenção da dignidade das pessoas, com a inclusão através da assimilação e reconhecimento das várias formas de reconhecer os vínculos de trabalho, proteção da dignidade, gerando segurança, previsibilidade e equilíbrio.

2. DOS DIREITOS FUNDAMENTAIS

No contexto em análise, a reflexão sobre os direitos fundamentais do trabalhador e sua possível violação pela reforma trabalhista é o desafio.

Primeiro passo: distinguir direitos do homem, direitos humanos e direitos fundamentais.

Os direitos do homem são os inerentes ao ser humano, ou seja, basta ser pessoa para pertencê-los; são os (direitos) naturais, universais e inalienáveis. Já os (direitos) humanos são os reconhecidos na ordem jurídica internacional.

Já os direitos humanos, segundo HENKIN[7], "constituem um termo de uso comum, mas não categoricamente definidos e tais direitos são concebidos de forma a incluir aquelas reivindicações morais e políticas que, no consenso contemporâneo, todo ser humano tem ou deve ter perante sua sociedade ou governo, reivindicações estas reconhecidas como 'de direito' e não apenas por amor, graça ou caridade".

Para Antonio Enrique Pérez Luño[8]:

---

5. SILVA, Antonio Álvares da. op. cit., p. 103.
6. *Novo Milênio, Nova Mentalidade, Novos Desafios.* Flexibilização no Trabalho. Disponível em: <http://www.tempolivre.org.br>. Acesso em: 24 nov. 2002.
7. HENKIN, Louis. *The Rights of man today.* New York, Columbia University Press, 1988, pa. 1-3. *Apud* piovesan, Flávia. *Direitos Humanos e o Direito Constitucional Internacional.* 3a. Edição. São Paulo: Ed. Max Limonad, 1997, p. 29.
8. LUÑO, Antonio Enrique Perez. *Derechos humanos, Estado de Derecho y COnstituicion,* 4ª. Ed.Madrid, Tecnos, 1991, p. 48. *Apud* piovesan, Flávia. *Direitos Humanos e o Direito Constitucional Internacional.* 3a. Edição. São Paulo: Ed. Max Limonad, 1997, p. 29.

> "Os direitos humanos surgem como um conjunto de faculdades e instituições que, em cada momento histórico, concretizam as exigências de dignidade, liberdade e igualdade humanas, as quais devem ser reconhecidas positivamente pelos ordenamentos jurídicos, nos planos nacional e internacional".

E, quanto aos direitos fundamentais, Paulo Augusto Gonet Branco[9] ensina que "...são hoje o parâmetro de aferição do grau de democracia de uma sociedade". E como sua remota inspiração filosófica, pode-se citar a obra "Antígona", de Sófocles ou o diálogo "De legibus", de Cícero.

Paulo Bonavides[10] cita Carl Schmitt para ensinar que direitos fundamentais são "os direitos do homem livre e isolado, direitos que possui em face do Estado". E segue destacando que "a vinculação essencial dos direitos fundamentais à liberdade e à dignidade humana, enquanto valores históricos e filosóficos, nos conduzirá sem óbices ao significado da universalidade inerente a esses direitos como ideal da pessoa humana. A universalidade se manifestou pela vez primeira, qual descoberta do racionalismo francês da revolução, por ensejo da célebre declaração dos direitos do homem, de 1789".

Segundo Manoel Gonçalves Ferreira Filho, "O constitucionalismo tem por objetivo principal assegurar os direitos fundamentais contra o Poder." Assim, o direito constitucional esmera-se à procura de fórmulas para resguardá-los.[11]

Aliás, convém trazer à memória o entendimento de Habermas[12], ao pontuar que os direitos fundamentais são debilitados quando pensados como mandatos de otimização e que a aplicação de princípios, mediante a regra da ponderação, acaba sendo feita de modo arbitrário, por lhe faltarem critérios racionais. Neste contexto, no tocante à eficácia dos direitos fundamentais, faz todo sentido considerar tanto a eficácia vertical quanto à horizontal, esta última ainda hoje olvidada em muitas passagens do direito, para dizer o menos.

Quanto ao objeto imediato do presente trabalho, tem-se que, por eficácia vertical dos direitos fundamentais Estado é o destinatário, o alvo principal, no sentido de determinar: (a) os limites de sua intervenção na órbita privada da vida dos cidadãos (liberdade negativa, dever de não intervenção do próprio Estado); e (b) garantir aos cidadãos o respeito aos direitos constitucionalmente assegurados (liberdade positiva, promoção dos direitos).

Assim é obrigação, dever dos Poderes do Estado (Executivo, Legislativo e Judiciário, assim como de todos os Agentes Públicos), a garantia da eficácia dos Direitos Fundamentais.

---

9. MENDES, Gilmar Ferreira. (organizador). Hermenêutica Constitucional e Direitos Fundamentais. Brasília: Ed. Brasília Jurídica, 2000, pág. 104.
10. BONAVIDES, Paulo, p. 516-524.
11. FILHO, Manoel Gonçalves Ferreira. *Direitos Humanos Fundamentais.* 4ª edição.São Paulo: Ed. Saraiva, 2000, pag. 71.
12. HABERMAS, Jürgen, Between facts and norms, Cambridge: MIT, 1998). *Apud* MARINONI, Guilherme.

Num País democrático como o Brasil, esta eficácia é observada e resguardada, como o foi no trâmite do PL 6.787, que desaguou na promulgação e publicação da Lei 13.467, em 13/07/2017, através de processo legislativo previsto na Constituição Federal.

E quanto à eficácia horizontal, deve-se considerar que embora os direitos fundamentais tenham sido concebidos originariamente como o estatuto jurídico de proteção do cidadão em face do Estado, tais direitos tendem a tutelar a liberdade, autonomia e segurança das pessoas perante os demais membros do corpo social[13].

A teoria que se desenvolveu na Alemanha a partir do caso *Lüth* (de 15 de janeiro de 1958) tratou pioneiramente da possibilidade da eficácia dos direitos fundamentais nas relações horizontais, isto é, cidadão em face do cidadão, onde as pessoas são titulares do mesmo patrimônio jurídico [fundamental].

Na decisão, a Corte Alemã ressaltou que:

> "[...] 1. Os direitos fundamentais são, em primeira linha, direitos de resistência do cidadão contra o ordenamento axiológico objetivo, que vale para todas as áreas do direito como uma fundamental decisão constitucional.
>
> 2. No direito civil, o conteúdo jurídico dos direitos fundamentais desenvolve-se de modo mediato, por intermédio das normas de direito privado. Ele interfere, sobretudo, nas prescrições de caráter cogente e é realizável pelo juiz, sobretudo pela via das cláusulas gerais."

Consoante a transcrição, a decisão apresenta pela primeira vez a discussão sobre a eficácia horizontal, com denso conteúdo acerca da matéria.

O que se busca ao transportar daquele caso para a presente reflexão é a responsabilidade de cada uma das partes envolvidas nas relações de trabalho (empregado, empregador, contratante e contratado, tomador e prestador de serviços) garantir a efetividade dos direitos fundamentais, resistindo, atuando para que a dignidade, a segurança, a saúde e a integridade das pessoas sejam o mote.

O fato é que ninguém deve abrir mão de seus direitos fundamentais, seja para resguardar a sua liberdade positiva (exercício de seu direito de agir), seja para resguardar a sua liberdade negativa (como a área reservada à realização de sua autonomia privada, onde o Estado não pode interferir), nos limites da classificação dicotômica elaborada por Isaiah Berlin na obra "Os dois conceitos da liberdade", de 1959. É como "estar livre de" (liberdade negativa, afastando barreiras externas) e "estar livre para" (liberdade positiva, afastando barreiras internas).

No século XXI, mesmo numa sociedade como a brasileira, o processo cultural é disseminado de tal forma que o bom senso não comporta a proteção pela proteção; a finalidade da regra passa a ser o equilíbrio do ambiente, o exercício das

13. AMARAL, Júlio Ricardo de Paula. *Direitos Sociais na Constituição de 1988. Uma análise crítica vinte anos depois*. Organizadores: MONTESSO, Cláudio José e outros. São Paulo: ed. Ltr, nov. 2008, pág. 253.

liberdades visando a distribuição de direitos e deveres de modo a patrocinar o justo rateio das vantagens, bem como das responsabilidades sociais, proporcionando desenvolvimento, sustentabilidade e a redução da informalidade, que passou a ser o nome do jogo, o comando do verdadeiro processo silencioso e maléfico nos países em desenvolvimento.

Isto é, para ser capaz de garantir a eficácia dos direitos fundamentais do trabalhador , a visão trabalhista forjada pela ideia da proteção e do hipossuficiente precisa sair de si mesma, comunicar-se melhor com a realidade, com outros ramos do direito e da ciência. Assimilar que, sem regras que atraiam mais pessoas para o ambiente formal, porquanto mais compatíveis com os costumes, o que continuará imperando não é a ordem ou a proteção que se pretende dar (que hoje não é assegurada sequer à metade da população brasileira economicamente ativa).

3. A REFORMA TRABALHISTA E OS DIREITOS FUNDAMENTAIS

Diante da afirmação acerca do dever de garantir a efetividade dos direitos fundamentais, serão apresentadas breves considerações sobre as alterações levadas a cabo pela reforma trabalhista, sem a pretensão de aprofundar, mas visando, tão somente, provocar uma reflexão que vai de encontro com o senso comum, que preconiza a precarização das relações de trabalho.

A Constituição Federal de 1988 dispõe no *caput* do art. 7º que são direitos dos trabalhadores urbanos e rurais aqueles enumerados em seus 34 (trinta e quatro) incisos, além de outros que visem à melhoria de sua condição social.

Ou seja, toda alteração promovida na legislação trabalhista deve levar em consideração tal preceito: *além de outros que visem à melhoria de sua condição social*. Essa é a finalidade última da regra.

Logo, ao acrescentar o art. 442-B à CLT dispondo que "a contratação do autônomo, cumpridas por este todas as formalidades legais, de forma contínua ou não, afasta a qualidade de empregado" (redação alterada pela MP 808) não acarreta necessariamente prejuízo ao empregado. Afinal, ser trabalhador autônomo não pode ser tido como trabalho indigno ou precário.

Desse modo, ao enfrentar expressamente a dualidade "emprego *versus* autonomia", a Reforma busca conferir maior segurança jurídica às partes contratantes. Dessa possibilidade não decorre afronta ou inobservância dos direitos fundamentais.

Contudo, caso o contrato seja manejado com o intuito de fraudar a legislação, naturalmente caberá ao Ministério Público, como fiscal da ordem jurídica, bem como ao Poder Judiciário perseguir e determinar o restabelecimento da legalidade, calibrando o sistema sob o manto da regra do art. 9º da CLT:

> *Art. 9º - Serão nulos de pleno direito os atos praticados com o objetivo de desvirtuar, impedir ou fraudar a aplicação dos preceitos contidos na presente Consolidação.*

Afinal, o trabalho autônomo já está (há bastante tempo) previsto no Código Civil e na legislação previdenciária, sem nunca ter sido suscitada qualquer afronta aos direitos fundamentais.

E não há fundamento constitucional que impeça a CLT de tratar da matéria, notadamente porque ela se refere à legislação do trabalho.

Logo, o que há de mais relevante quanto a este aspecto, para que se alcance o equilíbrio entre as partes contratantes, há se pensar em instituir no Brasil um Estatuto do Trabalhador Autônomo, como aprovado na Espanha, por meio da Ley 20, de 11 de julho de 2007, pela qual se tratou do Trabalhador Juridicamente Autônomo e Economicamente Dependente, sendo este aquele que:

> "Concepto y ámbito subjetivo. 1. Los trabajadores autónomos económicamente dependientes a los que se refiere el artículo 1.2.d) de la presente Ley son aquéllos que realizan una actividad económica o profesional a título lucrativo y de forma habitual, personal, directa y predominante para una persona física o jurídica, denominada cliente, del que dependen económicamente por percibir de él, al menos, el 75 por ciento de sus ingresos por rendimientos de trabajo y de actividades económicas o profesionales."

Pela leitura do dispositivo, é possível constatar que o trabalhador autônomo, mas economicamente dependente, realiza suas atividades a título lucrativo, de forma habitual, pessoal, direta e predominantemente para uma pessoa física ou jurídica, denominada cliente, da qual depende economicamente por perceber dela pelo menos 75% de ingresso de seus rendimentos de trabalho e atividade economicamente ou profissional.

Logo, percebe-se que a legislação espanhola dispõe da matéria de uma forma que seria elemento de risco no Brasil: permite a pessoalidade no contrato de autônomo. E apresenta regras de proteção nos seguintes moldes:

> "1. El trabajador autónomo económicamente dependiente tendrá derecho a una interrupción de su actividad anual de 18 días hábiles, sin perjuicio de que dicho régimen pueda ser mejorado mediante contrato entre las partes o mediante acuerdos de interés profesional. 2. Mediante contrato individual o acuerdo de interés profesional se determinará el régimen de descanso semanal y el correspondiente a los festivos, la cuantía máxima de la jornada de actividad y, en el caso de que la misma se compute por mes o año, su distribución semanal. 3. La realización de actividad por tiempo superior al pactado contractualmente será voluntaria en todo caso, no pudiendo exceder del incremento máximo establecido mediante acuerdo de interés profesional. En ausencia de acuerdo de interés profesional, el incremento no podrá exceder del 30 por ciento del tiempo ordinario de actividad individualmente acordado."

Ou seja, atualmente o Brasil atravessa a fase do espanto e indignação, que impede os protagonistas sociais de elaborarem formas de apaziguamento, que traria benefícios aos trabalhadores tecnicamente preparados, mas que estão inseridos no grupo de desempregados que, segundo o IBGE atingiu o patamar de 14,2 milhões de desocupados em 2016 e que pela análise do trimestre de mai-jun-jul 2017 fechou em 13,3 milhões.

Portanto, diante do cenário apresentado, ao invés de impedir a contratação, seria mais apropriado no atual momento, corrigir as falhas do sistema, adotando regime de maior proteção aos autônomos economicamente dependentes, a exemplo da Espanha. O mais urgente é dar ocupação digna aos trabalhadores que estão fora do mercado.

Pela estatística, constata-se que 33.340 (milhões) de brasileiros tem registro na carteira de trabalho, 10.726 (milhões) estão sem registro na carteira de trabalho e 22.629 (milhões) trabalham por conta própria. Portanto, a legislação precisa alcançar e regular a forma de trabalho de 33.355 (milhões), que são os trabalhadores sem registro em carteira e os que trabalham por conta própria. Mas deve-se considerar que muitos estão num patamar seguro e dispensam proteção do Estado.

Daí a oportuna legislação espanhola, que se direciona ao autônomo economicamente dependente. Esse sim, merece uma regulação própria.

Quanto à possibilidade de terceirizar a atividade fim da empresa, rompe-se com uma tradição trabalhista que foi estabelecida nos primórdios: hospital precisa de médicos e enfermeiros que conheçam e que respeitem invariavelmente sua política interna; empresa transportadora precisa ter motoristas treinados.

Mas sabe-se que há hospitais que contratam médicos por meio de cooperativas e motoristas contratados como Transportador Autônomo de Carga – TAC, como prevê a Lei 13.103/2015.

Logo, a alteração perpetrada na Lei 6.019/74, que permite a terceirização da atividade fim da empresa não acarreta a irreversível e cruel precarização do trabalho como se tem preconizado. Notadamente porque o desrespeito aos direitos da pessoa será severamente punido pela Justiça do Trabalho ou mesmo pelo Ministério Público do Trabalho, como fiscal da ordem jurídica.

A legislação apresenta permissão à uma hipótese, mas que deve observar os limites da contratação. Afinal, se é trabalhador autônomo, a pessoa não terá pessoalidade (pode enviar um substituto); não tem subordinação (não terá horário para dar início às atividades laborais). Citando apenas esses 2 requisitos já é possível constatar que os contratantes deverão adotar cautela e agir com boa fé na contratação para minimizar os riscos trabalhistas.

Ou seja, pode terceirizar toda a atividade meio e fim da empresa, mas se os elementos caracterizadores da relação de emprego estiverem presentes (pessoa física, pessoalidade, não eventualidade, subordinação e onerosidade), o contrato de prestação de serviço será invalidado e o vínculo empregatício será reconhecido.

E quanto à possibilidade de contratação por meio do contrato de trabalho intermitente, o assunto tem apresentado divergência. O PL 8766/2017 busca, inclusive, alterar e revogar os dispositivos relacionados ao trabalho intermitente, introduzidos à CLT pela Lei nº 13.467, de 13 de julho de 2017. Ou seja, antes de entrar em vigor, a lei que altera a CLT já recebeu proposta para revogação do dispositivo que trata da matéria. Aliás, alteração já perpetrada pela Medida Provisória 808. Nesse contexto, de seguidas alterações, segue a justificativa da Deputada Erika Kokay, que apresentou a proposta:

> "O trabalho intermitente, sem qualquer discussão com a sociedade, foi introduzido ao nosso ordenamento jurídico pela Lei nº 13.467, de 13 de julho de 2017, conhecida como reforma trabalhista, que tem como escopo precarizar as relações de trabalho.

Para análise da viabilidade do contrato de trabalho intermitente, que será de extrema importância às casas de espetáculo, é necessário perquirir uma situação concreta. No Processo PGT/CCR/PP/6753/2013, com origem na PRT 8ª REGIÃO, a diligência decorreu de uma denúncia sobre a "atividade principal da empresa investigada, descrita no Cadastro Nacional de Pessoa Jurídica, é "serviço de alimentação para eventos e recepção – bufê". Conforme investigação procedida pelo Parquet, sua atividade fim se insere na preparação de eventos (bufê), tendo para tanto empregados devidamente registrados. E a utilização de garçons ocorre de forma eventual."

Assim, a divergência consiste em apurar a regularidade na contratação dos garçons. No decorrer do processo constou o seguinte:

> "Na audiência realizada em 19 de Junho de 2012 (fls.45), comprovou-se que a Investigada embora não tenha garçons em seu quadro de empregados, possui em seu quadro 16 (dezesseis) empregados devidamente registrados em carteira, conforme se verifica pelos documentos acostados às fls.19/34. Diante dos fatos apontados na segunda audiência entendeu-se oportuno dialogar com o Sindicato dos Trabalhadores em Hotéis, Restaurantes, Bares e Similares do Estado do Pará, o que fora feito em 16 de Outubro de 2012. Nesta audiência (fls.15), o presidente do Sindicato destacou que a grande maioria dos trabalhadores das casas de recepção já são aposentados e que não teriam interesse de manter vínculo empregatício somente com uma empresa pelo fato de prestarem serviços para inúmeras casas de recepção."

Em manifestação a empresa argumentou:

> "... a empresa registra que não concorda em celebrar o termo de ajuste proposto, pelas seguintes razões: os garçons não lhe prestam serviços de forma continuada, porque a empresa não tem eventos habitualmente; que os eventos são esporádicos, e com isso, a empresa não precisa dos serviços dos garçons com frequência; que além disso, os próprios garçons preferem trabalhar autonomamente porque trabalham em diversos eventos, e inclusive alguns deles possuem buffets particulares; que a situação da empresa é diferente das casa (sic) de festa que também funcionam como restaurante, porque no Rufinos não há restaurante, então a abertura da casa só ocorre nos dias de evento;..."

E, por fim, concluiu o Procurador responsável pelo caso:

> "Assim, à vista da realidade que envolve a empresa investigada, bem como os esclarecimentos prestados pelo Sindicato da categoria profissional, e não porque não configurada a relevância social a ensejar a atuação do Parquet, homologo o arquivamento do feito."

Ou seja, a necessidade de ter garçons na referida empresa é esporádica e, por tal razão, eles não são registrados como empregados. Esse é o quadro atual que pode ser aprimorado com a nova regra do contrato de trabalho intermitente, permitindo aos referidos garçons estarem inseridos no grupo de empregados formais.

Daí conclui-se que o trabalho intermitente beneficia parcela de trabalhadores que, diante da legislação originária, estão na informalidade. E, ao mesmo tempo, agregam uma possibilidade socialmente positiva à gestão dos negócios.

Por todo exposto, quanto aos pontos tratados, não se vislumbra afronta aos direitos fundamentais dos trabalhadores.

Já a duração do trabalho, sem dúvida, é a área mais afetada com a reforma trabalhista, seja pela mudança nos pressupostos para adoção do banco de horas, do regime 12x36, regras na prorrogação de horas por necessidade imperiosa, na concessão do intervalo intrajornada e a novidade do teletrabalho. A seguir serão apresentadas algumas considerações.

É importante observar que o teletrabalho não é a grande novidade, como muitos o apresentam. Afinal, o artigo 6º da CLT ao tratar do trabalho em domicílio regula uma das modalidades do teletrabalho. Portanto, trabalho em domicílio não é sinônimo de teletrabalho, mas tão somente uma de suas modalidades.

Em 1996 o professor e juiz do trabalho Sergio Torres Teixeira já tratava do teletrabalho ponderando que há incontestável repercussão gerada pela modernização tecnológica sobre as relações de trabalho e, "dentre tais reflexos, encontra-se o processo de transmudação pelo qual está passando a estrutura elementar da relação de emprego".[14] E partir desse marco, para ele estava surgindo no horizonte jurídico a "moderna relação de emprego". A seguir apresentou as seguintes considerações:

> "No novo modelo de relação de emprego, a prestação pessoal continua exigida, mas de forma menos rígida. Admite-se a substituição eventual do em pregado, notadamente na nova modalidade de emprego à domicílio, como o já citado teletrabalho no *'home office'* quando o empregado presta serviços na sua própria casa, interligado com a empresa por via de computador ou simples telefone. [...]

E no contexto do ano de 1996, o autor do artigo ponderou que:

> "O chamado "teletrabalho", em plena evolução no Brasil, igualmente subverte a ideia de uma dependência hierárquica do obreiro à entidade patronal, retirando da empresa a concepção de local de trabalho, em face do desaparecimento da figura do estabelecimento enquanto espaço físico. Nessa modalidade de trabalho à domicílio inexiste um contato direto entre as partes, uma vez que a maior parte das diretrizes seguidas pelo empregado são oriundas dos programas de computação utilizados pelo mesmo. Na realidade, o controle do empregador sobre a atividade do tele empregado limita-se à posterior avaliação da sua produção e, em certos casos a uma conexão indireta, via sistema

14. *Revista LTr*, ano 60, revista n.10, outubro de 1996, pág. 1.309 e seguintes.

> de telecomunicações, surgindo então uma espécie de telesubordinação, ainda assim distinta da concepção clássica. "[15]

E finaliza afirmando que a conscientização é indispensável para adaptar à nova realidade aqueles que lidam diariamente com o Direito do Trabalho, sejam empregados ou empregadores, advogados ou juízes, professores ou estudantes, estudiosos ou doutos. Sem tal evolução intelectual, estes certamente serão abandonados pelos ventos dos novos tempos. "Ventos, não. Ondas. Ondas de uma resolução que está apenas em seu início"[16].

Assim, a Lei 13.467/2017 trouxe o detalhamento contratual do teletrabalho, mas teve o seu advento precedido pela Lei 12.551/2011, que alterou o art. 6º da CLT, incluindo o parágrafo único, que dispõe: "Os meios telemáticos e informatizados de comando, controle e supervisão se equiparam, para fins de subordinação jurídica, aos meios pessoais e diretos de comando, controle e supervisão do trabalho alheio."

Por conseguinte, em 2017, pela Lei 13.467 foi incluído na CLT o novo artigo 75-B da CLT, pelo qual o teletrabalho está previsto nos seguintes termos:

> "Art. 75-B. Considera-se teletrabalho a prestação de serviços preponderantemente fora das dependências do empregador, com a utilização de tecnologias de informação e de comunicação que, por sua natureza, não se constituam como trabalho externo.
>
> Parágrafo único. O comparecimento às dependências do empregador para a realização de atividades específicas que exijam a presença do empregado no estabelecimento não descaracteriza o regime de teletrabalho."

O primeiro questionamento que pode ser feito é quanto ao local do exercício do trabalho à distância. Afinal, deve ser obrigatoriamente na residência do empregado? Entende-se que não, pois o novo artigo prevê que o teletrabalho é a prestação de serviços *preponderantemente fora das dependências do empregador*. Portanto, se for realizado na residência do empregado ou em um ambiente de *coworking* (*space with flexible contracts*), não haverá descaracterização da nova modalidade contratual.

E devido a flexibilidade da hora de atividade, os trabalhadores que estejam submetidos a tal regime, não terão direito ao pagamento de eventuais horas extras (art. 62, III da CLT).

Demonstrando as vantagens e desvantagens do teletrabalho, Fabiana Pacheco Genehr[17], em 2009, já se posicionava nos seguintes termos:

---

15. Pág. 1311.
16. Pág. 1312.
17. *"A Normatização do Teletrabalho no Direito Brasileiro: Uma Alteração Bem-Vinda."* Revista Eletrônica do TRT-4ª Região. Ano V, Número 74, 2ª quinzena de abril de 2009, pág. 68.

> "Para o teletrabalhador, com certeza, pode-se afirmar que a principal vantagem seria a flexibilização de horário que lhe permite conciliar as atividades laborais com as atividades familiares. Assim, é evidente a melhora da qualidade de vida desse trabalhador, visto que poderá conciliar o trabalho com seus encargos familiares. O teletrabalho poderá vir a diminuir a desigualdade de oportunidade na aquisição de um emprego, principalmente dando acesso ao trabalho às donas de casa e aos trabalhadores com idade avançada. Seria uma solução ideal para o acesso ao trabalho dos trabalhadores deficientes físicos, que, com dificuldades de locomoção, agora podem laborar na comodidade de seu lar, já adaptado às suas limitações, o que o local de trabalho, por muitas vezes, não tem condições de fornecer. Como desvantagem para o teletrabalhador, esse tipo de trabalho pode trazer a eliminação dos quadros de carreira e, assim, qualquer promoção, menores níveis de proteção social, tutela sindical e administrativa, bem como poderá aumentar os conflitos familiares, se o empregado não conseguir distinguir seu tempo livre e o tempo de trabalho efetivo."

Diante das razões acima delineadas acerca da nova modalidade de contratação, não há qualquer afronta aos direitos fundamentais dos trabalhadores. Pelo contrário, haverá benefício àquele que conseguir gerir a produção em sua residência ou em *coworking* (tempo livre x tempo de trabalho).

Outra alteração que merece análise é a revogação do art. 384 da CLT, posto que o artigo 5º da Constituição Federal determina que homens e mulheres são iguais perante a lei. Logo, não há fundamento para manter em vigência tal dispositivo que estabelece o intervalo especial de 15 minutos para as empregadas que laborem em regime de prorrogação de horas.

À propósito, ao comentar referido artigo, Mozart Victor Russomano[18] já entendia que ao conjugar o seu comando com o art. 71 da CLT, pode-se concluir que entre o fim da jornada normal e o início do trabalho extraordinário, não foi expressamente marcado nenhum intervalo para descanso, fora da hipótese do art. 384 da CLT. Contudo, pode-se entender que se o serviço extraordinário pressupõe o encerramento de um turno de trabalho e se tal turno ultrapassar 4 (quatro) horas seguidas de trabalho, será assegurado ao trabalhador um descanso de 15 (quinze) minutos, no mínimo. Para o jurista, esta interpretação é plausível.

E quanto à prorrogação de horas, a Lei 13.467 traz à baila expressão que há muito se evita usar: "horas suplementares".

Segundo Maurício Godinho Delgado[19] antes da Constituição Federal de 1988 havia classificação doutrinária, pela qual a hora suplementar era o gênero e como espécies havia a hora meramente suplementar (acréscimo rotineiro, normal e ordinário) e a hora suplementar extraordinária (acréscimo excepcional, anormal, rara singular, na CLT é a hipótese de necessidade imperiosa).

18. *Comentários à Consolidação das Leis do Trabalho.* 10ª Edição. Rio de Janeiro: Ed. Forense , 1983, pág. 358.
19. DELGADO, Mauricio Godinho. Curso de direito do trabalho. 16ª. Edição. São Paulo: LTr, 2017, pág. 1042.

Sob tal premissa, o autor em comento ressalta que o artigo 7º da Constituição Federal tratou da jornada meramente suplementar tão somente para fins de compensação de horas em seu inciso XIII: "duração do trabalho normal não superior a oito horas diárias e quarenta e quatro semanais, facultada a compensação de horários e a redução da jornada, mediante acordo ou convenção coletiva de trabalho. "

E a jornada suplementar extraordinária está prevista em seu inciso XVI: "remuneração do serviço extraordinário superior, no mínimo, em cinquenta por cento à do normal. "

E conclui que a omissão da Constituição Federal de 1988 leva ao entendimento de que ela pretendeu restringir a prorrogação de horas a situações efetivamente extraordinárias, ou seja, estritamente excepcionais.

Logo, o fato de o legislador ordinário ter manejado de forma reiterada (exatamente seis vezes) a expressão "hora suplementar" na Lei 13.467/2017, não permite o entendimento que as horas poderão ser prorrogadas de forma ordinária e isenta de risco.

Por tais considerações, à luz do texto constitucional, entende-se que os empregadores devem prosseguir no empenho para o controle das horas meramente suplementares.

Registre-se, por oportuno, que a redução da carga horária deve ser perseguida não como forma de reduzir o desemprego, mas sim para que seja possível proporcionar aos trabalhadores melhores condições de vida, inclusive com redução de acidentes de trabalho. Desse modo, as empresas atendem a sua função social, como previsto no art. 170, III da Constituição Federal.

Ao tratar da questão sobre o que fazer com o tempo liberado (decorrente do estreitamento da jornada) André Gorz[20] expressa que:

> "os progressos tecnológicos conduzem inevitavelmente à questão do conteúdo e do sentido do tempo disponível. Ainda mais: interrogam a natureza de uma civilização e de uma sociedade que valoriza mais o aumento do tempo disponível que o aumento do tempo de trabalho – e para os quais, por conseguinte, a racionalidade econômica não rege mais o tempo de todos."

Afinal, para uns o propósito do tempo liberado será a busca de qualificação e para outros, o lazer. Assim, a sociedade não constitui uma unidade, mas uma dualidade econômica. E é dessa cisão que podem surgir as controvérsias, pois a busca pela qualificação pode ser vista como uma opção (prazer) ou como uma necessidade para sobreviver e permanecer no ambiente econômico corporativo.

Nesse aspecto, Jacques Attali pondera que "desaparecerá a fronteira entre trabalho, consumo, formação e lazer, havendo em cada uma dessas atividades dimensões que também pertencem às outras, o que leva todas elas a uma espécie

20. *Metamorfoses do Trabalho. Crítica e Razão Econômica*. São Paulo: Annablume, 2003, pág. 16/17.

de autoprodução."[21] E sobre o tempo, ele o descreve como: "lugar onde o homem habitará (não mais o espaço), porque ele que estabelece os únicos autênticos limites da vida. (...). As civilizações futuras serão civilizações do tempo; o nômade será o seu arquiteto."[22] E em que consistirá a verdadeira liberdade do homem do século XXI? Consistirá no direito à simultaneidade de escolhas contraditórias: parar quando der vontade, abandonar a caravana, se desconectar. E ter o direito à solidão, bem como o direito de mudar de opinião.

Merece destacar, ainda, que a Lei 13.467 modificou o art. 134 da CLT, cujo texto foi novamente alterado pela Medida Provisória n. 808, permitindo o fracionamento das férias em três períodos, desde que o empregado concorde:

> "Art. 134
>
> § 1º Desde que haja concordância do empregado, as férias poderão ser usufruídas em até três períodos, sendo que um deles não poderá ser inferior a quatorze dias corridos e os demais não poderão ser inferiores a cinco dias corridos, cada um.

Diante da alteração, muito se fala sobre o controle de convencionalidade diante da ratificação pelo Brasil da Convenção 132 da OIT.

O controle de convencionalidade é tratado na doutrina por Valério Mazzuoli, segundo o qual os tratados internacionais cujo objeto sejam os direitos humanos e desde que eles sejam ratificados pelo Brasil, eles serão alçados à norma de patamar constitucional, "quer seja uma hierarquia somente material (o que chamamos de "status de norma constitucional"), quer seja tal hierarquia material e formal (que nominamos de 'equivalência de emenda constitucional'). Assim, não importa o quórum de aprovação do tratado. Para o jurista, se o documento estiver relacionado com os direitos humanos, ele terá status de norma constitucional (art. 5º, § 2º, da CF/88) "[23].

Doravante, pode-se considerar, portanto, que "os tratados internacionais de direitos humanos em vigor no Brasil são também paradigma de controle da produção normativa doméstica. É o que se denomina de ***controle de convencionalidade das leis***, o qual pode se dar tanto na via de ação (controle concentrado) quanto pela via de exceção (controle difuso)."

Diante do quadro apresentado, Valério Mazzuoli ressalta a distinção entre as quatro modalidades possíveis de controle: o de legalidade, o de supra legalidade, o de convencionalidade e o de constitucionalidade.

Tratando da prisão civil do depositário infiel, o Pleno do STF julgou em 3 de dezembro de 2008 o HC 87.585-TO e o RE 466.343-SP. A tese adotada pode ser

21. *Dicionário do Século XXI*. Rio de Janeiro e São Paulo: Ed. Record, 2001, pág. 377.
22. Obra citada, Pág. 374.
23. Fonte: http://www.migalhas.com.br/dePeso/16,MI87878,91041-Controle+de+Convencionalidade+Valerio+Mazzuoli+versus+STF. Acesso em 08/10/2017.

considerada uma das mais importantes da Corte. Pela decisão, toda lei ordinária deve passar pelo duplo controle de verticalidade para ser considerada válida: a CF/88 e os tratados internacionais relacionados com os direitos humanos.

Assim, se a lei ordinária for contrária, ela deixará de ser válida. Segundo o Ministro Gilmar Mendes, a norma superior irradia uma espécie de "eficácia paralisante" da norma inferior.

Por fim, quanto ao controle de convencionalidade, Mazzuoli entende que referido controle tem também caráter difuso, como o controle difuso de constitucionalidade, pelo qual qualquer juiz ou tribunal pode se manifestar a respeito.

Pois bem. Diante das considerações de Valério Mazzuoli, que foram apresentadas em sua tese de doutorado, deve-se perquirir sobre a validade da nova regra que permite o fracionamento das férias em 3 períodos. É possível?

A norma internacional que será o critério de ponderação é a Convenção Internacional 132 da OIT.

A Constituição Federal dispõe em seu art. 7º: *"XVII - gozo de férias anuais remuneradas com, pelo menos, um terço a mais do que o salário normal."* Ou seja, não trata do período, nem do fracionamento.

No âmbito internacional, a Convenção 132 da OIT, que regula o direito de férias e que foi ratificada pelo Brasil pelo Decreto 3.197, de 5 de outubro de 1999, no tocante ao fracionamento, preceitua em seu art. 8º que: *"1. - O fracionamento do período de férias anuais remuneradas pode ser autorizado pela autoridade competente ou pelo órgão apropriado de cada país. "* E nada mais.

Portanto, é possível inferir que não há óbice ao fracionamento pela submissão ao duplo crivo de verticalidade como ensina Mazzuoli. Isso considerando que o direito às férias está relacionado com os direitos humanos, assim como aos direitos fundamentais.

Diante da celebração do contato de trabalho, consabido que, a depender da boa fé das partes envolvidas, alguns direitos podem deixar de ser respeitados e a reparação é garantida mesmo àqueles que não tem como custear a demanda. Trata-se do benefício da justiça gratuita, instituto que foi alterado pela Lei 13.467/2017, em razão da qual o artigo 790 passou a ter a seguinte redação:

> "Art. 790. ....
>
> § 3º É facultado aos juízes, órgãos julgadores e presidentes dos tribunais do trabalho de qualquer instância conceder, a requerimento ou de ofício, o benefício da justiça gratuita, inclusive quanto a traslados e instrumentos, àqueles que perceberem salário igual ou inferior a 40% (quarenta por cento) do limite máximo dos benefícios do Regime Geral de Previdência Social.
>
> § 4º O benefício da justiça gratuita será concedido à parte que comprovar insuficiência de recursos para o pagamento das custas do processo." (NR)

A controvérsia decorrente da Lei 13.467 foi a alteração que provocou nos artigos seguintes, pelos quais prevê a responsabilidade pelo pagamento dos honorários periciais da parte sucumbente na pretensão objeto da perícia, ainda que beneficiária da justiça gratuita.

A exclusão da obrigação de recolhimento dos honorários periciais pelo beneficiário da justiça gratuita só ocorrerá se o beneficiário da justiça gratuita não tiver obtido em juízo créditos capazes de suportar a despesa, ainda que em outro processo. Nesse caso, a União responderá pelo encargo.

E, no caso dos honorários advocatícios, se o beneficiário da justiça gratuita for vencido, poderá responder pelo pagamento se tiver obtido noutro processo créditos capazes de suportar a despesa. E, ainda, se não houver condições, as obrigações decorrentes de sua sucumbência ficarão sob condição suspensiva de exigibilidade e somente poderão ser executadas se, nos dois anos subsequentes ao trânsito em julgado da decisão que as certificou, o credor demonstrar que deixou de existir a situação de insuficiência de recursos que justificou a concessão de gratuidade, extinguindo-se, passado esse prazo, tais obrigações do beneficiário.

Diante dos preceitos que relativizam os benefícios da justiça gratuita, foi proposta ação direta de inconstitucionalidade para questionar a nova redação dos artigos 790-B e 791-A, que tratam da matéria.

A ADI 5766 foi proposta pela Procuradoria Geral da República, sob o argumento de que há "intensa violação ao direito fundamental de acesso à jurisdição trabalhista."

Diante da arguição, é importante ter em consideração dados da Justiça do Trabalho, pelos quais em 1941 (ano de sua criação), foram propostas 19.189 ações, ao passo que de janeiro a agosto de 2017 foram apresentadas 2.712.529 de ações. E a arrecadação nas varas do trabalho no período de janeiro a agosto de 2017 foi de R$ 2.468.257.450,96. Veja bem, arrecadação aos cofres públicos (custas, emolumentos, previdência social, imposto de renda, multas aplicadas e valores restituídos). E desse montante arrecadado, R$ 212. 832.297,51 estão relacionados às custas; R$ 1.884.355226,52 ao INSS; R$ 357.122.065,25 ao imposto de renda; R$ 3.964.891,43 a emolumentos. Ou seja, 8,6% se refere às custas recolhidas. E a verba do orçamento da Justiça do Trabalho (que engloba o TST, os 24 Tribunais Regionais e as 1.572 Varas do Trabalho) foi de R$ 20,1 bilhão de reais.

Incontroverso que se trata de uma Justiça de alto custo para o Estado e que, infelizmente, recebe muitas ações cuja pretensão é infundada.

O direito de acesso à Justiça, previsto na Constituição Federal está resguardado. Todo cidadão que possua um justo e legítimo direito subjetivo poderá ajuizar ação trabalhista, sem restrição. E se, de fato, for pobre na forma da lei, não arcará com os custos da demanda. Contudo, modo diverso, se o autor auferir renda que lhe permita arcar com os custos que a demanda acarreta, ele deverá recolher o valor devido.

Em ação que tratou das custas processuais, o STF consignou o seguinte:

> "A Constituição Federal defere aos cidadãos desprovidos de condições de arcar com os custos de um processo judicial a gratuidade da prestação do serviço ju-

> risdicional, tanto quanto o amparo das defensorias públicas, para a orientação e a defesa dos seus direitos, o que afasta as alegadas ofensas ao princípio do acesso à Justiça e aos fundamentos constitucionais da cidadania e da dignidade da pessoa humana." (ADI 2696)

Portanto, a gratuidade da Justiça é direcionada aos cidadãos desprovidos de condições financeiras. E não se vislumbra afronta à Constituição Federal, notadamente aos direitos fundamentais, o fato de o legislador ordinário estabelecer critérios para aferir se a pessoa preenche ou não tais requisitos.

E no RE 249003, o STF fundamentou a decisão nos seguintes termos:

> "O art. 12 da Lei 1.060/50 foi recepcionada quanto às custas processuais em sentido estrito, porquanto se mostra razoável interpretar que em relação às custas não submetidas ao regime tributário, **ao "isentar" o jurisdicionado beneficiário da justiça gratuita, o que ocorre é o estabelecimento, por força de lei, de uma condição suspensiva de exigibilidade**. 3. Em relação à taxa judiciária, firma-se convicção no sentido da recepção material e formal do artigo 12 da Lei 1.060/50, porquanto o Poder Legislativo em sua relativa liberdade de conformação normativa apenas explicitou uma correlação fundamental entre as imunidades e o princípio da capacidade contributiva no Sistema Tributário brasileiro, visto que a finalidade da tributação é justamente a realização da igualdade." (original sem grifos)

Logo, de acordo com a jurisprudência do STF, trata-se de condição suspensiva de exigibilidade das custas e nada obsta que o Poder Judiciário determine o seu recolhimento diante da comprovada condição financeira da parte. Afinal, "Não cabe ao órgão fiscalizador da inconstitucionalidade valorar se a lei cumpre bem ou mal os fins por ela estabelecidos" (ADI 3826/GO).

Por fim, é importante considerar as razões constantes do parecer do Senado Federal a respeito do texto da Reforma Trabalhista, que o considerou constitucional em todos os seus termos e, se assim não fosse, a Reforma "seria um tiro no pé, uma vez que prontamente a Corte Constitucional julgaria procedente a profusão de ações diretas de inconstitucionalidade que seriam pugnadas contra a norma. Esta narrativa é tão verossímil quanto à batalha de Itararé, a batalha que nunca houve."[24]

4. CONSIDERAÇÕES FINAIS

O texto da reforma Trabalhista é arrojado, enfrenta a tradição protecionista do Direito do Trabalho e supera obstáculos (epistemológicos) que os dogmas da sociedade e do senso comum impõem. Contudo, para que as novas regras engendrem o progresso esperado pelo mercado de trabalho e para que haja melhoria

24. Disponível em: https://legis.senado.leg.br/sdleg-getter/documento?dm=5326353&disposition=inline. Acesso em 16/10/2017.

nas condições de vida dos trabalhadores, deve-se impor a observância da boa fé, pois o trabalho associado à ética é a garantia de sucesso.

A Lei 13.467/2017, alterada pela medida provisória 808/2017, não pode ser avaliada como boa ou ruim em si, mas ela será posta à prova em sua aplicação diária, nas rotinas do departamento pessoal das empresas. Sendo certo que as fraudes serão severamente apuradas e anuladas pelo olhar atento do Ministério Público do Trabalho, bem como pelo Poder Judiciário.

Enfim, parafraseando Miguel Reale, a nova legislação aponta o surgimento da ideia da harmonia necessária no próprio comportamento humano, tendo como base a solidariedade de todos visando alcançar uma solução social e política que atenda as aspirações de cada um e de todos, concomitantemente[25].

25. Fonte: http://www.miguelreale.com.br/. Acesso em 23/09/2017.

TRABALHADORES FAZENDA BRASIL VERDE: TRABALHO ESCRAVO CONTEMPORÂNEO COM ENFÂSE NAS FLEXIBILIZAÇÕES DE DIREITOS INTRODUZIDAS PELA LEI N. 13.467/17 (REFORMA TRABALHISTA) E PORTARIA N. 1.129/17 DO MINISTÉRIO DO TRABALHO

Letiane Corrêa Bueno[1]

INTRODUÇÃO

O presente texto visa analisar a proteção dos direitos humanos e fundamentais na legislação brasileira e internacional, sob o manto do sistema interamericano de proteção da Corte Interamericana de Direitos Humanos.

---

1. Pós-graduanda em Direito do Trabalho pela Universidade de São Paulo - USP. Especializada com MBA Executivo Internacional em Direito Empresarial pela Fundação Getúlio Vargas e módulos internacionais em Global Business pela University of Miami/FL e Strategic Law pela Fordham Law School New York. Pós-graduada em Gestão Pública Municipal pela Universidade Federal do Estado do Rio de Janeiro e em Direito e Prática Previdenciária pelo Complexo de Ensino Renato Saraiva. Advogada.

Para tanto, analisa o caso dos Trabalhadores na Fazenda Brasil Verde julgado recentemente pela Corte Internacional com apontamentos basilares sobre fatos recorrentes, desrespeito de direitos mínimos e, consequentemente, de constatação de trabalho escravo contemporâneo.

O tema é bastante perturbador. Conceituar o trabalho escravo contemporâneo e relacionar as falácias de modernização e geração de empregos pela "reforma trabalhista" é uma tarefa árdua.

Assim, a partir a aprovação da Lei n. 13.467/17, a chamada "reforma trabalhista" e da publicação da Portaria n. 1.129/17 do Ministério do Trabalho será enfatizada a precarização de direitos primordiais dos trabalhadores e o impacto nas relações de emprego, certamente fomentando ainda mais constatações de trabalho escravo contemporâneo.

A derrubada de pilares do Direito do Trabalho fragilizam vários institutos conquistados após lutas dos trabalhadores em um terreno de concepção social exploradora da classe operaria.

O objetivo deste artigo não é o de assumir um posicionamento progressista com viés esquerdista, mas sim, apontar a possibilidade de prejuízos de anos de lutas conquistadas pelos trabalhadores, nos quais, não é forçoso constatar serem os direitos trabalhistas que sustentaram o sistema capitalista funcionando na organização dos meios de proteção.

1. PROTEÇÃO DOS DIREITOS HUMANOS E FUNDAMENTAIS

O plano de consagração dos direitos é o diferenciador da intitulação direitos humanos e direitos fundamentais. Pois bem, em regra, direitos fundamentais estão positivados em nosso sistema nacional pátrio ao passo que os direitos humanos na legislação internacional.

Assim, a diferença entre direitos humanos e direitos fundamentais não está no conceito, pois ambos possuem a mesma essência e finalidade, que é a de assegurar um conjunto de direitos inerentes à dignidade da pessoa humana. A diferença substancial, então, reside na localização da norma que prevê sobre os mesmos.

A respeito, assinala Silvio Beltramelli que qualquer definição do que sejam direitos humanos não pode deixar de partir da noção de dignidade da pessoa humana, seja sob o prisma teleológico, por possuir um objetivo a ser atingido; seja sob o prisma hermenêutico, por ensejar a utilização de um critério ensejador de interpretação e de aplicação conforme as normas incidentes; seja ainda sob o prisma axiológico, que consiste no domínio dos valores que direcionam as normas enunciadas e a sua aplicação[2]. Como ainda observa o autor em tela, a dignidade da pessoa humana é o norte da positivação dos direitos humanos, tanto em trata-

2. BELTRAMELLI NETO, Silvio. Direitos humanos. Salvador: Juspodivm, 2017. p. 38.

dos internacionais quanto em constituições nacionais, consistindo, assim, no fim maior do direito[3].

Também consoante o autor em comento, a dignidade da pessoa humana possui caráter multidimensional e individual. Multidimensional porque congrega diversos atributos intrínsecos do ser humano, como a liberdade, a igualdade, a integridade física e psíquica; e individual porque, embora inerente a todo ser humano, é moldada com características próprias, delineadas pelo contexto histórico-cultural que circunda o indivíduo[4].

Destarte, os direitos humanos e fundamentais têm o encargo de proteger e garantir a satisfação de interesses e necessidades fundamentais, ou seja, a violação ou não satisfação desses essenciais interesses e necessidades pode atingir o núcleo da autonomia do titular de direito ou, ainda, ameaçar a condição de vida dos homens.

Logo, o que se vindica dos direito primários não é pouco. Aliás, trata-se de uma dura tarefa. Vive-se num mundo marcado pela desigualdade *material* – falta de acesso, compartilhamento e fruição de bens básicos e essenciais ao homem, que vão desde condições mínimas para nutrir sofisticados produtos tecnológicos, sem os quais a participação efetiva na sociedade mundial vê-se inviabilizada – e *humana*, devido à garantia deficitária – ou mesmo absoluta ausência – dos requisitos imprescindíveis ao desenvolvimento equilibrado e saudável da vida com o outro, a exemplo da educação, cultura, segurança, lazer, saúde e seguridade social.

Deste modo, ao Direito se reputa a obrigação de, ao estabelecer a igualdade entre os homens e a universalidade de seus mandamentos, que submete a todos, sem exceção, permitir que cada qual tenha condições de desfrutar de uma existência digna, o que significa a possibilidade de ter respeitados os seus direitos humanos e fundamentais, e, na hipótese de não o sê-lo, existir mecanismos políticos e jurídicos, para que tal situação venha a ser revertida.

Portanto, é compreensível a existência de amplo sistema de proteção em salvaguardar condições dignas de vida daqueles que foram historicamente e culturalmente impactados pelo capitalismo.

1.1. A legislação brasileira e internacional

A reabertura democrática da Constituição Brasileira de 1988 salvaguardando os direitos fundamentais no artigo 5º, *caput* e inciso I do diploma, especialmente resguarda o direito à liberdade e a igualdade, precursores da reprovação de qualquer forma de trabalho em condições análogas a de escravo.

3. Id., p. 38.
4. Id., p. 38.

Nessa linha, de laço mais estreito com a temática, nesta mesma norma, o artigo 5º em seu inciso XIII garante o livre exercício de qualquer trabalho, ofício ou profissão e o artigo 7º e seus incisos direitos visando à melhoria de sua condição social, criando laços em viabilizar os comandos, inexorável, da dignidade da pessoa humana.

A liberdade de trabalhar, de escolher seu próprio ofício ou até mesmo de demitir-se de um emprego, é uma grande conquista do mundo moderno. Sua afirmação busca assegurar que os trabalhadores sejam livres, não "presos" a determinado ofício como ocorria com os servos na Idade Média ou em sociedades de castas, em que filhos eram destinados a seguir o trabalho de seus pais. E que sejam principalmente livres para ir e vir e não escravos de seus empregadores.

Em um âmbito internacional, a proteção aos direitos humanos é uma preocupação dos órgãos internacionais visando proteger a classe trabalhadora padecedora de inconsistências históricas.

A Organização das Nações Unidas – ONU e a Organização Internacional do Trabalho – OIT agregam visibilidade ostensiva a proteção constitucional do trabalho com a elaboração de tratados e convenções sobre a temática, sobretudo, a Convenção sobre a Escravatura elaborada em 1926, seguida pela Convenção Suplementar sobre a Abolição da Escravatura do Tráfico de Escravos e das Instituições e Práticas Análogas à Escravatura em 1956, devidamente ratificadas pelo Brasil por intermédio do Decreto n. 58.563 de 1 de junho de 1966.

Nesse ponto, na mesma linha da legislação internacional, a brasileira em período de "anos dourados" ressalva a importância da tentativa de eliminar a prática da escravatura também no sistema brasileiro, pela ratificação firmada.

Em seguida o Brasil ratifica a Convenção n. 29 da OIT sobre o Trabalho Forçado e Obrigatório com o Decreto n. 41.721 de 25 de junho de 1957 e a Convenção n. 105 de Abolição do Trabalho Forçado, integrando o sistema brasileiro pelo Decreto n. 58.822 de 14 de julho de 1966.

Em atenção ao tema a Organização das Nações Unidas em sua agenda 2030, formaliza dezessete objetivos de desenvolvimento sustentável, sendo que o oitavo destaca: *"promover o crescimento econômico sustentado, inclusivo e sustentável, emprego pleno e produtivo e trabalho decente para todos"*.

Ao passo que a base do Direito do Trabalho é a proteção e preservação da paz, com enfoque na valorização do trabalho humano, cabe aqui, propor uma reflexão em torno da necessidade deste coibir o caráter mercantil da força de trabalho, o qual mantem o empregado e evita a emancipação da classe trabalhadora.

Em um prisma internacional após 2ª Guerra Mundial e de consequente sofrimento da classe trabalhadora é realizada a Declaração de Filadélfia, a qual tem como pilar fundador dos princípios da Organização Internacional do Trabalho – OIT, braço trabalhista da Organização das Nações Unidas - ONU, pela elevação dos direitos sociais ao grau dos demais direitos humanos.

A Organização Internacional do Trabalho – OIT tem a preocupação de normatizar melhorias das condições laborais como também de vida dos trabalhadores. Nesse sentido, uma de suas funções é a criação ou o estabelecimento de normas internacionais do trabalho, sob a forma de convenções e recomendações, elaboradas no seio da conferência internacional do trabalho a serem adotados ou ratificados, de forma soberana, pelos respectivos estados membros.

Consoante nos ensina Maurício Godinho Delgado, "*as convenções são espécies de tratados. Constituem-se em documentos obrigacionais, normativos e programáticos aprovados por entidade internacional, a que aderem voluntariamente seus membros*".[5] Já a recomendação consiste em "*diploma programático expedido por ente internacional enunciando aperfeiçoamento normativo considerado relevante para ser incorporado pelos Estados*".[6]

Importante frisar que os direitos humanos implicam na obrigação do Estado em respeitar, proteger e implementar valores sociais ao trabalhador, sendo vedado qualquer retrocesso, com fundamento nas normas internacionais.

No entanto, a civilização atual se confronta com um novo desafio que podemos chamar de mundialização da economia ou do retorno forçado ao mercado autorregulado que constituem obstáculo à concretização dos objetivos da OIT e contribuem para a produção de normas cada vez mais flexíveis, na qual cada indivíduo desfruta com um mínimo de garantias e direitos. Ora, a política econômica neoliberal condicionada por exigências econômicas dificulta a finalidade social da OIT.

Desse modo, o trabalho sem a devida proteção legal passa a se tornar o novo *status* da sociedade capitalista contemporânea.

Pondera-se, nesse passo, a tese da flexibilização das normas internacionais do trabalho no mundo internacional do trabalho, Godinho afirma *as ideias de bem-estar e de segurança material dissociam-se inteiramente das preocupações sociais e públicas – passam a ser temas estranhos ao Estado e a políticas públicas, especialmente às políticas de gestão da economia.*[7]

Como se vê, a ordem econômica internacional vigente obsta a concretização da ação normativa da OIT e contribui para uma desmontagem do sistema interna-

5. Segundo Maurício Godinho Delgado, a prática internacional demonstra que as expressões, tratado, convenção, pacto, convênio, acordo, concordata têm sido usadas indistintamente para designar tais documentos obrigacionais, normativos e programáticos subscritos por estados, com ou sem participação de ente internacional específico. Consultar a obra *Curso de direito do trabalho*, Editora LTr, 2015, p. 157.

6. As convenções internacionais são consideradas fontes normativas heterônomas do direito, desde que seja realizada a ratificação pelo estado membro da OIT, ao passo que a recomendação é considerada fonte jurídica material. Consultar a obra *Curso de direito do trabalho*, do professor Maurício Godinho Delgado, Editora LTr, 2015, p. 158.

7. DELGADO, Maurício Godinho. Capitalismo, trabalho e emprego. Entre o paradigma da destruição e os caminhos de reconstrução. São Paulo: LTr, p. 83.

cional de proteções ao trabalho, agravando os problemas sociais da maioria dos países.

Nessa ótica, o trabalhador já não é visto como cidadão pleno, detentor de direitos e, sim, como ser humano supérfluo e descartável, um instrumento capaz de gerar produção, sempre a serviço do capital, descaracterizando sua imagem hipossuficiente.

Contudo, os direitos humanos baseiam-se no princípio de respeito pelo indivíduo. A sua premissa fundamental é que cada pessoa é um ser moral e racional que merece ser tratado com dignidade, e são chamados direitos humanos porque são universais, isto significa escolha, oportunidade, liberdade de obter um emprego, abraçar uma carreira, escolher seu próprio parceiro, ter filhos, saúde, isto inclui o direito de trabalhar proveitosamente sem assédio, abuso e ameaça de um despedimento arbitrário.

Portanto, são direitos inerentes a todas as pessoas e devem ser garantidos em todas as esferas, não se devendo olvidar jamais que é no local de trabalho, onde as pessoas passam a maior parte de seus dias e grande parte de sua vida adulta, que estas ameaças podem se fazer mais presentes.

De tal modo, é preciso que a legislação, através de mecanismos protetivos, iguale a posição de ambos. Não se busca assim, acuar o empregador ao proteger seus empregados, mas apenas assegurar que ambos sejam igualmente amparados pelo Estado de Direito, pois conforme salientado, o foco do Direito do Trabalho reside na luta pelo reconhecimento e aperfeiçoamento da condição humana no mercado laborativo.

1.2. Sistema Interamericano de proteção

A Convenção Americana sobre Direitos Humanos elaborada em 1969, conhecida também como Pacto de São José da Costa Rica, enumera e protege os direitos primordiais do ser humano, sendo estes resguardados pela Corte Interamericana de Direitos Humanos e pela Comissão Interamericana.

A Corte Interamericana de Direitos Humanos é o órgão supremo do sistema interamericano de proteção aos direitos humanos, com a função de julgar os casos apresentados. Do cotejo outro órgão de relevância importância na proteção dos direitos humanos é a Comissão Interamericana, com a função de receber e investigar as notícias de violação.

Nesse passo, aplicam-se ao Brasil, por força do Decreto n. 678, de 1992, todas as disposições da Convenção, incorporando as disposições ao sistema legislativo brasileiro. Ademais, com a disposição do artigo 62.1 da Convenção e o Decreto n. 4.463, de 2002 o Pais se sujeitou a sua jurisdição.

Nesse ínterim, o Brasil, por força do Decreto n. 5.017, de 2004 também incorporou a legislação brasileira as previsões do Protocolo Adicional à Convenção de Palermo contra o Tráfico de Pessoas, protetor dos Direitos Humanos.

A instrumentalização jurídica internacional para pressionar o Estado na proteção de direitos humanos, gera um movimento natural de um olhar mais atento às disposições introduzidas pela Lei n. 13.467/17, "reforma trabalhista" e pela Portaria n. 1.129/17 do Ministério do Trabalho.

1.3. Caso Trabalhadores da Fazenda Brasil Verde

O artigo 149 do Código Penal dispondo sobre o crime de *reduzir alguém a condição de escravo*, editado no ano de 1940, era um dispositivo em que não se dispensava devida atenção pelos órgãos de proteção do trabalhador.

A partir de 1990, um grupo de pessoas formadas por Procuradores do Ministério Público do Trabalho, Auditores do Trabalho e membros da organização religiosa da Comissão da Pastoral da Terra se reuniram com fulcro em maior atenção a identificação de eventuais práticas enquadradas no tipo penal posto.

Na Fazenda Brasil Verde, localizada no município de Sapucaia, no Estado do Pará, os trabalhadores eram submetidos a condições laborais desumanas e degradantes, inclusive, com restrição da liberdade. Em uma das maiores propriedades rurais em que se cultivada a pecuária de gado tem-se a notícia da prática de condutas de escravidão moderna desde os anos de 1980.

Em 1998 o Centro pela Justiça e o Direito Internacional e a Comissão Pastoral da Terra levaram a conhecimento da Comissão Interamericana de Direitos Humanos as condutas ocorridas na Fazenda Brasil Verde, sendo atribuído ao caso o numero 12.066.

A Corte Interamericana de Direitos Humanos julgando recentemente o caso entendeu que o Estado Brasileiro violou o artigo 6º da Convenção Americana de Direitos Humanos, Pacto de São José da Costa Rica, na proibição de qualquer forma de escravidão e servidão, situações de afronta ao direito de liberdade. Além do mais, o País violou o artigo 8º da Convenção no que tange as garantias judiciais na análise a razoável duração do processo e investigação ao caso e nessa linha o artigo 25º do acesso à justiça com o recurso rápido e simples a assuntos relacionados a direitos humanos.

Importante transcrever as disposições da Convenção Americana de Direitos Humanos violadas pelo estado Brasil, as quais estatuem:

> Artigo 6. **Proibição da escravidão e da servidão.** 1. **Ninguém pode ser submetido a escravidão ou a servidão, e tanto estas como o tráfico de escravos** e o tráfico de mulheres são proibidos em todas as suas formas. 2. **Ninguém deve ser constrangido a executar trabalho forçado ou obrigatório.** [...]. [grifos meus]
>
> Artigo 8. **Garantias judiciais.** 1. Toda pessoa tem direito a ser ouvida, com as devidas garantias e **dentro de um prazo razoável**, por um juiz ou tribunal competente, independente e imparcial, estabelecido anteriormente por lei, na apuração de qualquer acusação penal formulada contra ela, ou para que se

> **determinem seus direitos ou obrigações de natureza civil, trabalhista, fiscal ou de qualquer outra natureza.** [grifos meus]
>
> Artigo 25. **Proteção judicial.** 1. Toda pessoa tem direito a um recurso simples e rápido ou a qualquer outro recurso efetivo, perante os juízes ou tribunais competentes, que a **proteja contra atos que violem seus direitos fundamentais reconhecidos pela constituição**, pela lei ou pela presente Convenção, mesmo quando tal violação seja cometida por pessoas que estejam atuando no exercício de suas funções oficiais. [grifos meus]

Nesse ínterim, para a Corte Interamericana de Direitos Humanos, o Brasil foi negligente na forma de prevenção da escravidão contemporânea, bem como na punição da prática constatada. Destarte, o procedimento judicial se arrastou por anos e nenhum dos autores foi devidamente responsabilizado internamente pelo Brasil, seja no âmbito cível ou criminalmente, o que é causa de perplexidade ao órgão judicial internacional.

Em suma, houve grave ofensa aos direitos humanos e as garantias judiciais no amparo e no reparo de 128 trabalhadores vítimas da escravidão contemporânea e tráfico de pessoas. Ademais, a Corte Interamericana de Direitos Humanos analisando o caso destaca os pontos incontroversos no parágrafo 295 da respeitável sentença:

> 295. Inicialmente, é necessário registrar que **não há controvérsia entre as partes sobre a evolução histórica do fenômeno da escravidão no Brasil, em particular no ambiente rural**. Tampouco há controvérsia sobre as denúncias realizadas pela CPT e outras organizações a partir da década de 1970, sobre a ocorrência de **"trabalho escravo "nas regiões norte e nordeste do país, e tampouco sobre a Fazenda Brasil Verde, especificamente do ano 1988 até o ano 2000** [...]. [grifos meus]

Nessa linha, averiguando os pontos da configuração da escravidão contemporânea e tráfico de pessoas no caso concreto a Corte Interamericana de Direitos Humanos transcreve resumidamente em seus parágrafos:

> 303. O resumo dos fatos contidos nos parágrafos anteriores **indica a evidente existência de um mecanismo de aliciamento de trabalhadores através de fraudes e enganos.** Ademais, a Corte considera que, com efeito, os fatos do caso indicam a existência de uma **situação de servidão por dívida,** uma vez que, a partir do momento em que os trabalhadores recebiam o adiantamento em dinheiro por parte do gato, até os salários irrisórios e descontos por comida, medicamentos e outros produtos, **originava-se para eles uma dívida impagável.** Como agravante a esse sistema, conhecido como *truck system, peonaje* ou sistema de barracão em alguns países, **os trabalhadores eram submetidos a jornadas exaustivas de trabalho, sob ameaças e violência, vivendo em condições degradantes**. Além disso, os trabalhadores não tinham perspectiva de poder sair dessa situação em razão de: i) a presença de guardas armados; ii) a restrição de saída da Fazenda sem o pagamento da dívida adquirida; iii) a coação física e psicológica por parte de gatos e guardas de segurança e iv) o medo de represálias e de morrerem na mata em caso de fuga. **As condições anteriores se potencializavam em virtude da condição de vulnerabilidade**

> **dos trabalhadores**, os quais eram, em sua maioria, analfabetos, provenientes de uma região muito distante do país, não conheciam os arredores da Fazenda Brasil Verde e estavam submetidos a condições desumanas de vida. 304. Diante do exposto, é evidente para a Corte que os **trabalhadores resgatados da Fazenda Brasil Verde se encontravam em uma situação de servidão por dívida e de submissão a trabalhos forçados**. Sem prejuízo do anterior, o Tribunal considera que as características específicas a que foram submetidos os 85 trabalhadores resgatados em 15 de março de 2000 ultrapassavam os elementos da servidão por dívida e de trabalho forçado, **para atingir e cumprir os elementos mais estritos da definição de escravidão estabelecida pela Corte** (par. 272 supra), **em particular o exercício de controle como manifestação do direito de propriedade**. Nesse sentido, a Corte constata que: i) os 80 trabalhadores se encontravam submetidos ao efetivo controle dos gatos, gerentes, guardas armados da fazenda, e, em última análise, também de seu proprietário; ii) de forma tal que **sua autonomia e liberdade individuais estavam restringidas**; iii) **sem seu livre consentimento**; iv) **através de ameaças, violência física e psicológica**, v) **para explorar seu trabalho forçado em condições desumanas**. Além disso, as circunstâncias da fuga realizada pelos senhores Antônio Francisco da Silva e Gonçalo Luiz Furtado e os riscos enfrentados até denunciarem o ocorrido à Polícia Federal demonstram: vi) **a vulnerabilidade dos trabalhadores** e vii) o ambiente de coação existente nesta fazenda, os quais viii) não lhes permitiam alterar sua situação e recuperar sua liberdade. Por todo o exposto, a Corte conclui que **a circunstância verificada na Fazenda Brasil Verde em março de 2000 representava uma situação de escravidão**. [grifos meus]

Por certo, a Corte Interamericana de Direitos Humanos constatou no parágrafo 306 a violação à integridade e à liberdade pessoais:

> 306. No presente caso, os representantes alegaram que a situação fática e as circunstâncias presentes na Fazenda Brasil Verde em março de 2000 também representariam **violações aos direitos à personalidade jurídica, à integridade pessoal, à liberdade pessoal, à honra e dignidade e ao direito de circulação e residência.** A este respeito, o Tribunal nota que estas alegações fazem referência aos **mesmos fatos que já foram analisados** à luz do artigo **6 da Convenção.** A este respeito, a Corte considera que, em virtude do caráter pluriofensivo da escravidão, ao submeter uma pessoa a esta condição, **são violados vários direitos individualmente, alguns em maior ou menor intensidade, dependendo das circunstâncias fáticas específicas de cada caso. Sem prejuízo do anterior, em virtude da definição específica e complexa do conceito de escravidão, quando se trata da verificação de uma situação de escravidão, estes direitos são subsumidos na Convenção sob o artigo 6.** Nesse sentido, a Corte considera que a análise da violação ao artigo 6 da Convenção já tomou em consideração os elementos alegados pelos representantes com o violações a outros direitos, pois na análise fática do caso a **Corte constatou que a violação à integridade e à liberdade pessoais** (violência e ameaças de violência, coerção física e psicológica dos trabalhadores, restrições da liberdade de movimento), **os tratamentos indignos** (condições degradantes de habitação, alimentação e de trabalho) **e a limitação da liberdade de circulação** (restrição de circulação em razão de dívidas e do trabalho forçado exigido), foram **elementos constitutivos da escravidão no presente caso, de modo que não é necessário fazer**

um pronunciamento individual a respeito dos outros direitos alegados pelos representantes.[445]. [grifos meus]

A partir daí, pode se afirmar que referida Corte também reconheceu que a escravidão contemporânea é imprescritível no âmbito penal de acordo com a legislação internacional, não sendo possível a prática ser beneficiada pela extinção da punibilidade do instituto da prescrição previsto no artigo 109 do Código Penal, passo este importante no combate e reparado à prática.

A recente sentença de condenação do Brasil datada de 20 de outubro de 2016 foi pioneira na configuração de escravidão contemporânea e é a quinta do País pelo Sistema Interamericano de Direitos Humanos.

Assim, o direito a dignidade da pessoa humana foi ultrajado, pois não observadas às condições mínimas de saúde, segurança, moradia, higiene e alimentação, além de garantias judiciais correlatas. Logo, é desonroso um Estado Democrático de Direito que detêm como direito constitucional a redução dos riscos inerentes ao trabalho, artigo 7º, XXII, e como fundamento a dignidade da pessoa humana, artigo 1º, III ambos da Constituição Federal Brasileira ser condenado pela prática, notoriamente, arcaica.

2. TRABALHO ESCRAVO CONTEMPORÂNEO

2.1. Definição

Ao longo dos anos e constatações do trabalho escravo e, consequentemente, políticas públicas para dar suporte à erradicação o Congresso Nacional Brasileiro alterou no ano de 2003 a redação do artigo 149 do Código Penal, com detalhamento de novas condutas que também seriam enquadradas no tipo penal.

O artigo acima, com as inclusões, ampliou o bem jurídico protegido deixando de ser a liberdade puramente e abrangendo a própria dignidade da pessoa humana. O amparo à dignidade da pessoa humana vem com a inclusão dos elementos da jornada extenuante e em condições degradantes.

A alteração, seguramente, teve influência de políticas públicas como pela Lei n. 10.608 de 20 de dezembro de 2002 assegurando aos trabalhadores encontrados sobres às práticas de trabalho escravo em receber seguro-desemprego por três meses sucessivos e a criação no ano posterior, para coordenar e avaliar a implementação das ações de erradicação da Comissão Nacional para a Erradicação do Trabalho Escravo – CONATRAE, pelo Ministério dos Direitos Humanos.

Não obstante, no ano de 2004 foi criada a famosa "lista suja do trabalho escravo". Essa postura faz semestralmente o Ministério do Trabalho e Emprego a realizar a atualização do cadastro de empregadores que submetem os trabalhadores a condições análogas à de escravo.

Na atualidade, o conceito normativo do trabalho escravo contemporâneo, é apresentado na legislação brasileira no artigo 149 do Código Penal:

> Reduzir alguém a **condição análoga à de escravo**, quer submetendo-o a **trabalhos forçados ou a jornada exaustiva**, quer sujeitando-o a **condições degradantes de trabalho**, quer **restringindo**, por qualquer meio, **sua locomoção em razão de dívida contraída** com o empregador ou preposto. [...] § 1º Nas mesmas penas incorre quem: I – **cerceia o uso de qualquer meio de transporte por parte do trabalhador**, com o fim de retê-lo no local de trabalho; II – **mantém vigilância ostensiva no local de trabalho ou se apodera de documentos ou objetos pessoais do trabalhador**, com o fim de retê-lo no local de trabalho.[8] [grifos meus]

Do cortejo o conceito de escravidão é muito além do historicamente definido como aquele em que havia o cerceamento da liberdade do trabalhador, mas sim, pode se afirmar que na contemporaneidade *apresenta-se de forma sofisticada: substituiu a prisão das correntes pela ausência de liberdade em se poder alcançar uma vida digna.*[9]

Deve se observar, ainda, que o Ministério do Trabalho e Emprego ao analisar o conceito de trabalho escravo contemporâneo em seu Manual de Combate ao Trabalho em Condições Análogas à de Escravo, assegura:

> (...) Qualquer trabalho que não reúna as mínimas condições necessárias para garantir os direitos do trabalhador, ou seja, cerceie sua liberdade, avilte a sua dignidade, sujeite-o a condições degradantes, inclusive em relação ao meio ambiente de trabalho, há que ser considerado trabalho em condição análoga à de escravo. A degradação mencionada vai desde o constrangimento físico e/ou moral a que é submetido o trabalhador (...) até as péssimas condições de trabalho e de remuneração: alojamentos sem condições de habitação, falta de instalações sanitárias e de água potável, falta de fornecimento gratuito de equipamentos de proteção individual e de boas condições de saúde, higiene e segurança no trabalho; jornadas exaustivas; remuneração irregular, promoção do endividamento pela venda de mercadorias aos trabalhadores (truck system). Assim, ao contrário do estereótipo que surge no imaginário da maioria das pessoas, no qual o trabalho escravo é ilustrado pelo trabalhador acorrentado, morando na senzala, açoitado e ameaçado constantemente, o trabalho em condição análoga à de escravo não se caracteriza apenas pela restrição da liberdade de ir e vir, pelo trabalho forçado ou pelo endividamento ilegal, mas também pelas más condições de trabalho impostas ao trabalhador.[10]

De maior abrangência o conceito intitulado pelo Ministério do Trabalho e Emprego do trabalho escravo contemporâneo é a conjunção da legislação nacional e internacional de proteção dos direitos humanos, o qual, para se manter uma vida digna ao trabalhador deve ser de proeminência observado.

8. Código Penal Brasileiro, artigo 149.
9. Carlos Henrique Bezerra Leite (*in* Rev. TST, Brasília, vol. 71, nº 2, maio/ago 2005, p. 168. Apud Agravo em Recurso de Revista de nº 53100-49.2011.5.16.0021.
10. Brasil. Manual de Combate ao Trabalho em Condições Análogas à de Escravo. Brasília: Ministério do Trabalho e Emprego, 2011. p. 12.

2.2. Aspectos gerais e atuais do trabalho escravo contemporâneo

A constatação do trabalho escravo contemporâneo, uma prática até então oculta da elite brasileira, tem passado por sensíveis mudanças na atualidade. No Brasil a predominância de constatar a prática era nas atividades rurais, consoante ao caso Fazenda Brasil Verde pela notória ausência de instrumentos de fiscalização, todavia, partes destes trabalhadores rurais migraram para as atividades urbanas se alojando na construção civil e indústria têxtil.

Na atividade da construção civil conhece a cultura existente de cadeias produtivas, com subcontratações sucessivas, gerando, *consequentemente, no enfraquecimento das relações trabalhistas e da própria classe trabalhadora cujas as necessidades mudam de acordo com a região de origem.*[11]

A busca desfreada pelo lucro a qualquer preço pressupõe uma cadeia de empregadores extensa e um esquema de tentativa de esquivo de responsabilização trabalhista. No mesmo plano está à indústria têxtil a qual se beneficia comumente do trabalho migrante, indocumentado, sem domínio da língua, em situação de *vulnerabilidade e laborando em condições degradantes. Dai é possível vislumbrar o grau de hipossuficiência desse trabalhador diante de um cipoal de contratos firmados entre grifes, confecções e oficinas.*[12]

Os exemplos e apontamentos das atividades produtivas brasileiras de maior intensidade da constatação de condutas, dissipando-se os riscos da atividade, se amoldam ao trabalho escravo contemporâneo demonstrando a premente ausência, mesmo com a legislação atual, de estanques de condições indignas de trabalho.

3. IMPACTOS RELEVANTES DA LEI N. 13.467/17 (REFORMA TRABALHISTA) E DA PORTARIA N. 1.129/17 DO MINISTÉRIO DO TRABALHO AO CONTRATO DE TRABALHO

As circunstancias atuais nos remete as palavras do pensador Viktor Frankl, filósofo e sobrevivente dos campos de concentração mais letais, Auschwitz e Dachau, que diz: "Quando a circunstância é boa, devemos desfrutá-la; quando não é favorável, devemos transformá-la; e quando não se pode ser transformada, devemos transformar a nós mesmos".

A reflexão sobre o futuro do Direito do Trabalho pode ser adequado na interpretação do pensador. A "reforma trabalhista" é uma legislação nova e merece

11. SEGATTI, Ana Elisa Alves Brito. NOVAES, Dirce Trevisi Prado. NOGUEIRA, Christiane Vieira. SABIDO, João Filipe Moreira Lacerda. FORTES, Mariana Flesch. TRABALHO ESCRAVO: REFLEXÕES SOBRE A RESPONSABILIDADE NA CADEIA PRODUTIVA. Revista do Ministério Público do Trabalho n. 48, Setembro 2014, p. 72.
12. Id., p. 75.

ser detalhada pontualmente em aspectos e circunstâncias desfavoráveis a classe trabalhadora e estes até mesmo apresenta certa resistência dos operadores de direito no deparo de afrontas a direitos conquistados por anos e o que se fazer quando se tem que tentar transformar a realidade legislativa imposta.

Em 09 de outubro de 2017, ocorreu a 2ª Jornada de Direito Material e Processual do Trabalho pela Associação Nacional dos Magistrados da Justiça do Trabalho (Anamatra) em Brasília/DF. O presidente da Associação Brasileira dos Advogados Trabalhistas Roberto Parahyba afirmou no evento sobre a reforma trabalhista, a qual *pretende atacar os alicerces sob os quais encontram-se construídos todos os princípios do Direito do Trabalho e do direito social, que são espécie do gênero direitos fundamentais.*[13]

E para que todos esses delitos a previsão constitucional fossem menos impactantes, aconteceu o evento para um coletivo aprendizado e debate acerca das matérias pelos profissionais da área trabalhista com a elaboração de enunciados relevantes a sistemática trabalhista.

Os pensamentos de aversão às mudanças no direito do trabalho nos dias de hoje se tornam a maior prova de resiliência que se pode ser experimentado por aquele que milita nesse ramo do direito de constante instabilidade.

Com a "reforma trabalhista" o artigo 611-A possibilita a prevalência do "negociado sobre o legislado", com ampla flexibilização de direitos com a possibilidade de regular jornada de trabalho; banco de horas anual; intervalo intrajornada; modalidade de registro de jornada; teletrabalho; enquadramento do grau de insalubridade; prorrogação de jornada em ambiente insalubre, sem licença prévia das autoridades competentes, entre outros assuntos de relevância ao contexto do contrato de trabalho.

A Constituição Federal atribui em seu artigo 7º, inciso XXVI, força de lei às convenções e acordos coletivos. Ocorre que para que o inciso citado esteja em harmonia com o *caput* do artigo sobrevém **à** necessidade da previsão coletiva dispor de avanço e aumento das condições laborais, em homenagem ao princípio basilar da proteção.

De tal forma que as conquistas de anos da classe trabalhadora e de resguardo pela Justiça do Trabalho será resumida no Princípio da intervenção mínima do judiciário.

O ilustre Ministro Mauricio Godinho Delgado, também participante do recente evento da Anamatra destacado, defendeu de maneira louvável a *interpretação do diploma jurídico em conformidade com a Constituição. A Constituição é a grande matriz que vai iluminar o processo interpretativo da Reforma Trabalhista.*[14]

13. TEIXEIRA, Matheus. Magistrados dizem que reforma trabalhista não pode ser aplicada como foi aprovada. Disponível em: https://www.conjur.com.br/2017-out-09/juizes-ministros-discutem-nao-aplicar-reforma-trabalhista. Acesso em 10.10.2017, 10h39min.

14. TEIXEIRA, Matheus. Magistrados dizem que reforma trabalhista não pode ser aplicada como foi aprovada. Disponível em: https://www.conjur.com.br/2017-out-09/juizes-ministros-discutem-

Se a nova lei fosse pela hermenêutica interpretada literalmente, notadamente haveria a violação da garantia constitucional do acesso à justiça, previsto no artigo 5º, XXXV da Constituição Federal, bem como do artigo 8º da Convenção Americana de Direitos Humanos.

No cenário atual, nunca foi mais necessário, portanto, à utilização pelos profissionais da área trabalhista de métodos contemporâneos de hermenêutica como o teológico, sistemático e lógico-racional a intepretação de leis.

A Lei n. 13.467/17 atingiu sensivelmente a temática da jornada de trabalho e intervalos, incluindo artifícios de clara extensão e, consequentemente exaustão do obreiro.

Ora, o artigo 611-B apresenta um rol taxativo de hipóteses em que a negociação seria vedada, em particular, no inciso XVII: *normas de saúde, higiene e segurança do trabalho previstas em lei ou em normas regulamentadoras do Ministério do Trabalho*, chamadas pelo ministro Maurício Godinho Delgado de normas de indisponibilidade absoluta.

Ocorre que, o parágrafo único do mesmo artigo sobrevém com a redação ardilosa dispondo as *regras sobre duração do trabalho e intervalos não são consideradas como normas de saúde, higiene e segurança do trabalho para os fins do disposto neste artigo*, se evidenciando total negativa histórica e científica da duração do trabalho ser medida de proteção justamente nas matérias vinculadas no paragrafo posto.

O professor Henrique Correia comentando o parágrafo único *afirma ser um erro e não dar para entender a disposição (...) são centenas de anos de estudos falando que a carga horária influencia na saúde do trabalhador*[15].

Na mesma linha a "reforma trabalhista" admite o banco de horas anual e a compensação de jornada serem regulados pela autonomia individual, na modalidade escrita e também tácita para a segunda, de acordo com a nova redação do artigo 59.

Não obstante, o artigo 59-A regula a jornada de trabalho 12 horas por 36 horas de descanso a ser realizada por acordo individual escrito, convenção ou acordo coletivo de trabalho, modalidade não amparada pela legislação celetista anterior. Registre-se, a historicidade da jornada ter sido admitida apenas em caráter excepcional na Súmula n. 444 do Colendo Tribunal Superior do Trabalho, desde que com a concessão do intervalo intrajornada e gozo dos dias dos feriados.

Além do mais pela nova legislação nas jornadas superiores a seis horas poderá o intervalo intrajornada ser de no mínimo trinta minutos, preceitua o artigo 611-A, III. Em análise, se faz necessário compreender se com o referido tempo

-nao-aplicar-reforma-trabalhista. Acesso em 10.10.2017, 10h39min.

15. 8º Congresso Jurídico Online. Direito do Trabalho e Previdenciário. Reforma trabalhista beneficia quem? CERS Cursos Online. 12 a 14 de setembro de 2017.

atribuído suprirá a finalidade do instituto, o qual no caso concreto evidentemente será muitas vezes insuficiente para repouso e alimentação, massacrando a saúde do obreiro.

E mais, ainda sobre o intervalo intrajornada o artigo 71, §4º com a nova redação incentiva o descumprimento do descanso, atribuindo a natureza indenizatória do pagamento, bem como incidente apenas sobre o período suprimido.

Nesse interim, o incentivo do descumprimento do intervalo de repouso e alimentação se torna ainda mais temeroso na jornada 12 horas por 36 horas de descanso em que o artigo 59-A admitindo mediante acordo individual escrito, convenção coletiva ou acordo coletivo de trabalho de fixação do regime, observando ou indenizando os intervalos para repouso e alimentação.

De outro lado, não menos estarrecedor, o parágrafo único do artigo 59-A ainda dispõe sobre a remuneração mensal pactuada pelo horário abrangendo *os pagamentos devidos pelo descanso semanal remunerado e pelo descanso em feriados, e serão considerados compensados os feriados e as prorrogações de trabalho noturno, quando houver, de que tratam o art. 70 e o § 5º do art. 73 desta Consolidação.*

Após a breve explanação as inquietudes surgem de forma automática, seriam os intervalos intrajornada com a nova legislação uma faculdade do empregador? E o exercício do poder diretivo junto aos empregados seria de controle como manifestação do direito de propriedade?

Destaca-se a previsão constitucional do artigo 7º, XIII, prever a jornada não poder ser superior a 8 horas diárias e 44 horas semanais, com extrapolação da jornada apenas em situações atípicas, consonante a redação do *caput* do artigo 59 da Consolidação das Leis do Trabalho.

Os fomentos de jornadas extensas passaram a ser consideradas como *elementos que ajudam a retirar da vítima o integral controle de seu destino, atrelando-o à vontade do contratante e assim evidenciando o exercício, em fase do escravizado, dos atributos inerentes ao direito de propriedade.*[16]

Destarte, horas desmedidamente extraordinárias e habituais são ilegais inclusive, apenadas na atualidade pelo dano existencial, frustrando o mínimo existencial e criando elementos para o retrocesso social. Sobre a temática, ainda observamos constatações de doenças ocupacionais como a *síndrome de Burnout*, pelo esgotamento físico e mental do trabalhador.

Pois bem, é nítido a afronta a normas de saúde, higiene e segurança do trabalho, bem como ao princípio constitucional da busca do pleno emprego, preceituado no artigo 170, VIII da Constituição Federal Brasileira, na criação de oportunidade de trabalho.

16. NETO, Silvio Beltrame. ADÃO, Felipe da Silva Pinto. Revista da Faculdade de Direito – UFPR. Curitiba, vol. 62, n. 1, JAN./ABR. 2017, p. 127.

Passa a analisar as condições de trabalho com a prorrogação de jornada em ambientes insalubres, sem a necessidade de licença prévia das autoridades competentes do Ministério do Trabalho, 611-A, XIII. Não é forçoso e irracional pensar a prorrogação de jornada irrestrita em ambientes de risco a saúde ser contrário a toda sistemática trabalhista, além de expor o trabalhador a um risco desumano e de ordem nitidamente pública.

É patente que a saúde será avariada por essa nova sistemática legislativa, havendo de forma direta o ônus da seguridade social, encorando esse trabalhador ao sistema único de saúde.

E mais, com a justificativa de melhoria de produtividade pós fordismo a terceirização ingressou no âmbito laboral como mecanismo de atribuir a terceiros determinados setores periféricos da atividade empresarial.

Pois bem, também merece destaque a Lei n. 13.429 de 31 de março de 2017, principiando a "reforma trabalhista" consentindo com a terceirização da atividade fim, certamente fecundará em um futuro de trabalhadores terceirizados, aniquilando, as categorias de profissionais.

Feito esse registro a própria Declaração de Filadélfia enfatiza o trabalhador não ser mercadoria e, portanto, *terceirizar a atividade-fim não é terceirizar. É intermediar mão de obra, merchandage. É alugar ser humano, o que é repudiado em todos os cantos do planeta.*[17]

Sobre a temática o professor Henrique Correia enfatiza a consequência da contratação de terceirizadas ao invés da contratação direta, pela *precarização das relações de trabalho, pois, para se assegurar lucro às duas empresas (empresas de prestação de serviços a terceiros e contratante) será necessário reduzir os salários dos trabalhadores.*[18]

Os questionamentos sobre as mudanças jus laborais irradiam o sistema jurídico e doutrinário, o professor Jorge Souto Maior, interroga sobre a temática:

> Ora, se o poder econômico, que dita às regras do jogo no capitalismo, se valeu expressamente desse expediente, que está refletido no processo de ruptura democrática do qual tem origem a Lei nº 13.467/17 e também no próprio conteúdo da Lei, que tenta pôr a classe trabalhadora de joelhos perante o capital, por que os cidadãos, premidos pela sobrevivência, se veriam comprometidos com a lógica democrática, com os respeito aos direitos civis, os Direitos Humanos, e com o princípio da solidariedade que embasa os Direitos Sociais?[19]

17. FONSECA, Vanessa Patriota da. Falácias da modernização das relações de trabalho. Estudos aprofundados Ministério Público do Trabalho. Vol. 3. Ed. JusPODIVM. 2017, p.263.
18. CORREIA, Henrique. Terceirização e Trabalho Temporário. Disponível em: <http://www.he nriquecorreia.com.br/2017/03/atencao-terceirizacao-e-trabalho.html>. Acesso em 10 out.2017.
19. MAIOR, Jorge Souto. O tempo de trabalho na "reforma" e o tempo perdido. Disponível em: <https://grupodepesquisatrabalhoecapital.wordpress.com/2017/10/09/o-tempo-de-trabalho-na-reforma-e-o-tempo-perdido/>. Acesso em 19 Out.2017.

Assim, a precarização de direitos fomentaria as greves de melhorias da condição de trabalho, principalmente de meio ambiente e saúde do trabalhador. Ademais, a Lei n. 13.467/17 trata de forma equitativa as dispensas isoladas e as dispensas em massa, sem qualquer necessidade prévia de autorização da entidade sindical ou de celebração de convenção coletiva ou acordo coletivo de trabalho para sua efetivação, estabelece o artigo 477-A.

A disposição acima é espantosa e beira a insensatez. Em âmbito coletivo, os trabalhadores sustentam seu direito individual de greve, exercendo de forma coletiva. A reivindicação de natureza multifacetária, compreendendo um fato social, sócio-político e jurídico é sempre uma resposta a um fato econômico existente e imediato.

A emancipação de trabalhadores em poder negociar, representado pelo termo "negociado sobre legislado" poderia, por exemplo, gerar em uma possível tentativa obreira de negociação a proibição da terceirização de determinada atividade? Sendo que se a classe empregadora não aceitasse determinada exigência levaria a uma greve?

O eixo dos questionamentos ainda serão minuciados pela doutrina e pelo ativismo judicial. Em suma, estes são os principais transtornos da Lei n. 13.467/17 ao sistema jurídico laboral, a qual novamente enfatiza Jorge Souto Maior:

> Uma lei que, portanto, sequer merece o *status* jurídico de "lei", pois a lei, em um Estado Democrático de Direito, não é o mero resultado da imposição, pela força, dos interesses de um setor específico da sociedade, e que muito menos pode ser considerada uma lei trabalhista, vez que esta pressupõe a participação da classe trabalhadora no processo político de sua elaboração, conforme estabelecido desde a criação da OIT, em 1919.[20]

A partir das constatações acima, as condutas caracterizadoras do trabalho escravo contemporâneo estão cada vez mais sendo introduzidas no Brasil e, consequentemente, o sistema de combate está caminhando a passos lentos.

E, se não bastasse às introduções drásticas no sistema jurídico com a "reforma trabalhista", há pouco, é publicada a Portaria do Ministério do Trabalho n. 1.129 de 13 de outubro de 2017, com objetivo evidente de enfraquecer a constatação e o combate do trabalho escravo contemporâneo no Brasil.

A princípio, por um ato normativo impróprio, o Ministério do Trabalho delibera sobre matéria reservada a lei em desacordo com os preceitos constitucionais do artigo 22, I da Constituição Federal. Ademais, o artigo 1º da Portaria pretende introduzir nova e restritiva configuração ao conceito de trabalho forçado, jornada exaustiva, condições degradantes e condições análogas à de escravo para fins de

20. MAIOR, Jorge Souto. O tempo de trabalho na "reforma" e o tempo perdido. Disponível em: <https://grupodepesquisatrabalhoecapital.wordpress.com/2017/10/09/o-tempo-de-trabalho-na--reforma-e-o-tempo-perdido/>. Acesso em 19 Out.2017.

concessão de benefício de seguro-desemprego, assim como os demais artigos modificam as regras de inclusão de empregadores na "lista suja do trabalho escravo".

A Portaria restritivamente aponta o trabalho forçado como *aquele exercido sem o consentimento por parte do trabalhador e que lhe retire a possibilidade de expressar sua vontade* (artigo 1º, I). No entanto, na atualidade, conforme abordado no item 2.1 deste o trabalho forçado, também é configurado quando o trabalhador é ludibriado com falsas promessas de condições de trabalho, seja por coação física ou moral, como aconteceu no caso Trabalhadores Fazenda Brasil Verde.

Nesse contexto, a jornada exaustiva é definida pela Portaria como *a submissão do trabalhador, contra a sua vontade e com privação do direito de ir e vir, a trabalho fora dos ditames legais aplicáveis a sua categoria* (artigo 1º, II). Em contrapartida a redação do artigo 149 do Código Penal não exige qualquer privação do direito de ir e vir para a configuração da jornada exaustiva.

Já a condição degradante é *caracterizada por atos comissivos de violação dos direitos fundamentais da pessoa do trabalhador, consubstanciados no cerceamento da liberdade de ir e vir, seja por meios morais ou físicos, e que impliquem na privação da sua dignidade* (artigo 1º, III), observando novamente o ato administrativo normativo relacionar a condição degradante com a privação do direito de liberdade.

E finalmente, a configuração de condição análoga à de escravo (artigo 1º, IV) ser pela *a) a submissão do trabalhador a trabalho exigido sob ameaça de punição, com uso de coação, realizado de maneira involuntária; b) o cerceamento do uso de qualquer meio de transporte por parte do trabalhador, com o fim de retê-lo no local de trabalho em razão de dívida contraída com o empregador ou preposto, caracterizando isolamento geográfico; c) a manutenção de segurança armada com o fim de reter o trabalhador no local de trabalho em razão de dívida contraída com o empregador ou preposto; d) a retenção de documentação pessoal do trabalhador, com o fim de reter o trabalhador no local de trabalho.*

Ora o conceito apresentado na Portaria Ministerial é limitante a atual conceptualização internacional de trabalho escravo contemporâneo, especialmente nas Convenções n. 29 e n. 105 da Organização Internacional do Trabalho, ao Código Penal Brasileiro, ao Manual de Combate ao Trabalho em Condições Análogas à de Escravo materializado pelo próprio Ministério do Trabalho, bem como a jurisprudência do Supremo Tribunal Federal.

Ademais, o registro do empregador na "lista suja do trabalho escravo" fica sobre entraves administrativos, dispondo o artigo 3º, inciso II, da Portaria da necessidade da existência prévia de Boletim de Ocorrência lavrado pela Autoridade Policial e, ainda, da necessidade de ato do Ministro de Estado do Trabalho em determinar a inscrição do empregador condenado no Cadastro, parágrafo 3º do mesmo artigo.

A situação exige reflexão. Qual seria a razão da Portaria em restringir a configuração do trabalho escravo? Até que ponto explorar trabalhadores não será configurado como trabalho escravo contemporâneo ou até mesmo crime? É uma tentativa de revogação da Lei Áurea? O ato de inclusão do agente na "lista suja do trabalho escravo" passa a ser político e não técnico?

A resposta aos questionamentos não é clara, mas se amolda com a tentativa incansável de retornar ao status de impunidade de séculos passados em que somente as restrições por algemas seriam configurada como prática de escravidão, situações vividas até a elaboração da Lei Imperial n. 3.353, sancionada em 13 de maio de 1888 (Lei Áurea). E consequentemente as condutas gerarão a proliferação das práticas desumanas e impunidade dos agentes.

Em homenagem ao principio central o da proteção da dignidade da pessoa humana e de não retrocesso social o trabalho que não possibilite ao trabalhador, condições indispensáveis de desenvolvimento das atividades laborais de forma sadia, com restrição a liberdade ou submetendo à situação degradante deve ser enquadrado como condição análoga à de escravo.

A propósito, na própria sentença no caso Trabalhadores da Fazenda Brasil Verde a Corte Interamericana previu expressamente que não poderia haver retrocessos na política brasileira de combate e erradicação do trabalho em condições análoga a de escravo, sendo que a sistemática atual demonstra o contrário.

Diante desse quadro sombrio, o Estado Brasileiro flexibilizando os direitos trabalhistas e, consequentemente, precarizando direitos mínimos, com a "reforma trabalhista" e atos administrativos postos será novamente e certamente condenado internacionalmente pela prática de trabalho escravo contemporâneo, o qual não pode prevalecer no Brasil.

As condenações serão pautadas na inobservância do dever razoável de cautela em situações graves de conhecimento e de negligência do Estado. Com efeito, *a teoria da cegueira deliberada reconhecerá responsabilidade àquele que adredemente se coloca em situação de ignorância, omitindo-se quando a um dever geral de cautela*[21], criada pela Suprema Corte Americana será analisada no vazio de repudio a precarização nas relações trabalhistas, consubstanciando novas condenações.

Em um momento de mudança da conjuntura social, o papel dos órgãos de proteção de trabalhadores será fundamental no cenário posto, o qual por uma indulgência se manteve intacto pela "reforma trabalhista".

CONSIDERAÇÕES FINAIS

O trabalho vem como um valor, em tempos em que se convive com dicções sobre a futura 4ª Revolução, a tecnológica, com a disrupção do passado e projeção de um melhor futuro a "reforma trabalhista" e regulamentações administrativas desprotetivas são óbices arcaicos.

21. FABRE, Luiz Carlos Michele. Novos institutos relacionados ao trafico de pessoas no setor têxtil: o principio do non-refoulement e a teoria da cegueira deliberada. Revista do Ministério Público do Trabalho, São Paulo: Ltr, v. 22, n. 44-61, p. 59, set. 2012.

A condenação da Corte Internacional de Direitos Humanos é um verdadeiro massacre e constrangimento econômico e anacrônico ao fato de se falar em revoluções e ainda se constatar práticas primitivas de afronta a direitos sociais.

Na época atual, existe uma tentativa de reorganização produtiva, entretanto, não é raro, aliás, constante, a presença, mesmo com tantas evoluções, de pessoas ingênuas e visivelmente manipuladas por aqueles que detêm poder.

A Convenção Interamericana de Direitos Humanos ressalva os trabalhadores serem pessoas e merecedores de proteção e, não coisas facilmente manipuláveis, como ocorriam em períodos de escravidão por grilhões e chicotes.

A escravidão contemporânea tem arrimo na vulnerabilidade daquele que normalmente, vivem com o mínimo e, ao flexibilizar e alterar matérias de conquistas de anos da área trabalhista, como jornada e condições de trabalho causam graves prejuízos à liberdade do trabalhador.

As maximizações das vulnerabilidades enfatizadas pelo impacto da "reforma trabalhista" e atos administrativos deixarão na história do Brasil, juntamente com condenações internacionais marcas de retrocessos, nos quais certamente existem os vestígios de cada omissão aos direitos trabalhistas.

As mudanças são radicais para um futuro próximo em inúmeros estudos e projeções. Os avanços tecnológicos deixaram de seguir um ritmo linear para um compasso exponencial ao contrário segue a proteção dos direitos do trabalhador que retorna a tendências arcaicas.

Em sentido jurídico a "reforma trabalhista" é mal formulada, trazendo ao ramo especializado noções de transações do Código Civil Brasileiro, se esquecendo da especificidade da seara trabalhista com embasamento no principio da proteção e da aplicação da norma mais favorável.

Ainda bem, nessa altura, que há a existência do resguardo de direitos pelas disposições protetivas da legislação internacional, da Constituição Federal e a figura do abuso de direito do Código de Processo Civil.

REFERÊNCIAS

BRASIL. **Constituição Federativa da República do Brasil** de 05 de outubro de 1998. Disponível em: <http://www.planalto.gov.br/ccivil_03/constituicao/cons tituicao.htm> Acesso em: 10 Out. 2017.

BRASIL. **Código Penal** de 07 de dezembro de 1940. Disponível em: <http://ww w.planalto.gov.br/ccivil_03/decreto-lei/Del2848compilado.htm> Acesso em: 10 Out. 2017.

BRASIL. **Consolidação das Leis do Trabalho** de 01 de maio de 1943. Disponível em: <http://www.planalto.gov.br/ccivil_03/decreto-lei/Del5452.htm> Acesso em: 10 Out. 2017.

BRASIL. **Decreto n. 678** de 6 de novembro de 1992. Disponível em: <http://ww w.planalto.gov.br/ccivil_03/decreto/d0678.htm> Acesso em: 22 Out.2017.

BRASIL. **Lei n. 13.429** de 31 de março de 2017. Disponível em:

< http://www.planalto.gov.br/ccivil_03/_ato2015-2018/2017/lei/L13429.htm> Acesso em: 22 Out.2017.

BRASIL. **Lei n. 13.467** de 13 de julho de 2017. Disponível em: <http://www.plan alto.gov.br/ccivil_03/_ato2015-2018/2017/lei/L13467.htm> Acesso em: 10 Out. 2017.

BRASIL. **Portaria do Ministério do Trabalho nº 1.129**, de 13 de outubro de 2017. Diário Oficial da União de 16.10.2017. Acesso em 18 Out. 2017.

BRASIL. **Manual de Combate ao Trabalho em Condições Análogas à de Escravo.** Brasília: Ministério do Trabalho e Emprego, 2011. p. 12.

BRASIL. **Nações Unidas no Brasil 17 Objetivos de Desenvolvimento Sustentável da ONU**. Desenvolvimento Sustentável. Disponível em: <https://n acoesunidas.org/conheca-os--novos-17-objetivos-de-desenvolvimento-sustentavel-da-onu/> Acesso em 22 Out.2017.

BRASIL. **Promover o emprego, proteger as pessoas. Convenções ratificadas pelo Brasil.** OIT Brasília. Disponível em: <http://www.ilo.org/brasilia /convencoes/lang--pt/index.htm> Acesso 22 Out.2017.

BRASIL. Sentenças da Corte Interamericana de Direitos Humanos. **Sentença no caso Trabalhadores da Fazenda Brasil Verde**. Ministério das Relações Exteriores. Disponível em: <http://www.itamaraty.gov.br/images/Banco_de_ima gens/Sentenca_Fazenda_Brasil_Verde.pdf> Acesso em 22 Out.2017.

8º CONGRESSO JURÍDICO ONLINE. **Direito do Trabalho e Previdenciário. Reforma trabalhista beneficia quem?** CERS Cursos Online. 12 a 14 de setembro de 2017. Acesso em 22 Out.2017.

CORREIA, Henrique. **Terceirização e Trabalho Temporário**. Disponível em: <http://www.henriquecorreia.com.br/2017/03/atencao-terceirizacao-e trabalho.h tml> Acesso em 10 Out.2017.

DELGADO, Maurício Godinho. **Curso de direito do trabalho.** 14. Ed. – São Paulo: LTr, 2015, p. 157,158.

DELGADO, Maurício Godinho. **Capitalismo, trabalho e emprego. Entre o paradigma da destruição e os caminhos de reconstrução.** São Paulo: LTr, p. 83.

FABRE, Luiz Carlos Michele. **Novos institutos relacionados ao trafico de pessoas no setor têxtil: o principio do non-refoulement e a teoria da cegueira deliberada**. Revista do Ministério Público do Trabalho, São Paulo: Ltr, v. 22, n. 44-61, p. 59, set. 2012.

FONSECA, Vanessa Patriota da. **Falácias da modernização das relações de trabalho.** Estudos aprofundados Ministério Público do Trabalho. Vol. 3. Ed. JusPODIVM. 2017, p.263.

LEITE Carlos Henrique Bezerra (*in* Rev. TST, Brasília, vol. 71, nº 2, maio/ago 2005, p. 168.

MAIOR, Jorge Souto. **O tempo de trabalho na "reforma" e o tempo perdido**. Disponível em: <https://grupodepesquisatrabalhoecapital.wordpress.com/2017 /10/09/o-tempo-de--trabalho-na-reforma-e-o-tempo-perdido/> Acesso em 19 Out.2017.

NETO, Silvio Beltramelli. **Direitos humanos**. Salvador: Juspodivm, 2017. p. 38,39.

NETO, Silvio Beltrame. ADÃO, Felipe da Silva Pinto. **Revista da Faculdade de Direito – UFPR**. Curitiba, vol. 62, n. 1, JAN./ABR. 2017, p. 127.

SEGATTI, Ana Elisa Alves Brito. NOVAES, Dirce Trevisi Prado. NOGUEIRA, Christiane Vieira. SABIDO, João Filipe Moreira Lacerda. FORTES, Mariana Flesch. TRABALHO ESCRAVO: REFLEXÕES SOBRE A RESPONSABILIDADE NA CADEIA PRODUTIVA. **Revista do Ministério Público do Trabalho n. 48**, Setembro 2014, p. 72,75.

TEIXEIRA, Matheus. **Magistrados dizem que reforma trabalhista não pode ser aplicada como foi aprovada.** Disponível em: <https://www.conjur.com.br/2 017-out-09/juizes--ministros-discutem-nao-aplicar-reforma-trabalhista> Acesso em 10 Out.2017.

OS IMPACTOS DA REFORMA TRABALHISTA NO DIREITO PREVIDENCIÁRIO

Adriana Menezes[1]
Filipe Luís Avelino[2]

INTRODUÇÃO

A Lei nº 13.467, de 13 de julho de 2017, que entrou em vigor em 11 de novembro de 2017, bem como a Medida Provisória nº 808, de 14 de novembro de 2017, promoveram a alteração em diversos dispositivos da Consolidação das Leis do Trabalho (CLT), das Leis nº 6.019/74, nº 8.036/90 e nº 8.212/91, com a finalidade, de adequar a legislação às novas relações de trabalho.

Nesse artigo pretendemos analisar as alterações que vão impactar na Previdência Social e no custeio da Seguridade Social. Vamos abarcar as alterações na base de cálculo do salário de contribuição e como tais mudanças vão influir na vida do segurado do Regime Geral da Previdência Social.

---

1. Procuradora Federal. Graduada em Direito e em Economia. Especialista em Direito Público e em Engenharia Econômica. Professora de Direito Previdenciário em Cursos Preparatórios para concursos públicos e de pós-graduação. Chefe da Procuradoria Federal junto à Universidade Federal de Juiz de Fora (PF/UFJF). Autora de diversos livros entre eles, Direito Previdenciário - Coleção Tribunais e MPU. Coautora de diversos Revisaços para concursos públicos – Ed. Juspodivm.
2. Analista do TRE/MG. Especialista em Direito Processual.

Também será tema do presente trabalho, a nova formatação do salário-maternidade, trazida pela Lei nº 13.467/2017 e, posteriormente alterada pela Medida Provisória nº 808/2017.

Por fim, faremos um breve diagnóstico das possíveis repercussões das mudanças na arrecadação da Previdência Social.

1. BASE DE CÁLCULO DA CONTRIBUIÇÃO PREVIDENCIÁRIA

Antes de adentrarmos nas modificações procedidas pela novel legislação, curial entendermos como é calculada a contribuição do segurado empregado.

A contribuição do empregado, inclusive o doméstico, e a do trabalhador avulso é calculada por meio de aplicação de alíquotas de 8%, 9% e 11% sobre o salário de contribuição mensal, de forma não cumulativa.

O valor da alíquota irá variar de acordo com o salário de contribuição do segurado, conforme tabela abaixo, cujos valores foram atualizados pela Portaria do Ministério da Fazenda nº 8, de 13 de janeiro de 2017:

Contribuição previdenciária do empregado, inclusive o doméstico, e do trabalhador avulso – 2017	
Salário de Contribuição	**(R$) Alíquota**
Até R$ 1.659,38	8%
De R$ 1.659,39 a R$ 2.765,66	9%
De R$ 2.765,67 até R$ 5.531,31	11%

E, salário de contribuição é a *expressão que quantifica a base de cálculo da contribuição previdenciária dos segurados da previdência social, configurando a tradução numérica do fato gerador* (IBRAHIM, 2009).

Já o fato gerador da contribuição previdenciária é o exercício de atividade remunerada e para quantificarmos esse fato de modo que possa ser tributado, utilizamos o salário de contribuição, aplicando-se determinada alíquota sobre o seu valor.

O artigo 28 da Lei nº 8.212/91 conceitua salário de contribuição para cada categoria de segurado e prescreve as parcelas da remuneração que integram ou não esse conceito. Em síntese, a Lei de Custeio da Seguridade Social enumera sobre quais parcelas da remuneração do trabalhador deverá incidir a alíquota da contribuição previdência e quais as parcelas não serão alvo da incidência da contribuição.

Além do art. 28 da Lei nº 8.212/91 a CLT em seu art. 457, quando conceitua as parcelas que integram o salário, acaba também delimitando as parcelas sobre as quais incidirão a contribuição previdenciária.

Assim, por exemplo, o texto normativo diz expressamente que os benefícios da previdência social, nos termos e limites legais, salvo o salário-maternidade não integram o salário de contribuição.

Isso significa dizer que as alterações legais nas parcelas integrantes do salário de contribuição vão aumentar ou diminuir a base de cálculo do salário de contribuição, impactando diretamente no valor da contribuição devida à Previdência Social.

Conforme podemos compreender pela explicação trazida, quanto mais variadas as parcelas integrantes do salário de contribuição maior a base de cálculo da contribuição previdenciária.

E foi justamente acerca dessas parcelas que a Lei nº 13.467/2017 trouxe modificações relevantes, retirando de algumas delas a natureza de salário de contribuição. Algumas parcelas que, antes teriam a incidência da contribuição para o custeio do regime geral de previdência social, foram excluídas do conceito de salário de contribuição.

A conclusão mais evidente, no caso, é a de que a arrecadação da Previdência Social irá diminuir em face da retração da base de cálculo da contribuição dos segurados e, também, das empresas, visto que estas contribuem sobre o total das mesmas parcelas que compõem o salário de contribuição dos seus empregados.

No entanto, a exclusão de determinadas parcelas do conceito de salário de contribuição pela Lei nº 13.467/2017 vai repercutir diretamente no cálculo do valor da grande maioria dos benefícios dos segurados.

Isso porque o salário de contribuição é utilizado para o cálculo do salário de benefício de grande parte dos benefícios previdenciários concedidos, à exceção do salário-família, da pensão por morte, do salário-maternidade e do auxílio reclusão. A renda mensal dos benefícios de prestação continuada é obtida com a aplicação de um percentual sobre o salário de benefício do segurado que, por sua vez, é calculando considerando-se os salários de contribuição ao longo da vida contributiva do segurado.

O salário de benefício é técnica utilizada para o cômputo do valor do benefício de prestação continuada que leva em consideração o número de contribuições vertidas e sua respectiva média, objetivando aproximá-lo o quanto possível da renda auferida na atividade.

O salário de benefício para os benefícios de auxílio-doença, auxílio-acidente, aposentadoria por invalidez, aposentadoria por idade, aposentadoria por tempo de contribuição e aposentadoria especial constitui na média aritmética simples dos maiores salários de contribuição correspondentes a 80% (oitenta por cento) de todo o período contributivo dos segurados. Para as aposentadorias por idade e tempo de contribuição, essa média sofrerá, em regra, a multiplicação pelo fator previdenciário.

Podemos perceber que há uma relação muito clara entre o salário de contribuição e o salário de benefício.

Dessa forma, podemos concluir que quanto menor o salário de contribuição, menor, por conseguinte, o salário de benefício e o valor dos benefícios que serão pagos aos segurados do Regime Geral da Previdência Social.

2. DAS MODIFICAÇÕES INTRODUZIDAS

A Lei nº 13.467/2017 alterou o artigo 28 e seus parágrafos da Lei nº 8.213/91 e o art. 457 e seus parágrafos da CLT, retirando do salário de contribuição as seguintes parcelas:

- as diárias para viagens;
- o valor relativo à assistência prestada por serviço médico ou odontológico, próprio da empresa ou por ela conveniado, inclusive o reembolso de despesas com medicamentos, óculos, aparelhos ortopédicos, próteses, órteses, despesas médico-hospitalares e outras similares;
- 3) os prêmios;
- 4) o auxílio-alimentação.

Por outro lado, a Medida Provisória nº 808/2017, limitou a ajuda de custo a um percentual de 50% sobre a remuneração do empregado, no qual não haverá integração na remuneração e tampouco contribuição previdenciária.

A título de comparação o quadro a seguir demonstrará a evolução da participação dessas parcelas com a reforma trabalhista:

Parcelas integrantes do salário de contribuição antes da Reforma Trabalhista	Parcelas não integrantes do salário de contribuição após a vigência da Reforma Trabalhista
- diárias para viagens, desde que não excedessem 50% da remuneração;	- diárias para viagem;
- o valor relativo à assistência prestada por serviço médico ou odontológico, próprio da empresa ou por ela conveniado, inclusive o reembolso de despesas com medicamentos, óculos, aparelhos ortopédicos, despesas médico-hospitalares e outras similares, desde que a cobertura abranja a totalidade dos empregados e dirigentes da empresa;	- o valor relativo à assistência prestada por serviço médico ou odontológico, próprio da empresa ou por ela conveniado, inclusive o reembolso de despesas com medicamentos, óculos, aparelhos ortopédicos, próteses, órteses, despesas médico-hospitalares e outras similares.
- a parcela "in natura" recebida de acordo com os programas de alimentação aprovados pelo Ministério do Trabalho e da Previdência Social;	- auxílio-alimentação, desde que não paga em dinheiro;
- ganhos eventuais e abonos desvinculados do salário.	- prêmios, mesmo que pagos habitualmente.

Passaremos a seguir a tratar de forma pormenorizada as parcelas remuneratórias que tiveram sua natureza modificada.

2.1. Diárias para viagens

As diárias para viagens são as parcelas destinadas a indenizar o empregado pelas despesas das viagens realizadas a trabalho.

É como ensina, BARROS:

> Entre essas despesas, encontram-se as relativas a alimentação, alojamento, transporte, correspondência, telefonemas, além de outras. Vistas sob esse ângulo, isto é, como ressarcimento de despesas, as diárias não terão conotação salarial, mas meramente indenizatória. (BARROS, 2010)

Em relação às diárias para viagens, a legislação previa que não haveria incidência de contribuição previdência, desde que, as diárias não excedessem a 50% da remuneração mensal do trabalhador.

Tal previsão visava evitar fraudes, nas quais o empregador remunerasse o empregado com grande parte da remuneração com parcelas não incidentes de contribuição previdenciária. É o que leciona Correia:

> Entretanto, com base no princípio da primazia da realidade, se as diárias excederem a 50% do salário do empregado, pressupõe que exista fraude, e neste caso terá natureza salarial (...)(CORREIA, 2014)

Já o novo regramento determinou que as importâncias, ainda que habituais, de diárias para viagem, qualquer que seja a proporção em relação ao salário do empregado não integram a remuneração do empregado, não se incorporam ao contrato de trabalho e não constituem base de incidência de qualquer encargo trabalhista e previdenciário.

2.2. Assistência médica e odontológica

A legislação revogada determinava que as parcelas decorrentes de assistência médica e odontológica não integrariam o salário de contribuição apenas no caso em que a cobertura abrangesse todos dos empregados e dirigentes da empresa.

Tal previsão foi retirada. Agora, mesmo quando concedido em diferentes modalidades de planos e coberturas, a assistência médica e odontológica, próprios ou não, inclusive o reembolso de despesas com medicamentos, óculos, aparelhos ortopédicos, próteses, órteses, despesas médico-hospitalares e outras similares, não integram o salário do empregado para qualquer efeito, tampouco o salário de contribuição.

Não haverá incidência de contribuição previdenciária do empregado e nem do empregador sobre tais parcelas ainda que os planos não sejam acessíveis a todos os empregados e dirigentes da empresa.

2.3. Prêmios

O art. 457 da CLT passou a prever que as importâncias, ainda que habituais, pagas a título de prêmios não integram a remuneração do empregado, não se incorporam ao contrato de trabalho e não constituem base de incidência de qualquer encargo trabalhista e previdenciário.

A legislação conceitua como prêmios as liberalidades concedidas pelo empregador em forma de bens, serviços ou valor em dinheiro a empregado ou a grupo de empregados, em razão de desempenho superior ao ordinariamente esperado no exercício de suas atividades.

Dessa forma, com o advento da Reforma trabalhista, tal parcela deixa de integrar o salário de contribuição, e em consequência, de sofrer a incidência da contribuição previdenciária.

Com isso, o empregador poderá lançar mão de conceder prêmios para seus empregados sem que isso impacte na contribuição sobre a folha de salários. Por outro lado, essa prática acabará prejudicando o trabalhador, no futuro, uma vez que tais parcelas recebidas ao longo do curso de trabalho, não comporão o cálculo dos benefícios previdenciários como, por exemplo, a aposentadoria.

2.4. Auxílio-Alimentação

A parcela da remuneração "in natura", isto é, aquela substituída por utilidade, no caso alimentação, recebida de acordo com os programas de alimentação aprovados pelo Ministério do Trabalho não integravam o salário de contribuição. Assim, reza o §9º, alínea "c" do art. 28 da Lei nº 8.212/91.

Com o advento da Reforma Trabalhista, também o auxílio-alimentação, desde que não pago em dinheiro, não integra a remuneração do empregado, não se incorpora ao contrato de trabalho e não constitui base de incidência de qualquer encargo trabalhista e previdenciário.

A legislação modificou o entendimento exposto na Súmula nº 241 do Tribunal Superior do Trabalho (TST) que assim prescreve:

> SÚMULA Nº 241 - SALÁRIO-UTILIDADE. ALIMENTAÇÃO
>
> O vale para refeição, fornecido por força do contrato de trabalho, tem caráter salarial, integrando a remuneração do empregado, para todos os efeitos legais.

Assim, o auxílio-alimentação deixa de integrar a remuneração do empregado para todos os efeitos, incluindo os previdenciários.

2.5 Ajuda de Custo

A ajuda de custo é o valor pago pelo empregador ao empregado com a finalidade de reembolsá-lo pelas despesas decorrentes do trabalho exercido. Possui, assim, natureza indenizatória.

A Medida Provisória nº 808/2017, alterando a dicção do §2º do art. 457 da CLT, passou a prever que a parcela paga a título de ajuda de custo, limitada a cinquenta por cento da remuneração mensal, não integra a remuneração do empregado, ainda que pagas habitualmente.

Tal medida, visa evitar fraudes no contrato de trabalho. É o que leciona, BARROS, 2010:

> Não é raro depararmos com situações em que o empregador paga ao empregado, habitualmente, valor fixo mensal superior a 50% do seu salário, rotulando a verba de ajuda de custo destinada a ressarcir despesas com combustível e manutenção de automóvel, sem, entretanto, exigir qualquer prestação de contas dos gastos realizados. Não há dúvida de que a parcela quitada nessas condições representa um *plus* na remuneração do empregado, revelando-se inequívoca a sua natureza salarial.

Assim, andou bem a norma em impor o limite de 50% sobre a remuneração mensal do empregado.

3. SALÁRIO-MATERNIDADE

A Lei nº 13.467/2017, e mais tarde a Medida Provisória nº 808/2017, trouxeram inovações em relação ao trabalho da gestante em ambientes insalubres.

Pela nova norma inicialmente editada (Lei nº 13.467/2017), a empregada gestante não poderia exercer atividades consideradas insalubres em grau máximo, devendo ser afastada daquela atividade, sem prejuízo de sua remuneração e do adicional de insalubridade.

No caso de atividades consideradas insalubres em grau médio ou mínimo, a empregada gestante, se apresentasse atestado de saúde, emitido por médico de sua confiança que recomendasse o seu afastamento durante a gestação, deveria exercer suas atividades em local salubre na empresa.

A Medida Provisória nº 808/2017, alterando o art. 394-A da CLT, incluído pela Lei nº 13.467/2017, passou a determinar que a empregada gestante seja afastada, enquanto durar a gestação, de quaisquer atividades, operações ou locais insalubres.

Nesse caso, irá exercer suas atividades em local salubre, excluído, no entanto, o pagamento de adicional de insalubridade.

Já o exercício de atividades e operações insalubres em grau médio ou mínimo, pela gestante, somente será permitido quando ela, voluntariamente, apresentar atestado de saúde, emitido por médico de sua confiança, do sistema privado ou público de saúde, que autorize a sua permanência no exercício de suas atividades.

Veja que segundo a dicção da norma revogada pela citada Medida Provisória, o afastamento da gestante de atividades insalubres em grau médio ou mínimo apenas ocorreria se a empregada apresentasse atestado de saúde que recomendasse o afastamento. Dessa forma o afastamento seria uma exceção precedida de atestado médico.

No novo preceito normativo o trabalho da gestante em atividades insalubres em grau médio e mínimo é que se torna a exceção, sendo o afastamento a regra.

Já empregada lactante deverá ser afastada do exercício de atividade considerada insalubre em qualquer grau, caso apresente atestado de saúde emitido por médico de confiança da mulher, do sistema privado ou público de saúde, que recomende o seu afastamento durante a lactação.

A Lei nº 13.467/2017 previa a continuação do pagamento do adicional de insalubridade à gestante e à lactante afastada das atividades em local insalubre, com o ônus do pagamento sendo da Previdência Social, por meio de compensação com as contribuições previdenciárias vincendas. Tal previsão foi revogada pela Medida Provisória nº 808/2017.

Ainda em sua formulação originária a Lei nº 13.467/2017, determinava que caso não fosse possível que a gestante ou a lactante exercesse suas atividades em local salubre na empresa, a situação seria considerada como gravidez de risco e ensejaria o direito das empregadas receberem salário-maternidade, durante todo o período de afastamento, no valor correspondente a sua última remuneração.

O legislador da Reforma Trabalhista fez nascer, por um breve período de tempo, uma vez que a norma foi revogada pela Medida Provisória nº 808/2017, uma nova hipótese para percepção do salário-maternidade quando fosse impossível a transferência da empregada gestante ou lactante para atividade salubre. O benefício seria pago durante todo o período de afastamento da segurada, desde a gravidez até o final da lactação, se fosse o caso.

Assim, diferentemente do prazo habitual da licença-maternidade de 120 dias, a Reforma Trabalhista criou uma espécie de "supersalário-maternidade", pois a empregada poderia perceber o benefício durante os 09 meses de gestação além dos meses necessários à lactação da criança.

Essa nova possibilidade de concessão do salário-maternidade ou mesmo da autorização de o empregador compensar os valores pagos a título de adicional de insalubridade, afrontaria o disposto no §5º da art. 195 da Constituição Federal.

Pelo dispositivo mencionado, a Constituição veda a criação, majoração ou extensão de benefício ou serviço da Seguridade Social sem que haja a correspondenste fonte de custeio. Trata-se, *in casu*, do Princípio da Pré-existência de Custeio ou da Contrapartida.

Em suma, para ser criar, ampliar ou estender um benefício deve haver, de antemão, a previsão da fonte de recursos que custeará o novo benefício ou a extensão de benefício já previsto. E, como visto, o princípio da contrapartida não foi observado pelo legislador quando da confecção da Lei 13.467/2017.

Como vimos, aparentemente, antecipando-se a futuros questionamentos sobre a constitucionalidade das normas de previam a ampliação do salário-maternidade e do pagamento do adicional de insalubridade nos casos de afastamento da gestante a Medida Provisória nº 808, de 14 de novembro de 2017, revogou os dispositivos normativos que criavam tais hipóteses.

4. DO FINANCIAMENTO DA PREVIDÊNCIA SOCIAL

A Constituição prevê, em seu art. 195, como se dará o financiamento da Seguridade Social. Assim, prescreve o texto constitucional, *in verbis*:

> Art. 195. A seguridade social será financiada por toda a sociedade, de forma direta e indireta, nos termos da lei, mediante recursos provenientes dos orçamentos da União, dos Estados, do Distrito Federal e dos Municípios, e das seguintes contribuições sociais:
>
> I - do empregador, da empresa e da entidade a ela equiparada na forma da lei, incidentes sobre: (Redação dada pela Emenda Constitucional nº 20, de 1998)
>
> a) a folha de salários e demais rendimentos do trabalho pagos ou creditados, a qualquer título, à pessoa física que lhe preste serviço, mesmo sem vínculo empregatício; (Incluído pela Emenda Constitucional nº 20, de 1998)
>
> b) a receita ou o faturamento; (Incluído pela Emenda Constitucional nº 20, de 1998)
>
> c) o lucro; (Incluído pela Emenda Constitucional nº 20, de 1998)
>
> II - do trabalhador e dos demais segurados da previdência social, não incidindo contribuição sobre aposentadoria e pensão concedidas pelo regime geral de previdência social de que trata o art. 201; (Redação dada pela Emenda Constitucional nº 20, de 1998)
>
> III - sobre a receita de concursos de prognósticos.
>
> IV - do importador de bens ou serviços do exterior, ou de quem a lei a ele equiparar. (Incluído pela Emenda Constitucional nº 42, de 19.12.2003)

Conforme verificamos nos itens anteriores do presente trabalho e da norma constitucional acima colacionada, uma das fontes do financiamento da Seguridade Social é a contribuição do empregador sobre a folha de salários e demais rendimentos e a contribuição dos segurados do regime geral de previdência social.

Os segurados empregados, segundo números do ano de 2015, retirados do anuário estatístico da Previdência Social, totalizam mais de 54 (cinquenta e quatro) milhões de contribuintes, perfazendo 74,9% do total dos segurados.

Com a retirada de parcelas no campo de incidência da contribuição previdenciária pela Reforma Trabalhista, haverá, por conseguinte, a diminuição no volume de arrecadação pela Secretaria da Receita Federal do Brasil (SRFB) e a redução dos recursos da Previdência Social.

Já a Medida Provisória nº 808/2017 previu que os segurados enquadrados como empregados que, no somatório de remunerações auferidas de um ou mais empregadores no período de um mês, independentemente do tipo de contrato de trabalho, receberem remuneração inferior ao salário mínimo mensal, poderão recolher ao Regime Geral de Previdência Social a diferença entre a remuneração recebida e o valor do salário mínimo mensal, em que incidirá a mesma alíquota aplicada à contribuição do trabalhador retida pelo empregador.

Caso não seja feito o recolhimento complementar, o mês em que a remuneração total recebida pelo segurado de um ou mais empregadores for menor que o salário mínimo mensal não será considerado para fins de aquisição e manutenção de qualidade de segurado do Regime Geral de Previdência Social nem para cumprimento dos períodos de carência para concessão dos benefícios previdenciários.

Isso nos leva a concluir que o segurado empregado deverá ter como limite mínimo de salário de contribuição o valor de 01 salário mínimo para que a competência possa ser considerada como tempo de contribuição e computada como carência. Essa regra já vem sendo aplicada há anos para o segurado contribuinte individual que presta serviço à empresa e tem a obrigação de complementar o recolhimento da contribuição previdenciária quando não atingir uma remuneração mensal igual ou superior ao salário mínimo.

CONCLUSÃO

A Reforma Trabalhista, introduzida pela Lei nº 13.467, de 13 de julho de 2017, com as alterações promovidas pela Medida Provisória nº 808/2017, modificou a natureza jurídica de uma série de parcelas pagas ou devidas ao empregado ao retirá-las do conceito de salário de contribuição.

Diante da escolha do legislador em privilegiar os empregadores a recolher menos contribuição sobre a folha de salários e ter um custo com mão de obra menor, podemos concluir que a Reforma terá como consequência direta a diminuição da arrecadação do regime geral de previdência social.

Ademais, a exclusão de significativas parcelas da base de cálculo da contribuição previdenciária dos empregados trará, no futuro, para os próprios segurados a diminuição no valor de seus benefícios de auxílio-doença, auxílio-acidente, aposentadoria por invalidez, aposentadoria por idade, aposentadoria por tempo de contribuição e aposentadoria especial.

Lado outro, a extensão do pagamento de salário-maternidade às empregadas afastadas do trabalho em condições insalubres durante todo o período de gestação e lactação, por meio da Lei nº 13.467/2017, constituiria numa mudança positiva e de relevante ganho social. As empregadas e seus filhos ficariam protegidos dos agentes nocivos ou agressivos à saúde, sem prejuízo do pagamento de adicional de insalubridade e de remuneração mensal para custear a sobrevivência das seguradas. Infelizmente, a previsão da extensão do salário-maternidade e do pagamento do adicional de insalubridade foi revogado pela Medida Provisória nº 808/2017.

REFERÊNCIAS BIBLIOGRÁFICAS

Anuário Estatístico da Previdência Social. Disponível em: <http://www.previdencia.gov.br/dados-abertos/dados-abertos-previdencia-social/>. Acesso em 10 de outubro de 2017.

BARROS, Alice Monteiro. Curso de Direito do Trabalho. 6ª ed. São Paulo: LTR, 2010.

BRASIL - Consolidação das Leis do Trabalho (CLT) - Decreto-Lei no 5.452, de 1º de maio de 1943. Rio de Janeiro: 1943. Disponível em: <http://www.planalto.gov.br/ccivil_03/decreto-lei/Del5452compilado.htm>. Acesso em 09 de outubro de 2017.

BRASIL. Constituição da República Federativa do Brasil. Brasília, DF: Senado Federal,

1988. Disponível em: <http://www.planalto.gov.br/ccivil_03/constituicao/constituicao.htm>. Acesso em 30 setembro de 2017.

BRASIL. Lei nº 8.212 de 24 de julho de 1991. Dispõe sobre a organização da Seguridade Social, institui Plano de Custeio, e dá outras providências. Brasília, 1991. Disponível em: < http://www.planalto.gov.br/ccivil_03/LEIS/L8212cons.htm>. Acesso em 30 de setembro de 2017.

BRASIL. Lei nº 13.467 de 13 de julho de 2017. Altera a Consolidação das Leis do Trabalho (CLT), aprovada pelo Decreto-Lei no 5.452, de 1º de maio de 1943, e as Leis nos 6.019, de 3 de janeiro de 1974, 8.036, de 11 de maio de 1990, e 8.212, de 24 de julho de 1991, a fim de adequar a legislação às novas relações de trabalho. Disponível em: <http://www.planalto.gov.br/ccivil_03/_ato2015-2018/2017/lei/L13467.htm>. Acesso em 30 de setembro de 2017.

BRASIL. Medida Provisória nº 808 de 14 de novembro de 2017. Disponível em: <http://www.planalto.gov.br/ccivil_03/_Ato2015-2018/2017/Mpv/mpv808.htm>. Acesso em 20 de novembro de 2017.

BRASIL. Portaria Ministerial MF nº 8, de 13 de janeiro de 2017. Disponível em: <http://normas.receita.fazenda.gov.br/sijut2consulta/link.action?visao=anotado&idAto=79662>. Acesso em 10 de outubro de 2017.

BRASIL. Tribunal Superior do Trabalho. Súmula nº 241. Disponível em: <http://tst.jus.br/web/guest/sumulas>. Acessado em: 10 de outubro de 2017.

CORREA, Henrique. Direito do Trabalho. 5. ed. Salvador: JusPodivm, 2014.

GARCIA, Gustavo Filipe Barbosa. Reforma Trabalhista. 2. ed. Salvador: JusPodivm, 2017.

IBRAHIM, Fábio Zambitte. Curso de Direito Previdenciário. 14ª ed., Niterói: Impetus, 2009.

MENEZES, Adriana. Direito Previdenciário. 6. ed. Salvador: JusPodivm, 2015.

EDITORA JusPODIVM
www.editorajuspodivm.com.br